平成 28 年度

貨 物 地 域 流 動 調 査

　この貨物地域流動調査は、鉄道・自動車・内航海運の各輸送機関別に、平成 28 年度における国内地域相互間の貨物流動状況を明らかにし、将来の輸送需要予測及び今後の輸送施設整備計画立案等の基礎資料とすることを目的として作成したものです。

　本表には、基礎資料に関しサンプル数や調査期間の制約があること等の理由により、概略の推計値となっているものが含まれているので、後記「調査の概要」を参照の上ご利用願えれば幸いです。

　本調査についての問い合わせは、国土交通省総合政策局情報政策課
（電話：03-5253-8340）へお願いします。

目　　　　次

Ⅰ　調査の概要・・　1

Ⅱ　総括表
　　品目別輸送機関別貨物輸送量(全国輸送量)・・・・・・・・・・・・・・・・・・・・・・・・・・・・・・・　9

Ⅲ　輸送トン数表
　1.府県相互間輸送トン数表(総貨物及び9品目分類)
　　（1）全機関・・　11
　　（2）鉄　道・・　33
　　（3）海　運・・　55
　　（4）自動車・・　77

　2.府県相互間輸送トン数表（３２品目分類）
　　（1）全機関・・　99
　　（2）鉄　道・・　165
　　（3）海　運・・　233
　　（4）自動車・・　301

＜付録＞航空貨物府県相互間輸送量表　（別掲）・・・・・・・・・・・・・・・・・・・・・・・・・・・・・・　365

Ⅲ　輸送トン数表の細目次一覧

品　目　分　類			府県間表　掲載ページ			
			全機関	鉄道	海運	自動車
総貨物及び9品目分類表	0-0	総　　貨　　物	12	34	56	78
	1-0	農　水　産　品	14	36	58	80
	2-0	林　　産　　品	16	38	60	82
	3-0	鉱　　産　　品	18	40	62	84
	4-0	金属機械工業品	20	42	64	86
	5-0	化　学　工　業　品	22	44	66	88
	6-0	軽　工　業　品	24	46	68	90
	7-0	雑　工　業　品	26	48	70	92
	8-0	特　　種　　品	28	50	72	94
	9-0	そ　の　他	30	52	74	96
32品目分類表	1-1	穀　　　　物	100	166	234	302
	1-2	野　菜　・　果　物	102	168	236	304
	1-3	そ　の　他　の　農産品	104	170	238	306
	1-4	畜　　産　　品	106	172	240	308
	1-5	水　　産　　品	108	174	242	310
	2-6	木　　　　材	110	176	244	312
	2-7	薪　　　　炭	112	178	246	314
	3-8	石　　　　炭	114	180	248	316
	3-9	金　　属　　鉱	116	182	250	318
	3-10	砂　利　・　砂　・　石　材	118	184	252	320
	3-11	石　　灰　　石	120	186	254	－
	3-12	その他の非金属鉱	122	188	256	322
	4-13	鉄　　　　鋼	124	190	258	324
	4-14	非　鉄　金　属	126	192	260	326
	4-15	金　属　製　品	128	194	262	328
	4-16	機　　　　械	130	196	264	330
	5-17	セ　メ　ン　ト	132	198	266	332
	5-18	そ　の　他　の　窯業品	134	200	268	334
	5-19	石　油　製　品	136	202	270	336
	5-20	石　炭　製　品	138	204	272	338
	5-21	化　学　薬　品	140	206	274	340
	5-22	化　学　肥　料	142	208	276	342
	5-23	その他の化学工業品	144	210	278	344

	6-24	紙　・　パ　ル　プ	146	212	280	346
32	6-25	繊　維　工　業　品	148	214	282	348
	6-26	食　料　工　業　品	150	216	284	350
品	7-27	日　　用　　品	152	—	286	352
	7-28	その他の製造工業品	154	218	288	354
目	8-29	金　属　く　ず	156	220	290	356
	8-30	動植物性飼肥料	158	222	292	358
分	8-31	その他の特種品	160	224	294	360
	9-32	そ　　の　　他	162	226	296	362
類	10-31	廃　棄　物（特掲）	—	—	298	364
	10-32-1	甲種鉄道車両（特掲)	—	228	—	—
表	10-32-2	コ　ン　テ　ナ（特掲）	—	230	—	—

I　調　査　の　概　要

1. 調査の概要

1 調査対象貨物の範囲

(1) 鉄　　　　道

　　車扱貨物（混載を含む。）及びコンテナ貨物で日本貨物鉄道株式会社が輸送したものを対象とし、その他の鉄道事業者の輸送分を含まない。

(2) 海　　　　運

　　港湾調査規則による港湾の海上移入貨物を対象とするが、仕出港が海上である貨物、フェリー（自動車航送船）により輸送された自動車及びその積荷を含まない。

(3) 自　　動　　車

　　営業用及び自家用の貨物自動車（霊きゅう車及び自家用軽自動車を除く。）で輸送された全貨物（フェリーで輸送された自動車の積荷を含む。）を対象とした。

2 品目の区分

　　昭和39年3月運輸省大臣官房統計調査部基準による「輸送統計に用いる標準品目分類」に準じ、各輸送機関を通じてその内容をほぼ一致させることのできる32品目に分類した。

　　さらに32品目を9品目に集約した表を加えた。

　　表1は上記32品目分類と各輸送機関別品目分類の対応関係を示したものであり、表2は上記「輸送統計に用いる標準品目分類」を参考として掲げたものである。

3 地域の区分

　　都道府県（北海道については7地域（「表3 地域の区分」参照）に細分した。この調査においては「府県」と呼ぶ。）を基準として推計した。

4 調査の方法

(1) 鉄　　　　道

　　日本貨物鉄道株式会社の平成28年度地域流動データ（車扱及びコンテナ）により集計を行った。

(2) 海　　　　運

　　「平成28年港湾統計（年報）」（国土交通省総合政策局）の「移入貨物品種別仕出港別表」を基準としたが、これは甲種港着貨物のみであるため、次の方法により求めたものでこれを補完した。

　　a 甲種港発甲種港以外の港着貨物

　　　同年報の「移出貨物品種別仕向港別表」（甲種港発の表）のうち、甲種港着貨物を除いたものとした。

　　b 甲種港以外の港発乙種港着貨物

　　　同年報の「乙種港品種別都道府県別表」の移入貨物から「移出貨物品種別仕向港別表」（甲種港発の表）の乙種港着貨物を除いたものとし、これらはすべて当該府県内で発着したものとみなして処理した。

　　　なお、以上の結果により、港湾調査対象港（甲種及び乙種港）以外の港湾着の貨物については、甲種港発貨物以外は含まない。

(3) 自　　動　　車

　平成 28 年度数値については「自動車輸送統計月報」（国土交通省総合政策局）（平成 28 年 4 月～平成 29 年 3 月）の品目別輸送トン数を、「自動車輸送統計調査」の調査票情報を利用し、各月の品目別府県相互間輸送トン数の流動パターンで配分した。

5　利 用 上 の 注 意 点

(1)　鉄　　　　道

　コンテナについては、品目別に統計が作成されていないため、品目上は「その他」に含め、コンテナの輸送量の合計値のみを特掲した。

(2)　海　　　　運

　本調査はフレート・トン表示となっているため、「内航船舶輸送統計」（国土交通省総合政策局)の輸送量とは合致していない。また、一部データに移出貨物品種別仕向港別表を使用していることから、移入貨物品種別仕出港別表の値とも合致していない。

　「港湾統計(年報)」は、年度ではなく、暦年の値となっているので注意を要する。

　また、東日本大震災の影響により、宮古港、釜石港、大船渡港(岩手県)、相馬港(福島県)については、平成 23 年 1 月から 3 月のデータの一部が欠測しているため、平成 22 年度の数値と比較される場合は注意を要する。

(3)　自　　動　　車

　本調査で用いている自動車輸送統計調査は、標本調査であり、全国における総輸送量の精度を確保する設計となっている(以下の表を参照)。

自動車輸送統計調査の対象、調査期間、調査対象数

	貨物営業用	貨物自家用	旅客営業用		
				バス	乗用
調査対象	自動車(事業所)	自動車	自動車(事業所)	自動車	自動車
調査期間	1ヶ月（7日間）	7日間	1ヶ月	3日間	3日間
調査対象数	約2,000	約9,700	全数調査	約250	約550

※平成22年9月分調査以前は、4ヶ月ごとの詳細調査と、詳細調査月の3ヶ月以内に再度実施される簡略調査で実施されていたが、平成22年10月分調査以降は標本数の見直しが行われ、詳細調査で毎月実施されている。
※貨物営業用の調査期間は、事業所で使用する全ての自動車の1ヶ月間及び一部の自動車の7日間である。

調査の対象となる自動車数	約700万両(平成29年3月末時点)

　自動車輸送統計調査の平成 22 年 10 月分調査から調査方法が変更され、調査対象から自家用貨物自動車のうち軽自動車が除外されたため、本調査では平成 22 年度より除外している。本調査結果と平成 22 年度の数値を比較される場合は、平成 23 年度の自動車輸送統計(年報)の「(参考) 新旧統計数値の比較について」を参照のうえ、ご利用頂きたい。

　また、自動車輸送統計調査においては、東日本大震災の影響により、北海道運輸局、東北運輸局及び茨城県の調査が一部不能となったため、平成 23 年度との比較において、以下の点にご注意頂きたい。

・平成 23 年 3 月及び 4 月の北海道運輸局及び東北運輸局の数値を含んでいない。
また、茨城県の数値については、関東運輸局内の他県の調査結果により補填している。
・平成 23 年 5 月及び 6 月の数値は、青森県、岩手県、宮城県、福島県及び茨城県の調査が
一部不能となったため、青森県、岩手県、宮城県及び福島県の数値については東北運輸局
内、茨城県の数値については、関東運輸局内の他県の調査結果により補填している。

　自動車輸送統計調査を用いて地域又は品目を細分化して求めた本調査の各発着輸送量の
精度は、自動車輸送統計の標本設計よりも低い精度となると思われるが、輸送機関別比較等の
利用者ニーズに対応するため作成している。本調査結果の利用にあたっては、可能な限り品目
及び地域を統合したものを利用する等の取り扱いを行って頂くとともに、本調査を使用した分析
結果の公表などを行う際には、上記の趣旨に沿った注釈を付けるなど、ご配慮願いたい。
　加えて、平成 16 年度まで特別積合せトラックに係る貨物の府県相互間輸送トン数について
計上してきたが、「特別積合せトラック調査」が平成 16 年度をもって休止となったことに伴
い、平成 17 年度以降は計上していない。したがって、平成 16 年度以前と平成 17 年度以降
のデータ（本調査における品目分類「0-0　総貨物」、「9-0　その他」、「9-32　その他」）の比
較にあたっては、この点について考慮する必要がある。

(注)航空貨物については、平成 28 年度における「航空輸送統計調査」の調査票情報を利用し、
　　付録に総貨物の府県間輸送のみを別掲している。

表1 品目分類対応表

本調査における品目分類		各輸送機関における品目分類			備考		
		鉄　道	海　運	自　動　車	鉄　道	海運	自動車
1-0 農水産品	1-1 穀　物	035 米、036 麦類、037 大豆	011 麦、021 米 022 とうもろこし、023 豆類 024 その他雑穀	11 穀物	大豆以外の「雑穀」は「その他の農産品」に含まれる。		「雑穀」を含む。
	1-2 野菜・果物	038 生甘しょ、039 生馬鈴しょ 040 生野菜、043 りんご、044 みかん 045 夏みかん、046 その他の果物	031 野菜・果物	12 野菜・果物			
	1-3 その他の農産品	041 てん菜、042 つけ物類 047 葉たばこ、051 その他の農産品 108 綿花、109 動植物繊維(原料) 048 わら工品	041 綿花 051 その他農産品	19 その他の農産品	大豆以外の「雑穀」を含む。		
	1-4 畜　産　品	052 馬、053 牛、054 豚 056 鮮冷凍肉、057 その他の畜産品	061 羊毛 071 その他畜産品	13 畜産品			
	1-5 水　産　品	058 鮮冷凍魚、059 塩干魚 060 その他の水産品	081 水産品	14 水産品			
2-0 林産品	2-6 木　材	023 原木、024 不工製材 025 加工製材、026 パルプ用材 027 坑木、028 その他用材 029 その他の木材、030 チップ 034 その他の林産品、090 まくら木 092 電柱	091 原木 092 製材 101 樹脂類 111 木材チップ 112 その他林産品	21 木材			
	2-7 薪　炭	031 薪、032 木炭	121 薪炭	22 薪炭			
3-0 鉱産品	3-8 石　炭	001 石炭、002 無煙粉炭 133 事業用石炭(有賃) 136 事業用石炭(無賃)	131 石炭	31 石炭			
	3-9 金　属　鉱	006 鉄鉱、007 非鉄金属鉱 008 硫化鉱	141 鉄鉱石 151 金属鉱	32 金属鉱			
	3-10 砂利・砂・石材	004 石と石材、005 砂利と砂 134 事業用砂利(有賃) 137 事業用砂利(無賃)	161 砂利・砂 162 石材	33 非金属鉱物(建設用)			
	3-11 石　灰　石	011 石灰石	191 石灰石	△			「その他の非金属鉱」に含まれる。
	3-12 そ　の　他　の 非　金　属　鉱	009 りん鉱石 010 けい石及びけい砂 012 ドロマイト、013 粘土、014 白土 015 その他の鉱石 022 その他の鉱産品、123 鉱油原油	171 原油 181 りん鉱石 201 原塩 211 非金属鉱物	34 非金属鉱(工業用)			「石灰石」を含む。
4-0 金属機械工業品	4-13 鉄　鋼	016 銑鉄、017 鋼塊 018 普通鋼鋼材、019 その他の鋼材 091 レールと鉄管	221 鉄鋼 222 鋼材	411 鉄鋼			
	4-14 非　鉄　金　属	020 非鉄金属	231 非鉄金属	412 非鉄金属			
	4-15 金　属　製　品	093 かん類 094 その他の機器工業品	241 金属製品	42 金属製品			
	4-16 機　械	084 産業機械、085 その他の機器類 088 その他の車両、089 車両部分品 118 家庭電器	251 鉄道車両、252 完成自動車、253 その他輸送用車両、254 二輪自動車、255 自動車部品、256 その他輸送機械、261 産業機械、262 電気機械、263 測量・光学・医療用機械、264 事務用機器、265 その他機械	43 機械			
5-0 化学工業品	5-17 セ　メ　ン　ト	080 セメント	281 セメント	511 セメント			
	5-18 そ　の　他　の 窯　業　品	073 陶磁器類、074 かわら・れんが 075 板ガラス、076 ガラスびん 077 その他のガラス類、078 消石灰 079 その他の石灰 081 コンクリート製品 082 その他の窯業製品、126 生石灰	271 陶磁器 291 ガラス類 301 窯業品	512 セメント製品 513 れんが 514 石灰 519 その他の窯業品			
	5-19 石　油　製　品	071 鉱油、122 プロパンガス 124 揮発油	311 重油、321 石油製品 322 LNG(液化天然ガス) 323 LPG(液化石油ガス) 324 その他石油製品	52 石油製品			
	5-20 石　炭　製　品	003 コークス・コーライト	331 コークス 341 石炭製品	53 石炭製品			

本調査における品目分類		各輸送機関における品目分類			備　　考		
		鉄　　道	海　運	自　動　車	鉄　道	海　運	自動車
5-0 化学工業品	5-21 化学薬品	067 ソーダ、069 工業薬品 127 硫酸、128 化学薬品 129 その他の危険品	351 化学薬品	54 化学薬品			
	5-22 化学肥料	061 硫安、062 石灰窒素 063 過りん酸石灰 064 その他の無機質肥料 125 肥料硝安	361 化学肥料	55 化学肥料			
	5-23 その他の化学工業品	068 農薬、070 工業製剤、072 油脂 083 その他の化学工業品 121 火薬類	371 染料・塗料・合成樹脂・その他化学工業品	59 その他の化学工業品			
6-0 軽工業品	6-24 紙・パルプ	113 パルプ、114 新聞巻取紙 115 その他の紙 116 加工紙と紙製品	381 紙・パルプ	61 紙・パルプ			
	6-25 繊維工業品	110 化学繊維、111 綿糸綿織物 112 化学繊維糸と織物 117 その他の繊維工業品	391 糸及び紡績半製品 401 その他繊維工業品	62 繊維工業品			
	6-26 食料工業品	055 乳と乳製品、066 塩 095 小麦粉、096 穀粉・澱粉類 097 砂糖、098 清涼飲料水類 099 たばこ、100 清酒、101 合成酒 102 ビール、103 その他の酒 104 みそ、105 しょう油 106 かん詰・びん詰食品 107 その他の食料工業品	411 砂糖、421 製造食品 422 飲料、423 水 424 たばこ 425 その他食料工業品	63 食料工業品			
7-0 雑工業品	7-27 日用品	△	431 がん具、441 衣服・身廻品・はきもの 442 文房具・運動娯楽用品・楽器 443 家具装備品 444 その他日用品	71 日用品	「その他の製造工業品」に含まれる。		
	7-28 その他の製造工業品	033 木製品と竹製品、086 農機具 120 その他の雑工業品	451 ゴム製品 461 木製品(他に分類されないもの) 471 その他製造工業品	79 その他の製造工業品	「日用品」を含む。		
8-0 特種品	8-29 金属くず	021 金属くず	481 金属くず	811 金属くず			
	8-30 動植物性飼肥料	049 飼料、050 配合飼料 065 有機質飼料	501 動植物性製造飼肥料	82 動植物性飼肥料			
	8-31 その他の特種品	119 荷造用品、130 特殊品・その他	491 再利用資材 511 廃棄物、512 廃土砂 521 輸送用容器 531 取合せ品	819 その他のくずもの 83 廃棄物 84 輸送用容器 85 取合せ品			
9-0 その他	9-32 その他	087・139 甲種鉄道車両 131 混載荷物 135 事業用その他貨物(有賃) 138 事業用その他貨物(無賃) 140 その他、コンテナ	541 分類不能のもの	9 分類不能のもの			
10-0 特掲品目	10-31 廃棄物（特掲）		511 廃棄物、512 廃土砂	83 廃棄物			
	10-32-1 甲種鉄道車両（特掲）	87・139 甲種鉄道車両					
	10-32-2 コンテナ（特掲）	コンテナ					

(注)　1　「10-31廃棄物」は「8-31その他の特種品」から、「10-32-1甲種鉄道車両」及び「10-32-2コンテナ」は「9-32その他」からそれぞれ抽出して特掲した品目である。

　　　2　△は区分が部分的に一致しないため、作表できない品目である。

　　　3　鉄道、海運及び自動車の品目に付してある番号は、それぞれ、JR主要品目分類、港湾調査品目分類表及び輸送統計に用いる品目分類（表2参照）における品目番号である。

表2　輸送統計に用いる標準品目分類

(昭和39年3月運輸大臣官房統計調査部基準)

大分類	中分類	小分類	細分類
1 農・水産品	11 穀物	111 米	
		112 麦	
		113 雑穀、豆	1131 とうもろこし、1132 大豆、1139 その他の雑穀・豆
	12 野菜・果物	121 いも類	1211 甘しょ、1212 馬鈴しょ
		122 野菜類	
		123 果物類	1231 みかん、1232 りんご、1239 その他の果物
	13 畜産品	131 鳥獣類(主として食用のもの)	1311 馬、1312 牛、1313 豚、1319 その他の鳥獣類
		132 鳥獣肉、未加工乳、鳥卵	1321 牛肉、豚肉、鶏肉、1322 牛乳(未加工滅菌前のもの)、1329 その他の鳥獣肉、未加工乳、鳥卵
		133 動物性繊維、原皮、原毛皮	1331 動物性粗繊維、1332 原皮、1333 原毛皮
		139 他に分類されない蓄産品	
	14 水産品	141 魚介類(生鮮、冷凍のもの)	
		142 魚介類(塩蔵、乾燥のもの)	
		149 その他の水産品	
	19 その他の農産品	191 工芸作物	1911 繊維用作物、1912 砂糖原料作物、1913 油脂用作物、1914 嗜好料作物 1919 その他の工芸作物
		192 農産加工品	1921 わら工品、1929 その他の農産加工品
		199 他に分類されない農産品	
2 林産品	21 木材	211 原木	2111 製材用原木、2112 パルプ用原木、2113 坑木
		212 製材	2119 その他の原木
		219 その他の林産品	
	22 薪炭	211 薪	
		222 木炭	
3 鉱産品	31 石炭	311 石炭	
		312 亜炭	
	32 金属鉱	321 鉄鉱	
		322 その他の鉄属鉱	
		323 非鉄鉱	
	33 非金属鉱物(建設用)	331 砂利	
		332 砂	
		333 石材	3331 基礎石材、3332 加工石材、3333 砥石、石製品
	34 非金属鉱物(工業用)	341 石灰石	
		342 りん鉱石	
		343 原塩	
		344 原油	
		349 その他の非金属鉱物	3491 工業用材、3492 耐火・保温用材、3493 陶磁器用材、3494 肥料用材、3495 研磨材、工芸用材、3499 他に分類されない非金属鉱物
4 金属機械工業品	41 金属	411 鉄鋼	4111 鉄、4112 鋼(粗鋼)、4113 鋼材
		412 非鉄金属	4121 地金、合金、4122 伸銅品、4123 電線、ケーブル
	42 金属製品	421 建設用金属製品	
		422 建築用金属製品	
		423 線材製品	
		424 刃物、工具	4241 刃物、4242 道具、4243 切削工具、4244 作業工具、4245 機械用刃工具
		429 その他の金属製品	
	43 機械	431 産業機械	4311 ボイラー、機関及びタービン、4312 金属加工機械、4313 運搬昇降及び貨物取扱装置、4314 化学機械、4315 冷凍機、空気調節装置、4316 繊維機械及びミシン、4317 鉱山・土木建設及び農業機械、4318 その他の産業用機械 4319 機械部分品
		432 電気機械	4321 回転電気機械、4322 配電及び制御装置、4323 照明器、4324 民生用電気機器、4325 通信及び関連装置、4326 電子応用装置、4327 電子管、半導体素子、4329 その他の電気機械
		433 輸送機械	4331 鉄道車両、4332 自動車、4333 自転車及びその他の車両、4334 船舶、4335 航空機
		439 その他の機械	4391 計量・測定及び測量機械、4392 時計、4393 光学機械、4394 医療用機械器具及び装置、4395 事務用機械、4396 商業及びサービス業用装置、4397 保安及び衛生装置・警報及び信号装置、4398 料理用・暖房用装置、4399 他に分類されない機械
5 化学工業品	51 窯業品	511 セメント	
		512 セメント製品	5121 コンクリート製品、5122 セメントモルタル製品、5129 その他のセメント製品
		513 れんが	
		514 石灰	

大分類	中分類	小分類	細分類
5 化学工業品（窯業品、石油及び石炭製品を含む）	51 窯業品	519 その他の窯業品	5191 板ガラス、5192 ガラス製品、5193 陶磁器、5194 石綿セメント製品、5195 炭素製品、5196 研磨材、5197 耐火製品、5199 他に分類されない窯業品
	52 石油製品	521 揮発油	航空揮発油、自動車ガソリン、工業用ガソリン、ベンジン
		522 重油	A重油、B重油、C重油
		523 その他の石油	燃料油（灯油、軽油、ジェット燃料油）、潤滑油（スピンドル油、マシン油、モーター油他）
		529 その他の石油製品	パラフィン、石油アスファルト、石油ピッチ、石油ガス製品、液化プロパン、液化ブタン
	53 石炭製品	531 コークス	石炭コークス、コーライト、亜炭コーライト
		539 その他の石炭製品	練炭、豆炭、ピッチコークス、ピッチ豆炭
	54 化学薬品	541 硫酸	
		542 ソーダ	5421 苛性ソーダ、5422 ソーダ灰
		549 その他の化学薬品	5491 基礎無機酸（硫酸を除く）、5492 アンモニア、5493 カーバイト、5494 塩素、5495 無機工業薬品、5496 タール製品、5497 有機工業薬品、5498 圧縮ガス、5499 他に分類されない化学薬品
	55 化学肥料	551 窒素質肥料	
		552 りん酸質肥料	
		553 加里質肥料	
		559 その他の化学肥料	
	59 その他の化学工業品	591 染料、顔料、塗料	5911 合成染料、5912 塗料、5913 顔料
		592 合成樹脂	5921 合成樹脂、5922 合成ゴム
		593 動植物性油脂	5931 動物性油脂、5932 植物性油脂、5933 加工油脂
		599 他に分類されない化学工業品	5991 化粧品、5992 医薬品、5993 石けん、洗剤、5994 写真感光材料、5995 火薬類、5996 農薬、殺虫剤、5999 その他の化学工業品
6 軽工業品	61 紙・パルプ	611 パルプ	6111 溶解パルプ、6112 製紙パルプ
		612 紙	6121 洋紙、6122 板紙、6123 和紙、6129 その他の紙
	62 繊維工業品	621 糸（紡織半製品を含む）	6211 紡織半製品、6212 化学繊維糸、6213 綿糸、6219 その他の糸
		622 織物（繊維二次製品を含む）	6221 化学繊維織物、6222 綿織物、6223 その他の織物、6224 繊維二次製品
	63 食料工業品	631 製造食品	6311 動物性製造食品、6312 植物性製造食品
		632 飲料	
		639 その他の食料工業品	6391 たばこ、6392 氷、6399 他に分類されない食料工業品
7 雑工業品	71 日用品	711 書籍印刷物	
		712 衣服、身廻品、はきもの	7121 衣服、7122 家庭用品、7123 身廻品、7124 身辺細貨、7125 はきもの
		713 文具、玩具、運動娯楽用品、楽器	7131 文房具、7132 玩具、7133 運動娯楽用品、7134 楽器
		714 家具、装備品	
		715 衛生暖房用具	
		716 台所及び食卓用品	7161 台所用品、7162 食卓用品
		719 他に分類されない日用品	
	79 その他の製造工業品	791 ゴム、皮革製品（他に分類されないもの）	7911 ゴム製品基礎資材、7912 ゴムタイヤ、チューブ、7913 工業用ゴム製品、7914 その他のゴム製品、7915 かわ製品
		792 木製品（他に分類されないもの）	7921 単板・合板、7922 特殊加工木材、7929 その他の木製品
		799 他に分類されない製造工業品	7991 紙製品、7992 農機具、7993 草類製品、7999 他に分類されない製造工業品
8 特種品	81 くずもの	811 金属くず	8111 鉄くず、8112 非鉄金属くず
		819 その他のくずもの	8191 くず紙、8199 その他のくずもの
	82 動植物性飼肥料	821 動植物性飼肥料	8211 動物性飼肥料、8212 植物性飼肥料、8213 植物性飼肥料、8219 その他の製造飼肥料
	83 廃棄物	831 廃土砂	
		839 その他の廃棄物	8391 塵芥、糞尿、8399 他に分類されない廃棄物
	84 輸送用容器	841 金属製輸送用容器	
		849 その他の輸送用容器	8491 ガラス製容器、8492 紙製容器、8493 繊維製容器、8494 木、竹製容器、8499 その他の容器
	85 取り合せ品	851 引越荷物	
		852 郵便物鉄道便荷物貨物	
		853 自動車便路線貨物	
		854 内航船舶小口混載貨物	
9 分類不能のもの			

表3 地 域 の 区 分

北海道の7地域区分	
名　　称	範　囲（総合振興局等）
札　　幌	石狩、空知（深川市及び雨竜郡を除く。）、後志
旭　　川	上川、宗谷、留萌、空知（深川市及び雨竜郡）
函　　館	檜山、渡島
室　　蘭	胆振、日高
釧　　路	釧路、根室
帯　　広	十勝
北　　見	オホーツク

Ⅱ 総 括 表

品目別輸送機関別貨物量(全国輸送量)

Ⅱ　総括表

品目別輸送機関別貨物量（全国輸送量）

平成28年度

	全　機　関		鉄　　道		海　　運		自　動　車	
	輸送トン数（千トン）	対前年度比伸び率（％）	輸送トン数（千トン）	対前年度比伸び率（％）	輸送トン数（千トン）	対前年度比伸び率（％）	輸送トン数（千トン）	対前年度比伸び率（％）
0－0　総　貨　物	4,911,845	1.7	30,715	0.5	502,862	-1.0	4,378,268	2.1
1－0　農　水　産　品	229,635	2.9	0	0.0	7,660	-1.6	221,975	3.1
1－1　穀　　　　　物	48,873	22.6	0	0.0	5,022	-1.7	43,851	26.2
1－2　野　菜　・　果　物	61,791	-7.5	0	0.0	886	4.1	60,905	-7.6
1－3　その他の農産品	25,534	7.6	0	0.0	562	-9.9	24,972	8.1
1－4　畜　　産　　品	45,791	-6.6	0	0.0	369	1.1	45,422	-6.7
1－5　水　　産　　品	47,646	8.9	0	0.0	821	-1.8	46,825	9.2
2－0　林　　産　　品	140,291	4.8	0	0.0	3,432	3.8	136,859	4.8
2－6　木　　　　　材	139,604	5.2	0	0.0	3,404	6.6	136,200	5.1
2－7　薪　　　　　炭	686	-40.8	0	0.0	27	-76.3	659	-36.9
3－0　鉱　　産　　品	786,399	4.7	994	4.6	151,968	-1.3	633,437	6.2
3－8　石　　　　　炭	41,848	12.2	140	-3.4	17,982	-8.8	23,726	36.1
3－9　金　　属　　鉱	14,970	9.7	199	11.2	4,485	-0.1	10,285	14.6
3－10　砂　利・砂・石　材	595,144	4.9	0	0.0	45,846	-1.8	549,298	5.5
3－11　石　　灰　　石	38,299	-1.9	654	4.5	37,645	-2.0	—	—
3－12　その他の非金属鉱	96,138	2.4	0	0.0	46,010	3.1	50,128	1.7
4－0　金属・機械工業品	795,170	-1.1	28	-22.2	121,003	-1.1	674,139	-1.0
4－13　鉄　　　　　鋼	218,245	6.2	27	-12.9	46,283	-1.1	171,935	8.3
4－14　非　鉄　金　属	29,687	18.8	0	0.0	1,754	23.4	27,933	18.5
4－15　金　属　製　品	118,585	-9.4	0	0.0	1,485	-12.3	117,100	-9.3
4－16　機　　　　　械	428,652	-3.1	1	-80.0	71,480	-1.4	357,171	-3.4
5－0　化　学　工　業　品	765,164	-6.3	6,885	3.0	171,517	-2.5	586,761	-7.5
5－17　セ　メ　ン　ト	81,445	-5.8	795	6.4	32,604	-4.4	48,046	-6.8
5－18　その他の窯業品	230,931	-10.8	0	0.0	1,994	0.7	228,937	-10.9
5－19　石　　油　　製　品	270,098	-1.5	5,944	2.6	102,664	-2.6	161,489	-1.0
5－20　石　　炭　　製　品	13,946	-1.1	0	0.0	7,872	-3.9	6,074	2.8
5－21　化　　学　　薬　品	58,295	-4.9	146	0.7	22,037	0.2	36,112	-7.8
5－22　化　　学　　肥　料	13,913	14.7	0	0.0	1,144	-6.4	12,769	17.1
5－23　その他の化学工業品	96,535	-12.0	0	0.0	3,201	4.1	93,334	-12.5
6－0　軽　工　業　品	645,868	11.1	0	0.0	10,135	1.3	635,733	11.3
6－24　紙　・　パ　ル　プ	139,202	12.7	0	0.0	5,389	1.9	133,813	13.1
6－25　繊　維　工　業　品	16,565	-3.8	0	0.0	68	30.8	16,497	-3.9
6－26　食　料　工　業　品	490,102	11.3	0	0.0	4,679	0.2	485,423	11.4
7－0　雑　工　業　品	346,586	22.5	0	0.0	2,402	-3.6	344,184	22.7
7－27　日　　用　　品	297,222	23.2	—	—	1,285	4.4	295,937	23.3
7－28　その他の製造工業品	49,364	18.0	0	0.0	1,117	-11.4	48,247	18.9
8－0　特　　種　　品	1,179,750	-2.6	141	2.2	34,427	7.5	1,145,181	-2.9
8－29　金　属　く　ず	55,477	-13.0	0	0.0	3,353	1.3	52,124	-13.8
8－30　動植物性飼肥料	70,027	-9.8	0	0.0	3,107	3.4	66,920	-10.4
8－31　その他の特種品	1,054,246	-1.5	141	2.2	27,968	8.7	1,026,137	-1.7
9－0　そ　　の　　他	22,984	-0.1	22,666	-0.4	318	28.2	0	0.0
9－32　そ　　の　　他	22,984	-0.1	22,666	-0.4	318	28.2	0	0.0
10－31　廃　棄　物（特　掲）	—	—	—	—	7,792	-5.7	497,010	-0.2
10－32－1　甲種鉄道車両（特掲）	—	—	716	5.6	—	—	—	—
10－32－2　コ　ン　テ　ナ（特　掲）	—	—	21,950	-0.6	—	—	—	—

（注）全機関には、航空は含まれていない。

Ⅲ　輸　送　ト　ン　数

1．府県相互間輸送トン数表

（総貨物及び９品目分類）

全機関

（1） 全　　機　　関

利用上の注意点

　全機関は、鉄道、海運、自動車の府県相互間輸送トン数表を合計したものであるが、自動車の精度が非常に低いため、全機関の精度も低くなっているものと思われる。よって、本調査結果の利用にあたっては、可能な限り品目及び地域を統合したものを利用する等、十分な注意が必要である。

　本調査を使用した分析結果の公表などを行う際には、上記の趣旨に沿った注釈を付けるなど、ご配慮願いたい。

平成28年度

府県相互間輸送トン数表（全機関）

品目　（０－０）総貨物

（単位：トン）
その　1

発＼着	1 札幌	2 旭川	3 函館	4 室蘭	5 釧路	6 帯広	7 北見	8 北海道	9 青森	10 岩手	11 宮城	12 福島	13 秋田	14 山形
1 札幌	106,407,702	4,399,795	1,929,621	4,960,925	2,273,556	1,771,179	2,137,002	123,879,779	61,817	14,128	476,865	24,287	18,656	5,644
2 旭川	4,457,371	34,415,959	80,818	1,370,510	139,342	136,286	1,429,000	42,029,286	2,942	1,629	101,402	8,451	27,258	3,089
3 函館	833,980	6,214	23,500,975	543,602	11,089	175,587	1,683	25,073,130	73,696	222,056	142,090	51,111	40,719	568
4 室蘭	25,975,536	2,364,304	956,149	35,678,791	2,774,922	649,684	517,447	68,916,834	745,360	633,562	1,218,593	361,066	546,576	284,538
5 釧路	332,300	27,119	57,698	431,608	34,520,098	2,189,811	484,471	38,043,105	201,257	2,255	333,429	47,935	4,795	290
6 帯広	1,608,786	175,370	193,562	1,817,906	236,543	33,453,847	143,454	37,629,469	3,184	9,495	70,760	7,653	14,824	22,098
7 北見	646,947	1,176,131	10,024	422,623	1,465,853	160,152	27,660,853	31,542,582	5,757	5,422	7,675	9,390	11,938	5,950
8 北海道	140,262,622	42,564,892	26,728,847	45,225,964	41,421,403	38,536,547	32,373,910	367,114,184	1,094,012	888,547	2,350,814	509,893	664,766	322,177
9 青森	515,221	55,320	292,131	2,352,906	139,751	30,007	19,015	3,404,350	63,270,807	4,116,043	2,077,149	853,571	1,495,917	256,751
10 岩手	132,706	777	44,447	102,207	5,953	8,701	506	295,297	4,648,948	65,985,287	4,348,194	401,126	1,113,559	232,400
11 宮城	386,953	31,281	53,912	1,785,697	77,574	3,776	1,559	2,340,751	3,140,322	3,860,282	72,425,263	9,463,869	1,840,541	6,467,644
12 福島	211,809	1,765	167,266	20,162	21,472	39,661	700	462,835	715,981	1,120,339	2,464,374	74,967,957	135,714	598,864
13 秋田	17,991	3,009	99,849	105,708	21,247	762	672	249,238	528,230	1,507,920	159,745	49,544	43,592,855	753,191
14 山形	121,718	874	41,819	40,425	280	547	660	206,323	1,042,760	475,427	1,857,495	469,504	831,854	47,704,673
15 茨城	366,652	39,187	106,617	3,235,782	2,223,993	54,633	745	6,027,609	690,460	397,864	1,607,089	2,592,520	237,516	299,744
16 栃木	330,591	2,210	4,503	3,461	2,215	42,793	1,085	386,858	169,812	108,857	528,405	2,595,718	7,248	348,176
17 群馬	162,069	703	647	3,344	115	576	695	168,149	21,906	705	288,549	498,297	117,251	511,992
18 埼玉	421,697	8,448	6,592	6,949	2,505	15,342	2,033	463,566	39,599	297,620	2,067,620	1,102,675	110,511	962,084
19 千葉	591,972	4,550	650,003	1,534,244	690,453	9,414	5,345	3,485,981	1,273,332	1,364,976	2,712,785	1,847,443	422,077	228,865
20 東京	657,794	21,109	44,406	2,572,673	375,621	101,997	1,799	3,775,399	976,667	157,360	1,741,039	785,258	175,711	1,516,480
21 神奈川	661,211	73,702	221,223	1,643,827	358,250	72,077	1,245	3,031,536	1,026,673	281,700	3,123,485	1,513,033	1,015,834	250,932
22 新潟	106,470	2,463	16,024	102,552	3,880	3,202	1,620	236,211	134,535	302,353	429,801	614,278	407,393	990,787
23 富山	29,545	1,455	750	25,589	1,380	1,753	2,315	62,787	6,843	8,545	56,469	85,709	4,878	57,591
24 石川	13,490	612	2,214	15,191	1,858	791	360	34,516	8,517	499	73,260	715	14,294	98,274
25 福井	5,390	185	2,477	894,615	60	247	150	903,124	2,354	925	86,339	990	3,580	290
26 山梨	2,570	687	186	44	20	80	285	3,872	37,754	72,237	65,703	93,532	54,944	20
27 長野	46,889	840	1,515	2,441	190	1,250	770	53,895	7,143	27,304	237,407	83,616	76,359	1,439
28 静岡	374,568	2,499	6,009	97,932	64,887	10,701	3,688	560,284	100,686	137,359	536,967	214,644	58,014	389,326
29 岐阜	37,656	1,231	3,218	2,431	625	1,129	1,095	47,385	3,690	50,513	21,240	87,786	34,752	2,760
30 愛知	130,772	8,586	42,237	2,816,903	110,020	27,919	2,940	3,139,377	529,678	259,897	4,640,578	313,642	34,040	190,808
31 三重	54,135	1,337	48,044	122,055	52,178	2,084	720	280,553	124,315	23,835	320,764	145,748	47,179	81,308
32 滋賀	0	0	0	0	0	0	0	0	0	0	21,372	26,572	60	0
33 京都	37,010	1,160	38,858	7,472	2,973	763	405	88,641	12,729	68,528	151,496	2,577	1,158	18,304
34 奈良	0	0	0	0	0	0	0	0	0	0	0	0	0	0
35 和歌山	25,822	345	3,280	22,191	7,400	855	270	60,163	5,259	20,260	92,249	30,578	465	120
36 大阪	199,758	3,566	9,823	702,551	4,949	3,559	1,240	925,446	98,407	36,326	1,913,244	166,292	21,373	76,204
37 兵庫	116,605	5,023	13,012	63,615	17,791	3,530	830	220,406	28,698	21,485	447,149	80,008	16,710	110,367
38 鳥取	4,430	175	20	155	3,515	105	50	8,450	350	5,344	4,415	1,660	135	5,872
39 島根	385	85	20	1,190	5	55	15	1,755	60	7,530	994	850	110	275
40 岡山	24,220	7,335	1,015	82,442	153,337	7,453	775	276,577	36,254	27,917	135,487	59,159	66,993	7,811
41 広島	22,956	923	3,022	285,759	80,094	11,196	930	404,880	60,382	111,606	296,642	37,284	77,470	64,960
42 山口	37,314	272	1,536	156,119	32,039	22,854	315	250,449	81,496	6,036	214,220	126,639	73,645	11,866
43 香川	45,682	2,831	866	29,656	6,762	783	465	87,045	25,389	12,444	22,109	99,078	3,997	2,945
44 愛媛	53,555	1,545	795	74,234	1,678	1,800	275	133,882	56,131	5,585	49,820	149,193	13,765	5,046
45 徳島	8,580	1,220	1,756	22,121	850	290	490	35,307	43,691	5,209	9,567	32,837	1,155	3,228
46 高知	2,345	595	100	1,855	1,710	250	12,215	19,070	5,985	930	4,040	26,345	60	2,975
47 福岡	34,597	1,892	2,239	110,489	18,721	1,989	955	170,882	69,238	32,490	270,405	194,321	196,428	30,951
48 佐賀	13,793	618	693	2,397	205	575	340	18,621	5,766	2,395	4,975	3,835	3,719	675
49 長崎	25,929	6,590	1,354	10,981	7,394	105	300	52,653	61,292	210	23,561	3,182	2,617	260
50 熊本	8,609	1,187	205	559	175	638	395	11,768	2,921	2,226	6,350	2,912	3,789	1,030
51 大分	6,654	125	739	137,224	24,001	94	9,100	177,937	7,815	565	7,268	2,479	60,575	5,528
52 宮崎	5,584	691	35	191	170	110	35	6,816	1,182	1,360	8,325	2,095	100	2,550
53 鹿児島	1,914	245	2,381	123,924	2,894	397	105	131,860	2,004	13,040	681,731	83,997	25,315	405
54 沖縄	0	0	0	10,065	0	0	0	10,065	0	4,515	660	0	0	0
55 全国	146,318,233	42,864,144	28,666,685	64,558,292	45,942,593	39,023,390	32,453,417	399,826,753	80,200,074	81,832,396	108,586,613	100,422,959	53,066,428	62,617,946

平成28年度

府県相互間輸送トン数表（全機関）

品目　（０－０）総貨物

（単位：トン）
その　2

発＼着	15 茨城	16 栃木	17 群馬	18 埼玉	19 千葉	20 東京	21 神奈川	22 新潟	23 富山	24 石川	25 福井	26 山梨	27 長野	28 静岡
1 札幌	17,944	98,526	9,205	656,156	119,521	442,714	71,113	71,380	7,686	70,115	1,808	1,990	10,573	155,008
2 旭川	8,865	75,606	3,715	65,271	12,793	164,075	89,326	10,079	4,150	1,880	7,577	1,140	6,710	10,233
3 函館	15,690	1,794	1,285	7,124	1,070,339	358,621	497,867	44,181	20,459	2,604	10,807	95	1,077	7,600
4 室蘭	2,565,189	14,903	93,798	20,581	1,426,353	1,669,314	883,674	965,126	181,259	105,164	1,175,838	580	8,915	118,032
5 釧路	729,991	1,090	955	4,755	14,702	323,733	10,345	8,900	1,565	310	1,866	290	770	4,599
6 帯広	13,930	15,386	19,192	34,426	75,161	57,783	67,067	6,698	3,255	3,024	4,592	1,610	7,950	14,189
7 北見	14,675	5,322	4,580	23,855	27,449	28,545	78,299	7,243	4,410	2,465	2,880	2,570	10,610	22,675
8 北海道	3,366,284	212,627	132,731	812,168	2,746,318	3,044,785	1,697,692	1,113,606	222,784	185,562	1,205,368	8,275	46,605	332,336
9 青森	1,325,254	293,904	975	277,018	375,521	1,021,104	902,273	173,727	19,177	68,345	7,372	470	1,969	30,386
10 岩手	84,714	34,209	24,799	414,646	487,933	751,037	465,363	204,293	2,176	51,502	180	25,425	30,438	31,431
11 宮城	619,360	131,838	189,589	1,699,308	694,172	929,527	2,103,430	582,577	211,803	8,707	128,454	222,142	84,158	211,142
12 福島	2,253,974	1,675,325	665,322	2,048,396	841,166	534,425	1,260,622	368,435	12,160	16,904	500	25,261	89,368	376,918
13 秋田	61,314	139,787	56,762	325,854	133,547	58,927	413,421	536,540	52,959	104,920	8,765	14,893	59,875	151,311
14 山形	11,974	336,138	383,395	971,306	92,533	1,692,954	980,539	953,341	4,713	5,308	9,413	100	101,322	483,898
15 茨城	78,291,614	4,409,676	2,449,086	7,928,057	11,960,547	6,401,874	3,615,611	661,412	119,254	19,072	20,816	133,400	364,133	1,026,471
16 栃木	4,936,984	49,759,341	5,014,154	7,124,220	3,713,483	2,844,131	1,621,641	895,819	130,030	51,879	59,997	63,626	154,585	148,220
17 群馬	1,863,489	5,406,533	56,658,609	7,216,336	1,471,314	2,110,718	3,362,917	1,751,201	12,520	12,378	28,664	107,897	1,042,134	312,278
18 埼玉	6,089,837	4,515,954	7,201,461	106,999,732	10,673,707	25,208,724	8,358,111	2,041,903	96,870	30,586	32,379	690,099	1,746,513	2,827,420
19 千葉	12,330,985	3,638,287	3,655,012	12,256,550	106,130,654	24,571,402	14,926,059	918,576	222,250	127,431	47,274	71,624	724,715	3,756,623
20 東京	5,672,839	2,626,658	2,621,309	33,185,015	15,878,815	153,526,448	21,395,910	855,275	86,839	119,844	60,265	912,745	698,615	2,294,217
21 神奈川	4,454,039	2,563,740	2,428,257	9,136,267	11,759,390	19,527,844	142,104,852	888,301	55,469	218,220	115,612	1,595,495	1,437,091	5,909,824
22 新潟	508,453	539,148	944,789	1,627,892	431,479	719,149	1,104,982	92,766,423	696,026	945,791	332,937	143,526	1,022,550	597,537
23 富山	143,661	116,289	123,988	510,028	87,132	197,112	184,671	1,273,029	59,938,396	2,265,464	741,994	5,167	249,367	425,842
24 石川	50,516	24,248	26,629	24,066	97,906	151,003	103,572	307,150	2,584,665	62,491,622	2,513,483	50	95,931	75,326
25 福井	42,597	15,080	1,866	133,798	57,833	3,523	119,351	60,238	367,198	820,105	47,699,826	60	9,791	19,418
26 山梨	143,661	146,724	86,869	667,515	398,647	1,944,250	1,929,518	164,211	406,621	75	20	44,938,869	1,033,298	1,235,440
27 長野	692,009	289,276	509,352	1,790,592	1,777,667	1,013,664	502,520	1,083,359	92,218	197,015	41,584	378,784	44,612,795	245,959
28 静岡	411,065	214,913	393,565	2,890,506	1,288,792	1,926,380	4,099,148	290,432	412,475	205,767	35,135	1,859,015	542,039	94,409,410
29 岐阜	40,950	128,426	49,291	243,093	115,170	480,768	394,259	462,003	589,050	276,640	339,351	29,513	587,257	1,374,079
30 愛知	1,016,754	395,863	469,844	3,001,503	4,953,900	1,897,973	4,935,900	808,459	1,486,244	2,733,734	836,616	156,008	1,706,482	9,184,423
31 三重	313,829	162,086	183,476	545,246	2,854,474	825,902	1,983,090	597,543	116,747	643,701	119,656	33,437	879,525	2,644,570
32 滋賀	217,793	68,848	64,991	78,677	60,803	114,219	221,535	11,184	69,198	106,714	218,033	0	175,385	539,075
33 京都	555,665	150,207	1,290	30,844	4,855	507,811	414,593	406,573	14,917	90,925	483,695	225	113,499	57,636
34 奈良	235,157	90,259	4,429	119,341	9,948	42,627	653	0	64,659	63,914	0	0	29,524	42,208
35 和歌山	190,963	11,178	23,378	353,269	588,093	675,191	371,645	12,287	143,465	53,658	67,449	5	245	406,275
36 大阪	269,556	142,226	179,332	1,169,900	2,700,214	1,946,531	1,547,620	348,604	737,275	1,513,646	274,110	52,993	244,228	1,760,092
37 兵庫	283,150	91,614	125,849	350,302	2,342,063	1,404,391	1,387,341	375,111	397,327	548,558	115,205	2,456	138,299	583,172
38 鳥取	1,965	2,345	7,600	82,680	65	104,050	37,966	46,680	201	17,056	20,224	1,620	21,505	8,163
39 島根	19,352	1,325	20	1,710	50,545	210	21,482	2,390	7,001	265	1,437	0	39,400	235
40 岡山	102,091	75,090	80,750	351,561	991,184	542,819	1,122,538	635,328	557,983	431,001	450,015	53,685	102,315	363,058
41 広島	103,398	55,476	166,050	384,587	1,583,980	373,903	736,208	312,081	75,679	38,031	118,503	45,852	64,368	360,343
42 山口	526,497	41,472	7,171	217,345	2,508,076	991,538	1,508,674	817,043	230,848	506,139	477,850	1,145	6,810	380,184
43 香川	106,793	40,199	278,336	808,261	496,201	606,391	204,361	31,485	8,927	270,621	2,835	5,842	37,715	145,495
44 愛媛	231,206	88,537	82,220	869,562	939,922	1,100,297	423,712	170,954	125,854	471,708	71,150	165	132,083	275,626
45 徳島	77,479	3,725	115	21,908	173,728	108,097	163,113	115,001	29,619	110	86,064	15	81,036	15,855
46 高知	196,382	6,495	230	2,695	4,142,937	794,654	2,087,516	1,030	80	110	25	10	42,244	106,141
47 福岡	911,611	33,546	71,434	203,978	1,838,715	3,077,415	3,983,407	291,700	82,001	188,544	287,941	121,823	4,196	903,927
48 佐賀	62,644	4,811	2,617	114,854	55,111	125,200	12,758	9,586	980	1,570	650	535	33,378	11,027
49 長崎	15,577	75	80	11,492	5,851	104,761	712,907	3,234	9,735	1,628	50	20	145	555
50 熊本	2,240	1,898	1,177	71,563	18,655	35,493	32,749	20,743	5,645	1,815	11,778	68,187	11,351	156,849
51 大分	265,902	2,240	255	7,135	1,155,788	495,445	664,280	368,725	203,280	121,446	224,073	510	1,575	243,379
52 宮崎	1,577	2,795	975	52,899	70,892	272,272	27,850	4,207	1,020	76,867	3,219	50	235	2,510
53 鹿児島	45,740	1,975	2,036	17,057	18,709	202,797	10,288,335	15,511	203,450	2,230	570	505	1,633	8,400
54 沖縄	0	0	0	0	34,680	347,079	14,916	0	0	0	0	0	0	0
55 全国	129,148,896	78,692,407	85,371,464	207,150,736	198,813,115	265,356,813	244,551,612	113,757,311	70,907,787	76,107,128	57,300,536	51,771,526	58,601,724	134,474,683

平成28年度

府県相互間輸送トン数表（全機関）

品目 （0－0） 総貨物

(単位：トン)
その 3

発＼着	29 岐阜	30 愛知	31 三重	32 滋賀	33 京都	34 奈良	35 和歌山	36 大阪	37 兵庫	38 鳥取	39 島根	40 岡山	41 広島	42 山口
1 札幌	10, 297	42, 452	65, 427	0	17, 599	0	1, 611	204, 101	18, 854	1, 840	390	14, 355	47, 730	2, 116
2 旭川	5, 725	18, 149	5, 355	0	14, 776	0	2, 400	34, 560	18, 188	2, 180	1, 774	4, 775	7, 165	1, 716
3 函館	725	68, 550	535	0	6, 350	0	813	27, 432	5, 383	4, 498	65	1, 915	3, 480	435
4 室蘭	3, 285	1, 689, 089	28, 550	0	17, 251	0	147, 042	405, 824	163, 132	30, 167	175	19, 859	42, 131	184, 452
5 釧路	810	98, 238	570	0	3, 496	0	210	181, 519	273, 176	16, 120	15	2, 470	2, 635	310
6 帯広	5, 165	50, 407	9, 825	0	17, 715	0	3, 427	32, 899	64, 714	86, 787	1, 835	8, 844	39, 113	4, 390
7 北見	11, 250	39, 589	11, 157	0	8, 615	0	5, 345	30, 615	28, 485	3, 532	470	6, 440	9, 980	2, 315
8 北海道	37, 257	2, 006, 474	121, 419	0	85, 802	0	160, 848	916, 950	571, 932	145, 124	4, 724	58, 658	152, 233	195, 734
9 青森	70, 694	75, 605	11, 273	0	13, 749	0	2, 916	191, 413	142, 115	23, 387	17, 988	11, 426	57, 925	63, 922
10 岩手	15, 910	231, 343	1, 649	0	13, 313	0	1, 945	63, 324	35, 510	20, 512	275	15, 432	6, 072	19, 954
11 宮城	31, 067	4, 132, 686	16, 694	0	58, 597	0	6, 467	1, 423, 206	179, 128	2, 066	255	302, 091	104, 520	70, 934
12 福島	39, 967	887, 336	47, 816	48, 101	2, 820	27, 802	4, 464	203, 916	111, 999	1, 120	150	22, 711	38, 326	69, 451
13 秋田	13, 599	35, 969	1, 276	31, 815	10, 200	0	837	62, 415	25, 540	115	900	75, 324	22, 035	14, 578
14 山形	825	36, 016	24, 367	23, 606	26, 676	0	655	144, 494	11, 025	55	345	5, 247	34, 478	4, 541
15 茨城	185, 200	2, 118, 972	452, 261	146, 392	263, 846	293, 185	203, 341	601, 057	415, 727	1, 095	17, 698	294, 059	178, 901	199, 632
16 栃木	56, 146	631, 607	127, 808	35, 475	3, 450	54, 267	11, 820	330, 331	74, 588	1, 260	15, 082	39, 753	34, 984	33, 913
17 群馬	4, 935	657, 701	202, 648	36, 904	89, 098	0	5, 156	292, 028	99, 046	530	50	161, 152	79, 629	78, 397
18 埼玉	180, 545	1, 739, 575	302, 737	171, 686	126, 013	53, 169	120, 765	1, 089, 183	730, 067	6, 320	545	107, 901	126, 393	42, 005
19 千葉	140, 939	3, 405, 595	2, 438, 975	21, 238	11, 763	2, 911	355, 890	3, 594, 759	1, 098, 416	44, 227	23, 260	611, 066	377, 972	922, 250
20 東京	75, 702	1, 903, 944	544, 373	58, 423	436, 280	51, 002	457, 885	1, 428, 141	682, 147	7, 930	535	191, 809	430, 340	32, 250
21 神奈川	269, 718	6, 201, 694	683, 946	76, 848	244, 604	29, 653	460, 311	2, 086, 548	2, 035, 864	2, 733	504	460, 404	552, 543	420, 965
22 新潟	170, 502	1, 170, 569	574, 659	86, 779	459, 569	0	2, 732	978, 335	191, 283	23, 433	35, 276	69, 181	27, 818	67, 166
23 富山	453, 711	949, 100	41, 103	75, 053	194, 329	206, 081	79, 781	776, 781	234, 392	11, 888	125	23, 966	69, 652	8, 390
24 石川	85, 094	1, 079, 489	66, 438	139, 894	75, 889	51, 180	422	248, 707	715, 379	140	1, 785	486	26, 028	10, 736
25 福井	194, 964	699, 200	32, 305	142, 485	109, 173	0	192	295, 948	323, 382	204, 782	32, 767	15, 265	2, 027	4, 756
26 山梨	443, 247	363, 244	181, 907	49, 262	23, 984	0	2	117, 901	21, 346	20	20	150	18, 766	305
27 長野	347, 739	1, 373, 361	277, 865	47, 929	116, 162	31, 023	25, 936	327, 484	181, 933	215	56, 587	80, 134	140, 535	3, 895
28 静岡	475, 570	5, 869, 234	915, 122	503, 382	367, 313	42, 250	153, 583	1, 469, 951	385, 991	1, 495	49, 341	231, 154	630, 602	97, 560
29 岐阜	44, 961, 746	9, 693, 208	1, 621, 188	1, 075, 175	208, 655	121, 798	28, 183	1, 121, 677	291, 880	330	9, 712	245, 674	91, 647	164, 713
30 愛知	10, 949, 235	164, 425, 318	8, 366, 172	4, 869, 104	478, 363	370, 844	140, 501	4, 156, 094	3, 028, 192	32, 783	14, 090	1, 890, 854	1, 230, 161	1, 009, 205
31 三重	407, 512	16, 667, 848	65, 080, 366	2, 026, 602	353, 323	845, 196	581, 077	2, 419, 167	1, 704, 603	116, 414	5, 081	783, 763	436, 923	442, 986
32 滋賀	405, 000	1, 650, 459	678, 980	33, 585, 433	2, 155, 839	215, 086	31, 414	1, 543, 419	1, 624, 874	19, 737	0	542, 786	193, 110	116, 595
33 京都	12, 746	617, 194	148, 459	2, 557, 405	34, 539, 293	792, 481	158, 902	5, 424, 195	2, 523, 405	346, 967	43, 520	189, 297	142, 925	47, 058
34 奈良	20, 112	128, 993	1, 022, 660	105, 596	349, 905	17, 436, 329	212, 886	2, 742, 804	521, 049	0	0	74, 151	51, 758	0
35 和歌山	54, 269	947, 096	5, 022, 818	30, 395	5, 840	216, 426	29, 783, 906	4, 071, 373	1, 517, 147	22, 239	10	725, 996	134, 691	105, 880
36 大阪	626, 331	4, 906, 757	2, 651, 674	2, 414, 331	8, 240, 108	4, 511, 868	5, 390, 019	119, 438, 319	20, 596, 668	252, 630	253, 534	3, 043, 874	2, 686, 195	1, 123, 210
37 兵庫	226, 527	2, 990, 667	696, 000	825, 044	3, 041, 298	425, 705	1, 401, 357	23, 441, 858	97, 670, 588	1, 209, 681	732, 387	3, 910, 389	2, 922, 146	1, 018, 131
38 鳥取	17, 197	144, 534	45, 023	0	191, 232	2, 893	5	291, 765	796, 660	21, 391, 982	2, 571, 381	715, 272	403, 773	13, 109
39 島根	20	8, 523	98, 637	30, 157	165, 358	399	170, 765	492, 000	438, 818	1, 814, 510	42, 751, 323	194, 532	1, 874, 701	434, 248
40 岡山	56, 253	4, 043, 052	862, 890	230, 783	142, 061	70, 855	1, 550, 333	3, 641, 736	7, 615, 078	1, 512, 582	571, 748	54, 302, 988	7, 691, 732	1, 826, 790
41 広島	42, 746	2, 650, 304	492, 465	172, 657	140, 919	28, 315	771, 681	4, 389, 791	3, 363, 929	458, 137	1, 598, 796	4, 951, 671	90, 230, 645	7, 734, 709
42 山口	59, 792	1, 690, 735	768, 441	382, 104	73, 543	51, 758	105, 392	2, 920, 519	6, 777, 983	669, 534	835, 743	2, 805, 504	6, 549, 181	64, 022, 984
43 香川	1, 268	602, 149	126, 015	362, 569	432, 313	24, 411	46, 185	1, 985, 395	2, 627, 842	28, 341	39, 037	1, 505, 167	1, 977, 639	278, 788
44 愛媛	473, 672	1, 910, 480	661, 894	635, 362	562, 073	147, 240	111, 424	3, 301, 148	2, 570, 139	53, 359	145, 856	1, 261, 609	1, 722, 972	813, 322
45 徳島	55	396, 525	83, 394	2, 750	133, 249	106, 987	53, 593	1, 674, 987	1, 232, 975	75	5, 357	309, 383	385, 493	391, 432
46 高知	755	935, 543	99, 267	0	18, 750	0	1, 566, 003	549, 912	1, 383, 504	10	10	97, 225	517, 332	36, 779
47 福岡	68, 708	5, 276, 469	169, 700	13, 681	419, 628	35, 916	96, 668	3, 243, 448	3, 699, 778	406, 074	340, 137	1, 113, 986	2, 398, 946	4, 122, 052
48 佐賀	42, 103	648, 296	76, 475	258, 001	9, 545	0	8, 907	414, 478	194, 677	30, 450	1, 530	113, 599	184, 458	856, 039
49 長崎	665	137, 390	331, 996	0	3, 591	0	1, 247	148, 552	91, 899	60	16, 956	24, 331	24, 225	181, 612
50 熊本	64, 153	109, 070	1, 821	6, 289	26, 042	7, 629	545	207, 556	52, 857	3, 393	200	151, 540	172, 647	135, 889
51 大分	875	3, 945, 332	188, 612	306	20, 111	0	66, 630	1, 244, 612	2, 293, 185	144, 889	127, 839	2, 214, 682	2, 118, 173	8, 109, 582
52 宮崎	94, 329	177, 691	57, 260	15, 276	37, 309	0	162	394, 422	114, 976	5, 742	20	100, 827	228, 329	112, 247
53 鹿児島	111, 224	94, 635	560	0	6, 355	849	38, 836	6, 455, 841	133, 431	255	2, 168	1, 807, 082	61, 184	5, 780, 133
54 沖縄	0	156, 371	0	0	0	0	0	282, 090	32, 929	0	0	176, 598	13, 539	1, 369
55 全国	61, 990, 624	260, 523, 354	96, 419, 405	51, 294, 293	54, 487, 330	26, 255, 508	44, 372, 568	212, 640, 033	171, 165, 876	29, 018, 623	50, 324, 647	86, 030, 151	127, 556, 303	101, 240, 199

平成28年度

府県相互間輸送トン数表（全機関）

品目 （0－0） 総貨物

(単位：トン)
その 4

発＼着	43 香川	44 愛媛	45 徳島	46 高知	47 福岡	48 佐賀	49 長崎	50 熊本	51 大分	52 宮崎	53 鹿児島	54 沖縄	55 全国
1 札幌	4, 398	5, 337	2, 350	1, 744	39, 216	14, 109	1, 585	7, 036	4, 015	3, 299	6, 622	0	126, 731, 397
2 旭川	3, 275	2, 420	1, 870	825	12, 729	9, 052	2, 635	30, 972	1, 475	2, 233	5, 417	0	42, 825, 143
3 函館	215	645	2, 567	125	7, 335	10, 100	575	477	235	340	2, 997	0	27, 788, 705
4 室蘭	8, 454	79, 125	11, 964	1, 852	161, 165	32, 535	2, 916	1, 824	157, 747	715	20, 816	10, 696	85, 156, 021
5 釧路	1, 900	320	1, 300	190	7, 509	2, 955	3, 596	490	265	715	1, 090	0	40, 336, 836
6 帯広	15, 926	2, 565	2, 170	715	32, 436	7, 330	1, 660	6, 505	1, 195	1, 110	5, 601	0	38, 484, 080
7 北見	7, 395	6, 020	2, 840	2, 945	31, 382	13, 940	2, 055	8, 375	2, 025	2, 850	7, 325	0	32, 069, 237
8 北海道	41, 563	96, 432	25, 061	8, 396	291, 772	90, 021	15, 022	55, 679	166, 957	11, 262	49, 868	10, 696	393, 391, 419
9 青森	41, 023	8, 791	2, 420	4, 190	57, 696	8, 892	1, 697	4, 359	28, 043	2, 390	2, 706	1, 501	80, 818, 204
10 岩手	580	4, 156	2, 920	155	17, 584	7, 056	115	12, 721	220	590	1, 165	0	80, 105, 458
11 宮城	4, 557	3, 801	9, 421	194	59, 880	5, 313	655	6, 965	9, 980	1, 821	8, 498	4, 500	113, 798, 176
12 福島	1, 560	109, 950	1, 200	115, 862	139, 889	10, 100	976	6, 464	6, 379	5, 946	1, 566	5, 451	92, 546, 160
13 秋田	1, 730	5, 385	33, 311	300	30, 807	7, 930	1, 580	685	45, 658	1, 365	1, 295	0	49, 384, 246
14 山形	2, 035	635	3, 003	60	54, 534	7, 935	830	785	545	1, 260	1, 853	0	59, 000, 774
15 茨城	163, 971	162, 529	98, 330	24, 730	1, 246, 350	89, 845	4, 871	3, 790	129, 238	1, 803	35, 405	40	136, 586, 095
16 栃木	13, 212	39, 751	55, 814	687	112, 067	12, 920	480	3, 720	4, 825	2, 365	5, 450	0	82, 364, 957
17 群馬	210, 113	530	235	255	48, 735	6, 050	50	990	335	475	1, 210	0	84, 940, 091
18 埼玉	413, 055	101, 928	21, 414	13, 688	380, 647	29, 771	1, 750	90, 376	3, 650	92, 672	6, 314	0	187, 509, 141
19 千葉	592, 864	1, 468, 558	65, 205	170, 727	760, 018	44, 604	29, 624	13, 768	124, 811	19, 711	270, 886	218, 314	211, 541, 254
20 東京	649, 547	277, 880	3, 385	32, 015	5, 671, 945	101, 800	6, 168	26, 740	619, 534	491, 248	41, 934	943, 178	264, 228, 843
21 神奈川	201, 955	453, 437	28, 119	100, 423	2, 399, 832	18, 175	4, 446	12, 310	226, 512	166, 877	63, 471	56, 656	229, 696, 140
22 新潟	104, 747	190, 297	82, 194	1, 025	229, 603	41, 115	5, 565	7, 054	21, 862	2, 187	9, 515	0	110, 048, 506
23 富山	47, 095	62, 334	34, 774	169	68, 587	12, 565	730	7, 988	30, 612	2, 123	17, 707	0	69, 953, 997
24 石川	109, 943	86, 154	2, 229	20, 411	95, 711	5, 752	785	2, 045	10, 734	2, 030	2, 250	0	71, 615, 954
25 福井	51, 138	18, 896	1, 738	8, 302	27, 897	3, 300	185	910	1, 487	2, 075	595	0	52, 522, 056
26 山梨	175	75	40	75	141, 540	340	20	300	0	25	48, 347	0	54, 834, 872
27 長野	2, 655	105, 557	240	14, 815	240, 709	41, 594	23, 087	36, 986	25, 242	1, 305	4, 665	0	57, 221, 612
28 静岡	102, 530	171, 543	49, 989	6, 149	690, 903	47, 205	51, 723	33, 103	178, 358	12, 286	53, 548	6, 583	123, 572, 388
29 岐阜	37, 556	1, 975	85, 002	25, 385	365, 389	184, 530	789	23, 055	3, 910	1, 910	55, 752	0	65, 778, 818
30 愛知	1, 127, 096	1, 302, 069	608, 454	405, 231	4, 462, 453	255, 063	585, 147	156, 934	295, 931	142, 686	855, 304	578, 980	254, 427, 986
31 三重	486, 611	611, 875	204, 859	47, 301	668, 767	172, 424	304, 274	81, 875	18, 333	35, 974	39, 502	20, 285	107, 489, 926
32 滋賀	392, 900	147, 346	89, 560	8, 788	110, 442	246, 412	0	10, 868	61, 008	13, 200	0	0	45, 837, 716
33 京都	379, 825	480, 894	25, 570	36, 236	606, 728	28, 518	425	67, 863	86, 330	6, 772	6, 780	0	52, 445, 954
34 奈良	22, 331	171, 866	9, 233	0	132, 453	85, 458	0	0	5, 026	0	0	0	23, 795, 329
35 和歌山	237, 505	84, 680	254, 466	297, 719	488, 985	42, 453	8, 156	12, 312	53, 630	14, 203	89, 791	419, 761	47, 747, 942
36 大阪	3, 299, 539	2, 113, 255	1, 497, 501	392, 070	3, 382, 972	191, 356	412, 164	772, 589	1, 287, 684	387, 503	186, 170	1, 678, 173	207, 860, 113
37 兵庫	3, 956, 944	1, 706, 561	1, 374, 183	88, 121	4, 257, 344	519, 956	168, 891	89, 242	2, 276, 782	197, 189	296, 824	91, 357	164, 604, 833
38 鳥取	14, 815	50, 070	870	140	57, 170	10, 690	1, 960	3, 763	690	625	790	0	27, 104, 755
39 島根	31, 170	37, 152	10	8, 058	111, 660	27, 922	10	459	20, 970	70	245	0	48, 868, 664
40 岡山	4, 084, 257	1, 982, 992	1, 355, 516	371, 169	3, 568, 699	72, 184	365, 100	442, 871	704, 921	291, 563	745, 469	223, 784	104, 797, 022
41 広島	385, 481	3, 162, 596	515, 659	411, 451	2, 489, 689	161, 874	90, 395	56, 389	223, 932	170, 543	31, 915	12, 304	130, 210, 679
42 山口	444, 300	2, 031, 548	273, 447	1, 049, 356	7, 088, 445	869, 016	621, 902	1, 043, 658	872, 092	388, 015	445, 746	371, 864	112, 197, 745
43 香川	73, 872, 784	9, 608, 969	5, 131, 280	2, 621, 744	663, 116	4, 514	3, 915	154, 020	125, 015	2, 565	36, 005	15, 582	105, 573, 096
44 愛媛	6, 426, 740	86, 781, 436	1, 652, 321	4, 876, 037	2, 519, 779	127, 249	136, 732	205, 055	374, 996	175, 074	296, 776	82, 233	123, 421, 398
45 徳島	3, 777, 761	3, 040, 062	31, 757, 743	671, 037	719, 832	29, 828	50, 050	70	100, 871	62, 191	53, 955	0	46, 046, 514
46 高知	772, 560	1, 182, 069	585, 849	27, 045, 340	259, 233	15, 506	0	225	252, 956	6, 533	6, 010	370	42, 771, 695
47 福岡	324, 457	909, 954	418, 994	440, 350	104, 355, 879	14, 097, 990	4, 604, 212	5, 868, 249	5, 122, 121	3, 426, 636	2, 605, 848	1, 784, 112	178, 328, 945
48 佐賀	65, 881	101, 325	425	33, 456	8, 783, 902	22, 107, 809	2, 694, 880	2, 473, 128	943, 279	394, 162	189, 025	60, 725	41, 162, 262
49 長崎	11, 561	38, 852	157, 654	150	1, 726, 146	1, 582, 817	40, 987, 503	737, 794	210, 082	14, 819	125, 343	243, 002	47, 808, 130
50 熊本	423, 279	100, 367	23, 107	23, 894	4, 340, 436	591, 136	581, 055	42, 463, 453	527, 048	1, 267, 356	2, 182, 568	15, 750	53, 950, 219
51 大分	1, 281, 991	1, 144, 340	307, 891	192, 652	7, 003, 529	1, 109, 759	998, 514	1, 370, 981	40, 517, 708	1, 393, 777	1, 292, 016	151, 976	81, 256, 162
52 宮崎	1, 490	108, 081	40, 395	55	888, 758	515, 027	101, 254	452, 824	1, 342, 751	47, 454, 971	2, 226, 390	1, 500	55, 011, 883
53 鹿児島	115, 422	401, 878	7, 228	1, 315	1, 441, 085	146, 120	179, 413	1, 668, 937	416, 897	3, 009, 326	56, 119, 579	1, 008, 673	90, 755, 728
54 沖縄	10, 652	10, 401	0	0	265, 409	0	382, 762	10, 379	332	7, 403	74, 649	45, 074, 476	46, 911, 274
55 全国	104, 740, 959	120, 681, 231	46, 898, 258	39, 569, 683	173, 525, 006	43, 787, 895	53, 429, 863	58, 494, 729	57, 480, 276	59, 686, 881	68, 590, 701	53, 081, 826	4, 911, 845, 128

平成28年度　　府県相互間輸送トン数表（全機関）　　品目（1－0）農水産品　　その1　　（単位：トン）

着\発	1 札幌	2 旭川	3 函館	4 室蘭	5 釧路	6 帯広	7 北見	8 北海道	9 青森	10 岩手	11 宮城	12 福島	13 秋田	14 山形
1 札幌	6,427,172	341,396	45,653	413,797	2,763	7,158	60,636	7,298,571	0	0	0	0	0	0
2 旭川	543,252	3,696,359	24,696	597,825	23,168	106,403	101,659	5,093,362	0	0	39,260	0	0	0
3 函館	94,066	2,499	2,989,573	17,121	0	0	0	3,103,261	0	0	34,399	0	0	0
4 室蘭	549,108	64,918	12,389	3,023,516	13,950	97,057	0	3,760,937	3,600	0	1,518	0	0	0
5 釧路	290	0	11,715	130,042	12,480,236	130,663	93,775	12,846,722	70,503	0	0	0	0	0
6 帯広	770,092	72,054	32,585	307,059	132,073	6,768,475	52,684	8,135,022	0	0	0	0	0	17,408
7 北見	153,019	287,474	2,400	149,680	370,954	90,771	6,258,701	7,312,999	0	0	0	0	0	0
8 北海道	8,536,998	4,464,698	3,119,012	4,639,040	13,023,144	7,200,528	6,567,454	47,550,874	74,103	0	75,177	0	0	17,408
9 青森	0	0	0	1,500	0	4,603	0	6,103	6,055,458	359,309	1,019	99,819	77,080	3,762
10 岩手	1,500	0	41,877	0	0	7,992	0	51,369	359,309	2,030,376	495,030	70,285	186,195	3,579
11 宮城	61,694	0	0	6,903	0	0	0	68,597	112,311	201,592	2,667,579	107,206	189,353	185,256
12 福島	0	0	0	0	0	0	0	0	0	52,716	73,548	2,036,338	0	55,969
13 秋田	0	0	0	0	0	0	0	0	102,633	437,159	4,634	0	2,024,704	0
14 山形	0	0	0	0	0	0	0	0	0	19,632	0	2,517	3,694	2,686,676
15 茨城	21,994	0	40,377	106,069	16,734	19,304	0	204,478	43,899	11,937	159,022	56,088	0	0
16 栃木	0	0	0	0	0	0	0	0	0	0	10,852	0	0	0
17 群馬	0	0	0	0	0	0	0	0	0	0	5,285	0	0	0
18 埼玉	0	0	0	0	0	0	0	0	0	0	4,560	0	0	0
19 千葉	43,121	0	4,438	0	0	0	0	47,559	1,527	48,360	53,358	28,729	0	0
20 東京	17,665	17,101	0	22,445	100	0	0	57,311	96,880	5,702	111,368	60,331	3,579	26,051
21 神奈川	75,902	0	0	38,599	613	0	0	115,114	21,399	26,139	367,529	0	0	44,628
22 新潟	0	0	0	0	0	0	0	0	0	0	0	435	0	27,367
23 富山	0	0	0	0	0	0	0	0	0	0	0	0	0	0
24 石川	0	0	0	0	0	0	0	0	0	0	0	0	0	0
25 福井	0	0	0	9,731	0	0	0	9,731	0	0	0	0	0	0
26 山梨	0	0	0	0	0	0	0	0	0	0	1,969	1,790	0	0
27 長野	0	0	0	0	0	0	0	0	5,928	0	65,897	30,353	0	0
28 静岡	103,296	0	0	0	0	0	0	103,296	18,441	0	54,950	11,004	0	0
29 岐阜	0	0	0	0	0	0	0	0	0	0	0	0	0	0
30 愛知	0	0	0	500	0	0	0	500	1,330	0	2,852	0	0	27,802
31 三重	4,040	0	0	0	0	0	0	4,040	0	0	0	0	0	0
32 滋賀	0	0	0	0	0	0	0	0	0	0	0	0	0	0
33 京都	0	0	0	0	0	0	0	0	0	0	0	0	0	0
34 奈良	0	0	0	0	0	0	0	0	0	0	0	0	0	0
35 和歌山	0	0	0	0	0	0	0	0	0	0	0	0	0	0
36 大阪	0	0	0	2,157	10	0	0	2,167	28,223	0	0	0	0	0
37 兵庫	1,500	0	0	0	0	0	0	1,500	1,499	0	0	0	0	0
38 鳥取	0	0	0	0	0	0	0	0	0	0	0	0	0	0
39 島根	0	0	0	0	0	0	0	0	0	0	0	0	0	0
40 岡山	0	0	0	0	0	1,944	0	1,944	0	0	3,015	0	0	0
41 広島	0	0	0	0	0	0	0	0	0	0	0	0	0	0
42 山口	0	0	0	0	0	0	0	0	0	0	1,100	0	0	0
43 香川	0	0	0	0	0	0	0	0	0	0	1,684	0	0	0
44 愛媛	0	0	0	0	0	0	0	0	0	0	0	0	0	0
45 徳島	0	0	0	0	0	0	0	0	0	0	374	0	0	1,368
46 高知	0	0	0	0	0	0	0	0	0	0	0	0	0	0
47 福岡	0	0	0	0	0	0	0	0	0	0	0	0	0	27,362
48 佐賀	0	0	0	0	0	0	0	0	0	0	0	0	0	0
49 長崎	0	0	0	0	0	0	0	0	0	0	0	0	0	0
50 熊本	0	0	0	0	0	0	0	0	0	0	0	0	0	0
51 大分	0	0	0	0	0	0	0	0	0	0	0	0	0	0
52 宮崎	0	0	0	0	0	0	0	0	0	0	0	0	0	0
53 鹿児島	0	0	0	0	0	0	0	0	0	0	10,380	1,174	0	0
54 沖縄	0	0	0	0	0	0	0	0	0	0	0	0	0	0
55 全国	8,867,713	4,481,799	3,205,705	4,826,944	13,047,148	7,227,823	6,567,454	48,224,585	6,922,942	2,845,389	4,260,399	2,405,076	2,484,607	3,107,229

平成28年度　　府県相互間輸送トン数表（全機関）　　品目（1－0）農水産品　　その2　　（単位：トン）

着\発	15 茨城	16 栃木	17 群馬	18 埼玉	19 千葉	20 東京	21 神奈川	22 新潟	23 富山	24 石川	25 福井	26 山梨	27 長野	28 静岡
1 札幌	0	0	0	0	50,949	111,552	0	0	0	0	0	0	0	94,444
2 旭川	1,500	0	0	25,082	1,500	18,241	7,500	0	0	0	0	0	0	0
3 函館	1,500	0	0	0	0	68,368	37,390	32,530	0	0	0	0	0	0
4 室蘭	211,184	0	0	0	15,630	53,415	23,724	0	0	0	183,380	0	0	3,133
5 釧路	294,530	0	0	0	9,000	0	7,500	0	0	0	0	0	0	2,697
6 帯広	6,000	0	15,232	0	68,911	4,395	58,500	0	0	0	0	0	0	2,734
7 北見	6,000	0	0	0	21,630	2,230	36,020	0	0	0	0	0	0	3,505
8 北海道	520,714	0	15,232	25,082	167,620	258,201	170,634	32,530	0	0	183,380	0	0	106,513
9 青森	19,381	0	0	27,802	0	158,495	275,052	16,719	0	7,663	0	0	0	1,492
10 岩手	19,669	0	0	0	57,828	41,699	80,931	0	0	0	0	0	0	0
11 宮城	8,182	4,180	0	128,153	144,783	126,757	66,897	49,005	0	0	0	0	0	24,960
12 福島	47,264	26,602	28,324	76,969	19,879	92,107	42,300	25,949	0	0	0	0	1,925	0
13 秋田	29,887	0	0	30,721	11,146	22,802	59,635	0	0	0	0	13,933	0	0
14 山形	0	0	0	0	0	14,162	96,585	98,444	0	0	0	0	4,743	0
15 茨城	5,479,892	83,224	21,267	400,387	360,841	659,109	142,671	7,500	27,802	0	0	15,961	47,769	116,494
16 栃木	99,162	1,280,823	73,624	198,459	39,225	48,529	0	16,719	0	0	0	0	0	0
17 群馬	52,912	32,656	1,509,769	455,448	39,225	309,635	86,313	0	0	0	0	0	13,743	0
18 埼玉	197,531	19,370	214,004	2,941,378	452,312	1,330,671	331,038	57,401	0	0	186,631	74,407	9,875	0
19 千葉	375,584	38,962	263,889	467,841	4,603,255	499,538	444,193	66,691	0	77,024	0	23,713	113,771	76,570
20 東京	210,214	49,086	99,668	1,164,385	682,045	10,163,397	1,014,303	162,137	0	0	0	188,453	60,472	1,655
21 神奈川	266,505	28,798	35,237	465,986	561,191	951,656	4,534,388	62,232	0	0	69,252	0	92,674	117,146
22 新潟	6,487	0	12,908	19,313	2,700	22,039	228,016	3,146,462	116,210	43,745	0	0	52,089	43,909
23 富山	0	0	0	0	0	0	2,163	11,217	1,382,917	15,953	6,508	0	0	0
24 石川	0	0	0	0	0	145,448	0	18,241	79,406	2,732,842	15,131	0	0	0
25 福井	0	0	0	0	0	0	0	3,400	7,887	22,451	485,162	0	0	0
26 山梨	0	0	0	0	0	1,985	13,816	0	0	0	0	510,954	37,724	16,227
27 長野	0	22,327	3,204	174,027	157,810	368,368	61,596	178,094	24,170	4,560	0	21,768	3,633,605	41,043
28 静岡	61,830	40,348	23,208	53,775	47,029	316,379	168,084	53,224	61,533	24,640	0	105,337	45,181	2,531,820
29 岐阜	0	0	0	0	0	511	0	0	0	46,947	74,586	115,049	0	0
30 愛知	16,845	19,154	23,168	65,024	193,716	23,072	104,344	16,948	0	20,511	15,292	13,567	13,090	93,902
31 三重	0	0	0	47,070	21,342	1,421	114,788	0	0	6,993	0	0	0	2,933
32 滋賀	0	0	0	0	0	0	0	0	0	0	5,986	0	30,091	0
33 京都	0	0	0	0	0	0	0	0	0	0	20,550	0	0	0
34 奈良	0	0	0	0	0	0	0	0	0	0	0	0	0	0
35 和歌山	0	0	0	0	0	0	0	0	0	0	0	0	0	0
36 大阪	0	0	0	26,661	0	22,434	123	0	0	159,964	41,420	0	28,930	19,837
37 兵庫	16,211	19,817	0	0	1,130	163,177	20,555	0	55,350	11,188	0	0	0	4,730
38 鳥取	0	0	0	0	0	0	0	0	0	5,247	0	0	18,241	0
39 島根	0	0	0	0	0	0	0	0	0	0	0	0	0	0
40 岡山	660	0	0	0	1,483	415	2,976	1,092	0	0	0	0	0	6,971
41 広島	0	0	0	0	0	0	0	0	0	0	0	0	0	7,601
42 山口	0	0	0	27,519	33,277	5,247	20,214	0	0	0	0	0	0	0
43 香川	2,127	0	0	0	0	0	1,500	205	0	0	0	0	37,390	0
44 愛媛	570	25,082	0	0	0	0	4,354	0	0	2,936	0	0	0	0
45 徳島	0	0	0	11,912	0	26,906	28,274	0	0	0	0	0	0	0
46 高知	0	0	0	0	0	0	0	0	0	0	0	0	37,851	0
47 福岡	3,280	0	0	0	4,020	14,954	3,622	5,074	0	0	0	0	0	26,561
48 佐賀	0	0	0	21,390	0	0	0	0	0	0	0	0	0	0
49 長崎	0	0	0	0	50,159	0	0	0	0	0	0	0	0	0
50 熊本	0	0	0	26,222	0	0	0	0	0	0	0	0	0	0
51 大分	0	0	0	0	650	0	0	0	0	0	0	0	0	0
52 宮崎	0	0	0	0	0	74,004	0	0	0	0	0	0	0	1,524
53 鹿児島	0	0	0	0	260	12,527	0	13,933	0	0	0	0	0	0
54 沖縄	0	0	0	0	0	35,789	0	0	0	0	0	0	0	0
55 全国	7,434,911	1,690,429	2,370,576	6,829,796	7,546,117	16,179,598	7,986,407	4,043,216	1,825,669	3,202,147	886,752	1,136,001	4,343,695	3,251,763

平成28年度　　府県相互間輸送トン数表（全機関）　　品目（1-0）農水産品　　（単位：トン）その3

着／発	29 岐阜	30 愛知	31 三重	32 滋賀	33 京都	34 奈良	35 和歌山	36 大阪	37 兵庫	38 鳥取	39 島根	40 岡山	41 広島	42 山口
1 札幌	0	0	0	0	0	0	0	16,643	0	0	0	0	0	0
2 旭川	0	0	0	0	0	0	0	0	0	9,000	0	0	0	0
3 函館	0	0	0	0	0	0	0	0	0	0	0	0	0	0
4 室蘭	0	91,328	2,739	0	0	0	0	5,396	17,233	0	0	0	0	0
5 釧路	0	1,660	0	0	0	0	0	7,364	7,070	0	0	0	0	0
6 帯広	0	29,967	5,515	0	0	0	0	7,459	52,118	19,584	0	2,504	22,802	0
7 北見	0	13,044	6,012	0	0	0	0	8,250	20,420	0	0	400	0	0
8 北海道	0	135,999	14,266	0	0	0	0	45,112	105,841	19,584	0	2,904	22,802	0
9 青森	0	3,001	0	0	0	0	0	0	30,119	0	0	0	0	0
10 岩手	0	0	0	0	0	0	0	0	0	0	0	0	0	0
11 宮城	0	820	0	0	0	0	0	15,020	0	0	0	0	0	0
12 福島	0	27,802	0	0	0	27,802	0	0	0	0	0	0	0	0
13 秋田	0	2,780	0	0	0	0	0	14,362	0	0	0	0	0	0
14 山形	0	0	0	0	0	0	0	0	0	0	0	0	0	0
15 茨城	55,604	112,085	0	0	0	0	0	0	0	0	27,802	0	8,921	0
16 栃木	0	87,620	0	0	0	0	0	14,362	0	0	0	0	0	0
17 群馬	0	0	0	0	0	0	0	0	0	0	0	0	35,958	0
18 埼玉	0	11,216	0	0	0	1,796	0	0	0	0	0	0	0	0
19 千葉	511	18,168	1,500	0	0	0	0	82,827	0	3,000	0	160	0	0
20 東京	4,560	67,330	0	0	0	0	0	127,041	124,756	0	0	0	0	65
21 神奈川	0	279,285	18	0	0	0	0	2,899	57,821	0	0	48,765	31,849	0
22 新潟	13,375	341	0	0	0	0	0	1,048	0	0	0	0	0	0
23 富山	56,506	121,702	0	0	22,937	0	65	28,324	32,436	0	0	0	0	0
24 石川	0	104,303	0	0	0	0	0	48,385	136,581	0	0	0	0	0
25 福井	0	58,385	0	59,125	29,564	0	0	11,561	27,129	0	0	0	0	0
26 山梨	0	0	0	0	0	0	0	0	0	0	0	0	0	0
27 長野	105,874	89,224	19,427	25,539	0	9,121	25,766	187,224	26,336	0	0	0	21,890	0
28 静岡	14,964	147,700	30,712	30,119	0	0	27,309	118,411	33,421	0	0	41,541	55,448	0
29 岐阜	970,142	379,085	35,919	231,401	12,495	0	0	20,884	66,555	0	0	68,867	0	0
30 愛知	842,103	6,318,828	242,728	212,926	0	0	0	167,201	102,576	0	0	6,054	2,015	0
31 三重	8,339	117,591	775,631	25,187	2,269	7,251	47,246	104,923	1,450	0	0	0	5,982	0
32 滋賀	6,003	48,612	35,921	1,449,757	175,426	12,669	0	36,731	8,649	0	0	0	0	0
33 京都	0	0	0	173,960	1,283,927	12,669	0	89,855	32,274	0	0	778	0	0
34 奈良	15,049	0	491	20,435	20,742	576,485	98,705	320,475	29,897	0	0	6,384	13,133	0
35 和歌山	0	0	0	20,435	0	23,930	1,107,833	218,355	0	0	0	0	13,133	0
36 大阪	0	83,589	41,769	38,553	332,422	331,083	702,499	3,126,503	428,916	405,755	0	135,324	115,586	0
37 兵庫	46,364	47,059	80	1,193	122,073	65,847	36,734	1,141,065	2,095,428	0	0	411,863	187,248	650
38 鳥取	0	41,129	0	0	3,135	0	0	166,581	0	1,978,205	212,409	61,630	134,523	0
39 島根	0	0	0	0	0	0	0	214,369	24,353	28,629	1,310,078	67,725	87,100	0
40 岡山	0	153,022	0	0	0	0	0	118,367	213,440	1,989	901	2,065,672	293,464	0
41 広島	0	0	0	0	0	0	0	297,083	146,045	119,697	5,422	89,469	2,133,343	30,759
42 山口	0	0	0	30,119	0	0	0	0	0	0	49,163	62,771	19,598	1,011,657
43 香川	0	26,173	16,452	26,921	56,085	18,857	0	450,413	143,048	28,331	0	1,492	81,349	0
44 愛媛	0	26,173	0	0	115,910	0	0	120,023	76,791	0	0	46,593	294,790	0
45 徳島	0	63,515	0	2,750	133,230	0	4,110	346,608	108,724	0	0	1,492	39,926	0
46 高知	0	0	0	0	18,695	0	0	24,536	650	0	0	0	0	0
47 福岡	0	113,303	0	13,681	45,603	0	0	263,498	158,412	0	0	36,410	37,923	551,738
48 佐賀	0	24,902	0	0	0	0	0	70,685	18,025	0	0	0	37,293	0
49 長崎	0	0	0	0	0	0	0	115,884	1,772	0	0	0	702	0
50 熊本	39,903	76,398	0	0	23,942	0	0	0	2,280	0	0	0	0	18,583
51 大分	0	0	0	0	0	0	0	0	0	0	0	0	0	0
52 宮崎	27,362	0	0	15,276	27,134	0	0	46,979	17,555	0	0	0	0	0
53 鹿児島	0	14,250	0	0	0	0	0	26,245	5,951	0	0	21,987	4,971	9,196
54 沖縄	0	1,193	0	0	0	0	0	8,224	68	0	0	0	0	0
55 全国	2,206,658	8,802,586	1,235,349	2,336,507	2,448,968	1,074,839	2,050,266	8,088,254	4,455,699	2,582,190	1,580,957	3,453,813	3,641,126	1,622,647

平成28年度　　府県相互間輸送トン数表（全機関）　　品目（1-0）農水産品　　（単位：トン）その4

着／発	43 香川	44 愛媛	45 徳島	46 高知	47 福岡	48 佐賀	49 長崎	50 熊本	51 大分	52 宮崎	53 鹿児島	54 沖縄	55 全国
1 札幌	0	0	0	0	0	0	0	0	0	0	0	0	7,572,160
2 旭川	0	0	0	0	0	0	0	25,082	0	0	0	0	5,220,527
3 函館	0	0	0	0	0	7,190	0	0	0	0	0	0	3,284,638
4 室蘭	0	0	0	0	2,502	0	0	0	0	0	18,237	10,696	4,404,652
5 釧路	0	0	0	0	1,401	1,000	2,544	0	0	0	0	0	13,251,991
6 帯広	12,546	0	0	0	7,411	0	0	0	0	0	3,351	0	8,471,459
7 北見	1,500	0	0	0	0	0	0	0	0	0	0	0	7,432,010
8 北海道	14,046	0	0	0	11,314	8,190	2,544	25,082	0	0	21,588	10,696	49,637,437
9 青森	0	0	0	0	0	500	0	0	25,082	0	0	1,501	6,810,052
10 岩手	0	0	0	0	0	0	0	700	0	0	0	0	3,396,971
11 宮城	0	0	0	0	0	0	0	0	0	0	3,046	0	4,103,699
12 福島	0	0	0	0	0	0	0	0	0	0	0	5,451	2,640,944
13 秋田	0	0	0	0	0	0	0	0	0	0	0	0	2,754,398
14 山形	0	0	2,243	0	0	0	0	0	0	0	0	0	2,928,696
15 茨城	1,597	0	0	0	56,232	600	2,967	1,300	0	0	7,725	0	8,113,175
16 栃木	0	0	0	0	0	0	0	0	0	0	0	0	1,830,149
17 群馬	0	0	0	0	0	0	0	0	0	0	0	0	2,540,943
18 埼玉	0	0	0	0	0	463	0	0	0	0	0	0	5,832,654
19 千葉	0	0	0	33,444	10,858	0	1,476	0	0	0	700	0	7,306,188
20 東京	0	0	0	0	569,360	0	0	0	23,445	0	8,140	48,851	15,208,113
21 神奈川	494	0	0	0	1,994	0	0	0	0	0	6,700	0	8,189,700
22 新潟	0	0	0	0	0	0	0	0	0	0	0	0	3,736,445
23 富山	0	0	0	0	0	0	0	0	0	0	0	0	1,680,921
24 石川	0	0	0	0	0	0	0	0	0	0	0	0	3,280,337
25 福井	0	0	0	0	0	0	0	0	0	0	0	0	714,395
26 山梨	0	0	0	0	0	0	0	0	0	0	0	0	584,464
27 長野	0	22,802	0	0	18,241	25,629	22,802	0	22,802	0	0	0	5,415,422
28 静岡	0	14,414	0	0	61,197	0	18,396	0	9,329	0	25,913	357	4,304,127
29 岐阜	35,792	0	0	0	0	0	0	0	0	0	0	0	2,103,415
30 愛知	0	4,368	17,896	0	200,511	1,500	0	2	0	0	46,963	0	8,816,785
31 三重	23,713	0	0	0	0	0	0	74,780	0	0	9,600	0	1,402,552
32 滋賀	0	0	0	0	0	0	0	0	0	0	0	0	1,797,174
33 京都	97,215	145,822	0	0	60,192	22,802	0	0	0	0	0	0	1,940,042
34 奈良	0	0	0	0	0	0	0	0	0	0	0	0	1,038,334
35 和歌山	0	0	0	33,444	2,720	2,162	0	0	0	0	998	0	1,452,907
36 大阪	73,900	166,804	115,042	21,309	145,541	0	0	0	440	426	0	19,166	6,208,168
37 兵庫	212,543	36,565	145,575	26	93,531	0	960	0	1,958	5,942	89,023	625	5,443,264
38 鳥取	14,228	0	0	0	14,228	0	0	0	0	0	0	0	2,649,557
39 島根	0	0	0	0	0	0	27,802	0	0	0	0	0	1,760,051
40 岡山	104,791	162,034	241,423	0	48,156	0	0	3,365	0	0	10,965	325	3,436,472
41 広島	23,438	301,056	0	0	22,201	0	30,721	0	5,830	0	6,586	0	3,243,731
42 山口	0	0	0	0	59,476	0	0	112,958	37,390	10,097	5,108	0	1,485,609
43 香川	3,319,003	589,623	100,648	4,563	997	0	0	30,721	0	0	27,802	36	5,214,404
44 愛媛	111,561	3,948,135	16,963	49,222	9,348	0	0	0	1,843	6,658	0	236	4,857,187
45 徳島	267,206	368	1,279,579	10,032	0	0	0	0	0	0	0	0	2,363,668
46 高知	11,066	116,228	10,595	1,008,255	0	0	0	0	0	0	0	0	1,265,271
47 福岡	16,394	26,594	0	22,802	5,345,647	737,460	75,651	232,074	244,217	41,064	143,324	92,116	8,259,982
48 佐賀	0	0	0	0	553,719	643,455	33,366	455,491	14,333	43,747	54,388	0	1,932,574
49 長崎	0	0	0	22,802	215,173	84,611	2,067,162	11,735	0	0	0	0	2,626,589
50 熊本	0	0	22,802	22,802	267,740	143,469	21,540	3,293,246	128,712	48,302	0	0	4,135,955
51 大分	0	634	1,758	0	78,217	0	5,567	356,400	597,846	77,296	26,973	0	1,146,863
52 宮崎	0	20,989	0	0	25,380	0	38,174	4,860	154,849	2,913,708	197,799	0	3,575,468
53 鹿児島	13,253	211,887	0	0	433,770	0	9,121	15,551	227,795	85,060	4,885,916	198,416	6,951,097
54 沖縄	0	0	0	0	0	0	0	0	0	0	10,056	3,462,440	3,517,770
55 全国	4,340,240	5,768,421	1,954,528	1,183,097	8,305,743	1,746,896	2,299,145	4,799,783	1,200,540	4,000,562	5,638,058	3,840,216	229,635,070

平成28年度　　　　府県相互間輸送トン数表（全機関）

品目　（2－0）　林産品　　その1　（単位：トン）

発＼着	1 札幌	2 旭川	3 函館	4 室蘭	5 釧路	6 帯広	7 北見	8 北海道	9 青森	10 岩手	11 宮城	12 福島	13 秋田	14 山形
1 札幌	1,489,994	57,391	55,208	124,140	54,584	93,023	188,549	2,062,889	0	4,679	0	0	0	0
2 旭川	68,620	358,269	0	0	0	12,661	123,204	562,753	0	0	3,520	0	25,825	0
3 函館	0	0	471,572	26,200	0	0	0	497,772	0	0	13,604	0	11,973	0
4 室蘭	281,966	74,234	0	2,535,514	7,444	41,147	361,833	3,302,139	0	2,211	54,196	0	32,896	0
5 釧路	0	3,102	0	236	103,688	23,739	4,853	135,618	0	0	0	0	1,550	0
6 帯広	0	0	0	313,465	30,069	5,338,035	0	5,681,570	0	0	34,062	0	12,509	0
7 北見	143,478	162,193	0	34,310	123,642	34,606	1,041,050	1,539,278	0	0	0	0	1,080	0
8 北海道	1,984,058	655,189	526,780	3,033,865	319,428	5,543,212	1,719,489	13,782,021	0	6,890	105,382	0	85,833	0
9 青森	0	0	0	26,042	73	812	0	26,927	2,814,572	743,607	1,189	0	1,092	0
10 岩手	0	0	0	0	0	0	0	0	285,426	2,174,027	143,424	31,191	32,646	93,573
11 宮城	0	0	0	4,336	0	0	0	4,336	62,382	45,453	1,098,152	56,456	41,640	11,262
12 福島	0	0	0	0	0	0	0	0	0	0	87,314	1,205,187	37,429	0
13 秋田	0	0	0	0	0	0	0	0	0	14,067	65,501	0	2,524,002	73,371
14 山形	0	0	0	0	0	0	0	0	0	0	14,466	0	0	746,241
15 茨城	0	0	0	112,302	0	0	0	112,302	0	0	45,046	145,947	0	29,943
16 栃木	0	0	0	0	0	0	0	0	0	0	24,953	134,503	0	0
17 群馬	0	0	0	0	0	0	0	0	0	0	15,595	134,801	18,368	0
18 埼玉	0	0	0	0	0	0	0	0	0	1,996	31,398	18,368	0	6,238
19 千葉	40,548	0	0	0	0	0	0	40,548	0	0	38,989	39,301	0	5,260
20 東京	0	0	0	9,918	20	0	0	9,938	234	31,761	57,080	55,180	0	0
21 神奈川	0	0	0	35,706	0	0	0	35,706	8,559	837	111,533	37,833	0	0
22 新潟	0	0	0	0	0	0	0	0	0	0	9,357	3,517	0	90,142
23 富山	0	0	0	0	0	0	0	0	0	0	0	0	0	0
24 石川	0	0	0	0	0	0	0	0	0	0	0	0	0	0
25 福井	0	0	0	9,110	0	0	0	9,110	0	0	0	0	0	0
26 山梨	0	0	0	0	0	0	0	0	37,429	0	0	0	0	0
27 長野	5,770	0	0	0	0	0	0	5,770	0	0	0	9,357	0	0
28 静岡	0	0	0	0	0	0	0	0	0	0	0	0	0	0
29 岐阜	0	0	0	0	0	0	0	0	0	0	0	0	0	0
30 愛知	0	0	0	102	0	0	0	102	266	0	31,191	709	0	0
31 三重	0	0	0	0	0	0	0	0	0	0	0	0	0	31,191
32 滋賀	0	0	0	0	0	0	0	0	0	0	0	0	0	0
33 京都	0	0	0	0	0	0	0	0	0	0	0	0	0	0
34 奈良	0	0	0	0	0	0	0	0	0	0	0	0	0	0
35 和歌山	0	0	0	0	0	0	0	0	0	0	0	0	0	0
36 大阪	0	0	0	2,030	5	0	0	2,035	0	3,130	0	0	0	0
37 兵庫	0	0	0	0	0	0	0	0	0	0	0	0	0	0
38 鳥取	0	0	0	0	0	0	0	0	0	0	5,049	0	0	4,680
39 島根	0	0	0	0	0	0	0	0	0	0	0	0	0	0
40 岡山	0	0	0	0	0	0	0	0	0	0	0	0	0	0
41 広島	0	0	0	0	774	0	0	774	0	0	0	0	0	0
42 山口	0	0	0	0	0	0	0	0	0	0	1,512	0	0	0
43 香川	0	0	0	0	0	0	0	0	0	0	0	0	0	0
44 愛媛	0	0	0	0	0	0	0	0	0	0	0	0	0	0
45 徳島	0	0	0	0	0	0	0	0	0	0	0	0	0	0
46 高知	0	0	0	0	0	0	0	0	0	0	0	0	0	0
47 福岡	0	0	0	0	0	0	0	0	0	0	0	0	0	0
48 佐賀	0	0	0	0	0	0	0	0	0	0	0	0	0	0
49 長崎	0	0	0	0	0	0	0	0	0	0	0	0	0	0
50 熊本	0	0	0	0	0	0	0	0	0	0	0	0	1,945	0
51 大分	0	0	0	0	0	0	0	0	0	0	0	0	0	0
52 宮崎	0	0	0	0	0	0	0	0	0	0	0	0	0	0
53 鹿児島	0	0	0	0	0	0	0	0	0	0	0	0	0	0
54 沖縄	0	0	0	0	0	0	0	0	0	0	0	0	0	0
55 全国	2,030,376	655,189	526,780	3,233,411	320,300	5,544,024	1,719,489	14,029,569	3,208,868	3,028,328	1,880,570	1,853,981	2,761,323	1,091,902

平成28年度　　　　府県相互間輸送トン数表（全機関）

品目　（2－0）　林産品　　その2　（単位：トン）

発＼着	15 茨城	16 栃木	17 群馬	18 埼玉	19 千葉	20 東京	21 神奈川	22 新潟	23 富山	24 石川	25 福井	26 山梨	27 長野	28 静岡
1 札幌	0	0	0	0	0	0	0	0	0	0	0	0	0	0
2 旭川	0	0	0	0	0	0	0	0	0	0	6,377	0	0	0
3 函館	0	0	0	0	0	0	0	0	0	1,654	9,454	0	0	0
4 室蘭	70,128	0	0	0	40,548	3,900	938	0	0	1,609	36,553	0	0	0
5 釧路	18,230	0	0	0	0	0	0	0	0	0	1,506	0	0	0
6 帯広	0	0	0	0	0	0	1,214	0	845	0	3,412	0	0	0
7 北見	0	0	0	0	0	0	0	0	0	0	0	0	0	0
8 北海道	88,358	0	0	0	40,548	3,900	2,152	0	845	3,263	57,302	4,814	0	0
9 青森	0	0	0	0	0	0	0	0	0	0	0	0	0	0
10 岩手	0	0	0	0	0	250	624	0	0	0	0	0	0	0
11 宮城	1,100	0	0	0	0	0	34,330	31,191	0	0	0	0	0	921
12 福島	166,248	0	6,238	6,238	54,896	6,238	0	38,861	0	0	0	0	0	0
13 秋田	0	0	55,797	37,429	0	0	0	0	0	0	0	0	38,365	0
14 山形	0	0	0	0	0	0	37,429	0	0	0	0	0	0	0
15 茨城	2,986,945	483,873	60,947	469,149	359,335	265,621	18,279	95,132	0	0	0	15,411	20,461	179,170
16 栃木	72,741	974,172	35,169	176,502	57,703	37,426	115,406	31,191	0	0	6,238	9,357	0	37,429
17 群馬	85,850	104,194	739,716	119,199	2,121	14,985	5,490	213,970	0	0	0	49,160	0	24,953
18 埼玉	208,718	32,040	257,307	1,483,110	175,672	560,732	191,988	0	0	0	0	17,243	0	13,443
19 千葉	412,707	33,374	56,144	465,462	1,514,346	334,700	70,355	84,215	0	0	0	0	0	2,717
20 東京	57,786	187,146	455,067	547,541	241,131	1,006,277	288,480	75,794	0	0	0	0	91,192	0
21 神奈川	330,655	792	4,679	78,547	58,829	596,832	1,491,901	37,429	0	0	0	288,539	0	119,422
22 新潟	0	31,191	146,028	0	0	36,181	6,238	6,956,833	3,119	0	0	35,870	41,499	0
23 富山	0	0	0	0	0	0	0	3,119	1,201,468	189,314	235,098	6,825	0	0
24 石川	0	0	0	6,987	0	0	0	37,429	0	1,673,744	187,172	4,569	0	0
25 福井	0	0	0	0	0	0	0	0	0	0	1,113,656	0	0	9,847
26 山梨	0	0	0	3,743	0	41,375	6,102	0	15,595	0	0	586,983	116,057	282,932
27 長野	274,480	0	93,902	24,962	1,245,141	6,102	0	0	0	0	0	12,410	605,905	109,994
28 静岡	13,100	18,013	59,487	62,382	34,836	13,893	31,191	0	0	12,559	2,311	40,860	0	2,651,002
29 岐阜	0	0	0	0	0	0	0	115,249	115,444	18,715	3,431	6,706	1,168	67,060
30 愛知	187,183	41,484	0	87,335	1,752	31,191	62,694	0	31,191	0	0	0	0	438,117
31 三重	0	0	0	0	0	0	0	3,119	0	0	0	0	0	640,973
32 滋賀	0	0	0	0	0	0	0	0	0	0	27,479	0	30,770	8,733
33 京都	0	8,110	0	0	0	0	0	0	0	0	4,679	0	0	0
34 奈良	0	0	0	0	0	0	0	0	0	0	0	0	0	0
35 和歌山	0	0	0	0	0	0	0	0	0	26,824	0	0	0	0
36 大阪	0	0	0	0	0	789	31,191	33,530	58,327	0	0	9,357	0	7,355
37 兵庫	0	0	0	0	0	21,834	0	0	0	0	43,979	0	0	0
38 鳥取	0	0	0	0	0	0	0	0	3,119	0	0	0	0	3,119
39 島根	0	0	0	0	0	0	0	0	0	0	0	0	0	0
40 岡山	0	0	0	0	0	0	0	4,685	0	0	0	0	0	0
41 広島	82,829	0	40,548	38,989	44,737	0	0	0	0	0	0	0	31,191	80,547
42 山口	0	0	0	0	0	15	0	0	0	0	0	0	0	0
43 香川	40,548	0	0	0	0	0	0	0	0	0	0	0	0	0
44 愛媛	78	0	0	0	400	0	0	0	0	0	0	0	0	0
45 徳島	20,274	0	0	0	0	0	40,548	93,573	0	0	57,126	0	0	0
46 高知	0	0	0	0	0	0	0	0	0	0	0	0	0	0
47 福岡	2,760	0	0	0	0	3,000	0	0	0	0	0	0	0	1,541
48 佐賀	0	0	0	0	0	0	0	0	0	0	0	0	0	0
49 長崎	0	0	0	0	0	0	0	0	0	0	0	0	0	0
50 熊本	0	0	0	0	0	0	0	15,372	0	0	0	0	0	77,371
51 大分	0	0	0	0	0	0	0	0	0	0	0	0	0	140
52 宮崎	0	0	0	0	0	0	0	0	0	0	0	0	0	0
53 鹿児島	0	0	0	0	0	0	0	0	0	0	0	0	0	0
54 沖縄	0	0	0	0	0	0	92	0	0	0	0	0	0	0
55 全国	5,032,360	1,914,388	2,011,029	3,545,192	3,880,677	3,023,340	2,410,465	7,887,841	1,580,993	2,054,862	1,480,390	1,063,710	983,322	4,756,787

平成28年度　　　　　　　　　　　府県相互間輸送トン数表（全機関）　　　　　品目（2-0）林産品　　　（単位：トン）その 3

着＼発	29 岐阜	30 愛知	31 三重	32 滋賀	33 京都	34 奈良	35 和歌山	36 大阪	37 兵庫	38 鳥取	39 島根	40 岡山	41 広島	42 山口
1 札幌	0	0	0	0	0	0	0	0	0	0	0	0	0	0
2 旭川	0	0	0	0	7,936	0	0	0	0	1,345	1,524	0	0	0
3 函館	0	0	0	0	2,600	0	0	0	0	4,213	0	0	0	0
4 室蘭	0	25,179	0	0	5,123	0	0	24	0	28,432	0	0	0	0
5 釧路	0	9,000	0	0	2,551	0	0	0	0	0	0	0	0	0
6 帯広	0	0	0	0	6,965	0	0	0	0	13,223	1,095	0	0	0
7 北見	0	0	0	0	2,420	0	0	0	0	1,467	0	0	0	0
8 北海道	0	34,179	0	0	27,595	0	0	24	0	48,680	2,619	0	0	0
9 青森	0	60	0	0	3,999	0	0	0	0	21,877	16,283	0	0	0
10 岩手	0	10,944	0	0	0	0	0	0	0	20,402	0	0	0	0
11 宮城	0	3,340	0	0	0	0	0	10,000	0	0	0	0	0	0
12 福島	0	23,393	0	0	0	0	0	0	607	0	0	0	0	0
13 秋田	0	0	0	31,815	0	0	0	0	0	0	0	62,382	0	0
14 山形	0	0	0	0	0	0	0	0	0	0	0	0	0	0
15 茨城	0	82,413	0	0	0	0	0	0	0	0	0	0	0	0
16 栃木	0	0	0	0	0	0	0	38,989	0	0	0	0	0	0
17 群馬	0	0	0	0	0	0	0	0	0	0	0	0	0	0
18 埼玉	31,191	0	0	6,862	0	0	0	5,614	38,677	0	0	0	0	0
19 千葉	80,410	0	0	0	0	0	1,521	390	0	0	0	13,316	0	0
20 東京	0	2,921	64	0	0	0	0	2,149	2,114	0	0	0	0	0
21 神奈川	0	6,842	10,264	0	0	0	0	12,060	999	33	0	0	0	0
22 新潟	0	62,382	0	0	0	0	0	0	0	2,921	1,231	0	0	0
23 富山	34,310	126,323	31,191	0	28,696	0	0	22,769	0	3,119	0	0	0	0
24 石川	0	7,798	0	0	0	0	0	3,119	74,858	0	0	0	0	0
25 福井	0	0	0	0	54,424	0	0	0	3,743	0	0	0	0	0
26 山梨	0	0	0	0	0	0	0	0	0	0	0	0	0	0
27 長野	71,232	54,307	32,713	0	0	0	0	0	0	32,968	0	0	0	0
28 静岡	12,476	153,452	336,862	0	0	0	0	11,009	0	0	0	0	0	0
29 岐阜	1,556,535	321,476	0	26,412	0	0	0	2,324	0	0	0	0	37,429	0
30 愛知	844,269	4,738,011	278,403	25,180	0	0	0	6,867	42,357	3,119	0	0	1,863	57
31 三重	13,878	139,209	2,145,594	16,035	27,604	525,080	11,695	32,142	0	0	0	0	0	0
32 滋賀	14,454	76,387	6,576	437,134	40,618	117,843	0	104,228	6,862	0	0	157,872	0	0
33 京都	0	8,422	4,679	39,559	753,848	37,914	4,679	109,929	153,483	0	0	32,507	0	0
34 奈良	0	46,786	399,244	8,733	32,584	265,631	0	100,915	3,989	0	0	0	33,762	873
35 和歌山	0	2,319	4,719,424	0	0	49,905	948,309	254,162	37,273	0	0	0	0	0
36 大阪	46,474	42,604	7,418	62,444	59,565	95,270	129,437	1,721,314	436,806	3,119	0	43,667	235,426	4,136
37 兵庫	0	47	2,110	0	12,675	151,954	21,508	6,464	311,984	2,333,126	256,004	150,205	18,130	408
38 鳥取	0	0	0	0	0	0	0	0	155,955	1,858,380	66,574	116	0	3,743
39 島根	0	0	0	0	0	0	0	0	31,191	163,585	2,558,321	0	0	0
40 岡山	0	0	0	0	0	0	0	43,375	329,992	270,570	1,570,827	0	46,385	0
41 広島	0	131,916	31,191	0	0	0	296	61,087	213,533	0	100,964	276,660	1,258,737	5,160
42 山口	0	61	0	0	0	0	829	44,759	31,191	0	107,400	6,238	10,321	1,553,179
43 香川	0	0	0	0	0	0	0	57,989	0	0	0	0	35,857	0
44 愛媛	0	0	0	80,473	0	31,191	1,621	7,737	0	0	0	43,667	35,523	0
45 徳島	0	6,550	0	0	0	0	8,798	65,501	76,607	0	0	31,191	652	244
46 高知	0	0	0	0	0	0	0	0	0	0	0	0	0	0
47 福岡	0	5,274	2,453	0	0	0	0	7,393	0	0	0	140	0	139,320
48 佐賀	0	5,874	0	0	0	0	0	0	0	0	1,480	0	600	9,777
49 長崎	0	0	0	0	0	0	0	0	0	0	2,349	0	0	26,303
50 熊本	0	0	0	0	0	0	0	0	634	0	0	0	0	0
51 大分	0	0	909	0	0	0	0	0	0	0	12,603	0	13,374	11,402
52 宮崎	0	10,027	0	0	0	0	0	10,410	0	0	5,497	0	7,193	50,730
53 鹿児島	0	0	0	0	0	0	400	0	4	0	0	60	0	8,885
54 沖縄	0	0	0	0	0	0	0	716	0	0	0	0	0	0
55 全国	2,705,231	6,103,315	8,009,094	747,322	1,180,885	1,144,343	1,114,048	3,080,147	3,975,777	2,401,302	3,125,827	2,422,611	1,702,363	1,813,344

平成28年度　　　　　　　　　　　府県相互間輸送トン数表（全機関）　　　　　品目（2-0）林産品　　　（単位：トン）その 4

着＼発	43 香川	44 愛媛	45 徳島	46 高知	47 福岡	48 佐賀	49 長崎	50 熊本	51 大分	52 宮崎	53 鹿児島	54 沖縄	55 全国
1 札幌	0	0	0	0	0	0	0	0	0	0	0	0	2,067,568
2 旭川	0	0	0	0	0	0	0	0	0	0	0	0	609,280
3 函館	0	0	0	0	1,203	0	0	0	0	0	459	0	542,932
4 室蘭	2,184	0	0	0	3,576	0	1,556	0	0	0	1,224	0	3,612,416
5 釧路	0	0	0	0	0	0	0	0	0	0	0	0	168,455
6 帯広	0	0	0	0	2,939	0	0	1,700	0	0	0	0	5,759,534
7 北見	0	0	0	0	0	0	0	0	0	0	0	0	1,544,245
8 北海道	2,184	0	0	0	7,718	0	1,556	1,700	0	0	1,683	0	14,304,432
9 青森	38,053	0	1,400	0	2,461	0	0	0	0	0	0	0	3,679,585
10 岩手	0	3,701	0	0	0	0	0	0	0	0	0	0	2,827,398
11 宮城	0	0	5,907	0	0	0	0	0	0	0	22	0	1,406,492
12 福島	0	0	0	0	0	0	0	0	0	0	0	0	1,632,650
13 秋田	0	0	31,191	0	0	0	0	0	0	0	0	0	2,933,920
14 山形	0	0	0	0	0	0	0	0	0	0	0	0	798,137
15 茨城	0	29,720	0	0	13,590	0	0	0	0	0	0	0	5,413,284
16 栃木	0	0	0	0	0	0	0	0	0	0	0	0	1,751,778
17 群馬	0	0	0	0	0	0	0	0	0	0	0	0	1,503,450
18 埼玉	0	0	0	0	0	0	0	0	0	0	0	0	3,092,107
19 千葉	0	0	0	0	0	0	0	0	0	0	0	0	3,204,482
20 東京	0	0	0	0	0	0	0	0	0	5,600	0	1,464	3,121,636
21 神奈川	41,950	0	0	0	0	0	0	0	0	0	0	0	3,277,359
22 新潟	0	0	0	0	0	0	589	0	0	0	0	0	7,423,979
23 富山	40,548	0	0	0	0	0	0	0	0	0	0	0	1,733,466
24 石川	0	0	0	0	0	0	0	0	0	0	0	0	2,184,989
25 福井	0	2,602	0	0	0	0	0	0	0	0	0	0	1,193,382
26 山梨	0	0	0	0	0	0	0	0	0	0	0	0	1,068,518
27 長野	0	30,567	0	0	0	0	0	0	0	0	0	0	2,625,407
28 静岡	0	68	0	0	0	0	0	0	0	2,017	0	0	3,462,224
29 岐阜	0	0	0	0	0	0	0	0	0	0	0	0	2,127,654
30 愛知	1,337	2,124	0	0	0	0	0	0	0	0	0	0	6,994,589
31 三重	0	0	0	0	250	0	0	0	0	0	0	0	3,586,770
32 滋賀	0	0	0	0	0	0	0	0	0	0	0	0	1,028,957
33 京都	0	0	0	0	0	0	0	0	0	0	0	0	1,157,808
34 奈良	0	0	0	0	84,215	31,191	0	0	0	0	0	0	973,289
35 和歌山	0	6,280	9,340	0	0	2,579	0	0	0	0	0	0	6,091,050
36 大阪	46,793	8,940	38,874	13,151	7,034	0	0	0	0	1,386	10	738	3,150,320
37 兵庫	114,159	90,924	0	0	19,131	0	0	0	0	1,341	1	1	3,555,986
38 鳥取	0	0	0	0	0	0	0	0	0	0	0	0	2,100,734
39 島根	0	0	0	0	43,451	0	0	0	0	0	0	0	2,796,548
40 岡山	38,488	40,548	0	132	4,679	0	0	0	0	0	0	0	2,349,683
41 広島	5,576	17,259	0	0	11,853	71,397	0	0	0	15,443	0	1,024	2,521,710
42 山口	0	0	31,191	0	131,066	0	0	0	758	0	0	0	1,918,519
43 香川	2,461,581	167,358	281,955	105,853	124,389	0	0	0	0	0	6	0	3,356,009
44 愛媛	14,535	1,770,894	88,206	52,222	62,317	0	0	0	0	1,400	0	316	2,110,108
45 徳島	249,002	420,401	1,313,250	0	0	0	0	28,640	0	0	0	0	2,421,149
46 高知	9,847	0	0	1,555,230	0	0	0	0	1,008	0	0	0	1,566,085
47 福岡	6,306	38,990	1,363	0	2,212,266	232,419	497,114	198,458	11,501	207,023	76,966	2,642	3,645,390
48 佐賀	63,864	19,510	0	0	25,623	1,221,293	47,440	1,363	49,905	0	0	0	1,446,907
49 長崎	0	9,080	0	0	0	232,187	793,932	1,363	408	0	0	0	1,065,622
50 熊本	0	3,930	0	0	4,536	0	89,518	1,666,255	87,218	125,310	440,164	0	2,512,254
51 大分	0	59,374	0	0	229,565	0	0	12,924	1,451,253	0	0	0	1,791,544
52 宮崎	0	68,608	6,804	0	56,144	0	72,444	46,786	79,664	6,301,138	929,819	0	7,645,324
53 鹿児島	2,377	0	515	0	0	0	0	6,034	0	251,954	3,032,617	36,148	3,338,934
54 沖縄	10,398	2,100	0	0	0	0	17,584	0	0	0	282	366,985	398,858
55 全国	3,146,999	2,792,978	1,809,996	1,735,379	3,040,288	1,863,510	1,447,145	1,935,567	1,680,550	6,941,660	4,481,564	409,327	140,290,508

平成28年度　府県相互間輸送トン数表（全機関）　品目（3-0）鉱産品　その1　（単位：トン）

発 ＼ 着	1 札幌	2 旭川	3 函館	4 室蘭	5 釧路	6 帯広	7 北見	8 北海道	9 青森	10 岩手	11 宮城	12 福島	13 秋田	14 山形
1 札幌	12,808,111	3,163	0	8,426	0	0	0	12,819,699	0	0	0	0	0	0
2 旭川	1,573,208	6,663,925	0	0	17,850	16,271	166,819	8,438,074	0	0	0	0	0	0
3 函館	192,640	0	4,844,400	179,380	0	0	0	5,216,420	32,050	160,373	76,210	50,170	0	0
4 室蘭	1,767,770	0	85,122	5,000,337	160,800	0	0	7,014,028	4,915	613,470	13,700	252,985	15,195	0
5 釧路	17,045	0	1,800	130,060	4,882,335	0	17,818	5,049,057	20,795	0	0	43,800	1,300	0
6 帯広	0	0	0	0	0	3,633,558	0	3,633,558	0	0	6,480	27,509	702	0
7 北見	0	0	0	0	0	0	6,062,866	6,062,866	0	0	0	0	0	0
8 北海道	16,358,772	6,667,088	4,931,322	5,318,202	5,060,985	3,667,647	6,229,685	48,233,702	57,760	780,323	117,419	347,657	16,495	0
9 青森	960	0	211,419	1,786,758	2,169	0	0	2,001,306	14,690,304	359,894	300,842	304,421	461,625	20,570
10 岩手	0	0	1,600	17,594	0	0	0	19,194	9,393	22,787,395	762,126	0	0	38,392
11 宮城	0	0	0	8,364	818	0	0	9,182	59,176	124,575	21,821,785	2,010,036	1,500	33,703
12 福島	0	0	18,980	5,200	0	0	0	24,180	21,625	60,290	277,251	30,396,228	20,000	0
13 秋田	0	0	12,000	41,069	0	0	0	53,069	11,700	17,157	0	0	12,284,769	76,026
14 山形	0	0	0	32,546	0	0	0	32,546	10,396	0	28,086	73,023	131,094	16,329,130
15 茨城	0	0	5,401	14,005	0	18,010	0	37,416	123,540	17,267	285,967	70,821	1,500	0
16 栃木	0	0	0	0	0	0	0	0	0	0	28,086	58,137	0	152,561
17 群馬	0	0	0	0	0	0	0	0	0	0	0	0	0	0
18 埼玉	0	0	0	0	0	0	0	0	0	0	200,297	0	0	0
19 千葉	41,690	0	213,995	37,868	124,530	0	1,540	419,623	7,660	0	83,795	392,666	28,568	24,950
20 東京	0	0	0	5,501	80	0	0	5,581	1,730	0	1,631	0	4,860	0
21 神奈川	0	0	86,061	46,443	34,600	30,287	0	197,391	4,005	10,260	36,194	38,940	50,000	0
22 新潟	0	0	0	0	0	0	0	0	0	0	0	26,962	138,916	37,916
23 富山	0	0	0	0	0	0	0	0	0	0	1,550	0	0	0
24 石川	0	0	0	12,209	0	0	0	12,209	4,524	0	0	0	12,164	0
25 福井	0	0	1,500	770	0	0	0	2,270	0	0	0	0	0	0
26 山梨	0	0	0	0	0	0	0	0	0	0	0	0	0	0
27 長野	0	0	0	0	0	0	0	0	0	0	0	0	0	0
28 静岡	0	0	0	2,359	0	0	0	2,359	0	12,026	0	0	0	0
29 岐阜	0	0	0	0	0	0	0	0	0	0	0	0	0	0
30 愛知	0	0	34,340	8,140	0	0	0	42,480	1,552	0	0	17,962	15,000	0
31 三重	0	0	0	0	0	0	0	0	0	0	0	0	0	0
32 滋賀	0	0	0	0	0	0	0	0	0	0	0	0	0	0
33 京都	0	0	1,503	0	0	0	0	1,503	0	0	0	0	0	0
34 奈良	0	0	0	0	0	0	0	0	0	0	0	0	0	0
35 和歌山	0	0	0	1,600	0	0	0	1,600	0	0	0	6,000	0	0
36 大阪	5,764	0	0	2,914	0	0	0	8,678	2,409	0	100	14,984	0	0
37 兵庫	0	0	0	8,891	6,774	0	0	15,665	2,855	0	0	0	0	0
38 鳥取	0	0	0	3,500	0	0	0	3,500	0	0	0	0	0	0
39 島根	0	0	0	0	0	0	0	0	0	0	7,500	3,011	0	0
40 岡山	0	0	0	5,634	140,531	0	0	146,165	6,128	3,011	0	0	0	0
41 広島	0	0	0	273,300	76,500	0	10,500	360,300	0	0	6,300	5,659	54,950	62,700
42 山口	0	0	0	20,004	0	0	0	20,004	2,710	0	10,050	4,266	6,500	0
43 香川	0	0	0	23,650	5,637	0	0	29,287	0	0	0	412	0	0
44 愛媛	0	0	0	0	0	0	0	0	0	32,767	0	0	50,400	0
45 徳島	0	0	0	5,307	0	0	0	5,307	0	0	0	1,280	0	0
46 高知	0	0	0	0	0	0	12,150	12,150	1,600	0	0	0	7,694	1,500
47 福岡	0	0	0	85,320	0	0	0	85,320	57,961	1,530	1,138	16,960	121,820	0
48 佐賀	0	0	0	0	0	0	0	0	3,776	0	0	0	0	0
49 長崎	0	0	0	1,566	7,309	0	0	8,875	0	0	0	0	0	0
50 熊本	0	0	0	0	0	0	0	0	0	0	0	0	0	0
51 大分	0	0	0	42,414	0	0	9,080	51,494	1,342	0	0	0	0	0
52 宮崎	0	0	0	0	0	0	0	0	0	0	0	0	0	0
53 鹿児島	0	0	0	123,438	0	0	0	123,438	0	0	0	678,162	81,997	25,000
54 沖縄	0	0	0	5,210	0	0	0	5,210	0	0	0	0	0	0
55 全国	16,407,186	6,667,088	5,518,121	7,936,276	5,463,433	3,726,444	6,252,455	51,971,004	15,114,914	24,294,759	24,942,590	33,544,590	13,366,283	16,752,497

平成28年度　府県相互間輸送トン数表（全機関）　品目（3-0）鉱産品　その2　（単位：トン）

発 ＼ 着	15 茨城	16 栃木	17 群馬	18 埼玉	19 千葉	20 東京	21 神奈川	22 新潟	23 富山	24 石川	25 福井	26 山梨	27 長野	28 静岡
1 札幌								605						
2 旭川					1,650									
3 函館					936,997		274,950							
4 室蘭	211,197				507,103	4,290	799	12,885			260			1,800
5 釧路	20				5,000			5,000						1,800
6 帯広					2,200									
7 北見														
8 北海道	211,217				1,452,950	4,290	275,749	18,490			260			1,800
9 青森	1,275,271	30,754			295,159	424,209	229,875	6,960			260			22,980
10 岩手		32,379			18,751	108,994	28,900	67,079						
11 宮城	85,871				26,676	3,000		10,003						
12 福島	324,676	243,776		175,370	174,751	14,152	51,356	51,579	10,000					
13 秋田		33,703						48,732	11,122					33,703
14 山形						33,703	3,961	78,344	4,293	4,293				
15 茨城	14,211,884	380,715	37,611	876,768	1,442,110	205,107	72,538	34,430				11,283	4,388	
16 栃木	1,957,022	15,336,977	1,950,806	3,917,492	1,537,983	1,365,855		299,954						
17 群馬	93,772	676,658	8,914,537	70,605	81,919									
18 埼玉	450,208	164,112	1,176,509	15,584,912	215,110	2,207,787	472,219	55,080					33,815	
19 千葉	864,802		3,932	1,140,846	12,006,671	4,705,793	4,657,908	55,000						138,625
20 東京	33,585	71,070	71,669	3,643,254	176,915	9,961,030	2,651,396	42,160				29,775		28,172
21 神奈川	111,203	129	37,484	142,948	435,908	944,359	13,649,304	66,528					9,925	109,144
22 新潟			7,394		1,567		7,497	18,106,946	70,614	152,410	274,257		20,404	
23 富山				2,657				17,724,797	244,869					
24 石川								21,957	279,483	13,766,208	409,330			
25 福井								7,500	18,511	48,219	15,017,282			
26 山梨						126,703	95,531					14,048,901		116,207
27 長野				1,282									5,563,399	
28 静岡	78,250		18,484		33,000	71,550	209,102							14,064,097
29 岐阜	31,862													19,660
30 愛知	12,465			36,511	196,746	51,820	126,478	19,646	100,579			20,373		264,300
31 三重					165,450	10,450	182,532	4,000						30,044
32 滋賀														
33 京都							87,638	33,980			198,086			
34 奈良														
35 和歌山	6,298													
36 大阪	3,100				5,475	4,410	13,402	1,600	27,000					800
37 兵庫	3,119				13,874		2,100	33,740	31,216	7,240	10,540			1,200
38 鳥取								35,378		2,400				
39 島根	1,000													
40 岡山	3,084					7,151	2,801	40,964			53,335		39,733	1,350
41 広島					4,640	6,620	17,216	239,735	35,260		9,350			4,313
42 山口	436,393				977,998	215,346	85,300	93,392	4,250	35,970	129,670			
43 香川					2,801	14,884	1,070	2,051						
44 愛媛						710	24,080	15,700						7,550
45 徳島					96,197	1,000		67,338						
46 高知	187,715				4,023,914	515,957	1,670,465							17,470
47 福岡	25,490			508	125,040	7,767	274,450	1,598		11,528	51,780			35,306
48 佐賀					10,350		400							
49 長崎						6,809	711,157	744			9,620			
50 熊本						3,259								
51 大分	37,355				392,488	323,539	373,884	84,509	9,552	18,364	94,563			49,690
52 宮崎					6,260									
53 鹿児島	5,000						10,279,000		201,240					
54 沖縄														
55 全国	20,458,012	16,970,273	12,375,311	25,437,834	23,922,403	21,350,891	36,447,613	19,408,636	18,528,814	14,289,102	16,248,452	14,110,333	5,671,664	14,946,411

平成28年度　府県相互間輸送トン数表（全機関）　　品目 (3-0) 鉱産品　（単位：トン）その 3

着／発	29 岐阜	30 愛知	31 三重	32 滋賀	33 京都	34 奈良	35 和歌山	36 大阪	37 兵庫	38 鳥取	39 島根	40 岡山	41 広島	42 山口
1 札幌	0	0	0	0	0	0	0	0	0	0	0	0	0	0
2 旭川	0	1,050	1,800	0	0	0	0	0	0	0	0	0	0	0
3 函館	0	0	0	0	0	0	0	0	0	0	0	0	0	0
4 室蘭	0	105,323	0	0	6,118	0	140,108	4,930	2,949	0	0	0	0	0
5 釧路	0	0	0	0	0	0	0	15,081	262,230	15,800	0	0	0	0
6 帯広	0	0	0	0	0	0	0	0	0	51,800	0	0	0	0
7 北見	0	0	0	0	0	0	0	0	0	0	0	0	0	0
8 北海道	0	106,373	1,800	0	6,118	0	140,108	20,011	265,179	67,600	0	0	0	0
9 青森	0	6,850	6,360	0	0	0	0	0	70,195	0	0	4,000	0	0
10 岩手	0	0	0	0	0	0	0	0	1,000	0	0	0	0	0
11 宮城	0	0	0	0	0	0	0	5,698	0	0	0	0	900	0
12 福島	0	28,922	5,960	0	0	0	0	0	0	0	18,659	8,250	21,313	29,900
13 秋田	0	3,932	0	0	0	0	0	0	0	0	0	0	0	2,502
14 山形	0	0	0	0	0	0	0	0	0	0	0	0	0	0
15 茨城	0	39,465	0	0	0	0	0	7,820	14,472	38,669	0	709	0	0
16 栃木	0	0	0	0	0	0	0	0	0	37,354	0	0	0	0
17 群馬	0	0	0	0	0	0	0	0	0	0	0	0	0	0
18 埼玉	0	0	0	0	0	0	0	37,484	0	0	0	0	0	0
19 千葉	11,795	314,148	17,300	0	0	0	0	43,861	1,000	58,845	0	1,720	11,215	16
20 東京	0	46,399	5,200	0	0	0	0	1,510	550	23,045	0	0	2,048	0
21 神奈川	0	44,949	23,750	0	0	0	0	7,573	96,405	0	0	2,000	0	2,000
22 新潟	0	73,480	0	9,424	0	0	0	0	4,693	8,840	31,140	0	43,182	48,248
23 富山	119,820	0	0	0	0	0	0	0	0	0	0	0	0	0
24 石川	0	0	0	0	0	0	0	0	0	0	1,205	0	0	0
25 福井	0	0	0	0	13,521	0	0	0	0	0	4,031	0	0	1,500
26 山梨	0	0	0	0	0	0	0	0	0	0	0	0	0	0
27 長野	0	28,863	0	0	0	0	0	0	0	0	0	0	0	0
28 静岡	0	167,146	1,500	0	0	0	0	1,102	8,650	36,291	0	3,029	0	0
29 岐阜	12,759,681	2,220,301	548,807	47,181	0	0	0	0	56,171	0	0	0	0	0
30 愛知	255,499	13,030,221	642,276	510,399	3,132	0	0	36,821	569,018	0	0	36,057	13,494	10,661
31 三重	0	4,638,158	20,674,613	721,614	0	13,822	0	339,337	290	1,612	0	22,730	0	0
32 滋賀	4,458	3,107	51,670	5,493,914	499,421	0	0	0	3,321	0	0	0	0	6,500
33 京都	0	0	748,999	8,384,244	263,999	0	3,570	0	180,649	75,054	14,920	42,926	0	3,025
34 奈良	0	0	120,261	43,070	0	1,857,049	0	0	171,443	0	0	0	0	0
35 和歌山	0	61,039	43,070	0	0	0	0	3,956,000	207,539	102,896	0	0	15,900	0
36 大阪	0	20,557	0	0	562,576	459,571	434,036	4,347,511	995,696	1,650	0	149,898	680	11,550
37 兵庫	0	29,915	207,645	62,685	10,656	0	391,174	3,747,243	17,881,057	159,086	205,972	159,871	0	72,760
38 鳥取	0	0	0	0	0	0	0	0	0	2,497,084	11	0	0	0
39 島根	0	1,480	0	0	65,820	0	170,750	1,300	6,009	210,538	10,685,295	33,727	49,425	52,579
40 岡山	0	56,218	250,680	31,637	0	0	6,210	273,268	891,988	103,744	25,512	10,727,918	2,611,745	85,333
41 広島	0	13,336	259,480	0	4,513	0	0	737,064	496,156	444,610	64,141	583,207	8,590,169	699,859
42 山口	0	207,873	21,307	206,820	13,040	0	36,531	73,500	4,843,507	35,184	0	646,275	1,342,294	14,853,280
43 香川	0	0	19,330	0	0	0	31,650	36,645	238,889	0	0	11,407	3,474	3,877
44 愛媛	0	93,635	27,048	0	0	0	0	31,933	129,377	106,975	144,803	5,574	62,979	31,740
45 徳島	0	40,290	27,048	0	0	0	35,932	211,822	322,223	302	0	70,251	27,016	3,308
46 高知	0	412,260	0	0	0	0	1,330,686	219,318	1,110,436	0	0	17,367	177,573	7,400
47 福岡	0	53,559	14,220	0	2,040	0	0	109,870	687,085	156,343	15,873	129,021	806,915	791,827
48 佐賀	0	1,121	0	0	0	0	0	15,604	52,368	30,100	0	1,000	24,500	268,868
49 長崎	0	700	0	0	0	0	0	26,800	37,169	0	14,572	10,050	16,590	56,527
50 熊本	0	0	0	0	0	0	0	0	1,530	0	0	0	4,220	21,782
51 大分	0	66,990	23,696	0	0	0	11,780	352,751	567,523	39,000	0	1,526,736	1,689,612	6,736,419
52 宮崎	0	12,440	0	0	0	0	0	0	42,746	9,360	0	0	141,978	0
53 鹿児島	0	3,610	0	0	0	0	0	38,060	6,257,570	14,900	2,143	0	1,716,812	5,524,685
54 沖縄	0	0	0	0	0	0	0	0	1,500	1,690	0	0	174,138	0
55 全国	13,151,253	21,753,857	23,039,454	7,826,569	9,569,333	2,594,441	7,797,468	17,054,001	29,609,399	3,404,424	11,069,496	16,088,038	15,816,194	29,326,146

平成28年度　府県相互間輸送トン数表（全機関）　　品目 (3-0) 鉱産品　（単位：トン）その 4

着／発	43 香川	44 愛媛	45 徳島	46 高知	47 福岡	48 佐賀	49 長崎	50 熊本	51 大分	52 宮崎	53 鹿児島	54 沖縄	55 全国
1 札幌	0	0	0	0	0	0	0	0	0	0	0	0	12,820,304
2 旭川	0	0	0	0	0	0	0	0	0	0	0	0	8,442,574
3 函館	0	0	0	0	0	0	0	0	0	0	0	0	6,747,170
4 室蘭	0	67,200	0	0	60,340	30,410	0	0	44,114	250	0	0	9,114,369
5 釧路	0	0	0	0	1,000	0	0	0	0	0	0	0	5,419,083
6 帯広	0	0	0	0	0	0	0	0	0	0	0	0	3,722,249
7 北見	0	0	0	0	9,012	0	0	0	0	0	0	0	6,071,878
8 北海道	0	67,200	0	0	70,352	30,410	0	0	44,114	250	0	0	52,337,627
9 青森	0	3,950	0	0	5,600	0	0	0	0	0	0	0	20,521,126
10 岩手	0	0	0	0	0	0	0	0	0	0	0	0	23,880,973
11 宮城	0	0	0	0	0	0	0	0	0	0	4,500	0	24,196,605
12 福島	0	0	0	49,920	25,678	0	0	0	0	4,463	0	0	32,038,297
13 秋田	0	4,500	0	0	1,500	0	0	0	45,313	0	0	0	12,627,727
14 山形	0	0	0	0	0	0	0	0	0	0	0	0	16,728,868
15 茨城	0	0	0	4,960	17,115	0	0	0	17,094	0	0	0	17,953,650
16 栃木	0	0	0	0	0	0	0	0	0	0	0	0	26,642,225
17 群馬	0	0	0	0	0	0	0	0	0	0	0	0	9,837,491
18 埼玉	0	0	0	0	0	0	0	0	0	0	0	0	20,542,454
19 千葉	1,500	1,320	0	13,293	26,471	0	0	0	48,703	0	0	0	25,082,107
20 東京	0	2,895	1,600	0	38,332	0	0	0	0	18	480	1,274	16,846,179
21 神奈川	8,684	10,641	1,487	1,589	172,000	0	0	0	146,104	0	0	0	16,294,376
22 新潟	0	135,201	0	0	2,084	0	0	0	11,600	0	0	0	19,236,120
23 富山	0	0	0	0	3,180	0	0	0	0	0	0	0	18,143,625
24 石川	0	0	0	0	7,100	0	0	0	10,002	0	0	0	14,524,182
25 福井	0	3,000	0	4,638	1,530	0	0	0	0	0	0	0	15,122,003
26 山梨	0	0	0	0	0	0	0	0	0	0	0	0	14,387,342
27 長野	0	0	0	0	0	0	0	0	0	0	0	0	5,593,544
28 静岡	263	4,532	0	4,544	0	0	19,442	0	650	0	0	0	14,736,018
29 岐阜	0	0	0	0	0	0	0	0	0	0	0	0	15,683,663
30 愛知	44,464	66,658	0	77,548	99,161	350	53,945	0	82,133	0	1,500	0	16,439,249
31 三重	0	0	0	0	0	0	0	0	0	0	0	0	26,804,652
32 滋賀	0	0	0	0	0	0	0	0	0	13,200	0	0	6,075,590
33 京都	0	0	0	0	49,856	0	29,367	0	85,355	0	0	0	10,199,600
34 奈良	0	0	0	0	0	0	0	0	0	0	0	0	2,148,753
35 和歌山	5,190	5,260	0	38,035	12,936	0	0	0	9,375	0	0	74,411	4,545,549
36 大阪	46,105	112,685	0	123,638	99,093	1,121	88,322	0	27,622	1,100	34,086	992	7,603,767
37 兵庫	205,557	268,233	259,268	13,073	336,365	506	3,450	0	67,359	38,704	1,500	1,312	24,244,941
38 鳥取	0	0	0	0	0	0	0	0	0	0	0	0	2,535,973
39 島根	4,369	0	0	0	12,775	0	0	0	17,745	0	598	0	11,322,712
40 岡山	99,585	49,473	31,290	70,845	387,996	0	2,000	0	25,443	0	0	0	16,035,204
41 広島	39,869	636,778	379,830	112,868	694,692	9,650	26,000	0	120,750	36,950	4,500	4,899	14,762,050
42 山口	97,441	978,960	2,000	825,219	1,286,806	106,469	167,294	76,107	199,132	128,350	74,583	0	28,365,304
43 香川	7,859,500	24,348	474,813	1,557	183,923	0	12,675	0	3,300	0	3,000	0	8,999,618
44 愛媛	77,766	19,448,870	8,810	21,020	75,384	0	50,000	0	10,400	9,726	1,000	512	20,343,111
45 徳島	1,004,886	75,730	4,375,934	12,675	193,128	0	0	0	32,798	0	0	0	6,654,465
46 高知	1,520	51,527	322,763	7,964,780	198,130	0	0	0	216,581	6,298	0	370	18,475,473
47 福岡	111,657	32,963	92,330	257,419	7,503,794	347,521	102,450	598,543	175,296	20,809	0	0	4,845,609
48 佐賀	0	0	0	0	0	271,561	3,066,747	175,456	2,700	89,050	37,564	0	4,051,165
49 長崎	11,341	1,000	120,327	0	411,348	192,655	10,383,877	512,012	181,798	2,000	650	232,220	12,948,841
50 熊本	680	0	0	0	2,011,124	0	34,648	8,744,783	45,136	1,000	34,166	0	10,902,326
51 大分	653,319	405,110	73,280	67,356	1,084,219	0	38,130	207,964	15,402,136	597,232	467,334	1,500	31,450,367
52 宮崎	0	18,300	0	0	3,200	0	0	0	33,432	183,055	6,436,762	1,500	6,894,633
53 鹿児島	95,240	126,000	0	0	45,239	0	8,572	5,875	110,400	0	13,560,454	559	38,987,873
54 沖縄	0	0	0	0	0	0	365,165	0	0	0	559	9,257,870	9,806,132
55 全国	10,368,936	22,535,133	6,143,733	9,664,976	15,331,671	3,757,159	11,428,993	9,720,588	17,831,041	7,488,912	14,183,812	9,691,743	786,398,867

平成28年度　　府県相互間輸送トン数表（全機関）　　品目（4-0）金属・機械工業品　その1　（単位：トン）

発 ＼ 着	1 札幌	2 旭川	3 函館	4 室蘭	5 釧路	6 帯広	7 北見	8 北海道	9 青森	10 岩手	11 宮城	12 福島	13 秋田	14 山形
1 札幌	10,353,654	462,890	119,732	445,884	164,185	78,616	67,781	11,692,743	44,287		37,206	0	0	0
2 旭川	712,861	4,080,759	0	39,734	2,463		92,780	4,928,599				0	0	0
3 函館	37,544	2,239	667,494	21,715	0			728,992	13,235	61,008	9,367	0	0	0
4 室蘭	1,245,009		19,926	7,011,461	425,358	19,111	1,476	8,722,340	215		6,614	575,386	39,674	2,738
5 釧路	34,098		16,981	8,151	681,452	6,538		747,219			4,870			
6 帯広	26,136			11,096	4,180	945,834	13,436	1,000,683						
7 北見	13,703	64,331	1,189		22,393	34,709	697,328	833,654						
8 北海道	12,423,004	4,610,220	825,323	7,538,042	1,300,032	1,084,807	872,801	28,654,228	57,737	67,622	626,829	39,674	2,738	
9 青森		23,620		93,536	42			117,198	4,006,905	71,267	30,294	73,783		
10 岩手	0			43,455				43,455	133,981	5,525,361	436,357	34,642	82,255	
11 宮城				596,890				596,890	56,423	704,981	9,988,175	912,983	221,013	683,829
12 福島	38,382					38,382		76,763	327,535	470,263		9,203,794	25,131	135,518
13 秋田				1,000				1,000	53,132	160,969	27,627		5,991,553	38,311
14 山形				86				86	7,201	96,722	81,607	31,203		2,129,375
15 茨城	37,094		7,269	643,208	1,274,600			1,962,171	32,264	171,722	362,287	746,448	2,599	77,545
16 栃木											18,252	121,169	252,037	17,091
17 群馬											45,321	31,357	6,101	12,565
18 埼玉											160,532	197,350	220,694	112,889
19 千葉	19,099		40,796	203,710	3,707			267,312	28,649	569,507	755,557	497,018	12,434	281
20 東京				555,739	326,475			882,214	2,950	1,664	166,880	58,012	302	9,102
21 神奈川			3,568	396,888	1,114			401,570	147,450	127,867	405,481	212,203	391,293	
22 新潟				28,496				28,496	10,189		28,443	47,473	15,944	43,012
23 富山			60					60			43,724	23,620	3,543	55,738
24 石川				506				506	1,067		39,835		3,543	
25 福井				572,714				572,714			53,142		3,140	
26 山梨											51,285	76,479		
27 長野											21,959	31,349		
28 静岡				224				224	10,555	2,221	115,181	40,302	46,929	
29 岐阜											55,468	33,172		
30 愛知				1,916,568				1,916,568	371,120	76,596	3,436,882	1,200	2,400	38,972
31 三重				42				42			32,943	9,448		
32 滋賀											6,283	26,572		
33 京都											92,643			17,359
34 奈良														
35 和歌山	40			4,565				4,605	1,293		3,965			
36 大阪				361,839	160			361,999	26,090	3,157	151,023	34,878		
37 兵庫	33,559		672	30,590				64,821	6,803		76,665	14,123		
38 鳥取								0						
39 島根				56				56						
40 岡山			55	16,434				16,489	3,094	3,094	12,565	98,699	1,585	
41 広島			604	3,971				4,575	51,892	589	175,374	2,511		
42 山口			906	3,060				3,966	25		4,828			
43 香川	32,670		603	2,579				35,852	11,915		1	19,382	577	
44 愛媛									2,904		6,872			
45 徳島				12,565				12,565	250			26,572		
46 高知														
47 福岡	6,760			7,568	1,077			15,405	234	16,188	13,999	264		587
48 佐賀													454	
49 長崎	17,715			9,350				27,065			16,198	3,102	198	
50 熊本														
51 大分				4,340				4,340						
52 宮崎														
53 鹿児島											660			
54 沖縄														
55 全国	12,608,323	4,633,839	880,080	13,047,796	2,907,207	1,123,189	872,801	36,073,234	5,012,181	8,149,215	18,163,844	12,654,393	6,915,557	3,372,176

平成28年度　　府県相互間輸送トン数表（全機関）　　品目（4-0）金属・機械工業品　その2　（単位：トン）

発 ＼ 着	15 茨城	16 栃木	17 群馬	18 埼玉	19 千葉	20 東京	21 神奈川	22 新潟	23 富山	24 石川	25 福井	26 山梨	27 長野	28 静岡
1 札幌					19,099		4,479	31,464						
2 旭川		210												
3 函館						7,509								
4 室蘭	1,334,301				189,041	312,285	322,155	110,140		5,773	586,525			564
5 釧路	178,950					380		1,500						
6 帯広														
7 北見														
8 北海道	1,513,461				208,140	312,665	334,143	143,104	9,577	5,773	586,525			564
9 青森						1,200	65,893	23,465						
10 岩手	8,279	469	8,544	197,449	13,514		1,476	40,994		47,547			22,347	25,180
11 宮城	69,477	12,961		235,590	174,632	115,216	1,044,039	202,538	46,264		53,144	221,642		88,124
12 福島	744,906	167,241	225,234	981,092	185,118	98,335	191,074	67,260				25,131	27,406	98,388
13 秋田	29,524				102,728		135,318	30,967					19,099	46,929
14 山形	279	221,404	12,565	129,556	7,539	2,592		67,565						46,929
15 茨城	8,926,846	562,625	514,169	744,943	2,154,558	1,742,007	1,183,485	121,267	40,770	11,019	404	16,327	25,935	88,324
16 栃木	821,072	7,321,697	1,190,179	925,313	616,797	366,738	983,779	140,330	43,348	25,131	53,144		89,079	62,114
17 群馬	136,644	931,225	12,924,436	1,125,441	1,412,180	324,226	326,505	1,232,587	177,630	12,018	23,934	89,324	43,303	72,494
18 埼玉	997,981	1,040,348	1,125,441	12,196,816	2,481,919	3,971,734	2,093,042	584,992	16,425	24,869		4,046	124,853	72,494
19 千葉	3,509,832	2,201,071	1,618,056	3,827,608	25,754,969	4,075,058	3,278,803	169,200	184,437	48,573	3,770	37,550	272,296	894,526
20 東京	1,078,287	617,404	776,413	2,703,108	4,129,256	12,405,527	2,731,995	132,635	27,517	4,224	3,770	36,898	228,513	74,870
21 神奈川	434,263	885,826	245,804	1,596,885	2,768,822	2,043,491	25,922,784	120,100		65,343	628	114,009	215,788	1,061,738
22 新潟	290,391		74,975	469,150	124,091	144,268	246,203	10,128,151	156,925	122,220	21,764	2,716	110,918	233,342
23 富山		56,625	7,212	191,171	6,200	20,997	62,930	89,083	9,600,909	425,798	274,275		143,099	163,308
24 石川	40,240			12,063	64,379		64,385	20,151	548,532	4,664,454	97,019		38,952	73,227
25 福井	38,382			129,063	53,144		628	17,896	93,211	34,705	3,421,996			
26 山梨	5,592	83,675	20,210	313,299	17,917	207,932	718,330	133,192	7,511			2,350,789	46,214	140,087
27 長野	144,515	94,652	57,118	55,752	41,715	121,463	121,463	223,775	18,648	191,639		128,542	5,531,019	7,656
28 静岡	28,041	52,526		420,017	169,317	631,872	674,706	38,905	49,274	73,154		74,395	235,168	21,589,846
29 岐阜		67,500		17,914	143,988	43,978	72,689	22,393	38,398	11,732	52,869	74,395	103,852	354,695
30 愛知	206,411	263,715	17,914	143,988	2,789,736	193,624	3,577,693	107,237	326,283	120,719	380,602		500,550	4,546,299
31 三重	25,096	112,444	29,524	100,354	957,080	1,618	29,242	52,562	60,502	60,431	4,901	33,398	650	670,005
32 滋賀	107,283	30,015	1,257	14,073	12,565	7,086	154,753	3,770	2,010	9,661	23,970			348,654
33 京都	8,361				1,920	92,265	84,905	3,770			24,552		17,981	
34 奈良			4,429		9,948		653			64,659				29,524
35 和歌山	24,986				187,048	98,493	1,548							
36 大阪	20,544	44,764		77,061	1,219,599	370,478	213,161	255,946	228,472	36,971		19,919	45,550	478,636
37 兵庫	9,048	294	29,524	29,524	1,633,428	121,286	296,602	103,243	133,790	45,442	56,162	226	6,792	119,861
38 鳥取													39,185	
39 島根														
40 岡山	14,819	20,195		75,069	436,203	139,361	560,142	4,652	82,670		7,217		5,026	77,973
41 広島	4,675	3,396	94,448	106,232	1,339,430	33,447	191,300	7,718	21,930	24,696	1,134			125,912
42 山口	27,257				406,764	1,650	5,565	27,710		19				2,832
43 香川					91,972	9,090						5,737		2,499
44 愛媛	115,240				422,682	45,043	13,684	1,449		880				3,433
45 徳島				6,791	62,164					29,524				
46 高知	7,162				1,500		5,669							2,475
47 福岡	572,133			9,448	225,712	740,863	3,139,300	37,440		2,791				425,439
48 佐賀														
49 長崎	3,380			8,857	4,359	300	95	675						
50 熊本					14,218	100	42					10,868		65,701
51 大分	186,909				348,410		126,002	3,783		563				139,989
52 宮崎	192					18,000		394						
53 鹿児島					1,120			565						
54 沖縄						104,979	565							
55 全国	20,151,600	14,792,079	19,052,524	27,100,843	49,607,694	28,765,875	49,539,449	12,982,444	11,871,077	6,249,853	5,135,848	3,160,647	7,923,099	32,530,589

平成28年度　府県相互間輸送トン数表（全機関）

品目　（4-0）金属・機械工業品　　（単位：トン）　その3

着／発	29 岐阜	30 愛知	31 三重	32 滋賀	33 京都	34 奈良	35 和歌山	36 大阪	37 兵庫	38 鳥取	39 島根	40 岡山	41 広島	42 山口
1 札幌	0	0	0	0	0	0	0	0	0	0	0	80	32,670	0
2 旭川	0	0	0	0	0	0	0	0	0	0	0	0	0	0
3 函館	0	0	1,600	0	0	0	0	0	0	0	0	0	0	0
4 室蘭	0	1,112,266	59	0	0	0	1,531	234,402	83,758	0	0	0	19,433	1,991
5 釧路	0	1,360	0	0	0	0	0	2,300	0	0	0	0	0	0
6 帯広	0	0	0	0	0	0	0	0	0	0	0	0	3,486	0
7 北見	0	0	0	0	0	0	0	0	0	0	0	0	0	0
8 北海道	0	1,115,226	59	0	0	0	1,531	236,702	83,758	0	0	80	55,589	1,991
9 青森	0	32,303	0	0	0	0	0	41,944	0	0	0	0	44,658	61,449
10 岩手	0	65,170	0	0	113	0	0	35,145	14,124	0	0	0	1,377	19,404
11 宮城	0	3,204,651	7,790	0	42,382	0	0	26,023	8,104	1,366	0	0	0	0
12 福島	0	279,402	39,790	0	0	0	0	1,200	9,549	0	0	0	1,100	0
13 秋田	0	0	0	0	0	0	35	7,895	0	0	0	0	0	0
14 山形	0	4,429	0	0	25,131	0	0	0	0	0	0	0	0	6,355
15 茨城	51,757	746,690	40,538	44,954	0	0	155,419	222,925	177,976	0	1,103	29,151	117,371	54,004
16 栃木	0	183,849	60,409	35,429	395	0	0	27,103	0	0	0	0	0	0
17 群馬	4,320	190,480	144,888	34,526	87,099	0	5,026	105,244	0	0	0	96,971	0	75,456
18 埼玉	0	122,227	46,929	100,187	18,186	3,137	0	50,978	33,926	0	0	8,670	5,026	0
19 千葉	0	709,261	928,673	638	1,476	0	7,852	1,439,028	225,340	0	22,110	179,483	26,483	22,707
20 東京	6,938	307,799	75,611	0	1,509	2,764	2,365	158,172	22,531	0	0	101	85,180	52
21 神奈川	43,936	3,261,719	102,066	26,293	1,471	0	3,624	279,427	711,658	0	0	49,050	201,176	14,151
22 新潟	1,960	51,816	2,309	0	0	0	0	112,556	7,575	0	0	7,414	0	0
23 富山	212,634	371,973	8,119	16,622	141,561	206,080	75,093	303,893	81,504	0	0	19,191	0	0
24 石川	13,436	203,742	65,409	117,712	2,952	0	162	104,104	211,837	0	0	0	23,949	19
25 福井	11,823	335,482	0	23,180	7,921	0	0	151,455	764	0	2,239	0	647	0
26 山梨	22,884	66,842	25,131	49,262	0	0	0	229	7,718	0	0	0	0	0
27 長野	27,644	398,536	99,433	4,831	4,645	18,848	0	103,325	64,690	0	56,377	0	20,705	0
28 静岡	338,710	2,015,796	263,803	270,932	0	0	1,192	267,890	2,422	0	0	45,135	124,824	0
29 岐阜	5,942,892	2,159,446	295,703	47,861	28,343	0	0	248,862	0	0	0	5,026	0	0
30 愛知	3,215,089	63,975,212	3,692,126	2,511,801	74,941	216,877	5,439	1,478,526	1,270,226	0	0	1,101,357	632,887	51,840
31 三重	113,970	2,307,462	8,939,581	81,568	148,704	11,695	18,033	192,801	211,919	0	5,026	306,063	292,622	0
32 滋賀	26,147	330,735	89,126	7,628,983	270,667	9,469	8,798	459,347	223,088	0	0	245,391	0	0
33 京都	3,267	75,001	51,384	379,979	4,219,671	96,793	0	341,254	259,092	1,034	0	0	22,971	2,387
34 奈良	0	52,301	230,440	41,096	104,102	1,986,867	47,334	410,089	26,343	0	0	12,565	51,758	0
35 和歌山	0	150,461	4,850	5,610	5,019	22,237	3,356,130	1,351,967	851,100	0	0	0	81,064	1,033
36 大阪	67,931	1,761,138	367,045	205,961	908,538	573,985	749,620	23,606,044	5,673,983	5,216	64,527	435,163	376,032	58,426
37 兵庫	1,246	1,475,865	151,364	267,848	261,879	77,865	131,660	4,355,842	17,079,301	1,595	170	445,416	1,084,379	308,960
38 鳥取	6	0	0	0	1,034	0	0	5,766	30,440	2,431,683	171,084	33,168	216,853	4,926
39 島根	0	0	98,625	30,157	5,905	0	0	23,465	25,131	138,324	5,559,013	20	1,632,090	254,878
40 岡山	7,676	2,304,009	223,413	100,658	4,966	1,257	2,744	839,222	1,539,778	116,717	29,157	8,903,919	1,233,682	100,925
41 広島	5,471	1,975,609	79,266	49,039	49,404	0	0	2,905,823	1,548,854	168,331	111,735	486,177	21,661,199	1,762,808
42 山口	0	326,288	0	32,851	0	51,758	2,395	467,438	476,077	23,138	303,414	15,769	1,011,385	11,289,147
43 香川	0	108,974	1,583	103,335	52,088	5,554	8,452	415,564	208,180	0	0	432,030	151,019	4,325
44 愛媛	0	158,432	96,269	150,783	0	0	1,993	882,994	545,556	95	0	143,428	210,808	71,958
45 徳島	0	127,059	54,796	0	0	253	1,380	96,788	134,245	0	0	32,595	57,890	1,808
46 高知	0	0	0	0	0	0	0	8,453	76,069	13,274	0	0	250	0
47 福岡	0	3,320,204	0	0	11	0	49,316	466,246	770,194	0	49,299	214,317	569,294	863,746
48 佐賀	0	64	0	0	0	0	0	1,627	27,019	0	0	0	41	0
49 長崎	0	55,399	315	0	2,641	0	50	267	24,452	0	0	13,096	203	1,410
50 熊本	0	0	0	6,289	0	0	0	58,726	18,921	0	0	207	34,806	0
51 大分	0	3,681,832	0	0	0	0	2,601	362,434	1,341,190	0	0	304,749	162,982	441,219
52 宮崎	0	3,642	46,179	0	0	0	0	77,589	29,013	0	0	0	0	8,888
53 鹿児島	0	53,624	0	0	0	849	0	76,195	23,006	0	0	0	0	183,045
54 沖縄	0	132,611	0	0	0	0	0	226,355	25,596	0	0	114	0	0
55 全国	10,119,739	98,202,758	16,333,025	12,368,385	6,472,755	3,286,188	4,647,085	43,102,537	34,039,452	2,887,499	6,375,254	13,565,819	30,192,301	15,667,316

平成28年度　府県相互間輸送トン数表（全機関）

品目　（4-0）金属・機械工業品　　（単位：トン）　その4

着／発	43 香川	44 愛媛	45 徳島	46 高知	47 福岡	48 佐賀	49 長崎	50 熊本	51 大分	52 宮崎	53 鹿児島	54 沖縄	55 全国
1 札幌	0	0	0	0	3,286	0	0	0	0	0	0	0	11,865,313
2 旭川	0	0	0	0	0	0	0	0	0	0	0	0	4,928,599
3 函館	0	0	0	0	0	0	0	0	0	0	0	0	821,921
4 室蘭	0	5,615	7,570	210	79,447	0	0	0	106,894	0	0	0	13,860,927
5 釧路	0	0	0	0	0	0	0	0	0	0	0	0	936,579
6 帯広	0	0	0	0	0	0	0	0	0	0	0	0	1,004,169
7 北見	0	0	0	0	0	0	0	0	0	0	0	0	833,654
8 北海道	0	5,615	7,570	210	82,733	0	0	0	106,894	0	0	0	34,251,161
9 青森	0	1,768	0	0	20,476	0	0	0	0	0	0	0	4,642,195
10 岩手	0	0	0	0	6,796	0	0	0	0	0	0	0	6,787,446
11 宮城	0	0	2,719	0	21,778	0	0	0	0	0	0	0	18,742,732
12 福島	0	0	0	0	12,001	0	0	0	0	0	0	0	13,393,228
13 秋田	0	0	0	0	9,023	0	0	0	0	0	0	0	6,660,463
14 山形	0	0	0	0	683	0	0	0	0	0	0	0	2,818,296
15 茨城	5,551	11,605	2,285	5,715	498,285	0	589	305	84,671	753	970	40	21,740,373
16 栃木	8,267	0	0	0	5,026	0	0	0	0	0	0	0	13,367,747
17 群馬	0	0	0	0	15,078	0	0	0	0	0	0	0	18,560,939
18 埼玉	0	12,025	0	11,810	0	0	0	28,048	0	0	0	0	26,240,544
19 千葉	108,566	743,031	10,119	537	316,738	14,371	16,850	11,668	0	182	9,430	2,430	52,799,711
20 東京	20,504	0	0	30,408	4,004,795	85,444	0	0	314,409	8,406	335,323	0	31,533,852
21 神奈川	49,753	11,190	0	0	1,552,635	285	70	0	0	2	232	0	43,470,085
22 新潟	0	0	32,670	0	16,963	0	0	0	0	0	0	0	12,531,931
23 富山	0	0	29,524	0	6,200	0	0	0	0	0	0	0	12,640,689
24 石川	2,239	25,131	0	0	3,893	0	0	0	212	0	0	0	6,439,445
25 福井	5,321	0	0	0	5,611	0	0	0	0	0	0	0	4,962,627
26 山梨	0	0	0	0	0	0	0	0	0	0	0	0	4,344,574
27 長野	0	0	0	12,905	59,685	0	0	0	31,916	0	0	0	27,625,912
28 静岡	2,935	0	3,156	0	36,478	0	0	0	0	0	0	0	
29 岐阜	0	0	0	0	11,641	0	0	0	0	0	0	0	9,596,430
30 愛知	327,079	226,365	60,572	693	2,460,260	45,303	71,849	1,539	159,968	93,859	630,049	341,755	101,664,122
31 三重	94,273	0	29,524	0	328,227	0	192,411	0	0	30,786	0	0	15,484,905
32 滋賀	79,261	20,104	0	0	5,277	0	0	10,868	61,008	0	0	0	10,210,443
33 京都	1,436	17,981	0	0	48	0	0	8,796	0	3,770	0	0	5,830,628
34 奈良	0	25,131	0	0	0	0	0	0	5,026	0	0	0	3,102,265
35 和歌山	851	15,909	0	335	68,003	0	8,136	0	0	0	0	0	6,244,643
36 大阪	340,347	95,301	150,460	9,406	614,936	19,522	25,282	42,640	15,455	126,405	17,364	351,130	40,250,001
37 兵庫	1,784,836	271,168	104,906	3,820	2,139,450	23,854	72,552	28,933	127,646	74,270	6,629	30,506	40,059,599
38 鳥取	0	0	0	0	14,500	0	0	0	0	0	0	0	2,909,460
39 島根	0	0	0	0	2,200	0	0	0	0	20	0	0	7,809,069
40 岡山	413,423	108,553	232,712	18,224	325,005	16,904	41,715	188,555	70,585	4,752	13,262	15,549	18,413,123
41 広島	95,621	1,203,337	48,391	7,524	800,300	64,213	18,867	45,343	20,683	14,920	1,790	1,852	35,315,816
42 山口	27,132	98,024	0	0	1,669,824	182,404	5,976	109	112,407	44,150	3,786	5,905	16,630,373
43 香川	21,740,302	426,766	333,278	286,116	7,387	570	0	53,076	57,379	0	0	661	24,573,682
44 愛媛	362,035	2,987,867	29,156	141,796	55,121	304	1,688	0	35,682	9,671	0	1,212	6,499,033
45 徳島	39,884	112,516	1,889,193	0	122,492	0	0	0	43,555	0	0	0	2,856,448
46 高知	102,002	567,471	45,148	1,490,887	2,623	0	0	0	0	10	0	0	2,322,990
47 福岡	31,342	25,603	5,383	9,959	18,014,185	815,418	258,266	600,705	740,833	188,880	381,140	255,374	32,829,519
48 佐賀	0	43	0	0	1,834,642	3,625,893	708,787	60,703	197,345	19,772	13	0	6,476,405
49 長崎	0	17,990	0	0	199,195	130,926	4,394,238	113,836	10,189	7,508	0	5,101	5,041,146
50 熊本	17,567	15,601	0	0	337,888	94,438	315,761	5,370,222	43,568	200,389	811,292	12,300	7,428,904
51 大分	324,699	443,465	0	0	2,465,803	371,181	399,856	82,712	3,398,677	6,032	4,817,982	95,099	14,756,966
52 宮崎	0	114	0	0	22,831	6,711	6,792	131,017	191,431	85,987	0	95,099	5,270,475
53 鹿児島	0	540	3,767	0	128,815	13	118,947	191,431	85,987	0	3,970,094	121,714	4,959,242
54 沖縄	0	0	0	0	163,807	0	13	3,030	0	0	18,039	3,713,658	4,389,427
55 全国	25,985,325	7,490,214	3,020,533	2,152,855	38,350,974	5,497,755	6,539,699	6,968,710	5,463,236	6,040,529	5,999,873	5,194,742	795,169,667

平成28年度　　府県相互間輸送トン数表（全機関）　　品目　(5-0) 化学工業品　その1　（単位：トン）

発＼着	1 札幌	2 旭川	3 函館	4 室蘭	5 釧路	6 帯広	7 北見	8 北海道	9 青森	10 岩手	11 宮城	12 福島	13 秋田	14 山形
1 札幌	11,471,653	677,110	292,472	512,310	154,155	66,665	58,237	13,232,600			460			
2 旭川	152,523	6,313,789	51,864	26,342	0	0	202,602	6,747,122	0	0	4,600	0	0	0
3 函館	335,209	0	3,338,885	227,334	9,134	36,869	0	3,947,431	23,947	0	5,000	0	21,286	0
4 室蘭	16,199,672	2,175,267	658,785	5,448,798	1,425,569	124,604	37,032	26,069,726	704,879	1,419	538,975	63,005	488,925	281,874
5 釧路	0	20,342	26,516	18,079	2,013,754	228,338		3,010,162	8,086	0	3,279	3,450	0	0
6 帯広	0	91,540	20,041	1,276	11,756	2,974,805		3,099,418	0	0	1,154	976	0	0
7 北見	18,750	20,342	0	0	0	241,299	3,321,520	3,601,911	0	0	0	0	0	0
8 北海道	28,177,807	9,298,389	4,388,564	6,234,141	3,855,665	3,906,076	3,847,732	59,708,374	736,912	1,419	553,468	67,431	510,211	281,874
9 青森	428,219	27,814	76,698	381,126	115,488	28,333	18,411	1,076,089	6,206,008	467,738	442,678	164,194	193,390	34,692
10 岩手	0	0	0	5,059	5,643	0	0	10,702	239,060	7,637,713	1,046,839	205,666	163,369	80,234
11 宮城	165,590	18,240	47,902	849,067	73,587	0	0	1,154,386	277,100	1,178,952	12,471,228	1,026,908	170,828	1,290,941
12 福島	0	0	147,175	12,999	5,131	0	0	165,305	107,712	105,165	238,886	10,836,851	25,200	48,580
13 秋田	0	0	85,904	61,379	20,957	0	0	168,240	58,832	170,351	37,930	0	7,508,145	188,209
14 山形	0	0	40,128	6,670	0	0	0	46,798	4,705	10,745	516,290	9,192	163,724	5,633,978
15 茨城	186,298	37,142	48,457	1,267,306	180,721	0	0	1,719,924	438,277	180,126	526,241	569,885	181,693	67,622
16 栃木	0	0	0	0	0	0	0	0	0	4,239	103,988	367,028	92,062	0
17 群馬	0	0	0	0	0	0	0	0	0	0	748	11,079	0	0
18 埼玉	82,713	0	0	0	0	0	0	82,713	0	0	22,357	60,498	6,826	30,687
19 千葉	314,928	3,830	387,502	1,214,159	353,421	2,400	3,480	2,279,720	1,112,472	244,751	845,635	1,198,713	308,020	27,789
20 東京	0	0	22,818	171,825	2,560	0	0	197,203	5,537	20	128,893	735	0	0
21 神奈川	392,826	6,207	129,587	907,525	84,352	0	0	1,520,497	494,055	52,987	769,385	687,589	260,683	34,022
22 新潟	0	0	11,227	49,161	3,200	0	0	64,038	67,351	28,479	148,349	262,365	204,348	191,534
23 富山	0	0	0	19,073	0	0	0	19,073	0	0	0	1,500	0	0
24 石川	0	0	0	1,665	1,203	0	0	2,868	0	0	0	0	0	0
25 福井	0	0	0	24,445	0	0	0	24,445	0	0	0	0	0	0
26 山梨	0	0	0	0	0	0	0	0	0	0	0	0	0	0
27 長野	0	0	0	0	0	0	0	0	0	0	0	0	0	0
28 静岡	0	0	1,739	21,354	3,100	3,868	2,038	32,099	992	9,837	10,032	450	2,783	2,600
29 岐阜	0	0	0	0	0	0	0	0	0	0	0	28,932	0	0
30 愛知	13,118	1,262	4,046	702,817	14,977	0	0	736,220	21,659	700	110,027	13,101	610	0
31 三重	31,349	457	47,508	112,030	51,633	0	0	242,977	120,788	17,820	184,020	23,177	45,720	0
32 滋賀	0	0	0	0	0	0	0	0	0	0	0	0	0	0
33 京都	0	0	4,020	3,762	2,053	0	0	9,835	10,024	56,958	0	0	0	0
34 奈良	0	0	0	0	0	0	0	0	0	0	0	0	0	0
35 和歌山	5,800	0	2,900	14,540	6,900	0	0	30,140	966	0	65,572	29,639	0	0
36 大阪	25,381	0	2,200	66,660	230	0	0	94,471	18,740	6,230	14,665	4,600	6,500	2,325
37 兵庫	0	0	8,594	9,311	1,823	0	0	19,728	0	0	15,059	9,968	5,800	0
38 鳥取	0	0	0	1,089	0	0	0	1,089	0	0	0	0	0	0
39 島根	0	0	0	0	0	0	0	0	0	0	0	0	0	1,002
40 岡山	1,300	3,750	0	51,143	10,072	6,188	0	72,453	21,162	1,501	7,380	44,218	60,650	2,509
41 広島	2,500	0	1,511	6,031	0	0	0	10,042	5,760	0	19,916	2,198	14,400	0
42 山口	28,958	0	0	128,335	29,720	22,159	0	209,172	29,544	0	178,332	114,906	65,910	8,431
43 香川	0	0	0	1,600	0	0	0	1,600	18,732	0	5,000	0	2,500	0
44 愛媛	25,330	0	0	72,694	1,103	0	0	99,127	16,695	0	9,188	1,351	10,340	1,501
45 徳島	0	0	0	0	0	0	0	0	0	310	0	1,840	0	0
46 高知	0	0	0	0	0	0	0	1,600	0	0	3,000	17,036	0	0
47 福岡	0	0	664	14,996	17,109	0	0	32,769	3,438	8,454	222,376	166,512	65,674	0
48 佐賀	0	0	0	0	0	0	0	0	0	0	0	0	0	0
49 長崎	0	0	0	0	0	0	0	55,097	0	0	0	0	0	0
50 熊本	0	0	0	0	0	0	0	1,846	0	0	0	0	1,274	0
51 大分	4,630	0	619	82,723	23,986	0	0	111,958	344	0	4,617	0	60,450	5,393
52 宮崎	0	0	0	0	0	0	0	0	0	0	0	1,200	0	0
53 鹿児島	0	0	1,923	0	0	0	0	1,923	525	0	0	0	0	0
54 沖縄	0	0	0	4,855	0	0	0	4,855	0	0	0	0	0	0
55 全国	29,886,747	9,397,091	5,461,686	12,499,990	4,864,634	3,969,024	3,871,661	69,950,833	10,075,933	10,294,495	18,702,101	15,928,763	10,131,111	7,933,926

平成28年度　　府県相互間輸送トン数表（全機関）　　品目　(5-0) 化学工業品　その2　（単位：トン）

発＼着	15 茨城	16 栃木	17 群馬	18 埼玉	19 千葉	20 東京	21 神奈川	22 新潟	23 富山	24 石川	25 福井	26 山梨	27 長野	28 静岡
1 札幌	1,319				1,500									
2 旭川					361									
3 函館	8,638				131,316	232,082	147,210	8,102						5,825
4 室蘭	133,898				656,801	9,204	378,507	836,283	177,619	96,042	37,997			53,301
5 釧路	5,152							450						807
6 帯広								1,500		934				
7 北見					1,059									
8 北海道	149,007				791,037	241,286	525,717	846,335	177,619	96,976	37,997			59,933
9 青森	20,654				40,575	79,751	112,704	70,363		51,511				
10 岩手	39,856				137,340	546,522	176,567	34,800		3,200		25,040		
11 宮城	182,442				67,730	26,622	618,443	93,031	132,636	4,912	72,184			10,180
12 福島	562,568	253,334	84,985	231,193	124,761	54,016	227,341	41,721					58,863	87,414
13 秋田				28,772				269,003		9,554	7,750			
14 山形	347			56,535			9,477	103,253	800	9,373				
15 茨城	14,297,691	756,383	541,225	1,150,964	2,239,460	847,751	929,681	201,562	35,543	6,840	12,912	31,557	168,548	471,025
16 栃木	641,978	7,037,875	624,218	318,160	277,397	234,234	98,702	129,513	1,180				27,251	16,520
17 群馬	93,001	227,008	5,838,992	633,102	139,284	99,178	278,662	79,015				185,420		
18 埼玉	1,117,911	678,214	1,323,691	11,799,196	759,760	2,436,902	416,304	61,281	54,560	29,364	169,086	113,072	203,314	
19 千葉	3,788,901	843,377	1,064,397	2,012,436	22,383,421	6,627,917	3,224,871	288,091	26,157	74,377	30,593	10,311	232,684	1,873,521
20 東京	287,553	272,373	225,495	1,095,297	1,057,313	13,183,046	984,505	30,629			18,806		181,309	33,438
21 神奈川	1,361,933	1,055,625	1,491,835	1,816,474	4,138,673	6,235,522	14,989,305	218,503	24,337	41,996	23,750	591,765	630,925	2,333,411
22 新潟	20,124	10,956	138,372	104,836	71,330	575	4,950	13,434,835	143,715	324,655	9,548		355,902	12,787
23 富山	42,665		25,848	18,998	23,724	28,932	91,817	463,567	8,599,498	448,299	140,169		74,137	
24 石川					26,438			120,052	134,126	8,102,926	100,568			
25 福井								30,669	46,223	53,741	8,773,235			8,101
26 山梨	29,780				29,251	124,036	31,017					7,610,656	58,547	
27 長野	12,556	40,331		20,778		13,965					443		6,815,332	44,028
28 静岡	8,030	13,706	47,739	67,981	163,761	33,628	430,452	18,781		23,146	7,233	542,279	140,363	10,258,665
29 岐阜	1,365					5,665	31,826	22,357	96,267	30,477		8,943	33,756	33,262
30 愛知	120,378		8,680	214,380	531,398	23,141	426,304	88,674	265,945	125,461		2,893	205,257	672,669
31 三重	114,263		14,343	137,405	1,425,985	256,736	1,628,876	133,357	6,344	65,746	112,825		697,723	1,208,553
32 滋賀	2,893	27,436	63,735						11,803	97,052			27,208	
33 京都	4,545			8,049				10,837			125,674		22,357	
34 奈良		2,893												
35 和歌山	133,678				370,862		355,461	8,010	143,351	26,542	8,593			310,067
36 大阪	93,064	1,365	68,372	44,845	706,582	26,055	472,851	109,310	46,521	309,997	66,367	31,826		150,877
37 兵庫	102,893			33,048	483,966	461,688	556,380	54,412	43,599	14,160	3,003		11,573	176,110
38 鳥取							1,850	11,267		9,104	20,164			
39 島根	18,227				50,315		3,371		4,591					
40 岡山	67,941	34,719		91,841	538,275	140,505	536,600	517,613	432,677	427,881	385,975	51,665		66,466
41 広島	5,344				93,351	4,950	3,498		16,200	8,700	104,744			13,234
42 山口	46,938	25,848		36,455	1,081,519	623,140	1,325,614	669,103	221,388	465,282	346,355			330,075
43 香川	8,944				399,719	651	55,340	27,585	5,317	1,519	2,600			8,605
44 愛媛	7,851		28,932	98,370	164,827	7,880	85,795	136,100	14,665	130,452	19,460			35,481
45 徳島	51,696				1,724	1,200	25,848	20,569		28,932				9,232
46 高知					114,023	229,843	415,966						4,253	85,811
47 福岡	191,111				1,435,151	237,048	510,147	191,502	68,080	137,885	222,649			144,046
48 佐賀														601
49 長崎	8,502				1,302	7,578		1,400						
50 熊本							24,138							
51 大分	36,503				238,005	46,693	161,614	278,693	189,118	102,089	118,745			44,056
52 宮崎					11,457									
53 鹿児島	35,500				6,146			1,685						1,373
54 沖縄					5,155									
55 全国	23,708,639	11,281,445	11,590,860	20,019,115	40,102,261	32,772,269	29,852,792	18,856,279	10,867,552	11,262,758	10,919,694	9,095,265	10,044,480	18,702,855

平成28年度　　　　　　　　　　府県相互間輸送トン数表（全機関）　　　　　　　（単位：トン）

品目　（5-0）化学工業品　　その 3

発＼着	29 岐阜	30 愛知	31 三重	32 滋賀	33 京都	34 奈良	35 和歌山	36 大阪	37 兵庫	38 鳥取	39 島根	40 岡山	41 広島	42 山口
1 札幌	0	0	0	0	0	0	0	0	0	0	0	0	0	0
2 旭川	0	0	0	0	0	0	0	0	0	0	0	0	0	0
3 函館	0	59,928	0	0	0	0	0	5,959	520	0	0	0	0	0
4 室蘭	0	96,924	21,801	0	500	0	4,600	3,378	32,663	0	0	17,589	19,471	179,292
5 釧路	0	20	200	0	0	0	0	324	601	0	0	0	500	0
6 帯広	0	0	0	0	0	0	0	0	629	0	0	0	0	0
7 北見	0	0	0	0	0	0	0	0	0	0	0	0	0	0
8 北海道	0	156,872	22,001	0	500	0	4,600	9,661	34,413	0	0	17,589	19,971	179,292
9 青森	0	487	116	0	0	0	0	0	79	100	0	0	300	0
10 岩手	0	7,274	0	0	0	0	0	0	8,865	0	0	0	0	0
11 宮城	0	36,073	5,900	0	1,250	0	377	8,770	6,139	0	0	290,429	28,932	63,750
12 福島	0	35,148	0	0	0	0	2,764	5,407	25,848	0	0	6,071	5,825	600
13 秋田	0	0	0	0	0	0	0	1,500	0	0	0	0	0	0
14 山形	0	0	23,606	23,606	0	0	0	0	0	0	0	0	20,253	0
15 茨城	28,932	452,322	249,786	0	32,867	3,761	37,527	91,866	59,008	0	0	201,304	6,000	59,185
16 栃木	0	0	0	46	0	0	11,573	0	0	0	0	30,687	0	25,848
17 群馬	0	8,680	0	0	0	0	0	12,933	0	0	0	1,995	0	0
18 埼玉	868	51,940	0	0	0	0	0	90,194	26,039	0	0	75,038	0	0
19 千葉	0	1,161,229	1,135,846	20,600	8,217	0	230,023	1,228,623	532,952	4,780	1,000	383,499	275,388	822,035
20 東京	0	26,483	0	0	0	0	0	1,567	10,557	0	0	0	0	1,970
21 神奈川	34,719	1,022,838	295,056	11,573	0	0	269,418	457,856	292,332	0	0	331,766	57,280	144,180
22 新潟	0	35,627	31,432	86,779	75,139	0	0	51,867	10,581	10,997	0	1,401	0	2,655
23 富山	14,753	45,592	0	47,683	0	0	0	160,385	77,232	3,151	0	0	8,262	0
24 石川	9,685	0	0	0	1,700	0	0	1,210	0	0	0	0	0	0
25 福井	11,839	0	28,932	0	3,608	0	0	37,313	118,795	204,692	0	14,009	0	0
26 山梨	0	74,750	0	0	0	0	0	0	0	0	0	0	0	0
27 長野	18,884	66,206	0	0	0	0	0	14,466	0	0	0	0	0	0
28 静岡	24,875	419,973	96,540	0	112,258	0	20,314	118,593	92,827	0	2,893	42,228	69,438	22,357
29 岐阜	7,472,188	1,608,600	126,130	575,832	30,760	46,352	27,958	65,254	0	0	9,442	30,687	0	0
30 愛知	1,504,690	11,772,156	732,234	133,979	4,009	0	115,996	401,080	131,574	0	0	63,082	197,459	697,212
31 三重	124,458	6,437,078	10,734,757	875,185	46,186	85,819	138,560	1,524,156	725,694	60,579	0	305,093	86,476	366,961
32 滋賀	225,631	86,798	20,056	6,682,706	146,116	21,592	2,092	183,183	294,277	0	0	25,832	94,422	56,880
33 京都	0	22,484	27,703	423,604	3,050,949	41,937	9,647	207,747	216,605	6,801	0	2,532	4,379	0
34 奈良	5,063	0	81,639	12,026	82,735	2,250,121	0	234,981	0	0	0	25,024	0	0
35 和歌山	0	672,041	229,460	24,786	0	0	66,077	6,743,286	1,497,264	480,286	22,219	616,920	22,857	103,922
36 大阪	58,531	477,193	1,041,806	449,885	1,393,992	424,727	657,323	15,282,848	3,230,709	98,489	35,013	758,471	414,455	479,650
37 兵庫	16,702	496,853	183,524	123,498	542,753	10,619	772,008	2,687,976	9,398,453	81,720	0	497,411	321,527	207,961
38 鳥取	0	0	0	0	3,000	0	0	60,783	6,550	4,170,307	418,403	3,974	0	0
39 島根	0	5,503	0	0	17,359	2,893	0	39,059	211,198	0	8,144,646	51,443	23,794	66,749
40 岡山	0	656,147	338,092	42,613	1,700	0	1,338,777	1,774,812	2,333,671	595,733	51,443	8,119,756	824,002	936,236
41 広島	0	49,530	29,459	0	11,368	0	33,919	169,894	624,822	16,822	156,642	1,016,835	6,070,767	370,825
42 山口	0	1,125,299	732,204	15,650	54,219	0	64,972	1,672,424	1,158,830	527,732	219,532	1,550,789	1,983,984	14,504,874
43 香川	0	63,524	82,037	0	47,654	0	5,993	171,462	899,534	0	0	472,090	1,580,845	118,520
44 愛媛	86,797	290,215	115,061	114,771	80,612	0	39,128	518,143	378,986	38,280	1,048	579,166	532,900	393,934
45 徳島	0	15,090	0	0	0	59,780	2,683	82,617	304,350	0	0	33,417	144,662	44,327
46 高知	0	519,527	99,167	0	0	0	225,344	187,203	71,679	0	0	0	14,909	0
47 福岡	0	710,081	77,814	0	108,760	0	31,470	1,082,074	1,017,368	83,544	99,426	287,632	263,168	507,069
48 佐賀	0	24,097	14,837	57,865	0	0	8,009	22,912	0	0	0	8,009	2,200	19,692
49 長崎	0	1,450	0	0	0	0	1,052	3,594	26,541	0	0	1,000	300	8,074
50 熊本	0	1,340	0	0	0	0	0	15,924	2,893	0	0	10,036	100	2,361
51 大分	0	185,120	163,009	306	18,851	0	51,902	467,780	359,740	105,874	36,949	381,460	250,469	679,401
52 宮崎	0	0	0	0	0	0	0	27,600	12,914	0	0	0	0	1,602
53 鹿児島	0	59	0	0	0	0	201	800	17,747	0	0	28,474	0	0
54 沖縄	0	10,176	0	0	0	0	0	3,000	3,026	0	0	51	13,539	0
55 全国	9,638,617	28,831,851	16,718,204	9,722,991	5,876,561	3,013,678	10,846,915	30,607,834	23,058,075	6,245,811	9,176,436	16,216,211	13,338,865	20,888,123

平成28年度　　　　　　　　　　府県相互間輸送トン数表（全機関）　　　　　　　（単位：トン）

品目　（5-0）化学工業品　　その 4

発＼着	43 香川	44 愛媛	45 徳島	46 高知	47 福岡	48 佐賀	49 長崎	50 熊本	51 大分	52 宮崎	53 鹿児島	54 沖縄	55 全国
1 札幌	0	0	0	0	0	0	0	0	0	0	0	0	13,235,879
2 旭川	0	0	0	0	0	0	0	0	0	0	0	0	6,752,083
3 函館	0	0	0	0	0	0	0	0	0	0	1,483	0	4,598,727
4 室蘭	1,300	5,070	0	0	6,206	0	0	609	3,752	0	730	0	30,922,340
5 釧路	0	0	0	0	0	0	0	0	0	0	0	0	3,033,031
6 帯広	0	0	0	0	0	0	0	0	0	0	0	0	3,104,611
7 北見	0	0	0	0	0	0	0	0	0	0	0	0	3,602,970
8 北海道	1,300	5,070	0	0	6,206	0	0	609	3,752	0	2,213	0	65,249,645
9 青森	0	0	0	1,600	1,350	0	1,007	0	0	0	0	0	8,965,087
10 岩手	0	0	0	0	0	0	0	0	0	0	0	0	10,363,327
11 宮城	0	0	0	0	0	0	0	0	9,170	0	0	0	19,229,314
12 福島	250	0	500	0	6,078	0	0	0	0	0	0	0	13,342,382
13 秋田	0	0	0	0	1,502	0	0	0	0	0	0	0	8,449,790
14 山形	0	0	0	0	0	0	0	0	0	0	0	0	6,742,681
15 茨城	27,538	81,930	49,454	0	271,837	0	0	0	21,889	0	0	0	27,050,117
16 栃木	0	36,166	0	0	17,359	0	0	0	0	0	0	0	10,003,966
17 群馬	0	0	0	0	0	1,995	0	0	0	0	0	0	7,703,155
18 埼玉	0	31,826	0	0	0	0	0	0	0	0	0	0	19,461,637
19 千葉	431,798	446,714	7,000	8,740	339,450	0	2,000	0	30,300	9,517	243,398	215,884	56,037,148
20 東京	1,600	0	0	0	132,773	0	0	0	0	19,546	7,538	32,115	17,936,362
21 神奈川	32,583	60,878	26,047	0	101,616	0	1,377	5,014	52,040	1,241	25,877	52,926	42,049,886
22 新潟	0	0	0	0	65,937	200	0	370	7,002	0	0	0	15,979,038
23 富山	0	0	0	0	15,805	0	0	0	26,571	0	12,062	0	10,363,874
24 石川	0	0	1,799	0	0	0	0	0	0	0	0	0	8,527,219
25 福井	0	11,573	1,663	0	7,000	0	0	0	0	0	0	0	9,375,839
26 山梨	0	0	0	0	0	0	0	0	0	0	0	0	7,958,035
27 長野	0	0	0	0	0	0	0	0	0	0	0	0	7,046,989
28 静岡	600	27,470	0	0	14,151	0	0	13,028	0	0	718	326	12,893,149
29 岐阜	0	0	0	0	0	0	0	0	0	0	0	0	10,286,055
30 愛知	170,795	183,254	26,928	73,950	352,117	2,129	10,094	61,996	30,085	7,379	111,935	220,778	20,572,409
31 三重	367,440	309,684	173,935	47,211	191,819	96,931	44,984	3,134	14,933	998	24,042	20,285	29,243,057
32 滋賀	81,011	0	22,357	8,788	0	0	0	0	0	0	0	0	8,250,326
33 京都	0	33,300	0	0	23,332	0	0	0	0	0	0	0	4,319,299
34 奈良	0	0	0	0	0	0	0	0	0	0	0	0	2,694,482
35 和歌山	184,103	52,517	245,039	224,810	394,834	35,272	0	10,877	44,205	14,093	85,110	345,350	13,598,207
36 大阪	864,710	359,750	436,317	108,338	699,206	26,448	237,348	119,109	248,870	101,960	55,580	70,960	30,407,684
37 兵庫	178,661	237,629	326,158	11,852	285,491	104,652	23,161	8,829	118,901	44,584	39,129	1,370	18,712,817
38 鳥取	0	0	0	0	0	0	0	2,893	0	0	0	0	4,712,190
39 島根	0	0	0	0	41,108	0	0	0	0	0	0	0	8,629,461
40 岡山	345,289	657,663	338,956	130,617	2,200,225	43,986	322,035	207,986	523,880	276,690	710,604	199,061	26,472,005
41 広島	63,997	414,691	22,977	0	194,955	8,361	14,487	9,528	31,334	17,087	2,580	1,767	9,634,983
42 山口	215,773	681,335	220,303	191,204	3,198,232	577,004	381,601	656,638	454,930	175,492	357,547	365,959	36,864,543
43 香川	6,556,239	664,237	599,002	150,566	277,432	1,200	3,800	6,050	52,306	2,000	2,094	1,384	12,296,084
44 愛媛	578,565	19,292,323	767,980	267,744	1,245,535	10,145	128,452	76,364	270,748	156,298	289,931	12,526	13,670
45 徳島	139,021	1,533,485	10,881,127	434,460	56,806	25,848	0	0	0	0	0	0	13,899,022
46 高知	4,601	43,549	59,120	3,247,199	49,510	15,451	0	1,130,434	25,635	0	0	0	5,434,427
47 福岡	76,888	238,766	141,704	57,705	18,478,284	3,001,670	1,130,434	1,804,971	632,169	185,355	605,792	249,774	34,508,760
48 佐賀	0	1,422	0	0	863,953	2,365,440	372,301	245,200	228,807	0	39,714	52,985	4,328,043
49 長崎	0	0	37,282	100	106,768	90,520	5,482,523	60,322	602	4,153	55,905	5,681	5,959,746
50 熊本	0	440	0	0	526,720	136,822	29,367	8,585,104	5,882	52,632	267,490	0	9,664,372
51 大分	205,240	235,502	232,798	114,020	1,734,946	216,773	473,846	287,385	7,065,816	416,346	698,339	137,827	15,917,643
52 宮崎	1,290	0	0	0	6,452	0	74,339	1,304	192,609	5,700,501	329,383	0	6,362,336
53 鹿児島	0	4,500	776	1,100	3,029	461	669	12,092	0	361,646	9,845,503	34,749	10,357,274
54 沖縄	0	890	0	0	2,826	0	0	0	332	0	15,606	9,936,496	9,995,952
55 全国	10,529,292	25,646,564	14,619,222	5,080,005	31,914,198	6,761,310	8,733,825	12,178,804	10,092,771	7,547,534	13,828,090	11,958,263	765,163,761

平成28年度　　　　　　　　　　　府県相互間輸送トン数表（全機関）　　　　　　　　　　　（単位：トン）
品目（6-0）軽工業品　その1

発＼着	1 札幌	2 旭川	3 函館	4 室蘭	5 釧路	6 帯広	7 北見	8 北海道	9 青森	10 岩手	11 宮城	12 福島	13 秋田	14 山形
1 札幌	25,607,880	2,188,975	1,205,627	2,037,715	1,690,523	929,680	1,722,748	35,383,147	0	0	0	0	0	0
2 旭川	898,543	2,838,119	0	388,052	0	0	651,731	4,776,444	0	0	0	0	0	0
3 函館	137,250	0	4,182,898	10	0	0	0	4,320,158	0	0	0	0	0	0
4 室蘭	2,716,502	0	7,545	2,122,139	30,050	0	0	4,876,236	0	0	17,220	0	0	0
5 釧路	131,686	0	0	113,706	8,180,569	37,723	267	8,463,951	0	0	323,330	0	0	0
6 帯広	124,926	11,317	0	1,180,067	47,455	3,443,171	77,235	4,884,170	0	0	0	0	0	0
7 北見	180,952	641,572	0	116,666	707,506	0	1,144,387	2,791,083	0	0	0	0	0	0
8 北海道	29,797,739	5,679,984	5,396,070	5,958,356	10,656,103	4,410,572	3,596,367	65,495,191	0	0	340,550	0	0	0
9 青森	0	0	0	0	50	0	0	91	13,591,222	576,105	295,303	0	480,975	48,285
10 岩手	120,201	0	0	32,364	0	0	0	152,565	1,451,859	3,704,160	429,594	346	152,460	11,005
11 宮城	0	0	0	93,674	0	0	0	93,674	1,673,099	481,801	7,833,286	3,360,956	818,776	1,321,938
12 福島	0	0	0	0	0	0	0	0	49,945	45,852	381,410	3,455,131	0	80,117
13 秋田	0	0	0	0	0	0	0	0	86,737	471,389	0	0	2,207,335	45,246
14 山形	0	0	0	0	0	0	0	0	11,091	8,374	147,196	68,967	144,397	3,520,990
15 茨城	77,674	0	0	432,845	0	0	0	510,519	0	16	87,688	501,349	0	0
16 栃木	125,858	0	0	0	0	0	0	125,858	0	0	21,212	9,545	553,076	20,788
17 群馬	31,717	0	0	0	0	0	0	31,717	21,386	0	129,345	32,001	446	0
18 埼玉	101,300	0	0	0	0	0	0	101,300	0	33,132	292,440	150,800	9,921	0
19 千葉	108,096	0	0	0	0	0	0	108,096	0	227,840	250,080	0	0	0
20 東京	0	0	0	339,012	715	0	0	339,727	25,060	75,457	631,035	38,859	0	0
21 神奈川	101,300	0	0	21,679	0	0	0	122,979	149,091	0	757,591	264,265	0	0
22 新潟	0	0	0	0	0	0	0	35,924	0	68,647	171,232	71,724	8,501	216,511
23 富山	0	0	0	0	0	0	0	0	0	0	0	0	0	97,514
24 石川	0	0	0	0	0	0	0	0	0	0	0	0	0	35
25 福井	0	0	0	76,324	0	0	0	76,324	0	0	0	0	0	0
26 山梨	0	0	0	0	0	0	0	0	0	0	0	0	0	0
27 長野	0	0	0	0	0	0	0	0	0	0	0	0	0	0
28 静岡	70,707	0	0	12,921	0	0	0	83,628	0	0	82,840	150,502	137,810	0
29 岐阜	0	0	0	0	0	0	0	0	0	0	0	0	0	0
30 愛知	35,601	0	0	31,920	0	0	0	67,521	606	0	128,920	42,007	0	0
31 三重	0	0	0	0	0	0	0	0	0	0	0	0	0	0
32 滋賀	0	0	0	0	0	0	0	0	0	0	15,089	0	0	0
33 京都	0	0	0	0	0	0	0	0	0	0	0	0	0	0
34 奈良	0	0	0	0	0	0	0	0	0	0	0	0	0	0
35 和歌山	0	0	0	0	0	0	0	0	0	0	0	0	0	0
36 大阪	0	0	0	31,128	55	0	0	31,183	0	15	19,564	31,851	0	0
37 兵庫	60,281	2,871	1,732	0	0	0	0	64,884	995	0	78,225	50,867	0	31,303
38 鳥取	0	0	0	0	0	0	0	0	0	0	0	0	0	0
39 島根	0	0	0	0	0	0	0	0	0	0	0	0	0	0
40 岡山	0	1,473	0	6,484	0	0	0	7,957	1,244	0	1,234	0	2,037	0
41 広島	0	0	0	0	2,550	0	0	2,550	0	0	76,103	0	0	0
42 山口	0	0	0	0	0	0	0	0	0	0	0	0	0	0
43 香川	63	2,371	0	640	0	0	0	3,074	4,032	0	8,887	0	0	0
44 愛媛	0	0	0	0	0	0	0	0	0	0	0	82,990	0	0
45 徳島	0	0	1,726	4,079	0	0	0	5,805	42,551	0	2,487	0	0	0
46 高知	0	0	0	0	0	0	0	0	0	0	0	0	0	0
47 福岡	0	0	0	0	0	0	0	0	0	0	0	0	0	0
48 佐賀	0	0	0	0	0	0	0	0	0	0	0	0	0	0
49 長崎	7,138	6,170	1,104	0	0	0	0	14,412	5,935	0	6,732	0	2,384	0
50 熊本	0	0	0	0	0	0	0	0	0	0	0	0	0	0
51 大分	0	0	0	540	0	0	0	540	0	0	0	0	0	0
52 宮崎	0	0	0	0	0	0	0	0	0	0	0	0	0	0
53 鹿児島	0	0	0	0	0	0	0	0	0	0	0	0	0	0
54 沖縄	0	0	0	0	0	0	0	0	0	0	0	0	0	0
55 全国	30,637,674	5,692,869	5,400,632	7,042,007	10,659,473	4,410,572	3,596,367	67,439,594	17,150,778	5,796,839	12,244,037	8,843,001	3,827,231	5,393,732

平成28年度　　　　　　　　　　　府県相互間輸送トン数表（全機関）　　　　　　　　　　　（単位：トン）
品目（6-0）軽工業品　その2

発＼着	15 茨城	16 栃木	17 群馬	18 埼玉	19 千葉	20 東京	21 神奈川	22 新潟	23 富山	24 石川	25 福井	26 山梨	27 長野	28 静岡
1 札幌	0	77,674	0	405,117	35,601	68,936	33,982	0	0	0	0	0	0	35,601
2 旭川	0	0	0	0	0	300	0	0	0	0	0	0	0	0
3 函館	0	0	0	0	0	22,979	26,901	0	19,564	0	0	0	0	0
4 室蘭	485,482	0	91,918	0	0	924,126	4,753	0	0	0	283,400	0	0	47,299
5 釧路	216,774	0	0	0	0	162,137	0	0	0	0	0	0	0	0
6 帯広	0	0	0	0	0	35,601	0	0	0	0	0	0	0	0
7 北見	0	0	0	0	0	0	30,099	0	0	0	0	0	0	0
8 北海道	702,256	77,674	91,918	405,117	35,601	1,214,078	95,351	19,564	0	0	283,400	0	0	82,900
9 青森	0	0	0	80,118	0	57,248	53,463	49,394	0	0	0	0	0	0
10 岩手	0	0	0	89,652	152,384	0	500	46,135	0	0	0	0	0	0
11 宮城	98,431	25,782	173,854	184,717	64,432	372	39,308	89,034	32,008	0	0	0	0	46,198
12 福島	213,310	74,100	91,289	279,284	109,123	85,791	257,461	37,398	0	0	0	0	0	70,735
13 秋田	0	0	0	0	0	400	0	32,526	0	48,097	93,741	0	0	60,243
14 山形	0	0	0	64,728	0	38,837	0	516,740	0	0	0	0	0	0
15 茨城	7,417,769	832,886	1,032,234	2,680,179	3,559,381	1,487,603	579,774	30,178	7,326	0	0	42,712	39,128	92,688
16 栃木	308,454	2,139,028	529,878	804,311	475,421	134,963	163,139	257,848	0	6,790	0	0	26,972	26,021
17 群馬	1,176,679	1,532,245	10,662,249	2,164,565	742,444	968,076	1,160,382	495,183	0	0	8	1,956	259,168	165,867
18 埼玉	1,095,315	727,205	1,476,981	17,991,597	2,811,759	5,022,212	2,352,151	717,671	0	8	0	123,632	642,415	1,459,214
19 千葉	1,408,159	328,678	496,779	2,648,093	9,507,213	3,598,305	1,324,424	185,116	0	0	0	66,688	517,803	0
20 東京	541,533	259,770	228,420	5,085,243	1,047,316	15,797,416	2,590,048	108,924	0	33,951	0	83,768	61,074	213,886
21 神奈川	618,829	319,307	332,234	3,168,402	1,049,316	3,129,201	16,304,031	222,938	0	0	0	11,317	334,704	1,464,091
22 新潟	116,731	212,915	106,473	545,693	174,916	188,445	313,013	12,260,163	0	297,992	0	0	26,215	231,950
23 富山	0	0	49,040	254,884	6,790	39,733	0	0	6,343,557	574,862	156,526	0	0	197,178
24 石川	9,787	0	0	0	0	0	0	0	944,612	3,575,201	1,004,541	0	0	0
25 福井	0	0	0	0	0	0	0	0	79,877	483,875	1,202,235	0	0	0
26 山梨	108,288	9,782	48,911	167,420	378,712	1,136,728	690,756	0	399,110	0	0	6,480,469	522,523	495,309
27 長野	251,944	94,483	197,627	1,129,859	265,969	21,212	223,318	42,881	0	0	0	162,707	8,363,640	6,554
28 静岡	141,806	84,839	212,200	1,071,468	422,409	655,700	1,296,238	75,097	120,607	28,669	0	90,432	86,817	22,088,773
29 岐阜	4,150	58,407	7,243	56,565	41,872	219,119	105,737	291,332	192,955	93,579	140,890	20,370	344,844	354,667
30 愛知	130,677	0	0	835,576	446,578	356,754	57,607	123,899	175,695	1,596,546	203,958	0	311,948	941,366
31 三重	0	0	92,221	87,256	216,041	79,855	100,482	28,057	0	508,701	0	0	180,481	48,128
32 滋賀	33,939	0	0	16,367	0	10,606	27,433	0	45,117	0	36,946	0	0	50,322
33 京都	50,867	0	0	0	0	25,891	32,364	0	0	89,996	109,994	0	0	7,922
34 奈良	0	39,128	0	0	0	42,627	0	0	0	0	0	0	0	0
35 和歌山	0	0	0	184,295	29,128	0	600	0	0	0	15,208	0	0	94,888
36 大阪	62,845	0	32,364	406,031	263,660	193,111	67,055	25,433	41,495	633,231	19,239	0	0	274,562
37 兵庫	115,886	39,128	39,128	161,087	127,506	75,391	131,370	0	37,723	314,410	26,412	0	91,760	57,241
38 鳥取	0	0	0	0	0	0	35,601	0	0	0	0	0	0	0
39 島根	0	0	0	0	0	0	17,991	0	0	0	0	0	0	0
40 岡山	0	0	0	186,692	260	61,617	3,772	0	0	0	481	0	52,823	181,949
41 広島	0	0	0	53,030	88,380	64,715	59,888	0	0	0	0	7,784	37,657	1,248
42 山口	0	0	0	0	0	0	0	0	0	0	0	0	0	0
43 香川	51,130	39,609	50,867	68,366	311	94,309	139,171	0	0	0	0	0	0	0
44 愛媛	103,172	50,549	52,058	741,821	349,655	358,923	187,418	0	103,738	59,634	48,285	0	49,794	219,447
45 徳島	5,289	0	0	0	1,060	29,894	0	0	0	0	0	0	80,910	6,178
46 高知	0	0	0	0	0	0	0	0	0	0	0	0	0	0
47 福岡	25,140	0	0	48,457	1,510	239,350	0	0	0	0	0	0	0	70,840
48 佐賀	57,979	0	0	64,728	0	0	0	0	0	0	0	0	0	0
49 長崎	3,415	0	0	0	0	32,370	0	0	0	1,568	0	0	0	0
50 熊本	0	0	0	0	0	0	0	0	0	0	0	0	0	0
51 大分	0	0	0	0	0	0	0	0	0	0	0	0	0	2,020
52 宮崎	0	0	0	32,364	0	112,032	0	0	0	70,707	0	0	0	0
53 鹿児島	0	0	0	0	0	9,848	78,025	5,688	0	0	0	0	0	0
54 沖縄	0	0	0	0	0	29,525	36,987	13,976	0	0	0	0	0	0
55 全国	14,853,780	6,945,517	16,003,969	41,757,970	22,408,517	35,649,561	28,497,587	15,603,422	8,591,481	8,463,453	3,248,116	7,025,149	11,541,903	29,572,195

平成28年度　　　　　府県相互間輸送トン数表（全機関）　　　品目（6-0）軽工業品　　（単位：トン）　その3

着＼発	29 岐阜	30 愛知	31 三重	32 滋賀	33 京都	34 奈良	35 和歌山	36 大阪	37 兵庫	38 鳥取	39 島根	40 岡山	41 広島	42 山口
1 札幌	0	0	0	0	0	0	0	35,601	0	0	0	0	0	0
2 旭川	0	0	0	0	0	0	0	0	0	0	0	0	0	0
3 函館	0	0	0	0	0	0	0	0	0	0	0	0	0	0
4 室蘭	0	188,255	0	0	0	0	0	98,998	0	1,295	0	0	0	0
5 釧路	0	75,073	0	0	0	0	0	77,110	0	0	0	0	0	0
6 帯広	0	0	0	0	0	0	0	0	0	0	0	0	0	0
7 北見	0	0	0	0	0	0	0	0	0	0	0	0	0	0
8 北海道	0	263,328	0	0	0	0	0	211,708	0	1,295	0	0	0	0
9 青森	0	11,580	0	0	0	0	0	87,200	24,049	0	0	0	0	0
10 岩手	0	0	0	0	0	0	0	0	0	0	0	0	0	0
11 宮城	0	13,033	0	0	0	0	0	0	38,837	0	0	0	0	0
12 福島	38,477	0	0	48,101	0	0	0	0	48,525	0	0	0	0	0
13 秋田	0	0	0	0	7,000	0	0	0	0	0	0	0	0	0
14 山形	0	1,096	0	0	0	0	0	0	0	0	0	0	0	0
15 茨城	42,551	434,163	0	0	79,218	0	0	189,874	109,915	0	15,651	44,401	49,040	2,631
16 栃木	0	0	37,723	0	0	0	0	129,124	0	0	0	0	0	0
17 群馬	0	311,641	46,954	0	0	0	0	128,644	95,544	0	0	56,345	0	0
18 埼玉	0	598,151	0	0	25,891	0	0	432,235	188,781	0	0	0	39,128	0
19 千葉	30,178	362,989	24,741	0	0	0	0	421,279	86,230	38,837	0	9,200	3,440	0
20 東京	0	424,224	39,128	5,550	41,269	0	0	156,387	112,149	0	0	45,310	0	260
21 神奈川	0	344,928	120,686	32,364	31,303	0	174,122	314,547	229,583	0	404	0	0	0
22 新潟	129,457	898,736	120,201	0	183,713	0	0	446,263	43,381	0	0	2,683	0	0
23 富山	0	132,981	0	0	0	0	0	0	122,570	0	0	0	0	0
24 石川	13	682,221	0	22,182	70,707	20,742	0	16,182	7,400	26,412	0	0	0	0
25 福井	29,515	154,401	0	47,854	0	0	0	0	26,412	0	26,412	0	0	0
26 山梨	0	165,392	0	0	23,844	0	0	36,683	0	0	0	0	18,056	0
27 長野	69,378	162,578	0	0	0	3,054	0	227	15,964	0	54,780	0	0	0
28 静岡	72,124	1,313,450	97,282	167,293	135,879	42,250	101,612	351,868	71,078	0	43,193	74,814	94,887	621
29 岐阜	2,738,046	1,722,726	471,309	91,222	132,111	75,446	0	170,961	121,733	0	0	67,027	0	0
30 愛知	2,434,406	15,015,911	1,225,780	37,989	85,296	0	13,272	808,012	242,939	0	0	92,913	47,899	17,623
31 三重	3,715	884,641	2,246,141	157,023	89,741	113,474	20,642	332,136	172,623	0	0	97,821	46,954	45,656
32 滋賀	54,534	126,207	41,770	1,776,151	370,855	0	20,524	475,177	805,082	0	0	5,856	32,999	53,215
33 京都	0	154,802	25,531	269,747	5,519,152	101,399	114,572	1,960,286	1,403,958	2,829	0	152,212	80,418	0
34 奈良	0	706	1,764	39,568	44,850	480,487	435	75,520	80,878	0	0	30,178	0	0
35 和歌山	0	3,700	0	0	0	8,283	1,345,927	85,735	0	0	0	61,784	13,451	0
36 大阪	128,817	1,604,802	171,575	494,176	1,830,249	559,546	802,325	17,403,910	4,078,964	0	39,128	1,173,938	158,560	234,666
37 兵庫	70,431	292,487	27,898	60,523	885,398	169,309	26,989	4,007,965	15,857,778	156,514	38,820	1,379,241	922,930	53,265
38 鳥取	16,221	92,270	0	0	0	0	0	154,204	350,270	1,559,604	0	79,720	61,492	8,415
39 島根	0	45,267	0	0	0	0	0	0	336,654	19,771	821,036	89,438	0	6,615
40 岡山	0	291,297	39,738	0	108,324	0	79,318	394,298	875,757	308,790	326,098	9,691,437	1,249,737	289,588
41 広島	0	0	0	55,019	0	0	0	52,605	75,007	0	850,925	618,519	12,681,349	3,209,156
42 山口	0	754	0	49,274	0	0	0	373,274	96,055	0	79,940	128,552	550,095	3,391,110
43 香川	0	230,295	5,339	0	113,275	0	0	576,690	725,476	0	0	6,114	12,669	37,723
44 愛媛	53,189	853,153	0	149,358	141,923	0	0	821,790	545,451	0	0	243,529	137,926	105,692
45 徳島	0	25,516	0	0	0	46,954	0	461,331	173,658	0	0	101,968	116,215	0
46 高知	0	2,301	0	0	0	0	0	42,230	178,419	0	0	79,222	73,953	0
47 福岡	0	662,431	0	0	28,057	0	0	230,064	42,801	0	115,038	80,778	166,343	83,926
48 佐賀	0	70,707	0	90,535	0	0	0	273,501	0	0	0	55,054	63,806	7,545
49 長崎	0	10,598	0	0	0	0	0	0	0	0	0	0	0	0
50 熊本	0	0	0	0	0	0	0	47,719	8,550	0	0	32,364	0	32,364
51 大分	0	0	0	0	0	0	0	0	301	78,257	0	0	0	0
52 宮崎	0	38,837	0	0	0	0	0	53,618	0	0	0	70,707	24,790	0
53 鹿児島	0	4,032	0	0	0	0	0	15,739	3,736	0	0	5,240	52,221	29,109
54 沖縄	0	12,005	0	0	0	0	0	2,938	64	0	0	172	0	275
55 全国	5,911,055	28,375,068	4,743,558	3,593,930	9,948,055	1,620,945	2,699,739	31,794,598	27,389,176	2,087,642	2,514,623	14,613,089	16,645,280	7,601,100

平成28年度　　　　　府県相互間輸送トン数表（全機関）　　　品目（6-0）軽工業品　　（単位：トン）　その4

着＼発	43 香川	44 愛媛	45 徳島	46 高知	47 福岡	48 佐賀	49 長崎	50 熊本	51 大分	52 宮崎	53 鹿児島	54 沖縄	55 全国
1 札幌	0	0	0	0	0	0	0	0	0	0	0	0	36,075,659
2 旭川	0	0	0	0	0	0	0	0	0	0	0	0	4,776,744
3 函館	0	0	1,007	0	0	0	0	0	0	0	0	0	4,390,609
4 室蘭	0	0	3,164	1,202	0	0	0	0	0	0	0	0	7,023,348
5 釧路	0	0	0	0	0	0	0	0	0	0	0	0	9,318,375
6 帯広	0	0	0	0	0	0	0	0	0	0	0	0	4,919,770
7 北見	0	0	0	0	0	0	0	0	0	0	0	0	2,821,182
8 北海道	0	0	4,171	1,202	0	0	0	0	0	0	0	0	69,325,689
9 青森	0	0	0	0	0	0	0	0	0	0	0	0	15,355,035
10 岩手	0	0	0	0	0	0	0	0	0	0	0	0	6,190,659
11 宮城	0	0	0	0	0	0	0	0	0	0	0	0	16,389,536
12 福島	0	45,267	0	0	0	0	0	0	0	0	0	0	5,411,316
13 秋田	0	0	0	0	0	0	0	0	0	0	0	0	3,052,714
14 山形	0	0	0	0	0	0	0	0	0	0	0	0	4,522,416
15 茨城	93,469	37,346	46,022		81,073	70,707							20,197,492
16 栃木													5,770,149
17 群馬													20,182,838
18 埼玉		49,794			109,078					32,364			36,483,179
19 千葉	47,531		47,531										21,739,359
20 東京		1,000			73,143					22,080	1,356	228,125	28,311,466
21 神奈川	1,270	183,451			6,489							72	29,683,946
22 新潟	94,307	46,776	45,645		35,353								17,093,559
23 富山		49,040						1,000					7,805,591
24 石川	45,267												6,566,271
25 福井	45,267												2,179,168
26 山梨													10,681,986
27 長野		50,549			31,303								11,148,024
28 静岡	39,156	119,585	45,267					4,050					29,604,246
29 岐阜		4	5,611										7,527,927
30 愛知	271,281	80,957			643,879		26,901	2,945		4,412	630		26,472,703
31 三重		240,850			54,127								5,846,766
32 滋賀	46,954	127,242	4,891		46,954								4,224,632
33 京都	279,498	275,944											10,657,386
34 奈良	22,331	46,954											905,424
35 和歌山	46,954												1,889,950
36 大阪	987,645	314,657	126,505		179,284	26,901			80,287	52	251,249		32,748,866
37 兵庫	488,596	73,441	160,786	400	271,782	118,447		35,601	104	101	3,109	10,288	26,555,520
38 鳥取		49,794											2,411,939
39 島根		37,000											1,374,253
40 岡山	427,754	396,775	125,728	115,430	214,878			32,364			1,694		15,469,078
41 広島	151,452	26,335	32,364	62,997	213,622			643	4,393	32,364		519	18,392,160
42 山口	90,535	176,739			255,895		34,097	2,060	33,951				5,328,352
43 香川	5,781,474	2,721,615	2,293,262	1,200,847									14,164,591
44 愛媛	2,998,290	15,906,080	562,367	3,875,901	785,679	52,812	341	73,979	3,497		3,941	10,639	29,733,021
45 徳島	746,291	278,141	2,410,916		278,505							52,817	
46 高知	144,358	206,550	15,776	2,360,060	105,569								3,102,870
47 福岡	47,725	153,909	155,348	105,569	16,514,620	4,051,019	1,246,196	1,201,488	515,734	1,713,464	315,095	581,695	28,396,597
48 佐賀		46,022	966		2,785,077	3,155,703	928,654	388,929	66,341	197,613	16,218	7,740	8,276,151
49 長崎					124,716	464,640	1,101,668	26,901		704	14,323		1,811,333
50 熊本		31,792			596,907	134,482	8,676	3,011,746	273,939	665,769	369,338	3,450	5,217,096
51 大分	98,623				807,395	274,389	79,016	199,624	2,301,183	253,546	45,648	6,217	4,146,657
52 宮崎					353,753	184,623	1,146	167,799	512,349	6,883,549	110,029		8,616,303
53 鹿児島		436			408,475	136,023	114,280	211,328		110,231	4,457,603	111,374	5,752,953
54 沖縄					29,698			6,649		3,000	10,729	4,136,615	4,283,069
55 全国	12,950,765	21,775,009	6,082,191	7,722,885	24,901,585	8,669,746	3,576,577	5,331,506	3,711,489	9,999,484	5,401,015	5,349,733	645,868,093

平成28年度　　　　府県相互間輸送トン数表（全機関）　　品目（7−0）雑工業品　その1　（単位：トン）

発＼着	1 札幌	2 旭川	3 函館	4 室蘭	5 釧路	6 帯広	7 北見	8 北海道	9 青森	10 岩手	11 宮城	12 福島	13 秋田	14 山形
1 札幌	9,906,477	472,147	134,073	417,033	39,465	72,446	10,263	11,051,904	0	0	5,423	0	0	0
2 旭川	211,608	3,255,769	0	35,878	94,900	0	48,256	3,646,411	0	0	10,846	0	0	0
3 函館	15,916	0	2,100,132	14,119	1,366	0	0	2,131,534	0	0	0	0	0	0
4 室蘭	2,492,646	0	36,035	1,667,139	39,455	0	0	4,235,275	0	0	0	0	0	0
5 釧路	0	0	0	174	170,717	0	0	170,891	0	0	0	0	0	0
6 帯広	103,451	0	0	0	0	408,516	0	511,967	0	0	0	0	0	0
7 北見	596	0	0	0	0	0	543,570	544,166	0	0	0	0	0	0
8 北海道	12,730,695	3,727,916	2,270,240	2,134,343	345,903	480,963	602,089	22,292,148	544	0	16,269	0	0	0
9 青森	0	0	0	465	79	0	0	544	2,736,159	1,427,137	816,462	360,922	184,378	147,502
10 岩手	0	0	0	0	0	0	0	0	1,828,151	3,250,818	934,425	49,890	108,312	5,542
11 宮城	0	10,846	0	75,501	0	0	0	86,347	553,303	390,012	4,927,759	518,021	57,134	230,660
12 福島	65,074	0	0	0	0	0	0	65,074	470,513	285,628	182,071	4,282,333	0	113,179
13 秋田	0	0	0	0	0	0	0	0	29,766	68,603	0	0	773,565	100,086
14 山形	103,035	0	0	0	0	0	0	103,035	980,455	120,502	142,496	209,638	43,260	1,773,974
15 茨城	0	0	0	180,445	0	0	0	180,445	0	0	56,071	13,557	0	42,830
16 栃木	0	0	0	0	0	0	0	0	0	117,167	196,502	1,070,176	0	0
17 群馬	108,457	0	0	0	0	0	0	108,457	0	0	29,452	147,502	0	0
18 埼玉	65,074	0	0	0	0	0	0	65,074	0	13,479	409,432	343,556	0	21,415
19 千葉	0	0	0	0	0	0	0	0	0	140,995	82,211	10,846	0	21,691
20 東京	86,990	0	0	308,923	19,395	51,407	0	466,716	472,540	2,631	191,569	158,752	73,437	0
21 神奈川	0	65,074	0	20,635	0	0	0	85,709	83,625	13,439	250,464	32,537	0	0
22 新潟	0	0	0	0	0	0	0	0	0	200,615	53,538	98,341	6,739	373,636
23 富山	0	0	0	0	0	0	0	0	0	0	0	13,015	0	0
24 石川	0	0	0	0	0	0	0	0	0	0	0	0	0	0
25 福井	0	0	0	156,348	0	0	0	156,348	0	0	0	0	0	0
26 山梨	0	0	0	0	0	0	0	0	0	0	0	0	0	0
27 長野	0	0	0	0	0	0	0	0	0	0	0	0	0	0
28 静岡	0	0	0	0	0	0	0	0	0	0	39,285	11,388	0	0
29 岐阜	0	0	0	0	0	0	0	0	0	0	0	0	0	0
30 愛知	0	0	0	32,610	0	0	0	32,610	108,028	0	25,609	0	0	0
31 三重	0	0	0	0	0	0	0	0	0	0	88,827	0	0	0
32 滋賀	0	0	0	0	0	0	0	0	0	0	0	0	0	0
33 京都	18,870	0	0	0	0	0	0	18,870	0	0	43,383	0	0	0
34 奈良	0	0	0	0	0	0	0	0	0	0	0	0	0	0
35 和歌山	0	0	0	0	0	0	0	0	0	0	0	0	0	0
36 大阪	26,553	0	0	71,161	335	0	0	98,049	0	0	498	43,383	0	0
37 兵庫	0	0	0	0	0	0	0	0	0	0	7,051	0	0	71,853
38 鳥取	0	0	0	0	0	0	0	0	0	0	0	0	0	0
39 島根	0	0	0	0	0	0	0	0	0	0	0	0	0	0
40 岡山	0	0	0	0	0	0	0	0	0	0	0	0	0	0
41 広島	0	0	0	0	0	0	0	0	0	108,457	0	0	0	0
42 山口	0	0	0	0	0	0	0	0	0	88	9	0	0	0
43 香川	0	0	0	0	0	0	0	0	0	0	0	0	0	0
44 愛媛	0	0	0	0	0	0	0	0	0	0	0	59,652	0	0
45 徳島	0	0	0	0	0	0	0	0	0	0	0	0	0	0
46 高知	0	0	0	0	0	0	0	0	0	0	0	0	0	0
47 福岡	0	0	0	0	0	0	0	0	0	0	0	0	0	0
48 佐賀	0	0	0	0	0	0	0	0	0	0	5	0	0	0
49 長崎	0	0	0	0	0	0	0	0	0	0	311	0	0	0
50 熊本	0	0	0	0	0	0	0	0	0	0	0	0	0	0
51 大分	0	0	0	2,403	0	0	0	2,403	0	0	0	0	0	0
52 宮崎	0	0	0	0	0	0	0	0	0	0	0	0	0	0
53 鹿児島	0	0	0	0	0	0	0	0	0	0	0	0	0	0
54 沖縄	0	0	0	0	0	0	0	0	0	0	0	0	0	0
55 全国	13,204,749	3,803,836	2,270,240	2,982,834	365,712	532,370	602,089	23,761,829	7,379,794	6,022,324	8,493,689	7,423,508	1,246,824	2,902,369

平成28年度　　　　府県相互間輸送トン数表（全機関）　　品目（7−0）雑工業品　その2　（単位：トン）

発＼着	15 茨城	16 栃木	17 群馬	18 埼玉	19 千葉	20 東京	21 神奈川	22 新潟	23 富山	24 石川	25 福井	26 山梨	27 長野	28 静岡
1 札幌	0	0	0	65,074	0	0	2,440	16,174	0	0	0	0	0	0
2 旭川	0	0	0	0	0	0	65,074	0	0	0	0	0	0	0
3 函館	0	0	0	0	0	0	0	0	0	0	0	0	0	0
4 室蘭	53,168	0	0	0	0	10,958	1,613	0	0	0	23,700	0	0	0
5 釧路	9,612	0	0	0	0	37,740	0	0	0	0	0	0	0	0
6 帯広	0	0	0	0	0	0	0	0	0	0	0	0	0	0
7 北見	0	0	0	0	0	0	0	0	0	0	0	0	0	0
8 北海道	62,780	0	0	65,074	0	48,698	69,128	16,174	0	0	23,700	0	0	0
9 青森	0	260,303	0	0	2,115	10,656	19,068	0	0	0	0	0	0	0
10 岩手	0	0	8,134	52,287	97,612	3,389	0	0	0	0	0	0	0	0
11 宮城	106,118	55,368	0	54,142	0	61,822	4,953	85,811	0	0	0	0	0	26,977
12 福島	63,849	415,740	14,969	64,804	139,352	93,805	386,790	88,105	0	16,269	0	0	0	108,701
13 秋田	0	0	0	182,208	8,205	7,375	0	0	0	0	0	0	0	0
14 山形	0	0	0	0	0	21,480	24,000	0	0	0	0	0	0	0
15 茨城	1,205,782	108,077	53,570	817,710	521,471	531,479	376,904	44,464	5,153	0	0	0	0	74,591
16 栃木	325,338	1,799,323	128,533	466,892	414,528	305,129	122,685	18,538	42,830	17,353	0	54,229	10,708	0
17 群馬	16,042	728,131	4,951,632	1,858,076	33,353	114,748	222,231	577,178	0	12,093	0	0	154,622	53,952
18 埼玉	295,333	963,235	532,368	13,650,805	1,427,608	4,334,610	987,078	401,604	6,425	0	0	154,552	471,224	573,220
19 千葉	249,147	78,632	96,610	257,459	8,020,134	1,313,082	697,433	55,586	907	2,711	0	0	33,245	86,675
20 東京	1,157,072	527,414	312,043	3,873,467	1,480,421	14,799,796	1,732,494	164,324	2,711	0	53,914	76,248	114,151	277,981
21 神奈川	252,377	136,966	37,145	708,463	878,018	2,066,561	14,731,076	51,517	21,415	70,497	0	175,159	77,526	190,893
22 新潟	32,537	0	367,969	233,295	49,619	116,707	220,830	5,798,329	7,050	0	8,087	54,229	196,675	45,552
23 富山	0	54,229	59,652	13,385	1,033	70,612	0	54,108	1,623,536	81,079	94,683	0	16,269	43,383
24 石川	0	21,691	0	0	6,236	0	0	45,905	134,614	5,885,881	573,137	0	0	0
25 福井	0	0	0	0	0	0	0	0	14,892	20,010	541,230	0	0	0
26 山梨	0	0	9,761	149,906	0	17,953	166,592	0	0	0	0	1,738,743	75,844	0
27 長野	2,577	0	139	313,496	43,643	3,444	5,770	1,061	0	0	0	6,696	2,647,755	5,354
28 静岡	0	0	331	790,476	275,038	73,543	587,183	65,617	43,383	36,333	0	166,859	0	3,837,831
29 岐阜	0	0	0	0	0	0	253,790	13,557	245,114	0	0	0	50,015	336,923
30 愛知	75,674	0	403,647	938,638	369,073	415,859	232,781	226,405	169,058	740,307	0	29,654	119,899	1,059,671
31 三重	77,547	0	0	37,960	59,652	11,666	0	117,134	0	0	1,815	0	0	16,313
32 滋賀	51,517	0	0	0	0	96,527	10,864	0	0	0	30,498	0	54,229	0
33 京都	27,114	0	0	65,074	0	59,147	140,115	0	0	0	0	0	21,566	0
34 奈良	0	0	0	65,074	0	0	0	0	0	0	0	0	0	0
35 和歌山	24,261	0	23,048	88,107	0	239,691	0	0	0	0	43,383	0	0	0
36 大阪	53,144	73,751	53,538	440,514	86,766	232,972	104,661	0	216,915	104,318	99,010	0	91,283	289,314
37 兵庫	0	23,861	54,229	37,960	54,229	151,250	209,579	0	0	26,769	14,991	0	25,698	82,970
38 鳥取	0	0	0	0	0	0	0	0	0	0	0	0	0	0
39 島根	0	0	0	0	0	0	0	0	0	0	1,392	0	0	0
40 岡山	0	0	0	0	0	1,585	0	53,538	0	0	0	0	0	0
41 広島	0	0	0	45,021	4,664	29,283	235,618	53,538	0	0	0	37,038	0	0
42 山口	0	0	0	42,830	0	2,690	0	0	0	0	0	0	0	0
43 香川	0	0	226,618	725,976	0	457,353	0	0	0	266,032	0	0	0	132,930
44 愛媛	0	0	0	0	0	473,220	70,497	0	0	0	0	0	0	0
45 徳島	0	0	0	0	0	12,464	0	0	0	0	0	0	0	0
46 高知	0	0	0	0	0	0	0	0	0	0	0	0	0	0
47 福岡	23,920	0	63,175	35,791	0	153,741	0	32,537	0	32,537	0	0	0	8,140
48 佐賀	0	0	0	0	0	0	0	0	0	0	0	0	32,537	0
49 長崎	0	0	0	0	0	0	0	0	0	0	0	0	0	0
50 熊本	0	0	0	0	0	0	0	0	0	0	0	0	0	0
51 大分	0	0	0	0	119,303	0	0	0	0	0	0	0	0	20
52 宮崎	0	0	0	0	0	0	10,951	0	0	0	0	0	0	0
53 鹿児島	0	0	0	0	0	0	0	0	0	0	0	0	0	0
54 沖縄	0	0	0	0	0	32,510	50	0	0	0	0	0	0	0
55 全国	4,102,128	5,246,720	7,397,110	26,009,817	14,104,520	26,352,512	21,623,105	7,965,029	2,560,772	7,285,419	1,485,840	2,493,404	4,193,246	7,251,391

平成28年度　　　　　　　　　　　　　　　　府県相互間輸送トン数表（全機関）　　　　　　　　品目（7-0）雑工業品　その3　　（単位：トン）

着／発	29 岐阜	30 愛知	31 三重	32 滋賀	33 京都	34 奈良	35 和歌山	36 大阪	37 兵庫	38 鳥取	39 島根	40 岡山	41 広島	42 山口
1 札幌	0	0	0	0	0	0	0	0	0	0	0	0	0	0
2 旭川	0	0	0	0	0	0	0	0	0	0	0	0	0	0
3 函館	0	0	0	0	0	0	0	0	0	0	0	0	0	0
4 室蘭	0	17,810	0	0	0	0	0	1,140	0	0	0	0	0	0
5 釧路	0	3,740	0	0	0	0	0	12	0	0	0	0	0	0
6 帯広	0	0	0	0	0	0	0	0	0	0	0	0	0	0
7 北見	0	0	0	0	0	0	0	0	0	0	0	0	0	0
8 北海道	0	21,550	0	0	0	0	0	1,152	0	0	0	0	0	0
9 青森	65,074	0	0	0	0	0	0	0	0	0	0	0	0	0
10 岩手	0	0	0	0	0	0	0	0	0	0	0	0	0	0
11 宮城	0	4,713	0	0	0	0	0	0	0	0	0	0	64,619	0
12 福島	0	160,614	0	0	0	0	0	158,593	0	0	0	0	0	0
13 秋田	0	0	0	0	0	0	0	0	0	0	0	0	0	0
14 山形	0	0	0	0	0	0	0	0	0	0	0	0	0	0
15 茨城	0	0	130,149	53,201	59,652	0	0	0	0	0	0	0	0	0
16 栃木	0	187,734	0	0	0	0	0	29,283	27,114	0	14,642	0	0	0
17 群馬	0	73,876	0	2,378	0	0	0	10,846	0	0	0	0	0	0
18 埼玉	10,846	564,915	0	13,385	63,881	0	0	346,295	242,402	0	0	0	0	0
19 千葉	8,134	388,278	14,188	52,873	0	0	56,940	85,088	41,884	0	0	4,800	597	0
20 東京	58,025	403,515	122,015	52,873	5,770	0	178,955	179,157	147,213	0	0	24,403	0	0
21 神奈川	86,766	703,085	0	0	139,368	29,653	0	276,547	115,567	0	0	0	36,333	0
22 新潟	13,557	38,231	0	0	0	0	0	2,956	0	0	0	0	0	0
23 富山	7,121	23,703	0	8,297	0	0	0	140,304	0	5,423	0	0	10,708	0
24 石川	0	59,652	0	0	0	0	0	0	37,960	0	0	0	0	0
25 福井	0	0	596	3,748	0	0	0	11,778	144,248	0	0	0	0	0
26 山梨	420,272	56,215	0	0	0	0	0	0	13,557	0	0	0	0	0
27 長野	51,302	93,757	0	0	56,940	0	0	8,134	38,547	0	0	0	0	0
28 静岡	10,846	458,904	5,578	0	54,229	0	0	266,018	27,114	0	0	0	0	0
29 岐阜	1,741,483	547,689	35,965	5,822	4,756	0	0	530,899	89,477	0	0	0	0	153,684
30 愛知	644,966	10,452,666	106,805	43,231	184,079	111,711	0	773,495	266,642	0	0	203,358	89,749	0
31 三重	73,637	441,829	3,314,190	39,045	37,801	973	0	83,133	151,840	0	0	0	0	0
32 滋賀	265	371,876	10,846	1,225,131	172,915	0	0	206,313	258,671	2,500	0	0	0	0
33 京都	0	111,169	5,443	120,041	1,569,363	137,292	7,240	695,207	72,273	0	0	0	27,428	0
34 奈良	0	1,265	4,597	4,173	3,043	1,836,965	11,076	173,215	174,140	0	0	0	0	0
35 和歌山	54,229	54,229	476	0	804	1,154	430,076	246,039	0	0	0	0	0	0
36 大阪	318,913	434,182	48,493	617,511	348,247	360,211	1,498,076	11,748,891	1,662,543	0	0	66,962	138,524	41,859
37 兵庫	416,937	0	39,609	84,058	302,121	24,896	0	2,749,151	6,682,283	48,652	335,390	421,593	26,866	76,073
38 鳥取	0	0	0	0	0	0	0	0	11,890	545,148	6,288	0	0	0
39 島根	0	0	0	0	13,557	0	0	120,062	7,592	20,243	1,047,324	997	19,452	2,200
40 岡山	0	162,957	0	0	0	0	0	66	146,325	72,574	0	2,980,174	377,690	0
41 広島	0	147,502	90,912	0	0	0	0	11,486	12,442	861	116,008	401,322	13,349,085	126,571
42 山口	49,113	0	0	47,390	0	0	0	0	1,450	0	21,415	109,057	31,520	2,495,818
43 香川	0	151,840	0	151,840	162,686	0	0	242,268	248,923	0	0	188,635	108,457	64,937
44 愛媛	0	151,840	0	0	0	0	116,049	215,288	144,372	0	0	0	33,200	0
45 徳島	0	16,061	0	0	0	0	0	0	0	0	0	0	0	216,915
46 高知	0	0	0	0	0	0	0	0	5,658	0	0	0	0	662
47 福岡	0	86,788	0	0	26,957	0	0	151,840	208,750	46,094	0	48,194	187,755	510,667
48 佐賀	0	10,846	0	109,602	0	0	0	0	54,229	0	0	0	589	0
49 長崎	0	0	0	0	0	0	0	0	0	0	0	0	0	0
50 熊本	0	0	0	0	0	7,629	0	0	0	0	0	0	0	0
51 大分	0	0	0	0	0	0	0	0	1,655	0	0	0	0	0
52 宮崎	0	0	0	0	0	0	0	54,334	0	0	0	0	0	12,883
53 鹿児島	0	0	0	0	0	0	0	0	8,732	0	0	0	0	0
54 沖縄	0	386	0	0	0	0	0	1,192	52	0	0	686	0	0
55 全国	3,614,549	16,798,804	4,046,992	2,581,724	3,206,168	2,626,534	2,182,363	19,516,076	11,048,501	741,496	1,541,066	4,450,181	14,502,571	3,702,268

平成28年度　　　　　　　　　　　　　　　　府県相互間輸送トン数表（全機関）　　　　　　　　品目（7-0）雑工業品　その4　　（単位：トン）

着／発	43 香川	44 愛媛	45 徳島	46 高知	47 福岡	48 佐賀	49 長崎	50 熊本	51 大分	52 宮崎	53 鹿児島	54 沖縄	55 全国
1 札幌	0	0	0	0	0	0	0	0	0	0	0	0	11,141,016
2 旭川	0	0	0	0	0	0	0	0	0	0	0	0	3,722,331
3 函館	0	0	0	0	0	0	0	0	0	0	0	0	2,131,534
4 室蘭	0	0	0	0	0	0	0	0	0	0	0	0	4,343,664
5 釧路	0	0	0	0	0	0	0	0	0	0	0	0	221,995
6 帯広	0	0	0	0	0	0	0	0	0	0	0	0	511,967
7 北見	0	0	0	0	0	0	0	0	0	0	0	0	544,166
8 北海道	0	0	0	0	0	0	0	0	0	0	0	0	22,616,673
9 青森	0	0	0	0	0	0	0	0	0	0	0	0	6,030,320
10 岩手	0	0	0	0	0	0	0	0	0	0	0	0	6,338,561
11 宮城	0	0	0	0	0	0	0	0	0	0	0	0	7,227,756
12 福島	0	59,652	0	0	0	0	0	0	0	0	0	0	7,170,024
13 秋田	0	0	0	0	0	0	0	0	0	0	0	0	1,169,810
14 山形	0	0	0	0	0	0	0	0	0	0	0	0	3,418,840
15 茨城	0	0	0	0	39,785	0	0	0	0	0	0	0	4,314,891
16 栃木	0	0	54,229	0	2,440	0	0	0	0	0	0	0	5,405,374
17 群馬	208,798	0	0	0	0	0	0	0	0	0	0	0	9,303,368
18 埼玉	403,677	0	0	0	76,462	0	0	0	0	0	0	0	26,372,883
19 千葉	0	0	0	0	0	16,269	0	0	0	0	0	0	11,763,541
20 東京	611,689	70,497	0	0	129,495	0	4,328	0	0	1,908	2,169	50,782	27,980,473
21 神奈川	52,467	0	0	0	141,320	0	0	0	0	0	0	0	21,444,493
22 新潟	0	0	0	0	0	0	0	0	0	0	0	0	8,035,625
23 富山	0	11,457	0	0	0	0	0	0	0	0	0	0	2,315,726
24 石川	107,076	0	0	0	32,537	0	0	0	0	0	0	0	6,920,957
25 福井	0	0	0	0	0	0	0	0	0	0	0	0	892,849
26 山梨	0	0	0	0	91,533	0	0	0	0	0	0	0	2,740,376
27 長野	0	0	0	0	0	0	0	0	0	0	0	0	3,278,614
28 静岡	42,295	0	0	0	0	0	0	0	26,769	0	0	0	6,819,020
29 岐阜	0	0	0	0	32,411	0	0	0	0	0	0	0	4,041,585
30 愛知	75,920	0	0	0	89,840	0	0	0	0	31,809	21,566	0	18,042,747
31 三重	0	0	0	0	488	0	0	0	0	0	0	0	4,553,849
32 滋賀	185,673	0	0	0	43,383	98,685	0	0	0	0	0	0	2,819,876
33 京都	0	6,286	0	0	0	0	0	28,305	0	0	0	0	3,090,242
34 奈良	0	99,781	9,233	0	8,087	0	0	0	0	0	0	0	2,382,560
35 和歌山	0	0	0	0	0	0	0	0	0	0	0	0	1,213,584
36 大阪	833,333	495,108	313,229	30,156	478,056	0	0	360	400	27,644	20,778	0	21,471,592
37 兵庫	184,494	514,765	44,426	4	341,765	108,549	0	0	3,615	124	1,649	307	13,167,763
38 鳥取	0	0	0	0	14,642	0	0	0	0	0	0	0	577,968
39 島根	26,769	0	0	0	0	0	0	0	0	0	0	0	1,259,589
40 岡山	1,031,576	297,041	296,152	0	173,532	0	0	0	0	0	0	622	5,593,831
41 広島	0	15,900	0	54,229	748	0	0	0	0	0	84	587	14,841,356
42 山口	11,243	662	0	0	41,682	0	0	101,722	0	0	0	0	2,956,690
43 香川	6,923,132	3,880,336	663,821	533,848	0	0	16,269	0	0	0	0	10,244	15,156,142
44 愛媛	1,297,537	4,186,621	94,279	119,346	37,960	0	0	0	0	0	0	29,185	7,029,045
45 徳島	444,365	37,960	1,434,729	0	0	0	0	0	0	0	0	0	2,162,494
46 高知	0	623	120,388	359,862	0	0	0	0	0	0	0	0	487,193
47 福岡	0	0	0	0	10,863,304	2,908,556	163,552	823,627	1,635,976	259,072	146,229	41,418	18,458,620
48 佐賀	0	0	0	0	703,583	301,087	172,240	22,938	123,770	0	0	0	1,531,426
49 長崎	0	0	0	0	7,698	14,450	573,747	8,944	0	0	0	0	605,150
50 熊本	0	0	0	0	101,634	2,709	6,924	1,233,884	4,338	0	122,517	0	1,479,635
51 大分	0	0	0	0	210,138	0	0	32,726	879,908	0	0	0	1,246,181
52 宮崎	0	0	0	0	3,329	163,291	0	0	42,830	3,141,472	64,847	0	3,493,936
53 鹿児島	0	0	0	0	0	0	0	971,753	0	255,144	2,522,163	71,047	3,828,839
54 沖縄	0	0	0	0	18,767	0	0	0	0	0	2,420	3,478,135	3,534,328
55 全国	12,440,042	9,676,691	3,030,484	1,097,443	13,684,622	3,613,597	920,790	3,240,526	2,717,208	3,689,954	2,911,289	3,703,105	346,586,237

平成28年度　　府県相互間輸送トン数表（全機関）　　品目（8-0）特種品　　その 1　　（単位：トン）

発＼着	1 札幌	2 旭川	3 函館	4 室蘭	5 釧路	6 帯広	7 北見	8 北海道	9 青森	10 岩手	11 宮城	12 福島	13 秋田	14 山形
1 札幌	28,342,004	173,127	0	990,470	154,177	479,321	13,232	30,152,330	0	0	409,493	0	0	0
2 旭川	287,699	7,208,252	0	282,222	0	0	39,522	7,817,694	0	0	37,291	0	0	0
3 函館	0	0	4,906,019	56,059	0	137,476	0	5,099,554	0	0	0	0	0	0
4 室蘭	721,961	49,572	131,588	8,869,611	658,466	361,131	116,791	10,909,118	19,836	3,020	6,258	0	727	0
5 釧路	134,115	0	0	26,891	6,007,348	1,267,985	156,354	7,592,693	98,123	0	0	0	0	0
6 帯広	580,682	0	137,476	2,750	8,004	9,941,453	0	10,670,365	0	0	0	0	0	0
7 北見	133,955	0	0	121,386	0	0	8,591,428	8,846,771	0	1,447	0	0	2,798	0
8 北海道	30,200,415	7,430,951	5,175,084	10,349,389	6,827,995	12,187,368	8,917,327	81,088,529	117,959	4,467	453,042	0	3,525	0
9 青森	63,850	0	0	61,554	16,402	0	0	141,806	13,168,676	467,581	50,053	13,680	22,890	0
10 岩手	0	0	0	800	0	0	0	800	341,137	18,875,028	69,128	8,333	388,301	0
11 宮城	98,976	0	0	145,813	2,583	0	0	247,372	266,291	726,459	11,610,587	1,461,193	310,483	2,709,029
12 福島	60,297	0	0	0	15,086	0	0	75,383	30,677	242,122	735,605	13,551,347	12,160	165,128
13 秋田	0	0	0	0	0	0	0	0	162,962	167,828	16,362	43,935	10,277,203	231,539
14 山形	0	0	0	0	0	0	0	0	15,524	109,055	927,011	74,388	345,633	14,884,167
15 茨城	9,147	0	2,000	475,882	751,003	15,269	0	1,253,301	41,675	14,147	79,178	487,671	39,479	78,989
16 栃木	120,593	0	0	0	0	39,906	0	160,500	45,177	28,164	54,730	160,416	0	157,125
17 群馬	0	0	0	0	0	0	0	0	0	0	60,297	122,724	0	499,250
18 埼玉	0	0	0	0	0	0	0	0	0	78,211	856,824	320,853	52,126	785,665
19 千葉	1,200	0	0	67,779	208,380	6,164	0	283,523	114,000	38,471	273,260	37,711	43,099	172,358
20 東京	121,417	0	0	1,148,813	21,769	43,897	0	1,335,896	337,054	2	311,368	401,091	60,146	1,475,163
21 神奈川	7,200	0	0	171,600	236,796	39,206	0	454,802	97,032	31,544	362,668	229,413	309,264	168,831
22 新潟	39,906	0	0	16,251	0	0	0	56,157	4,597	0	11,793	101,662	20,602	7,895
23 富山	0	0	0	0	0	0	0	0	1,948	0	0	43,033	0	0
24 石川	0	0	0	0	0	0	0	0	60	0	31,925	0	0	0
25 福井	0	0	0	44,423	0	0	0	44,423	1,428	0	31,925	0	0	0
26 山梨	0	0	0	0	0	0	0	0	0	71,962	0	15,203	54,934	0
27 長野	0	0	0	0	0	0	0	0	0	0	154,510	6,127	71,239	0
28 静岡	97,762	0	0	49,259	59,937	3,806	0	210,764	39,953	5,599	104,380	0	3,004	379,869
29 岐阜	0	0	0	0	0	0	0	0	0	0	32,723	0	0	0
30 愛知	3,600	0	0	101,644	93,838	24,772	0	223,854	14,038	25,384	848,401	222,440	2,451	118,954
31 三重	0	0	0	3,600	0	853	0	4,453	0	0	7,204	108,534	0	49,017
32 滋賀	0	0	0	0	0	0	0	0	0	0	0	0	60	0
33 京都	0	0	31,925	1,500	0	0	0	33,425	0	0	0	0	0	0
34 奈良	0	0	0	0	0	0	0	0	0	0	0	0	0	0
35 和歌山	0	0	0	0	0	0	0	0	18,870	0	0	0	0	0
36 大阪	0	0	0	156,881	965	0	0	157,846	10,444	12,059	1,639,109	27,934	0	66,417
37 兵庫	0	0	0	11,980	8,414	2,117	0	22,511	9,145	13,658	244,439	0	0	0
38 鳥取	0	0	0	0	0	0	0	0	0	0	0	0	0	0
39 島根	0	0	0	0	0	0	0	0	0	0	799	0	0	0
40 岡山	0	0	0	0	0	0	0	0	0	0	6,049	0	0	0
41 広島	0	0	0	0	0	0	0	0	0	0	0	19,700	0	0
42 山口	0	0	0	1,400	1,969	0	0	3,369	46,899	0	3,414	2,003	0	0
43 香川	0	0	0	0	0	0	0	0	0	0	0	0	27,571	0
44 愛媛	0	0	0	0	0	0	0	0	560	0	0	0	0	0
45 徳島	0	0	0	0	0	0	0	0	0	0	0	0	0	0
46 高知	0	0	0	0	0	0	0	0	0	0	0	0	0	0
47 福岡	0	0	0	0	0	0	0	0	0	2,282	499	0	0	0
48 佐賀	0	0	0	1,500	0	0	0	1,500	0	0	0	0	0	0
49 長崎	0	0	0	0	0	0	0	0	0	0	0	0	0	0
50 熊本	0	0	0	0	0	0	0	0	0	1,386	0	0	0	0
51 大分	0	0	0	4,006	0	0	0	4,006	3,739	0	696	0	0	0
52 宮崎	0	0	0	0	0	0	0	0	1,002	0	0	0	0	0
53 鹿児島	0	0	0	0	2,869	0	0	2,869	1,129	0	200	0	0	0
54 沖縄	0	0	0	0	0	0	0	0	4,515	0	0	0	0	0
55 全国	30,824,363	7,430,951	5,209,009	12,814,074	8,248,006	12,363,359	8,917,327	85,807,087	14,875,389	20,969,232	18,945,454	17,486,963	12,016,599	21,949,394

平成28年度　　府県相互間輸送トン数表（全機関）　　品目（8-0）特種品　　その 2　　（単位：トン）

発＼着	15 茨城	16 栃木	17 群馬	18 埼玉	19 千葉	20 東京	21 神奈川	22 新潟	23 富山	24 石川	25 福井	26 山梨	27 長野	28 静岡
1 札幌	0	0	0	96,475	0	104,281	0	0	1,227	63,722	0	0	0	0
2 旭川	0	66,326	0	0	0	108,534	0	0	0	0	0	0	0	0
3 函館	0	0	0	0	0	2,350	1,592	0	0	0	0	0	0	0
4 室蘭	62,188	0	0	0	10,102	331,123	146,642	0	0	0	18,040	0	0	0
5 釧路	4,323	0	0	0	0	118,100	0	0	0	0	0	0	0	0
6 帯広	0	0	0	0	0	0	753	0	0	0	0	0	0	0
7 北見	0	0	0	0	0	0	0	0	0	0	0	0	0	0
8 北海道	66,511	66,326	0	96,475	10,102	664,388	148,987	0	1,227	63,722	18,040	0	0	0
9 青森	0	0	0	0	34,760	243,369	139,368	23,744	0	648	0	0	0	0
10 岩手	9,044	0	7,981	70,395	7,281	24,577	136,474	0	0	0	0	0	7,723	980
11 宮城	66,472	26,371	13,680	898,599	211,522	400,213	273,337	21,446	0	0	0	0	82,353	0
12 福島	130,771	494,284	38,794	407,504	0	82,038	87,464	17,039	0	0	0	0	0	7,700
13 秋田	0	103,226	0	0	0	0	132,653	222,125	0	0	0	0	0	0
14 山形	9,803	114,533	370,740	717,831	83,149	1,579,437	806,898	88,691	0	0	0	96,475	482,373	2,200
15 茨城	23,764,461	1,201,696	187,898	787,649	1,323,350	661,200	305,139	123,021	0	434	0	0	42,804	2,200
16 栃木	711,169	13,869,176	481,669	313,401	294,346	349,944	60,708	0	41,842	0	0	0	0	118
17 群馬	208,529	1,174,398	11,117,277	502,929	76,032	277,247	273,538	198,487	0	0	0	16,566	336,672	18,741
18 埼玉	1,724,551	889,595	1,094,125	31,348,706	2,347,682	5,338,711	1,491,371	203,864	13,970	0	0	34,624	279,978	95,988
19 千葉	1,721,692	113,568	55,015	1,436,206	22,340,643	3,416,563	1,227,508	1,115	10,048	0	0	0	0	136,350
20 東京	2,304,698	639,743	451,758	15,067,004	7,050,191	76,194,801	9,382,730	78,756	48,237	0	0	386,671	44,564	1,650,930
21 神奈川	1,065,500	130,240	209,696	1,139,978	1,868,248	3,556,176	50,304,197	25,158	2,451	0	88,503	345,275	70,479	511,381
22 新潟	34,759	283,029	85,657	185,416	3,389	41,899	0	22,930,197	199,705	0	17,217	50,462	217,124	12,254
23 富山	92,085	0	0	0	48,237	49	0	644,345	13,461,458	238,164	62,023	4,902	18,681	0
24 石川	0	14,705	0	0	0	0	0	79,106	270,594	22,090,363	126,527	0	35,145	0
25 福井	0	0	0	0	0	114,871	0	105,629	157,067	0	17,145,016	9,411	0	0
26 山梨	0	53,260	7,982	33,071	0	370,337	104,719	0	0	0	0	11,611,375	176,355	184,667
27 長野	0	37,322	157,216	60,086	5,525	486,966	26,737	636,410	32,890	0	41,174	46,194	11,452,003	29,436
28 静岡	78,818	0	49,082	449,112	109,783	100,598	716,621	0	135,598	0	23,727	872,901	37,036	17,292,156
29 岐阜	0	0	40,518	170,246	26,446	180,255	0	0	4,237	42,595	0	0	7,661	205,612
30 愛知	258,657	58,645	5,084	566,549	409,056	756,026	315,898	134,417	288,770	110,014	234,540	102,504	550,778	1,161,040
31 三重	92,028	27,807	0	130,396	28,241	336,732	39,148	248,811	46,306	0	87	0	0	26,111
32 滋賀	22,160	11,396	0	48,237	48,237	0	0	28,104	11,184	12,279	24,698	0	33,086	131,365
33 京都	460,336	138,682	0	7,236	0	308,116	49,443	325,248	10,944	0	0	0	48,237	48,237
34 奈良	235,157	48,237	0	54,267	0	0	0	0	0	63,914	0	0	0	42,208
35 和歌山	0	9,803	0	48,237	0	336,053	0	0	0	0	0	0	0	0
36 大阪	24,756	0	18,089	83,053	402,781	666,213	611,706	145,241	77,642	61,142	0	74,663	0	522,474
37 兵庫	31,302	0	0	51,077	2,349	357,459	151,924	172,731	0	109,456	1,540	0	0	136,877
38 鳥取	0	0	0	0	0	0	0	0	0	0	0	0	0	0
39 島根	0	0	0	0	0	82,867	0	0	0	31,861	0	0	0	0
40 岡山	0	0	0	0	0	0	0	0	0	0	0	0	0	6,002
41 広島	24	28,675	24,508	44,169	0	123,555	207,186	0	0	0	0	0	31,252	25,994
42 山口	7,571	0	0	0	38	29,099	53,156	126	0	0	0	0	0	2,292
43 香川	1,350	0	0	0	0	0	0	0	0	0	0	0	0	0
44 愛媛	0	0	0	0	0	162,954	29,266	0	0	241,187	0	0	76,854	0
45 徳島	0	0	0	0	0	43,258	0	0	0	0	0	0	0	0
46 高知	0	0	0	0	1,500	0	0	0	0	0	0	0	0	0
47 福岡	52,786	0	0	0	0	39,262	1,372,032	338	4,351	0	9,550	120,593	0	137,123
48 佐賀	0	0	0	0	0	39,906	0	0	0	0	0	0	0	0
49 長崎	0	0	0	0	0	0	0	0	0	0	0	0	0	0
50 熊本	0	0	0	31,925	0	0	0	0	0	0	67,532	2,451	0	0
51 大分	1,035	0	0	0	55,428	0	0	0	0	0	9,270	0	0	1,770
52 宮崎	0	0	0	0	51,855	61,938	0	0	0	0	0	0	0	0
53 鹿児島	1,987	0	0	0	153	68,547	753	0	0	0	100	0	0	0
54 沖縄	0	0	0	0	0	136,684	233	0	0	0	0	0	0	0
55 全国	33,178,018	19,534,719	14,417,621	54,749,818	36,919,492	98,810,301	67,220,485	26,519,852	14,834,047	23,135,457	17,802,658	13,659,601	13,731,786	22,872,378

平成28年度　　　　　　　　　府県相互間輸送トン数表（全機関）　　　　　　　　　（単位：トン）
品目（8-0）特種品　その3

着／発	29 岐阜	30 愛知	31 三重	32 滋賀	33 京都	34 奈良	35 和歌山	36 大阪	37 兵庫	38 鳥取	39 島根	40 岡山	41 広島	42 山口
1 札幌	0	0	60,297	0	0	0	0	72,356	0	0	0	0	0	0
2 旭川	0	0	0	0	0	0	0	0	0	0	0	0	0	0
3 函館	0	0	0	0	0	0	0	0	0	0	0	0	0	0
4 室蘭	0	14,411	350	0	0	0	0	42,312	22,460	0	0	0	0	803
5 釧路	0	4,260	0	0	0	0	0	71,148	0	0	0	0	0	0
6 帯広	0	0	0	0	0	0	0	0	812	0	0	0	0	0
7 北見	0	0	0	0	0	0	0	0	0	0	0	0	0	0
8 北海道	0	18,671	60,647	0	0	0	0	185,816	23,272	0	0	0	0	803
9 青森	0	755	0	0	0	0	0	0	0	0	0	0	0	0
10 岩手	0	3,170	0	0	0	0	0	0	0	0	0	0	0	0
11 宮城	0	799,369	1,200	0	0	0	0	1,272,208	113,047	0	0	0	1,094	651
12 福島	0	324,227	0	0	0	0	0	0	3,279	0	0	0	0	34,118
13 秋田	0	0	0	0	0	0	0	0	0	0	0	0	0	4,705
14 山形	0	24,535	0	0	0	0	0	123,510	0	0	0	0	0	1,161
15 茨城	0	234,500	1,598	48,237	51,252	289,424	0	60,942	0	0	0	0	4,321	73,580
16 栃木	53,731	159,172	17,156	0	0	54,267	0	48,237	0	0	0	0	0	0
17 群馬	0	58,665	9,803	0	0	0	0	24,508	0	0	0	0	34,183	0
18 埼玉	132,520	327,181	240,579	51,252	0	48,237	80,496	60,297	171,375	0	0	0	37,291	31,354
19 千葉	0	410,848	314,614	0	0	2,911	14,827	312,064	140,045	0	0	9,087	55,430	58,434
20 東京	0	569,117	296,163	0	365,437	48,237	273,445	343,523	207,754	0	0	48,237	187,746	8,397
21 神奈川	100,695	500,028	129,170	6,617	63,850	0	10,206	698,961	508,546	0	0	20,056	197,119	251,376
22 新潟	0	12,312	224,303	0	159,183	0	0	209,531	92,162	0	0	1,585	0	3,615
23 富山	5,882	102,709	0	2,451	0	0	0	93,165	31,959	0	0	0	0	1,443
24 石川	60,847	19,342	0	0	0	30,438	0	71,409	130,469	0	0	0	0	7,492
25 福井	141,697	150,323	2,586	8,578	0	0	0	74,464	0	0	0	0	0	1,845
26 山梨	0	0	156,771	0	0	0	0	80,195	0	0	0	0	0	0
27 長野	3,186	476,389	60,732	17,559	48,237	0	0	0	0	0	0	19,325	90,041	0
28 静岡	0	1,186,908	81,654	35,037	60,297	0	0	296,418	116,556	0	0	2,779	209,067	52,741
29 岐阜	11,780,636	732,636	107,119	49,443	0	0	0	23,695	12,059	0	0	67,746	36,178	0
30 愛知	1,128,762	39,111,885	1,441,947	1,393,599	126,623	42,257	2,480	476,227	399,938	16,524	0	368,366	208,277	211,938
31 三重	68,608	1,698,403	16,248,791	110,946	969	87,080	5,557	149,154	437,925	54,925	0	30,145	0	0
32 滋賀	73,508	606,736	423,015	8,891,657	479,821	66,181	0	75,120	28,246	17,237	0	107,834	65,688	0
33 京都	9,160	236,966	33,490	401,517	9,758,087	100,477	22,746	1,838,868	309,743	320,744	399	0	2,203	28,166
34 奈良	0	27,934	184,223	0	61,850	8,182,722	55,336	1,256,164	235,699	0	0	0	0	0
35 和歌山	0	0	4,888	0	0	44,840	11,896,346	210,314	15,554	0	0	0	0	0
36 大阪	4,166	472,838	972,837	542,482	2,804,163	1,707,574	415,668	42,195,751	4,086,022	142,437	112,725	274,274	1,222,096	286,717
37 兵庫	90,032	224,284	82,262	212,563	764,097	55,662	36,222	4,437,832	26,333,834	355,891	101,498	396,054	188,628	295,281
38 鳥取	0	0	45,011	0	180,890	0	0	54,623	74,768	6,351,573	1,616,888	554,670	43,591	0
39 島根	0	0	0	0	62,706	399	0	56,295	0	1,022,184	12,623,744	157	62,760	51,211
40 岡山	42,365	391,358	581	55,874	25,244	69,599	122,926	188,782	1,281,372	42,208	138,510	10,240,571	1,051,545	403,421
41 広島	24,119	290,613	0	68,599	50,456	28,315	0	385,058	294,580	152,198	192,810	1,477,119	24,451,247	1,522,416
42 山口	0	1,400	3,812	0	0	0	0	215,346	163,515	0	19,626	343,832	1,596,751	14,910,895
43 香川	0	19,355	0	0	0	0	0	32,963	163,195	0	37,540	114,862	3,545	46,521
44 愛媛	332,855	328,044	450,368	220,451	223,164	0	35,385	603,164	771,254	14,964	0	199,627	414,682	202,047
45 徳島	0	101,298	1,500	0	0	0	0	410,259	113,134	0	3,564	0	0	124,669
46 高知	0	1,200	0	0	0	0	1,475	0	3,185	0	0	595	250,442	28,575
47 福岡	16,946	220,167	67,826	0	197,773	35,916	12,187	821,870	778,875	118,881	60,297	306,665	346,933	668,115
48 佐賀	36,178	515,536	54,267	331,631	0	0	0	14,616	5,496	0	0	45,222	47,368	548,629
49 長崎	0	43,756	0	0	0	0	0	0	1,250	0	0	0	6,081	89,235
50 熊本	0	0	0	0	0	0	0	84,975	1,718	0	0	106,436	129,704	59,942
51 大分	0	100	408	0	0	0	0	53,433	18,216	0	0	700	0	240,913
52 宮崎	65,047	100,599	0	0	0	0	0	67,142	43,473	0	0	21,050	52,458	37,644
53 鹿児島	102,504	4,279	0	0	0	0	0	52,215	55,084	0	0	29,424	0	24,580
54 沖縄	0	0	0	0	0	0	0	38,165	2,433	0	0	1,437	0	1,094
55 全国	14,273,446	50,507,606	22,050,957	12,116,862	15,484,100	10,894,538	12,985,301	57,697,282	37,169,036	8,609,765	14,907,598	14,793,269	30,991,052	20,313,723

平成28年度　　　　　　　　　府県相互間輸送トン数表（全機関）　　　　　　　　　（単位：トン）
品目（8-0）特種品　その4

着／発	43 香川	44 愛媛	45 徳島	46 高知	47 福岡	48 佐賀	49 長崎	50 熊本	51 大分	52 宮崎	53 鹿児島	54 沖縄	55 全国
1 札幌	0	0	0	0	3,271	0	0	0	1,395	0	2,200	0	30,967,046
2 旭川	0	0	0	0	0	0	0	0	0	0	0	0	8,029,865
3 函館	0	0	0	0	0	0	0	0	0	0	0	0	5,103,496
4 室蘭	0	0	0	0	4,707	1,100	1,145	0	2,807	0	0	0	11,597,149
5 釧路	0	0	0	0	334	0	1,002	0	0	0	0	0	7,889,983
6 帯広	0	0	0	0	0	0	0	0	0	0	0	0	10,671,930
7 北見	0	0	0	0	0	0	0	0	0	0	0	0	8,851,016
8 北海道	0	0	0	0	8,312	1,100	2,147	0	4,202	0	2,200	0	83,110,468
9 青森	0	245	0	0	0	0	0	0	0	0	0	0	14,307,574
10 岩手	0	0	0	0	0	0	0	0	0	0	0	0	19,950,355
11 宮城	0	0	0	0	878	0	0	0	0	0	3,140	0	21,516,993
12 福島	0	1,600	0	64,882	71,812	0	816	0	4,344	0	0	0	16,583,096
13 秋田	0	0	0	0	2,779	0	1,300	0	0	0	0	0	11,366,617
14 山形	0	0	0	0	35,653	0	0	0	0	0	0	0	20,890,568
15 茨城	33,925	0	0	13,995	250,094	0	1,200	0	1,484	0	25,750	0	31,484,594
16 栃木	0	0	0	0	0	0	0	0	0	0	0	0	17,061,049
17 群馬	0	0	0	0	0	0	0	0	0	0	0	0	15,009,847
18 埼玉	0	2,557	19,064	0	31,925	0	0	53,061	0	54,267	0	0	48,298,364
19 千葉	2,039	274,940	0	114,373	41,002	0	8,983	650	45,248	8,392	15,970	0	33,250,986
20 東京	3,085	197,770	0	0	262,223	0	700	0	615,114	100,944	4,200	245,184	120,998,082
21 神奈川	0	184,847	0	98,439	319,934	0	2,384	0	23,343	163,561	23,087	3,426	24,456,483
22 新潟	0	0	0	0	6,157	0	0	0	0	0	0	0	24,960,406
23 富山	0	0	0	0	0	0	0	0	1,235	0	0	0	14,866,019
24 石川	0	60,297	0	20,204	30,499	0	0	0	0	0	0	0	23,064,717
25 福井	0	1,300	0	3,504	4,006	0	0	0	1,002	0	180	0	18,013,958
26 山梨	0	0	0	0	48,237	0	0	0	0	0	48,237	0	13,017,306
27 長野	0	0	0	0	84,240	0	0	0	0	0	0	0	14,043,547
28 静岡	6,592	0	0	0	368,095	0	11,845	3,000	135,308	3,448	19,747	5,900	23,205,242
29 岐阜	0	0	0	0	210,877	171,845	0	0	0	0	51,252	0	14,057,082
30 愛知	233,742	715,832	502,419	252,130	460,113	168,139	421,033	62,203	18,881	0	38,656	16,447	54,225,916
31 三重	0	60,297	1,200	0	78,386	42,208	66,639	0	1,585	0	5,050	0	20,292,743
32 滋賀	0	0	62,311	0	14,828	147,727	0	0	0	0	0	0	11,430,719
33 京都	0	0	25,419	36,031	425,673	0	0	0	0	0	0	0	14,979,595
34 奈良	0	0	0	0	48,237	54,267	0	0	0	0	0	0	10,550,217
35 和歌山	0	4,104	0	1,000	827	0	0	0	0	0	3,588	0	12,594,424
36 大阪	102,565	543,167	315,661	85,479	938,943	0	60,297	596,249	993,470	70,100	39,133	963,160	64,549,565
37 兵庫	784,559	210,712	332,248	57,604	653,729	124,114	35,922	37,147	1,954,660	28,225	150,339	46,948	39,294,810
38 鳥取	0	0	0	0	1,506	0	1,500	0	0	0	0	0	8,925,015
39 島根	0	0	0	7,568	12,062	0	0	399	3,100	0	0	0	13,903,385
40 岡山	1,622,018	269,843	88,823	35,642	187,041	0	0	3,902	83,329	522	6,873	5,932	16,485,057
41 広島	5,013	546,729	31,281	173,726	534,332	0	0	91,949	39,896	52,458	6,000	1,656	30,833,686
42 山口	0	93,296	19,433	32,438	439,265	0	32,870	34,184	27,856	0	3,626	0	18,178,061
43 香川	19,231,089	1,134,197	384,448	338,254	58,701	0	0	78,386	11,800	0	3,014	195	21,687,087
44 愛媛	985,373	19,240,643	84,560	348,783	246,256	0	63,548	5,996	16,796	24,508	1,489	27,607	25,406,556
45 徳島	887,108	581,460	8,173,012	82,587	180,552	0	0	0	0	0	603	0	10,761,034
46 高知	499,166	196,113	12,059	9,050,237	8,800	0	0	0	9,647	0	5,975	0	10,068,970
47 福岡	24,987	373,357	22,030	9,282	25,381,087	2,001,154	1,213,460	885,217	740,743	647,903	923,466	540,284	38,154,238
48 佐賀	0	33,048	0	33,048	1,739,365	7,725,322	265,951	1,293,914	173,383	94,581	129,091	0	12,796,422
49 長崎	0	9,631	0	0	660,983	372,728	16,183,061	2,630	17,493	0	0	0	11,718,439
50 熊本	403,987	47,444	0	447	487,889	79,018	74,550	10,557,437	66,738	93,418	88,952	0	12,385,949
51 大分	0	0	0	9,805	393,136	247,359	2,024	191,107	9,420,884	36,067	20,206	4,932	10,715,236
52 宮崎	0	0	33,521	0	412,370	49,316	7,531	67,523	171,166	11,259,672	499,263	0	13,002,574
53 鹿児島	1,400	57,493	1,100	0	415,428	40,321	0	113,090	29,074	1,194,610	13,768,014	16,667	16,314,324
54 沖縄	254	6,975	0	0	50,311	0	0	0	0	4,403	16,667	10,719,868	10,983,039
55 全国	24,826,901	24,847,995	10,187,386	10,893,966	35,606,544	11,247,847	18,440,529	14,054,658	14,704,506	13,873,958	15,903,768	12,931,512	1,179,749,576

府県相互間輸送トン数表（全機関）

品目　（9－0）その他　　（単位：トン）　その　1

発＼着	1 札幌	2 旭川	3 函館	4 室蘭	5 釧路	6 帯広	7 北見	8 北海道	9 青森	10 岩手	11 宮城	12 福島	13 秋田	14 山形
1 札幌	755	23,598	76,855	11,151	13,703	44,269	15,557	185,888	17,530	9,449	24,284	24,287	18,656	5,644
2 旭川	9,058	719	4,258	457	960	950	2,425	18,827	2,942	1,629	5,885	8,451	1,433	3,089
3 函館	21,356	1,476	0	1,663	589	1,242	1,683	28,009	4,464	675	3,510	941	7,460	568
4 室蘭	903	314	4,759	277	13,830	6,635	315	27,033	11,915	6,828	11,340	5,402	6,095	2,664
5 釧路	15,067	3,675	686	4,268	0	2,211	883	26,790	3,750	2,255	1,950	685	1,945	290
6 帯広	3,500	459	3,460	2,192	3,005	0	100	12,716	3,184	3,015	8,035	5,975	2,315	4,690
7 北見	2,493	217	6,435	580	60	65	0	9,850	5,757	3,975	7,675	9,390	8,060	5,950
8 北海道	53,132	30,458	96,453	20,588	32,147	55,372	20,963	309,113	49,542	27,826	62,679	55,131	45,964	22,895
9 青森	22,192	3,886	4,014	1,884	845	862	604	34,287	1,501	1,696	40,510	10,353	703	1,940
10 岩手	11,005	777	970	2,935	310	709	506	17,212	630	410	31,269	772	20	74
11 宮城	60,693	2,195	6,010	5,149	586	3,776	1,559	79,968	80,237	6,457	6,714	10,112	29,816	1,024
12 福島	48,056	1,765	1,111	1,963	1,255	1,279	700	56,129	35,509	1,032	18,028	747	15,795	375
13 秋田	17,991	3,009	1,945	2,260	290	762	672	26,929	22,470	397	7,692	5,608	1,576	402
14 山形	18,683	874	1,691	1,123	280	547	660	23,858	13,389	397	344	576	53	140
15 茨城	34,445	2,045	3,113	3,720	935	2,050	745	47,053	10,805	2,650	5,590	754	12,245	2,815
16 栃木	84,140	2,210	4,503	3,461	2,215	2,887	1,085	100,501	7,468	8,905	6,667	345	7,248	610
17 群馬	21,895	703	647	3,344	115	576	695	27,975	520	705	2,505	18,835	275	177
18 埼玉	172,610	8,448	6,592	6,949	2,505	15,342	2,033	214,479	39,599	10,270	52,959	6,275	23,270	5,190
19 千葉	23,289	720	3,272	10,728	415	850	325	39,599	9,024	11,257	21,030	6,557	33,574	1,485
20 東京	431,721	4,008	21,588	10,497	4,507	6,693	1,799	480,813	34,682	40,123	141,216	7,437	38,248	6,163
21 神奈川	83,983	2,421	2,007	4,752	775	2,584	1,245	97,767	21,457	18,626	62,640	10,251	4,595	3,452
22 新潟	66,564	2,463	4,797	8,194	680	3,202	1,620	87,520	16,475	4,612	7,090	1,800	12,343	2,775
23 富山	29,545	1,455	690	6,516	1,380	1,753	2,315	43,654	4,895	6,995	12,745	4,542	1,335	1,853
24 石川	13,490	612	2,214	811	655	791	360	18,933	2,866	499	1,500	715	2,130	760
25 福井	5,390	185	977	750	60	247	150	7,759	926	925	1,270	990	440	255
26 山梨	2,570	687	186	44	20	80	285	3,872	325	275	12,450	60	10	20
27 長野	41,119	840	1,515	2,441	190	1,250	770	48,125	1,215	5,345	17,000	6,430	5,120	1,439
28 静岡	102,803	2,499	4,046	12,039	1,850	3,027	1,650	127,914	30,745	24,835	62,637	13,689	5,298	6,857
29 岐阜	37,656	1,231	3,218	2,431	625	1,129	1,095	47,385	3,690	17,790	21,240	3,385	1,580	2,760
30 愛知	78,453	7,324	3,851	22,602	1,205	3,147	2,940	119,522	11,079	157,217	56,696	16,223	13,579	5,080
31 三重	18,746	880	536	6,383	545	1,231	720	29,041	3,527	6,015	7,770	4,589	1,459	1,100
32 滋賀	0	0	0	0	0	0	0	0	0	0	0	0	0	0
33 京都	18,140	1,160	1,410	2,210	920	763	405	25,008	2,705	11,570	15,470	2,577	1,158	945
34 奈良	0	0	0	0	0	0	0	0	0	0	0	0	0	0
35 和歌山	19,982	345	380	1,486	500	855	270	23,818	3,000	1,390	16,712	939	465	120
36 大阪	142,060	3,566	7,623	7,781	3,189	3,559	1,240	169,018	12,501	11,635	73,400	23,646	14,873	7,462
37 兵庫	21,265	2,152	2,014	2,843	780	1,413	830	31,297	7,401	7,827	25,710	5,050	10,910	7,211
38 鳥取	4,430	175	20	155	15	105	50	4,950	350	295	4,415	1,660	135	190
39 島根	385	85	20	45	5	55	15	610	60	30	195	850	110	275
40 岡山	22,920	2,112	960	2,747	790	1,265	775	31,569	4,626	10,840	19,110	13,356	4,306	5,302
41 広島	20,456	923	907	2,457	270	696	930	26,639	2,730	2,560	17,849	7,216	8,120	2,260
42 山口	8,356	272	630	3,320	350	695	315	13,938	2,255	4,490	17,596	5,464	1,235	3,435
43 香川	12,949	460	263	1,187	1,125	783	465	17,232	2,625	529	6,125	1,725	920	2,945
44 愛媛	28,225	1,545	795	1,540	575	1,800	275	34,755	3,205	5,585	33,760	5,200	3,425	3,545
45 徳島	8,580	1,220	30	170	850	290	490	11,630	890	4,525	5,800	4,425	1,155	1,860
46 高知	2,345	595	100	1,855	1,710	250	65	6,920	2,785	930	1,040	1,615	60	1,475
47 福岡	27,837	1,892	1,575	2,605	535	1,989	955	37,388	5,323	6,318	32,393	10,585	8,934	3,002
48 佐賀	13,793	618	693	897	205	575	340	17,121	1,990	2,395	4,970	3,835	3,265	675
49 長崎	1,076	420	250	65	85	105	300	2,301	260	210	320	80	35	260
50 熊本	8,609	1,187	205	559	175	638	395	11,768	1,075	840	6,350	2,912	570	1,030
51 大分	2,024	125	120	798	15	94	20	3,196	2,390	565	1,955	2,479	125	135
52 宮崎	5,584	691	35	191	170	110	35	6,816	180	1,360	8,325	895	100	2,550
53 鹿児島	1,914	245	458	486	25	397	105	3,630	350	2,660	2,195	2,000	315	405
54 沖縄	0	0	0	0	0	0	0	0	0	0	0	0	0	0
55 全国	1,851,101	101,483	194,434	174,961	66,679	126,583	53,771	2,569,012	459,277	431,813	953,931	282,685	316,892	114,723

平成28年度

府県相互間輸送トン数表（全機関）

品目　（9－0）その他　　（単位：トン）　その　2

発＼着	15 茨城	16 栃木	17 群馬	18 埼玉	19 千葉	20 東京	21 神奈川	22 新潟	23 富山	24 石川	25 福井	26 山梨	27 長野	28 静岡
1 札幌	16,625	20,852	9,205	89,490	12,372	157,946	30,212	23,136	6,459	6,393	1,808	1,990	10,573	24,963
2 旭川	7,365	9,280	3,715	40,189	9,282	37,000	16,752	10,079	4,150	1,880	1,200	1,140	6,710	10,233
3 函館	5,342	1,794	1,285	7,124	2,026	32,842	2,315	3,549	895	950	1,353	95	1,077	1,775
4 室蘭	3,643	14,903	1,880	20,581	7,128	20,013	4,543	5,818	3,640	1,740	5,983	580	8,915	11,935
5 釧路	2,400	1,090	955	4,755	702	5,376	2,845	1,950	1,565	310	360	290	770	1,095
6 帯広	7,930	15,386	3,960	34,426	4,050	17,787	6,600	5,198	2,410	2,090	1,180	1,610	7,950	11,455
7 北見	8,675	5,322	4,580	23,855	4,760	26,315	12,180	7,243	4,410	2,465	2,880	2,570	10,610	19,170
8 北海道	51,980	68,627	25,580	220,420	40,320	297,279	75,447	56,973	23,529	15,828	14,764	8,275	46,605	80,626
9 青森	9,948	2,847	975	105,616	2,912	46,175	6,850	6,546	9,600	5,920	1,910	470	1,969	5,914
10 岩手	495	1,361	139	4,862	2,975	23,256	1,517	1,623	2,176	755	180	385	368	5,271
11 宮城	1,268	7,176	2,055	198,106	4,398	195,524	12,119	10,520	895	3,795	3,126	500	1,805	13,784
12 福島	382	247	120	1,312	33,301	7,942	16,838	523	2,160	635	500	130	1,174	3,981
13 秋田	1,902	2,859	965	46,723	11,468	28,350	4,557	3,323	4,862	1,625	1,015	960	2,411	10,436
14 山形	1,545	201	90	2,655	1,845	3,791	780	304	420	215	40	100	105	1,525
15 茨城	342	196	165	306	43	1,998	7,141	3,857	2,660	780	7,500	150	15,099	1,980
16 栃木	46	271	80	3,689	39,307	1,312	77,223	1,726	830	2,605	615	40	575	6,018
17 群馬	62	15	0	229	32,710	345	103,713	9,740	502	285	4,730	50	45	1,224
18 埼玉	2,286	1,836	1,032	3,150	1,885	5,367	22,919	15,089	5,490	5,710	3,015	285	6,749	15,392
19 千葉	159	624	190	598	0	446	565	13,481	700	1,770	16,681	50	6,032	19,110
20 東京	2,110	2,652	773	5,714	14,229	14,654	19,957	59,917	8,373	4,646	2,581	935	8,533	10,570
21 神奈川	12,773	6,055	34,145	18,584	385	4,049	181,437	4,733	7,266	2,955	2,730	180	5,069	2,597
22 新潟	7,424	1,057	5,013	68,623	5,434	161,537	19,205	4,507	1,807	4,769	2,064	250	1,723	29,995
23 富山	8,910	5,435	8,085	28,933	1,148	36,789	27,761	7,590	254	1,342	987	265	13,450	9,718
24 石川	490	2,557	781	5,017	853	5,555	1,758	1,738	3,985	0	59	50	995	2,099
25 福井	4,215	375	1,866	4,735	4,689	3,523	3,852	773	968	37	14	60	380	1,470
26 山梨	0	7	5	75	33	155	29,556	2	0	75	20	0	34	10
27 長野	5,938	161	145	10,375	17,864	6,109	54,739	1,137	914	815	410	25	138	1,894
28 静岡	1,188	5,482	670	19,192	6,070	8,276	2,872	7,617	2,080	7,265	1,865	105	1,793	95,214
29 岐阜	3,574	2,510	1,530	16,283	2,361	8,705	6,773	5,803	684	475	65	200	780	2,199
30 愛知	8,465	12,866	11,350	113,503	15,847	46,487	32,100	60,043	23,959	6,680	517	585	4,763	7,060
31 三重	4,895	21,835	317	30,531	604	14,056	2,811	10,503	3,595	1,830	29	40	671	1,509
32 滋賀	0	0	0	0	0	0	0	0	0	0	0	0	0	0
33 京都	4,442	3,415	1,290	15,560	2,935	22,391	20,128	32,739	1,962	929	160	225	3,358	1,477
34 奈良	0	0	0	0	0	0	0	0	0	0	0	0	0	0
35 和歌山	1,740	1,375	330	32,630	1,055	954	14,036	4,277	114	292	265	5	245	1,320
36 大阪	12,102	22,346	6,969	91,735	14,952	430,038	33,460	33,489	13,430	16,532	1,746	1,250	3,802	16,235
37 兵庫	4,690	8,514	2,967	37,606	3,747	74,139	18,830	10,985	68,881	2,689	2,557	2,230	2,476	4,182
38 鳥取	1,965	2,345	7,600	82,680	65	104,050	515	35	201	2,705	60	1,620	145	695
39 島根	125	1,325	20	1,710	230	210	120	2,390	10	265	45	0	215	235
40 岡山	15,587	20,176	5,681	73,029	14,963	104,633	16,247	17,469	10,775	3,120	3,008	2,020	4,732	22,347
41 広島	10,526	23,405	6,545	97,148	8,779	176,047	21,502	11,090	2,289	4,635	3,275	1,030	1,925	69,397
42 山口	8,338	15,624	7,171	110,540	8,479	49,636	18,825	26,712	5,210	4,868	1,825	1,145	6,810	39,424
43 香川	2,694	590	851	13,919	1,399	30,104	7,280	1,644	3,610	3,070	235	105	325	1,461
44 愛媛	4,295	12,907	1,230	29,371	2,758	46,813	12,971	17,705	4,515	39,555	3,405	165	5,435	9,715
45 徳島	220	3,725	115	3,205	120	5,839	1,105	859	95	110	5	15	125	445
46 高知	1,505	6,495	230	2,695	2,000	5,789	1,085	1,030	80	110	25	10	140	385
47 福岡	14,991	33,546	8,259	109,774	8,011	308,659	55,549	19,197	13,921	3,803	3,962	1,230	4,196	56,472
48 佐賀	4,665	4,811	2,617	28,735	4,855	73,729	12,758	9,586	980	1,570	650	535	841	8,885
49 長崎	280	75	80	2,635	190	7,545	1,655	415	115	60	50	20	145	555
50 熊本	2,240	1,898	1,177	13,416	1,178	35,393	8,569	5,371	5,645	1,815	910	655	8,900	13,777
51 大分	4,100	2,240	255	7,135	1,410	5,933	2,780	1,740	4,610	430	1,495	510	1,575	4,170
52 宮崎	1,385	2,795	975	20,535	1,320	6,298	10,905	4,207	1,020	4,475	3,219	50	235	2,510
53 鹿児島	3,160	1,975	2,036	17,057	2,302	42,577	2,894	1,578	2,210	2,230	470	505	1,633	7,027
54 沖縄	0	0	0	0	0	0	0	0	0	0	0	0	0	0
55 全国	229,447	316,834	152,469	1,700,346	321,429	2,452,457	973,704	490,586	247,382	164,075	92,784	27,415	168,524	590,310

平成28年度　　　　府県相互間輸送トン数表（全機関）　　　　品目（9-0）その他　　（単位：トン）その3

着／発	29 岐阜	30 愛知	31 三重	32 滋賀	33 京都	34 奈良	35 和歌山	36 大阪	37 兵庫	38 鳥取	39 島根	40 岡山	41 広島	42 山口
1 札幌	10,297	42,452	5,130	0	17,599	0	1,611	79,501	18,854	1,840	390	14,275	15,060	2,116
2 旭川	5,725	17,099	3,555	0	6,840	0	2,400	34,560	9,188	835	250	4,775	7,165	1,716
3 函館	725	7,022	535	0	3,750	0	813	21,473	4,863	285	65	1,915	3,480	435
4 室蘭	3,285	37,593	3,601	0	5,510	0	803	15,244	4,069	440	175	2,270	3,227	2,366
5 釧路	810	3,125	370	0	945	0	210	8,180	3,275	320	15	2,470	2,135	310
6 帯広	5,165	20,440	4,310	0	10,750	0	3,427	25,440	11,155	2,180	740	6,340	12,825	4,390
7 北見	11,250	26,545	5,145	0	6,195	0	5,345	22,365	8,065	2,065	470	6,040	9,980	2,315
8 北海道	37,257	154,276	22,646	0	51,589	0	14,609	206,763	59,469	7,965	2,105	38,085	53,872	13,648
9 青森	5,620	20,569	4,797	0	9,750	0	2,916	62,190	17,652	1,510	1,705	7,426	13,267	2,473
10 岩手	15,910	144,785	1,649	0	13,200	0	1,945	18,314	21,386	110	275	15,432	4,395	550
11 宮城	31,067	70,688	1,804	0	14,965	0	392	91,185	13,001	700	255	9,668	10,969	6,533
12 福島	1,490	7,828	2,066	0	2,820	0	1,700	38,716	5,532	1,120	150	8,390	10,088	4,833
13 秋田	13,599	29,257	1,276	0	3,200	0	802	38,658	25,540	115	900	12,942	22,035	1,016
14 山形	825	5,957	761	0	1,545	0	655	20,984	11,025	55	345	5,247	14,225	3,380
15 茨城	6,355	17,334	30,189	0	40,857	0	2,575	20,977	2,356	1,095	235	5,961	6,490	10,232
16 栃木	2,414	13,230	12,520	0	3,055	0	247	43,233	10,120	1,260	440	9,066	34,984	8,065
17 群馬	615	14,359	1,002	0	1,999	0	130	9,853	3,502	530	50	5,840	9,488	2,941
18 埼玉	5,120	63,946	15,228	0	18,054	0	2,785	103,569	28,866	6,320	545	24,193	44,947	10,651
19 千葉	9,910	40,675	2,113	0	2,070	0	865	24,460	10,120	610	150	9,801	5,420	19,058
20 東京	6,179	56,156	6,192	0	22,293	0	1,610	459,595	32,028	7,930	535	73,758	155,366	21,506
21 神奈川	3,601	38,021	2,935	0	8,613	0	2,941	36,678	22,952	2,700	100	8,766	28,785	9,258
22 新潟	12,152	71,125	5,799	0	32,110	0	2,732	157,069	29,935	675	2,905	56,099	27,818	12,648
23 富山	2,683	24,117	1,793	0	1,135	0	1,052	27,942	11,262	195	125	4,775	7,500	6,947
24 石川	1,112	2,432	1,029	0	530	0	422	4,298	1,104	140	580	486	2,079	3,225
25 福井	91	610	190	0	135	0	30	1,976	2,290	90	85	1,256	1,380	1,411
26 山梨	90	45	5	0	140	0	2	794	72	20	20	150	710	305
27 長野	240	3,501	65,559	0	6,340	0	170	14,108	3,427	215	210	6,030	7,900	3,895
28 静岡	1,575	5,904	1,190	0	4,650	0	2,054	31,093	6,282	1,495	3,255	21,628	76,938	21,841
29 岐阜	144	1,250	238	0	190	0	225	2,625	2,055	330	270	6,322	18,040	11,029
30 愛知	79,449	10,431	3,871	0	3,416	0	182	7,865	2,920	13,140	14,090	19,667	36,518	19,874
31 三重	906	3,479	1,065	0	50	0	7	432	1,540	910	55	21,911	4,888	30,369
32 滋賀	0	0	0	0	0	0	0	0	0	0	0	0	0	0
33 京都	319	8,351	230	0	52	0	17	399	921	638	195	1,269	5,526	13,480
34 奈良	0	0	0	0	0	0	0	0	0	0	0	0	0	0
35 和歌山	40	3,307	217	0	17	0		141	20	10	397	546	925	
36 大阪	1,498	9,853	731	0	357	0	1,035	5,544	3,031	3,370	490	6,175	24,836	6,207
37 兵庫	1,751	7,220	1,508	0	365	0	106	2,798	9,331	468	505	2,628	12,567	2,772
38 鳥取	970	11,135	12	0	3,172	0	5	16,390	207	0	5	222	393	4,440
39 島根	20	1,540	12	0	10	0	15	50	20	38	1,867	17	80	15
40 岡山	6,211	28,045	10,385	0	1,827	0	357	9,543	2,756	257	125	2,714	3,482	11,286
41 広島	13,156	41,798	2,157	0	1,800	0	402	10,600	4,035	228	150	2,363	34,748	7,155
42 山口	10,679	29,060	11,118	0	6,284	0	280	11,008	6,342	1,495	70	4,992	3,233	12,967
43 香川	1,268	1,987	1,274	0	524	0	90	1,402	596	10	5	324	423	2,886
44 愛媛	830	8,988	197	0	464	0	1,365	2,632	753	20	5	25	165	7,950
45 徳島	55	1,145	50	0	19	0	690	60	33	75	0	35	1,765	162
46 高知	755	255	100	0	55	0	45	557	204	10	10	40	205	142
47 福岡	51,762	104,662	7,387	0	12,467	0	1,655	110,593	36,292	1,212	205	10,830	20,615	5,647
48 佐賀	5,925	20,052	7,371	0	9,545	0	898	38,445	14,629	350	50	4,314	8,061	1,529
49 長崎	665	585	50	0	950	0	145	2,007	715	60	35	185	349	63
50 熊本	24,250	31,332	1,821	0	2,100	0	545	14,605	4,830	500	200	2,497	3,817	857
51 大分	875	11,290	590	0	1,260	0	347	8,214	4,560	15	30	1,037	1,736	227
52 宮崎	1,920	12,146	11,081	0	10,175	0	162	14,003	2,660	245	20	9,010	1,910	500
53 鹿児島	8,720	14,781	560	0	6,355	0	175	27,077	4,271	255	25	5,145	3,992	633
54 沖縄	0	0	0	0	0	0	0	0	0	0	0	0	0	0
55 全国	370,073	1,147,507	242,768	0	300,504	0	49,382	1,699,304	420,763	58,496	33,387	427,118	726,551	305,531

平成28年度　　　　府県相互間輸送トン数表（全機関）　　　　品目（9-0）その他　　（単位：トン）その4

着／発	43 香川	44 愛媛	45 徳島	46 高知	47 福岡	48 佐賀	49 長崎	50 熊本	51 大分	52 宮崎	53 鹿児島	54 沖縄	55 全国
1 札幌	4,398	5,337	2,350	1,744	32,659	14,109	1,585	7,036	2,620	3,299	4,422	0	986,446
2 旭川	3,275	2,420	1,870	825	12,729	9,052	2,635	5,890	1,475	2,233	5,417	0	343,160
3 函館	215	645	1,560	125	6,132	2,910	575	477	235	340	1,055	0	167,679
4 室蘭	4,970	1,240	1,230	440	4,387	1,025	215	1,215	180	465	625	0	277,154
5 釧路	1,900	320	1,300	190	4,774	1,955	50	490	265	715	1,090	0	97,342
6 帯広	3,380	2,565	2,170	715	22,086	7,330	1,660	4,805	1,195	1,110	2,250	0	318,390
7 北見	5,895	6,020	2,840	2,945	22,370	13,940	2,055	8,375	2,025	2,850	7,325	0	368,112
8 北海道	24,033	18,547	13,320	6,984	105,137	50,321	8,775	28,288	7,995	11,012	22,184	0	2,558,283
9 青森	2,970	2,828	1,020	2,590	27,809	8,392	690	4,359	2,961	2,390	2,706	0	507,232
10 岩手	580	455	2,920	155	10,788	7,056	115	12,021	220	590	1,165	0	369,766
11 宮城	4,557	3,801	795	194	37,224	5,313	655	6,965	810	1,821	2,290	0	985,051
12 福島	1,310	3,431	700	1,060	24,320	10,100	160	6,464	2,035	1,483	1,566	0	334,222
13 秋田	1,730	885	2,120	300	16,003	7,930	280	685	345	1,365	1,295	0	368,808
14 山形	2,035	635	760	60	18,198	7,935	830	785	545	1,260	1,853	0	152,273
15 茨城	1,890	1,928	570	60	18,339	18,538	115	2,185	4,100	1,050	960	0	318,520
16 栃木	4,945	3,585	1,585	687	87,241	12,920	480	3,720	4,825	2,365	5,450	0	532,518
17 群馬	1,315	530	235	255	33,657	4,055	50	990	335	475	1,210	0	298,058
18 埼玉	9,378	5,726	2,350	1,878	163,181	29,308	1,750	9,267	3,650	6,041	6,314	0	1,005,314
19 千葉	1,430	2,553	555	340	25,499	13,964	315	1,450	560	1,620	1,260	0	357,730
20 東京	12,669	5,718	1,785	1,607	461,824	16,356	1,140	26,740	4,420	3,297	9,645	0	2,292,675
21 神奈川	14,754	2,430	585	395	103,844	17,890	615	7,296	5,025	2,075	7,805	0	829,810
22 新潟	10,440	8,320	3,880	1,025	103,108	40,915	5,565	6,095	3,260	2,187	9,515	0	1,051,400
23 富山	6,547	1,837	5,250	169	43,402	12,525	730	6,988	2,806	2,123	5,645	0	404,274
24 石川	628	727	430	207	21,682	5,752	785	2,045	520	2,030	2,250	0	107,833
25 福井	550	421	75	160	9,750	3,300	185	910	485	2,075	415	0	67,392
26 山梨	175	75	40	75	1,770	340	20	300	0	25	110	0	52,267
27 長野	2,655	1,640	240	1,910	47,240	15,965	285	5,070	2,440	1,305	4,665	0	380,348
28 静岡	10,688	5,474	1,565	1,605	210,982	47,205	2,040	12,375	6,952	6,821	7,170	0	922,446
29 岐阜	1,760	1,975	595	877	110,459	12,685	789	23,055	3,910	1,910	4,500	0	355,005
30 愛知	2,477	22,512	640	910	156,571	37,642	1,325	28,250	4,862	5,227	4,005	0	1,199,465
31 三重	1,185	1,045	200	90	15,470	33,285	240	3,960	1,815	4,190	810	0	274,629
32 滋賀	0	0	0	0	0	0	0	0	0	0	0	0	0
33 京都	1,677	1,560	151	205	47,627	5,716	425	1,395	975	3,002	6,780	0	271,354
34 奈良	0	0	0	0	0	0	0	0	0	0	0	0	0
35 和歌山	407	610	87	95	1,578	2,440	20	1,435	50	110	95	0	117,629
36 大阪	4,141	16,843	1,413	592	220,879	117,365	915	14,231	2,267	5,417	11,875	0	1,469,686
37 兵庫	3,539	3,123	816	1,342	116,100	38,874	1,655	10,883	2,538	3,898	5,445	0	570,131
38 鳥取	587	276	870	140	12,294	10,690	460	870	690	625	790	0	281,919
39 島根	32	152	10	10	64	120	10	60	125	50	245	0	13,592
40 岡山	1,333	1,060	432	280	27,188	9,294	1,350	6,699	1,685	9,599	3,765	0	542,569
41 広島	515	512	815	108	16,986	8,254	320	875	1,045	1,320	10,375	0	664,684
42 山口	2,176	2,531	520	495	6,198	3,139	65	1,357	98	2,070	1,095	0	470,292
43 香川	465	390	52	120	10,286	2,744	115	240	230	565	95	0	125,479
44 愛媛	1,080	0	0	2	2,181	440	255	435	155	992	415	0	309,664
45 徳島	0	0	0	0	6,715	3,980	50	70	10	30	535	0	61,747
46 高知	0	7	0	8,832	170	55	0	225	85	225	35	0	48,416
47 福岡	9,158	19,772	836	416	42,693	3,044	1,398	19,258	2,402	8,578	13,835	0	1,230,230
48 佐賀	2,017	1,280	425	408	6,378	2,866	684	3,253	345	886	3,989	0	323,168
49 長崎	120	85	45	50	264	98	7,291	50	0	46	77	0	31,221
50 熊本	1,045	1,160	305	645	5,997	197	71	779	230	125	331	0	223,728
51 大分	110	255	55	1,471	658	75	75	102	196	1,523	1,010	0	84,705
52 宮崎	200	70	70	55	5,299	468	45	102	190		153	0	150,835
53 鹿児島	3,152	1,458	1,070	215	6,329	502	20	2,025	932	300	77,215	776	265,192
54 沖縄	0	0	0	0	0	0	0	0	0	0	291	2,410	2,701
55 全国	152,455	148,222	50,187	39,074	2,389,382	630,075	43,158	264,587	78,934	104,288	243,234	3,186	22,984,261

鉄
道

（2） 鉄　　　　　　　道

調査対象貨物の範囲

　車扱貨物（混載を含む。）及びコンテナ貨物で日本貨物鉄道株式会社が輸送したものを対象とし、その他の鉄道事業者の輸送分を含まない。

調　査　の　方　法

　日本貨物鉄道株式会社の平成28年度地域流動データ（車扱及びコンテナ）により集計を行った。

利 用 上 の 注 意 点

　コンテナについては、品目別に統計が作成されていないため、品目上は「その他」に含め、コンテナの輸送量の合計値のみを特掲した。

- 33 -

平成28年度　　　　　　　　　　　　　府県相互間輸送トン数表（鉄道）　　　　　　　　　　　　　　　　（単位：トン）
品目（0-0）総貨物　　その1

着＼発	1 札幌	2 旭川	3 函館	4 室蘭	5 釧路	6 帯広	7 北見	8 北海道	9 青森	10 岩手	11 宮城	12 福島	13 秋田	14 山形
1 札幌	755	23,598	76,855	11,151	13,703	44,269	15,557	185,888	17,530	9,449	24,284	24,287	18,656	5,644
2 旭川	9,058	533	4,258	457	960	950	2,425	18,641	2,942	1,629	5,885	8,451	1,433	3,089
3 函館	21,356	1,476	0	1,663	589	1,242	1,683	28,009	4,464	675	3,510	941	7,460	568
4 室蘭	903	314	4,759	277	13,830	6,635	315	27,033	11,915	6,798	11,340	5,402	6,095	2,664
5 釧路	15,067	3,675	686	4,268	0	2,211	883	26,790	3,750	2,255	1,950	685	1,945	290
6 帯広	3,500	459	3,460	2,192	3,005	0	100	12,716	3,184	3,005	8,035	5,975	2,315	4,690
7 北見	2,493	217	6,435	580	60	65	0	9,850	5,757	3,975	7,675	9,390	8,060	5,950
8 北海道	53,132	30,272	96,453	20,588	32,147	55,372	20,963	308,927	49,542	27,786	62,679	55,131	45,964	22,895
9 青森	22,192	3,886	4,014	1,884	845	862	604	34,287	1,501	1,686	40,510	10,353	703	1,940
10 岩手	11,005	777	970	2,935	310	709	506	17,212	630	390	31,269	772	20	74
11 宮城	60,693	2,195	6,010	5,149	586	3,776	1,559	79,968	80,237	327,882	15,374	183,488	29,816	1,024
12 福島	48,056	1,765	1,111	1,963	1,255	1,279	700	56,129	35,509	1,012	18,028	747	15,795	375
13 秋田	17,991	3,009	1,945	2,260	290	762	672	26,929	17,960	387	7,692	5,608	1,576	402
14 山形	18,683	874	1,691	1,123	280	547	660	23,858	13,389	397	344	576	53	5
15 茨城	34,445	2,045	3,113	3,720	935	2,050	745	47,053	10,805	2,640	5,590	754	12,245	2,815
16 栃木	84,140	2,210	4,503	3,461	2,215	2,887	1,085	100,501	7,468	8,905	6,667	345	7,248	610
17 群馬	21,895	703	647	3,344	115	576	695	27,975	520	705	2,505	18,835	275	177
18 埼玉	172,610	8,448	6,592	6,949	2,505	15,342	2,033	214,479	39,599	10,270	52,959	6,275	23,270	5,190
19 千葉	23,289	720	3,272	10,728	415	850	325	39,599	7,322	11,257	21,030	337,794	33,574	1,485
20 東京	431,721	4,008	21,588	10,497	4,507	6,693	1,799	480,813	34,682	40,123	141,216	7,437	38,248	6,163
21 神奈川	83,983	2,421	2,007	4,561	775	2,584	1,245	97,576	8,855	17,500	62,640	179,284	4,595	3,452
22 新潟	66,564	2,463	4,797	8,194	680	3,202	1,620	87,520	16,475	4,612	7,090	1,800	12,343	2,775
23 富山	29,545	1,455	690	6,516	1,380	1,753	2,315	43,654	4,895	6,995	12,745	4,542	1,335	1,853
24 石川	13,490	612	2,214	811	655	791	360	18,933	2,866	499	1,500	715	2,130	760
25 福井	5,390	185	977	750	60	247	150	7,759	926	925	1,270	990	440	255
26 山梨	2,570	687	186	44	20	80	285	3,872	325	275	12,450	60	10	20
27 長野	41,119	840	1,515	2,441	190	1,250	770	48,125	1,215	5,345	17,000	6,430	5,120	1,439
28 静岡	102,803	2,499	4,046	12,039	1,850	3,027	1,650	127,914	30,745	20,236	62,637	13,689	5,298	6,857
29 岐阜	37,656	1,231	3,218	2,431	625	1,129	1,095	47,385	3,690	17,790	21,240	1,580	1,580	2,760
30 愛知	78,453	7,324	3,851	22,602	1,205	3,147	2,940	119,522	11,025	157,041	56,696	16,223	13,579	5,080
31 三重	18,746	880	536	6,383	545	1,231	720	29,041	3,527	6,015	7,770	4,589	1,459	1,100
32 滋賀	0	0	0	0	0	0	0	0	0	0	0	0	0	0
33 京都	18,140	1,160	1,410	2,210	920	763	405	25,008	2,705	11,570	15,470	2,577	1,158	945
34 奈良	0	0	0	0	0	0	0	0	0	0	0	0	0	0
35 和歌山	19,982	345	380	1,486	500	855	270	23,818	3,000	1,390	16,712	939	465	120
36 大阪	142,060	3,566	7,623	7,781	3,189	3,559	1,240	169,018	12,501	11,635	73,400	23,646	14,873	7,462
37 兵庫	21,265	2,152	2,014	2,843	780	1,413	830	31,297	7,401	7,827	25,710	5,050	10,910	7,211
38 鳥取	4,430	175	20	155	15	105	50	4,950	350	295	4,415	1,660	135	190
39 島根	385	85	20	45	5	55	15	610	60	30	195	850	110	275
40 岡山	22,920	2,112	960	2,747	790	1,265	775	31,569	4,626	10,840	19,110	13,356	4,306	5,302
41 広島	20,456	923	907	2,457	270	696	930	26,639	2,730	2,560	17,849	7,216	8,120	2,260
42 山口	8,356	272	630	3,320	350	695	315	13,938	2,255	4,490	17,596	5,464	1,235	3,435
43 香川	12,949	460	263	1,187	1,125	783	465	17,232	2,625	529	6,125	1,725	920	2,945
44 愛媛	28,225	1,545	795	1,540	575	1,800	275	34,755	3,205	5,585	33,760	5,200	3,425	1,860
45 徳島	8,580	1,220	30	170	850	290	490	11,630	890	4,525	5,800	4,425	1,155	1,860
46 高知	2,345	595	100	1,855	1,710	250	65	6,920	2,785	930	1,040	1,615	60	1,475
47 福岡	27,837	1,892	1,575	2,605	535	1,989	955	37,388	5,323	6,318	33,531	10,585	8,934	3,002
48 佐賀	13,793	618	693	897	205	575	340	17,121	1,990	2,395	4,970	3,835	3,265	675
49 長崎	1,076	420	250	65	85	105	300	2,301	260	210	320	80	35	260
50 熊本	8,609	1,187	205	559	175	638	395	11,768	1,075	840	6,350	2,912	570	1,030
51 大分	2,024	125	120	798	15	94	20	3,196	2,390	565	1,955	2,479	125	135
52 宮崎	5,584	691	35	191	170	110	35	6,816	180	1,360	8,325	895	100	2,550
53 鹿児島	1,914	245	458	486	25	397	105	3,630	350	2,660	2,195	2,000	315	405
54 沖縄	0	0	0	0	0	0	0	0	0	0	0	0	0	0
55 全国	1,851,101	101,297	194,434	174,770	66,679	126,583	53,771	2,568,635	440,409	747,227	963,729	956,331	316,892	114,588

平成28年度　　　　　　　　　　　　　府県相互間輸送トン数表（鉄道）　　　　　　　　　　　　　　　　（単位：トン）
品目（0-0）総貨物　　その2

着＼発	15 茨城	16 栃木	17 群馬	18 埼玉	19 千葉	20 東京	21 神奈川	22 新潟	23 富山	24 石川	25 福井	26 山梨	27 長野	28 静岡
1 札幌	16,625	20,852	9,205	89,490	12,372	157,946	30,212	23,136	6,459	6,393	1,808	1,990	10,573	24,963
2 旭川	7,365	9,280	3,715	40,189	9,282	37,000	16,752	10,079	4,150	1,880	1,200	1,140	6,710	10,233
3 函館	5,342	1,794	1,285	7,124	2,026	32,842	2,315	3,549	950	1,353	95		1,077	1,775
4 室蘭	3,643	14,903	1,880	20,581	7,128	20,013	4,543	5,818	3,640	1,740	5,067	580	8,915	11,935
5 釧路	2,400	1,090	955	4,755	702	5,376	2,845	1,950	1,565	310	360	290	770	1,095
6 帯広	7,930	15,386	3,960	34,426	4,050	17,787	6,600	5,198	2,410	2,090	1,180	1,610	7,950	11,455
7 北見	8,675	5,322	4,580	23,855	4,760	26,315	12,180	7,243	4,410	2,465	2,880	2,570	10,610	19,170
8 北海道	51,980	68,627	25,580	220,420	40,320	297,279	75,447	56,973	23,529	15,828	13,848	8,275	46,605	80,626
9 青森	9,948	2,847	975	105,616	2,912	46,175	6,850	6,546	9,600	5,920	1,910	470	1,969	5,914
10 岩手	495	1,361	139	4,862	2,975	23,256	1,517	1,623	2,176	755	180	385	368	5,271
11 宮城	1,268	7,176	2,055	198,106	4,398	195,524	12,119	10,520	895	3,795	3,126	500	1,805	13,784
12 福島	382	247	175,490	1,312	33,301	7,942	16,838	523	2,160	635	500	130	1,174	3,901
13 秋田	1,902	2,859	965	46,723	11,468	28,350	4,723	5,323	4,862	1,625	1,015	960	2,411	10,436
14 山形	1,545	201	90	2,655	1,845	3,791	780	304	420	215	40	100	105	1,525
15 茨城	342	196	165	306	43	1,998	7,141	3,857	2,660	780	7,500	150	15,099	1,980
16 栃木	46	271	80	3,689	39,307	1,312	77,223	1,726	830	2,605	615	40	575	6,018
17 群馬	62	15	0	229	32,710	345	103,713	9,740	502	285	4,730	50	45	1,224
18 埼玉	2,286	1,836	1,032	3,150	1,885	5,367	22,919	15,089	5,490	5,710	3,015	285	6,749	15,392
19 千葉	159	410,579	344,524	598	0	39,023	565	13,481	700	1,770	16,681	50	179,790	19,110
20 東京	2,110	2,652	773	5,714	14,229	5,378	19,957	59,917	8,373	4,646	2,581	450	8,533	10,570
21 神奈川	12,773	797,563	1,031,070	158,664	385	634,862	181,437	4,733	7,266	2,955	2,730	316,187	564,859	2,517
22 新潟	7,424	1,057	5,013	68,623	5,434	161,537	19,205	4,501	1,807	4,769	2,064	250	1,723	29,995
23 富山	8,910	5,435	8,085	28,933	1,148	36,789	27,761	7,590	254	1,342	987	265	13,450	9,718
24 石川	490	2,557	781	5,017	853	5,555	1,758	1,738	3,985	0	59	50	995	2,099
25 福井	4,215	375	1,866	4,735	4,689	3,523	3,852	773	968	37	14	60	380	1,470
26 山梨	0	7	5	75	33	155	29,556	2	0	75	20	0	34	10
27 長野	5,938	161	145	10,375	17,864	6,109	54,739	1,137	914	815	410	25	138	1,894
28 静岡	1,188	5,482	670	19,192	6,070	8,276	2,872	7,617	2,080	7,265	1,865	105	1,793	819
29 岐阜	3,574	2,510	1,530	16,283	2,361	8,705	6,773	5,803	684	475	65	200	780	2,199
30 愛知	8,465	12,866	11,350	113,503	15,847	46,487	32,100	60,043	23,959	6,680	517	585	4,763	7,060
31 三重	4,895	21,835	317	30,531	604	14,056	2,811	10,503	3,595	1,830	29	40	687,221	1,259
32 滋賀	0	0	0	0	0	0	0	0	0	0	0	0	0	0
33 京都	4,442	3,415	1,290	15,560	2,935	22,391	20,128	32,739	1,962	929	160	225	3,358	1,477
34 奈良	0	0	0	0	0	0	0	0	0	0	0	0	0	0
35 和歌山	1,740	1,375	330	32,630	1,055	954	14,036	4,277	114	292	265	5	245	1,320
36 大阪	12,102	22,366	6,969	91,735	14,952	430,038	33,460	33,489	13,430	16,532	1,746	1,250	3,802	16,235
37 兵庫	4,690	8,514	2,967	37,606	3,747	74,139	18,830	10,985	68,881	2,689	2,506	2,230	2,476	4,182
38 鳥取	1,965	2,345	7,600	82,680	65	104,050	515	35	201	2,705	60	1,620	145	695
39 島根	125	1,325	20	1,710	230	210	120	2,390	10	265	45	0	215	235
40 岡山	15,587	20,176	5,681	73,029	14,963	104,633	16,247	17,469	10,775	3,120	3,008	2,020	4,732	22,347
41 広島	10,526	23,405	6,545	97,148	8,779	176,047	21,502	11,090	2,289	4,635	3,275	1,030	1,925	69,397
42 山口	8,338	15,624	7,171	110,540	4,580	49,636	18,825	26,712	5,210	4,868	1,825	1,145	6,810	39,424
43 香川	2,694	590	851	13,919	1,399	30,104	7,280	1,644	3,610	3,070	235	105	325	1,461
44 愛媛	4,295	12,907	1,230	29,371	2,758	46,813	12,971	17,705	4,515	39,555	3,405	165	5,435	9,715
45 徳島	220	3,725	115	2,695	120	5,839	1,105	859	95	110	5	15	125	445
46 高知	1,505	6,495	230	2,695	2,000	5,789	1,085	1,030	80	110	80	0	140	385
47 福岡	14,991	33,546	8,259	110,282	8,011	313,341	55,549	19,197	13,921	3,803	3,962	1,230	4,196	67,138
48 佐賀	4,665	4,811	2,617	28,735	4,855	73,729	12,258	9,586	980	1,570	650	535	841	8,885
49 長崎	280	75	80	2,635	190	7,545	1,655	415	115	50	50	20	145	555
50 熊本	2,240	1,898	1,177	13,416	1,178	35,393	8,569	5,371	1,815	900	655	0	8,900	13,777
51 大分	4,100	2,240	255	7,135	1,410	5,933	2,780	1,740	4,610	430	1,495	510	1,575	4,170
52 宮崎	1,385	2,795	975	20,535	1,320	6,298	10,905	4,207	1,020	4,475	3,219	50	235	2,510
53 鹿児島	3,160	1,975	2,036	17,057	2,302	42,577	2,894	1,578	2,210	2,230	470	0	1,633	7,027
54 沖縄	0	0	0	0	0	0	0	0	0	0	0	0	0	0
55 全国	229,447	1,518,297	1,669,098	1,840,934	321,429	3,117,253	973,704	490,580	247,382	164,075	91,817	343,422	1,588,622	506,171

平成28年度　　府県相互間輸送トン数表（鉄道）　　品目（0－0）総貨物　　（単位：トン）　その3

発＼着	29 岐阜	30 愛知	31 三重	32 滋賀	33 京都	34 奈良	35 和歌山	36 大阪	37 兵庫	38 鳥取	39 島根	40 岡山	41 広島	42 山口
1 札幌	10,297	42,452	5,130	0	17,599	0	1,611	79,501	18,854	1,840	390	14,275	15,060	2,116
2 旭川	5,725	17,099	3,555	0	6,840	0	2,400	34,560	9,188	835	250	4,775	7,165	1,716
3 函館	725	7,022	535	0	3,750	0	813	21,473	4,863	285	65	1,915	3,480	435
4 室蘭	3,285	37,593	3,601	0	5,510	0	803	15,244	4,069	440	175	2,270	3,227	2,366
5 釧路	810	3,125	370	0	945	0	210	8,180	3,275	320	15	2,470	2,135	310
6 帯広	5,165	20,440	4,310	0	10,750	0	3,427	25,440	11,155	2,180	740	6,340	12,825	4,390
7 北見	11,250	26,545	5,145	0	6,195	0	5,345	22,365	8,065	2,065	470	6,040	9,980	2,315
8 北海道	37,257	154,276	22,646	0	51,589	0	14,609	206,763	59,469	7,965	2,105	38,085	53,872	13,648
9 青森	5,620	20,569	4,797	0	9,750	0	2,916	62,190	17,652	1,510	1,705	7,426	13,267	2,473
10 岩手	15,910	144,785	1,649	0	13,200	0	1,945	18,314	21,386	110	275	15,432	4,395	550
11 宮城	31,067	70,688	1,804	0	14,965	0	392	91,185	13,001	700	255	9,668	10,969	6,533
12 福島	1,490	7,828	2,066	0	2,820	0	1,700	38,716	5,532	1,120	150	8,390	10,088	4,833
13 秋田	13,599	29,257	1,276	0	3,200	0	802	38,658	25,540	115	900	12,942	22,035	1,016
14 山形	825	5,957	761	0	1,545	0	655	20,984	11,025	55	345	5,247	14,225	3,380
15 茨城	6,355	17,334	30,189	0	40,857	0	2,575	20,977	2,356	1,095	235	5,961	6,490	10,232
16 栃木	2,414	13,230	12,520	0	3,055	0	247	43,233	10,120	1,260	440	9,066	34,984	8,065
17 群馬	615	14,359	1,002	0	1,999	0	130	9,853	3,502	530	50	5,840	9,488	2,941
18 埼玉	5,120	63,946	15,228	0	18,054	0	2,785	103,569	28,866	6,320	545	24,193	44,947	10,651
19 千葉	9,910	40,675	2,113	0	2,070	0	865	24,460	10,120	610	150	8,941	5,420	19,058
20 東京	6,179	56,156	6,192	0	22,293	0	1,610	459,595	32,028	7,930	535	73,758	155,366	21,506
21 神奈川	3,601	38,021	2,935	0	8,613	0	2,941	36,678	22,952	2,700	100	8,766	28,785	9,258
22 新潟	12,152	71,125	5,799	0	32,110	0	2,732	157,069	29,935	675	2,905	56,099	27,818	12,648
23 富山	2,683	24,117	1,793	0	1,135	0	1,052	27,942	11,262	195	125	4,775	7,500	6,947
24 石川	1,112	2,432	1,029	0	530	0	422	4,298	1,104	140	580	486	2,079	3,225
25 福井	91	610	190	0	135	0	30	1,976	2,290	90	85	1,256	1,380	1,411
26 山梨	90	45	5	0	140	0	2	794	72	20	20	150	710	305
27 長野	240	3,501	65,559	0	6,340	0	170	14,108	3,427	215	210	6,030	7,900	3,895
28 静岡	1,575	5,904	1,190	0	4,650	0	2,054	31,093	6,282	1,495	3,255	21,628	76,938	21,841
29 岐阜	144	655,682	238	0	190	0	225	2,625	2,055	330	270	6,322	18,040	11,029
30 愛知	79,449	16,931	145,311	0	3,416	0	182	7,865	2,920	13,140	14,090	19,667	36,518	19,874
31 三重	906	150,699	795,264	0	50	0	7	432	1,540	910	55	21,911	4,888	30,369
32 滋賀	0	0	0	0	0	0	0	0	0	0	0	0	0	0
33 京都	319	8,351	230	0	52	0	17	399	921	638	195	1,269	5,526	13,480
34 奈良	0	0	0	0	0	0	0	0	0	0	0	0	0	0
35 和歌山	40	3,307	217	0	17	0	0	141	0	20	10	397	546	925
36 大阪	1,498	9,853	731	0	11,214	0	1,035	5,625	3,031	3,370	490	6,175	24,836	6,207
37 兵庫	1,751	7,220	1,508	0	1,565	0	106	2,798	9,101	468	505	2,616	12,567	2,772
38 鳥取	970	11,135	12	0	3,172	0	5	16,390	207	0	5	222	393	4,440
39 島根	20	1,540	12	0	10	0	15	50	20	38	0	17	80	15
40 岡山	6,211	28,045	10,385	0	1,827	0	357	9,543	2,756	257	125	2,714	3,482	11,286
41 広島	13,156	41,798	2,157	0	1,800	0	402	10,600	4,035	228	150	2,363	5,333	7,155
42 山口	10,679	29,060	11,118	0	6,284	0	280	11,008	6,342	1,495	30	4,992	3,233	12,967
43 香川	1,268	1,987	1,274	0	524	0	90	1,402	596	10	5	324	423	2,886
44 愛媛	830	8,988	197	0	464	0	715	2,632	753	20	5	25	165	7,950
45 徳島	55	1,145	50	0	19	0	40	60	33	75	0	35	1,765	162
46 高知	755	255	100	0	55	0	45	557	204	10	10	40	205	142
47 福岡	51,762	104,662	7,387	0	12,467	0	1,655	110,593	37,816	1,212	205	10,375	23,015	8,847
48 佐賀	5,925	20,052	7,371	0	9,545	0	898	38,445	14,629	350	50	4,314	8,061	1,529
49 長崎	665	585	50	0	950	0	145	2,007	715	60	35	185	349	63
50 熊本	24,250	31,332	1,821	0	2,100	0	545	14,605	4,830	500	200	2,497	3,817	857
51 大分	875	11,290	590	0	1,260	0	347	8,214	4,560	15	30	1,037	1,736	227
52 宮崎	1,920	12,146	11,081	0	10,175	0	162	8,378	2,660	245	20	9,010	1,910	500
53 鹿児島	8,720	14,781	560	0	6,355	0	175	27,077	4,271	255	25	5,145	3,992	633
54 沖縄	0	0	0	0	0	0	0	0	0	0	0	0	0	0
55 全国	370,073	1,955,659	1,178,407	0	312,561	0	48,082	1,693,760	422,057	58,496	31,520	425,791	699,536	308,731

平成28年度　　府県相互間輸送トン数表（鉄道）　　品目（0－0）総貨物　　（単位：トン）　その4

発＼着	43 香川	44 愛媛	45 徳島	46 高知	47 福岡	48 佐賀	49 長崎	50 熊本	51 大分	52 宮崎	53 鹿児島	54 沖縄	55 全国
1 札幌	4,398	5,337	2,350	1,744	32,659	14,109	1,585	7,036	2,620	3,299	4,422	0	986,446
2 旭川	3,275	2,420	1,870	825	12,729	9,052	2,635	5,890	1,475	2,233	5,417	0	342,974
3 函館	215	645	1,560	125	6,132	2,910	575	477	235	340	1,055	0	167,679
4 室蘭	4,970	1,240	1,230	440	4,387	1,025	215	1,215	180	465	625	0	276,208
5 釧路	1,900	320	1,300	190	4,774	1,955	50	490	265	715	1,090	0	97,342
6 帯広	3,380	2,565	2,170	715	22,086	7,330	1,660	4,805	1,195	1,110	2,250	0	318,380
7 北見	5,895	6,020	2,840	2,945	22,370	13,940	2,055	8,375	2,025	2,850	7,325	0	368,112
8 北海道	24,033	18,547	13,320	6,984	105,137	50,321	8,775	28,288	7,995	11,012	22,184	0	2,557,141
9 青森	2,970	2,828	1,020	2,590	27,809	8,392	690	4,359	2,961	2,390	2,706	0	507,222
10 岩手	580	455	2,920	155	10,788	7,056	115	12,021	220	590	1,165	0	369,746
11 宮城	4,557	3,801	795	194	37,224	5,313	655	6,965	810	1,821	2,290	0	1,488,512
12 福島	1,310	3,431	700	1,060	24,320	10,100	160	6,464	2,035	1,483	1,566	0	509,492
13 秋田	1,730	885	2,120	300	16,003	7,930	280	685	345	1,365	1,295	0	364,288
14 山形	2,035	635	760	60	18,198	7,935	830	785	545	1,260	1,853	0	152,138
15 茨城	1,890	1,928	570	60	18,339	18,538	115	2,185	4,100	1,050	960	0	318,510
16 栃木	4,945	3,585	1,585	687	87,241	12,920	480	3,720	4,825	2,365	5,450	0	532,518
17 群馬	1,315	530	235	255	33,657	4,055	50	990	335	475	1,210	0	298,058
18 埼玉	9,378	5,726	2,350	1,878	163,181	29,308	1,750	9,267	3,650	6,041	6,314	0	1,005,314
19 千葉	1,430	2,553	555	340	25,499	13,964	315	1,450	560	1,620	1,260	0	1,653,029
20 東京	12,669	5,718	1,785	1,607	461,824	16,356	1,140	26,740	4,420	3,297	9,645	0	2,283,399
21 神奈川	14,754	2,430	585	395	103,634	17,890	615	7,296	5,025	2,075	7,805	0	4,419,757
22 新潟	10,440	8,320	3,880	1,025	103,108	40,915	5,565	6,095	3,260	2,187	9,515	0	1,051,394
23 富山	6,547	1,837	5,250	169	43,402	12,565	730	6,988	2,806	2,123	5,645	0	404,274
24 石川	628	727	430	207	21,682	5,752	785	2,045	520	2,030	2,250	0	107,833
25 福井	550	421	75	160	9,750	3,300	185	910	485	2,075	415	0	67,392
26 山梨	175	75	40	75	1,770	340	20	300	0	25	110	0	52,267
27 長野	2,655	1,640	240	1,910	47,240	15,965	285	5,070	2,440	1,305	4,665	0	380,348
28 静岡	10,688	5,474	1,565	1,605	210,982	47,205	2,040	12,375	6,952	6,821	7,170	0	823,452
29 岐阜	1,760	1,975	595	877	110,459	12,685	789	23,055	3,910	1,910	4,500	0	1,009,437
30 愛知	2,477	21,962	640	910	156,571	37,642	1,325	28,250	4,862	5,227	4,005	0	1,346,625
31 三重	1,185	1,045	200	90	15,470	33,285	240	3,960	1,815	4,190	810	0	1,902,348
32 滋賀	0	0	0	0	0	0	0	0	0	0	0	0	0
33 京都	1,677	1,560	151	205	47,627	5,716	425	1,395	975	3,002	6,780	0	271,354
34 奈良	0	0	0	0	0	0	0	0	0	0	0	0	0
35 和歌山	407	610	87	95	1,578	2,440	20	1,435	50	110	95	0	117,629
36 大阪	4,141	16,843	1,413	592	213,597	117,365	915	14,231	2,267	5,417	11,875	0	1,473,342
37 兵庫	3,539	3,123	816	1,342	77,164	38,665	1,655	10,883	2,538	3,898	5,445	0	531,893
38 鳥取	587	276	870	140	12,294	10,690	460	870	690	625	790	0	281,919
39 島根	32	152	10	10	64	120	10	60	125	50	245	0	11,725
40 岡山	1,333	1,060	432	280	27,188	9,294	1,350	6,699	1,685	9,599	3,765	0	542,569
41 広島	515	512	815	108	16,986	8,254	320	875	1,045	1,320	10,375	0	635,269
42 山口	2,176	2,531	520	495	6,198	3,139	65	1,357	98	2,070	1,095	0	470,292
43 香川	0	390	52	0	10,286	2,744	115	240	230	565	95	0	125,014
44 愛媛	1,080	0	0	2	2,181	440	255	435	155	992	415	0	309,014
45 徳島	0	0	0	0	6,715	3,980	0	70	10	30	535	0	61,097
46 高知	0	7	0	0	170	55	0	225	85	225	35	0	39,584
47 福岡	9,158	19,772	836	416	42,693	3,044	576	19,212	2,402	8,578	13,835	0	1,253,025
48 佐賀	2,017	1,280	425	408	6,738		684	3,253	345		3,989	0	323,168
49 長崎	120	85	45	50	264	98	0	50	0	46	77	0	23,930
50 熊本	1,045	1,160	305	645	5,938	197	71	779	230	125	331	0	223,669
51 大分	110	255	55	55	658	57	75	82	0	1,523	1,010	0	83,289
52 宮崎	200	70	70	215	5,299	468	45	102	196	190	153	0	145,210
53 鹿児島	3,152	1,458	1,070	215	6,329	502	20	2,025	932	300	307	0	187,508
54 沖縄	0	0	0	0	0	0	0	0	0	0	0	0	0
55 全国	151,990	147,672	50,187	28,826	2,342,895	629,866	35,045	264,541	78,934	104,288	166,035	0	30,714,994

平成28年度　　　　　　　　　　　　　　　　府県相互間輸送トン数表（鉄道）

品目　（1−0）農水産品　　その　1　（単位：トン）

着／発	1 札幌	2 旭川	3 函館	4 室蘭	5 釧路	6 帯広	7 北見	8 北海道	9 青森	10 岩手	11 宮城	12 福島	13 秋田	14 山形
1 札幌	0	0	0	0	0	0	0	0	0	0	0	0	0	0
2 旭川	0	0	0	0	0	0	0	0	0	0	0	0	0	0
3 函館	0	0	0	0	0	0	0	0	0	0	0	0	0	0
4 室蘭	0	0	0	0	0	0	0	0	0	0	0	0	0	0
5 釧路	0	0	0	0	0	0	0	0	0	0	0	0	0	0
6 帯広	0	0	0	0	0	0	0	0	0	0	0	0	0	0
7 北見	0	0	0	0	0	0	0	0	0	0	0	0	0	0
8 北海道	0	0	0	0	0	0	0	0	0	0	0	0	0	0
9 青森	0	0	0	0	0	0	0	0	0	0	0	0	0	0
10 岩手	0	0	0	0	0	0	0	0	0	0	0	0	0	0
11 宮城	0	0	0	0	0	0	0	0	0	0	0	0	0	0
12 福島	0	0	0	0	0	0	0	0	0	0	0	0	0	0
13 秋田	0	0	0	0	0	0	0	0	0	0	0	0	0	0
14 山形	0	0	0	0	0	0	0	0	0	0	0	0	0	0
15 茨城	0	0	0	0	0	0	0	0	0	0	0	0	0	0
16 栃木	0	0	0	0	0	0	0	0	0	0	0	0	0	0
17 群馬	0	0	0	0	0	0	0	0	0	0	0	0	0	0
18 埼玉	0	0	0	0	0	0	0	0	0	0	0	0	0	0
19 千葉	0	0	0	0	0	0	0	0	0	0	0	0	0	0
20 東京	0	0	0	0	0	0	0	0	0	0	0	0	0	0
21 神奈川	0	0	0	0	0	0	0	0	0	0	0	0	0	0
22 新潟	0	0	0	0	0	0	0	0	0	0	0	0	0	0
23 富山	0	0	0	0	0	0	0	0	0	0	0	0	0	0
24 石川	0	0	0	0	0	0	0	0	0	0	0	0	0	0
25 福井	0	0	0	0	0	0	0	0	0	0	0	0	0	0
26 山梨	0	0	0	0	0	0	0	0	0	0	0	0	0	0
27 長野	0	0	0	0	0	0	0	0	0	0	0	0	0	0
28 静岡	0	0	0	0	0	0	0	0	0	0	0	0	0	0
29 岐阜	0	0	0	0	0	0	0	0	0	0	0	0	0	0
30 愛知	0	0	0	0	0	0	0	0	0	0	0	0	0	0
31 三重	0	0	0	0	0	0	0	0	0	0	0	0	0	0
32 滋賀	0	0	0	0	0	0	0	0	0	0	0	0	0	0
33 京都	0	0	0	0	0	0	0	0	0	0	0	0	0	0
34 奈良	0	0	0	0	0	0	0	0	0	0	0	0	0	0
35 和歌山	0	0	0	0	0	0	0	0	0	0	0	0	0	0
36 大阪	0	0	0	0	0	0	0	0	0	0	0	0	0	0
37 兵庫	0	0	0	0	0	0	0	0	0	0	0	0	0	0
38 鳥取	0	0	0	0	0	0	0	0	0	0	0	0	0	0
39 島根	0	0	0	0	0	0	0	0	0	0	0	0	0	0
40 岡山	0	0	0	0	0	0	0	0	0	0	0	0	0	0
41 広島	0	0	0	0	0	0	0	0	0	0	0	0	0	0
42 山口	0	0	0	0	0	0	0	0	0	0	0	0	0	0
43 香川	0	0	0	0	0	0	0	0	0	0	0	0	0	0
44 愛媛	0	0	0	0	0	0	0	0	0	0	0	0	0	0
45 徳島	0	0	0	0	0	0	0	0	0	0	0	0	0	0
46 高知	0	0	0	0	0	0	0	0	0	0	0	0	0	0
47 福岡	0	0	0	0	0	0	0	0	0	0	0	0	0	0
48 佐賀	0	0	0	0	0	0	0	0	0	0	0	0	0	0
49 長崎	0	0	0	0	0	0	0	0	0	0	0	0	0	0
50 熊本	0	0	0	0	0	0	0	0	0	0	0	0	0	0
51 大分	0	0	0	0	0	0	0	0	0	0	0	0	0	0
52 宮崎	0	0	0	0	0	0	0	0	0	0	0	0	0	0
53 鹿児島	0	0	0	0	0	0	0	0	0	0	0	0	0	0
54 沖縄	0	0	0	0	0	0	0	0	0	0	0	0	0	0
55 全国	0	0	0	0	0	0	0	0	0	0	0	0	0	0

平成28年度　　　　　　　　　　　　　　　　府県相互間輸送トン数表（鉄道）

品目　（1−0）農水産品　　その　2　（単位：トン）

着／発	15 茨城	16 栃木	17 群馬	18 埼玉	19 千葉	20 東京	21 神奈川	22 新潟	23 富山	24 石川	25 福井	26 山梨	27 長野	28 静岡
1 札幌	0	0	0	0	0	0	0	0	0	0	0	0	0	0
2 旭川	0	0	0	0	0	0	0	0	0	0	0	0	0	0
3 函館	0	0	0	0	0	0	0	0	0	0	0	0	0	0
4 室蘭	0	0	0	0	0	0	0	0	0	0	0	0	0	0
5 釧路	0	0	0	0	0	0	0	0	0	0	0	0	0	0
6 帯広	0	0	0	0	0	0	0	0	0	0	0	0	0	0
7 北見	0	0	0	0	0	0	0	0	0	0	0	0	0	0
8 北海道	0	0	0	0	0	0	0	0	0	0	0	0	0	0
9 青森	0	0	0	0	0	0	0	0	0	0	0	0	0	0
10 岩手	0	0	0	0	0	0	0	0	0	0	0	0	0	0
11 宮城	0	0	0	0	0	0	0	0	0	0	0	0	0	0
12 福島	0	0	0	0	0	0	0	0	0	0	0	0	0	0
13 秋田	0	0	0	0	0	0	0	0	0	0	0	0	0	0
14 山形	0	0	0	0	0	0	0	0	0	0	0	0	0	0
15 茨城	0	0	0	0	0	0	0	0	0	0	0	0	0	0
16 栃木	0	0	0	0	0	0	0	0	0	0	0	0	0	0
17 群馬	0	0	0	0	0	0	0	0	0	0	0	0	0	0
18 埼玉	0	0	0	0	0	0	0	0	0	0	0	0	0	0
19 千葉	0	0	0	0	0	0	0	0	0	0	0	0	0	0
20 東京	0	0	0	0	0	0	0	0	0	0	0	0	0	0
21 神奈川	0	0	0	0	0	0	0	0	0	0	0	0	0	0
22 新潟	0	0	0	0	0	0	0	0	0	0	0	0	0	0
23 富山	0	0	0	0	0	0	0	0	0	0	0	0	0	0
24 石川	0	0	0	0	0	0	0	0	0	0	0	0	0	0
25 福井	0	0	0	0	0	0	0	0	0	0	0	0	0	0
26 山梨	0	0	0	0	0	0	0	0	0	0	0	0	0	0
27 長野	0	0	0	0	0	0	0	0	0	0	0	0	0	0
28 静岡	0	0	0	0	0	0	0	0	0	0	0	0	0	0
29 岐阜	0	0	0	0	0	0	0	0	0	0	0	0	0	0
30 愛知	0	0	0	0	0	0	0	0	0	0	0	0	0	0
31 三重	0	0	0	0	0	0	0	0	0	0	0	0	0	0
32 滋賀	0	0	0	0	0	0	0	0	0	0	0	0	0	0
33 京都	0	0	0	0	0	0	0	0	0	0	0	0	0	0
34 奈良	0	0	0	0	0	0	0	0	0	0	0	0	0	0
35 和歌山	0	0	0	0	0	0	0	0	0	0	0	0	0	0
36 大阪	0	0	0	0	0	0	0	0	0	0	0	0	0	0
37 兵庫	0	0	0	0	0	0	0	0	0	0	0	0	0	0
38 鳥取	0	0	0	0	0	0	0	0	0	0	0	0	0	0
39 島根	0	0	0	0	0	0	0	0	0	0	0	0	0	0
40 岡山	0	0	0	0	0	0	0	0	0	0	0	0	0	0
41 広島	0	0	0	0	0	0	0	0	0	0	0	0	0	0
42 山口	0	0	0	0	0	0	0	0	0	0	0	0	0	0
43 香川	0	0	0	0	0	0	0	0	0	0	0	0	0	0
44 愛媛	0	0	0	0	0	0	0	0	0	0	0	0	0	0
45 徳島	0	0	0	0	0	0	0	0	0	0	0	0	0	0
46 高知	0	0	0	0	0	0	0	0	0	0	0	0	0	0
47 福岡	0	0	0	0	0	0	0	0	0	0	0	0	0	0
48 佐賀	0	0	0	0	0	0	0	0	0	0	0	0	0	0
49 長崎	0	0	0	0	0	0	0	0	0	0	0	0	0	0
50 熊本	0	0	0	0	0	0	0	0	0	0	0	0	0	0
51 大分	0	0	0	0	0	0	0	0	0	0	0	0	0	0
52 宮崎	0	0	0	0	0	0	0	0	0	0	0	0	0	0
53 鹿児島	0	0	0	0	0	0	0	0	0	0	0	0	0	0
54 沖縄	0	0	0	0	0	0	0	0	0	0	0	0	0	0
55 全国	0	0	0	0	0	0	0	0	0	0	0	0	0	0

平成28年度　　　　　　　　　　　　　府県相互間輸送トン数表（鉄道）　　　　　　　　　　品目　（1−0）農水産品　　　　　　（単位：トン）　その　3

着\発	29 岐阜	30 愛知	31 三重	32 滋賀	33 京都	34 奈良	35 和歌山	36 大阪	37 兵庫	38 鳥取	39 島根	40 岡山	41 広島	42 山口
1 札幌	0	0	0	0	0	0	0	0	0	0	0	0	0	0
2 旭川	0	0	0	0	0	0	0	0	0	0	0	0	0	0
3 函館	0	0	0	0	0	0	0	0	0	0	0	0	0	0
4 室蘭	0	0	0	0	0	0	0	0	0	0	0	0	0	0
5 釧路	0	0	0	0	0	0	0	0	0	0	0	0	0	0
6 帯広	0	0	0	0	0	0	0	0	0	0	0	0	0	0
7 北見	0	0	0	0	0	0	0	0	0	0	0	0	0	0
8 北海道	0	0	0	0	0	0	0	0	0	0	0	0	0	0
9 青森	0	0	0	0	0	0	0	0	0	0	0	0	0	0
10 岩手	0	0	0	0	0	0	0	0	0	0	0	0	0	0
11 宮城	0	0	0	0	0	0	0	0	0	0	0	0	0	0
12 福島	0	0	0	0	0	0	0	0	0	0	0	0	0	0
13 秋田	0	0	0	0	0	0	0	0	0	0	0	0	0	0
14 山形	0	0	0	0	0	0	0	0	0	0	0	0	0	0
15 茨城	0	0	0	0	0	0	0	0	0	0	0	0	0	0
16 栃木	0	0	0	0	0	0	0	0	0	0	0	0	0	0
17 群馬	0	0	0	0	0	0	0	0	0	0	0	0	0	0
18 埼玉	0	0	0	0	0	0	0	0	0	0	0	0	0	0
19 千葉	0	0	0	0	0	0	0	0	0	0	0	0	0	0
20 東京	0	0	0	0	0	0	0	0	0	0	0	0	0	0
21 神奈川	0	0	0	0	0	0	0	0	0	0	0	0	0	0
22 新潟	0	0	0	0	0	0	0	0	0	0	0	0	0	0
23 富山	0	0	0	0	0	0	0	0	0	0	0	0	0	0
24 石川	0	0	0	0	0	0	0	0	0	0	0	0	0	0
25 福井	0	0	0	0	0	0	0	0	0	0	0	0	0	0
26 山梨	0	0	0	0	0	0	0	0	0	0	0	0	0	0
27 長野	0	0	0	0	0	0	0	0	0	0	0	0	0	0
28 静岡	0	0	0	0	0	0	0	0	0	0	0	0	0	0
29 岐阜	0	0	0	0	0	0	0	0	0	0	0	0	0	0
30 愛知	0	0	0	0	0	0	0	0	0	0	0	0	0	0
31 三重	0	0	0	0	0	0	0	0	0	0	0	0	0	0
32 滋賀	0	0	0	0	0	0	0	0	0	0	0	0	0	0
33 京都	0	0	0	0	0	0	0	0	0	0	0	0	0	0
34 奈良	0	0	0	0	0	0	0	0	0	0	0	0	0	0
35 和歌山	0	0	0	0	0	0	0	0	0	0	0	0	0	0
36 大阪	0	0	0	0	0	0	0	0	0	0	0	0	0	0
37 兵庫	0	0	0	0	0	0	0	0	0	0	0	0	0	0
38 鳥取	0	0	0	0	0	0	0	0	0	0	0	0	0	0
39 島根	0	0	0	0	0	0	0	0	0	0	0	0	0	0
40 岡山	0	0	0	0	0	0	0	0	0	0	0	0	0	0
41 広島	0	0	0	0	0	0	0	0	0	0	0	0	0	0
42 山口	0	0	0	0	0	0	0	0	0	0	0	0	0	0
43 香川	0	0	0	0	0	0	0	0	0	0	0	0	0	0
44 愛媛	0	0	0	0	0	0	0	0	0	0	0	0	0	0
45 徳島	0	0	0	0	0	0	0	0	0	0	0	0	0	0
46 高知	0	0	0	0	0	0	0	0	0	0	0	0	0	0
47 福岡	0	0	0	0	0	0	0	0	0	0	0	0	0	0
48 佐賀	0	0	0	0	0	0	0	0	0	0	0	0	0	0
49 長崎	0	0	0	0	0	0	0	0	0	0	0	0	0	0
50 熊本	0	0	0	0	0	0	0	0	0	0	0	0	0	0
51 大分	0	0	0	0	0	0	0	0	0	0	0	0	0	0
52 宮崎	0	0	0	0	0	0	0	0	0	0	0	0	0	0
53 鹿児島	0	0	0	0	0	0	0	0	0	0	0	0	0	0
54 沖縄	0	0	0	0	0	0	0	0	0	0	0	0	0	0
55 全国	0	0	0	0	0	0	0	0	0	0	0	0	0	0

平成28年度　　　　　　　　　　　　　府県相互間輸送トン数表（鉄道）　　　　　　　　　　品目　（1−0）農水産品　　　　　　（単位：トン）　その　4

着\発	43 香川	44 愛媛	45 徳島	46 高知	47 福岡	48 佐賀	49 長崎	50 熊本	51 大分	52 宮崎	53 鹿児島	54 沖縄	55 全国
1 札幌	0	0	0	0	0	0	0	0	0	0	0	0	0
2 旭川	0	0	0	0	0	0	0	0	0	0	0	0	0
3 函館	0	0	0	0	0	0	0	0	0	0	0	0	0
4 室蘭	0	0	0	0	0	0	0	0	0	0	0	0	0
5 釧路	0	0	0	0	0	0	0	0	0	0	0	0	0
6 帯広	0	0	0	0	0	0	0	0	0	0	0	0	0
7 北見	0	0	0	0	0	0	0	0	0	0	0	0	0
8 北海道	0	0	0	0	0	0	0	0	0	0	0	0	0
9 青森	0	0	0	0	0	0	0	0	0	0	0	0	0
10 岩手	0	0	0	0	0	0	0	0	0	0	0	0	0
11 宮城	0	0	0	0	0	0	0	0	0	0	0	0	0
12 福島	0	0	0	0	0	0	0	0	0	0	0	0	0
13 秋田	0	0	0	0	0	0	0	0	0	0	0	0	0
14 山形	0	0	0	0	0	0	0	0	0	0	0	0	0
15 茨城	0	0	0	0	0	0	0	0	0	0	0	0	0
16 栃木	0	0	0	0	0	0	0	0	0	0	0	0	0
17 群馬	0	0	0	0	0	0	0	0	0	0	0	0	0
18 埼玉	0	0	0	0	0	0	0	0	0	0	0	0	0
19 千葉	0	0	0	0	0	0	0	0	0	0	0	0	0
20 東京	0	0	0	0	0	0	0	0	0	0	0	0	0
21 神奈川	0	0	0	0	0	0	0	0	0	0	0	0	0
22 新潟	0	0	0	0	0	0	0	0	0	0	0	0	0
23 富山	0	0	0	0	0	0	0	0	0	0	0	0	0
24 石川	0	0	0	0	0	0	0	0	0	0	0	0	0
25 福井	0	0	0	0	0	0	0	0	0	0	0	0	0
26 山梨	0	0	0	0	0	0	0	0	0	0	0	0	0
27 長野	0	0	0	0	0	0	0	0	0	0	0	0	0
28 静岡	0	0	0	0	0	0	0	0	0	0	0	0	0
29 岐阜	0	0	0	0	0	0	0	0	0	0	0	0	0
30 愛知	0	0	0	0	0	0	0	0	0	0	0	0	0
31 三重	0	0	0	0	0	0	0	0	0	0	0	0	0
32 滋賀	0	0	0	0	0	0	0	0	0	0	0	0	0
33 京都	0	0	0	0	0	0	0	0	0	0	0	0	0
34 奈良	0	0	0	0	0	0	0	0	0	0	0	0	0
35 和歌山	0	0	0	0	0	0	0	0	0	0	0	0	0
36 大阪	0	0	0	0	0	0	0	0	0	0	0	0	0
37 兵庫	0	0	0	0	0	0	0	0	0	0	0	0	0
38 鳥取	0	0	0	0	0	0	0	0	0	0	0	0	0
39 島根	0	0	0	0	0	0	0	0	0	0	0	0	0
40 岡山	0	0	0	0	0	0	0	0	0	0	0	0	0
41 広島	0	0	0	0	0	0	0	0	0	0	0	0	0
42 山口	0	0	0	0	0	0	0	0	0	0	0	0	0
43 香川	0	0	0	0	0	0	0	0	0	0	0	0	0
44 愛媛	0	0	0	0	0	0	0	0	0	0	0	0	0
45 徳島	0	0	0	0	0	0	0	0	0	0	0	0	0
46 高知	0	0	0	0	0	0	0	0	0	0	0	0	0
47 福岡	0	0	0	0	0	0	0	0	0	0	0	0	0
48 佐賀	0	0	0	0	0	0	0	0	0	0	0	0	0
49 長崎	0	0	0	0	0	0	0	0	0	0	0	0	0
50 熊本	0	0	0	0	0	0	0	0	0	0	0	0	0
51 大分	0	0	0	0	0	0	0	0	0	0	0	0	0
52 宮崎	0	0	0	0	0	0	0	0	0	0	0	0	0
53 鹿児島	0	0	0	0	0	0	0	0	0	0	0	0	0
54 沖縄	0	0	0	0	0	0	0	0	0	0	0	0	0
55 全国	0	0	0	0	0	0	0	0	0	0	0	0	0

平成28年度　　　　　　　　　　　　　　　　　　府県相互間輸送トン数表（鉄道）
品目　（2－0）林産品　　　　　　　　　　（単位：トン）
その　1

発＼着	1 札幌	2 旭川	3 函館	4 室蘭	5 釧路	6 帯広	7 北見	8 北海道	9 青森	10 岩手	11 宮城	12 福島	13 秋田	14 山形
1 札幌	0	0	0	0	0	0	0	0	0	0	0	0	0	0
2 旭川	0	0	0	0	0	0	0	0	0	0	0	0	0	0
3 函館	0	0	0	0	0	0	0	0	0	0	0	0	0	0
4 室蘭	0	0	0	0	0	0	0	0	0	0	0	0	0	0
5 釧路	0	0	0	0	0	0	0	0	0	0	0	0	0	0
6 帯広	0	0	0	0	0	0	0	0	0	0	0	0	0	0
7 北見	0	0	0	0	0	0	0	0	0	0	0	0	0	0
8 北海道	0	0	0	0	0	0	0	0	0	0	0	0	0	0
9 青森	0	0	0	0	0	0	0	0	0	0	0	0	0	0
10 岩手	0	0	0	0	0	0	0	0	0	0	0	0	0	0
11 宮城	0	0	0	0	0	0	0	0	0	0	0	0	0	0
12 福島	0	0	0	0	0	0	0	0	0	0	0	0	0	0
13 秋田	0	0	0	0	0	0	0	0	0	0	0	0	0	0
14 山形	0	0	0	0	0	0	0	0	0	0	0	0	0	0
15 茨城	0	0	0	0	0	0	0	0	0	0	0	0	0	0
16 栃木	0	0	0	0	0	0	0	0	0	0	0	0	0	0
17 群馬	0	0	0	0	0	0	0	0	0	0	0	0	0	0
18 埼玉	0	0	0	0	0	0	0	0	0	0	0	0	0	0
19 千葉	0	0	0	0	0	0	0	0	0	0	0	0	0	0
20 東京	0	0	0	0	0	0	0	0	0	0	0	0	0	0
21 神奈川	0	0	0	0	0	0	0	0	0	0	0	0	0	0
22 新潟	0	0	0	0	0	0	0	0	0	0	0	0	0	0
23 富山	0	0	0	0	0	0	0	0	0	0	0	0	0	0
24 石川	0	0	0	0	0	0	0	0	0	0	0	0	0	0
25 福井	0	0	0	0	0	0	0	0	0	0	0	0	0	0
26 山梨	0	0	0	0	0	0	0	0	0	0	0	0	0	0
27 長野	0	0	0	0	0	0	0	0	0	0	0	0	0	0
28 静岡	0	0	0	0	0	0	0	0	0	0	0	0	0	0
29 岐阜	0	0	0	0	0	0	0	0	0	0	0	0	0	0
30 愛知	0	0	0	0	0	0	0	0	0	0	0	0	0	0
31 三重	0	0	0	0	0	0	0	0	0	0	0	0	0	0
32 滋賀	0	0	0	0	0	0	0	0	0	0	0	0	0	0
33 京都	0	0	0	0	0	0	0	0	0	0	0	0	0	0
34 奈良	0	0	0	0	0	0	0	0	0	0	0	0	0	0
35 和歌山	0	0	0	0	0	0	0	0	0	0	0	0	0	0
36 大阪	0	0	0	0	0	0	0	0	0	0	0	0	0	0
37 兵庫	0	0	0	0	0	0	0	0	0	0	0	0	0	0
38 鳥取	0	0	0	0	0	0	0	0	0	0	0	0	0	0
39 島根	0	0	0	0	0	0	0	0	0	0	0	0	0	0
40 岡山	0	0	0	0	0	0	0	0	0	0	0	0	0	0
41 広島	0	0	0	0	0	0	0	0	0	0	0	0	0	0
42 山口	0	0	0	0	0	0	0	0	0	0	0	0	0	0
43 香川	0	0	0	0	0	0	0	0	0	0	0	0	0	0
44 愛媛	0	0	0	0	0	0	0	0	0	0	0	0	0	0
45 徳島	0	0	0	0	0	0	0	0	0	0	0	0	0	0
46 高知	0	0	0	0	0	0	0	0	0	0	0	0	0	0
47 福岡	0	0	0	0	0	0	0	0	0	0	0	0	0	0
48 佐賀	0	0	0	0	0	0	0	0	0	0	0	0	0	0
49 長崎	0	0	0	0	0	0	0	0	0	0	0	0	0	0
50 熊本	0	0	0	0	0	0	0	0	0	0	0	0	0	0
51 大分	0	0	0	0	0	0	0	0	0	0	0	0	0	0
52 宮崎	0	0	0	0	0	0	0	0	0	0	0	0	0	0
53 鹿児島	0	0	0	0	0	0	0	0	0	0	0	0	0	0
54 沖縄	0	0	0	0	0	0	0	0	0	0	0	0	0	0
55 全国	0	0	0	0	0	0	0	0	0	0	0	0	0	0

平成28年度　　　　　　　　　　　　　　　　　　府県相互間輸送トン数表（鉄道）
品目　（2－0）林産品　　　　　　　　　　（単位：トン）
その　2

発＼着	15 茨城	16 栃木	17 群馬	18 埼玉	19 千葉	20 東京	21 神奈川	22 新潟	23 富山	24 石川	25 福井	26 山梨	27 長野	28 静岡
1 札幌	0	0	0	0	0	0	0	0	0	0	0	0	0	0
2 旭川	0	0	0	0	0	0	0	0	0	0	0	0	0	0
3 函館	0	0	0	0	0	0	0	0	0	0	0	0	0	0
4 室蘭	0	0	0	0	0	0	0	0	0	0	0	0	0	0
5 釧路	0	0	0	0	0	0	0	0	0	0	0	0	0	0
6 帯広	0	0	0	0	0	0	0	0	0	0	0	0	0	0
7 北見	0	0	0	0	0	0	0	0	0	0	0	0	0	0
8 北海道	0	0	0	0	0	0	0	0	0	0	0	0	0	0
9 青森	0	0	0	0	0	0	0	0	0	0	0	0	0	0
10 岩手	0	0	0	0	0	0	0	0	0	0	0	0	0	0
11 宮城	0	0	0	0	0	0	0	0	0	0	0	0	0	0
12 福島	0	0	0	0	0	0	0	0	0	0	0	0	0	0
13 秋田	0	0	0	0	0	0	0	0	0	0	0	0	0	0
14 山形	0	0	0	0	0	0	0	0	0	0	0	0	0	0
15 茨城	0	0	0	0	0	0	0	0	0	0	0	0	0	0
16 栃木	0	0	0	0	0	0	0	0	0	0	0	0	0	0
17 群馬	0	0	0	0	0	0	0	0	0	0	0	0	0	0
18 埼玉	0	0	0	0	0	0	0	0	0	0	0	0	0	0
19 千葉	0	0	0	0	0	0	0	0	0	0	0	0	0	0
20 東京	0	0	0	0	0	0	0	0	0	0	0	0	0	0
21 神奈川	0	0	0	0	0	0	0	0	0	0	0	0	0	0
22 新潟	0	0	0	0	0	0	0	0	0	0	0	0	0	0
23 富山	0	0	0	0	0	0	0	0	0	0	0	0	0	0
24 石川	0	0	0	0	0	0	0	0	0	0	0	0	0	0
25 福井	0	0	0	0	0	0	0	0	0	0	0	0	0	0
26 山梨	0	0	0	0	0	0	0	0	0	0	0	0	0	0
27 長野	0	0	0	0	0	0	0	0	0	0	0	0	0	0
28 静岡	0	0	0	0	0	0	0	0	0	0	0	0	0	0
29 岐阜	0	0	0	0	0	0	0	0	0	0	0	0	0	0
30 愛知	0	0	0	0	0	0	0	0	0	0	0	0	0	0
31 三重	0	0	0	0	0	0	0	0	0	0	0	0	0	0
32 滋賀	0	0	0	0	0	0	0	0	0	0	0	0	0	0
33 京都	0	0	0	0	0	0	0	0	0	0	0	0	0	0
34 奈良	0	0	0	0	0	0	0	0	0	0	0	0	0	0
35 和歌山	0	0	0	0	0	0	0	0	0	0	0	0	0	0
36 大阪	0	0	0	0	0	0	0	0	0	0	0	0	0	0
37 兵庫	0	0	0	0	0	0	0	0	0	0	0	0	0	0
38 鳥取	0	0	0	0	0	0	0	0	0	0	0	0	0	0
39 島根	0	0	0	0	0	0	0	0	0	0	0	0	0	0
40 岡山	0	0	0	0	0	0	0	0	0	0	0	0	0	0
41 広島	0	0	0	0	0	0	0	0	0	0	0	0	0	0
42 山口	0	0	0	0	0	0	0	0	0	0	0	0	0	0
43 香川	0	0	0	0	0	0	0	0	0	0	0	0	0	0
44 愛媛	0	0	0	0	0	0	0	0	0	0	0	0	0	0
45 徳島	0	0	0	0	0	0	0	0	0	0	0	0	0	0
46 高知	0	0	0	0	0	0	0	0	0	0	0	0	0	0
47 福岡	0	0	0	0	0	0	0	0	0	0	0	0	0	0
48 佐賀	0	0	0	0	0	0	0	0	0	0	0	0	0	0
49 長崎	0	0	0	0	0	0	0	0	0	0	0	0	0	0
50 熊本	0	0	0	0	0	0	0	0	0	0	0	0	0	0
51 大分	0	0	0	0	0	0	0	0	0	0	0	0	0	0
52 宮崎	0	0	0	0	0	0	0	0	0	0	0	0	0	0
53 鹿児島	0	0	0	0	0	0	0	0	0	0	0	0	0	0
54 沖縄	0	0	0	0	0	0	0	0	0	0	0	0	0	0
55 全国	0	0	0	0	0	0	0	0	0	0	0	0	0	0

平成28年度　　　　　　　　　　　　　　　　　　　　府県相互間輸送トン数表（鉄道）　　　　　　　　　　　　　　　品目　（2-0）林産品　　　　　　（単位：トン）
その　3

着\発	29 岐阜	30 愛知	31 三重	32 滋賀	33 京都	34 奈良	35 和歌山	36 大阪	37 兵庫	38 鳥取	39 島根	40 岡山	41 広島	42 山口
1 札幌	0	0	0	0	0	0	0	0	0	0	0	0	0	0
2 旭川	0	0	0	0	0	0	0	0	0	0	0	0	0	0
3 函館	0	0	0	0	0	0	0	0	0	0	0	0	0	0
4 室蘭	0	0	0	0	0	0	0	0	0	0	0	0	0	0
5 釧路	0	0	0	0	0	0	0	0	0	0	0	0	0	0
6 帯広	0	0	0	0	0	0	0	0	0	0	0	0	0	0
7 北見	0	0	0	0	0	0	0	0	0	0	0	0	0	0
8 北海道	0	0	0	0	0	0	0	0	0	0	0	0	0	0
9 青森	0	0	0	0	0	0	0	0	0	0	0	0	0	0
10 岩手	0	0	0	0	0	0	0	0	0	0	0	0	0	0
11 宮城	0	0	0	0	0	0	0	0	0	0	0	0	0	0
12 福島	0	0	0	0	0	0	0	0	0	0	0	0	0	0
13 秋田	0	0	0	0	0	0	0	0	0	0	0	0	0	0
14 山形	0	0	0	0	0	0	0	0	0	0	0	0	0	0
15 茨城	0	0	0	0	0	0	0	0	0	0	0	0	0	0
16 栃木	0	0	0	0	0	0	0	0	0	0	0	0	0	0
17 群馬	0	0	0	0	0	0	0	0	0	0	0	0	0	0
18 埼玉	0	0	0	0	0	0	0	0	0	0	0	0	0	0
19 千葉	0	0	0	0	0	0	0	0	0	0	0	0	0	0
20 東京	0	0	0	0	0	0	0	0	0	0	0	0	0	0
21 神奈川	0	0	0	0	0	0	0	0	0	0	0	0	0	0
22 新潟	0	0	0	0	0	0	0	0	0	0	0	0	0	0
23 富山	0	0	0	0	0	0	0	0	0	0	0	0	0	0
24 石川	0	0	0	0	0	0	0	0	0	0	0	0	0	0
25 福井	0	0	0	0	0	0	0	0	0	0	0	0	0	0
26 山梨	0	0	0	0	0	0	0	0	0	0	0	0	0	0
27 長野	0	0	0	0	0	0	0	0	0	0	0	0	0	0
28 静岡	0	0	0	0	0	0	0	0	0	0	0	0	0	0
29 岐阜	0	0	0	0	0	0	0	0	0	0	0	0	0	0
30 愛知	0	0	0	0	0	0	0	0	0	0	0	0	0	0
31 三重	0	0	0	0	0	0	0	0	0	0	0	0	0	0
32 滋賀	0	0	0	0	0	0	0	0	0	0	0	0	0	0
33 京都	0	0	0	0	0	0	0	0	0	0	0	0	0	0
34 奈良	0	0	0	0	0	0	0	0	0	0	0	0	0	0
35 和歌山	0	0	0	0	0	0	0	0	0	0	0	0	0	0
36 大阪	0	0	0	0	0	0	0	0	0	0	0	0	0	0
37 兵庫	0	0	0	0	0	0	0	0	0	0	0	0	0	0
38 鳥取	0	0	0	0	0	0	0	0	0	0	0	0	0	0
39 島根	0	0	0	0	0	0	0	0	0	0	0	0	0	0
40 岡山	0	0	0	0	0	0	0	0	0	0	0	0	0	0
41 広島	0	0	0	0	0	0	0	0	0	0	0	0	0	0
42 山口	0	0	0	0	0	0	0	0	0	0	0	0	0	0
43 香川	0	0	0	0	0	0	0	0	0	0	0	0	0	0
44 愛媛	0	0	0	0	0	0	0	0	0	0	0	0	0	0
45 徳島	0	0	0	0	0	0	0	0	0	0	0	0	0	0
46 高知	0	0	0	0	0	0	0	0	0	0	0	0	0	0
47 福岡	0	0	0	0	0	0	0	0	0	0	0	0	0	0
48 佐賀	0	0	0	0	0	0	0	0	0	0	0	0	0	0
49 長崎	0	0	0	0	0	0	0	0	0	0	0	0	0	0
50 熊本	0	0	0	0	0	0	0	0	0	0	0	0	0	0
51 大分	0	0	0	0	0	0	0	0	0	0	0	0	0	0
52 宮崎	0	0	0	0	0	0	0	0	0	0	0	0	0	0
53 鹿児島	0	0	0	0	0	0	0	0	0	0	0	0	0	0
54 沖縄	0	0	0	0	0	0	0	0	0	0	0	0	0	0
55 全国	0	0	0	0	0	0	0	0	0	0	0	0	0	0

平成28年度　　　　　　　　　　　　　　　　　　　　府県相互間輸送トン数表（鉄道）　　　　　　　　　　　　　　　品目　（2-0）林産品　　　　　　（単位：トン）
その　4

着\発	43 香川	44 愛媛	45 徳島	46 高知	47 福岡	48 佐賀	49 長崎	50 熊本	51 大分	52 宮崎	53 鹿児島	54 沖縄	55 全国
1 札幌	0	0	0	0	0	0	0	0	0	0	0	0	0
2 旭川	0	0	0	0	0	0	0	0	0	0	0	0	0
3 函館	0	0	0	0	0	0	0	0	0	0	0	0	0
4 室蘭	0	0	0	0	0	0	0	0	0	0	0	0	0
5 釧路	0	0	0	0	0	0	0	0	0	0	0	0	0
6 帯広	0	0	0	0	0	0	0	0	0	0	0	0	0
7 北見	0	0	0	0	0	0	0	0	0	0	0	0	0
8 北海道	0	0	0	0	0	0	0	0	0	0	0	0	0
9 青森	0	0	0	0	0	0	0	0	0	0	0	0	0
10 岩手	0	0	0	0	0	0	0	0	0	0	0	0	0
11 宮城	0	0	0	0	0	0	0	0	0	0	0	0	0
12 福島	0	0	0	0	0	0	0	0	0	0	0	0	0
13 秋田	0	0	0	0	0	0	0	0	0	0	0	0	0
14 山形	0	0	0	0	0	0	0	0	0	0	0	0	0
15 茨城	0	0	0	0	0	0	0	0	0	0	0	0	0
16 栃木	0	0	0	0	0	0	0	0	0	0	0	0	0
17 群馬	0	0	0	0	0	0	0	0	0	0	0	0	0
18 埼玉	0	0	0	0	0	0	0	0	0	0	0	0	0
19 千葉	0	0	0	0	0	0	0	0	0	0	0	0	0
20 東京	0	0	0	0	0	0	0	0	0	0	0	0	0
21 神奈川	0	0	0	0	0	0	0	0	0	0	0	0	0
22 新潟	0	0	0	0	0	0	0	0	0	0	0	0	0
23 富山	0	0	0	0	0	0	0	0	0	0	0	0	0
24 石川	0	0	0	0	0	0	0	0	0	0	0	0	0
25 福井	0	0	0	0	0	0	0	0	0	0	0	0	0
26 山梨	0	0	0	0	0	0	0	0	0	0	0	0	0
27 長野	0	0	0	0	0	0	0	0	0	0	0	0	0
28 静岡	0	0	0	0	0	0	0	0	0	0	0	0	0
29 岐阜	0	0	0	0	0	0	0	0	0	0	0	0	0
30 愛知	0	0	0	0	0	0	0	0	0	0	0	0	0
31 三重	0	0	0	0	0	0	0	0	0	0	0	0	0
32 滋賀	0	0	0	0	0	0	0	0	0	0	0	0	0
33 京都	0	0	0	0	0	0	0	0	0	0	0	0	0
34 奈良	0	0	0	0	0	0	0	0	0	0	0	0	0
35 和歌山	0	0	0	0	0	0	0	0	0	0	0	0	0
36 大阪	0	0	0	0	0	0	0	0	0	0	0	0	0
37 兵庫	0	0	0	0	0	0	0	0	0	0	0	0	0
38 鳥取	0	0	0	0	0	0	0	0	0	0	0	0	0
39 島根	0	0	0	0	0	0	0	0	0	0	0	0	0
40 岡山	0	0	0	0	0	0	0	0	0	0	0	0	0
41 広島	0	0	0	0	0	0	0	0	0	0	0	0	0
42 山口	0	0	0	0	0	0	0	0	0	0	0	0	0
43 香川	0	0	0	0	0	0	0	0	0	0	0	0	0
44 愛媛	0	0	0	0	0	0	0	0	0	0	0	0	0
45 徳島	0	0	0	0	0	0	0	0	0	0	0	0	0
46 高知	0	0	0	0	0	0	0	0	0	0	0	0	0
47 福岡	0	0	0	0	0	0	0	0	0	0	0	0	0
48 佐賀	0	0	0	0	0	0	0	0	0	0	0	0	0
49 長崎	0	0	0	0	0	0	0	0	0	0	0	0	0
50 熊本	0	0	0	0	0	0	0	0	0	0	0	0	0
51 大分	0	0	0	0	0	0	0	0	0	0	0	0	0
52 宮崎	0	0	0	0	0	0	0	0	0	0	0	0	0
53 鹿児島	0	0	0	0	0	0	0	0	0	0	0	0	0
54 沖縄	0	0	0	0	0	0	0	0	0	0	0	0	0
55 全国	0	0	0	0	0	0	0	0	0	0	0	0	0

平成28年度　　　　　　　　　　　　府県相互間輸送トン数表（鉄道）　　　　　　　　　　　　　　　（単位：トン）

品目　（3-0）　鉱産品　　その　1

着／発	1 札幌	2 旭川	3 函館	4 室蘭	5 釧路	6 帯広	7 北見	8 北海道	9 青森	10 岩手	11 宮城	12 福島	13 秋田	14 山形
1 札幌	0	0	0	0	0	0	0	0	0	0	0	0	0	0
2 旭川	0	0	0	0	0	0	0	0	0	0	0	0	0	0
3 函館	0	0	0	0	0	0	0	0	0	0	0	0	0	0
4 室蘭	0	0	0	0	0	0	0	0	0	0	0	0	0	0
5 釧路	0	0	0	0	0	0	0	0	0	0	0	0	0	0
6 帯広	0	0	0	0	0	0	0	0	0	0	0	0	0	0
7 北見	0	0	0	0	0	0	0	0	0	0	0	0	0	0
8 北海道	0	0	0	0	0	0	0	0	0	0	0	0	0	0
9 青森	0	0	0	0	0	0	0	0	0	0	0	0	0	0
10 岩手	0	0	0	0	0	0	0	0	0	0	0	0	0	0
11 宮城	0	0	0	0	0	0	0	0	0	0	0	0	0	0
12 福島	0	0	0	0	0	0	0	0	0	0	0	0	0	0
13 秋田	0	0	0	0	0	0	0	0	0	0	0	0	0	0
14 山形	0	0	0	0	0	0	0	0	0	0	0	0	0	0
15 茨城	0	0	0	0	0	0	0	0	0	0	0	0	0	0
16 栃木	0	0	0	0	0	0	0	0	0	0	0	0	0	0
17 群馬	0	0	0	0	0	0	0	0	0	0	0	0	0	0
18 埼玉	0	0	0	0	0	0	0	0	0	0	0	0	0	0
19 千葉	0	0	0	0	0	0	0	0	0	0	0	0	0	0
20 東京	0	0	0	0	0	0	0	0	0	0	0	0	0	0
21 神奈川	0	0	0	0	0	0	0	0	0	0	0	0	0	0
22 新潟	0	0	0	0	0	0	0	0	0	0	0	0	0	0
23 富山	0	0	0	0	0	0	0	0	0	0	0	0	0	0
24 石川	0	0	0	0	0	0	0	0	0	0	0	0	0	0
25 福井	0	0	0	0	0	0	0	0	0	0	0	0	0	0
26 山梨	0	0	0	0	0	0	0	0	0	0	0	0	0	0
27 長野	0	0	0	0	0	0	0	0	0	0	0	0	0	0
28 静岡	0	0	0	0	0	0	0	0	0	0	0	0	0	0
29 岐阜	0	0	0	0	0	0	0	0	0	0	0	0	0	0
30 愛知	0	0	0	0	0	0	0	0	0	0	0	0	0	0
31 三重	0	0	0	0	0	0	0	0	0	0	0	0	0	0
32 滋賀	0	0	0	0	0	0	0	0	0	0	0	0	0	0
33 京都	0	0	0	0	0	0	0	0	0	0	0	0	0	0
34 奈良	0	0	0	0	0	0	0	0	0	0	0	0	0	0
35 和歌山	0	0	0	0	0	0	0	0	0	0	0	0	0	0
36 大阪	0	0	0	0	0	0	0	0	0	0	0	0	0	0
37 兵庫	0	0	0	0	0	0	0	0	0	0	0	0	0	0
38 鳥取	0	0	0	0	0	0	0	0	0	0	0	0	0	0
39 島根	0	0	0	0	0	0	0	0	0	0	0	0	0	0
40 岡山	0	0	0	0	0	0	0	0	0	0	0	0	0	0
41 広島	0	0	0	0	0	0	0	0	0	0	0	0	0	0
42 山口	0	0	0	0	0	0	0	0	0	0	0	0	0	0
43 香川	0	0	0	0	0	0	0	0	0	0	0	0	0	0
44 愛媛	0	0	0	0	0	0	0	0	0	0	0	0	0	0
45 徳島	0	0	0	0	0	0	0	0	0	0	0	0	0	0
46 高知	0	0	0	0	0	0	0	0	0	0	0	0	0	0
47 福岡	0	0	0	0	0	0	0	0	0	0	1,138	0	0	0
48 佐賀	0	0	0	0	0	0	0	0	0	0	0	0	0	0
49 長崎	0	0	0	0	0	0	0	0	0	0	0	0	0	0
50 熊本	0	0	0	0	0	0	0	0	0	0	0	0	0	0
51 大分	0	0	0	0	0	0	0	0	0	0	0	0	0	0
52 宮崎	0	0	0	0	0	0	0	0	0	0	0	0	0	0
53 鹿児島	0	0	0	0	0	0	0	0	0	0	0	0	0	0
54 沖縄	0	0	0	0	0	0	0	0	0	0	0	0	0	0
55 全国	0	0	0	0	0	0	0	0	0	0	1,138	0	0	0

平成28年度　　　　　　　　　　　　府県相互間輸送トン数表（鉄道）　　　　　　　　　　　　　　　（単位：トン）

品目　（3-0）　鉱産品　　その　2

着／発	15 茨城	16 栃木	17 群馬	18 埼玉	19 千葉	20 東京	21 神奈川	22 新潟	23 富山	24 石川	25 福井	26 山梨	27 長野	28 静岡
1 札幌	0	0	0	0	0	0	0	0	0	0	0	0	0	0
2 旭川	0	0	0	0	0	0	0	0	0	0	0	0	0	0
3 函館	0	0	0	0	0	0	0	0	0	0	0	0	0	0
4 室蘭	0	0	0	0	0	0	0	0	0	0	0	0	0	0
5 釧路	0	0	0	0	0	0	0	0	0	0	0	0	0	0
6 帯広	0	0	0	0	0	0	0	0	0	0	0	0	0	0
7 北見	0	0	0	0	0	0	0	0	0	0	0	0	0	0
8 北海道	0	0	0	0	0	0	0	0	0	0	0	0	0	0
9 青森	0	0	0	0	0	0	0	0	0	0	0	0	0	0
10 岩手	0	0	0	0	0	0	0	0	0	0	0	0	0	0
11 宮城	0	0	0	0	0	0	0	0	0	0	0	0	0	0
12 福島	0	0	175,370	0	0	0	0	0	0	0	0	0	0	0
13 秋田	0	0	0	0	0	0	0	0	0	0	0	0	0	0
14 山形	0	0	0	0	0	0	0	0	0	0	0	0	0	0
15 茨城	0	0	0	0	0	0	0	0	0	0	0	0	0	0
16 栃木	0	0	0	0	0	0	0	0	0	0	0	0	0	0
17 群馬	0	0	0	0	0	0	0	0	0	0	0	0	0	0
18 埼玉	0	0	0	0	0	0	0	0	0	0	0	0	0	0
19 千葉	0	0	0	0	0	0	0	0	0	0	0	0	0	0
20 東京	0	0	0	0	0	0	0	0	0	0	0	0	0	0
21 神奈川	0	129	0	140,080	0	43	0	0	0	0	0	0	129	0
22 新潟	0	0	0	0	0	0	0	0	0	0	0	0	0	0
23 富山	0	0	0	0	0	0	0	0	0	0	0	0	0	0
24 石川	0	0	0	0	0	0	0	0	0	0	0	0	0	0
25 福井	0	0	0	0	0	0	0	0	0	0	0	0	0	0
26 山梨	0	0	0	0	0	0	0	0	0	0	0	0	0	0
27 長野	0	0	0	0	0	0	0	0	0	0	0	0	0	0
28 静岡	0	0	0	0	0	0	0	0	0	0	0	0	0	0
29 岐阜	0	0	0	0	0	0	0	0	0	0	0	0	0	0
30 愛知	0	0	0	0	0	0	0	0	0	0	0	0	0	0
31 三重	0	0	0	0	0	0	0	0	0	0	0	0	0	0
32 滋賀	0	0	0	0	0	0	0	0	0	0	0	0	0	0
33 京都	0	0	0	0	0	0	0	0	0	0	0	0	0	0
34 奈良	0	0	0	0	0	0	0	0	0	0	0	0	0	0
35 和歌山	0	0	0	0	0	0	0	0	0	0	0	0	0	0
36 大阪	0	0	0	0	0	0	0	0	0	0	0	0	0	0
37 兵庫	0	0	0	0	0	0	0	0	0	0	0	0	0	0
38 鳥取	0	0	0	0	0	0	0	0	0	0	0	0	0	0
39 島根	0	0	0	0	0	0	0	0	0	0	0	0	0	0
40 岡山	0	0	0	0	0	0	0	0	0	0	0	0	0	0
41 広島	0	0	0	0	0	0	0	0	0	0	0	0	0	0
42 山口	0	0	0	0	0	0	0	0	0	0	0	0	0	0
43 香川	0	0	0	0	0	0	0	0	0	0	0	0	0	0
44 愛媛	0	0	0	0	0	0	0	0	0	0	0	0	0	0
45 徳島	0	0	0	0	0	0	0	0	0	0	0	0	0	0
46 高知	0	0	0	0	0	0	0	0	0	0	0	0	0	0
47 福岡	0	0	0	508	0	4,682	0	0	0	0	0	0	0	10,666
48 佐賀	0	0	0	0	0	0	0	0	0	0	0	0	0	0
49 長崎	0	0	0	0	0	0	0	0	0	0	0	0	0	0
50 熊本	0	0	0	0	0	0	0	0	0	0	0	0	0	0
51 大分	0	0	0	0	0	0	0	0	0	0	0	0	0	0
52 宮崎	0	0	0	0	0	0	0	0	0	0	0	0	0	0
53 鹿児島	0	0	0	0	0	0	0	0	0	0	0	0	0	0
54 沖縄	0	0	0	0	0	0	0	0	0	0	0	0	0	0
55 全国	0	129	175,370	140,588	0	4,725	0	0	0	0	0	0	129	10,666

- 40 -

平成28年度　　　　　　　　　　　　　　　　府県相互間輸送トン数表（鉄道）

品目　（3－0）　鉱産品　　　　　　　　（単位：トン）　その　3

発＼着	29 岐阜	30 愛知	31 三重	32 滋賀	33 京都	34 奈良	35 和歌山	36 大阪	37 兵庫	38 鳥取	39 島根	40 岡山	41 広島	42 山口
1 札幌	0	0	0	0	0	0	0	0	0	0	0	0	0	0
2 旭川	0	0	0	0	0	0	0	0	0	0	0	0	0	0
3 函館	0	0	0	0	0	0	0	0	0	0	0	0	0	0
4 室蘭	0	0	0	0	0	0	0	0	0	0	0	0	0	0
5 釧路	0	0	0	0	0	0	0	0	0	0	0	0	0	0
6 帯広	0	0	0	0	0	0	0	0	0	0	0	0	0	0
7 北見	0	0	0	0	0	0	0	0	0	0	0	0	0	0
8 北海道	0	0	0	0	0	0	0	0	0	0	0	0	0	0
9 青森	0	0	0	0	0	0	0	0	0	0	0	0	0	0
10 岩手	0	0	0	0	0	0	0	0	0	0	0	0	0	0
11 宮城	0	0	0	0	0	0	0	0	0	0	0	0	0	0
12 福島	0	0	0	0	0	0	0	0	0	0	0	0	0	0
13 秋田	0	0	0	0	0	0	0	0	0	0	0	0	0	0
14 山形	0	0	0	0	0	0	0	0	0	0	0	0	0	0
15 茨城	0	0	0	0	0	0	0	0	0	0	0	0	0	0
16 栃木	0	0	0	0	0	0	0	0	0	0	0	0	0	0
17 群馬	0	0	0	0	0	0	0	0	0	0	0	0	0	0
18 埼玉	0	0	0	0	0	0	0	0	0	0	0	0	0	0
19 千葉	0	0	0	0	0	0	0	0	0	0	0	0	0	0
20 東京	0	0	0	0	0	0	0	0	0	0	0	0	0	0
21 神奈川	0	0	0	0	0	0	0	0	0	0	0	0	0	0
22 新潟	0	0	0	0	0	0	0	0	0	0	0	0	0	0
23 富山	0	0	0	0	0	0	0	0	0	0	0	0	0	0
24 石川	0	0	0	0	0	0	0	0	0	0	0	0	0	0
25 福井	0	0	0	0	0	0	0	0	0	0	0	0	0	0
26 山梨	0	0	0	0	0	0	0	0	0	0	0	0	0	0
27 長野	0	0	0	0	0	0	0	0	0	0	0	0	0	0
28 静岡	0	0	0	0	0	0	0	0	0	0	0	0	0	0
29 岐阜	0	654,432	0	0	0	0	0	0	0	0	0	0	0	0
30 愛知	0	0	0	0	0	0	0	0	0	0	0	0	0	0
31 三重	0	0	0	0	0	0	0	0	0	0	0	0	0	0
32 滋賀	0	0	0	0	0	0	0	0	0	0	0	0	0	0
33 京都	0	0	0	0	0	0	0	0	0	0	0	0	0	0
34 奈良	0	0	0	0	0	0	0	0	0	0	0	0	0	0
35 和歌山	0	0	0	0	0	0	0	0	0	0	0	0	0	0
36 大阪	0	0	0	0	0	0	0	0	0	0	0	0	0	0
37 兵庫	0	0	0	0	0	0	0	0	0	0	0	0	0	0
38 鳥取	0	0	0	0	0	0	0	0	0	0	0	0	0	0
39 島根	0	0	0	0	0	0	0	0	0	0	0	0	0	0
40 岡山	0	0	0	0	0	0	0	0	0	0	0	0	0	0
41 広島	0	0	0	0	0	0	0	0	0	0	0	0	0	0
42 山口	0	0	0	0	0	0	0	0	0	0	0	0	0	0
43 香川	0	0	0	0	0	0	0	0	0	0	0	0	0	0
44 愛媛	0	0	0	0	0	0	0	0	0	0	0	0	0	0
45 徳島	0	0	0	0	0	0	0	0	0	0	0	0	0	0
46 高知	0	0	0	0	0	0	0	0	0	0	0	0	0	0
47 福岡	0	0	0	0	0	0	0	0	1,524	0	0	0	2,400	3,200
48 佐賀	0	0	0	0	0	0	0	0	0	0	0	0	0	0
49 長崎	0	0	0	0	0	0	0	0	0	0	0	0	0	0
50 熊本	0	0	0	0	0	0	0	0	0	0	0	0	0	0
51 大分	0	0	0	0	0	0	0	0	0	0	0	0	0	0
52 宮崎	0	0	0	0	0	0	0	0	0	0	0	0	0	0
53 鹿児島	0	0	0	0	0	0	0	0	0	0	0	0	0	0
54 沖縄	0	0	0	0	0	0	0	0	0	0	0	0	0	0
55 全国	0	654,432	0	0	0	0	0	0	1,524	0	0	0	2,400	3,200

平成28年度　　　　　　　　　　　　　　　　府県相互間輸送トン数表（鉄道）

品目　（3－0）　鉱産品　　　　　　　　（単位：トン）　その　4

発＼着	43 香川	44 愛媛	45 徳島	46 高知	47 福岡	48 佐賀	49 長崎	50 熊本	51 大分	52 宮崎	53 鹿児島	54 沖縄	55 全国
1 札幌	0	0	0	0	0	0	0	0	0	0	0	0	0
2 旭川	0	0	0	0	0	0	0	0	0	0	0	0	0
3 函館	0	0	0	0	0	0	0	0	0	0	0	0	0
4 室蘭	0	0	0	0	0	0	0	0	0	0	0	0	0
5 釧路	0	0	0	0	0	0	0	0	0	0	0	0	0
6 帯広	0	0	0	0	0	0	0	0	0	0	0	0	0
7 北見	0	0	0	0	0	0	0	0	0	0	0	0	0
8 北海道	0	0	0	0	0	0	0	0	0	0	0	0	0
9 青森	0	0	0	0	0	0	0	0	0	0	0	0	0
10 岩手	0	0	0	0	0	0	0	0	0	0	0	0	0
11 宮城	0	0	0	0	0	0	0	0	0	0	0	0	0
12 福島	0	0	0	0	0	0	0	0	0	0	0	0	175,370
13 秋田	0	0	0	0	0	0	0	0	0	0	0	0	0
14 山形	0	0	0	0	0	0	0	0	0	0	0	0	0
15 茨城	0	0	0	0	0	0	0	0	0	0	0	0	0
16 栃木	0	0	0	0	0	0	0	0	0	0	0	0	0
17 群馬	0	0	0	0	0	0	0	0	0	0	0	0	0
18 埼玉	0	0	0	0	0	0	0	0	0	0	0	0	0
19 千葉	0	0	0	0	0	0	0	0	0	0	0	0	0
20 東京	0	0	0	0	0	0	0	0	0	0	0	0	0
21 神奈川	0	0	0	0	0	0	0	0	0	0	0	0	140,381
22 新潟	0	0	0	0	0	0	0	0	0	0	0	0	0
23 富山	0	0	0	0	0	0	0	0	0	0	0	0	0
24 石川	0	0	0	0	0	0	0	0	0	0	0	0	0
25 福井	0	0	0	0	0	0	0	0	0	0	0	0	0
26 山梨	0	0	0	0	0	0	0	0	0	0	0	0	0
27 長野	0	0	0	0	0	0	0	0	0	0	0	0	0
28 静岡	0	0	0	0	0	0	0	0	0	0	0	0	0
29 岐阜	0	0	0	0	0	0	0	0	0	0	0	0	654,432
30 愛知	0	0	0	0	0	0	0	0	0	0	0	0	0
31 三重	0	0	0	0	0	0	0	0	0	0	0	0	0
32 滋賀	0	0	0	0	0	0	0	0	0	0	0	0	0
33 京都	0	0	0	0	0	0	0	0	0	0	0	0	0
34 奈良	0	0	0	0	0	0	0	0	0	0	0	0	0
35 和歌山	0	0	0	0	0	0	0	0	0	0	0	0	0
36 大阪	0	0	0	0	0	0	0	0	0	0	0	0	0
37 兵庫	0	0	0	0	0	0	0	0	0	0	0	0	0
38 鳥取	0	0	0	0	0	0	0	0	0	0	0	0	0
39 島根	0	0	0	0	0	0	0	0	0	0	0	0	0
40 岡山	0	0	0	0	0	0	0	0	0	0	0	0	0
41 広島	0	0	0	0	0	0	0	0	0	0	0	0	0
42 山口	0	0	0	0	0	0	0	0	0	0	0	0	0
43 香川	0	0	0	0	0	0	0	0	0	0	0	0	0
44 愛媛	0	0	0	0	0	0	0	0	0	0	0	0	0
45 徳島	0	0	0	0	0	0	0	0	0	0	0	0	0
46 高知	0	0	0	0	0	0	0	0	0	0	0	0	0
47 福岡	0	0	0	0	0	0	0	0	0	0	0	0	24,118
48 佐賀	0	0	0	0	0	0	0	0	0	0	0	0	0
49 長崎	0	0	0	0	0	0	0	0	0	0	0	0	0
50 熊本	0	0	0	0	0	0	0	0	0	0	0	0	0
51 大分	0	0	0	0	0	0	0	0	0	0	0	0	0
52 宮崎	0	0	0	0	0	0	0	0	0	0	0	0	0
53 鹿児島	0	0	0	0	0	0	0	0	0	0	0	0	0
54 沖縄	0	0	0	0	0	0	0	0	0	0	0	0	0
55 全国	0	0	0	0	0	0	0	0	0	0	0	0	994,301

- 41 -

平成28年度　　　　　　　　　　　　　　　　　　　府県相互間輸送トン数表（鉄道）

品目　（4−0）金属・機械工業品　　（単位：トン）その　1

着\発	1 札幌	2 旭川	3 函館	4 室蘭	5 釧路	6 帯広	7 北見	8 北海道	9 青森	10 岩手	11 宮城	12 福島	13 秋田	14 山形
1 札幌	0	0	0	0	0	0	0	0	0	0	0	0	0	0
2 旭川	0	0	0	0	0	0	0	0	0	0	0	0	0	0
3 函館	0	0	0	0	0	0	0	0	0	0	0	0	0	0
4 室蘭	0	0	0	0	0	0	0	0	0	0	0	0	0	0
5 釧路	0	0	0	0	0	0	0	0	0	0	0	0	0	0
6 帯広	0	0	0	0	0	0	0	0	0	0	0	0	0	0
7 北見	0	0	0	0	0	0	0	0	0	0	0	0	0	0
8 北海道	0	0	0	0	0	0	0	0	0	0	0	0	0	0
9 青森	0	0	0	0	0	0	0	0	0	0	0	0	0	0
10 岩手	0	0	0	0	0	0	0	0	0	0	0	0	0	0
11 宮城	0	0	0	0	0	0	0	0	0	0	8,676	0	0	0
12 福島	0	0	0	0	0	0	0	0	0	0	0	0	0	0
13 秋田	0	0	0	0	0	0	0	0	0	0	0	0	0	0
14 山形	0	0	0	0	0	0	0	0	0	0	0	0	0	0
15 茨城	0	0	0	0	0	0	0	0	0	0	0	0	0	0
16 栃木	0	0	0	0	0	0	0	0	0	0	0	0	0	0
17 群馬	0	0	0	0	0	0	0	0	0	0	0	0	0	0
18 埼玉	0	0	0	0	0	0	0	0	0	0	0	0	0	0
19 千葉	0	0	0	0	0	0	0	0	0	0	0	0	0	0
20 東京	0	0	0	0	0	0	0	0	0	0	0	0	0	0
21 神奈川	0	0	0	0	0	0	0	0	0	0	0	0	0	0
22 新潟	0	0	0	0	0	0	0	0	0	0	0	0	0	0
23 富山	0	0	0	0	0	0	0	0	0	0	0	0	0	0
24 石川	0	0	0	0	0	0	0	0	0	0	0	0	0	0
25 福井	0	0	0	0	0	0	0	0	0	0	0	0	0	0
26 山梨	0	0	0	0	0	0	0	0	0	0	0	0	0	0
27 長野	0	0	0	0	0	0	0	0	0	0	0	0	0	0
28 静岡	0	0	0	0	0	0	0	0	0	0	0	0	0	0
29 岐阜	0	0	0	0	0	0	0	0	0	0	0	0	0	0
30 愛知	0	0	0	0	0	0	0	0	0	0	0	0	0	0
31 三重	0	0	0	0	0	0	0	0	0	0	0	0	0	0
32 滋賀	0	0	0	0	0	0	0	0	0	0	0	0	0	0
33 京都	0	0	0	0	0	0	0	0	0	0	0	0	0	0
34 奈良	0	0	0	0	0	0	0	0	0	0	0	0	0	0
35 和歌山	0	0	0	0	0	0	0	0	0	0	0	0	0	0
36 大阪	0	0	0	0	0	0	0	0	0	0	0	0	0	0
37 兵庫	0	0	0	0	0	0	0	0	0	0	0	0	0	0
38 鳥取	0	0	0	0	0	0	0	0	0	0	0	0	0	0
39 島根	0	0	0	0	0	0	0	0	0	0	0	0	0	0
40 岡山	0	0	0	0	0	0	0	0	0	0	0	0	0	0
41 広島	0	0	0	0	0	0	0	0	0	0	0	0	0	0
42 山口	0	0	0	0	0	0	0	0	0	0	0	0	0	0
43 香川	0	0	0	0	0	0	0	0	0	0	0	0	0	0
44 愛媛	0	0	0	0	0	0	0	0	0	0	0	0	0	0
45 徳島	0	0	0	0	0	0	0	0	0	0	0	0	0	0
46 高知	0	0	0	0	0	0	0	0	0	0	0	0	0	0
47 福岡	0	0	0	0	0	0	0	0	0	0	0	0	0	0
48 佐賀	0	0	0	0	0	0	0	0	0	0	0	0	0	0
49 長崎	0	0	0	0	0	0	0	0	0	0	0	0	0	0
50 熊本	0	0	0	0	0	0	0	0	0	0	0	0	0	0
51 大分	0	0	0	0	0	0	0	0	0	0	0	0	0	0
52 宮崎	0	0	0	0	0	0	0	0	0	0	0	0	0	0
53 鹿児島	0	0	0	0	0	0	0	0	0	0	0	0	0	0
54 沖縄	0	0	0	0	0	0	0	0	0	0	0	0	0	0
55 全国	0	0	0	0	0	0	0	0	0	0	8,676	0	0	0

平成28年度　　　　　　　　　　　　　　　　　　　府県相互間輸送トン数表（鉄道）

品目　（4−0）金属・機械工業品　　（単位：トン）その　2

着\発	15 茨城	16 栃木	17 群馬	18 埼玉	19 千葉	20 東京	21 神奈川	22 新潟	23 富山	24 石川	25 福井	26 山梨	27 長野	28 静岡
1 札幌	0	0	0	0	0	0	0	0	0	0	0	0	0	0
2 旭川	0	0	0	0	0	0	0	0	0	0	0	0	0	0
3 函館	0	0	0	0	0	0	0	0	0	0	0	0	0	0
4 室蘭	0	0	0	0	0	0	0	0	0	0	0	0	0	0
5 釧路	0	0	0	0	0	0	0	0	0	0	0	0	0	0
6 帯広	0	0	0	0	0	0	0	0	0	0	0	0	0	0
7 北見	0	0	0	0	0	0	0	0	0	0	0	0	0	0
8 北海道	0	0	0	0	0	0	0	0	0	0	0	0	0	0
9 青森	0	0	0	0	0	0	0	0	0	0	0	0	0	0
10 岩手	0	0	0	0	0	0	0	0	0	0	0	0	0	0
11 宮城	0	0	0	0	0	0	0	0	0	0	0	0	0	0
12 福島	0	0	0	0	0	0	0	0	0	0	0	0	0	0
13 秋田	0	0	0	0	0	0	0	0	0	0	0	0	0	0
14 山形	0	0	0	0	0	0	0	0	0	0	0	0	0	0
15 茨城	0	0	0	0	0	0	0	0	0	0	0	0	0	0
16 栃木	0	0	0	0	0	0	0	0	0	0	0	0	0	0
17 群馬	0	0	0	0	0	0	0	0	0	0	0	0	0	0
18 埼玉	0	0	0	0	0	0	0	0	0	0	0	0	0	0
19 千葉	0	0	0	0	0	0	0	0	0	0	0	0	0	0
20 東京	0	0	0	0	0	699	0	0	0	0	0	0	0	0
21 神奈川	0	0	0	0	0	0	0	0	0	0	0	0	0	0
22 新潟	0	0	0	0	0	0	0	0	0	0	0	0	0	0
23 富山	0	0	0	0	0	0	0	0	0	0	0	0	0	0
24 石川	0	0	0	0	0	0	0	0	0	0	0	0	0	0
25 福井	0	0	0	0	0	0	0	0	0	0	0	0	0	0
26 山梨	0	0	0	0	0	0	0	0	0	0	0	0	0	0
27 長野	0	0	0	0	0	0	0	0	0	0	0	0	0	0
28 静岡	0	0	0	0	0	0	0	0	0	0	0	0	0	0
29 岐阜	0	0	0	0	0	0	0	0	0	0	0	0	0	0
30 愛知	0	0	0	0	0	0	0	0	0	0	0	0	0	0
31 三重	0	0	0	0	0	0	0	0	0	0	0	0	0	0
32 滋賀	0	0	0	0	0	0	0	0	0	0	0	0	0	0
33 京都	0	0	0	0	0	0	0	0	0	0	0	0	0	0
34 奈良	0	0	0	0	0	0	0	0	0	0	0	0	0	0
35 和歌山	0	0	0	0	0	0	0	0	0	0	0	0	0	0
36 大阪	0	0	0	0	0	0	0	0	0	0	0	0	0	0
37 兵庫	0	0	0	0	0	0	0	0	0	0	0	0	0	0
38 鳥取	0	0	0	0	0	0	0	0	0	0	0	0	0	0
39 島根	0	0	0	0	0	0	0	0	0	0	0	0	0	0
40 岡山	0	0	0	0	0	0	0	0	0	0	0	0	0	0
41 広島	0	0	0	0	0	0	0	0	0	0	0	0	0	0
42 山口	0	0	0	0	0	0	0	0	0	0	0	0	0	0
43 香川	0	0	0	0	0	0	0	0	0	0	0	0	0	0
44 愛媛	0	0	0	0	0	0	0	0	0	0	0	0	0	0
45 徳島	0	0	0	0	0	0	0	0	0	0	0	0	0	0
46 高知	0	0	0	0	0	0	0	0	0	0	0	0	0	0
47 福岡	0	0	0	0	0	0	0	0	0	0	0	0	0	0
48 佐賀	0	0	0	0	0	0	0	0	0	0	0	0	0	0
49 長崎	0	0	0	0	0	0	0	0	0	0	0	0	0	0
50 熊本	0	0	0	0	0	0	0	0	0	0	0	0	0	0
51 大分	0	0	0	0	0	0	0	0	0	0	0	0	0	0
52 宮崎	0	0	0	0	0	0	0	0	0	0	0	0	0	0
53 鹿児島	0	0	0	0	0	0	0	0	0	0	0	0	0	0
54 沖縄	0	0	0	0	0	0	0	0	0	0	0	0	0	0
55 全国	0	0	0	0	0	699	0	0	0	0	0	0	0	0

平成28年度　　　　　　　　　　　　　　　　府県相互間輸送トン数表（鉄道）　　　　　　　品目（4-0）金属・機械工業品　　（単位：トン）その3

着＼発	29 岐阜	30 愛知	31 三重	32 滋賀	33 京都	34 奈良	35 和歌山	36 大阪	37 兵庫	38 鳥取	39 島根	40 岡山	41 広島	42 山口
1 札幌	0	0	0	0	0	0	0	0	0	0	0	0	0	0
2 旭川	0	0	0	0	0	0	0	0	0	0	0	0	0	0
3 函館	0	0	0	0	0	0	0	0	0	0	0	0	0	0
4 室蘭	0	0	0	0	0	0	0	0	0	0	0	0	0	0
5 釧路	0	0	0	0	0	0	0	0	0	0	0	0	0	0
6 帯広	0	0	0	0	0	0	0	0	0	0	0	0	0	0
7 北見	0	0	0	0	0	0	0	0	0	0	0	0	0	0
8 北海道	0	0	0	0	0	0	0	0	0	0	0	0	0	0
9 青森	0	0	0	0	0	0	0	0	0	0	0	0	0	0
10 岩手	0	0	0	0	0	0	0	0	0	0	0	0	0	0
11 宮城	0	0	0	0	0	0	0	0	0	0	0	0	0	0
12 福島	0	0	0	0	0	0	0	0	0	0	0	0	0	0
13 秋田	0	0	0	0	0	0	0	0	0	0	0	0	0	0
14 山形	0	0	0	0	0	0	0	0	0	0	0	0	0	0
15 茨城	0	0	0	0	0	0	0	0	0	0	0	0	0	0
16 栃木	0	0	0	0	0	0	0	0	0	0	0	0	0	0
17 群馬	0	0	0	0	0	0	0	0	0	0	0	0	0	0
18 埼玉	0	0	0	0	0	0	0	0	0	0	0	0	0	0
19 千葉	0	0	0	0	0	0	0	0	0	0	0	0	0	0
20 東京	0	0	0	0	0	0	0	0	0	0	0	0	0	0
21 神奈川	0	0	0	0	0	0	0	0	0	0	0	0	0	0
22 新潟	0	0	0	0	0	0	0	0	0	0	0	0	0	0
23 富山	0	0	0	0	0	0	0	0	0	0	0	0	0	0
24 石川	0	0	0	0	0	0	0	0	0	0	0	0	0	0
25 福井	0	0	0	0	0	0	0	0	0	0	0	0	0	0
26 山梨	0	0	0	0	0	0	0	0	0	0	0	0	0	0
27 長野	0	0	0	0	0	0	0	0	0	0	0	0	0	0
28 静岡	0	0	0	0	0	0	0	0	0	0	0	0	0	0
29 岐阜	0	0	0	0	0	0	0	0	0	0	0	0	0	0
30 愛知	0	6,500	0	0	0	0	0	0	0	0	0	0	0	0
31 三重	0	0	0	0	0	0	0	0	0	0	0	0	0	0
32 滋賀	0	0	0	0	0	0	0	0	0	0	0	0	0	0
33 京都	0	0	0	0	0	0	0	0	0	0	0	0	0	0
34 奈良	0	0	0	0	0	0	0	0	0	0	0	0	0	0
35 和歌山	0	0	0	0	0	0	0	0	0	0	0	0	0	0
36 大阪	0	0	0	0	10,857	0	0	81	0	0	0	0	0	0
37 兵庫	0	0	0	0	1,200	0	0	0	0	0	0	0	0	0
38 鳥取	0	0	0	0	0	0	0	0	0	0	0	0	0	0
39 島根	0	0	0	0	0	0	0	0	0	0	0	0	0	0
40 岡山	0	0	0	0	0	0	0	0	0	0	0	0	0	0
41 広島	0	0	0	0	0	0	0	0	0	0	0	0	0	0
42 山口	0	0	0	0	0	0	0	0	0	0	0	0	0	0
43 香川	0	0	0	0	0	0	0	0	0	0	0	0	0	0
44 愛媛	0	0	0	0	0	0	0	0	0	0	0	0	0	0
45 徳島	0	0	0	0	0	0	0	0	0	0	0	0	0	0
46 高知	0	0	0	0	0	0	0	0	0	0	0	0	0	0
47 福岡	0	0	0	0	0	0	0	0	0	0	0	0	0	0
48 佐賀	0	0	0	0	0	0	0	0	0	0	0	0	0	0
49 長崎	0	0	0	0	0	0	0	0	0	0	0	0	0	0
50 熊本	0	0	0	0	0	0	0	0	0	0	0	0	0	0
51 大分	0	0	0	0	0	0	0	0	0	0	0	0	0	0
52 宮崎	0	0	0	0	0	0	0	0	0	0	0	0	0	0
53 鹿児島	0	0	0	0	0	0	0	0	0	0	0	0	0	0
54 沖縄	0	0	0	0	0	0	0	0	0	0	0	0	0	0
55 全国	0	6,500	0	0	12,057	0	0	81	0	0	0	0	0	0

平成28年度　　　　　　　　　　　　　　　　府県相互間輸送トン数表（鉄道）　　　　　　　品目（4-0）金属・機械工業品　　（単位：トン）その4

着＼発	43 香川	44 愛媛	45 徳島	46 高知	47 福岡	48 佐賀	49 長崎	50 熊本	51 大分	52 宮崎	53 鹿児島	54 沖縄	55 全国
1 札幌	0	0	0	0	0	0	0	0	0	0	0	0	0
2 旭川	0	0	0	0	0	0	0	0	0	0	0	0	0
3 函館	0	0	0	0	0	0	0	0	0	0	0	0	0
4 室蘭	0	0	0	0	0	0	0	0	0	0	0	0	0
5 釧路	0	0	0	0	0	0	0	0	0	0	0	0	0
6 帯広	0	0	0	0	0	0	0	0	0	0	0	0	0
7 北見	0	0	0	0	0	0	0	0	0	0	0	0	0
8 北海道	0	0	0	0	0	0	0	0	0	0	0	0	0
9 青森	0	0	0	0	0	0	0	0	0	0	0	0	0
10 岩手	0	0	0	0	0	0	0	0	0	0	0	0	0
11 宮城	0	0	0	0	0	0	0	0	0	0	0	0	8,676
12 福島	0	0	0	0	0	0	0	0	0	0	0	0	0
13 秋田	0	0	0	0	0	0	0	0	0	0	0	0	0
14 山形	0	0	0	0	0	0	0	0	0	0	0	0	0
15 茨城	0	0	0	0	0	0	0	0	0	0	0	0	0
16 栃木	0	0	0	0	0	0	0	0	0	0	0	0	0
17 群馬	0	0	0	0	0	0	0	0	0	0	0	0	0
18 埼玉	0	0	0	0	0	0	0	0	0	0	0	0	0
19 千葉	0	0	0	0	0	0	0	0	0	0	0	0	0
20 東京	0	0	0	0	0	0	0	0	0	0	0	0	699
21 神奈川	0	0	0	0	0	0	0	0	0	0	0	0	0
22 新潟	0	0	0	0	0	0	0	0	0	0	0	0	0
23 富山	0	0	0	0	0	0	0	0	0	0	0	0	0
24 石川	0	0	0	0	0	0	0	0	0	0	0	0	0
25 福井	0	0	0	0	0	0	0	0	0	0	0	0	0
26 山梨	0	0	0	0	0	0	0	0	0	0	0	0	0
27 長野	0	0	0	0	0	0	0	0	0	0	0	0	0
28 静岡	0	0	0	0	0	0	0	0	0	0	0	0	0
29 岐阜	0	0	0	0	0	0	0	0	0	0	0	0	0
30 愛知	0	0	0	0	0	0	0	0	0	0	0	0	6,500
31 三重	0	0	0	0	0	0	0	0	0	0	0	0	0
32 滋賀	0	0	0	0	0	0	0	0	0	0	0	0	0
33 京都	0	0	0	0	0	0	0	0	0	0	0	0	0
34 奈良	0	0	0	0	0	0	0	0	0	0	0	0	0
35 和歌山	0	0	0	0	0	0	0	0	0	0	0	0	0
36 大阪	0	0	0	0	0	0	0	0	0	0	0	0	10,938
37 兵庫	0	0	0	0	0	0	0	0	0	0	0	0	1,200
38 鳥取	0	0	0	0	0	0	0	0	0	0	0	0	0
39 島根	0	0	0	0	0	0	0	0	0	0	0	0	0
40 岡山	0	0	0	0	0	0	0	0	0	0	0	0	0
41 広島	0	0	0	0	0	0	0	0	0	0	0	0	0
42 山口	0	0	0	0	0	0	0	0	0	0	0	0	0
43 香川	0	0	0	0	0	0	0	0	0	0	0	0	0
44 愛媛	0	0	0	0	0	0	0	0	0	0	0	0	0
45 徳島	0	0	0	0	0	0	0	0	0	0	0	0	0
46 高知	0	0	0	0	0	0	0	0	0	0	0	0	0
47 福岡	0	0	0	0	0	0	0	0	0	0	0	0	0
48 佐賀	0	0	0	0	0	0	0	0	0	0	0	0	0
49 長崎	0	0	0	0	0	0	0	0	0	0	0	0	0
50 熊本	0	0	0	0	0	0	0	0	0	0	0	0	0
51 大分	0	0	0	0	0	0	0	0	0	0	0	0	0
52 宮崎	0	0	0	0	0	0	0	0	0	0	0	0	0
53 鹿児島	0	0	0	0	0	0	0	0	0	0	0	0	0
54 沖縄	0	0	0	0	0	0	0	0	0	0	0	0	0
55 全国	0	0	0	0	0	0	0	0	0	0	0	0	28,013

平成28年度　　　　　　　　　　　　　　　　　　　　府県相互間輸送トン数表（鉄道）
品目　（5-0）化学工業品
（単位：トン）その 1

着\発	1 札幌	2 旭川	3 函館	4 室蘭	5 釧路	6 帯広	7 北見	8 北海道	9 青森	10 岩手	11 宮城	12 福島	13 秋田	14 山形
1 札幌	0	0	0	0	0	0	0	0	0	0	0	0	0	0
2 旭川	0	0	0	0	0	0	0	0	0	0	0	0	0	0
3 函館	0	0	0	0	0	0	0	0	0	0	0	0	0	0
4 室蘭	0	0	0	0	0	0	0	0	0	0	0	0	0	0
5 釧路	0	0	0	0	0	0	0	0	0	0	0	0	0	0
6 帯広	0	0	0	0	0	0	0	0	0	0	0	0	0	0
7 北見	0	0	0	0	0	0	0	0	0	0	0	0	0	0
8 北海道	0	0	0	0	0	0	0	0	0	0	0	0	0	0
9 青森	0	0	0	0	0	0	0	0	0	0	0	0	0	0
10 岩手	0	0	0	0	0	0	0	0	0	0	0	0	0	0
11 宮城	0	0	0	0	0	0	0	0	0	321,425	0	173,376	0	0
12 福島	0	0	0	0	0	0	0	0	0	0	0	0	0	0
13 秋田	0	0	0	0	0	0	0	0	0	0	0	0	0	0
14 山形	0	0	0	0	0	0	0	0	0	0	0	0	0	0
15 茨城	0	0	0	0	0	0	0	0	0	0	0	0	0	0
16 栃木	0	0	0	0	0	0	0	0	0	0	0	0	0	0
17 群馬	0	0	0	0	0	0	0	0	0	0	0	0	0	0
18 埼玉	0	0	0	0	0	0	0	0	0	0	0	0	0	0
19 千葉	0	0	0	0	0	0	0	0	0	0	0	331,237	0	0
20 東京	0	0	0	0	0	0	0	0	0	0	0	0	0	0
21 神奈川	0	0	0	0	0	0	0	0	0	0	0	169,033	0	0
22 新潟	0	0	0	0	0	0	0	0	0	0	0	0	0	0
23 富山	0	0	0	0	0	0	0	0	0	0	0	0	0	0
24 石川	0	0	0	0	0	0	0	0	0	0	0	0	0	0
25 福井	0	0	0	0	0	0	0	0	0	0	0	0	0	0
26 山梨	0	0	0	0	0	0	0	0	0	0	0	0	0	0
27 長野	0	0	0	0	0	0	0	0	0	0	0	0	0	0
28 静岡	0	0	0	0	0	0	0	0	0	0	0	0	0	0
29 岐阜	0	0	0	0	0	0	0	0	0	0	0	0	0	0
30 愛知	0	0	0	0	0	0	0	0	0	0	0	0	0	0
31 三重	0	0	0	0	0	0	0	0	0	0	0	0	0	0
32 滋賀	0	0	0	0	0	0	0	0	0	0	0	0	0	0
33 京都	0	0	0	0	0	0	0	0	0	0	0	0	0	0
34 奈良	0	0	0	0	0	0	0	0	0	0	0	0	0	0
35 和歌山	0	0	0	0	0	0	0	0	0	0	0	0	0	0
36 大阪	0	0	0	0	0	0	0	0	0	0	0	0	0	0
37 兵庫	0	0	0	0	0	0	0	0	0	0	0	0	0	0
38 鳥取	0	0	0	0	0	0	0	0	0	0	0	0	0	0
39 島根	0	0	0	0	0	0	0	0	0	0	0	0	0	0
40 岡山	0	0	0	0	0	0	0	0	0	0	0	0	0	0
41 広島	0	0	0	0	0	0	0	0	0	0	0	0	0	0
42 山口	0	0	0	0	0	0	0	0	0	0	0	0	0	0
43 香川	0	0	0	0	0	0	0	0	0	0	0	0	0	0
44 愛媛	0	0	0	0	0	0	0	0	0	0	0	0	0	0
45 徳島	0	0	0	0	0	0	0	0	0	0	0	0	0	0
46 高知	0	0	0	0	0	0	0	0	0	0	0	0	0	0
47 福岡	0	0	0	0	0	0	0	0	0	0	0	0	0	0
48 佐賀	0	0	0	0	0	0	0	0	0	0	0	0	0	0
49 長崎	0	0	0	0	0	0	0	0	0	0	0	0	0	0
50 熊本	0	0	0	0	0	0	0	0	0	0	0	0	0	0
51 大分	0	0	0	0	0	0	0	0	0	0	0	0	0	0
52 宮崎	0	0	0	0	0	0	0	0	0	0	0	0	0	0
53 鹿児島	0	0	0	0	0	0	0	0	0	0	0	0	0	0
54 沖縄	0	0	0	0	0	0	0	0	0	0	0	0	0	0
55 全国	0	0	0	0	0	0	0	0	0	321,425	0	673,646	0	0

平成28年度　　　　　　　　　　　　　　　　　　　　府県相互間輸送トン数表（鉄道）
品目　（5-0）化学工業品
（単位：トン）その 2

着\発	15 茨城	16 栃木	17 群馬	18 埼玉	19 千葉	20 東京	21 神奈川	22 新潟	23 富山	24 石川	25 福井	26 山梨	27 長野	28 静岡
1 札幌	0	0	0	0	0	0	0	0	0	0	0	0	0	0
2 旭川	0	0	0	0	0	0	0	0	0	0	0	0	0	0
3 函館	0	0	0	0	0	0	0	0	0	0	0	0	0	0
4 室蘭	0	0	0	0	0	0	0	0	0	0	0	0	0	0
5 釧路	0	0	0	0	0	0	0	0	0	0	0	0	0	0
6 帯広	0	0	0	0	0	0	0	0	0	0	0	0	0	0
7 北見	0	0	0	0	0	0	0	0	0	0	0	0	0	0
8 北海道	0	0	0	0	0	0	0	0	0	0	0	0	0	0
9 青森	0	0	0	0	0	0	0	0	0	0	0	0	0	0
10 岩手	0	0	0	0	0	0	0	0	0	0	0	0	0	0
11 宮城	0	0	0	0	0	0	0	0	0	0	0	0	0	0
12 福島	0	0	0	0	0	0	0	0	0	0	0	0	0	0
13 秋田	0	0	0	0	0	0	0	0	0	0	0	0	0	0
14 山形	0	0	0	0	0	0	0	0	0	0	0	0	0	0
15 茨城	0	0	0	0	0	0	0	0	0	0	0	0	0	0
16 栃木	0	0	0	0	0	0	0	0	0	0	0	0	0	0
17 群馬	0	0	0	0	0	0	0	0	0	0	0	0	0	0
18 埼玉	0	0	0	0	0	0	0	0	0	0	0	0	0	0
19 千葉	0	409,955	344,334	0	0	38,577	0	0	0	0	0	0	173,758	0
20 東京	0	0	0	0	0	0	0	0	0	0	0	0	0	0
21 神奈川	0	791,379	996,925	0	0	630,770	0	0	0	0	0	316,007	559,661	0
22 新潟	0	0	0	0	0	0	0	0	0	0	0	0	0	0
23 富山	0	0	0	0	0	0	0	0	0	0	0	0	0	0
24 石川	0	0	0	0	0	0	0	0	0	0	0	0	0	0
25 福井	0	0	0	0	0	0	0	0	0	0	0	0	0	0
26 山梨	0	0	0	0	0	0	0	0	0	0	0	0	0	0
27 長野	0	0	0	0	0	0	0	0	0	0	0	0	0	0
28 静岡	0	0	0	0	0	0	0	0	0	0	0	0	0	0
29 岐阜	0	0	0	0	0	0	0	0	0	0	0	0	0	0
30 愛知	0	0	0	0	0	0	0	0	0	0	0	0	0	0
31 三重	0	0	0	0	0	0	0	0	0	0	0	0	686,550	0
32 滋賀	0	0	0	0	0	0	0	0	0	0	0	0	0	0
33 京都	0	0	0	0	0	0	0	0	0	0	0	0	0	0
34 奈良	0	0	0	0	0	0	0	0	0	0	0	0	0	0
35 和歌山	0	0	0	0	0	0	0	0	0	0	0	0	0	0
36 大阪	0	0	0	0	0	0	0	0	0	0	0	0	0	0
37 兵庫	0	0	0	0	0	0	0	0	0	0	0	0	0	0
38 鳥取	0	0	0	0	0	0	0	0	0	0	0	0	0	0
39 島根	0	0	0	0	0	0	0	0	0	0	0	0	0	0
40 岡山	0	0	0	0	0	0	0	0	0	0	0	0	0	0
41 広島	0	0	0	0	0	0	0	0	0	0	0	0	0	0
42 山口	0	0	0	0	0	0	0	0	0	0	0	0	0	0
43 香川	0	0	0	0	0	0	0	0	0	0	0	0	0	0
44 愛媛	0	0	0	0	0	0	0	0	0	0	0	0	0	0
45 徳島	0	0	0	0	0	0	0	0	0	0	0	0	0	0
46 高知	0	0	0	0	0	0	0	0	0	0	0	0	0	0
47 福岡	0	0	0	0	0	0	0	0	0	0	0	0	0	0
48 佐賀	0	0	0	0	0	0	0	0	0	0	0	0	0	0
49 長崎	0	0	0	0	0	0	0	0	0	0	0	0	0	0
50 熊本	0	0	0	0	0	0	0	0	0	0	0	0	0	0
51 大分	0	0	0	0	0	0	0	0	0	0	0	0	0	0
52 宮崎	0	0	0	0	0	0	0	0	0	0	0	0	0	0
53 鹿児島	0	0	0	0	0	0	0	0	0	0	0	0	0	0
54 沖縄	0	0	0	0	0	0	0	0	0	0	0	0	0	0
55 全国	0	1,201,334	1,341,259	0	0	669,347	0	0	0	0	0	316,007	1,419,969	0

- 44 -

平成28年度　　府県相互間輸送トン数表（鉄道）　　品目　（5-0）化学工業品　　（単位：トン）その　3

着 発	29 岐阜	30 愛知	31 三重	32 滋賀	33 京都	34 奈良	35 和歌山	36 大阪	37 兵庫	38 鳥取	39 島根	40 岡山	41 広島	42 山口
1 札幌	0	0	0	0	0	0	0	0	0	0	0	0	0	0
2 旭川	0	0	0	0	0	0	0	0	0	0	0	0	0	0
3 函館	0	0	0	0	0	0	0	0	0	0	0	0	0	0
4 室蘭	0	0	0	0	0	0	0	0	0	0	0	0	0	0
5 釧路	0	0	0	0	0	0	0	0	0	0	0	0	0	0
6 帯広	0	0	0	0	0	0	0	0	0	0	0	0	0	0
7 北見	0	0	0	0	0	0	0	0	0	0	0	0	0	0
8 北海道	0	0	0	0	0	0	0	0	0	0	0	0	0	0
9 青森	0	0	0	0	0	0	0	0	0	0	0	0	0	0
10 岩手	0	0	0	0	0	0	0	0	0	0	0	0	0	0
11 宮城	0	0	0	0	0	0	0	0	0	0	0	0	0	0
12 福島	0	0	0	0	0	0	0	0	0	0	0	0	0	0
13 秋田	0	0	0	0	0	0	0	0	0	0	0	0	0	0
14 山形	0	0	0	0	0	0	0	0	0	0	0	0	0	0
15 茨城	0	0	0	0	0	0	0	0	0	0	0	0	0	0
16 栃木	0	0	0	0	0	0	0	0	0	0	0	0	0	0
17 群馬	0	0	0	0	0	0	0	0	0	0	0	0	0	0
18 埼玉	0	0	0	0	0	0	0	0	0	0	0	0	0	0
19 千葉	0	0	0	0	0	0	0	0	0	0	0	0	0	0
20 東京	0	0	0	0	0	0	0	0	0	0	0	0	0	0
21 神奈川	0	0	0	0	0	0	0	0	0	0	0	0	0	0
22 新潟	0	0	0	0	0	0	0	0	0	0	0	0	0	0
23 富山	0	0	0	0	0	0	0	0	0	0	0	0	0	0
24 石川	0	0	0	0	0	0	0	0	0	0	0	0	0	0
25 福井	0	0	0	0	0	0	0	0	0	0	0	0	0	0
26 山梨	0	0	0	0	0	0	0	0	0	0	0	0	0	0
27 長野	0	0	0	0	0	0	0	0	0	0	0	0	0	0
28 静岡	0	0	0	0	0	0	0	0	0	0	0	0	0	0
29 岐阜	0	0	0	0	0	0	0	0	0	0	0	0	0	0
30 愛知	0	0	0	0	0	0	0	0	0	0	0	0	0	0
31 三重	0	147,220	795,264	0	0	0	0	0	0	0	0	0	0	0
32 滋賀	0	0	0	0	0	0	0	0	0	0	0	0	0	0
33 京都	0	0	0	0	0	0	0	0	0	0	0	0	0	0
34 奈良	0	0	0	0	0	0	0	0	0	0	0	0	0	0
35 和歌山	0	0	0	0	0	0	0	0	0	0	0	0	0	0
36 大阪	0	0	0	0	0	0	0	0	0	0	0	0	0	0
37 兵庫	0	0	0	0	0	0	0	0	0	0	0	0	0	0
38 鳥取	0	0	0	0	0	0	0	0	0	0	0	0	0	0
39 島根	0	0	0	0	0	0	0	0	0	0	0	0	0	0
40 岡山	0	0	0	0	0	0	0	0	0	0	0	0	0	0
41 広島	0	0	0	0	0	0	0	0	0	0	0	0	0	0
42 山口	0	0	0	0	0	0	0	0	0	0	0	0	0	0
43 香川	0	0	0	0	0	0	0	0	0	0	0	0	0	0
44 愛媛	0	0	0	0	0	0	0	0	0	0	0	0	0	0
45 徳島	0	0	0	0	0	0	0	0	0	0	0	0	0	0
46 高知	0	0	0	0	0	0	0	0	0	0	0	0	0	0
47 福岡	0	0	0	0	0	0	0	0	0	0	0	0	0	0
48 佐賀	0	0	0	0	0	0	0	0	0	0	0	0	0	0
49 長崎	0	0	0	0	0	0	0	0	0	0	0	0	0	0
50 熊本	0	0	0	0	0	0	0	0	0	0	0	0	0	0
51 大分	0	0	0	0	0	0	0	0	0	0	0	0	0	0
52 宮崎	0	0	0	0	0	0	0	0	0	0	0	0	0	0
53 鹿児島	0	0	0	0	0	0	0	0	0	0	0	0	0	0
54 沖縄	0	0	0	0	0	0	0	0	0	0	0	0	0	0
55 全国	0	147,220	795,264	0	0	0	0	0	0	0	0	0	0	0

平成28年度　　府県相互間輸送トン数表（鉄道）　　品目　（5-0）化学工業品　　（単位：トン）その　4

着 発	43 香川	44 愛媛	45 徳島	46 高知	47 福岡	48 佐賀	49 長崎	50 熊本	51 大分	52 宮崎	53 鹿児島	54 沖縄	55 全国
1 札幌	0	0	0	0	0	0	0	0	0	0	0	0	0
2 旭川	0	0	0	0	0	0	0	0	0	0	0	0	0
3 函館	0	0	0	0	0	0	0	0	0	0	0	0	0
4 室蘭	0	0	0	0	0	0	0	0	0	0	0	0	0
5 釧路	0	0	0	0	0	0	0	0	0	0	0	0	0
6 帯広	0	0	0	0	0	0	0	0	0	0	0	0	0
7 北見	0	0	0	0	0	0	0	0	0	0	0	0	0
8 北海道	0	0	0	0	0	0	0	0	0	0	0	0	0
9 青森	0	0	0	0	0	0	0	0	0	0	0	0	0
10 岩手	0	0	0	0	0	0	0	0	0	0	0	0	0
11 宮城	0	0	0	0	0	0	0	0	0	0	0	0	494,801
12 福島	0	0	0	0	0	0	0	0	0	0	0	0	0
13 秋田	0	0	0	0	0	0	0	0	0	0	0	0	0
14 山形	0	0	0	0	0	0	0	0	0	0	0	0	0
15 茨城	0	0	0	0	0	0	0	0	0	0	0	0	0
16 栃木	0	0	0	0	0	0	0	0	0	0	0	0	0
17 群馬	0	0	0	0	0	0	0	0	0	0	0	0	0
18 埼玉	0	0	0	0	0	0	0	0	0	0	0	0	0
19 千葉	0	0	0	0	0	0	0	0	0	0	0	0	1,297,861
20 東京	0	0	0	0	0	0	0	0	0	0	0	0	0
21 神奈川	0	0	0	0	0	0	0	0	0	0	0	0	3,463,775
22 新潟	0	0	0	0	0	0	0	0	0	0	0	0	0
23 富山	0	0	0	0	0	0	0	0	0	0	0	0	0
24 石川	0	0	0	0	0	0	0	0	0	0	0	0	0
25 福井	0	0	0	0	0	0	0	0	0	0	0	0	0
26 山梨	0	0	0	0	0	0	0	0	0	0	0	0	0
27 長野	0	0	0	0	0	0	0	0	0	0	0	0	0
28 静岡	0	0	0	0	0	0	0	0	0	0	0	0	0
29 岐阜	0	0	0	0	0	0	0	0	0	0	0	0	0
30 愛知	0	0	0	0	0	0	0	0	0	0	0	0	0
31 三重	0	0	0	0	0	0	0	0	0	0	0	0	1,629,034
32 滋賀	0	0	0	0	0	0	0	0	0	0	0	0	0
33 京都	0	0	0	0	0	0	0	0	0	0	0	0	0
34 奈良	0	0	0	0	0	0	0	0	0	0	0	0	0
35 和歌山	0	0	0	0	0	0	0	0	0	0	0	0	0
36 大阪	0	0	0	0	0	0	0	0	0	0	0	0	0
37 兵庫	0	0	0	0	0	0	0	0	0	0	0	0	0
38 鳥取	0	0	0	0	0	0	0	0	0	0	0	0	0
39 島根	0	0	0	0	0	0	0	0	0	0	0	0	0
40 岡山	0	0	0	0	0	0	0	0	0	0	0	0	0
41 広島	0	0	0	0	0	0	0	0	0	0	0	0	0
42 山口	0	0	0	0	0	0	0	0	0	0	0	0	0
43 香川	0	0	0	0	0	0	0	0	0	0	0	0	0
44 愛媛	0	0	0	0	0	0	0	0	0	0	0	0	0
45 徳島	0	0	0	0	0	0	0	0	0	0	0	0	0
46 高知	0	0	0	0	0	0	0	0	0	0	0	0	0
47 福岡	0	0	0	0	0	0	0	0	0	0	0	0	0
48 佐賀	0	0	0	0	0	0	0	0	0	0	0	0	0
49 長崎	0	0	0	0	0	0	0	0	0	0	0	0	0
50 熊本	0	0	0	0	0	0	0	0	0	0	0	0	0
51 大分	0	0	0	0	0	0	0	0	0	0	0	0	0
52 宮崎	0	0	0	0	0	0	0	0	0	0	0	0	0
53 鹿児島	0	0	0	0	0	0	0	0	0	0	0	0	0
54 沖縄	0	0	0	0	0	0	0	0	0	0	0	0	0
55 全国	0	0	0	0	0	0	0	0	0	0	0	0	6,885,471

平成28年度　　　　　　　　　　　　　　　　　　府県相互間輸送トン数表（鉄道）

品目　（6-0）軽工業品　　その　1　（単位：トン）

着／発	1 札幌	2 旭川	3 函館	4 室蘭	5 釧路	6 帯広	7 北見	8 北海道	9 青森	10 岩手	11 宮城	12 福島	13 秋田	14 山形
1 札幌	0	0	0	0	0	0	0	0	0	0	0	0	0	0
2 旭川	0	0	0	0	0	0	0	0	0	0	0	0	0	0
3 函館	0	0	0	0	0	0	0	0	0	0	0	0	0	0
4 室蘭	0	0	0	0	0	0	0	0	0	0	0	0	0	0
5 釧路	0	0	0	0	0	0	0	0	0	0	0	0	0	0
6 帯広	0	0	0	0	0	0	0	0	0	0	0	0	0	0
7 北見	0	0	0	0	0	0	0	0	0	0	0	0	0	0
8 北海道	0	0	0	0	0	0	0	0	0	0	0	0	0	0
9 青森	0	0	0	0	0	0	0	0	0	0	0	0	0	0
10 岩手	0	0	0	0	0	0	0	0	0	0	0	0	0	0
11 宮城	0	0	0	0	0	0	0	0	0	0	0	0	0	0
12 福島	0	0	0	0	0	0	0	0	0	0	0	0	0	0
13 秋田	0	0	0	0	0	0	0	0	0	0	0	0	0	0
14 山形	0	0	0	0	0	0	0	0	0	0	0	0	0	0
15 茨城	0	0	0	0	0	0	0	0	0	0	0	0	0	0
16 栃木	0	0	0	0	0	0	0	0	0	0	0	0	0	0
17 群馬	0	0	0	0	0	0	0	0	0	0	0	0	0	0
18 埼玉	0	0	0	0	0	0	0	0	0	0	0	0	0	0
19 千葉	0	0	0	0	0	0	0	0	0	0	0	0	0	0
20 東京	0	0	0	0	0	0	0	0	0	0	0	0	0	0
21 神奈川	0	0	0	0	0	0	0	0	0	0	0	0	0	0
22 新潟	0	0	0	0	0	0	0	0	0	0	0	0	0	0
23 富山	0	0	0	0	0	0	0	0	0	0	0	0	0	0
24 石川	0	0	0	0	0	0	0	0	0	0	0	0	0	0
25 福井	0	0	0	0	0	0	0	0	0	0	0	0	0	0
26 山梨	0	0	0	0	0	0	0	0	0	0	0	0	0	0
27 長野	0	0	0	0	0	0	0	0	0	0	0	0	0	0
28 静岡	0	0	0	0	0	0	0	0	0	0	0	0	0	0
29 岐阜	0	0	0	0	0	0	0	0	0	0	0	0	0	0
30 愛知	0	0	0	0	0	0	0	0	0	0	0	0	0	0
31 三重	0	0	0	0	0	0	0	0	0	0	0	0	0	0
32 滋賀	0	0	0	0	0	0	0	0	0	0	0	0	0	0
33 京都	0	0	0	0	0	0	0	0	0	0	0	0	0	0
34 奈良	0	0	0	0	0	0	0	0	0	0	0	0	0	0
35 和歌山	0	0	0	0	0	0	0	0	0	0	0	0	0	0
36 大阪	0	0	0	0	0	0	0	0	0	0	0	0	0	0
37 兵庫	0	0	0	0	0	0	0	0	0	0	0	0	0	0
38 鳥取	0	0	0	0	0	0	0	0	0	0	0	0	0	0
39 島根	0	0	0	0	0	0	0	0	0	0	0	0	0	0
40 岡山	0	0	0	0	0	0	0	0	0	0	0	0	0	0
41 広島	0	0	0	0	0	0	0	0	0	0	0	0	0	0
42 山口	0	0	0	0	0	0	0	0	0	0	0	0	0	0
43 香川	0	0	0	0	0	0	0	0	0	0	0	0	0	0
44 愛媛	0	0	0	0	0	0	0	0	0	0	0	0	0	0
45 徳島	0	0	0	0	0	0	0	0	0	0	0	0	0	0
46 高知	0	0	0	0	0	0	0	0	0	0	0	0	0	0
47 福岡	0	0	0	0	0	0	0	0	0	0	0	0	0	0
48 佐賀	0	0	0	0	0	0	0	0	0	0	0	0	0	0
49 長崎	0	0	0	0	0	0	0	0	0	0	0	0	0	0
50 熊本	0	0	0	0	0	0	0	0	0	0	0	0	0	0
51 大分	0	0	0	0	0	0	0	0	0	0	0	0	0	0
52 宮崎	0	0	0	0	0	0	0	0	0	0	0	0	0	0
53 鹿児島	0	0	0	0	0	0	0	0	0	0	0	0	0	0
54 沖縄	0	0	0	0	0	0	0	0	0	0	0	0	0	0
55 全国	0	0	0	0	0	0	0	0	0	0	0	0	0	0

平成28年度　　　　　　　　　　　　　　　　　　府県相互間輸送トン数表（鉄道）

品目　（6-0）軽工業品　　その　2　（単位：トン）

着／発	15 茨城	16 栃木	17 群馬	18 埼玉	19 千葉	20 東京	21 神奈川	22 新潟	23 富山	24 石川	25 福井	26 山梨	27 長野	28 静岡
1 札幌	0	0	0	0	0	0	0	0	0	0	0	0	0	0
2 旭川	0	0	0	0	0	0	0	0	0	0	0	0	0	0
3 函館	0	0	0	0	0	0	0	0	0	0	0	0	0	0
4 室蘭	0	0	0	0	0	0	0	0	0	0	0	0	0	0
5 釧路	0	0	0	0	0	0	0	0	0	0	0	0	0	0
6 帯広	0	0	0	0	0	0	0	0	0	0	0	0	0	0
7 北見	0	0	0	0	0	0	0	0	0	0	0	0	0	0
8 北海道	0	0	0	0	0	0	0	0	0	0	0	0	0	0
9 青森	0	0	0	0	0	0	0	0	0	0	0	0	0	0
10 岩手	0	0	0	0	0	0	0	0	0	0	0	0	0	0
11 宮城	0	0	0	0	0	0	0	0	0	0	0	0	0	0
12 福島	0	0	0	0	0	0	0	0	0	0	0	0	0	0
13 秋田	0	0	0	0	0	0	0	0	0	0	0	0	0	0
14 山形	0	0	0	0	0	0	0	0	0	0	0	0	0	0
15 茨城	0	0	0	0	0	0	0	0	0	0	0	0	0	0
16 栃木	0	0	0	0	0	0	0	0	0	0	0	0	0	0
17 群馬	0	0	0	0	0	0	0	0	0	0	0	0	0	0
18 埼玉	0	0	0	0	0	0	0	0	0	0	0	0	0	0
19 千葉	0	0	0	0	0	0	0	0	0	0	0	0	0	0
20 東京	0	0	0	0	0	0	0	0	0	0	0	0	0	0
21 神奈川	0	0	0	0	0	0	0	0	0	0	0	0	0	0
22 新潟	0	0	0	0	0	0	0	0	0	0	0	0	0	0
23 富山	0	0	0	0	0	0	0	0	0	0	0	0	0	0
24 石川	0	0	0	0	0	0	0	0	0	0	0	0	0	0
25 福井	0	0	0	0	0	0	0	0	0	0	0	0	0	0
26 山梨	0	0	0	0	0	0	0	0	0	0	0	0	0	0
27 長野	0	0	0	0	0	0	0	0	0	0	0	0	0	0
28 静岡	0	0	0	0	0	0	0	0	0	0	0	0	0	0
29 岐阜	0	0	0	0	0	0	0	0	0	0	0	0	0	0
30 愛知	0	0	0	0	0	0	0	0	0	0	0	0	0	0
31 三重	0	0	0	0	0	0	0	0	0	0	0	0	0	0
32 滋賀	0	0	0	0	0	0	0	0	0	0	0	0	0	0
33 京都	0	0	0	0	0	0	0	0	0	0	0	0	0	0
34 奈良	0	0	0	0	0	0	0	0	0	0	0	0	0	0
35 和歌山	0	0	0	0	0	0	0	0	0	0	0	0	0	0
36 大阪	0	0	0	0	0	0	0	0	0	0	0	0	0	0
37 兵庫	0	0	0	0	0	0	0	0	0	0	0	0	0	0
38 鳥取	0	0	0	0	0	0	0	0	0	0	0	0	0	0
39 島根	0	0	0	0	0	0	0	0	0	0	0	0	0	0
40 岡山	0	0	0	0	0	0	0	0	0	0	0	0	0	0
41 広島	0	0	0	0	0	0	0	0	0	0	0	0	0	0
42 山口	0	0	0	0	0	0	0	0	0	0	0	0	0	0
43 香川	0	0	0	0	0	0	0	0	0	0	0	0	0	0
44 愛媛	0	0	0	0	0	0	0	0	0	0	0	0	0	0
45 徳島	0	0	0	0	0	0	0	0	0	0	0	0	0	0
46 高知	0	0	0	0	0	0	0	0	0	0	0	0	0	0
47 福岡	0	0	0	0	0	0	0	0	0	0	0	0	0	0
48 佐賀	0	0	0	0	0	0	0	0	0	0	0	0	0	0
49 長崎	0	0	0	0	0	0	0	0	0	0	0	0	0	0
50 熊本	0	0	0	0	0	0	0	0	0	0	0	0	0	0
51 大分	0	0	0	0	0	0	0	0	0	0	0	0	0	0
52 宮崎	0	0	0	0	0	0	0	0	0	0	0	0	0	0
53 鹿児島	0	0	0	0	0	0	0	0	0	0	0	0	0	0
54 沖縄	0	0	0	0	0	0	0	0	0	0	0	0	0	0
55 全国	0	0	0	0	0	0	0	0	0	0	0	0	0	0

平成28年度　　　　　　　　　　　　　　　　　　府県相互間輸送トン数表（鉄道）

品目　（6-0）軽工業品

（単位：トン）　その　3

着／発	29 岐阜	30 愛知	31 三重	32 滋賀	33 京都	34 奈良	35 和歌山	36 大阪	37 兵庫	38 鳥取	39 島根	40 岡山	41 広島	42 山口
1 札幌	0	0	0	0	0	0	0	0	0	0	0	0	0	0
2 旭川	0	0	0	0	0	0	0	0	0	0	0	0	0	0
3 函館	0	0	0	0	0	0	0	0	0	0	0	0	0	0
4 室蘭	0	0	0	0	0	0	0	0	0	0	0	0	0	0
5 釧路	0	0	0	0	0	0	0	0	0	0	0	0	0	0
6 帯広	0	0	0	0	0	0	0	0	0	0	0	0	0	0
7 北見	0	0	0	0	0	0	0	0	0	0	0	0	0	0
8 北海道	0	0	0	0	0	0	0	0	0	0	0	0	0	0
9 青森	0	0	0	0	0	0	0	0	0	0	0	0	0	0
10 岩手	0	0	0	0	0	0	0	0	0	0	0	0	0	0
11 宮城	0	0	0	0	0	0	0	0	0	0	0	0	0	0
12 福島	0	0	0	0	0	0	0	0	0	0	0	0	0	0
13 秋田	0	0	0	0	0	0	0	0	0	0	0	0	0	0
14 山形	0	0	0	0	0	0	0	0	0	0	0	0	0	0
15 茨城	0	0	0	0	0	0	0	0	0	0	0	0	0	0
16 栃木	0	0	0	0	0	0	0	0	0	0	0	0	0	0
17 群馬	0	0	0	0	0	0	0	0	0	0	0	0	0	0
18 埼玉	0	0	0	0	0	0	0	0	0	0	0	0	0	0
19 千葉	0	0	0	0	0	0	0	0	0	0	0	0	0	0
20 東京	0	0	0	0	0	0	0	0	0	0	0	0	0	0
21 神奈川	0	0	0	0	0	0	0	0	0	0	0	0	0	0
22 新潟	0	0	0	0	0	0	0	0	0	0	0	0	0	0
23 富山	0	0	0	0	0	0	0	0	0	0	0	0	0	0
24 石川	0	0	0	0	0	0	0	0	0	0	0	0	0	0
25 福井	0	0	0	0	0	0	0	0	0	0	0	0	0	0
26 山梨	0	0	0	0	0	0	0	0	0	0	0	0	0	0
27 長野	0	0	0	0	0	0	0	0	0	0	0	0	0	0
28 静岡	0	0	0	0	0	0	0	0	0	0	0	0	0	0
29 岐阜	0	0	0	0	0	0	0	0	0	0	0	0	0	0
30 愛知	0	0	0	0	0	0	0	0	0	0	0	0	0	0
31 三重	0	0	0	0	0	0	0	0	0	0	0	0	0	0
32 滋賀	0	0	0	0	0	0	0	0	0	0	0	0	0	0
33 京都	0	0	0	0	0	0	0	0	0	0	0	0	0	0
34 奈良	0	0	0	0	0	0	0	0	0	0	0	0	0	0
35 和歌山	0	0	0	0	0	0	0	0	0	0	0	0	0	0
36 大阪	0	0	0	0	0	0	0	0	0	0	0	0	0	0
37 兵庫	0	0	0	0	0	0	0	0	0	0	0	0	0	0
38 鳥取	0	0	0	0	0	0	0	0	0	0	0	0	0	0
39 島根	0	0	0	0	0	0	0	0	0	0	0	0	0	0
40 岡山	0	0	0	0	0	0	0	0	0	0	0	0	0	0
41 広島	0	0	0	0	0	0	0	0	0	0	0	0	0	0
42 山口	0	0	0	0	0	0	0	0	0	0	0	0	0	0
43 香川	0	0	0	0	0	0	0	0	0	0	0	0	0	0
44 愛媛	0	0	0	0	0	0	0	0	0	0	0	0	0	0
45 徳島	0	0	0	0	0	0	0	0	0	0	0	0	0	0
46 高知	0	0	0	0	0	0	0	0	0	0	0	0	0	0
47 福岡	0	0	0	0	0	0	0	0	0	0	0	0	0	0
48 佐賀	0	0	0	0	0	0	0	0	0	0	0	0	0	0
49 長崎	0	0	0	0	0	0	0	0	0	0	0	0	0	0
50 熊本	0	0	0	0	0	0	0	0	0	0	0	0	0	0
51 大分	0	0	0	0	0	0	0	0	0	0	0	0	0	0
52 宮崎	0	0	0	0	0	0	0	0	0	0	0	0	0	0
53 鹿児島	0	0	0	0	0	0	0	0	0	0	0	0	0	0
54 沖縄	0	0	0	0	0	0	0	0	0	0	0	0	0	0
55 全国	0	0	0	0	0	0	0	0	0	0	0	0	0	0

平成28年度　　　　　　　　　　　　　　　　　　府県相互間輸送トン数表（鉄道）

品目　（6-0）軽工業品

（単位：トン）　その　4

着／発	43 香川	44 愛媛	45 徳島	46 高知	47 福岡	48 佐賀	49 長崎	50 熊本	51 大分	52 宮崎	53 鹿児島	54 沖縄	55 全国
1 札幌	0	0	0	0	0	0	0	0	0	0	0	0	0
2 旭川	0	0	0	0	0	0	0	0	0	0	0	0	0
3 函館	0	0	0	0	0	0	0	0	0	0	0	0	0
4 室蘭	0	0	0	0	0	0	0	0	0	0	0	0	0
5 釧路	0	0	0	0	0	0	0	0	0	0	0	0	0
6 帯広	0	0	0	0	0	0	0	0	0	0	0	0	0
7 北見	0	0	0	0	0	0	0	0	0	0	0	0	0
8 北海道	0	0	0	0	0	0	0	0	0	0	0	0	0
9 青森	0	0	0	0	0	0	0	0	0	0	0	0	0
10 岩手	0	0	0	0	0	0	0	0	0	0	0	0	0
11 宮城	0	0	0	0	0	0	0	0	0	0	0	0	0
12 福島	0	0	0	0	0	0	0	0	0	0	0	0	0
13 秋田	0	0	0	0	0	0	0	0	0	0	0	0	0
14 山形	0	0	0	0	0	0	0	0	0	0	0	0	0
15 茨城	0	0	0	0	0	0	0	0	0	0	0	0	0
16 栃木	0	0	0	0	0	0	0	0	0	0	0	0	0
17 群馬	0	0	0	0	0	0	0	0	0	0	0	0	0
18 埼玉	0	0	0	0	0	0	0	0	0	0	0	0	0
19 千葉	0	0	0	0	0	0	0	0	0	0	0	0	0
20 東京	0	0	0	0	0	0	0	0	0	0	0	0	0
21 神奈川	0	0	0	0	0	0	0	0	0	0	0	0	0
22 新潟	0	0	0	0	0	0	0	0	0	0	0	0	0
23 富山	0	0	0	0	0	0	0	0	0	0	0	0	0
24 石川	0	0	0	0	0	0	0	0	0	0	0	0	0
25 福井	0	0	0	0	0	0	0	0	0	0	0	0	0
26 山梨	0	0	0	0	0	0	0	0	0	0	0	0	0
27 長野	0	0	0	0	0	0	0	0	0	0	0	0	0
28 静岡	0	0	0	0	0	0	0	0	0	0	0	0	0
29 岐阜	0	0	0	0	0	0	0	0	0	0	0	0	0
30 愛知	0	0	0	0	0	0	0	0	0	0	0	0	0
31 三重	0	0	0	0	0	0	0	0	0	0	0	0	0
32 滋賀	0	0	0	0	0	0	0	0	0	0	0	0	0
33 京都	0	0	0	0	0	0	0	0	0	0	0	0	0
34 奈良	0	0	0	0	0	0	0	0	0	0	0	0	0
35 和歌山	0	0	0	0	0	0	0	0	0	0	0	0	0
36 大阪	0	0	0	0	0	0	0	0	0	0	0	0	0
37 兵庫	0	0	0	0	0	0	0	0	0	0	0	0	0
38 鳥取	0	0	0	0	0	0	0	0	0	0	0	0	0
39 島根	0	0	0	0	0	0	0	0	0	0	0	0	0
40 岡山	0	0	0	0	0	0	0	0	0	0	0	0	0
41 広島	0	0	0	0	0	0	0	0	0	0	0	0	0
42 山口	0	0	0	0	0	0	0	0	0	0	0	0	0
43 香川	0	0	0	0	0	0	0	0	0	0	0	0	0
44 愛媛	0	0	0	0	0	0	0	0	0	0	0	0	0
45 徳島	0	0	0	0	0	0	0	0	0	0	0	0	0
46 高知	0	0	0	0	0	0	0	0	0	0	0	0	0
47 福岡	0	0	0	0	0	0	0	0	0	0	0	0	0
48 佐賀	0	0	0	0	0	0	0	0	0	0	0	0	0
49 長崎	0	0	0	0	0	0	0	0	0	0	0	0	0
50 熊本	0	0	0	0	0	0	0	0	0	0	0	0	0
51 大分	0	0	0	0	0	0	0	0	0	0	0	0	0
52 宮崎	0	0	0	0	0	0	0	0	0	0	0	0	0
53 鹿児島	0	0	0	0	0	0	0	0	0	0	0	0	0
54 沖縄	0	0	0	0	0	0	0	0	0	0	0	0	0
55 全国	0	0	0	0	0	0	0	0	0	0	0	0	0

平成28年度　　　　　　　　　　　　　　　　府県相互間輸送トン数表（鉄道）
品目　（7－0）雑工業品
その　1　　（単位：トン）

着／発	1 札幌	2 旭川	3 函館	4 室蘭	5 釧路	6 帯広	7 北見	8 北海道	9 青森	10 岩手	11 宮城	12 福島	13 秋田	14 山形
1 札幌	0	0	0	0	0	0	0	0	0	0	0	0	0	0
2 旭川	0	0	0	0	0	0	0	0	0	0	0	0	0	0
3 函館	0	0	0	0	0	0	0	0	0	0	0	0	0	0
4 室蘭	0	0	0	0	0	0	0	0	0	0	0	0	0	0
5 釧路	0	0	0	0	0	0	0	0	0	0	0	0	0	0
6 帯広	0	0	0	0	0	0	0	0	0	0	0	0	0	0
7 北見	0	0	0	0	0	0	0	0	0	0	0	0	0	0
8 北海道	0	0	0	0	0	0	0	0	0	0	0	0	0	0
9 青森	0	0	0	0	0	0	0	0	0	0	0	0	0	0
10 岩手	0	0	0	0	0	0	0	0	0	0	0	0	0	0
11 宮城	0	0	0	0	0	0	0	0	0	0	0	0	0	0
12 福島	0	0	0	0	0	0	0	0	0	0	0	0	0	0
13 秋田	0	0	0	0	0	0	0	0	0	0	0	0	0	0
14 山形	0	0	0	0	0	0	0	0	0	0	0	0	0	0
15 茨城	0	0	0	0	0	0	0	0	0	0	0	0	0	0
16 栃木	0	0	0	0	0	0	0	0	0	0	0	0	0	0
17 群馬	0	0	0	0	0	0	0	0	0	0	0	0	0	0
18 埼玉	0	0	0	0	0	0	0	0	0	0	0	0	0	0
19 千葉	0	0	0	0	0	0	0	0	0	0	0	0	0	0
20 東京	0	0	0	0	0	0	0	0	0	0	0	0	0	0
21 神奈川	0	0	0	0	0	0	0	0	0	0	0	0	0	0
22 新潟	0	0	0	0	0	0	0	0	0	0	0	0	0	0
23 富山	0	0	0	0	0	0	0	0	0	0	0	0	0	0
24 石川	0	0	0	0	0	0	0	0	0	0	0	0	0	0
25 福井	0	0	0	0	0	0	0	0	0	0	0	0	0	0
26 山梨	0	0	0	0	0	0	0	0	0	0	0	0	0	0
27 長野	0	0	0	0	0	0	0	0	0	0	0	0	0	0
28 静岡	0	0	0	0	0	0	0	0	0	0	0	0	0	0
29 岐阜	0	0	0	0	0	0	0	0	0	0	0	0	0	0
30 愛知	0	0	0	0	0	0	0	0	0	0	0	0	0	0
31 三重	0	0	0	0	0	0	0	0	0	0	0	0	0	0
32 滋賀	0	0	0	0	0	0	0	0	0	0	0	0	0	0
33 京都	0	0	0	0	0	0	0	0	0	0	0	0	0	0
34 奈良	0	0	0	0	0	0	0	0	0	0	0	0	0	0
35 和歌山	0	0	0	0	0	0	0	0	0	0	0	0	0	0
36 大阪	0	0	0	0	0	0	0	0	0	0	0	0	0	0
37 兵庫	0	0	0	0	0	0	0	0	0	0	0	0	0	0
38 鳥取	0	0	0	0	0	0	0	0	0	0	0	0	0	0
39 島根	0	0	0	0	0	0	0	0	0	0	0	0	0	0
40 岡山	0	0	0	0	0	0	0	0	0	0	0	0	0	0
41 広島	0	0	0	0	0	0	0	0	0	0	0	0	0	0
42 山口	0	0	0	0	0	0	0	0	0	0	0	0	0	0
43 香川	0	0	0	0	0	0	0	0	0	0	0	0	0	0
44 愛媛	0	0	0	0	0	0	0	0	0	0	0	0	0	0
45 徳島	0	0	0	0	0	0	0	0	0	0	0	0	0	0
46 高知	0	0	0	0	0	0	0	0	0	0	0	0	0	0
47 福岡	0	0	0	0	0	0	0	0	0	0	0	0	0	0
48 佐賀	0	0	0	0	0	0	0	0	0	0	0	0	0	0
49 長崎	0	0	0	0	0	0	0	0	0	0	0	0	0	0
50 熊本	0	0	0	0	0	0	0	0	0	0	0	0	0	0
51 大分	0	0	0	0	0	0	0	0	0	0	0	0	0	0
52 宮崎	0	0	0	0	0	0	0	0	0	0	0	0	0	0
53 鹿児島	0	0	0	0	0	0	0	0	0	0	0	0	0	0
54 沖縄	0	0	0	0	0	0	0	0	0	0	0	0	0	0
55 全国	0	0	0	0	0	0	0	0	0	0	0	0	0	0

平成28年度　　　　　　　　　　　　　　　　府県相互間輸送トン数表（鉄道）
品目　（7－0）雑工業品
その　2　　（単位：トン）

着／発	15 茨城	16 栃木	17 群馬	18 埼玉	19 千葉	20 東京	21 神奈川	22 新潟	23 富山	24 石川	25 福井	26 山梨	27 長野	28 静岡
1 札幌	0	0	0	0	0	0	0	0	0	0	0	0	0	0
2 旭川	0	0	0	0	0	0	0	0	0	0	0	0	0	0
3 函館	0	0	0	0	0	0	0	0	0	0	0	0	0	0
4 室蘭	0	0	0	0	0	0	0	0	0	0	0	0	0	0
5 釧路	0	0	0	0	0	0	0	0	0	0	0	0	0	0
6 帯広	0	0	0	0	0	0	0	0	0	0	0	0	0	0
7 北見	0	0	0	0	0	0	0	0	0	0	0	0	0	0
8 北海道	0	0	0	0	0	0	0	0	0	0	0	0	0	0
9 青森	0	0	0	0	0	0	0	0	0	0	0	0	0	0
10 岩手	0	0	0	0	0	0	0	0	0	0	0	0	0	0
11 宮城	0	0	0	0	0	0	0	0	0	0	0	0	0	0
12 福島	0	0	0	0	0	0	0	0	0	0	0	0	0	0
13 秋田	0	0	0	0	0	0	0	0	0	0	0	0	0	0
14 山形	0	0	0	0	0	0	0	0	0	0	0	0	0	0
15 茨城	0	0	0	0	0	0	0	0	0	0	0	0	0	0
16 栃木	0	0	0	0	0	0	0	0	0	0	0	0	0	0
17 群馬	0	0	0	0	0	0	0	0	0	0	0	0	0	0
18 埼玉	0	0	0	0	0	0	0	0	0	0	0	0	0	0
19 千葉	0	0	0	0	0	0	0	0	0	0	0	0	0	0
20 東京	0	0	0	0	0	0	0	0	0	0	0	0	0	0
21 神奈川	0	0	0	0	0	0	0	0	0	0	0	0	0	0
22 新潟	0	0	0	0	0	0	0	0	0	0	0	0	0	0
23 富山	0	0	0	0	0	0	0	0	0	0	0	0	0	0
24 石川	0	0	0	0	0	0	0	0	0	0	0	0	0	0
25 福井	0	0	0	0	0	0	0	0	0	0	0	0	0	0
26 山梨	0	0	0	0	0	0	0	0	0	0	0	0	0	0
27 長野	0	0	0	0	0	0	0	0	0	0	0	0	0	0
28 静岡	0	0	0	0	0	0	0	0	0	0	0	0	0	0
29 岐阜	0	0	0	0	0	0	0	0	0	0	0	0	0	0
30 愛知	0	0	0	0	0	0	0	0	0	0	0	0	0	0
31 三重	0	0	0	0	0	0	0	0	0	0	0	0	0	0
32 滋賀	0	0	0	0	0	0	0	0	0	0	0	0	0	0
33 京都	0	0	0	0	0	0	0	0	0	0	0	0	0	0
34 奈良	0	0	0	0	0	0	0	0	0	0	0	0	0	0
35 和歌山	0	0	0	0	0	0	0	0	0	0	0	0	0	0
36 大阪	0	0	0	0	0	0	0	0	0	0	0	0	0	0
37 兵庫	0	0	0	0	0	0	0	0	0	0	0	0	0	0
38 鳥取	0	0	0	0	0	0	0	0	0	0	0	0	0	0
39 島根	0	0	0	0	0	0	0	0	0	0	0	0	0	0
40 岡山	0	0	0	0	0	0	0	0	0	0	0	0	0	0
41 広島	0	0	0	0	0	0	0	0	0	0	0	0	0	0
42 山口	0	0	0	0	0	0	0	0	0	0	0	0	0	0
43 香川	0	0	0	0	0	0	0	0	0	0	0	0	0	0
44 愛媛	0	0	0	0	0	0	0	0	0	0	0	0	0	0
45 徳島	0	0	0	0	0	0	0	0	0	0	0	0	0	0
46 高知	0	0	0	0	0	0	0	0	0	0	0	0	0	0
47 福岡	0	0	0	0	0	0	0	0	0	0	0	0	0	0
48 佐賀	0	0	0	0	0	0	0	0	0	0	0	0	0	0
49 長崎	0	0	0	0	0	0	0	0	0	0	0	0	0	0
50 熊本	0	0	0	0	0	0	0	0	0	0	0	0	0	0
51 大分	0	0	0	0	0	0	0	0	0	0	0	0	0	0
52 宮崎	0	0	0	0	0	0	0	0	0	0	0	0	0	0
53 鹿児島	0	0	0	0	0	0	0	0	0	0	0	0	0	0
54 沖縄	0	0	0	0	0	0	0	0	0	0	0	0	0	0
55 全国	0	0	0	0	0	0	0	0	0	0	0	0	0	0

平成28年度　　　　　　　　　　　　　府県相互間輸送トン数表（鉄道）
品目（7－0）雑工業品
その　3　　　　　　　　　（単位：トン）

着／発	29 岐阜	30 愛知	31 三重	32 滋賀	33 京都	34 奈良	35 和歌山	36 大阪	37 兵庫	38 鳥取	39 島根	40 岡山	41 広島	42 山口
1 札幌	0	0	0	0	0	0	0	0	0	0	0	0	0	0
2 旭川	0	0	0	0	0	0	0	0	0	0	0	0	0	0
3 函館	0	0	0	0	0	0	0	0	0	0	0	0	0	0
4 室蘭	0	0	0	0	0	0	0	0	0	0	0	0	0	0
5 釧路	0	0	0	0	0	0	0	0	0	0	0	0	0	0
6 帯広	0	0	0	0	0	0	0	0	0	0	0	0	0	0
7 北見	0	0	0	0	0	0	0	0	0	0	0	0	0	0
8 北海道	0	0	0	0	0	0	0	0	0	0	0	0	0	0
9 青森	0	0	0	0	0	0	0	0	0	0	0	0	0	0
10 岩手	0	0	0	0	0	0	0	0	0	0	0	0	0	0
11 宮城	0	0	0	0	0	0	0	0	0	0	0	0	0	0
12 福島	0	0	0	0	0	0	0	0	0	0	0	0	0	0
13 秋田	0	0	0	0	0	0	0	0	0	0	0	0	0	0
14 山形	0	0	0	0	0	0	0	0	0	0	0	0	0	0
15 茨城	0	0	0	0	0	0	0	0	0	0	0	0	0	0
16 栃木	0	0	0	0	0	0	0	0	0	0	0	0	0	0
17 群馬	0	0	0	0	0	0	0	0	0	0	0	0	0	0
18 埼玉	0	0	0	0	0	0	0	0	0	0	0	0	0	0
19 千葉	0	0	0	0	0	0	0	0	0	0	0	0	0	0
20 東京	0	0	0	0	0	0	0	0	0	0	0	0	0	0
21 神奈川	0	0	0	0	0	0	0	0	0	0	0	0	0	0
22 新潟	0	0	0	0	0	0	0	0	0	0	0	0	0	0
23 富山	0	0	0	0	0	0	0	0	0	0	0	0	0	0
24 石川	0	0	0	0	0	0	0	0	0	0	0	0	0	0
25 福井	0	0	0	0	0	0	0	0	0	0	0	0	0	0
26 山梨	0	0	0	0	0	0	0	0	0	0	0	0	0	0
27 長野	0	0	0	0	0	0	0	0	0	0	0	0	0	0
28 静岡	0	0	0	0	0	0	0	0	0	0	0	0	0	0
29 岐阜	0	0	0	0	0	0	0	0	0	0	0	0	0	0
30 愛知	0	0	0	0	0	0	0	0	0	0	0	0	0	0
31 三重	0	0	0	0	0	0	0	0	0	0	0	0	0	0
32 滋賀	0	0	0	0	0	0	0	0	0	0	0	0	0	0
33 京都	0	0	0	0	0	0	0	0	0	0	0	0	0	0
34 奈良	0	0	0	0	0	0	0	0	0	0	0	0	0	0
35 和歌山	0	0	0	0	0	0	0	0	0	0	0	0	0	0
36 大阪	0	0	0	0	0	0	0	0	0	0	0	0	0	0
37 兵庫	0	0	0	0	0	0	0	0	0	0	0	0	0	0
38 鳥取	0	0	0	0	0	0	0	0	0	0	0	0	0	0
39 島根	0	0	0	0	0	0	0	0	0	0	0	0	0	0
40 岡山	0	0	0	0	0	0	0	0	0	0	0	0	0	0
41 広島	0	0	0	0	0	0	0	0	0	0	0	0	0	0
42 山口	0	0	0	0	0	0	0	0	0	0	0	0	0	0
43 香川	0	0	0	0	0	0	0	0	0	0	0	0	0	0
44 愛媛	0	0	0	0	0	0	0	0	0	0	0	0	0	0
45 徳島	0	0	0	0	0	0	0	0	0	0	0	0	0	0
46 高知	0	0	0	0	0	0	0	0	0	0	0	0	0	0
47 福岡	0	0	0	0	0	0	0	0	0	0	0	0	0	0
48 佐賀	0	0	0	0	0	0	0	0	0	0	0	0	0	0
49 長崎	0	0	0	0	0	0	0	0	0	0	0	0	0	0
50 熊本	0	0	0	0	0	0	0	0	0	0	0	0	0	0
51 大分	0	0	0	0	0	0	0	0	0	0	0	0	0	0
52 宮崎	0	0	0	0	0	0	0	0	0	0	0	0	0	0
53 鹿児島	0	0	0	0	0	0	0	0	0	0	0	0	0	0
54 沖縄	0	0	0	0	0	0	0	0	0	0	0	0	0	0
55 全国	0	0	0	0	0	0	0	0	0	0	0	0	0	0

平成28年度　　　　　　　　　　　　　府県相互間輸送トン数表（鉄道）
品目（7－0）雑工業品
その　4　　　　　　　　　（単位：トン）

着／発	43 香川	44 愛媛	45 徳島	46 高知	47 福岡	48 佐賀	49 長崎	50 熊本	51 大分	52 宮崎	53 鹿児島	54 沖縄	55 全国
1 札幌	0	0	0	0	0	0	0	0	0	0	0	0	0
2 旭川	0	0	0	0	0	0	0	0	0	0	0	0	0
3 函館	0	0	0	0	0	0	0	0	0	0	0	0	0
4 室蘭	0	0	0	0	0	0	0	0	0	0	0	0	0
5 釧路	0	0	0	0	0	0	0	0	0	0	0	0	0
6 帯広	0	0	0	0	0	0	0	0	0	0	0	0	0
7 北見	0	0	0	0	0	0	0	0	0	0	0	0	0
8 北海道	0	0	0	0	0	0	0	0	0	0	0	0	0
9 青森	0	0	0	0	0	0	0	0	0	0	0	0	0
10 岩手	0	0	0	0	0	0	0	0	0	0	0	0	0
11 宮城	0	0	0	0	0	0	0	0	0	0	0	0	0
12 福島	0	0	0	0	0	0	0	0	0	0	0	0	0
13 秋田	0	0	0	0	0	0	0	0	0	0	0	0	0
14 山形	0	0	0	0	0	0	0	0	0	0	0	0	0
15 茨城	0	0	0	0	0	0	0	0	0	0	0	0	0
16 栃木	0	0	0	0	0	0	0	0	0	0	0	0	0
17 群馬	0	0	0	0	0	0	0	0	0	0	0	0	0
18 埼玉	0	0	0	0	0	0	0	0	0	0	0	0	0
19 千葉	0	0	0	0	0	0	0	0	0	0	0	0	0
20 東京	0	0	0	0	0	0	0	0	0	0	0	0	0
21 神奈川	0	0	0	0	0	0	0	0	0	0	0	0	0
22 新潟	0	0	0	0	0	0	0	0	0	0	0	0	0
23 富山	0	0	0	0	0	0	0	0	0	0	0	0	0
24 石川	0	0	0	0	0	0	0	0	0	0	0	0	0
25 福井	0	0	0	0	0	0	0	0	0	0	0	0	0
26 山梨	0	0	0	0	0	0	0	0	0	0	0	0	0
27 長野	0	0	0	0	0	0	0	0	0	0	0	0	0
28 静岡	0	0	0	0	0	0	0	0	0	0	0	0	0
29 岐阜	0	0	0	0	0	0	0	0	0	0	0	0	0
30 愛知	0	0	0	0	0	0	0	0	0	0	0	0	0
31 三重	0	0	0	0	0	0	0	0	0	0	0	0	0
32 滋賀	0	0	0	0	0	0	0	0	0	0	0	0	0
33 京都	0	0	0	0	0	0	0	0	0	0	0	0	0
34 奈良	0	0	0	0	0	0	0	0	0	0	0	0	0
35 和歌山	0	0	0	0	0	0	0	0	0	0	0	0	0
36 大阪	0	0	0	0	0	0	0	0	0	0	0	0	0
37 兵庫	0	0	0	0	0	0	0	0	0	0	0	0	0
38 鳥取	0	0	0	0	0	0	0	0	0	0	0	0	0
39 島根	0	0	0	0	0	0	0	0	0	0	0	0	0
40 岡山	0	0	0	0	0	0	0	0	0	0	0	0	0
41 広島	0	0	0	0	0	0	0	0	0	0	0	0	0
42 山口	0	0	0	0	0	0	0	0	0	0	0	0	0
43 香川	0	0	0	0	0	0	0	0	0	0	0	0	0
44 愛媛	0	0	0	0	0	0	0	0	0	0	0	0	0
45 徳島	0	0	0	0	0	0	0	0	0	0	0	0	0
46 高知	0	0	0	0	0	0	0	0	0	0	0	0	0
47 福岡	0	0	0	0	0	0	0	0	0	0	0	0	0
48 佐賀	0	0	0	0	0	0	0	0	0	0	0	0	0
49 長崎	0	0	0	0	0	0	0	0	0	0	0	0	0
50 熊本	0	0	0	0	0	0	0	0	0	0	0	0	0
51 大分	0	0	0	0	0	0	0	0	0	0	0	0	0
52 宮崎	0	0	0	0	0	0	0	0	0	0	0	0	0
53 鹿児島	0	0	0	0	0	0	0	0	0	0	0	0	0
54 沖縄	0	0	0	0	0	0	0	0	0	0	0	0	0
55 全国	0	0	0	0	0	0	0	0	0	0	0	0	0

平成28年度　　　　　　　　　　　　　　　　　　　府県相互間輸送トン数表（鉄道）

品目　（8-0）　特種品　　　　　　（単位：トン）その　1

着\発	1 札幌	2 旭川	3 函館	4 室蘭	5 釧路	6 帯広	7 北見	8 北海道	9 青森	10 岩手	11 宮城	12 福島	13 秋田	14 山形
1 札幌	0	0	0	0	0	0	0	0	0	0	0	0	0	0
2 旭川	0	0	0	0	0	0	0	0	0	0	0	0	0	0
3 函館	0	0	0	0	0	0	0	0	0	0	0	0	0	0
4 室蘭	0	0	0	0	0	0	0	0	0	0	0	0	0	0
5 釧路	0	0	0	0	0	0	0	0	0	0	0	0	0	0
6 帯広	0	0	0	0	0	0	0	0	0	0	0	0	0	0
7 北見	0	0	0	0	0	0	0	0	0	0	0	0	0	0
8 北海道	0	0	0	0	0	0	0	0	0	0	0	0	0	0
9 青森	0	0	0	0	0	0	0	0	0	0	0	0	0	0
10 岩手	0	0	0	0	0	0	0	0	0	0	0	0	0	0
11 宮城	0	0	0	0	0	0	0	0	0	0	0	0	0	0
12 福島	0	0	0	0	0	0	0	0	0	0	0	0	0	0
13 秋田	0	0	0	0	0	0	0	0	0	0	0	0	0	0
14 山形	0	0	0	0	0	0	0	0	0	0	0	0	0	0
15 茨城	0	0	0	0	0	0	0	0	0	0	0	0	0	0
16 栃木	0	0	0	0	0	0	0	0	0	0	0	0	0	0
17 群馬	0	0	0	0	0	0	0	0	0	0	0	0	0	0
18 埼玉	0	0	0	0	0	0	0	0	0	0	0	0	0	0
19 千葉	0	0	0	0	0	0	0	0	0	0	0	0	0	0
20 東京	0	0	0	0	0	0	0	0	0	0	0	0	0	0
21 神奈川	0	0	0	0	0	0	0	0	0	0	0	0	0	0
22 新潟	0	0	0	0	0	0	0	0	0	0	0	0	0	0
23 富山	0	0	0	0	0	0	0	0	0	0	0	0	0	0
24 石川	0	0	0	0	0	0	0	0	0	0	0	0	0	0
25 福井	0	0	0	0	0	0	0	0	0	0	0	0	0	0
26 山梨	0	0	0	0	0	0	0	0	0	0	0	0	0	0
27 長野	0	0	0	0	0	0	0	0	0	0	0	0	0	0
28 静岡	0	0	0	0	0	0	0	0	0	0	0	0	0	0
29 岐阜	0	0	0	0	0	0	0	0	0	0	0	0	0	0
30 愛知	0	0	0	0	0	0	0	0	0	0	0	0	0	0
31 三重	0	0	0	0	0	0	0	0	0	0	0	0	0	0
32 滋賀	0	0	0	0	0	0	0	0	0	0	0	0	0	0
33 京都	0	0	0	0	0	0	0	0	0	0	0	0	0	0
34 奈良	0	0	0	0	0	0	0	0	0	0	0	0	0	0
35 和歌山	0	0	0	0	0	0	0	0	0	0	0	0	0	0
36 大阪	0	0	0	0	0	0	0	0	0	0	0	0	0	0
37 兵庫	0	0	0	0	0	0	0	0	0	0	0	0	0	0
38 鳥取	0	0	0	0	0	0	0	0	0	0	0	0	0	0
39 島根	0	0	0	0	0	0	0	0	0	0	0	0	0	0
40 岡山	0	0	0	0	0	0	0	0	0	0	0	0	0	0
41 広島	0	0	0	0	0	0	0	0	0	0	0	0	0	0
42 山口	0	0	0	0	0	0	0	0	0	0	0	0	0	0
43 香川	0	0	0	0	0	0	0	0	0	0	0	0	0	0
44 愛媛	0	0	0	0	0	0	0	0	0	0	0	0	0	0
45 徳島	0	0	0	0	0	0	0	0	0	0	0	0	0	0
46 高知	0	0	0	0	0	0	0	0	0	0	0	0	0	0
47 福岡	0	0	0	0	0	0	0	0	0	0	0	0	0	0
48 佐賀	0	0	0	0	0	0	0	0	0	0	0	0	0	0
49 長崎	0	0	0	0	0	0	0	0	0	0	0	0	0	0
50 熊本	0	0	0	0	0	0	0	0	0	0	0	0	0	0
51 大分	0	0	0	0	0	0	0	0	0	0	0	0	0	0
52 宮崎	0	0	0	0	0	0	0	0	0	0	0	0	0	0
53 鹿児島	0	0	0	0	0	0	0	0	0	0	0	0	0	0
54 沖縄	0	0	0	0	0	0	0	0	0	0	0	0	0	0
55 全国	0	0	0	0	0	0	0	0	0	0	0	0	0	0

平成28年度　　　　　　　　　　　　　　　　　　　府県相互間輸送トン数表（鉄道）

品目　（8-0）　特種品　　　　　　（単位：トン）その　2

着\発	15 茨城	16 栃木	17 群馬	18 埼玉	19 千葉	20 東京	21 神奈川	22 新潟	23 富山	24 石川	25 福井	26 山梨	27 長野	28 静岡
1 札幌	0	0	0	0	0	0	0	0	0	0	0	0	0	0
2 旭川	0	0	0	0	0	0	0	0	0	0	0	0	0	0
3 函館	0	0	0	0	0	0	0	0	0	0	0	0	0	0
4 室蘭	0	0	0	0	0	0	0	0	0	0	0	0	0	0
5 釧路	0	0	0	0	0	0	0	0	0	0	0	0	0	0
6 帯広	0	0	0	0	0	0	0	0	0	0	0	0	0	0
7 北見	0	0	0	0	0	0	0	0	0	0	0	0	0	0
8 北海道	0	0	0	0	0	0	0	0	0	0	0	0	0	0
9 青森	0	0	0	0	0	0	0	0	0	0	0	0	0	0
10 岩手	0	0	0	0	0	0	0	0	0	0	0	0	0	0
11 宮城	0	0	0	0	0	0	0	0	0	0	0	0	0	0
12 福島	0	0	0	0	0	0	0	0	0	0	0	0	0	0
13 秋田	0	0	0	0	0	0	0	0	0	0	0	0	0	0
14 山形	0	0	0	0	0	0	0	0	0	0	0	0	0	0
15 茨城	0	0	0	0	0	0	0	0	0	0	0	0	0	0
16 栃木	0	0	0	0	0	0	0	0	0	0	0	0	0	0
17 群馬	0	0	0	0	0	0	0	0	0	0	0	0	0	0
18 埼玉	0	0	0	0	0	0	0	0	0	0	0	0	0	0
19 千葉	0	0	0	0	0	0	0	0	0	0	0	0	0	0
20 東京	0	0	0	0	0	0	0	0	0	0	0	0	0	0
21 神奈川	0	0	0	0	0	0	0	0	0	0	0	0	0	0
22 新潟	0	0	0	0	0	0	0	0	0	0	0	0	0	0
23 富山	0	0	0	0	0	0	0	0	0	0	0	0	0	0
24 石川	0	0	0	0	0	0	0	0	0	0	0	0	0	0
25 福井	0	0	0	0	0	0	0	0	0	0	0	0	0	0
26 山梨	0	0	0	0	0	0	0	0	0	0	0	0	0	0
27 長野	0	0	0	0	0	0	0	0	0	0	0	0	0	0
28 静岡	0	0	0	0	0	0	0	0	0	0	0	0	0	0
29 岐阜	0	0	0	0	0	0	0	0	0	0	0	0	0	0
30 愛知	0	0	0	0	0	0	0	0	0	0	0	0	0	0
31 三重	0	0	0	0	0	0	0	0	0	0	0	0	0	0
32 滋賀	0	0	0	0	0	0	0	0	0	0	0	0	0	0
33 京都	0	0	0	0	0	0	0	0	0	0	0	0	0	0
34 奈良	0	0	0	0	0	0	0	0	0	0	0	0	0	0
35 和歌山	0	0	0	0	0	0	0	0	0	0	0	0	0	0
36 大阪	0	0	0	0	0	0	0	0	0	0	0	0	0	0
37 兵庫	0	0	0	0	0	0	0	0	0	0	0	0	0	0
38 鳥取	0	0	0	0	0	0	0	0	0	0	0	0	0	0
39 島根	0	0	0	0	0	0	0	0	0	0	0	0	0	0
40 岡山	0	0	0	0	0	0	0	0	0	0	0	0	0	0
41 広島	0	0	0	0	0	0	0	0	0	0	0	0	0	0
42 山口	0	0	0	0	0	0	0	0	0	0	0	0	0	0
43 香川	0	0	0	0	0	0	0	0	0	0	0	0	0	0
44 愛媛	0	0	0	0	0	0	0	0	0	0	0	0	0	0
45 徳島	0	0	0	0	0	0	0	0	0	0	0	0	0	0
46 高知	0	0	0	0	0	0	0	0	0	0	0	0	0	0
47 福岡	0	0	0	0	0	0	0	0	0	0	0	0	0	0
48 佐賀	0	0	0	0	0	0	0	0	0	0	0	0	0	0
49 長崎	0	0	0	0	0	0	0	0	0	0	0	0	0	0
50 熊本	0	0	0	0	0	0	0	0	0	0	0	0	0	0
51 大分	0	0	0	0	0	0	0	0	0	0	0	0	0	0
52 宮崎	0	0	0	0	0	0	0	0	0	0	0	0	0	0
53 鹿児島	0	0	0	0	0	0	0	0	0	0	0	0	0	0
54 沖縄	0	0	0	0	0	0	0	0	0	0	0	0	0	0
55 全国	0	0	0	0	0	0	0	0	0	0	0	0	0	0

平成28年度　　　　　　　　　　府県相互間輸送トン数表（鉄道）　　　　品目（8-0）特種品　　　（単位：トン）　その 3

着\発	29 岐阜	30 愛知	31 三重	32 滋賀	33 京都	34 奈良	35 和歌山	36 大阪	37 兵庫	38 鳥取	39 島根	40 岡山	41 広島	42 山口
1 札幌	0	0	0	0	0	0	0	0	0	0	0	0	0	0
2 旭川	0	0	0	0	0	0	0	0	0	0	0	0	0	0
3 函館	0	0	0	0	0	0	0	0	0	0	0	0	0	0
4 室蘭	0	0	0	0	0	0	0	0	0	0	0	0	0	0
5 釧路	0	0	0	0	0	0	0	0	0	0	0	0	0	0
6 帯広	0	0	0	0	0	0	0	0	0	0	0	0	0	0
7 北見	0	0	0	0	0	0	0	0	0	0	0	0	0	0
8 北海道	0	0	0	0	0	0	0	0	0	0	0	0	0	0
9 青森	0	0	0	0	0	0	0	0	0	0	0	0	0	0
10 岩手	0	0	0	0	0	0	0	0	0	0	0	0	0	0
11 宮城	0	0	0	0	0	0	0	0	0	0	0	0	0	0
12 福島	0	0	0	0	0	0	0	0	0	0	0	0	0	0
13 秋田	0	0	0	0	0	0	0	0	0	0	0	0	0	0
14 山形	0	0	0	0	0	0	0	0	0	0	0	0	0	0
15 茨城	0	0	0	0	0	0	0	0	0	0	0	0	0	0
16 栃木	0	0	0	0	0	0	0	0	0	0	0	0	0	0
17 群馬	0	0	0	0	0	0	0	0	0	0	0	0	0	0
18 埼玉	0	0	0	0	0	0	0	0	0	0	0	0	0	0
19 千葉	0	0	0	0	0	0	0	0	0	0	0	0	0	0
20 東京	0	0	0	0	0	0	0	0	0	0	0	0	0	0
21 神奈川	0	0	0	0	0	0	0	0	0	0	0	0	0	0
22 新潟	0	0	0	0	0	0	0	0	0	0	0	0	0	0
23 富山	0	0	0	0	0	0	0	0	0	0	0	0	0	0
24 石川	0	0	0	0	0	0	0	0	0	0	0	0	0	0
25 福井	0	0	0	0	0	0	0	0	0	0	0	0	0	0
26 山梨	0	0	0	0	0	0	0	0	0	0	0	0	0	0
27 長野	0	0	0	0	0	0	0	0	0	0	0	0	0	0
28 静岡	0	0	0	0	0	0	0	0	0	0	0	0	0	0
29 岐阜	0	0	0	0	0	0	0	0	0	0	0	0	0	0
30 愛知	0	0	141,440	0	0	0	0	0	0	0	0	0	0	0
31 三重	0	0	0	0	0	0	0	0	0	0	0	0	0	0
32 滋賀	0	0	0	0	0	0	0	0	0	0	0	0	0	0
33 京都	0	0	0	0	0	0	0	0	0	0	0	0	0	0
34 奈良	0	0	0	0	0	0	0	0	0	0	0	0	0	0
35 和歌山	0	0	0	0	0	0	0	0	0	0	0	0	0	0
36 大阪	0	0	0	0	0	0	0	0	0	0	0	0	0	0
37 兵庫	0	0	0	0	0	0	0	0	0	0	0	0	0	0
38 鳥取	0	0	0	0	0	0	0	0	0	0	0	0	0	0
39 島根	0	0	0	0	0	0	0	0	0	0	0	0	0	0
40 岡山	0	0	0	0	0	0	0	0	0	0	0	0	0	0
41 広島	0	0	0	0	0	0	0	0	0	0	0	0	0	0
42 山口	0	0	0	0	0	0	0	0	0	0	0	0	0	0
43 香川	0	0	0	0	0	0	0	0	0	0	0	0	0	0
44 愛媛	0	0	0	0	0	0	0	0	0	0	0	0	0	0
45 徳島	0	0	0	0	0	0	0	0	0	0	0	0	0	0
46 高知	0	0	0	0	0	0	0	0	0	0	0	0	0	0
47 福岡	0	0	0	0	0	0	0	0	0	0	0	0	0	0
48 佐賀	0	0	0	0	0	0	0	0	0	0	0	0	0	0
49 長崎	0	0	0	0	0	0	0	0	0	0	0	0	0	0
50 熊本	0	0	0	0	0	0	0	0	0	0	0	0	0	0
51 大分	0	0	0	0	0	0	0	0	0	0	0	0	0	0
52 宮崎	0	0	0	0	0	0	0	0	0	0	0	0	0	0
53 鹿児島	0	0	0	0	0	0	0	0	0	0	0	0	0	0
54 沖縄	0	0	0	0	0	0	0	0	0	0	0	0	0	0
55 全国	0	0	141,440	0	0	0	0	0	0	0	0	0	0	0

平成28年度　　　　　　　　　　府県相互間輸送トン数表（鉄道）　　　　品目（8-0）特種品　　　（単位：トン）　その 4

着\発	43 香川	44 愛媛	45 徳島	46 高知	47 福岡	48 佐賀	49 長崎	50 熊本	51 大分	52 宮崎	53 鹿児島	54 沖縄	55 全国
1 札幌	0	0	0	0	0	0	0	0	0	0	0	0	0
2 旭川	0	0	0	0	0	0	0	0	0	0	0	0	0
3 函館	0	0	0	0	0	0	0	0	0	0	0	0	0
4 室蘭	0	0	0	0	0	0	0	0	0	0	0	0	0
5 釧路	0	0	0	0	0	0	0	0	0	0	0	0	0
6 帯広	0	0	0	0	0	0	0	0	0	0	0	0	0
7 北見	0	0	0	0	0	0	0	0	0	0	0	0	0
8 北海道	0	0	0	0	0	0	0	0	0	0	0	0	0
9 青森	0	0	0	0	0	0	0	0	0	0	0	0	0
10 岩手	0	0	0	0	0	0	0	0	0	0	0	0	0
11 宮城	0	0	0	0	0	0	0	0	0	0	0	0	0
12 福島	0	0	0	0	0	0	0	0	0	0	0	0	0
13 秋田	0	0	0	0	0	0	0	0	0	0	0	0	0
14 山形	0	0	0	0	0	0	0	0	0	0	0	0	0
15 茨城	0	0	0	0	0	0	0	0	0	0	0	0	0
16 栃木	0	0	0	0	0	0	0	0	0	0	0	0	0
17 群馬	0	0	0	0	0	0	0	0	0	0	0	0	0
18 埼玉	0	0	0	0	0	0	0	0	0	0	0	0	0
19 千葉	0	0	0	0	0	0	0	0	0	0	0	0	0
20 東京	0	0	0	0	0	0	0	0	0	0	0	0	0
21 神奈川	0	0	0	0	0	0	0	0	0	0	0	0	0
22 新潟	0	0	0	0	0	0	0	0	0	0	0	0	0
23 富山	0	0	0	0	0	0	0	0	0	0	0	0	0
24 石川	0	0	0	0	0	0	0	0	0	0	0	0	0
25 福井	0	0	0	0	0	0	0	0	0	0	0	0	0
26 山梨	0	0	0	0	0	0	0	0	0	0	0	0	0
27 長野	0	0	0	0	0	0	0	0	0	0	0	0	0
28 静岡	0	0	0	0	0	0	0	0	0	0	0	0	0
29 岐阜	0	0	0	0	0	0	0	0	0	0	0	0	0
30 愛知	0	0	0	0	0	0	0	0	0	0	0	0	141,440
31 三重	0	0	0	0	0	0	0	0	0	0	0	0	0
32 滋賀	0	0	0	0	0	0	0	0	0	0	0	0	0
33 京都	0	0	0	0	0	0	0	0	0	0	0	0	0
34 奈良	0	0	0	0	0	0	0	0	0	0	0	0	0
35 和歌山	0	0	0	0	0	0	0	0	0	0	0	0	0
36 大阪	0	0	0	0	0	0	0	0	0	0	0	0	0
37 兵庫	0	0	0	0	0	0	0	0	0	0	0	0	0
38 鳥取	0	0	0	0	0	0	0	0	0	0	0	0	0
39 島根	0	0	0	0	0	0	0	0	0	0	0	0	0
40 岡山	0	0	0	0	0	0	0	0	0	0	0	0	0
41 広島	0	0	0	0	0	0	0	0	0	0	0	0	0
42 山口	0	0	0	0	0	0	0	0	0	0	0	0	0
43 香川	0	0	0	0	0	0	0	0	0	0	0	0	0
44 愛媛	0	0	0	0	0	0	0	0	0	0	0	0	0
45 徳島	0	0	0	0	0	0	0	0	0	0	0	0	0
46 高知	0	0	0	0	0	0	0	0	0	0	0	0	0
47 福岡	0	0	0	0	0	0	0	0	0	0	0	0	0
48 佐賀	0	0	0	0	0	0	0	0	0	0	0	0	0
49 長崎	0	0	0	0	0	0	0	0	0	0	0	0	0
50 熊本	0	0	0	0	0	0	0	0	0	0	0	0	0
51 大分	0	0	0	0	0	0	0	0	0	0	0	0	0
52 宮崎	0	0	0	0	0	0	0	0	0	0	0	0	0
53 鹿児島	0	0	0	0	0	0	0	0	0	0	0	0	0
54 沖縄	0	0	0	0	0	0	0	0	0	0	0	0	0
55 全国	0	0	0	0	0	0	0	0	0	0	0	0	141,440

平成28年度　　府県相互間輸送トン数表（鉄道）　　品目（9－0）その他　その 1　　（単位：トン）

着／発	1 札幌	2 旭川	3 函館	4 室蘭	5 釧路	6 帯広	7 北見	8 北海道	9 青森	10 岩手	11 宮城	12 福島	13 秋田	14 山形
1 札幌	755	23,598	76,855	11,151	13,703	44,269	15,557	185,888	17,530	9,449	24,284	24,287	18,656	5,644
2 旭川	9,058	533	4,258	457	960	950	2,425	18,641	2,942	1,629	5,885	8,451	1,433	3,089
3 函館	21,356	1,476	0	1,663	589	1,242	1,683	28,009	4,464	675	3,510	941	7,460	568
4 室蘭	903	314	4,759	277	13,830	6,635	315	27,033	11,915	6,798	11,340	5,402	6,095	2,664
5 釧路	15,067	3,675	686	4,268	0	2,211	883	26,790	3,750	2,255	1,950	685	1,945	290
6 帯広	3,500	459	3,460	2,192	3,005	0	100	12,716	3,184	3,005	8,035	5,975	2,315	4,690
7 北見	2,493	217	6,435	580	60	65	0	9,850	5,757	3,975	7,675	9,390	8,060	5,950
8 北海道	53,132	30,272	96,453	20,588	32,147	55,372	20,963	308,927	49,542	27,786	62,679	55,131	45,964	22,895
9 青森	22,192	3,886	4,014	1,884	845	862	604	34,287	1,501	1,686	40,510	10,353	703	1,940
10 岩手	11,005	777	970	2,935	310	709	506	17,212	630	390	31,269	772	20	74
11 宮城	60,693	2,195	6,010	5,149	586	3,776	1,559	79,968	80,237	6,457	6,698	10,112	29,816	1,024
12 福島	48,056	1,765	1,111	1,963	1,255	1,279	700	56,129	35,509	1,012	18,028	747	15,795	375
13 秋田	17,991	3,009	1,945	2,260	290	762	672	26,929	17,960	387	7,692	5,608	1,576	402
14 山形	18,683	874	1,691	1,123	280	547	660	23,858	13,389	397	344	576	53	5
15 茨城	34,445	2,045	3,113	3,720	935	2,050	745	47,053	10,805	2,640	5,590	754	12,245	2,815
16 栃木	84,140	2,210	4,503	3,461	2,215	2,887	1,085	100,501	7,468	8,905	6,667	345	7,248	610
17 群馬	21,895	703	647	3,344	115	576	695	27,975	520	705	2,505	18,835	275	177
18 埼玉	172,610	8,448	6,592	6,949	2,505	15,342	2,033	214,479	39,599	10,270	52,959	6,275	23,270	5,190
19 千葉	23,289	720	3,272	10,728	415	850	325	39,599	7,322	11,257	21,030	6,557	33,574	1,485
20 東京	431,721	4,008	21,588	10,497	4,507	6,693	1,799	480,813	34,682	40,123	141,216	7,437	38,248	6,163
21 神奈川	83,983	2,421	2,007	4,561	775	2,584	1,245	97,576	8,855	17,500	62,640	10,251	4,595	3,452
22 新潟	66,564	2,463	4,797	8,194	680	3,202	1,620	87,520	16,475	4,612	7,090	1,800	12,343	2,775
23 富山	29,545	1,455	690	6,516	1,380	1,753	2,315	43,654	4,895	6,995	12,745	4,542	1,335	1,853
24 石川	13,490	612	2,214	811	655	791	360	18,933	2,866	499	1,500	715	2,130	760
25 福井	5,390	185	977	750	60	247	150	7,759	926	925	1,270	990	440	255
26 山梨	2,570	687	186	44	20	80	285	3,872	325	275	12,450	60	10	20
27 長野	41,119	840	1,515	2,441	190	1,250	770	48,125	1,215	5,345	17,000	6,430	5,120	1,439
28 静岡	102,803	2,499	4,046	12,039	1,850	3,027	1,650	127,914	30,745	20,236	62,637	13,689	5,298	6,857
29 岐阜	37,656	1,231	3,218	2,431	625	1,129	1,095	47,385	3,690	17,790	21,240	3,385	1,580	2,760
30 愛知	78,453	7,324	3,851	22,602	1,205	3,147	2,940	119,522	11,025	157,041	56,696	16,223	13,579	5,080
31 三重	18,746	880	536	6,383	545	1,231	720	29,041	3,527	6,015	7,770	4,589	1,459	1,100
32 滋賀	0	0	0	0	0	0	0	0	0	0	0	0	0	0
33 京都	18,140	1,160	1,410	2,210	920	763	405	25,008	2,705	11,570	15,470	2,577	1,158	945
34 奈良	0	0	0	0	0	0	0	0	0	0	0	0	0	0
35 和歌山	19,982	345	380	1,486	500	855	270	23,818	3,000	1,390	16,712	939	465	120
36 大阪	142,060	3,566	7,623	7,781	3,189	3,559	1,240	169,018	12,501	11,635	73,400	23,646	14,873	7,462
37 兵庫	21,265	2,152	2,014	2,843	780	1,413	830	31,297	7,401	7,827	25,710	5,050	10,910	7,211
38 鳥取	4,430	175	20	155	15	105	50	4,950	350	295	4,415	1,660	135	190
39 島根	385	85	20	45	5	55	15	610	60	30	195	850	110	275
40 岡山	22,920	2,112	960	2,747	790	1,265	775	31,569	4,626	10,840	19,110	13,356	4,306	5,302
41 広島	20,456	923	907	2,457	270	696	930	26,639	2,730	2,560	17,849	7,216	8,120	2,260
42 山口	8,356	272	630	3,320	350	695	315	13,938	2,255	4,490	17,596	5,464	1,235	3,435
43 香川	12,949	460	263	1,187	1,125	783	465	17,232	2,625	529	6,125	1,725	920	2,945
44 愛媛	28,225	1,545	795	1,540	575	1,800	275	34,755	3,205	5,585	33,760	5,200	3,425	3,545
45 徳島	8,580	1,220	30	170	850	290	490	11,630	890	4,525	5,800	4,425	1,155	1,860
46 高知	2,345	595	100	1,855	1,710	250	65	6,920	2,785	930	1,040	1,615	60	1,475
47 福岡	27,837	1,892	1,575	2,605	535	1,989	955	37,388	5,323	6,318	32,393	10,585	8,934	3,002
48 佐賀	13,076	618	693	897	205	575	340	17,121	1,990	2,395	4,970	3,835	3,265	675
49 長崎	1,076	420	250	65	85	105	300	2,301	260	210	320	80	35	260
50 熊本	8,609	1,187	205	559	175	638	395	11,768	1,075	840	6,350	2,912	570	1,030
51 大分	2,024	125	120	798	15	94	20	3,196	2,390	565	1,955	2,479	125	135
52 宮崎	5,584	691	35	191	170	110	35	6,816	180	1,360	8,325	895	100	2,550
53 鹿児島	1,914	245	458	486	25	397	105	3,630	350	2,660	2,195	2,000	315	405
54 沖縄	0	0	0	0	0	0	0	0	0	0	0	0	0	0
55 全国	1,851,101	101,297	194,434	174,770	66,679	126,583	53,771	2,568,635	440,409	425,802	953,915	282,685	316,892	114,588

平成28年度　　府県相互間輸送トン数表（鉄道）　　品目（9－0）その他　その 2　　（単位：トン）

着／発	15 茨城	16 栃木	17 群馬	18 埼玉	19 千葉	20 東京	21 神奈川	22 新潟	23 富山	24 石川	25 福井	26 山梨	27 長野	28 静岡
1 札幌	16,625	20,852	9,205	89,490	12,372	157,946	30,212	23,136	6,459	6,393	1,808	1,990	10,573	24,963
2 旭川	7,365	9,280	3,715	40,189	9,282	37,000	16,752	10,079	4,150	1,880	1,200	1,140	6,710	10,233
3 函館	5,342	1,794	1,285	7,124	2,026	32,842	2,315	3,549	895	950	1,353	95	1,077	1,775
4 室蘭	3,643	14,903	1,880	20,581	7,128	20,013	4,543	5,818	3,640	1,740	5,067	580	8,915	11,935
5 釧路	2,400	1,090	955	4,755	702	5,376	2,845	1,950	1,565	310	360	290	770	1,095
6 帯広	7,930	15,386	3,960	34,426	4,050	17,787	6,600	5,198	2,410	2,090	1,180	1,610	7,950	11,455
7 北見	8,675	5,322	4,580	23,855	4,760	26,315	12,180	7,243	4,410	2,465	2,880	2,570	10,610	19,170
8 北海道	51,980	68,627	25,580	220,420	40,320	297,279	75,447	56,973	23,529	15,828	13,848	8,275	46,605	80,626
9 青森	9,948	2,847	975	105,616	2,912	46,175	6,850	6,546	9,600	5,920	1,910	470	1,969	5,914
10 岩手	495	1,361	139	4,862	2,975	23,256	1,517	1,623	2,176	755	180	385	368	5,271
11 宮城	1,268	7,176	2,055	198,106	4,398	195,524	12,119	10,520	895	3,795	3,126	500	1,805	13,784
12 福島	382	247	120	1,312	33,301	7,942	16,838	523	2,160	635	500	130	1,174	3,901
13 秋田	1,902	2,859	965	46,723	11,468	28,350	4,557	3,323	4,862	1,625	1,015	960	2,411	10,436
14 山形	1,545	201	90	2,655	1,845	3,791	780	304	420	215	40	100	105	1,525
15 茨城	342	196	165	306	43	1,998	7,141	3,857	2,660	780	7,500	150	15,099	1,980
16 栃木	46	271	80	3,689	39,307	1,312	77,223	1,726	830	2,605	615	40	575	6,018
17 群馬	62	15	0	229	32,710	345	103,713	9,740	502	285	4,730	50	45	1,224
18 埼玉	2,286	1,836	1,032	3,150	1,885	5,367	22,919	15,089	5,490	5,710	3,015	285	6,749	15,392
19 千葉	159	624	190	598	0	446	565	13,481	700	1,770	16,681	50	6,032	19,110
20 東京	2,110	2,652	773	5,714	14,229	4,679	19,957	59,917	8,373	4,646	2,581	935	8,533	10,570
21 神奈川	12,773	6,055	34,145	18,584	385	4,049	181,437	4,733	7,266	2,955	2,730	180	5,069	2,517
22 新潟	7,424	1,057	5,013	68,623	5,434	161,537	19,205	4,501	1,807	4,769	2,064	250	1,723	29,995
23 富山	8,910	5,435	8,085	28,933	1,148	36,789	27,761	7,590	254	1,342	987	265	13,450	9,718
24 石川	490	2,557	781	5,017	853	5,555	1,758	1,738	3,985	0	59	50	995	2,099
25 福井	4,215	375	1,866	4,735	4,689	3,523	3,852	773	968	37	0	60	380	1,470
26 山梨	0	7	5	75	33	155	29,556	2	0	75	20	0	34	10
27 長野	5,938	161	145	10,375	17,864	6,109	54,739	1,137	914	815	410	25	138	1,894
28 静岡	1,188	5,482	670	19,192	6,070	8,276	2,872	7,617	2,080	7,265	1,865	105	1,793	819
29 岐阜	3,574	2,510	1,530	16,283	2,361	8,705	6,773	5,803	684	475	65	200	780	2,199
30 愛知	8,465	12,866	11,350	113,503	15,847	46,487	32,100	60,043	23,959	6,680	517	585	4,763	7,060
31 三重	4,895	21,835	317	30,531	604	14,056	2,811	10,503	3,595	1,830	29	40	671	1,259
32 滋賀	0	0	0	0	0	0	0	0	0	0	0	0	0	0
33 京都	4,442	3,415	1,290	15,560	2,935	22,391	20,128	32,739	1,962	929	160	225	3,358	1,477
34 奈良	0	0	0	0	0	0	0	0	0	0	0	0	0	0
35 和歌山	1,740	1,375	330	32,630	1,055	954	14,036	4,277	114	292	265	5	245	1,320
36 大阪	12,102	22,346	6,969	91,735	14,952	430,038	33,460	33,489	13,430	16,532	1,746	1,250	3,802	16,235
37 兵庫	4,690	8,514	2,967	37,606	3,747	74,139	18,830	10,985	68,881	2,689	2,506	2,230	2,476	4,182
38 鳥取	1,965	2,345	7,600	82,680	65	104,050	515	35	201	2,705	60	1,620	145	695
39 島根	125	1,325	20	1,710	230	210	120	2,390	10	265	45	0	215	235
40 岡山	15,587	20,176	5,681	73,029	14,963	104,633	16,247	17,469	10,775	3,120	3,008	2,020	4,732	22,347
41 広島	10,526	23,405	6,545	97,148	8,779	176,047	21,502	11,090	2,289	4,635	3,275	1,030	1,925	69,397
42 山口	8,338	15,624	7,171	110,540	8,479	49,636	18,825	26,712	5,210	4,868	1,825	1,145	6,810	39,424
43 香川	2,694	590	851	13,919	1,399	30,104	7,280	1,644	3,070	235	105	325	141	1,461
44 愛媛	4,295	12,907	1,230	29,371	2,758	46,813	12,971	17,705	4,515	39,555	3,405	165	5,435	9,715
45 徳島	220	1,745	115	3,205	120	5,839	1,105	859	95	110	15	15	125	445
46 高知	1,505	6,495	230	2,695	2,000	5,789	1,085	1,030	80	110	25	10	140	385
47 福岡	14,991	33,546	8,259	109,774	8,011	308,659	55,549	19,197	13,921	3,803	3,962	1,230	4,196	56,472
48 佐賀	4,665	4,811	2,617	28,735	4,855	73,729	12,758	9,586	980	1,570	650	535	841	8,885
49 長崎	280	75	80	2,635	190	7,545	1,655	415	115	60	50	20	145	555
50 熊本	2,240	1,898	1,177	13,416	1,178	35,393	8,569	5,371	5,645	1,815	910	655	8,900	13,777
51 大分	4,100	2,240	255	7,135	1,410	5,933	2,257	4,610	430	1,495	510		1,575	4,110
52 宮崎	1,385	2,795	975	20,535	1,932	6,298	10,905	4,207	1,020	4,475	3,219	50	235	2,510
53 鹿児島	3,160	1,975	2,036	17,057	2,302	42,577	2,894	1,578	2,210	2,230	470	505	1,633	7,027
54 沖縄	0	0	0	0	0	0	0	0	0	0	0	0	0	0
55 全国	229,447	316,834	152,469	1,700,346	321,429	2,442,482	973,704	490,580	247,382	164,075	91,817	27,415	168,524	495,505

平成28年度　府県相互間輸送トン数表（鉄道）　品目（9-0）その他　その3　（単位：トン）

発＼着	29 岐阜	30 愛知	31 三重	32 滋賀	33 京都	34 奈良	35 和歌山	36 大阪	37 兵庫	38 鳥取	39 島根	40 岡山	41 広島	42 山口
1 札幌	10,297	42,452	5,130	0	17,599	0	1,611	79,501	18,854	1,840	390	14,275	15,060	2,116
2 旭川	5,725	17,099	3,555	0	6,840	0	2,400	34,560	9,188	835	250	4,775	7,165	1,716
3 函館	725	7,022	535	0	3,750	0	813	21,473	4,863	285	65	1,915	3,480	435
4 室蘭	3,285	37,593	3,601	0	5,510	0	803	15,244	4,069	440	175	2,270	3,227	2,366
5 釧路	810	3,125	370	0	945	0	210	8,180	3,275	320	15	2,470	2,135	310
6 帯広	5,165	20,440	4,310	0	10,750	0	3,427	25,440	11,155	2,180	740	6,340	12,825	4,390
7 北見	11,250	26,545	5,145	0	6,195	0	5,345	22,365	8,065	2,065	470	6,040	9,980	2,315
8 北海道	37,257	154,276	22,646	0	51,589	0	14,609	206,763	59,469	7,965	2,105	38,085	53,872	13,648
9 青森	5,620	20,569	4,797	0	9,750	0	2,916	62,190	17,652	1,510	1,705	7,426	13,267	2,473
10 岩手	15,910	144,785	1,649	0	13,200	0	1,945	18,314	21,386	110	275	15,432	4,395	550
11 宮城	31,067	70,688	1,804	0	14,965	0	392	91,185	13,001	700	255	9,668	10,969	6,533
12 福島	1,490	7,828	2,066	0	2,820	0	1,700	38,716	5,532	1,120	150	8,390	10,088	4,833
13 秋田	13,599	29,257	1,276	0	3,200	0	802	38,658	25,540	115	900	12,942	22,035	1,016
14 山形	825	5,957	761	0	1,545	0	655	20,984	11,025	55	345	5,247	14,225	3,380
15 茨城	6,355	17,334	30,189	0	40,857	0	2,575	20,977	2,356	1,095	235	5,961	6,490	10,232
16 栃木	2,414	13,230	12,520	0	3,055	0	247	43,233	10,120	1,260	440	9,066	34,984	8,065
17 群馬	615	14,359	1,002	0	1,999	0	130	9,853	3,502	530	50	5,840	9,488	2,941
18 埼玉	5,120	63,946	15,228	0	18,054	0	2,785	103,569	28,866	6,320	545	24,193	44,947	10,651
19 千葉	9,910	40,675	2,113	0	2,070	0	865	24,460	10,120	610	150	8,941	5,420	19,058
20 東京	6,179	56,156	6,192	0	22,293	0	1,610	459,595	32,028	7,930	535	73,758	155,366	21,506
21 神奈川	3,601	38,021	2,935	0	8,613	0	2,941	36,678	22,952	2,700	100	8,766	28,785	9,258
22 新潟	12,152	71,125	5,799	0	32,110	0	2,732	157,069	29,935	675	2,905	56,099	27,818	12,648
23 富山	2,683	24,117	1,793	0	1,135	0	1,052	27,942	11,262	195	125	4,775	7,500	6,947
24 石川	1,112	2,432	1,029	0	530	0	422	4,298	1,104	140	580	486	2,079	3,225
25 福井	91	610	190	0	135	0	30	1,976	2,290	90	85	1,256	1,380	1,411
26 山梨	90	45	5	0	140	0	2	794	72	20	20	150	710	305
27 長野	240	3,501	65,559	0	6,340	0	170	14,108	3,427	215	210	6,030	7,900	3,895
28 静岡	1,575	5,904	1,190	0	4,650	0	2,054	31,093	6,282	1,495	3,255	21,628	76,938	21,841
29 岐阜	144	1,250	238	0	190	0	225	2,625	2,055	330	270	6,322	18,040	11,029
30 愛知	79,449	10,431	3,871	0	3,416	0	182	7,865	2,920	13,140	14,090	19,667	36,518	19,874
31 三重	906	3,479	0	0	50	0	7	432	1,540	910	55	21,911	4,888	30,369
32 滋賀	0	0	0	0	0	0	0	0	0	0	0	0	0	0
33 京都	319	8,351	230	0	52	0	17	399	921	638	195	1,269	5,526	13,480
34 奈良	0	0	0	0	0	0	0	0	0	0	0	0	0	0
35 和歌山	40	3,307	217	0	17	0	0	141	20	20	10	397	546	925
36 大阪	1,498	9,853	731	0	357	0	1,035	5,544	3,031	3,370	490	6,175	24,836	6,207
37 兵庫	1,751	7,220	1,508	0	365	0	106	2,798	9,101	468	505	2,616	12,567	2,772
38 鳥取	970	11,135	12	0	3,172	0	5	16,390	207	0	5	222	393	4,440
39 島根	20	1,540	12	0	10	0	15	50	20	38	0	17	80	15
40 岡山	6,211	28,045	10,385	0	1,827	0	357	9,543	2,756	257	125	2,714	3,482	11,286
41 広島	13,156	41,798	2,157	0	1,800	0	402	10,600	4,035	228	150	2,363	5,333	7,155
42 山口	10,679	29,060	11,118	0	6,284	0	280	11,008	6,342	1,495	70	4,992	3,233	12,967
43 香川	1,268	1,987	1,274	0	524	0	90	1,402	596	10	5	324	423	2,886
44 愛媛	830	8,988	197	0	464	0	715	2,632	753	20	5	25	165	7,950
45 徳島	55	1,145	50	0	19	0	40	60	33	75	0	35	1,765	162
46 高知	755	255	100	0	55	0	45	557	204	10	10	40	205	142
47 福岡	51,762	104,662	7,387	0	12,467	0	1,655	110,593	36,292	1,212	205	10,375	20,615	5,647
48 佐賀	5,925	20,052	7,371	0	9,545	0	898	38,445	14,629	350	50	4,314	8,061	1,529
49 長崎	665	585	50	0	950	0	145	2,007	715	60	35	185	349	63
50 熊本	24,250	31,332	1,821	0	2,100	0	545	14,605	4,830	500	200	2,497	3,817	857
51 大分	875	11,290	590	0	1,260	0	347	8,214	4,560	15	30	1,037	1,736	227
52 宮崎	1,920	12,146	11,081	0	10,175	0	162	8,378	2,660	245	20	9,010	1,910	500
53 鹿児島	8,720	14,781	560	0	6,355	0	175	27,077	4,271	255	25	5,145	3,992	633
54 沖縄	0	0	0	0	0	0	0	0	0	0	0	0	0	0
55 全国	370,073	1,147,507	241,703	0	300,504	0	48,082	1,693,679	420,533	58,496	31,520	425,791	697,136	305,531

平成28年度　府県相互間輸送トン数表（鉄道）　品目（9-0）その他　その4　（単位：トン）

発＼着	43 香川	44 愛媛	45 徳島	46 高知	47 福岡	48 佐賀	49 長崎	50 熊本	51 大分	52 宮崎	53 鹿児島	54 沖縄	55 全国
1 札幌	4,398	5,337	2,350	1,744	32,659	14,109	1,585	7,036	2,620	3,299	4,422	0	986,446
2 旭川	3,275	2,420	1,870	825	12,729	9,052	2,635	5,890	1,475	2,233	5,417	0	342,974
3 函館	215	645	1,560	125	6,132	2,910	575	477	235	340	1,055	0	167,679
4 室蘭	4,970	1,240	1,230	440	4,387	1,025	215	1,215	180	465	625	0	276,208
5 釧路	1,900	320	1,300	190	4,774	1,955	50	490	265	715	1,090	0	97,342
6 帯広	3,380	2,565	2,170	715	22,086	7,330	1,660	4,805	1,195	1,110	2,250	0	318,380
7 北見	5,895	6,020	2,840	2,945	22,370	13,940	2,055	8,375	2,025	2,850	7,325	0	368,112
8 北海道	24,033	18,547	13,320	6,984	105,137	50,321	8,775	28,288	7,995	11,012	22,184	0	2,557,141
9 青森	2,970	2,828	1,020	2,590	27,809	8,392	690	4,359	2,961	2,390	2,706	0	507,222
10 岩手	580	455	2,920	155	10,788	7,056	115	12,021	220	590	1,165	0	369,746
11 宮城	4,557	3,801	795	194	37,224	5,313	655	6,965	810	1,821	2,290	0	985,035
12 福島	1,310	3,431	700	1,060	24,320	10,100	160	6,464	2,035	1,483	1,566	0	334,122
13 秋田	1,730	885	2,120	300	16,003	7,930	280	685	345	1,365	1,295	0	364,288
14 山形	2,035	635	760	60	18,198	7,935	830	785	545	1,260	1,853	0	152,138
15 茨城	1,890	1,928	570	60	18,339	18,538	115	2,185	4,100	1,050	960	0	318,510
16 栃木	4,945	3,585	1,585	687	87,241	12,920	480	3,720	4,825	2,365	5,450	0	532,518
17 群馬	1,315	530	235	255	33,657	4,055	50	990	335	475	1,210	0	298,058
18 埼玉	9,378	5,726	2,350	1,878	163,181	29,308	1,750	9,267	3,650	6,041	6,314	0	1,005,311
19 千葉	1,430	2,553	555	340	25,499	13,964	315	1,450	560	1,620	1,260	0	355,168
20 東京	12,669	5,718	1,785	1,607	461,824	16,356	1,140	26,740	4,420	3,297	9,645	0	2,282,700
21 神奈川	14,754	2,430	585	395	103,634	17,890	615	7,296	5,025	2,075	7,805	0	815,601
22 新潟	10,440	8,320	3,880	1,025	103,108	40,915	5,565	6,095	3,260	2,187	9,515	0	1,051,394
23 富山	6,547	1,837	5,250	169	43,402	12,565	730	6,988	2,806	2,123	5,645	0	404,274
24 石川	628	727	430	207	21,682	5,752	785	2,045	520	2,030	2,250	0	107,833
25 福井	550	421	75	160	9,750	3,300	185	910	485	2,020	415	0	67,392
26 山梨	175	75	40	75	1,770	340	20	300	0	25	110	0	52,267
27 長野	2,655	1,640	240	1,910	47,240	15,965	285	5,070	2,440	1,305	4,665	0	380,348
28 静岡	10,688	5,474	1,565	1,605	210,982	47,205	2,040	12,375	6,952	6,821	7,170	0	823,452
29 岐阜	1,760	1,975	595	877	110,459	12,685	789	23,055	3,910	1,910	4,500	0	355,005
30 愛知	2,477	21,962	640	910	156,571	37,642	1,325	28,250	4,862	5,227	4,005	0	1,198,685
31 三重	1,185	1,045	200	90	15,470	33,285	240	3,960	1,815	4,190	810	0	273,314
32 滋賀	0	0	0	0	0	0	0	0	0	0	0	0	0
33 京都	1,677	1,560	151	205	47,627	5,716	425	1,395	975	3,002	6,780	0	271,354
34 奈良	0	0	0	0	0	0	0	0	0	0	0	0	0
35 和歌山	407	610	87	95	1,578	2,440	20	1,435	50	110	95	0	117,629
36 大阪	4,141	16,843	1,413	592	213,597	117,365	915	14,231	2,267	5,417	11,875	0	1,462,404
37 兵庫	3,539	3,123	816	1,342	77,164	38,665	1,655	10,883	2,538	3,898	5,445	0	530,693
38 鳥取	587	276	870	140	12,294	10,690	460	870	690	625	790	0	281,919
39 島根	32	152	10	10	64	120	10	60	125	50	245	0	11,725
40 岡山	1,333	1,060	432	280	27,188	9,294	1,350	6,699	1,685	9,599	3,765	0	542,569
41 広島	515	512	815	108	16,986	8,254	320	875	1,045	1,320	10,375	0	635,269
42 山口	2,176	2,531	520	495	6,198	3,139	65	1,357	98	2,070	1,095	0	470,292
43 香川	0	390	52	120	10,286	2,744	115	240	230	565	95	0	125,014
44 愛媛	1,080	0	0	2	2,181	440	255	435	155	992	415	0	309,014
45 徳島	0	0	0	0	6,715	3,980	50	70	10	30	535	0	61,097
46 高知	0	7	0	0	170	55	0	225	85	225	35	0	39,584
47 福岡	9,158	19,772	836	416	42,693	3,044	576	19,212	2,402	8,578	13,835	0	1,228,907
48 佐賀	2,017	1,280	425	408	6,378	2,866	684	3,253	345	886	3,989	0	323,168
49 長崎	120	85	45	50	264	98	50	50	0	46	77	0	23,930
50 熊本	1,045	1,160	305	645	5,938	197	71	779	230	125	331	0	223,669
51 大分	110	255	55	55	658	75	75	82	0	1,523	1,010	0	83,289
52 宮崎	200	70	70	70	5,299	468	45	102	196	190	153	0	145,210
53 鹿児島	3,152	1,458	1,070	215	6,329	502	20	2,025	932	300	307	0	187,508
54 沖縄	0	0	0	0	0	0	0	0	0	0	0	0	0
55 全国	151,990	147,672	50,187	28,826	2,342,895	629,866	35,045	264,541	78,934	104,288	166,035	0	22,665,769

（3） 海 運

調査対象貨物の範囲

　港湾統計（港湾調査規則）で対象としている港湾の海上移入貨物を対象とするが、仕出港が海上である貨物、フェリー（自動車航送船）により輸送された自動車及びその積荷は含まない。

調 査 の 方 法

　「平成28年港湾統計（年報）」（国土交通省総合政策局）の「移入貨物品種別仕出港別表」を基準としたが、これは甲種港着貨物のみであるので、次の方法により求めたものでこれを補完した。

　　　a　甲種港発甲種港以外の港着貨物

　　　　同年報の「移出貨物品種別仕向港別表」（甲種港発の表）のうち、甲種港着貨物を除いたものとした。

　　　b　甲種港以外の港発乙種港着貨物

　　　　同年報の「乙種港品種別都道府県別表」の移入貨物から「移出貨物品種別仕向港別表」（甲種港発の表）の乙種港着貨物を除いたものとし、これらはすべて当該府県内で発着したものとみなして処理した。

　以上の結果により、港湾調査対象港（甲種及び乙種港）以外の港湾着の貨物については、甲種港発貨物以外は含まない。

　なお、「港湾統計（年報）」（国土交通省総合政策局）は、年度ではなく、暦年の値となっている。

　また、本調査はフレート・トン表示（容積 1.133 立方メートル（40 立方フィート）、または、重量1,000kg のいずれか大きい方をもって1トンとする）となっているため、「内航船舶輸送統計」の輸送量とは合致していない。また、一部データに移出貨物品種別仕向港別表を使用していることから、移入貨物品種別仕出港別表の値とも合致していない。

平成28年度　府県相互間輸送トン数表（海運）　品目（0－0）総貨物　（単位：トン）

その1

発＼着	1 札幌	2 旭川	3 函館	4 室蘭	5 釧路	6 帯広	7 北見	8 北海道	9 青森	10 岩手	11 宮城	12 福島	13 秋田	14 山形
1 札幌	28,632	42,273	85,648	52,960				209,513	0		4,996	0		0
2 旭川	557,301	232,187	2,500	2,990	17,850		5,010	817,838		160,373	8,120		25,825	
3 函館	514,599	0	155,237	428,459	10,500	36,869	0	1,145,664	55,997		104,181	50,170	33,259	
4 室蘭	323,517	792,176	605,319	458,385	2,744,299	21,156	10,202	4,955,054	725,390	626,764	1,166,705	355,664	540,481	281,874
5 釧路	290	0	33,416	188,097	16,158	5,628	0	243,589	127,004		331,479	47,250	2,850	
6 帯広	368		30,866	6,600	18,726			56,560		6,490	62,725	1,678	12,509	
7 北見				2,400				2,400		1,447		3,878		
8 北海道	1,424,707	1,066,636	915,386	1,137,491	2,807,533	63,653	15,212	7,430,618	908,391	795,074	1,678,206	454,762	618,802	281,874
9 青森	429,179	27,814	279,144	2,351,022	138,906	29,145	18,411	3,273,621	197,805	273,144	597,686	468,615	423,986	55,262
10 岩手	1,500		1,600	66,908	5,643			75,651	32,990	206,141	145,162	106,560		
11 宮城	168,091	18,240	47,902	1,780,548	76,988	0	0	2,091,769	196,948	118,806	189,030	148,616	161,129	19,266
12 福島	0	166,155	0	18,199	20,217	0	0	204,571	111,029	157,744	57,307	3,177,744	46,331	
13 秋田	0	0	97,904	103,448	20,957	0	0	222,309	46,033		9,029	2,409	1,302	1,500
14 山形	0	0	40,128	39,302				79,430	30,625	9,292	1,293	14,662		37,456
15 茨城	220,607	37,142	103,504	3,232,062	2,223,058	52,583	0	5,868,956	679,655	250,889	1,058,201	386,813	184,775	40,793
16 栃木	0	0	0	0	0	0	0	0	0	0	0	0	0	0
17 群馬	0	0	0	0	0	0	0	0	0	0	0	0	0	0
18 埼玉	0	0	0	0	0	0	0	0	0	0	0	0	0	0
19 千葉	364,297	3,830	646,731	1,523,516	690,038	8,564	5,020	3,241,996	1,266,010	733,472	1,509,286	645,770	332,970	17,447
20 東京	0	0	22,818	2,562,176	352,244	0	0	2,937,238	15,798	4,650	754,606	28,239	0	0
21 神奈川	400,026	6,207	219,216	1,639,266	357,475	69,493	0	2,691,683	838,665	68,016	1,618,557	439,694	303,686	10,416
22 新潟	0	0	11,227	70,738	3,200	0	0	85,165	33,790		11,784	11,762	337,553	90,747
23 富山	0	0	60	19,073				19,133	1,948	1,550		1,500		
24 石川	0	0	0	14,380	1,203	0	0	15,583	4,584			12,164		
25 福井	0	0	1,500	893,865	0	0	0	895,365	1,428			3,140		
26 山梨	0	0	0	0	0	0	0	0	0	0	0	0	0	0
27 長野	0	0	0	0	0	0	0	0	0	0	0	0	0	0
28 静岡	800	0	1,963	85,893	63,037	7,674	2,038	161,405	40,945	23,375	89,684	450	5,787	2,600
29 岐阜	0	0	0	0	0	0	0	0	0	0	0	0	0	0
30 愛知	16,718	1,262	38,386	2,794,301	108,815	24,772	0	2,984,254	412,907	65,312	3,686,831	28,303	18,010	0
31 三重	35,389	457	47,508	115,672	51,633	853	0	251,512	120,788	17,820	224,167	23,177	45,720	0
32 滋賀	0	0	0	0	0	0	0	0	0	0	0	0	0	0
33 京都	0	0	5,523	5,262	2,053	0	0	12,838	10,024					
34 奈良	0	0	0	0	0	0	0	0	0	0	0	0	0	0
35 和歌山	5,840	0	2,900	20,705	6,900	0	0	36,345	2,259	18,870	75,537	29,639	0	0
36 大阪	31,145	0	2,200	694,770	1,760	0	0	729,875	58,985	12,632	133,743	36,568	6,500	2,325
37 兵庫	9,664	2,871	10,998	60,772	17,011	2,117	0	103,433	21,297	13,658	108,031	12,884	5,800	0
38 鳥取	0	0	0	0	3,500	0	0	3,500	5,049					5,682
39 島根	0	0	0	1,145		0	0	1,145		7,500	799			
40 岡山	1,300	5,223	55	79,695	152,547	6,188	0	245,008	31,628	4,512	116,377	45,803	62,687	2,509
41 広島	2,500	0	2,115	283,302	79,824	10,500	0	378,241	57,652	589	196,391	10,368	69,350	62,700
42 山口	28,958	906	0	152,799	31,689	22,159	0	236,511	79,241	1,546	196,624	121,175	72,410	8,431
43 香川	63	2,371	603	28,469	5,637	0	0	37,143	22,764	350	15,984	87,301	3,077	0
44 愛媛	25,330	0	0	72,694	1,103	0	0	99,127	52,926	0	16,060	1,351	10,340	1,501
45 徳島	0	0	1,726	21,951	0	0	0	23,677	250	310	3,767	1,840	0	0
46 高知	0	0	0	0	0	0	12,150	12,150	3,200	0	3,000	24,730	0	1,500
47 福岡	6,760	0	664	107,884	18,186	0	0	133,494	63,915	26,172	236,874	183,736	187,494	587
48 佐賀	0	0	0	1,500	0	0	0	1,500	3,776	0	0	454	0	0
49 長崎	7,138	6,170	1,104	10,916	7,309	0	0	32,637	61,032	0	23,241	3,102	2,582	0
50 熊本	0	0	0	0	0	0	0	1,846	0	1,386	0	3,219	0	0
51 大分	4,630	0	619	136,426	23,986	0	9,080	174,741	5,425	0	5,313		60,450	5,393
52 宮崎	0	0	0	0	0	0	0	1,002	0	0	0	1,200	0	0
53 鹿児島	0	0	1,923	123,408	2,869	0	0	128,230	1,654	0	679,536	81,997	25,000	0
54 沖縄	0	0	0	10,065	0	0	0	10,065	0	4,515	660	0	0	0
55 全国	3,184,642	1,178,223	2,672,468	20,259,653	7,275,321	297,701	61,911	34,929,919	5,419,215	2,831,403	13,436,151	6,563,699	3,019,380	647,989

その2

発＼着	15 茨城	16 栃木	17 群馬	18 埼玉	19 千葉	20 東京	21 神奈川	22 新潟	23 富山	24 石川	25 福井	26 山梨	27 長野	28 静岡
1 札幌	1,319	0	0	0	4,500			2,545	1,227			0	0	
2 旭川	1,500	0	0	0	3,511	300	7,500				6,377	0	0	
3 函館	10,348	0	0	0	1,068,313	234,432	423,752	8,102		1,654	9,454	0	0	5,825
4 室蘭	2,561,546	0	0	0	1,378,677	1,649,301	879,131	868,946	177,619	103,424	1,170,771	0	0	64,024
5 釧路	727,591	0	0	0	14,000	280,617	7,500	6,950			1,506	0	0	3,504
6 帯広	6,000	0	0	0	71,114	4,395	60,467	1,500	845	934	3,412	0	0	2,734
7 北見	6,000	0	0	0	22,689	2,230	36,020					0	0	3,505
8 北海道	3,314,304	0	0	0	2,562,801	2,171,275	1,414,370	888,043	179,691	106,012	1,191,520	0	0	79,592
9 青森	1,284,846	0	0	0	338,569	517,611	568,080	77,323		54,762	5,462	0	0	24,472
10 岩手	47,226	0	0	0	123,602	609,963	216,597			3,200		0	0	
11 宮城	205,940	0	0	0	101,598	281,670	1,707,199	93,031	132,636	4,912	72,184	0	0	12,039
12 福島	162,042	0	0	0	258,111	25,879	113,633	10,102	10,000		57,003	0	0	
13 秋田	0	0	0	0	0	0	400	48,893	280,676	9,554	7,750	0	0	60,243
14 山形	270	0	0	0	0	0	4,391	173,258	4,293	5,093	9,373	0	0	
15 茨城	106,567	0	0	0	1,555,233	538,876	601,860	120,513	32,028	7,274	13,316	0	0	487,352
16 栃木	0	0	0	0	0	0	0	0	0	0	0	0	0	0
17 群馬	0	0	0	0	0	0	0	0	0	0	0	0	0	0
18 埼玉	0	0	0	0	0	0	0	0	0	0	0	0	0	0
19 千葉	1,797,881	0	0	0	3,738,099	6,415,112	7,786,810	344,286	26,157	60,898	14,514	0	0	1,959,803
20 東京	46,012	0	0	0	395,118	1,155,477	121,286	60,962				0	0	95,768
21 神奈川	679,625	0	0	0	5,537,449	902,505	3,782,456	190,564	13,771	28,645	23,750	0	0	1,529,546
22 新潟	4,165	0	0	0	5,707	2,350	68,491	754,125	52,990	329,017	283,805	0	0	
23 富山	0	0	0	0		8,760	2,784	52,990		3,615		0	0	
24 石川	0	0	0	0			1,214	142,009		126,215	4,145	0	0	73
25 福井	0	0	0	0				41,122		1,665	151,770	0	0	
26 山梨	0	0	0	0	0	0	0	0	0	0	0	0	0	0
27 長野	0	0	0	0	0	0	0	0	0	0	0	0	0	0
28 静岡	35,917	0	0	0	46,662	168,364	210,928					0	0	320,607
29 岐阜	0	0	0	0	0	0	0	0	0	0	0	0	0	0
30 愛知	132,701	0	0	0	3,045,411	212,029	3,555,435	31,821	15,172	5,000		0	0	411,475
31 三重	111,282	0	0	0	2,465,157	318,488	1,724,186	105,931	6,344	65,746	32,003	0	0	1,009,014
32 滋賀	0	0	0	0	0	0	0	0	0	0	0	0	0	0
33 京都	4,545	0	0	0				22,877			3,023	0	0	
34 奈良	0	0	0	0	0	0	0	0	0	0	0	0	0	0
35 和歌山	164,962	0	0	0	557,910	99,789	357,609	8,010	143,351	16,203	5,700	0	0	281,998
36 大阪	43,786	0	0	0	1,597,234	401,697	609,554	120,619	47,673	278,381	11,111	0	0	126,950
37 兵庫	108,634	0	0	0	2,030,852	609,351	687,135	35,540	14,493	48,445	15,388	0	0	234,862
38 鳥取	0	0	0	0			1,850	11,267			20,164	0	0	4,349
39 島根	1,000	0	0	0	12,275		9,711			6,991		0	0	
40 岡山	86,504	0	0	0	925,666	351,567	972,812	551,366	466,353	427,881	294,309	0	0	114,906
41 広島	49,517	0	0	0	1,555,962	34,884	219,894	247,453	73,390	8,710	115,228	0	0	141,062
42 山口	518,159	0	0	0	2,447,709	936,655	1,416,545	790,331	225,638	501,271	476,025	0	0	340,760
43 香川	12,421	0	0	0	488,882	56,907	6,203	29,841	5,317	1,519	2,600	0	0	11,104
44 愛媛	60,835	0	0	0	937,164	305,959	336,025	153,249	14,665	131,332	19,460	0	0	69,139
45 徳島	5,289	0	0	0	133,501	32,094	67,338					0	0	6,178
46 高知	187,715	0	0	0	4,140,937	746,192	2,086,431					0	0	105,756
47 福岡	845,352	0	0	0	1,811,815	2,540,728	3,878,464	220,303	68,080	152,204	283,979	0	0	765,750
48 佐賀	0	0	0	0	10,350	400						0	0	2,142
49 長崎	15,297	0	0	0	5,661	47,057	711,252	2,819	9,620	1,568		0	0	
50 熊本	0	0	0	0	3,316	100	24,180	15,372				0	0	
51 大分	261,802	0	0	0	951,261	489,512	623,463	366,985	198,670	106,550	222,578	0	0	239,209
52 宮崎	192	0	0	0	17,717	191,970	5,994			1,685		0	0	
53 鹿児島	42,580	0	0	0	16,407	121,801	10,285,441			201,240		0	0	1,373
54 沖縄	0	0	0	0	34,480	347,079	14,916					0	0	0
55 全国	10,337,368	0	0	0	37,852,877	20,642,501	44,243,430	5,942,788	1,949,018	2,486,222	3,275,112	0	0	8,492,525

平成28年度

府県相互間輸送トン数表（海運）

品目　（0－0）総貨物

（単位：トン）
その　3

着＼発	29 岐阜	30 愛知	31 三重	32 滋賀	33 京都	34 奈良	35 和歌山	36 大阪	37 兵庫	38 鳥取	39 島根	40 岡山	41 広島	42 山口
1 札幌	0	0	0	0	0	0	0	0	0	0	0	80	0	0
2 旭川	0	1,050	1,800	0	7,936	0	0	0	9,000	1,345	1,524	0	0	0
3 函館	0	61,528	0	0	2,600	0	0	5,959	520	4,213	0	0	0	0
4 室蘭	0	1,651,496	24,949	0	11,741	0	146,239	354,979	159,063	29,727	0	17,589	38,904	182,086
5 釧路	0	95,113	200	0	2,551	0	0	173,339	269,901	15,800	0	0	500	0
6 帯広	0	29,967	5,515	0	6,965	0	0	7,459	38,930	65,023	1,095	2,504	3,486	0
7 北見	0	13,044	6,012	0	2,420	0	0	8,250	20,420	1,467	0	400	0	0
8 北海道	0	1,852,198	38,476	0	34,213	0	146,239	549,986	497,834	117,575	2,619	20,573	42,890	182,086
9 青森	0	55,036	6,476	0	3,999	0	0	129,223	94,344	21,877	16,283	4,000	44,658	61,449
10 岩手	0	85,588	0	0	0	0	0	45,010	14,124	20,402	0	0	1,677	19,404
11 宮城	0	3,255,659	7,100	0	1,250	0	6,075	84,945	17,486	0	0	292,423	0	64,401
12 福島	0	11,480	5,960	0	0	0	2,764	5,407	20,847	0	0	11,428	28,238	64,618
13 秋田	0	0	0	0	7,000	0	35	9,395	0	0	0	0	0	13,562
14 山形	0	0	0	0	0	0	0	0	0	0	0	0	0	1,161
15 茨城	0	912,969	149,498	0	0	0	200,766	172,812	272,760	0	1,812	243,697	118,345	189,400
16 栃木	0	0	0	0	0	0	0	0	0	0	0	0	0	0
17 群馬	0	0	0	0	0	0	0	0	0	0	0	0	0	0
18 埼玉	0	0	0	0	0	0	0	0	0	0	0	0	0	0
19 千葉	0	1,848,531	2,251,358	638	0	0	293,613	2,303,600	853,886	4,780	1,000	589,649	296,825	901,494
20 東京	0	189,713	122,083	0	0	0	3,875	145,119	173,219	0	0	101	102,709	10,744
21 神奈川	0	4,237,015	439,414	0	50	0	283,248	784,033	1,079,431	0	404	378,457	220,870	411,707
22 新潟	0	511	75,980	0	84,563	0	0	3,452	9,746	22,758	32,371	2,986	0	54,518
23 富山	0	1,550	0	0	0	0	3,570	0	3,000	3,151	0	0	6,174	1,443
24 石川	0	58	100	0	1,700	0	0	2,153	4,994	0	1,205	0	0	7,511
25 福井	0	7,115	0	0	66	0	0	1,250	764	204,692	4,031	0	0	3,345
26 山梨	0	0	0	0	0	0	0	0	0	0	0	0	0	0
27 長野	0	0	0	0	0	0	0	0	0	0	0	0	0	0
28 静岡	0	57,316	99,262	0	0	0	35,446	49,522	123,056	0	0	4,330	4,504	53,362
29 岐阜	0	0	0	0	0	0	0	0	0	0	0	0	0	0
30 愛知	0	1,410,786	481,746	0	0	0	37,046	544,567	1,829,765	0	0	1,078,867	641,148	927,957
31 三重	0	4,994,419	151,157	0	500	0	31,888	1,144,206	577,841	60,579	0	353,962	226,556	366,961
32 滋賀	0	0	0	0	0	0	0	0	0	0	0	0	0	6,500
33 京都	0	0	0	0	13,460	0	0	54,685	56,096	21,721	42,926	0	50	31,191
34 奈良	0	0	0	0	0	0	0	0	0	0	0	0	0	0
35 和歌山	0	692,564	835,005	0	0	0	1,145,905	1,417,613	962,671	22,219	0	507,689	120,694	104,955
36 大阪	0	519,600	963,262	0	8,500	0	667,079	1,306,436	2,097,270	89,020	7,731	834,092	1,168,103	621,846
37 兵庫	0	1,542,069	343,958	0	18,215	0	1,132,713	6,020,355	8,945,795	159,126	670	874,702	1,278,287	736,352
38 鳥取	0	0	0	0	3,000	0	0	0	6,550	71,708	18,365	1,501	0	0
39 島根	0	6,983	0	0	65,820	0	1,500	1,300	23,509	2,200	615,706	1,065	0	64,611
40 岡山	0	2,863,547	550,569	0	3,650	0	1,150,459	2,122,975	3,218,117	365,476	63,611	930,421	600,528	947,978
41 広島	0	1,843,976	288,939	0	5,012	0	771,279	3,242,568	2,284,946	6,050	18,333	437,454	1,338,196	1,853,397
42 山口	0	1,626,956	757,323	206,820	67,259	0	105,112	1,812,620	6,472,059	635,951	260,692	2,047,345	3,125,890	4,138,606
43 香川	0	151,831	108,289	0	54,892	0	40,190	358,530	1,251,978	0	0	360,935	1,663,980	173,243
44 愛媛	0	403,541	178,660	0	43,000	0	41,256	1,643,322	822,710	38,375	1,048	480,010	356,082	644,350
45 徳島	0	105,234	28,548	0	0	0	49,443	304,915	385,705	0	302	71,258	37,167	117,875
46 高知	0	932,987	99,167	0	0	0	1,565,958	404,826	1,122,401	0	0	17,962	192,732	17,886
47 福岡	0	3,947,097	95,987	0	108,771	0	95,013	1,547,355	2,676,603	239,887	115,353	584,985	1,086,461	1,319,801
48 佐賀	0	5,938	0	0	0	0	8,009	17,231	88,902	30,100	1,480	9,009	27,341	281,886
49 長崎	0	45,939	315	0	2,641	0	1,102	30,661	71,486	0	16,921	12,336	23,876	181,549
50 熊本	0	1,340	0	0	0	0	0	103,867	32,400	0	0	10,243	4,446	58,756
51 大分	0	3,929,482	188,022	306	18,851	0	66,283	1,236,398	2,288,625	144,874	34,503	1,985,028	2,115,745	7,880,911
52 宮崎	0	26,942	0	0	0	0	0	145,054	61,239	5,497	0	21,110	149,171	98,864
53 鹿児島	0	63,429	0	0	0	0	38,661	6,276,558	125,225	0	0	1,799,855	6,325	5,745,604
54 沖縄	0	156,371	0	0	0	0	0	282,090	32,929	0	0	176,598	13,539	1,369
55 全国	0	37,785,770	8,266,654	207,764	546,412	0	7,924,527	34,304,039	38,600,313	2,288,018	1,257,366	14,144,071	15,043,207	28,362,653

平成28年度

府県相互間輸送トン数表（海運）

品目　（0－0）総貨物

（単位：トン）
その　4

着＼発	43 香川	44 愛媛	45 徳島	46 高知	47 福岡	48 佐賀	49 長崎	50 熊本	51 大分	52 宮崎	53 鹿児島	54 沖縄	55 全国
1 札幌	0	0	0	0	6,557	0	0	0	1,395	0	2,200	0	234,332
2 旭川	0	0	0	0	0	0	0	0	0	0	0	0	893,626
3 函館	0	0	1,007	0	1,203	7,190	0	0	0	0	1,942	0	3,397,686
4 室蘭	3,484	77,885	10,734	1,412	156,778	31,510	2,701	609	157,567	250	20,191	10,696	20,595,961
5 釧路	0	0	0	0	2,735	1,000	3,546	0	0	0	0	0	2,358,525
6 帯広	12,546	0	0	0	10,350	0	0	1,700	0	0	3,351	0	480,251
7 北見	1,500	0	0	0	9,012	0	0	0	0	0	0	0	140,694
8 北海道	17,530	77,885	11,741	1,412	186,635	39,700	6,247	2,309	158,962	250	27,684	10,696	28,101,075
9 青森	0	5,963	1,400	1,600	29,887	500	1,007	0	0	0	0	1,501	8,640,447
10 岩手	0	3,701	0	0	6,268	0	0	700	0	0	0	0	1,763,966
11 宮城	0	0	8,626	0	22,656	0	0	0	9,170	0	6,208	4,500	9,317,272
12 福島	250	1,600	500	114,802	103,568	0	816	0	4,344	4,463	0	5,451	4,778,032
13 秋田	0	4,500	0	0	14,804	0	1,300	0	45,313	0	0	0	786,007
14 山形	0	0	0	0	36,336	0	0	0	0	0	0	0	406,933
15 茨城	19,789	123,255	2,285	24,670	1,039,038	600	4,756	1,605	125,138	753	34,445	40	15,571,534
16 栃木	0	0	0	0	0	0	0	0	0	0	0	0	0
17 群馬	0	0	0	0	0	0	0	0	0	0	0	0	0
18 埼玉	0	0	0	0	0	0	0	0	0	0	0	0	0
19 千葉	516,857	1,256,725	14,606	136,943	667,737	14,371	29,309	12,318	124,251	18,091	261,646	218,314	42,507,053
20 東京	5,085	5,930	1,600	0	4,929,704	0	700	0	615,114	436,188	30,120	943,178	13,330,336
21 神奈川	94,186	231,379	1,686	100,028	1,931,370	285	3,831	5,014	221,487	13,580	55,666	56,656	29,208,825
22 新潟	0	135,201	0	0	77,313	200	0	959	18,602	0	0	0	2,585,786
23 富山	0	0	0	0	18,985	0	0	1,000	1,235	0	12,062	0	144,450
24 石川	0	0	0	20,204	41,492	0	0	0	10,214	0	0	0	391,473
25 福井	5,321	6,902	0	8,142	18,147	0	0	0	1,002	0	180	0	1,359,592
26 山梨	0	0	0	0	0	0	0	0	0	0	0	0	0
27 長野	0	0	0	0	0	0	0	0	0	0	0	0	0
28 静岡	7,192	52,067	204	4,544	51,236	0	31,287	12,537	135,308	5,465	24,471	6,583	1,864,416
29 岐阜	0	0	0	0	0	0	0	0	0	0	0	0	0
30 愛知	484,956	300,749	32,899	404,321	3,058,564	20,758	394,373	19,477	291,069	11,791	749,077	578,980	27,903,557
31 三重	438,861	309,684	162,473	0	470,909	96,931	45,297	3,134	16,518	998	38,692	20,285	16,033,186
32 滋賀	0	0	0	0	0	0	0	0	0	13,200	0	0	19,700
33 京都	1,436	0	0	36,031	157,125	0	0	29,367	85,355	0	0	0	582,750
34 奈良	0	0	0	0	0	0	0	0	0	0	0	0	0
35 和歌山	164,270	74,356	196,514	264,180	479,320	40,013	8,136	10,877	53,580	14,093	89,696	419,761	9,422,293
36 大阪	1,019,234	649,854	292,031	251,129	1,299,166	20,122	350,952	164,829	1,272,018	258,921	106,690	1,678,173	19,863,696
37 兵庫	2,946,343	577,485	601,105	75,666	3,218,117	117,074	101,899	51,320	2,253,479	155,937	257,858	91,357	35,549,685
38 鳥取	0	0	0	0	16,006	0	1,500	0	0	0	0	0	170,491
39 島根	4,369	0	0	8,048	61,093	0	0	0	17,745	20	0	0	913,390
40 岡山	676,884	581,749	128,905	226,079	2,851,198	62,890	355,260	403,808	558,857	281,964	738,556	223,784	24,607,153
41 広島	180,819	1,918,525	402,807	126,931	1,587,987	86,479	59,354	42,949	205,849	69,480	21,540	12,304	20,026,565
42 山口	313,180	1,474,668	140,453	1,030,772	4,268,206	356,196	570,907	699,429	678,535	305,842	432,438	371,864	40,268,154
43 香川	1,773,633	98,074	35,173	6,957	411,708	1,770	3,800	27,387	124,591	2,000	8,108	15,582	7,454,064
44 愛媛	340,434	3,040,468	44,836	65,310	1,356,962	10,449	136,477	102,230	301,650	167,424	296,361	82,233	12,806,321
45 徳島	55,149	82,126	176,966	95,262	387,416	0	50,000	0	76,353	200	2,553	0	2,300,716
46 高知	9,125	14,477	122,273	123,852	259,063	15,451	0	0	252,871	6,308	1,984	370	12,471,304
47 福岡	225,743	276,364	240,780	334,365	1,396,011	112,548	493,040	558,609	948,231	281,653	442,430	1,784,112	30,310,202
48 佐賀	7,720	20,975	0	0	94,611	62,681	185,547	9,165	90,553	37,564	40,318	60,725	1,098,382
49 長崎	11,441	30,223	157,609	100	638,303	136,681	3,163,473	525,391	199,893	7,301	70,878	243,002	6,486,989
50 熊本	680	4,370	0	447	259,896	25,547	37,199	461,028	45,136	2,210	29,246	15,750	1,141,980
51 大分	1,193,038	1,104,717	306,078	163,445	3,051,680	261,653	851,370	356,094	3,066,589	894,996	1,148,705	151,976	36,150,721
52 宮崎	1,290	87,022	6,804	0	13,672	15,552	1,146	1,304	210,241	523,856	16,997	1,500	1,607,021
53 鹿児島	112,270	203,163	6,158	1,100	195,221	461	16,220	74,053	197,334	135,048	2,773,106	981,904	30,337,054
54 沖縄	10,652	10,401	0	0	265,409	0	365,178	10,379	332	7,403	74,649	2,760,261	4,579,475
55 全国	10,637,737	12,764,558	3,096,512	3,626,340	34,972,819	1,498,912	7,270,381	3,587,272	12,416,919	3,656,999	7,792,364	10,740,842	502,862,046

平成28年度　　　　　　　　　　　府県相互間輸送トン数表（海運）　　　　　　　　　　　品目（1-0）農水産品　　（単位：トン）その1

発＼着	1 札幌	2 旭川	3 函館	4 室蘭	5 釧路	6 帯広	7 北見	8 北海道	9 青森	10 岩手	11 宮城	12 福島	13 秋田	14 山形
1 札幌	3,661	0	0	0	0	0	0	3,661	0	0	0	0	0	0
2 旭川	5	77,166	0	0	0	0	0	77,171	0	0	0	0	0	0
3 函館	0	0	20,647	0	0	0	0	20,647	0	0	0	0	0	0
4 室蘭	0	0	0	14,672	13,950	2,204	0	30,826	3,600	0	1,518	0	0	0
5 釧路	290	0	5,100	3,930	10,851	4,128	0	24,299	0	0	0	0	0	0
6 帯広	368	0	10,825	1,018	5,241	0	0	17,452	0	0	0	0	0	0
7 北見	0	0	2,400	0	0	0	0	2,400	0	0	0	0	0	0
8 北海道	4,324	77,166	38,972	19,620	30,042	6,332	0	176,456	3,600	0	1,518	0	0	0
9 青森	0	0	0	1,500	4,603	0	0	6,103	6,262	1,019	2,000	0	0	0
10 岩手	1,500	0	0	0	0	0	0	1,500	0	1,018	0	0	0	0
11 宮城	0	0	0	6,903	0	0	0	6,903	12,047	368	43,978	0	0	0
12 福島	0	0	0	0	0	0	0	0	0	0	0	61	0	0
13 秋田	0	0	0	0	0	0	0	0	0	0	0	0	292	0
14 山形	0	0	0	0	0	0	0	0	0	0	0	0	0	1,941
15 茨城	21,994	0	40,377	106,069	16,734	19,304	0	204,478	43,899	11,937	159,022	0	0	0
16 栃木	0	0	0	0	0	0	0	0	0	0	0	0	0	0
17 群馬	0	0	0	0	0	0	0	0	0	0	0	0	0	0
18 埼玉	0	0	0	0	0	0	0	0	0	0	0	0	0	0
19 千葉	6,479	0	4,438	0	0	0	0	10,917	1,527	0	7,658	0	0	0
20 東京	0	0	0	22,445	100	0	0	22,545	1,346	1,228	49,040	0	0	0
21 神奈川	0	0	0	38,599	613	0	0	39,212	21,399	5,100	50,171	0	0	0
22 新潟	0	0	0	0	0	0	0	0	0	0	0	0	0	0
23 富山	0	0	0	0	0	0	0	0	0	0	0	0	0	0
24 石川	0	0	0	0	0	0	0	0	0	0	0	0	0	0
25 福井	0	0	0	9,731	0	0	0	9,731	0	0	0	0	0	0
26 山梨	0	0	0	0	0	0	0	0	0	0	0	0	0	0
27 長野	0	0	0	0	0	0	0	0	0	0	0	0	0	0
28 静岡	0	0	0	0	0	0	0	0	0	0	7,550	0	0	0
29 岐阜	0	0	0	0	0	0	0	0	0	0	0	0	0	0
30 愛知	0	0	0	500	0	0	0	500	1,330	0	2,852	0	0	0
31 三重	4,040	0	0	0	0	0	0	4,040	0	0	0	0	0	0
32 滋賀	0	0	0	0	0	0	0	0	0	0	0	0	0	0
33 京都	0	0	0	0	0	0	0	0	0	0	0	0	0	0
34 奈良	0	0	0	0	0	0	0	0	0	0	0	0	0	0
35 和歌山	0	0	0	0	0	0	0	0	0	0	0	0	0	0
36 大阪	0	0	0	2,157	10	0	0	2,167	1,302	0	0	0	0	0
37 兵庫	1,500	0	0	0	0	0	0	1,500	1,499	0	0	0	0	0
38 鳥取	0	0	0	0	0	0	0	0	0	0	0	0	0	0
39 島根	0	0	0	0	0	0	0	0	0	0	0	0	0	0
40 岡山	0	0	0	0	1,944	0	0	1,944	0	0	3,015	0	0	0
41 広島	0	0	0	0	0	0	0	0	0	0	1,100	0	0	0
42 山口	0	0	0	0	0	0	0	0	0	0	0	0	0	0
43 香川	0	0	0	0	0	0	0	0	0	0	1,684	0	0	0
44 愛媛	0	0	0	0	0	0	0	0	0	0	0	0	0	0
45 徳島	0	0	0	0	0	0	0	0	0	0	0	0	0	0
46 高知	0	0	0	0	0	0	0	0	0	0	0	0	0	0
47 福岡	0	0	0	0	0	0	0	0	0	0	0	0	0	0
48 佐賀	0	0	0	0	0	0	0	0	0	0	0	0	0	0
49 長崎	0	0	0	0	0	0	0	0	0	0	0	0	0	0
50 熊本	0	0	0	0	0	0	0	0	0	0	0	0	0	0
51 大分	0	0	0	0	0	0	0	0	0	0	0	0	0	0
52 宮崎	0	0	0	0	0	0	0	0	0	0	0	0	0	0
53 鹿児島	0	0	0	0	0	0	0	0	0	0	1,174	0	0	0
54 沖縄	0	0	0	0	0	0	0	0	0	0	0	0	0	0
55 全国	39,837	77,166	83,787	207,524	54,046	25,636	0	487,996	94,211	20,670	330,762	61	292	1,941

平成28年度　　　　　　　　　　　府県相互間輸送トン数表（海運）　　　　　　　　　　　品目（1-0）農水産品　　（単位：トン）その2

発＼着	15 茨城	16 栃木	17 群馬	18 埼玉	19 千葉	20 東京	21 神奈川	22 新潟	23 富山	24 石川	25 福井	26 山梨	27 長野	28 静岡
1 札幌	0	0	0	0	3,000	0	0	0	0	0	0	0	0	0
2 旭川	1,500	0	0	0	1,500	0	7,500	0	0	0	0	0	0	0
3 函館	1,500	0	0	0	0	0	0	0	0	0	0	0	0	0
4 室蘭	211,184	0	0	0	15,630	53,415	23,724	0	0	0	183,380	0	0	3,133
5 釧路	294,530	0	0	0	9,000	0	7,500	0	0	0	0	0	0	2,697
6 帯広	6,000	0	0	0	68,911	4,395	58,500	0	0	0	0	0	0	2,734
7 北見	6,000	0	0	0	21,630	2,230	36,020	0	0	0	0	0	0	3,505
8 北海道	520,714	0	0	0	119,671	60,040	133,244	0	0	0	183,380	0	0	12,069
9 青森	0	0	0	0	0	0	2,180	0	0	0	0	0	0	1,492
10 岩手	0	0	0	0	0	0	0	0	0	0	0	0	0	0
11 宮城	3,622	0	0	0	0	0	10,406	2,664	0	0	0	0	0	800
12 福島	0	0	0	0	0	0	0	0	0	0	0	0	0	0
13 秋田	0	0	0	0	0	0	0	0	0	0	0	0	0	0
14 山形	0	0	0	0	0	0	0	0	0	0	0	0	0	0
15 茨城	247	0	0	0	12,786	905	18,616	7,500	0	0	0	0	0	21,136
16 栃木	0	0	0	0	0	0	0	0	0	0	0	0	0	0
17 群馬	0	0	0	0	0	0	0	0	0	0	0	0	0	0
18 埼玉	0	0	0	0	0	0	0	0	0	0	0	0	0	0
19 千葉	22,662	0	0	0	180	6,204	3,577	0	0	0	0	0	0	38,552
20 東京	3,403	0	0	0	0	47,946	3,140	0	0	0	0	0	0	1,655
21 神奈川	24,475	0	0	0	30,084	18,450	3,045	0	0	0	0	0	0	65,572
22 新潟	0	0	0	0	0	0	0	36,325	0	1,669	0	0	0	0
23 富山	0	0	0	0	0	0	0	0	3,615	0	0	0	0	0
24 石川	0	0	0	0	0	0	0	0	0	19,500	0	0	0	0
25 福井	0	0	0	0	0	0	0	0	0	0	833	0	0	0
26 山梨	0	0	0	0	0	0	0	0	0	0	0	0	0	0
27 長野	0	0	0	0	0	0	0	0	0	0	0	0	0	0
28 静岡	21,167	0	0	0	871	817	3,046	0	0	0	0	0	0	13,314
29 岐阜	0	0	0	0	0	0	0	0	0	0	0	0	0	0
30 愛知	4,497	0	0	0	1,484	270	4,427	0	0	0	0	0	0	25,131
31 三重	0	0	0	0	1,421	0	0	0	0	0	0	0	0	2,933
32 滋賀	0	0	0	0	0	0	0	0	0	0	0	0	0	0
33 京都	0	0	0	0	0	0	0	0	0	0	0	0	0	0
34 奈良	0	0	0	0	0	0	0	0	0	0	0	0	0	0
35 和歌山	0	0	0	0	0	0	0	0	0	0	0	0	0	0
36 大阪	0	0	0	0	0	0	123	0	0	0	0	0	0	0
37 兵庫	16,211	0	0	0	1,130	75	3,000	0	0	0	0	0	0	4,730
38 鳥取	0	0	0	0	0	0	0	0	0	0	0	0	0	0
39 島根	0	0	0	0	0	0	0	0	0	0	0	0	0	0
40 岡山	660	0	0	0	1,483	415	2,976	1,092	0	0	0	0	0	6,971
41 広島	0	0	0	0	0	0	0	0	0	0	0	0	0	0
42 山口	0	0	0	0	0	0	0	0	0	0	0	0	0	0
43 香川	2,127	0	0	0	0	0	1,500	205	0	0	0	0	0	0
44 愛媛	570	0	0	0	0	200	0	0	0	0	0	0	0	0
45 徳島	0	0	0	0	0	0	0	0	0	0	0	0	0	0
46 高知	0	0	0	0	0	0	0	0	0	0	0	0	0	0
47 福岡	3,280	0	0	0	4,020	11,375	3,622	5,074	0	0	0	0	0	3,759
48 佐賀	0	0	0	0	0	0	0	0	0	0	0	0	0	0
49 長崎	0	0	0	0	0	0	0	0	0	0	0	0	0	0
50 熊本	0	0	0	0	0	0	0	0	0	0	0	0	0	0
51 大分	0	0	0	0	650	0	0	0	0	0	0	0	0	1,524
52 宮崎	0	0	0	0	0	0	0	0	0	0	0	0	0	0
53 鹿児島	0	0	0	0	260	0	0	0	0	0	0	0	0	0
54 沖縄	0	0	0	0	0	35,789	0	0	0	0	0	0	0	0
55 全国	623,635	0	0	0	174,040	192,892	185,160	50,196	3,615	21,169	184,213	0	0	199,638

平成28年度　　　　府県相互間輸送トン数表（海運）　　　品目（1-0）農水産品　　（単位：トン）　その3

着／発	29 岐阜	30 愛知	31 三重	32 滋賀	33 京都	34 奈良	35 和歌山	36 大阪	37 兵庫	38 鳥取	39 島根	40 岡山	41 広島	42 山口
1 札幌	0	0	0	0	0	0	0	0	0	0	0	0	0	0
2 旭川	0	0	0	0	0	0	0	0	9,000	0	0	0	0	0
3 函館	0	0	0	0	0	0	0	0	0	0	0	0	0	0
4 室蘭	0	91,328	2,739	0	0	0	0	5,396	17,233	0	0	0	0	0
5 釧路	0	1,660	0	0	0	0	0	7,364	7,070	0	0	0	0	0
6 帯広	0	29,967	5,515	0	0	0	0	7,459	37,489	0	0	2,504	0	0
7 北見	0	13,044	6,012	0	0	0	0	8,250	20,420	0	0	400	0	0
8 北海道	0	135,999	14,266	0	0	0	0	28,469	91,212	0	0	2,904	0	0
9 青森	0	3,001	0	0	0	0	0	0	0	0	0	0	0	0
10 岩手	0	0	0	0	0	0	0	0	0	0	0	0	0	0
11 宮城	0	820	0	0	0	0	0	15,020	0	0	0	0	0	0
12 福島	0	0	0	0	0	0	0	0	0	0	0	0	0	0
13 秋田	0	0	0	0	0	0	0	0	0	0	0	0	0	0
14 山形	0	0	0	0	0	0	0	0	0	0	0	0	0	0
15 茨城	0	55,112	0	0	0	0	0	0	0	0	0	8,921	0	0
16 栃木	0	0	0	0	0	0	0	0	0	0	0	0	0	0
17 群馬	0	0	0	0	0	0	0	0	0	0	0	0	0	0
18 埼玉	0	0	0	0	0	0	0	0	0	0	0	0	0	0
19 千葉	0	18,168	1,500	0	0	0	0	195	3,000	0	0	160	0	0
20 東京	0	9,143	0	0	0	0	0	23,331	57,048	0	0	0	0	65
21 神奈川	0	10,776	18	0	0	0	0	2,899	57,821	0	0	12,310	703	0
22 新潟	0	0	0	0	0	0	0	1,048	0	0	0	0	0	0
23 富山	0	0	0	0	0	0	0	0	0	0	0	0	0	0
24 石川	0	0	0	0	0	0	0	0	0	0	0	0	0	0
25 福井	0	0	0	0	0	0	0	0	0	0	0	0	0	0
26 山梨	0	0	0	0	0	0	0	0	0	0	0	0	0	0
27 長野	0	0	0	0	0	0	0	0	0	0	0	0	0	0
28 静岡	0	5,865	0	0	0	0	0	0	9,828	0	0	300	4,504	0
29 岐阜	0	0	0	0	0	0	0	0	0	0	0	0	0	0
30 愛知	0	593,648	55,100	0	0	0	0	3,850	11,993	0	0	6,054	2,015	0
31 三重	0	0	32,463	0	0	0	0	0	1,450	0	0	0	0	0
32 滋賀	0	0	0	0	0	0	0	0	0	0	0	0	0	0
33 京都	0	0	0	0	612	0	0	0	0	0	0	0	0	0
34 奈良	0	0	0	0	0	0	0	0	0	0	0	0	0	0
35 和歌山	0	0	0	0	0	0	10,361	0	0	0	0	0	0	0
36 大阪	0	0	0	0	0	0	0	133,532	19,590	0	0	6,674	0	0
37 兵庫	0	19,257	80	0	0	0	0	200,197	16,010	0	0	180,827	80,590	650
38 鳥取	0	0	0	0	0	0	0	0	0	215	61	0	0	0
39 島根	0	0	0	0	0	0	0	0	0	0	20,473	0	0	0
40 岡山	0	19,626	0	0	0	0	0	1,904	39,886	0	0	66,026	109,250	0
41 広島	0	0	0	0	0	0	0	608	1,510	0	0	0	1,279	0
42 山口	0	0	0	0	0	0	0	0	1,015	0	0	0	0	7,072
43 香川	0	0	0	0	0	0	0	0	0	0	0	0	0	0
44 愛媛	0	0	0	0	0	0	0	0	2,205	0	0	0	0	0
45 徳島	0	0	0	0	0	0	0	0	0	0	0	0	0	0
46 高知	0	0	0	0	0	0	0	0	650	0	0	0	0	0
47 福岡	0	0	0	0	0	0	0	1,520	14,024	0	0	27,289	12,023	0
48 佐賀	0	0	0	0	0	0	0	0	2,466	0	0	0	0	0
49 長崎	0	0	0	0	0	0	0	0	1,772	0	0	0	702	0
50 熊本	0	0	0	0	0	0	0	0	0	0	0	0	0	0
51 大分	0	0	0	0	0	0	0	0	0	0	0	0	0	0
52 宮崎	0	0	0	0	0	0	0	375	0	0	0	0	0	0
53 鹿児島	0	14,250	0	0	0	0	0	0	2,016	0	0	19,905	4,971	0
54 沖縄	0	1,193	0	0	0	0	0	8,224	68	0	0	0	0	0
55 全国	0	891,960	103,427	0	612	0	10,361	421,172	333,564	215	20,534	331,370	216,037	7,787

平成28年度　　　　府県相互間輸送トン数表（海運）　　　品目（1-0）農水産品　　（単位：トン）　その4

着／発	43 香川	44 愛媛	45 徳島	46 高知	47 福岡	48 佐賀	49 長崎	50 熊本	51 大分	52 宮崎	53 鹿児島	54 沖縄	55 全国
1 札幌	0	0	0	0	0	0	0	0	0	0	0	0	6,661
2 旭川	0	0	0	0	0	0	0	0	0	0	0	0	96,671
3 函館	0	0	0	0	0	7,190	0	0	0	0	0	0	29,337
4 室蘭	0	0	0	0	2,502	0	0	0	0	0	18,237	10,696	674,541
5 釧路	0	0	0	0	1,401	1,000	2,544	0	0	0	0	0	359,065
6 帯広	12,546	0	0	0	7,411	0	0	0	0	0	3,351	0	264,234
7 北見	1,500	0	0	0	0	0	0	0	0	0	0	0	121,411
8 北海道	14,046	0	0	0	11,314	8,190	2,544	0	0	0	21,588	10,696	1,551,920
9 青森	0	0	0	0	0	500	0	0	0	0	0	1,501	24,058
10 岩手	0	0	0	0	0	0	0	700	0	0	0	0	3,218
11 宮城	0	0	0	0	0	0	0	0	0	0	3,046	0	99,674
12 福島	0	0	0	0	0	0	0	0	0	0	0	5,451	5,512
13 秋田	0	0	0	0	0	0	0	0	0	0	0	0	292
14 山形	0	0	0	0	0	0	0	0	0	0	0	0	1,941
15 茨城	1,597	0	0	0	56,232	600	2,967	1,300	0	0	7,725	0	614,980
16 栃木	0	0	0	0	0	0	0	0	0	0	0	0	0
17 群馬	0	0	0	0	0	0	0	0	0	0	0	0	0
18 埼玉	0	0	0	0	0	0	0	0	0	0	0	0	0
19 千葉	0	0	0	0	7,100	0	1,476	0	0	0	700	0	123,576
20 東京	0	0	0	0	500,259	0	0	0	5,204	0	8,140	48,851	782,344
21 神奈川	494	0	0	0	1,994	0	0	0	0	0	6,700	0	351,223
22 新潟	0	0	0	0	0	0	0	0	0	0	0	0	39,042
23 富山	0	0	0	0	0	0	0	0	0	0	0	0	3,615
24 石川	0	0	0	0	0	0	0	0	0	0	0	0	19,500
25 福井	0	0	0	0	0	0	0	0	0	0	0	0	10,564
26 山梨	0	0	0	0	0	0	0	0	0	0	0	0	0
27 長野	0	0	0	0	0	0	0	0	0	0	0	0	0
28 静岡	0	0	0	0	0	0	0	0	0	0	4,006	357	71,625
29 岐阜	0	0	0	0	0	0	0	0	0	0	0	0	0
30 愛知	0	0	0	0	8,400	1,500	0	0	2	0	46,963	0	770,016
31 三重	0	0	0	0	0	0	0	0	0	0	9,600	0	51,907
32 滋賀	0	0	0	0	0	0	0	0	0	0	0	0	0
33 京都	0	0	0	0	0	0	0	0	0	0	0	0	612
34 奈良	0	0	0	0	0	0	0	0	0	0	0	0	0
35 和歌山	0	0	0	0	2,720	2,162	0	0	0	998	0	0	16,241
36 大阪	2,124	0	23,836	0	21,535	0	0	0	440	0	426	19,166	230,915
37 兵庫	184,196	36,565	0	26	56,796	960	0	0	5,942	0	89,023	625	899,889
38 鳥取	0	0	0	0	0	0	0	0	0	0	0	0	276
39 島根	0	0	0	0	0	0	0	0	0	0	0	0	20,473
40 岡山	55,724	0	0	0	9,144	0	0	3,365	0	0	7,817	325	331,623
41 広島	505	75	0	0	0	0	0	0	0	0	6,586	0	11,663
42 山口	0	0	0	0	0	0	0	0	0	0	650	0	8,737
43 香川	69,186	0	0	0	997	0	0	0	0	0	0	36	76,224
44 愛媛	0	25,571	0	0	0	0	0	0	0	0	0	236	28,782
45 徳島	0	368	0	0	0	0	0	0	0	0	0	0	368
46 高知	0	315	0	2,624	0	0	0	0	0	0	0	0	3,589
47 福岡	16,394	0	0	0	78,170	0	12,718	0	0	0	47,169	92,116	335,555
48 佐賀	0	0	0	0	0	1,689	648	0	0	0	0	0	4,803
49 長崎	0	0	0	0	678	218	126,766	748	0	0	0	0	133,084
50 熊本	0	0	0	0	700	0	1,496	11,276	0	0	0	0	13,472
51 大分	0	634	0	0	0	0	0	0	2,274	0	0	0	5,082
52 宮崎	0	0	0	0	0	0	0	0	0	12,819	0	0	13,194
53 鹿児島	13,253	47,707	0	0	119,792	0	15,551	45,116	57,860	116,141	248,740	198,416	905,152
54 沖縄	0	0	0	0	0	0	0	0	0	0	10,056	39,999	95,329
55 全国	357,519	111,824	23,836	2,650	875,831	15,819	164,166	62,505	60,136	140,546	519,933	417,775	7,660,070

平成28年度　府県相互間輸送トン数表（海運）　品目（2-0）林産品　（単位：トン）その1

着\発	1 札幌	2 旭川	3 函館	4 室蘭	5 釧路	6 帯広	7 北見	8 北海道	9 青森	10 岩手	11 宮城	12 福島	13 秋田	14 山形
1 札幌	0	0	0	0	0	0	0	0	0	0	0	0	0	0
2 旭川	0	51	0	0	0	0	0	51	0	0	3,520	0	25,825	0
3 函館	0	0	0	0	0	0	0	0	0	0	13,604	0	11,973	0
4 室蘭	0	0	0	0	1,518	0	0	1,518	0	2,211	13,648	0	32,896	0
5 釧路	0	0	0	236	0	0	0	236	0	0	0	0	1,550	0
6 帯広	0	0	0	1,556	0	0	0	1,556	0	0	34,062	0	12,509	0
7 北見	0	0	0	0	0	0	0	0	0	0	0	0	1,080	0
8 北海道	0	51	0	1,792	1,518	0	0	3,361	0	2,211	64,834	0	85,833	0
9 青森	0	0	0	26,042	73	812	0	26,927	0	5,217	1,189	0	0	0
10 岩手	0	0	0	0	0	0	0	0	0	0	0	0	0	0
11 宮城	0	0	0	4,336	0	0	0	4,336	0	226	8	0	0	0
12 福島	0	0	0	0	0	0	0	0	0	0	0	0	0	0
13 秋田	0	0	0	0	0	0	0	0	0	0	0	0	0	0
14 山形	0	0	0	0	0	0	0	0	0	0	0	0	0	20
15 茨城	0	0	0	112,302	0	0	0	112,302	0	0	31,010	6,804	0	0
16 栃木	0	0	0	0	0	0	0	0	0	0	0	0	0	0
17 群馬	0	0	0	0	0	0	0	0	0	0	0	0	0	0
18 埼玉	0	0	0	0	0	0	0	0	0	0	0	0	0	0
19 千葉	0	0	0	0	0	0	0	0	0	0	0	0	0	0
20 東京	0	0	0	9,918	20	0	0	9,938	234	570	57,080	22,430	0	0
21 神奈川	0	0	0	35,706	0	0	0	35,706	8,559	837	83,149	0	0	0
22 新潟	0	0	0	0	0	0	0	0	0	0	0	0	0	0
23 富山	0	0	0	0	0	0	0	0	0	0	0	0	0	0
24 石川	0	0	0	0	0	0	0	0	0	0	0	0	0	0
25 福井	0	0	0	9,110	0	0	0	9,110	0	0	0	0	0	0
26 山梨	0	0	0	0	0	0	0	0	0	0	0	0	0	0
27 長野	0	0	0	0	0	0	0	0	0	0	0	0	0	0
28 静岡	0	0	0	0	0	0	0	0	0	0	0	0	0	0
29 岐阜	0	0	0	0	0	0	0	0	0	0	0	0	0	0
30 愛知	0	0	0	102	0	0	0	102	266	0	0	0	709	0
31 三重	0	0	0	0	0	0	0	0	0	0	0	0	0	0
32 滋賀	0	0	0	0	0	0	0	0	0	0	0	0	0	0
33 京都	0	0	0	0	0	0	0	0	0	0	0	0	0	0
34 奈良	0	0	0	0	0	0	0	0	0	0	0	0	0	0
35 和歌山	0	0	0	0	0	0	0	0	0	0	0	0	0	0
36 大阪	0	0	0	2,030	5	0	0	2,035	0	3,130	0	0	0	0
37 兵庫	0	0	0	0	0	0	0	0	0	0	0	0	0	0
38 鳥取	0	0	0	0	0	0	0	0	0	0	5,049	0	0	4,680
39 島根	0	0	0	0	0	0	0	0	0	0	0	0	0	0
40 岡山	0	0	0	0	0	0	0	0	0	0	0	0	0	0
41 広島	0	0	0	0	774	0	0	774	0	0	0	0	0	0
42 山口	0	0	0	0	0	0	0	0	0	0	1,512	0	0	0
43 香川	0	0	0	0	0	0	0	0	0	0	0	0	0	0
44 愛媛	0	0	0	0	0	0	0	0	0	0	0	0	0	0
45 徳島	0	0	0	0	0	0	0	0	0	0	0	0	0	0
46 高知	0	0	0	0	0	0	0	0	0	0	0	0	0	0
47 福岡	0	0	0	0	0	0	0	0	0	0	0	0	0	0
48 佐賀	0	0	0	0	0	0	0	0	0	0	0	0	0	0
49 長崎	0	0	0	0	0	0	0	0	0	0	0	0	0	0
50 熊本	0	0	0	0	0	0	0	0	0	0	0	0	1,945	0
51 大分	0	0	0	0	0	0	0	0	0	0	0	0	0	0
52 宮崎	0	0	0	0	0	0	0	0	0	0	0	0	0	0
53 鹿児島	0	0	0	0	0	0	0	0	0	0	0	0	0	0
54 沖縄	0	0	0	0	0	0	0	0	0	0	0	0	0	0
55 全国	0	51	0	201,338	2,390	812	0	204,591	9,059	18,752	237,270	29,943	87,778	4,700

平成28年度　府県相互間輸送トン数表（海運）　品目（2-0）林産品　（単位：トン）その2

着\発	15 茨城	16 栃木	17 群馬	18 埼玉	19 千葉	20 東京	21 神奈川	22 新潟	23 富山	24 石川	25 福井	26 山梨	27 長野	28 静岡
1 札幌	0	0	0	0	0	0	0	0	0	0	0	0	0	0
2 旭川	0	0	0	0	0	0	0	0	0	0	6,377	0	0	0
3 函館	0	0	0	0	0	0	0	0	0	1,654	9,454	0	0	0
4 室蘭	70,128	0	0	0	0	3,900	938	0	0	1,609	36,553	0	0	0
5 釧路	18,230	0	0	0	0	0	0	0	0	0	1,506	0	0	0
6 帯広	0	0	0	0	0	0	1,214	0	845	0	3,412	0	0	0
7 北見	0	0	0	0	0	0	0	0	0	0	0	0	0	0
8 北海道	88,358	0	0	0	0	3,900	2,152	0	845	3,263	57,302	0	0	0
9 青森	0	0	0	0	0	0	0	0	0	3,251	4,814	0	0	0
10 岩手	0	0	0	0	0	0	0	0	0	0	0	0	0	0
11 宮城	1,100	0	0	0	0	0	20	0	0	0	0	0	0	921
12 福島	0	0	0	0	0	0	0	0	0	0	0	0	0	0
13 秋田	0	0	0	0	0	0	0	0	0	0	0	0	0	0
14 山形	0	0	0	0	0	0	0	0	0	0	0	0	0	0
15 茨城	0	0	0	0	25,749	0	0	0	0	0	0	0	0	116,788
16 栃木	0	0	0	0	0	0	0	0	0	0	0	0	0	0
17 群馬	0	0	0	0	0	0	0	0	0	0	0	0	0	0
18 埼玉	0	0	0	0	0	0	0	0	0	0	0	0	0	0
19 千葉	0	0	0	0	0	0	0	0	0	0	0	0	0	561
20 東京	83	0	0	0	429	25,655	3	0	0	0	0	0	0	2,717
21 神奈川	0	0	0	0	881	0	0	0	0	0	0	0	0	9,185
22 新潟	0	0	0	0	0	0	0	935	0	0	0	0	0	0
23 富山	0	0	0	0	0	0	0	0	0	0	0	0	0	0
24 石川	0	0	0	0	0	0	0	0	0	0	0	0	0	0
25 福井	0	0	0	0	0	0	0	0	0	0	0	0	0	0
26 山梨	0	0	0	0	0	0	0	0	0	0	0	0	0	0
27 長野	0	0	0	0	0	0	0	0	0	0	0	0	0	0
28 静岡	0	0	0	0	0	0	0	0	0	0	0	0	0	0
29 岐阜	0	0	0	0	0	0	0	0	0	0	0	0	0	0
30 愛知	0	0	0	0	0	0	0	0	0	0	0	0	0	0
31 三重	0	0	0	0	0	0	0	0	0	0	0	0	0	0
32 滋賀	0	0	0	0	0	0	0	0	0	0	0	0	0	0
33 京都	0	0	0	0	0	0	0	0	0	0	0	0	0	0
34 奈良	0	0	0	0	0	0	0	0	0	0	0	0	0	0
35 和歌山	0	0	0	0	0	0	0	0	0	0	0	0	0	0
36 大阪	0	0	0	0	0	0	0	0	0	0	0	0	0	0
37 兵庫	0	0	0	0	0	0	0	0	0	0	0	0	0	0
38 鳥取	0	0	0	0	0	0	0	0	0	0	0	0	0	0
39 島根	0	0	0	0	0	0	0	0	0	0	0	0	0	0
40 岡山	0	0	0	0	0	4,685	0	0	0	0	0	0	0	0
41 広島	39,474	0	0	0	44,737	0	0	0	0	0	0	0	0	39,999
42 山口	0	0	0	0	0	15	0	0	0	0	0	0	0	0
43 香川	0	0	0	0	0	0	0	0	0	0	0	0	0	0
44 愛媛	0	0	0	0	0	400	0	0	0	0	0	0	0	0
45 徳島	0	0	0	0	0	0	0	0	0	0	0	0	0	0
46 高知	0	0	0	0	0	0	0	0	0	0	0	0	0	0
47 福岡	2,760	0	0	0	0	3,000	0	0	0	0	0	0	0	0
48 佐賀	0	0	0	0	0	0	0	0	0	0	0	0	0	0
49 長崎	0	0	0	0	0	0	0	0	0	0	0	0	0	1,541
50 熊本	0	0	0	0	0	0	0	15,372	0	0	0	0	0	0
51 大分	0	0	0	0	0	0	0	0	0	0	0	0	0	140
52 宮崎	0	0	0	0	0	0	0	0	0	0	0	0	0	0
53 鹿児島	0	0	0	0	0	0	0	0	0	0	0	0	0	0
54 沖縄	0	0	0	0	0	0	92	0	0	0	0	0	0	0
55 全国	131,775	0	0	0	71,796	37,655	2,267	16,307	845	6,514	62,116	0	0	171,852

平成28年度 　　　　　　　　　　　　　　府県相互間輸送トン数表（海運）

品目（2-0）林産品　　（単位：トン）　その3

着＼発	29 岐阜	30 愛知	31 三重	32 滋賀	33 京都	34 奈良	35 和歌山	36 大阪	37 兵庫	38 鳥取	39 島根	40 岡山	41 広島	42 山口
1 札幌	0	0	0	0	0	0	0	0	0	0	0	0	0	0
2 旭川	0	0	0	0	7,936	0	0	0	0	1,345	1,524	0	0	0
3 函館	0	0	0	0	2,600	0	0	0	0	4,213	0	0	0	0
4 室蘭	0	25,179	0	0	5,123	0	0	24	0	28,432	0	0	0	0
5 釧路	0	9,000	0	0	2,551	0	0	0	0	0	0	0	0	0
6 帯広	0	0	0	0	6,965	0	0	0	0	13,223	1,095	0	0	0
7 北見	0	0	0	0	2,420	0	0	0	0	1,467	0	0	0	0
8 北海道	0	34,179	0	0	27,595	0	0	24	0	48,680	2,619	0	0	0
9 青森	0	60	0	0	3,999	0	0	0	0	21,877	16,283	0	0	0
10 岩手	0	10,944	0	0	0	0	0	0	0	20,402	0	0	0	0
11 宮城	0	3,340	0	0	0	0	0	10,000	0	0	0	0	0	0
12 福島	0	0	0	0	0	0	0	0	607	0	0	0	0	0
13 秋田	0	0	0	0	0	0	0	0	0	0	0	0	0	0
14 山形	0	0	0	0	0	0	0	0	0	0	0	0	0	0
15 茨城	0	82,413	0	0	0	0	0	0	0	0	0	0	0	0
16 栃木	0	0	0	0	0	0	0	0	0	0	0	0	0	0
17 群馬	0	0	0	0	0	0	0	0	0	0	0	0	0	0
18 埼玉	0	0	0	0	0	0	0	0	0	0	0	0	0	0
19 千葉	0	0	0	0	0	0	1,521	390	0	0	0	840	0	0
20 東京	0	2,921	64	0	0	0	0	2,149	2,114	0	0	0	0	0
21 神奈川	0	6,842	10,264	0	0	0	0	12,060	999	0	0	0	0	0
22 新潟	0	0	0	0	0	0	0	0	0	2,921	1,231	0	0	0
23 富山	0	0	0	0	0	0	0	0	0	0	0	0	0	0
24 石川	0	0	0	0	0	0	0	0	0	0	0	0	0	0
25 福井	0	0	0	0	0	0	0	0	0	0	0	0	0	0
26 山梨	0	0	0	0	0	0	0	0	0	0	0	0	0	0
27 長野	0	0	0	0	0	0	0	0	0	0	0	0	0	0
28 静岡	0	747	0	0	0	0	0	0	0	0	0	0	0	0
29 岐阜	0	0	0	0	0	0	0	0	0	0	0	0	0	0
30 愛知	0	0	0	0	0	0	0	2,500	0	0	0	0	1,863	57
31 三重	0	0	0	0	0	0	0	524	0	0	0	0	0	0
32 滋賀	0	0	0	0	0	0	0	0	0	0	0	0	0	0
33 京都	0	0	0	0	0	0	0	4,000	0	0	0	0	0	0
34 奈良	0	0	0	0	0	0	0	0	0	0	0	0	0	0
35 和歌山	0	759	575,715	0	0	0	898	1,887	0	0	0	0	873	0
36 大阪	0	0	1,180	0	0	0	2,803	1,065	0	0	0	0	0	4,136
37 兵庫	0	47	0	0	0	0	0	1,057	83	0	0	18,647	16,815	408
38 鳥取	0	0	0	0	0	0	0	0	0	0	3	0	0	0
39 島根	0	0	0	0	0	0	0	0	0	2,200	32,669	0	0	0
40 岡山	0	0	0	0	0	0	0	10,200	0	0	0	0	0	0
41 広島	0	100,725	0	0	0	0	296	61,087	0	0	0	23,745	11	557
42 山口	0	61	0	0	0	0	829	0	0	0	107,400	0	1,050	0
43 香川	0	0	0	0	0	0	0	19,000	0	0	0	0	1,547	0
44 愛媛	0	0	0	0	0	0	1,621	0	0	0	0	0	35,523	244
45 徳島	0	0	0	0	0	0	8,798	0	264	0	0	0	652	0
46 高知	0	0	0	0	0	0	0	0	0	0	0	0	0	0
47 福岡	0	5,274	2,453	0	0	0	0	7,393	0	0	0	140	0	36,701
48 佐賀	0	5,874	0	0	0	0	0	0	0	0	1,480	0	600	4,783
49 長崎	0	0	0	0	0	0	0	0	0	0	2,349	0	0	26,303
50 熊本	0	0	0	0	0	0	0	0	634	0	0	0	0	0
51 大分	0	0	909	0	0	0	0	0	0	0	12,603	0	13,374	11,402
52 宮崎	0	10,027	0	0	0	0	0	10,410	0	5,497	0	60	7,193	50,730
53 鹿児島	0	0	0	0	0	0	400	0	4	0	0	0	0	8,885
54 沖縄	0	0	0	0	0	0	0	716	0	0	0	0	0	0
55 全国	0	264,213	590,585	0	31,594	0	17,166	144,462	4,705	101,577	176,637	43,432	79,501	144,206

平成28年度 　　　　　　　　　　　　　　府県相互間輸送トン数表（海運）

品目（2-0）林産品　　（単位：トン）　その4

着＼発	43 香川	44 愛媛	45 徳島	46 高知	47 福岡	48 佐賀	49 長崎	50 熊本	51 大分	52 宮崎	53 鹿児島	54 沖縄	55 全国
1 札幌	0	0	0	0	0	0	0	0	0	0	0	0	46,578
2 旭川	0	0	0	0	1,203	0	0	0	0	0	459	0	45,160
3 函館	0	0	0	0	3,576	0	1,556	0	0	0	1,224	0	230,699
4 室蘭	2,184	0	0	0	0	0	0	0	0	0	0	0	33,073
5 釧路	0	0	0	0	0	0	0	0	0	0	0	0	
6 帯広	0	0	0	0	2,939	0	0	1,700	0	0	0	0	79,520
7 北見	0	0	0	0	0	0	0	0	0	0	0	0	4,967
8 北海道	2,184	0	0	0	7,718	0	1,556	1,700	0	0	1,683	0	439,997
9 青森	0	3,701	1,400	0	2,461	0	0	0	0	0	0	0	87,478
10 岩手	0	0	0	0	0	0	0	0	0	0	0	0	35,047
11 宮城	0	0	5,907	0	0	0	0	0	0	0	22	0	25,880
12 福島	0	0	0	0	0	0	0	0	0	0	0	0	607
13 秋田	0	0	0	0	0	0	0	0	0	0	0	0	0
14 山形	0	0	0	0	0	0	0	0	0	0	0	0	20
15 茨城	0	29,720	0	0	13,590	0	0	0	0	0	0	0	418,376
16 栃木	0	0	0	0	0	0	0	0	0	0	0	0	0
17 群馬	0	0	0	0	0	0	0	0	0	0	0	0	0
18 埼玉	0	0	0	0	0	0	0	0	0	0	0	0	0
19 千葉	0	0	0	0	0	0	0	0	0	0	0	0	3,312
20 東京	0	0	0	0	0	0	0	0	0	5,600	0	1,464	133,451
21 神奈川	1,402	0	0	0	0	0	0	0	0	0	0	0	169,884
22 新潟	0	0	0	0	0	0	589	0	0	0	0	0	5,676
23 富山	0	0	0	0	0	0	0	0	0	0	0	0	0
24 石川	0	0	0	0	0	0	0	0	0	0	0	0	0
25 福井	0	2,602	0	0	0	0	0	0	0	0	0	0	11,712
26 山梨	0	0	0	0	0	0	0	0	0	0	0	0	0
27 長野	0	0	0	0	0	0	0	0	0	0	0	0	0
28 静岡	0	68	0	0	0	0	0	0	0	2,017	0	0	2,832
29 岐阜	0	0	0	0	0	0	0	0	0	0	0	0	0
30 愛知	1,337	2,124	0	0	0	0	0	0	0	0	0	0	8,958
31 三重	0	0	0	0	250	0	0	0	0	0	0	0	774
32 滋賀	0	0	0	0	0	0	0	0	0	0	0	0	0
33 京都	0	0	0	0	0	0	0	0	0	0	0	0	4,000
34 奈良	0	0	0	0	0	0	0	0	0	0	0	0	0
35 和歌山	0	6,280	9,340	0	0	2,579	0	0	0	0	0	0	598,331
36 大阪	3,126	260	2,766	0	7,034	0	0	0	0	1,386	10	738	29,669
37 兵庫	0	24,175	0	0	13,517	0	0	0	0	1,341	1	1	76,092
38 鳥取	0	0	0	0	0	0	0	0	0	0	0	0	9,732
39 島根	0	0	0	0	0	0	0	0	0	0	0	0	34,869
40 岡山	1,059	0	0	0	0	0	0	0	0	0	0	3	15,947
41 広島	973	17,259	0	0	71,397	0	0	0	0	15,443	0	1,024	417,501
42 山口	0	0	0	0	0	0	0	0	0	0	0	0	111,625
43 香川	5,477	0	0	0	0	0	0	0	0	0	0	0	26,030
44 愛媛	0	12,796	7,047	0	247	0	0	0	0	1,400	0	316	59,350
45 徳島	0	0	0	0	0	0	0	0	0	0	0	0	10,158
46 高知	0	0	0	0	0	0	0	0	1,008	0	0	0	1,008
47 福岡	6,306	38,990	1,363	0	15	0	11,089	598	0	0	0	2,642	118,724
48 佐賀	7,720	19,510	0	0	800	0	80	0	0	0	0	0	42,388
49 長崎	0	9,080	0	0	3,270	8,475	1,363	0	408	0	0	0	51,248
50 熊本	0	3,930	0	0	0	0	0	80	0	0	0	0	21,961
51 大分	0	59,374	0	0	0	0	0	0	0	0	0	0	97,802
52 宮崎	0	68,608	6,804	0	15,552	0	0	0	0	0	9,346	0	184,227
53 鹿児島	2,377	0	515	0	0	0	0	6,034	8,615	0	81,037	36,148	144,015
54 沖縄	10,398	2,100	0	0	0	0	0	0	0	0	282	18,539	32,827
55 全国	42,359	300,577	35,142	0	45,632	92,798	21,200	11,822	1,008	36,410	92,381	60,881	3,431,508

平成28年度　　府県相互間輸送トン数表（海運）　　品目　（3-0）鉱産品　（単位：トン）その 1

着／発	1 札幌	2 旭川	3 函館	4 室蘭	5 釧路	6 帯広	7 北見	8 北海道	9 青森	10 岩手	11 宮城	12 福島	13 秋田	14 山形
1 札幌	22,782	3,163	0	0	0		0	25,945	0	0	0	0	0	0
2 旭川	551,010	138,061	0	0	17,850	0	0	706,921	0	0	0	0	0	0
3 函館	192,640	0	132,560	179,380	0	0	0	504,580	32,050	160,373	76,210	50,170	0	0
4 室蘭	14,010	0	85,122	135,557	160,800	0	0	395,489	4,915	613,470	13,700	252,985	15,195	0
5 釧路	0	0	1,800	130,060	0	0	0	131,860	20,795	0	43,800	1,300	0	0
6 帯広	0	0	0	0	0	0	0	0	0	6,480	27,509	702	0	0
7 北見	0	0	0	0	0	0	0	0	0	0	0	0	0	0
8 北海道	780,442	141,224	219,482	444,997	178,650	0	0	1,764,795	57,760	780,323	117,419	347,657	16,495	0
9 青森	960	0	211,419	1,786,758	2,169	0	0	2,001,306	166,479	258,786	242,930	304,421	238,530	20,570
10 岩手	0	0	1,600	17,594	0	0	0	19,194	9,393	88,276	4,200	0	0	0
11 宮城	0	0	0	8,364	818	0	0	9,182	0	95,270	82,438	6,250	1,500	0
12 福島	0	0	18,980	5,200	0	0	0	24,180	21,625	60,290	0	3,097,026	20,000	0
13 秋田	0	0	12,000	41,069	0	0	0	53,069	11,700	3,053	0	0	0	1,500
14 山形	0	0	0	32,546	0	0	0	32,546	10,396	0	0	0	10,112	33,817
15 茨城	0	0	5,401	14,005	0	18,010	0	37,416	123,540	17,267	246,344	4,680	1,500	0
16 栃木	0	0	0	0	0	0	0	0	0	0	0	0	0	0
17 群馬	0	0	0	0	0	0	0	0	0	0	0	0	0	0
18 埼玉	0	0	0	0	0	0	0	0	0	0	0	0	0	0
19 千葉	41,690	0	213,995	37,868	124,530	0	1,540	419,623	7,660	83,795	343,775	28,568	24,950	0
20 東京	0	0	0	5,501	80	0	0	5,581	1,730	0	1,631	4,860	0	0
21 神奈川	0	0	86,061	46,443	34,600	30,287	0	197,391	4,005	10,260	36,194	38,940	50,000	0
22 新潟	0	0	0	0	0	0	0	0	0	0	0	0	138,916	0
23 富山	0	0	0	0	0	0	0	0	0	1,550	0	0	0	0
24 石川	0	0	0	12,209	0	0	0	12,209	4,524	0	0	0	12,164	0
25 福井	0	0	1,500	770	0	0	0	2,270	0	0	0	0	0	0
26 山梨	0	0	0	0	0	0	0	0	0	0	0	0	0	0
27 長野	0	0	0	0	0	0	0	0	0	0	0	0	0	0
28 静岡	0	0	0	2,359	0	0	0	2,359	0	12,026	0	0	0	0
29 岐阜	0	0	0	0	0	0	0	0	0	0	0	0	0	0
30 愛知	0	0	34,340	8,140	0	0	0	42,480	1,552	0	0	17,962	15,000	0
31 三重	0	0	0	0	0	0	0	0	0	0	0	0	0	0
32 滋賀	0	0	0	0	0	0	0	0	0	0	0	0	0	0
33 京都	0	0	1,503	0	0	0	0	1,503	0	0	0	0	0	0
34 奈良	0	0	0	0	0	0	0	0	0	0	0	0	0	0
35 和歌山	0	0	0	1,600	0	0	0	1,600	0	0	6,000	0	0	0
36 大阪	5,764	0	0	2,914	0	0	0	8,678	2,409	100	14,984	0	0	0
37 兵庫	0	0	0	8,891	6,774	0	0	15,665	2,855	0	0	0	0	0
38 鳥取	0	0	0	3,500	0	0	0	3,500	0	0	0	0	0	0
39 島根	0	0	0	0	0	0	0	0	0	7,500	0	0	0	0
40 岡山	0	0	0	5,634	140,531	0	0	146,165	6,128	3,011	0	0	0	0
41 広島	0	0	0	273,300	76,500	10,500	0	360,300	0	0	6,300	5,659	54,950	62,700
42 山口	0	0	0	20,000	0	0	0	20,004	2,710	0	10,050	4,266	6,500	0
43 香川	0	0	0	23,650	5,637	0	0	29,287	0	0	0	412	50,400	0
44 愛媛	0	0	0	0	0	0	0	0	32,767	0	0	0	0	0
45 徳島	0	0	0	5,307	0	0	0	5,307	0	0	1,280	0	0	0
46 高知	0	0	0	0	0	0	12,150	12,150	1,600	0	0	7,694	0	1,500
47 福岡	0	0	0	85,320	0	0	0	85,320	57,961	1,530	0	16,960	121,820	0
48 佐賀	0	0	0	0	0	0	0	0	3,776	0	0	0	0	0
49 長崎	0	0	0	1,566	7,309	0	0	8,875	0	0	0	0	0	0
50 熊本	0	0	0	0	0	0	0	0	0	0	0	0	0	0
51 大分	0	0	0	42,414	0	0	9,080	51,494	1,342	0	0	0	0	0
52 宮崎	0	0	0	0	0	0	0	0	0	0	0	0	0	0
53 鹿児島	0	0	0	123,438	0	0	0	123,438	0	0	678,162	81,997	25,000	0
54 沖縄	0	0	0	5,210	0	0	0	5,210	0	0	0	0	0	0
55 全国	828,856	141,224	806,281	3,063,071	581,098	58,797	22,770	5,502,097	531,912	1,423,037	1,792,119	4,017,340	737,437	120,087

平成28年度　　府県相互間輸送トン数表（海運）　　品目　（3-0）鉱産品　（単位：トン）その 2

着／発	15 茨城	16 栃木	17 群馬	18 埼玉	19 千葉	20 東京	21 神奈川	22 新潟	23 富山	24 石川	25 福井	26 山梨	27 長野	28 静岡
1 札幌	0	0	0	0	0	0	0	605	0	0	0	0	0	0
2 旭川	0	0	0	0	1,650	0	0	0	0	0	0	0	0	0
3 函館	0	0	0	0	936,997	0	274,950	0	0	0	0	0	0	0
4 室蘭	211,197	0	0	0	507,103	4,290	799	12,885	0	0	260	0	0	1,800
5 釧路	20	0	0	0	5,000	0	0	5,000	0	0	0	0	0	1,800
6 帯広	0	0	0	0	2,200	0	0	0	0	0	0	0	0	0
7 北見	0	0	0	0	0	0	0	0	0	0	0	0	0	0
8 北海道	211,217	0	0	0	1,452,950	4,290	275,749	18,490	0	0	260	0	0	1,800
9 青森	1,275,271	0	0	0	295,159	424,209	229,875	6,960	0	0	0	0	0	22,980
10 岩手	7,370	0	0	0	18,751	44,350	28,900	0	0	0	0	0	0	0
11 宮城	32,031	0	0	0	26,676	3,000	10,003	0	0	0	0	0	0	0
12 福島	118,790	0	0	0	174,751	2,239	42,195	1,530	10,000	0	0	0	0	0
13 秋田	0	0	0	0	0	0	48,732	11,122	0	0	0	0	0	0
14 山形	0	0	0	0	0	0	3,961	78,344	4,293	4,293	0	0	0	0
15 茨城	4,699	0	0	0	332,116	61,980	5,935	34,430	0	0	0	0	0	0
16 栃木	0	0	0	0	0	0	0	0	0	0	0	0	0	0
17 群馬	0	0	0	0	0	0	0	0	0	0	0	0	0	0
18 埼玉	0	0	0	0	0	0	0	0	0	0	0	0	0	0
19 千葉	26,558	0	0	0	942,587	3,254,895	4,560,826	55,080	0	0	0	0	0	114,590
20 東京	1,578	0	0	0	34,557	649,519	8,932	1,433	0	0	0	0	0	452
21 神奈川	25,764	0	0	0	388,678	54,400	2,176,795	0	0	0	0	0	0	95,858
22 新潟	0	0	0	0	0	0	63,207	149,887	4,050	37,540	274,257	0	0	0
23 富山	0	0	0	0	0	0	0	21,957	0	22,016	0	0	0	0
24 石川	0	0	0	0	0	0	0	7,500	0	0	116,319	0	0	0
25 福井	0	0	0	0	0	0	0	0	0	0	0	0	0	0
26 山梨	0	0	0	0	0	0	0	0	0	0	0	0	0	0
27 長野	0	0	0	0	0	0	0	0	0	0	0	0	0	0
28 静岡	10,850	0	0	0	33,000	71,550	19,010	0	0	0	0	0	0	46,133
29 岐阜	0	0	0	0	0	0	0	0	0	0	0	0	0	0
30 愛知	12,465	0	0	0	196,746	51,820	126,478	19,646	3,120	0	0	0	0	54,653
31 三重	0	0	0	0	165,450	10,450	182,532	4,000	0	0	0	0	0	30,044
32 滋賀	0	0	0	0	0	0	0	0	0	0	0	0	0	0
33 京都	0	0	0	0	0	0	0	12,040	0	0	0	0	0	0
34 奈良	0	0	0	0	0	0	0	0	0	0	0	0	0	0
35 和歌山	6,298	0	0	0	0	0	0	0	0	0	0	0	0	0
36 大阪	3,100	0	0	0	5,475	4,410	13,402	1,600	27,000	0	0	0	0	800
37 兵庫	3,119	0	0	0	13,874	0	2,100	33,740	12,410	7,240	10,540	0	0	1,200
38 鳥取	0	0	0	0	0	0	0	0	0	0	0	0	0	0
39 島根	1,000	0	0	0	0	0	0	0	2,400	0	0	0	0	0
40 岡山	3,084	0	0	0	0	7,151	2,801	40,964	0	0	22,710	0	0	1,350
41 広島	0	0	0	0	4,640	6,620	17,216	239,735	35,260	0	9,350	0	0	0
42 山口	436,393	0	0	0	977,998	215,346	85,300	93,392	4,250	35,970	129,670	0	0	4,313
43 香川	0	0	0	0	2,801	3,604	1,070	2,051	0	0	0	0	0	0
44 愛媛	0	0	0	0	0	710	24,080	15,700	0	0	0	0	0	7,550
45 徳島	0	0	0	0	96,197	1,000	67,337	0	0	0	0	0	0	0
46 高知	187,715	0	0	0	4,023,914	515,957	1,670,465	0	0	0	0	0	0	17,470
47 福岡	25,490	0	0	0	125,094	3,085	274,450	1,598	0	11,528	51,780	0	0	24,640
48 佐賀	0	0	0	0	10,350	400	0	0	0	0	0	0	0	0
49 長崎	0	0	0	0	0	6,809	711,157	744	9,620	0	0	0	0	0
50 熊本	0	0	0	0	3,259	0	0	0	0	0	0	0	0	0
51 大分	37,355	0	0	0	392,488	323,539	373,884	84,509	9,552	18,364	94,563	0	0	49,690
52 宮崎	0	0	0	0	6,260	0	0	0	0	0	0	0	0	0
53 鹿児島	5,000	0	0	0	0	0	10,279,000	0	201,240	0	0	0	0	0
54 沖縄	0	0	0	0	0	0	0	0	0	0	0	0	0	0
55 全国	2,435,147	0	0	0	9,723,726	5,721,333	21,310,993	936,452	323,195	136,951	709,449	0	0	473,523

平成28年度　　府県相互間輸送トン数表（海運）　　品目（3-0）鉱産品　（単位：トン）その3

着／発	29 岐阜	30 愛知	31 三重	32 滋賀	33 京都	34 奈良	35 和歌山	36 大阪	37 兵庫	38 鳥取	39 島根	40 岡山	41 広島	42 山口
1 札幌	0													
2 旭川	0	1,050	1,800											
3 函館	0													
4 室蘭	0	105,323			6,118		140,108	4,930	2,949					
5 釧路	0							15,081	262,230	15,800				
6 帯広	0										51,800			
7 北見	0													
8 北海道	0	106,373	1,800		6,118		140,108	20,011	265,179	67,600				
9 青森	0	6,850	6,360						70,195			4,000		
10 岩手	0								1,000					
11 宮城	0							5,698					900	
12 福島	0	5,330	5,960						18,659			8,250	21,313	29,900
13 秋田	0													2,502
14 山形	0													
15 茨城	0	6,242					7,820	14,472	38,669		709			
16 栃木	0													
17 群馬	0													
18 埼玉	0													
19 千葉	0	314,148	17,300				43,861	1,000	58,845			1,720	11,215	16
20 東京	0	3,300	5,200				1,510	550	23,045				2,048	
21 神奈川	0	44,949	23,750					7,573	96,405			2,000		2,000
22 新潟	0	73,480			9,424				4,693	8,840	31,140		6,174	48,248
23 富山	0						3,570							
24 石川	0										1,205			
25 福井	0										4,031			1,500
26 山梨	0													
27 長野	0													
28 静岡	0	1,700	1,500				1,102	8,650	36,291			3,029		
29 岐阜	0													
30 愛知	0	142,102	174,582				3,132	36,821	509,467			36,057		10,661
31 三重	0	1,813,258	35,270				6,880	290	1,612			22,730		6,500
32 滋賀	0													
33 京都	0				12,848			14,685	56,096	14,920	42,926			3,025
34 奈良	0													
35 和歌山	0	61,039	43,070				586,892	169,614	102,896				15,900	
36 大阪	0	20,557					408,335	162,139	728,118		1,650	112,414	680	11,550
37 兵庫	0	4,638	207,645				391,174	3,368,284	6,719,914	159,086	0	130,671	159,871	72,760
38 鳥取	0									65,250	11			
39 島根	0	1,480			65,820		1,500	1,300	6,009		375,052	1,045	1,200	
40 岡山	0	56,218	250,680				6,210	16,084	689,343	25,512	89,870	1,200		85,333
41 広島	0	13,336	259,480		4,513		737,064	496,156	444,610		16,966	82,991	646,052	537,504
42 山口	0	207,873	21,307	206,820	13,040		36,531	73,500	4,843,507	117,170	35,184	646,275	1,240,283	3,397,146
43 香川	0		19,330				31,650	36,645	238,889			11,407	3,474	3,877
44 愛媛	0	93,635					31,933	129,377	101,358			5,574	62,979	31,740
45 徳島	0	40,290	27,048				35,932	211,822	322,223		302	70,251	27,016	3,308
46 高知	0	412,260					1,330,686	219,318	1,110,436			17,367	177,573	7,400
47 福岡	0	53,559	14,220				2,040	109,870	685,561	156,343	15,873	129,021	804,515	788,627
48 佐賀	0							15,604	52,368	30,100		1,000	24,500	268,868
49 長崎	0	700						26,800	37,169		14,572	10,050	16,590	56,527
50 熊本	0								1,530				4,220	21,782
51 大分	0	66,990	23,696				11,780	352,751	567,523	39,000		1,526,736	1,689,612	6,736,419
52 宮崎	0	12,440						6,235	9,360				141,978	
53 鹿児島	0	3,610					38,060	6,257,570	14,900			1,716,812		5,524,685
54 沖縄	0							1,500	1,690			174,138		
55 全国	0	3,492,877	1,211,678	206,820	111,763	0	3,863,468	11,881,151	17,855,030	658,309	565,133	4,804,308	5,057,193	17,651,878

平成28年度　　府県相互間輸送トン数表（海運）　　品目（3-0）鉱産品　（単位：トン）その4

着／発	43 香川	44 愛媛	45 徳島	46 高知	47 福岡	48 佐賀	49 長崎	50 熊本	51 大分	52 宮崎	53 鹿児島	54 沖縄	55 全国
1 札幌													26,550
2 旭川													711,421
3 函館													2,035,330
4 室蘭		67,200			60,340	30,410			44,114	250			2,495,830
5 釧路					1,000								501,886
6 帯広													88,691
7 北見					9,012								9,012
8 北海道		67,200			70,352	30,410			44,114	250			5,868,720
9 青森		3,950			5,600								5,584,431
10 岩手													221,434
11 宮城				49,920	25,678					4,463		4,500	277,448
12 福島													3,742,099
13 秋田		4,500			1,500				45,313				182,991
14 山形													177,762
15 茨城				4,960	17,115				17,094				976,988
16 栃木													
17 群馬													
18 埼玉													
19 千葉	1,500	1,320		13,293	26,471				48,703				10,402,299
20 東京		2,895	1,600		38,332					18	480	1,274	790,525
21 神奈川	8,684	10,641	1,487	1,589	172,000				146,104				3,595,467
22 新潟		135,201			2,084				11,600				992,567
23 富山					3,180								14,474
24 石川					7,100				10,002				91,177
25 福井		3,000		4,638	1,530								140,788
26 山梨													
27 長野													
28 静岡		4,532		4,544			19,442	650					276,368
29 岐阜													
30 愛知	2,605	26,215		77,548	99,161	350	53,945		82,133		1,500		1,798,201
31 三重													2,272,516
32 滋賀										13,200			19,700
33 京都					49,856			29,367	85,355				322,621
34 奈良													
35 和歌山	5,190	5,260		38,035	12,936				9,375			74,411	1,138,516
36 大阪	46,105	112,685		123,638	99,093		88,322		27,622	1,100	34,086	992	2,061,044
37 兵庫	205,557	91,428	248,072	13,073	336,365	506		3,450	67,359	1,350	1,500	1,312	12,286,758
38 鳥取													68,761
39 島根	4,369				5,723				17,745				490,943
40 岡山	99,585	49,473	31,290	70,845	387,996	2,000			25,443			598	2,241,044
41 広島	39,869	636,778	379,830	112,868	694,692	9,650	26,000		120,750	36,950	4,500	4,899	6,108,188
42 山口	97,441	782,337	2,000	825,219	1,286,806		167,294	76,107	199,132	128,350	74,583		16,504,067
43 香川	181,903	14,395	5,306	1,557	183,923				3,300		3,000	3,000	831,281
44 愛媛	77,766	1,958,921	8,810	11,190	75,384			1,800	10,400	9,726	1,000	512	2,692,912
45 徳島	44,590	75,730		12,675	193,128		50,000		32,798				1,320,785
46 高知	1,520	12,349	121,670	111,034	198,130				216,581	6,298		370	10,381,457
47 福岡	111,657	21,729	92,330	257,419	786,239	1,600	18,140	26,900	585,631	175,296	20,809		5,658,590
48 佐賀					9,376	43,985	150,857	2,700	89,050	37,564			740,498
49 長崎	11,341	1,000	120,327		348,663	102,905	1,934,814	512,012	181,798	2,000	650	232,220	4,347,343
50 熊本	680				160,299		34,648	439,185	45,136	1,000	6,080		717,819
51 大分	653,319	405,110	73,280	38,204	1,050,358		38,130	112,196	2,926,644	595,387	467,334	3,000	18,814,144
52 宮崎		18,300			183,638				183,055	143,823		1,500	531,751
53 鹿児島	95,240	126,000			45,239			5,875	110,400		853,782	84,476	26,270,486
54 沖縄							365,165					559	1,012,498
55 全国	1,688,921	4,570,949	1,088,552	1,772,249	6,397,509	191,406	2,946,757	1,210,242	5,342,637	1,156,775	1,449,054	898,109	151,967,566

平成28年度　　府県相互間輸送トン数表（海運）　　品目（4-0）金属・機械工業品　その1　（単位：トン）

発＼着	1 札幌	2 旭川	3 函館	4 室蘭	5 釧路	6 帯広	7 北見	8 北海道	9 青森	10 岩手	11 宮城	12 福島	13 秋田	14 山形
1 札幌	0	0	0	0	0	0	0	0	0	0	4,536	0	0	0
2 旭川	0	67	0	0	0	0	0	67	0	0	0	0	0	0
3 函館	0	0	0	21,715	0	0	0	21,715	0	0	9,367	0	0	0
4 室蘭	0	0	787	4,024	425,358	0	0	430,169	215	6,614	575,386	39,674	2,738	0
5 釧路	0	0	0	8,151	0	0	0	8,151	0	0	4,870	0	0	0
6 帯広	0	0	0	0	0	0	0	0	0	0	0	0	0	0
7 北見	0	0	0	0	0	0	0	0	0	0	0	0	0	0
8 北海道	0	67	787	33,890	425,358	0	0	460,102	215	6,614	594,159	39,674	2,738	0
9 青森	0	0	0	93,536	42	0	0	93,578	1,500	0	0	0	0	0
10 岩手	0	0	0	43,455	0	0	0	43,455	0	0	200	0	0	0
11 宮城	0	0	0	596,890	0	0	0	596,890	0	828	10,779	0	0	0
12 福島	0	0	0	0	0	0	0	0	0	0	0	412	0	0
13 秋田	0	0	0	1,000	0	0	0	1,000	2,817	0	1,300	0	0	0
14 山形	0	0	0	86	0	0	0	86	0	0	0	0	0	531
15 茨城	3,168	0	7,269	643,208	1,274,600	0	0	1,928,245	32,264	50,992	189,771	133	199	0
16 栃木	0	0	0	0	0	0	0	0	0	0	0	0	0	0
17 群馬	0	0	0	0	0	0	0	0	0	0	0	0	0	0
18 埼玉	0	0	0	0	0	0	0	0	0	0	0	0	0	0
19 千葉	0	0	40,796	203,710	3,707	0	0	248,213	28,649	426,731	244,434	999	0	197
20 東京	0	0	0	555,739	326,475	0	0	882,214	2,950	188	138,734	21	0	0
21 神奈川	0	0	3,568	396,888	1,114	0	0	401,570	147,450	93	393,235	0	113	0
22 新潟	0	0	60	4,876	0	0	0	4,876	0	0	272	0	725	0
23 富山	0	0	0	0	0	0	0	60	0	0	0	0	0	0
24 石川	0	0	0	506	0	0	0	506	0	0	0	0	0	0
25 福井	0	0	0	572,714	0	0	0	572,714	0	0	0	0	3,140	0
26 山梨	0	0	0	0	0	0	0	0	0	0	0	0	0	0
27 長野	0	0	0	0	0	0	0	0	0	0	0	0	0	0
28 静岡	0	0	224	0	0	0	0	224	0	1,151	3,900	0	0	0
29 岐阜	0	0	0	0	0	0	0	0	0	0	0	0	0	0
30 愛知	0	0	0	1,916,568	0	0	0	1,916,568	371,120	39,052	3,407,281	0	2,400	0
31 三重	0	0	0	42	0	0	0	42	0	0	32,943	0	0	0
32 滋賀	0	0	0	0	0	0	0	0	0	0	0	0	0	0
33 京都	0	0	0	0	0	0	0	0	0	0	0	0	0	0
34 奈良	0	0	0	0	0	0	0	0	0	0	0	0	0	0
35 和歌山	40	0	0	4,565	0	0	0	4,605	1,293	0	3,965	0	0	0
36 大阪	0	0	0	361,839	160	0	0	361,999	26,090	3,157	104,094	31,968	0	0
37 兵庫	4,448	0	672	30,590	0	0	0	35,710	6,803	0	76,665	2,916	0	0
38 鳥取	0	0	0	0	0	0	0	0	0	0	0	0	0	0
39 島根	0	0	0	56	0	0	0	56	0	0	0	0	0	0
40 岡山	0	0	55	16,434	0	0	0	16,489	3,094	0	98,699	1,585	0	0
41 広島	0	0	604	3,971	0	0	0	4,575	51,892	589	166,973	2,511	0	0
42 山口	0	0	906	3,060	0	0	0	3,966	0	25	4,828	0	0	0
43 香川	0	0	603	2,579	0	0	0	3,182	0	350	1	9,330	577	0
44 愛媛	0	0	0	0	0	0	0	2,904	250	0	6,872	0	0	0
45 徳島	0	0	0	12,565	0	0	0	12,565	250	0	0	0	0	0
46 高知	0	0	0	0	0	0	0	0	0	0	0	0	0	0
47 福岡	6,760	0	0	7,568	1,077	0	0	15,405	234	16,188	13,999	264	0	587
48 佐賀	0	0	0	0	0	0	0	0	0	0	0	0	454	0
49 長崎	0	0	0	9,350	0	0	0	9,350	0	0	16,198	3,102	198	0
50 熊本	0	0	0	0	0	0	0	0	0	0	0	0	0	0
51 大分	0	0	0	4,340	0	0	0	4,340	0	0	0	0	0	0
52 宮崎	0	0	0	0	0	0	0	0	0	0	0	0	0	0
53 鹿児島	0	0	0	0	0	0	0	0	0	0	0	0	0	0
54 沖縄	0	0	0	0	0	0	0	0	0	0	660	0	0	0
55 全国	14,416	67	55,544	5,520,025	2,032,533	0	0	7,622,585	679,525	545,958	5,509,962	92,915	10,544	1,315

平成28年度　　府県相互間輸送トン数表（海運）　　品目（4-0）金属・機械工業品　その2　（単位：トン）

発＼着	15 茨城	16 栃木	17 群馬	18 埼玉	19 千葉	20 東京	21 神奈川	22 新潟	23 富山	24 石川	25 福井	26 山梨	27 長野	28 静岡
1 札幌	0	0	0	0	0	0	0	1,940	0	0	0	0	0	0
2 旭川	0	0	0	0	0	0	0	0	0	0	0	0	0	0
3 函館	210	0	0	0	0	0	0	0	0	0	0	0	0	0
4 室蘭	1,334,301	0	0	0	189,041	312,285	322,155	19,778	0	5,773	586,525	0	0	564
5 釧路	178,950	0	0	0	0	380	0	1,500	0	0	0	0	0	0
6 帯広	0	0	0	0	0	0	0	0	0	0	0	0	0	0
7 北見	0	0	0	0	0	0	0	0	0	0	0	0	0	0
8 北海道	1,513,461	0	0	0	189,041	312,665	322,155	23,218	0	5,773	586,525	0	0	564
9 青森	0	0	0	0	0	0	1,200	65,893	994	0	0	0	0	0
10 岩手	0	0	0	0	6,661	0	0	0	994	0	0	0	0	0
11 宮城	777	0	0	0	180	67,942	884,280	0	0	0	0	0	0	0
12 福島	66	0	0	0	1,007	0	0	0	0	0	0	0	0	0
13 秋田	0	0	0	0	0	0	161	0	0	0	0	0	0	0
14 山形	270	0	0	0	0	0	0	0	0	0	0	0	0	0
15 茨城	0	0	0	0	259,024	73,676	48,896	2,303	26	0	404	0	0	23,964
16 栃木	0	0	0	0	0	0	0	0	0	0	0	0	0	0
17 群馬	0	0	0	0	0	0	0	0	0	0	0	0	0	0
18 埼玉	0	0	0	0	0	0	0	0	0	0	0	0	0	0
19 千葉	13,273	0	0	0	2,010,642	57,253	481,103	0	0	2,214	0	0	0	84,147
20 東京	20,421	0	0	0	2,777	107,711	4,912	0	0	0	0	0	0	11,529
21 神奈川	3,024	0	0	0	1,108,905	21,222	160,446	187	0	0	0	0	0	6,435
22 新潟	0	0	0	0	0	0	334	39,378	3,166	0	0	0	0	0
23 富山	0	0	0	0	0	330	104	16,450	0	0	0	0	0	0
24 石川	0	0	0	0	0	0	0	1,214	0	0	0	0	0	0
25 福井	0	0	0	0	0	0	0	2,953	160	0	0	0	0	0
26 山梨	0	0	0	0	0	0	0	0	0	0	0	0	0	0
27 長野	0	0	0	0	0	0	0	0	0	0	0	0	0	0
28 静岡	0	0	0	0	0	12,053	9,206	0	0	0	0	0	0	16,698
29 岐阜	0	0	0	0	0	0	0	0	0	0	0	0	0	0
30 愛知	2,781	0	0	0	2,348,900	78,645	2,900,330	0	0	0	0	0	0	40,775
31 三重	0	0	0	0	957,080	1,618	634	0	0	0	0	0	0	405
32 滋賀	0	0	0	0	0	0	0	0	0	0	0	0	0	0
33 京都	0	0	0	0	0	0	0	0	0	0	0	0	0	0
34 奈良	0	0	0	0	0	0	0	0	0	0	0	0	0	0
35 和歌山	24,986	0	0	0	187,048	98,493	1,548	0	0	0	0	0	0	0
36 大阪	9,830	0	0	0	883,622	301,009	140,572	0	0	0	0	0	0	94,717
37 兵庫	9,048	0	0	0	1,535,319	118,979	217,761	0	2,083	34,799	254	0	0	110,627
38 鳥取	0	0	0	0	0	0	0	0	0	0	0	0	0	0
39 島根	0	0	0	0	0	0	0	0	0	0	0	0	0	0
40 岡山	14,819	0	0	0	436,203	100,979	459,367	4,652	62,003	0	7,217	0	0	77,973
41 広島	4,675	0	0	0	1,324,854	23,246	191,300	7,718	21,930	10	1,134	0	0	50,112
42 山口	27,257	0	0	0	406,764	1,650	5,565	27,710	0	19	0	0	0	2,832
43 香川	0	0	0	0	86,362	850	0	0	0	0	0	0	0	2,499
44 愛媛	52,414	0	0	0	422,682	45,043	10,732	1,449	0	880	0	0	0	3,433
45 徳島	0	0	0	0	34,520	0	0	0	0	0	0	0	0	0
46 高知	0	0	0	0	1,500	392	0	0	0	0	0	0	0	2,475
47 福岡	560,771	0	0	0	225,712	665,776	3,089,907	23,564	0	2,791	0	0	0	425,439
48 佐賀	0	0	0	0	0	0	0	0	0	0	0	0	0	0
49 長崎	3,380	0	0	0	4,359	300	95	675	0	0	0	0	0	0
50 熊本	0	0	0	0	57	100	42	0	0	0	0	0	0	0
51 大分	186,909	0	0	0	318,863	119,280	87,965	3,783	0	563	0	0	0	139,989
52 宮崎	192	0	0	0	0	18,000	394	0	0	0	0	0	0	0
53 鹿児島	93	0	0	0	0	1,120	0	0	0	0	0	0	0	0
54 沖縄	0	0	0	0	0	104,979	565	0	0	0	0	0	0	0
55 全国	2,448,447	0	0	0	12,752,082	2,334,511	9,086,475	154,040	89,368	47,049	595,534	0	0	1,094,746

平成28年度　　府県相互間輸送トン数表（海運）　　品目（4-0）金属・機械工業品　　（単位：トン）　その3

着／発	29 岐阜	30 愛知	31 三重	32 滋賀	33 京都	34 奈良	35 和歌山	36 大阪	37 兵庫	38 鳥取	39 島根	40 岡山	41 広島	42 山口
1 札幌	0	0	0	0	0	0	0	0	0	0	0	80	0	0
2 旭川	0	0	0	0	0	0	0	0	0	0	0	0	0	0
3 函館	0	1,600	0	0	0	0	0	0	0	0	0	0	0	0
4 室蘭	0	1,112,266	59	0	0	0	1,531	234,402	83,758	0	0	0	19,433	1,991
5 釧路	0	1,360	0	0	0	0	0	0	2,300	0	0	0	0	0
6 帯広	0	0	0	0	0	0	0	0	0	0	0	0	3,486	0
7 北見	0	0	0	0	0	0	0	0	0	0	0	0	0	0
8 北海道	0	1,115,226	59	0	0	0	1,531	236,702	83,758	0	0	80	22,919	1,991
9 青森	0	32,303	0	0	0	0	0	41,944	0	0	0	0	44,658	61,449
10 岩手	0	64,200	0	0	0	0	0	35,145	14,124	0	0	0	1,377	19,404
11 宮城	0	3,168,687	0	0	0	0	0	21,135	8,104	0	0	0	1,100	0
12 福島	0	0	0	0	0	0	0	0	753	0	0	0	0	0
13 秋田	0	0	0	0	0	0	35	7,895	0	0	0	0	0	6,355
14 山形	0	0	0	0	0	0	0	0	0	0	0	0	0	0
15 茨城	0	497,991	2,124	0	0	0	155,419	95,406	177,976	0	1,103	29,151	112,345	54,004
16 栃木	0	0	0	0	0	0	0	0	0	0	0	0	0	0
17 群馬	0	0	0	0	0	0	0	0	0	0	0	0	0	0
18 埼玉	0	0	0	0	0	0	0	0	0	0	0	0	0	0
19 千葉	0	384,942	920,382	638	0	0	7,852	1,113,584	201,567	0	0	179,483	26,483	21,009
20 東京	0	104,099	73,902	0	0	0	2,365	105,621	20,224	0	0	101	85,180	52
21 神奈川	0	3,012,706	101,186	0	50	0	3,624	120,403	485,474	0	0	27,030	162,887	14,151
22 新潟	0	0	0	0	0	0	0	0	103	0	0	0	0	0
23 富山	0	0	0	0	0	0	0	0	0	0	0	0	0	0
24 石川	0	58	100	0	0	0	0	943	123	0	0	0	0	19
25 福井	0	7,115	0	0	66	0	0	0	764	0	0	0	0	0
26 山梨	0	0	0	0	0	0	0	0	0	0	0	0	0	0
27 長野	0	0	0	0	0	0	0	0	0	0	0	0	0	0
28 静岡	0	28,510	77,676	0	0	0	1,192	2,967	717	0	0	0	0	0
29 岐阜	0	0	0	0	0	0	0	0	0	0	0	0	0	0
30 愛知	0	512,237	5,605	0	0	0	5,439	308,064	1,075,026	0	0	980,647	430,255	51,840
31 三重	0	693	1,251	0	0	0	0	1,546	13	0	0	78,447	140,080	0
32 滋賀	0	0	0	0	0	0	0	0	0	0	0	0	0	0
33 京都	0	0	0	0	0	0	0	0	0	0	0	0	50	0
34 奈良	0	0	0	0	0	0	0	0	0	0	0	0	0	0
35 和歌山	0	64,701	0	0	0	0	318	978,838	556,542	0	0	0	81,064	1,033
36 大阪	0	317,022	1,324	0	0	0	12,849	143,171	153,377	0	0	44,314	107,448	42,502
37 兵庫	0	1,235,492	3,037	0	2,615	0	46,586	803,307	1,258,358	40	170	111,246	731,690	249,835
38 鳥取	0	0	0	0	0	0	0	0	0	0	561	0	0	0
39 島根	0	0	0	0	0	0	0	0	0	0	27,068	20	0	0
40 岡山	0	2,198,475	9,957	0	1,950	0	2,106	464,814	687,769	0	240	6,261	161,551	18,333
41 広島	0	1,685,476	0	0	499	0	0	2,576,224	1,011,417	50	7	96,329	426,326	664,095
42 山口	0	326,288	0	0	0	0	2,780	298,685	466,025	0	0	2,184	441,422	10,752
43 香川	0	88,307	1,583	0	52,088	0	2,547	259,052	16,369	0	0	25,154	75,657	4,325
44 愛媛	0	142,542	63,599	0	0	0	1,993	766,215	227,512	95	0	593	105,482	15,429
45 徳島	0	24,338	0	0	0	0	1,380	5,889	936	0	0	1,007	9,499	1,808
46 高知	0	0	0	0	0	0	8,453	0	1,846	0	0	0	250	0
47 福岡	0	3,147,245	0	0	11	0	49,316	372,585	770,194	0	54	113,929	45,729	255,102
48 佐賀	0	64	0	0	0	0	0	0	1,627	0	0	0	41	0
49 長崎	0	27,241	315	0	2,641	0	50	267	4,754	0	0	1,286	203	1,410
50 熊本	0	0	0	0	0	0	0	22,897	5,604	0	0	207	126	0
51 大分	0	3,677,272	0	0	0	0	2,601	362,434	1,341,190	0	0	88,873	162,290	407,257
52 宮崎	0	3,642	0	0	0	0	0	77,589	29,013	0	0	0	0	8,888
53 鹿児島	0	37,199	0	0	0	0	0	2,089	23,006	0	0	0	0	183,045
54 沖縄	0	132,611	0	0	0	0	0	226,355	25,596	0	0	114	0	0
55 全国	0	22,036,682	1,262,100	638	59,920	0	308,436	9,453,393	8,674,147	185	29,203	1,786,456	3,376,112	2,094,088

平成28年度　　府県相互間輸送トン数表（海運）　　品目（4-0）金属・機械工業品　　（単位：トン）　その4

着／発	43 香川	44 愛媛	45 徳島	46 高知	47 福岡	48 佐賀	49 長崎	50 熊本	51 大分	52 宮崎	53 鹿児島	54 沖縄	55 全国
1 札幌	0	0	0	0	3,286	0	0	0	0	0	0	0	9,842
2 旭川	0	0	0	0	0	0	0	0	0	0	0	0	67
3 函館	0	0	0	0	0	0	0	0	0	0	0	0	32,892
4 室蘭	0	5,615	7,570	210	79,447	0	0	0	106,894	0	0	0	5,478,394
5 釧路	0	0	0	0	0	0	0	0	0	0	0	0	197,511
6 帯広	0	0	0	0	0	0	0	0	0	0	0	0	3,486
7 北見	0	0	0	0	0	0	0	0	0	0	0	0	0
8 北海道	0	5,615	7,570	210	82,733	0	0	0	106,894	0	0	0	5,722,192
9 青森	0	1,768	0	0	20,476	0	0	0	0	0	0	0	364,769
10 岩手	0	0	0	0	6,268	0	0	0	0	0	0	0	191,828
11 宮城	0	0	2,719	0	21,778	0	0	0	0	0	0	0	4,784,099
12 福島	0	0	0	0	0	0	0	0	0	0	0	0	3,338
13 秋田	0	0	0	0	9,023	0	0	0	0	0	0	0	28,586
14 山形	0	0	0	0	683	0	0	0	0	0	0	0	1,570
15 茨城	5,551	11,605	2,285	5,715	477,650	0	589	305	84,671	753	970	40	4,325,550
16 栃木	0	0	0	0	0	0	0	0	0	0	0	0	0
17 群馬	0	0	0	0	0	0	0	0	0	0	0	0	0
18 埼玉	0	0	0	0	0	0	0	0	0	0	0	0	0
19 千葉	108,349	743,031	7,606	537	253,714	14,371	16,850	11,668	0	182	1,450	2,430	7,613,983
20 東京	400	0	0	0	3,932,735	0	0	0	0	314,409	8,406	335,323	6,154,274
21 神奈川	49,753	11,190	0	0	1,462,852	285	70	0	0	2	0	232	7,694,575
22 新潟	0	0	0	0	8,921	0	0	0	0	0	0	0	57,775
23 富山	0	0	0	0	0	0	0	0	0	0	0	0	16,944
24 石川	0	0	0	0	3,893	0	0	0	212	0	0	0	7,141
25 福井	5,321	0	0	0	5,611	0	0	0	0	0	0	0	597,844
26 山梨	0	0	0	0	0	0	0	0	0	0	0	0	0
27 長野	0	0	0	0	0	0	0	0	0	0	0	0	0
28 静岡	0	0	204	0	36,478	0	0	0	0	0	0	0	190,976
29 岐阜	0	0	0	0	0	0	0	0	0	0	0	0	0
30 愛知	327,079	168,890	5,971	693	2,298,661	15,779	15,534	1,539	159,968	0	549,393	341,755	18,362,227
31 三重	94,273	0	0	0	276,605	0	0	0	0	0	0	0	1,585,630
32 滋賀	0	0	0	0	0	0	0	0	0	0	0	0	0
33 京都	1,436	0	0	0	48	0	0	0	0	0	0	0	1,534
34 奈良	0	0	0	0	0	0	0	0	0	0	0	0	0
35 和歌山	851	10,299	0	335	68,003	0	8,136	0	0	0	0	0	2,092,058
36 大阪	109,126	59,219	20,337	0	418,897	19,522	25,282	42,640	15,455	126,405	7,978	351,130	3,975,056
37 兵庫	1,697,413	243,314	24,007	461	2,115,992	23,854	42,816	21,847	127,646	74,270	6,629	30,506	11,002,095
38 鳥取	0	0	0	0	14,500	0	0	0	0	0	0	0	15,061
39 島根	0	0	0	0	2,200	0	0	0	20	0	0	0	29,364
40 岡山	304,813	50,768	5,022	10,094	277,643	16,904	33,225	188,555	33,140	4,752	13,262	15,549	5,788,263
41 広島	85,700	1,129,528	0	1,058	564,517	1,122	18,867	32,778	9,476	0	1,790	1,852	10,158,690
42 山口	27,132	48,287	0	0	643,110	0	5,828	109	4,452	0	3,786	9,905	2,767,361
43 香川	1,381,741	56,864	0	0	7,387	0	570	21,337	57,185	0	0	661	2,153,978
44 愛媛	70,721	535,681	45	13,640	55,121	304	1,688	0	285	0	0	1,212	2,548,566
45 徳島	560	0	7,935	0	4,126	0	0	0	43,555	0	0	0	148,368
46 高知	7,605	1,813	0	0	2,623	0	0	0	0	10	0	0	26,967
47 福岡	14,498	25,603	5,383	9,959	11,245	513	74,239	3,297	77,802	0	7,490	255,374	10,280,205
48 佐賀	0	43	0	0	2,456	12,845	2,316	415	0	0	0	0	46,174
49 長崎	100	9,446	0	0	1,821	17,255	764,316	6,129	36	0	0	5,101	880,028
50 熊本	0	0	0	0	2,843	3,474	650	5,444	0	0	486	12,300	54,230
51 大分	324,505	443,465	0	0	579,116	77,485	348,074	36,194	10,788	0	0	0	8,723,236
52 宮崎	0	114	0	0	0	0	0	0	0	115,292	0	0	253,241
53 鹿児島	0	540	3,767	0	802	0	0	0	0	0	794,470	121,714	1,167,845
54 沖縄	0	0	0	0	163,807	0	13	3,030	0	0	18,039	511,381	1,187,150
55 全国	4,616,927	3,557,083	92,851	42,702	13,834,338	204,283	1,358,493	375,287	731,529	636,129	1,414,151	1,992,465	121,002,654

平成28年度　　　　　　　　　　　　　　　府県相互間輸送トン数表（海運）　　　　　　　　　　　　　　（単位：トン）

品目　（5-0）化学工業品　　その 1

着/発	1 札幌	2 旭川	3 函館	4 室蘭	5 釧路	6 帯広	7 北見	8 北海道	9 青森	10 岩手	11 宮城	12 福島	13 秋田	14 山形
1 札幌	2,189	39,110	85,648	52,960	0	0	0	179,907	0	0	460	0	0	0
2 旭川	5,790	11,708	2,500	2,990	0	0	5,010	27,998	0	0	4,600	0	0	0
3 函館	321,959	0	1,160	227,334	9,134	36,869	0	596,456	23,947	0	5,000	0	21,286	0
4 室蘭	308,757	792,176	519,410	299,383	1,414,702	16,313	10,202	3,360,943	696,824	1,419	538,975	63,005	488,925	281,874
5 釧路	0	0	26,516	18,079	0	1,500	0	46,095	8,086	0	3,279	3,450	0	0
6 帯広	0	0	20,041	1,276	5,481	0	0	26,798	0	0	1,154	976	0	0
7 北見	0	0	0	0	0	0	0	0	0	0	0	0	0	0
8 北海道	638,695	842,994	655,275	602,022	1,429,317	54,682	15,212	4,238,197	728,857	1,419	553,468	67,431	510,211	281,874
9 青森	428,219	27,814	67,725	381,126	115,488	28,333	18,411	1,067,116	23,564	6,592	351,567	164,194	185,456	34,692
10 岩手	0	0	0	5,059	5,643	0	0	10,702	12,250	116,827	136,323	106,560	0	0
11 宮城	165,590	18,240	47,902	849,067	73,587	0	0	1,154,386	179,292	20,623	51,325	142,366	145,100	19,266
12 福島	0	0	147,175	12,999	5,131	0	0	165,305	81,864	22,449	57,307	80,245	25,200	0
13 秋田	0	0	85,904	61,379	20,957	0	0	168,240	27,006	0	0	0	1,010	0
14 山形	0	0	40,128	6,670	0	0	0	46,798	4,705	0	1,293	0	4,550	206
15 茨城	186,298	37,142	48,457	1,267,306	180,721	0	0	1,719,924	438,277	156,520	378,917	375,196	181,693	40,793
16 栃木	0	0	0	0	0	0	0	0	0	0	0	0	0	0
17 群馬	0	0	0	0	0	0	0	0	0	0	0	0	0	0
18 埼玉	0	0	0	0	0	0	0	0	0	0	0	0	0	0
19 千葉	314,928	3,830	387,502	1,214,159	353,421	2,400	3,480	2,279,720	1,112,472	186,082	841,295	616,203	308,020	17,250
20 東京	0	0	22,818	171,825	2,560	0	0	197,203	5,537	20	60,609	20	0	0
21 神奈川	392,826	6,207	129,587	907,525	84,352	0	0	1,520,497	494,055	18,500	724,424	399,905	247,032	10,416
22 新潟	0	0	11,227	49,611	3,200	0	0	64,038	29,193	0	11,512	11,762	197,502	90,747
23 富山	0	0	19,073	0	0	0	0	19,073	0	0	0	0	0	0
24 石川	0	0	0	1,665	1,203	0	0	2,868	0	0	0	1,500	0	0
25 福井	0	0	0	24,445	0	0	0	24,445	0	0	0	0	0	0
26 山梨	0	0	0	0	0	0	0	0	0	0	0	0	0	0
27 長野	0	0	0	0	0	0	0	0	0	0	0	0	0	0
28 静岡	0	0	1,739	21,354	3,100	3,868	2,038	32,099	992	0	10,032	450	2,783	2,600
29 岐阜	0	0	0	0	0	0	0	0	0	0	0	0	0	0
30 愛知	13,118	1,262	4,046	702,817	14,977	0	0	736,220	21,659	700	110,027	4,559	610	0
31 三重	31,349	457	47,508	112,030	51,633	0	0	242,977	120,788	17,820	184,020	23,177	45,720	0
32 滋賀	0	0	0	0	0	0	0	0	0	0	0	0	0	0
33 京都	0	0	4,020	3,762	2,053	0	0	9,835	10,024	0	0	0	0	0
34 奈良	0	0	0	0	0	0	0	0	0	0	0	0	0	0
35 和歌山	5,800	0	2,900	14,540	6,900	0	0	30,140	966	0	65,572	29,639	0	0
36 大阪	25,381	0	2,200	66,660	230	0	0	94,471	18,740	6,230	14,665	4,600	6,500	2,325
37 兵庫	0	0	8,594	9,311	1,823	0	0	19,728	0	0	15,059	9,968	5,800	0
38 鳥取	0	0	0	1,089	0	0	0	1,089	0	0	0	0	0	1,002
39 島根	0	0	0	0	0	0	0	0	0	0	0	0	0	0
40 岡山	1,300	3,750	0	51,143	10,072	6,188	0	72,453	21,162	1,501	7,380	44,218	60,650	2,509
41 広島	2,500	0	1,511	6,031	0	0	0	10,042	5,760	0	19,916	2,198	14,400	0
42 山口	28,958	0	0	128,335	29,720	22,159	0	209,172	29,544	0	178,332	114,906	65,910	8,431
43 香川	0	0	0	1,600	0	0	0	1,600	18,732	0	5,000	0	2,500	0
44 愛媛	25,330	0	0	72,694	1,103	0	0	99,127	16,695	0	9,188	1,351	10,340	1,501
45 徳島	0	0	0	0	0	0	0	0	0	310	0	1,840	0	0
46 高知	0	0	0	0	0	0	0	0	1,600	0	3,000	17,036	0	0
47 福岡	0	0	664	14,996	17,109	0	0	32,769	3,438	8,454	222,376	166,512	65,674	0
48 佐賀	0	0	0	0	0	0	0	0	0	0	0	0	0	0
49 長崎	0	0	0	0	0	0	0	0	55,097	0	0	0	0	0
50 熊本	0	0	0	0	0	0	0	0	1,846	0	0	0	1,274	0
51 大分	4,630	0	619	82,723	23,986	0	0	111,958	344	0	4,617	0	60,450	5,393
52 宮崎	0	0	0	0	0	0	0	0	0	0	0	1,200	0	0
53 鹿児島	0	0	1,923	0	0	0	0	1,923	525	0	0	0	0	0
54 沖縄	0	0	0	4,855	0	0	0	4,855	0	0	0	0	0	0
55 全国	2,264,922	941,696	1,719,424	6,867,871	2,438,286	117,630	39,141	14,388,970	3,464,984	564,047	4,017,224	2,387,036	2,148,385	519,005

平成28年度　　　　　　　　　　　　　　　府県相互間輸送トン数表（海運）　　　　　　　　　　　　　　（単位：トン）

品目　（5-0）化学工業品　　その 2

着/発	15 茨城	16 栃木	17 群馬	18 埼玉	19 千葉	20 東京	21 神奈川	22 新潟	23 富山	24 石川	25 福井	26 山梨	27 長野	28 静岡
1 札幌	1,319	0	0	0	1,500	0	0	0	0	0	0	0	0	0
2 旭川	0	0	0	0	361	0	0	0	0	0	0	0	0	0
3 函館	8,638	0	0	0	131,316	232,082	147,210	8,102	0	0	0	0	0	5,825
4 室蘭	133,898	0	0	0	656,801	9,204	378,507	836,283	177,619	96,042	37,997	0	0	53,301
5 釧路	5,152	0	0	0	0	0	0	450	0	0	0	0	0	807
6 帯広	0	0	0	0	0	0	0	1,500	0	934	0	0	0	0
7 北見	0	0	0	0	1,059	0	0	0	0	0	0	0	0	0
8 北海道	149,007	0	0	0	791,037	241,286	525,717	846,335	177,619	96,976	37,997	0	0	59,933
9 青森	9,575	0	0	0	40,575	79,751	112,704	70,363	0	51,511	0	0	0	0
10 岩手	39,856	0	0	0	92,625	546,522	176,547	0	0	3,200	0	0	0	0
11 宮城	168,059	0	0	0	67,730	583	587,008	93,031	132,636	4,912	72,184	0	0	10,180
12 福島	43,186	0	0	0	82,353	0	58,847	8,572	0	0	0	0	0	49,223
13 秋田	0	0	0	0	0	0	0	269,003	0	9,554	7,750	0	0	0
14 山形	0	0	0	0	0	0	430	92,914	0	800	9,373	0	0	0
15 茨城	101,621	0	0	0	925,558	395,672	503,753	76,280	32,002	6,840	12,912	0	0	323,264
16 栃木	0	0	0	0	0	0	0	0	0	0	0	0	0	0
17 群馬	0	0	0	0	0	0	0	0	0	0	0	0	0	0
18 埼玉	0	0	0	0	0	0	0	0	0	0	0	0	0	0
19 千葉	1,734,789	0	0	0	235,285	3,094,049	2,582,741	288,091	26,157	58,684	14,514	0	0	1,672,083
20 東京	3,747	0	0	0	5,565	102,135	54,338	5,800	0	0	0	0	0	15,139
21 神奈川	624,660	0	0	0	3,301,065	763,737	1,334,605	187,077	13,771	28,645	23,750	0	0	1,285,958
22 新潟	4,165	0	0	0	5,707	0	4,950	413,302	33,749	289,808	9,548	0	0	0
23 富山	0	0	0	0	0	0	2,680	36,540	0	0	0	0	0	0
24 石川	0	0	0	0	0	0	0	120,052	0	84,304	0	0	0	0
25 福井	0	0	0	0	0	0	0	30,669	1,505	4,145	34,618	0	0	0
26 山梨	0	0	0	0	0	0	0	0	0	0	0	0	0	0
27 長野	0	0	0	0	0	0	0	0	0	0	0	0	0	0
28 静岡	563	0	0	0	9,921	2,941	14,496	0	0	0	0	0	0	106,795
29 岐阜	0	0	0	0	0	0	0	0	0	0	0	0	0	0
30 愛知	108,465	0	0	0	461,062	23,141	352,237	3,010	12,052	5,000	0	0	0	237,448
31 三重	111,282	0	0	0	1,339,706	256,736	1,541,020	101,931	6,344	65,746	32,003	0	0	975,321
32 滋賀	0	0	0	0	0	0	0	0	0	0	0	0	0	0
33 京都	4,545	0	0	0	0	0	0	10,837	0	0	3,023	0	0	0
34 奈良	0	0	0	0	0	0	0	0	0	0	0	0	0	0
35 和歌山	133,678	0	0	0	370,862	0	355,461	8,010	143,351	16,203	5,700	0	0	281,998
36 大阪	30,856	0	0	0	706,982	26,085	437,012	109,310	20,673	277,948	11,111	0	0	30,013
37 兵庫	76,761	0	0	0	478,180	461,688	442,386	1,800	0	6,406	3,003	0	0	109,683
38 鳥取	0	0	0	0	0	0	1,850	11,267	0	0	20,164	0	0	0
39 島根	0	0	0	0	12,275	0	3,371	0	4,591	0	0	0	0	0
40 岡山	67,941	0	0	0	487,520	140,505	507,668	504,658	404,350	427,881	264,382	0	0	27,512
41 広島	5,344	0	0	0	93,351	4,950	3,498	0	16,200	8,700	104,744	0	0	13,234
42 山口	46,938	0	0	0	1,062,909	623,140	1,325,614	669,103	221,388	465,282	346,355	0	0	330,075
43 香川	8,944	0	0	0	399,719	651	3,133	27,585	5,317	1,519	2,600	0	0	8,605
44 愛媛	7,851	0	0	0	164,827	7,880	85,795	136,100	14,665	130,452	19,460	0	0	35,481
45 徳島	0	0	0	0	1,724	1,200	0	0	0	0	0	0	0	0
46 高知	0	0	0	0	114,023	229,843	415,966	0	0	0	0	0	0	85,811
47 福岡	191,111	0	0	0	1,418,769	237,048	510,147	185,716	68,080	137,885	222,649	0	0	144,046
48 佐賀	0	0	0	0	0	0	0	0	0	0	0	0	0	601
49 長崎	8,502	0	0	0	1,302	7,578	0	1,400	0	0	0	0	0	0
50 熊本	0	0	0	0	0	0	24,138	0	0	0	0	0	0	0
51 大分	36,503	0	0	0	238,001	46,693	161,614	278,693	189,118	87,623	118,745	0	0	44,056
52 宮崎	0	0	0	0	11,457	0	0	0	0	0	0	0	0	0
53 鹿児島	35,500	0	0	0	6,146	0	0	0	1,685	0	0	0	0	1,373
54 沖縄	0	0	0	0	5,155	0	0	0	0	0	0	0	0	0
55 全国	3,753,449	0	0	0	12,931,689	7,293,814	12,129,726	4,587,449	1,523,568	2,271,709	1,376,585	0	0	5,847,832

平成28年度　　　　　　　　　　府県相互間輸送トン数表（海運）　　　品目（5-0）化学工業品　　（単位：トン）その3

着発	29 岐阜	30 愛知	31 三重	32 滋賀	33 京都	34 奈良	35 和歌山	36 大阪	37 兵庫	38 鳥取	39 島根	40 岡山	41 広島	42 山口
1 札幌	0	0	0	0	0	0	0	0	0	0	0	0	0	0
2 旭川	0	0	0	0	0	0	0	0	0	0	0	0	0	0
3 函館	0	59,928	0	0	0	0	0	5,959	520	0	0	0	0	0
4 室蘭	0	96,924	21,801	0	500	0	4,600	3,378	32,663	0	0	17,589	19,471	179,292
5 釧路	0	20	200	0	0	0	0	324	601	0	0	0	500	0
6 帯広	0	0	0	0	0	0	0	0	629	0	0	0	0	0
7 北見	0	0	0	0	0	0	0	0	0	0	0	0	0	0
8 北海道	0	156,872	22,001	0	500	0	4,600	9,661	34,413	0	0	17,589	19,971	179,292
9 青森	0	487	116	0	0	0	0	79	100	0	0	0	0	0
10 岩手	0	7,274	0	0	0	0	0	0	8,865	0	0	0	300	0
11 宮城	0	36,073	5,900	0	1,250	0	377	8,770	6,139	0	0	290,429	0	63,750
12 福島	0	6,150	0	0	0	0	2,764	5,407	0	0	0	3,178	5,825	600
13 秋田	0	0	0	0	0	0	0	1,500	0	0	0	0	0	0
14 山形	0	0	0	0	0	0	0	0	0	0	0	0	0	0
15 茨城	0	255,682	145,776	0	0	0	37,527	62,934	56,115	0	0	201,304	6,000	59,185
16 栃木	0	0	0	0	0	0	0	0	0	0	0	0	0	0
17 群馬	0	0	0	0	0	0	0	0	0	0	0	0	0	0
18 埼玉	0	0	0	0	0	0	0	0	0	0	0	0	0	0
19 千葉	0	1,123,468	1,109,807	0	0	0	225,552	1,185,551	491,868	4,780	1,000	383,499	241,868	822,035
20 東京	0	4,395	0	0	0	0	0	1,567	10,557	0	0	0	0	1,970
21 神奈川	0	803,804	193,214	0	0	0	269,418	293,215	254,720	0	0	331,766	57,280	144,180
22 新潟	0	511	2,500	0	75,139	0	0	2,404	1,994	10,997	0	1,401	0	2,655
23 富山	0	0	0	0	0	0	0	3,000	0	3,151	0	0	0	0
24 石川	0	0	0	0	1,700	0	0	1,210	0	0	0	0	0	0
25 福井	0	0	0	0	0	0	0	1,250	0	204,692	0	0	0	0
26 山梨	0	0	0	0	0	0	0	0	0	0	0	0	0	0
27 長野	0	0	0	0	0	0	0	0	0	0	0	0	0	0
28 静岡	0	14,067	13,790	0	0	0	20,314	14,617	8,778	0	0	0	0	0
29 岐阜	0	0	0	0	0	0	0	0	0	0	0	0	0	0
30 愛知	0	157,600	217,130	0	0	0	15,736	183,720	124,920	0	0	25,891	197,459	652,453
31 三重	0	3,180,468	80,340	0	500	0	25,008	1,141,720	574,766	60,579	0	252,785	86,476	366,961
32 滋賀	0	0	0	0	0	0	0	0	0	0	0	0	0	0
33 京都	0	0	0	0	0	0	0	36,000	0	6,801	0	0	0	0
34 奈良	0	0	0	0	0	0	0	0	0	0	0	0	0	0
35 和歌山	0	566,065	216,220	0	0	0	42,981	267,274	287,679	22,219	0	507,689	22,857	103,922
36 大阪	0	181,861	954,942	0	8,500	0	229,508	866,509	1,138,180	89,020	6,081	663,888	168,669	396,295
37 兵庫	0	280,897	120,227	0	15,600	0	690,619	1,630,390	754,188	6,550	6,243	335,379	189,841	117,184
38 鳥取	0	0	0	0	3,000	0	0	0	0	0	9,740	0	0	0
39 島根	0	5,503	0	0	0	0	0	0	0	0	97,177	0	0	13,400
40 岡山	0	586,046	288,551	0	1,700	0	1,142,143	1,509,473	1,759,952	365,476	37,859	482,091	328,527	702,419
41 広島	0	43,744	29,459	0	0	0	33,919	84,948	573,178	6,000	0	216,041	168,877	146,732
42 山口	0	1,090,580	732,204	0	54,219	0	64,972	1,437,635	999,992	518,781	117,998	1,390,880	1,435,265	574,196
43 香川	0	63,524	82,037	0	2,804	0	5,993	23,575	877,419	0	0	297,831	1,580,845	118,520
44 愛媛	0	166,210	115,061	0	43,000	0	4,409	314,427	343,347	38,280	1,048	464,713	130,580	393,934
45 徳島	0	15,090	0	0	0	0	2,683	10,103	14,484	0	0	0	0	6,455
46 高知	0	519,527	99,167	0	0	0	225,344	185,508	6,284	0	0	0	14,909	0
47 福岡	0	710,081	77,814	0	108,760	0	31,470	1,053,142	1,017,368	83,544	99,426	211,807	213,069	136,622
48 佐賀	0	0	0	0	0	0	8,009	2,659	0	0	0	8,009	2,200	8,235
49 長崎	0	1,450	0	0	0	0	1,052	3,594	26,541	0	0	1,000	300	8,074
50 熊本	0	1,340	0	0	0	0	0	0	15,924	0	0	10,036	100	0
51 大分	0	185,120	163,009	306	18,851	0	51,902	467,780	359,740	105,874	21,900	368,719	250,469	640,473
52 宮崎	0	0	0	0	0	0	0	27,600	12,914	0	0	0	0	0
53 鹿児島	0	59	0	0	0	0	201	800	17,747	0	0	28,474	0	1,602
54 沖縄	0	10,176	0	0	0	0	0	3,000	3,026	0	0	51	13,539	0
55 全国	0	10,174,124	4,669,265	306	335,523	0	3,136,501	10,844,228	9,784,542	1,526,437	392,229	6,494,450	5,135,226	5,661,144

平成28年度　　　　　　　　　　府県相互間輸送トン数表（海運）　　　品目（5-0）化学工業品　　（単位：トン）その4

着発	43 香川	44 愛媛	45 徳島	46 高知	47 福岡	48 佐賀	49 長崎	50 熊本	51 大分	52 宮崎	53 鹿児島	54 沖縄	55 全国
1 札幌	0	0	0	0	0	0	0	0	0	0	0	0	183,186
2 旭川	0	0	0	0	0	0	0	0	0	0	0	0	32,959
3 函館	0	0	0	0	0	0	0	0	0	0	1,483	0	1,247,752
4 室蘭	1,300	5,070	0	0	6,206	0	0	609	3,752	0	730	0	8,205,502
5 釧路	0	0	0	0	0	0	0	0	0	0	0	0	68,964
6 帯広	0	0	0	0	0	0	0	0	0	0	0	0	31,991
7 北見	0	0	0	0	0	0	0	0	0	0	0	0	1,059
8 北海道	1,300	5,070	0	0	6,206	0	1,007	609	3,752	0	2,213	0	9,771,413
9 青森	0	0	0	1,600	1,350	0	0	0	0	0	0	0	2,202,399
10 岩手	0	0	0	0	0	0	0	0	0	0	0	0	1,257,851
11 宮城	0	0	0	0	0	0	0	0	9,170	0	0	0	3,270,539
12 福島	250	0	500	0	6,078	0	0	0	0	0	0	0	705,303
13 秋田	0	0	0	0	1,502	0	0	0	0	0	0	0	485,565
14 山形	0	0	0	0	0	0	0	0	0	0	0	0	161,069
15 茨城	12,641	81,930	0	0	271,837	0	0	0	21,889	0	0	0	6,882,042
16 栃木	0	0	0	0	0	0	0	0	0	0	0	0	0
17 群馬	0	0	0	0	0	0	0	0	0	0	0	0	0
18 埼玉	0	0	0	0	0	0	0	0	0	0	0	0	0
19 千葉	404,969	237,434	7,000	8,740	339,450	0	2,000	0	30,300	9,517	243,398	215,884	22,155,555
20 東京	1,600	0	0	0	132,773	0	0	0	0	19,546	7,538	32,175	662,234
21 神奈川	32,583	26,159	199	0	78,470	0	1,377	5,014	52,140	1,241	25,877	52,926	13,601,580
22 新潟	0	0	0	0	60,151	200	0	370	7,002	0	0	0	1,331,307
23 富山	0	0	0	0	15,805	0	0	0	0	0	12,062	0	93,811
24 石川	0	0	0	0	0	0	0	0	0	0	0	0	210,134
25 福井	0	0	0	0	7,000	0	0	0	0	0	0	0	308,324
26 山梨	0	0	0	0	0	0	0	0	0	0	0	0	0
27 長野	0	0	0	0	0	0	0	0	0	0	0	0	0
28 静岡	600	27,470	0	0	14,151	0	0	0	4,837	0	718	326	303,340
29 岐阜	0	0	0	0	0	0	0	0	0	0	0	0	0
30 愛知	153,436	90,210	26,928	73,950	281,224	2,129	10,094	1,027	30,085	7,379	111,935	220,778	4,660,274
31 三重	344,588	309,684	161,273	0	191,819	96,931	44,984	3,134	14,933	998	24,042	20,285	12,046,865
32 滋賀	0	0	0	0	0	0	0	0	0	0	0	0	0
33 京都	0	0	0	0	975	0	0	0	0	0	0	0	82,040
34 奈良	0	0	0	0	0	0	0	0	0	0	0	0	0
35 和歌山	158,229	52,517	187,174	224,810	394,834	35,272	0	10,877	44,205	14,093	85,110	345,350	5,030,957
36 大阪	851,059	334,727	244,984	108,338	699,206	600	237,348	119,109	235,471	101,960	55,580	70,960	9,560,316
37 兵庫	139,509	104,929	160,425	4,098	230,042	84,399	23,161	8,829	100,095	44,584	39,129	1,370	6,705,357
38 鳥取	0	0	0	0	0	0	0	0	0	0	0	0	59,816
39 島根	0	0	0	0	41,108	0	0	0	0	0	0	0	178,514
40 岡山	213,287	474,403	92,593	130,131	2,134,086	43,986	322,035	207,986	500,274	276,690	710,604	199,061	15,551,863
41 広島	52,826	134,792	22,977	0	147,784	4,310	14,487	9,528	31,334	17,087	2,580	1,767	2,044,707
42 山口	188,607	634,429	119,020	191,204	2,269,203	356,196	364,915	617,185	440,767	175,492	349,793	365,959	20,186,591
43 香川	0	36,820	26,326	0	208,425	1,200	3,800	6,050	52,306	2,000	2,094	1,384	3,908,725
44 愛媛	189,947	174,871	28,934	36,810	995,803	10,145	128,452	76,364	270,748	156,298	289,931	12,526	5,126,551
45 徳島	9,500	6,028	73,322	0	5,110	0	0	0	0	0	0	0	147,849
46 高知	0	0	603	0	49,510	15,451	0	0	25,635	0	0	0	2,009,217
47 福岡	76,888	167,949	141,704	57,705	497,920	110,435	289,387	523,908	187,603	106,357	376,320	249,774	10,143,727
48 佐賀	0	1,422	0	0	81,362	1,796	30,661	6,050	1,503	0	39,714	52,985	245,206
49 長崎	0	0	37,282	100	106,768	12,627	77,320	2,509	602	4,153	55,905	5,681	418,837
50 熊本	0	440	0	0	15,476	22,073	405	2,827	0	1,210	2,007	0	99,096
51 大分	205,240	196,134	232,798	114,020	1,414,119	184,168	465,166	207,704	81,391	299,609	669,451	137,827	8,226,096
52 宮崎	1,290	0	0	0	6,452	0	0	1,304	0	251,922	0	0	321,427
53 鹿児島	0	4,500	776	1,100	3,029	461	669	10,001	0	332	134,489	34,749	282,522
54 沖縄	0	890	0	0	2,826	0	0	0	0	0	15,606	1,018,815	1,078,271
55 全国	3,075,169	3,092,314	1,568,359	952,606	10,711,854	982,379	2,017,268	1,825,222	2,141,437	1,490,136	3,260,517	3,040,582	171,517,290

平成28年度　　　　　　　　　　　　　　　　　　　　府県相互間輸送トン数表（海運）

品目　（6-0）軽工業品　　　その1　　　（単位：トン）

発＼着	1 札幌	2 旭川	3 函館	4 室蘭	5 釧路	6 帯広	7 北見	8 北海道	9 青森	10 岩手	11 宮城	12 福島	13 秋田	14 山形
1 札幌	0	0	0	0	0	0	0	0	0	0	0	0	0	0
2 旭川	0	0	0	0	0	0	0	0	0	0	0	0	0	0
3 函館	0	0	0	10	0	0	0	0	0	0	0	0	0	0
4 室蘭	0	0	0	0	30,050	0	0	30,050	0	0	17,220	0	0	0
5 釧路	0	0	0	576	0	0	0	576	0	0	323,330	0	0	0
6 帯広	0	0	0	0	0	0	0	0	0	0	0	0	0	0
7 北見	0	0	0	0	0	0	0	0	0	0	0	0	0	0
8 北海道	0	0	0	586	30,050	0	0	30,636	0	0	340,550	0	0	0
9 青森	0	0	0	41	50	0	0	91	0	0	0	0	0	0
10 岩手	0	0	0	0	0	0	0	0	0	0	4,439	0	0	0
11 宮城	0	0	0	93,674	0	0	0	93,674	0	55	398	0	0	0
12 福島	0	0	0	0	0	0	0	0	0	1,400	0	0	0	0
13 秋田	0	0	0	0	0	0	0	0	0	0	0	0	0	0
14 山形	0	0	0	0	0	0	0	0	0	0	0	0	0	372
15 茨城	0	0	0	432,845	0	0	0	432,845	0	16	0	0	0	0
16 栃木	0	0	0	0	0	0	0	0	0	0	0	0	0	0
17 群馬	0	0	0	0	0	0	0	0	0	0	0	0	0	0
18 埼玉	0	0	0	0	0	0	0	0	0	0	0	0	0	0
19 千葉	0	0	0	0	0	0	0	0	0	109	0	0	0	0
20 東京	0	0	0	339,012	715	0	0	339,727	355	11	340,537	22	0	0
21 神奈川	0	0	0	21,679	0	0	0	21,679	7,678	0	43,320	836	0	0
22 新潟	0	0	0	0	0	0	0	0	0	0	0	0	410	0
23 富山	0	0	0	0	0	0	0	0	0	0	0	0	0	0
24 石川	0	0	0	0	0	0	0	0	0	0	0	0	0	0
25 福井	0	0	0	76,324	0	0	0	76,324	0	0	0	0	0	0
26 山梨	0	0	0	0	0	0	0	0	0	0	0	0	0	0
27 長野	0	0	0	0	0	0	0	0	0	0	0	0	0	0
28 静岡	0	0	0	12,921	0	0	0	12,921	0	0	0	0	0	0
29 岐阜	0	0	0	0	0	0	0	0	0	0	0	0	0	0
30 愛知	0	0	0	31,920	0	0	0	31,920	606	0	89,792	5,073	0	0
31 三重	0	0	0	0	0	0	0	0	0	0	0	0	0	0
32 滋賀	0	0	0	0	0	0	0	0	0	0	0	0	0	0
33 京都	0	0	0	0	0	0	0	0	0	0	0	0	0	0
34 奈良	0	0	0	0	0	0	0	0	0	0	0	0	0	0
35 和歌山	0	0	0	0	0	0	0	0	0	0	0	0	0	0
36 大阪	0	0	0	31,128	55	0	0	31,183	0	15	0	0	0	0
37 兵庫	3,716	2,871	1,732	0	0	0	0	8,319	995	0	7,024	0	0	0
38 鳥取	0	0	0	0	0	0	0	0	0	0	0	0	0	0
39 島根	0	0	0	0	0	0	0	0	0	0	0	0	0	0
40 岡山	0	1,473	0	6,484	0	0	0	7,957	1,244	0	1,234	0	2,037	0
41 広島	0	0	0	0	2,550	0	0	2,550	0	0	2,102	0	0	0
42 山口	0	0	0	0	0	0	0	0	0	0	0	0	0	0
43 香川	63	2,371	0	640	0	0	0	3,074	4,032	0	8,887	0	0	0
44 愛媛	0	0	0	0	0	0	0	0	0	0	0	0	0	0
45 徳島	0	0	1,726	4,079	0	0	0	5,805	0	0	2,487	0	0	0
46 高知	0	0	0	0	0	0	0	0	0	0	0	0	0	0
47 福岡	0	0	0	0	0	0	0	0	0	0	0	0	0	0
48 佐賀	0	0	0	0	0	0	0	0	0	0	0	0	0	0
49 長崎	7,138	6,170	1,104	0	0	0	0	14,412	5,935	0	6,732	0	2,384	0
50 熊本	0	0	0	0	0	0	0	0	0	0	0	0	0	0
51 大分	0	0	0	540	0	0	0	540	0	0	0	0	0	0
52 宮崎	0	0	0	0	0	0	0	0	0	0	0	0	0	0
53 鹿児島	0	0	0	0	0	0	0	0	0	0	0	0	0	0
54 沖縄	0	0	0	0	0	0	0	0	0	0	0	0	0	0
55 全国	10,917	12,885	4,562	1,051,873	33,420	0	0	1,113,657	20,845	1,606	847,502	5,931	4,831	372

平成28年度　　　　　　　　　　　　　　　　　　　　府県相互間輸送トン数表（海運）

品目　（6-0）軽工業品　　　その2　　　（単位：トン）

発＼着	15 茨城	16 栃木	17 群馬	18 埼玉	19 千葉	20 東京	21 神奈川	22 新潟	23 富山	24 石川	25 福井	26 山梨	27 長野	20 静岡
1 札幌	0	0	0	0	0	0	0	0	0	0	0	0	0	0
2 旭川	0	0	0	0	0	300	0	0	0	0	0	0	0	0
3 函館	0	0	0	0	0	0	0	0	0	0	0	0	0	0
4 室蘭	485,482	0	0	0	0	924,126	4,753	0	0	0	283,400	0	0	5,226
5 釧路	216,774	0	0	0	0	162,137	0	0	0	0	0	0	0	5,226
6 帯広	0	0	0	0	0	0	0	0	0	0	0	0	0	0
7 北見	0	0	0	0	0	0	0	0	0	0	0	0	0	0
8 北海道	702,256	0	0	0	0	1,086,563	4,753	0	0	0	283,400	0	0	5,226
9 青森	0	0	0	0	0	10,269	17,862	0	0	0	0	0	0	0
10 岩手	0	0	0	0	0	500	0	0	0	0	0	0	0	0
11 宮城	351	0	0	0	0	372	180	0	0	0	0	0	0	138
12 福島	0	0	0	0	0	0	0	0	0	0	0	0	0	0
13 秋田	0	0	0	0	0	400	0	0	0	0	0	0	0	60,243
14 山形	0	0	0	0	0	0	0	0	0	0	0	0	0	0
15 茨城	0	0	0	0	0	1,055	0	0	0	0	0	0	0	0
16 栃木	0	0	0	0	0	0	0	0	0	0	0	0	0	0
17 群馬	0	0	0	0	0	0	0	0	0	0	0	0	0	0
18 埼玉	0	0	0	0	0	0	0	0	0	0	0	0	0	0
19 千葉	0	0	0	0	0	2,529	0	0	0	0	0	0	0	0
20 東京	4,259	0	0	0	637	15,411	5,504	0	0	0	0	0	0	31,012
21 神奈川	0	0	0	0	923	7,899	28	0	0	0	0	0	0	47,355
22 新潟	0	0	0	0	0	8,430	0	13,932	0	0	0	0	0	0
23 富山	0	0	0	0	0	0	0	0	0	0	0	0	0	0
24 石川	0	0	0	0	0	0	0	0	0	5	0	0	0	0
25 福井	0	0	0	0	0	0	0	0	0	0	0	0	0	0
26 山梨	0	0	0	0	0	0	0	0	0	0	0	0	0	0
27 長野	0	0	0	0	0	0	0	0	0	0	0	0	0	0
28 静岡	0	0	0	0	0	268	40,969	0	0	0	0	0	0	40,052
29 岐阜	0	0	0	0	0	0	0	0	0	0	0	0	0	0
30 愛知	0	0	0	0	0	0	20	0	0	0	0	0	0	1,831
31 三重	0	0	0	0	0	32,901	0	0	0	0	0	0	0	0
32 滋賀	0	0	0	0	0	0	0	0	0	0	0	0	0	0
33 京都	0	0	0	0	0	0	0	0	0	0	0	0	0	0
34 奈良	0	0	0	0	0	0	0	0	0	0	0	0	0	0
35 和歌山	0	0	0	0	0	0	600	0	0	0	0	0	0	0
36 大阪	0	0	0	0	0	1,160	239	2,926	0	0	433	0	0	0
37 兵庫	0	0	0	0	0	8,517	0	0	0	0	0	0	0	4,398
38 鳥取	0	0	0	0	0	0	0	0	0	0	0	0	0	4,349
39 島根	0	0	0	0	0	0	6,340	0	0	0	0	0	0	0
40 岡山	0	0	0	0	260	61,617	0	0	0	0	0	0	0	0
41 広島	0	0	0	0	0	88,380	0	0	0	0	0	0	0	37,657
42 山口	0	0	0	0	0	64,715	0	0	0	0	0	0	0	1,248
43 香川	0	0	0	0	0	51,802	500	0	0	0	0	0	0	0
44 愛媛	0	0	0	0	349,655	248,961	187,418	0	0	0	0	0	0	22,675
45 徳島	5,289	0	0	0	1,060	29,894	0	0	0	0	0	0	0	6,178
46 高知	0	0	0	0	0	0	0	0	0	0	0	0	0	0
47 福岡	25,140	0	0	0	0	1,510	239,350	0	0	0	0	0	0	70,840
48 佐賀	0	0	0	0	0	0	0	0	0	0	0	0	0	0
49 長崎	3,415	0	0	0	0	32,370	0	0	0	0	1,568	0	0	0
50 熊本	0	0	0	0	0	0	0	0	0	0	0	0	0	0
51 大分	0	0	0	0	0	0	0	0	0	0	0	0	0	2,020
52 宮崎	0	0	0	0	0	112,032	0	0	0	0	0	0	0	0
53 鹿児島	0	0	0	0	9,848	52,134	5,688	0	0	0	0	0	0	0
54 沖縄	0	0	0	0	29,525	36,987	13,976	0	0	0	0	0	0	0
55 全国	740,710	0	0	0	482,958	2,105,215	286,764	13,932	0	2,006	283,400	0	0	335,222

- 68 -

平成28年度　　府県相互間輸送トン数表（海運）　　品目（6-0）軽工業品　（単位：トン）　その3

着／発	29 岐阜	30 愛知	31 三重	32 滋賀	33 京都	34 奈良	35 和歌山	36 大阪	37 兵庫	38 鳥取	39 島根	40 岡山	41 広島	42 山口
1 札幌	0	0	0	0	0	0	0	0	0	0	0	0	0	0
2 旭川	0	0	0	0	0	0	0	0	0	0	0	0	0	0
3 函館	0	0	0	0	0	0	0	0	0	0	0	0	0	0
4 室蘭	0	188,255	0	0	0	0	0	63,397	0	1,295	0	0	0	0
5 釧路	0	75,073	0	0	0	0	0	77,110	0	0	0	0	0	0
6 帯広	0	0	0	0	0	0	0	0	0	0	0	0	0	0
7 北見	0	0	0	0	0	0	0	0	0	0	0	0	0	0
8 北海道	0	263,328	0	0	0	0	0	140,507	0	1,295	0	0	0	0
9 青森	0	11,580	0	0	0	0	0	87,200	24,049	0	0	0	0	0
10 岩手	0	0	0	0	0	0	0	0	0	0	0	0	0	0
11 宮城	0	13,033	0	0	0	0	0	0	0	0	0	0	0	0
12 福島	0	0	0	0	0	0	0	0	0	0	0	0	0	0
13 秋田	0	0	0	0	7,000	0	0	0	0	0	0	0	0	0
14 山形	0	0	0	0	0	0	0	0	0	0	0	0	0	0
15 茨城	0	0	0	0	0	0	0	0	0	0	0	0	0	2,631
16 栃木	0	0	0	0	0	0	0	0	0	0	0	0	0	0
17 群馬	0	0	0	0	0	0	0	0	0	0	0	0	0	0
18 埼玉	0	0	0	0	0	0	0	0	0	0	0	0	0	0
19 千葉	0	0	0	0	0	0	0	1,980	0	0	0	9,200	3,440	0
20 東京	0	11,060	0	0	0	0	0	4,518	29,167	0	0	0	0	260
21 神奈川	0	5,014	0	0	0	0	0	0	7,834	0	404	0	0	0
22 新潟	0	0	0	0	0	0	0	0	0	0	0	0	0	0
23 富山	0	0	0	0	0	0	0	0	0	0	0	0	0	0
24 石川	0	0	0	0	0	0	0	0	0	0	0	0	0	0
25 福井	0	0	0	0	0	0	0	0	0	0	0	0	0	0
26 山梨	0	0	0	0	0	0	0	0	0	0	0	0	0	0
27 長野	0	0	0	0	0	0	0	0	0	0	0	0	0	0
28 静岡	0	1,905	2,077	0	0	0	0	12,838	371	0	0	0	0	621
29 岐阜	0	0	0	0	0	0	0	10,259	853	0	0	0	0	17,623
30 愛知	0	0	729	0	0	0	0	0	18,325	0	0	0	0	0
31 三重	0	0	0	0	0	0	0	0	0	0	0	0	0	0
32 滋賀	0	0	0	0	0	0	0	0	0	0	0	0	0	0
33 京都	0	0	0	0	0	0	0	0	0	0	0	0	0	0
34 奈良	0	0	0	0	0	0	0	0	0	0	0	0	0	0
35 和歌山	0	0	0	0	0	0	0	0	0	0	0	0	0	0
36 大阪	0	0	0	0	0	0	0	0	4,254	0	0	0	0	3,350
37 兵庫	0	340	0	0	0	0	0	0	32,232	0	500	3,486	1,219	81
38 鳥取	0	0	0	0	0	0	0	0	0	0	0	0	0	0
39 島根	0	0	0	0	0	0	0	0	17,500	0	34,260	0	0	0
40 岡山	0	0	800	0	0	0	0	0	555	0	0	0	0	0
41 広島	0	0	0	0	0	0	0	0	1,080	0	0	0	14,788	0
42 山口	0	754	0	0	0	0	0	0	525	0	0	0	0	7
43 香川	0	0	5,339	0	0	0	0	0	24,517	0	0	0	1,352	0
44 愛媛	0	0	0	0	0	0	0	202,416	20,601	0	0	0	21,518	1,200
45 徳島	0	25,516	0	0	0	0	0	77,101	0	0	0	0	0	0
46 高知	0	0	0	0	0	0	0	0	0	0	0	0	0	0
47 福岡	0	1,910	0	0	0	0	0	0	1,805	0	0	5,260	0	60
48 佐賀	0	0	0	0	0	0	0	0	0	0	0	0	0	0
49 長崎	0	10,598	0	0	0	0	0	0	0	0	0	0	0	0
50 熊本	0	0	0	0	0	0	0	0	8,550	0	0	0	0	0
51 大分	0	0	0	0	0	0	0	0	301	0	0	0	0	0
52 宮崎	0	0	0	0	0	0	0	14,490	0	0	0	0	0	0
53 鹿児島	0	4,032	0	0	0	0	0	15,739	3,736	0	0	5,240	1,354	4,409
54 沖縄	0	12,005	0	0	0	0	0	2,938	64	0	0	172	0	275
55 全国	0	361,075	8,945	0	7,000	0	23,097	548,242	195,466	1,295	35,164	23,358	43,671	30,517

平成28年度　　府県相互間輸送トン数表（海運）　　品目（6-0）軽工業品　（単位：トン）　その4

着／発	43 香川	44 愛媛	45 徳島	46 高知	47 福岡	48 佐賀	49 長崎	50 熊本	51 大分	52 宮崎	53 鹿児島	54 沖縄	55 全国
1 札幌	0	0	0	0	0	0	0	0	0	0	0	0	300
2 旭川	0	0	0	0	0	0	0	0	0	0	0	0	0
3 函館	0	0	1,007	0	0	0	0	0	0	0	0	0	1,017
4 室蘭	0	0	3,164	1,202	0	0	0	0	0	0	0	0	2,007,570
5 釧路	0	0	0	0	0	0	0	0	0	0	0	0	855,000
6 帯広	0	0	0	0	0	0	0	0	0	0	0	0	0
7 北見	0	0	0	0	0	0	0	0	0	0	0	0	0
8 北海道	0	0	4,171	1,202	0	0	0	0	0	0	0	0	2,863,887
9 青森	0	0	0	0	0	0	0	0	0	0	0	0	151,051
10 岩手	0	0	0	0	0	0	0	0	0	0	0	0	4,939
11 宮城	0	0	0	0	0	0	0	0	0	0	0	0	108,201
12 福島	0	0	0	0	0	0	0	0	0	0	0	0	1,400
13 秋田	0	0	0	0	0	0	0	0	0	0	0	0	67,643
14 山形	0	0	0	0	0	0	0	0	0	0	0	0	372
15 茨城	0	0	0	0	81,073	0	0	0	0	0	0	0	517,620
16 栃木	0	0	0	0	0	0	0	0	0	0	0	0	0
17 群馬	0	0	0	0	0	0	0	0	0	0	0	0	0
18 埼玉	0	0	0	0	0	0	0	0	0	0	0	0	0
19 千葉	0	0	0	0	0	0	0	0	0	0	128	0	17,386
20 東京	0	1,000	0	0	73,143	0	0	0	0	22,080	1,356	228,125	1,108,184
21 神奈川	1,270	7,586	0	0	6,489	0	0	0	0	0	0	72	158,387
22 新潟	0	0	0	0	0	0	0	0	0	0	0	0	14,342
23 富山	0	0	0	0	0	0	0	1,000	0	0	0	0	9,430
24 石川	0	0	0	0	0	0	0	0	0	0	0	0	5
25 福井	0	0	0	0	0	0	0	0	0	0	0	0	76,324
26 山梨	0	0	0	0	0	0	0	0	0	0	0	0	0
27 長野	0	0	0	0	0	0	0	0	0	0	0	0	0
28 静岡	0	19,997	0	0	0	0	0	4,050	0	0	0	0	136,069
29 岐阜	0	0	0	0	0	0	0	0	0	0	0	0	192,524
30 愛知	0	6,056	0	0	1,450	0	0	2,945	0	4,412	630	0	192,524
31 三重	0	0	0	0	2,235	0	0	0	0	0	0	0	35,136
32 滋賀	0	0	0	0	0	0	0	0	0	0	0	0	0
33 京都	0	0	0	0	0	0	0	0	0	0	0	0	0
34 奈良	0	0	0	0	0	0	0	0	0	0	0	0	0
35 和歌山	0	0	0	0	0	0	0	0	0	0	0	0	600
36 大阪	0	11,474	0	0	5,588	0	0	0	0	9,580	52	251,249	321,503
37 兵庫	0	9,334	1,991	400	42,860	0	0	0	104	101	3,109	10,288	135,298
38 鳥取	0	0	0	0	0	0	0	0	0	0	0	0	4,349
39 島根	0	0	0	480	0	0	0	0	0	0	0	0	58,580
40 岡山	0	0	0	0	0	0	0	0	0	0	0	1,694	77,898
41 広島	0	0	0	0	1,050	0	643	0	4,393	0	0	519	152,112
42 山口	0	8,385	0	0	0	0	0	2,060	0	0	0	56	78,744
43 香川	8,324	0	0	0	0	0	0	0	0	0	0	0	107,883
44 愛媛	0	310,456	0	0	134,067	0	341	22,676	3,497	0	3,941	10,639	1,540,061
45 徳島	0	0	93,159	0	4,500	0	0	0	0	0	1,950	0	252,939
46 高知	0	0	0	0	0	0	0	0	0	0	0	0	0
47 福岡	0	0	0	0	892	0	18,733	0	0	0	0	581,695	947,195
48 佐賀	0	0	0	0	0	2,361	568	0	0	0	0	7,740	10,669
49 長崎	0	966	0	0	0	0	59,803	0	0	704	14,323	0	156,941
50 熊本	0	0	0	0	1,913	0	0	1	0	0	2,402	3,450	16,316
51 大分	9,974	0	0	0	0	0	0	0	6,612	0	650	6,217	26,314
52 宮崎	0	0	0	0	0	0	1,146	0	0	0	0	0	127,668
53 鹿児島	0	0	0	0	9,535	0	0	2,577	0	5,299	167,143	111,374	398,108
54 沖縄	0	436	0	0	29,698	0	0	6,649	0	3,000	10,729	112,561	259,015
55 全国	19,568	375,690	99,321	2,082	398,224	2,361	80,591	42,601	14,606	45,176	206,413	1,325,679	10,135,093

平成28年度　　　　　　　　　　　　　　　府県相互間輸送トン数表（海運）

品目　（7－0）　雑工業品　　その　1　　（単位：トン）

発＼着	1 札幌	2 旭川	3 函館	4 室蘭	5 釧路	6 帯広	7 北見	8 北海道	9 青森	10 岩手	11 宮城	12 福島	13 秋田	14 山形
1 札幌	0	0	0	0	0	0	0	0	0	0	0	0	0	0
2 旭川	0	1,666	0	0	0	0	0	1,666	0	0	0	0	0	0
3 函館	0	0	0	20	1,366	0	0	1,386	0	0	0	0	0	0
4 室蘭	0	0	0	517	39,455	0	0	39,972	0	0	0	0	0	0
5 釧路	0	0	0	174	5,280	0	0	5,454	0	0	0	0	0	0
6 帯広	0	0	0	0	0	0	0	0	0	0	0	0	0	0
7 北見	0	0	0	0	0	0	0	0	0	0	0	0	0	0
8 北海道	0	1,666	0	711	46,101	0	0	48,478	0	0	0	0	0	0
9 青森	0	0	0	465	79	0	0	544	0	0	0	0	0	0
10 岩手	0	0	0	0	0	0	0	0	0	0	0	0	0	0
11 宮城	0	0	0	75,501	0	0	0	75,501	0	1,431	88	0	0	0
12 福島	0	0	0	0	0	0	0	0	0	0	0	0	0	0
13 秋田	0	0	0	0	0	0	0	0	0	0	0	0	0	0
14 山形	0	0	0	0	0	0	0	0	0	0	0	0	0	50
15 茨城	0	0	0	180,445	0	0	0	180,445	0	0	0	0	0	0
16 栃木	0	0	0	0	0	0	0	0	0	0	0	0	0	0
17 群馬	0	0	0	0	0	0	0	0	0	0	0	0	0	0
18 埼玉	0	0	0	0	0	0	0	0	0	0	0	0	0	0
19 千葉	0	0	0	0	0	0	0	0	0	0	0	0	0	0
20 東京	0	0	0	308,923	525	0	0	309,448	0	2,631	71,210	870	0	0
21 神奈川	0	0	0	20,635	0	0	0	20,635	45,885	556	143,012	0	0	0
22 新潟	0	0	0	0	0	0	0	0	0	0	0	0	0	0
23 富山	0	0	0	0	0	0	0	0	0	0	0	0	0	0
24 石川	0	0	0	0	0	0	0	0	0	0	0	0	0	0
25 福井	0	0	0	156,348	0	0	0	156,348	0	0	0	0	0	0
26 山梨	0	0	0	0	0	0	0	0	0	0	0	0	0	0
27 長野	0	0	0	0	0	0	0	0	0	0	0	0	0	0
28 静岡	0	0	0	0	0	0	0	0	0	0	0	0	0	0
29 岐阜	0	0	0	0	0	0	0	0	0	0	0	0	0	0
30 愛知	0	0	0	32,610	0	0	0	32,610	2,282	0	0	0	0	0
31 三重	0	0	0	0	0	0	0	0	0	0	0	0	0	0
32 滋賀	0	0	0	0	0	0	0	0	0	0	0	0	0	0
33 京都	0	0	0	0	0	0	0	0	0	0	0	0	0	0
34 奈良	0	0	0	0	0	0	0	0	0	0	0	0	0	0
35 和歌山	0	0	0	0	0	0	0	0	0	0	0	0	0	0
36 大阪	0	0	0	71,161	335	0	0	71,496	0	0	1	0	0	0
37 兵庫	0	0	0	0	0	0	0	0	0	0	0	0	0	0
38 鳥取	0	0	0	0	0	0	0	0	0	0	0	0	0	0
39 島根	0	0	0	0	0	0	0	0	0	0	0	0	0	0
40 岡山	0	0	0	0	0	0	0	0	0	0	0	0	0	0
41 広島	0	0	0	0	0	0	0	0	0	0	0	0	0	0
42 山口	0	0	0	0	0	0	0	0	88	9	0	0	0	0
43 香川	0	0	0	0	0	0	0	0	0	0	0	0	0	0
44 愛媛	0	0	0	0	0	0	0	0	0	0	0	0	0	0
45 徳島	0	0	0	0	0	0	0	0	0	0	0	0	0	0
46 高知	0	0	0	0	0	0	0	0	0	0	0	0	0	0
47 福岡	0	0	0	0	0	0	0	0	0	0	0	0	0	0
48 佐賀	0	0	0	0	0	0	0	0	0	0	5	0	0	0
49 長崎	0	0	0	0	0	0	0	0	0	0	311	0	0	0
50 熊本	0	0	0	0	0	0	0	0	0	0	0	0	0	0
51 大分	0	0	0	2,403	0	0	0	2,403	0	0	0	0	0	0
52 宮崎	0	0	0	0	0	0	0	0	0	0	0	0	0	0
53 鹿児島	0	0	0	0	0	0	0	0	0	0	0	0	0	0
54 沖縄	0	0	0	0	0	0	0	0	0	0	0	0	0	0
55 全国	0	1,666	0	849,202	47,040	0	0	897,908	48,255	4,627	214,627	870	0	50

平成28年度　　　　　　　　　　　　　　　府県相互間輸送トン数表（海運）

品目　（7－0）　雑工業品　　その　2　　（単位：トン）

発＼着	15 茨城	16 栃木	17 群馬	18 埼玉	19 千葉	20 東京	21 神奈川	22 新潟	23 富山	24 石川	25 福井	26 山梨	27 長野	28 静岡
1 札幌	0	0	0	0	0	0	0	0	0	0	0	0	0	0
2 旭川	0	0	0	0	0	0	0	0	0	0	0	0	0	0
3 函館	0	0	0	0	0	0	0	0	0	0	0	0	0	0
4 室蘭	53,168	0	0	0	0	10,958	1,613	0	0	0	23,700	0	0	0
5 釧路	9,612	0	0	0	0	0	0	0	0	0	0	0	0	0
6 帯広	0	0	0	0	0	0	0	0	0	0	0	0	0	0
7 北見	0	0	0	0	0	0	0	0	0	0	0	0	0	0
8 北海道	62,780	0	0	0	0	10,958	1,613	0	0	0	23,700	0	0	0
9 青森	0	0	0	0	0	0	198	0	0	0	0	0	0	0
10 岩手	0	0	0	0	0	0	0	0	0	0	0	0	0	0
11 宮城	0	0	0	0	0	147	3,336	0	0	0	0	0	0	0
12 福島	0	0	0	0	0	0	0	0	0	0	0	0	0	0
13 秋田	0	0	0	0	0	0	0	0	0	0	0	0	0	0
14 山形	0	0	0	0	0	0	0	0	0	0	0	0	0	0
15 茨城	0	0	0	0	0	41	0	0	0	0	0	0	0	0
16 栃木	0	0	0	0	0	0	0	0	0	0	0	0	0	0
17 群馬	0	0	0	0	0	0	0	0	0	0	0	0	0	0
18 埼玉	0	0	0	0	0	0	0	0	0	0	0	0	0	0
19 千葉	0	0	0	0	108	182	0	0	0	0	0	0	0	0
20 東京	12,453	0	0	0	1,399	30,171	891	0	0	0	0	0	0	15,908
21 神奈川	954	0	0	0	9,244	767	45,329	0	0	0	0	0	0	12,399
22 新潟	0	0	0	0	0	0	0	17,100	0	0	0	0	0	0
23 富山	0	0	0	0	0	0	0	0	0	0	0	0	0	0
24 石川	0	0	0	0	0	0	0	0	0	340	0	0	0	0
25 福井	0	0	0	0	0	0	0	0	0	0	0	0	0	0
26 山梨	0	0	0	0	0	0	0	0	0	0	0	0	0	0
27 長野	0	0	0	0	0	0	0	0	0	0	0	0	0	0
28 静岡	0	0	0	0	2,870	6,987	2,374	0	0	0	0	0	0	849
29 岐阜	0	0	0	0	0	0	39,185	0	0	0	0	0	0	0
30 愛知	0	0	0	0	0	0	0	0	0	0	0	0	0	241
31 三重	0	0	0	0	0	10,825	0	0	0	0	0	0	0	23
32 滋賀	0	0	0	0	0	0	0	0	0	0	0	0	0	0
33 京都	0	0	0	0	0	0	0	0	0	0	0	0	0	0
34 奈良	0	0	0	0	0	0	0	0	0	0	0	0	0	0
35 和歌山	0	0	0	0	0	0	0	0	0	0	0	0	0	0
36 大阪	0	0	0	0	0	3,585	0	0	0	0	0	0	0	0
37 兵庫	0	0	0	0	0	1,514	348	0	0	0	0	0	0	0
38 鳥取	0	0	0	0	0	0	0	0	0	0	0	0	0	0
39 島根	0	0	0	0	0	0	0	0	0	0	0	0	0	0
40 岡山	0	0	0	0	0	1,585	0	0	0	0	0	0	0	0
41 広島	0	0	0	0	0	0	0	0	0	0	0	0	0	0
42 山口	0	0	0	0	0	2,690	0	0	0	0	0	0	0	0
43 香川	0	0	0	0	0	0	0	0	0	0	0	0	0	0
44 愛媛	0	0	0	0	0	1,430	0	0	0	0	0	0	0	0
45 徳島	0	0	0	0	0	0	0	0	0	0	0	0	0	0
46 高知	0	0	0	0	0	0	0	0	0	0	0	0	0	0
47 福岡	23,920	0	0	0	0	29,015	0	0	0	0	0	0	0	8,140
48 佐賀	0	0	0	0	0	0	0	0	0	0	0	0	0	0
49 長崎	0	0	0	0	0	0	0	0	0	0	0	0	0	0
50 熊本	0	0	0	0	0	0	0	0	0	0	0	0	0	0
51 大分	0	0	0	0	0	0	0	0	0	0	0	0	0	20
52 宮崎	0	0	0	0	0	0	0	0	0	0	0	0	0	0
53 鹿児島	0	0	0	0	0	0	0	0	0	0	0	0	0	0
54 沖縄	0	0	0	0	0	32,640	50	0	0	0	0	0	0	0
55 全国	100,107	0	0	0	13,621	132,537	93,324	17,100	0	340	23,700	0	0	37,580

平成28年度　　府県相互間輸送トン数表（海運）　　品目（7−0）雑工業品　　（単位：トン）　その3

発＼着	29 岐阜	30 愛知	31 三重	32 滋賀	33 京都	34 奈良	35 和歌山	36 大阪	37 兵庫	38 鳥取	39 島根	40 岡山	41 広島	42 山口
1 札幌	0	0	0	0	0	0	0	0	0	0	0	0	0	0
2 旭川	0	0	0	0	0	0	0	0	0	0	0	0	0	0
3 函館	0	0	0	0	0	0	0	0	0	0	0	0	0	0
4 室蘭	0	17,810	0	0	0	0	0	1,140	0	0	0	0	0	0
5 釧路	0	3,740	0	0	0	0	0	12	0	0	0	0	0	0
6 帯広	0	0	0	0	0	0	0	0	0	0	0	0	0	0
7 北見	0	0	0	0	0	0	0	0	0	0	0	0	0	0
8 北海道	0	21,550	0	0	0	0	0	1,152	0	0	0	0	0	0
9 青森	0	0	0	0	0	0	0	0	0	0	0	0	0	0
10 岩手	0	0	0	0	0	0	0	0	0	0	0	0	0	0
11 宮城	0	4,713	0	0	0	0	0	0	0	0	0	0	0	0
12 福島	0	0	0	0	0	0	0	0	0	0	0	0	0	0
13 秋田	0	0	0	0	0	0	0	0	0	0	0	0	0	0
14 山形	0	0	0	0	0	0	0	0	0	0	0	0	0	0
15 茨城	0	0	0	0	0	0	0	0	0	0	0	0	0	0
16 栃木	0	0	0	0	0	0	0	0	0	0	0	0	0	0
17 群馬	0	0	0	0	0	0	0	0	0	0	0	0	0	0
18 埼玉	0	0	0	0	0	0	0	0	0	0	0	0	0	0
19 千葉	0	0	0	0	0	0	0	570	0	0	0	0	4,800	597
20 東京	0	8,892	0	0	0	0	0	202	1,338	0	0	0	0	0
21 神奈川	0	198	0	0	0	0	0	0	14,475	0	0	0	0	0
22 新潟	0	0	0	0	0	0	0	0	2,956	0	0	0	0	0
23 富山	0	0	0	0	0	0	0	0	0	0	0	0	0	0
24 石川	0	0	0	0	0	0	0	0	0	0	0	0	0	0
25 福井	0	0	0	0	0	0	0	0	0	0	0	0	0	0
26 山梨	0	0	0	0	0	0	0	0	0	0	0	0	0	0
27 長野	0	0	0	0	0	0	0	0	0	0	0	0	0	0
28 静岡	0	0	2,324	0	0	0	0	0	0	0	0	0	0	0
29 岐阜	0	0	0	0	0	0	0	0	0	0	0	0	0	0
30 愛知	0	0	0	0	0	0	0	2,411	5,323	0	0	0	0	0
31 三重	0	0	768	0	0	0	0	0	0	0	0	0	0	0
32 滋賀	0	0	0	0	0	0	0	0	0	0	0	0	0	0
33 京都	0	0	0	0	0	0	0	0	0	0	0	0	0	0
34 奈良	0	0	0	0	0	0	0	0	0	0	0	0	0	0
35 和歌山	0	0	0	0	0	0	0	0	0	0	0	0	0	0
36 大阪	0	0	0	0	0	0	0	0	1,062	0	0	0	1,677	0
37 兵庫	0	156	0	0	0	0	0	0	56	0	0	35,935	14,393	153
38 鳥取	0	0	0	0	0	0	0	0	0	0	2,595	0	0	0
39 島根	0	0	0	0	0	0	0	0	0	0	865	0	0	0
40 岡山	0	0	0	0	0	0	0	0	8,932	0	0	0	0	0
41 広島	0	0	0	0	0	0	0	0	1,596	0	0	0	164	0
42 山口	0	0	0	0	0	0	0	0	1,450	0	0	0	0	932
43 香川	0	0	0	0	0	0	0	0	0	0	0	0	0	0
44 愛媛	0	0	0	0	0	0	0	0	11,080	0	0	0	0	0
45 徳島	0	0	0	0	0	0	0	0	0	0	0	0	0	0
46 高知	0	0	0	0	0	0	0	0	0	0	0	0	0	0
47 福岡	0	10,868	0	0	0	0	0	0	21,119	0	0	2,100	0	3,268
48 佐賀	0	0	0	0	0	0	0	0	0	0	0	0	0	0
49 長崎	0	0	0	0	0	0	0	0	0	0	0	0	0	0
50 熊本	0	0	0	0	0	0	0	0	0	0	0	0	0	0
51 大分	0	0	0	0	0	0	0	0	1,655	0	0	0	0	0
52 宮崎	0	0	0	0	0	0	0	105	0	0	0	0	0	0
53 鹿児島	0	0	0	0	0	0	0	0	8,732	0	0	0	0	0
54 沖縄	0	386	0	0	0	0	0	1,192	52	0	0	686	0	0
55 全国	0	46,763	3,092	0	0	0	0	5,632	79,826	0	3,460	43,521	16,831	4,353

平成28年度　　府県相互間輸送トン数表（海運）　　品目（7−0）雑工業品　　（単位：トン）　その4

発＼着	43 香川	44 愛媛	45 徳島	46 高知	47 福岡	48 佐賀	49 長崎	50 熊本	51 大分	52 宮崎	53 鹿児島	54 沖縄	55 全国
1 札幌	0	0	0	0	0	0	0	0	0	0	0	0	1,666
2 旭川	0	0	0	0	0	0	0	0	0	0	0	0	1,386
3 函館	0	0	0	0	0	0	0	0	0	0	0	0	0
4 室蘭	0	0	0	0	0	0	0	0	0	0	0	0	148,361
5 釧路	0	0	0	0	0	0	0	0	0	0	0	0	18,818
6 帯広	0	0	0	0	0	0	0	0	0	0	0	0	0
7 北見	0	0	0	0	0	0	0	0	0	0	0	0	0
8 北海道	0	0	0	0	0	0	0	0	0	0	0	0	170,231
9 青森	0	0	0	0	0	0	0	0	0	0	0	0	742
10 岩手	0	0	0	0	0	0	0	0	0	0	0	0	0
11 宮城	0	0	0	0	0	0	0	0	0	0	0	0	85,216
12 福島	0	0	0	0	0	0	0	0	0	0	0	0	0
13 秋田	0	0	0	0	0	0	0	0	0	0	0	0	50
14 山形	0	0	0	0	0	0	0	0	0	0	0	0	0
15 茨城	0	0	0	0	39,785	0	0	0	0	0	0	0	220,271
16 栃木	0	0	0	0	0	0	0	0	0	0	0	0	0
17 群馬	0	0	0	0	0	0	0	0	0	0	0	0	0
18 埼玉	0	0	0	0	0	0	0	0	0	0	0	0	0
19 千葉	0	0	0	0	0	0	0	0	0	0	0	0	6,257
20 東京	0	0	0	0	10,192	0	0	0	0	1,908	0	50,782	518,295
21 神奈川	0	0	0	0	0	0	0	0	0	0	0	0	293,454
22 新潟	0	0	0	0	0	0	0	0	0	0	0	0	20,056
23 富山	0	0	0	0	0	0	0	0	0	0	0	0	0
24 石川	0	0	0	0	0	0	0	0	0	0	0	0	340
25 福井	0	0	0	0	0	0	0	0	0	0	0	0	156,348
26 山梨	0	0	0	0	0	0	0	0	0	0	0	0	0
27 長野	0	0	0	0	0	0	0	0	0	0	0	0	0
28 静岡	0	0	0	0	0	0	0	0	0	0	0	0	15,404
29 岐阜	0	0	0	0	0	0	0	0	0	0	0	0	0
30 愛知	0	0	0	0	0	0	0	0	0	0	0	0	82,052
31 三重	0	0	0	0	0	0	0	0	0	0	0	0	11,616
32 滋賀	0	0	0	0	0	0	0	0	0	0	0	0	0
33 京都	0	0	0	0	0	0	0	0	0	0	0	0	0
34 奈良	0	0	0	0	0	0	0	0	0	0	0	0	0
35 和歌山	0	0	0	0	0	0	0	0	0	0	0	0	0
36 大阪	0	0	108	0	10,699	0	0	360	0	400	13	20,778	110,178
37 兵庫	0	5,024	0	4	35,639	92	0	0	3,615	124	1,649	307	99,010
38 鳥取	0	0	0	0	0	0	0	0	0	0	0	0	2,595
39 島根	0	0	0	0	0	0	0	0	0	0	0	0	865
40 岡山	0	0	0	0	0	0	0	0	0	0	0	622	11,139
41 広島	0	0	0	0	0	0	0	0	0	0	84	587	2,431
42 山口	0	0	0	0	27,794	0	0	0	0	0	0	0	32,963
43 香川	923	0	0	0	0	0	0	0	0	0	0	10,244	11,167
44 愛媛	0	1,234	0	0	0	0	0	0	0	0	0	29,185	42,929
45 徳島	0	0	0	0	0	0	0	0	0	0	0	0	0
46 高知	0	0	0	1,362	0	0	0	0	0	0	0	0	1,362
47 福岡	0	0	0	0	297	0	0	0	0	0	0	41,418	165,688
48 佐賀	0	0	0	0	120	0	0	0	0	0	0	0	125
49 長崎	0	0	0	0	98	9	45,881	0	0	0	0	0	46,299
50 熊本	0	0	0	0	0	0	0	19	0	0	0	0	19
51 大分	0	0	0	0	0	0	0	0	0	0	0	0	4,078
52 宮崎	0	0	0	0	0	0	0	0	0	0	0	0	105
53 鹿児島	0	0	0	0	0	0	0	0	0	0	68,066	44,278	121,076
54 沖縄	0	0	0	0	18,767	0	0	0	0	0	2,420	113,683	169,876
55 全国	923	6,258	108	1,366	143,271	101	71,544	379	3,615	2,432	72,232	311,884	2,402,237

平成28年度　　　　　府県相互間輸送トン数表（海運）　　　　品目（8-0）特種品　その1　　（単位：トン）

着＼発	1 札幌	2 旭川	3 函館	4 室蘭	5 釧路	6 帯広	7 北見	8 北海道	9 青森	10 岩手	11 宮城	12 福島	13 秋田	14 山形
1 札幌	0	0	0	0	0	0	0	0	0	0	0	0	0	0
2 旭川	496	3,282	0	0	0	0	0	3,778	0	0	0	0	0	0
3 函館	0	0	870	0	0	0	0	870	0	0	0	0	0	0
4 室蘭	750	0	0	4,232	658,466	2,639	0	666,087	19,836	3,020	6,258	0	727	0
5 釧路	0	0	0	26,891	27	0	0	26,918	98,123	0	0	0	0	0
6 帯広	0	0	0	2,750	8,004	0	0	10,754	0	0	0	0	0	0
7 北見	0	0	0	0	0	0	0	0	0	1,447	0	0	2,798	0
8 北海道	1,246	3,282	870	33,873	666,497	2,639	0	708,407	117,959	4,467	6,258	0	3,525	0
9 青森	0	0	0	61,554	16,402	0	0	77,956	0	1,520	0	0	0	0
10 岩手	0	0	0	800	0	0	0	800	11,347	0	0	0	0	0
11 宮城	2,501	0	0	145,813	2,583	0	0	150,897	5,609	5	0	0	14,529	0
12 福島	0	0	0	0	15,086	0	0	15,086	7,540	73,585	0	0	1,131	0
13 秋田	0	0	0	0	0	0	0	0	0	5,966	1,109	0	0	0
14 山形	0	0	0	0	0	0	0	15,524	9,292	0	0	0	0	384
15 茨城	9,147	0	2,000	475,882	751,003	15,269	0	1,253,301	41,675	14,147	53,137	0	1,383	0
16 栃木	0	0	0	0	0	0	0	0	0	0	0	0	0	0
17 群馬	0	0	0	0	0	0	0	0	0	0	0	0	0	0
18 埼玉	0	0	0	0	0	0	0	0	0	0	0	0	0	0
19 千葉	1,200	0	0	67,779	208,380	6,164	0	283,523	114,000	36,755	72,124	0	0	0
20 東京	0	0	0	1,148,813	21,769	0	0	1,170,582	3,646	0	35,765	16	0	0
21 神奈川	7,200	0	0	171,600	236,796	39,206	0	454,802	97,032	31,544	145,052	13	6,541	0
22 新潟	0	0	0	16,251	0	0	0	16,251	4,597	0	0	0	0	0
23 富山	0	0	0	0	0	0	0	0	1,948	0	0	0	0	0
24 石川	0	0	0	0	0	0	0	0	60	0	0	0	0	0
25 福井	0	0	0	44,423	0	0	0	44,423	1,428	0	0	0	0	0
26 山梨	0	0	0	0	0	0	0	0	0	0	0	0	0	0
27 長野	0	0	0	0	0	0	0	0	0	0	0	0	0	0
28 静岡	800	0	0	49,259	59,937	3,806	0	113,802	39,953	5,599	68,202	0	3,004	0
29 岐阜	0	0	0	0	0	0	0	0	0	0	0	0	0	0
30 愛知	3,600	0	0	101,644	93,838	24,772	0	223,854	14,038	25,384	76,879	0	0	0
31 三重	0	0	0	3,600	0	853	0	4,453	0	0	7,204	0	0	0
32 滋賀	0	0	0	0	0	0	0	0	0	0	0	0	0	0
33 京都	0	0	0	1,500	0	0	0	1,500	0	0	0	0	0	0
34 奈良	0	0	0	0	0	0	0	0	0	0	0	0	0	0
35 和歌山	0	0	0	0	0	0	0	0	0	18,870	0	0	0	0
36 大阪	0	0	0	156,881	965	0	0	157,846	10,444	0	0	0	0	0
37 兵庫	0	0	0	11,980	8,414	2,117	0	22,511	9,145	13,658	9,282	0	0	0
38 鳥取	0	0	0	0	0	0	0	0	0	0	0	0	0	0
39 島根	0	0	0	0	0	0	0	0	0	0	799	0	0	0
40 岡山	0	0	0	0	0	0	0	0	0	0	6,049	0	0	0
41 広島	0	0	0	0	0	0	0	0	0	0	0	0	0	0
42 山口	0	0	0	1,400	1,969	0	0	3,369	46,899	0	3,414	2,003	0	0
43 香川	0	0	0	0	0	0	0	0	560	0	0	27,571	0	0
44 愛媛	0	0	0	0	0	0	0	0	0	0	0	0	0	0
45 徳島	0	0	0	0	0	0	0	0	0	0	0	0	0	0
46 高知	0	0	0	0	0	0	0	0	0	0	0	0	0	0
47 福岡	0	0	0	0	0	0	0	0	2,282	0	499	0	0	0
48 佐賀	0	0	0	1,500	0	0	0	1,500	0	0	0	0	0	0
49 長崎	0	0	0	0	0	0	0	0	0	0	0	0	0	0
50 熊本	0	0	0	0	0	0	0	0	0	0	1,386	0	0	0
51 大分	0	0	0	4,006	0	0	0	4,006	3,739	0	696	0	0	0
52 宮崎	0	0	0	0	0	0	0	0	1,002	0	0	0	0	0
53 鹿児島	0	0	0	0	2,869	0	0	2,869	1,129	0	200	0	0	0
54 沖縄	0	0	0	0	0	0	0	0	0	4,515	0	0	0	0
55 全国	25,694	3,282	2,870	2,498,558	2,086,508	94,826	0	4,711,738	551,556	246,695	486,669	29,603	30,113	384

平成28年度　　　　　府県相互間輸送トン数表（海運）　　　　品目（8-0）特種品　その2　　（単位：トン）

着＼発	15 茨城	16 栃木	17 群馬	18 埼玉	19 千葉	20 東京	21 神奈川	22 新潟	23 富山	24 石川	25 福井	26 山梨	27 長野	28 静岡
1 札幌	0	0	0	0	0	0	0	0	1,227	0	0	0	0	0
2 旭川	0	0	0	0	0	0	0	0	0	0	0	0	0	0
3 函館	0	0	0	0	0	2,350	1,592	0	0	0	0	0	0	0
4 室蘭	62,188	0	0	0	10,102	331,123	146,642	0	0	0	18,040	0	0	0
5 釧路	4,323	0	0	0	0	118,100	0	0	0	0	0	0	0	0
6 帯広	0	0	0	0	0	0	753	0	0	0	0	0	0	0
7 北見	0	0	0	0	0	0	0	0	0	0	0	0	0	0
8 北海道	66,511	0	0	0	10,102	451,573	148,987	0	1,227	0	18,040	0	0	0
9 青森	0	0	0	0	2,835	2,182	139,368	0	0	0	648	0	0	0
10 岩手	0	0	0	0	5,565	18,591	10,156	0	0	0	0	0	0	0
11 宮城	0	0	0	0	7,012	199,220	219,708	0	0	0	0	0	0	0
12 福島	0	0	0	0	0	23,640	12,591	0	0	0	0	0	0	7,700
13 秋田	0	0	0	0	0	0	0	551	0	0	0	0	0	0
14 山形	0	0	0	0	0	0	0	2,000	0	0	0	0	0	0
15 茨城	0	0	0	0	0	5,547	24,660	0	0	434	0	0	0	2,200
16 栃木	0	0	0	0	0	0	0	0	0	0	0	0	0	0
17 群馬	0	0	0	0	0	0	0	0	0	0	0	0	0	0
18 埼玉	0	0	0	0	0	0	0	0	0	0	0	0	0	0
19 千葉	599	0	0	0	549,297	0	158,563	1,115	0	0	0	0	0	49,870
20 東京	68	0	0	0	349,754	166,954	43,566	53,729	0	0	0	0	0	17,356
21 神奈川	748	0	0	0	697,669	36,000	62,208	3,300	0	0	0	0	0	6,704
22 新潟	0	0	0	0	0	2,350	0	83,260	7,200	0	0	0	0	0
23 富山	0	0	0	0	0	0	0	0	0	0	0	0	0	0
24 石川	0	0	0	0	0	0	0	0	0	50	0	0	0	0
25 福井	0	0	0	0	0	0	0	0	0	0	0	0	0	0
26 山梨	0	0	0	0	0	0	0	0	0	0	0	0	0	0
27 長野	0	0	0	0	0	0	0	0	0	0	0	0	0	0
28 静岡	3,337	0	0	0	0	73,748	121,827	0	0	0	0	0	0	2,371
29 岐阜	0	0	0	0	0	0	0	0	0	0	0	0	0	0
30 愛知	4,493	0	0	0	37,219	58,153	132,758	9,165	0	0	0	0	0	51,396
31 三重	0	0	0	0	1,500	5,958	0	0	0	0	0	0	0	38
32 滋賀	0	0	0	0	0	0	0	0	0	0	0	0	0	0
33 京都	0	0	0	0	0	0	0	0	0	0	0	0	0	0
34 奈良	0	0	0	0	0	0	0	0	0	0	0	0	0	0
35 和歌山	0	0	0	0	0	1,296	0	0	0	0	0	0	0	0
36 大阪	0	0	0	0	0	66,369	15,519	9,709	0	0	0	0	0	1,420
37 兵庫	3,495	0	0	0	2,349	18,578	21,540	0	0	0	1,540	0	0	4,224
38 鳥取	0	0	0	0	0	0	0	0	0	0	0	0	0	0
39 島根	0	0	0	0	0	0	0	0	0	0	0	0	0	0
40 岡山	0	0	0	0	0	34,630	0	0	0	0	0	0	0	1,100
41 広島	24	0	0	0	0	68	7,880	0	0	0	0	0	0	0
42 山口	7,571	0	0	0	0	38	29,099	66	126	0	0	0	0	2,292
43 香川	1,350	0	0	0	0	0	0	0	0	0	0	0	0	0
44 愛媛	0	0	0	0	0	1,335	28,000	0	0	0	0	0	0	0
45 徳島	0	0	0	0	0	0	0	0	0	0	0	0	0	0
46 高知	0	0	0	0	1,500	0	0	0	0	0	0	0	0	0
47 福岡	12,880	0	0	0	36,811	1,352,079	338	4,351	0	0	9,550	0	0	88,886
48 佐賀	0	0	0	0	0	0	0	0	0	0	0	0	0	0
49 長崎	0	0	0	0	0	0	0	0	0	0	0	0	0	0
50 熊本	0	0	0	0	0	0	0	0	0	0	0	0	0	0
51 大分	1,035	0	0	0	1,161	0	0	0	0	0	9,270	0	0	1,770
52 宮崎	0	0	0	0	0	61,938	0	0	0	0	0	0	0	0
53 鹿児島	1,987	0	0	0	153	68,547	753	0	0	0	100	0	0	0
54 沖縄	0	0	0	0	0	136,684	233	0	0	0	0	0	0	0
55 全国	104,098	0	0	0	1,702,965	2,814,569	1,148,721	167,306	8,427	484	39,148	0	0	237,327

平成28年度　　府県相互間輸送トン数表（海運）　　品目　(8-0)　特種品　（単位：トン）　その　3

着／発	29 岐阜	30 愛知	31 三重	32 滋賀	33 京都	34 奈良	35 和歌山	36 大阪	37 兵庫	38 鳥取	39 島根	40 岡山	41 広島	42 山口
1 札幌	0	0	0	0	0	0	0	0	0	0	0	0	0	0
2 旭川	0	0	0	0	0	0	0	0	0	0	0	0	0	0
3 函館	0	0	0	0	0	0	0	0	0	0	0	0	0	0
4 室蘭	0	14,411	350	0	0	0	0	42,312	22,460	0	0	0	0	803
5 釧路	0	4,260	0	0	0	0	0	71,148	0	0	0	0	0	0
6 帯広	0	0	0	0	0	0	0	0	812	0	0	0	0	0
7 北見	0	0	0	0	0	0	0	0	0	0	0	0	0	0
8 北海道	0	18,671	350	0	0	0	0	113,460	23,272	0	0	0	0	803
9 青森	0	755	0	0	0	0	0	0	0	0	0	0	0	0
10 岩手	0	3,170	0	0	0	0	0	0	0	0	0	0	0	0
11 宮城	0	28,993	1,200	0	0	0	0	30,020	3,243	0	0	1,094	0	651
12 福島	0	0	0	0	0	0	0	0	828	0	0	0	0	34,118
13 秋田	0	0	0	0	0	0	0	0	0	0	0	0	0	4,705
14 山形	0	0	0	0	0	0	0	0	0	0	0	0	0	1,161
15 茨城	0	15,529	1,598	0	0	0	0	0	0	0	0	0	4,321	73,580
16 栃木	0	0	0	0	0	0	0	0	0	0	0	0	0	0
17 群馬	0	0	0	0	0	0	0	0	0	0	0	0	0	0
18 埼玉	0	0	0	0	0	0	0	0	0	0	0	0	0	0
19 千葉	0	7,805	202,369	0	0	0	14,827	330	98,606	0	0	9,087	13,222	58,434
20 東京	0	45,903	42,917	0	0	0	0	7,181	29,726	0	0	0	15,481	8,397
21 神奈川	0	352,726	110,982	0	0	0	10,206	347,883	161,703	0	0	5,351	0	251,376
22 新潟	0	1,550	0	0	0	0	0	0	0	0	0	1,585	0	3,615
23 富山	0	0	0	0	0	0	0	0	0	0	0	0	0	1,443
24 石川	0	0	0	0	0	0	0	0	4,871	0	0	0	0	7,492
25 福井	0	0	0	0	0	0	0	0	0	0	0	0	0	1,845
26 山梨	0	0	0	0	0	0	0	0	0	0	0	0	0	0
27 長野	0	0	0	0	0	0	0	0	0	0	0	0	0	0
28 静岡	0	4,522	1,895	0	0	0	0	23,288	67,071	0	0	1,001	0	52,741
29 岐阜	0	0	0	0	0	0	0	0	0	0	0	0	0	0
30 愛知	0	5,199	28,600	0	0	0	2,480	6,348	84,711	0	0	30,218	9,556	195,323
31 三重	0	0	0	0	0	0	0	0	126	0	0	0	0	0
32 滋賀	0	0	0	0	0	0	0	0	0	0	0	0	0	0
33 京都	0	0	0	0	0	0	0	0	0	0	0	0	0	28,166
34 奈良	0	0	0	0	0	0	0	0	0	0	0	0	0	0
35 和歌山	0	0	0	0	0	0	504,455	0	15,554	0	0	0	0	0
36 大阪	0	160	5,816	0	0	0	13,584	20	52,689	0	0	6,802	889,629	164,013
37 兵庫	0	1,242	12,969	0	0	0	4,334	17,120	164,724	0	0	58,499	83,868	295,281
38 鳥取	0	0	0	0	0	0	0	0	0	0	5,394	1,501	0	8,397
39 島根	0	0	0	0	0	0	0	0	0	0	26,275	0	0	51,211
40 岡山	0	3,182	581	0	0	0	0	0	31,680	0	0	286,173	0	141,893
41 広島	0	695	0	0	0	0	0	23,545	251,555	0	1,360	18,348	51,284	504,509
42 山口	0	1,400	3,812	0	0	0	0	2,800	159,545	0	110	8,006	7,870	148,501
43 香川	0	0	0	0	0	0	0	20,258	94,784	0	0	26,543	1,105	46,521
44 愛媛	0	1,154	0	0	0	0	650	230,887	116,607	0	0	9,130	0	202,047
45 徳島	0	0	1,500	0	0	0	0	0	47,798	0	0	0	0	106,060
46 高知	0	1,200	0	0	0	0	1,475	0	3,185	0	0	595	0	10,486
47 福岡	0	15,158	1,500	0	0	0	12,187	2,845	166,532	0	0	94,984	11,125	99,421
48 佐賀	0	0	0	0	0	0	0	0	5,496	0	0	0	0	0
49 長崎	0	3,850	0	0	0	0	0	0	1,250	0	0	0	6,081	89,235
50 熊本	0	0	0	0	0	0	0	79,440	1,688	0	0	0	0	36,974
51 大分	0	100	408	0	0	0	0	53,433	18,216	0	0	700	0	85,360
52 宮崎	0	833	0	0	0	0	0	2,625	9,952	0	0	21,050	0	37,644
53 鹿児島	0	4,279	0	0	0	0	0	360	55,084	0	0	29,424	0	24,580
54 沖縄	0	254	0	0	0	0	0	38,165	2,433	0	0	1,437	0	1,094
55 全国	0	518,076	416,497	0	0	0	564,198	1,000,134	1,672,803	0	33,139	615,849	1,089,221	2,768,680

平成28年度　　府県相互間輸送トン数表（海運）　　品目　(8-0)　特種品　（単位：トン）　その　4

着／発	43 香川	44 愛媛	45 徳島	46 高知	47 福岡	48 佐賀	49 長崎	50 熊本	51 大分	52 宮崎	53 鹿児島	54 沖縄	55 全国
1 札幌	0	0	0	0	3,271	0	0	0	1,395	0	2,200	0	8,093
2 旭川	0	0	0	0	0	0	0	0	0	0	0	0	3,778
3 函館	0	0	0	0	0	0	0	0	0	0	0	0	4,812
4 室蘭	0	0	0	0	4,707	1,100	1,145	0	2,807	0	0	0	1,354,118
5 釧路	0	0	0	0	334	0	1,002	0	0	0	0	0	324,208
6 帯広	0	0	0	0	0	0	0	0	0	0	0	0	12,319
7 北見	0	0	0	0	0	0	0	0	0	0	0	0	4,245
8 北海道	0	0	0	0	8,312	1,100	2,147	0	4,202	0	2,200	0	1,711,573
9 青森	0	245	0	0	0	0	0	0	0	0	0	0	225,509
10 岩手	0	0	0	0	0	0	0	0	0	0	0	0	49,629
11 宮城	0	0	0	0	878	0	0	0	0	0	3,140	0	666,199
12 福島	0	1,600	0	64,882	71,812	0	816	0	4,344	0	0	0	319,673
13 秋田	0	0	0	0	2,779	0	1,300	0	0	0	0	0	16,410
14 山形	0	0	0	0	35,653	0	0	0	0	0	0	0	64,014
15 茨城	0	0	0	13,995	81,756	0	1,200	0	1,484	0	25,750	0	1,615,697
16 栃木	0	0	0	0	0	0	0	0	0	0	0	0	0
17 群馬	0	0	0	0	0	0	0	0	0	0	0	0	0
18 埼玉	0	0	0	0	0	0	0	0	0	0	0	0	0
19 千葉	2,039	274,940	0	114,373	41,002	0	8,983	650	45,248	8,392	15,970	0	2,182,123
20 東京	3,085	2,035	0	0	242,270	0	700	0	615,114	67,423	4,200	245,184	3,171,054
21 神奈川	0	175,803	0	98,439	209,355	0	2,384	0	23,343	12,339	23,087	3,426	3,330,046
22 新潟	0	0	0	0	6,157	0	0	0	0	0	0	0	125,015
23 富山	0	0	0	0	0	0	0	0	1,235	0	0	0	6,176
24 石川	0	0	0	20,204	30,499	0	0	0	0	0	0	0	63,176
25 福井	0	1,300	0	3,504	4,006	0	0	0	1,002	0	0	180	57,688
26 山梨	0	0	0	0	0	0	0	0	0	0	0	0	0
27 長野	0	0	0	0	0	0	0	0	0	0	0	0	0
28 静岡	6,592	0	0	0	607	0	11,845	3,000	135,308	3,448	19,747	5,900	768,808
29 岐阜	0	0	0	0	0	0	0	0	0	0	0	0	0
30 愛知	499	6,704	0	252,130	369,668	1,000	314,800	13,966	18,881	0	38,656	16,447	2,028,525
31 三重	0	0	1,200	0	0	0	313	0	1,585	0	5,050	0	27,427
32 滋賀	0	0	0	0	0	0	0	0	0	0	0	0	0
33 京都	0	0	0	36,031	106,246	0	0	0	0	0	0	0	171,943
34 奈良	0	0	0	0	0	0	0	0	0	0	0	0	0
35 和歌山	0	0	0	1,000	827	0	0	0	0	0	3,588	0	545,590
36 大阪	7,694	131,489	0	19,153	29,832	0	2,720	0	993,470	17,650	8,545	963,160	3,567,733
37 兵庫	719,668	62,716	166,610	57,604	347,970	7,054	35,922	17,194	1,954,660	28,225	116,818	46,948	4,305,748
38 鳥取	0	0	0	0	1,506	0	1,500	0	0	0	0	0	9,901
39 島根	0	0	0	7,568	12,062	0	0	0	0	0	0	0	97,915
40 岡山	2,416	7,105	0	15,009	42,329	0	0	3,902	0	522	6,873	5,932	589,376
41 広島	946	93	0	13,005	180,994	0	0	0	39,896	0	6,000	1,656	1,101,858
42 山口	946	1,230	19,433	14,349	40,243	0	32,870	3,210	34,184	2,000	3,626	195	578,066
43 香川	0	88,794	0	0	5,400	0	10,976	0	11,800	0	3,014	195	338,311
44 愛媛	2,000	20,938	0	82,587	96,340	0	5,996	1,390	16,720	0	1,489	27,607	766,520
45 徳島	499	0	0	0	180,552	0	0	0	0	0	0	603	419,599
46 高知	0	0	0	0	8,800	0	0	0	9,647	0	1,984	0	38,872
47 福岡	0	22,093	0	9,282	21,233	0	42,369	3,860	97,195	0	11,451	540,284	2,659,195
48 佐賀	0	0	0	0	617	5	297	0	604	0	0	0	8,519
49 長崎	0	9,631	0	0	176,544	397	138,807	0	2,630	0	17,493	0	445,918
50 熊本	0	0	0	447	78,606	0	0	2,196	0	0	18,271	0	219,008
51 大分	0	0	0	9,805	8,087	0	0	0	38,880	0	10,850	4,932	252,448
52 宮崎	0	0	0	0	27,186	0	0	0	0	0	3,850	0	169,900
53 鹿児島	1,400	24,416	1,100	0	16,824	0	0	0	29,074	4,993	348,471	349,973	970,166
54 沖縄	254	6,975	0	0	50,311	0	0	0	0	0	16,667	478,637	741,808
55 全国	835,886	749,313	188,343	842,437	2,519,673	9,556	602,249	59,168	4,121,951	149,395	700,484	2,690,281	34,427,136

平成28年度　　　　　　　　　　　　　　　　　　府県相互間輸送トン数表（海運）

品目　（9-0）その他　　　　（単位：トン）　その 1

発＼着	1 札幌	2 旭川	3 函館	4 室蘭	5 釧路	6 帯広	7 北見	8 北海道	9 青森	10 岩手	11 宮城	12 福島	13 秋田	14 山形
1 札幌	0	0	0	0	0	0	0	0	0	0	0	0	0	0
2 旭川	0	186	0	0	0	0	0	186	0	0	0	0	0	0
3 函館	0	0	0	0	0	0	0	0	0	0	0	0	0	0
4 室蘭	0	0	0	0	0	0	0	0	0	30	0	0	0	0
5 釧路	0	0	0	0	0	0	0	0	0	0	0	0	0	0
6 帯広	0	0	0	0	0	0	0	0	0	10	0	0	0	0
7 北見	0	0	0	0	0	0	0	0	0	0	0	0	0	0
8 北海道	0	186	0	0	0	0	0	186	0	40	0	0	0	0
9 青森	0	0	0	0	0	0	0	0	0	10	0	0	0	0
10 岩手	0	0	0	0	0	0	0	0	0	20	0	0	0	0
11 宮城	0	0	0	0	0	0	0	0	0	0	16	0	0	0
12 福島	0	0	0	0	0	0	0	0	0	20	0	0	0	0
13 秋田	0	0	0	0	0	0	0	0	4,510	10	0	0	0	0
14 山形	0	0	0	0	0	0	0	0	0	0	0	0	0	135
15 茨城	0	0	0	0	0	0	0	0	0	10	0	0	0	0
16 栃木	0	0	0	0	0	0	0	0	0	0	0	0	0	0
17 群馬	0	0	0	0	0	0	0	0	0	0	0	0	0	0
18 埼玉	0	0	0	0	0	0	0	0	0	0	0	0	0	0
19 千葉	0	0	0	0	0	0	0	0	1,702	0	0	0	0	0
20 東京	0	0	0	0	0	0	0	0	0	0	0	0	0	0
21 神奈川	0	0	0	191	0	0	0	191	12,602	1,126	0	0	0	0
22 新潟	0	0	0	0	0	0	0	0	0	0	0	0	0	0
23 富山	0	0	0	0	0	0	0	0	0	0	0	0	0	0
24 石川	0	0	0	0	0	0	0	0	0	0	0	0	0	0
25 福井	0	0	0	0	0	0	0	0	0	0	0	0	0	0
26 山梨	0	0	0	0	0	0	0	0	0	0	0	0	0	0
27 長野	0	0	0	0	0	0	0	0	0	0	0	0	0	0
28 静岡	0	0	0	0	0	0	0	0	0	4,599	0	0	0	0
29 岐阜	0	0	0	0	0	0	0	0	0	0	0	0	0	0
30 愛知	0	0	0	0	0	0	0	0	54	176	0	0	0	0
31 三重	0	0	0	0	0	0	0	0	0	0	0	0	0	0
32 滋賀	0	0	0	0	0	0	0	0	0	0	0	0	0	0
33 京都	0	0	0	0	0	0	0	0	0	0	0	0	0	0
34 奈良	0	0	0	0	0	0	0	0	0	0	0	0	0	0
35 和歌山	0	0	0	0	0	0	0	0	0	0	0	0	0	0
36 大阪	0	0	0	0	0	0	0	0	0	0	0	0	0	0
37 兵庫	0	0	0	0	0	0	0	0	0	0	0	0	0	0
38 鳥取	0	0	0	0	0	0	0	0	0	0	0	0	0	0
39 島根	0	0	0	0	0	0	0	0	0	0	0	0	0	0
40 岡山	0	0	0	0	0	0	0	0	0	0	0	0	0	0
41 広島	0	0	0	0	0	0	0	0	0	0	0	0	0	0
42 山口	0	0	0	0	0	0	0	0	0	0	0	0	0	0
43 香川	0	0	0	0	0	0	0	0	0	0	0	0	0	0
44 愛媛	0	0	0	0	0	0	0	0	0	0	0	0	0	0
45 徳島	0	0	0	0	0	0	0	0	0	0	0	0	0	0
46 高知	0	0	0	0	0	0	0	0	0	0	0	0	0	0
47 福岡	0	0	0	0	0	0	0	0	0	0	0	0	0	0
48 佐賀	0	0	0	0	0	0	0	0	0	0	0	0	0	0
49 長崎	0	0	0	0	0	0	0	0	0	0	0	0	0	0
50 熊本	0	0	0	0	0	0	0	0	0	0	0	0	0	0
51 大分	0	0	0	0	0	0	0	0	0	0	0	0	0	0
52 宮崎	0	0	0	0	0	0	0	0	0	0	0	0	0	0
53 鹿児島	0	0	0	0	0	0	0	0	0	0	0	0	0	0
54 沖縄	0	0	0	0	0	0	0	0	0	0	0	0	0	0
55 全国	0	186	0	191	0	0	0	377	18,868	6,011	16	0	0	135

平成28年度　　　　　　　　　　　　　　　　　　府県相互間輸送トン数表（海運）

品目　（9-0）その他　　　　（単位：トン）　その 2

発＼着	15 茨城	16 栃木	17 群馬	18 埼玉	19 千葉	20 東京	21 神奈川	22 新潟	23 富山	24 石川	25 福井	26 山梨	27 長野	28 静岡
1 札幌	0	0	0	0	0	0	0	0	0	0	0	0	0	0
2 旭川	0	0	0	0	0	0	0	0	0	0	0	0	0	0
3 函館	0	0	0	0	0	0	0	0	0	0	0	0	0	0
4 室蘭	0	0	0	0	0	0	0	0	0	0	916	0	0	0
5 釧路	0	0	0	0	0	0	0	0	0	0	0	0	0	0
6 帯広	0	0	0	0	0	0	0	0	0	0	0	0	0	0
7 北見	0	0	0	0	0	0	0	0	0	0	0	0	0	0
8 北海道	0	0	0	0	0	0	0	0	0	0	916	0	0	0
9 青森	0	0	0	0	0	0	0	0	0	0	0	0	0	0
10 岩手	0	0	0	0	0	0	0	0	0	0	0	0	0	0
11 宮城	0	0	0	0	0	0	0	0	0	0	0	0	0	0
12 福島	0	0	0	0	0	0	0	0	0	0	0	0	0	80
13 秋田	0	0	0	0	0	0	0	0	0	0	0	0	0	0
14 山形	0	0	0	0	0	0	0	0	0	0	0	0	0	0
15 茨城	0	0	0	0	0	0	0	0	0	0	0	0	0	0
16 栃木	0	0	0	0	0	0	0	0	0	0	0	0	0	0
17 群馬	0	0	0	0	0	0	0	0	0	0	0	0	0	0
18 埼玉	0	0	0	0	0	0	0	0	0	0	0	0	0	0
19 千葉	0	0	0	0	0	0	0	0	0	0	0	0	0	0
20 東京	0	0	0	0	0	9,975	0	0	0	0	0	0	0	0
21 神奈川	0	0	0	0	0	0	0	0	0	0	0	0	0	80
22 新潟	0	0	0	0	0	0	0	6	0	0	0	0	0	0
23 富山	0	0	0	0	0	0	0	0	0	0	0	0	0	0
24 石川	0	0	0	0	0	0	0	0	0	0	0	0	0	0
25 福井	0	0	0	0	0	0	0	0	0	0	0	0	0	0
26 山梨	0	0	0	0	0	0	0	0	0	0	0	0	0	0
27 長野	0	0	0	0	0	0	0	0	0	0	0	0	0	0
28 静岡	0	0	0	0	0	0	0	0	0	0	0	0	0	94,395
29 岐阜	0	0	0	0	0	0	0	0	0	0	0	0	0	0
30 愛知	0	0	0	0	0	0	0	0	0	0	0	0	0	0
31 三重	0	0	0	0	0	0	0	0	0	0	0	0	0	250
32 滋賀	0	0	0	0	0	0	0	0	0	0	0	0	0	0
33 京都	0	0	0	0	0	0	0	0	0	0	0	0	0	0
34 奈良	0	0	0	0	0	0	0	0	0	0	0	0	0	0
35 和歌山	0	0	0	0	0	0	0	0	0	0	0	0	0	0
36 大阪	0	0	0	0	0	0	0	0	0	0	0	0	0	0
37 兵庫	0	0	0	0	0	0	0	0	0	0	51	0	0	0
38 鳥取	0	0	0	0	0	0	0	0	0	0	0	0	0	0
39 島根	0	0	0	0	0	0	0	0	0	0	0	0	0	0
40 岡山	0	0	0	0	0	0	0	0	0	0	0	0	0	0
41 広島	0	0	0	0	0	0	0	0	0	0	0	0	0	0
42 山口	0	0	0	0	0	0	0	0	0	0	0	0	0	0
43 香川	0	0	0	0	0	0	0	0	0	0	0	0	0	0
44 愛媛	0	0	0	0	0	0	0	0	0	0	0	0	0	0
45 徳島	0	0	0	0	0	0	0	0	0	0	0	0	0	0
46 高知	0	0	0	0	0	0	0	0	0	0	0	0	0	0
47 福岡	0	0	0	0	0	0	0	0	0	0	0	0	0	0
48 佐賀	0	0	0	0	0	0	0	0	0	0	0	0	0	0
49 長崎	0	0	0	0	0	0	0	0	0	0	0	0	0	0
50 熊本	0	0	0	0	0	0	0	0	0	0	0	0	0	0
51 大分	0	0	0	0	0	0	0	0	0	0	0	0	0	0
52 宮崎	0	0	0	0	0	0	0	0	0	0	0	0	0	0
53 鹿児島	0	0	0	0	0	0	0	0	0	0	0	0	0	0
54 沖縄	0	0	0	0	0	0	0	0	0	0	0	0	0	0
55 全国	0	0	0	0	0	9,975	0	6	0	0	967	0	0	94,805

平成28年度　　府県相互間輸送トン数表（海運）　　品目　（9-0）その他　　（単位：トン）　その 3

発＼着	29 岐阜	30 愛知	31 三重	32 滋賀	33 京都	34 奈良	35 和歌山	36 大阪	37 兵庫	38 鳥取	39 島根	40 岡山	41 広島	42 山口
1 札幌	0	0	0	0	0	0	0	0	0	0	0	0	0	0
2 旭川	0	0	0	0	0	0	0	0	0	0	0	0	0	0
3 函館	0	0	0	0	0	0	0	0	0	0	0	0	0	0
4 室蘭	0	0	0	0	0	0	0	0	0	0	0	0	0	0
5 釧路	0	0	0	0	0	0	0	0	0	0	0	0	0	0
6 帯広	0	0	0	0	0	0	0	0	0	0	0	0	0	0
7 北見	0	0	0	0	0	0	0	0	0	0	0	0	0	0
8 北海道	0	0	0	0	0	0	0	0	0	0	0	0	0	0
9 青森	0	0	0	0	0	0	0	0	0	0	0	0	0	0
10 岩手	0	0	0	0	0	0	0	0	0	0	0	0	0	0
11 宮城	0	0	0	0	0	0	0	0	0	0	0	0	0	0
12 福島	0	0	0	0	0	0	0	0	0	0	0	0	0	0
13 秋田	0	0	0	0	0	0	0	0	0	0	0	0	0	0
14 山形	0	0	0	0	0	0	0	0	0	0	0	0	0	0
15 茨城	0	0	0	0	0	0	0	0	0	0	0	0	0	0
16 栃木	0	0	0	0	0	0	0	0	0	0	0	0	0	0
17 群馬	0	0	0	0	0	0	0	0	0	0	0	0	0	0
18 埼玉	0	0	0	0	0	0	0	0	0	0	0	0	0	0
19 千葉	0	0	0	0	0	0	0	0	0	0	0	860	0	0
20 東京	0	0	0	0	0	0	0	0	0	0	0	0	0	0
21 神奈川	0	0	0	0	0	0	0	0	0	0	0	0	0	0
22 新潟	0	0	0	0	0	0	0	0	0	0	0	0	0	0
23 富山	0	0	0	0	0	0	0	0	0	0	0	0	0	0
24 石川	0	0	0	0	0	0	0	0	0	0	0	0	0	0
25 福井	0	0	0	0	0	0	0	0	0	0	0	0	0	0
26 山梨	0	0	0	0	0	0	0	0	0	0	0	0	0	0
27 長野	0	0	0	0	0	0	0	0	0	0	0	0	0	0
28 静岡	0	0	0	0	0	0	0	0	0	0	0	0	0	0
29 岐阜	0	0	0	0	0	0	0	0	0	0	0	0	0	0
30 愛知	0	0	0	0	0	0	0	0	0	0	0	0	0	0
31 三重	0	0	1,065	0	0	0	0	0	0	0	0	0	0	0
32 滋賀	0	0	0	0	0	0	0	0	0	0	0	0	0	0
33 京都	0	0	0	0	0	0	0	0	0	0	0	0	0	0
34 奈良	0	0	0	0	0	0	0	0	0	0	0	0	0	0
35 和歌山	0	0	0	0	0	0	0	0	0	0	0	0	0	0
36 大阪	0	0	0	0	0	0	0	0	0	0	0	0	0	0
37 兵庫	0	0	0	0	0	0	0	0	230	0	0	12	0	0
38 鳥取	0	0	0	0	0	0	0	0	0	0	0	0	0	0
39 島根	0	0	0	0	0	0	0	0	0	0	1,867	0	0	0
40 岡山	0	0	0	0	0	0	0	0	0	0	0	0	0	0
41 広島	0	0	0	0	0	0	0	0	0	0	0	0	29,415	0
42 山口	0	0	0	0	0	0	0	0	0	0	0	0	0	0
43 香川	0	0	0	0	0	0	0	0	0	0	0	0	0	0
44 愛媛	0	0	0	0	0	0	650	0	0	0	0	0	0	0
45 徳島	0	0	0	0	0	0	650	0	0	0	0	0	0	0
46 高知	0	0	0	0	0	0	0	0	0	0	0	0	0	0
47 福岡	0	0	0	0	0	0	0	0	0	0	0	455	0	0
48 佐賀	0	0	0	0	0	0	0	0	0	0	0	0	0	0
49 長崎	0	0	0	0	0	0	0	0	0	0	0	0	0	0
50 熊本	0	0	0	0	0	0	0	0	0	0	0	0	0	0
51 大分	0	0	0	0	0	0	0	0	0	0	0	0	0	0
52 宮崎	0	0	0	0	0	0	0	5,625	0	0	0	0	0	0
53 鹿児島	0	0	0	0	0	0	0	0	0	0	0	0	0	0
54 沖縄	0	0	0	0	0	0	0	0	0	0	0	0	0	0
55 全国	0	0	1,065	0	0	0	1,300	5,625	230	0	1,867	1,327	29,415	0

平成28年度　　府県相互間輸送トン数表（海運）　　品目　（9-0）その他　　（単位：トン）　その 4

発＼着	43 香川	44 愛媛	45 徳島	46 高知	47 福岡	48 佐賀	49 長崎	50 熊本	51 大分	52 宮崎	53 鹿児島	54 沖縄	55 全国
1 札幌	0	0	0	0	0	0	0	0	0	0	0	0	186
2 旭川	0	0	0	0	0	0	0	0	0	0	0	0	0
3 函館	0	0	0	0	0	0	0	0	0	0	0	0	0
4 室蘭	0	0	0	0	0	0	0	0	0	0	0	0	946
5 釧路	0	0	0	0	0	0	0	0	0	0	0	0	0
6 帯広	0	0	0	0	0	0	0	0	0	0	0	0	10
7 北見	0	0	0	0	0	0	0	0	0	0	0	0	0
8 北海道	0	0	0	0	0	0	0	0	0	0	0	0	1,142
9 青森	0	0	0	0	0	0	0	0	0	0	0	0	10
10 岩手	0	0	0	0	0	0	0	0	0	0	0	0	20
11 宮城	0	0	0	0	0	0	0	0	0	0	0	0	16
12 福島	0	0	0	0	0	0	0	0	0	0	0	0	100
13 秋田	0	0	0	0	0	0	0	0	0	0	0	0	4,520
14 山形	0	0	0	0	0	0	0	0	0	0	0	0	135
15 茨城	0	0	0	0	0	0	0	0	0	0	0	0	10
16 栃木	0	0	0	0	0	0	0	0	0	0	0	0	0
17 群馬	0	0	0	0	0	0	0	0	0	0	0	0	0
18 埼玉	0	0	0	0	0	0	0	0	0	0	0	0	2,562
19 千葉	0	0	0	0	0	0	0	0	0	0	0	0	9,975
20 東京	0	0	0	0	0	0	0	0	0	0	0	0	0
21 神奈川	0	0	0	0	210	0	0	0	0	0	0	0	14,209
22 新潟	0	0	0	0	0	0	0	0	0	0	0	0	6
23 富山	0	0	0	0	0	0	0	0	0	0	0	0	0
24 石川	0	0	0	0	0	0	0	0	0	0	0	0	0
25 福井	0	0	0	0	0	0	0	0	0	0	0	0	0
26 山梨	0	0	0	0	0	0	0	0	0	0	0	0	0
27 長野	0	0	0	0	0	0	0	0	0	0	0	0	0
28 静岡	0	0	0	0	0	0	0	0	0	0	0	0	98,994
29 岐阜	0	0	0	0	0	0	0	0	0	0	0	0	0
30 愛知	0	550	0	0	0	0	0	0	0	0	0	0	780
31 三重	0	0	0	0	0	0	0	0	0	0	0	0	1,315
32 滋賀	0	0	0	0	0	0	0	0	0	0	0	0	0
33 京都	0	0	0	0	0	0	0	0	0	0	0	0	0
34 奈良	0	0	0	0	0	0	0	0	0	0	0	0	0
35 和歌山	0	0	0	0	0	0	0	0	0	0	0	0	0
36 大阪	0	0	0	0	7,282	0	0	0	0	0	0	0	7,282
37 兵庫	0	0	0	0	38,936	209	0	0	0	0	0	0	39,438
38 鳥取	0	0	0	0	0	0	0	0	0	0	0	0	0
39 島根	0	0	0	0	0	0	0	0	0	0	0	0	1,867
40 岡山	0	0	0	0	0	0	0	0	0	0	0	0	0
41 広島	0	0	0	0	0	0	0	0	0	0	0	0	29,415
42 山口	0	0	0	0	0	0	0	0	0	0	0	0	465
43 香川	465	0	0	0	0	0	0	0	0	0	0	0	465
44 愛媛	0	0	0	0	0	0	0	0	0	0	0	0	650
45 徳島	0	0	0	0	0	0	0	0	0	0	0	0	650
46 高知	0	0	0	8,832	0	0	0	0	0	0	0	0	8,832
47 福岡	0	0	0	0	0	0	822	46	0	0	0	0	1,323
48 佐賀	0	0	0	0	0	0	0	0	0	0	0	0	0
49 長崎	0	0	0	0	0	0	7,291	0	0	0	0	0	7,291
50 熊本	0	0	0	0	59	0	0	0	0	0	0	0	59
51 大分	0	0	0	1,416	0	0	0	0	0	0	0	0	1,416
52 宮崎	0	0	0	0	0	0	0	0	0	0	0	0	5,625
53 鹿児島	0	0	0	0	0	0	0	0	0	0	76,908	776	77,684
54 沖縄	0	0	0	0	0	0	0	0	0	0	291	2,410	2,701
55 全国	465	550	0	10,248	46,487	209	8,113	46	0	0	77,199	3,186	318,492

（4）自　動　車

調査対象貨物の範囲
　営業用及び自家用貨物自動車（霊きゅう車及び軽自動車を除く。）で輸送された全貨物（フェリー（自動車航送船）で輸送された自動車の積荷を含む。）を対象とした。

調　査　の　方　法
　平成28年度数値については「自動車輸送統計月報」（国土交通省総合政策局）（平成28年4月～平成29年3月）の品目別輸送トン数を、各月の品目別府県相互間輸送トン数の流動パターンで配分した。

自
動
車

平成28年度

府県相互間輸送トン数表（自動車）

品目　（0－0）　総貨物

（単位：トン）
その　1

着 発	1 札幌	2 旭川	3 函館	4 室蘭	5 釧路	6 帯広	7 北見	8 北海道	9 青森	10 岩手	11 宮城	12 福島	13 秋田	14 山形
1 札幌	106,378,315	4,333,924	1,767,118	4,896,814	2,259,853	1,726,910	2,121,445	123,484,378	44,287	4,679	447,585	0	0	0
2 旭川	3,891,012	34,183,239	74,060	1,367,063	120,532	135,336	1,421,565	41,192,807	0	0	87,397	0	0	0
3 函館	298,025	4,738	23,345,738	113,480	0	137,476	0	23,899,457	13,235	61,008	34,399	0	0	0
4 室蘭	25,651,116	1,571,814	346,071	35,220,129	16,793	621,893	506,930	63,934,747	8,055	0	40,548	0	0	0
5 釧路	316,943	23,444	23,596	239,243	34,503,940	2,181,972	483,588	37,772,726	70,503	0	0	0	0	0
6 帯広	1,604,918	174,911	159,236	1,809,114	214,812	33,453,847	143,354	37,560,193	0	0	0	0	0	17,408
7 北見	644,454	1,175,914	1,189	422,043	1,465,793	160,087	27,660,853	31,530,332	0	0	0	0	0	0
8 北海道	138,784,783	41,467,984	25,717,008	44,067,885	38,581,723	38,417,522	32,337,735	359,374,639	136,079	65,687	609,929	0	0	17,408
9 青森	63,850	23,620	8,973	0	0	0	0	96,442	63,071,501	3,841,213	1,438,953	374,603	1,071,228	199,549
10 岩手	120,201	0	41,877	32,364	0	7,992	0	202,434	4,615,328	65,778,756	4,171,763	293,794	1,113,539	232,326
11 宮城	158,169	10,846	0	0	0	0	0	169,014	2,863,137	3,413,594	72,220,859	9,131,765	1,649,596	6,447,354
12 福島	163,753	0	0	0	0	38,382	0	202,135	569,443	961,583	2,389,039	71,789,466	73,588	598,489
13 秋田	0	0	0	0	0	0	0	0	464,237	1,498,504	149,644	43,936	43,589,977	751,289
14 山形	103,035	0	0	0	0	0	0	103,035	998,746	465,738	1,855,858	468,928	817,139	47,667,212
15 茨城	111,600	0	0	0	0	0	0	111,600	0	144,335	543,298	2,204,953	40,496	256,136
16 栃木	246,451	0	0	0	0	39,906	0	286,357	162,344	99,952	521,738	2,595,373	0	347,566
17 群馬	140,174	0	0	0	0	0	0	140,174	21,386	0	286,044	479,462	116,976	511,815
18 埼玉	249,087	0	0	0	0	0	0	249,087	0	287,350	2,014,661	1,096,400	87,241	956,894
19 千葉	204,386	0	0	0	0	0	0	204,386	0	620,247	1,182,469	863,879	55,533	209,933
20 東京	226,073	17,101	0	0	18,870	95,304	0	357,348	926,187	112,587	845,217	749,582	137,463	1,510,317
21 神奈川	177,202	65,074	0	0	0	0	0	242,277	179,153	196,184	1,442,288	894,055	707,553	237,064
22 新潟	39,906	0	0	23,620	0	0	0	63,526	84,270	297,741	410,927	600,716	57,497	897,265
23 富山	0	0	0	0	0	0	0	0	0	0	43,724	79,667	3,543	55,738
24 石川	0	0	0	0	0	0	0	0	1,067	0	71,760	0	0	97,514
25 福井	0	0	0	0	0	0	0	0	0	0	85,069	0	0	35
26 山梨	0	0	0	0	0	0	0	0	37,429	71,962	53,253	93,472	54,934	0
27 長野	5,770	0	0	0	0	0	0	5,770	5,928	21,959	220,407	77,186	71,239	0
28 静岡	270,965	0	0	0	0	0	0	270,965	28,996	93,748	384,646	200,505	46,929	379,869
29 岐阜	0	0	0	0	0	0	0	0	0	32,723	0	84,401	33,172	0
30 愛知	35,601	0	0	0	0	0	0	35,601	105,746	37,544	897,051	269,116	2,451	185,728
31 三重	0	0	0	0	0	0	0	0	0	0	88,827	117,982	0	80,208
32 滋賀	0	0	0	0	0	0	0	0	0	0	21,372	26,572	60	0
33 京都	18,870	0	31,925	0	0	0	0	50,795	0	56,958	136,026	0	0	17,359
34 奈良	0	0	0	0	0	0	0	0	0	0	0	0	0	0
35 和歌山	0	0	0	0	0	0	0	0	0	0	0	0	0	0
36 大阪	26,553	0	0	0	0	0	0	26,553	26,921	12,059	1,706,101	106,078	0	66,417
37 兵庫	85,676	0	0	0	0	0	0	85,676	0	0	313,408	62,074	0	103,156
38 鳥取	0	0	0	0	0	0	0	0	0	0	0	0	0	0
39 島根	0	0	0	0	0	0	0	0	0	0	0	0	0	0
40 岡山	0	0	0	0	0	0	0	0	0	12,565	0	0	0	0
41 広島	0	0	0	0	0	0	0	0	0	108,457	82,402	19,700	0	0
42 山口	0	0	0	0	0	0	0	0	0	0	0	0	0	0
43 香川	32,670	0	0	0	0	0	0	32,670	0	11,565	0	10,052	0	0
44 愛媛	0	0	0	0	0	0	0	0	0	0	0	142,642	0	0
45 徳島	0	0	0	0	0	0	0	0	42,551	374	0	26,572	0	1,368
46 高知	0	0	0	0	0	0	0	0	0	0	0	0	0	0
47 福岡	0	0	0	0	0	0	0	0	0	0	0	0	0	27,362
48 佐賀	0	0	0	0	0	0	0	0	0	0	0	0	0	0
49 長崎	17,715	0	0	0	0	0	0	17,715	0	0	0	0	0	0
50 熊本	0	0	0	0	0	0	0	0	0	0	0	0	0	0
51 大分	0	0	0	0	0	0	0	0	0	0	0	0	0	0
52 宮崎	0	0	0	0	0	0	0	0	0	0	0	0	0	0
53 鹿児島	0	0	0	0	0	0	0	0	0	10,380	0	0	0	0
54 沖縄	0	0	0	0	0	0	0	0	0	0	0	0	0	0
55 全国	141,282,490	41,584,624	25,799,783	44,123,869	38,600,593	38,599,106	32,337,735	362,328,199	74,340,450	78,253,766	94,186,733	92,902,929	49,730,156	61,855,369

平成28年度

府県相互間輸送トン数表（自動車）

品目　（0－0）　総貨物

（単位：トン）
その　2

着 発	15 茨城	16 栃木	17 群馬	18 埼玉	19 千葉	20 東京	21 神奈川	22 新潟	23 富山	24 石川	25 福井	26 山梨	27 長野	28 静岡
1 札幌	0	77,674	0	566,666	102,649	284,768	40,901	45,699	0	63,722	0	0	0	130,045
2 旭川	0	66,326	0	25,082	0	126,775	65,074	0	0	0	0	0	0	0
3 函館	0	0	0	0	0	91,347	71,800	32,530	19,564	0	0	0	0	0
4 室蘭	0	0	91,918	0	40,548	0	0	90,362	0	0	0	0	0	42,073
5 釧路	0	0	0	0	0	37,740	0	0	0	0	0	0	0	0
6 帯広	0	0	15,232	0	0	35,601	0	0	0	0	0	0	0	0
7 北見	0	0	0	0	0	0	30,099	0	0	0	0	0	0	0
8 北海道	0	144,000	107,151	591,748	143,197	576,231	207,875	168,590	19,564	63,722	0	0	0	172,118
9 青森	30,460	291,057	0	171,402	34,040	457,318	327,343	89,858	9,577	7,663	0	0	0	0
10 岩手	36,993	32,848	24,660	409,784	361,356	117,818	247,249	202,670	0	47,547	0	25,040	30,070	26,160
11 宮城	412,152	124,662	187,534	1,501,202	588,176	452,333	384,112	479,026	78,272	0	53,144	221,642	82,353	185,319
12 福島	2,091,550	1,675,078	489,832	2,047,084	549,754	500,604	1,130,151	357,810	0	16,269	0	25,131	88,194	316,014
13 秋田	59,412	136,928	55,797	279,131	122,079	30,177	359,971	252,541	48,097	93,741	0	13,933	57,464	80,632
14 山形	10,159	335,937	383,305	968,651	90,688	1,689,163	975,368	779,779	0	0	0	0	101,217	482,373
15 茨城	78,184,705	4,409,480	2,448,921	7,927,751	10,405,271	5,861,000	3,006,610	537,042	84,566	11,018	0	133,250	349,034	537,139
16 栃木	4,936,938	49,759,070	5,014,074	7,120,531	3,674,176	2,842,819	1,544,418	894,093	129,200	49,274	59,382	63,586	154,010	142,202
17 群馬	1,863,427	5,406,518	56,658,609	7,216,107	1,438,604	2,110,373	3,259,204	1,741,461	12,018	12,093	23,934	107,847	1,042,089	311,054
18 埼玉	6,087,551	4,514,118	7,200,429	106,996,582	10,671,822	25,203,357	8,335,192	2,026,814	91,380	24,876	29,364	689,814	1,739,764	2,812,028
19 千葉	10,532,945	3,227,708	3,310,488	12,255,952	102,392,555	18,117,267	7,138,684	560,809	195,393	64,763	16,079	71,574	544,925	1,777,710
20 東京	5,624,717	2,624,006	2,620,536	33,179,301	15,469,468	152,365,593	21,254,667	734,396	78,466	115,198	57,684	911,810	690,082	2,187,879
21 神奈川	3,761,641	1,766,177	1,397,187	8,977,603	6,221,556	17,990,477	138,140,959	693,004	34,432	186,620	89,132	1,279,308	872,232	4,377,761
22 新潟	496,864	538,091	939,776	1,559,269	420,338	555,262	1,017,286	92,007,797	646,054	612,005	47,068	143,276	1,020,827	567,542
23 富山	134,751	110,854	115,903	481,095	85,984	151,563	154,126	1,212,449	59,934,527	2,264,122	741,007	4,902	235,917	416,124
24 石川	50,026	21,691	25,848	19,049	97,053	145,448	100,600	163,403	2,580,680	62,365,407	2,513,424	0	94,936	73,154
25 福井	38,382	14,705	0	129,063	53,144	0	115,499	18,343	364,565	815,923	47,548,042	0	9,411	17,948
26 山梨	143,661	146,717	86,864	667,440	398,614	1,944,095	1,899,962	164,209	406,621	0	0	44,938,869	1,033,264	1,235,430
27 長野	686,071	289,115	509,207	1,780,217	1,759,803	1,007,555	447,781	1,082,222	91,304	196,200	41,174	378,759	44,612,657	244,065
28 静岡	373,960	209,431	392,895	2,871,314	1,236,060	1,749,740	3,885,348	282,815	410,395	198,502	33,270	1,858,910	540,246	94,087,984
29 岐阜	37,376	125,916	47,761	226,810	112,809	472,063	387,486	456,200	588,366	276,165	339,286	29,313	586,477	1,371,880
30 愛知	875,588	382,997	458,494	2,888,000	1,892,642	1,639,457	1,348,365	716,595	1,447,113	2,722,054	836,099	155,423	1,701,719	8,765,888
31 三重	197,652	140,251	183,159	514,715	388,713	493,358	256,093	481,109	106,808	576,125	87,624	33,397	192,304	1,634,297
32 滋賀	217,793	68,848	64,991	78,677	60,803	114,219	221,535	11,184	69,198	106,714	218,033	0	175,385	539,075
33 京都	546,678	146,792	0	15,284	1,920	485,420	394,465	350,957	12,955	89,996	480,512	0	110,141	56,159
34 奈良	235,157	90,259	4,429	119,341	9,948	42,627	653	0	64,659	63,914	0	0	29,524	42,208
35 和歌山	24,261	9,803	23,048	320,639	29,128	574,448	0	0	0	37,163	61,484	0	0	122,957
36 大阪	213,668	119,880	172,363	1,078,165	1,088,023	1,114,796	904,606	194,496	676,172	1,218,733	261,253	51,743	240,426	1,616,907
37 兵庫	169,826	83,100	122,882	312,696	307,464	720,901	681,376	328,586	313,953	497,424	97,311	226	135,823	344,128
38 鳥取	0	0	0	0	0	0	35,601	35,378	0	14,351	0	0	21,360	3,119
39 島根	18,227	0	0	0	38,040	0	11,651	0	0	0	1,392	0	39,185	0
40 岡山	0	54,914	75,069	278,532	50,555	86,619	133,479	66,493	80,855	0	152,698	51,665	97,583	225,805
41 広島	43,355	32,071	159,505	287,439	19,239	162,972	494,812	53,538	0	24,686	0	44,822	62,443	149,884
42 山口	0	25,848	0	106,805	51,888	5,247	73,304	0	0	0	0	0	0	0
43 香川	91,678	39,609	277,485	794,342	5,920	519,380	190,878	0	0	266,032	0	5,737	37,390	132,930
44 愛媛	166,076	75,630	80,990	840,191	0	747,525	74,716	0	106,674	300,821	48,285	0	126,648	196,772
45 徳島	71,970	0	0	18,703	40,107	70,164	94,670	114,142	29,524	0	86,059	0	80,911	9,232
46 高知	7,162	0	0	0	0	42,673	0	0	0	0	0	0	42,104	0
47 福岡	51,268	0	63,175	93,696	18,833	223,346	49,394	52,200	0	32,537	0	120,593	0	71,039
48 佐賀	57,979	0	0	86,119	39,906	51,071	0	0	0	0	0	0	32,537	0
49 長崎	0	0	0	8,857	0	50,159	0	0	0	0	0	0	0	0
50 熊本	0	0	0	58,147	14,161	0	0	0	0	0	10,868	67,532	2,451	143,072
51 大分	0	0	0	0	203,117	0	38,037	0	0	14,466	0	0	0	0
52 宮崎	0	0	0	32,364	51,855	74,004	10,951	0	0	70,707	0	0	0	0
53 鹿児島	0	0	0	0	0	38,419	0	13,933	0	0	0	0	0	0
54 沖縄	0	0	0	0	0	0	0	0	0	0	0	0	0	0
55 全国	118,582,081	77,174,110	83,702,366	205,309,802	160,638,809	241,597,059	199,334,478	107,323,943	68,711,387	73,456,831	53,933,607	51,428,104	57,013,102	125,475,987

平成28年度

府県相互間輸送トン数表（自動車）

品目　（0－0）　総貨物

（単位：トン）
その　3

着 / 発	29 岐阜	30 愛知	31 三重	32 滋賀	33 京都	34 奈良	35 和歌山	36 大阪	37 兵庫	38 鳥取	39 島根	40 岡山	41 広島	42 山口
1 札幌	0	0	60, 297	0	0	0	0	124, 600	0	0	0	0	32, 670	0
2 旭川	0	0	0	0	0	0	0	0	0	0	0	0	0	0
3 函館	0	0	0	0	0	0	0	0	0	0	0	0	0	0
4 室蘭	0	0	0	0	0	0	0	35, 601	0	0	0	0	0	0
5 釧路	0	0	0	0	0	0	0	0	0	0	0	0	0	0
6 帯広	0	0	0	0	0	0	0	0	14, 629	19, 584	0	0	22, 802	0
7 北見	0	0	0	0	0	0	0	0	0	0	0	0	0	0
8 北海道	0	0	60, 297	0	0	0	0	160, 201	14, 629	19, 584	0	0	55, 471	0
9 青森	65, 074	0	0	0	0	0	0	0	30, 119	0	0	0	0	0
10 岩手	0	970	0	0	113	0	0	0	0	0	0	0	0	0
11 宮城	0	806, 339	7, 790	0	42, 382	0	0	1, 247, 076	148, 641	1, 366	0	0	93, 551	0
12 福島	38, 477	868, 028	39, 790	48, 101	0	27, 802	0	159, 793	85, 620	0	0	2, 893	0	0
13 秋田	0	6, 712	0	31, 815	0	0	0	14, 362	0	0	0	62, 382	0	0
14 山形	0	30, 059	23, 606	23, 606	25, 131	0	0	123, 510	0	0	0	0	20, 253	0
15 茨城	178, 845	1, 188, 669	272, 574	146, 392	222, 989	293, 185	0	407, 268	140, 611	0	15, 651	44, 401	54, 066	0
16 栃木	53, 732	618, 377	115, 288	35, 475	395	54, 267	11, 573	287, 098	64, 468	0	14, 642	30, 687	0	25, 848
17 群馬	4, 320	643, 342	201, 646	36, 904	87, 099	0	5, 026	282, 175	95, 544	0	0	155, 312	70, 141	75, 456
18 埼玉	175, 425	1, 675, 629	287, 509	171, 686	107, 959	53, 169	117, 980	985, 614	701, 201	0	0	83, 708	81, 446	31, 354
19 千葉	131, 029	1, 516, 389	185, 504	20, 600	9, 693	2, 911	61, 412	1, 266, 699	234, 410	38, 837	22, 110	12, 476	75, 727	1, 698
20 東京	69, 523	1, 658, 075	416, 098	58, 423	413, 987	51, 002	452, 400	823, 427	476, 900	0	0	117, 950	172, 265	0
21 神奈川	266, 117	1, 926, 658	241, 597	76, 848	235, 941	29, 653	174, 122	1, 265, 837	933, 481	33	0	73, 181	302, 888	0
22 新潟	158, 350	1, 098, 933	492, 880	86, 779	342, 896	0	0	817, 814	151, 602	0	0	10, 096	0	0
23 富山	451, 028	923, 433	39, 310	75, 053	193, 194	206, 081	75, 159	748, 839	220, 130	8, 542	0	19, 191	55, 978	0
24 石川	83, 982	1, 076, 999	65, 309	139, 894	73, 659	51, 180	0	242, 256	709, 281	0	0	0	23, 949	0
25 福井	194, 873	691, 475	32, 115	142, 485	108, 972	0	162	292, 722	320, 328	0	28, 651	14, 009	647	0
26 山梨	443, 157	363, 199	181, 902	49, 262	23, 844	0	0	117, 107	21, 274	0	0	0	18, 056	0
27 長野	347, 499	1, 369, 860	212, 306	47, 929	109, 822	31, 023	25, 766	313, 376	178, 506	0	56, 377	74, 104	132, 635	0
28 静岡	473, 995	5, 806, 014	814, 670	503, 382	362, 663	42, 250	116, 083	1, 389, 336	256, 653	0	46, 086	205, 196	549, 160	22, 357
29 岐阜	44, 961, 602	9, 037, 526	1, 620, 950	1, 075, 175	208, 465	121, 798	27, 958	1, 119, 052	289, 825	0	9, 442	239, 352	73, 607	153, 684
30 愛知	10, 869, 786	162, 997, 601	7, 739, 115	4, 869, 104	474, 947	370, 844	103, 273	3, 603, 662	1, 195, 507	19, 643	0	792, 320	552, 495	61, 374
31 三重	406, 606	11, 522, 730	64, 133, 945	2, 026, 602	352, 773	845, 196	549, 182	1, 274, 529	1, 125, 222	54, 925	5, 026	407, 890	205, 479	45, 656
32 滋賀	405, 000	1, 650, 459	678, 980	33, 585, 433	2, 155, 839	215, 086	31, 414	1, 543, 419	1, 624, 874	19, 737	0	542, 786	193, 110	110, 095
33 京都	12, 427	608, 843	148, 229	2, 557, 405	34, 525, 781	792, 481	158, 885	5, 369, 111	2, 466, 388	324, 608	399	188, 028	137, 349	2, 387
34 奈良	20, 112	128, 993	1, 022, 660	105, 596	349, 905	17, 436, 329	212, 886	2, 742, 804	521, 049	0	0	74, 151	51, 758	0
35 和歌山	54, 229	251, 225	4, 187, 596	30, 395	5, 823	216, 426	28, 638, 001	2, 653, 760	554, 335	0	0	217, 910	13, 451	0
36 大阪	624, 833	4, 377, 304	1, 687, 681	2, 414, 331	8, 220, 394	4, 511, 868	4, 721, 905	118, 126, 258	18, 496, 367	160, 240	245, 313	2, 203, 607	1, 493, 256	495, 157
37 兵庫	224, 776	1, 441, 378	350, 534	825, 044	3, 021, 518	425, 705	268, 538	17, 418, 705	88, 715, 692	1, 050, 087	731, 212	3, 033, 071	1, 631, 292	279, 007
38 鳥取	16, 227	133, 399	45, 011	0	185, 060	2, 893	0	275, 375	789, 903	21, 320, 274	2, 553, 011	713, 549	403, 380	8, 669
39 島根	0	0	98, 625	30, 157	99, 528	399	169, 250	490, 650	415, 289	1, 812, 272	42, 135, 617	193, 450	1, 874, 621	369, 622
40 岡山	50, 042	1, 151, 460	301, 936	230, 783	136, 584	70, 855	399, 517	1, 509, 218	4, 394, 205	1, 146, 849	508, 012	53, 369, 853	7, 087, 722	867, 526
41 広島	29, 590	764, 530	201, 369	172, 657	134, 107	28, 315	0	1, 136, 623	1, 074, 948	451, 859	1, 580, 313	4, 511, 854	88, 887, 116	5, 874, 157
42 山口	49, 113	34, 719	0	175, 284	0	51, 758	0	1, 096, 891	299, 582	32, 088	574, 981	753, 167	3, 420, 058	59, 871, 411
43 香川	0	448, 331	16, 452	362, 569	376, 897	24, 411	5, 905	1, 625, 463	1, 375, 268	28, 331	39, 032	1, 143, 908	313, 236	102, 659
44 愛媛	472, 842	1, 497, 951	483, 037	635, 362	518, 609	147, 240	69, 453	1, 655, 194	1, 746, 676	14, 964	144, 803	781, 574	1, 366, 725	161, 022
45 徳島	0	290, 146	54, 796	2, 750	133, 230	106, 987	4, 110	1, 370, 012	847, 237	0	5, 055	238, 090	346, 561	273, 395
46 高知	0	2, 301	0	0	18, 695	0	0	144, 529	260, 899	0	0	79, 223	324, 395	18, 751
47 福岡	16, 946	1, 224, 710	66, 326	13, 681	298, 390	35, 916	0	1, 585, 500	985, 359	164, 975	224, 579	518, 626	1, 289, 470	2, 793, 404
48 佐賀	36, 178	622, 306	69, 104	258, 001	0	0	0	358, 802	91, 146	0	0	100, 276	149, 056	572, 624
49 長崎	0	90, 866	331, 631	0	0	0	0	115, 884	19, 698	0	0	11, 810	0	0
50 熊本	39, 903	76, 398	0	6, 289	23, 942	7, 629	0	89, 084	15, 627	2, 893	0	138, 800	164, 384	76, 276
51 大分	0	4, 560	0	0	0	0	0	0	0	0	93, 306	228, 617	692	228, 444
52 宮崎	92, 409	138, 603	46, 179	15, 276	27, 134	0	0	240, 990	51, 077	0	0	70, 707	77, 248	12, 883
53 鹿児島	102, 504	16, 425	0	0	0	849	0	152, 206	3, 935	0	2, 143	2, 082	50, 867	33, 896
54 沖縄	0	0	0	0	0	0	0	0	0	0	0	0	0	0
55 全国	61, 620, 551	220, 781, 925	86, 974, 344	51, 086, 529	53, 628, 357	26, 255, 508	36, 399, 959	176, 642, 234	132, 143, 506	26, 672, 109	49, 035, 761	71, 460, 289	111, 813, 560	72, 568, 815

平成28年度

府県相互間輸送トン数表（自動車）

品目　（0－0）　総貨物

（単位：トン）
その　4

着 / 発	43 香川	44 愛媛	45 徳島	46 高知	47 福岡	48 佐賀	49 長崎	50 熊本	51 大分	52 宮崎	53 鹿児島	54 沖縄	55 全国
1 札幌	0	0	0	0	0	0	0	0	0	0	0	0	125, 510, 619
2 旭川	0	0	0	0	0	0	0	25, 082	0	0	0	0	41, 588, 543
3 函館	0	0	0	0	0	0	0	0	0	0	0	0	24, 223, 340
4 室蘭	0	0	0	0	0	0	0	0	0	0	0	0	64, 283, 852
5 釧路	0	0	0	0	0	0	0	0	0	0	0	0	37, 880, 969
6 帯広	0	0	0	0	0	0	0	0	0	0	0	0	37, 685, 449
7 北見	0	0	0	0	0	0	0	0	0	0	0	0	31, 560, 431
8 北海道	0	0	0	0	0	0	0	25, 082	0	0	0	0	362, 733, 203
9 青森	38, 053	0	0	0	0	0	0	0	25, 082	0	0	0	71, 670, 535
10 岩手	0	0	0	0	528	0	0	0	0	0	0	0	77, 971, 746
11 宮城	0	0	0	0	0	0	0	0	0	0	0	0	102, 992, 392
12 福島	0	104, 919	0	0	12, 001	0	0	0	0	0	0	0	87, 258, 636
13 秋田	0	0	31, 191	0	0	0	0	0	0	0	0	0	48, 233, 951
14 山形	0	0	2, 243	0	0	0	0	0	0	0	0	0	58, 441, 703
15 茨城	142, 292	37, 346	95, 475	0	188, 973	70, 707	0	0	0	0	0	0	120, 696, 051
16 栃木	8, 267	36, 166	54, 229	0	24, 826	0	0	0	0	0	0	0	81, 832, 439
17 群馬	208, 798	0	0	0	15, 078	1, 995	0	0	0	0	0	0	84, 642, 033
18 埼玉	403, 677	96, 202	19, 064	11, 810	217, 466	463	0	81, 109	0	86, 631	0	0	186, 503, 827
19 千葉	74, 577	209, 280	50, 044	33, 444	66, 782	16, 269	0	0	0	0	7, 980	0	167, 381, 172
20 東京	631, 793	266, 232	0	30, 408	280, 417	85, 444	4, 328	0	0	51, 763	2, 169	0	248, 615, 108
21 神奈川	93, 015	219, 628	25, 848	0	364, 828	0	0	0	0	151, 222	0	0	196, 067, 558
22 新潟	94, 307	46, 776	78, 314	0	49, 182	0	0	0	0	0	0	0	106, 411, 326
23 富山	40, 548	60, 497	29, 524	0	6, 200	0	0	0	26, 571	0	0	0	69, 405, 273
24 石川	109, 315	85, 427	1, 799	0	32, 537	0	0	0	0	0	0	0	71, 116, 648
25 福井	45, 267	11, 573	1, 663	0	0	0	0	0	0	0	0	0	51, 095, 072
26 山梨	0	0	0	0	139, 770	0	0	0	0	0	48, 237	0	54, 782, 605
27 長野	0	103, 917	0	12, 905	193, 469	25, 629	22, 802	31, 916	22, 802	0	0	0	56, 841, 264
28 静岡	84, 650	114, 002	48, 220	0	428, 685	0	18, 396	8, 191	36, 098	0	21, 907	0	120, 884, 520
29 岐阜	35, 796	0	84, 407	24, 508	254, 930	171, 845	0	0	0	0	51, 252	0	64, 769, 381
30 愛知	639, 663	979, 358	574, 915	0	1, 247, 318	196, 663	189, 449	109, 207	0	125, 668	102, 222	0	225, 177, 804
31 三重	46, 565	301, 146	42, 186	47, 211	182, 388	42, 208	258, 737	74, 781	0	30, 786	0	0	89, 554, 392
32 滋賀	392, 900	147, 346	89, 560	8, 788	110, 442	246, 412	0	10, 868	61, 008	0	0	0	45, 818, 016
33 京都	376, 712	479, 334	25, 419	0	401, 976	22, 802	0	37, 101	0	3, 770	0	0	51, 591, 850
34 奈良	22, 331	171, 866	9, 233	0	132, 453	85, 458	0	0	5, 026	0	0	0	23, 795, 329
35 和歌山	72, 828	9, 714	57, 865	33, 444	8, 087	0	0	0	0	0	0	0	38, 208, 020
36 大阪	2, 276, 164	1, 446, 558	1, 204, 057	140, 349	1, 870, 209	53, 869	60, 297	593, 529	13, 399	123, 165	67, 605	0	186, 523, 075
37 兵庫	1, 007, 062	1, 125, 953	772, 262	11, 113	962, 063	364, 217	65, 337	27, 039	20, 765	37, 354	33, 521	0	128, 523, 255
38 鳥取	14, 228	49, 794	0	0	28, 870	0	0	2, 893	0	0	0	0	26, 652, 345
39 島根	26, 769	37, 000	0	0	50, 503	27, 802	0	399	3, 100	0	0	0	47, 943, 549
40 岡山	3, 406, 040	1, 400, 183	1, 226, 179	144, 810	690, 313	0	8, 490	32, 364	144, 379	0	3, 148	0	79, 647, 300
41 広島	204, 147	1, 243, 559	112, 037	284, 412	884, 716	67, 141	30, 721	12, 565	17, 038	99, 743	0	0	109, 548, 845
42 山口	128, 944	554, 349	132, 474	18, 089	2, 814, 041	509, 681	50, 930	342, 872	193, 459	80, 103	12, 213	0	71, 459, 299
43 香川	72, 099, 151	9, 510, 505	5, 096, 055	2, 614, 667	241, 122	0	0	126, 393	194	0	27, 802	0	97, 994, 018
44 愛媛	6, 085, 226	83, 740, 968	1, 607, 485	4, 810, 725	1, 160, 636	116, 360	0	102, 390	73, 191	6, 658	0	0	110, 306, 063
45 徳島	3, 722, 612	2, 957, 936	31, 580, 777	575, 775	325, 701	25, 848	0	0	24, 508	61, 961	50, 867	0	43, 684, 701
46 高知	763, 435	1, 167, 585	463, 576	26, 921, 488	0	0	0	0	0	0	3, 991	0	30, 260, 807
47 福岡	89, 556	613, 818	177, 378	105, 569	102, 917, 175	13, 982, 398	4, 110, 596	5, 290, 428	4, 171, 488	3, 136, 405	2, 149, 583	0	146, 765, 718
48 佐賀	56, 144	79, 070	0	33, 048	8, 682, 913	22, 042, 262	2, 508, 649	2, 460, 710	852, 381	355, 712	144, 718	0	39, 740, 712
49 長崎	0	8, 544	0	0	1, 087, 579	1, 446, 038	37, 824, 030	212, 353	10, 189	7, 472	54, 388	0	41, 297, 211
50 熊本	421, 554	94, 837	22, 802	22, 802	4, 074, 602	565, 392	543, 785	42, 001, 646	481, 682	1, 265, 021	2, 152, 991	0	52, 584, 570
51 大分	88, 843	39, 368	1, 758	29, 152	3, 951, 191	848, 049	147, 069	1, 014, 805	37, 451, 119	497, 258	142, 301	0	45, 022, 152
52 宮崎	0	20, 989	33, 521	0	869, 787	499, 007	100, 063	451, 418	1, 132, 314	46, 930, 925	2, 209, 240	0	53, 259, 652
53 鹿児島	0	197, 257	0	0	1, 239, 535	145, 157	163, 173	1, 592, 859	218, 631	2, 873, 978	53, 346, 166	26, 769	60, 231, 166
54 沖縄	0	0	0	0	0	0	17, 584	0	0	0	0	42, 314, 215	42, 331, 799
55 全国	93, 951, 232	107, 769, 001	43, 751, 559	35, 914, 517	136, 209, 292	41, 659, 117	46, 124, 437	54, 642, 916	44, 984, 423	55, 925, 594	60, 632, 302	42, 340, 984	4, 378, 268, 000

平成28年度　　　　　　　　　　　　　　　府県相互間輸送トン数表（自動車）　　　　　　　　　　　　　　　　（単位：トン）
品目（1-0）農水産品　その1

発＼着	1 札幌	2 旭川	3 函館	4 室蘭	5 釧路	6 帯広	7 北見	8 北海道	9 青森	10 岩手	11 宮城	12 福島	13 秋田	14 山形
1 札幌	6,423,511	341,396	45,653	413,797	2,763	7,158	60,636	7,294,910	0	0	0	0	0	0
2 旭川	543,247	3,619,193	24,696	597,825	23,168	106,403	101,659	5,016,191	0	0	39,260	0	0	0
3 函館	94,066	2,499	2,968,926	17,121	0	0	0	3,082,614	0	0	34,399	0	0	0
4 室蘭	549,108	64,918	12,389	3,008,844	0	94,853	0	3,730,111	0	0	0	0	0	0
5 釧路	0	0	6,615	126,112	12,469,385	126,535	93,775	12,822,423	70,503	0	0	0	0	0
6 帯広	769,724	72,054	21,760	306,041	126,832	6,768,475	52,684	8,117,570	0	0	0	0	0	17,408
7 北見	153,019	287,474	0	149,680	370,954	90,771	6,258,701	7,310,599	0	0	0	0	0	0
8 北海道	8,532,674	4,387,532	3,080,040	4,619,420	12,993,102	7,194,196	6,567,454	47,374,418	70,503	0	73,659	0	0	17,408
9 青森	0	0	0	0	0	0	0	0	6,049,196	359,309	97,819	0	77,080	3,762
10 岩手	0	0	41,877	0	0	0	7,992	49,869	359,309	2,029,358	495,030	70,285	186,195	3,579
11 宮城	61,694	0	0	0	0	0	0	61,694	100,264	201,224	2,623,601	107,206	189,353	185,256
12 福島	0	0	0	0	0	0	0	0	0	52,716	73,548	2,036,277	0	55,969
13 秋田	0	0	0	0	0	0	0	0	102,633	437,159	4,634	0	2,024,412	0
14 山形	0	0	0	0	0	0	0	0	0	19,632	0	2,517	3,694	2,684,735
15 茨城	0	0	0	0	0	0	0	0	0	0	0	56,088	0	0
16 栃木	0	0	0	0	0	0	0	0	0	0	10,852	0	0	0
17 群馬	0	0	0	0	0	0	0	0	0	0	5,285	0	0	0
18 埼玉	0	0	0	0	0	0	0	0	0	0	4,560	0	0	0
19 千葉	36,642	0	0	0	0	0	0	36,642	0	48,360	45,700	28,729	0	0
20 東京	17,665	17,101	0	0	0	0	0	34,766	95,534	4,474	62,328	60,331	3,579	26,051
21 神奈川	75,902	0	0	0	0	0	0	75,902	0	21,039	317,358	0	0	44,628
22 新潟	0	0	0	0	0	0	0	0	0	0	0	435	0	27,367
23 富山	0	0	0	0	0	0	0	0	0	0	0	0	0	0
24 石川	0	0	0	0	0	0	0	0	0	0	0	0	0	0
25 福井	0	0	0	0	0	0	0	0	0	0	0	0	0	0
26 山梨	0	0	0	0	0	0	0	0	0	0	1,969	1,790	0	0
27 長野	0	0	0	0	0	0	0	0	5,928	0	65,897	30,353	0	0
28 静岡	103,296	0	0	0	0	0	0	103,296	18,441	0	47,400	11,004	0	0
29 岐阜	0	0	0	0	0	0	0	0	0	0	0	0	0	0
30 愛知	0	0	0	0	0	0	0	0	0	0	0	0	0	27,802
31 三重	0	0	0	0	0	0	0	0	0	0	0	0	0	0
32 滋賀	0	0	0	0	0	0	0	0	0	0	0	0	0	0
33 京都	0	0	0	0	0	0	0	0	0	0	0	0	0	0
34 奈良	0	0	0	0	0	0	0	0	0	0	0	0	0	0
35 和歌山	0	0	0	0	0	0	0	0	0	0	0	0	0	0
36 大阪	0	0	0	0	0	0	0	0	26,921	0	0	0	0	0
37 兵庫	0	0	0	0	0	0	0	0	0	0	0	0	0	0
38 鳥取	0	0	0	0	0	0	0	0	0	0	0	0	0	0
39 島根	0	0	0	0	0	0	0	0	0	0	0	0	0	0
40 岡山	0	0	0	0	0	0	0	0	0	0	0	0	0	0
41 広島	0	0	0	0	0	0	0	0	0	0	0	0	0	0
42 山口	0	0	0	0	0	0	0	0	0	0	0	0	0	0
43 香川	0	0	0	0	0	0	0	0	0	0	0	0	0	0
44 愛媛	0	0	0	0	0	0	0	0	0	0	0	0	0	0
45 徳島	0	0	0	0	0	0	0	0	0	0	374	0	0	1,368
46 高知	0	0	0	0	0	0	0	0	0	0	0	0	0	0
47 福岡	0	0	0	0	0	0	0	0	0	0	0	0	0	27,362
48 佐賀	0	0	0	0	0	0	0	0	0	0	0	0	0	0
49 長崎	0	0	0	0	0	0	0	0	0	0	0	0	0	0
50 熊本	0	0	0	0	0	0	0	0	0	0	0	0	0	0
51 大分	0	0	0	0	0	0	0	0	0	0	0	0	0	0
52 宮崎	0	0	0	0	0	0	0	0	0	0	0	0	0	0
53 鹿児島	0	0	0	0	0	0	0	0	0	0	10,380	0	0	0
54 沖縄	0	0	0	0	0	0	0	0	0	0	0	0	0	0
55 全国	8,827,876	4,404,633	3,121,918	4,619,420	12,993,102	7,202,187	6,567,454	47,736,589	6,828,731	2,824,719	3,929,637	2,405,015	2,484,315	3,105,288

平成28年度　　　　　　　　　　　　　　　府県相互間輸送トン数表（自動車）　　　　　　　　　　　　　　　　（単位：トン）
品目（1-0）農水産品　その2

発＼着	15 茨城	16 栃木	17 群馬	18 埼玉	19 千葉	20 東京	21 神奈川	22 新潟	23 富山	24 石川	25 福井	26 山梨	27 長野	28 静岡
1 札幌	0	0	0	0	47,949	111,552	0	0	0	0	0	0	0	94,444
2 旭川	0	0	0	25,082	0	18,241	0	0	0	0	0	0	0	0
3 函館	0	0	0	0	0	68,368	37,390	32,530	0	0	0	0	0	0
4 室蘭	0	0	0	0	0	0	0	0	0	0	0	0	0	0
5 釧路	0	0	0	0	0	0	0	0	0	0	0	0	0	0
6 帯広	0	0	15,232	0	0	0	0	0	0	0	0	0	0	0
7 北見	0	0	0	0	0	0	0	0	0	0	0	0	0	0
8 北海道	0	0	15,232	25,082	47,949	198,161	37,390	32,530	0	0	0	0	0	94,444
9 青森	19,381	0	0	27,802	0	158,495	272,872	16,719	0	7,663	0	0	0	0
10 岩手	19,669	0	0	0	57,828	41,699	80,931	0	0	0	0	0	0	0
11 宮城	4,560	4,180	0	128,153	144,783	116,351	64,233	49,005	0	0	0	0	0	24,160
12 福島	47,264	26,602	28,324	76,969	19,879	92,107	42,300	25,949	0	0	0	0	1,925	0
13 秋田	29,887	0	0	30,721	11,146	22,802	59,635	0	0	0	13,933	0	0	0
14 山形	0	0	0	0	0	14,162	96,585	98,444	0	0	0	0	4,743	0
15 茨城	5,479,645	83,224	21,267	400,387	348,055	658,204	124,055	0	0	27,802	0	15,961	47,769	95,358
16 栃木	99,162	1,280,823	73,624	198,459	0	48,529	0	16,719	0	0	0	0	0	0
17 群馬	52,912	32,656	1,509,769	455,448	39,225	309,635	86,313	0	0	0	0	0	13,743	0
18 埼玉	197,531	19,370	214,004	2,941,378	452,312	1,330,671	331,038	57,401	0	0	0	186,631	74,407	9,875
19 千葉	352,922	38,962	263,889	467,841	4,603,075	493,334	440,616	66,691	0	0	0	23,713	113,771	38,018
20 東京	206,811	49,086	99,668	1,164,385	682,045	10,115,951	1,011,163	162,137	0	77,024	0	188,453	60,472	0
21 神奈川	242,030	28,798	35,237	465,986	531,107	933,206	4,531,343	62,232	0	0	0	69,252	92,674	51,574
22 新潟	6,487	0	12,908	19,313	2,700	22,039	228,016	3,110,137	116,210	42,076	6,508	0	52,089	43,909
23 富山	0	0	0	0	0	0	2,163	11,217	1,379,302	15,953	6,508	0	0	0
24 石川	0	0	0	0	0	145,448	0	18,241	79,406	2,713,342	15,131	0	0	0
25 福井	0	0	0	0	0	0	3,400	0	7,887	22,451	484,329	0	0	0
26 山梨	0	0	0	0	1,985	13,816	0	0	0	0	0	510,954	21,768	16,227
27 長野	0	22,327	3,204	174,027	157,810	368,368	61,596	178,094	24,170	4,560	0	21,768	3,633,605	41,043
28 静岡	40,663	40,348	23,208	53,775	46,158	315,562	165,038	53,224	61,533	24,640	0	105,337	45,181	2,518,506
29 岐阜	0	0	0	0	0	511	0	0	0	46,947	74,586	115,049	45,181	0
30 愛知	12,348	19,154	23,168	65,024	192,232	22,802	99,917	16,948	20,511	15,292	13,567	0	13,090	68,771
31 三重	0	0	47,070	21,342	0	114,788	0	0	0	6,993	0	0	0	0
32 滋賀	0	0	0	0	0	0	0	0	0	0	5,986	0	30,091	0
33 京都	0	0	0	0	0	0	0	0	0	0	20,550	0	0	0
34 奈良	0	0	0	0	0	0	0	0	0	0	0	0	0	0
35 和歌山	0	0	0	0	0	0	0	0	0	0	0	0	0	0
36 大阪	0	0	0	26,661	0	22,434	0	0	0	159,964	41,420	0	28,930	19,837
37 兵庫	0	19,817	0	0	0	163,102	17,555	0	55,350	11,188	0	0	0	0
38 鳥取	0	0	0	0	0	0	0	0	0	5,247	0	0	18,241	0
39 島根	0	0	0	0	0	0	0	0	0	0	0	0	0	0
40 岡山	0	0	0	0	0	0	0	0	0	0	0	0	0	0
41 広島	0	0	0	0	0	0	0	0	0	0	0	0	0	7,601
42 山口	0	0	0	27,519	33,277	5,247	20,214	0	0	0	0	0	0	0
43 香川	0	0	0	0	0	0	0	0	0	0	0	0	37,390	0
44 愛媛	0	25,082	0	0	0	4,154	0	0	2,936	0	0	0	0	0
45 徳島	0	0	0	11,912	0	26,906	28,274	0	0	0	0	0	0	0
46 高知	0	0	0	0	0	37,396	0	0	0	0	0	0	0	37,851
47 福岡	0	0	0	0	0	3,579	0	0	0	0	0	0	0	22,802
48 佐賀	0	0	0	21,390	0	51,071	0	0	0	0	0	0	0	0
49 長崎	0	0	0	0	0	50,159	0	0	0	0	0	0	0	0
50 熊本	0	0	0	26,222	0	0	0	0	0	0	0	0	0	0
51 大分	0	0	0	0	0	0	0	0	0	0	0	0	0	0
52 宮崎	0	0	0	0	0	74,004	0	0	0	0	0	0	0	0
53 鹿児島	0	0	0	0	0	12,527	0	13,933	0	0	0	0	0	0
54 沖縄	0	0	0	0	0	0	0	0	0	0	0	0	0	0
55 全国	6,811,276	1,690,429	2,370,576	6,829,796	7,372,077	15,986,706	7,801,247	3,993,020	1,822,054	3,180,978	702,539	1,136,001	4,343,695	3,052,125

平成28年度　　　府県相互間輸送トン数表（自動車）　　　品目（1-0）農水産品　　（単位：トン）その 3

着\発	29 岐阜	30 愛知	31 三重	32 滋賀	33 京都	34 奈良	35 和歌山	36 大阪	37 兵庫	38 鳥取	39 島根	40 岡山	41 広島	42 山口
1 札幌	0	0	0	0	0	0	0	16,643	0	0		0	0	0
2 旭川	0	0	0	0	0	0	0	0	0	0		0	0	0
3 函館	0	0	0	0	0	0	0	0	0	0		0	0	0
4 室蘭	0	0	0	0	0	0	0	0	0	0		0	0	0
5 釧路	0	0	0	0	0	0	0	0	0	0		0	0	0
6 帯広	0	0	0	0	0	0	0	0	14,629	19,584	0	0	22,802	0
7 北見	0	0	0	0	0	0	0	0	0	0		0	0	0
8 北海道	0	0	0	0	0	0	0	16,643	14,629	19,584	0	0	22,802	0
9 青森	0	0	0	0	0	0	0	0	30,119	0		0	0	0
10 岩手	0	0	0	0	0	0	0	0	0	0		0	0	0
11 宮城	0	0	0	0	0	0	0	0	0	0		0	0	0
12 福島	0	27,802	0	0	0	27,802	0	0	0	0		0	0	0
13 秋田	0	2,780	0	0	0	0	0	14,362	0	0		0	0	0
14 山形	0	0	0	0	0	0	0	0	0	0		0	0	0
15 茨城	55,604	56,973	0	0	0	0	0	0	27,802	0		0	0	0
16 栃木	0	87,620	0	0	0	0	0	14,362	0	0		0	0	0
17 群馬	0	0	0	0	0	0	0	0	0	0		0	35,958	0
18 埼玉	0	11,216	0	0	0	1,796	0	0	0	0		0	0	0
19 千葉	511	0	0	0	0	0	0	82,632	0	0		0	0	0
20 東京	4,560	58,187	0	0	0	0	0	103,710	67,708	0		0	0	0
21 神奈川	0	268,509	0	0	0	0	0	0	0	0		36,455	31,146	0
22 新潟	13,375	341	0	0	0	0	0	0	0	0		0	0	0
23 富山	56,506	121,702	0	0	22,937	0	65	28,324	32,436	0		0	0	0
24 石川	0	104,303	0	0	0	0	0	48,385	136,581	0		0	0	0
25 福井	0	58,385	0	59,125	29,564	0	0	11,561	27,129	0		0	0	0
26 山梨	0	0	0	0	0	0	0	0	0	0		0	0	0
27 長野	105,874	89,224	19,427	25,539	0	0	9,121	25,766	187,224	26,336		0	21,890	0
28 静岡	14,964	141,835	30,712	30,119	0	0	0	27,309	118,411	23,593		41,241	50,944	0
29 岐阜	0	379,085	35,919	231,401	12,495	0	0	20,884	66,555	0		68,867	0	0
30 愛知	842,103	5,725,180	187,628	212,926	0	0	0	163,351	90,583	0		0	0	0
31 三重	8,339	117,591	743,168	35,921	2,269	7,251	47,246	104,923	0	0		0	5,982	0
32 滋賀	6,003	48,612	0	0	175,426	0	0	36,731	8,649	0		0	0	0
33 京都	0	0	0	173,960	1,283,315	12,669	0	89,855	32,274	0		778	0	0
34 奈良	15,049	0	491	0	20,742	576,485	98,705	320,475	29,897	0		6,384	0	0
35 和歌山	0	0	20,435	0	0	23,930	1,097,472	218,355	0	0		13,133	0	0
36 大阪	0	83,589	41,769	38,553	332,422	331,083	702,499	2,992,971	409,326	0		128,650	115,586	0
37 兵庫	46,364	27,802	0	1,193	122,073	65,847	36,734	940,868	2,079,418	405,755	0	231,036	106,658	0
38 鳥取	0	41,129	0	0	3,135	0	0	0	166,581	1,977,990	212,348	61,630	134,523	0
39 島根	0	0	0	0	0	0	0	214,369	24,353	28,629	1,289,605	67,725	87,100	0
40 岡山	0	133,396	0	0	0	0	0	116,463	155,555	1,989	901	1,999,646	184,214	0
41 広島	0	0	0	0	23,379	0	0	296,475	144,535	119,697	5,422	89,469	2,132,064	30,759
42 山口	0	0	0	30,119	0	0	0	62,771	0	49,163	0	0	19,598	1,004,585
43 香川	0	26,173	16,452	26,921	56,085	18,857	0	450,413	143,048	28,331	1,492	279,705	81,349	0
44 愛媛	0	26,173	0	0	115,910	0	0	120,023	74,586	0	0	46,593	294,790	0
45 徳島	0	63,515	0	2,750	133,230	0	4,110	346,608	108,724	0	1,492	39,926	37,293	0
46 高知	0	0	0	0	18,695	0	0	24,536	0	0		0	0	0
47 福岡	0	110,301	0	13,681	45,603	0	0	261,978	144,388	0	0	9,121	25,900	551,738
48 佐賀	0	22,802	0	0	0	0	0	70,685	15,559	0		0	37,293	0
49 長崎	0	0	0	0	0	0	0	115,884	0	0		0	0	0
50 熊本	39,903	76,398	0	0	23,942	0	0	0	2,280	0		0	0	18,583
51 大分	0	0	0	0	0	0	0	0	0	0		0	0	0
52 宮崎	27,362	0	0	15,276	27,134	0	0	46,604	17,555	0		0	0	0
53 鹿児島	0	0	0	0	0	0	0	26,245	3,935	0		2,082	0	9,196
54 沖縄	0	0	0	0	0	0	0	0	0	0		0	0	0
55 全国	2,206,658	7,910,626	1,131,922	2,336,507	2,448,356	1,074,839	2,039,905	7,667,082	4,122,135	2,581,975	1,560,423	3,122,443	3,425,089	1,614,860

平成28年度　　　府県相互間輸送トン数表（自動車）　　　品目（1-0）農水産品　　（単位：トン）その 4

着\発	43 香川	44 愛媛	45 徳島	46 高知	47 福岡	48 佐賀	49 長崎	50 熊本	51 大分	52 宮崎	53 鹿児島	54 沖縄	55 全国
1 札幌	0	0	0	0	0	0	0	0	0	0	0	0	7,565,499
2 旭川	0	0	0	0	0	0	0	25,082	0	0	0	0	5,123,856
3 函館	0	0	0	0	0	0	0	0	0	0	0	0	3,255,301
4 室蘭	0	0	0	0	0	0	0	0	0	0	0	0	3,730,111
5 釧路	0	0	0	0	0	0	0	0	0	0	0	0	12,892,926
6 帯広	0	0	0	0	0	0	0	0	0	0	0	0	8,207,225
7 北見	0	0	0	0	0	0	0	0	0	0	0	0	7,310,599
8 北海道	0	0	0	0	0	0	0	25,082	0	0	0	0	48,085,517
9 青森	0	0	0	0	0	0	0	0	25,082	0	0	0	6,785,994
10 岩手	0	0	0	0	0	0	0	0	0	0	0	0	3,393,753
11 宮城	0	0	0	0	0	0	0	0	0	0	0	0	4,004,025
12 福島	0	0	0	0	0	0	0	0	0	0	0	0	2,635,432
13 秋田	0	0	0	0	0	0	0	0	0	0	0	0	2,754,106
14 山形	0	0	2,243	0	0	0	0	0	0	0	0	0	2,926,755
15 茨城	0	0	0	0	0	0	0	0	0	0	0	0	7,498,195
16 栃木	0	0	0	0	0	0	0	0	0	0	0	0	1,830,149
17 群馬	0	0	0	0	0	0	0	0	0	0	0	0	2,540,943
18 埼玉	0	0	0	0	0	0	463	0	0	0	0	0	5,832,654
19 千葉	0	0	0	33,444	3,758	0	0	0	0	0	0	0	7,182,612
20 東京	0	0	0	0	69,101	0	0	0	0	18,241	0	0	14,425,769
21 神奈川	0	0	0	0	0	0	0	0	0	0	0	0	7,838,495
22 新潟	0	0	0	0	0	0	0	0	0	0	0	0	3,697,403
23 富山	0	0	0	0	0	0	0	0	0	0	0	0	1,677,114
24 石川	0	0	0	0	0	0	0	0	0	0	0	0	3,260,837
25 福井	0	0	0	0	0	0	0	0	0	0	0	0	703,831
26 山梨	0	0	0	0	0	0	0	0	0	0	0	0	584,464
27 長野	0	22,802	0	0	18,241	25,629	22,802	0	22,802	0	0	0	5,415,422
28 静岡	0	14,414	0	0	61,197	0	18,396	0	9,329	0	21,907	0	4,232,502
29 岐阜	35,792	0	0	0	0	0	0	0	0	0	0	0	2,103,415
30 愛知	0	4,368	17,896	0	192,111	0	0	0	0	0	0	0	8,046,769
31 三重	23,713	0	0	0	0	0	0	74,780	0	0	0	0	1,350,645
32 滋賀	0	0	0	0	0	0	0	0	0	0	0	0	1,797,174
33 京都	97,215	145,822	0	0	60,192	22,802	0	0	0	0	0	0	1,939,430
34 奈良	0	0	0	33,444	0	0	0	0	0	0	0	0	1,038,334
35 和歌山	0	0	0	0	0	0	0	0	0	0	0	0	1,436,666
36 大阪	71,776	166,804	91,206	21,309	124,006	0	0	0	0	0	0	0	5,977,715
37 兵庫	28,347	145,575	0	0	36,735	0	0	0	1,958	0	0	0	4,543,375
38 鳥取	14,228	0	0	0	14,228	0	0	0	0	0	0	0	2,649,281
39 島根	0	0	0	0	27,802	0	0	0	0	0	0	0	1,739,584
40 岡山	49,067	162,034	241,423	0	39,012	0	0	0	0	0	3,148	0	3,104,849
41 広島	22,933	300,981	0	0	22,201	0	30,721	0	5,830	0	0	0	3,232,068
42 山口	0	0	0	0	59,476	0	0	112,958	37,390	10,097	4,458	0	1,476,872
43 香川	3,249,817	589,134	100,648	4,563	0	0	0	0	0	0	27,802	0	5,138,180
44 愛媛	111,561	3,922,564	16,963	49,222	9,348	0	0	0	1,843	6,658	0	0	4,828,405
45 徳島	267,206	0	1,279,579	10,032	0	0	0	0	0	0	0	0	2,363,300
46 高知	11,066	115,913	10,595	1,005,631	0	0	0	0	0	0	0	0	1,261,682
47 福岡	0	26,594	0	0	5,267,477	737,460	62,933	232,074	244,217	41,064	96,155	0	7,924,427
48 佐賀	0	0	0	0	553,719	641,766	22,718	455,491	14,333	43,747	0	0	1,927,771
49 長崎	0	0	0	0	214,495	84,393	1,940,396	10,987	0	54,388	0	0	2,493,505
50 熊本	0	0	22,802	22,802	267,040	143,469	20,044	3,281,970	128,712	0	48,320	0	4,122,483
51 大分	0	0	1,758	0	78,217	0	5,567	356,400	595,572	26,973	0	0	1,141,781
52 宮崎	0	20,989	0	0	25,380	0	38,174	4,860	154,849	2,900,889	197,799	0	3,562,274
53 鹿児島	0	164,180	0	0	313,978	0	9,121	182,679	27,200	633,314	4,637,176	0	6,045,945
54 沖縄	0	0	0	0	0	0	0	0	0	0	0	3,422,441	3,422,441
55 全国	3,982,721	5,656,597	1,930,692	1,180,447	7,429,912	1,731,077	2,134,979	4,737,278	1,140,404	3,860,016	5,118,125	3,422,441	221,975,000

平成28年度　　　　　府県相互間輸送トン数表（自動車）　　　品目 （2-0）林産品　　　（単位：トン）その 1

着／発	1 札幌	2 旭川	3 函館	4 室蘭	5 釧路	6 帯広	7 北見	8 北海道	9 青森	10 岩手	11 宮城	12 福島	13 秋田	14 山形
1 札幌	1,489,994	57,391	55,208	124,140	54,584	93,023	188,549	2,062,889	0	4,679	0	0	0	0
2 旭川	68,620	358,218	0	0	0	12,661	123,204	562,702	0	0	0	0	0	0
3 函館	0	0	471,572	26,200	0	0	0	497,772	0	0	0	0	0	0
4 室蘭	281,966	74,234	0	2,535,514	5,926	41,147	361,833	3,300,621	0	0	40,548	0	0	0
5 釧路	0	3,102	0	0	103,688	23,739	4,853	135,382	0	0	0	0	0	0
6 帯広	0	0	0	311,909	30,069	5,338,035	0	5,680,014	0	0	0	0	0	0
7 北見	143,478	162,193	0	34,310	123,642	34,606	1,041,050	1,539,278	0	0	0	0	0	0
8 北海道	1,984,058	655,138	526,780	3,032,073	317,910	5,543,212	1,719,489	13,778,660	0	4,679	40,548	0	1,092	0
9 青森	0	0	0	0	0	0	0	0	2,814,572	738,390	0	0	0	0
10 岩手	0	0	0	0	0	0	0	0	285,426	2,174,027	143,424	31,191	32,646	93,573
11 宮城	0	0	0	0	0	0	0	0	62,382	45,227	1,098,144	56,456	41,640	11,262
12 福島	0	0	0	0	0	0	0	0	0	0	87,314	1,205,187	37,429	0
13 秋田	0	0	0	0	0	0	0	0	0	14,067	65,501	0	2,524,002	73,371
14 山形	0	0	0	0	0	0	0	0	0	0	14,466	0	0	746,221
15 茨城	0	0	0	0	0	0	0	0	0	0	14,036	139,143	0	29,943
16 栃木	0	0	0	0	0	0	0	0	0	0	24,953	134,503	0	0
17 群馬	0	0	0	0	0	0	0	0	0	0	15,595	134,801	18,368	0
18 埼玉	0	0	0	0	0	0	0	0	0	1,996	31,398	0	18,368	6,238
19 千葉	40,548	0	0	0	0	0	0	40,548	0	31,191	38,989	39,301	32,750	5,260
20 東京	0	0	0	0	0	0	0	0	0	31,191	0	0	32,750	0
21 神奈川	0	0	0	0	0	0	0	0	0	0	28,384	37,833	0	0
22 新潟	0	0	0	0	0	0	0	0	0	0	9,357	3,517	0	90,142
23 富山	0	0	0	0	0	0	0	0	0	0	0	0	0	0
24 石川	0	0	0	0	0	0	0	0	0	0	0	0	0	0
25 福井	0	0	0	0	0	0	0	0	0	0	0	0	0	0
26 山梨	0	0	0	0	0	0	0	0	37,429	0	0	0	0	0
27 長野	5,770	0	0	0	0	0	0	5,770	0	0	0	9,357	0	0
28 静岡	0	0	0	0	0	0	0	0	0	0	0	0	0	0
29 岐阜	0	0	0	0	0	0	0	0	0	0	0	0	0	0
30 愛知	0	0	0	0	0	0	0	0	0	0	31,191	0	0	0
31 三重	0	0	0	0	0	0	0	0	0	0	0	0	0	31,191
32 滋賀	0	0	0	0	0	0	0	0	0	0	0	0	0	0
33 京都	0	0	0	0	0	0	0	0	0	0	0	0	0	0
34 奈良	0	0	0	0	0	0	0	0	0	0	0	0	0	0
35 和歌山	0	0	0	0	0	0	0	0	0	0	0	0	0	0
36 大阪	0	0	0	0	0	0	0	0	0	0	0	0	0	0
37 兵庫	0	0	0	0	0	0	0	0	0	0	0	0	0	0
38 鳥取	0	0	0	0	0	0	0	0	0	0	0	0	0	0
39 島根	0	0	0	0	0	0	0	0	0	0	0	0	0	0
40 岡山	0	0	0	0	0	0	0	0	0	0	0	0	0	0
41 広島	0	0	0	0	0	0	0	0	0	0	0	0	0	0
42 山口	0	0	0	0	0	0	0	0	0	0	0	0	0	0
43 香川	0	0	0	0	0	0	0	0	0	0	0	0	0	0
44 愛媛	0	0	0	0	0	0	0	0	0	0	0	0	0	0
45 徳島	0	0	0	0	0	0	0	0	0	0	0	0	0	0
46 高知	0	0	0	0	0	0	0	0	0	0	0	0	0	0
47 福岡	0	0	0	0	0	0	0	0	0	0	0	0	0	0
48 佐賀	0	0	0	0	0	0	0	0	0	0	0	0	0	0
49 長崎	0	0	0	0	0	0	0	0	0	0	0	0	0	0
50 熊本	0	0	0	0	0	0	0	0	0	0	0	0	0	0
51 大分	0	0	0	0	0	0	0	0	0	0	0	0	0	0
52 宮崎	0	0	0	0	0	0	0	0	0	0	0	0	0	0
53 鹿児島	0	0	0	0	0	0	0	0	0	0	0	0	0	0
54 沖縄	0	0	0	0	0	0	0	0	0	0	0	0	0	0
55 全国	2,030,376	655,138	526,780	3,032,073	317,910	5,543,212	1,719,489	13,824,978	3,199,809	3,009,576	1,643,300	1,824,038	2,673,545	1,087,202

平成28年度　　　　　府県相互間輸送トン数表（自動車）　　　品目 （2-0）林産品　　　（単位：トン）その 2

着／発	15 茨城	16 栃木	17 群馬	18 埼玉	19 千葉	20 東京	21 神奈川	22 新潟	23 富山	24 石川	25 福井	26 山梨	27 長野	28 静岡
1 札幌	0	0	0	0	0	0	0	0	0	0	0	0	0	0
2 旭川	0	0	0	0	0	0	0	0	0	0	0	0	0	0
3 函館	0	0	0	0	0	0	0	0	0	0	0	0	0	0
4 室蘭	0	0	0	0	40,548	0	0	0	0	0	0	0	0	0
5 釧路	0	0	0	0	0	0	0	0	0	0	0	0	0	0
6 帯広	0	0	0	0	0	0	0	0	0	0	0	0	0	0
7 北見	0	0	0	0	0	0	0	0	0	0	0	0	0	0
8 北海道	0	0	0	0	40,548	0	0	0	0	0	0	0	0	0
9 青森	0	0	0	0	0	0	0	0	0	0	0	0	0	0
10 岩手	0	0	0	0	250	624	0	31,191	0	0	0	0	0	0
11 宮城	0	0	0	0	0	0	34,310	31,191	0	0	0	0	0	0
12 福島	166,248	0	6,238	6,238	54,896	6,238	0	38,861	0	0	0	0	0	0
13 秋田	0	0	55,797	37,429	0	0	0	0	0	0	0	38,365	0	0
14 山形	0	0	0	37,429	0	0	0	0	0	0	0	0	0	0
15 茨城	2,986,945	483,873	60,947	469,149	333,586	265,621	18,279	95,132	0	0	15,411	0	20,461	62,382
16 栃木	72,741	974,172	35,169	176,502	57,703	37,426	115,406	31,191	0	0	6,238	9,357	0	37,429
17 群馬	85,850	104,194	739,716	119,199	2,121	14,985	5,490	213,970	0	0	0	49,160	0	24,953
18 埼玉	208,718	32,040	257,307	1,483,110	175,672	560,732	191,988	84,215	0	0	0	17,243	0	12,882
19 千葉	412,707	33,374	56,144	465,462	1,514,346	334,700	70,355	84,215	0	0	91,192	0	0	12,882
20 東京	57,703	187,146	455,067	547,541	240,702	980,622	288,477	75,794	0	0	0	91,192	0	0
21 神奈川	330,655	792	4,679	78,547	57,948	596,832	1,491,901	0	3,119	37,429	0	288,539	0	110,237
22 新潟	0	31,191	146,028	0	0	36,181	6,238	6,955,898	3,119	0	6,825	35,870	41,499	0
23 富山	0	0	0	0	0	0	0	3,119	1,201,468	235,098	3,119	0	4,569	0
24 石川	0	0	0	6,987	0	0	0	37,429	189,314	1,673,744	187,172	0	4,569	0
25 福井	0	0	0	0	0	0	0	0	0	0	1,113,656	0	0	9,847
26 山梨	0	0	0	3,743	0	41,375	0	0	0	0	0	586,983	116,057	282,932
27 長野	274,480	0	93,802	24,962	1,245,141	6,102	0	0	15,595	0	0	12,410	605,905	109,994
28 静岡	13,100	18,013	59,487	0	62,382	34,836	13,893	31,191	0	0	12,559	2,311	40,860	2,651,002
29 岐阜	0	0	0	0	0	0	0	115,249	0	0	0	0	1,168	67,060
30 愛知	187,183	41,484	0	87,335	1,752	31,191	62,694	31,191	115,444	18,715	3,431	0	197	438,117
31 三重	0	0	0	0	0	0	0	0	3,119	0	0	0	0	640,973
32 滋賀	0	0	0	0	0	0	0	0	0	0	27,479	0	30,770	8,733
33 京都	0	8,110	0	0	0	0	0	0	0	0	4,679	0	0	0
34 奈良	0	0	0	0	0	0	0	0	0	0	0	0	0	0
35 和歌山	0	0	0	0	0	0	0	0	0	26,824	0	0	0	0
36 大阪	0	0	0	0	0	789	31,191	33,530	58,327	0	9,357	0	0	7,355
37 兵庫	0	0	0	0	21,834	0	0	0	0	43,979	0	0	3,119	3,119
38 鳥取	0	0	0	0	0	0	0	0	0	0	0	0	0	0
39 島根	0	0	0	0	0	0	0	0	0	0	0	0	0	0
40 岡山	0	0	0	0	0	0	0	0	0	0	0	0	0	0
41 広島	43,355	0	40,548	38,989	0	0	0	0	0	0	0	0	31,191	40,548
42 山口	0	40,548	0	0	0	0	0	0	0	0	0	0	0	0
43 香川	40,548	0	0	0	0	0	0	0	0	0	0	0	0	0
44 愛媛	78	0	0	0	0	0	0	0	0	0	0	0	0	0
45 徳島	20,274	0	0	0	0	0	0	40,548	93,573	0	57,126	0	0	0
46 高知	0	0	0	0	0	0	0	0	0	0	0	0	0	0
47 福岡	0	0	0	0	0	0	0	0	0	0	0	0	0	0
48 佐賀	0	0	0	0	0	0	0	0	0	0	0	0	0	0
49 長崎	0	0	0	0	0	0	0	0	0	0	0	0	0	0
50 熊本	0	0	0	0	0	0	0	0	0	0	0	0	0	77,371
51 大分	0	0	0	0	0	0	0	0	0	0	0	0	0	0
52 宮崎	0	0	0	0	0	0	0	0	0	0	0	0	0	0
53 鹿児島	0	0	0	0	0	0	0	0	0	0	0	0	0	0
54 沖縄	0	0	0	0	0	0	0	0	0	0	0	0	0	0
55 全国	4,900,585	1,914,388	2,011,029	3,545,192	3,808,881	2,985,685	2,408,198	7,871,534	1,580,148	2,048,348	1,418,274	1,063,710	983,322	4,584,935

平成28年度　　　　　府県相互間輸送トン数表（自動車）　　　品目（2-0）林産品　　（単位：トン）その3

着＼発	29 岐阜	30 愛知	31 三重	32 滋賀	33 京都	34 奈良	35 和歌山	36 大阪	37 兵庫	38 鳥取	39 島根	40 岡山	41 広島	42 山口
1 札幌	0	0	0	0	0	0	0	0	0	0	0	0	0	0
2 旭川	0	0	0	0	0	0	0	0	0	0	0	0	0	0
3 函館	0	0	0	0	0	0	0	0	0	0	0	0	0	0
4 室蘭	0	0	0	0	0	0	0	0	0	0	0	0	0	0
5 釧路	0	0	0	0	0	0	0	0	0	0	0	0	0	0
6 帯広	0	0	0	0	0	0	0	0	0	0	0	0	0	0
7 北見	0	0	0	0	0	0	0	0	0	0	0	0	0	0
8 北海道	0	0	0	0	0	0	0	0	0	0	0	0	0	0
9 青森	0	0	0	0	0	0	0	0	0	0	0	0	0	0
10 岩手	0	0	0	0	0	0	0	0	0	0	0	0	0	0
11 宮城	0	0												
12 福島		23,393												
13 秋田				31,815								62,382		
14 山形														
15 茨城														
16 栃木								38,989						
17 群馬														
18 埼玉	31,191			6,862				5,614	38,677					
19 千葉	80,410												12,476	
20 東京														
21 神奈川										33				
22 新潟		62,382												
23 富山	34,310	126,323	31,191		28,696			22,769	3,119		3,119			
24 石川		7,798						3,119	74,858					
25 福井					54,424				3,743					
26 山梨														
27 長野	71,232	54,307		32,713					32,968					
28 静岡	12,476	152,705	336,862					11,009						
29 岐阜	1,556,535	321,476						2,324					37,429	
30 愛知	844,269	4,738,011	278,403	25,180				4,367	42,357	3,119				
31 三重	13,878	139,209	2,145,594	16,035	27,604	525,080	11,695	31,618						
32 滋賀	14,454	76,387	6,576	437,134	40,618	117,843		104,228	6,862				157,872	
33 京都		8,422	4,679	39,559	753,848	37,914	4,679	105,929	153,483			32,507		
34 奈良		46,786	399,244	8,733	32,584	265,631		100,915	3,989					
35 和歌山		1,560	4,143,709	26,412		49,905	947,411	252,275	37,273				33,762	
36 大阪	46,474	42,604	6,238	62,444	59,565	95,270	126,634	1,720,249	436,806	3,119		43,667	235,426	
37 兵庫			2,110	12,675	151,954	21,508	6,464	310,927	2,333,043		256,004	131,558	1,315	
38 鳥取										155,955	66,571	116		3,743
39 島根								31,191		1,858,380	161,385	2,525,652		
40 岡山								33,175	329,992	270,570	1,570,627	46,385		
41 広島		31,191	31,191						213,533		100,964	252,915	1,258,726	4,603
42 山口								44,759	31,191			6,238	9,271	1,553,179
43 香川				80,473					38,989			43,667	34,310	
44 愛媛								7,737				31,191		
45 徳島		6,550				31,191		65,501	76,343					
46 高知														
47 福岡													102,619	
48 佐賀													4,994	
49 長崎														
50 熊本														
51 大分														
52 宮崎														
53 鹿児島														
54 沖縄														
55 全国	2,705,231	5,839,102	7,418,509	747,322	1,149,291	1,144,343	1,096,882	2,935,685	3,971,072	2,299,725	2,949,190	2,379,179	1,622,862	1,669,138

平成28年度　　　　　府県相互間輸送トン数表（自動車）　　　品目（2-0）林産品　　（単位：トン）その4

着＼発	43 香川	44 愛媛	45 徳島	46 高知	47 福岡	48 佐賀	49 長崎	50 熊本	51 大分	52 宮崎	53 鹿児島	54 沖縄	55 全国
1 札幌	0	0	0	0	0	0	0	0	0	0	0	0	2,067,568
2 旭川	0	0	0	0	0	0	0	0	0	0	0	0	562,702
3 函館	0	0	0	0	0	0	0	0	0	0	0	0	497,772
4 室蘭	0	0	0	0	0	0	0	0	0	0	0	0	3,381,717
5 釧路	0	0	0	0	0	0	0	0	0	0	0	0	135,382
6 帯広	0	0	0	0	0	0	0	0	0	0	0	0	5,680,014
7 北見	0	0	0	0	0	0	0	0	0	0	0	0	1,539,278
8 北海道	0	0	0	0	0	0	0	0	0	0	0	0	13,864,435
9 青森	38,053	0	0	0	0	0	0	0	0	0	0	0	3,592,107
10 岩手	0	0	0	0	0	0	0	0	0	0	0	0	2,792,351
11 宮城													1,380,612
12 福島													1,632,043
13 秋田			31,191										2,933,920
14 山形													798,117
15 茨城													4,994,908
16 栃木													1,751,778
17 群馬													1,503,450
18 埼玉													3,092,107
19 千葉													3,201,170
20 東京													2,988,185
21 神奈川	40,548												3,107,475
22 新潟													7,418,303
23 富山	40,548												1,733,466
24 石川													2,184,989
25 福井													1,181,670
26 山梨													1,068,518
27 長野		30,567											2,625,407
28 静岡													3,459,392
29 岐阜													2,127,654
30 愛知													6,985,631
31 三重													3,585,996
32 滋賀													1,028,957
33 京都													1,153,808
34 奈良					84,215	31,191							973,289
35 和歌山													5,492,719
36 大阪	43,667	8,680	36,108	13,151									3,120,651
37 兵庫	114,159	66,749			5,614								3,479,894
38 鳥取													2,091,002
39 島根					43,451								2,761,679
40 岡山	37,429	40,548		132	4,679								2,333,736
41 広島	4,603				11,853								2,104,209
42 山口			31,191		131,066								1,806,894
43 香川	2,456,104	167,358	281,955	105,853	124,389								3,329,979
44 愛媛	14,535	1,758,098	81,159	52,222	62,070								2,050,758
45 徳島	249,002	420,401	1,313,250	8,792						28,440			2,410,991
46 高知	9,847			1,555,230									1,565,077
47 福岡					2,212,251	232,419	486,025	197,860	11,501	207,023	76,966		3,526,666
48 佐賀	56,144				24,823	1,221,293	47,360		49,905				1,404,519
49 長崎						228,917	785,457						1,014,374
50 熊本					4,536		89,518	1,666,175	87,218	125,310	440,164		2,490,293
51 大分					229,565			12,924	1,451,253				1,693,712
52 宮崎					56,144	56,892		46,786	79,664	6,301,138	920,473		7,461,097
53 鹿児島										243,339	2,951,580		3,194,919
54 沖縄							17,584					348,446	366,031
55 全国	3,104,640	2,492,401	1,774,854	1,735,379	2,994,656	1,770,712	1,425,945	1,923,745	1,679,542	6,905,250	4,389,183	348,446	136,859,000

平成28年度　　　　　　　　　　　　　　　　　　　府県相互間輸送トン数表（自動車）

品目　（3-0）鉱産品　　その1　　（単位：トン）

着／発	1 札幌	2 旭川	3 函館	4 室蘭	5 釧路	6 帯広	7 北見	8 北海道	9 青森	10 岩手	11 宮城	12 福島	13 秋田	14 山形
1 札幌	12,785,329	0	0	8,426	0	0	0	12,793,754	0	0	0	0	0	0
2 旭川	1,022,198	6,525,864	0	0	0	16,271	166,819	7,731,153	0	0	0	0	0	0
3 函館	0	0	4,711,840	0	0	0	0	4,711,840	0	0	0	0	0	0
4 室蘭	1,753,760	0	0	4,864,780	0	0	0	6,618,539	0	0	0	0	0	0
5 釧路	17,045	0	0	0	4,882,335	0	17,818	4,917,197	0	0	0	0	0	0
6 帯広	0	0	0	0	0	3,633,558	0	3,633,558	0	0	0	0	0	0
7 北見	0	0	0	0	0	0	6,062,866	6,062,866	0	0	0	0	0	0
8 北海道	15,578,330	6,525,864	4,711,840	4,873,205	4,882,335	3,667,647	6,229,685	46,468,907	0	0	0	0	0	0
9 青森	0	0	0	0	0	0	0	0	14,523,825	101,108	57,912	0	223,095	0
10 岩手	0	0	0	0	0	0	0	0	0	22,699,119	757,926	0	0	38,392
11 宮城	0	0	0	0	0	0	0	0	59,176	29,305	21,739,347	2,003,786	0	33,703
12 福島	0	0	0	0	0	0	0	0	0	0	277,251	27,299,202	0	0
13 秋田	0	0	0	0	0	0	0	0	0	14,104	0	0	12,284,769	74,526
14 山形	0	0	0	0	0	0	0	0	0	0	28,086	73,023	120,982	16,295,313
15 茨城	0	0	0	0	0	0	0	0	0	0	39,623	66,141	0	0
16 栃木	0	0	0	0	0	0	0	0	0	28,086	0	58,137	0	152,561
17 群馬	0	0	0	0	0	0	0	0	0	0	0	0	0	0
18 埼玉	0	0	0	0	0	0	0	0	0	0	200,297	0	0	0
19 千葉	0	0	0	0	0	0	0	0	0	0	48,891	0	0	0
20 東京	0	0	0	0	0	0	0	0	0	0	0	0	0	0
21 神奈川	0	0	0	0	0	0	0	0	0	0	0	0	0	0
22 新潟	0	0	0	0	0	0	0	0	0	0	0	26,962	0	37,916
23 富山	0	0	0	0	0	0	0	0	0	0	0	0	0	0
24 石川	0	0	0	0	0	0	0	0	0	0	0	0	0	0
25 福井	0	0	0	0	0	0	0	0	0	0	0	0	0	0
26 山梨	0	0	0	0	0	0	0	0	0	0	0	0	0	0
27 長野	0	0	0	0	0	0	0	0	0	0	0	0	0	0
28 静岡	0	0	0	0	0	0	0	0	0	0	0	0	0	0
29 岐阜	0	0	0	0	0	0	0	0	0	0	0	0	0	0
30 愛知	0	0	0	0	0	0	0	0	0	0	0	0	0	0
31 三重	0	0	0	0	0	0	0	0	0	0	0	0	0	0
32 滋賀	0	0	0	0	0	0	0	0	0	0	0	0	0	0
33 京都	0	0	0	0	0	0	0	0	0	0	0	0	0	0
34 奈良	0	0	0	0	0	0	0	0	0	0	0	0	0	0
35 和歌山	0	0	0	0	0	0	0	0	0	0	0	0	0	0
36 大阪	0	0	0	0	0	0	0	0	0	0	0	0	0	0
37 兵庫	0	0	0	0	0	0	0	0	0	0	0	0	0	0
38 鳥取	0	0	0	0	0	0	0	0	0	0	0	0	0	0
39 島根	0	0	0	0	0	0	0	0	0	0	0	0	0	0
40 岡山	0	0	0	0	0	0	0	0	0	0	0	0	0	0
41 広島	0	0	0	0	0	0	0	0	0	0	0	0	0	0
42 山口	0	0	0	0	0	0	0	0	0	0	0	0	0	0
43 香川	0	0	0	0	0	0	0	0	0	0	0	0	0	0
44 愛媛	0	0	0	0	0	0	0	0	0	0	0	0	0	0
45 徳島	0	0	0	0	0	0	0	0	0	0	0	0	0	0
46 高知	0	0	0	0	0	0	0	0	0	0	0	0	0	0
47 福岡	0	0	0	0	0	0	0	0	0	0	0	0	0	0
48 佐賀	0	0	0	0	0	0	0	0	0	0	0	0	0	0
49 長崎	0	0	0	0	0	0	0	0	0	0	0	0	0	0
50 熊本	0	0	0	0	0	0	0	0	0	0	0	0	0	0
51 大分	0	0	0	0	0	0	0	0	0	0	0	0	0	0
52 宮崎	0	0	0	0	0	0	0	0	0	0	0	0	0	0
53 鹿児島	0	0	0	0	0	0	0	0	0	0	0	0	0	0
54 沖縄	0	0	0	0	0	0	0	0	0	0	0	0	0	0
55 全国	15,578,330	6,525,864	4,711,840	4,873,205	4,882,335	3,667,647	6,229,685	46,468,907	14,583,002	22,871,722	23,149,333	29,527,250	12,628,846	16,632,410

平成28年度　　　　　　　　　　　　　　　　　　　府県相互間輸送トン数表（自動車）

品目　（3-0）鉱産品　　その2　　（単位：トン）

着／発	15 茨城	16 栃木	17 群馬	18 埼玉	19 千葉	20 東京	21 神奈川	22 新潟	23 富山	24 石川	25 福井	26 山梨	27 長野	28 静岡
1 札幌	0	0	0	0	0	0	0	0	0	0	0	0	0	0
2 旭川	0	0	0	0	0	0	0	0	0	0	0	0	0	0
3 函館	0	0	0	0	0	0	0	0	0	0	0	0	0	0
4 室蘭	0	0	0	0	0	0	0	0	0	0	0	0	0	0
5 釧路	0	0	0	0	0	0	0	0	0	0	0	0	0	0
6 帯広	0	0	0	0	0	0	0	0	0	0	0	0	0	0
7 北見	0	0	0	0	0	0	0	0	0	0	0	0	0	0
8 北海道	0	0	0	0	0	0	0	0	0	0	0	0	0	0
9 青森	0	30,754	0	0	0	0	0	0	0	0	0	0	0	0
10 岩手	0	32,379	0	0	0	64,644	0	67,079	0	0	0	0	0	0
11 宮城	53,840	0	0	0	0	0	0	0	0	0	0	0	0	0
12 福島	205,886	243,776	0	0	0	11,913	9,161	50,049	0	0	0	0	0	0
13 秋田	0	33,703	0	0	0	0	0	0	0	0	0	0	0	0
14 山形	0	0	0	0	0	33,703	0	0	0	0	0	0	0	0
15 茨城	14,207,185	380,715	37,611	876,768	1,109,994	143,127	66,603	0	0	0	0	11,283	4,388	0
16 栃木	1,957,022	15,336,977	1,950,806	3,917,492	1,537,983	1,365,855	0	299,954	0	0	0	0	0	0
17 群馬	93,772	676,658	8,914,537	70,605	81,919	0	472,219	0	0	0	0	0	0	0
18 埼玉	450,208	164,112	1,176,509	15,584,912	215,110	2,207,787	472,219	0	0	0	0	0	33,815	0
19 千葉	838,244	0	3,932	1,140,846	11,064,084	1,450,898	97,082	0	0	0	0	0	0	24,035
20 東京	32,007	71,070	71,669	3,643,254	142,358	9,311,511	2,642,464	40,727	0	0	0	29,775	0	27,720
21 神奈川	85,439	0	37,484	2,868	47,230	889,916	11,472,509	0	0	0	0	0	9,796	13,286
22 新潟	0	0	7,394	1,567	0	7,497	3,321	17,957,059	66,564	114,870	0	0	20,404	0
23 富山	0	0	0	2,657	0	0	0	0	17,724,797	244,869	0	0	0	0
24 石川	0	0	0	0	0	0	0	0	279,483	13,744,192	409,330	0	0	0
25 福井	0	0	0	0	0	0	0	0	18,511	48,219	14,900,963	0	0	0
26 山梨	0	0	0	0	0	126,703	95,531	0	0	0	0	14,048,901	0	116,207
27 長野	0	0	0	1,282	0	0	0	0	0	0	0	0	5,563,399	0
28 静岡	67,400	0	0	18,484	0	0	190,092	0	0	0	0	0	0	14,017,964
29 岐阜	31,862	0	0	36,511	0	0	0	0	0	0	0	0	0	19,660
30 愛知	0	0	0	36,511	0	0	0	0	97,459	0	0	20,373	0	209,647
31 三重	0	0	0	0	0	0	0	0	0	0	0	0	0	0
32 滋賀	0	0	0	0	0	0	0	0	0	0	0	0	0	0
33 京都	0	0	0	0	0	0	87,638	21,940	0	0	198,086	0	0	0
34 奈良	0	0	0	0	0	0	0	0	0	0	0	0	0	0
35 和歌山	0	0	0	0	0	0	0	0	0	0	0	0	0	0
36 大阪	0	0	0	0	0	0	0	0	0	0	0	0	0	0
37 兵庫	0	0	0	0	0	0	0	0	18,806	0	0	0	0	0
38 鳥取	0	0	0	0	0	0	0	35,378	0	0	0	0	0	0
39 島根	0	0	0	0	0	0	0	0	0	0	0	0	0	0
40 岡山	0	0	0	0	0	0	0	0	0	0	30,625	0	39,733	0
41 広島	0	0	0	0	0	0	0	0	0	0	0	0	0	0
42 山口	0	0	0	0	0	0	0	0	0	0	0	0	0	0
43 香川	0	0	0	0	0	11,280	0	0	0	0	0	0	0	0
44 愛媛	0	0	0	0	0	0	0	0	0	0	0	0	0	0
45 徳島	0	0	0	0	0	0	0	0	0	0	0	0	0	0
46 高知	0	0	0	0	0	0	0	0	0	0	0	0	0	0
47 福岡	0	0	0	0	0	0	0	0	0	0	0	0	0	0
48 佐賀	0	0	0	0	0	0	0	0	0	0	0	0	0	0
49 長崎	0	0	0	0	0	0	0	0	0	0	0	0	0	0
50 熊本	0	0	0	0	0	0	0	0	0	0	0	0	0	0
51 大分	0	0	0	0	0	0	0	0	0	0	0	0	0	0
52 宮崎	0	0	0	0	0	0	0	0	0	0	0	0	0	0
53 鹿児島	0	0	0	0	0	0	0	0	0	0	0	0	0	0
54 沖縄	0	0	0	0	0	0	0	0	0	0	0	0	0	0
55 全国	18,022,865	16,970,144	12,199,941	25,297,246	14,198,677	15,624,833	15,136,620	18,472,184	18,205,619	14,152,151	15,539,003	14,110,333	5,671,535	14,462,222

平成28年度　　　　　　　　　　　　　　　　　府県相互間輸送トン数表（自動車）　　　　　　　　　　品目（3-0）鉱産品　　　（単位：トン）　その3

着＼発	29 岐阜	30 愛知	31 三重	32 滋賀	33 京都	34 奈良	35 和歌山	36 大阪	37 兵庫	38 鳥取	39 島根	40 岡山	41 広島	42 山口
1 札幌	0	0	0	0	0	0	0	0	0	0	0	0	0	0
2 旭川	0	0	0	0	0	0	0	0	0	0	0	0	0	0
3 函館	0	0	0	0	0	0	0	0	0	0	0	0	0	0
4 室蘭	0	0	0	0	0	0	0	0	0	0	0	0	0	0
5 釧路	0	0	0	0	0	0	0	0	0	0	0	0	0	0
6 帯広	0	0	0	0	0	0	0	0	0	0	0	0	0	0
7 北見	0	0	0	0	0	0	0	0	0	0	0	0	0	0
8 北海道	0	0	0	0	0	0	0	0	0	0	0	0	0	0
9 青森	0	0	0	0	0	0	0	0	0	0	0	0	0	0
10 岩手	0	0	0	0	0	0	0	0	0	0	0	0	0	0
11 宮城	0	0	0	0	0	0	0	0	0	0	0	0	0	0
12 福島	0	23,592	0	0	0	0	0	0	0	0	0	0	0	0
13 秋田	0	3,932	0	0	0	0	0	0	0	0	0	0	0	0
14 山形	0	0	0	0	0	0	0	0	0	0	0	0	0	0
15 茨城	0	33,223	0	0	0	0	0	0	0	0	0	0	0	0
16 栃木	0	0	0	0	0	0	0	0	0	37,354	0	0	0	0
17 群馬	0	0	0	0	0	0	0	0	0	0	0	0	0	0
18 埼玉	0	0	0	0	0	0	37,484	0	0	0	0	0	0	0
19 千葉	11,795	0	0	0	0	0	0	0	0	0	0	0	0	0
20 東京	0	43,099	0	0	0	0	0	0	0	0	0	0	0	0
21 神奈川	0	0	0	0	0	0	0	0	0	0	0	0	0	0
22 新潟	0	0	0	0	0	0	0	0	0	0	0	0	0	0
23 富山	119,820	0	0	0	0	0	0	0	0	0	0	0	37,008	0
24 石川	0	0	0	0	0	0	0	0	0	0	0	0	0	0
25 福井	0	0	0	0	13,521	0	0	0	0	0	0	0	0	0
26 山梨	0	0	0	0	0	0	0	0	0	0	0	0	0	0
27 長野	0	28,863	0	0	0	0	0	0	0	0	0	0	0	0
28 静岡	0	165,446	0	0	0	0	0	0	0	0	0	0	0	0
29 岐阜	12,759,681	1,565,869	548,807	47,181	0	0	0	0	56,171	0	0	0	0	0
30 愛知	255,499	12,888,119	467,694	510,399	0	0	0	0	0	0	59,551	0	13,494	0
31 三重	0	2,824,900	20,639,343	721,614	0	0	13,822	332,457	0	0	0	0	0	0
32 滋賀	4,458	3,107	51,670	5,493,914	499,421	0	0	0	3,321	0	0	0	0	0
33 京都	0	0	0	748,999	8,371,396	263,999	0	0	165,964	18,958	0	0	0	0
34 奈良	0	0	120,261	0	0	1,857,049	0	0	171,443	0	0	0	0	0
35 和歌山	0	0	0	0	0	0	3,369,108	0	37,925	0	0	0	0	0
36 大阪	0	0	0	3,321	562,576	459,571	25,701	4,185,372	267,578	0	0	37,484	0	0
37 兵庫	0	25,277	0	62,685	10,656	0	0	378,959	11,161,143	0	0	75,301	0	0
38 鳥取	0	0	0	0	0	0	0	0	0	2,431,834	0	0	0	0
39 島根	0	0	0	0	0	0	169,250	0	0	210,538	10,310,243	32,682	49,425	52,579
40 岡山	0	0	0	31,637	0	0	0	137,184	202,645	103,744	0	10,638,048	2,610,545	0
41 広島	0	0	0	0	0	0	0	0	0	0	47,175	500,216	7,944,117	162,355
42 山口	0	0	0	0	0	0	0	0	0	0	0	0	102,011	11,456,134
43 香川	0	0	0	0	0	0	0	0	0	0	0	0	0	0
44 愛媛	0	0	0	0	0	0	0	0	5,617	0	144,803	0	0	0
45 徳島	0	0	0	0	0	0	0	0	0	0	0	0	0	0
46 高知	0	0	0	0	0	0	0	0	0	0	0	0	0	0
47 福岡	0	0	0	0	0	0	0	0	0	0	0	0	0	0
48 佐賀	0	1,121	0	0	0	0	0	0	0	0	0	0	0	0
49 長崎	0	0	0	0	0	0	0	0	0	0	0	0	0	0
50 熊本	0	0	0	0	0	0	0	0	0	0	0	0	0	0
51 大分	0	0	0	0	0	0	0	0	0	0	0	0	0	0
52 宮崎	0	0	0	0	0	0	0	0	36,511	0	0	0	0	0
53 鹿児島	0	0	0	0	0	0	0	0	0	0	2,143	0	0	0
54 沖縄	0	0	0	0	0	0	0	0	0	0	0	0	0	0
55 全国	13,151,253	17,606,548	21,827,776	7,619,749	9,457,570	2,594,441	3,934,000	5,172,850	11,752,845	2,746,115	10,504,363	11,283,730	10,756,601	11,671,068

平成28年度　　　　　　　　　　　　　　　　　府県相互間輸送トン数表（自動車）　　　　　　　　　　品目（3-0）鉱産品　　　（単位：トン）　その4

着＼発	43 香川	44 愛媛	45 徳島	46 高知	47 福岡	48 佐賀	49 長崎	50 熊本	51 大分	52 宮崎	53 鹿児島	54 沖縄	55 全国
1 札幌	0	0	0	0	0	0	0	0	0	0	0	0	12,793,754
2 旭川	0	0	0	0	0	0	0	0	0	0	0	0	7,731,153
3 函館	0	0	0	0	0	0	0	0	0	0	0	0	4,711,840
4 室蘭	0	0	0	0	0	0	0	0	0	0	0	0	6,618,539
5 釧路	0	0	0	0	0	0	0	0	0	0	0	0	4,917,197
6 帯広	0	0	0	0	0	0	0	0	0	0	0	0	3,633,558
7 北見	0	0	0	0	0	0	0	0	0	0	0	0	6,062,866
8 北海道	0	0	0	0	0	0	0	0	0	0	0	0	46,468,907
9 青森	0	0	0	0	0	0	0	0	0	0	0	0	14,936,695
10 岩手	0	0	0	0	0	0	0	0	0	0	0	0	23,659,539
11 宮城	0	0	0	0	0	0	0	0	0	0	0	0	23,919,157
12 福島	0	0	0	0	0	0	0	0	0	0	0	0	28,120,828
13 秋田	0	0	0	0	0	0	0	0	0	0	0	0	12,444,736
14 山形	0	0	0	0	0	0	0	0	0	0	0	0	16,551,106
15 茨城	0	0	0	0	0	0	0	0	0	0	0	0	16,976,662
16 栃木	0	0	0	0	0	0	0	0	0	0	0	0	26,642,225
17 群馬	0	0	0	0	0	0	0	0	0	0	0	0	9,837,491
18 埼玉	0	0	0	0	0	0	0	0	0	0	0	0	20,542,454
19 千葉	0	0	0	0	0	0	0	0	0	0	0	0	14,679,808
20 東京	0	0	0	0	0	0	0	0	0	0	0	0	16,055,654
21 神奈川	0	0	0	0	0	0	0	0	0	0	0	0	12,558,528
22 新潟	0	0	0	0	0	0	0	0	0	0	0	0	18,243,553
23 富山	0	0	0	0	0	0	0	0	0	0	0	0	18,129,151
24 石川	0	0	0	0	0	0	0	0	0	0	0	0	14,433,005
25 福井	0	0	0	0	0	0	0	0	0	0	0	0	14,981,215
26 山梨	0	0	0	0	0	0	0	0	0	0	0	0	14,387,342
27 長野	0	0	0	0	0	0	0	0	0	0	0	0	5,593,544
28 静岡	263	0	0	0	0	0	0	0	0	0	0	0	14,459,650
29 岐阜	0	0	0	0	0	0	0	0	0	0	0	0	15,029,231
30 愛知	41,859	40,443	0	0	0	0	0	0	0	0	0	0	14,641,048
31 三重	0	0	0	0	0	0	0	0	0	0	0	0	24,532,136
32 滋賀	0	0	0	0	0	0	0	0	0	0	0	0	6,055,890
33 京都	0	0	0	0	0	0	0	0	0	0	0	0	9,876,979
34 奈良	0	0	0	0	0	0	0	0	0	0	0	0	2,148,753
35 和歌山	0	0	0	0	0	0	0	0	0	0	0	0	3,407,033
36 大阪	0	0	0	0	0	0	0	0	0	0	0	0	5,542,723
37 兵庫	0	176,805	11,196	0	0	0	1,121	0	0	37,354	0	0	11,958,183
38 鳥取	0	0	0	0	0	0	0	0	0	0	0	0	2,467,212
39 島根	0	0	0	0	7,052	0	0	0	0	0	0	0	10,831,769
40 岡山	0	0	0	0	0	0	0	0	0	0	0	0	13,794,160
41 広島	0	0	0	0	0	0	0	0	0	0	0	0	8,653,862
42 山口	0	196,623	0	0	0	106,469	0	0	0	0	0	0	11,861,237
43 香川	7,677,597	9,953	469,507	0	0	0	0	0	0	0	0	0	8,168,337
44 愛媛	0	17,489,949	0	0	0	0	0	0	0	0	0	0	17,650,199
45 徳島	960,296	0	4,373,384	0	0	0	0	0	0	0	0	0	5,333,680
46 高知	0	39,178	201,093	7,853,746	0	0	0	0	0	0	0	0	8,094,016
47 福岡	0	11,234	0	0	6,717,555	345,651	0	75,550	12,912	0	0	0	7,162,901
48 佐賀	0	0	0	0	262,185	3,022,762	24,599	0	0	0	0	0	3,310,667
49 長崎	0	0	0	0	62,685	89,750	8,449,063	0	0	0	0	0	8,601,498
50 熊本	0	0	0	0	1,850,825	0	0	8,305,598	0	0	0	28,086	10,184,507
51 大分	0	0	0	29,152	33,861	0	0	95,768	12,475,492	0	0	0	12,636,118
52 宮崎	0	0	0	0	33,432	0	0	0	1,845	6,292,939	0	0	6,362,882
53 鹿児島	0	0	0	0	0	0	8,572	0	0	0	12,706,672	0	12,717,383
54 沖縄	0	0	0	0	0	0	0	0	0	0	0	8,793,634	8,793,634
55 全国	8,680,015	17,964,184	5,055,181	7,892,727	8,934,162	3,565,753	8,482,236	8,510,346	12,488,404	6,332,137	12,734,758	8,793,634	633,437,000

平成28年度　　府県相互間輸送トン数表（自動車）

品目　（4-0）　金属・機械工業品　その 1　　（単位：トン）

発＼着	1 札幌	2 旭川	3 函館	4 室蘭	5 釧路	6 帯広	7 北見	8 北海道	9 青森	10 岩手	11 宮城	12 福島	13 秋田	14 山形
1 札幌	10,353,654	462,890	119,732	445,884	164,185	78,616	67,781	11,692,743	44,287	0	32,670	0	0	0
2 旭川	712,861	4,080,692	0	39,734	2,463	0	92,780	4,928,532	13,235	61,008	0	0	0	0
3 函館	37,544	2,239	667,494	0	0	0	0	707,277	13,235	61,008	0	0	0	0
4 室蘭	1,245,009	0	19,139	7,007,437	0	19,111	1,476	8,292,171	0	0	0	0	0	0
5 釧路	34,098	0	16,981	0	681,452	6,538	0	739,068	0	0	0	0	0	0
6 帯広	26,136	0	0	11,096	4,180	945,834	13,436	1,000,683	0	0	0	0	0	0
7 北見	13,703	64,331	1,189	0	22,393	34,709	697,328	833,654	0	0	0	0	0	0
8 北海道	12,423,004	4,610,153	824,536	7,504,152	874,674	1,084,807	872,801	28,194,126	57,522	61,008	32,670	0	0	0
9 青森	0	23,620	0	0	0	0	0	23,620	4,005,405	71,267	30,294	0	73,783	82,255
10 岩手	0	0	0	0	0	0	0	0	0	133,981	5,525,361	436,157	34,642	82,255
11 宮城	0	0	0	0	0	0	0	0	56,423	704,153	9,968,720	912,983	221,013	683,829
12 福島	38,382	0	0	0	0	0	38,382	76,763	0	327,535	470,263	9,203,382	25,131	135,518
13 秋田	0	0	0	0	0	0	0	0	0	50,315	160,969	26,327	5,991,553	38,311
14 山形	0	0	0	0	0	0	0	0	0	7,201	96,722	81,607	31,203	2,128,844
15 茨城	33,926	0	0	0	0	0	0	33,926	0	120,730	172,516	746,315	2,400	77,545
16 栃木	0	0	0	0	0	0	0	0	0	18,252	121,169	252,037	0	17,091
17 群馬	0	0	0	0	0	0	0	0	0	0	45,321	31,357	6,101	12,565
18 埼玉	0	0	0	0	0	0	0	0	0	160,532	197,350	220,694	0	112,889
19 千葉	19,099	0	0	0	0	0	0	19,099	0	142,776	511,123	496,019	12,434	84
20 東京	0	0	0	0	0	0	0	0	0	1,476	28,146	57,991	302	9,102
21 神奈川	0	0	0	0	0	0	0	0	0	127,774	12,246	212,203	391,180	0
22 新潟	0	0	0	23,620	0	0	0	23,620	10,189	0	28,171	47,473	15,219	43,012
23 富山	0	0	0	0	0	0	0	0	0	0	43,724	23,620	3,543	55,738
24 石川	0	0	0	0	0	0	0	0	1,067	0	39,835	0	0	0
25 福井	0	0	0	0	0	0	0	0	0	0	53,144	0	0	0
26 山梨	0	0	0	0	0	0	0	0	0	0	51,285	76,479	0	0
27 長野	0	0	0	0	0	0	0	0	0	21,959	31,349	0	0	0
28 静岡	0	0	0	0	0	0	0	0	10,555	1,070	111,281	40,302	46,929	0
29 岐阜	0	0	0	0	0	0	0	0	0	0	55,468	33,172	0	0
30 愛知	0	0	0	0	0	0	0	0	0	37,544	29,601	1,200	0	38,972
31 三重	0	0	0	0	0	0	0	0	0	0	9,448	0	0	0
32 滋賀	0	0	0	0	0	0	0	0	0	0	6,283	26,572	0	0
33 京都	0	0	0	0	0	0	0	0	0	0	92,643	0	0	17,359
34 奈良	0	0	0	0	0	0	0	0	0	0	0	0	0	0
35 和歌山	0	0	0	0	0	0	0	0	0	0	0	0	0	0
36 大阪	0	0	0	0	0	0	0	0	0	0	46,929	2,910	0	0
37 兵庫	29,111	0	0	0	0	0	0	29,111	0	0	0	11,207	0	0
38 鳥取	0	0	0	0	0	0	0	0	0	0	0	0	0	0
39 島根	0	0	0	0	0	0	0	0	0	0	0	0	0	0
40 岡山	0	0	0	0	0	0	0	0	0	12,565	0	0	0	0
41 広島	0	0	0	0	0	0	0	0	0	0	8,401	0	0	0
42 山口	0	0	0	0	0	0	0	0	0	0	0	0	0	0
43 香川	32,670	0	0	0	0	0	0	32,670	0	11,565	0	10,052	0	0
44 愛媛	0	0	0	0	0	0	0	0	0	0	0	0	0	0
45 徳島	0	0	0	0	0	0	0	0	0	0	0	26,572	0	0
46 高知	0	0	0	0	0	0	0	0	0	0	0	0	0	0
47 福岡	0	0	0	0	0	0	0	0	0	0	0	0	0	0
48 佐賀	0	0	0	0	0	0	0	0	0	0	0	0	0	0
49 長崎	17,715	0	0	0	0	0	0	17,715	0	0	0	0	0	0
50 熊本	0	0	0	0	0	0	0	0	0	0	0	0	0	0
51 大分	0	0	0	0	0	0	0	0	0	0	0	0	0	0
52 宮崎	0	0	0	0	0	0	0	0	0	0	0	0	0	0
53 鹿児島	0	0	0	0	0	0	0	0	0	0	0	0	0	0
54 沖縄	0	0	0	0	0	0	0	0	0	0	0	0	0	0
55 全国	12,593,907	4,633,772	824,536	7,527,771	874,674	1,123,189	872,801	28,450,649	4,332,656	7,603,257	12,645,206	12,561,478	6,905,013	3,370,861

平成28年度　　府県相互間輸送トン数表（自動車）

品目　（4-0）　金属・機械工業品　その 2　　（単位：トン）

発＼着	15 茨城	16 栃木	17 群馬	18 埼玉	19 千葉	20 東京	21 神奈川	22 新潟	23 富山	24 石川	25 福井	26 山梨	27 長野	28 静岡
1 札幌	0	0	0	0	19,099	0	4,479	29,524	0	0	0	0	0	0
2 旭川	0	0	0	0	0	0	0	0	0	0	0	0	0	0
3 函館	0	0	0	0	0	0	7,509	0	0	0	0	0	0	0
4 室蘭	0	0	0	0	0	0	0	90,362	0	0	0	0	0	0
5 釧路	0	0	0	0	0	0	0	0	0	0	0	0	0	0
6 帯広	0	0	0	0	0	0	0	0	0	0	0	0	0	0
7 北見	0	0	0	0	0	0	0	0	0	0	0	0	0	0
8 北海道	0	0	0	63,482	19,099	0	11,988	119,886	9,577	0	0	0	0	0
9 青森	0	0	0	0	0	0	0	0	0	0	0	0	0	0
10 岩手	8,279	469	8,544	197,449	6,853	1,476	40,000	23,465	0	47,547	0	0	22,347	25,180
11 宮城	68,700	12,961	0	235,590	174,452	47,274	159,759	202,538	46,264	0	53,144	221,642	0	88,124
12 福島	744,840	167,241	225,234	981,092	184,111	98,335	191,074	67,260	0	0	0	25,131	27,406	98,388
13 秋田	29,524	0	0	0	102,728	0	135,157	30,967	0	0	0	0	19,099	46,929
14 山形	9	221,404	12,565	129,556	7,539	2,952	0	67,565	0	0	0	0	0	0
15 茨城	8,926,846	562,625	514,169	744,943	1,895,534	1,668,331	1,134,589	118,964	40,744	11,019	0	16,327	25,935	64,360
16 栃木	821,072	7,321,697	1,190,179	925,313	616,797	366,738	983,779	140,330	43,348	25,131	53,144	0	89,079	62,114
17 群馬	136,644	931,225	12,924,436	1,412,180	324,226	326,505	1,232,587	177,630	12,018	0	23,934	89,324	43,303	72,494
18 埼玉	997,981	1,040,348	1,125,441	12,196,816	2,481,919	3,971,734	2,093,042	584,992	16,425	24,869	0	4,046	124,853	445,465
19 千葉	3,496,559	2,201,071	1,618,056	3,827,608	23,744,327	4,017,805	2,797,700	169,200	184,437	46,359	3,770	37,550	272,296	810,379
20 東京	1,057,866	617,404	776,413	2,703,108	4,126,479	12,297,117	2,727,083	132,635	27,517	4,224	3,770	36,898	228,513	63,341
21 神奈川	431,239	885,826	245,804	1,596,885	1,659,917	2,022,269	25,762,338	119,913	0	65,343	628	114,009	215,788	1,055,303
22 新潟	290,391	0	74,975	469,150	124,091	144,268	245,869	10,088,773	153,759	122,220	21,764	2,716	110,918	233,342
23 富山	0	56,625	7,212	191,171	6,200	20,667	62,826	72,633	9,600,909	425,798	274,275	0	143,099	163,308
24 石川	40,240	0	0	12,063	64,379	53,144	63,171	20,151	548,532	4,664,454	97,019	0	38,952	73,154
25 福井	38,382	0	0	129,063	53,144	0	628	14,943	93,051	34,705	3,421,996	0	0	0
26 山梨	5,592	83,675	20,210	313,299	17,917	207,932	718,330	133,192	7,511	0	191,639	2,350,789	46,214	140,087
27 長野	144,515	94,652	57,118	55,728	41,715	121,463	116,394	223,775	18,648	191,639	0	128,542	5,531,019	7,656
28 静岡	28,041	52,526	0	420,017	169,317	619,819	665,500	38,905	49,274	73,154	0	74,395	235,168	21,573,148
29 岐阜	0	67,509	0	0	43,978	72,689	22,293	0	38,398	11,732	52,869	0	103,862	354,695
30 愛知	203,630	263,715	17,914	143,988	440,836	114,979	677,363	107,237	326,283	120,719	380,602	0	500,550	4,505,524
31 三重	25,096	112,444	29,524	100,354	0	0	28,608	52,562	60,502	60,431	4,901	33,398	650	669,600
32 滋賀	107,283	30,015	1,257	14,073	12,565	7,086	154,753	0	2,010	9,661	23,970	0	0	348,654
33 京都	8,361	0	0	0	1,920	92,265	84,905	3,770	0	0	24,552	0	17,981	0
34 奈良	0	0	4,429	0	9,948	0	653	0	64,659	0	0	0	29,524	0
35 和歌山	0	0	0	0	0	0	0	0	0	0	0	0	0	0
36 大阪	10,714	44,764	0	77,061	335,977	69,469	72,589	255,946	228,472	36,971	19,919	0	45,550	383,919
37 兵庫	0	294	29,524	29,524	98,109	2,307	78,841	103,243	131,707	10,643	55,908	226	6,792	9,234
38 鳥取	0	0	0	0	0	0	0	0	0	0	0	0	0	0
39 島根	0	0	0	0	0	0	0	0	0	0	0	0	39,185	0
40 岡山	0	20,195	75,069	0	0	38,382	100,775	0	20,667	0	0	0	5,026	0
41 広島	0	3,396	94,448	106,232	14,576	10,201	0	0	0	24,686	0	0	0	75,740
42 山口	0	0	0	0	0	0	0	0	0	0	0	0	0	0
43 香川	0	0	0	0	5,610	0	8,240	0	0	0	0	5,737	0	0
44 愛媛	62,826	0	0	0	27,644	0	2,952	0	29,524	0	0	0	0	0
45 徳島	0	0	0	6,791	0	0	0	0	0	0	0	0	0	0
46 高知	7,162	0	0	0	5,277	0	0	0	0	0	0	0	0	0
47 福岡	11,362	0	0	9,448	0	75,087	49,393	13,876	0	0	0	0	0	0
48 佐賀	0	0	0	8,857	0	0	0	0	0	0	0	0	0	0
49 長崎	0	0	0	0	0	0	0	0	0	0	0	0	0	0
50 熊本	0	0	0	0	14,161	0	0	0	0	0	10,868	0	0	65,701
51 大分	0	0	0	0	29,547	0	38,037	0	0	0	0	0	0	0
52 宮崎	0	0	0	0	0	0	0	0	0	0	0	0	0	0
53 鹿児島	0	0	0	0	0	0	0	0	0	0	0	0	0	0
54 沖縄	0	0	0	0	0	0	0	0	0	0	0	0	0	0
55 全国	17,703,153	14,792,079	19,052,524	27,100,843	36,855,612	26,430,665	40,452,974	12,828,404	11,781,709	6,202,804	4,540,314	3,160,647	7,923,099	31,435,843

平成28年度　　府県相互間輸送トン数表（自動車）　　品目（4-0）金属・機械工業品　　（単位：トン）　その 3

発＼着	29 岐阜	30 愛知	31 三重	32 滋賀	33 京都	34 奈良	35 和歌山	36 大阪	37 兵庫	38 鳥取	39 島根	40 岡山	41 広島	42 山口
1 札幌	0	0	0	0	0	0	0	0	0	0	0	0	32,670	0
2 旭川	0	0	0	0	0	0	0	0	0	0	0	0	0	0
3 函館	0	0	0	0	0	0	0	0	0	0	0	0	0	0
4 室蘭	0	0	0	0	0	0	0	0	0	0	0	0	0	0
5 釧路	0	0	0	0	0	0	0	0	0	0	0	0	0	0
6 帯広	0	0	0	0	0	0	0	0	0	0	0	0	0	0
7 北見	0	0	0	0	0	0	0	0	0	0	0	0	0	0
8 北海道	0	0	0	0	0	0	0	0	0	0	0	0	32,670	0
9 青森	0	0	0	0	0	0	0	0	0	0	0	0	0	0
10 岩手		970			113									
11 宮城		35,964	7,790		42,382			4,888	1,200	8,796	1,366			
12 福島		279,402	39,790											
13 秋田														
14 山形		4,429			25,131									
15 茨城	51,757	248,699	38,414	44,954					127,519				5,026	
16 栃木		183,849	60,409	35,429	395			27,103						
17 群馬	4,320	190,480	144,888	34,526	87,099		5,026	105,244		33,926			96,971	75,456
18 埼玉		122,227	46,929	100,187	18,186	3,137		50,978	23,773				8,670	5,026
19 千葉		324,319	8,291		1,476			325,444	23,773			22,110		1,698
20 東京	6,938	203,700	1,709		1,509	2,764		52,551	2,307					
21 神奈川	43,936	249,013	880	26,293	1,421			159,024	226,184			22,020	38,289	
22 新潟	1,960	51,816	2,309					112,556	7,472			7,414		
23 富山	212,634	371,973	8,119	16,622	141,561	206,080	75,093	303,893	81,504			19,191		
24 石川	13,436	203,684	65,309	117,712	2,952			103,161	211,714				23,949	
25 福井	11,823	328,367		23,180	7,855		162	151,455			2,239		647	
26 山梨	22,884	66,842	25,131	49,262				229	7,718					
27 長野	27,644	398,536	99,433	4,831	4,645	18,848		103,325	64,690		56,377		20,705	
28 静岡	338,710	1,987,286	186,127	270,932				264,923	1,705			45,135	124,824	
29 岐阜	5,942,892	2,159,446	295,703	47,861	28,343			248,862				5,026		
30 愛知	3,215,089	63,456,475	3,686,521	2,511,801	74,941	216,877		1,170,462	195,200			120,710	202,632	
31 三重	113,970	2,306,769	8,938,330	81,568	148,704	11,695	18,033	191,255	211,906		5,026	227,616	152,542	
32 滋賀	26,147	330,735	89,126	7,628,983	270,667	9,469	8,798	459,347	223,088			245,391		
33 京都	3,267	75,001	51,384	379,979	4,219,671	96,793	47,334	341,254	259,092	1,034			22,921	2,387
34 奈良		52,301	230,440	41,096	104,102	1,986,867		410,089	26,343			12,565	51,758	
35 和歌山		85,760	4,850	5,610	5,019	22,237	3,355,812	373,129	294,558					
36 大阪	67,931	1,444,116	365,721	205,961	897,681	573,885	736,771	23,462,792	5,520,606	5,216	64,527	390,849	268,584	15,924
37 兵庫	1,246	240,373	148,327	267,848	258,064	77,865	85,074	3,552,535	15,820,943	1,555	170,523	334,170	352,689	59,125
38 鳥取	6		98,625	30,157	1,034			5,766	30,440	2,431,683	170,523	33,168	216,853	4,926
39 島根					5,905	1,257	638	23,465	25,131	138,324	5,531,945		1,632,090	254,878
40 岡山	7,676	105,534	213,456	100,658	3,016			374,408	852,009	116,717	28,917	8,897,658	1,072,131	82,592
41 広島	5,471	290,133	79,266	49,039	48,905			329,599	537,437	168,281	111,728	389,848	21,234,873	1,098,713
42 山口				32,851		51,758		168,753	10,052	23,138	303,414	13,585	569,963	11,278,395
43 香川		20,667		103,335			5,554	156,512	191,811			406,876	75,362	
44 愛媛		15,890	32,670	150,783			5,905	116,779	318,044			142,835	105,326	56,529
45 徳島		102,721		54,796		253		90,899	133,309			31,588	48,391	
46 高知								76,069	11,428					
47 福岡		172,959						93,661		1,106	49,245	100,388	523,565	608,644
48 佐賀										1,106				
49 長崎		28,158								19,698		11,810		
50 熊本				6,289				35,829	13,317				34,680	
51 大分		4,560										215,876	692	33,962
52 宮崎			46,179											
53 鹿児島		16,425					849	74,106						
54 沖縄														
55 全国	10,119,739	76,159,576	15,070,925	12,367,747	6,400,778	3,286,188	4,338,649	33,649,063	25,365,305	2,887,314	6,346,051	11,779,363	26,816,189	13,573,228

平成28年度　　府県相互間輸送トン数表（自動車）　　品目（4-0）金属・機械工業品　　（単位：トン）　その 4

発＼着	43 香川	44 愛媛	45 徳島	46 高知	47 福岡	48 佐賀	49 長崎	50 熊本	51 大分	52 宮崎	53 鹿児島	54 沖縄	55 全国
1 札幌													11,855,471
2 旭川													4,928,532
3 函館													789,029
4 室蘭													8,382,533
5 釧路													739,068
6 帯広													1,000,683
7 北見													833,654
8 北海道													28,528,969
9 青森													4,277,426
10 岩手					528								6,595,618
11 宮城													13,949,957
12 福島					12,001								13,389,890
13 秋田													6,631,877
14 山形													2,816,726
15 茨城					20,635								17,414,823
16 栃木	8,267				5,026								13,367,747
17 群馬					15,078								18,560,939
18 埼玉		12,025		11,810				28,048					26,240,544
19 千葉	217		2,513		63,024						7,980		45,185,728
20 東京	20,104			30,408	72,060	85,444							25,378,879
21 神奈川					89,783								35,775,510
22 新潟			32,670		8,042								12,474,156
23 富山			29,524		6,200								12,443,508
24 石川	2,239	25,131											6,432,304
25 福井													4,364,783
26 山梨													4,344,574
27 長野				12,905	59,685			31,916					7,689,714
28 静岡	2,935		2,952										27,434,936
29 岐阜					11,641								9,596,430
30 愛知		57,475	54,601		161,599	29,524	56,315			93,859	80,656		83,295,395
31 三重			29,524		51,622		192,411			30,786			13,899,275
32 滋賀	79,261	20,104			5,277			10,868	61,008				10,210,443
33 京都		17,981						8,796		3,770			5,829,094
34 奈良		25,131						5,026					3,102,265
35 和歌山		5,610											4,152,585
36 大阪	231,221	36,082	130,123	9,406	196,039					9,386			36,264,007
37 兵庫	87,423	27,854	80,899	3,359	23,458		29,736	7,086					22,056,304
38 鳥取													2,894,399
39 島根													7,779,705
40 岡山	108,610	57,785	227,769	8,130	47,362		8,490						12,624,860
41 広島	9,921	73,809	48,391	6,466	235,783	63,091		12,565	11,207	14,920			25,157,126
42 山口		49,737			1,026,714	182,404	148	107,955	44,150				13,863,012
43 香川	20,358,561	369,902	333,278	286,136				31,739	194				22,419,704
44 愛媛	291,314	2,452,186	29,111	128,156				35,682	9,386				3,950,467
45 徳島	39,324	112,516	1,881,258	122,492									2,708,080
46 高知	94,397	565,658	45,148	1,490,887									2,296,023
47 福岡	16,844				18,002,940	814,905	184,027	597,408	663,031	188,880	373,650		22,549,314
48 佐賀					1,832,186	3,613,048	706,471	60,288	197,345	19,772	13		6,430,231
49 長崎		8,544			197,374	113,671	3,629,922	107,707	10,189	7,472			4,161,118
50 熊本	17,567	15,601			335,045	90,964	315,111	5,364,778	43,568	200,389	810,806		7,374,674
51 大分	194				1,886,687	293,696	51,782	46,578	3,387,889	11,723	32,507		6,033,710
52 宮崎					22,831	6,711	6,792	131,017	6,032	4,702,690	95,099		5,017,351
53 鹿児島					128,013	13		118,947	191,431	85,987	3,175,624		3,791,397
54 沖縄												3,202,277	3,202,277
55 全国	21,368,398	3,933,131	2,927,682	2,110,153	24,516,636	5,293,472	5,181,206	6,593,423	4,731,707	5,404,400	4,585,722	3,202,277	674,139,000

平成28年度　　　　　　　　　　　　　府県相互間輸送トン数表（自動車）

品目　（5-0）化学工業品　その　1　　　　　　（単位：トン）

発＼着	1 札幌	2 旭川	3 函館	4 室蘭	5 釧路	6 帯広	7 北見	8 北海道	9 青森	10 岩手	11 宮城	12 福島	13 秋田	14 山形
1 札幌	11,469,464	638,000	206,824	459,350	154,155	66,665	58,237	13,052,693	0	0	0	0	0	0
2 旭川	146,733	6,302,081	49,364	23,352	0	0	197,592	6,719,124	0	0	0	0	0	0
3 函館	13,250	0	3,337,725	0	0	0	0	3,350,975	0	0	0	0	0	0
4 室蘭	15,890,915	1,383,091	139,375	5,149,415	10,867	108,291	26,830	22,708,783	8,055	0	0	0	0	0
5 釧路	0	20,342	0	0	2,013,754	701,634	228,338	2,964,067	0	0	0	0	0	0
6 帯広	0	91,540	0	0	6,275	2,974,805	0	3,072,620	0	0	0	0	0	0
7 北見	18,750	20,342	0	0	241,299	0	3,321,520	3,601,911	0	0	0	0	0	0
8 北海道	27,539,112	8,455,395	3,733,289	5,632,119	2,426,348	3,851,394	3,832,520	55,470,177	8,055	0	0	0	0	0
9 青森	0	0	8,973	0	0	0	0	8,973	6,182,444	461,146	91,111	0	7,934	0
10 岩手	0	0	0	0	0	0	0	0	226,810	7,520,886	910,516	99,106	163,369	80,234
11 宮城	0	0	0	0	0	0	0	0	97,808	836,904	12,419,903	711,166	25,728	1,271,675
12 福島	0	0	0	0	0	0	0	0	25,848	82,716	181,579	10,756,606	0	48,580
13 秋田	0	0	0	0	0	0	0	0	31,826	170,351	37,930	0	7,507,135	188,209
14 山形	0	0	0	0	0	0	0	0	0	120,745	514,997	9,192	159,174	5,633,772
15 茨城	0	0	0	0	0	0	0	0	0	23,606	147,324	194,689	0	26,829
16 栃木	0	0	0	0	0	0	0	0	0	4,239	103,988	367,028	0	0
17 群馬	0	0	0	0	0	0	0	0	0	748	11,079	92,062	0	0
18 埼玉	82,713	0	0	0	0	0	0	82,713	0	0	22,357	60,498	6,826	30,687
19 千葉	0	0	0	0	0	0	0	0	0	58,669	4,340	251,273	0	10,539
20 東京	0	0	0	0	0	0	0	0	0	0	68,284	715	0	0
21 神奈川	0	0	0	0	0	0	0	0	0	34,487	44,961	118,651	13,651	23,606
22 新潟	0	0	0	0	0	0	0	0	38,158	28,479	136,837	250,603	6,846	100,787
23 富山	0	0	0	0	0	0	0	0	0	0	0	0	0	0
24 石川	0	0	0	0	0	0	0	0	0	0	0	0	0	0
25 福井	0	0	0	0	0	0	0	0	0	0	0	0	0	0
26 山梨	0	0	0	0	0	0	0	0	0	0	0	0	0	0
27 長野	0	0	0	0	0	0	0	0	0	0	0	0	0	0
28 静岡	0	0	0	0	0	0	0	0	0	0	9,837	0	0	0
29 岐阜	0	0	0	0	0	0	0	0	0	0	0	0	28,932	0
30 愛知	0	0	0	0	0	0	0	0	0	0	0	8,542	0	0
31 三重	0	0	0	0	0	0	0	0	0	0	0	0	0	0
32 滋賀	0	0	0	0	0	0	0	0	0	0	0	0	0	0
33 京都	0	0	0	0	0	0	0	0	0	0	56,958	0	0	0
34 奈良	0	0	0	0	0	0	0	0	0	0	0	0	0	0
35 和歌山	0	0	0	0	0	0	0	0	0	0	0	0	0	0
36 大阪	0	0	0	0	0	0	0	0	0	0	0	0	0	0
37 兵庫	0	0	0	0	0	0	0	0	0	0	0	0	0	0
38 鳥取	0	0	0	0	0	0	0	0	0	0	0	0	0	0
39 島根	0	0	0	0	0	0	0	0	0	0	0	0	0	0
40 岡山	0	0	0	0	0	0	0	0	0	0	0	0	0	0
41 広島	0	0	0	0	0	0	0	0	0	0	0	0	0	0
42 山口	0	0	0	0	0	0	0	0	0	0	0	0	0	0
43 香川	0	0	0	0	0	0	0	0	0	0	0	0	0	0
44 愛媛	0	0	0	0	0	0	0	0	0	0	0	0	0	0
45 徳島	0	0	0	0	0	0	0	0	0	0	0	0	0	0
46 高知	0	0	0	0	0	0	0	0	0	0	0	0	0	0
47 福岡	0	0	0	0	0	0	0	0	0	0	0	0	0	0
48 佐賀	0	0	0	0	0	0	0	0	0	0	0	0	0	0
49 長崎	0	0	0	0	0	0	0	0	0	0	0	0	0	0
50 熊本	0	0	0	0	0	0	0	0	0	0	0	0	0	0
51 大分	0	0	0	0	0	0	0	0	0	0	0	0	0	0
52 宮崎	0	0	0	0	0	0	0	0	0	0	0	0	0	0
53 鹿児島	0	0	0	0	0	0	0	0	0	0	0	0	0	0
54 沖縄	0	0	0	0	0	0	0	0	0	0	0	0	0	0
55 全国	27,621,825	8,455,395	3,742,262	5,632,119	2,426,348	3,851,394	3,832,520	55,561,863	6,610,949	9,409,023	14,684,877	12,868,081	7,982,726	7,414,921

平成28年度　　　　　　　　　　　　　府県相互間輸送トン数表（自動車）

品目　（5-0）化学工業品　その　2　　　　　　（単位：トン）

発＼着	15 茨城	16 栃木	17 群馬	18 埼玉	19 千葉	20 東京	21 神奈川	22 新潟	23 富山	24 石川	25 福井	26 山梨	27 長野	28 静岡
1 札幌	0	0	0	0	0	0	0	0	0	0	0	0	0	0
2 旭川	0	0	0	0	0	0	0	0	0	0	0	0	0	0
3 函館	0	0	0	0	0	0	0	0	0	0	0	0	0	0
4 室蘭	0	0	0	0	0	0	0	0	0	0	0	0	0	0
5 釧路	0	0	0	0	0	0	0	0	0	0	0	0	0	0
6 帯広	0	0	0	0	0	0	0	0	0	0	0	0	0	0
7 北見	0	0	0	0	0	0	0	0	0	0	0	0	0	0
8 北海道	0	0	0	0	0	0	0	0	0	0	0	0	0	0
9 青森	11,079	0	0	0	44,715	0	0	34,800	0	0	0	0	25,040	0
10 岩手	0	0	0	0	0	0	0	0	0	0	0	0	0	0
11 宮城	14,383	0	0	0	0	26,039	31,435	33,149	0	0	0	0	0	0
12 福島	519,382	253,334	84,985	231,193	42,408	54,016	168,494	33,149	0	0	0	0	58,863	38,191
13 秋田	0	0	0	28,772	0	0	0	0	0	0	0	0	0	0
14 山形	347	0	0	56,535	0	0	9,047	10,339	0	0	0	0	0	0
15 茨城	14,196,070	756,383	541,225	1,150,964	1,313,902	452,079	425,928	125,282	3,541	0	0	31,557	168,548	147,761
16 栃木	641,978	7,037,875	624,218	318,160	277,397	234,234	98,702	129,513	1,180	0	0	0	27,251	16,520
17 群馬	93,001	227,008	5,838,992	633,102	139,284	99,178	278,662	79,015	0	0	0	0	185,420	0
18 埼玉	1,117,911	678,214	1,323,691	11,799,196	759,760	2,436,902	416,304	61,281	54,560	0	29,364	169,086	113,072	203,314
19 千葉	2,054,112	433,422	720,063	2,012,436	22,148,136	3,495,291	642,130	0	0	15,693	16,079	10,311	58,926	201,438
20 東京	283,806	272,373	225,495	1,095,297	1,051,748	13,080,911	930,167	24,829	0	0	0	18,806	181,309	18,299
21 神奈川	737,273	264,246	494,910	1,816,474	837,608	4,841,015	13,654,700	31,426	10,566	13,351	0	275,758	71,264	1,047,453
22 新潟	15,959	10,956	138,372	104,836	65,623	575	0	13,021,533	109,966	34,847	140,169	0	355,902	12,787
23 富山	42,665	0	0	18,998	23,724	28,932	89,137	427,027	8,599,498	448,299	0	0	74,137	0
24 石川	0	0	0	25,848	26,438	0	0	0	134,126	8,018,622	100,568	0	0	0
25 福井	0	0	0	0	0	0	0	0	44,718	49,596	8,738,617	0	0	8,101
26 山梨	29,780	0	0	0	0	29,251	124,036	31,017	0	0	0	7,610,656	58,547	0
27 長野	12,556	40,331	0	20,778	0	13,965	0	0	0	0	0	0	6,815,332	44,028
28 静岡	7,467	13,706	47,739	67,981	153,840	30,687	415,956	18,781	23,146	7,233	542,279	140,363	0	10,151,870
29 岐阜	1,365	0	0	0	0	5,665	31,826	0	22,357	96,267	30,477	8,943	33,756	33,262
30 愛知	11,913	0	8,680	214,380	70,336	74,067	85,664	253,893	120,461	2,893	0	0	205,257	435,221
31 三重	2,981	0	14,343	137,405	86,279	0	87,856	31,426	0	80,822	0	0	11,173	233,232
32 滋賀	2,893	27,436	63,735	0	0	0	0	0	11,803	97,052	68,456	0	27,208	0
33 京都	0	0	0	8,049	0	0	0	0	0	0	122,651	0	22,357	0
34 奈良	0	2,893	0	0	0	0	0	0	0	0	0	0	0	0
35 和歌山	0	0	0	0	0	0	0	0	10,339	2,893	0	0	0	28,069
36 大阪	62,208	1,365	68,372	44,845	0	0	35,839	25,848	0	32,049	55,256	31,826	0	120,864
37 兵庫	26,132	0	0	33,048	5,786	0	113,994	52,612	43,599	7,754	0	0	11,573	66,427
38 鳥取	0	0	0	0	0	0	0	0	0	9,104	0	0	0	0
39 島根	18,227	0	0	0	38,040	0	0	0	0	0	0	0	0	0
40 岡山	0	34,719	0	91,841	50,555	28,932	12,955	28,327	0	0	121,593	51,665	0	38,954
41 広島	0	0	0	0	0	0	0	0	0	0	0	0	0	0
42 山口	0	25,848	0	36,455	18,610	0	0	0	0	0	0	0	0	0
43 香川	0	0	0	0	0	0	52,207	0	0	0	0	0	0	0
44 愛媛	0	0	28,932	98,370	0	0	0	25,848	20,569	0	28,932	0	0	9,232
45 徳島	51,696	0	0	0	0	0	0	0	0	0	0	0	0	0
46 高知	0	0	0	0	0	0	0	0	0	0	0	0	4,253	0
47 福岡	0	0	0	0	16,382	0	5,786	0	0	0	0	0	0	0
48 佐賀	0	0	0	0	0	0	0	0	0	0	0	0	0	0
49 長崎	0	0	0	0	0	0	0	0	0	0	0	0	0	0
50 熊本	0	0	0	0	0	0	0	0	0	0	0	0	0	0
51 大分	0	0	0	0	0	0	0	0	0	0	0	14,466	0	0
52 宮崎	0	0	0	0	0	0	0	0	0	0	0	0	0	0
53 鹿児島	0	0	0	0	0	0	0	0	0	0	0	0	0	0
54 沖縄	0	0	0	0	0	0	0	0	0	0	0	0	0	0
55 全国	19,955,190	10,080,111	10,249,601	20,019,115	27,170,572	24,809,108	17,723,066	14,268,830	9,343,984	8,991,049	9,543,109	8,779,258	8,624,511	12,855,023

平成28年度　　　　　府県相互間輸送トン数表（自動車）　　品目（5-0）化学工業品　　（単位：トン）　その3

着／発	29 岐阜	30 愛知	31 三重	32 滋賀	33 京都	34 奈良	35 和歌山	36 大阪	37 兵庫	38 鳥取	39 島根	40 岡山	41 広島	42 山口
1 札幌	0	0	0	0	0	0	0	0	0	0	0	0	0	0
2 旭川	0	0	0	0	0	0	0	0	0	0	0	0	0	0
3 函館	0	0	0	0	0	0	0	0	0	0	0	0	0	0
4 室蘭	0	0	0	0	0	0	0	0	0	0	0	0	0	0
5 釧路	0	0	0	0	0	0	0	0	0	0	0	0	0	0
6 帯広	0	0	0	0	0	0	0	0	0	0	0	0	0	0
7 北見	0	0	0	0	0	0	0	0	0	0	0	0	0	0
8 北海道	0	0	0	0	0	0	0	0	0	0	0	0	0	0
9 青森	0	0	0	0	0	0	0	0	0	0	0	0	0	0
10 岩手	0	0	0	0	0	0	0	0	0	0	0	0	0	0
11 宮城	0	0	0	0	0	0	0	0	0	0	0	0	28,932	0
12 福島	0	28,998	0	0	0	0	0	0	25,848	0	0	2,893	0	0
13 秋田	0	0	0	0	0	0	0	0	0	0	0	0	0	0
14 山形	0	0	23,606	23,606	0	0	0	0	0	0	0	0	20,253	0
15 茨城	28,932	196,640	104,010	0	32,867	3,761	0	28,932	2,893	0	0	0	0	0
16 栃木	0	0	0	46	0	0	11,573	0	0	0	0	30,687	0	25,848
17 群馬	0	8,680	0	0	0	0	0	12,933	0	0	0	1,995	0	0
18 埼玉	868	51,940	0	0	0	0	0	90,194	26,039	0	0	75,038	0	0
19 千葉	0	37,761	26,039	20,600	8,217	0	4,471	43,072	41,084	0	0	0	33,520	0
20 東京	0	22,088	0	0	0	0	0	0	0	0	0	0	0	0
21 神奈川	34,719	219,034	101,842	11,573	0	0	0	164,641	37,612	0	0	0	0	0
22 新潟	0	35,116	28,932	86,779	0	0	0	49,463	8,587	0	0	0	0	0
23 富山	14,753	45,592	0	47,683	0	0	0	160,385	74,232	0	0	0	8,262	0
24 石川	9,685	0	0	0	0	0	0	0	0	0	0	0	0	0
25 福井	11,839	0	28,932	0	3,608	0	0	36,063	118,795	0	0	14,009	0	0
26 山梨	0	74,750	0	0	0	0	0	0	0	0	0	0	0	0
27 長野	18,884	66,206	0	0	0	0	0	14,466	0	0	0	0	0	0
28 静岡	24,875	405,906	82,750	0	112,258	0	0	103,976	84,049	0	2,893	42,228	69,438	22,357
29 岐阜	7,472,188	1,608,600	126,130	575,832	30,760	46,352	27,958	65,254	0	0	9,442	30,687	0	0
30 愛知	1,504,690	11,614,556	515,104	133,979	4,009	0	0	100,260	217,360	6,654	0	37,191	0	44,759
31 三重	124,458	3,109,390	9,859,153	875,185	45,686	85,819	113,552	382,436	150,928	0	0	52,308	94,422	56,880
32 滋賀	225,631	86,798	20,056	6,682,706	146,116	21,592	2,092	183,183	294,277	0	0	25,832	4,379	0
33 京都	0	22,484	27,703	423,604	3,050,949	41,937	9,647	171,747	216,605	0	0	2,532	0	0
34 奈良	5,063	0	81,639	12,026	82,735	2,250,121	0	234,981	0	0	0	25,024	0	0
35 和歌山	0	105,976	0	13,240	24,786	66,077	6,700,305	1,229,990	192,607	0	0	109,231	0	0
36 大阪	58,531	295,332	86,864	449,885	1,385,492	424,727	427,815	14,416,339	2,092,529	9,469	28,932	94,583	245,786	83,355
37 兵庫	16,702	215,956	63,297	123,498	527,153	10,619	81,389	1,057,586	8,644,265	81,720	0	162,038	131,686	90,777
38 鳥取	0	0	0	0	0	2,893	0	60,783	0	4,164,064	211,198	3,974	23,794	53,349
39 島根	0	0	0	0	17,359	0	0	0	0	39,059	8,047,469	2,451	23,794	53,349
40 岡山	0	70,101	49,541	42,613	17,359	0	196,634	265,339	573,719	230,257	13,584	7,637,665	495,475	233,817
41 広島	0	5,786	0	0	11,368	0	0	84,946	51,644	10,822	156,642	800,794	5,901,890	224,093
42 山口	0	34,719	0	15,650	0	0	0	234,789	158,838	8,951	101,534	159,909	548,719	13,930,678
43 香川	0	0	0	0	44,850	0	0	147,887	22,115	0	0	174,259	0	0
44 愛媛	86,797	124,005	0	114,771	37,612	0	34,719	203,716	35,639	0	0	114,453	402,320	0
45 徳島	0	0	0	0	0	59,780	0	72,514	289,866	0	0	33,417	144,662	37,872
46 高知	0	0	0	0	0	0	0	1,695	65,395	0	0	0	0	0
47 福岡	0	0	0	0	0	0	0	28,932	0	0	0	75,825	50,099	370,447
48 佐賀	0	24,097	14,837	57,865	0	0	0	0	20,253	0	0	0	0	11,457
49 長崎	0	0	0	0	0	0	0	0	0	0	0	0	0	0
50 熊本	0	0	0	0	0	0	0	0	0	0	2,893	0	0	2,361
51 大分	0	0	0	0	0	0	0	0	0	0	15,049	12,741	0	38,928
52 宮崎	0	0	0	0	0	0	0	0	0	0	0	0	0	0
53 鹿児島	0	0	0	0	0	0	0	0	0	0	0	0	0	0
54 沖縄	0	0	0	0	0	0	0	0	0	0	0	0	0	0
55 全国	9,638,617	18,510,507	11,253,675	9,722,685	5,541,038	3,013,678	7,710,414	19,763,606	13,273,533	4,719,374	8,784,207	9,721,761	8,203,639	15,226,979

平成28年度　　　　　府県相互間輸送トン数表（自動車）　　品目（5-0）化学工業品　　（単位：トン）　その4

着／発	43 香川	44 愛媛	45 徳島	46 高知	47 福岡	48 佐賀	49 長崎	50 熊本	51 大分	52 宮崎	53 鹿児島	54 沖縄	55 全国
1 札幌	0	0	0	0	0	0	0	0	0	0	0	0	13,052,693
2 旭川	0	0	0	0	0	0	0	0	0	0	0	0	6,719,124
3 函館	0	0	0	0	0	0	0	0	0	0	0	0	3,350,975
4 室蘭	0	0	0	0	0	0	0	0	0	0	0	0	22,716,838
5 釧路	0	0	0	0	0	0	0	0	0	0	0	0	2,964,067
6 帯広	0	0	0	0	0	0	0	0	0	0	0	0	3,072,620
7 北見	0	0	0	0	0	0	0	0	0	0	0	0	3,601,911
8 北海道	0	0	0	0	0	0	0	0	0	0	0	0	55,478,232
9 青森	0	0	0	0	0	0	0	0	0	0	0	0	6,762,688
10 岩手	0	0	0	0	0	0	0	0	0	0	0	0	9,105,476
11 宮城	0	0	0	0	0	0	0	0	0	0	0	0	15,463,974
12 福島	0	0	0	0	0	0	0	0	0	0	0	0	12,637,079
13 秋田	0	0	0	0	0	0	0	0	0	0	0	0	7,964,225
14 山形	0	0	0	0	0	0	0	0	0	0	0	0	6,581,612
15 茨城	14,897	0	49,454	0	0	0	0	0	0	0	0	0	20,168,075
16 栃木	0	36,166	0	0	17,359	0	0	0	0	0	0	0	10,003,966
17 群馬	0	0	0	0	0	1,995	0	0	0	0	0	0	7,703,155
18 埼玉	0	31,826	0	0	0	0	0	0	0	0	0	0	19,641,637
19 千葉	26,829	209,280	0	0	0	0	0	0	0	0	0	0	32,583,732
20 東京	0	0	0	0	0	0	0	0	0	0	0	0	17,274,128
21 神奈川	0	34,719	25,848	0	23,146	0	0	0	0	0	0	0	24,984,531
22 新潟	0	0	0	0	5,786	0	0	0	0	0	0	0	14,647,731
23 富山	0	0	0	0	0	0	0	0	26,571	0	0	0	10,270,063
24 石川	0	0	1,799	0	0	0	0	0	0	0	0	0	8,317,085
25 福井	0	11,573	1,663	0	0	0	0	0	0	0	0	0	9,067,515
26 山梨	0	0	0	0	0	0	0	0	0	0	0	0	7,958,035
27 長野	0	0	0	0	0	0	0	0	0	0	0	0	7,046,989
28 静岡	0	0	0	0	0	0	0	8,191	0	0	0	0	12,589,809
29 岐阜	0	0	0	0	0	0	0	0	0	0	0	0	10,286,055
30 愛知	17,359	93,044	0	0	70,893	0	0	60,969	0	0	0	0	15,912,135
31 三重	22,852	0	12,662	47,211	0	0	0	0	0	0	0	0	15,567,158
32 滋賀	81,011	0	22,357	8,788	22,357	0	0	0	0	0	0	0	8,250,326
33 京都	0	33,300	0	0	0	0	0	0	0	0	0	0	4,237,259
34 奈良	0	0	0	0	0	0	0	0	0	0	0	0	2,694,482
35 和歌山	25,874	0	57,865	0	0	0	0	0	0	0	0	0	8,567,250
36 大阪	13,651	25,023	191,333	0	0	25,848	0	0	13,399	0	0	0	20,847,368
37 兵庫	39,152	132,700	165,733	7,754	55,449	20,253	0	0	18,806	0	0	0	12,007,460
38 鳥取	0	0	0	0	0	0	0	2,893	0	0	0	0	4,652,374
39 島根	0	0	0	0	0	0	0	0	0	0	0	0	8,450,947
40 岡山	0	0	0	486	66,139	0	0	0	23,606	0	0	0	10,920,142
41 広島	11,171	279,899	101,283	0	47,171	4,051	0	39,453	14,163	0	0	0	7,590,276
42 山口	27,166	46,906	101,283	0	929,029	220,808	16,686	39,453	14,163	0	7,754	0	16,677,952
43 香川	6,519,419	637,911	569,135	150,566	69,007	0	0	0	0	0	0	0	8,387,359
44 愛媛	388,618	19,117,452	739,046	230,934	249,732	0	0	0	0	0	0	0	22,007,119
45 徳島	129,521	1,527,457	10,807,805	434,460	51,696	25,848	0	0	0	0	0	0	13,751,173
46 高知	4,601	43,549	58,517	3,247,199	0	0	0	0	0	0	0	0	3,425,210
47 福岡	0	70,817	0	0	17,980,364	2,891,235	841,047	1,281,063	444,566	78,998	229,472	0	24,365,033
48 佐賀	0	0	0	0	782,591	2,363,644	341,640	239,150	227,304	0	325,382	0	4,082,837
49 長崎	0	0	0	0	0	77,893	57,813	5,405,203	0	0	0	0	5,540,909
50 熊本	0	0	0	0	511,244	114,749	28,962	8,582,277	5,882	51,422	265,483	0	9,565,276
51 大分	0	39,368	0	0	320,377	32,605	8,680	79,681	6,984,425	116,755	28,468	0	7,691,547
52 宮崎	0	0	0	0	0	74,339	0	192,609	5,448,579	0	325,382	0	10,074,752
53 鹿児島	0	0	0	0	0	0	0	2,091	0	361,646	9,711,014	0	10,074,752
54 沖縄	0	0	0	0	0	0	0	0	0	0	0	8,917,681	8,917,681
55 全国	7,454,123	22,554,250	13,050,863	4,127,399	21,202,344	5,778,931	6,716,557	10,353,582	7,951,334	6,057,398	10,567,573	8,917,681	586,761,000

平成28年度　　府県相互間輸送トン数表（自動車）　　品目（6－0）軽工業品　その1　　（単位：トン）

発＼着	1 札幌	2 旭川	3 函館	4 室蘭	5 釧路	6 帯広	7 北見	8 北海道	9 青森	10 岩手	11 宮城	12 福島	13 秋田	14 山形
1 札幌	25,607,880	2,188,975	1,205,627	2,037,715	1,690,523	929,680	1,722,748	35,383,147						
2 旭川	898,543	2,838,119	0	388,052	0	0	651,731	4,776,444						
3 函館	137,250	0	4,182,898	0	0	0	0	4,320,148						
4 室蘭	2,716,502	0	7,545	2,122,139	0	0	0	4,846,186						
5 釧路	131,686	0	0	113,130	8,180,569	37,723	267	8,463,375						
6 帯広	124,926	11,317	0	1,180,067	47,455	3,443,171	77,235	4,884,170						
7 北見	180,952	641,572	0	116,666	707,506	0	1,144,387	2,791,083						
8 北海道	29,797,739	5,679,984	5,396,070	5,957,770	10,626,053	4,410,572	3,596,367	65,464,555						
9 青森								152,565	13,591,222	576,105	295,303		480,975	48,285
10 岩手	120,201			32,364					1,451,859	3,704,160	425,155	346	152,460	11,005
11 宮城									1,673,099	481,746	7,832,888	3,360,956	818,776	1,321,938
12 福島									49,945	44,452	381,410	3,455,131		80,117
13 秋田									86,737	471,389			2,207,335	45,246
14 山形									11,091	8,374	147,196	68,967	144,397	3,520,618
15 茨城	77,674							77,674			87,688	501,349		
16 栃木	125,858							125,858		21,212	9,545	553,076		20,788
17 群馬	31,717							31,717	21,386	129,345	32,001		446	
18 埼玉	101,300							101,300	33,132	292,440	150,800		9,921	
19 千葉	108,096							108,096		227,731	250,080			
20 東京									24,705	75,446	290,498		38,837	
21 神奈川	101,300							101,300	141,413	263,429				
22 新潟									35,924	68,647	171,232	71,724	8,091	216,511
23 富山														
24 石川														97,514
25 福井														35
26 山梨														
27 長野														
28 静岡	70,707							70,707		82,840	150,502	137,810		
29 岐阜														
30 愛知	35,601							35,601			39,128	36,934		
31 三重														
32 滋賀												15,089		
33 京都														
34 奈良														
35 和歌山														
36 大阪											19,564	31,851		
37 兵庫	56,565							56,565			71,201	50,867		31,303
38 鳥取														
39 島根														
40 岡山														
41 広島											74,001			
42 山口														
43 香川														
44 愛媛													82,990	
45 徳島									42,551					
46 高知														
47 福岡														
48 佐賀														
49 長崎														
50 熊本														
51 大分														
52 宮崎														
53 鹿児島														
54 沖縄														
55 全国	30,626,757	5,679,984	5,396,070	5,990,134	10,626,053	4,410,572	3,596,367	66,325,937	17,129,933	5,795,233	11,396,535	8,837,070	3,822,400	5,393,360

平成28年度　　府県相互間輸送トン数表（自動車）　　品目（6－0）軽工業品　その2　　（単位：トン）

発＼着	15 茨城	16 栃木	17 群馬	18 埼玉	19 千葉	20 東京	21 神奈川	22 新潟	23 富山	24 石川	25 福井	26 山梨	27 長野	28 静岡
1 札幌		77,674		405,117	35,601	68,936	33,982							35,601
2 旭川														
3 函館						22,979	26,901		19,564					
4 室蘭			91,918											
5 釧路														42,073
6 帯広						35,601								
7 北見							30,099							
8 北海道		77,674	91,918	405,117	35,601	127,515	90,982		19,564					77,674
9 青森				80,118		46,979	35,601		49,394					
10 岩手				89,652		152,384			46,135					
11 宮城	98,080	25,782	173,854	184,717	64,432		39,128	89,034	32,008					46,060
12 福島	213,310	74,100	91,289	279,284	109,123	85,791	257,461	37,398						70,735
13 秋田								32,526	48,097	93,741				
14 山形				64,728			38,837	516,740						
15 茨城	7,417,769	832,886	1,032,234	2,680,179	3,559,381	1,486,548	579,774	30,178	7,326			42,712	39,128	92,688
16 栃木	308,454	2,139,028	529,878	804,311	475,421	134,963	163,139	257,848		6,790			26,972	26,021
17 群馬	1,176,679	1,532,245	10,662,249	1,476,981	742,444	968,076	1,160,382	495,183			1,956		259,168	165,867
18 埼玉	1,095,315	727,205	1,476,981	17,991,597	2,811,759	5,022,212	2,352,151	717,671		8		123,632	642,415	1,459,214
19 千葉	1,408,159	328,678	496,779	2,648,093	9,507,213	3,595,776	1,324,424	185,116					66,688	517,803
20 東京	537,274	259,770	228,420	5,085,243	1,046,679	15,782,005	2,584,544	108,924		33,951		83,768	61,074	182,874
21 神奈川	618,829	319,307	332,234	3,168,402	1,048,393	3,121,302	16,300,432	222,938				11,317	334,704	1,416,736
22 新潟	116,731	212,915	106,473	545,693	174,916	188,445	313,013	12,246,231		297,992			26,215	231,950
23 富山			49,040	254,884	6,790	31,303			6,343,557		156,526			197,178
24 石川	9,787								944,612	3,575,196	1,004,541			
25 福井									79,877	483,875	1,202,235			
26 山梨	108,288	9,782	48,911	167,420	378,712	1,136,728	690,756		399,110			6,480,469	522,523	495,309
27 長野	251,944	94,483	197,627	1,129,859	265,969	21,212	223,318	42,881				162,707	8,363,640	6,554
28 静岡	141,806	84,839	212,200	1,071,646	422,409	655,432	1,255,269	75,097		28,669		90,432	86,817	22,048,721
29 岐阜	4,150	58,407	7,243	56,565	41,872	219,119	105,737	291,332	192,955	93,579	140,890	20,370	344,844	354,667
30 愛知	130,677			835,576	446,518	356,754	57,587	123,899	175,695	1,596,546	203,958		311,948	939,535
31 三重			92,221	87,256	16,367	216,041	46,954	100,482	28,057	508,701			180,481	48,128
32 滋賀		33,939				10,606	27,833			45,117	36,946			50,322
33 京都						25,891	32,364			89,996	109,994			
34 奈良		39,128				42,627								
35 和歌山				184,295	29,128						15,208			94,888
36 大阪	62,845		32,364	406,031	262,500	192,872	64,129	25,433	41,495	632,788	19,239			274,562
37 兵庫	115,886		39,128	161,087	127,506	66,874			37,723	314,410	26,412		91,760	52,843
38 鳥取							35,601							
39 島根							11,651							
40 岡山				186,692			3,772				481		52,823	181,949
41 広島				53,030			59,888							
42 山口														
43 香川	51,130	39,609	50,867	68,366	311	42,507	138,671				7,784			
44 愛媛	103,172	50,549	52,058	741,821	109,962				103,738	59,634	48,285		49,794	196,772
45 徳島													80,910	
46 高知														
47 福岡				48,457										
48 佐賀	57,979			64,728										
49 長崎														
50 熊本														
51 大分														
52 宮崎				32,364										
53 鹿児島						25,891								
54 沖縄										70,707				
55 全国	14,113,070	6,945,517	16,003,969	41,757,970	21,925,559	33,544,346	28,210,823	15,589,490	8,591,481	8,461,447	2,964,716	7,025,149	11,541,903	29,236,973

平成28年度　　　　　府県相互間輸送トン数表（自動車）　　品目（6-0）軽工業品　　（単位：トン）その 3

着＼発	29 岐阜	30 愛知	31 三重	32 滋賀	33 京都	34 奈良	35 和歌山	36 大阪	37 兵庫	38 鳥取	39 島根	40 岡山	41 広島	42 山口
1 札幌	0	0	0	0	0	0	0	35,601	0	0	0	0	0	0
2 旭川	0	0	0	0	0	0	0	0	0	0	0	0	0	0
3 函館	0	0	0	0	0	0	0	0	0	0	0	0	0	0
4 室蘭	0	0	0	0	0	0	0	35,601	0	0	0	0	0	0
5 釧路	0	0	0	0	0	0	0	0	0	0	0	0	0	0
6 帯広	0	0	0	0	0	0	0	0	0	0	0	0	0	0
7 北見	0	0	0	0	0	0	0	0	0	0	0	0	0	0
8 北海道	0	0	0	0	0	0	0	71,201	0	0	0	0	0	0
9 青森	0	0	0	0	0	0	0	0	0	0	0	0	0	0
10 岩手	0	0	0	0	0	0	0	0	0	0	0	0	0	0
11 宮城	0	0	0	0	0	0	0	0	38,837	0	0	0	0	0
12 福島	38,477	0	0	48,101	0	0	0	0	48,525	0	0	0	0	0
13 秋田	0	0	0	0	0	0	0	0	0	0	0	0	0	0
14 山形	0	1,096	0	0	0	0	0	0	0	0	0	0	0	0
15 茨城	42,551	434,163	0	0	79,218	0	0	189,874	109,915	0	15,651	44,401	49,040	0
16 栃木	0	0	37,723	0	0	0	0	129,124	0	0	0	0	0	0
17 群馬	0	311,641	46,954	0	0	0	0	128,644	95,544	0	0	56,345	0	0
18 埼玉	0	598,151	0	0	25,891	0	0	432,235	188,781	0	0	0	39,128	0
19 千葉	30,178	362,989	24,741	0	41,269	0	0	419,299	86,230	38,837	0	0	0	0
20 東京	0	413,164	39,128	5,550	41,269	0	0	151,869	82,982	0	0	0	45,310	0
21 神奈川	0	339,914	120,686	32,364	31,303	0	174,122	314,547	221,749	0	0	0	0	0
22 新潟	129,457	898,736	120,201	0	183,713	0	0	446,263	43,381	0	0	2,683	0	0
23 富山	0	132,981	0	0	0	0	0	0	0	0	0	0	0	0
24 石川	13	682,221	0	22,182	70,707	20,742	0	16,182	122,570	0	0	0	0	0
25 福井	29,515	154,401	0	47,854	0	0	0	7,400	26,412	0	26,412	0	0	0
26 山梨	0	165,392	0	0	23,844	0	0	36,683	0	0	0	0	18,056	0
27 長野	69,378	162,578	0	0	0	3,054	0	227	15,964	0	0	54,780	0	0
28 静岡	72,124	1,311,545	95,205	167,293	135,879	42,250	88,774	351,868	70,707	0	43,193	74,814	94,887	0
29 岐阜	2,738,046	1,722,726	471,309	91,222	132,111	75,446	0	170,961	121,733	0	0	67,027	0	0
30 愛知	2,434,406	15,015,911	1,225,051	37,989	85,296	0	3,013	807,159	224,614	0	0	92,913	47,899	0
31 三重	3,715	884,641	2,246,141	157,023	89,741	113,474	20,642	332,136	172,623	0	0	97,821	46,954	45,656
32 滋賀	54,534	126,207	41,770	1,776,151	370,855	0	20,524	475,177	805,082	0	0	5,856	32,999	53,215
33 京都	0	154,802	25,531	269,747	5,519,152	101,399	114,572	1,960,286	1,403,958	2,829	0	152,212	80,418	0
34 奈良	0	706	1,764	39,568	44,850	480,487	435	75,520	80,878	0	0	30,178	61,784	0
35 和歌山	0	3,700	0	0	0	8,283	1,345,927	85,735	0	0	0	0	13,451	0
36 大阪	128,817	1,604,802	171,575	494,176	1,830,249	559,546	802,325	17,403,910	4,074,710	0	39,128	1,173,938	158,560	231,316
37 兵庫	70,431	292,147	27,898	60,523	885,398	169,309	26,989	4,007,965	15,825,546	156,514	38,320	1,375,755	921,711	53,184
38 鳥取	16,221	92,270	0	0	0	0	0	154,204	350,270	1,559,604	79,720	61,492	8,415	0
39 島根	0	0	0	0	0	0	0	45,267	319,154	19,771	786,776	89,438	0	6,615
40 岡山	0	291,297	38,938	0	108,324	0	79,318	393,798	875,202	308,790	326,098	9,691,437	1,249,737	289,588
41 広島	0	0	0	55,019	0	0	0	52,605	73,927	0	850,925	618,519	12,666,561	3,209,156
42 山口	0	0	0	49,274	0	0	0	373,274	95,530	0	79,940	128,552	550,095	3,391,163
43 香川	0	230,295	0	0	113,275	0	0	576,690	700,959	0	0	6,114	11,317	37,723
44 愛媛	53,189	853,153	0	149,358	141,923	0	0	619,374	524,850	0	0	243,529	116,408	104,492
45 徳島	0	0	0	0	0	46,954	0	384,230	173,658	0	0	101,968	116,215	0
46 高知	0	2,301	0	0	0	0	0	42,230	178,419	0	0	79,222	73,953	0
47 福岡	0	660,521	0	0	28,057	0	0	230,064	40,996	0	115,038	75,518	166,343	83,866
48 佐賀	0	70,707	0	90,535	0	0	0	273,501	0	0	0	55,054	63,806	7,545
49 長崎	0	0	0	0	0	0	0	0	0	0	0	0	0	0
50 熊本	0	0	0	0	0	0	0	47,719	0	0	0	32,364	0	32,364
51 大分	0	0	0	0	0	0	0	0	0	0	78,257	0	0	0
52 宮崎	0	38,837	0	0	0	0	0	39,128	0	0	0	70,707	24,790	0
53 鹿児島	0	0	0	0	0	0	0	0	0	0	0	50,867	0	24,700
54 沖縄	0	0	0	0	0	0	0	0	0	0	0	0	0	0
55 全国	5,911,055	28,013,993	4,734,613	3,593,930	9,941,055	1,620,945	2,676,642	31,246,356	27,193,710	2,086,347	2,479,459	14,589,731	16,601,609	7,570,583

平成28年度　　　　　府県相互間輸送トン数表（自動車）　　品目（6-0）軽工業品　　（単位：トン）その 4

着＼発	43 香川	44 愛媛	45 徳島	46 高知	47 福岡	48 佐賀	49 長崎	50 熊本	51 大分	52 宮崎	53 鹿児島	54 沖縄	55 全国
1 札幌	0	0	0	0	0	0	0	0	0	0	0	0	36,075,659
2 旭川	0	0	0	0	0	0	0	0	0	0	0	0	4,776,444
3 函館	0	0	0	0	0	0	0	0	0	0	0	0	4,389,592
4 室蘭	0	0	0	0	0	0	0	0	0	0	0	0	5,015,778
5 釧路	0	0	0	0	0	0	0	0	0	0	0	0	8,463,375
6 帯広	0	0	0	0	0	0	0	0	0	0	0	0	4,919,770
7 北見	0	0	0	0	0	0	0	0	0	0	0	0	2,821,182
8 北海道	0	0	0	0	0	0	0	0	0	0	0	0	66,461,802
9 青森	0	0	0	0	0	0	0	0	0	0	0	0	15,203,984
10 岩手	0	0	0	0	0	0	0	0	0	0	0	0	6,186,720
11 宮城	0	0	0	0	0	0	0	0	0	0	0	0	16,281,335
12 福島	0	45,267	0	0	0	0	0	0	0	0	0	0	5,409,916
13 秋田	0	0	0	0	0	0	0	0	0	0	0	0	2,985,071
14 山形	0	0	0	0	0	0	0	0	0	0	0	0	4,522,044
15 茨城	93,469	37,346	46,022	0	0	70,707	0	0	0	0	0	0	19,679,872
16 栃木	0	0	0	0	0	0	0	0	0	0	0	0	5,770,149
17 群馬	0	0	0	0	0	0	0	0	0	0	0	0	20,182,838
18 埼玉	0	49,794	0	0	109,078	0	0	0	0	32,364	0	0	36,483,179
19 千葉	47,531	0	47,531	0	0	0	0	0	0	0	0	0	21,721,973
20 東京	0	0	0	0	0	0	0	0	0	0	0	0	27,203,282
21 神奈川	0	175,865	0	0	0	0	0	0	0	0	0	0	29,525,559
22 新潟	94,307	46,776	45,645	0	35,353	0	0	0	0	0	0	0	17,079,217
23 富山	0	49,040	0	0	0	0	0	0	0	0	0	0	7,796,161
24 石川	0	0	0	0	0	0	0	0	0	0	0	0	6,566,266
25 福井	45,267	0	0	0	0	0	0	0	0	0	0	0	2,103,284
26 山梨	0	0	0	0	0	0	0	0	0	0	0	0	10,681,986
27 長野	0	50,549	0	0	31,303	0	0	0	0	0	0	0	11,148,024
28 静岡	39,156	99,588	45,267	0	0	0	0	0	0	0	0	0	29,468,177
29 岐阜	4	0	5,611	0	0	0	0	0	0	0	0	0	7,527,927
30 愛知	271,281	74,901	0	0	642,429	0	26,901	0	0	0	0	0	26,280,179
31 三重	0	240,850	0	0	51,892	0	0	0	0	0	0	0	5,811,630
32 滋賀	46,954	127,242	4,891	0	46,954	0	0	0	0	0	0	0	4,224,632
33 京都	279,498	275,944	0	0	0	0	0	0	0	0	0	0	10,657,386
34 奈良	22,331	46,954	0	0	0	0	0	0	0	0	0	0	905,428
35 和歌山	46,954	0	0	0	0	0	0	0	0	0	0	0	1,889,350
36 大阪	987,645	303,183	126,505	0	173,696	26,901	0	0	70,707	0	0	0	32,427,363
37 兵庫	488,596	64,107	158,795	0	228,922	118,447	0	35,601	0	0	0	0	26,420,222
38 鳥取	0	49,794	0	0	0	0	0	0	0	0	0	0	2,407,590
39 島根	0	37,000	0	0	0	0	0	0	0	0	0	0	1,315,673
40 岡山	427,754	396,775	125,728	115,430	214,878	0	0	32,364	0	0	0	0	15,391,180
41 広島	151,452	26,335	32,364	62,997	213,622	0	0	0	0	32,364	0	0	18,240,550
42 山口	90,535	168,354	0	0	254,845	0	34,097	0	33,951	0	0	0	5,249,608
43 香川	5,773,150	2,721,615	2,293,262	1,200,847	0	0	0	0	0	0	0	0	14,056,708
44 愛媛	2,998,290	15,595,624	562,367	3,875,901	651,612	52,812	0	51,303	0	0	0	0	28,192,960
45 徳島	746,291	278,141	2,317,757	0	274,005	0	0	0	0	0	50,867	0	4,613,548
46 高知	144,358	206,550	15,776	2,360,060	0	0	0	0	0	0	0	0	3,102,870
47 福岡	47,725	153,909	155,348	105,569	16,513,728	4,051,019	1,227,463	1,201,488	515,734	1,713,464	315,095	0	27,449,402
48 佐賀	0	46,022	0	0	2,785,077	3,153,342	928,086	388,929	66,341	197,613	16,218	0	8,265,482
49 長崎	0	0	0	0	120,985	464,640	1,041,865	26,901	0	0	0	0	1,654,392
50 熊本	0	31,792	0	0	594,994	134,482	8,676	3,011,745	273,939	665,769	366,936	0	5,200,780
51 大分	88,649	0	0	0	807,395	274,389	79,016	199,624	2,294,571	253,546	0	44,998	8,488,635
52 宮崎	0	0	0	0	353,753	184,623	0	167,799	512,349	6,883,549	110,029	0	8,488,635
53 鹿児島	0	0	0	0	398,940	136,023	114,280	208,751	0	104,932	4,290,460	0	5,354,845
54 沖縄	0	0	0	0	0	0	0	0	0	0	0	4,024,054	4,024,054
55 全国	12,931,197	21,399,319	5,982,870	7,720,803	24,503,361	8,667,385	3,495,986	5,288,905	3,696,883	9,954,308	5,194,602	4,024,054	635,733,000

- 91 -

平成28年度　　　　　　　　　　　　　府県相互間輸送トン数表（自動車）

品目（7-0）雑工業品　その1　　　　　（単位：トン）

発＼着	1 札幌	2 旭川	3 函館	4 室蘭	5 釧路	6 帯広	7 北見	8 北海道	9 青森	10 岩手	11 宮城	12 福島	13 秋田	14 山形
1 札幌	9,906,477	472,147	134,073	417,033	39,465	72,446	10,263	11,051,904	0	0	5,423	0	0	0
2 旭川	211,608	3,254,103	0	35,878	94,900	0	48,256	3,644,745	0	0	10,846	0	0	0
3 函館	15,916	0	2,100,132	14,099	0	0	0	2,130,148	0	0	0	0	0	0
4 室蘭	2,492,646	0	36,035	1,666,622	0	0	0	4,195,303	0	0	0	0	0	0
5 釧路	0	0	0	0	165,437	0	0	165,437	0	0	0	0	0	0
6 帯広	103,451	0	0	0	0	408,516	0	511,967	0	0	0	0	0	0
7 北見	596	0	0	0	0	0	543,570	544,166	0	0	0	0	0	0
8 北海道	12,730,695	3,726,250	2,270,240	2,133,632	299,802	480,963	602,089	22,243,670	0	0	16,269	0	0	0
9 青森	0	0	0	0	0	0	0	0	2,736,159	1,427,137	816,462	360,922	184,378	147,502
10 岩手	0	0	0	0	0	0	0	0	1,828,151	3,250,818	934,425	49,890	108,312	5,542
11 宮城	0	10,846	0	0	0	0	0	10,846	553,303	388,581	4,927,671	518,021	57,134	230,660
12 福島	65,074	0	0	0	0	0	0	65,074	470,513	285,628	182,071	4,282,333	0	113,179
13 秋田	0	0	0	0	0	0	0	0	29,766	68,603	0	0	773,565	100,086
14 山形	103,035	0	0	0	0	0	0	103,035	980,455	120,502	142,496	209,638	43,260	1,773,924
15 茨城	0	0	0	0	0	0	0	0	0	0	56,071	13,557	0	42,830
16 栃木	0	0	0	0	0	0	0	0	117,167	0	196,502	1,070,176	0	0
17 群馬	108,457	0	0	0	0	0	0	108,457	0	0	29,452	147,502	0	0
18 埼玉	65,074	0	0	0	0	0	0	65,074	0	13,479	409,432	343,556	0	21,415
19 千葉	0	0	0	0	0	0	0	0	0	140,995	82,211	10,846	0	21,691
20 東京	86,990	0	0	0	18,870	51,407	0	157,268	472,540	0	120,359	157,882	73,437	0
21 神奈川	0	65,074	0	0	0	0	0	65,074	37,740	0	12,883	107,452	32,537	0
22 新潟	0	0	0	0	0	0	0	0	0	200,615	53,538	98,341	6,739	373,636
23 富山	0	0	0	0	0	0	0	0	0	0	0	13,015	0	0
24 石川	0	0	0	0	0	0	0	0	0	0	0	0	0	0
25 福井	0	0	0	0	0	0	0	0	0	0	0	0	0	0
26 山梨	0	0	0	0	0	0	0	0	0	0	0	0	0	0
27 長野	0	0	0	0	0	0	0	0	0	0	0	0	0	0
28 静岡	0	0	0	0	0	0	0	0	0	0	39,285	11,388	0	0
29 岐阜	0	0	0	0	0	0	0	0	0	0	0	0	0	0
30 愛知	0	0	0	0	0	0	0	0	105,746	0	25,609	0	0	0
31 三重	0	0	0	0	0	0	0	0	0	0	88,827	0	0	0
32 滋賀	0	0	0	0	0	0	0	0	0	0	0	0	0	0
33 京都	18,870	0	0	0	0	0	0	18,870	0	0	43,383	0	0	0
34 奈良	0	0	0	0	0	0	0	0	0	0	0	0	0	0
35 和歌山	0	0	0	0	0	0	0	0	0	0	0	0	0	0
36 大阪	26,553	0	0	0	0	0	0	26,553	0	0	498	43,383	0	0
37 兵庫	0	0	0	0	0	0	0	0	0	0	7,050	0	0	71,853
38 鳥取	0	0	0	0	0	0	0	0	0	0	0	0	0	0
39 島根	0	0	0	0	0	0	0	0	0	0	0	0	0	0
40 岡山	0	0	0	0	0	0	0	0	0	0	0	0	0	0
41 広島	0	0	0	0	0	0	0	0	0	108,457	0	0	0	0
42 山口	0	0	0	0	0	0	0	0	0	0	0	0	0	0
43 香川	0	0	0	0	0	0	0	0	0	0	0	0	0	0
44 愛媛	0	0	0	0	0	0	0	0	0	0	0	0	59,652	0
45 徳島	0	0	0	0	0	0	0	0	0	0	0	0	0	0
46 高知	0	0	0	0	0	0	0	0	0	0	0	0	0	0
47 福岡	0	0	0	0	0	0	0	0	0	0	0	0	0	0
48 佐賀	0	0	0	0	0	0	0	0	0	0	0	0	0	0
49 長崎	0	0	0	0	0	0	0	0	0	0	0	0	0	0
50 熊本	0	0	0	0	0	0	0	0	0	0	0	0	0	0
51 大分	0	0	0	0	0	0	0	0	0	0	0	0	0	0
52 宮崎	0	0	0	0	0	0	0	0	0	0	0	0	0	0
53 鹿児島	0	0	0	0	0	0	0	0	0	0	0	0	0	0
54 沖縄	0	0	0	0	0	0	0	0	0	0	0	0	0	0
55 全国	13,204,749	3,802,170	2,270,240	2,133,632	318,672	532,370	602,089	22,863,921	7,331,539	6,017,697	8,279,062	7,422,638	1,246,824	2,902,319

平成28年度　　　　　　　　　　　　　府県相互間輸送トン数表（自動車）

品目（7-0）雑工業品　その2　　　　　（単位：トン）

発＼着	15 茨城	16 栃木	17 群馬	18 埼玉	19 千葉	20 東京	21 神奈川	22 新潟	23 富山	24 石川	25 福井	26 山梨	27 長野	28 静岡
1 札幌	0	0	0	65,074	0	0	2,440	16,174	0	0	0	0	0	0
2 旭川	0	0	0	0	0	0	65,074	0	0	0	0	0	0	0
3 函館	0	0	0	0	0	0	0	0	0	0	0	0	0	0
4 室蘭	0	0	0	0	0	0	0	0	0	0	0	0	0	0
5 釧路	0	0	0	0	0	37,740	0	0	0	0	0	0	0	0
6 帯広	0	0	0	0	0	0	0	0	0	0	0	0	0	0
7 北見	0	0	0	0	0	0	0	0	0	0	0	0	0	0
8 北海道	0	0	0	65,074	0	37,740	67,515	16,174	0	0	0	0	0	0
9 青森	0	260,303	0	0	2,115	10,656	18,870	0	0	0	0	0	0	0
10 岩手	0	0	8,134	52,287	97,612	3,389	0	0	0	0	0	0	0	0
11 宮城	106,118	55,368	0	54,142	0	61,675	1,617	85,811	0	0	0	0	0	26,977
12 福島	63,849	415,740	14,969	64,804	139,337	93,805	386,790	88,105	0	16,269	0	0	0	108,701
13 秋田	0	0	0	182,208	8,205	7,375	0	0	0	0	0	0	0	0
14 山形	0	0	0	0	21,480	24,000	0	0	0	0	0	0	0	0
15 茨城	1,205,782	108,077	53,570	817,710	521,471	531,438	376,904	44,464	5,153	0	0	0	0	74,591
16 栃木	325,338	1,799,323	128,533	466,892	414,528	305,129	122,685	18,538	42,830	17,353	0	54,229	10,708	0
17 群馬	16,042	728,131	4,951,632	1,858,076	33,353	114,748	222,231	577,178	0	12,093	0	154,622	154,622	53,952
18 埼玉	295,333	963,235	532,368	13,650,805	1,427,608	4,334,610	987,078	401,604	6,425	0	0	154,552	471,224	573,220
19 千葉	249,147	78,632	96,610	257,459	8,020,026	1,312,900	697,433	55,586	907	2,711	0	0	33,245	86,675
20 東京	1,144,619	527,414	312,043	3,873,467	1,479,022	14,769,625	1,731,603	164,324	2,711	0	53,914	76,248	114,151	262,073
21 神奈川	251,423	136,966	37,145	708,463	868,774	2,065,794	14,685,747	51,517	21,415	70,497	0	175,159	77,526	178,494
22 新潟	32,537	0	367,969	233,295	49,619	116,707	220,830	5,781,229	7,050	0	8,087	54,229	196,675	45,552
23 富山	0	54,229	59,652	13,385	1,033	70,612	0	54,108	1,623,536	134,614	81,079	94,683	0	43,383
24 石川	0	21,691	0	0	6,236	0	0	45,905	134,614	5,885,541	573,137	0	16,269	0
25 福井	0	0	0	0	0	0	0	0	14,892	20,010	541,230	0	0	0
26 山梨	0	0	9,761	149,906	0	17,953	166,592	0	0	0	0	1,738,743	75,844	0
27 長野	2,577	0	139	313,496	43,643	3,444	5,770	1,061	0	0	0	6,696	2,647,755	5,354
28 静岡	0	0	331	790,476	272,168	66,556	584,809	65,617	43,383	36,333	0	166,859	50,015	3,836,982
29 岐阜	0	0	0	0	0	0	253,592	13,557	245,114	0	0	0	0	336,923
30 愛知	75,674	0	403,647	938,638	369,073	415,859	193,596	226,405	169,058	740,307	0	29,654	119,899	1,059,430
31 三重	77,547	0	0	37,960	59,652	841	0	117,134	0	0	1,815	0	0	16,290
32 滋賀	51,517	0	0	0	0	96,527	10,846	0	0	0	30,498	0	54,229	0
33 京都	27,114	0	0	0	65,074	59,147	140,115	0	0	0	0	0	21,566	0
34 奈良	0	0	0	0	0	0	0	0	0	0	0	0	0	0
35 和歌山	24,261	0	23,048	88,107	0	239,691	0	0	0	0	43,383	0	0	0
36 大阪	53,144	73,751	53,538	440,514	86,766	229,387	104,661	0	216,915	104,318	99,010	0	91,283	289,314
37 兵庫	0	23,861	54,229	37,960	54,229	149,736	209,231	0	0	26,769	14,991	0	25,698	82,970
38 鳥取	0	0	0	0	0	0	0	0	0	0	0	0	0	0
39 島根	0	0	0	0	0	0	0	0	0	0	1,392	0	0	0
40 岡山	0	0	0	0	0	0	0	53,538	0	0	0	0	0	0
41 広島	0	0	0	45,021	4,664	29,283	235,618	53,538	0	0	0	37,038	0	0
42 山口	0	42,830	0	0	0	0	0	0	0	0	0	0	0	0
43 香川	0	0	226,618	725,976	0	457,353	0	0	0	266,032	0	0	0	132,930
44 愛媛	0	0	0	0	0	471,790	70,497	0	0	0	0	0	0	0
45 徳島	0	0	0	0	0	12,464	0	0	0	0	0	0	0	0
46 高知	0	0	0	0	0	0	0	0	0	0	0	0	0	0
47 福岡	0	0	0	63,175	35,791	124,726	0	32,537	0	32,537	0	0	32,537	0
48 佐賀	0	0	0	0	0	0	0	0	0	0	0	0	0	0
49 長崎	0	0	0	0	0	0	0	0	0	0	0	0	0	0
50 熊本	0	0	0	0	0	0	0	0	0	0	0	0	0	0
51 大分	0	0	0	0	119,303	0	0	0	0	0	0	0	0	0
52 宮崎	0	0	0	0	0	0	0	0	0	0	0	0	0	0
53 鹿児島	0	0	0	0	0	0	0	10,951	0	0	0	0	0	0
54 沖縄	0	0	0	0	0	0	0	0	0	0	0	0	0	0
55 全国	4,002,021	5,246,720	7,397,110	26,009,817	14,090,899	26,219,975	21,529,781	7,947,929	2,560,772	7,285,079	1,462,140	2,493,404	4,193,246	7,213,811

平成28年度　　　　府県相互間輸送トン数表（自動車）　　　品目（7-0）雑工業品　　（単位：トン）その3

着／発	29 岐阜	30 愛知	31 三重	32 滋賀	33 京都	34 奈良	35 和歌山	36 大阪	37 兵庫	38 鳥取	39 島根	40 岡山	41 広島	42 山口
1 札幌	0	0	0	0	0	0	0	0	0	0	0	0	0	0
2 旭川	0	0	0	0	0	0	0	0	0	0	0	0	0	0
3 函館	0	0	0	0	0	0	0	0	0	0	0	0	0	0
4 室蘭	0	0	0	0	0	0	0	0	0	0	0	0	0	0
5 釧路	0	0	0	0	0	0	0	0	0	0	0	0	0	0
6 帯広	0	0	0	0	0	0	0	0	0	0	0	0	0	0
7 北見	0	0	0	0	0	0	0	0	0	0	0	0	0	0
8 北海道	0	0	0	0	0	0	0	0	0	0	0	0	0	0
9 青森	65,074	0	0	0	0	0	0	0	0	0	0	0	0	0
10 岩手	0	0	0	0	0	0	0	0	0	0	0	0	0	0
11 宮城	0	0	0	0	0	0	0	0	0	0	0	0	64,619	0
12 福島	0	160,614	0	0	0	0	0	158,593	0	0	0	0	0	0
13 秋田	0	0	0	0	0	0	0	0	0	0	0	0	0	0
14 山形	0	0	0	0	0	0	0	0	0	0	0	0	0	0
15 茨城	0	0	130,149	53,201	59,652	0	0	0	0	0	0	0	0	0
16 栃木	0	187,734	0	0	0	0	0	29,283	27,114	0	14,642	0	0	0
17 群馬	0	73,876	0	2,378	0	0	0	10,846	0	0	0	0	0	0
18 埼玉	10,846	564,915	0	13,385	63,881	0	0	346,295	242,402	0	0	0	0	0
19 千葉	8,134	388,278	14,188	0	0	0	56,940	84,518	41,884	0	0	0	0	0
20 東京	58,025	394,623	122,015	52,873	5,770	0	178,955	178,955	145,875	0	0	24,403	0	0
21 神奈川	86,766	702,887	0	0	139,368	29,653	0	276,547	101,092	0	0	0	36,333	0
22 新潟	13,557	38,231	117,134	0	0	0	0	0	0	0	0	0	0	0
23 富山	7,121	23,703	0	8,297	0	0	0	140,304	0	5,423	0	0	10,708	0
24 石川	0	59,652	0	0	0	0	0	0	37,960	0	0	0	0	0
25 福井	0	0	596	3,748	0	0	0	11,778	144,248	0	0	0	0	0
26 山梨	420,272	56,215	0	0	0	0	0	0	13,557	0	0	0	0	0
27 長野	51,302	93,757	0	0	0	56,940	0	8,134	38,547	0	0	0	0	0
28 静岡	10,846	458,904	3,254	0	0	54,229	0	266,018	27,114	0	0	0	0	0
29 岐阜	1,741,483	547,689	35,965	5,822	4,756	0	0	530,899	89,477	0	0	0	0	153,684
30 愛知	644,966	10,452,666	106,805	43,231	184,079	111,711	0	771,084	261,319	0	0	203,358	89,749	0
31 三重	73,637	441,829	3,313,422	0	37,801	973	0	83,133	151,840	0	0	0	0	0
32 滋賀	265	371,876	10,846	1,225,131	172,915	0	0	206,313	258,671	2,500	0	0	0	0
33 京都	0	111,169	5,443	120,041	1,569,363	137,292	7,240	695,207	72,273	0	0	0	27,428	0
34 奈良	0	1,265	4,597	4,173	3,043	1,836,965	11,076	173,215	174,140	0	0	0	0	0
35 和歌山	54,229	54,229	476	0	804	1,154	430,076	246,039	0	0	0	0	0	0
36 大阪	318,913	434,182	48,493	617,511	348,247	360,211	1,498,076	11,748,891	1,661,481	0	0	66,962	136,847	41,859
37 兵庫	0	416,781	39,609	84,058	302,121	24,896	0	2,749,151	6,682,227	48,652	335,390	385,658	12,473	75,920
38 鳥取	0	0	0	0	0	0	0	0	11,890	545,148	3,693	0	0	0
39 島根	0	0	0	0	13,557	0	0	120,062	7,592	20,243	1,046,459	997	19,452	2,200
40 岡山	0	162,957	0	0	0	0	0	66	137,393	72,574	0	2,980,174	377,690	0
41 広島	0	147,502	90,912	0	0	0	0	11,486	10,846	861	116,008	401,322	13,348,921	126,571
42 山口	49,113	0	0	47,390	0	0	0	0	0	0	21,415	109,057	31,520	2,494,886
43 香川	0	151,840	0	151,840	162,686	0	0	242,268	248,923	0	0	188,635	108,457	64,937
44 愛媛	0	151,840	0	151,840	0	0	116,049	215,288	133,292	0	0	0	33,200	0
45 徳島	0	16,061	0	0	0	0	0	0	0	0	0	0	0	216,915
46 高知	0	0	0	0	0	0	0	0	5,658	0	0	0	0	662
47 福岡	0	75,920	0	0	26,957	0	0	151,840	187,631	46,094	0	46,094	187,755	507,399
48 佐賀	0	10,846	0	109,602	0	0	0	0	54,229	0	0	0	589	0
49 長崎	0	0	0	0	0	0	0	0	0	0	0	0	0	0
50 熊本	0	0	0	0	0	7,629	0	0	0	0	0	0	0	0
51 大分	0	0	0	0	0	0	0	0	0	0	0	0	0	0
52 宮崎	0	0	0	0	0	0	0	54,229	0	0	0	0	0	12,883
53 鹿児島	0	0	0	0	0	0	0	0	0	0	0	0	0	0
54 沖縄	0	0	0	0	0	0	0	0	0	0	0	0	0	0
55 全国	3,614,549	16,752,041	4,043,900	2,581,724	3,206,168	2,626,534	2,182,363	19,510,444	10,968,675	741,496	1,537,606	4,406,660	14,485,740	3,697,915

平成28年度　　　　府県相互間輸送トン数表（自動車）　　　品目（7-0）雑工業品　　（単位：トン）その4

着／発	43 香川	44 愛媛	45 徳島	46 高知	47 福岡	48 佐賀	49 長崎	50 熊本	51 大分	52 宮崎	53 鹿児島	54 沖縄	55 全国
1 札幌	0	0	0	0	0	0	0	0	0	0	0	0	11,141,016
2 旭川	0	0	0	0	0	0	0	0	0	0	0	0	3,720,665
3 函館	0	0	0	0	0	0	0	0	0	0	0	0	2,130,148
4 室蘭	0	0	0	0	0	0	0	0	0	0	0	0	4,195,303
5 釧路	0	0	0	0	0	0	0	0	0	0	0	0	203,177
6 帯広	0	0	0	0	0	0	0	0	0	0	0	0	511,967
7 北見	0	0	0	0	0	0	0	0	0	0	0	0	544,166
8 北海道	0	0	0	0	0	0	0	0	0	0	0	0	22,446,442
9 青森	0	0	0	0	0	0	0	0	0	0	0	0	6,029,578
10 岩手	0	0	0	0	0	0	0	0	0	0	0	0	6,338,561
11 宮城	0	0	0	0	0	0	0	0	0	0	0	0	7,142,540
12 福島	0	59,652	0	0	0	0	0	0	0	0	0	0	7,170,024
13 秋田	0	0	0	0	0	0	0	0	0	0	0	0	1,169,810
14 山形	0	0	0	0	0	0	0	0	0	0	0	0	3,418,790
15 茨城	0	0	0	0	0	0	0	0	0	0	0	0	4,094,620
16 栃木	0	0	54,229	0	2,440	0	0	0	0	0	0	0	5,405,374
17 群馬	208,798	0	0	0	0	0	0	0	0	0	0	0	9,303,368
18 埼玉	403,677	0	0	0	76,462	0	0	0	0	0	0	0	26,372,883
19 千葉	0	0	0	0	0	16,269	0	0	0	0	0	0	11,757,284
20 東京	611,689	70,497	0	0	119,303	0	4,328	0	0	0	2,169	0	27,462,178
21 神奈川	52,467	0	0	0	141,320	0	0	0	0	0	0	0	21,151,039
22 新潟	0	0	0	0	0	0	0	0	0	0	0	0	8,015,569
23 富山	0	11,457	0	0	0	0	0	0	0	0	0	0	2,315,726
24 石川	107,076	0	0	0	32,537	0	0	0	0	0	0	0	6,920,617
25 福井	0	0	0	0	0	0	0	0	0	0	0	0	736,501
26 山梨	0	0	0	0	91,533	0	0	0	0	0	0	0	2,740,376
27 長野	0	0	0	0	0	0	0	0	0	0	0	0	3,278,614
28 静岡	42,295	0	0	0	0	0	0	0	26,769	0	0	0	6,803,616
29 岐阜	0	0	0	0	32,411	0	0	0	0	0	0	0	4,041,585
30 愛知	75,920	0	0	0	89,840	0	0	0	0	31,809	21,566	0	17,960,695
31 三重	0	0	0	0	0	0	0	0	0	0	0	0	4,542,233
32 滋賀	185,673	0	0	0	488	43,383	98,685	0	0	0	0	0	2,819,876
33 京都	0	6,286	0	0	0	0	0	28,305	0	0	0	0	3,090,242
34 奈良	0	99,781	9,233	0	8,087	0	0	0	0	0	0	0	2,382,560
35 和歌山	0	0	0	0	0	0	0	0	0	0	0	0	1,213,584
36 大阪	833,333	495,108	313,121	30,156	467,357	0	0	0	0	0	27,631	0	21,361,414
37 兵庫	184,494	509,741	44,426	0	306,126	108,457	0	0	0	0	0	0	13,068,753
38 鳥取	0	0	0	0	14,642	0	0	0	0	0	0	0	575,373
39 島根	26,769	0	0	0	0	0	0	0	0	0	0	0	1,258,724
40 岡山	1,031,576	297,041	296,152	0	173,532	0	0	0	0	0	0	0	5,582,692
41 広島	0	15,900	0	54,229	748	0	0	0	0	0	0	0	14,838,925
42 山口	11,243	662	0	0	13,888	0	0	101,722	0	0	0	0	2,923,727
43 香川	6,922,209	3,880,336	663,821	533,848	0	0	0	16,269	0	0	0	0	15,144,975
44 愛媛	1,297,537	4,185,387	94,279	119,346	37,960	0	0	0	0	0	0	0	6,986,116
45 徳島	444,365	37,960	1,434,729	0	0	0	0	0	0	0	0	0	2,162,494
46 高知	0	623	120,388	358,500	0	0	0	0	0	0	0	0	485,831
47 福岡	0	0	0	0	10,863,007	2,908,556	138,009	823,627	1,635,976	259,072	146,229	0	18,292,592
48 佐賀	0	0	0	0	703,583	301,087	172,120	22,938	123,770	0	0	0	1,531,301
49 長崎	0	0	0	0	7,600	14,441	527,866	8,944	0	0	0	0	558,851
50 熊本	0	0	0	0	101,634	2,709	6,924	1,233,865	4,338	0	122,517	0	1,479,616
51 大分	0	0	0	0	210,138	0	0	32,726	879,908	0	0	0	1,242,110
52 宮崎	0	0	0	0	3,329	0	163,291	0	42,830	3,141,472	64,847	0	3,493,831
53 鹿児島	0	0	0	0	0	0	0	971,753	0	255,144	2,454,097	26,769	3,707,763
54 沖縄	0	0	0	0	0	0	0	0	0	0	0	3,364,452	3,364,452
55 全国	12,439,119	9,670,433	3,030,376	1,096,077	13,541,351	3,613,496	849,246	3,240,147	2,713,593	3,687,522	2,839,057	3,391,221	344,184,000

平成28年度　　　　　　　　　　　府県相互間輸送トン数表（自動車）

品目 （8-0）特種品　　　　　（単位：トン）　その 1

発＼着	1 札幌	2 旭川	3 函館	4 室蘭	5 釧路	6 帯広	7 北見	8 北海道	9 青森	10 岩手	11 宮城	12 福島	13 秋田	14 山形
1 札幌	28,342,004	173,127	0	990,470	154,177	479,321	13,232	30,152,330	0	0	409,493	0	0	0
2 旭川	287,203	7,204,970	0	282,222	0	0	39,522	7,813,916	0	0	37,291	0	0	0
3 函館	0	0	4,905,149	56,059	0	137,476	0	5,098,684	0	0	0	0	0	0
4 室蘭	721,211	49,572	131,588	8,865,379	0	358,492	116,791	10,243,031	0	0	0	0	0	0
5 釧路	134,115	0	0	0	6,007,321	1,267,985	156,354	7,565,775	0	0	0	0	0	0
6 帯広	580,682	0	137,476	0	0	9,941,453	0	10,659,611	0	0	0	0	0	0
7 北見	133,955	0	0	121,386	0	0	8,591,428	8,846,771	0	0	0	0	0	0
8 北海道	30,199,169	7,427,669	5,174,214	10,315,516	6,161,498	12,184,729	8,917,327	80,380,122	63,850	0	446,784	50,053	13,680	22,890
9 青森	63,850	0	0	0	0	0	0	63,850	13,168,676	466,061	50,053	13,680	22,890	0
10 岩手	0	0	0	0	0	0	0	0	329,790	18,875,028	69,128	0	8,333	388,301
11 宮城	96,475	0	0	0	0	0	0	96,475	260,682	726,454	11,610,587	1,461,193	295,954	2,709,029
12 福島	60,297	0	0	0	0	0	0	60,297	23,137	168,537	735,605	13,551,347	11,029	165,128
13 秋田	0	0	0	0	0	0	0	0	162,962	161,862	15,253	43,935	10,277,203	231,539
14 山形	0	0	0	0	0	0	0	0	0	99,763	927,011	74,388	345,633	14,883,783
15 茨城	0	0	0	0	0	0	0	0	0	0	26,041	487,671	38,096	78,989
16 栃木	120,593	0	0	0	0	39,906	0	160,500	45,177	28,164	54,730	160,416	0	157,125
17 群馬	0	0	0	0	0	0	0	0	0	0	60,297	122,724	0	499,250
18 埼玉	0	0	0	0	0	0	0	0	0	78,211	856,824	320,853	52,126	785,665
19 千葉	0	0	0	0	0	0	0	0	0	1,716	201,136	37,711	43,099	172,358
20 東京	121,417	0	0	0	0	43,897	0	165,314	333,408	1,716	275,603	401,075	60,146	1,475,163
21 神奈川	0	0	0	0	0	0	0	0	0	0	217,616	229,400	302,723	168,831
22 新潟	39,906	0	0	0	0	0	0	39,906	0	0	11,793	101,662	20,602	7,895
23 富山	0	0	0	0	0	0	0	0	0	0	0	0	43,033	0
24 石川	0	0	0	0	0	0	0	0	0	0	31,925	0	0	0
25 福井	0	0	0	0	0	0	0	0	0	0	31,925	0	0	0
26 山梨	0	0	0	0	0	0	0	0	0	0	71,962	15,203	54,934	0
27 長野	0	0	0	0	0	0	0	0	0	0	154,510	6,127	71,239	0
28 静岡	96,962	0	0	0	0	0	0	96,962	0	0	36,178	0	0	379,869
29 岐阜	0	0	0	0	0	0	0	0	0	32,723	0	0	0	0
30 愛知	0	0	0	0	0	0	0	0	0	0	771,522	222,440	2,451	118,954
31 三重	0	0	0	0	0	0	0	0	0	0	0	108,534	0	49,017
32 滋賀	0	0	0	0	0	0	0	0	0	0	0	0	60	0
33 京都	0	0	31,925	0	0	0	0	31,925	0	0	31,925	0	0	0
34 奈良	0	0	0	0	0	0	0	0	0	0	0	0	0	0
35 和歌山	0	0	0	0	0	0	0	0	0	0	0	0	0	0
36 大阪	0	0	0	0	0	0	0	0	0	0	12,059	1,639,109	27,934	66,417
37 兵庫	0	0	0	0	0	0	0	0	0	0	0	235,157	0	0
38 鳥取	0	0	0	0	0	0	0	0	0	0	0	0	0	0
39 島根	0	0	0	0	0	0	0	0	0	0	0	0	0	0
40 岡山	0	0	0	0	0	0	0	0	0	0	0	0	0	0
41 広島	0	0	0	0	0	0	0	0	0	0	0	19,700	0	0
42 山口	0	0	0	0	0	0	0	0	0	0	0	0	0	0
43 香川	0	0	0	0	0	0	0	0	0	0	0	0	0	0
44 愛媛	0	0	0	0	0	0	0	0	0	0	0	0	0	0
45 徳島	0	0	0	0	0	0	0	0	0	0	0	0	0	0
46 高知	0	0	0	0	0	0	0	0	0	0	0	0	0	0
47 福岡	0	0	0	0	0	0	0	0	0	0	0	0	0	0
48 佐賀	0	0	0	0	0	0	0	0	0	0	0	0	0	0
49 長崎	0	0	0	0	0	0	0	0	0	0	0	0	0	0
50 熊本	0	0	0	0	0	0	0	0	0	0	0	0	0	0
51 大分	0	0	0	0	0	0	0	0	0	0	0	0	0	0
52 宮崎	0	0	0	0	0	0	0	0	0	0	0	0	0	0
53 鹿児島	0	0	0	0	0	0	0	0	0	0	0	0	0	0
54 沖縄	0	0	0	0	0	0	0	0	0	0	0	0	0	0
55 全国	30,798,669	7,427,669	5,206,139	10,315,516	6,161,498	12,268,533	8,917,327	81,095,349	14,323,833	20,722,537	18,458,785	17,457,360	11,986,486	21,949,010

平成28年度　　　　　　　　　　　府県相互間輸送トン数表（自動車）

品目 （8-0）特種品　　　　　（単位：トン）　その 2

発＼着	15 茨城	16 栃木	17 群馬	18 埼玉	19 千葉	20 東京	21 神奈川	22 新潟	23 富山	24 石川	25 福井	26 山梨	27 長野	28 静岡
1 札幌	0	0	0	96,475	0	104,281	0	0	0	63,722	0	0	0	0
2 旭川	0	66,326	0	0	0	108,534	0	0	0	0	0	0	0	0
3 函館	0	0	0	0	0	0	0	0	0	0	0	0	0	0
4 室蘭	0	0	0	0	0	0	0	0	0	0	0	0	0	0
5 釧路	0	0	0	0	0	0	0	0	0	0	0	0	0	0
6 帯広	0	0	0	0	0	0	0	0	0	0	0	0	0	0
7 北見	0	0	0	0	0	0	0	0	0	0	0	0	0	0
8 北海道	0	66,326	0	96,475	0	212,815	0	0	0	63,722	0	0	0	0
9 青森	0	0	0	0	31,925	241,187	0	23,744	0	0	0	0	0	0
10 岩手	9,044	0	7,981	70,395	1,716	5,986	126,318	0	0	0	0	0	7,723	980
11 宮城	66,472	26,371	13,680	898,599	204,510	200,993	53,629	21,446	0	0	0	0	0	82,353
12 福島	130,771	494,284	38,794	407,504	0	58,398	74,873	17,039	0	0	0	0	0	0
13 秋田	0	103,226	0	0	0	0	132,653	221,574	0	0	0	0	0	0
14 山形	9,803	114,533	370,740	717,833	83,149	1,579,437	806,898	86,691	123,021	0	0	0	96,475	482,373
15 茨城	23,764,461	1,201,696	187,869	787,649	1,323,350	655,653	280,479	123,021	0	0	0	0	0	42,804
16 栃木	711,169	13,869,176	481,669	313,401	294,346	349,944	60,708	0	0	41,842	0	0	0	118
17 群馬	208,529	1,174,398	11,117,277	502,929	76,032	277,247	273,538	198,487	0	0	0	16,566	336,672	18,741
18 埼玉	1,724,551	889,595	1,094,168	31,348,766	2,347,682	5,338,711	1,491,371	203,864	13,970	0	0	34,624	279,978	95,988
19 千葉	1,721,093	113,568	55,015	1,436,206	21,791,346	3,416,563	1,068,945	10,048	0	0	0	0	0	86,480
20 東京	2,304,630	639,743	451,758	15,067,004	6,700,437	76,027,847	9,339,164	25,027	48,237	0	0	386,671	44,564	1,633,574
21 神奈川	1,064,752	130,240	209,696	1,139,978	1,170,579	3,520,146	50,241,989	2,451	0	0	88,503	345,275	70,479	504,677
22 新潟	34,759	283,029	85,657	185,416	3,389	39,549	49	22,846,937	192,565	0	17,217	50,462	217,124	12,254
23 富山	92,085	0	0	85,657	48,237	0	49	644,345	13,461,458	270,594	62,023	4,902	18,681	12,254
24 石川	0	14,705	0	0	0	0	0	79,106	270,594	22,090,313	126,527	0	35,145	0
25 福井	0	14,705	0	0	0	114,871	0	0	105,629	157,067	17,145,016	0	9,411	0
26 山梨	0	53,260	7,982	33,071	5,525	370,337	104,719	0	0	0	0	11,611,375	176,355	184,667
27 長野	0	37,322	157,216	60,086	5,525	486,966	26,737	636,410	32,890	0	41,174	46,194	11,452,003	29,436
28 静岡	75,481	0	49,929	449,112	109,783	26,850	594,794	0	135,598	0	23,727	872,901	37,036	17,289,785
29 岐阜	0	0	40,518	170,246	26,446	180,255	0	4,237	42,595	0	0	0	37,661	205,612
30 愛知	254,164	58,645	5,084	566,549	371,837	697,873	183,140	125,252	288,770	110,014	234,540	102,504	550,778	1,109,644
31 三重	92,028	27,807	0	130,396	26,741	330,774	39,148	248,811	46,306	0	87	0	0	26,073
32 滋賀	22,160	11,396	0	48,237	48,237	28,104	11,148	12,279	0	0	24,698	0	33,086	131,365
33 京都	460,336	138,682	0	7,236	0	308,116	49,443	325,248	10,944	0	0	0	48,237	48,237
34 奈良	235,157	48,237	0	54,267	0	0	0	0	0	63,914	0	0	0	42,208
35 和歌山	0	9,803	0	48,237	0	334,757	0	0	0	0	0	0	0	0
36 大阪	24,756	0	18,089	83,053	402,781	599,844	596,197	135,532	77,642	61,142	0	0	74,663	521,054
37 兵庫	27,807	0	0	51,077	0	338,881	130,384	172,731	109,450	0	0	0	0	132,653
38 鳥取	0	0	0	0	0	0	0	0	0	0	0	0	0	0
39 島根	0	0	0	0	0	0	0	0	0	0	0	0	0	0
40 岡山	0	0	0	0	0	48,237	0	0	31,861	0	0	0	0	4,902
41 広島	0	28,675	24,508	44,169	0	123,487	199,306	0	0	0	0	0	31,252	25,994
42 山口	0	0	0	0	0	0	53,090	0	0	0	0	0	0	0
43 香川	0	0	0	0	0	0	0	0	0	0	0	0	0	0
44 愛媛	0	0	0	0	161,619	0	1,266	0	0	241,187	0	0	76,854	0
45 徳島	0	0	0	0	43,258	0	0	0	0	0	0	0	0	0
46 高知	0	0	0	0	0	0	0	0	0	0	0	0	0	0
47 福岡	39,906	0	0	0	2,451	19,953	0	0	0	0	120,593	0	0	48,237
48 佐賀	0	0	0	0	39,906	0	0	0	0	0	0	0	0	0
49 長崎	0	0	0	0	0	0	0	0	0	0	0	0	0	0
50 熊本	0	0	0	31,925	0	0	0	0	0	0	67,532	2,451	0	0
51 大分	0	0	0	0	54,267	0	0	0	0	0	0	0	0	0
52 宮崎	0	0	0	0	51,855	0	0	0	0	0	0	0	0	0
53 鹿児島	0	0	0	0	0	0	0	0	0	0	0	0	0	0
54 沖縄	0	0	0	0	0	0	0	0	0	0	0	0	0	0
55 全国	33,073,920	19,534,719	14,417,621	54,749,818	35,216,527	95,995,732	66,071,764	26,352,546	14,825,620	23,134,973	17,763,510	13,659,601	13,731,786	22,635,051

平成28年度　府県相互間輸送トン数表（自動車）　品目（8-0）特種品　その3　（単位：トン）

着／発	29 岐阜	30 愛知	31 三重	32 滋賀	33 京都	34 奈良	35 和歌山	36 大阪	37 兵庫	38 鳥取	39 島根	40 岡山	41 広島	42 山口
1 札幌	0	0	60,297	0	0	0	0	72,356	0	0	0	0	0	0
2 旭川	0	0	0	0	0	0	0	0	0	0	0	0	0	0
3 函館	0	0	0	0	0	0	0	0	0	0	0	0	0	0
4 室蘭	0	0	0	0	0	0	0	0	0	0	0	0	0	0
5 釧路	0	0	0	0	0	0	0	0	0	0	0	0	0	0
6 帯広	0	0	0	0	0	0	0	0	0	0	0	0	0	0
7 北見	0	0	0	0	0	0	0	0	0	0	0	0	0	0
8 北海道	0	0	60,297	0	0	0	0	72,356	0	0	0	0	0	0
9 青森	0	0	0	0	0	0	0	0	0	0	0	0	0	0
10 岩手	0	0	0	0	0	0	0	0	0	0	0	0	0	0
11 宮城	0	770,376	0	0	0	0	0	1,242,188	109,804	0	0	0	0	0
12 福島	0	324,227	0	0	0	0	0	0	2,451	0	0	0	0	0
13 秋田	0	0	0	0	0	0	0	0	0	0	0	0	0	0
14 山形	0	24,535	0	0	0	0	0	123,510	0	0	0	0	0	0
15 茨城	0	218,971	0	48,237	51,252	289,424	0	60,942	0	0	0	0	0	0
16 栃木	53,731	159,172	17,156	0	0	54,267	0	48,237	0	0	0	0	0	0
17 群馬	0	58,665	9,803	0	0	0	0	24,508	0	0	0	0	0	0
18 埼玉	132,520	327,181	240,579	51,252	0	48,237	80,496	60,297	171,375	0	0	0	37,291	31,354
19 千葉	0	403,043	112,245	0	0	2,911	0	311,734	41,439	0	0	0	42,208	0
20 東京	0	523,214	253,246	0	365,437	48,237	273,445	336,342	178,028	0	0	48,237	172,265	0
21 神奈川	100,695	147,302	18,188	6,617	63,850	0	0	351,078	346,843	0	0	14,705	197,119	0
22 新潟	0	12,312	224,303	0	159,183	0	0	209,531	92,162	0	0	0	0	0
23 富山	5,882	101,159	0	2,451	0	0	0	93,165	31,959	0	0	0	0	0
24 石川	60,847	19,342	2,586	0	0	30,438	0	71,409	125,598	0	0	0	0	0
25 福井	141,697	150,323	0	8,578	0	0	0	74,464	0	0	0	0	0	0
26 山梨	0	0	156,771	0	0	0	0	80,195	0	0	0	0	0	0
27 長野	3,186	476,389	60,732	17,559	48,237	0	0	0	0	0	0	19,325	90,041	0
28 静岡	0	1,182,386	79,759	35,037	60,297	0	0	273,130	49,485	0	0	1,778	209,067	0
29 岐阜	11,780,636	732,636	107,119	49,443	0	0	0	23,695	12,059	0	0	67,746	36,178	0
30 愛知	1,128,762	39,106,686	1,271,907	1,393,599	126,623	42,257	0	469,879	315,227	16,524	0	338,148	198,721	16,615
31 三重	68,608	1,698,403	16,248,791	110,946	969	87,080	5,557	149,028	437,925	54,925	0	30,145	0	0
32 滋賀	73,508	606,736	423,015	8,891,657	479,821	66,181	0	75,120	28,246	17,237	0	107,834	65,688	0
33 京都	9,160	236,966	33,490	401,517	9,758,087	100,477	22,746	1,838,868	309,743	320,744	399	0	2,203	0
34 奈良	0	27,934	184,223	4,888	0	61,850	8,182,722	55,336	1,256,164	235,699	0	0	0	0
35 和歌山	0	0	0	0	0	44,840	11,391,891	210,314	0	0	0	0	0	0
36 大阪	4,166	472,678	967,021	542,482	2,804,163	1,707,521	402,084	42,195,731	4,033,333	142,437	112,725	267,472	332,467	122,704
37 兵庫	90,032	223,042	69,293	212,563	764,097	55,662	31,888	4,420,712	26,169,110	355,891	101,498	337,555	104,760	0
38 鳥取	0	0	45,011	0	180,890	0	0	54,623	74,768	6,351,573	1,611,494	553,169	43,591	0
39 島根	0	0	0	0	62,706	0	399	56,295	0	1,022,184	12,597,469	157	62,760	0
40 岡山	42,365	388,176	0	55,874	25,244	69,599	122,926	188,782	1,249,692	42,208	138,510	9,954,398	1,051,545	261,528
41 広島	24,119	289,918	0	68,599	50,456	28,315	0	361,513	43,025	152,198	191,450	1,458,771	24,399,963	1,017,907
42 山口	0	0	0	0	0	0	0	212,546	3,970	0	19,516	335,826	1,588,881	14,762,394
43 香川	0	19,355	0	0	0	0	0	12,705	68,411	0	37,540	88,319	2,440	0
44 愛媛	332,855	326,890	450,368	220,451	223,164	0	34,735	372,277	654,647	14,964	0	190,497	414,682	0
45 徳島	0	101,298	0	0	0	0	0	410,259	65,336	0	3,564	0	0	18,609
46 高知	0	0	0	0	0	0	0	0	0	0	0	0	250,442	18,089
47 福岡	16,946	205,009	66,326	0	197,773	35,916	0	819,025	612,343	118,881	60,297	211,681	335,808	568,694
48 佐賀	36,178	515,536	54,267	0	0	0	0	14,616	0	0	0	45,222	47,368	548,629
49 長崎	0	39,906	331,631	0	0	0	0	0	0	0	0	0	0	0
50 熊本	0	0	0	0	0	0	0	5,535	30	0	0	106,436	129,704	22,968
51 大分	0	0	0	0	0	0	0	0	0	0	0	0	0	155,553
52 宮崎	65,047	99,766	0	0	0	0	0	64,517	33,521	0	0	0	52,458	0
53 鹿児島	102,504	0	0	0	0	0	0	51,855	0	0	0	0	0	0
54 沖縄	0	0	0	0	0	0	0	0	0	0	0	0	0	0
55 全国	14,273,446	49,989,530	21,493,020	12,116,862	15,484,100	10,894,538	12,421,103	56,697,148	35,496,233	8,609,765	14,874,459	14,177,420	29,901,831	17,545,043

平成28年度　府県相互間輸送トン数表（自動車）　品目（8-0）特種品　その4　（単位：トン）

着／発	43 香川	44 愛媛	45 徳島	46 高知	47 福岡	48 佐賀	49 長崎	50 熊本	51 大分	52 宮崎	53 鹿児島	54 沖縄	55 全国
1 札幌	0	0	0	0	0	0	0	0	0	0	0	0	30,958,953
2 旭川	0	0	0	0	0	0	0	0	0	0	0	0	8,026,067
3 函館	0	0	0	0	0	0	0	0	0	0	0	0	5,098,684
4 室蘭	0	0	0	0	0	0	0	0	0	0	0	0	10,243,031
5 釧路	0	0	0	0	0	0	0	0	0	0	0	0	7,565,775
6 帯広	0	0	0	0	0	0	0	0	0	0	0	0	10,659,611
7 北見	0	0	0	0	0	0	0	0	0	0	0	0	8,846,771
8 北海道	0	0	0	0	0	0	0	0	0	0	0	0	81,398,895
9 青森	0	0	0	0	0	0	0	0	0	0	0	0	14,082,065
10 岩手	0	0	0	0	0	0	0	0	0	0	0	0	19,900,726
11 宮城	0	0	0	0	0	0	0	0	0	0	0	0	20,850,794
12 福島	0	0	0	0	0	0	0	0	0	0	0	0	16,263,423
13 秋田	0	0	0	0	0	0	0	0	0	0	0	0	11,350,207
14 山形	0	0	0	0	0	0	0	0	0	0	0	0	20,826,554
15 茨城	33,925	0	0	0	168,338	0	0	0	0	0	0	0	29,868,897
16 栃木	0	0	0	0	0	0	0	0	0	0	0	0	17,061,049
17 群馬	0	0	0	0	0	0	0	0	0	0	0	0	15,009,847
18 埼玉	0	2,557	19,064	0	31,925	0	0	53,061	0	54,267	0	0	48,298,364
19 千葉	0	0	0	0	0	0	0	0	0	0	0	0	31,068,863
20 東京	0	195,735	0	0	19,953	0	0	0	0	33,521	0	0	117,827,028
21 神奈川	0	9,044	0	0	110,579	0	0	0	0	151,222	0	0	61,126,437
22 新潟	0	0	0	0	0	0	0	0	0	0	0	0	24,835,391
23 富山	0	0	0	0	0	0	0	0	0	0	0	0	14,859,843
24 石川	0	60,297	0	0	0	0	0	0	0	0	0	0	23,001,541
25 福井	0	0	0	0	0	0	0	0	0	0	0	0	17,956,270
26 山梨	0	0	0	0	48,237	0	0	0	0	0	0	48,237	13,017,306
27 長野	0	0	0	0	84,240	0	0	0	0	0	0	0	14,043,547
28 静岡	0	0	0	0	367,488	0	0	0	0	0	0	0	22,436,434
29 岐阜	0	0	78,796	24,508	210,877	171,845	0	0	0	0	51,252	0	14,057,082
30 愛知	233,243	709,128	502,419	0	90,445	167,139	106,233	48,237	0	0	0	0	52,055,951
31 三重	0	60,297	0	0	78,386	42,208	66,326	0	0	0	0	0	20,265,316
32 滋賀	0	0	62,311	0	14,828	147,727	0	0	0	0	0	0	11,430,719
33 京都	0	0	25,419	0	319,427	0	0	0	0	0	0	0	14,807,652
34 奈良	0	0	0	0	48,237	54,267	0	0	0	0	0	0	10,550,217
35 和歌山	0	4,104	0	0	0	0	0	0	0	0	0	0	12,048,834
36 大阪	94,871	411,678	315,661	66,326	909,111	0	60,297	593,520	0	52,458	30,588	0	60,981,832
37 兵庫	64,891	147,996	165,638	0	305,759	0	117,060	19,953	0	33,521	0	0	34,989,062
38 鳥取	0	0	0	0	0	0	0	0	0	0	0	0	8,915,114
39 島根	0	0	0	0	0	0	0	399	3,100	0	0	0	13,805,470
40 岡山	1,619,602	262,738	88,823	20,633	144,712	0	0	0	83,329	0	0	0	15,895,681
41 広島	4,067	546,636	31,281	160,721	353,338	0	0	0	0	52,458	0	0	29,731,828
42 山口	0	92,066	0	18,089	399,022	0	0	88,739	0	25,856	0	0	17,599,995
43 香川	19,142,295	1,134,977	384,448	332,854	47,725	0	0	78,386	0	0	0	0	21,348,776
44 愛媛	983,373	19,219,705	84,560	345,113	149,916	0	63,548	15,406	61,962	0	0	0	24,640,036
45 徳島	886,609	581,460	8,173,012	0	0	0	0	0	24,508	33,521	0	0	10,341,435
46 高知	499,166	196,113	12,059	9,050,237	0	0	0	0	0	0	3,991	0	10,030,098
47 福岡	24,987	351,264	22,030	0	25,359,854	2,001,154	1,171,091	881,357	643,548	647,903	912,015	0	35,495,043
48 佐賀	0	33,048	0	0	1,738,748	7,725,317	265,654	1,293,914	173,383	94,581	128,487	0	12,787,903
49 長崎	0	0	0	0	484,489	372,331	16,044,251	74,550	0	0	0	0	17,272,561
50 熊本	403,987	47,444	0	0	409,283	79,018	74,550	10,555,241	66,738	93,418	70,681	0	12,166,941
51 大分	0	0	0	0	385,004	247,359	2,024	191,107	9,382,004	36,067	9,356	0	10,462,788
52 宮崎	0	0	33,521	0	408,350	49,316	7,531	67,523	143,980	11,259,672	495,613	0	12,832,674
53 鹿児島	0	33,077	0	0	398,604	0	40,321	108,640	1,189,617	13,419,543	0	0	15,344,158
54 沖縄	0	0	0	0	0	0	0	0	0	0	0	10,241,231	10,241,231
55 全国	23,991,015	24,098,682	9,999,043	10,051,529	33,086,871	11,238,291	17,838,280	13,995,490	10,582,555	13,724,563	15,203,284	10,241,231	1,145,181,000

平成28年度　　　　　　　　　　　　　　　　　　　　　　　　府県相互間輸送トン数表（自動車）

品目　（9−0）その他　　　　　　　　　　（単位：トン）
その　1

着\発	1 札幌	2 旭川	3 函館	4 室蘭	5 釧路	6 帯広	7 北見	8 北海道	9 青森	10 岩手	11 宮城	12 福島	13 秋田	14 山形
1 札幌	0	0	0	0	0	0	0	0	0	0	0	0	0	0
2 旭川	0	0	0	0	0	0	0	0	0	0	0	0	0	0
3 函館	0	0	0	0	0	0	0	0	0	0	0	0	0	0
4 室蘭	0	0	0	0	0	0	0	0	0	0	0	0	0	0
5 釧路	0	0	0	0	0	0	0	0	0	0	0	0	0	0
6 帯広	0	0	0	0	0	0	0	0	0	0	0	0	0	0
7 北見	0	0	0	0	0	0	0	0	0	0	0	0	0	0
8 北海道	0	0	0	0	0	0	0	0	0	0	0	0	0	0
9 青森	0	0	0	0	0	0	0	0	0	0	0	0	0	0
10 岩手	0	0	0	0	0	0	0	0	0	0	0	0	0	0
11 宮城	0	0	0	0	0	0	0	0	0	0	0	0	0	0
12 福島	0	0	0	0	0	0	0	0	0	0	0	0	0	0
13 秋田	0	0	0	0	0	0	0	0	0	0	0	0	0	0
14 山形	0	0	0	0	0	0	0	0	0	0	0	0	0	0
15 茨城	0	0	0	0	0	0	0	0	0	0	0	0	0	0
16 栃木	0	0	0	0	0	0	0	0	0	0	0	0	0	0
17 群馬	0	0	0	0	0	0	0	0	0	0	0	0	0	0
18 埼玉	0	0	0	0	0	0	0	0	0	0	0	0	0	0
19 千葉	0	0	0	0	0	0	0	0	0	0	0	0	0	0
20 東京	0	0	0	0	0	0	0	0	0	0	0	0	0	0
21 神奈川	0	0	0	0	0	0	0	0	0	0	0	0	0	0
22 新潟	0	0	0	0	0	0	0	0	0	0	0	0	0	0
23 富山	0	0	0	0	0	0	0	0	0	0	0	0	0	0
24 石川	0	0	0	0	0	0	0	0	0	0	0	0	0	0
25 福井	0	0	0	0	0	0	0	0	0	0	0	0	0	0
26 山梨	0	0	0	0	0	0	0	0	0	0	0	0	0	0
27 長野	0	0	0	0	0	0	0	0	0	0	0	0	0	0
28 静岡	0	0	0	0	0	0	0	0	0	0	0	0	0	0
29 岐阜	0	0	0	0	0	0	0	0	0	0	0	0	0	0
30 愛知	0	0	0	0	0	0	0	0	0	0	0	0	0	0
31 三重	0	0	0	0	0	0	0	0	0	0	0	0	0	0
32 滋賀	0	0	0	0	0	0	0	0	0	0	0	0	0	0
33 京都	0	0	0	0	0	0	0	0	0	0	0	0	0	0
34 奈良	0	0	0	0	0	0	0	0	0	0	0	0	0	0
35 和歌山	0	0	0	0	0	0	0	0	0	0	0	0	0	0
36 大阪	0	0	0	0	0	0	0	0	0	0	0	0	0	0
37 兵庫	0	0	0	0	0	0	0	0	0	0	0	0	0	0
38 鳥取	0	0	0	0	0	0	0	0	0	0	0	0	0	0
39 島根	0	0	0	0	0	0	0	0	0	0	0	0	0	0
40 岡山	0	0	0	0	0	0	0	0	0	0	0	0	0	0
41 広島	0	0	0	0	0	0	0	0	0	0	0	0	0	0
42 山口	0	0	0	0	0	0	0	0	0	0	0	0	0	0
43 香川	0	0	0	0	0	0	0	0	0	0	0	0	0	0
44 愛媛	0	0	0	0	0	0	0	0	0	0	0	0	0	0
45 徳島	0	0	0	0	0	0	0	0	0	0	0	0	0	0
46 高知	0	0	0	0	0	0	0	0	0	0	0	0	0	0
47 福岡	0	0	0	0	0	0	0	0	0	0	0	0	0	0
48 佐賀	0	0	0	0	0	0	0	0	0	0	0	0	0	0
49 長崎	0	0	0	0	0	0	0	0	0	0	0	0	0	0
50 熊本	0	0	0	0	0	0	0	0	0	0	0	0	0	0
51 大分	0	0	0	0	0	0	0	0	0	0	0	0	0	0
52 宮崎	0	0	0	0	0	0	0	0	0	0	0	0	0	0
53 鹿児島	0	0	0	0	0	0	0	0	0	0	0	0	0	0
54 沖縄	0	0	0	0	0	0	0	0	0	0	0	0	0	0
55 全国	0	0	0	0	0	0	0	0	0	0	0	0	0	0

平成28年度　　　　　　　　　　　　　　　　　　　　　　　　府県相互間輸送トン数表（自動車）

品目　（9−0）その他　　　　　　　　　　（単位：トン）
その　2

着\発	15 茨城	16 栃木	17 群馬	18 埼玉	19 千葉	20 東京	21 神奈川	22 新潟	23 富山	24 石川	25 福井	26 山梨	27 長野	28 静岡
1 札幌	0	0	0	0	0	0	0	0	0	0	0	0	0	0
2 旭川	0	0	0	0	0	0	0	0	0	0	0	0	0	0
3 函館	0	0	0	0	0	0	0	0	0	0	0	0	0	0
4 室蘭	0	0	0	0	0	0	0	0	0	0	0	0	0	0
5 釧路	0	0	0	0	0	0	0	0	0	0	0	0	0	0
6 帯広	0	0	0	0	0	0	0	0	0	0	0	0	0	0
7 北見	0	0	0	0	0	0	0	0	0	0	0	0	0	0
8 北海道	0	0	0	0	0	0	0	0	0	0	0	0	0	0
9 青森	0	0	0	0	0	0	0	0	0	0	0	0	0	0
10 岩手	0	0	0	0	0	0	0	0	0	0	0	0	0	0
11 宮城	0	0	0	0	0	0	0	0	0	0	0	0	0	0
12 福島	0	0	0	0	0	0	0	0	0	0	0	0	0	0
13 秋田	0	0	0	0	0	0	0	0	0	0	0	0	0	0
14 山形	0	0	0	0	0	0	0	0	0	0	0	0	0	0
15 茨城	0	0	0	0	0	0	0	0	0	0	0	0	0	0
16 栃木	0	0	0	0	0	0	0	0	0	0	0	0	0	0
17 群馬	0	0	0	0	0	0	0	0	0	0	0	0	0	0
18 埼玉	0	0	0	0	0	0	0	0	0	0	0	0	0	0
19 千葉	0	0	0	0	0	0	0	0	0	0	0	0	0	0
20 東京	0	0	0	0	0	0	0	0	0	0	0	0	0	0
21 神奈川	0	0	0	0	0	0	0	0	0	0	0	0	0	0
22 新潟	0	0	0	0	0	0	0	0	0	0	0	0	0	0
23 富山	0	0	0	0	0	0	0	0	0	0	0	0	0	0
24 石川	0	0	0	0	0	0	0	0	0	0	0	0	0	0
25 福井	0	0	0	0	0	0	0	0	0	0	0	0	0	0
26 山梨	0	0	0	0	0	0	0	0	0	0	0	0	0	0
27 長野	0	0	0	0	0	0	0	0	0	0	0	0	0	0
28 静岡	0	0	0	0	0	0	0	0	0	0	0	0	0	0
29 岐阜	0	0	0	0	0	0	0	0	0	0	0	0	0	0
30 愛知	0	0	0	0	0	0	0	0	0	0	0	0	0	0
31 三重	0	0	0	0	0	0	0	0	0	0	0	0	0	0
32 滋賀	0	0	0	0	0	0	0	0	0	0	0	0	0	0
33 京都	0	0	0	0	0	0	0	0	0	0	0	0	0	0
34 奈良	0	0	0	0	0	0	0	0	0	0	0	0	0	0
35 和歌山	0	0	0	0	0	0	0	0	0	0	0	0	0	0
36 大阪	0	0	0	0	0	0	0	0	0	0	0	0	0	0
37 兵庫	0	0	0	0	0	0	0	0	0	0	0	0	0	0
38 鳥取	0	0	0	0	0	0	0	0	0	0	0	0	0	0
39 島根	0	0	0	0	0	0	0	0	0	0	0	0	0	0
40 岡山	0	0	0	0	0	0	0	0	0	0	0	0	0	0
41 広島	0	0	0	0	0	0	0	0	0	0	0	0	0	0
42 山口	0	0	0	0	0	0	0	0	0	0	0	0	0	0
43 香川	0	0	0	0	0	0	0	0	0	0	0	0	0	0
44 愛媛	0	0	0	0	0	0	0	0	0	0	0	0	0	0
45 徳島	0	0	0	0	0	0	0	0	0	0	0	0	0	0
46 高知	0	0	0	0	0	0	0	0	0	0	0	0	0	0
47 福岡	0	0	0	0	0	0	0	0	0	0	0	0	0	0
48 佐賀	0	0	0	0	0	0	0	0	0	0	0	0	0	0
49 長崎	0	0	0	0	0	0	0	0	0	0	0	0	0	0
50 熊本	0	0	0	0	0	0	0	0	0	0	0	0	0	0
51 大分	0	0	0	0	0	0	0	0	0	0	0	0	0	0
52 宮崎	0	0	0	0	0	0	0	0	0	0	0	0	0	0
53 鹿児島	0	0	0	0	0	0	0	0	0	0	0	0	0	0
54 沖縄	0	0	0	0	0	0	0	0	0	0	0	0	0	0
55 全国	0	0	0	0	0	0	0	0	0	0	0	0	0	0

平成28年度　　　　　　　　　　　　　　府県相互間輸送トン数表（自動車）

品目　（9-0）その他　　（単位：トン）　その　3

着／発	29 岐阜	30 愛知	31 三重	32 滋賀	33 京都	34 奈良	35 和歌山	36 大阪	37 兵庫	38 鳥取	39 島根	40 岡山	41 広島	42 山口
1 札幌	0	0	0	0	0	0	0	0	0	0	0	0	0	0
2 旭川	0	0	0	0	0	0	0	0	0	0	0	0	0	0
3 函館	0	0	0	0	0	0	0	0	0	0	0	0	0	0
4 室蘭	0	0	0	0	0	0	0	0	0	0	0	0	0	0
5 釧路	0	0	0	0	0	0	0	0	0	0	0	0	0	0
6 帯広	0	0	0	0	0	0	0	0	0	0	0	0	0	0
7 北見	0	0	0	0	0	0	0	0	0	0	0	0	0	0
8 北海道	0	0	0	0	0	0	0	0	0	0	0	0	0	0
9 青森	0	0	0	0	0	0	0	0	0	0	0	0	0	0
10 岩手	0	0	0	0	0	0	0	0	0	0	0	0	0	0
11 宮城	0	0	0	0	0	0	0	0	0	0	0	0	0	0
12 福島	0	0	0	0	0	0	0	0	0	0	0	0	0	0
13 秋田	0	0	0	0	0	0	0	0	0	0	0	0	0	0
14 山形	0	0	0	0	0	0	0	0	0	0	0	0	0	0
15 茨城	0	0	0	0	0	0	0	0	0	0	0	0	0	0
16 栃木	0	0	0	0	0	0	0	0	0	0	0	0	0	0
17 群馬	0	0	0	0	0	0	0	0	0	0	0	0	0	0
18 埼玉	0	0	0	0	0	0	0	0	0	0	0	0	0	0
19 千葉	0	0	0	0	0	0	0	0	0	0	0	0	0	0
20 東京	0	0	0	0	0	0	0	0	0	0	0	0	0	0
21 神奈川	0	0	0	0	0	0	0	0	0	0	0	0	0	0
22 新潟	0	0	0	0	0	0	0	0	0	0	0	0	0	0
23 富山	0	0	0	0	0	0	0	0	0	0	0	0	0	0
24 石川	0	0	0	0	0	0	0	0	0	0	0	0	0	0
25 福井	0	0	0	0	0	0	0	0	0	0	0	0	0	0
26 山梨	0	0	0	0	0	0	0	0	0	0	0	0	0	0
27 長野	0	0	0	0	0	0	0	0	0	0	0	0	0	0
28 静岡	0	0	0	0	0	0	0	0	0	0	0	0	0	0
29 岐阜	0	0	0	0	0	0	0	0	0	0	0	0	0	0
30 愛知	0	0	0	0	0	0	0	0	0	0	0	0	0	0
31 三重	0	0	0	0	0	0	0	0	0	0	0	0	0	0
32 滋賀	0	0	0	0	0	0	0	0	0	0	0	0	0	0
33 京都	0	0	0	0	0	0	0	0	0	0	0	0	0	0
34 奈良	0	0	0	0	0	0	0	0	0	0	0	0	0	0
35 和歌山	0	0	0	0	0	0	0	0	0	0	0	0	0	0
36 大阪	0	0	0	0	0	0	0	0	0	0	0	0	0	0
37 兵庫	0	0	0	0	0	0	0	0	0	0	0	0	0	0
38 鳥取	0	0	0	0	0	0	0	0	0	0	0	0	0	0
39 島根	0	0	0	0	0	0	0	0	0	0	0	0	0	0
40 岡山	0	0	0	0	0	0	0	0	0	0	0	0	0	0
41 広島	0	0	0	0	0	0	0	0	0	0	0	0	0	0
42 山口	0	0	0	0	0	0	0	0	0	0	0	0	0	0
43 香川	0	0	0	0	0	0	0	0	0	0	0	0	0	0
44 愛媛	0	0	0	0	0	0	0	0	0	0	0	0	0	0
45 徳島	0	0	0	0	0	0	0	0	0	0	0	0	0	0
46 高知	0	0	0	0	0	0	0	0	0	0	0	0	0	0
47 福岡	0	0	0	0	0	0	0	0	0	0	0	0	0	0
48 佐賀	0	0	0	0	0	0	0	0	0	0	0	0	0	0
49 長崎	0	0	0	0	0	0	0	0	0	0	0	0	0	0
50 熊本	0	0	0	0	0	0	0	0	0	0	0	0	0	0
51 大分	0	0	0	0	0	0	0	0	0	0	0	0	0	0
52 宮崎	0	0	0	0	0	0	0	0	0	0	0	0	0	0
53 鹿児島	0	0	0	0	0	0	0	0	0	0	0	0	0	0
54 沖縄	0	0	0	0	0	0	0	0	0	0	0	0	0	0
55 全国	0	0	0	0	0	0	0	0	0	0	0	0	0	0

平成28年度　　　　　　　　　　　　　　府県相互間輸送トン数表（自動車）

品目　（9-0）その他　　（単位：トン）　その　4

着／発	43 香川	44 愛媛	45 徳島	46 高知	47 福岡	48 佐賀	49 長崎	50 熊本	51 大分	52 宮崎	53 鹿児島	54 沖縄	55 全国
1 札幌	0	0	0	0	0	0	0	0	0	0	0	0	0
2 旭川	0	0	0	0	0	0	0	0	0	0	0	0	0
3 函館	0	0	0	0	0	0	0	0	0	0	0	0	0
4 室蘭	0	0	0	0	0	0	0	0	0	0	0	0	0
5 釧路	0	0	0	0	0	0	0	0	0	0	0	0	0
6 帯広	0	0	0	0	0	0	0	0	0	0	0	0	0
7 北見	0	0	0	0	0	0	0	0	0	0	0	0	0
8 北海道	0	0	0	0	0	0	0	0	0	0	0	0	0
9 青森	0	0	0	0	0	0	0	0	0	0	0	0	0
10 岩手	0	0	0	0	0	0	0	0	0	0	0	0	0
11 宮城	0	0	0	0	0	0	0	0	0	0	0	0	0
12 福島	0	0	0	0	0	0	0	0	0	0	0	0	0
13 秋田	0	0	0	0	0	0	0	0	0	0	0	0	0
14 山形	0	0	0	0	0	0	0	0	0	0	0	0	0
15 茨城	0	0	0	0	0	0	0	0	0	0	0	0	0
16 栃木	0	0	0	0	0	0	0	0	0	0	0	0	0
17 群馬	0	0	0	0	0	0	0	0	0	0	0	0	0
18 埼玉	0	0	0	0	0	0	0	0	0	0	0	0	0
19 千葉	0	0	0	0	0	0	0	0	0	0	0	0	0
20 東京	0	0	0	0	0	0	0	0	0	0	0	0	0
21 神奈川	0	0	0	0	0	0	0	0	0	0	0	0	0
22 新潟	0	0	0	0	0	0	0	0	0	0	0	0	0
23 富山	0	0	0	0	0	0	0	0	0	0	0	0	0
24 石川	0	0	0	0	0	0	0	0	0	0	0	0	0
25 福井	0	0	0	0	0	0	0	0	0	0	0	0	0
26 山梨	0	0	0	0	0	0	0	0	0	0	0	0	0
27 長野	0	0	0	0	0	0	0	0	0	0	0	0	0
28 静岡	0	0	0	0	0	0	0	0	0	0	0	0	0
29 岐阜	0	0	0	0	0	0	0	0	0	0	0	0	0
30 愛知	0	0	0	0	0	0	0	0	0	0	0	0	0
31 三重	0	0	0	0	0	0	0	0	0	0	0	0	0
32 滋賀	0	0	0	0	0	0	0	0	0	0	0	0	0
33 京都	0	0	0	0	0	0	0	0	0	0	0	0	0
34 奈良	0	0	0	0	0	0	0	0	0	0	0	0	0
35 和歌山	0	0	0	0	0	0	0	0	0	0	0	0	0
36 大阪	0	0	0	0	0	0	0	0	0	0	0	0	0
37 兵庫	0	0	0	0	0	0	0	0	0	0	0	0	0
38 鳥取	0	0	0	0	0	0	0	0	0	0	0	0	0
39 島根	0	0	0	0	0	0	0	0	0	0	0	0	0
40 岡山	0	0	0	0	0	0	0	0	0	0	0	0	0
41 広島	0	0	0	0	0	0	0	0	0	0	0	0	0
42 山口	0	0	0	0	0	0	0	0	0	0	0	0	0
43 香川	0	0	0	0	0	0	0	0	0	0	0	0	0
44 愛媛	0	0	0	0	0	0	0	0	0	0	0	0	0
45 徳島	0	0	0	0	0	0	0	0	0	0	0	0	0
46 高知	0	0	0	0	0	0	0	0	0	0	0	0	0
47 福岡	0	0	0	0	0	0	0	0	0	0	0	0	0
48 佐賀	0	0	0	0	0	0	0	0	0	0	0	0	0
49 長崎	0	0	0	0	0	0	0	0	0	0	0	0	0
50 熊本	0	0	0	0	0	0	0	0	0	0	0	0	0
51 大分	0	0	0	0	0	0	0	0	0	0	0	0	0
52 宮崎	0	0	0	0	0	0	0	0	0	0	0	0	0
53 鹿児島	0	0	0	0	0	0	0	0	0	0	0	0	0
54 沖縄	0	0	0	0	0	0	0	0	0	0	0	0	0
55 全国	0	0	0	0	0	0	0	0	0	0	0	0	0

Ⅲ 輸 送 ト ン 数

2. 府 県 相 互 間 輸 送 ト ン 数 表

（ 3 2 品 目 分 類 ）

（1）　全　　機　　関

利用上の注意点

　　全機関は、鉄道、海運、自動車の府県相互間輸送トン数表を合計したものであるが、自動車の精度が非常に低いため、全機関の精度も低くなっているものと思われる。よって、本調査結果の利用にあたっては、可能な限り品目及び地域を統合したものを利用する等、十分な注意が必要である。

　　本調査を使用した分析結果の公表などを行う際には、上記の趣旨に沿った注釈を付けるなど、ご配慮願いたい。

全機関

平成28年度　　　　　　　　　　　　　　　　　　　　　　　　府県相互間輸送トン数表（全機関）

品目　（1－1）穀物　　（単位：トン）　その 1

着／発	1 札幌	2 旭川	3 函館	4 室蘭	5 釧路	6 帯広	7 北見	8 北海道	9 青森	10 岩手	11 宮城	12 福島	13 秋田	14 山形
1 札幌	2,378,437	215,471	4,634	173,763	0	0	0	2,772,305	0	0	0	0	0	0
2 旭川	181,560	598,571	0	46,337	23,168	13,901	0	863,537	0	0	0	0	0	0
3 函館	4,634	0	71,095	0	0	0	0	75,729	0	0	0	0	0	0
4 室蘭	0	0	0	1,876,530	11,720	2,204	0	1,890,454	3,511	0	1,518	0	0	0
5 釧路	290	0	5,100	3,930	3,499,159	4,128	0	3,512,607	0	0	0	0	0	0
6 帯広	368	72,054	10,825	26,503	5,241	2,461,340	0	2,576,331	0	0	0	0	0	0
7 北見	0	0	2,400	0	0	46,337	77,275	126,012	0	0	0	0	0	0
8 北海道	2,565,289	886,095	94,054	2,127,064	3,585,625	2,481,573	77,275	11,816,974	3,511	0	1,518	0	0	0
9 青森	0	0	0	1,418	4,596	0	0	6,014	548,110	1,019	2,000	0	9,267	0
10 岩手	1,500	0	0	0	0	0	0	1,500	0	330,652	28,324	0	10,973	0
11 宮城	0	0	0	1,665	0	0	0	1,665	24,981	83,071	1,233,692	0	0	23,632
12 福島	0	0	0	0	0	0	0	0	0	23,168	30,119	1,314,476	0	49,566
13 秋田	0	0	0	0	0	0	0	0	0	0	4,634	0	1,202,479	0
14 山形	0	0	0	0	0	0	0	0	0	0	0	0	0	1,489,224
15 茨城	21,994	0	40,377	18,899	16,734	19,304	0	117,308	43,899	11,937	159,022	0	0	0
16 栃木	0	0	0	0	0	0	0	0	0	0	0	0	0	0
17 群馬	0	0	0	0	0	0	0	0	0	0	0	0	0	0
18 埼玉	0	0	0	0	0	0	0	0	0	0	0	0	0	0
19 千葉	6,479	0	4,438	0	0	0	0	10,917	1,527	30,119	7,658	28,729	0	0
20 東京	0	0	0	10,515	30	0	0	10,545	0	0	5,261	0	0	23,367
21 神奈川	0	0	0	17,476	613	0	0	18,089	11,786	5,100	16,580	0	0	23,367
22 新潟	0	0	0	0	0	0	0	0	0	0	0	0	0	0
23 富山	0	0	0	0	0	0	0	0	0	0	0	0	0	0
24 石川	0	0	0	0	0	0	0	0	0	0	0	0	0	0
25 福井	0	0	0	375	0	0	0	375	0	0	0	0	0	0
26 山梨	0	0	0	0	0	0	0	0	0	0	0	0	0	0
27 長野	0	0	0	0	0	0	0	0	0	0	0	0	0	0
28 静岡	0	0	0	0	0	0	0	0	0	0	7,550	0	0	0
29 岐阜	0	0	0	0	0	0	0	0	0	0	0	0	0	0
30 愛知	0	0	0	220	0	0	0	220	1,294	0	2,451	0	0	27,802
31 三重	4,040	0	0	0	0	0	0	4,040	0	0	0	0	0	0
32 滋賀	0	0	0	0	0	0	0	0	0	0	0	0	0	0
33 京都	0	0	0	0	0	0	0	0	0	0	0	0	0	0
34 奈良	0	0	0	0	0	0	0	0	0	0	0	0	0	0
35 和歌山	0	0	0	0	0	0	0	0	0	0	0	0	0	0
36 大阪	0	0	0	605	0	0	0	605	1,302	0	0	0	0	0
37 兵庫	1,500	0	0	0	0	0	0	1,500	1,499	0	0	0	0	0
38 鳥取	0	0	0	0	0	0	0	0	0	0	0	0	0	0
39 島根	0	0	0	0	0	0	0	0	0	0	0	0	0	0
40 岡山	0	0	0	0	1,944	0	0	1,944	0	0	3,015	0	0	0
41 広島	0	0	0	0	0	0	0	0	0	0	0	0	0	0
42 山口	0	0	0	0	0	0	0	0	0	0	0	0	0	0
43 香川	0	0	0	0	0	0	0	0	0	0	1,684	0	0	0
44 愛媛	0	0	0	0	0	0	0	0	0	0	0	0	0	0
45 徳島	0	0	0	0	0	0	0	0	0	0	0	0	0	0
46 高知	0	0	0	0	0	0	0	0	0	0	0	0	0	0
47 福岡	0	0	0	0	0	0	0	0	0	0	0	0	0	0
48 佐賀	0	0	0	0	0	0	0	0	0	0	0	0	0	0
49 長崎	0	0	0	0	0	0	0	0	0	0	0	0	0	0
50 熊本	0	0	0	0	0	0	0	0	0	0	0	0	0	0
51 大分	0	0	0	0	0	0	0	0	0	0	0	0	0	0
52 宮崎	0	0	0	0	0	0	0	0	0	0	0	0	0	0
53 鹿児島	0	0	0	0	0	0	0	0	0	0	1,174	0	0	0
54 沖縄	0	0	0	0	0	0	0	0	0	0	0	0	0	0
55 全国	2,600,802	886,095	138,869	2,178,237	3,609,542	2,500,877	77,275	11,991,696	637,909	485,067	1,504,682	1,343,205	1,222,720	1,636,958

平成28年度　　　　　　　　　　　　　　　　　　　　　　　　府県相互間輸送トン数表（全機関）

品目　（1－1）穀物　　（単位：トン）　その 2

着／発	15 茨城	16 栃木	17 群馬	18 埼玉	19 千葉	20 東京	21 神奈川	22 新潟	23 富山	24 石川	25 福井	26 山梨	27 長野	28 静岡
1 札幌	0	0	0	0	3,000	0	0	0	0	0	0	0	0	0
2 旭川	1,500	0	0	0	1,500	0	7,500	0	0	0	0	0	0	0
3 函館	1,500	0	0	0	0	0	0	0	0	0	0	0	0	0
4 室蘭	39,304	0	0	0	15,630	14,860	22,330	0	0	0	17,080	0	0	3,133
5 釧路	390	0	0	0	9,000	0	7,500	0	0	0	0	0	0	2,697
6 帯広	6,000	0	0	0	68,911	4,395	58,500	0	0	0	0	0	0	2,734
7 北見	6,000	0	0	0	21,630	2,230	36,020	0	0	0	0	0	0	3,505
8 北海道	54,694	0	0	27,802	119,671	21,485	131,850	0	0	0	17,080	0	0	12,069
9 青森	0	0	0	27,802	0	0	18	0	0	0	0	0	0	1,492
10 岩手	0	0	0	0	57,828	23,168	0	0	0	0	0	0	0	0
11 宮城	3,622	0	0	57,921	23,168	0	41,838	23,168	0	0	0	0	0	24,960
12 福島	47,264	25,485	28,324	76,919	19,879	28,324	23,603	25,949	0	0	0	0	0	0
13 秋田	29,887	0	0	30,721	0	0	0	0	0	0	0	0	0	0
14 山形	0	0	0	0	0	14,162	50,982	14,162	0	0	0	0	0	0
15 茨城	546,688	0	2,793	4,139	56,806	12,433	47,109	7,500	27,802	0	0	0	0	18,135
16 栃木	0	367,295	0	47,972	0	0	0	0	0	0	0	0	0	0
17 群馬	1,770	32,261	393,210	0	1,605	4,233	941	0	0	0	0	0	0	0
18 埼玉	1,369	2,586	0	856,307	201,839	491,639	3,475	0	0	0	0	0	28,324	0
19 千葉	22,662	0	0	49,226	1,450,880	10,853	54,493	0	0	0	0	0	27,153	38,552
20 東京	9,925	0	0	75,922	53,324	318,667	87,865	0	0	0	0	0	30,119	0
21 神奈川	106,297	0	27,802	152,425	34,023	130,487	1,416,755	0	0	0	37,070	0	92,674	62,279
22 新潟	6,487	0	0	0	0	0	2,163	0	1,194,496	0	1,669	0	37,000	0
23 富山	0	0	0	0	0	0	0	0	811,269	0	0	0	0	0
24 石川	0	0	0	0	0	0	0	0	1,717	206,637	0	0	0	0
25 福井	0	0	0	0	0	0	0	0	0	0	178,235	0	0	0
26 山梨	0	0	0	0	0	0	0	0	0	0	0	25,178	23,952	2,069
27 長野	0	0	3,204	28,890	0	28,358	0	24,790	0	0	0	1,293	761,159	0
28 静岡	21,167	0	0	0	871	0	2,003	0	0	0	0	6,176	0	30,588
29 岐阜	0	0	0	0	0	0	0	0	0	0	0	0	0	0
30 愛知	4,497	0	23,168	28,890	98,792	270	4,427	0	0	0	0	0	13,090	29,318
31 三重	0	0	0	0	0	0	0	0	0	0	0	0	0	0
32 滋賀	0	0	0	0	0	0	0	0	0	0	0	0	30,091	0
33 京都	0	0	0	0	0	0	0	0	0	0	0	0	0	0
34 奈良	0	0	0	0	0	0	0	0	0	0	0	0	0	0
35 和歌山	0	0	0	0	0	0	0	0	0	0	0	0	0	0
36 大阪	0	0	0	0	0	0	0	0	0	0	0	0	0	0
37 兵庫	16,211	0	0	0	1,130	0	3,000	0	0	0	0	0	0	3,230
38 鳥取	0	0	0	0	0	0	0	0	0	0	0	0	0	0
39 島根	0	0	0	0	0	0	0	0	0	0	0	0	0	0
40 岡山	660	0	0	0	1,483	415	2,976	1,092	0	0	0	0	0	6,971
41 広島	0	0	0	0	0	0	0	0	0	0	0	0	0	0
42 山口	0	0	0	0	0	0	0	0	0	0	0	0	0	0
43 香川	2,127	0	0	0	0	0	1,500	205	0	0	0	0	0	0
44 愛媛	570	0	0	0	0	200	0	0	0	0	0	0	0	0
45 徳島	0	0	0	0	0	0	0	0	0	0	0	0	0	0
46 高知	0	0	0	0	0	0	0	0	0	0	0	0	0	0
47 福岡	3,240	0	0	0	2,800	4,275	3,622	5,074	0	0	0	0	0	2,255
48 佐賀	0	0	0	0	0	0	0	0	0	0	0	0	0	0
49 長崎	0	0	0	0	0	0	0	0	0	0	0	0	0	0
50 熊本	0	0	0	0	0	0	0	0	0	0	0	0	0	0
51 大分	0	0	0	0	650	0	0	0	0	0	0	0	0	864
52 宮崎	0	0	0	0	0	0	0	0	0	0	0	0	0	0
53 鹿児島	0	0	0	0	260	0	0	0	0	0	0	0	0	0
54 沖縄	0	0	0	0	0	144	0	0	0	0	0	0	0	0
55 全国	879,138	427,627	478,501	1,437,135	2,125,008	1,089,112	1,875,145	1,299,911	840,788	208,306	195,315	69,717	1,043,562	232,782

平成28年度　　　　　　　　　　　府県相互間輸送トン数表（全機関）　　　　　　　　　　（単位：トン）
品目（1－1）穀物　　その3

着／発	29 岐阜	30 愛知	31 三重	32 滋賀	33 京都	34 奈良	35 和歌山	36 大阪	37 兵庫	38 鳥取	39 島根	40 岡山	41 広島	42 山口
1 札幌	0	0	0	0	0	0	0	0	9,000	0	0	0	0	0
2 旭川	0	0	0	0	0	0	0	0	0	0	0	0	0	0
3 函館	0	0	0	0	0	0	0	0	0	0	0	0	0	0
4 室蘭	0	56,487	2,739	0	0	0	0	3,068	17,233	0	0	0	0	0
5 釧路	0	1,580	0	0	0	0	0	2,036	7,070	0	0	0	0	0
6 帯広	0	29,967	5,515	0	0	0	0	7,459	37,489	0	0	0	2,504	0
7 北見	0	13,044	6,012	0	0	0	0	8,250	20,420	0	0	0	400	0
8 北海道	0	101,078	14,266	0	0	0	0	20,813	91,212	0	0	0	2,904	0
9 青森	0	2,976	0	0	0	0	0	0	30,119	0	0	0	0	0
10 岩手	0	0	0	0	0	0	0	0	0	0	0	0	0	0
11 宮城	0	20	0	0	0	0	0	15,020	0	0	0	0	0	0
12 福島	0	27,802	0	0	0	27,802	0	0	0	0	0	0	0	0
13 秋田	0	2,780	0	0	0	0	0	0	0	0	0	0	0	0
14 山形	0	0	0	0	0	0	0	0	0	0	0	0	0	0
15 茨城	55,604	82,914	0	0	0	0	0	0	27,802	0	0	0	8,921	0
16 栃木	0	85,723	0	0	0	0	0	0	0	0	0	0	0	0
17 群馬	0	0	0	0	0	0	0	0	0	0	0	0	0	0
18 埼玉	0	0	0	0	0	0	0	0	0	0	0	0	0	0
19 千葉	0	18,168	1,500	0	0	0	0	0	3,000	0	0	160	0	0
20 東京	0	161	0	0	0	0	0	0	1,608	0	0	0	0	0
21 神奈川	0	4,765	0	0	0	0	0	1,222	5,114	0	0	12,310	703	0
22 新潟	0	0	0	0	0	0	0	0	1,048	0	0	0	0	0
23 富山	18,843	55,048	0	22,937	0	0	31	28,324	32,436	0	0	0	0	0
24 石川	0	92,674	0	0	0	0	0	0	0	0	0	0	0	0
25 福井	0	58,385	0	0	29,192	0	0	0	25,485	0	0	0	0	0
26 山梨	0	0	0	0	0	0	0	0	0	0	0	0	0	0
27 長野	0	21,547	0	24,781	0	0	0	0	0	0	0	0	0	0
28 静岡	0	5,865	0	0	0	0	0	0	9,547	0	0	300	4,504	0
29 岐阜	312,087	72,742	0	0	0	0	0	0	0	0	0	50,971	0	0
30 愛知	490,099	1,308,992	155,188	56,763	0	0	0	15,511	39,298	0	0	6,054	2,015	0
31 三重	0	41,703	48,434	21,454	0	0	0	0	1,450	0	0	0	0	0
32 滋賀	0	30,213	24,781	573,454	72,848	0	0	0	4,634	0	0	0	0	0
33 京都	0	0	0	52,309	41,419	9,030	0	5,611	14,693	0	0	0	0	0
34 奈良	15,049	0	0	0	0	156,229	64,542	210,249	0	0	0	0	0	0
35 和歌山	0	0	16,633	0	0	0	60,694	78,834	0	0	0	0	0	0
36 大阪	0	0	0	0	0	0	113,704	411,756	57,008	0	0	0	6,674	0
37 兵庫	0	47,059	80	0	0	0	0	527,003	487,950	28,984	0	231,111	59,472	650
38 鳥取	0	0	0	0	3,135	0	0	0	0	70,423	0	0	0	0
39 島根	0	0	0	0	0	0	0	0	9,397	0	170,027	0	4,634	0
40 岡山	0	78,242	0	0	0	0	0	32,117	87,659	0	0	773,547	109,407	0
41 広島	0	0	0	0	0	0	0	608	1,000	0	0	26,180	684,979	0
42 山口	0	0	0	30,119	0	0	0	0	0	0	17,608	0	0	52,805
43 香川	0	0	0	0	0	0	0	0	109,587	0	0	0	23,516	0
44 愛媛	0	0	0	0	0	0	0	0	0	0	0	0	0	0
45 徳島	0	0	0	0	0	0	0	0	0	0	0	0	0	0
46 高知	0	0	0	0	0	0	0	0	650	0	0	0	0	0
47 福岡	0	3,002	0	0	0	0	0	1,520	10,133	0	0	26,849	11,843	0
48 佐賀	0	0	0	0	0	0	0	0	2,466	0	0	0	0	0
49 長崎	0	2,100	0	0	0	0	0	0	1,772	0	0	0	702	0
50 熊本	0	0	0	0	0	0	0	0	0	0	0	0	0	0
51 大分	0	0	0	0	0	0	0	0	0	0	0	0	0	0
52 宮崎	0	0	0	0	0	0	0	0	360	0	0	0	0	0
53 鹿児島	0	14,250	0	0	0	0	0	0	1,100	0	0	19,905	4,971	0
54 沖縄	0	0	0	0	0	0	0	0	0	0	0	0	0	0
55 全国	891,682	2,158,210	260,881	788,999	169,531	193,061	238,971	1,349,997	1,055,120	99,407	187,635	1,189,401	883,229	53,455

平成28年度　　　　　　　　　　　府県相互間輸送トン数表（全機関）　　　　　　　　　　（単位：トン）
品目（1－1）穀物　　その4

着／発	43 香川	44 愛媛	45 徳島	46 高知	47 福岡	48 佐賀	49 長崎	50 熊本	51 大分	52 宮崎	53 鹿児島	54 沖縄	55 全国
1 札幌	0	0	0	0	0	0	0	0	0	0	0	0	2,775,305
2 旭川	0	0	0	0	0	0	0	0	0	0	0	0	883,037
3 函館	0	0	0	0	0	0	0	0	0	0	0	0	77,229
4 室蘭	0	0	0	0	2,502	0	0	0	0	0	17,150	10,696	2,117,695
5 釧路	0	0	0	0	1,401	1,000	0	0	0	0	0	0	3,545,281
6 帯広	12,546	0	0	0	7,411	0	0	0	0	0	0	0	2,819,762
7 北見	1,500	0	0	0	0	0	0	0	0	0	0	0	245,023
8 北海道	14,046	0	0	0	11,314	1,000	0	0	0	0	17,150	10,696	12,463,331
9 青森	0	0	0	0	0	0	0	0	0	0	0	1,501	630,319
10 岩手	0	0	0	0	0	0	0	700	0	0	0	0	453,146
11 宮城	0	0	0	0	0	0	0	0	0	0	2,700	0	1,559,459
12 福島	0	0	0	0	0	0	0	0	0	0	0	5,451	1,754,130
13 秋田	0	0	0	0	0	0	0	0	0	0	0	0	1,270,502
14 山形	0	0	0	0	0	0	0	0	0	0	0	0	1,568,530
15 茨城	1,597	0	0	0	32,592	600	2,967	1,300	0	0	7,725	0	1,274,801
16 栃木	0	0	0	0	0	0	0	0	0	0	0	0	503,783
17 群馬	0	0	0	0	0	0	0	0	0	0	0	0	434,019
18 埼玉	0	0	0	0	0	0	463	0	0	0	0	0	1,586,002
19 千葉	0	0	0	0	7,100	0	1,476	0	0	0	700	0	1,764,874
20 東京	0	0	0	0	256,185	0	0	0	0	5,076	40	35,668	913,732
21 神奈川	494	0	0	0	0	0	0	0	0	0	6,700	0	2,166,042
22 新潟	0	0	0	0	0	0	0	0	0	0	0	0	1,240,700
23 富山	0	0	0	0	0	0	0	0	0	0	0	0	971,051
24 石川	0	0	0	0	0	0	0	0	0	0	0	0	301,028
25 福井	0	0	0	0	0	0	0	0	0	0	0	0	291,917
26 山梨	0	0	0	0	0	0	0	0	0	0	0	0	51,198
27 長野	0	0	0	0	0	0	0	0	0	0	0	0	894,022
28 静岡	0	0	0	0	0	0	0	0	0	0	2,207	357	121,254
29 岐阜	0	0	0	0	0	0	0	0	0	0	0	0	435,800
30 愛知	0	0	0	0	86,471	1,000	0	0	2	0	42,768	0	2,438,379
31 三重	0	0	0	0	0	0	0	0	0	0	9,600	0	126,682
32 滋賀	0	0	0	0	0	0	0	0	0	0	0	0	736,021
33 京都	0	0	0	0	0	0	0	0	0	0	0	0	123,061
34 奈良	0	0	0	0	0	0	0	0	0	0	0	0	446,070
35 和歌山	0	0	0	0	2,720	0	0	0	0	0	998	0	159,879
36 大阪	2,124	0	23,836	0	30,910	0	0	0	0	420	426	3,897	652,662
37 兵庫	187,814	27,871	0	0	23,421	0	0	0	0	3,302	29,061	366	1,680,713
38 鳥取	0	0	0	0	0	0	0	0	0	0	0	0	73,559
39 島根	0	0	0	0	0	0	27,802	0	0	0	0	0	211,860
40 岡山	68,003	37,533	0	0	9,144	0	0	3,365	0	0	7,817	316	1,225,707
41 広島	505	0	0	0	0	0	30,721	0	0	0	399	0	744,392
42 山口	0	0	0	0	0	0	0	0	0	0	650	0	101,182
43 香川	1,449,732	18,071	0	0	0	0	0	0	0	0	27,802	27	1,616,180
44 愛媛	0	478,060	0	0	0	0	0	0	0	0	0	234	497,135
45 徳島	0	0	98,626	0	0	0	0	0	0	0	0	0	98,626
46 高知	0	0	0	60,344	0	0	0	0	0	0	0	0	60,994
47 福岡	16,394	0	0	0	817,614	38,881	11,550	8,423	0	0	38,801	33,422	1,039,698
48 佐賀	0	0	0	0	126,514	111,785	0	0	0	0	0	0	240,765
49 長崎	0	0	0	0	650	200	241,510	11,735	0	0	0	0	258,669
50 熊本	0	0	0	0	700	6,775	1,496	292,526	0	0	9,156	0	310,652
51 大分	0	0	0	0	12,746	0	0	107	7,995	0	0	0	22,361
52 宮崎	0	0	0	0	0	0	0	0	0	86,248	1,505	0	88,113
53 鹿児島	13,253	47,707	0	0	119,792	0	15,551	55,279	57,860	322,667	2,453,672	120,105	3,247,545
54 沖縄	0	0	0	0	0	0	0	0	0	0	141	21,636	21,921
55 全国	1,772,034	591,171	122,462	60,344	1,537,872	161,175	332,603	373,434	65,857	417,713	2,660,017	233,676	48,872,711

平成28年度　府県相互間輸送トン数表（全機関）　品目（1－2）野菜・果物　その1　（単位：トン）

着＼発	1 札幌	2 旭川	3 函館	4 室蘭	5 釧路	6 帯広	7 北見	8 北海道	9 青森	10 岩手	11 宮城	12 福島	13 秋田	14 山形
1 札幌	2,132,775	9,805	22,346	80,148	0	0	22,802	2,267,874	0	0	0	0	0	0
2 旭川	160,281	957,978	0	223,455	0	0	101,659	1,443,374	0	0	0	0	0	0
3 函館	0	0	890,491	0	0	0	0	890,491	0	0	0	0	0	0
4 室蘭	352,298	0	9,323	220,002	150	0	0	581,773	0	0	0	0	0	0
5 釧路	0	0	0	68,992	448,265	0	0	517,257	0	0	0	0	0	0
6 帯広	275,968	0	0	0	0	911,855	0	1,187,823	0	0	0	0	0	0
7 北見	150,663	69,907	0	74,586	186,465	29,088	1,800,902	2,311,612	0	0	0	0	0	0
8 北海道	3,071,985	1,037,690	922,160	667,183	634,880	940,943	1,925,363	9,200,204	0	0	0	0	0	0
9 青森	0	0	0	50	0	0	0	50	2,969,227	0	97,819	0	59,134	0
10 岩手	0	0	0	0	0	0	0	0	0	210,976	0	0	12,620	0
11 宮城	0	0	0	60	0	0	0	60	87,330	0	74,886	9,121	59,284	0
12 福島	0	0	0	0	0	0	0	0	0	0	13,542	447,044	0	0
13 秋田	0	0	0	0	0	0	0	0	0	4,957	0	0	284,499	0
14 山形	0	0	0	0	0	0	0	0	0	19,632	0	2,517	0	452,827
15 茨城	0	0	0	73,275	0	0	0	73,275	0	0	0	52,117	0	0
16 栃木	0	0	0	0	0	0	0	0	0	0	0	0	0	0
17 群馬	0	0	0	0	0	0	0	0	0	0	0	0	0	0
18 埼玉	0	0	0	0	0	0	0	0	0	0	0	4,560	0	0
19 千葉	0	0	0	0	0	0	0	0	0	18,241	0	0	0	0
20 東京	946	17,101	0	2,107	20	0	0	20,174	58,144	0	63,919	0	0	0
21 神奈川	0	0	0	3,050	0	0	0	3,050	36	0	99,701	0	0	0
22 新潟	0	0	0	0	0	0	0	0	0	0	0	0	0	3,418
23 富山	0	0	0	0	0	0	0	0	0	0	0	0	0	0
24 石川	0	0	0	0	0	0	0	0	0	0	0	0	0	0
25 福井	0	0	0	8,509	0	0	0	8,509	0	0	0	0	0	0
26 山梨	0	0	0	0	0	0	0	0	0	0	0	0	0	0
27 長野	0	0	0	0	0	0	0	0	0	0	65,897	0	0	0
28 静岡	0	0	0	0	0	0	0	0	0	0	0	0	0	0
29 岐阜	0	0	0	0	0	0	0	0	0	0	0	0	0	0
30 愛知	0	0	0	280	0	0	0	280	36	0	0	0	0	0
31 三重	0	0	0	0	0	0	0	0	0	0	0	0	0	0
32 滋賀	0	0	0	0	0	0	0	0	0	0	0	0	0	0
33 京都	0	0	0	0	0	0	0	0	0	0	0	0	0	0
34 奈良	0	0	0	0	0	0	0	0	0	0	0	0	0	0
35 和歌山	0	0	0	0	0	0	0	0	0	0	0	0	0	0
36 大阪	0	0	0	0	0	0	0	0	0	0	0	0	0	0
37 兵庫	0	0	0	0	0	0	0	0	0	0	0	0	0	0
38 鳥取	0	0	0	0	0	0	0	0	0	0	0	0	0	0
39 島根	0	0	0	0	0	0	0	0	0	0	0	0	0	0
40 岡山	0	0	0	0	0	0	0	0	0	0	0	0	0	0
41 広島	0	0	0	0	0	0	0	0	0	0	0	0	0	0
42 山口	0	0	0	0	0	0	0	0	0	0	0	0	0	0
43 香川	0	0	0	0	0	0	0	0	0	0	0	0	0	0
44 愛媛	0	0	0	0	0	0	0	0	0	0	0	0	0	0
45 徳島	0	0	0	0	0	0	0	0	0	0	0	0	0	1,368
46 高知	0	0	0	0	0	0	0	0	0	0	0	0	0	0
47 福岡	0	0	0	0	0	0	0	0	0	0	0	0	0	27,362
48 佐賀	0	0	0	0	0	0	0	0	0	0	0	0	0	0
49 長崎	0	0	0	0	0	0	0	0	0	0	0	0	0	0
50 熊本	0	0	0	0	0	0	0	0	0	0	0	0	0	0
51 大分	0	0	0	0	0	0	0	0	0	0	0	0	0	0
52 宮崎	0	0	0	0	0	0	0	0	0	0	0	0	0	0
53 鹿児島	0	0	0	0	0	0	0	0	0	0	0	0	0	0
54 沖縄	0	0	0	0	0	0	0	0	0	0	0	0	0	0
55 全国	3,072,932	1,054,791	922,160	754,514	634,900	940,943	1,925,363	9,305,603	3,114,774	253,807	420,323	510,799	415,537	484,975

平成28年度　府県相互間輸送トン数表（全機関）　品目（1－2）野菜・果物　その2　（単位：トン）

着＼発	15 茨城	16 栃木	17 群馬	18 埼玉	19 千葉	20 東京	21 神奈川	22 新潟	23 富山	24 石川	25 福井	26 山梨	27 長野	28 静岡
1 札幌	0	0	0	0	0	0	0	0	0	0	0	0	0	0
2 旭川	0	0	0	25,082	0	18,241	0	0	0	0	0	0	0	0
3 函館	0	0	0	0	0	0	0	0	0	0	0	0	0	0
4 室蘭	126,872	0	0	0	0	26,855	782	0	0	0	0	142,920	0	0
5 釧路	55,050	0	0	0	0	0	0	0	0	0	0	0	0	0
6 帯広	0	0	0	0	0	0	0	0	0	0	0	0	0	0
7 北見	0	0	0	0	0	0	0	0	0	0	0	0	0	0
8 北海道	181,922	0	0	25,082	0	45,096	782	0	0	0	0	142,920	0	0
9 青森	19,381	0	0	0	0	32,606	20	0	0	0	0	0	0	0
10 岩手	991	0	0	0	0	0	0	0	0	0	0	0	0	0
11 宮城	4,560	0	0	0	0	115,382	0	0	0	0	0	0	0	0
12 福島	0	1,117	0	50	0	37,554	18,697	0	0	0	0	0	0	0
13 秋田	0	0	0	0	0	22,802	27,590	0	0	0	0	0	0	0
14 山形	0	0	0	0	0	0	45,603	84,282	0	0	0	0	0	0
15 茨城	714,012	32,814	13,681	346,472	116,516	443,767	23,942	0	0	0	0	15,961	47,769	60,407
16 栃木	85,860	645,597	70,831	27,693	0	35,792	0	0	0	0	0	0	0	0
17 群馬	45,261	0	492,870	405,959	0	291,072	65,435	0	0	0	0	0	0	0
18 埼玉	174,340	16,784	77,547	1,395,799	244,995	516,171	254,597	53,926	0	0	0	161,643	46,083	9,875
19 千葉	40,578	38,863	30,167	331,283	1,431,887	325,189	75,155	132,922	0	0	0	185,515	0	10,047
20 東京	6,620	0	1,341	721,995	131,361	1,276,991	0	45,603	0	0	0	0	0	0
21 神奈川	1,425	912	6,111	59,421	194,077	390,410	1,182,745	0	0	0	0	8,469	0	0
22 新潟	0	0	11,813	19,313	2,700	5,700	228,016	496,989	0	0	0	0	0	6,519
23 富山	0	0	0	0	0	0	0	0	183,045	0	0	0	0	0
24 石川	0	0	0	0	0	0	0	18,241	55,074	717,965	0	0	0	0
25 福井	0	0	0	0	0	0	0	0	7,887	7,887	205,801	0	0	0
26 山梨	0	0	0	0	0	3,095	0	0	0	0	0	315,411	11,401	0
27 長野	0	22,327	0	82,411	157,810	336,431	61,596	3,306	0	24,170	4,560	7,981	1,344,026	41,043
28 静岡	22,802	0	0	17,667	0	152,717	30,910	0	0	61,533	0	68,633	27,773	601,551
29 岐阜	0	0	0	0	0	0	0	0	0	74,586	115,049	0	0	0
30 愛知	0	19,154	0	36,134	0	22,802	22,802	0	0	20,511	13,681	13,567	0	26,702
31 三重	0	0	0	0	0	0	0	0	0	0	0	0	0	0
32 滋賀	0	0	0	0	0	0	0	0	0	0	0	0	0	0
33 京都	0	0	0	0	0	0	0	0	0	0	0	7,459	0	0
34 奈良	0	0	0	0	0	0	0	0	0	0	0	0	0	0
35 和歌山	0	0	0	0	0	0	0	0	0	0	0	0	0	0
36 大阪	0	0	0	26,661	0	0	0	0	0	159,964	34,395	0	0	19,837
37 兵庫	0	0	0	0	0	44,782	0	0	23,942	11,188	0	0	0	0
38 鳥取	0	0	0	0	0	0	0	0	0	0	0	0	18,241	0
39 島根	0	0	0	0	0	0	0	0	0	0	0	0	0	0
40 岡山	0	0	0	0	0	0	0	0	0	0	0	0	0	0
41 広島	0	0	0	0	0	0	0	0	0	0	0	0	0	0
42 山口	0	0	0	0	0	20,214	0	0	0	0	0	0	0	0
43 香川	0	0	0	0	0	0	0	0	0	0	0	0	0	0
44 愛媛	0	25,082	0	0	0	0	0	0	0	0	0	0	0	0
45 徳島	0	0	0	0	0	26,906	28,274	0	0	0	0	0	0	0
46 高知	0	0	0	0	0	22,802	0	0	0	0	0	0	37,851	0
47 福岡	40	0	0	0	0	1,875	0	0	0	0	0	0	0	22,802
48 佐賀	0	0	0	21,390	0	13,681	0	0	0	0	0	0	0	0
49 長崎	0	0	0	0	0	12,769	0	0	0	0	0	0	0	0
50 熊本	0	0	0	26,222	0	0	0	0	0	0	0	0	0	0
51 大分	0	0	0	0	0	0	0	0	0	0	0	0	0	600
52 宮崎	0	0	0	0	0	57,814	0	0	0	0	0	0	0	0
53 鹿児島	0	0	0	0	0	0	0	0	0	0	0	0	0	0
54 沖縄	0	0	0	0	0	35,645	0	0	0	0	0	0	0	0
55 全国	1,297,794	802,650	704,362	3,543,551	2,279,346	4,269,849	2,219,298	702,348	376,162	989,832	519,190	763,613	1,533,143	799,382

平成28年度　　府県相互間輸送トン数表（全機関）　　品目（1-2）野菜・果物　　（単位：トン）　その3

発＼着	29 岐阜	30 愛知	31 三重	32 滋賀	33 京都	34 奈良	35 和歌山	36 大阪	37 兵庫	38 鳥取	39 島根	40 岡山	41 広島	42 山口
1 札幌	0	0	0	0	0	0	0	0	0	0	0	0	0	0
2 旭川	0	0	0	0	0	0	0	0	0	0	0	0	0	0
3 函館	0	0	0	0	0	0	0	0	0	0	0	0	0	0
4 室蘭	0	34,841	0	0	0	0	0	1,044	0	0	0	0	0	0
5 釧路	0	80	0	0	0	0	0	4,620	0	0	0	0	0	0
6 帯広	0	0	0	0	0	0	0	0	0	0	0	0	22,802	0
7 北見	0	0	0	0	0	0	0	0	0	0	0	0	0	0
8 北海道	0	34,921	0	0	0	0	0	5,664	0	0	0	0	22,802	0
9 青森	0	25	0	0	0	0	0	0	0	0	0	0	0	0
10 岩手	0	0	0	0	0	0	0	0	0	0	0	0	0	0
11 宮城	0	800	0	0	0	0	0	0	0	0	0	0	0	0
12 福島	0	0	0	0	0	0	0	0	0	0	0	0	0	0
13 秋田	0	0	0	0	0	0	0	0	0	0	0	0	0	0
14 山形	0	0	0	0	0	0	0	0	0	0	0	0	0	0
15 茨城	0	0	0	0	0	0	0	0	0	0	0	0	0	0
16 栃木	0	0	0	0	0	0	0	0	0	0	0	0	0	0
17 群馬	0	0	0	0	0	0	0	0	0	0	0	0	22,916	0
18 埼玉	0	0	0	0	0	1,796	0	0	0	0	0	0	0	0
19 千葉	0	0	0	0	0	0	0	0	195	0	0	0	0	0
20 東京	4,560	5,736	0	0	0	0	0	93,634	36,104	0	0	0	0	25
21 神奈川	0	273,413	0	0	0	0	0	1,575	12,435	0	0	0	21,661	0
22 新潟	0	0	0	0	0	0	0	0	0	0	0	0	0	0
23 富山	0	0	0	0	0	0	34	0	0	0	0	0	0	0
24 石川	0	11,629	0	0	0	0	0	48,385	136,581	0	0	0	0	0
25 福井	0	0	0	0	0	0	0	0	11,561	0	0	0	0	0
26 山梨	0	0	0	0	0	0	0	0	0	0	0	0	0	0
27 長野	104,887	67,677	19,427	0	0	9,121	25,766	187,224	26,336	0	0	0	21,890	0
28 静岡	0	0	0	0	0	0	0	0	0	0	0	0	0	0
29 岐阜	457,881	36,539	11,515	202,579	12,495	0	0	20,884	0	0	0	0	0	0
30 愛知	184,772	1,694,321	62,617	136,809	0	0	0	0	0	0	0	0	0	0
31 三重	0	0	86,188	3,733	0	0	0	46,994	0	0	0	0	0	0
32 滋賀	0	0	5,549	81,832	0	0	0	0	0	0	0	0	0	0
33 京都	0	0	0	8,289	439,943	0	0	39,091	11,401	0	0	0	0	0
34 奈良	0	0	220	0	19,154	165,260	19,207	86,191	0	0	0	6,384	0	0
35 和歌山	0	0	3,802	0	0	0	731,703	39,190	0	0	0	9,554	0	0
36 大阪	0	15,562	13,681	8,290	98,240	125,557	482,767	1,259,012	101,621	0	0	6,384	8,209	0
37 兵庫	0	0	0	0	109,232	65,648	36,734	503,691	778,235	0	0	0	104,224	0
38 鳥取	0	0	0	0	0	0	0	0	0	211,806	71,618	0	0	0
39 島根	0	0	0	0	0	0	0	37,293	0	11,971	41,840	0	31,694	0
40 岡山	0	0	0	0	0	0	0	18,949	62,279	0	0	776,554	53,144	0
41 広島	0	0	0	0	10,945	0	0	155,051	0	0	0	45,603	458,871	0
42 山口	0	0	0	0	0	0	0	0	0	0	0	0	15,663	659,111
43 香川	0	0	0	0	0	18,857	0	341,340	26,498	22,802	0	249,677	53,680	0
44 愛媛	0	0	0	0	0	0	0	0	74,586	0	0	43,095	293,456	0
45 徳島	0	63,515	0	2,750	133,230	0	4,110	346,608	67,357	0	0	39,926	37,293	0
46 高知	0	0	0	0	0	0	0	0	0	0	0	0	0	0
47 福岡	0	0	0	13,681	45,603	0	0	230,196	91,206	0	0	9,121	26,080	29,927
48 佐賀	0	0	0	0	0	0	0	70,685	0	0	0	0	0	0
49 長崎	0	0	0	0	0	0	0	91,206	0	0	0	0	0	0
50 熊本	39,903	50,163	0	0	23,942	0	0	2,280	0	0	0	0	0	0
51 大分	0	0	0	0	0	0	0	0	0	0	0	0	0	0
52 宮崎	27,362	0	0	0	27,134	0	0	27,020	0	43	0	0	0	0
53 鹿児島	0	0	0	0	0	0	0	310	0	56	0	0	0	0
54 沖縄	0	0	0	0	0	0	0	0	0	0	0	0	0	0
55 全国	819,365	2,277,103	202,999	457,963	919,918	386,238	1,300,321	3,661,947	1,427,018	246,579	113,458	1,186,298	1,208,875	689,063

平成28年度　　府県相互間輸送トン数表（全機関）　　品目（1-2）野菜・果物　　（単位：トン）　その4

発＼着	43 香川	44 愛媛	45 徳島	46 高知	47 福岡	48 佐賀	49 長崎	50 熊本	51 大分	52 宮崎	53 鹿児島	54 沖縄	55 全国
1 札幌	0	0	0	0	0	0	0	0	0	0	0	0	2,267,874
2 旭川	0	0	0	0	0	0	0	25,082	0	0	0	0	1,511,779
3 函館	0	0	0	0	0	0	0	0	0	0	0	0	890,491
4 室蘭	0	0	0	0	0	0	0	0	0	0	1,087	0	916,174
5 釧路	0	0	0	0	0	0	0	0	0	0	0	0	577,007
6 帯広	0	0	0	0	0	0	0	0	0	0	3,351	0	1,213,975
7 北見	0	0	0	0	0	0	0	0	0	0	0	0	2,311,612
8 北海道	0	0	0	0	0	0	0	25,082	0	0	4,438	0	9,688,913
9 青森	0	0	0	0	0	0	0	0	25,082	0	0	0	3,203,345
10 岩手	0	0	0	0	0	0	0	0	0	0	0	0	224,588
11 宮城	0	0	0	0	0	0	0	0	0	0	0	0	351,423
12 福島	0	0	0	0	0	0	0	0	0	0	0	0	518,004
13 秋田	0	0	0	0	0	0	0	0	0	0	0	0	339,847
14 山形	0	0	0	0	0	0	0	0	0	0	0	0	604,862
15 茨城	0	0	0	0	17,445	0	0	0	0	0	0	0	1,958,179
16 栃木	0	0	0	0	0	0	0	0	0	0	0	0	865,773
17 群馬	0	0	0	0	0	0	0	0	0	0	0	0	1,323,513
18 埼玉	0	0	0	0	0	0	0	0	0	0	0	0	2,958,116
19 千葉	0	0	0	0	0	0	0	0	0	0	0	0	2,301,604
20 東京	0	0	0	0	98	0	0	0	0	18,313	3,240	11,802	2,818,099
21 神奈川	0	0	0	0	981	0	0	0	0	0	0	0	2,256,423
22 新潟	0	0	0	0	0	0	0	0	0	0	0	0	774,468
23 富山	0	0	0	0	0	0	0	0	0	0	0	0	183,080
24 石川	0	0	0	0	0	0	0	0	0	0	0	0	987,875
25 福井	0	0	0	0	0	0	0	0	0	0	0	0	241,646
26 山梨	0	0	0	0	0	0	0	0	0	0	0	0	329,907
27 長野	0	22,802	0	0	18,241	25,629	22,802	0	22,802	0	0	0	2,726,158
28 静岡	0	0	0	0	0	0	0	0	0	0	0	0	955,811
29 岐阜	0	0	0	0	0	0	0	0	0	0	0	0	959,300
30 愛知	0	0	0	0	0	0	0	0	0	0	0	0	2,254,187
31 三重	0	0	0	0	0	0	0	0	0	0	0	0	136,915
32 滋賀	0	0	0	0	0	0	0	0	0	0	0	0	87,380
33 京都	0	0	0	0	22,802	22,802	0	0	0	0	0	0	551,785
34 奈良	0	0	0	0	0	0	0	0	0	0	0	0	296,418
35 和歌山	0	0	0	0	0	0	0	0	0	0	0	0	784,249
36 大阪	45,603	17,730	91,206	11,401	176	0	0	0	0	20	0	14,869	2,541,185
37 兵庫	0	0	84,822	26	31,451	0	0	0	0	52	757	168	1,794,950
38 鳥取	0	0	0	0	0	0	0	0	0	0	0	0	301,665
39 島根	0	0	0	0	0	0	0	0	0	0	0	0	122,799
40 岡山	0	42,411	0	0	0	0	0	0	0	0	0	0	953,336
41 広島	22,802	300,981	0	0	10,261	0	0	0	0	0	6,187	0	1,010,700
42 山口	0	0	0	0	33,970	0	0	9,121	0	0	0	0	738,078
43 香川	948,848	185,574	55,939	0	0	0	0	0	0	0	0	0	1,903,214
44 愛媛	23,942	721,539	0	42,866	0	0	0	0	0	6,658	0	2	1,231,226
45 徳島	19,393	0	462,746	0	0	0	0	0	0	0	0	0	1,233,475
46 高知	11,066	108,743	0	758,086	0	0	0	0	0	0	0	0	938,547
47 福岡	0	16,873	0	0	1,914,778	15,578	1,081	12,769	13,155	0	0	43,000	2,515,126
48 佐賀	0	0	0	0	142,437	258,881	0	0	0	0	0	0	595,898
49 長崎	0	0	0	0	104,207	2,736	762,900	0	0	0	0	0	996,620
50 熊本	0	0	22,802	22,802	87,883	0	10,261	1,337,952	0	48,126	33,197	0	1,705,531
51 大分	0	0	0	0	0	0	0	0	173,333	0	0	0	173,933
52 宮崎	0	20,989	0	0	0	0	11,401	0	46,595	825,131	64,112	0	1,107,557
53 鹿児島	0	0	0	0	7,753	9,121	0	2,969	0	0	826,413	44,955	891,253
54 沖縄	0	0	0	0	0	0	0	0	0	0	1,666	315,998	353,675
55 全国	1,071,653	1,437,641	717,516	835,180	2,392,481	334,746	808,444	1,439,423	280,966	898,300	940,010	430,794	61,791,123

平成28年度　　府県相互間輸送トン数表（全機関）

品目　（1-3）その他の農産品　その 1　　（単位：トン）

着\発	1 札幌	2 旭川	3 函館	4 室蘭	5 釧路	6 帯広	7 北見	8 北海道	9 青森	10 岩手	11 宮城	12 福島	13 秋田	14 山形
1 札幌	443,868	0	7,082	16,124	2,763	7,158	12,259	489,254	0	0	0	0	0	0
2 旭川	4,743	408,146	0	42,684	0	0	0	455,572	0	0	0	0	0	0
3 函館	1,432	0	173,177	0	0	0	0	174,609	0	0	0	0	0	0
4 室蘭	94,098	0	0	171,096	0	94,853	0	360,046	0	0	0	0	0	0
5 釧路	0	0	0	0	166,015	0	47,426	213,441	0	0	0	0	0	0
6 帯広	18,971	0	0	0	43,676	409,605	0	472,252	0	0	0	0	0	0
7 北見	0	0	0	0	134,217	55,489	1,649,523	1,839,228	0	0	0	0	0	0
8 北海道	563,111	408,146	180,259	229,903	346,670	567,105	1,709,208	4,004,403	0	0	0	0	0	0
9 青森	0	0	0	0	7	0	0	7	5,597	0	0	0	0	0
10 岩手	0	0	0	0	0	0	0	0	179,857	558,071	294,769	0	161,782	3,579
11 宮城	0	0	0	5,158	0	0	0	5,158	0	38,223	144,315	16,330	5,335	0
12 福島	0	0	0	0	0	0	0	0	0	0	29,887	105,172	0	0
13 秋田	0	0	0	0	0	0	0	0	0	31,005	0	0	164,070	0
14 山形	0	0	0	0	0	0	0	0	0	0	0	0	0	299,222
15 茨城	0	0	0	80	0	0	0	80	0	0	0	3,971	0	0
16 栃木	0	0	0	0	0	0	0	0	0	0	2,148	0	0	0
17 群馬	0	0	0	0	0	0	0	0	0	0	0	0	0	0
18 埼玉	0	0	0	0	0	0	0	0	0	0	0	0	0	0
19 千葉	0	0	0	0	0	0	0	0	0	0	0	0	0	0
20 東京	0	0	0	6,990	45	0	0	7,035	322	5,584	2,501	31,685	3,579	2,684
21 神奈川	0	0	0	1,459	0	0	0	1,459	1,026	0	4,681	0	0	21,261
22 新潟	0	0	0	0	0	0	0	0	0	0	0	0	0	23,713
23 富山	0	0	0	0	0	0	0	0	0	0	0	0	0	0
24 石川	0	0	0	0	0	0	0	0	0	0	0	0	0	0
25 福井	0	0	0	0	0	0	0	0	0	0	0	0	0	0
26 山梨	0	0	0	0	0	0	0	0	0	0	1,969	1,790	0	0
27 長野	0	0	0	0	0	0	0	0	5,928	0	0	30,353	0	0
28 静岡	0	0	0	0	0	0	0	0	0	0	0	0	0	0
29 岐阜	0	0	0	0	0	0	0	0	0	0	0	0	0	0
30 愛知	0	0	0	0	0	0	0	0	0	0	401	0	0	0
31 三重	0	0	0	0	0	0	0	0	0	0	0	0	0	0
32 滋賀	0	0	0	0	0	0	0	0	0	0	0	0	0	0
33 京都	0	0	0	0	0	0	0	0	0	0	0	0	0	0
34 奈良	0	0	0	0	0	0	0	0	0	0	0	0	0	0
35 和歌山	0	0	0	0	0	0	0	0	0	0	0	0	0	0
36 大阪	0	0	0	1,552	0	0	0	1,552	0	0	0	0	0	0
37 兵庫	0	0	0	0	0	0	0	0	0	0	0	0	0	0
38 鳥取	0	0	0	0	0	0	0	0	0	0	0	0	0	0
39 島根	0	0	0	0	0	0	0	0	0	0	0	0	0	0
40 岡山	0	0	0	0	0	0	0	0	0	0	0	0	0	0
41 広島	0	0	0	0	0	0	0	0	0	0	0	0	0	0
42 山口	0	0	0	0	0	0	0	0	0	0	0	0	0	0
43 香川	0	0	0	0	0	0	0	0	0	0	0	0	0	0
44 愛媛	0	0	0	0	0	0	0	0	0	0	0	0	0	0
45 徳島	0	0	0	0	0	0	0	0	0	0	0	0	0	0
46 高知	0	0	0	0	0	0	0	0	0	0	0	0	0	0
47 福岡	0	0	0	0	0	0	0	0	0	0	0	0	0	0
48 佐賀	0	0	0	0	0	0	0	0	0	0	0	0	0	0
49 長崎	0	0	0	0	0	0	0	0	0	0	0	0	0	0
50 熊本	0	0	0	0	0	0	0	0	0	0	0	0	0	0
51 大分	0	0	0	0	0	0	0	0	0	0	0	0	0	0
52 宮崎	0	0	0	0	0	0	0	0	0	0	0	0	0	0
53 鹿児島	0	0	0	0	0	0	0	0	0	10,380	0	0	0	0
54 沖縄	0	0	0	0	0	0	0	0	0	0	0	0	0	0
55 全国	563,111	408,146	180,259	245,142	346,722	567,105	1,709,208	4,019,694	192,730	643,264	480,669	189,301	334,767	350,460

平成28年度　　府県相互間輸送トン数表（全機関）

品目　（1-3）その他の農産品　その 2　　（単位：トン）

着\発	15 茨城	16 栃木	17 群馬	18 埼玉	19 千葉	20 東京	21 神奈川	22 新潟	23 富山	24 石川	25 福井	26 山梨	27 長野	28 静岡
1 札幌	0	0	0	0	10,559	0	0	0	0	0	0	0	0	21,475
2 旭川	0	0	0	0	0	0	0	0	0	0	0	0	0	0
3 函館	0	0	0	0	0	0	0	0	0	0	0	0	0	0
4 室蘭	224	0	0	0	0	9,430	0	0	0	0	7,140	0	0	0
5 釧路	0	0	0	0	0	0	0	0	0	0	0	0	0	0
6 帯広	0	0	0	0	0	0	0	0	0	0	0	0	0	0
7 北見	0	0	0	0	0	0	0	0	0	0	0	0	0	0
8 北海道	224	0	0	0	10,559	9,430	0	0	0	0	7,140	0	0	21,475
9 青森	0	0	0	0	0	0	0	0	0	0	0	0	0	0
10 岩手	0	0	0	0	0	0	0	0	0	0	0	0	0	0
11 宮城	0	0	0	0	0	0	0	0	0	0	0	0	0	0
12 福島	0	0	0	0	0	3,937	0	0	0	0	0	0	0	0
13 秋田	0	0	0	0	0	0	0	0	0	0	0	0	0	0
14 山形	0	0	0	0	0	0	0	0	0	0	0	0	4,743	0
15 茨城	1,876,160	43,679	0	0	2,462	91,102	10,813	0	0	0	0	0	0	35,014
16 栃木	13,302	65,722	0	31,767	0	3,741	0	0	0	0	0	0	0	0
17 群馬	5,881	0	414,446	10,339	21,840	14,330	14,939	0	0	0	0	0	0	0
18 埼玉	8,339	0	17,574	311,812	4,454	121,007	31,392	0	0	0	0	0	0	0
19 千葉	232,885	99	232,065	80,038	721,636	44,264	196,982	16,214	0	0	0	23,713	86,618	0
20 東京	92,836	49,086	20,393	38,830	58,124	288,393	72,303	10,380	0	0	0	23,713	30,353	341
21 神奈川	75,873	19,205	0	60,458	282,077	24,173	576,095	0	0	0	0	23,713	0	4,062
22 新潟	0	0	0	0	0	16,339	0	235,831	18,496	0	0	0	15,089	0
23 富山	0	0	0	0	0	0	0	0	49,916	7,327	0	0	0	0
24 石川	0	0	0	0	0	0	0	0	0	24,938	0	0	0	0
25 福井	0	0	0	0	0	0	0	3,400	0	0	29,623	0	0	0
26 山梨	0	0	0	0	1,985	10,721	0	0	0	0	0	47,978	2,371	5,222
27 長野	0	0	0	58,809	0	3,579	0	10,738	0	0	0	0	522,068	0
28 静岡	0	0	0	0	5,956	11,454	7,446	30,827	0	0	0	682	0	66,832
29 岐阜	0	0	0	0	511	0	0	0	9,664	0	0	0	0	0
30 愛知	12,348	0	0	0	94,924	0	77,115	341	0	1,611	0	0	0	6,874
31 三重	0	0	0	21,342	1,421	0	0	0	0	0	0	0	0	2,933
32 滋賀	0	0	0	0	0	0	0	0	0	0	5,986	0	0	0
33 京都	0	0	0	0	0	0	0	0	0	0	0	0	0	0
34 奈良	0	0	0	0	0	0	0	0	0	0	0	0	0	0
35 和歌山	0	0	0	0	0	0	0	0	0	0	0	0	0	0
36 大阪	0	0	0	0	0	0	123	0	0	0	0	0	28,930	0
37 兵庫	0	0	0	0	0	0	0	0	0	0	0	0	0	1,500
38 鳥取	0	0	0	0	0	0	0	0	0	0	0	0	0	0
39 島根	0	0	0	0	0	0	0	0	0	0	0	0	0	0
40 岡山	0	0	0	0	0	0	0	0	0	0	0	0	0	0
41 広島	0	0	0	0	0	0	0	0	0	0	0	0	0	0
42 山口	0	0	0	0	0	0	0	0	0	0	0	0	0	0
43 香川	0	0	0	0	0	0	0	0	0	0	0	0	0	0
44 愛媛	0	0	0	0	0	0	0	0	0	0	0	0	0	0
45 徳島	0	0	0	11,912	0	0	0	0	0	0	0	0	0	0
46 高知	0	0	0	0	0	0	0	0	0	0	0	0	0	0
47 福岡	0	0	0	0	1,220	3,604	0	0	0	0	0	0	0	1,504
48 佐賀	0	0	0	0	0	0	0	0	0	0	0	0	0	0
49 長崎	0	0	0	0	0	0	0	0	0	0	0	0	0	0
50 熊本	0	0	0	0	0	0	0	0	0	0	0	0	0	0
51 大分	0	0	0	0	0	0	0	0	0	0	0	0	0	0
52 宮崎	0	0	0	0	0	0	0	0	0	0	0	0	0	0
53 鹿児島	0	0	0	0	0	12,527	0	0	0	0	0	0	0	0
54 沖縄	0	0	0	0	0	0	0	0	0	0	0	0	0	0
55 全国	2,317,848	177,792	684,479	625,307	1,207,169	658,602	987,208	307,730	78,076	33,876	42,749	96,086	690,172	145,758

平成28年度　　　　　　　　　府県相互間輸送トン数表（全機関）
品目（1-3）その他の農産品　　（単位：トン）　その3

着／発	29 岐阜	30 愛知	31 三重	32 滋賀	33 京都	34 奈良	35 和歌山	36 大阪	37 兵庫	38 鳥取	39 島根	40 岡山	41 広島	42 山口
1 札幌	0	0	0	0	0	0	0	16,643	0	0	0	0	0	0
2 旭川	0	0	0	0	0	0	0	0	0	0	0	0	0	0
3 函館	0	0	0	0	0	0	0	0	0	0	0	0	0	0
4 室蘭	0	0	0	0	0	0	0	672	0	0	0	0	0	0
5 釧路	0	0	0	0	0	0	0	168	0	0	0	0	0	0
6 帯広	0	0	0	0	0	0	0	0	0	0	0	0	0	0
7 北見	0	0	0	0	0	0	0	0	0	0	0	0	0	0
8 北海道	0	0	0	0	0	0	0	17,483	0	0	0	0	0	0
9 青森	0	0	0	0	0	0	0	0	0	0	0	0	0	0
10 岩手	0	0	0	0	0	0	0	0	0	0	0	0	0	0
11 宮城	0	0	0	0	0	0	0	0	0	0	0	0	0	0
12 福島	0	0	0	0	0	0	0	0	0	0	0	0	0	0
13 秋田	0	0	0	0	0	0	0	0	0	0	0	0	0	0
14 山形	0	0	0	0	0	0	0	0	0	0	0	0	0	0
15 茨城	0	29,171	0	0	0	0	0	0	0	0	0	0	0	0
16 栃木	0	1,897	0	0	0	0	0	0	0	0	0	0	13,042	0
17 群馬	0	0	0	0	0	0	0	0	0	0	0	0	0	0
18 埼玉	0	0	0	0	0	0	0	0	0	0	0	0	0	0
19 千葉	511	0	0	0	0	0	0	0	0	0	0	0	0	0
20 東京	0	1,567	0	0	0	0	0	0	2,457	0	0	0	0	0
21 神奈川	0	872	0	0	0	0	0	0	31,595	0	0	0	9,485	0
22 新潟	0	341	0	0	0	0	0	0	0	0	0	0	0	0
23 富山	0	0	0	0	0	0	0	0	0	0	0	0	0	0
24 石川	0	0	0	0	0	0	0	0	0	0	0	0	0	0
25 福井	0	0	0	0	0	0	0	0	0	0	0	0	0	0
26 山梨	0	0	0	0	0	0	0	0	0	0	0	0	0	0
27 長野	0	0	0	0	0	0	0	0	0	0	0	0	0	0
28 静岡	0	0	0	0	0	0	0	22,370	180	0	0	0	0	0
29 岐阜	30,774	20,921	0	0	0	0	0	0	0	0	0	17,896	0	0
30 愛知	49,528	723,576	11,478	1,074	0	0	0	23,713	50,784	0	0	0	0	0
31 三重	8,339	0	63,201	0	0	0	0	1,985	4,015	0	0	0	0	0
32 滋賀	0	0	0	592,751	0	0	0	0	0	0	0	0	0	0
33 京都	0	0	0	1,052	269,729	874	0	9,812	1,705	0	0	0	0	0
34 奈良	0	0	0	0	1,588	89,519	0	23,991	0	0	0	0	0	0
35 和歌山	0	0	0	0	0	0	137,974	76,255	7,158	0	0	3,579	0	0
36 大阪	0	23,713	28,088	0	50,515	85,979	51,879	649,580	13,836	0	0	0	107,377	0
37 兵庫	0	0	0	0	0	199	0	17,645	121,364	12,111	0	79,868	197	0
38 鳥取	0	0	0	0	0	0	0	0	9,485	99,717	2,145	0	0	0
39 島根	0	0	0	0	0	0	0	0	0	0	80,255	67,725	40,312	0
40 岡山	0	0	0	0	0	0	0	0	0	0	901	25,644	2,932	0
41 広島	0	0	0	0	12,434	0	0	75,164	510	0	0	0	212,982	0
42 山口	0	0	0	0	0	0	0	0	1,015	0	30,353	0	0	101,777
43 香川	0	0	0	0	0	0	0	0	0	0	0	0	0	0
44 愛媛	0	0	0	0	0	0	0	0	2,205	0	0	0	0	0
45 徳島	0	0	0	0	0	0	0	0	0	0	0	0	0	0
46 高知	0	0	0	0	0	0	0	0	0	0	0	0	0	0
47 福岡	0	0	0	0	0	0	0	0	53,804	0	0	0	0	142,279
48 佐賀	0	0	0	0	0	0	0	0	0	0	0	0	0	0
49 長崎	0	0	0	0	0	0	0	0	0	0	0	0	0	0
50 熊本	0	0	0	0	0	0	0	0	0	0	0	0	0	0
51 大分	0	0	0	0	0	0	0	0	0	0	0	0	0	0
52 宮崎	0	0	0	0	0	0	0	15	0	0	0	0	0	0
53 鹿児島	0	0	0	0	0	0	0	0	873	0	0	0	0	0
54 沖縄	0	0	0	0	0	0	0	7,902	5	0	0	0	0	0
55 全国	89,152	802,058	102,767	594,877	334,266	176,570	189,852	925,917	300,991	111,828	113,653	194,712	386,329	244,056

平成28年度　　　　　　　　　府県相互間輸送トン数表（全機関）
品目（1-3）その他の農産品　　（単位：トン）　その4

着／発	43 香川	44 愛媛	45 徳島	46 高知	47 福岡	48 佐賀	49 長崎	50 熊本	51 大分	52 宮崎	53 鹿児島	54 沖縄	55 全国
1 札幌	0	0	0	0	0	0	0	0	0	0	0	0	537,932
2 旭川	0	0	0	0	0	0	0	0	0	0	0	0	455,572
3 函館	0	0	0	0	0	0	0	0	0	0	0	0	174,609
4 室蘭	0	0	0	0	0	0	0	0	0	0	0	0	377,512
5 釧路	0	0	0	0	0	0	2,544	0	0	0	0	0	216,153
6 帯広	0	0	0	0	0	0	0	0	0	0	0	0	472,252
7 北見	0	0	0	0	0	0	0	0	0	0	0	0	1,839,228
8 北海道	0	0	0	0	0	0	2,544	0	0	0	0	0	4,073,259
9 青森	0	0	0	0	0	0	0	0	0	0	0	0	5,604
10 岩手	0	0	0	0	0	0	0	0	0	0	0	0	1,198,059
11 宮城	0	0	0	0	0	0	0	0	0	0	0	0	209,362
12 福島	0	0	0	0	0	0	0	0	0	0	0	0	138,996
13 秋田	0	0	0	0	0	0	0	0	0	0	0	0	195,075
14 山形	0	0	0	0	0	0	0	0	0	0	0	0	303,965
15 茨城	0	0	0	0	2,990	0	0	0	0	0	0	0	2,095,441
16 栃木	0	0	0	0	0	0	0	0	0	0	0	0	118,577
17 群馬	0	0	0	0	0	0	0	0	0	0	0	0	494,817
18 埼玉	0	0	0	0	0	0	0	0	0	0	0	0	494,578
19 千葉	0	0	0	0	3,758	0	0	0	0	0	0	0	1,638,785
20 東京	0	0	0	0	243,930	0	0	0	0	36	0	524	962,944
21 神奈川	0	0	0	0	0	0	0	0	0	0	0	0	1,136,035
22 新潟	0	0	0	0	0	0	0	0	0	0	0	0	309,809
23 富山	0	0	0	0	0	0	0	0	0	0	0	0	57,243
24 石川	0	0	0	0	0	0	0	0	0	0	0	0	24,938
25 福井	0	0	0	0	0	0	0	0	0	0	0	0	33,023
26 山梨	0	0	0	0	0	0	0	0	0	0	0	0	72,036
27 長野	0	0	0	0	0	0	0	0	0	0	0	0	631,475
28 静岡	0	0	0	0	0	0	0	0	0	0	1,799	0	147,546
29 岐阜	35,792	0	0	0	0	0	0	0	0	0	0	0	115,559
30 愛知	0	4,368	17,896	0	0	500	0	0	0	0	4,195	0	1,080,726
31 三重	23,713	0	0	0	0	0	0	0	0	0	0	0	120,949
32 滋賀	0	0	0	0	0	0	0	0	0	0	0	0	604,737
33 京都	0	0	0	0	0	0	0	0	0	0	0	0	283,172
34 奈良	0	0	0	0	0	0	0	0	0	0	0	0	115,098
35 和歌山	0	0	0	0	0	2,162	0	0	0	0	0	0	227,128
36 大阪	0	0	0	0	3,836	0	0	0	0	0	0	333	1,045,741
37 兵庫	24,729	8,311	0	0	5,261	0	0	0	0	2,588	58,882	53	332,708
38 鳥取	14,228	0	0	0	14,228	0	0	0	0	0	0	0	139,803
39 島根	0	0	0	0	0	0	0	0	0	0	0	0	188,292
40 岡山	0	0	0	0	0	0	0	0	0	0	0	9	29,486
41 広島	0	0	0	0	11,940	0	0	0	0	0	0	0	313,031
42 山口	0	0	0	0	0	0	0	0	0	0	0	0	133,145
43 香川	151,463	27,664	0	0	997	0	0	0	0	0	0	9	180,133
44 愛媛	0	41,347	9,485	0	0	0	0	0	0	0	0	0	53,037
45 徳島	23,837	0	438,782	0	0	0	0	0	0	0	0	0	474,532
46 高知	0	0	0	36,525	0	0	0	0	0	0	0	0	36,525
47 福岡	0	0	0	0	427,327	705,741	13,368	44,858	8,811	0	20,913	86	1,423,516
48 佐賀	0	0	0	0	177,495	17,351	92	363,997	0	0	0	0	558,936
49 長崎	0	0	0	0	4,765	25,224	23,870	0	0	0	0	0	53,860
50 熊本	0	0	0	0	6,631	0	0	329,885	0	0	0	0	346,299
51 大分	0	0	0	0	3,335	0	0	0	49,131	0	0	0	52,466
52 宮崎	0	0	0	0	7,695	0	0	3,772	1,271	125,563	3,872	0	142,188
53 鹿児島	0	0	0	0	3,579	0	0	0	0	0	222,710	15,235	265,305
54 沖縄	0	0	0	0	0	0	0	0	0	0	733	2,867,831	2,876,471
55 全国	273,762	81,690	466,164	36,525	917,769	750,978	49,657	742,513	59,212	128,187	313,104	2,884,080	25,534,285

平成28年度　　　　　　　　　　　　　府県相互間輸送トン数表（全機関）

品目（1-4）畜産品　その1　（単位：トン）

着＼発	1 札幌	2 旭川	3 函館	4 室蘭	5 釧路	6 帯広	7 北見	8 北海道	9 青森	10 岩手	11 宮城	12 福島	13 秋田	14 山形
1 札幌	754,948	42,835	0	113,485		0	0	911,267	0	0	0	0	0	0
2 旭川	196,663	1,105,012	24,696	285,349	0	92,502	0	1,704,222	0	0	0	0	0	0
3 函館	74,540	2,499	705,952	3,561	0	0	0	786,553	0	0	0	0	0	0
4 室蘭	94,623	64,918	0	562,186	0	0	0	721,727	0	0	0	0	0	0
5 釧路	0	0	6,615	57,120	6,696,026	126,535	46,349	6,932,646	70,503	0	0	0	0	0
6 帯広	474,785	0	21,760	280,556	83,156	2,966,095	52,684	3,879,036	0	0	0	0	0	17,408
7 北見	0	192,142	0	75,094	0	6,194	2,484,645	2,758,075	0	0	0	0	0	0
8 北海道	1,595,559	1,407,405	759,024	1,377,351	6,779,183	3,191,327	2,583,677	17,693,526	70,503	0	0	0	0	17,408
9 青森	0	0	0	0	0	0	0	0	1,477,766	0	0	0	0	3,762
10 岩手	0	0	0	0	0	7,992	0	7,992	179,452	779,136	171,937	70,285	0	0
11 宮城	0	0	0	20	0	0	0	20	0	0	490,293	24,159	0	13,933
12 福島	0	0	0	0	0	0	0	0	0	29,548	0	152,974	0	6,403
13 秋田	0	0	0	0	0	0	0	0	102,633	0	0	0	131,308	0
14 山形	0	0	0	0	0	0	0	0	0	0	0	0	3,694	335,101
15 茨城	0	0	0	10,560	0	0	0	10,560	0	0	0	0	0	0
16 栃木	0	0	0	0	0	0	0	0	0	0	8,704	0	0	0
17 群馬	0	0	0	0	0	0	0	0	0	0	5,285	0	0	0
18 埼玉	0	0	0	0	0	0	0	0	0	0	0	0	0	0
19 千葉	0	0	0	0	0	0	0	0	0	0	45,700	0	0	0
20 東京	16,719	0	0	500	0	0	0	17,219	0	0	12,086	28,646	0	0
21 神奈川	0	0	0	2,718	0	0	0	2,718	30	21,039	121,603	0	0	0
22 新潟	0	0	0	0	0	0	0	0	0	0	0	0	0	0
23 富山	0	0	0	0	0	0	0	0	0	0	0	0	0	0
24 石川	0	0	0	0	0	0	0	0	0	0	0	0	0	0
25 福井	0	0	0	562	0	0	0	562	0	0	0	0	0	0
26 山梨	0	0	0	0	0	0	0	0	0	0	0	0	0	0
27 長野	0	0	0	0	0	0	0	0	0	0	0	0	0	0
28 静岡	0	0	0	0	0	0	0	0	0	0	0	0	0	0
29 岐阜	0	0	0	0	0	0	0	0	0	0	0	0	0	0
30 愛知	0	0	0	0	0	0	0	0	0	0	0	0	0	0
31 三重	0	0	0	0	0	0	0	0	0	0	0	0	0	0
32 滋賀	0	0	0	0	0	0	0	0	0	0	0	0	0	0
33 京都	0	0	0	0	0	0	0	0	0	0	0	0	0	0
34 奈良	0	0	0	0	0	0	0	0	0	0	0	0	0	0
35 和歌山	0	0	0	0	0	0	0	0	0	0	0	0	0	0
36 大阪	0	0	0	0	0	0	0	0	0	0	0	0	0	0
37 兵庫	0	0	0	0	0	0	0	0	0	0	0	0	0	0
38 鳥取	0	0	0	0	0	0	0	0	0	0	0	0	0	0
39 島根	0	0	0	0	0	0	0	0	0	0	0	0	0	0
40 岡山	0	0	0	0	0	0	0	0	0	0	0	0	0	0
41 広島	0	0	0	0	0	0	0	0	0	0	0	0	0	0
42 山口	0	0	0	0	0	0	0	0	0	0	0	0	0	0
43 香川	0	0	0	0	0	0	0	0	0	0	0	0	0	0
44 愛媛	0	0	0	0	0	0	0	0	0	0	0	0	0	0
45 徳島	0	0	0	0	0	0	0	0	0	0	0	0	0	0
46 高知	0	0	0	0	0	0	0	0	0	0	0	0	0	0
47 福岡	0	0	0	0	0	0	0	0	0	0	0	0	0	0
48 佐賀	0	0	0	0	0	0	0	0	0	0	0	0	0	0
49 長崎	0	0	0	0	0	0	0	0	0	0	0	0	0	0
50 熊本	0	0	0	0	0	0	0	0	0	0	0	0	0	0
51 大分	0	0	0	0	0	0	0	0	0	0	0	0	0	0
52 宮崎	0	0	0	0	0	0	0	0	0	0	0	0	0	0
53 鹿児島	0	0	0	0	0	0	0	0	0	0	0	0	0	0
54 沖縄	0	0	0	0	0	0	0	0	0	0	0	0	0	0
55 全国	1,612,279	1,407,405	759,024	1,391,711	6,779,183	3,199,318	2,583,677	17,732,597	1,830,384	829,723	855,608	276,064	135,002	376,606

平成28年度　　　　　　　　　　　　　府県相互間輸送トン数表（全機関）

品目（1-4）畜産品　その2　（単位：トン）

着＼発	15 茨城	16 栃木	17 群馬	18 埼玉	19 千葉	20 東京	21 神奈川	22 新潟	23 富山	24 石川	25 福井	26 山梨	27 長野	28 静岡
1 札幌	0	0	0	0	0	13,056	0	0	0	0	0	0	0	0
2 旭川	0	0	0	0	0	0	0	0	0	0	0	0	0	0
3 函館	0	0	0	0	0	0	0	0	0	0	0	0	0	0
4 室蘭	6,400	0	0	0	0	1,600	36	0	0	0	13,560	0	0	0
5 釧路	220,310	0	0	0	0	0	0	0	0	0	0	0	0	0
6 帯広	0	0	15,232	0	0	0	0	0	0	0	0	0	0	0
7 北見	0	0	0	0	0	0	0	0	0	0	0	0	0	0
8 北海道	226,710	0	15,232	0	0	14,656	36	0	0	0	13,560	0	0	0
9 青森	0	0	0	0	0	58,587	272,908	16,719	0	7,663	0	0	0	0
10 岩手	18,678	0	0	0	0	18,531	80,931	0	0	0	0	0	0	0
11 宮城	0	4,180	0	0	0	4,472	14,917	0	0	0	0	0	0	0
12 福島	0	0	0	0	0	22,292	0	0	0	0	0	0	1,925	0
13 秋田	0	0	0	0	11,146	0	32,045	0	0	0	0	13,933	0	0
14 山形	0	0	0	0	0	0	0	0	0	0	0	0	0	0
15 茨城	487,182	5,310	0	15,684	15,413	57,696	0	0	0	0	0	0	0	2,938
16 栃木	0	174,214	0	91,027	0	8,996	4,998	16,719	0	0	0	0	0	0
17 群馬	0	0	135,529	37,900	15,780	0	0	0	0	0	0	0	13,743	0
18 埼玉	11,675	0	66,537	139,093	1,024	57,068	22,989	0	0	0	0	24,988	0	0
19 千葉	11,051	0	1,657	7,294	323,414	42,074	105,784	0	0	0	0	0	0	0
20 東京	38,579	0	36,992	123,592	140,482	233,925	151,896	27,952	0	0	0	2,938	0	0
21 神奈川	80,394	6,587	1,324	112,618	24,062	216,448	501,389	10,073	0	0	0	0	0	2,938
22 新潟	0	0	1,095	0	0	0	0	846,204	64,063	42,076	0	0	0	0
23 富山	0	0	0	0	0	0	0	0	224,021	7,970	6,289	0	0	0
24 石川	0	0	0	0	0	0	0	0	15,315	454,961	1,806	0	0	0
25 福井	0	0	0	0	0	0	0	0	0	10,542	29,646	0	0	0
26 山梨	0	0	0	0	0	0	0	0	0	0	0	112,855	0	0
27 長野	0	0	0	3,917	0	0	0	0	0	0	0	12,494	133,236	0
28 静岡	0	0	0	0	0	13,236	25,677	0	0	0	0	0	17,408	342,387
29 岐阜	0	0	0	0	0	0	0	0	37,283	0	0	0	0	0
30 愛知	0	0	0	0	0	0	0	5,016	0	0	0	0	0	30,350
31 三重	0	0	0	0	0	0	0	0	0	0	0	0	0	0
32 滋賀	0	0	0	0	0	0	0	0	0	0	0	0	0	0
33 京都	0	0	0	0	0	0	0	0	0	0	12,654	0	0	0
34 奈良	0	0	0	0	0	0	0	0	0	0	0	0	0	0
35 和歌山	0	0	0	0	0	0	0	0	0	0	0	0	0	0
36 大阪	0	0	0	0	0	0	0	0	0	0	7,025	0	0	0
37 兵庫	0	0	0	0	0	45	17,555	0	0	0	0	0	0	0
38 鳥取	0	0	0	0	0	0	0	0	0	0	0	0	0	0
39 島根	0	0	0	0	0	0	0	0	0	0	0	0	0	0
40 岡山	0	0	0	0	0	0	0	0	0	0	0	0	0	0
41 広島	0	0	0	0	0	0	0	0	0	0	0	0	0	0
42 山口	0	0	0	0	0	0	0	0	0	0	0	0	0	0
43 香川	0	0	0	0	0	0	0	0	0	0	0	0	0	0
44 愛媛	0	0	0	0	0	0	0	0	0	0	0	0	0	0
45 徳島	0	0	0	0	0	0	0	0	0	0	0	0	0	0
46 高知	0	0	0	0	0	0	0	0	0	0	0	0	0	0
47 福岡	0	0	0	0	0	5,200	0	0	0	0	0	0	0	0
48 佐賀	0	0	0	0	0	0	0	0	0	0	0	0	0	0
49 長崎	0	0	0	0	0	0	0	0	0	0	0	0	0	0
50 熊本	0	0	0	0	0	0	0	0	0	0	0	0	0	0
51 大分	0	0	0	0	0	0	0	0	0	0	0	0	0	40
52 宮崎	0	0	0	0	0	16,190	0	0	0	0	0	0	0	0
53 鹿児島	0	0	0	0	0	0	0	13,933	0	0	0	0	0	0
54 沖縄	0	0	0	0	0	0	0	0	0	0	0	0	0	0
55 全国	874,270	190,291	258,366	531,126	531,322	769,415	1,231,126	936,616	340,682	523,211	70,980	167,207	166,312	378,652

平成28年度　　府県相互間輸送トン数表（全機関）　　品目（1－4）畜産品　　（単位：トン）その3

発＼着	29 岐阜	30 愛知	31 三重	32 滋賀	33 京都	34 奈良	35 和歌山	36 大阪	37 兵庫	38 鳥取	39 島根	40 岡山	41 広島	42 山口
1 札幌	0	0	0	0	0	0	0	0	0	0	0	0	0	0
2 旭川	0	0	0	0	0	0	0	0	0	0	0	0	0	0
3 函館	0	0	0	0	0	0	0	0	0	0	0	0	0	0
4 室蘭	0	0	0	0	0	0	0	84	0	0	0	0	0	0
5 釧路	0	0	0	0	0	0	0	540	0	0	0	0	0	0
6 帯広	0	0	0	0	0	0	0	0	14,629	19,584	0	0	0	0
7 北見	0	0	0	0	0	0	0	0	0	0	0	0	0	0
8 北海道	0	0	0	0	0	0	0	624	14,629	19,584	0	0	0	0
9 青森	0	0	0	0	0	0	0	0	0	0	0	0	0	0
10 岩手	0	0	0	0	0	0	0	0	0	0	0	0	0	0
11 宮城	0	0	0	0	0	0	0	0	0	0	0	0	0	0
12 福島	0	0	0	0	0	0	0	0	0	0	0	0	0	0
13 秋田	0	0	0	0	0	0	0	14,362	0	0	0	0	0	0
14 山形	0	0	0	0	0	0	0	0	0	0	0	0	0	0
15 茨城	0	0	0	0	0	0	0	0	0	0	0	0	0	0
16 栃木	0	0	0	0	0	0	0	14,362	0	0	0	0	0	0
17 群馬	0	0	0	0	0	0	0	0	0	0	0	0	0	0
18 埼玉	0	11,216	0	0	0	0	0	0	0	0	0	0	0	0
19 千葉	0	0	0	0	0	0	0	0	0	0	0	0	0	0
20 東京	0	2,733	0	0	0	0	0	2,965	12,901	0	0	0	0	0
21 神奈川	0	31	0	0	0	0	0	102	622	0	0	0	0	0
22 新潟	13,375	0	0	0	0	0	0	0	0	0	0	0	0	0
23 富山	37,663	66,654	0	0	0	0	0	0	0	0	0	0	0	0
24 石川	0	0	0	0	0	0	0	0	0	0	0	0	0	0
25 福井	0	0	0	59,125	0	0	0	0	0	0	0	0	0	0
26 山梨	0	0	0	0	0	0	0	0	0	0	0	0	0	0
27 長野	987	0	0	758	0	0	0	0	0	0	0	0	0	0
28 静岡	0	14,731	0	0	0	0	27,309	0	0	0	0	0	0	0
29 岐阜	155,422	248,883	24,404	28,822	0	0	0	0	0	0	0	0	0	0
30 愛知	6,262	1,878,173	13,445	18,280	0	0	0	709	12,494	0	0	0	0	0
31 三重	0	3,351	241,145	0	2,269	7,251	7,986	0	0	0	0	0	0	0
32 滋賀	6,003	5,114	1,874	148,922	90,987	0	0	1,402	0	0	0	0	0	0
33 京都	0	0	0	1,402	386,431	2,765	0	18,505	4,475	0	0	0	778	0
34 奈良	0	0	0	0	0	142,114	0	18,430	44	0	0	0	0	0
35 和歌山	0	0	0	0	0	0	60,279	18,430	22,739	0	0	0	0	0
36 大阪	0	0	0	16,654	5,130	5,796	19,864	273,160	96,332	0	0	0	0	0
37 兵庫	0	0	0	1,193	0	0	0	44,620	373,463	280,846	0	91,471	23,355	0
38 鳥取	0	0	0	0	0	0	0	0	25,830	280,582	62,212	20,501	0	0
39 島根	0	0	0	0	0	0	0	15,326	16,658	0	498,251	0	2,423	0
40 岡山	0	0	0	0	0	0	0	59,075	26,112	1,989	0	86,070	112,353	0
41 広島	0	0	0	0	0	0	0	66,260	144,535	0	0	16,092	282,919	21,760
42 山口	0	0	0	0	0	0	0	0	0	0	0	0	0	18,328
43 香川	0	0	0	0	0	0	0	82,900	6,963	5,529	1,492	99	0	0
44 愛媛	0	0	0	0	0	0	0	0	0	0	0	0	0	0
45 徳島	0	0	0	0	0	0	0	0	0	0	1,492	0	0	0
46 高知	0	0	0	0	0	0	0	0	0	0	0	0	0	0
47 福岡	0	0	0	0	0	0	0	0	2,839	0	0	0	0	75,224
48 佐賀	0	0	0	0	0	0	0	0	15,559	0	0	0	0	0
49 長崎	0	0	0	0	0	0	0	0	0	0	0	0	0	0
50 熊本	0	0	0	0	0	0	0	0	0	0	0	0	0	0
51 大分	0	0	0	0	0	0	0	0	0	0	0	0	0	0
52 宮崎	0	0	0	15,276	0	0	0	19,584	17,555	0	0	0	0	0
53 鹿児島	0	0	0	0	0	0	0	15,326	0	0	0	0	2,082	9,196
54 沖縄	0	0	0	0	0	0	0	12	2	0	0	0	0	0
55 全国	219,712	2,230,887	280,869	290,433	484,817	157,926	115,439	647,769	777,052	605,188	563,447	217,095	421,050	124,508

平成28年度　　府県相互間輸送トン数表（全機関）　　品目（1－4）畜産品　　（単位：トン）その4

発＼着	43 香川	44 愛媛	45 徳島	46 高知	47 福岡	48 佐賀	49 長崎	50 熊本	51 大分	52 宮崎	53 鹿児島	54 沖縄	55 全国
1 札幌	0	0	0	0	0	0	0	0	0	0	0	0	924,323
2 旭川	0	0	0	0	0	0	0	0	0	0	0	0	1,704,222
3 函館	0	0	0	0	0	0	0	0	0	0	0	0	786,553
4 室蘭	0	0	0	0	0	0	0	0	0	0	0	0	743,407
5 釧路	0	0	0	0	0	0	0	0	0	0	0	0	7,223,999
6 帯広	0	0	0	0	0	0	0	0	0	0	0	0	3,945,890
7 北見	0	0	0	0	0	0	0	0	0	0	0	0	2,758,075
8 北海道	0	0	0	0	0	0	0	0	0	0	0	0	18,086,469
9 青森	0	0	0	0	0	0	0	0	0	0	0	0	1,837,406
10 岩手	0	0	0	0	0	0	0	0	0	0	0	0	1,326,941
11 宮城	0	0	0	0	0	0	0	0	0	0	0	0	551,975
12 福島	0	0	0	0	0	0	0	0	0	0	0	0	213,142
13 秋田	0	0	0	0	0	0	0	0	0	0	0	0	305,428
14 山形	0	0	0	0	0	0	0	0	0	0	0	0	338,794
15 茨城	0	0	0	0	80	0	0	0	0	0	0	0	594,862
16 栃木	0	0	0	0	0	0	0	0	0	0	0	0	314,021
17 群馬	0	0	0	0	0	0	0	0	0	0	0	0	213,235
18 埼玉	0	0	0	0	0	0	0	0	0	0	0	0	334,591
19 千葉	0	0	0	0	0	0	0	0	0	0	0	0	536,975
20 東京	0	0	0	0	11,192	0	0	0	0	20	760	208	845,087
21 神奈川	0	0	0	0	1,013	0	0	0	0	0	0	0	1,102,990
22 新潟	0	0	0	0	0	0	0	0	0	0	0	0	966,813
23 富山	0	0	0	0	0	0	0	0	0	0	0	0	342,597
24 石川	0	0	0	0	0	0	0	0	0	0	0	0	472,082
25 福井	0	0	0	0	0	0	0	0	0	0	0	0	99,875
26 山梨	0	0	0	0	0	0	0	0	0	0	0	0	112,855
27 長野	0	0	0	0	0	0	0	0	0	0	0	0	151,391
28 静岡	0	0	0	0	0	0	0	0	0	0	0	0	423,340
29 岐阜	0	0	0	0	0	0	0	0	0	0	0	0	512,223
30 愛知	0	0	0	0	0	0	0	0	0	0	0	0	1,964,729
31 三重	0	0	0	0	0	0	0	0	0	0	0	0	262,003
32 滋賀	0	0	0	0	0	0	0	0	0	0	0	0	254,302
33 京都	0	0	0	0	0	0	0	0	0	0	0	0	427,011
34 奈良	0	0	0	0	0	0	0	0	0	0	0	0	142,158
35 和歌山	0	0	0	0	0	0	0	0	0	0	0	0	101,448
36 大阪	0	21,760	0	0	8,897	0	0	0	0	0	0	49	454,667
37 兵庫	0	0	15,885	0	22,355	0	0	0	1,958	0	3	38	872,789
38 鳥取	0	0	0	0	0	0	0	0	0	0	0	0	389,125
39 島根	0	0	0	0	0	0	0	0	0	0	0	0	532,658
40 岡山	0	0	241,423	0	39,012	0	0	0	0	0	0	0	566,035
41 広島	0	0	0	0	0	0	0	0	5,830	0	0	0	537,397
42 山口	0	0	0	0	0	0	0	0	0	10,097	4,458	0	32,883
43 香川	405,817	62,957	34,729	1,217	0	0	0	0	0	0	0	0	601,704
44 愛媛	16,823	634,680	0	0	0	0	0	0	0	0	0	0	651,503
45 徳島	220,697	0	160,499	10,032	0	0	0	0	0	0	0	0	392,720
46 高知	0	0	0	27,413	0	0	0	0	0	0	0	0	27,413
47 福岡	0	0	0	0	1,353,225	0	11,900	72,723	0	31,335	0	88	1,552,534
48 佐賀	0	0	0	0	87,691	195,184	22,908	27,866	14,333	0	0	0	363,540
49 長崎	0	0	0	0	16,395	42,823	236,643	0	0	0	0	0	295,861
50 熊本	0	0	0	0	134,388	136,694	0	880,891	0	0	5,967	0	1,157,940
51 大分	0	0	1,758	0	9,790	0	5,567	342,909	121,256	77,296	4,165	0	562,780
52 宮崎	0	0	0	0	17,685	33,613	0	1,088	81,584	1,738,218	127,584	0	2,068,377
53 鹿児島	0	0	0	0	234,027	0	0	163,287	27,200	426,788	862,245	10,705	1,764,789
54 沖縄	0	0	0	0	0	0	0	0	0	0	7,339	124,009	131,362
55 全国	643,337	719,397	454,295	38,662	1,935,750	408,313	277,019	1,488,763	252,162	2,283,753	1,012,521	135,097	45,790,617

平成28年度　　府県相互間輸送トン数表（全機関）　　品目（1-5）水産品　その1　（単位：トン）

着\発	1 札幌	2 旭川	3 函館	4 室蘭	5 釧路	6 帯広	7 北見	8 北海道	9 青森	10 岩手	11 宮城	12 福島	13 秋田	14 山形
1 札幌	717,144	73,285	11,591	30,277	0	0	25,575	857,871	0	0	0	0	0	0
2 旭川	5	626,652	0	0	0	0	0	626,657	0	0	39,260	0	0	0
3 函館	13,460	0	1,148,858	13,560	0	0	0	1,175,879	0	0	34,399	0	0	0
4 室蘭	8,089	0	3,066	193,702	2,080	0	0	206,937	89	0	0	0	0	0
5 釧路	0	0	0	0	1,670,771	0	0	1,670,771	0	0	0	0	0	0
6 帯広	0	0	0	0	0	19,580	0	19,580	0	0	0	0	0	0
7 北見	2,356	25,425	0	0	3,935	0	246,356	278,072	0	0	0	0	0	0
8 北海道	741,054	725,362	1,163,515	237,539	1,676,786	19,580	271,931	4,835,767	89	0	73,659	0	0	0
9 青森	0	0	0	32	0	0	0	32	1,054,758	0	0	0	8,679	0
10 岩手	0	0	41,877	0	0	0	0	41,877	0	151,541	0	0	820	0
11 宮城	61,694	0	0	0	0	0	0	61,694	0	80,298	724,393	57,596	124,734	147,691
12 福島	0	0	0	0	0	0	0	0	0	0	0	16,672	0	0
13 秋田	0	0	0	0	0	0	0	0	0	0	401,197	0	242,348	0
14 山形	0	0	0	0	0	0	0	0	0	0	0	0	0	110,302
15 茨城	0	0	0	3,255	0	0	0	3,255	0	0	0	0	0	0
16 栃木	0	0	0	0	0	0	0	0	0	0	0	0	0	0
17 群馬	0	0	0	0	0	0	0	0	0	0	0	0	0	0
18 埼玉	0	0	0	0	0	0	0	0	0	0	0	0	0	0
19 千葉	36,642	0	0	0	0	0	0	36,642	0	0	0	0	0	0
20 東京	0	0	2,333	0	5	0	0	2,338	38,414	118	27,601	0	0	0
21 神奈川	75,902	0	13,896	0	0	0	0	89,798	8,521	0	124,964	0	0	236
22 新潟	0	0	0	0	0	0	0	0	0	0	0	435	0	0
23 富山	0	0	0	0	0	0	0	0	0	0	0	0	0	0
24 石川	0	0	0	0	0	0	0	0	0	0	0	0	0	0
25 福井	0	0	0	285	0	0	0	285	0	0	0	0	0	0
26 山梨	0	0	0	0	0	0	0	0	0	0	0	0	0	0
27 長野	0	0	0	0	0	0	0	0	0	0	0	0	0	0
28 静岡	103,296	0	0	0	0	0	0	103,296	18,441	0	47,400	11,004	0	0
29 岐阜	0	0	0	0	0	0	0	0	0	0	0	0	0	0
30 愛知	0	0	0	0	0	0	0	0	0	0	0	0	0	0
31 三重	0	0	0	0	0	0	0	0	0	0	0	0	0	0
32 滋賀	0	0	0	0	0	0	0	0	0	0	0	0	0	0
33 京都	0	0	0	0	0	0	0	0	0	0	0	0	0	0
34 奈良	0	0	0	0	0	0	0	0	0	0	0	0	0	0
35 和歌山	0	0	0	0	0	0	0	0	0	0	0	0	0	0
36 大阪	0	0	0	0	10	0	0	10	26,921	0	0	0	0	0
37 兵庫	0	0	0	0	0	0	0	0	0	0	0	0	0	0
38 鳥取	0	0	0	0	0	0	0	0	0	0	0	0	0	0
39 島根	0	0	0	0	0	0	0	0	0	0	0	0	0	0
40 岡山	0	0	0	0	0	0	0	0	0	0	0	0	0	0
41 広島	0	0	0	0	0	0	0	0	0	0	1,100	0	0	0
42 山口	0	0	0	0	0	0	0	0	0	0	0	0	0	0
43 香川	0	0	0	0	0	0	0	0	0	0	0	0	0	0
44 愛媛	0	0	0	0	0	0	0	0	0	0	0	0	0	0
45 徳島	0	0	0	0	0	0	0	0	0	374	0	0	0	0
46 高知	0	0	0	0	0	0	0	0	0	0	0	0	0	0
47 福岡	0	0	0	0	0	0	0	0	0	0	0	0	0	0
48 佐賀	0	0	0	0	0	0	0	0	0	0	0	0	0	0
49 長崎	0	0	0	0	0	0	0	0	0	0	0	0	0	0
50 熊本	0	0	0	0	0	0	0	0	0	0	0	0	0	0
51 大分	0	0	0	0	0	0	0	0	0	0	0	0	0	0
52 宮崎	0	0	0	0	0	0	0	0	0	0	0	0	0	0
53 鹿児島	0	0	0	0	0	0	0	0	0	0	0	0	0	0
54 沖縄	0	0	0	0	0	0	0	0	0	0	0	0	0	0
55 全国	1,018,589	725,362	1,205,393	257,340	1,676,801	19,580	271,931	5,174,995	1,147,145	633,528	999,117	85,707	376,581	258,230

平成28年度　　府県相互間輸送トン数表（全機関）　　品目（1-5）水産品　その2　（単位：トン）

着\発	15 茨城	16 栃木	17 群馬	18 埼玉	19 千葉	20 東京	21 神奈川	22 新潟	23 富山	24 石川	25 福井	26 山梨	27 長野	28 静岡
1 札幌	0	0	0	0	37,390	98,496	0	0	0	0	0	0	0	72,969
2 旭川	0	0	0	0	0	0	0	0	0	0	0	0	0	0
3 函館	0	0	0	0	0	68,368	37,390	32,530	0	0	0	0	0	0
4 室蘭	38,384	0	0	0	0	670	576	0	0	0	2,680	0	0	0
5 釧路	18,780	0	0	0	0	0	0	0	0	0	0	0	0	0
6 帯広	0	0	0	0	0	0	0	0	0	0	0	0	0	0
7 北見	0	0	0	0	0	0	0	0	0	0	0	0	0	0
8 北海道	57,164	0	0	0	37,390	167,534	37,966	32,530	0	0	2,680	0	0	72,969
9 青森	0	0	0	0	0	67,302	2,106	0	0	0	0	0	0	0
10 岩手	0	0	0	0	0	0	0	0	0	0	0	0	0	0
11 宮城	0	0	0	70,232	121,615	6,903	10,142	25,837	0	0	0	0	0	0
12 福島	0	0	0	0	0	0	0	0	0	0	0	0	0	0
13 秋田	0	0	0	0	0	0	0	0	0	0	0	0	0	0
14 山形	0	0	0	0	0	0	0	0	0	0	0	0	0	0
15 茨城	1,855,850	1,421	7,586	34,092	169,644	54,111	60,807	0	0	0	0	0	0	0
16 栃木	0	27,995	0	0	0	0	0	0	0	0	0	0	0	0
17 群馬	0	395	73,714	1,250	0	0	0	0	0	0	0	0	0	0
18 埼玉	1,808	0	52,346	238,367	0	144,786	22,060	0	0	0	0	0	0	0
19 千葉	68,408	0	0	0	675,438	77,158	11,779	50,477	0	0	0	0	0	27,971
20 東京	62,254	0	40,942	204,046	298,754	8,045,921	569,317	78,202	0	77,024	0	0	0	1,314
21 神奈川	2,516	2,094	0	81,064	26,952	190,138	857,404	52,159	0	0	0	0	0	47,867
22 新潟	0	0	0	0	0	0	0	372,942	33,651	0	0	0	0	37,390
23 富山	0	0	0	0	0	0	0	11,217	114,666	656	219	0	0	0
24 石川	0	0	0	0	0	145,448	0	0	7,300	1,328,341	13,325	0	0	0
25 福井	0	0	0	0	0	0	0	0	0	4,022	41,857	0	0	0
26 山梨	0	0	0	0	0	0	0	0	0	0	0	9,532	0	8,936
27 長野	0	0	0	0	0	0	0	139,260	0	0	0	0	873,116	0
28 静岡	17,861	40,348	23,208	36,108	40,202	138,972	102,048	22,397	0	24,640	0	29,846	0	1,490,462
29 岐阜	0	0	0	0	0	0	0	0	0	0	0	0	0	0
30 愛知	0	0	0	0	0	0	0	11,591	0	0	0	0	0	658
31 三重	0	0	47,070	0	0	114,788	0	0	0	6,993	0	0	0	0
32 滋賀	0	0	0	0	0	0	0	0	0	0	0	0	0	0
33 京都	0	0	0	0	0	0	0	0	0	0	437	0	0	0
34 奈良	0	0	0	0	0	0	0	0	0	0	0	0	0	0
35 和歌山	0	0	0	0	0	0	0	0	0	0	0	0	0	0
36 大阪	0	0	0	0	0	22,434	0	0	0	0	0	0	0	0
37 兵庫	0	19,817	0	0	0	118,350	0	0	31,408	0	0	0	0	0
38 鳥取	0	0	0	0	0	0	0	0	0	5,247	0	0	0	0
39 島根	0	0	0	0	0	0	0	0	0	0	0	0	0	0
40 岡山	0	0	0	0	0	0	0	0	0	0	0	0	0	0
41 広島	0	0	0	0	0	0	0	0	0	0	0	0	0	7,601
42 山口	0	0	0	27,519	33,277	5,247	0	0	0	0	0	0	0	0
43 香川	0	0	0	0	0	0	0	0	0	0	0	0	37,390	0
44 愛媛	0	0	0	0	0	4,154	0	0	0	2,936	0	0	0	0
45 徳島	0	0	0	0	0	0	0	0	0	0	0	0	0	0
46 高知	0	0	0	0	0	14,594	0	0	0	0	0	0	0	0
47 福岡	0	0	0	0	0	0	0	0	0	0	0	0	0	0
48 佐賀	0	0	0	0	0	37,390	0	0	0	0	0	0	0	0
49 長崎	0	0	0	0	0	37,390	0	0	0	0	0	0	0	0
50 熊本	0	0	0	0	0	0	0	0	0	0	0	0	0	0
51 大分	0	0	0	0	0	0	0	0	0	0	0	0	0	20
52 宮崎	0	0	0	0	0	0	0	0	0	0	0	0	0	0
53 鹿児島	0	0	0	0	0	0	0	0	0	0	0	0	0	0
54 沖縄	0	0	0	0	0	0	0	0	0	0	0	0	0	0
55 全国	2,065,861	92,069	244,868	692,677	1,403,272	9,392,620	1,673,630	796,611	189,961	1,446,922	58,518	39,378	910,506	1,695,189

平成28年度　　　　　　　　　　　　　　　　府県相互間輸送トン数表（全機関）　　　　　　　　　　　　　　品目（1-5）水産品　　　（単位：トン）その 3

発＼着	29 岐阜	30 愛知	31 三重	32 滋賀	33 京都	34 奈良	35 和歌山	36 大阪	37 兵庫	38 鳥取	39 島根	40 岡山	41 広島	42 山口
1 札幌	0	0	0	0	0	0	0	0	0	0	0	0	0	0
2 旭川	0	0	0	0	0	0	0	0	0	0	0	0	0	0
3 函館	0	0	0	0	0	0	0	0	0	0	0	0	0	0
4 室蘭	0	0	0	0	0	0	0	528	0	0	0	0	0	0
5 釧路	0	0	0	0	0	0	0	0	0	0	0	0	0	0
6 帯広	0	0	0	0	0	0	0	0	0	0	0	0	0	0
7 北見	0	0	0	0	0	0	0	0	0	0	0	0	0	0
8 北海道	0	0	0	0	0	0	0	528	0	0	0	0	0	0
9 青森	0	0	0	0	0	0	0	0	0	0	0	0	0	0
10 岩手	0	0	0	0	0	0	0	0	0	0	0	0	0	0
11 宮城	0	0	0	0	0	0	0	0	0	0	0	0	0	0
12 福島	0	0	0	0	0	0	0	0	0	0	0	0	0	0
13 秋田	0	0	0	0	0	0	0	0	0	0	0	0	0	0
14 山形	0	0	0	0	0	0	0	0	0	0	0	0	0	0
15 茨城	0	0	0	0	0	0	0	0	0	0	0	0	0	0
16 栃木	0	0	0	0	0	0	0	0	0	0	0	0	0	0
17 群馬	0	0	0	0	0	0	0	0	0	0	0	0	0	0
18 埼玉	0	0	0	0	0	0	0	0	0	0	0	0	0	0
19 千葉	0	0	0	0	0	0	0	82,632	0	0	0	0	0	0
20 東京	0	57,133	0	0	0	0	0	30,442	71,686	0	0	0	0	40
21 神奈川	0	204	18	0	0	0	0	0	8,055	0	0	0	36,455	0
22 新潟	0	0	0	0	0	0	0	0	0	0	0	0	0	0
23 富山	0	0	0	0	0	0	0	0	0	0	0	0	0	0
24 石川	0	0	0	0	0	0	0	0	0	0	0	0	0	0
25 福井	0	0	0	0	372	0	0	0	1,644	0	0	0	0	0
26 山梨	0	0	0	0	0	0	0	0	0	0	0	0	0	0
27 長野	0	0	0	0	0	0	0	0	0	0	0	0	0	0
28 静岡	14,964	127,104	30,712	0	0	0	0	96,041	23,694	0	0	0	41,241	50,944
29 岐阜	13,978	0	0	0	0	0	0	0	66,555	0	0	0	0	0
30 愛知	111,442	713,766	0	0	0	0	0	127,268	0	0	0	0	0	0
31 三重	0	72,537	336,663	0	0	0	39,260	57,929	0	0	0	0	5,982	0
32 滋賀	0	13,285	3,717	52,798	11,591	0	0	33,344	0	0	0	0	0	0
33 京都	0	0	0	110,908	146,405	0	0	16,836	0	0	0	0	0	0
34 奈良	0	0	271	0	0	23,363	14,956	5,646	0	0	0	0	0	0
35 和歌山	0	0	0	0	0	23,930	117,183	5,646	0	0	0	0	0	0
36 大阪	0	44,314	0	13,609	178,537	113,751	34,285	532,995	160,119	0	0	122,266	0	0
37 兵庫	46,364	0	0	0	12,841	0	0	48,106	334,416	83,814	0	9,413	0	0
38 鳥取	0	41,129	0	0	0	0	0	131,266	1,315,677	76,434	41,129	134,523	0
39 島根	0	0	0	0	0	0	0	161,750	14,956	0	519,705	0	8,037	0
40 岡山	0	74,780	0	0	0	0	0	8,226	37,390	0	0	403,857	15,628	0
41 広島	0	0	0	0	0	0	0	0	0	119,697	5,422	1,594	493,592	8,999
42 山口	0	0	0	0	0	0	0	62,771	0	0	1,202	0	3,935	179,636
43 香川	0	26,173	16,452	26,921	56,085	0	0	26,173	0	0	0	6,413	27,669	0
44 愛媛	0	26,173	0	0	115,910	0	0	120,023	0	0	0	3,498	1,334	0
45 徳島	0	0	0	0	0	0	0	0	41,367	0	0	0	0	0
46 高知	0	0	0	0	18,695	0	0	24,536	0	0	0	0	0	0
47 福岡	0	110,301	0	0	0	0	0	31,782	430	0	0	440	304,308
48 佐賀	0	0	0	0	0	0	0	0	0	0	0	0	0	0
49 長崎	0	0	0	0	0	0	0	24,678	0	0	0	0	0	0
50 熊本	0	26,235	0	0	0	0	0	0	0	0	0	0	18,583
51 大分	0	0	0	0	0	0	0	0	0	0	0	0	0	0
52 宮崎	0	0	0	0	0	0	0	0	0	0	0	0	0	0
53 鹿児島	0	0	0	0	0	0	0	10,919	3,935	0	0	0	0	0
54 沖縄	0	1,193	0	0	0	0	0	0	0	5	0	0	0	0
55 全国	186,747	1,334,328	387,833	204,235	540,436	161,044	205,683	1,502,624	895,518	1,519,188	602,764	666,307	741,643	511,565

平成28年度　　　　　　　　　　　　　　　　府県相互間輸送トン数表（全機関）　　　　　　　　　　　　　　品目（1-5）水産品　　　（単位：トン）その 4

発＼着	43 香川	44 愛媛	45 徳島	46 高知	47 福岡	48 佐賀	49 長崎	50 熊本	51 大分	52 宮崎	53 鹿児島	54 沖縄	55 全国
1 札幌	0	0	0	0	0	0	0	0	0	0	0	0	1,066,726
2 旭川	0	0	0	0	0	0	0	0	0	0	0	0	665,917
3 函館	0	0	0	0	0	7,190	0	0	0	0	0	0	1,355,756
4 室蘭	0	0	0	0	0	0	0	0	0	0	0	0	249,864
5 釧路	0	0	0	0	0	0	0	0	0	0	0	0	1,689,551
6 帯広	0	0	0	0	0	0	0	0	0	0	0	0	19,580
7 北見	0	0	0	0	0	0	0	0	0	0	0	0	278,072
8 北海道	0	0	0	0	0	7,190	0	0	0	0	0	0	5,325,465
9 青森	0	0	0	0	0	500	0	0	0	0	0	0	1,133,378
10 岩手	0	0	0	0	0	0	0	0	0	0	0	0	194,237
11 宮城	0	0	0	0	0	0	0	0	0	0	346	0	1,431,480
12 福島	0	0	0	0	0	0	0	0	0	0	0	0	16,672
13 秋田	0	0	0	0	0	0	0	0	0	0	0	0	643,546
14 山形	0	0	2,243	0	0	0	0	0	0	0	0	0	112,545
15 茨城	0	0	0	0	3,125	0	0	0	0	0	0	0	2,189,892
16 栃木	0	0	0	0	0	0	0	0	0	0	0	0	27,995
17 群馬	0	0	0	0	0	0	0	0	0	0	0	0	75,359
18 埼玉	0	0	0	0	0	0	0	0	0	0	0	0	459,367
19 千葉	0	0	0	33,444	0	0	0	0	0	0	0	0	1,063,950
20 東京	0	0	0	0	57,955	0	0	0	0	0	4,100	649	9,668,251
21 神奈川	0	0	0	0	0	0	0	0	0	0	0	0	1,528,210
22 新潟	0	0	0	0	0	0	0	0	0	0	0	0	444,655
23 富山	0	0	0	0	0	0	0	0	0	0	0	0	126,758
24 石川	0	0	0	0	0	0	0	0	0	0	0	0	1,494,414
25 福井	0	0	0	0	0	0	0	0	0	0	0	0	48,179
26 山梨	0	0	0	0	0	0	0	0	0	0	0	0	18,468
27 長野	0	0	0	0	0	0	0	0	0	0	0	0	1,012,376
28 静岡	0	14,414	0	0	61,197	0	18,396	0	9,329	0	21,907	0	2,656,176
29 岐阜	0	0	0	0	0	0	0	0	0	0	0	0	80,533
30 愛知	0	0	0	0	114,040	0	0	0	0	0	0	0	1,078,764
31 三重	0	0	0	0	0	0	0	74,780	0	0	0	0	756,003
32 滋賀	0	0	0	0	0	0	0	0	0	0	0	0	114,734
33 京都	97,215	145,822	0	0	37,390	0	0	0	0	0	0	0	555,013
34 奈良	0	0	0	0	0	0	0	0	0	0	0	0	38,590
35 和歌山	0	0	0	33,444	0	0	0	0	0	0	0	0	180,203
36 大阪	26,173	127,314	0	9,908	101,722	0	0	0	0	0	0	18	1,514,375
37 兵庫	0	383	44,868	0	11,043	960	0	0	0	0	320	0	762,104
38 鳥取	0	0	0	0	0	0	0	0	0	0	0	0	1,745,405
39 島根	0	0	0	0	0	0	0	0	0	0	0	0	704,448
40 岡山	36,788	82,090	0	0	0	0	0	0	0	0	3,148	0	661,908
41 広島	131	75	0	0	0	0	0	0	0	0	0	0	638,211
42 山口	0	0	0	0	25,506	0	0	103,837	37,390	0	0	0	480,321
43 香川	363,143	313,428	9,980	3,346	0	0	0	0	0	0	0	0	913,173
44 愛媛	52,725	2,072,509	7,478	6,356	9,348	0	0	0	1,843	0	0	0	2,424,286
45 徳島	3,279	368	118,926	0	0	0	0	0	0	0	0	0	164,311
46 高知	0	7,485	10,595	125,887	0	0	0	0	0	0	0	0	201,792
47 福岡	0	9,721	0	0	832,703	4,591	10,421	93,301	222,251	9,729	83,610	15,520	1,729,108
48 佐賀	0	0	0	0	19,582	60,254	366	12,096	0	43,747	0	0	173,435
49 長崎	0	100	0	0	89,156	13,628	802,239	0	0	0	54,388	0	1,021,579
50 熊本	0	0	0	0	38,138	0	0	451,992	0	80,586	0	0	615,533
51 大分	0	634	0	0	52,346	0	0	13,384	246,131	0	22,808	0	335,323
52 宮崎	0	0	0	0	0	0	4,561	0	25,399	138,548	726	0	169,233
53 鹿児島	0	164,180	0	0	68,619	0	0	6,260	0	0	520,876	7,416	782,205
54 沖縄	0	0	0	0	0	0	0	0	0	0	177	132,966	134,341
55 全国	579,454	2,938,522	194,091	212,386	1,521,871	91,684	831,422	755,650	542,343	272,609	712,406	156,569	47,646,334

平成28年度　　　　　　　　　　　　　　　　府県相互間輸送トン数表（全機関）　　　　　　　　　　　　　品目　（2−6）木材　その1　　（単位：トン）

発＼着	1 札幌	2 旭川	3 函館	4 室蘭	5 釧路	6 帯広	7 北見	8 北海道	9 青森	10 岩手	11 宮城	12 福島	13 秋田	14 山形
1 札幌	1,423,807	57,391	55,208	124,140	54,584	93,023	188,549	1,996,702	0	4,679	0	0	25,825	0
2 旭川	68,620	358,269	0	0	0	12,661	123,204	562,753	0	0	3,520	0	0	0
3 函館	0	0	471,572	26,200	0	0	0	497,772	0	0	13,604	0	11,973	0
4 室蘭	281,966	74,234	0	2,535,514	7,444	41,147	361,833	3,302,139	0	2,211	54,196	0	32,896	0
5 釧路	0	3,102	0	236	103,688	23,739	4,853	135,618	0	0	0	0	1,550	0
6 帯広	0	0	0	313,465	30,069	5,329,438	0	5,672,973	0	0	34,062	0	12,509	0
7 北見	143,478	162,193	0	34,310	123,642	34,606	1,041,050	1,539,278	0	0	0	0	1,080	0
8 北海道	1,917,871	655,189	526,780	3,033,865	319,428	5,534,615	1,719,489	13,707,237	0	6,890	105,382	0	85,833	0
9 青森	0	0	0	26,042	63	812	0	26,917	2,726,322	743,607	1,189	0	1,092	0
10 岩手	0	0	0	0	0	0	0	0	285,426	2,173,965	143,424	31,191	32,048	93,573
11 宮城	0	0	0	4,336	0	0	0	4,336	62,382	45,453	1,098,152	56,456	41,640	11,262
12 福島	0	0	0	0	0	0	0	0	0	0	87,314	1,205,187	37,429	0
13 秋田	0	0	0	0	0	0	0	0	0	14,067	65,501	0	2,524,002	73,371
14 山形	0	0	0	0	0	0	0	0	0	0	14,466	0	0	746,227
15 茨城	0	0	0	112,302	0	0	0	112,302	0	0	45,046	145,947	0	29,943
16 栃木	0	0	0	0	0	0	0	0	0	0	24,953	134,503	0	0
17 群馬	0	0	0	0	0	0	0	0	0	0	15,595	134,801	18,368	0
18 埼玉	0	0	0	0	0	0	0	0	0	1,996	31,398	0	18,368	6,238
19 千葉	40,548	0	0	0	0	0	0	40,548	0	0	38,989	39,301	0	5,260
20 東京	0	0	0	9,918	20	0	0	9,938	234	31,761	56,520	55,180	0	0
21 神奈川	0	0	0	34,690	0	0	0	34,690	8,529	837	111,323	37,833	0	0
22 新潟	0	0	0	0	0	0	0	0	0	0	9,357	3,517	0	90,142
23 富山	0	0	0	0	0	0	0	0	0	0	0	0	0	0
24 石川	0	0	0	0	0	0	0	0	0	0	0	0	0	0
25 福井	0	0	0	4,725	0	0	0	4,725	0	0	0	0	0	0
26 山梨	0	0	0	0	0	0	0	0	37,429	0	0	0	0	0
27 長野	5,770	0	0	0	0	0	0	5,770	0	0	0	9,357	0	0
28 静岡	0	0	0	0	0	0	0	0	0	0	0	0	0	0
29 岐阜	0	0	0	0	0	0	0	0	0	0	0	0	0	0
30 愛知	0	0	0	102	0	0	0	102	266	0	31,191	709	0	0
31 三重	0	0	0	0	0	0	0	0	0	0	0	0	0	31,191
32 滋賀	0	0	0	0	0	0	0	0	0	0	0	0	0	0
33 京都	0	0	0	0	0	0	0	0	0	0	0	0	0	0
34 奈良	0	0	0	0	0	0	0	0	0	0	0	0	0	0
35 和歌山	0	0	0	0	0	0	0	0	0	0	0	0	0	0
36 大阪	0	0	0	2,030	5	0	0	2,035	0	3,130	0	0	0	0
37 兵庫	0	0	0	0	0	0	0	0	0	0	0	0	0	0
38 鳥取	0	0	0	0	0	0	0	0	0	5,049	0	0	0	4,680
39 島根	0	0	0	0	0	0	0	0	0	0	0	0	0	0
40 岡山	0	0	0	0	0	0	0	0	0	0	0	0	0	0
41 広島	0	0	0	0	774	0	0	774	0	0	0	0	0	0
42 山口	0	0	0	0	0	0	0	0	0	1,512	0	0	0	0
43 香川	0	0	0	0	0	0	0	0	0	0	0	0	0	0
44 愛媛	0	0	0	0	0	0	0	0	0	0	0	0	0	0
45 徳島	0	0	0	0	0	0	0	0	0	0	0	0	0	0
46 高知	0	0	0	0	0	0	0	0	0	0	0	0	0	0
47 福岡	0	0	0	0	0	0	0	0	0	0	0	0	0	0
48 佐賀	0	0	0	0	0	0	0	0	0	0	0	0	0	0
49 長崎	0	0	0	0	0	0	0	0	0	0	0	0	0	0
50 熊本	0	0	0	0	0	0	0	0	0	0	0	0	1,945	0
51 大分	0	0	0	0	0	0	0	0	0	0	0	0	0	0
52 宮崎	0	0	0	0	0	0	0	0	0	0	0	0	0	0
53 鹿児島	0	0	0	0	0	0	0	0	0	0	0	0	0	0
54 沖縄	0	0	0	0	0	0	0	0	0	0	0	0	0	0
55 全国	1,964,189	655,189	526,780	3,228,010	320,290	5,535,427	1,719,489	13,949,374	3,120,588	3,028,266	1,879,800	1,853,981	2,760,725	1,091,888

平成28年度　　　　　　　　　　　　　　　　府県相互間輸送トン数表（全機関）　　　　　　　　　　　　　品目　（2−6）木材　その2　　（単位：トン）

発＼着	15 茨城	16 栃木	17 群馬	18 埼玉	19 千葉	20 東京	21 神奈川	22 新潟	23 富山	24 石川	25 福井	26 山梨	27 長野	28 静岡
1 札幌	0	0	0	0	0	0	0	0	0	0	0	0	0	0
2 旭川	0	0	0	0	0	0	0	0	0	0	6,377	0	0	0
3 函館	0	0	0	0	0	0	0	0	0	1,654	9,454	0	0	0
4 室蘭	70,128	0	0	0	40,548	3,895	938	0	0	1,654	36,553	0	0	0
5 釧路	18,230	0	0	0	0	0	0	0	0	1,609	1,506	0	0	0
6 帯広	0	0	0	0	0	0	1,214	0	845	0	3,412	0	0	0
7 北見	0	0	0	0	0	0	0	0	0	0	0	0	0	0
8 北海道	88,358	0	0	0	40,548	3,895	2,152	0	845	3,263	57,302	0	0	0
9 青森	0	0	0	0	0	0	0	0	0	3,251	4,814	0	0	0
10 岩手	0	0	0	0	0	250	624	31,191	0	0	0	0	0	0
11 宮城	1,100	0	0	0	0	0	0	34,330	31,191	0	0	0	0	921
12 福島	166,248	0	6,238	6,238	54,896	6,238	0	38,861	0	0	0	0	0	0
13 秋田	0	0	55,797	37,429	0	0	0	0	0	0	0	0	38,365	0
14 山形	0	0	0	0	0	0	37,429	0	0	0	0	0	0	0
15 茨城	2,986,945	483,873	60,947	402,728	354,591	265,621	18,279	95,132	0	0	0	11,853	20,461	179,170
16 栃木	72,741	974,172	35,169	176,502	57,703	37,426	115,406	31,191	0	0	6,238	9,357	0	37,429
17 群馬	85,850	104,194	739,716	119,199	2,121	14,985	5,490	213,970	0	0	0	0	49,160	0
18 埼玉	208,718	32,040	257,307	1,483,110	175,672	560,732	191,988	0	0	0	0	17,243	0	24,953
19 千葉	412,707	33,374	56,144	465,462	1,514,346	334,700	70,355	84,215	0	0	0	0	0	13,443
20 東京	57,786	187,146	455,067	547,541	241,131	960,757	288,480	75,794	0	0	0	0	91,192	2,679
21 神奈川	330,655	792	4,679	78,547	58,829	596,832	1,491,901	3,119	0	37,429	0	288,539	0	119,399
22 新潟	0	31,191	146,028	0	0	36,181	6,238	6,956,833	3,119	0	0	35,870	41,499	0
23 富山	0	0	0	0	0	0	0	3,119	1,179,406	0	6,825	0	0	0
24 石川	0	0	0	6,987	0	0	37,429	0	189,314	1,673,744	187,172	0	4,569	0
25 福井	0	0	0	0	0	0	0	0	0	0	1,113,656	0	0	9,847
26 山梨	0	0	0	3,743	0	41,375	0	0	0	0	0	586,983	116,057	282,932
27 長野	274,480	0	93,902	24,962	1,245,140	6,102	0	0	15,595	0	0	12,410	605,905	109,994
28 静岡	13,100	18,013	0	59,487	0	62,382	34,836	13,893	31,191	12,559	2,311	6,706	40,860	2,651,002
29 岐阜	0	0	0	0	0	0	0	0	31,191	0	0	0	1,168	67,060
30 愛知	187,183	41,484	0	87,335	1,752	31,191	62,694	31,191	115,444	18,715	3,431	0	197	438,117
31 三重	0	0	0	0	0	0	0	0	3,119	0	0	0	0	640,973
32 滋賀	0	0	0	0	0	0	0	0	0	0	27,479	0	30,770	8,733
33 京都	0	8,110	0	0	0	0	0	0	0	0	4,679	0	0	0
34 奈良	0	0	0	0	0	0	0	0	0	0	0	0	0	0
35 和歌山	0	0	0	0	0	0	0	0	0	26,824	0	0	0	0
36 大阪	0	0	0	0	0	789	31,191	33,530	58,327	0	9,357	0	0	7,355
37 兵庫	0	0	0	0	21,834	0	0	0	0	43,979	0	0	0	0
38 鳥取	0	0	0	0	0	0	0	0	0	0	0	0	3,119	3,119
39 島根	0	0	0	0	0	0	0	0	0	0	0	0	0	0
40 岡山	0	0	0	0	0	0	4,685	0	0	0	0	0	0	0
41 広島	82,829	0	40,548	38,989	44,737	0	0	0	0	0	0	0	31,191	80,547
42 山口	0	0	0	0	0	0	0	0	0	0	0	0	0	0
43 香川	40,548	0	0	0	0	0	0	0	0	0	0	0	0	0
44 愛媛	78	0	0	0	390	0	0	0	0	0	57,126	0	0	0
45 徳島	20,274	0	0	0	0	0	0	40,548	93,573	0	0	0	0	0
46 高知	0	0	0	0	0	0	0	0	0	0	0	0	0	0
47 福岡	2,760	0	0	0	0	2,995	0	0	0	0	0	0	0	1,541
48 佐賀	0	0	0	0	0	0	0	0	0	0	0	0	0	0
49 長崎	0	0	0	0	0	0	0	0	0	0	0	0	0	0
50 熊本	0	0	0	0	0	0	0	15,372	0	0	0	0	0	77,371
51 大分	0	0	0	0	0	0	0	0	0	0	0	0	0	140
52 宮崎	0	0	0	0	0	0	0	0	0	0	0	0	0	0
53 鹿児島	0	0	0	0	0	0	0	0	0	0	0	0	0	0
54 沖縄	0	0	0	0	0	0	0	92	0	0	0	0	0	0
55 全国	5,032,360	1,914,388	2,011,029	3,478,771	3,875,933	2,977,785	2,410,465	7,803,783	1,558,931	2,054,862	1,480,390	1,060,152	983,322	4,756,726

平成28年度 　　　　　府県相互間輸送トン数表（全機関）　　　品目（2-6）木材　　（単位：トン）その3

発＼着	29 岐阜	30 愛知	31 三重	32 滋賀	33 京都	34 奈良	35 和歌山	36 大阪	37 兵庫	38 鳥取	39 島根	40 岡山	41 広島	42 山口
1 札幌	0	0	0	0	0	0	0	0	0	1,345	1,524	0	0	0
2 旭川	0	0	0	0	7,936	0	0	0	0	4,213	0	0	0	0
3 函館	0	0	0	0	2,600	0	0	0	0	0	0	0	0	0
4 室蘭	0	25,179	0	0	5,123	0	0	24	0	28,432	0	0	0	0
5 釧路	0	9,000	0	0	2,551	0	0	0	0	0	0	0	0	0
6 帯広	0	0	0	0	6,965	0	0	0	0	13,223	1,095	0	0	0
7 北見	0	0	0	0	2,420	0	0	0	0	1,467	0	0	0	0
8 北海道	0	34,179	0	0	27,595	0	0	24	0	48,680	2,619	0	0	0
9 青森	0	60	0	0	3,999	0	0	0	0	21,877	16,283	0	0	0
10 岩手	0	10,944	0	0	0	0	0	0	0	20,402	0	0	0	0
11 宮城	0	3,340	0	0	0	0	0	0	10,000	0	0	0	0	0
12 福島	0	23,393	0	0	0	0	0	0	0	607	0	0	0	0
13 秋田	0	0	0	31,815	0	0	0	0	0	0	0	62,382	0	0
14 山形	0	0	0	0	0	0	0	0	0	0	0	0	0	0
15 茨城	0	82,413	0	0	0	0	0	0	0	0	0	0	0	0
16 栃木	0	0	0	0	0	0	0	38,989	0	0	0	0	0	0
17 群馬	0	0	0	0	0	0	0	0	0	0	0	0	0	0
18 埼玉	31,191	0	0	0	6,862	0	0	0	5,614	38,677	0	0	0	0
19 千葉	80,410	0	0	0	0	0	1,521	0	0	390	0	0	13,316	0
20 東京	0	2,921	0	0	0	0	0	0	2,149	2,114	0	0	0	0
21 神奈川	0	6,842	10,264	0	0	0	0	0	12,060	999	33	0	0	0
22 新潟	0	62,382	0	0	0	0	0	0	22,769	0	2,921	1,231	0	0
23 富山	34,310	126,323	31,191	0	28,696	0	0	0	3,119	0	3,119	0	0	0
24 石川	0	7,798	0	0	0	0	0	0	74,858	0	0	0	0	0
25 福井	0	0	0	0	54,424	0	0	0	3,743	0	0	0	0	0
26 山梨	0	0	0	0	0	0	0	0	0	0	0	0	0	0
27 長野	71,232	54,307	32,713	0	0	0	0	0	32,968	0	0	0	0	0
28 静岡	12,476	153,452	336,862	0	0	0	0	0	11,009	0	0	0	0	0
29 岐阜	1,556,297	275,145	0	26,412	0	0	0	0	2,324	0	0	0	37,429	0
30 愛知	844,269	4,726,691	278,403	25,180	0	0	0	0	6,867	42,357	3,119	0	1,863	57
31 三重	13,878	139,209	2,078,805	16,035	27,604	40,618	525,080	11,695	32,142	0	0	0	0	0
32 滋賀	14,454	76,387	6,576	437,134	0	117,843	0	104,228	6,862	0	0	0	157,872	0
33 京都	0	8,422	4,679	39,559	753,848	37,914	4,679	109,929	153,483	0	0	0	32,507	0
34 奈良	0	46,786	399,244	8,733	32,584	265,631	0	100,915	37,273	0	0	0	33,762	873
35 和歌山	0	2,319	4,719,424	0	0	49,905	948,309	254,162	0	3,119	0	0	43,667	0
36 大阪	46,474	42,604	7,418	62,444	59,565	95,270	129,437	1,721,314	436,806	3,119	0	43,667	235,426	4,136
37 兵庫	0	47	2,110	12,675	151,954	21,508	6,464	311,984	2,300,114	0	256,004	108,392	18,130	408
38 鳥取	0	0	0	0	0	0	0	155,955	0	1,858,380	66,574	116	0	3,743
39 島根	0	0	0	0	0	0	0	31,191	0	163,585	2,547,670	0	46,385	0
40 岡山	0	0	0	0	0	0	0	43,375	277,042	270,570	1,570,827	0	0	0
41 広島	0	131,916	31,191	0	0	0	296	61,087	213,533	0	100,964	276,660	1,258,737	5,160
42 山口	0	61	0	0	0	0	829	44,759	31,191	0	107,400	6,238	3,746	1,553,179
43 香川	0	0	0	0	0	0	0	57,989	0	0	0	0	35,857	0
44 愛媛	0	0	0	80,473	0	31,191	1,621	7,737	0	0	0	43,667	35,523	0
45 徳島	0	6,550	0	0	0	0	8,798	65,501	76,607	0	0	31,191	652	244
46 高知	0	0	0	0	0	0	0	0	0	0	0	0	0	0
47 福岡	0	5,274	2,453	0	0	0	0	7,393	0	0	0	140	0	139,320
48 佐賀	0	5,874	0	0	0	0	0	0	0	0	1,480	0	600	9,777
49 長崎	0	0	0	0	0	0	0	0	0	0	2,349	0	0	26,303
50 熊本	0	0	0	0	0	0	0	0	634	0	0	0	0	0
51 大分	0	0	909	0	0	0	0	0	0	0	12,603	0	13,374	11,402
52 宮崎	0	10,027	0	0	0	0	0	10,410	0	5,497	0	60	7,193	50,730
53 鹿児島	0	0	0	0	0	0	400	0	4	0	0	0	0	8,885
54 沖縄	0	0	0	0	0	0	0	716	0	0	0	0	0	0
55 全国	2,704,993	6,045,664	7,942,241	747,322	1,180,885	1,144,343	1,114,048	3,080,147	3,885,826	2,401,302	3,115,176	2,380,798	1,695,788	1,813,344

平成28年度 　　　　　府県相互間輸送トン数表（全機関）　　　品目（2-6）木材　　（単位：トン）その4

発＼着	43 香川	44 愛媛	45 徳島	46 高知	47 福岡	48 佐賀	49 長崎	50 熊本	51 大分	52 宮崎	53 鹿児島	54 沖縄	55 全国
1 札幌	0	0	0	0	0	0	0	0	0	0	0	0	2,001,381
2 旭川	0	0	0	0	0	0	0	0	0	0	0	0	609,280
3 函館	0	0	0	0	1,203	0	0	0	0	0	459	0	542,932
4 室蘭	2,184	0	0	0	3,576	0	1,556	0	0	0	1,224	0	3,612,411
5 釧路	0	0	0	0	0	0	0	0	0	0	0	0	168,455
6 帯広	0	0	0	0	2,939	0	0	1,700	0	0	0	0	5,750,937
7 北見	0	0	0	0	0	0	0	0	0	0	0	0	1,544,245
8 北海道	2,184	0	0	0	7,718	0	1,556	1,700	0	0	1,683	0	14,229,643
9 青森	38,053	0	1,400	0	2,461	0	0	0	0	0	0	0	3,591,325
10 岩手	0	3,701	0	0	0	0	0	0	0	0	0	0	2,826,738
11 宮城	0	0	5,907	0	0	0	0	0	0	0	22	0	1,406,492
12 福島	0	0	0	0	0	0	0	0	0	0	0	0	1,632,650
13 秋田	0	0	31,191	0	0	0	0	0	0	0	0	0	2,933,920
14 山形	0	0	0	0	0	0	0	0	0	0	0	0	798,123
15 茨城	0	29,720	0	0	13,590	0	0	0	0	0	0	0	5,338,560
16 栃木	0	0	0	0	0	0	0	0	0	0	0	0	1,751,778
17 群馬	0	0	0	0	0	0	0	0	0	0	0	0	1,503,450
18 埼玉	0	0	0	0	0	0	0	0	0	0	0	0	3,092,107
19 千葉	0	0	0	0	0	0	0	0	0	0	0	0	3,204,482
20 東京	0	0	0	0	0	0	0	0	0	5,600	0	1,330	3,075,320
21 神奈川	41,950	0	0	0	0	0	0	0	0	0	0	0	3,276,080
22 新潟	0	0	0	0	0	0	589	0	0	0	0	0	7,423,979
23 富山	40,548	0	0	0	0	0	0	0	0	0	0	0	1,711,404
24 石川	0	0	0	0	0	0	0	0	0	0	0	0	2,184,989
25 福井	0	2,602	0	0	0	0	0	0	0	0	0	0	1,188,997
26 山梨	0	0	0	0	0	0	0	0	0	0	0	0	1,068,518
27 長野	0	30,567	0	0	0	0	0	0	0	0	0	0	2,625,467
28 静岡	0	68	0	0	0	0	0	0	0	2,017	0	0	3,462,224
29 岐阜	0	0	0	0	0	0	0	0	0	0	0	0	1,997,027
30 愛知	1,337	2,124	0	0	0	0	0	0	0	0	0	0	6,983,269
31 三重	0	0	0	0	250	0	0	0	0	0	0	0	3,519,981
32 滋賀	0	0	0	0	0	0	0	0	0	0	0	0	2,038,957
33 京都	0	0	0	0	0	0	0	0	0	0	0	0	1,157,808
34 奈良	0	0	0	0	84,215	31,191	0	0	0	0	0	0	969,300
35 和歌山	0	6,280	9,340	0	0	2,579	0	0	0	0	0	0	6,091,050
36 大阪	46,793	8,940	38,874	13,151	6,672	0	0	0	0	1,386	10	676	3,149,896
37 兵庫	114,159	90,924	0	0	18,828	0	0	0	0	1,341	1	1	3,480,858
38 鳥取	0	0	0	0	0	0	0	0	0	0	0	0	2,100,734
39 島根	0	0	0	0	43,451	0	0	0	0	0	0	3	2,785,897
40 岡山	38,488	40,548	0	132	4,679	0	0	0	0	0	0	0	2,296,733
41 広島	5,576	17,259	0	0	11,853	71,397	0	0	0	15,443	0	1,024	2,521,710
42 山口	0	0	31,191	0	131,066	0	0	758	0	0	0	0	1,911,929
43 香川	2,461,581	167,358	281,955	105,853	124,389	0	0	0	0	0	6	0	3,356,009
44 愛媛	14,535	1,770,894	88,206	0	62,317	0	0	0	0	1,400	0	316	2,110,098
45 徳島	249,002	420,401	1,313,250	0	8,792	0	0	0	0	0	0	0	2,421,149
46 高知	9,847	0	0	1,555,230	0	0	0	0	0	0	0	0	1,565,077
47 福岡	6,306	38,990	1,363	0	2,203,630	232,419	497,114	198,458	11,501	207,023	76,966	2,378	3,636,485
48 佐賀	63,864	19,510	0	0	25,623	1,221,293	42,282	0	49,905	0	0	0	1,441,749
49 長崎	0	9,080	0	0	232,187	793,932	1,363	0	408	0	0	0	1,065,622
50 熊本	0	3,930	0	0	4,536	0	89,518	1,666,255	87,218	125,310	440,164	0	2,512,254
51 大分	0	59,374	0	0	229,565	0	12,924	46,786	1,451,253	0	0	0	1,791,544
52 宮崎	0	68,608	6,804	0	56,144	72,444	0	6,034	79,664	6,301,138	929,819	0	7,645,324
53 鹿児島	2,377	0	515	0	0	0	0	700	0	251,954	3,032,612	36,128	3,338,909
54 沖縄	10,398	2,100	0	0	0	0	17,584	0	0	0	984	279	398,854
55 全国	3,146,999	2,792,978	1,809,996	1,735,379	3,030,987	1,863,510	1,441,987	1,935,567	1,679,542	6,941,660	4,481,556	408,846	139,604,290

- 111 -

平成28年度　　　　　　　　　　　　　　　府県相互間輸送トン数表（全機関）　　　　　　　　　　　　　　　　　　　（単位：トン）
品目　（2-7）薪炭　　　その　1

着／発	1 札幌	2 旭川	3 函館	4 室蘭	5 釧路	6 帯広	7 北見	8 北海道	9 青森	10 岩手	11 宮城	12 福島	13 秋田	14 山形
1 札幌	66,187	0	0	0	0	0	0	66,187	0	0	0	0	0	0
2 旭川	0	0	0	0	0	0	0	0	0	0	0	0	0	0
3 函館	0	0	0	0	0	0	0	0	0	0	0	0	0	0
4 室蘭	0	0	0	0	0	0	0	0	0	0	0	0	0	0
5 釧路	0	0	0	0	0	0	0	0	0	0	0	0	0	0
6 帯広	0	0	0	0	0	8,597	0	8,597	0	0	0	0	0	0
7 北見	0	0	0	0	0	0	0	0	0	0	0	0	0	0
8 北海道	66,187	0	0	0	0	8,597	0	74,784	0	0	0	0	0	0
9 青森	0	0	0	0	10	0	0	10	88,250	0	0	0	0	0
10 岩手	0	0	0	0	0	0	0	0	0	62	0	0	598	0
11 宮城	0	0	0	0	0	0	0	0	0	0	0	0	0	0
12 福島	0	0	0	0	0	0	0	0	0	0	0	0	0	0
13 秋田	0	0	0	0	0	0	0	0	0	0	0	0	0	0
14 山形	0	0	0	0	0	0	0	0	0	0	0	0	0	14
15 茨城	0	0	0	0	0	0	0	0	0	0	0	0	0	0
16 栃木	0	0	0	0	0	0	0	0	0	0	0	0	0	0
17 群馬	0	0	0	0	0	0	0	0	0	0	0	0	0	0
18 埼玉	0	0	0	0	0	0	0	0	0	0	0	0	0	0
19 千葉	0	0	0	0	0	0	0	0	0	0	0	0	0	0
20 東京	0	0	0	0	0	0	0	0	0	0	560	0	0	0
21 神奈川	0	0	0	1,016	0	0	0	1,016	30	0	210	0	0	0
22 新潟	0	0	0	0	0	0	0	0	0	0	0	0	0	0
23 富山	0	0	0	0	0	0	0	0	0	0	0	0	0	0
24 石川	0	0	0	0	0	0	0	0	0	0	0	0	0	0
25 福井	0	0	0	4,385	0	0	0	4,385	0	0	0	0	0	0
26 山梨	0	0	0	0	0	0	0	0	0	0	0	0	0	0
27 長野	0	0	0	0	0	0	0	0	0	0	0	0	0	0
28 静岡	0	0	0	0	0	0	0	0	0	0	0	0	0	0
29 岐阜	0	0	0	0	0	0	0	0	0	0	0	0	0	0
30 愛知	0	0	0	0	0	0	0	0	0	0	0	0	0	0
31 三重	0	0	0	0	0	0	0	0	0	0	0	0	0	0
32 滋賀	0	0	0	0	0	0	0	0	0	0	0	0	0	0
33 京都	0	0	0	0	0	0	0	0	0	0	0	0	0	0
34 奈良	0	0	0	0	0	0	0	0	0	0	0	0	0	0
35 和歌山	0	0	0	0	0	0	0	0	0	0	0	0	0	0
36 大阪	0	0	0	0	0	0	0	0	0	0	0	0	0	0
37 兵庫	0	0	0	0	0	0	0	0	0	0	0	0	0	0
38 鳥取	0	0	0	0	0	0	0	0	0	0	0	0	0	0
39 島根	0	0	0	0	0	0	0	0	0	0	0	0	0	0
40 岡山	0	0	0	0	0	0	0	0	0	0	0	0	0	0
41 広島	0	0	0	0	0	0	0	0	0	0	0	0	0	0
42 山口	0	0	0	0	0	0	0	0	0	0	0	0	0	0
43 香川	0	0	0	0	0	0	0	0	0	0	0	0	0	0
44 愛媛	0	0	0	0	0	0	0	0	0	0	0	0	0	0
45 徳島	0	0	0	0	0	0	0	0	0	0	0	0	0	0
46 高知	0	0	0	0	0	0	0	0	0	0	0	0	0	0
47 福岡	0	0	0	0	0	0	0	0	0	0	0	0	0	0
48 佐賀	0	0	0	0	0	0	0	0	0	0	0	0	0	0
49 長崎	0	0	0	0	0	0	0	0	0	0	0	0	0	0
50 熊本	0	0	0	0	0	0	0	0	0	0	0	0	0	0
51 大分	0	0	0	0	0	0	0	0	0	0	0	0	0	0
52 宮崎	0	0	0	0	0	0	0	0	0	0	0	0	0	0
53 鹿児島	0	0	0	0	0	0	0	0	0	0	0	0	0	0
54 沖縄	0	0	0	0	0	0	0	0	0	0	0	0	0	0
55 全国	66,187	0	0	5,401	10	8,597	0	80,195	88,280	62	770	0	598	14

平成28年度　　　　　　　　　　　　　　　府県相互間輸送トン数表（全機関）　　　　　　　　　　　　　　　　　　　（単位：トン）
品目　（2-7）薪炭　　　その　2

着／発	15 茨城	16 栃木	17 群馬	18 埼玉	19 千葉	20 東京	21 神奈川	22 新潟	23 富山	24 石川	25 福井	26 山梨	27 長野	28 静岡
1 札幌	0	0	0	0	0	0	0	0	0	0	0	0	0	0
2 旭川	0	0	0	0	0	0	0	0	0	0	0	0	0	0
3 函館	0	0	0	0	0	0	0	0	0	0	0	0	0	0
4 室蘭	0	0	0	0	0	5	0	0	0	0	0	0	0	0
5 釧路	0	0	0	0	0	0	0	0	0	0	0	0	0	0
6 帯広	0	0	0	0	0	0	0	0	0	0	0	0	0	0
7 北見	0	0	0	0	0	0	0	0	0	0	0	0	0	0
8 北海道	0	0	0	0	0	5	0	0	0	0	0	0	0	0
9 青森	0	0	0	0	0	0	0	0	0	0	0	0	0	0
10 岩手	0	0	0	0	0	0	0	0	0	0	0	0	0	0
11 宮城	0	0	0	0	0	0	0	0	0	0	0	0	0	0
12 福島	0	0	0	0	0	0	0	0	0	0	0	0	0	0
13 秋田	0	0	0	0	0	0	0	0	0	0	0	0	0	0
14 山形	0	0	0	0	0	0	0	0	0	0	0	0	0	0
15 茨城	0	0	0	66,421	4,744	0	0	0	0	0	0	3,558	0	0
16 栃木	0	0	0	0	0	0	0	0	0	0	0	0	0	0
17 群馬	0	0	0	0	0	0	0	0	0	0	0	0	0	0
18 埼玉	0	0	0	0	0	0	0	0	0	0	0	0	0	0
19 千葉	0	0	0	0	0	0	0	0	0	0	0	0	0	0
20 東京	0	0	0	0	0	45,520	0	0	0	0	0	0	0	38
21 神奈川	0	0	0	0	0	0	0	0	0	0	0	0	0	23
22 新潟	0	0	0	0	0	0	0	0	0	0	0	0	0	0
23 富山	0	0	0	0	0	0	0	0	22,062	0	0	0	0	0
24 石川	0	0	0	0	0	0	0	0	0	0	0	0	0	0
25 福井	0	0	0	0	0	0	0	0	0	0	0	0	0	0
26 山梨	0	0	0	0	0	0	0	0	0	0	0	0	0	0
27 長野	0	0	0	0	0	0	0	0	0	0	0	0	0	0
28 静岡	0	0	0	0	0	0	0	0	0	0	0	0	0	0
29 岐阜	0	0	0	0	0	0	0	84,058	0	0	0	0	0	0
30 愛知	0	0	0	0	0	0	0	0	0	0	0	0	0	0
31 三重	0	0	0	0	0	0	0	0	0	0	0	0	0	0
32 滋賀	0	0	0	0	0	0	0	0	0	0	0	0	0	0
33 京都	0	0	0	0	0	0	0	0	0	0	0	0	0	0
34 奈良	0	0	0	0	0	0	0	0	0	0	0	0	0	0
35 和歌山	0	0	0	0	0	0	0	0	0	0	0	0	0	0
36 大阪	0	0	0	0	0	0	0	0	0	0	0	0	0	0
37 兵庫	0	0	0	0	0	0	0	0	0	0	0	0	0	0
38 鳥取	0	0	0	0	0	0	0	0	0	0	0	0	0	0
39 島根	0	0	0	0	0	0	0	0	0	0	0	0	0	0
40 岡山	0	0	0	0	0	0	0	0	0	0	0	0	0	0
41 広島	0	0	0	0	0	0	0	0	0	0	0	0	0	0
42 山口	0	0	0	0	0	15	0	0	0	0	0	0	0	0
43 香川	0	0	0	0	0	0	0	0	0	0	0	0	0	0
44 愛媛	0	0	0	0	0	10	0	0	0	0	0	0	0	0
45 徳島	0	0	0	0	0	0	0	0	0	0	0	0	0	0
46 高知	0	0	0	0	0	0	0	0	0	0	0	0	0	0
47 福岡	0	0	0	0	0	5	0	0	0	0	0	0	0	0
48 佐賀	0	0	0	0	0	0	0	0	0	0	0	0	0	0
49 長崎	0	0	0	0	0	0	0	0	0	0	0	0	0	0
50 熊本	0	0	0	0	0	0	0	0	0	0	0	0	0	0
51 大分	0	0	0	0	0	0	0	0	0	0	0	0	0	0
52 宮崎	0	0	0	0	0	0	0	0	0	0	0	0	0	0
53 鹿児島	0	0	0	0	0	0	0	0	0	0	0	0	0	0
54 沖縄	0	0	0	0	0	0	0	0	0	0	0	0	0	0
55 全国	0	0	0	66,421	4,744	45,555	0	84,058	22,062	0	0	3,558	0	61

平成28年度　　　　　　　　　　　　　　　　　　　府県相互間輸送トン数表（全機関）

品目　（2−7）　薪炭　　　　　（単位：トン）　その　3

着／発	29 岐阜	30 愛知	31 三重	32 滋賀	33 京都	34 奈良	35 和歌山	36 大阪	37 兵庫	38 鳥取	39 島根	40 岡山	41 広島	42 山口
1 札幌	0	0	0	0	0	0	0	0	0	0	0	0	0	0
2 旭川	0	0	0	0	0	0	0	0	0	0	0	0	0	0
3 函館	0	0	0	0	0	0	0	0	0	0	0	0	0	0
4 室蘭	0	0	0	0	0	0	0	0	0	0	0	0	0	0
5 釧路	0	0	0	0	0	0	0	0	0	0	0	0	0	0
6 帯広	0	0	0	0	0	0	0	0	0	0	0	0	0	0
7 北見	0	0	0	0	0	0	0	0	0	0	0	0	0	0
8 北海道	0	0	0	0	0	0	0	0	0	0	0	0	0	0
9 青森	0	0	0	0	0	0	0	0	0	0	0	0	0	0
10 岩手	0	0	0	0	0	0	0	0	0	0	0	0	0	0
11 宮城	0	0	0	0	0	0	0	0	0	0	0	0	0	0
12 福島	0	0	0	0	0	0	0	0	0	0	0	0	0	0
13 秋田	0	0	0	0	0	0	0	0	0	0	0	0	0	0
14 山形	0	0	0	0	0	0	0	0	0	0	0	0	0	0
15 茨城	0	0	0	0	0	0	0	0	0	0	0	0	0	0
16 栃木	0	0	0	0	0	0	0	0	0	0	0	0	0	0
17 群馬	0	0	0	0	0	0	0	0	0	0	0	0	0	0
18 埼玉	0	0	0	0	0	0	0	0	0	0	0	0	0	0
19 千葉	0	0	0	0	0	0	0	0	0	0	0	0	0	0
20 東京	0	0	64	0	0	0	0	0	0	0	0	0	0	0
21 神奈川	0	0	0	0	0	0	0	0	0	0	0	0	0	0
22 新潟	0	0	0	0	0	0	0	0	0	0	0	0	0	0
23 富山	0	0	0	0	0	0	0	0	0	0	0	0	0	0
24 石川	0	0	0	0	0	0	0	0	0	0	0	0	0	0
25 福井	0	0	0	0	0	0	0	0	0	0	0	0	0	0
26 山梨	0	0	0	0	0	0	0	0	0	0	0	0	0	0
27 長野	0	0	0	0	0	0	0	0	0	0	0	0	0	0
28 静岡	0	0	0	0	0	0	0	0	0	0	0	0	0	0
29 岐阜	238	46,331	0	0	0	0	0	0	0	0	0	0	0	0
30 愛知		11,320	0	0	0	0	0	0	0	0	0	0	0	0
31 三重	0	0	66,789	0	0	0	0	0	0	0	0	0	0	0
32 滋賀	0	0	0	0	0	0	0	0	0	0	0	0	0	0
33 京都	0	0	0	0	0	0	0	0	0	0	0	0	0	0
34 奈良	0	0	0	0	0	0	0	0	3,989	0	0	0	0	0
35 和歌山	0	0	0	0	0	0	0	0	0	0	0	0	0	0
36 大阪	0	0	0	0	0	0	0	0	0	0	0	0	0	0
37 兵庫	0	0	0	0	0	0	0	0	33,012	0	0	41,813	0	0
38 鳥取	0	0	0	0	0	0	0	0	0	0	0	0	0	0
39 島根	0	0	0	0	0	0	0	0	0	0	10,651	0	0	0
40 岡山	0	0	0	0	0	0	0	0	52,950	0	0	0	0	0
41 広島	0	0	0	0	0	0	0	0	0	0	0	0	0	0
42 山口	0	0	0	0	0	0	0	0	0	0	0	0	6,575	0
43 香川	0	0	0	0	0	0	0	0	0	0	0	0	0	0
44 愛媛	0	0	0	0	0	0	0	0	0	0	0	0	0	0
45 徳島	0	0	0	0	0	0	0	0	0	0	0	0	0	0
46 高知	0	0	0	0	0	0	0	0	0	0	0	0	0	0
47 福岡	0	0	0	0	0	0	0	0	0	0	0	0	0	0
48 佐賀	0	0	0	0	0	0	0	0	0	0	0	0	0	0
49 長崎	0	0	0	0	0	0	0	0	0	0	0	0	0	0
50 熊本	0	0	0	0	0	0	0	0	0	0	0	0	0	0
51 大分	0	0	0	0	0	0	0	0	0	0	0	0	0	0
52 宮崎	0	0	0	0	0	0	0	0	0	0	0	0	0	0
53 鹿児島	0	0	0	0	0	0	0	0	0	0	0	0	0	0
54 沖縄	0	0	0	0	0	0	0	0	0	0	0	0	0	0
55 全国	238	57,651	66,853	0	0	0	0	0	89,951	0	10,651	41,813	6,575	0

平成28年度　　　　　　　　　　　　　　　　　　　府県相互間輸送トン数表（全機関）

品目　（2−7）　薪炭　　　　　（単位：トン）　その　4

着／発	43 香川	44 愛媛	45 徳島	46 高知	47 福岡	48 佐賀	49 長崎	50 熊本	51 大分	52 宮崎	53 鹿児島	54 沖縄	55 全国
1 札幌	0	0	0	0	0	0	0	0	0	0	0	0	66,187
2 旭川	0	0	0	0	0	0	0	0	0	0	0	0	0
3 函館	0	0	0	0	0	0	0	0	0	0	0	0	0
4 室蘭	0	0	0	0	0	0	0	0	0	0	0	0	5
5 釧路	0	0	0	0	0	0	0	0	0	0	0	0	0
6 帯広	0	0	0	0	0	0	0	0	0	0	0	0	8,597
7 北見	0	0	0	0	0	0	0	0	0	0	0	0	0
8 北海道	0	0	0	0	0	0	0	0	0	0	0	0	74,789
9 青森	0	0	0	0	0	0	0	0	0	0	0	0	88,260
10 岩手	0	0	0	0	0	0	0	0	0	0	0	0	660
11 宮城	0	0	0	0	0	0	0	0	0	0	0	0	0
12 福島	0	0	0	0	0	0	0	0	0	0	0	0	0
13 秋田	0	0	0	0	0	0	0	0	0	0	0	0	0
14 山形	0	0	0	0	0	0	0	0	0	0	0	0	14
15 茨城	0	0	0	0	0	0	0	0	0	0	0	0	74,724
16 栃木	0	0	0	0	0	0	0	0	0	0	0	0	0
17 群馬	0	0	0	0	0	0	0	0	0	0	0	0	0
18 埼玉	0	0	0	0	0	0	0	0	0	0	0	0	0
19 千葉	0	0	0	0	0	0	0	0	0	0	0	0	0
20 東京	0	0	0	0	0	0	0	0	0	0	0	134	46,316
21 神奈川	0	0	0	0	0	0	0	0	0	0	0	0	1,279
22 新潟	0	0	0	0	0	0	0	0	0	0	0	0	22,062
23 富山	0	0	0	0	0	0	0	0	0	0	0	0	0
24 石川	0	0	0	0	0	0	0	0	0	0	0	0	0
25 福井	0	0	0	0	0	0	0	0	0	0	0	0	4,385
26 山梨	0	0	0	0	0	0	0	0	0	0	0	0	0
27 長野	0	0	0	0	0	0	0	0	0	0	0	0	0
28 静岡	0	0	0	0	0	0	0	0	0	0	0	0	0
29 岐阜	0	0	0	0	0	0	0	0	0	0	0	0	130,627
30 愛知	0	0	0	0	0	0	0	0	0	0	0	0	11,320
31 三重	0	0	0	0	0	0	0	0	0	0	0	0	66,789
32 滋賀	0	0	0	0	0	0	0	0	0	0	0	0	0
33 京都	0	0	0	0	0	0	0	0	0	0	0	0	0
34 奈良	0	0	0	0	0	0	0	0	0	0	0	0	3,989
35 和歌山	0	0	0	0	0	0	0	0	0	0	0	0	0
36 大阪	0	0	0	0	362	0	0	0	0	0	0	62	424
37 兵庫	0	0	0	0	303	0	0	0	0	0	0	0	75,128
38 鳥取	0	0	0	0	0	0	0	0	0	0	0	0	0
39 島根	0	0	0	0	0	0	0	0	0	0	0	0	10,651
40 岡山	0	0	0	0	0	0	0	0	0	0	0	0	52,950
41 広島	0	0	0	0	0	0	0	0	0	0	0	0	6,590
42 山口	0	0	0	0	0	0	0	0	0	0	0	0	0
43 香川	0	0	0	0	0	0	0	0	0	0	0	0	0
44 愛媛	0	0	0	0	0	0	0	0	0	0	0	0	10
45 徳島	0	0	0	0	0	0	0	0	0	0	0	0	0
46 高知	0	0	0	0	0	0	0	0	1,008	0	0	0	1,008
47 福岡	0	0	0	0	8,636	0	0	0	0	0	0	264	8,905
48 佐賀	0	0	0	0	0	0	5,158	0	0	0	0	0	5,158
49 長崎	0	0	0	0	0	0	0	0	0	0	0	0	0
50 熊本	0	0	0	0	0	0	0	0	0	0	0	0	0
51 大分	0	0	0	0	0	0	0	0	0	0	0	0	0
52 宮崎	0	0	0	0	0	0	0	0	0	0	0	0	0
53 鹿児島	0	0	0	0	0	0	0	0	0	0	5	20	25
54 沖縄	0	0	0	0	0	0	0	0	0	0	3	1	4
55 全国	0	0	0	0	9,301	0	5,158	0	1,008	0	8	481	686,218

- 113 -

平成28年度　　　　　　　　　　　　　　　　　　　　　　府県相互間輸送トン数表（全機関）

品目　（3－8）石炭　　（単位：トン）　その1

着／発	1 札幌	2 旭川	3 函館	4 室蘭	5 釧路	6 帯広	7 北見	8 北海道	9 青森	10 岩手	11 宮城	12 福島	13 秋田	14 山形
1 札幌	1,516,308	0	0	0	0	0	0	1,516,308	0	0	0	0	0	0
2 旭川	950,652	0	0	0	17,850	0	0	968,502	0	0	0	0	0	0
3 函館	0	0	0	0	0	0	0	0	0	2,200	0	0	0	0
4 室蘭	0	0	0	8,260	159,820	0	0	168,080	0	0	0	0	0	0
5 釧路	0	0	0	130,060	0	0	0	130,060	0	0	0	43,800	0	0
6 帯広	0	0	0	0	0	0	0	0	0	0	0	0	0	0
7 北見	0	0	0	0	0	0	0	0	0	0	0	0	0	0
8 北海道	2,466,959	0	0	138,320	177,670	0	0	2,782,950	0	2,200	0	43,800	0	0
9 青森	0	0	0	11,250	0	0	0	11,250	843,735	0	0	0	0	0
10 岩手	0	0	0	0	0	0	0	0	0	0	0	0	0	0
11 宮城	0	0	0	1,600	0	0	0	1,600	0	0	0	0	0	0
12 福島	0	0	0	0	0	0	0	0	0	0	0	8,606,966	0	0
13 秋田	0	0	0	0	0	0	0	0	0	0	0	0	0	0
14 山形	0	0	0	0	0	0	0	0	0	0	0	0	0	1,300,412
15 茨城	0	0	0	0	0	0	0	0	0	0	0	0	0	0
16 栃木	0	0	0	0	0	0	0	0	0	0	0	0	0	0
17 群馬	0	0	0	0	0	0	0	0	0	0	0	0	0	0
18 埼玉	0	0	0	0	0	0	0	0	0	0	0	0	0	0
19 千葉	0	0	0	1,352	0	0	0	1,352	0	0	0	5,400	0	0
20 東京	0	0	0	0	0	0	0	0	1,730	0	0	0	0	0
21 神奈川	0	0	0	148	0	0	0	148	236	0	0	0	0	0
22 新潟	0	0	0	0	0	0	0	0	0	0	0	0	0	0
23 富山	0	0	0	0	0	0	0	0	0	0	0	0	0	0
24 石川	0	0	0	0	0	0	0	0	0	0	0	0	0	0
25 福井	0	0	0	0	0	0	0	0	0	0	0	0	0	0
26 山梨	0	0	0	0	0	0	0	0	0	0	0	0	0	0
27 長野	0	0	0	0	0	0	0	0	0	0	0	0	0	0
28 静岡	0	0	0	0	0	0	0	0	0	0	0	0	0	0
29 岐阜	0	0	0	0	0	0	0	0	0	0	0	0	0	0
30 愛知	0	0	0	0	0	0	0	0	0	0	0	0	0	0
31 三重	0	0	0	0	0	0	0	0	0	0	0	0	0	0
32 滋賀	0	0	0	0	0	0	0	0	0	0	0	0	0	0
33 京都	0	0	0	0	0	0	0	0	0	0	0	0	0	0
34 奈良	0	0	0	0	0	0	0	0	0	0	0	0	0	0
35 和歌山	0	0	0	0	0	0	0	0	0	0	0	0	0	0
36 大阪	0	0	0	0	0	0	0	0	0	0	0	0	0	0
37 兵庫	0	0	0	4,750	5,900	0	0	10,650	0	0	0	0	0	0
38 鳥取	0	0	0	0	0	0	0	0	0	0	0	0	0	0
39 島根	0	0	0	0	0	0	0	0	0	0	0	0	0	0
40 岡山	0	0	0	0	0	0	0	0	0	1,510	0	0	0	0
41 広島	0	0	0	0	0	0	0	0	0	0	0	0	0	0
42 山口	0	0	0	0	0	0	0	0	1,500	0	10,050	2,266	1,500	0
43 香川	0	0	0	0	0	0	0	0	0	0	0	0	0	0
44 愛媛	0	0	0	0	0	0	0	0	0	0	0	0	0	0
45 徳島	0	0	0	0	0	0	0	0	0	0	0	0	0	0
46 高知	0	0	0	0	0	0	0	0	0	0	0	0	0	0
47 福岡	0	0	0	8,000	0	0	0	8,000	0	0	0	0	0	0
48 佐賀	0	0	0	0	0	0	0	0	0	0	0	0	0	0
49 長崎	0	0	0	0	0	0	0	0	0	0	0	0	0	0
50 熊本	0	0	0	0	0	0	0	0	0	0	0	0	0	0
51 大分	0	0	0	0	0	0	0	0	0	0	0	0	0	0
52 宮崎	0	0	0	0	0	0	0	0	0	0	0	0	0	0
53 鹿児島	0	0	0	0	0	0	0	0	0	0	0	0	0	0
54 沖縄	0	0	0	0	0	0	0	0	0	0	0	0	0	0
55 全国	2,466,959	0	0	165,420	183,570	0	0	2,815,950	847,201	3,710	10,050	8,658,432	1,500	1,300,412

平成28年度　　　　　　　　　　　　　　　　　　　　　　府県相互間輸送トン数表（全機関）

品目　（3－8）石炭　　（単位：トン）　その2

着／発	15 茨城	16 栃木	17 群馬	18 埼玉	19 千葉	20 東京	21 神奈川	22 新潟	23 富山	24 石川	25 福井	26 山梨	27 長野	28 静岡
1 札幌	0	0	0	0	0	0	0	0	0	0	0	0	0	0
2 旭川	0	0	0	0	0	0	0	0	0	0	0	0	0	0
3 函館	0	0	0	0	0	0	0	0	0	0	0	0	0	0
4 室蘭	16	0	0	0	0	15	0	0	0	0	0	0	0	1,800
5 釧路	0	0	0	0	0	0	0	0	0	0	0	0	0	0
6 帯広	0	0	0	0	0	0	0	0	0	0	0	0	0	0
7 北見	0	0	0	0	0	0	0	0	0	0	0	0	0	0
8 北海道	16	0	0	0	0	15	0	0	0	0	0	0	0	1,800
9 青森	0	0	0	0	0	0	0	0	0	0	0	0	0	0
10 岩手	0	32,379	0	0	0	0	0	67,079	0	0	0	0	0	0
11 宮城	0	0	0	0	0	0	0	0	0	0	0	0	0	0
12 福島	0	0	0	0	0	0	0	0	0	0	0	0	0	0
13 秋田	0	0	0	0	0	0	0	0	0	0	0	0	0	0
14 山形	0	0	0	0	0	0	3,961	0	0	0	0	0	0	0
15 茨城	0	0	0	0	0	0	0	0	0	0	0	0	0	0
16 栃木	0	0	0	0	0	0	0	0	0	0	0	0	0	0
17 群馬	0	0	0	0	0	0	0	0	0	0	0	0	0	0
18 埼玉	0	0	0	0	9,393	100,256	449,275	0	0	0	0	0	0	0
19 千葉	0	0	0	0	298,374	5,309	0	0	0	0	0	0	0	0
20 東京	0	0	0	0	0	0	0	1,433	0	0	0	0	0	0
21 神奈川	0	0	0	140,080	426	0	1,715,992	0	0	0	0	0	0	0
22 新潟	0	0	0	0	0	0	0	3,077,283	66,564	0	0	0	0	0
23 富山	0	0	0	0	0	0	0	0	0	0	0	0	0	0
24 石川	0	0	0	0	0	0	0	0	0	0	0	0	0	0
25 福井	0	0	0	0	0	0	0	0	0	0	0	0	0	0
26 山梨	0	0	0	0	0	0	0	0	0	0	0	0	0	0
27 長野	0	0	0	0	0	0	0	0	0	0	0	0	0	0
28 静岡	0	0	0	0	0	0	0	0	0	0	0	0	0	0
29 岐阜	0	0	0	0	0	0	0	0	0	0	0	0	0	0
30 愛知	0	0	0	0	0	0	0	11,016	0	0	0	0	0	0
31 三重	0	0	0	0	0	0	0	4,000	0	0	0	0	0	0
32 滋賀	0	0	0	0	0	0	0	0	0	0	0	0	0	0
33 京都	0	0	0	0	0	0	0	0	0	0	0	0	0	0
34 奈良	0	0	0	0	0	0	0	0	0	0	0	0	0	0
35 和歌山	0	0	0	0	0	0	0	0	0	0	0	0	0	0
36 大阪	0	0	0	0	0	1,560	0	0	0	0	0	0	0	0
37 兵庫	0	0	0	0	5,124	0	0	0	0	0	0	0	0	0
38 鳥取	0	0	0	0	0	0	0	0	0	0	0	0	0	0
39 島根	0	0	0	0	0	0	0	0	0	0	0	0	0	0
40 岡山	0	0	0	0	0	0	0	0	0	0	0	0	0	0
41 広島	0	0	0	0	0	0	4,515	0	0	0	0	0	0	0
42 山口	0	0	0	0	600	0	0	34,892	0	0	8,000	0	0	1,600
43 香川	0	0	0	0	0	3,604	0	0	0	0	0	0	0	0
44 愛媛	0	0	0	0	0	0	0	0	0	0	0	0	0	0
45 徳島	0	0	0	0	0	0	0	0	0	0	0	0	0	0
46 高知	0	0	0	0	0	0	0	0	0	0	0	0	0	0
47 福岡	4,860	0	0	0	4,112	0	0	0	0	0	0	0	0	0
48 佐賀	0	0	0	0	0	0	0	0	0	0	0	0	0	0
49 長崎	0	0	0	0	0	5,609	0	0	0	0	0	0	0	0
50 熊本	0	0	0	0	0	0	0	0	0	0	0	0	0	0
51 大分	0	0	0	0	0	0	0	0	0	0	0	0	0	0
52 宮崎	0	0	0	0	0	0	0	0	0	0	0	0	0	0
53 鹿児島	0	0	0	0	0	0	0	0	0	0	0	0	0	0
54 沖縄	0	0	0	0	0	0	0	0	0	0	0	0	0	0
55 全国	4,876	32,379	0	140,080	318,029	116,353	2,173,743	3,195,703	66,564	0	8,000	0	0	3,400

平成28年度　　　　　　　　　府県相互間輸送トン数表（全機関）　　　品目（3-8）石炭　　（単位：トン）その3

着／発	29 岐阜	30 愛知	31 三重	32 滋賀	33 京都	34 奈良	35 和歌山	36 大阪	37 兵庫	38 鳥取	39 島根	40 岡山	41 広島	42 山口
1 札幌	0	0	0	0	0	0	0	0	0	0	0	0	0	0
2 旭川	0	0	0	0	0	0	0	0	0	0	0	0	0	0
3 函館	0	0	0	0	0	0	0	0	0	0	0	0	0	0
4 室蘭	0	0	0	0	0	0	0	0	0	0	0	0	0	0
5 釧路	0	0	0	0	0	0	0	15,009	260,630	0	0	0	0	0
6 帯広	0	0	0	0	0	0	0	0	0	0	0	0	0	0
7 北見	0	0	0	0	0	0	0	0	0	0	0	0	0	0
8 北海道	0	0	0	0	0	0	0	15,009	260,630	0	0	0	0	0
9 青森	0	0	0	0	0	0	0	0	0	0	0	0	0	0
10 岩手	0	0	0	0	0	0	0	0	0	0	0	0	0	0
11 宮城	0	0	0	0	0	0	0	0	0	0	0	0	0	0
12 福島	0	0	0	0	0	0	0	0	0	0	0	0	0	0
13 秋田	0	0	0	0	0	0	0	0	0	0	0	0	0	0
14 山形	0	0	0	0	0	0	0	0	0	0	0	0	0	0
15 茨城	0	0	0	0	0	0	0	0	0	0	0	0	0	0
16 栃木	0	0	0	0	0	0	0	0	0	0	0	0	0	0
17 群馬	0	0	0	0	0	0	0	0	0	0	0	0	0	0
18 埼玉	0	0	0	0	0	0	0	0	0	0	0	0	0	0
19 千葉	0	304,860	0	0	0	0	0	0	4,998	0	0	0	11,215	0
20 東京	0	125	0	0	0	0	0	0	0	0	0	0	2,048	0
21 神奈川	0	150	0	0	0	0	0	0	0	0	0	0	0	0
22 新潟	0	0	0	0	0	0	0	0	0	0	0	0	0	0
23 富山	0	0	0	0	0	0	0	0	0	0	0	0	0	0
24 石川	0	0	0	0	0	0	0	0	0	0	0	0	0	0
25 福井	0	0	0	0	0	0	0	0	0	0	0	0	0	0
26 山梨	0	0	0	0	0	0	0	0	0	0	0	0	0	0
27 長野	0	0	0	0	0	0	0	0	0	0	0	0	0	0
28 静岡	0	0	0	0	0	0	0	0	0	0	0	0	0	0
29 岐阜	0	0	0	0	0	0	0	0	0	0	0	0	0	0
30 愛知	0	0	0	0	0	0	0	0	8,750	0	0	0	0	0
31 三重	0	1,061,718	0	0	0	0	0	0	0	0	0	0	0	0
32 滋賀	0	0	0	0	0	0	0	0	0	0	0	0	0	0
33 京都	0	0	0	0	0	0	0	0	0	0	0	0	0	0
34 奈良	0	0	0	0	0	0	0	0	0	0	0	0	0	0
35 和歌山	0	0	0	0	0	0	43,294	0	0	0	0	0	0	0
36 大阪	0	2,572	0	0	0	0	0	16,576	615,440	0	0	5,356	0	0
37 兵庫	0	0	0	0	0	0	0	50,640	201,359	0	0	0	26,120	0
38 鳥取	0	0	0	0	0	0	0	0	0	0	0	0	0	0
39 島根	0	0	0	0	0	0	0	0	0	0	0	8,537	0	0
40 岡山	0	0	0	0	0	0	0	0	0	0	0	52,500	0	2,491
41 広島	0	0	0	0	0	0	0	0	0	0	0	53,921	0	41,579
42 山口	0	143,855	0	0	0	0	0	0	587,509	0	0	408,781	348,970	5,460,504
43 香川	0	0	0	0	0	0	0	0	0	0	0	3,077	1,144	600
44 愛媛	0	0	0	0	0	0	0	0	0	0	0	5,574	24,620	0
45 徳島	0	0	0	0	0	0	0	0	0	0	0	0	0	0
46 高知	0	0	0	0	0	0	0	0	0	0	0	0	0	0
47 福岡	0	1,000	0	0	0	0	0	9,330	2,220	1,289	15,873	0	96,640	484,041
48 佐賀	0	0	0	0	0	0	0	0	0	0	0	0	0	0
49 長崎	0	0	0	0	0	0	0	0	1,730	0	0	0	4,660	0
50 熊本	0	0	0	0	0	0	0	0	0	0	0	0	0	0
51 大分	0	0	0	0	0	0	0	0	0	0	0	0	0	0
52 宮崎	0	0	0	0	0	0	0	0	0	0	0	0	0	0
53 鹿児島	0	0	0	0	0	0	0	0	0	0	0	0	0	0
54 沖縄	0	0	0	0	0	0	0	0	0	5	0	0	0	0
55 全国	0	1,514,280	0	0	0	0	43,294	91,555	1,682,641	1,289	24,410	529,209	515,417	5,989,215

平成28年度　　　　　　　　　府県相互間輸送トン数表（全機関）　　　品目（3-8）石炭　　（単位：トン）その4

着／発	43 香川	44 愛媛	45 徳島	46 高知	47 福岡	48 佐賀	49 長崎	50 熊本	51 大分	52 宮崎	53 鹿児島	54 沖縄	55 全国
1 札幌	0	0	0	0	0	0	0	0	0	0	0	0	1,516,308
2 旭川	0	0	0	0	0	0	0	0	0	0	0	0	968,502
3 函館	0	0	0	0	0	0	0	0	0	0	0	0	2,200
4 室蘭	0	0	0	0	19,600	0	0	0	0	0	0	0	189,511
5 釧路	0	0	0	0	0	0	0	0	0	0	0	0	449,499
6 帯広	0	0	0	0	0	0	0	0	0	0	0	0	0
7 北見	0	0	0	0	0	0	0	0	0	0	0	0	0
8 北海道	0	0	0	0	19,600	0	0	0	0	0	0	0	3,126,020
9 青森	0	0	0	0	0	0	0	0	0	0	0	0	854,985
10 岩手	0	0	0	0	0	0	0	0	0	0	0	0	99,458
11 宮城	0	0	0	0	0	0	0	0	0	0	0	0	1,600
12 福島	0	0	0	0	0	0	0	0	0	0	0	0	8,606,966
13 秋田	0	0	0	0	0	0	0	0	0	0	0	0	0
14 山形	0	0	0	0	0	0	0	0	0	0	0	0	1,304,373
15 茨城	0	0	0	0	0	0	0	0	0	0	0	0	0
16 栃木	0	0	0	0	0	0	0	0	0	0	0	0	0
17 群馬	0	0	0	0	0	0	0	0	0	0	0	0	0
18 埼玉	0	0	0	0	0	0	0	0	0	0	0	0	109,649
19 千葉	1,500	0	0	0	0	0	0	0	10,494	0	0	0	1,092,777
20 東京	0	0	0	0	0	0	0	0	0	0	0	0	5,336
21 神奈川	0	0	0	0	4,908	0	0	0	3,500	0	0	0	1,865,440
22 新潟	0	0	0	0	0	0	0	0	0	0	0	0	3,143,847
23 富山	0	0	0	0	0	0	0	0	0	0	0	0	0
24 石川	0	0	0	0	0	0	0	0	0	0	0	0	0
25 福井	0	0	0	0	0	0	0	0	0	0	0	0	0
26 山梨	0	0	0	0	0	0	0	0	0	0	0	0	0
27 長野	0	0	0	0	0	0	0	0	0	0	0	0	0
28 静岡	0	0	0	0	0	0	0	0	0	0	0	0	0
29 岐阜	0	0	0	0	0	0	0	0	0	0	0	0	0
30 愛知	1,400	0	0	4,673	0	0	0	0	0	0	0	0	25,839
31 三重	0	0	0	0	0	0	0	0	0	0	0	0	1,065,718
32 滋賀	0	0	0	0	0	0	0	0	0	0	0	0	0
33 京都	0	0	0	0	0	0	0	0	0	0	0	0	0
34 奈良	0	0	0	0	0	0	0	0	0	0	0	0	0
35 和歌山	0	0	0	0	0	0	0	0	0	0	0	0	43,294
36 大阪	0	0	0	91,448	150	0	88,322	0	0	0	0	2	821,426
37 兵庫	700	0	710	0	8,191	0	0	0	0	0	0	0	303,494
38 鳥取	0	0	0	0	0	0	0	0	0	0	0	0	0
39 島根	0	0	0	0	0	0	0	0	0	0	0	0	8,537
40 岡山	11,035	0	0	0	14,922	0	0	0	0	0	0	0	82,458
41 広島	3,499	348,127	0	7,490	4,049	0	26,000	0	0	0	0	1	489,181
42 山口	22,223	876,757	0	11,540	166,798	0	101,726	4,000	0	124,350	55,468	0	8,372,889
43 香川	0	0	0	6,990	9,146	0	0	0	0	0	0	0	24,561
44 愛媛	32,164	8,345,414	0	0	0	0	0	0	0	0	0	0	8,407,772
45 徳島	700	0	550	1,730	0	0	50,000	0	0	0	0	0	52,980
46 高知	0	0	1,800	0	0	0	0	0	0	0	0	0	1,800
47 福岡	9,605	0	57,500	16,075	176,860	0	0	0	56,533	0	0	0	943,938
48 佐賀	0	0	0	0	0	0	0	0	0	0	0	0	0
49 長崎	0	0	120,327	0	0	0	246,879	0	0	0	0	228,000	607,205
50 熊本	680	0	0	0	801	0	0	1,400	0	0	0	0	2,881
51 大分	680	620	0	1,500	16,000	0	0	0	0	0	0	0	18,800
52 宮崎	0	0	0	0	0	0	0	0	0	0	0	0	0
53 鹿児島	0	0	0	0	0	0	0	0	0	0	0	0	0
54 沖縄	0	0	0	0	0	0	365,165	0	0	0	0	0	365,170
55 全国	91,176	9,570,917	180,887	134,456	421,425	0	878,092	5,400	70,527	124,350	55,468	228,003	41,848,162

平成28年度　　　　　　　　　　　　　　　　府県相互間輸送トン数表（全機関）　　　　　　　　　　品目　（3−9）金属鉱　　　（単位：トン）その1

着／発	1 札幌	2 旭川	3 函館	4 室蘭	5 釧路	6 帯広	7 北見	8 北海道	9 青森	10 岩手	11 宮城	12 福島	13 秋田	14 山形
1 札幌	780	0	0	0	0	0	0	780	0	0	0	0	0	0
2 旭川	0	0	0	0	0	0	0	0	0	0	0	0	0	0
3 函館	0	0	0	0	0	0	0	0	0	0	0	0	0	0
4 室蘭	0	0	0	0	0	0	0	0	0	0	0	0	0	0
5 釧路	0	0	0	0	2,099,119	0	0	2,099,119	0	0	0	0	0	0
6 帯広	0	0	0	0	0	0	0	0	0	0	0	0	0	0
7 北見	0	0	0	0	0	0	0	0	0	0	0	0	0	0
8 北海道	780	0	0	0	2,099,119	0	0	2,099,899	0	0	0	0	0	0
9 青森	0	0	0	0	0	0	0	0	416,045	0	0	0	0	0
10 岩手	0	0	0	0	0	0	0	0	0	0	0	0	0	0
11 宮城	0	0	0	0	0	0	0	0	0	0	0	0	0	0
12 福島	0	0	0	0	0	0	0	0	0	0	0	1,510,616	0	0
13 秋田	0	0	0	0	0	0	0	0	0	0	0	0	1,580,936	0
14 山形	0	0	0	0	0	0	0	0	0	0	0	0	0	0
15 茨城	0	0	0	0	0	0	0	0	0	0	2,500	0	0	0
16 栃木	0	0	0	0	0	0	0	0	0	0	0	0	0	0
17 群馬	0	0	0	0	0	0	0	0	0	0	0	0	0	0
18 埼玉	0	0	0	0	0	0	0	0	0	0	179,924	0	0	0
19 千葉	0	0	0	0	0	0	0	0	0	0	31,615	0	0	0
20 東京	0	0	0	260	0	0	0	260	0	0	0	0	0	0
21 神奈川	0	0	0	0	0	0	0	0	1,517	0	1,074	0	0	0
22 新潟	0	0	0	0	0	0	0	0	0	0	0	0	0	0
23 富山	0	0	0	0	0	0	0	0	0	0	0	0	0	0
24 石川	0	0	0	0	0	0	0	0	0	0	0	0	0	0
25 福井	0	0	0	0	0	0	0	0	0	0	0	0	0	0
26 山梨	0	0	0	0	0	0	0	0	0	0	0	0	0	0
27 長野	0	0	0	0	0	0	0	0	0	0	0	0	0	0
28 静岡	0	0	0	0	0	0	0	0	0	0	0	0	0	0
29 岐阜	0	0	0	0	0	0	0	0	0	0	0	0	0	0
30 愛知	0	0	0	0	0	0	0	0	1,552	0	0	0	0	0
31 三重	0	0	0	0	0	0	0	0	0	0	0	0	0	0
32 滋賀	0	0	0	0	0	0	0	0	0	0	0	0	0	0
33 京都	0	0	0	0	0	0	0	0	0	0	0	0	0	0
34 奈良	0	0	0	0	0	0	0	0	0	0	0	0	0	0
35 和歌山	0	0	0	0	0	0	0	0	0	0	0	0	0	0
36 大阪	0	0	0	0	95	0	0	95	2,409	0	0	0	0	0
37 兵庫	0	0	0	0	2,541	0	0	2,541	0	0	0	0	0	0
38 鳥取	0	0	0	0	0	0	0	0	0	0	0	0	0	0
39 島根	0	0	0	0	0	0	0	0	0	0	0	0	0	0
40 岡山	0	0	0	0	0	0	0	0	0	0	1,501	0	0	0
41 広島	0	0	0	0	0	0	0	0	0	0	0	0	0	0
42 山口	0	0	0	0	0	0	0	0	1,210	0	0	0	3,000	0
43 香川	0	0	0	0	0	0	0	0	0	0	0	0	0	0
44 愛媛	0	0	0	0	0	0	0	0	32,767	0	0	0	0	0
45 徳島	0	0	0	0	0	0	0	0	0	0	0	0	0	0
46 高知	0	0	0	0	0	0	0	0	0	0	0	0	0	0
47 福岡	0	0	0	0	0	0	0	0	0	0	1,138	0	0	0
48 佐賀	0	0	0	0	0	0	0	0	0	0	0	0	0	0
49 長崎	0	0	0	0	0	0	0	0	0	0	0	0	0	0
50 熊本	0	0	0	0	0	0	0	0	0	0	0	0	0	0
51 大分	0	0	0	0	0	0	0	0	0	0	0	0	0	0
52 宮崎	0	0	0	0	0	0	0	0	0	0	0	0	0	0
53 鹿児島	0	0	0	0	0	0	0	0	0	0	0	0	0	0
54 沖縄	0	0	0	0	0	0	0	0	0	0	0	0	0	0
55 全国	780	0	0	2,896	2,099,119	0	0	2,102,795	455,500	35,616	182,136	1,510,616	1,583,936	0

平成28年度　　　　　　　　　　　　　　　　府県相互間輸送トン数表（全機関）　　　　　　　　　　品目　（3−9）金属鉱　　　（単位：トン）その2

着／発	15 茨城	16 栃木	17 群馬	18 埼玉	19 千葉	20 東京	21 神奈川	22 新潟	23 富山	24 石川	25 福井	26 山梨	27 長野	28 静岡
1 札幌	0	0	0	0	0	0	0	0	0	0	0	0	0	0
2 旭川	0	0	0	0	0	0	0	0	0	0	0	0	0	0
3 函館	0	0	0	0	0	0	2,100	0	0	0	0	0	0	0
4 室蘭	32	0	0	0	0	2,245	0	0	0	0	0	0	0	0
5 釧路	0	0	0	0	0	0	0	0	0	0	0	0	0	0
6 帯広	0	0	0	0	0	0	0	0	0	0	0	0	0	0
7 北見	0	0	0	0	0	0	0	0	0	0	0	0	0	0
8 北海道	32	0	0	0	0	2,245	2,100	0	0	0	0	0	0	0
9 青森	1,585	0	0	0	0	0	25,705	0	0	0	0	0	0	0
10 岩手	3,170	0	0	0	0	0	0	0	0	0	0	0	0	0
11 宮城	30,431	0	0	0	0	0	0	0	0	0	0	0	0	0
12 福島	0	0	175,370	0	0	0	0	0	0	0	0	0	0	0
13 秋田	0	0	0	0	0	0	0	0	0	0	0	0	0	0
14 山形	0	0	0	0	0	0	0	0	0	0	0	0	0	0
15 茨城	124,973	0	0	0	0	0	0	0	0	0	0	0	0	0
16 栃木	0	0	0	0	0	0	0	0	0	0	0	0	0	0
17 群馬	0	0	0	3,210	0	0	0	0	0	0	0	0	0	0
18 埼玉	28,188	0	0	792	0	0	0	0	0	0	0	0	0	0
19 千葉	0	0	0	0	0	0	0	0	0	0	0	0	0	0
20 東京	0	71,070	38,759	90,603	12,370	117,647	44	40,727	0	0	0	0	0	28,036
21 神奈川	31,862	0	37,484	1,539	72,290	0	90,712	0	0	0	0	0	0	66
22 新潟	0	0	0	0	0	7,497	0	27,364	0	0	0	0	0	0
23 富山	0	0	0	0	0	0	0	0	127,578	0	0	0	0	0
24 石川	0	0	0	0	0	0	0	0	0	0	0	0	0	0
25 福井	0	0	0	0	0	0	0	0	0	0	0	0	0	0
26 山梨	0	0	0	0	0	0	0	0	0	0	0	5,458	0	0
27 長野	0	0	0	1,282	0	0	0	0	0	0	0	0	0	0
28 静岡	0	0	0	0	0	0	0	0	0	0	0	0	0	0
29 岐阜	31,862	0	0	0	0	0	0	0	0	0	0	0	0	0
30 愛知	3,100	0	0	0	0	0	0	0	97,459	0	0	0	0	0
31 三重	0	0	0	0	0	0	0	0	0	0	0	0	0	0
32 滋賀	0	0	0	0	0	0	0	0	0	0	0	0	0	0
33 京都	0	0	0	0	0	0	87,638	0	0	0	0	0	0	0
34 奈良	0	0	0	0	0	0	0	0	0	0	0	0	0	0
35 和歌山	0	0	0	0	0	0	0	0	0	0	0	0	0	0
36 大阪	0	0	0	0	0	0	850	0	0	0	0	0	0	0
37 兵庫	0	0	0	0	0	0	0	0	3,060	0	0	0	0	0
38 鳥取	0	0	0	0	0	0	0	35,378	0	0	0	0	0	0
39 島根	0	0	0	0	0	0	0	0	0	0	0	0	0	0
40 岡山	3,000	0	0	0	0	30	0	0	0	0	30,625	0	39,733	0
41 広島	0	0	0	0	0	0	0	0	0	0	0	0	0	0
42 山口	0	0	0	0	0	0	0	0	0	0	0	0	0	0
43 香川	0	0	0	0	0	0	0	0	0	0	0	0	0	0
44 愛媛	0	0	0	0	0	0	0	0	0	0	0	0	0	0
45 徳島	0	0	0	0	27,755	0	0	0	0	0	0	0	0	0
46 高知	0	0	0	0	0	0	0	0	0	0	0	0	0	0
47 福岡	0	0	0	508	0	4,682	0	0	0	0	0	0	0	10,666
48 佐賀	0	0	0	0	5,850	0	0	0	0	0	0	0	0	0
49 長崎	0	0	0	0	0	0	0	0	0	0	0	0	0	0
50 熊本	0	0	0	0	0	0	0	0	0	0	0	0	0	0
51 大分	4,600	0	0	0	0	0	0	0	0	0	0	0	0	0
52 宮崎	0	0	0	0	0	0	0	0	0	0	0	0	0	0
53 鹿児島	0	0	0	0	0	0	0	0	0	0	0	0	0	0
54 沖縄	0	0	0	0	0	0	0	0	0	0	0	0	0	0
55 全国	262,802	71,070	251,613	97,934	118,265	132,101	207,049	103,468	228,097	0	30,625	5,458	39,733	38,768

平成28年度　　　　　　　　　　府県相互間輸送トン数表（全機関）　　　　　品目（3-9）金属鉱　　　　（単位：トン）その3

発＼着	29 岐阜	30 愛知	31 三重	32 滋賀	33 京都	34 奈良	35 和歌山	36 大阪	37 兵庫	38 鳥取	39 島根	40 岡山	41 広島	42 山口
1 札幌	0	0	0	0	0	0	0	0	0	0	0	0	0	0
2 旭川	0	0	0	0	0	0	0	0	0	0	0	0	0	0
3 函館	0	0	0	0	0	0	0	0	0	0	0	0	0	0
4 室蘭	0	0	0	0	0	0	0	0	0	0	0	0	0	0
5 釧路	0	0	0	0	0	0	0	0	0	0	0	0	0	0
6 帯広	0	0	0	0	0	0	0	0	0	0	0	0	0	0
7 北見	0	0	0	0	0	0	0	0	0	0	0	0	0	0
8 北海道	0	0	0	0	0	0	0	0	0	0	0	0	0	0
9 青森	0	0	0	0	0	0	0	0	0	0	0	0	0	0
10 岩手	0	0	0	0	0	0	0	0	0	0	0	0	0	0
11 宮城	0	0	0	0	0	0	0	0	0	0	0	0	0	0
12 福島	0	0	0	0	0	0	0	0	0	0	0	8,250	0	10,500
13 秋田	0	0	0	0	0	0	0	0	0	0	0	0	0	0
14 山形	0	0	0	0	0	0	0	0	0	0	0	0	0	0
15 茨城	0	6,242	0	0	0	0	0	0	38,669	0	0	0	0	0
16 栃木	0	0	0	0	0	0	0	0	0	0	0	0	0	0
17 群馬	0	0	0	0	0	0	0	0	0	0	0	0	0	0
18 埼玉	0	0	0	0	0	0	37,484	0	0	0	0	0	0	0
19 千葉	0	0	0	0	0	0	0	0	0	0	0	0	0	0
20 東京	0	43,270	0	0	0	0	0	550	13,246	0	0	0	0	0
21 神奈川	0	0	0	0	0	0	0	0	21	0	0	0	0	0
22 新潟	0	0	0	0	0	0	0	0	0	0	0	0	0	0
23 富山	0	0	0	0	0	0	0	0	0	0	0	0	37,008	0
24 石川	0	0	0	0	0	0	0	0	0	0	0	0	0	0
25 福井	0	0	0	0	0	0	0	0	0	0	0	0	0	0
26 山梨	0	0	0	0	0	0	0	0	0	0	0	0	0	0
27 長野	0	28,863	0	0	0	0	0	0	0	0	0	0	0	0
28 静岡	0	0	0	0	0	0	0	0	14,631	0	0	0	0	0
29 岐阜	0	0	0	0	0	0	0	0	0	0	0	0	0	0
30 愛知	0	78,911	0	0	0	0	0	0	251,408	0	0	0	13,494	0
31 三重	0	0	500	0	0	0	0	0	0	0	0	0	0	0
32 滋賀	0	0	0	30,770	0	0	0	0	0	0	0	0	0	0
33 京都	0	0	0	0	222,582	0	0	0	0	0	0	0	0	0
34 奈良	0	0	0	0	0	0	0	0	0	0	0	0	0	0
35 和歌山	0	61,039	0	0	0	0	0	0	45,321	0	0	0	0	0
36 大阪	0	0	0	0	933	13,531	0	1,375	117	0	0	114,560	0	0
37 兵庫	0	0	0	0	0	0	0	24,668	2,738,808	0	0	68,957	95,665	6,952
38 鳥取	0	0	0	0	0	0	0	0	0	7,979	0	0	0	0
39 島根	0	0	0	0	0	0	0	0	0	0	0	0	0	0
40 岡山	0	0	0	31,637	0	0	0	1,750	24,700	0	0	391,187	63,723	13,650
41 広島	0	0	0	0	0	0	0	0	32,690	0	0	0	0	0
42 山口	0	0	0	0	0	0	0	0	5,770	0	0	0	0	0
43 香川	0	0	0	0	0	0	0	0	0	0	0	0	0	0
44 愛媛	0	0	0	0	0	0	0	0	8,250	0	0	0	0	0
45 徳島	0	1,857	0	0	0	0	0	944	1,003	0	302	656	0	1,808
46 高知	0	0	0	0	0	0	0	0	0	0	0	0	0	0
47 福岡	0	12,049	0	0	0	0	0	0	20,877	0	0	0	2,400	3,200
48 佐賀	0	0	0	0	0	0	0	0	0	0	0	0	0	0
49 長崎	0	0	0	0	0	0	0	0	0	0	0	0	0	0
50 熊本	0	0	0	0	0	0	0	0	0	0	0	0	0	0
51 大分	0	0	0	0	0	0	0	0	114,669	0	0	0	0	0
52 宮崎	0	0	0	0	0	0	0	0	0	0	0	0	0	0
53 鹿児島	0	0	0	0	0	0	0	0	0	0	0	0	0	0
54 沖縄	0	0	0	0	0	0	0	0	0	0	0	0	0	0
55 全国	0	232,231	500	62,407	223,514	13,531	37,484	29,287	3,310,180	7,979	302	583,609	212,291	36,110

平成28年度　　　　　　　　　　府県相互間輸送トン数表（全機関）　　　　　品目（3-9）金属鉱　　　　（単位：トン）その4

発＼着	43 香川	44 愛媛	45 徳島	46 高知	47 福岡	48 佐賀	49 長崎	50 熊本	51 大分	52 宮崎	53 鹿児島	54 沖縄	55 全国
1 札幌	0	0	0	0	0	0	0	0	0	0	0	0	780
2 旭川	0	0	0	0	0	0	0	0	0	0	0	0	0
3 函館	0	0	0	0	0	0	0	0	0	0	0	0	2,100
4 室蘭	0	0	0	0	0	0	0	0	38,849	0	0	0	41,126
5 釧路	0	0	0	0	0	0	0	0	0	0	0	0	2,099,119
6 帯広	0	0	0	0	0	0	0	0	0	0	0	0	0
7 北見	0	0	0	0	6,007	0	0	0	0	0	0	0	6,007
8 北海道	0	0	0	0	6,007	0	0	0	38,849	0	0	0	2,149,132
9 青森	0	3,950	0	0	1,000	0	0	0	0	0	0	0	448,285
10 岩手	0	0	0	0	0	0	0	0	0	0	0	0	3,170
11 宮城	0	0	0	0	0	0	0	0	0	0	0	0	30,431
12 福島	0	0	0	0	0	0	0	0	0	0	0	0	1,704,736
13 秋田	0	0	0	0	0	0	0	0	0	0	0	0	1,580,936
14 山形	0	0	0	0	0	0	0	0	0	0	0	0	0
15 茨城	0	0	0	0	6,120	0	0	0	0	0	0	0	178,504
16 栃木	0	0	0	0	0	0	0	0	0	0	0	0	0
17 群馬	0	0	0	0	0	0	0	0	0	0	0	0	3,210
18 埼玉	0	0	0	0	0	0	0	0	0	0	0	0	246,389
19 千葉	0	0	0	0	6,081	0	0	0	0	0	0	0	37,696
20 東京	0	0	0	0	0	0	0	0	0	0	0	0	456,582
21 神奈川	0	0	0	0	4,285	0	0	0	0	0	0	0	240,850
22 新潟	0	0	0	0	0	0	0	0	0	0	0	0	34,860
23 富山	0	0	0	0	0	0	0	0	0	0	0	0	164,586
24 石川	0	0	0	0	0	0	0	0	0	0	0	0	0
25 福井	0	0	0	0	0	0	0	0	0	0	0	0	0
26 山梨	0	0	0	0	0	0	0	0	0	0	0	0	5,458
27 長野	0	0	0	0	0	0	0	0	0	0	0	0	30,145
28 静岡	0	0	0	0	0	0	0	0	0	0	0	0	14,631
29 岐阜	0	0	0	0	0	0	0	0	0	0	0	0	31,862
30 愛知	41,859	0	0	0	6,042	0	0	0	0	0	1,500	0	495,325
31 三重	0	0	0	0	0	0	0	0	0	0	0	0	500
32 滋賀	0	0	0	0	0	0	0	0	0	0	0	0	30,770
33 京都	0	0	0	0	0	0	0	0	0	0	0	0	310,220
34 奈良	0	0	0	0	0	0	0	0	0	0	0	0	0
35 和歌山	0	0	0	0	11,736	0	0	0	9,375	0	0	0	127,471
36 大阪	0	12,392	0	0	6,511	0	0	0	0	0	0	0	152,773
37 兵庫	0	10,004	0	0	48,153	0	0	0	1,019	0	0	28	2,999,854
38 鳥取	0	0	0	0	0	0	0	0	0	0	0	0	43,357
39 島根	0	0	0	0	0	0	0	0	0	0	0	0	0
40 岡山	0	0	0	0	144,207	0	0	0	0	0	0	0	745,742
41 広島	0	0	0	0	213,990	0	0	0	0	0	0	0	246,680
42 山口	0	0	0	0	6,008	0	0	0	0	0	0	0	15,988
43 香川	0	0	0	0	0	0	0	0	0	0	0	0	0
44 愛媛	0	0	0	0	0	0	0	0	0	326	0	0	41,343
45 徳島	0	0	0	0	26,880	0	0	0	0	0	0	0	61,205
46 高知	0	0	0	0	0	0	0	0	0	0	0	0	0
47 福岡	0	0	0	0	95,261	0	0	11,700	48,449	1,596	0	1	212,527
48 佐賀	0	0	0	0	0	485	0	0	0	0	0	0	6,335
49 長崎	0	0	0	0	0	0	0	0	0	0	0	0	0
50 熊本	0	0	0	0	0	0	0	0	0	0	0	0	0
51 大分	0	0	0	0	51,988	0	0	0	299,874	0	0	0	471,131
52 宮崎	0	0	0	0	3,200	0	0	0	0	91	0	0	3,291
53 鹿児島	0	0	0	0	1,020	0	0	0	0	0	1,642,388	2	1,643,410
54 沖縄	0	0	0	0	0	0	0	0	0	0	0	0	0
55 全国	41,859	26,346	0	0	638,489	485	0	11,700	397,566	2,013	1,643,888	31	14,969,568

平成28年度　　　　　府県相互間輸送トン数表（全機関）　　　品目（3－10）砂利・砂・石材　　（単位：トン）その1

発＼着	1 札幌	2 旭川	3 函館	4 室蘭	5 釧路	6 帯広	7 北見	8 北海道	9 青森	10 岩手	11 宮城	12 福島	13 秋田	14 山形
1 札幌	10,460,971	3,163	0	0	0	0	0	10,464,134	0	0	0	0	0	0
2 旭川	598,964	5,068,739	0	0	0	0	0	5,667,704	0	0	0	0	0	0
3 函館	52,644	0	4,797,652	179,380	0	0	0	5,029,676	32,050	158,173	76,210	50,170	0	0
4 室蘭	1,262,229	0	60,430	4,676,364	5	0	0	5,999,028	0	613,470	13,700	47,460	6,750	0
5 釧路	0	0	1,800	0	2,171,025	0	0	2,172,825	0	0	0	0	0	0
6 帯広	0	0	0	0	0	3,237,468	0	3,237,468	0	6,480	27,509	702	0	0
7 北見	0	0	0	0	0	0	5,845,295	5,845,295	0	0	0	0	0	0
8 北海道	12,374,808	5,071,902	4,859,882	4,855,744	2,171,030	3,237,468	5,845,295	38,416,129	32,050	778,123	117,419	98,332	6,750	0
9 青森	960	0	4,800	16,488	0	0	0	22,248	12,324,005	258,786	223,830	90,590	420,305	0
10 岩手	0	0	1,600	1,650	0	0	0	3,250	0	21,276,145	736,570	0	0	38,392
11 宮城	0	0	0	1,440	0	0	0	1,440	0	124,575	21,279,116	2,010,036	1,500	0
12 福島	0	0	0	5,200	0	0	0	5,200	0	42,195	243,211	18,537,058	0	0
13 秋田	0	0	0	0	0	0	0	0	0	14,104	0	0	10,350,202	74,526
14 山形	0	0	0	0	0	0	0	0	4,096	0	0	0	120,982	14,810,359
15 茨城	0	0	0	5,880	0	18,010	0	23,890	0	14,767	246,344	66,141	0	0
16 栃木	0	0	0	0	0	0	0	0	0	0	0	1,866	0	0
17 群馬	0	0	0	0	0	0	0	0	0	0	0	0	0	0
18 埼玉	0	0	0	0	0	0	0	0	0	0	20,373	0	0	0
19 千葉	41,690	0	500	32,584	124,530	0	0	199,304	5,560	27,780	343,775	1,480	4,950	0
20 東京	0	0	0	4,595	45	0	0	4,640	0	0	108	0	0	0
21 神奈川	0	0	0	40,443	34,600	30,287	0	105,330	89	10,260	34,543	34,440	0	0
22 新潟	0	0	0	0	0	0	0	0	0	0	0	0	9,200	0
23 富山	0	0	0	0	0	0	0	0	0	0	0	0	0	0
24 石川	0	0	0	0	0	0	0	0	0	0	0	0	0	0
25 福井	0	0	0	590	0	0	0	590	0	0	0	0	0	0
26 山梨	0	0	0	0	0	0	0	0	0	0	0	0	0	0
27 長野	0	0	0	0	0	0	0	0	0	0	0	0	0	0
28 静岡	0	0	0	1,000	0	0	0	1,000	0	12,026	0	0	0	0
29 岐阜	0	0	0	0	0	0	0	0	0	0	0	0	0	0
30 愛知	0	0	3,130	300	0	0	0	3,430	0	0	0	9,300	0	0
31 三重	0	0	0	0	0	0	0	0	0	0	0	0	0	0
32 滋賀	0	0	0	0	0	0	0	0	0	0	0	0	0	0
33 京都	0	0	0	0	0	0	0	0	0	0	0	0	0	0
34 奈良	0	0	0	0	0	0	0	0	0	0	0	0	0	0
35 和歌山	0	0	0	0	0	0	0	0	0	0	6,000	0	0	0
36 大阪	4,464	0	0	695	0	0	0	5,159	1,600	100	14,984	0	0	0
37 兵庫	0	0	0	0	0	0	0	0	0	0	0	0	0	0
38 鳥取	0	0	0	0	3,500	0	0	3,500	0	0	0	0	0	0
39 島根	0	0	0	0	0	0	0	0	0	6,000	0	0	0	0
40 岡山	0	0	0	1,300	140,531	0	0	141,831	0	0	0	0	0	0
41 広島	0	0	0	273,300	76,500	10,500	0	360,300	0	0	6,300	0	0	0
42 山口	0	0	0	0	0	0	0	0	0	0	0	0	0	0
43 香川	0	0	0	0	0	0	0	0	0	0	0	0	0	0
44 愛媛	0	0	0	0	0	0	0	0	0	0	0	0	0	0
45 徳島	0	0	0	0	4,056	0	0	4,056	0	0	0	0	0	0
46 高知	0	0	0	0	0	0	0	0	0	0	0	0	0	0
47 福岡	0	0	0	0	0	0	0	0	0	1,530	0	0	0	0
48 佐賀	0	0	0	0	0	0	0	0	0	0	0	0	0	0
49 長崎	0	0	0	0	0	0	0	0	0	0	0	0	0	0
50 熊本	0	0	0	0	0	0	0	0	0	0	0	0	0	0
51 大分	0	0	0	0	0	0	0	0	0	0	0	0	0	0
52 宮崎	0	0	0	0	0	0	0	0	0	0	0	0	0	0
53 鹿児島	0	0	0	0	0	0	0	0	0	0	0	0	0	0
54 沖縄	0	0	0	0	0	0	0	0	0	0	0	0	0	0
55 全国	12,421,922	5,071,902	4,869,912	5,245,265	2,550,736	3,296,265	5,845,295	39,301,297	12,367,400	22,566,391	23,272,572	20,849,243	10,913,889	14,923,277

平成28年度　　　　　府県相互間輸送トン数表（全機関）　　　品目（3－10）砂利・砂・石材　　（単位：トン）その2

発＼着	15 茨城	16 栃木	17 群馬	18 埼玉	19 千葉	20 東京	21 神奈川	22 新潟	23 富山	24 石川	25 福井	26 山梨	27 長野	28 静岡
1 札幌	0	0	0	0	0	0	0	0	0	0	0	0	0	0
2 旭川	0	0	0	0	0	0	0	0	0	0	0	0	0	0
3 函館	0	0	0	0	909,493	0	111,499	0	0	0	0	0	0	0
4 室蘭	45,583	0	0	0	326,496	2,005	799	10,785	0	0	260	0	0	0
5 釧路	20	0	0	5,000	0	0	0	0	0	0	0	0	0	0
6 帯広	0	0	0	0	2,200	0	0	0	0	0	0	0	0	0
7 北見	0	0	0	0	0	0	0	0	0	0	0	0	0	0
8 北海道	45,603	0	0	0	1,243,189	2,005	112,298	10,785	0	0	260	0	0	0
9 青森	37,080	0	0	0	253,115	422,209	127,010	960	0	0	0	0	0	22,980
10 岩手	4,200	0	0	0	950	68,844	28,900	0	0	0	0	0	0	0
11 宮城	1,600	0	0	0	26,676	3,000	10,000	0	0	0	0	0	0	0
12 福島	207,486	173,337	0	0	1,100	0	2,600	0	0	0	0	0	0	0
13 秋田	0	0	0	0	0	0	0	0	0	0	0	0	0	0
14 山形	0	0	0	0	0	0	0	64,661	4,293	4,293	0	0	0	0
15 茨城	12,650,651	380,715	37,611	610,095	1,063,306	183,447	66,603	29,120	0	0	0	11,283	4,388	0
16 栃木	1,888,472	15,135,563	1,891,826	3,917,492	1,461,408	1,202,077	0	0	0	0	0	0	0	0
17 群馬	0	676,658	8,538,827	67,395	16,455	0	0	0	0	0	0	0	0	0
18 埼玉	200,818	79,294	1,150,107	15,261,980	153,788	1,996,292	470,815	0	0	0	0	0	0	0
19 千葉	716,485	0	0	633,604	11,214,492	4,555,796	2,699,660	52,080	0	0	0	0	0	99,130
20 東京	32,007	0	32,910	2,790,224	151,045	9,563,532	2,241,458	0	0	0	0	29,775	0	21
21 神奈川	53,577	0	0	1,329	356,843	890,941	11,615,899	3,321	0	0	0	0	9,796	25,716
22 新潟	0	0	7,394	1,567	0	0	0	12,517,142	4,050	0	0	0	20,404	0
23 富山	0	0	0	2,657	0	0	0	15,850,161	0	274,315	0	0	0	0
24 石川	0	0	0	0	0	0	0	0	18,511	13,733,612	409,330	0	0	0
25 福井	0	0	0	0	0	0	0	0	0	48,219	13,389,954	0	0	0
26 山梨	0	0	0	0	0	126,703	95,531	0	0	0	0	13,758,492	0	116,207
27 長野	0	0	0	0	0	0	0	0	0	0	0	0	5,490,572	0
28 静岡	67,400	0	0	18,484	33,000	70,750	209,102	0	0	0	0	0	0	13,975,983
29 岐阜	0	0	0	0	0	0	0	0	0	0	0	0	0	0
30 愛知	1,470	0	0	0	0	13,600	33,975	8,630	1,620	0	0	20,373	0	209,647
31 三重	0	0	0	0	165,450	10,450	139,819	0	0	0	0	0	0	30,044
32 滋賀	0	0	0	0	0	0	0	0	0	0	0	0	0	0
33 京都	0	0	0	0	0	0	0	21,940	0	0	198,086	0	0	0
34 奈良	0	0	0	0	0	0	0	0	0	0	0	0	0	0
35 和歌山	2,768	0	0	0	0	0	0	0	0	0	0	0	0	0
36 大阪	0	0	0	0	5,475	2,850	11,152	1,600	0	0	0	0	0	800
37 兵庫	3,119	0	0	0	0	2,100	0	0	26,586	5,720	0	0	0	1,200
38 鳥取	0	0	0	0	0	0	0	0	0	0	0	0	0	0
39 島根	0	0	0	0	0	0	0	0	0	0	0	0	0	0
40 岡山	84	0	0	0	130	0	1,501	0	0	0	1,750	0	0	1,350
41 広島	0	0	0	0	4,640	6,620	0	8,980	0	0	0	0	0	0
42 山口	0	0	0	0	170,260	210,798	0	0	0	0	0	0	0	0
43 香川	0	0	0	0	0	11,280	1,070	0	0	0	0	0	0	0
44 愛媛	0	0	0	0	0	710	17,880	0	0	0	0	0	0	0
45 徳島	0	0	0	0	0	0	0	0	0	0	0	0	0	0
46 高知	1,501	0	0	0	202,854	455,965	183,860	0	0	0	0	0	0	0
47 福岡	0	0	0	0	107,520	25	268,250	0	0	3,500	0	0	0	0
48 佐賀	0	0	0	0	4,500	400	0	0	0	0	0	0	0	0
49 長崎	0	0	0	0	1,200	520	0	9,620	0	0	0	0	0	0
50 熊本	0	0	0	0	0	0	0	0	0	0	0	0	0	0
51 大分	1,545	0	0	0	152,943	181,118	330,634	9,552	0	0	0	0	0	0
52 宮崎	0	0	0	0	6,260	0	5,600	0	0	0	0	0	0	0
53 鹿児島	0	0	0	0	0	0	0	0	0	0	0	0	0	0
54 沖縄	0	0	0	0	0	0	0	0	0	0	0	0	0	0
55 全国	15,915,865	16,445,567	11,658,674	23,304,827	16,794,568	19,982,842	18,679,558	12,715,897	16,198,708	14,040,214	13,999,379	13,819,924	5,525,160	14,483,078

平成28年度　　　　　　　　　　　　　　　府県相互間輸送トン数表（全機関）　　　　　　　品目　（3−10）砂利・砂・石材　　（単位：トン）その　3

発＼着	29 岐阜	30 愛知	31 三重	32 滋賀	33 京都	34 奈良	35 和歌山	36 大阪	37 兵庫	38 鳥取	39 島根	40 岡山	41 広島	42 山口
1 札幌	0	0	0	0	0	0	0	0	0	0	0	0	0	0
2 旭川	0	0	900	0	0	0	0	0	0	0	0	0	0	0
3 函館	0	0	0	0	0	0	0	0	0	0	0	0	0	0
4 室蘭	0	0	0	0	0	0	0	4,930	0	0	0	0	0	0
5 釧路	0	0	0	0	0	0	0	0	0	1,600	15,800	0	0	0
6 帯広	0	0	0	0	0	0	0	0	0	0	51,800	0	0	0
7 北見	0	0	0	0	0	0	0	0	0	0	0	0	0	0
8 北海道	0	0	900	0	0	0	0	4,930	0	1,600	67,600	0	0	0
9 青森	0	6,850	6,360	0	0	0	0	0	0	68,695	0	0	4,000	0
10 岩手	0	0	0	0	0	0	0	0	1,000	0	0	0	0	0
11 宮城	0	0	0	0	0	0	0	0	0	0	0	0	900	0
12 福島	0	2,400	0	0	0	0	0	0	18,659	0	0	0	0	0
13 秋田	0	0	0	0	0	0	0	0	0	0	0	0	0	0
14 山形	0	0	0	0	0	0	0	0	0	0	0	0	0	0
15 茨城	0	33,223	0	0	0	0	0	0	14,472	0	0	0	0	0
16 栃木	0	0	0	0	0	0	0	0	0	0	0	0	0	0
17 群馬	0	0	0	0	0	0	0	0	0	0	0	0	0	0
18 埼玉	0	0	0	0	0	0	0	0	0	0	0	0	0	0
19 千葉	0	9,288	12,200	0	0	0	43,861	1,000	4,170	0	0	0	100	0
20 東京	0	1,043	5,200	0	0	0	0	0	8,030	0	0	0	0	0
21 神奈川	0	1,600	0	0	0	0	0	7,573	46,601	0	0	0	0	2,000
22 新潟	0	0	0	0	0	0	0	0	0	0	0	0	0	0
23 富山	119,820	0	0	0	0	0	0	0	0	0	0	0	0	0
24 石川	0	0	0	0	0	0	0	0	0	0	0	0	0	0
25 福井	0	0	0	0	13,521	0	0	0	0	0	0	0	0	0
26 山梨	0	0	0	0	0	0	0	0	0	0	0	0	0	0
27 長野	0	0	0	0	0	0	0	0	0	0	0	0	0	0
28 静岡	0	167,146	0	0	0	0	0	0	8,650	21,660	0	0	3,029	0
29 岐阜	9,404,337	1,050,724	218,445	0	0	0	0	0	0	0	0	0	0	0
30 愛知	199,328	10,848,938	382,033	510,399	0	0	0	1,492	17,650	293,467	0	0	24,695	0
31 三重	0	2,849,519	18,482,963	0	685,188	13,822	0	337,837	290	1,612	0	0	20,530	0
32 滋賀	4,458	3,107	51,670	5,447,417	499,421	0	0	0	3,215	0	0	0	0	4,500
33 京都	0	0	0	748,999	8,145,876	263,999	0	0	165,915	56,096	14,920	14,340	0	0
34 奈良	0	0	120,261	43,070	0	1,849,097	0	0	207,539	51,950	0	0	0	0
35 和歌山	0	0	0	0	0	0	3,819,754	0	0	0	0	0	0	0
36 大阪	0	16,485	0	3,215	561,594	446,040	62,703	4,307,818	191,347	0	0	21,920	0	11,050
37 兵庫	0	0	40,995	62,685	10,656	0	359,300	3,527,670	13,376,787	159,086	0	121,314	35,966	25,591
38 鳥取	0	0	0	0	0	0	0	0	0	2,398,864	11	0	0	0
39 島根	0	1,480	0	0	0	0	169,250	1,300	6,009	166,116	10,436,024	32,682	49,425	52,579
40 岡山	0	0	250,480	0	0	0	0	3,058	125,285	435,063	103,744	9,924,218	7,052	0
41 広島	0	0	257,980	0	0	0	0	189,708	489,054	295,034	52,275	500,336	8,469,423	248,715
42 山口	0	2,040	0	194,350	0	0	0	33,370	67,324	140,945	0	24,000	653,696	8,112,530
43 香川	0	0	0	0	0	0	0	10,900	34,273	35,379	0	685	980	0
44 愛媛	0	93,635	0	0	0	0	0	29,280	103,550	86,083	144,803	0	31,359	10,851
45 徳島	0	0	0	0	0	0	0	7,540	63,605	31,570	0	0	0	0
46 高知	0	0	0	0	0	0	0	3,340	200,138	10,050	0	3,991	3,128	0
47 福岡	0	23,510	0	0	0	0	0	92,772	387,124	148,354	0	77,565	8,578	300,586
48 佐賀	0	0	0	0	0	0	0	15,604	52,368	30,100	0	0	24,500	268,868
49 長崎	0	0	0	0	0	0	0	26,800	0	0	0	0	0	35,595
50 熊本	0	0	0	0	0	0	0	1,530	0	0	0	0	0	0
51 大分	0	37,960	0	0	0	0	0	272,789	235,878	0	0	23,000	267,885	179,736
52 宮崎	0	0	0	0	0	0	0	0	4,850	0	0	0	0	0
53 鹿児島	0	0	0	0	0	0	3,072	12,782	11,900	0	2,143	763	0	0
54 沖縄	0	0	0	0	0	0	0	0	1,500	0	0	0	0	0
55 全国	9,727,943	15,148,949	19,872,557	7,652,252	9,231,069	2,572,958	5,074,465	9,945,970	15,874,427	3,088,784	10,649,595	10,783,728	9,551,992	9,252,601

平成28年度　　　　　　　　　　　　　　　府県相互間輸送トン数表（全機関）　　　　　　　品目　（3−10）砂利・砂・石材　　（単位：トン）その　4

発＼着	43 香川	44 愛媛	45 徳島	46 高知	47 福岡	48 佐賀	49 長崎	50 熊本	51 大分	52 宮崎	53 鹿児島	54 沖縄	55 全国
1 札幌	0	0	0	0	0	0	0	0	0	0	0	0	10,464,134
2 旭川	0	0	0	0	0	0	0	0	0	0	0	0	5,668,604
3 函館	0	0	0	0	0	0	0	0	0	0	0	0	6,367,271
4 室蘭	0	0	0	0	40,170	0	0	0	0	250	0	0	7,111,686
5 釧路	0	0	0	0	1,000	0	0	0	0	0	0	0	2,196,245
6 帯広	0	0	0	0	0	0	0	0	0	0	0	0	3,326,159
7 北見	0	0	0	0	0	0	0	0	0	0	0	0	5,845,295
8 北海道	0	0	0	0	41,170	0	0	0	0	250	0	0	40,979,393
9 青森	0	0	0	0	3,000	0	0	0	0	0	0	0	14,292,023
10 岩手	0	0	0	0	0	0	0	0	0	0	0	0	22,158,251
11 宮城	0	0	0	0	0	0	0	0	0	0	0	4,500	23,463,343
12 福島	0	0	0	0	0	0	0	0	0	0	0	0	19,233,245
13 秋田	0	0	0	0	0	0	0	0	0	0	0	0	10,438,832
14 山形	0	0	0	0	0	0	0	0	0	0	0	0	15,008,685
15 茨城	0	0	0	0	5,125	0	0	0	0	0	0	0	15,441,182
16 栃木	0	0	0	0	0	0	0	0	0	0	0	0	25,498,703
17 群馬	0	0	0	0	0	0	0	0	0	0	0	0	9,299,335
18 埼玉	0	0	0	0	0	0	0	0	0	0	0	0	19,333,466
19 千葉	0	0	0	0	6,493	0	0	0	0	0	0	0	20,631,208
20 東京	0	2,295	1,600	0	0	0	0	0	0	18	480	583	14,864,969
21 神奈川	0	10,641	1,487	0	0	0	0	0	0	0	0	0	13,208,665
22 新潟	0	0	0	0	0	0	0	0	0	0	0	0	12,563,078
23 富山	0	0	0	0	0	0	0	0	0	0	0	0	16,217,501
24 石川	0	0	0	0	0	0	0	0	0	0	0	0	14,417,257
25 福井	0	0	0	0	0	0	0	0	0	0	0	0	13,470,796
26 山梨	0	0	0	0	0	0	0	0	0	0	0	0	14,096,933
27 長野	0	0	0	0	0	0	0	0	0	0	0	0	5,490,572
28 静岡	263	4,532	0	0	0	0	19,442	0	0	0	0	0	14,612,468
29 岐阜	0	0	0	0	0	0	0	0	0	0	0	0	10,673,506
30 愛知	1,205	23,715	0	6,500	14,880	0	0	0	0	0	0	0	12,626,347
31 三重	0	0	0	0	0	0	0	0	0	0	0	0	22,737,524
32 滋賀	0	0	0	0	0	0	0	0	0	13,200	0	0	6,026,987
33 京都	0	0	0	0	0	0	29,367	0	0	0	0	0	9,659,537
34 奈良	0	0	0	0	0	0	0	0	0	0	0	0	2,140,801
35 和歌山	5,190	1,060	0	1,500	0	0	0	0	0	0	0	0	4,138,831
36 大阪	46,105	54,463	0	0	11,300	0	0	0	0	0	1,300	679	5,778,138
37 兵庫	204,857	258,229	215,865	2,600	1,650	0	0	0	672	1,350	1,500	63	18,447,162
38 鳥取	0	0	0	0	0	0	0	0	0	0	0	0	2,402,375
39 島根	0	0	0	0	11,582	0	0	0	0	0	0	0	10,932,447
40 岡山	31,250	9,663	31,290	0	0	0	0	0	0	0	0	0	11,067,749
41 広島	36,370	156,111	83,913	8,400	8,028	0	0	0	5,000	0	0	0	11,187,186
42 山口	75,218	52,435	2,000	0	33,670	106,469	36,548	72,107	53,100	0	0	0	10,040,860
43 香川	7,737,618	23,018	473,583	1,500	0	0	0	0	0	0	0	0	8,330,286
44 愛媛	41,562	9,401,631	8,810	1,350	0	0	0	1,800	0	9,400	1,000	48	9,983,752
45 徳島	966,968	50,350	3,514,559	0	0	0	0	0	0	0	0	0	4,639,648
46 高知	1,520	40,677	0	6,266,647	1,000	0	0	0	0	6,298	0	370	7,381,339
47 福岡	87,962	21,729	34,830	1,500	6,264,259	345,356	2,362	85,655	378,425	173,700	16,027	0	8,831,539
48 佐賀	0	0	0	0	256,152	2,950,490	166,572	2,700	89,050	35,600	0	0	3,896,904
49 長崎	0	0	0	0	142,810	188,515	9,875,197	512,012	82,780	2,000	0	800	10,877,849
50 熊本	0	0	0	0	1,902,728	0	0	7,878,422	33,868	1,000	6,080	0	9,823,627
51 大分	393,055	60,207	0	14,104	35,486	0	3,270	175,284	11,639,183	500,014	93,849	3,000	14,610,492
52 宮崎	0	10,300	0	0	0	0	0	33,432	15,900	4,397,443	0	0	4,473,785
53 鹿児島	0	0	0	0	5,680	0	8,572	5,875	0	0	10,985,035	2,991	11,038,813
54 沖縄	0	0	0	0	0	0	0	0	0	0	380	8,675,013	8,676,893
55 全国	9,629,143	10,181,056	4,367,938	6,304,101	8,745,013	3,590,830	10,145,852	8,796,653	12,259,110	5,145,273	11,089,624	8,704,074	595,143,906

平成28年度　　　府県相互間輸送トン数表（全機関）　　　品目（3-11）石灰石　　　（単位：トン）　その1

発\着	1 札幌	2 旭川	3 函館	4 室蘭	5 釧路	6 帯広	7 北見	8 北海道	9 青森	10 岩手	11 宮城	12 福島	13 秋田	14 山形
1 札幌	16,485	0	0	0	0	0	0	16,485	0	0	0	0	0	0
2 旭川	0	0	0	0	0	0	0	0	0	0	0	0	0	0
3 函館	139,996	0	24,280	0	0	0	0	164,276	0	0	0	0	0	0
4 室蘭	0	0	0	0	0	0	0	0	0	0	0	0	0	0
5 釧路	0	0	0	0	0	0	0	0	0	0	0	0	0	0
6 帯広	0	0	0	0	0	0	0	0	0	0	0	0	0	0
7 北見	0	0	0	0	0	0	0	0	0	0	0	0	0	0
8 北海道	156,481	0	24,280	0	0	0	0	180,761	0	0	0	0	0	0
9 青森	0	0	0	1,723,195	0	0	0	1,723,195	115,635	0	19,100	210,341	41,320	20,570
10 岩手	0	0	0	0	0	0	0	0	0	0	0	0	0	0
11 宮城	0	0	0	0	0	0	0	0	0	0	0	0	0	0
12 福島	0	0	0	0	0	0	0	0	0	10,550	0	0	0	0
13 秋田	0	0	0	0	0	0	0	0	0	1,500	0	0	0	0
14 山形	0	0	0	0	0	0	0	0	0	0	0	0	0	0
15 茨城	0	0	0	0	0	0	0	0	0	0	0	0	0	0
16 栃木	0	0	0	0	0	0	0	0	0	0	0	0	0	0
17 群馬	0	0	0	0	0	0	0	0	0	0	0	0	0	0
18 埼玉	0	0	0	0	0	0	0	0	0	0	0	0	0	0
19 千葉	0	0	0	0	0	0	1,540	1,540	0	0	0	20,165	0	0
20 東京	0	0	0	0	0	0	0	0	0	0	0	0	0	0
21 神奈川	0	0	0	17	0	0	0	17	0	0	0	0	0	0
22 新潟	0	0	0	0	0	0	0	0	0	0	0	0	92,116	0
23 富山	0	0	0	0	0	0	0	0	0	1,550	0	0	0	0
24 石川	0	0	0	0	0	0	0	0	0	0	0	0	0	0
25 福井	0	0	0	180	0	0	0	180	0	0	0	0	0	0
26 山梨	0	0	0	0	0	0	0	0	0	0	0	0	0	0
27 長野	0	0	0	0	0	0	0	0	0	0	0	0	0	0
28 静岡	0	0	0	0	0	0	0	0	0	0	0	0	0	0
29 岐阜	0	0	0	0	0	0	0	0	0	0	0	0	0	0
30 愛知	0	0	0	0	0	0	0	0	0	0	0	0	0	0
31 三重	0	0	0	0	0	0	0	0	0	0	0	0	0	0
32 滋賀	0	0	0	0	0	0	0	0	0	0	0	0	0	0
33 京都	0	0	0	0	0	0	0	0	0	0	0	0	0	0
34 奈良	0	0	0	0	0	0	0	0	0	0	0	0	0	0
35 和歌山	0	0	0	1,600	0	0	0	1,600	0	0	0	0	0	0
36 大阪	1,300	0	0	0	0	0	0	1,300	0	0	0	0	0	0
37 兵庫	0	0	0	0	0	0	0	0	0	0	0	0	0	0
38 鳥取	0	0	0	0	0	0	0	0	0	0	0	0	0	0
39 島根	0	0	0	0	0	0	0	0	0	1,500	0	0	0	0
40 岡山	0	0	0	0	0	0	0	0	0	0	0	0	0	0
41 広島	0	0	0	0	0	0	0	0	0	0	0	0	0	0
42 山口	0	0	0	0	0	0	0	0	0	0	0	0	0	0
43 香川	0	0	0	0	0	0	0	0	0	0	0	0	0	0
44 愛媛	0	0	0	0	0	0	0	0	0	0	0	0	0	0
45 徳島	0	0	0	0	0	0	0	0	0	0	0	0	0	0
46 高知	0	0	0	0	0	0	12,150	12,150	1,600	0	0	7,694	0	1,500
47 福岡	0	0	0	37,960	0	0	0	37,960	57,961	0	0	15,660	26,820	0
48 佐賀	0	0	0	0	0	0	0	0	0	0	0	0	0	0
49 長崎	0	0	0	0	0	0	0	0	0	0	0	0	0	0
50 熊本	0	0	0	0	0	0	0	0	0	0	0	0	0	0
51 大分	0	0	0	0	0	0	9,080	9,080	0	0	0	0	0	0
52 宮崎	0	0	0	0	0	0	0	0	0	0	0	0	0	0
53 鹿児島	0	0	0	0	0	0	0	0	0	0	0	0	0	0
54 沖縄	0	0	0	5,210	0	0	0	5,210	0	0	0	0	0	0
55 全国	157,781	0	24,280	1,768,162	0	0	22,770	1,972,993	175,196	15,100	19,100	253,860	160,256	22,070

平成28年度　　　府県相互間輸送トン数表（全機関）　　　品目（3-11）石灰石　　　（単位：トン）　その2

発\着	15 茨城	16 栃木	17 群馬	18 埼玉	19 千葉	20 東京	21 神奈川	22 新潟	23 富山	24 石川	25 福井	26 山梨	27 長野	28 静岡
1 札幌	0	0	0	0	0	0	0	0	0	0	0	0	0	0
2 旭川	0	0	0	0	0	0	0	0	0	0	0	0	0	0
3 函館	0	0	0	0	27,504	0	160,243	0	0	0	0	0	0	0
4 室蘭	0	0	0	0	0	0	0	0	0	0	0	0	0	0
5 釧路	0	0	0	0	0	0	0	0	0	0	0	0	0	0
6 帯広	0	0	0	0	0	0	0	0	0	0	0	0	0	0
7 北見	0	0	0	0	0	0	0	0	0	0	0	0	0	0
8 北海道	0	0	0	0	27,504	0	160,243	0	0	0	0	0	0	0
9 青森	1,236,606	0	0	0	42,044	0	73,700	0	0	0	0	0	0	0
10 岩手	0	0	0	0	0	0	0	0	0	0	0	0	0	0
11 宮城	0	0	0	0	0	0	0	0	0	0	0	0	0	0
12 福島	0	0	0	0	0	0	0	0	0	0	0	0	0	0
13 秋田	0	0	0	0	0	0	0	1,500	0	0	0	0	0	0
14 山形	0	0	0	0	0	0	0	0	0	0	0	0	0	0
15 茨城	0	0	0	0	9,765	0	0	0	0	0	0	0	0	0
16 栃木	0	0	0	0	0	0	0	0	0	0	0	0	0	0
17 群馬	0	0	0	0	0	0	0	0	0	0	0	0	0	0
18 埼玉	0	0	0	0	0	0	0	0	0	0	0	0	0	0
19 千葉	0	0	0	0	14,930	75,738	205,456	0	0	0	0	0	0	0
20 東京	0	0	0	0	0	450	8,000	0	0	0	0	0	0	0
21 神奈川	0	0	0	0	3,270	0	44,100	0	0	0	0	0	0	0
22 新潟	0	0	0	0	0	0	0	0	0	37,540	274,257	0	0	0
23 富山	0	0	0	0	0	0	0	0	0	0	0	0	0	0
24 石川	0	0	0	0	0	0	0	0	0	0	0	0	0	0
25 福井	0	0	0	0	0	0	0	0	0	0	0	0	0	0
26 山梨	0	0	0	0	0	0	0	0	0	0	0	0	0	0
27 長野	0	0	0	0	0	0	0	0	0	0	0	0	0	0
28 静岡	10,850	0	0	0	0	0	0	0	0	0	0	0	0	0
29 岐阜	0	0	0	0	0	0	0	0	0	0	0	0	0	0
30 愛知	0	0	0	0	0	0	2,400	0	0	0	0	0	0	0
31 三重	0	0	0	0	0	0	2,640	0	0	0	0	0	0	0
32 滋賀	0	0	0	0	0	0	0	0	0	0	0	0	0	0
33 京都	0	0	0	0	0	0	0	0	0	0	0	0	0	0
34 奈良	0	0	0	0	0	0	0	0	0	0	0	0	0	0
35 和歌山	0	0	0	0	0	0	0	0	0	0	0	0	0	0
36 大阪	0	0	0	0	0	0	1,400	0	0	0	0	0	0	0
37 兵庫	0	0	0	0	0	0	0	0	0	0	0	0	0	0
38 鳥取	0	0	0	0	0	0	0	0	0	0	0	0	0	0
39 島根	0	0	0	0	0	0	0	0	0	0	0	0	0	0
40 岡山	0	0	0	0	0	2,961	1,300	0	0	0	0	0	0	0
41 広島	0	0	0	0	0	0	0	0	0	0	0	0	0	0
42 山口	436,393	0	0	0	754,349	4,548	61,800	56,000	0	35,970	121,670	0	0	0
43 香川	0	0	0	0	0	0	6,200	0	0	0	0	0	0	0
44 愛媛	0	0	0	0	0	0	6,200	0	0	0	0	0	0	0
45 徳島	0	0	0	0	0	0	33,900	0	0	0	0	0	0	0
46 高知	184,714	0	0	0	3,821,060	59,992	1,486,605	0	0	0	0	0	0	17,470
47 福岡	7,590	0	0	0	0	130	6,200	0	0	8,028	7,760	0	0	24,640
48 佐賀	0	0	0	0	0	0	0	0	0	0	0	0	0	0
49 長崎	0	0	0	0	0	0	0	0	0	0	0	0	0	0
50 熊本	0	0	0	0	0	0	0	0	0	0	0	0	0	0
51 大分	0	0	0	0	187,000	142,421	43,250	0	0	18,364	93,033	0	0	49,690
52 宮崎	0	0	0	0	0	0	0	0	0	0	0	0	0	0
53 鹿児島	0	0	0	0	0	0	0	0	0	0	0	0	0	0
54 沖縄	0	0	0	0	0	0	0	0	0	0	0	0	0	0
55 全国	1,876,153	0	0	0	4,859,922	286,240	2,143,394	57,500	0	99,902	496,720	0	0	91,800

平成28年度　　　　　　府県相互間輸送トン数表（全機関）　　品目（3-11）石灰石　　（単位：トン）その3

着／発	29 岐阜	30 愛知	31 三重	32 滋賀	33 京都	34 奈良	35 和歌山	36 大阪	37 兵庫	38 鳥取	39 島根	40 岡山	41 広島	42 山口
1 札幌	0	0	0	0	0	0	0	0	0	0	0	0	0	0
2 旭川	0	0	0	0	0	0	0	0	0	0	0	0	0	0
3 函館	0	0	0	0	0	0	0	0	0	0	0	0	0	0
4 室蘭	0	0	0	0	0	0	64,726	0	0	0	0	0	0	0
5 釧路	0	0	0	0	0	0	0	0	0	0	0	0	0	0
6 帯広	0	0	0	0	0	0	0	0	0	0	0	0	0	0
7 北見	0	0	0	0	0	0	0	0	0	0	0	0	0	0
8 北海道	0	0	0	0	0	0	64,726	0	0	0	0	0	0	0
9 青森	0	0	0	0	0	0	0	0	1,500	0	0	0	0	0
10 岩手	0	0	0	0	0	0	0	0	0	0	0	0	0	0
11 宮城	0	0	0	0	0	0	2,299	0	0	0	0	0	0	0
12 福島	0	0	0	0	0	0	0	0	0	0	0	0	0	0
13 秋田	0	0	0	0	0	0	0	0	0	0	0	0	0	0
14 山形	0	0	0	0	0	0	0	0	0	0	0	0	0	0
15 茨城	0	0	0	0	0	0	1,101	0	0	0	0	0	0	0
16 栃木	0	0	0	0	0	0	0	0	0	0	0	0	0	0
17 群馬	0	0	0	0	0	0	0	0	0	0	0	0	0	0
18 埼玉	0	0	0	0	0	0	0	0	0	0	0	0	0	0
19 千葉	0	0	0	0	0	0	0	0	0	0	0	0	0	0
20 東京	0	0	0	0	0	0	0	0	0	0	0	0	0	0
21 神奈川	0	0	0	0	0	0	0	0	0	0	0	0	0	0
22 新潟	0	0	0	0	9,424	0	0	0	4,693	8,840	31,140	0	0	0
23 富山	0	0	0	0	0	0	3,570	0	0	0	0	0	0	0
24 石川	0	0	0	0	0	0	0	0	0	0	0	0	0	0
25 福井	0	0	0	0	0	0	0	0	0	0	0	0	0	0
26 山梨	0	0	0	0	0	0	0	0	0	0	0	0	0	0
27 長野	0	0	0	0	0	0	0	0	0	0	0	0	0	0
28 静岡	0	0	0	0	0	0	0	0	0	0	0	0	0	0
29 岐阜	0	654,432	0	0	0	0	1,640	0	0	0	0	0	0	0
30 愛知	0	0	1,002	0	0	0	0	0	0	0	0	0	0	0
31 三重	0	513,440	0	0	0	0	1,500	0	0	0	0	0	0	0
32 滋賀	0	0	0	0	0	0	0	0	0	0	0	0	0	2,000
33 京都	0	0	0	0	0	0	0	0	0	0	0	0	0	0
34 奈良	0	0	0	0	0	0	0	0	0	0	0	0	0	0
35 和歌山	0	0	0	0	0	0	0	0	0	0	0	0	0	0
36 大阪	0	0	0	0	0	0	5,312	0	0	0	0	0	0	0
37 兵庫	0	0	0	0	0	0	10,088	0	21,346	0	0	0	0	11,820
38 鳥取	0	0	0	0	0	0	0	0	0	65,250	0	0	0	0
39 島根	0	0	0	0	0	0	0	0	0	0	36,400	0	0	0
40 岡山	0	0	0	0	0	0	2,050	0	0	0	0	0	0	0
41 広島	0	0	0	0	0	0	1,450	0	0	0	0	0	0	0
42 山口	0	3,000	14,300	12,470	13,040	0	1,640	2,400	4,090,086	117,170	0	183,032	301,023	192,586
43 香川	0	0	0	0	0	0	0	0	0	0	0	0	0	0
44 愛媛	0	0	0	0	0	0	0	0	0	0	0	0	0	0
45 徳島	0	0	0	0	0	0	9,658	25,500	13,160	0	0	0	0	0
46 高知	0	412,260	0	0	0	0	1,221,696	19,180	1,074,246	0	0	13,376	124,820	3,200
47 福岡	0	17,000	12,670	0	0	0	0	0	276,184	6,700	0	50,696	691,187	4,000
48 佐賀	0	0	0	0	0	0	0	0	0	0	0	0	0	0
49 長崎	0	0	0	0	0	0	0	0	0	0	0	0	0	0
50 熊本	0	0	0	0	0	0	0	0	0	0	0	0	0	0
51 大分	0	29,030	9,068	0	0	0	10,280	69,138	106,726	39,000	0	1,485,692	1,370,937	6,272,926
52 宮崎	0	0	0	0	0	0	0	0	0	0	0	0	0	0
53 鹿児島	0	0	0	0	0	0	0	0	0	0	0	0	0	0
54 沖縄	0	0	0	0	0	0	0	0	0	185	0	0	0	0
55 全国	0	1,629,162	37,040	12,470	22,464	0	1,337,010	116,218	5,588,126	236,960	67,540	1,732,796	2,487,967	6,486,532

平成28年度　　　　　　府県相互間輸送トン数表（全機関）　　品目（3-11）石灰石　　（単位：トン）その4

着／発	43 香川	44 愛媛	45 徳島	46 高知	47 福岡	48 佐賀	49 長崎	50 熊本	51 大分	52 宮崎	53 鹿児島	54 沖縄	55 全国
1 札幌	0	0	0	0	0	0	0	0	0	0	0	0	16,485
2 旭川	0	0	0	0	0	0	0	0	0	0	0	0	0
3 函館	0	0	0	0	0	0	0	0	0	0	0	0	352,023
4 室蘭	0	0	0	0	0	0	0	0	0	0	0	0	64,726
5 釧路	0	0	0	0	0	0	0	0	0	0	0	0	0
6 帯広	0	0	0	0	0	0	0	0	0	0	0	0	0
7 北見	0	0	0	0	0	0	0	0	0	0	0	0	0
8 北海道	0	0	0	0	0	0	0	0	0	0	0	0	433,234
9 青森	0	0	0	0	0	0	0	0	0	0	0	0	3,484,011
10 岩手	0	0	0	0	0	0	0	0	0	0	0	0	0
11 宮城	0	0	0	0	0	0	0	0	0	0	0	0	2,299
12 福島	0	0	0	0	0	0	0	0	0	0	0	0	10,550
13 秋田	0	0	0	0	1,500	0	0	0	0	0	0	0	4,500
14 山形	0	0	0	0	0	0	0	0	0	0	0	0	0
15 茨城	0	0	0	0	195	0	0	0	0	0	0	0	11,061
16 栃木	0	0	0	0	0	0	0	0	0	0	0	0	0
17 群馬	0	0	0	0	0	0	0	0	0	0	0	0	0
18 埼玉	0	0	0	0	0	0	0	0	0	0	0	0	0
19 千葉	0	0	0	13,293	12,990	0	0	0	0	0	0	0	344,112
20 東京	0	0	0	0	0	0	0	0	0	0	0	15	8,465
21 神奈川	0	0	0	0	0	0	0	0	0	0	0	0	47,387
22 新潟	0	0	0	0	0	0	0	0	0	0	0	0	458,010
23 富山	0	0	0	0	0	0	0	0	0	0	0	0	5,120
24 石川	0	0	0	0	0	0	0	0	0	0	0	0	0
25 福井	0	0	0	0	0	0	0	0	0	0	0	0	180
26 山梨	0	0	0	0	0	0	0	0	0	0	0	0	0
27 長野	0	0	0	0	0	0	0	0	0	0	0	0	0
28 静岡	0	0	0	0	0	0	0	0	0	0	0	0	10,850
29 岐阜	0	0	0	0	0	0	0	0	0	0	0	0	654,432
30 愛知	0	0	0	0	0	0	0	0	0	0	0	0	5,042
31 三重	0	0	0	0	0	0	0	0	0	0	0	0	517,580
32 滋賀	0	0	0	0	0	0	0	0	0	0	0	0	2,000
33 京都	0	0	0	0	0	0	0	0	0	0	0	0	0
34 奈良	0	0	0	0	0	0	0	0	0	0	0	0	0
35 和歌山	0	0	0	0	0	0	0	0	0	0	0	0	1,600
36 大阪	0	1,500	0	0	0	0	0	0	0	0	0	0	9,512
37 兵庫	0	0	12,908	0	0	0	0	0	0	0	0	0	56,162
38 鳥取	0	0	0	0	0	0	0	0	0	0	0	0	65,250
39 島根	0	0	0	0	0	0	0	0	0	0	0	0	37,900
40 岡山	0	0	0	0	703	0	0	0	0	0	0	0	7,014
41 広島	0	0	0	0	620	0	0	0	0	0	0	0	8,270
42 山口	0	0	0	813,679	873,129	0	29,020	0	119,903	0	0	0	8,237,208
43 香川	0	0	1,230	0	0	0	0	0	0	0	0	0	1,230
44 愛媛	0	0	0	0	0	0	0	0	0	0	0	0	6,200
45 徳島	3,150	0	0	0	0	0	0	0	0	0	0	0	85,368
46 高知	0	10,850	119,870	1,550	196,290	0	0	0	0	0	0	0	8,790,123
47 福岡	14,090	0	0	172,742	118,861	0	800	0	70,823	0	0	0	1,628,502
48 佐賀	0	0	0	0	0	0	0	0	0	0	0	0	0
49 長崎	0	0	0	0	25,150	0	0	0	0	0	0	0	25,150
50 熊本	0	0	0	0	4,650	0	780	60,857	0	0	0	0	66,287
51 大分	233,329	311,070	73,280	22,600	382,066	0	34,860	11,050	1,818,823	72,995	373,485	0	13,269,193
52 宮崎	0	0	0	0	0	0	0	0	0	0	0	0	0
53 鹿児島	0	0	0	0	0	0	0	0	0	0	0	0	0
54 沖縄	0	0	0	0	0	0	0	0	0	0	0	9	5,404
55 全国	250,569	323,420	207,288	1,023,864	1,616,154	0	65,460	71,907	2,009,549	72,995	373,485	24	38,299,206

平成28年度　　府県相互間輸送トン数表（全機関）

品目（3－12）その他の非金属鉱　その1　（単位：トン）

発＼着	1 札幌	2 旭川	3 函館	4 室蘭	5 釧路	6 帯広	7 北見	8 北海道	9 青森	10 岩手	11 宮城	12 福島	13 秋田	14 山形
1 札幌	813,567		0	8,426	0		0	0	0		0	0	0	0
2 旭川	23,592	1,595,186				16,271	166,819	1,801,868						
3 函館	0		22,468					22,468						
4 室蘭	505,541		24,692	315,713	975		0	846,920	4,915				205,525	8,445
5 釧路	17,045		0		612,191	17,818		647,053	20,795				1,300	
6 帯広	0						396,090	396,090						
7 北見	0						217,571	217,571						
8 北海道	1,359,744	1,595,186	47,160	324,138	613,166	430,179	384,390	4,753,963	25,710		101,108		205,525	9,745
9 青森	0		206,619	35,825	2,169		0	244,613	990,884	9,393	57,912	3,490		
10 岩手				15,944				15,944	9,393	1,511,250	25,556			
11 宮城				5,324	818			6,142	59,176		542,669			33,703
12 福島			18,980					18,980	21,625	7,545	34,040	1,741,588	20,000	
13 秋田			12,000	41,069				53,069	11,700		1,553		353,631	1,500
14 山形				32,546				32,546	6,300		28,086	73,023	10,112	218,359
15 茨城			5,401	8,125				13,526	123,540			39,623	4,680	1,500
16 栃木											28,086	56,271		152,561
17 群馬														
18 埼玉														
19 千葉			213,495	3,932				217,427	2,100	24,400	48,891	1,523	20,000	
20 東京				646	35			681				1,523	4,860	
21 神奈川			86,061	5,835				91,896	2,163		577	4,500	50,000	
22 新潟								0				26,962	37,600	37,916
23 富山														
24 石川			12,209					12,209	4,524				12,164	
25 福井			1,500					1,500						
26 山梨														
27 長野														
28 静岡				1,359				1,359						
29 岐阜														
30 愛知			31,210	7,840				39,050				8,662	15,000	
31 三重														
32 滋賀														
33 京都			1,503					1,503						
34 奈良														
35 和歌山														
36 大阪				2,124				2,124						
37 兵庫				1,600	874			2,474	1,255					
38 鳥取														
39 島根														
40 岡山				4,334				4,334	6,128					
41 広島												5,659	54,950	62,700
42 山口				20,000				20,004				2,000	2,000	
43 香川			23,650		5,637			29,287			412	50,400		
44 愛媛														
45 徳島				1,251				1,251			1,280			
46 高知														
47 福岡				39,360				39,360				1,300	95,000	
48 佐賀									3,776					
49 長崎				1,566	7,309			8,875						
50 熊本														
51 大分				42,414				42,414	1,342					
52 宮崎														
53 鹿児島				123,438				123,438				678,162	81,997	25,000
54 沖縄														
55 全国	1,359,744	1,595,186	623,929	754,533	630,008	430,179	384,390	5,777,969	1,269,617	1,673,942	1,458,732	2,272,439	706,702	506,738

平成28年度　　府県相互間輸送トン数表（全機関）

品目（3－12）その他の非金属鉱　その2　（単位：トン）

発＼着	15 茨城	16 栃木	17 群馬	18 埼玉	19 千葉	20 東京	21 神奈川	22 新潟	23 富山	24 石川	25 福井	26 山梨	27 長野	28 静岡
1 札幌								605						
2 旭川					1,650									
3 函館							1,108							
4 室蘭	165,566				180,607	25		2,100						
5 釧路								5,000						
6 帯広														
7 北見														
8 北海道	165,566				182,257	25	1,108	7,705						
9 青森		30,754				2,000	3,460	6,000						
10 岩手					17,801		40,150							
11 宮城	53,840							3						
12 福島	117,190	70,439			174,751	13,052	48,756	51,579	10,000					
13 秋田		33,703					48,732	9,622						
14 山形						33,703		13,683						33,703
15 茨城	1,436,260			266,673	369,039	21,660		5,935	5,310					
16 栃木	68,550	201,414		58,980	76,575	163,778		299,954						
17 群馬	93,772		375,710		65,464									
18 埼玉	221,202	84,818	26,402	322,140	51,929	111,239	1,404						33,815	
19 千葉	148,317		3,932	507,242	478,875	68,950	1,303,517	3,000						39,495
20 東京	1,578			762,427	13,500	279,401	401,894							115
21 神奈川	25,764	129			3,079	53,418	182,601						129	83,362
22 新潟							63,207	2,485,157		114,870				
23 富山									1,747,058	5,168				
24 石川									21,957	32,596				
25 福井										7,500	1,627,328			
26 山梨												284,951		
27 長野													72,827	
28 静岡														88,114
29 岐阜														19,660
30 愛知	7,895			36,511	196,746	38,220		90,103	1,500					54,653
31 三重								40,073						
32 滋賀														
33 京都								12,040						
34 奈良														
35 和歌山	3,530													
36 大阪	3,100								27,000					
37 兵庫					8,750			33,740	1,570	1,520	10,540			
38 鳥取														
39 島根	1,000								2,400					
40 岡山						4,030		40,964			20,960			
41 広島							6,501	230,755	35,260		9,350			
42 山口					52,789		23,500	2,500	4,250					2,713
43 香川					2,801			2,051						
44 愛媛								15,700						7,550
45 徳島					68,442		33,438							
46 高知	1,500													
47 福岡	13,040				13,017	2,930		1,598			44,020			
48 佐賀														
49 長崎							710,637	744						
50 熊本					3,259									
51 大分	31,210				52,545			84,509			1,530			
52 宮崎														
53 鹿児島							10,279,000		201,240					
54 沖縄														
55 全国	2,398,316	421,257	465,024	1,894,993	1,831,619	833,355	13,243,869	3,336,068	2,035,445	148,986	1,713,728	284,951	106,771	329,365

平成28年度　　　　　　　　　　　　　　　府県相互間輸送トン数表（全機関）　　　　　　　　　　　　（単位：トン）その3
品目　（3－12）その他の非金属鉱

発 ＼ 着	29 岐阜	30 愛知	31 三重	32 滋賀	33 京都	34 奈良	35 和歌山	36 大阪	37 兵庫	38 鳥取	39 島根	40 岡山	41 広島	42 山口
1 札幌	0	0	0	0	0	0	0	0	0	0	0	0	0	0
2 旭川	0	1,050	900	0	0	0	0	0	0	0	0	0	0	0
3 函館	0	0	0	0	0	0	0	0	0	0	0	0	0	0
4 室蘭	0	105,323	0	0	6,118	0	75,382	0	2,949	0	0	0	0	0
5 釧路	0	0	0	0	0	0	0	72	0	0	0	0	0	0
6 帯広	0	0	0	0	0	0	0	0	0	0	0	0	0	0
7 北見	0	0	0	0	0	0	0	0	0	0	0	0	0	0
8 北海道	0	106,373	900	0	6,118	0	75,382	72	2,949	0	0	0	0	0
9 青森	0	0	0	0	0	0	0	0	0	0	0	0	0	0
10 岩手	0	0	0	0	0	0	0	0	0	0	0	0	0	0
11 宮城	0	0	0	0	0	0	3,399	0	0	0	0	0	0	0
12 福島	0	26,522	5,960	0	0	0	0	0	0	0	0	0	21,313	19,400
13 秋田	0	3,932	0	0	0	0	0	0	0	0	0	0	0	2,502
14 山形	0	0	0	0	0	0	0	0	0	0	0	0	0	0
15 茨城	0	0	0	0	0	0	6,719	0	0	0	0	709	0	0
16 栃木	0	0	0	0	0	0	0	0	37,354	0	0	0	0	0
17 群馬	0	0	0	0	0	0	0	0	0	0	0	0	0	0
18 埼玉	0	0	0	0	0	0	0	0	0	0	0	0	0	0
19 千葉	11,795	0	5,100	0	0	0	0	0	49,677	0	0	1,620	0	16
20 東京	0	1,961	0	0	0	0	1,510	0	1,769	0	0	0	0	0
21 神奈川	0	43,199	23,750	0	0	0	0	0	49,783	0	0	2,000	0	0
22 新潟	0	0	73,480	0	0	0	0	0	0	0	0	0	6,174	48,248
23 富山	0	0	0	0	0	0	0	0	0	0	0	0	0	0
24 石川	0	0	0	0	0	0	0	0	0	0	1,205	0	0	0
25 福井	0	0	0	0	0	0	0	0	0	0	4,031	0	0	1,500
26 山梨	0	0	0	0	0	0	0	0	0	0	0	0	0	0
27 長野	0	0	0	0	0	0	0	0	0	0	0	0	0	0
28 静岡	0	0	1,500	0	0	0	1,102	0	0	0	0	0	0	0
29 岐阜	3,355,344	515,145	330,362	47,181	0	0	0	0	56,171	0	0	0	0	0
30 愛知	56,171	2,102,372	259,241	15,727	0	0	0	19,171	15,393	0	0	11,362	0	10,661
31 三重	0	213,481	2,191,150	36,426	0	0	0	0	106	0	0	2,200	0	0
32 滋賀	0	0	15,727	0	0	0	0	0	0	0	0	0	0	0
33 京都	0	0	0	0	15,786	0	0	14,734	18,958	0	28,586	0	0	3,025
34 奈良	0	0	0	0	0	7,952	92,952	0	5,625	0	0	0	15,900	0
35 和歌山	0	0	0	0	0	0	0	0	0	0	0	0	0	0
36 大阪	0	1,500	0	106	49	0	366,021	21,742	188,792	0	1,650	8,062	680	500
37 兵庫	0	29,915	166,650	0	0	0	21,786	144,265	1,542,757	24,991	0	15,701	2,120	28,397
38 鳥取	0	0	0	0	0	0	0	0	0	0	0	0	0	0
39 島根	0	0	0	0	65,820	0	1,500	0	0	44,422	204,334	1,045	0	0
40 岡山	0	56,218	200	0	0	0	1,102	146,233	432,225	0	25,512	360,013	2,540,970	69,192
41 広島	0	13,336	1,500	0	4,513	0	545,906	7,102	116,886	0	11,866	28,950	120,746	409,565
42 山口	0	58,978	7,007	0	0	0	1,521	3,776	19,197	0	35,184	30,462	38,605	1,087,660
43 香川	0	0	19,330	0	0	0	20,750	2,372	203,510	0	0	7,645	1,350	3,277
44 愛媛	0	0	0	0	0	0	2,653	25,827	12,642	0	0	7,000	0	20,889
45 徳島	0	38,433	27,048	0	0	0	18,734	121,773	276,490	0	0	69,595	27,016	1,500
46 高知	0	0	0	0	0	0	105,650	0	26,140	0	0	760	49,625	4,200
47 福岡	0	0	1,550	0	0	0	2,040	7,768	680	0	0	1,000	8,110	0
48 佐賀	0	1,121	0	0	0	0	0	0	0	0	0	0	0	0
49 長崎	0	700	0	0	0	0	0	0	35,439	0	14,572	10,050	11,930	20,932
50 熊本	0	0	0	0	0	0	0	0	0	0	0	0	4,220	21,782
51 大分	0	0	14,628	0	0	0	1,500	10,824	110,250	0	0	18,044	50,790	283,757
52 宮崎	0	12,440	0	0	0	0	0	42,746	4,510	0	0	0	141,978	0
53 鹿児島	0	3,610	0	0	0	0	34,988	6,244,788	3,000	0	0	1,716,049	0	5,524,685
54 沖縄	0	0	0	0	0	0	0	1,500	0	0	0	174,138	0	0
55 全国	3,423,310	3,229,235	3,129,357	99,440	92,286	7,952	1,305,215	6,870,971	3,154,025	69,412	327,649	2,458,696	3,048,527	7,561,688

平成28年度　　　　　　　　　　　　　　　府県相互間輸送トン数表（全機関）　　　　　　　　　　　　（単位：トン）その4
品目　（3－12）その他の非金属鉱

発 ＼ 着	43 香川	44 愛媛	45 徳島	46 高知	47 福岡	48 佐賀	49 長崎	50 熊本	51 大分	52 宮崎	53 鹿児島	54 沖縄	55 全国
1 札幌	0	0	0	0	0	0	0	0	0	0	0	0	822,597
2 旭川	0	0	0	0	0	0	0	0	0	0	0	0	1,805,468
3 函館	0	0	0	0	0	0	0	0	0	0	0	0	23,576
4 室蘭	0	67,200	0	0	570	30,410	0	0	5,265	0	0	0	1,707,320
5 釧路	0	0	0	0	0	0	0	0	0	0	0	0	674,220
6 帯広	0	0	0	0	0	0	0	0	0	0	0	0	396,090
7 北見	0	0	0	0	3,005	0	0	0	0	0	0	0	220,576
8 北海道	0	67,200	0	0	3,575	30,410	0	0	5,265	0	0	0	5,649,848
9 青森	0	0	0	0	1,600	0	0	0	0	0	0	0	1,441,822
10 岩手	0	0	0	0	0	0	0	0	0	0	0	0	1,620,094
11 宮城	0	0	0	0	0	0	0	0	0	0	0	0	698,932
12 福島	0	0	0	49,920	25,678	0	0	0	0	4,463	0	0	2,482,800
13 秋田	0	4,500	0	0	0	0	0	0	45,313	0	0	0	603,459
14 山形	0	0	0	0	0	0	0	0	0	0	0	0	415,810
15 茨城	0	0	0	4,960	5,675	0	0	0	17,094	0	0	0	2,322,903
16 栃木	0	0	0	0	0	0	0	0	0	0	0	0	1,143,522
17 群馬	0	0	0	0	0	0	0	0	0	0	0	0	534,946
18 埼玉	0	0	0	0	0	0	0	0	0	0	0	0	852,950
19 千葉	0	1,320	0	0	907	0	0	0	38,209	0	0	0	2,976,314
20 東京	0	600	0	0	38,332	0	0	0	0	0	0	676	1,510,827
21 神奈川	8,684	0	0	1,589	162,807	0	0	0	142,604	0	0	0	932,034
22 新潟	0	135,201	0	0	2,084	0	0	0	11,600	0	0	0	3,036,325
23 富山	0	0	0	0	3,180	0	0	0	0	0	0	0	1,756,412
24 石川	0	0	0	0	7,100	0	0	0	10,002	0	0	0	106,925
25 福井	0	3,000	0	4,638	1,530	0	0	0	0	0	0	0	1,651,027
26 山梨	0	0	0	0	0	0	0	0	0	0	0	0	284,951
27 長野	0	0	0	0	0	0	0	0	0	0	0	0	72,827
28 静岡	0	0	0	4,544	0	0	0	650	0	0	0	0	98,069
29 岐阜	0	0	0	0	0	0	0	0	0	0	0	0	4,323,863
30 愛知	0	42,943	0	66,375	78,239	350	53,945	0	82,133	0	0	0	3,286,696
31 三重	0	0	0	0	0	0	0	0	0	0	0	0	2,483,330
32 滋賀	0	0	0	0	0	0	0	0	0	0	0	0	15,833
33 京都	0	0	0	0	49,856	0	0	0	85,355	0	0	0	229,843
34 奈良	0	0	0	0	0	0	0	0	0	0	0	0	7,952
35 和歌山	0	4,200	0	36,535	1,200	0	0	0	0	0	0	74,411	234,353
36 大阪	0	44,330	0	32,190	81,132	1,121	0	0	27,622	1,100	32,786	311	841,918
37 兵庫	0	0	29,785	10,473	278,371	506	0	3,450	65,668	37,354	0	1,221	2,438,269
38 鳥取	0	0	0	0	0	0	0	0	0	0	0	0	24,991
39 島根	4,369	0	0	0	1,193	0	0	0	17,745	0	0	0	343,828
40 岡山	57,300	39,810	0	70,845	228,164	2,000	0	0	25,443	0	0	598	4,132,241
41 広島	0	132,540	295,917	96,978	468,005	9,650	0	0	120,750	31,950	4,500	4,898	2,830,733
42 山口	0	49,768	0	0	207,201	0	0	0	26,129	4,000	19,115	0	1,698,359
43 香川	114,892	1,330	0	57	174,777	0	0	0	3,300	0	3,000	3,000	643,541
44 愛媛	4,040	1,701,825	0	19,670	75,384	0	0	0	10,400	0	0	464	1,904,044
45 徳島	34,068	25,380	860,825	0	166,248	0	0	0	32,798	0	0	0	1,815,264
46 高知	0	0	201,093	1,696,583	840	0	0	0	216,581	0	0	0	2,302,211
47 福岡	0	11,234	0	67,102	848,553	1,895	14,958	5,095	44,313	0	0	4,781	1,229,103
48 佐賀	0	0	0	0	15,409	115,772	8,884	0	0	0	1,964	0	147,926
49 長崎	11,341	1,000	0	0	243,388	4,140	261,801	0	99,018	0	650	3,420	1,438,637
50 熊本	0	0	0	0	102,945	0	0	804,104	45,136	0	28,086	0	1,009,531
51 大分	26,255	33,213	0	29,152	598,679	0	0	0	1,644,256	24,243	0	1,500	3,080,751
52 宮崎	0	8,000	0	0	38,539	0	0	21,630	167,155	2,039,228	0	0	2,417,557
53 鹿児島	95,240	126,000	0	0	0	0	0	0	110,400	0	933,031	81,483	26,305,650
54 沖縄	0	0	0	0	0	0	0	0	0	0	179	582,848	758,665
55 全国	356,189	2,433,394	1,387,620	2,202,555	3,910,590	165,844	339,589	834,928	3,094,289	2,144,281	1,021,347	759,611	96,138,025

平成28年度　　府県相互間輸送トン数表（全機関）　　（単位：トン）
品目 （4－13） 鉄鋼　　その 1

発＼着	1 札幌	2 旭川	3 函館	4 室蘭	5 釧路	6 帯広	7 北見	8 北海道	9 青森	10 岩手	11 宮城	12 福島	13 秋田	14 山形
1 札幌	1,819,891	108,899	0	6,792	64,527	0	37,358	2,037,467	0	0	4,536	0	0	0
2 旭川	247,185	1,122,996	0	27,169	0	0	0	1,397,351	0	0	0	0	0	0
3 函館	0	0	16,872	21,575	0	0	0	38,447	0	0	9,367	0	0	0
4 室蘭	702,375	0	17,413	2,020,175	6,338	16,981	0	2,763,281	215	6,614	47,445	39,674	228	0
5 釧路	0	0	16,981	4,997	11,738	0	0	33,716	0	0	0	0	0	0
6 帯広	0	0	0	0	0	183,205	0	183,205	0	0	0	0	0	0
7 北見	0	0	0	0	0	0	2,189	2,189	0	0	0	0	0	0
8 北海道	2,769,451	1,231,895	51,266	2,080,709	82,603	200,186	39,547	6,455,656	215	6,614	61,348	39,674	228	0
9 青森	0	0	0	92,029	0	0	0	92,029	1,313,149	13,585	0	0	27,489	0
10 岩手	0	0	0	43,455	0	0	0	43,455	0	331,975	20,608	0	0	34,801
11 宮城	0	0	0	132,689	0	0	0	132,689	0	365,241	5,187,753	497,927	73,684	377,214
12 福島	0	0	0	0	0	0	0	0	0	0	71,485	1,405,154	0	55,867
13 秋田	0	0	1,000	0	0	0	0	1,000	8,563	101,850	0	0	1,487,000	13,585
14 山形	0	0	0	86	0	0	0	86	0	0	0	1,635	0	122,774
15 茨城	3,168	0	6,909	107,202	0	0	0	117,279	32,264	64,346	188,624	33,962	0	77,545
16 栃木	0	0	0	0	0	0	0	0	0	0	0	141,307	0	0
17 群馬	0	0	0	0	0	0	0	0	0	0	0	0	0	0
18 埼玉	0	0	0	0	0	0	0	0	0	47,886	62,965	162,677	0	0
19 千葉	0	0	40,796	196,747	3,707	0	0	241,250	28,318	569,507	554,808	320,812	0	197
20 東京	0	0	0	31,774	0	0	0	31,774	1,810	24	2,195	21	0	0
21 神奈川	0	0	3,568	46,405	1,114	0	0	51,087	14,297	59	60,555	0	0	0
22 新潟	0	0	0	4,876	0	0	0	4,876	10,189	0	0	27,169	0	13,855
23 富山	0	0	0	0	0	0	0	0	0	0	0	0	0	42,452
24 石川	0	0	0	506	0	0	0	506	0	0	0	0	0	0
25 福井	0	0	0	23,035	0	0	0	23,035	0	0	0	0	0	0
26 山梨	0	0	0	0	0	0	0	0	0	0	6,113	0	0	0
27 長野	0	0	0	0	0	0	0	0	0	0	0	0	0	0
28 静岡	0	0	0	0	0	0	0	0	0	0	0	0	0	0
29 岐阜	0	0	0	0	0	0	0	0	0	0	0	0	0	0
30 愛知	0	0	0	57,575	0	0	0	57,575	486	39,052	53,001	0	2,400	0
31 三重	0	0	0	0	0	0	0	0	0	0	0	0	0	0
32 滋賀	0	0	0	0	0	0	0	0	0	0	0	0	0	0
33 京都	0	0	0	0	0	0	0	0	0	0	0	0	0	0
34 奈良	0	0	0	0	0	0	0	0	0	0	0	0	0	0
35 和歌山	0	0	0	4,565	0	0	0	4,565	1,293	0	1,602	0	0	0
36 大阪	0	0	0	171,446	20	0	0	171,466	19,447	3,157	104,070	3,404	0	0
37 兵庫	3,171	0	0	30,383	0	0	0	33,554	5,961	0	73,350	13,927	0	0
38 鳥取	0	0	0	0	0	0	0	0	0	0	0	0	0	0
39 島根	0	0	0	0	0	0	0	0	0	0	0	0	0	0
40 岡山	0	0	0	11,165	0	0	0	11,165	2,677	0	98,699	1,585	0	0
41 広島	0	0	0	3,464	0	0	0	3,464	51,892	177	166,418	0	0	0
42 山口	0	0	0	2,401	0	0	0	2,401	0	0	4,828	0	0	0
43 香川	0	0	0	2,443	0	0	0	2,443	0	0	830	0	0	0
44 愛媛	0	0	0	0	0	0	0	0	250	0	0	0	0	0
45 徳島	0	0	0	0	0	0	0	0	0	0	0	0	0	0
46 高知	0	0	0	0	0	0	0	0	0	0	0	0	0	0
47 福岡	6,760	0	0	7,568	1,077	0	0	15,405	0	16,188	9,092	264	0	587
48 佐賀	0	0	0	0	0	0	0	0	0	0	0	0	0	0
49 長崎	0	0	0	9,350	0	0	0	9,350	0	0	16,055	0	0	0
50 熊本	0	0	0	0	0	0	0	0	0	0	0	0	0	0
51 大分	0	0	0	0	0	0	0	0	0	0	0	0	0	0
52 宮崎	0	0	0	0	0	0	0	0	0	0	0	0	0	0
53 鹿児島	0	0	0	0	0	0	0	0	0	0	0	0	0	0
54 沖縄	0	0	0	0	0	0	0	0	0	0	0	0	0	0
55 全国	2,782,550	1,231,895	102,539	3,060,873	88,521	200,186	39,547	7,506,110	1,490,811	1,559,661	6,738,286	2,655,632	1,625,601	704,076

平成28年度　　府県相互間輸送トン数表（全機関）　　（単位：トン）
品目 （4－13） 鉄鋼　　その 2

発＼着	15 茨城	16 栃木	17 群馬	18 埼玉	19 千葉	20 東京	21 神奈川	22 新潟	23 富山	24 石川	25 福井	26 山梨	27 長野	28 静岡
1 札幌	0	0	0	0	0	0	0	0	0	0	0	0	0	0
2 旭川	0	0	0	0	0	0	0	0	0	0	0	0	0	0
3 函館	0	0	0	0	0	0	0	0	0	0	0	0	0	0
4 室蘭	0	0	0	0	188,378	138,707	41,695	13,334	0	5,773	60,780	0	0	0
5 釧路	10	0	0	0	0	0	0	1,500	0	0	0	0	0	0
6 帯広	0	0	0	0	0	0	0	0	0	0	0	0	0	0
7 北見	0	0	0	0	0	0	0	0	0	0	0	0	0	0
8 北海道	0	0	0	0	188,378	138,707	41,695	14,834	0	5,773	60,780	0	0	0
9 青森	31,496	0	0	0	0	0	0	1,936	9,577	0	0	0	0	0
10 岩手	0	0	0	0	6,661	0	0	994	0	47,547	0	0	0	0
11 宮城	47,658	0	0	95,093	95,093	100	98,279	121,923	0	0	0	0	0	0
12 福島	61,131	39,527	0	60,961	69,724	8,313	0	0	0	0	0	0	0	39,396
13 秋田	0	0	0	0	0	0	0	0	0	0	0	0	0	0
14 山形	0	0	0	0	0	0	0	0	0	0	0	0	0	0
15 茨城	978,176	113,197	38,641	159,838	1,124,466	414,633	82,499	0	0	10,868	0	0	0	30,177
16 栃木	251,508	2,906,885	359,493	350,469	408,330	179,760	0	140,330	33,962	0	0	0	0	42,765
17 群馬	45,180	248,123	2,809,551	301,094	159,553	50,079	161,281	92,088	6,113	0	0	111	0	0
18 埼玉	390,206	250,715	154,095	3,191,592	920,835	513,336	749,234	0	0	0	0	58,754	0	0
19 千葉	2,517,814	1,874,462	1,288,961	2,789,757	14,263,417	2,095,051	2,199,864	150,101	383	1,972	0	11,201	259,808	411,950
20 東京	494,535	388,326	562,408	538,821	894,107	1,326,850	794,535	78,112	0	0	0	2,088	0	0
21 神奈川	96,335	135,433	122,497	474,836	794,372	582,152	3,638,799	23,603	0	0	0	5,094	95,103	335,692
22 新潟	146,138	0	33,962	92,285	50,943	56,105	29,649	2,849,879	46,192	0	277	0	38,377	153,892
23 富山	0	0	0	0	0	0	0	16,450	1,290,080	166,852	38,793	0	0	0
24 石川	40,240	0	0	0	50,943	0	0	0	136,068	1,954,138	72,095	0	0	0
25 福井	0	0	0	0	0	0	0	17,426	40,575	22,101	610,758	0	0	0
26 山梨	0	0	0	310,347	0	0	50,943	0	0	0	0	284,381	0	0
27 長野	33,962	0	27,169	0	0	0	33,962	0	0	0	0	100	1,016,476	0
28 静岡	0	0	0	3,396	6,792	0	70,576	0	0	0	0	0	85,288	5,353,570
29 岐阜	0	0	0	0	0	0	0	0	0	0	0	0	37,304	81,631
30 愛知	149,483	122,769	0	90,777	760,569	112,889	294,924	78,578	0	13,109	0	0	101,644	771,746
31 三重	0	0	0	0	0	0	634	0	33,962	0	0	0	0	0
32 滋賀	40,754	30,015	0	0	0	340	0	0	0	0	0	0	0	0
33 京都	0	0	0	0	0	84,905	0	0	0	0	0	0	0	0
34 奈良	0	0	0	0	0	0	0	0	0	0	0	0	0	0
35 和歌山	24,986	0	0	0	184,562	98,493	1,548	0	0	0	0	0	0	0
36 大阪	676	0	0	0	684,111	127,726	135,050	196,646	149,106	12,226	6,538	0	39,267	94,257
37 兵庫	7,052	0	0	0	1,549,673	83,350	137,741	78,112	1,991	33,138	0	0	6,792	114,855
38 鳥取	0	0	0	0	0	0	0	0	0	0	0	0	0	0
39 島根	0	0	0	0	0	0	0	0	0	0	0	0	34,145	0
40 岡山	12,301	0	75,069	0	420,392	46,597	122,074	4,592	62,003	0	7,217	0	0	46,555
41 広島	0	3,396	94,448	81,101	505,733	0	160,996	7,191	21,801	10	1,134	0	0	50,110
42 山口	25,449	0	0	0	398,187	700	2,544	27,205	0	0	0	0	0	2,832
43 香川	0	0	0	0	85,327	0	0	0	0	0	0	0	0	0
44 愛媛	13,659	0	0	0	400,841	36,808	10,563	709	0	0	0	0	0	0
45 徳島	0	0	0	0	32,480	0	0	0	0	0	0	0	0	0
46 高知	0	0	0	0	1,500	392	0	0	0	0	0	0	0	2,475
47 福岡	244,909	0	0	0	225,482	201,803	72,252	10,894	0	2,791	0	0	0	91,819
48 佐賀	2,975	0	0	0	0	0	0	0	0	0	0	0	0	0
49 長崎	0	0	0	0	0	0	0	0	0	0	0	0	0	0
50 熊本	0	0	0	0	0	0	0	0	0	0	10,868	0	0	0
51 大分	8,518	0	0	0	348,410	117,190	100,190	3,783	0	304	0	0	0	26,383
52 宮崎	0	0	0	0	0	394	0	0	0	0	0	0	0	0
53 鹿児島	0	0	0	0	0	0	0	0	0	0	0	0	0	0
54 沖縄	0	0	0	0	0	0	0	0	0	0	0	0	0	0
55 全国	5,665,141	6,112,848	5,566,296	8,540,366	24,630,880	6,241,976	8,993,495	3,749,772	1,879,353	2,407,709	814,149	309,512	1,772,959	7,650,196

平成28年度　府県相互間輸送トン数表（全機関）

品目 （4-13） 鉄鋼　（単位：トン）　その 3

着\発	29 岐阜	30 愛知	31 三重	32 滋賀	33 京都	34 奈良	35 和歌山	36 大阪	37 兵庫	38 鳥取	39 島根	40 岡山	41 広島	42 山口
1 札幌	0	0	0	0	0	0	0	0	0	0	0	0	0	0
2 旭川	0	0	0	0	0	0	0	0	0	0	0	0	0	0
3 函館	0	1,600	0	0	0	0	0	0	0	0	0	0	0	0
4 室蘭	0	361,590	0	0	0	0	1,531	219,748	73,447	0	0	0	19,433	1,991
5 釧路	0	0	0	0	0	0	0	0	0	0	0	0	0	0
6 帯広	0	0	0	0	0	0	0	0	0	0	0	0	0	0
7 北見	0	0	0	0	0	0	0	0	0	0	0	0	0	0
8 北海道	0	363,190	0	0	0	0	1,531	219,748	73,447	0	0	0	19,433	1,991
9 青森	0	12,518	0	0	0	0	0	525	0	0	0	0	0	61,148
10 岩手	0	60,385	0	0	0	0	0	0	35,145	0	0	0	1,377	19,404
11 宮城	0	61,887	0	0	0	0	0	1,235	8,104	1,366	0	0	0	0
12 福島	0	0	0	0	0	0	0	0	0	0	0	0	0	0
13 秋田	0	0	0	0	0	0	0	0	0	0	0	0	0	0
14 山形	0	0	0	0	0	0	0	0	0	0	0	0	0	1,204
15 茨城	0	629,060	39,407	0	0	0	155,419	158,035	173,550	0	0	28,940	111,741	50,536
16 栃木	0	0	0	0	0	0	0	0	0	0	0	0	0	0
17 群馬	0	0	0	0	87,099	0	0	95,389	0	0	0	94,458	0	75,456
18 埼玉	0	50,943	0	100,187	13,160	0	0	0	0	0	0	0	0	0
19 千葉	0	429,420	31,287	638	0	0	7,852	539,960	86,999	0	0	105,043	22,776	22,515
20 東京	0	1,299	0	0	0	0	0	2,365	47,718	1	0	101	0	0
21 神奈川	43,936	891,799	100,958	0	0	0	3,624	120,245	8,843	0	0	2,111	7,438	14,151
22 新潟	0	10,189	0	0	0	0	0	40,754	0	0	0	0	0	0
23 富山	0	0	0	0	76,903	0	75,008	81,848	0	0	0	0	0	0
24 石川	0	0	65,309	116,285	0	0	0	6,792	0	0	0	0	0	0
25 福井	0	7,115	0	0	0	0	0	150,111	0	0	0	0	0	0
26 山梨	0	0	0	0	0	0	0	0	0	0	0	0	0	0
27 長野	0	8,717	0	0	0	0	0	0	0	0	56,377	0	0	0
28 静岡	0	132,038	0	61,131	0	0	0	1,192	67,494	0	0	0	0	0
29 岐阜	690,032	471,758	69,452	0	0	0	0	113,215	0	0	0	0	0	0
30 愛知	1,335,567	11,716,786	204,631	237,156	0	0	5,439	341,723	1,039,736	0	0	219,910	98,166	51,505
31 三重	29,560	270,600	846,208	0	0	83	18,033	19,560	0	0	0	102,918	67,924	0
32 滋賀	0	0	0	1,523,887	14,491	64	0	43,956	0	0	0	0	0	0
33 京都	0	0	0	96,930	669,854	958	0	8,211	2,394	0	0	0	0	0
34 奈良	0	0	6,391	33,962	17,769	209,749	27,488	60,596	8,313	0	0	0	51,758	0
35 和歌山	0	150,461	0	0	0	0	1,924,938	1,081,484	824,838	0	0	0	81,064	1,033
36 大阪	42,249	555,093	75,214	45,738	174,135	69,366	186,881	6,964,457	2,743,448	0	64,527	129,449	211,996	36,896
37 兵庫	1,246	1,308,616	1,597	179,668	120,478	51,135	83,309	2,804,408	5,698,293	0	520	109,643	436,324	211,251
38 鳥取	0	0	0	0	0	0	0	0	0	252,640	0	0	215,811	0
39 島根	0	0	0	0	0	0	0	0	0	99,447	2,640,923	0	0	0
40 岡山	0	739,862	8,652	0	0	0	2,744	537,323	520,408	85,115	0	1,819,630	331,656	92,444
41 広島	0	1,439,652	0	48,565	48,905	0	0	2,392,968	206,631	168,281	64,969	136,669	6,783,763	1,190,441
42 山口	0	306,510	0	0	0	51,758	2,780	385,430	129,545	0	90,678	15,584	746,201	705,246
43 香川	0	76,343	1,583	0	52,088	0	2,547	70,714	87,611	0	0	228,224	120,641	140
44 愛媛	0	119,639	0	0	0	0	1,993	496,938	62,130	95	0	44,388	35,619	7,175
45 徳島	0	5,675	0	0	0	0	1,380	5,517	0	0	0	1,007	9,265	1,808
46 高知	0	0	0	0	0	0	8,453	49,245	11,641	0	0	0	0	0
47 福岡	0	363,083	0	0	11	0	49,316	440,858	107,960	0	49,245	115,163	217,151	504,487
48 佐賀	0	0	0	0	0	0	0	1,627	80	0	0	0	0	0
49 長崎	0	26,827	0	0	0	0	50	0	21,774	0	0	0	100	1,360
50 熊本	0	0	0	0	0	0	0	22,307	0	0	0	33	0	0
51 大分	0	132,352	0	0	0	0	2,601	330,187	888,324	0	0	48,598	161,960	440,639
52 宮崎	0	3,642	0	0	0	0	0	494	0	0	0	0	0	8,888
53 鹿児島	0	13,884	0	0	0	0	0	142	0	0	0	19	0	183,045
54 沖縄	0	0	0	0	0	0	0	0	1	0	0	0	0	0
55 全国	2,142,590	20,359,343	1,450,689	2,444,148	1,274,893	383,113	2,564,945	17,736,360	12,704,070	606,944	2,967,239	3,201,894	9,732,163	3,682,763

平成28年度　府県相互間輸送トン数表（全機関）

品目 （4-13） 鉄鋼　（単位：トン）　その 4

着\発	43 香川	44 愛媛	45 徳島	46 高知	47 福岡	48 佐賀	49 長崎	50 熊本	51 大分	52 宮崎	53 鹿児島	54 沖縄	55 全国
1 札幌	0	0	0	0	3,286	0	0	0	0	0	0	0	2,045,289
2 旭川	0	0	0	0	0	0	0	0	0	0	0	0	1,397,351
3 函館	0	0	0	0	0	0	0	0	0	0	0	0	49,414
4 室蘭	0	5,615	7,570	210	79,385	0	0	0	106,894	0	0	0	4,215,024
5 釧路	0	0	0	0	0	0	0	0	0	0	0	0	35,226
6 帯広	0	0	0	0	0	0	0	0	0	0	0	0	183,205
7 北見	0	0	0	0	0	0	0	0	0	0	0	0	2,189
8 北海道	0	5,615	7,570	210	82,671	0	0	0	106,894	0	0	0	7,927,698
9 青森	0	0	0	0	1,350	0	0	0	0	0	0	0	1,533,306
10 岩手	0	0	0	0	6,268	0	0	0	0	0	0	0	608,619
11 宮城	0	0	2,719	0	8,058	0	0	0	0	0	0	0	7,176,023
12 福島	0	0	0	0	0	0	0	0	0	0	0	0	1,811,557
13 秋田	0	0	0	0	215	0	0	0	0	0	0	0	1,613,417
14 山形	0	0	0	0	683	0	0	0	0	0	0	0	125,178
15 茨城	5,551	5,918	2,285	5,714	325,731	0	589	305	6,583	0	939	0	5,166,819
16 栃木	0	0	0	0	0	0	0	0	0	0	0	0	4,814,809
17 群馬	0	0	0	0	0	0	0	0	0	0	0	0	4,225,574
18 埼玉	0	0	0	0	0	0	0	0	0	0	0	0	6,666,587
19 千葉	5,496	11,889	7,606	537	286,790	14,371	16,850	11,668	0	182	1,450	1,709	31,184,672
20 東京	400	0	0	0	81,586	0	0	0	0	19,184	80	9,296	5,277,636
21 神奈川	1,498	10,290	0	0	54,381	285	0	0	0	0	0	0	7,689,474
22 新潟	0	0	0	0	8,921	0	0	0	0	0	0	0	3,613,741
23 富山	0	0	0	0	0	0	0	0	0	0	0	0	1,788,387
24 石川	0	0	0	0	3,878	0	0	0	0	0	0	0	2,446,254
25 福井	607	0	0	0	3,251	0	0	0	0	0	0	0	874,980
26 山梨	0	0	0	0	0	0	0	0	0	0	0	0	651,784
27 長野	0	0	0	12,905	0	0	0	0	0	0	0	0	1,189,669
28 静岡	0	0	0	0	35,828	0	0	0	0	0	0	0	5,817,307
29 岐阜	0	0	0	0	0	0	0	0	0	0	0	0	1,463,391
30 愛知	34,459	72,538	39,933	693	345,452	15,779	15,534	1,539	17,983	0	46,867	2,626	18,493,024
31 三重	458	0	0	0	0	0	0	0	0	0	0	0	1,389,940
32 滋賀	0	0	0	0	0	0	0	0	0	0	0	0	1,664,375
33 京都	1,436	0	0	0	48	0	0	0	0	0	0	0	864,736
34 奈良	0	0	0	0	0	0	0	0	0	0	0	0	416,026
35 和歌山	851	10,299	0	335	67,961	0	6,201	0	0	0	0	0	4,466,514
36 大阪	214,243	47,566	64,357	6,792	385,977	19,522	25,282	41,613	3,226	41,780	1,372	83,900	13,982,224
37 兵庫	55,028	182,213	23,927	399	581,626	22,267	28,920	13,249	9,305	0	3,055	2,295	14,067,752
38 鳥取	0	0	0	0	14,500	0	0	0	0	0	0	0	483,470
39 島根	0	0	0	0	2,200	0	0	0	0	0	0	0	2,776,715
40 岡山	247,700	42,865	5,022	2,894	233,684	13,389	37,980	187,664	31,306	4,752	13,262	15,155	5,884,434
41 広島	85,090	1,106,591	0	1,058	347,806	48	18,867	32,778	20,669	0	1,720	1,549	15,244,891
42 山口	26,692	26,368	0	0	1,231,419	33,962	5,828	109	53,417	44,150	3,786	5,706	4,329,314
43 香川	981,284	126,096	117,695	190,227	7,387	0	0	21,337	0	0	0	0	2,171,687
44 愛媛	62,404	652,662	219,413	95,529	54,991	0	100	0	0	0	0	42	2,097,115
45 徳島	39,218	74,716	0	0	4,126	0	0	0	43,555	0	0	0	438,410
46 高知	39,442	221,092	0	0	380,133	0	0	0	0	0	0	0	716,994
47 福岡	21,290	24,142	5,383	9,959	6,640,067	264,060	107,160	217,859	209,154	36,920	193,236	29,332	10,497,323
48 佐賀	0	0	0	0	499,935	2,243,161	347,143	46,867	0	0	0	0	3,138,814
49 長崎	100	6,825	0	0	100,622	114,243	1,759,621	5,897	10,189	0	0	5,101	2,088,566
50 熊本	0	0	0	0	67,924	1,929	91,790	1,313,896	175,283	0	577,294	12,300	2,273,623
51 大分	323,900	443,465	0	0	622,774	77,485	385,432	67,993	736,484	0	3,396	0	5,270,368
52 宮崎	0	114	0	0	0	0	6,792	71,862	0	892,333	16,674	0	1,001,193
53 鹿児島	0	0	3,767	0	21,736	0	0	109,731	0	6,724	356,034	13,212	708,274
54 沖縄	0	0	0	0	600	0	0	3,030	0	0	9,425	98,501	111,576
55 全国	2,147,147	3,071,264	499,677	707,385	12,133,068	2,820,501	2,854,090	2,158,265	1,248,765	1,228,780	1,228,591	280,724	218,244,672

平成28年度　　府県相互間輸送トン数表（全機関）　　品目 （4－14） 非鉄金属　　その 1　　（単位：トン）

発＼着	1 札幌	2 旭川	3 函館	4 室蘭	5 釧路	6 帯広	7 北見	8 北海道	9 青森	10 岩手	11 宮城	12 福島	13 秋田	14 山形
1 札幌	579,368	0	0	1,069	0	0	0	580,437	0	0	0	0	0	0
2 旭川	0	0	0	0	0	0	0	0	0	0	0	0	0	0
3 函館	0	0	18,622	0	0	0	0	18,622	0	0	0	0	0	0
4 室蘭	0	0	0	1,737,686	1,690	0	0	1,739,376	0	0	4,002	0	0	0
5 釧路	0	0	0	0	72,619	0	0	72,619	0	0	0	0	0	0
6 帯広	0	0	0	0	0	0	0	0	0	0	0	0	0	0
7 北見	0	0	0	0	0	0	23,433	23,433	0	0	0	0	0	0
8 北海道	579,368	0	18,622	1,738,755	74,309	0	23,433	2,434,487	0	0	4,002	0	0	0
9 青森	0	0	0	1,500	0	0	0	1,500	11,213	0	0	0	0	0
10 岩手	0	0	0	0	0	0	0	0	0	17,390	1,563	0	0	0
11 宮城	0	0	0	825	0	0	0	825	0	0	320,852	0	117,888	750
12 福島	0	0	0	0	0	0	0	0	0	0	0	2,464,760	0	2,487
13 秋田	0	0	0	0	0	0	0	0	20,217	54,640	1,300	0	156,831	0
14 山形	0	0	0	0	0	0	0	0	0	81,960	0	0	0	2
15 茨城	0	0	0	1,005	0	0	0	1,005	0	46,803	128,805	40,332	0	0
16 栃木	0	0	0	0	0	0	0	0	0	0	0	20,729	0	0
17 群馬	0	0	0	0	0	0	0	0	0	0	0	0	0	0
18 埼玉	0	0	0	0	0	0	0	0	0	0	65,753	0	0	20
19 千葉	0	0	0	0	0	0	0	0	0	0	0	0	12,434	0
20 東京	0	0	0	8,046	0	0	0	8,046	0	0	136	0	0	0
21 神奈川	0	0	0	177	0	0	0	177	1,667	0	8,890	122,354	0	0
22 新潟	0	0	0	0	0	0	0	0	0	0	0	0	0	0
23 富山	0	0	0	0	0	0	0	0	0	0	0	0	0	0
24 石川	0	0	0	0	0	0	0	0	0	0	39,835	0	0	0
25 福井	0	0	0	0	0	0	0	0	0	0	0	0	0	0
26 山梨	0	0	0	0	0	0	0	0	0	0	0	0	0	0
27 長野	0	0	0	0	0	0	0	0	0	0	0	0	0	0
28 静岡	0	0	0	0	0	0	0	0	0	1,151	3,900	0	0	0
29 岐阜	0	0	0	0	0	0	0	0	0	0	0	0	0	0
30 愛知	0	0	0	80	0	0	0	80	0	0	0	0	0	0
31 三重	0	0	0	0	0	0	0	0	0	0	0	0	0	0
32 滋賀	0	0	0	0	0	0	0	0	0	0	0	0	0	0
33 京都	0	0	0	0	0	0	0	0	0	0	42,382	0	0	0
34 奈良	0	0	0	0	0	0	0	0	0	0	0	0	0	0
35 和歌山	0	0	0	0	0	0	0	0	0	0	0	0	0	0
36 大阪	0	0	0	600	0	0	0	600	6,643	0	0	0	0	0
37 兵庫	0	0	0	0	0	0	0	0	842	0	0	0	0	0
38 鳥取	0	0	0	0	0	0	0	0	0	0	0	0	0	0
39 島根	0	0	0	0	0	0	0	0	0	0	0	0	0	0
40 岡山	0	0	0	2,015	0	0	0	2,015	417	0	0	0	0	0
41 広島	0	0	0	0	0	0	0	0	0	0	0	0	0	0
42 山口	0	0	0	0	0	0	0	0	0	0	0	0	0	0
43 香川	0	0	0	0	0	0	0	0	0	0	0	9,130	0	0
44 愛媛	0	0	0	0	0	0	0	0	2,904	0	0	0	0	0
45 徳島	0	0	0	12,565	0	0	0	12,565	0	0	0	0	0	0
46 高知	0	0	0	0	0	0	0	0	0	0	0	0	0	0
47 福岡	0	0	0	0	0	0	0	0	94	0	0	0	0	0
48 佐賀	0	0	0	0	0	0	0	0	0	0	0	0	0	0
49 長崎	0	0	0	0	0	0	0	0	0	0	0	0	0	0
50 熊本	0	0	0	0	0	0	0	0	0	0	0	0	0	0
51 大分	0	0	0	0	0	0	0	0	0	0	0	0	0	0
52 宮崎	0	0	0	0	0	0	0	0	0	0	0	0	0	0
53 鹿児島	0	0	0	0	0	0	0	0	0	0	0	0	0	0
54 沖縄	0	0	0	0	0	0	0	0	0	0	0	0	0	0
55 全国	579,368	0	18,622	1,765,568	74,309	0	23,433	2,461,300	43,996	201,944	617,418	2,657,306	287,152	3,259

平成28年度　　府県相互間輸送トン数表（全機関）　　品目 （4－14） 非鉄金属　　その 2　　（単位：トン）

発＼着	15 茨城	16 栃木	17 群馬	18 埼玉	19 千葉	20 東京	21 神奈川	22 新潟	23 富山	24 石川	25 福井	26 山梨	27 長野	28 静岡
1 札幌	0	0	0	0	0	0	0	0	0	0	0	0	0	0
2 旭川	0	0	0	0	0	0	0	0	0	0	0	0	0	0
3 函館	0	0	0	0	0	0	0	0	0	0	0	0	0	0
4 室蘭	1,680	0	0	0	0	545	0	0	0	0	0	0	0	0
5 釧路	0	0	0	0	0	0	0	0	0	0	0	0	0	0
6 帯広	0	0	0	0	0	0	0	0	0	0	0	0	0	0
7 北見	0	0	0	0	0	0	0	0	0	0	0	0	0	0
8 北海道	1,680	0	0	0	0	545	0	0	0	0	0	0	0	0
9 青森	0	0	0	0	0	1,200	38,881	0	0	0	0	0	0	0
10 岩手	0	0	0	0	0	0	0	0	0	0	0	0	0	0
11 宮城	3,124	0	0	0	0	0	5,045	0	0	0	0	0	0	64,659
12 福島	345,381	0	0	178,474	0	0	23,658	0	0	0	0	0	0	0
13 秋田	0	0	0	0	102,728	0	0	0	0	0	0	0	0	0
14 山形	0	0	0	0	0	0	0	0	0	0	0	0	0	0
15 茨城	742,705	0	0	35,936	234,574	49,035	60,417	2,000	0	0	0	0	0	26,884
16 栃木	8,765	95,807	44,711	0	0	29,291	201,596	0	0	0	0	0	35,811	0
17 群馬	2,320	4,797	122,139	15,320	3,502	0	238,739	0	0	0	0	0	0	0
18 埼玉	8,418	4,764	376,164	322,619	14,403	48,939	41,871	14,921	0	24,869	0	0	0	0
19 千葉	7,837	4,919	19,298	30,722	237,810	25,706	11,942	0	0	0	0	0	0	125,782
20 東京	222,824	8,966	5,440	172,236	34,117	580,092	36,635	0	0	0	0	0	0	1,359
21 神奈川	12,434	59,685	0	201,902	117,880	87,393	827,577	0	0	0	0	0	0	145,583
22 新潟	0	0	0	111,151	0	0	34,549	115,242	0	0	0	0	0	0
23 富山	0	0	0	0	0	0	0	0	611,044	86,996	0	0	54,721	34,816
24 石川	0	0	0	0	0	0	0	0	331,683	38,667	0	0	0	0
25 福井	0	0	0	0	0	0	0	0	0	0	2,866	0	0	0
26 山梨	0	0	0	0	0	0	0	0	0	0	0	62,723	0	0
27 長野	0	0	0	0	0	9,131	0	0	0	0	0	0	308,758	0
28 静岡	9,947	0	0	19,895	9,947	11,036	0	0	0	0	0	0	112,307	595,887
29 岐阜	0	0	0	0	0	0	0	0	0	0	0	0	39,790	0
30 愛知	55,159	0	0	0	0	0	11,688	20,711	64,659	0	0	0	0	375
31 三重	0	0	0	0	0	0	25,592	52,562	26,540	60,431	0	0	0	206,755
32 滋賀	51,767	0	0	0	0	0	0	0	0	0	0	0	0	0
33 京都	0	0	0	0	0	0	0	0	0	0	0	0	0	0
34 奈良	0	0	0	0	0	0	0	0	64,659	0	0	0	0	0
35 和歌山	0	0	0	0	0	0	0	0	0	0	0	0	0	0
36 大阪	713	44,764	0	0	59,685	64,650	2,637	0	0	0	0	313	0	0
37 兵庫	264	0	0	0	24,978	4,115	0	0	0	0	0	0	0	0
38 鳥取	0	0	0	0	0	0	0	0	0	0	0	0	0	0
39 島根	0	0	0	0	0	0	0	0	0	0	0	0	0	0
40 岡山	1,531	0	0	0	0	320	0	0	0	0	0	0	0	31,370
41 広島	4,531	0	0	0	0	22,203	0	0	0	0	0	0	0	0
42 山口	1,075	0	0	0	6,912	0	0	505	0	0	0	0	0	0
43 香川	0	0	0	0	0	0	0	0	0	0	0	0	0	2,499
44 愛媛	37,235	0	0	0	0	8,050	0	740	0	0	0	0	0	3,433
45 徳島	0	0	0	0	2,040	0	0	0	0	0	0	0	0	0
46 高知	0	0	0	0	0	0	0	0	0	0	0	0	0	0
47 福岡	2,200	0	0	0	0	1,310	0	12,348	0	0	0	0	0	13,530
48 佐賀	0	0	0	0	0	0	0	0	0	0	0	0	0	0
49 長崎	0	0	0	0	0	0	0	0	0	0	0	0	0	0
50 熊本	0	0	0	0	0	0	0	0	0	0	0	0	0	0
51 大分	178,348	0	0	0	0	0	25,812	0	0	0	0	0	0	6,996
52 宮崎	0	0	0	0	0	0	0	0	0	0	0	0	0	0
53 鹿児島	0	0	0	0	0	0	0	0	0	0	0	0	0	0
54 沖縄	0	0	0	0	0	0	0	0	0	0	0	0	0	0
55 全国	1,698,258	223,702	567,752	1,088,256	848,576	966,684	1,562,982	219,029	1,098,585	210,962	2,866	63,036	551,387	1,259,929

平成28年度　　　　　府県相互間輸送トン数表（全機関）　　　品目　（4-14）非鉄金属　　　（単位：トン）その3

発＼着	29 岐阜	30 愛知	31 三重	32 滋賀	33 京都	34 奈良	35 和歌山	36 大阪	37 兵庫	38 鳥取	39 島根	40 岡山	41 広島	42 山口
1 札幌	0	0	0	0	0	0	0	0	0	0	0	0	0	0
2 旭川	0	0	0	0	0	0	0	0	0	0	0	0	0	0
3 函館	0	0	0	0	0	0	0	0	0	0	0	0	0	0
4 室蘭	0	631	0	0	0	0	0	0	0	0	0	0	0	0
5 釧路	0	0	0	0	0	0	0	0	96	0	0	0	0	0
6 帯広	0	0	0	0	0	0	0	0	0	0	0	0	0	0
7 北見	0	0	0	0	0	0	0	0	0	0	0	0	0	0
8 北海道	0	631	0	0	0	0	0	0	96	0	0	0	0	0
9 青森	0	1,000	0	0	0	0	0	0	41,419	0	0	0	44,658	301
10 岩手	0	3,815	0	0	0	0	0	0	0	0	0	0	0	0
11 宮城	0	0	0	0	42,382	0	0	0	0	0	0	0	0	0
12 福島	0	0	39,790	0	0	0	0	0	0	453	0	0	1,100	0
13 秋田	0	0	0	0	0	0	0	0	7,895	0	0	0	0	5,151
14 山形	0	0	0	0	0	0	0	0	0	0	0	0	0	0
15 茨城	51,757	48,688	0	0	0	0	0	64,564	195	0	0	0	0	0
16 栃木	0	49,737	0	0	0	0	0	0	0	0	0	0	0	0
17 群馬	0	0	0	0	0	0	0	0	0	0	0	0	0	0
18 埼玉	0	0	0	0	0	0	0	0	0	0	0	0	0	0
19 千葉	0	12,093	7,958	0	0	0	0	60,048	136,911	0	0	4,080	0	0
20 東京	0	60,989	0	0	0	0	0	1,383	496	0	0	0	0	0
21 神奈川	0	0	0	0	0	0	0	51,238	37	0	0	0	0	0
22 新潟	0	15,419	0	0	0	0	0	0	49,737	0	0	0	0	0
23 富山	49,921	44,764	0	0	0	129,317	0	61,789	57,884	0	0	0	0	0
24 石川	0	0	0	0	0	0	0	0	0	0	0	0	0	0
25 福井	0	0	0	0	0	0	0	0	0	0	0	0	0	0
26 山梨	0	0	0	0	0	0	0	0	0	0	0	0	0	0
27 長野	0	49,737	0	0	0	0	0	49,737	49,737	0	0	0	0	0
28 静岡	0	10,311	57,442	0	0	0	0	0	0	0	0	0	49,737	0
29 岐阜	124,381	235,370	0	0	0	0	0	27,853	0	0	0	0	69,632	0
30 愛知	40,247	2,233,707	36,378	2,487	0	0	0	245,713	127,925	0	0	0	0	0
31 三重	0	0	760,959	0	0	0	0	106,314	0	0	0	19,895	0	0
32 滋賀	0	69,881	0	49,806	0	0	0	13,401	0	0	0	0	0	0
33 京都	0	0	0	79,817	158,175	0	0	18,900	14,921	0	0	0	0	0
34 奈良	0	0	0	0	0	106,306	0	30,837	0	0	0	0	0	0
35 和歌山	0	0	0	0	0	0	6,378	0	0	0	0	0	0	0
36 大阪	0	47,177	5,223	188	145,394	16,994	1,563	1,727,617	95,677	0	0	0	400	3,807
37 兵庫	0	0	119,370	0	47,890	0	0	157,938	595,020	0	0	863	99,475	2,967
38 鳥取	0	0	0	0	0	0	0	0	0	970	27,297	0	451	0
39 島根	0	0	0	0	0	0	0	0	0	0	1,981	0	0	0
40 岡山	0	0	0	0	0	0	0	1,399	224,934	0	0	365,387	199,137	8,320
41 広島	5,471	9,475	0	0	0	0	0	47,005	0	23,138	0	2,501	205,175	18,166
42 山口	0	2,288	0	0	0	0	0	0	0	0	0	0	91,591	3,652
43 香川	0	0	0	0	0	0	0	243,058	0	0	0	0	0	0
44 愛媛	0	14,205	63,270	0	0	0	0	120,277	60,182	0	0	0	438	63,961
45 徳島	0	108,190	0	0	0	0	0	4,974	0	0	0	0	0	0
46 高知	0	0	0	0	0	0	0	0	0	0	0	0	0	0
47 福岡	0	0	0	0	0	0	0	0	4,035	0	0	40	69,632	10,505
48 佐賀	0	0	0	0	0	0	0	0	0	0	0	0	0	0
49 長崎	0	0	0	0	0	0	0	0	0	0	0	0	0	0
50 熊本	0	0	0	0	0	0	0	0	0	0	0	0	0	0
51 大分	0	0	0	0	0	0	0	12,975	0	0	0	40,235	0	0
52 宮崎	0	0	0	0	0	0	0	0	0	0	0	0	0	0
53 鹿児島	0	0	0	0	0	0	0	0	0	0	0	0	0	0
54 沖縄	0	0	0	0	0	0	0	0	0	0	0	19	0	0
55 全国	271,777	3,018,686	1,090,390	132,297	393,841	252,617	7,942	3,039,853	1,474,721	24,108	29,278	433,021	831,427	116,830

平成28年度　　　　　府県相互間輸送トン数表（全機関）　　　品目　（4-14）非鉄金属　　　（単位：トン）その4

発＼着	43 香川	44 愛媛	45 徳島	46 高知	47 福岡	48 佐賀	49 長崎	50 熊本	51 大分	52 宮崎	53 鹿児島	54 沖縄	55 全国
1 札幌	0	0	0	0	0	0	0	0	0	0	0	0	580,437
2 旭川	0	0	0	0	0	0	0	0	0	0	0	0	
3 函館	0	0	0	0	0	0	0	0	0	0	0	0	18,622
4 室蘭	0	0	0	0	0	0	0	0	0	0	0	0	1,746,234
5 釧路	0	0	0	0	0	0	0	0	0	0	0	0	72,715
6 帯広	0	0	0	0	0	0	0	0	0	0	0	0	
7 北見	0	0	0	0	0	0	0	0	0	0	0	0	23,433
8 北海道	0	0	0	0	0	0	0	0	0	0	0	0	2,441,441
9 青森	0	1,401	0	0	19,034	0	0	0	0	0	0	0	160,607
10 岩手	0	0	0	0	0	0	0	0	0	0	0	0	22,768
11 宮城	0	0	0	0	0	0	0	0	0	0	0	0	555,524
12 福島	0	0	0	0	0	0	0	0	0	0	0	0	3,056,104
13 秋田	0	0	0	0	8,808	0	0	0	0	0	0	0	357,569
14 山形	0	0	0	0	0	0	0	0	0	0	0	0	81,962
15 茨城	0	0	0	0	965	0	0	0	78,088	0	0	0	1,612,753
16 栃木	0	0	0	0	0	0	0	0	0	0	0	0	486,448
17 群馬	0	0	0	0	0	0	0	0	0	0	0	0	386,817
18 埼玉	0	0	0	0	0	0	0	0	0	0	0	721	922,740
19 千葉	0	0	0	0	173	0	0	0	0	0	0	1,764	698,435
20 東京	0	0	0	0	0	0	0	0	0	0	0	0	1,134,483
21 神奈川	0	0	0	0	0	0	0	0	0	0	0	0	1,636,819
22 新潟	0	0	0	0	0	0	0	0	0	0	0	0	326,098
23 富山	0	0	0	0	0	0	0	0	0	0	0	0	1,086,489
24 石川	0	0	0	0	0	0	0	0	0	0	0	0	454,949
25 福井	0	0	0	0	2,360	0	0	0	0	0	0	0	5,226
26 山梨	0	0	0	0	0	0	0	0	0	0	0	0	71,854
27 長野	0	0	0	0	59,685	0	0	0	0	0	0	0	517,655
28 静岡	0	0	0	0	650	0	0	0	0	0	0	0	882,212
29 岐阜	0	0	0	0	0	0	0	0	0	0	0	0	427,394
30 愛知	0	0	0	0	0	0	0	0	0	0	0	0	2,908,761
31 三重	0	0	0	0	0	0	0	0	0	0	0	0	1,259,048
32 滋賀	49,737	0	0	0	0	0	0	0	0	0	0	0	234,592
33 京都	0	0	0	0	0	0	0	0	0	0	0	0	314,195
34 奈良	0	0	0	0	0	0	0	0	0	0	0	0	201,801
35 和歌山	0	0	0	0	0	0	0	0	0	0	0	0	6,378
36 大阪	14,858	10,410	0	0	8,157	0	0	0	12,090	360	2	1,283	2,271,213
37 兵庫	0	6,760	0	0	6,769	0	0	4,325	0	0	13	427	1,072,016
38 鳥取	0	0	0	0	0	0	0	0	0	0	0	0	28,718
39 島根	0	0	0	0	0	0	0	0	0	0	0	0	1,981
40 岡山	0	39	0	0	5,265	0	0	0	0	0	0	27	841,371
41 広島	0	438	0	0	300	0	0	0	0	0	0	0	297,099
42 山口	0	50,264	0	0	130,312	35,811	0	0	47,340	0	0	0	407,402
43 香川	120,386	6	0	0	0	0	0	0	0	0	0	0	378,731
44 愛媛	0	1,251	80,466	0	0	0	1,340	0	0	0	0	0	377,286
45 徳島	0	0	0	0	0	0	0	0	0	0	0	0	208,235
46 高知	0	155,245	0	11,982	0	0	0	0	0	0	0	0	167,227
47 福岡	0	0	0	0	358,510	2,533	3,692	4,752	875	69,095	0	827	553,980
48 佐賀	0	0	0	0	0	60,745	0	31	0	0	0	0	60,777
49 長崎	0	0	0	0	0	0	15,825	0	0	0	0	0	15,825
50 熊本	0	0	0	0	67,990	0	0	23,358	0	0	0	0	91,348
51 大分	0	0	0	0	0	0	14,424	0	143,547	0	0	0	422,337
52 宮崎	0	0	0	0	0	0	0	0	0	7,140	0	0	7,140
53 鹿児島	0	0	0	0	93,805	0	0	0	0	0	95,777	1,023	190,605
54 沖縄	0	0	0	0	0	0	0	0	0	0	2	42,598	42,619
55 全国	184,981	225,814	80,466	11,982	762,783	99,089	35,280	32,467	281,941	76,595	95,794	48,670	29,687,267

平成28年度　　府県相互間輸送トン数表（全機関）　　品目（4-15）金属製品　　（単位：トン）その1

着＼発	1 札幌	2 旭川	3 函館	4 室蘭	5 釧路	6 帯広	7 北見	8 北海道	9 青森	10 岩手	11 宮城	12 福島	13 秋田	14 山形
1 札幌	1,772,209	65,428	14,794	138,576	41,453	0	1,125	2,033,586	44,287	0	0	0	0	0
2 旭川	15,715	107,572	0	0	2,463	0	35,429	161,179	0	0	0	0	0	0
3 函館	0	0	162,013	0	0	0	0	162,013	0	0	0	0	0	0
4 室蘭	356,083	0	0	547,903	3,380	0	1,476	908,842	0	0	5,217	0	0	0
5 釧路	3,941	0	0	0	87,799	0	0	91,740	0	0	0	0	0	0
6 帯広	0	0	0	0	0	13,621	0	13,621	0	0	0	0	0	0
7 北見	3,521	0	0	0	0	0	30,251	33,772	0	0	0	0	0	0
8 北海道	2,151,469	173,000	176,807	686,479	135,095	13,621	68,281	3,404,752	44,287	49,179	5,217	0	29,524	0
9 青森	0	23,620	0	0	14	0	0	23,634	688,377	11,810	0	0	29,524	0
10 岩手	0	0	0	0	0	0	0	0	38,339	610,994	129,206	0	33,953	0
11 宮城	0	0	0	23,781	0	0	0	23,781	5,905	54,614	621,672	31,193	20,821	101,345
12 福島	38,382	0	0	0	0	0	38,382	76,763	0	84,440	60,279	945,838	0	483
13 秋田	0	0	0	0	0	0	0	0	10,334	0	21,848	0	797,129	9,507
14 山形	0	0	0	0	0	0	0	0	0	14,762	76,497	0	0	295,167
15 茨城	0	0	0	120	0	0	0	120	0	60,342	44,776	132,171	0	0
16 栃木	0	0	0	0	0	0	0	0	0	18,252	54,316	26,774	0	0
17 群馬	0	0	0	0	0	0	0	0	0	0	45,321	17,715	0	0
18 埼玉	0	0	0	0	0	0	0	0	0	0	13,581	10,829	0	0
19 千葉	0	0	0	4,253	0	0	0	4,253	0	0	143,438	102,961	0	0
20 東京	0	0	0	56,485	20	0	0	56,505	965	1,588	5,281	12,253	0	6,702
21 神奈川	0	0	0	52	0	0	0	52	16,451	0	2,718	25,272	0	0
22 新潟	0	0	0	23,620	0	0	0	23,620	0	0	0	4,434	0	2,037
23 富山	0	0	0	0	0	0	0	0	0	0	23,620	23,620	3,543	13,286
24 石川	0	0	0	0	0	0	0	0	1,067	0	0	0	0	0
25 福井	0	0	0	15,570	0	0	0	15,570	0	0	53,144	0	0	0
26 山梨	0	0	0	0	0	0	0	0	0	0	38,382	0	0	0
27 長野	0	0	0	0	0	0	0	0	0	0	0	0	0	0
28 静岡	0	0	0	0	0	0	0	0	0	0	0	7,381	0	0
29 岐阜	0	0	0	0	0	0	0	0	0	0	0	50,191	0	0
30 愛知	0	0	0	1,520	0	0	0	1,520	748	0	590	0	0	38,972
31 三重	0	0	0	0	0	0	0	0	0	0	120	9,448	0	0
32 滋賀	0	0	0	0	0	0	0	0	0	0	0	26,572	0	0
33 京都	0	0	0	0	0	0	0	0	0	0	0	0	0	0
34 奈良	0	0	0	0	0	0	0	0	0	0	0	0	0	0
35 和歌山	0	0	0	0	0	0	0	0	0	0	0	2,363	0	0
36 大阪	0	0	0	11,260	125	0	0	11,385	0	0	24	31,474	0	0
37 兵庫	1,277	0	0	0	0	0	0	1,277	0	0	193	173	0	0
38 鳥取	0	0	0	0	0	0	0	0	0	0	0	0	0	0
39 島根	0	0	0	0	0	0	0	0	0	0	0	0	0	0
40 岡山	0	0	0	3,254	0	0	0	3,254	0	0	0	0	0	0
41 広島	0	0	0	0	177	0	0	177	0	354	520	2,411	0	0
42 山口	0	0	0	0	0	0	0	0	0	0	0	0	0	0
43 香川	0	0	0	0	136	0	0	136	0	11,915	0	0	577	0
44 愛媛	0	0	0	0	0	0	0	0	0	0	0	6,042	0	0
45 徳島	0	0	0	0	0	0	0	0	0	0	0	26,572	0	0
46 高知	0	0	0	0	0	0	0	0	0	0	0	0	0	0
47 福岡	0	0	0	0	0	0	0	0	140	0	4,887	0	454	0
48 佐賀	0	0	0	0	0	0	0	0	0	0	0	0	0	0
49 長崎	17,715	0	0	0	0	0	0	17,715	0	0	0	429	0	0
50 熊本	0	0	0	0	0	0	0	0	0	0	0	0	0	0
51 大分	0	0	0	0	0	0	0	0	0	0	0	0	0	0
52 宮崎	0	0	0	0	0	0	0	0	0	0	0	0	0	0
53 鹿児島	0	0	0	0	0	0	0	0	0	0	0	0	0	0
54 沖縄	0	0	0	0	0	0	0	0	0	0	0	0	0	0
55 全国	2,208,843	196,619	176,807	826,706	135,254	52,003	68,281	3,664,513	806,612	906,440	1,365,844	1,487,710	886,001	467,500

平成28年度　　府県相互間輸送トン数表（全機関）　　品目（4-15）金属製品　　（単位：トン）その2

着＼発	15 茨城	16 栃木	17 群馬	18 埼玉	19 千葉	20 東京	21 神奈川	22 新潟	23 富山	24 石川	25 福井	26 山梨	27 長野	28 静岡
1 札幌	0	0	0	0	0	0	0	29,524	0	0	0	0	0	0
2 旭川	0	0	0	0	0	0	0	0	0	0	0	0	0	0
3 函館	0	0	0	0	0	0	0	0	0	0	0	0	0	0
4 室蘭	102,532	0	0	0	0	2,450	593	0	0	0	7,360	0	0	0
5 釧路	30	0	0	0	0	0	0	0	0	0	0	0	0	0
6 帯広	0	0	0	0	0	0	0	0	0	0	0	0	0	0
7 北見	0	0	0	0	0	0	0	0	0	0	0	0	0	0
8 北海道	102,562	0	0	0	0	2,450	593	29,524	0	0	7,360	0	0	0
9 青森	0	0	0	0	0	0	0	0	0	0	0	0	0	0
10 岩手	7,198	0	0	88,573	6,853	0	1,476	0	0	0	0	0	0	0
11 宮城	18,600	12,961	0	93,389	62,350	22,143	0	0	46,264	0	53,144	70,859	0	0
12 福島	13,188	42,594	0	25,096	29,524	29,196	87,570	4,434	0	0	0	0	0	0
13 秋田	29,524	0	0	0	0	0	0	0	0	0	0	0	0	0
14 山形	9	0	0	0	0	2,952	0	59,049	0	0	0	0	0	0
15 茨城	1,919,587	91,734	155,003	206,541	268,840	278,256	259,287	111,728	40,744	151	0	16,327	13,738	15,353
16 栃木	175,741	1,518,972	237,428	177,183	45,763	90,100	33,228	0	0	0	53,144	0	18,119	11,810
17 群馬	52,650	41,671	1,366,086	195,376	77,078	65,217	10,514	5,638	5,905	0	0	0	18,061	525
18 埼玉	222,265	139,073	197,515	2,034,993	563,004	1,520,431	384,703	269,960	0	0	0	0	18,254	39,716
19 千葉	345,431	113,795	235,575	330,371	3,403,993	782,470	208,943	0	7,794	30,410	0	0	0	323,878
20 東京	223,201	9,448	27,195	685,109	616,760	1,755,531	495,375	14,968	23,747	0	0	24,361	3,602	8,691
21 神奈川	8,562	60,909	6,671	349,825	167,309	464,516	4,471,000	0	27,799	0	0	34,421	57,277	265,422
22 新潟	83,174	0	65	3,248	6,200	85,621	10,334	1,834,255	70,859	29,524	0	2,716	29,300	76,763
23 富山	0	47,239	5,905	52,729	6,200	20,997	0	70,859	4,781,327	31,134	234,085	0	49,702	76,763
24 石川	0	0	0	0	0	0	25,627	12,636	31,134	612,214	4,091	0	0	73,154
25 福井	38,382	0	0	129,063	53,144	0	0	0	52,636	12,277	760,200	0	0	0
26 山梨	4,926	744	0	2,952	3,838	89,571	40,143	0	59,300	69,314	19,191	383,353	21,171	62,282
27 長野	0	0	23,626	4,724	0	23,620	74,106	97,709	9,852	0	0	50,191	836,050	25,370
28 静岡	0	18,205	14,172	20,514	26,572	84,178	62,643	29,820	0	73,154	65,967	26,749	0	1,360,600
29 岐阜	0	14,172	0	30,963	59	46,649	8,857	5,462	38,398	0	52,389	5,173	20,475	25,370
30 愛知	0	33,008	0	30,963	59	46,649	242,575	5,462	2,628	0	5,173	0	0	127,000
31 三重	25,096	0	0	29,524	6,495	0	0	0	0	0	0	8,267	650	40,448
32 滋賀	14,762	0	0	0	0	0	7,086	154,413	0	8,234	23,970	0	0	0
33 京都	0	0	0	4,429	0	0	0	0	0	0	65	0	17,981	0
34 奈良	0	0	4,429	0	8,267	0	0	0	0	0	0	0	29,524	0
35 和歌山	0	0	0	0	0	0	0	0	0	0	0	0	0	0
36 大阪	19,155	0	0	0	0	972	1,366	49,076	0	59,300	69,314	19,191	841	51,949
37 兵庫	548	0	0	29,524	29,524	60	76,202	0	0	40	1,538	42,472	0	4,910
38 鳥取	0	0	0	0	0	0	0	0	0	0	0	0	0	0
39 島根	0	0	0	0	0	0	0	0	0	0	0	0	0	0
40 岡山	0	2,952	0	0	0	42,597	0	0	20,667	0	0	0	0	0
41 広島	0	0	0	0	0	0	0	369	0	0	0	0	0	0
42 山口	0	0	0	0	1,004	220	0	0	0	0	0	0	0	0
43 香川	0	0	0	0	6,645	9,090	0	0	0	0	0	5,737	0	0
44 愛媛	0	0	0	0	78	30	0	2,952	0	0	0	0	0	0
45 徳島	0	0	0	6,791	0	0	0	0	0	29,524	0	0	0	0
46 高知	0	0	0	0	0	0	0	0	0	0	0	0	0	0
47 福岡	2,260	0	0	9,448	230	4,180	0	13,876	0	0	0	0	0	31,570
48 佐賀	0	0	0	0	0	0	0	0	0	0	0	0	0	0
49 長崎	0	0	0	8,857	363	300	0	515	0	0	0	0	0	0
50 熊本	0	0	0	0	0	100	0	0	0	0	0	0	0	0
51 大分	0	0	0	0	0	0	0	0	0	259	0	0	0	120
52 宮崎	0	0	0	0	0	0	0	0	0	0	0	0	0	0
53 鹿児島	0	0	0	0	0	0	0	0	0	0	0	0	0	0
54 沖縄	0	0	0	0	0	22	0	0	0	0	0	0	0	0
55 全国	3,306,821	2,147,476	2,318,547	4,491,765	5,348,906	5,473,099	6,698,163	2,560,801	5,149,960	898,258	1,255,283	663,038	1,160,683	2,519,649

平成28年度　　　　　　　　　府県相互間輸送トン数表（全機関）　　品目（4-15）金属製品　　（単位：トン）その 3

発＼着	29 岐阜	30 愛知	31 三重	32 滋賀	33 京都	34 奈良	35 和歌山	36 大阪	37 兵庫	38 鳥取	39 島根	40 岡山	41 広島	42 山口
1 札幌	0	0	0	0	0	0	0	0	0	0	0	0	0	0
2 旭川	0	0	0	0	0	0	0	0	0	0	0	0	0	0
3 函館	0	0	0	0	0	0	0	0	0	0	0	0	0	0
4 室蘭	0	30,217	0	0	0	0	0	132	10,311	0	0	0	0	0
5 釧路	0	140	0	0	0	0	0	0	0	0	0	0	0	0
6 帯広	0	0	0	0	0	0	0	0	0	0	0	0	0	0
7 北見	0	0	0	0	0	0	0	0	0	0	0	0	0	0
8 北海道	0	30,357	0	0	0	0	0	132	10,311	0	0	0	0	0
9 青森	0	116	0	0	0	0	0	0	0	0	0	0	0	0
10 岩手	0	970	0	0	0	0	0	0	14,124	0	0	0	0	0
11 宮城	0	7,862	0	0	0	0	0	0	0	0	0	0	0	0
12 福島	0	27,162	0	0	0	0	0	0	0	0	0	0	0	0
13 秋田	0	0	0	0	0	0	0	0	0	0	0	0	0	0
14 山形	0	4,429	0	0	0	0	0	0	0	0	0	0	0	0
15 茨城	0	29,524	0	44,954	0	0	0	326	3,426	0	0	0	478	3,289
16 栃木	0	60,525	0	35,429	0	0	0	27,103	0	0	0	0	0	0
17 群馬	0	0	88,573	19,781	0	0	0	0	0	0	0	0	0	0
18 埼玉	0	65,001	0	0	0	0	0	47,208	0	0	0	0	0	0
19 千葉	0	70,316	0	0	1,476	0	0	26,610	1,235	0	0	480	432	0
20 東京	6,938	112,574	0	0	0	0	0	110	58	0	0	0	0	40
21 神奈川	0	85	0	20,667	0	0	0	65,868	192,399	0	0	20,844	24,210	0
22 新潟	0	16,681	2,309	0	0	0	0	0	5,261	0	0	0	0	0
23 富山	155,505	31,886	8,119	16,622	64,658	76,763	0	150,870	23,620	0	0	19,191	0	0
24 石川	0	0	0	0	2,952	0	0	6,112	54,422	0	0	0	0	0
25 福井	11,823	5,173	0	20,667	131	0	162	0	625	0	0	0	647	0
26 山梨	2,780	35,429	0	49,262	0	0	0	0	0	0	0	0	0	0
27 長野	0	39,272	0	2,952	0	0	0	20,667	0	0	0	0	0	0
28 静岡	11,330	143,936	22	2,247	0	0	0	147,622	1,705	0	0	0	0	0
29 岐阜	2,064,299	465,365	189,112	18,553	28,343	0	0	80,653	0	0	0	0	0	0
30 愛知	200,431	5,719,337	133,216	364,223	0	647	0	44,216	13,286	0	0	0	32,831	186
31 三重	82,983	316,730	849,004	17,222	148,704	0	0	64,929	612	0	0	0	35,842	0
32 滋賀	15,259	52,228	19,070	739,938	79,825	0	0	261,029	11,577	0	0	0	0	0
33 京都	0	3,543	50,541	107,492	1,631,954	14,532	0	88,341	90,947	1,034	0	0	4,872	0
34 奈良	0	0	144,829	4,850	23,477	511,083	2,956	200,139	10,896	0	0	0	0	0
35 和歌山	0	0	0	5,610	5,019	13,670	574,578	220,315	5,610	0	0	0	0	0
36 大阪	0	98,344	64,703	26,242	259,053	159,749	126,798	6,142,750	1,398,550	5,216	0	37,018	69,460	8,267
37 兵庫	0	58,647	5,905	37,088	11,108	0	30,300	527,593	1,381,667	0	0	81,068	13,931	42,220
38 鳥取	0	0	0	0	1,034	0	0	6,847	0	339,811	31,794	194	591	4,926
39 島根	0	0	88,573	0	5,905	0	0	0	0	0	365,131	0	18,600	162
40 岡山	7,676	0	0	28,774	0	0	0	16,455	22,766	1,164	8,813	1,307,364	272,273	0
41 広島	0	7,381	79,266	0	0	0	0	1,035	100,419	0	11,731	154,514	2,734,309	76,774
42 山口	0	0	0	0	0	0	0	179	2,209	0	0	52,765	1,090,429	0
43 香川	0	20,667	0	103,335	0	0	5,905	101,008	86,581	0	0	177,623	29,971	91
44 愛媛	0	3,241	0	0	0	0	0	3,347	7,801	0	0	6,466	108,501	0
45 徳島	0	0	54,796	0	0	0	0	372	55,506	0	0	29,524	0	0
46 高知	0	0	0	0	0	0	0	24,210	0	0	0	0	0	0
47 福岡	0	7,865	0	0	0	0	0	42	1	0	0	1,766	231,304	1,522
48 佐賀	0	0	0	0	0	0	0	67	0	0	0	0	11,810	0
49 長崎	0	0	0	0	0	0	0	590	0	0	0	0	0	0
50 熊本	0	0	0	6,289	0	0	0	0	0	0	0	0	0	0
51 大分	0	0	0	0	0	0	0	0	0	0	0	0	0	0
52 宮崎	0	0	0	0	0	0	0	0	0	0	0	0	0	0
53 鹿児島	0	0	0	0	0	0	0	74,106	119	0	0	57	0	0
54 沖縄	0	25	0	0	0	0	0	9,890	57	0	0	0	0	0
55 全国	2,559,026	7,434,671	1,782,890	1,667,347	2,263,642	776,444	740,698	8,353,894	3,502,636	347,225	417,469	1,847,919	3,631,018	1,227,905

平成28年度　　　　　　　　　府県相互間輸送トン数表（全機関）　　品目（4-15）金属製品　　（単位：トン）その 4

発＼着	43 香川	44 愛媛	45 徳島	46 高知	47 福岡	48 佐賀	49 長崎	50 熊本	51 大分	52 宮崎	53 鹿児島	54 沖縄	55 全国
1 札幌	0	0	0	0	0	0	0	0	0	0	0	0	2,107,397
2 旭川	0	0	0	0	0	0	0	0	0	0	0	0	161,179
3 函館	0	0	0	0	0	0	0	0	0	0	0	0	162,013
4 室蘭	0	0	0	0	0	0	0	0	0	0	0	0	1,067,654
5 釧路	0	0	0	0	0	0	0	0	0	0	0	0	91,910
6 帯広	0	0	0	0	0	0	0	0	0	0	0	0	13,621
7 北見	0	0	0	0	0	0	0	0	0	0	0	0	33,772
8 北海道	0	0	0	0	0	0	0	0	0	0	0	0	3,637,545
9 青森	0	0	0	0	0	0	0	0	0	0	0	0	802,639
10 岩手	0	0	0	0	0	0	0	0	0	0	0	0	931,687
11 宮城	0	0	0	0	0	0	0	0	0	0	0	0	1,246,902
12 福島	0	0	0	0	0	0	0	0	0	0	0	0	1,426,567
13 秋田	0	0	0	0	0	0	0	0	0	0	0	0	868,342
14 山形	0	0	0	0	0	0	0	0	0	0	0	0	452,865
15 茨城	0	1,202	0	0	53,310	0	0	0	0	0	0	0	3,751,207
16 栃木	8,267	0	0	0	0	0	0	0	0	0	0	0	2,592,154
17 群馬	0	0	0	0	0	0	0	0	0	0	0	0	2,010,111
18 埼玉	0	0	0	11,810	0	0	0	28,048	0	0	0	0	5,566,390
19 千葉	0	0	0	0	29,662	0	0	0	0	0	7,980	0	6,171,504
20 東京	0	0	0	0	21,525	0	0	0	0	72	0	11,856	4,124,456
21 神奈川	0	900	0	0	600	0	0	0	0	0	0	0	6,283,778
22 新潟	0	0	0	0	0	0	0	0	0	0	0	0	2,132,578
23 富山	0	0	29,524	0	6,200	0	0	0	0	0	0	0	6,026,217
24 石川	0	0	0	0	0	0	0	0	0	0	0	0	823,408
25 福井	4,714	0	0	0	0	0	0	0	0	0	0	0	1,158,356
26 山梨	0	0	0	0	0	0	0	0	0	0	0	0	734,833
27 長野	0	0	0	0	0	0	0	0	0	0	0	0	1,182,800
28 静岡	0	0	2,952	0	0	0	0	0	0	0	0	0	2,085,596
29 岐阜	0	0	0	0	0	0	0	0	0	0	0	0	3,098,934
30 愛知	0	429	4,429	0	62,261	29,524	0	0	0	0	0	0	7,140,451
31 三重	0	0	29,524	0	0	0	0	0	0	0	0	0	1,665,600
32 滋賀	29,524	0	0	0	0	0	0	0	0	0	0	0	1,443,487
33 京都	0	17,981	0	0	0	0	0	0	0	0	0	0	2,029,283
34 奈良	0	0	0	0	0	0	0	0	0	0	0	0	935,600
35 和歌山	0	5,610	0	0	0	0	1,935	0	0	0	0	0	839,559
36 大阪	12,400	2,196	86,103	0	11,315	0	0	167	139	0	312	10,614	8,833,441
37 兵庫	10,684	11,118	5,905	0	3,918	0	36,733	7,086	67	0	127	1,151	2,452,778
38 鳥取	0	0	0	0	0	0	0	0	0	0	0	0	385,198
39 島根	0	0	0	0	0	0	0	0	0	0	0	0	478,371
40 岡山	144,873	29,720	227,690	7,200	10,590	0	0	0	0	0	0	71	2,154,900
41 広島	9,492	37,157	0	6,466	103,590	4,454	0	0	14	7,381	0	139	3,337,954
42 山口	30	20,323	0	0	129,961	0	148	0	8,857	0	0	129	1,306,253
43 香川	16,998,231	176,490	153,563	33,859	0	0	0	31,739	194	0	0	270	17,953,626
44 愛媛	103,175	1,155,326	0	46,267	43	0	0	0	0	0	0	646	1,443,915
45 徳島	0	621	521,955	8,547	0	0	0	0	0	0	0	0	734,209
46 高知	18,201	162,384	0	176,995	0	0	0	0	10	0	0	0	381,799
47 福岡	0	1,405	0	0	1,819,952	171,719	56,517	46,634	21,099	35,282	152,095	43,055	2,656,848
48 佐賀	0	0	0	0	353,671	392,152	102,007	121	0	0	0	0	848,405
49 長崎	0	2,387	0	0	29,604	2,658	329,264	26,867	0	0	0	0	430,837
50 熊本	17,567	0	0	0	54,753	87,859	26,867	1,058,716	31,373	12,622	36,720	0	1,333,456
51 大分	194	0	0	0	62,273	59,049	0	14,779	440,234	0	0	0	576,907
52 宮崎	0	0	0	0	47,291	0	0	148	0	638,716	57,627	0	743,782
53 鹿児島	0	0	0	0	5,911	0	0	29,524	0	38,582	468,087	10,917	627,248
54 沖縄	0	0	0	0	4,072	0	0	0	0	0	1,393	726,595	742,111
55 全国	17,357,350	1,625,249	1,061,645	291,143	2,757,301	747,416	553,471	1,267,359	531,650	732,665	724,342	805,443	118,585,294

平成28年度　　　　　　　　　　　府県相互間輸送トン数表（全機関）　　　　　　　　　　（単位：トン）
品目（4-16）機械　　その1

発＼着	1 札幌	2 旭川	3 函館	4 室蘭	5 釧路	6 帯広	7 北見	8 北海道	9 青森	10 岩手	11 宮城	12 福島	13 秋田	14 山形
1 札幌	6,182,186	288,563	104,938	299,447	58,205	78,616	29,298	7,041,253			32,670			
2 旭川	449,961	2,850,191		12,565			57,351	3,370,069						
3 函館	37,544	2,239	469,987		140			509,910	13,235	61,008				
4 室蘭	186,551		2,513	2,705,697	413,950	2,130		3,310,841			518,722			2,510
5 釧路	30,157			3,154	509,296	6,538		549,144			4,870			
6 帯広	26,136			11,096	4,180	749,008	13,436	803,857						
7 北見	10,182	64,331	1,189		22,393	34,709	641,455	774,260						
8 北海道	6,922,716	3,205,325	578,628	3,032,099	1,008,025	871,000	741,540	16,359,333	13,235	61,008	556,262			2,510
9 青森				7	28			35	1,994,166	8,503	18,484		16,770	
10 岩手									95,642	4,565,002	284,980	34,642	13,501	
11 宮城				439,595				439,595	50,518	285,126	3,857,898	383,863	8,620	204,520
12 福島										243,095	338,499	4,388,042	25,131	76,681
13 秋田									14,018	4,479	4,479		3,550,593	15,219
14 山形									7,201		5,110	29,568		1,711,432
15 茨城	33,926		360	534,881	1,274,600			1,843,767		231	82	539,983	2,599	
16 栃木											66,853	63,227		17,091
17 群馬												13,642	6,101	12,565
18 埼玉										112,646	55,051	47,188		112,869
19 千葉	19,099			2,710				21,809	331		57,311	73,245		84
20 東京				459,434	326,455			785,889	175	52	159,268	45,738	302	2,400
21 神奈川				350,254				350,254	115,035	127,808	333,318	64,577	391,293	
22 新潟											28,443	15,870	15,944	27,120
23 富山			60					60			20,104			
24 石川														
25 福井				534,109				534,109					3,140	
26 山梨											12,903	70,366		
27 長野										21,959		31,349		
28 静岡			224					224	10,555	1,070	111,281	32,921	46,929	
29 岐阜												5,277	33,172	
30 愛知				1,857,393				1,857,393	369,886	37,544	3,383,291	1,200		
31 三重				42				42			32,823			
32 滋賀											6,283			
33 京都											50,261			17,359
34 奈良														
35 和歌山	40							40						
36 大阪				178,533	15			178,548			46,929			
37 兵庫	29,111		672	207				29,990			3,122	23		
38 鳥取														
39 島根				56				56						
40 岡山			55					55		12,565				
41 広島			604	330				934		58	8,436	100		
42 山口			906	659				1,565		25				
43 香川	32,670		603					33,273			1	10,252		
44 愛媛														
45 徳島														
46 高知														
47 福岡											20			
48 佐賀														
49 長崎											143	2,673	198	
50 熊本														
51 大分				4,340				4,340						
52 宮崎														
53 鹿児島											660			
54 沖縄														
55 全国	7,037,562	3,205,325	582,112	7,394,649	2,609,123	871,000	741,540	22,441,311	2,670,762	5,481,170	9,442,296	5,853,745	4,116,803	2,197,341

平成28年度　　　　　　　　　　　府県相互間輸送トン数表（全機関）　　　　　　　　　　（単位：トン）
品目（4-16）機械　　その2

発＼着	15 茨城	16 栃木	17 群馬	18 埼玉	19 千葉	20 東京	21 神奈川	22 新潟	23 富山	24 石川	25 福井	26 山梨	27 長野	28 静岡
1 札幌					19,099		4,479	1,940						
2 旭川	210													
3 函館							7,509							
4 室蘭	1,198,603				663	170,583	279,867	96,806			518,385			564
5 釧路	178,910					380								
6 帯広														
7 北見														
8 北海道	1,377,723				19,762	170,963	291,855	98,746			518,385			564
9 青森				63,482	108,876			25,076						
10 岩手	1,081	469	8,544		108,876			40,000					22,347	25,180
11 宮城	95			47,108	17,189	92,973	940,715	80,615				150,783	23,465	23,465
12 福島	325,206	85,120	225,234	716,561	85,870	37,168	103,504	62,826				25,131	27,406	58,992
13 秋田							135,318	30,967					19,099	46,929
14 山形	270	221,404	12,565	129,556	7,539			8,516						
15 茨城	5,286,378	357,694	320,525	342,628	526,678	1,000,083	781,282	7,539	26		404		12,197	15,910
16 栃木	385,058	2,800,033	548,547	397,661	162,704	67,587	748,955	9,386	25,131				35,149	7,539
17 群馬	36,494	636,634	8,626,660	900,390	84,093	211,209	822,053	79,904			23,934	89,213	25,242	71,969
18 埼玉	377,092	645,796	397,667	6,647,612	983,677	1,889,028	917,234	300,111	16,425			4,046	47,845	405,749
19 千葉	638,750	207,895	74,222	676,758	7,849,749	1,171,831	858,054	19,099	176,260	16,191		26,349	12,488	32,916
20 東京	137,727	210,664	181,370	1,306,942	2,584,272	8,743,054	1,405,450	39,555	3,770	4,224	3,770	10,449	224,911	64,820
21 神奈川	316,932	629,799	116,636	570,322	1,689,261	909,430	16,985,408	96,497	37,544	628		74,494	63,430	315,041
22 新潟	61,079	40,014	1,307	138,442	262,466	73,148	171,671	5,328,775	110,733	92,696	21,487		43,241	79,359
23 富山		9,386	1,307	12,063	13,436		62,930	1,774	2,918,458	49,647			38,676	51,729
24 石川							38,758	7,515		2,059,435	20,833		38,952	73
25 福井							628	470		327	2,048,172			
26 山梨	666	82,931	20,210		14,079	58,287	678,187	133,192	7,511			1,620,332	25,043	77,805
27 長野	110,553	94,652	6,323	51,004	41,715	97,843	42,288	92,104	8,796	191,639	78,251		3,369,705	7,656
28 静岡	18,094	34,321		376,212	126,006	536,658	541,487	9,085	49,274				8,428	14,279,789
29 岐阜		53,337			29,932	33,821	13,436				11,732	480	6,283	247,694
30 愛知	1,769	107,938	17,914	22,248	2,029,108	34,086	3,028,506	2,486	258,996	107,610	375,429		398,906	3,647,090
31 三重		112,444		93,859	957,080	1,618	3,016				4,901	25,131		422,802
32 滋賀			1,257	14,073	12,565					1,427	24,487			348,654
33 京都	8,361				1,920	92,265		3,770	2,010		24,487			
34 奈良					1,681		653							
35 和歌山					2,486									
36 大阪				77,061	474,831	176,727	26,398			10,052	5,554	12,227	6,283	332,430
37 兵庫	1,184	294			58,717	33,821	82,659	25,131	131,759	10,766	13,690	226		96
38 鳥取														
39 島根													5,040	
40 岡山	987		17,243		15,811	49,847	438,068	60					5,026	48
41 広島	144			25,131	833,697	11,244	30,304	158	129	24,686				75,802
42 山口	733				661	730	3,021			19				
43 香川														
44 愛媛	64,346				21,763	155	169			880				
45 徳島					27,644									
46 高知	7,162					5,277								
47 福岡	322,764					533,570	3,067,048	322						288,520
48 佐賀														
49 長崎		405			3,996		95	160						
50 熊本					14,218		42							65,701
51 大分	43				2,090									106,490
52 宮崎	192				18,000									
53 鹿児島	93													
54 沖縄					104,979		543							
55 全国	9,481,380	6,308,053	10,599,929	12,980,456	18,779,332	16,084,116	32,284,809	6,452,842	3,743,179	2,732,924	3,063,550	2,125,061	4,438,070	21,100,815

平成28年度　　府県相互間輸送トン数表（全機関）　　品目（4－16）機械　　（単位：トン）その3

着＼発	29 岐阜	30 愛知	31 三重	32 滋賀	33 京都	34 奈良	35 和歌山	36 大阪	37 兵庫	38 鳥取	39 島根	40 岡山	41 広島	42 山口
1 札幌	0	0	0	0	0	0	0	0	0	0	0	80	32,670	0
2 旭川	0	0	0	0	0	0	0	0	0	0	0	0	0	0
3 函館	0	0	0	0	0	0	0	0	0	0	0	0	0	0
4 室蘭	0	719,828	59	0	0	0	0	14,522	0	0	0	0	0	0
5 釧路	0	1,220	0	0	0	0	0	2,204	0	0	0	0	0	0
6 帯広	0	0	0	0	0	0	0	0	0	0	0	0	3,486	0
7 北見	0	0	0	0	0	0	0	0	0	0	0	0	0	0
8 北海道	0	721,048	59	0	0	0	0	16,726	0	0	0	80	36,156	0
9 青森	0	18,669	0	0	0	0	0	0	0	0	0	0	0	0
10 岩手	0	0	0	0	113	0	0	0	0	0	0	0	0	0
11 宮城	0	3,134,902	7,790	0	0	0	0	24,788	0	0	0	0	0	0
12 福島	0	252,240	0	0	0	0	35	1,200	9,096	0	0	0	0	0
13 秋田	0	0	0	0	0	0	0	0	0	0	0	0	0	0
14 山形	0	0	0	0	25,131	0	0	0	0	0	0	0	0	0
15 茨城	0	39,418	1,131	0	0	0	0	0	805	0	1,103	211	5,152	179
16 栃木	0	73,587	60,409	0	395	0	0	0	0	0	0	0	0	0
17 群馬	4,320	190,480	56,315	14,745	0	0	5,026	9,855	0	0	0	2,513	5,026	0
18 埼玉	0	6,283	46,929	0	5,026	3,137	0	3,770	33,926	0	0	8,670	5,026	0
19 千葉	0	197,432	889,428	0	0	0	0	812,410	195	0	22,110	69,880	3,275	192
20 東京	0	132,937	75,611	0	1,509	2,764	0	108,961	21,976	0	0	0	85,180	12
21 神奈川	0	2,369,835	1,108	5,626	1,471	0	0	42,076	510,379	0	0	26,095	169,528	0
22 新潟	1,960	9,527	0	0	0	0	0	22,065	2,314	0	0	7,414	0	0
23 富山	7,208	340,087	0	0	0	0	85	9,386	0	0	0	0	0	0
24 石川	13,436	158,978	100	1,427	0	0	0	91,200	157,415	0	0	0	23,949	19
25 福井	0	323,194	0	2,513	7,790	0	0	1,344	139	0	2,239	0	0	0
26 山梨	20,104	31,413	25,131	0	0	0	0	229	7,718	0	0	0	20,705	0
27 長野	27,644	300,810	99,433	1,879	4,645	18,848	0	32,921	14,953	0	0	0	20,705	0
28 静岡	327,380	1,729,511	206,339	207,554	0	0	0	52,774	717	0	0	45,135	75,087	0
29 岐阜	3,064,180	986,953	37,139	29,308	0	0	0	27,141	0	0	0	5,026	0	0
30 愛知	1,638,844	44,305,382	3,317,901	1,907,935	74,941	216,230	0	846,874	89,279	0	0	881,447	432,258	149
31 三重	1,427	1,720,132	6,483,410	64,346	0	11,612	0	108,312	104,993	0	5,026	183,250	188,856	0
32 滋賀	10,888	208,626	70,056	5,315,352	176,351	9,405	8,798	140,961	211,511	0	0	245,391	0	0
33 京都	3,267	71,458	841	95,740	1,759,688	81,303	0	225,802	150,830	0	0	0	18,099	2,387
34 奈良	0	52,301	79,220	7,134	62,856	1,159,729	16,890	118,517	7,134	0	0	12,565	0	0
35 和歌山	0	0	0	0	0	8,567	850,236	50,168	20,652	0	0	0	0	0
36 大阪	25,682	1,060,524	221,905	133,793	329,956	327,776	434,378	8,771,220	1,436,308	0	0	268,696	94,176	9,456
37 兵庫	0	108,602	24,492	51,092	82,403	26,730	18,051	865,903	9,404,321	1,595	170	253,842	534,649	52,522
38 鳥取	6	0	0	0	0	0	0	5,766	23,593	1,838,262	111,473	32,974	0	0
39 島根	0	0	10,052	30,157	0	0	0	23,465	25,131	38,877	2,550,978	20	1,613,490	254,716
40 岡山	0	1,562,938	214,761	71,884	4,966	1,257	0	284,045	771,670	30,438	20,344	5,411,538	430,616	161
41 広島	0	519,101	0	474	499	0	0	464,815	1,241,804	50	35,035	192,493	11,937,952	495,593
42 山口	0	17,490	0	32,851	0	0	0	81,829	344,323	0	212,736	185	120,828	9,475,306
43 香川	0	11,964	0	0	0	5,554	0	784	33,988	0	0	26,183	407	442
44 愛媛	0	21,347	32,999	150,783	0	0	0	262,432	415,443	0	0	92,574	66,250	822
45 徳島	0	13,194	0	0	0	253	0	85,925	78,739	0	0	2,064	48,625	0
46 高知	0	0	0	0	0	0	0	2,614	1,633	0	0	0	250	0
47 福岡	0	2,949,256	0	0	0	0	0	25,346	658,198	0	54	97,348	51,207	347,232
48 佐賀	0	64	0	0	0	0	0	0	26,939	0	0	0	41	0
49 長崎	0	28,572	315	0	2,641	0	0	200	2,678	0	0	1,280	103	50
50 熊本	0	0	0	0	0	0	0	35,829	18,921	0	0	174	34,806	0
51 大分	0	3,549,480	0	0	0	0	0	19,272	452,866	0	0	215,916	1,022	580
52 宮崎	0	0	46,179	0	0	0	0	77,095	29,013	0	0	0	0	0
53 鹿児島	0	39,740	0	0	849	0	0	1,947	22,887	0	0	0	0	0
54 沖縄	0	132,586	0	0	0	0	0	216,465	25,538	0	0	0	19	0
55 全国	5,146,346	67,390,058	12,009,056	8,124,593	2,540,379	1,874,014	1,333,500	13,972,430	16,358,025	1,909,222	2,961,268	8,082,985	15,997,693	10,639,818

平成28年度　　府県相互間輸送トン数表（全機関）　　品目（4－16）機械　　（単位：トン）その4

着＼発	43 香川	44 愛媛	45 徳島	46 高知	47 福岡	48 佐賀	49 長崎	50 熊本	51 大分	52 宮崎	53 鹿児島	54 沖縄	55 全国
1 札幌	0	0	0	0	0	0	0	0	0	0	0	0	7,132,190
2 旭川	0	0	0	0	0	0	0	0	0	0	0	0	3,370,069
3 函館	0	0	0	0	0	0	0	0	0	0	0	0	591,872
4 室蘭	0	0	0	0	62	0	0	0	0	0	0	0	6,832,015
5 釧路	0	0	0	0	0	0	0	0	0	0	0	0	736,728
6 帯広	0	0	0	0	0	0	0	0	0	0	0	0	807,343
7 北見	0	0	0	0	0	0	0	0	0	0	0	0	774,260
8 北海道	0	0	0	0	62	0	0	0	0	0	0	0	20,244,477
9 青森	0	367	0	0	92	0	0	0	0	0	0	0	2,145,643
10 岩手	0	0	0	0	528	0	0	0	0	0	0	0	5,224,372
11 宮城	0	0	0	0	13,720	0	0	0	0	0	0	0	9,764,283
12 福島	0	0	0	0	12,001	0	0	0	0	0	0	0	7,099,000
13 秋田	0	0	0	0	0	0	0	0	0	0	0	0	3,821,135
14 山形	0	0	0	0	0	0	0	0	0	0	0	0	2,158,291
15 茨城	0	4,485	0	1	118,279	0	0	0	0	753	31	40	11,209,594
16 栃木	0	0	0	0	5,026	0	0	0	0	0	0	0	5,474,336
17 群馬	0	0	0	0	15,078	0	0	0	0	0	0	0	11,938,437
18 埼玉	0	12,025	0	0	0	0	0	0	0	0	0	80	13,084,827
19 千葉	103,070	731,142	2,513	0	113	0	0	0	0	0	0	0	14,745,100
20 東京	20,104	0	0	30,408	3,901,684	85,444	0	0	0	295,153	8,326	312,407	20,997,277
21 神奈川	48,255	0	0	0	1,497,654	0	70	0	0	0	2	232	27,860,014
22 新潟	0	0	32,670	0	8,042	0	0	0	0	0	0	0	6,459,514
23 富山	0	0	0	0	0	0	0	0	0	0	0	0	3,739,596
24 石川	2,239	25,131	0	0	15	0	0	0	212	0	0	0	2,714,834
25 福井	0	0	0	0	0	0	0	0	0	0	0	0	2,924,065
26 山梨	0	0	0	0	0	0	0	0	0	0	0	0	2,886,103
27 長野	0	0	0	0	0	0	0	31,916	0	0	0	0	4,799,590
28 静岡	2,935	0	204	0	11,641	0	0	0	0	0	0	0	18,840,797
29 岐阜	0	0	0	0	0	0	0	0	0	0	0	0	4,606,711
30 愛知	292,620	153,398	16,210	0	2,052,547	0	0	56,315	141,985	93,859	583,182	339,129	73,121,886
31 三重	93,815	0	0	0	328,227	0	192,411	0	30,786	0	0	0	11,170,317
32 滋賀	0	20,104	0	0	5,277	0	0	0	61,008	0	0	0	6,867,989
33 京都	0	0	0	0	0	0	0	8,796	3,770	0	0	0	2,622,414
34 奈良	0	25,131	0	0	42	0	0	5,026	0	0	0	0	1,548,838
35 和歌山	0	0	0	0	0	0	0	0	0	0	0	0	932,192
36 大阪	98,846	35,129	0	2,614	209,487	0	0	860	84,265	15,678	0	255,333	15,163,123
37 兵庫	1,719,124	71,077	75,074	3,421	1,547,137	1,587	6,899	4,273	118,274	74,270	3,434	26,633	15,467,053
38 鳥取	0	0	0	0	0	0	0	0	0	0	0	0	2,012,074
39 島根	0	0	0	0	0	0	0	0	0	20	0	0	4,552,002
40 岡山	20,850	35,929	0	8,130	75,466	3,515	3,735	891	39,279	0	0	296	9,532,418
41 広島	1,039	59,151	48,391	0	348,604	59,711	0	12,565	2,793	7,539	70	164	16,435,872
42 山口	410	1,069	0	0	178,132	112,631	0	0	2,793	0	0	70	10,587,404
43 香川	3,640,401	124,174	62,020	62,050	570	0	0	57,185	0	0	0	391	4,069,638
44 愛媛	196,456	1,178,628	29,156	113,945	87	0	304	248	35,682	9,671	0	524	2,580,717
45 徳島	666	0	37,179	1,067,593	0	0	0	0	0	0	0	0	1,475,594
46 高知	44,359	28,750	45,148	921,777	0	0	0	0	0	0	0	0	1,056,970
47 福岡	10,052	56	0	0	9,195,656	377,106	90,897	331,460	509,705	47,583	35,809	182,160	19,121,368
48 佐賀	0	43	0	0	981,036	929,835	259,637	13,684	197,345	19,772	13	0	2,428,409
49 長崎	0	8,778	0	0	68,969	14,025	2,289,528	81,072	36	0	0	0	2,505,918
50 熊本	0	15,601	0	0	147,221	4,650	197,104	2,974,252	12,195	12,484	197,278	0	3,730,477
51 大分	605	0	0	0	1,780,756	234,647	0	11,864	2,078,412	11,723	29,111	0	8,487,354
52 宮崎	0	0	0	0	22,831	6,711	0	11,864	5,884	3,279,793	20,798	0	3,129,360
53 鹿児島	0	540	0	0	13,274	13	0	3,305	161,907	40,681	3,050,196	96,562	3,433,115
54 沖縄	0	0	0	0	159,135	0	13	0	0	0	7,219	2,845,964	3,493,121
55 全国	6,295,847	2,567,887	1,378,745	1,142,345	22,697,822	1,830,749	3,096,858	3,510,619	3,400,880	4,002,489	3,951,146	4,059,905	428,652,434

平成28年度　　府県相互間輸送トン数表（全機関）　　品目（5-17）セメント　　その1　（単位：トン）

発＼着	1 札幌	2 旭川	3 函館	4 室蘭	5 釧路	6 帯広	7 北見	8 北海道	9 青森	10 岩手	11 宮城	12 福島	13 秋田	14 山形
1 札幌	824,530	0	37,837	0	0	0	0	862,367	0	0	0	0	0	0
2 旭川	110,282	265,471	0	0	0	0	0	375,753	0	0	0	0	0	0
3 函館	318,819	0	298,606	206,491	0	36,869	0	860,785	497	0	5,000	0	4,996	0
4 室蘭	11,427	47,631	1,600	412,443	51,741	19,378	10,202	554,422	40,441	1,419	386,993	17,193	0	0
5 釧路	0	0	0	0	0	0	0	7,393	0	0	0	0	0	0
6 帯広	0	0	2,002	0	4,226	1,532	0	7,760	0	0	0	0	0	0
7 北見	0	0	0	0	0	0	0	0	0	0	0	0	0	0
8 北海道	1,265,058	313,102	340,045	618,934	55,967	57,779	10,202	2,661,087	48,331	1,419	391,993	17,193	4,996	0
9 青森	0	26,332	24,739	283,283	40,769	28,333	18,411	421,867	206,551	15,323	347,467	164,194	137,886	34,692
10 岩手	0	0	0	0	0	0	0	0	12,250	511,525	350,999	106,560	0	0
11 宮城	0	0	0	3,015	0	0	0	3,015	0	37,750	1,377,177	57,477	800	220,190
12 福島	0	0	0	4,399	0	0	0	4,399	81,864	7,505	41,413	1,056,943	4,200	0
13 秋田	0	0	0	0	0	0	0	0	25,702	14,656	0	0	50,459	0
14 山形	0	0	0	0	0	0	0	0	0	0	0	0	0	63,084
15 茨城	0	0	0	4,140	0	0	0	4,140	0	0	0	0	0	0
16 栃木	0	0	0	0	0	0	0	0	0	0	0	0	0	0
17 群馬	0	0	0	0	0	0	0	0	0	0	0	0	0	0
18 埼玉	0	0	0	0	0	0	0	0	0	0	0	0	3,874	0
19 千葉	0	0	0	0	0	0	0	0	0	58,915	28,214	0	0	0
20 東京	0	0	0	1,840	10	0	0	1,850	59	0	23,040	0	0	0
21 神奈川	0	0	0	0	10	0	0	10	795	136	10,711	0	0	0
22 新潟	0	0	11,227	24,654	0	0	0	35,881	21,743	0	20,478	0	144,512	90,747
23 富山	0	0	0	0	0	0	0	0	0	0	0	0	0	0
24 石川	0	0	0	0	0	0	0	0	0	0	0	0	0	0
25 福井	0	0	0	0	0	0	0	0	0	0	0	0	0	0
26 山梨	0	0	0	0	0	0	0	0	0	0	0	0	0	0
27 長野	0	0	0	0	0	0	0	0	0	0	0	0	0	0
28 静岡	0	0	0	0	0	0	0	0	0	0	7,931	0	0	0
29 岐阜	0	0	0	0	0	0	0	0	0	0	0	0	0	0
30 愛知	0	0	0	520	0	0	0	520	0	0	34,956	0	0	0
31 三重	0	0	0	0	0	0	0	0	0	0	5,112	0	0	0
32 滋賀	0	0	0	0	0	0	0	0	0	0	0	0	0	0
33 京都	0	0	0	0	0	0	0	0	0	10,024	0	0	0	0
34 奈良	0	0	0	0	0	0	0	0	0	0	0	0	0	0
35 和歌山	0	0	0	0	0	0	0	0	0	0	32,179	21,549	0	0
36 大阪	0	0	0	25	0	0	0	25	0	0	0	0	0	0
37 兵庫	0	0	0	0	0	0	0	0	0	0	10,000	9,968	0	0
38 鳥取	0	0	0	0	0	0	0	0	0	0	0	0	0	0
39 島根	0	0	0	0	0	0	0	0	0	0	0	0	0	0
40 岡山	0	0	0	0	0	0	0	0	0	0	0	0	0	0
41 広島	0	0	0	0	0	0	0	0	0	0	0	0	0	0
42 山口	0	0	0	0	0	0	0	0	6,608	0	147,418	110,584	3,204	0
43 香川	0	0	0	0	0	0	0	0	0	0	0	0	0	0
44 愛媛	0	0	0	0	0	0	0	0	0	0	0	0	0	0
45 徳島	0	0	0	0	0	0	0	0	0	0	0	0	0	0
46 高知	0	0	0	0	0	0	0	0	0	0	3,000	17,036	0	0
47 福岡	0	0	0	0	17,109	0	0	17,109	0	0	187,372	150,971	64,568	0
48 佐賀	0	0	0	0	0	0	0	0	0	0	0	0	0	0
49 長崎	0	0	0	0	0	0	0	0	0	0	0	0	0	0
50 熊本	0	0	0	0	0	0	0	0	0	0	0	0	0	0
51 大分	0	0	0	0	0	0	0	0	0	0	0	0	0	4,853
52 宮崎	0	0	0	0	0	0	0	0	0	0	0	0	0	0
53 鹿児島	0	0	0	0	0	0	0	0	0	0	0	0	0	0
54 沖縄	0	0	0	0	0	0	0	0	0	0	0	0	0	0
55 全国	1,265,058	339,434	376,011	940,820	113,855	86,112	28,613	3,149,903	413,927	647,229	3,019,461	1,716,349	410,625	413,567

平成28年度　　府県相互間輸送トン数表（全機関）　　品目（5-17）セメント　　その2　（単位：トン）

発＼着	15 茨城	16 栃木	17 群馬	18 埼玉	19 千葉	20 東京	21 神奈川	22 新潟	23 富山	24 石川	25 福井	26 山梨	27 長野	28 静岡
1 札幌	0	0	0	0	0	0	0	0	0	0	0	0	0	0
2 旭川	0	0	0	0	0	0	0	0	0	0	0	0	0	0
3 函館	6,836	0	0	0	131,316	232,082	144,811	1,522	0	0	0	0	0	5,625
4 室蘭	4,080	0	0	0	0	20	98,710	2,405	0	0	40	0	0	0
5 釧路	0	0	0	0	0	0	0	0	0	0	0	0	0	0
6 帯広	0	0	0	0	0	0	0	0	0	0	0	0	0	0
7 北見	0	0	0	0	0	0	0	0	0	0	0	0	0	0
8 北海道	10,916	0	0	0	131,316	232,102	243,521	3,927	0	0	40	0	0	5,625
9 青森	0	0	0	0	37,569	79,751	112,704	23,359	0	51,511	0	0	0	0
10 岩手	39,856	0	0	0	88,992	546,522	176,547	0	0	0	0	0	0	0
11 宮城	0	0	0	0	0	0	0	0	0	0	0	0	0	0
12 福島	87,301	13,024	0	0	0	0	2,080	0	0	0	0	0	0	0
13 秋田	0	0	0	0	0	0	0	34,961	0	0	0	0	0	0
14 山形	0	0	0	0	0	0	0	6,263	0	0	0	0	0	0
15 茨城	1,325,153	13,698	0	0	0	0	0	0	0	0	0	0	0	1,710
16 栃木	207,933	260,916	472,605	37,357	0	0	0	0	0	0	0	0	0	0
17 群馬	0	50,874	9,194	0	0	0	0	0	0	0	0	0	21,452	0
18 埼玉	583,557	255,228	585,174	2,173,833	4,448	253,049	0	0	0	0	0	153,679	0	0
19 千葉	133,526	0	108,087	49,138	1,497,044	321,830	310,066	0	0	0	0	0	0	10,100
20 東京	73,550	0	0	92,691	198,752	2,534,331	69,166	0	0	0	0	0	0	5,000
21 神奈川	0	0	0	67,541	85,980	1,123,740	2,147,215	0	0	0	0	89,388	0	3,200
22 新潟	0	0	0	0	0	0	0	1,133,834	30,028	265,587	3,084	0	208,119	0
23 富山	0	0	0	0	0	0	0	20,640	337,249	641	0	0	0	0
24 石川	0	0	0	0	0	0	0	17,956	0	951,242	0	0	0	0
25 福井	0	0	0	0	0	0	0	20,970	1,505	3,625	1,185,839	0	0	0
26 山梨	0	0	0	0	0	0	0	0	0	0	0	650,663	410	0
27 長野	0	0	0	0	0	0	0	0	0	0	0	410	377,647	0
28 静岡	0	0	0	0	0	2,256	5,208	0	0	0	0	454,429	0	1,200,534
29 岐阜	0	0	0	0	0	0	0	0	0	77,383	0	0	0	0
30 愛知	0	0	0	0	3,390	0	22,375	0	0	0	0	0	0	49,239
31 三重	0	0	0	0	11,758	0	0	0	0	0	0	0	0	432,628
32 滋賀	0	0	0	0	0	0	0	0	0	63,223	0	0	0	0
33 京都	0	0	0	0	0	0	0	7,813	0	0	53,184	0	0	0
34 奈良	0	0	0	0	0	0	0	0	0	0	0	0	0	0
35 和歌山	0	0	0	0	206,949	0	52,028	0	0	0	0	0	0	118,600
36 大阪	0	0	0	0	0	0	4,000	0	0	0	0	0	0	0
37 兵庫	0	0	0	0	341,550	459,208	298,229	0	0	0	0	0	0	97,400
38 鳥取	0	0	0	0	0	0	0	5,757	0	0	20,164	0	0	0
39 島根	0	0	0	0	0	0	0	0	0	0	0	0	0	0
40 岡山	0	0	0	0	0	1,050	0	0	0	0	0	0	0	0
41 広島	0	0	0	0	10,112	0	0	0	0	0	0	0	0	0
42 山口	0	0	0	0	477,678	569,640	767,178	33,121	74,161	0	6,815	0	0	299,462
43 香川	0	0	0	0	0	0	0	0	0	0	0	0	0	0
44 愛媛	0	0	0	0	0	0	0	0	0	0	0	0	0	0
45 徳島	0	0	0	0	0	0	0	0	0	0	0	0	0	0
46 高知	0	0	0	0	105,315	202,407	412,922	0	0	0	0	0	0	85,811
47 福岡	1,380	0	0	0	906,476	194,973	505,080	113,628	56,710	136,885	209,949	0	0	68,504
48 佐賀	0	0	0	0	0	0	0	0	0	0	0	0	0	0
49 長崎	0	0	0	0	0	0	0	0	0	0	0	0	0	0
50 熊本	0	0	0	0	0	0	0	0	0	0	0	0	0	0
51 大分	0	0	0	0	6,990	36,957	15,524	0	0	0	0	0	0	15,638
52 宮崎	0	0	0	0	0	0	0	0	0	0	0	0	0	0
53 鹿児島	0	0	0	0	0	0	0	0	0	0	0	0	0	0
54 沖縄	0	0	0	0	0	0	0	0	0	0	0	0	0	0
55 全国	2,463,173	542,866	1,216,741	2,429,754	4,114,319	6,557,816	5,143,842	1,422,229	499,654	1,550,098	1,479,075	1,348,568	607,628	2,393,451

平成28年度　　　　　　　　　　　　　府県相互間輸送トン数表（全機関）　　　　　　　品目（5-17）セメント　その3　　（単位：トン）

着＼発	29 岐阜	30 愛知	31 三重	32 滋賀	33 京都	34 奈良	35 和歌山	36 大阪	37 兵庫	38 鳥取	39 島根	40 岡山	41 広島	42 山口
1 札幌	0	0	0	0	0	0	0	0	0	0	0	0	0	0
2 旭川	0	0	0	0	0	0	0	0	0	0	0	0	0	0
3 函館	0	58,763	0	0	0	0	0	1,495	0	0	0	0	0	0
4 室蘭	0	0	0	0	0	0	0	0	0	0	0	0	0	0
5 釧路	0	0	0	0	0	0	0	0	0	0	0	0	0	0
6 帯広	0	0	0	0	0	0	0	0	0	0	0	0	0	0
7 北見	0	0	0	0	0	0	0	0	0	0	0	0	0	0
8 北海道	0	58,763	0	0	0	0	0	1,495	0	0	0	0	0	0
9 青森	0	0	0	0	0	0	0	0	0	0	0	0	0	0
10 岩手	0	7,274	0	0	0	0	0	8,865	0	0	0	0	0	0
11 宮城	0	0	0	0	0	0	0	0	0	0	0	0	0	0
12 福島	0	0	0	0	0	0	2,007	0	0	0	0	0	0	0
13 秋田	0	0	0	0	0	0	0	0	0	0	0	0	0	0
14 山形	0	0	0	0	0	0	0	0	0	0	0	0	0	0
15 茨城	0	0	0	0	0	0	5,059	0	0	0	0	0	0	0
16 栃木	0	0	0	0	0	0	0	0	0	0	0	0	0	0
17 群馬	0	0	0	0	0	0	0	0	0	0	0	0	0	0
18 埼玉	0	0	0	0	0	0	0	0	0	0	0	0	0	0
19 千葉	0	0	0	0	0	0	8,739	4,000	0	0	0	0	0	196
20 東京	0	0	0	0	0	0	0	1,400	0	0	0	0	0	0
21 神奈川	0	0	0	0	0	0	4,567	1,000	18	0	0	0	0	0
22 新潟	0	0	0	0	75,139	0	0	27,106	0	0	10,997	0	0	0
23 富山	0	0	0	0	0	0	0	21,314	0	1,001	0	0	0	0
24 石川	0	0	0	0	1,700	0	0	0	0	0	0	0	0	0
25 福井	11,839	0	0	0	0	0	0	0	0	0	204,692	0	0	0
26 山梨	0	0	0	0	0	0	0	0	0	0	0	0	0	0
27 長野	0	0	0	0	0	0	0	0	0	0	0	0	0	0
28 静岡	0	5,000	0	0	0	0	19,087	2,708	0	0	0	0	0	0
29 岐阜	140,583	60,076	16,190	401,213	0	0	0	0	0	0	0	0	0	0
30 愛知	129,153	1,683,967	23,213	0	0	0	0	6,424	20,156	0	0	0	0	0
31 三重	45,202	232,145	1,607,027	176,101	0	0	0	3,472	209,305	0	0	1,402	703	0
32 滋賀	13,791	0	0	618,643	83,485	0	0	0	13,791	13,791	0	0	0	0
33 京都	0	0	0	1,283	381,754	2,373	0	0	0	6,801	0	0	0	0
34 奈良	0	0	0	0	0	304,094	0	0	0	0	0	0	0	0
35 和歌山	0	20,222	68,600	0	0	0	387,727	174,768	9,956	0	0	0	0	0
36 大阪	0	0	9,372	75,030	118,061	0	52,726	838,208	89,102	0	0	3,188	6,623	0
37 兵庫	0	134,926	0	8,441	0	0	693,690	1,425,087	923,633	19,920	0	47,119	99,239	6,025
38 鳥取	0	0	0	0	0	0	0	0	0	418,052	92,482	0	0	0
39 島根	0	0	0	0	0	0	0	0	0	0	404,103	0	0	0
40 岡山	0	0	0	0	0	0	0	20,622	118,112	102,432	0	1,839	823,992	34,642
41 広島	0	533	9,065	0	0	0	0	21,833	1,475	0	0	30,464	192,510	0
42 山口	0	694,598	127,264	0	4,950	0	17,670	894,438	232,004	106,102	31,831	536,229	473,540	822,202
43 香川	0	0	0	0	0	0	0	3,984	0	0	0	0	800	0
44 愛媛	0	0	0	0	0	0	0	3,451	0	0	0	0	4,750	0
45 徳島	0	0	0	0	0	0	603	1,513	9,011	0	0	0	0	0
46 高知	0	519,444	99,167	0	0	0	208,700	181,376	6,284	0	0	0	14,909	0
47 福岡	0	495,807	73,086	0	57,393	0	20,141	1,010,943	865,491	83,544	99,426	126,451	139,844	0
48 佐賀	0	0	0	0	0	0	8,009	0	0	0	0	0	0	0
49 長崎	0	0	0	0	0	0	0	0	0	0	0	0	0	0
50 熊本	0	0	0	0	0	0	0	0	0	0	0	0	0	0
51 大分	0	13,170	0	306	0	0	50,399	296,762	86,587	45,368	0	54,990	107,698	2,810
52 宮崎	0	0	0	0	0	0	0	0	0	0	0	0	0	0
53 鹿児島	0	0	0	0	0	0	0	0	0	0	0	0	0	0
54 沖縄	0	0	0	0	0	0	0	0	0	0	0	0	0	0
55 全国	340,567	3,925,924	2,032,984	1,281,016	722,481	306,467	1,509,642	5,274,180	2,347,218	896,477	629,680	1,623,835	1,075,258	831,233

平成28年度　　　　　　　　　　　　　府県相互間輸送トン数表（全機関）　　　　　　　品目（5-17）セメント　その4　　（単位：トン）

着＼発	43 香川	44 愛媛	45 徳島	46 高知	47 福岡	48 佐賀	49 長崎	50 熊本	51 大分	52 宮崎	53 鹿児島	54 沖縄	55 全国
1 札幌	0	0	0	0	0	0	0	0	0	0	0	0	862,367
2 旭川	0	0	0	0	0	0	0	0	0	0	0	0	375,753
3 函館	0	0	0	0	0	0	0	0	0	0	0	0	1,453,728
4 室蘭	0	0	0	0	0	0	0	609	0	0	0	0	1,106,332
5 釧路	0	0	0	0	0	0	0	0	0	0	0	0	7,393
6 帯広	0	0	0	0	0	0	0	0	0	0	0	0	7,760
7 北見	0	0	0	0	0	0	0	0	0	0	0	0	0
8 北海道	0	0	0	0	0	0	0	609	0	0	0	0	3,813,333
9 青森	0	0	0	0	0	0	0	0	0	0	0	0	1,632,874
10 岩手	0	0	0	0	0	0	0	0	0	0	0	0	1,849,390
11 宮城	0	0	0	0	0	0	0	0	0	0	0	0	1,696,410
12 福島	0	0	0	0	0	0	0	0	0	0	0	0	1,300,737
13 秋田	0	0	0	0	0	0	0	0	0	0	0	0	125,778
14 山形	0	0	0	0	0	0	0	0	0	0	0	0	69,347
15 茨城	0	0	0	0	2,905	0	0	0	0	0	0	0	1,352,665
16 栃木	0	0	0	0	0	0	0	0	0	0	0	0	978,811
17 群馬	0	0	0	0	0	0	0	0	0	0	0	0	81,520
18 埼玉	0	0	0	0	0	0	0	0	0	0	0	0	4,012,842
19 千葉	0	0	0	0	0	0	0	0	0	0	0	0	2,529,856
20 東京	0	0	0	0	0	0	0	0	0	0	0	127	2,999,966
21 神奈川	0	0	0	0	0	0	0	0	0	0	0	0	3,534,301
22 新潟	0	0	0	0	0	58,057	0	0	0	0	0	0	2,125,314
23 富山	0	0	0	0	0	0	0	0	0	0	0	0	380,845
24 石川	0	0	0	0	0	0	0	0	0	0	0	0	970,898
25 福井	0	0	0	0	0	0	0	0	0	0	0	0	1,428,470
26 山梨	0	0	0	0	0	0	0	0	0	0	0	0	651,072
27 長野	0	0	0	0	0	0	0	0	0	0	0	0	378,057
28 静岡	0	0	0	0	0	0	0	0	0	0	0	0	1,697,153
29 岐阜	0	0	0	0	0	0	0	0	0	0	0	0	695,444
30 愛知	0	0	0	0	7,171	0	0	0	0	0	0	0	1,980,564
31 三重	0	0	22,292	0	0	0	0	0	0	0	0	0	2,747,146
32 滋賀	0	0	0	0	0	0	0	0	0	0	0	0	806,723
33 京都	0	0	0	0	0	0	0	0	0	0	0	0	463,231
34 奈良	0	0	0	0	0	0	0	0	0	0	0	0	304,094
35 和歌山	5,719	0	40,577	0	0	35,272	0	0	0	0	0	0	1,174,146
36 大阪	0	0	0	0	0	0	0	0	0	0	0	0	1,196,766
37 兵庫	0	4,716	150,586	0	0	19,828	83,599	0	1,506	0	0	430	4,834,670
38 鳥取	0	0	0	0	0	0	0	0	0	0	0	0	536,454
39 島根	0	0	0	0	0	0	0	0	0	0	0	0	404,103
40 岡山	3,859	3,359	2,945	0	0	0	0	0	0	0	0	0	1,112,851
41 広島	2,649	1,329	0	0	0	0	0	0	0	0	0	0	269,970
42 山口	70,711	107,073	50,700	136,055	449,603	174,955	10,899	161,778	80,735	64,783	102,114	140,668	7,986,771
43 香川	0	19,154	8,929	0	0	0	0	0	0	0	0	0	484,942
44 愛媛	0	1,077,413	0	0	0	0	0	0	0	0	0	36	1,085,650
45 徳島	0	0	0	565,104	0	0	0	0	0	0	0	0	576,231
46 高知	0	25,418	59,120	441,770	48,905	15,451	0	0	25,635	0	0	0	2,472,671
47 福岡	17,515	106,797	24,445	49,701	2,315,025	239,651	287,333	936,925	152,270	96,632	374,891	181,189	10,368,106
48 佐賀	0	0	0	0	0	89,744	0	0	0	0	0	0	97,753
49 長崎	0	0	0	0	0	53,443	718,724	0	0	0	0	0	772,167
50 熊本	0	0	0	0	0	25,325	22,073	1,241,048	1,210	0	86,978	0	1,376,634
51 大分	170,171	142,692	0	94,000	210,007	129,307	36,644	83,145	266,785	125,060	295,963	0	2,291,826
52 宮崎	0	0	0	0	0	0	0	0	0	439,872	6,088	0	445,960
53 鹿児島	0	0	0	0	0	461	0	8,201	0	331,458	1,570,175	3,046	1,913,341
54 沖縄	0	0	0	0	0	0	0	0	0	0	776	1,436,879	1,437,655
55 全国	727,415	1,483,234	924,698	721,526	3,190,269	790,514	1,053,601	2,431,706	526,931	1,059,015	2,436,985	1,762,375	81,445,332

平成28年度　　　　　　　　府県相互間輸送トン数表（全機関）　　品目（5-18）その他の窯業品　その1　（単位：トン）

発＼着	1 札幌	2 旭川	3 函館	4 室蘭	5 釧路	6 帯広	7 北見	8 北海道	9 青森	10 岩手	11 宮城	12 福島	13 秋田	14 山形
1 札幌	6,320,862	79,551	45,393	85,662	123,813	49,595	0	6,704,876	0	0	0	0	0	0
2 旭川	0	2,059,520	0	0	0	0	0	2,059,520	0	0	0	0	0	0
3 函館	11,803	0	1,601,569	3,057	0	0	0	1,616,429	0	0	0	0	0	0
4 室蘭	269,294	0	117,577	501,872	265	12,983	0	901,992	0	0	5,919	5,834	0	0
5 釧路	0	0	20,534	1,462	72,528	0	0	94,524	0	0	2,913	0	0	0
6 帯広	0	0	16,484	0	0	893,111	0	909,595	0	0	0	0	0	0
7 北見	0	0	0	0	0	0	1,320,908	1,320,908	0	0	0	0	0	0
8 北海道	6,601,960	2,139,070	1,801,558	592,053	196,606	955,689	1,320,908	13,607,844	0	0	8,832	5,834	0	0
9 青森	0	0	9,049	0	0	0	0	9,049	3,647,151	48,155	30,687	0	0	0
10 岩手	0	0	0	0	0	0	0	0	75,209	4,497,769	596,146	92,592	98,494	57,877
11 宮城	0	0	2,200	10,240	0	0	0	12,440	23,606	21,395	6,158,380	114,349	0	8,262
12 福島	0	0	147,175	0	3,336	0	0	150,511	0	1,502	42,824	4,029,755	0	0
13 秋田	0	0	85,904	0	0	0	0	85,904	0	0	47,211	0	2,857,293	28,350
14 山形	0	0	39,578	0	0	0	0	39,578	0	1,705	118,509	470,733	0	3,675,979
15 茨城	0	0	20,266	54,732	12,506	0	0	87,504	24,426	0	39,211	43,269	0	0
16 栃木	0	0	0	0	0	0	0	0	0	0	49,808	84,668	0	0
17 群馬	0	0	0	0	0	0	0	0	0	0	0	0	92,062	0
18 埼玉	0	0	0	0	0	0	0	0	0	0	0	0	0	30,687
19 千葉	0	0	45,967	5,132	0	0	0	51,099	0	1,803	0	2,951	0	0
20 東京	0	0	22,818	61,881	590	0	0	85,289	0	0	58,619	0	0	0
21 神奈川	0	0	73,121	2,153	0	0	0	75,274	177	0	6,146	5,901	0	23,606
22 新潟	0	0	0	0	0	0	0	0	2,500	0	55,709	0	0	30,687
23 富山	0	0	0	0	0	0	0	0	0	0	0	0	0	0
24 石川	0	0	0	0	0	0	0	0	0	0	0	0	0	0
25 福井	0	0	0	8,560	0	0	0	8,560	0	0	0	0	0	0
26 山梨	0	0	0	0	0	0	0	0	0	0	0	0	0	0
27 長野	0	0	0	0	0	0	0	0	0	0	0	0	0	0
28 静岡	0	0	0	0	0	0	0	0	0	0	0	0	0	0
29 岐阜	0	0	0	0	0	0	0	0	0	0	0	0	0	0
30 愛知	0	0	4,046	3,500	0	0	0	7,546	576	0	0	0	0	0
31 三重	0	0	0	0	0	0	0	0	0	0	0	0	0	0
32 滋賀	0	0	0	0	0	0	0	0	0	0	0	0	0	0
33 京都	0	0	4,020	0	0	0	0	4,020	0	0	0	0	0	0
34 奈良	0	0	0	0	0	0	0	0	0	0	0	0	0	0
35 和歌山	0	0	0	0	0	0	0	0	0	0	0	900	0	0
36 大阪	0	0	0	13,428	0	0	0	13,428	0	0	0	0	0	0
37 兵庫	0	0	7,500	0	0	0	0	7,500	0	0	0	0	0	0
38 鳥取	0	0	0	0	0	0	0	0	0	0	0	0	0	0
39 島根	0	0	0	0	0	0	0	0	0	0	0	0	0	0
40 岡山	0	0	0	0	0	0	0	0	0	0	0	1,000	0	0
41 広島	0	0	1,511	0	0	0	0	1,511	0	0	0	0	0	0
42 山口	0	0	0	0	0	0	0	0	1,500	0	0	8,700	0	0
43 香川	0	0	0	0	0	0	0	0	0	0	0	0	0	0
44 愛媛	0	0	0	0	0	0	0	0	0	0	0	0	0	0
45 徳島	0	0	0	0	0	0	0	0	0	310	0	0	0	0
46 高知	0	0	0	0	0	0	0	0	1,600	0	0	0	0	0
47 福岡	0	0	0	0	0	0	0	0	0	0	0	0	0	0
48 佐賀	0	0	0	0	0	0	0	0	0	0	0	0	0	0
49 長崎	0	0	0	0	0	0	0	0	0	0	0	0	0	0
50 熊本	0	0	0	0	0	0	0	0	0	0	0	0	0	0
51 大分	0	0	0	8,935	0	0	0	8,935	0	0	0	0	0	0
52 宮崎	0	0	0	0	0	0	0	0	0	0	0	0	0	0
53 鹿児島	0	0	0	0	0	0	0	0	0	0	0	0	0	0
54 沖縄	0	0	0	0	0	0	0	0	0	0	0	0	0	0
55 全国	6,601,960	2,139,070	2,264,713	760,614	213,038	955,689	1,320,908	14,255,992	3,754,023	4,761,080	7,527,695	4,379,318	3,047,849	3,855,447

平成28年度　　　　　　　　府県相互間輸送トン数表（全機関）　　品目（5-18）その他の窯業品　その2　（単位：トン）

発＼着	15 茨城	16 栃木	17 群馬	18 埼玉	19 千葉	20 東京	21 神奈川	22 新潟	23 富山	24 石川	25 福井	26 山梨	27 長野	28 静岡
1 札幌	1,319	0	0	0	0	0	0	0	0	0	0	0	0	0
2 旭川	0	0	0	0	0	0	0	0	0	0	0	0	0	0
3 函館	0	0	0	0	0	0	0	0	0	0	0	0	0	0
4 室蘭	11,344	0	0	0	0	160	3,512	15,425	0	0	0	1,140	0	0
5 釧路	300	0	0	0	0	0	0	0	0	0	0	0	0	0
6 帯広	0	0	0	0	0	0	0	0	0	0	0	0	0	0
7 北見	0	0	0	0	0	0	0	0	0	0	0	0	0	0
8 北海道	12,963	0	0	0	0	160	3,512	15,425	0	0	0	1,140	0	0
9 青森	8,400	0	0	0	0	0	0	0	8,355	0	0	0	0	0
10 岩手	0	0	0	0	0	0	0	0	0	0	0	0	0	0
11 宮城	0	0	0	0	0	0	7,487	2,200	0	0	0	0	0	0
12 福島	58,542	63,971	33,289	31,667	0	23,606	83,800	37,201	0	0	0	0	33,015	0
13 秋田	0	0	0	0	0	0	0	49,577	0	0	0	0	0	0
14 山形	0	0	0	30,687	0	0	0	66,151	0	0	0	0	0	0
15 茨城	7,142,604	98,150	138,040	320,791	445,313	122,971	145,262	21,245	0	3,541	0	28,610	64,679	20,031
16 栃木	197,995	3,472,918	32,630	109,994	157,517	18,884	77,520	86,404	0	1,180	0	0	23,606	0
17 群馬	30,215	29,103	3,002,706	70,033	86,463	0	126,781	0	0	0	0	0	73,744	0
18 埼玉	309,570	208,228	261,664	5,240,142	257,758	1,118,140	100,770	2,148	0	26,438	0	29,364	16,524	4,485
19 千葉	135,477	77,161	0	260,156	10,510,461	255,923	42,269	0	0	0	0	4,991	23,606	0
20 東京	16,997	55,101	9,442	209,078	13,391	6,393,668	263,819	24,829	0	0	0	0	0	22,834
21 神奈川	10	14,163	0	108,192	62,105	1,110,837	5,524,888	0	8,474	0	0	48,743	131,719	343,959
22 新潟	0	0	47,211	18,884	65,623	23,724	63,806	4,285,627	77,369	0	47,801	16,052	48,289	12,787
23 富山	0	0	0	0	0	0	0	0	3,514,753	20,428	16,052	0	0	0
24 石川	0	0	0	0	0	0	0	0	35,615	3,767,246	12,747	0	0	0
25 福井	0	0	0	0	0	0	0	1,548	23,079	24,498	5,390,747	0	0	0
26 山梨	0	0	0	0	0	14,206	98,141	0	0	0	0	6,318,900	43,706	0
27 長野	0	40,331	0	0	0	0	0	0	0	0	0	0	2,647,285	0
28 静岡	0	0	0	0	0	30,687	79,516	0	0	0	0	49,572	63,723	3,710,216
29 岐阜	0	0	0	0	0	0	5,665	0	0	0	18,884	0	0	24,351
30 愛知	13,000	0	0	0	24,786	0	59,816	0	0	47,211	8,262	0	0	11,814
31 三重	2,981	0	0	0	1,738	0	18,129	5,312	0	0	0	0	11,173	71,289
32 滋賀	0	27,436	63,735	0	0	0	0	0	11,803	0	68,456	0	0	0
33 京都	4,545	0	0	0	0	0	0	3,024	0	0	72,490	0	0	0
34 奈良	0	0	0	0	0	0	0	0	0	0	0	0	0	0
35 和歌山	0	0	0	0	0	0	0	0	0	0	0	0	0	0
36 大阪	0	0	0	0	0	0	4,013	0	0	21,558	2,339	0	0	45,786
37 兵庫	11,800	0	0	33,048	0	660	1,152	26,167	0	0	0	0	0	0
38 鳥取	0	0	0	0	0	0	0	0	0	0	0	0	0	0
39 島根	0	0	0	0	0	0	0	0	0	4,591	0	0	0	0
40 岡山	2,098	0	0	25,296	9,442	6,020	0	4,765	0	28,327	0	0	0	13,917
41 広島	0	0	0	0	0	4,950	0	0	0	0	0	0	0	0
42 山口	1,400	0	0	0	8,492	710	2,500	28,677	0	0	0	0	0	0
43 香川	0	0	0	0	0	0	0	0	0	0	0	0	0	0
44 愛媛	0	0	0	0	0	0	0	0	0	0	0	0	0	0
45 徳島	0	0	0	0	0	0	1,200	0	0	0	0	0	0	0
46 高知	0	0	0	0	0	0	0	0	0	0	0	0	0	0
47 福岡	6,250	0	0	0	0	10,480	0	0	0	0	0	0	0	0
48 佐賀	0	0	0	0	0	0	0	0	0	0	0	0	0	0
49 長崎	0	0	0	0	0	7,578	0	0	0	0	0	0	0	0
50 熊本	0	0	0	0	0	0	0	0	0	0	0	0	0	0
51 大分	0	0	0	0	0	0	0	0	0	0	0	0	0	20
52 宮崎	0	0	0	0	0	0	0	0	0	0	0	0	0	0
53 鹿児島	0	0	0	0	0	0	0	0	0	0	0	0	0	0
54 沖縄	0	0	0	0	0	0	0	0	0	0	0	0	0	0
55 全国	7,954,847	4,086,564	3,588,717	6,457,969	11,693,253	9,120,680	6,649,029	4,841,455	3,689,825	3,888,249	5,593,334	6,450,814	3,157,463	4,305,095

平成28年度　府県相互間輸送トン数表（全機関）　品目（5−18）その他の窯業品　（単位：トン）　その3

発＼着	29 岐阜	30 愛知	31 三重	32 滋賀	33 京都	34 奈良	35 和歌山	36 大阪	37 兵庫	38 鳥取	39 島根	40 岡山	41 広島	42 山口
1 札幌	0	0	0	0	0	0	0	0	0	0	0	0	0	0
2 旭川	0	0	0	0	0	0	0	0	0	0	0	0	0	0
3 函館	0	0	0	0	0	0	0	0	0	0	0	0	0	0
4 室蘭	0	0	0	0	0	0	0	0	8,663	0	0	0	0	0
5 釧路	0	0	0	0	0	0	0	0	0	0	0	0	0	0
6 帯広	0	0	0	0	0	0	0	0	0	0	0	0	0	0
7 北見	0	0	0	0	0	0	0	0	0	0	0	0	0	0
8 北海道	0	0	0	0	0	0	0	0	8,663	0	0	0	0	0
9 青森	0	0	0	0	0	0	0	0	0	0	0	0	0	0
10 岩手	0	0	0	0	0	0	0	0	0	0	0	0	0	0
11 宮城	0	1,500	0	0	0	0	0	0	0	0	0	0	0	0
12 福島	0	0	0	0	0	0	0	0	0	0	0	0	0	0
13 秋田	0	0	0	0	0	0	0	0	0	0	0	0	0	0
14 山形	0	0	23,606	23,606	0	0	0	0	0	0	0	0	0	0
15 茨城	0	85,187	51,932	0	0	0	0	0	0	0	0	0	0	0
16 栃木	0	0	0	0	0	0	0	0	0	0	0	30,687	0	0
17 群馬	0	0	0	0	0	0	0	0	0	0	0	0	0	0
18 埼玉	0	7,082	0	0	0	0	0	0	0	0	0	66,095	0	0
19 千葉	0	23,606	0	0	0	0	0	0	2,445	0	0	2,960	34,095	0
20 東京	0	15,252	0	0	0	0	0	0	916	0	0	0	0	0
21 神奈川	0	35,192	0	0	0	0	510	0	649	0	0	0	0	0
22 新潟	0	0	0	0	0	0	0	0	0	0	0	0	0	0
23 富山	14,753	7,341	0	47,683	0	0	0	0	63,847	0	0	0	8,262	0
24 石川	0	0	0	0	0	0	0	0	1,210	0	0	0	0	0
25 福井	0	0	0	0	3,608	0	0	0	1,250	0	0	0	0	0
26 山梨	0	0	0	0	0	0	0	0	0	0	0	0	0	0
27 長野	18,884	66,206	0	0	0	0	0	0	0	0	0	0	0	0
28 静岡	735	183,528	96	0	0	0	0	0	0	0	0	0	0	0
29 岐阜	5,668,637	1,252,214	80,216	137,315	23,606	30,485	27,958	60,914	0	0	9,442	30,687	0	0
30 愛知	376,477	3,980,844	59,874	70,773	4,009	0	46,031	35	0	0	0	0	0	0
31 三重	0	134,011	3,112,038	0	23,731	5,906	27,146	0	49,099	0	0	27,855	0	0
32 滋賀	182,908	42,490	0	4,236,284	267	0	0	59,958	251,871	0	0	0	94,422	56,880
33 京都	0	0	12,194	270,353	1,485,132	16,816	6,754	133,844	38,926	0	0	23,606	0	0
34 奈良	0	0	22,559	100	49,302	1,442,788	7,075	69,079	13,363	0	0	71,619	0	0
35 和歌山	0	0	100	24,786	0	7,075	2,721,537	13,363	0	0	0	71,619	0	0
36 大阪	0	151,075	34,788	30,687	391,204	4,964	114,121	3,626,358	322,294	0	0	22,803	0	0
37 兵庫	0	21,301	0	0	322,977	9,253	18,884	501,472	3,492,331	60,430	5,443	53,590	47	144
38 鳥取	0	0	0	0	0	0	0	0	0	2,114,736	5,443	0	0	0
39 島根	0	0	0	0	0	0	0	0	0	21,292	6,599,747	0	23,794	30,741
40 岡山	0	58,528	0	0	0	0	196,634	135,991	394,300	30,048	0	3,743,532	60,172	98,508
41 広島	0	0	0	0	0	0	0	0	0	10,822	47,211	82,815	2,233,541	307
42 山口	0	22,622	14,259	0	0	0	0	76,815	4,722	0	0	66,095	173,284	2,354,581
43 香川	0	0	0	0	44,850	0	0	89,701	0	0	0	104,242	0	0
44 愛媛	0	0	0	0	0	0	0	14,475	585	0	0	1,999	0	0
45 徳島	0	0	0	0	0	0	0	0	3,840	0	0	0	0	3,758
46 高知	0	0	0	0	0	0	0	0	0	0	0	0	0	0
47 福岡	0	0	0	0	0	0	450	704	1,300	0	0	71,410	23,606	57,957
48 佐賀	0	24,097	0	0	0	0	0	0	0	0	0	0	0	0
49 長崎	0	0	0	0	0	0	0	0	448	0	0	0	0	0
50 熊本	0	0	0	0	0	0	0	0	8,256	0	0	0	0	2,361
51 大分	0	0	1,008	0	0	0	0	8,000	6,727	0	0	0	15,300	4,721
52 宮崎	0	0	0	0	0	0	0	0	4,760	0	0	0	0	0
53 鹿児島	0	0	0	0	0	0	0	0	603	0	0	0	0	0
54 沖縄	0	0	0	0	0	0	0	0	3,016	0	0	0	0	0
55 全国	6,262,395	6,112,075	3,412,670	4,948,420	2,348,686	1,517,287	3,160,026	4,859,461	4,593,306	2,237,328	6,661,843	4,399,994	2,666,524	2,609,958

平成28年度　府県相互間輸送トン数表（全機関）　品目（5−18）その他の窯業品　（単位：トン）　その4

発＼着	43 香川	44 愛媛	45 徳島	46 高知	47 福岡	48 佐賀	49 長崎	50 熊本	51 大分	52 宮崎	53 鹿児島	54 沖縄	55 全国
1 札幌	0	0	0	0	0	0	0	0	0	0	0	0	6,706,195
2 旭川	0	0	0	0	0	0	0	0	0	0	0	0	2,059,520
3 函館	0	0	0	0	0	0	0	0	0	0	0	0	1,616,429
4 室蘭	0	0	0	0	0	0	0	0	0	0	0	0	953,989
5 釧路	0	0	0	0	0	0	0	0	0	0	0	0	97,737
6 帯広	0	0	0	0	0	0	0	0	0	0	0	0	909,595
7 北見	0	0	0	0	0	0	0	0	0	0	0	0	1,320,908
8 北海道	0	0	0	0	0	0	0	0	0	0	0	0	13,664,373
9 青森	0	0	0	0	0	0	0	0	0	0	0	0	3,743,442
10 岩手	0	0	0	0	0	0	0	0	0	0	0	0	5,426,443
11 宮城	0	0	0	0	0	0	0	0	0	0	0	0	6,349,617
12 福島	0	0	0	0	0	0	0	0	0	0	0	0	4,589,682
13 秋田	0	0	0	0	0	0	0	0	0	0	0	0	3,069,838
14 山形	0	0	0	0	0	0	0	0	0	0	0	0	4,450,553
15 茨城	14,897	0	23,606	0	28,721	0	0	0	1,033	0	0	0	8,951,022
16 栃木	0	0	0	0	0	0	0	0	0	0	0	0	4,343,812
17 群馬	0	0	0	0	0	0	0	0	0	0	0	0	3,511,107
18 埼玉	0	0	0	0	0	0	0	0	0	0	0	0	7,684,085
19 千葉	0	0	0	0	0	0	0	0	0	0	0	0	11,424,011
20 東京	0	0	0	0	0	0	0	0	0	0	0	5,021	7,174,257
21 神奈川	0	0	0	0	0	0	0	0	0	0	0	0	7,368,827
22 新潟	0	0	0	0	0	0	0	0	0	0	0	0	4,650,748
23 富山	0	0	0	0	0	0	0	0	0	0	0	0	3,933,679
24 石川	0	0	1,799	0	0	0	0	0	0	0	0	0	3,865,483
25 福井	0	0	0	0	0	0	0	0	0	0	0	0	5,453,290
26 山梨	0	0	0	0	0	0	0	0	0	0	0	0	6,474,953
27 長野	0	0	0	0	0	0	0	0	0	0	0	0	2,772,706
28 静岡	0	0	0	0	0	0	0	0	0	0	0	0	4,118,074
29 岐阜	0	0	0	0	0	0	0	0	0	0	0	0	7,370,375
30 愛知	0	23,606	0	0	2,380	0	0	60,969	0	0	0	0	4,798,009
31 三重	0	0	0	47,211	0	0	0	0	0	0	0	0	3,644,553
32 滋賀	0	0	0	0	0	0	0	0	0	0	0	0	5,096,511
33 京都	0	0	0	0	0	0	0	0	0	0	0	0	2,048,097
34 奈良	0	0	0	0	0	0	0	0	0	0	0	0	1,607,332
35 和歌山	0	0	0	0	0	0	0	0	0	0	0	0	2,839,380
36 大阪	0	0	13,656	0	220	0	0	0	0	6,800	30	4,060	4,810,185
37 兵庫	0	1,014	23,606	0	63,864	0	470	0	79	2,089	18	1,195	4,653,090
38 鳥取	0	0	0	0	0	0	0	0	0	0	0	0	2,120,179
39 島根	0	0	0	0	0	0	0	0	0	0	0	0	6,680,166
40 岡山	0	0	0	0	59,339	0	0	23,606	0	0	0	1,306	4,892,828
41 広島	0	350	0	0	0	0	0	0	0	0	0	149	2,382,309
42 山口	24,686	12,088	0	1,500	375,059	42,490	14,897	49,428	14,163	0	307	0	3,298,977
43 香川	3,991,880	234,652	77,898	77,898	31,395	0	0	0	0	0	999	71	4,653,587
44 愛媛	3,024	4,434,928	0	87,104	59,478	0	0	0	0	0	2,009	410	4,604,012
45 徳島	76,134	15,470	4,495,984	0	2,410	0	0	0	0	0	0	0	4,599,106
46 高知	0	0	0	1,030,135	0	0	0	0	0	0	0	0	1,031,735
47 福岡	0	70,817	0	0	7,095,570	138,268	35,943	109,566	147,782	63,654	114,243	24,077	7,972,076
48 佐賀	0	0	0	0	117,626	1,327,017	237,483	15,512	3,140	0	0	0	1,724,873
49 長崎	0	0	0	0	7,551	62,138	3,229,541	0	0	0	2,026	0	3,308,986
50 熊本	0	0	0	0	435,402	36,996	17,876	3,495,798	0	0	16,600	0	4,013,290
51 大分	0	0	0	0	146,301	0	0	0	5,085,057	0	16,694	0	5,292,763
52 宮崎	0	0	0	0	0	0	54,810	0	0	2,929,645	82,250	0	3,071,465
53 鹿児島	0	0	0	0	0	0	0	2,091	0	0	5,931,998	21,239	5,955,932
54 沖縄	0	0	0	0	31	0	0	0	0	0	1,671	5,436,722	5,441,440
55 全国	4,110,621	4,792,924	4,636,548	1,243,849	8,427,501	1,606,909	3,590,725	3,733,365	5,274,860	3,002,187	6,166,819	5,496,276	230,931,038

平成28年度　　　　　　　　　　　　　　府県相互間輸送トン数表（全機関）　　　　　　　　品目（5-19）石油製品　　　（単位：トン）その1

発＼着	1 札幌	2 旭川	3 函館	4 室蘭	5 釧路	6 帯広	7 北見	8 北海道	9 青森	10 岩手	11 宮城	12 福島	13 秋田	14 山形
1 札幌	2,139,381	44,120	89,132	278,705	0	0	0	2,551,336	0	0	0	0	0	0
2 旭川	22,398	3,199,303	2,500	26,342	0	0	160,786	3,411,329	0	0	4,600	0	0	0
3 函館	3,140	0	1,022,500	17,786	7,500	0	0	1,050,926	23,450	0	0	0	16,290	0
4 室蘭	15,359,533	1,774,928	496,205	3,585,245	1,306,460	48,695	0	22,571,065	662,357	0	141,775	37,150	488,925	281,874
5 釧路	0	0	0	11,361	1,410,047	265,598	149,003	1,836,009	0	0	0	0	0	0
6 帯広	0	0	0	0	0	995,249	0	995,249	0	0	0	0	0	0
7 北見	0	0	0	0	0	0	1,385,956	1,385,956	0	0	0	0	0	0
8 北海道	17,524,451	5,018,351	1,610,338	3,919,441	2,724,007	1,309,541	1,695,747	33,801,874	685,807	0	146,375	37,150	505,215	281,874
9 青森	428,219	1,482	38,947	68,235	74,657	0	0	611,540	2,098,099	340,538	4,100	0	55,389	0
10 岩手	0	0	0	0	0	0	0	0	0	1,972,792	3,621	3,621	0	0
11 宮城	165,590	18,240	45,702	773,372	70,987	0	0	1,073,891	178,112	1,055,847	3,037,497	722,228	144,300	1,030,818
12 福島	0	0	0	6,200	0	0	0	6,200	0	3,621	1,100	4,958,920	20,000	0
13 秋田	0	0	0	15,040	0	0	0	15,040	0	80,395	0	0	3,745,421	159,859
14 山形	0	0	550	6,670	0	0	0	7,220	0	0	45,557	0	156,938	1,503,808
15 茨城	186,298	37,142	27,205	1,077,734	143,225	0	0	1,471,604	378,084	155,700	319,429	495,425	178,513	40,793
16 栃木	0	0	0	0	0	0	0	0	0	0	0	0	0	0
17 群馬	0	0	0	0	0	0	0	0	0	0	0	0	0	0
18 埼玉	0	0	0	0	0	0	0	0	0	0	0	28,095	0	0
19 千葉	314,928	3,830	341,535	1,194,485	346,908	0	0	2,201,686	1,099,742	116,750	771,426	1,047,717	300,020	17,250
20 東京	0	0	0	36,652	0	0	0	36,652	5,150	0	18	715	0	0
21 神奈川	387,746	6,207	54,401	896,096	84,352	0	0	1,428,802	476,345	16,870	667,389	626,982	245,620	10,416
22 新潟	0	0	0	11,038	1,277	0	0	12,315	3,000	0	68,753	229,570	59,836	60,610
23 富山	0	0	0	12,652	0	0	0	12,652	0	0	0	1,500	0	0
24 石川	0	0	0	1,665	0	0	0	1,665	0	0	0	0	0	0
25 福井	0	0	0	6,315	0	0	0	6,315	0	0	0	0	0	0
26 山梨	0	0	0	0	0	0	0	0	0	0	0	0	0	0
27 長野	0	0	0	0	0	0	0	0	0	0	0	0	0	0
28 静岡	0	0	0	0	0	0	0	0	0	0	0	0	0	0
29 岐阜	0	0	0	0	0	0	0	0	0	0	0	0	0	0
30 愛知	5,020	1,262	0	625,387	9,300	0	0	640,969	19,993	700	75,071	8,542	610	0
31 三重	31,349	457	47,508	112,030	51,633	0	0	242,977	119,938	17,820	177,510	23,177	45,720	0
32 滋賀	0	0	0	0	0	0	0	0	0	0	0	0	0	0
33 京都	0	0	0	0	0	0	0	0	0	0	0	0	0	0
34 奈良	0	0	0	0	0	0	0	0	0	0	0	0	0	0
35 和歌山	5,800	0	2,900	12,980	6,900	0	0	28,580	966	0	32,152	8,090	0	0
36 大阪	25,381	0	500	21,308	0	0	0	47,189	13,740	2,530	14,665	0	3,500	2,325
37 兵庫	0	0	0	1,535	0	0	0	1,535	0	0	0	0	5,800	0
38 鳥取	0	0	0	0	0	0	0	0	0	0	0	0	0	1,002
39 島根	0	0	0	0	0	0	0	0	0	0	0	0	0	0
40 岡山	1,300	3,750	0	50,722	2,993	0	0	58,765	5,451	0	0	0	60,650	2,509
41 広島	2,500	0	0	4,400	0	0	0	6,900	5,400	0	0	0	14,400	0
42 山口	27,608	0	0	91,614	5,493	0	0	124,715	5,400	0	1,600	0	58,490	2,108
43 香川	0	0	0	1,600	0	0	0	1,600	0	0	0	0	0	0
44 愛媛	23,330	0	0	70,270	0	0	0	93,600	16,695	0	3,848	0	10,340	1,501
45 徳島	0	0	0	0	0	0	0	0	0	0	0	0	0	0
46 高知	0	0	0	0	0	0	0	0	0	0	0	0	0	0
47 福岡	0	0	0	4,682	0	0	0	4,682	0	0	1,200	0	0	0
48 佐賀	0	0	0	0	0	0	0	0	0	0	0	0	0	0
49 長崎	0	0	0	0	0	0	0	0	0	0	0	0	0	0
50 熊本	0	0	0	0	0	0	0	0	0	0	0	0	0	0
51 大分	4,030	0	619	72,734	0	0	0	77,383	0	0	3,830	0	60,450	540
52 宮崎	0	0	0	0	0	0	0	0	0	0	0	0	0	0
53 鹿児島	0	0	0	0	0	0	0	0	0	0	0	0	0	0
54 沖縄	0	0	0	4,850	0	0	0	4,850	0	0	0	0	0	0
55 全国	19,133,550	5,090,721	2,170,204	9,099,707	3,521,732	1,309,541	1,695,747	42,021,201	5,111,922	3,763,563	5,375,142	8,198,683	5,671,213	3,115,415

平成28年度　　　　　　　　　　　　　　府県相互間輸送トン数表（全機関）　　　　　　　　品目（5-19）石油製品　　　（単位：トン）その2

発＼着	15 茨城	16 栃木	17 群馬	18 埼玉	19 千葉	20 東京	21 神奈川	22 新潟	23 富山	24 石川	25 福井	26 山梨	27 長野	28 静岡
1 札幌	0	0	0	0	0	0	0	0	0	0	0	0	0	0
2 旭川	0	0	0	0	361	0	0	0	0	0	0	0	0	0
3 函館	0	0	0	0	0	0	2,399	6,580	0	0	0	0	0	0
4 室蘭	25,274	0	0	0	543,262	240	273,543	815,583	176,363	96,042	33,957	0	0	14,986
5 釧路	0	0	0	0	0	0	0	0	0	0	0	0	0	0
6 帯広	0	0	0	0	0	0	0	0	0	934	0	0	0	0
7 北見	0	0	0	0	0	0	0	0	0	0	0	0	0	0
8 北海道	25,274	0	0	0	543,623	240	275,942	822,163	176,363	96,976	33,957	0	0	14,986
9 青森	0	0	0	0	0	0	21,204	0	0	0	0	0	0	0
10 岩手	0	0	0	0	0	0	0	0	0	3,200	0	0	0	0
11 宮城	141,097	0	0	0	66,130	0	486,915	90,831	132,636	4,912	72,184	0	0	10,180
12 福島	177,965	134,524	0	0	7,014	0	0	3,220	0	0	0	0	0	0
13 秋田	0	0	0	0	0	0	0	84,460	0	0	0	0	0	0
14 山形	0	0	0	0	0	0	0	20,500	0	800	0	0	0	0
15 茨城	2,652,579	24,117	0	8,254	774,213	434,250	511,157	52,890	32,002	6,840	500	0	0	263,109
16 栃木	144,299	2,536,916	15,119	27,531	0	0	0	0	0	0	0	0	0	0
17 群馬	0	52,205	1,748,203	237,618	0	0	0	0	0	0	0	0	79,529	0
18 埼玉	16,014	27,642	91,815	2,440,788	72,470	715,376	50,476	0	0	0	0	0	0	6,756
19 千葉	959,914	466,201	377,417	1,480,560	6,063,730	5,741,451	1,922,142	238,081	26,157	58,684	29,593	0	195,014	1,594,198
20 東京	0	996	0	39,565	302,110	56,688	1,687,435	41,201	5,800	0	0	0	181,289	0
21 神奈川	774,269	994,938	1,182,677	1,154,786	2,740,567	3,346,732	3,581,064	187,077	13,771	28,645	1,700	396,730	589,159	1,515,969
22 新潟	0	0	0	0	4,950	0	0	4,568,204	2,408	59,068	0	0	2,317	0
23 富山	0	0	0	0	0	0	1,180	22,212	2,414,248	114,646	31,315	0	0	0
24 石川	0	0	0	0	0	0	0	53,681	76,605	3,268,537	48,013	0	0	0
25 福井	0	0	0	0	0	0	0	7,330	21,639	520	1,647,929	0	0	0
26 山梨	0	0	0	0	0	0	0	0	0	0	0	511,020	4,801	0
27 長野	0	0	0	0	0	0	0	0	0	0	0	0	2,884,860	0
28 静岡	563	0	0	0	1,191	0	61,437	0	0	0	0	0	0	2,201,054
29 岐阜	0	0	0	0	0	0	0	0	0	0	0	0	0	0
30 愛知	86,644	0	0	113,893	446,645	23,073	309,856	3,010	214,164	117,199	0	0	113,893	288,704
31 三重	38,586	0	14,343	99,648	1,319,539	251,431	1,470,657	98,980	6,344	65,746	112,825	0	686,550	588,595
32 滋賀	0	0	0	0	0	0	0	0	0	29,952	0	0	0	0
33 京都	0	0	0	0	0	0	0	0	0	0	0	0	0	0
34 奈良	0	0	0	0	0	0	0	0	0	0	0	0	0	0
35 和歌山	4,992	0	0	0	136,366	0	281,159	8,010	143,351	16,203	5,700	0	0	163,398
36 大阪	18,950	0	0	0	572,444	25,831	342,821	75,510	20,673	277,948	11,111	0	0	15,455
37 兵庫	5,000	0	0	0	0	89	9,119	0	17,511	6,406	0	0	0	0
38 鳥取	0	0	0	0	0	0	1,850	5,510	0	0	0	0	0	0
39 島根	0	0	0	0	0	0	0	2,941	0	0	0	0	0	0
40 岡山	26,250	0	0	0	231,851	119,010	240,023	436,748	395,153	427,881	272,138	51,665	0	46,347
41 広島	0	0	0	0	0	0	0	1,200	8,700	5,512	0	0	0	0
42 山口	9,353	0	0	0	232,614	0	498,257	544,169	144,921	464,912	286,842	0	0	0
43 香川	0	0	0	0	0	0	630	0	1,519	2,600	0	0	0	0
44 愛媛	0	0	0	0	84,115	0	41,769	126,300	14,665	130,452	18,860	0	0	3,582
45 徳島	0	0	0	0	0	0	0	0	0	0	0	0	0	0
46 高知	0	0	0	0	0	27,436	0	0	0	0	0	0	0	0
47 福岡	0	0	0	0	4,050	580	1,217	2,143	0	1,000	12,700	0	0	0
48 佐賀	0	0	0	0	0	0	0	0	0	0	0	0	0	601
49 長崎	0	0	0	0	0	0	0	0	0	0	0	0	0	0
50 熊本	0	0	0	0	0	0	0	0	0	0	0	0	0	0
51 大分	0	0	0	0	51,853	9,736	39,959	207,092	189,118	87,623	116,445	0	0	3,553
52 宮崎	0	0	0	0	0	0	0	0	0	1,685	0	0	0	0
53 鹿児島	35,500	0	0	0	0	0	0	0	0	0	0	0	0	1,373
54 沖縄	0	0	0	0	5,155	0	0	0	0	0	0	0	0	0
55 全国	5,117,250	4,237,114	3,492,983	5,865,188	13,410,256	12,382,669	10,176,720	7,685,125	4,042,931	5,280,055	2,709,923	959,414	4,737,411	6,717,861

平成28年度　　府県相互間輸送トン数表（全機関）　　品目（5－19）石油製品　　（単位：トン）その 3

着／発	29 岐阜	30 愛知	31 三重	32 滋賀	33 京都	34 奈良	35 和歌山	36 大阪	37 兵庫	38 鳥取	39 島根	40 岡山	41 広島	42 山口
1 札幌	0	0	0	0	0		0	0	0	0	0	0	0	0
2 旭川	0	0	0	0	0		0	0	0	0	0	0	0	0
3 函館	0	1,165	0	0	0		0	0	0	0	0	0	0	0
4 室蘭	0	56,418	10,000	0	500		0	2,073	16,576	0	0	17,589	19,471	155,962
5 釧路	0	0	0	0	0		0	0	0	0	0	0	500	0
6 帯広	0	0	0	0	0		0	0	0	0	0	0	0	0
7 北見	0	0	0	0	0		0	0	0	0	0	0	0	0
8 北海道	0	57,583	10,000	0	500		0	2,073	16,576	0	0	17,589	19,971	155,962
9 青森	0	0	0	0	0		0	79	0	0	0	0	0	0
10 岩手	0	0	0	0	0		0	0	0	0	0	0	0	0
11 宮城	0	10,385	5,900	0	1,250		0	8,770	0	0	0	93,574	0	63,750
12 福島	0	0	0	0	0		0	0	0	0	0	0	5,825	0
13 秋田	0	0	0	0	0		0	0	0	0	0	0	0	0
14 山形	0	0	0	0	0		0	0	0	0	0	0	0	0
15 茨城	0	82,563	31,829	0	0		30,079	22,043	27,642	0	0	149,191	0	23,070
16 栃木	0	0	0	0	0		0	0	0	0	0	0	0	0
17 群馬	0	0	0	0	0		0	0	0	0	0	0	0	0
18 埼玉	0	0	0	0	0		0	0	0	0	0	0	0	0
19 千葉	0	612,114	719,806	0	0		158,896	866,097	325,718	4,780	1,000	127,178	106,116	419,334
20 東京	0	215	0	0	0		0	0	0	0	0	0	0	0
21 神奈川	0	641,392	108,322	0	0		119,157	159,467	148,993	0	0	113,397	34,940	107,250
22 新潟	0	0	0	0	0		0	0	0	0	0	0	0	2,355
23 富山	0	0	0	0	0		0	3,000	2,150	0	0	0	0	0
24 石川	9,685	0	0	0	0		0	0	0	0	0	0	0	0
25 福井	0	0	0	0	0		0	0	0	0	0	14,009	0	0
26 山梨	0	0	0	0	0		0	0	0	0	0	0	0	0
27 長野	0	0	0	0	0		0	0	0	0	0	0	0	0
28 静岡	0	7,880	22,126	0	0		1,227	0	0	0	0	19,871	0	0
29 岐阜	619,433	22,377	0	0	0		0	0	0	0	0	0	0	0
30 愛知	417,637	3,116,636	416,202	8,073	0		9,312	64,590	101,061	0	0	15,251	197,459	588,655
31 三重	79,256	3,172,708	2,201,628	386,185	22,455	74,516	51,252	822,070	518,748	60,579	0	191,105	43,092	279,156
32 滋賀	0	0	7,132	1,064,067	19,042	9,278	0	1,010	15,819	0	0	25,832	0	0
33 京都	0	0	0	52,005	868,423	22,748	0	22,140	1,065	0	0	0	0	0
34 奈良	0	0	47,054	0	11,293	252,993	0	277	0	0	0	0	0	0
35 和歌山	0	435,009	121,399	0	0		1,829	1,988,309	84,517	230,349	22,219	466,307	19,239	48,486
36 大阪	19,414	115,520	930,951	265,680	702,063	316,374	354,554	5,315,198	1,890,520	89,020	6,081	538,277	224,558	76,938
37 兵庫	0	41,360	0	15,819	18,220		52,854	88,725	1,811,929	0	0	34,062	0	642
38 鳥取	0	0	0	0	3,000		0	6,550	0	655,402	260,174	0	0	0
39 島根	0	0	0	0	0		0	0	0	174,967	790,675	0	0	22,608
40 岡山	0	418,138	62,751	25,832	1,700		1,109,149	1,179,247	1,373,060	511,722	37,055	2,442,827	430,638	307,706
41 広島	0	25,002	5,000	0	0		33,369	4,636	487,625	6,000	71,079	163,727	2,184,454	54,834
42 山口	0	55,956	265,364	0	36,290		17,203	49,472	422,758	372,706	125,111	506,195	245,811	2,239,655
43 香川	0	10,227	1,000	0	2,804		1,104	9,705	34,825	0	0	76,219	25,827	12,516
44 愛媛	0	95,658	81,087	0	43,000		501	188,243	213,489	38,280	1,048	292,094	97,874	112,753
45 徳島	0	0	0	0	0		0	0	0	0	0	0	0	0
46 高知	0	83	0	0	0		1,913	0	0	0	0	0	0	0
47 福岡	0	56,673	0	0	4,540		3,030	6,037	4,760	0	0	44,260	10,755	78,922
48 佐賀	0	0	0	0	0		0	0	0	0	0	8,009	2,200	7,853
49 長崎	0	0	0	0	0		0	0	0	0	0	1,000	300	8,074
50 熊本	0	0	0	0	0		0	0	0	0	0	0	0	0
51 大分	0	3,932	54,635	0	17,832		1,503	18,312	76,866	60,506	19,891	286,929	67,880	307,722
52 宮崎	0	0	0	0	0		0	0	0	0	0	0	0	0
53 鹿児島	0	59	0	0	0		201	800	0	0	0	0	0	0
54 沖縄	0	10,072	0	0	0		0	3,000	0	0	0	19	13,539	0
55 全国	1,145,425	8,991,544	5,092,184	1,817,660	1,752,410	677,736	3,933,612	8,916,508	7,711,355	1,998,330	1,312,114	5,626,922	3,730,477	4,918,240

平成28年度　　府県相互間輸送トン数表（全機関）　　品目（5－19）石油製品　　（単位：トン）その 4

着／発	43 香川	44 愛媛	45 徳島	46 高知	47 福岡	48 佐賀	49 長崎	50 熊本	51 大分	52 宮崎	53 鹿児島	54 沖縄	55 全国
1 札幌	0	0	0	0	0	0	0	0	0	0	0	0	2,551,336
2 旭川	0	0	0	0	0	0	0	0	0	0	0	0	3,416,290
3 函館	0	0	0	0	0	0	0	0	0	0	0	0	1,100,810
4 室蘭	0	0	0	0	4,700	0	0	0	3,752	0	0	0	26,449,437
5 釧路	0	0	0	0	0	0	0	0	0	0	0	0	1,836,509
6 帯広	0	0	0	0	0	0	0	0	0	0	0	0	996,183
7 北見	0	0	0	0	0	0	0	0	0	0	0	0	1,385,956
8 北海道	0	0	0	0	4,700	0	0	0	3,752	0	0	0	37,736,525
9 青森	0	0	0	0	0	0	0	0	0	0	0	0	3,130,949
10 岩手	0	0	0	0	0	0	0	0	0	0	0	0	1,983,233
11 宮城	0	0	0	0	0	0	0	0	9,170	0	0	0	8,440,378
12 福島	0	0	0	0	4,000	0	0	0	0	0	0	0	5,322,389
13 秋田	0	0	0	0	0	0	0	0	0	0	0	0	4,085,175
14 山形	0	0	0	0	0	0	0	0	0	0	0	0	1,734,823
15 茨城	811	8,350	0	0	950	0	0	0	18,738	0	0	0	8,194,725
16 栃木	0	0	0	0	0	0	0	0	0	0	0	0	2,723,440
17 群馬	0	0	0	0	0	0	0	0	0	0	0	0	2,117,556
18 埼玉	0	0	0	0	0	0	0	0	0	0	0	0	3,449,431
19 千葉	339,600	108,448	7,000	8,740	266,529	0	2,000	0	0	9,517	241,848	215,884	29,248,337
20 東京	0	0	0	0	0	0	0	0	0	0	0	5,071	2,362,906
21 神奈川	31,083	2,958	0	0	59,985	0	1,050	4,662	24,889	0	25,062	52,838	21,615,948
22 新潟	0	0	0	0	300	200	0	370	0	0	0	0	5,098,101
23 富山	0	0	0	0	0	0	0	0	26,571	0	12,062	0	2,641,536
24 石川	0	0	0	0	7,000	0	0	0	0	0	0	0	3,458,186
25 福井	0	0	0	0	0	0	0	0	0	0	0	0	1,704,742
26 山梨	0	0	0	0	0	0	0	0	0	0	0	0	515,821
27 長野	0	0	0	0	0	0	0	0	0	0	0	0	2,884,860
28 静岡	0	0	0	0	0	0	0	0	0	0	0	0	2,315,349
29 岐阜	0	0	0	0	0	0	0	0	0	0	0	0	641,810
30 愛知	146,036	33,629	4,002	73,950	220,132	2,129	10,094	1,027	9,875	6,129	111,935	220,778	8,237,559
31 三重	367,440	277,457	151,643	0	188,687	94,380	44,984	3,134	3,601	998	24,042	20,285	14,459,788
32 滋賀	0	0	0	0	0	0	0	0	0	0	0	0	1,172,134
33 京都	0	0	0	0	0	0	0	0	0	0	0	0	966,381
34 奈良	0	0	0	0	0	0	0	0	0	0	0	0	311,617
35 和歌山	147,062	45,317	146,597	218,040	337,614	0	0	8,824	20,927	14,093	85,110	345,350	5,615,564
36 大阪	849,459	233,234	265,850	108,338	425,756	0	237,348	117,799	223,925	65,800	52,323	59,608	14,929,729
37 兵庫	59,901	33,856	7,740	4,058	27,294	0	21,540	0	0	0	0	2	2,263,462
38 鳥取	0	0	0	0	0	0	0	0	0	0	0	0	933,488
39 島根	0	0	0	0	0	0	0	0	0	0	0	0	991,191
40 岡山	241,359	236,974	104,345	127,137	1,930,770	43,086	313,951	195,575	397,839	188,354	695,829	193,533	14,949,967
41 広島	37,840	154,996	22,977	0	87,389	1,800	14,487	9,528	7,602	11,037	1,980	0	3,427,473
42 山口	40,391	98,661	64,881	46,499	1,701,998	148,137	314,960	432,587	277,977	91,316	204,926	221,249	10,353,484
43 香川	1,528,562	379,353	493,272	72,668	33,341	1,200	3,800	4,450	44,106	2,000	1,095	0	2,744,424
44 愛媛	168,129	3,453,814	109,722	134,100	916,791	7,872	126,099	73,834	217,836	142,595	284,326	11,457	7,356,330
45 徳島	36,493	12,673	1,603,677	0	0	0	0	0	0	0	0	0	1,652,842
46 高知	0	18,131	28,800	1,630,895	0	0	0	0	0	0	0	0	1,678,457
47 福岡	39,289	44,254	28,800	0	4,899,829	2,387,780	732,196	579,586	69,403	8,818	700	2,041	9,929,244
48 佐賀	0	1,422	0	0	119,563	620,582	30,661	24,428	500	0	38,764	52,985	907,569
49 長崎	0	0	0	100	43,943	28,382	1,168,568	60,060	0	4,153	55,905	3,655	1,374,140
50 熊本	0	0	0	0	14,679	0	0	6,672	3,044,888	0	51,422	96,339	3,214,000
51 大分	33,061	70,161	210,167	19,620	1,091,523	47,955	390,115	161,072	881,124	237,219	356,987	136,657	5,399,253
52 宮崎	1,290	0	0	0	0	0	0	0	0	181,033	1,946,339	9,210	2,139,558
53 鹿児島	0	4,500	0	0	1,400	0	669	0	0	15,854	1,752,511	26	1,812,893
54 沖縄	0	0	0	0	0	0	0	0	266	0	12,768	2,721,363	2,771,032
55 全国	4,067,806	5,218,188	3,220,673	2,444,145	12,384,174	3,383,503	3,419,194	4,721,823	2,419,135	2,795,644	4,083,722	4,262,782	270,097,833

平成28年度　　　　　　　　　　　　　　　　府県相互間輸送トン数表（全機関）　　　　　　　　　　　　　　　　　（単位：トン）

品目　（5-20）　石炭製品　　その1

発＼着	1 札幌	2 旭川	3 函館	4 室蘭	5 釧路	6 帯広	7 北見	8 北海道	9 青森	10 岩手	11 宮城	12 福島	13 秋田	14 山形
1 札幌	3,432	0	0	0	0	0	0	3,432	0	0	0	0	0	0
2 旭川	0	840	0	0	0	0	0	840	0	0	0	0	0	0
3 函館	0	0	0	0	0	0	0	0	0	0	0	0	0	0
4 室蘭	0	0	0	0	0	0	0	0	1,301	0	0	0	0	0
5 釧路	0	0	0	0	0	0	0	0	0	0	0	0	0	0
6 帯広	0	0	0	0	0	0	0	0	0	0	0	0	0	0
7 北見	0	0	0	0	0	0	0	0	0	0	0	0	0	0
8 北海道	3,432	840	0	0	0	0	0	4,272	1,301	0	0	0	0	0
9 青森	0	0	0	0	0	0	0	0	0	0	0	0	0	0
10 岩手	0	0	0	2,021	0	0	0	2,021	0	240,456	0	0	0	0
11 宮城	0	0	0	40	0	0	0	40	0	43,721	245,834	54,979	0	0
12 福島	0	0	0	0	0	0	0	0	0	0	0	0	0	0
13 秋田	0	0	0	0	0	0	0	0	1,304	0	0	0	0	0
14 山形	0	0	0	0	0	0	0	0	0	0	0	0	0	9,483
15 茨城	0	0	0	0	0	0	0	0	0	0	0	0	0	0
16 栃木	0	0	0	0	0	0	0	0	0	0	0	0	0	0
17 群馬	0	0	0	0	0	0	0	0	0	0	0	0	0	0
18 埼玉	0	0	0	0	0	0	0	0	0	0	0	0	0	0
19 千葉	0	0	0	4,131	0	0	3,480	7,611	0	44,319	0	0	0	0
20 東京	0	0	0	0	0	0	0	0	0	0	0	1,428	0	0
21 神奈川	0	0	0	40	0	0	0	40	0	1,200	2,131	1,380	1,412	0
22 新潟	0	0	0	0	0	0	0	0	506	0	0	0	0	0
23 富山	0	0	0	421	0	0	0	421	0	0	0	0	0	0
24 石川	0	0	0	0	0	0	0	0	0	0	0	0	0	0
25 福井	0	0	0	0	0	0	0	0	0	0	0	0	0	0
26 山梨	0	0	0	0	0	0	0	0	0	0	0	0	0	0
27 長野	0	0	0	0	0	0	0	0	0	0	0	0	0	0
28 静岡	0	0	0	0	0	0	0	0	0	0	0	0	0	0
29 岐阜	0	0	0	0	0	0	0	0	0	0	0	0	0	0
30 愛知	0	0	0	19,692	0	0	0	19,692	0	0	0	0	0	0
31 三重	0	0	0	0	0	0	0	0	0	0	0	0	0	0
32 滋賀	0	0	0	0	0	0	0	0	0	0	0	0	0	0
33 京都	0	0	0	0	0	0	0	0	0	0	0	0	0	0
34 奈良	0	0	0	0	0	0	0	0	0	0	0	0	0	0
35 和歌山	0	0	0	1,560	0	0	0	1,560	0	0	0	0	0	0
36 大阪	0	0	0	0	0	0	0	0	5,000	3,700	0	0	0	0
37 兵庫	0	0	0	6,736	0	0	0	6,736	0	0	0	3,590	0	0
38 鳥取	0	0	0	0	0	0	0	0	0	0	0	0	0	0
39 島根	0	0	0	0	0	0	0	0	0	0	0	0	0	0
40 岡山	0	0	0	0	0	0	0	0	15,711	1,501	0	15,176	0	0
41 広島	0	0	0	0	0	0	0	0	0	0	0	0	0	0
42 山口	0	0	0	0	0	0	0	0	300	0	0	0	0	0
43 香川	0	0	0	0	0	0	0	0	18,732	0	0	0	1,500	0
44 愛媛	0	0	0	0	0	0	0	0	0	0	0	0	0	0
45 徳島	0	0	0	0	0	0	0	0	0	0	0	0	0	0
46 高知	0	0	0	0	0	0	0	0	0	0	0	0	0	0
47 福岡	0	0	0	5,249	0	0	0	5,249	3,438	8,454	33,804	8,121	1,106	0
48 佐賀	0	0	0	0	0	0	0	0	0	0	0	0	0	0
49 長崎	0	0	0	0	0	0	0	0	55,097	0	0	0	0	0
50 熊本	0	0	0	0	0	0	0	0	0	0	0	0	0	0
51 大分	0	0	0	0	0	0	0	0	0	0	0	0	0	0
52 宮崎	0	0	0	0	0	0	0	0	0	0	0	0	0	0
53 鹿児島	0	0	0	0	0	0	0	0	0	0	0	0	0	0
54 沖縄	0	0	0	0	0	0	0	0	0	0	0	0	0	0
55 全国	3,432	840	0	39,890	0	0	3,480	47,642	101,389	343,352	286,787	79,656	4,018	9,483

平成28年度　　　　　　　　　　　　　　　　府県相互間輸送トン数表（全機関）　　　　　　　　　　　　　　　　　（単位：トン）

品目　（5-20）　石炭製品　　その2

発＼着	15 茨城	16 栃木	17 群馬	18 埼玉	19 千葉	20 東京	21 神奈川	22 新潟	23 富山	24 石川	25 福井	26 山梨	27 長野	28 静岡
1 札幌	0	0	0	0	0	0	0	0	0	0	0	0	0	0
2 旭川	0	0	0	0	0	0	0	0	0	0	0	0	0	0
3 函館	0	0	0	0	0	0	0	0	0	0	0	0	0	0
4 室蘭	62,191	0	0	0	110,068	0	0	0	0	0	0	0	0	0
5 釧路	0	0	0	0	0	0	0	0	0	0	0	0	0	0
6 帯広	0	0	0	0	0	0	0	0	0	0	0	0	0	0
7 北見	0	0	0	0	1,059	0	0	0	0	0	0	0	0	0
8 北海道	62,191	0	0	0	111,127	0	0	0	0	0	0	0	0	0
9 青森	0	0	0	0	3,006	0	0	0	0	0	0	0	0	0
10 岩手	0	0	0	0	3,633	0	0	0	0	0	0	0	0	0
11 宮城	0	0	0	0	0	0	0	0	0	0	0	0	0	0
12 福島	0	0	0	0	0	0	0	0	0	0	0	0	0	0
13 秋田	0	0	0	0	0	0	0	0	0	0	0	0	0	0
14 山形	0	0	0	0	0	0	0	0	0	0	0	0	0	0
15 茨城	0	42,845	0	43,282	0	0	0	0	0	0	0	0	0	0
16 栃木	41,533	0	0	0	0	0	0	0	0	0	0	0	0	0
17 群馬	0	0	0	0	0	0	0	0	0	0	0	0	0	0
18 埼玉	0	0	0	0	0	0	0	0	0	0	0	0	0	0
19 千葉	634,231	0	44,594	0	310,285	0	22,420	2,600	0	0	0	0	0	0
20 東京	0	0	0	0	1,632	0	0	0	0	0	0	0	0	0
21 神奈川	12,241	0	0	0	420,571	87,963	41,752	0	0	0	0	54,649	0	19,237
22 新潟	0	0	0	0	0	0	1,500	920,467	0	0	0	0	0	0
23 富山	0	0	0	0	0	0	0	185,358	0	0	0	0	0	0
24 石川	0	0	0	0	0	0	0	12,200	0	0	0	0	0	0
25 福井	0	0	0	0	0	0	0	0	0	0	0	0	0	0
26 山梨	0	0	0	0	0	0	0	0	0	0	0	0	0	0
27 長野	0	0	0	0	0	0	0	0	0	0	0	0	0	0
28 静岡	0	0	0	0	0	0	0	0	0	0	0	0	0	0
29 岐阜	0	0	0	0	0	0	0	0	0	0	0	0	0	0
30 愛知	4,694	0	0	0	1,530	0	0	0	0	0	0	0	0	0
31 三重	0	0	0	0	0	0	0	0	0	0	0	0	0	0
32 滋賀	0	0	0	0	0	0	0	0	0	0	0	0	27,208	0
33 京都	0	0	0	0	0	0	0	0	0	0	0	0	0	0
34 奈良	0	0	0	0	0	0	0	0	0	0	0	0	0	0
35 和歌山	100,162	0	0	0	8,072	0	0	0	0	0	0	0	0	0
36 大阪	0	0	0	0	0	0	28,590	1,500	0	0	0	0	0	0
37 兵庫	0	0	0	0	8,186	0	0	0	0	0	0	0	0	0
38 鳥取	0	0	0	0	0	0	0	0	0	0	0	0	0	0
39 島根	0	0	0	0	0	0	0	0	0	0	0	0	0	0
40 岡山	0	0	0	0	2,540	1,501	18,178	23,465	9,197	0	0	0	0	0
41 広島	0	0	0	0	0	0	0	0	0	0	0	0	0	0
42 山口	0	0	0	0	0	0	0	10,654	0	0	0	0	0	0
43 香川	4,922	0	0	0	373,366	651	17,488	22,935	5,317	0	0	0	0	1,703
44 愛媛	0	0	0	0	1,724	0	0	0	0	0	0	0	0	0
45 徳島	0	0	0	0	0	0	0	0	0	0	0	0	0	0
46 高知	0	0	0	0	8,708	0	3,044	0	0	0	0	0	0	0
47 福岡	146,713	0	0	0	499,025	0	0	50,315	11,370	0	0	0	0	6,032
48 佐賀	0	0	0	0	0	0	0	0	0	0	0	0	0	0
49 長崎	8,502	0	0	0	1,302	0	0	1,400	0	0	0	0	0	0
50 熊本	0	0	0	0	0	0	0	0	0	0	0	0	0	0
51 大分	24,884	0	0	0	1,350	0	0	0	0	0	0	0	0	0
52 宮崎	0	0	0	0	1,750	0	0	0	0	0	0	0	0	0
53 鹿児島	0	0	0	0	0	0	0	0	0	0	0	0	0	0
54 沖縄	0	0	0	0	0	0	0	0	0	0	0	0	0	0
55 全国	1,040,074	42,845	44,594	43,282	1,757,807	90,115	132,972	1,230,895	25,884	0	0	54,649	27,208	26,972

平成28年度　　　　　　　　　　　府県相互間輸送トン数表（全機関）　　　　　　　品目（5-20）石炭製品　　（単位：トン）　その3

着＼発	29 岐阜	30 愛知	31 三重	32 滋賀	33 京都	34 奈良	35 和歌山	36 大阪	37 兵庫	38 鳥取	39 島根	40 岡山	41 広島	42 山口
1 札幌	0	0	0	0	0	0	0	0	0	0	0	0	0	0
2 旭川	0	0	0	0	0	0	0	0	0	0	0	0	0	0
3 函館	0	0	0	0	0	0	0	0	0	0	0	0	0	0
4 室蘭	0	37,274	0	0	0	0	4,600	0	0	0	0	0	0	0
5 釧路	0	0	0	0	0	0	0	0	0	0	0	0	0	0
6 帯広	0	0	0	0	0	0	0	0	0	0	0	0	0	0
7 北見	0	0	0	0	0	0	0	0	0	0	0	0	0	0
8 北海道	0	37,274	0	0	0	0	4,600	0	0	0	0	0	0	0
9 青森	0	0	0	0	0	0	0	0	0	0	0	0	0	0
10 岩手	0	0	0	0	0	0	0	0	0	0	0	0	0	0
11 宮城	0	0	0	0	0	0	0	0	0	0	0	0	0	0
12 福島	0	0	0	0	0	0	0	1,500	0	0	0	1,300	0	0
13 秋田	0	0	0	0	0	0	0	0	0	0	0	0	0	0
14 山形	0	0	0	0	0	0	0	0	0	0	0	0	0	0
15 茨城	0	0	0	0	0	0	331	0	0	0	0	0	0	0
16 栃木	0	0	0	0	0	0	0	0	0	0	0	0	0	0
17 群馬	0	0	0	0	0	0	0	0	0	0	0	0	0	0
18 埼玉	0	0	0	0	0	0	0	0	0	0	0	0	0	0
19 千葉	0	25,642	0	0	0	0	56,722	0	86,706	0	0	71,377	2,026	0
20 東京	0	0	0	0	0	0	0	0	0	0	0	0	0	0
21 神奈川	0	10,195	0	0	0	0	0	632	0	0	0	128,371	7,720	0
22 新潟	0	0	0	0	0	0	0	0	0	0	0	0	0	0
23 富山	0	0	0	0	0	0	0	0	0	0	0	0	0	0
24 石川	0	0	0	0	0	0	0	0	0	0	0	0	0	0
25 福井	0	0	0	0	0	0	0	0	0	0	0	0	0	0
26 山梨	0	0	0	0	0	0	0	0	0	0	0	0	0	0
27 長野	0	0	0	0	0	0	0	0	0	0	0	0	0	0
28 静岡	0	0	0	0	0	0	0	0	0	0	0	0	0	0
29 岐阜	0	0	0	0	0	0	0	0	0	0	0	0	0	0
30 愛知	0	56,743	0	0	0	0	0	0	1,290	0	0	0	0	0
31 三重	0	0	0	0	0	0	1,000	0	0	0	0	0	0	0
32 滋賀	0	0	0	0	0	0	0	0	0	0	0	0	0	0
33 京都	0	0	0	0	0	0	0	0	0	0	0	0	0	0
34 奈良	0	0	0	0	0	0	0	0	0	0	0	0	0	0
35 和歌山	0	87,786	0	0	0	0	0	0	0	0	0	0	0	0
36 大阪	0	0	0	7,308	47,993	0	1,000	486,208	78,106	0	0	0	0	0
37 兵庫	0	906	0	0	0	0	0	5,506	676,632	0	0	6,438	1,283	18,590
38 鳥取	0	0	0	0	0	0	0	0	0	0	0	0	0	0
39 島根	0	0	0	0	0	0	0	0	0	0	0	0	0	0
40 岡山	0	3,155	0	0	0	0	0	0	30,439	0	550	32,486	43,719	141,212
41 広島	0	0	0	0	0	0	0	9,550	0	0	0	638,303	396,594	81,906
42 山口	0	0	0	0	0	0	0	0	81,761	0	650	66,209	808,127	0
43 香川	0	44,914	4,550	0	0	0	3,085	7,700	847,279	0	0	134,078	1,538,711	12,794
44 愛媛	0	0	0	0	0	0	0	0	0	0	0	0	0	0
45 徳島	0	0	0	0	0	0	0	0	0	0	0	0	0	0
46 高知	0	0	0	0	0	0	14,731	4,132	0	0	0	0	0	0
47 福岡	0	36,849	2,200	0	1,477	0	4,007	16,424	79,888	0	0	31,655	47,617	29,360
48 佐賀	0	0	0	0	0	0	0	0	0	0	0	0	0	0
49 長崎	0	1,450	0	0	0	0	1,052	3,594	0	0	0	0	0	0
50 熊本	0	0	0	0	0	0	0	0	0	0	0	0	0	0
51 大分	0	40,878	0	0	0	0	0	0	5,436	0	0	0	0	523
52 宮崎	0	0	0	0	0	0	0	0	0	0	0	0	0	0
53 鹿児島	0	0	0	0	0	0	0	0	0	0	2,106	0	0	0
54 沖縄	0	0	0	0	0	0	0	0	0	0	0	0	0	0
55 全国	0	345,792	6,750	7,308	49,470	0	86,528	535,246	1,889,643	0	550	1,044,658	2,103,879	1,092,513

平成28年度　　　　　　　　　　　府県相互間輸送トン数表（全機関）　　　　　　　品目（5-20）石炭製品　　（単位：トン）　その4

着＼発	43 香川	44 愛媛	45 徳島	46 高知	47 福岡	48 佐賀	49 長崎	50 熊本	51 大分	52 宮崎	53 鹿児島	54 沖縄	55 全国
1 札幌	0	0	0	0	0	0	0	0	0	0	0	0	3,432
2 旭川	0	0	0	0	0	0	0	0	0	0	0	0	840
3 函館	0	0	0	0	0	0	0	0	0	0	0	0	0
4 室蘭	0	0	0	0	1,506	0	0	0	0	0	0	0	216,940
5 釧路	0	0	0	0	0	0	0	0	0	0	0	0	0
6 帯広	0	0	0	0	0	0	0	0	0	0	0	0	0
7 北見	0	0	0	0	0	0	0	0	0	0	0	0	1,059
8 北海道	0	0	0	0	1,506	0	0	0	0	0	0	0	222,271
9 青森	0	0	0	0	0	0	1,007	0	0	0	0	0	4,013
10 岩手	0	0	0	0	0	0	0	0	0	0	0	0	246,110
11 宮城	0	0	0	0	0	0	0	0	0	0	0	0	289,595
12 福島	0	0	0	0	0	0	0	0	0	0	0	0	56,279
13 秋田	0	0	0	0	0	0	0	0	0	0	0	0	2,804
14 山形	0	0	0	0	0	0	0	0	0	0	0	0	9,483
15 茨城	0	0	0	0	74,403	0	0	0	0	0	0	0	160,861
16 栃木	0	0	0	0	0	0	0	0	0	0	0	0	41,533
17 群馬	0	0	0	0	0	0	0	0	0	0	0	0	0
18 埼玉	0	0	0	0	0	0	0	0	0	0	0	0	0
19 千葉	30,864	0	0	0	14,363	0	0	0	0	0	0	0	1,353,761
20 東京	1,600	0	0	0	0	0	0	0	0	0	0	0	4,660
21 神奈川	0	0	0	0	15,052	0	0	0	0	0	0	0	804,546
22 新潟	0	0	0	0	15,805	0	0	0	0	0	0	0	920,973
23 富山	0	0	0	0	0	0	0	0	0	0	0	0	203,084
24 石川	0	0	0	0	0	0	0	0	0	0	0	0	12,200
25 福井	0	0	0	0	0	0	0	0	0	0	0	0	0
26 山梨	0	0	0	0	0	0	0	0	0	0	0	0	0
27 長野	0	0	0	0	0	0	0	0	0	0	0	0	0
28 静岡	0	0	0	0	0	0	0	0	0	0	0	0	0
29 岐阜	0	0	0	0	0	0	0	0	0	0	0	0	0
30 愛知	1,300	1,890	0	0	64,790	0	0	0	2,916	0	0	0	154,845
31 三重	0	0	0	0	0	0	0	0	0	0	0	0	1,000
32 滋賀	0	0	0	0	0	0	0	0	0	0	0	0	27,208
33 京都	0	0	0	0	975	0	0	0	0	0	0	0	975
34 奈良	0	0	0	0	0	0	0	0	0	0	0	0	0
35 和歌山	0	0	0	620	55,218	0	0	1,300	9,154	0	0	0	263,872
36 大阪	0	23,300	201	0	184,373	0	0	0	0	0	0	0	867,280
37 兵庫	500	0	0	0	41,966	0	0	0	0	0	320	0	770,653
38 鳥取	0	0	0	0	0	0	0	0	0	0	0	0	0
39 島根	0	0	0	0	0	0	0	0	0	0	0	0	0
40 岡山	0	30,000	1,200	3,480	68,126	0	8,084	0	0	0	0	0	449,721
41 広島	0	441	0	0	8,600	0	0	0	0	0	0	0	1,135,393
42 山口	0	4,375	0	0	40,591	0	0	0	0	0	0	0	1,012,667
43 香川	0	8,932	15,784	0	169,214	0	0	0	1,600	0	0	650	3,235,905
44 愛媛	0	0	0	650	220	0	0	0	0	0	0	0	870
45 徳島	0	0	0	0	2,700	0	0	0	0	0	0	0	4,424
46 高知	0	0	0	0	0	0	0	0	0	0	0	0	30,615
47 福岡	18,384	10,145	81,626	7,473	265,062	0	0	0	22,252	0	1,200	608	1,429,854
48 佐賀	0	0	0	0	0	0	0	0	0	0	0	0	0
49 長崎	0	0	37,282	0	0	0	0	0	0	0	0	0	109,679
50 熊本	0	0	0	0	0	0	0	0	0	0	0	0	0
51 大分	0	0	0	0	37,905	0	0	0	1,400	0	0	0	112,376
52 宮崎	0	0	0	0	0	0	0	0	0	0	0	0	1,750
53 鹿児島	0	0	0	1,100	1,300	0	0	0	0	0	0	30	4,537
54 沖縄	0	0	0	0	1,005	0	0	0	0	0	0	3	1,008
55 全国	52,648	79,083	136,093	13,323	1,063,174	0	9,091	2,900	35,722	0	1,550	1,262	13,946,442

平成28年度　　　　　　　　　　　府県相互間輸送トン数表（全機関）　　　　　　　　　　　（単位：トン）
品目（5-21）化学薬品　　その1

発＼着	1 札幌	2 旭川	3 函館	4 室蘭	5 釧路	6 帯広	7 北見	8 北海道	9 青森	10 岩手	11 宮城	12 福島	13 秋田	14 山形
1 札幌	33,452	4,915	0	0	0	0	0	38,366	0	0	0	0	0	0
2 旭川	0	110,298	0	0	0	0	0	110,298	0	0	0	0	0	0
3 函館	0	0	0	0	0	0	0	0	0	0	0	0	0	0
4 室蘭	300,808	119,086	18,020	482,934	30,447	43,548	0	994,842	780	0	3,987	0	0	0
5 釧路	0	0	0	2,600	505,600	436,036	0	944,236	0	0	0	0	0	0
6 帯広	0	0	0	0	0	0	2,203	2,203	0	0	0	0	0	0
7 北見	0	0	0	0	0	0	97,668	97,668	0	0	0	0	0	0
8 北海道	334,260	234,298	18,020	485,534	536,047	481,787	97,668	2,187,614	780	0	3,987	0	0	0
9 青森	0	0	0	28,634	5	0	0	28,639	84,725	23,260	33,979	0	0	0
10 岩手	0	0	0	850	0	0	0	850	4,153	94,206	91,665	0	21,803	22,357
11 宮城	0	0	0	33,618	2,600	0	0	36,218	1,180	10,921	579,981	87,003	1,317	31,671
12 福島	0	0	0	1,200	1,186	0	0	2,386	34,819	139,543	316,270	0	1,000	38,678
13 秋田	0	0	0	35,900	20,957	0	0	56,857	0	15,017	0	0	612,594	0
14 山形	0	0	0	0	0	0	0	0	3,000	0	2,236	8,943	6,786	150,766
15 茨城	0	0	0	46,225	9,688	0	0	55,913	59,788	0	142,077	8,566	3,180	26,829
16 栃木	0	0	0	0	0	0	0	0	0	0	38,029	0	0	0
17 群馬	0	0	0	0	0	0	0	0	0	0	0	0	0	0
18 埼玉	0	0	0	0	0	0	0	0	0	0	22,357	0	6,826	0
19 千葉	0	0	0	10,411	910	0	0	11,321	2,580	16,977	41,655	114,281	8,000	10,539
20 東京	0	0	0	28,360	530	0	0	28,890	298	0	12,006	20	0	0
21 神奈川	0	0	0	3,913	0	0	0	3,913	7,670	0	49,980	6,011	13,651	0
22 新潟	0	0	0	7,310	0	0	0	7,310	13,747	0	0	894	0	0
23 富山	0	0	0	0	0	0	0	0	0	0	0	0	0	0
24 石川	0	0	0	0	0	0	0	0	0	0	0	0	0	0
25 福井	0	0	0	4,945	0	0	0	4,945	0	0	0	0	0	0
26 山梨	0	0	0	0	0	0	0	0	0	0	0	0	0	0
27 長野	0	0	0	0	0	0	0	0	0	0	0	0	0	0
28 静岡	0	0	0	7,772	3,100	0	0	10,872	0	9,837	2,101	450	2,783	2,600
29 岐阜	0	0	0	0	0	0	0	0	944	0	0	0	0	0
30 愛知	0	0	0	0	0	0	0	0	0	0	0	1,652	0	0
31 三重	0	0	0	0	0	0	0	0	0	0	0	1,398	0	0
32 滋賀	0	0	0	0	0	0	0	0	0	0	0	0	0	0
33 京都	0	0	0	0	0	0	0	0	0	0	0	0	0	0
34 奈良	0	0	0	0	0	0	0	0	0	0	0	0	0	0
35 和歌山	0	0	0	0	0	0	0	0	0	0	0	341	0	0
36 大阪	0	0	0	12,280	165	0	0	12,445	0	0	0	4,600	3,000	0
37 兵庫	0	0	0	1,040	0	0	0	1,040	0	0	0	0	0	0
38 鳥取	0	0	0	0	0	0	0	0	0	0	0	0	0	0
39 島根	0	0	0	0	0	0	0	0	0	0	0	0	0	0
40 岡山	0	0	0	0	0	0	0	0	0	0	0	4,080	15,503	0
41 広島	0	0	0	0	0	0	0	0	0	360	16,500	0	0	0
42 山口	0	0	0	1,100	1,800	0	0	2,900	2,359	0	12,556	2,600	0	0
43 香川	0	0	0	0	0	0	0	0	0	0	5,000	0	1,000	0
44 愛媛	0	0	0	1,010	0	0	0	1,010	0	0	3,735	1,351	0	0
45 徳島	0	0	0	0	0	0	0	0	0	0	0	1,840	0	0
46 高知	0	0	0	0	0	0	0	0	0	0	0	0	0	0
47 福岡	0	0	0	0	0	0	0	0	0	0	0	7,420	0	0
48 佐賀	0	0	0	0	0	0	0	0	0	0	0	0	0	0
49 長崎	0	0	0	0	0	0	0	0	0	0	0	0	0	0
50 熊本	0	0	0	0	0	0	0	0	0	0	0	0	0	0
51 大分	0	0	0	0	0	0	0	0	0	0	0	0	0	0
52 宮崎	0	0	0	0	0	0	0	0	0	0	0	0	0	0
53 鹿児島	0	0	0	0	0	0	0	0	525	0	0	0	0	0
54 沖縄	0	0	0	0	0	0	0	0	0	0	0	0	0	0
55 全国	334,260	234,298	18,020	710,102	576,988	481,787	97,668	2,453,123	182,110	207,272	1,162,947	615,433	681,939	283,441

平成28年度　　　　　　　　　　　府県相互間輸送トン数表（全機関）　　　　　　　　　　　（単位：トン）
品目（5-21）化学薬品　　その2

発＼着	15 茨城	16 栃木	17 群馬	18 埼玉	19 千葉	20 東京	21 神奈川	22 新潟	23 富山	24 石川	25 福井	26 山梨	27 長野	28 静岡
1 札幌	0	0	0	0	1,500	0	0	0	0	0	0	0	0	0
2 旭川	0	0	0	0	0	0	0	0	0	0	0	0	0	0
3 函館	0	0	0	0	0	0	0	0	0	0	0	0	0	0
4 室蘭	17,745	0	0	0	3,471	6,782	1,824	670	1,256	0	2,700	0	0	38,315
5 釧路	3,331	0	0	0	0	0	0	450	0	0	0	0	0	0
6 帯広	0	0	0	0	0	0	0	0	0	0	0	0	0	0
7 北見	0	0	0	0	0	0	0	0	0	0	0	0	0	0
8 北海道	21,076	0	0	0	4,971	6,782	1,824	1,120	1,256	0	2,700	0	0	38,315
9 青森	0	0	0	0	0	0	0	25,800	0	0	0	0	0	0
10 岩手	0	0	0	0	44,715	0	0	0	0	0	0	25,040	0	0
11 宮城	39,425	0	0	0	1,600	0	98,085	0	0	0	0	0	0	0
12 福島	202,826	0	0	59,493	78,653	0	83,596	1,300	0	0	0	0	0	49,223
13 秋田	0	0	0	13,651	0	0	0	0	97,650	9,554	7,750	0	0	0
14 山形	0	0	0	0	0	0	430	0	0	0	9,373	0	0	0
15 茨城	333,819	42,625	122,863	0	318,776	0	9,496	61,015	0	0	12,412	0	0	12,605
16 栃木	13,776	150,289	58,905	9,106	641	10,253	0	0	0	0	0	0	0	0
17 群馬	0	6,413	3,360	68,462	0	0	0	0	0	0	0	0	0	0
18 埼玉	3,624	10,951	19,362	141,705	20,798	828	31,891	28,277	28,122	0	0	0	1,071	37,429
19 千葉	926,235	131,628	61,651	83,246	754,205	107,895	506,300	47,410	0	0	1,000	243	0	133,051
20 東京	72,634	0	0	90,173	79,327	121,832	386,688	0	0	0	0	0	0	3,319
21 神奈川	211,410	41,854	40,086	134,101	491,035	337,751	785,728	31,426	0	13,351	22,050	0	15,918	71,525
22 新潟	18,659	0	0	71,544	1,597	0	0	634,544	35,944	0	6,464	0	13,747	0
23 富山	13,733	0	0	0	0	0	0	32,917	576,548	168,984	92,802	0	0	0
24 石川	0	0	0	0	0	0	0	0	600	7,072	30,219	0	0	0
25 福井	0	0	0	0	0	0	0	0	821	0	64	0	0	0
26 山梨	0	0	0	0	0	0	13,965	0	0	0	0	47,006	9,433	0
27 長野	0	0	0	0	0	0	0	0	0	0	0	0	376,033	32,026
28 静岡	0	13,706	0	57,855	22,261	0	195,271	0	0	0	0	29,598	38,471	1,037,077
29 岐阜	1,365	0	0	0	0	0	0	0	22,357	0	0	0	0	13,414
30 愛知	11,339	0	0	25,528	24,236	0	20,006	0	0	0	0	0	8,943	33,862
31 三重	68,099	0	0	0	88,891	928	68,884	29,065	0	0	0	0	0	15,123
32 滋賀	0	0	0	0	0	0	0	0	0	0	0	0	0	0
33 京都	0	0	0	8,049	0	0	0	0	0	0	0	0	22,357	0
34 奈良	0	0	0	0	0	0	0	0	0	0	0	0	0	0
35 和歌山	28,524	0	0	0	17,675	0	22,274	0	0	0	0	0	0	0
36 大阪	54,340	1,365	58,246	0	81,501	106	61,601	32,300	0	1,811	0	0	0	13,858
37 兵庫	14,624	0	0	0	127,034	915	132,541	1,800	0	15,749	3,003	0	0	42,653
38 鳥取	0	0	0	0	0	0	0	0	0	9,104	0	0	0	0
39 島根	0	0	0	0	12,275	0	430	0	0	0	0	0	0	0
40 岡山	38,593	0	0	0	223,960	3,449	246,450	52,635	0	0	1,000	0	0	6,202
41 広島	0	0	0	0	81,079	0	3,498	0	0	0	99,232	0	0	13,234
42 山口	16,328	0	0	0	209,920	43,975	57,639	47,200	2,006	0	52,698	0	0	29,476
43 香川	4,022	0	0	0	26,193	0	2,503	4,650	0	0	0	0	0	6,902
44 愛媛	6,470	0	0	0	24,385	1,675	44,026	9,800	0	0	600	0	0	15,973
45 徳島	0	0	0	0	0	0	0	20,569	0	0	0	0	0	0
46 高知	0	0	0	0	0	0	0	0	0	0	0	0	0	0
47 福岡	12,880	0	0	0	25,600	5,185	3,850	19,630	0	0	0	0	0	220
48 佐賀	0	0	0	0	0	0	0	0	0	0	0	0	0	0
49 長崎	0	0	0	0	0	0	0	0	0	0	0	0	0	0
50 熊本	0	0	0	0	0	0	0	24,138	0	0	0	0	0	0
51 大分	7,649	0	0	0	160,191	0	12,778	71,601	0	0	2,300	0	0	12,902
52 宮崎	0	0	0	0	8,700	0	0	0	0	0	0	0	0	0
53 鹿児島	0	0	0	0	0	0	0	0	0	0	0	0	0	0
54 沖縄	0	0	0	0	0	0	0	0	0	0	0	0	0	0
55 全国	2,121,451	398,831	364,474	762,913	2,930,219	641,574	2,813,892	1,252,130	689,055	233,023	313,448	110,830	499,389	1,604,974

平成28年度　　　　　　府県相互間輸送トン数表（全機関）　　　品目（5−21）化学薬品　　（単位：トン）その3

発＼着	29 岐阜	30 愛知	31 三重	32 滋賀	33 京都	34 奈良	35 和歌山	36 大阪	37 兵庫	38 鳥取	39 島根	40 岡山	41 広島	42 山口
1 札幌	0	0	0	0	0	0	0	0	0	0	0	0	0	0
2 旭川	0	0	0	0	0	0	0	0	0	0	0	0	0	0
3 函館	0	0	0	0	0	0	0	4,464	0	0	0	0	0	0
4 室蘭	0	900	11,801	0	0	0	0	1,281	7,424	0	0	0	0	22,143
5 釧路	0	0	0	0	0	0	0	324	0	0	0	0	0	0
6 帯広	0	0	0	0	0	0	0	0	0	0	0	0	0	0
7 北見	0	0	0	0	0	0	0	0	0	0	0	0	0	0
8 北海道	0	900	11,801	0	0	0	0	6,069	7,424	0	0	0	0	22,143
9 青森	0	0	116	0	0	0	0	0	0	0	0	0	0	0
10 岩手	0	0	0	0	0	0	0	0	0	0	0	0	300	0
11 宮城	0	20,516	0	0	0	0	377	0	0	0	0	196,855	0	0
12 福島	0	33,948	0	0	0	0	757	4,451	0	0	0	0	0	600
13 秋田	0	0	0	0	0	0	0	0	0	0	0	0	0	0
14 山形	0	0	0	0	0	0	0	0	0	0	0	0	0	0
15 茨城	0	162,000	94,381	0	0	0	2,058	40,891	26,734	0	0	43,500	6,000	36,115
16 栃木	0	0	0	0	0	0	0	0	0	0	0	0	0	0
17 群馬	0	0	0	0	0	0	0	0	0	0	0	0	0	0
18 埼玉	0	0	0	0	0	0	0	5,914	0	0	0	0	8,943	0
19 千葉	0	480,419	365,818	0	0	0	5,166	240,867	78,830	0	0	134,177	103,151	379,916
20 東京	0	591	0	0	0	0	22	0	909	0	0	0	0	0
21 神奈川	0	226,665	70,250	0	0	0	144,323	214,701	74,344	0	0	89,998	14,620	36,784
22 新潟	0	0	0	26,829	0	0	0	24,761	10,031	0	0	1,401	0	300
23 富山	0	9,301	0	0	0	0	0	0	5,433	0	0	0	0	0
24 石川	0	0	0	0	0	0	0	0	0	0	0	0	0	0
25 福井	0	0	0	0	0	0	0	15,385	0	0	0	0	0	0
26 山梨	0	0	0	0	0	0	0	0	0	0	0	0	0	0
27 長野	0	0	0	0	0	0	0	0	0	0	0	0	0	0
28 静岡	24,140	135,291	8,690	0	0	0	0	27,988	5,322	0	0	22,357	0	22,357
29 岐阜	92,643	33,089	6,484	0	7,154	13,414	0	0	0	0	0	0	0	0
30 愛知	33,741	319,180	112,866	22,357	0	0	0	9,170	20,858	0	0	9,632	0	108,557
31 三重	0	332,871	366,264	71,557	0	0	0	88,441	52,443	0	0	84,731	42,681	87,009
32 滋賀	0	0	0	4,121	0	0	0	16,382	0	0	0	0	0	0
33 京都	0	6,717	3,932	0	68,555	0	0	11,727	94,348	0	0	0	4,379	0
34 奈良	0	0	0	0	12,634	64,679	0	9,684	0	0	0	0	0	0
35 和歌山	0	23,048	27,719	0	0	0	206,465	88,182	60,396	0	0	41,382	3,618	55,436
36 大阪	0	56,809	28,596	40,486	31,746	14,269	68,637	1,859,103	306,915	0	0	149,998	41,505	110,620
37 兵庫	2,236	115,845	121,919	0	15,600	0	6,580	326,341	739,977	0	0	270,234	152,184	110,620
38 鳥取	0	0	0	0	0	0	0	35,685	0	851,572	54,552	0	0	0
39 島根	0	5,503	0	0	0	0	0	12,372	34,665	0	0	0	0	13,400
40 岡山	0	164,753	236,394	0	0	0	11,714	201,645	283,337	22,357	254	341,757	203,358	386,710
41 広島	0	18,209	4,663	0	0	0	550	43,869	57,839	0	0	77,526	287,505	93,837
42 山口	0	299,128	291,646	15,650	12,979	0	21,267	486,698	240,762	39,973	32,883	400,191	793,635	1,222,529
43 香川	0	8,383	68,087	0	0	0	1,804	6,170	10,420	0	0	87,534	15,507	93,210
44 愛媛	0	70,152	33,974	43,597	0	0	2,708	119,835	92,520	0	0	241,211	27,956	279,652
45 徳島	0	15,090	0	0	0	59,780	0	45,710	139,092	0	0	0	0	40,569
46 高知	0	0	0	0	0	0	0	0	0	0	0	0	0	0
47 福岡	0	9,840	904	0	45,350	0	3,842	17,724	4,682	0	0	11,459	40,542	101,361
48 佐賀	0	0	0	0	0	0	0	199	0	0	0	0	0	0
49 長崎	0	0	0	0	0	0	0	26,093	0	0	0	0	0	0
50 熊本	0	0	0	0	0	0	0	6,840	0	0	0	10,036	100	0
51 大分	0	92,132	104,472	0	1,019	0	0	119,486	168,995	0	17,058	28,525	54,839	337,726
52 宮崎	0	0	0	0	0	0	0	0	861	0	0	0	0	1,602
53 鹿児島	0	0	0	0	0	0	0	0	0	0	0	28,474	0	0
54 沖縄	0	0	0	0	0	0	0	0	0	0	0	32	0	0
55 全国	152,760	2,640,379	1,955,044	228,529	195,038	152,143	476,249	4,066,902	2,515,603	926,275	139,412	2,279,953	1,791,881	3,753,292

平成28年度　　　　　　府県相互間輸送トン数表（全機関）　　　品目（5−21）化学薬品　　（単位：トン）その4

発＼着	43 香川	44 愛媛	45 徳島	46 高知	47 福岡	48 佐賀	49 長崎	50 熊本	51 大分	52 宮崎	53 鹿児島	54 沖縄	55 全国
1 札幌	0	0	0	0	0	0	0	0	0	0	0	0	39,866
2 旭川	0	0	0	0	0	0	0	0	0	0	0	0	110,298
3 函館	0	0	0	0	0	0	0	0	0	0	0	0	4,464
4 室蘭	1,300	5,070	0	0	0	0	0	0	0	0	0	0	1,122,291
5 釧路	0	0	0	0	0	0	0	0	0	0	0	0	948,341
6 帯広	0	0	0	0	0	0	0	0	0	0	0	0	2,203
7 北見	0	0	0	0	0	0	0	0	0	0	0	0	97,668
8 北海道	1,300	5,070	0	0	0	0	0	0	0	0	0	0	2,325,132
9 青森	0	0	0	0	0	0	0	0	0	0	0	0	196,519
10 岩手	0	0	0	0	0	0	0	0	0	0	0	0	305,089
11 宮城	0	0	0	0	0	0	0	0	0	0	0	0	1,105,150
12 福島	250	0	0	0	2,078	0	0	0	0	0	0	0	1,049,869
13 秋田	0	0	0	0	0	0	0	0	0	0	0	0	813,073
14 山形	0	0	0	0	0	0	0	0	0	0	0	0	181,534
15 茨城	2,100	72,780	0	0	107,310	0	0	0	0	0	0	0	1,803,833
16 栃木	0	0	0	0	0	0	0	0	0	0	0	0	281,000
17 群馬	0	0	0	0	0	0	0	0	0	0	0	0	78,236
18 埼玉	0	0	0	0	0	0	0	0	0	0	0	0	368,000
19 千葉	26,829	128,426	0	0	48,306	0	0	0	23,751	0	0	0	4,973,873
20 東京	0	0	0	0	387	0	0	0	0	3,528	0	411	801,036
21 神奈川	0	22,201	199	0	3,333	0	327	352	15,001	1,241	0	0	3,391,501
22 新潟	0	0	0	0	0	0	0	0	1,000	0	0	0	868,772
23 富山	0	0	0	0	0	0	0	0	0	0	0	0	899,718
24 石川	0	0	0	0	0	0	0	0	0	0	0	0	37,891
25 福井	0	0	0	0	0	0	0	0	0	0	0	0	21,215
26 山梨	0	0	0	0	0	0	0	0	0	0	0	0	56,439
27 長野	0	0	0	0	0	0	0	0	0	0	0	0	422,015
28 静岡	600	27,470	0	0	13,650	0	0	10,041	0	0	0	0	1,720,789
29 岐阜	0	0	0	0	0	0	0	0	0	0	0	0	198,864
30 愛知	6,100	53,991	22,926	0	31,796	0	0	0	17,161	0	0	0	894,846
31 三重	0	31,827	0	0	665	2,551	0	0	11,332	0	0	0	1,444,760
32 滋賀	0	0	22,357	0	0	0	0	0	0	0	0	0	42,860
33 京都	0	4,368	0	0	22,357	0	0	0	0	0	0	0	246,790
34 奈良	0	0	0	0	0	0	0	0	0	0	0	0	86,998
35 和歌山	5,448	6,900	0	6,150	2,002	0	0	753	14,124	0	0	0	610,437
36 大阪	15,251	58,645	21,301	0	74,081	600	0	1,310	18,363	25,440	2	927	3,462,015
37 兵庫	82,192	53,836	60,143	0	55,998	0	0	6,029	31,307	41,357	3,460	18	2,535,236
38 鳥取	0	0	0	0	0	0	0	0	0	0	0	0	950,913
39 島根	0	0	0	0	0	0	0	0	0	0	0	0	78,645
40 岡山	57,244	213,399	169,693	0	111,122	900	0	12,411	89,884	88,336	3,858	152	3,191,151
41 広島	12,137	53,367	0	0	76,743	0	0	0	22,105	500	0	0	962,753
42 山口	79,985	430,270	49,942	0	250,350	47,309	40,845	12,845	70,076	16,683	28,132	4,042	5,367,485
43 香川	112,425	3,121	1,283	0	5,870	0	0	4,669	0	0	0	0	468,753
44 愛媛	126,454	6,745,733	559,447	22,357	76,216	2,273	2,353	2,200	48,308	13,703	3,596	0	8,623,271
45 徳島	9,756	1,450,415	745,794	430,402	0	0	0	0	0	0	0	0	2,959,017
46 高知	4,601	0	0	39,205	605	0	0	0	0	0	0	0	44,411
47 福岡	300	400	6,833	0	1,810,385	25,938	69,909	56,161	100,122	15,444	5,239	15,034	2,416,174
48 佐賀	0	0	0	0	350	12,485	0	43,373	1,003	0	0	0	57,410
49 長崎	0	0	0	0	1,710	0	152	0	0	0	0	0	27,955
50 熊本	0	0	0	0	13,651	0	4,819	216,893	0	0	0	0	276,478
51 大分	2,008	22,141	22,631	400	105,364	6,906	38,407	9,100	45,708	38,751	3,405	1,170	1,487,665
52 宮崎	0	0	0	0	6,452	0	1,304	11,576	7,792	0	9,042	0	112,334
53 鹿児島	0	0	776	0	0	0	0	0	0	14,334	30,063	2,244	76,416
54 沖縄	0	890	0	0	0	0	0	0	0	0	36	169,493	170,451
55 全国	544,980	9,385,252	1,683,326	498,514	2,820,782	98,962	156,811	372,692	525,491	332,114	86,833	193,491	58,294,998

平成28年度　　　　　　　　　　　　　　　府県相互間輸送トン数表（全機関）　　　　　　　　　　　　　（単位：トン）

品目　（5-22）化学肥料　　その 1

着／発	1 札幌	2 旭川	3 函館	4 室蘭	5 釧路	6 帯広	7 北見	8 北海道	9 青森	10 岩手	11 宮城	12 福島	13 秋田	14 山形
1 札幌	124,101	280,722	61,027	0	0	0	0	465,850	0	0	0	0	0	0
2 旭川	18,308	653,297	40,684	0	0	0	41,701	753,991	0	0	0	0	0	0
3 函館	0	0	50,894	0	0	0	0	50,894	0	0	0	0	0	0
4 室蘭	0	158,982	0	65,084	26,516	0	0	250,582	0	0	0	2,764	0	0
5 釧路	0	20,342	0	2,656	8,782	1,500	79,335	112,614	693	0	366	3,450	0	0
6 帯広	0	91,540	0	1,276	1,255	1,033,240	0	1,127,311	0	0	1,154	976	0	0
7 北見	0	20,342	0	0	232,837	0	452,389	705,568	0	0	0	0	0	0
8 北海道	142,409	1,225,225	152,605	69,016	269,389	1,034,740	573,425	3,466,810	693	0	1,520	7,190	0	0
9 青森	0	0	0	974	5	0	0	979	87,742	146,464	26,445	0	0	0
10 岩手	0	0	0	2,188	5,643	0	0	7,831	146,464	252,567	0	0	22,157	0
11 宮城	0	0	0	3,796	0	0	0	3,796	0	0	1,221	715,652	42,719	24,411
12 福島	0	0	0	1,200	609	0	0	1,809	0	0	6,022	9,232	170,856	0
13 秋田	0	0	0	10,439	0	0	0	10,439	0	0	37,930	0	162,054	0
14 山形	0	0	0	0	0	0	0	0	0	0	0	0	0	55,681
15 茨城	0	0	0	4,379	15,302	0	0	19,681	405	0	25,524	18,410	0	0
16 栃木	0	0	0	0	0	0	0	0	0	0	11,079	116,858	0	0
17 群馬	0	0	0	0	0	0	0	0	0	0	0	11,079	0	0
18 埼玉	0	0	0	0	0	0	0	0	0	0	0	19,849	0	0
19 千葉	0	0	0	0	5,603	2,400	0	8,003	0	5,987	0	0	0	0
20 東京	0	0	0	2,416	1,105	0	0	3,521	30	0	149	0	0	0
21 神奈川	0	0	0	1,325	0	0	0	1,325	1,721	0	280	20,342	0	0
22 新潟	0	0	0	6,609	1,923	0	0	8,532	25,855	28,479	2,032	31,901	0	9,490
23 富山	0	0	0	6,000	0	0	0	6,000	0	0	0	0	0	0
24 石川	0	0	0	0	1,203	0	0	1,203	0	0	0	0	0	0
25 福井	0	0	0	0	0	0	0	0	0	0	0	0	0	0
26 山梨	0	0	0	0	0	0	0	0	0	0	0	0	0	0
27 長野	0	0	0	0	0	0	0	0	0	0	0	0	0	0
28 静岡	0	0	0	1,541	0	3,868	2,038	7,447	992	0	0	0	0	0
29 岐阜	0	0	0	0	0	0	0	0	0	0	0	0	0	0
30 愛知	8,098	0	0	19,558	5,677	0	0	33,333	146	0	0	2,907	0	0
31 三重	0	0	0	0	0	0	0	0	0	0	0	0	0	0
32 滋賀	0	0	0	0	0	0	0	0	0	0	0	0	0	0
33 京都	0	0	0	3,762	2,053	0	0	5,815	0	0	56,958	0	0	0
34 奈良	0	0	0	0	0	0	0	0	0	0	0	0	0	0
35 和歌山	0	0	0	0	0	0	0	0	0	0	0	0	0	0
36 大阪	0	0	1,700	6,808	0	0	0	8,508	0	0	0	0	0	0
37 兵庫	0	0	855	0	1,823	0	0	2,678	0	0	1,469	0	0	0
38 鳥取	0	0	0	0	0	0	0	0	0	0	0	0	0	0
39 島根	0	0	0	1,089	0	0	0	1,089	0	0	0	0	0	0
40 岡山	0	0	0	421	7,079	6,188	0	13,688	0	0	2,300	6,589	0	0
41 広島	0	0	0	1,215	0	0	0	1,215	0	0	3,416	2,198	0	0
42 山口	1,350	0	0	34,121	22,427	22,159	0	80,057	13,377	0	8,052	1,722	4,216	6,323
43 香川	0	0	0	0	0	0	0	0	0	0	0	0	0	0
44 愛媛	2,000	0	0	1,414	1,103	0	0	4,517	0	0	1,605	0	0	0
45 徳島	0	0	0	0	0	0	0	0	0	0	0	0	0	0
46 高知	0	0	0	0	0	0	0	0	0	0	0	0	0	0
47 福岡	0	0	0	5,065	0	0	0	5,065	0	0	0	0	0	0
48 佐賀	0	0	0	0	0	0	0	0	0	0	0	0	0	0
49 長崎	0	0	0	0	0	0	0	0	0	0	0	0	0	0
50 熊本	0	0	0	0	0	0	0	0	1,846	0	0	0	1,274	0
51 大分	600	0	0	1,054	23,986	0	0	25,640	344	0	787	0	0	0
52 宮崎	0	0	0	0	0	0	0	0	0	0	0	1,200	0	0
53 鹿児島	0	0	0	0	0	0	0	0	0	0	0	0	0	0
54 沖縄	0	0	0	0	0	0	0	0	0	0	0	0	0	0
55 全国	154,457	1,225,225	155,160	184,390	364,930	1,069,355	575,463	3,728,981	279,615	391,654	847,472	453,819	214,112	71,494

平成28年度　　　　　　　　　　　　　　　府県相互間輸送トン数表（全機関）　　　　　　　　　　　　　（単位：トン）

品目　（5-22）化学肥料　　その 2

着／発	15 茨城	16 栃木	17 群馬	18 埼玉	19 千葉	20 東京	21 神奈川	22 新潟	23 富山	24 石川	25 福井	26 山梨	27 長野	28 静岡
1 札幌	0	0	0	0	0	0	0	0	0	0	0	0	0	0
2 旭川	0	0	0	0	0	0	0	0	0	0	0	0	0	0
3 函館	0	0	0	0	0	0	0	0	0	0	0	0	0	0
4 室蘭	3,004	0	0	0	0	1,595	144	2,200	0	0	0	0	0	0
5 釧路	380	0	0	0	0	0	0	0	0	0	0	0	0	807
6 帯広	0	0	0	0	0	0	0	1,500	0	0	0	0	0	0
7 北見	0	0	0	0	0	0	0	0	0	0	0	0	0	0
8 北海道	3,384	0	0	0	0	1,595	144	3,700	0	0	0	0	0	807
9 青森	11,742	0	0	0	0	0	0	26,445	0	0	0	0	0	0
10 岩手	0	0	0	0	0	0	0	26,445	0	0	0	0	0	0
11 宮城	1,920	0	0	0	0	0	18	0	0	0	0	0	0	0
12 福島	3,324	0	0	0	0	30,021	0	0	0	0	0	0	0	0
13 秋田	0	0	0	0	0	0	0	2,355	0	0	0	0	0	0
14 山形	0	0	0	0	0	0	0	0	0	0	0	0	0	0
15 茨城	103,355	19,628	26,445	6,103	35,799	0	26,445	1,500	0	0	0	0	0	25,039
16 栃木	4,733	85,667	0	0	2,034	0	0	0	0	0	0	0	0	0
17 群馬	0	0	119,727	0	0	0	0	0	0	0	0	0	0	0
18 埼玉	0	0	22,905	58,126	0	3,865	0	0	0	0	0	0	0	0
19 千葉	159,489	79,741	0	0	52,403	246	0	0	0	0	0	0	20,311	20,342
20 東京	1,900	62,122	0	0	8,168	2,723	0	0	0	0	0	0	0	1,465
21 神奈川	13,587	0	0	0	18,023	2,723	22,716	0	0	0	0	0	0	0
22 新潟	1,465	0	26,038	0	4,110	0	0	532,877	10,375	0	0	0	0	0
23 富山	0	0	0	0	0	0	0	0	15,074	0	0	0	0	0
24 石川	0	0	0	0	0	0	0	0	0	0	38,143	0	0	0
25 福井	0	0	0	0	0	0	0	0	0	0	0	0	0	0
26 山梨	0	0	0	0	0	0	0	0	0	0	0	4,019	0	0
27 長野	12,556	0	0	0	0	0	0	0	0	0	0	0	224,802	12,002
28 静岡	0	0	0	0	0	0	0	0	0	0	0	0	36,600	191,850
29 岐阜	0	0	0	0	0	0	0	0	0	0	0	20,342	0	0
30 愛知	4,279	0	0	0	0	0	0	0	4,570	0	0	0	33,236	9,811
31 三重	1,016	0	0	0	0	0	0	0	0	0	0	0	0	0
32 滋賀	0	0	0	0	0	0	0	0	0	0	0	0	0	0
33 京都	0	0	0	0	0	0	0	0	0	0	0	0	0	0
34 奈良	0	0	0	0	0	0	0	0	0	0	0	0	0	0
35 和歌山	0	0	0	0	0	0	0	0	0	0	0	0	0	0
36 大阪	1,516	0	0	0	0	0	0	0	0	0	0	0	0	0
37 兵庫	3,167	0	0	0	0	0	0	26,445	0	0	0	0	0	928
38 鳥取	0	0	0	0	0	0	0	0	0	0	0	0	0	0
39 島根	0	0	0	0	0	0	0	0	0	0	0	0	0	0
40 岡山	0	0	0	0	0	85	0	0	0	0	0	0	0	0
41 広島	5,286	0	0	0	0	0	0	0	0	0	0	0	0	0
42 山口	18,357	0	0	0	36,712	5,230	0	5,282	300	370	0	0	0	1,137
43 香川	0	0	0	0	0	0	0	0	0	0	0	0	0	0
44 愛媛	1,381	0	0	0	0	40	0	0	0	0	0	0	0	0
45 徳島	0	0	0	0	0	0	0	0	0	0	0	0	0	9,232
46 高知	0	0	0	0	0	0	0	0	0	0	0	0	0	0
47 福岡	16,546	0	0	0	0	1,840	0	0	0	0	0	0	0	650
48 佐賀	0	0	0	0	0	0	0	0	0	0	0	0	0	0
49 長崎	0	0	0	0	0	0	0	0	0	0	0	0	0	0
50 熊本	0	0	0	0	0	0	0	0	0	0	0	0	0	0
51 大分	668	0	0	0	0	0	0	0	0	0	0	0	0	240
52 宮崎	0	0	0	0	1,007	0	0	0	0	0	0	0	0	0
53 鹿児島	0	0	0	0	0	0	0	0	0	0	0	0	0	0
54 沖縄	0	0	0	0	0	0	0	0	0	0	0	0	0	0
55 全国	369,671	247,159	195,115	64,228	188,277	18,346	49,323	598,603	30,318	370	58,485	4,019	314,948	273,503

平成28年度　　　　　　　　　　府県相互間輸送トン数表（全機関）　　　　品目（5-22）化学肥料　　　　（単位：トン）その3

発＼着	29 岐阜	30 愛知	31 三重	32 滋賀	33 京都	34 奈良	35 和歌山	36 大阪	37 兵庫	38 鳥取	39 島根	40 岡山	41 広島	42 山口
1 札幌	0	0	0	0	0	0	0	0	0	0	0	0	0	0
2 旭川	0	0	0	0	0	0	0	0	0	0	0	0	0	0
3 函館	0	0	0	0	0	0	0	0	0	0	0	0	0	0
4 室蘭	0	1,455	0	0	0	0	0	24	0	0	0	0	0	1,187
5 釧路	0	0	0	0	0	0	0	0	0	0	0	0	0	0
6 帯広	0	0	0	0	0	0	0	0	0	0	0	0	0	0
7 北見	0	0	0	0	0	0	0	0	0	0	0	0	0	0
8 北海道	0	1,455	0	0	0	0	0	24	0	0	0	0	0	1,187
9 青森	0	479	0	0	0	0	0	0	0	0	0	0	0	0
10 岩手	0	0	0	0	0	0	0	0	0	0	0	0	0	0
11 宮城	0	622	0	0	0	0	0	0	5,759	0	0	0	0	0
12 福島	0	0	0	0	0	0	0	956	0	0	0	0	1,878	0
13 秋田	0	0	0	0	0	0	0	0	0	0	0	0	0	0
14 山形	0	0	0	0	0	0	0	0	0	0	0	0	0	0
15 茨城	0	2,000	700	0	0	0	0	0	1,739	0	0	0	2,234	0
16 栃木	0	0	0	0	0	0	0	0	0	0	0	0	0	0
17 群馬	0	0	0	0	0	0	0	0	0	0	0	0	0	0
18 埼玉	0	0	0	0	0	0	0	0	0	0	0	0	0	0
19 千葉	0	2,531	1,662	0	0	0	0	0	600	321	0	0	440	0
20 東京	0	0	0	0	0	0	0	0	0	0	0	0	0	0
21 神奈川	0	1,196	0	0	0	0	0	0	0	0	0	0	0	0
22 新潟	0	24,922	2,500	0	0	0	0	0	550	0	0	0	0	0
23 富山	0	0	0	0	0	0	0	0	0	0	0	0	0	0
24 石川	0	0	0	0	0	0	0	0	0	0	0	0	0	0
25 福井	0	0	0	0	0	0	0	0	0	0	0	0	0	0
26 山梨	0	0	0	0	0	0	0	0	0	0	0	0	0	0
27 長野	0	0	0	0	0	0	0	0	0	0	0	0	0	0
28 静岡	0	14,463	0	0	0	0	0	0	3,311	0	0	0	0	0
29 岐阜	32,693	0	0	0	0	0	0	0	0	0	0	0	0	0
30 愛知	2,450	210,342	0	0	0	0	0	600	1,275	0	0	0	26,852	0
31 三重	0	873	0	0	0	0	24,411	600	2,502	0	0	0	0	0
32 滋賀	0	0	0	96,565	0	0	0	0	0	0	0	0	0	0
33 京都	0	0	0	0	11,897	0	0	0	0	0	0	0	0	0
34 奈良	0	0	0	0	0	44,710	0	0	0	0	0	0	0	0
35 和歌山	0	0	0	0	0	57,173	7,215	0	0	0	0	0	0	0
36 大阪	0	1,432	0	0	20,342	10,171	0	4,216	3,516	9,154	0	28,156	0	0
37 兵庫	0	1,203	0	0	0	0	0	0	161,818	0	0	12,544	1,496	1,480
38 鳥取	0	0	0	0	0	0	0	0	0	29,478	0	20,426	0	0
39 島根	0	0	0	0	0	0	0	0	848	0	0	7,695	0	2,100
40 岡山	0	0	0	0	0	0	0	0	0	0	20,426	0	0	0
41 広島	0	0	0	0	0	0	0	3,700	14,943	0	25,428	1,011	387,240	44,753
42 山口	0	16,337	4,210	0	0	0	1,100	1,480	23,946	8,951	29,707	7,057	0	911,680
43 香川	0	0	0	0	0	0	0	0	0	0	0	0	0	0
44 愛媛	0	0	0	0	0	0	0	1,200	750	0	0	0	0	1,529
45 徳島	0	0	0	0	0	0	0	2,080	0	0	0	0	0	0
46 高知	0	0	0	0	0	0	0	0	0	0	0	0	0	0
47 福岡	0	2,700	1,624	0	0	0	0	0	6,998	0	0	2,242	804	382
48 佐賀	0	0	0	0	0	0	0	0	1,200	0	0	0	0	0
49 長崎	0	0	0	0	0	0	0	0	0	0	0	0	0	0
50 熊本	0	1,340	0	0	0	0	0	0	0	0	0	0	0	0
51 大分	0	0	650	0	0	0	0	0	4,834	0	0	1,711	2,812	25,899
52 宮崎	0	0	0	0	0	0	0	0	739	0	0	0	0	0
53 鹿児島	0	0	0	0	0	0	0	0	3,058	0	0	0	0	0
54 沖縄	0	0	0	0	0	0	0	0	0	0	0	0	0	0
55 全国	35,143	281,894	11,346	96,565	32,240	112,054	36,005	12,176	238,107	47,583	75,561	91,819	392,352	989,010

平成28年度　　　　　　　　　　府県相互間輸送トン数表（全機関）　　　　品目（5-22）化学肥料　　　　（単位：トン）その4

発＼着	43 香川	44 愛媛	45 徳島	46 高知	47 福岡	48 佐賀	49 長崎	50 熊本	51 大分	52 宮崎	53 鹿児島	54 沖縄	55 全国
1 札幌	0	0	0	0	0	0	0	0	0	0	0	0	465,850
2 旭川	0	0	0	0	0	0	0	0	0	0	0	0	753,991
3 函館	0	0	0	0	0	0	0	0	0	0	0	0	50,894
4 室蘭	0	0	0	0	0	0	0	0	0	0	730	0	263,685
5 釧路	0	0	0	0	0	0	0	0	0	0	0	0	118,310
6 帯広	0	0	0	0	0	0	0	0	0	0	0	0	1,130,941
7 北見	0	0	0	0	0	0	0	0	0	0	0	0	705,568
8 北海道	0	0	0	0	0	0	0	0	0	0	730	0	3,489,239
9 青森	0	0	0	1,600	1,350	0	0	0	0	0	0	0	170,757
10 岩手	0	0	0	0	0	0	0	0	0	0	0	0	455,464
11 宮城	0	0	0	0	0	0	0	0	0	0	0	0	796,117
12 福島	0	500	0	0	0	0	0	0	0	0	0	0	224,598
13 秋田	0	0	0	0	0	0	0	0	0	0	0	0	212,779
14 山形	0	0	0	0	0	0	0	0	0	0	0	0	55,681
15 茨城	0	800	0	0	32,493	0	0	0	0	0	0	0	348,300
16 栃木	0	0	0	0	0	0	0	0	0	0	0	0	220,371
17 群馬	0	0	0	0	0	0	0	0	0	0	0	0	130,805
18 埼玉	0	0	0	0	0	0	0	0	0	0	0	0	104,745
19 千葉	0	0	0	0	0	0	0	0	0	0	1,000	0	353,077
20 東京	0	0	0	0	0	0	0	0	0	834	7,418	74	88,403
21 神奈川	0	1,000	0	0	0	0	0	0	160	0	0	0	83,073
22 新潟	0	0	0	0	1,794	0	0	0	0	0	0	0	710,918
23 富山	0	0	0	0	0	0	0	0	0	0	0	0	21,074
24 石川	0	0	0	0	0	0	0	0	0	0	0	0	1,203
25 福井	0	0	0	0	0	0	0	0	0	0	0	0	38,143
26 山梨	0	0	0	0	0	0	0	0	0	0	0	0	4,019
27 長野	0	0	0	0	0	0	0	0	0	0	0	0	249,359
28 静岡	0	0	0	0	0	0	0	2,987	0	0	718	0	258,368
29 岐阜	0	0	0	0	0	0	0	0	0	0	0	0	53,035
30 愛知	0	700	0	0	0	0	0	0	0	1,250	0	0	331,751
31 三重	0	400	0	0	0	0	0	0	0	0	0	0	29,802
32 滋賀	0	0	0	0	0	0	0	0	0	0	0	0	96,565
33 京都	0	0	0	0	0	0	0	0	0	0	0	0	74,671
34 奈良	0	0	0	0	0	0	0	0	0	0	0	0	44,710
35 和歌山	0	300	0	0	0	0	0	0	0	0	0	0	64,687
36 大阪	0	44,571	63,645	0	3,455	0	0	0	60	0	1,750	87	200,579
37 兵庫	920	14,405	40,684	40	4,348	800	1,151	2,800	2,259	767	795	0	282,198
38 鳥取	0	0	0	0	0	0	0	0	0	0	0	0	29,478
39 島根	0	0	0	0	350	0	0	0	0	0	0	0	21,865
40 岡山	0	3,230	0	0	8,566	0	0	0	0	0	10,917	118	56,136
41 広島	11,371	0	0	0	21,531	2,510	0	0	1,016	5,550	600	0	531,768
42 山口	0	24,850	0	7,150	72,411	164,113	0	0	8,396	2,710	14,314	0	1,479,546
43 香川	211,186	13,613	0	0	0	0	0	0	0	0	0	0	224,799
44 愛媛	21,046	49,205	6,806	0	1,606	0	0	210	0	0	0	420	90,315
45 徳島	0	0	118,256	0	0	0	0	0	0	0	0	0	129,568
46 高知	0	0	0	68,212	0	0	0	0	0	0	0	0	68,212
47 福岡	1,400	6,353	0	531	766,795	2,000	749	55,314	21,610	807	27,462	8,894	930,394
48 佐賀	0	0	0	0	20,342	20,410	0	0	0	0	0	0	42,334
49 長崎	0	0	0	0	0	0	311,718	0	0	0	0	0	311,718
50 熊本	0	0	0	0	0	48,821	0	164,016	0	0	29,089	0	246,386
51 大分	0	0	0	0	12,805	0	0	34,068	112,126	350	24,390	0	246,975
52 宮崎	0	0	0	0	0	0	19,529	0	0	73,144	350	0	95,968
53 鹿児島	0	0	0	0	329	0	0	1,800	0	0	185,353	3,084	193,624
54 沖縄	0	0	0	0	0	0	0	0	0	0	264	19,125	19,389
55 全国	245,923	159,427	229,891	77,533	948,176	238,665	333,147	261,195	145,567	85,122	305,150	31,802	13,913,426

平成28年度　　　府県相互間輸送トン数表（全機関）　　品目（5-23）その他の化学工業品　その 1　（単位：トン）

着／発	1 札幌	2 旭川	3 函館	4 室蘭	5 釧路	6 帯広	7 北見	8 北海道	9 青森	10 岩手	11 宮城	12 福島	13 秋田	14 山形
1 札幌	2,025,895	267,802	59,083	147,943	30,342	17,070	58,237	2,606,373	0	0	460	0	0	0
2 旭川	1,535	25,060	8,680	0	0	0	115	35,391	0	0	0	0	0	0
3 函館	1,447	0	365,316	0	1,634	0	0	368,397	0	0	0	0	0	0
4 室蘭	258,610	74,640	25,383	401,220	10,140	0	26,830	796,823	0	0	301	64	0	0
5 釧路	0	0	5,982	0	16,797	0	0	22,779	0	0	0	0	0	0
6 帯広	0	0	1,555	0	6,275	49,470	0	57,300	0	0	0	0	0	0
7 北見	18,750	0	0	0	8,462	0	64,599	91,811	0	0	0	0	0	0
8 北海道	2,306,237	367,503	465,998	549,163	73,649	66,540	149,782	3,978,873	0	0	761	64	0	0
9 青森	0	0	3,963	0	52	0	0	4,015	81,740	42	0	0	115	0
10 岩手	0	0	0	0	0	0	0	0	984	68,398	4,408	2,893	20,915	0
11 宮城	0	0	0	24,986	0	0	0	24,986	74,202	8,097	356,707	3,132	0	0
12 福島	0	0	0	0	0	0	0	0	25,848	51,696	4,774	249,128	0	9,902
13 秋田	0	0	0	0	0	0	0	0	31,826	13,072	0	0	80,324	0
14 山形	0	0	0	0	0	0	0	0	0	0	0	249	0	175,177
15 茨城	0	0	986	80,096	0	0	0	81,082	0	0	0	4,215	0	0
16 栃木	0	0	0	0	0	0	0	0	0	4,239	43,101	127,473	0	0
17 群馬	0	0	0	0	0	0	0	0	0	0	748	0	0	0
18 埼玉	82,713	0	0	0	0	0	0	82,713	0	0	0	8,680	0	0
19 千葉	0	0	0	0	0	0	0	0	10,150	0	4,340	33,764	0	0
20 東京	0	0	0	40,676	325	0	0	41,001	0	20	33,633	0	0	0
21 神奈川	5,080	0	2,065	3,988	0	0	0	11,133	7,347	34,781	32,748	26,973	0	0
22 新潟	0	0	0	0	0	0	0	0	0	0	1,377	0	0	0
23 富山	0	0	0	0	0	0	0	0	0	0	0	0	0	0
24 石川	0	0	0	0	0	0	0	0	0	0	0	0	0	0
25 福井	0	0	0	4,625	0	0	0	4,625	0	0	0	0	0	0
26 山梨	0	0	0	0	0	0	0	0	0	0	0	0	0	0
27 長野	0	0	0	0	0	0	0	0	0	0	0	0	0	0
28 静岡	0	0	1,739	12,041	0	0	0	13,780	0	0	0	0	0	0
29 岐阜	0	0	0	0	0	0	0	0	0	0	0	28,932	0	0
30 愛知	0	0	0	34,160	0	0	0	34,160	0	0	0	0	0	0
31 三重	0	0	0	0	0	0	0	0	850	0	0	0	0	0
32 滋賀	0	0	0	0	0	0	0	0	0	0	0	0	0	0
33 京都	0	0	0	0	0	0	0	0	0	0	0	0	0	0
34 奈良	0	0	0	0	0	0	0	0	0	0	0	0	0	0
35 和歌山	0	0	0	0	0	0	0	0	0	0	0	0	0	0
36 大阪	0	0	0	12,811	65	0	0	12,876	0	0	0	0	0	0
37 兵庫	0	0	239	0	0	0	0	239	0	0	0	0	0	0
38 鳥取	0	0	0	0	0	0	0	0	0	0	0	0	0	0
39 島根	0	0	0	0	0	0	0	0	0	0	0	0	0	0
40 岡山	0	0	0	0	0	0	0	0	0	0	0	0	0	0
41 広島	0	0	0	416	0	0	0	416	0	0	0	0	0	0
42 山口	0	0	0	1,500	0	0	0	1,500	0	0	0	0	0	0
43 香川	0	0	0	0	0	0	0	0	0	0	0	0	0	0
44 愛媛	0	0	0	0	0	0	0	0	0	0	0	0	0	0
45 徳島	0	0	0	0	0	0	0	0	0	0	0	0	0	0
46 高知	0	0	0	0	0	0	0	0	0	0	0	0	0	0
47 福岡	0	0	664	0	0	0	0	664	0	0	0	0	0	0
48 佐賀	0	0	0	0	0	0	0	0	0	0	0	0	0	0
49 長崎	0	0	0	0	0	0	0	0	0	0	0	0	0	0
50 熊本	0	0	0	0	0	0	0	0	0	0	0	0	0	0
51 大分	0	0	0	0	0	0	0	0	0	0	0	0	0	0
52 宮崎	0	0	0	0	0	0	0	0	0	0	0	0	0	0
53 鹿児島	0	0	1,923	0	0	0	0	1,923	0	0	0	0	0	0
54 沖縄	0	0	0	0	5	0	0	5	0	0	0	0	0	0
55 全国	2,394,030	367,503	477,578	764,467	74,091	66,540	149,782	4,293,991	232,947	180,345	482,597	485,505	101,355	185,079

平成28年度　　　府県相互間輸送トン数表（全機関）　　品目（5-23）その他の化学工業品　その 2　（単位：トン）

着／発	15 茨城	16 栃木	17 群馬	18 埼玉	19 千葉	20 東京	21 神奈川	22 新潟	23 富山	24 石川	25 福井	26 山梨	27 長野	28 静岡
1 札幌	0	0	0	0	0	0	0	0	0	0	0	0	0	0
2 旭川	0	0	0	0	0	0	0	0	0	0	0	0	0	0
3 函館	1,802	0	0	0	0	0	0	0	0	0	0	0	0	200
4 室蘭	10,260	0	0	0	0	407	774	0	0	0	160	0	0	0
5 釧路	1,141	0	0	0	0	0	0	0	0	0	0	0	0	0
6 帯広	0	0	0	0	0	0	0	0	0	0	0	0	0	0
7 北見	0	0	0	0	0	0	0	0	0	0	0	0	0	0
8 北海道	13,203	0	0	0	0	407	774	0	0	0	160	0	0	200
9 青森	512	0	0	0	0	0	0	0	0	0	0	0	0	0
10 岩手	0	0	0	0	0	0	0	0	0	0	0	0	0	0
11 宮城	0	0	0	0	0	0	26,622	25,938	0	0	0	0	0	0
12 福島	32,610	41,815	51,696	140,033	9,073	30,410	57,865	0	0	0	0	0	25,848	38,191
13 秋田	0	0	0	15,121	0	0	0	0	0	0	0	0	0	0
14 山形	347	0	0	25,848	0	0	9,047	10,339	0	0	0	0	0	0
15 茨城	2,740,181	515,320	253,877	772,534	665,359	290,530	237,321	64,912	0	0	0	2,947	103,869	148,531
16 栃木	31,709	531,594	44,959	134,172	117,205	205,097	21,182	43,109	0	0	0	0	3,645	16,520
17 群馬	62,786	139,287	914,122	247,795	52,821	99,178	151,881	79,015	0	0	0	0	10,695	0
18 埼玉	205,146	176,165	342,771	1,744,602	404,286	345,644	233,167	30,856	0	0	0	10,416	95,477	154,644
19 千葉	840,029	88,646	472,648	139,336	3,195,293	200,572	421,674	0	0	0	15,693	10,068	17,359	92,224
20 東京	122,472	154,154	176,488	401,245	699,355	2,443,057	223,631	0	0	0	0	18,806	20	820
21 神奈川	350,416	4,670	269,072	351,854	320,392	225,776	2,885,942	0	2,092	0	0	2,255	25,848	379,521
22 新潟	0	10,956	41,278	14,408	0	28,932	575	1,359,282	64,960	0	0	0	25,848	0
23 富山	28,932	0	18,998	0	28,932	25,331	125,071	1,741,626	116,227	0	0	0	25,848	0
24 石川	0	0	25,848	0	0	0	0	30,021	85,682	39,808	0	0	0	0
25 福井	0	0	0	0	0	0	0	0	25,098	510,513	0	0	0	8,101
26 山梨	29,780	0	0	0	0	15,045	25,895	31,017	0	0	0	79,048	197	0
27 長野	0	0	0	20,778	0	0	0	0	0	0	0	33	304,705	0
28 静岡	7,467	0	47,739	10,126	140,309	685	89,020	18,781	0	23,146	7,233	8,680	1,569	1,917,934
29 岐阜	0	0	0	0	0	0	0	31,826	0	0	10,135	0	20,342	8,911
30 愛知	422	0	8,680	74,959	30,811	68	74,067	25,848	0	0	0	2,893	49,185	279,239
31 三重	3,581	0	0	37,757	4,059	4,377	71,206	0	0	0	0	0	0	100,918
32 滋賀	2,893	0	0	0	0	0	0	0	0	0	3,877	0	0	0
33 京都	0	0	0	0	0	0	0	0	0	0	0	0	0	0
34 奈良	0	2,893	0	0	0	0	0	0	0	0	0	0	0	0
35 和歌山	0	0	0	0	1,800	0	0	0	0	10,339	2,893	0	0	28,069
36 大阪	18,258	0	10,126	44,845	53,037	148	31,826	0	25,848	8,680	52,917	31,826	0	75,778
37 兵庫	68,302	0	0	0	7,196	816	115,339	0	10,339	7,754	0	0	11,573	35,129
38 鳥取	0	0	0	0	0	0	0	0	0	0	0	0	0	0
39 島根	18,227	0	0	38,040	0	0	0	0	0	0	0	0	0	0
40 岡山	1,000	34,719	0	66,545	70,482	9,390	31,949	0	0	0	112,837	0	0	0
41 広島	58	0	0	0	2,160	0	0	0	15,000	0	0	0	0	0
42 山口	1,500	25,848	0	36,455	116,103	3,585	40	0	0	0	0	0	0	0
43 香川	0	0	0	0	160	0	34,719	0	0	0	0	0	0	0
44 愛媛	0	0	28,932	98,370	56,327	6,165	0	0	0	0	0	28,932	0	15,926
45 徳島	51,696	0	0	0	0	0	0	25,848	0	0	0	0	0	0
46 高知	0	0	0	0	0	0	0	0	0	0	0	4,253	0	0
47 福岡	7,342	0	0	0	0	23,990	0	5,786	0	0	0	0	0	68,640
48 佐賀	0	0	0	0	0	0	0	0	0	0	0	0	0	0
49 長崎	0	0	0	0	0	0	0	0	0	0	0	0	0	0
50 熊本	0	0	0	0	0	0	0	0	0	0	0	0	0	0
51 大分	3,302	0	0	0	17,715	0	93,353	0	0	14,466	0	0	0	11,703
52 宮崎	0	0	0	0	0	0	0	0	0	0	0	0	0	0
53 鹿児島	0	0	0	0	6,146	0	0	0	0	0	0	0	0	0
54 沖縄	0	0	0	0	0	0	0	0	0	0	0	0	0	0
55 全国	4,642,173	1,726,066	2,688,236	4,395,781	6,008,130	3,961,069	4,887,014	1,825,842	1,889,885	310,963	765,429	166,971	700,433	3,380,999

- 144 -

平成28年度　　府県相互間輸送トン数表（全機関）　　品目（5-23）その他の化学工業品　（単位：トン）その 3

発＼着	29 岐阜	30 愛知	31 三重	32 滋賀	33 京都	34 奈良	35 和歌山	36 大阪	37 兵庫	38 鳥取	39 島根	40 岡山	41 広島	42 山口
1 札幌	0	0	0	0	0	0	0	0	0	0	0	0	0	0
2 旭川	0	0	0	0	0	0	0	0	0	0	0	0	0	0
3 函館	0	0	0	0	0	0	0	0	520	0	0	0	0	0
4 室蘭	0	877	0	0	0	0	0	0	0	0	0	0	0	0
5 釧路	0	20	200	0	0	0	0	0	601	0	0	0	0	0
6 帯広	0	0	0	0	0	0	0	0	629	0	0	0	0	0
7 北見	0	0	0	0	0	0	0	0	0	0	0	0	0	0
8 北海道	0	897	200	0	0	0	0	0	1,750	0	0	0	0	0
9 青森	0	8	0	0	0	0	0	0	100	0	0	0	0	0
10 岩手	0	0	0	0	0	0	0	0	0	0	0	0	0	0
11 宮城	0	3,050	0	0	0	0	0	0	380	0	0	0	28,932	0
12 福島	0	1,200	0	0	0	0	0	0	25,848	0	0	2,893	0	0
13 秋田	0	0	0	0	0	0	0	0	0	0	0	0	0	0
14 山形	0	0	0	0	0	0	0	0	0	0	0	0	20,253	0
15 茨城	28,932	120,572	70,944	0	32,867	3,761	0	28,932	2,893	0	0	6,379	0	0
16 栃木	0	0	0	46	0	0	11,573	0	0	0	0	0	0	25,848
17 群馬	0	8,680	0	0	0	0	0	0	12,933	0	0	1,995	0	0
18 埼玉	868	44,858	0	0	0	0	0	84,280	26,039	0	0	0	0	0
19 千葉	0	16,917	48,560	20,600	8,217	0	500	114,614	41,377	0	0	47,367	30,000	22,589
20 東京	0	10,425	0	0	0	0	0	145	8,732	0	0	0	0	1,970
21 神奈川	34,719	108,198	116,484	11,573	0	0	861	82,056	68,328	0	0	0	0	146
22 新潟	0	10,705	28,932	59,950	0	0	0	0	0	0	0	0	0	0
23 富山	0	28,950	0	0	0	0	0	75,224	68,799	0	0	0	0	0
24 石川	0	0	0	0	0	0	0	0	0	0	0	0	0	0
25 福井	0	0	28,932	0	0	0	0	20,678	118,795	0	0	0	0	0
26 山梨	0	74,750	0	0	0	0	0	0	14,466	0	0	0	0	0
27 長野	0	0	0	0	0	0	0	0	0	0	0	0	0	0
28 静岡	0	73,811	65,628	0	112,258	0	0	87,897	84,194	0	0	2,893	69,438	0
29 岐阜	918,199	240,844	23,240	37,304	0	2,453	0	0	4,340	0	0	0	0	0
30 愛知	545,232	2,404,444	120,079	32,776	0	0	54,229	306,529	7,090	0	0	11,347	0	0
31 三重	0	2,564,470	3,447,800	134,409	0	5,397	31,279	403,740	102,902	0	0	0	0	796
32 滋賀	28,932	44,308	12,924	663,026	43,322	12,314	2,092	92,042	12,796	0	0	0	0	0
33 京都	0	15,767	15,509	96,031	235,188	0	2,893	40,036	82,266	0	0	2,532	0	0
34 奈良	5,063	0	12,026	12,026	9,506	140,857	0	0	155,941	0	0	1,418	0	0
35 和歌山	0	105,976	11,642	0	0	0	1,432,033	1,136,434	179,585	0	0	37,612	0	0
36 大阪	39,117	152,357	38,099	30,694	82,583	78,949	66,285	3,153,557	540,256	315	28,932	16,049	141,769	79,854
37 兵庫	14,466	181,312	61,605	99,238	185,956	1,366	0	340,845	1,592,133	1,370	5,752	73,430	67,278	70,460
38 鳥取	0	0	0	0	0	0	2,893	25,098	0	101,067	0	3,974	0	0
39 島根	0	0	0	0	17,359	0	0	0	39,059	2,567	295,030	2,451	0	0
40 岡山	0	11,573	38,947	16,781	0	0	658	0	139,817	31,606	11,745	727,467	51,473	0
41 広島	0	5,786	10,731	29,461	11,368	0	0	86,306	62,940	0	12,924	22,989	388,923	95,188
42 山口	0	36,658	29,461	0	0	0	7,732	163,521	152,877	0	0	34,372	231,505	6,146,100
43 香川	0	0	8,400	0	0	0	0	58,186	3,026	0	0	70,017	0	0
44 愛媛	86,797	124,405	0	71,174	37,612	0	34,719	195,590	68,191	0	0	43,862	402,320	0
45 徳島	0	0	0	0	0	0	0	35,394	152,407	0	0	33,417	144,662	0
46 高知	0	0	0	0	0	0	0	1,695	65,395	0	0	0	0	0
47 福岡	0	108,212	0	0	0	0	0	30,242	54,249	0	0	155	239,469	0
48 佐賀	0	0	14,837	57,865	0	0	0	21,513	0	0	0	0	0	11,457
49 長崎	0	0	0	0	0	0	0	0	828	0	0	0	0	0
50 熊本	0	0	0	0	0	0	0	0	0	2,893	0	0	0	0
51 大分	0	35,008	2,244	0	0	0	0	25,220	10,295	0	0	9,305	1,940	0
52 宮崎	0	0	0	0	0	0	0	27,600	6,554	0	0	0	0	0
53 鹿児島	0	0	0	0	0	0	0	0	11,980	0	0	0	0	0
54 沖縄	0	104	0	0	0	0	0	0	10	0	0	0	0	0
55 全国	1,702,327	6,534,243	4,207,226	1,343,493	776,236	247,991	1,644,853	6,943,361	3,762,843	139,818	357,276	1,149,030	1,578,494	6,693,877

平成28年度　　府県相互間輸送トン数表（全機関）　　品目（5-23）その他の化学工業品　（単位：トン）その 4

発＼着	43 香川	44 愛媛	45 徳島	46 高知	47 福岡	48 佐賀	49 長崎	50 熊本	51 大分	52 宮崎	53 鹿児島	54 沖縄	55 全国
1 札幌	0	0	0	0	0	0	0	0	0	0	0	0	2,606,833
2 旭川	0	0	0	0	0	0	0	0	0	0	0	0	35,391
3 函館	0	0	0	0	0	0	0	0	0	0	1,483	0	372,402
4 室蘭	0	0	0	0	0	0	0	0	0	0	0	0	809,666
5 釧路	0	0	0	0	0	0	0	0	0	0	0	0	24,741
6 帯広	0	0	0	0	0	0	0	0	0	0	0	0	57,929
7 北見	0	0	0	0	0	0	0	0	0	0	0	0	91,811
8 北海道	0	0	0	0	0	0	0	0	0	0	1,483	0	3,998,772
9 青森	0	0	0	0	0	0	0	0	0	0	0	0	86,533
10 岩手	0	0	0	0	0	0	0	0	0	0	0	0	97,598
11 宮城	0	0	0	0	0	0	0	0	0	0	0	0	552,047
12 福島	0	0	0	0	0	0	0	0	0	0	0	0	798,828
13 秋田	0	0	0	0	0	0	0	0	0	0	0	0	140,343
14 山形	0	0	0	0	0	0	0	0	0	0	0	0	241,260
15 茨城	9,730	0	25,848	0	25,055	0	0	0	2,118	0	0	0	6,238,711
16 栃木	0	36,166	0	0	17,359	0	0	0	0	0	0	0	1,414,999
17 群馬	0	0	0	0	0	1,995	0	0	0	0	0	0	1,783,931
18 埼玉	0	31,826	0	0	0	0	0	0	0	0	0	0	4,022,438
19 千葉	34,505	209,840	0	0	10,252	0	0	0	6,549	0	550	0	6,154,233
20 東京	0	0	0	0	132,386	0	0	0	0	15,184	120	21,471	4,505,134
21 神奈川	1,500	34,719	25,848	0	23,246	0	0	0	11,990	0	815	88	5,451,390
22 新潟	0	0	0	0	5,786	0	0	0	6,002	0	0	0	1,604,212
23 富山	0	0	0	0	0	0	0	0	0	0	0	0	2,283,938
24 石川	0	0	0	0	0	0	0	0	0	0	0	0	181,358
25 福井	0	11,573	1,663	0	0	0	0	0	0	0	0	0	729,979
26 山梨	0	0	0	0	0	0	0	0	0	0	0	0	255,731
27 長野	0	0	0	0	0	0	0	0	0	0	0	0	339,982
28 静岡	0	0	0	0	0	501	0	0	0	0	0	326	2,783,416
29 岐阜	0	0	0	0	0	0	0	0	0	0	0	0	1,326,527
30 愛知	17,359	69,438	0	0	25,848	0	0	0	133	0	0	0	4,174,835
31 三重	0	0	0	0	2,467	0	0	0	0	0	0	0	6,916,008
32 滋賀	81,011	28,932	0	8,788	0	0	0	0	0	0	0	0	1,008,325
33 京都	0	0	0	0	0	0	0	0	0	0	0	0	519,154
34 奈良	0	0	0	0	0	0	0	0	0	0	0	0	339,731
35 和歌山	25,874	0	57,865	0	0	0	0	0	0	0	0	0	3,030,121
36 大阪	0	0	71,664	0	11,321	25,848	0	0	6,582	3,860	1,475	5,848	4,941,580
37 兵庫	30,432	134,518	43,399	7,754	72,193	20,253	0	0	83,750	371	34,536	155	3,373,508
38 鳥取	0	0	0	0	0	0	2,893	0	0	0	0	0	141,678
39 島根	0	0	0	0	40,758	0	0	0	0	0	0	0	453,491
40 岡山	42,827	170,701	60,773	0	22,302	0	0	0	12,551	0	0	3,952	1,819,351
41 広島	0	204,208	0	0	40	4,051	0	0	611	0	1,618	0	925,317
42 山口	0	4,018	54,780	0	308,220	0	0	0	3,583	0	7,754	0	7,365,613
43 香川	260,111	5,412	1,836	0	37,612	0	0	0	3,531	0	0	663	483,674
44 愛媛	259,912	3,531,230	92,005	23,533	191,224	0	0	120	4,604	0	0	203	5,373,222
45 徳島	16,638	54,927	3,352,312	4,058	51,696	25,848	0	0	0	0	0	0	3,977,834
46 高知	0	0	0	36,982	0	0	0	0	0	0	0	0	108,326
47 福岡	0	0	0	0	1,325,618	208,023	4,304	67,499	118,730	0	82,057	17,931	2,362,912
48 佐賀	0	0	0	0	606,072	295,202	104,157	161,887	224,164	0	950	0	1,498,104
49 長崎	0	0	0	0	121	0	54,116	262	602	0	0	0	55,101
50 熊本	0	0	0	0	37,663	28,932	0	422,461	5,882	0	38,484	0	537,584
51 大分	0	508	0	0	130,591	32,605	8,680	0	673,616	15,334	900	0	1,086,785
52 宮崎	0	0	0	0	0	0	0	0	238,704	222,443	375,373	5,109	495,301
53 鹿児島	0	0	0	0	0	0	0	0	0	0	0	91	400,531
54 沖縄	0	0	0	0	1,790	0	0	0	66	0	0	152,911	154,977
55 全国	779,899	4,528,456	3,787,993	81,115	3,080,122	642,757	171,256	655,123	1,165,065	273,452	767,031	210,275	96,534,692

平成28年度 府県相互間輸送トン数表（全機関） 品目 （6-24） 紙・パルプ （単位：トン） その 1

発\着	1 札幌	2 旭川	3 函館	4 室蘭	5 釧路	6 帯広	7 北見	8 北海道	9 青森	10 岩手	11 宮城	12 福島	13 秋田	14 山形
1 札幌	1,611,793	143,347	47,284	312,723	0	0	75,035	2,190,182	0	0	0	0	0	0
2 旭川	201,716	920,122	0	86,763	0	0	41,495	1,250,095	0	0	0	0	0	0
3 函館	9,411	0	412,874	0	0	0	0	422,285	0	0	0	0	0	0
4 室蘭	324,190	0	7,545	1,366,960	23,075	0	0	1,721,769	0	0	17,220	0	0	0
5 釧路	0	0	0	235	6,223,758	37,723	0	6,261,716	0	0	323,330	0	0	0
6 帯広	0	11,317	0	0	45,267	473,315	77,235	607,134	0	0	0	0	0	0
7 北見	0	0	0	0	0	0	44,924	44,924	0	0	0	0	0	0
8 北海道	2,147,109	1,074,786	467,703	1,766,681	6,292,101	511,037	238,689	12,498,105	12	0	340,550	0	0	0
9 青森	0	0	0	0	0	0	0	12	652,113	0	117,784	97,325	0	48,285
10 岩手	0	0	0	0	0	0	0	0	172,554	1,247,812	112,344	0	7,545	0
11 宮城	0	0	0	28,260	0	0	0	28,260	10,940	135,127	448,880	36,591	63,723	254,064
12 福島	0	0	0	0	0	0	0	49,945	0	0	229,707	613,026	0	38,065
13 秋田	0	0	0	0	0	0	0	0	0	0	31,310	0	508,173	0
14 山形	0	0	0	0	0	0	0	0	11,091	8,374	0	0	18,539	454,305
15 茨城	0	0	0	78,460	0	0	0	78,460	0	0	9,431	135,802	0	0
16 栃木	0	0	0	0	0	0	0	0	0	0	0	0	0	0
17 群馬	0	0	0	0	0	0	0	0	0	0	0	7,545	446	0
18 埼玉	0	0	0	0	0	0	0	0	0	8,676	59,036	46,286	9,921	0
19 千葉	0	0	0	0	0	0	0	0	0	0	0	0	0	0
20 東京	0	0	0	59,870	0	0	0	59,870	0	0	75,457	320,645	0	0
21 神奈川	0	0	0	18,563	0	0	0	18,563	190	0	39,548	224,301	0	0
22 新潟	0	0	0	0	0	0	0	0	0	49,228	87,517	37,723	0	136,180
23 富山	0	0	0	0	0	0	0	0	0	0	0	0	0	97,514
24 石川	0	0	0	0	0	0	0	0	0	0	0	0	0	0
25 福井	0	0	0	30,800	0	0	0	30,800	0	0	0	0	0	0
26 山梨	0	0	0	0	0	0	0	0	0	0	0	0	0	0
27 長野	0	0	0	0	0	0	0	0	0	0	0	0	0	0
28 静岡	0	0	0	0	0	0	0	0	0	24,143	55,811	0	0	0
29 岐阜	0	0	0	0	0	0	0	0	0	0	0	0	0	0
30 愛知	0	0	0	25,820	0	0	0	25,820	546	0	74,550	0	0	0
31 三重	0	0	0	0	0	0	0	0	0	0	0	0	0	0
32 滋賀	0	0	0	0	0	0	0	0	0	0	15,089	0	0	0
33 京都	0	0	0	0	0	0	0	0	0	0	0	0	0	0
34 奈良	0	0	0	0	0	0	0	0	0	0	0	0	0	0
35 和歌山	0	0	0	0	0	0	0	0	0	0	0	0	0	0
36 大阪	0	0	0	7,800	0	0	0	7,800	0	0	0	0	0	0
37 兵庫	0	0	0	0	0	0	0	0	0	0	0	0	0	0
38 鳥取	0	0	0	0	0	0	0	0	0	0	0	0	0	0
39 島根	0	0	0	0	0	0	0	0	0	0	0	0	0	0
40 岡山	0	0	0	0	0	0	0	0	0	0	0	0	0	0
41 広島	0	0	0	0	2,550	0	0	2,550	0	0	2,102	0	0	0
42 山口	0	0	0	0	0	0	0	0	0	0	0	0	0	0
43 香川	0	0	0	0	0	0	0	0	668	0	0	0	0	0
44 愛媛	0	0	0	0	0	0	0	0	0	0	0	82,990	0	0
45 徳島	0	0	0	0	0	0	0	0	0	0	0	0	0	0
46 高知	0	0	0	0	0	0	0	0	0	0	0	0	0	0
47 福岡	0	0	0	0	0	0	0	0	0	0	0	0	0	0
48 佐賀	0	0	0	0	0	0	0	0	0	0	0	0	0	0
49 長崎	0	0	0	0	0	0	0	0	0	0	0	0	0	0
50 熊本	0	0	0	0	0	0	0	0	0	0	0	0	0	0
51 大分	0	0	0	0	0	0	0	0	0	0	0	0	0	0
52 宮崎	0	0	0	0	0	0	0	0	0	0	0	0	0	0
53 鹿児島	0	0	0	0	0	0	0	0	0	0	0	0	0	0
54 沖縄	0	0	0	0	0	0	0	0	0	0	0	0	0	0
55 全国	2,147,109	1,074,786	467,703	2,016,254	6,294,663	511,037	238,689	12,750,240	929,357	1,666,600	1,892,535	1,184,264	608,346	1,028,413

平成28年度 府県相互間輸送トン数表（全機関） 品目 （6-24） 紙・パルプ （単位：トン） その 2

発\着	15 茨城	16 栃木	17 群馬	18 埼玉	19 千葉	20 東京	21 神奈川	22 新潟	23 富山	24 石川	25 福井	26 山梨	27 長野	28 静岡
1 札幌	0	0	0	0	0	0	0	0	0	0	0	0	0	0
2 旭川	0	0	0	0	0	0	0	0	0	0	0	0	0	0
3 函館	0	0	0	0	0	0	0	0	0	0	0	0	0	0
4 室蘭	205,728	0	0	0	0	842,849	2,233	0	0	0	101,100	0	0	5,226
5 釧路	59,920	0	0	0	0	160,737	0	0	0	0	0	0	0	0
6 帯広	0	0	0	0	0	0	0	0	0	0	0	0	0	0
7 北見	0	0	0	0	0	0	0	0	0	0	0	0	0	0
8 北海道	265,648	0	0	0	0	1,003,586	2,233	0	0	0	101,100	0	0	5,226
9 青森	0	0	0	0	0	10,269	17,700	49,394	0	0	0	0	0	0
10 岩手	0	0	0	40,741	0	0	0	46,135	0	0	0	0	0	0
11 宮城	98,080	1,509	116,383	58,206	0	74	180	0	0	0	0	0	0	46,060
12 福島	132,995	74,100	0	45,645	46,437	46,663	237,654	0	0	0	0	0	0	22,634
13 秋田	0	0	0	0	0	0	0	0	48,097	93,741	0	0	0	60,243
14 山形	0	0	0	0	0	0	0	20,370	0	0	0	0	0	0
15 茨城	2,079,481	250,632	392,230	501,760	389,146	392,363	271,605	30,178	0	0	0	0	0	0
16 栃木	53,728	382,906	72,625	39,443	39,279	80,444	157,380	7,545	0	6,790	0	0	26,972	0
17 群馬	284,717	97,862	647,248	541,163	13,580	69,399	1,814	0	0	0	0	0	79,595	0
18 埼玉	570,180	54,622	148,521	5,246,606	452,166	1,202,553	281,120	18,861	0	8	0	0	117,663	683,011
19 千葉	188,629	88,309	126,183	850,793	1,863,533	464,671	210,116	75,446	0	0	0	0	4,810	117,340
20 東京	104,741	139,952	167,810	3,314,909	464,671	3,436,400	975,357	37,723	0	33,951	0	0	29,424	127,566
21 神奈川	81,406	269,907	104,115	456,537	37,392	369,944	1,866,484	26,406	0	0	0	11,317	3,772	419,509
22 新潟	102,229	15,655	106,473	291,598	64,129	47,908	49,040	2,804,324	0	0	0	0	0	186,722
23 富山	0	0	49,040	33,951	6,790	8,430	0	0	1,337,618	88,854	7,545	0	0	197,178
24 石川	0	0	0	0	0	0	0	0	388,508	501,451	83,481	0	0	0
25 福井	0	0	0	0	0	0	0	0	37,723	362,894	0	0	0	0
26 山梨	0	0	0	0	0	11,712	0	18,861	0	0	0	372,521	20,974	187,142
27 長野	0	0	0	0	0	14,901	0	0	0	0	0	16,221	394,673	2,266
28 静岡	91,365	84,839	87,023	534,265	339,457	516,403	427,457	35,969	69,740	28,669	0	50,171	47,689	9,220,274
29 岐阜	4,150	33,951	7,243	0	41,872	22,634	105,737	291,332	0	46,625	45,267	20,370	0	322,153
30 愛知	45,407	0	0	139,888	22,634	158,655	13,203	123,899	100,494	47,229	96,231	0	90,300	300,949
31 三重	0	0	0	45,267	48,285	32,901	0	28,057	0	0	0	0	111,660	0
32 滋賀	0	0	0	4,527	0	0	0	0	45,117	23,950	0	0	0	50,322
33 京都	0	0	0	0	0	0	0	0	0	0	7,027	0	0	7,922
34 奈良	0	0	0	0	0	42,627	0	0	0	0	0	0	0	0
35 和歌山	0	0	0	0	0	0	0	0	0	0	0	0	0	0
36 大阪	0	0	0	32,819	35,111	77,542	67,055	0	41,495	0	19,239	0	0	81,670
37 兵庫	0	0	0	0	12,826	35,230	0	0	37,723	147,723	0	0	0	18,861
38 鳥取	0	0	0	0	0	0	0	6,340	0	0	0	0	0	4,349
39 島根	0	0	0	0	0	0	0	0	0	0	0	0	0	0
40 岡山	0	0	0	30,178	260	9,205	3,772	0	0	0	0	0	0	0
41 広島	0	0	0	0	88,380	0	0	0	0	0	0	0	0	37,850
42 山口	0	0	0	0	0	64,495	0	0	0	0	0	0	0	1,248
43 香川	51,130	39,609	0	0	0	0	0	0	0	0	0	0	0	0
44 愛媛	103,172	50,549	52,058	741,821	349,655	358,513	187,418	0	103,738	22,634	48,285	0	49,794	219,447
45 徳島	0	0	0	0	0	0	0	0	0	0	0	0	0	0
46 高知	0	0	0	0	0	0	0	0	0	0	0	0	0	0
47 福岡	13,620	0	0	0	0	52,990	0	0	0	0	0	0	0	61,930
48 佐賀	0	0	0	0	0	0	0	0	0	0	0	0	0	0
49 長崎	0	0	0	0	0	0	0	0	0	0	0	0	0	0
50 熊本	0	0	0	0	0	0	0	0	0	0	0	0	0	0
51 大分	0	0	0	0	0	0	0	0	0	0	0	0	0	120
52 宮崎	0	0	0	0	0	112,032	0	0	0	0	0	0	0	0
53 鹿児島	0	0	0	0	0	52,134	0	0	0	0	0	0	0	0
54 沖縄	0	0	0	0	0	4,280	0	0	0	0	0	0	0	0
55 全国	4,270,676	1,584,402	2,122,219	12,917,676	4,302,777	8,943,610	4,881,666	3,614,501	2,172,530	1,055,399	795,020	470,601	977,335	12,381,805

平成28年度　　　　　　　　　　　　　　　　　　　府県相互間輸送トン数表（全機関）　　　　　　　　　品目（6-24）紙・パルプ　　　　　（単位：トン）その3

着／発	29 岐阜	30 愛知	31 三重	32 滋賀	33 京都	34 奈良	35 和歌山	36 大阪	37 兵庫	38 鳥取	39 島根	40 岡山	41 広島	42 山口
1 札幌	0	0	0	0	0	0	0	0	0	0	0	0	0	0
2 旭川	0	0	0	0	0	0	0	0	0	0	0	0	0	0
3 函館	0	0	0	0	0	0	0	0	0	0	0	0	0	0
4 室蘭	0	107,343	0	0	0	0	0	53,689	0	1,295	0	0	0	0
5 釧路	0	66,993	0	0	0	0	0	45,814	0	0	0	0	0	0
6 帯広	0	0	0	0	0	0	0	0	0	0	0	0	0	0
7 北見	0	0	0	0	0	0	0	0	0	0	0	0	0	0
8 北海道	0	174,336	0	0	0	0	0	99,503	0	1,295	0	0	0	0
9 青森	0	11,580	0	0	0	0	0	87,200	24,049	0	0	0	0	0
10 岩手	0	0	0	0	0	0	0	0	0	0	0	0	0	0
11 宮城	0	12,648	0	0	0	0	0	0	0	0	0	0	0	0
12 福島	38,477	0	0	0	0	0	0	0	0	0	0	0	0	0
13 秋田	0	0	0	0	7,000	0	0	0	0	0	0	0	0	0
14 山形	0	0	0	0	0	0	0	0	0	0	0	0	0	0
15 茨城	42,551	121,860	0	0	79,218	0	0	37,723	35,082	0	0	0	49,040	0
16 栃木	0	0	37,723	0	0	0	0	0	0	0	0	0	0	0
17 群馬	0	37,723	0	0	0	0	0	0	0	0	0	0	0	0
18 埼玉	0	224,870	0	0	0	0	0	47,224	0	0	0	0	0	0
19 千葉	30,178	0	0	0	0	0	0	79,983	8,676	0	0	60	940	0
20 東京	0	42,382	0	0	0	0	0	338	362	0	0	0	0	245
21 神奈川	0	7,698	0	0	0	0	0	73,937	1,476	0	404	0	0	0
22 新潟	0	251,721	0	0	0	0	0	81,104	43,381	0	0	0	0	0
23 富山	0	86,027	0	0	0	0	0	0	0	0	0	0	0	0
24 石川	0	33,668	0	0	0	0	0	0	0	0	0	0	0	0
25 福井	29,515	46,863	0	47,323	0	0	0	0	0	0	0	0	0	0
26 山梨	0	0	0	0	0	0	0	0	0	0	0	0	0	0
27 長野	52,322	46,721	0	0	0	3,054	0	0	0	0	0	0	0	0
28 静岡	20,748	602,280	2,035	167,293	98,660	42,250	12,838	147,176	0	0	43,193	0	0	621
29 岐阜	1,689,242	216,825	71,523	0	0	75,446	0	68,542	84,733	0	0	0	0	0
30 愛知	249,028	3,283,830	152,482	0	6,036	0	10,259	183,476	32,123	0	0	33,951	0	0
31 三重	0	109,877	311,237	48,612	38,874	0	0	49,025	172,623	0	0	0	0	45,656
32 滋賀	39,753	11,244	24,818	208,568	68,076	0	0	245,029	0	0	0	5,856	0	0
33 京都	0	37,723	8,412	27,941	1,871,785	7,262	0	211,004	68,860	2,829	0	8,417	0	0
34 奈良	0	0	1,764	30,396	40,314	31,140	0	46,280	19,805	0	0	30,178	0	0
35 和歌山	0	0	0	0	0	0	156,451	24,741	0	0	0	0	0	0
36 大阪	94,835	256,610	122,430	149,265	521,976	121,487	135,151	4,314,431	1,483,322	0	0	18,296	0	105,202
37 兵庫	0	175,020	0	0	404,808	0	0	486,007	2,801,427	0	1,820	7,821	83,776	81
38 鳥取	16,221	92,270	0	0	0	0	0	154,204	4,199	809,288	3,806	0	0	0
39 島根	0	45,267	0	0	0	0	0	45,267	326,828	11,694	102,322	0	0	6,615
40 岡山	0	44,951	7,545	0	0	0	0	30,301	0	562	45,267	662,448	106,051	0
41 広島	0	0	0	0	0	0	0	0	28,142	0	0	496	1,155,276	268,296
42 山口	0	0	0	49,274	0	0	0	340,015	48,576	0	0	128,552	61,417	493,397
43 香川	0	898	0	0	0	0	0	75,446	0	0	0	12,669	37,723
44 愛媛	53,189	685,722	0	108,265	51,303	0	0	646,123	544,327	0	0	205,676	73,198	105,692
45 徳島	0	0	0	0	0	0	0	122,368	45,267	0	0	0	45,661	0
46 高知	0	2,301	0	0	0	0	0	7,014	178,151	0	0	5,611	0	0
47 福岡	0	1,598	0	0	28,057	0	0	0	0	0	0	575	40,741	2,609
48 佐賀	0	0	0	90,535	0	0	0	0	0	0	0	0	0	7,545
49 長崎	0	0	0	0	0	0	0	0	0	0	0	0	0	0
50 熊本	0	0	0	0	0	0	0	47,719	0	0	0	0	0	0
51 大分	0	0	0	0	0	0	0	0	0	0	0	0	0	0
52 宮崎	0	0	0	0	0	0	0	450	0	0	0	0	0	0
53 鹿児島	0	0	0	0	0	0	0	6,100	0	0	0	0	1,354	0
54 沖縄	0	0	0	0	0	0	0	0	0	0	0	0	0	0
55 全国	2,356,061	6,619,246	739,967	927,473	3,216,107	280,638	314,699	7,757,733	5,951,410	825,669	196,812	1,107,938	1,630,123	1,073,681

平成28年度　　　　　　　　　　　　　　　　　　　府県相互間輸送トン数表（全機関）　　　　　　　　　品目（6-24）紙・パルプ　　　　　（単位：トン）その4

着／発	43 香川	44 愛媛	45 徳島	46 高知	47 福岡	48 佐賀	49 長崎	50 熊本	51 大分	52 宮崎	53 鹿児島	54 沖縄	55 全国
1 札幌	0	0	0	0	0	0	0	0	0	0	0	0	2,190,182
2 旭川	0	0	0	0	0	0	0	0	0	0	0	0	1,250,095
3 函館	0	0	0	0	0	0	0	0	0	0	0	0	422,285
4 室蘭	0	0	606	1,202	0	0	0	0	0	0	0	0	3,060,260
5 釧路	0	0	0	0	0	0	0	0	0	0	0	0	6,918,510
6 帯広	0	0	0	0	0	0	0	0	0	0	0	0	607,134
7 北見	0	0	0	0	0	0	0	0	0	0	0	0	44,924
8 北海道	0	0	606	1,202	0	0	0	0	0	0	0	0	14,493,390
9 青森	0	0	0	0	0	0	0	0	0	0	0	0	1,115,712
10 岩手	0	0	0	0	0	0	0	0	0	0	0	0	1,627,130
11 宮城	0	0	0	0	0	0	0	0	0	0	0	0	1,310,723
12 福島	0	45,267	0	0	0	0	0	0	0	0	0	0	1,620,615
13 秋田	0	0	0	0	0	0	0	0	0	0	0	0	748,564
14 山形	0	0	0	0	0	0	0	0	0	0	0	0	512,679
15 茨城	41,495	37,346	46,022	0	29,735	0	0	0	0	0	0	0	5,051,160
16 栃木	0	0	0	0	0	0	0	0	0	0	0	0	904,835
17 群馬	0	0	0	0	0	0	0	0	0	0	0	0	1,781,092
18 埼玉	0	49,794	0	0	0	0	0	0	0	0	0	0	9,221,120
19 千葉	47,531	0	47,531	0	0	0	0	0	0	0	0	0	4,472,015
20 東京	0	1,000	0	0	10,184	0	0	0	0	3,510	700	23,466	9,370,662
21 神奈川	0	101,893	0	0	0	0	0	0	0	0	0	0	4,114,801
22 新潟	94,307	46,776	45,645	0	0	0	0	0	0	0	0	0	4,541,667
23 富山	0	49,040	0	0	0	0	0	1,000	0	0	0	0	1,865,472
24 石川	0	0	0	0	0	0	0	0	0	0	0	0	1,104,622
25 福井	45,267	0	0	0	0	0	0	0	0	0	0	0	600,386
26 山梨	0	0	0	0	0	0	0	0	0	0	0	0	592,350
27 長野	0	50,549	0	0	0	0	0	0	0	0	0	0	599,567
28 静岡	39,156	113,985	45,267	0	0	0	0	0	0	0	0	0	12,948,780
29 岐阜	4	0	5,611	0	0	0	0	0	0	0	0	0	3,130,627
30 愛知	77,096	52,246	0	0	0	0	0	0	0	0	0	0	5,320,341
31 三重	0	193,896	0	0	0	0	0	0	0	0	0	0	1,235,970
32 滋賀	0	98,310	0	0	0	0	0	0	0	0	0	0	840,659
33 京都	0	153,532	0	0	0	0	0	0	0	0	0	0	2,412,715
34 奈良	0	0	0	0	0	0	0	0	0	0	0	0	242,504
35 和歌山	0	0	0	0	0	0	0	0	0	0	0	0	181,192
36 大阪	183,333	115,589	91,289	0	1,359	0	0	0	0	7,660	0	22,981	8,107,946
37 兵庫	0	30,151	71,544	0	11,311	0	0	0	0	0	656	12	4,326,798
38 鳥取	0	49,794	0	0	0	0	0	0	0	0	0	0	1,134,131
39 島根	0	0	0	480	0	0	0	0	0	0	0	0	499,546
40 岡山	0	0	0	0	0	0	0	0	0	0	0	0	940,541
41 広島	0	15,655	0	0	44,324	0	0	0	4,393	0	0	511	1,647,783
42 山口	90,535	163,049	0	0	15,844	0	0	2,060	33,951	0	0	0	1,492,411
43 香川	2,260,159	401,536	62,631	0	0	0	0	0	0	0	0	0	2,942,468
44 愛媛	773,379	6,683,362	380,850	562,260	727,423	52,812	341	73,979	3,497	0	3,941	10,531	14,115,944
45 徳島	1,740	89,933	1,074,667	0	0	0	0	0	0	0	0	0	1,379,637
46 高知	41,872	37,723	0	759,461	0	0	0	0	0	0	0	0	1,032,134
47 福岡	0	153,909	0	0	3,331,708	97,996	15,527	203,986	18,320	3,969	0	26,474	4,054,008
48 佐賀	0	46,022	0	0	71,655	333,877	28,669	54,697	49,235	0	0	7,740	689,973
49 長崎	0	966	0	0	121,899	192,847	0	0	0	0	0	0	315,712
50 熊本	0	0	0	0	149,183	0	8,676	838,114	8,676	0	0	0	1,052,369
51 大分	98,623	0	0	0	145,233	0	0	0	162,404	0	0	6,217	412,597
52 宮崎	0	0	0	0	72,715	0	1,146	0	0	500,267	0	0	686,610
53 鹿児島	0	0	0	0	162,257	0	0	137,658	0	0	1,431,296	19,412	1,810,211
54 沖縄	0	436	0	0	0	0	0	0	0	0	213	594,908	599,837
55 全国	3,794,498	8,781,760	1,871,664	1,323,402	4,627,698	751,817	247,207	1,311,494	280,475	515,406	1,436,806	712,252	139,201,847

- 147 -

平成28年度　府県相互間輸送トン数表（全機関）　品目（6-25）繊維工業品　（単位：トン）　その1

着／発	1 札幌	2 旭川	3 函館	4 室蘭	5 釧路	6 帯広	7 北見	8 北海道	9 青森	10 岩手	11 宮城	12 福島	13 秋田	14 山形
1 札幌	214,147	14,430	0	0	0	0	0	228,577	0	0	0	0	0	0
2 旭川	0	48,658	0	0	0	0	0	48,658	0	0	0	0	0	0
3 函館	0	0	85,209	0	0	0	0	85,209	0	0	0	0	0	0
4 室蘭	400	0	0	0	0	0	0	400	0	0	0	0	0	0
5 釧路	0	0	0	0	2,716	0	0	2,716	0	0	0	0	0	0
6 帯広	0	0	0	0	0	2,188	0	2,188	0	0	0	0	0	0
7 北見	0	0	0	0	0	0	0	0	0	0	0	0	0	0
8 北海道	214,548	63,088	85,209	0	4,903	0	0	367,749	0	0	0	0	0	0
9 青森	0	0	0	0	0	0	0	0	24,012	0	0	0	8,671	0
10 岩手	0	0	0	0	0	0	0	0	0	22,411	0	0	0	0
11 宮城	0	0	0	30,991	0	0	0	30,991	0	0	150,060	0	0	0
12 福島	0	0	0	0	0	0	0	0	0	0	0	57,644	0	0
13 秋田	0	0	0	0	0	0	0	0	8,671	66,601	0	0	9,771	0
14 山形	0	0	0	0	0	0	0	0	0	0	53,500	0	0	6,309
15 茨城	0	0	0	0	0	0	0	0	0	0	0	0	0	0
16 栃木	0	0	0	0	0	0	0	0	0	0	0	0	0	0
17 群馬	0	0	0	0	0	0	0	0	0	0	0	0	0	0
18 埼玉	0	0	0	0	0	0	0	0	0	0	0	6,660	0	0
19 千葉	0	0	0	0	0	0	0	0	0	0	0	0	0	0
20 東京	0	0	0	40	0	0	0	40	0	0	9,901	0	0	0
21 神奈川	0	0	0	491	0	0	0	491	0	0	524	0	0	0
22 新潟	0	0	0	0	0	0	0	0	0	0	0	3,135	0	0
23 富山	0	0	0	0	0	0	0	0	0	0	0	0	0	0
24 石川	0	0	0	0	0	0	0	0	0	0	0	0	0	0
25 福井	0	0	0	0	0	0	0	0	0	0	0	0	0	35
26 山梨	0	0	0	0	0	0	0	0	0	0	0	0	0	0
27 長野	0	0	0	0	0	0	0	0	0	0	0	0	0	0
28 静岡	0	0	0	0	0	0	0	0	0	0	0	0	0	0
29 岐阜	0	0	0	0	0	0	0	0	0	0	0	0	0	0
30 愛知	0	0	0	60	0	0	0	60	0	0	0	0	0	0
31 三重	0	0	0	0	0	0	0	0	0	0	0	0	0	0
32 滋賀	0	0	0	0	0	0	0	0	0	0	0	0	0	0
33 京都	0	0	0	0	0	0	0	0	0	0	0	0	0	0
34 奈良	0	0	0	0	0	0	0	0	0	0	0	0	0	0
35 和歌山	0	0	0	0	0	0	0	0	0	0	0	0	0	0
36 大阪	0	0	0	0	0	0	0	0	0	0	0	0	0	0
37 兵庫	0	0	0	0	0	0	0	0	0	0	0	0	0	0
38 鳥取	0	0	0	0	0	0	0	0	0	0	0	0	0	0
39 島根	0	0	0	0	0	0	0	0	0	0	0	0	0	0
40 岡山	0	0	0	0	0	0	0	0	0	0	0	0	0	0
41 広島	0	0	0	0	0	0	0	0	0	0	74,001	0	0	0
42 山口	0	0	0	0	0	0	0	0	0	0	0	0	0	0
43 香川	0	0	0	0	0	0	0	0	0	0	0	0	0	0
44 愛媛	0	0	0	0	0	0	0	0	0	0	0	0	0	0
45 徳島	0	0	0	0	0	0	0	0	42,551	0	0	0	0	0
46 高知	0	0	0	0	0	0	0	0	0	0	0	0	0	0
47 福岡	0	0	0	0	0	0	0	0	0	0	0	0	0	0
48 佐賀	0	0	0	0	0	0	0	0	0	0	0	0	0	0
49 長崎	0	0	0	0	0	0	0	0	0	0	0	0	0	0
50 熊本	0	0	0	0	0	0	0	0	0	0	0	0	0	0
51 大分	0	0	0	0	0	0	0	0	0	0	0	0	0	0
52 宮崎	0	0	0	0	0	0	0	0	0	0	0	0	0	0
53 鹿児島	0	0	0	0	0	0	0	0	0	0	0	0	0	0
54 沖縄	0	0	0	0	0	0	0	0	0	0	0	0	0	0
55 全国	214,548	63,088	85,209	31,582	4,903	0	0	399,331	75,234	89,012	294,645	60,779	18,442	6,344

平成28年度　府県相互間輸送トン数表（全機関）　品目（6-25）繊維工業品　（単位：トン）　その2

着／発	15 茨城	16 栃木	17 群馬	18 埼玉	19 千葉	20 東京	21 神奈川	22 新潟	23 富山	24 石川	25 福井	26 山梨	27 長野	28 静岡
1 札幌	0	0	0	0	0	0	0	0	0	0	0	0	0	0
2 旭川	0	0	0	0	0	0	0	0	0	0	0	0	0	0
3 函館	0	0	0	0	0	0	0	0	0	0	0	0	0	0
4 室蘭	16	0	0	0	0	45	0	0	0	0	0	0	0	0
5 釧路	20	0	0	0	0	0	0	0	0	0	0	0	0	0
6 帯広	0	0	0	0	0	0	0	0	0	0	0	0	0	0
7 北見	0	0	0	0	0	0	0	0	0	0	0	0	0	0
8 北海道	36	0	0	0	0	45	0	0	0	0	0	0	0	0
9 青森	0	0	0	0	0	0	0	0	0	0	0	0	0	0
10 岩手	0	0	0	0	0	0	0	0	0	0	0	0	0	0
11 宮城	0	0	0	0	0	0	0	0	0	0	0	0	0	0
12 福島	0	0	0	0	0	0	0	0	0	0	0	0	0	48,101
13 秋田	0	0	0	0	0	0	0	0	0	0	0	0	0	0
14 山形	0	0	0	0	0	0	0	0	0	0	0	0	0	0
15 茨城	84,320	0	0	3,700	0	0	0	0	7,326	0	0	0	0	0
16 栃木	9,820	71,608	3,335	0	0	0	0	0	0	0	0	0	0	0
17 群馬	0	11,819	3,082	785	334	0	925	0	0	0	0	0	0	0
18 埼玉	0	0	0	65,759	0	266,569	65,299	0	0	0	0	0	0	0
19 千葉	21,460	0	0	2,668	31,149	211,179	80	3,464	0	0	0	0	0	0
20 東京	292	0	0	25,737	208,994	374,157	1,048	0	0	0	0	334	0	432
21 神奈川	0	0	0	0	247	72,864	305,660	0	0	0	0	0	0	105
22 新潟	0	0	0	0	0	0	0	379,263	0	0	0	0	0	0
23 富山	0	0	0	0	0	0	0	0	57,115	12,341	0	0	0	0
24 石川	9,787	0	0	0	0	0	0	0	36,466	647,217	262,801	0	0	0
25 福井	0	0	0	0	0	0	0	0	7,733	105,349	356,995	0	0	0
26 山梨	0	0	0	0	0	0	0	0	0	0	0	12,933	0	0
27 長野	0	0	0	0	0	0	0	543	0	0	0	0	0	4,288
28 静岡	7,400	0	7,400	0	0	0	7,508	0	0	0	0	0	32,151	311,540
29 岐阜	0	0	0	0	0	0	0	0	0	0	14,060	0	2,466	12,950
30 愛知	0	0	0	0	0	0	0	0	0	0	0	0	0	0
31 三重	0	0	0	0	37,000	0	0	0	0	0	0	0	68,821	0
32 滋賀	0	0	0	11,840	0	0	0	0	0	0	0	0	0	0
33 京都	0	0	0	0	0	0	0	0	0	0	11,322	0	0	0
34 奈良	0	0	0	0	0	0	0	0	0	0	0	0	0	0
35 和歌山	0	0	0	0	0	0	0	0	0	0	15,208	0	0	0
36 大阪	0	0	0	0	0	0	0	0	0	0	0	0	0	37,000
37 兵庫	0	0	0	0	0	5,043	0	0	0	0	0	0	0	0
38 鳥取	0	0	0	0	0	0	0	0	0	0	0	0	0	0
39 島根	0	0	0	0	0	0	0	0	0	0	0	0	0	0
40 岡山	0	0	0	0	0	0	0	0	0	0	481	0	0	0
41 広島	0	0	0	0	0	0	38,851	0	0	0	0	0	0	0
42 山口	0	0	0	0	0	0	0	0	0	0	0	0	0	0
43 香川	0	0	0	0	0	0	0	0	0	0	0	0	0	0
44 愛媛	0	0	0	0	0	0	0	0	0	37,000	0	0	0	0
45 徳島	0	0	0	0	0	0	0	0	0	0	0	0	0	0
46 高知	0	0	0	0	0	0	0	0	0	0	0	0	0	0
47 福岡	0	0	0	9,620	0	0	0	0	0	0	0	0	0	0
48 佐賀	0	0	0	0	0	0	0	0	0	0	0	0	0	0
49 長崎	0	0	0	0	0	0	0	0	0	0	0	0	0	0
50 熊本	0	0	0	0	0	0	0	0	0	0	0	0	0	0
51 大分	0	0	0	0	0	0	0	0	0	0	0	0	0	0
52 宮崎	0	0	0	0	0	0	0	0	0	0	0	0	0	0
53 鹿児島	0	0	0	0	0	0	0	0	0	0	0	0	0	0
54 沖縄	0	0	0	0	0	0	0	0	0	0	0	0	0	0
55 全国	133,115	83,427	13,817	120,110	277,725	930,782	418,447	383,270	108,640	801,908	660,867	13,267	103,437	414,417

平成28年度　　府県相互間輸送トン数表（全機関）　　品目（6-25）繊維工業品　　（単位：トン）　その3

発＼着	29 岐阜	30 愛知	31 三重	32 滋賀	33 京都	34 奈良	35 和歌山	36 大阪	37 兵庫	38 鳥取	39 島根	40 岡山	41 広島	42 山口
1 札幌	0	0	0	0	0	0	0	0	0	0	0	0	0	0
2 旭川	0	0	0	0	0	0	0	0	0	0	0	0	0	0
3 函館	0	0	0	0	0	0	0	0	0	0	0	0	0	0
4 室蘭	0	0	0	0	0	0	0	0	0	0	0	0	0	0
5 釧路	0	0	0	0	0	0	0	0	0	0	0	0	0	0
6 帯広	0	0	0	0	0	0	0	0	0	0	0	0	0	0
7 北見	0	0	0	0	0	0	0	0	0	0	0	0	0	0
8 北海道	0	0	0	0	0	0	0	0	0	0	0	0	0	0
9 青森	0	0	0	0	0	0	0	0	0	0	0	0	0	0
10 岩手	0	0	0	0	0	0	0	0	0	0	0	0	0	0
11 宮城	0	0	0	0	0	0	0	0	0	0	0	0	0	0
12 福島	0	0	0	48,101	0	0	0	0	48,101	0	0	0	0	0
13 秋田	0	0	0	0	0	0	0	0	0	0	0	0	0	0
14 山形	0	0	0	0	0	0	0	0	0	0	0	0	0	0
15 茨城	0	0	0	0	0	0	0	0	0	0	0	0	44,401	0
16 栃木	0	0	0	0	0	0	0	0	0	0	0	0	0	0
17 群馬	0	0	0	0	0	0	0	0	0	0	0	0	0	0
18 埼玉	0	0	0	0	0	0	0	0	0	0	0	0	0	0
19 千葉	0	0	0	0	0	0	0	0	0	0	0	0	0	0
20 東京	0	333	0	5,550	0	0	0	0	341	0	0	0	0	0
21 神奈川	0	0	0	0	0	0	0	0	183	0	0	0	0	0
22 新潟	0	0	0	0	0	0	0	0	0	0	0	0	2,683	0
23 富山	0	0	0	0	0	0	0	0	0	0	0	0	0	0
24 石川	0	59,201	0	22,182	0	20,742	0	0	122,570	0	0	0	0	0
25 福井	0	107,538	0	0	0	0	0	7,400	0	0	0	0	0	0
26 山梨	0	0	0	0	0	0	0	0	0	0	0	0	0	0
27 長野	4,014	0	0	0	0	0	0	0	0	0	0	0	0	0
28 静岡	0	22,274	11,512	0	0	0	0	0	0	0	0	0	0	0
29 岐阜	37,655	35,553	0	90,836	41,626	0	0	29,600	37,000	0	0	0	59,201	0
30 愛知	53,548	640,047	729	0	0	0	0	62	0	0	0	0	0	0
31 三重	0	0	68,445	108,411	0	0	0	0	0	0	0	0	0	0
32 滋賀	1,086	54,314	13,579	469,415	21,338	0	5,013	48,704	717,532	0	0	0	0	0
33 京都	0	0	0	0	153,540	600	0	48,808	0	0	0	0	0	0
34 奈良	0	706	0	0	4,536	46,308	0	13,362	494	0	0	0	0	0
35 和歌山	0	3,700	0	0	0	0	306,430	13,173	0	0	0	0	0	0
36 大阪	0	0	0	34,752	20,006	12,235	21,460	590,036	101	0	0	0	10,730	0
37 兵庫	0	34,225	0	0	9,398	0	0	7,400	486,943	0	37,000	204	89	0
38 鳥取	0	0	0	0	0	0	0	0	0	0	0	0	0	0
39 島根	0	0	0	0	0	0	0	0	0	0	747	70,301	0	0
40 岡山	0	0	0	0	55,501	0	0	37,000	555	45,407	111,535	198,456	86,654	0
41 広島	0	0	0	0	0	0	0	0	400	0	0	0	1,365,454	808,683
42 山口	0	0	0	0	0	0	0	0	525	0	0	0	296,892	958,951
43 香川	0	0	0	0	0	0	0	0	0	0	0	0	0	0
44 愛媛	0	0	0	0	0	0	0	111,001	1,124	0	0	0	0	0
45 徳島	0	0	0	0	0	0	0	0	0	0	0	0	0	0
46 高知	0	0	0	0	0	0	0	0	0	0	0	0	0	0
47 福岡	0	0	0	0	0	0	0	0	0	0	0	0	0	74,001
48 佐賀	0	0	0	0	0	0	0	0	0	0	0	0	0	0
49 長崎	0	0	0	0	0	0	0	0	0	0	0	0	0	0
50 熊本	0	0	0	0	0	0	0	0	0	0	0	0	0	0
51 大分	0	0	0	0	0	0	0	0	0	0	0	0	0	0
52 宮崎	0	0	0	0	0	0	0	570	0	0	0	0	24,790	0
53 鹿児島	0	0	0	0	0	0	0	0	0	0	0	0	0	0
54 沖縄	0	0	0	0	0	0	0	0	0	0	0	0	0	0
55 全国	96,303	957,891	94,265	779,247	305,944	79,886	332,903	907,118	1,415,869	45,407	149,283	385,975	1,773,879	1,841,635

平成28年度　　府県相互間輸送トン数表（全機関）　　品目（6-25）繊維工業品　　（単位：トン）　その4

発＼着	43 香川	44 愛媛	45 徳島	46 高知	47 福岡	48 佐賀	49 長崎	50 熊本	51 大分	52 宮崎	53 鹿児島	54 沖縄	55 全国
1 札幌	0	0	0	0	0	0	0	0	0	0	0	0	228,577
2 旭川	0	0	0	0	0	0	0	0	0	0	0	0	48,658
3 函館	0	0	0	0	0	0	0	0	0	0	0	0	85,209
4 室蘭	0	0	0	0	0	0	0	0	0	0	0	0	461
5 釧路	0	0	0	0	0	0	0	0	0	0	0	0	2,736
6 帯広	0	0	0	0	0	0	0	0	0	0	0	0	2,188
7 北見	0	0	0	0	0	0	0	0	0	0	0	0	0
8 北海道	0	0	0	0	0	0	0	0	0	0	0	0	367,830
9 青森	0	0	0	0	0	0	0	0	0	0	0	0	32,683
10 岩手	0	0	0	0	0	0	0	0	0	0	0	0	22,411
11 宮城	0	0	0	0	0	0	0	0	0	0	0	0	181,051
12 福島	0	0	0	0	0	0	0	0	0	0	0	0	201,946
13 秋田	0	0	0	0	0	0	0	0	0	0	0	0	85,042
14 山形	0	0	0	0	0	0	0	0	0	0	0	0	59,809
15 茨城	19,610	0	0	0	0	0	0	0	0	0	0	0	159,357
16 栃木	0	0	0	0	0	0	0	0	0	0	0	0	84,763
17 群馬	0	0	0	0	0	0	0	0	0	0	0	0	16,611
18 埼玉	0	0	0	0	0	0	0	0	0	0	0	0	404,621
19 千葉	0	0	0	0	0	0	0	0	0	0	0	0	270,000
20 東京	0	0	0	0	0	0	0	0	0	0	36	590	627,786
21 神奈川	0	0	0	0	0	0	0	0	0	0	0	0	380,075
22 新潟	0	0	0	0	0	0	0	0	0	0	0	0	385,081
23 富山	0	0	0	0	0	0	0	0	0	0	0	0	69,421
24 石川	0	0	0	0	0	0	0	0	0	0	0	0	1,180,965
25 福井	0	0	0	0	0	0	0	0	0	0	0	0	585,050
26 山梨	0	0	0	0	0	0	0	0	0	0	0	0	12,933
27 長野	0	0	0	0	0	0	0	0	0	0	0	0	40,996
28 静岡	0	0	0	0	0	0	0	0	0	0	0	0	367,634
29 岐阜	0	0	0	0	0	0	0	0	0	0	0	0	360,947
30 愛知	0	0	0	0	0	0	0	0	0	0	0	0	694,446
31 三重	0	0	0	0	0	0	0	0	0	0	0	0	282,678
32 滋賀	0	0	0	0	0	0	0	0	0	0	0	0	1,354,144
33 京都	0	0	0	0	0	0	0	0	0	0	0	0	202,948
34 奈良	0	0	0	0	0	0	0	0	0	0	0	0	65,407
35 和歌山	0	0	0	0	0	0	0	0	0	0	0	0	338,510
36 大阪	0	0	0	0	21	0	0	0	0	0	0	125	726,467
37 兵庫	334	1,734	0	0	557	0	0	0	0	0	0	4	582,931
38 鳥取	0	0	0	0	0	0	0	0	0	0	0	0	0
39 島根	0	37,000	0	0	0	0	0	0	0	0	0	0	108,048
40 岡山	0	0	0	0	0	0	0	0	0	0	0	47	535,636
41 広島	0	0	0	0	0	0	0	643	0	0	0	0	2,288,031
42 山口	0	13,690	0	0	0	0	0	0	0	0	0	0	1,270,058
43 香川	1,989	75,660	64,077	0	0	0	0	0	0	0	0	4	141,730
44 愛媛	223,662	653,665	0	0	0	0	0	0	0	0	0	0	1,026,453
45 徳島	64,064	0	29,550	0	0	0	0	0	0	0	0	0	136,165
46 高知	0	0	0	8,271	0	0	0	0	0	0	0	0	8,271
47 福岡	0	0	0	0	69,112	2,820	1,354	0	3,515	0	0	2,280	162,703
48 佐賀	0	0	0	0	12,950	28,483	76,706	0	0	0	0	0	118,140
49 長崎	0	0	0	0	0	0	771	0	0	0	0	0	771
50 熊本	0	0	0	0	4,669	0	0	68,148	66,025	354	0	0	139,195
51 大分	0	0	0	0	0	0	0	66,025	98,763	0	0	0	164,788
52 宮崎	0	0	0	0	2,001	0	0	0	0	100,445	0	0	127,806
53 鹿児島	0	0	0	0	0	0	0	0	0	0	26,913	56	26,969
54 沖縄	0	0	0	0	0	0	0	0	0	0	0	164,876	164,876
55 全国	309,658	781,750	93,628	8,271	89,310	31,304	78,831	134,816	168,303	100,799	26,949	167,982	16,564,593

平成28年度　府県相互間輸送トン数表（全機関）　品目（6-26）食料工業品　（単位：トン）　その 1

発＼着	1 札幌	2 旭川	3 函館	4 室蘭	5 釧路	6 帯広	7 北見	8 北海道	9 青森	10 岩手	11 宮城	12 福島	13 秋田	14 山形
1 札幌	23,781,940	2,031,198	1,158,343	1,724,992	1,690,523	929,680	1,647,713	32,964,388	0	0	0	0	0	0
2 旭川	696,827	1,869,339	0	301,289	0	0	610,236	3,477,691	0	0	0	0	0	0
3 函館	127,839	0	3,684,815	10	0	0	0	3,812,664	0	0	0	0	0	0
4 室蘭	2,391,912	0	0	755,179	6,975	0	0	3,154,067	0	0	0	0	0	0
5 釧路	131,686	0	0	113,471	1,954,095	0	267	2,199,519	0	0	0	0	0	0
6 帯広	124,926	0	0	1,180,067	0	2,969,856	0	4,274,848	0	0	0	0	0	0
7 北見	180,952	641,572	0	116,666	707,506	0	1,099,463	2,746,159	0	0	0	0	0	0
8 北海道	27,436,082	4,542,110	4,843,158	4,191,675	4,359,099	3,899,535	3,357,678	52,629,337	0	0	0	0	0	0
9 青森	0	0	0	41	38	0	0	79	12,915,097	458,321	197,978	0	472,304	0
10 岩手	120,201	0	0	32,364	0	0	0	152,565	1,279,305	2,433,937	317,250	346	144,915	11,005
11 宮城	0	0	0	34,423	0	0	0	34,423	1,662,159	346,674	7,234,346	3,324,365	755,053	1,067,874
12 福島	0	0	0	0	0	0	0	0	0	45,852	151,703	2,784,461	0	42,052
13 秋田	0	0	0	0	0	0	0	0	46,756	404,788	0	0	1,689,391	45,246
14 山形	0	0	0	0	0	0	0	0	0	0	93,696	68,967	125,858	3,060,376
15 茨城	77,674	0	0	354,385	0	0	0	432,059	0	16	78,257	365,547	0	0
16 栃木	125,858	0	0	0	0	0	0	125,858	0	21,212	9,545	553,076	0	20,788
17 群馬	31,717	0	0	0	0	0	0	31,717	21,386	0	129,345	24,456	0	0
18 埼玉	101,300	0	0	0	0	0	0	101,300	0	24,456	226,744	104,514	0	0
19 千葉	108,096	0	0	0	0	0	0	108,096	0	227,840	250,080	0	0	0
20 東京	0	0	0	279,102	715	0	0	279,817	25,060	0	300,489	38,859	0	0
21 神奈川	101,300	0	0	2,625	0	0	0	103,925	148,901	0	717,519	39,964	0	0
22 新潟	0	0	0	0	0	0	0	0	35,924	19,419	83,715	30,866	8,501	80,331
23 富山	0	0	0	0	0	0	0	0	0	0	0	0	0	0
24 石川	0	0	0	0	0	0	0	0	0	0	0	0	0	0
25 福井	0	0	0	45,524	0	0	0	45,524	0	0	0	0	0	0
26 山梨	0	0	0	0	0	0	0	0	0	0	0	0	0	0
27 長野	0	0	0	0	0	0	0	0	0	0	0	0	0	0
28 静岡	70,707	0	0	12,921	0	0	0	83,628	0	58,697	94,691	137,810	0	0
29 岐阜	0	0	0	0	0	0	0	0	60	0	0	0	0	0
30 愛知	35,601	0	0	6,040	0	0	0	41,641	0	0	54,370	42,007	0	0
31 三重	0	0	0	0	0	0	0	0	0	0	0	0	0	0
32 滋賀	0	0	0	0	0	0	0	0	0	0	0	0	0	0
33 京都	0	0	0	0	0	0	0	0	0	0	0	0	0	0
34 奈良	0	0	0	0	0	0	0	0	0	0	0	0	0	0
35 和歌山	0	0	0	0	0	0	0	0	0	0	0	0	0	0
36 大阪	0	0	0	23,328	55	0	0	23,383	0	15	19,564	31,851	0	0
37 兵庫	60,281	2,871	1,732	0	0	0	0	64,884	995	0	78,225	50,867	0	31,303
38 鳥取	0	0	0	0	0	0	0	0	0	0	0	0	0	0
39 島根	0	0	0	0	0	0	0	0	0	0	0	0	0	0
40 岡山	0	1,473	0	6,484	0	0	0	7,957	1,244	0	1,234	0	2,037	0
41 広島	0	0	0	0	0	0	0	0	0	0	0	0	0	0
42 山口	0	0	0	0	0	0	0	0	0	0	0	0	0	0
43 香川	63	2,371	0	640	0	0	0	3,074	3,364	0	8,887	0	0	0
44 愛媛	0	0	0	0	0	0	0	0	0	0	0	0	0	0
45 徳島	0	0	1,726	4,079	0	0	0	5,805	0	0	2,487	0	0	0
46 高知	0	0	0	0	0	0	0	0	0	0	0	0	0	0
47 福岡	0	0	0	0	0	0	0	0	0	0	0	0	0	0
48 佐賀	0	0	0	0	0	0	0	0	0	0	0	0	0	0
49 長崎	7,138	6,170	1,104	0	0	0	0	14,412	5,935	0	6,732	0	2,384	0
50 熊本	0	0	0	0	0	0	0	0	0	0	0	0	0	0
51 大分	0	0	0	540	0	0	0	540	0	0	0	0	0	0
52 宮崎	0	0	0	0	0	0	0	0	0	0	0	0	0	0
53 鹿児島	0	0	0	0	0	0	0	0	0	0	0	0	0	0
54 沖縄	0	0	0	0	0	0	0	0	0	0	0	0	0	0
55 全国	28,276,017	4,554,995	4,847,720	4,994,171	4,359,907	3,899,535	3,357,678	54,290,023	16,146,187	4,041,227	10,056,857	7,597,958	3,200,443	4,358,975

平成28年度　府県相互間輸送トン数表（全機関）　品目（6-26）食料工業品　（単位：トン）　その 2

発＼着	15 茨城	16 栃木	17 群馬	18 埼玉	19 千葉	20 東京	21 神奈川	22 新潟	23 富山	24 石川	25 福井	26 山梨	27 長野	28 静岡
1 札幌	0	77,674	0	405,117	35,601	68,936	33,982	0	0	0	0	0	0	35,601
2 旭川	0	0	0	0	0	300	0	0	0	0	0	0	0	0
3 函館	0	0	0	0	0	22,979	26,901	19,564	0	0	0	0	0	0
4 室蘭	279,738	0	91,918	0	81,232	2,520	0	0	0	0	182,300	0	0	42,073
5 釧路	156,834	0	0	0	0	1,400	0	0	0	0	0	0	0	0
6 帯広	0	0	0	0	0	35,601	0	0	0	0	0	0	0	0
7 北見	0	0	0	0	0	0	30,099	0	0	0	0	0	0	0
8 北海道	436,572	77,674	91,918	405,117	35,601	210,447	93,502	19,564	0	0	182,300	0	0	77,674
9 青森	0	0	0	80,118	0	46,979	35,763	0	0	0	0	0	0	0
10 岩手	0	0	0	48,911	152,384	500	0	0	0	0	0	0	0	0
11 宮城	351	24,273	57,471	126,511	64,432	298	39,128	89,034	32,008	0	0	0	0	138
12 福島	80,315	0	91,289	233,639	62,686	39,128	19,807	37,398	0	0	0	0	0	0
13 秋田	0	0	0	0	0	400	32,526	0	0	0	0	0	0	0
14 山形	0	0	0	64,728	0	0	38,837	496,370	0	0	0	0	0	0
15 茨城	5,253,968	582,254	640,004	2,174,719	3,170,235	1,095,240	308,169	0	0	0	0	42,712	39,128	92,688
16 栃木	244,906	1,684,514	453,918	764,868	436,142	54,519	5,759	250,303	0	0	0	0	0	26,021
17 群馬	891,962	1,422,564	10,011,919	1,622,617	728,864	897,752	1,158,568	495,183	0	0	0	1,956	179,573	165,867
18 埼玉	525,135	672,583	1,328,460	12,679,232	2,359,259	3,553,090	2,005,732	698,810	0	0	0	123,632	524,752	776,203
19 千葉	1,198,070	240,369	370,596	1,794,632	7,612,531	2,655,169	1,114,228	106,206	0	0	0	0	61,878	400,463
20 東京	436,500	119,818	60,610	1,744,597	373,651	11,986,859	1,613,643	71,201	0	0	0	83,434	31,650	85,888
21 神奈川	537,423	49,400	228,119	2,711,865	1,011,677	2,686,393	14,128,316	196,532	0	0	0	0	330,932	1,044,177
22 新潟	14,502	197,260	0	254,095	110,787	140,537	263,973	9,076,576	0	297,992	148,981	0	26,215	45,222
23 富山	0	0	0	220,933	0	31,303	0	0	4,948,824	473,667	148,981	0	0	0
24 石川	0	0	0	0	0	0	0	0	519,638	2,426,533	658,259	0	0	0
25 福井	0	0	0	0	0	0	0	0	72,144	340,803	482,346	0	0	0
26 山梨	108,288	9,782	48,911	167,420	378,712	1,125,016	690,756	0	399,110	0	0	6,095,015	501,549	308,167
27 長野	251,944	94,483	197,627	1,129,859	265,969	6,311	223,318	23,477	0	0	0	146,486	7,936,816	39,128
28 静岡	43,041	0	117,777	537,203	82,952	139,297	861,273	39,128	50,867	46,954	0	40,261	39,128	12,556,959
29 岐阜	0	24,456	0	56,565	0	219,119	0	0	192,955	81,563	0	0	342,378	19,564
30 愛知	85,270	0	0	695,688	423,944	198,099	44,404	0	75,201	1,549,317	107,727	0	221,639	640,417
31 三重	0	0	46,954	87,256	130,756	46,954	100,482	0	0	508,701	0	0	0	48,128
32 滋賀	33,939	0	0	0	0	10,606	27,833	0	0	1,674	0	0	0	0
33 京都	50,867	0	0	0	0	25,891	32,364	0	0	89,996	102,967	0	0	0
34 奈良	0	39,128	0	0	0	0	0	0	0	0	0	0	0	0
35 和歌山	0	0	0	184,295	29,128	0	600	0	0	0	0	0	0	94,888
36 大阪	62,845	0	32,364	373,212	228,549	115,569	0	25,433	0	633,221	0	0	0	155,892
37 兵庫	115,886	39,128	0	148,261	127,506	0	35,118	131,370	0	166,687	26,412	0	91,760	38,380
38 鳥取	0	0	0	0	0	0	35,601	0	0	0	0	0	0	0
39 島根	0	0	0	0	0	0	11,651	0	0	0	0	0	0	0
40 岡山	0	0	0	156,514	0	52,412	0	0	0	0	0	0	52,823	181,949
41 広島	0	0	0	53,030	0	0	21,037	0	0	0	0	7,784	0	0
42 山口	0	0	0	0	0	220	0	0	0	0	0	0	0	0
43 香川	0	0	50,867	68,366	311	94,309	139,171	0	0	0	0	0	0	0
44 愛媛	0	0	0	0	0	410	0	0	0	0	0	0	0	0
45 徳島	5,289	0	0	0	1,060	29,894	0	0	0	0	0	0	80,910	6,178
46 高知	0	0	0	0	0	0	0	0	0	0	0	0	0	0
47 福岡	11,520	0	0	38,837	1,510	186,360	0	0	0	0	0	0	0	8,910
48 佐賀	57,979	0	0	64,728	0	0	0	0	0	0	0	0	0	0
49 長崎	3,415	0	0	0	0	32,370	0	0	0	1,568	0	0	0	0
50 熊本	0	0	0	0	0	0	0	0	0	0	0	0	0	0
51 大分	0	0	0	32,364	0	0	0	0	0	0	0	0	0	1,900
52 宮崎	0	0	0	0	0	0	0	0	0	70,707	0	0	0	0
53 鹿児島	0	0	0	0	9,848	25,891	5,688	0	0	0	0	0	0	0
54 沖縄	0	0	0	29,525	32,707	13,976	0	0	0	0	0	0	0	0
55 全国	10,449,989	5,277,688	13,867,933	28,720,184	17,828,015	25,775,169	23,197,474	11,605,651	6,310,311	6,606,146	1,792,229	6,541,281	10,461,131	16,775,973

平成28年度 　府県相互間輸送トン数表（全機関）　品目（6-26）食料工業品　（単位：トン）その3

着／発	29 岐阜	30 愛知	31 三重	32 滋賀	33 京都	34 奈良	35 和歌山	36 大阪	37 兵庫	38 鳥取	39 島根	40 岡山	41 広島	42 山口
1 札幌	0	0	0	0	0	0	0	35,601	0	0	0	0	0	0
2 旭川	0	0	0	0	0	0	0	0	0	0	0	0	0	0
3 函館	0	0	0	0	0	0	0	0	0	0	0	0	0	0
4 室蘭	0	80,912	0	0	0	0	0	45,309	0	0	0	0	0	0
5 釧路	0	8,080	0	0	0	0	0	31,296	0	0	0	0	0	0
6 帯広	0	0	0	0	0	0	0	0	0	0	0	0	0	0
7 北見	0	0	0	0	0	0	0	0	0	0	0	0	0	0
8 北海道	0	88,992	0	0	0	0	0	112,205	0	0	0	0	0	0
9 青森	0	0	0	0	0	0	0	0	0	0	0	0	0	0
10 岩手	0	0	0	0	0	0	0	0	0	0	0	0	0	0
11 宮城	0	385	0	0	0	0	0	0	38,837	0	0	0	0	0
12 福島	0	0	0	0	0	0	0	0	424	0	0	0	0	0
13 秋田	0	0	0	0	0	0	0	0	0	0	0	0	0	0
14 山形	0	1,096	0	0	0	0	0	0	0	0	0	0	0	0
15 茨城	0	312,303	0	0	0	0	0	152,151	74,833	0	15,651	0	0	2,631
16 栃木	0	0	0	0	0	0	0	129,124	0	0	0	0	0	0
17 群馬	0	273,918	46,954	0	0	0	0	128,644	95,544	0	0	0	56,345	0
18 埼玉	0	373,281	0	0	25,891	0	0	385,011	188,781	0	0	0	39,128	0
19 千葉	0	362,989	24,741	0	0	0	0	341,296	77,554	38,837	0	9,140	2,500	0
20 東京	0	381,509	39,128	0	0	0	0	156,049	111,446	0	0	0	45,310	15
21 神奈川	0	337,230	120,686	32,364	31,303	0	174,122	240,610	227,924	0	0	0	0	0
22 新潟	129,457	647,015	120,201	0	183,713	0	0	365,159	0	0	0	0	0	0
23 富山	0	46,954	0	0	0	0	0	0	0	0	0	0	0	0
24 石川	13	589,352	0	0	70,707	0	0	16,182	0	0	0	0	0	0
25 福井	0	0	0	531	0	0	0	0	0	26,412	0	26,412	0	0
26 山梨	0	165,392	0	0	23,844	0	0	36,683	0	0	0	0	18,056	0
27 長野	13,042	115,857	0	0	0	0	0	227	0	15,964	0	54,780	0	0
28 静岡	51,376	688,896	83,735	0	37,219	0	88,774	204,692	71,078	0	0	74,814	94,887	0
29 岐阜	1,011,149	1,470,348	399,786	0	90,485	0	0	72,819	0	0	0	7,826	39,128	0
30 愛知	2,131,830	11,092,034	1,072,569	37,989	79,260	0	3,013	624,474	210,816	0	0	58,962	47,899	17,623
31 三重	3,715	774,764	1,866,459	0	50,867	113,474	20,642	283,111	0	0	0	97,821	46,954	0
32 滋賀	13,695	60,649	3,373	1,098,168	281,441	0	15,511	181,444	87,550	0	0	0	32,999	53,215
33 京都	0	117,079	17,119	241,806	3,493,827	93,537	114,572	1,700,474	1,335,098	0	0	143,795	80,418	0
34 奈良	0	0	0	9,172	0	8,283	403,039	15,878	0	0	0	61,784	13,451	0
35 和歌山	0	0	0	0	0	883,046	435	47,821	0	0	0	0	0	0
36 大阪	33,982	1,348,192	49,145	310,159	1,288,267	425,824	645,714	12,499,443	2,595,541	0	39,128	1,144,912	158,560	129,464
37 兵庫	70,431	83,242	27,898	60,523	471,192	169,309	26,989	3,514,558	12,569,408	156,514	0	1,371,216	839,065	53,184
38 鳥取	0	0	0	0	0	0	0	346,071	750,316	75,914	0	61,492	8,415	0
39 島根	0	0	0	0	0	0	0	9,826	8,077	717,967	0	19,137	0	0
40 岡山	0	246,346	32,193	0	52,823	0	79,318	326,997	875,202	262,821	169,296	8,830,533	10,160,619	289,588
41 広島	0	0	0	55,019	0	0	0	52,605	46,465	0	850,925	618,023	10,160,619	2,132,177
42 山口	0	754	0	0	0	0	0	33,259	46,954	0	79,940	0	191,786	1,938,822
43 香川	0	229,397	5,339	0	113,275	0	0	501,244	725,476	0	0	6,114	0	0
44 愛媛	0	167,431	0	41,093	90,620	0	0	64,666	0	0	0	37,853	64,728	0
45 徳島	0	25,516	0	0	0	46,954	0	338,963	128,391	0	0	101,968	70,554	0
46 高知	0	0	0	0	0	0	0	35,216	268	0	0	73,953	73,953	0
47 福岡	0	660,833	0	0	0	0	0	230,064	42,801	0	115,038	80,203	125,602	7,316
48 佐賀	0	70,707	0	0	0	0	0	273,501	0	0	0	55,054	63,806	0
49 長崎	0	10,598	0	0	0	0	0	0	0	0	0	32,364	0	0
50 熊本	0	0	0	0	0	0	0	0	8,550	0	0	32,364	0	32,364
51 大分	0	0	0	0	0	0	0	0	301	0	78,257	0	0	0
52 宮崎	0	38,837	0	0	0	0	0	52,598	0	0	0	70,707	0	0
53 鹿児島	0	4,032	0	0	0	0	0	9,639	3,736	0	0	5,240	50,867	29,109
54 沖縄	0	12,005	0	0	0	0	0	2,938	64	0	0	172	0	275
55 全国	3,458,691	20,797,931	3,909,326	1,887,210	6,426,004	1,260,421	2,052,137	23,129,747	20,021,897	1,216,566	2,168,528	13,119,176	13,241,278	4,685,784

平成28年度 　府県相互間輸送トン数表（全機関）　品目（6-26）食料工業品　（単位：トン）その4

着／発	43 香川	44 愛媛	45 徳島	46 高知	47 福岡	48 佐賀	49 長崎	50 熊本	51 大分	52 宮崎	53 鹿児島	54 沖縄	55 全国
1 札幌	0	0	0	0	0	0	0	0	0	0	0	0	33,656,900
2 旭川	0	0	0	0	0	0	0	0	0	0	0	0	3,477,991
3 函館	0	0	1,007	0	0	0	0	0	0	0	0	0	3,883,115
4 室蘭	0	0	2,558	0	0	0	0	0	0	0	0	0	3,962,627
5 釧路	0	0	0	0	0	0	0	0	0	0	0	0	2,397,129
6 帯広	0	0	0	0	0	0	0	0	0	0	0	0	4,310,448
7 北見	0	0	0	0	0	0	0	0	0	0	0	0	2,776,258
8 北海道	0	0	3,565	0	0	0	0	0	0	0	0	0	54,464,469
9 青森	0	0	0	0	0	0	0	0	0	0	0	0	14,206,640
10 岩手	0	0	0	0	0	0	0	0	0	0	0	0	4,541,118
11 宮城	0	0	0	0	0	0	0	0	0	0	0	0	14,897,762
12 福島	0	0	0	0	0	0	0	0	0	0	0	0	3,588,755
13 秋田	0	0	0	0	0	0	0	0	0	0	0	0	2,219,108
14 山形	0	0	0	0	0	0	0	0	0	0	0	0	3,949,928
15 茨城	32,364	0	0	0	51,338	70,707	0	0	0	0	0	0	14,986,975
16 栃木	0	0	0	0	0	0	0	0	0	0	0	0	4,780,551
17 群馬	0	0	0	0	0	0	0	0	0	0	0	0	18,385,135
18 埼玉	0	0	0	0	109,078	0	0	0	0	32,364	0	0	26,857,438
19 千葉	0	0	0	0	0	0	0	0	0	0	128	0	16,997,344
20 東京	0	0	0	0	62,959	0	0	0	0	18,570	620	204,069	18,313,018
21 神奈川	1,270	81,558	0	0	6,489	0	0	0	0	0	0	72	25,189,070
22 新潟	0	0	0	0	35,353	0	0	0	0	0	0	0	12,166,811
23 富山	0	0	0	0	0	0	0	0	0	0	0	0	5,870,662
24 石川	0	0	0	0	0	0	0	0	0	0	0	0	4,280,684
25 福井	0	0	0	0	0	0	0	0	0	0	0	0	994,172
26 山梨	0	0	0	0	0	0	0	0	0	0	0	0	10,076,703
27 長野	0	0	0	0	31,303	0	0	0	0	0	0	0	10,507,461
28 静岡	0	5,600	0	0	0	0	0	0	4,050	0	0	0	16,287,832
29 岐阜	0	0	0	0	0	0	0	0	0	0	0	0	4,036,353
30 愛知	194,185	28,711	0	0	643,879	0	26,901	2,945	0	4,412	630	0	20,457,916
31 三重	0	46,954	0	0	54,127	0	0	0	0	0	0	0	4,328,118
32 滋賀	46,954	28,932	4,891	0	46,954	0	0	0	0	0	0	0	2,029,829
33 京都	279,498	122,412	0	0	0	0	0	0	0	0	0	0	8,041,723
34 奈良	22,331	46,954	0	0	0	0	0	0	0	0	0	0	597,517
35 和歌山	46,954	0	0	0	0	0	0	0	0	0	0	0	1,370,248
36 大阪	804,312	199,068	35,216	0	177,904	0	26,901	0	0	72,627	52	228,143	23,914,453
37 兵庫	488,262	41,556	89,242	400	259,914	118,447	35,601	0	104	101	2,453	10,272	21,645,791
38 鳥取	0	0	0	0	0	0	0	0	0	0	0	0	1,277,808
39 島根	0	0	0	0	0	0	0	0	0	0	0	0	766,659
40 岡山	427,754	396,775	125,728	115,430	214,878	0	0	32,364	0	0	0	1,647	13,992,901
41 広島	151,452	10,680	32,364	62,997	169,298	0	0	0	0	32,364	0	0	2,565,883
42 山口	0	0	0	0	240,051	0	34,097	0	0	0	0	0	11,080,393
43 香川	3,519,326	2,244,419	2,166,554	1,200,687	0	0	0	0	0	0	0	52	11,080,393
44 愛媛	2,001,249	8,569,053	181,517	3,313,641	58,256	0	0	0	0	0	0	108	14,590,624
45 徳島	680,487	188,208	1,306,699	0	278,505	0	0	0	0	52,817	0	0	3,350,685
46 高知	102,486	168,827	15,776	1,592,328	0	0	0	0	0	0	0	0	2,062,465
47 福岡	47,725	0	155,348	105,569	3,950,203	2,793,343	1,229,315	997,502	493,899	1,709,495	315,095	552,941	24,179,886
48 佐賀	0	0	0	0	2,700,472	2,793,343	823,279	334,232	17,106	197,613	16,218	0	7,468,038
49 長崎	0	0	0	0	124,716	342,741	908,050	26,901	0	704	14,323	0	1,494,850
50 熊本	0	31,792	0	0	443,055	134,482	0	2,105,484	199,238	665,415	369,338	3,450	4,025,532
51 大分	0	0	0	0	807,245	129,156	79,016	133,599	2,040,016	253,546	45,648	0	3,569,772
52 宮崎	0	0	0	0	279,037	184,687	0	167,799	512,349	6,282,837	110,029	0	7,801,887
53 鹿児島	0	0	0	0	246,218	136,023	114,280	73,670	110,231	2,999,394	0	91,906	3,915,773
54 沖縄	0	0	0	0	29,698	0	0	0	3,000	0	10,516	3,376,831	3,518,356
55 全国	8,846,609	12,211,499	4,116,899	6,391,212	20,184,577	7,886,625	5,250,539	3,885,196	3,262,711	9,383,279	3,937,260	4,469,499	490,101,653

平成28年度　　　　　府県相互間輸送トン数表（全機関）

品目（7-27）日用品　その1　（単位：トン）

着＼発	1 札幌	2 旭川	3 函館	4 室蘭	5 釧路	6 帯広	7 北見	8 北海道	9 青森	10 岩手	11 宮城	12 福島	13 秋田	14 山形
1 札幌	9,334,018	472,147	90,270	392,406	39,088	70,497	10,263	10,408,688	0	0	5,423	0	0	0
2 旭川	211,608	3,254,806	0	35,878	94,900	0	48,256	3,645,448	0	0	10,846	0	0	0
3 函館	15,916	0	2,100,132	14,119	0	0	0	2,130,168	0	0	0	0	0	0
4 室蘭	2,317,041	0	36,035	1,266,352	36,920	0	0	3,656,349	0	0	0	0	0	0
5 釧路	0	0	0	174	161,856	0	0	162,030	0	0	0	0	0	0
6 帯広	103,451	0	0	0	0	344,995	0	448,446	0	0	0	0	0	0
7 北見	596	0	0	0	0	0	514,632	515,228	0	0	0	0	0	0
8 北海道	11,982,631	3,726,953	2,226,437	1,708,929	332,764	415,493	573,151	20,966,357	0	0	16,269	0	0	0
9 青森	0	0	0	450	79	0	0	529	2,343,663	1,423,629	816,462	360,922	184,378	147,502
10 岩手	0	0	0	0	0	0	0	0	1,771,941	1,954,299	849,659	49,890	82,078	5,542
11 宮城	0	10,846	0	31,782	0	0	0	42,628	553,303	365,751	3,621,578	390,762	50,709	214,063
12 福島	65,074	0	0	0	0	0	0	65,074	408,944	285,628	182,071	2,978,985	0	113,179
13 秋田	0	0	0	0	0	0	0	0	29,766	808	0	0	444,706	51,902
14 山形	103,035	0	0	0	0	0	0	103,035	980,455	120,502	128,340	155,149	37,960	352,247
15 茨城	0	0	0	108,150	0	0	0	108,150	0	0	56,071	13,557	0	0
16 栃木	0	0	0	0	0	0	0	0	117,167	0	196,502	673,641	0	0
17 群馬	108,457	0	0	0	0	0	0	108,457	0	0	29,452	147,502	0	0
18 埼玉	65,074	0	0	0	0	0	0	65,074	0	13,479	409,432	343,556	0	0
19 千葉	0	0	0	0	0	0	0	0	0	140,995	82,211	10,846	0	21,691
20 東京	86,990	0	0	130,264	19,290	51,407	0	287,952	472,540	2,631	131,331	157,882	73,437	0
21 神奈川	0	65,074	0	7,199	0	0	0	72,273	44,899	173,846	556	89,714	32,537	0
22 新潟	0	0	0	0	0	0	0	0	0	0	0	94,774	6,739	373,636
23 富山	0	0	0	0	0	0	0	0	0	0	0	13,015	0	0
24 石川	0	0	0	0	0	0	0	0	0	0	0	0	0	0
25 福井	0	0	0	121,963	0	0	0	121,963	0	0	0	0	0	0
26 山梨	0	0	0	0	0	0	0	0	0	0	0	0	0	0
27 長野	0	0	0	0	0	0	0	0	0	0	0	0	0	0
28 静岡	0	0	0	0	0	0	0	0	0	0	23,224	11,388	0	0
29 岐阜	0	0	0	0	0	0	0	0	0	0	0	0	0	0
30 愛知	0	0	0	5,200	0	0	0	5,200	106,242	0	25,609	0	0	0
31 三重	0	0	0	0	0	0	0	0	0	0	88,827	0	0	0
32 滋賀	0	0	0	0	0	0	0	0	0	0	0	0	0	0
33 京都	18,870	0	0	0	0	0	0	18,870	0	0	43,383	0	0	0
34 奈良	0	0	0	0	0	0	0	0	0	0	0	0	0	0
35 和歌山	0	0	0	0	0	0	0	0	0	0	0	0	0	0
36 大阪	26,553	0	0	33,689	30	0	0	60,272	0	0	0	43,383	0	0
37 兵庫	0	0	0	0	0	0	0	0	0	0	7,050	0	0	71,853
38 鳥取	0	0	0	0	0	0	0	0	0	0	0	0	0	0
39 島根	0	0	0	0	0	0	0	0	0	0	0	0	0	0
40 岡山	0	0	0	0	0	0	0	0	0	0	0	0	0	0
41 広島	0	0	0	0	0	0	0	0	0	108,457	0	0	0	0
42 山口	0	0	0	0	0	0	0	0	0	0	0	0	0	0
43 香川	0	0	0	0	0	0	0	0	0	0	0	0	0	0
44 愛媛	0	0	0	0	0	0	0	0	0	0	0	59,652	0	0
45 徳島	0	0	0	0	0	0	0	0	0	0	0	0	0	0
46 高知	0	0	0	0	0	0	0	0	0	0	0	0	0	0
47 福岡	0	0	0	0	0	0	0	0	0	0	0	0	0	0
48 佐賀	0	0	0	0	0	0	0	0	0	0	0	0	0	0
49 長崎	0	0	0	0	0	0	0	0	0	0	0	0	0	0
50 熊本	0	0	0	0	0	0	0	0	0	0	0	0	0	0
51 大分	0	0	0	1,485	0	0	0	1,485	0	0	0	0	0	0
52 宮崎	0	0	0	0	0	0	0	0	0	0	0	0	0	0
53 鹿児島	0	0	0	0	0	0	0	0	0	0	0	0	0	0
54 沖縄	0	0	0	0	0	0	0	0	0	0	0	0	0	0
55 全国	12,456,685	3,802,873	2,226,437	2,149,111	352,163	466,900	573,151	22,027,319	6,828,920	4,590,580	6,797,183	5,537,441	880,006	1,351,616

平成28年度　　　　　府県相互間輸送トン数表（全機関）

品目（7-27）日用品　その2　（単位：トン）

着＼発	15 茨城	16 栃木	17 群馬	18 埼玉	19 千葉	20 東京	21 神奈川	22 新潟	23 富山	24 石川	25 福井	26 山梨	27 長野	28 静岡
1 札幌				65,074			2,440	16,174						
2 旭川							65,074							
3 函館														
4 室蘭	39,008					4,463	886				1,780			
5 釧路	1,042					37,740								
6 帯広														
7 北見														
8 北海道	40,050			65,074		42,203	68,401	16,174			1,780			
9 青森		260,303			2,115	10,656	18,888							
10 岩手			8,134	52,287	97,612	3,389								
11 宮城	98,984	55,368		54,142		57,285	1,617	53,902						16,269
12 福島	10,846	55,429	14,969	27,327	10,846	93,805	55,856	37,960		16,269				
13 秋田				182,208	8,205	7,375								
14 山形						21,480	11,117							
15 茨城	1,020,706	107,291	52,784	804,645	514,043	515,142	347,877	17,895						66,159
16 栃木	132,601	1,292,522	128,533	420,447	409,174	267,382	90,562			17,353		54,229		
17 群馬	16,042	728,100	4,503,305	1,848,294	33,085	96,546	211,492	572,422		12,093			152,925	53,952
18 埼玉	248,380	927,900	515,417	13,407,133	1,076,560	4,092,624	875,693	332,205			154,552	455,163	573,220	86,675
19 千葉	245,922	78,632	96,610	254,637	7,278,649	977,949	697,144	50,433	907	2,711			25,515	86,675
20 東京	1,140,961	409,630	312,043	3,657,282	1,423,595	13,971,587	1,585,510	164,324	2,711		53,914	75,745	114,151	261,926
21 神奈川	238,078	136,966	29,114	701,503	786,213	1,939,673	13,880,667	51,517		70,497		175,159	77,526	135,545
22 新潟	32,537		367,969	228,299	12,744	103,523	220,830	5,559,036	7,050		8,087	54,229	196,675	45,552
23 富山		54,229	59,652		1,033	37,418			1,375,801	91,897	94,683		16,269	43,383
24 石川		21,691			6,236				45,905	5,492,990	570,006		16,269	
25 福井										5,903	489,197			
26 山梨			9,761			17,953	31,182					1,578,624	75,844	
27 長野			139	313,396	43,643	3,444	5,770	1,061				6,507	1,677,767	
28 静岡			331	790,476	272,168	67,518	586,554	65,617	43,383	36,333		166,859	50,015	2,617,462
29 岐阜							253,790	13,557	245,114				50,015	336,923
30 愛知	49,012		216,264	879,459	361,215	397,643	232,102	226,405	115,507	680,087		16,269	119,899	528,752
31 三重	77,547			37,960	59,652	3,536		117,134			1,815			16,313
32 滋賀	51,517					96,527	10,846				3,729		54,229	
33 京都	27,114					59,147	140,115						21,566	
34 奈良				65,074										
35 和歌山	24,261		23,048	88,107		239,691					43,383			
36 大阪	53,144	73,751		378,945	86,766	232,972	104,661		216,915	104,318	98,696		91,283	253,690
37 兵庫		23,861	54,229	37,960	54,229	150,471	203,877							82,970
38 鳥取														
39 島根											1,392			
40 岡山						90								
41 広島				45,021	4,664	29,283	214,203					37,038		
42 山口						75								
43 香川			11,930			178,955					37,960			54,229
44 愛媛						472,630	70,497							
45 徳島														
46 高知														
47 福岡	7,560			35,791		135,021		32,537		32,537			32,537	
48 佐賀														
49 長崎														
50 熊本														
51 大分						119,303								20
52 宮崎														
53 鹿児島														
54 沖縄						32,640	50							
55 全国	3,515,262	4,225,672	6,404,232	24,375,569	12,661,748	24,355,633	19,919,303	7,358,084	2,105,188	6,604,111	1,366,682	2,319,209	3,161,364	5,173,040

平成28年度　府県相互間輸送トン数表（全機関）

品目（7-27）日用品　　（単位：トン）　その 3

着 / 発	29 岐阜	30 愛知	31 三重	32 滋賀	33 京都	34 奈良	35 和歌山	36 大阪	37 兵庫	38 鳥取	39 島根	40 岡山	41 広島	42 山口
1 札幌	0	0	0	0	0	0	0	0	0	0	0	0	0	0
2 旭川	0	0	0	0	0	0	0	0	0	0	0	0	0	0
3 函館	0	0	0	0	0	0	0	0	0	0	0	0	0	0
4 室蘭	0	16,427	0	0	0	0	0	0	0	0	0	0	0	0
5 釧路	0	0	0	0	0	0	0	0	0	0	0	0	0	0
6 帯広	0	0	0	0	0	0	0	0	0	0	0	0	0	0
7 北見	0	0	0	0	0	0	0	0	0	0	0	0	0	0
8 北海道	0	16,427	0	0	0	0	0	0	0	0	0	0	0	0
9 青森	65,074	0	0	0	0	0	0	0	0	0	0	0	0	0
10 岩手	0	0	0	0	0	0	0	0	0	0	0	0	0	0
11 宮城	0	2,826	0	0	0	0	0	0	0	0	0	0	64,619	0
12 福島	0	0	0	0	0	0	0	51,517	0	0	0	0	0	0
13 秋田	0	0	0	0	0	0	0	0	0	0	0	0	0	0
14 山形	0	0	0	0	0	0	0	0	0	0	0	0	0	0
15 茨城	0	0	130,149	53,201	59,652	0	0	0	0	0	0	0	0	0
16 栃木	0	187,734	0	0	0	0	0	29,283	27,114	0	14,642	0	0	0
17 群馬	0	73,876	0	0	0	0	0	10,846	0	0	0	0	0	0
18 埼玉	10,846	511,377	0	0	63,881	0	0	337,194	242,402	0	0	0	0	0
19 千葉	8,134	388,278	0	0	0	0	56,940	85,088	9,761	0	0	1,020	0	0
20 東京	58,025	400,175	122,015	52,873	5,770	0	178,955	178,975	146,361	0	0	24,403	0	0
21 神奈川	86,766	638,645	0	0	139,368	29,653	0	212,034	59,865	0	0	0	36,333	0
22 新潟	13,557	38,231	117,134	0	0	0	0	0	0	0	0	0	0	0
23 富山	7,121	23,703	0	8,297	0	0	0	86,766	0	5,423	0	0	0	0
24 石川	0	59,652	0	0	0	0	0	0	37,960	0	0	0	0	0
25 福井	0	0	596	0	0	0	0	0	144,248	0	0	0	0	0
26 山梨	420,272	0	0	0	0	0	0	0	13,557	0	0	0	0	0
27 長野	50,731	86,027	0	0	56,940	0	0	8,134	0	0	0	0	0	0
28 静岡	10,846	264,673	4,386	0	54,229	0	0	266,018	27,114	0	0	0	0	0
29 岐阜	1,472,020	543,266	35,965	5,822	0	0	0	530,899	89,477	0	0	0	0	153,684
30 愛知	614,311	8,009,342	83,611	3,937	184,079	111,711	0	771,109	261,378	0	0	203,358	89,749	0
31 三重	73,637	441,075	2,494,022	39,045	37,563	93	0	83,133	151,840	2,500	0	0	0	0
32 滋賀	265	222,880	10,846	993,217	168,640	0	0	52,815	258,671	0	0	0	0	0
33 京都	0	111,169	4,967	85,022	1,474,888	136,295	2,722	686,213	71,770	0	0	0	26,957	0
34 奈良	0	0	4,471	4,173	2,949	1,685,723	1,564	89,029	164,628	0	0	0	0	0
35 和歌山	54,229	54,229	0	0	0	1,154	384,154	246,039	0	0	0	0	0	0
36 大阪	317,656	434,182	43,139	502,064	278,463	227,345	1,459,401	10,883,948	1,563,726	0	0	66,962	136,847	41,859
37 兵庫	394,719	394,719	39,609	84,058	297,365	3,925	0	2,661,912	5,229,950	0	271,144	280,521	25,912	75,924
38 鳥取	0	0	0	0	0	0	0	0	0	218,323	3,972	0	0	0
39 島根	0	0	0	0	13,557	0	0	120,062	7,592	20,243	980,037	997	19,452	0
40 岡山	0	162,957	0	0	0	0	0	66	137,316	0	0	2,565,402	296,312	0
41 広島	0	147,502	37,374	0	0	0	0	11,486	11,147	861	116,008	400,819	12,722,481	107,315
42 山口	49,113	0	0	47,390	0	0	0	0	0	0	0	0	5,861	1,768,742
43 香川	0	151,840	151,840	0	162,686	0	0	228,883	248,923	0	0	188,635	108,457	54,229
44 愛媛	0	151,840	0	0	0	116,049	0	215,288	132,964	0	0	0	33,200	216,915
45 徳島	0	0	0	0	0	0	0	0	0	0	0	0	0	662
46 高知	0	0	0	0	0	0	0	0	0	0	0	0	0	0
47 福岡	0	80,902	0	0	26,957	0	0	151,840	188,547	46,094	0	46,114	187,089	506,990
48 佐賀	0	10,846	0	109,602	0	0	0	0	54,229	0	0	0	0	0
49 長崎	0	0	0	0	0	0	0	0	0	0	0	0	0	0
50 熊本	0	0	0	0	0	0	0	0	0	0	0	0	0	0
51 大分	0	0	0	0	0	0	0	0	469	0	0	0	0	0
52 宮崎	0	0	0	0	0	0	0	54,229	0	0	0	0	0	0
53 鹿児島	0	0	0	0	0	0	0	0	4	0	0	0	0	0
54 沖縄	0	386	0	0	0	0	0	1,192	49	0	0	0	553	0
55 全国	3,312,603	13,608,758	3,128,282	2,140,540	3,026,987	2,311,949	2,083,736	18,053,998	9,281,063	293,445	1,385,802	3,778,784	13,753,268	2,926,320

平成28年度　府県相互間輸送トン数表（全機関）

品目（7-27）日用品　　（単位：トン）　その 4

着 / 発	43 香川	44 愛媛	45 徳島	46 高知	47 福岡	48 佐賀	49 長崎	50 熊本	51 大分	52 宮崎	53 鹿児島	54 沖縄	55 全国
1 札幌	0	0	0	0	0	0	0	0	0	0	0	0	10,497,800
2 旭川	0	0	0	0	0	0	0	0	0	0	0	0	3,721,368
3 函館	0	0	0	0	0	0	0	0	0	0	0	0	2,130,168
4 室蘭	0	0	0	0	0	0	0	0	0	0	0	0	3,718,913
5 釧路	0	0	0	0	0	0	0	0	0	0	0	0	200,812
6 帯広	0	0	0	0	0	0	0	0	0	0	0	0	448,446
7 北見	0	0	0	0	0	0	0	0	0	0	0	0	515,228
8 北海道	0	0	0	0	0	0	0	0	0	0	0	0	21,232,735
9 青森	0	0	0	0	0	0	0	0	0	0	0	0	5,634,122
10 岩手	0	0	0	0	0	0	0	0	0	0	0	0	4,874,832
11 宮城	0	0	0	0	0	0	0	0	0	0	0	0	5,643,805
12 福島	0	59,652	0	0	0	0	0	0	0	0	0	0	4,468,356
13 秋田	0	0	0	0	0	0	0	0	0	0	0	0	724,971
14 山形	0	0	0	0	0	0	0	0	0	0	0	0	1,910,264
15 茨城	0	0	0	0	6,765	0	0	0	0	0	0	0	3,874,086
16 栃木	0	0	54,229	0	2,440	0	0	0	0	0	0	0	4,115,556
17 群馬	0	0	0	0	0	0	0	0	0	0	0	0	8,598,390
18 埼玉	0	0	0	0	76,462	0	0	0	0	0	0	0	24,732,551
19 千葉	0	0	0	0	0	16,269	0	0	0	0	0	0	10,617,017
20 東京	211,492	70,497	0	0	119,303	0	4,328	0	0	0	2,169	37,783	25,912,276
21 神奈川	0	0	0	0	141,320	0	0	0	0	0	0	0	19,806,420
22 新潟	0	0	0	0	0	0	0	0	0	0	0	0	7,654,447
23 富山	0	11,457	0	0	0	0	0	0	0	0	0	0	1,903,060
24 石川	0	0	0	0	32,537	0	0	0	0	0	0	0	6,375,142
25 福井	0	0	0	0	0	0	0	0	0	0	0	0	781,791
26 山梨	0	0	0	0	91,533	0	0	0	0	0	0	0	2,238,726
27 長野	0	0	0	0	0	0	0	0	0	0	0	0	2,253,669
28 静岡	0	0	0	0	0	0	0	0	0	0	0	0	5,308,578
29 岐阜	0	0	0	0	32,411	0	0	0	0	0	0	0	3,762,944
30 愛知	75,920	0	0	0	75,920	0	0	0	0	31,809	21,566	0	14,497,464
31 三重	0	0	0	0	488	0	0	0	0	0	0	0	3,723,679
32 滋賀	75,920	0	0	0	43,383	98,685	0	0	0	0	0	0	2,144,670
33 京都	0	0	0	0	0	0	0	28,305	0	0	0	0	2,938,503
34 奈良	0	99,781	9,233	0	8,087	0	0	0	0	0	0	0	2,126,623
35 和歌山	0	0	0	0	0	0	0	0	0	0	0	0	1,166,382
36 大阪	833,333	495,108	246,306	29,779	476,842	0	0	0	0	27,644	0	9,325	19,872,725
37 兵庫	184,494	492,396	44,426	4	334,872	108,549	0	0	3,615	0	1,486	114	11,221,492
38 鳥取	0	0	0	0	14,642	0	0	0	0	0	0	0	236,937
39 島根	0	0	0	0	0	0	0	0	0	0	0	0	1,163,333
40 岡山	385,750	284,158	242,614	0	173,532	0	0	0	0	0	0	621	4,248,818
41 広島	0	15,900	0	0	748	0	0	0	0	0	564	0	14,065,100
42 山口	0	662	0	0	13,888	0	0	0	0	0	0	0	1,885,732
43 香川	4,815,056	3,633,449	663,821	411,781	0	0	16,269	0	0	0	0	8,925	11,127,868
44 愛媛	616,158	3,919,511	92,833	107,644	37,960	0	0	0	0	0	0	29,176	6,055,402
45 徳島	16,666	37,960	1,396,664	0	0	0	0	0	0	0	0	0	1,668,204
46 高知	0	623	120,388	240,375	0	0	0	0	0	0	0	0	362,048
47 福岡	0	0	0	0	9,648,967	1,096,390	161,203	813,031	1,635,976	106,847	140,875	29,690	15,110,959
48 佐賀	0	0	0	0	580,718	270,600	168,921	2,696	113,880	0	0	0	1,344,028
49 長崎	0	0	0	0	7,620	14,450	561,331	6,924	0	0	0	0	592,345
50 熊本	0	0	0	0	73,240	331	0	1,018,548	4,338	0	120,059	0	1,223,441
51 大分	0	0	0	0	192,297	0	0	32,537	410,522	0	0	0	756,661
52 宮崎	0	0	0	0	0	0	0	0	0	852,369	63,358	0	969,955
53 鹿児島	0	0	0	0	0	0	0	971,564	0	179,075	2,084,293	17,912	3,252,848
54 沖縄	0	0	0	0	0	0	0	0	0	0	2,052	2,987,491	3,043,180
55 全国	7,214,788	9,121,155	2,870,512	843,811	12,204,744	1,605,275	902,706	2,891,893	2,168,332	1,170,126	2,463,503	3,121,601	297,221,957

平成28年度　　　　　　　　　　　　　　　　府県相互間輸送トン数表（全機関）

品目（7-28）その他の製造工業品　その1　　　　　　（単位：トン）

発＼着	1 札幌	2 旭川	3 函館	4 室蘭	5 釧路	6 帯広	7 北見	8 北海道	9 青森	10 岩手	11 宮城	12 福島	13 秋田	14 山形
1 札幌	572,459	0	43,803	24,627	377	1,949	0	643,216	0	0	0	0	0	0
2 旭川	0	963	0	0	0	0	0	963	0	0	0	0	0	0
3 函館	0	0	0	0	1,366	0	0	1,366	0	0	0	0	0	0
4 室蘭	175,605	0	0	400,787	2,535	0	0	578,926	0	0	0	0	0	0
5 釧路	0	0	0	0	8,861	0	0	8,861	0	0	0	0	0	0
6 帯広	0	0	0	0	0	63,521	0	63,521	0	0	0	0	0	0
7 北見	0	0	0	0	0	0	28,938	28,938	0	0	0	0	0	0
8 北海道	748,064	963	43,803	425,414	13,139	65,470	28,938	1,325,791	0	0	0	0	0	0
9 青森	0	0	0	15	0	0	0	15	392,496	3,508	0	0	0	0
10 岩手	0	0	0	0	0	0	0	0	56,210	1,296,519	84,766	0	26,234	0
11 宮城	0	0	0	43,719	0	0	0	43,719	0	24,261	1,306,181	127,259	6,425	16,597
12 福島	0	0	0	0	0	0	0	0	61,569	0	0	1,303,348	0	48,184
13 秋田	0	0	0	0	0	0	0	0	0	67,795	0	0	328,859	0
14 山形	0	0	0	0	0	0	0	0	0	0	14,156	54,489	5,300	1,421,727
15 茨城	0	0	0	72,295	0	0	0	72,295	0	0	0	0	0	42,830
16 栃木	0	0	0	0	0	0	0	0	0	0	0	396,535	0	0
17 群馬	0	0	0	0	0	0	0	0	0	0	0	0	0	0
18 埼玉	0	0	0	0	0	0	0	0	0	0	0	0	0	21,415
19 千葉	0	0	0	0	0	0	0	0	0	0	0	0	0	0
20 東京	0	0	0	178,659	105	0	0	178,764	0	0	60,238	870	0	0
21 神奈川	0	0	0	13,436	0	0	0	13,436	38,726	12,883	160,750	0	0	0
22 新潟	0	0	0	0	0	0	0	0	0	26,769	53,538	3,567	0	0
23 富山	0	0	0	0	0	0	0	0	0	0	0	0	0	0
24 石川	0	0	0	0	0	0	0	0	0	0	0	0	0	0
25 福井	0	0	0	34,385	0	0	0	34,385	0	0	0	0	0	0
26 山梨	0	0	0	0	0	0	0	0	0	0	0	0	0	0
27 長野	0	0	0	0	0	0	0	0	0	0	0	0	0	0
28 静岡	0	0	0	0	0	0	0	0	0	0	16,061	0	0	0
29 岐阜	0	0	0	0	0	0	0	0	0	0	0	0	0	0
30 愛知	0	0	0	27,410	0	0	0	27,410	1,786	0	0	0	0	0
31 三重	0	0	0	0	0	0	0	0	0	0	0	0	0	0
32 滋賀	0	0	0	0	0	0	0	0	0	0	0	0	0	0
33 京都	0	0	0	0	0	0	0	0	0	0	0	0	0	0
34 奈良	0	0	0	0	0	0	0	0	0	0	0	0	0	0
35 和歌山	0	0	0	0	0	0	0	0	0	0	0	0	0	0
36 大阪	0	0	0	37,472	305	0	0	37,777	0	0	0	498	0	0
37 兵庫	0	0	0	0	0	0	0	0	0	0	0	1	0	0
38 鳥取	0	0	0	0	0	0	0	0	0	0	0	0	0	0
39 島根	0	0	0	0	0	0	0	0	0	0	0	0	0	0
40 岡山	0	0	0	0	0	0	0	0	0	0	0	0	0	0
41 広島	0	0	0	0	0	0	0	0	0	0	0	0	0	0
42 山口	0	0	0	0	0	0	0	0	88	0	0	0	0	0
43 香川	0	0	0	0	0	0	0	0	0	0	0	0	0	0
44 愛媛	0	0	0	0	0	0	0	0	0	0	0	0	0	0
45 徳島	0	0	0	0	0	0	0	0	0	0	0	0	0	0
46 高知	0	0	0	0	0	0	0	0	0	0	0	0	0	0
47 福岡	0	0	0	0	0	0	0	0	0	0	0	0	0	0
48 佐賀	0	0	0	0	0	0	0	0	0	0	0	5	0	0
49 長崎	0	0	0	0	0	0	0	0	0	0	0	311	0	0
50 熊本	0	0	0	0	0	0	0	0	0	0	0	0	0	0
51 大分	0	0	0	918	0	0	0	918	0	0	0	0	0	0
52 宮崎	0	0	0	0	0	0	0	0	0	0	0	0	0	0
53 鹿児島	0	0	0	0	0	0	0	0	0	0	0	0	0	0
54 沖縄	0	0	0	0	0	0	0	0	0	0	0	0	0	0
55 全国	748,064	963	43,803	833,723	13,549	65,470	28,938	1,734,510	550,874	1,431,744	1,696,506	1,886,067	366,818	1,550,753

平成28年度　　　　　　　　　　　　　　　　府県相互間輸送トン数表（全機関）

品目（7-28）その他の製造工業品　その2　　　　　　（単位：トン）

発＼着	15 茨城	16 栃木	17 群馬	18 埼玉	19 千葉	20 東京	21 神奈川	22 新潟	23 富山	24 石川	25 福井	26 山梨	27 長野	28 静岡
1 札幌	0	0	0	0	0	0	0	0	0	0	0	0	0	0
2 旭川	0	0	0	0	0	0	0	0	0	0	0	0	0	0
3 函館	0	0	0	0	0	0	0	0	0	0	0	0	0	0
4 室蘭	14,160	0	0	0	0	6,495	727	0	0	0	21,920	0	0	0
5 釧路	8,570	0	0	0	0	0	0	0	0	0	0	0	0	0
6 帯広	0	0	0	0	0	0	0	0	0	0	0	0	0	0
7 北見	0	0	0	0	0	0	0	0	0	0	0	0	0	0
8 北海道	22,730	0	0	0	0	6,495	727	0	0	0	21,920	0	0	0
9 青森	0	0	0	0	0	0	180	0	0	0	0	0	0	0
10 岩手	0	0	0	0	0	0	0	0	0	0	0	0	0	0
11 宮城	7,134	0	0	0	0	4,537	3,336	31,909	0	0	0	0	0	10,708
12 福島	53,003	360,311	0	37,477	128,491	0	330,934	50,145	0	0	0	0	0	108,701
13 秋田	0	0	0	0	0	0	0	0	0	0	0	0	0	0
14 山形	0	0	0	0	0	0	12,883	0	0	0	0	0	0	0
15 茨城	185,076	786	786	13,065	7,428	16,337	29,027	26,569	5,153	0	0	0	0	8,432
16 栃木	192,737	506,801	0	46,445	5,354	37,747	32,123	18,538	42,830	0	0	0	10,708	0
17 群馬	0	31	448,327	9,782	268	18,202	10,739	4,756	0	0	0	0	1,697	0
18 埼玉	46,953	35,335	16,951	243,672	351,048	241,986	111,385	69,399	6,425	0	0	0	16,061	0
19 千葉	3,225	0	0	2,822	741,485	335,133	289	5,153	0	0	0	0	0	0
20 東京	16,111	117,784	0	216,185	56,826	828,209	146,984	0	0	0	0	503	0	16,055
21 神奈川	14,299	0	8,031	6,960	91,805	126,888	850,409	0	21,415	0	0	0	0	55,348
22 新潟	0	0	0	4,996	36,875	13,184	0	239,293	0	0	0	0	0	0
23 富山	0	0	0	13,385	0	33,194	0	54,108	247,735	0	0	0	0	0
24 石川	0	0	0	0	0	0	0	0	42,717	392,891	3,131	0	0	0
25 福井	0	0	0	0	0	0	0	0	8,989	126	52,033	0	0	0
26 山梨	0	0	0	149,906	0	0	135,410	0	0	0	0	160,119	0	0
27 長野	2,577	0	0	0	0	0	0	0	0	0	0	189	969,988	5,354
28 静岡	0	0	0	0	2,870	6,025	629	0	0	0	0	0	7,730	1,220,369
29 岐阜	0	0	0	0	0	0	0	0	0	0	0	0	0	0
30 愛知	26,662	0	187,383	59,179	7,858	18,216	679	0	53,551	60,220	0	13,385	0	530,919
31 三重	0	0	0	0	0	8,130	0	0	0	0	0	0	0	0
32 滋賀	0	0	0	0	0	0	0	0	0	0	26,769	0	0	0
33 京都	0	0	0	0	0	0	0	0	0	0	0	0	0	0
34 奈良	0	0	0	0	0	0	0	0	0	0	0	0	0	0
35 和歌山	0	0	0	0	0	0	0	0	0	0	0	0	0	0
36 大阪	0	0	53,538	61,569	0	0	0	0	0	0	314	0	0	35,624
37 兵庫	0	0	0	0	0	779	5,702	0	26,769	0	14,991	0	25,698	0
38 鳥取	0	0	0	0	0	0	0	0	0	0	0	0	0	0
39 島根	0	0	0	0	0	0	0	0	0	0	0	0	0	0
40 岡山	0	0	0	0	0	1,495	0	53,538	0	0	0	0	0	0
41 広島	0	0	0	0	0	0	21,415	53,538	0	0	0	0	0	0
42 山口	0	0	0	42,830	0	2,615	0	0	0	0	0	0	0	0
43 香川	0	0	214,688	725,976	0	278,398	0	0	0	228,072	0	0	0	0
44 愛媛	0	0	0	0	0	0	590	0	0	0	0	0	0	78,701
45 徳島	0	0	0	0	12,464	0	0	0	0	0	0	0	0	0
46 高知	0	0	0	0	0	0	0	0	0	0	0	0	0	0
47 福岡	16,360	0	63,175	0	0	18,720	0	0	0	0	0	0	0	8,140
48 佐賀	0	0	0	0	0	0	0	0	0	0	0	0	0	0
49 長崎	0	0	0	0	0	0	0	0	0	0	0	0	0	0
50 熊本	0	0	0	0	0	0	0	0	0	0	0	0	0	0
51 大分	0	0	0	0	0	0	0	0	0	0	0	0	0	0
52 宮崎	0	0	0	0	0	10,951	0	0	0	0	0	0	0	0
53 鹿児島	0	0	0	0	0	0	0	0	0	0	0	0	0	0
54 沖縄	0	0	0	0	0	0	0	0	0	0	0	0	0	0
55 全国	586,866	1,021,048	992,878	1,634,248	1,442,772	1,996,879	1,703,802	606,945	455,584	681,308	119,158	174,195	1,031,882	2,078,351

平成28年度　府県相互間輸送トン数表（全機関）　　（単位：トン）

品目　（7-28）その他の製造工業品　その 3

着\発	29 岐阜	30 愛知	31 三重	32 滋賀	33 京都	34 奈良	35 和歌山	36 大阪	37 兵庫	38 鳥取	39 島根	40 岡山	41 広島	42 山口
1 札幌	0	0	0	0	0	0	0	0	0	0	0	0	0	0
2 旭川	0	0	0	0	0	0	0	0	0	0	0	0	0	0
3 函館	0	0	0	0	0	0	0	0	0	0	0	0	0	0
4 室蘭	0	1,383	0	0	0	0	0	1,140	0	0	0	0	0	0
5 釧路	0	3,740	0	0	0	0	0	12	0	0	0	0	0	0
6 帯広	0	0	0	0	0	0	0	0	0	0	0	0	0	0
7 北見	0	0	0	0	0	0	0	0	0	0	0	0	0	0
8 北海道	0	5,123	0	0	0	0	0	1,152	0	0	0	0	0	0
9 青森	0	0	0	0	0	0	0	0	0	0	0	0	0	0
10 岩手	0	0	0	0	0	0	0	0	0	0	0	0	0	0
11 宮城	0	1,887	0	0	0	0	0	0	0	0	0	0	0	0
12 福島	0	160,614	0	0	0	0	0	107,076	0	0	0	0	0	0
13 秋田	0	0	0	0	0	0	0	0	0	0	0	0	0	0
14 山形	0	0	0	0	0	0	0	0	0	0	0	0	0	0
15 茨城	0	0	0	0	0	0	0	0	0	0	0	0	0	0
16 栃木	0	0	0	0	0	0	0	0	0	0	0	0	0	0
17 群馬	0	0	0	2,378	0	0	0	0	0	0	0	0	0	0
18 埼玉	0	53,538	0	13,385	0	0	0	9,101	0	0	0	0	0	0
19 千葉	0	0	14,188	0	0	0	0	0	0	32,123	0	0	3,780	597
20 東京	0	3,340	0	0	0	0	0	0	182	852	0	0	0	0
21 神奈川	0	64,440	0	0	0	0	0	0	64,513	55,702	0	0	0	0
22 新潟	0	0	0	0	0	0	0	0	2,956	0	0	0	0	0
23 富山	0	0	0	0	0	0	0	0	53,538	0	0	0	0	10,708
24 石川	0	0	0	0	0	0	0	0	0	0	0	0	0	0
25 福井	0	0	0	3,748	0	0	0	0	11,778	0	0	0	0	0
26 山梨	0	56,215	0	0	0	0	0	0	0	0	0	0	0	0
27 長野	571	7,730	0	0	0	0	0	0	0	38,547	0	0	0	0
28 静岡	0	194,231	1,192	0	0	0	0	0	0	0	0	0	0	0
29 岐阜	269,463	4,423	0	0	4,756	0	0	0	0	0	0	0	0	0
30 愛知	30,655	2,443,324	23,194	39,294	0	0	0	2,386	5,264	0	0	0	0	0
31 三重	0	754	820,168	0	238	880	0	0	0	0	0	0	0	0
32 滋賀	0	148,996	0	231,914	4,275	0	0	153,498	0	0	0	0	0	0
33 京都	0	0	476	35,019	94,475	997	4,518	8,994	503	0	0	0	471	0
34 奈良	0	1,265	126	0	94	151,242	9,512	84,186	9,512	0	0	0	0	0
35 和歌山	0	0	476	0	804	0	45,922	0	0	0	0	0	0	0
36 大阪	1,257	0	5,354	115,447	69,784	132,866	38,675	864,943	98,817	0	0	0	1,677	0
37 兵庫	0	22,218	0	0	4,756	20,971	0	87,239	1,452,333	48,652	64,246	141,072	954	149
38 鳥取	0	0	0	0	0	0	0	0	11,890	326,825	2,316	0	0	0
39 島根	0	0	0	0	0	0	0	0	0	0	67,287	0	0	2,200
40 岡山	0	0	0	0	0	0	0	0	9,009	72,574	0	414,772	81,378	0
41 広島	0	0	53,538	0	0	0	0	0	1,295	0	0	503	626,604	19,256
42 山口	0	0	0	0	0	0	0	0	1,450	0	21,415	109,057	25,659	727,076
43 香川	0	0	0	0	0	0	0	13,385	0	0	0	0	0	10,708
44 愛媛	0	0	0	0	0	0	0	0	11,408	0	0	0	0	0
45 徳島	0	16,061	0	0	0	0	0	0	0	0	0	0	0	0
46 高知	0	0	0	0	0	0	0	0	5,658	0	0	0	0	0
47 福岡	0	5,886	0	0	0	0	0	0	20,203	0	0	2,080	666	3,677
48 佐賀	0	0	0	0	0	0	0	0	0	0	0	0	589	0
49 長崎	0	0	0	0	0	0	0	0	0	0	0	0	0	0
50 熊本	0	0	0	0	0	7,629	0	0	0	0	0	0	0	0
51 大分	0	0	0	0	0	0	0	0	1,186	0	0	0	0	0
52 宮崎	0	0	0	0	0	0	0	105	0	0	0	0	0	12,883
53 鹿児島	0	0	0	0	0	0	0	0	8,728	0	0	0	0	0
54 沖縄	0	0	0	0	0	0	0	0	3	0	0	0	133	0
55 全国	301,946	3,190,046	918,710	441,184	179,181	314,585	98,627	1,462,078	1,767,438	448,051	155,264	671,397	749,303	775,948

平成28年度　府県相互間輸送トン数表（全機関）　　（単位：トン）

品目　（7-28）その他の製造工業品　その 4

着\発	43 香川	44 愛媛	45 徳島	46 高知	47 福岡	48 佐賀	49 長崎	50 熊本	51 大分	52 宮崎	53 鹿児島	54 沖縄	55 全国
1 札幌	0	0	0	0	0	0	0	0	0	0	0	0	643,216
2 旭川	0	0	0	0	0	0	0	0	0	0	0	0	963
3 函館	0	0	0	0	0	0	0	0	0	0	0	0	1,366
4 室蘭	0	0	0	0	0	0	0	0	0	0	0	0	624,751
5 釧路	0	0	0	0	0	0	0	0	0	0	0	0	21,183
6 帯広	0	0	0	0	0	0	0	0	0	0	0	0	63,521
7 北見	0	0	0	0	0	0	0	0	0	0	0	0	28,938
8 北海道	0	0	0	0	0	0	0	0	0	0	0	0	1,383,938
9 青森	0	0	0	0	0	0	0	0	0	0	0	0	396,198
10 岩手	0	0	0	0	0	0	0	0	0	0	0	0	1,463,729
11 宮城	0	0	0	0	0	0	0	0	0	0	0	0	1,583,951
12 福島	0	0	0	0	0	0	0	0	0	0	0	0	2,701,668
13 秋田	0	0	0	0	0	0	0	0	0	0	0	0	444,839
14 山形	0	0	0	0	0	0	0	0	0	0	0	0	1,508,556
15 茨城	0	0	0	0	33,020	0	0	0	0	0	0	0	440,805
16 栃木	0	0	0	0	0	0	0	0	0	0	0	0	1,289,818
17 群馬	208,798	0	0	0	0	0	0	0	0	0	0	0	704,978
18 埼玉	403,677	0	0	0	0	0	0	0	0	0	0	0	1,640,332
19 千葉	0	0	0	0	0	0	0	0	0	0	0	0	1,146,524
20 東京	400,197	0	0	0	10,192	0	0	0	0	1,908	0	12,999	2,068,197
21 神奈川	52,467	0	0	0	0	0	0	0	0	0	0	0	1,638,073
22 新潟	0	0	0	0	0	0	0	0	0	0	0	0	381,178
23 富山	0	0	0	0	0	0	0	0	0	0	0	0	412,666
24 石川	107,076	0	0	0	0	0	0	0	0	0	0	0	545,815
25 福井	0	0	0	0	0	0	0	0	0	0	0	0	111,058
26 山梨	0	0	0	0	0	0	0	0	0	0	0	0	501,650
27 長野	0	0	0	0	0	0	0	0	0	0	0	0	1,024,955
28 静岡	42,295	0	0	0	0	0	0	0	26,769	0	0	0	1,510,442
29 岐阜	0	0	0	0	0	0	0	0	0	0	0	0	278,641
30 愛知	0	0	0	0	13,920	0	0	0	0	0	0	0	3,545,283
31 三重	0	0	0	0	0	0	0	0	0	0	0	0	830,170
32 滋賀	109,753	0	0	0	0	0	0	0	0	0	0	0	675,206
33 京都	0	6,286	0	0	0	0	0	0	0	0	0	0	151,739
34 奈良	0	0	0	0	0	0	0	0	0	0	0	0	255,937
35 和歌山	0	0	0	0	0	0	0	0	0	0	0	0	47,202
36 大阪	0	0	66,923	377	1,214	0	0	360	0	400	0	11,453	1,598,867
37 兵庫	0	22,369	0	0	6,893	0	0	0	0	124	163	193	1,946,271
38 鳥取	0	0	0	0	0	0	0	0	0	0	0	0	341,031
39 島根	26,769	0	0	0	0	0	0	0	0	0	0	0	96,256
40 岡山	645,826	12,883	53,538	0	0	0	0	0	0	0	0	1	1,345,013
41 広島	0	0	0	0	0	0	0	0	0	0	84	23	776,256
42 山口	11,243	0	0	0	27,794	0	0	101,722	0	0	0	0	1,070,958
43 香川	2,108,076	246,887	0	122,067	0	0	0	0	0	0	0	1,319	4,028,274
44 愛媛	681,379	267,110	1,446	11,702	0	0	0	0	0	0	0	9	973,643
45 徳島	427,699	0	38,065	0	0	0	0	0	0	0	0	0	494,290
46 高知	0	0	0	119,487	0	0	0	0	0	0	0	0	125,145
47 福岡	0	0	0	0	1,214,337	1,812,166	2,349	10,596	0	152,225	5,354	11,728	3,347,661
48 佐賀	0	0	0	0	122,865	30,487	3,319	20,242	9,890	0	0	0	187,398
49 長崎	0	0	0	0	78	0	12,416	0	0	0	0	0	12,805
50 熊本	0	0	0	0	28,394	2,378	0	215,336	0	0	2,458	0	256,194
51 大分	0	0	0	0	17,841	0	0	189	469,386	0	0	0	489,520
52 宮崎	0	0	0	0	3,329	163,291	0	0	42,830	2,289,103	1,489	0	2,523,981
53 鹿児島	0	0	0	0	0	0	0	189	0	76,069	437,870	53,135	575,991
54 沖縄	0	0	0	0	0	0	0	0	0	0	368	490,644	491,148
55 全国	5,225,254	555,536	159,972	253,632	1,479,878	2,008,322	18,084	348,633	548,876	2,519,828	447,786	581,504	49,364,280

平成28年度　　　　　　　　　　　　府県相互間輸送トン数表（全機関）　　　　　品目（8-29）金属くず　　　（単位：トン）その1

発＼着	1 札幌	2 旭川	3 函館	4 室蘭	5 釧路	6 帯広	7 北見	8 北海道	9 青森	10 岩手	11 宮城	12 福島	13 秋田	14 山形
1 札幌	250,263	17,794	0	28,966	0	0	0	297,023	0	0	0	0	0	0
2 旭川	496	93,987	0	133,956	0	0	0	228,439	0	0	37,291	0	0	0
3 函館	0	0	24,236	3,203	0	0	0	27,439	0	0	0	0	0	0
4 室蘭	111,873	0	0	201,431	845	0	0	314,149	8,163	0	0	0	0	0
5 釧路	0	0	0	1,000	0	1,779	0	2,779	0	0	0	0	0	0
6 帯広	0	0	0	0	0	29,076	0	29,076	0	0	0	0	0	0
7 北見	0	0	0	0	0	0	26,229	26,229	0	0	0	0	0	0
8 北海道	362,632	111,781	24,236	368,556	845	30,855	26,229	925,134	8,163	0	37,291	0	0	0
9 青森	0	0	0	1,500	0	0	0	1,500	336,966	0	0	0	0	0
10 岩手	0	0	0	800	0	0	0	800	30,499	93,363	15,345	0	17,794	0
11 宮城	2,501	0	0	419	0	0	0	2,920	0	31,076	738,924	18,646	0	0
12 福島	0	0	0	0	0	0	0	0	7,540	26,414	319,197	227,012	0	5,979
13 秋田	0	0	0	0	0	0	0	0	144,250	28,471	37,688	0	597,700	0
14 山形	0	0	0	0	0	0	0	0	0	0	0	0	0	236,376
15 茨城	0	0	0	0	0	0	0	0	0	0	7,128	0	0	0
16 栃木	0	0	0	0	0	0	0	0	0	0	0	36,158	0	32,630
17 群馬	0	0	0	0	0	0	0	0	0	0	0	67,155	0	0
18 埼玉	0	0	0	0	0	0	0	0	0	0	0	27,968	0	0
19 千葉	0	0	0	0	0	0	0	0	0	0	50,243	0	0	0
20 東京	0	0	0	832	20	0	0	852	558	0	0	16	0	0
21 神奈川	0	0	0	811	0	0	0	811	789	0	40,704	24,874	63,115	0
22 新潟	0	0	0	0	0	0	0	0	0	0	0	0	0	0
23 富山	0	0	0	0	0	0	0	0	0	0	0	0	0	0
24 石川	0	0	0	0	0	0	0	0	0	0	0	0	0	0
25 福井	0	0	0	0	0	0	0	0	0	0	0	0	0	0
26 山梨	0	0	0	0	0	0	0	0	0	0	0	0	0	0
27 長野	0	0	0	0	0	0	0	0	0	0	0	0	0	0
28 静岡	0	0	0	0	0	0	0	0	0	0	0	1,530	0	0
29 岐阜	0	0	0	0	0	0	0	0	0	0	0	0	0	0
30 愛知	0	0	0	0	0	0	0	0	0	0	0	6,632	0	0
31 三重	0	0	0	0	0	0	0	0	0	0	0	0	0	0
32 滋賀	0	0	0	0	0	0	0	0	0	0	0	0	0	0
33 京都	0	0	0	1,500	0	0	0	1,500	0	0	0	0	0	0
34 奈良	0	0	0	0	0	0	0	0	0	0	0	0	0	0
35 和歌山	0	0	0	0	0	0	0	0	0	0	0	0	0	0
36 大阪	0	0	0	266	0	0	0	266	0	0	0	0	0	0
37 兵庫	0	0	0	880	0	0	0	880	10,128	0	1,017	0	0	0
38 鳥取	0	0	0	0	0	0	0	0	0	0	0	0	0	0
39 島根	0	0	0	0	0	0	0	0	0	0	0	0	0	0
40 岡山	0	0	0	0	0	0	0	0	0	0	0	0	0	0
41 広島	0	0	0	0	0	0	0	0	0	0	0	0	0	0
42 山口	0	0	0	0	0	0	0	0	46,899	0	0	0	0	0
43 香川	0	0	0	0	0	0	0	0	0	0	0	0	0	0
44 愛媛	0	0	0	0	0	0	0	0	0	0	0	0	0	0
45 徳島	0	0	0	0	0	0	0	0	0	0	0	0	0	0
46 高知	0	0	0	0	0	0	0	0	0	0	0	0	0	0
47 福岡	0	0	0	0	0	0	0	0	2,222	0	0	0	0	0
48 佐賀	0	0	0	0	0	0	0	0	0	0	0	0	0	0
49 長崎	0	0	0	0	0	0	0	0	0	0	0	0	0	0
50 熊本	0	0	0	0	0	0	0	0	0	0	0	0	0	0
51 大分	0	0	0	0	0	0	0	0	0	0	0	0	0	0
52 宮崎	0	0	0	0	0	0	0	0	0	0	0	0	0	0
53 鹿児島	0	0	0	0	0	0	0	0	0	0	0	0	0	0
54 沖縄	0	0	0	0	0	0	0	0	0	0	0	0	0	0
55 全国	365,133	111,781	24,236	375,564	865	30,855	26,229	934,663	588,014	179,324	1,218,011	439,517	678,610	274,985

平成28年度　　　　　　　　　　　　府県相互間輸送トン数表（全機関）　　　　　品目（8-29）金属くず　　　（単位：トン）その2

発＼着	15 茨城	16 栃木	17 群馬	18 埼玉	19 千葉	20 東京	21 神奈川	22 新潟	23 富山	24 石川	25 福井	26 山梨	27 長野	28 静岡
1 札幌	0	0	0	0	0	0	0	0	1,227	0	0	0	0	0
2 旭川	0	0	0	0	0	0	0	0	0	0	0	0	0	0
3 函館	0	0	0	0	0	0	0	0	0	0	0	0	0	0
4 室蘭	6,928	0	0	0	10,102	2,625	36	0	0	0	0	960	0	0
5 釧路	400	0	0	0	0	0	0	0	0	0	0	0	0	0
6 帯広	0	0	0	0	0	0	0	0	0	0	0	0	0	0
7 北見	0	0	0	0	0	0	0	0	0	0	0	0	0	0
8 北海道	7,328	0	0	0	10,102	2,625	36	0	1,227	0	0	960	0	0
9 青森	0	0	0	0	2,835	0	0	0	0	0	0	0	0	0
10 岩手	0	0	0	0	4,045	0	0	0	0	0	0	0	0	0
11 宮城	31,076	0	0	0	7,012	54	144	0	0	0	0	0	0	0
12 福島	1,068	271,067	0	0	0	0	0	0	0	0	0	0	0	0
13 秋田	0	0	0	0	0	0	0	0	221,574	0	0	0	0	0
14 山形	0	0	0	0	0	0	0	0	60,101	0	0	0	0	0
15 茨城	1,564,500	434,590	0	56,478	337,390	0	142,949	0	0	434	0	0	37,902	0
16 栃木	66,550	723,037	247,610	0	159,589	0	26,228	0	0	0	0	0	0	0
17 群馬	131,568	87,431	814,811	166,760	71,506	0	0	135,584	0	0	0	0	0	0
18 埼玉	156,240	36,372	36,561	755,628	209,093	317,058	64,547	58,640	0	0	0	0	0	0
19 千葉	432,304	49,007	6,215	94,318	1,647,888	501,809	583,294	0	0	0	0	0	0	3,400
20 東京	68,491	0	1,424	156,861	373,245	1,081,271	33,883	0	0	0	0	43,062	0	0
21 神奈川	0	26,414	0	0	124,945	240,465	3,696,002	0	0	0	0	0	0	32,030
22 新潟	0	143,167	0	0	0	31,076	0	674,125	92,199	0	0	0	0	0
23 富山	64,047	0	0	0	0	0	0	170,312	903,122	854	0	0	0	0
24 石川	0	0	0	0	0	0	0	0	120,529	245,545	0	0	0	0
25 福井	0	0	0	0	0	0	0	0	0	0	534,241	0	0	0
26 山梨	0	0	0	0	0	0	0	0	0	0	0	141,274	0	40,190
27 長野	0	32,955	65,981	0	0	0	0	522,230	12,200	0	0	44,557	544,459	0
28 静岡	0	0	0	0	0	24,876	12,524	0	73,681	0	0	255,206	0	0
29 岐阜	0	0	0	0	0	0	0	0	0	0	0	0	0	1,639,035
30 愛知	1,493	0	0	0	47,540	0	58,751	0	36,175	0	0	0	0	1,099
31 三重	0	0	0	0	0	0	0	39,148	0	0	0	0	0	0
32 滋賀	0	0	0	0	0	0	0	0	0	0	0	0	0	0
33 京都	0	0	0	0	0	0	0	0	0	0	0	0	0	0
34 奈良	0	0	0	0	0	0	0	0	0	0	0	0	0	0
35 和歌山	0	0	0	0	0	1,296	0	0	0	0	0	0	0	0
36 大阪	0	0	0	0	0	15	0	0	36,909	0	0	0	0	1,030
37 兵庫	0	0	0	0	2,349	66	0	0	0	0	0	0	0	0
38 鳥取	0	0	0	0	0	0	0	0	0	0	0	0	0	0
39 島根	0	0	0	0	0	0	0	0	0	0	0	0	0	0
40 岡山	0	0	0	0	0	20	0	0	0	0	0	0	0	0
41 広島	0	0	0	0	0	0	7,880	0	0	0	0	0	0	0
42 山口	0	0	0	0	0	0	0	0	0	0	0	0	0	0
43 香川	1,350	0	0	0	0	0	0	0	0	0	0	0	0	0
44 愛媛	0	0	0	0	0	10	0	0	0	0	0	0	0	0
45 徳島	0	0	0	0	0	0	0	0	0	0	0	0	0	0
46 高知	0	0	0	0	0	0	0	0	0	0	0	0	0	0
47 福岡	1,460	0	0	0	36,811	1,240	0	1,502	0	0	0	1,560	0	3,410
48 佐賀	0	0	0	0	0	0	0	0	0	0	0	0	0	0
49 長崎	0	0	0	0	0	0	0	0	0	0	0	0	0	0
50 熊本	0	0	0	0	0	0	0	0	0	0	0	0	0	0
51 大分	1,035	0	0	0	1,161	0	0	0	0	0	0	0	0	1,390
52 宮崎	0	0	0	0	0	0	0	0	0	0	0	0	0	0
53 鹿児島	0	0	0	0	0	654	0	0	0	0	0	0	0	0
54 沖縄	0	0	0	0	0	0	0	0	0	0	0	0	0	0
55 全国	2,528,511	1,804,039	1,172,602	1,230,046	2,988,880	2,177,658	4,736,891	1,844,069	1,276,042	246,833	536,761	484,099	582,361	1,721,584

平成28年度　　府県相互間輸送トン数表（全機関）　　品目（8-29）金属くず　（単位：トン）その 3

着／発	29 岐阜	30 愛知	31 三重	32 滋賀	33 京都	34 奈良	35 和歌山	36 大阪	37 兵庫	38 鳥取	39 島根	40 岡山	41 広島	42 山口
1 札幌	0	0	0	0	0	0	0	0	0	0	0	0	0	0
2 旭川	0	0	0	0	0	0	0	0	0	0	0	0	0	0
3 函館	0	0	0	0	0	0	0	0	0	0	0	0	0	0
4 室蘭	0	8,100	0	0	0	0	0	192	22,460	0	0	0	0	803
5 釧路	0	0	0	0	0	0	0	0	0	0	0	0	0	0
6 帯広	0	0	0	0	0	0	0	0	0	0	0	0	0	0
7 北見	0	0	0	0	0	0	0	0	0	0	0	0	0	0
8 北海道	0	8,100	0	0	0	0	0	192	22,460	0	0	0	0	803
9 青森	0	0	0	0	0	0	0	0	0	0	0	0	0	0
10 岩手	0	3,170	0	0	0	0	0	0	0	0	0	0	0	0
11 宮城	0	810	0	0	0	0	0	0	3,243	0	0	0	0	651
12 福島	0	0	0	0	0	0	0	0	828	0	0	0	0	0
13 秋田	0	0	0	0	0	0	0	0	0	0	0	0	0	0
14 山形	0	0	0	0	0	0	0	0	0	0	0	0	0	1,161
15 茨城	0	1,500	0	0	0	0	0	0	0	0	0	0	0	0
16 栃木	21,753	69,765	0	0	0	0	0	0	0	0	0	0	34,183	0
17 群馬	0	0	0	0	0	0	0	0	0	0	0	0	37,291	0
18 埼玉	0	0	0	0	0	0	0	0	0	0	0	0	0	0
19 千葉	0	4,950	1,560	0	0	0	14,827	0	98,606	0	0	1,067	11,932	44,955
20 東京	0	19	0	0	0	0	0	1,092	3,054	0	0	0	15,481	0
21 神奈川	0	118,361	310	0	0	0	0	5,701	91,538	0	0	1,747	0	8,241
22 新潟	0	0	0	0	0	0	0	0	34,277	0	0	1,585	0	1,176
23 富山	0	1,550	0	0	0	0	0	0	31,959	0	0	0	0	1,123
24 石川	0	0	0	0	0	0	0	13,524	0	0	0	0	0	0
25 福井	0	0	0	0	0	0	0	0	0	0	0	0	0	1,845
26 山梨	0	0	0	0	0	0	0	0	0	0	0	0	0	0
27 長野	0	0	0	0	0	0	0	0	0	0	0	0	0	0
28 静岡	0	231,702	0	0	0	0	0	0	47,373	0	0	1,001	0	33,906
29 岐阜	208,250	37,724	0	0	0	0	0	0	0	0	0	0	0	0
30 愛知	183,168	3,340,037	28,600	31,760	0	0	2,480	3,108	226,793	0	0	42,334	9,556	92,265
31 三重	758	32,920	126,554	0	0	0	0	0	7,769	0	0	0	0	0
32 滋賀	60,501	69,672	2,486	188,046	9,182	0	0	0	3,132	0	0	0	0	0
33 京都	0	0	0	9,289	356,591	5,694	0	475,571	18,186	0	0	0	0	0
34 奈良	0	0	0	0	0	11,597	10,677	99,399	630	0	0	0	0	0
35 和歌山	0	0	0	0	0	0	124,164	104,666	9,418	0	0	0	0	0
36 大阪	0	174,641	24,047	41,918	183,985	36,980	43,521	1,331,923	234,152	0	0	5,502	101,453	142,533
37 兵庫	0	78,266	6,819	7,769	0	0	1,246	326,540	1,255,563	0	37,155	27,631	3,072	63,249
38 鳥取	0	0	0	0	0	0	0	0	0	165,278	453,316	1,501	36	0
39 島根	0	0	0	0	62,307	0	0	0	0	0	66,533	0	0	0
40 岡山	0	35,116	0	0	0	0	0	0	902,034	0	0	912,985	42,706	0
41 広島	0	695	0	0	0	0	0	24,612	222,842	0	107,022	269,124	1,363,463	216,223
42 山口	0	0	0	0	0	0	0	0	17,659	0	0	2,805	51,874	1,347,637
43 香川	0	0	0	0	0	0	0	0	92,078	0	0	9,024	1,105	4,173
44 愛媛	0	0	0	0	0	0	35,385	500	41,266	0	0	9,130	178,121	100,719
45 徳島	0	0	0	0	0	0	0	0	81,506	0	0	0	0	0
46 高知	0	0	0	0	0	0	1,475	0	3,185	0	0	595	0	10,486
47 福岡	0	1,993	0	0	0	0	12,187	0	40,080	0	0	18,896	10,019	288,490
48 佐賀	0	0	0	0	0	0	0	0	1,050	0	0	0	0	0
49 長崎	0	0	0	0	0	0	0	0	686	0	0	0	6,081	0
50 熊本	0	0	0	0	0	0	0	0	0	0	0	0	0	0
51 大分	0	0	0	0	0	0	0	0	1,718	0	0	700	0	165,697
52 宮崎	0	833	0	0	0	0	0	0	2,500	0	0	21,050	0	37,644
53 鹿児島	0	0	0	0	0	0	0	705	16,101	0	0	1,548	0	23,830
54 沖縄	0	0	0	0	0	0	0	0	958	0	0	0	0	1,094
55 全国	474,429	4,211,825	190,375	278,781	612,065	54,271	251,662	2,392,733	3,501,744	165,278	664,025	1,328,224	1,866,373	2,587,902

平成28年度　　府県相互間輸送トン数表（全機関）　　品目（8-29）金属くず　（単位：トン）その 4

着／発	43 香川	44 愛媛	45 徳島	46 高知	47 福岡	48 佐賀	49 長崎	50 熊本	51 大分	52 宮崎	53 鹿児島	54 沖縄	55 全国
1 札幌	0	0	0	0	0	0	0	0	1,395	0	0	0	299,645
2 旭川	0	0	0	0	0	0	0	0	0	0	0	0	265,730
3 函館	0	0	0	0	0	0	0	0	0	0	0	0	27,439
4 室蘭	0	0	0	0	1,088	0	0	0	2,807	0	0	0	378,413
5 釧路	0	0	0	0	0	0	0	0	0	0	0	0	3,179
6 帯広	0	0	0	0	0	0	0	0	0	0	0	0	29,076
7 北見	0	0	0	0	0	0	0	0	0	0	0	0	26,229
8 北海道	0	0	0	0	1,088	0	0	0	4,202	0	0	0	1,029,711
9 青森	0	0	0	0	0	0	0	0	0	0	0	0	341,301
10 岩手	0	0	0	0	0	0	0	0	0	0	0	0	165,017
11 宮城	0	0	0	0	878	0	0	0	0	0	0	0	835,433
12 福島	0	1,600	0	0	842	0	816	0	4,344	0	0	0	866,707
13 秋田	0	0	0	0	1,275	0	1,300	0	0	0	0	0	1,032,258
14 山形	0	0	0	0	2,341	0	0	0	0	0	0	0	299,979
15 茨城	0	0	0	0	7,215	0	0	0	1,484	0	0	0	2,591,570
16 栃木	0	0	0	0	0	0	0	0	0	0	0	0	1,383,317
17 群馬	0	0	0	0	0	0	0	0	0	0	0	0	1,508,999
18 埼玉	0	0	0	0	0	0	0	0	0	0	0	0	1,699,399
19 千葉	0	400	0	0	500	0	0	0	45,248	0	0	0	3,592,523
20 東京	3,085	0	0	0	2,172	0	0	0	1,314	0	0	42	1,785,921
21 神奈川	0	0	0	0	4,495	0	2,384	0	23,343	0	0	0	4,506,269
22 新潟	0	0	0	0	0	0	0	0	0	0	0	0	977,604
23 富山	0	0	0	0	0	0	0	0	1,235	0	0	0	1,174,202
24 石川	0	0	0	0	0	0	0	0	0	0	0	0	379,598
25 福井	0	0	0	0	0	0	0	0	1,002	0	0	0	537,088
26 山梨	0	0	0	0	0	0	0	0	0	0	0	0	181,463
27 長野	0	0	0	0	0	0	0	0	0	0	0	0	1,222,383
28 静岡	0	0	0	0	0	0	0	0	16,288	0	0	0	2,337,122
29 岐阜	0	0	0	0	0	0	0	0	0	0	0	0	245,973
30 愛知	38,845	0	0	0	6,997	0	800	0	18,881	0	0	0	4,177,314
31 三重	0	0	0	0	0	0	0	0	1,585	0	0	0	208,733
32 滋賀	0	0	0	0	0	0	0	0	0	0	0	0	333,019
33 京都	0	0	0	0	0	0	0	0	0	0	0	0	866,831
34 奈良	0	0	0	0	0	0	0	0	0	0	0	0	122,303
35 和歌山	0	0	0	0	827	0	0	0	0	0	0	0	240,371
36 大阪	1,688	2,514	0	0	2,014	0	0	0	6,860	1,390	0	127	2,383,596
37 兵庫	2,320	14,796	136,262	0	7,146	0	0	0	37,352	0	0	41	2,009,539
38 鳥取	0	0	0	0	1,506	0	1,500	0	0	0	0	0	623,136
39 島根	0	0	0	0	0	0	0	0	0	0	0	0	128,840
40 岡山	0	807	0	0	2,122	0	0	0	0	522	0	0	1,896,312
41 広島	0	1,230	0	0	81,335	0	0	0	39,896	0	0	0	2,333,092
42 山口	0	0	0	0	9,079	0	0	0	34,184	2,000	0	0	1,513,367
43 香川	1,973,703	126,197	61,711	0	10,976	0	0	0	11,800	0	0	0	2,292,117
44 愛媛	0	148,730	0	0	9,969	0	5,996	0	16,720	0	0	0	546,546
45 徳島	71,003	0	456,689	0	0	0	0	0	0	0	0	0	609,198
46 高知	12,430	0	0	224,573	8,800	0	0	0	9,647	0	0	0	271,191
47 福岡	0	0	0	0	1,081,323	160,063	79,585	35,197	401,549	0	0	0	2,177,587
48 佐賀	0	0	0	0	156,445	734,649	27,471	0	0	0	0	0	918,566
49 長崎	0	0	0	0	60,359	322,226	204,135	0	17,493	0	0	0	611,343
50 熊本	0	3,108	0	0	27,916	0	0	333,047	0	0	0	0	364,757
51 大分	0	0	0	0	156,310	0	0	0	845,551	0	0	0	1,173,563
52 宮崎	0	0	0	0	32,491	39,808	0	0	55,657	166,884	0	0	357,572
53 鹿児島	0	0	0	0	10,716	0	0	0	29,074	9,941	49,745	34,987	176,596
54 沖縄	0	0	0	0	0	0	0	0	0	0	314	445,122	447,488
55 全国	2,103,074	299,382	654,662	224,573	1,687,138	1,256,746	323,987	368,244	1,624,709	180,737	50,059	480,319	55,476,581

平成28年度　　　　　　　　　　　　　　　府県相互間輸送トン数表（全機関）

品目（8-30）動植物性飼肥料　　　（単位：トン）その1

着／発	1 札幌	2 旭川	3 函館	4 室蘭	5 釧路	6 帯広	7 北見	8 北海道	9 青森	10 岩手	11 宮城	12 福島	13 秋田	14 山形
1 札幌	126,800	55,615	0	188,854	28,363	46,994	0	446,626	0	0	0	0	0	0
2 旭川	0	1,534,752	0	0	0	0	0	1,534,752	0	0	0	0	0	0
3 函館	0	0	217,525	0	0	0	0	217,525	0	0	0	0	0	0
4 室蘭	290,807	49,572	104,227	3,902,877	89,901	361,131	116,791	4,915,306	7,063	0	5,358	0	0	0
5 釧路	28,363	0	0	25,141	2,550,274	175,264	156,354	2,935,397	0	0	0	0	0	0
6 帯広	0	0	0	1,250	8,004	5,088,217	0	5,097,471	0	0	0	0	0	0
7 北見	0	0	0	0	114,566	0	4,120,460	4,235,026	0	0	0	0	0	0
8 北海道	445,970	1,639,939	321,753	4,232,688	2,676,543	5,671,607	4,393,605	19,382,104	7,063	0	5,358	0	0	0
9 青森	0	0	0	58,454	2,811	0	0	61,265	1,252,894	425,893	50,053	0	22,246	0
10 岩手	0	0	0	0	0	0	0	0	119,198	1,077,718	0	0	0	0
11 宮城	0	0	0	10,850	2,583	0	0	13,433	905	376,699	637,408	544,897	230,072	201,627
12 福島	0	0	0	0	0	0	0	0	0	0	39,208	433,537	0	97,604
13 秋田	0	0	0	0	0	0	0	0	0	0	18,712	15,253	123,707	0
14 山形	0	0	0	0	0	0	0	0	0	0	0	0	33,369	466,111
15 茨城	1,200	0	2,000	74,627	18,553	15,269	0	111,649	38,412	599	59,991	92,120	38,096	0
16 栃木	0	0	0	0	0	0	0	0	0	7,017	0	0	0	0
17 群馬	0	0	0	0	0	0	0	0	0	0	0	0	0	0
18 埼玉	0	0	0	0	0	0	0	0	0	0	0	102,971	0	0
19 千葉	0	0	0	13,350	16,102	6,164	0	36,816	45,742	0	1,795	57,697	0	0
20 東京	0	0	0	12,319	4,770	0	0	17,089	88	0	33,475	0	0	0
21 神奈川	7,200	0	0	73,693	231,868	39,206	0	351,967	91,118	25,204	89,244	0	0	0
22 新潟	0	0	0	0	0	0	0	0	0	0	0	34,547	0	0
23 富山	0	0	0	0	0	0	0	0	0	0	0	0	0	0
24 石川	0	0	0	0	0	0	0	0	0	0	0	0	0	0
25 福井	0	0	0	3,330	0	0	0	3,330	0	0	0	0	0	0
26 山梨	0	0	0	0	0	0	0	0	0	0	0	15,203	0	0
27 長野	0	0	0	0	0	0	0	0	0	0	0	0	0	0
28 静岡	800	0	0	25,572	51,935	3,806	0	82,113	39,856	4,074	62,675	0	0	0
29 岐阜	0	0	0	0	0	0	0	0	0	0	0	0	0	0
30 愛知	3,600	0	0	34,317	92,084	24,772	0	154,773	14,036	0	68,073	0	0	0
31 三重	0	0	0	3,600	0	0	853	4,453	0	0	7,204	0	0	0
32 滋賀	0	0	0	0	0	0	0	0	0	0	0	0	0	0
33 京都	0	0	0	0	0	0	0	0	0	0	0	0	0	0
34 奈良	0	0	0	0	0	0	0	0	0	0	0	0	0	0
35 和歌山	0	0	0	0	0	0	0	0	0	0	0	0	0	0
36 大阪	0	0	0	6,357	695	0	0	7,052	0	0	0	0	0	0
37 兵庫	0	0	0	11,100	7,548	2,117	0	20,765	9,145	2,898	3,583	0	0	0
38 鳥取	0	0	0	0	0	0	0	0	0	0	0	0	0	0
39 島根	0	0	0	0	0	0	0	0	0	0	0	799	0	0
40 岡山	0	0	0	0	0	0	0	0	0	0	0	6,049	0	0
41 広島	0	0	0	0	0	0	0	0	0	0	0	0	0	0
42 山口	0	0	0	0	1,969	0	0	1,969	0	0	0	3,414	0	0
43 香川	0	0	0	0	0	0	0	0	0	0	0	0	0	0
44 愛媛	0	0	0	0	0	0	0	0	0	0	0	0	0	0
45 徳島	0	0	0	0	0	0	0	0	0	0	0	0	0	0
46 高知	0	0	0	0	0	0	0	0	0	0	0	0	0	0
47 福岡	0	0	0	0	0	0	0	0	0	0	0	0	0	0
48 佐賀	0	0	0	1,500	0	0	0	1,500	0	0	0	0	0	0
49 長崎	0	0	0	0	0	0	0	0	0	0	0	0	0	0
50 熊本	0	0	0	0	0	0	0	0	0	0	0	0	0	0
51 大分	0	0	0	0	0	0	0	0	0	0	0	696	0	0
52 宮崎	0	0	0	0	0	0	0	0	0	1,002	0	0	0	0
53 鹿児島	0	0	0	0	2,869	0	0	2,869	1,129	0	0	200	0	0
54 沖縄	0	0	0	0	0	0	0	0	0	0	0	0	0	0
55 全国	459,970	1,639,939	323,753	4,561,757	3,110,330	5,763,794	4,393,605	20,253,147	1,639,300	1,921,896	1,140,380	1,223,275	447,489	765,342

平成28年度　　　　　　　　　　　　　　　府県相互間輸送トン数表（全機関）

品目（8-30）動植物性飼肥料　　　（単位：トン）その2

着／発	15 茨城	16 栃木	17 群馬	18 埼玉	19 千葉	20 東京	21 神奈川	22 新潟	23 富山	24 石川	25 福井	26 山梨	27 長野	28 静岡
1 札幌	0	0	0	0	0	0	0	0	0	0	0	0	0	0
2 旭川	0	0	0	0	0	0	0	0	0	0	0	0	0	0
3 函館	0	0	0	0	0	0	0	0	0	0	0	0	0	0
4 室蘭	2,604	0	0	0	0	851	238	0	0	0	7,700	0	0	0
5 釧路	2,388	0	0	0	0	0	0	0	0	0	0	0	0	0
6 帯広	0	0	0	0	0	0	753	0	0	0	0	0	0	0
7 北見	0	0	0	0	0	0	0	0	0	0	0	0	0	0
8 北海道	4,992	0	0	0	0	851	991	200	0	0	7,700	0	0	0
9 青森	0	0	0	0	0	0	0	0	0	0	0	0	0	0
10 岩手	0	0	0	0	0	0	0	0	0	0	0	0	0	0
11 宮城	0	0	0	0	0	33,369	0	0	0	0	0	0	0	0
12 福島	0	0	0	6,996	0	0	0	0	0	0	0	0	0	0
13 秋田	0	0	0	0	0	0	0	0	0	0	0	0	0	0
14 山形	0	0	0	0	0	0	0	0	0	0	0	0	0	0
15 茨城	2,503,281	487,750	123,063	374,584	328,281	0	15,253	72,299	0	0	0	0	0	2,200
16 栃木	0	586,239	30,588	21,191	33,369	159,892	0	0	33,369	0	0	0	0	0
17 群馬	0	61,176	1,199,964	60,377	27,807	0	0	27,807	0	0	0	0	333,688	12,711
18 埼玉	74,739	0	136,898	348,895	35,380	16,289	20,855	0	0	0	0	0	8,643	0
19 千葉	340,394	0	0	113,795	948,875	6,118	585	0	0	0	0	0	0	0
20 東京	168,115	0	43,354	150,675	514,436	669,332	8,767	0	0	0	0	0	0	351
21 神奈川	60,479	0	36,706	0	203,958	24,023	650,208	1,200	0	0	0	0	42,545	1,285
22 新潟	16,630	0	0	0	0	0	0	1,014,522	79,784	116,786	0	0	0	0
23 富山	0	0	0	0	0	0	0	0	7,017	91,382	0	0	0	0
24 石川	0	0	0	0	0	0	0	0	0	0	378,597	0	0	0
25 福井	0	0	0	0	0	0	0	0	0	0	0	0	0	0
26 山梨	0	0	0	0	0	0	0	0	0	0	0	171,345	36,150	0
27 長野	0	0	0	0	0	0	0	0	19,465	0	0	0	431,119	0
28 静岡	3,337	0	25,421	0	0	0	210	0	0	0	0	189,383	7,626	731,148
29 岐阜	0	0	40,518	0	0	0	0	0	0	0	0	0	0	0
30 愛知	115,008	0	5,084	0	0	150	1,532	0	40,043	0	0	0	134,902	3,101
31 三重	56,226	27,807	0	0	0	0	0	0	12,711	0	0	0	0	0
32 滋賀	0	0	0	0	0	0	0	0	0	0	0	0	0	0
33 京都	0	0	0	0	0	0	0	0	0	0	0	0	0	0
34 奈良	0	0	0	0	0	0	0	0	0	0	0	0	0	0
35 和歌山	0	0	0	0	0	0	0	0	0	0	0	0	0	0
36 大阪	0	0	0	0	0	0	7,147	0	0	0	0	0	0	0
37 兵庫	31,302	0	0	0	0	150	0	0	0	0	0	0	0	1,796
38 鳥取	0	0	0	0	0	0	0	0	0	0	0	0	0	0
39 島根	0	0	0	0	0	0	0	0	0	0	0	0	0	0
40 岡山	0	0	0	0	0	50	0	0	0	0	0	0	0	1,100
41 広島	0	0	0	0	0	0	0	0	0	0	0	0	0	0
42 山口	7,571	0	0	0	0	0	0	0	0	0	0	0	0	2,292
43 香川	0	0	0	0	0	0	0	0	0	0	0	0	0	0
44 愛媛	0	0	0	0	0	10	0	0	0	0	0	0	0	0
45 徳島	0	0	0	0	0	0	0	0	0	0	0	0	0	0
46 高知	0	0	0	0	0	0	0	0	0	0	0	0	0	0
47 福岡	1,940	0	0	0	0	1,515	0	0	0	0	0	0	0	330
48 佐賀	0	0	0	0	0	0	0	0	0	0	0	0	0	0
49 長崎	0	0	0	0	0	0	0	0	0	0	0	0	0	0
50 熊本	0	0	0	0	0	0	0	0	0	0	0	0	0	0
51 大分	0	0	0	0	0	0	0	0	0	0	0	0	0	0
52 宮崎	0	0	0	0	0	0	0	0	0	0	0	0	0	0
53 鹿児島	1,987	0	0	0	153	0	753	0	0	0	0	0	0	0
54 沖縄	0	0	0	0	0	0	0	0	0	0	0	0	0	0
55 全国	3,386,003	1,162,973	1,641,763	1,076,514	2,125,628	878,381	706,501	1,115,828	192,388	208,168	386,297	360,728	994,673	756,314

平成28年度　　府県相互間輸送トン数表（全機関）　品目（8-30）動植物性飼肥料　（単位：トン）その3

着\発	29 岐阜	30 愛知	31 三重	32 滋賀	33 京都	34 奈良	35 和歌山	36 大阪	37 兵庫	38 鳥取	39 島根	40 岡山	41 広島	42 山口
1 札幌	0	0	0	0	0	0	0	0	0	0	0	0	0	0
2 旭川	0	0	0	0	0	0	0	0	0	0	0	0	0	0
3 函館	0	0	0	0	0	0	0	0	0	0	0	0	0	0
4 室蘭	0	1,780	0	0	0	0	0	120	0	0	0	0	0	0
5 釧路	0	3,100	0	0	0	0	0	192	0	0	0	0	0	0
6 帯広	0	0	0	0	0	0	0	0	812	0	0	0	0	0
7 北見	0	0	0	0	0	0	0	0	0	0	0	0	0	0
8 北海道	0	4,880	0	0	0	0	0	312	812	0	0	0	0	0
9 青森	0	0	0	0	0	0	0	0	0	0	0	0	0	0
10 岩手	0	0	0	0	0	0	0	0	0	0	0	0	0	0
11 宮城	0	760	1,200	0	0	0	0	0	0	0	0	0	1,094	0
12 福島	0	0	0	0	0	0	0	0	0	0	0	0	0	0
13 秋田	0	0	0	0	0	0	0	0	0	0	0	0	0	0
14 山形	0	0	0	0	0	0	0	0	0	0	0	0	0	0
15 茨城	0	77,608	0	0	0	0	0	0	0	0	0	0	4,321	0
16 栃木	31,978	28,308	0	0	0	0	0	0	0	0	0	0	0	0
17 群馬	0	36,069	0	0	0	0	0	0	0	0	0	0	0	0
18 埼玉	0	0	0	0	0	0	0	0	0	0	0	0	0	0
19 千葉	0	36,150	0	0	0	0	0	0	90	0	0	0	1,540	0
20 東京	0	43,987	0	0	0	0	0	0	176	1,261	0	0	0	5
21 神奈川	0	3,250	0	0	0	0	0	0	0	288	0	0	3,604	0
22 新潟	0	0	0	0	0	0	0	0	0	0	0	0	0	0
23 富山	0	33,369	0	0	0	0	0	0	0	0	0	0	0	0
24 石川	0	0	0	0	0	0	0	0	0	0	0	0	0	0
25 福井	0	0	0	0	0	0	0	0	0	0	0	0	0	0
26 山梨	0	0	0	0	0	0	0	0	0	0	0	0	0	0
27 長野	0	0	0	0	0	0	0	0	0	0	0	0	0	0
28 静岡	0	0	81,259	35,037	0	0	0	0	0	0	0	0	0	0
29 岐阜	201,355	80,641	0	0	0	0	0	0	0	0	0	0	0	0
30 愛知	203,706	285,891	187,732	27,807	0	0	0	0	0	0	16,524	0	28,718	0
31 三重	67,850	111,925	1,743,987	55,615	0	0	13,258	0	8,186	0	19,109	0	0	0
32 滋賀	0	0	0	273,920	0	0	5,380	0	0	0	0	0	0	0
33 京都	0	0	0	36,150	406,394	0	0	0	71,976	86,755	93,559	0	0	0
34 奈良	0	0	0	0	0	137,357	0	0	0	0	0	0	0	0
35 和歌山	0	0	0	0	0	0	234,101	0	0	0	0	0	0	0
36 大阪	0	0	105,722	0	0	23,390	0	0	139,252	7,027	0	36,667	25,261	0
37 兵庫	0	5,005	4,400	204,794	288	0	0	0	104,943	2,558,496	183,033	61,176	98,844	5,561
38 鳥取	0	0	23,039	0	0	0	0	46,780	0	644	0	7,017	25,261	0
39 島根	0	0	0	0	0	0	0	0	0	958,541	445,260	44	103	0
40 岡山	0	39,332	0	0	0	0	0	108,057	0	0	138,510	335,115	57,656	94,059
41 広島	0	0	0	0	0	0	0	0	0	0	144,081	9,882	714,038	0
42 山口	0	1,400	0	0	0	0	0	0	1,860	0	110	0	25,472	84,556
43 香川	0	0	0	0	0	0	0	0	31,581	0	37,540	17,519	0	0
44 愛媛	0	0	0	0	0	0	0	0	3,625	0	0	36,150	0	0
45 徳島	0	0	0	0	0	0	0	0	0	0	0	0	0	0
46 高知	0	0	0	0	0	0	0	0	0	0	0	0	0	0
47 福岡	0	4,810	1,500	0	0	0	0	0	0	0	0	1,643	33,369	58,469
48 佐賀	0	0	0	0	0	0	0	0	0	0	0	0	0	614
49 長崎	0	0	0	0	0	0	0	0	0	0	0	0	0	0
50 熊本	0	0	0	0	0	0	0	0	0	0	0	0	0	0
51 大分	0	0	0	0	0	0	0	0	0	0	0	0	0	0
52 宮崎	0	0	0	0	0	0	0	0	1,920	0	0	0	0	0
53 鹿児島	0	4,279	0	0	0	0	0	0	0	28,350	0	0	27,876	0
54 沖縄	0	0	0	0	0	0	0	0	0	10	0	0	0	0
55 全国	504,889	797,663	2,148,839	633,323	406,683	179,385	234,101	373,636	2,828,122	1,414,848	683,240	610,033	886,721	237,703

平成28年度　　府県相互間輸送トン数表（全機関）　品目（8-30）動植物性飼肥料　（単位：トン）その4

着\発	43 香川	44 愛媛	45 徳島	46 高知	47 福岡	48 佐賀	49 長崎	50 熊本	51 大分	52 宮崎	53 鹿児島	54 沖縄	55 全国
1 札幌	0	0	0	0	0	0	0	0	0	0	2,200	0	448,826
2 旭川	0	0	0	0	0	0	0	0	0	0	0	0	1,534,752
3 函館	0	0	0	0	0	0	0	0	0	0	0	0	217,525
4 室蘭	0	0	0	0	533	1,100	0	0	0	0	0	0	4,942,653
5 釧路	0	0	0	0	334	0	1,002	0	0	0	0	0	2,942,413
6 帯広	0	0	0	0	0	0	0	0	0	0	0	0	5,099,036
7 北見	0	0	0	0	0	0	0	0	0	0	0	0	4,235,026
8 北海道	0	0	0	0	867	1,100	1,002	0	0	0	2,200	0	19,420,232
9 青森	0	0	0	0	0	0	0	0	0	0	0	0	1,812,551
10 岩手	0	0	0	0	0	0	0	0	0	0	0	0	1,196,916
11 宮城	0	0	0	0	0	0	0	0	0	0	3,140	0	2,044,603
12 福島	0	0	0	0	0	0	0	0	0	0	0	0	577,346
13 秋田	0	0	0	0	0	0	0	0	0	0	0	0	157,671
14 山形	0	0	0	0	0	0	0	0	0	0	0	0	499,480
15 茨城	33,925	0	0	0	5,300	0	1,200	0	0	0	25,750	0	4,395,683
16 栃木	0	0	0	0	0	0	0	0	0	0	0	0	931,951
17 群馬	0	0	0	0	0	0	0	0	0	0	0	0	1,759,600
18 埼玉	0	0	0	0	0	0	0	0	0	0	0	0	744,672
19 千葉	2,039	0	0	0	600	0	8,983	0	0	8,392	15,970	0	1,625,580
20 東京	0	0	0	0	0	0	0	0	0	43,902	4,200	1,197	1,700,411
21 神奈川	0	0	0	0	0	0	0	0	0	0	23,087	0	1,608,166
22 新潟	0	0	0	0	0	0	0	0	0	0	0	0	1,065,699
23 富山	0	0	0	0	0	0	0	0	0	0	0	0	229,939
24 石川	0	0	0	0	0	0	0	0	0	0	0	0	98,399
25 福井	0	0	0	0	0	0	0	0	0	0	0	0	381,927
26 山梨	0	0	0	0	0	0	0	0	0	0	0	0	222,698
27 長野	0	0	0	0	0	0	0	0	0	0	0	0	450,750
28 静岡	6,592	0	0	0	0	0	9,856	500	0	3,448	19,747	5,900	1,308,183
29 岐阜	0	0	0	0	0	0	0	0	0	0	0	0	322,514
30 愛知	499	36,150	0	0	20,892	1,000	3,250	12,166	0	0	38,656	0	1,399,692
31 三重	0	0	1,200	0	0	0	313	0	0	0	5,050	0	2,134,895
32 滋賀	0	0	0	0	0	0	0	0	0	0	0	0	279,300
33 京都	0	0	0	0	0	0	0	0	0	0	0	0	694,834
34 奈良	0	0	0	0	0	0	0	0	0	0	0	0	137,357
35 和歌山	0	0	0	0	0	0	0	0	0	0	3,588	0	237,689
36 大阪	0	0	44,650	0	2,602	0	0	1,720	0	2,680	36,971	402	440,542
37 兵庫	53,976	7,559	349	1,140	89,571	7,054	35,919	7,080	778	28,197	116,375	28,479	3,672,658
38 鳥取	0	0	0	0	0	0	0	0	0	0	0	0	1,061,281
39 島根	0	0	0	0	0	0	0	0	0	0	0	0	446,207
40 岡山	1,017,326	2,450	88,823	20,633	3,080	0	0	3,402	0	0	6,873	2,329	1,924,844
41 広島	946	0	0	0	24,255	0	0	0	0	0	6,000	1,539	876,486
42 山口	0	0	0	0	0	0	0	0	0	0	3,626	0	156,525
43 香川	333,368	61,598	40,268	0	0	0	0	0	0	0	3,014	9	524,897
44 愛媛	0	428,549	211,154	43,935	0	0	0	0	0	0	1,489	285	514,042
45 徳島	499	0	0	0	0	0	0	0	0	0	603	0	212,256
46 高知	0	0	0	259,520	0	0	0	0	0	0	1,984	0	261,504
47 福岡	0	0	0	0	1,080,704	143,209	60,932	179,952	161,171	38,930	139,123	5,778	1,913,376
48 佐賀	0	33,048	0	33,048	153	314,628	87,542	45,116	0	36,150	604	0	552,402
49 長崎	0	0	0	0	115,737	45,123	645,020	1,500	0	0	0	0	807,380
50 熊本	0	0	0	0	51,478	54,352	72,099	1,267,046	66,738	66,738	18,271	0	1,596,721
51 大分	0	0	0	0	92,095	48,286	0	0	500,996	9,356	20,206	4,932	676,568
52 宮崎	0	0	0	0	0	0	16,684	0	54,422	2,017,075	146,698	0	2,237,801
53 鹿児島	1,400	16,524	1,100	0	6,108	0	40,321	71,188	871,914	3,059,149	159,274	0	4,294,572
54 沖縄	0	0	0	0	137	0	0	0	0	0	0	38	418,454
55 全国	1,450,570	585,877	387,543	358,275	1,493,580	614,751	966,437	1,606,354	784,105	3,126,781	3,702,412	628,393	70,026,921

- 159 -

平成28年度　　府県相互間輸送トン数表（全機関）　　（単位：トン）

品目 （8－31）その他の特種品　　その 1

着＼発	1 札幌	2 旭川	3 函館	4 室蘭	5 釧路	6 帯広	7 北見	8 北海道	9 青森	10 岩手	11 宮城	12 福島	13 秋田	14 山形
1 札幌	27,964,941	99,718	0	772,650	125,814	432,327	13,232	29,408,681	0	0	409,493	0	0	0
2 旭川	287,203	5,579,513	0	148,266	0	0	39,522	6,054,503	0	0	0	0	0	0
3 函館	0	0	4,664,258	52,856	0	137,476	0	4,854,590	0	0	0	0	0	0
4 室蘭	319,281	0	27,361	4,765,303	567,720	0	0	5,679,663	4,610	3,020	900	0	727	0
5 釧路	105,752	0	0	750	3,457,074	1,090,942	0	4,654,517	98,123	0	0	0	0	0
6 帯広	580,682	0	137,476	1,500	0	4,824,160	0	5,543,818	0	0	0	0	0	0
7 北見	133,955	0	0	6,820	0	0	4,444,739	4,585,516	0	0	1,447	0	0	2,798
8 北海道	29,391,813	5,679,231	4,829,095	5,748,145	4,150,607	6,484,906	4,497,493	60,781,291	102,733	4,467	410,393	0	3,525	0
9 青森	63,850	0	0	1,600	13,591	0	0	79,041	11,578,816	41,688	0	13,680	644	0
10 岩手	0	0	0	0	0	0	0	0	191,440	17,703,947	53,783	8,333	370,507	0
11 宮城	96,475	0	0	134,544	0	0	0	231,019	265,386	318,684	10,234,255	897,650	80,411	2,507,402
12 福島	60,297	0	0	0	15,086	0	0	75,383	23,137	215,708	377,200	12,890,798	12,160	61,545
13 秋田	0	0	0	0	0	0	0	0	0	139,357	1,109	6,247	9,555,796	231,539
14 山形	0	0	0	0	0	0	0	0	15,524	109,055	927,011	74,388	312,264	14,181,680
15 茨城	7,947	0	0	401,255	732,450	0	0	1,141,652	3,263	13,548	12,059	395,551	1,383	78,989
16 栃木	120,593	0	0	0	0	0	39,906	160,500	45,177	21,147	54,730	124,258	0	124,495
17 群馬	0	0	0	0	0	0	0	0	0	0	60,297	55,569	0	499,250
18 埼玉	0	0	0	0	0	0	0	0	0	78,211	856,824	189,914	52,126	785,665
19 千葉	0	0	0	54,429	192,278	0	0	246,707	68,258	36,676	165,320	37,711	43,099	172,358
20 東京	121,417	0	0	1,135,662	16,979	43,897	0	1,317,955	336,408	2	277,893	401,075	60,146	1,475,163
21 神奈川	0	0	0	97,096	4,928	0	0	102,024	5,125	6,340	232,720	204,539	246,149	168,831
22 新潟	39,906	0	0	16,251	0	0	0	56,157	4,597	0	11,793	67,115	20,602	7,895
23 富山	0	0	0	0	0	0	0	0	1,948	60	0	43,033	0	0
24 石川	0	0	0	41,093	0	0	0	41,093	1,428	0	31,925	0	0	0
25 福井	0	0	0	0	0	0	0	0	0	0	31,925	0	0	0
26 山梨	0	0	0	0	0	0	0	0	0	71,962	0	0	54,934	0
27 長野	0	0	0	0	0	0	0	0	0	0	154,510	6,127	71,239	0
28 静岡	96,962	0	0	23,687	8,002	0	0	128,651	97	1,525	40,175	0	3,004	379,869
29 岐阜	0	0	0	0	0	0	0	0	0	32,723	0	0	0	0
30 愛知	0	0	0	67,327	1,754	0	0	69,081	2	25,384	773,696	222,440	2,451	118,954
31 三重	0	0	0	0	0	0	0	0	0	0	0	108,534	0	49,017
32 滋賀	0	0	0	0	0	0	0	0	0	0	0	0	60	0
33 京都	0	0	31,925	0	0	0	0	0	0	0	31,925	0	0	0
34 奈良	0	0	0	0	0	0	0	0	0	0	18,870	0	0	0
35 和歌山	0	0	0	0	0	0	0	0	0	0	0	0	0	0
36 大阪	0	0	0	150,258	270	0	0	150,528	316	12,059	1,639,109	27,934	0	66,417
37 兵庫	0	0	0	0	866	0	0	866	0	0	10,760	239,839	0	0
38 鳥取	0	0	0	0	0	0	0	0	0	0	0	0	0	0
39 島根	0	0	0	0	0	0	0	0	0	0	0	0	0	0
40 岡山	0	0	0	0	0	0	0	0	0	0	0	0	0	0
41 広島	0	0	0	0	0	0	0	0	0	0	0	19,700	0	0
42 山口	0	0	0	1,400	0	0	0	1,400	0	0	0	2,003	27,571	0
43 香川	0	0	0	0	0	0	0	0	0	0	0	0	0	0
44 愛媛	0	0	0	0	0	0	0	0	560	0	0	0	0	0
45 徳島	0	0	0	0	0	0	0	0	0	0	0	0	0	0
46 高知	0	0	0	0	0	0	0	0	0	0	0	0	0	0
47 福岡	0	0	0	0	0	0	0	0	60	0	0	499	0	0
48 佐賀	0	0	0	0	0	0	0	0	0	0	0	0	0	0
49 長崎	0	0	0	0	0	0	0	0	0	0	0	0	0	0
50 熊本	0	0	0	0	0	0	0	0	0	0	1,386	0	0	0
51 大分	0	0	0	4,006	0	0	0	4,006	3,739	0	0	0	0	0
52 宮崎	0	0	0	0	0	0	0	0	0	0	0	0	0	0
53 鹿児島	0	0	0	0	0	0	0	0	0	0	0	0	0	0
54 沖縄	0	0	0	0	0	0	0	0	0	0	4,515	0	0	0
55 全国	29,999,260	5,679,231	4,861,020	7,876,753	5,136,811	6,568,710	4,497,493	64,619,277	12,648,075	18,868,012	16,587,063	15,824,171	10,890,500	20,909,067

平成28年度　　府県相互間輸送トン数表（全機関）　　（単位：トン）

品目 （8－31）その他の特種品　　その 2

着＼発	15 茨城	16 栃木	17 群馬	18 埼玉	19 千葉	20 東京	21 神奈川	22 新潟	23 富山	24 石川	25 福井	26 山梨	27 長野	28 静岡
1 札幌	0	0	0	96,475	0	104,281	0	0	0	63,722	0	0	0	0
2 旭川	0	66,326	0	0	0	108,534	0	0	0	0	0	0	0	0
3 函館	0	0	0	0	0	2,350	1,592	0	0	0	0	0	0	0
4 室蘭	52,656	0	0	0	0	327,647	146,368	0	0	0	9,380	0	0	0
5 釧路	1,535	0	0	0	0	118,100	0	0	0	0	0	0	0	0
6 帯広	0	0	0	0	0	0	0	0	0	0	0	0	0	0
7 北見	0	0	0	0	0	0	0	0	0	0	0	0	0	0
8 北海道	54,191	66,326	0	96,475	0	660,912	147,960	0	0	63,722	9,380	0	0	0
9 青森	0	0	0	0	31,925	243,369	139,168	23,744	0	0	648	0	0	0
10 岩手	9,044	0	7,981	70,395	3,236	24,577	136,474	0	0	0	0	0	7,723	980
11 宮城	35,396	26,371	13,680	898,599	171,141	400,159	273,193	21,446	0	0	0	0	82,353	0
12 福島	129,703	223,217	38,794	400,508	0	82,038	87,464	17,039	0	0	0	0	0	7,700
13 秋田	0	103,226	0	0	0	0	0	132,653	551	0	0	0	0	0
14 山形	9,803	114,533	370,740	717,831	83,149	1,579,437	806,898	28,590	0	0	0	0	96,475	482,373
15 茨城	19,696,680	279,356	64,835	356,587	657,679	661,200	146,937	50,722	0	0	0	0	4,902	0
16 栃木	644,619	12,559,900	203,471	292,210	101,388	190,052	34,480	0	8,473	0	0	0	0	118
17 群馬	76,961	1,025,791	9,102,502	275,792	48,225	277,247	202,032	35,096	0	0	0	16,566	2,984	6,030
18 埼玉	1,493,572	853,223	920,666	30,244,243	2,103,209	5,005,364	1,405,969	145,224	13,970	0	0	34,624	271,335	95,988
19 千葉	948,994	64,561	48,800	1,228,093	19,743,880	2,908,636	643,629	1,115	10,048	0	0	0	132,950	0
20 東京	2,068,092	639,743	406,980	14,759,468	6,162,510	74,444,198	9,340,080	78,756	48,237	0	0	343,609	44,564	1,650,579
21 神奈川	1,005,021	103,826	172,990	1,139,978	1,539,345	3,291,688	45,957,987	2,451	0	88,503	345,275	27,934	0	478,066
22 新潟	18,129	139,862	85,657	185,416	3,389	10,823	0	21,241,550	107,506	0	17,217	50,462	217,124	12,254
23 富山	28,038	0	0	0	48,237	49	0	474,033	12,478,552	120,524	62,023	4,902	18,681	0
24 石川	0	14,705	0	0	0	0	0	79,106	143,048	21,753,436	126,527	0	35,145	0
25 福井	0	0	0	0	0	0	0	114,871	105,629	157,067	16,232,178	0	9,411	0
26 山梨	0	53,260	7,982	33,071	0	370,337	104,719	0	0	0	88,503	11,298,756	140,205	144,477
27 長野	0	4,367	91,096	60,086	5,525	486,966	26,737	114,180	1,225	0	41,174	1,637	10,476,425	29,436
28 静岡	75,481	0	24,508	449,112	84,907	100,598	703,887	0	61,917	0	23,727	428,312	29,410	14,921,973
29 岐阜	0	0	0	170,246	26,446	180,255	0	0	4,237	42,595	0	0	7,661	205,612
30 愛知	142,156	58,645	0	566,549	361,516	755,876	255,615	134,417	212,552	110,014	234,540	102,504	415,876	1,156,840
31 三重	35,802	0	0	130,396	28,241	336,732	0	248,811	33,595	0	87	0	0	26,111
32 滋賀	22,160	11,396	0	48,237	48,237	0	28,104	11,184	12,279	0	24,698	0	33,086	131,365
33 京都	460,336	138,682	0	7,236	0	308,116	49,443	325,248	10,944	0	0	0	48,237	48,237
34 奈良	235,157	48,237	0	54,267	0	0	0	0	0	63,914	0	0	0	42,208
35 和歌山	0	9,803	0	48,237	0	334,757	0	0	0	0	0	0	0	0
36 大阪	24,756	0	18,089	83,053	402,781	666,198	604,569	145,241	40,733	0	61,142	0	74,663	521,444
37 兵庫	0	0	0	0	51,077	357,243	151,924	172,731	0	0	109,450	1,540	0	135,081
38 鳥取	0	0	0	0	0	0	0	0	0	0	0	0	0	0
39 島根	0	0	0	0	0	0	0	0	0	0	0	0	0	0
40 岡山	0	0	0	0	0	82,797	0	0	0	31,861	0	0	0	4,902
41 広島	24	28,675	24,508	44,169	0	123,555	199,306	0	0	0	0	0	31,252	25,994
42 山口	0	0	0	0	38	29,099	53,156	126	0	0	0	0	0	0
43 香川	0	0	0	0	0	0	0	0	0	0	0	0	0	0
44 愛媛	0	0	0	0	0	162,934	29,266	0	0	241,187	0	0	76,854	0
45 徳島	0	0	0	0	0	43,258	0	0	0	0	0	0	0	0
46 高知	0	0	0	0	0	0	0	0	0	0	0	0	0	0
47 福岡	49,386	0	0	0	1,500	2,451	1,369,277	338	0	2,849	7,990	0	120,593	133,383
48 佐賀	0	0	0	0	0	0	0	0	0	0	0	0	0	0
49 長崎	0	0	0	0	39,906	0	0	0	0	0	0	0	0	0
50 熊本	0	0	0	31,925	0	0	0	0	0	0	0	67,532	2,451	0
51 大分	0	0	0	0	54,267	0	0	0	0	0	9,270	0	0	380
52 宮崎	0	0	0	0	51,855	61,938	0	0	0	0	0	0	0	0
53 鹿児島	0	0	0	0	0	67,893	0	0	0	0	100	0	0	0
54 沖縄	0	0	0	0	233	136,684	233	0	0	0	0	0	0	0
55 全国	27,263,504	16,567,707	11,603,256	52,443,258	31,804,984	95,754,262	61,777,093	23,559,955	13,365,617	22,680,456	16,879,600	12,814,774	12,154,752	20,394,480

平成28年度　　　　　　　　　　　　　　　　府県相互間輸送トン数表（全機関）
品目（8－31）その他の特種品　　　（単位：トン）　その3

発＼着	29 岐阜	30 愛知	31 三重	32 滋賀	33 京都	34 奈良	35 和歌山	36 大阪	37 兵庫	38 鳥取	39 島根	40 岡山	41 広島	42 山口
1 札幌	0	0	60,297	0	0	0	0	72,356	0	0	0	0	0	0
2 旭川	0	0	0	0	0	0	0	0	0	0	0	0	0	0
3 函館	0	0	0	0	0	0	0	0	0	0	0	0	0	0
4 室蘭	0	4,531	350	0	0	0	0	42,000	0	0	0	0	0	0
5 釧路	0	1,160	0	0	0	0	0	70,956	0	0	0	0	0	0
6 帯広	0	0	0	0	0	0	0	0	0	0	0	0	0	0
7 北見	0	0	0	0	0	0	0	0	0	0	0	0	0	0
8 北海道	0	5,691	60,647	0	0	0	0	185,312	0	0	0	0	0	0
9 青森	0	755	0	0	0	0	0	0	0	0	0	0	0	0
10 岩手	0	0	0	0	0	0	0	0	0	0	0	0	0	0
11 宮城	0	797,799	0	0	0	0	0	1,272,208	109,804	0	0	0	0	0
12 福島	0	324,227	0	0	0	0	0	0	2,451	0	0	0	0	34,118
13 秋田	0	0	0	0	0	0	0	0	0	0	0	0	0	4,705
14 山形	0	24,535	0	0	0	0	0	123,510	0	0	0	0	0	0
15 茨城	0	155,392	1,598	48,237	51,252	289,424	0	60,942	0	0	0	0	0	73,580
16 栃木	0	61,099	17,156	0	0	54,267	0	48,237	0	0	0	0	0	0
17 群馬	0	22,596	9,803	0	0	0	0	24,508	0	0	0	0	0	0
18 埼玉	132,520	327,181	240,579	51,252	0	48,237	80,496	60,297	171,375	0	0	0	0	31,354
19 千葉	0	369,748	313,054	0	0	2,911	0	311,974	41,439	0	0	6,480	43,498	13,479
20 東京	0	525,111	296,163	0	365,437	48,237	273,445	342,255	203,439	0	0	48,237	172,265	8,392
21 神奈川	100,695	378,417	128,860	6,617	63,850	0	4,505	698,961	416,720	0	0	14,705	197,119	243,135
22 新潟	0	12,312	224,303	0	159,183	0	0	209,531	57,885	0	0	0	0	2,439
23 富山	5,882	67,790	0	2,451	0	0	0	93,165	0	0	0	0	0	320
24 石川	60,847	19,342	0	0	0	30,438	0	57,885	130,469	0	0	0	0	7,492
25 福井	141,697	150,323	2,586	8,578	0	0	0	74,464	0	0	0	0	0	0
26 山梨	0	0	156,771	0	0	0	0	80,195	0	0	0	0	0	0
27 長野	3,186	476,389	60,732	17,559	48,237	0	0	0	0	0	0	19,325	90,041	0
28 静岡	0	955,206	395	0	0	60,297	0	296,418	69,183	0	0	1,778	209,067	18,835
29 岐阜	11,371,031	614,271	107,119	49,443	0	0	0	23,695	12,059	0	0	67,746	36,178	0
30 愛知	741,888	35,485,957	1,225,615	1,334,032	126,623	42,257	0	473,119	173,145	0	0	297,314	198,721	119,673
31 三重	0	1,553,558	14,378,250	0	969	73,822	5,557	133,199	437,925	35,816	0	30,145	0	0
32 滋賀	13,007	537,064	420,529	8,429,691	470,639	60,801	0	71,988	28,246	17,237	0	107,834	65,688	0
33 京都	9,160	236,966	33,490	356,078	8,995,102	94,783	22,746	1,291,321	204,802	227,185	399	0	2,203	28,166
34 奈良	0	27,934	184,223	4,888	61,850	8,033,768	44,659	1,156,765	235,069	0	0	0	0	0
35 和歌山	0	0	0	0	0	44,840	11,538,081	105,648	0	6,136	0	0	0	0
36 大阪	4,166	298,197	843,068	500,564	2,620,178	1,647,204	372,147	40,724,576	3,844,843	142,437	112,725	232,105	1,095,382	144,184
37 兵庫	90,032	141,013	71,043	0	763,809	55,662	34,976	4,006,349	22,519,775	172,858	3,167	269,579	179,995	232,032
38 鳥取	0	0	21,972	0	180,890	0	0	7,843	74,768	5,227,754	1,162,928	546,152	18,294	0
39 島根	0	0	0	0	399	399	0	56,295	0	1,022,184	12,111,951	113	62,657	51,211
40 岡山	42,365	316,910	581	55,874	25,244	69,599	122,926	188,782	271,281	42,208	0	8,992,471	951,183	309,362
41 広島	24,119	289,918	0	3,812	68,599	50,456	28,315	360,446	71,738	8,117	85,788	1,198,113	22,373,746	1,306,193
42 山口	0	0	3,812	0	0	0	0	215,346	143,996	0	19,516	341,027	1,519,405	13,478,702
43 香川	0	19,355	0	0	0	0	0	32,963	39,536	0	0	88,319	2,440	42,348
44 愛媛	332,855	328,044	450,368	220,451	223,164	0	0	602,664	726,363	14,964	0	154,347	236,561	101,328
45 徳島	0	101,298	1,500	0	0	0	0	410,259	31,628	0	3,564	0	0	124,669
46 高知	0	1,200	0	0	0	0	0	0	0	0	0	0	250,442	18,089
47 福岡	16,946	213,364	66,326	0	197,773	35,916	0	821,870	738,795	118,881	60,297	286,126	303,545	321,156
48 佐賀	36,178	515,536	54,267	0	0	0	0	14,616	5,496	0	0	45,222	47,368	548,015
49 長崎	0	43,756	331,631	0	0	0	0	0	200	0	0	0	0	89,235
50 熊本	0	0	0	0	0	0	0	84,975	1,032	0	0	106,436	129,704	59,942
51 大分	0	100	408	0	0	0	0	53,433	16,498	0	0	0	0	75,216
52 宮崎	65,047	99,766	0	0	0	0	0	64,517	40,973	0	0	0	52,458	0
53 鹿児島	102,504	0	0	0	0	0	0	52,215	10,633	0	0	0	0	750
54 沖縄	0	0	0	0	0	0	0	38,165	1,465	0	0	1,437	0	0
55 全国	13,294,128	45,498,118	19,711,743	11,204,758	14,465,352	10,660,882	12,499,538	54,930,913	30,839,170	7,029,639	13,560,333	12,855,012	28,237,958	17,488,118

平成28年度　　　　　　　　　　　　　　　　府県相互間輸送トン数表（全機関）
品目（8－31）その他の特種品　　　（単位：トン）　その4

発＼着	43 香川	44 愛媛	45 徳島	46 高知	47 福岡	48 佐賀	49 長崎	50 熊本	51 大分	52 宮崎	53 鹿児島	54 沖縄	55 全国
1 札幌	0	0	0	0	3,271	0	0	0	0	0	0	0	30,218,575
2 旭川	0	0	0	0	0	0	0	0	0	0	0	0	6,229,363
3 函館	0	0	0	0	0	0	0	0	0	0	0	0	4,858,532
4 室蘭	0	0	0	0	3,086	0	1,145	0	0	0	0	0	6,276,083
5 釧路	0	0	0	0	0	0	0	0	0	0	0	0	4,944,391
6 帯広	0	0	0	0	0	0	0	0	0	0	0	0	5,543,818
7 北見	0	0	0	0	0	0	0	0	0	0	0	0	4,589,761
8 北海道	0	0	0	0	6,357	0	1,145	0	0	0	0	0	62,660,525
9 青森	0	245	0	0	0	0	0	0	0	0	0	0	12,153,722
10 岩手	0	0	0	0	0	0	0	0	0	0	0	0	18,588,422
11 宮城	0	0	0	0	0	0	0	0	0	0	0	0	18,636,957
12 福島	0	0	0	64,882	70,970	0	0	0	0	0	0	0	15,139,043
13 秋田	0	0	0	0	1,504	0	0	0	0	0	0	0	10,176,688
14 山形	0	0	0	0	33,312	0	0	0	0	0	0	0	20,091,109
15 茨城	0	0	0	13,995	237,579	0	0	0	0	0	0	0	24,497,341
16 栃木	0	0	0	0	0	0	0	0	0	0	0	0	14,745,779
17 群馬	0	0	0	0	0	0	0	0	0	0	0	0	11,741,248
18 埼玉	0	2,557	19,064	0	31,925	0	0	53,061	0	54,267	0	0	45,854,293
19 千葉	0	274,540	0	114,373	39,902	0	0	650	0	0	0	0	28,032,883
20 東京	0	197,770	0	0	260,051	0	700	0	613,800	57,042	0	243,945	117,511,750
21 神奈川	0	184,847	0	98,439	315,439	0	0	0	163,561	0	0	3,426	58,342,048
22 新潟	0	0	0	0	6,157	0	0	0	0	0	0	0	22,917,103
23 富山	0	0	0	0	0	0	0	0	0	0	0	0	13,461,478
24 石川	0	60,297	0	20,204	30,499	0	0	0	0	0	180	0	22,586,720
25 福井	0	1,300	0	3,504	4,006	0	0	0	0	0	0	0	17,094,943
26 山梨	0	0	0	0	48,237	0	0	0	0	48,237	0	0	12,613,145
27 長野	0	0	0	0	84,240	0	0	0	0	0	0	0	20,370,414
28 静岡	0	0	0	0	368,095	0	1,989	2,500	119,020	0	0	0	19,559,937
29 岐阜	0	0	78,796	24,508	210,877	171,845	0	0	0	51,252	0	0	13,488,595
30 愛知	194,398	679,682	502,419	252,130	432,224	167,139	416,983	50,037	0	0	0	16,447	48,648,910
31 三重	0	60,297	0	0	78,386	42,208	66,326	0	0	0	0	0	17,949,115
32 滋賀	0	0	62,311	0	14,828	147,727	0	0	0	0	0	0	10,818,400
33 京都	0	0	25,419	36,031	425,673	0	0	0	0	0	0	0	13,417,930
34 奈良	0	0	0	0	48,237	54,267	0	0	0	0	0	0	10,290,557
35 和歌山	0	4,104	0	1,000	0	0	0	0	0	0	0	0	12,116,364
36 大阪	100,877	540,653	271,011	85,479	934,327	0	60,297	594,529	986,610	66,038	2,162	962,631	61,725,427
37 兵庫	728,263	188,357	195,637	56,464	557,012	0	117,060	3	30,067	1,916,530	33,964	18,428	33,612,613
38 鳥取	0	0	0	0	0	0	0	0	0	0	0	0	7,240,598
39 島根	0	0	0	7,568	12,062	0	0	0	399	3,100	0	0	13,328,338
40 岡山	604,692	266,586	0	15,000	181,839	0	0	500	83,329	0	0	3,603	13,328,338
41 広島	4,067	546,729	31,281	173,726	452,997	0	0	0	0	52,458	0	117	27,624,108
42 山口	0	92,066	19,433	32,438	405,931	0	32,870	91,949	25,856	0	0	0	16,508,169
43 香川	16,924,018	946,502	282,469	47,725	78,386	0	0	0	0	0	186	0	18,870,073
44 愛媛	985,373	18,663,364	84,560	304,848	236,287	63,548	0	16,796	61,962	0	0	27,322	24,345,968
45 徳島	815,606	581,460	7,505,169	82,587	180,552	0	0	0	24,508	33,521	0	0	9,939,580
46 高知	486,736	196,113	12,059	8,566,144	9,282	0	0	447	9,805	0	0	0	9,536,275
47 福岡	24,987	373,357	22,030	9,282	23,219,060	1,697,882	1,072,943	670,068	178,023	608,973	784,343	534,506	34,063,275
48 佐賀	0	0	0	0	1,582,767	6,676,045	150,938	1,248,798	173,383	58,431	128,487	0	11,325,454
49 長崎	0	9,631	0	0	484,887	5,379	15,333,906	1,130	0	0	0	0	16,299,756
50 熊本	403,987	44,336	0	447	408,495	24,666	2,451	8,957,344	0	26,680	70,681	0	10,424,471
51 大分	0	0	0	9,805	144,731	199,073	2,024	191,107	8,074,337	26,711	0	0	8,865,105
52 宮崎	0	40,969	33,521	0	379,879	9,508	7,531	50,839	61,087	9,075,713	352,565	0	10,407,201
53 鹿児島	0	0	6,975	0	398,604	0	41,902	0	312,755	0	10,659,120	155,712	11,843,156
54 沖縄	254	6,975	0	0	50,174	0	0	0	4,403	16,315	0	9,856,477	10,117,097
55 全国	21,273,257	23,962,736	9,145,181	10,311,118	32,425,826	9,376,350	17,150,105	12,080,060	12,295,692	10,566,440	12,151,297	11,822,800	1,054,246,074

平成28年度

府県相互間輸送トン数表（全機関）

（単位：トン）

品目　（９－３２）その他　　その　１

着／発	1 札幌	2 旭川	3 函館	4 室蘭	5 釧路	6 帯広	7 北見	8 北海道	9 青森	10 岩手	11 宮城	12 福島	13 秋田	14 山形
1 札幌	755	23,598	76,855	11,151	13,703	44,269	15,557	185,888	17,530	9,449	24,284	24,287	18,656	5,644
2 旭川	9,058	719	4,258	457	960	950	2,425	18,827	2,942	1,629	5,885	8,451	1,433	3,089
3 函館	21,356	1,476	0	1,663	589	1,242	1,683	28,009	4,464	675	3,510	941	7,460	568
4 室蘭	903	314	4,759	277	13,830	6,635	315	27,033	11,915	6,828	11,340	5,402	6,095	2,664
5 釧路	15,067	3,675	686	4,268	0	2,211	883	26,790	3,750	2,255	1,950	685	1,945	290
6 帯広	3,500	459	3,460	2,192	3,005	0	100	12,716	3,184	3,015	8,035	5,975	2,315	4,690
7 北見	2,493	217	6,435	580	60	65	0	9,850	5,757	3,975	7,675	9,390	8,060	5,950
8 北海道	53,132	30,458	96,453	20,588	32,147	55,372	20,963	309,113	49,542	27,826	62,679	55,131	45,964	22,895
9 青森	22,192	3,886	4,014	1,884	845	862	604	34,287	1,501	1,696	40,510	10,353	703	1,940
10 岩手	11,005	777	970	2,935	310	709	506	17,212	630	410	31,269	772	20	74
11 宮城	60,693	2,195	6,010	5,149	586	3,776	1,559	79,968	80,237	6,457	6,714	10,112	29,816	1,024
12 福島	48,056	1,765	1,111	1,963	1,255	1,279	700	56,129	35,509	1,032	18,028	747	15,795	375
13 秋田	17,991	3,009	1,945	2,260	290	762	672	26,929	22,470	397	7,692	5,608	1,576	402
14 山形	18,683	874	1,691	1,123	280	547	660	23,858	13,389	397	344	576	53	140
15 茨城	34,445	2,045	3,113	3,720	935	2,050	745	47,053	10,805	2,650	5,590	754	12,245	2,815
16 栃木	84,140	2,210	4,503	3,461	2,215	2,887	1,085	100,501	7,468	8,905	6,667	345	7,248	610
17 群馬	21,895	703	647	3,344	115	576	695	27,975	520	705	2,505	18,835	275	177
18 埼玉	172,610	8,448	6,592	6,949	2,505	15,342	2,033	214,479	39,599	10,270	52,959	6,275	23,270	5,190
19 千葉	23,289	720	3,272	10,728	415	850	325	39,599	9,024	11,257	21,030	6,557	33,574	1,485
20 東京	431,721	4,008	21,588	10,497	4,507	6,693	1,799	480,813	34,682	40,123	141,216	7,437	38,248	6,163
21 神奈川	83,983	2,421	2,007	4,752	775	2,584	1,245	97,767	21,457	18,626	62,640	10,251	4,595	3,452
22 新潟	66,564	2,463	4,797	8,194	680	3,202	1,620	87,520	16,475	4,612	7,090	1,800	12,343	2,775
23 富山	29,545	1,455	690	6,516	1,380	1,753	2,315	43,654	4,895	6,995	12,745	4,542	1,335	1,853
24 石川	13,490	612	2,214	811	655	791	360	18,933	2,866	499	1,500	715	2,130	760
25 福井	5,390	185	977	750	60	247	150	7,759	926	925	1,270	990	440	255
26 山梨	2,570	687	186	44	20	80	285	3,872	325	275	12,450	60	10	20
27 長野	41,119	840	1,515	2,441	190	1,250	770	48,125	1,215	5,345	17,000	6,430	5,120	1,439
28 静岡	102,803	2,499	4,046	12,039	1,850	3,027	1,650	127,914	30,745	24,835	62,637	13,689	5,298	6,857
29 岐阜	37,656	1,231	3,218	2,431	625	1,129	1,095	47,385	3,690	17,790	21,240	3,385	1,580	2,760
30 愛知	78,453	7,324	3,851	22,602	1,205	3,147	2,940	119,522	11,079	157,217	56,696	16,223	13,579	5,080
31 三重	18,746	880	536	6,383	545	1,231	720	29,041	3,527	6,015	7,770	4,589	1,459	1,100
32 滋賀	0	0	0	0	0	0	0	0	0	0	0	0	0	0
33 京都	18,140	1,160	1,410	2,210	920	763	405	25,008	2,705	11,570	15,470	2,577	1,158	945
34 奈良	0	0	0	0	0	0	0	0	0	0	0	0	0	0
35 和歌山	19,982	345	380	1,486	500	855	270	23,818	3,000	1,390	16,712	939	465	120
36 大阪	142,060	3,566	7,623	7,781	3,189	3,559	1,240	169,018	12,501	11,635	73,400	23,646	14,873	7,462
37 兵庫	21,265	2,152	2,014	2,843	780	1,413	830	31,297	7,401	7,827	25,710	5,050	10,910	7,211
38 鳥取	4,430	175	20	155	15	105	50	4,950	350	295	4,415	1,660	135	190
39 島根	385	85	20	45	5	55	15	610	60	30	195	850	110	275
40 岡山	22,920	2,112	960	2,747	790	1,265	775	31,569	4,626	10,840	19,110	13,356	4,306	5,302
41 広島	20,456	923	907	2,457	270	696	930	26,639	2,730	2,560	17,849	7,216	8,120	2,260
42 山口	8,356	272	630	3,320	350	695	315	13,938	2,255	4,490	17,596	5,464	1,235	3,435
43 香川	12,949	460	263	1,187	1,125	783	465	17,232	2,625	529	6,125	1,725	920	2,945
44 愛媛	28,225	1,545	795	1,540	575	1,800	275	34,755	3,205	5,585	33,760	5,200	3,425	3,545
45 徳島	8,580	1,220	30	170	850	290	490	11,630	890	4,525	5,800	4,425	1,155	1,860
46 高知	2,345	595	100	1,855	1,710	250	65	6,920	2,785	930	1,040	1,615	60	1,475
47 福岡	27,837	1,892	1,575	2,605	535	1,989	955	37,388	5,323	6,318	32,393	10,585	8,934	3,002
48 佐賀	13,793	618	693	897	205	575	340	17,121	1,990	2,395	4,970	3,835	3,265	675
49 長崎	1,076	420	250	65	85	105	300	2,301	260	210	320	80	35	260
50 熊本	8,609	1,187	205	559	175	638	395	11,768	1,075	840	6,350	2,912	570	1,030
51 大分	2,024	125	120	798	15	94	20	3,196	2,390	565	1,955	2,479	125	135
52 宮崎	5,584	691	35	191	170	110	35	6,816	180	1,360	8,325	895	100	2,550
53 鹿児島	1,914	245	458	486	25	397	105	3,630	350	2,660	2,195	2,000	315	405
54 沖縄	0	0	0	0	0	0	0	0	0	0	0	0	0	0
55 全国	1,851,101	101,483	194,434	174,961	66,679	126,583	53,771	2,569,012	459,277	431,813	953,931	282,685	316,892	114,723

平成28年度

府県相互間輸送トン数表（全機関）

（単位：トン）

品目　（９－３２）その他　　その　２

着／発	15 茨城	16 栃木	17 群馬	18 埼玉	19 千葉	20 東京	21 神奈川	22 新潟	23 富山	24 石川	25 福井	26 山梨	27 長野	28 静岡
1 札幌	16,625	20,852	9,205	89,490	12,372	157,946	30,212	23,136	6,459	6,393	1,808	1,990	10,573	24,963
2 旭川	7,365	9,280	3,715	40,189	9,282	37,000	16,752	10,079	4,150	1,880	1,200	1,140	6,710	10,233
3 函館	5,342	1,794	1,285	7,124	2,026	32,842	2,315	3,549	895	950	1,353	95	1,077	1,775
4 室蘭	3,643	14,903	1,880	20,581	7,128	20,013	4,543	5,818	3,640	1,740	5,983	580	8,915	11,935
5 釧路	2,400	1,090	955	4,755	702	5,376	2,845	1,950	1,565	310	360	290	770	1,095
6 帯広	7,930	15,386	3,960	34,426	4,050	17,787	6,600	5,198	2,410	2,090	1,180	1,610	7,950	11,455
7 北見	8,675	5,322	4,580	23,855	4,760	26,315	12,180	7,243	4,410	2,465	2,880	2,570	10,610	19,170
8 北海道	51,980	68,627	25,580	220,420	40,320	297,279	75,447	56,973	23,529	15,828	14,764	8,275	46,605	80,626
9 青森	9,948	2,847	975	105,616	2,912	46,175	6,850	6,546	9,600	5,920	1,910	470	1,969	5,914
10 岩手	495	1,361	139	4,862	2,975	23,256	1,517	1,623	2,176	755	180	385	368	5,271
11 宮城	1,268	7,176	2,055	198,106	4,398	195,524	12,119	10,520	895	3,795	3,126	500	1,805	13,784
12 福島	382	247	120	1,312	33,301	7,942	16,838	523	2,160	635	500	130	1,174	3,981
13 秋田	1,902	2,859	965	46,723	11,468	28,350	4,557	3,323	4,862	1,625	1,015	960	2,411	10,436
14 山形	1,545	201	90	2,655	1,845	3,791	780	304	420	215	40	100	105	1,525
15 茨城	342	196	165	306	43	1,998	7,141	3,857	2,660	780	7,500	150	15,099	1,980
16 栃木	46	271	80	3,689	39,307	1,312	77,223	1,726	830	2,605	615	40	575	6,018
17 群馬	62	15	0	229	32,710	345	103,713	9,740	502	285	4,730	50	45	1,224
18 埼玉	2,286	1,836	1,032	3,150	1,885	5,367	22,919	15,089	5,490	5,710	3,015	285	6,749	15,392
19 千葉	159	624	190	598	0	446	565	13,481	700	1,770	16,681	50	6,032	19,110
20 東京	2,110	2,652	773	5,714	14,229	14,654	19,957	59,917	8,373	4,646	2,581	935	8,533	10,570
21 神奈川	12,773	6,055	34,145	18,584	385	4,049	181,437	4,733	7,266	2,955	2,730	180	5,069	2,597
22 新潟	7,424	1,057	5,013	68,623	5,434	161,537	19,205	4,507	1,807	4,769	2,064	250	1,723	29,995
23 富山	8,910	5,435	8,085	28,933	1,148	36,789	27,761	7,590	254	1,342	987	265	13,450	9,718
24 石川	490	2,557	781	5,017	853	5,555	1,758	1,738	3,985	0	59	50	995	2,099
25 福井	4,215	375	1,866	4,735	4,689	3,523	3,852	773	968	37	14	60	380	1,470
26 山梨	0	7	5	75	33	155	29,556	2	0	75	20	0	34	10
27 長野	5,938	161	145	10,375	17,864	6,109	54,739	1,137	914	815	410	25	138	1,894
28 静岡	1,188	5,482	670	19,192	6,070	8,276	2,872	7,617	2,080	7,265	1,865	105	1,793	95,214
29 岐阜	3,574	2,510	1,530	16,283	2,361	8,705	6,773	5,803	684	475	65	200	780	2,199
30 愛知	8,465	12,866	11,350	113,503	15,847	46,487	32,100	60,043	23,959	6,680	517	585	4,763	7,060
31 三重	4,895	21,835	317	30,531	604	14,056	2,811	10,503	3,595	1,830	29	40	671	1,509
32 滋賀	0	0	0	0	0	0	0	0	0	0	0	0	0	0
33 京都	4,442	3,415	1,290	15,560	2,935	22,391	20,128	32,739	1,962	929	160	225	3,358	1,477
34 奈良	0	0	0	0	0	0	0	0	0	0	0	0	0	0
35 和歌山	1,740	1,375	330	32,630	1,055	954	14,036	4,277	114	292	265	5	245	1,320
36 大阪	12,102	22,346	6,969	91,735	14,952	430,038	33,460	33,489	13,430	16,532	1,746	1,250	3,802	16,235
37 兵庫	4,690	8,514	2,967	37,606	3,747	74,139	18,830	10,985	68,881	2,689	2,557	2,230	2,476	4,182
38 鳥取	1,965	2,345	7,600	82,680	65	104,050	515	35	201	2,705	60	1,620	145	695
39 島根	125	1,325	20	1,710	230	210	120	2,390	10	265	45	0	215	235
40 岡山	15,587	20,176	5,681	73,029	14,963	104,633	16,247	17,469	10,775	3,120	3,008	2,020	4,732	22,347
41 広島	10,526	23,405	6,545	97,148	8,779	176,047	21,502	11,090	2,289	4,635	3,275	1,030	1,925	69,397
42 山口	8,338	15,624	7,171	110,540	8,479	49,636	18,825	26,712	5,210	4,868	1,825	1,145	6,810	39,424
43 香川	2,694	590	851	13,919	1,399	30,104	7,280	1,644	3,610	3,070	235	105	325	1,461
44 愛媛	4,295	12,907	1,230	29,371	2,758	46,813	12,971	17,705	4,515	39,555	3,405	165	5,435	9,715
45 徳島	220	3,725	115	3,205	120	5,839	1,105	859	95	110	5	15	125	445
46 高知	1,505	6,495	230	2,695	2,000	5,789	1,085	1,030	80	110	25	10	140	385
47 福岡	14,991	33,546	8,259	109,774	8,011	308,659	55,549	19,197	13,921	3,803	3,962	1,230	4,196	56,472
48 佐賀	4,665	4,811	2,617	28,735	4,855	73,729	12,758	9,586	980	1,570	650	535	841	8,885
49 長崎	280	75	80	2,635	190	7,545	1,655	415	115	60	50	20	145	555
50 熊本	2,240	1,898	1,177	13,416	1,178	35,393	8,569	5,371	5,645	1,815	910	655	8,900	13,777
51 大分	4,100	2,240	255	7,135	1,410	5,933	2,780	1,740	4,610	430	1,495	510	1,575	4,170
52 宮崎	1,385	2,795	975	20,535	1,320	6,298	10,905	4,207	1,020	4,475	3,219	50	235	2,510
53 鹿児島	3,160	1,975	2,036	17,057	2,302	42,577	2,894	1,578	2,210	2,230	470	505	1,633	7,027
54 沖縄	0	0	0	0	0	0	0	0	0	0	0	0	0	0
55 全国	229,447	316,834	152,469	1,700,346	321,429	2,452,457	973,704	490,586	247,382	164,075	92,784	27,415	168,524	590,310

平成28年度　　　　　　　　　　　　　　　　府県相互間輸送トン数表（全機関）　　　　品目（9－32）その他　　　　（単位：トン）その　3

発＼着	29 岐阜	30 愛知	31 三重	32 滋賀	33 京都	34 奈良	35 和歌山	36 大阪	37 兵庫	38 鳥取	39 島根	40 岡山	41 広島	42 山口
1 札幌	10,297	42,452	5,130	0	17,599	0	1,611	79,501	18,854	1,840	390	14,275	15,060	2,116
2 旭川	5,725	17,099	3,555	0	6,840	0	2,400	34,560	9,188	835	250	4,775	7,165	1,716
3 函館	725	7,022	535	0	3,750	0	813	21,473	4,863	285	65	1,915	3,480	435
4 室蘭	3,285	37,593	3,601	0	5,510	0	803	15,244	4,069	440	175	2,270	3,227	2,366
5 釧路	810	3,125	370	0	945	0	210	8,180	3,275	320	15	2,470	2,135	310
6 帯広	5,165	20,440	4,310	0	10,750	0	3,427	25,440	11,155	2,180	740	6,340	12,825	4,390
7 北見	11,250	26,545	5,145	0	6,195	0	5,345	22,365	8,065	2,065	470	6,040	9,980	2,315
8 北海道	37,257	154,276	22,646	0	51,589	0	14,609	206,763	59,469	7,965	2,105	38,085	53,872	13,648
9 青森	5,620	20,569	4,797	0	9,750	0	2,916	62,190	17,652	1,510	1,705	7,426	13,267	2,473
10 岩手	15,910	144,785	1,649	0	13,200	0	1,945	18,314	21,386	110	275	15,432	4,395	550
11 宮城	31,067	70,688	1,804	0	14,965	0	392	91,185	13,001	700	255	9,668	10,969	6,533
12 福島	1,490	7,828	2,066	0	2,820	0	1,700	38,716	5,532	1,120	150	8,390	10,088	4,833
13 秋田	13,599	29,257	1,276	0	3,200	0	802	38,658	25,540	115	900	12,942	22,035	1,016
14 山形	825	5,957	761	0	1,545	0	655	20,984	11,025	55	345	5,247	14,225	3,380
15 茨城	6,355	17,334	30,189	0	40,857	0	2,575	20,977	2,356	1,095	235	5,961	6,490	10,232
16 栃木	2,414	13,230	12,520	0	3,055	0	247	43,233	10,120	1,260	440	9,066	34,984	8,065
17 群馬	615	14,359	1,002	0	1,999	0	130	9,853	3,502	530	50	5,840	9,488	2,941
18 埼玉	5,120	63,946	15,228	0	18,054	0	2,785	103,569	28,866	6,320	545	24,193	44,947	10,651
19 千葉	9,910	40,675	2,113	0	2,070	0	865	24,460	10,120	610	150	9,801	5,420	19,058
20 東京	6,179	56,156	6,192	0	22,293	0	1,610	459,595	32,028	7,930	535	73,758	155,366	21,506
21 神奈川	3,601	38,021	2,935	0	8,613	0	2,941	36,678	22,952	2,700	100	8,766	28,785	9,258
22 新潟	12,152	71,125	5,799	0	32,110	0	2,732	157,069	29,935	675	2,905	56,099	27,818	12,648
23 富山	2,683	24,117	1,793	0	1,135	0	1,052	27,942	11,262	195	125	4,775	7,500	6,947
24 石川	1,112	2,432	1,029	0	530	0	422	4,298	1,104	140	580	486	2,079	3,225
25 福井	91	610	190	0	135	0	30	1,976	2,290	90	85	1,256	1,380	1,411
26 山梨	90	45	5	0	140	0	2	794	72	20	20	150	710	305
27 長野	240	3,501	65,559	0	6,340	0	170	14,108	3,427	215	210	6,030	7,900	3,895
28 静岡	1,575	5,904	1,190	0	4,650	0	2,054	31,093	6,282	1,495	3,255	21,628	76,938	21,841
29 岐阜	144	1,250	238	0	190	0	225	2,625	2,055	330	270	6,322	18,040	11,029
30 愛知	79,449	10,431	3,871	0	3,416	0	182	7,865	2,920	13,140	14,090	19,667	36,518	19,874
31 三重	906	3,479	1,065	0	50	0	7	432	1,540	910	55	21,911	4,888	30,369
32 滋賀	0	0	0	0	0	0	0	0	0	0	0	0	0	0
33 京都	319	8,351	230	0	52	0	17	399	921	638	195	1,269	5,526	13,480
34 奈良	0	0	0	0	0	0	0	0	0	0	0	0	0	0
35 和歌山	40	3,307	217	0	17	0	0	141		20	10	397	546	925
36 大阪	1,498	9,853	731	0	357	0	1,035	5,544	3,031	3,370	490	6,175	24,836	6,207
37 兵庫	1,751	7,220	1,508	0	365	0	106	2,798	9,331	468	505	2,628	12,567	2,772
38 鳥取	970	11,135	12	0	3,172	0	5	16,390	207	0	5	222	393	4,440
39 島根	20	1,540	12	0	10	0	15	50	20	38	1,867	17	80	15
40 岡山	6,211	28,045	10,385	0	1,827	0	357	9,543	2,756	257	125	2,714	3,482	11,286
41 広島	13,156	41,798	2,157	0	1,800	0	402	10,600	4,035	228	150	2,363	34,748	7,155
42 山口	10,679	29,060	11,118	0	6,284	0	280	11,008	6,342	1,495	70	4,992	3,233	12,967
43 香川	1,268	1,987	1,274	0	524	0	90	1,402	596	10	5	324	423	2,886
44 愛媛	830	8,988	197	0	464	0	1,365	2,632	753	20	5	25	165	7,950
45 徳島	55	1,145	50	0	19	0	690	60	33	75	0	35	1,765	162
46 高知	755	255	100	0	55	0	45	557	204	10	10	40	205	142
47 福岡	51,762	104,662	7,387	0	12,467	0	1,655	110,593	36,292	1,212	205	10,830	20,615	5,647
48 佐賀	5,925	20,052	7,371	0	9,545	0	898	38,445	14,629	350	50	4,314	8,061	1,529
49 長崎	665	585	50	0	950	0	145	2,007	715	60	35	185	349	63
50 熊本	24,250	31,332	1,821	0	2,100	0	545	14,605	4,830	500	200	2,497	3,817	857
51 大分	875	11,290	590	0	1,260	0	347	8,214	4,560	15	30	1,037	1,736	227
52 宮崎	1,920	12,146	11,081	0	10,175	0	162	14,003	2,660	245	20	9,010	1,910	500
53 鹿児島	8,720	14,781	560	0	6,355	0	175	27,077	4,271	255	25	5,145	3,992	633
54 沖縄	0	0	0	0	0	0	0	0	0	0	0	0	0	0
55 全国	370,073	1,147,507	242,768	0	300,504	0	49,382	1,699,304	420,763	58,496	33,387	427,118	726,551	305,531

平成28年度　　　　　　　　　　　　　　　　府県相互間輸送トン数表（全機関）　　　　品目（9－32）その他　　　　（単位：トン）その　4

発＼着	43 香川	44 愛媛	45 徳島	46 高知	47 福岡	48 佐賀	49 長崎	50 熊本	51 大分	52 宮崎	53 鹿児島	54 沖縄	55 全国
1 札幌	4,398	5,337	2,350	1,744	32,659	14,109	1,585	7,036	2,620	3,299	4,422	0	986,446
2 旭川	3,275	2,420	1,870	825	12,729	9,052	2,635	5,890	1,475	2,233	5,417	0	343,160
3 函館	215	645	1,560	125	6,132	2,910	575	477	235	340	1,055	0	167,679
4 室蘭	4,970	1,240	1,230	440	4,387	1,025	215	1,215	180	465	625	0	277,154
5 釧路	1,900	320	1,300	190	4,774	1,955	50	490	265	715	1,090	0	97,342
6 帯広	3,380	2,565	2,170	715	22,086	7,330	1,660	4,805	1,195	1,110	2,250	0	318,390
7 北見	5,895	6,020	2,840	2,945	22,370	13,940	2,055	8,375	2,025	2,850	7,325	0	368,112
8 北海道	24,033	18,547	13,320	6,984	105,137	50,321	8,775	28,288	7,995	11,012	22,184	0	2,558,283
9 青森	2,970	2,828	1,020	2,590	27,809	8,392	690	4,359	2,961	2,390	2,706	0	507,232
10 岩手	580	455	2,920	155	10,788	7,056	115	12,021	220	590	1,165	0	369,766
11 宮城	4,557	3,801	795	194	37,224	5,313	655	6,965	810	1,821	2,290	0	985,051
12 福島	1,310	3,431	700	1,060	24,320	10,100	160	6,464	2,035	1,483	1,566	0	334,222
13 秋田	1,730	885	2,120	300	16,003	7,930	280	685	345	1,365	1,295	0	368,808
14 山形	2,035	635	760	60	18,198	7,935	830	785	545	1,260	1,853	0	152,273
15 茨城	1,890	1,928	570	60	18,339	18,538	115	2,185	4,100	1,050	960	0	318,520
16 栃木	4,945	3,585	1,585	687	87,241	12,920	480	3,720	4,825	2,365	5,450	0	532,518
17 群馬	1,315	530	235	255	33,657	4,055	50	990	335	475	1,210	0	298,058
18 埼玉	9,378	5,726	2,350	1,878	163,181	29,308	1,750	9,267	3,650	6,041	6,314	0	1,005,311
19 千葉	1,430	2,553	555	340	25,499	13,964	315	1,450	560	1,620	1,260	0	357,730
20 東京	12,669	5,718	1,785	1,607	461,824	16,356	1,140	26,740	4,420	3,297	9,645	0	2,292,675
21 神奈川	14,754	2,430	585	395	103,844	17,890	615	7,296	5,025	2,075	7,805	0	829,810
22 新潟	10,440	8,320	3,880	1,025	103,108	40,915	5,565	6,095	3,260	2,187	9,515	0	1,051,400
23 富山	6,547	1,837	5,250	169	43,402	12,565	730	6,988	2,806	2,123	5,645	0	404,274
24 石川	628	727	430	207	21,682	5,752	785	2,045	520	2,030	2,250	0	107,833
25 福井	550	421	75	160	9,750	3,300	185	910	485	2,075	415	0	67,392
26 山梨	175	75	40	75	1,770	340	20	300	0	25	110	0	52,267
27 長野	2,655	1,640	240	1,910	47,240	15,965	285	5,070	2,440	1,305	4,665	0	380,348
28 静岡	10,688	5,474	1,565	1,605	210,982	47,205	2,040	12,375	6,952	6,821	7,170	0	922,446
29 岐阜	1,760	1,975	595	877	110,459	12,685	789	23,055	3,910	1,910	4,500	0	355,005
30 愛知	2,477	22,512	640	910	156,571	37,642	1,325	28,250	4,862	5,227	4,005	0	1,199,465
31 三重	1,185	1,045	200	90	15,470	33,285	240	3,960	1,815	4,190	810	0	274,629
32 滋賀	0	0	0	0	0	0	0	0	0	0	0	0	0
33 京都	1,677	1,560	151	205	47,627	5,716	425	1,395	975	3,002	6,780	0	271,354
34 奈良	0	0	0	0	0	0	0	0	0	0	0	0	0
35 和歌山	407	610	87	95	1,578	2,440	20	1,435	50	110	95	0	117,629
36 大阪	4,141	16,843	1,413	592	220,879	117,365	915	14,231	2,267	5,417	11,875	0	1,469,686
37 兵庫	3,539	3,123	816	1,342	116,100	38,874	1,655	10,883	2,538	3,898	5,445	0	570,131
38 鳥取	587	276	870	140	12,294	10,690	460	870	690	625	790	0	281,919
39 島根	32	152	10	10	64	120	10	60	125	50	245	0	13,592
40 岡山	1,333	1,060	432	280	27,188	9,294	1,350	6,699	1,685	9,599	3,765	0	542,569
41 広島	515	512	815	108	16,988	8,254	320	875	1,045	1,320	10,375	0	664,684
42 山口	2,176	2,531	520	495	6,198	3,139	65	1,357	98	2,070	1,095	0	470,292
43 香川	465	390	52	120	10,286	2,744	115	240	230	565	95	0	125,479
44 愛媛	1,080	0	0	2	2,181	440	255	435	155	992	415	0	309,664
45 徳島	0	0	0	0	6,715	3,980	50	70	10	30	535	0	61,747
46 高知	0	7	0	8,832	170	55	0	225	85	225	35	0	48,416
47 福岡	9,158	19,772	836	416	42,953	3,044	1,398	19,258	2,402	8,578	13,835	0	1,230,230
48 佐賀	2,017	1,280	425	408	6,378	2,866	684	3,253	345	886	3,989	0	323,168
49 長崎	120	85	45	50	264	98	7,291	50	0	46	77	0	31,221
50 熊本	1,045	1,160	305	645	5,997	197	71	779	230	125	331	0	223,728
51 大分	110	255	55	1,471	658	0	57	75	92	1,523	1,010	0	84,705
52 宮崎	200	70	70	55	5,299	468	45	102	196	190	153	0	150,835
53 鹿児島	3,152	1,458	1,070	215	6,329	502	20	2,025	932	300	77,215	776	265,192
54 沖縄	0	0	0	0	0	0	0	0	0	0	291	2,410	2,701
55 全国	152,455	148,222	50,187	39,074	2,389,382	630,075	43,158	264,587	78,934	104,288	243,234	3,186	22,984,261

（2）　鉄　　　　　道

調査対象貨物の範囲

　車扱貨物（混載を含む。）及びコンテナ貨物で日本貨物鉄道株式会社が輸送したものを対象とし、その他の鉄道事業者の輸送分を含まない。

調　査　の　方　法

　日本貨物鉄道株式会社の平成 28 年度地域流動データ（車扱及びコンテナ）により集計を行った。

利 用 上 の 注 意 点

　コンテナについては、品目別に統計が作成されていないため、品目上は「その他」に含め、コンテナの輸送量の合計値のみを特掲した。

鉄
道

平成28年度　　　　　　　　　　　　　　　　　　府県相互間輸送トン数表（鉄道）

品目　（1-1）穀物　　　　（単位：トン）その　1

着／発	1 札幌	2 旭川	3 函館	4 室蘭	5 釧路	6 帯広	7 北見	8 北海道	9 青森	10 岩手	11 宮城	12 福島	13 秋田	14 山形
1 札幌	0	0	0	0	0	0	0	0	0	0	0	0	0	0
2 旭川	0	0	0	0	0	0	0	0	0	0	0	0	0	0
3 函館	0	0	0	0	0	0	0	0	0	0	0	0	0	0
4 室蘭	0	0	0	0	0	0	0	0	0	0	0	0	0	0
5 釧路	0	0	0	0	0	0	0	0	0	0	0	0	0	0
6 帯広	0	0	0	0	0	0	0	0	0	0	0	0	0	0
7 北見	0	0	0	0	0	0	0	0	0	0	0	0	0	0
8 北海道	0	0	0	0	0	0	0	0	0	0	0	0	0	0
9 青森	0	0	0	0	0	0	0	0	0	0	0	0	0	0
10 岩手	0	0	0	0	0	0	0	0	0	0	0	0	0	0
11 宮城	0	0	0	0	0	0	0	0	0	0	0	0	0	0
12 福島	0	0	0	0	0	0	0	0	0	0	0	0	0	0
13 秋田	0	0	0	0	0	0	0	0	0	0	0	0	0	0
14 山形	0	0	0	0	0	0	0	0	0	0	0	0	0	0
15 茨城	0	0	0	0	0	0	0	0	0	0	0	0	0	0
16 栃木	0	0	0	0	0	0	0	0	0	0	0	0	0	0
17 群馬	0	0	0	0	0	0	0	0	0	0	0	0	0	0
18 埼玉	0	0	0	0	0	0	0	0	0	0	0	0	0	0
19 千葉	0	0	0	0	0	0	0	0	0	0	0	0	0	0
20 東京	0	0	0	0	0	0	0	0	0	0	0	0	0	0
21 神奈川	0	0	0	0	0	0	0	0	0	0	0	0	0	0
22 新潟	0	0	0	0	0	0	0	0	0	0	0	0	0	0
23 富山	0	0	0	0	0	0	0	0	0	0	0	0	0	0
24 石川	0	0	0	0	0	0	0	0	0	0	0	0	0	0
25 福井	0	0	0	0	0	0	0	0	0	0	0	0	0	0
26 山梨	0	0	0	0	0	0	0	0	0	0	0	0	0	0
27 長野	0	0	0	0	0	0	0	0	0	0	0	0	0	0
28 静岡	0	0	0	0	0	0	0	0	0	0	0	0	0	0
29 岐阜	0	0	0	0	0	0	0	0	0	0	0	0	0	0
30 愛知	0	0	0	0	0	0	0	0	0	0	0	0	0	0
31 三重	0	0	0	0	0	0	0	0	0	0	0	0	0	0
32 滋賀	0	0	0	0	0	0	0	0	0	0	0	0	0	0
33 京都	0	0	0	0	0	0	0	0	0	0	0	0	0	0
34 奈良	0	0	0	0	0	0	0	0	0	0	0	0	0	0
35 和歌山	0	0	0	0	0	0	0	0	0	0	0	0	0	0
36 大阪	0	0	0	0	0	0	0	0	0	0	0	0	0	0
37 兵庫	0	0	0	0	0	0	0	0	0	0	0	0	0	0
38 鳥取	0	0	0	0	0	0	0	0	0	0	0	0	0	0
39 島根	0	0	0	0	0	0	0	0	0	0	0	0	0	0
40 岡山	0	0	0	0	0	0	0	0	0	0	0	0	0	0
41 広島	0	0	0	0	0	0	0	0	0	0	0	0	0	0
42 山口	0	0	0	0	0	0	0	0	0	0	0	0	0	0
43 香川	0	0	0	0	0	0	0	0	0	0	0	0	0	0
44 愛媛	0	0	0	0	0	0	0	0	0	0	0	0	0	0
45 徳島	0	0	0	0	0	0	0	0	0	0	0	0	0	0
46 高知	0	0	0	0	0	0	0	0	0	0	0	0	0	0
47 福岡	0	0	0	0	0	0	0	0	0	0	0	0	0	0
48 佐賀	0	0	0	0	0	0	0	0	0	0	0	0	0	0
49 長崎	0	0	0	0	0	0	0	0	0	0	0	0	0	0
50 熊本	0	0	0	0	0	0	0	0	0	0	0	0	0	0
51 大分	0	0	0	0	0	0	0	0	0	0	0	0	0	0
52 宮崎	0	0	0	0	0	0	0	0	0	0	0	0	0	0
53 鹿児島	0	0	0	0	0	0	0	0	0	0	0	0	0	0
54 沖縄	0	0	0	0	0	0	0	0	0	0	0	0	0	0
55 全国	0	0	0	0	0	0	0	0	0	0	0	0	0	0

平成28年度　　　　　　　　　　　　　　　　　　府県相互間輸送トン数表（鉄道）

品目　（1-1）穀物　　　　（単位：トン）その　2

着／発	15 茨城	16 栃木	17 群馬	18 埼玉	19 千葉	20 東京	21 神奈川	22 新潟	23 富山	24 石川	25 福井	26 山梨	27 長野	28 静岡
1 札幌	0	0	0	0	0	0	0	0	0	0	0	0	0	0
2 旭川	0	0	0	0	0	0	0	0	0	0	0	0	0	0
3 函館	0	0	0	0	0	0	0	0	0	0	0	0	0	0
4 室蘭	0	0	0	0	0	0	0	0	0	0	0	0	0	0
5 釧路	0	0	0	0	0	0	0	0	0	0	0	0	0	0
6 帯広	0	0	0	0	0	0	0	0	0	0	0	0	0	0
7 北見	0	0	0	0	0	0	0	0	0	0	0	0	0	0
8 北海道	0	0	0	0	0	0	0	0	0	0	0	0	0	0
9 青森	0	0	0	0	0	0	0	0	0	0	0	0	0	0
10 岩手	0	0	0	0	0	0	0	0	0	0	0	0	0	0
11 宮城	0	0	0	0	0	0	0	0	0	0	0	0	0	0
12 福島	0	0	0	0	0	0	0	0	0	0	0	0	0	0
13 秋田	0	0	0	0	0	0	0	0	0	0	0	0	0	0
14 山形	0	0	0	0	0	0	0	0	0	0	0	0	0	0
15 茨城	0	0	0	0	0	0	0	0	0	0	0	0	0	0
16 栃木	0	0	0	0	0	0	0	0	0	0	0	0	0	0
17 群馬	0	0	0	0	0	0	0	0	0	0	0	0	0	0
18 埼玉	0	0	0	0	0	0	0	0	0	0	0	0	0	0
19 千葉	0	0	0	0	0	0	0	0	0	0	0	0	0	0
20 東京	0	0	0	0	0	0	0	0	0	0	0	0	0	0
21 神奈川	0	0	0	0	0	0	0	0	0	0	0	0	0	0
22 新潟	0	0	0	0	0	0	0	0	0	0	0	0	0	0
23 富山	0	0	0	0	0	0	0	0	0	0	0	0	0	0
24 石川	0	0	0	0	0	0	0	0	0	0	0	0	0	0
25 福井	0	0	0	0	0	0	0	0	0	0	0	0	0	0
26 山梨	0	0	0	0	0	0	0	0	0	0	0	0	0	0
27 長野	0	0	0	0	0	0	0	0	0	0	0	0	0	0
28 静岡	0	0	0	0	0	0	0	0	0	0	0	0	0	0
29 岐阜	0	0	0	0	0	0	0	0	0	0	0	0	0	0
30 愛知	0	0	0	0	0	0	0	0	0	0	0	0	0	0
31 三重	0	0	0	0	0	0	0	0	0	0	0	0	0	0
32 滋賀	0	0	0	0	0	0	0	0	0	0	0	0	0	0
33 京都	0	0	0	0	0	0	0	0	0	0	0	0	0	0
34 奈良	0	0	0	0	0	0	0	0	0	0	0	0	0	0
35 和歌山	0	0	0	0	0	0	0	0	0	0	0	0	0	0
36 大阪	0	0	0	0	0	0	0	0	0	0	0	0	0	0
37 兵庫	0	0	0	0	0	0	0	0	0	0	0	0	0	0
38 鳥取	0	0	0	0	0	0	0	0	0	0	0	0	0	0
39 島根	0	0	0	0	0	0	0	0	0	0	0	0	0	0
40 岡山	0	0	0	0	0	0	0	0	0	0	0	0	0	0
41 広島	0	0	0	0	0	0	0	0	0	0	0	0	0	0
42 山口	0	0	0	0	0	0	0	0	0	0	0	0	0	0
43 香川	0	0	0	0	0	0	0	0	0	0	0	0	0	0
44 愛媛	0	0	0	0	0	0	0	0	0	0	0	0	0	0
45 徳島	0	0	0	0	0	0	0	0	0	0	0	0	0	0
46 高知	0	0	0	0	0	0	0	0	0	0	0	0	0	0
47 福岡	0	0	0	0	0	0	0	0	0	0	0	0	0	0
48 佐賀	0	0	0	0	0	0	0	0	0	0	0	0	0	0
49 長崎	0	0	0	0	0	0	0	0	0	0	0	0	0	0
50 熊本	0	0	0	0	0	0	0	0	0	0	0	0	0	0
51 大分	0	0	0	0	0	0	0	0	0	0	0	0	0	0
52 宮崎	0	0	0	0	0	0	0	0	0	0	0	0	0	0
53 鹿児島	0	0	0	0	0	0	0	0	0	0	0	0	0	0
54 沖縄	0	0	0	0	0	0	0	0	0	0	0	0	0	0
55 全国	0	0	0	0	0	0	0	0	0	0	0	0	0	0

平成28年度　　府県相互間輸送トン数表（鉄道）　　品目（1-1）穀物　　（単位：トン）その　3

着／発	29 岐阜	30 愛知	31 三重	32 滋賀	33 京都	34 奈良	35 和歌山	36 大阪	37 兵庫	38 鳥取	39 島根	40 岡山	41 広島	42 山口
1 札幌	0	0	0	0	0	0	0	0	0	0	0	0	0	0
2 旭川	0	0	0	0	0	0	0	0	0	0	0	0	0	0
3 函館	0	0	0	0	0	0	0	0	0	0	0	0	0	0
4 室蘭	0	0	0	0	0	0	0	0	0	0	0	0	0	0
5 釧路	0	0	0	0	0	0	0	0	0	0	0	0	0	0
6 帯広	0	0	0	0	0	0	0	0	0	0	0	0	0	0
7 北見	0	0	0	0	0	0	0	0	0	0	0	0	0	0
8 北海道	0	0	0	0	0	0	0	0	0	0	0	0	0	0
9 青森	0	0	0	0	0	0	0	0	0	0	0	0	0	0
10 岩手	0	0	0	0	0	0	0	0	0	0	0	0	0	0
11 宮城	0	0	0	0	0	0	0	0	0	0	0	0	0	0
12 福島	0	0	0	0	0	0	0	0	0	0	0	0	0	0
13 秋田	0	0	0	0	0	0	0	0	0	0	0	0	0	0
14 山形	0	0	0	0	0	0	0	0	0	0	0	0	0	0
15 茨城	0	0	0	0	0	0	0	0	0	0	0	0	0	0
16 栃木	0	0	0	0	0	0	0	0	0	0	0	0	0	0
17 群馬	0	0	0	0	0	0	0	0	0	0	0	0	0	0
18 埼玉	0	0	0	0	0	0	0	0	0	0	0	0	0	0
19 千葉	0	0	0	0	0	0	0	0	0	0	0	0	0	0
20 東京	0	0	0	0	0	0	0	0	0	0	0	0	0	0
21 神奈川	0	0	0	0	0	0	0	0	0	0	0	0	0	0
22 新潟	0	0	0	0	0	0	0	0	0	0	0	0	0	0
23 富山	0	0	0	0	0	0	0	0	0	0	0	0	0	0
24 石川	0	0	0	0	0	0	0	0	0	0	0	0	0	0
25 福井	0	0	0	0	0	0	0	0	0	0	0	0	0	0
26 山梨	0	0	0	0	0	0	0	0	0	0	0	0	0	0
27 長野	0	0	0	0	0	0	0	0	0	0	0	0	0	0
28 静岡	0	0	0	0	0	0	0	0	0	0	0	0	0	0
29 岐阜	0	0	0	0	0	0	0	0	0	0	0	0	0	0
30 愛知	0	0	0	0	0	0	0	0	0	0	0	0	0	0
31 三重	0	0	0	0	0	0	0	0	0	0	0	0	0	0
32 滋賀	0	0	0	0	0	0	0	0	0	0	0	0	0	0
33 京都	0	0	0	0	0	0	0	0	0	0	0	0	0	0
34 奈良	0	0	0	0	0	0	0	0	0	0	0	0	0	0
35 和歌山	0	0	0	0	0	0	0	0	0	0	0	0	0	0
36 大阪	0	0	0	0	0	0	0	0	0	0	0	0	0	0
37 兵庫	0	0	0	0	0	0	0	0	0	0	0	0	0	0
38 鳥取	0	0	0	0	0	0	0	0	0	0	0	0	0	0
39 島根	0	0	0	0	0	0	0	0	0	0	0	0	0	0
40 岡山	0	0	0	0	0	0	0	0	0	0	0	0	0	0
41 広島	0	0	0	0	0	0	0	0	0	0	0	0	0	0
42 山口	0	0	0	0	0	0	0	0	0	0	0	0	0	0
43 香川	0	0	0	0	0	0	0	0	0	0	0	0	0	0
44 愛媛	0	0	0	0	0	0	0	0	0	0	0	0	0	0
45 徳島	0	0	0	0	0	0	0	0	0	0	0	0	0	0
46 高知	0	0	0	0	0	0	0	0	0	0	0	0	0	0
47 福岡	0	0	0	0	0	0	0	0	0	0	0	0	0	0
48 佐賀	0	0	0	0	0	0	0	0	0	0	0	0	0	0
49 長崎	0	0	0	0	0	0	0	0	0	0	0	0	0	0
50 熊本	0	0	0	0	0	0	0	0	0	0	0	0	0	0
51 大分	0	0	0	0	0	0	0	0	0	0	0	0	0	0
52 宮崎	0	0	0	0	0	0	0	0	0	0	0	0	0	0
53 鹿児島	0	0	0	0	0	0	0	0	0	0	0	0	0	0
54 沖縄	0	0	0	0	0	0	0	0	0	0	0	0	0	0
55 全国	0	0	0	0	0	0	0	0	0	0	0	0	0	0

平成28年度　　府県相互間輸送トン数表（鉄道）　　品目（1-1）穀物　　（単位：トン）その　4

着／発	43 香川	44 愛媛	45 徳島	46 高知	47 福岡	48 佐賀	49 長崎	50 熊本	51 大分	52 宮崎	53 鹿児島	54 沖縄	55 全国
1 札幌	0	0	0	0	0	0	0	0	0	0	0	0	0
2 旭川	0	0	0	0	0	0	0	0	0	0	0	0	0
3 函館	0	0	0	0	0	0	0	0	0	0	0	0	0
4 室蘭	0	0	0	0	0	0	0	0	0	0	0	0	0
5 釧路	0	0	0	0	0	0	0	0	0	0	0	0	0
6 帯広	0	0	0	0	0	0	0	0	0	0	0	0	0
7 北見	0	0	0	0	0	0	0	0	0	0	0	0	0
8 北海道	0	0	0	0	0	0	0	0	0	0	0	0	0
9 青森	0	0	0	0	0	0	0	0	0	0	0	0	0
10 岩手	0	0	0	0	0	0	0	0	0	0	0	0	0
11 宮城	0	0	0	0	0	0	0	0	0	0	0	0	0
12 福島	0	0	0	0	0	0	0	0	0	0	0	0	0
13 秋田	0	0	0	0	0	0	0	0	0	0	0	0	0
14 山形	0	0	0	0	0	0	0	0	0	0	0	0	0
15 茨城	0	0	0	0	0	0	0	0	0	0	0	0	0
16 栃木	0	0	0	0	0	0	0	0	0	0	0	0	0
17 群馬	0	0	0	0	0	0	0	0	0	0	0	0	0
18 埼玉	0	0	0	0	0	0	0	0	0	0	0	0	0
19 千葉	0	0	0	0	0	0	0	0	0	0	0	0	0
20 東京	0	0	0	0	0	0	0	0	0	0	0	0	0
21 神奈川	0	0	0	0	0	0	0	0	0	0	0	0	0
22 新潟	0	0	0	0	0	0	0	0	0	0	0	0	0
23 富山	0	0	0	0	0	0	0	0	0	0	0	0	0
24 石川	0	0	0	0	0	0	0	0	0	0	0	0	0
25 福井	0	0	0	0	0	0	0	0	0	0	0	0	0
26 山梨	0	0	0	0	0	0	0	0	0	0	0	0	0
27 長野	0	0	0	0	0	0	0	0	0	0	0	0	0
28 静岡	0	0	0	0	0	0	0	0	0	0	0	0	0
29 岐阜	0	0	0	0	0	0	0	0	0	0	0	0	0
30 愛知	0	0	0	0	0	0	0	0	0	0	0	0	0
31 三重	0	0	0	0	0	0	0	0	0	0	0	0	0
32 滋賀	0	0	0	0	0	0	0	0	0	0	0	0	0
33 京都	0	0	0	0	0	0	0	0	0	0	0	0	0
34 奈良	0	0	0	0	0	0	0	0	0	0	0	0	0
35 和歌山	0	0	0	0	0	0	0	0	0	0	0	0	0
36 大阪	0	0	0	0	0	0	0	0	0	0	0	0	0
37 兵庫	0	0	0	0	0	0	0	0	0	0	0	0	0
38 鳥取	0	0	0	0	0	0	0	0	0	0	0	0	0
39 島根	0	0	0	0	0	0	0	0	0	0	0	0	0
40 岡山	0	0	0	0	0	0	0	0	0	0	0	0	0
41 広島	0	0	0	0	0	0	0	0	0	0	0	0	0
42 山口	0	0	0	0	0	0	0	0	0	0	0	0	0
43 香川	0	0	0	0	0	0	0	0	0	0	0	0	0
44 愛媛	0	0	0	0	0	0	0	0	0	0	0	0	0
45 徳島	0	0	0	0	0	0	0	0	0	0	0	0	0
46 高知	0	0	0	0	0	0	0	0	0	0	0	0	0
47 福岡	0	0	0	0	0	0	0	0	0	0	0	0	0
48 佐賀	0	0	0	0	0	0	0	0	0	0	0	0	0
49 長崎	0	0	0	0	0	0	0	0	0	0	0	0	0
50 熊本	0	0	0	0	0	0	0	0	0	0	0	0	0
51 大分	0	0	0	0	0	0	0	0	0	0	0	0	0
52 宮崎	0	0	0	0	0	0	0	0	0	0	0	0	0
53 鹿児島	0	0	0	0	0	0	0	0	0	0	0	0	0
54 沖縄	0	0	0	0	0	0	0	0	0	0	0	0	0
55 全国	0	0	0	0	0	0	0	0	0	0	0	0	0

平成28年度　　　　　　　　　　　　　　　府県相互間輸送トン数表（鉄道）

品目　（1－2）野菜・果物　　　その　1　（単位：トン）

発＼着	1 札幌	2 旭川	3 函館	4 室蘭	5 釧路	6 帯広	7 北見	8 北海道	9 青森	10 岩手	11 宮城	12 福島	13 秋田	14 山形
1 札幌	0	0	0	0	0	0	0	0	0	0	0	0	0	0
2 旭川	0	0	0	0	0	0	0	0	0	0	0	0	0	0
3 函館	0	0	0	0	0	0	0	0	0	0	0	0	0	0
4 室蘭	0	0	0	0	0	0	0	0	0	0	0	0	0	0
5 釧路	0	0	0	0	0	0	0	0	0	0	0	0	0	0
6 帯広	0	0	0	0	0	0	0	0	0	0	0	0	0	0
7 北見	0	0	0	0	0	0	0	0	0	0	0	0	0	0
8 北海道	0	0	0	0	0	0	0	0	0	0	0	0	0	0
9 青森	0	0	0	0	0	0	0	0	0	0	0	0	0	0
10 岩手	0	0	0	0	0	0	0	0	0	0	0	0	0	0
11 宮城	0	0	0	0	0	0	0	0	0	0	0	0	0	0
12 福島	0	0	0	0	0	0	0	0	0	0	0	0	0	0
13 秋田	0	0	0	0	0	0	0	0	0	0	0	0	0	0
14 山形	0	0	0	0	0	0	0	0	0	0	0	0	0	0
15 茨城	0	0	0	0	0	0	0	0	0	0	0	0	0	0
16 栃木	0	0	0	0	0	0	0	0	0	0	0	0	0	0
17 群馬	0	0	0	0	0	0	0	0	0	0	0	0	0	0
18 埼玉	0	0	0	0	0	0	0	0	0	0	0	0	0	0
19 千葉	0	0	0	0	0	0	0	0	0	0	0	0	0	0
20 東京	0	0	0	0	0	0	0	0	0	0	0	0	0	0
21 神奈川	0	0	0	0	0	0	0	0	0	0	0	0	0	0
22 新潟	0	0	0	0	0	0	0	0	0	0	0	0	0	0
23 富山	0	0	0	0	0	0	0	0	0	0	0	0	0	0
24 石川	0	0	0	0	0	0	0	0	0	0	0	0	0	0
25 福井	0	0	0	0	0	0	0	0	0	0	0	0	0	0
26 山梨	0	0	0	0	0	0	0	0	0	0	0	0	0	0
27 長野	0	0	0	0	0	0	0	0	0	0	0	0	0	0
28 静岡	0	0	0	0	0	0	0	0	0	0	0	0	0	0
29 岐阜	0	0	0	0	0	0	0	0	0	0	0	0	0	0
30 愛知	0	0	0	0	0	0	0	0	0	0	0	0	0	0
31 三重	0	0	0	0	0	0	0	0	0	0	0	0	0	0
32 滋賀	0	0	0	0	0	0	0	0	0	0	0	0	0	0
33 京都	0	0	0	0	0	0	0	0	0	0	0	0	0	0
34 奈良	0	0	0	0	0	0	0	0	0	0	0	0	0	0
35 和歌山	0	0	0	0	0	0	0	0	0	0	0	0	0	0
36 大阪	0	0	0	0	0	0	0	0	0	0	0	0	0	0
37 兵庫	0	0	0	0	0	0	0	0	0	0	0	0	0	0
38 鳥取	0	0	0	0	0	0	0	0	0	0	0	0	0	0
39 島根	0	0	0	0	0	0	0	0	0	0	0	0	0	0
40 岡山	0	0	0	0	0	0	0	0	0	0	0	0	0	0
41 広島	0	0	0	0	0	0	0	0	0	0	0	0	0	0
42 山口	0	0	0	0	0	0	0	0	0	0	0	0	0	0
43 香川	0	0	0	0	0	0	0	0	0	0	0	0	0	0
44 愛媛	0	0	0	0	0	0	0	0	0	0	0	0	0	0
45 徳島	0	0	0	0	0	0	0	0	0	0	0	0	0	0
46 高知	0	0	0	0	0	0	0	0	0	0	0	0	0	0
47 福岡	0	0	0	0	0	0	0	0	0	0	0	0	0	0
48 佐賀	0	0	0	0	0	0	0	0	0	0	0	0	0	0
49 長崎	0	0	0	0	0	0	0	0	0	0	0	0	0	0
50 熊本	0	0	0	0	0	0	0	0	0	0	0	0	0	0
51 大分	0	0	0	0	0	0	0	0	0	0	0	0	0	0
52 宮崎	0	0	0	0	0	0	0	0	0	0	0	0	0	0
53 鹿児島	0	0	0	0	0	0	0	0	0	0	0	0	0	0
54 沖縄	0	0	0	0	0	0	0	0	0	0	0	0	0	0
55 全国	0	0	0	0	0	0	0	0	0	0	0	0	0	0

平成28年度　　　　　　　　　　　　　　　府県相互間輸送トン数表（鉄道）

品目　（1－2）野菜・果物　　　その　2　（単位：トン）

発＼着	15 茨城	16 栃木	17 群馬	18 埼玉	19 千葉	20 東京	21 神奈川	22 新潟	23 富山	24 石川	25 福井	26 山梨	27 長野	28 静岡
1 札幌	0	0	0	0	0	0	0	0	0	0	0	0	0	0
2 旭川	0	0	0	0	0	0	0	0	0	0	0	0	0	0
3 函館	0	0	0	0	0	0	0	0	0	0	0	0	0	0
4 室蘭	0	0	0	0	0	0	0	0	0	0	0	0	0	0
5 釧路	0	0	0	0	0	0	0	0	0	0	0	0	0	0
6 帯広	0	0	0	0	0	0	0	0	0	0	0	0	0	0
7 北見	0	0	0	0	0	0	0	0	0	0	0	0	0	0
8 北海道	0	0	0	0	0	0	0	0	0	0	0	0	0	0
9 青森	0	0	0	0	0	0	0	0	0	0	0	0	0	0
10 岩手	0	0	0	0	0	0	0	0	0	0	0	0	0	0
11 宮城	0	0	0	0	0	0	0	0	0	0	0	0	0	0
12 福島	0	0	0	0	0	0	0	0	0	0	0	0	0	0
13 秋田	0	0	0	0	0	0	0	0	0	0	0	0	0	0
14 山形	0	0	0	0	0	0	0	0	0	0	0	0	0	0
15 茨城	0	0	0	0	0	0	0	0	0	0	0	0	0	0
16 栃木	0	0	0	0	0	0	0	0	0	0	0	0	0	0
17 群馬	0	0	0	0	0	0	0	0	0	0	0	0	0	0
18 埼玉	0	0	0	0	0	0	0	0	0	0	0	0	0	0
19 千葉	0	0	0	0	0	0	0	0	0	0	0	0	0	0
20 東京	0	0	0	0	0	0	0	0	0	0	0	0	0	0
21 神奈川	0	0	0	0	0	0	0	0	0	0	0	0	0	0
22 新潟	0	0	0	0	0	0	0	0	0	0	0	0	0	0
23 富山	0	0	0	0	0	0	0	0	0	0	0	0	0	0
24 石川	0	0	0	0	0	0	0	0	0	0	0	0	0	0
25 福井	0	0	0	0	0	0	0	0	0	0	0	0	0	0
26 山梨	0	0	0	0	0	0	0	0	0	0	0	0	0	0
27 長野	0	0	0	0	0	0	0	0	0	0	0	0	0	0
28 静岡	0	0	0	0	0	0	0	0	0	0	0	0	0	0
29 岐阜	0	0	0	0	0	0	0	0	0	0	0	0	0	0
30 愛知	0	0	0	0	0	0	0	0	0	0	0	0	0	0
31 三重	0	0	0	0	0	0	0	0	0	0	0	0	0	0
32 滋賀	0	0	0	0	0	0	0	0	0	0	0	0	0	0
33 京都	0	0	0	0	0	0	0	0	0	0	0	0	0	0
34 奈良	0	0	0	0	0	0	0	0	0	0	0	0	0	0
35 和歌山	0	0	0	0	0	0	0	0	0	0	0	0	0	0
36 大阪	0	0	0	0	0	0	0	0	0	0	0	0	0	0
37 兵庫	0	0	0	0	0	0	0	0	0	0	0	0	0	0
38 鳥取	0	0	0	0	0	0	0	0	0	0	0	0	0	0
39 島根	0	0	0	0	0	0	0	0	0	0	0	0	0	0
40 岡山	0	0	0	0	0	0	0	0	0	0	0	0	0	0
41 広島	0	0	0	0	0	0	0	0	0	0	0	0	0	0
42 山口	0	0	0	0	0	0	0	0	0	0	0	0	0	0
43 香川	0	0	0	0	0	0	0	0	0	0	0	0	0	0
44 愛媛	0	0	0	0	0	0	0	0	0	0	0	0	0	0
45 徳島	0	0	0	0	0	0	0	0	0	0	0	0	0	0
46 高知	0	0	0	0	0	0	0	0	0	0	0	0	0	0
47 福岡	0	0	0	0	0	0	0	0	0	0	0	0	0	0
48 佐賀	0	0	0	0	0	0	0	0	0	0	0	0	0	0
49 長崎	0	0	0	0	0	0	0	0	0	0	0	0	0	0
50 熊本	0	0	0	0	0	0	0	0	0	0	0	0	0	0
51 大分	0	0	0	0	0	0	0	0	0	0	0	0	0	0
52 宮崎	0	0	0	0	0	0	0	0	0	0	0	0	0	0
53 鹿児島	0	0	0	0	0	0	0	0	0	0	0	0	0	0
54 沖縄	0	0	0	0	0	0	0	0	0	0	0	0	0	0
55 全国	0	0	0	0	0	0	0	0	0	0	0	0	0	0

平成28年度　　　　　　　　　　府県相互間輸送トン数表（鉄道）　　　品目 （1-2）野菜・果物　　（単位：トン）その 3

着／発	29 岐阜	30 愛知	31 三重	32 滋賀	33 京都	34 奈良	35 和歌山	36 大阪	37 兵庫	38 鳥取	39 島根	40 岡山	41 広島	42 山口
1 札幌	0	0	0	0	0	0	0	0	0	0	0	0	0	0
2 旭川	0	0	0	0	0	0	0	0	0	0	0	0	0	0
3 函館	0	0	0	0	0	0	0	0	0	0	0	0	0	0
4 室蘭	0	0	0	0	0	0	0	0	0	0	0	0	0	0
5 釧路	0	0	0	0	0	0	0	0	0	0	0	0	0	0
6 帯広	0	0	0	0	0	0	0	0	0	0	0	0	0	0
7 北見	0	0	0	0	0	0	0	0	0	0	0	0	0	0
8 北海道	0	0	0	0	0	0	0	0	0	0	0	0	0	0
9 青森	0	0	0	0	0	0	0	0	0	0	0	0	0	0
10 岩手	0	0	0	0	0	0	0	0	0	0	0	0	0	0
11 宮城	0	0	0	0	0	0	0	0	0	0	0	0	0	0
12 福島	0	0	0	0	0	0	0	0	0	0	0	0	0	0
13 秋田	0	0	0	0	0	0	0	0	0	0	0	0	0	0
14 山形	0	0	0	0	0	0	0	0	0	0	0	0	0	0
15 茨城	0	0	0	0	0	0	0	0	0	0	0	0	0	0
16 栃木	0	0	0	0	0	0	0	0	0	0	0	0	0	0
17 群馬	0	0	0	0	0	0	0	0	0	0	0	0	0	0
18 埼玉	0	0	0	0	0	0	0	0	0	0	0	0	0	0
19 千葉	0	0	0	0	0	0	0	0	0	0	0	0	0	0
20 東京	0	0	0	0	0	0	0	0	0	0	0	0	0	0
21 神奈川	0	0	0	0	0	0	0	0	0	0	0	0	0	0
22 新潟	0	0	0	0	0	0	0	0	0	0	0	0	0	0
23 富山	0	0	0	0	0	0	0	0	0	0	0	0	0	0
24 石川	0	0	0	0	0	0	0	0	0	0	0	0	0	0
25 福井	0	0	0	0	0	0	0	0	0	0	0	0	0	0
26 山梨	0	0	0	0	0	0	0	0	0	0	0	0	0	0
27 長野	0	0	0	0	0	0	0	0	0	0	0	0	0	0
28 静岡	0	0	0	0	0	0	0	0	0	0	0	0	0	0
29 岐阜	0	0	0	0	0	0	0	0	0	0	0	0	0	0
30 愛知	0	0	0	0	0	0	0	0	0	0	0	0	0	0
31 三重	0	0	0	0	0	0	0	0	0	0	0	0	0	0
32 滋賀	0	0	0	0	0	0	0	0	0	0	0	0	0	0
33 京都	0	0	0	0	0	0	0	0	0	0	0	0	0	0
34 奈良	0	0	0	0	0	0	0	0	0	0	0	0	0	0
35 和歌山	0	0	0	0	0	0	0	0	0	0	0	0	0	0
36 大阪	0	0	0	0	0	0	0	0	0	0	0	0	0	0
37 兵庫	0	0	0	0	0	0	0	0	0	0	0	0	0	0
38 鳥取	0	0	0	0	0	0	0	0	0	0	0	0	0	0
39 島根	0	0	0	0	0	0	0	0	0	0	0	0	0	0
40 岡山	0	0	0	0	0	0	0	0	0	0	0	0	0	0
41 広島	0	0	0	0	0	0	0	0	0	0	0	0	0	0
42 山口	0	0	0	0	0	0	0	0	0	0	0	0	0	0
43 香川	0	0	0	0	0	0	0	0	0	0	0	0	0	0
44 愛媛	0	0	0	0	0	0	0	0	0	0	0	0	0	0
45 徳島	0	0	0	0	0	0	0	0	0	0	0	0	0	0
46 高知	0	0	0	0	0	0	0	0	0	0	0	0	0	0
47 福岡	0	0	0	0	0	0	0	0	0	0	0	0	0	0
48 佐賀	0	0	0	0	0	0	0	0	0	0	0	0	0	0
49 長崎	0	0	0	0	0	0	0	0	0	0	0	0	0	0
50 熊本	0	0	0	0	0	0	0	0	0	0	0	0	0	0
51 大分	0	0	0	0	0	0	0	0	0	0	0	0	0	0
52 宮崎	0	0	0	0	0	0	0	0	0	0	0	0	0	0
53 鹿児島	0	0	0	0	0	0	0	0	0	0	0	0	0	0
54 沖縄	0	0	0	0	0	0	0	0	0	0	0	0	0	0
55 全国	0	0	0	0	0	0	0	0	0	0	0	0	0	0

平成28年度　　　　　　　　　　府県相互間輸送トン数表（鉄道）　　　品目 （1-2）野菜・果物　　（単位：トン）その 4

着／発	43 香川	44 愛媛	45 徳島	46 高知	47 福岡	48 佐賀	49 長崎	50 熊本	51 大分	52 宮崎	53 鹿児島	54 沖縄	55 全国
1 札幌	0	0	0	0	0	0	0	0	0	0	0	0	0
2 旭川	0	0	0	0	0	0	0	0	0	0	0	0	0
3 函館	0	0	0	0	0	0	0	0	0	0	0	0	0
4 室蘭	0	0	0	0	0	0	0	0	0	0	0	0	0
5 釧路	0	0	0	0	0	0	0	0	0	0	0	0	0
6 帯広	0	0	0	0	0	0	0	0	0	0	0	0	0
7 北見	0	0	0	0	0	0	0	0	0	0	0	0	0
8 北海道	0	0	0	0	0	0	0	0	0	0	0	0	0
9 青森	0	0	0	0	0	0	0	0	0	0	0	0	0
10 岩手	0	0	0	0	0	0	0	0	0	0	0	0	0
11 宮城	0	0	0	0	0	0	0	0	0	0	0	0	0
12 福島	0	0	0	0	0	0	0	0	0	0	0	0	0
13 秋田	0	0	0	0	0	0	0	0	0	0	0	0	0
14 山形	0	0	0	0	0	0	0	0	0	0	0	0	0
15 茨城	0	0	0	0	0	0	0	0	0	0	0	0	0
16 栃木	0	0	0	0	0	0	0	0	0	0	0	0	0
17 群馬	0	0	0	0	0	0	0	0	0	0	0	0	0
18 埼玉	0	0	0	0	0	0	0	0	0	0	0	0	0
19 千葉	0	0	0	0	0	0	0	0	0	0	0	0	0
20 東京	0	0	0	0	0	0	0	0	0	0	0	0	0
21 神奈川	0	0	0	0	0	0	0	0	0	0	0	0	0
22 新潟	0	0	0	0	0	0	0	0	0	0	0	0	0
23 富山	0	0	0	0	0	0	0	0	0	0	0	0	0
24 石川	0	0	0	0	0	0	0	0	0	0	0	0	0
25 福井	0	0	0	0	0	0	0	0	0	0	0	0	0
26 山梨	0	0	0	0	0	0	0	0	0	0	0	0	0
27 長野	0	0	0	0	0	0	0	0	0	0	0	0	0
28 静岡	0	0	0	0	0	0	0	0	0	0	0	0	0
29 岐阜	0	0	0	0	0	0	0	0	0	0	0	0	0
30 愛知	0	0	0	0	0	0	0	0	0	0	0	0	0
31 三重	0	0	0	0	0	0	0	0	0	0	0	0	0
32 滋賀	0	0	0	0	0	0	0	0	0	0	0	0	0
33 京都	0	0	0	0	0	0	0	0	0	0	0	0	0
34 奈良	0	0	0	0	0	0	0	0	0	0	0	0	0
35 和歌山	0	0	0	0	0	0	0	0	0	0	0	0	0
36 大阪	0	0	0	0	0	0	0	0	0	0	0	0	0
37 兵庫	0	0	0	0	0	0	0	0	0	0	0	0	0
38 鳥取	0	0	0	0	0	0	0	0	0	0	0	0	0
39 島根	0	0	0	0	0	0	0	0	0	0	0	0	0
40 岡山	0	0	0	0	0	0	0	0	0	0	0	0	0
41 広島	0	0	0	0	0	0	0	0	0	0	0	0	0
42 山口	0	0	0	0	0	0	0	0	0	0	0	0	0
43 香川	0	0	0	0	0	0	0	0	0	0	0	0	0
44 愛媛	0	0	0	0	0	0	0	0	0	0	0	0	0
45 徳島	0	0	0	0	0	0	0	0	0	0	0	0	0
46 高知	0	0	0	0	0	0	0	0	0	0	0	0	0
47 福岡	0	0	0	0	0	0	0	0	0	0	0	0	0
48 佐賀	0	0	0	0	0	0	0	0	0	0	0	0	0
49 長崎	0	0	0	0	0	0	0	0	0	0	0	0	0
50 熊本	0	0	0	0	0	0	0	0	0	0	0	0	0
51 大分	0	0	0	0	0	0	0	0	0	0	0	0	0
52 宮崎	0	0	0	0	0	0	0	0	0	0	0	0	0
53 鹿児島	0	0	0	0	0	0	0	0	0	0	0	0	0
54 沖縄	0	0	0	0	0	0	0	0	0	0	0	0	0
55 全国	0	0	0	0	0	0	0	0	0	0	0	0	0

平成28年度　　　　　　　　　　　　　　　　　　　　　　府県相互間輸送トン数表（鉄道）

品目　（1－3）その他の農産品　　（単位：トン）　その　1

着／発	1 札幌	2 旭川	3 函館	4 室蘭	5 釧路	6 帯広	7 北見	8 北海道	9 青森	10 岩手	11 宮城	12 福島	13 秋田	14 山形
1 札幌	0	0	0	0	0	0	0	0	0	0	0	0	0	0
2 旭川	0	0	0	0	0	0	0	0	0	0	0	0	0	0
3 函館	0	0	0	0	0	0	0	0	0	0	0	0	0	0
4 室蘭	0	0	0	0	0	0	0	0	0	0	0	0	0	0
5 釧路	0	0	0	0	0	0	0	0	0	0	0	0	0	0
6 帯広	0	0	0	0	0	0	0	0	0	0	0	0	0	0
7 北見	0	0	0	0	0	0	0	0	0	0	0	0	0	0
8 北海道	0	0	0	0	0	0	0	0	0	0	0	0	0	0
9 青森	0	0	0	0	0	0	0	0	0	0	0	0	0	0
10 岩手	0	0	0	0	0	0	0	0	0	0	0	0	0	0
11 宮城	0	0	0	0	0	0	0	0	0	0	0	0	0	0
12 福島	0	0	0	0	0	0	0	0	0	0	0	0	0	0
13 秋田	0	0	0	0	0	0	0	0	0	0	0	0	0	0
14 山形	0	0	0	0	0	0	0	0	0	0	0	0	0	0
15 茨城	0	0	0	0	0	0	0	0	0	0	0	0	0	0
16 栃木	0	0	0	0	0	0	0	0	0	0	0	0	0	0
17 群馬	0	0	0	0	0	0	0	0	0	0	0	0	0	0
18 埼玉	0	0	0	0	0	0	0	0	0	0	0	0	0	0
19 千葉	0	0	0	0	0	0	0	0	0	0	0	0	0	0
20 東京	0	0	0	0	0	0	0	0	0	0	0	0	0	0
21 神奈川	0	0	0	0	0	0	0	0	0	0	0	0	0	0
22 新潟	0	0	0	0	0	0	0	0	0	0	0	0	0	0
23 富山	0	0	0	0	0	0	0	0	0	0	0	0	0	0
24 石川	0	0	0	0	0	0	0	0	0	0	0	0	0	0
25 福井	0	0	0	0	0	0	0	0	0	0	0	0	0	0
26 山梨	0	0	0	0	0	0	0	0	0	0	0	0	0	0
27 長野	0	0	0	0	0	0	0	0	0	0	0	0	0	0
28 静岡	0	0	0	0	0	0	0	0	0	0	0	0	0	0
29 岐阜	0	0	0	0	0	0	0	0	0	0	0	0	0	0
30 愛知	0	0	0	0	0	0	0	0	0	0	0	0	0	0
31 三重	0	0	0	0	0	0	0	0	0	0	0	0	0	0
32 滋賀	0	0	0	0	0	0	0	0	0	0	0	0	0	0
33 京都	0	0	0	0	0	0	0	0	0	0	0	0	0	0
34 奈良	0	0	0	0	0	0	0	0	0	0	0	0	0	0
35 和歌山	0	0	0	0	0	0	0	0	0	0	0	0	0	0
36 大阪	0	0	0	0	0	0	0	0	0	0	0	0	0	0
37 兵庫	0	0	0	0	0	0	0	0	0	0	0	0	0	0
38 鳥取	0	0	0	0	0	0	0	0	0	0	0	0	0	0
39 島根	0	0	0	0	0	0	0	0	0	0	0	0	0	0
40 岡山	0	0	0	0	0	0	0	0	0	0	0	0	0	0
41 広島	0	0	0	0	0	0	0	0	0	0	0	0	0	0
42 山口	0	0	0	0	0	0	0	0	0	0	0	0	0	0
43 香川	0	0	0	0	0	0	0	0	0	0	0	0	0	0
44 愛媛	0	0	0	0	0	0	0	0	0	0	0	0	0	0
45 徳島	0	0	0	0	0	0	0	0	0	0	0	0	0	0
46 高知	0	0	0	0	0	0	0	0	0	0	0	0	0	0
47 福岡	0	0	0	0	0	0	0	0	0	0	0	0	0	0
48 佐賀	0	0	0	0	0	0	0	0	0	0	0	0	0	0
49 長崎	0	0	0	0	0	0	0	0	0	0	0	0	0	0
50 熊本	0	0	0	0	0	0	0	0	0	0	0	0	0	0
51 大分	0	0	0	0	0	0	0	0	0	0	0	0	0	0
52 宮崎	0	0	0	0	0	0	0	0	0	0	0	0	0	0
53 鹿児島	0	0	0	0	0	0	0	0	0	0	0	0	0	0
54 沖縄	0	0	0	0	0	0	0	0	0	0	0	0	0	0
55 全国	0	0	0	0	0	0	0	0	0	0	0	0	0	0

平成28年度　　　　　　　　　　　　　　　　　　　　　　府県相互間輸送トン数表（鉄道）

品目　（1－3）その他の農産品　　（単位：トン）　その　2

着／発	15 茨城	16 栃木	17 群馬	18 埼玉	19 千葉	20 東京	21 神奈川	22 新潟	23 富山	24 石川	25 福井	26 山梨	27 長野	28 静岡
1 札幌	0	0	0	0	0	0	0	0	0	0	0	0	0	0
2 旭川	0	0	0	0	0	0	0	0	0	0	0	0	0	0
3 函館	0	0	0	0	0	0	0	0	0	0	0	0	0	0
4 室蘭	0	0	0	0	0	0	0	0	0	0	0	0	0	0
5 釧路	0	0	0	0	0	0	0	0	0	0	0	0	0	0
6 帯広	0	0	0	0	0	0	0	0	0	0	0	0	0	0
7 北見	0	0	0	0	0	0	0	0	0	0	0	0	0	0
8 北海道	0	0	0	0	0	0	0	0	0	0	0	0	0	0
9 青森	0	0	0	0	0	0	0	0	0	0	0	0	0	0
10 岩手	0	0	0	0	0	0	0	0	0	0	0	0	0	0
11 宮城	0	0	0	0	0	0	0	0	0	0	0	0	0	0
12 福島	0	0	0	0	0	0	0	0	0	0	0	0	0	0
13 秋田	0	0	0	0	0	0	0	0	0	0	0	0	0	0
14 山形	0	0	0	0	0	0	0	0	0	0	0	0	0	0
15 茨城	0	0	0	0	0	0	0	0	0	0	0	0	0	0
16 栃木	0	0	0	0	0	0	0	0	0	0	0	0	0	0
17 群馬	0	0	0	0	0	0	0	0	0	0	0	0	0	0
18 埼玉	0	0	0	0	0	0	0	0	0	0	0	0	0	0
19 千葉	0	0	0	0	0	0	0	0	0	0	0	0	0	0
20 東京	0	0	0	0	0	0	0	0	0	0	0	0	0	0
21 神奈川	0	0	0	0	0	0	0	0	0	0	0	0	0	0
22 新潟	0	0	0	0	0	0	0	0	0	0	0	0	0	0
23 富山	0	0	0	0	0	0	0	0	0	0	0	0	0	0
24 石川	0	0	0	0	0	0	0	0	0	0	0	0	0	0
25 福井	0	0	0	0	0	0	0	0	0	0	0	0	0	0
26 山梨	0	0	0	0	0	0	0	0	0	0	0	0	0	0
27 長野	0	0	0	0	0	0	0	0	0	0	0	0	0	0
28 静岡	0	0	0	0	0	0	0	0	0	0	0	0	0	0
29 岐阜	0	0	0	0	0	0	0	0	0	0	0	0	0	0
30 愛知	0	0	0	0	0	0	0	0	0	0	0	0	0	0
31 三重	0	0	0	0	0	0	0	0	0	0	0	0	0	0
32 滋賀	0	0	0	0	0	0	0	0	0	0	0	0	0	0
33 京都	0	0	0	0	0	0	0	0	0	0	0	0	0	0
34 奈良	0	0	0	0	0	0	0	0	0	0	0	0	0	0
35 和歌山	0	0	0	0	0	0	0	0	0	0	0	0	0	0
36 大阪	0	0	0	0	0	0	0	0	0	0	0	0	0	0
37 兵庫	0	0	0	0	0	0	0	0	0	0	0	0	0	0
38 鳥取	0	0	0	0	0	0	0	0	0	0	0	0	0	0
39 島根	0	0	0	0	0	0	0	0	0	0	0	0	0	0
40 岡山	0	0	0	0	0	0	0	0	0	0	0	0	0	0
41 広島	0	0	0	0	0	0	0	0	0	0	0	0	0	0
42 山口	0	0	0	0	0	0	0	0	0	0	0	0	0	0
43 香川	0	0	0	0	0	0	0	0	0	0	0	0	0	0
44 愛媛	0	0	0	0	0	0	0	0	0	0	0	0	0	0
45 徳島	0	0	0	0	0	0	0	0	0	0	0	0	0	0
46 高知	0	0	0	0	0	0	0	0	0	0	0	0	0	0
47 福岡	0	0	0	0	0	0	0	0	0	0	0	0	0	0
48 佐賀	0	0	0	0	0	0	0	0	0	0	0	0	0	0
49 長崎	0	0	0	0	0	0	0	0	0	0	0	0	0	0
50 熊本	0	0	0	0	0	0	0	0	0	0	0	0	0	0
51 大分	0	0	0	0	0	0	0	0	0	0	0	0	0	0
52 宮崎	0	0	0	0	0	0	0	0	0	0	0	0	0	0
53 鹿児島	0	0	0	0	0	0	0	0	0	0	0	0	0	0
54 沖縄	0	0	0	0	0	0	0	0	0	0	0	0	0	0
55 全国	0	0	0	0	0	0	0	0	0	0	0	0	0	0

平成28年度　　府県相互間輸送トン数表（鉄道）　　品目（1-3）その他の農産品　その3　（単位：トン）

着／発	29 岐阜	30 愛知	31 三重	32 滋賀	33 京都	34 奈良	35 和歌山	36 大阪	37 兵庫	38 鳥取	39 島根	40 岡山	41 広島	42 山口
1 札幌	0	0	0	0	0	0	0	0	0	0	0	0	0	0
2 旭川	0	0	0	0	0	0	0	0	0	0	0	0	0	0
3 函館	0	0	0	0	0	0	0	0	0	0	0	0	0	0
4 室蘭	0	0	0	0	0	0	0	0	0	0	0	0	0	0
5 釧路	0	0	0	0	0	0	0	0	0	0	0	0	0	0
6 帯広	0	0	0	0	0	0	0	0	0	0	0	0	0	0
7 北見	0	0	0	0	0	0	0	0	0	0	0	0	0	0
8 北海道	0	0	0	0	0	0	0	0	0	0	0	0	0	0
9 青森	0	0	0	0	0	0	0	0	0	0	0	0	0	0
10 岩手	0	0	0	0	0	0	0	0	0	0	0	0	0	0
11 宮城	0	0	0	0	0	0	0	0	0	0	0	0	0	0
12 福島	0	0	0	0	0	0	0	0	0	0	0	0	0	0
13 秋田	0	0	0	0	0	0	0	0	0	0	0	0	0	0
14 山形	0	0	0	0	0	0	0	0	0	0	0	0	0	0
15 茨城	0	0	0	0	0	0	0	0	0	0	0	0	0	0
16 栃木	0	0	0	0	0	0	0	0	0	0	0	0	0	0
17 群馬	0	0	0	0	0	0	0	0	0	0	0	0	0	0
18 埼玉	0	0	0	0	0	0	0	0	0	0	0	0	0	0
19 千葉	0	0	0	0	0	0	0	0	0	0	0	0	0	0
20 東京	0	0	0	0	0	0	0	0	0	0	0	0	0	0
21 神奈川	0	0	0	0	0	0	0	0	0	0	0	0	0	0
22 新潟	0	0	0	0	0	0	0	0	0	0	0	0	0	0
23 富山	0	0	0	0	0	0	0	0	0	0	0	0	0	0
24 石川	0	0	0	0	0	0	0	0	0	0	0	0	0	0
25 福井	0	0	0	0	0	0	0	0	0	0	0	0	0	0
26 山梨	0	0	0	0	0	0	0	0	0	0	0	0	0	0
27 長野	0	0	0	0	0	0	0	0	0	0	0	0	0	0
28 静岡	0	0	0	0	0	0	0	0	0	0	0	0	0	0
29 岐阜	0	0	0	0	0	0	0	0	0	0	0	0	0	0
30 愛知	0	0	0	0	0	0	0	0	0	0	0	0	0	0
31 三重	0	0	0	0	0	0	0	0	0	0	0	0	0	0
32 滋賀	0	0	0	0	0	0	0	0	0	0	0	0	0	0
33 京都	0	0	0	0	0	0	0	0	0	0	0	0	0	0
34 奈良	0	0	0	0	0	0	0	0	0	0	0	0	0	0
35 和歌山	0	0	0	0	0	0	0	0	0	0	0	0	0	0
36 大阪	0	0	0	0	0	0	0	0	0	0	0	0	0	0
37 兵庫	0	0	0	0	0	0	0	0	0	0	0	0	0	0
38 鳥取	0	0	0	0	0	0	0	0	0	0	0	0	0	0
39 島根	0	0	0	0	0	0	0	0	0	0	0	0	0	0
40 岡山	0	0	0	0	0	0	0	0	0	0	0	0	0	0
41 広島	0	0	0	0	0	0	0	0	0	0	0	0	0	0
42 山口	0	0	0	0	0	0	0	0	0	0	0	0	0	0
43 香川	0	0	0	0	0	0	0	0	0	0	0	0	0	0
44 愛媛	0	0	0	0	0	0	0	0	0	0	0	0	0	0
45 徳島	0	0	0	0	0	0	0	0	0	0	0	0	0	0
46 高知	0	0	0	0	0	0	0	0	0	0	0	0	0	0
47 福岡	0	0	0	0	0	0	0	0	0	0	0	0	0	0
48 佐賀	0	0	0	0	0	0	0	0	0	0	0	0	0	0
49 長崎	0	0	0	0	0	0	0	0	0	0	0	0	0	0
50 熊本	0	0	0	0	0	0	0	0	0	0	0	0	0	0
51 大分	0	0	0	0	0	0	0	0	0	0	0	0	0	0
52 宮崎	0	0	0	0	0	0	0	0	0	0	0	0	0	0
53 鹿児島	0	0	0	0	0	0	0	0	0	0	0	0	0	0
54 沖縄	0	0	0	0	0	0	0	0	0	0	0	0	0	0
55 全国	0	0	0	0	0	0	0	0	0	0	0	0	0	0

平成28年度　　府県相互間輸送トン数表（鉄道）　　品目（1-3）その他の農産品　その4　（単位：トン）

着／発	43 香川	44 愛媛	45 徳島	46 高知	47 福岡	48 佐賀	49 長崎	50 熊本	51 大分	52 宮崎	53 鹿児島	54 沖縄	55 全国
1 札幌	0	0	0	0	0	0	0	0	0	0	0	0	0
2 旭川	0	0	0	0	0	0	0	0	0	0	0	0	0
3 函館	0	0	0	0	0	0	0	0	0	0	0	0	0
4 室蘭	0	0	0	0	0	0	0	0	0	0	0	0	0
5 釧路	0	0	0	0	0	0	0	0	0	0	0	0	0
6 帯広	0	0	0	0	0	0	0	0	0	0	0	0	0
7 北見	0	0	0	0	0	0	0	0	0	0	0	0	0
8 北海道	0	0	0	0	0	0	0	0	0	0	0	0	0
9 青森	0	0	0	0	0	0	0	0	0	0	0	0	0
10 岩手	0	0	0	0	0	0	0	0	0	0	0	0	0
11 宮城	0	0	0	0	0	0	0	0	0	0	0	0	0
12 福島	0	0	0	0	0	0	0	0	0	0	0	0	0
13 秋田	0	0	0	0	0	0	0	0	0	0	0	0	0
14 山形	0	0	0	0	0	0	0	0	0	0	0	0	0
15 茨城	0	0	0	0	0	0	0	0	0	0	0	0	0
16 栃木	0	0	0	0	0	0	0	0	0	0	0	0	0
17 群馬	0	0	0	0	0	0	0	0	0	0	0	0	0
18 埼玉	0	0	0	0	0	0	0	0	0	0	0	0	0
19 千葉	0	0	0	0	0	0	0	0	0	0	0	0	0
20 東京	0	0	0	0	0	0	0	0	0	0	0	0	0
21 神奈川	0	0	0	0	0	0	0	0	0	0	0	0	0
22 新潟	0	0	0	0	0	0	0	0	0	0	0	0	0
23 富山	0	0	0	0	0	0	0	0	0	0	0	0	0
24 石川	0	0	0	0	0	0	0	0	0	0	0	0	0
25 福井	0	0	0	0	0	0	0	0	0	0	0	0	0
26 山梨	0	0	0	0	0	0	0	0	0	0	0	0	0
27 長野	0	0	0	0	0	0	0	0	0	0	0	0	0
28 静岡	0	0	0	0	0	0	0	0	0	0	0	0	0
29 岐阜	0	0	0	0	0	0	0	0	0	0	0	0	0
30 愛知	0	0	0	0	0	0	0	0	0	0	0	0	0
31 三重	0	0	0	0	0	0	0	0	0	0	0	0	0
32 滋賀	0	0	0	0	0	0	0	0	0	0	0	0	0
33 京都	0	0	0	0	0	0	0	0	0	0	0	0	0
34 奈良	0	0	0	0	0	0	0	0	0	0	0	0	0
35 和歌山	0	0	0	0	0	0	0	0	0	0	0	0	0
36 大阪	0	0	0	0	0	0	0	0	0	0	0	0	0
37 兵庫	0	0	0	0	0	0	0	0	0	0	0	0	0
38 鳥取	0	0	0	0	0	0	0	0	0	0	0	0	0
39 島根	0	0	0	0	0	0	0	0	0	0	0	0	0
40 岡山	0	0	0	0	0	0	0	0	0	0	0	0	0
41 広島	0	0	0	0	0	0	0	0	0	0	0	0	0
42 山口	0	0	0	0	0	0	0	0	0	0	0	0	0
43 香川	0	0	0	0	0	0	0	0	0	0	0	0	0
44 愛媛	0	0	0	0	0	0	0	0	0	0	0	0	0
45 徳島	0	0	0	0	0	0	0	0	0	0	0	0	0
46 高知	0	0	0	0	0	0	0	0	0	0	0	0	0
47 福岡	0	0	0	0	0	0	0	0	0	0	0	0	0
48 佐賀	0	0	0	0	0	0	0	0	0	0	0	0	0
49 長崎	0	0	0	0	0	0	0	0	0	0	0	0	0
50 熊本	0	0	0	0	0	0	0	0	0	0	0	0	0
51 大分	0	0	0	0	0	0	0	0	0	0	0	0	0
52 宮崎	0	0	0	0	0	0	0	0	0	0	0	0	0
53 鹿児島	0	0	0	0	0	0	0	0	0	0	0	0	0
54 沖縄	0	0	0	0	0	0	0	0	0	0	0	0	0
55 全国	0	0	0	0	0	0	0	0	0	0	0	0	0

平成28年度　　　　　　　　　　　府県相互間輸送トン数表（鉄道）

品目　（1－4）畜産品　　その　1　（単位：トン）

着/発	1 札幌	2 旭川	3 函館	4 室蘭	5 釧路	6 帯広	7 北見	8 北海道	9 青森	10 岩手	11 宮城	12 福島	13 秋田	14 山形
1 札幌	0	0	0	0	0	0	0	0	0	0	0	0	0	0
2 旭川	0	0	0	0	0	0	0	0	0	0	0	0	0	0
3 函館	0	0	0	0	0	0	0	0	0	0	0	0	0	0
4 室蘭	0	0	0	0	0	0	0	0	0	0	0	0	0	0
5 釧路	0	0	0	0	0	0	0	0	0	0	0	0	0	0
6 帯広	0	0	0	0	0	0	0	0	0	0	0	0	0	0
7 北見	0	0	0	0	0	0	0	0	0	0	0	0	0	0
8 北海道	0	0	0	0	0	0	0	0	0	0	0	0	0	0
9 青森	0	0	0	0	0	0	0	0	0	0	0	0	0	0
10 岩手	0	0	0	0	0	0	0	0	0	0	0	0	0	0
11 宮城	0	0	0	0	0	0	0	0	0	0	0	0	0	0
12 福島	0	0	0	0	0	0	0	0	0	0	0	0	0	0
13 秋田	0	0	0	0	0	0	0	0	0	0	0	0	0	0
14 山形	0	0	0	0	0	0	0	0	0	0	0	0	0	0
15 茨城	0	0	0	0	0	0	0	0	0	0	0	0	0	0
16 栃木	0	0	0	0	0	0	0	0	0	0	0	0	0	0
17 群馬	0	0	0	0	0	0	0	0	0	0	0	0	0	0
18 埼玉	0	0	0	0	0	0	0	0	0	0	0	0	0	0
19 千葉	0	0	0	0	0	0	0	0	0	0	0	0	0	0
20 東京	0	0	0	0	0	0	0	0	0	0	0	0	0	0
21 神奈川	0	0	0	0	0	0	0	0	0	0	0	0	0	0
22 新潟	0	0	0	0	0	0	0	0	0	0	0	0	0	0
23 富山	0	0	0	0	0	0	0	0	0	0	0	0	0	0
24 石川	0	0	0	0	0	0	0	0	0	0	0	0	0	0
25 福井	0	0	0	0	0	0	0	0	0	0	0	0	0	0
26 山梨	0	0	0	0	0	0	0	0	0	0	0	0	0	0
27 長野	0	0	0	0	0	0	0	0	0	0	0	0	0	0
28 静岡	0	0	0	0	0	0	0	0	0	0	0	0	0	0
29 岐阜	0	0	0	0	0	0	0	0	0	0	0	0	0	0
30 愛知	0	0	0	0	0	0	0	0	0	0	0	0	0	0
31 三重	0	0	0	0	0	0	0	0	0	0	0	0	0	0
32 滋賀	0	0	0	0	0	0	0	0	0	0	0	0	0	0
33 京都	0	0	0	0	0	0	0	0	0	0	0	0	0	0
34 奈良	0	0	0	0	0	0	0	0	0	0	0	0	0	0
35 和歌山	0	0	0	0	0	0	0	0	0	0	0	0	0	0
36 大阪	0	0	0	0	0	0	0	0	0	0	0	0	0	0
37 兵庫	0	0	0	0	0	0	0	0	0	0	0	0	0	0
38 鳥取	0	0	0	0	0	0	0	0	0	0	0	0	0	0
39 島根	0	0	0	0	0	0	0	0	0	0	0	0	0	0
40 岡山	0	0	0	0	0	0	0	0	0	0	0	0	0	0
41 広島	0	0	0	0	0	0	0	0	0	0	0	0	0	0
42 山口	0	0	0	0	0	0	0	0	0	0	0	0	0	0
43 香川	0	0	0	0	0	0	0	0	0	0	0	0	0	0
44 愛媛	0	0	0	0	0	0	0	0	0	0	0	0	0	0
45 徳島	0	0	0	0	0	0	0	0	0	0	0	0	0	0
46 高知	0	0	0	0	0	0	0	0	0	0	0	0	0	0
47 福岡	0	0	0	0	0	0	0	0	0	0	0	0	0	0
48 佐賀	0	0	0	0	0	0	0	0	0	0	0	0	0	0
49 長崎	0	0	0	0	0	0	0	0	0	0	0	0	0	0
50 熊本	0	0	0	0	0	0	0	0	0	0	0	0	0	0
51 大分	0	0	0	0	0	0	0	0	0	0	0	0	0	0
52 宮崎	0	0	0	0	0	0	0	0	0	0	0	0	0	0
53 鹿児島	0	0	0	0	0	0	0	0	0	0	0	0	0	0
54 沖縄	0	0	0	0	0	0	0	0	0	0	0	0	0	0
55 全国	0	0	0	0	0	0	0	0	0	0	0	0	0	0

平成28年度　　　　　　　　　　　府県相互間輸送トン数表（鉄道）

品目　（1－4）畜産品　　その　2　（単位：トン）

着/発	15 茨城	16 栃木	17 群馬	18 埼玉	19 千葉	20 東京	21 神奈川	22 新潟	23 富山	24 石川	25 福井	26 山梨	27 長野	28 静岡
1 札幌	0	0	0	0	0	0	0	0	0	0	0	0	0	0
2 旭川	0	0	0	0	0	0	0	0	0	0	0	0	0	0
3 函館	0	0	0	0	0	0	0	0	0	0	0	0	0	0
4 室蘭	0	0	0	0	0	0	0	0	0	0	0	0	0	0
5 釧路	0	0	0	0	0	0	0	0	0	0	0	0	0	0
6 帯広	0	0	0	0	0	0	0	0	0	0	0	0	0	0
7 北見	0	0	0	0	0	0	0	0	0	0	0	0	0	0
8 北海道	0	0	0	0	0	0	0	0	0	0	0	0	0	0
9 青森	0	0	0	0	0	0	0	0	0	0	0	0	0	0
10 岩手	0	0	0	0	0	0	0	0	0	0	0	0	0	0
11 宮城	0	0	0	0	0	0	0	0	0	0	0	0	0	0
12 福島	0	0	0	0	0	0	0	0	0	0	0	0	0	0
13 秋田	0	0	0	0	0	0	0	0	0	0	0	0	0	0
14 山形	0	0	0	0	0	0	0	0	0	0	0	0	0	0
15 茨城	0	0	0	0	0	0	0	0	0	0	0	0	0	0
16 栃木	0	0	0	0	0	0	0	0	0	0	0	0	0	0
17 群馬	0	0	0	0	0	0	0	0	0	0	0	0	0	0
18 埼玉	0	0	0	0	0	0	0	0	0	0	0	0	0	0
19 千葉	0	0	0	0	0	0	0	0	0	0	0	0	0	0
20 東京	0	0	0	0	0	0	0	0	0	0	0	0	0	0
21 神奈川	0	0	0	0	0	0	0	0	0	0	0	0	0	0
22 新潟	0	0	0	0	0	0	0	0	0	0	0	0	0	0
23 富山	0	0	0	0	0	0	0	0	0	0	0	0	0	0
24 石川	0	0	0	0	0	0	0	0	0	0	0	0	0	0
25 福井	0	0	0	0	0	0	0	0	0	0	0	0	0	0
26 山梨	0	0	0	0	0	0	0	0	0	0	0	0	0	0
27 長野	0	0	0	0	0	0	0	0	0	0	0	0	0	0
28 静岡	0	0	0	0	0	0	0	0	0	0	0	0	0	0
29 岐阜	0	0	0	0	0	0	0	0	0	0	0	0	0	0
30 愛知	0	0	0	0	0	0	0	0	0	0	0	0	0	0
31 三重	0	0	0	0	0	0	0	0	0	0	0	0	0	0
32 滋賀	0	0	0	0	0	0	0	0	0	0	0	0	0	0
33 京都	0	0	0	0	0	0	0	0	0	0	0	0	0	0
34 奈良	0	0	0	0	0	0	0	0	0	0	0	0	0	0
35 和歌山	0	0	0	0	0	0	0	0	0	0	0	0	0	0
36 大阪	0	0	0	0	0	0	0	0	0	0	0	0	0	0
37 兵庫	0	0	0	0	0	0	0	0	0	0	0	0	0	0
38 鳥取	0	0	0	0	0	0	0	0	0	0	0	0	0	0
39 島根	0	0	0	0	0	0	0	0	0	0	0	0	0	0
40 岡山	0	0	0	0	0	0	0	0	0	0	0	0	0	0
41 広島	0	0	0	0	0	0	0	0	0	0	0	0	0	0
42 山口	0	0	0	0	0	0	0	0	0	0	0	0	0	0
43 香川	0	0	0	0	0	0	0	0	0	0	0	0	0	0
44 愛媛	0	0	0	0	0	0	0	0	0	0	0	0	0	0
45 徳島	0	0	0	0	0	0	0	0	0	0	0	0	0	0
46 高知	0	0	0	0	0	0	0	0	0	0	0	0	0	0
47 福岡	0	0	0	0	0	0	0	0	0	0	0	0	0	0
48 佐賀	0	0	0	0	0	0	0	0	0	0	0	0	0	0
49 長崎	0	0	0	0	0	0	0	0	0	0	0	0	0	0
50 熊本	0	0	0	0	0	0	0	0	0	0	0	0	0	0
51 大分	0	0	0	0	0	0	0	0	0	0	0	0	0	0
52 宮崎	0	0	0	0	0	0	0	0	0	0	0	0	0	0
53 鹿児島	0	0	0	0	0	0	0	0	0	0	0	0	0	0
54 沖縄	0	0	0	0	0	0	0	0	0	0	0	0	0	0
55 全国	0	0	0	0	0	0	0	0	0	0	0	0	0	0

平成28年度　　　　　　　　　　　府県相互間輸送トン数表（鉄道）

品目　（1-4）畜産品　　その　3　　（単位：トン）

着／発	29 岐阜	30 愛知	31 三重	32 滋賀	33 京都	34 奈良	35 和歌山	36 大阪	37 兵庫	38 鳥取	39 島根	40 岡山	41 広島	42 山口
1 札幌	0	0	0	0	0	0	0	0	0	0	0	0	0	0
2 旭川	0	0	0	0	0	0	0	0	0	0	0	0	0	0
3 函館	0	0	0	0	0	0	0	0	0	0	0	0	0	0
4 室蘭	0	0	0	0	0	0	0	0	0	0	0	0	0	0
5 釧路	0	0	0	0	0	0	0	0	0	0	0	0	0	0
6 帯広	0	0	0	0	0	0	0	0	0	0	0	0	0	0
7 北見	0	0	0	0	0	0	0	0	0	0	0	0	0	0
8 北海道	0	0	0	0	0	0	0	0	0	0	0	0	0	0
9 青森	0	0	0	0	0	0	0	0	0	0	0	0	0	0
10 岩手	0	0	0	0	0	0	0	0	0	0	0	0	0	0
11 宮城	0	0	0	0	0	0	0	0	0	0	0	0	0	0
12 福島	0	0	0	0	0	0	0	0	0	0	0	0	0	0
13 秋田	0	0	0	0	0	0	0	0	0	0	0	0	0	0
14 山形	0	0	0	0	0	0	0	0	0	0	0	0	0	0
15 茨城	0	0	0	0	0	0	0	0	0	0	0	0	0	0
16 栃木	0	0	0	0	0	0	0	0	0	0	0	0	0	0
17 群馬	0	0	0	0	0	0	0	0	0	0	0	0	0	0
18 埼玉	0	0	0	0	0	0	0	0	0	0	0	0	0	0
19 千葉	0	0	0	0	0	0	0	0	0	0	0	0	0	0
20 東京	0	0	0	0	0	0	0	0	0	0	0	0	0	0
21 神奈川	0	0	0	0	0	0	0	0	0	0	0	0	0	0
22 新潟	0	0	0	0	0	0	0	0	0	0	0	0	0	0
23 富山	0	0	0	0	0	0	0	0	0	0	0	0	0	0
24 石川	0	0	0	0	0	0	0	0	0	0	0	0	0	0
25 福井	0	0	0	0	0	0	0	0	0	0	0	0	0	0
26 山梨	0	0	0	0	0	0	0	0	0	0	0	0	0	0
27 長野	0	0	0	0	0	0	0	0	0	0	0	0	0	0
28 静岡	0	0	0	0	0	0	0	0	0	0	0	0	0	0
29 岐阜	0	0	0	0	0	0	0	0	0	0	0	0	0	0
30 愛知	0	0	0	0	0	0	0	0	0	0	0	0	0	0
31 三重	0	0	0	0	0	0	0	0	0	0	0	0	0	0
32 滋賀	0	0	0	0	0	0	0	0	0	0	0	0	0	0
33 京都	0	0	0	0	0	0	0	0	0	0	0	0	0	0
34 奈良	0	0	0	0	0	0	0	0	0	0	0	0	0	0
35 和歌山	0	0	0	0	0	0	0	0	0	0	0	0	0	0
36 大阪	0	0	0	0	0	0	0	0	0	0	0	0	0	0
37 兵庫	0	0	0	0	0	0	0	0	0	0	0	0	0	0
38 鳥取	0	0	0	0	0	0	0	0	0	0	0	0	0	0
39 島根	0	0	0	0	0	0	0	0	0	0	0	0	0	0
40 岡山	0	0	0	0	0	0	0	0	0	0	0	0	0	0
41 広島	0	0	0	0	0	0	0	0	0	0	0	0	0	0
42 山口	0	0	0	0	0	0	0	0	0	0	0	0	0	0
43 香川	0	0	0	0	0	0	0	0	0	0	0	0	0	0
44 愛媛	0	0	0	0	0	0	0	0	0	0	0	0	0	0
45 徳島	0	0	0	0	0	0	0	0	0	0	0	0	0	0
46 高知	0	0	0	0	0	0	0	0	0	0	0	0	0	0
47 福岡	0	0	0	0	0	0	0	0	0	0	0	0	0	0
48 佐賀	0	0	0	0	0	0	0	0	0	0	0	0	0	0
49 長崎	0	0	0	0	0	0	0	0	0	0	0	0	0	0
50 熊本	0	0	0	0	0	0	0	0	0	0	0	0	0	0
51 大分	0	0	0	0	0	0	0	0	0	0	0	0	0	0
52 宮崎	0	0	0	0	0	0	0	0	0	0	0	0	0	0
53 鹿児島	0	0	0	0	0	0	0	0	0	0	0	0	0	0
54 沖縄	0	0	0	0	0	0	0	0	0	0	0	0	0	0
55 全国	0	0	0	0	0	0	0	0	0	0	0	0	0	0

平成28年度　　　　　　　　　　　府県相互間輸送トン数表（鉄道）

品目　（1-4）畜産品　　その　4　　（単位：トン）

着／発	43 香川	44 愛媛	45 徳島	46 高知	47 福岡	48 佐賀	49 長崎	50 熊本	51 大分	52 宮崎	53 鹿児島	54 沖縄	55 全国
1 札幌	0	0	0	0	0	0	0	0	0	0	0	0	0
2 旭川	0	0	0	0	0	0	0	0	0	0	0	0	0
3 函館	0	0	0	0	0	0	0	0	0	0	0	0	0
4 室蘭	0	0	0	0	0	0	0	0	0	0	0	0	0
5 釧路	0	0	0	0	0	0	0	0	0	0	0	0	0
6 帯広	0	0	0	0	0	0	0	0	0	0	0	0	0
7 北見	0	0	0	0	0	0	0	0	0	0	0	0	0
8 北海道	0	0	0	0	0	0	0	0	0	0	0	0	0
9 青森	0	0	0	0	0	0	0	0	0	0	0	0	0
10 岩手	0	0	0	0	0	0	0	0	0	0	0	0	0
11 宮城	0	0	0	0	0	0	0	0	0	0	0	0	0
12 福島	0	0	0	0	0	0	0	0	0	0	0	0	0
13 秋田	0	0	0	0	0	0	0	0	0	0	0	0	0
14 山形	0	0	0	0	0	0	0	0	0	0	0	0	0
15 茨城	0	0	0	0	0	0	0	0	0	0	0	0	0
16 栃木	0	0	0	0	0	0	0	0	0	0	0	0	0
17 群馬	0	0	0	0	0	0	0	0	0	0	0	0	0
18 埼玉	0	0	0	0	0	0	0	0	0	0	0	0	0
19 千葉	0	0	0	0	0	0	0	0	0	0	0	0	0
20 東京	0	0	0	0	0	0	0	0	0	0	0	0	0
21 神奈川	0	0	0	0	0	0	0	0	0	0	0	0	0
22 新潟	0	0	0	0	0	0	0	0	0	0	0	0	0
23 富山	0	0	0	0	0	0	0	0	0	0	0	0	0
24 石川	0	0	0	0	0	0	0	0	0	0	0	0	0
25 福井	0	0	0	0	0	0	0	0	0	0	0	0	0
26 山梨	0	0	0	0	0	0	0	0	0	0	0	0	0
27 長野	0	0	0	0	0	0	0	0	0	0	0	0	0
28 静岡	0	0	0	0	0	0	0	0	0	0	0	0	0
29 岐阜	0	0	0	0	0	0	0	0	0	0	0	0	0
30 愛知	0	0	0	0	0	0	0	0	0	0	0	0	0
31 三重	0	0	0	0	0	0	0	0	0	0	0	0	0
32 滋賀	0	0	0	0	0	0	0	0	0	0	0	0	0
33 京都	0	0	0	0	0	0	0	0	0	0	0	0	0
34 奈良	0	0	0	0	0	0	0	0	0	0	0	0	0
35 和歌山	0	0	0	0	0	0	0	0	0	0	0	0	0
36 大阪	0	0	0	0	0	0	0	0	0	0	0	0	0
37 兵庫	0	0	0	0	0	0	0	0	0	0	0	0	0
38 鳥取	0	0	0	0	0	0	0	0	0	0	0	0	0
39 島根	0	0	0	0	0	0	0	0	0	0	0	0	0
40 岡山	0	0	0	0	0	0	0	0	0	0	0	0	0
41 広島	0	0	0	0	0	0	0	0	0	0	0	0	0
42 山口	0	0	0	0	0	0	0	0	0	0	0	0	0
43 香川	0	0	0	0	0	0	0	0	0	0	0	0	0
44 愛媛	0	0	0	0	0	0	0	0	0	0	0	0	0
45 徳島	0	0	0	0	0	0	0	0	0	0	0	0	0
46 高知	0	0	0	0	0	0	0	0	0	0	0	0	0
47 福岡	0	0	0	0	0	0	0	0	0	0	0	0	0
48 佐賀	0	0	0	0	0	0	0	0	0	0	0	0	0
49 長崎	0	0	0	0	0	0	0	0	0	0	0	0	0
50 熊本	0	0	0	0	0	0	0	0	0	0	0	0	0
51 大分	0	0	0	0	0	0	0	0	0	0	0	0	0
52 宮崎	0	0	0	0	0	0	0	0	0	0	0	0	0
53 鹿児島	0	0	0	0	0	0	0	0	0	0	0	0	0
54 沖縄	0	0	0	0	0	0	0	0	0	0	0	0	0
55 全国	0	0	0	0	0	0	0	0	0	0	0	0	0

平成28年度　　　　　　　　　　　　　府県相互間輸送トン数表（鉄道）

品目　（1-5）水産品　　　　（単位：トン）その　1

着／発	1 札幌	2 旭川	3 函館	4 室蘭	5 釧路	6 帯広	7 北見	8 北海道	9 青森	10 岩手	11 宮城	12 福島	13 秋田	14 山形
1 札幌	0	0	0	0	0	0	0	0	0	0	0	0	0	0
2 旭川	0	0	0	0	0	0	0	0	0	0	0	0	0	0
3 函館	0	0	0	0	0	0	0	0	0	0	0	0	0	0
4 室蘭	0	0	0	0	0	0	0	0	0	0	0	0	0	0
5 釧路	0	0	0	0	0	0	0	0	0	0	0	0	0	0
6 帯広	0	0	0	0	0	0	0	0	0	0	0	0	0	0
7 北見	0	0	0	0	0	0	0	0	0	0	0	0	0	0
8 北海道	0	0	0	0	0	0	0	0	0	0	0	0	0	0
9 青森	0	0	0	0	0	0	0	0	0	0	0	0	0	0
10 岩手	0	0	0	0	0	0	0	0	0	0	0	0	0	0
11 宮城	0	0	0	0	0	0	0	0	0	0	0	0	0	0
12 福島	0	0	0	0	0	0	0	0	0	0	0	0	0	0
13 秋田	0	0	0	0	0	0	0	0	0	0	0	0	0	0
14 山形	0	0	0	0	0	0	0	0	0	0	0	0	0	0
15 茨城	0	0	0	0	0	0	0	0	0	0	0	0	0	0
16 栃木	0	0	0	0	0	0	0	0	0	0	0	0	0	0
17 群馬	0	0	0	0	0	0	0	0	0	0	0	0	0	0
18 埼玉	0	0	0	0	0	0	0	0	0	0	0	0	0	0
19 千葉	0	0	0	0	0	0	0	0	0	0	0	0	0	0
20 東京	0	0	0	0	0	0	0	0	0	0	0	0	0	0
21 神奈川	0	0	0	0	0	0	0	0	0	0	0	0	0	0
22 新潟	0	0	0	0	0	0	0	0	0	0	0	0	0	0
23 富山	0	0	0	0	0	0	0	0	0	0	0	0	0	0
24 石川	0	0	0	0	0	0	0	0	0	0	0	0	0	0
25 福井	0	0	0	0	0	0	0	0	0	0	0	0	0	0
26 山梨	0	0	0	0	0	0	0	0	0	0	0	0	0	0
27 長野	0	0	0	0	0	0	0	0	0	0	0	0	0	0
28 静岡	0	0	0	0	0	0	0	0	0	0	0	0	0	0
29 岐阜	0	0	0	0	0	0	0	0	0	0	0	0	0	0
30 愛知	0	0	0	0	0	0	0	0	0	0	0	0	0	0
31 三重	0	0	0	0	0	0	0	0	0	0	0	0	0	0
32 滋賀	0	0	0	0	0	0	0	0	0	0	0	0	0	0
33 京都	0	0	0	0	0	0	0	0	0	0	0	0	0	0
34 奈良	0	0	0	0	0	0	0	0	0	0	0	0	0	0
35 和歌山	0	0	0	0	0	0	0	0	0	0	0	0	0	0
36 大阪	0	0	0	0	0	0	0	0	0	0	0	0	0	0
37 兵庫	0	0	0	0	0	0	0	0	0	0	0	0	0	0
38 鳥取	0	0	0	0	0	0	0	0	0	0	0	0	0	0
39 島根	0	0	0	0	0	0	0	0	0	0	0	0	0	0
40 岡山	0	0	0	0	0	0	0	0	0	0	0	0	0	0
41 広島	0	0	0	0	0	0	0	0	0	0	0	0	0	0
42 山口	0	0	0	0	0	0	0	0	0	0	0	0	0	0
43 香川	0	0	0	0	0	0	0	0	0	0	0	0	0	0
44 愛媛	0	0	0	0	0	0	0	0	0	0	0	0	0	0
45 徳島	0	0	0	0	0	0	0	0	0	0	0	0	0	0
46 高知	0	0	0	0	0	0	0	0	0	0	0	0	0	0
47 福岡	0	0	0	0	0	0	0	0	0	0	0	0	0	0
48 佐賀	0	0	0	0	0	0	0	0	0	0	0	0	0	0
49 長崎	0	0	0	0	0	0	0	0	0	0	0	0	0	0
50 熊本	0	0	0	0	0	0	0	0	0	0	0	0	0	0
51 大分	0	0	0	0	0	0	0	0	0	0	0	0	0	0
52 宮崎	0	0	0	0	0	0	0	0	0	0	0	0	0	0
53 鹿児島	0	0	0	0	0	0	0	0	0	0	0	0	0	0
54 沖縄	0	0	0	0	0	0	0	0	0	0	0	0	0	0
55 全国	0	0	0	0	0	0	0	0	0	0	0	0	0	0

平成28年度　　　　　　　　　　　　　府県相互間輸送トン数表（鉄道）

品目　（1-5）水産品　　　　（単位：トン）その　2

着／発	15 茨城	16 栃木	17 群馬	18 埼玉	19 千葉	20 東京	21 神奈川	22 新潟	23 富山	24 石川	25 福井	26 山梨	27 長野	28 静岡
1 札幌	0	0	0	0	0	0	0	0	0	0	0	0	0	0
2 旭川	0	0	0	0	0	0	0	0	0	0	0	0	0	0
3 函館	0	0	0	0	0	0	0	0	0	0	0	0	0	0
4 室蘭	0	0	0	0	0	0	0	0	0	0	0	0	0	0
5 釧路	0	0	0	0	0	0	0	0	0	0	0	0	0	0
6 帯広	0	0	0	0	0	0	0	0	0	0	0	0	0	0
7 北見	0	0	0	0	0	0	0	0	0	0	0	0	0	0
8 北海道	0	0	0	0	0	0	0	0	0	0	0	0	0	0
9 青森	0	0	0	0	0	0	0	0	0	0	0	0	0	0
10 岩手	0	0	0	0	0	0	0	0	0	0	0	0	0	0
11 宮城	0	0	0	0	0	0	0	0	0	0	0	0	0	0
12 福島	0	0	0	0	0	0	0	0	0	0	0	0	0	0
13 秋田	0	0	0	0	0	0	0	0	0	0	0	0	0	0
14 山形	0	0	0	0	0	0	0	0	0	0	0	0	0	0
15 茨城	0	0	0	0	0	0	0	0	0	0	0	0	0	0
16 栃木	0	0	0	0	0	0	0	0	0	0	0	0	0	0
17 群馬	0	0	0	0	0	0	0	0	0	0	0	0	0	0
18 埼玉	0	0	0	0	0	0	0	0	0	0	0	0	0	0
19 千葉	0	0	0	0	0	0	0	0	0	0	0	0	0	0
20 東京	0	0	0	0	0	0	0	0	0	0	0	0	0	0
21 神奈川	0	0	0	0	0	0	0	0	0	0	0	0	0	0
22 新潟	0	0	0	0	0	0	0	0	0	0	0	0	0	0
23 富山	0	0	0	0	0	0	0	0	0	0	0	0	0	0
24 石川	0	0	0	0	0	0	0	0	0	0	0	0	0	0
25 福井	0	0	0	0	0	0	0	0	0	0	0	0	0	0
26 山梨	0	0	0	0	0	0	0	0	0	0	0	0	0	0
27 長野	0	0	0	0	0	0	0	0	0	0	0	0	0	0
28 静岡	0	0	0	0	0	0	0	0	0	0	0	0	0	0
29 岐阜	0	0	0	0	0	0	0	0	0	0	0	0	0	0
30 愛知	0	0	0	0	0	0	0	0	0	0	0	0	0	0
31 三重	0	0	0	0	0	0	0	0	0	0	0	0	0	0
32 滋賀	0	0	0	0	0	0	0	0	0	0	0	0	0	0
33 京都	0	0	0	0	0	0	0	0	0	0	0	0	0	0
34 奈良	0	0	0	0	0	0	0	0	0	0	0	0	0	0
35 和歌山	0	0	0	0	0	0	0	0	0	0	0	0	0	0
36 大阪	0	0	0	0	0	0	0	0	0	0	0	0	0	0
37 兵庫	0	0	0	0	0	0	0	0	0	0	0	0	0	0
38 鳥取	0	0	0	0	0	0	0	0	0	0	0	0	0	0
39 島根	0	0	0	0	0	0	0	0	0	0	0	0	0	0
40 岡山	0	0	0	0	0	0	0	0	0	0	0	0	0	0
41 広島	0	0	0	0	0	0	0	0	0	0	0	0	0	0
42 山口	0	0	0	0	0	0	0	0	0	0	0	0	0	0
43 香川	0	0	0	0	0	0	0	0	0	0	0	0	0	0
44 愛媛	0	0	0	0	0	0	0	0	0	0	0	0	0	0
45 徳島	0	0	0	0	0	0	0	0	0	0	0	0	0	0
46 高知	0	0	0	0	0	0	0	0	0	0	0	0	0	0
47 福岡	0	0	0	0	0	0	0	0	0	0	0	0	0	0
48 佐賀	0	0	0	0	0	0	0	0	0	0	0	0	0	0
49 長崎	0	0	0	0	0	0	0	0	0	0	0	0	0	0
50 熊本	0	0	0	0	0	0	0	0	0	0	0	0	0	0
51 大分	0	0	0	0	0	0	0	0	0	0	0	0	0	0
52 宮崎	0	0	0	0	0	0	0	0	0	0	0	0	0	0
53 鹿児島	0	0	0	0	0	0	0	0	0	0	0	0	0	0
54 沖縄	0	0	0	0	0	0	0	0	0	0	0	0	0	0
55 全国	0	0	0	0	0	0	0	0	0	0	0	0	0	0

平成28年度　　　　　　　　　　　　　　　　　府県相互間輸送トン数表（鉄道）
品目　（1－5）水産品　　　　　（単位：トン）その　3

着／発	29 岐阜	30 愛知	31 三重	32 滋賀	33 京都	34 奈良	35 和歌山	36 大阪	37 兵庫	38 鳥取	39 島根	40 岡山	41 広島	42 山口
1 札幌	0	0	0	0	0	0	0	0	0	0	0	0	0	0
2 旭川	0	0	0	0	0	0	0	0	0	0	0	0	0	0
3 函館	0	0	0	0	0	0	0	0	0	0	0	0	0	0
4 室蘭	0	0	0	0	0	0	0	0	0	0	0	0	0	0
5 釧路	0	0	0	0	0	0	0	0	0	0	0	0	0	0
6 帯広	0	0	0	0	0	0	0	0	0	0	0	0	0	0
7 北見	0	0	0	0	0	0	0	0	0	0	0	0	0	0
8 北海道	0	0	0	0	0	0	0	0	0	0	0	0	0	0
9 青森	0	0	0	0	0	0	0	0	0	0	0	0	0	0
10 岩手	0	0	0	0	0	0	0	0	0	0	0	0	0	0
11 宮城	0	0	0	0	0	0	0	0	0	0	0	0	0	0
12 福島	0	0	0	0	0	0	0	0	0	0	0	0	0	0
13 秋田	0	0	0	0	0	0	0	0	0	0	0	0	0	0
14 山形	0	0	0	0	0	0	0	0	0	0	0	0	0	0
15 茨城	0	0	0	0	0	0	0	0	0	0	0	0	0	0
16 栃木	0	0	0	0	0	0	0	0	0	0	0	0	0	0
17 群馬	0	0	0	0	0	0	0	0	0	0	0	0	0	0
18 埼玉	0	0	0	0	0	0	0	0	0	0	0	0	0	0
19 千葉	0	0	0	0	0	0	0	0	0	0	0	0	0	0
20 東京	0	0	0	0	0	0	0	0	0	0	0	0	0	0
21 神奈川	0	0	0	0	0	0	0	0	0	0	0	0	0	0
22 新潟	0	0	0	0	0	0	0	0	0	0	0	0	0	0
23 富山	0	0	0	0	0	0	0	0	0	0	0	0	0	0
24 石川	0	0	0	0	0	0	0	0	0	0	0	0	0	0
25 福井	0	0	0	0	0	0	0	0	0	0	0	0	0	0
26 山梨	0	0	0	0	0	0	0	0	0	0	0	0	0	0
27 長野	0	0	0	0	0	0	0	0	0	0	0	0	0	0
28 静岡	0	0	0	0	0	0	0	0	0	0	0	0	0	0
29 岐阜	0	0	0	0	0	0	0	0	0	0	0	0	0	0
30 愛知	0	0	0	0	0	0	0	0	0	0	0	0	0	0
31 三重	0	0	0	0	0	0	0	0	0	0	0	0	0	0
32 滋賀	0	0	0	0	0	0	0	0	0	0	0	0	0	0
33 京都	0	0	0	0	0	0	0	0	0	0	0	0	0	0
34 奈良	0	0	0	0	0	0	0	0	0	0	0	0	0	0
35 和歌山	0	0	0	0	0	0	0	0	0	0	0	0	0	0
36 大阪	0	0	0	0	0	0	0	0	0	0	0	0	0	0
37 兵庫	0	0	0	0	0	0	0	0	0	0	0	0	0	0
38 鳥取	0	0	0	0	0	0	0	0	0	0	0	0	0	0
39 島根	0	0	0	0	0	0	0	0	0	0	0	0	0	0
40 岡山	0	0	0	0	0	0	0	0	0	0	0	0	0	0
41 広島	0	0	0	0	0	0	0	0	0	0	0	0	0	0
42 山口	0	0	0	0	0	0	0	0	0	0	0	0	0	0
43 香川	0	0	0	0	0	0	0	0	0	0	0	0	0	0
44 愛媛	0	0	0	0	0	0	0	0	0	0	0	0	0	0
45 徳島	0	0	0	0	0	0	0	0	0	0	0	0	0	0
46 高知	0	0	0	0	0	0	0	0	0	0	0	0	0	0
47 福岡	0	0	0	0	0	0	0	0	0	0	0	0	0	0
48 佐賀	0	0	0	0	0	0	0	0	0	0	0	0	0	0
49 長崎	0	0	0	0	0	0	0	0	0	0	0	0	0	0
50 熊本	0	0	0	0	0	0	0	0	0	0	0	0	0	0
51 大分	0	0	0	0	0	0	0	0	0	0	0	0	0	0
52 宮崎	0	0	0	0	0	0	0	0	0	0	0	0	0	0
53 鹿児島	0	0	0	0	0	0	0	0	0	0	0	0	0	0
54 沖縄	0	0	0	0	0	0	0	0	0	0	0	0	0	0
55 全国	0	0	0	0	0	0	0	0	0	0	0	0	0	0

平成28年度　　　　　　　　　　　　　　　　　府県相互間輸送トン数表（鉄道）
品目　（1－5）水産品　　　　　（単位：トン）その　4

着／発	43 香川	44 愛媛	45 徳島	46 高知	47 福岡	48 佐賀	49 長崎	50 熊本	51 大分	52 宮崎	53 鹿児島	54 沖縄	55 全国
1 札幌	0	0	0	0	0	0	0	0	0	0	0	0	0
2 旭川	0	0	0	0	0	0	0	0	0	0	0	0	0
3 函館	0	0	0	0	0	0	0	0	0	0	0	0	0
4 室蘭	0	0	0	0	0	0	0	0	0	0	0	0	0
5 釧路	0	0	0	0	0	0	0	0	0	0	0	0	0
6 帯広	0	0	0	0	0	0	0	0	0	0	0	0	0
7 北見	0	0	0	0	0	0	0	0	0	0	0	0	0
8 北海道	0	0	0	0	0	0	0	0	0	0	0	0	0
9 青森	0	0	0	0	0	0	0	0	0	0	0	0	0
10 岩手	0	0	0	0	0	0	0	0	0	0	0	0	0
11 宮城	0	0	0	0	0	0	0	0	0	0	0	0	0
12 福島	0	0	0	0	0	0	0	0	0	0	0	0	0
13 秋田	0	0	0	0	0	0	0	0	0	0	0	0	0
14 山形	0	0	0	0	0	0	0	0	0	0	0	0	0
15 茨城	0	0	0	0	0	0	0	0	0	0	0	0	0
16 栃木	0	0	0	0	0	0	0	0	0	0	0	0	0
17 群馬	0	0	0	0	0	0	0	0	0	0	0	0	0
18 埼玉	0	0	0	0	0	0	0	0	0	0	0	0	0
19 千葉	0	0	0	0	0	0	0	0	0	0	0	0	0
20 東京	0	0	0	0	0	0	0	0	0	0	0	0	0
21 神奈川	0	0	0	0	0	0	0	0	0	0	0	0	0
22 新潟	0	0	0	0	0	0	0	0	0	0	0	0	0
23 富山	0	0	0	0	0	0	0	0	0	0	0	0	0
24 石川	0	0	0	0	0	0	0	0	0	0	0	0	0
25 福井	0	0	0	0	0	0	0	0	0	0	0	0	0
26 山梨	0	0	0	0	0	0	0	0	0	0	0	0	0
27 長野	0	0	0	0	0	0	0	0	0	0	0	0	0
28 静岡	0	0	0	0	0	0	0	0	0	0	0	0	0
29 岐阜	0	0	0	0	0	0	0	0	0	0	0	0	0
30 愛知	0	0	0	0	0	0	0	0	0	0	0	0	0
31 三重	0	0	0	0	0	0	0	0	0	0	0	0	0
32 滋賀	0	0	0	0	0	0	0	0	0	0	0	0	0
33 京都	0	0	0	0	0	0	0	0	0	0	0	0	0
34 奈良	0	0	0	0	0	0	0	0	0	0	0	0	0
35 和歌山	0	0	0	0	0	0	0	0	0	0	0	0	0
36 大阪	0	0	0	0	0	0	0	0	0	0	0	0	0
37 兵庫	0	0	0	0	0	0	0	0	0	0	0	0	0
38 鳥取	0	0	0	0	0	0	0	0	0	0	0	0	0
39 島根	0	0	0	0	0	0	0	0	0	0	0	0	0
40 岡山	0	0	0	0	0	0	0	0	0	0	0	0	0
41 広島	0	0	0	0	0	0	0	0	0	0	0	0	0
42 山口	0	0	0	0	0	0	0	0	0	0	0	0	0
43 香川	0	0	0	0	0	0	0	0	0	0	0	0	0
44 愛媛	0	0	0	0	0	0	0	0	0	0	0	0	0
45 徳島	0	0	0	0	0	0	0	0	0	0	0	0	0
46 高知	0	0	0	0	0	0	0	0	0	0	0	0	0
47 福岡	0	0	0	0	0	0	0	0	0	0	0	0	0
48 佐賀	0	0	0	0	0	0	0	0	0	0	0	0	0
49 長崎	0	0	0	0	0	0	0	0	0	0	0	0	0
50 熊本	0	0	0	0	0	0	0	0	0	0	0	0	0
51 大分	0	0	0	0	0	0	0	0	0	0	0	0	0
52 宮崎	0	0	0	0	0	0	0	0	0	0	0	0	0
53 鹿児島	0	0	0	0	0	0	0	0	0	0	0	0	0
54 沖縄	0	0	0	0	0	0	0	0	0	0	0	0	0
55 全国	0	0	0	0	0	0	0	0	0	0	0	0	0

平成28年度　　　　　　　　　　　　　府県相互間輸送トン数表（鉄道）
品目　（2－6）木材　　（単位：トン）　その　1

発\着	1 札幌	2 旭川	3 函館	4 室蘭	5 釧路	6 帯広	7 北見	8 北海道	9 青森	10 岩手	11 宮城	12 福島	13 秋田	14 山形
1 札幌	0	0	0	0	0	0	0	0	0	0	0	0	0	0
2 旭川	0	0	0	0	0	0	0	0	0	0	0	0	0	0
3 函館	0	0	0	0	0	0	0	0	0	0	0	0	0	0
4 室蘭	0	0	0	0	0	0	0	0	0	0	0	0	0	0
5 釧路	0	0	0	0	0	0	0	0	0	0	0	0	0	0
6 帯広	0	0	0	0	0	0	0	0	0	0	0	0	0	0
7 北見	0	0	0	0	0	0	0	0	0	0	0	0	0	0
8 北海道	0	0	0	0	0	0	0	0	0	0	0	0	0	0
9 青森	0	0	0	0	0	0	0	0	0	0	0	0	0	0
10 岩手	0	0	0	0	0	0	0	0	0	0	0	0	0	0
11 宮城	0	0	0	0	0	0	0	0	0	0	0	0	0	0
12 福島	0	0	0	0	0	0	0	0	0	0	0	0	0	0
13 秋田	0	0	0	0	0	0	0	0	0	0	0	0	0	0
14 山形	0	0	0	0	0	0	0	0	0	0	0	0	0	0
15 茨城	0	0	0	0	0	0	0	0	0	0	0	0	0	0
16 栃木	0	0	0	0	0	0	0	0	0	0	0	0	0	0
17 群馬	0	0	0	0	0	0	0	0	0	0	0	0	0	0
18 埼玉	0	0	0	0	0	0	0	0	0	0	0	0	0	0
19 千葉	0	0	0	0	0	0	0	0	0	0	0	0	0	0
20 東京	0	0	0	0	0	0	0	0	0	0	0	0	0	0
21 神奈川	0	0	0	0	0	0	0	0	0	0	0	0	0	0
22 新潟	0	0	0	0	0	0	0	0	0	0	0	0	0	0
23 富山	0	0	0	0	0	0	0	0	0	0	0	0	0	0
24 石川	0	0	0	0	0	0	0	0	0	0	0	0	0	0
25 福井	0	0	0	0	0	0	0	0	0	0	0	0	0	0
26 山梨	0	0	0	0	0	0	0	0	0	0	0	0	0	0
27 長野	0	0	0	0	0	0	0	0	0	0	0	0	0	0
28 静岡	0	0	0	0	0	0	0	0	0	0	0	0	0	0
29 岐阜	0	0	0	0	0	0	0	0	0	0	0	0	0	0
30 愛知	0	0	0	0	0	0	0	0	0	0	0	0	0	0
31 三重	0	0	0	0	0	0	0	0	0	0	0	0	0	0
32 滋賀	0	0	0	0	0	0	0	0	0	0	0	0	0	0
33 京都	0	0	0	0	0	0	0	0	0	0	0	0	0	0
34 奈良	0	0	0	0	0	0	0	0	0	0	0	0	0	0
35 和歌山	0	0	0	0	0	0	0	0	0	0	0	0	0	0
36 大阪	0	0	0	0	0	0	0	0	0	0	0	0	0	0
37 兵庫	0	0	0	0	0	0	0	0	0	0	0	0	0	0
38 鳥取	0	0	0	0	0	0	0	0	0	0	0	0	0	0
39 島根	0	0	0	0	0	0	0	0	0	0	0	0	0	0
40 岡山	0	0	0	0	0	0	0	0	0	0	0	0	0	0
41 広島	0	0	0	0	0	0	0	0	0	0	0	0	0	0
42 山口	0	0	0	0	0	0	0	0	0	0	0	0	0	0
43 香川	0	0	0	0	0	0	0	0	0	0	0	0	0	0
44 愛媛	0	0	0	0	0	0	0	0	0	0	0	0	0	0
45 徳島	0	0	0	0	0	0	0	0	0	0	0	0	0	0
46 高知	0	0	0	0	0	0	0	0	0	0	0	0	0	0
47 福岡	0	0	0	0	0	0	0	0	0	0	0	0	0	0
48 佐賀	0	0	0	0	0	0	0	0	0	0	0	0	0	0
49 長崎	0	0	0	0	0	0	0	0	0	0	0	0	0	0
50 熊本	0	0	0	0	0	0	0	0	0	0	0	0	0	0
51 大分	0	0	0	0	0	0	0	0	0	0	0	0	0	0
52 宮崎	0	0	0	0	0	0	0	0	0	0	0	0	0	0
53 鹿児島	0	0	0	0	0	0	0	0	0	0	0	0	0	0
54 沖縄	0	0	0	0	0	0	0	0	0	0	0	0	0	0
55 全国	0	0	0	0	0	0	0	0	0	0	0	0	0	0

平成28年度　　　　　　　　　　　　　府県相互間輸送トン数表（鉄道）
品目　（2－6）木材　　（単位：トン）　その　2

発\着	15 茨城	16 栃木	17 群馬	18 埼玉	19 千葉	20 東京	21 神奈川	22 新潟	23 富山	24 石川	25 福井	26 山梨	27 長野	28 静岡
1 札幌	0	0	0	0	0	0	0	0	0	0	0	0	0	0
2 旭川	0	0	0	0	0	0	0	0	0	0	0	0	0	0
3 函館	0	0	0	0	0	0	0	0	0	0	0	0	0	0
4 室蘭	0	0	0	0	0	0	0	0	0	0	0	0	0	0
5 釧路	0	0	0	0	0	0	0	0	0	0	0	0	0	0
6 帯広	0	0	0	0	0	0	0	0	0	0	0	0	0	0
7 北見	0	0	0	0	0	0	0	0	0	0	0	0	0	0
8 北海道	0	0	0	0	0	0	0	0	0	0	0	0	0	0
9 青森	0	0	0	0	0	0	0	0	0	0	0	0	0	0
10 岩手	0	0	0	0	0	0	0	0	0	0	0	0	0	0
11 宮城	0	0	0	0	0	0	0	0	0	0	0	0	0	0
12 福島	0	0	0	0	0	0	0	0	0	0	0	0	0	0
13 秋田	0	0	0	0	0	0	0	0	0	0	0	0	0	0
14 山形	0	0	0	0	0	0	0	0	0	0	0	0	0	0
15 茨城	0	0	0	0	0	0	0	0	0	0	0	0	0	0
16 栃木	0	0	0	0	0	0	0	0	0	0	0	0	0	0
17 群馬	0	0	0	0	0	0	0	0	0	0	0	0	0	0
18 埼玉	0	0	0	0	0	0	0	0	0	0	0	0	0	0
19 千葉	0	0	0	0	0	0	0	0	0	0	0	0	0	0
20 東京	0	0	0	0	0	0	0	0	0	0	0	0	0	0
21 神奈川	0	0	0	0	0	0	0	0	0	0	0	0	0	0
22 新潟	0	0	0	0	0	0	0	0	0	0	0	0	0	0
23 富山	0	0	0	0	0	0	0	0	0	0	0	0	0	0
24 石川	0	0	0	0	0	0	0	0	0	0	0	0	0	0
25 福井	0	0	0	0	0	0	0	0	0	0	0	0	0	0
26 山梨	0	0	0	0	0	0	0	0	0	0	0	0	0	0
27 長野	0	0	0	0	0	0	0	0	0	0	0	0	0	0
28 静岡	0	0	0	0	0	0	0	0	0	0	0	0	0	0
29 岐阜	0	0	0	0	0	0	0	0	0	0	0	0	0	0
30 愛知	0	0	0	0	0	0	0	0	0	0	0	0	0	0
31 三重	0	0	0	0	0	0	0	0	0	0	0	0	0	0
32 滋賀	0	0	0	0	0	0	0	0	0	0	0	0	0	0
33 京都	0	0	0	0	0	0	0	0	0	0	0	0	0	0
34 奈良	0	0	0	0	0	0	0	0	0	0	0	0	0	0
35 和歌山	0	0	0	0	0	0	0	0	0	0	0	0	0	0
36 大阪	0	0	0	0	0	0	0	0	0	0	0	0	0	0
37 兵庫	0	0	0	0	0	0	0	0	0	0	0	0	0	0
38 鳥取	0	0	0	0	0	0	0	0	0	0	0	0	0	0
39 島根	0	0	0	0	0	0	0	0	0	0	0	0	0	0
40 岡山	0	0	0	0	0	0	0	0	0	0	0	0	0	0
41 広島	0	0	0	0	0	0	0	0	0	0	0	0	0	0
42 山口	0	0	0	0	0	0	0	0	0	0	0	0	0	0
43 香川	0	0	0	0	0	0	0	0	0	0	0	0	0	0
44 愛媛	0	0	0	0	0	0	0	0	0	0	0	0	0	0
45 徳島	0	0	0	0	0	0	0	0	0	0	0	0	0	0
46 高知	0	0	0	0	0	0	0	0	0	0	0	0	0	0
47 福岡	0	0	0	0	0	0	0	0	0	0	0	0	0	0
48 佐賀	0	0	0	0	0	0	0	0	0	0	0	0	0	0
49 長崎	0	0	0	0	0	0	0	0	0	0	0	0	0	0
50 熊本	0	0	0	0	0	0	0	0	0	0	0	0	0	0
51 大分	0	0	0	0	0	0	0	0	0	0	0	0	0	0
52 宮崎	0	0	0	0	0	0	0	0	0	0	0	0	0	0
53 鹿児島	0	0	0	0	0	0	0	0	0	0	0	0	0	0
54 沖縄	0	0	0	0	0	0	0	0	0	0	0	0	0	0
55 全国	0	0	0	0	0	0	0	0	0	0	0	0	0	0

平成28年度 　　　　　　　　　　　　　　　府県相互間輸送トン数表（鉄道）

品目　（2-6）木材　　　　（単位：トン）　その　3

着／発	29 岐阜	30 愛知	31 三重	32 滋賀	33 京都	34 奈良	35 和歌山	36 大阪	37 兵庫	38 鳥取	39 島根	40 岡山	41 広島	42 山口
1 札幌	0	0	0	0	0	0	0	0	0	0	0	0	0	0
2 旭川	0	0	0	0	0	0	0	0	0	0	0	0	0	0
3 函館	0	0	0	0	0	0	0	0	0	0	0	0	0	0
4 室蘭	0	0	0	0	0	0	0	0	0	0	0	0	0	0
5 釧路	0	0	0	0	0	0	0	0	0	0	0	0	0	0
6 帯広	0	0	0	0	0	0	0	0	0	0	0	0	0	0
7 北見	0	0	0	0	0	0	0	0	0	0	0	0	0	0
8 北海道	0	0	0	0	0	0	0	0	0	0	0	0	0	0
9 青森	0	0	0	0	0	0	0	0	0	0	0	0	0	0
10 岩手	0	0	0	0	0	0	0	0	0	0	0	0	0	0
11 宮城	0	0	0	0	0	0	0	0	0	0	0	0	0	0
12 福島	0	0	0	0	0	0	0	0	0	0	0	0	0	0
13 秋田	0	0	0	0	0	0	0	0	0	0	0	0	0	0
14 山形	0	0	0	0	0	0	0	0	0	0	0	0	0	0
15 茨城	0	0	0	0	0	0	0	0	0	0	0	0	0	0
16 栃木	0	0	0	0	0	0	0	0	0	0	0	0	0	0
17 群馬	0	0	0	0	0	0	0	0	0	0	0	0	0	0
18 埼玉	0	0	0	0	0	0	0	0	0	0	0	0	0	0
19 千葉	0	0	0	0	0	0	0	0	0	0	0	0	0	0
20 東京	0	0	0	0	0	0	0	0	0	0	0	0	0	0
21 神奈川	0	0	0	0	0	0	0	0	0	0	0	0	0	0
22 新潟	0	0	0	0	0	0	0	0	0	0	0	0	0	0
23 富山	0	0	0	0	0	0	0	0	0	0	0	0	0	0
24 石川	0	0	0	0	0	0	0	0	0	0	0	0	0	0
25 福井	0	0	0	0	0	0	0	0	0	0	0	0	0	0
26 山梨	0	0	0	0	0	0	0	0	0	0	0	0	0	0
27 長野	0	0	0	0	0	0	0	0	0	0	0	0	0	0
28 静岡	0	0	0	0	0	0	0	0	0	0	0	0	0	0
29 岐阜	0	0	0	0	0	0	0	0	0	0	0	0	0	0
30 愛知	0	0	0	0	0	0	0	0	0	0	0	0	0	0
31 三重	0	0	0	0	0	0	0	0	0	0	0	0	0	0
32 滋賀	0	0	0	0	0	0	0	0	0	0	0	0	0	0
33 京都	0	0	0	0	0	0	0	0	0	0	0	0	0	0
34 奈良	0	0	0	0	0	0	0	0	0	0	0	0	0	0
35 和歌山	0	0	0	0	0	0	0	0	0	0	0	0	0	0
36 大阪	0	0	0	0	0	0	0	0	0	0	0	0	0	0
37 兵庫	0	0	0	0	0	0	0	0	0	0	0	0	0	0
38 鳥取	0	0	0	0	0	0	0	0	0	0	0	0	0	0
39 島根	0	0	0	0	0	0	0	0	0	0	0	0	0	0
40 岡山	0	0	0	0	0	0	0	0	0	0	0	0	0	0
41 広島	0	0	0	0	0	0	0	0	0	0	0	0	0	0
42 山口	0	0	0	0	0	0	0	0	0	0	0	0	0	0
43 香川	0	0	0	0	0	0	0	0	0	0	0	0	0	0
44 愛媛	0	0	0	0	0	0	0	0	0	0	0	0	0	0
45 徳島	0	0	0	0	0	0	0	0	0	0	0	0	0	0
46 高知	0	0	0	0	0	0	0	0	0	0	0	0	0	0
47 福岡	0	0	0	0	0	0	0	0	0	0	0	0	0	0
48 佐賀	0	0	0	0	0	0	0	0	0	0	0	0	0	0
49 長崎	0	0	0	0	0	0	0	0	0	0	0	0	0	0
50 熊本	0	0	0	0	0	0	0	0	0	0	0	0	0	0
51 大分	0	0	0	0	0	0	0	0	0	0	0	0	0	0
52 宮崎	0	0	0	0	0	0	0	0	0	0	0	0	0	0
53 鹿児島	0	0	0	0	0	0	0	0	0	0	0	0	0	0
54 沖縄	0	0	0	0	0	0	0	0	0	0	0	0	0	0
55 全国	0	0	0	0	0	0	0	0	0	0	0	0	0	0

平成28年度 　　　　　　　　　　　　　　　府県相互間輸送トン数表（鉄道）

品目　（2-6）木材　　　　（単位：トン）　その　4

着／発	43 香川	44 愛媛	45 徳島	46 高知	47 福岡	48 佐賀	49 長崎	50 熊本	51 大分	52 宮崎	53 鹿児島	54 沖縄	55 全国
1 札幌	0	0	0	0	0	0	0	0	0	0	0	0	0
2 旭川	0	0	0	0	0	0	0	0	0	0	0	0	0
3 函館	0	0	0	0	0	0	0	0	0	0	0	0	0
4 室蘭	0	0	0	0	0	0	0	0	0	0	0	0	0
5 釧路	0	0	0	0	0	0	0	0	0	0	0	0	0
6 帯広	0	0	0	0	0	0	0	0	0	0	0	0	0
7 北見	0	0	0	0	0	0	0	0	0	0	0	0	0
8 北海道	0	0	0	0	0	0	0	0	0	0	0	0	0
9 青森	0	0	0	0	0	0	0	0	0	0	0	0	0
10 岩手	0	0	0	0	0	0	0	0	0	0	0	0	0
11 宮城	0	0	0	0	0	0	0	0	0	0	0	0	0
12 福島	0	0	0	0	0	0	0	0	0	0	0	0	0
13 秋田	0	0	0	0	0	0	0	0	0	0	0	0	0
14 山形	0	0	0	0	0	0	0	0	0	0	0	0	0
15 茨城	0	0	0	0	0	0	0	0	0	0	0	0	0
16 栃木	0	0	0	0	0	0	0	0	0	0	0	0	0
17 群馬	0	0	0	0	0	0	0	0	0	0	0	0	0
18 埼玉	0	0	0	0	0	0	0	0	0	0	0	0	0
19 千葉	0	0	0	0	0	0	0	0	0	0	0	0	0
20 東京	0	0	0	0	0	0	0	0	0	0	0	0	0
21 神奈川	0	0	0	0	0	0	0	0	0	0	0	0	0
22 新潟	0	0	0	0	0	0	0	0	0	0	0	0	0
23 富山	0	0	0	0	0	0	0	0	0	0	0	0	0
24 石川	0	0	0	0	0	0	0	0	0	0	0	0	0
25 福井	0	0	0	0	0	0	0	0	0	0	0	0	0
26 山梨	0	0	0	0	0	0	0	0	0	0	0	0	0
27 長野	0	0	0	0	0	0	0	0	0	0	0	0	0
28 静岡	0	0	0	0	0	0	0	0	0	0	0	0	0
29 岐阜	0	0	0	0	0	0	0	0	0	0	0	0	0
30 愛知	0	0	0	0	0	0	0	0	0	0	0	0	0
31 三重	0	0	0	0	0	0	0	0	0	0	0	0	0
32 滋賀	0	0	0	0	0	0	0	0	0	0	0	0	0
33 京都	0	0	0	0	0	0	0	0	0	0	0	0	0
34 奈良	0	0	0	0	0	0	0	0	0	0	0	0	0
35 和歌山	0	0	0	0	0	0	0	0	0	0	0	0	0
36 大阪	0	0	0	0	0	0	0	0	0	0	0	0	0
37 兵庫	0	0	0	0	0	0	0	0	0	0	0	0	0
38 鳥取	0	0	0	0	0	0	0	0	0	0	0	0	0
39 島根	0	0	0	0	0	0	0	0	0	0	0	0	0
40 岡山	0	0	0	0	0	0	0	0	0	0	0	0	0
41 広島	0	0	0	0	0	0	0	0	0	0	0	0	0
42 山口	0	0	0	0	0	0	0	0	0	0	0	0	0
43 香川	0	0	0	0	0	0	0	0	0	0	0	0	0
44 愛媛	0	0	0	0	0	0	0	0	0	0	0	0	0
45 徳島	0	0	0	0	0	0	0	0	0	0	0	0	0
46 高知	0	0	0	0	0	0	0	0	0	0	0	0	0
47 福岡	0	0	0	0	0	0	0	0	0	0	0	0	0
48 佐賀	0	0	0	0	0	0	0	0	0	0	0	0	0
49 長崎	0	0	0	0	0	0	0	0	0	0	0	0	0
50 熊本	0	0	0	0	0	0	0	0	0	0	0	0	0
51 大分	0	0	0	0	0	0	0	0	0	0	0	0	0
52 宮崎	0	0	0	0	0	0	0	0	0	0	0	0	0
53 鹿児島	0	0	0	0	0	0	0	0	0	0	0	0	0
54 沖縄	0	0	0	0	0	0	0	0	0	0	0	0	0
55 全国	0	0	0	0	0	0	0	0	0	0	0	0	0

平成28年度　　　　　　　　　　　　　　　　　　　府県相互間輸送トン数表（鉄道）

品目　（2-7）薪炭　　　　（単位：トン）　その　1

発\着	1 札幌	2 旭川	3 函館	4 室蘭	5 釧路	6 帯広	7 北見	8 北海道	9 青森	10 岩手	11 宮城	12 福島	13 秋田	14 山形
1 札幌	0	0	0	0	0	0	0	0	0	0	0	0	0	0
2 旭川	0	0	0	0	0	0	0	0	0	0	0	0	0	0
3 函館	0	0	0	0	0	0	0	0	0	0	0	0	0	0
4 室蘭	0	0	0	0	0	0	0	0	0	0	0	0	0	0
5 釧路	0	0	0	0	0	0	0	0	0	0	0	0	0	0
6 帯広	0	0	0	0	0	0	0	0	0	0	0	0	0	0
7 北見	0	0	0	0	0	0	0	0	0	0	0	0	0	0
8 北海道	0	0	0	0	0	0	0	0	0	0	0	0	0	0
9 青森	0	0	0	0	0	0	0	0	0	0	0	0	0	0
10 岩手	0	0	0	0	0	0	0	0	0	0	0	0	0	0
11 宮城	0	0	0	0	0	0	0	0	0	0	0	0	0	0
12 福島	0	0	0	0	0	0	0	0	0	0	0	0	0	0
13 秋田	0	0	0	0	0	0	0	0	0	0	0	0	0	0
14 山形	0	0	0	0	0	0	0	0	0	0	0	0	0	0
15 茨城	0	0	0	0	0	0	0	0	0	0	0	0	0	0
16 栃木	0	0	0	0	0	0	0	0	0	0	0	0	0	0
17 群馬	0	0	0	0	0	0	0	0	0	0	0	0	0	0
18 埼玉	0	0	0	0	0	0	0	0	0	0	0	0	0	0
19 千葉	0	0	0	0	0	0	0	0	0	0	0	0	0	0
20 東京	0	0	0	0	0	0	0	0	0	0	0	0	0	0
21 神奈川	0	0	0	0	0	0	0	0	0	0	0	0	0	0
22 新潟	0	0	0	0	0	0	0	0	0	0	0	0	0	0
23 富山	0	0	0	0	0	0	0	0	0	0	0	0	0	0
24 石川	0	0	0	0	0	0	0	0	0	0	0	0	0	0
25 福井	0	0	0	0	0	0	0	0	0	0	0	0	0	0
26 山梨	0	0	0	0	0	0	0	0	0	0	0	0	0	0
27 長野	0	0	0	0	0	0	0	0	0	0	0	0	0	0
28 静岡	0	0	0	0	0	0	0	0	0	0	0	0	0	0
29 岐阜	0	0	0	0	0	0	0	0	0	0	0	0	0	0
30 愛知	0	0	0	0	0	0	0	0	0	0	0	0	0	0
31 三重	0	0	0	0	0	0	0	0	0	0	0	0	0	0
32 滋賀	0	0	0	0	0	0	0	0	0	0	0	0	0	0
33 京都	0	0	0	0	0	0	0	0	0	0	0	0	0	0
34 奈良	0	0	0	0	0	0	0	0	0	0	0	0	0	0
35 和歌山	0	0	0	0	0	0	0	0	0	0	0	0	0	0
36 大阪	0	0	0	0	0	0	0	0	0	0	0	0	0	0
37 兵庫	0	0	0	0	0	0	0	0	0	0	0	0	0	0
38 鳥取	0	0	0	0	0	0	0	0	0	0	0	0	0	0
39 島根	0	0	0	0	0	0	0	0	0	0	0	0	0	0
40 岡山	0	0	0	0	0	0	0	0	0	0	0	0	0	0
41 広島	0	0	0	0	0	0	0	0	0	0	0	0	0	0
42 山口	0	0	0	0	0	0	0	0	0	0	0	0	0	0
43 香川	0	0	0	0	0	0	0	0	0	0	0	0	0	0
44 愛媛	0	0	0	0	0	0	0	0	0	0	0	0	0	0
45 徳島	0	0	0	0	0	0	0	0	0	0	0	0	0	0
46 高知	0	0	0	0	0	0	0	0	0	0	0	0	0	0
47 福岡	0	0	0	0	0	0	0	0	0	0	0	0	0	0
48 佐賀	0	0	0	0	0	0	0	0	0	0	0	0	0	0
49 長崎	0	0	0	0	0	0	0	0	0	0	0	0	0	0
50 熊本	0	0	0	0	0	0	0	0	0	0	0	0	0	0
51 大分	0	0	0	0	0	0	0	0	0	0	0	0	0	0
52 宮崎	0	0	0	0	0	0	0	0	0	0	0	0	0	0
53 鹿児島	0	0	0	0	0	0	0	0	0	0	0	0	0	0
54 沖縄	0	0	0	0	0	0	0	0	0	0	0	0	0	0
55 全国	0	0	0	0	0	0	0	0	0	0	0	0	0	0

平成28年度　　　　　　　　　　　　　　　　　　　府県相互間輸送トン数表（鉄道）

品目　（2-7）薪炭　　　　（単位：トン）　その　2

発\着	15 茨城	16 栃木	17 群馬	18 埼玉	19 千葉	20 東京	21 神奈川	22 新潟	23 富山	24 石川	25 福井	26 山梨	27 長野	28 静岡
1 札幌	0	0	0	0	0	0	0	0	0	0	0	0	0	0
2 旭川	0	0	0	0	0	0	0	0	0	0	0	0	0	0
3 函館	0	0	0	0	0	0	0	0	0	0	0	0	0	0
4 室蘭	0	0	0	0	0	0	0	0	0	0	0	0	0	0
5 釧路	0	0	0	0	0	0	0	0	0	0	0	0	0	0
6 帯広	0	0	0	0	0	0	0	0	0	0	0	0	0	0
7 北見	0	0	0	0	0	0	0	0	0	0	0	0	0	0
8 北海道	0	0	0	0	0	0	0	0	0	0	0	0	0	0
9 青森	0	0	0	0	0	0	0	0	0	0	0	0	0	0
10 岩手	0	0	0	0	0	0	0	0	0	0	0	0	0	0
11 宮城	0	0	0	0	0	0	0	0	0	0	0	0	0	0
12 福島	0	0	0	0	0	0	0	0	0	0	0	0	0	0
13 秋田	0	0	0	0	0	0	0	0	0	0	0	0	0	0
14 山形	0	0	0	0	0	0	0	0	0	0	0	0	0	0
15 茨城	0	0	0	0	0	0	0	0	0	0	0	0	0	0
16 栃木	0	0	0	0	0	0	0	0	0	0	0	0	0	0
17 群馬	0	0	0	0	0	0	0	0	0	0	0	0	0	0
18 埼玉	0	0	0	0	0	0	0	0	0	0	0	0	0	0
19 千葉	0	0	0	0	0	0	0	0	0	0	0	0	0	0
20 東京	0	0	0	0	0	0	0	0	0	0	0	0	0	0
21 神奈川	0	0	0	0	0	0	0	0	0	0	0	0	0	0
22 新潟	0	0	0	0	0	0	0	0	0	0	0	0	0	0
23 富山	0	0	0	0	0	0	0	0	0	0	0	0	0	0
24 石川	0	0	0	0	0	0	0	0	0	0	0	0	0	0
25 福井	0	0	0	0	0	0	0	0	0	0	0	0	0	0
26 山梨	0	0	0	0	0	0	0	0	0	0	0	0	0	0
27 長野	0	0	0	0	0	0	0	0	0	0	0	0	0	0
28 静岡	0	0	0	0	0	0	0	0	0	0	0	0	0	0
29 岐阜	0	0	0	0	0	0	0	0	0	0	0	0	0	0
30 愛知	0	0	0	0	0	0	0	0	0	0	0	0	0	0
31 三重	0	0	0	0	0	0	0	0	0	0	0	0	0	0
32 滋賀	0	0	0	0	0	0	0	0	0	0	0	0	0	0
33 京都	0	0	0	0	0	0	0	0	0	0	0	0	0	0
34 奈良	0	0	0	0	0	0	0	0	0	0	0	0	0	0
35 和歌山	0	0	0	0	0	0	0	0	0	0	0	0	0	0
36 大阪	0	0	0	0	0	0	0	0	0	0	0	0	0	0
37 兵庫	0	0	0	0	0	0	0	0	0	0	0	0	0	0
38 鳥取	0	0	0	0	0	0	0	0	0	0	0	0	0	0
39 島根	0	0	0	0	0	0	0	0	0	0	0	0	0	0
40 岡山	0	0	0	0	0	0	0	0	0	0	0	0	0	0
41 広島	0	0	0	0	0	0	0	0	0	0	0	0	0	0
42 山口	0	0	0	0	0	0	0	0	0	0	0	0	0	0
43 香川	0	0	0	0	0	0	0	0	0	0	0	0	0	0
44 愛媛	0	0	0	0	0	0	0	0	0	0	0	0	0	0
45 徳島	0	0	0	0	0	0	0	0	0	0	0	0	0	0
46 高知	0	0	0	0	0	0	0	0	0	0	0	0	0	0
47 福岡	0	0	0	0	0	0	0	0	0	0	0	0	0	0
48 佐賀	0	0	0	0	0	0	0	0	0	0	0	0	0	0
49 長崎	0	0	0	0	0	0	0	0	0	0	0	0	0	0
50 熊本	0	0	0	0	0	0	0	0	0	0	0	0	0	0
51 大分	0	0	0	0	0	0	0	0	0	0	0	0	0	0
52 宮崎	0	0	0	0	0	0	0	0	0	0	0	0	0	0
53 鹿児島	0	0	0	0	0	0	0	0	0	0	0	0	0	0
54 沖縄	0	0	0	0	0	0	0	0	0	0	0	0	0	0
55 全国	0	0	0	0	0	0	0	0	0	0	0	0	0	0

平成28年度　　　　　　　　　　　　府県相互間輸送トン数表（鉄道）

品目　（2-7）薪炭　　　　　（単位：トン）　その　3

着/発	29 岐阜	30 愛知	31 三重	32 滋賀	33 京都	34 奈良	35 和歌山	36 大阪	37 兵庫	38 鳥取	39 島根	40 岡山	41 広島	42 山口
1 札幌	0	0	0	0	0	0	0	0	0	0	0	0	0	0
2 旭川	0	0	0	0	0	0	0	0	0	0	0	0	0	0
3 函館	0	0	0	0	0	0	0	0	0	0	0	0	0	0
4 室蘭	0	0	0	0	0	0	0	0	0	0	0	0	0	0
5 釧路	0	0	0	0	0	0	0	0	0	0	0	0	0	0
6 帯広	0	0	0	0	0	0	0	0	0	0	0	0	0	0
7 北見	0	0	0	0	0	0	0	0	0	0	0	0	0	0
8 北海道	0	0	0	0	0	0	0	0	0	0	0	0	0	0
9 青森	0	0	0	0	0	0	0	0	0	0	0	0	0	0
10 岩手	0	0	0	0	0	0	0	0	0	0	0	0	0	0
11 宮城	0	0	0	0	0	0	0	0	0	0	0	0	0	0
12 福島	0	0	0	0	0	0	0	0	0	0	0	0	0	0
13 秋田	0	0	0	0	0	0	0	0	0	0	0	0	0	0
14 山形	0	0	0	0	0	0	0	0	0	0	0	0	0	0
15 茨城	0	0	0	0	0	0	0	0	0	0	0	0	0	0
16 栃木	0	0	0	0	0	0	0	0	0	0	0	0	0	0
17 群馬	0	0	0	0	0	0	0	0	0	0	0	0	0	0
18 埼玉	0	0	0	0	0	0	0	0	0	0	0	0	0	0
19 千葉	0	0	0	0	0	0	0	0	0	0	0	0	0	0
20 東京	0	0	0	0	0	0	0	0	0	0	0	0	0	0
21 神奈川	0	0	0	0	0	0	0	0	0	0	0	0	0	0
22 新潟	0	0	0	0	0	0	0	0	0	0	0	0	0	0
23 富山	0	0	0	0	0	0	0	0	0	0	0	0	0	0
24 石川	0	0	0	0	0	0	0	0	0	0	0	0	0	0
25 福井	0	0	0	0	0	0	0	0	0	0	0	0	0	0
26 山梨	0	0	0	0	0	0	0	0	0	0	0	0	0	0
27 長野	0	0	0	0	0	0	0	0	0	0	0	0	0	0
28 静岡	0	0	0	0	0	0	0	0	0	0	0	0	0	0
29 岐阜	0	0	0	0	0	0	0	0	0	0	0	0	0	0
30 愛知	0	0	0	0	0	0	0	0	0	0	0	0	0	0
31 三重	0	0	0	0	0	0	0	0	0	0	0	0	0	0
32 滋賀	0	0	0	0	0	0	0	0	0	0	0	0	0	0
33 京都	0	0	0	0	0	0	0	0	0	0	0	0	0	0
34 奈良	0	0	0	0	0	0	0	0	0	0	0	0	0	0
35 和歌山	0	0	0	0	0	0	0	0	0	0	0	0	0	0
36 大阪	0	0	0	0	0	0	0	0	0	0	0	0	0	0
37 兵庫	0	0	0	0	0	0	0	0	0	0	0	0	0	0
38 鳥取	0	0	0	0	0	0	0	0	0	0	0	0	0	0
39 島根	0	0	0	0	0	0	0	0	0	0	0	0	0	0
40 岡山	0	0	0	0	0	0	0	0	0	0	0	0	0	0
41 広島	0	0	0	0	0	0	0	0	0	0	0	0	0	0
42 山口	0	0	0	0	0	0	0	0	0	0	0	0	0	0
43 香川	0	0	0	0	0	0	0	0	0	0	0	0	0	0
44 愛媛	0	0	0	0	0	0	0	0	0	0	0	0	0	0
45 徳島	0	0	0	0	0	0	0	0	0	0	0	0	0	0
46 高知	0	0	0	0	0	0	0	0	0	0	0	0	0	0
47 福岡	0	0	0	0	0	0	0	0	0	0	0	0	0	0
48 佐賀	0	0	0	0	0	0	0	0	0	0	0	0	0	0
49 長崎	0	0	0	0	0	0	0	0	0	0	0	0	0	0
50 熊本	0	0	0	0	0	0	0	0	0	0	0	0	0	0
51 大分	0	0	0	0	0	0	0	0	0	0	0	0	0	0
52 宮崎	0	0	0	0	0	0	0	0	0	0	0	0	0	0
53 鹿児島	0	0	0	0	0	0	0	0	0	0	0	0	0	0
54 沖縄	0	0	0	0	0	0	0	0	0	0	0	0	0	0
55 全国	0	0	0	0	0	0	0	0	0	0	0	0	0	0

平成28年度　　　　　　　　　　　　府県相互間輸送トン数表（鉄道）

品目　（2-7）薪炭　　　　　（単位：トン）　その　4

着/発	43 香川	44 愛媛	45 徳島	46 高知	47 福岡	48 佐賀	49 長崎	50 熊本	51 大分	52 宮崎	53 鹿児島	54 沖縄	55 全国
1 札幌	0	0	0	0	0	0	0	0	0	0	0	0	0
2 旭川	0	0	0	0	0	0	0	0	0	0	0	0	0
3 函館	0	0	0	0	0	0	0	0	0	0	0	0	0
4 室蘭	0	0	0	0	0	0	0	0	0	0	0	0	0
5 釧路	0	0	0	0	0	0	0	0	0	0	0	0	0
6 帯広	0	0	0	0	0	0	0	0	0	0	0	0	0
7 北見	0	0	0	0	0	0	0	0	0	0	0	0	0
8 北海道	0	0	0	0	0	0	0	0	0	0	0	0	0
9 青森	0	0	0	0	0	0	0	0	0	0	0	0	0
10 岩手	0	0	0	0	0	0	0	0	0	0	0	0	0
11 宮城	0	0	0	0	0	0	0	0	0	0	0	0	0
12 福島	0	0	0	0	0	0	0	0	0	0	0	0	0
13 秋田	0	0	0	0	0	0	0	0	0	0	0	0	0
14 山形	0	0	0	0	0	0	0	0	0	0	0	0	0
15 茨城	0	0	0	0	0	0	0	0	0	0	0	0	0
16 栃木	0	0	0	0	0	0	0	0	0	0	0	0	0
17 群馬	0	0	0	0	0	0	0	0	0	0	0	0	0
18 埼玉	0	0	0	0	0	0	0	0	0	0	0	0	0
19 千葉	0	0	0	0	0	0	0	0	0	0	0	0	0
20 東京	0	0	0	0	0	0	0	0	0	0	0	0	0
21 神奈川	0	0	0	0	0	0	0	0	0	0	0	0	0
22 新潟	0	0	0	0	0	0	0	0	0	0	0	0	0
23 富山	0	0	0	0	0	0	0	0	0	0	0	0	0
24 石川	0	0	0	0	0	0	0	0	0	0	0	0	0
25 福井	0	0	0	0	0	0	0	0	0	0	0	0	0
26 山梨	0	0	0	0	0	0	0	0	0	0	0	0	0
27 長野	0	0	0	0	0	0	0	0	0	0	0	0	0
28 静岡	0	0	0	0	0	0	0	0	0	0	0	0	0
29 岐阜	0	0	0	0	0	0	0	0	0	0	0	0	0
30 愛知	0	0	0	0	0	0	0	0	0	0	0	0	0
31 三重	0	0	0	0	0	0	0	0	0	0	0	0	0
32 滋賀	0	0	0	0	0	0	0	0	0	0	0	0	0
33 京都	0	0	0	0	0	0	0	0	0	0	0	0	0
34 奈良	0	0	0	0	0	0	0	0	0	0	0	0	0
35 和歌山	0	0	0	0	0	0	0	0	0	0	0	0	0
36 大阪	0	0	0	0	0	0	0	0	0	0	0	0	0
37 兵庫	0	0	0	0	0	0	0	0	0	0	0	0	0
38 鳥取	0	0	0	0	0	0	0	0	0	0	0	0	0
39 島根	0	0	0	0	0	0	0	0	0	0	0	0	0
40 岡山	0	0	0	0	0	0	0	0	0	0	0	0	0
41 広島	0	0	0	0	0	0	0	0	0	0	0	0	0
42 山口	0	0	0	0	0	0	0	0	0	0	0	0	0
43 香川	0	0	0	0	0	0	0	0	0	0	0	0	0
44 愛媛	0	0	0	0	0	0	0	0	0	0	0	0	0
45 徳島	0	0	0	0	0	0	0	0	0	0	0	0	0
46 高知	0	0	0	0	0	0	0	0	0	0	0	0	0
47 福岡	0	0	0	0	0	0	0	0	0	0	0	0	0
48 佐賀	0	0	0	0	0	0	0	0	0	0	0	0	0
49 長崎	0	0	0	0	0	0	0	0	0	0	0	0	0
50 熊本	0	0	0	0	0	0	0	0	0	0	0	0	0
51 大分	0	0	0	0	0	0	0	0	0	0	0	0	0
52 宮崎	0	0	0	0	0	0	0	0	0	0	0	0	0
53 鹿児島	0	0	0	0	0	0	0	0	0	0	0	0	0
54 沖縄	0	0	0	0	0	0	0	0	0	0	0	0	0
55 全国	0	0	0	0	0	0	0	0	0	0	0	0	0

平成28年度　　　　　　　　　　　　　　　　　　　　　　府県相互間輸送トン数表（鉄道）

品目　（3-8）石炭　　　　　　（単位：トン）その　1

発\着	1 札幌	2 旭川	3 函館	4 室蘭	5 釧路	6 帯広	7 北見	8 北海道	9 青森	10 岩手	11 宮城	12 福島	13 秋田	14 山形
1 札幌	0	0	0	0	0	0	0	0	0	0	0	0	0	0
2 旭川	0	0	0	0	0	0	0	0	0	0	0	0	0	0
3 函館	0	0	0	0	0	0	0	0	0	0	0	0	0	0
4 室蘭	0	0	0	0	0	0	0	0	0	0	0	0	0	0
5 釧路	0	0	0	0	0	0	0	0	0	0	0	0	0	0
6 帯広	0	0	0	0	0	0	0	0	0	0	0	0	0	0
7 北見	0	0	0	0	0	0	0	0	0	0	0	0	0	0
8 北海道	0	0	0	0	0	0	0	0	0	0	0	0	0	0
9 青森	0	0	0	0	0	0	0	0	0	0	0	0	0	0
10 岩手	0	0	0	0	0	0	0	0	0	0	0	0	0	0
11 宮城	0	0	0	0	0	0	0	0	0	0	0	0	0	0
12 福島	0	0	0	0	0	0	0	0	0	0	0	0	0	0
13 秋田	0	0	0	0	0	0	0	0	0	0	0	0	0	0
14 山形	0	0	0	0	0	0	0	0	0	0	0	0	0	0
15 茨城	0	0	0	0	0	0	0	0	0	0	0	0	0	0
16 栃木	0	0	0	0	0	0	0	0	0	0	0	0	0	0
17 群馬	0	0	0	0	0	0	0	0	0	0	0	0	0	0
18 埼玉	0	0	0	0	0	0	0	0	0	0	0	0	0	0
19 千葉	0	0	0	0	0	0	0	0	0	0	0	0	0	0
20 東京	0	0	0	0	0	0	0	0	0	0	0	0	0	0
21 神奈川	0	0	0	0	0	0	0	0	0	0	0	0	0	0
22 新潟	0	0	0	0	0	0	0	0	0	0	0	0	0	0
23 富山	0	0	0	0	0	0	0	0	0	0	0	0	0	0
24 石川	0	0	0	0	0	0	0	0	0	0	0	0	0	0
25 福井	0	0	0	0	0	0	0	0	0	0	0	0	0	0
26 山梨	0	0	0	0	0	0	0	0	0	0	0	0	0	0
27 長野	0	0	0	0	0	0	0	0	0	0	0	0	0	0
28 静岡	0	0	0	0	0	0	0	0	0	0	0	0	0	0
29 岐阜	0	0	0	0	0	0	0	0	0	0	0	0	0	0
30 愛知	0	0	0	0	0	0	0	0	0	0	0	0	0	0
31 三重	0	0	0	0	0	0	0	0	0	0	0	0	0	0
32 滋賀	0	0	0	0	0	0	0	0	0	0	0	0	0	0
33 京都	0	0	0	0	0	0	0	0	0	0	0	0	0	0
34 奈良	0	0	0	0	0	0	0	0	0	0	0	0	0	0
35 和歌山	0	0	0	0	0	0	0	0	0	0	0	0	0	0
36 大阪	0	0	0	0	0	0	0	0	0	0	0	0	0	0
37 兵庫	0	0	0	0	0	0	0	0	0	0	0	0	0	0
38 鳥取	0	0	0	0	0	0	0	0	0	0	0	0	0	0
39 島根	0	0	0	0	0	0	0	0	0	0	0	0	0	0
40 岡山	0	0	0	0	0	0	0	0	0	0	0	0	0	0
41 広島	0	0	0	0	0	0	0	0	0	0	0	0	0	0
42 山口	0	0	0	0	0	0	0	0	0	0	0	0	0	0
43 香川	0	0	0	0	0	0	0	0	0	0	0	0	0	0
44 愛媛	0	0	0	0	0	0	0	0	0	0	0	0	0	0
45 徳島	0	0	0	0	0	0	0	0	0	0	0	0	0	0
46 高知	0	0	0	0	0	0	0	0	0	0	0	0	0	0
47 福岡	0	0	0	0	0	0	0	0	0	0	0	0	0	0
48 佐賀	0	0	0	0	0	0	0	0	0	0	0	0	0	0
49 長崎	0	0	0	0	0	0	0	0	0	0	0	0	0	0
50 熊本	0	0	0	0	0	0	0	0	0	0	0	0	0	0
51 大分	0	0	0	0	0	0	0	0	0	0	0	0	0	0
52 宮崎	0	0	0	0	0	0	0	0	0	0	0	0	0	0
53 鹿児島	0	0	0	0	0	0	0	0	0	0	0	0	0	0
54 沖縄	0	0	0	0	0	0	0	0	0	0	0	0	0	0
55 全国	0	0	0	0	0	0	0	0	0	0	0	0	0	0

平成28年度　　　　　　　　　　　　　　　　　　　　　　府県相互間輸送トン数表（鉄道）

品目　（3-8）石炭　　　　　　（単位：トン）その　2

発\着	15 茨城	16 栃木	17 群馬	18 埼玉	19 千葉	20 東京	21 神奈川	22 新潟	23 富山	24 石川	25 福井	26 山梨	27 長野	28 静岡
1 札幌	0	0	0	0	0	0	0	0	0	0	0	0	0	0
2 旭川	0	0	0	0	0	0	0	0	0	0	0	0	0	0
3 函館	0	0	0	0	0	0	0	0	0	0	0	0	0	0
4 室蘭	0	0	0	0	0	0	0	0	0	0	0	0	0	0
5 釧路	0	0	0	0	0	0	0	0	0	0	0	0	0	0
6 帯広	0	0	0	0	0	0	0	0	0	0	0	0	0	0
7 北見	0	0	0	0	0	0	0	0	0	0	0	0	0	0
8 北海道	0	0	0	0	0	0	0	0	0	0	0	0	0	0
9 青森	0	0	0	0	0	0	0	0	0	0	0	0	0	0
10 岩手	0	0	0	0	0	0	0	0	0	0	0	0	0	0
11 宮城	0	0	0	0	0	0	0	0	0	0	0	0	0	0
12 福島	0	0	0	0	0	0	0	0	0	0	0	0	0	0
13 秋田	0	0	0	0	0	0	0	0	0	0	0	0	0	0
14 山形	0	0	0	0	0	0	0	0	0	0	0	0	0	0
15 茨城	0	0	0	0	0	0	0	0	0	0	0	0	0	0
16 栃木	0	0	0	0	0	0	0	0	0	0	0	0	0	0
17 群馬	0	0	0	0	0	0	0	0	0	0	0	0	0	0
18 埼玉	0	0	0	0	0	0	0	0	0	0	0	0	0	0
19 千葉	0	0	0	0	0	0	0	0	0	0	0	0	0	0
20 東京	0	0	0	0	0	0	0	0	0	0	0	0	0	0
21 神奈川	0	0	0	140,080	0	0	0	0	0	0	0	0	0	0
22 新潟	0	0	0	0	0	0	0	0	0	0	0	0	0	0
23 富山	0	0	0	0	0	0	0	0	0	0	0	0	0	0
24 石川	0	0	0	0	0	0	0	0	0	0	0	0	0	0
25 福井	0	0	0	0	0	0	0	0	0	0	0	0	0	0
26 山梨	0	0	0	0	0	0	0	0	0	0	0	0	0	0
27 長野	0	0	0	0	0	0	0	0	0	0	0	0	0	0
28 静岡	0	0	0	0	0	0	0	0	0	0	0	0	0	0
29 岐阜	0	0	0	0	0	0	0	0	0	0	0	0	0	0
30 愛知	0	0	0	0	0	0	0	0	0	0	0	0	0	0
31 三重	0	0	0	0	0	0	0	0	0	0	0	0	0	0
32 滋賀	0	0	0	0	0	0	0	0	0	0	0	0	0	0
33 京都	0	0	0	0	0	0	0	0	0	0	0	0	0	0
34 奈良	0	0	0	0	0	0	0	0	0	0	0	0	0	0
35 和歌山	0	0	0	0	0	0	0	0	0	0	0	0	0	0
36 大阪	0	0	0	0	0	0	0	0	0	0	0	0	0	0
37 兵庫	0	0	0	0	0	0	0	0	0	0	0	0	0	0
38 鳥取	0	0	0	0	0	0	0	0	0	0	0	0	0	0
39 島根	0	0	0	0	0	0	0	0	0	0	0	0	0	0
40 岡山	0	0	0	0	0	0	0	0	0	0	0	0	0	0
41 広島	0	0	0	0	0	0	0	0	0	0	0	0	0	0
42 山口	0	0	0	0	0	0	0	0	0	0	0	0	0	0
43 香川	0	0	0	0	0	0	0	0	0	0	0	0	0	0
44 愛媛	0	0	0	0	0	0	0	0	0	0	0	0	0	0
45 徳島	0	0	0	0	0	0	0	0	0	0	0	0	0	0
46 高知	0	0	0	0	0	0	0	0	0	0	0	0	0	0
47 福岡	0	0	0	0	0	0	0	0	0	0	0	0	0	0
48 佐賀	0	0	0	0	0	0	0	0	0	0	0	0	0	0
49 長崎	0	0	0	0	0	0	0	0	0	0	0	0	0	0
50 熊本	0	0	0	0	0	0	0	0	0	0	0	0	0	0
51 大分	0	0	0	0	0	0	0	0	0	0	0	0	0	0
52 宮崎	0	0	0	0	0	0	0	0	0	0	0	0	0	0
53 鹿児島	0	0	0	0	0	0	0	0	0	0	0	0	0	0
54 沖縄	0	0	0	0	0	0	0	0	0	0	0	0	0	0
55 全国	0	0	0	140,080	0	0	0	0	0	0	0	0	0	0

平成28年度　　　　　　　　　　　　　　　　　　　府県相互間輸送トン数表（鉄道）
品目（3-8）石炭　　　　　　　　（単位：トン）その3

着 発	29 岐阜	30 愛知	31 三重	32 滋賀	33 京都	34 奈良	35 和歌山	36 大阪	37 兵庫	38 鳥取	39 島根	40 岡山	41 広島	42 山口
1 札幌	0	0	0	0	0	0	0	0	0	0	0	0	0	0
2 旭川	0	0	0	0	0	0	0	0	0	0	0	0	0	0
3 函館	0	0	0	0	0	0	0	0	0	0	0	0	0	0
4 室蘭	0	0	0	0	0	0	0	0	0	0	0	0	0	0
5 釧路	0	0	0	0	0	0	0	0	0	0	0	0	0	0
6 帯広	0	0	0	0	0	0	0	0	0	0	0	0	0	0
7 北見	0	0	0	0	0	0	0	0	0	0	0	0	0	0
8 北海道	0	0	0	0	0	0	0	0	0	0	0	0	0	0
9 青森	0	0	0	0	0	0	0	0	0	0	0	0	0	0
10 岩手	0	0	0	0	0	0	0	0	0	0	0	0	0	0
11 宮城	0	0	0	0	0	0	0	0	0	0	0	0	0	0
12 福島	0	0	0	0	0	0	0	0	0	0	0	0	0	0
13 秋田	0	0	0	0	0	0	0	0	0	0	0	0	0	0
14 山形	0	0	0	0	0	0	0	0	0	0	0	0	0	0
15 茨城	0	0	0	0	0	0	0	0	0	0	0	0	0	0
16 栃木	0	0	0	0	0	0	0	0	0	0	0	0	0	0
17 群馬	0	0	0	0	0	0	0	0	0	0	0	0	0	0
18 埼玉	0	0	0	0	0	0	0	0	0	0	0	0	0	0
19 千葉	0	0	0	0	0	0	0	0	0	0	0	0	0	0
20 東京	0	0	0	0	0	0	0	0	0	0	0	0	0	0
21 神奈川	0	0	0	0	0	0	0	0	0	0	0	0	0	0
22 新潟	0	0	0	0	0	0	0	0	0	0	0	0	0	0
23 富山	0	0	0	0	0	0	0	0	0	0	0	0	0	0
24 石川	0	0	0	0	0	0	0	0	0	0	0	0	0	0
25 福井	0	0	0	0	0	0	0	0	0	0	0	0	0	0
26 山梨	0	0	0	0	0	0	0	0	0	0	0	0	0	0
27 長野	0	0	0	0	0	0	0	0	0	0	0	0	0	0
28 静岡	0	0	0	0	0	0	0	0	0	0	0	0	0	0
29 岐阜	0	0	0	0	0	0	0	0	0	0	0	0	0	0
30 愛知	0	0	0	0	0	0	0	0	0	0	0	0	0	0
31 三重	0	0	0	0	0	0	0	0	0	0	0	0	0	0
32 滋賀	0	0	0	0	0	0	0	0	0	0	0	0	0	0
33 京都	0	0	0	0	0	0	0	0	0	0	0	0	0	0
34 奈良	0	0	0	0	0	0	0	0	0	0	0	0	0	0
35 和歌山	0	0	0	0	0	0	0	0	0	0	0	0	0	0
36 大阪	0	0	0	0	0	0	0	0	0	0	0	0	0	0
37 兵庫	0	0	0	0	0	0	0	0	0	0	0	0	0	0
38 鳥取	0	0	0	0	0	0	0	0	0	0	0	0	0	0
39 島根	0	0	0	0	0	0	0	0	0	0	0	0	0	0
40 岡山	0	0	0	0	0	0	0	0	0	0	0	0	0	0
41 広島	0	0	0	0	0	0	0	0	0	0	0	0	0	0
42 山口	0	0	0	0	0	0	0	0	0	0	0	0	0	0
43 香川	0	0	0	0	0	0	0	0	0	0	0	0	0	0
44 愛媛	0	0	0	0	0	0	0	0	0	0	0	0	0	0
45 徳島	0	0	0	0	0	0	0	0	0	0	0	0	0	0
46 高知	0	0	0	0	0	0	0	0	0	0	0	0	0	0
47 福岡	0	0	0	0	0	0	0	0	0	0	0	0	0	0
48 佐賀	0	0	0	0	0	0	0	0	0	0	0	0	0	0
49 長崎	0	0	0	0	0	0	0	0	0	0	0	0	0	0
50 熊本	0	0	0	0	0	0	0	0	0	0	0	0	0	0
51 大分	0	0	0	0	0	0	0	0	0	0	0	0	0	0
52 宮崎	0	0	0	0	0	0	0	0	0	0	0	0	0	0
53 鹿児島	0	0	0	0	0	0	0	0	0	0	0	0	0	0
54 沖縄	0	0	0	0	0	0	0	0	0	0	0	0	0	0
55 全国	0	0	0	0	0	0	0	0	0	0	0	0	0	0

平成28年度　　　　　　　　　　　　　　　　　　　府県相互間輸送トン数表（鉄道）
品目（3-8）石炭　　　　　　　　（単位：トン）その4

着 発	43 香川	44 愛媛	45 徳島	46 高知	47 福岡	48 佐賀	49 長崎	50 熊本	51 大分	52 宮崎	53 鹿児島	54 沖縄	55 全国
1 札幌	0	0	0	0	0	0	0	0	0	0	0	0	0
2 旭川	0	0	0	0	0	0	0	0	0	0	0	0	0
3 函館	0	0	0	0	0	0	0	0	0	0	0	0	0
4 室蘭	0	0	0	0	0	0	0	0	0	0	0	0	0
5 釧路	0	0	0	0	0	0	0	0	0	0	0	0	0
6 帯広	0	0	0	0	0	0	0	0	0	0	0	0	0
7 北見	0	0	0	0	0	0	0	0	0	0	0	0	0
8 北海道	0	0	0	0	0	0	0	0	0	0	0	0	0
9 青森	0	0	0	0	0	0	0	0	0	0	0	0	0
10 岩手	0	0	0	0	0	0	0	0	0	0	0	0	0
11 宮城	0	0	0	0	0	0	0	0	0	0	0	0	0
12 福島	0	0	0	0	0	0	0	0	0	0	0	0	0
13 秋田	0	0	0	0	0	0	0	0	0	0	0	0	0
14 山形	0	0	0	0	0	0	0	0	0	0	0	0	0
15 茨城	0	0	0	0	0	0	0	0	0	0	0	0	0
16 栃木	0	0	0	0	0	0	0	0	0	0	0	0	0
17 群馬	0	0	0	0	0	0	0	0	0	0	0	0	0
18 埼玉	0	0	0	0	0	0	0	0	0	0	0	0	0
19 千葉	0	0	0	0	0	0	0	0	0	0	0	0	0
20 東京	0	0	0	0	0	0	0	0	0	0	0	0	0
21 神奈川	0	0	0	0	0	0	0	0	0	0	0	0	140,080
22 新潟	0	0	0	0	0	0	0	0	0	0	0	0	0
23 富山	0	0	0	0	0	0	0	0	0	0	0	0	0
24 石川	0	0	0	0	0	0	0	0	0	0	0	0	0
25 福井	0	0	0	0	0	0	0	0	0	0	0	0	0
26 山梨	0	0	0	0	0	0	0	0	0	0	0	0	0
27 長野	0	0	0	0	0	0	0	0	0	0	0	0	0
28 静岡	0	0	0	0	0	0	0	0	0	0	0	0	0
29 岐阜	0	0	0	0	0	0	0	0	0	0	0	0	0
30 愛知	0	0	0	0	0	0	0	0	0	0	0	0	0
31 三重	0	0	0	0	0	0	0	0	0	0	0	0	0
32 滋賀	0	0	0	0	0	0	0	0	0	0	0	0	0
33 京都	0	0	0	0	0	0	0	0	0	0	0	0	0
34 奈良	0	0	0	0	0	0	0	0	0	0	0	0	0
35 和歌山	0	0	0	0	0	0	0	0	0	0	0	0	0
36 大阪	0	0	0	0	0	0	0	0	0	0	0	0	0
37 兵庫	0	0	0	0	0	0	0	0	0	0	0	0	0
38 鳥取	0	0	0	0	0	0	0	0	0	0	0	0	0
39 島根	0	0	0	0	0	0	0	0	0	0	0	0	0
40 岡山	0	0	0	0	0	0	0	0	0	0	0	0	0
41 広島	0	0	0	0	0	0	0	0	0	0	0	0	0
42 山口	0	0	0	0	0	0	0	0	0	0	0	0	0
43 香川	0	0	0	0	0	0	0	0	0	0	0	0	0
44 愛媛	0	0	0	0	0	0	0	0	0	0	0	0	0
45 徳島	0	0	0	0	0	0	0	0	0	0	0	0	0
46 高知	0	0	0	0	0	0	0	0	0	0	0	0	0
47 福岡	0	0	0	0	0	0	0	0	0	0	0	0	0
48 佐賀	0	0	0	0	0	0	0	0	0	0	0	0	0
49 長崎	0	0	0	0	0	0	0	0	0	0	0	0	0
50 熊本	0	0	0	0	0	0	0	0	0	0	0	0	0
51 大分	0	0	0	0	0	0	0	0	0	0	0	0	0
52 宮崎	0	0	0	0	0	0	0	0	0	0	0	0	0
53 鹿児島	0	0	0	0	0	0	0	0	0	0	0	0	0
54 沖縄	0	0	0	0	0	0	0	0	0	0	0	0	0
55 全国	0	0	0	0	0	0	0	0	0	0	0	0	140,080

平成28年度　　　　　　　　　　　　　　　　　　　府県相互間輸送トン数表（鉄道）

品目　（3－9）　金属鉱　　　　　（単位：トン）　その　1

着 発	1 札幌	2 旭川	3 函館	4 室蘭	5 釧路	6 帯広	7 北見	8 北海道	9 青森	10 岩手	11 宮城	12 福島	13 秋田	14 山形
1 札幌	0	0	0	0	0	0	0	0	0	0	0	0	0	0
2 旭川	0	0	0	0	0	0	0	0	0	0	0	0	0	0
3 函館	0	0	0	0	0	0	0	0	0	0	0	0	0	0
4 室蘭	0	0	0	0	0	0	0	0	0	0	0	0	0	0
5 釧路	0	0	0	0	0	0	0	0	0	0	0	0	0	0
6 帯広	0	0	0	0	0	0	0	0	0	0	0	0	0	0
7 北見	0	0	0	0	0	0	0	0	0	0	0	0	0	0
8 北海道	0	0	0	0	0	0	0	0	0	0	0	0	0	0
9 青森	0	0	0	0	0	0	0	0	0	0	0	0	0	0
10 岩手	0	0	0	0	0	0	0	0	0	0	0	0	0	0
11 宮城	0	0	0	0	0	0	0	0	0	0	0	0	0	0
12 福島	0	0	0	0	0	0	0	0	0	0	0	0	0	0
13 秋田	0	0	0	0	0	0	0	0	0	0	0	0	0	0
14 山形	0	0	0	0	0	0	0	0	0	0	0	0	0	0
15 茨城	0	0	0	0	0	0	0	0	0	0	0	0	0	0
16 栃木	0	0	0	0	0	0	0	0	0	0	0	0	0	0
17 群馬	0	0	0	0	0	0	0	0	0	0	0	0	0	0
18 埼玉	0	0	0	0	0	0	0	0	0	0	0	0	0	0
19 千葉	0	0	0	0	0	0	0	0	0	0	0	0	0	0
20 東京	0	0	0	0	0	0	0	0	0	0	0	0	0	0
21 神奈川	0	0	0	0	0	0	0	0	0	0	0	0	0	0
22 新潟	0	0	0	0	0	0	0	0	0	0	0	0	0	0
23 富山	0	0	0	0	0	0	0	0	0	0	0	0	0	0
24 石川	0	0	0	0	0	0	0	0	0	0	0	0	0	0
25 福井	0	0	0	0	0	0	0	0	0	0	0	0	0	0
26 山梨	0	0	0	0	0	0	0	0	0	0	0	0	0	0
27 長野	0	0	0	0	0	0	0	0	0	0	0	0	0	0
28 静岡	0	0	0	0	0	0	0	0	0	0	0	0	0	0
29 岐阜	0	0	0	0	0	0	0	0	0	0	0	0	0	0
30 愛知	0	0	0	0	0	0	0	0	0	0	0	0	0	0
31 三重	0	0	0	0	0	0	0	0	0	0	0	0	0	0
32 滋賀	0	0	0	0	0	0	0	0	0	0	0	0	0	0
33 京都	0	0	0	0	0	0	0	0	0	0	0	0	0	0
34 奈良	0	0	0	0	0	0	0	0	0	0	0	0	0	0
35 和歌山	0	0	0	0	0	0	0	0	0	0	0	0	0	0
36 大阪	0	0	0	0	0	0	0	0	0	0	0	0	0	0
37 兵庫	0	0	0	0	0	0	0	0	0	0	0	0	0	0
38 鳥取	0	0	0	0	0	0	0	0	0	0	0	0	0	0
39 島根	0	0	0	0	0	0	0	0	0	0	0	0	0	0
40 岡山	0	0	0	0	0	0	0	0	0	0	0	0	0	0
41 広島	0	0	0	0	0	0	0	0	0	0	0	0	0	0
42 山口	0	0	0	0	0	0	0	0	0	0	0	0	0	0
43 香川	0	0	0	0	0	0	0	0	0	0	0	0	0	0
44 愛媛	0	0	0	0	0	0	0	0	0	0	0	0	0	0
45 徳島	0	0	0	0	0	0	0	0	0	0	0	0	0	0
46 高知	0	0	0	0	0	0	0	0	0	0	0	0	0	0
47 福岡	0	0	0	0	0	0	0	0	0	0	1,138	0	0	0
48 佐賀	0	0	0	0	0	0	0	0	0	0	0	0	0	0
49 長崎	0	0	0	0	0	0	0	0	0	0	0	0	0	0
50 熊本	0	0	0	0	0	0	0	0	0	0	0	0	0	0
51 大分	0	0	0	0	0	0	0	0	0	0	0	0	0	0
52 宮崎	0	0	0	0	0	0	0	0	0	0	0	0	0	0
53 鹿児島	0	0	0	0	0	0	0	0	0	0	0	0	0	0
54 沖縄	0	0	0	0	0	0	0	0	0	0	0	0	0	0
55 全国	0	0	0	0	0	0	0	0	0	0	1,138	0	0	0

平成28年度　　　　　　　　　　　　　　　　　　　府県相互間輸送トン数表（鉄道）

品目　（3－9）　金属鉱　　　　　（単位：トン）　その　2

着 発	15 茨城	16 栃木	17 群馬	18 埼玉	19 千葉	20 東京	21 神奈川	22 新潟	23 富山	24 石川	25 福井	26 山梨	27 長野	28 静岡
1 札幌	0	0	0	0	0	0	0	0	0	0	0	0	0	0
2 旭川	0	0	0	0	0	0	0	0	0	0	0	0	0	0
3 函館	0	0	0	0	0	0	0	0	0	0	0	0	0	0
4 室蘭	0	0	0	0	0	0	0	0	0	0	0	0	0	0
5 釧路	0	0	0	0	0	0	0	0	0	0	0	0	0	0
6 帯広	0	0	0	0	0	0	0	0	0	0	0	0	0	0
7 北見	0	0	0	0	0	0	0	0	0	0	0	0	0	0
8 北海道	0	0	0	0	0	0	0	0	0	0	0	0	0	0
9 青森	0	0	0	0	0	0	0	0	0	0	0	0	0	0
10 岩手	0	0	0	0	0	0	0	0	0	0	0	0	0	0
11 宮城	0	0	0	0	0	0	0	0	0	0	0	0	0	0
12 福島	0	0	175,370	0	0	0	0	0	0	0	0	0	0	0
13 秋田	0	0	0	0	0	0	0	0	0	0	0	0	0	0
14 山形	0	0	0	0	0	0	0	0	0	0	0	0	0	0
15 茨城	0	0	0	0	0	0	0	0	0	0	0	0	0	0
16 栃木	0	0	0	0	0	0	0	0	0	0	0	0	0	0
17 群馬	0	0	0	0	0	0	0	0	0	0	0	0	0	0
18 埼玉	0	0	0	0	0	0	0	0	0	0	0	0	0	0
19 千葉	0	0	0	0	0	0	0	0	0	0	0	0	0	0
20 東京	0	0	0	0	0	0	0	0	0	0	0	0	0	0
21 神奈川	0	0	0	0	0	0	0	0	0	0	0	0	0	0
22 新潟	0	0	0	0	0	0	0	0	0	0	0	0	0	0
23 富山	0	0	0	0	0	0	0	0	0	0	0	0	0	0
24 石川	0	0	0	0	0	0	0	0	0	0	0	0	0	0
25 福井	0	0	0	0	0	0	0	0	0	0	0	0	0	0
26 山梨	0	0	0	0	0	0	0	0	0	0	0	0	0	0
27 長野	0	0	0	0	0	0	0	0	0	0	0	0	0	0
28 静岡	0	0	0	0	0	0	0	0	0	0	0	0	0	0
29 岐阜	0	0	0	0	0	0	0	0	0	0	0	0	0	0
30 愛知	0	0	0	0	0	0	0	0	0	0	0	0	0	0
31 三重	0	0	0	0	0	0	0	0	0	0	0	0	0	0
32 滋賀	0	0	0	0	0	0	0	0	0	0	0	0	0	0
33 京都	0	0	0	0	0	0	0	0	0	0	0	0	0	0
34 奈良	0	0	0	0	0	0	0	0	0	0	0	0	0	0
35 和歌山	0	0	0	0	0	0	0	0	0	0	0	0	0	0
36 大阪	0	0	0	0	0	0	0	0	0	0	0	0	0	0
37 兵庫	0	0	0	0	0	0	0	0	0	0	0	0	0	0
38 鳥取	0	0	0	0	0	0	0	0	0	0	0	0	0	0
39 島根	0	0	0	0	0	0	0	0	0	0	0	0	0	0
40 岡山	0	0	0	0	0	0	0	0	0	0	0	0	0	0
41 広島	0	0	0	0	0	0	0	0	0	0	0	0	0	0
42 山口	0	0	0	0	0	0	0	0	0	0	0	0	0	0
43 香川	0	0	0	0	0	0	0	0	0	0	0	0	0	0
44 愛媛	0	0	0	0	0	0	0	0	0	0	0	0	0	0
45 徳島	0	0	0	0	0	0	0	0	0	0	0	0	0	0
46 高知	0	0	0	0	0	0	0	0	0	0	0	0	0	0
47 福岡	0	0	0	508	0	4,682	0	0	0	0	0	0	0	10,666
48 佐賀	0	0	0	0	0	0	0	0	0	0	0	0	0	0
49 長崎	0	0	0	0	0	0	0	0	0	0	0	0	0	0
50 熊本	0	0	0	0	0	0	0	0	0	0	0	0	0	0
51 大分	0	0	0	0	0	0	0	0	0	0	0	0	0	0
52 宮崎	0	0	0	0	0	0	0	0	0	0	0	0	0	0
53 鹿児島	0	0	0	0	0	0	0	0	0	0	0	0	0	0
54 沖縄	0	0	0	0	0	0	0	0	0	0	0	0	0	0
55 全国	0	0	175,370	508	0	4,682	0	0	0	0	0	0	0	10,666

平成28年度　　　　　　　　　　　　　　　　　　府県相互間輸送トン数表（鉄道）
品目　（3－9）金属鉱　　　（単位：トン）　その　3

着／発	29 岐阜	30 愛知	31 三重	32 滋賀	33 京都	34 奈良	35 和歌山	36 大阪	37 兵庫	38 鳥取	39 島根	40 岡山	41 広島	42 山口
1 札幌	0	0	0	0	0	0	0	0	0	0	0	0	0	0
2 旭川	0	0	0	0	0	0	0	0	0	0	0	0	0	0
3 函館	0	0	0	0	0	0	0	0	0	0	0	0	0	0
4 室蘭	0	0	0	0	0	0	0	0	0	0	0	0	0	0
5 釧路	0	0	0	0	0	0	0	0	0	0	0	0	0	0
6 帯広	0	0	0	0	0	0	0	0	0	0	0	0	0	0
7 北見	0	0	0	0	0	0	0	0	0	0	0	0	0	0
8 北海道	0	0	0	0	0	0	0	0	0	0	0	0	0	0
9 青森	0	0	0	0	0	0	0	0	0	0	0	0	0	0
10 岩手	0	0	0	0	0	0	0	0	0	0	0	0	0	0
11 宮城	0	0	0	0	0	0	0	0	0	0	0	0	0	0
12 福島	0	0	0	0	0	0	0	0	0	0	0	0	0	0
13 秋田	0	0	0	0	0	0	0	0	0	0	0	0	0	0
14 山形	0	0	0	0	0	0	0	0	0	0	0	0	0	0
15 茨城	0	0	0	0	0	0	0	0	0	0	0	0	0	0
16 栃木	0	0	0	0	0	0	0	0	0	0	0	0	0	0
17 群馬	0	0	0	0	0	0	0	0	0	0	0	0	0	0
18 埼玉	0	0	0	0	0	0	0	0	0	0	0	0	0	0
19 千葉	0	0	0	0	0	0	0	0	0	0	0	0	0	0
20 東京	0	0	0	0	0	0	0	0	0	0	0	0	0	0
21 神奈川	0	0	0	0	0	0	0	0	0	0	0	0	0	0
22 新潟	0	0	0	0	0	0	0	0	0	0	0	0	0	0
23 富山	0	0	0	0	0	0	0	0	0	0	0	0	0	0
24 石川	0	0	0	0	0	0	0	0	0	0	0	0	0	0
25 福井	0	0	0	0	0	0	0	0	0	0	0	0	0	0
26 山梨	0	0	0	0	0	0	0	0	0	0	0	0	0	0
27 長野	0	0	0	0	0	0	0	0	0	0	0	0	0	0
28 静岡	0	0	0	0	0	0	0	0	0	0	0	0	0	0
29 岐阜	0	0	0	0	0	0	0	0	0	0	0	0	0	0
30 愛知	0	0	0	0	0	0	0	0	0	0	0	0	0	0
31 三重	0	0	0	0	0	0	0	0	0	0	0	0	0	0
32 滋賀	0	0	0	0	0	0	0	0	0	0	0	0	0	0
33 京都	0	0	0	0	0	0	0	0	0	0	0	0	0	0
34 奈良	0	0	0	0	0	0	0	0	0	0	0	0	0	0
35 和歌山	0	0	0	0	0	0	0	0	0	0	0	0	0	0
36 大阪	0	0	0	0	0	0	0	0	0	0	0	0	0	0
37 兵庫	0	0	0	0	0	0	0	0	0	0	0	0	0	0
38 鳥取	0	0	0	0	0	0	0	0	0	0	0	0	0	0
39 島根	0	0	0	0	0	0	0	0	0	0	0	0	0	0
40 岡山	0	0	0	0	0	0	0	0	0	0	0	0	0	0
41 広島	0	0	0	0	0	0	0	0	0	0	0	0	0	0
42 山口	0	0	0	0	0	0	0	0	0	0	0	0	0	0
43 香川	0	0	0	0	0	0	0	0	0	0	0	0	0	0
44 愛媛	0	0	0	0	0	0	0	0	0	0	0	0	0	0
45 徳島	0	0	0	0	0	0	0	0	0	0	0	0	0	0
46 高知	0	0	0	0	0	0	0	0	0	0	0	0	0	0
47 福岡	0	0	0	0	0	0	0	0	1,524	0	0	0	2,400	3,200
48 佐賀	0	0	0	0	0	0	0	0	0	0	0	0	0	0
49 長崎	0	0	0	0	0	0	0	0	0	0	0	0	0	0
50 熊本	0	0	0	0	0	0	0	0	0	0	0	0	0	0
51 大分	0	0	0	0	0	0	0	0	0	0	0	0	0	0
52 宮崎	0	0	0	0	0	0	0	0	0	0	0	0	0	0
53 鹿児島	0	0	0	0	0	0	0	0	0	0	0	0	0	0
54 沖縄	0	0	0	0	0	0	0	0	0	0	0	0	0	0
55 全国	0	0	0	0	0	0	0	0	1,524	0	0	0	2,400	3,200

平成28年度　　　　　　　　　　　　　　　　　　府県相互間輸送トン数表（鉄道）
品目　（3－9）金属鉱　　　（単位：トン）　その　4

着／発	43 香川	44 愛媛	45 徳島	46 高知	47 福岡	48 佐賀	49 長崎	50 熊本	51 大分	52 宮崎	53 鹿児島	54 沖縄	55 全国
1 札幌	0	0	0	0	0	0	0	0	0	0	0	0	0
2 旭川	0	0	0	0	0	0	0	0	0	0	0	0	0
3 函館	0	0	0	0	0	0	0	0	0	0	0	0	0
4 室蘭	0	0	0	0	0	0	0	0	0	0	0	0	0
5 釧路	0	0	0	0	0	0	0	0	0	0	0	0	0
6 帯広	0	0	0	0	0	0	0	0	0	0	0	0	0
7 北見	0	0	0	0	0	0	0	0	0	0	0	0	0
8 北海道	0	0	0	0	0	0	0	0	0	0	0	0	0
9 青森	0	0	0	0	0	0	0	0	0	0	0	0	0
10 岩手	0	0	0	0	0	0	0	0	0	0	0	0	0
11 宮城	0	0	0	0	0	0	0	0	0	0	0	0	0
12 福島	0	0	0	0	0	0	0	0	0	0	0	0	175,370
13 秋田	0	0	0	0	0	0	0	0	0	0	0	0	0
14 山形	0	0	0	0	0	0	0	0	0	0	0	0	0
15 茨城	0	0	0	0	0	0	0	0	0	0	0	0	0
16 栃木	0	0	0	0	0	0	0	0	0	0	0	0	0
17 群馬	0	0	0	0	0	0	0	0	0	0	0	0	0
18 埼玉	0	0	0	0	0	0	0	0	0	0	0	0	0
19 千葉	0	0	0	0	0	0	0	0	0	0	0	0	0
20 東京	0	0	0	0	0	0	0	0	0	0	0	0	0
21 神奈川	0	0	0	0	0	0	0	0	0	0	0	0	0
22 新潟	0	0	0	0	0	0	0	0	0	0	0	0	0
23 富山	0	0	0	0	0	0	0	0	0	0	0	0	0
24 石川	0	0	0	0	0	0	0	0	0	0	0	0	0
25 福井	0	0	0	0	0	0	0	0	0	0	0	0	0
26 山梨	0	0	0	0	0	0	0	0	0	0	0	0	0
27 長野	0	0	0	0	0	0	0	0	0	0	0	0	0
28 静岡	0	0	0	0	0	0	0	0	0	0	0	0	0
29 岐阜	0	0	0	0	0	0	0	0	0	0	0	0	0
30 愛知	0	0	0	0	0	0	0	0	0	0	0	0	0
31 三重	0	0	0	0	0	0	0	0	0	0	0	0	0
32 滋賀	0	0	0	0	0	0	0	0	0	0	0	0	0
33 京都	0	0	0	0	0	0	0	0	0	0	0	0	0
34 奈良	0	0	0	0	0	0	0	0	0	0	0	0	0
35 和歌山	0	0	0	0	0	0	0	0	0	0	0	0	0
36 大阪	0	0	0	0	0	0	0	0	0	0	0	0	0
37 兵庫	0	0	0	0	0	0	0	0	0	0	0	0	0
38 鳥取	0	0	0	0	0	0	0	0	0	0	0	0	0
39 島根	0	0	0	0	0	0	0	0	0	0	0	0	0
40 岡山	0	0	0	0	0	0	0	0	0	0	0	0	0
41 広島	0	0	0	0	0	0	0	0	0	0	0	0	0
42 山口	0	0	0	0	0	0	0	0	0	0	0	0	0
43 香川	0	0	0	0	0	0	0	0	0	0	0	0	0
44 愛媛	0	0	0	0	0	0	0	0	0	0	0	0	0
45 徳島	0	0	0	0	0	0	0	0	0	0	0	0	0
46 高知	0	0	0	0	0	0	0	0	0	0	0	0	0
47 福岡	0	0	0	0	0	0	0	0	0	0	0	0	24,118
48 佐賀	0	0	0	0	0	0	0	0	0	0	0	0	0
49 長崎	0	0	0	0	0	0	0	0	0	0	0	0	0
50 熊本	0	0	0	0	0	0	0	0	0	0	0	0	0
51 大分	0	0	0	0	0	0	0	0	0	0	0	0	0
52 宮崎	0	0	0	0	0	0	0	0	0	0	0	0	0
53 鹿児島	0	0	0	0	0	0	0	0	0	0	0	0	0
54 沖縄	0	0	0	0	0	0	0	0	0	0	0	0	0
55 全国	0	0	0	0	0	0	0	0	0	0	0	0	199,488

平成28年度　　　　　　　　　　　府県相互間輸送トン数表（鉄道）　　　　　　　　　　　　　　　（単位：トン）

品目　（3-10）砂利・砂・石材　　その　1

着／発	1 札幌	2 旭川	3 函館	4 室蘭	5 釧路	6 帯広	7 北見	8 北海道	9 青森	10 岩手	11 宮城	12 福島	13 秋田	14 山形
1 札幌	0	0	0	0	0	0	0	0	0	0	0	0	0	0
2 旭川	0	0	0	0	0	0	0	0	0	0	0	0	0	0
3 函館	0	0	0	0	0	0	0	0	0	0	0	0	0	0
4 室蘭	0	0	0	0	0	0	0	0	0	0	0	0	0	0
5 釧路	0	0	0	0	0	0	0	0	0	0	0	0	0	0
6 帯広	0	0	0	0	0	0	0	0	0	0	0	0	0	0
7 北見	0	0	0	0	0	0	0	0	0	0	0	0	0	0
8 北海道	0	0	0	0	0	0	0	0	0	0	0	0	0	0
9 青森	0	0	0	0	0	0	0	0	0	0	0	0	0	0
10 岩手	0	0	0	0	0	0	0	0	0	0	0	0	0	0
11 宮城	0	0	0	0	0	0	0	0	0	0	0	0	0	0
12 福島	0	0	0	0	0	0	0	0	0	0	0	0	0	0
13 秋田	0	0	0	0	0	0	0	0	0	0	0	0	0	0
14 山形	0	0	0	0	0	0	0	0	0	0	0	0	0	0
15 茨城	0	0	0	0	0	0	0	0	0	0	0	0	0	0
16 栃木	0	0	0	0	0	0	0	0	0	0	0	0	0	0
17 群馬	0	0	0	0	0	0	0	0	0	0	0	0	0	0
18 埼玉	0	0	0	0	0	0	0	0	0	0	0	0	0	0
19 千葉	0	0	0	0	0	0	0	0	0	0	0	0	0	0
20 東京	0	0	0	0	0	0	0	0	0	0	0	0	0	0
21 神奈川	0	0	0	0	0	0	0	0	0	0	0	0	0	0
22 新潟	0	0	0	0	0	0	0	0	0	0	0	0	0	0
23 富山	0	0	0	0	0	0	0	0	0	0	0	0	0	0
24 石川	0	0	0	0	0	0	0	0	0	0	0	0	0	0
25 福井	0	0	0	0	0	0	0	0	0	0	0	0	0	0
26 山梨	0	0	0	0	0	0	0	0	0	0	0	0	0	0
27 長野	0	0	0	0	0	0	0	0	0	0	0	0	0	0
28 静岡	0	0	0	0	0	0	0	0	0	0	0	0	0	0
29 岐阜	0	0	0	0	0	0	0	0	0	0	0	0	0	0
30 愛知	0	0	0	0	0	0	0	0	0	0	0	0	0	0
31 三重	0	0	0	0	0	0	0	0	0	0	0	0	0	0
32 滋賀	0	0	0	0	0	0	0	0	0	0	0	0	0	0
33 京都	0	0	0	0	0	0	0	0	0	0	0	0	0	0
34 奈良	0	0	0	0	0	0	0	0	0	0	0	0	0	0
35 和歌山	0	0	0	0	0	0	0	0	0	0	0	0	0	0
36 大阪	0	0	0	0	0	0	0	0	0	0	0	0	0	0
37 兵庫	0	0	0	0	0	0	0	0	0	0	0	0	0	0
38 鳥取	0	0	0	0	0	0	0	0	0	0	0	0	0	0
39 島根	0	0	0	0	0	0	0	0	0	0	0	0	0	0
40 岡山	0	0	0	0	0	0	0	0	0	0	0	0	0	0
41 広島	0	0	0	0	0	0	0	0	0	0	0	0	0	0
42 山口	0	0	0	0	0	0	0	0	0	0	0	0	0	0
43 香川	0	0	0	0	0	0	0	0	0	0	0	0	0	0
44 愛媛	0	0	0	0	0	0	0	0	0	0	0	0	0	0
45 徳島	0	0	0	0	0	0	0	0	0	0	0	0	0	0
46 高知	0	0	0	0	0	0	0	0	0	0	0	0	0	0
47 福岡	0	0	0	0	0	0	0	0	0	0	0	0	0	0
48 佐賀	0	0	0	0	0	0	0	0	0	0	0	0	0	0
49 長崎	0	0	0	0	0	0	0	0	0	0	0	0	0	0
50 熊本	0	0	0	0	0	0	0	0	0	0	0	0	0	0
51 大分	0	0	0	0	0	0	0	0	0	0	0	0	0	0
52 宮崎	0	0	0	0	0	0	0	0	0	0	0	0	0	0
53 鹿児島	0	0	0	0	0	0	0	0	0	0	0	0	0	0
54 沖縄	0	0	0	0	0	0	0	0	0	0	0	0	0	0
55 全国	0	0	0	0	0	0	0	0	0	0	0	0	0	0

平成28年度　　　　　　　　　　　府県相互間輸送トン数表（鉄道）　　　　　　　　　　　　　　　（単位：トン）

品目　（3-10）砂利・砂・石材　　その　2

着／発	15 茨城	16 栃木	17 群馬	18 埼玉	19 千葉	20 東京	21 神奈川	22 新潟	23 富山	24 石川	25 福井	26 山梨	27 長野	28 静岡
1 札幌	0	0	0	0	0	0	0	0	0	0	0	0	0	0
2 旭川	0	0	0	0	0	0	0	0	0	0	0	0	0	0
3 函館	0	0	0	0	0	0	0	0	0	0	0	0	0	0
4 室蘭	0	0	0	0	0	0	0	0	0	0	0	0	0	0
5 釧路	0	0	0	0	0	0	0	0	0	0	0	0	0	0
6 帯広	0	0	0	0	0	0	0	0	0	0	0	0	0	0
7 北見	0	0	0	0	0	0	0	0	0	0	0	0	0	0
8 北海道	0	0	0	0	0	0	0	0	0	0	0	0	0	0
9 青森	0	0	0	0	0	0	0	0	0	0	0	0	0	0
10 岩手	0	0	0	0	0	0	0	0	0	0	0	0	0	0
11 宮城	0	0	0	0	0	0	0	0	0	0	0	0	0	0
12 福島	0	0	0	0	0	0	0	0	0	0	0	0	0	0
13 秋田	0	0	0	0	0	0	0	0	0	0	0	0	0	0
14 山形	0	0	0	0	0	0	0	0	0	0	0	0	0	0
15 茨城	0	0	0	0	0	0	0	0	0	0	0	0	0	0
16 栃木	0	0	0	0	0	0	0	0	0	0	0	0	0	0
17 群馬	0	0	0	0	0	0	0	0	0	0	0	0	0	0
18 埼玉	0	0	0	0	0	0	0	0	0	0	0	0	0	0
19 千葉	0	0	0	0	0	0	0	0	0	0	0	0	0	0
20 東京	0	0	0	0	0	0	0	0	0	0	0	0	0	0
21 神奈川	0	0	0	0	0	0	0	0	0	0	0	0	0	0
22 新潟	0	0	0	0	0	0	0	0	0	0	0	0	0	0
23 富山	0	0	0	0	0	0	0	0	0	0	0	0	0	0
24 石川	0	0	0	0	0	0	0	0	0	0	0	0	0	0
25 福井	0	0	0	0	0	0	0	0	0	0	0	0	0	0
26 山梨	0	0	0	0	0	0	0	0	0	0	0	0	0	0
27 長野	0	0	0	0	0	0	0	0	0	0	0	0	0	0
28 静岡	0	0	0	0	0	0	0	0	0	0	0	0	0	0
29 岐阜	0	0	0	0	0	0	0	0	0	0	0	0	0	0
30 愛知	0	0	0	0	0	0	0	0	0	0	0	0	0	0
31 三重	0	0	0	0	0	0	0	0	0	0	0	0	0	0
32 滋賀	0	0	0	0	0	0	0	0	0	0	0	0	0	0
33 京都	0	0	0	0	0	0	0	0	0	0	0	0	0	0
34 奈良	0	0	0	0	0	0	0	0	0	0	0	0	0	0
35 和歌山	0	0	0	0	0	0	0	0	0	0	0	0	0	0
36 大阪	0	0	0	0	0	0	0	0	0	0	0	0	0	0
37 兵庫	0	0	0	0	0	0	0	0	0	0	0	0	0	0
38 鳥取	0	0	0	0	0	0	0	0	0	0	0	0	0	0
39 島根	0	0	0	0	0	0	0	0	0	0	0	0	0	0
40 岡山	0	0	0	0	0	0	0	0	0	0	0	0	0	0
41 広島	0	0	0	0	0	0	0	0	0	0	0	0	0	0
42 山口	0	0	0	0	0	0	0	0	0	0	0	0	0	0
43 香川	0	0	0	0	0	0	0	0	0	0	0	0	0	0
44 愛媛	0	0	0	0	0	0	0	0	0	0	0	0	0	0
45 徳島	0	0	0	0	0	0	0	0	0	0	0	0	0	0
46 高知	0	0	0	0	0	0	0	0	0	0	0	0	0	0
47 福岡	0	0	0	0	0	0	0	0	0	0	0	0	0	0
48 佐賀	0	0	0	0	0	0	0	0	0	0	0	0	0	0
49 長崎	0	0	0	0	0	0	0	0	0	0	0	0	0	0
50 熊本	0	0	0	0	0	0	0	0	0	0	0	0	0	0
51 大分	0	0	0	0	0	0	0	0	0	0	0	0	0	0
52 宮崎	0	0	0	0	0	0	0	0	0	0	0	0	0	0
53 鹿児島	0	0	0	0	0	0	0	0	0	0	0	0	0	0
54 沖縄	0	0	0	0	0	0	0	0	0	0	0	0	0	0
55 全国	0	0	0	0	0	0	0	0	0	0	0	0	0	0

平成28年度　　　　　　　　　　　　　　　　府県相互間輸送トン数表（鉄道）　　　　　　　　　　　　　　　　　　　　（単位：トン）
品目　（3－10）砂利・砂・石材　　　　その　3

着／発	29 岐阜	30 愛知	31 三重	32 滋賀	33 京都	34 奈良	35 和歌山	36 大阪	37 兵庫	38 鳥取	39 島根	40 岡山	41 広島	42 山口
1 札幌	0	0	0	0	0	0	0	0	0	0	0	0	0	0
2 旭川	0	0	0	0	0	0	0	0	0	0	0	0	0	0
3 函館	0	0	0	0	0	0	0	0	0	0	0	0	0	0
4 室蘭	0	0	0	0	0	0	0	0	0	0	0	0	0	0
5 釧路	0	0	0	0	0	0	0	0	0	0	0	0	0	0
6 帯広	0	0	0	0	0	0	0	0	0	0	0	0	0	0
7 北見	0	0	0	0	0	0	0	0	0	0	0	0	0	0
8 北海道	0	0	0	0	0	0	0	0	0	0	0	0	0	0
9 青森	0	0	0	0	0	0	0	0	0	0	0	0	0	0
10 岩手	0	0	0	0	0	0	0	0	0	0	0	0	0	0
11 宮城	0	0	0	0	0	0	0	0	0	0	0	0	0	0
12 福島	0	0	0	0	0	0	0	0	0	0	0	0	0	0
13 秋田	0	0	0	0	0	0	0	0	0	0	0	0	0	0
14 山形	0	0	0	0	0	0	0	0	0	0	0	0	0	0
15 茨城	0	0	0	0	0	0	0	0	0	0	0	0	0	0
16 栃木	0	0	0	0	0	0	0	0	0	0	0	0	0	0
17 群馬	0	0	0	0	0	0	0	0	0	0	0	0	0	0
18 埼玉	0	0	0	0	0	0	0	0	0	0	0	0	0	0
19 千葉	0	0	0	0	0	0	0	0	0	0	0	0	0	0
20 東京	0	0	0	0	0	0	0	0	0	0	0	0	0	0
21 神奈川	0	0	0	0	0	0	0	0	0	0	0	0	0	0
22 新潟	0	0	0	0	0	0	0	0	0	0	0	0	0	0
23 富山	0	0	0	0	0	0	0	0	0	0	0	0	0	0
24 石川	0	0	0	0	0	0	0	0	0	0	0	0	0	0
25 福井	0	0	0	0	0	0	0	0	0	0	0	0	0	0
26 山梨	0	0	0	0	0	0	0	0	0	0	0	0	0	0
27 長野	0	0	0	0	0	0	0	0	0	0	0	0	0	0
28 静岡	0	0	0	0	0	0	0	0	0	0	0	0	0	0
29 岐阜	0	0	0	0	0	0	0	0	0	0	0	0	0	0
30 愛知	0	0	0	0	0	0	0	0	0	0	0	0	0	0
31 三重	0	0	0	0	0	0	0	0	0	0	0	0	0	0
32 滋賀	0	0	0	0	0	0	0	0	0	0	0	0	0	0
33 京都	0	0	0	0	0	0	0	0	0	0	0	0	0	0
34 奈良	0	0	0	0	0	0	0	0	0	0	0	0	0	0
35 和歌山	0	0	0	0	0	0	0	0	0	0	0	0	0	0
36 大阪	0	0	0	0	0	0	0	0	0	0	0	0	0	0
37 兵庫	0	0	0	0	0	0	0	0	0	0	0	0	0	0
38 鳥取	0	0	0	0	0	0	0	0	0	0	0	0	0	0
39 島根	0	0	0	0	0	0	0	0	0	0	0	0	0	0
40 岡山	0	0	0	0	0	0	0	0	0	0	0	0	0	0
41 広島	0	0	0	0	0	0	0	0	0	0	0	0	0	0
42 山口	0	0	0	0	0	0	0	0	0	0	0	0	0	0
43 香川	0	0	0	0	0	0	0	0	0	0	0	0	0	0
44 愛媛	0	0	0	0	0	0	0	0	0	0	0	0	0	0
45 徳島	0	0	0	0	0	0	0	0	0	0	0	0	0	0
46 高知	0	0	0	0	0	0	0	0	0	0	0	0	0	0
47 福岡	0	0	0	0	0	0	0	0	0	0	0	0	0	0
48 佐賀	0	0	0	0	0	0	0	0	0	0	0	0	0	0
49 長崎	0	0	0	0	0	0	0	0	0	0	0	0	0	0
50 熊本	0	0	0	0	0	0	0	0	0	0	0	0	0	0
51 大分	0	0	0	0	0	0	0	0	0	0	0	0	0	0
52 宮崎	0	0	0	0	0	0	0	0	0	0	0	0	0	0
53 鹿児島	0	0	0	0	0	0	0	0	0	0	0	0	0	0
54 沖縄	0	0	0	0	0	0	0	0	0	0	0	0	0	0
55 全国	0	0	0	0	0	0	0	0	0	0	0	0	0	0

平成28年度　　　　　　　　　　　　　　　　府県相互間輸送トン数表（鉄道）　　　　　　　　　　　　　　　　　　　　（単位：トン）
品目　（3－10）砂利・砂・石材　　　　その　4

着／発	43 香川	44 愛媛	45 徳島	46 高知	47 福岡	48 佐賀	49 長崎	50 熊本	51 大分	52 宮崎	53 鹿児島	54 沖縄	55 全国
1 札幌	0	0	0	0	0	0	0	0	0	0	0	0	0
2 旭川	0	0	0	0	0	0	0	0	0	0	0	0	0
3 函館	0	0	0	0	0	0	0	0	0	0	0	0	0
4 室蘭	0	0	0	0	0	0	0	0	0	0	0	0	0
5 釧路	0	0	0	0	0	0	0	0	0	0	0	0	0
6 帯広	0	0	0	0	0	0	0	0	0	0	0	0	0
7 北見	0	0	0	0	0	0	0	0	0	0	0	0	0
8 北海道	0	0	0	0	0	0	0	0	0	0	0	0	0
9 青森	0	0	0	0	0	0	0	0	0	0	0	0	0
10 岩手	0	0	0	0	0	0	0	0	0	0	0	0	0
11 宮城	0	0	0	0	0	0	0	0	0	0	0	0	0
12 福島	0	0	0	0	0	0	0	0	0	0	0	0	0
13 秋田	0	0	0	0	0	0	0	0	0	0	0	0	0
14 山形	0	0	0	0	0	0	0	0	0	0	0	0	0
15 茨城	0	0	0	0	0	0	0	0	0	0	0	0	0
16 栃木	0	0	0	0	0	0	0	0	0	0	0	0	0
17 群馬	0	0	0	0	0	0	0	0	0	0	0	0	0
18 埼玉	0	0	0	0	0	0	0	0	0	0	0	0	0
19 千葉	0	0	0	0	0	0	0	0	0	0	0	0	0
20 東京	0	0	0	0	0	0	0	0	0	0	0	0	0
21 神奈川	0	0	0	0	0	0	0	0	0	0	0	0	0
22 新潟	0	0	0	0	0	0	0	0	0	0	0	0	0
23 富山	0	0	0	0	0	0	0	0	0	0	0	0	0
24 石川	0	0	0	0	0	0	0	0	0	0	0	0	0
25 福井	0	0	0	0	0	0	0	0	0	0	0	0	0
26 山梨	0	0	0	0	0	0	0	0	0	0	0	0	0
27 長野	0	0	0	0	0	0	0	0	0	0	0	0	0
28 静岡	0	0	0	0	0	0	0	0	0	0	0	0	0
29 岐阜	0	0	0	0	0	0	0	0	0	0	0	0	0
30 愛知	0	0	0	0	0	0	0	0	0	0	0	0	0
31 三重	0	0	0	0	0	0	0	0	0	0	0	0	0
32 滋賀	0	0	0	0	0	0	0	0	0	0	0	0	0
33 京都	0	0	0	0	0	0	0	0	0	0	0	0	0
34 奈良	0	0	0	0	0	0	0	0	0	0	0	0	0
35 和歌山	0	0	0	0	0	0	0	0	0	0	0	0	0
36 大阪	0	0	0	0	0	0	0	0	0	0	0	0	0
37 兵庫	0	0	0	0	0	0	0	0	0	0	0	0	0
38 鳥取	0	0	0	0	0	0	0	0	0	0	0	0	0
39 島根	0	0	0	0	0	0	0	0	0	0	0	0	0
40 岡山	0	0	0	0	0	0	0	0	0	0	0	0	0
41 広島	0	0	0	0	0	0	0	0	0	0	0	0	0
42 山口	0	0	0	0	0	0	0	0	0	0	0	0	0
43 香川	0	0	0	0	0	0	0	0	0	0	0	0	0
44 愛媛	0	0	0	0	0	0	0	0	0	0	0	0	0
45 徳島	0	0	0	0	0	0	0	0	0	0	0	0	0
46 高知	0	0	0	0	0	0	0	0	0	0	0	0	0
47 福岡	0	0	0	0	0	0	0	0	0	0	0	0	0
48 佐賀	0	0	0	0	0	0	0	0	0	0	0	0	0
49 長崎	0	0	0	0	0	0	0	0	0	0	0	0	0
50 熊本	0	0	0	0	0	0	0	0	0	0	0	0	0
51 大分	0	0	0	0	0	0	0	0	0	0	0	0	0
52 宮崎	0	0	0	0	0	0	0	0	0	0	0	0	0
53 鹿児島	0	0	0	0	0	0	0	0	0	0	0	0	0
54 沖縄	0	0	0	0	0	0	0	0	0	0	0	0	0
55 全国	0	0	0	0	0	0	0	0	0	0	0	0	0

平成28年度　　　　　　　　　　　　　　　府県相互間輸送トン数表（鉄道）

品目　（3－11）石灰石　　　　　　（単位：トン）その 1

着／発	1 札幌	2 旭川	3 函館	4 室蘭	5 釧路	6 帯広	7 北見	8 北海道	9 青森	10 岩手	11 宮城	12 福島	13 秋田	14 山形
1 札幌	0	0	0	0	0	0	0	0	0	0	0	0	0	0
2 旭川	0	0	0	0	0	0	0	0	0	0	0	0	0	0
3 函館	0	0	0	0	0	0	0	0	0	0	0	0	0	0
4 室蘭	0	0	0	0	0	0	0	0	0	0	0	0	0	0
5 釧路	0	0	0	0	0	0	0	0	0	0	0	0	0	0
6 帯広	0	0	0	0	0	0	0	0	0	0	0	0	0	0
7 北見	0	0	0	0	0	0	0	0	0	0	0	0	0	0
8 北海道	0	0	0	0	0	0	0	0	0	0	0	0	0	0
9 青森	0	0	0	0	0	0	0	0	0	0	0	0	0	0
10 岩手	0	0	0	0	0	0	0	0	0	0	0	0	0	0
11 宮城	0	0	0	0	0	0	0	0	0	0	0	0	0	0
12 福島	0	0	0	0	0	0	0	0	0	0	0	0	0	0
13 秋田	0	0	0	0	0	0	0	0	0	0	0	0	0	0
14 山形	0	0	0	0	0	0	0	0	0	0	0	0	0	0
15 茨城	0	0	0	0	0	0	0	0	0	0	0	0	0	0
16 栃木	0	0	0	0	0	0	0	0	0	0	0	0	0	0
17 群馬	0	0	0	0	0	0	0	0	0	0	0	0	0	0
18 埼玉	0	0	0	0	0	0	0	0	0	0	0	0	0	0
19 千葉	0	0	0	0	0	0	0	0	0	0	0	0	0	0
20 東京	0	0	0	0	0	0	0	0	0	0	0	0	0	0
21 神奈川	0	0	0	0	0	0	0	0	0	0	0	0	0	0
22 新潟	0	0	0	0	0	0	0	0	0	0	0	0	0	0
23 富山	0	0	0	0	0	0	0	0	0	0	0	0	0	0
24 石川	0	0	0	0	0	0	0	0	0	0	0	0	0	0
25 福井	0	0	0	0	0	0	0	0	0	0	0	0	0	0
26 山梨	0	0	0	0	0	0	0	0	0	0	0	0	0	0
27 長野	0	0	0	0	0	0	0	0	0	0	0	0	0	0
28 静岡	0	0	0	0	0	0	0	0	0	0	0	0	0	0
29 岐阜	0	0	0	0	0	0	0	0	0	0	0	0	0	0
30 愛知	0	0	0	0	0	0	0	0	0	0	0	0	0	0
31 三重	0	0	0	0	0	0	0	0	0	0	0	0	0	0
32 滋賀	0	0	0	0	0	0	0	0	0	0	0	0	0	0
33 京都	0	0	0	0	0	0	0	0	0	0	0	0	0	0
34 奈良	0	0	0	0	0	0	0	0	0	0	0	0	0	0
35 和歌山	0	0	0	0	0	0	0	0	0	0	0	0	0	0
36 大阪	0	0	0	0	0	0	0	0	0	0	0	0	0	0
37 兵庫	0	0	0	0	0	0	0	0	0	0	0	0	0	0
38 鳥取	0	0	0	0	0	0	0	0	0	0	0	0	0	0
39 島根	0	0	0	0	0	0	0	0	0	0	0	0	0	0
40 岡山	0	0	0	0	0	0	0	0	0	0	0	0	0	0
41 広島	0	0	0	0	0	0	0	0	0	0	0	0	0	0
42 山口	0	0	0	0	0	0	0	0	0	0	0	0	0	0
43 香川	0	0	0	0	0	0	0	0	0	0	0	0	0	0
44 愛媛	0	0	0	0	0	0	0	0	0	0	0	0	0	0
45 徳島	0	0	0	0	0	0	0	0	0	0	0	0	0	0
46 高知	0	0	0	0	0	0	0	0	0	0	0	0	0	0
47 福岡	0	0	0	0	0	0	0	0	0	0	0	0	0	0
48 佐賀	0	0	0	0	0	0	0	0	0	0	0	0	0	0
49 長崎	0	0	0	0	0	0	0	0	0	0	0	0	0	0
50 熊本	0	0	0	0	0	0	0	0	0	0	0	0	0	0
51 大分	0	0	0	0	0	0	0	0	0	0	0	0	0	0
52 宮崎	0	0	0	0	0	0	0	0	0	0	0	0	0	0
53 鹿児島	0	0	0	0	0	0	0	0	0	0	0	0	0	0
54 沖縄	0	0	0	0	0	0	0	0	0	0	0	0	0	0
55 全国	0	0	0	0	0	0	0	0	0	0	0	0	0	0

平成28年度　　　　　　　　　　　　　　　府県相互間輸送トン数表（鉄道）

品目　（3－11）石灰石　　　　　　（単位：トン）その 2

着／発	15 茨城	16 栃木	17 群馬	18 埼玉	19 千葉	20 東京	21 神奈川	22 新潟	23 富山	24 石川	25 福井	26 山梨	27 長野	28 静岡
1 札幌	0	0	0	0	0	0	0	0	0	0	0	0	0	0
2 旭川	0	0	0	0	0	0	0	0	0	0	0	0	0	0
3 函館	0	0	0	0	0	0	0	0	0	0	0	0	0	0
4 室蘭	0	0	0	0	0	0	0	0	0	0	0	0	0	0
5 釧路	0	0	0	0	0	0	0	0	0	0	0	0	0	0
6 帯広	0	0	0	0	0	0	0	0	0	0	0	0	0	0
7 北見	0	0	0	0	0	0	0	0	0	0	0	0	0	0
8 北海道	0	0	0	0	0	0	0	0	0	0	0	0	0	0
9 青森	0	0	0	0	0	0	0	0	0	0	0	0	0	0
10 岩手	0	0	0	0	0	0	0	0	0	0	0	0	0	0
11 宮城	0	0	0	0	0	0	0	0	0	0	0	0	0	0
12 福島	0	0	0	0	0	0	0	0	0	0	0	0	0	0
13 秋田	0	0	0	0	0	0	0	0	0	0	0	0	0	0
14 山形	0	0	0	0	0	0	0	0	0	0	0	0	0	0
15 茨城	0	0	0	0	0	0	0	0	0	0	0	0	0	0
16 栃木	0	0	0	0	0	0	0	0	0	0	0	0	0	0
17 群馬	0	0	0	0	0	0	0	0	0	0	0	0	0	0
18 埼玉	0	0	0	0	0	0	0	0	0	0	0	0	0	0
19 千葉	0	0	0	0	0	0	0	0	0	0	0	0	0	0
20 東京	0	0	0	0	0	0	0	0	0	0	0	0	0	0
21 神奈川	0	0	0	0	0	0	0	0	0	0	0	0	0	0
22 新潟	0	0	0	0	0	0	0	0	0	0	0	0	0	0
23 富山	0	0	0	0	0	0	0	0	0	0	0	0	0	0
24 石川	0	0	0	0	0	0	0	0	0	0	0	0	0	0
25 福井	0	0	0	0	0	0	0	0	0	0	0	0	0	0
26 山梨	0	0	0	0	0	0	0	0	0	0	0	0	0	0
27 長野	0	0	0	0	0	0	0	0	0	0	0	0	0	0
28 静岡	0	0	0	0	0	0	0	0	0	0	0	0	0	0
29 岐阜	0	0	0	0	0	0	0	0	0	0	0	0	0	0
30 愛知	0	0	0	0	0	0	0	0	0	0	0	0	0	0
31 三重	0	0	0	0	0	0	0	0	0	0	0	0	0	0
32 滋賀	0	0	0	0	0	0	0	0	0	0	0	0	0	0
33 京都	0	0	0	0	0	0	0	0	0	0	0	0	0	0
34 奈良	0	0	0	0	0	0	0	0	0	0	0	0	0	0
35 和歌山	0	0	0	0	0	0	0	0	0	0	0	0	0	0
36 大阪	0	0	0	0	0	0	0	0	0	0	0	0	0	0
37 兵庫	0	0	0	0	0	0	0	0	0	0	0	0	0	0
38 鳥取	0	0	0	0	0	0	0	0	0	0	0	0	0	0
39 島根	0	0	0	0	0	0	0	0	0	0	0	0	0	0
40 岡山	0	0	0	0	0	0	0	0	0	0	0	0	0	0
41 広島	0	0	0	0	0	0	0	0	0	0	0	0	0	0
42 山口	0	0	0	0	0	0	0	0	0	0	0	0	0	0
43 香川	0	0	0	0	0	0	0	0	0	0	0	0	0	0
44 愛媛	0	0	0	0	0	0	0	0	0	0	0	0	0	0
45 徳島	0	0	0	0	0	0	0	0	0	0	0	0	0	0
46 高知	0	0	0	0	0	0	0	0	0	0	0	0	0	0
47 福岡	0	0	0	0	0	0	0	0	0	0	0	0	0	0
48 佐賀	0	0	0	0	0	0	0	0	0	0	0	0	0	0
49 長崎	0	0	0	0	0	0	0	0	0	0	0	0	0	0
50 熊本	0	0	0	0	0	0	0	0	0	0	0	0	0	0
51 大分	0	0	0	0	0	0	0	0	0	0	0	0	0	0
52 宮崎	0	0	0	0	0	0	0	0	0	0	0	0	0	0
53 鹿児島	0	0	0	0	0	0	0	0	0	0	0	0	0	0
54 沖縄	0	0	0	0	0	0	0	0	0	0	0	0	0	0
55 全国	0	0	0	0	0	0	0	0	0	0	0	0	0	0

平成28年度　　　　　　　　　　　　　府県相互間輸送トン数表（鉄道）　　　　　　　　　品目　（3-11）石灰石　　　（単位：トン）その　3

着\発	29 岐阜	30 愛知	31 三重	32 滋賀	33 京都	34 奈良	35 和歌山	36 大阪	37 兵庫	38 鳥取	39 島根	40 岡山	41 広島	42 山口
1 札幌	0	0	0	0	0	0	0	0	0	0	0	0	0	0
2 旭川	0	0	0	0	0	0	0	0	0	0	0	0	0	0
3 函館	0	0	0	0	0	0	0	0	0	0	0	0	0	0
4 室蘭	0	0	0	0	0	0	0	0	0	0	0	0	0	0
5 釧路	0	0	0	0	0	0	0	0	0	0	0	0	0	0
6 帯広	0	0	0	0	0	0	0	0	0	0	0	0	0	0
7 北見	0	0	0	0	0	0	0	0	0	0	0	0	0	0
8 北海道	0	0	0	0	0	0	0	0	0	0	0	0	0	0
9 青森	0	0	0	0	0	0	0	0	0	0	0	0	0	0
10 岩手	0	0	0	0	0	0	0	0	0	0	0	0	0	0
11 宮城	0	0	0	0	0	0	0	0	0	0	0	0	0	0
12 福島	0	0	0	0	0	0	0	0	0	0	0	0	0	0
13 秋田	0	0	0	0	0	0	0	0	0	0	0	0	0	0
14 山形	0	0	0	0	0	0	0	0	0	0	0	0	0	0
15 茨城	0	0	0	0	0	0	0	0	0	0	0	0	0	0
16 栃木	0	0	0	0	0	0	0	0	0	0	0	0	0	0
17 群馬	0	0	0	0	0	0	0	0	0	0	0	0	0	0
18 埼玉	0	0	0	0	0	0	0	0	0	0	0	0	0	0
19 千葉	0	0	0	0	0	0	0	0	0	0	0	0	0	0
20 東京	0	0	0	0	0	0	0	0	0	0	0	0	0	0
21 神奈川	0	0	0	0	0	0	0	0	0	0	0	0	0	0
22 新潟	0	0	0	0	0	0	0	0	0	0	0	0	0	0
23 富山	0	0	0	0	0	0	0	0	0	0	0	0	0	0
24 石川	0	0	0	0	0	0	0	0	0	0	0	0	0	0
25 福井	0	0	0	0	0	0	0	0	0	0	0	0	0	0
26 山梨	0	0	0	0	0	0	0	0	0	0	0	0	0	0
27 長野	0	0	0	0	0	0	0	0	0	0	0	0	0	0
28 静岡	0	0	0	0	0	0	0	0	0	0	0	0	0	0
29 岐阜	0	654,432	0	0	0	0	0	0	0	0	0	0	0	0
30 愛知	0	0	0	0	0	0	0	0	0	0	0	0	0	0
31 三重	0	0	0	0	0	0	0	0	0	0	0	0	0	0
32 滋賀	0	0	0	0	0	0	0	0	0	0	0	0	0	0
33 京都	0	0	0	0	0	0	0	0	0	0	0	0	0	0
34 奈良	0	0	0	0	0	0	0	0	0	0	0	0	0	0
35 和歌山	0	0	0	0	0	0	0	0	0	0	0	0	0	0
36 大阪	0	0	0	0	0	0	0	0	0	0	0	0	0	0
37 兵庫	0	0	0	0	0	0	0	0	0	0	0	0	0	0
38 鳥取	0	0	0	0	0	0	0	0	0	0	0	0	0	0
39 島根	0	0	0	0	0	0	0	0	0	0	0	0	0	0
40 岡山	0	0	0	0	0	0	0	0	0	0	0	0	0	0
41 広島	0	0	0	0	0	0	0	0	0	0	0	0	0	0
42 山口	0	0	0	0	0	0	0	0	0	0	0	0	0	0
43 香川	0	0	0	0	0	0	0	0	0	0	0	0	0	0
44 愛媛	0	0	0	0	0	0	0	0	0	0	0	0	0	0
45 徳島	0	0	0	0	0	0	0	0	0	0	0	0	0	0
46 高知	0	0	0	0	0	0	0	0	0	0	0	0	0	0
47 福岡	0	0	0	0	0	0	0	0	0	0	0	0	0	0
48 佐賀	0	0	0	0	0	0	0	0	0	0	0	0	0	0
49 長崎	0	0	0	0	0	0	0	0	0	0	0	0	0	0
50 熊本	0	0	0	0	0	0	0	0	0	0	0	0	0	0
51 大分	0	0	0	0	0	0	0	0	0	0	0	0	0	0
52 宮崎	0	0	0	0	0	0	0	0	0	0	0	0	0	0
53 鹿児島	0	0	0	0	0	0	0	0	0	0	0	0	0	0
54 沖縄	0	0	0	0	0	0	0	0	0	0	0	0	0	0
55 全国	0	654,432	0	0	0	0	0	0	0	0	0	0	0	0

平成28年度　　　　　　　　　　　　　府県相互間輸送トン数表（鉄道）　　　　　　　　　品目　（3-11）石灰石　　　（単位：トン）その　4

着\発	43 香川	44 愛媛	45 徳島	46 高知	47 福岡	48 佐賀	49 長崎	50 熊本	51 大分	52 宮崎	53 鹿児島	54 沖縄	55 全国
1 札幌	0	0	0	0	0	0	0	0	0	0	0	0	0
2 旭川	0	0	0	0	0	0	0	0	0	0	0	0	0
3 函館	0	0	0	0	0	0	0	0	0	0	0	0	0
4 室蘭	0	0	0	0	0	0	0	0	0	0	0	0	0
5 釧路	0	0	0	0	0	0	0	0	0	0	0	0	0
6 帯広	0	0	0	0	0	0	0	0	0	0	0	0	0
7 北見	0	0	0	0	0	0	0	0	0	0	0	0	0
8 北海道	0	0	0	0	0	0	0	0	0	0	0	0	0
9 青森	0	0	0	0	0	0	0	0	0	0	0	0	0
10 岩手	0	0	0	0	0	0	0	0	0	0	0	0	0
11 宮城	0	0	0	0	0	0	0	0	0	0	0	0	0
12 福島	0	0	0	0	0	0	0	0	0	0	0	0	0
13 秋田	0	0	0	0	0	0	0	0	0	0	0	0	0
14 山形	0	0	0	0	0	0	0	0	0	0	0	0	0
15 茨城	0	0	0	0	0	0	0	0	0	0	0	0	0
16 栃木	0	0	0	0	0	0	0	0	0	0	0	0	0
17 群馬	0	0	0	0	0	0	0	0	0	0	0	0	0
18 埼玉	0	0	0	0	0	0	0	0	0	0	0	0	0
19 千葉	0	0	0	0	0	0	0	0	0	0	0	0	0
20 東京	0	0	0	0	0	0	0	0	0	0	0	0	0
21 神奈川	0	0	0	0	0	0	0	0	0	0	0	0	0
22 新潟	0	0	0	0	0	0	0	0	0	0	0	0	0
23 富山	0	0	0	0	0	0	0	0	0	0	0	0	0
24 石川	0	0	0	0	0	0	0	0	0	0	0	0	0
25 福井	0	0	0	0	0	0	0	0	0	0	0	0	0
26 山梨	0	0	0	0	0	0	0	0	0	0	0	0	0
27 長野	0	0	0	0	0	0	0	0	0	0	0	0	0
28 静岡	0	0	0	0	0	0	0	0	0	0	0	0	0
29 岐阜	0	0	0	0	0	0	0	0	0	0	0	0	654,432
30 愛知	0	0	0	0	0	0	0	0	0	0	0	0	0
31 三重	0	0	0	0	0	0	0	0	0	0	0	0	0
32 滋賀	0	0	0	0	0	0	0	0	0	0	0	0	0
33 京都	0	0	0	0	0	0	0	0	0	0	0	0	0
34 奈良	0	0	0	0	0	0	0	0	0	0	0	0	0
35 和歌山	0	0	0	0	0	0	0	0	0	0	0	0	0
36 大阪	0	0	0	0	0	0	0	0	0	0	0	0	0
37 兵庫	0	0	0	0	0	0	0	0	0	0	0	0	0
38 鳥取	0	0	0	0	0	0	0	0	0	0	0	0	0
39 島根	0	0	0	0	0	0	0	0	0	0	0	0	0
40 岡山	0	0	0	0	0	0	0	0	0	0	0	0	0
41 広島	0	0	0	0	0	0	0	0	0	0	0	0	0
42 山口	0	0	0	0	0	0	0	0	0	0	0	0	0
43 香川	0	0	0	0	0	0	0	0	0	0	0	0	0
44 愛媛	0	0	0	0	0	0	0	0	0	0	0	0	0
45 徳島	0	0	0	0	0	0	0	0	0	0	0	0	0
46 高知	0	0	0	0	0	0	0	0	0	0	0	0	0
47 福岡	0	0	0	0	0	0	0	0	0	0	0	0	0
48 佐賀	0	0	0	0	0	0	0	0	0	0	0	0	0
49 長崎	0	0	0	0	0	0	0	0	0	0	0	0	0
50 熊本	0	0	0	0	0	0	0	0	0	0	0	0	0
51 大分	0	0	0	0	0	0	0	0	0	0	0	0	0
52 宮崎	0	0	0	0	0	0	0	0	0	0	0	0	0
53 鹿児島	0	0	0	0	0	0	0	0	0	0	0	0	0
54 沖縄	0	0	0	0	0	0	0	0	0	0	0	0	0
55 全国	0	0	0	0	0	0	0	0	0	0	0	0	654,432

平成28年度　　　　　　　　　　　　　　　　　府県相互間輸送トン数表（鉄道）
品目　（3－12）その他の非金属鉱　　　　　（単位：トン）その1

着／発	1 札幌	2 旭川	3 函館	4 室蘭	5 釧路	6 帯広	7 北見	8 北海道	9 青森	10 岩手	11 宮城	12 福島	13 秋田	14 山形
1 札幌	0	0	0	0	0	0	0	0	0	0	0	0	0	0
2 旭川	0	0	0	0	0	0	0	0	0	0	0	0	0	0
3 函館	0	0	0	0	0	0	0	0	0	0	0	0	0	0
4 室蘭	0	0	0	0	0	0	0	0	0	0	0	0	0	0
5 釧路	0	0	0	0	0	0	0	0	0	0	0	0	0	0
6 帯広	0	0	0	0	0	0	0	0	0	0	0	0	0	0
7 北見	0	0	0	0	0	0	0	0	0	0	0	0	0	0
8 北海道	0	0	0	0	0	0	0	0	0	0	0	0	0	0
9 青森	0	0	0	0	0	0	0	0	0	0	0	0	0	0
10 岩手	0	0	0	0	0	0	0	0	0	0	0	0	0	0
11 宮城	0	0	0	0	0	0	0	0	0	0	0	0	0	0
12 福島	0	0	0	0	0	0	0	0	0	0	0	0	0	0
13 秋田	0	0	0	0	0	0	0	0	0	0	0	0	0	0
14 山形	0	0	0	0	0	0	0	0	0	0	0	0	0	0
15 茨城	0	0	0	0	0	0	0	0	0	0	0	0	0	0
16 栃木	0	0	0	0	0	0	0	0	0	0	0	0	0	0
17 群馬	0	0	0	0	0	0	0	0	0	0	0	0	0	0
18 埼玉	0	0	0	0	0	0	0	0	0	0	0	0	0	0
19 千葉	0	0	0	0	0	0	0	0	0	0	0	0	0	0
20 東京	0	0	0	0	0	0	0	0	0	0	0	0	0	0
21 神奈川	0	0	0	0	0	0	0	0	0	0	0	0	0	0
22 新潟	0	0	0	0	0	0	0	0	0	0	0	0	0	0
23 富山	0	0	0	0	0	0	0	0	0	0	0	0	0	0
24 石川	0	0	0	0	0	0	0	0	0	0	0	0	0	0
25 福井	0	0	0	0	0	0	0	0	0	0	0	0	0	0
26 山梨	0	0	0	0	0	0	0	0	0	0	0	0	0	0
27 長野	0	0	0	0	0	0	0	0	0	0	0	0	0	0
28 静岡	0	0	0	0	0	0	0	0	0	0	0	0	0	0
29 岐阜	0	0	0	0	0	0	0	0	0	0	0	0	0	0
30 愛知	0	0	0	0	0	0	0	0	0	0	0	0	0	0
31 三重	0	0	0	0	0	0	0	0	0	0	0	0	0	0
32 滋賀	0	0	0	0	0	0	0	0	0	0	0	0	0	0
33 京都	0	0	0	0	0	0	0	0	0	0	0	0	0	0
34 奈良	0	0	0	0	0	0	0	0	0	0	0	0	0	0
35 和歌山	0	0	0	0	0	0	0	0	0	0	0	0	0	0
36 大阪	0	0	0	0	0	0	0	0	0	0	0	0	0	0
37 兵庫	0	0	0	0	0	0	0	0	0	0	0	0	0	0
38 鳥取	0	0	0	0	0	0	0	0	0	0	0	0	0	0
39 島根	0	0	0	0	0	0	0	0	0	0	0	0	0	0
40 岡山	0	0	0	0	0	0	0	0	0	0	0	0	0	0
41 広島	0	0	0	0	0	0	0	0	0	0	0	0	0	0
42 山口	0	0	0	0	0	0	0	0	0	0	0	0	0	0
43 香川	0	0	0	0	0	0	0	0	0	0	0	0	0	0
44 愛媛	0	0	0	0	0	0	0	0	0	0	0	0	0	0
45 徳島	0	0	0	0	0	0	0	0	0	0	0	0	0	0
46 高知	0	0	0	0	0	0	0	0	0	0	0	0	0	0
47 福岡	0	0	0	0	0	0	0	0	0	0	0	0	0	0
48 佐賀	0	0	0	0	0	0	0	0	0	0	0	0	0	0
49 長崎	0	0	0	0	0	0	0	0	0	0	0	0	0	0
50 熊本	0	0	0	0	0	0	0	0	0	0	0	0	0	0
51 大分	0	0	0	0	0	0	0	0	0	0	0	0	0	0
52 宮崎	0	0	0	0	0	0	0	0	0	0	0	0	0	0
53 鹿児島	0	0	0	0	0	0	0	0	0	0	0	0	0	0
54 沖縄	0	0	0	0	0	0	0	0	0	0	0	0	0	0
55 全国	0	0	0	0	0	0	0	0	0	0	0	0	0	0

平成28年度　　　　　　　　　　　　　　　　　府県相互間輸送トン数表（鉄道）
品目　（3－12）その他の非金属鉱　　　　　（単位：トン）その2

着／発	15 茨城	16 栃木	17 群馬	18 埼玉	19 千葉	20 東京	21 神奈川	22 新潟	23 富山	24 石川	25 福井	26 山梨	27 長野	28 静岡
1 札幌	0	0	0	0	0	0	0	0	0	0	0	0	0	0
2 旭川	0	0	0	0	0	0	0	0	0	0	0	0	0	0
3 函館	0	0	0	0	0	0	0	0	0	0	0	0	0	0
4 室蘭	0	0	0	0	0	0	0	0	0	0	0	0	0	0
5 釧路	0	0	0	0	0	0	0	0	0	0	0	0	0	0
6 帯広	0	0	0	0	0	0	0	0	0	0	0	0	0	0
7 北見	0	0	0	0	0	0	0	0	0	0	0	0	0	0
8 北海道	0	0	0	0	0	0	0	0	0	0	0	0	0	0
9 青森	0	0	0	0	0	0	0	0	0	0	0	0	0	0
10 岩手	0	0	0	0	0	0	0	0	0	0	0	0	0	0
11 宮城	0	0	0	0	0	0	0	0	0	0	0	0	0	0
12 福島	0	0	0	0	0	0	0	0	0	0	0	0	0	0
13 秋田	0	0	0	0	0	0	0	0	0	0	0	0	0	0
14 山形	0	0	0	0	0	0	0	0	0	0	0	0	0	0
15 茨城	0	0	0	0	0	0	0	0	0	0	0	0	0	0
16 栃木	0	0	0	0	0	0	0	0	0	0	0	0	0	0
17 群馬	0	0	0	0	0	0	0	0	0	0	0	0	0	0
18 埼玉	0	0	0	0	0	0	0	0	0	0	0	0	0	0
19 千葉	0	0	0	0	0	0	0	0	0	0	0	0	0	0
20 東京	0	0	0	0	0	0	0	0	0	0	0	0	0	0
21 神奈川	0	129	0	0	0	43	0	0	0	0	0	0	129	0
22 新潟	0	0	0	0	0	0	0	0	0	0	0	0	0	0
23 富山	0	0	0	0	0	0	0	0	0	0	0	0	0	0
24 石川	0	0	0	0	0	0	0	0	0	0	0	0	0	0
25 福井	0	0	0	0	0	0	0	0	0	0	0	0	0	0
26 山梨	0	0	0	0	0	0	0	0	0	0	0	0	0	0
27 長野	0	0	0	0	0	0	0	0	0	0	0	0	0	0
28 静岡	0	0	0	0	0	0	0	0	0	0	0	0	0	0
29 岐阜	0	0	0	0	0	0	0	0	0	0	0	0	0	0
30 愛知	0	0	0	0	0	0	0	0	0	0	0	0	0	0
31 三重	0	0	0	0	0	0	0	0	0	0	0	0	0	0
32 滋賀	0	0	0	0	0	0	0	0	0	0	0	0	0	0
33 京都	0	0	0	0	0	0	0	0	0	0	0	0	0	0
34 奈良	0	0	0	0	0	0	0	0	0	0	0	0	0	0
35 和歌山	0	0	0	0	0	0	0	0	0	0	0	0	0	0
36 大阪	0	0	0	0	0	0	0	0	0	0	0	0	0	0
37 兵庫	0	0	0	0	0	0	0	0	0	0	0	0	0	0
38 鳥取	0	0	0	0	0	0	0	0	0	0	0	0	0	0
39 島根	0	0	0	0	0	0	0	0	0	0	0	0	0	0
40 岡山	0	0	0	0	0	0	0	0	0	0	0	0	0	0
41 広島	0	0	0	0	0	0	0	0	0	0	0	0	0	0
42 山口	0	0	0	0	0	0	0	0	0	0	0	0	0	0
43 香川	0	0	0	0	0	0	0	0	0	0	0	0	0	0
44 愛媛	0	0	0	0	0	0	0	0	0	0	0	0	0	0
45 徳島	0	0	0	0	0	0	0	0	0	0	0	0	0	0
46 高知	0	0	0	0	0	0	0	0	0	0	0	0	0	0
47 福岡	0	0	0	0	0	0	0	0	0	0	0	0	0	0
48 佐賀	0	0	0	0	0	0	0	0	0	0	0	0	0	0
49 長崎	0	0	0	0	0	0	0	0	0	0	0	0	0	0
50 熊本	0	0	0	0	0	0	0	0	0	0	0	0	0	0
51 大分	0	0	0	0	0	0	0	0	0	0	0	0	0	0
52 宮崎	0	0	0	0	0	0	0	0	0	0	0	0	0	0
53 鹿児島	0	0	0	0	0	0	0	0	0	0	0	0	0	0
54 沖縄	0	0	0	0	0	0	0	0	0	0	0	0	0	0
55 全国	0	129	0	0	0	43	0	0	0	0	0	0	129	0

平成28年度　　　　　　　　　　　　　　　　府県相互間輸送トン数表（鉄道）

品目　（3－12）その他の非金属鉱　　（単位：トン）　その　3

発＼着	29 岐阜	30 愛知	31 三重	32 滋賀	33 京都	34 奈良	35 和歌山	36 大阪	37 兵庫	38 鳥取	39 島根	40 岡山	41 広島	42 山口
1 札幌	0	0	0	0	0	0	0	0	0	0	0	0	0	0
2 旭川	0	0	0	0	0	0	0	0	0	0	0	0	0	0
3 函館	0	0	0	0	0	0	0	0	0	0	0	0	0	0
4 室蘭	0	0	0	0	0	0	0	0	0	0	0	0	0	0
5 釧路	0	0	0	0	0	0	0	0	0	0	0	0	0	0
6 帯広	0	0	0	0	0	0	0	0	0	0	0	0	0	0
7 北見	0	0	0	0	0	0	0	0	0	0	0	0	0	0
8 北海道	0	0	0	0	0	0	0	0	0	0	0	0	0	0
9 青森	0	0	0	0	0	0	0	0	0	0	0	0	0	0
10 岩手	0	0	0	0	0	0	0	0	0	0	0	0	0	0
11 宮城	0	0	0	0	0	0	0	0	0	0	0	0	0	0
12 福島	0	0	0	0	0	0	0	0	0	0	0	0	0	0
13 秋田	0	0	0	0	0	0	0	0	0	0	0	0	0	0
14 山形	0	0	0	0	0	0	0	0	0	0	0	0	0	0
15 茨城	0	0	0	0	0	0	0	0	0	0	0	0	0	0
16 栃木	0	0	0	0	0	0	0	0	0	0	0	0	0	0
17 群馬	0	0	0	0	0	0	0	0	0	0	0	0	0	0
18 埼玉	0	0	0	0	0	0	0	0	0	0	0	0	0	0
19 千葉	0	0	0	0	0	0	0	0	0	0	0	0	0	0
20 東京	0	0	0	0	0	0	0	0	0	0	0	0	0	0
21 神奈川	0	0	0	0	0	0	0	0	0	0	0	0	0	0
22 新潟	0	0	0	0	0	0	0	0	0	0	0	0	0	0
23 富山	0	0	0	0	0	0	0	0	0	0	0	0	0	0
24 石川	0	0	0	0	0	0	0	0	0	0	0	0	0	0
25 福井	0	0	0	0	0	0	0	0	0	0	0	0	0	0
26 山梨	0	0	0	0	0	0	0	0	0	0	0	0	0	0
27 長野	0	0	0	0	0	0	0	0	0	0	0	0	0	0
28 静岡	0	0	0	0	0	0	0	0	0	0	0	0	0	0
29 岐阜	0	0	0	0	0	0	0	0	0	0	0	0	0	0
30 愛知	0	0	0	0	0	0	0	0	0	0	0	0	0	0
31 三重	0	0	0	0	0	0	0	0	0	0	0	0	0	0
32 滋賀	0	0	0	0	0	0	0	0	0	0	0	0	0	0
33 京都	0	0	0	0	0	0	0	0	0	0	0	0	0	0
34 奈良	0	0	0	0	0	0	0	0	0	0	0	0	0	0
35 和歌山	0	0	0	0	0	0	0	0	0	0	0	0	0	0
36 大阪	0	0	0	0	0	0	0	0	0	0	0	0	0	0
37 兵庫	0	0	0	0	0	0	0	0	0	0	0	0	0	0
38 鳥取	0	0	0	0	0	0	0	0	0	0	0	0	0	0
39 島根	0	0	0	0	0	0	0	0	0	0	0	0	0	0
40 岡山	0	0	0	0	0	0	0	0	0	0	0	0	0	0
41 広島	0	0	0	0	0	0	0	0	0	0	0	0	0	0
42 山口	0	0	0	0	0	0	0	0	0	0	0	0	0	0
43 香川	0	0	0	0	0	0	0	0	0	0	0	0	0	0
44 愛媛	0	0	0	0	0	0	0	0	0	0	0	0	0	0
45 徳島	0	0	0	0	0	0	0	0	0	0	0	0	0	0
46 高知	0	0	0	0	0	0	0	0	0	0	0	0	0	0
47 福岡	0	0	0	0	0	0	0	0	0	0	0	0	0	0
48 佐賀	0	0	0	0	0	0	0	0	0	0	0	0	0	0
49 長崎	0	0	0	0	0	0	0	0	0	0	0	0	0	0
50 熊本	0	0	0	0	0	0	0	0	0	0	0	0	0	0
51 大分	0	0	0	0	0	0	0	0	0	0	0	0	0	0
52 宮崎	0	0	0	0	0	0	0	0	0	0	0	0	0	0
53 鹿児島	0	0	0	0	0	0	0	0	0	0	0	0	0	0
54 沖縄	0	0	0	0	0	0	0	0	0	0	0	0	0	0
55 全国	0	0	0	0	0	0	0	0	0	0	0	0	0	0

平成28年度　　　　　　　　　　　　　　　　府県相互間輸送トン数表（鉄道）

品目　（3－12）その他の非金属鉱　　（単位：トン）　その　4

発＼着	43 香川	44 愛媛	45 徳島	46 高知	47 福岡	48 佐賀	49 長崎	50 熊本	51 大分	52 宮崎	53 鹿児島	54 沖縄	55 全国
1 札幌	0	0	0	0	0	0	0	0	0	0	0	0	0
2 旭川	0	0	0	0	0	0	0	0	0	0	0	0	0
3 函館	0	0	0	0	0	0	0	0	0	0	0	0	0
4 室蘭	0	0	0	0	0	0	0	0	0	0	0	0	0
5 釧路	0	0	0	0	0	0	0	0	0	0	0	0	0
6 帯広	0	0	0	0	0	0	0	0	0	0	0	0	0
7 北見	0	0	0	0	0	0	0	0	0	0	0	0	0
8 北海道	0	0	0	0	0	0	0	0	0	0	0	0	0
9 青森	0	0	0	0	0	0	0	0	0	0	0	0	0
10 岩手	0	0	0	0	0	0	0	0	0	0	0	0	0
11 宮城	0	0	0	0	0	0	0	0	0	0	0	0	0
12 福島	0	0	0	0	0	0	0	0	0	0	0	0	0
13 秋田	0	0	0	0	0	0	0	0	0	0	0	0	0
14 山形	0	0	0	0	0	0	0	0	0	0	0	0	0
15 茨城	0	0	0	0	0	0	0	0	0	0	0	0	0
16 栃木	0	0	0	0	0	0	0	0	0	0	0	0	0
17 群馬	0	0	0	0	0	0	0	0	0	0	0	0	0
18 埼玉	0	0	0	0	0	0	0	0	0	0	0	0	0
19 千葉	0	0	0	0	0	0	0	0	0	0	0	0	0
20 東京	0	0	0	0	0	0	0	0	0	0	0	0	0
21 神奈川	0	0	0	0	0	0	0	0	0	0	0	0	301
22 新潟	0	0	0	0	0	0	0	0	0	0	0	0	0
23 富山	0	0	0	0	0	0	0	0	0	0	0	0	0
24 石川	0	0	0	0	0	0	0	0	0	0	0	0	0
25 福井	0	0	0	0	0	0	0	0	0	0	0	0	0
26 山梨	0	0	0	0	0	0	0	0	0	0	0	0	0
27 長野	0	0	0	0	0	0	0	0	0	0	0	0	0
28 静岡	0	0	0	0	0	0	0	0	0	0	0	0	0
29 岐阜	0	0	0	0	0	0	0	0	0	0	0	0	0
30 愛知	0	0	0	0	0	0	0	0	0	0	0	0	0
31 三重	0	0	0	0	0	0	0	0	0	0	0	0	0
32 滋賀	0	0	0	0	0	0	0	0	0	0	0	0	0
33 京都	0	0	0	0	0	0	0	0	0	0	0	0	0
34 奈良	0	0	0	0	0	0	0	0	0	0	0	0	0
35 和歌山	0	0	0	0	0	0	0	0	0	0	0	0	0
36 大阪	0	0	0	0	0	0	0	0	0	0	0	0	0
37 兵庫	0	0	0	0	0	0	0	0	0	0	0	0	0
38 鳥取	0	0	0	0	0	0	0	0	0	0	0	0	0
39 島根	0	0	0	0	0	0	0	0	0	0	0	0	0
40 岡山	0	0	0	0	0	0	0	0	0	0	0	0	0
41 広島	0	0	0	0	0	0	0	0	0	0	0	0	0
42 山口	0	0	0	0	0	0	0	0	0	0	0	0	0
43 香川	0	0	0	0	0	0	0	0	0	0	0	0	0
44 愛媛	0	0	0	0	0	0	0	0	0	0	0	0	0
45 徳島	0	0	0	0	0	0	0	0	0	0	0	0	0
46 高知	0	0	0	0	0	0	0	0	0	0	0	0	0
47 福岡	0	0	0	0	0	0	0	0	0	0	0	0	0
48 佐賀	0	0	0	0	0	0	0	0	0	0	0	0	0
49 長崎	0	0	0	0	0	0	0	0	0	0	0	0	0
50 熊本	0	0	0	0	0	0	0	0	0	0	0	0	0
51 大分	0	0	0	0	0	0	0	0	0	0	0	0	0
52 宮崎	0	0	0	0	0	0	0	0	0	0	0	0	0
53 鹿児島	0	0	0	0	0	0	0	0	0	0	0	0	0
54 沖縄	0	0	0	0	0	0	0	0	0	0	0	0	0
55 全国	0	0	0	0	0	0	0	0	0	0	0	0	301

平成28年度　　　　　　　　　　　　　　府県相互間輸送トン数表（鉄道）　　　　　　　　　品目（4-13）鉄鋼　　　　（単位：トン）　その1

着／発	1 札幌	2 旭川	3 函館	4 室蘭	5 釧路	6 帯広	7 北見	8 北海道	9 青森	10 岩手	11 宮城	12 福島	13 秋田	14 山形
1 札幌	0	0	0	0	0	0	0	0	0	0	0	0	0	0
2 旭川	0	0	0	0	0	0	0	0	0	0	0	0	0	0
3 函館	0	0	0	0	0	0	0	0	0	0	0	0	0	0
4 室蘭	0	0	0	0	0	0	0	0	0	0	0	0	0	0
5 釧路	0	0	0	0	0	0	0	0	0	0	0	0	0	0
6 帯広	0	0	0	0	0	0	0	0	0	0	0	0	0	0
7 北見	0	0	0	0	0	0	0	0	0	0	0	0	0	0
8 北海道	0	0	0	0	0	0	0	0	0	0	0	0	0	0
9 青森	0	0	0	0	0	0	0	0	0	0	0	0	0	0
10 岩手	0	0	0	0	0	0	0	0	0	0	0	0	0	0
11 宮城	0	0	0	0	0	0	0	0	0	0	8,676	0	0	0
12 福島	0	0	0	0	0	0	0	0	0	0	0	0	0	0
13 秋田	0	0	0	0	0	0	0	0	0	0	0	0	0	0
14 山形	0	0	0	0	0	0	0	0	0	0	0	0	0	0
15 茨城	0	0	0	0	0	0	0	0	0	0	0	0	0	0
16 栃木	0	0	0	0	0	0	0	0	0	0	0	0	0	0
17 群馬	0	0	0	0	0	0	0	0	0	0	0	0	0	0
18 埼玉	0	0	0	0	0	0	0	0	0	0	0	0	0	0
19 千葉	0	0	0	0	0	0	0	0	0	0	0	0	0	0
20 東京	0	0	0	0	0	0	0	0	0	0	0	0	0	0
21 神奈川	0	0	0	0	0	0	0	0	0	0	0	0	0	0
22 新潟	0	0	0	0	0	0	0	0	0	0	0	0	0	0
23 富山	0	0	0	0	0	0	0	0	0	0	0	0	0	0
24 石川	0	0	0	0	0	0	0	0	0	0	0	0	0	0
25 福井	0	0	0	0	0	0	0	0	0	0	0	0	0	0
26 山梨	0	0	0	0	0	0	0	0	0	0	0	0	0	0
27 長野	0	0	0	0	0	0	0	0	0	0	0	0	0	0
28 静岡	0	0	0	0	0	0	0	0	0	0	0	0	0	0
29 岐阜	0	0	0	0	0	0	0	0	0	0	0	0	0	0
30 愛知	0	0	0	0	0	0	0	0	0	0	0	0	0	0
31 三重	0	0	0	0	0	0	0	0	0	0	0	0	0	0
32 滋賀	0	0	0	0	0	0	0	0	0	0	0	0	0	0
33 京都	0	0	0	0	0	0	0	0	0	0	0	0	0	0
34 奈良	0	0	0	0	0	0	0	0	0	0	0	0	0	0
35 和歌山	0	0	0	0	0	0	0	0	0	0	0	0	0	0
36 大阪	0	0	0	0	0	0	0	0	0	0	0	0	0	0
37 兵庫	0	0	0	0	0	0	0	0	0	0	0	0	0	0
38 鳥取	0	0	0	0	0	0	0	0	0	0	0	0	0	0
39 島根	0	0	0	0	0	0	0	0	0	0	0	0	0	0
40 岡山	0	0	0	0	0	0	0	0	0	0	0	0	0	0
41 広島	0	0	0	0	0	0	0	0	0	0	0	0	0	0
42 山口	0	0	0	0	0	0	0	0	0	0	0	0	0	0
43 香川	0	0	0	0	0	0	0	0	0	0	0	0	0	0
44 愛媛	0	0	0	0	0	0	0	0	0	0	0	0	0	0
45 徳島	0	0	0	0	0	0	0	0	0	0	0	0	0	0
46 高知	0	0	0	0	0	0	0	0	0	0	0	0	0	0
47 福岡	0	0	0	0	0	0	0	0	0	0	0	0	0	0
48 佐賀	0	0	0	0	0	0	0	0	0	0	0	0	0	0
49 長崎	0	0	0	0	0	0	0	0	0	0	0	0	0	0
50 熊本	0	0	0	0	0	0	0	0	0	0	0	0	0	0
51 大分	0	0	0	0	0	0	0	0	0	0	0	0	0	0
52 宮崎	0	0	0	0	0	0	0	0	0	0	0	0	0	0
53 鹿児島	0	0	0	0	0	0	0	0	0	0	0	0	0	0
54 沖縄	0	0	0	0	0	0	0	0	0	0	0	0	0	0
55 全国	0	0	0	0	0	0	0	0	0	0	8,676	0	0	0

平成28年度　　　　　　　　　　　　　　府県相互間輸送トン数表（鉄道）　　　　　　　　　品目（4-13）鉄鋼　　　　（単位：トン）　その2

着／発	15 茨城	16 栃木	17 群馬	18 埼玉	19 千葉	20 東京	21 神奈川	22 新潟	23 富山	24 石川	25 福井	26 山梨	27 長野	28 静岡
1 札幌	0	0	0	0	0	0	0	0	0	0	0	0	0	0
2 旭川	0	0	0	0	0	0	0	0	0	0	0	0	0	0
3 函館	0	0	0	0	0	0	0	0	0	0	0	0	0	0
4 室蘭	0	0	0	0	0	0	0	0	0	0	0	0	0	0
5 釧路	0	0	0	0	0	0	0	0	0	0	0	0	0	0
6 帯広	0	0	0	0	0	0	0	0	0	0	0	0	0	0
7 北見	0	0	0	0	0	0	0	0	0	0	0	0	0	0
8 北海道	0	0	0	0	0	0	0	0	0	0	0	0	0	0
9 青森	0	0	0	0	0	0	0	0	0	0	0	0	0	0
10 岩手	0	0	0	0	0	0	0	0	0	0	0	0	0	0
11 宮城	0	0	0	0	0	0	0	0	0	0	0	0	0	0
12 福島	0	0	0	0	0	0	0	0	0	0	0	0	0	0
13 秋田	0	0	0	0	0	0	0	0	0	0	0	0	0	0
14 山形	0	0	0	0	0	0	0	0	0	0	0	0	0	0
15 茨城	0	0	0	0	0	0	0	0	0	0	0	0	0	0
16 栃木	0	0	0	0	0	0	0	0	0	0	0	0	0	0
17 群馬	0	0	0	0	0	0	0	0	0	0	0	0	0	0
18 埼玉	0	0	0	0	0	0	0	0	0	0	0	0	0	0
19 千葉	0	0	0	0	0	0	0	0	0	0	0	0	0	0
20 東京	0	0	0	0	0	699	0	0	0	0	0	0	0	0
21 神奈川	0	0	0	0	0	0	0	0	0	0	0	0	0	0
22 新潟	0	0	0	0	0	0	0	0	0	0	0	0	0	0
23 富山	0	0	0	0	0	0	0	0	0	0	0	0	0	0
24 石川	0	0	0	0	0	0	0	0	0	0	0	0	0	0
25 福井	0	0	0	0	0	0	0	0	0	0	0	0	0	0
26 山梨	0	0	0	0	0	0	0	0	0	0	0	0	0	0
27 長野	0	0	0	0	0	0	0	0	0	0	0	0	0	0
28 静岡	0	0	0	0	0	0	0	0	0	0	0	0	0	0
29 岐阜	0	0	0	0	0	0	0	0	0	0	0	0	0	0
30 愛知	0	0	0	0	0	0	0	0	0	0	0	0	0	0
31 三重	0	0	0	0	0	0	0	0	0	0	0	0	0	0
32 滋賀	0	0	0	0	0	0	0	0	0	0	0	0	0	0
33 京都	0	0	0	0	0	0	0	0	0	0	0	0	0	0
34 奈良	0	0	0	0	0	0	0	0	0	0	0	0	0	0
35 和歌山	0	0	0	0	0	0	0	0	0	0	0	0	0	0
36 大阪	0	0	0	0	0	0	0	0	0	0	0	0	0	0
37 兵庫	0	0	0	0	0	0	0	0	0	0	0	0	0	0
38 鳥取	0	0	0	0	0	0	0	0	0	0	0	0	0	0
39 島根	0	0	0	0	0	0	0	0	0	0	0	0	0	0
40 岡山	0	0	0	0	0	0	0	0	0	0	0	0	0	0
41 広島	0	0	0	0	0	0	0	0	0	0	0	0	0	0
42 山口	0	0	0	0	0	0	0	0	0	0	0	0	0	0
43 香川	0	0	0	0	0	0	0	0	0	0	0	0	0	0
44 愛媛	0	0	0	0	0	0	0	0	0	0	0	0	0	0
45 徳島	0	0	0	0	0	0	0	0	0	0	0	0	0	0
46 高知	0	0	0	0	0	0	0	0	0	0	0	0	0	0
47 福岡	0	0	0	0	0	0	0	0	0	0	0	0	0	0
48 佐賀	0	0	0	0	0	0	0	0	0	0	0	0	0	0
49 長崎	0	0	0	0	0	0	0	0	0	0	0	0	0	0
50 熊本	0	0	0	0	0	0	0	0	0	0	0	0	0	0
51 大分	0	0	0	0	0	0	0	0	0	0	0	0	0	0
52 宮崎	0	0	0	0	0	0	0	0	0	0	0	0	0	0
53 鹿児島	0	0	0	0	0	0	0	0	0	0	0	0	0	0
54 沖縄	0	0	0	0	0	0	0	0	0	0	0	0	0	0
55 全国	0	0	0	0	0	699	0	0	0	0	0	0	0	0

平成28年度　　　　　　　　　　　　　　　　　　府県相互間輸送トン数表（鉄道）　　　　　　　　　　　　　　（単位：トン）
品目（4-13）鉄鋼　その 3

着／発	29 岐阜	30 愛知	31 三重	32 滋賀	33 京都	34 奈良	35 和歌山	36 大阪	37 兵庫	38 鳥取	39 島根	40 岡山	41 広島	42 山口
1 札幌	0	0	0	0	0	0	0	0	0	0	0	0	0	0
2 旭川	0	0	0	0	0	0	0	0	0	0	0	0	0	0
3 函館	0	0	0	0	0	0	0	0	0	0	0	0	0	0
4 室蘭	0	0	0	0	0	0	0	0	0	0	0	0	0	0
5 釧路	0	0	0	0	0	0	0	0	0	0	0	0	0	0
6 帯広	0	0	0	0	0	0	0	0	0	0	0	0	0	0
7 北見	0	0	0	0	0	0	0	0	0	0	0	0	0	0
8 北海道	0	0	0	0	0	0	0	0	0	0	0	0	0	0
9 青森	0	0	0	0	0	0	0	0	0	0	0	0	0	0
10 岩手	0	0	0	0	0	0	0	0	0	0	0	0	0	0
11 宮城	0	0	0	0	0	0	0	0	0	0	0	0	0	0
12 福島	0	0	0	0	0	0	0	0	0	0	0	0	0	0
13 秋田	0	0	0	0	0	0	0	0	0	0	0	0	0	0
14 山形	0	0	0	0	0	0	0	0	0	0	0	0	0	0
15 茨城	0	0	0	0	0	0	0	0	0	0	0	0	0	0
16 栃木	0	0	0	0	0	0	0	0	0	0	0	0	0	0
17 群馬	0	0	0	0	0	0	0	0	0	0	0	0	0	0
18 埼玉	0	0	0	0	0	0	0	0	0	0	0	0	0	0
19 千葉	0	0	0	0	0	0	0	0	0	0	0	0	0	0
20 東京	0	0	0	0	0	0	0	0	0	0	0	0	0	0
21 神奈川	0	0	0	0	0	0	0	0	0	0	0	0	0	0
22 新潟	0	0	0	0	0	0	0	0	0	0	0	0	0	0
23 富山	0	0	0	0	0	0	0	0	0	0	0	0	0	0
24 石川	0	0	0	0	0	0	0	0	0	0	0	0	0	0
25 福井	0	0	0	0	0	0	0	0	0	0	0	0	0	0
26 山梨	0	0	0	0	0	0	0	0	0	0	0	0	0	0
27 長野	0	0	0	0	0	0	0	0	0	0	0	0	0	0
28 静岡	0	0	0	0	0	0	0	0	0	0	0	0	0	0
29 岐阜	0	0	0	0	0	0	0	0	0	0	0	0	0	0
30 愛知	0	6,500	0	0	0	0	0	0	0	0	0	0	0	0
31 三重	0	0	0	0	0	0	0	0	0	0	0	0	0	0
32 滋賀	0	0	0	0	0	0	0	0	0	0	0	0	0	0
33 京都	0	0	0	0	0	0	0	0	0	0	0	0	0	0
34 奈良	0	0	0	0	0	0	0	0	0	0	0	0	0	0
35 和歌山	0	0	0	0	0	0	0	0	0	0	0	0	0	0
36 大阪	0	0	0	0	10,857	0	0	81	0	0	0	0	0	0
37 兵庫	0	0	0	0	0	0	0	0	0	0	0	0	0	0
38 鳥取	0	0	0	0	0	0	0	0	0	0	0	0	0	0
39 島根	0	0	0	0	0	0	0	0	0	0	0	0	0	0
40 岡山	0	0	0	0	0	0	0	0	0	0	0	0	0	0
41 広島	0	0	0	0	0	0	0	0	0	0	0	0	0	0
42 山口	0	0	0	0	0	0	0	0	0	0	0	0	0	0
43 香川	0	0	0	0	0	0	0	0	0	0	0	0	0	0
44 愛媛	0	0	0	0	0	0	0	0	0	0	0	0	0	0
45 徳島	0	0	0	0	0	0	0	0	0	0	0	0	0	0
46 高知	0	0	0	0	0	0	0	0	0	0	0	0	0	0
47 福岡	0	0	0	0	0	0	0	0	0	0	0	0	0	0
48 佐賀	0	0	0	0	0	0	0	0	0	0	0	0	0	0
49 長崎	0	0	0	0	0	0	0	0	0	0	0	0	0	0
50 熊本	0	0	0	0	0	0	0	0	0	0	0	0	0	0
51 大分	0	0	0	0	0	0	0	0	0	0	0	0	0	0
52 宮崎	0	0	0	0	0	0	0	0	0	0	0	0	0	0
53 鹿児島	0	0	0	0	0	0	0	0	0	0	0	0	0	0
54 沖縄	0	0	0	0	0	0	0	0	0	0	0	0	0	0
55 全国	0	6,500	0	0	10,857	0	0	81	0	0	0	0	0	0

平成28年度　　　　　　　　　　　　　　　　　　府県相互間輸送トン数表（鉄道）　　　　　　　　　　　　　　（単位：トン）
品目（4-13）鉄鋼　その 4

着／発	43 香川	44 愛媛	45 徳島	46 高知	47 福岡	48 佐賀	49 長崎	50 熊本	51 大分	52 宮崎	53 鹿児島	54 沖縄	55 全国
1 札幌	0	0	0	0	0	0	0	0	0	0	0	0	0
2 旭川	0	0	0	0	0	0	0	0	0	0	0	0	0
3 函館	0	0	0	0	0	0	0	0	0	0	0	0	0
4 室蘭	0	0	0	0	0	0	0	0	0	0	0	0	0
5 釧路	0	0	0	0	0	0	0	0	0	0	0	0	0
6 帯広	0	0	0	0	0	0	0	0	0	0	0	0	0
7 北見	0	0	0	0	0	0	0	0	0	0	0	0	0
8 北海道	0	0	0	0	0	0	0	0	0	0	0	0	0
9 青森	0	0	0	0	0	0	0	0	0	0	0	0	0
10 岩手	0	0	0	0	0	0	0	0	0	0	0	0	0
11 宮城	0	0	0	0	0	0	0	0	0	0	0	0	0
12 福島	0	0	0	0	0	0	0	0	0	0	0	0	8,676
13 秋田	0	0	0	0	0	0	0	0	0	0	0	0	0
14 山形	0	0	0	0	0	0	0	0	0	0	0	0	0
15 茨城	0	0	0	0	0	0	0	0	0	0	0	0	0
16 栃木	0	0	0	0	0	0	0	0	0	0	0	0	0
17 群馬	0	0	0	0	0	0	0	0	0	0	0	0	0
18 埼玉	0	0	0	0	0	0	0	0	0	0	0	0	0
19 千葉	0	0	0	0	0	0	0	0	0	0	0	0	0
20 東京	0	0	0	0	0	0	0	0	0	0	0	0	699
21 神奈川	0	0	0	0	0	0	0	0	0	0	0	0	0
22 新潟	0	0	0	0	0	0	0	0	0	0	0	0	0
23 富山	0	0	0	0	0	0	0	0	0	0	0	0	0
24 石川	0	0	0	0	0	0	0	0	0	0	0	0	0
25 福井	0	0	0	0	0	0	0	0	0	0	0	0	0
26 山梨	0	0	0	0	0	0	0	0	0	0	0	0	0
27 長野	0	0	0	0	0	0	0	0	0	0	0	0	0
28 静岡	0	0	0	0	0	0	0	0	0	0	0	0	0
29 岐阜	0	0	0	0	0	0	0	0	0	0	0	0	0
30 愛知	0	0	0	0	0	0	0	0	0	0	0	0	6,500
31 三重	0	0	0	0	0	0	0	0	0	0	0	0	0
32 滋賀	0	0	0	0	0	0	0	0	0	0	0	0	0
33 京都	0	0	0	0	0	0	0	0	0	0	0	0	0
34 奈良	0	0	0	0	0	0	0	0	0	0	0	0	0
35 和歌山	0	0	0	0	0	0	0	0	0	0	0	0	0
36 大阪	0	0	0	0	0	0	0	0	0	0	0	0	10,938
37 兵庫	0	0	0	0	0	0	0	0	0	0	0	0	0
38 鳥取	0	0	0	0	0	0	0	0	0	0	0	0	0
39 島根	0	0	0	0	0	0	0	0	0	0	0	0	0
40 岡山	0	0	0	0	0	0	0	0	0	0	0	0	0
41 広島	0	0	0	0	0	0	0	0	0	0	0	0	0
42 山口	0	0	0	0	0	0	0	0	0	0	0	0	0
43 香川	0	0	0	0	0	0	0	0	0	0	0	0	0
44 愛媛	0	0	0	0	0	0	0	0	0	0	0	0	0
45 徳島	0	0	0	0	0	0	0	0	0	0	0	0	0
46 高知	0	0	0	0	0	0	0	0	0	0	0	0	0
47 福岡	0	0	0	0	0	0	0	0	0	0	0	0	0
48 佐賀	0	0	0	0	0	0	0	0	0	0	0	0	0
49 長崎	0	0	0	0	0	0	0	0	0	0	0	0	0
50 熊本	0	0	0	0	0	0	0	0	0	0	0	0	0
51 大分	0	0	0	0	0	0	0	0	0	0	0	0	0
52 宮崎	0	0	0	0	0	0	0	0	0	0	0	0	0
53 鹿児島	0	0	0	0	0	0	0	0	0	0	0	0	0
54 沖縄	0	0	0	0	0	0	0	0	0	0	0	0	0
55 全国	0	0	0	0	0	0	0	0	0	0	0	0	26,813

平成28年度　　　　　　　　　　　　　　　　　　府県相互間輸送トン数表（鉄道）

品目　（4-14）非鉄金属　　　　（単位：トン）　その　1

着\発	1 札幌	2 旭川	3 函館	4 室蘭	5 釧路	6 帯広	7 北見	8 北海道	9 青森	10 岩手	11 宮城	12 福島	13 秋田	14 山形
1 札幌	0	0	0	0	0	0	0	0	0	0	0	0	0	0
2 旭川	0	0	0	0	0	0	0	0	0	0	0	0	0	0
3 函館	0	0	0	0	0	0	0	0	0	0	0	0	0	0
4 室蘭	0	0	0	0	0	0	0	0	0	0	0	0	0	0
5 釧路	0	0	0	0	0	0	0	0	0	0	0	0	0	0
6 帯広	0	0	0	0	0	0	0	0	0	0	0	0	0	0
7 北見	0	0	0	0	0	0	0	0	0	0	0	0	0	0
8 北海道	0	0	0	0	0	0	0	0	0	0	0	0	0	0
9 青森	0	0	0	0	0	0	0	0	0	0	0	0	0	0
10 岩手	0	0	0	0	0	0	0	0	0	0	0	0	0	0
11 宮城	0	0	0	0	0	0	0	0	0	0	0	0	0	0
12 福島	0	0	0	0	0	0	0	0	0	0	0	0	0	0
13 秋田	0	0	0	0	0	0	0	0	0	0	0	0	0	0
14 山形	0	0	0	0	0	0	0	0	0	0	0	0	0	0
15 茨城	0	0	0	0	0	0	0	0	0	0	0	0	0	0
16 栃木	0	0	0	0	0	0	0	0	0	0	0	0	0	0
17 群馬	0	0	0	0	0	0	0	0	0	0	0	0	0	0
18 埼玉	0	0	0	0	0	0	0	0	0	0	0	0	0	0
19 千葉	0	0	0	0	0	0	0	0	0	0	0	0	0	0
20 東京	0	0	0	0	0	0	0	0	0	0	0	0	0	0
21 神奈川	0	0	0	0	0	0	0	0	0	0	0	0	0	0
22 新潟	0	0	0	0	0	0	0	0	0	0	0	0	0	0
23 富山	0	0	0	0	0	0	0	0	0	0	0	0	0	0
24 石川	0	0	0	0	0	0	0	0	0	0	0	0	0	0
25 福井	0	0	0	0	0	0	0	0	0	0	0	0	0	0
26 山梨	0	0	0	0	0	0	0	0	0	0	0	0	0	0
27 長野	0	0	0	0	0	0	0	0	0	0	0	0	0	0
28 静岡	0	0	0	0	0	0	0	0	0	0	0	0	0	0
29 岐阜	0	0	0	0	0	0	0	0	0	0	0	0	0	0
30 愛知	0	0	0	0	0	0	0	0	0	0	0	0	0	0
31 三重	0	0	0	0	0	0	0	0	0	0	0	0	0	0
32 滋賀	0	0	0	0	0	0	0	0	0	0	0	0	0	0
33 京都	0	0	0	0	0	0	0	0	0	0	0	0	0	0
34 奈良	0	0	0	0	0	0	0	0	0	0	0	0	0	0
35 和歌山	0	0	0	0	0	0	0	0	0	0	0	0	0	0
36 大阪	0	0	0	0	0	0	0	0	0	0	0	0	0	0
37 兵庫	0	0	0	0	0	0	0	0	0	0	0	0	0	0
38 鳥取	0	0	0	0	0	0	0	0	0	0	0	0	0	0
39 島根	0	0	0	0	0	0	0	0	0	0	0	0	0	0
40 岡山	0	0	0	0	0	0	0	0	0	0	0	0	0	0
41 広島	0	0	0	0	0	0	0	0	0	0	0	0	0	0
42 山口	0	0	0	0	0	0	0	0	0	0	0	0	0	0
43 香川	0	0	0	0	0	0	0	0	0	0	0	0	0	0
44 愛媛	0	0	0	0	0	0	0	0	0	0	0	0	0	0
45 徳島	0	0	0	0	0	0	0	0	0	0	0	0	0	0
46 高知	0	0	0	0	0	0	0	0	0	0	0	0	0	0
47 福岡	0	0	0	0	0	0	0	0	0	0	0	0	0	0
48 佐賀	0	0	0	0	0	0	0	0	0	0	0	0	0	0
49 長崎	0	0	0	0	0	0	0	0	0	0	0	0	0	0
50 熊本	0	0	0	0	0	0	0	0	0	0	0	0	0	0
51 大分	0	0	0	0	0	0	0	0	0	0	0	0	0	0
52 宮崎	0	0	0	0	0	0	0	0	0	0	0	0	0	0
53 鹿児島	0	0	0	0	0	0	0	0	0	0	0	0	0	0
54 沖縄	0	0	0	0	0	0	0	0	0	0	0	0	0	0
55 全国	0	0	0	0	0	0	0	0	0	0	0	0	0	0

平成28年度　　　　　　　　　　　　　　　　　　府県相互間輸送トン数表（鉄道）

品目　（4-14）非鉄金属　　　　（単位：トン）　その　2

着\発	15 茨城	16 栃木	17 群馬	18 埼玉	19 千葉	20 東京	21 神奈川	22 新潟	23 富山	24 石川	25 福井	26 山梨	27 長野	28 静岡
1 札幌	0	0	0	0	0	0	0	0	0	0	0	0	0	0
2 旭川	0	0	0	0	0	0	0	0	0	0	0	0	0	0
3 函館	0	0	0	0	0	0	0	0	0	0	0	0	0	0
4 室蘭	0	0	0	0	0	0	0	0	0	0	0	0	0	0
5 釧路	0	0	0	0	0	0	0	0	0	0	0	0	0	0
6 帯広	0	0	0	0	0	0	0	0	0	0	0	0	0	0
7 北見	0	0	0	0	0	0	0	0	0	0	0	0	0	0
8 北海道	0	0	0	0	0	0	0	0	0	0	0	0	0	0
9 青森	0	0	0	0	0	0	0	0	0	0	0	0	0	0
10 岩手	0	0	0	0	0	0	0	0	0	0	0	0	0	0
11 宮城	0	0	0	0	0	0	0	0	0	0	0	0	0	0
12 福島	0	0	0	0	0	0	0	0	0	0	0	0	0	0
13 秋田	0	0	0	0	0	0	0	0	0	0	0	0	0	0
14 山形	0	0	0	0	0	0	0	0	0	0	0	0	0	0
15 茨城	0	0	0	0	0	0	0	0	0	0	0	0	0	0
16 栃木	0	0	0	0	0	0	0	0	0	0	0	0	0	0
17 群馬	0	0	0	0	0	0	0	0	0	0	0	0	0	0
18 埼玉	0	0	0	0	0	0	0	0	0	0	0	0	0	0
19 千葉	0	0	0	0	0	0	0	0	0	0	0	0	0	0
20 東京	0	0	0	0	0	0	0	0	0	0	0	0	0	0
21 神奈川	0	0	0	0	0	0	0	0	0	0	0	0	0	0
22 新潟	0	0	0	0	0	0	0	0	0	0	0	0	0	0
23 富山	0	0	0	0	0	0	0	0	0	0	0	0	0	0
24 石川	0	0	0	0	0	0	0	0	0	0	0	0	0	0
25 福井	0	0	0	0	0	0	0	0	0	0	0	0	0	0
26 山梨	0	0	0	0	0	0	0	0	0	0	0	0	0	0
27 長野	0	0	0	0	0	0	0	0	0	0	0	0	0	0
28 静岡	0	0	0	0	0	0	0	0	0	0	0	0	0	0
29 岐阜	0	0	0	0	0	0	0	0	0	0	0	0	0	0
30 愛知	0	0	0	0	0	0	0	0	0	0	0	0	0	0
31 三重	0	0	0	0	0	0	0	0	0	0	0	0	0	0
32 滋賀	0	0	0	0	0	0	0	0	0	0	0	0	0	0
33 京都	0	0	0	0	0	0	0	0	0	0	0	0	0	0
34 奈良	0	0	0	0	0	0	0	0	0	0	0	0	0	0
35 和歌山	0	0	0	0	0	0	0	0	0	0	0	0	0	0
36 大阪	0	0	0	0	0	0	0	0	0	0	0	0	0	0
37 兵庫	0	0	0	0	0	0	0	0	0	0	0	0	0	0
38 鳥取	0	0	0	0	0	0	0	0	0	0	0	0	0	0
39 島根	0	0	0	0	0	0	0	0	0	0	0	0	0	0
40 岡山	0	0	0	0	0	0	0	0	0	0	0	0	0	0
41 広島	0	0	0	0	0	0	0	0	0	0	0	0	0	0
42 山口	0	0	0	0	0	0	0	0	0	0	0	0	0	0
43 香川	0	0	0	0	0	0	0	0	0	0	0	0	0	0
44 愛媛	0	0	0	0	0	0	0	0	0	0	0	0	0	0
45 徳島	0	0	0	0	0	0	0	0	0	0	0	0	0	0
46 高知	0	0	0	0	0	0	0	0	0	0	0	0	0	0
47 福岡	0	0	0	0	0	0	0	0	0	0	0	0	0	0
48 佐賀	0	0	0	0	0	0	0	0	0	0	0	0	0	0
49 長崎	0	0	0	0	0	0	0	0	0	0	0	0	0	0
50 熊本	0	0	0	0	0	0	0	0	0	0	0	0	0	0
51 大分	0	0	0	0	0	0	0	0	0	0	0	0	0	0
52 宮崎	0	0	0	0	0	0	0	0	0	0	0	0	0	0
53 鹿児島	0	0	0	0	0	0	0	0	0	0	0	0	0	0
54 沖縄	0	0	0	0	0	0	0	0	0	0	0	0	0	0
55 全国	0	0	0	0	0	0	0	0	0	0	0	0	0	0

平成28年度　　　　　　　　　　　　　　　　　　府県相互間輸送トン数表（鉄道）　　　　　　　　　　　　　　　　（単位：トン）
品目　（4-14）　非鉄金属　　その　3

着＼発	29 岐阜	30 愛知	31 三重	32 滋賀	33 京都	34 奈良	35 和歌山	36 大阪	37 兵庫	38 鳥取	39 島根	40 岡山	41 広島	42 山口
1 札幌	0	0	0	0	0	0	0	0	0	0	0	0	0	0
2 旭川	0	0	0	0	0	0	0	0	0	0	0	0	0	0
3 函館	0	0	0	0	0	0	0	0	0	0	0	0	0	0
4 室蘭	0	0	0	0	0	0	0	0	0	0	0	0	0	0
5 釧路	0	0	0	0	0	0	0	0	0	0	0	0	0	0
6 帯広	0	0	0	0	0	0	0	0	0	0	0	0	0	0
7 北見	0	0	0	0	0	0	0	0	0	0	0	0	0	0
8 北海道	0	0	0	0	0	0	0	0	0	0	0	0	0	0
9 青森	0	0	0	0	0	0	0	0	0	0	0	0	0	0
10 岩手	0	0	0	0	0	0	0	0	0	0	0	0	0	0
11 宮城	0	0	0	0	0	0	0	0	0	0	0	0	0	0
12 福島	0	0	0	0	0	0	0	0	0	0	0	0	0	0
13 秋田	0	0	0	0	0	0	0	0	0	0	0	0	0	0
14 山形	0	0	0	0	0	0	0	0	0	0	0	0	0	0
15 茨城	0	0	0	0	0	0	0	0	0	0	0	0	0	0
16 栃木	0	0	0	0	0	0	0	0	0	0	0	0	0	0
17 群馬	0	0	0	0	0	0	0	0	0	0	0	0	0	0
18 埼玉	0	0	0	0	0	0	0	0	0	0	0	0	0	0
19 千葉	0	0	0	0	0	0	0	0	0	0	0	0	0	0
20 東京	0	0	0	0	0	0	0	0	0	0	0	0	0	0
21 神奈川	0	0	0	0	0	0	0	0	0	0	0	0	0	0
22 新潟	0	0	0	0	0	0	0	0	0	0	0	0	0	0
23 富山	0	0	0	0	0	0	0	0	0	0	0	0	0	0
24 石川	0	0	0	0	0	0	0	0	0	0	0	0	0	0
25 福井	0	0	0	0	0	0	0	0	0	0	0	0	0	0
26 山梨	0	0	0	0	0	0	0	0	0	0	0	0	0	0
27 長野	0	0	0	0	0	0	0	0	0	0	0	0	0	0
28 静岡	0	0	0	0	0	0	0	0	0	0	0	0	0	0
29 岐阜	0	0	0	0	0	0	0	0	0	0	0	0	0	0
30 愛知	0	0	0	0	0	0	0	0	0	0	0	0	0	0
31 三重	0	0	0	0	0	0	0	0	0	0	0	0	0	0
32 滋賀	0	0	0	0	0	0	0	0	0	0	0	0	0	0
33 京都	0	0	0	0	0	0	0	0	0	0	0	0	0	0
34 奈良	0	0	0	0	0	0	0	0	0	0	0	0	0	0
35 和歌山	0	0	0	0	0	0	0	0	0	0	0	0	0	0
36 大阪	0	0	0	0	0	0	0	0	0	0	0	0	0	0
37 兵庫	0	0	0	0	0	0	0	0	0	0	0	0	0	0
38 鳥取	0	0	0	0	0	0	0	0	0	0	0	0	0	0
39 島根	0	0	0	0	0	0	0	0	0	0	0	0	0	0
40 岡山	0	0	0	0	0	0	0	0	0	0	0	0	0	0
41 広島	0	0	0	0	0	0	0	0	0	0	0	0	0	0
42 山口	0	0	0	0	0	0	0	0	0	0	0	0	0	0
43 香川	0	0	0	0	0	0	0	0	0	0	0	0	0	0
44 愛媛	0	0	0	0	0	0	0	0	0	0	0	0	0	0
45 徳島	0	0	0	0	0	0	0	0	0	0	0	0	0	0
46 高知	0	0	0	0	0	0	0	0	0	0	0	0	0	0
47 福岡	0	0	0	0	0	0	0	0	0	0	0	0	0	0
48 佐賀	0	0	0	0	0	0	0	0	0	0	0	0	0	0
49 長崎	0	0	0	0	0	0	0	0	0	0	0	0	0	0
50 熊本	0	0	0	0	0	0	0	0	0	0	0	0	0	0
51 大分	0	0	0	0	0	0	0	0	0	0	0	0	0	0
52 宮崎	0	0	0	0	0	0	0	0	0	0	0	0	0	0
53 鹿児島	0	0	0	0	0	0	0	0	0	0	0	0	0	0
54 沖縄	0	0	0	0	0	0	0	0	0	0	0	0	0	0
55 全国	0	0	0	0	0	0	0	0	0	0	0	0	0	0

平成28年度　　　　　　　　　　　　　　　　　　府県相互間輸送トン数表（鉄道）　　　　　　　　　　　　　　　　（単位：トン）
品目　（4-14）　非鉄金属　　その　4

着＼発	43 香川	44 愛媛	45 徳島	46 高知	47 福岡	48 佐賀	49 長崎	50 熊本	51 大分	52 宮崎	53 鹿児島	54 沖縄	55 全国
1 札幌	0	0	0	0	0	0	0	0	0	0	0	0	0
2 旭川	0	0	0	0	0	0	0	0	0	0	0	0	0
3 函館	0	0	0	0	0	0	0	0	0	0	0	0	0
4 室蘭	0	0	0	0	0	0	0	0	0	0	0	0	0
5 釧路	0	0	0	0	0	0	0	0	0	0	0	0	0
6 帯広	0	0	0	0	0	0	0	0	0	0	0	0	0
7 北見	0	0	0	0	0	0	0	0	0	0	0	0	0
8 北海道	0	0	0	0	0	0	0	0	0	0	0	0	0
9 青森	0	0	0	0	0	0	0	0	0	0	0	0	0
10 岩手	0	0	0	0	0	0	0	0	0	0	0	0	0
11 宮城	0	0	0	0	0	0	0	0	0	0	0	0	0
12 福島	0	0	0	0	0	0	0	0	0	0	0	0	0
13 秋田	0	0	0	0	0	0	0	0	0	0	0	0	0
14 山形	0	0	0	0	0	0	0	0	0	0	0	0	0
15 茨城	0	0	0	0	0	0	0	0	0	0	0	0	0
16 栃木	0	0	0	0	0	0	0	0	0	0	0	0	0
17 群馬	0	0	0	0	0	0	0	0	0	0	0	0	0
18 埼玉	0	0	0	0	0	0	0	0	0	0	0	0	0
19 千葉	0	0	0	0	0	0	0	0	0	0	0	0	0
20 東京	0	0	0	0	0	0	0	0	0	0	0	0	0
21 神奈川	0	0	0	0	0	0	0	0	0	0	0	0	0
22 新潟	0	0	0	0	0	0	0	0	0	0	0	0	0
23 富山	0	0	0	0	0	0	0	0	0	0	0	0	0
24 石川	0	0	0	0	0	0	0	0	0	0	0	0	0
25 福井	0	0	0	0	0	0	0	0	0	0	0	0	0
26 山梨	0	0	0	0	0	0	0	0	0	0	0	0	0
27 長野	0	0	0	0	0	0	0	0	0	0	0	0	0
28 静岡	0	0	0	0	0	0	0	0	0	0	0	0	0
29 岐阜	0	0	0	0	0	0	0	0	0	0	0	0	0
30 愛知	0	0	0	0	0	0	0	0	0	0	0	0	0
31 三重	0	0	0	0	0	0	0	0	0	0	0	0	0
32 滋賀	0	0	0	0	0	0	0	0	0	0	0	0	0
33 京都	0	0	0	0	0	0	0	0	0	0	0	0	0
34 奈良	0	0	0	0	0	0	0	0	0	0	0	0	0
35 和歌山	0	0	0	0	0	0	0	0	0	0	0	0	0
36 大阪	0	0	0	0	0	0	0	0	0	0	0	0	0
37 兵庫	0	0	0	0	0	0	0	0	0	0	0	0	0
38 鳥取	0	0	0	0	0	0	0	0	0	0	0	0	0
39 島根	0	0	0	0	0	0	0	0	0	0	0	0	0
40 岡山	0	0	0	0	0	0	0	0	0	0	0	0	0
41 広島	0	0	0	0	0	0	0	0	0	0	0	0	0
42 山口	0	0	0	0	0	0	0	0	0	0	0	0	0
43 香川	0	0	0	0	0	0	0	0	0	0	0	0	0
44 愛媛	0	0	0	0	0	0	0	0	0	0	0	0	0
45 徳島	0	0	0	0	0	0	0	0	0	0	0	0	0
46 高知	0	0	0	0	0	0	0	0	0	0	0	0	0
47 福岡	0	0	0	0	0	0	0	0	0	0	0	0	0
48 佐賀	0	0	0	0	0	0	0	0	0	0	0	0	0
49 長崎	0	0	0	0	0	0	0	0	0	0	0	0	0
50 熊本	0	0	0	0	0	0	0	0	0	0	0	0	0
51 大分	0	0	0	0	0	0	0	0	0	0	0	0	0
52 宮崎	0	0	0	0	0	0	0	0	0	0	0	0	0
53 鹿児島	0	0	0	0	0	0	0	0	0	0	0	0	0
54 沖縄	0	0	0	0	0	0	0	0	0	0	0	0	0
55 全国	0	0	0	0	0	0	0	0	0	0	0	0	0

平成28年度　　　　　　　　　　　　　　　　　府県相互間輸送トン数表（鉄道）

品目　（4-15）金属製品　　　　　　（単位：トン）その　1

着\発	1 札幌	2 旭川	3 函館	4 室蘭	5 釧路	6 帯広	7 北見	8 北海道	9 青森	10 岩手	11 宮城	12 福島	13 秋田	14 山形
1 札幌	0	0	0	0	0	0	0	0	0	0	0	0	0	0
2 旭川	0	0	0	0	0	0	0	0	0	0	0	0	0	0
3 函館	0	0	0	0	0	0	0	0	0	0	0	0	0	0
4 室蘭	0	0	0	0	0	0	0	0	0	0	0	0	0	0
5 釧路	0	0	0	0	0	0	0	0	0	0	0	0	0	0
6 帯広	0	0	0	0	0	0	0	0	0	0	0	0	0	0
7 北見	0	0	0	0	0	0	0	0	0	0	0	0	0	0
8 北海道	0	0	0	0	0	0	0	0	0	0	0	0	0	0
9 青森	0	0	0	0	0	0	0	0	0	0	0	0	0	0
10 岩手	0	0	0	0	0	0	0	0	0	0	0	0	0	0
11 宮城	0	0	0	0	0	0	0	0	0	0	0	0	0	0
12 福島	0	0	0	0	0	0	0	0	0	0	0	0	0	0
13 秋田	0	0	0	0	0	0	0	0	0	0	0	0	0	0
14 山形	0	0	0	0	0	0	0	0	0	0	0	0	0	0
15 茨城	0	0	0	0	0	0	0	0	0	0	0	0	0	0
16 栃木	0	0	0	0	0	0	0	0	0	0	0	0	0	0
17 群馬	0	0	0	0	0	0	0	0	0	0	0	0	0	0
18 埼玉	0	0	0	0	0	0	0	0	0	0	0	0	0	0
19 千葉	0	0	0	0	0	0	0	0	0	0	0	0	0	0
20 東京	0	0	0	0	0	0	0	0	0	0	0	0	0	0
21 神奈川	0	0	0	0	0	0	0	0	0	0	0	0	0	0
22 新潟	0	0	0	0	0	0	0	0	0	0	0	0	0	0
23 富山	0	0	0	0	0	0	0	0	0	0	0	0	0	0
24 石川	0	0	0	0	0	0	0	0	0	0	0	0	0	0
25 福井	0	0	0	0	0	0	0	0	0	0	0	0	0	0
26 山梨	0	0	0	0	0	0	0	0	0	0	0	0	0	0
27 長野	0	0	0	0	0	0	0	0	0	0	0	0	0	0
28 静岡	0	0	0	0	0	0	0	0	0	0	0	0	0	0
29 岐阜	0	0	0	0	0	0	0	0	0	0	0	0	0	0
30 愛知	0	0	0	0	0	0	0	0	0	0	0	0	0	0
31 三重	0	0	0	0	0	0	0	0	0	0	0	0	0	0
32 滋賀	0	0	0	0	0	0	0	0	0	0	0	0	0	0
33 京都	0	0	0	0	0	0	0	0	0	0	0	0	0	0
34 奈良	0	0	0	0	0	0	0	0	0	0	0	0	0	0
35 和歌山	0	0	0	0	0	0	0	0	0	0	0	0	0	0
36 大阪	0	0	0	0	0	0	0	0	0	0	0	0	0	0
37 兵庫	0	0	0	0	0	0	0	0	0	0	0	0	0	0
38 鳥取	0	0	0	0	0	0	0	0	0	0	0	0	0	0
39 島根	0	0	0	0	0	0	0	0	0	0	0	0	0	0
40 岡山	0	0	0	0	0	0	0	0	0	0	0	0	0	0
41 広島	0	0	0	0	0	0	0	0	0	0	0	0	0	0
42 山口	0	0	0	0	0	0	0	0	0	0	0	0	0	0
43 香川	0	0	0	0	0	0	0	0	0	0	0	0	0	0
44 愛媛	0	0	0	0	0	0	0	0	0	0	0	0	0	0
45 徳島	0	0	0	0	0	0	0	0	0	0	0	0	0	0
46 高知	0	0	0	0	0	0	0	0	0	0	0	0	0	0
47 福岡	0	0	0	0	0	0	0	0	0	0	0	0	0	0
48 佐賀	0	0	0	0	0	0	0	0	0	0	0	0	0	0
49 長崎	0	0	0	0	0	0	0	0	0	0	0	0	0	0
50 熊本	0	0	0	0	0	0	0	0	0	0	0	0	0	0
51 大分	0	0	0	0	0	0	0	0	0	0	0	0	0	0
52 宮崎	0	0	0	0	0	0	0	0	0	0	0	0	0	0
53 鹿児島	0	0	0	0	0	0	0	0	0	0	0	0	0	0
54 沖縄	0	0	0	0	0	0	0	0	0	0	0	0	0	0
55 全国	0	0	0	0	0	0	0	0	0	0	0	0	0	0

平成28年度　　　　　　　　　　　　　　　　　府県相互間輸送トン数表（鉄道）

品目　（4-15）金属製品　　　　　　（単位：トン）その　2

着\発	15 茨城	16 栃木	17 群馬	18 埼玉	19 千葉	20 東京	21 神奈川	22 新潟	23 富山	24 石川	25 福井	26 山梨	27 長野	28 静岡
1 札幌	0	0	0	0	0	0	0	0	0	0	0	0	0	0
2 旭川	0	0	0	0	0	0	0	0	0	0	0	0	0	0
3 函館	0	0	0	0	0	0	0	0	0	0	0	0	0	0
4 室蘭	0	0	0	0	0	0	0	0	0	0	0	0	0	0
5 釧路	0	0	0	0	0	0	0	0	0	0	0	0	0	0
6 帯広	0	0	0	0	0	0	0	0	0	0	0	0	0	0
7 北見	0	0	0	0	0	0	0	0	0	0	0	0	0	0
8 北海道	0	0	0	0	0	0	0	0	0	0	0	0	0	0
9 青森	0	0	0	0	0	0	0	0	0	0	0	0	0	0
10 岩手	0	0	0	0	0	0	0	0	0	0	0	0	0	0
11 宮城	0	0	0	0	0	0	0	0	0	0	0	0	0	0
12 福島	0	0	0	0	0	0	0	0	0	0	0	0	0	0
13 秋田	0	0	0	0	0	0	0	0	0	0	0	0	0	0
14 山形	0	0	0	0	0	0	0	0	0	0	0	0	0	0
15 茨城	0	0	0	0	0	0	0	0	0	0	0	0	0	0
16 栃木	0	0	0	0	0	0	0	0	0	0	0	0	0	0
17 群馬	0	0	0	0	0	0	0	0	0	0	0	0	0	0
18 埼玉	0	0	0	0	0	0	0	0	0	0	0	0	0	0
19 千葉	0	0	0	0	0	0	0	0	0	0	0	0	0	0
20 東京	0	0	0	0	0	0	0	0	0	0	0	0	0	0
21 神奈川	0	0	0	0	0	0	0	0	0	0	0	0	0	0
22 新潟	0	0	0	0	0	0	0	0	0	0	0	0	0	0
23 富山	0	0	0	0	0	0	0	0	0	0	0	0	0	0
24 石川	0	0	0	0	0	0	0	0	0	0	0	0	0	0
25 福井	0	0	0	0	0	0	0	0	0	0	0	0	0	0
26 山梨	0	0	0	0	0	0	0	0	0	0	0	0	0	0
27 長野	0	0	0	0	0	0	0	0	0	0	0	0	0	0
28 静岡	0	0	0	0	0	0	0	0	0	0	0	0	0	0
29 岐阜	0	0	0	0	0	0	0	0	0	0	0	0	0	0
30 愛知	0	0	0	0	0	0	0	0	0	0	0	0	0	0
31 三重	0	0	0	0	0	0	0	0	0	0	0	0	0	0
32 滋賀	0	0	0	0	0	0	0	0	0	0	0	0	0	0
33 京都	0	0	0	0	0	0	0	0	0	0	0	0	0	0
34 奈良	0	0	0	0	0	0	0	0	0	0	0	0	0	0
35 和歌山	0	0	0	0	0	0	0	0	0	0	0	0	0	0
36 大阪	0	0	0	0	0	0	0	0	0	0	0	0	0	0
37 兵庫	0	0	0	0	0	0	0	0	0	0	0	0	0	0
38 鳥取	0	0	0	0	0	0	0	0	0	0	0	0	0	0
39 島根	0	0	0	0	0	0	0	0	0	0	0	0	0	0
40 岡山	0	0	0	0	0	0	0	0	0	0	0	0	0	0
41 広島	0	0	0	0	0	0	0	0	0	0	0	0	0	0
42 山口	0	0	0	0	0	0	0	0	0	0	0	0	0	0
43 香川	0	0	0	0	0	0	0	0	0	0	0	0	0	0
44 愛媛	0	0	0	0	0	0	0	0	0	0	0	0	0	0
45 徳島	0	0	0	0	0	0	0	0	0	0	0	0	0	0
46 高知	0	0	0	0	0	0	0	0	0	0	0	0	0	0
47 福岡	0	0	0	0	0	0	0	0	0	0	0	0	0	0
48 佐賀	0	0	0	0	0	0	0	0	0	0	0	0	0	0
49 長崎	0	0	0	0	0	0	0	0	0	0	0	0	0	0
50 熊本	0	0	0	0	0	0	0	0	0	0	0	0	0	0
51 大分	0	0	0	0	0	0	0	0	0	0	0	0	0	0
52 宮崎	0	0	0	0	0	0	0	0	0	0	0	0	0	0
53 鹿児島	0	0	0	0	0	0	0	0	0	0	0	0	0	0
54 沖縄	0	0	0	0	0	0	0	0	0	0	0	0	0	0
55 全国	0	0	0	0	0	0	0	0	0	0	0	0	0	0

平成28年度　　　　　　　　　　　　　　　　府県相互間輸送トン数表（鉄道）

品目　（4-15）金属製品　　　（単位：トン）　その　3

着／発	29 岐阜	30 愛知	31 三重	32 滋賀	33 京都	34 奈良	35 和歌山	36 大阪	37 兵庫	38 鳥取	39 島根	40 岡山	41 広島	42 山口
1 札幌	0	0	0	0	0	0	0	0	0	0	0	0	0	0
2 旭川	0	0	0	0	0	0	0	0	0	0	0	0	0	0
3 函館	0	0	0	0	0	0	0	0	0	0	0	0	0	0
4 室蘭	0	0	0	0	0	0	0	0	0	0	0	0	0	0
5 釧路	0	0	0	0	0	0	0	0	0	0	0	0	0	0
6 帯広	0	0	0	0	0	0	0	0	0	0	0	0	0	0
7 北見	0	0	0	0	0	0	0	0	0	0	0	0	0	0
8 北海道	0	0	0	0	0	0	0	0	0	0	0	0	0	0
9 青森	0	0	0	0	0	0	0	0	0	0	0	0	0	0
10 岩手	0	0	0	0	0	0	0	0	0	0	0	0	0	0
11 宮城	0	0	0	0	0	0	0	0	0	0	0	0	0	0
12 福島	0	0	0	0	0	0	0	0	0	0	0	0	0	0
13 秋田	0	0	0	0	0	0	0	0	0	0	0	0	0	0
14 山形	0	0	0	0	0	0	0	0	0	0	0	0	0	0
15 茨城	0	0	0	0	0	0	0	0	0	0	0	0	0	0
16 栃木	0	0	0	0	0	0	0	0	0	0	0	0	0	0
17 群馬	0	0	0	0	0	0	0	0	0	0	0	0	0	0
18 埼玉	0	0	0	0	0	0	0	0	0	0	0	0	0	0
19 千葉	0	0	0	0	0	0	0	0	0	0	0	0	0	0
20 東京	0	0	0	0	0	0	0	0	0	0	0	0	0	0
21 神奈川	0	0	0	0	0	0	0	0	0	0	0	0	0	0
22 新潟	0	0	0	0	0	0	0	0	0	0	0	0	0	0
23 富山	0	0	0	0	0	0	0	0	0	0	0	0	0	0
24 石川	0	0	0	0	0	0	0	0	0	0	0	0	0	0
25 福井	0	0	0	0	0	0	0	0	0	0	0	0	0	0
26 山梨	0	0	0	0	0	0	0	0	0	0	0	0	0	0
27 長野	0	0	0	0	0	0	0	0	0	0	0	0	0	0
28 静岡	0	0	0	0	0	0	0	0	0	0	0	0	0	0
29 岐阜	0	0	0	0	0	0	0	0	0	0	0	0	0	0
30 愛知	0	0	0	0	0	0	0	0	0	0	0	0	0	0
31 三重	0	0	0	0	0	0	0	0	0	0	0	0	0	0
32 滋賀	0	0	0	0	0	0	0	0	0	0	0	0	0	0
33 京都	0	0	0	0	0	0	0	0	0	0	0	0	0	0
34 奈良	0	0	0	0	0	0	0	0	0	0	0	0	0	0
35 和歌山	0	0	0	0	0	0	0	0	0	0	0	0	0	0
36 大阪	0	0	0	0	0	0	0	0	0	0	0	0	0	0
37 兵庫	0	0	0	0	0	0	0	0	0	0	0	0	0	0
38 鳥取	0	0	0	0	0	0	0	0	0	0	0	0	0	0
39 島根	0	0	0	0	0	0	0	0	0	0	0	0	0	0
40 岡山	0	0	0	0	0	0	0	0	0	0	0	0	0	0
41 広島	0	0	0	0	0	0	0	0	0	0	0	0	0	0
42 山口	0	0	0	0	0	0	0	0	0	0	0	0	0	0
43 香川	0	0	0	0	0	0	0	0	0	0	0	0	0	0
44 愛媛	0	0	0	0	0	0	0	0	0	0	0	0	0	0
45 徳島	0	0	0	0	0	0	0	0	0	0	0	0	0	0
46 高知	0	0	0	0	0	0	0	0	0	0	0	0	0	0
47 福岡	0	0	0	0	0	0	0	0	0	0	0	0	0	0
48 佐賀	0	0	0	0	0	0	0	0	0	0	0	0	0	0
49 長崎	0	0	0	0	0	0	0	0	0	0	0	0	0	0
50 熊本	0	0	0	0	0	0	0	0	0	0	0	0	0	0
51 大分	0	0	0	0	0	0	0	0	0	0	0	0	0	0
52 宮崎	0	0	0	0	0	0	0	0	0	0	0	0	0	0
53 鹿児島	0	0	0	0	0	0	0	0	0	0	0	0	0	0
54 沖縄	0	0	0	0	0	0	0	0	0	0	0	0	0	0
55 全国	0	0	0	0	0	0	0	0	0	0	0	0	0	0

平成28年度　　　　　　　　　　　　　　　　府県相互間輸送トン数表（鉄道）

品目　（4-15）金属製品　　　（単位：トン）　その　4

着／発	43 香川	44 愛媛	45 徳島	46 高知	47 福岡	48 佐賀	49 長崎	50 熊本	51 大分	52 宮崎	53 鹿児島	54 沖縄	55 全国
1 札幌	0	0	0	0	0	0	0	0	0	0	0	0	0
2 旭川	0	0	0	0	0	0	0	0	0	0	0	0	0
3 函館	0	0	0	0	0	0	0	0	0	0	0	0	0
4 室蘭	0	0	0	0	0	0	0	0	0	0	0	0	0
5 釧路	0	0	0	0	0	0	0	0	0	0	0	0	0
6 帯広	0	0	0	0	0	0	0	0	0	0	0	0	0
7 北見	0	0	0	0	0	0	0	0	0	0	0	0	0
8 北海道	0	0	0	0	0	0	0	0	0	0	0	0	0
9 青森	0	0	0	0	0	0	0	0	0	0	0	0	0
10 岩手	0	0	0	0	0	0	0	0	0	0	0	0	0
11 宮城	0	0	0	0	0	0	0	0	0	0	0	0	0
12 福島	0	0	0	0	0	0	0	0	0	0	0	0	0
13 秋田	0	0	0	0	0	0	0	0	0	0	0	0	0
14 山形	0	0	0	0	0	0	0	0	0	0	0	0	0
15 茨城	0	0	0	0	0	0	0	0	0	0	0	0	0
16 栃木	0	0	0	0	0	0	0	0	0	0	0	0	0
17 群馬	0	0	0	0	0	0	0	0	0	0	0	0	0
18 埼玉	0	0	0	0	0	0	0	0	0	0	0	0	0
19 千葉	0	0	0	0	0	0	0	0	0	0	0	0	0
20 東京	0	0	0	0	0	0	0	0	0	0	0	0	0
21 神奈川	0	0	0	0	0	0	0	0	0	0	0	0	0
22 新潟	0	0	0	0	0	0	0	0	0	0	0	0	0
23 富山	0	0	0	0	0	0	0	0	0	0	0	0	0
24 石川	0	0	0	0	0	0	0	0	0	0	0	0	0
25 福井	0	0	0	0	0	0	0	0	0	0	0	0	0
26 山梨	0	0	0	0	0	0	0	0	0	0	0	0	0
27 長野	0	0	0	0	0	0	0	0	0	0	0	0	0
28 静岡	0	0	0	0	0	0	0	0	0	0	0	0	0
29 岐阜	0	0	0	0	0	0	0	0	0	0	0	0	0
30 愛知	0	0	0	0	0	0	0	0	0	0	0	0	0
31 三重	0	0	0	0	0	0	0	0	0	0	0	0	0
32 滋賀	0	0	0	0	0	0	0	0	0	0	0	0	0
33 京都	0	0	0	0	0	0	0	0	0	0	0	0	0
34 奈良	0	0	0	0	0	0	0	0	0	0	0	0	0
35 和歌山	0	0	0	0	0	0	0	0	0	0	0	0	0
36 大阪	0	0	0	0	0	0	0	0	0	0	0	0	0
37 兵庫	0	0	0	0	0	0	0	0	0	0	0	0	0
38 鳥取	0	0	0	0	0	0	0	0	0	0	0	0	0
39 島根	0	0	0	0	0	0	0	0	0	0	0	0	0
40 岡山	0	0	0	0	0	0	0	0	0	0	0	0	0
41 広島	0	0	0	0	0	0	0	0	0	0	0	0	0
42 山口	0	0	0	0	0	0	0	0	0	0	0	0	0
43 香川	0	0	0	0	0	0	0	0	0	0	0	0	0
44 愛媛	0	0	0	0	0	0	0	0	0	0	0	0	0
45 徳島	0	0	0	0	0	0	0	0	0	0	0	0	0
46 高知	0	0	0	0	0	0	0	0	0	0	0	0	0
47 福岡	0	0	0	0	0	0	0	0	0	0	0	0	0
48 佐賀	0	0	0	0	0	0	0	0	0	0	0	0	0
49 長崎	0	0	0	0	0	0	0	0	0	0	0	0	0
50 熊本	0	0	0	0	0	0	0	0	0	0	0	0	0
51 大分	0	0	0	0	0	0	0	0	0	0	0	0	0
52 宮崎	0	0	0	0	0	0	0	0	0	0	0	0	0
53 鹿児島	0	0	0	0	0	0	0	0	0	0	0	0	0
54 沖縄	0	0	0	0	0	0	0	0	0	0	0	0	0
55 全国	0	0	0	0	0	0	0	0	0	0	0	0	0

平成28年度　　府県相互間輸送トン数表（鉄道）　　品目（4-16）機械　　（単位：トン）その1

着 / 発	1 札幌	2 旭川	3 函館	4 室蘭	5 釧路	6 帯広	7 北見	8 北海道	9 青森	10 岩手	11 宮城	12 福島	13 秋田	14 山形
1 札幌	0	0	0	0	0	0	0	0	0	0	0	0	0	0
2 旭川	0	0	0	0	0	0	0	0	0	0	0	0	0	0
3 函館	0	0	0	0	0	0	0	0	0	0	0	0	0	0
4 室蘭	0	0	0	0	0	0	0	0	0	0	0	0	0	0
5 釧路	0	0	0	0	0	0	0	0	0	0	0	0	0	0
6 帯広	0	0	0	0	0	0	0	0	0	0	0	0	0	0
7 北見	0	0	0	0	0	0	0	0	0	0	0	0	0	0
8 北海道	0	0	0	0	0	0	0	0	0	0	0	0	0	0
9 青森	0	0	0	0	0	0	0	0	0	0	0	0	0	0
10 岩手	0	0	0	0	0	0	0	0	0	0	0	0	0	0
11 宮城	0	0	0	0	0	0	0	0	0	0	0	0	0	0
12 福島	0	0	0	0	0	0	0	0	0	0	0	0	0	0
13 秋田	0	0	0	0	0	0	0	0	0	0	0	0	0	0
14 山形	0	0	0	0	0	0	0	0	0	0	0	0	0	0
15 茨城	0	0	0	0	0	0	0	0	0	0	0	0	0	0
16 栃木	0	0	0	0	0	0	0	0	0	0	0	0	0	0
17 群馬	0	0	0	0	0	0	0	0	0	0	0	0	0	0
18 埼玉	0	0	0	0	0	0	0	0	0	0	0	0	0	0
19 千葉	0	0	0	0	0	0	0	0	0	0	0	0	0	0
20 東京	0	0	0	0	0	0	0	0	0	0	0	0	0	0
21 神奈川	0	0	0	0	0	0	0	0	0	0	0	0	0	0
22 新潟	0	0	0	0	0	0	0	0	0	0	0	0	0	0
23 富山	0	0	0	0	0	0	0	0	0	0	0	0	0	0
24 石川	0	0	0	0	0	0	0	0	0	0	0	0	0	0
25 福井	0	0	0	0	0	0	0	0	0	0	0	0	0	0
26 山梨	0	0	0	0	0	0	0	0	0	0	0	0	0	0
27 長野	0	0	0	0	0	0	0	0	0	0	0	0	0	0
28 静岡	0	0	0	0	0	0	0	0	0	0	0	0	0	0
29 岐阜	0	0	0	0	0	0	0	0	0	0	0	0	0	0
30 愛知	0	0	0	0	0	0	0	0	0	0	0	0	0	0
31 三重	0	0	0	0	0	0	0	0	0	0	0	0	0	0
32 滋賀	0	0	0	0	0	0	0	0	0	0	0	0	0	0
33 京都	0	0	0	0	0	0	0	0	0	0	0	0	0	0
34 奈良	0	0	0	0	0	0	0	0	0	0	0	0	0	0
35 和歌山	0	0	0	0	0	0	0	0	0	0	0	0	0	0
36 大阪	0	0	0	0	0	0	0	0	0	0	0	0	0	0
37 兵庫	0	0	0	0	0	0	0	0	0	0	0	0	0	0
38 鳥取	0	0	0	0	0	0	0	0	0	0	0	0	0	0
39 島根	0	0	0	0	0	0	0	0	0	0	0	0	0	0
40 岡山	0	0	0	0	0	0	0	0	0	0	0	0	0	0
41 広島	0	0	0	0	0	0	0	0	0	0	0	0	0	0
42 山口	0	0	0	0	0	0	0	0	0	0	0	0	0	0
43 香川	0	0	0	0	0	0	0	0	0	0	0	0	0	0
44 愛媛	0	0	0	0	0	0	0	0	0	0	0	0	0	0
45 徳島	0	0	0	0	0	0	0	0	0	0	0	0	0	0
46 高知	0	0	0	0	0	0	0	0	0	0	0	0	0	0
47 福岡	0	0	0	0	0	0	0	0	0	0	0	0	0	0
48 佐賀	0	0	0	0	0	0	0	0	0	0	0	0	0	0
49 長崎	0	0	0	0	0	0	0	0	0	0	0	0	0	0
50 熊本	0	0	0	0	0	0	0	0	0	0	0	0	0	0
51 大分	0	0	0	0	0	0	0	0	0	0	0	0	0	0
52 宮崎	0	0	0	0	0	0	0	0	0	0	0	0	0	0
53 鹿児島	0	0	0	0	0	0	0	0	0	0	0	0	0	0
54 沖縄	0	0	0	0	0	0	0	0	0	0	0	0	0	0
55 全国	0	0	0	0	0	0	0	0	0	0	0	0	0	0

平成28年度　　府県相互間輸送トン数表（鉄道）　　品目（4-16）機械　　（単位：トン）その2

着 / 発	15 茨城	16 栃木	17 群馬	18 埼玉	19 千葉	20 東京	21 神奈川	22 新潟	23 富山	24 石川	25 福井	26 山梨	27 長野	28 静岡
1 札幌	0	0	0	0	0	0	0	0	0	0	0	0	0	0
2 旭川	0	0	0	0	0	0	0	0	0	0	0	0	0	0
3 函館	0	0	0	0	0	0	0	0	0	0	0	0	0	0
4 室蘭	0	0	0	0	0	0	0	0	0	0	0	0	0	0
5 釧路	0	0	0	0	0	0	0	0	0	0	0	0	0	0
6 帯広	0	0	0	0	0	0	0	0	0	0	0	0	0	0
7 北見	0	0	0	0	0	0	0	0	0	0	0	0	0	0
8 北海道	0	0	0	0	0	0	0	0	0	0	0	0	0	0
9 青森	0	0	0	0	0	0	0	0	0	0	0	0	0	0
10 岩手	0	0	0	0	0	0	0	0	0	0	0	0	0	0
11 宮城	0	0	0	0	0	0	0	0	0	0	0	0	0	0
12 福島	0	0	0	0	0	0	0	0	0	0	0	0	0	0
13 秋田	0	0	0	0	0	0	0	0	0	0	0	0	0	0
14 山形	0	0	0	0	0	0	0	0	0	0	0	0	0	0
15 茨城	0	0	0	0	0	0	0	0	0	0	0	0	0	0
16 栃木	0	0	0	0	0	0	0	0	0	0	0	0	0	0
17 群馬	0	0	0	0	0	0	0	0	0	0	0	0	0	0
18 埼玉	0	0	0	0	0	0	0	0	0	0	0	0	0	0
19 千葉	0	0	0	0	0	0	0	0	0	0	0	0	0	0
20 東京	0	0	0	0	0	0	0	0	0	0	0	0	0	0
21 神奈川	0	0	0	0	0	0	0	0	0	0	0	0	0	0
22 新潟	0	0	0	0	0	0	0	0	0	0	0	0	0	0
23 富山	0	0	0	0	0	0	0	0	0	0	0	0	0	0
24 石川	0	0	0	0	0	0	0	0	0	0	0	0	0	0
25 福井	0	0	0	0	0	0	0	0	0	0	0	0	0	0
26 山梨	0	0	0	0	0	0	0	0	0	0	0	0	0	0
27 長野	0	0	0	0	0	0	0	0	0	0	0	0	0	0
28 静岡	0	0	0	0	0	0	0	0	0	0	0	0	0	0
29 岐阜	0	0	0	0	0	0	0	0	0	0	0	0	0	0
30 愛知	0	0	0	0	0	0	0	0	0	0	0	0	0	0
31 三重	0	0	0	0	0	0	0	0	0	0	0	0	0	0
32 滋賀	0	0	0	0	0	0	0	0	0	0	0	0	0	0
33 京都	0	0	0	0	0	0	0	0	0	0	0	0	0	0
34 奈良	0	0	0	0	0	0	0	0	0	0	0	0	0	0
35 和歌山	0	0	0	0	0	0	0	0	0	0	0	0	0	0
36 大阪	0	0	0	0	0	0	0	0	0	0	0	0	0	0
37 兵庫	0	0	0	0	0	0	0	0	0	0	0	0	0	0
38 鳥取	0	0	0	0	0	0	0	0	0	0	0	0	0	0
39 島根	0	0	0	0	0	0	0	0	0	0	0	0	0	0
40 岡山	0	0	0	0	0	0	0	0	0	0	0	0	0	0
41 広島	0	0	0	0	0	0	0	0	0	0	0	0	0	0
42 山口	0	0	0	0	0	0	0	0	0	0	0	0	0	0
43 香川	0	0	0	0	0	0	0	0	0	0	0	0	0	0
44 愛媛	0	0	0	0	0	0	0	0	0	0	0	0	0	0
45 徳島	0	0	0	0	0	0	0	0	0	0	0	0	0	0
46 高知	0	0	0	0	0	0	0	0	0	0	0	0	0	0
47 福岡	0	0	0	0	0	0	0	0	0	0	0	0	0	0
48 佐賀	0	0	0	0	0	0	0	0	0	0	0	0	0	0
49 長崎	0	0	0	0	0	0	0	0	0	0	0	0	0	0
50 熊本	0	0	0	0	0	0	0	0	0	0	0	0	0	0
51 大分	0	0	0	0	0	0	0	0	0	0	0	0	0	0
52 宮崎	0	0	0	0	0	0	0	0	0	0	0	0	0	0
53 鹿児島	0	0	0	0	0	0	0	0	0	0	0	0	0	0
54 沖縄	0	0	0	0	0	0	0	0	0	0	0	0	0	0
55 全国	0	0	0	0	0	0	0	0	0	0	0	0	0	0

平成28年度　　　　　　　　　　　府県相互間輸送トン数表（鉄道）　　　　　　　　　　　　　　　　（単位：トン）
品目　（4-16）　機械　　その　3

着／発	29 岐阜	30 愛知	31 三重	32 滋賀	33 京都	34 奈良	35 和歌山	36 大阪	37 兵庫	38 鳥取	39 島根	40 岡山	41 広島	42 山口
1 札幌	0	0	0	0	0	0	0	0	0	0	0	0	0	0
2 旭川	0	0	0	0	0	0	0	0	0	0	0	0	0	0
3 函館	0	0	0	0	0	0	0	0	0	0	0	0	0	0
4 室蘭	0	0	0	0	0	0	0	0	0	0	0	0	0	0
5 釧路	0	0	0	0	0	0	0	0	0	0	0	0	0	0
6 帯広	0	0	0	0	0	0	0	0	0	0	0	0	0	0
7 北見	0	0	0	0	0	0	0	0	0	0	0	0	0	0
8 北海道	0	0	0	0	0	0	0	0	0	0	0	0	0	0
9 青森	0	0	0	0	0	0	0	0	0	0	0	0	0	0
10 岩手	0	0	0	0	0	0	0	0	0	0	0	0	0	0
11 宮城	0	0	0	0	0	0	0	0	0	0	0	0	0	0
12 福島	0	0	0	0	0	0	0	0	0	0	0	0	0	0
13 秋田	0	0	0	0	0	0	0	0	0	0	0	0	0	0
14 山形	0	0	0	0	0	0	0	0	0	0	0	0	0	0
15 茨城	0	0	0	0	0	0	0	0	0	0	0	0	0	0
16 栃木	0	0	0	0	0	0	0	0	0	0	0	0	0	0
17 群馬	0	0	0	0	0	0	0	0	0	0	0	0	0	0
18 埼玉	0	0	0	0	0	0	0	0	0	0	0	0	0	0
19 千葉	0	0	0	0	0	0	0	0	0	0	0	0	0	0
20 東京	0	0	0	0	0	0	0	0	0	0	0	0	0	0
21 神奈川	0	0	0	0	0	0	0	0	0	0	0	0	0	0
22 新潟	0	0	0	0	0	0	0	0	0	0	0	0	0	0
23 富山	0	0	0	0	0	0	0	0	0	0	0	0	0	0
24 石川	0	0	0	0	0	0	0	0	0	0	0	0	0	0
25 福井	0	0	0	0	0	0	0	0	0	0	0	0	0	0
26 山梨	0	0	0	0	0	0	0	0	0	0	0	0	0	0
27 長野	0	0	0	0	0	0	0	0	0	0	0	0	0	0
28 静岡	0	0	0	0	0	0	0	0	0	0	0	0	0	0
29 岐阜	0	0	0	0	0	0	0	0	0	0	0	0	0	0
30 愛知	0	0	0	0	0	0	0	0	0	0	0	0	0	0
31 三重	0	0	0	0	0	0	0	0	0	0	0	0	0	0
32 滋賀	0	0	0	0	0	0	0	0	0	0	0	0	0	0
33 京都	0	0	0	0	0	0	0	0	0	0	0	0	0	0
34 奈良	0	0	0	0	0	0	0	0	0	0	0	0	0	0
35 和歌山	0	0	0	0	0	0	0	0	0	0	0	0	0	0
36 大阪	0	0	0	0	0	0	0	0	0	0	0	0	0	0
37 兵庫	0	0	0	0	1,200	0	0	0	0	0	0	0	0	0
38 鳥取	0	0	0	0	0	0	0	0	0	0	0	0	0	0
39 島根	0	0	0	0	0	0	0	0	0	0	0	0	0	0
40 岡山	0	0	0	0	0	0	0	0	0	0	0	0	0	0
41 広島	0	0	0	0	0	0	0	0	0	0	0	0	0	0
42 山口	0	0	0	0	0	0	0	0	0	0	0	0	0	0
43 香川	0	0	0	0	0	0	0	0	0	0	0	0	0	0
44 愛媛	0	0	0	0	0	0	0	0	0	0	0	0	0	0
45 徳島	0	0	0	0	0	0	0	0	0	0	0	0	0	0
46 高知	0	0	0	0	0	0	0	0	0	0	0	0	0	0
47 福岡	0	0	0	0	0	0	0	0	0	0	0	0	0	0
48 佐賀	0	0	0	0	0	0	0	0	0	0	0	0	0	0
49 長崎	0	0	0	0	0	0	0	0	0	0	0	0	0	0
50 熊本	0	0	0	0	0	0	0	0	0	0	0	0	0	0
51 大分	0	0	0	0	0	0	0	0	0	0	0	0	0	0
52 宮崎	0	0	0	0	0	0	0	0	0	0	0	0	0	0
53 鹿児島	0	0	0	0	0	0	0	0	0	0	0	0	0	0
54 沖縄	0	0	0	0	0	0	0	0	0	0	0	0	0	0
55 全国	0	0	0	0	1,200	0	0	0	0	0	0	0	0	0

平成28年度　　　　　　　　　　　府県相互間輸送トン数表（鉄道）　　　　　　　　　　　　　　　　（単位：トン）
品目　（4-16）　機械　　その　4

着／発	43 香川	44 愛媛	45 徳島	46 高知	47 福岡	48 佐賀	49 長崎	50 熊本	51 大分	52 宮崎	53 鹿児島	54 沖縄	55 全国
1 札幌	0	0	0	0	0	0	0	0	0	0	0	0	0
2 旭川	0	0	0	0	0	0	0	0	0	0	0	0	0
3 函館	0	0	0	0	0	0	0	0	0	0	0	0	0
4 室蘭	0	0	0	0	0	0	0	0	0	0	0	0	0
5 釧路	0	0	0	0	0	0	0	0	0	0	0	0	0
6 帯広	0	0	0	0	0	0	0	0	0	0	0	0	0
7 北見	0	0	0	0	0	0	0	0	0	0	0	0	0
8 北海道	0	0	0	0	0	0	0	0	0	0	0	0	0
9 青森	0	0	0	0	0	0	0	0	0	0	0	0	0
10 岩手	0	0	0	0	0	0	0	0	0	0	0	0	0
11 宮城	0	0	0	0	0	0	0	0	0	0	0	0	0
12 福島	0	0	0	0	0	0	0	0	0	0	0	0	0
13 秋田	0	0	0	0	0	0	0	0	0	0	0	0	0
14 山形	0	0	0	0	0	0	0	0	0	0	0	0	0
15 茨城	0	0	0	0	0	0	0	0	0	0	0	0	0
16 栃木	0	0	0	0	0	0	0	0	0	0	0	0	0
17 群馬	0	0	0	0	0	0	0	0	0	0	0	0	0
18 埼玉	0	0	0	0	0	0	0	0	0	0	0	0	0
19 千葉	0	0	0	0	0	0	0	0	0	0	0	0	0
20 東京	0	0	0	0	0	0	0	0	0	0	0	0	0
21 神奈川	0	0	0	0	0	0	0	0	0	0	0	0	0
22 新潟	0	0	0	0	0	0	0	0	0	0	0	0	0
23 富山	0	0	0	0	0	0	0	0	0	0	0	0	0
24 石川	0	0	0	0	0	0	0	0	0	0	0	0	0
25 福井	0	0	0	0	0	0	0	0	0	0	0	0	0
26 山梨	0	0	0	0	0	0	0	0	0	0	0	0	0
27 長野	0	0	0	0	0	0	0	0	0	0	0	0	0
28 静岡	0	0	0	0	0	0	0	0	0	0	0	0	0
29 岐阜	0	0	0	0	0	0	0	0	0	0	0	0	0
30 愛知	0	0	0	0	0	0	0	0	0	0	0	0	0
31 三重	0	0	0	0	0	0	0	0	0	0	0	0	0
32 滋賀	0	0	0	0	0	0	0	0	0	0	0	0	0
33 京都	0	0	0	0	0	0	0	0	0	0	0	0	0
34 奈良	0	0	0	0	0	0	0	0	0	0	0	0	0
35 和歌山	0	0	0	0	0	0	0	0	0	0	0	0	0
36 大阪	0	0	0	0	0	0	0	0	0	0	0	0	0
37 兵庫	0	0	0	0	0	0	0	0	0	0	0	0	1,200
38 鳥取	0	0	0	0	0	0	0	0	0	0	0	0	0
39 島根	0	0	0	0	0	0	0	0	0	0	0	0	0
40 岡山	0	0	0	0	0	0	0	0	0	0	0	0	0
41 広島	0	0	0	0	0	0	0	0	0	0	0	0	0
42 山口	0	0	0	0	0	0	0	0	0	0	0	0	0
43 香川	0	0	0	0	0	0	0	0	0	0	0	0	0
44 愛媛	0	0	0	0	0	0	0	0	0	0	0	0	0
45 徳島	0	0	0	0	0	0	0	0	0	0	0	0	0
46 高知	0	0	0	0	0	0	0	0	0	0	0	0	0
47 福岡	0	0	0	0	0	0	0	0	0	0	0	0	0
48 佐賀	0	0	0	0	0	0	0	0	0	0	0	0	0
49 長崎	0	0	0	0	0	0	0	0	0	0	0	0	0
50 熊本	0	0	0	0	0	0	0	0	0	0	0	0	0
51 大分	0	0	0	0	0	0	0	0	0	0	0	0	0
52 宮崎	0	0	0	0	0	0	0	0	0	0	0	0	0
53 鹿児島	0	0	0	0	0	0	0	0	0	0	0	0	0
54 沖縄	0	0	0	0	0	0	0	0	0	0	0	0	0
55 全国	0	0	0	0	0	0	0	0	0	0	0	0	1,200

平成28年度 府県相互間輸送トン数表（鉄道）
品目　（5－17）セメント
（単位：トン）
その　1

着＼発	1 札幌	2 旭川	3 函館	4 室蘭	5 釧路	6 帯広	7 北見	8 北海道	9 青森	10 岩手	11 宮城	12 福島	13 秋田	14 山形
1 札幌	0	0	0	0	0	0	0	0	0	0	0	0	0	0
2 旭川	0	0	0	0	0	0	0	0	0	0	0	0	0	0
3 函館	0	0	0	0	0	0	0	0	0	0	0	0	0	0
4 室蘭	0	0	0	0	0	0	0	0	0	0	0	0	0	0
5 釧路	0	0	0	0	0	0	0	0	0	0	0	0	0	0
6 帯広	0	0	0	0	0	0	0	0	0	0	0	0	0	0
7 北見	0	0	0	0	0	0	0	0	0	0	0	0	0	0
8 北海道	0	0	0	0	0	0	0	0	0	0	0	0	0	0
9 青森	0	0	0	0	0	0	0	0	0	0	0	0	0	0
10 岩手	0	0	0	0	0	0	0	0	0	0	0	0	0	0
11 宮城	0	0	0	0	0	0	0	0	0	0	0	0	0	0
12 福島	0	0	0	0	0	0	0	0	0	0	0	0	0	0
13 秋田	0	0	0	0	0	0	0	0	0	0	0	0	0	0
14 山形	0	0	0	0	0	0	0	0	0	0	0	0	0	0
15 茨城	0	0	0	0	0	0	0	0	0	0	0	0	0	0
16 栃木	0	0	0	0	0	0	0	0	0	0	0	0	0	0
17 群馬	0	0	0	0	0	0	0	0	0	0	0	0	0	0
18 埼玉	0	0	0	0	0	0	0	0	0	0	0	0	0	0
19 千葉	0	0	0	0	0	0	0	0	0	0	0	0	0	0
20 東京	0	0	0	0	0	0	0	0	0	0	0	0	0	0
21 神奈川	0	0	0	0	0	0	0	0	0	0	0	0	0	0
22 新潟	0	0	0	0	0	0	0	0	0	0	0	0	0	0
23 富山	0	0	0	0	0	0	0	0	0	0	0	0	0	0
24 石川	0	0	0	0	0	0	0	0	0	0	0	0	0	0
25 福井	0	0	0	0	0	0	0	0	0	0	0	0	0	0
26 山梨	0	0	0	0	0	0	0	0	0	0	0	0	0	0
27 長野	0	0	0	0	0	0	0	0	0	0	0	0	0	0
28 静岡	0	0	0	0	0	0	0	0	0	0	0	0	0	0
29 岐阜	0	0	0	0	0	0	0	0	0	0	0	0	0	0
30 愛知	0	0	0	0	0	0	0	0	0	0	0	0	0	0
31 三重	0	0	0	0	0	0	0	0	0	0	0	0	0	0
32 滋賀	0	0	0	0	0	0	0	0	0	0	0	0	0	0
33 京都	0	0	0	0	0	0	0	0	0	0	0	0	0	0
34 奈良	0	0	0	0	0	0	0	0	0	0	0	0	0	0
35 和歌山	0	0	0	0	0	0	0	0	0	0	0	0	0	0
36 大阪	0	0	0	0	0	0	0	0	0	0	0	0	0	0
37 兵庫	0	0	0	0	0	0	0	0	0	0	0	0	0	0
38 鳥取	0	0	0	0	0	0	0	0	0	0	0	0	0	0
39 島根	0	0	0	0	0	0	0	0	0	0	0	0	0	0
40 岡山	0	0	0	0	0	0	0	0	0	0	0	0	0	0
41 広島	0	0	0	0	0	0	0	0	0	0	0	0	0	0
42 山口	0	0	0	0	0	0	0	0	0	0	0	0	0	0
43 香川	0	0	0	0	0	0	0	0	0	0	0	0	0	0
44 愛媛	0	0	0	0	0	0	0	0	0	0	0	0	0	0
45 徳島	0	0	0	0	0	0	0	0	0	0	0	0	0	0
46 高知	0	0	0	0	0	0	0	0	0	0	0	0	0	0
47 福岡	0	0	0	0	0	0	0	0	0	0	0	0	0	0
48 佐賀	0	0	0	0	0	0	0	0	0	0	0	0	0	0
49 長崎	0	0	0	0	0	0	0	0	0	0	0	0	0	0
50 熊本	0	0	0	0	0	0	0	0	0	0	0	0	0	0
51 大分	0	0	0	0	0	0	0	0	0	0	0	0	0	0
52 宮崎	0	0	0	0	0	0	0	0	0	0	0	0	0	0
53 鹿児島	0	0	0	0	0	0	0	0	0	0	0	0	0	0
54 沖縄	0	0	0	0	0	0	0	0	0	0	0	0	0	0
55 全国	0	0	0	0	0	0	0	0	0	0	0	0	0	0

平成28年度 府県相互間輸送トン数表（鉄道）
品目　（5－17）セメント
（単位：トン）
その　2

着＼発	15 茨城	16 栃木	17 群馬	18 埼玉	19 千葉	20 東京	21 神奈川	22 新潟	23 富山	24 石川	25 福井	26 山梨	27 長野	28 静岡
1 札幌	0	0	0	0	0	0	0	0	0	0	0	0	0	0
2 旭川	0	0	0	0	0	0	0	0	0	0	0	0	0	0
3 函館	0	0	0	0	0	0	0	0	0	0	0	0	0	0
4 室蘭	0	0	0	0	0	0	0	0	0	0	0	0	0	0
5 釧路	0	0	0	0	0	0	0	0	0	0	0	0	0	0
6 帯広	0	0	0	0	0	0	0	0	0	0	0	0	0	0
7 北見	0	0	0	0	0	0	0	0	0	0	0	0	0	0
8 北海道	0	0	0	0	0	0	0	0	0	0	0	0	0	0
9 青森	0	0	0	0	0	0	0	0	0	0	0	0	0	0
10 岩手	0	0	0	0	0	0	0	0	0	0	0	0	0	0
11 宮城	0	0	0	0	0	0	0	0	0	0	0	0	0	0
12 福島	0	0	0	0	0	0	0	0	0	0	0	0	0	0
13 秋田	0	0	0	0	0	0	0	0	0	0	0	0	0	0
14 山形	0	0	0	0	0	0	0	0	0	0	0	0	0	0
15 茨城	0	0	0	0	0	0	0	0	0	0	0	0	0	0
16 栃木	0	0	0	0	0	0	0	0	0	0	0	0	0	0
17 群馬	0	0	0	0	0	0	0	0	0	0	0	0	0	0
18 埼玉	0	0	0	0	0	0	0	0	0	0	0	0	0	0
19 千葉	0	0	0	0	0	0	0	0	0	0	0	0	0	0
20 東京	0	0	0	0	0	0	0	0	0	0	0	0	0	0
21 神奈川	0	0	0	0	0	0	0	0	0	0	0	0	0	0
22 新潟	0	0	0	0	0	0	0	0	0	0	0	0	0	0
23 富山	0	0	0	0	0	0	0	0	0	0	0	0	0	0
24 石川	0	0	0	0	0	0	0	0	0	0	0	0	0	0
25 福井	0	0	0	0	0	0	0	0	0	0	0	0	0	0
26 山梨	0	0	0	0	0	0	0	0	0	0	0	0	0	0
27 長野	0	0	0	0	0	0	0	0	0	0	0	0	0	0
28 静岡	0	0	0	0	0	0	0	0	0	0	0	0	0	0
29 岐阜	0	0	0	0	0	0	0	0	0	0	0	0	0	0
30 愛知	0	0	0	0	0	0	0	0	0	0	0	0	0	0
31 三重	0	0	0	0	0	0	0	0	0	0	0	0	0	0
32 滋賀	0	0	0	0	0	0	0	0	0	0	0	0	0	0
33 京都	0	0	0	0	0	0	0	0	0	0	0	0	0	0
34 奈良	0	0	0	0	0	0	0	0	0	0	0	0	0	0
35 和歌山	0	0	0	0	0	0	0	0	0	0	0	0	0	0
36 大阪	0	0	0	0	0	0	0	0	0	0	0	0	0	0
37 兵庫	0	0	0	0	0	0	0	0	0	0	0	0	0	0
38 鳥取	0	0	0	0	0	0	0	0	0	0	0	0	0	0
39 島根	0	0	0	0	0	0	0	0	0	0	0	0	0	0
40 岡山	0	0	0	0	0	0	0	0	0	0	0	0	0	0
41 広島	0	0	0	0	0	0	0	0	0	0	0	0	0	0
42 山口	0	0	0	0	0	0	0	0	0	0	0	0	0	0
43 香川	0	0	0	0	0	0	0	0	0	0	0	0	0	0
44 愛媛	0	0	0	0	0	0	0	0	0	0	0	0	0	0
45 徳島	0	0	0	0	0	0	0	0	0	0	0	0	0	0
46 高知	0	0	0	0	0	0	0	0	0	0	0	0	0	0
47 福岡	0	0	0	0	0	0	0	0	0	0	0	0	0	0
48 佐賀	0	0	0	0	0	0	0	0	0	0	0	0	0	0
49 長崎	0	0	0	0	0	0	0	0	0	0	0	0	0	0
50 熊本	0	0	0	0	0	0	0	0	0	0	0	0	0	0
51 大分	0	0	0	0	0	0	0	0	0	0	0	0	0	0
52 宮崎	0	0	0	0	0	0	0	0	0	0	0	0	0	0
53 鹿児島	0	0	0	0	0	0	0	0	0	0	0	0	0	0
54 沖縄	0	0	0	0	0	0	0	0	0	0	0	0	0	0
55 全国	0	0	0	0	0	0	0	0	0	0	0	0	0	0

平成28年度　　　　　　　　　　　府県相互間輸送トン数表（鉄道）　　　　　　　　　　（単位：トン）
品目　（5-17）セメント　　　　　その　3

着／発	29 岐阜	30 愛知	31 三重	32 滋賀	33 京都	34 奈良	35 和歌山	36 大阪	37 兵庫	38 鳥取	39 島根	40 岡山	41 広島	42 山口
1 札幌	0	0	0	0	0	0	0	0	0	0	0	0	0	0
2 旭川	0	0	0	0	0	0	0	0	0	0	0	0	0	0
3 函館	0	0	0	0	0	0	0	0	0	0	0	0	0	0
4 室蘭	0	0	0	0	0	0	0	0	0	0	0	0	0	0
5 釧路	0	0	0	0	0	0	0	0	0	0	0	0	0	0
6 帯広	0	0	0	0	0	0	0	0	0	0	0	0	0	0
7 北見	0	0	0	0	0	0	0	0	0	0	0	0	0	0
8 北海道	0	0	0	0	0	0	0	0	0	0	0	0	0	0
9 青森	0	0	0	0	0	0	0	0	0	0	0	0	0	0
10 岩手	0	0	0	0	0	0	0	0	0	0	0	0	0	0
11 宮城	0	0	0	0	0	0	0	0	0	0	0	0	0	0
12 福島	0	0	0	0	0	0	0	0	0	0	0	0	0	0
13 秋田	0	0	0	0	0	0	0	0	0	0	0	0	0	0
14 山形	0	0	0	0	0	0	0	0	0	0	0	0	0	0
15 茨城	0	0	0	0	0	0	0	0	0	0	0	0	0	0
16 栃木	0	0	0	0	0	0	0	0	0	0	0	0	0	0
17 群馬	0	0	0	0	0	0	0	0	0	0	0	0	0	0
18 埼玉	0	0	0	0	0	0	0	0	0	0	0	0	0	0
19 千葉	0	0	0	0	0	0	0	0	0	0	0	0	0	0
20 東京	0	0	0	0	0	0	0	0	0	0	0	0	0	0
21 神奈川	0	0	0	0	0	0	0	0	0	0	0	0	0	0
22 新潟	0	0	0	0	0	0	0	0	0	0	0	0	0	0
23 富山	0	0	0	0	0	0	0	0	0	0	0	0	0	0
24 石川	0	0	0	0	0	0	0	0	0	0	0	0	0	0
25 福井	0	0	0	0	0	0	0	0	0	0	0	0	0	0
26 山梨	0	0	0	0	0	0	0	0	0	0	0	0	0	0
27 長野	0	0	0	0	0	0	0	0	0	0	0	0	0	0
28 静岡	0	0	0	0	0	0	0	0	0	0	0	0	0	0
29 岐阜	0	0	0	0	0	0	0	0	0	0	0	0	0	0
30 愛知	0	0	0	0	0	0	0	0	0	0	0	0	0	0
31 三重	0	0	795,264	0	0	0	0	0	0	0	0	0	0	0
32 滋賀	0	0	0	0	0	0	0	0	0	0	0	0	0	0
33 京都	0	0	0	0	0	0	0	0	0	0	0	0	0	0
34 奈良	0	0	0	0	0	0	0	0	0	0	0	0	0	0
35 和歌山	0	0	0	0	0	0	0	0	0	0	0	0	0	0
36 大阪	0	0	0	0	0	0	0	0	0	0	0	0	0	0
37 兵庫	0	0	0	0	0	0	0	0	0	0	0	0	0	0
38 鳥取	0	0	0	0	0	0	0	0	0	0	0	0	0	0
39 島根	0	0	0	0	0	0	0	0	0	0	0	0	0	0
40 岡山	0	0	0	0	0	0	0	0	0	0	0	0	0	0
41 広島	0	0	0	0	0	0	0	0	0	0	0	0	0	0
42 山口	0	0	0	0	0	0	0	0	0	0	0	0	0	0
43 香川	0	0	0	0	0	0	0	0	0	0	0	0	0	0
44 愛媛	0	0	0	0	0	0	0	0	0	0	0	0	0	0
45 徳島	0	0	0	0	0	0	0	0	0	0	0	0	0	0
46 高知	0	0	0	0	0	0	0	0	0	0	0	0	0	0
47 福岡	0	0	0	0	0	0	0	0	0	0	0	0	0	0
48 佐賀	0	0	0	0	0	0	0	0	0	0	0	0	0	0
49 長崎	0	0	0	0	0	0	0	0	0	0	0	0	0	0
50 熊本	0	0	0	0	0	0	0	0	0	0	0	0	0	0
51 大分	0	0	0	0	0	0	0	0	0	0	0	0	0	0
52 宮崎	0	0	0	0	0	0	0	0	0	0	0	0	0	0
53 鹿児島	0	0	0	0	0	0	0	0	0	0	0	0	0	0
54 沖縄	0	0	0	0	0	0	0	0	0	0	0	0	0	0
55 全国	0	0	795,264	0	0	0	0	0	0	0	0	0	0	0

平成28年度　　　　　　　　　　　府県相互間輸送トン数表（鉄道）　　　　　　　　　　（単位：トン）
品目　（5-17）セメント　　　　　その　4

着／発	43 香川	44 愛媛	45 徳島	46 高知	47 福岡	48 佐賀	49 長崎	50 熊本	51 大分	52 宮崎	53 鹿児島	54 沖縄	55 全国
1 札幌	0	0	0	0	0	0	0	0	0	0	0	0	0
2 旭川	0	0	0	0	0	0	0	0	0	0	0	0	0
3 函館	0	0	0	0	0	0	0	0	0	0	0	0	0
4 室蘭	0	0	0	0	0	0	0	0	0	0	0	0	0
5 釧路	0	0	0	0	0	0	0	0	0	0	0	0	0
6 帯広	0	0	0	0	0	0	0	0	0	0	0	0	0
7 北見	0	0	0	0	0	0	0	0	0	0	0	0	0
8 北海道	0	0	0	0	0	0	0	0	0	0	0	0	0
9 青森	0	0	0	0	0	0	0	0	0	0	0	0	0
10 岩手	0	0	0	0	0	0	0	0	0	0	0	0	0
11 宮城	0	0	0	0	0	0	0	0	0	0	0	0	0
12 福島	0	0	0	0	0	0	0	0	0	0	0	0	0
13 秋田	0	0	0	0	0	0	0	0	0	0	0	0	0
14 山形	0	0	0	0	0	0	0	0	0	0	0	0	0
15 茨城	0	0	0	0	0	0	0	0	0	0	0	0	0
16 栃木	0	0	0	0	0	0	0	0	0	0	0	0	0
17 群馬	0	0	0	0	0	0	0	0	0	0	0	0	0
18 埼玉	0	0	0	0	0	0	0	0	0	0	0	0	0
19 千葉	0	0	0	0	0	0	0	0	0	0	0	0	0
20 東京	0	0	0	0	0	0	0	0	0	0	0	0	0
21 神奈川	0	0	0	0	0	0	0	0	0	0	0	0	0
22 新潟	0	0	0	0	0	0	0	0	0	0	0	0	0
23 富山	0	0	0	0	0	0	0	0	0	0	0	0	0
24 石川	0	0	0	0	0	0	0	0	0	0	0	0	0
25 福井	0	0	0	0	0	0	0	0	0	0	0	0	0
26 山梨	0	0	0	0	0	0	0	0	0	0	0	0	0
27 長野	0	0	0	0	0	0	0	0	0	0	0	0	0
28 静岡	0	0	0	0	0	0	0	0	0	0	0	0	0
29 岐阜	0	0	0	0	0	0	0	0	0	0	0	0	0
30 愛知	0	0	0	0	0	0	0	0	0	0	0	0	0
31 三重	0	0	0	0	0	0	0	0	0	0	0	0	795,264
32 滋賀	0	0	0	0	0	0	0	0	0	0	0	0	0
33 京都	0	0	0	0	0	0	0	0	0	0	0	0	0
34 奈良	0	0	0	0	0	0	0	0	0	0	0	0	0
35 和歌山	0	0	0	0	0	0	0	0	0	0	0	0	0
36 大阪	0	0	0	0	0	0	0	0	0	0	0	0	0
37 兵庫	0	0	0	0	0	0	0	0	0	0	0	0	0
38 鳥取	0	0	0	0	0	0	0	0	0	0	0	0	0
39 島根	0	0	0	0	0	0	0	0	0	0	0	0	0
40 岡山	0	0	0	0	0	0	0	0	0	0	0	0	0
41 広島	0	0	0	0	0	0	0	0	0	0	0	0	0
42 山口	0	0	0	0	0	0	0	0	0	0	0	0	0
43 香川	0	0	0	0	0	0	0	0	0	0	0	0	0
44 愛媛	0	0	0	0	0	0	0	0	0	0	0	0	0
45 徳島	0	0	0	0	0	0	0	0	0	0	0	0	0
46 高知	0	0	0	0	0	0	0	0	0	0	0	0	0
47 福岡	0	0	0	0	0	0	0	0	0	0	0	0	0
48 佐賀	0	0	0	0	0	0	0	0	0	0	0	0	0
49 長崎	0	0	0	0	0	0	0	0	0	0	0	0	0
50 熊本	0	0	0	0	0	0	0	0	0	0	0	0	0
51 大分	0	0	0	0	0	0	0	0	0	0	0	0	0
52 宮崎	0	0	0	0	0	0	0	0	0	0	0	0	0
53 鹿児島	0	0	0	0	0	0	0	0	0	0	0	0	0
54 沖縄	0	0	0	0	0	0	0	0	0	0	0	0	0
55 全国	0	0	0	0	0	0	0	0	0	0	0	0	795,264

平成28年度　　　　　　　　　　　　府県相互間輸送トン数表（鉄道）

品目　（5-18）その他の窯業品

（単位：トン）その　1

着発	1 札幌	2 旭川	3 函館	4 室蘭	5 釧路	6 帯広	7 北見	8 北海道	9 青森	10 岩手	11 宮城	12 福島	13 秋田	14 山形
1 札幌	0	0	0	0	0	0	0	0	0	0	0	0	0	0
2 旭川	0	0	0	0	0	0	0	0	0	0	0	0	0	0
3 函館	0	0	0	0	0	0	0	0	0	0	0	0	0	0
4 室蘭	0	0	0	0	0	0	0	0	0	0	0	0	0	0
5 釧路	0	0	0	0	0	0	0	0	0	0	0	0	0	0
6 帯広	0	0	0	0	0	0	0	0	0	0	0	0	0	0
7 北見	0	0	0	0	0	0	0	0	0	0	0	0	0	0
8 北海道	0	0	0	0	0	0	0	0	0	0	0	0	0	0
9 青森	0	0	0	0	0	0	0	0	0	0	0	0	0	0
10 岩手	0	0	0	0	0	0	0	0	0	0	0	0	0	0
11 宮城	0	0	0	0	0	0	0	0	0	0	0	0	0	0
12 福島	0	0	0	0	0	0	0	0	0	0	0	0	0	0
13 秋田	0	0	0	0	0	0	0	0	0	0	0	0	0	0
14 山形	0	0	0	0	0	0	0	0	0	0	0	0	0	0
15 茨城	0	0	0	0	0	0	0	0	0	0	0	0	0	0
16 栃木	0	0	0	0	0	0	0	0	0	0	0	0	0	0
17 群馬	0	0	0	0	0	0	0	0	0	0	0	0	0	0
18 埼玉	0	0	0	0	0	0	0	0	0	0	0	0	0	0
19 千葉	0	0	0	0	0	0	0	0	0	0	0	0	0	0
20 東京	0	0	0	0	0	0	0	0	0	0	0	0	0	0
21 神奈川	0	0	0	0	0	0	0	0	0	0	0	0	0	0
22 新潟	0	0	0	0	0	0	0	0	0	0	0	0	0	0
23 富山	0	0	0	0	0	0	0	0	0	0	0	0	0	0
24 石川	0	0	0	0	0	0	0	0	0	0	0	0	0	0
25 福井	0	0	0	0	0	0	0	0	0	0	0	0	0	0
26 山梨	0	0	0	0	0	0	0	0	0	0	0	0	0	0
27 長野	0	0	0	0	0	0	0	0	0	0	0	0	0	0
28 静岡	0	0	0	0	0	0	0	0	0	0	0	0	0	0
29 岐阜	0	0	0	0	0	0	0	0	0	0	0	0	0	0
30 愛知	0	0	0	0	0	0	0	0	0	0	0	0	0	0
31 三重	0	0	0	0	0	0	0	0	0	0	0	0	0	0
32 滋賀	0	0	0	0	0	0	0	0	0	0	0	0	0	0
33 京都	0	0	0	0	0	0	0	0	0	0	0	0	0	0
34 奈良	0	0	0	0	0	0	0	0	0	0	0	0	0	0
35 和歌山	0	0	0	0	0	0	0	0	0	0	0	0	0	0
36 大阪	0	0	0	0	0	0	0	0	0	0	0	0	0	0
37 兵庫	0	0	0	0	0	0	0	0	0	0	0	0	0	0
38 鳥取	0	0	0	0	0	0	0	0	0	0	0	0	0	0
39 島根	0	0	0	0	0	0	0	0	0	0	0	0	0	0
40 岡山	0	0	0	0	0	0	0	0	0	0	0	0	0	0
41 広島	0	0	0	0	0	0	0	0	0	0	0	0	0	0
42 山口	0	0	0	0	0	0	0	0	0	0	0	0	0	0
43 香川	0	0	0	0	0	0	0	0	0	0	0	0	0	0
44 愛媛	0	0	0	0	0	0	0	0	0	0	0	0	0	0
45 徳島	0	0	0	0	0	0	0	0	0	0	0	0	0	0
46 高知	0	0	0	0	0	0	0	0	0	0	0	0	0	0
47 福岡	0	0	0	0	0	0	0	0	0	0	0	0	0	0
48 佐賀	0	0	0	0	0	0	0	0	0	0	0	0	0	0
49 長崎	0	0	0	0	0	0	0	0	0	0	0	0	0	0
50 熊本	0	0	0	0	0	0	0	0	0	0	0	0	0	0
51 大分	0	0	0	0	0	0	0	0	0	0	0	0	0	0
52 宮崎	0	0	0	0	0	0	0	0	0	0	0	0	0	0
53 鹿児島	0	0	0	0	0	0	0	0	0	0	0	0	0	0
54 沖縄	0	0	0	0	0	0	0	0	0	0	0	0	0	0
55 全国	0	0	0	0	0	0	0	0	0	0	0	0	0	0

平成28年度　　　　　　　　　　　　府県相互間輸送トン数表（鉄道）

品目　（5-18）その他の窯業品

（単位：トン）その　2

着発	15 茨城	16 栃木	17 群馬	18 埼玉	19 千葉	20 東京	21 神奈川	22 新潟	23 富山	24 石川	25 福井	26 山梨	27 長野	28 静岡
1 札幌	0	0	0	0	0	0	0	0	0	0	0	0	0	0
2 旭川	0	0	0	0	0	0	0	0	0	0	0	0	0	0
3 函館	0	0	0	0	0	0	0	0	0	0	0	0	0	0
4 室蘭	0	0	0	0	0	0	0	0	0	0	0	0	0	0
5 釧路	0	0	0	0	0	0	0	0	0	0	0	0	0	0
6 帯広	0	0	0	0	0	0	0	0	0	0	0	0	0	0
7 北見	0	0	0	0	0	0	0	0	0	0	0	0	0	0
8 北海道	0	0	0	0	0	0	0	0	0	0	0	0	0	0
9 青森	0	0	0	0	0	0	0	0	0	0	0	0	0	0
10 岩手	0	0	0	0	0	0	0	0	0	0	0	0	0	0
11 宮城	0	0	0	0	0	0	0	0	0	0	0	0	0	0
12 福島	0	0	0	0	0	0	0	0	0	0	0	0	0	0
13 秋田	0	0	0	0	0	0	0	0	0	0	0	0	0	0
14 山形	0	0	0	0	0	0	0	0	0	0	0	0	0	0
15 茨城	0	0	0	0	0	0	0	0	0	0	0	0	0	0
16 栃木	0	0	0	0	0	0	0	0	0	0	0	0	0	0
17 群馬	0	0	0	0	0	0	0	0	0	0	0	0	0	0
18 埼玉	0	0	0	0	0	0	0	0	0	0	0	0	0	0
19 千葉	0	0	0	0	0	0	0	0	0	0	0	0	0	0
20 東京	0	0	0	0	0	0	0	0	0	0	0	0	0	0
21 神奈川	0	0	0	0	0	0	0	0	0	0	0	0	0	0
22 新潟	0	0	0	0	0	0	0	0	0	0	0	0	0	0
23 富山	0	0	0	0	0	0	0	0	0	0	0	0	0	0
24 石川	0	0	0	0	0	0	0	0	0	0	0	0	0	0
25 福井	0	0	0	0	0	0	0	0	0	0	0	0	0	0
26 山梨	0	0	0	0	0	0	0	0	0	0	0	0	0	0
27 長野	0	0	0	0	0	0	0	0	0	0	0	0	0	0
28 静岡	0	0	0	0	0	0	0	0	0	0	0	0	0	0
29 岐阜	0	0	0	0	0	0	0	0	0	0	0	0	0	0
30 愛知	0	0	0	0	0	0	0	0	0	0	0	0	0	0
31 三重	0	0	0	0	0	0	0	0	0	0	0	0	0	0
32 滋賀	0	0	0	0	0	0	0	0	0	0	0	0	0	0
33 京都	0	0	0	0	0	0	0	0	0	0	0	0	0	0
34 奈良	0	0	0	0	0	0	0	0	0	0	0	0	0	0
35 和歌山	0	0	0	0	0	0	0	0	0	0	0	0	0	0
36 大阪	0	0	0	0	0	0	0	0	0	0	0	0	0	0
37 兵庫	0	0	0	0	0	0	0	0	0	0	0	0	0	0
38 鳥取	0	0	0	0	0	0	0	0	0	0	0	0	0	0
39 島根	0	0	0	0	0	0	0	0	0	0	0	0	0	0
40 岡山	0	0	0	0	0	0	0	0	0	0	0	0	0	0
41 広島	0	0	0	0	0	0	0	0	0	0	0	0	0	0
42 山口	0	0	0	0	0	0	0	0	0	0	0	0	0	0
43 香川	0	0	0	0	0	0	0	0	0	0	0	0	0	0
44 愛媛	0	0	0	0	0	0	0	0	0	0	0	0	0	0
45 徳島	0	0	0	0	0	0	0	0	0	0	0	0	0	0
46 高知	0	0	0	0	0	0	0	0	0	0	0	0	0	0
47 福岡	0	0	0	0	0	0	0	0	0	0	0	0	0	0
48 佐賀	0	0	0	0	0	0	0	0	0	0	0	0	0	0
49 長崎	0	0	0	0	0	0	0	0	0	0	0	0	0	0
50 熊本	0	0	0	0	0	0	0	0	0	0	0	0	0	0
51 大分	0	0	0	0	0	0	0	0	0	0	0	0	0	0
52 宮崎	0	0	0	0	0	0	0	0	0	0	0	0	0	0
53 鹿児島	0	0	0	0	0	0	0	0	0	0	0	0	0	0
54 沖縄	0	0	0	0	0	0	0	0	0	0	0	0	0	0
55 全国	0	0	0	0	0	0	0	0	0	0	0	0	0	0

平成28年度　　　　　　　　　　　　　　　　府県相互間輸送トン数表（鉄道）

品目　（5-18）その他の窯業品　　　（単位：トン）　その　3

着／発	29 岐阜	30 愛知	31 三重	32 滋賀	33 京都	34 奈良	35 和歌山	36 大阪	37 兵庫	38 鳥取	39 島根	40 岡山	41 広島	42 山口
1 札幌	0	0	0	0	0	0	0	0	0	0	0	0	0	0
2 旭川	0	0	0	0	0	0	0	0	0	0	0	0	0	0
3 函館	0	0	0	0	0	0	0	0	0	0	0	0	0	0
4 室蘭	0	0	0	0	0	0	0	0	0	0	0	0	0	0
5 釧路	0	0	0	0	0	0	0	0	0	0	0	0	0	0
6 帯広	0	0	0	0	0	0	0	0	0	0	0	0	0	0
7 北見	0	0	0	0	0	0	0	0	0	0	0	0	0	0
8 北海道	0	0	0	0	0	0	0	0	0	0	0	0	0	0
9 青森	0	0	0	0	0	0	0	0	0	0	0	0	0	0
10 岩手	0	0	0	0	0	0	0	0	0	0	0	0	0	0
11 宮城	0	0	0	0	0	0	0	0	0	0	0	0	0	0
12 福島	0	0	0	0	0	0	0	0	0	0	0	0	0	0
13 秋田	0	0	0	0	0	0	0	0	0	0	0	0	0	0
14 山形	0	0	0	0	0	0	0	0	0	0	0	0	0	0
15 茨城	0	0	0	0	0	0	0	0	0	0	0	0	0	0
16 栃木	0	0	0	0	0	0	0	0	0	0	0	0	0	0
17 群馬	0	0	0	0	0	0	0	0	0	0	0	0	0	0
18 埼玉	0	0	0	0	0	0	0	0	0	0	0	0	0	0
19 千葉	0	0	0	0	0	0	0	0	0	0	0	0	0	0
20 東京	0	0	0	0	0	0	0	0	0	0	0	0	0	0
21 神奈川	0	0	0	0	0	0	0	0	0	0	0	0	0	0
22 新潟	0	0	0	0	0	0	0	0	0	0	0	0	0	0
23 富山	0	0	0	0	0	0	0	0	0	0	0	0	0	0
24 石川	0	0	0	0	0	0	0	0	0	0	0	0	0	0
25 福井	0	0	0	0	0	0	0	0	0	0	0	0	0	0
26 山梨	0	0	0	0	0	0	0	0	0	0	0	0	0	0
27 長野	0	0	0	0	0	0	0	0	0	0	0	0	0	0
28 静岡	0	0	0	0	0	0	0	0	0	0	0	0	0	0
29 岐阜	0	0	0	0	0	0	0	0	0	0	0	0	0	0
30 愛知	0	0	0	0	0	0	0	0	0	0	0	0	0	0
31 三重	0	0	0	0	0	0	0	0	0	0	0	0	0	0
32 滋賀	0	0	0	0	0	0	0	0	0	0	0	0	0	0
33 京都	0	0	0	0	0	0	0	0	0	0	0	0	0	0
34 奈良	0	0	0	0	0	0	0	0	0	0	0	0	0	0
35 和歌山	0	0	0	0	0	0	0	0	0	0	0	0	0	0
36 大阪	0	0	0	0	0	0	0	0	0	0	0	0	0	0
37 兵庫	0	0	0	0	0	0	0	0	0	0	0	0	0	0
38 鳥取	0	0	0	0	0	0	0	0	0	0	0	0	0	0
39 島根	0	0	0	0	0	0	0	0	0	0	0	0	0	0
40 岡山	0	0	0	0	0	0	0	0	0	0	0	0	0	0
41 広島	0	0	0	0	0	0	0	0	0	0	0	0	0	0
42 山口	0	0	0	0	0	0	0	0	0	0	0	0	0	0
43 香川	0	0	0	0	0	0	0	0	0	0	0	0	0	0
44 愛媛	0	0	0	0	0	0	0	0	0	0	0	0	0	0
45 徳島	0	0	0	0	0	0	0	0	0	0	0	0	0	0
46 高知	0	0	0	0	0	0	0	0	0	0	0	0	0	0
47 福岡	0	0	0	0	0	0	0	0	0	0	0	0	0	0
48 佐賀	0	0	0	0	0	0	0	0	0	0	0	0	0	0
49 長崎	0	0	0	0	0	0	0	0	0	0	0	0	0	0
50 熊本	0	0	0	0	0	0	0	0	0	0	0	0	0	0
51 大分	0	0	0	0	0	0	0	0	0	0	0	0	0	0
52 宮崎	0	0	0	0	0	0	0	0	0	0	0	0	0	0
53 鹿児島	0	0	0	0	0	0	0	0	0	0	0	0	0	0
54 沖縄	0	0	0	0	0	0	0	0	0	0	0	0	0	0
55 全国	0	0	0	0	0	0	0	0	0	0	0	0	0	0

平成28年度　　　　　　　　　　　　　　　　府県相互間輸送トン数表（鉄道）

品目　（5-18）その他の窯業品　　　（単位：トン）　その　4

着／発	43 香川	44 愛媛	45 徳島	46 高知	47 福岡	48 佐賀	49 長崎	50 熊本	51 大分	52 宮崎	53 鹿児島	54 沖縄	55 全国
1 札幌	0	0	0	0	0	0	0	0	0	0	0	0	0
2 旭川	0	0	0	0	0	0	0	0	0	0	0	0	0
3 函館	0	0	0	0	0	0	0	0	0	0	0	0	0
4 室蘭	0	0	0	0	0	0	0	0	0	0	0	0	0
5 釧路	0	0	0	0	0	0	0	0	0	0	0	0	0
6 帯広	0	0	0	0	0	0	0	0	0	0	0	0	0
7 北見	0	0	0	0	0	0	0	0	0	0	0	0	0
8 北海道	0	0	0	0	0	0	0	0	0	0	0	0	0
9 青森	0	0	0	0	0	0	0	0	0	0	0	0	0
10 岩手	0	0	0	0	0	0	0	0	0	0	0	0	0
11 宮城	0	0	0	0	0	0	0	0	0	0	0	0	0
12 福島	0	0	0	0	0	0	0	0	0	0	0	0	0
13 秋田	0	0	0	0	0	0	0	0	0	0	0	0	0
14 山形	0	0	0	0	0	0	0	0	0	0	0	0	0
15 茨城	0	0	0	0	0	0	0	0	0	0	0	0	0
16 栃木	0	0	0	0	0	0	0	0	0	0	0	0	0
17 群馬	0	0	0	0	0	0	0	0	0	0	0	0	0
18 埼玉	0	0	0	0	0	0	0	0	0	0	0	0	0
19 千葉	0	0	0	0	0	0	0	0	0	0	0	0	0
20 東京	0	0	0	0	0	0	0	0	0	0	0	0	0
21 神奈川	0	0	0	0	0	0	0	0	0	0	0	0	0
22 新潟	0	0	0	0	0	0	0	0	0	0	0	0	0
23 富山	0	0	0	0	0	0	0	0	0	0	0	0	0
24 石川	0	0	0	0	0	0	0	0	0	0	0	0	0
25 福井	0	0	0	0	0	0	0	0	0	0	0	0	0
26 山梨	0	0	0	0	0	0	0	0	0	0	0	0	0
27 長野	0	0	0	0	0	0	0	0	0	0	0	0	0
28 静岡	0	0	0	0	0	0	0	0	0	0	0	0	0
29 岐阜	0	0	0	0	0	0	0	0	0	0	0	0	0
30 愛知	0	0	0	0	0	0	0	0	0	0	0	0	0
31 三重	0	0	0	0	0	0	0	0	0	0	0	0	0
32 滋賀	0	0	0	0	0	0	0	0	0	0	0	0	0
33 京都	0	0	0	0	0	0	0	0	0	0	0	0	0
34 奈良	0	0	0	0	0	0	0	0	0	0	0	0	0
35 和歌山	0	0	0	0	0	0	0	0	0	0	0	0	0
36 大阪	0	0	0	0	0	0	0	0	0	0	0	0	0
37 兵庫	0	0	0	0	0	0	0	0	0	0	0	0	0
38 鳥取	0	0	0	0	0	0	0	0	0	0	0	0	0
39 島根	0	0	0	0	0	0	0	0	0	0	0	0	0
40 岡山	0	0	0	0	0	0	0	0	0	0	0	0	0
41 広島	0	0	0	0	0	0	0	0	0	0	0	0	0
42 山口	0	0	0	0	0	0	0	0	0	0	0	0	0
43 香川	0	0	0	0	0	0	0	0	0	0	0	0	0
44 愛媛	0	0	0	0	0	0	0	0	0	0	0	0	0
45 徳島	0	0	0	0	0	0	0	0	0	0	0	0	0
46 高知	0	0	0	0	0	0	0	0	0	0	0	0	0
47 福岡	0	0	0	0	0	0	0	0	0	0	0	0	0
48 佐賀	0	0	0	0	0	0	0	0	0	0	0	0	0
49 長崎	0	0	0	0	0	0	0	0	0	0	0	0	0
50 熊本	0	0	0	0	0	0	0	0	0	0	0	0	0
51 大分	0	0	0	0	0	0	0	0	0	0	0	0	0
52 宮崎	0	0	0	0	0	0	0	0	0	0	0	0	0
53 鹿児島	0	0	0	0	0	0	0	0	0	0	0	0	0
54 沖縄	0	0	0	0	0	0	0	0	0	0	0	0	0
55 全国	0	0	0	0	0	0	0	0	0	0	0	0	0

平成28年度　　　　　　　　　　　　　　　府県相互間輸送トン数表（鉄道）　　　　　　　　　　　　　　　（単位：トン）

品目　（5-19）石油製品　　その1

着／発	1 札幌	2 旭川	3 函館	4 室蘭	5 釧路	6 帯広	7 北見	8 北海道	9 青森	10 岩手	11 宮城	12 福島	13 秋田	14 山形
1 札幌	0	0	0	0	0	0	0	0	0	0	0	0	0	0
2 旭川	0	0	0	0	0	0	0	0	0	0	0	0	0	0
3 函館	0	0	0	0	0	0	0	0	0	0	0	0	0	0
4 室蘭	0	0	0	0	0	0	0	0	0	0	0	0	0	0
5 釧路	0	0	0	0	0	0	0	0	0	0	0	0	0	0
6 帯広	0	0	0	0	0	0	0	0	0	0	0	0	0	0
7 北見	0	0	0	0	0	0	0	0	0	0	0	0	0	0
8 北海道	0	0	0	0	0	0	0	0	0	0	0	0	0	0
9 青森	0	0	0	0	0	0	0	0	0	0	0	0	0	0
10 岩手	0	0	0	0	0	0	0	0	0	0	0	0	0	0
11 宮城	0	0	0	0	0	0	0	0	0	321,425	0	173,376	0	0
12 福島	0	0	0	0	0	0	0	0	0	0	0	0	0	0
13 秋田	0	0	0	0	0	0	0	0	0	0	0	0	0	0
14 山形	0	0	0	0	0	0	0	0	0	0	0	0	0	0
15 茨城	0	0	0	0	0	0	0	0	0	0	0	0	0	0
16 栃木	0	0	0	0	0	0	0	0	0	0	0	0	0	0
17 群馬	0	0	0	0	0	0	0	0	0	0	0	0	0	0
18 埼玉	0	0	0	0	0	0	0	0	0	0	0	0	0	0
19 千葉	0	0	0	0	0	0	0	0	0	0	0	331,237	0	0
20 東京	0	0	0	0	0	0	0	0	0	0	0	0	0	0
21 神奈川	0	0	0	0	0	0	0	0	0	0	0	169,033	0	0
22 新潟	0	0	0	0	0	0	0	0	0	0	0	0	0	0
23 富山	0	0	0	0	0	0	0	0	0	0	0	0	0	0
24 石川	0	0	0	0	0	0	0	0	0	0	0	0	0	0
25 福井	0	0	0	0	0	0	0	0	0	0	0	0	0	0
26 山梨	0	0	0	0	0	0	0	0	0	0	0	0	0	0
27 長野	0	0	0	0	0	0	0	0	0	0	0	0	0	0
28 静岡	0	0	0	0	0	0	0	0	0	0	0	0	0	0
29 岐阜	0	0	0	0	0	0	0	0	0	0	0	0	0	0
30 愛知	0	0	0	0	0	0	0	0	0	0	0	0	0	0
31 三重	0	0	0	0	0	0	0	0	0	0	0	0	0	0
32 滋賀	0	0	0	0	0	0	0	0	0	0	0	0	0	0
33 京都	0	0	0	0	0	0	0	0	0	0	0	0	0	0
34 奈良	0	0	0	0	0	0	0	0	0	0	0	0	0	0
35 和歌山	0	0	0	0	0	0	0	0	0	0	0	0	0	0
36 大阪	0	0	0	0	0	0	0	0	0	0	0	0	0	0
37 兵庫	0	0	0	0	0	0	0	0	0	0	0	0	0	0
38 鳥取	0	0	0	0	0	0	0	0	0	0	0	0	0	0
39 島根	0	0	0	0	0	0	0	0	0	0	0	0	0	0
40 岡山	0	0	0	0	0	0	0	0	0	0	0	0	0	0
41 広島	0	0	0	0	0	0	0	0	0	0	0	0	0	0
42 山口	0	0	0	0	0	0	0	0	0	0	0	0	0	0
43 香川	0	0	0	0	0	0	0	0	0	0	0	0	0	0
44 愛媛	0	0	0	0	0	0	0	0	0	0	0	0	0	0
45 徳島	0	0	0	0	0	0	0	0	0	0	0	0	0	0
46 高知	0	0	0	0	0	0	0	0	0	0	0	0	0	0
47 福岡	0	0	0	0	0	0	0	0	0	0	0	0	0	0
48 佐賀	0	0	0	0	0	0	0	0	0	0	0	0	0	0
49 長崎	0	0	0	0	0	0	0	0	0	0	0	0	0	0
50 熊本	0	0	0	0	0	0	0	0	0	0	0	0	0	0
51 大分	0	0	0	0	0	0	0	0	0	0	0	0	0	0
52 宮崎	0	0	0	0	0	0	0	0	0	0	0	0	0	0
53 鹿児島	0	0	0	0	0	0	0	0	0	0	0	0	0	0
54 沖縄	0	0	0	0	0	0	0	0	0	0	0	0	0	0
55 全国	0	0	0	0	0	0	0	0	0	321,425	0	673,646	0	0

平成28年度　　　　　　　　　　　　　　　府県相互間輸送トン数表（鉄道）　　　　　　　　　　　　　　　（単位：トン）

品目　（5-19）石油製品　　その2

着／発	15 茨城	16 栃木	17 群馬	18 埼玉	19 千葉	20 東京	21 神奈川	22 新潟	23 富山	24 石川	25 福井	26 山梨	27 長野	28 静岡
1 札幌	0	0	0	0	0	0	0	0	0	0	0	0	0	0
2 旭川	0	0	0	0	0	0	0	0	0	0	0	0	0	0
3 函館	0	0	0	0	0	0	0	0	0	0	0	0	0	0
4 室蘭	0	0	0	0	0	0	0	0	0	0	0	0	0	0
5 釧路	0	0	0	0	0	0	0	0	0	0	0	0	0	0
6 帯広	0	0	0	0	0	0	0	0	0	0	0	0	0	0
7 北見	0	0	0	0	0	0	0	0	0	0	0	0	0	0
8 北海道	0	0	0	0	0	0	0	0	0	0	0	0	0	0
9 青森	0	0	0	0	0	0	0	0	0	0	0	0	0	0
10 岩手	0	0	0	0	0	0	0	0	0	0	0	0	0	0
11 宮城	0	0	0	0	0	0	0	0	0	0	0	0	0	0
12 福島	0	0	0	0	0	0	0	0	0	0	0	0	0	0
13 秋田	0	0	0	0	0	0	0	0	0	0	0	0	0	0
14 山形	0	0	0	0	0	0	0	0	0	0	0	0	0	0
15 茨城	0	0	0	0	0	0	0	0	0	0	0	0	0	0
16 栃木	0	0	0	0	0	0	0	0	0	0	0	0	0	0
17 群馬	0	0	0	0	0	0	0	0	0	0	0	0	0	0
18 埼玉	0	0	0	0	0	0	0	0	0	0	0	0	0	0
19 千葉	0	409,955	344,334	0	0	38,577	0	0	0	0	0	0	173,758	0
20 東京	0	0	0	0	0	0	0	0	0	0	0	0	0	0
21 神奈川	0	791,336	996,925	0	0	630,770	0	0	0	0	0	316,007	559,661	0
22 新潟	0	0	0	0	0	0	0	0	0	0	0	0	0	0
23 富山	0	0	0	0	0	0	0	0	0	0	0	0	0	0
24 石川	0	0	0	0	0	0	0	0	0	0	0	0	0	0
25 福井	0	0	0	0	0	0	0	0	0	0	0	0	0	0
26 山梨	0	0	0	0	0	0	0	0	0	0	0	0	0	0
27 長野	0	0	0	0	0	0	0	0	0	0	0	0	0	0
28 静岡	0	0	0	0	0	0	0	0	0	0	0	0	0	0
29 岐阜	0	0	0	0	0	0	0	0	0	0	0	0	0	0
30 愛知	0	0	0	0	0	0	0	0	0	0	0	0	0	0
31 三重	0	0	0	0	0	0	0	0	0	0	0	0	686,550	0
32 滋賀	0	0	0	0	0	0	0	0	0	0	0	0	0	0
33 京都	0	0	0	0	0	0	0	0	0	0	0	0	0	0
34 奈良	0	0	0	0	0	0	0	0	0	0	0	0	0	0
35 和歌山	0	0	0	0	0	0	0	0	0	0	0	0	0	0
36 大阪	0	0	0	0	0	0	0	0	0	0	0	0	0	0
37 兵庫	0	0	0	0	0	0	0	0	0	0	0	0	0	0
38 鳥取	0	0	0	0	0	0	0	0	0	0	0	0	0	0
39 島根	0	0	0	0	0	0	0	0	0	0	0	0	0	0
40 岡山	0	0	0	0	0	0	0	0	0	0	0	0	0	0
41 広島	0	0	0	0	0	0	0	0	0	0	0	0	0	0
42 山口	0	0	0	0	0	0	0	0	0	0	0	0	0	0
43 香川	0	0	0	0	0	0	0	0	0	0	0	0	0	0
44 愛媛	0	0	0	0	0	0	0	0	0	0	0	0	0	0
45 徳島	0	0	0	0	0	0	0	0	0	0	0	0	0	0
46 高知	0	0	0	0	0	0	0	0	0	0	0	0	0	0
47 福岡	0	0	0	0	0	0	0	0	0	0	0	0	0	0
48 佐賀	0	0	0	0	0	0	0	0	0	0	0	0	0	0
49 長崎	0	0	0	0	0	0	0	0	0	0	0	0	0	0
50 熊本	0	0	0	0	0	0	0	0	0	0	0	0	0	0
51 大分	0	0	0	0	0	0	0	0	0	0	0	0	0	0
52 宮崎	0	0	0	0	0	0	0	0	0	0	0	0	0	0
53 鹿児島	0	0	0	0	0	0	0	0	0	0	0	0	0	0
54 沖縄	0	0	0	0	0	0	0	0	0	0	0	0	0	0
55 全国	0	1,201,291	1,341,259	0	0	669,347	0	0	0	0	0	316,007	1,419,969	0

平成28年度　　　　　　　　　　　　　　　　　　府県相互間輸送トン数表（鉄道）

品目　（5－19）石油製品　　　　　　（単位：トン）　その　3

着／発	29 岐阜	30 愛知	31 三重	32 滋賀	33 京都	34 奈良	35 和歌山	36 大阪	37 兵庫	38 鳥取	39 島根	40 岡山	41 広島	42 山口
1 札幌	0	0	0	0	0	0	0	0	0	0	0	0	0	0
2 旭川	0	0	0	0	0	0	0	0	0	0	0	0	0	0
3 函館	0	0	0	0	0	0	0	0	0	0	0	0	0	0
4 室蘭	0	0	0	0	0	0	0	0	0	0	0	0	0	0
5 釧路	0	0	0	0	0	0	0	0	0	0	0	0	0	0
6 帯広	0	0	0	0	0	0	0	0	0	0	0	0	0	0
7 北見	0	0	0	0	0	0	0	0	0	0	0	0	0	0
8 北海道	0	0	0	0	0	0	0	0	0	0	0	0	0	0
9 青森	0	0	0	0	0	0	0	0	0	0	0	0	0	0
10 岩手	0	0	0	0	0	0	0	0	0	0	0	0	0	0
11 宮城	0	0	0	0	0	0	0	0	0	0	0	0	0	0
12 福島	0	0	0	0	0	0	0	0	0	0	0	0	0	0
13 秋田	0	0	0	0	0	0	0	0	0	0	0	0	0	0
14 山形	0	0	0	0	0	0	0	0	0	0	0	0	0	0
15 茨城	0	0	0	0	0	0	0	0	0	0	0	0	0	0
16 栃木	0	0	0	0	0	0	0	0	0	0	0	0	0	0
17 群馬	0	0	0	0	0	0	0	0	0	0	0	0	0	0
18 埼玉	0	0	0	0	0	0	0	0	0	0	0	0	0	0
19 千葉	0	0	0	0	0	0	0	0	0	0	0	0	0	0
20 東京	0	0	0	0	0	0	0	0	0	0	0	0	0	0
21 神奈川	0	0	0	0	0	0	0	0	0	0	0	0	0	0
22 新潟	0	0	0	0	0	0	0	0	0	0	0	0	0	0
23 富山	0	0	0	0	0	0	0	0	0	0	0	0	0	0
24 石川	0	0	0	0	0	0	0	0	0	0	0	0	0	0
25 福井	0	0	0	0	0	0	0	0	0	0	0	0	0	0
26 山梨	0	0	0	0	0	0	0	0	0	0	0	0	0	0
27 長野	0	0	0	0	0	0	0	0	0	0	0	0	0	0
28 静岡	0	0	0	0	0	0	0	0	0	0	0	0	0	0
29 岐阜	0	0	0	0	0	0	0	0	0	0	0	0	0	0
30 愛知	0	0	0	0	0	0	0	0	0	0	0	0	0	0
31 三重	0	1,428	0	0	0	0	0	0	0	0	0	0	0	0
32 滋賀	0	0	0	0	0	0	0	0	0	0	0	0	0	0
33 京都	0	0	0	0	0	0	0	0	0	0	0	0	0	0
34 奈良	0	0	0	0	0	0	0	0	0	0	0	0	0	0
35 和歌山	0	0	0	0	0	0	0	0	0	0	0	0	0	0
36 大阪	0	0	0	0	0	0	0	0	0	0	0	0	0	0
37 兵庫	0	0	0	0	0	0	0	0	0	0	0	0	0	0
38 鳥取	0	0	0	0	0	0	0	0	0	0	0	0	0	0
39 島根	0	0	0	0	0	0	0	0	0	0	0	0	0	0
40 岡山	0	0	0	0	0	0	0	0	0	0	0	0	0	0
41 広島	0	0	0	0	0	0	0	0	0	0	0	0	0	0
42 山口	0	0	0	0	0	0	0	0	0	0	0	0	0	0
43 香川	0	0	0	0	0	0	0	0	0	0	0	0	0	0
44 愛媛	0	0	0	0	0	0	0	0	0	0	0	0	0	0
45 徳島	0	0	0	0	0	0	0	0	0	0	0	0	0	0
46 高知	0	0	0	0	0	0	0	0	0	0	0	0	0	0
47 福岡	0	0	0	0	0	0	0	0	0	0	0	0	0	0
48 佐賀	0	0	0	0	0	0	0	0	0	0	0	0	0	0
49 長崎	0	0	0	0	0	0	0	0	0	0	0	0	0	0
50 熊本	0	0	0	0	0	0	0	0	0	0	0	0	0	0
51 大分	0	0	0	0	0	0	0	0	0	0	0	0	0	0
52 宮崎	0	0	0	0	0	0	0	0	0	0	0	0	0	0
53 鹿児島	0	0	0	0	0	0	0	0	0	0	0	0	0	0
54 沖縄	0	0	0	0	0	0	0	0	0	0	0	0	0	0
55 全国	0	1,428	0	0	0	0	0	0	0	0	0	0	0	0

平成28年度　　　　　　　　　　　　　　　　　　府県相互間輸送トン数表（鉄道）

品目　（5－19）石油製品　　　　　　（単位：トン）　その　4

着／発	43 香川	44 愛媛	45 徳島	46 高知	47 福岡	48 佐賀	49 長崎	50 熊本	51 大分	52 宮崎	53 鹿児島	54 沖縄	55 全国
1 札幌	0	0	0	0	0	0	0	0	0	0	0	0	0
2 旭川	0	0	0	0	0	0	0	0	0	0	0	0	0
3 函館	0	0	0	0	0	0	0	0	0	0	0	0	0
4 室蘭	0	0	0	0	0	0	0	0	0	0	0	0	0
5 釧路	0	0	0	0	0	0	0	0	0	0	0	0	0
6 帯広	0	0	0	0	0	0	0	0	0	0	0	0	0
7 北見	0	0	0	0	0	0	0	0	0	0	0	0	0
8 北海道	0	0	0	0	0	0	0	0	0	0	0	0	0
9 青森	0	0	0	0	0	0	0	0	0	0	0	0	0
10 岩手	0	0	0	0	0	0	0	0	0	0	0	0	0
11 宮城	0	0	0	0	0	0	0	0	0	0	0	0	494,801
12 福島	0	0	0	0	0	0	0	0	0	0	0	0	0
13 秋田	0	0	0	0	0	0	0	0	0	0	0	0	0
14 山形	0	0	0	0	0	0	0	0	0	0	0	0	0
15 茨城	0	0	0	0	0	0	0	0	0	0	0	0	0
16 栃木	0	0	0	0	0	0	0	0	0	0	0	0	0
17 群馬	0	0	0	0	0	0	0	0	0	0	0	0	0
18 埼玉	0	0	0	0	0	0	0	0	0	0	0	0	0
19 千葉	0	0	0	0	0	0	0	0	0	0	0	0	1,297,861
20 東京	0	0	0	0	0	0	0	0	0	0	0	0	0
21 神奈川	0	0	0	0	0	0	0	0	0	0	0	0	3,463,732
22 新潟	0	0	0	0	0	0	0	0	0	0	0	0	0
23 富山	0	0	0	0	0	0	0	0	0	0	0	0	0
24 石川	0	0	0	0	0	0	0	0	0	0	0	0	0
25 福井	0	0	0	0	0	0	0	0	0	0	0	0	0
26 山梨	0	0	0	0	0	0	0	0	0	0	0	0	0
27 長野	0	0	0	0	0	0	0	0	0	0	0	0	0
28 静岡	0	0	0	0	0	0	0	0	0	0	0	0	0
29 岐阜	0	0	0	0	0	0	0	0	0	0	0	0	0
30 愛知	0	0	0	0	0	0	0	0	0	0	0	0	0
31 三重	0	0	0	0	0	0	0	0	0	0	0	0	687,978
32 滋賀	0	0	0	0	0	0	0	0	0	0	0	0	0
33 京都	0	0	0	0	0	0	0	0	0	0	0	0	0
34 奈良	0	0	0	0	0	0	0	0	0	0	0	0	0
35 和歌山	0	0	0	0	0	0	0	0	0	0	0	0	0
36 大阪	0	0	0	0	0	0	0	0	0	0	0	0	0
37 兵庫	0	0	0	0	0	0	0	0	0	0	0	0	0
38 鳥取	0	0	0	0	0	0	0	0	0	0	0	0	0
39 島根	0	0	0	0	0	0	0	0	0	0	0	0	0
40 岡山	0	0	0	0	0	0	0	0	0	0	0	0	0
41 広島	0	0	0	0	0	0	0	0	0	0	0	0	0
42 山口	0	0	0	0	0	0	0	0	0	0	0	0	0
43 香川	0	0	0	0	0	0	0	0	0	0	0	0	0
44 愛媛	0	0	0	0	0	0	0	0	0	0	0	0	0
45 徳島	0	0	0	0	0	0	0	0	0	0	0	0	0
46 高知	0	0	0	0	0	0	0	0	0	0	0	0	0
47 福岡	0	0	0	0	0	0	0	0	0	0	0	0	0
48 佐賀	0	0	0	0	0	0	0	0	0	0	0	0	0
49 長崎	0	0	0	0	0	0	0	0	0	0	0	0	0
50 熊本	0	0	0	0	0	0	0	0	0	0	0	0	0
51 大分	0	0	0	0	0	0	0	0	0	0	0	0	0
52 宮崎	0	0	0	0	0	0	0	0	0	0	0	0	0
53 鹿児島	0	0	0	0	0	0	0	0	0	0	0	0	0
54 沖縄	0	0	0	0	0	0	0	0	0	0	0	0	0
55 全国	0	0	0	0	0	0	0	0	0	0	0	0	5,944,372

平成28年度　　　　　　　　　　　　　　　　府県相互間輸送トン数表（鉄道）　　　　　　　　　　　　　　　　　（単位：トン）

品目　（5−20）　石炭製品　　　その　1

着／発	1 札幌	2 旭川	3 函館	4 室蘭	5 釧路	6 帯広	7 北見	8 北海道	9 青森	10 岩手	11 宮城	12 福島	13 秋田	14 山形
1 札幌	0	0	0	0	0	0	0	0	0	0	0	0	0	0
2 旭川	0	0	0	0	0	0	0	0	0	0	0	0	0	0
3 函館	0	0	0	0	0	0	0	0	0	0	0	0	0	0
4 室蘭	0	0	0	0	0	0	0	0	0	0	0	0	0	0
5 釧路	0	0	0	0	0	0	0	0	0	0	0	0	0	0
6 帯広	0	0	0	0	0	0	0	0	0	0	0	0	0	0
7 北見	0	0	0	0	0	0	0	0	0	0	0	0	0	0
8 北海道	0	0	0	0	0	0	0	0	0	0	0	0	0	0
9 青森	0	0	0	0	0	0	0	0	0	0	0	0	0	0
10 岩手	0	0	0	0	0	0	0	0	0	0	0	0	0	0
11 宮城	0	0	0	0	0	0	0	0	0	0	0	0	0	0
12 福島	0	0	0	0	0	0	0	0	0	0	0	0	0	0
13 秋田	0	0	0	0	0	0	0	0	0	0	0	0	0	0
14 山形	0	0	0	0	0	0	0	0	0	0	0	0	0	0
15 茨城	0	0	0	0	0	0	0	0	0	0	0	0	0	0
16 栃木	0	0	0	0	0	0	0	0	0	0	0	0	0	0
17 群馬	0	0	0	0	0	0	0	0	0	0	0	0	0	0
18 埼玉	0	0	0	0	0	0	0	0	0	0	0	0	0	0
19 千葉	0	0	0	0	0	0	0	0	0	0	0	0	0	0
20 東京	0	0	0	0	0	0	0	0	0	0	0	0	0	0
21 神奈川	0	0	0	0	0	0	0	0	0	0	0	0	0	0
22 新潟	0	0	0	0	0	0	0	0	0	0	0	0	0	0
23 富山	0	0	0	0	0	0	0	0	0	0	0	0	0	0
24 石川	0	0	0	0	0	0	0	0	0	0	0	0	0	0
25 福井	0	0	0	0	0	0	0	0	0	0	0	0	0	0
26 山梨	0	0	0	0	0	0	0	0	0	0	0	0	0	0
27 長野	0	0	0	0	0	0	0	0	0	0	0	0	0	0
28 静岡	0	0	0	0	0	0	0	0	0	0	0	0	0	0
29 岐阜	0	0	0	0	0	0	0	0	0	0	0	0	0	0
30 愛知	0	0	0	0	0	0	0	0	0	0	0	0	0	0
31 三重	0	0	0	0	0	0	0	0	0	0	0	0	0	0
32 滋賀	0	0	0	0	0	0	0	0	0	0	0	0	0	0
33 京都	0	0	0	0	0	0	0	0	0	0	0	0	0	0
34 奈良	0	0	0	0	0	0	0	0	0	0	0	0	0	0
35 和歌山	0	0	0	0	0	0	0	0	0	0	0	0	0	0
36 大阪	0	0	0	0	0	0	0	0	0	0	0	0	0	0
37 兵庫	0	0	0	0	0	0	0	0	0	0	0	0	0	0
38 鳥取	0	0	0	0	0	0	0	0	0	0	0	0	0	0
39 島根	0	0	0	0	0	0	0	0	0	0	0	0	0	0
40 岡山	0	0	0	0	0	0	0	0	0	0	0	0	0	0
41 広島	0	0	0	0	0	0	0	0	0	0	0	0	0	0
42 山口	0	0	0	0	0	0	0	0	0	0	0	0	0	0
43 香川	0	0	0	0	0	0	0	0	0	0	0	0	0	0
44 愛媛	0	0	0	0	0	0	0	0	0	0	0	0	0	0
45 徳島	0	0	0	0	0	0	0	0	0	0	0	0	0	0
46 高知	0	0	0	0	0	0	0	0	0	0	0	0	0	0
47 福岡	0	0	0	0	0	0	0	0	0	0	0	0	0	0
48 佐賀	0	0	0	0	0	0	0	0	0	0	0	0	0	0
49 長崎	0	0	0	0	0	0	0	0	0	0	0	0	0	0
50 熊本	0	0	0	0	0	0	0	0	0	0	0	0	0	0
51 大分	0	0	0	0	0	0	0	0	0	0	0	0	0	0
52 宮崎	0	0	0	0	0	0	0	0	0	0	0	0	0	0
53 鹿児島	0	0	0	0	0	0	0	0	0	0	0	0	0	0
54 沖縄	0	0	0	0	0	0	0	0	0	0	0	0	0	0
55 全国	0	0	0	0	0	0	0	0	0	0	0	0	0	0

平成28年度　　　　　　　　　　　　　　　　府県相互間輸送トン数表（鉄道）　　　　　　　　　　　　　　　　　（単位：トン）

品目　（5−20）　石炭製品　　　その　2

着／発	15 茨城	16 栃木	17 群馬	18 埼玉	19 千葉	20 東京	21 神奈川	22 新潟	23 富山	24 石川	25 福井	26 山梨	27 長野	28 静岡
1 札幌	0	0	0	0	0	0	0	0	0	0	0	0	0	0
2 旭川	0	0	0	0	0	0	0	0	0	0	0	0	0	0
3 函館	0	0	0	0	0	0	0	0	0	0	0	0	0	0
4 室蘭	0	0	0	0	0	0	0	0	0	0	0	0	0	0
5 釧路	0	0	0	0	0	0	0	0	0	0	0	0	0	0
6 帯広	0	0	0	0	0	0	0	0	0	0	0	0	0	0
7 北見	0	0	0	0	0	0	0	0	0	0	0	0	0	0
8 北海道	0	0	0	0	0	0	0	0	0	0	0	0	0	0
9 青森	0	0	0	0	0	0	0	0	0	0	0	0	0	0
10 岩手	0	0	0	0	0	0	0	0	0	0	0	0	0	0
11 宮城	0	0	0	0	0	0	0	0	0	0	0	0	0	0
12 福島	0	0	0	0	0	0	0	0	0	0	0	0	0	0
13 秋田	0	0	0	0	0	0	0	0	0	0	0	0	0	0
14 山形	0	0	0	0	0	0	0	0	0	0	0	0	0	0
15 茨城	0	0	0	0	0	0	0	0	0	0	0	0	0	0
16 栃木	0	0	0	0	0	0	0	0	0	0	0	0	0	0
17 群馬	0	0	0	0	0	0	0	0	0	0	0	0	0	0
18 埼玉	0	0	0	0	0	0	0	0	0	0	0	0	0	0
19 千葉	0	0	0	0	0	0	0	0	0	0	0	0	0	0
20 東京	0	0	0	0	0	0	0	0	0	0	0	0	0	0
21 神奈川	0	0	0	0	0	0	0	0	0	0	0	0	0	0
22 新潟	0	0	0	0	0	0	0	0	0	0	0	0	0	0
23 富山	0	0	0	0	0	0	0	0	0	0	0	0	0	0
24 石川	0	0	0	0	0	0	0	0	0	0	0	0	0	0
25 福井	0	0	0	0	0	0	0	0	0	0	0	0	0	0
26 山梨	0	0	0	0	0	0	0	0	0	0	0	0	0	0
27 長野	0	0	0	0	0	0	0	0	0	0	0	0	0	0
28 静岡	0	0	0	0	0	0	0	0	0	0	0	0	0	0
29 岐阜	0	0	0	0	0	0	0	0	0	0	0	0	0	0
30 愛知	0	0	0	0	0	0	0	0	0	0	0	0	0	0
31 三重	0	0	0	0	0	0	0	0	0	0	0	0	0	0
32 滋賀	0	0	0	0	0	0	0	0	0	0	0	0	0	0
33 京都	0	0	0	0	0	0	0	0	0	0	0	0	0	0
34 奈良	0	0	0	0	0	0	0	0	0	0	0	0	0	0
35 和歌山	0	0	0	0	0	0	0	0	0	0	0	0	0	0
36 大阪	0	0	0	0	0	0	0	0	0	0	0	0	0	0
37 兵庫	0	0	0	0	0	0	0	0	0	0	0	0	0	0
38 鳥取	0	0	0	0	0	0	0	0	0	0	0	0	0	0
39 島根	0	0	0	0	0	0	0	0	0	0	0	0	0	0
40 岡山	0	0	0	0	0	0	0	0	0	0	0	0	0	0
41 広島	0	0	0	0	0	0	0	0	0	0	0	0	0	0
42 山口	0	0	0	0	0	0	0	0	0	0	0	0	0	0
43 香川	0	0	0	0	0	0	0	0	0	0	0	0	0	0
44 愛媛	0	0	0	0	0	0	0	0	0	0	0	0	0	0
45 徳島	0	0	0	0	0	0	0	0	0	0	0	0	0	0
46 高知	0	0	0	0	0	0	0	0	0	0	0	0	0	0
47 福岡	0	0	0	0	0	0	0	0	0	0	0	0	0	0
48 佐賀	0	0	0	0	0	0	0	0	0	0	0	0	0	0
49 長崎	0	0	0	0	0	0	0	0	0	0	0	0	0	0
50 熊本	0	0	0	0	0	0	0	0	0	0	0	0	0	0
51 大分	0	0	0	0	0	0	0	0	0	0	0	0	0	0
52 宮崎	0	0	0	0	0	0	0	0	0	0	0	0	0	0
53 鹿児島	0	0	0	0	0	0	0	0	0	0	0	0	0	0
54 沖縄	0	0	0	0	0	0	0	0	0	0	0	0	0	0
55 全国	0	0	0	0	0	0	0	0	0	0	0	0	0	0

平成28年度 　　　　　　　　　　　　　　　　　　　　府県相互間輸送トン数表（鉄道）　　　　　　　　　　　　　　　　　　　　　　（単位：トン）
品目　（5-20）石炭製品　　その　3

着／発	29 岐阜	30 愛知	31 三重	32 滋賀	33 京都	34 奈良	35 和歌山	36 大阪	37 兵庫	38 鳥取	39 島根	40 岡山	41 広島	42 山口
1 札幌	0	0	0	0	0	0	0	0	0	0	0	0	0	0
2 旭川	0	0	0	0	0	0	0	0	0	0	0	0	0	0
3 函館	0	0	0	0	0	0	0	0	0	0	0	0	0	0
4 室蘭	0	0	0	0	0	0	0	0	0	0	0	0	0	0
5 釧路	0	0	0	0	0	0	0	0	0	0	0	0	0	0
6 帯広	0	0	0	0	0	0	0	0	0	0	0	0	0	0
7 北見	0	0	0	0	0	0	0	0	0	0	0	0	0	0
8 北海道	0	0	0	0	0	0	0	0	0	0	0	0	0	0
9 青森	0	0	0	0	0	0	0	0	0	0	0	0	0	0
10 岩手	0	0	0	0	0	0	0	0	0	0	0	0	0	0
11 宮城	0	0	0	0	0	0	0	0	0	0	0	0	0	0
12 福島	0	0	0	0	0	0	0	0	0	0	0	0	0	0
13 秋田	0	0	0	0	0	0	0	0	0	0	0	0	0	0
14 山形	0	0	0	0	0	0	0	0	0	0	0	0	0	0
15 茨城	0	0	0	0	0	0	0	0	0	0	0	0	0	0
16 栃木	0	0	0	0	0	0	0	0	0	0	0	0	0	0
17 群馬	0	0	0	0	0	0	0	0	0	0	0	0	0	0
18 埼玉	0	0	0	0	0	0	0	0	0	0	0	0	0	0
19 千葉	0	0	0	0	0	0	0	0	0	0	0	0	0	0
20 東京	0	0	0	0	0	0	0	0	0	0	0	0	0	0
21 神奈川	0	0	0	0	0	0	0	0	0	0	0	0	0	0
22 新潟	0	0	0	0	0	0	0	0	0	0	0	0	0	0
23 富山	0	0	0	0	0	0	0	0	0	0	0	0	0	0
24 石川	0	0	0	0	0	0	0	0	0	0	0	0	0	0
25 福井	0	0	0	0	0	0	0	0	0	0	0	0	0	0
26 山梨	0	0	0	0	0	0	0	0	0	0	0	0	0	0
27 長野	0	0	0	0	0	0	0	0	0	0	0	0	0	0
28 静岡	0	0	0	0	0	0	0	0	0	0	0	0	0	0
29 岐阜	0	0	0	0	0	0	0	0	0	0	0	0	0	0
30 愛知	0	0	0	0	0	0	0	0	0	0	0	0	0	0
31 三重	0	0	0	0	0	0	0	0	0	0	0	0	0	0
32 滋賀	0	0	0	0	0	0	0	0	0	0	0	0	0	0
33 京都	0	0	0	0	0	0	0	0	0	0	0	0	0	0
34 奈良	0	0	0	0	0	0	0	0	0	0	0	0	0	0
35 和歌山	0	0	0	0	0	0	0	0	0	0	0	0	0	0
36 大阪	0	0	0	0	0	0	0	0	0	0	0	0	0	0
37 兵庫	0	0	0	0	0	0	0	0	0	0	0	0	0	0
38 鳥取	0	0	0	0	0	0	0	0	0	0	0	0	0	0
39 島根	0	0	0	0	0	0	0	0	0	0	0	0	0	0
40 岡山	0	0	0	0	0	0	0	0	0	0	0	0	0	0
41 広島	0	0	0	0	0	0	0	0	0	0	0	0	0	0
42 山口	0	0	0	0	0	0	0	0	0	0	0	0	0	0
43 香川	0	0	0	0	0	0	0	0	0	0	0	0	0	0
44 愛媛	0	0	0	0	0	0	0	0	0	0	0	0	0	0
45 徳島	0	0	0	0	0	0	0	0	0	0	0	0	0	0
46 高知	0	0	0	0	0	0	0	0	0	0	0	0	0	0
47 福岡	0	0	0	0	0	0	0	0	0	0	0	0	0	0
48 佐賀	0	0	0	0	0	0	0	0	0	0	0	0	0	0
49 長崎	0	0	0	0	0	0	0	0	0	0	0	0	0	0
50 熊本	0	0	0	0	0	0	0	0	0	0	0	0	0	0
51 大分	0	0	0	0	0	0	0	0	0	0	0	0	0	0
52 宮崎	0	0	0	0	0	0	0	0	0	0	0	0	0	0
53 鹿児島	0	0	0	0	0	0	0	0	0	0	0	0	0	0
54 沖縄	0	0	0	0	0	0	0	0	0	0	0	0	0	0
55 全国	0	0	0	0	0	0	0	0	0	0	0	0	0	0

平成28年度 　　　　　　　　　　　　　　　　　　　　府県相互間輸送トン数表（鉄道）　　　　　　　　　　　　　　　　　　　　　　（単位：トン）
品目　（5-20）石炭製品　　その　4

着／発	43 香川	44 愛媛	45 徳島	46 高知	47 福岡	48 佐賀	49 長崎	50 熊本	51 大分	52 宮崎	53 鹿児島	54 沖縄	55 全国
1 札幌	0	0	0	0	0	0	0	0	0	0	0	0	0
2 旭川	0	0	0	0	0	0	0	0	0	0	0	0	0
3 函館	0	0	0	0	0	0	0	0	0	0	0	0	0
4 室蘭	0	0	0	0	0	0	0	0	0	0	0	0	0
5 釧路	0	0	0	0	0	0	0	0	0	0	0	0	0
6 帯広	0	0	0	0	0	0	0	0	0	0	0	0	0
7 北見	0	0	0	0	0	0	0	0	0	0	0	0	0
8 北海道	0	0	0	0	0	0	0	0	0	0	0	0	0
9 青森	0	0	0	0	0	0	0	0	0	0	0	0	0
10 岩手	0	0	0	0	0	0	0	0	0	0	0	0	0
11 宮城	0	0	0	0	0	0	0	0	0	0	0	0	0
12 福島	0	0	0	0	0	0	0	0	0	0	0	0	0
13 秋田	0	0	0	0	0	0	0	0	0	0	0	0	0
14 山形	0	0	0	0	0	0	0	0	0	0	0	0	0
15 茨城	0	0	0	0	0	0	0	0	0	0	0	0	0
16 栃木	0	0	0	0	0	0	0	0	0	0	0	0	0
17 群馬	0	0	0	0	0	0	0	0	0	0	0	0	0
18 埼玉	0	0	0	0	0	0	0	0	0	0	0	0	0
19 千葉	0	0	0	0	0	0	0	0	0	0	0	0	0
20 東京	0	0	0	0	0	0	0	0	0	0	0	0	0
21 神奈川	0	0	0	0	0	0	0	0	0	0	0	0	0
22 新潟	0	0	0	0	0	0	0	0	0	0	0	0	0
23 富山	0	0	0	0	0	0	0	0	0	0	0	0	0
24 石川	0	0	0	0	0	0	0	0	0	0	0	0	0
25 福井	0	0	0	0	0	0	0	0	0	0	0	0	0
26 山梨	0	0	0	0	0	0	0	0	0	0	0	0	0
27 長野	0	0	0	0	0	0	0	0	0	0	0	0	0
28 静岡	0	0	0	0	0	0	0	0	0	0	0	0	0
29 岐阜	0	0	0	0	0	0	0	0	0	0	0	0	0
30 愛知	0	0	0	0	0	0	0	0	0	0	0	0	0
31 三重	0	0	0	0	0	0	0	0	0	0	0	0	0
32 滋賀	0	0	0	0	0	0	0	0	0	0	0	0	0
33 京都	0	0	0	0	0	0	0	0	0	0	0	0	0
34 奈良	0	0	0	0	0	0	0	0	0	0	0	0	0
35 和歌山	0	0	0	0	0	0	0	0	0	0	0	0	0
36 大阪	0	0	0	0	0	0	0	0	0	0	0	0	0
37 兵庫	0	0	0	0	0	0	0	0	0	0	0	0	0
38 鳥取	0	0	0	0	0	0	0	0	0	0	0	0	0
39 島根	0	0	0	0	0	0	0	0	0	0	0	0	0
40 岡山	0	0	0	0	0	0	0	0	0	0	0	0	0
41 広島	0	0	0	0	0	0	0	0	0	0	0	0	0
42 山口	0	0	0	0	0	0	0	0	0	0	0	0	0
43 香川	0	0	0	0	0	0	0	0	0	0	0	0	0
44 愛媛	0	0	0	0	0	0	0	0	0	0	0	0	0
45 徳島	0	0	0	0	0	0	0	0	0	0	0	0	0
46 高知	0	0	0	0	0	0	0	0	0	0	0	0	0
47 福岡	0	0	0	0	0	0	0	0	0	0	0	0	0
48 佐賀	0	0	0	0	0	0	0	0	0	0	0	0	0
49 長崎	0	0	0	0	0	0	0	0	0	0	0	0	0
50 熊本	0	0	0	0	0	0	0	0	0	0	0	0	0
51 大分	0	0	0	0	0	0	0	0	0	0	0	0	0
52 宮崎	0	0	0	0	0	0	0	0	0	0	0	0	0
53 鹿児島	0	0	0	0	0	0	0	0	0	0	0	0	0
54 沖縄	0	0	0	0	0	0	0	0	0	0	0	0	0
55 全国	0	0	0	0	0	0	0	0	0	0	0	0	0

平成28年度　　　　　　　　　　府県相互間輸送トン数表（鉄道）　　　品目　（5−21）化学薬品　　（単位：トン）　その　1

着／発	1 札幌	2 旭川	3 函館	4 室蘭	5 釧路	6 帯広	7 北見	8 北海道	9 青森	10 岩手	11 宮城	12 福島	13 秋田	14 山形
1 札幌	0	0	0	0	0	0	0	0	0	0	0	0	0	0
2 旭川	0	0	0	0	0	0	0	0	0	0	0	0	0	0
3 函館	0	0	0	0	0	0	0	0	0	0	0	0	0	0
4 室蘭	0	0	0	0	0	0	0	0	0	0	0	0	0	0
5 釧路	0	0	0	0	0	0	0	0	0	0	0	0	0	0
6 帯広	0	0	0	0	0	0	0	0	0	0	0	0	0	0
7 北見	0	0	0	0	0	0	0	0	0	0	0	0	0	0
8 北海道	0	0	0	0	0	0	0	0	0	0	0	0	0	0
9 青森	0	0	0	0	0	0	0	0	0	0	0	0	0	0
10 岩手	0	0	0	0	0	0	0	0	0	0	0	0	0	0
11 宮城	0	0	0	0	0	0	0	0	0	0	0	0	0	0
12 福島	0	0	0	0	0	0	0	0	0	0	0	0	0	0
13 秋田	0	0	0	0	0	0	0	0	0	0	0	0	0	0
14 山形	0	0	0	0	0	0	0	0	0	0	0	0	0	0
15 茨城	0	0	0	0	0	0	0	0	0	0	0	0	0	0
16 栃木	0	0	0	0	0	0	0	0	0	0	0	0	0	0
17 群馬	0	0	0	0	0	0	0	0	0	0	0	0	0	0
18 埼玉	0	0	0	0	0	0	0	0	0	0	0	0	0	0
19 千葉	0	0	0	0	0	0	0	0	0	0	0	0	0	0
20 東京	0	0	0	0	0	0	0	0	0	0	0	0	0	0
21 神奈川	0	0	0	0	0	0	0	0	0	0	0	0	0	0
22 新潟	0	0	0	0	0	0	0	0	0	0	0	0	0	0
23 富山	0	0	0	0	0	0	0	0	0	0	0	0	0	0
24 石川	0	0	0	0	0	0	0	0	0	0	0	0	0	0
25 福井	0	0	0	0	0	0	0	0	0	0	0	0	0	0
26 山梨	0	0	0	0	0	0	0	0	0	0	0	0	0	0
27 長野	0	0	0	0	0	0	0	0	0	0	0	0	0	0
28 静岡	0	0	0	0	0	0	0	0	0	0	0	0	0	0
29 岐阜	0	0	0	0	0	0	0	0	0	0	0	0	0	0
30 愛知	0	0	0	0	0	0	0	0	0	0	0	0	0	0
31 三重	0	0	0	0	0	0	0	0	0	0	0	0	0	0
32 滋賀	0	0	0	0	0	0	0	0	0	0	0	0	0	0
33 京都	0	0	0	0	0	0	0	0	0	0	0	0	0	0
34 奈良	0	0	0	0	0	0	0	0	0	0	0	0	0	0
35 和歌山	0	0	0	0	0	0	0	0	0	0	0	0	0	0
36 大阪	0	0	0	0	0	0	0	0	0	0	0	0	0	0
37 兵庫	0	0	0	0	0	0	0	0	0	0	0	0	0	0
38 鳥取	0	0	0	0	0	0	0	0	0	0	0	0	0	0
39 島根	0	0	0	0	0	0	0	0	0	0	0	0	0	0
40 岡山	0	0	0	0	0	0	0	0	0	0	0	0	0	0
41 広島	0	0	0	0	0	0	0	0	0	0	0	0	0	0
42 山口	0	0	0	0	0	0	0	0	0	0	0	0	0	0
43 香川	0	0	0	0	0	0	0	0	0	0	0	0	0	0
44 愛媛	0	0	0	0	0	0	0	0	0	0	0	0	0	0
45 徳島	0	0	0	0	0	0	0	0	0	0	0	0	0	0
46 高知	0	0	0	0	0	0	0	0	0	0	0	0	0	0
47 福岡	0	0	0	0	0	0	0	0	0	0	0	0	0	0
48 佐賀	0	0	0	0	0	0	0	0	0	0	0	0	0	0
49 長崎	0	0	0	0	0	0	0	0	0	0	0	0	0	0
50 熊本	0	0	0	0	0	0	0	0	0	0	0	0	0	0
51 大分	0	0	0	0	0	0	0	0	0	0	0	0	0	0
52 宮崎	0	0	0	0	0	0	0	0	0	0	0	0	0	0
53 鹿児島	0	0	0	0	0	0	0	0	0	0	0	0	0	0
54 沖縄	0	0	0	0	0	0	0	0	0	0	0	0	0	0
55 全国	0	0	0	0	0	0	0	0	0	0	0	0	0	0

平成28年度　　　　　　　　　　府県相互間輸送トン数表（鉄道）　　　品目　（5−21）化学薬品　　（単位：トン）　その　2

着／発	15 茨城	16 栃木	17 群馬	18 埼玉	19 千葉	20 東京	21 神奈川	22 新潟	23 富山	24 石川	25 福井	26 山梨	27 長野	28 静岡
1 札幌	0	0	0	0	0	0	0	0	0	0	0	0	0	0
2 旭川	0	0	0	0	0	0	0	0	0	0	0	0	0	0
3 函館	0	0	0	0	0	0	0	0	0	0	0	0	0	0
4 室蘭	0	0	0	0	0	0	0	0	0	0	0	0	0	0
5 釧路	0	0	0	0	0	0	0	0	0	0	0	0	0	0
6 帯広	0	0	0	0	0	0	0	0	0	0	0	0	0	0
7 北見	0	0	0	0	0	0	0	0	0	0	0	0	0	0
8 北海道	0	0	0	0	0	0	0	0	0	0	0	0	0	0
9 青森	0	0	0	0	0	0	0	0	0	0	0	0	0	0
10 岩手	0	0	0	0	0	0	0	0	0	0	0	0	0	0
11 宮城	0	0	0	0	0	0	0	0	0	0	0	0	0	0
12 福島	0	0	0	0	0	0	0	0	0	0	0	0	0	0
13 秋田	0	0	0	0	0	0	0	0	0	0	0	0	0	0
14 山形	0	0	0	0	0	0	0	0	0	0	0	0	0	0
15 茨城	0	0	0	0	0	0	0	0	0	0	0	0	0	0
16 栃木	0	0	0	0	0	0	0	0	0	0	0	0	0	0
17 群馬	0	0	0	0	0	0	0	0	0	0	0	0	0	0
18 埼玉	0	0	0	0	0	0	0	0	0	0	0	0	0	0
19 千葉	0	0	0	0	0	0	0	0	0	0	0	0	0	0
20 東京	0	0	0	0	0	0	0	0	0	0	0	0	0	0
21 神奈川	0	43	0	0	0	0	0	0	0	0	0	0	0	0
22 新潟	0	0	0	0	0	0	0	0	0	0	0	0	0	0
23 富山	0	0	0	0	0	0	0	0	0	0	0	0	0	0
24 石川	0	0	0	0	0	0	0	0	0	0	0	0	0	0
25 福井	0	0	0	0	0	0	0	0	0	0	0	0	0	0
26 山梨	0	0	0	0	0	0	0	0	0	0	0	0	0	0
27 長野	0	0	0	0	0	0	0	0	0	0	0	0	0	0
28 静岡	0	0	0	0	0	0	0	0	0	0	0	0	0	0
29 岐阜	0	0	0	0	0	0	0	0	0	0	0	0	0	0
30 愛知	0	0	0	0	0	0	0	0	0	0	0	0	0	0
31 三重	0	0	0	0	0	0	0	0	0	0	0	0	0	0
32 滋賀	0	0	0	0	0	0	0	0	0	0	0	0	0	0
33 京都	0	0	0	0	0	0	0	0	0	0	0	0	0	0
34 奈良	0	0	0	0	0	0	0	0	0	0	0	0	0	0
35 和歌山	0	0	0	0	0	0	0	0	0	0	0	0	0	0
36 大阪	0	0	0	0	0	0	0	0	0	0	0	0	0	0
37 兵庫	0	0	0	0	0	0	0	0	0	0	0	0	0	0
38 鳥取	0	0	0	0	0	0	0	0	0	0	0	0	0	0
39 島根	0	0	0	0	0	0	0	0	0	0	0	0	0	0
40 岡山	0	0	0	0	0	0	0	0	0	0	0	0	0	0
41 広島	0	0	0	0	0	0	0	0	0	0	0	0	0	0
42 山口	0	0	0	0	0	0	0	0	0	0	0	0	0	0
43 香川	0	0	0	0	0	0	0	0	0	0	0	0	0	0
44 愛媛	0	0	0	0	0	0	0	0	0	0	0	0	0	0
45 徳島	0	0	0	0	0	0	0	0	0	0	0	0	0	0
46 高知	0	0	0	0	0	0	0	0	0	0	0	0	0	0
47 福岡	0	0	0	0	0	0	0	0	0	0	0	0	0	0
48 佐賀	0	0	0	0	0	0	0	0	0	0	0	0	0	0
49 長崎	0	0	0	0	0	0	0	0	0	0	0	0	0	0
50 熊本	0	0	0	0	0	0	0	0	0	0	0	0	0	0
51 大分	0	0	0	0	0	0	0	0	0	0	0	0	0	0
52 宮崎	0	0	0	0	0	0	0	0	0	0	0	0	0	0
53 鹿児島	0	0	0	0	0	0	0	0	0	0	0	0	0	0
54 沖縄	0	0	0	0	0	0	0	0	0	0	0	0	0	0
55 全国	0	43	0	0	0	0	0	0	0	0	0	0	0	0

平成28年度　　　　　　　　　　　　　　　　　　　　府県相互間輸送トン数表（鉄道）　　　　　　　　　　　　　　　　（単位：トン）
品目　（5－21）化学薬品　　その　3

着 / 発	29 岐阜	30 愛知	31 三重	32 滋賀	33 京都	34 奈良	35 和歌山	36 大阪	37 兵庫	38 鳥取	39 島根	40 岡山	41 広島	42 山口
1 札幌	0	0	0	0	0	0	0	0	0	0	0	0	0	0
2 旭川	0	0	0	0	0	0	0	0	0	0	0	0	0	0
3 函館	0	0	0	0	0	0	0	0	0	0	0	0	0	0
4 室蘭	0	0	0	0	0	0	0	0	0	0	0	0	0	0
5 釧路	0	0	0	0	0	0	0	0	0	0	0	0	0	0
6 帯広	0	0	0	0	0	0	0	0	0	0	0	0	0	0
7 北見	0	0	0	0	0	0	0	0	0	0	0	0	0	0
8 北海道	0	0	0	0	0	0	0	0	0	0	0	0	0	0
9 青森	0	0	0	0	0	0	0	0	0	0	0	0	0	0
10 岩手	0	0	0	0	0	0	0	0	0	0	0	0	0	0
11 宮城	0	0	0	0	0	0	0	0	0	0	0	0	0	0
12 福島	0	0	0	0	0	0	0	0	0	0	0	0	0	0
13 秋田	0	0	0	0	0	0	0	0	0	0	0	0	0	0
14 山形	0	0	0	0	0	0	0	0	0	0	0	0	0	0
15 茨城	0	0	0	0	0	0	0	0	0	0	0	0	0	0
16 栃木	0	0	0	0	0	0	0	0	0	0	0	0	0	0
17 群馬	0	0	0	0	0	0	0	0	0	0	0	0	0	0
18 埼玉	0	0	0	0	0	0	0	0	0	0	0	0	0	0
19 千葉	0	0	0	0	0	0	0	0	0	0	0	0	0	0
20 東京	0	0	0	0	0	0	0	0	0	0	0	0	0	0
21 神奈川	0	0	0	0	0	0	0	0	0	0	0	0	0	0
22 新潟	0	0	0	0	0	0	0	0	0	0	0	0	0	0
23 富山	0	0	0	0	0	0	0	0	0	0	0	0	0	0
24 石川	0	0	0	0	0	0	0	0	0	0	0	0	0	0
25 福井	0	0	0	0	0	0	0	0	0	0	0	0	0	0
26 山梨	0	0	0	0	0	0	0	0	0	0	0	0	0	0
27 長野	0	0	0	0	0	0	0	0	0	0	0	0	0	0
28 静岡	0	0	0	0	0	0	0	0	0	0	0	0	0	0
29 岐阜	0	0	0	0	0	0	0	0	0	0	0	0	0	0
30 愛知	0	0	0	0	0	0	0	0	0	0	0	0	0	0
31 三重	0	145,792	0	0	0	0	0	0	0	0	0	0	0	0
32 滋賀	0	0	0	0	0	0	0	0	0	0	0	0	0	0
33 京都	0	0	0	0	0	0	0	0	0	0	0	0	0	0
34 奈良	0	0	0	0	0	0	0	0	0	0	0	0	0	0
35 和歌山	0	0	0	0	0	0	0	0	0	0	0	0	0	0
36 大阪	0	0	0	0	0	0	0	0	0	0	0	0	0	0
37 兵庫	0	0	0	0	0	0	0	0	0	0	0	0	0	0
38 鳥取	0	0	0	0	0	0	0	0	0	0	0	0	0	0
39 島根	0	0	0	0	0	0	0	0	0	0	0	0	0	0
40 岡山	0	0	0	0	0	0	0	0	0	0	0	0	0	0
41 広島	0	0	0	0	0	0	0	0	0	0	0	0	0	0
42 山口	0	0	0	0	0	0	0	0	0	0	0	0	0	0
43 香川	0	0	0	0	0	0	0	0	0	0	0	0	0	0
44 愛媛	0	0	0	0	0	0	0	0	0	0	0	0	0	0
45 徳島	0	0	0	0	0	0	0	0	0	0	0	0	0	0
46 高知	0	0	0	0	0	0	0	0	0	0	0	0	0	0
47 福岡	0	0	0	0	0	0	0	0	0	0	0	0	0	0
48 佐賀	0	0	0	0	0	0	0	0	0	0	0	0	0	0
49 長崎	0	0	0	0	0	0	0	0	0	0	0	0	0	0
50 熊本	0	0	0	0	0	0	0	0	0	0	0	0	0	0
51 大分	0	0	0	0	0	0	0	0	0	0	0	0	0	0
52 宮崎	0	0	0	0	0	0	0	0	0	0	0	0	0	0
53 鹿児島	0	0	0	0	0	0	0	0	0	0	0	0	0	0
54 沖縄	0	0	0	0	0	0	0	0	0	0	0	0	0	0
55 全国	0	145,792	0	0	0	0	0	0	0	0	0	0	0	0

平成28年度　　　　　　　　　　　　　　　　　　　　府県相互間輸送トン数表（鉄道）　　　　　　　　　　　　　　　　（単位：トン）
品目　（5－21）化学薬品　　その　4

着 / 発	43 香川	44 愛媛	45 徳島	46 高知	47 福岡	48 佐賀	49 長崎	50 熊本	51 大分	52 宮崎	53 鹿児島	54 沖縄	55 全国
1 札幌	0	0	0	0	0	0	0	0	0	0	0	0	0
2 旭川	0	0	0	0	0	0	0	0	0	0	0	0	0
3 函館	0	0	0	0	0	0	0	0	0	0	0	0	0
4 室蘭	0	0	0	0	0	0	0	0	0	0	0	0	0
5 釧路	0	0	0	0	0	0	0	0	0	0	0	0	0
6 帯広	0	0	0	0	0	0	0	0	0	0	0	0	0
7 北見	0	0	0	0	0	0	0	0	0	0	0	0	0
8 北海道	0	0	0	0	0	0	0	0	0	0	0	0	0
9 青森	0	0	0	0	0	0	0	0	0	0	0	0	0
10 岩手	0	0	0	0	0	0	0	0	0	0	0	0	0
11 宮城	0	0	0	0	0	0	0	0	0	0	0	0	0
12 福島	0	0	0	0	0	0	0	0	0	0	0	0	0
13 秋田	0	0	0	0	0	0	0	0	0	0	0	0	0
14 山形	0	0	0	0	0	0	0	0	0	0	0	0	0
15 茨城	0	0	0	0	0	0	0	0	0	0	0	0	0
16 栃木	0	0	0	0	0	0	0	0	0	0	0	0	0
17 群馬	0	0	0	0	0	0	0	0	0	0	0	0	0
18 埼玉	0	0	0	0	0	0	0	0	0	0	0	0	0
19 千葉	0	0	0	0	0	0	0	0	0	0	0	0	0
20 東京	0	0	0	0	0	0	0	0	0	0	0	0	0
21 神奈川	0	0	0	0	0	0	0	0	0	0	0	0	43
22 新潟	0	0	0	0	0	0	0	0	0	0	0	0	0
23 富山	0	0	0	0	0	0	0	0	0	0	0	0	0
24 石川	0	0	0	0	0	0	0	0	0	0	0	0	0
25 福井	0	0	0	0	0	0	0	0	0	0	0	0	0
26 山梨	0	0	0	0	0	0	0	0	0	0	0	0	0
27 長野	0	0	0	0	0	0	0	0	0	0	0	0	0
28 静岡	0	0	0	0	0	0	0	0	0	0	0	0	0
29 岐阜	0	0	0	0	0	0	0	0	0	0	0	0	0
30 愛知	0	0	0	0	0	0	0	0	0	0	0	0	0
31 三重	0	0	0	0	0	0	0	0	0	0	0	0	145,792
32 滋賀	0	0	0	0	0	0	0	0	0	0	0	0	0
33 京都	0	0	0	0	0	0	0	0	0	0	0	0	0
34 奈良	0	0	0	0	0	0	0	0	0	0	0	0	0
35 和歌山	0	0	0	0	0	0	0	0	0	0	0	0	0
36 大阪	0	0	0	0	0	0	0	0	0	0	0	0	0
37 兵庫	0	0	0	0	0	0	0	0	0	0	0	0	0
38 鳥取	0	0	0	0	0	0	0	0	0	0	0	0	0
39 島根	0	0	0	0	0	0	0	0	0	0	0	0	0
40 岡山	0	0	0	0	0	0	0	0	0	0	0	0	0
41 広島	0	0	0	0	0	0	0	0	0	0	0	0	0
42 山口	0	0	0	0	0	0	0	0	0	0	0	0	0
43 香川	0	0	0	0	0	0	0	0	0	0	0	0	0
44 愛媛	0	0	0	0	0	0	0	0	0	0	0	0	0
45 徳島	0	0	0	0	0	0	0	0	0	0	0	0	0
46 高知	0	0	0	0	0	0	0	0	0	0	0	0	0
47 福岡	0	0	0	0	0	0	0	0	0	0	0	0	0
48 佐賀	0	0	0	0	0	0	0	0	0	0	0	0	0
49 長崎	0	0	0	0	0	0	0	0	0	0	0	0	0
50 熊本	0	0	0	0	0	0	0	0	0	0	0	0	0
51 大分	0	0	0	0	0	0	0	0	0	0	0	0	0
52 宮崎	0	0	0	0	0	0	0	0	0	0	0	0	0
53 鹿児島	0	0	0	0	0	0	0	0	0	0	0	0	0
54 沖縄	0	0	0	0	0	0	0	0	0	0	0	0	0
55 全国	0	0	0	0	0	0	0	0	0	0	0	0	145,835

平成28年度　　　　　　　　　　　　　　　府県相互間輸送トン数表（鉄道）
品目　（5－22）化学肥料　　　　　　（単位：トン）その　1

着／発	1 札幌	2 旭川	3 函館	4 室蘭	5 釧路	6 帯広	7 北見	8 北海道	9 青森	10 岩手	11 宮城	12 福島	13 秋田	14 山形
1 札幌	0	0	0	0	0	0	0	0	0	0	0	0	0	0
2 旭川	0	0	0	0	0	0	0	0	0	0	0	0	0	0
3 函館	0	0	0	0	0	0	0	0	0	0	0	0	0	0
4 室蘭	0	0	0	0	0	0	0	0	0	0	0	0	0	0
5 釧路	0	0	0	0	0	0	0	0	0	0	0	0	0	0
6 帯広	0	0	0	0	0	0	0	0	0	0	0	0	0	0
7 北見	0	0	0	0	0	0	0	0	0	0	0	0	0	0
8 北海道	0	0	0	0	0	0	0	0	0	0	0	0	0	0
9 青森	0	0	0	0	0	0	0	0	0	0	0	0	0	0
10 岩手	0	0	0	0	0	0	0	0	0	0	0	0	0	0
11 宮城	0	0	0	0	0	0	0	0	0	0	0	0	0	0
12 福島	0	0	0	0	0	0	0	0	0	0	0	0	0	0
13 秋田	0	0	0	0	0	0	0	0	0	0	0	0	0	0
14 山形	0	0	0	0	0	0	0	0	0	0	0	0	0	0
15 茨城	0	0	0	0	0	0	0	0	0	0	0	0	0	0
16 栃木	0	0	0	0	0	0	0	0	0	0	0	0	0	0
17 群馬	0	0	0	0	0	0	0	0	0	0	0	0	0	0
18 埼玉	0	0	0	0	0	0	0	0	0	0	0	0	0	0
19 千葉	0	0	0	0	0	0	0	0	0	0	0	0	0	0
20 東京	0	0	0	0	0	0	0	0	0	0	0	0	0	0
21 神奈川	0	0	0	0	0	0	0	0	0	0	0	0	0	0
22 新潟	0	0	0	0	0	0	0	0	0	0	0	0	0	0
23 富山	0	0	0	0	0	0	0	0	0	0	0	0	0	0
24 石川	0	0	0	0	0	0	0	0	0	0	0	0	0	0
25 福井	0	0	0	0	0	0	0	0	0	0	0	0	0	0
26 山梨	0	0	0	0	0	0	0	0	0	0	0	0	0	0
27 長野	0	0	0	0	0	0	0	0	0	0	0	0	0	0
28 静岡	0	0	0	0	0	0	0	0	0	0	0	0	0	0
29 岐阜	0	0	0	0	0	0	0	0	0	0	0	0	0	0
30 愛知	0	0	0	0	0	0	0	0	0	0	0	0	0	0
31 三重	0	0	0	0	0	0	0	0	0	0	0	0	0	0
32 滋賀	0	0	0	0	0	0	0	0	0	0	0	0	0	0
33 京都	0	0	0	0	0	0	0	0	0	0	0	0	0	0
34 奈良	0	0	0	0	0	0	0	0	0	0	0	0	0	0
35 和歌山	0	0	0	0	0	0	0	0	0	0	0	0	0	0
36 大阪	0	0	0	0	0	0	0	0	0	0	0	0	0	0
37 兵庫	0	0	0	0	0	0	0	0	0	0	0	0	0	0
38 鳥取	0	0	0	0	0	0	0	0	0	0	0	0	0	0
39 島根	0	0	0	0	0	0	0	0	0	0	0	0	0	0
40 岡山	0	0	0	0	0	0	0	0	0	0	0	0	0	0
41 広島	0	0	0	0	0	0	0	0	0	0	0	0	0	0
42 山口	0	0	0	0	0	0	0	0	0	0	0	0	0	0
43 香川	0	0	0	0	0	0	0	0	0	0	0	0	0	0
44 愛媛	0	0	0	0	0	0	0	0	0	0	0	0	0	0
45 徳島	0	0	0	0	0	0	0	0	0	0	0	0	0	0
46 高知	0	0	0	0	0	0	0	0	0	0	0	0	0	0
47 福岡	0	0	0	0	0	0	0	0	0	0	0	0	0	0
48 佐賀	0	0	0	0	0	0	0	0	0	0	0	0	0	0
49 長崎	0	0	0	0	0	0	0	0	0	0	0	0	0	0
50 熊本	0	0	0	0	0	0	0	0	0	0	0	0	0	0
51 大分	0	0	0	0	0	0	0	0	0	0	0	0	0	0
52 宮崎	0	0	0	0	0	0	0	0	0	0	0	0	0	0
53 鹿児島	0	0	0	0	0	0	0	0	0	0	0	0	0	0
54 沖縄	0	0	0	0	0	0	0	0	0	0	0	0	0	0
55 全国	0	0	0	0	0	0	0	0	0	0	0	0	0	0

平成28年度　　　　　　　　　　　　　　　府県相互間輸送トン数表（鉄道）
品目　（5－22）化学肥料　　　　　　（単位：トン）その　2

着／発	15 茨城	16 栃木	17 群馬	18 埼玉	19 千葉	20 東京	21 神奈川	22 新潟	23 富山	24 石川	25 福井	26 山梨	27 長野	28 静岡
1 札幌	0	0	0	0	0	0	0	0	0	0	0	0	0	0
2 旭川	0	0	0	0	0	0	0	0	0	0	0	0	0	0
3 函館	0	0	0	0	0	0	0	0	0	0	0	0	0	0
4 室蘭	0	0	0	0	0	0	0	0	0	0	0	0	0	0
5 釧路	0	0	0	0	0	0	0	0	0	0	0	0	0	0
6 帯広	0	0	0	0	0	0	0	0	0	0	0	0	0	0
7 北見	0	0	0	0	0	0	0	0	0	0	0	0	0	0
8 北海道	0	0	0	0	0	0	0	0	0	0	0	0	0	0
9 青森	0	0	0	0	0	0	0	0	0	0	0	0	0	0
10 岩手	0	0	0	0	0	0	0	0	0	0	0	0	0	0
11 宮城	0	0	0	0	0	0	0	0	0	0	0	0	0	0
12 福島	0	0	0	0	0	0	0	0	0	0	0	0	0	0
13 秋田	0	0	0	0	0	0	0	0	0	0	0	0	0	0
14 山形	0	0	0	0	0	0	0	0	0	0	0	0	0	0
15 茨城	0	0	0	0	0	0	0	0	0	0	0	0	0	0
16 栃木	0	0	0	0	0	0	0	0	0	0	0	0	0	0
17 群馬	0	0	0	0	0	0	0	0	0	0	0	0	0	0
18 埼玉	0	0	0	0	0	0	0	0	0	0	0	0	0	0
19 千葉	0	0	0	0	0	0	0	0	0	0	0	0	0	0
20 東京	0	0	0	0	0	0	0	0	0	0	0	0	0	0
21 神奈川	0	0	0	0	0	0	0	0	0	0	0	0	0	0
22 新潟	0	0	0	0	0	0	0	0	0	0	0	0	0	0
23 富山	0	0	0	0	0	0	0	0	0	0	0	0	0	0
24 石川	0	0	0	0	0	0	0	0	0	0	0	0	0	0
25 福井	0	0	0	0	0	0	0	0	0	0	0	0	0	0
26 山梨	0	0	0	0	0	0	0	0	0	0	0	0	0	0
27 長野	0	0	0	0	0	0	0	0	0	0	0	0	0	0
28 静岡	0	0	0	0	0	0	0	0	0	0	0	0	0	0
29 岐阜	0	0	0	0	0	0	0	0	0	0	0	0	0	0
30 愛知	0	0	0	0	0	0	0	0	0	0	0	0	0	0
31 三重	0	0	0	0	0	0	0	0	0	0	0	0	0	0
32 滋賀	0	0	0	0	0	0	0	0	0	0	0	0	0	0
33 京都	0	0	0	0	0	0	0	0	0	0	0	0	0	0
34 奈良	0	0	0	0	0	0	0	0	0	0	0	0	0	0
35 和歌山	0	0	0	0	0	0	0	0	0	0	0	0	0	0
36 大阪	0	0	0	0	0	0	0	0	0	0	0	0	0	0
37 兵庫	0	0	0	0	0	0	0	0	0	0	0	0	0	0
38 鳥取	0	0	0	0	0	0	0	0	0	0	0	0	0	0
39 島根	0	0	0	0	0	0	0	0	0	0	0	0	0	0
40 岡山	0	0	0	0	0	0	0	0	0	0	0	0	0	0
41 広島	0	0	0	0	0	0	0	0	0	0	0	0	0	0
42 山口	0	0	0	0	0	0	0	0	0	0	0	0	0	0
43 香川	0	0	0	0	0	0	0	0	0	0	0	0	0	0
44 愛媛	0	0	0	0	0	0	0	0	0	0	0	0	0	0
45 徳島	0	0	0	0	0	0	0	0	0	0	0	0	0	0
46 高知	0	0	0	0	0	0	0	0	0	0	0	0	0	0
47 福岡	0	0	0	0	0	0	0	0	0	0	0	0	0	0
48 佐賀	0	0	0	0	0	0	0	0	0	0	0	0	0	0
49 長崎	0	0	0	0	0	0	0	0	0	0	0	0	0	0
50 熊本	0	0	0	0	0	0	0	0	0	0	0	0	0	0
51 大分	0	0	0	0	0	0	0	0	0	0	0	0	0	0
52 宮崎	0	0	0	0	0	0	0	0	0	0	0	0	0	0
53 鹿児島	0	0	0	0	0	0	0	0	0	0	0	0	0	0
54 沖縄	0	0	0	0	0	0	0	0	0	0	0	0	0	0
55 全国	0	0	0	0	0	0	0	0	0	0	0	0	0	0

平成28年度　　　　　　　　　　　　　　　　府県相互間輸送トン数表（鉄道）

品目　（5-22）化学肥料　　　　（単位：トン）　その　3

着／発	29 岐阜	30 愛知	31 三重	32 滋賀	33 京都	34 奈良	35 和歌山	36 大阪	37 兵庫	38 鳥取	39 島根	40 岡山	41 広島	42 山口
1 札幌	0	0	0	0	0	0	0	0	0	0	0	0	0	0
2 旭川	0	0	0	0	0	0	0	0	0	0	0	0	0	0
3 函館	0	0	0	0	0	0	0	0	0	0	0	0	0	0
4 室蘭	0	0	0	0	0	0	0	0	0	0	0	0	0	0
5 釧路	0	0	0	0	0	0	0	0	0	0	0	0	0	0
6 帯広	0	0	0	0	0	0	0	0	0	0	0	0	0	0
7 北見	0	0	0	0	0	0	0	0	0	0	0	0	0	0
8 北海道	0	0	0	0	0	0	0	0	0	0	0	0	0	0
9 青森	0	0	0	0	0	0	0	0	0	0	0	0	0	0
10 岩手	0	0	0	0	0	0	0	0	0	0	0	0	0	0
11 宮城	0	0	0	0	0	0	0	0	0	0	0	0	0	0
12 福島	0	0	0	0	0	0	0	0	0	0	0	0	0	0
13 秋田	0	0	0	0	0	0	0	0	0	0	0	0	0	0
14 山形	0	0	0	0	0	0	0	0	0	0	0	0	0	0
15 茨城	0	0	0	0	0	0	0	0	0	0	0	0	0	0
16 栃木	0	0	0	0	0	0	0	0	0	0	0	0	0	0
17 群馬	0	0	0	0	0	0	0	0	0	0	0	0	0	0
18 埼玉	0	0	0	0	0	0	0	0	0	0	0	0	0	0
19 千葉	0	0	0	0	0	0	0	0	0	0	0	0	0	0
20 東京	0	0	0	0	0	0	0	0	0	0	0	0	0	0
21 神奈川	0	0	0	0	0	0	0	0	0	0	0	0	0	0
22 新潟	0	0	0	0	0	0	0	0	0	0	0	0	0	0
23 富山	0	0	0	0	0	0	0	0	0	0	0	0	0	0
24 石川	0	0	0	0	0	0	0	0	0	0	0	0	0	0
25 福井	0	0	0	0	0	0	0	0	0	0	0	0	0	0
26 山梨	0	0	0	0	0	0	0	0	0	0	0	0	0	0
27 長野	0	0	0	0	0	0	0	0	0	0	0	0	0	0
28 静岡	0	0	0	0	0	0	0	0	0	0	0	0	0	0
29 岐阜	0	0	0	0	0	0	0	0	0	0	0	0	0	0
30 愛知	0	0	0	0	0	0	0	0	0	0	0	0	0	0
31 三重	0	0	0	0	0	0	0	0	0	0	0	0	0	0
32 滋賀	0	0	0	0	0	0	0	0	0	0	0	0	0	0
33 京都	0	0	0	0	0	0	0	0	0	0	0	0	0	0
34 奈良	0	0	0	0	0	0	0	0	0	0	0	0	0	0
35 和歌山	0	0	0	0	0	0	0	0	0	0	0	0	0	0
36 大阪	0	0	0	0	0	0	0	0	0	0	0	0	0	0
37 兵庫	0	0	0	0	0	0	0	0	0	0	0	0	0	0
38 鳥取	0	0	0	0	0	0	0	0	0	0	0	0	0	0
39 島根	0	0	0	0	0	0	0	0	0	0	0	0	0	0
40 岡山	0	0	0	0	0	0	0	0	0	0	0	0	0	0
41 広島	0	0	0	0	0	0	0	0	0	0	0	0	0	0
42 山口	0	0	0	0	0	0	0	0	0	0	0	0	0	0
43 香川	0	0	0	0	0	0	0	0	0	0	0	0	0	0
44 愛媛	0	0	0	0	0	0	0	0	0	0	0	0	0	0
45 徳島	0	0	0	0	0	0	0	0	0	0	0	0	0	0
46 高知	0	0	0	0	0	0	0	0	0	0	0	0	0	0
47 福岡	0	0	0	0	0	0	0	0	0	0	0	0	0	0
48 佐賀	0	0	0	0	0	0	0	0	0	0	0	0	0	0
49 長崎	0	0	0	0	0	0	0	0	0	0	0	0	0	0
50 熊本	0	0	0	0	0	0	0	0	0	0	0	0	0	0
51 大分	0	0	0	0	0	0	0	0	0	0	0	0	0	0
52 宮崎	0	0	0	0	0	0	0	0	0	0	0	0	0	0
53 鹿児島	0	0	0	0	0	0	0	0	0	0	0	0	0	0
54 沖縄	0	0	0	0	0	0	0	0	0	0	0	0	0	0
55 全国	0	0	0	0	0	0	0	0	0	0	0	0	0	0

平成28年度　　　　　　　　　　　　　　　　府県相互間輸送トン数表（鉄道）

品目　（5-22）化学肥料　　　　（単位：トン）　その　4

着／発	43 香川	44 愛媛	45 徳島	46 高知	47 福岡	48 佐賀	49 長崎	50 熊本	51 大分	52 宮崎	53 鹿児島	54 沖縄	55 全国
1 札幌	0	0	0	0	0	0	0	0	0	0	0	0	0
2 旭川	0	0	0	0	0	0	0	0	0	0	0	0	0
3 函館	0	0	0	0	0	0	0	0	0	0	0	0	0
4 室蘭	0	0	0	0	0	0	0	0	0	0	0	0	0
5 釧路	0	0	0	0	0	0	0	0	0	0	0	0	0
6 帯広	0	0	0	0	0	0	0	0	0	0	0	0	0
7 北見	0	0	0	0	0	0	0	0	0	0	0	0	0
8 北海道	0	0	0	0	0	0	0	0	0	0	0	0	0
9 青森	0	0	0	0	0	0	0	0	0	0	0	0	0
10 岩手	0	0	0	0	0	0	0	0	0	0	0	0	0
11 宮城	0	0	0	0	0	0	0	0	0	0	0	0	0
12 福島	0	0	0	0	0	0	0	0	0	0	0	0	0
13 秋田	0	0	0	0	0	0	0	0	0	0	0	0	0
14 山形	0	0	0	0	0	0	0	0	0	0	0	0	0
15 茨城	0	0	0	0	0	0	0	0	0	0	0	0	0
16 栃木	0	0	0	0	0	0	0	0	0	0	0	0	0
17 群馬	0	0	0	0	0	0	0	0	0	0	0	0	0
18 埼玉	0	0	0	0	0	0	0	0	0	0	0	0	0
19 千葉	0	0	0	0	0	0	0	0	0	0	0	0	0
20 東京	0	0	0	0	0	0	0	0	0	0	0	0	0
21 神奈川	0	0	0	0	0	0	0	0	0	0	0	0	0
22 新潟	0	0	0	0	0	0	0	0	0	0	0	0	0
23 富山	0	0	0	0	0	0	0	0	0	0	0	0	0
24 石川	0	0	0	0	0	0	0	0	0	0	0	0	0
25 福井	0	0	0	0	0	0	0	0	0	0	0	0	0
26 山梨	0	0	0	0	0	0	0	0	0	0	0	0	0
27 長野	0	0	0	0	0	0	0	0	0	0	0	0	0
28 静岡	0	0	0	0	0	0	0	0	0	0	0	0	0
29 岐阜	0	0	0	0	0	0	0	0	0	0	0	0	0
30 愛知	0	0	0	0	0	0	0	0	0	0	0	0	0
31 三重	0	0	0	0	0	0	0	0	0	0	0	0	0
32 滋賀	0	0	0	0	0	0	0	0	0	0	0	0	0
33 京都	0	0	0	0	0	0	0	0	0	0	0	0	0
34 奈良	0	0	0	0	0	0	0	0	0	0	0	0	0
35 和歌山	0	0	0	0	0	0	0	0	0	0	0	0	0
36 大阪	0	0	0	0	0	0	0	0	0	0	0	0	0
37 兵庫	0	0	0	0	0	0	0	0	0	0	0	0	0
38 鳥取	0	0	0	0	0	0	0	0	0	0	0	0	0
39 島根	0	0	0	0	0	0	0	0	0	0	0	0	0
40 岡山	0	0	0	0	0	0	0	0	0	0	0	0	0
41 広島	0	0	0	0	0	0	0	0	0	0	0	0	0
42 山口	0	0	0	0	0	0	0	0	0	0	0	0	0
43 香川	0	0	0	0	0	0	0	0	0	0	0	0	0
44 愛媛	0	0	0	0	0	0	0	0	0	0	0	0	0
45 徳島	0	0	0	0	0	0	0	0	0	0	0	0	0
46 高知	0	0	0	0	0	0	0	0	0	0	0	0	0
47 福岡	0	0	0	0	0	0	0	0	0	0	0	0	0
48 佐賀	0	0	0	0	0	0	0	0	0	0	0	0	0
49 長崎	0	0	0	0	0	0	0	0	0	0	0	0	0
50 熊本	0	0	0	0	0	0	0	0	0	0	0	0	0
51 大分	0	0	0	0	0	0	0	0	0	0	0	0	0
52 宮崎	0	0	0	0	0	0	0	0	0	0	0	0	0
53 鹿児島	0	0	0	0	0	0	0	0	0	0	0	0	0
54 沖縄	0	0	0	0	0	0	0	0	0	0	0	0	0
55 全国	0	0	0	0	0	0	0	0	0	0	0	0	0

平成28年度　　　　　　　　　　　　　　　　　　　　府県相互間輸送トン数表（鉄道）
品目　（5-23）その他の化学工業品
（単位：トン）
その　1

着／発	1 札幌	2 旭川	3 函館	4 室蘭	5 釧路	6 帯広	7 北見	8 北海道	9 青森	10 岩手	11 宮城	12 福島	13 秋田	14 山形
1 札幌	0	0	0	0	0	0	0	0	0	0	0	0	0	0
2 旭川	0	0	0	0	0	0	0	0	0	0	0	0	0	0
3 函館	0	0	0	0	0	0	0	0	0	0	0	0	0	0
4 室蘭	0	0	0	0	0	0	0	0	0	0	0	0	0	0
5 釧路	0	0	0	0	0	0	0	0	0	0	0	0	0	0
6 帯広	0	0	0	0	0	0	0	0	0	0	0	0	0	0
7 北見	0	0	0	0	0	0	0	0	0	0	0	0	0	0
8 北海道	0	0	0	0	0	0	0	0	0	0	0	0	0	0
9 青森	0	0	0	0	0	0	0	0	0	0	0	0	0	0
10 岩手	0	0	0	0	0	0	0	0	0	0	0	0	0	0
11 宮城	0	0	0	0	0	0	0	0	0	0	0	0	0	0
12 福島	0	0	0	0	0	0	0	0	0	0	0	0	0	0
13 秋田	0	0	0	0	0	0	0	0	0	0	0	0	0	0
14 山形	0	0	0	0	0	0	0	0	0	0	0	0	0	0
15 茨城	0	0	0	0	0	0	0	0	0	0	0	0	0	0
16 栃木	0	0	0	0	0	0	0	0	0	0	0	0	0	0
17 群馬	0	0	0	0	0	0	0	0	0	0	0	0	0	0
18 埼玉	0	0	0	0	0	0	0	0	0	0	0	0	0	0
19 千葉	0	0	0	0	0	0	0	0	0	0	0	0	0	0
20 東京	0	0	0	0	0	0	0	0	0	0	0	0	0	0
21 神奈川	0	0	0	0	0	0	0	0	0	0	0	0	0	0
22 新潟	0	0	0	0	0	0	0	0	0	0	0	0	0	0
23 富山	0	0	0	0	0	0	0	0	0	0	0	0	0	0
24 石川	0	0	0	0	0	0	0	0	0	0	0	0	0	0
25 福井	0	0	0	0	0	0	0	0	0	0	0	0	0	0
26 山梨	0	0	0	0	0	0	0	0	0	0	0	0	0	0
27 長野	0	0	0	0	0	0	0	0	0	0	0	0	0	0
28 静岡	0	0	0	0	0	0	0	0	0	0	0	0	0	0
29 岐阜	0	0	0	0	0	0	0	0	0	0	0	0	0	0
30 愛知	0	0	0	0	0	0	0	0	0	0	0	0	0	0
31 三重	0	0	0	0	0	0	0	0	0	0	0	0	0	0
32 滋賀	0	0	0	0	0	0	0	0	0	0	0	0	0	0
33 京都	0	0	0	0	0	0	0	0	0	0	0	0	0	0
34 奈良	0	0	0	0	0	0	0	0	0	0	0	0	0	0
35 和歌山	0	0	0	0	0	0	0	0	0	0	0	0	0	0
36 大阪	0	0	0	0	0	0	0	0	0	0	0	0	0	0
37 兵庫	0	0	0	0	0	0	0	0	0	0	0	0	0	0
38 鳥取	0	0	0	0	0	0	0	0	0	0	0	0	0	0
39 島根	0	0	0	0	0	0	0	0	0	0	0	0	0	0
40 岡山	0	0	0	0	0	0	0	0	0	0	0	0	0	0
41 広島	0	0	0	0	0	0	0	0	0	0	0	0	0	0
42 山口	0	0	0	0	0	0	0	0	0	0	0	0	0	0
43 香川	0	0	0	0	0	0	0	0	0	0	0	0	0	0
44 愛媛	0	0	0	0	0	0	0	0	0	0	0	0	0	0
45 徳島	0	0	0	0	0	0	0	0	0	0	0	0	0	0
46 高知	0	0	0	0	0	0	0	0	0	0	0	0	0	0
47 福岡	0	0	0	0	0	0	0	0	0	0	0	0	0	0
48 佐賀	0	0	0	0	0	0	0	0	0	0	0	0	0	0
49 長崎	0	0	0	0	0	0	0	0	0	0	0	0	0	0
50 熊本	0	0	0	0	0	0	0	0	0	0	0	0	0	0
51 大分	0	0	0	0	0	0	0	0	0	0	0	0	0	0
52 宮崎	0	0	0	0	0	0	0	0	0	0	0	0	0	0
53 鹿児島	0	0	0	0	0	0	0	0	0	0	0	0	0	0
54 沖縄	0	0	0	0	0	0	0	0	0	0	0	0	0	0
55 全国	0	0	0	0	0	0	0	0	0	0	0	0	0	0

平成28年度　　　　　　　　　　　　　　　　　　　　府県相互間輸送トン数表（鉄道）
品目　（5-23）その他の化学工業品
（単位：トン）
その　2

着／発	15 茨城	16 栃木	17 群馬	18 埼玉	19 千葉	20 東京	21 神奈川	22 新潟	23 富山	24 石川	25 福井	26 山梨	27 長野	28 静岡
1 札幌	0	0	0	0	0	0	0	0	0	0	0	0	0	0
2 旭川	0	0	0	0	0	0	0	0	0	0	0	0	0	0
3 函館	0	0	0	0	0	0	0	0	0	0	0	0	0	0
4 室蘭	0	0	0	0	0	0	0	0	0	0	0	0	0	0
5 釧路	0	0	0	0	0	0	0	0	0	0	0	0	0	0
6 帯広	0	0	0	0	0	0	0	0	0	0	0	0	0	0
7 北見	0	0	0	0	0	0	0	0	0	0	0	0	0	0
8 北海道	0	0	0	0	0	0	0	0	0	0	0	0	0	0
9 青森	0	0	0	0	0	0	0	0	0	0	0	0	0	0
10 岩手	0	0	0	0	0	0	0	0	0	0	0	0	0	0
11 宮城	0	0	0	0	0	0	0	0	0	0	0	0	0	0
12 福島	0	0	0	0	0	0	0	0	0	0	0	0	0	0
13 秋田	0	0	0	0	0	0	0	0	0	0	0	0	0	0
14 山形	0	0	0	0	0	0	0	0	0	0	0	0	0	0
15 茨城	0	0	0	0	0	0	0	0	0	0	0	0	0	0
16 栃木	0	0	0	0	0	0	0	0	0	0	0	0	0	0
17 群馬	0	0	0	0	0	0	0	0	0	0	0	0	0	0
18 埼玉	0	0	0	0	0	0	0	0	0	0	0	0	0	0
19 千葉	0	0	0	0	0	0	0	0	0	0	0	0	0	0
20 東京	0	0	0	0	0	0	0	0	0	0	0	0	0	0
21 神奈川	0	0	0	0	0	0	0	0	0	0	0	0	0	0
22 新潟	0	0	0	0	0	0	0	0	0	0	0	0	0	0
23 富山	0	0	0	0	0	0	0	0	0	0	0	0	0	0
24 石川	0	0	0	0	0	0	0	0	0	0	0	0	0	0
25 福井	0	0	0	0	0	0	0	0	0	0	0	0	0	0
26 山梨	0	0	0	0	0	0	0	0	0	0	0	0	0	0
27 長野	0	0	0	0	0	0	0	0	0	0	0	0	0	0
28 静岡	0	0	0	0	0	0	0	0	0	0	0	0	0	0
29 岐阜	0	0	0	0	0	0	0	0	0	0	0	0	0	0
30 愛知	0	0	0	0	0	0	0	0	0	0	0	0	0	0
31 三重	0	0	0	0	0	0	0	0	0	0	0	0	0	0
32 滋賀	0	0	0	0	0	0	0	0	0	0	0	0	0	0
33 京都	0	0	0	0	0	0	0	0	0	0	0	0	0	0
34 奈良	0	0	0	0	0	0	0	0	0	0	0	0	0	0
35 和歌山	0	0	0	0	0	0	0	0	0	0	0	0	0	0
36 大阪	0	0	0	0	0	0	0	0	0	0	0	0	0	0
37 兵庫	0	0	0	0	0	0	0	0	0	0	0	0	0	0
38 鳥取	0	0	0	0	0	0	0	0	0	0	0	0	0	0
39 島根	0	0	0	0	0	0	0	0	0	0	0	0	0	0
40 岡山	0	0	0	0	0	0	0	0	0	0	0	0	0	0
41 広島	0	0	0	0	0	0	0	0	0	0	0	0	0	0
42 山口	0	0	0	0	0	0	0	0	0	0	0	0	0	0
43 香川	0	0	0	0	0	0	0	0	0	0	0	0	0	0
44 愛媛	0	0	0	0	0	0	0	0	0	0	0	0	0	0
45 徳島	0	0	0	0	0	0	0	0	0	0	0	0	0	0
46 高知	0	0	0	0	0	0	0	0	0	0	0	0	0	0
47 福岡	0	0	0	0	0	0	0	0	0	0	0	0	0	0
48 佐賀	0	0	0	0	0	0	0	0	0	0	0	0	0	0
49 長崎	0	0	0	0	0	0	0	0	0	0	0	0	0	0
50 熊本	0	0	0	0	0	0	0	0	0	0	0	0	0	0
51 大分	0	0	0	0	0	0	0	0	0	0	0	0	0	0
52 宮崎	0	0	0	0	0	0	0	0	0	0	0	0	0	0
53 鹿児島	0	0	0	0	0	0	0	0	0	0	0	0	0	0
54 沖縄	0	0	0	0	0	0	0	0	0	0	0	0	0	0
55 全国	0	0	0	0	0	0	0	0	0	0	0	0	0	0

平成28年度　　　　　　　　　　　　　　　　府県相互間輸送トン数表（鉄道）

品目　（5－23）その他の化学工業品　　　　（単位：トン）　その　3

着\発	29 岐阜	30 愛知	31 三重	32 滋賀	33 京都	34 奈良	35 和歌山	36 大阪	37 兵庫	38 鳥取	39 島根	40 岡山	41 広島	42 山口
1 札幌	0	0	0	0	0	0	0	0	0	0	0	0	0	0
2 旭川	0	0	0	0	0	0	0	0	0	0	0	0	0	0
3 函館	0	0	0	0	0	0	0	0	0	0	0	0	0	0
4 室蘭	0	0	0	0	0	0	0	0	0	0	0	0	0	0
5 釧路	0	0	0	0	0	0	0	0	0	0	0	0	0	0
6 帯広	0	0	0	0	0	0	0	0	0	0	0	0	0	0
7 北見	0	0	0	0	0	0	0	0	0	0	0	0	0	0
8 北海道	0	0	0	0	0	0	0	0	0	0	0	0	0	0
9 青森	0	0	0	0	0	0	0	0	0	0	0	0	0	0
10 岩手	0	0	0	0	0	0	0	0	0	0	0	0	0	0
11 宮城	0	0	0	0	0	0	0	0	0	0	0	0	0	0
12 福島	0	0	0	0	0	0	0	0	0	0	0	0	0	0
13 秋田	0	0	0	0	0	0	0	0	0	0	0	0	0	0
14 山形	0	0	0	0	0	0	0	0	0	0	0	0	0	0
15 茨城	0	0	0	0	0	0	0	0	0	0	0	0	0	0
16 栃木	0	0	0	0	0	0	0	0	0	0	0	0	0	0
17 群馬	0	0	0	0	0	0	0	0	0	0	0	0	0	0
18 埼玉	0	0	0	0	0	0	0	0	0	0	0	0	0	0
19 千葉	0	0	0	0	0	0	0	0	0	0	0	0	0	0
20 東京	0	0	0	0	0	0	0	0	0	0	0	0	0	0
21 神奈川	0	0	0	0	0	0	0	0	0	0	0	0	0	0
22 新潟	0	0	0	0	0	0	0	0	0	0	0	0	0	0
23 富山	0	0	0	0	0	0	0	0	0	0	0	0	0	0
24 石川	0	0	0	0	0	0	0	0	0	0	0	0	0	0
25 福井	0	0	0	0	0	0	0	0	0	0	0	0	0	0
26 山梨	0	0	0	0	0	0	0	0	0	0	0	0	0	0
27 長野	0	0	0	0	0	0	0	0	0	0	0	0	0	0
28 静岡	0	0	0	0	0	0	0	0	0	0	0	0	0	0
29 岐阜	0	0	0	0	0	0	0	0	0	0	0	0	0	0
30 愛知	0	0	0	0	0	0	0	0	0	0	0	0	0	0
31 三重	0	0	0	0	0	0	0	0	0	0	0	0	0	0
32 滋賀	0	0	0	0	0	0	0	0	0	0	0	0	0	0
33 京都	0	0	0	0	0	0	0	0	0	0	0	0	0	0
34 奈良	0	0	0	0	0	0	0	0	0	0	0	0	0	0
35 和歌山	0	0	0	0	0	0	0	0	0	0	0	0	0	0
36 大阪	0	0	0	0	0	0	0	0	0	0	0	0	0	0
37 兵庫	0	0	0	0	0	0	0	0	0	0	0	0	0	0
38 鳥取	0	0	0	0	0	0	0	0	0	0	0	0	0	0
39 島根	0	0	0	0	0	0	0	0	0	0	0	0	0	0
40 岡山	0	0	0	0	0	0	0	0	0	0	0	0	0	0
41 広島	0	0	0	0	0	0	0	0	0	0	0	0	0	0
42 山口	0	0	0	0	0	0	0	0	0	0	0	0	0	0
43 香川	0	0	0	0	0	0	0	0	0	0	0	0	0	0
44 愛媛	0	0	0	0	0	0	0	0	0	0	0	0	0	0
45 徳島	0	0	0	0	0	0	0	0	0	0	0	0	0	0
46 高知	0	0	0	0	0	0	0	0	0	0	0	0	0	0
47 福岡	0	0	0	0	0	0	0	0	0	0	0	0	0	0
48 佐賀	0	0	0	0	0	0	0	0	0	0	0	0	0	0
49 長崎	0	0	0	0	0	0	0	0	0	0	0	0	0	0
50 熊本	0	0	0	0	0	0	0	0	0	0	0	0	0	0
51 大分	0	0	0	0	0	0	0	0	0	0	0	0	0	0
52 宮崎	0	0	0	0	0	0	0	0	0	0	0	0	0	0
53 鹿児島	0	0	0	0	0	0	0	0	0	0	0	0	0	0
54 沖縄	0	0	0	0	0	0	0	0	0	0	0	0	0	0
55 全国	0	0	0	0	0	0	0	0	0	0	0	0	0	0

平成28年度　　　　　　　　　　　　　　　　府県相互間輸送トン数表（鉄道）

品目　（5－23）その他の化学工業品　　　　（単位：トン）　その　4

着\発	43 香川	44 愛媛	45 徳島	46 高知	47 福岡	48 佐賀	49 長崎	50 熊本	51 大分	52 宮崎	53 鹿児島	54 沖縄	55 全国
1 札幌	0	0	0	0	0	0	0	0	0	0	0	0	0
2 旭川	0	0	0	0	0	0	0	0	0	0	0	0	0
3 函館	0	0	0	0	0	0	0	0	0	0	0	0	0
4 室蘭	0	0	0	0	0	0	0	0	0	0	0	0	0
5 釧路	0	0	0	0	0	0	0	0	0	0	0	0	0
6 帯広	0	0	0	0	0	0	0	0	0	0	0	0	0
7 北見	0	0	0	0	0	0	0	0	0	0	0	0	0
8 北海道	0	0	0	0	0	0	0	0	0	0	0	0	0
9 青森	0	0	0	0	0	0	0	0	0	0	0	0	0
10 岩手	0	0	0	0	0	0	0	0	0	0	0	0	0
11 宮城	0	0	0	0	0	0	0	0	0	0	0	0	0
12 福島	0	0	0	0	0	0	0	0	0	0	0	0	0
13 秋田	0	0	0	0	0	0	0	0	0	0	0	0	0
14 山形	0	0	0	0	0	0	0	0	0	0	0	0	0
15 茨城	0	0	0	0	0	0	0	0	0	0	0	0	0
16 栃木	0	0	0	0	0	0	0	0	0	0	0	0	0
17 群馬	0	0	0	0	0	0	0	0	0	0	0	0	0
18 埼玉	0	0	0	0	0	0	0	0	0	0	0	0	0
19 千葉	0	0	0	0	0	0	0	0	0	0	0	0	0
20 東京	0	0	0	0	0	0	0	0	0	0	0	0	0
21 神奈川	0	0	0	0	0	0	0	0	0	0	0	0	0
22 新潟	0	0	0	0	0	0	0	0	0	0	0	0	0
23 富山	0	0	0	0	0	0	0	0	0	0	0	0	0
24 石川	0	0	0	0	0	0	0	0	0	0	0	0	0
25 福井	0	0	0	0	0	0	0	0	0	0	0	0	0
26 山梨	0	0	0	0	0	0	0	0	0	0	0	0	0
27 長野	0	0	0	0	0	0	0	0	0	0	0	0	0
28 静岡	0	0	0	0	0	0	0	0	0	0	0	0	0
29 岐阜	0	0	0	0	0	0	0	0	0	0	0	0	0
30 愛知	0	0	0	0	0	0	0	0	0	0	0	0	0
31 三重	0	0	0	0	0	0	0	0	0	0	0	0	0
32 滋賀	0	0	0	0	0	0	0	0	0	0	0	0	0
33 京都	0	0	0	0	0	0	0	0	0	0	0	0	0
34 奈良	0	0	0	0	0	0	0	0	0	0	0	0	0
35 和歌山	0	0	0	0	0	0	0	0	0	0	0	0	0
36 大阪	0	0	0	0	0	0	0	0	0	0	0	0	0
37 兵庫	0	0	0	0	0	0	0	0	0	0	0	0	0
38 鳥取	0	0	0	0	0	0	0	0	0	0	0	0	0
39 島根	0	0	0	0	0	0	0	0	0	0	0	0	0
40 岡山	0	0	0	0	0	0	0	0	0	0	0	0	0
41 広島	0	0	0	0	0	0	0	0	0	0	0	0	0
42 山口	0	0	0	0	0	0	0	0	0	0	0	0	0
43 香川	0	0	0	0	0	0	0	0	0	0	0	0	0
44 愛媛	0	0	0	0	0	0	0	0	0	0	0	0	0
45 徳島	0	0	0	0	0	0	0	0	0	0	0	0	0
46 高知	0	0	0	0	0	0	0	0	0	0	0	0	0
47 福岡	0	0	0	0	0	0	0	0	0	0	0	0	0
48 佐賀	0	0	0	0	0	0	0	0	0	0	0	0	0
49 長崎	0	0	0	0	0	0	0	0	0	0	0	0	0
50 熊本	0	0	0	0	0	0	0	0	0	0	0	0	0
51 大分	0	0	0	0	0	0	0	0	0	0	0	0	0
52 宮崎	0	0	0	0	0	0	0	0	0	0	0	0	0
53 鹿児島	0	0	0	0	0	0	0	0	0	0	0	0	0
54 沖縄	0	0	0	0	0	0	0	0	0	0	0	0	0
55 全国	0	0	0	0	0	0	0	0	0	0	0	0	0

平成28年度　　　　　　　　　　　　　　　　　　　　府県相互間輸送トン数表（鉄道）

品目　（6-24）紙・パルプ　　　　（単位：トン）その　1

着／発	1 札幌	2 旭川	3 函館	4 室蘭	5 釧路	6 帯広	7 北見	8 北海道	9 青森	10 岩手	11 宮城	12 福島	13 秋田	14 山形
1 札幌	0	0	0	0	0	0	0	0	0	0	0	0	0	0
2 旭川	0	0	0	0	0	0	0	0	0	0	0	0	0	0
3 函館	0	0	0	0	0	0	0	0	0	0	0	0	0	0
4 室蘭	0	0	0	0	0	0	0	0	0	0	0	0	0	0
5 釧路	0	0	0	0	0	0	0	0	0	0	0	0	0	0
6 帯広	0	0	0	0	0	0	0	0	0	0	0	0	0	0
7 北見	0	0	0	0	0	0	0	0	0	0	0	0	0	0
8 北海道	0	0	0	0	0	0	0	0	0	0	0	0	0	0
9 青森	0	0	0	0	0	0	0	0	0	0	0	0	0	0
10 岩手	0	0	0	0	0	0	0	0	0	0	0	0	0	0
11 宮城	0	0	0	0	0	0	0	0	0	0	0	0	0	0
12 福島	0	0	0	0	0	0	0	0	0	0	0	0	0	0
13 秋田	0	0	0	0	0	0	0	0	0	0	0	0	0	0
14 山形	0	0	0	0	0	0	0	0	0	0	0	0	0	0
15 茨城	0	0	0	0	0	0	0	0	0	0	0	0	0	0
16 栃木	0	0	0	0	0	0	0	0	0	0	0	0	0	0
17 群馬	0	0	0	0	0	0	0	0	0	0	0	0	0	0
18 埼玉	0	0	0	0	0	0	0	0	0	0	0	0	0	0
19 千葉	0	0	0	0	0	0	0	0	0	0	0	0	0	0
20 東京	0	0	0	0	0	0	0	0	0	0	0	0	0	0
21 神奈川	0	0	0	0	0	0	0	0	0	0	0	0	0	0
22 新潟	0	0	0	0	0	0	0	0	0	0	0	0	0	0
23 富山	0	0	0	0	0	0	0	0	0	0	0	0	0	0
24 石川	0	0	0	0	0	0	0	0	0	0	0	0	0	0
25 福井	0	0	0	0	0	0	0	0	0	0	0	0	0	0
26 山梨	0	0	0	0	0	0	0	0	0	0	0	0	0	0
27 長野	0	0	0	0	0	0	0	0	0	0	0	0	0	0
28 静岡	0	0	0	0	0	0	0	0	0	0	0	0	0	0
29 岐阜	0	0	0	0	0	0	0	0	0	0	0	0	0	0
30 愛知	0	0	0	0	0	0	0	0	0	0	0	0	0	0
31 三重	0	0	0	0	0	0	0	0	0	0	0	0	0	0
32 滋賀	0	0	0	0	0	0	0	0	0	0	0	0	0	0
33 京都	0	0	0	0	0	0	0	0	0	0	0	0	0	0
34 奈良	0	0	0	0	0	0	0	0	0	0	0	0	0	0
35 和歌山	0	0	0	0	0	0	0	0	0	0	0	0	0	0
36 大阪	0	0	0	0	0	0	0	0	0	0	0	0	0	0
37 兵庫	0	0	0	0	0	0	0	0	0	0	0	0	0	0
38 鳥取	0	0	0	0	0	0	0	0	0	0	0	0	0	0
39 島根	0	0	0	0	0	0	0	0	0	0	0	0	0	0
40 岡山	0	0	0	0	0	0	0	0	0	0	0	0	0	0
41 広島	0	0	0	0	0	0	0	0	0	0	0	0	0	0
42 山口	0	0	0	0	0	0	0	0	0	0	0	0	0	0
43 香川	0	0	0	0	0	0	0	0	0	0	0	0	0	0
44 愛媛	0	0	0	0	0	0	0	0	0	0	0	0	0	0
45 徳島	0	0	0	0	0	0	0	0	0	0	0	0	0	0
46 高知	0	0	0	0	0	0	0	0	0	0	0	0	0	0
47 福岡	0	0	0	0	0	0	0	0	0	0	0	0	0	0
48 佐賀	0	0	0	0	0	0	0	0	0	0	0	0	0	0
49 長崎	0	0	0	0	0	0	0	0	0	0	0	0	0	0
50 熊本	0	0	0	0	0	0	0	0	0	0	0	0	0	0
51 大分	0	0	0	0	0	0	0	0	0	0	0	0	0	0
52 宮崎	0	0	0	0	0	0	0	0	0	0	0	0	0	0
53 鹿児島	0	0	0	0	0	0	0	0	0	0	0	0	0	0
54 沖縄	0	0	0	0	0	0	0	0	0	0	0	0	0	0
55 全国	0	0	0	0	0	0	0	0	0	0	0	0	0	0

平成28年度　　　　　　　　　　　　　　　　　　　　府県相互間輸送トン数表（鉄道）

品目　（6-24）紙・パルプ　　　　（単位：トン）その　2

着／発	15 茨城	16 栃木	17 群馬	18 埼玉	19 千葉	20 東京	21 神奈川	22 新潟	23 富山	24 石川	25 福井	26 山梨	27 長野	28 静岡
1 札幌	0	0	0	0	0	0	0	0	0	0	0	0	0	0
2 旭川	0	0	0	0	0	0	0	0	0	0	0	0	0	0
3 函館	0	0	0	0	0	0	0	0	0	0	0	0	0	0
4 室蘭	0	0	0	0	0	0	0	0	0	0	0	0	0	0
5 釧路	0	0	0	0	0	0	0	0	0	0	0	0	0	0
6 帯広	0	0	0	0	0	0	0	0	0	0	0	0	0	0
7 北見	0	0	0	0	0	0	0	0	0	0	0	0	0	0
8 北海道	0	0	0	0	0	0	0	0	0	0	0	0	0	0
9 青森	0	0	0	0	0	0	0	0	0	0	0	0	0	0
10 岩手	0	0	0	0	0	0	0	0	0	0	0	0	0	0
11 宮城	0	0	0	0	0	0	0	0	0	0	0	0	0	0
12 福島	0	0	0	0	0	0	0	0	0	0	0	0	0	0
13 秋田	0	0	0	0	0	0	0	0	0	0	0	0	0	0
14 山形	0	0	0	0	0	0	0	0	0	0	0	0	0	0
15 茨城	0	0	0	0	0	0	0	0	0	0	0	0	0	0
16 栃木	0	0	0	0	0	0	0	0	0	0	0	0	0	0
17 群馬	0	0	0	0	0	0	0	0	0	0	0	0	0	0
18 埼玉	0	0	0	0	0	0	0	0	0	0	0	0	0	0
19 千葉	0	0	0	0	0	0	0	0	0	0	0	0	0	0
20 東京	0	0	0	0	0	0	0	0	0	0	0	0	0	0
21 神奈川	0	0	0	0	0	0	0	0	0	0	0	0	0	0
22 新潟	0	0	0	0	0	0	0	0	0	0	0	0	0	0
23 富山	0	0	0	0	0	0	0	0	0	0	0	0	0	0
24 石川	0	0	0	0	0	0	0	0	0	0	0	0	0	0
25 福井	0	0	0	0	0	0	0	0	0	0	0	0	0	0
26 山梨	0	0	0	0	0	0	0	0	0	0	0	0	0	0
27 長野	0	0	0	0	0	0	0	0	0	0	0	0	0	0
28 静岡	0	0	0	0	0	0	0	0	0	0	0	0	0	0
29 岐阜	0	0	0	0	0	0	0	0	0	0	0	0	0	0
30 愛知	0	0	0	0	0	0	0	0	0	0	0	0	0	0
31 三重	0	0	0	0	0	0	0	0	0	0	0	0	0	0
32 滋賀	0	0	0	0	0	0	0	0	0	0	0	0	0	0
33 京都	0	0	0	0	0	0	0	0	0	0	0	0	0	0
34 奈良	0	0	0	0	0	0	0	0	0	0	0	0	0	0
35 和歌山	0	0	0	0	0	0	0	0	0	0	0	0	0	0
36 大阪	0	0	0	0	0	0	0	0	0	0	0	0	0	0
37 兵庫	0	0	0	0	0	0	0	0	0	0	0	0	0	0
38 鳥取	0	0	0	0	0	0	0	0	0	0	0	0	0	0
39 島根	0	0	0	0	0	0	0	0	0	0	0	0	0	0
40 岡山	0	0	0	0	0	0	0	0	0	0	0	0	0	0
41 広島	0	0	0	0	0	0	0	0	0	0	0	0	0	0
42 山口	0	0	0	0	0	0	0	0	0	0	0	0	0	0
43 香川	0	0	0	0	0	0	0	0	0	0	0	0	0	0
44 愛媛	0	0	0	0	0	0	0	0	0	0	0	0	0	0
45 徳島	0	0	0	0	0	0	0	0	0	0	0	0	0	0
46 高知	0	0	0	0	0	0	0	0	0	0	0	0	0	0
47 福岡	0	0	0	0	0	0	0	0	0	0	0	0	0	0
48 佐賀	0	0	0	0	0	0	0	0	0	0	0	0	0	0
49 長崎	0	0	0	0	0	0	0	0	0	0	0	0	0	0
50 熊本	0	0	0	0	0	0	0	0	0	0	0	0	0	0
51 大分	0	0	0	0	0	0	0	0	0	0	0	0	0	0
52 宮崎	0	0	0	0	0	0	0	0	0	0	0	0	0	0
53 鹿児島	0	0	0	0	0	0	0	0	0	0	0	0	0	0
54 沖縄	0	0	0	0	0	0	0	0	0	0	0	0	0	0
55 全国	0	0	0	0	0	0	0	0	0	0	0	0	0	0

平成28年度　　　　　　　　　　　　　　　　　　　府県相互間輸送トン数表（鉄道）

品目　（6-24）紙・パルプ　　　　（単位：トン）その　3

着／発	29 岐阜	30 愛知	31 三重	32 滋賀	33 京都	34 奈良	35 和歌山	36 大阪	37 兵庫	38 鳥取	39 島根	40 岡山	41 広島	42 山口
1 札幌	0	0	0	0	0	0	0	0	0	0	0	0	0	0
2 旭川	0	0	0	0	0	0	0	0	0	0	0	0	0	0
3 函館	0	0	0	0	0	0	0	0	0	0	0	0	0	0
4 室蘭	0	0	0	0	0	0	0	0	0	0	0	0	0	0
5 釧路	0	0	0	0	0	0	0	0	0	0	0	0	0	0
6 帯広	0	0	0	0	0	0	0	0	0	0	0	0	0	0
7 北見	0	0	0	0	0	0	0	0	0	0	0	0	0	0
8 北海道	0	0	0	0	0	0	0	0	0	0	0	0	0	0
9 青森	0	0	0	0	0	0	0	0	0	0	0	0	0	0
10 岩手	0	0	0	0	0	0	0	0	0	0	0	0	0	0
11 宮城	0	0	0	0	0	0	0	0	0	0	0	0	0	0
12 福島	0	0	0	0	0	0	0	0	0	0	0	0	0	0
13 秋田	0	0	0	0	0	0	0	0	0	0	0	0	0	0
14 山形	0	0	0	0	0	0	0	0	0	0	0	0	0	0
15 茨城	0	0	0	0	0	0	0	0	0	0	0	0	0	0
16 栃木	0	0	0	0	0	0	0	0	0	0	0	0	0	0
17 群馬	0	0	0	0	0	0	0	0	0	0	0	0	0	0
18 埼玉	0	0	0	0	0	0	0	0	0	0	0	0	0	0
19 千葉	0	0	0	0	0	0	0	0	0	0	0	0	0	0
20 東京	0	0	0	0	0	0	0	0	0	0	0	0	0	0
21 神奈川	0	0	0	0	0	0	0	0	0	0	0	0	0	0
22 新潟	0	0	0	0	0	0	0	0	0	0	0	0	0	0
23 富山	0	0	0	0	0	0	0	0	0	0	0	0	0	0
24 石川	0	0	0	0	0	0	0	0	0	0	0	0	0	0
25 福井	0	0	0	0	0	0	0	0	0	0	0	0	0	0
26 山梨	0	0	0	0	0	0	0	0	0	0	0	0	0	0
27 長野	0	0	0	0	0	0	0	0	0	0	0	0	0	0
28 静岡	0	0	0	0	0	0	0	0	0	0	0	0	0	0
29 岐阜	0	0	0	0	0	0	0	0	0	0	0	0	0	0
30 愛知	0	0	0	0	0	0	0	0	0	0	0	0	0	0
31 三重	0	0	0	0	0	0	0	0	0	0	0	0	0	0
32 滋賀	0	0	0	0	0	0	0	0	0	0	0	0	0	0
33 京都	0	0	0	0	0	0	0	0	0	0	0	0	0	0
34 奈良	0	0	0	0	0	0	0	0	0	0	0	0	0	0
35 和歌山	0	0	0	0	0	0	0	0	0	0	0	0	0	0
36 大阪	0	0	0	0	0	0	0	0	0	0	0	0	0	0
37 兵庫	0	0	0	0	0	0	0	0	0	0	0	0	0	0
38 鳥取	0	0	0	0	0	0	0	0	0	0	0	0	0	0
39 島根	0	0	0	0	0	0	0	0	0	0	0	0	0	0
40 岡山	0	0	0	0	0	0	0	0	0	0	0	0	0	0
41 広島	0	0	0	0	0	0	0	0	0	0	0	0	0	0
42 山口	0	0	0	0	0	0	0	0	0	0	0	0	0	0
43 香川	0	0	0	0	0	0	0	0	0	0	0	0	0	0
44 愛媛	0	0	0	0	0	0	0	0	0	0	0	0	0	0
45 徳島	0	0	0	0	0	0	0	0	0	0	0	0	0	0
46 高知	0	0	0	0	0	0	0	0	0	0	0	0	0	0
47 福岡	0	0	0	0	0	0	0	0	0	0	0	0	0	0
48 佐賀	0	0	0	0	0	0	0	0	0	0	0	0	0	0
49 長崎	0	0	0	0	0	0	0	0	0	0	0	0	0	0
50 熊本	0	0	0	0	0	0	0	0	0	0	0	0	0	0
51 大分	0	0	0	0	0	0	0	0	0	0	0	0	0	0
52 宮崎	0	0	0	0	0	0	0	0	0	0	0	0	0	0
53 鹿児島	0	0	0	0	0	0	0	0	0	0	0	0	0	0
54 沖縄	0	0	0	0	0	0	0	0	0	0	0	0	0	0
55 全国	0	0	0	0	0	0	0	0	0	0	0	0	0	0

平成28年度　　　　　　　　　　　　　　　　　　　府県相互間輸送トン数表（鉄道）

品目　（6-24）紙・パルプ　　　　（単位：トン）その　4

着／発	43 香川	44 愛媛	45 徳島	46 高知	47 福岡	48 佐賀	49 長崎	50 熊本	51 大分	52 宮崎	53 鹿児島	54 沖縄	55 全国
1 札幌	0	0	0	0	0	0	0	0	0	0	0	0	0
2 旭川	0	0	0	0	0	0	0	0	0	0	0	0	0
3 函館	0	0	0	0	0	0	0	0	0	0	0	0	0
4 室蘭	0	0	0	0	0	0	0	0	0	0	0	0	0
5 釧路	0	0	0	0	0	0	0	0	0	0	0	0	0
6 帯広	0	0	0	0	0	0	0	0	0	0	0	0	0
7 北見	0	0	0	0	0	0	0	0	0	0	0	0	0
8 北海道	0	0	0	0	0	0	0	0	0	0	0	0	0
9 青森	0	0	0	0	0	0	0	0	0	0	0	0	0
10 岩手	0	0	0	0	0	0	0	0	0	0	0	0	0
11 宮城	0	0	0	0	0	0	0	0	0	0	0	0	0
12 福島	0	0	0	0	0	0	0	0	0	0	0	0	0
13 秋田	0	0	0	0	0	0	0	0	0	0	0	0	0
14 山形	0	0	0	0	0	0	0	0	0	0	0	0	0
15 茨城	0	0	0	0	0	0	0	0	0	0	0	0	0
16 栃木	0	0	0	0	0	0	0	0	0	0	0	0	0
17 群馬	0	0	0	0	0	0	0	0	0	0	0	0	0
18 埼玉	0	0	0	0	0	0	0	0	0	0	0	0	0
19 千葉	0	0	0	0	0	0	0	0	0	0	0	0	0
20 東京	0	0	0	0	0	0	0	0	0	0	0	0	0
21 神奈川	0	0	0	0	0	0	0	0	0	0	0	0	0
22 新潟	0	0	0	0	0	0	0	0	0	0	0	0	0
23 富山	0	0	0	0	0	0	0	0	0	0	0	0	0
24 石川	0	0	0	0	0	0	0	0	0	0	0	0	0
25 福井	0	0	0	0	0	0	0	0	0	0	0	0	0
26 山梨	0	0	0	0	0	0	0	0	0	0	0	0	0
27 長野	0	0	0	0	0	0	0	0	0	0	0	0	0
28 静岡	0	0	0	0	0	0	0	0	0	0	0	0	0
29 岐阜	0	0	0	0	0	0	0	0	0	0	0	0	0
30 愛知	0	0	0	0	0	0	0	0	0	0	0	0	0
31 三重	0	0	0	0	0	0	0	0	0	0	0	0	0
32 滋賀	0	0	0	0	0	0	0	0	0	0	0	0	0
33 京都	0	0	0	0	0	0	0	0	0	0	0	0	0
34 奈良	0	0	0	0	0	0	0	0	0	0	0	0	0
35 和歌山	0	0	0	0	0	0	0	0	0	0	0	0	0
36 大阪	0	0	0	0	0	0	0	0	0	0	0	0	0
37 兵庫	0	0	0	0	0	0	0	0	0	0	0	0	0
38 鳥取	0	0	0	0	0	0	0	0	0	0	0	0	0
39 島根	0	0	0	0	0	0	0	0	0	0	0	0	0
40 岡山	0	0	0	0	0	0	0	0	0	0	0	0	0
41 広島	0	0	0	0	0	0	0	0	0	0	0	0	0
42 山口	0	0	0	0	0	0	0	0	0	0	0	0	0
43 香川	0	0	0	0	0	0	0	0	0	0	0	0	0
44 愛媛	0	0	0	0	0	0	0	0	0	0	0	0	0
45 徳島	0	0	0	0	0	0	0	0	0	0	0	0	0
46 高知	0	0	0	0	0	0	0	0	0	0	0	0	0
47 福岡	0	0	0	0	0	0	0	0	0	0	0	0	0
48 佐賀	0	0	0	0	0	0	0	0	0	0	0	0	0
49 長崎	0	0	0	0	0	0	0	0	0	0	0	0	0
50 熊本	0	0	0	0	0	0	0	0	0	0	0	0	0
51 大分	0	0	0	0	0	0	0	0	0	0	0	0	0
52 宮崎	0	0	0	0	0	0	0	0	0	0	0	0	0
53 鹿児島	0	0	0	0	0	0	0	0	0	0	0	0	0
54 沖縄	0	0	0	0	0	0	0	0	0	0	0	0	0
55 全国	0	0	0	0	0	0	0	0	0	0	0	0	0

平成28年度　　　　　　　　　　　　　　　　　　府県相互間輸送トン数表（鉄道）

品目 (6-25) 繊維工業品　　　　（単位：トン）　その 1

着／発	1 札幌	2 旭川	3 函館	4 室蘭	5 釧路	6 帯広	7 北見	8 北海道	9 青森	10 岩手	11 宮城	12 福島	13 秋田	14 山形
1 札幌	0	0	0	0	0	0	0	0	0	0	0	0	0	0
2 旭川	0	0	0	0	0	0	0	0	0	0	0	0	0	0
3 函館	0	0	0	0	0	0	0	0	0	0	0	0	0	0
4 室蘭	0	0	0	0	0	0	0	0	0	0	0	0	0	0
5 釧路	0	0	0	0	0	0	0	0	0	0	0	0	0	0
6 帯広	0	0	0	0	0	0	0	0	0	0	0	0	0	0
7 北見	0	0	0	0	0	0	0	0	0	0	0	0	0	0
8 北海道	0	0	0	0	0	0	0	0	0	0	0	0	0	0
9 青森	0	0	0	0	0	0	0	0	0	0	0	0	0	0
10 岩手	0	0	0	0	0	0	0	0	0	0	0	0	0	0
11 宮城	0	0	0	0	0	0	0	0	0	0	0	0	0	0
12 福島	0	0	0	0	0	0	0	0	0	0	0	0	0	0
13 秋田	0	0	0	0	0	0	0	0	0	0	0	0	0	0
14 山形	0	0	0	0	0	0	0	0	0	0	0	0	0	0
15 茨城	0	0	0	0	0	0	0	0	0	0	0	0	0	0
16 栃木	0	0	0	0	0	0	0	0	0	0	0	0	0	0
17 群馬	0	0	0	0	0	0	0	0	0	0	0	0	0	0
18 埼玉	0	0	0	0	0	0	0	0	0	0	0	0	0	0
19 千葉	0	0	0	0	0	0	0	0	0	0	0	0	0	0
20 東京	0	0	0	0	0	0	0	0	0	0	0	0	0	0
21 神奈川	0	0	0	0	0	0	0	0	0	0	0	0	0	0
22 新潟	0	0	0	0	0	0	0	0	0	0	0	0	0	0
23 富山	0	0	0	0	0	0	0	0	0	0	0	0	0	0
24 石川	0	0	0	0	0	0	0	0	0	0	0	0	0	0
25 福井	0	0	0	0	0	0	0	0	0	0	0	0	0	0
26 山梨	0	0	0	0	0	0	0	0	0	0	0	0	0	0
27 長野	0	0	0	0	0	0	0	0	0	0	0	0	0	0
28 静岡	0	0	0	0	0	0	0	0	0	0	0	0	0	0
29 岐阜	0	0	0	0	0	0	0	0	0	0	0	0	0	0
30 愛知	0	0	0	0	0	0	0	0	0	0	0	0	0	0
31 三重	0	0	0	0	0	0	0	0	0	0	0	0	0	0
32 滋賀	0	0	0	0	0	0	0	0	0	0	0	0	0	0
33 京都	0	0	0	0	0	0	0	0	0	0	0	0	0	0
34 奈良	0	0	0	0	0	0	0	0	0	0	0	0	0	0
35 和歌山	0	0	0	0	0	0	0	0	0	0	0	0	0	0
36 大阪	0	0	0	0	0	0	0	0	0	0	0	0	0	0
37 兵庫	0	0	0	0	0	0	0	0	0	0	0	0	0	0
38 鳥取	0	0	0	0	0	0	0	0	0	0	0	0	0	0
39 島根	0	0	0	0	0	0	0	0	0	0	0	0	0	0
40 岡山	0	0	0	0	0	0	0	0	0	0	0	0	0	0
41 広島	0	0	0	0	0	0	0	0	0	0	0	0	0	0
42 山口	0	0	0	0	0	0	0	0	0	0	0	0	0	0
43 香川	0	0	0	0	0	0	0	0	0	0	0	0	0	0
44 愛媛	0	0	0	0	0	0	0	0	0	0	0	0	0	0
45 徳島	0	0	0	0	0	0	0	0	0	0	0	0	0	0
46 高知	0	0	0	0	0	0	0	0	0	0	0	0	0	0
47 福岡	0	0	0	0	0	0	0	0	0	0	0	0	0	0
48 佐賀	0	0	0	0	0	0	0	0	0	0	0	0	0	0
49 長崎	0	0	0	0	0	0	0	0	0	0	0	0	0	0
50 熊本	0	0	0	0	0	0	0	0	0	0	0	0	0	0
51 大分	0	0	0	0	0	0	0	0	0	0	0	0	0	0
52 宮崎	0	0	0	0	0	0	0	0	0	0	0	0	0	0
53 鹿児島	0	0	0	0	0	0	0	0	0	0	0	0	0	0
54 沖縄	0	0	0	0	0	0	0	0	0	0	0	0	0	0
55 全国	0	0	0	0	0	0	0	0	0	0	0	0	0	0

平成28年度　　　　　　　　　　　　　　　　　　府県相互間輸送トン数表（鉄道）

品目 (6-25) 繊維工業品　　　　（単位：トン）　その 2

着／発	15 茨城	16 栃木	17 群馬	18 埼玉	19 千葉	20 東京	21 神奈川	22 新潟	23 富山	24 石川	25 福井	26 山梨	27 長野	28 静岡
1 札幌	0	0	0	0	0	0	0	0	0	0	0	0	0	0
2 旭川	0	0	0	0	0	0	0	0	0	0	0	0	0	0
3 函館	0	0	0	0	0	0	0	0	0	0	0	0	0	0
4 室蘭	0	0	0	0	0	0	0	0	0	0	0	0	0	0
5 釧路	0	0	0	0	0	0	0	0	0	0	0	0	0	0
6 帯広	0	0	0	0	0	0	0	0	0	0	0	0	0	0
7 北見	0	0	0	0	0	0	0	0	0	0	0	0	0	0
8 北海道	0	0	0	0	0	0	0	0	0	0	0	0	0	0
9 青森	0	0	0	0	0	0	0	0	0	0	0	0	0	0
10 岩手	0	0	0	0	0	0	0	0	0	0	0	0	0	0
11 宮城	0	0	0	0	0	0	0	0	0	0	0	0	0	0
12 福島	0	0	0	0	0	0	0	0	0	0	0	0	0	0
13 秋田	0	0	0	0	0	0	0	0	0	0	0	0	0	0
14 山形	0	0	0	0	0	0	0	0	0	0	0	0	0	0
15 茨城	0	0	0	0	0	0	0	0	0	0	0	0	0	0
16 栃木	0	0	0	0	0	0	0	0	0	0	0	0	0	0
17 群馬	0	0	0	0	0	0	0	0	0	0	0	0	0	0
18 埼玉	0	0	0	0	0	0	0	0	0	0	0	0	0	0
19 千葉	0	0	0	0	0	0	0	0	0	0	0	0	0	0
20 東京	0	0	0	0	0	0	0	0	0	0	0	0	0	0
21 神奈川	0	0	0	0	0	0	0	0	0	0	0	0	0	0
22 新潟	0	0	0	0	0	0	0	0	0	0	0	0	0	0
23 富山	0	0	0	0	0	0	0	0	0	0	0	0	0	0
24 石川	0	0	0	0	0	0	0	0	0	0	0	0	0	0
25 福井	0	0	0	0	0	0	0	0	0	0	0	0	0	0
26 山梨	0	0	0	0	0	0	0	0	0	0	0	0	0	0
27 長野	0	0	0	0	0	0	0	0	0	0	0	0	0	0
28 静岡	0	0	0	0	0	0	0	0	0	0	0	0	0	0
29 岐阜	0	0	0	0	0	0	0	0	0	0	0	0	0	0
30 愛知	0	0	0	0	0	0	0	0	0	0	0	0	0	0
31 三重	0	0	0	0	0	0	0	0	0	0	0	0	0	0
32 滋賀	0	0	0	0	0	0	0	0	0	0	0	0	0	0
33 京都	0	0	0	0	0	0	0	0	0	0	0	0	0	0
34 奈良	0	0	0	0	0	0	0	0	0	0	0	0	0	0
35 和歌山	0	0	0	0	0	0	0	0	0	0	0	0	0	0
36 大阪	0	0	0	0	0	0	0	0	0	0	0	0	0	0
37 兵庫	0	0	0	0	0	0	0	0	0	0	0	0	0	0
38 鳥取	0	0	0	0	0	0	0	0	0	0	0	0	0	0
39 島根	0	0	0	0	0	0	0	0	0	0	0	0	0	0
40 岡山	0	0	0	0	0	0	0	0	0	0	0	0	0	0
41 広島	0	0	0	0	0	0	0	0	0	0	0	0	0	0
42 山口	0	0	0	0	0	0	0	0	0	0	0	0	0	0
43 香川	0	0	0	0	0	0	0	0	0	0	0	0	0	0
44 愛媛	0	0	0	0	0	0	0	0	0	0	0	0	0	0
45 徳島	0	0	0	0	0	0	0	0	0	0	0	0	0	0
46 高知	0	0	0	0	0	0	0	0	0	0	0	0	0	0
47 福岡	0	0	0	0	0	0	0	0	0	0	0	0	0	0
48 佐賀	0	0	0	0	0	0	0	0	0	0	0	0	0	0
49 長崎	0	0	0	0	0	0	0	0	0	0	0	0	0	0
50 熊本	0	0	0	0	0	0	0	0	0	0	0	0	0	0
51 大分	0	0	0	0	0	0	0	0	0	0	0	0	0	0
52 宮崎	0	0	0	0	0	0	0	0	0	0	0	0	0	0
53 鹿児島	0	0	0	0	0	0	0	0	0	0	0	0	0	0
54 沖縄	0	0	0	0	0	0	0	0	0	0	0	0	0	0
55 全国	0	0	0	0	0	0	0	0	0	0	0	0	0	0

平成28年度　　　　　　　　　　　　　　　府県相互間輸送トン数表（鉄道）

品目　（6－25）繊維工業品　　　（単位：トン）　その　3

着／発	29 岐阜	30 愛知	31 三重	32 滋賀	33 京都	34 奈良	35 和歌山	36 大阪	37 兵庫	38 鳥取	39 島根	40 岡山	41 広島	42 山口
1 札幌	0	0	0	0	0	0	0	0	0	0	0	0	0	0
2 旭川	0	0	0	0	0	0	0	0	0	0	0	0	0	0
3 函館	0	0	0	0	0	0	0	0	0	0	0	0	0	0
4 室蘭	0	0	0	0	0	0	0	0	0	0	0	0	0	0
5 釧路														
6 帯広	0	0	0	0	0	0	0	0	0	0	0	0	0	0
7 北見	0	0	0	0	0	0	0	0	0	0	0	0	0	0
8	0	0	0	0	0	0	0	0	0	0	0	0	0	0
9 青森	0	0	0	0	0	0	0	0	0	0	0	0	0	0
10 岩手	0	0	0	0	0	0	0	0	0	0	0	0	0	0
11 宮城	0	0	0	0	0	0	0	0	0	0	0	0	0	0
12 福島	0	0	0	0	0	0	0	0	0	0	0	0	0	0
13 秋田	0	0	0	0	0	0	0	0	0	0	0	0	0	0
14 山形	0	0	0	0	0	0	0	0	0	0	0	0	0	0
15 茨城	0	0	0	0	0	0	0	0	0	0	0	0	0	0
16 栃木	0	0	0	0	0	0	0	0	0	0	0	0	0	0
17 群馬	0	0	0	0	0	0	0	0	0	0	0	0	0	0
18 埼玉	0	0	0	0	0	0	0	0	0	0	0	0	0	0
19 千葉	0	0	0	0	0	0	0	0	0	0	0	0	0	0
20 東京	0	0	0	0	0	0	0	0	0	0	0	0	0	0
21 神奈川	0	0	0	0	0	0	0	0	0	0	0	0	0	0
22 新潟	0	0	0	0	0	0	0	0	0	0	0	0	0	0
23 富山	0	0	0	0	0	0	0	0	0	0	0	0	0	0
24 石川	0	0	0	0	0	0	0	0	0	0	0	0	0	0
25 福井	0	0	0	0	0	0	0	0	0	0	0	0	0	0
26 山梨	0	0	0	0	0	0	0	0	0	0	0	0	0	0
27 長野	0	0	0	0	0	0	0	0	0	0	0	0	0	0
28 静岡	0	0	0	0	0	0	0	0	0	0	0	0	0	0
29 岐阜	0	0	0	0	0	0	0	0	0	0	0	0	0	0
30 愛知	0	0	0	0	0	0	0	0	0	0	0	0	0	0
31 三重	0	0	0	0	0	0	0	0	0	0	0	0	0	0
32 滋賀	0	0	0	0	0	0	0	0	0	0	0	0	0	0
33 京都	0	0	0	0	0	0	0	0	0	0	0	0	0	0
34 奈良	0	0	0	0	0	0	0	0	0	0	0	0	0	0
35 和歌山	0	0	0	0	0	0	0	0	0	0	0	0	0	0
36 大阪	0	0	0	0	0	0	0	0	0	0	0	0	0	0
37 兵庫	0	0	0	0	0	0	0	0	0	0	0	0	0	0
38 鳥取	0	0	0	0	0	0	0	0	0	0	0	0	0	0
39 島根	0	0	0	0	0	0	0	0	0	0	0	0	0	0
40 岡山	0	0	0	0	0	0	0	0	0	0	0	0	0	0
41 広島	0	0	0	0	0	0	0	0	0	0	0	0	0	0
42 山口	0	0	0	0	0	0	0	0	0	0	0	0	0	0
43 香川	0	0	0	0	0	0	0	0	0	0	0	0	0	0
44 愛媛	0	0	0	0	0	0	0	0	0	0	0	0	0	0
45 徳島	0	0	0	0	0	0	0	0	0	0	0	0	0	0
46 高知	0	0	0	0	0	0	0	0	0	0	0	0	0	0
47 福岡	0	0	0	0	0	0	0	0	0	0	0	0	0	0
48 佐賀	0	0	0	0	0	0	0	0	0	0	0	0	0	0
49 長崎	0	0	0	0	0	0	0	0	0	0	0	0	0	0
50 熊本	0	0	0	0	0	0	0	0	0	0	0	0	0	0
51 大分	0	0	0	0	0	0	0	0	0	0	0	0	0	0
52 宮崎	0	0	0	0	0	0	0	0	0	0	0	0	0	0
53 鹿児島	0	0	0	0	0	0	0	0	0	0	0	0	0	0
54 沖縄	0	0	0	0	0	0	0	0	0	0	0	0	0	0
55 全国	0	0	0	0	0	0	0	0	0	0	0	0	0	0

平成28年度　　　　　　　　　　　　　　　府県相互間輸送トン数表（鉄道）

品目　（6－25）繊維工業品　　　（単位：トン）　その　4

着／発	43 香川	44 愛媛	45 徳島	46 高知	47 福岡	48 佐賀	49 長崎	50 熊本	51 大分	52 宮崎	53 鹿児島	54 沖縄	55 全国
1 札幌	0	0	0	0	0	0	0	0	0	0	0	0	0
2 旭川	0	0	0	0	0	0	0	0	0	0	0	0	0
3 函館	0	0	0	0	0	0	0	0	0	0	0	0	0
4 室蘭	0	0	0	0	0	0	0	0	0	0	0	0	0
5 釧路	0	0	0	0	0	0	0	0	0	0	0	0	0
6 帯広	0	0	0	0	0	0	0	0	0	0	0	0	0
7 北見	0	0	0	0	0	0	0	0	0	0	0	0	0
8 北海道	0	0	0	0	0	0	0	0	0	0	0	0	0
9 青森	0	0	0	0	0	0	0	0	0	0	0	0	0
10 岩手	0	0	0	0	0	0	0	0	0	0	0	0	0
11 宮城	0	0	0	0	0	0	0	0	0	0	0	0	0
12 福島	0	0	0	0	0	0	0	0	0	0	0	0	0
13 秋田	0	0	0	0	0	0	0	0	0	0	0	0	0
14 山形	0	0	0	0	0	0	0	0	0	0	0	0	0
15 茨城	0	0	0	0	0	0	0	0	0	0	0	0	0
16 栃木	0	0	0	0	0	0	0	0	0	0	0	0	0
17 群馬	0	0	0	0	0	0	0	0	0	0	0	0	0
18 埼玉	0	0	0	0	0	0	0	0	0	0	0	0	0
19 千葉	0	0	0	0	0	0	0	0	0	0	0	0	0
20 東京	0	0	0	0	0	0	0	0	0	0	0	0	0
21 神奈川	0	0	0	0	0	0	0	0	0	0	0	0	0
22 新潟	0	0	0	0	0	0	0	0	0	0	0	0	0
23 富山	0	0	0	0	0	0	0	0	0	0	0	0	0
24 石川	0	0	0	0	0	0	0	0	0	0	0	0	0
25 福井	0	0	0	0	0	0	0	0	0	0	0	0	0
26 山梨	0	0	0	0	0	0	0	0	0	0	0	0	0
27 長野	0	0	0	0	0	0	0	0	0	0	0	0	0
28 静岡	0	0	0	0	0	0	0	0	0	0	0	0	0
29 岐阜	0	0	0	0	0	0	0	0	0	0	0	0	0
30 愛知	0	0	0	0	0	0	0	0	0	0	0	0	0
31 三重	0	0	0	0	0	0	0	0	0	0	0	0	0
32 滋賀	0	0	0	0	0	0	0	0	0	0	0	0	0
33 京都	0	0	0	0	0	0	0	0	0	0	0	0	0
34 奈良	0	0	0	0	0	0	0	0	0	0	0	0	0
35 和歌山	0	0	0	0	0	0	0	0	0	0	0	0	0
36 大阪	0	0	0	0	0	0	0	0	0	0	0	0	0
37 兵庫	0	0	0	0	0	0	0	0	0	0	0	0	0
38 鳥取	0	0	0	0	0	0	0	0	0	0	0	0	0
39 島根	0	0	0	0	0	0	0	0	0	0	0	0	0
40 岡山	0	0	0	0	0	0	0	0	0	0	0	0	0
41 広島	0	0	0	0	0	0	0	0	0	0	0	0	0
42 山口	0	0	0	0	0	0	0	0	0	0	0	0	0
43 香川	0	0	0	0	0	0	0	0	0	0	0	0	0
44 愛媛	0	0	0	0	0	0	0	0	0	0	0	0	0
45 徳島	0	0	0	0	0	0	0	0	0	0	0	0	0
46 高知	0	0	0	0	0	0	0	0	0	0	0	0	0
47 福岡	0	0	0	0	0	0	0	0	0	0	0	0	0
48 佐賀	0	0	0	0	0	0	0	0	0	0	0	0	0
49 長崎	0	0	0	0	0	0	0	0	0	0	0	0	0
50 熊本	0	0	0	0	0	0	0	0	0	0	0	0	0
51 大分	0	0	0	0	0	0	0	0	0	0	0	0	0
52 宮崎	0	0	0	0	0	0	0	0	0	0	0	0	0
53 鹿児島	0	0	0	0	0	0	0	0	0	0	0	0	0
54 沖縄	0	0	0	0	0	0	0	0	0	0	0	0	0
55 全国	0	0	0	0	0	0	0	0	0	0	0	0	0

平成28年度　　　府県相互間輸送トン数表（鉄道）　　品目（6-26）食料工業品　（単位：トン）その 1

着／発	1 札幌	2 旭川	3 函館	4 室蘭	5 釧路	6 帯広	7 北見	8 北海道	9 青森	10 岩手	11 宮城	12 福島	13 秋田	14 山形
1 札幌	0	0	0	0	0	0	0	0	0	0	0	0	0	0
2 旭川	0	0	0	0	0	0	0	0	0	0	0	0	0	0
3 函館	0	0	0	0	0	0	0	0	0	0	0	0	0	0
4 室蘭	0	0	0	0	0	0	0	0	0	0	0	0	0	0
5 釧路	0	0	0	0	0	0	0	0	0	0	0	0	0	0
6 帯広	0	0	0	0	0	0	0	0	0	0	0	0	0	0
7 北見	0	0	0	0	0	0	0	0	0	0	0	0	0	0
8 北海道	0	0	0	0	0	0	0	0	0	0	0	0	0	0
9 青森	0	0	0	0	0	0	0	0	0	0	0	0	0	0
10 岩手	0	0	0	0	0	0	0	0	0	0	0	0	0	0
11 宮城	0	0	0	0	0	0	0	0	0	0	0	0	0	0
12 福島	0	0	0	0	0	0	0	0	0	0	0	0	0	0
13 秋田	0	0	0	0	0	0	0	0	0	0	0	0	0	0
14 山形	0	0	0	0	0	0	0	0	0	0	0	0	0	0
15 茨城	0	0	0	0	0	0	0	0	0	0	0	0	0	0
16 栃木	0	0	0	0	0	0	0	0	0	0	0	0	0	0
17 群馬	0	0	0	0	0	0	0	0	0	0	0	0	0	0
18 埼玉	0	0	0	0	0	0	0	0	0	0	0	0	0	0
19 千葉	0	0	0	0	0	0	0	0	0	0	0	0	0	0
20 東京	0	0	0	0	0	0	0	0	0	0	0	0	0	0
21 神奈川	0	0	0	0	0	0	0	0	0	0	0	0	0	0
22 新潟	0	0	0	0	0	0	0	0	0	0	0	0	0	0
23 富山	0	0	0	0	0	0	0	0	0	0	0	0	0	0
24 石川	0	0	0	0	0	0	0	0	0	0	0	0	0	0
25 福井	0	0	0	0	0	0	0	0	0	0	0	0	0	0
26 山梨	0	0	0	0	0	0	0	0	0	0	0	0	0	0
27 長野	0	0	0	0	0	0	0	0	0	0	0	0	0	0
28 静岡	0	0	0	0	0	0	0	0	0	0	0	0	0	0
29 岐阜	0	0	0	0	0	0	0	0	0	0	0	0	0	0
30 愛知	0	0	0	0	0	0	0	0	0	0	0	0	0	0
31 三重	0	0	0	0	0	0	0	0	0	0	0	0	0	0
32 滋賀	0	0	0	0	0	0	0	0	0	0	0	0	0	0
33 京都	0	0	0	0	0	0	0	0	0	0	0	0	0	0
34 奈良	0	0	0	0	0	0	0	0	0	0	0	0	0	0
35 和歌山	0	0	0	0	0	0	0	0	0	0	0	0	0	0
36 大阪	0	0	0	0	0	0	0	0	0	0	0	0	0	0
37 兵庫	0	0	0	0	0	0	0	0	0	0	0	0	0	0
38 鳥取	0	0	0	0	0	0	0	0	0	0	0	0	0	0
39 島根	0	0	0	0	0	0	0	0	0	0	0	0	0	0
40 岡山	0	0	0	0	0	0	0	0	0	0	0	0	0	0
41 広島	0	0	0	0	0	0	0	0	0	0	0	0	0	0
42 山口	0	0	0	0	0	0	0	0	0	0	0	0	0	0
43 香川	0	0	0	0	0	0	0	0	0	0	0	0	0	0
44 愛媛	0	0	0	0	0	0	0	0	0	0	0	0	0	0
45 徳島	0	0	0	0	0	0	0	0	0	0	0	0	0	0
46 高知	0	0	0	0	0	0	0	0	0	0	0	0	0	0
47 福岡	0	0	0	0	0	0	0	0	0	0	0	0	0	0
48 佐賀	0	0	0	0	0	0	0	0	0	0	0	0	0	0
49 長崎	0	0	0	0	0	0	0	0	0	0	0	0	0	0
50 熊本	0	0	0	0	0	0	0	0	0	0	0	0	0	0
51 大分	0	0	0	0	0	0	0	0	0	0	0	0	0	0
52 宮崎	0	0	0	0	0	0	0	0	0	0	0	0	0	0
53 鹿児島	0	0	0	0	0	0	0	0	0	0	0	0	0	0
54 沖縄	0	0	0	0	0	0	0	0	0	0	0	0	0	0
55 全国	0	0	0	0	0	0	0	0	0	0	0	0	0	0

平成28年度　　　府県相互間輸送トン数表（鉄道）　　品目（6-26）食料工業品　（単位：トン）その 2

着／発	15 茨城	16 栃木	17 群馬	18 埼玉	19 千葉	20 東京	21 神奈川	22 新潟	23 富山	24 石川	25 福井	26 山梨	27 長野	28 静岡
1 札幌	0	0	0	0	0	0	0	0	0	0	0	0	0	0
2 旭川	0	0	0	0	0	0	0	0	0	0	0	0	0	0
3 函館	0	0	0	0	0	0	0	0	0	0	0	0	0	0
4 室蘭	0	0	0	0	0	0	0	0	0	0	0	0	0	0
5 釧路	0	0	0	0	0	0	0	0	0	0	0	0	0	0
6 帯広	0	0	0	0	0	0	0	0	0	0	0	0	0	0
7 北見	0	0	0	0	0	0	0	0	0	0	0	0	0	0
8 北海道	0	0	0	0	0	0	0	0	0	0	0	0	0	0
9 青森	0	0	0	0	0	0	0	0	0	0	0	0	0	0
10 岩手	0	0	0	0	0	0	0	0	0	0	0	0	0	0
11 宮城	0	0	0	0	0	0	0	0	0	0	0	0	0	0
12 福島	0	0	0	0	0	0	0	0	0	0	0	0	0	0
13 秋田	0	0	0	0	0	0	0	0	0	0	0	0	0	0
14 山形	0	0	0	0	0	0	0	0	0	0	0	0	0	0
15 茨城	0	0	0	0	0	0	0	0	0	0	0	0	0	0
16 栃木	0	0	0	0	0	0	0	0	0	0	0	0	0	0
17 群馬	0	0	0	0	0	0	0	0	0	0	0	0	0	0
18 埼玉	0	0	0	0	0	0	0	0	0	0	0	0	0	0
19 千葉	0	0	0	0	0	0	0	0	0	0	0	0	0	0
20 東京	0	0	0	0	0	0	0	0	0	0	0	0	0	0
21 神奈川	0	0	0	0	0	0	0	0	0	0	0	0	0	0
22 新潟	0	0	0	0	0	0	0	0	0	0	0	0	0	0
23 富山	0	0	0	0	0	0	0	0	0	0	0	0	0	0
24 石川	0	0	0	0	0	0	0	0	0	0	0	0	0	0
25 福井	0	0	0	0	0	0	0	0	0	0	0	0	0	0
26 山梨	0	0	0	0	0	0	0	0	0	0	0	0	0	0
27 長野	0	0	0	0	0	0	0	0	0	0	0	0	0	0
28 静岡	0	0	0	0	0	0	0	0	0	0	0	0	0	0
29 岐阜	0	0	0	0	0	0	0	0	0	0	0	0	0	0
30 愛知	0	0	0	0	0	0	0	0	0	0	0	0	0	0
31 三重	0	0	0	0	0	0	0	0	0	0	0	0	0	0
32 滋賀	0	0	0	0	0	0	0	0	0	0	0	0	0	0
33 京都	0	0	0	0	0	0	0	0	0	0	0	0	0	0
34 奈良	0	0	0	0	0	0	0	0	0	0	0	0	0	0
35 和歌山	0	0	0	0	0	0	0	0	0	0	0	0	0	0
36 大阪	0	0	0	0	0	0	0	0	0	0	0	0	0	0
37 兵庫	0	0	0	0	0	0	0	0	0	0	0	0	0	0
38 鳥取	0	0	0	0	0	0	0	0	0	0	0	0	0	0
39 島根	0	0	0	0	0	0	0	0	0	0	0	0	0	0
40 岡山	0	0	0	0	0	0	0	0	0	0	0	0	0	0
41 広島	0	0	0	0	0	0	0	0	0	0	0	0	0	0
42 山口	0	0	0	0	0	0	0	0	0	0	0	0	0	0
43 香川	0	0	0	0	0	0	0	0	0	0	0	0	0	0
44 愛媛	0	0	0	0	0	0	0	0	0	0	0	0	0	0
45 徳島	0	0	0	0	0	0	0	0	0	0	0	0	0	0
46 高知	0	0	0	0	0	0	0	0	0	0	0	0	0	0
47 福岡	0	0	0	0	0	0	0	0	0	0	0	0	0	0
48 佐賀	0	0	0	0	0	0	0	0	0	0	0	0	0	0
49 長崎	0	0	0	0	0	0	0	0	0	0	0	0	0	0
50 熊本	0	0	0	0	0	0	0	0	0	0	0	0	0	0
51 大分	0	0	0	0	0	0	0	0	0	0	0	0	0	0
52 宮崎	0	0	0	0	0	0	0	0	0	0	0	0	0	0
53 鹿児島	0	0	0	0	0	0	0	0	0	0	0	0	0	0
54 沖縄	0	0	0	0	0	0	0	0	0	0	0	0	0	0
55 全国	0	0	0	0	0	0	0	0	0	0	0	0	0	0

平成28年度　　　　　　　　　　　　　　府県相互間輸送トン数表（鉄道）

品目　（6-26）食料工業品　　　　　（単位：トン）　その　3

着／発	29 岐阜	30 愛知	31 三重	32 滋賀	33 京都	34 奈良	35 和歌山	36 大阪	37 兵庫	38 鳥取	39 島根	40 岡山	41 広島	42 山口
1 札幌	0	0	0	0	0	0	0	0	0	0	0	0	0	0
2 旭川	0	0	0	0	0	0	0	0	0	0	0	0	0	0
3 函館	0	0	0	0	0	0	0	0	0	0	0	0	0	0
4 室蘭	0	0	0	0	0	0	0	0	0	0	0	0	0	0
5 釧路	0	0	0	0	0	0	0	0	0	0	0	0	0	0
6 帯広	0	0	0	0	0	0	0	0	0	0	0	0	0	0
7 北見	0	0	0	0	0	0	0	0	0	0	0	0	0	0
8 北海道	0	0	0	0	0	0	0	0	0	0	0	0	0	0
9 青森	0	0	0	0	0	0	0	0	0	0	0	0	0	0
10 岩手	0	0	0	0	0	0	0	0	0	0	0	0	0	0
11 宮城	0	0	0	0	0	0	0	0	0	0	0	0	0	0
12 福島	0	0	0	0	0	0	0	0	0	0	0	0	0	0
13 秋田	0	0	0	0	0	0	0	0	0	0	0	0	0	0
14 山形	0	0	0	0	0	0	0	0	0	0	0	0	0	0
15 茨城	0	0	0	0	0	0	0	0	0	0	0	0	0	0
16 栃木	0	0	0	0	0	0	0	0	0	0	0	0	0	0
17 群馬	0	0	0	0	0	0	0	0	0	0	0	0	0	0
18 埼玉	0	0	0	0	0	0	0	0	0	0	0	0	0	0
19 千葉	0	0	0	0	0	0	0	0	0	0	0	0	0	0
20 東京	0	0	0	0	0	0	0	0	0	0	0	0	0	0
21 神奈川	0	0	0	0	0	0	0	0	0	0	0	0	0	0
22 新潟	0	0	0	0	0	0	0	0	0	0	0	0	0	0
23 富山	0	0	0	0	0	0	0	0	0	0	0	0	0	0
24 石川	0	0	0	0	0	0	0	0	0	0	0	0	0	0
25 福井	0	0	0	0	0	0	0	0	0	0	0	0	0	0
26 山梨	0	0	0	0	0	0	0	0	0	0	0	0	0	0
27 長野	0	0	0	0	0	0	0	0	0	0	0	0	0	0
28 静岡	0	0	0	0	0	0	0	0	0	0	0	0	0	0
29 岐阜	0	0	0	0	0	0	0	0	0	0	0	0	0	0
30 愛知	0	0	0	0	0	0	0	0	0	0	0	0	0	0
31 三重	0	0	0	0	0	0	0	0	0	0	0	0	0	0
32 滋賀	0	0	0	0	0	0	0	0	0	0	0	0	0	0
33 京都	0	0	0	0	0	0	0	0	0	0	0	0	0	0
34 奈良	0	0	0	0	0	0	0	0	0	0	0	0	0	0
35 和歌山	0	0	0	0	0	0	0	0	0	0	0	0	0	0
36 大阪	0	0	0	0	0	0	0	0	0	0	0	0	0	0
37 兵庫	0	0	0	0	0	0	0	0	0	0	0	0	0	0
38 鳥取	0	0	0	0	0	0	0	0	0	0	0	0	0	0
39 島根	0	0	0	0	0	0	0	0	0	0	0	0	0	0
40 岡山	0	0	0	0	0	0	0	0	0	0	0	0	0	0
41 広島	0	0	0	0	0	0	0	0	0	0	0	0	0	0
42 山口	0	0	0	0	0	0	0	0	0	0	0	0	0	0
43 香川	0	0	0	0	0	0	0	0	0	0	0	0	0	0
44 愛媛	0	0	0	0	0	0	0	0	0	0	0	0	0	0
45 徳島	0	0	0	0	0	0	0	0	0	0	0	0	0	0
46 高知	0	0	0	0	0	0	0	0	0	0	0	0	0	0
47 福岡	0	0	0	0	0	0	0	0	0	0	0	0	0	0
48 佐賀	0	0	0	0	0	0	0	0	0	0	0	0	0	0
49 長崎	0	0	0	0	0	0	0	0	0	0	0	0	0	0
50 熊本	0	0	0	0	0	0	0	0	0	0	0	0	0	0
51 大分	0	0	0	0	0	0	0	0	0	0	0	0	0	0
52 宮崎	0	0	0	0	0	0	0	0	0	0	0	0	0	0
53 鹿児島	0	0	0	0	0	0	0	0	0	0	0	0	0	0
54 沖縄	0	0	0	0	0	0	0	0	0	0	0	0	0	0
55 全国	0	0	0	0	0	0	0	0	0	0	0	0	0	0

平成28年度　　　　　　　　　　　　　　府県相互間輸送トン数表（鉄道）

品目　（6-26）食料工業品　　　　　（単位：トン）　その　4

着／発	43 香川	44 愛媛	45 徳島	46 高知	47 福岡	48 佐賀	49 長崎	50 熊本	51 大分	52 宮崎	53 鹿児島	54 沖縄	55 全国
1 札幌	0	0	0	0	0	0	0	0	0	0	0	0	0
2 旭川	0	0	0	0	0	0	0	0	0	0	0	0	0
3 函館	0	0	0	0	0	0	0	0	0	0	0	0	0
4 室蘭	0	0	0	0	0	0	0	0	0	0	0	0	0
5 釧路	0	0	0	0	0	0	0	0	0	0	0	0	0
6 帯広	0	0	0	0	0	0	0	0	0	0	0	0	0
7 北見	0	0	0	0	0	0	0	0	0	0	0	0	0
8 北海道	0	0	0	0	0	0	0	0	0	0	0	0	0
9 青森	0	0	0	0	0	0	0	0	0	0	0	0	0
10 岩手	0	0	0	0	0	0	0	0	0	0	0	0	0
11 宮城	0	0	0	0	0	0	0	0	0	0	0	0	0
12 福島	0	0	0	0	0	0	0	0	0	0	0	0	0
13 秋田	0	0	0	0	0	0	0	0	0	0	0	0	0
14 山形	0	0	0	0	0	0	0	0	0	0	0	0	0
15 茨城	0	0	0	0	0	0	0	0	0	0	0	0	0
16 栃木	0	0	0	0	0	0	0	0	0	0	0	0	0
17 群馬	0	0	0	0	0	0	0	0	0	0	0	0	0
18 埼玉	0	0	0	0	0	0	0	0	0	0	0	0	0
19 千葉	0	0	0	0	0	0	0	0	0	0	0	0	0
20 東京	0	0	0	0	0	0	0	0	0	0	0	0	0
21 神奈川	0	0	0	0	0	0	0	0	0	0	0	0	0
22 新潟	0	0	0	0	0	0	0	0	0	0	0	0	0
23 富山	0	0	0	0	0	0	0	0	0	0	0	0	0
24 石川	0	0	0	0	0	0	0	0	0	0	0	0	0
25 福井	0	0	0	0	0	0	0	0	0	0	0	0	0
26 山梨	0	0	0	0	0	0	0	0	0	0	0	0	0
27 長野	0	0	0	0	0	0	0	0	0	0	0	0	0
28 静岡	0	0	0	0	0	0	0	0	0	0	0	0	0
29 岐阜	0	0	0	0	0	0	0	0	0	0	0	0	0
30 愛知	0	0	0	0	0	0	0	0	0	0	0	0	0
31 三重	0	0	0	0	0	0	0	0	0	0	0	0	0
32 滋賀	0	0	0	0	0	0	0	0	0	0	0	0	0
33 京都	0	0	0	0	0	0	0	0	0	0	0	0	0
34 奈良	0	0	0	0	0	0	0	0	0	0	0	0	0
35 和歌山	0	0	0	0	0	0	0	0	0	0	0	0	0
36 大阪	0	0	0	0	0	0	0	0	0	0	0	0	0
37 兵庫	0	0	0	0	0	0	0	0	0	0	0	0	0
38 鳥取	0	0	0	0	0	0	0	0	0	0	0	0	0
39 島根	0	0	0	0	0	0	0	0	0	0	0	0	0
40 岡山	0	0	0	0	0	0	0	0	0	0	0	0	0
41 広島	0	0	0	0	0	0	0	0	0	0	0	0	0
42 山口	0	0	0	0	0	0	0	0	0	0	0	0	0
43 香川	0	0	0	0	0	0	0	0	0	0	0	0	0
44 愛媛	0	0	0	0	0	0	0	0	0	0	0	0	0
45 徳島	0	0	0	0	0	0	0	0	0	0	0	0	0
46 高知	0	0	0	0	0	0	0	0	0	0	0	0	0
47 福岡	0	0	0	0	0	0	0	0	0	0	0	0	0
48 佐賀	0	0	0	0	0	0	0	0	0	0	0	0	0
49 長崎	0	0	0	0	0	0	0	0	0	0	0	0	0
50 熊本	0	0	0	0	0	0	0	0	0	0	0	0	0
51 大分	0	0	0	0	0	0	0	0	0	0	0	0	0
52 宮崎	0	0	0	0	0	0	0	0	0	0	0	0	0
53 鹿児島	0	0	0	0	0	0	0	0	0	0	0	0	0
54 沖縄	0	0	0	0	0	0	0	0	0	0	0	0	0
55 全国	0	0	0	0	0	0	0	0	0	0	0	0	0

平成28年度　　　　　　　　　　　　　　　　　　府県相互間輸送トン数表（鉄道）

品目　（7－28）　その他の製造工業品　　（単位：トン）　その 1

着 発	1 札幌	2 旭川	3 函館	4 室蘭	5 釧路	6 帯広	7 北見	8 北海道	9 青森	10 岩手	11 宮城	12 福島	13 秋田	14 山形
1 札幌	0	0	0	0	0	0	0	0	0	0	0	0	0	0
2 旭川	0	0	0	0	0	0	0	0	0	0	0	0	0	0
3 函館	0	0	0	0	0	0	0	0	0	0	0	0	0	0
4 室蘭	0	0	0	0	0	0	0	0	0	0	0	0	0	0
5 釧路	0	0	0	0	0	0	0	0	0	0	0	0	0	0
6 帯広	0	0	0	0	0	0	0	0	0	0	0	0	0	0
7 北見	0	0	0	0	0	0	0	0	0	0	0	0	0	0
8 北海道	0	0	0	0	0	0	0	0	0	0	0	0	0	0
9 青森	0	0	0	0	0	0	0	0	0	0	0	0	0	0
10 岩手	0	0	0	0	0	0	0	0	0	0	0	0	0	0
11 宮城	0	0	0	0	0	0	0	0	0	0	0	0	0	0
12 福島	0	0	0	0	0	0	0	0	0	0	0	0	0	0
13 秋田	0	0	0	0	0	0	0	0	0	0	0	0	0	0
14 山形	0	0	0	0	0	0	0	0	0	0	0	0	0	0
15 茨城	0	0	0	0	0	0	0	0	0	0	0	0	0	0
16 栃木	0	0	0	0	0	0	0	0	0	0	0	0	0	0
17 群馬	0	0	0	0	0	0	0	0	0	0	0	0	0	0
18 埼玉	0	0	0	0	0	0	0	0	0	0	0	0	0	0
19 千葉	0	0	0	0	0	0	0	0	0	0	0	0	0	0
20 東京	0	0	0	0	0	0	0	0	0	0	0	0	0	0
21 神奈川	0	0	0	0	0	0	0	0	0	0	0	0	0	0
22 新潟	0	0	0	0	0	0	0	0	0	0	0	0	0	0
23 富山	0	0	0	0	0	0	0	0	0	0	0	0	0	0
24 石川	0	0	0	0	0	0	0	0	0	0	0	0	0	0
25 福井	0	0	0	0	0	0	0	0	0	0	0	0	0	0
26 山梨	0	0	0	0	0	0	0	0	0	0	0	0	0	0
27 長野	0	0	0	0	0	0	0	0	0	0	0	0	0	0
28 静岡	0	0	0	0	0	0	0	0	0	0	0	0	0	0
29 岐阜	0	0	0	0	0	0	0	0	0	0	0	0	0	0
30 愛知	0	0	0	0	0	0	0	0	0	0	0	0	0	0
31 三重	0	0	0	0	0	0	0	0	0	0	0	0	0	0
32 滋賀	0	0	0	0	0	0	0	0	0	0	0	0	0	0
33 京都	0	0	0	0	0	0	0	0	0	0	0	0	0	0
34 奈良	0	0	0	0	0	0	0	0	0	0	0	0	0	0
35 和歌山	0	0	0	0	0	0	0	0	0	0	0	0	0	0
36 大阪	0	0	0	0	0	0	0	0	0	0	0	0	0	0
37 兵庫	0	0	0	0	0	0	0	0	0	0	0	0	0	0
38 鳥取	0	0	0	0	0	0	0	0	0	0	0	0	0	0
39 島根	0	0	0	0	0	0	0	0	0	0	0	0	0	0
40 岡山	0	0	0	0	0	0	0	0	0	0	0	0	0	0
41 広島	0	0	0	0	0	0	0	0	0	0	0	0	0	0
42 山口	0	0	0	0	0	0	0	0	0	0	0	0	0	0
43 香川	0	0	0	0	0	0	0	0	0	0	0	0	0	0
44 愛媛	0	0	0	0	0	0	0	0	0	0	0	0	0	0
45 徳島	0	0	0	0	0	0	0	0	0	0	0	0	0	0
46 高知	0	0	0	0	0	0	0	0	0	0	0	0	0	0
47 福岡	0	0	0	0	0	0	0	0	0	0	0	0	0	0
48 佐賀	0	0	0	0	0	0	0	0	0	0	0	0	0	0
49 長崎	0	0	0	0	0	0	0	0	0	0	0	0	0	0
50 熊本	0	0	0	0	0	0	0	0	0	0	0	0	0	0
51 大分	0	0	0	0	0	0	0	0	0	0	0	0	0	0
52 宮崎	0	0	0	0	0	0	0	0	0	0	0	0	0	0
53 鹿児島	0	0	0	0	0	0	0	0	0	0	0	0	0	0
54 沖縄	0	0	0	0	0	0	0	0	0	0	0	0	0	0
55 全国	0	0	0	0	0	0	0	0	0	0	0	0	0	0

平成28年度　　　　　　　　　　　　　　　　　　府県相互間輸送トン数表（鉄道）

品目　（7－28）　その他の製造工業品　　（単位：トン）　その 2

着 発	15 茨城	16 栃木	17 群馬	18 埼玉	19 千葉	20 東京	21 神奈川	22 新潟	23 富山	24 石川	25 福井	26 山梨	27 長野	28 静岡
1 札幌	0	0	0	0	0	0	0	0	0	0	0	0	0	0
2 旭川	0	0	0	0	0	0	0	0	0	0	0	0	0	0
3 函館	0	0	0	0	0	0	0	0	0	0	0	0	0	0
4 室蘭	0	0	0	0	0	0	0	0	0	0	0	0	0	0
5 釧路	0	0	0	0	0	0	0	0	0	0	0	0	0	0
6 帯広	0	0	0	0	0	0	0	0	0	0	0	0	0	0
7 北見	0	0	0	0	0	0	0	0	0	0	0	0	0	0
8 北海道	0	0	0	0	0	0	0	0	0	0	0	0	0	0
9 青森	0	0	0	0	0	0	0	0	0	0	0	0	0	0
10 岩手	0	0	0	0	0	0	0	0	0	0	0	0	0	0
11 宮城	0	0	0	0	0	0	0	0	0	0	0	0	0	0
12 福島	0	0	0	0	0	0	0	0	0	0	0	0	0	0
13 秋田	0	0	0	0	0	0	0	0	0	0	0	0	0	0
14 山形	0	0	0	0	0	0	0	0	0	0	0	0	0	0
15 茨城	0	0	0	0	0	0	0	0	0	0	0	0	0	0
16 栃木	0	0	0	0	0	0	0	0	0	0	0	0	0	0
17 群馬	0	0	0	0	0	0	0	0	0	0	0	0	0	0
18 埼玉	0	0	0	0	0	0	0	0	0	0	0	0	0	0
19 千葉	0	0	0	0	0	0	0	0	0	0	0	0	0	0
20 東京	0	0	0	0	0	0	0	0	0	0	0	0	0	0
21 神奈川	0	0	0	0	0	0	0	0	0	0	0	0	0	0
22 新潟	0	0	0	0	0	0	0	0	0	0	0	0	0	0
23 富山	0	0	0	0	0	0	0	0	0	0	0	0	0	0
24 石川	0	0	0	0	0	0	0	0	0	0	0	0	0	0
25 福井	0	0	0	0	0	0	0	0	0	0	0	0	0	0
26 山梨	0	0	0	0	0	0	0	0	0	0	0	0	0	0
27 長野	0	0	0	0	0	0	0	0	0	0	0	0	0	0
28 静岡	0	0	0	0	0	0	0	0	0	0	0	0	0	0
29 岐阜	0	0	0	0	0	0	0	0	0	0	0	0	0	0
30 愛知	0	0	0	0	0	0	0	0	0	0	0	0	0	0
31 三重	0	0	0	0	0	0	0	0	0	0	0	0	0	0
32 滋賀	0	0	0	0	0	0	0	0	0	0	0	0	0	0
33 京都	0	0	0	0	0	0	0	0	0	0	0	0	0	0
34 奈良	0	0	0	0	0	0	0	0	0	0	0	0	0	0
35 和歌山	0	0	0	0	0	0	0	0	0	0	0	0	0	0
36 大阪	0	0	0	0	0	0	0	0	0	0	0	0	0	0
37 兵庫	0	0	0	0	0	0	0	0	0	0	0	0	0	0
38 鳥取	0	0	0	0	0	0	0	0	0	0	0	0	0	0
39 島根	0	0	0	0	0	0	0	0	0	0	0	0	0	0
40 岡山	0	0	0	0	0	0	0	0	0	0	0	0	0	0
41 広島	0	0	0	0	0	0	0	0	0	0	0	0	0	0
42 山口	0	0	0	0	0	0	0	0	0	0	0	0	0	0
43 香川	0	0	0	0	0	0	0	0	0	0	0	0	0	0
44 愛媛	0	0	0	0	0	0	0	0	0	0	0	0	0	0
45 徳島	0	0	0	0	0	0	0	0	0	0	0	0	0	0
46 高知	0	0	0	0	0	0	0	0	0	0	0	0	0	0
47 福岡	0	0	0	0	0	0	0	0	0	0	0	0	0	0
48 佐賀	0	0	0	0	0	0	0	0	0	0	0	0	0	0
49 長崎	0	0	0	0	0	0	0	0	0	0	0	0	0	0
50 熊本	0	0	0	0	0	0	0	0	0	0	0	0	0	0
51 大分	0	0	0	0	0	0	0	0	0	0	0	0	0	0
52 宮崎	0	0	0	0	0	0	0	0	0	0	0	0	0	0
53 鹿児島	0	0	0	0	0	0	0	0	0	0	0	0	0	0
54 沖縄	0	0	0	0	0	0	0	0	0	0	0	0	0	0
55 全国	0	0	0	0	0	0	0	0	0	0	0	0	0	0

平成28年度　　　　　　　　　　　府県相互間輸送トン数表（鉄道）

品目　（7-28）その他の製造工業品　　（単位：トン）　その　3

着／発	29 岐阜	30 愛知	31 三重	32 滋賀	33 京都	34 奈良	35 和歌山	36 大阪	37 兵庫	38 鳥取	39 島根	40 岡山	41 広島	42 山口
1 札幌	0	0	0	0	0	0	0	0	0	0	0	0	0	0
2 旭川	0	0	0	0	0	0	0	0	0	0	0	0	0	0
3 函館	0	0	0	0	0	0	0	0	0	0	0	0	0	0
4 室蘭	0	0	0	0	0	0	0	0	0	0	0	0	0	0
5 釧路	0	0	0	0	0	0	0	0	0	0	0	0	0	0
6 帯広	0	0	0	0	0	0	0	0	0	0	0	0	0	0
7 北見	0	0	0	0	0	0	0	0	0	0	0	0	0	0
8 北海道	0	0	0	0	0	0	0	0	0	0	0	0	0	0
9 青森	0	0	0	0	0	0	0	0	0	0	0	0	0	0
10 岩手	0	0	0	0	0	0	0	0	0	0	0	0	0	0
11 宮城	0	0	0	0	0	0	0	0	0	0	0	0	0	0
12 福島	0	0	0	0	0	0	0	0	0	0	0	0	0	0
13 秋田	0	0	0	0	0	0	0	0	0	0	0	0	0	0
14 山形	0	0	0	0	0	0	0	0	0	0	0	0	0	0
15 茨城	0	0	0	0	0	0	0	0	0	0	0	0	0	0
16 栃木	0	0	0	0	0	0	0	0	0	0	0	0	0	0
17 群馬	0	0	0	0	0	0	0	0	0	0	0	0	0	0
18 埼玉	0	0	0	0	0	0	0	0	0	0	0	0	0	0
19 千葉	0	0	0	0	0	0	0	0	0	0	0	0	0	0
20 東京	0	0	0	0	0	0	0	0	0	0	0	0	0	0
21 神奈川	0	0	0	0	0	0	0	0	0	0	0	0	0	0
22 新潟	0	0	0	0	0	0	0	0	0	0	0	0	0	0
23 富山	0	0	0	0	0	0	0	0	0	0	0	0	0	0
24 石川	0	0	0	0	0	0	0	0	0	0	0	0	0	0
25 福井	0	0	0	0	0	0	0	0	0	0	0	0	0	0
26 山梨	0	0	0	0	0	0	0	0	0	0	0	0	0	0
27 長野	0	0	0	0	0	0	0	0	0	0	0	0	0	0
28 静岡	0	0	0	0	0	0	0	0	0	0	0	0	0	0
29 岐阜	0	0	0	0	0	0	0	0	0	0	0	0	0	0
30 愛知	0	0	0	0	0	0	0	0	0	0	0	0	0	0
31 三重	0	0	0	0	0	0	0	0	0	0	0	0	0	0
32 滋賀	0	0	0	0	0	0	0	0	0	0	0	0	0	0
33 京都	0	0	0	0	0	0	0	0	0	0	0	0	0	0
34 奈良	0	0	0	0	0	0	0	0	0	0	0	0	0	0
35 和歌山	0	0	0	0	0	0	0	0	0	0	0	0	0	0
36 大阪	0	0	0	0	0	0	0	0	0	0	0	0	0	0
37 兵庫	0	0	0	0	0	0	0	0	0	0	0	0	0	0
38 鳥取	0	0	0	0	0	0	0	0	0	0	0	0	0	0
39 島根	0	0	0	0	0	0	0	0	0	0	0	0	0	0
40 岡山	0	0	0	0	0	0	0	0	0	0	0	0	0	0
41 広島	0	0	0	0	0	0	0	0	0	0	0	0	0	0
42 山口	0	0	0	0	0	0	0	0	0	0	0	0	0	0
43 香川	0	0	0	0	0	0	0	0	0	0	0	0	0	0
44 愛媛	0	0	0	0	0	0	0	0	0	0	0	0	0	0
45 徳島	0	0	0	0	0	0	0	0	0	0	0	0	0	0
46 高知	0	0	0	0	0	0	0	0	0	0	0	0	0	0
47 福岡	0	0	0	0	0	0	0	0	0	0	0	0	0	0
48 佐賀	0	0	0	0	0	0	0	0	0	0	0	0	0	0
49 長崎	0	0	0	0	0	0	0	0	0	0	0	0	0	0
50 熊本	0	0	0	0	0	0	0	0	0	0	0	0	0	0
51 大分	0	0	0	0	0	0	0	0	0	0	0	0	0	0
52 宮崎	0	0	0	0	0	0	0	0	0	0	0	0	0	0
53 鹿児島	0	0	0	0	0	0	0	0	0	0	0	0	0	0
54 沖縄	0	0	0	0	0	0	0	0	0	0	0	0	0	0
55 全国	0	0	0	0	0	0	0	0	0	0	0	0	0	0

平成28年度　　　　　　　　　　　府県相互間輸送トン数表（鉄道）

品目　（7-28）その他の製造工業品　　（単位：トン）　その　4

着／発	43 香川	44 愛媛	45 徳島	46 高知	47 福岡	48 佐賀	49 長崎	50 熊本	51 大分	52 宮崎	53 鹿児島	54 沖縄	55 全国
1 札幌	0	0	0	0	0	0	0	0	0	0	0	0	0
2 旭川	0	0	0	0	0	0	0	0	0	0	0	0	0
3 函館	0	0	0	0	0	0	0	0	0	0	0	0	0
4 室蘭	0	0	0	0	0	0	0	0	0	0	0	0	0
5 釧路	0	0	0	0	0	0	0	0	0	0	0	0	0
6 帯広	0	0	0	0	0	0	0	0	0	0	0	0	0
7 北見	0	0	0	0	0	0	0	0	0	0	0	0	0
8 北海道	0	0	0	0	0	0	0	0	0	0	0	0	0
9 青森	0	0	0	0	0	0	0	0	0	0	0	0	0
10 岩手	0	0	0	0	0	0	0	0	0	0	0	0	0
11 宮城	0	0	0	0	0	0	0	0	0	0	0	0	0
12 福島	0	0	0	0	0	0	0	0	0	0	0	0	0
13 秋田	0	0	0	0	0	0	0	0	0	0	0	0	0
14 山形	0	0	0	0	0	0	0	0	0	0	0	0	0
15 茨城	0	0	0	0	0	0	0	0	0	0	0	0	0
16 栃木	0	0	0	0	0	0	0	0	0	0	0	0	0
17 群馬	0	0	0	0	0	0	0	0	0	0	0	0	0
18 埼玉	0	0	0	0	0	0	0	0	0	0	0	0	0
19 千葉	0	0	0	0	0	0	0	0	0	0	0	0	0
20 東京	0	0	0	0	0	0	0	0	0	0	0	0	0
21 神奈川	0	0	0	0	0	0	0	0	0	0	0	0	0
22 新潟	0	0	0	0	0	0	0	0	0	0	0	0	0
23 富山	0	0	0	0	0	0	0	0	0	0	0	0	0
24 石川	0	0	0	0	0	0	0	0	0	0	0	0	0
25 福井	0	0	0	0	0	0	0	0	0	0	0	0	0
26 山梨	0	0	0	0	0	0	0	0	0	0	0	0	0
27 長野	0	0	0	0	0	0	0	0	0	0	0	0	0
28 静岡	0	0	0	0	0	0	0	0	0	0	0	0	0
29 岐阜	0	0	0	0	0	0	0	0	0	0	0	0	0
30 愛知	0	0	0	0	0	0	0	0	0	0	0	0	0
31 三重	0	0	0	0	0	0	0	0	0	0	0	0	0
32 滋賀	0	0	0	0	0	0	0	0	0	0	0	0	0
33 京都	0	0	0	0	0	0	0	0	0	0	0	0	0
34 奈良	0	0	0	0	0	0	0	0	0	0	0	0	0
35 和歌山	0	0	0	0	0	0	0	0	0	0	0	0	0
36 大阪	0	0	0	0	0	0	0	0	0	0	0	0	0
37 兵庫	0	0	0	0	0	0	0	0	0	0	0	0	0
38 鳥取	0	0	0	0	0	0	0	0	0	0	0	0	0
39 島根	0	0	0	0	0	0	0	0	0	0	0	0	0
40 岡山	0	0	0	0	0	0	0	0	0	0	0	0	0
41 広島	0	0	0	0	0	0	0	0	0	0	0	0	0
42 山口	0	0	0	0	0	0	0	0	0	0	0	0	0
43 香川	0	0	0	0	0	0	0	0	0	0	0	0	0
44 愛媛	0	0	0	0	0	0	0	0	0	0	0	0	0
45 徳島	0	0	0	0	0	0	0	0	0	0	0	0	0
46 高知	0	0	0	0	0	0	0	0	0	0	0	0	0
47 福岡	0	0	0	0	0	0	0	0	0	0	0	0	0
48 佐賀	0	0	0	0	0	0	0	0	0	0	0	0	0
49 長崎	0	0	0	0	0	0	0	0	0	0	0	0	0
50 熊本	0	0	0	0	0	0	0	0	0	0	0	0	0
51 大分	0	0	0	0	0	0	0	0	0	0	0	0	0
52 宮崎	0	0	0	0	0	0	0	0	0	0	0	0	0
53 鹿児島	0	0	0	0	0	0	0	0	0	0	0	0	0
54 沖縄	0	0	0	0	0	0	0	0	0	0	0	0	0
55 全国	0	0	0	0	0	0	0	0	0	0	0	0	0

平成28年度　　　　　　　　　　　　　　　　府県相互間輸送トン数表（鉄道）

品目　（8－29）金属くず　　　　　　　　　　（単位：トン）
その　1

発\着	1 札幌	2 旭川	3 函館	4 室蘭	5 釧路	6 帯広	7 北見	8 北海道	9 青森	10 岩手	11 宮城	12 福島	13 秋田	14 山形
1 札幌	0	0	0	0	0	0	0	0	0	0	0	0	0	0
2 旭川	0	0	0	0	0	0	0	0	0	0	0	0	0	0
3 函館	0	0	0	0	0	0	0	0	0	0	0	0	0	0
4 室蘭	0	0	0	0	0	0	0	0	0	0	0	0	0	0
5 釧路	0	0	0	0	0	0	0	0	0	0	0	0	0	0
6 帯広	0	0	0	0	0	0	0	0	0	0	0	0	0	0
7 北見	0	0	0	0	0	0	0	0	0	0	0	0	0	0
8 北海道	0	0	0	0	0	0	0	0	0	0	0	0	0	0
9 青森	0	0	0	0	0	0	0	0	0	0	0	0	0	0
10 岩手	0	0	0	0	0	0	0	0	0	0	0	0	0	0
11 宮城	0	0	0	0	0	0	0	0	0	0	0	0	0	0
12 福島	0	0	0	0	0	0	0	0	0	0	0	0	0	0
13 秋田	0	0	0	0	0	0	0	0	0	0	0	0	0	0
14 山形	0	0	0	0	0	0	0	0	0	0	0	0	0	0
15 茨城	0	0	0	0	0	0	0	0	0	0	0	0	0	0
16 栃木	0	0	0	0	0	0	0	0	0	0	0	0	0	0
17 群馬	0	0	0	0	0	0	0	0	0	0	0	0	0	0
18 埼玉	0	0	0	0	0	0	0	0	0	0	0	0	0	0
19 千葉	0	0	0	0	0	0	0	0	0	0	0	0	0	0
20 東京	0	0	0	0	0	0	0	0	0	0	0	0	0	0
21 神奈川	0	0	0	0	0	0	0	0	0	0	0	0	0	0
22 新潟	0	0	0	0	0	0	0	0	0	0	0	0	0	0
23 富山	0	0	0	0	0	0	0	0	0	0	0	0	0	0
24 石川	0	0	0	0	0	0	0	0	0	0	0	0	0	0
25 福井	0	0	0	0	0	0	0	0	0	0	0	0	0	0
26 山梨	0	0	0	0	0	0	0	0	0	0	0	0	0	0
27 長野	0	0	0	0	0	0	0	0	0	0	0	0	0	0
28 静岡	0	0	0	0	0	0	0	0	0	0	0	0	0	0
29 岐阜	0	0	0	0	0	0	0	0	0	0	0	0	0	0
30 愛知	0	0	0	0	0	0	0	0	0	0	0	0	0	0
31 三重	0	0	0	0	0	0	0	0	0	0	0	0	0	0
32 滋賀	0	0	0	0	0	0	0	0	0	0	0	0	0	0
33 京都	0	0	0	0	0	0	0	0	0	0	0	0	0	0
34 奈良	0	0	0	0	0	0	0	0	0	0	0	0	0	0
35 和歌山	0	0	0	0	0	0	0	0	0	0	0	0	0	0
36 大阪	0	0	0	0	0	0	0	0	0	0	0	0	0	0
37 兵庫	0	0	0	0	0	0	0	0	0	0	0	0	0	0
38 鳥取	0	0	0	0	0	0	0	0	0	0	0	0	0	0
39 島根	0	0	0	0	0	0	0	0	0	0	0	0	0	0
40 岡山	0	0	0	0	0	0	0	0	0	0	0	0	0	0
41 広島	0	0	0	0	0	0	0	0	0	0	0	0	0	0
42 山口	0	0	0	0	0	0	0	0	0	0	0	0	0	0
43 香川	0	0	0	0	0	0	0	0	0	0	0	0	0	0
44 愛媛	0	0	0	0	0	0	0	0	0	0	0	0	0	0
45 徳島	0	0	0	0	0	0	0	0	0	0	0	0	0	0
46 高知	0	0	0	0	0	0	0	0	0	0	0	0	0	0
47 福岡	0	0	0	0	0	0	0	0	0	0	0	0	0	0
48 佐賀	0	0	0	0	0	0	0	0	0	0	0	0	0	0
49 長崎	0	0	0	0	0	0	0	0	0	0	0	0	0	0
50 熊本	0	0	0	0	0	0	0	0	0	0	0	0	0	0
51 大分	0	0	0	0	0	0	0	0	0	0	0	0	0	0
52 宮崎	0	0	0	0	0	0	0	0	0	0	0	0	0	0
53 鹿児島	0	0	0	0	0	0	0	0	0	0	0	0	0	0
54 沖縄	0	0	0	0	0	0	0	0	0	0	0	0	0	0
55 全国	0	0	0	0	0	0	0	0	0	0	0	0	0	0

平成28年度　　　　　　　　　　　　　　　　府県相互間輸送トン数表（鉄道）

品目　（8－29）金属くず　　　　　　　　　　（単位：トン）
その　2

発\着	15 茨城	16 栃木	17 群馬	18 埼玉	19 千葉	20 東京	21 神奈川	22 新潟	23 富山	24 石川	25 福井	26 山梨	27 長野	28 静岡
1 札幌	0	0	0	0	0	0	0	0	0	0	0	0	0	0
2 旭川	0	0	0	0	0	0	0	0	0	0	0	0	0	0
3 函館	0	0	0	0	0	0	0	0	0	0	0	0	0	0
4 室蘭	0	0	0	0	0	0	0	0	0	0	0	0	0	0
5 釧路	0	0	0	0	0	0	0	0	0	0	0	0	0	0
6 帯広	0	0	0	0	0	0	0	0	0	0	0	0	0	0
7 北見	0	0	0	0	0	0	0	0	0	0	0	0	0	0
8 北海道	0	0	0	0	0	0	0	0	0	0	0	0	0	0
9 青森	0	0	0	0	0	0	0	0	0	0	0	0	0	0
10 岩手	0	0	0	0	0	0	0	0	0	0	0	0	0	0
11 宮城	0	0	0	0	0	0	0	0	0	0	0	0	0	0
12 福島	0	0	0	0	0	0	0	0	0	0	0	0	0	0
13 秋田	0	0	0	0	0	0	0	0	0	0	0	0	0	0
14 山形	0	0	0	0	0	0	0	0	0	0	0	0	0	0
15 茨城	0	0	0	0	0	0	0	0	0	0	0	0	0	0
16 栃木	0	0	0	0	0	0	0	0	0	0	0	0	0	0
17 群馬	0	0	0	0	0	0	0	0	0	0	0	0	0	0
18 埼玉	0	0	0	0	0	0	0	0	0	0	0	0	0	0
19 千葉	0	0	0	0	0	0	0	0	0	0	0	0	0	0
20 東京	0	0	0	0	0	0	0	0	0	0	0	0	0	0
21 神奈川	0	0	0	0	0	0	0	0	0	0	0	0	0	0
22 新潟	0	0	0	0	0	0	0	0	0	0	0	0	0	0
23 富山	0	0	0	0	0	0	0	0	0	0	0	0	0	0
24 石川	0	0	0	0	0	0	0	0	0	0	0	0	0	0
25 福井	0	0	0	0	0	0	0	0	0	0	0	0	0	0
26 山梨	0	0	0	0	0	0	0	0	0	0	0	0	0	0
27 長野	0	0	0	0	0	0	0	0	0	0	0	0	0	0
28 静岡	0	0	0	0	0	0	0	0	0	0	0	0	0	0
29 岐阜	0	0	0	0	0	0	0	0	0	0	0	0	0	0
30 愛知	0	0	0	0	0	0	0	0	0	0	0	0	0	0
31 三重	0	0	0	0	0	0	0	0	0	0	0	0	0	0
32 滋賀	0	0	0	0	0	0	0	0	0	0	0	0	0	0
33 京都	0	0	0	0	0	0	0	0	0	0	0	0	0	0
34 奈良	0	0	0	0	0	0	0	0	0	0	0	0	0	0
35 和歌山	0	0	0	0	0	0	0	0	0	0	0	0	0	0
36 大阪	0	0	0	0	0	0	0	0	0	0	0	0	0	0
37 兵庫	0	0	0	0	0	0	0	0	0	0	0	0	0	0
38 鳥取	0	0	0	0	0	0	0	0	0	0	0	0	0	0
39 島根	0	0	0	0	0	0	0	0	0	0	0	0	0	0
40 岡山	0	0	0	0	0	0	0	0	0	0	0	0	0	0
41 広島	0	0	0	0	0	0	0	0	0	0	0	0	0	0
42 山口	0	0	0	0	0	0	0	0	0	0	0	0	0	0
43 香川	0	0	0	0	0	0	0	0	0	0	0	0	0	0
44 愛媛	0	0	0	0	0	0	0	0	0	0	0	0	0	0
45 徳島	0	0	0	0	0	0	0	0	0	0	0	0	0	0
46 高知	0	0	0	0	0	0	0	0	0	0	0	0	0	0
47 福岡	0	0	0	0	0	0	0	0	0	0	0	0	0	0
48 佐賀	0	0	0	0	0	0	0	0	0	0	0	0	0	0
49 長崎	0	0	0	0	0	0	0	0	0	0	0	0	0	0
50 熊本	0	0	0	0	0	0	0	0	0	0	0	0	0	0
51 大分	0	0	0	0	0	0	0	0	0	0	0	0	0	0
52 宮崎	0	0	0	0	0	0	0	0	0	0	0	0	0	0
53 鹿児島	0	0	0	0	0	0	0	0	0	0	0	0	0	0
54 沖縄	0	0	0	0	0	0	0	0	0	0	0	0	0	0
55 全国	0	0	0	0	0	0	0	0	0	0	0	0	0	0

平成28年度　　府県相互間輸送トン数表（鉄道）　　品目（8−29）金属くず　　（単位：トン）その 3

着／発	29 岐阜	30 愛知	31 三重	32 滋賀	33 京都	34 奈良	35 和歌山	36 大阪	37 兵庫	38 鳥取	39 島根	40 岡山	41 広島	42 山口
1 札幌	0	0	0	0	0	0	0	0	0	0	0	0	0	0
2 旭川	0	0	0	0	0	0	0	0	0	0	0	0	0	0
3 函館	0	0	0	0	0	0	0	0	0	0	0	0	0	0
4 室蘭	0	0	0	0	0	0	0	0	0	0	0	0	0	0
5 釧路	0	0	0	0	0	0	0	0	0	0	0	0	0	0
6 帯広	0	0	0	0	0	0	0	0	0	0	0	0	0	0
7 北見	0	0	0	0	0	0	0	0	0	0	0	0	0	0
8 北海道	0	0	0	0	0	0	0	0	0	0	0	0	0	0
9 青森	0	0	0	0	0	0	0	0	0	0	0	0	0	0
10 岩手	0	0	0	0	0	0	0	0	0	0	0	0	0	0
11 宮城	0	0	0	0	0	0	0	0	0	0	0	0	0	0
12 福島	0	0	0	0	0	0	0	0	0	0	0	0	0	0
13 秋田	0	0	0	0	0	0	0	0	0	0	0	0	0	0
14 山形	0	0	0	0	0	0	0	0	0	0	0	0	0	0
15 茨城	0	0	0	0	0	0	0	0	0	0	0	0	0	0
16 栃木	0	0	0	0	0	0	0	0	0	0	0	0	0	0
17 群馬	0	0	0	0	0	0	0	0	0	0	0	0	0	0
18 埼玉	0	0	0	0	0	0	0	0	0	0	0	0	0	0
19 千葉	0	0	0	0	0	0	0	0	0	0	0	0	0	0
20 東京	0	0	0	0	0	0	0	0	0	0	0	0	0	0
21 神奈川	0	0	0	0	0	0	0	0	0	0	0	0	0	0
22 新潟	0	0	0	0	0	0	0	0	0	0	0	0	0	0
23 富山	0	0	0	0	0	0	0	0	0	0	0	0	0	0
24 石川	0	0	0	0	0	0	0	0	0	0	0	0	0	0
25 福井	0	0	0	0	0	0	0	0	0	0	0	0	0	0
26 山梨	0	0	0	0	0	0	0	0	0	0	0	0	0	0
27 長野	0	0	0	0	0	0	0	0	0	0	0	0	0	0
28 静岡	0	0	0	0	0	0	0	0	0	0	0	0	0	0
29 岐阜	0	0	0	0	0	0	0	0	0	0	0	0	0	0
30 愛知	0	0	0	0	0	0	0	0	0	0	0	0	0	0
31 三重	0	0	0	0	0	0	0	0	0	0	0	0	0	0
32 滋賀	0	0	0	0	0	0	0	0	0	0	0	0	0	0
33 京都	0	0	0	0	0	0	0	0	0	0	0	0	0	0
34 奈良	0	0	0	0	0	0	0	0	0	0	0	0	0	0
35 和歌山	0	0	0	0	0	0	0	0	0	0	0	0	0	0
36 大阪	0	0	0	0	0	0	0	0	0	0	0	0	0	0
37 兵庫	0	0	0	0	0	0	0	0	0	0	0	0	0	0
38 鳥取	0	0	0	0	0	0	0	0	0	0	0	0	0	0
39 島根	0	0	0	0	0	0	0	0	0	0	0	0	0	0
40 岡山	0	0	0	0	0	0	0	0	0	0	0	0	0	0
41 広島	0	0	0	0	0	0	0	0	0	0	0	0	0	0
42 山口	0	0	0	0	0	0	0	0	0	0	0	0	0	0
43 香川	0	0	0	0	0	0	0	0	0	0	0	0	0	0
44 愛媛	0	0	0	0	0	0	0	0	0	0	0	0	0	0
45 徳島	0	0	0	0	0	0	0	0	0	0	0	0	0	0
46 高知	0	0	0	0	0	0	0	0	0	0	0	0	0	0
47 福岡	0	0	0	0	0	0	0	0	0	0	0	0	0	0
48 佐賀	0	0	0	0	0	0	0	0	0	0	0	0	0	0
49 長崎	0	0	0	0	0	0	0	0	0	0	0	0	0	0
50 熊本	0	0	0	0	0	0	0	0	0	0	0	0	0	0
51 大分	0	0	0	0	0	0	0	0	0	0	0	0	0	0
52 宮崎	0	0	0	0	0	0	0	0	0	0	0	0	0	0
53 鹿児島	0	0	0	0	0	0	0	0	0	0	0	0	0	0
54 沖縄	0	0	0	0	0	0	0	0	0	0	0	0	0	0
55 全国	0	0	0	0	0	0	0	0	0	0	0	0	0	0

平成28年度　　府県相互間輸送トン数表（鉄道）　　品目（8−29）金属くず　　（単位：トン）その 4

着／発	43 香川	44 愛媛	45 徳島	46 高知	47 福岡	48 佐賀	49 長崎	50 熊本	51 大分	52 宮崎	53 鹿児島	54 沖縄	55 全国
1 札幌	0	0	0	0	0	0	0	0	0	0	0	0	0
2 旭川	0	0	0	0	0	0	0	0	0	0	0	0	0
3 函館	0	0	0	0	0	0	0	0	0	0	0	0	0
4 室蘭	0	0	0	0	0	0	0	0	0	0	0	0	0
5 釧路	0	0	0	0	0	0	0	0	0	0	0	0	0
6 帯広	0	0	0	0	0	0	0	0	0	0	0	0	0
7 北見	0	0	0	0	0	0	0	0	0	0	0	0	0
8 北海道	0	0	0	0	0	0	0	0	0	0	0	0	0
9 青森	0	0	0	0	0	0	0	0	0	0	0	0	0
10 岩手	0	0	0	0	0	0	0	0	0	0	0	0	0
11 宮城	0	0	0	0	0	0	0	0	0	0	0	0	0
12 福島	0	0	0	0	0	0	0	0	0	0	0	0	0
13 秋田	0	0	0	0	0	0	0	0	0	0	0	0	0
14 山形	0	0	0	0	0	0	0	0	0	0	0	0	0
15 茨城	0	0	0	0	0	0	0	0	0	0	0	0	0
16 栃木	0	0	0	0	0	0	0	0	0	0	0	0	0
17 群馬	0	0	0	0	0	0	0	0	0	0	0	0	0
18 埼玉	0	0	0	0	0	0	0	0	0	0	0	0	0
19 千葉	0	0	0	0	0	0	0	0	0	0	0	0	0
20 東京	0	0	0	0	0	0	0	0	0	0	0	0	0
21 神奈川	0	0	0	0	0	0	0	0	0	0	0	0	0
22 新潟	0	0	0	0	0	0	0	0	0	0	0	0	0
23 富山	0	0	0	0	0	0	0	0	0	0	0	0	0
24 石川	0	0	0	0	0	0	0	0	0	0	0	0	0
25 福井	0	0	0	0	0	0	0	0	0	0	0	0	0
26 山梨	0	0	0	0	0	0	0	0	0	0	0	0	0
27 長野	0	0	0	0	0	0	0	0	0	0	0	0	0
28 静岡	0	0	0	0	0	0	0	0	0	0	0	0	0
29 岐阜	0	0	0	0	0	0	0	0	0	0	0	0	0
30 愛知	0	0	0	0	0	0	0	0	0	0	0	0	0
31 三重	0	0	0	0	0	0	0	0	0	0	0	0	0
32 滋賀	0	0	0	0	0	0	0	0	0	0	0	0	0
33 京都	0	0	0	0	0	0	0	0	0	0	0	0	0
34 奈良	0	0	0	0	0	0	0	0	0	0	0	0	0
35 和歌山	0	0	0	0	0	0	0	0	0	0	0	0	0
36 大阪	0	0	0	0	0	0	0	0	0	0	0	0	0
37 兵庫	0	0	0	0	0	0	0	0	0	0	0	0	0
38 鳥取	0	0	0	0	0	0	0	0	0	0	0	0	0
39 島根	0	0	0	0	0	0	0	0	0	0	0	0	0
40 岡山	0	0	0	0	0	0	0	0	0	0	0	0	0
41 広島	0	0	0	0	0	0	0	0	0	0	0	0	0
42 山口	0	0	0	0	0	0	0	0	0	0	0	0	0
43 香川	0	0	0	0	0	0	0	0	0	0	0	0	0
44 愛媛	0	0	0	0	0	0	0	0	0	0	0	0	0
45 徳島	0	0	0	0	0	0	0	0	0	0	0	0	0
46 高知	0	0	0	0	0	0	0	0	0	0	0	0	0
47 福岡	0	0	0	0	0	0	0	0	0	0	0	0	0
48 佐賀	0	0	0	0	0	0	0	0	0	0	0	0	0
49 長崎	0	0	0	0	0	0	0	0	0	0	0	0	0
50 熊本	0	0	0	0	0	0	0	0	0	0	0	0	0
51 大分	0	0	0	0	0	0	0	0	0	0	0	0	0
52 宮崎	0	0	0	0	0	0	0	0	0	0	0	0	0
53 鹿児島	0	0	0	0	0	0	0	0	0	0	0	0	0
54 沖縄	0	0	0	0	0	0	0	0	0	0	0	0	0
55 全国	0	0	0	0	0	0	0	0	0	0	0	0	0

平成28年度　　　　府県相互間輸送トン数表（鉄道）　　　品目　（8-30）　動植物性飼肥料　　（単位：トン）その 1

着／発	1 札幌	2 旭川	3 函館	4 室蘭	5 釧路	6 帯広	7 北見	8 北海道	9 青森	10 岩手	11 宮城	12 福島	13 秋田	14 山形
1 札幌	0	0	0	0	0	0	0	0	0	0	0	0	0	0
2 旭川	0	0	0	0	0	0	0	0	0	0	0	0	0	0
3 函館	0	0	0	0	0	0	0	0	0	0	0	0	0	0
4 室蘭	0	0	0	0	0	0	0	0	0	0	0	0	0	0
5 釧路	0	0	0	0	0	0	0	0	0	0	0	0	0	0
6 帯広	0	0	0	0	0	0	0	0	0	0	0	0	0	0
7 北見	0	0	0	0	0	0	0	0	0	0	0	0	0	0
8 北海道	0	0	0	0	0	0	0	0	0	0	0	0	0	0
9 青森	0	0	0	0	0	0	0	0	0	0	0	0	0	0
10 岩手	0	0	0	0	0	0	0	0	0	0	0	0	0	0
11 宮城	0	0	0	0	0	0	0	0	0	0	0	0	0	0
12 福島	0	0	0	0	0	0	0	0	0	0	0	0	0	0
13 秋田	0	0	0	0	0	0	0	0	0	0	0	0	0	0
14 山形	0	0	0	0	0	0	0	0	0	0	0	0	0	0
15 茨城	0	0	0	0	0	0	0	0	0	0	0	0	0	0
16 栃木	0	0	0	0	0	0	0	0	0	0	0	0	0	0
17 群馬	0	0	0	0	0	0	0	0	0	0	0	0	0	0
18 埼玉	0	0	0	0	0	0	0	0	0	0	0	0	0	0
19 千葉	0	0	0	0	0	0	0	0	0	0	0	0	0	0
20 東京	0	0	0	0	0	0	0	0	0	0	0	0	0	0
21 神奈川	0	0	0	0	0	0	0	0	0	0	0	0	0	0
22 新潟	0	0	0	0	0	0	0	0	0	0	0	0	0	0
23 富山	0	0	0	0	0	0	0	0	0	0	0	0	0	0
24 石川	0	0	0	0	0	0	0	0	0	0	0	0	0	0
25 福井	0	0	0	0	0	0	0	0	0	0	0	0	0	0
26 山梨	0	0	0	0	0	0	0	0	0	0	0	0	0	0
27 長野	0	0	0	0	0	0	0	0	0	0	0	0	0	0
28 静岡	0	0	0	0	0	0	0	0	0	0	0	0	0	0
29 岐阜	0	0	0	0	0	0	0	0	0	0	0	0	0	0
30 愛知	0	0	0	0	0	0	0	0	0	0	0	0	0	0
31 三重	0	0	0	0	0	0	0	0	0	0	0	0	0	0
32 滋賀	0	0	0	0	0	0	0	0	0	0	0	0	0	0
33 京都	0	0	0	0	0	0	0	0	0	0	0	0	0	0
34 奈良	0	0	0	0	0	0	0	0	0	0	0	0	0	0
35 和歌山	0	0	0	0	0	0	0	0	0	0	0	0	0	0
36 大阪	0	0	0	0	0	0	0	0	0	0	0	0	0	0
37 兵庫	0	0	0	0	0	0	0	0	0	0	0	0	0	0
38 鳥取	0	0	0	0	0	0	0	0	0	0	0	0	0	0
39 島根	0	0	0	0	0	0	0	0	0	0	0	0	0	0
40 岡山	0	0	0	0	0	0	0	0	0	0	0	0	0	0
41 広島	0	0	0	0	0	0	0	0	0	0	0	0	0	0
42 山口	0	0	0	0	0	0	0	0	0	0	0	0	0	0
43 香川	0	0	0	0	0	0	0	0	0	0	0	0	0	0
44 愛媛	0	0	0	0	0	0	0	0	0	0	0	0	0	0
45 徳島	0	0	0	0	0	0	0	0	0	0	0	0	0	0
46 高知	0	0	0	0	0	0	0	0	0	0	0	0	0	0
47 福岡	0	0	0	0	0	0	0	0	0	0	0	0	0	0
48 佐賀	0	0	0	0	0	0	0	0	0	0	0	0	0	0
49 長崎	0	0	0	0	0	0	0	0	0	0	0	0	0	0
50 熊本	0	0	0	0	0	0	0	0	0	0	0	0	0	0
51 大分	0	0	0	0	0	0	0	0	0	0	0	0	0	0
52 宮崎	0	0	0	0	0	0	0	0	0	0	0	0	0	0
53 鹿児島	0	0	0	0	0	0	0	0	0	0	0	0	0	0
54 沖縄	0	0	0	0	0	0	0	0	0	0	0	0	0	0
55 全国	0	0	0	0	0	0	0	0	0	0	0	0	0	0

平成28年度　　　　府県相互間輸送トン数表（鉄道）　　　品目　（8-30）　動植物性飼肥料　　（単位：トン）その 2

着／発	15 茨城	16 栃木	17 群馬	18 埼玉	19 千葉	20 東京	21 神奈川	22 新潟	23 富山	24 石川	25 福井	26 山梨	27 長野	28 静岡
1 札幌	0	0	0	0	0	0	0	0	0	0	0	0	0	0
2 旭川	0	0	0	0	0	0	0	0	0	0	0	0	0	0
3 函館	0	0	0	0	0	0	0	0	0	0	0	0	0	0
4 室蘭	0	0	0	0	0	0	0	0	0	0	0	0	0	0
5 釧路	0	0	0	0	0	0	0	0	0	0	0	0	0	0
6 帯広	0	0	0	0	0	0	0	0	0	0	0	0	0	0
7 北見	0	0	0	0	0	0	0	0	0	0	0	0	0	0
8 北海道	0	0	0	0	0	0	0	0	0	0	0	0	0	0
9 青森	0	0	0	0	0	0	0	0	0	0	0	0	0	0
10 岩手	0	0	0	0	0	0	0	0	0	0	0	0	0	0
11 宮城	0	0	0	0	0	0	0	0	0	0	0	0	0	0
12 福島	0	0	0	0	0	0	0	0	0	0	0	0	0	0
13 秋田	0	0	0	0	0	0	0	0	0	0	0	0	0	0
14 山形	0	0	0	0	0	0	0	0	0	0	0	0	0	0
15 茨城	0	0	0	0	0	0	0	0	0	0	0	0	0	0
16 栃木	0	0	0	0	0	0	0	0	0	0	0	0	0	0
17 群馬	0	0	0	0	0	0	0	0	0	0	0	0	0	0
18 埼玉	0	0	0	0	0	0	0	0	0	0	0	0	0	0
19 千葉	0	0	0	0	0	0	0	0	0	0	0	0	0	0
20 東京	0	0	0	0	0	0	0	0	0	0	0	0	0	0
21 神奈川	0	0	0	0	0	0	0	0	0	0	0	0	0	0
22 新潟	0	0	0	0	0	0	0	0	0	0	0	0	0	0
23 富山	0	0	0	0	0	0	0	0	0	0	0	0	0	0
24 石川	0	0	0	0	0	0	0	0	0	0	0	0	0	0
25 福井	0	0	0	0	0	0	0	0	0	0	0	0	0	0
26 山梨	0	0	0	0	0	0	0	0	0	0	0	0	0	0
27 長野	0	0	0	0	0	0	0	0	0	0	0	0	0	0
28 静岡	0	0	0	0	0	0	0	0	0	0	0	0	0	0
29 岐阜	0	0	0	0	0	0	0	0	0	0	0	0	0	0
30 愛知	0	0	0	0	0	0	0	0	0	0	0	0	0	0
31 三重	0	0	0	0	0	0	0	0	0	0	0	0	0	0
32 滋賀	0	0	0	0	0	0	0	0	0	0	0	0	0	0
33 京都	0	0	0	0	0	0	0	0	0	0	0	0	0	0
34 奈良	0	0	0	0	0	0	0	0	0	0	0	0	0	0
35 和歌山	0	0	0	0	0	0	0	0	0	0	0	0	0	0
36 大阪	0	0	0	0	0	0	0	0	0	0	0	0	0	0
37 兵庫	0	0	0	0	0	0	0	0	0	0	0	0	0	0
38 鳥取	0	0	0	0	0	0	0	0	0	0	0	0	0	0
39 島根	0	0	0	0	0	0	0	0	0	0	0	0	0	0
40 岡山	0	0	0	0	0	0	0	0	0	0	0	0	0	0
41 広島	0	0	0	0	0	0	0	0	0	0	0	0	0	0
42 山口	0	0	0	0	0	0	0	0	0	0	0	0	0	0
43 香川	0	0	0	0	0	0	0	0	0	0	0	0	0	0
44 愛媛	0	0	0	0	0	0	0	0	0	0	0	0	0	0
45 徳島	0	0	0	0	0	0	0	0	0	0	0	0	0	0
46 高知	0	0	0	0	0	0	0	0	0	0	0	0	0	0
47 福岡	0	0	0	0	0	0	0	0	0	0	0	0	0	0
48 佐賀	0	0	0	0	0	0	0	0	0	0	0	0	0	0
49 長崎	0	0	0	0	0	0	0	0	0	0	0	0	0	0
50 熊本	0	0	0	0	0	0	0	0	0	0	0	0	0	0
51 大分	0	0	0	0	0	0	0	0	0	0	0	0	0	0
52 宮崎	0	0	0	0	0	0	0	0	0	0	0	0	0	0
53 鹿児島	0	0	0	0	0	0	0	0	0	0	0	0	0	0
54 沖縄	0	0	0	0	0	0	0	0	0	0	0	0	0	0
55 全国	0	0	0	0	0	0	0	0	0	0	0	0	0	0

平成28年度　　　　　　　　　　　府県相互間輸送トン数表（鉄道）

品目　（8-30）動植物性飼肥料　　　　（単位：トン）その　3

着\発	29 岐阜	30 愛知	31 三重	32 滋賀	33 京都	34 奈良	35 和歌山	36 大阪	37 兵庫	38 鳥取	39 島根	40 岡山	41 広島	42 山口
1 札幌	0	0	0	0	0	0	0	0	0	0	0	0	0	0
2 旭川	0	0	0	0	0	0	0	0	0	0	0	0	0	0
3 函館	0	0	0	0	0	0	0	0	0	0	0	0	0	0
4 室蘭	0	0	0	0	0	0	0	0	0	0	0	0	0	0
5 釧路	0	0	0	0	0	0	0	0	0	0	0	0	0	0
6 帯広	0	0	0	0	0	0	0	0	0	0	0	0	0	0
7 北見	0	0	0	0	0	0	0	0	0	0	0	0	0	0
8 北海道	0	0	0	0	0	0	0	0	0	0	0	0	0	0
9 青森	0	0	0	0	0	0	0	0	0	0	0	0	0	0
10 岩手	0	0	0	0	0	0	0	0	0	0	0	0	0	0
11 宮城	0	0	0	0	0	0	0	0	0	0	0	0	0	0
12 福島	0	0	0	0	0	0	0	0	0	0	0	0	0	0
13 秋田	0	0	0	0	0	0	0	0	0	0	0	0	0	0
14 山形	0	0	0	0	0	0	0	0	0	0	0	0	0	0
15 茨城	0	0	0	0	0	0	0	0	0	0	0	0	0	0
16 栃木	0	0	0	0	0	0	0	0	0	0	0	0	0	0
17 群馬	0	0	0	0	0	0	0	0	0	0	0	0	0	0
18 埼玉	0	0	0	0	0	0	0	0	0	0	0	0	0	0
19 千葉	0	0	0	0	0	0	0	0	0	0	0	0	0	0
20 東京	0	0	0	0	0	0	0	0	0	0	0	0	0	0
21 神奈川	0	0	0	0	0	0	0	0	0	0	0	0	0	0
22 新潟	0	0	0	0	0	0	0	0	0	0	0	0	0	0
23 富山	0	0	0	0	0	0	0	0	0	0	0	0	0	0
24 石川	0	0	0	0	0	0	0	0	0	0	0	0	0	0
25 福井	0	0	0	0	0	0	0	0	0	0	0	0	0	0
26 山梨	0	0	0	0	0	0	0	0	0	0	0	0	0	0
27 長野	0	0	0	0	0	0	0	0	0	0	0	0	0	0
28 静岡	0	0	0	0	0	0	0	0	0	0	0	0	0	0
29 岐阜	0	0	0	0	0	0	0	0	0	0	0	0	0	0
30 愛知	0	0	0	0	0	0	0	0	0	0	0	0	0	0
31 三重	0	0	0	0	0	0	0	0	0	0	0	0	0	0
32 滋賀	0	0	0	0	0	0	0	0	0	0	0	0	0	0
33 京都	0	0	0	0	0	0	0	0	0	0	0	0	0	0
34 奈良	0	0	0	0	0	0	0	0	0	0	0	0	0	0
35 和歌山	0	0	0	0	0	0	0	0	0	0	0	0	0	0
36 大阪	0	0	0	0	0	0	0	0	0	0	0	0	0	0
37 兵庫	0	0	0	0	0	0	0	0	0	0	0	0	0	0
38 鳥取	0	0	0	0	0	0	0	0	0	0	0	0	0	0
39 島根	0	0	0	0	0	0	0	0	0	0	0	0	0	0
40 岡山	0	0	0	0	0	0	0	0	0	0	0	0	0	0
41 広島	0	0	0	0	0	0	0	0	0	0	0	0	0	0
42 山口	0	0	0	0	0	0	0	0	0	0	0	0	0	0
43 香川	0	0	0	0	0	0	0	0	0	0	0	0	0	0
44 愛媛	0	0	0	0	0	0	0	0	0	0	0	0	0	0
45 徳島	0	0	0	0	0	0	0	0	0	0	0	0	0	0
46 高知	0	0	0	0	0	0	0	0	0	0	0	0	0	0
47 福岡	0	0	0	0	0	0	0	0	0	0	0	0	0	0
48 佐賀	0	0	0	0	0	0	0	0	0	0	0	0	0	0
49 長崎	0	0	0	0	0	0	0	0	0	0	0	0	0	0
50 熊本	0	0	0	0	0	0	0	0	0	0	0	0	0	0
51 大分	0	0	0	0	0	0	0	0	0	0	0	0	0	0
52 宮崎	0	0	0	0	0	0	0	0	0	0	0	0	0	0
53 鹿児島	0	0	0	0	0	0	0	0	0	0	0	0	0	0
54 沖縄	0	0	0	0	0	0	0	0	0	0	0	0	0	0
55 全国	0	0	0	0	0	0	0	0	0	0	0	0	0	0

平成28年度　　　　　　　　　　　府県相互間輸送トン数表（鉄道）

品目　（8-30）動植物性飼肥料　　　　（単位：トン）その　4

着\発	43 香川	44 愛媛	45 徳島	46 高知	47 福岡	48 佐賀	49 長崎	50 熊本	51 大分	52 宮崎	53 鹿児島	54 沖縄	55 全国
1 札幌	0	0	0	0	0	0	0	0	0	0	0	0	0
2 旭川	0	0	0	0	0	0	0	0	0	0	0	0	0
3 函館	0	0	0	0	0	0	0	0	0	0	0	0	0
4 室蘭	0	0	0	0	0	0	0	0	0	0	0	0	0
5 釧路	0	0	0	0	0	0	0	0	0	0	0	0	0
6 帯広	0	0	0	0	0	0	0	0	0	0	0	0	0
7 北見	0	0	0	0	0	0	0	0	0	0	0	0	0
8 北海道	0	0	0	0	0	0	0	0	0	0	0	0	0
9 青森	0	0	0	0	0	0	0	0	0	0	0	0	0
10 岩手	0	0	0	0	0	0	0	0	0	0	0	0	0
11 宮城	0	0	0	0	0	0	0	0	0	0	0	0	0
12 福島	0	0	0	0	0	0	0	0	0	0	0	0	0
13 秋田	0	0	0	0	0	0	0	0	0	0	0	0	0
14 山形	0	0	0	0	0	0	0	0	0	0	0	0	0
15 茨城	0	0	0	0	0	0	0	0	0	0	0	0	0
16 栃木	0	0	0	0	0	0	0	0	0	0	0	0	0
17 群馬	0	0	0	0	0	0	0	0	0	0	0	0	0
18 埼玉	0	0	0	0	0	0	0	0	0	0	0	0	0
19 千葉	0	0	0	0	0	0	0	0	0	0	0	0	0
20 東京	0	0	0	0	0	0	0	0	0	0	0	0	0
21 神奈川	0	0	0	0	0	0	0	0	0	0	0	0	0
22 新潟	0	0	0	0	0	0	0	0	0	0	0	0	0
23 富山	0	0	0	0	0	0	0	0	0	0	0	0	0
24 石川	0	0	0	0	0	0	0	0	0	0	0	0	0
25 福井	0	0	0	0	0	0	0	0	0	0	0	0	0
26 山梨	0	0	0	0	0	0	0	0	0	0	0	0	0
27 長野	0	0	0	0	0	0	0	0	0	0	0	0	0
28 静岡	0	0	0	0	0	0	0	0	0	0	0	0	0
29 岐阜	0	0	0	0	0	0	0	0	0	0	0	0	0
30 愛知	0	0	0	0	0	0	0	0	0	0	0	0	0
31 三重	0	0	0	0	0	0	0	0	0	0	0	0	0
32 滋賀	0	0	0	0	0	0	0	0	0	0	0	0	0
33 京都	0	0	0	0	0	0	0	0	0	0	0	0	0
34 奈良	0	0	0	0	0	0	0	0	0	0	0	0	0
35 和歌山	0	0	0	0	0	0	0	0	0	0	0	0	0
36 大阪	0	0	0	0	0	0	0	0	0	0	0	0	0
37 兵庫	0	0	0	0	0	0	0	0	0	0	0	0	0
38 鳥取	0	0	0	0	0	0	0	0	0	0	0	0	0
39 島根	0	0	0	0	0	0	0	0	0	0	0	0	0
40 岡山	0	0	0	0	0	0	0	0	0	0	0	0	0
41 広島	0	0	0	0	0	0	0	0	0	0	0	0	0
42 山口	0	0	0	0	0	0	0	0	0	0	0	0	0
43 香川	0	0	0	0	0	0	0	0	0	0	0	0	0
44 愛媛	0	0	0	0	0	0	0	0	0	0	0	0	0
45 徳島	0	0	0	0	0	0	0	0	0	0	0	0	0
46 高知	0	0	0	0	0	0	0	0	0	0	0	0	0
47 福岡	0	0	0	0	0	0	0	0	0	0	0	0	0
48 佐賀	0	0	0	0	0	0	0	0	0	0	0	0	0
49 長崎	0	0	0	0	0	0	0	0	0	0	0	0	0
50 熊本	0	0	0	0	0	0	0	0	0	0	0	0	0
51 大分	0	0	0	0	0	0	0	0	0	0	0	0	0
52 宮崎	0	0	0	0	0	0	0	0	0	0	0	0	0
53 鹿児島	0	0	0	0	0	0	0	0	0	0	0	0	0
54 沖縄	0	0	0	0	0	0	0	0	0	0	0	0	0
55 全国	0	0	0	0	0	0	0	0	0	0	0	0	0

平成28年度　　　　　　　　　　　　　　　　府県相互間輸送トン数表（鉄道）

品目　（8−31）その他の特種品　　　　　（単位：トン）
その　1

着\発	1 札幌	2 旭川	3 函館	4 室蘭	5 釧路	6 帯広	7 北見	8 北海道	9 青森	10 岩手	11 宮城	12 福島	13 秋田	14 山形
1 札幌	0	0	0	0	0	0	0	0	0	0	0	0	0	0
2 旭川	0	0	0	0	0	0	0	0	0	0	0	0	0	0
3 函館	0	0	0	0	0	0	0	0	0	0	0	0	0	0
4 室蘭	0	0	0	0	0	0	0	0	0	0	0	0	0	0
5 釧路	0	0	0	0	0	0	0	0	0	0	0	0	0	0
6 帯広	0	0	0	0	0	0	0	0	0	0	0	0	0	0
7 北見	0	0	0	0	0	0	0	0	0	0	0	0	0	0
8 北海道	0	0	0	0	0	0	0	0	0	0	0	0	0	0
9 青森	0	0	0	0	0	0	0	0	0	0	0	0	0	0
10 岩手	0	0	0	0	0	0	0	0	0	0	0	0	0	0
11 宮城	0	0	0	0	0	0	0	0	0	0	0	0	0	0
12 福島	0	0	0	0	0	0	0	0	0	0	0	0	0	0
13 秋田	0	0	0	0	0	0	0	0	0	0	0	0	0	0
14 山形	0	0	0	0	0	0	0	0	0	0	0	0	0	0
15 茨城	0	0	0	0	0	0	0	0	0	0	0	0	0	0
16 栃木	0	0	0	0	0	0	0	0	0	0	0	0	0	0
17 群馬	0	0	0	0	0	0	0	0	0	0	0	0	0	0
18 埼玉	0	0	0	0	0	0	0	0	0	0	0	0	0	0
19 千葉	0	0	0	0	0	0	0	0	0	0	0	0	0	0
20 東京	0	0	0	0	0	0	0	0	0	0	0	0	0	0
21 神奈川	0	0	0	0	0	0	0	0	0	0	0	0	0	0
22 新潟	0	0	0	0	0	0	0	0	0	0	0	0	0	0
23 富山	0	0	0	0	0	0	0	0	0	0	0	0	0	0
24 石川	0	0	0	0	0	0	0	0	0	0	0	0	0	0
25 福井	0	0	0	0	0	0	0	0	0	0	0	0	0	0
26 山梨	0	0	0	0	0	0	0	0	0	0	0	0	0	0
27 長野	0	0	0	0	0	0	0	0	0	0	0	0	0	0
28 静岡	0	0	0	0	0	0	0	0	0	0	0	0	0	0
29 岐阜	0	0	0	0	0	0	0	0	0	0	0	0	0	0
30 愛知	0	0	0	0	0	0	0	0	0	0	0	0	0	0
31 三重	0	0	0	0	0	0	0	0	0	0	0	0	0	0
32 滋賀	0	0	0	0	0	0	0	0	0	0	0	0	0	0
33 京都	0	0	0	0	0	0	0	0	0	0	0	0	0	0
34 奈良	0	0	0	0	0	0	0	0	0	0	0	0	0	0
35 和歌山	0	0	0	0	0	0	0	0	0	0	0	0	0	0
36 大阪	0	0	0	0	0	0	0	0	0	0	0	0	0	0
37 兵庫	0	0	0	0	0	0	0	0	0	0	0	0	0	0
38 鳥取	0	0	0	0	0	0	0	0	0	0	0	0	0	0
39 島根	0	0	0	0	0	0	0	0	0	0	0	0	0	0
40 岡山	0	0	0	0	0	0	0	0	0	0	0	0	0	0
41 広島	0	0	0	0	0	0	0	0	0	0	0	0	0	0
42 山口	0	0	0	0	0	0	0	0	0	0	0	0	0	0
43 香川	0	0	0	0	0	0	0	0	0	0	0	0	0	0
44 愛媛	0	0	0	0	0	0	0	0	0	0	0	0	0	0
45 徳島	0	0	0	0	0	0	0	0	0	0	0	0	0	0
46 高知	0	0	0	0	0	0	0	0	0	0	0	0	0	0
47 福岡	0	0	0	0	0	0	0	0	0	0	0	0	0	0
48 佐賀	0	0	0	0	0	0	0	0	0	0	0	0	0	0
49 長崎	0	0	0	0	0	0	0	0	0	0	0	0	0	0
50 熊本	0	0	0	0	0	0	0	0	0	0	0	0	0	0
51 大分	0	0	0	0	0	0	0	0	0	0	0	0	0	0
52 宮崎	0	0	0	0	0	0	0	0	0	0	0	0	0	0
53 鹿児島	0	0	0	0	0	0	0	0	0	0	0	0	0	0
54 沖縄	0	0	0	0	0	0	0	0	0	0	0	0	0	0
55 全国	0	0	0	0	0	0	0	0	0	0	0	0	0	0

平成28年度　　　　　　　　　　　　　　　　府県相互間輸送トン数表（鉄道）

品目　（8−31）その他の特種品　　　　　（単位：トン）
その　2

着\発	15 茨城	16 栃木	17 群馬	18 埼玉	19 千葉	20 東京	21 神奈川	22 新潟	23 富山	24 石川	25 福井	26 山梨	27 長野	28 静岡
1 札幌	0	0	0	0	0	0	0	0	0	0	0	0	0	0
2 旭川	0	0	0	0	0	0	0	0	0	0	0	0	0	0
3 函館	0	0	0	0	0	0	0	0	0	0	0	0	0	0
4 室蘭	0	0	0	0	0	0	0	0	0	0	0	0	0	0
5 釧路	0	0	0	0	0	0	0	0	0	0	0	0	0	0
6 帯広	0	0	0	0	0	0	0	0	0	0	0	0	0	0
7 北見	0	0	0	0	0	0	0	0	0	0	0	0	0	0
8 北海道	0	0	0	0	0	0	0	0	0	0	0	0	0	0
9 青森	0	0	0	0	0	0	0	0	0	0	0	0	0	0
10 岩手	0	0	0	0	0	0	0	0	0	0	0	0	0	0
11 宮城	0	0	0	0	0	0	0	0	0	0	0	0	0	0
12 福島	0	0	0	0	0	0	0	0	0	0	0	0	0	0
13 秋田	0	0	0	0	0	0	0	0	0	0	0	0	0	0
14 山形	0	0	0	0	0	0	0	0	0	0	0	0	0	0
15 茨城	0	0	0	0	0	0	0	0	0	0	0	0	0	0
16 栃木	0	0	0	0	0	0	0	0	0	0	0	0	0	0
17 群馬	0	0	0	0	0	0	0	0	0	0	0	0	0	0
18 埼玉	0	0	0	0	0	0	0	0	0	0	0	0	0	0
19 千葉	0	0	0	0	0	0	0	0	0	0	0	0	0	0
20 東京	0	0	0	0	0	0	0	0	0	0	0	0	0	0
21 神奈川	0	0	0	0	0	0	0	0	0	0	0	0	0	0
22 新潟	0	0	0	0	0	0	0	0	0	0	0	0	0	0
23 富山	0	0	0	0	0	0	0	0	0	0	0	0	0	0
24 石川	0	0	0	0	0	0	0	0	0	0	0	0	0	0
25 福井	0	0	0	0	0	0	0	0	0	0	0	0	0	0
26 山梨	0	0	0	0	0	0	0	0	0	0	0	0	0	0
27 長野	0	0	0	0	0	0	0	0	0	0	0	0	0	0
28 静岡	0	0	0	0	0	0	0	0	0	0	0	0	0	0
29 岐阜	0	0	0	0	0	0	0	0	0	0	0	0	0	0
30 愛知	0	0	0	0	0	0	0	0	0	0	0	0	0	0
31 三重	0	0	0	0	0	0	0	0	0	0	0	0	0	0
32 滋賀	0	0	0	0	0	0	0	0	0	0	0	0	0	0
33 京都	0	0	0	0	0	0	0	0	0	0	0	0	0	0
34 奈良	0	0	0	0	0	0	0	0	0	0	0	0	0	0
35 和歌山	0	0	0	0	0	0	0	0	0	0	0	0	0	0
36 大阪	0	0	0	0	0	0	0	0	0	0	0	0	0	0
37 兵庫	0	0	0	0	0	0	0	0	0	0	0	0	0	0
38 鳥取	0	0	0	0	0	0	0	0	0	0	0	0	0	0
39 島根	0	0	0	0	0	0	0	0	0	0	0	0	0	0
40 岡山	0	0	0	0	0	0	0	0	0	0	0	0	0	0
41 広島	0	0	0	0	0	0	0	0	0	0	0	0	0	0
42 山口	0	0	0	0	0	0	0	0	0	0	0	0	0	0
43 香川	0	0	0	0	0	0	0	0	0	0	0	0	0	0
44 愛媛	0	0	0	0	0	0	0	0	0	0	0	0	0	0
45 徳島	0	0	0	0	0	0	0	0	0	0	0	0	0	0
46 高知	0	0	0	0	0	0	0	0	0	0	0	0	0	0
47 福岡	0	0	0	0	0	0	0	0	0	0	0	0	0	0
48 佐賀	0	0	0	0	0	0	0	0	0	0	0	0	0	0
49 長崎	0	0	0	0	0	0	0	0	0	0	0	0	0	0
50 熊本	0	0	0	0	0	0	0	0	0	0	0	0	0	0
51 大分	0	0	0	0	0	0	0	0	0	0	0	0	0	0
52 宮崎	0	0	0	0	0	0	0	0	0	0	0	0	0	0
53 鹿児島	0	0	0	0	0	0	0	0	0	0	0	0	0	0
54 沖縄	0	0	0	0	0	0	0	0	0	0	0	0	0	0
55 全国	0	0	0	0	0	0	0	0	0	0	0	0	0	0

平成28年度　　府県相互間輸送トン数表（鉄道）　　品目（8-31）その他の特種品　　（単位：トン）その 3

着 発	29 岐阜	30 愛知	31 三重	32 滋賀	33 京都	34 奈良	35 和歌山	36 大阪	37 兵庫	38 鳥取	39 島根	40 岡山	41 広島	42 山口
1 札幌	0	0	0	0	0	0	0	0	0	0	0	0	0	0
2 旭川	0	0	0	0	0	0	0	0	0	0	0	0	0	0
3 函館	0	0	0	0	0	0	0	0	0	0	0	0	0	0
4 室蘭	0	0	0	0	0	0	0	0	0	0	0	0	0	0
5 釧路	0	0	0	0	0	0	0	0	0	0	0	0	0	0
6 帯広	0	0	0	0	0	0	0	0	0	0	0	0	0	0
7 北見	0	0	0	0	0	0	0	0	0	0	0	0	0	0
8 北海道	0	0	0	0	0	0	0	0	0	0	0	0	0	0
9 青森	0	0	0	0	0	0	0	0	0	0	0	0	0	0
10 岩手	0	0	0	0	0	0	0	0	0	0	0	0	0	0
11 宮城	0	0	0	0	0	0	0	0	0	0	0	0	0	0
12 福島	0	0	0	0	0	0	0	0	0	0	0	0	0	0
13 秋田	0	0	0	0	0	0	0	0	0	0	0	0	0	0
14 山形	0	0	0	0	0	0	0	0	0	0	0	0	0	0
15 茨城	0	0	0	0	0	0	0	0	0	0	0	0	0	0
16 栃木	0	0	0	0	0	0	0	0	0	0	0	0	0	0
17 群馬	0	0	0	0	0	0	0	0	0	0	0	0	0	0
18 埼玉	0	0	0	0	0	0	0	0	0	0	0	0	0	0
19 千葉	0	0	0	0	0	0	0	0	0	0	0	0	0	0
20 東京	0	0	0	0	0	0	0	0	0	0	0	0	0	0
21 神奈川	0	0	0	0	0	0	0	0	0	0	0	0	0	0
22 新潟	0	0	0	0	0	0	0	0	0	0	0	0	0	0
23 富山	0	0	0	0	0	0	0	0	0	0	0	0	0	0
24 石川	0	0	0	0	0	0	0	0	0	0	0	0	0	0
25 福井	0	0	0	0	0	0	0	0	0	0	0	0	0	0
26 山梨	0	0	0	0	0	0	0	0	0	0	0	0	0	0
27 長野	0	0	0	0	0	0	0	0	0	0	0	0	0	0
28 静岡	0	0	0	0	0	0	0	0	0	0	0	0	0	0
29 岐阜	0	0	0	0	0	0	0	0	0	0	0	0	0	0
30 愛知	0	0	141,440	0	0	0	0	0	0	0	0	0	0	0
31 三重	0	0	0	0	0	0	0	0	0	0	0	0	0	0
32 滋賀	0	0	0	0	0	0	0	0	0	0	0	0	0	0
33 京都	0	0	0	0	0	0	0	0	0	0	0	0	0	0
34 奈良	0	0	0	0	0	0	0	0	0	0	0	0	0	0
35 和歌山	0	0	0	0	0	0	0	0	0	0	0	0	0	0
36 大阪	0	0	0	0	0	0	0	0	0	0	0	0	0	0
37 兵庫	0	0	0	0	0	0	0	0	0	0	0	0	0	0
38 鳥取	0	0	0	0	0	0	0	0	0	0	0	0	0	0
39 島根	0	0	0	0	0	0	0	0	0	0	0	0	0	0
40 岡山	0	0	0	0	0	0	0	0	0	0	0	0	0	0
41 広島	0	0	0	0	0	0	0	0	0	0	0	0	0	0
42 山口	0	0	0	0	0	0	0	0	0	0	0	0	0	0
43 香川	0	0	0	0	0	0	0	0	0	0	0	0	0	0
44 愛媛	0	0	0	0	0	0	0	0	0	0	0	0	0	0
45 徳島	0	0	0	0	0	0	0	0	0	0	0	0	0	0
46 高知	0	0	0	0	0	0	0	0	0	0	0	0	0	0
47 福岡	0	0	0	0	0	0	0	0	0	0	0	0	0	0
48 佐賀	0	0	0	0	0	0	0	0	0	0	0	0	0	0
49 長崎	0	0	0	0	0	0	0	0	0	0	0	0	0	0
50 熊本	0	0	0	0	0	0	0	0	0	0	0	0	0	0
51 大分	0	0	0	0	0	0	0	0	0	0	0	0	0	0
52 宮崎	0	0	0	0	0	0	0	0	0	0	0	0	0	0
53 鹿児島	0	0	0	0	0	0	0	0	0	0	0	0	0	0
54 沖縄	0	0	0	0	0	0	0	0	0	0	0	0	0	0
55 全国	0	0	141,440	0	0	0	0	0	0	0	0	0	0	0

平成28年度　　府県相互間輸送トン数表（鉄道）　　品目（8-31）その他の特種品　　（単位：トン）その 4

着 発	43 香川	44 愛媛	45 徳島	46 高知	47 福岡	48 佐賀	49 長崎	50 熊本	51 大分	52 宮崎	53 鹿児島	54 沖縄	55 全国
1 札幌	0	0	0	0	0	0	0	0	0	0	0	0	0
2 旭川	0	0	0	0	0	0	0	0	0	0	0	0	0
3 函館	0	0	0	0	0	0	0	0	0	0	0	0	0
4 室蘭	0	0	0	0	0	0	0	0	0	0	0	0	0
5 釧路	0	0	0	0	0	0	0	0	0	0	0	0	0
6 帯広	0	0	0	0	0	0	0	0	0	0	0	0	0
7 北見	0	0	0	0	0	0	0	0	0	0	0	0	0
8 北海道	0	0	0	0	0	0	0	0	0	0	0	0	0
9 青森	0	0	0	0	0	0	0	0	0	0	0	0	0
10 岩手	0	0	0	0	0	0	0	0	0	0	0	0	0
11 宮城	0	0	0	0	0	0	0	0	0	0	0	0	0
12 福島	0	0	0	0	0	0	0	0	0	0	0	0	0
13 秋田	0	0	0	0	0	0	0	0	0	0	0	0	0
14 山形	0	0	0	0	0	0	0	0	0	0	0	0	0
15 茨城	0	0	0	0	0	0	0	0	0	0	0	0	0
16 栃木	0	0	0	0	0	0	0	0	0	0	0	0	0
17 群馬	0	0	0	0	0	0	0	0	0	0	0	0	0
18 埼玉	0	0	0	0	0	0	0	0	0	0	0	0	0
19 千葉	0	0	0	0	0	0	0	0	0	0	0	0	0
20 東京	0	0	0	0	0	0	0	0	0	0	0	0	0
21 神奈川	0	0	0	0	0	0	0	0	0	0	0	0	0
22 新潟	0	0	0	0	0	0	0	0	0	0	0	0	0
23 富山	0	0	0	0	0	0	0	0	0	0	0	0	0
24 石川	0	0	0	0	0	0	0	0	0	0	0	0	0
25 福井	0	0	0	0	0	0	0	0	0	0	0	0	0
26 山梨	0	0	0	0	0	0	0	0	0	0	0	0	0
27 長野	0	0	0	0	0	0	0	0	0	0	0	0	0
28 静岡	0	0	0	0	0	0	0	0	0	0	0	0	0
29 岐阜	0	0	0	0	0	0	0	0	0	0	0	0	0
30 愛知	0	0	0	0	0	0	0	0	0	0	0	0	141,440
31 三重	0	0	0	0	0	0	0	0	0	0	0	0	0
32 滋賀	0	0	0	0	0	0	0	0	0	0	0	0	0
33 京都	0	0	0	0	0	0	0	0	0	0	0	0	0
34 奈良	0	0	0	0	0	0	0	0	0	0	0	0	0
35 和歌山	0	0	0	0	0	0	0	0	0	0	0	0	0
36 大阪	0	0	0	0	0	0	0	0	0	0	0	0	0
37 兵庫	0	0	0	0	0	0	0	0	0	0	0	0	0
38 鳥取	0	0	0	0	0	0	0	0	0	0	0	0	0
39 島根	0	0	0	0	0	0	0	0	0	0	0	0	0
40 岡山	0	0	0	0	0	0	0	0	0	0	0	0	0
41 広島	0	0	0	0	0	0	0	0	0	0	0	0	0
42 山口	0	0	0	0	0	0	0	0	0	0	0	0	0
43 香川	0	0	0	0	0	0	0	0	0	0	0	0	0
44 愛媛	0	0	0	0	0	0	0	0	0	0	0	0	0
45 徳島	0	0	0	0	0	0	0	0	0	0	0	0	0
46 高知	0	0	0	0	0	0	0	0	0	0	0	0	0
47 福岡	0	0	0	0	0	0	0	0	0	0	0	0	0
48 佐賀	0	0	0	0	0	0	0	0	0	0	0	0	0
49 長崎	0	0	0	0	0	0	0	0	0	0	0	0	0
50 熊本	0	0	0	0	0	0	0	0	0	0	0	0	0
51 大分	0	0	0	0	0	0	0	0	0	0	0	0	0
52 宮崎	0	0	0	0	0	0	0	0	0	0	0	0	0
53 鹿児島	0	0	0	0	0	0	0	0	0	0	0	0	0
54 沖縄	0	0	0	0	0	0	0	0	0	0	0	0	0
55 全国	0	0	0	0	0	0	0	0	0	0	0	0	141,440

平成28年度

府県相互間輸送トン数表（鉄道）

品目　（９－３２）その他

（単位：トン）
その　1

発＼着	1 札幌	2 旭川	3 函館	4 室蘭	5 釧路	6 帯広	7 北見	8 北海道	9 青森	10 岩手	11 宮城	12 福島	13 秋田	14 山形
1 札幌	755	23,598	76,855	11,151	13,703	44,269	15,557	185,888	17,530	9,449	24,284	24,287	18,656	5,644
2 旭川	9,058	533	4,258	457	960	950	2,425	18,641	2,942	1,629	5,885	8,451	1,433	3,089
3 函館	21,356	1,476	0	1,663	589	1,242	1,683	28,009	4,464	675	3,510	941	7,460	568
4 室蘭	903	314	4,759	277	13,830	6,635	315	27,033	11,915	6,798	11,340	5,402	6,095	2,664
5 釧路	15,067	3,675	686	4,268	0	2,211	883	26,790	3,750	2,255	1,950	685	1,945	290
6 帯広	3,500	459	3,460	2,192	3,005	0	100	12,716	3,184	3,005	8,035	5,975	2,315	4,690
7 北見	2,493	217	6,435	580	60	65	0	9,850	5,757	3,975	7,675	9,390	8,060	5,950
8 北海道	53,132	30,272	96,453	20,588	32,147	55,372	20,963	308,927	49,542	27,786	62,679	55,131	45,964	22,895
9 青森	22,192	3,886	4,014	1,884	845	862	604	34,287	1,501	1,686	40,510	10,353	703	1,940
10 岩手	11,005	777	970	2,935	310	709	506	17,212	630	390	31,269	772	20	74
11 宮城	60,693	2,195	6,010	5,149	586	3,776	1,559	79,968	80,237	6,457	6,698	10,112	29,816	1,024
12 福島	48,056	1,765	1,111	1,963	1,255	1,279	700	56,129	35,509	1,012	18,028	747	15,795	375
13 秋田	17,991	3,009	1,945	2,260	290	762	672	26,929	17,960	387	7,692	5,608	1,576	402
14 山形	18,683	874	1,691	1,123	280	547	660	23,858	13,389	397	344	576	53	5
15 茨城	34,445	2,045	3,113	3,720	935	2,050	745	47,053	10,805	2,640	5,590	754	12,245	2,815
16 栃木	84,140	2,210	4,503	3,461	2,215	2,887	1,085	100,501	7,468	8,905	6,667	345	7,248	610
17 群馬	21,895	703	647	3,344	115	576	695	27,975	520	705	2,505	18,835	275	177
18 埼玉	172,610	8,448	6,592	6,949	2,505	15,342	2,033	214,479	39,599	10,270	52,959	6,275	23,270	5,190
19 千葉	23,289	720	3,272	10,728	415	850	325	39,599	7,322	11,257	21,030	6,557	33,574	1,485
20 東京	431,721	4,008	21,588	10,497	4,507	6,693	1,799	480,813	34,682	40,123	141,216	7,437	38,248	6,163
21 神奈川	83,983	2,421	2,007	4,561	775	2,584	1,245	97,576	8,855	17,500	62,640	10,251	4,595	3,452
22 新潟	66,564	2,463	4,797	8,194	680	3,202	1,620	87,520	16,475	4,612	7,090	1,800	12,343	2,775
23 富山	29,545	1,455	690	6,516	1,380	1,753	2,315	43,654	4,895	6,995	12,745	4,542	1,335	1,853
24 石川	13,490	612	2,214	811	655	791	360	18,933	2,866	499	1,500	715	2,130	760
25 福井	5,390	185	977	750	60	247	150	7,759	926	925	1,270	990	440	255
26 山梨	2,570	687	186	44	20	80	285	3,872	325	275	12,450	60	10	20
27 長野	41,119	840	1,515	2,441	190	1,250	770	48,125	1,215	5,345	17,000	6,430	5,120	1,439
28 静岡	102,803	2,499	4,046	12,039	1,850	3,027	1,650	127,914	30,745	20,236	62,637	13,689	5,298	6,857
29 岐阜	37,656	1,231	3,218	2,431	625	1,129	1,095	47,385	3,690	17,790	21,240	3,385	1,580	2,760
30 愛知	78,453	7,324	3,851	22,602	1,205	3,147	2,940	119,522	11,025	157,041	56,696	16,223	13,579	5,080
31 三重	18,746	880	536	6,383	545	1,231	720	29,041	3,527	6,015	7,770	4,589	1,459	1,100
32 滋賀	0	0	0	0	0	0	0	0	0	0	0	0	0	0
33 京都	18,140	1,160	1,410	2,210	920	763	405	25,008	2,705	11,570	15,470	2,577	1,158	945
34 奈良	0	0	0	0	0	0	0	0	0	0	0	0	0	0
35 和歌山	19,982	345	380	1,486	500	855	270	23,818	3,000	1,390	16,712	939	465	120
36 大阪	142,060	3,566	7,623	7,781	3,189	3,559	1,240	169,018	12,501	11,635	73,400	23,646	14,873	7,462
37 兵庫	21,265	2,152	2,014	2,843	780	1,413	830	31,297	7,401	7,827	25,710	5,050	10,910	7,211
38 鳥取	4,430	175	20	155	15	105	50	4,950	350	295	4,415	1,660	135	190
39 島根	385	85	20	45	5	55	15	610	60	30	195	850	110	275
40 岡山	22,920	2,112	960	2,747	790	1,265	775	31,569	4,626	10,840	19,110	13,356	4,306	5,302
41 広島	20,456	923	907	2,457	270	696	930	26,639	2,730	2,560	17,849	7,216	8,120	2,260
42 山口	8,356	272	630	3,320	350	695	315	13,938	2,255	4,490	17,596	5,464	1,235	3,435
43 香川	12,949	460	263	1,187	1,125	783	465	17,232	2,625	529	6,125	1,725	920	2,945
44 愛媛	28,225	1,545	795	1,540	575	1,800	275	34,755	3,205	5,585	33,760	5,200	3,425	3,545
45 徳島	8,580	1,220	30	170	850	290	490	11,630	890	4,525	5,800	4,425	1,155	1,860
46 高知	2,345	595	100	1,855	1,710	250	65	6,920	2,785	930	1,040	1,615	60	1,475
47 福岡	27,837	1,892	1,575	2,605	535	1,989	955	37,388	5,323	6,318	32,393	10,585	8,934	3,002
48 佐賀	13,793	618	693	897	205	575	340	17,121	1,990	2,395	4,970	3,835	3,265	675
49 長崎	1,076	420	250	65	85	105	300	2,301	260	210	320	80	35	260
50 熊本	8,609	1,187	205	559	175	638	395	11,768	1,075	840	6,350	2,912	570	1,030
51 大分	2,024	125	120	798	15	94	20	3,196	2,390	565	1,955	2,479	125	135
52 宮崎	5,584	691	35	191	170	110	35	6,816	180	1,360	8,325	895	100	2,550
53 鹿児島	1,914	245	458	486	25	397	105	3,630	350	2,660	2,195	2,000	315	405
54 沖縄	0	0	0	0	0	0	0	0	0	0	0	0	0	0
55 全国	1,851,101	101,297	194,434	174,770	66,679	126,583	53,771	2,568,635	440,409	425,802	953,915	282,685	316,892	114,588

平成28年度

府県相互間輸送トン数表（鉄道）

品目　（９－３２）その他

（単位：トン）
その　2

発＼着	15 茨城	16 栃木	17 群馬	18 埼玉	19 千葉	20 東京	21 神奈川	22 新潟	23 富山	24 石川	25 福井	26 山梨	27 長野	28 静岡
1 札幌	16,625	20,852	9,205	89,490	12,372	157,946	30,212	23,136	6,459	6,393	1,808	1,990	10,573	24,963
2 旭川	7,365	9,280	3,715	40,189	9,282	37,000	16,752	10,079	4,150	1,880	1,200	1,140	6,710	10,233
3 函館	5,342	1,794	1,285	7,124	2,026	32,842	2,315	3,549	895	950	1,353	95	1,077	1,775
4 室蘭	3,643	14,903	1,880	20,581	7,128	20,013	4,543	5,818	3,640	1,740	5,067	580	8,915	11,935
5 釧路	2,400	1,090	955	4,755	702	5,376	2,845	1,950	1,565	310	360	290	770	1,095
6 帯広	7,930	15,386	3,960	34,426	4,050	17,787	6,600	5,198	2,410	2,090	1,180	1,610	7,950	11,455
7 北見	8,675	5,322	4,580	23,855	4,760	26,315	12,180	7,243	4,410	2,465	2,880	2,570	10,610	19,170
8 北海道	51,980	68,627	25,580	220,420	40,320	297,279	75,447	56,973	23,529	15,828	13,848	8,275	46,605	80,626
9 青森	9,948	2,847	975	105,616	2,912	46,175	6,850	6,546	9,600	5,920	1,910	470	1,969	5,914
10 岩手	495	1,361	139	4,862	2,975	23,256	1,517	1,623	2,176	755	180	385	368	5,271
11 宮城	1,268	7,176	2,055	198,106	4,398	195,524	12,119	10,520	895	3,795	3,126	500	1,805	13,784
12 福島	382	247	120	1,312	33,301	7,942	16,838	523	2,160	635	500	130	1,174	3,901
13 秋田	1,902	2,859	965	46,723	11,468	28,350	4,557	3,323	4,862	1,625	1,015	960	2,411	10,436
14 山形	1,545	201	90	2,655	1,845	3,791	780	304	420	215	40	100	105	1,525
15 茨城	342	196	165	306	43	1,998	7,141	3,857	2,660	780	7,500	150	15,099	1,980
16 栃木	46	271	80	3,689	39,307	1,312	77,223	1,726	830	2,605	615	40	575	6,018
17 群馬	62	15	0	229	32,710	345	103,713	9,740	502	285	4,730	50	45	1,224
18 埼玉	2,286	1,836	1,032	3,150	1,885	5,367	22,919	15,089	5,490	5,710	3,015	285	6,749	15,392
19 千葉	159	624	190	598	0	446	565	13,481	700	1,770	16,681	50	6,032	19,110
20 東京	2,110	2,652	773	5,714	14,229	4,679	19,957	59,917	8,373	4,646	2,581	935	8,533	10,570
21 神奈川	12,773	6,055	34,145	18,584	385	4,049	181,437	4,733	7,266	2,955	2,730	180	5,069	2,517
22 新潟	7,424	1,057	5,013	68,623	5,434	161,537	19,205	4,501	1,807	4,769	2,064	250	1,723	29,995
23 富山	8,910	5,435	8,085	28,933	1,148	36,789	27,761	7,590	254	1,342	987	265	13,450	9,718
24 石川	490	2,557	781	5,017	853	5,555	1,758	1,738	3,985	0	59	50	995	2,099
25 福井	4,215	375	1,866	4,735	4,689	3,523	3,852	773	968	37	14	60	380	1,470
26 山梨	0	7	5	75	33	155	29,556	2	0	75	20	0	34	10
27 長野	5,938	161	145	10,375	17,864	6,109	54,739	1,137	914	815	410	25	138	1,894
28 静岡	1,188	5,482	670	19,192	6,070	8,276	2,872	7,617	2,080	7,265	1,865	105	1,793	819
29 岐阜	3,574	2,510	1,530	16,283	2,361	8,705	6,773	5,803	684	475	65	200	780	2,199
30 愛知	8,465	12,866	11,350	113,503	15,847	46,487	32,100	60,043	23,959	6,680	517	585	4,763	7,060
31 三重	4,895	21,835	317	30,531	604	14,056	2,811	10,503	3,595	1,830	29	40	671	1,259
32 滋賀	0	0	0	0	0	0	0	0	0	0	0	0	0	0
33 京都	4,442	3,415	1,290	15,560	2,935	22,391	20,128	32,739	1,962	929	160	225	3,358	1,477
34 奈良	0	0	0	0	0	0	0	0	0	0	0	0	0	0
35 和歌山	1,740	1,375	330	32,630	1,055	954	14,036	4,277	114	292	265	5	245	1,320
36 大阪	12,102	22,346	6,969	91,735	14,952	430,038	33,460	33,489	13,430	16,532	1,746	1,250	3,802	16,235
37 兵庫	4,690	8,514	2,967	37,606	3,747	74,139	18,830	10,985	68,881	2,689	2,506	2,230	2,476	4,182
38 鳥取	1,965	2,345	7,600	82,680	65	104,050	515	35	201	2,705	60	1,620	145	695
39 島根	125	1,325	20	1,710	230	210	120	2,390	10	265	45	0	215	235
40 岡山	15,587	20,176	5,681	73,029	14,963	104,633	16,247	17,469	10,775	3,120	3,008	2,020	4,732	22,347
41 広島	10,526	23,405	6,545	97,148	8,779	176,047	21,502	11,090	2,289	4,635	3,275	1,030	1,925	69,397
42 山口	8,338	15,624	7,171	110,540	8,479	49,636	18,825	26,712	5,210	4,868	1,825	1,145	6,810	39,424
43 香川	2,694	590	851	13,919	1,399	30,104	7,280	1,644	3,610	3,070	235	105	325	1,461
44 愛媛	4,295	12,907	1,230	29,371	2,758	46,813	12,971	17,705	4,515	39,555	3,405	165	5,435	9,715
45 徳島	220	3,725	115	3,205	120	5,839	1,105	859	95	110	5	15	125	445
46 高知	1,505	6,495	230	2,695	2,000	5,789	1,085	1,030	80	110	25	10	140	385
47 福岡	14,991	33,546	8,259	109,774	8,011	308,659	55,549	19,197	13,921	3,803	3,962	1,230	4,196	56,472
48 佐賀	4,665	4,811	2,617	28,735	4,855	73,729	12,758	9,586	980	1,570	650	535	841	8,885
49 長崎	280	75	80	2,635	190	7,545	1,655	415	115	60	50	20	145	555
50 熊本	2,240	1,898	1,177	13,416	1,178	35,393	8,569	5,371	5,645	1,815	910	655	8,900	13,777
51 大分	4,100	2,240	255	7,135	1,410	5,933	2,780	1,740	4,610	430	1,495	510	1,575	4,170
52 宮崎	1,385	2,795	975	20,535	1,320	6,298	10,905	4,207	1,020	4,475	3,219	50	235	2,510
53 鹿児島	3,160	1,975	2,036	17,057	2,302	42,577	2,894	1,578	2,210	2,230	470	505	1,633	7,027
54 沖縄	0	0	0	0	0	0	0	0	0	0	0	0	0	0
55 全国	229,447	316,834	152,469	1,700,346	321,429	2,442,482	973,704	490,580	247,382	164,075	91,817	27,415	168,524	495,505

平成28年度　　府県相互間輸送トン数表（鉄道）　　品目（9-32）その他　　（単位：トン）　その3

発\着	29 岐阜	30 愛知	31 三重	32 滋賀	33 京都	34 奈良	35 和歌山	36 大阪	37 兵庫	38 鳥取	39 島根	40 岡山	41 広島	42 山口
1 札幌	10,297	42,452	5,130	0	17,599	0	1,611	79,501	18,854	1,840	390	14,275	15,060	2,116
2 旭川	5,725	17,099	3,555	0	6,840	0	2,400	34,560	9,188	835	250	4,775	7,165	1,716
3 函館	725	7,022	535	0	3,750	0	813	21,473	4,863	285	65	1,915	3,480	435
4 室蘭	3,285	37,593	3,601	0	5,510	0	803	15,244	4,069	440	175	2,270	3,227	2,366
5 釧路	810	3,125	370	0	945	0	210	8,180	3,275	320	15	2,470	2,135	310
6 帯広	5,165	20,440	4,310	0	10,750	0	3,427	25,440	11,155	2,180	740	6,340	12,825	4,390
7 北見	11,250	26,545	5,145	0	6,195	0	5,345	22,365	8,065	2,065	470	6,040	9,980	2,315
8 北海道	37,257	154,276	22,646	0	51,589	0	14,609	206,763	59,469	7,965	2,105	38,085	53,872	13,648
9 青森	5,620	20,569	4,797	0	9,750	0	2,916	62,190	17,652	1,510	1,705	7,426	13,267	2,473
10 岩手	15,910	144,785	1,649	0	13,200	0	1,945	18,314	21,386	110	275	15,432	4,395	550
11 宮城	31,067	70,688	1,804	0	14,965	0	392	91,185	13,001	700	255	9,668	10,969	6,533
12 福島	1,490	7,828	2,066	0	2,820	0	1,700	38,716	5,532	1,120	150	8,390	10,088	4,833
13 秋田	13,599	29,257	1,276	0	3,200	0	802	38,658	25,540	115	900	12,942	22,035	1,016
14 山形	825	5,957	761	0	1,545	0	655	20,984	11,025	55	345	5,247	14,225	3,380
15 茨城	6,355	17,334	30,189	0	40,857	0	2,575	20,977	2,356	1,095	235	5,961	6,490	10,232
16 栃木	2,414	13,230	12,520	0	3,055	0	247	43,233	10,120	1,260	440	9,066	34,984	8,065
17 群馬	615	14,359	1,002	0	1,999	0	130	9,853	3,502	530	50	5,840	9,488	2,941
18 埼玉	5,120	63,946	15,228	0	18,054	0	2,785	103,569	28,866	6,320	545	24,193	44,947	10,651
19 千葉	9,910	40,675	2,113	0	2,070	0	865	24,460	10,120	610	150	8,941	5,420	19,058
20 東京	6,179	56,156	6,192	0	22,293	0	1,610	459,595	32,028	7,930	535	73,758	155,366	21,506
21 神奈川	3,601	38,021	2,935	0	8,613	0	2,941	36,678	22,952	2,700	100	8,766	28,785	9,258
22 新潟	12,152	71,125	5,799	0	32,110	0	2,732	157,069	29,935	675	2,905	56,099	27,818	12,648
23 富山	2,683	24,117	1,793	0	1,135	0	1,052	27,942	11,262	195	125	4,775	7,500	6,947
24 石川	1,112	2,432	1,029	0	530	0	422	4,298	1,104	140	580	486	2,079	3,225
25 福井	91	610	190	0	135	0	30	1,976	2,290	90	85	1,256	1,380	1,411
26 山梨	90	45	5	0	140	0	2	794	72	20	20	150	710	305
27 長野	240	3,501	65,559	0	6,340	0	170	14,108	3,427	215	210	6,030	7,900	3,895
28 静岡	1,575	5,904	1,190	0	4,650	0	2,054	31,093	6,282	1,495	3,255	21,628	76,938	21,841
29 岐阜	144	1,250	238	0	190	0	225	2,625	2,055	330	270	6,322	18,040	11,029
30 愛知	79,449	10,431	3,871	0	3,416	0	182	7,865	2,920	13,140	14,090	19,667	36,518	19,874
31 三重	906	3,479	0	0	50	0	7	432	1,540	910	55	21,911	4,888	30,369
32 滋賀	0	0	0	0	0	0	0	0	0	0	0	0	0	0
33 京都	319	8,351	230	0	52	0	17	399	921	638	195	1,269	5,526	13,480
34 奈良	0	0	0	0	0	0	0	0	0	0	0	0	0	0
35 和歌山	40	3,307	217	0	17	0	0	141	20	10		397	546	925
36 大阪	1,498	9,853	731	0	357	0	1,035	5,544	3,031	3,370	490	6,175	24,836	6,207
37 兵庫	1,751	7,220	1,508	0	365	0	106	2,798	9,101	468	505	2,616	12,567	2,772
38 鳥取	970	11,135	12	0	3,172	0	5	16,390	207	0	5	222	393	4,440
39 島根	20	1,540	12	0	10	0	15	50	20	38	0	17	80	15
40 岡山	6,211	28,045	10,385	0	1,827	0	357	9,543	2,756	257	125	2,714	3,482	11,286
41 広島	13,156	41,798	2,157	0	1,800	0	402	10,600	4,035	228	150	2,363	5,333	7,155
42 山口	10,679	29,060	11,118	0	6,284	0	280	11,008	6,342	1,495	70	4,992	3,233	12,967
43 香川	1,268	1,987	1,274	0	524	0	90	1,402	596	10	5	324	423	2,886
44 愛媛	830	8,988	197	0	464	0	715	2,632	753	20	5	25	165	7,950
45 徳島	55	1,145	50	0	19	0	40	60	33	75	0	35	1,765	162
46 高知	755	255	100	0	55	0	45	557	204	10	10	40	205	142
47 福岡	51,762	104,662	7,387	0	12,467	0	1,655	110,593	36,292	1,212	205	10,375	20,615	5,647
48 佐賀	5,925	20,052	7,371	0	9,545	0	898	38,445	14,629	350	50	4,314	8,061	1,529
49 長崎	665	585	50	0	950	0	145	2,007	715	60	35	185	349	63
50 熊本	24,250	31,332	1,821	0	2,100	0	545	14,605	4,830	500	200	2,497	3,817	857
51 大分	875	11,290	590	0	1,260	0	347	8,214	4,560	15	30	1,037	1,736	227
52 宮崎	1,920	12,146	11,081	0	10,175	0	162	8,378	2,660	245	20	9,010	1,910	500
53 鹿児島	8,720	14,781	560	0	6,355	0	175	27,077	4,271	255	25	5,145	3,992	633
54 沖縄	0	0	0	0	0	0	0	0	0	0	0	0	0	0
55 全国	370,073	1,147,507	241,703	0	300,504	0	48,082	1,693,679	420,533	58,496	31,520	425,791	697,136	305,531

平成28年度　　府県相互間輸送トン数表（鉄道）　　品目（9-32）その他　　（単位：トン）　その4

発\着	43 香川	44 愛媛	45 徳島	46 高知	47 福岡	48 佐賀	49 長崎	50 熊本	51 大分	52 宮崎	53 鹿児島	54 沖縄	55 全国
1 札幌	4,398	5,337	2,350	1,744	32,659	14,109	1,585	7,036	2,620	3,299	4,422	0	986,446
2 旭川	3,275	2,420	1,870	825	12,729	9,052	2,635	5,890	1,475	2,233	5,417	0	342,974
3 函館	215	645	1,560	125	6,132	2,910	575	477	235	340	1,055	0	167,679
4 室蘭	4,970	1,240	1,230	440	4,387	1,025	215	1,215	180	465	625	0	276,208
5 釧路	1,900	320	1,300	190	4,774	1,955	50	490	265	715	1,090	0	97,342
6 帯広	3,380	2,565	2,170	715	22,086	7,330	1,660	4,805	1,195	1,110	2,250	0	318,380
7 北見	5,895	6,020	2,840	2,945	22,370	13,940	2,055	8,375	2,025	2,850	7,325	0	368,112
8 北海道	24,033	18,547	13,320	6,984	105,137	50,321	8,775	28,288	7,995	11,012	22,184	0	2,557,141
9 青森	2,970	2,828	1,020	2,590	27,809	8,392	690	4,359	2,961	2,390	2,706	0	507,222
10 岩手	580	455	2,920	155	10,788	7,056	115	12,021	220	590	1,165	0	369,746
11 宮城	4,557	3,801	795	194	37,224	5,313	655	6,965	810	1,821	2,290	0	985,035
12 福島	1,310	3,431	700	1,060	24,320	10,100	160	6,464	2,035	1,483	1,566	0	334,122
13 秋田	1,730	885	2,120	300	16,003	7,930	280	685	345	1,365	1,295	0	364,288
14 山形	2,035	635	760	60	18,198	7,935	830	785	545	1,260	1,853	0	152,138
15 茨城	1,890	1,928	570	60	18,339	18,538	115	2,185	4,100	1,050	960	0	318,510
16 栃木	4,945	3,585	1,585	687	87,241	12,920	480	3,720	4,825	2,365	5,450	0	532,518
17 群馬	1,315	530	235	255	33,657	4,055	50	990	335	475	1,210	0	298,058
18 埼玉	9,378	5,726	2,350	1,878	163,181	29,308	1,750	9,267	3,650	6,041	6,314	0	1,005,314
19 千葉	1,430	2,553	555	340	25,499	13,964	315	1,450	560	1,620	1,260	0	355,168
20 東京	12,669	5,718	1,785	1,607	461,824	116	1,140	26,740	4,420	3,297	9,645	0	2,282,700
21 神奈川	14,754	2,430	585	395	103,634	17,890	615	7,296	5,025	2,075	7,805	0	815,601
22 新潟	10,440	8,320	3,880	1,025	103,108	40,915	5,565	6,095	3,260	2,187	9,515	0	1,051,394
23 富山	6,547	1,837	5,250	169	43,402	12,565	730	6,988	2,806	2,123	5,645	0	404,274
24 石川	628	727	430	207	21,682	5,752	785	2,045	520	2,030	2,250	0	107,833
25 福井	550	421	75	160	9,750	3,300	185	910	485	2,075	95	0	67,392
26 山梨	175	75	40	75	1,770	340	20	300	0	25	110	0	52,267
27 長野	2,655	1,640	240	1,910	47,240	15,965	285	5,070	2,440	1,305	4,665	0	380,348
28 静岡	10,688	5,474	1,565	1,605	210,982	47,205	2,040	12,375	6,952	6,821	7,170	0	823,452
29 岐阜	1,760	1,975	595	877	110,459	12,685	789	23,055	3,910	1,910	4,500	0	355,005
30 愛知	2,477	21,962	640	910	156,571	37,642	1,325	28,250	4,862	5,227	4,005	0	1,198,685
31 三重	1,185	1,045	200	90	15,470	33,285	240	3,960	1,815	4,190	810	0	273,314
32 滋賀	0	0	0	0	0	0	0	0	0	0	0	0	0
33 京都	1,677	1,560	151	205	47,627	5,716	425	1,395	975	3,002	6,780	0	271,354
34 奈良	0	0	0	0	0	0	0	0	0	0	0	0	0
35 和歌山	407	610	87	95	1,578	2,440	20	1,435	50	110	95	0	117,629
36 大阪	4,141	16,843	1,413	592	213,597	117,365	915	14,231	2,267	5,417	11,875	0	1,462,404
37 兵庫	3,539	3,123	816	1,342	77,164	38,665	1,655	10,883	2,538	3,898	5,445	0	530,693
38 鳥取	587	276	870	140	12,294	10,690	460	870	690	625	790	0	281,919
39 島根	32	152	10	10	64	120	10	60	125	50	245	0	11,725
40 岡山	1,333	1,060	432	280	27,188	9,294	1,350	6,699	1,685	9,599	3,765	0	542,569
41 広島	515	512	815	108	16,986	8,254	320	875	1,045	1,320	10,375	0	635,269
42 山口	2,176	2,531	520	495	6,198	3,289		1,357	98	2,070	1,095	0	470,292
43 香川	0	390	52	120	10,286	2,744	115	240	230	565	95	0	125,014
44 愛媛	1,080	0	0	2	2,181	440	255	435	155	992	415	0	309,014
45 徳島	0	0	0	0	6,715	3,980	50	70	10	30	535	0	61,097
46 高知	0	7	0	0	170	55	0	225	85	225	35	0	39,584
47 福岡	9,158	19,772	836	416	42,693	3,044	576	19,212	2,402	8,578	13,835	0	1,228,907
48 佐賀	2,017	1,280	425	408	6,378	2,866	684	3,253	345	886	3,989	0	323,168
49 長崎	120	85	45	50	264	98	50	50	230	46	77	0	23,930
50 熊本	1,045	1,160	305	645	5,938	197	71	779	230	125	331	0	223,669
51 大分	110	255	55	55	658	57	82			1,523	1,010	0	83,289
52 宮崎	200	70	70	55	5,299	468	45	102	196	190	153	0	145,210
53 鹿児島	3,152	1,458	1,070	215	6,329	502	20	2,025	932	300	307	0	187,508
54 沖縄	0	0	0	0	0	0	0	0	0	0	0	0	0
55 全国	151,990	147,672	50,187	28,826	2,342,895	629,866	35,045	264,541	78,934	104,288	166,035	0	22,665,769

平成28年度　　　　　　　　　　　　府県相互間輸送トン数表（鉄道）　　　　　品目　（10-32-1）甲種鉄道車両（特掲）　　　（単位：トン）その 1

着／発	1 札幌	2 旭川	3 函館	4 室蘭	5 釧路	6 帯広	7 北見	8 北海道	9 青森	10 岩手	11 宮城	12 福島	13 秋田	14 山形
1 札幌	0	0	0	400	0	0	0	400	0	0	0	0	0	0
2 旭川	0	0	0	0	0	0	0	0	0	0	0	0	0	0
3 函館	0	0	0	400	0	0	0	400	0	0	0	0	400	0
4 室蘭	0	0	0	0	0	0	0	0	0	0	0	0	0	0
5 釧路	0	0	0	0	0	0	0	0	0	0	0	0	0	0
6 帯広	0	0	0	0	0	0	0	0	0	0	0	0	0	0
7 北見	0	0	0	0	0	0	0	0	0	0	0	0	0	0
8 北海道	0	0	0	800	0	0	0	800	0	0	0	0	400	0
9 青森	0	0	0	0	0	0	0	0	0	0	0	0	0	0
10 岩手	0	0	0	0	0	0	0	0	0	0	29,736	0	0	0
11 宮城	0	0	0	0	0	0	0	0	0	0	3,242	720	0	0
12 福島	0	0	0	0	0	0	0	0	0	0	16,723	0	0	0
13 秋田	0	0	400	0	0	0	0	400	400	0	0	0	1,200	0
14 山形	0	0	0	0	0	0	0	0	0	0	0	0	0	0
15 茨城	0	0	0	0	0	0	0	0	0	0	0	0	0	0
16 栃木	0	0	0	0	0	0	0	0	0	0	0	0	0	0
17 群馬	0	0	0	0	0	0	0	0	0	0	0	18,460	0	0
18 埼玉	0	0	0	0	0	0	0	0	0	0	0	0	0	0
19 千葉	0	0	0	0	0	0	0	0	0	0	0	0	0	0
20 東京	0	0	0	0	0	0	0	0	0	0	0	0	400	0
21 神奈川	0	0	0	0	0	0	0	0	0	0	4,416	0	400	0
22 新潟	400	0	800	0	0	0	0	1,200	0	0	0	0	400	0
23 富山	0	0	0	0	0	0	0	0	0	0	0	0	0	0
24 石川	0	0	0	0	0	0	0	0	0	0	0	0	0	0
25 福井	0	0	0	0	0	0	0	0	0	0	0	0	0	0
26 山梨	0	0	0	0	0	0	0	0	0	0	0	0	0	0
27 長野	0	0	0	0	0	0	0	0	0	0	0	0	0	0
28 静岡	0	0	0	0	0	0	0	0	0	0	0	0	0	0
29 岐阜	0	0	0	0	0	0	0	0	0	0	0	0	0	0
30 愛知	0	0	0	0	0	0	0	0	0	0	0	0	400	0
31 三重	0	0	0	0	0	0	0	0	0	0	0	0	0	0
32 滋賀	0	0	0	0	0	0	0	0	0	0	0	0	0	0
33 京都	0	0	0	0	0	0	0	0	0	0	0	0	0	0
34 奈良	0	0	0	0	0	0	0	0	0	0	0	0	0	0
35 和歌山	0	0	0	0	0	0	0	0	0	0	0	0	0	0
36 大阪	0	0	0	0	0	0	0	0	0	0	0	0	0	0
37 兵庫	0	0	0	0	0	0	0	0	0	0	0	0	0	0
38 鳥取	0	0	0	0	0	0	0	0	0	0	0	0	0	0
39 島根	0	0	0	0	0	0	0	0	0	0	0	0	0	0
40 岡山	0	0	0	0	0	0	0	0	0	0	0	0	0	0
41 広島	0	0	0	0	0	0	0	0	0	0	0	0	0	0
42 山口	0	0	0	0	0	0	0	0	0	0	0	0	400	0
43 香川	0	0	0	0	0	0	0	0	0	0	0	0	0	0
44 愛媛	0	0	0	0	0	0	0	0	0	0	0	0	0	0
45 徳島	0	0	0	0	0	0	0	0	0	0	0	0	0	0
46 高知	0	0	0	0	0	0	0	0	0	0	0	0	0	0
47 福岡	0	0	0	0	0	0	0	0	0	0	0	0	0	0
48 佐賀	0	0	0	0	0	0	0	0	0	0	0	0	0	0
49 長崎	0	0	0	0	0	0	0	0	0	0	0	0	0	0
50 熊本	0	0	0	0	0	0	0	0	0	0	0	0	0	0
51 大分	0	0	0	0	0	0	0	0	0	0	0	0	0	0
52 宮崎	0	0	0	0	0	0	0	0	0	0	0	0	0	0
53 鹿児島	0	0	0	0	0	0	0	0	0	0	0	0	0	0
54 沖縄	0	0	0	0	0	0	0	0	0	0	0	0	0	0
55 全国	400	0	1,200	800	0	0	0	2,400	400	0	54,117	19,580	2,800	0

平成28年度　　　　　　　　　　　　府県相互間輸送トン数表（鉄道）　　　　　品目　（10-32-1）甲種鉄道車両（特掲）　　　（単位：トン）その 2

着／発	15 茨城	16 栃木	17 群馬	18 埼玉	19 千葉	20 東京	21 神奈川	22 新潟	23 富山	24 石川	25 福井	26 山梨	27 長野	28 静岡
1 札幌	0	0	0	400	0	0	0	0	0	0	0	0	0	0
2 旭川	0	0	0	0	0	0	0	0	0	0	0	0	0	0
3 函館	0	0	0	0	0	0	0	0	0	0	0	0	0	0
4 室蘭	0	0	0	0	0	0	0	0	0	0	0	0	0	0
5 釧路	0	0	0	0	0	0	0	0	0	0	0	0	0	0
6 帯広	0	0	0	0	0	0	0	0	0	0	0	0	0	0
7 北見	0	0	0	0	0	0	0	0	0	0	0	0	0	0
8 北海道	0	0	0	0	400	0	0	0	0	0	0	0	0	0
9 青森	0	0	0	0	0	0	0	0	0	0	0	0	0	0
10 岩手	0	0	0	0	0	0	0	0	0	0	0	0	0	0
11 宮城	0	0	0	0	0	0	0	4	0	0	0	0	0	0
12 福島	0	0	0	400	31,336	0	15,724	0	0	0	0	0	0	0
13 秋田	0	0	0	400	0	0	0	0	0	0	0	0	0	0
14 山形	0	0	0	0	0	0	0	0	0	0	0	0	0	0
15 茨城	0	0	0	0	0	0	0	0	0	0	0	0	0	0
16 栃木	0	0	0	400	39,148	0	75,164	0	0	0	0	0	0	0
17 群馬	0	0	0	0	32,516	0	93,284	0	0	0	0	0	0	0
18 埼玉	0	100	0	0	30	0	16,620	0	0	0	0	0	0	0
19 千葉	0	0	0	30	0	0	148	0	0	0	0	0	0	0
20 東京	0	0	0	0	13,086	1,600	12,876	0	0	0	0	0	0	0
21 神奈川	400	400	0	800	108	3,200	489	20	0	0	0	0	0	1,200
22 新潟	800	0	0	0	0	0	2,820	0	0	1,200	0	0	0	0
23 富山	0	0	0	0	0	0	0	0	0	0	0	0	0	0
24 石川	0	0	0	0	0	0	0	0	0	0	0	0	0	0
25 福井	0	0	0	0	0	0	0	0	0	0	0	0	0	0
26 山梨	0	0	0	0	0	0	29,396	0	0	0	0	0	0	0
27 長野	0	0	0	0	16,104	0	52,396	0	0	0	0	0	0	0
28 静岡	0	0	0	0	0	0	800	0	0	0	0	0	0	0
29 岐阜	0	0	0	0	0	0	0	0	0	0	0	0	0	0
30 愛知	0	25	0	0	0	0	6,532	0	0	0	0	0	0	0
31 三重	0	0	0	0	0	0	80	0	0	0	0	0	0	0
32 滋賀	0	0	0	0	0	0	0	0	0	0	0	0	0	0
33 京都	0	0	0	0	0	0	0	0	0	0	0	0	0	0
34 奈良	0	0	0	0	0	0	0	0	0	0	0	0	0	0
35 和歌山	0	0	0	0	0	0	0	0	0	0	0	0	0	0
36 大阪	0	0	0	2,000	0	0	0	0	0	400	0	0	0	0
37 兵庫	0	0	0	1,200	0	3,200	800	400	0	0	0	0	0	0
38 鳥取	0	0	0	0	0	0	0	0	0	0	0	0	0	0
39 島根	0	0	0	0	0	0	0	0	0	0	0	0	0	0
40 岡山	0	0	0	0	0	0	0	0	0	0	0	0	0	0
41 広島	0	0	0	0	0	0	0	0	0	0	0	0	0	0
42 山口	0	0	0	0	0	3,200	0	0	0	0	0	0	0	0
43 香川	0	0	0	400	0	0	0	0	0	0	0	0	0	0
44 愛媛	0	0	0	0	0	0	0	0	0	0	0	0	0	0
45 徳島	0	0	0	0	0	0	0	0	0	0	0	0	0	0
46 高知	0	0	0	0	0	0	0	0	0	0	0	0	0	0
47 福岡	0	0	0	0	0	0	0	0	0	0	0	0	0	0
48 佐賀	0	0	0	0	0	0	0	0	0	0	0	0	0	0
49 長崎	0	0	0	0	0	0	0	0	0	0	0	0	0	0
50 熊本	0	0	0	0	0	0	0	0	0	0	0	0	0	0
51 大分	0	0	0	0	0	0	0	0	0	0	0	0	0	0
52 宮崎	0	0	0	0	0	0	0	0	0	0	0	0	0	0
53 鹿児島	0	0	0	0	0	0	0	0	0	0	0	0	0	0
54 沖縄	0	0	0	0	0	0	0	0	0	0	0	0	0	0
55 全国	1,200	525	0	5,630	132,328	11,200	307,133	420	0	1,600	0	0	0	1,200

平成28年度　　府県相互間輸送トン数表（鉄道）　　品目（10-32-1）甲種鉄道車両（特掲）　　（単位：トン）その 3

着／発	29 岐阜	30 愛知	31 三重	32 滋賀	33 京都	34 奈良	35 和歌山	36 大阪	37 兵庫	38 鳥取	39 島根	40 岡山	41 広島	42 山口
1 札幌	0	0	0	0	0	0	0	0	0	0	0	0	0	0
2 旭川	0	0	0	0	0	0	0	0	0	0	0	0	0	0
3 函館	0	0	0	0	0	0	0	0	0	0	0	0	0	0
4 室蘭	0	0	0	0	0	0	0	0	0	0	0	0	0	0
5 釧路	0	0	0	0	0	0	0	0	0	0	0	0	0	0
6 帯広	0	0	0	0	0	0	0	0	0	0	0	0	0	0
7 北見	0	0	0	0	0	0	0	0	0	0	0	0	0	0
8 北海道	0	0	0	0	0	0	0	0	0	0	0	0	0	0
9 青森	0	0	0	0	0	0	0	0	0	0	0	0	0	0
10 岩手	0	0	0	0	0	0	0	0	0	0	0	0	0	0
11 宮城	0	0	0	0	0	0	0	0	0	0	0	0	0	0
12 福島	0	0	0	0	0	0	0	0	0	0	0	0	400	0
13 秋田	0	400	0	0	0	0	0	0	0	0	0	0	0	0
14 山形	0	0	0	0	0	0	0	0	0	0	0	0	0	0
15 茨城	0	0	0	0	0	0	0	0	0	0	0	0	0	0
16 栃木	0	0	0	0	0	0	0	0	0	0	0	0	0	0
17 群馬	0	0	0	0	0	0	0	0	0	0	0	0	0	0
18 埼玉	0	0	0	0	0	0	0	0	0	0	0	0	0	0
19 千葉	0	0	0	0	0	0	0	0	0	0	0	0	0	0
20 東京	0	0	0	0	0	0	0	0	0	0	0	0	0	0
21 神奈川	0	912	108	0	0	0	400	0	0	0	0	0	0	0
22 新潟	0	0	0	0	0	0	0	0	0	0	0	0	0	0
23 富山	0	0	0	0	0	0	0	0	0	0	0	0	0	0
24 石川	0	0	0	0	0	0	0	100	0	0	0	0	0	0
25 福井	0	0	0	0	0	0	0	0	0	0	0	0	0	0
26 山梨	0	0	0	0	0	0	0	0	0	0	0	0	0	0
27 長野	0	0	64,312	0	0	0	0	0	0	0	0	0	0	0
28 静岡	0	0	0	0	0	0	0	0	0	0	0	0	0	0
29 岐阜	0	0	0	0	0	0	0	0	0	0	0	0	0	0
30 愛知	77,812	6,616	2,936	0	0	0	0	0	0	0	0	0	0	0
31 三重	0	2,432	0	0	0	0	0	0	0	0	0	0	0	0
32 滋賀	0	0	0	0	0	0	0	0	0	0	0	0	0	0
33 京都	0	0	0	0	0	0	0	0	0	0	0	0	0	0
34 奈良	0	0	0	0	0	0	0	0	0	0	0	0	0	0
35 和歌山	0	0	0	0	0	0	0	0	0	0	0	0	0	0
36 大阪	0	0	0	0	0	0	800	2,400	0	400	0	0	0	0
37 兵庫	0	0	0	0	0	0	0	0	8,400	0	0	0	0	0
38 鳥取	0	0	0	0	0	0	0	0	0	0	0	0	0	0
39 島根	0	0	0	0	0	0	0	0	0	0	0	0	0	0
40 岡山	0	0	0	0	0	0	0	0	0	0	0	0	144	0
41 広島	0	0	0	0	0	0	0	0	0	0	0	0	0	0
42 山口	0	0	0	0	0	0	0	0	0	0	0	0	0	0
43 香川	0	0	0	0	0	0	0	0	0	0	0	0	0	0
44 愛媛	0	0	0	0	0	0	0	0	0	0	0	0	0	0
45 徳島	0	0	0	0	0	0	0	0	0	0	0	0	0	0
46 高知	0	0	0	0	0	0	0	0	0	0	0	0	0	0
47 福岡	0	0	0	0	0	0	0	0	0	0	0	0	0	0
48 佐賀	0	0	0	0	0	0	0	0	0	0	0	0	0	0
49 長崎	0	0	0	0	0	0	0	0	0	0	0	0	0	0
50 熊本	0	0	0	0	0	0	0	0	0	0	0	0	0	0
51 大分	0	0	0	0	0	0	0	0	0	0	0	0	0	0
52 宮崎	0	0	0	0	0	0	0	0	0	0	0	0	0	0
53 鹿児島	0	0	0	0	0	0	0	0	0	0	0	0	0	0
54 沖縄	0	0	0	0	0	0	0	0	0	0	0	0	0	0
55 全国	77,812	10,360	67,356	0	0	0	1,200	2,500	8,400	400	0	0	544	0

平成28年度　　府県相互間輸送トン数表（鉄道）　　品目（10-32-1）甲種鉄道車両（特掲）　　（単位：トン）その 4

着／発	43 香川	44 愛媛	45 徳島	46 高知	47 福岡	48 佐賀	49 長崎	50 熊本	51 大分	52 宮崎	53 鹿児島	54 沖縄	55 全国
1 札幌	0	0	0	0	0	0	0	0	0	0	0	0	800
2 旭川	0	0	0	0	0	0	0	0	0	0	0	0	0
3 函館	0	0	0	0	0	0	0	0	0	0	0	0	800
4 室蘭	0	0	0	0	0	0	0	0	0	0	0	0	0
5 釧路	0	0	0	0	0	0	0	0	0	0	0	0	0
6 帯広	0	0	0	0	0	0	0	0	0	0	0	0	0
7 北見	0	0	0	0	0	0	0	0	0	0	0	0	0
8 北海道	0	0	0	0	0	0	0	0	0	0	0	0	1,600
9 青森	0	0	0	0	0	0	0	0	0	0	0	0	0
10 岩手	0	0	0	0	0	0	0	0	0	0	0	0	29,736
11 宮城	0	0	0	0	225	0	0	0	0	0	0	0	4,591
12 福島	0	0	0	0	0	0	0	0	0	0	0	0	63,783
13 秋田	0	0	0	0	0	0	0	0	0	0	0	0	2,800
14 山形	0	0	0	0	0	0	0	0	0	0	0	0	0
15 茨城	0	0	0	0	0	0	0	0	0	0	0	0	0
16 栃木	0	0	0	0	0	0	0	0	0	0	0	0	114,712
17 群馬	0	0	0	0	0	0	0	0	0	0	0	0	144,260
18 埼玉	0	0	0	0	90	0	0	0	0	0	0	0	16,840
19 千葉	0	0	0	0	0	0	0	0	0	0	0	0	178
20 東京	0	0	0	0	870	0	0	0	0	0	0	0	28,832
21 神奈川	0	0	0	0	0	0	0	0	0	0	0	0	12,853
22 新潟	0	0	0	0	0	0	0	0	0	0	0	0	6,020
23 富山	0	0	0	0	0	0	0	0	0	0	0	0	0
24 石川	0	0	0	0	0	0	0	0	0	0	0	0	100
25 福井	0	0	0	0	0	0	0	0	0	0	0	0	0
26 山梨	0	0	0	0	0	0	0	0	0	0	0	0	29,396
27 長野	0	0	0	0	0	0	0	0	0	0	0	0	132,812
28 静岡	0	0	0	0	1,890	0	0	0	0	0	0	0	2,690
29 岐阜	0	0	0	0	0	0	0	0	0	0	0	0	0
30 愛知	0	0	0	0	0	0	0	0	0	0	0	0	94,321
31 三重	0	0	0	0	0	0	0	0	0	0	0	0	2,512
32 滋賀	0	0	0	0	0	0	0	0	0	0	0	0	0
33 京都	0	0	0	0	0	0	0	0	0	0	0	0	0
34 奈良	0	0	0	0	0	0	0	0	0	0	0	0	0
35 和歌山	0	0	0	0	0	0	0	0	0	0	0	0	0
36 大阪	0	0	0	0	0	0	0	0	0	0	0	0	6,000
37 兵庫	400	0	0	0	270	0	0	0	0	0	0	0	14,670
38 鳥取	0	0	0	0	0	0	0	0	0	0	0	0	0
39 島根	0	0	0	0	0	0	0	0	0	0	0	0	0
40 岡山	0	0	0	0	0	0	0	0	0	0	0	0	144
41 広島	0	0	0	0	270	0	0	0	0	0	0	0	270
42 山口	0	0	0	0	1,200	0	0	0	0	0	0	0	4,800
43 香川	0	0	0	0	0	0	0	0	0	0	0	0	400
44 愛媛	0	0	0	0	0	0	0	0	0	0	0	0	0
45 徳島	0	0	0	0	0	0	0	0	0	0	0	0	0
46 高知	0	0	0	0	0	0	0	0	0	0	0	0	0
47 福岡	0	0	0	0	1,656	0	0	0	0	0	0	0	1,656
48 佐賀	0	0	0	0	0	0	0	0	0	0	0	0	0
49 長崎	0	0	0	0	0	0	0	0	0	0	0	0	0
50 熊本	0	0	0	0	0	0	0	0	0	0	0	0	0
51 大分	0	0	0	0	0	0	0	0	0	0	0	0	0
52 宮崎	0	0	0	0	0	0	0	0	0	0	0	0	0
53 鹿児島	0	0	0	0	0	0	0	0	0	0	0	0	0
54 沖縄	0	0	0	0	0	0	0	0	0	0	0	0	0
55 全国	400	0	0	0	6,471	0	0	0	0	0	0	0	715,976

平成28年度　　府県相互間輸送トン数表（鉄道）

品目　（10-32-2）コンテナ（特掲）　（単位：トン）　その 1

発＼着	1 札幌	2 旭川	3 函館	4 室蘭	5 釧路	6 帯広	7 北見	8 北海道	9 青森	10 岩手	11 宮城	12 福島	13 秋田	14 山形
1 札幌	755	23,598	76,855	10,751	13,703	44,269	15,557	185,488	17,530	9,449	24,284	24,287	18,656	5,644
2 旭川	9,058	533	4,258	457	960	950	2,425	18,641	2,942	1,629	5,885	8,451	1,433	3,089
3 函館	21,356	1,476	0	1,263	589	1,242	1,683	27,609	4,464	675	3,510	941	7,060	568
4 室蘭	903	314	4,759	277	13,830	6,635	315	27,033	11,915	6,798	11,340	5,402	6,095	2,664
5 釧路	15,067	3,675	686	4,268	0	2,211	883	26,790	3,750	2,255	1,950	685	1,945	290
6 帯広	3,500	459	3,460	2,192	3,005	0	100	12,716	3,184	3,005	8,035	5,975	2,315	4,690
7 北見	2,493	217	6,435	580	60	65	0	9,850	5,757	3,975	7,675	9,390	8,060	5,950
8 北海道	53,132	30,272	96,453	19,788	32,147	55,372	20,963	308,127	49,542	27,786	62,679	55,131	45,564	22,895
9 青森	22,192	3,886	4,014	1,884	845	862	604	34,287	1,501	1,686	40,510	10,353	703	1,940
10 岩手	11,005	777	970	2,935	310	709	506	17,212	630	390	1,533	772	20	74
11 宮城	60,693	2,195	6,010	5,149	586	3,776	1,559	79,968	80,237	6,457	3,456	9,392	29,816	1,024
12 福島	48,056	1,765	1,111	1,963	1,255	1,279	700	56,129	35,509	1,012	1,305	747	15,795	375
13 秋田	17,991	3,009	1,545	2,260	290	762	672	26,529	17,560	387	7,692	5,608	376	402
14 山形	18,683	874	1,691	1,123	280	547	660	23,858	13,389	397	344	576	53	5
15 茨城	34,445	2,045	3,113	3,720	935	2,050	745	47,053	10,805	2,640	5,590	754	12,245	2,815
16 栃木	84,140	2,210	4,503	3,461	2,215	2,887	1,085	100,501	7,468	8,905	6,667	345	7,248	610
17 群馬	21,895	703	647	3,344	115	576	695	27,975	520	705	2,505	375	275	177
18 埼玉	172,610	8,448	6,592	6,949	2,505	15,342	2,033	214,479	39,599	10,270	52,959	6,275	23,270	5,190
19 千葉	23,289	720	3,272	10,728	415	850	325	39,599	7,322	11,257	21,030	6,557	33,574	1,485
20 東京	431,721	4,008	21,588	10,497	4,507	6,693	1,799	480,813	34,682	40,123	141,216	7,037	38,248	6,163
21 神奈川	83,983	2,421	2,007	4,561	775	2,584	1,245	97,576	8,855	17,500	58,224	10,251	4,195	3,452
22 新潟	66,164	2,463	3,997	8,194	680	3,202	1,620	86,320	16,475	4,612	7,090	1,800	12,343	2,775
23 富山	29,545	1,455	690	6,516	1,380	1,753	2,315	43,654	4,895	6,995	12,745	4,542	1,335	1,853
24 石川	13,490	612	2,214	811	655	791	360	18,933	2,866	499	1,500	715	2,130	760
25 福井	5,390	185	977	750	60	247	150	7,759	926	925	1,270	990	440	255
26 山梨	2,570	687	186	44	20	80	285	3,872	325	275	12,450	60	10	20
27 長野	41,119	840	1,515	2,441	190	1,250	770	48,125	1,215	5,345	17,000	6,430	5,120	1,439
28 静岡	102,803	2,499	4,046	12,039	1,850	3,027	1,650	127,914	30,745	20,236	62,637	13,689	5,298	6,857
29 岐阜	37,656	1,231	3,218	2,431	625	1,129	1,095	47,385	3,690	17,790	21,240	3,385	1,580	2,760
30 愛知	78,453	7,324	3,851	22,602	1,205	3,147	2,940	119,522	11,025	157,041	56,696	16,223	13,179	5,080
31 三重	18,746	880	536	6,383	545	1,231	720	29,041	3,527	6,015	7,770	4,589	1,459	1,100
32 滋賀	0	0	0	0	0	0	0	0	0	0	0	0	0	0
33 京都	18,140	1,160	1,410	2,210	920	763	405	25,008	2,705	11,570	15,470	2,577	1,158	945
34 奈良	0	0	0	0	0	0	0	0	0	0	0	0	0	0
35 和歌山	19,982	345	380	1,486	500	855	270	23,818	3,000	1,390	16,712	939	465	120
36 大阪	142,060	3,566	7,623	7,781	3,189	3,559	1,240	169,018	12,501	11,635	73,400	23,646	14,873	7,462
37 兵庫	21,265	2,152	2,014	2,843	780	1,413	830	31,297	7,401	7,827	25,710	5,050	10,910	7,211
38 鳥取	4,430	175	20	155	15	105	50	4,950	350	295	4,415	1,660	135	190
39 島根	385	85	20	45	5	55	15	610	60	30	195	850	110	275
40 岡山	22,920	2,112	960	2,747	790	1,265	775	31,569	4,626	10,840	19,110	13,356	4,306	5,302
41 広島	20,456	923	907	2,457	270	696	930	26,639	2,730	2,560	17,849	7,216	8,120	2,260
42 山口	8,356	272	630	3,320	350	695	315	13,938	2,255	4,490	17,596	5,464	835	3,435
43 香川	12,949	460	263	1,187	1,125	783	465	17,232	2,625	529	6,125	1,725	920	2,945
44 愛媛	28,225	1,545	795	1,540	575	1,800	275	34,755	3,205	5,585	33,760	3,425		3,545
45 徳島	8,580	1,220	30	170	850	290	490	11,630	890	4,525	5,800	4,425	1,155	1,860
46 高知	2,345	595	100	1,855	1,710	250	65	6,920	2,785	930	1,040	1,615	60	1,475
47 福岡	27,837	1,892	1,575	2,605	535	1,989	955	37,388	5,323	6,318	32,393	10,585	8,934	3,002
48 佐賀	13,793	618	693	897	205	575	340	17,121	1,990	2,395	4,970	3,835	3,265	675
49 長崎	1,076	420	250	65	85	105	300	2,301	260	210	320	80	35	260
50 熊本	8,609	1,187	205	559	175	638	395	11,768	1,075	840	6,350	2,912	570	1,030
51 大分	2,024	125	120	798	15	94	20	3,196	2,390	565	1,955	2,479	125	135
52 宮崎	5,584	691	35	191	170	110	35	6,816	180	1,360	8,325	895	100	2,550
53 鹿児島	1,914	245	458	486	25	397	105	3,630	350	2,660	2,195	2,000	315	405
54 沖縄	0	0	0	0	0	0	0	0	0	0	0	0	0	0
55 全国	1,850,701	101,297	193,234	173,970	66,679	126,583	53,771	2,566,235	440,009	425,802	899,798	263,105	314,092	114,588

平成28年度　　府県相互間輸送トン数表（鉄道）

品目　（10-32-2）コンテナ（特掲）　（単位：トン）　その 2

発＼着	15 茨城	16 栃木	17 群馬	18 埼玉	19 千葉	20 東京	21 神奈川	22 新潟	23 富山	24 石川	25 福井	26 山梨	27 長野	28 静岡
1 札幌	16,625	20,852	9,205	89,090	12,372	157,946	30,212	23,136	6,459	6,393	1,808	1,990	10,573	24,963
2 旭川	7,365	9,280	3,715	40,189	9,282	37,000	16,752	10,079	1,880	1,200	1,140		6,710	10,233
3 函館	5,342	1,794	1,285	7,124	2,026	32,842	2,315	3,549	895	950	1,353	95	1,077	1,775
4 室蘭	3,643	14,903	1,880	20,581	7,128	20,013	4,543	5,818	3,640	1,740	5,067	580	8,915	11,935
5 釧路	2,400	1,090	955	4,755	702	5,376	2,845	1,950	1,565	310	360	290	770	1,095
6 帯広	7,930	15,386	3,960	34,426	4,050	17,787	6,600	5,198	2,410	2,090	1,180	1,610	7,950	11,455
7 北見	8,675	5,322	4,580	23,855	4,760	26,315	12,180	7,243	4,410	2,465	2,880	2,570	10,610	19,170
8 北海道	51,980	68,627	25,580	220,020	40,320	297,279	75,447	56,973	23,529	15,828	13,848	8,275	46,605	80,626
9 青森	9,948	2,847	975	105,616	2,912	46,175	6,850	6,546	9,600	5,920	1,910	470	1,969	5,914
10 岩手	495	1,361	139	4,862	2,975	23,256	1,517	1,623	2,176	755	180	385	368	5,271
11 宮城	1,268	7,176	2,055	198,106	4,398	195,524	12,115	10,520	895	3,795	3,126	500	1,805	13,784
12 福島	382	247	120	1,312	1,965	7,942	1,114	523	2,160	635	500	130	1,174	3,901
13 秋田	1,902	2,859	965	46,323	11,468	28,350	4,557	3,323	4,862	1,625	1,015	960	2,411	10,436
14 山形	1,545	201	90	2,655	1,845	3,791	780	304	420	215	40	100	105	1,525
15 茨城	342	196	165	306	43	1,998	7,141	3,857	2,660	780	7,500	150	15,099	1,980
16 栃木	46	271	80	3,289	159	1,312	2,059	1,726	830	2,605	615	40	575	6,018
17 群馬	62	15	0	229	194	345	10,429	9,740	502	285	4,730	50	45	1,224
18 埼玉	2,286	1,736	1,032	3,150	1,855	5,367	6,299	15,089	5,490	5,710	3,015	285	6,749	15,392
19 千葉	159	624	190	568	0	446	417	13,481	700	1,770	16,681	50	6,032	19,110
20 東京	2,110	2,652	773	5,714	1,143	3,079	7,081	59,917	8,373	4,646	2,581	935	8,533	10,570
21 神奈川	12,373	5,655	34,145	17,784	277	849	180,944	4,713	7,266	2,955	2,730	180	5,069	1,317
22 新潟	6,624	1,057	5,013	68,623	5,434	161,537	16,385	4,501	1,807	3,569	2,064	250	1,723	29,995
23 富山	8,910	5,435	8,085	28,933	1,148	36,789	27,761	7,590	254	1,342	987	265	13,450	9,718
24 石川	490	2,557	781	5,017	853	5,555	1,758	1,738	3,985	0	59	50	995	2,099
25 福井	4,215	375	1,866	4,735	4,689	3,523	3,852	773	968	0	14	60	380	1,470
26 山梨	0	7	5	75	33	155	160	2	0	75	20	0	34	10
27 長野	5,938	161	145	10,375	1,760	6,109	2,343	1,137	914	815	410	25	138	1,894
28 静岡	1,188	5,482	670	19,192	6,070	8,276	2,072	7,617	2,080	7,265	1,865	105	1,793	819
29 岐阜	3,574	2,510	1,530	16,283	2,361	8,705	6,773	5,803	684	475	65	200	780	2,199
30 愛知	8,465	12,841	11,350	113,503	15,847	46,487	25,568	60,043	23,959	6,680	517	585	4,763	7,060
31 三重	4,895	21,835	317	30,531	604	14,056	2,731	10,503	3,595	1,830	29	40	671	1,259
32 滋賀	0	0	0	0	0	0	0	0	0	0	0	0	0	0
33 京都	4,442	3,415	1,290	15,560	2,935	22,391	20,128	32,739	1,962	929	160	225	3,358	1,477
34 奈良	0	0	0	0	0	0	0	0	0	0	0	0	0	0
35 和歌山	1,740	1,375	330	32,630	1,055	954	14,036	4,277	114	292	265	5	245	1,320
36 大阪	12,102	22,346	6,969	89,735	14,952	430,038	33,460	33,489	13,430	16,132	1,746	1,250	3,802	16,235
37 兵庫	4,690	8,514	2,967	36,406	3,747	70,939	18,030	10,585	68,881	2,689	2,506	2,230	2,476	4,182
38 鳥取	1,965	2,345	7,600	82,860	65	104,050	515	35	201	2,705	60	1,620	145	695
39 島根	125	1,325	20	1,710	230	210	120	2,390	10	265	45	0	215	235
40 岡山	15,587	20,176	5,681	73,029	14,963	104,633	16,247	17,469	10,775	3,120	3,008	2,020	4,732	22,347
41 広島	10,526	23,405	6,545	97,148	8,779	176,047	21,502	11,090	2,289	4,635	3,275	1,030	1,925	69,397
42 山口	8,338	15,624	7,171	110,540	8,479	46,436	18,825	26,712	5,210	4,868	1,825	1,145	6,810	39,424
43 香川	2,694	590	851	13,519	1,399	30,104	7,280	1,644	3,070	3,610	105	125	105	1,461
44 愛媛	4,295	12,907	1,230	29,371	2,758	46,813	12,971	17,705	4,515	39,555	3,405	165	5,435	9,715
45 徳島	220	75	115	3,205	120	5,839	1,105	859	95	110	5	15	125	445
46 高知	1,505	6,495	230	2,695	2,000	5,789	1,085	1,030	80	110	25	10	140	385
47 福岡	14,991	33,546	8,259	109,714	8,011	308,659	55,549	19,197	13,921	3,803	3,962	1,230	4,196	56,492
48 佐賀	4,665	4,811	2,617	28,735	4,855	73,729	12,758	9,586	980	1,570	650	535	841	8,885
49 長崎	280	75	80	2,635	190	7,545	1,655	415	115	60	20		145	555
50 熊本	2,240	1,898	1,177	13,416	1,178	35,393	8,569	5,371	5,645	1,815	910	655	8,900	13,777
51 大分	4,100	2,240	255	7,135	1,410	5,933	2,780	1,740	4,610	430	1,495	510	1,575	4,170
52 宮崎	1,385	2,795	975	20,535	1,320	6,298	10,905	4,207	1,020	4,475	3,219	50	235	2,550
53 鹿児島	3,160	1,975	2,036	17,057	2,302	42,577	2,894	1,578	2,210	2,230	470	505	1,633	7,027
54 沖縄	0	0	0	0	0	0	0	0	0	0	0	0	0	0
55 全国	228,247	316,309	152,469	1,694,716	189,101	2,431,282	666,571	490,160	247,382	162,475	91,817	27,415	168,524	494,305

平成28年度　　　　府県相互間輸送トン数表（鉄道）

品目（10-32-2）コンテナ（特掲）　　（単位：トン）その3

着＼発	29 岐阜	30 愛知	31 三重	32 滋賀	33 京都	34 奈良	35 和歌山	36 大阪	37 兵庫	38 鳥取	39 島根	40 岡山	41 広島	42 山口
1 札幌	10,297	42,452	5,130	0	17,599	0	1,611	79,501	18,854	1,840	390	14,275	15,060	2,116
2 旭川	5,725	17,099	3,555	0	6,840	0	2,400	34,560	9,188	835	250	4,775	7,165	1,716
3 函館	725	7,022	535	0	3,750	0	813	21,473	4,863	285	65	1,915	3,480	435
4 室蘭	3,285	37,593	3,601	0	5,510	0	803	15,244	4,069	440	175	2,270	3,227	2,366
5 釧路	810	3,125	370	0	945	0	210	8,180	3,275	320	15	2,470	2,135	310
6 帯広	5,165	20,440	4,310	0	10,750	0	3,427	25,440	11,155	2,180	740	6,340	12,825	4,390
7 北見	11,250	26,545	5,145	0	6,195	0	5,345	22,365	8,065	2,065	470	6,040	9,980	2,315
8 北海道	37,257	154,276	22,646	0	51,589	0	14,609	206,763	59,469	7,965	2,105	38,085	53,872	13,648
9 青森	5,620	20,569	4,797	0	9,750	0	2,916	62,190	17,652	1,510	1,705	7,426	13,267	2,473
10 岩手	15,910	144,785	1,649	0	13,200	0	1,945	18,314	21,386	110	275	15,432	4,395	550
11 宮城	31,067	70,688	1,804	0	14,965	0	392	91,185	13,001	700	255	9,668	10,569	6,533
12 福島	1,490	7,828	2,066	0	2,820	0	1,700	38,716	5,532	1,120	150	8,390	10,088	4,833
13 秋田	13,599	28,857	1,276	0	3,200	0	802	38,658	25,540	115	900	12,942	22,035	1,016
14 山形	825	5,957	761	0	1,545	0	655	20,984	11,025	55	345	5,247	14,225	3,380
15 茨城	6,355	17,334	30,189	0	40,857	0	2,575	20,977	2,356	1,095	235	5,961	6,490	10,232
16 栃木	2,414	13,230	12,520	0	3,055	0	247	43,233	10,120	1,260	440	9,066	34,984	8,065
17 群馬	615	14,359	1,002	0	1,999	0	130	9,853	3,502	530	50	5,840	9,488	2,941
18 埼玉	5,120	63,946	15,228	0	18,054	0	2,785	103,569	28,866	6,320	545	24,193	44,947	10,651
19 千葉	9,910	40,675	2,113	0	2,070	0	865	24,460	10,120	610	150	8,941	5,420	19,058
20 東京	6,179	56,156	6,192	0	22,293	0	1,610	459,595	32,028	7,930	535	73,758	155,366	21,506
21 神奈川	3,601	37,109	2,827	0	8,613	0	2,541	36,678	22,952	2,700	100	8,766	28,785	9,258
22 新潟	12,152	71,125	5,799	0	32,110	0	2,732	157,069	29,935	675	2,905	56,099	27,818	12,648
23 富山	2,683	24,117	1,793	0	1,135	0	1,052	27,942	11,262	195	125	4,775	7,500	6,947
24 石川	1,112	2,432	1,029	0	530	0	422	4,198	1,104	140	580	486	2,079	3,225
25 福井	91	610	190	0	135	0	30	1,976	2,290	90	85	1,256	1,380	1,411
26 山梨	90	45	5	0	140	0	2	794	72	20	20	150	710	305
27 長野	240	3,501	1,247	0	6,340	0	170	14,108	3,427	215	210	6,030	7,900	3,895
28 静岡	1,575	5,904	1,190	0	4,650	0	2,054	31,093	6,282	1,495	3,255	21,628	76,938	21,841
29 岐阜	144	1,250	238	0	190	0	225	2,625	2,055	330	270	6,322	18,040	11,029
30 愛知	1,637	3,815	935	0	3,416	0	182	7,865	2,920	13,140	14,090	19,667	36,518	19,874
31 三重	906	1,047	0	0	50	0	7	432	1,540	910	55	21,911	4,888	30,369
32 滋賀	0	0	0	0	0	0	0	0	0	0	0	0	0	0
33 京都	319	8,351	230	0	52	0	17	399	921	638	195	1,269	5,526	13,480
34 奈良	0	0	0	0	0	0	0	0	0	0	0	0	0	0
35 和歌山	40	3,307	217	0	17	0	0	0	141	0	10	397	546	925
36 大阪	1,498	9,853	731	0	357	0	235	3,144	3,031	2,970	490	6,175	24,836	6,207
37 兵庫	1,751	7,220	1,508	0	365	0	106	2,798	701	468	505	2,616	12,567	2,772
38 鳥取	970	11,135	12	0	3,172	0	5	16,390	207	0	5	222	393	4,440
39 島根	20	1,540	12	0	10	0	15	50	20	38	0	17	80	15
40 岡山	6,211	28,045	10,385	0	1,827	0	357	9,543	2,756	257	125	2,714	3,338	11,286
41 広島	13,156	41,798	2,157	0	1,800	0	402	10,600	4,035	228	150	2,363	5,333	7,155
42 山口	10,679	29,060	11,118	0	6,284	0	280	11,008	6,342	1,495	0	4,992	3,233	12,967
43 香川	1,268	1,987	1,274	0	524	0	90	1,402	596	10	5	324	423	2,886
44 愛媛	830	8,988	197	0	464	0	715	2,632	753	20	5	25	165	7,950
45 徳島	55	1,145	50	0	19	0	40	60	33	75	0	35	1,765	162
46 高知	755	255	100	0	55	0	45	557	204	10	10	40	205	142
47 福岡	51,762	104,662	7,387	0	12,467	0	1,655	110,593	36,292	1,212	205	10,375	20,615	5,647
48 佐賀	5,925	20,052	7,371	0	9,545	0	898	38,445	14,629	350	50	4,314	8,061	1,529
49 長崎	665	585	50	0	950	0	145	2,007	715	60	35	185	349	63
50 熊本	24,250	31,332	1,821	0	2,100	0	545	14,605	4,830	500	200	2,497	3,817	857
51 大分	875	11,290	590	0	1,260	0	347	8,214	4,560	15	30	1,037	1,736	227
52 宮崎	1,920	12,146	11,081	0	10,175	0	162	8,378	2,660	245	20	9,010	1,910	500
53 鹿児島	8,720	14,781	560	0	6,355	0	175	27,077	4,271	255	25	5,145	3,992	633
54 沖縄	0	0	0	0	0	0	0	0	0	0	0	0	0	0
55 全国	292,261	1,137,147	174,347	0	300,504	0	46,882	1,691,179	412,133	58,096	31,520	425,791	696,592	305,531

平成28年度　　　　府県相互間輸送トン数表（鉄道）

品目（10-32-2）コンテナ（特掲）　　（単位：トン）その4

着＼発	43 香川	44 愛媛	45 徳島	46 高知	47 福岡	48 佐賀	49 長崎	50 熊本	51 大分	52 宮崎	53 鹿児島	54 沖縄	55 全国
1 札幌	4,398	5,337	2,350	1,744	32,659	14,109	1,585	7,036	2,620	3,299	4,422	0	985,646
2 旭川	3,275	2,420	1,870	825	12,729	9,052	2,635	5,890	1,475	2,233	5,417	0	342,974
3 函館	215	645	1,560	125	6,132	2,910	575	477	235	340	1,055	0	166,879
4 室蘭	4,970	1,240	1,230	440	4,387	1,025	215	1,215	180	465	625	0	276,208
5 釧路	1,900	320	1,300	190	4,774	1,955	50	490	265	715	1,090	0	97,342
6 帯広	3,380	2,565	2,170	715	22,086	7,330	1,660	4,805	1,195	1,110	2,250	0	318,380
7 北見	5,895	6,020	2,840	2,945	22,370	13,940	2,055	8,375	2,025	2,850	7,325	0	368,112
8 北海道	24,033	18,547	13,320	6,984	105,137	50,321	8,775	28,288	7,995	11,012	22,184	0	2,555,541
9 青森	2,970	2,828	1,020	2,590	27,809	8,392	690	4,359	2,961	2,390	2,706	0	507,222
10 岩手	580	455	2,920	155	10,788	7,056	115	12,021	220	590	1,165	0	340,010
11 宮城	4,557	3,801	795	194	36,999	5,313	655	6,965	810	1,821	2,290	0	980,444
12 福島	1,310	3,431	700	1,060	24,320	10,100	160	6,464	2,035	1,483	1,566	0	270,339
13 秋田	1,730	885	2,120	300	16,003	7,930	280	685	345	1,365	1,295	0	361,488
14 山形	2,035	635	760	60	18,198	7,935	830	785	545	1,260	1,853	0	152,138
15 茨城	1,890	1,928	570	60	18,339	18,538	115	2,185	4,100	1,050	960	0	318,510
16 栃木	4,945	3,585	1,585	687	87,241	12,920	480	3,720	4,825	2,365	5,450	0	417,806
17 群馬	1,315	530	235	255	33,657	4,055	50	990	335	475	1,210	0	153,798
18 埼玉	9,378	5,726	2,350	1,878	163,091	29,308	1,750	9,267	3,650	6,041	6,314	0	988,474
19 千葉	1,430	2,553	555	340	25,499	13,964	315	1,450	560	1,620	1,260	0	354,990
20 東京	12,669	5,718	1,785	1,607	460,954	16,356	1,140	26,740	4,420	3,297	9,645	0	2,253,868
21 神奈川	14,754	2,430	585	395	103,634	17,890	615	7,296	5,025	2,075	7,805	0	802,748
22 新潟	10,440	8,320	3,880	1,025	103,108	40,915	5,565	6,095	3,260	2,187	9,515	0	1,045,374
23 富山	6,547	1,837	5,250	169	43,402	12,565	730	6,988	2,806	2,123	5,645	0	404,274
24 石川	628	727	430	207	21,682	5,752	785	2,045	520	2,030	2,250	0	107,733
25 福井	550	421	75	160	9,750	3,300	185	910	485	2,030	415	0	67,392
26 山梨	175	75	40	75	1,770	340	20	300	0	25	110	0	22,871
27 長野	2,655	1,640	240	1,910	47,240	15,965	285	5,070	2,440	1,305	4,665	0	247,536
28 静岡	10,688	5,474	1,565	1,605	209,092	47,205	2,040	12,375	6,952	6,821	7,170	0	820,762
29 岐阜	1,760	1,975	595	877	110,459	12,685	789	23,055	3,910	1,910	4,500	0	355,005
30 愛知	2,477	21,962	640	910	156,571	37,642	1,325	28,250	4,862	5,227	4,005	0	1,104,364
31 三重	1,185	1,045	200	90	15,470	33,285	240	3,960	1,815	4,190	810	0	270,802
32 滋賀	0	0	0	0	0	0	0	0	0	0	0	0	0
33 京都	1,677	1,560	151	205	47,627	5,716	425	1,395	975	3,002	6,780	0	271,354
34 奈良	0	0	0	0	0	0	0	0	0	0	0	0	0
35 和歌山	407	610	87	95	1,578	2,440	20	1,435	50	110	95	0	117,629
36 大阪	4,141	16,843	1,413	592	213,597	117,365	915	14,231	2,267	5,417	11,875	0	1,456,404
37 兵庫	3,139	3,123	816	1,342	76,894	38,665	1,655	10,883	2,538	3,898	5,445	0	516,023
38 鳥取	587	276	870	140	12,294	10,990	460	870	690	625	790	0	281,919
39 島根	32	152	10	10	64	120	10	60	125	50	245	0	11,725
40 岡山	1,333	1,060	432	280	27,188	9,294	1,350	6,699	1,685	9,599	3,765	0	542,425
41 広島	515	512	815	108	16,716	8,254	320	875	1,045	1,320	10,375	0	634,999
42 山口	2,176	2,531	520	495	4,998	3,139	65	1,357	98	2,070	1,095	0	465,492
43 香川	0	390	52	120	10,286	2,744	115	240	230	565	95	0	124,614
44 愛媛	1,080	0	0	2	2,181	440	255	435	155	992	415	0	309,014
45 徳島	0	0	0	0	6,715	3,980	50	70	10	30	535	0	61,097
46 高知	0	7	0	0	170	55	0	225	85	225	35	0	39,584
47 福岡	9,158	19,772	836	416	41,037	3,044	576	19,212	2,402	8,578	13,835	0	1,227,251
48 佐賀	2,017	1,280	425	408	6,378	2,866	684	3,253	345	886	3,989	0	323,168
49 長崎	120	85	45	50	264	98	0	50	0	46	77	0	23,930
50 熊本	1,045	1,160	305	645	5,938	197	71	779	230	125	331	0	223,669
51 大分	110	255	55	55	658	565	45	82	0	1,523	1,010	0	83,289
52 宮崎	200	70	70	55	5,299	468	45	102	196	190	153	0	145,210
53 鹿児島	3,152	1,458	1,070	215	6,329	502	20	2,025	932	300	307	0	187,508
54 沖縄	0	0	0	0	0	0	0	0	0	0	0	0	0
55 全国	151,590	147,672	50,187	28,826	2,336,424	629,866	35,045	264,541	78,934	104,288	166,035	0	21,949,793

（3） 海 運

調査対象貨物の範囲

　港湾統計(港湾調査規則)で対象としている港湾の海上移入貨物を対象とするが、仕出港が海上である貨物、フェリー(自動車航送船)により輸送された自動車及びその積荷は含まない。

調 査 の 方 法

　「平成28年港湾統計(年報)」(国土交通省総合政策局)の「移入貨物品種別仕出港別表」を基準としたが、これは甲種港着貨物のみであるので、次の方法により求めたものでこれを補完した。

　　　a　甲種港発甲種港以外の港着貨物

　　　　同年報の「移出貨物品種別仕向港別表」(甲種港発の表)のうち、甲種港着貨物を除いたものとした。

　　　b　甲種港以外の港発乙種港着貨物

　　　　同年報の「乙種港品種別都道府県別表」の移入貨物から「移出貨物品種別仕向港別表」(甲種港発の表)の乙種港着貨物を除いたものとし、これらはすべて当該府県内で発着したものとみなして処理した。

　以上の結果により、港湾調査対象港(甲種及び乙種港)以外の港湾着の貨物については、甲種港発貨物以外は含まない。

　なお、「港湾統計(年報)」(国土交通省総合政策局)は、年度ではなく、暦年の値となっている。

　また、本調査はフレート・トン表示(容積 1.133 立方メートル(40 立方フィート)、または、重量1,000kgのいずれか大きい方をもって1トンとする)となっているため、「内航船舶輸送統計」の輸送量とは合致していない。また、一部データに移出貨物品種別仕向港別表を使用していることから、移入貨物品種別仕出港別表の値とも合致していない。

海 運

平成28年度　　府県相互間輸送トン数表（海運）　　品目（1-1）穀物　　（単位：トン）　その1

発 ＼ 着	1 札幌	2 旭川	3 函館	4 室蘭	5 釧路	6 帯広	7 北見	8 北海道	9 青森	10 岩手	11 宮城	12 福島	13 秋田	14 山形
1 札幌	0	0	0	0	0	0	0	0	0	0	0	0	0	0
2 旭川	0	15	0	0	0	0	0	15	0	0	0	0	0	0
3 函館	0	0	0	0	0	0	0	0	0	0	0	0	0	0
4 室蘭	0	0	0	0	11,720	2,204	0	13,924	3,511	0	1,518	0	0	0
5 釧路	290	0	5,100	3,930	0	4,128	0	13,448	0	0	0	0	0	0
6 帯広	368	0	10,825	1,018	5,241	0	0	17,452	0	0	0	0	0	0
7 北見	0	0	2,400	0	0	0	0	2,400	0	0	0	0	0	0
8 北海道	658	15	18,325	4,948	16,961	6,332	0	47,239	3,511	0	1,518	0	0	0
9 青森	0	0	0	1,418	4,596	0	0	6,014	509	1,019	2,000	0	0	0
10 岩手	1,500	0	0	0	0	0	0	1,500	0	0	0	0	0	0
11 宮城	0	0	0	1,665	0	0	0	1,665	12,047	0	0	0	0	0
12 福島	0	0	0	0	0	0	0	0	0	0	0	0	0	0
13 秋田	0	0	0	0	0	0	0	0	0	0	0	0	0	0
14 山形	0	0	0	0	0	0	0	0	0	0	0	0	0	13
15 茨城	21,994	0	40,377	18,899	16,734	19,304	0	117,308	43,899	11,937	159,022	0	0	0
16 栃木	0	0	0	0	0	0	0	0	0	0	0	0	0	0
17 群馬	0	0	0	0	0	0	0	0	0	0	0	0	0	0
18 埼玉	0	0	0	0	0	0	0	0	0	0	0	0	0	0
19 千葉	6,479	0	4,438	0	0	0	0	10,917	1,527	0	7,658	0	0	0
20 東京	0	0	0	10,515	30	0	0	10,545	0	0	5,261	0	0	0
21 神奈川	0	0	0	17,476	613	0	0	18,089	11,786	5,100	16,580	0	0	0
22 新潟	0	0	0	0	0	0	0	0	0	0	0	0	0	0
23 富山	0	0	0	0	0	0	0	0	0	0	0	0	0	0
24 石川	0	0	0	0	0	0	0	0	0	0	0	0	0	0
25 福井	0	0	0	375	0	0	0	375	0	0	0	0	0	0
26 山梨	0	0	0	0	0	0	0	0	0	0	0	0	0	0
27 長野	0	0	0	0	0	0	0	0	0	0	0	0	0	0
28 静岡	0	0	0	0	0	0	0	0	0	0	7,550	0	0	0
29 岐阜	0	0	0	0	0	0	0	0	0	0	0	0	0	0
30 愛知	0	0	0	220	0	0	0	220	1,294	0	2,451	0	0	0
31 三重	4,040	0	0	0	0	0	0	4,040	0	0	0	0	0	0
32 滋賀	0	0	0	0	0	0	0	0	0	0	0	0	0	0
33 京都	0	0	0	0	0	0	0	0	0	0	0	0	0	0
34 奈良	0	0	0	0	0	0	0	0	0	0	0	0	0	0
35 和歌山	0	0	0	0	0	0	0	0	0	0	0	0	0	0
36 大阪	0	0	0	605	0	0	0	605	1,302	0	0	0	0	0
37 兵庫	1,500	0	0	0	0	0	0	1,500	1,499	0	0	0	0	0
38 鳥取	0	0	0	0	0	0	0	0	0	0	0	0	0	0
39 島根	0	0	0	0	0	0	0	0	0	0	0	0	0	0
40 岡山	0	0	0	0	1,944	0	0	1,944	0	0	3,015	0	0	0
41 広島	0	0	0	0	0	0	0	0	0	0	0	0	0	0
42 山口	0	0	0	0	0	0	0	0	0	0	0	0	0	0
43 香川	0	0	0	0	0	0	0	0	0	0	1,684	0	0	0
44 愛媛	0	0	0	0	0	0	0	0	0	0	0	0	0	0
45 徳島	0	0	0	0	0	0	0	0	0	0	0	0	0	0
46 高知	0	0	0	0	0	0	0	0	0	0	0	0	0	0
47 福岡	0	0	0	0	0	0	0	0	0	0	0	0	0	0
48 佐賀	0	0	0	0	0	0	0	0	0	0	0	0	0	0
49 長崎	0	0	0	0	0	0	0	0	0	0	0	0	0	0
50 熊本	0	0	0	0	0	0	0	0	0	0	0	0	0	0
51 大分	0	0	0	0	0	0	0	0	0	0	0	0	0	0
52 宮崎	0	0	0	0	0	0	0	0	0	0	0	0	0	0
53 鹿児島	0	0	0	0	0	0	0	0	0	0	1,174	0	0	0
54 沖縄	0	0	0	0	0	0	0	0	0	0	0	0	0	0
55 全国	36,171	15	63,140	56,121	40,878	25,636	0	221,961	77,374	18,056	207,913	0	0	13

平成28年度　　府県相互間輸送トン数表（海運）　　品目（1-1）穀物　　（単位：トン）　その2

発 ＼ 着	15 茨城	16 栃木	17 群馬	18 埼玉	19 千葉	20 東京	21 神奈川	22 新潟	23 富山	24 石川	25 福井	26 山梨	27 長野	28 静岡
1 札幌	0	0	0	0	3,000	0	0	0	0	0	0	0	0	0
2 旭川	1,500	0	0	0	1,500	0	7,500	0	0	0	0	0	0	0
3 函館	1,500	0	0	0	0	0	0	0	0	0	0	0	0	0
4 室蘭	39,304	0	0	0	15,630	14,860	22,330	0	0	0	17,080	0	0	3,133
5 釧路	390	0	0	0	9,000	0	7,500	0	0	0	0	0	0	2,697
6 帯広	6,000	0	0	0	68,911	4,395	58,500	0	0	0	0	0	0	2,734
7 北見	6,000	0	0	0	21,630	2,230	36,020	0	0	0	0	0	0	3,505
8 北海道	54,694	0	0	0	119,671	21,485	131,850	0	0	0	17,080	0	0	12,069
9 青森	0	0	0	0	0	0	18	0	0	0	0	0	0	1,492
10 岩手	0	0	0	0	0	0	0	0	0	0	0	0	0	0
11 宮城	3,622	0	0	0	0	0	0	0	0	0	0	0	0	800
12 福島	0	0	0	0	0	0	0	0	0	0	0	0	0	0
13 秋田	0	0	0	0	0	0	0	0	0	0	0	0	0	0
14 山形	0	0	0	0	0	0	0	0	0	0	0	0	0	0
15 茨城	0	0	0	0	12,786	0	18,616	7,500	0	0	0	0	0	18,135
16 栃木	0	0	0	0	0	0	0	0	0	0	0	0	0	0
17 群馬	0	0	0	0	0	0	0	0	0	0	0	0	0	0
18 埼玉	0	0	0	0	0	0	0	0	0	0	0	0	0	0
19 千葉	22,662	0	0	0	0	6,127	3,198	0	0	0	0	0	0	38,552
20 東京	0	0	0	0	0	496	2,752	0	0	0	0	0	0	0
21 神奈川	23,738	0	0	0	30,084	17,866	1,500	0	0	0	0	0	0	56,487
22 新潟	0	0	0	0	0	0	0	17,672	0	1,669	0	0	0	0
23 富山	0	0	0	0	0	0	0	0	0	0	0	0	0	0
24 石川	0	0	0	0	0	0	0	0	0	0	0	0	0	0
25 福井	0	0	0	0	0	0	0	0	0	0	0	0	0	0
26 山梨	0	0	0	0	0	0	0	0	0	0	0	0	0	0
27 長野	0	0	0	0	0	0	0	0	0	0	0	0	0	0
28 静岡	21,167	0	0	0	871	0	2,003	0	0	0	0	0	0	2,957
29 岐阜	0	0	0	0	0	0	0	0	0	0	0	0	0	0
30 愛知	4,497	0	0	0	1,484	270	4,427	0	0	0	0	0	0	25,131
31 三重	0	0	0	0	0	0	0	0	0	0	0	0	0	0
32 滋賀	0	0	0	0	0	0	0	0	0	0	0	0	0	0
33 京都	0	0	0	0	0	0	0	0	0	0	0	0	0	0
34 奈良	0	0	0	0	0	0	0	0	0	0	0	0	0	0
35 和歌山	0	0	0	0	0	0	0	0	0	0	0	0	0	0
36 大阪	0	0	0	0	0	0	0	0	0	0	0	0	0	0
37 兵庫	16,211	0	0	0	1,130	0	3,000	0	0	0	0	0	0	3,230
38 鳥取	0	0	0	0	0	0	0	0	0	0	0	0	0	0
39 島根	0	0	0	0	0	0	0	0	0	0	0	0	0	0
40 岡山	660	0	0	0	1,483	415	2,976	1,092	0	0	0	0	0	6,971
41 広島	0	0	0	0	0	0	0	0	0	0	0	0	0	0
42 山口	0	0	0	0	0	0	0	0	0	0	0	0	0	0
43 香川	2,127	0	0	0	0	0	1,500	205	0	0	0	0	0	0
44 愛媛	570	0	0	0	0	200	0	0	0	0	0	0	0	0
45 徳島	0	0	0	0	0	0	0	0	0	0	0	0	0	0
46 高知	0	0	0	0	0	0	0	0	0	0	0	0	0	0
47 福岡	3,240	0	0	0	2,800	4,275	3,622	5,074	0	0	0	0	0	2,255
48 佐賀	0	0	0	0	0	0	0	0	0	0	0	0	0	0
49 長崎	0	0	0	0	0	0	0	0	0	0	0	0	0	0
50 熊本	0	0	0	0	0	0	0	0	0	0	0	0	0	0
51 大分	0	0	0	0	650	0	0	0	0	0	0	0	0	864
52 宮崎	0	0	0	0	0	0	0	0	0	0	0	0	0	0
53 鹿児島	0	0	0	0	260	0	0	0	0	0	0	0	0	0
54 沖縄	0	0	0	0	0	144	0	0	0	0	0	0	0	0
55 全国	153,188	0	0	0	171,219	51,278	175,462	31,543	0	1,669	17,080	0	0	168,943

平成28年度　　府県相互間輸送トン数表（海運）　　品目（1-1）穀物　　（単位：トン）その3

発＼着	29 岐阜	30 愛知	31 三重	32 滋賀	33 京都	34 奈良	35 和歌山	36 大阪	37 兵庫	38 鳥取	39 島根	40 岡山	41 広島	42 山口
1 札幌	0	0	0	0	0	0	0	0	9,000	0	0	0	0	0
2 旭川	0	0	0	0	0	0	0	0	0	0	0	0	0	0
3 函館	0	0	0	0	0	0	0	0	0	0	0	0	0	0
4 室蘭	0	56,487	2,739	0	0	0	0	3,068	17,233	0	0	0	0	0
5 釧路	0	1,580	0	0	0	0	0	2,036	7,070	0	0	0	0	0
6 帯広	0	29,967	5,515	0	0	0	0	7,459	37,489	0	0	0	2,504	0
7 北見	0	13,044	6,012	0	0	0	0	8,250	20,420	0	0	0	400	0
8 北海道	0	101,078	14,266	0	0	0	0	20,813	91,212	0	0	0	2,904	0
9 青森	0	2,976	0	0	0	0	0	0	0	0	0	0	0	0
10 岩手	0	0	0	0	0	0	0	0	0	0	0	0	0	0
11 宮城	0	20	0	0	0	0	0	15,020	0	0	0	0	0	0
12 福島	0	0	0	0	0	0	0	0	0	0	0	0	0	0
13 秋田	0	0	0	0	0	0	0	0	0	0	0	0	0	0
14 山形	0	0	0	0	0	0	0	0	0	0	0	0	0	0
15 茨城	0	55,112	0	0	0	0	0	0	0	0	0	0	8,921	0
16 栃木	0	0	0	0	0	0	0	0	0	0	0	0	0	0
17 群馬	0	0	0	0	0	0	0	0	0	0	0	0	0	0
18 埼玉	0	0	0	0	0	0	0	0	0	0	0	0	0	0
19 千葉	0	18,168	1,500	0	0	0	0	0	3,000	0	0	0	160	0
20 東京	0	161	0	0	0	0	0	0	1,608	0	0	0	0	0
21 神奈川	0	4,765	0	0	0	0	0	1,222	5,114	0	0	0	12,310	703
22 新潟	0	0	0	0	0	0	0	1,048	0	0	0	0	0	0
23 富山	0	0	0	0	0	0	0	0	0	0	0	0	0	0
24 石川	0	0	0	0	0	0	0	0	0	0	0	0	0	0
25 福井	0	0	0	0	0	0	0	0	0	0	0	0	0	0
26 山梨	0	0	0	0	0	0	0	0	0	0	0	0	0	0
27 長野	0	0	0	0	0	0	0	0	0	0	0	0	0	0
28 静岡	0	5,865	0	0	0	0	0	0	9,547	0	0	0	300	4,504
29 岐阜	0	0	0	0	0	0	0	0	0	0	0	0	0	0
30 愛知	0	590,069	55,100	0	0	0	0	3,000	11,102	0	0	0	6,054	2,015
31 三重	0	0	0	0	0	0	0	0	1,450	0	0	0	0	0
32 滋賀	0	0	0	0	0	0	0	0	0	0	0	0	0	0
33 京都	0	0	0	0	0	0	0	0	0	0	0	0	0	0
34 奈良	0	0	0	0	0	0	0	0	0	0	0	0	0	0
35 和歌山	0	0	0	0	0	0	0	0	0	0	0	0	0	0
36 大阪	0	0	0	0	0	0	0	133,387	19,482	0	0	0	6,674	0
37 兵庫	0	19,257	80	0	0	0	0	200,197	1,629	0	0	180,812	59,472	650
38 鳥取	0	0	0	0	0	0	0	0	0	0	0	0	0	0
39 島根	0	0	0	0	0	0	0	0	0	0	4,433	0	0	0
40 岡山	0	19,626	0	0	0	0	0	1,904	39,886	0	0	65,623	109,250	0
41 広島	0	0	0	0	0	0	0	608	1,000	0	0	0	0	14
42 山口	0	0	0	0	0	0	0	0	0	0	0	0	0	106
43 香川	0	0	0	0	0	0	0	0	0	0	0	0	0	0
44 愛媛	0	0	0	0	0	0	0	0	0	0	0	0	0	0
45 徳島	0	0	0	0	0	0	0	0	0	0	0	0	0	0
46 高知	0	0	0	0	0	0	0	0	650	0	0	0	0	0
47 福岡	0	3,002	0	0	0	0	0	1,520	10,133	0	0	0	26,849	11,843
48 佐賀	0	0	0	0	0	0	0	0	2,466	0	0	0	0	0
49 長崎	0	2,100	0	0	0	0	0	0	1,772	0	0	0	0	702
50 熊本	0	0	0	0	0	0	0	0	0	0	0	0	0	0
51 大分	0	0	0	0	0	0	0	0	0	0	0	0	0	0
52 宮崎	0	0	0	0	0	0	0	360	0	0	0	0	0	0
53 鹿児島	0	14,250	0	0	0	0	0	0	1,100	0	0	0	19,905	4,971
54 沖縄	0	0	0	0	0	0	0	0	0	0	0	0	0	0
55 全国	0	836,449	70,946	0	0	0	0	379,079	201,151	0	4,433	330,512	193,474	756

平成28年度　　府県相互間輸送トン数表（海運）　　品目（1-1）穀物　　（単位：トン）その4

発＼着	43 香川	44 愛媛	45 徳島	46 高知	47 福岡	48 佐賀	49 長崎	50 熊本	51 大分	52 宮崎	53 鹿児島	54 沖縄	55 全国
1 札幌	0	0	0	0	0	0	0	0	0	0	0	0	3,000
2 旭川	0	0	0	0	0	0	0	0	0	0	0	0	19,515
3 函館	0	0	0	0	0	0	0	0	0	0	0	0	1,500
4 室蘭	0	0	0	0	2,502	0	0	0	0	0	17,150	10,696	241,165
5 釧路	0	0	0	0	1,401	1,000	0	0	0	0	0	0	46,122
6 帯広	12,546	0	0	0	7,411	0	0	0	0	0	0	0	260,883
7 北見	1,500	0	0	0	0	0	0	0	0	0	0	0	121,411
8 北海道	14,046	0	0	0	11,314	1,000	0	0	0	0	17,150	10,696	693,596
9 青森	0	0	0	0	0	0	0	0	0	0	0	1,501	15,529
10 岩手	0	0	0	0	0	0	0	700	0	0	0	0	2,200
11 宮城	0	0	0	0	0	0	0	0	0	0	2,700	0	35,874
12 福島	0	0	0	0	0	0	0	0	0	0	0	5,451	5,451
13 秋田	0	0	0	0	0	0	0	0	0	0	0	0	0
14 山形	0	0	0	0	0	0	0	0	0	0	0	0	13
15 茨城	1,597	0	0	0	32,592	600	2,967	1,300	0	0	7,725	0	500,017
16 栃木	0	0	0	0	0	0	0	0	0	0	0	0	0
17 群馬	0	0	0	0	0	0	0	0	0	0	0	0	0
18 埼玉	0	0	0	0	0	0	0	0	0	0	0	0	0
19 千葉	0	0	0	0	7,100	0	1,476	0	0	0	700	0	122,745
20 東京	0	0	0	0	256,185	0	0	0	5,076	0	40	35,668	317,792
21 神奈川	494	0	0	0	0	0	0	0	0	0	6,700	0	212,538
22 新潟	0	0	0	0	0	0	0	0	0	0	0	0	20,389
23 富山	0	0	0	0	0	0	0	0	0	0	0	0	0
24 石川	0	0	0	0	0	0	0	0	0	0	0	0	0
25 福井	0	0	0	0	0	0	0	0	0	0	0	0	375
26 山梨	0	0	0	0	0	0	0	0	0	0	0	0	0
27 長野	0	0	0	0	0	0	0	0	0	0	0	0	0
28 静岡	0	0	0	0	0	0	0	0	0	0	2,207	357	57,328
29 岐阜	0	0	0	0	0	0	0	0	0	0	0	0	0
30 愛知	0	0	0	0	8,400	1,000	0	0	2	0	42,768	0	759,284
31 三重	0	0	0	0	0	0	0	0	0	0	9,600	0	15,090
32 滋賀	0	0	0	0	0	0	0	0	0	0	0	0	0
33 京都	0	0	0	0	0	0	0	0	0	0	0	0	0
34 奈良	0	0	0	0	0	0	0	0	0	0	0	0	0
35 和歌山	0	0	0	0	2,720	0	0	0	0	0	998	0	3,718
36 大阪	2,124	0	23,836	0	791	0	0	0	420	0	426	3,897	192,944
37 兵庫	159,467	27,871	0	0	23,421	0	0	0	3,302	0	29,061	366	732,155
38 鳥取	0	0	0	0	0	0	0	0	0	0	0	0	0
39 島根	0	0	0	0	0	0	0	0	0	0	0	0	4,433
40 岡山	55,724	0	0	0	9,144	0	0	3,365	0	0	7,817	316	331,211
41 広島	505	0	0	0	0	0	0	0	0	0	399	0	2,526
42 山口	0	0	0	0	0	0	0	0	0	0	650	0	756
43 香川	15,493	0	0	0	0	0	0	0	0	0	0	27	21,036
44 愛媛	0	65	0	0	0	0	0	0	0	0	0	234	1,069
45 徳島	0	0	0	0	0	0	0	0	0	0	0	0	0
46 高知	0	0	0	0	0	0	0	0	0	0	0	0	650
47 福岡	16,394	0	0	0	76,289	0	8,363	0	0	0	38,801	33,422	247,882
48 佐賀	0	0	0	0	0	2	0	0	0	0	0	0	2,468
49 長崎	0	0	0	0	650	200	542	748	0	0	0	0	6,714
50 熊本	0	0	0	0	700	0	1,496	1,162	0	0	0	0	3,358
51 大分	0	0	0	0	0	0	0	0	0	0	0	0	1,514
52 宮崎	0	0	0	0	0	0	0	0	0	0	0	0	360
53 鹿児島	13,253	47,707	0	0	119,792	0	15,551	45,116	57,860	116,141	120,754	120,105	697,939
54 沖縄	0	0	0	0	0	0	0	0	0	0	141	12,472	12,757
55 全国	279,097	75,643	23,836	0	549,098	2,802	30,395	52,391	57,862	124,939	288,637	224,512	5,021,711

平成28年度　　　　　　　　府県相互間輸送トン数表（海運）

品目（1-2）野菜・果物　　（単位：トン）その1

着＼発	1 札幌	2 旭川	3 函館	4 室蘭	5 釧路	6 帯広	7 北見	8 北海道	9 青森	10 岩手	11 宮城	12 福島	13 秋田	14 山形
1 札幌	0	0	0	0	0	0	0	0	0	0	0	0	0	0
2 旭川	0	676	0	0	0	0	0	676	0	0	0	0	0	0
3 函館	0	0	0	0	0	0	0	0	0	0	0	0	0	0
4 室蘭	0	0	0	0	150	0	0	150	0	0	0	0	0	0
5 釧路	0	0	0	0	0	0	0	0	0	0	0	0	0	0
6 帯広	0	0	0	0	0	0	0	0	0	0	0	0	0	0
7 北見	0	0	0	0	0	0	0	0	0	0	0	0	0	0
8 北海道	0	676	0	0	150	0	0	826	0	0	0	0	0	0
9 青森	0	0	0	50	0	0	0	50	0	0	0	0	0	0
10 岩手	0	0	0	0	0	0	0	0	0	0	0	0	0	0
11 宮城	0	0	0	60	0	0	0	60	0	0	0	0	0	0
12 福島	0	0	0	0	0	0	0	0	0	0	0	0	0	0
13 秋田	0	0	0	0	0	0	0	0	0	0	0	0	0	0
14 山形	0	0	0	0	0	0	0	0	0	0	0	0	0	30
15 茨城	0	0	0	73,275	0	0	0	73,275	0	0	0	0	0	0
16 栃木	0	0	0	0	0	0	0	0	0	0	0	0	0	0
17 群馬	0	0	0	0	0	0	0	0	0	0	0	0	0	0
18 埼玉	0	0	0	0	0	0	0	0	0	0	0	0	0	0
19 千葉	0	0	0	0	0	0	0	0	0	0	0	0	0	0
20 東京	0	0	0	2,107	20	0	0	2,127	0	0	3,739	0	0	0
21 神奈川	0	0	0	3,050	0	0	0	3,050	36	0	1,654	0	0	0
22 新潟	0	0	0	0	0	0	0	0	0	0	0	0	0	0
23 富山	0	0	0	0	0	0	0	0	0	0	0	0	0	0
24 石川	0	0	0	0	0	0	0	0	0	0	0	0	0	0
25 福井	0	0	0	8,509	0	0	0	8,509	0	0	0	0	0	0
26 山梨	0	0	0	0	0	0	0	0	0	0	0	0	0	0
27 長野	0	0	0	0	0	0	0	0	0	0	0	0	0	0
28 静岡	0	0	0	0	0	0	0	0	0	0	0	0	0	0
29 岐阜	0	0	0	0	0	0	0	0	0	0	0	0	0	0
30 愛知	0	0	0	280	0	0	0	280	36	0	0	0	0	0
31 三重	0	0	0	0	0	0	0	0	0	0	0	0	0	0
32 滋賀	0	0	0	0	0	0	0	0	0	0	0	0	0	0
33 京都	0	0	0	0	0	0	0	0	0	0	0	0	0	0
34 奈良	0	0	0	0	0	0	0	0	0	0	0	0	0	0
35 和歌山	0	0	0	0	0	0	0	0	0	0	0	0	0	0
36 大阪	0	0	0	0	0	0	0	0	0	0	0	0	0	0
37 兵庫	0	0	0	0	0	0	0	0	0	0	0	0	0	0
38 鳥取	0	0	0	0	0	0	0	0	0	0	0	0	0	0
39 島根	0	0	0	0	0	0	0	0	0	0	0	0	0	0
40 岡山	0	0	0	0	0	0	0	0	0	0	0	0	0	0
41 広島	0	0	0	0	0	0	0	0	0	0	0	0	0	0
42 山口	0	0	0	0	0	0	0	0	0	0	0	0	0	0
43 香川	0	0	0	0	0	0	0	0	0	0	0	0	0	0
44 愛媛	0	0	0	0	0	0	0	0	0	0	0	0	0	0
45 徳島	0	0	0	0	0	0	0	0	0	0	0	0	0	0
46 高知	0	0	0	0	0	0	0	0	0	0	0	0	0	0
47 福岡	0	0	0	0	0	0	0	0	0	0	0	0	0	0
48 佐賀	0	0	0	0	0	0	0	0	0	0	0	0	0	0
49 長崎	0	0	0	0	0	0	0	0	0	0	0	0	0	0
50 熊本	0	0	0	0	0	0	0	0	0	0	0	0	0	0
51 大分	0	0	0	0	0	0	0	0	0	0	0	0	0	0
52 宮崎	0	0	0	0	0	0	0	0	0	0	0	0	0	0
53 鹿児島	0	0	0	0	0	0	0	0	0	0	0	0	0	0
54 沖縄	0	0	0	0	0	0	0	0	0	0	0	0	0	0
55 全国	0	676	0	87,331	170	0	0	88,177	72	0	5,393	0	0	30

平成28年度　　　　　　　　府県相互間輸送トン数表（海運）

品目（1-2）野菜・果物　　（単位：トン）その2

着＼発	15 茨城	16 栃木	17 群馬	18 埼玉	19 千葉	20 東京	21 神奈川	22 新潟	23 富山	24 石川	25 福井	26 山梨	27 長野	28 静岡
1 札幌	0	0	0	0	0	0	0	0	0	0	0	0	0	0
2 旭川	0	0	0	0	0	0	0	0	0	0	0	0	0	0
3 函館	0	0	0	0	0	0	0	0	0	0	0	0	0	0
4 室蘭	126,872	0	0	0	0	26,855	782	0	0	0	142,920	0	0	0
5 釧路	55,050	0	0	0	0	0	0	0	0	0	0	0	0	0
6 帯広	0	0	0	0	0	0	0	0	0	0	0	0	0	0
7 北見	0	0	0	0	0	0	0	0	0	0	0	0	0	0
8 北海道	181,922	0	0	0	0	26,855	782	0	0	0	142,920	0	0	0
9 青森	0	0	0	0	0	0	20	0	0	0	0	0	0	0
10 岩手	0	0	0	0	0	0	0	0	0	0	0	0	0	0
11 宮城	0	0	0	0	0	3,503	0	0	0	0	0	0	0	0
12 福島	0	0	0	0	0	0	0	0	0	0	0	0	0	0
13 秋田	0	0	0	0	0	0	0	0	0	0	0	0	0	0
14 山形	0	0	0	0	0	0	0	0	0	0	0	0	0	0
15 茨城	0	0	0	0	0	0	0	0	0	0	0	0	0	0
16 栃木	0	0	0	0	0	0	0	0	0	0	0	0	0	0
17 群馬	0	0	0	0	0	0	0	0	0	0	0	0	0	0
18 埼玉	0	0	0	0	0	0	0	0	0	0	0	0	0	0
19 千葉	0	0	0	0	0	0	0	0	0	0	0	0	0	0
20 東京	0	0	0	0	0	7,875	50	0	0	0	0	0	0	0
21 神奈川	0	0	0	0	0	0	0	0	0	0	0	0	0	0
22 新潟	0	0	0	0	0	0	0	7,782	0	0	0	0	0	0
23 富山	0	0	0	0	0	0	0	0	0	0	0	0	0	0
24 石川	0	0	0	0	0	0	0	0	0	0	0	0	0	0
25 福井	0	0	0	0	0	0	0	0	0	0	0	0	0	0
26 山梨	0	0	0	0	0	0	0	0	0	0	0	0	0	0
27 長野	0	0	0	0	0	0	0	0	0	0	0	0	0	0
28 静岡	0	0	0	0	0	0	0	0	0	0	0	0	0	20
29 岐阜	0	0	0	0	0	174	0	0	0	0	0	0	0	0
30 愛知	0	0	0	0	0	0	0	0	0	0	0	0	0	0
31 三重	0	0	0	0	0	0	0	0	0	0	0	0	0	0
32 滋賀	0	0	0	0	0	0	0	0	0	0	0	0	0	0
33 京都	0	0	0	0	0	0	0	0	0	0	0	0	0	0
34 奈良	0	0	0	0	0	0	0	0	0	0	0	0	0	0
35 和歌山	0	0	0	0	0	0	0	0	0	0	0	0	0	0
36 大阪	0	0	0	0	0	0	0	0	0	0	0	0	0	0
37 兵庫	0	0	0	0	0	30	0	0	0	0	0	0	0	0
38 鳥取	0	0	0	0	0	0	0	0	0	0	0	0	0	0
39 島根	0	0	0	0	0	0	0	0	0	0	0	0	0	0
40 岡山	0	0	0	0	0	0	0	0	0	0	0	0	0	0
41 広島	0	0	0	0	0	0	0	0	0	0	0	0	0	0
42 山口	0	0	0	0	0	0	0	0	0	0	0	0	0	0
43 香川	0	0	0	0	0	0	0	0	0	0	0	0	0	0
44 愛媛	0	0	0	0	0	0	0	0	0	0	0	0	0	0
45 徳島	0	0	0	0	0	0	0	0	0	0	0	0	0	0
46 高知	40	0	0	0	0	0	0	0	0	0	0	0	0	0
47 福岡	0	0	0	0	0	1,875	0	0	0	0	0	0	0	0
48 佐賀	0	0	0	0	0	0	0	0	0	0	0	0	0	0
49 長崎	0	0	0	0	0	0	0	0	0	0	0	0	0	0
50 熊本	0	0	0	0	0	0	0	0	0	0	0	0	0	0
51 大分	0	0	0	0	0	0	0	0	0	0	0	0	0	600
52 宮崎	0	0	0	0	0	0	0	0	0	0	0	0	0	0
53 鹿児島	0	0	0	0	0	0	0	0	0	0	0	0	0	0
54 沖縄	0	0	0	0	0	35,645	0	0	0	0	0	0	0	0
55 全国	181,962	0	0	0	0	75,957	852	7,782	0	0	142,920	0	0	620

- 236 -

平成28年度 　　　　　　　　　　　　　　　　　府県相互間輸送トン数表（海運）

品目　（1-2）野菜・果物　　　　（単位：トン）　その　3

着／発	29 岐阜	30 愛知	31 三重	32 滋賀	33 京都	34 奈良	35 和歌山	36 大阪	37 兵庫	38 鳥取	39 島根	40 岡山	41 広島	42 山口
1 札幌	0	0	0	0	0	0	0	0	0	0	0	0	0	0
2 旭川	0	0	0	0	0	0	0	0	0	0	0	0	0	0
3 函館	0	0	0	0	0	0	0	0	0	0	0	0	0	0
4 室蘭	0	34,841	0	0	0	0	0	1,044	0	0	0	0	0	0
5 釧路	0	80	0	0	0	0	0	4,620	0	0	0	0	0	0
6 帯広	0	0	0	0	0	0	0	0	0	0	0	0	0	0
7 北見	0	0	0	0	0	0	0	0	0	0	0	0	0	0
8 北海道	0	34,921	0	0	0	0	0	5,664	0	0	0	0	0	0
9 青森	0	25	0	0	0	0	0	0	0	0	0	0	0	0
10 岩手	0	0	0	0	0	0	0	0	0	0	0	0	0	0
11 宮城	0	800	0	0	0	0	0	0	0	0	0	0	0	0
12 福島	0	0	0	0	0	0	0	0	0	0	0	0	0	0
13 秋田	0	0	0	0	0	0	0	0	0	0	0	0	0	0
14 山形	0	0	0	0	0	0	0	0	0	0	0	0	0	0
15 茨城	0	0	0	0	0	0	0	0	0	0	0	0	0	0
16 栃木	0	0	0	0	0	0	0	0	0	0	0	0	0	0
17 群馬	0	0	0	0	0	0	0	0	0	0	0	0	0	0
18 埼玉	0	0	0	0	0	0	0	0	0	0	0	0	0	0
19 千葉	0	0	0	0	0	0	0	0	195	0	0	0	0	0
20 東京	0	5,736	0	0	0	0	0	19,836	36,104	0	0	0	0	25
21 神奈川	0	4,904	0	0	0	0	0	1,575	12,435	0	0	0	0	0
22 新潟	0	0	0	0	0	0	0	0	0	0	0	0	0	0
23 富山	0	0	0	0	0	0	0	0	0	0	0	0	0	0
24 石川	0	0	0	0	0	0	0	0	0	0	0	0	0	0
25 福井	0	0	0	0	0	0	0	0	0	0	0	0	0	0
26 山梨	0	0	0	0	0	0	0	0	0	0	0	0	0	0
27 長野	0	0	0	0	0	0	0	0	0	0	0	0	0	0
28 静岡	0	0	0	0	0	0	0	0	0	0	0	0	0	0
29 岐阜	0	0	0	0	0	0	0	0	0	0	0	0	0	0
30 愛知	0	0	0	0	0	0	0	0	0	0	0	0	0	0
31 三重	0	0	0	0	0	0	0	0	0	0	0	0	0	0
32 滋賀	0	0	0	0	0	0	0	0	0	0	0	0	0	0
33 京都	0	0	0	0	0	0	0	0	0	0	0	0	0	0
34 奈良	0	0	0	0	0	0	0	0	0	0	0	0	0	0
35 和歌山	0	0	0	0	0	0	0	0	0	0	0	0	0	0
36 大阪	0	0	0	0	0	0	0	0	0	0	0	0	0	0
37 兵庫	0	0	0	0	0	0	0	0	0	0	0	0	19,858	0
38 鳥取	0	0	0	0	0	0	0	0	0	0	0	0	0	0
39 島根	0	0	0	0	0	0	0	0	0	0	5,171	0	0	0
40 岡山	0	0	0	0	0	0	0	0	0	0	0	0	0	0
41 広島	0	0	0	0	0	0	0	0	0	0	0	0	135	0
42 山口	0	0	0	0	0	0	0	0	0	0	0	0	0	180
43 香川	0	0	0	0	0	0	0	0	0	0	0	0	0	0
44 愛媛	0	0	0	0	0	0	0	0	0	0	0	0	0	0
45 徳島	0	0	0	0	0	0	0	0	0	0	0	0	0	0
46 高知	0	0	0	0	0	0	0	0	0	0	0	0	0	0
47 福岡	0	0	0	0	0	0	0	0	0	0	0	0	180	0
48 佐賀	0	0	0	0	0	0	0	0	0	0	0	0	0	0
49 長崎	0	0	0	0	0	0	0	0	0	0	0	0	0	0
50 熊本	0	0	0	0	0	0	0	0	0	0	0	0	0	0
51 大分	0	0	0	0	0	0	0	0	0	0	0	0	0	0
52 宮崎	0	0	0	0	0	0	0	0	0	0	0	0	0	0
53 鹿児島	0	0	0	0	0	0	0	0	0	43	0	0	0	0
54 沖縄	0	0	0	0	0	0	0	310	56	0	0	0	0	0
55 全国	0	46,386	0	0	0	0	0	27,580	48,638	0	5,171	0	20,173	205

平成28年度 　　　　　　　　　　　　　　　　　府県相互間輸送トン数表（海運）

品目　（1-2）野菜・果物　　　　（単位：トン）　その　4

着／発	43 香川	44 愛媛	45 徳島	46 高知	47 福岡	48 佐賀	49 長崎	50 熊本	51 大分	52 宮崎	53 鹿児島	54 沖縄	55 全国
1 札幌	0	0	0	0	0	0	0	0	0	0	0	0	0
2 旭川	0	0	0	0	0	0	0	0	0	0	0	0	676
3 函館	0	0	0	0	0	0	0	0	0	0	0	0	0
4 室蘭	0	0	0	0	0	0	0	0	0	0	1,087	0	334,551
5 釧路	0	0	0	0	0	0	0	0	0	0	0	0	59,750
6 帯広	0	0	0	0	0	0	0	0	0	0	3,351	0	3,351
7 北見	0	0	0	0	0	0	0	0	0	0	0	0	0
8 北海道	0	0	0	0	0	0	0	0	0	0	4,438	0	398,328
9 青森	0	0	0	0	0	0	0	0	0	0	0	0	95
10 岩手	0	0	0	0	0	0	0	0	0	0	0	0	0
11 宮城	0	0	0	0	0	0	0	0	0	0	0	0	4,363
12 福島	0	0	0	0	0	0	0	0	0	0	0	0	0
13 秋田	0	0	0	0	0	0	0	0	0	0	0	0	0
14 山形	0	0	0	0	0	0	0	0	0	0	0	0	30
15 茨城	0	0	0	0	17,445	0	0	0	0	0	0	0	90,720
16 栃木	0	0	0	0	0	0	0	0	0	0	0	0	0
17 群馬	0	0	0	0	0	0	0	0	0	0	0	0	0
18 埼玉	0	0	0	0	0	0	0	0	0	0	0	0	0
19 千葉	0	0	0	0	0	0	0	0	0	0	0	0	195
20 東京	0	0	0	0	98	0	0	0	0	72	3,240	11,802	90,704
21 神奈川	0	0	0	0	981	0	0	0	0	0	0	0	24,635
22 新潟	0	0	0	0	0	0	0	0	0	0	0	0	7,782
23 富山	0	0	0	0	0	0	0	0	0	0	0	0	0
24 石川	0	0	0	0	0	0	0	0	0	0	0	0	0
25 福井	0	0	0	0	0	0	0	0	0	0	0	0	8,509
26 山梨	0	0	0	0	0	0	0	0	0	0	0	0	0
27 長野	0	0	0	0	0	0	0	0	0	0	0	0	0
28 静岡	0	0	0	0	0	0	0	0	0	0	0	0	194
29 岐阜	0	0	0	0	0	0	0	0	0	0	0	0	316
30 愛知	0	0	0	0	0	0	0	0	0	0	0	0	0
31 三重	0	0	0	0	0	0	0	0	0	0	0	0	0
32 滋賀	0	0	0	0	0	0	0	0	0	0	0	0	0
33 京都	0	0	0	0	0	0	0	0	0	0	0	0	0
34 奈良	0	0	0	0	0	0	0	0	0	0	0	0	0
35 和歌山	0	0	0	0	0	0	0	0	0	0	0	0	0
36 大阪	0	0	0	0	176	0	0	0	0	20	0	14,869	15,065
37 兵庫	0	0	0	26	8,649	0	0	0	0	52	757	168	29,540
38 鳥取	0	0	0	0	0	0	0	0	0	0	0	0	0
39 島根	0	0	0	0	0	0	0	0	0	0	0	0	5,171
40 岡山	0	0	0	0	0	0	0	0	0	0	0	0	0
41 広島	0	0	0	0	0	0	0	0	0	0	6,187	0	6,322
42 山口	0	0	0	0	0	0	0	0	0	0	0	0	180
43 香川	134	0	0	0	0	0	0	0	0	0	0	0	134
44 愛媛	0	3,644	0	0	0	0	0	0	0	0	0	2	3,646
45 徳島	0	0	0	0	0	0	0	0	0	0	0	0	0
46 高知	0	0	0	0	0	0	0	0	0	0	0	0	0
47 福岡	0	0	0	0	65	0	944	0	0	0	0	43,000	46,104
48 佐賀	0	0	0	0	0	16	0	0	0	0	0	0	16
49 長崎	0	0	0	0	0	0	1,030	0	0	0	0	0	1,030
50 熊本	0	0	0	0	0	0	0	81	0	0	0	0	81
51 大分	0	0	0	0	0	0	0	0	0	0	0	0	600
52 宮崎	0	0	0	0	0	0	0	0	0	0	0	0	0
53 鹿児島	0	0	0	0	0	0	0	0	0	0	55,306	44,955	100,304
54 沖縄	0	0	0	0	0	0	0	0	0	0	1,666	14,382	52,059
55 全国	134	3,644	0	26	27,414	16	1,974	81	0	144	71,594	129,178	886,123

平成28年度　　　　　　　　　　　　　　　　　　　府県相互間輸送トン数表（海運）

品目　（1－3）その他の農産品　その1　（単位：トン）

着／発	1 札幌	2 旭川	3 函館	4 室蘭	5 釧路	6 帯広	7 北見	8 北海道	9 青森	10 岩手	11 宮城	12 福島	13 秋田	14 山形
1 札幌	0	0	0	0	0	0	0	0	0	0	0	0	0	0
2 旭川	0	0	0	0	0	0	0	0	0	0	0	0	0	0
3 函館	0	0	0	0	0	0	0	0	0	0	0	0	0	0
4 室蘭	0	0	0	0	0	0	0	0	0	0	0	0	0	0
5 釧路	0	0	0	0	0	0	0	0	0	0	0	0	0	0
6 帯広	0	0	0	0	0	0	0	0	0	0	0	0	0	0
7 北見	0	0	0	0	0	0	0	0	0	0	0	0	0	0
8 北海道	0	0	0	0	0	0	0	0	0	0	0	0	0	0
9 青森	0	0	0	0	0	7	0	7	0	0	0	0	0	0
10 岩手	0	0	0	0	0	0	0	0	0	0	0	0	0	0
11 宮城	0	0	0	5,158	0	0	0	5,158	0	282	0	0	0	0
12 福島	0	0	0	0	0	0	0	0	0	0	0	0	0	0
13 秋田	0	0	0	0	0	0	0	0	0	0	0	0	0	0
14 山形	0	0	0	0	0	0	0	0	0	0	0	0	0	6
15 茨城	0	0	0	80	0	0	0	80	0	0	0	0	0	0
16 栃木	0	0	0	0	0	0	0	0	0	0	0	0	0	0
17 群馬	0	0	0	0	0	0	0	0	0	0	0	0	0	0
18 埼玉	0	0	0	0	0	0	0	0	0	0	0	0	0	0
19 千葉	0	0	0	0	0	0	0	0	0	0	0	0	0	0
20 東京	0	0	0	6,990	45	0	0	7,035	322	1,110	353	0	0	0
21 神奈川	0	0	0	1,459	0	0	0	1,459	1,026	0	4,681	0	0	0
22 新潟	0	0	0	0	0	0	0	0	0	0	0	0	0	0
23 富山	0	0	0	0	0	0	0	0	0	0	0	0	0	0
24 石川	0	0	0	0	0	0	0	0	0	0	0	0	0	0
25 福井	0	0	0	0	0	0	0	0	0	0	0	0	0	0
26 山梨	0	0	0	0	0	0	0	0	0	0	0	0	0	0
27 長野	0	0	0	0	0	0	0	0	0	0	0	0	0	0
28 静岡	0	0	0	0	0	0	0	0	0	0	0	0	0	0
29 岐阜	0	0	0	0	0	0	0	0	0	0	0	0	0	0
30 愛知	0	0	0	0	0	0	0	0	0	0	401	0	0	0
31 三重	0	0	0	0	0	0	0	0	0	0	0	0	0	0
32 滋賀	0	0	0	0	0	0	0	0	0	0	0	0	0	0
33 京都	0	0	0	0	0	0	0	0	0	0	0	0	0	0
34 奈良	0	0	0	0	0	0	0	0	0	0	0	0	0	0
35 和歌山	0	0	0	0	0	0	0	0	0	0	0	0	0	0
36 大阪	0	0	0	1,552	0	0	0	1,552	0	0	0	0	0	0
37 兵庫	0	0	0	0	0	0	0	0	0	0	0	0	0	0
38 鳥取	0	0	0	0	0	0	0	0	0	0	0	0	0	0
39 島根	0	0	0	0	0	0	0	0	0	0	0	0	0	0
40 岡山	0	0	0	0	0	0	0	0	0	0	0	0	0	0
41 広島	0	0	0	0	0	0	0	0	0	0	0	0	0	0
42 山口	0	0	0	0	0	0	0	0	0	0	0	0	0	0
43 香川	0	0	0	0	0	0	0	0	0	0	0	0	0	0
44 愛媛	0	0	0	0	0	0	0	0	0	0	0	0	0	0
45 徳島	0	0	0	0	0	0	0	0	0	0	0	0	0	0
46 高知	0	0	0	0	0	0	0	0	0	0	0	0	0	0
47 福岡	0	0	0	0	0	0	0	0	0	0	0	0	0	0
48 佐賀	0	0	0	0	0	0	0	0	0	0	0	0	0	0
49 長崎	0	0	0	0	0	0	0	0	0	0	0	0	0	0
50 熊本	0	0	0	0	0	0	0	0	0	0	0	0	0	0
51 大分	0	0	0	0	0	0	0	0	0	0	0	0	0	0
52 宮崎	0	0	0	0	0	0	0	0	0	0	0	0	0	0
53 鹿児島	0	0	0	0	0	0	0	0	0	0	0	0	0	0
54 沖縄	0	0	0	0	0	0	0	0	0	0	0	0	0	0
55 全国	0	0	0	15,239	52	0	0	15,291	1,348	1,392	5,435	0	0	6

平成28年度　　　　　　　　　　　　　　　　　　　府県相互間輸送トン数表（海運）

品目　（1－3）その他の農産品　その2　（単位：トン）

着／発	15 茨城	16 栃木	17 群馬	18 埼玉	19 千葉	20 東京	21 神奈川	22 新潟	23 富山	24 石川	25 福井	26 山梨	27 長野	28 静岡
1 札幌	0	0	0	0	0	0	0	0	0	0	0	0	0	0
2 旭川	0	0	0	0	0	0	0	0	0	0	0	0	0	0
3 函館	0	0	0	0	0	0	0	0	0	0	0	0	0	0
4 室蘭	224	0	0	0	0	9,430	0	0	0	0	7,140	0	0	0
5 釧路	0	0	0	0	0	0	0	0	0	0	0	0	0	0
6 帯広	0	0	0	0	0	0	0	0	0	0	0	0	0	0
7 北見	0	0	0	0	0	0	0	0	0	0	0	0	0	0
8 北海道	224	0	0	0	0	9,430	0	0	0	0	7,140	0	0	0
9 青森	0	0	0	0	0	0	0	0	0	0	0	0	0	0
10 岩手	0	0	0	0	0	0	0	0	0	0	0	0	0	0
11 宮城	0	0	0	0	0	0	0	0	0	0	0	0	0	0
12 福島	0	0	0	0	0	0	0	0	0	0	0	0	0	0
13 秋田	0	0	0	0	0	0	0	0	0	0	0	0	0	0
14 山形	0	0	0	0	0	0	0	0	0	0	0	0	0	0
15 茨城	0	0	0	0	0	0	0	0	0	0	0	0	0	3,001
16 栃木	0	0	0	0	0	0	0	0	0	0	0	0	0	0
17 群馬	0	0	0	0	0	0	0	0	0	0	0	0	0	0
18 埼玉	0	0	0	0	0	0	0	0	0	0	0	0	0	0
19 千葉	0	0	0	0	0	0	0	0	0	0	0	0	0	0
20 東京	0	0	0	0	0	1,730	338	0	0	0	0	0	0	341
21 神奈川	737	0	0	0	0	0	0	0	0	0	0	0	0	2,077
22 新潟	0	0	0	0	0	0	0	0	0	0	0	0	0	0
23 富山	0	0	0	0	0	0	0	0	0	0	0	0	0	0
24 石川	0	0	0	0	0	0	0	0	0	0	0	0	0	0
25 福井	0	0	0	0	0	0	0	0	0	0	0	0	0	0
26 山梨	0	0	0	0	0	0	0	0	0	0	0	0	0	0
27 長野	0	0	0	0	0	0	0	0	0	0	0	0	0	0
28 静岡	0	0	0	0	0	0	1,043	0	0	0	0	0	0	0
29 岐阜	0	0	0	0	0	0	0	0	0	0	0	0	0	0
30 愛知	0	0	0	0	0	0	0	0	0	0	0	0	0	0
31 三重	0	0	0	0	1,421	0	0	0	0	0	0	0	0	2,933
32 滋賀	0	0	0	0	0	0	0	0	0	0	0	0	0	0
33 京都	0	0	0	0	0	0	0	0	0	0	0	0	0	0
34 奈良	0	0	0	0	0	0	0	0	0	0	0	0	0	0
35 和歌山	0	0	0	0	0	0	0	0	0	0	0	0	0	0
36 大阪	0	0	0	0	0	0	123	0	0	0	0	0	0	0
37 兵庫	0	0	0	0	0	0	0	0	0	0	0	0	0	1,500
38 鳥取	0	0	0	0	0	0	0	0	0	0	0	0	0	0
39 島根	0	0	0	0	0	0	0	0	0	0	0	0	0	0
40 岡山	0	0	0	0	0	0	0	0	0	0	0	0	0	0
41 広島	0	0	0	0	0	0	0	0	0	0	0	0	0	0
42 山口	0	0	0	0	0	0	0	0	0	0	0	0	0	0
43 香川	0	0	0	0	0	0	0	0	0	0	0	0	0	0
44 愛媛	0	0	0	0	0	0	0	0	0	0	0	0	0	0
45 徳島	0	0	0	0	0	0	0	0	0	0	0	0	0	0
46 高知	0	0	0	0	0	0	0	0	0	0	0	0	0	0
47 福岡	0	0	0	0	1,220	25	0	0	0	0	0	0	0	1,504
48 佐賀	0	0	0	0	0	0	0	0	0	0	0	0	0	0
49 長崎	0	0	0	0	0	0	0	0	0	0	0	0	0	0
50 熊本	0	0	0	0	0	0	0	0	0	0	0	0	0	0
51 大分	0	0	0	0	0	0	0	0	0	0	0	0	0	0
52 宮崎	0	0	0	0	0	0	0	0	0	0	0	0	0	0
53 鹿児島	0	0	0	0	0	0	0	0	0	0	0	0	0	0
54 沖縄	0	0	0	0	0	0	0	0	0	0	0	0	0	0
55 全国	961	0	0	0	2,641	11,185	1,504	0	0	0	7,140	0	0	11,356

- 238 -

平成28年度　　　　府県相互間輸送トン数表（海運）

品目 （1-3）その他の農産品　　（単位：トン）その 3

発 \ 着	29 岐阜	30 愛知	31 三重	32 滋賀	33 京都	34 奈良	35 和歌山	36 大阪	37 兵庫	38 鳥取	39 島根	40 岡山	41 広島	42 山口
1 札幌	0	0	0	0	0	0	0	0	0	0	0	0	0	0
2 旭川	0	0	0	0	0	0	0	0	0	0	0	0	0	0
3 函館	0	0	0	0	0	0	0	0	0	0	0	0	0	0
4 室蘭	0	0	0	0	0	0	0	672	0	0	0	0	0	0
5 釧路	0	0	0	0	0	0	0	168	0	0	0	0	0	0
6 帯広	0	0	0	0	0	0	0	0	0	0	0	0	0	0
7 北見	0	0	0	0	0	0	0	0	0	0	0	0	0	0
8 北海道	0	0	0	0	0	0	0	840	0	0	0	0	0	0
9 青森	0	0	0	0	0	0	0	0	0	0	0	0	0	0
10 岩手	0	0	0	0	0	0	0	0	0	0	0	0	0	0
11 宮城	0	0	0	0	0	0	0	0	0	0	0	0	0	0
12 福島	0	0	0	0	0	0	0	0	0	0	0	0	0	0
13 秋田	0	0	0	0	0	0	0	0	0	0	0	0	0	0
14 山形	0	0	0	0	0	0	0	0	0	0	0	0	0	0
15 茨城	0	0	0	0	0	0	0	0	0	0	0	0	0	0
16 栃木	0	0	0	0	0	0	0	0	0	0	0	0	0	0
17 群馬	0	0	0	0	0	0	0	0	0	0	0	0	0	0
18 埼玉	0	0	0	0	0	0	0	0	0	0	0	0	0	0
19 千葉	0	0	0	0	0	0	0	0	0	0	0	0	0	0
20 東京	0	1,567	0	0	0	0	0	0	2,457	0	0	0	0	0
21 神奈川	0	872	0	0	0	0	0	0	31,595	0	0	0	0	0
22 新潟	0	0	0	0	0	0	0	0	0	0	0	0	0	0
23 富山	0	0	0	0	0	0	0	0	0	0	0	0	0	0
24 石川	0	0	0	0	0	0	0	0	0	0	0	0	0	0
25 福井	0	0	0	0	0	0	0	0	0	0	0	0	0	0
26 山梨	0	0	0	0	0	0	0	0	0	0	0	0	0	0
27 長野	0	0	0	0	0	0	0	0	0	0	0	0	0	0
28 静岡	0	0	0	0	0	0	0	0	180	0	0	0	0	0
29 岐阜	0	0	0	0	0	0	0	0	0	0	0	0	0	0
30 愛知	0	0	0	0	0	0	0	0	891	0	0	0	0	0
31 三重	0	0	0	0	0	0	0	0	0	0	0	0	0	0
32 滋賀	0	0	0	0	0	0	0	0	0	0	0	0	0	0
33 京都	0	0	0	0	0	0	0	0	0	0	0	0	0	0
34 奈良	0	0	0	0	0	0	0	0	0	0	0	0	0	0
35 和歌山	0	0	0	0	0	0	0	0	0	0	0	0	0	0
36 大阪	0	0	0	0	0	0	0	0	0	0	0	0	0	0
37 兵庫	0	0	0	0	0	0	0	0	0	0	0	15	197	0
38 鳥取	0	0	0	0	0	0	0	0	0	0	61	0	0	0
39 島根	0	0	0	0	0	0	0	0	0	0	0	0	0	0
40 岡山	0	0	0	0	0	0	0	0	0	0	0	0	0	0
41 広島	0	0	0	0	0	0	0	0	510	0	0	0	0	0
42 山口	0	0	0	0	0	0	0	0	1,015	0	0	0	0	848
43 香川	0	0	0	0	0	0	0	0	0	0	0	0	0	0
44 愛媛	0	0	0	0	0	0	0	0	2,205	0	0	0	0	0
45 徳島	0	0	0	0	0	0	0	0	0	0	0	0	0	0
46 高知	0	0	0	0	0	0	0	0	0	0	0	0	0	0
47 福岡	0	0	0	0	0	0	0	0	2,580	0	0	0	0	0
48 佐賀	0	0	0	0	0	0	0	0	0	0	0	0	0	0
49 長崎	0	0	0	0	0	0	0	0	0	0	0	0	0	0
50 熊本	0	0	0	0	0	0	0	0	0	0	0	0	0	0
51 大分	0	0	0	0	0	0	0	0	0	0	0	0	0	0
52 宮崎	0	0	0	0	0	0	0	0	15	0	0	0	0	0
53 鹿児島	0	0	0	0	0	0	0	0	873	0	0	0	0	0
54 沖縄	0	0	0	0	0	0	0	7,902	5	0	0	0	0	0
55 全国	0	2,439	0	0	0	0	0	8,757	42,311	0	61	15	197	848

平成28年度　　　　府県相互間輸送トン数表（海運）

品目 （1-3）その他の農産品　　（単位：トン）その 4

発 \ 着	43 香川	44 愛媛	45 徳島	46 高知	47 福岡	48 佐賀	49 長崎	50 熊本	51 大分	52 宮崎	53 鹿児島	54 沖縄	55 全国
1 札幌	0	0	0	0	0	0	0	0	0	0	0	0	0
2 旭川	0	0	0	0	0	0	0	0	0	0	0	0	0
3 函館	0	0	0	0	0	0	0	0	0	0	0	0	0
4 室蘭	0	0	0	0	0	0	0	0	0	0	0	0	17,466
5 釧路	0	0	0	0	0	0	2,544	0	0	0	0	0	2,712
6 帯広	0	0	0	0	0	0	0	0	0	0	0	0	0
7 北見	0	0	0	0	0	0	0	0	0	0	0	0	0
8 北海道	0	0	0	0	0	0	2,544	0	0	0	0	0	20,178
9 青森	0	0	0	0	0	0	0	0	0	0	0	0	7
10 岩手	0	0	0	0	0	0	0	0	0	0	0	0	0
11 宮城	0	0	0	0	0	0	0	0	0	0	0	0	5,440
12 福島	0	0	0	0	0	0	0	0	0	0	0	0	0
13 秋田	0	0	0	0	0	0	0	0	0	0	0	0	0
14 山形	0	0	0	0	0	0	0	0	0	0	0	0	6
15 茨城	0	0	0	0	2,990	0	0	0	0	0	0	0	6,071
16 栃木	0	0	0	0	0	0	0	0	0	0	0	0	0
17 群馬	0	0	0	0	0	0	0	0	0	0	0	0	0
18 埼玉	0	0	0	0	0	0	0	0	0	0	0	0	0
19 千葉	0	0	0	0	0	0	0	0	0	0	0	0	0
20 東京	0	0	0	0	243,930	0	0	0	0	36	0	524	259,743
21 神奈川	0	0	0	0	0	0	0	0	0	0	0	0	42,447
22 新潟	0	0	0	0	0	0	0	0	0	0	0	0	0
23 富山	0	0	0	0	0	0	0	0	0	0	0	0	0
24 石川	0	0	0	0	0	0	0	0	0	0	0	0	0
25 福井	0	0	0	0	0	0	0	0	0	0	0	0	0
26 山梨	0	0	0	0	0	0	0	0	0	0	0	0	0
27 長野	0	0	0	0	0	0	0	0	0	0	0	0	0
28 静岡	0	0	0	0	0	0	0	0	0	0	1,799	0	3,022
29 岐阜	0	0	0	0	0	0	0	0	0	0	4,195	0	5,987
30 愛知	0	0	0	0	0	500	0	0	0	0	0	0	4,354
31 三重	0	0	0	0	0	0	0	0	0	0	0	0	0
32 滋賀	0	0	0	0	0	0	0	0	0	0	0	0	0
33 京都	0	0	0	0	0	0	0	0	0	0	0	0	0
34 奈良	0	0	0	0	0	0	0	0	0	0	0	0	0
35 和歌山	0	0	0	0	0	2,162	0	0	0	0	0	0	2,162
36 大阪	0	0	0	0	3,836	0	0	0	0	0	0	333	5,844
37 兵庫	24,729	8,311	0	0	5,261	0	0	0	0	2,588	58,882	53	101,536
38 鳥取	0	0	0	0	0	0	0	0	0	0	0	0	61
39 島根	0	0	0	0	0	0	0	0	0	0	0	0	0
40 岡山	0	0	0	0	0	0	0	0	0	0	0	9	9
41 広島	0	0	0	0	0	0	0	0	0	0	0	0	510
42 山口	0	0	0	0	0	0	0	0	0	0	0	0	1,863
43 香川	37,330	0	0	0	997	0	0	0	0	0	0	9	38,336
44 愛媛	0	89	0	0	0	0	0	0	0	0	0	0	2,294
45 徳島	0	0	0	0	0	0	0	0	0	0	0	0	0
46 高知	0	0	0	0	0	0	0	0	0	0	0	0	0
47 福岡	0	0	0	0	1,539	0	1,053	0	0	0	8,368	86	16,375
48 佐賀	0	0	0	0	0	0	92	0	0	0	0	0	92
49 長崎	0	0	0	0	0	0	338	0	0	0	0	0	338
50 熊本	0	0	0	0	0	0	0	18	0	0	0	0	18
51 大分	0	0	0	0	0	0	0	0	0	0	0	0	15
52 宮崎	0	0	0	0	0	0	0	0	0	0	0	0	0
53 鹿児島	0	0	0	0	0	0	0	0	0	0	17,969	15,235	34,077
54 沖縄	0	0	0	0	0	0	0	0	0	0	733	2,860	11,500
55 全国	62,059	8,400	0	0	258,553	2,662	4,027	18	0	2,624	91,946	19,109	562,285

平成28年度　　　　　　　　　　　　　　　府県相互間輸送トン数表（海運）

品目　（1－4）畜産品　　その 1　　（単位：トン）

着／発	1 札幌	2 旭川	3 函館	4 室蘭	5 釧路	6 帯広	7 北見	8 北海道	9 青森	10 岩手	11 宮城	12 福島	13 秋田	14 山形
1 札幌	0	0	0	0	0	0	0	0	0	0	0	0	0	0
2 旭川	0	0	0	0	0	0	0	0	0	0	0	0	0	0
3 函館	0	0	0	0	0	0	0	0	0	0	0	0	0	0
4 室蘭	0	0	0	0	0	0	0	0	0	0	0	0	0	0
5 釧路	0	0	0	0	0	0	0	0	0	0	0	0	0	0
6 帯広	0	0	0	0	0	0	0	0	0	0	0	0	0	0
7 北見	0	0	0	0	0	0	0	0	0	0	0	0	0	0
8 北海道	0	0	0	0	0	0	0	0	0	0	0	0	0	0
9 青森	0	0	0	0	0	0	0	0	0	0	0	0	0	0
10 岩手	0	0	0	0	0	0	0	0	0	0	0	0	0	0
11 宮城	0	0	0	20	0	0	0	20	0	0	0	0	0	0
12 福島	0	0	0	0	0	0	0	0	0	0	0	0	0	0
13 秋田	0	0	0	0	0	0	0	0	0	0	0	0	0	0
14 山形	0	0	0	0	0	0	0	0	0	0	0	0	0	2
15 茨城	0	0	0	10,560	0	0	0	10,560	0	0	0	0	0	0
16 栃木	0	0	0	0	0	0	0	0	0	0	0	0	0	0
17 群馬	0	0	0	0	0	0	0	0	0	0	0	0	0	0
18 埼玉	0	0	0	0	0	0	0	0	0	0	0	0	0	0
19 千葉	0	0	0	0	0	0	0	0	0	0	0	0	0	0
20 東京	0	0	0	500	0	0	0	500	0	0	12,086	0	0	0
21 神奈川	0	0	0	2,718	0	0	0	2,718	30	0	254	0	0	0
22 新潟	0	0	0	0	0	0	0	0	0	0	0	0	0	0
23 富山	0	0	0	0	0	0	0	0	0	0	0	0	0	0
24 石川	0	0	0	0	0	0	0	0	0	0	0	0	0	0
25 福井	0	0	0	562	0	0	0	562	0	0	0	0	0	0
26 山梨	0	0	0	0	0	0	0	0	0	0	0	0	0	0
27 長野	0	0	0	0	0	0	0	0	0	0	0	0	0	0
28 静岡	0	0	0	0	0	0	0	0	0	0	0	0	0	0
29 岐阜	0	0	0	0	0	0	0	0	0	0	0	0	0	0
30 愛知	0	0	0	0	0	0	0	0	0	0	0	0	0	0
31 三重	0	0	0	0	0	0	0	0	0	0	0	0	0	0
32 滋賀	0	0	0	0	0	0	0	0	0	0	0	0	0	0
33 京都	0	0	0	0	0	0	0	0	0	0	0	0	0	0
34 奈良	0	0	0	0	0	0	0	0	0	0	0	0	0	0
35 和歌山	0	0	0	0	0	0	0	0	0	0	0	0	0	0
36 大阪	0	0	0	0	0	0	0	0	0	0	0	0	0	0
37 兵庫	0	0	0	0	0	0	0	0	0	0	0	0	0	0
38 鳥取	0	0	0	0	0	0	0	0	0	0	0	0	0	0
39 島根	0	0	0	0	0	0	0	0	0	0	0	0	0	0
40 岡山	0	0	0	0	0	0	0	0	0	0	0	0	0	0
41 広島	0	0	0	0	0	0	0	0	0	0	0	0	0	0
42 山口	0	0	0	0	0	0	0	0	0	0	0	0	0	0
43 香川	0	0	0	0	0	0	0	0	0	0	0	0	0	0
44 愛媛	0	0	0	0	0	0	0	0	0	0	0	0	0	0
45 徳島	0	0	0	0	0	0	0	0	0	0	0	0	0	0
46 高知	0	0	0	0	0	0	0	0	0	0	0	0	0	0
47 福岡	0	0	0	0	0	0	0	0	0	0	0	0	0	0
48 佐賀	0	0	0	0	0	0	0	0	0	0	0	0	0	0
49 長崎	0	0	0	0	0	0	0	0	0	0	0	0	0	0
50 熊本	0	0	0	0	0	0	0	0	0	0	0	0	0	0
51 大分	0	0	0	0	0	0	0	0	0	0	0	0	0	0
52 宮崎	0	0	0	0	0	0	0	0	0	0	0	0	0	0
53 鹿児島	0	0	0	0	0	0	0	0	0	0	0	0	0	0
54 沖縄	0	0	0	0	0	0	0	0	0	0	0	0	0	0
55 全国	0	0	0	14,360	0	0	0	14,360	30	0	12,340	0	0	2

平成28年度　　　　　　　　　　　　　　　府県相互間輸送トン数表（海運）

品目　（1－4）畜産品　　その 2　　（単位：トン）

着／発	15 茨城	16 栃木	17 群馬	18 埼玉	19 千葉	20 東京	21 神奈川	22 新潟	23 富山	24 石川	25 福井	26 山梨	27 長野	28 静岡
1 札幌	0	0	0	0	0	0	0	0	0	0	0	0	0	0
2 旭川	0	0	0	0	0	0	0	0	0	0	0	0	0	0
3 函館	0	0	0	0	0	0	0	0	0	0	0	0	0	0
4 室蘭	6,400	0	0	0	0	1,600	36	0	0	0	13,560	0	0	0
5 釧路	220,310	0	0	0	0	0	0	0	0	0	0	0	0	0
6 帯広	0	0	0	0	0	0	0	0	0	0	0	0	0	0
7 北見	0	0	0	0	0	0	0	0	0	0	0	0	0	0
8 北海道	226,710	0	0	0	0	1,600	36	0	0	0	13,560	0	0	0
9 青森	0	0	0	0	0	0	36	0	0	0	0	0	0	0
10 岩手	0	0	0	0	0	0	0	0	0	0	0	0	0	0
11 宮城	0	0	0	0	0	0	0	0	0	0	0	0	0	0
12 福島	0	0	0	0	0	0	0	0	0	0	0	0	0	0
13 秋田	0	0	0	0	0	0	0	0	0	0	0	0	0	0
14 山形	0	0	0	0	0	0	0	0	0	0	0	0	0	0
15 茨城	0	0	0	0	0	0	0	0	0	0	0	0	0	0
16 栃木	0	0	0	0	0	0	0	0	0	0	0	0	0	0
17 群馬	0	0	0	0	0	0	0	0	0	0	0	0	0	0
18 埼玉	0	0	0	0	0	0	0	0	0	0	0	0	0	0
19 千葉	0	0	0	0	0	0	0	0	0	0	0	0	0	0
20 東京	0	0	0	0	0	11,666	0	0	0	0	0	0	0	0
21 神奈川	0	0	0	0	0	0	0	0	0	0	0	0	0	0
22 新潟	0	0	0	0	0	0	0	1,168	0	0	0	0	0	0
23 富山	0	0	0	0	0	0	0	0	0	0	0	0	0	0
24 石川	0	0	0	0	0	0	0	0	0	0	0	0	0	0
25 福井	0	0	0	0	0	0	0	0	0	0	0	0	0	0
26 山梨	0	0	0	0	0	0	0	0	0	0	0	0	0	0
27 長野	0	0	0	0	0	0	0	0	0	0	0	0	0	0
28 静岡	0	0	0	0	0	0	0	0	0	0	0	0	0	0
29 岐阜	0	0	0	0	0	0	0	0	0	0	0	0	0	0
30 愛知	0	0	0	0	0	0	0	0	0	0	0	0	0	0
31 三重	0	0	0	0	0	0	0	0	0	0	0	0	0	0
32 滋賀	0	0	0	0	0	0	0	0	0	0	0	0	0	0
33 京都	0	0	0	0	0	0	0	0	0	0	0	0	0	0
34 奈良	0	0	0	0	0	0	0	0	0	0	0	0	0	0
35 和歌山	0	0	0	0	0	0	0	0	0	0	0	0	0	0
36 大阪	0	0	0	0	0	0	0	0	0	0	0	0	0	0
37 兵庫	0	0	0	0	0	45	0	0	0	0	0	0	0	0
38 鳥取	0	0	0	0	0	0	0	0	0	0	0	0	0	0
39 島根	0	0	0	0	0	0	0	0	0	0	0	0	0	0
40 岡山	0	0	0	0	0	0	0	0	0	0	0	0	0	0
41 広島	0	0	0	0	0	0	0	0	0	0	0	0	0	0
42 山口	0	0	0	0	0	0	0	0	0	0	0	0	0	0
43 香川	0	0	0	0	0	0	0	0	0	0	0	0	0	0
44 愛媛	0	0	0	0	0	0	0	0	0	0	0	0	0	0
45 徳島	0	0	0	0	0	0	0	0	0	0	0	0	0	0
46 高知	0	0	0	0	0	0	0	0	0	0	0	0	0	0
47 福岡	0	0	0	0	0	5,200	0	0	0	0	0	0	0	0
48 佐賀	0	0	0	0	0	0	0	0	0	0	0	0	0	0
49 長崎	0	0	0	0	0	0	0	0	0	0	0	0	0	0
50 熊本	0	0	0	0	0	0	0	0	0	0	0	0	0	0
51 大分	0	0	0	0	0	0	0	0	0	0	0	0	0	40
52 宮崎	0	0	0	0	0	0	0	0	0	0	0	0	0	0
53 鹿児島	0	0	0	0	0	0	0	0	0	0	0	0	0	0
54 沖縄	0	0	0	0	0	0	0	0	0	0	0	0	0	0
55 全国	226,710	0	0	0	0	18,511	72	1,168	0	0	13,560	0	0	40

平成28年度　　府県相互間輸送トン数表（海運）　　品目（1-4）畜産品　　その3　　（単位：トン）

発＼着	29 岐阜	30 愛知	31 三重	32 滋賀	33 京都	34 奈良	35 和歌山	36 大阪	37 兵庫	38 鳥取	39 島根	40 岡山	41 広島	42 山口
1 札幌	0	0	0	0	0	0	0	0	0	0	0	0	0	0
2 旭川	0	0	0	0	0	0	0	0	0	0	0	0	0	0
3 函館	0	0	0	0	0	0	0	0	0	0	0	0	0	0
4 室蘭	0	0	0	0	0	0	0	84	0	0	0	0	0	0
5 釧路	0	0	0	0	0	0	0	540	0	0	0	0	0	0
6 帯広	0	0	0	0	0	0	0	0	0	0	0	0	0	0
7 北見	0	0	0	0	0	0	0	0	0	0	0	0	0	0
8 北海道	0	0	0	0	0	0	0	624	0	0	0	0	0	0
9 青森	0	0	0	0	0	0	0	0	0	0	0	0	0	0
10 岩手	0	0	0	0	0	0	0	0	0	0	0	0	0	0
11 宮城	0	0	0	0	0	0	0	0	0	0	0	0	0	0
12 福島	0	0	0	0	0	0	0	0	0	0	0	0	0	0
13 秋田	0	0	0	0	0	0	0	0	0	0	0	0	0	0
14 山形	0	0	0	0	0	0	0	0	0	0	0	0	0	0
15 茨城	0	0	0	0	0	0	0	0	0	0	0	0	0	0
16 栃木	0	0	0	0	0	0	0	0	0	0	0	0	0	0
17 群馬	0	0	0	0	0	0	0	0	0	0	0	0	0	0
18 埼玉	0	0	0	0	0	0	0	0	0	0	0	0	0	0
19 千葉	0	0	0	0	0	0	0	0	0	0	0	0	0	0
20 東京	0	631	0	0	0	0	0	2,965	12,901	0	0	0	0	0
21 神奈川	0	31	0	0	0	0	0	102	622	0	0	0	0	0
22 新潟	0	0	0	0	0	0	0	0	0	0	0	0	0	0
23 富山	0	0	0	0	0	0	0	0	0	0	0	0	0	0
24 石川	0	0	0	0	0	0	0	0	0	0	0	0	0	0
25 福井	0	0	0	0	0	0	0	0	0	0	0	0	0	0
26 山梨	0	0	0	0	0	0	0	0	0	0	0	0	0	0
27 長野	0	0	0	0	0	0	0	0	0	0	0	0	0	0
28 静岡	0	0	0	0	0	0	0	0	0	0	0	0	0	0
29 岐阜	0	0	0	0	0	0	0	0	0	0	0	0	0	0
30 愛知	0	0	0	0	0	0	0	709	0	0	0	0	0	0
31 三重	0	0	0	0	0	0	0	0	0	0	0	0	0	0
32 滋賀	0	0	0	0	0	0	0	0	0	0	0	0	0	0
33 京都	0	0	0	0	0	0	0	0	0	0	0	0	0	0
34 奈良	0	0	0	0	0	0	0	0	0	0	0	0	0	0
35 和歌山	0	0	0	0	0	0	0	0	0	0	0	0	0	0
36 大阪	0	0	0	0	0	0	0	0	108	0	0	0	0	0
37 兵庫	0	0	0	0	0	0	0	0	0	0	0	0	1,063	0
38 鳥取	0	0	0	0	0	0	0	0	0	0	0	0	0	0
39 島根	0	0	0	0	0	0	0	0	0	0	5,063	0	0	0
40 岡山	0	0	0	0	0	0	0	0	0	0	0	0	0	0
41 広島	0	0	0	0	0	0	0	0	0	0	0	0	0	2
42 山口	0	0	0	0	0	0	0	0	0	0	0	0	0	0
43 香川	0	0	0	0	0	0	0	0	0	0	0	0	0	0
44 愛媛	0	0	0	0	0	0	0	0	0	0	0	0	0	0
45 徳島	0	0	0	0	0	0	0	0	0	0	0	0	0	0
46 高知	0	0	0	0	0	0	0	0	0	0	0	0	0	0
47 福岡	0	0	0	0	0	0	0	0	881	0	0	0	0	0
48 佐賀	0	0	0	0	0	0	0	0	0	0	0	0	0	0
49 長崎	0	0	0	0	0	0	0	0	0	0	0	0	0	0
50 熊本	0	0	0	0	0	0	0	0	0	0	0	0	0	0
51 大分	0	0	0	0	0	0	0	0	0	0	0	0	0	0
52 宮崎	0	0	0	0	0	0	0	0	0	0	0	0	0	0
53 鹿児島	0	0	0	0	0	0	0	0	0	0	0	0	0	0
54 沖縄	0	0	0	0	0	0	0	12	2	0	0	0	0	0
55 全国	0	662	0	0	0	0	0	4,412	14,514	0	5,063	0	1,063	2

平成28年度　　府県相互間輸送トン数表（海運）　　品目（1-4）畜産品　　その4　　（単位：トン）

発＼着	43 香川	44 愛媛	45 徳島	46 高知	47 福岡	48 佐賀	49 長崎	50 熊本	51 大分	52 宮崎	53 鹿児島	54 沖縄	55 全国
1 札幌	0	0	0	0	0	0	0	0	0	0	0	0	0
2 旭川	0	0	0	0	0	0	0	0	0	0	0	0	0
3 函館	0	0	0	0	0	0	0	0	0	0	0	0	0
4 室蘭	0	0	0	0	0	0	0	0	0	0	0	0	21,680
5 釧路	0	0	0	0	0	0	0	0	0	0	0	0	220,850
6 帯広	0	0	0	0	0	0	0	0	0	0	0	0	0
7 北見	0	0	0	0	0	0	0	0	0	0	0	0	0
8 北海道	0	0	0	0	0	0	0	0	0	0	0	0	242,530
9 青森	0	0	0	0	0	0	0	0	0	0	0	0	36
10 岩手	0	0	0	0	0	0	0	0	0	0	0	0	0
11 宮城	0	0	0	0	0	0	0	0	0	0	0	0	20
12 福島	0	0	0	0	0	0	0	0	0	0	0	0	0
13 秋田	0	0	0	0	0	0	0	0	0	0	0	0	0
14 山形	0	0	0	0	0	0	0	0	0	0	0	0	0
15 茨城	0	0	0	0	80	0	0	0	0	0	0	0	10,640
16 栃木	0	0	0	0	0	0	0	0	0	0	0	0	0
17 群馬	0	0	0	0	0	0	0	0	0	0	0	0	0
18 埼玉	0	0	0	0	0	0	0	0	0	0	0	0	0
19 千葉	0	0	0	0	0	0	0	0	0	0	0	0	0
20 東京	0	0	0	0	46	0	0	0	0	20	760	208	41,783
21 神奈川	0	0	0	0	1,013	0	0	0	0	0	0	0	4,770
22 新潟	0	0	0	0	0	0	0	0	0	0	0	0	1,168
23 富山	0	0	0	0	0	0	0	0	0	0	0	0	0
24 石川	0	0	0	0	0	0	0	0	0	0	0	0	0
25 福井	0	0	0	0	0	0	0	0	0	0	0	0	562
26 山梨	0	0	0	0	0	0	0	0	0	0	0	0	0
27 長野	0	0	0	0	0	0	0	0	0	0	0	0	0
28 静岡	0	0	0	0	0	0	0	0	0	0	0	0	0
29 岐阜	0	0	0	0	0	0	0	0	0	0	0	0	0
30 愛知	0	0	0	0	0	0	0	0	0	0	0	0	709
31 三重	0	0	0	0	0	0	0	0	0	0	0	0	0
32 滋賀	0	0	0	0	0	0	0	0	0	0	0	0	0
33 京都	0	0	0	0	0	0	0	0	0	0	0	0	0
34 奈良	0	0	0	0	0	0	0	0	0	0	0	0	0
35 和歌山	0	0	0	0	0	0	0	0	0	0	0	0	0
36 大阪	0	0	0	0	8,897	0	0	0	0	0	0	49	9,054
37 兵庫	0	0	0	0	8,422	0	0	0	0	0	3	38	9,571
38 鳥取	0	0	0	0	0	0	0	0	0	0	0	0	0
39 島根	0	0	0	0	0	0	0	0	0	0	0	0	5,063
40 岡山	0	0	0	0	0	0	0	0	0	0	0	0	0
41 広島	0	0	0	0	0	0	0	0	0	0	0	0	2
42 山口	0	0	0	0	0	0	0	0	0	0	0	0	0
43 香川	301	0	0	0	0	0	0	0	0	0	0	0	301
44 愛媛	0	66	0	0	0	0	0	0	0	0	0	0	66
45 徳島	0	0	0	0	0	0	0	0	0	0	0	0	0
46 高知	0	0	0	0	0	0	0	0	0	0	0	0	0
47 福岡	0	0	0	0	25	0	754	0	0	0	0	88	6,948
48 佐賀	0	0	0	0	0	11	190	0	0	0	0	0	201
49 長崎	0	0	0	0	0	0	503	0	0	0	0	0	503
50 熊本	0	0	0	0	0	0	0	0	0	0	0	0	0
51 大分	0	0	0	0	0	0	0	0	0	0	0	0	40
52 宮崎	0	0	0	0	0	0	0	0	0	0	0	0	0
53 鹿児島	0	0	0	0	0	0	0	0	0	0	12,065	10,705	22,770
54 沖縄	0	0	0	0	0	0	0	0	0	0	7,339	4,525	11,878
55 全国	301	66	0	0	18,483	11	1,447	0	0	20	20,167	15,613	368,617

平成28年度　　府県相互間輸送トン数表（海運）　　品目　（1-5）水産品　　その1　（単位：トン）

着／発	1 札幌	2 旭川	3 函館	4 室蘭	5 釧路	6 帯広	7 北見	8 北海道	9 青森	10 岩手	11 宮城	12 福島	13 秋田	14 山形
1 札幌	3,661	0	0	0	0	0	0	3,661	0	0	0	0	0	0
2 旭川	5	76,475	0	0	0	0	0	76,480	0	0	0	0	0	0
3 函館	0	0	20,647	0	0	0	0	20,647	0	0	0	0	0	0
4 室蘭	0	0	0	14,672	2,080	0	0	16,752	89	0	0	0	0	0
5 釧路	0	0	0	0	10,851	0	0	10,851	0	0	0	0	0	0
6 帯広	0	0	0	0	0	0	0	0	0	0	0	0	0	0
7 北見	0	0	0	0	0	0	0	0	0	0	0	0	0	0
8 北海道	3,666	76,475	20,647	14,672	12,931	0	0	128,391	89	0	0	0	0	0
9 青森	0	0	0	32	0	0	0	32	5,753	0	0	0	0	0
10 岩手	0	0	0	0	0	0	0	0	0	1,018	0	0	0	0
11 宮城	0	0	0	0	0	0	0	0	0	86	43,978	0	0	0
12 福島	0	0	0	0	0	0	0	0	0	0	0	61	0	0
13 秋田	0	0	0	0	0	0	0	0	0	0	0	0	292	0
14 山形	0	0	0	0	0	0	0	0	0	0	0	0	0	1,890
15 茨城	0	0	0	3,255	0	0	0	3,255	0	0	0	0	0	0
16 栃木	0	0	0	0	0	0	0	0	0	0	0	0	0	0
17 群馬	0	0	0	0	0	0	0	0	0	0	0	0	0	0
18 埼玉	0	0	0	0	0	0	0	0	0	0	0	0	0	0
19 千葉	0	0	0	0	0	0	0	0	0	0	0	0	0	0
20 東京	0	0	0	2,333	5	0	0	2,338	1,024	118	27,601	0	0	0
21 神奈川	0	0	0	13,896	0	0	0	13,896	8,521	0	27,002	0	0	0
22 新潟	0	0	0	0	0	0	0	0	0	0	0	0	0	0
23 富山	0	0	0	0	0	0	0	0	0	0	0	0	0	0
24 石川	0	0	0	0	0	0	0	0	0	0	0	0	0	0
25 福井	0	0	0	285	0	0	0	285	0	0	0	0	0	0
26 山梨	0	0	0	0	0	0	0	0	0	0	0	0	0	0
27 長野	0	0	0	0	0	0	0	0	0	0	0	0	0	0
28 静岡	0	0	0	0	0	0	0	0	0	0	0	0	0	0
29 岐阜	0	0	0	0	0	0	0	0	0	0	0	0	0	0
30 愛知	0	0	0	0	0	0	0	0	0	0	0	0	0	0
31 三重	0	0	0	0	0	0	0	0	0	0	0	0	0	0
32 滋賀	0	0	0	0	0	0	0	0	0	0	0	0	0	0
33 京都	0	0	0	0	0	0	0	0	0	0	0	0	0	0
34 奈良	0	0	0	0	0	0	0	0	0	0	0	0	0	0
35 和歌山	0	0	0	0	0	0	0	0	0	0	0	0	0	0
36 大阪	0	0	0	0	10	0	0	10	0	0	0	0	0	0
37 兵庫	0	0	0	0	0	0	0	0	0	0	0	0	0	0
38 鳥取	0	0	0	0	0	0	0	0	0	0	0	0	0	0
39 島根	0	0	0	0	0	0	0	0	0	0	0	0	0	0
40 岡山	0	0	0	0	0	0	0	0	0	0	0	0	0	0
41 広島	0	0	0	0	0	0	0	0	0	0	1,100	0	0	0
42 山口	0	0	0	0	0	0	0	0	0	0	0	0	0	0
43 香川	0	0	0	0	0	0	0	0	0	0	0	0	0	0
44 愛媛	0	0	0	0	0	0	0	0	0	0	0	0	0	0
45 徳島	0	0	0	0	0	0	0	0	0	0	0	0	0	0
46 高知	0	0	0	0	0	0	0	0	0	0	0	0	0	0
47 福岡	0	0	0	0	0	0	0	0	0	0	0	0	0	0
48 佐賀	0	0	0	0	0	0	0	0	0	0	0	0	0	0
49 長崎	0	0	0	0	0	0	0	0	0	0	0	0	0	0
50 熊本	0	0	0	0	0	0	0	0	0	0	0	0	0	0
51 大分	0	0	0	0	0	0	0	0	0	0	0	0	0	0
52 宮崎	0	0	0	0	0	0	0	0	0	0	0	0	0	0
53 鹿児島	0	0	0	0	0	0	0	0	0	0	0	0	0	0
54 沖縄	0	0	0	0	0	0	0	0	0	0	0	0	0	0
55 全国	3,666	76,475	20,647	34,473	12,946	0	0	148,207	15,387	1,222	99,681	61	292	1,890

平成28年度　　府県相互間輸送トン数表（海運）　　品目　（1-5）水産品　　その2　（単位：トン）

着／発	15 茨城	16 栃木	17 群馬	18 埼玉	19 千葉	20 東京	21 神奈川	22 新潟	23 富山	24 石川	25 福井	26 山梨	27 長野	28 静岡
1 札幌	0	0	0	0	0	0	0	0	0	0	0	0	0	0
2 旭川	0	0	0	0	0	0	0	0	0	0	0	0	0	0
3 函館	0	0	0	0	0	0	0	0	0	0	0	0	0	0
4 室蘭	38,384	0	0	0	0	670	576	0	0	0	2,680	0	0	0
5 釧路	18,780	0	0	0	0	0	0	0	0	0	0	0	0	0
6 帯広	0	0	0	0	0	0	0	0	0	0	0	0	0	0
7 北見	0	0	0	0	0	0	0	0	0	0	0	0	0	0
8 北海道	57,164	0	0	0	0	670	576	0	0	0	2,680	0	0	0
9 青森	0	0	0	0	0	0	2,106	0	0	0	0	0	0	0
10 岩手	0	0	0	0	0	0	0	0	0	0	0	0	0	0
11 宮城	0	0	0	0	0	6,903	2,664	0	0	0	0	0	0	0
12 福島	0	0	0	0	0	0	0	0	0	0	0	0	0	0
13 秋田	0	0	0	0	0	0	0	0	0	0	0	0	0	0
14 山形	0	0	0	0	0	0	0	0	0	0	0	0	0	0
15 茨城	247	0	0	0	0	905	0	0	0	0	0	0	0	0
16 栃木	0	0	0	0	0	0	0	0	0	0	0	0	0	0
17 群馬	0	0	0	0	0	0	0	0	0	0	0	0	0	0
18 埼玉	0	0	0	0	0	0	0	0	0	0	0	0	0	0
19 千葉	0	0	0	0	180	77	379	0	0	0	0	0	0	0
20 東京	3,403	0	0	0	0	26,179	0	0	0	0	0	0	0	1,314
21 神奈川	0	0	0	0	0	584	1,545	0	0	0	0	0	0	7,008
22 新潟	0	0	0	0	0	0	0	9,703	0	0	0	0	0	0
23 富山	0	0	0	0	0	0	0	0	3,615	0	0	0	0	0
24 石川	0	0	0	0	0	0	0	0	0	19,500	0	0	0	0
25 福井	0	0	0	0	0	0	0	0	0	0	833	0	0	0
26 山梨	0	0	0	0	0	0	0	0	0	0	0	0	0	0
27 長野	0	0	0	0	0	0	0	0	0	0	0	0	0	0
28 静岡	0	0	0	0	0	643	0	0	0	0	0	0	0	10,337
29 岐阜	0	0	0	0	0	0	0	0	0	0	0	0	0	0
30 愛知	0	0	0	0	0	0	0	0	0	0	0	0	0	0
31 三重	0	0	0	0	0	0	0	0	0	0	0	0	0	0
32 滋賀	0	0	0	0	0	0	0	0	0	0	0	0	0	0
33 京都	0	0	0	0	0	0	0	0	0	0	0	0	0	0
34 奈良	0	0	0	0	0	0	0	0	0	0	0	0	0	0
35 和歌山	0	0	0	0	0	0	0	0	0	0	0	0	0	0
36 大阪	0	0	0	0	0	0	0	0	0	0	0	0	0	0
37 兵庫	0	0	0	0	0	0	0	0	0	0	0	0	0	0
38 鳥取	0	0	0	0	0	0	0	0	0	0	0	0	0	0
39 島根	0	0	0	0	0	0	0	0	0	0	0	0	0	0
40 岡山	0	0	0	0	0	0	0	0	0	0	0	0	0	0
41 広島	0	0	0	0	0	0	0	0	0	0	0	0	0	0
42 山口	0	0	0	0	0	0	0	0	0	0	0	0	0	0
43 香川	0	0	0	0	0	0	0	0	0	0	0	0	0	0
44 愛媛	0	0	0	0	0	0	0	0	0	0	0	0	0	0
45 徳島	0	0	0	0	0	0	0	0	0	0	0	0	0	0
46 高知	0	0	0	0	0	0	0	0	0	0	0	0	0	0
47 福岡	0	0	0	0	0	0	0	0	0	0	0	0	0	0
48 佐賀	0	0	0	0	0	0	0	0	0	0	0	0	0	0
49 長崎	0	0	0	0	0	0	0	0	0	0	0	0	0	0
50 熊本	0	0	0	0	0	0	0	0	0	0	0	0	0	0
51 大分	0	0	0	0	0	0	0	0	0	0	0	0	0	20
52 宮崎	0	0	0	0	0	0	0	0	0	0	0	0	0	0
53 鹿児島	0	0	0	0	0	0	0	0	0	0	0	0	0	0
54 沖縄	0	0	0	0	0	0	0	0	0	0	0	0	0	0
55 全国	60,814	0	0	0	180	35,961	7,270	9,703	3,615	19,500	3,513	0	0	18,679

平成28年度　府県相互間輸送トン数表（海運）　品目（1-5）水産品　（単位：トン）その3

発＼着	29 岐阜	30 愛知	31 三重	32 滋賀	33 京都	34 奈良	35 和歌山	36 大阪	37 兵庫	38 鳥取	39 島根	40 岡山	41 広島	42 山口
1 札幌	0	0	0	0	0	0	0	0	0	0	0	0	0	0
2 旭川	0	0	0	0	0	0	0	0	0	0	0	0	0	0
3 函館	0	0	0	0	0	0	0	0	0	0	0	0	0	0
4 室蘭	0	0	0	0	0	0	0	528	0	0	0	0	0	0
5 釧路	0	0	0	0	0	0	0	0	0	0	0	0	0	0
6 帯広	0	0	0	0	0	0	0	0	0	0	0	0	0	0
7 北見	0	0	0	0	0	0	0	0	0	0	0	0	0	0
8 北海道	0	0	0	0	0	0	0	528	0	0	0	0	0	0
9 青森	0	0	0	0	0	0	0	0	0	0	0	0	0	0
10 岩手	0	0	0	0	0	0	0	0	0	0	0	0	0	0
11 宮城	0	0	0	0	0	0	0	0	0	0	0	0	0	0
12 福島	0	0	0	0	0	0	0	0	0	0	0	0	0	0
13 秋田	0	0	0	0	0	0	0	0	0	0	0	0	0	0
14 山形	0	0	0	0	0	0	0	0	0	0	0	0	0	0
15 茨城	0	0	0	0	0	0	0	0	0	0	0	0	0	0
16 栃木	0	0	0	0	0	0	0	0	0	0	0	0	0	0
17 群馬	0	0	0	0	0	0	0	0	0	0	0	0	0	0
18 埼玉	0	0	0	0	0	0	0	0	0	0	0	0	0	0
19 千葉	0	0	0	0	0	0	0	0	0	0	0	0	0	0
20 東京	0	1,048	0	0	0	0	0	530	3,978	0	0	0	0	40
21 神奈川	0	204	18	0	0	0	0	0	8,055	0	0	0	0	0
22 新潟	0	0	0	0	0	0	0	0	0	0	0	0	0	0
23 富山	0	0	0	0	0	0	0	0	0	0	0	0	0	0
24 石川	0	0	0	0	0	0	0	0	0	0	0	0	0	0
25 福井	0	0	0	0	0	0	0	0	0	0	0	0	0	0
26 山梨	0	0	0	0	0	0	0	0	0	0	0	0	0	0
27 長野	0	0	0	0	0	0	0	0	0	0	0	0	0	0
28 静岡	0	0	0	0	0	0	0	0	101	0	0	0	0	0
29 岐阜	0	0	0	0	0	0	0	0	0	0	0	0	0	0
30 愛知	0	3,579	0	0	0	0	0	141	0	0	0	0	0	0
31 三重	0	0	32,463	0	0	0	0	0	0	0	0	0	0	0
32 滋賀	0	0	0	0	0	0	0	0	0	0	0	0	0	0
33 京都	0	0	0	0	612	0	0	0	0	0	0	0	0	0
34 奈良	0	0	0	0	0	0	0	0	0	0	0	0	0	0
35 和歌山	0	0	0	0	0	0	10,361	0	0	0	0	0	0	0
36 大阪	0	0	0	0	0	0	0	145	0	0	0	0	0	0
37 兵庫	0	0	0	0	0	0	0	0	14,381	0	0	0	0	0
38 鳥取	0	0	0	0	0	0	0	0	0	215	0	0	0	0
39 島根	0	0	0	0	0	0	0	0	0	0	5,806	0	0	0
40 岡山	0	0	0	0	0	0	0	0	0	0	0	403	0	0
41 広島	0	0	0	0	0	0	0	0	0	0	0	0	1,130	0
42 山口	0	0	0	0	0	0	0	0	0	0	0	0	0	5,936
43 香川	0	0	0	0	0	0	0	0	0	0	0	0	0	0
44 愛媛	0	0	0	0	0	0	0	0	0	0	0	0	0	0
45 徳島	0	0	0	0	0	0	0	0	0	0	0	0	0	0
46 高知	0	0	0	0	0	0	0	0	0	0	0	0	0	0
47 福岡	0	0	0	0	0	0	0	0	430	0	0	440	0	0
48 佐賀	0	0	0	0	0	0	0	0	0	0	0	0	0	0
49 長崎	0	0	0	0	0	0	0	0	0	0	0	0	0	0
50 熊本	0	0	0	0	0	0	0	0	0	0	0	0	0	0
51 大分	0	0	0	0	0	0	0	0	0	0	0	0	0	0
52 宮崎	0	0	0	0	0	0	0	0	0	0	0	0	0	0
53 鹿児島	0	0	0	0	0	0	0	0	0	0	0	0	0	0
54 沖縄	0	1,193	0	0	0	0	0	0	5	0	0	0	0	0
55 全国	0	6,024	32,481	0	612	0	10,361	1,344	26,950	215	5,806	843	1,130	5,976

平成28年度　府県相互間輸送トン数表（海運）　品目（1-5）水産品　（単位：トン）その4

発＼着	43 香川	44 愛媛	45 徳島	46 高知	47 福岡	48 佐賀	49 長崎	50 熊本	51 大分	52 宮崎	53 鹿児島	54 沖縄	55 全国
1 札幌	0	0	0	0	0	0	0	0	0	0	0	0	3,661
2 旭川	0	0	0	0	0	0	0	0	0	0	0	0	76,480
3 函館	0	0	0	0	0	7,190	0	0	0	0	0	0	27,837
4 室蘭	0	0	0	0	0	0	0	0	0	0	0	0	59,679
5 釧路	0	0	0	0	0	0	0	0	0	0	0	0	29,631
6 帯広	0	0	0	0	0	0	0	0	0	0	0	0	0
7 北見	0	0	0	0	0	0	0	0	0	0	0	0	0
8 北海道	0	0	0	0	0	7,190	0	0	0	0	0	0	197,288
9 青森	0	0	0	0	0	500	0	0	0	0	0	0	8,391
10 岩手	0	0	0	0	0	0	0	0	0	0	0	0	1,018
11 宮城	0	0	0	0	0	0	0	0	0	0	346	0	53,977
12 福島	0	0	0	0	0	0	0	0	0	0	0	0	61
13 秋田	0	0	0	0	0	0	0	0	0	0	0	0	292
14 山形	0	0	0	0	0	0	0	0	0	0	0	0	1,890
15 茨城	0	0	0	0	3,125	0	0	0	0	0	0	0	7,532
16 栃木	0	0	0	0	0	0	0	0	0	0	0	0	0
17 群馬	0	0	0	0	0	0	0	0	0	0	0	0	0
18 埼玉	0	0	0	0	0	0	0	0	0	0	0	0	0
19 千葉	0	0	0	0	0	0	0	0	0	0	0	0	636
20 東京	0	0	0	0	0	0	0	0	0	0	4,100	649	72,322
21 神奈川	0	0	0	0	0	0	0	0	0	0	0	0	66,833
22 新潟	0	0	0	0	0	0	0	0	0	0	0	0	9,703
23 富山	0	0	0	0	0	0	0	0	0	0	0	0	3,615
24 石川	0	0	0	0	0	0	0	0	0	0	0	0	19,500
25 福井	0	0	0	0	0	0	0	0	0	0	0	0	1,118
26 山梨	0	0	0	0	0	0	0	0	0	0	0	0	0
27 長野	0	0	0	0	0	0	0	0	0	0	0	0	0
28 静岡	0	0	0	0	0	0	0	0	0	0	0	0	11,081
29 岐阜	0	0	0	0	0	0	0	0	0	0	0	0	0
30 愛知	0	0	0	0	0	0	0	0	0	0	0	0	3,720
31 三重	0	0	0	0	0	0	0	0	0	0	0	0	32,463
32 滋賀	0	0	0	0	0	0	0	0	0	0	0	0	0
33 京都	0	0	0	0	0	0	0	0	0	0	0	0	612
34 奈良	0	0	0	0	0	0	0	0	0	0	0	0	0
35 和歌山	0	0	0	0	0	0	0	0	0	0	0	0	10,361
36 大阪	0	0	0	0	7,835	0	0	0	0	0	0	18	8,008
37 兵庫	0	383	0	0	11,043	960	0	0	0	0	320	0	27,087
38 鳥取	0	0	0	0	0	0	0	0	0	0	0	0	215
39 島根	0	0	0	0	0	0	0	0	0	0	0	0	5,806
40 岡山	0	0	0	0	0	0	0	0	0	0	0	0	403
41 広島	0	75	0	0	0	0	0	0	0	0	0	0	2,305
42 山口	0	0	0	0	0	0	0	0	0	0	0	0	5,936
43 香川	15,928	489	0	0	0	0	0	0	0	0	0	0	16,417
44 愛媛	0	21,707	0	0	0	0	0	0	0	0	0	0	21,707
45 徳島	0	368	0	0	0	0	0	0	0	0	0	0	368
46 高知	0	315	0	2,624	0	0	0	0	0	0	0	0	2,939
47 福岡	0	0	0	0	252	0	1,604	0	0	0	0	15,520	18,246
48 佐賀	0	100	0	0	0	1,660	366	0	0	0	0	0	2,026
49 長崎	0	0	0	0	28	18	124,353	0	0	0	0	0	124,499
50 熊本	0	0	0	0	0	0	0	10,015	0	0	0	0	10,015
51 大分	0	634	0	0	0	0	0	0	2,274	0	0	0	2,928
52 宮崎	0	0	0	0	0	0	0	0	0	12,819	0	0	12,819
53 鹿児島	0	0	0	0	0	0	0	0	0	0	42,646	7,416	50,062
54 沖縄	0	0	0	0	0	0	0	0	0	0	177	5,760	7,135
55 全国	15,928	24,071	0	2,624	22,283	10,328	126,323	10,015	2,274	12,819	47,589	29,363	821,334

平成28年度　　府県相互間輸送トン数表（海運）　　品目（2-6）木材　　（単位：トン）その1

着／発	1 札幌	2 旭川	3 函館	4 室蘭	5 釧路	6 帯広	7 北見	8 北海道	9 青森	10 岩手	11 宮城	12 福島	13 秋田	14 山形
1 札幌	0	0	0	0	0	0	0	0	0	0	0	0	0	0
2 旭川	0	51	0	0	0	0	0	51	0	0	3,520	0	25,825	0
3 函館	0	0	0	0	0	0	0	0	0	0	13,604	0	11,973	0
4 室蘭	0	0	0	0	1,518	0	0	1,518	0	2,211	13,648	0	32,896	0
5 釧路	0	0	0	236	0	0	0	236	0	0	0	0	1,550	0
6 帯広	0	0	0	1,556	0	0	0	1,556	0	0	34,062	0	12,509	0
7 北見	0	0	0	0	0	0	0	0	0	0	0	0	1,080	0
8 北海道	0	51	0	1,792	1,518	0	0	3,361	0	2,211	64,834	0	85,833	0
9 青森	0	0	0	26,042	63	812	0	26,917	0	5,217	1,189	0	0	0
10 岩手	0	0	0	0	0	0	0	0	0	0	0	0	0	0
11 宮城	0	0	0	4,336	0	0	0	4,336	0	226	8	0	0	0
12 福島	0	0	0	0	0	0	0	0	0	0	0	0	0	0
13 秋田	0	0	0	0	0	0	0	0	0	0	0	0	0	0
14 山形	0	0	0	0	0	0	0	0	0	0	0	0	0	6
15 茨城	0	0	0	112,302	0	0	0	112,302	0	0	31,010	6,804	0	0
16 栃木	0	0	0	0	0	0	0	0	0	0	0	0	0	0
17 群馬	0	0	0	0	0	0	0	0	0	0	0	0	0	0
18 埼玉	0	0	0	0	0	0	0	0	0	0	0	0	0	0
19 千葉	0	0	0	0	0	0	0	0	0	0	0	0	0	0
20 東京	0	0	0	9,918	20	0	0	9,938	234	570	56,520	22,430	0	0
21 神奈川	0	0	0	34,690	0	0	0	34,690	8,529	837	82,939	0	0	0
22 新潟	0	0	0	0	0	0	0	0	0	0	0	0	0	0
23 富山	0	0	0	0	0	0	0	0	0	0	0	0	0	0
24 石川	0	0	0	0	0	0	0	0	0	0	0	0	0	0
25 福井	0	0	0	4,725	0	0	0	4,725	0	0	0	0	0	0
26 山梨	0	0	0	0	0	0	0	0	0	0	0	0	0	0
27 長野	0	0	0	0	0	0	0	0	0	0	0	0	0	0
28 静岡	0	0	0	0	0	0	0	0	0	0	0	0	0	0
29 岐阜	0	0	0	0	0	0	0	0	0	0	0	0	0	0
30 愛知	0	0	0	102	0	0	0	102	266	0	0	709	0	0
31 三重	0	0	0	0	0	0	0	0	0	0	0	0	0	0
32 滋賀	0	0	0	0	0	0	0	0	0	0	0	0	0	0
33 京都	0	0	0	0	0	0	0	0	0	0	0	0	0	0
34 奈良	0	0	0	0	0	0	0	0	0	0	0	0	0	0
35 和歌山	0	0	0	0	0	0	0	0	0	0	0	0	0	0
36 大阪	0	0	0	2,030	5	0	0	2,035	0	3,130	0	0	0	0
37 兵庫	0	0	0	0	0	0	0	0	0	0	0	0	0	0
38 鳥取	0	0	0	0	0	0	0	0	0	5,049	0	0	0	4,680
39 島根	0	0	0	0	0	0	0	0	0	0	0	0	0	0
40 岡山	0	0	0	0	0	0	0	0	0	0	0	0	0	0
41 広島	0	0	0	0	774	0	0	774	0	0	0	0	0	0
42 山口	0	0	0	0	0	0	0	0	0	1,512	0	0	0	0
43 香川	0	0	0	0	0	0	0	0	0	0	0	0	0	0
44 愛媛	0	0	0	0	0	0	0	0	0	0	0	0	0	0
45 徳島	0	0	0	0	0	0	0	0	0	0	0	0	0	0
46 高知	0	0	0	0	0	0	0	0	0	0	0	0	0	0
47 福岡	0	0	0	0	0	0	0	0	0	0	0	0	0	0
48 佐賀	0	0	0	0	0	0	0	0	0	0	0	0	0	0
49 長崎	0	0	0	0	0	0	0	0	0	0	0	0	0	0
50 熊本	0	0	0	0	0	0	0	0	0	0	0	0	1,945	0
51 大分	0	0	0	0	0	0	0	0	0	0	0	0	0	0
52 宮崎	0	0	0	0	0	0	0	0	0	0	0	0	0	0
53 鹿児島	0	0	0	0	0	0	0	0	0	0	0	0	0	0
54 沖縄	0	0	0	0	0	0	0	0	0	0	0	0	0	0
55 全国	0	51	0	195,937	2,380	812	0	199,180	9,029	18,752	236,500	29,943	87,778	4,686

平成28年度　　府県相互間輸送トン数表（海運）　　品目（2-6）木材　　（単位：トン）その2

着／発	15 茨城	16 栃木	17 群馬	18 埼玉	19 千葉	20 東京	21 神奈川	22 新潟	23 富山	24 石川	25 福井	26 山梨	27 長野	28 静岡
1 札幌	0	0	0	0	0	0	0	0	0	0	6,377	0	0	0
2 旭川	0	0	0	0	0	0	0	0	0	0	9,454	0	0	0
3 函館	0	0	0	0	0	0	0	0	0	1,654	0	0	0	0
4 室蘭	70,128	0	0	0	0	3,895	938	0	0	1,609	36,553	0	0	0
5 釧路	18,230	0	0	0	0	0	0	0	0	0	1,506	0	0	0
6 帯広	0	0	0	0	0	0	1,214	0	845	0	3,412	0	0	0
7 北見	0	0	0	0	0	0	0	0	0	0	0	0	0	0
8 北海道	88,358	0	0	0	0	3,895	2,152	0	845	3,263	57,302	0	0	0
9 青森	0	0	0	0	0	0	0	0	0	3,251	4,814	0	0	0
10 岩手	0	0	0	0	0	0	0	0	0	0	0	0	0	0
11 宮城	1,100	0	0	0	0	0	20	0	0	0	0	0	0	921
12 福島	0	0	0	0	0	0	0	0	0	0	0	0	0	0
13 秋田	0	0	0	0	0	0	0	0	0	0	0	0	0	0
14 山形	0	0	0	0	0	0	0	0	0	0	0	0	0	0
15 茨城	0	0	0	0	25,749	0	0	0	0	0	0	0	0	116,788
16 栃木	0	0	0	0	0	0	0	0	0	0	0	0	0	0
17 群馬	0	0	0	0	0	0	0	0	0	0	0	0	0	0
18 埼玉	0	0	0	0	0	0	0	0	0	0	0	0	0	0
19 千葉	0	0	0	0	0	0	0	0	0	0	0	0	0	561
20 東京	83	0	0	0	429	25,653	3	0	0	0	0	0	0	2,679
21 神奈川	0	0	0	0	881	0	0	0	0	0	0	0	0	9,162
22 新潟	0	0	0	0	0	0	0	935	0	0	0	0	0	0
23 富山	0	0	0	0	0	0	0	0	0	0	0	0	0	0
24 石川	0	0	0	0	0	0	0	0	0	0	0	0	0	0
25 福井	0	0	0	0	0	0	0	0	0	0	0	0	0	0
26 山梨	0	0	0	0	0	0	0	0	0	0	0	0	0	0
27 長野	0	0	0	0	0	0	0	0	0	0	0	0	0	0
28 静岡	0	0	0	0	0	0	0	0	0	0	0	0	0	0
29 岐阜	0	0	0	0	0	0	0	0	0	0	0	0	0	0
30 愛知	0	0	0	0	0	0	0	0	0	0	0	0	0	0
31 三重	0	0	0	0	0	0	0	0	0	0	0	0	0	0
32 滋賀	0	0	0	0	0	0	0	0	0	0	0	0	0	0
33 京都	0	0	0	0	0	0	0	0	0	0	0	0	0	0
34 奈良	0	0	0	0	0	0	0	0	0	0	0	0	0	0
35 和歌山	0	0	0	0	0	0	0	0	0	0	0	0	0	0
36 大阪	0	0	0	0	0	0	0	0	0	0	0	0	0	0
37 兵庫	0	0	0	0	0	0	0	0	0	0	0	0	0	0
38 鳥取	0	0	0	0	0	0	0	0	0	0	0	0	0	0
39 島根	0	0	0	0	0	0	0	0	0	0	0	0	0	0
40 岡山	0	0	0	0	0	4,685	0	0	0	0	0	0	0	0
41 広島	39,474	0	0	0	44,737	0	0	0	0	0	0	0	0	39,999
42 山口	0	0	0	0	0	0	0	0	0	0	0	0	0	0
43 香川	0	0	0	0	0	0	0	0	0	0	0	0	0	0
44 愛媛	0	0	0	0	0	390	0	0	0	0	0	0	0	0
45 徳島	0	0	0	0	0	0	0	0	0	0	0	0	0	0
46 高知	0	0	0	0	0	0	0	0	0	0	0	0	0	0
47 福岡	2,760	0	0	0	0	2,995	0	0	0	0	0	0	0	1,541
48 佐賀	0	0	0	0	0	0	0	0	0	0	0	0	0	0
49 長崎	0	0	0	0	0	0	0	0	0	0	0	0	0	0
50 熊本	0	0	0	0	0	0	0	15,372	0	0	0	0	0	0
51 大分	0	0	0	0	0	0	0	0	0	0	0	0	0	140
52 宮崎	0	0	0	0	0	0	0	0	0	0	0	0	0	0
53 鹿児島	0	0	0	0	0	0	0	0	0	0	0	0	0	0
54 沖縄	0	0	0	0	0	0	92	0	0	0	0	0	0	0
55 全国	131,775	0	0	0	71,796	37,618	2,267	16,307	845	6,514	62,116	0	0	171,791

平成28年度　　　　　　　　府県相互間輸送トン数表（海運）　　品目 （2-6）木材　　（単位：トン）　その 3

発＼着	29 岐阜	30 愛知	31 三重	32 滋賀	33 京都	34 奈良	35 和歌山	36 大阪	37 兵庫	38 鳥取	39 島根	40 岡山	41 広島	42 山口
1 札幌	0	0	0	0	0	0	0	0	0	0	0	0	0	0
2 旭川	0	0	0	0	7,936	0	0	0	0	1,345	1,524	0	0	0
3 函館	0	0	0	0	2,600	0	0	0	0	4,213	0	0	0	0
4 室蘭	0	25,179	0	0	5,123	0	0	24	0	28,432	0	0	0	0
5 釧路	0	9,000	0	0	2,551	0	0	0	0	0	0	0	0	0
6 帯広	0	0	0	0	6,965	0	0	0	0	13,223	1,095	0	0	0
7 北見	0	0	0	0	2,420	0	0	0	0	1,467	0	0	0	0
8 北海道	0	34,179	0	0	27,595	0	0	24	0	48,680	2,619	0	0	0
9 青森	0	60	0	0	3,999	0	0	0	0	21,877	16,283	0	0	0
10 岩手	0	10,944	0	0	0	0	0	0	0	20,402	0	0	0	0
11 宮城	0	3,340	0	0	0	0	0	10,000	0	0	0	0	0	0
12 福島	0	0	0	0	0	0	0	0	607	0	0	0	0	0
13 秋田	0	0	0	0	0	0	0	0	0	0	0	0	0	0
14 山形	0	0	0	0	0	0	0	0	0	0	0	0	0	0
15 茨城	0	82,413	0	0	0	0	0	0	0	0	0	0	0	0
16 栃木	0	0	0	0	0	0	0	0	0	0	0	0	0	0
17 群馬	0	0	0	0	0	0	0	0	0	0	0	0	0	0
18 埼玉	0	0	0	0	0	0	0	0	0	0	0	0	0	0
19 千葉	0	0	0	0	0	0	1,521	390	0	0	0	0	840	0
20 東京	0	2,921	0	0	0	0	0	2,149	2,114	0	0	0	0	0
21 神奈川	0	6,842	10,264	0	0	0	0	12,060	999	0	0	0	0	0
22 新潟	0	0	0	0	0	0	0	0	0	2,921	1,231	0	0	0
23 富山	0	0	0	0	0	0	0	0	0	0	0	0	0	0
24 石川	0	0	0	0	0	0	0	0	0	0	0	0	0	0
25 福井	0	0	0	0	0	0	0	0	0	0	0	0	0	0
26 山梨	0	0	0	0	0	0	0	0	0	0	0	0	0	0
27 長野	0	0	0	0	0	0	0	0	0	0	0	0	0	0
28 静岡	0	747	0	0	0	0	0	0	0	0	0	0	0	0
29 岐阜	0	0	0	0	0	0	0	0	0	0	0	0	0	0
30 愛知	0	0	0	0	0	0	0	2,500	0	0	0	0	1,863	57
31 三重	0	0	0	0	0	0	0	524	0	0	0	0	0	0
32 滋賀	0	0	0	0	0	0	0	0	0	0	0	0	0	0
33 京都	0	0	0	0	0	0	0	4,000	0	0	0	0	0	0
34 奈良	0	0	0	0	0	0	0	0	0	0	0	0	0	0
35 和歌山	0	759	575,715	0	0	0	898	1,887	0	0	0	0	873	0
36 大阪	0	0	1,180	0	0	0	2,803	1,065	0	0	0	0	16,815	4,136
37 兵庫	0	47	0	0	0	0	0	1,057	83	0	0	0	0	408
38 鳥取	0	0	0	0	0	0	0	0	0	0	3	0	0	0
39 島根	0	0	0	0	0	0	0	0	0	2,200	32,647	0	0	0
40 岡山	0	0	0	0	0	0	0	10,200	0	0	0	0	0	0
41 広島	0	100,725	0	0	0	0	296	61,087	0	0	0	23,745	11	557
42 山口	0	61	0	0	0	0	829	0	0	0	107,400	0	1,050	0
43 香川	0	0	0	0	0	0	0	19,000	0	0	0	0	1,547	0
44 愛媛	0	0	0	0	0	0	1,621	0	0	0	0	0	35,523	0
45 徳島	0	0	0	0	0	0	8,798	0	264	0	0	0	652	244
46 高知	0	0	0	0	0	0	0	0	0	0	0	0	0	0
47 福岡	0	5,274	2,453	0	0	0	0	7,393	0	0	0	140	13,374	36,701
48 佐賀	0	5,874	0	0	0	0	0	0	0	0	1,480	0	600	4,783
49 長崎	0	0	0	0	0	0	0	0	0	0	2,349	0	0	26,303
50 熊本	0	0	0	0	0	0	0	0	634	0	0	0	0	0
51 大分	0	0	909	0	0	0	0	0	0	0	12,603	0	13,374	11,402
52 宮崎	0	10,027	0	0	0	0	0	10,410	0	5,497	0	60	7,193	50,730
53 鹿児島	0	0	0	0	0	0	400	0	4	0	0	0	0	8,885
54 沖縄	0	0	0	0	0	0	0	716	0	0	0	0	0	0
55 全国	0	264,213	590,521	0	31,594	0	17,166	144,462	4,705	101,577	176,615	24,785	79,501	144,206

平成28年度　　　　　　　　府県相互間輸送トン数表（海運）　　品目 （2-6）木材　　（単位：トン）　その 4

発＼着	43 香川	44 愛媛	45 徳島	46 高知	47 福岡	48 佐賀	49 長崎	50 熊本	51 大分	52 宮崎	53 鹿児島	54 沖縄	55 全国
1 札幌	0	0	0	0	0	0	0	0	0	0	0	0	46,578
2 旭川	0	0	0	0	0	0	0	0	0	0	459	0	45,160
3 函館	0	0	0	0	1,203	0	0	0	0	0	0	0	230,694
4 室蘭	2,184	0	0	0	3,576	0	1,556	0	0	0	1,224	0	230,694
5 釧路	0	0	0	0	0	0	0	0	0	0	0	0	33,073
6 帯広	0	0	0	0	2,939	0	0	1,700	0	0	0	0	79,520
7 北見	0	0	0	0	0	0	0	0	0	0	0	0	4,967
8 北海道	2,184	0	0	0	7,718	0	1,556	1,700	0	0	1,683	0	439,992
9 青森	0	0	1,400	0	2,461	0	0	0	0	0	0	0	87,468
10 岩手	0	3,701	0	0	0	0	0	0	0	0	0	0	35,047
11 宮城	0	0	5,907	0	0	0	0	0	0	0	22	0	25,880
12 福島	0	0	0	0	0	0	0	0	0	0	0	0	607
13 秋田	0	0	0	0	0	0	0	0	0	0	0	0	0
14 山形	0	0	0	0	0	0	0	0	0	0	0	0	0
15 茨城	0	29,720	0	0	13,590	0	0	0	0	0	0	0	418,376
16 栃木	0	0	0	0	0	0	0	0	0	0	0	0	0
17 群馬	0	0	0	0	0	0	0	0	0	0	0	0	0
18 埼玉	0	0	0	0	0	0	0	0	0	0	0	0	0
19 千葉	0	0	0	0	0	0	0	0	0	0	0	0	3,312
20 東京	0	0	0	0	0	0	0	0	0	5,600	0	1,330	132,653
21 神奈川	1,402	0	0	0	0	0	0	0	0	0	0	0	168,605
22 新潟	0	0	0	0	0	0	589	0	0	0	0	0	5,676
23 富山	0	0	0	0	0	0	0	0	0	0	0	0	0
24 石川	0	0	0	0	0	0	0	0	0	0	0	0	0
25 福井	0	2,602	0	0	0	0	0	0	0	0	0	0	7,327
26 山梨	0	0	0	0	0	0	0	0	0	0	0	0	0
27 長野	0	0	0	0	0	0	0	0	0	0	0	0	0
28 静岡	0	68	0	0	0	0	0	0	0	2,017	0	0	2,832
29 岐阜	0	0	0	0	0	0	0	0	0	0	0	0	0
30 愛知	1,337	2,124	0	0	0	0	0	0	0	0	0	0	8,958
31 三重	0	0	0	0	250	0	0	0	0	0	0	0	774
32 滋賀	0	0	0	0	0	0	0	0	0	0	0	0	0
33 京都	0	0	0	0	0	0	0	0	0	0	0	0	4,000
34 奈良	0	0	0	0	0	0	0	0	0	0	0	0	0
35 和歌山	0	6,280	9,340	0	0	2,579	0	0	0	0	0	0	598,331
36 大阪	3,126	260	2,766	0	6,672	0	0	0	0	1,386	10	676	29,245
37 兵庫	0	24,175	0	0	13,214	0	0	0	0	1,341	1	1	57,142
38 鳥取	0	0	0	0	0	0	0	0	0	0	0	0	9,732
39 島根	0	0	0	0	0	0	0	0	0	0	0	0	34,847
40 岡山	1,059	0	0	0	0	0	0	0	0	0	0	0	15,947
41 広島	973	17,259	0	0	71,397	0	0	0	0	15,443	0	1,024	417,501
42 山口	0	0	0	0	0	0	0	758	0	0	0	0	111,610
43 香川	5,477	0	0	0	0	0	0	0	0	0	0	6	26,030
44 愛媛	0	12,796	7,047	0	247	0	0	0	0	1,400	0	316	59,340
45 徳島	0	0	0	0	0	0	0	0	0	200	0	0	10,158
46 高知	0	0	0	0	0	0	0	0	0	0	0	0	0
47 福岡	6,306	38,990	1,363	0	15	0	11,089	598	0	0	2,378	0	118,455
48 佐賀	7,720	19,510	0	0	800	0	80	0	0	0	0	0	42,388
49 長崎	0	9,080	0	0	0	3,270	8,475	1,363	0	408	0	0	51,248
50 熊本	0	3,930	0	0	0	0	0	80	0	0	0	0	21,961
51 大分	0	59,374	0	0	0	0	0	0	0	0	0	0	97,802
52 宮崎	0	68,608	6,804	0	0	15,550	0	6,034	0	0	9,346	0	184,227
53 鹿児島	2,377	0	515	0	0	0	0	0	0	8,615	81,032	36,128	143,990
54 沖縄	10,398	2,100	0	0	0	0	0	700	0	0	279	18,538	32,823
55 全国	42,359	300,577	35,142	0	44,967	92,798	21,200	11,822	0	36,410	92,373	60,400	3,404,290

平成28年度　　　　　　　　　　　　　　　　　　　府県相互間輸送トン数表（海運）

品目　（2－7）　薪炭　　その　1　　（単位：トン）

着／発	1 札幌	2 旭川	3 函館	4 室蘭	5 釧路	6 帯広	7 北見	8 北海道	9 青森	10 岩手	11 宮城	12 福島	13 秋田	14 山形
1 札幌	0	0	0	0	0	0	0	0	0	0	0	0	0	0
2 旭川	0	0	0	0	0	0	0	0	0	0	0	0	0	0
3 函館	0	0	0	0	0	0	0	0	0	0	0	0	0	0
4 室蘭	0	0	0	0	0	0	0	0	0	0	0	0	0	0
5 釧路	0	0	0	0	0	0	0	0	0	0	0	0	0	0
6 帯広	0	0	0	0	0	0	0	0	0	0	0	0	0	0
7 北見	0	0	0	0	0	0	0	0	0	0	0	0	0	0
8 北海道	0	0	0	0	0	0	0	0	0	0	0	0	0	0
9 青森	0	0	0	10	0	0	0	10	0	0	0	0	0	0
10 岩手	0	0	0	0	0	0	0	0	0	0	0	0	0	0
11 宮城	0	0	0	0	0	0	0	0	0	0	0	0	0	0
12 福島	0	0	0	0	0	0	0	0	0	0	0	0	0	0
13 秋田	0	0	0	0	0	0	0	0	0	0	0	0	0	0
14 山形	0	0	0	0	0	0	0	0	0	0	0	0	0	14
15 茨城	0	0	0	0	0	0	0	0	0	0	0	0	0	0
16 栃木	0	0	0	0	0	0	0	0	0	0	0	0	0	0
17 群馬	0	0	0	0	0	0	0	0	0	0	0	0	0	0
18 埼玉	0	0	0	0	0	0	0	0	0	0	0	0	0	0
19 千葉	0	0	0	0	0	0	0	0	0	0	0	0	0	0
20 東京	0	0	0	0	0	0	0	0	0	0	560	0	0	0
21 神奈川	0	0	0	1,016	0	0	0	1,016	30	0	210	0	0	0
22 新潟	0	0	0	0	0	0	0	0	0	0	0	0	0	0
23 富山	0	0	0	0	0	0	0	0	0	0	0	0	0	0
24 石川	0	0	0	0	0	0	0	0	0	0	0	0	0	0
25 福井	0	0	0	4,385	0	0	0	4,385	0	0	0	0	0	0
26 山梨	0	0	0	0	0	0	0	0	0	0	0	0	0	0
27 長野	0	0	0	0	0	0	0	0	0	0	0	0	0	0
28 静岡	0	0	0	0	0	0	0	0	0	0	0	0	0	0
29 岐阜	0	0	0	0	0	0	0	0	0	0	0	0	0	0
30 愛知	0	0	0	0	0	0	0	0	0	0	0	0	0	0
31 三重	0	0	0	0	0	0	0	0	0	0	0	0	0	0
32 滋賀	0	0	0	0	0	0	0	0	0	0	0	0	0	0
33 京都	0	0	0	0	0	0	0	0	0	0	0	0	0	0
34 奈良	0	0	0	0	0	0	0	0	0	0	0	0	0	0
35 和歌山	0	0	0	0	0	0	0	0	0	0	0	0	0	0
36 大阪	0	0	0	0	0	0	0	0	0	0	0	0	0	0
37 兵庫	0	0	0	0	0	0	0	0	0	0	0	0	0	0
38 鳥取	0	0	0	0	0	0	0	0	0	0	0	0	0	0
39 島根	0	0	0	0	0	0	0	0	0	0	0	0	0	0
40 岡山	0	0	0	0	0	0	0	0	0	0	0	0	0	0
41 広島	0	0	0	0	0	0	0	0	0	0	0	0	0	0
42 山口	0	0	0	0	0	0	0	0	0	0	0	0	0	0
43 香川	0	0	0	0	0	0	0	0	0	0	0	0	0	0
44 愛媛	0	0	0	0	0	0	0	0	0	0	0	0	0	0
45 徳島	0	0	0	0	0	0	0	0	0	0	0	0	0	0
46 高知	0	0	0	0	0	0	0	0	0	0	0	0	0	0
47 福岡	0	0	0	0	0	0	0	0	0	0	0	0	0	0
48 佐賀	0	0	0	0	0	0	0	0	0	0	0	0	0	0
49 長崎	0	0	0	0	0	0	0	0	0	0	0	0	0	0
50 熊本	0	0	0	0	0	0	0	0	0	0	0	0	0	0
51 大分	0	0	0	0	0	0	0	0	0	0	0	0	0	0
52 宮崎	0	0	0	0	0	0	0	0	0	0	0	0	0	0
53 鹿児島	0	0	0	0	0	0	0	0	0	0	0	0	0	0
54 沖縄	0	0	0	0	0	0	0	0	0	0	0	0	0	0
55 全国	0	0	0	5,401	10	0	0	5,411	30	0	770	0	0	14

平成28年度　　　　　　　　　　　　　　　　　　　府県相互間輸送トン数表（海運）

品目　（2－7）　薪炭　　その　2　　（単位：トン）

着／発	15 茨城	16 栃木	17 群馬	18 埼玉	19 千葉	20 東京	21 神奈川	22 新潟	23 富山	24 石川	25 福井	26 山梨	27 長野	28 静岡
1 札幌	0	0	0	0	0	0	0	0	0	0	0	0	0	0
2 旭川	0	0	0	0	0	0	0	0	0	0	0	0	0	0
3 函館	0	0	0	0	0	0	0	0	0	0	0	0	0	0
4 室蘭	0	0	0	0	0	5	0	0	0	0	0	0	0	0
5 釧路	0	0	0	0	0	0	0	0	0	0	0	0	0	0
6 帯広	0	0	0	0	0	0	0	0	0	0	0	0	0	0
7 北見	0	0	0	0	0	0	0	0	0	0	0	0	0	0
8 北海道	0	0	0	0	0	5	0	0	0	0	0	0	0	0
9 青森	0	0	0	0	0	0	0	0	0	0	0	0	0	0
10 岩手	0	0	0	0	0	0	0	0	0	0	0	0	0	0
11 宮城	0	0	0	0	0	0	0	0	0	0	0	0	0	0
12 福島	0	0	0	0	0	0	0	0	0	0	0	0	0	0
13 秋田	0	0	0	0	0	0	0	0	0	0	0	0	0	0
14 山形	0	0	0	0	0	0	0	0	0	0	0	0	0	0
15 茨城	0	0	0	0	0	0	0	0	0	0	0	0	0	0
16 栃木	0	0	0	0	0	0	0	0	0	0	0	0	0	0
17 群馬	0	0	0	0	0	0	0	0	0	0	0	0	0	0
18 埼玉	0	0	0	0	0	0	0	0	0	0	0	0	0	0
19 千葉	0	0	0	0	0	0	0	0	0	0	0	0	0	0
20 東京	0	0	0	0	0	2	0	0	0	0	0	0	0	38
21 神奈川	0	0	0	0	0	0	0	0	0	0	0	0	0	23
22 新潟	0	0	0	0	0	0	0	0	0	0	0	0	0	0
23 富山	0	0	0	0	0	0	0	0	0	0	0	0	0	0
24 石川	0	0	0	0	0	0	0	0	0	0	0	0	0	0
25 福井	0	0	0	0	0	0	0	0	0	0	0	0	0	0
26 山梨	0	0	0	0	0	0	0	0	0	0	0	0	0	0
27 長野	0	0	0	0	0	0	0	0	0	0	0	0	0	0
28 静岡	0	0	0	0	0	0	0	0	0	0	0	0	0	0
29 岐阜	0	0	0	0	0	0	0	0	0	0	0	0	0	0
30 愛知	0	0	0	0	0	0	0	0	0	0	0	0	0	0
31 三重	0	0	0	0	0	0	0	0	0	0	0	0	0	0
32 滋賀	0	0	0	0	0	0	0	0	0	0	0	0	0	0
33 京都	0	0	0	0	0	0	0	0	0	0	0	0	0	0
34 奈良	0	0	0	0	0	0	0	0	0	0	0	0	0	0
35 和歌山	0	0	0	0	0	0	0	0	0	0	0	0	0	0
36 大阪	0	0	0	0	0	0	0	0	0	0	0	0	0	0
37 兵庫	0	0	0	0	0	0	0	0	0	0	0	0	0	0
38 鳥取	0	0	0	0	0	0	0	0	0	0	0	0	0	0
39 島根	0	0	0	0	0	0	0	0	0	0	0	0	0	0
40 岡山	0	0	0	0	0	0	0	0	0	0	0	0	0	0
41 広島	0	0	0	0	0	0	0	0	0	0	0	0	0	0
42 山口	0	0	0	0	15	0	0	0	0	0	0	0	0	0
43 香川	0	0	0	0	0	0	0	0	0	0	0	0	0	0
44 愛媛	0	0	0	0	10	0	0	0	0	0	0	0	0	0
45 徳島	0	0	0	0	0	0	0	0	0	0	0	0	0	0
46 高知	0	0	0	0	0	0	0	0	0	0	0	0	0	0
47 福岡	0	0	0	0	5	0	0	0	0	0	0	0	0	0
48 佐賀	0	0	0	0	0	0	0	0	0	0	0	0	0	0
49 長崎	0	0	0	0	0	0	0	0	0	0	0	0	0	0
50 熊本	0	0	0	0	0	0	0	0	0	0	0	0	0	0
51 大分	0	0	0	0	0	0	0	0	0	0	0	0	0	0
52 宮崎	0	0	0	0	0	0	0	0	0	0	0	0	0	0
53 鹿児島	0	0	0	0	0	0	0	0	0	0	0	0	0	0
54 沖縄	0	0	0	0	0	0	0	0	0	0	0	0	0	0
55 全国	0	0	0	0	0	37	0	0	0	0	0	0	0	61

平成28年度　　　　　　　　　　　　　　　　府県相互間輸送トン数表（海運）　　　　　　　　　　　　　　　　（単位：トン）
品目（2-7）薪炭　　その3

着／発	29 岐阜	30 愛知	31 三重	32 滋賀	33 京都	34 奈良	35 和歌山	36 大阪	37 兵庫	38 鳥取	39 島根	40 岡山	41 広島	42 山口
1 札幌	0	0	0	0	0	0	0	0	0	0	0	0	0	0
2 旭川	0	0	0	0	0	0	0	0	0	0	0	0	0	0
3 函館	0	0	0	0	0	0	0	0	0	0	0	0	0	0
4 室蘭	0	0	0	0	0	0	0	0	0	0	0	0	0	0
5 釧路	0	0	0	0	0	0	0	0	0	0	0	0	0	0
6 帯広	0	0	0	0	0	0	0	0	0	0	0	0	0	0
7 北見	0	0	0	0	0	0	0	0	0	0	0	0	0	0
8 北海道	0	0	0	0	0	0	0	0	0	0	0	0	0	0
9 青森	0	0	0	0	0	0	0	0	0	0	0	0	0	0
10 岩手	0	0	0	0	0	0	0	0	0	0	0	0	0	0
11 宮城	0	0	0	0	0	0	0	0	0	0	0	0	0	0
12 福島	0	0	0	0	0	0	0	0	0	0	0	0	0	0
13 秋田	0	0	0	0	0	0	0	0	0	0	0	0	0	0
14 山形	0	0	0	0	0	0	0	0	0	0	0	0	0	0
15 茨城	0	0	0	0	0	0	0	0	0	0	0	0	0	0
16 栃木	0	0	0	0	0	0	0	0	0	0	0	0	0	0
17 群馬	0	0	0	0	0	0	0	0	0	0	0	0	0	0
18 埼玉	0	0	0	0	0	0	0	0	0	0	0	0	0	0
19 千葉	0	0	0	0	0	0	0	0	0	0	0	0	0	0
20 東京	0	0	64	0	0	0	0	0	0	0	0	0	0	0
21 神奈川	0	0	0	0	0	0	0	0	0	0	0	0	0	0
22 新潟	0	0	0	0	0	0	0	0	0	0	0	0	0	0
23 富山	0	0	0	0	0	0	0	0	0	0	0	0	0	0
24 石川	0	0	0	0	0	0	0	0	0	0	0	0	0	0
25 福井	0	0	0	0	0	0	0	0	0	0	0	0	0	0
26 山梨	0	0	0	0	0	0	0	0	0	0	0	0	0	0
27 長野	0	0	0	0	0	0	0	0	0	0	0	0	0	0
28 静岡	0	0	0	0	0	0	0	0	0	0	0	0	0	0
29 岐阜	0	0	0	0	0	0	0	0	0	0	0	0	0	0
30 愛知	0	0	0	0	0	0	0	0	0	0	0	0	0	0
31 三重	0	0	0	0	0	0	0	0	0	0	0	0	0	0
32 滋賀	0	0	0	0	0	0	0	0	0	0	0	0	0	0
33 京都	0	0	0	0	0	0	0	0	0	0	0	0	0	0
34 奈良	0	0	0	0	0	0	0	0	0	0	0	0	0	0
35 和歌山	0	0	0	0	0	0	0	0	0	0	0	0	0	0
36 大阪	0	0	0	0	0	0	0	0	0	0	0	0	0	0
37 兵庫	0	0	0	0	0	0	0	0	0	0	0	0	18,647	0
38 鳥取	0	0	0	0	0	0	0	0	0	0	0	0	0	0
39 島根	0	0	0	0	0	0	0	0	0	0	0	22	0	0
40 岡山	0	0	0	0	0	0	0	0	0	0	0	0	0	0
41 広島	0	0	0	0	0	0	0	0	0	0	0	0	0	0
42 山口	0	0	0	0	0	0	0	0	0	0	0	0	0	0
43 香川	0	0	0	0	0	0	0	0	0	0	0	0	0	0
44 愛媛	0	0	0	0	0	0	0	0	0	0	0	0	0	0
45 徳島	0	0	0	0	0	0	0	0	0	0	0	0	0	0
46 高知	0	0	0	0	0	0	0	0	0	0	0	0	0	0
47 福岡	0	0	0	0	0	0	0	0	0	0	0	0	0	0
48 佐賀	0	0	0	0	0	0	0	0	0	0	0	0	0	0
49 長崎	0	0	0	0	0	0	0	0	0	0	0	0	0	0
50 熊本	0	0	0	0	0	0	0	0	0	0	0	0	0	0
51 大分	0	0	0	0	0	0	0	0	0	0	0	0	0	0
52 宮崎	0	0	0	0	0	0	0	0	0	0	0	0	0	0
53 鹿児島	0	0	0	0	0	0	0	0	0	0	0	0	0	0
54 沖縄	0	0	0	0	0	0	0	0	0	0	0	0	0	0
55 全国	0	0	64	0	0	0	0	0	0	0	0	22	18,647	0

平成28年度　　　　　　　　　　　　　　　　府県相互間輸送トン数表（海運）　　　　　　　　　　　　　　　　（単位：トン）
品目（2-7）薪炭　　その4

着／発	43 香川	44 愛媛	45 徳島	46 高知	47 福岡	48 佐賀	49 長崎	50 熊本	51 大分	52 宮崎	53 鹿児島	54 沖縄	55 全国
1 札幌	0	0	0	0	0	0	0	0	0	0	0	0	0
2 旭川	0	0	0	0	0	0	0	0	0	0	0	0	0
3 函館	0	0	0	0	0	0	0	0	0	0	0	0	0
4 室蘭	0	0	0	0	0	0	0	0	0	0	0	0	5
5 釧路	0	0	0	0	0	0	0	0	0	0	0	0	0
6 帯広	0	0	0	0	0	0	0	0	0	0	0	0	0
7 北見	0	0	0	0	0	0	0	0	0	0	0	0	0
8 北海道	0	0	0	0	0	0	0	0	0	0	0	0	5
9 青森	0	0	0	0	0	0	0	0	0	0	0	0	10
10 岩手	0	0	0	0	0	0	0	0	0	0	0	0	0
11 宮城	0	0	0	0	0	0	0	0	0	0	0	0	0
12 福島	0	0	0	0	0	0	0	0	0	0	0	0	0
13 秋田	0	0	0	0	0	0	0	0	0	0	0	0	0
14 山形	0	0	0	0	0	0	0	0	0	0	0	0	14
15 茨城	0	0	0	0	0	0	0	0	0	0	0	0	0
16 栃木	0	0	0	0	0	0	0	0	0	0	0	0	0
17 群馬	0	0	0	0	0	0	0	0	0	0	0	0	0
18 埼玉	0	0	0	0	0	0	0	0	0	0	0	0	0
19 千葉	0	0	0	0	0	0	0	0	0	0	0	0	0
20 東京	0	0	0	0	0	0	0	0	0	0	0	134	798
21 神奈川	0	0	0	0	0	0	0	0	0	0	0	0	1,279
22 新潟	0	0	0	0	0	0	0	0	0	0	0	0	0
23 富山	0	0	0	0	0	0	0	0	0	0	0	0	0
24 石川	0	0	0	0	0	0	0	0	0	0	0	0	0
25 福井	0	0	0	0	0	0	0	0	0	0	0	0	4,385
26 山梨	0	0	0	0	0	0	0	0	0	0	0	0	0
27 長野	0	0	0	0	0	0	0	0	0	0	0	0	0
28 静岡	0	0	0	0	0	0	0	0	0	0	0	0	0
29 岐阜	0	0	0	0	0	0	0	0	0	0	0	0	0
30 愛知	0	0	0	0	0	0	0	0	0	0	0	0	0
31 三重	0	0	0	0	0	0	0	0	0	0	0	0	0
32 滋賀	0	0	0	0	0	0	0	0	0	0	0	0	0
33 京都	0	0	0	0	0	0	0	0	0	0	0	0	0
34 奈良	0	0	0	0	0	0	0	0	0	0	0	0	0
35 和歌山	0	0	0	0	0	0	0	0	0	0	0	0	0
36 大阪	0	0	0	0	362	0	0	0	0	0	0	62	424
37 兵庫	0	0	0	0	303	0	0	0	0	0	0	0	18,950
38 鳥取	0	0	0	0	0	0	0	0	0	0	0	0	0
39 島根	0	0	0	0	0	0	0	0	0	0	0	0	22
40 岡山	0	0	0	0	0	0	0	0	0	0	0	0	0
41 広島	0	0	0	0	0	0	0	0	0	0	0	0	0
42 山口	0	0	0	0	0	0	0	0	0	0	0	0	15
43 香川	0	0	0	0	0	0	0	0	0	0	0	0	0
44 愛媛	0	0	0	0	0	0	0	0	0	0	0	0	10
45 徳島	0	0	0	0	0	0	0	0	0	0	0	0	0
46 高知	0	0	0	0	0	0	0	0	1,008	0	0	0	1,008
47 福岡	0	0	0	0	0	0	0	0	0	0	0	264	269
48 佐賀	0	0	0	0	0	0	0	0	0	0	0	0	0
49 長崎	0	0	0	0	0	0	0	0	0	0	0	0	0
50 熊本	0	0	0	0	0	0	0	0	0	0	0	0	0
51 大分	0	0	0	0	0	0	0	0	0	0	0	0	0
52 宮崎	0	0	0	0	0	0	0	0	0	0	0	0	0
53 鹿児島	0	0	0	0	0	0	0	0	0	0	0	20	25
54 沖縄	0	0	0	0	0	0	0	0	0	0	3	1	4
55 全国	0	0	0	0	665	0	0	0	1,008	0	8	481	27,218

平成28年度　　　　　　　　　　　　　　　府県相互間輸送トン数表（海運）

品目　（3－8）石炭　その　1　　　　　（単位：トン）

着\発	1 札幌	2 旭川	3 函館	4 室蘭	5 釧路	6 帯広	7 北見	8 北海道	9 青森	10 岩手	11 宮城	12 福島	13 秋田	14 山形
1 札幌	0	0	0	0	0	0	0	0	0	0	0	0	0	0
2 旭川	0	0	0	0	17,850	0	0	17,850	0	0	0	0	0	0
3 函館	0	0	0	0	0	0	0	0	0	2,200	0	0	0	0
4 室蘭	0	0	0	4,000	159,820	0	0	163,820	0	0	0	0	0	0
5 釧路	0	0	0	130,060	0	0	0	130,060	0	0	0	43,800	0	0
6 帯広	0	0	0	0	0	0	0	0	0	0	0	0	0	0
7 北見	0	0	0	0	0	0	0	0	0	0	0	0	0	0
8 北海道	0	0	0	134,060	177,670	0	0	311,730	0	2,200	0	43,800	0	0
9 青森	0	0	0	11,250	0	0	0	11,250	0	0	0	0	0	0
10 岩手	0	0	0	0	0	0	0	0	0	0	0	0	0	0
11 宮城	0	0	0	1,600	0	0	0	1,600	0	0	0	0	0	0
12 福島	0	0	0	0	0	0	0	0	0	0	0	2,825,146	0	0
13 秋田	0	0	0	0	0	0	0	0	0	0	0	0	0	0
14 山形	0	0	0	0	0	0	0	0	0	0	0	0	0	0
15 茨城	0	0	0	0	0	0	0	0	0	0	0	0	0	0
16 栃木	0	0	0	0	0	0	0	0	0	0	0	0	0	0
17 群馬	0	0	0	0	0	0	0	0	0	0	0	0	0	0
18 埼玉	0	0	0	0	0	0	0	0	0	0	0	0	0	0
19 千葉	0	0	0	1,352	0	0	0	1,352	0	0	0	5,400	0	0
20 東京	0	0	0	0	0	0	0	0	0	1,730	0	0	0	0
21 神奈川	0	0	0	148	0	0	0	148	236	0	0	0	0	0
22 新潟	0	0	0	0	0	0	0	0	0	0	0	0	0	0
23 富山	0	0	0	0	0	0	0	0	0	0	0	0	0	0
24 石川	0	0	0	0	0	0	0	0	0	0	0	0	0	0
25 福井	0	0	0	0	0	0	0	0	0	0	0	0	0	0
26 山梨	0	0	0	0	0	0	0	0	0	0	0	0	0	0
27 長野	0	0	0	0	0	0	0	0	0	0	0	0	0	0
28 静岡	0	0	0	0	0	0	0	0	0	0	0	0	0	0
29 岐阜	0	0	0	0	0	0	0	0	0	0	0	0	0	0
30 愛知	0	0	0	0	0	0	0	0	0	0	0	0	0	0
31 三重	0	0	0	0	0	0	0	0	0	0	0	0	0	0
32 滋賀	0	0	0	0	0	0	0	0	0	0	0	0	0	0
33 京都	0	0	0	0	0	0	0	0	0	0	0	0	0	0
34 奈良	0	0	0	0	0	0	0	0	0	0	0	0	0	0
35 和歌山	0	0	0	0	0	0	0	0	0	0	0	0	0	0
36 大阪	0	0	0	0	0	0	0	0	0	0	0	0	0	0
37 兵庫	0	0	0	4,750	5,900	0	0	10,650	0	0	0	0	0	0
38 鳥取	0	0	0	0	0	0	0	0	0	0	0	0	0	0
39 島根	0	0	0	0	0	0	0	0	0	0	0	0	0	0
40 岡山	0	0	0	0	0	0	0	0	0	0	1,510	0	0	0
41 広島	0	0	0	0	0	0	0	0	0	0	0	0	0	0
42 山口	0	0	0	0	0	0	0	0	0	1,500	10,050	2,266	1,500	0
43 香川	0	0	0	0	0	0	0	0	0	0	0	0	0	0
44 愛媛	0	0	0	0	0	0	0	0	0	0	0	0	0	0
45 徳島	0	0	0	0	0	0	0	0	0	0	0	0	0	0
46 高知	0	0	0	0	0	0	0	0	0	0	0	0	0	0
47 福岡	0	0	0	8,000	0	0	0	8,000	0	0	0	0	0	0
48 佐賀	0	0	0	0	0	0	0	0	0	0	0	0	0	0
49 長崎	0	0	0	0	0	0	0	0	0	0	0	0	0	0
50 熊本	0	0	0	0	0	0	0	0	0	0	0	0	0	0
51 大分	0	0	0	0	0	0	0	0	0	0	0	0	0	0
52 宮崎	0	0	0	0	0	0	0	0	0	0	0	0	0	0
53 鹿児島	0	0	0	0	0	0	0	0	0	0	0	0	0	0
54 沖縄	0	0	0	0	0	0	0	0	0	0	0	0	0	0
55 全国	0	0	0	161,160	183,570	0	0	344,730	3,466	3,710	10,050	2,876,612	1,500	0

平成28年度　　　　　　　　　　　　　　　府県相互間輸送トン数表（海運）

品目　（3－8）石炭　その　2　　　　　（単位：トン）

着\発	15 茨城	16 栃木	17 群馬	18 埼玉	19 千葉	20 東京	21 神奈川	22 新潟	23 富山	24 石川	25 福井	26 山梨	27 長野	28 静岡
1 札幌	0	0	0	0	0	0	0	0	0	0	0	0	0	0
2 旭川	0	0	0	0	0	0	0	0	0	0	0	0	0	0
3 函館	0	0	0	0	0	0	0	0	0	0	0	0	0	0
4 室蘭	16	0	0	0	15	0	0	0	0	0	0	0	0	1,800
5 釧路	0	0	0	0	0	0	0	0	0	0	0	0	0	0
6 帯広	0	0	0	0	0	0	0	0	0	0	0	0	0	0
7 北見	0	0	0	0	0	0	0	0	0	0	0	0	0	0
8 北海道	16	0	0	0	15	0	0	0	0	0	0	0	0	1,800
9 青森	0	0	0	0	0	0	0	0	0	0	0	0	0	0
10 岩手	0	0	0	0	0	0	0	0	0	0	0	0	0	0
11 宮城	0	0	0	0	0	0	0	0	0	0	0	0	0	0
12 福島	0	0	0	0	0	0	0	0	0	0	0	0	0	0
13 秋田	0	0	0	0	0	0	0	0	0	0	0	0	0	0
14 山形	0	0	0	0	0	0	3,961	0	0	0	0	0	0	0
15 茨城	0	0	0	0	0	0	0	0	0	0	0	0	0	0
16 栃木	0	0	0	0	0	0	0	0	0	0	0	0	0	0
17 群馬	0	0	0	0	0	0	0	0	0	0	0	0	0	0
18 埼玉	0	0	0	0	0	0	0	0	0	0	0	0	0	0
19 千葉	0	0	0	0	0	5,309	449,275	0	0	0	0	0	0	0
20 東京	0	0	0	0	0	0	0	1,433	0	0	0	0	0	0
21 神奈川	0	0	0	0	0	426	1,715,992	0	0	0	0	0	0	0
22 新潟	0	0	0	0	0	0	0	0	0	0	0	0	0	0
23 富山	0	0	0	0	0	0	0	0	0	0	0	0	0	0
24 石川	0	0	0	0	0	0	0	0	0	0	0	0	0	0
25 福井	0	0	0	0	0	0	0	0	0	0	0	0	0	0
26 山梨	0	0	0	0	0	0	0	0	0	0	0	0	0	0
27 長野	0	0	0	0	0	0	0	0	0	0	0	0	0	0
28 静岡	0	0	0	0	0	0	0	0	0	0	0	0	0	0
29 岐阜	0	0	0	0	0	0	0	0	0	0	0	0	0	0
30 愛知	0	0	0	0	0	0	0	11,016	0	0	0	0	0	0
31 三重	0	0	0	0	0	0	0	4,000	0	0	0	0	0	0
32 滋賀	0	0	0	0	0	0	0	0	0	0	0	0	0	0
33 京都	0	0	0	0	0	0	0	0	0	0	0	0	0	0
34 奈良	0	0	0	0	0	0	0	0	0	0	0	0	0	0
35 和歌山	0	0	0	0	0	0	0	0	0	0	0	0	0	0
36 大阪	0	0	0	0	0	1,560	0	0	0	0	0	0	0	0
37 兵庫	0	0	0	0	5,124	0	0	0	0	0	0	0	0	0
38 鳥取	0	0	0	0	0	0	0	0	0	0	0	0	0	0
39 島根	0	0	0	0	0	0	0	0	0	0	0	0	0	0
40 岡山	0	0	0	0	0	0	0	0	0	0	0	0	0	0
41 広島	0	0	0	0	0	0	4,515	0	0	0	0	0	0	0
42 山口	0	0	0	0	0	600	0	34,892	0	0	8,000	0	0	1,600
43 香川	0	0	0	0	0	3,604	0	0	0	0	0	0	0	0
44 愛媛	0	0	0	0	0	0	0	0	0	0	0	0	0	0
45 徳島	0	0	0	0	0	0	0	0	0	0	0	0	0	0
46 高知	0	0	0	0	0	0	0	0	0	0	0	0	0	0
47 福岡	4,860	0	0	0	4,112	0	0	0	0	0	0	0	0	0
48 佐賀	0	0	0	0	0	0	0	0	0	0	0	0	0	0
49 長崎	0	0	0	0	0	5,609	0	0	0	0	0	0	0	0
50 熊本	0	0	0	0	0	0	0	0	0	0	0	0	0	0
51 大分	0	0	0	0	0	0	0	0	0	0	0	0	0	0
52 宮崎	0	0	0	0	0	0	0	0	0	0	0	0	0	0
53 鹿児島	0	0	0	0	0	0	0	0	0	0	0	0	0	0
54 沖縄	0	0	0	0	0	0	0	0	0	0	0	0	0	0
55 全国	4,876	0	0	0	10,262	16,097	2,173,743	51,341	0	0	8,000	0	0	3,400

- 248 -

平成28年度 　　　　　　　　　　　　　　　　　　　府県相互間輸送トン数表（海運）

品目 （3-8）石炭 　　（単位：トン）　その 3

着\発	29 岐阜	30 愛知	31 三重	32 滋賀	33 京都	34 奈良	35 和歌山	36 大阪	37 兵庫	38 鳥取	39 島根	40 岡山	41 広島	42 山口
1 札幌	0	0	0	0	0	0	0	0	0	0	0	0	0	0
2 旭川	0	0	0	0	0	0	0	0	0	0	0	0	0	0
3 函館	0	0	0	0	0	0	0	0	0	0	0	0	0	0
4 室蘭	0	0	0	0	0	0	0	0	0	0	0	0	0	0
5 釧路	0	0	0	0	0	0	0	15,009	260,630	0	0	0	0	0
6 帯広	0	0	0	0	0	0	0	0	0	0	0	0	0	0
7 北見	0	0	0	0	0	0	0	0	0	0	0	0	0	0
8 北海道	0	0	0	0	0	0	0	15,009	260,630	0	0	0	0	0
9 青森	0	0	0	0	0	0	0	0	0	0	0	0	0	0
10 岩手	0	0	0	0	0	0	0	0	0	0	0	0	0	0
11 宮城	0	0	0	0	0	0	0	0	0	0	0	0	0	0
12 福島	0	0	0	0	0	0	0	0	0	0	0	0	0	0
13 秋田	0	0	0	0	0	0	0	0	0	0	0	0	0	0
14 山形	0	0	0	0	0	0	0	0	0	0	0	0	0	0
15 茨城	0	0	0	0	0	0	0	0	0	0	0	0	0	0
16 栃木	0	0	0	0	0	0	0	0	0	0	0	0	0	0
17 群馬	0	0	0	0	0	0	0	0	0	0	0	0	0	0
18 埼玉	0	0	0	0	0	0	0	0	0	0	0	0	0	0
19 千葉	0	304,860	0	0	0	0	0	0	4,998	0	0	0	11,215	0
20 東京	0	125	0	0	0	0	0	0	0	0	0	0	2,048	0
21 神奈川	0	150	0	0	0	0	0	0	0	0	0	0	0	0
22 新潟	0	0	0	0	0	0	0	0	0	0	0	0	0	0
23 富山	0	0	0	0	0	0	0	0	0	0	0	0	0	0
24 石川	0	0	0	0	0	0	0	0	0	0	0	0	0	0
25 福井	0	0	0	0	0	0	0	0	0	0	0	0	0	0
26 山梨	0	0	0	0	0	0	0	0	0	0	0	0	0	0
27 長野	0	0	0	0	0	0	0	0	0	0	0	0	0	0
28 静岡	0	0	0	0	0	0	0	0	0	0	0	0	0	0
29 岐阜	0	0	0	0	0	0	0	0	0	0	0	0	0	0
30 愛知	0	0	0	0	0	0	0	0	8,750	0	0	0	0	0
31 三重	0	1,061,718	0	0	0	0	0	0	0	0	0	0	0	0
32 滋賀	0	0	0	0	0	0	0	0	0	0	0	0	0	0
33 京都	0	0	0	0	0	0	0	0	0	0	0	0	0	0
34 奈良	0	0	0	0	0	0	0	0	0	0	0	0	0	0
35 和歌山	0	0	0	0	0	0	0	0	0	0	0	0	0	0
36 大阪	0	2,572	0	0	0	0	0	0	615,440	0	0	5,356	0	0
37 兵庫	0	0	0	0	0	0	0	50,640	201,359	0	0	0	26,120	0
38 鳥取	0	0	0	0	0	0	0	0	0	0	0	0	0	0
39 島根	0	0	0	0	0	0	0	0	0	0	8,537	0	0	0
40 岡山	0	0	0	0	0	0	0	0	0	0	0	51,350	0	2,491
41 広島	0	0	0	0	0	0	0	0	0	0	0	53,921	0	41,579
42 山口	0	143,855	0	0	0	0	0	0	587,509	0	0	408,781	348,970	2,878,853
43 香川	0	0	0	0	0	0	0	0	0	0	0	3,077	1,144	600
44 愛媛	0	0	0	0	0	0	0	0	0	0	0	5,574	24,620	0
45 徳島	0	0	0	0	0	0	0	0	0	0	0	0	0	0
46 高知	0	0	0	0	0	0	0	0	0	0	0	0	0	0
47 福岡	0	1,000	0	0	0	0	0	9,330	2,220	1,289	15,873	0	96,640	484,041
48 佐賀	0	0	0	0	0	0	0	0	0	0	0	0	0	0
49 長崎	0	0	0	0	0	0	0	0	1,730	0	0	0	4,660	0
50 熊本	0	0	0	0	0	0	0	0	0	0	0	0	0	0
51 大分	0	0	0	0	0	0	0	0	0	0	0	0	0	0
52 宮崎	0	0	0	0	0	0	0	0	0	0	0	0	0	0
53 鹿児島	0	0	0	0	0	0	0	0	0	0	0	0	0	0
54 沖縄	0	0	0	0	0	0	0	0	5	0	0	0	0	0
55 全国	0	1,514,280	0	0	0	0	0	74,979	1,682,641	1,289	24,410	528,059	515,417	3,407,564

平成28年度 　　　　　　　　　　　　　　　　　　　府県相互間輸送トン数表（海運）

品目 （3-8）石炭 　　（単位：トン）　その 4

着\発	43 香川	44 愛媛	45 徳島	46 高知	47 福岡	48 佐賀	49 長崎	50 熊本	51 大分	52 宮崎	53 鹿児島	54 沖縄	55 全国
1 札幌	0	0	0	0	0	0	0	0	0	0	0	0	17,850
2 旭川	0	0	0	0	0	0	0	0	0	0	0	0	
3 函館	0	0	0	0	0	0	0	0	0	0	0	0	2,200
4 室蘭	0	0	0	0	19,600	0	0	0	0	0	0	0	185,251
5 釧路	0	0	0	0	0	0	0	0	0	0	0	0	449,499
6 帯広	0	0	0	0	0	0	0	0	0	0	0	0	
7 北見	0	0	0	0	0	0	0	0	0	0	0	0	
8 北海道	0	0	0	0	19,600	0	0	0	0	0	0	0	654,800
9 青森	0	0	0	0	0	0	0	0	0	0	0	0	11,250
10 岩手	0	0	0	0	0	0	0	0	0	0	0	0	
11 宮城	0	0	0	0	0	0	0	0	0	0	0	0	1,600
12 福島	0	0	0	0	0	0	0	0	0	0	0	0	2,825,146
13 秋田	0	0	0	0	0	0	0	0	0	0	0	0	
14 山形	0	0	0	0	0	0	0	0	0	0	0	0	3,961
15 茨城	0	0	0	0	0	0	0	0	0	0	0	0	
16 栃木	0	0	0	0	0	0	0	0	0	0	0	0	
17 群馬	0	0	0	0	0	0	0	0	0	0	0	0	
18 埼玉	0	0	0	0	0	0	0	0	0	0	0	0	
19 千葉	1,500	0	0	0	0	0	0	0	10,494	0	0	0	794,403
20 東京	0	0	0	0	0	0	0	0	0	0	0	0	5,336
21 神奈川	0	0	0	0	4,908	0	0	0	3,500	0	0	0	1,725,360
22 新潟	0	0	0	0	0	0	0	0	0	0	0	0	
23 富山	0	0	0	0	0	0	0	0	0	0	0	0	
24 石川	0	0	0	0	0	0	0	0	0	0	0	0	
25 福井	0	0	0	0	0	0	0	0	0	0	0	0	
26 山梨	0	0	0	0	0	0	0	0	0	0	0	0	
27 長野	0	0	0	0	0	0	0	0	0	0	0	0	
28 静岡	0	0	0	0	0	0	0	0	0	0	0	0	
29 岐阜	0	0	0	0	0	0	0	0	0	0	0	0	
30 愛知	1,400	0	0	4,673	0	0	0	0	0	0	0	0	25,839
31 三重	0	0	0	0	0	0	0	0	0	0	0	0	1,065,718
32 滋賀	0	0	0	0	0	0	0	0	0	0	0	0	
33 京都	0	0	0	0	0	0	0	0	0	0	0	0	
34 奈良	0	0	0	0	0	0	0	0	0	0	0	0	
35 和歌山	0	0	0	0	0	0	0	0	0	0	0	0	
36 大阪	0	0	0	91,448	150	0	88,322	0	0	0	0	2	804,850
37 兵庫	700	0	710	0	8,191	0	0	0	0	0	0	0	303,494
38 鳥取	0	0	0	0	0	0	0	0	0	0	0	0	
39 島根	0	0	0	0	0	0	0	0	0	0	0	0	8,537
40 岡山	11,035	0	0	0	14,922	0	0	0	0	0	0	0	81,308
41 広島	3,499	348,127	0	7,490	4,049	0	26,000	0	0	0	0	1	489,181
42 山口	22,223	680,134	0	11,540	166,798	0	101,726	4,000	0	124,350	55,468	0	5,594,615
43 香川	600	0	0	0	9,146	0	0	0	0	0	0	0	18,171
44 愛媛	32,164	1,576,924	0	0	0	0	0	0	0	0	0	0	1,639,282
45 徳島	700	0	550	1,730	0	0	50,000	0	0	0	0	0	52,980
46 高知	0	0	1,800	0	0	0	0	0	0	0	0	0	1,800
47 福岡	9,605	0	57,500	16,075	113,317	0	0	0	56,533	0	0	0	880,395
48 佐賀	0	0	0	0	0	0	0	0	0	0	0	0	
49 長崎	0	0	120,327	0	0	0	246,879	0	0	0	0	228,000	607,205
50 熊本	680	0	0	0	801	0	0	1,400	0	0	0	0	2,881
51 大分	680	620	0	1,500	16,000	0	0	0	0	0	0	0	18,800
52 宮崎	0	0	0	0	0	0	0	0	0	0	0	0	
53 鹿児島	0	0	0	0	0	0	0	0	0	0	0	0	
54 沖縄	0	0	0	0	0	0	365,165	0	0	0	0	0	365,170
55 全国	84,786	2,605,805	180,887	134,456	357,882	0	878,092	5,400	70,527	124,350	55,468	228,003	17,982,082

平成28年度　　　　　府県相互間輸送トン数表（海運）　　　　品目 （3-9）金屬鉱　　　（単位：トン）　その 1

着／発	1 札幌	2 旭川	3 函館	4 室蘭	5 釧路	6 帯広	7 北見	8 北海道	9 青森	10 岩手	11 宮城	12 福島	13 秋田	14 山形
1 札幌	780	0	0	0	0	0	0	780	0	0	0	0	0	0
2 旭川	0	0	0	0	0	0	0	0	0	0	0	0	0	0
3 函館	0	0	0	0	0	0	0	0	0	0	0	0	0	0
4 室蘭	0	0	0	0	0	0	0	0	0	0	0	0	0	0
5 釧路	0	0	0	0	0	0	0	0	0	0	0	0	0	0
6 帯広	0	0	0	0	0	0	0	0	0	0	0	0	0	0
7 北見	0	0	0	0	0	0	0	0	0	0	0	0	0	0
8 北海道	780	0	0	0	0	0	0	780	0	0	0	0	0	0
9 青森	0	0	0	0	0	0	0	0	0	0	0	0	0	0
10 岩手	0	0	0	0	0	0	0	0	0	0	0	0	0	0
11 宮城	0	0	0	0	0	0	0	0	0	0	0	0	0	0
12 福島	0	0	0	0	0	0	0	0	0	0	0	0	0	0
13 秋田	0	0	0	0	0	0	0	0	0	0	0	0	0	0
14 山形	0	0	0	0	0	0	0	0	0	0	0	0	0	0
15 茨城	0	0	0	0	0	0	0	0	0	2,500	0	0	0	0
16 栃木	0	0	0	0	0	0	0	0	0	0	0	0	0	0
17 群馬	0	0	0	0	0	0	0	0	0	0	0	0	0	0
18 埼玉	0	0	0	0	0	0	0	0	0	0	0	0	0	0
19 千葉	0	0	0	0	0	0	0	0	0	31,615	0	0	0	0
20 東京	0	0	0	260	0	0	0	260	0	0	0	0	0	0
21 神奈川	0	0	0	0	0	0	0	0	1,517	0	1,074	0	0	0
22 新潟	0	0	0	0	0	0	0	0	0	0	0	0	0	0
23 富山	0	0	0	0	0	0	0	0	0	0	0	0	0	0
24 石川	0	0	0	0	0	0	0	0	0	0	0	0	0	0
25 福井	0	0	0	0	0	0	0	0	0	0	0	0	0	0
26 山梨	0	0	0	0	0	0	0	0	0	0	0	0	0	0
27 長野	0	0	0	0	0	0	0	0	0	0	0	0	0	0
28 静岡	0	0	0	0	0	0	0	0	0	0	0	0	0	0
29 岐阜	0	0	0	0	0	0	0	0	0	0	0	0	0	0
30 愛知	0	0	0	0	0	0	0	0	1,552	0	0	0	0	0
31 三重	0	0	0	0	0	0	0	0	0	0	0	0	0	0
32 滋賀	0	0	0	0	0	0	0	0	0	0	0	0	0	0
33 京都	0	0	0	0	0	0	0	0	0	0	0	0	0	0
34 奈良	0	0	0	0	0	0	0	0	0	0	0	0	0	0
35 和歌山	0	0	0	0	0	0	0	0	0	0	0	0	0	0
36 大阪	0	0	0	95	0	0	0	95	2,409	0	0	0	0	0
37 兵庫	0	0	0	2,541	0	0	0	2,541	0	0	0	0	0	0
38 鳥取	0	0	0	0	0	0	0	0	0	0	0	0	0	0
39 島根	0	0	0	0	0	0	0	0	0	0	0	0	0	0
40 岡山	0	0	0	0	0	0	0	0	0	1,501	0	0	0	0
41 広島	0	0	0	0	0	0	0	0	0	0	0	0	0	0
42 山口	0	0	0	0	0	0	0	0	1,210	0	0	0	3,000	0
43 香川	0	0	0	0	0	0	0	0	0	0	0	0	0	0
44 愛媛	0	0	0	0	0	0	0	0	32,767	0	0	0	0	0
45 徳島	0	0	0	0	0	0	0	0	0	0	0	0	0	0
46 高知	0	0	0	0	0	0	0	0	0	0	0	0	0	0
47 福岡	0	0	0	0	0	0	0	0	0	0	0	0	0	0
48 佐賀	0	0	0	0	0	0	0	0	0	0	0	0	0	0
49 長崎	0	0	0	0	0	0	0	0	0	0	0	0	0	0
50 熊本	0	0	0	0	0	0	0	0	0	0	0	0	0	0
51 大分	0	0	0	0	0	0	0	0	0	0	0	0	0	0
52 宮崎	0	0	0	0	0	0	0	0	0	0	0	0	0	0
53 鹿児島	0	0	0	0	0	0	0	0	0	0	0	0	0	0
54 沖縄	0	0	0	0	0	0	0	0	0	0	0	0	0	0
55 全国	780	0	0	2,896	0	0	0	3,676	39,455	35,616	1,074	0	3,000	0

平成28年度　　　　　府県相互間輸送トン数表（海運）　　　　品目 （3-9）金屬鉱　　　（単位：トン）　その 2

着／発	15 茨城	16 栃木	17 群馬	18 埼玉	19 千葉	20 東京	21 神奈川	22 新潟	23 富山	24 石川	25 福井	26 山梨	27 長野	28 静岡
1 札幌	0	0	0	0	0	0	0	0	0	0	0	0	0	0
2 旭川	0	0	0	0	0	0	0	0	0	0	0	0	0	0
3 函館	0	0	0	0	0	0	2,100	0	0	0	0	0	0	0
4 室蘭	32	0	0	0	0	2,245	0	0	0	0	0	0	0	0
5 釧路	0	0	0	0	0	0	0	0	0	0	0	0	0	0
6 帯広	0	0	0	0	0	0	0	0	0	0	0	0	0	0
7 北見	0	0	0	0	0	0	0	0	0	0	0	0	0	0
8 北海道	32	0	0	0	0	2,245	2,100	0	0	0	0	0	0	0
9 青森	1,585	0	0	0	0	0	25,705	0	0	0	0	0	0	0
10 岩手	3,170	0	0	0	0	0	0	0	0	0	0	0	0	0
11 宮城	30,431	0	0	0	0	0	0	0	0	0	0	0	0	0
12 福島	0	0	0	0	0	0	0	0	0	0	0	0	0	0
13 秋田	0	0	0	0	0	0	0	0	0	0	0	0	0	0
14 山形	0	0	0	0	0	0	0	0	0	0	0	0	0	0
15 茨城	0	0	0	0	0	0	0	0	0	0	0	0	0	0
16 栃木	0	0	0	0	0	0	0	0	0	0	0	0	0	0
17 群馬	0	0	0	0	0	0	0	0	0	0	0	0	0	0
18 埼玉	0	0	0	0	0	0	0	0	0	0	0	0	0	0
19 千葉	0	0	0	0	0	0	0	0	0	0	0	0	0	0
20 東京	0	0	0	0	0	0	44	0	0	0	0	0	0	316
21 神奈川	0	0	0	0	25,060	0	0	0	0	0	0	0	0	66
22 新潟	0	0	0	0	0	0	0	0	0	0	0	0	0	0
23 富山	0	0	0	0	0	0	0	0	0	0	0	0	0	0
24 石川	0	0	0	0	0	0	0	0	0	0	0	0	0	0
25 福井	0	0	0	0	0	0	0	0	0	0	0	0	0	0
26 山梨	0	0	0	0	0	0	0	0	0	0	0	0	0	0
27 長野	0	0	0	0	0	0	0	0	0	0	0	0	0	0
28 静岡	0	0	0	0	0	0	0	0	0	0	0	0	0	0
29 岐阜	0	0	0	0	0	0	0	0	0	0	0	0	0	0
30 愛知	3,100	0	0	0	0	0	0	0	0	0	0	0	0	0
31 三重	0	0	0	0	0	0	0	0	0	0	0	0	0	0
32 滋賀	0	0	0	0	0	0	0	0	0	0	0	0	0	0
33 京都	0	0	0	0	0	0	0	0	0	0	0	0	0	0
34 奈良	0	0	0	0	0	0	0	0	0	0	0	0	0	0
35 和歌山	0	0	0	0	0	0	0	0	0	0	0	0	0	0
36 大阪	0	0	0	0	0	0	850	0	0	0	0	0	0	0
37 兵庫	0	0	0	0	0	0	0	0	3,060	0	0	0	0	0
38 鳥取	0	0	0	0	0	0	0	0	0	0	0	0	0	0
39 島根	0	0	0	0	0	0	0	0	0	0	0	0	0	0
40 岡山	3,000	0	0	0	0	30	0	0	0	0	0	0	0	0
41 広島	0	0	0	0	0	0	0	0	0	0	0	0	0	0
42 山口	0	0	0	0	0	0	0	0	0	0	0	0	0	0
43 香川	0	0	0	0	0	0	0	0	0	0	0	0	0	0
44 愛媛	0	0	0	0	0	0	0	0	0	0	0	0	0	0
45 徳島	0	0	0	0	27,755	0	0	0	0	0	0	0	0	0
46 高知	0	0	0	0	0	0	0	0	0	0	0	0	0	0
47 福岡	0	0	0	0	0	0	0	0	0	0	0	0	0	0
48 佐賀	0	0	0	0	5,850	0	0	0	0	0	0	0	0	0
49 長崎	0	0	0	0	0	0	0	0	0	0	0	0	0	0
50 熊本	0	0	0	0	0	0	0	0	0	0	0	0	0	0
51 大分	4,600	0	0	0	0	0	0	0	0	0	0	0	0	0
52 宮崎	0	0	0	0	0	0	0	0	0	0	0	0	0	0
53 鹿児島	0	0	0	0	0	0	0	0	0	0	0	0	0	0
54 沖縄	0	0	0	0	0	0	0	0	0	0	0	0	0	0
55 全国	45,918	0	0	0	58,665	2,275	28,699	0	3,060	0	0	0	0	382

平成28年度　府県相互間輸送トン数表（海運）　品目（3-9）金属鉱　（単位：トン）　その 3

着／発	29 岐阜	30 愛知	31 三重	32 滋賀	33 京都	34 奈良	35 和歌山	36 大阪	37 兵庫	38 鳥取	39 島根	40 岡山	41 広島	42 山口
1 札幌	0	0	0	0	0	0	0	0	0	0	0	0	0	0
2 旭川	0	0	0	0	0	0	0	0	0	0	0	0	0	0
3 函館	0	0	0	0	0	0	0	0	0	0	0	0	0	0
4 室蘭	0	0	0	0	0	0	0	0	0	0	0	0	0	0
5 釧路	0	0	0	0	0	0	0	0	0	0	0	0	0	0
6 帯広	0	0	0	0	0	0	0	0	0	0	0	0	0	0
7 北見	0	0	0	0	0	0	0	0	0	0	0	0	0	0
8 北海道	0	0	0	0	0	0	0	0	0	0	0	0	0	0
9 青森	0	0	0	0	0	0	0	0	0	0	0	0	0	0
10 岩手	0	0	0	0	0	0	0	0	0	0	0	0	0	0
11 宮城	0	0	0	0	0	0	0	0	0	0	0	0	0	0
12 福島	0	0	0	0	0	0	0	0	0	0	0	8,250	0	10,500
13 秋田	0	0	0	0	0	0	0	0	0	0	0	0	0	0
14 山形	0	0	0	0	0	0	0	0	0	0	0	0	0	0
15 茨城	0	6,242	0	0	0	0	0	0	38,669	0	0	0	0	0
16 栃木	0	0	0	0	0	0	0	0	0	0	0	0	0	0
17 群馬	0	0	0	0	0	0	0	0	0	0	0	0	0	0
18 埼玉	0	0	0	0	0	0	0	0	0	0	0	0	0	0
19 千葉	0	0	0	0	0	0	0	0	0	0	0	0	0	0
20 東京	0	171	0	0	0	0	0	550	13,246	0	0	0	0	0
21 神奈川	0	0	0	0	0	0	0	0	21	0	0	0	0	0
22 新潟	0	0	0	0	0	0	0	0	0	0	0	0	0	0
23 富山	0	0	0	0	0	0	0	0	0	0	0	0	0	0
24 石川	0	0	0	0	0	0	0	0	0	0	0	0	0	0
25 福井	0	0	0	0	0	0	0	0	0	0	0	0	0	0
26 山梨	0	0	0	0	0	0	0	0	0	0	0	0	0	0
27 長野	0	0	0	0	0	0	0	0	0	0	0	0	0	0
28 静岡	0	0	0	0	0	0	0	0	14,631	0	0	0	0	0
29 岐阜	0	0	0	0	0	0	0	0	0	0	0	0	0	0
30 愛知	0	0	0	0	0	0	0	0	251,408	0	0	0	0	0
31 三重	0	0	0	500	0	0	0	0	0	0	0	0	0	0
32 滋賀	0	0	0	0	0	0	0	0	0	0	0	0	0	0
33 京都	0	0	0	0	0	0	0	0	0	0	0	0	0	0
34 奈良	0	0	0	0	0	0	0	0	0	0	0	0	0	0
35 和歌山	0	61,039	0	0	0	0	0	0	45,321	0	0	0	0	0
36 大阪	0	0	0	0	0	0	0	0	117	0	0	77,076	0	0
37 兵庫	0	0	0	0	0	0	0	0	2,698,325	0	0	20,227	95,665	6,952
38 鳥取	0	0	0	0	0	0	0	0	0	0	0	0	0	0
39 島根	0	0	0	0	0	0	0	0	0	0	0	0	0	0
40 岡山	0	0	0	0	0	0	0	1,750	24,700	0	0	2,550	0	13,650
41 広島	0	0	0	0	0	0	0	0	32,690	0	0	0	0	0
42 山口	0	0	0	0	0	0	0	0	5,770	0	0	0	0	0
43 香川	0	0	0	0	0	0	0	0	0	0	0	0	0	0
44 愛媛	0	0	0	0	0	0	0	0	8,250	0	0	0	0	0
45 徳島	0	1,857	0	0	0	0	0	944	1,003	0	302	656	0	1,808
46 高知	0	0	0	0	0	0	0	0	0	0	0	0	0	0
47 福岡	0	12,049	0	0	0	0	0	0	19,353	0	0	0	0	0
48 佐賀	0	0	0	0	0	0	0	0	0	0	0	0	0	0
49 長崎	0	0	0	0	0	0	0	0	0	0	0	0	0	0
50 熊本	0	0	0	0	0	0	0	0	0	0	0	0	0	0
51 大分	0	0	0	0	0	0	0	0	114,669	0	0	0	0	0
52 宮崎	0	0	0	0	0	0	0	0	0	0	0	0	0	0
53 鹿児島	0	0	0	0	0	0	0	0	0	0	0	0	0	0
54 沖縄	0	0	0	0	0	0	0	0	0	0	0	0	0	0
55 全国	0	81,358	500	0	0	0	0	3,244	3,268,173	0	302	108,759	95,665	32,910

平成28年度　府県相互間輸送トン数表（海運）　品目（3-9）金属鉱　（単位：トン）　その 4

着／発	43 香川	44 愛媛	45 徳島	46 高知	47 福岡	48 佐賀	49 長崎	50 熊本	51 大分	52 宮崎	53 鹿児島	54 沖縄	55 全国
1 札幌	0	0	0	0	0	0	0	0	0	0	0	0	780
2 旭川	0	0	0	0	0	0	0	0	0	0	0	0	0
3 函館	0	0	0	0	0	0	0	0	0	0	0	0	2,100
4 室蘭	0	0	0	0	0	0	0	0	38,849	0	0	0	41,126
5 釧路	0	0	0	0	0	0	0	0	0	0	0	0	0
6 帯広	0	0	0	0	0	0	0	0	0	0	0	0	0
7 北見	0	0	0	0	6,007	0	0	0	0	0	0	0	6,007
8 北海道	0	0	0	0	6,007	0	0	0	38,849	0	0	0	50,013
9 青森	0	3,950	0	0	1,000	0	0	0	0	0	0	0	32,240
10 岩手	0	0	0	0	0	0	0	0	0	0	0	0	3,170
11 宮城	0	0	0	0	0	0	0	0	0	0	0	0	30,431
12 福島	0	0	0	0	0	0	0	0	0	0	0	0	18,750
13 秋田	0	0	0	0	0	0	0	0	0	0	0	0	0
14 山形	0	0	0	0	0	0	0	0	0	0	0	0	0
15 茨城	0	0	0	0	6,120	0	0	0	0	0	0	0	53,531
16 栃木	0	0	0	0	0	0	0	0	0	0	0	0	0
17 群馬	0	0	0	0	0	0	0	0	0	0	0	0	0
18 埼玉	0	0	0	0	0	0	0	0	0	0	0	0	0
19 千葉	0	0	0	0	6,081	0	0	0	0	0	0	0	37,696
20 東京	0	0	0	0	0	0	0	0	0	0	0	0	14,587
21 神奈川	0	0	0	0	4,285	0	0	0	0	0	0	0	32,023
22 新潟	0	0	0	0	0	0	0	0	0	0	0	0	0
23 富山	0	0	0	0	0	0	0	0	0	0	0	0	0
24 石川	0	0	0	0	0	0	0	0	0	0	0	0	0
25 福井	0	0	0	0	0	0	0	0	0	0	0	0	0
26 山梨	0	0	0	0	0	0	0	0	0	0	0	0	0
27 長野	0	0	0	0	0	0	0	0	0	0	0	0	0
28 静岡	0	0	0	0	0	0	0	0	0	0	0	0	14,631
29 岐阜	0	0	0	0	0	0	0	0	0	0	0	0	0
30 愛知	0	0	0	0	6,042	0	0	0	0	0	1,500	0	263,602
31 三重	0	0	0	0	0	0	0	0	0	0	0	0	500
32 滋賀	0	0	0	0	0	0	0	0	0	0	0	0	0
33 京都	0	0	0	0	0	0	0	0	0	0	0	0	0
34 奈良	0	0	0	0	0	0	0	0	0	0	0	0	0
35 和歌山	0	0	0	0	11,736	0	0	0	9,375	0	0	0	127,471
36 大阪	0	12,392	0	0	6,511	0	0	0	0	0	0	0	99,450
37 兵庫	0	10,004	0	0	48,153	0	0	0	1,019	0	0	28	2,885,974
38 鳥取	0	0	0	0	0	0	0	0	0	0	0	0	0
39 島根	0	0	0	0	0	0	0	0	0	0	0	0	0
40 岡山	0	0	0	0	144,207	0	0	0	0	0	0	0	191,388
41 広島	0	0	0	0	213,990	0	0	0	0	0	0	0	246,680
42 山口	0	0	0	0	6,008	0	0	0	0	0	0	0	15,988
43 香川	0	0	0	0	0	0	0	0	0	0	0	0	0
44 愛媛	0	0	0	0	0	0	0	0	0	0	326	0	41,343
45 徳島	0	0	0	0	26,880	0	0	0	0	0	0	0	61,205
46 高知	0	0	0	0	0	0	0	0	0	0	0	0	0
47 福岡	0	0	0	0	1,550	0	0	11,700	48,449	1,596	0	1	94,698
48 佐賀	0	0	0	0	0	0	0	0	0	0	0	0	5,850
49 長崎	0	0	0	0	0	0	0	0	0	0	0	0	0
50 熊本	0	0	0	0	0	0	0	0	0	0	0	0	0
51 大分	0	0	0	0	40,368	0	0	0	0	0	0	0	159,637
52 宮崎	0	0	0	0	3,200	0	0	0	0	0	0	0	3,200
53 鹿児島	0	0	0	0	1,020	0	0	0	0	0	0	2	1,022
54 沖縄	0	0	0	0	0	0	0	0	0	0	0	0	0
55 全国	0	26,346	0	0	533,158	0	0	11,700	97,692	1,922	1,500	31	4,485,080

平成28年度　　　　　　　　　　　　　　　　　　府県相互間輸送トン数表（海運）

品目 （3-10）砂利・砂・石材　　　その 1　　　（単位：トン）

発＼着	1 札幌	2 旭川	3 函館	4 室蘭	5 釧路	6 帯広	7 北見	8 北海道	9 青森	10 岩手	11 宮城	12 福島	13 秋田	14 山形
1 札幌	5,517	3,163	0	0				8,680	0	0	0	0	0	0
2 旭川	551,010	138,052	0	0				689,062	0	0	0	0	0	0
3 函館	52,644	0	108,280	179,380	0			340,304	32,050	158,173	76,210	50,170	0	0
4 室蘭	14,010	0	60,430	130,157	5			204,602	0	613,470	13,700	47,460	6,750	0
5 釧路	0	0	1,800	0				1,800	0	0	0	0	0	0
6 帯広	0	0	0	0				0	0	6,480	27,509	702	0	0
7 北見	0	0	0	0				0	0	0	0	0	0	0
8 北海道	623,181	141,215	170,510	309,537	5			1,244,448	32,050	778,123	117,419	98,332	6,750	0
9 青森	960	0	4,800	16,488	0			22,248	35,144	258,786	223,830	90,590	197,210	0
10 岩手	0	0	1,600	1,650	0			3,250	0	58,960	4,200	0	0	0
11 宮城	0	0	0	1,440	0			1,440	0	95,270	23,968	6,250	1,500	0
12 福島	0	0	0	5,200	0			5,200	0	42,195	0	0	0	0
13 秋田	0	0	0	0	0			0	0	0	0	0	0	0
14 山形	0	0	0	0	0			0	4,096	0	0	0	0	33,817
15 茨城	0	0	0	5,880	0	18,010		23,890	0	14,767	246,344	0	0	0
16 栃木	0	0	0	0	0			0	0	0	0	0	0	0
17 群馬	0	0	0	0	0			0	0	0	0	0	0	0
18 埼玉	0	0	0	0	0			0	0	0	0	0	0	0
19 千葉	41,690	0	500	32,584	124,530	0		199,304	5,560	27,780	343,775	1,480	4,950	0
20 東京	0	0	0	4,595	45	0		4,640	0	0	108	0	0	0
21 神奈川	0	0	0	40,443	34,600	30,287		105,330	89	10,260	34,543	34,440	0	0
22 新潟	0	0	0	0	0	0		0	0	0	0	0	9,200	0
23 富山	0	0	0	0	0			0	0	0	0	0	0	0
24 石川	0	0	0	0	0			0	0	0	0	0	0	0
25 福井	0	0	0	590	0			590	0	0	0	0	0	0
26 山梨	0	0	0	0	0			0	0	0	0	0	0	0
27 長野	0	0	0	0	0			0	0	0	0	0	0	0
28 静岡	0	0	0	1,000	0			1,000	0	12,026	0	0	0	0
29 岐阜	0	0	0	0	0			0	0	0	0	0	0	0
30 愛知	0	0	3,130	300	0			3,430	0	0	0	9,300	0	0
31 三重	0	0	0	0	0			0	0	0	0	0	0	0
32 滋賀	0	0	0	0	0			0	0	0	0	0	0	0
33 京都	0	0	0	0	0			0	0	0	0	0	0	0
34 奈良	0	0	0	0	0			0	0	0	0	0	0	0
35 和歌山	0	0	0	0	0			0	0	0	6,000	0	0	0
36 大阪	4,464	0	0	695	0			5,159	0	100	14,984	0	0	0
37 兵庫	0	0	0	0	0			0	1,600	0	0	0	0	0
38 鳥取	0	0	0	0	3,500			3,500	0	0	0	0	0	0
39 島根	0	0	0	0	0			0	0	6,000	0	0	0	0
40 岡山	0	0	0	1,300	140,531			141,831	0	0	0	0	0	0
41 広島	0	0	0	273,300	76,500	10,500		360,300	0	0	6,300	0	0	0
42 山口	0	0	0	0	0			0	0	0	0	0	0	0
43 香川	0	0	0	0	0			0	0	0	0	0	0	0
44 愛媛	0	0	0	0	0			0	0	0	0	0	0	0
45 徳島	0	0	0	4,056	0			4,056	0	0	0	0	0	0
46 高知	0	0	0	0	0			0	0	0	0	0	0	0
47 福岡	0	0	0	0	0			0	0	1,530	0	0	0	0
48 佐賀	0	0	0	0	0			0	0	0	0	0	0	0
49 長崎	0	0	0	0	0			0	0	0	0	0	0	0
50 熊本	0	0	0	0	0			0	0	0	0	0	0	0
51 大分	0	0	0	0	0			0	0	0	0	0	0	0
52 宮崎	0	0	0	0	0			0	0	0	0	0	0	0
53 鹿児島	0	0	0	0	0			0	0	0	0	0	0	0
54 沖縄	0	0	0	0	0			0	0	0	0	0	0	0
55 全国	670,295	141,215	180,540	699,058	379,711	58,797	0	2,129,616	78,539	1,305,797	1,021,471	240,392	219,610	33,817

平成28年度　　　　　　　　　　　　　　　　　　府県相互間輸送トン数表（海運）

品目 （3-10）砂利・砂・石材　　　その 2　　　（単位：トン）

発＼着	15 茨城	16 栃木	17 群馬	18 埼玉	19 千葉	20 東京	21 神奈川	22 新潟	23 富山	24 石川	25 福井	26 山梨	27 長野	28 静岡
1 札幌	0	0	0	0	0	0	0	0	0	0	0	0	0	0
2 旭川	0	0	0	0	0	0	0	0	0	0	0	0	0	0
3 函館	0	0	0	0	909,493	0	111,499	0	0	0	0	0	0	0
4 室蘭	45,583	0	0	0	326,496	2,005	799	10,785	0	0	260	0	0	0
5 釧路	20	0	0	0	5,000	0	0	0	0	0	0	0	0	0
6 帯広	0	0	0	0	2,200	0	0	0	0	0	0	0	0	0
7 北見	0	0	0	0	0	0	0	0	0	0	0	0	0	0
8 北海道	45,603	0	0	0	1,243,189	2,005	112,298	10,785	0	0	260	0	0	0
9 青森	37,080	0	0	0	253,115	422,209	127,010	960	0	0	0	0	0	22,980
10 岩手	4,200	0	0	0	950	4,200	28,900	0	0	0	0	0	0	0
11 宮城	1,600	0	0	0	26,676	3,000	10,000	0	0	0	0	0	0	0
12 福島	1,600	0	0	0	0	1,100	2,600	0	0	0	0	0	0	0
13 秋田	0	0	0	0	0	0	0	0	0	0	0	0	0	0
14 山形	0	0	0	0	0	0	0	64,661	4,293	4,293	0	0	0	0
15 茨城	4,699	0	0	0	107,390	40,320	0	29,120	0	0	0	0	0	0
16 栃木	0	0	0	0	0	0	0	0	0	0	0	0	0	0
17 群馬	0	0	0	0	0	0	0	0	0	0	0	0	0	0
18 埼玉	0	0	0	0	0	0	0	0	0	0	0	0	0	0
19 千葉	15,213	0	0	0	927,657	3,104,898	2,602,578	52,080	0	0	0	0	0	99,130
20 東京	0	0	0	0	21,057	648,296	618	0	0	0	0	0	0	21
21 神奈川	0	0	0	0	356,843	1,400	361,203	0	0	0	0	0	0	12,430
22 新潟	0	0	0	0	0	0	0	149,086	4,050	0	0	0	0	0
23 富山	0	0	0	0	0	0	0	0	0	0	0	0	0	0
24 石川	0	0	0	0	0	0	0	0	0	22,016	0	0	0	0
25 福井	0	0	0	0	0	0	0	0	0	0	116,319	0	0	0
26 山梨	0	0	0	0	0	0	0	0	0	0	0	0	0	0
27 長野	0	0	0	0	0	0	0	0	0	0	0	0	0	0
28 静岡	0	0	0	0	33,000	70,750	19,010	0	0	0	0	0	0	46,116
29 岐阜	0	0	0	0	0	0	0	0	0	0	0	0	0	0
30 愛知	1,470	0	0	0	0	13,600	33,975	8,630	1,620	0	0	0	0	0
31 三重	0	0	0	0	165,450	10,450	139,819	0	0	0	0	0	0	30,044
32 滋賀	0	0	0	0	0	0	0	0	0	0	0	0	0	0
33 京都	0	0	0	0	0	0	0	0	0	0	0	0	0	0
34 奈良	0	0	0	0	0	0	0	0	0	0	0	0	0	0
35 和歌山	2,768	0	0	0	0	0	0	0	0	0	0	0	0	0
36 大阪	0	0	0	0	5,475	2,850	11,152	1,600	0	0	0	0	0	800
37 兵庫	3,119	0	0	0	0	0	2,100	0	7,780	5,720	0	0	0	1,200
38 鳥取	0	0	0	0	0	0	0	0	0	0	0	0	0	0
39 島根	0	0	0	0	0	0	0	0	0	0	0	0	0	0
40 岡山	84	0	0	0	0	130	1,501	0	0	0	1,750	0	0	1,350
41 広島	0	0	0	0	4,640	6,620	0	8,980	0	0	0	0	0	0
42 山口	0	0	0	0	170,260	210,798	0	0	0	0	0	0	0	0
43 香川	0	0	0	0	0	0	1,070	0	0	0	0	0	0	0
44 愛媛	0	0	0	0	0	710	17,880	0	0	0	0	0	0	0
45 徳島	0	0	0	0	0	0	0	0	0	0	0	0	0	0
46 高知	1,501	0	0	0	202,854	455,965	183,860	0	0	0	0	0	0	0
47 福岡	0	0	0	0	107,920	25	268,250	0	0	3,500	0	0	0	0
48 佐賀	0	0	0	0	4,500	400	0	0	0	0	0	0	0	0
49 長崎	0	0	0	0	0	1,200	520	0	9,620	0	0	0	0	0
50 熊本	0	0	0	0	0	0	0	0	0	0	0	0	0	0
51 大分	1,545	0	0	0	152,943	181,118	330,634	0	9,552	0	0	0	0	0
52 宮崎	0	0	0	0	6,260	0	5,600	0	0	0	0	0	0	0
53 鹿児島	0	0	0	0	0	0	0	0	0	0	0	0	0	0
54 沖縄	0	0	0	0	0	0	0	0	0	0	0	0	0	0
55 全国	120,482	0	0	0	3,790,179	5,183,044	4,260,578	325,902	36,915	35,529	118,329	0	0	214,071

平成28年度　　府県相互間輸送トン数表（海運）　　品目（3-10）砂利・砂・石材　　（単位：トン）その3

着／発	29 岐阜	30 愛知	31 三重	32 滋賀	33 京都	34 奈良	35 和歌山	36 大阪	37 兵庫	38 鳥取	39 島根	40 岡山	41 広島	42 山口
1 札幌	0	0	0	0	0	0	0	0	0	0	0	0	0	0
2 旭川	0	0	900	0	0	0	0	0	0	0	0	0	0	0
3 函館	0	0	0	0	0	0	0	0	0	0	0	0	0	0
4 室蘭	0	0	0	0	0	0	0	4,930	0	0	0	0	0	0
5 釧路	0	0	0	0	0	0	0	0	0	1,600	15,800	0	0	0
6 帯広	0	0	0	0	0	0	0	0	0	0	51,800	0	0	0
7 北見	0	0	0	0	0	0	0	0	0	0	0	0	0	0
8 北海道	0	0	900	0	0	0	0	4,930	0	1,600	67,600	0	0	0
9 青森	0	6,850	6,360	0	0	0	0	0	0	68,695	0	0	4,000	0
10 岩手	0	0	0	0	0	0	0	0	1,000	0	0	0	0	0
11 宮城	0	0	0	0	0	0	0	0	0	0	0	0	900	0
12 福島	0	2,400	0	0	0	0	0	0	0	18,659	0	0	0	0
13 秋田	0	0	0	0	0	0	0	0	0	0	0	0	0	0
14 山形	0	0	0	0	0	0	0	0	0	0	0	0	0	0
15 茨城	0	0	0	0	0	0	0	0	14,472	0	0	0	0	0
16 栃木	0	0	0	0	0	0	0	0	0	0	0	0	0	0
17 群馬	0	0	0	0	0	0	0	0	0	0	0	0	0	0
18 埼玉	0	0	0	0	0	0	0	0	0	0	0	0	0	0
19 千葉	0	9,288	12,200	0	0	0	43,861	0	1,000	4,170	0	0	100	0
20 東京	0	1,043	5,200	0	0	0	0	0	8,030	0	0	0	0	0
21 神奈川	0	1,600	0	0	0	0	0	0	7,573	46,601	0	0	0	2,000
22 新潟	0	0	0	0	0	0	0	0	0	0	0	0	0	0
23 富山	0	0	0	0	0	0	0	0	0	0	0	0	0	0
24 石川	0	0	0	0	0	0	0	0	0	0	0	0	0	0
25 福井	0	0	0	0	0	0	0	0	0	0	0	0	0	0
26 山梨	0	0	0	0	0	0	0	0	0	0	0	0	0	0
27 長野	0	0	0	0	0	0	0	0	0	0	0	0	0	0
28 静岡	0	1,700	0	0	0	0	0	8,650	21,660	0	0	0	3,029	0
29 岐阜	0	0	0	0	0	0	0	0	0	0	0	0	0	0
30 愛知	0	10,416	0	0	0	0	0	1,492	17,650	233,916	0	0	24,695	0
31 三重	0	235,580	34,570	0	0	0	0	5,380	290	1,612	0	0	20,530	0
32 滋賀	0	0	0	0	0	0	0	0	0	0	0	0	0	4,500
33 京都	0	0	0	0	12,848	0	0	0	56,096	14,920	14,340	0	0	0
34 奈良	0	0	0	0	0	0	0	0	0	0	0	0	0	0
35 和歌山	0	0	43,070	0	0	0	512,247	0	169,614	51,950	0	0	0	0
36 大阪	0	16,485	0	0	0	0	37,002	0	161,490	39,383	0	0	21,920	11,050
37 兵庫	0	0	40,995	0	0	0	359,300	0	3,282,463	3,410,174	159,086	0	94,743	25,591
38 鳥取	0	0	0	0	0	0	0	0	0	0	11	0	35,966	0
39 島根	0	1,480	0	0	0	0	0	0	1,300	6,009	255,285	0	0	0
40 岡山	0	0	250,480	0	0	0	3,058	0	54,764	435,063	0	1,100	0	0
41 広島	0	0	257,980	0	0	0	189,708	0	489,054	295,034	5,100	120	640,770	86,360
42 山口	0	2,040	0	194,350	0	0	33,370	0	67,324	140,945	0	24,000	551,685	61,292
43 香川	0	0	0	0	0	0	10,900	0	34,273	35,379	0	685	980	0
44 愛媛	0	93,635	0	0	0	0	29,280	0	103,550	86,083	0	0	31,359	10,851
45 徳島	0	0	0	0	0	0	7,540	0	63,605	31,570	0	0	0	0
46 高知	0	0	0	0	0	0	3,340	0	200,138	10,050	0	3,991	3,128	0
47 福岡	0	23,510	0	0	0	0	0	0	92,772	387,124	148,354	77,565	8,578	300,586
48 佐賀	0	0	0	0	0	0	0	0	15,604	52,368	30,100	0	24,500	268,868
49 長崎	0	0	0	0	0	0	0	0	26,800	0	0	0	0	35,595
50 熊本	0	0	0	0	0	0	0	0	1,530	0	0	0	0	0
51 大分	0	37,960	0	0	0	0	0	0	272,789	235,878	0	23,000	267,885	179,736
52 宮崎	0	0	0	0	0	0	0	0	0	4,850	0	0	0	0
53 鹿児島	0	0	0	0	0	0	3,072	0	12,782	11,900	0	763	0	0
54 沖縄	0	0	0	0	0	0	0	0	0	1,500	0	0	0	0
55 全国	0	443,987	651,755	194,350	12,848	0	1,239,550	5,105,417	5,696,299	420,060	274,736	301,141	1,564,851	986,429

平成28年度　　府県相互間輸送トン数表（海運）　　品目（3-10）砂利・砂・石材　　（単位：トン）その4

着／発	43 香川	44 愛媛	45 徳島	46 高知	47 福岡	48 佐賀	49 長崎	50 熊本	51 大分	52 宮崎	53 鹿児島	54 沖縄	55 全国
1 札幌	0	0	0	0	0	0	0	0	0	0	0	0	8,680
2 旭川	0	0	0	0	0	0	0	0	0	0	0	0	689,962
3 函館	0	0	0	0	0	0	0	0	0	0	0	0	1,677,899
4 室蘭	0	0	0	0	40,170	0	0	0	0	250	0	0	1,317,260
5 釧路	0	0	0	0	1,000	0	0	0	0	0	0	0	25,220
6 帯広	0	0	0	0	0	0	0	0	0	0	0	0	88,691
7 北見	0	0	0	0	0	0	0	0	0	0	0	0	
8 北海道	0	0	0	0	41,170	0	0	0	0	250	0	0	3,807,712
9 青森	0	0	0	0	3,000	0	0	0	0	0	0	0	1,780,067
10 岩手	0	0	0	0	0	0	0	0	0	0	0	0	105,660
11 宮城	0	0	0	0	0	0	0	0	0	0	0	4,500	175,104
12 福島	0	0	0	0	0	0	0	0	0	0	0	0	73,754
13 秋田	0	0	0	0	0	0	0	0	0	0	0	0	111,160
14 山形	0	0	0	0	0	0	0	0	0	0	0	0	
15 茨城	0	0	0	0	5,125	0	0	0	0	0	0	0	486,127
16 栃木	0	0	0	0	0	0	0	0	0	0	0	0	
17 群馬	0	0	0	0	0	0	0	0	0	0	0	0	
18 埼玉	0	0	0	0	0	0	0	0	0	0	0	0	
19 千葉	0	0	0	0	6,493	0	0	0	0	0	0	0	7,461,517
20 東京	0	2,295	1,600	0	0	0	0	0	0	18	480	583	693,989
21 神奈川	0	10,641	1,487	0	0	0	0	0	0	0	0	0	986,440
22 新潟	0	0	0	0	0	0	0	0	0	0	0	0	162,336
23 富山	0	0	0	0	0	0	0	0	0	0	0	0	
24 石川	0	0	0	0	0	0	0	0	0	0	0	0	22,016
25 福井	0	0	0	0	0	0	0	0	0	0	0	0	116,909
26 山梨	0	0	0	0	0	0	0	0	0	0	0	0	
27 長野	0	0	0	0	0	0	0	0	0	0	0	0	
28 静岡	0	4,532	0	0	0	0	19,442	0	0	0	0	0	240,915
29 岐阜	0	0	0	0	0	0	0	0	0	0	0	0	
30 愛知	1,205	23,715	0	6,500	14,880	0	0	0	0	0	0	0	406,494
31 三重	0	0	0	0	0	0	0	0	0	0	0	0	643,725
32 滋賀	0	0	0	0	0	0	0	0	0	13,200	0	0	17,700
33 京都	0	0	0	0	0	0	0	29,367	0	0	0	0	127,571
34 奈良	0	0	0	0	0	0	0	0	0	0	0	0	
35 和歌山	5,190	1,060	0	1,500	0	0	0	0	0	0	0	0	793,399
36 大阪	46,105	54,463	0	0	11,300	0	0	0	0	0	1,300	679	443,297
37 兵庫	204,857	81,424	204,669	2,600	1,650	0	0	0	672	1,350	1,500	63	7,928,622
38 鳥取	0	0	0	0	0	0	0	0	0	0	0	0	3,511
39 島根	0	0	0	0	4,530	0	0	0	0	0	0	0	274,604
40 岡山	31,250	9,663	31,290	0	0	0	0	0	0	0	0	0	963,314
41 広島	36,370	156,111	83,913	8,400	8,028	0	0	0	0	5,000	0	0	2,648,788
42 山口	75,218	52,435	2,000	0	33,670	0	36,548	72,107	53,100	0	0	0	1,781,142
43 香川	181,053	13,065	4,076	1,500	0	0	0	1,800	0	0	0	0	282,981
44 愛媛	41,562	351,157	8,810	1,350	0	0	0	0	0	9,400	1,000	48	788,475
45 徳島	6,672	50,350	0	0	0	0	0	0	0	0	0	0	164,793
46 高知	1,520	1,499	0	109,484	1,000	0	0	0	6,298	0	0	370	1,184,998
47 福岡	87,962	21,729	34,830	1,500	336,745	1,600	2,382	12,000	378,450	173,700	16,027	0	2,486,614
48 佐賀	0	0	0	0	9,376	43,985	150,857	2,700	89,050	35,600	0	0	727,908
49 長崎	0	0	0	0	80,125	98,765	1,679,405	512,012	82,780	2,000	0	800	2,529,622
50 熊本	0	0	0	0	87,270	0	33,868	361,736	0	1,000	6,080	0	491,484
51 大分	393,055	60,207	0	14,104	19,031	0	3,270	85,274	712,291	498,169	93,849	3,000	3,575,290
52 宮崎	0	10,300	0	0	0	0	0	0	15,900	143,823	0	0	186,733
53 鹿児島	0	0	0	0	5,680	0	0	5,875	0	0	662,043	2,991	705,106
54 沖縄	0	0	0	0	0	0	0	0	0	0	380	464,149	466,029
55 全国	1,112,019	904,646	372,675	146,938	669,073	144,350	1,925,772	1,082,871	1,332,218	889,808	766,632	493,210	45,845,906

平成28年度　　　　　　　　　　　　　府県相互間輸送トン数表（海運）　　　　　　　　　　　　　　　　　　（単位：トン）

品目　（3－11）石灰石　その 1

着／発	1 札幌	2 旭川	3 函館	4 室蘭	5 釧路	6 帯広	7 北見	8 北海道	9 青森	10 岩手	11 宮城	12 福島	13 秋田	14 山形
1 札幌	16,485	0	0	0	0	0	0	16,485	0	0	0	0	0	0
2 旭川	0	0	0	0	0	0	0	0	0	0	0	0	0	0
3 函館	139,996	0	24,280	0	0	0	0	164,276	0	0	0	0	0	0
4 室蘭	0	0	0	0	0	0	0	0	0	0	0	0	0	0
5 釧路	0	0	0	0	0	0	0	0	0	0	0	0	0	0
6 帯広	0	0	0	0	0	0	0	0	0	0	0	0	0	0
7 北見	0	0	0	0	0	0	0	0	0	0	0	0	0	0
8 北海道	156,481	0	24,280	0	0	0	0	180,761	0	0	0	0	0	0
9 青森	0	0	0	1,723,195	0	0	0	1,723,195	115,635	0	19,100	210,341	41,320	20,570
10 岩手	0	0	0	0	0	0	0	0	0	0	0	0	0	0
11 宮城	0	0	0	0	0	0	0	0	0	0	0	0	0	0
12 福島	0	0	0	0	0	0	0	0	0	10,550	0	0	0	0
13 秋田	0	0	0	0	0	0	0	0	0	1,500	0	0	0	0
14 山形	0	0	0	0	0	0	0	0	0	0	0	0	0	0
15 茨城	0	0	0	0	0	0	0	0	0	0	0	0	0	0
16 栃木	0	0	0	0	0	0	0	0	0	0	0	0	0	0
17 群馬	0	0	0	0	0	0	0	0	0	0	0	0	0	0
18 埼玉	0	0	0	0	0	0	0	0	0	0	0	0	0	0
19 千葉	0	0	0	0	0	0	1,540	1,540	0	0	0	20,165	0	0
20 東京	0	0	0	0	0	0	0	0	0	0	0	0	0	0
21 神奈川	0	0	0	17	0	0	0	17	0	0	0	0	0	0
22 新潟	0	0	0	0	0	0	0	0	0	0	0	0	92,116	0
23 富山	0	0	0	0	0	0	0	0	0	1,550	0	0	0	0
24 石川	0	0	0	0	0	0	0	0	0	0	0	0	0	0
25 福井	0	0	0	180	0	0	0	180	0	0	0	0	0	0
26 山梨	0	0	0	0	0	0	0	0	0	0	0	0	0	0
27 長野	0	0	0	0	0	0	0	0	0	0	0	0	0	0
28 静岡	0	0	0	0	0	0	0	0	0	0	0	0	0	0
29 岐阜	0	0	0	0	0	0	0	0	0	0	0	0	0	0
30 愛知	0	0	0	0	0	0	0	0	0	0	0	0	0	0
31 三重	0	0	0	0	0	0	0	0	0	0	0	0	0	0
32 滋賀	0	0	0	0	0	0	0	0	0	0	0	0	0	0
33 京都	0	0	0	0	0	0	0	0	0	0	0	0	0	0
34 奈良	0	0	0	0	0	0	0	0	0	0	0	0	0	0
35 和歌山	0	0	0	1,600	0	0	0	1,600	0	0	0	0	0	0
36 大阪	1,300	0	0	0	0	0	0	1,300	0	0	0	0	0	0
37 兵庫	0	0	0	0	0	0	0	0	0	0	0	0	0	0
38 鳥取	0	0	0	0	0	0	0	0	0	0	0	0	0	0
39 島根	0	0	0	0	0	0	0	0	0	1,500	0	0	0	0
40 岡山	0	0	0	0	0	0	0	0	0	0	0	0	0	0
41 広島	0	0	0	0	0	0	0	0	0	0	0	0	0	0
42 山口	0	0	0	0	0	0	0	0	0	0	0	0	0	0
43 香川	0	0	0	0	0	0	0	0	0	0	0	0	0	0
44 愛媛	0	0	0	0	0	0	0	0	0	0	0	0	0	0
45 徳島	0	0	0	0	0	0	0	0	0	0	0	0	0	0
46 高知	0	0	0	0	0	0	12,150	12,150	1,600	0	0	7,694	0	1,500
47 福岡	0	0	0	37,960	0	0	0	37,960	57,961	0	0	15,660	26,820	0
48 佐賀	0	0	0	0	0	0	0	0	0	0	0	0	0	0
49 長崎	0	0	0	0	0	0	0	0	0	0	0	0	0	0
50 熊本	0	0	0	0	0	0	0	0	0	0	0	0	0	0
51 大分	0	0	0	0	0	0	9,080	9,080	0	0	0	0	0	0
52 宮崎	0	0	0	0	0	0	0	0	0	0	0	0	0	0
53 鹿児島	0	0	0	0	0	0	0	0	0	0	0	0	0	0
54 沖縄	0	0	0	5,210	0	0	0	5,210	0	0	0	0	0	0
55 全国	157,781	0	24,280	1,768,162	0	0	22,770	1,972,993	175,196	15,100	19,100	253,860	160,256	22,070

平成28年度　　　　　　　　　　　　　府県相互間輸送トン数表（海運）　　　　　　　　　　　　　　　　　　（単位：トン）

品目　（3－11）石灰石　その 2

着／発	15 茨城	16 栃木	17 群馬	18 埼玉	19 千葉	20 東京	21 神奈川	22 新潟	23 富山	24 石川	25 福井	26 山梨	27 長野	28 静岡
1 札幌	0	0	0	0	0	0	0	0	0	0	0	0	0	0
2 旭川	0	0	0	0	0	0	0	0	0	0	0	0	0	0
3 函館	0	0	0	0	27,504	0	160,243	0	0	0	0	0	0	0
4 室蘭	0	0	0	0	0	0	0	0	0	0	0	0	0	0
5 釧路	0	0	0	0	0	0	0	0	0	0	0	0	0	0
6 帯広	0	0	0	0	0	0	0	0	0	0	0	0	0	0
7 北見	0	0	0	0	0	0	0	0	0	0	0	0	0	0
8 北海道	0	0	0	0	27,504	0	160,243	0	0	0	0	0	0	0
9 青森	1,236,606	0	0	0	42,044	0	73,700	0	0	0	0	0	0	0
10 岩手	0	0	0	0	0	0	0	0	0	0	0	0	0	0
11 宮城	0	0	0	0	0	0	0	0	0	0	0	0	0	0
12 福島	0	0	0	0	0	0	0	0	0	0	0	0	0	0
13 秋田	0	0	0	0	0	0	0	1,500	0	0	0	0	0	0
14 山形	0	0	0	0	0	0	0	0	0	0	0	0	0	0
15 茨城	0	0	0	0	9,765	0	0	0	0	0	0	0	0	0
16 栃木	0	0	0	0	0	0	0	0	0	0	0	0	0	0
17 群馬	0	0	0	0	0	0	0	0	0	0	0	0	0	0
18 埼玉	0	0	0	0	0	0	0	0	0	0	0	0	0	0
19 千葉	0	0	0	0	14,930	75,738	205,456	0	0	0	0	0	0	0
20 東京	0	0	0	0	0	450	8,000	0	0	0	0	0	0	0
21 神奈川	0	0	0	0	3,270	0	44,100	0	0	0	0	0	0	0
22 新潟	0	0	0	0	0	0	0	0	0	37,540	274,257	0	0	0
23 富山	0	0	0	0	0	0	0	0	0	0	0	0	0	0
24 石川	0	0	0	0	0	0	0	0	0	0	0	0	0	0
25 福井	0	0	0	0	0	0	0	0	0	0	0	0	0	0
26 山梨	0	0	0	0	0	0	0	0	0	0	0	0	0	0
27 長野	0	0	0	0	0	0	0	0	0	0	0	0	0	0
28 静岡	10,850	0	0	0	0	0	0	0	0	0	0	0	0	0
29 岐阜	0	0	0	0	0	0	0	0	0	0	0	0	0	0
30 愛知	0	0	0	0	0	0	2,400	0	0	0	0	0	0	0
31 三重	0	0	0	0	0	0	2,640	0	0	0	0	0	0	0
32 滋賀	0	0	0	0	0	0	0	0	0	0	0	0	0	0
33 京都	0	0	0	0	0	0	0	0	0	0	0	0	0	0
34 奈良	0	0	0	0	0	0	0	0	0	0	0	0	0	0
35 和歌山	0	0	0	0	0	0	0	0	0	0	0	0	0	0
36 大阪	0	0	0	0	0	0	1,400	0	0	0	0	0	0	0
37 兵庫	0	0	0	0	0	0	0	0	0	0	0	0	0	0
38 鳥取	0	0	0	0	0	0	0	0	0	0	0	0	0	0
39 島根	0	0	0	0	0	0	0	0	0	0	0	0	0	0
40 岡山	0	0	0	0	0	2,961	1,300	0	0	0	0	0	0	0
41 広島	0	0	0	0	0	0	6,200	0	0	0	0	0	0	0
42 山口	436,393	0	0	0	754,349	4,548	61,800	56,000	0	35,970	121,670	0	0	0
43 香川	0	0	0	0	0	0	0	0	0	0	0	0	0	0
44 愛媛	0	0	0	0	0	0	6,200	0	0	0	0	0	0	0
45 徳島	0	0	0	0	0	0	33,900	0	0	0	0	0	0	0
46 高知	184,714	0	0	0	3,821,060	59,992	1,486,605	0	0	0	0	0	0	17,470
47 福岡	7,590	0	0	0	0	130	6,200	0	0	8,028	7,760	0	0	24,640
48 佐賀	0	0	0	0	0	0	0	0	0	0	0	0	0	0
49 長崎	0	0	0	0	0	0	0	0	0	0	0	0	0	0
50 熊本	0	0	0	0	0	0	0	0	0	0	0	0	0	0
51 大分	0	0	0	0	187,000	142,421	43,250	0	0	18,364	93,033	0	0	49,690
52 宮崎	0	0	0	0	0	0	0	0	0	0	0	0	0	0
53 鹿児島	0	0	0	0	0	0	0	0	0	0	0	0	0	0
54 沖縄	0	0	0	0	0	0	0	0	0	0	0	0	0	0
55 全国	1,876,153	0	0	0	4,859,922	286,240	2,143,394	57,500	0	99,902	496,720	0	0	91,800

平成28年度　　府県相互間輸送トン数表（海運）　　品目（3-11）石灰石　　その3　（単位：トン）

着／発	29 岐阜	30 愛知	31 三重	32 滋賀	33 京都	34 奈良	35 和歌山	36 大阪	37 兵庫	38 鳥取	39 島根	40 岡山	41 広島	42 山口
1 札幌	0	0	0	0	0	0	0	0	0	0	0	0	0	0
2 旭川	0	0	0	0	0	0	0	0	0	0	0	0	0	0
3 函館	0	0	0	0	0	0	0	0	0	0	0	0	0	0
4 室蘭	0	0	0	0	0	0	64,726	0	0	0	0	0	0	0
5 釧路	0	0	0	0	0	0	0	0	0	0	0	0	0	0
6 帯広	0	0	0	0	0	0	0	0	0	0	0	0	0	0
7 北見	0	0	0	0	0	0	0	0	0	0	0	0	0	0
8 北海道	0	0	0	0	0	0	64,726	0	0	0	0	0	0	0
9 青森	0	0	0	0	0	0	0	0	1,500	0	0	0	0	0
10 岩手	0	0	0	0	0	0	0	0	0	0	0	0	0	0
11 宮城	0	0	0	0	0	0	2,299	0	0	0	0	0	0	0
12 福島	0	0	0	0	0	0	0	0	0	0	0	0	0	0
13 秋田	0	0	0	0	0	0	0	0	0	0	0	0	0	0
14 山形	0	0	0	0	0	0	0	0	0	0	0	0	0	0
15 茨城	0	0	0	0	0	0	1,101	0	0	0	0	0	0	0
16 栃木	0	0	0	0	0	0	0	0	0	0	0	0	0	0
17 群馬	0	0	0	0	0	0	0	0	0	0	0	0	0	0
18 埼玉	0	0	0	0	0	0	0	0	0	0	0	0	0	0
19 千葉	0	0	0	0	0	0	0	0	0	0	0	0	0	0
20 東京	0	0	0	0	0	0	0	0	0	0	0	0	0	0
21 神奈川	0	0	0	0	0	0	0	0	0	0	0	0	0	0
22 新潟	0	0	0	0	9,424	0	0	0	4,693	8,840	31,140	0	0	0
23 富山	0	0	0	0	0	0	3,570	0	0	0	0	0	0	0
24 石川	0	0	0	0	0	0	0	0	0	0	0	0	0	0
25 福井	0	0	0	0	0	0	0	0	0	0	0	0	0	0
26 山梨	0	0	0	0	0	0	0	0	0	0	0	0	0	0
27 長野	0	0	0	0	0	0	0	0	0	0	0	0	0	0
28 静岡	0	0	0	0	0	0	0	0	0	0	0	0	0	0
29 岐阜	0	0	0	0	0	0	0	0	0	0	0	0	0	0
30 愛知	0	0	1,002	0	0	0	1,640	0	0	0	0	0	0	0
31 三重	0	513,440	0	0	0	0	1,500	0	0	0	0	0	0	0
32 滋賀	0	0	0	0	0	0	0	0	0	0	0	0	0	2,000
33 京都	0	0	0	0	0	0	0	0	0	0	0	0	0	0
34 奈良	0	0	0	0	0	0	0	0	0	0	0	0	0	0
35 和歌山	0	0	0	0	0	0	0	0	0	0	0	0	0	0
36 大阪	0	0	0	0	0	0	5,312	0	0	0	0	0	0	0
37 兵庫	0	0	0	0	0	0	10,088	0	21,346	0	0	0	0	11,820
38 鳥取	0	0	0	0	0	0	0	0	0	65,250	0	0	0	0
39 島根	0	0	0	0	0	0	0	0	0	0	36,400	0	0	0
40 岡山	0	0	0	0	0	0	2,050	0	0	0	0	0	0	0
41 広島	0	0	0	0	0	0	1,450	0	0	0	0	0	0	0
42 山口	0	3,000	14,300	12,470	13,040	0	1,640	2,400	4,090,086	117,170	0	183,032	301,023	192,586
43 香川	0	0	0	0	0	0	0	0	0	0	0	0	0	0
44 愛媛	0	0	0	0	0	0	0	0	0	0	0	0	0	0
45 徳島	0	0	0	0	0	0	9,658	25,500	13,160	0	0	0	0	0
46 高知	0	412,260	0	0	0	0	1,221,696	19,180	1,074,246	0	0	13,376	124,820	3,200
47 福岡	0	17,000	12,670	0	0	0	0	0	276,184	6,700	0	50,696	691,187	4,000
48 佐賀	0	0	0	0	0	0	0	0	0	0	0	0	0	0
49 長崎	0	0	0	0	0	0	0	0	0	0	0	0	0	0
50 熊本	0	0	0	0	0	0	0	0	0	0	0	0	0	0
51 大分	0	29,030	9,068	0	0	0	10,280	69,138	106,726	39,000	0	1,485,692	1,370,937	6,272,926
52 宮崎	0	0	0	0	0	0	0	0	0	0	0	0	0	0
53 鹿児島	0	0	0	0	0	0	0	0	0	0	0	0	0	0
54 沖縄	0	0	0	0	0	0	0	0	0	0	185	0	0	0
55 全国	0	974,730	37,040	12,470	22,464	0	1,337,010	116,218	5,588,126	236,960	67,540	1,732,796	2,487,967	6,486,532

平成28年度　　府県相互間輸送トン数表（海運）　　品目（3-11）石灰石　　その4　（単位：トン）

着／発	43 香川	44 愛媛	45 徳島	46 高知	47 福岡	48 佐賀	49 長崎	50 熊本	51 大分	52 宮崎	53 鹿児島	54 沖縄	55 全国
1 札幌	0	0	0	0	0	0	0	0	0	0	0	0	16,485
2 旭川	0	0	0	0	0	0	0	0	0	0	0	0	0
3 函館	0	0	0	0	0	0	0	0	0	0	0	0	352,023
4 室蘭	0	0	0	0	0	0	0	0	0	0	0	0	64,726
5 釧路	0	0	0	0	0	0	0	0	0	0	0	0	0
6 帯広	0	0	0	0	0	0	0	0	0	0	0	0	0
7 北見	0	0	0	0	0	0	0	0	0	0	0	0	0
8 北海道	0	0	0	0	0	0	0	0	0	0	0	0	433,234
9 青森	0	0	0	0	0	0	0	0	0	0	0	0	3,484,011
10 岩手	0	0	0	0	0	0	0	0	0	0	0	0	0
11 宮城	0	0	0	0	0	0	0	0	0	0	0	0	2,299
12 福島	0	0	0	0	0	0	0	0	0	0	0	0	10,550
13 秋田	0	0	0	0	1,500	0	0	0	0	0	0	0	4,500
14 山形	0	0	0	0	0	0	0	0	0	0	0	0	0
15 茨城	0	0	0	0	195	0	0	0	0	0	0	0	11,061
16 栃木	0	0	0	0	0	0	0	0	0	0	0	0	0
17 群馬	0	0	0	0	0	0	0	0	0	0	0	0	0
18 埼玉	0	0	0	0	0	0	0	0	0	0	0	0	0
19 千葉	0	0	0	13,293	12,990	0	0	0	0	0	0	0	344,112
20 東京	0	0	0	0	0	0	0	0	0	0	0	15	8,465
21 神奈川	0	0	0	0	0	0	0	0	0	0	0	0	47,387
22 新潟	0	0	0	0	0	0	0	0	0	0	0	0	458,010
23 富山	0	0	0	0	0	0	0	0	0	0	0	0	5,120
24 石川	0	0	0	0	0	0	0	0	0	0	0	0	0
25 福井	0	0	0	0	0	0	0	0	0	0	0	0	180
26 山梨	0	0	0	0	0	0	0	0	0	0	0	0	0
27 長野	0	0	0	0	0	0	0	0	0	0	0	0	0
28 静岡	0	0	0	0	0	0	0	0	0	0	0	0	10,850
29 岐阜	0	0	0	0	0	0	0	0	0	0	0	0	0
30 愛知	0	0	0	0	0	0	0	0	0	0	0	0	5,042
31 三重	0	0	0	0	0	0	0	0	0	0	0	0	517,580
32 滋賀	0	0	0	0	0	0	0	0	0	0	0	0	2,000
33 京都	0	0	0	0	0	0	0	0	0	0	0	0	0
34 奈良	0	0	0	0	0	0	0	0	0	0	0	0	0
35 和歌山	0	0	0	0	0	0	0	0	0	0	0	0	1,600
36 大阪	0	1,500	0	0	0	0	0	0	0	0	0	0	9,512
37 兵庫	0	0	12,908	0	0	0	0	0	0	0	0	0	56,162
38 鳥取	0	0	0	0	0	0	0	0	0	0	0	0	65,250
39 島根	0	0	0	0	0	0	0	0	0	0	0	0	37,900
40 岡山	0	0	0	0	703	0	0	0	0	0	0	0	7,014
41 広島	0	0	0	0	620	0	0	0	0	0	0	0	8,270
42 山口	0	0	0	813,679	873,129	0	29,020	0	119,903	0	0	0	8,237,208
43 香川	0	0	1,230	0	0	0	0	0	0	0	0	0	1,230
44 愛媛	0	0	0	0	0	0	0	0	0	0	0	0	6,200
45 徳島	3,150	0	0	0	0	0	0	0	0	0	0	0	85,368
46 高知	0	10,850	119,870	1,550	196,290	0	0	0	0	0	0	0	8,790,123
47 福岡	14,090	0	0	172,742	118,861	0	800	0	70,823	0	0	0	1,628,502
48 佐賀	0	0	0	0	0	0	0	0	0	0	0	0	0
49 長崎	0	0	0	0	25,150	0	0	0	0	0	0	0	25,150
50 熊本	0	0	0	0	4,650	0	780	60,857	0	0	0	0	66,287
51 大分	233,329	311,070	73,280	22,600	382,066	0	34,860	11,050	1,818,823	72,995	373,485	0	13,269,193
52 宮崎	0	0	0	0	0	0	0	0	0	0	0	0	0
53 鹿児島	0	0	0	0	0	0	0	0	0	0	0	0	0
54 沖縄	0	0	0	0	0	0	0	0	0	0	0	9	5,404
55 全国	250,569	323,420	207,288	1,023,864	1,616,154	0	65,460	71,907	2,009,549	72,995	373,485	24	37,644,774

平成28年度　　　　　　　　　　府県相互間輸送トン数表（海運）　　　　品目　（3-12）その他の非金属鉱　　（単位：トン）　その 1

発＼着	1 札幌	2 旭川	3 函館	4 室蘭	5 釧路	6 帯広	7 北見	8 北海道	9 青森	10 岩手	11 宮城	12 福島	13 秋田	14 山形
1 札幌	0	0	0	0	0	0	0	0	9	0	0	0	0	0
2 旭川	0	9	0	0	0	0	0	9	0	0	0	0	0	0
3 函館	0	0	0	0	0	0	0	0	0	0	0	0	0	0
4 室蘭	0	0	24,692	1,400	975	0	0	27,067	4,915	0	0	205,525	8,445	0
5 釧路	0	0	0	0	0	0	0	20,795	0	0	0	0	1,300	0
6 帯広	0	0	0	0	0	0	0	0	0	0	0	0	0	0
7 北見	0	0	0	0	0	0	0	0	0	0	0	0	0	0
8 北海道	0	9	24,692	1,400	975	0	0	27,076	25,710	0	0	205,525	9,745	0
9 青森	0	0	206,619	35,825	2,169	0	0	244,613	15,700	0	0	3,490	0	0
10 岩手	0	0	0	15,944	0	0	0	15,944	9,393	29,316	0	0	0	0
11 宮城	0	0	0	5,324	818	0	0	6,142	0	0	58,470	0	0	0
12 福島	0	0	18,980	0	0	0	0	18,980	21,625	7,545	0	271,880	20,000	0
13 秋田	0	0	12,000	41,069	0	0	0	53,069	11,700	1,553	0	0	0	1,500
14 山形	0	0	0	32,546	0	0	0	32,546	6,300	0	0	0	10,112	0
15 茨城	0	0	5,401	8,125	0	0	0	13,526	123,540	0	0	4,680	1,500	0
16 栃木	0	0	0	0	0	0	0	0	0	0	0	0	0	0
17 群馬	0	0	0	0	0	0	0	0	0	0	0	0	0	0
18 埼玉	0	0	0	0	0	0	0	0	0	0	0	0	0	0
19 千葉	0	0	213,495	3,932	0	0	0	217,427	2,100	24,400	0	1,523	20,000	0
20 東京	0	0	0	646	35	0	0	681	0	0	1,523	4,860	0	0
21 神奈川	0	0	86,061	5,835	0	0	0	91,896	2,163	0	577	4,500	50,000	0
22 新潟	0	0	0	0	0	0	0	0	0	0	0	0	37,600	0
23 富山	0	0	0	0	0	0	0	0	0	0	0	0	0	0
24 石川	0	0	0	12,209	0	0	0	12,209	4,524	0	0	0	12,164	0
25 福井	0	0	1,500	0	0	0	0	1,500	0	0	0	0	0	0
26 山梨	0	0	0	0	0	0	0	0	0	0	0	0	0	0
27 長野	0	0	0	0	0	0	0	0	0	0	0	0	0	0
28 静岡	0	0	0	1,359	0	0	0	1,359	0	0	0	0	0	0
29 岐阜	0	0	0	0	0	0	0	0	0	0	0	0	0	0
30 愛知	0	0	31,210	7,840	0	0	0	39,050	0	0	0	8,662	15,000	0
31 三重	0	0	0	0	0	0	0	0	0	0	0	0	0	0
32 滋賀	0	0	0	0	0	0	0	0	0	0	0	0	0	0
33 京都	0	0	1,503	0	0	0	0	1,503	0	0	0	0	0	0
34 奈良	0	0	0	0	0	0	0	0	0	0	0	0	0	0
35 和歌山	0	0	0	0	0	0	0	0	0	0	0	0	0	0
36 大阪	0	0	0	2,124	0	0	0	2,124	0	0	0	0	0	0
37 兵庫	0	0	0	1,600	874	0	0	2,474	1,255	0	0	0	0	0
38 鳥取	0	0	0	0	0	0	0	0	0	0	0	0	0	0
39 島根	0	0	0	0	0	0	0	0	0	0	0	0	0	0
40 岡山	0	0	0	4,334	0	0	0	4,334	6,128	0	0	0	0	0
41 広島	0	0	0	0	0	0	0	0	0	0	0	5,659	54,950	62,700
42 山口	0	0	0	20,004	0	0	0	20,004	0	0	0	2,000	2,000	0
43 香川	0	0	0	23,650	5,637	0	0	29,287	0	0	412	50,400	0	0
44 愛媛	0	0	0	0	0	0	0	0	0	0	0	0	0	0
45 徳島	0	0	0	1,251	0	0	0	1,251	0	0	1,280	0	0	0
46 高知	0	0	0	0	0	0	0	0	0	0	0	0	0	0
47 福岡	0	0	0	39,360	0	0	0	39,360	0	0	0	1,300	95,000	0
48 佐賀	0	0	0	0	0	0	0	0	3,776	0	0	0	0	0
49 長崎	0	0	0	1,566	7,309	0	0	8,875	0	0	0	0	0	0
50 熊本	0	0	0	0	0	0	0	0	0	0	0	0	0	0
51 大分	0	0	0	42,414	0	0	0	42,414	1,342	0	0	0	0	0
52 宮崎	0	0	0	0	0	0	0	0	0	0	0	0	0	0
53 鹿児島	0	0	0	123,438	0	0	0	123,438	0	0	678,162	81,997	25,000	0
54 沖縄	0	0	0	0	0	0	0	0	0	0	0	0	0	0
55 全国	0	9	601,461	431,795	17,817	0	0	1,051,082	235,256	62,814	740,424	646,476	353,071	64,200

平成28年度　　　　　　　　　　府県相互間輸送トン数表（海運）　　　　品目　（3-12）その他の非金属鉱　　（単位：トン）　その 2

発＼着	15 茨城	16 栃木	17 群馬	18 埼玉	19 千葉	20 東京	21 神奈川	22 新潟	23 富山	24 石川	25 福井	26 山梨	27 長野	28 静岡
1 札幌	0	0	0	0	0	0	0	605	0	0	0	0	0	0
2 旭川	0	0	0	0	1,650	0	0	0	0	0	0	0	0	0
3 函館	0	0	0	0	0	0	1,108	0	0	0	0	0	0	0
4 室蘭	165,566	0	0	0	180,607	25	0	2,100	0	0	0	0	0	0
5 釧路	0	0	0	0	0	0	0	5,000	0	0	0	0	0	0
6 帯広	0	0	0	0	0	0	0	0	0	0	0	0	0	0
7 北見	0	0	0	0	0	0	0	0	0	0	0	0	0	0
8 北海道	165,566	0	0	0	182,257	25	1,108	7,705	0	0	0	0	0	0
9 青森	0	0	0	0	0	2,000	3,460	6,000	0	0	0	0	0	0
10 岩手	0	0	0	0	17,801	40,150	0	0	0	0	0	0	0	0
11 宮城	0	0	0	0	0	0	0	3	0	0	0	0	0	0
12 福島	117,190	0	0	0	174,751	1,139	39,595	1,530	10,000	0	0	0	0	0
13 秋田	0	0	0	0	0	0	48,732	9,622	0	0	0	0	0	0
14 山形	0	0	0	0	0	0	0	13,683	0	0	0	0	0	0
15 茨城	0	0	0	0	214,961	21,660	0	5,935	5,310	0	0	0	0	0
16 栃木	0	0	0	0	0	0	0	0	0	0	0	0	0	0
17 群馬	0	0	0	0	0	0	0	0	0	0	0	0	0	0
18 埼玉	0	0	0	0	0	0	0	0	0	0	0	0	0	0
19 千葉	11,345	0	0	0	0	68,950	1,303,517	3,000	0	0	0	0	0	15,460
20 東京	1,578	0	0	0	13,500	773	270	0	0	0	0	0	0	115
21 神奈川	25,764	0	0	0	3,079	53,000	55,500	0	0	0	0	0	0	83,362
22 新潟	0	0	0	0	0	0	63,207	801	0	0	0	0	0	0
23 富山	0	0	0	0	0	0	0	0	0	0	0	0	0	0
24 石川	0	0	0	0	0	0	0	21,957	0	0	0	0	0	0
25 福井	0	0	0	0	0	0	0	7,500	0	0	0	0	0	0
26 山梨	0	0	0	0	0	0	0	0	0	0	0	0	0	0
27 長野	0	0	0	0	0	0	0	0	0	0	0	0	0	0
28 静岡	0	0	0	0	0	800	0	0	0	0	0	0	0	17
29 岐阜	0	0	0	0	0	0	0	0	0	0	0	0	0	0
30 愛知	7,895	0	0	0	196,746	38,220	90,103	0	1,500	0	0	0	0	54,653
31 三重	0	0	0	0	0	0	0	40,073	0	0	0	0	0	0
32 滋賀	0	0	0	0	0	0	0	0	0	0	0	0	0	0
33 京都	0	0	0	0	0	0	0	12,040	0	0	0	0	0	0
34 奈良	0	0	0	0	0	0	0	0	0	0	0	0	0	0
35 和歌山	3,530	0	0	0	0	0	0	0	0	0	0	0	0	0
36 大阪	3,100	0	0	0	0	0	0	0	27,000	0	0	0	0	0
37 兵庫	0	0	0	0	8,750	0	0	33,740	1,570	1,520	10,540	0	0	0
38 鳥取	0	0	0	0	0	0	0	0	0	0	0	0	0	0
39 島根	1,000	0	0	0	0	0	0	0	2,400	0	0	0	0	0
40 岡山	0	0	0	0	0	4,030	0	40,964	0	0	20,960	0	0	0
41 広島	0	0	0	0	0	0	6,501	230,755	35,260	0	9,350	0	0	0
42 山口	0	0	0	0	52,789	0	23,500	2,500	4,250	0	0	0	0	2,713
43 香川	0	0	0	0	2,801	0	0	2,051	0	0	0	0	0	0
44 愛媛	0	0	0	0	0	0	0	15,700	0	0	0	0	0	7,550
45 徳島	0	0	0	0	68,442	0	33,438	0	0	0	0	0	0	0
46 高知	1,500	0	0	0	0	0	0	0	0	0	0	0	0	0
47 福岡	13,040	0	0	0	13,017	2,930	0	1,598	0	0	44,020	0	0	0
48 佐賀	0	0	0	0	0	0	0	0	0	0	0	0	0	0
49 長崎	0	0	0	0	0	0	710,637	744	0	0	0	0	0	0
50 熊本	0	0	0	0	3,259	0	0	0	0	0	0	0	0	0
51 大分	31,210	0	0	0	52,545	0	0	84,509	0	0	1,530	0	0	0
52 宮崎	0	0	0	0	0	0	0	0	0	0	0	0	0	0
53 鹿児島	5,000	0	0	0	0	0	10,279,000	201,240	0	0	0	0	0	0
54 沖縄	0	0	0	0	0	0	0	0	0	0	0	0	0	0
55 全国	387,718	0	0	0	1,004,698	233,677	12,704,579	501,709	283,220	1,520	86,400	0	0	163,870

平成28年度　　府県相互間輸送トン数表（海運）

品目　（3－12）その他の非金属鉱　（単位：トン）その　3

着／発	29 岐阜	30 愛知	31 三重	32 滋賀	33 京都	34 奈良	35 和歌山	36 大阪	37 兵庫	38 鳥取	39 島根	40 岡山	41 広島	42 山口
1 札幌	0	0	0	0	0	0	0	0	0	0	0	0	0	0
2 旭川	0	1,050	900	0	0	0	0	0	0	0	0	0	0	0
3 函館	0	0	0	0	0	0	0	0	0	0	0	0	0	0
4 室蘭	0	105,323	0	0	6,118	0	75,382	0	2,949	0	0	0	0	0
5 釧路	0	0	0	0	0	0	0	72	0	0	0	0	0	0
6 帯広	0	0	0	0	0	0	0	0	0	0	0	0	0	0
7 北見	0	0	0	0	0	0	0	0	0	0	0	0	0	0
8 北海道	0	106,373	900	0	6,118	0	75,382	72	2,949	0	0	0	0	0
9 青森	0	0	0	0	0	0	0	0	0	0	0	0	0	0
10 岩手	0	0	0	0	0	0	0	0	0	0	0	0	0	0
11 宮城	0	0	0	0	0	0	0	3,399	0	0	0	0	0	0
12 福島	0	2,930	5,960	0	0	0	0	0	0	0	0	0	21,313	19,400
13 秋田	0	0	0	0	0	0	0	0	0	0	0	0	0	2,502
14 山形	0	0	0	0	0	0	0	0	0	0	0	0	0	0
15 茨城	0	0	0	0	0	0	0	6,719	0	0	709	0	0	0
16 栃木	0	0	0	0	0	0	0	0	0	0	0	0	0	0
17 群馬	0	0	0	0	0	0	0	0	0	0	0	0	0	0
18 埼玉	0	0	0	0	0	0	0	0	0	0	0	0	0	0
19 千葉	0	0	5,100	0	0	0	0	0	49,677	0	0	1,620	0	0
20 東京	0	1,961	0	0	0	0	0	1,510	1,769	0	0	0	0	16
21 神奈川	0	43,199	23,750	0	0	0	0	0	49,783	0	0	2,000	0	0
22 新潟	0	0	73,480	0	0	0	0	0	0	0	0	0	6,174	48,248
23 富山	0	0	0	0	0	0	0	0	0	0	0	0	0	0
24 石川	0	0	0	0	0	0	0	0	0	0	1,205	0	0	0
25 福井	0	0	0	0	0	0	0	0	0	0	4,031	0	0	1,500
26 山梨	0	0	0	0	0	0	0	0	0	0	0	0	0	0
27 長野	0	0	0	0	0	0	0	0	0	0	0	0	0	0
28 静岡	0	0	1,500	0	0	0	0	1,102	0	0	0	0	0	0
29 岐阜	0	0	0	0	0	0	0	0	0	0	0	0	0	0
30 愛知	0	131,686	173,580	0	0	0	0	19,171	15,393	0	0	11,362	0	10,661
31 三重	0	2,520	200	0	0	0	0	0	0	0	0	2,200	0	0
32 滋賀	0	0	0	0	0	0	0	0	0	0	0	0	0	0
33 京都	0	0	0	0	0	0	0	14,685	0	0	28,586	0	0	3,025
34 奈良	0	0	0	0	0	0	0	0	0	0	0	0	0	0
35 和歌山	0	0	0	0	0	0	74,645	0	5,625	0	0	0	15,900	0
36 大阪	0	1,500	0	0	0	0	366,021	649	73,178	0	1,650	8,062	680	500
37 兵庫	0	4,638	166,650	0	0	0	21,786	35,181	388,710	0	0	15,701	2,120	28,397
38 鳥取	0	0	0	0	0	0	0	0	0	0	0	0	0	0
39 島根	0	0	0	0	65,820	0	1,500	0	0	0	74,830	1,045	0	0
40 岡山	0	56,218	200	0	0	0	1,102	79,570	229,580	0	25,512	34,870	1,200	69,192
41 広島	0	13,336	1,500	0	4,513	0	545,906	7,102	116,886	0	11,866	28,950	5,282	409,565
42 山口	0	58,978	7,007	0	0	0	1,521	3,776	19,197	0	35,184	30,462	38,605	264,415
43 香川	0	0	19,330	0	0	0	20,750	2,372	203,510	0	0	7,645	1,350	3,277
44 愛媛	0	0	0	0	0	0	2,653	25,827	7,025	0	0	0	7,000	20,889
45 徳島	0	38,433	27,048	0	0	0	18,734	121,773	276,490	0	0	69,595	27,016	1,500
46 高知	0	0	0	0	0	0	105,650	0	26,140	0	0	0	49,625	4,200
47 福岡	0	0	1,550	0	0	0	2,040	7,768	680	0	0	760	8,110	0
48 佐賀	0	0	0	0	0	0	0	0	0	0	0	1,000	0	0
49 長崎	0	700	0	0	0	0	0	0	35,439	0	14,572	10,050	11,930	20,932
50 熊本	0	0	0	0	0	0	0	0	0	0	0	0	4,220	21,782
51 大分	0	0	14,628	0	0	0	1,500	10,824	110,250	0	0	18,044	50,790	283,757
52 宮崎	0	12,440	0	0	0	0	0	6,235	4,510	0	0	0	141,978	0
53 鹿児島	0	3,610	0	0	0	0	34,988	6,244,788	3,000	0	0	1,716,049	0	5,524,685
54 沖縄	0	0	0	0	0	0	0	1,500	0	0	0	174,138	0	0
55 全国	0	478,522	522,383	0	76,451	0	1,286,908	6,581,293	1,619,791	0	198,145	2,133,553	393,293	6,738,443

平成28年度　　府県相互間輸送トン数表（海運）

品目　（3－12）その他の非金属鉱　（単位：トン）その　4

着／発	43 香川	44 愛媛	45 徳島	46 高知	47 福岡	48 佐賀	49 長崎	50 熊本	51 大分	52 宮崎	53 鹿児島	54 沖縄	55 全国
1 札幌	0	0	0	0	0	0	0	0	0	0	0	0	605
2 旭川	0	0	0	0	0	0	0	0	0	0	0	0	3,609
3 函館	0	0	0	0	0	0	0	0	0	0	0	0	1,108
4 室蘭	0	67,200	0	0	570	30,410	0	0	5,265	0	0	0	887,467
5 釧路	0	0	0	0	0	0	0	0	0	0	0	0	27,167
6 帯広	0	0	0	0	0	0	0	0	0	0	0	0	0
7 北見	0	0	0	0	3,005	0	0	0	0	0	0	0	3,005
8 北海道	0	67,200	0	0	3,575	30,410	0	0	5,265	0	0	0	922,961
9 青森	0	0	0	0	1,600	0	0	0	0	0	0	0	276,863
10 岩手	0	0	0	0	0	0	0	0	0	0	0	0	112,604
11 宮城	0	0	0	0	0	0	0	0	0	0	0	0	68,014
12 福島	0	0	0	49,920	25,678	0	0	0	0	4,463	0	0	813,899
13 秋田	0	0	0	0	0	0	0	0	45,313	0	0	0	178,491
14 山形	0	0	0	0	0	0	0	0	0	0	0	0	62,641
15 茨城	0	0	0	4,960	5,675	0	0	0	17,094	0	0	0	426,269
16 栃木	0	0	0	0	0	0	0	0	0	0	0	0	0
17 群馬	0	0	0	0	0	0	0	0	0	0	0	0	0
18 埼玉	0	0	0	0	0	0	0	0	0	0	0	0	0
19 千葉	0	0	0	0	907	0	0	0	38,209	0	0	0	1,764,571
20 東京	0	0	0	0	38,332	0	0	0	0	0	0	676	68,108
21 神奈川	8,684	0	0	1,589	162,807	0	0	0	142,604	0	0	0	804,257
22 新潟	0	135,201	0	0	2,084	0	0	0	11,600	0	0	0	372,221
23 富山	0	0	0	0	3,180	0	0	0	0	0	0	0	9,354
24 石川	0	0	0	0	7,100	0	0	0	10,002	0	0	0	69,161
25 福井	0	3,000	0	4,638	1,530	0	0	0	0	0	0	0	23,699
26 山梨	0	0	0	0	0	0	0	0	0	0	0	0	0
27 長野	0	0	0	0	0	0	0	0	0	0	0	0	0
28 静岡	0	0	0	4,544	0	0	0	650	0	0	0	0	9,972
29 岐阜	0	0	0	0	0	0	0	0	0	0	0	0	0
30 愛知	0	2,500	0	66,375	78,239	350	0	53,945	82,133	0	0	0	1,097,224
31 三重	0	0	0	0	0	0	0	0	0	0	0	0	44,993
32 滋賀	0	0	0	0	0	0	0	0	0	0	0	0	0
33 京都	0	0	0	0	49,856	0	0	0	85,355	0	0	0	195,050
34 奈良	0	0	0	0	0	0	0	0	0	0	0	0	0
35 和歌山	0	4,200	0	36,535	1,200	0	0	0	0	0	0	74,411	216,046
36 大阪	0	44,330	0	32,190	81,132	0	0	0	27,622	1,100	32,786	311	703,935
37 兵庫	0	0	29,785	10,473	278,371	506	0	3,450	65,668	0	1,221	0	1,112,506
38 鳥取	0	0	0	0	0	0	0	0	0	0	0	0	0
39 島根	4,369	0	0	0	1,193	0	0	0	17,745	0	0	0	169,902
40 岡山	57,300	39,810	0	70,845	228,164	0	0	0	25,443	0	0	598	998,020
41 広島	0	132,540	295,917	96,978	468,005	0	9,650	0	120,750	31,950	4,500	4,898	2,715,269
42 山口	0	49,768	0	0	207,201	0	0	0	26,129	4,000	19,115	0	2,875,114
43 香川	250	1,330	0	57	174,777	0	0	0	3,300	0	3,000	0	528,899
44 愛媛	4,040	30,840	0	9,840	75,384	0	0	0	10,400	0	0	0	217,612
45 徳島	34,068	25,380	2,000	10,945	166,248	0	0	0	32,798	0	0	0	956,439
46 高知	0	0	0	0	840	0	0	0	216,581	0	0	0	404,536
47 福岡	0	0	0	67,102	215,766	0	14,958	3,200	31,401	0	0	4,781	568,381
48 佐賀	0	0	0	0	0	0	0	0	0	1,964	0	0	6,740
49 長崎	11,341	1,000	0	0	243,388	4,140	8,530	0	99,018	0	650	3,420	1,185,366
50 熊本	0	0	0	0	67,578	0	0	15,192	45,136	0	0	0	157,167
51 大分	26,255	33,213	0	0	592,893	0	0	15,872	395,530	24,223	0	0	1,791,309
52 宮崎	0	8,000	0	0	0	0	0	0	167,155	0	0	1,500	341,818
53 鹿児島	95,240	126,000	0	0	38,539	0	0	0	110,400	0	191,739	81,483	25,564,358
54 沖縄	0	0	0	0	0	0	0	0	0	0	179	78	175,895
55 全国	241,547	710,732	327,702	466,991	3,221,242	47,056	77,433	38,364	1,832,651	67,700	251,969	176,841	46,009,724

平成28年度　　　　　　　　　　　　　　　　　府県相互間輸送トン数表（海運）　　　　　　　　　　　　　　　（単位：トン）

品目（4-13）鉄鋼　その1

発＼着	1 札幌	2 旭川	3 函館	4 室蘭	5 釧路	6 帯広	7 北見	8 北海道	9 青森	10 岩手	11 宮城	12 福島	13 秋田	14 山形
1 札幌	0	0	0	0	0	0	0	0	0	0	4,536	0	0	0
2 旭川	0	0	0	0	0	0	0	0	0	0	0	0	0	0
3 函館	0	0	0	21,575	0	0	0	21,575	0	0	9,367	0	0	0
4 室蘭	0	0	787	3,527	6,338	0	0	10,652	215	6,614	47,445	39,674	228	0
5 釧路	0	0	0	4,997	0	0	0	4,997	0	0	0	0	0	0
6 帯広	0	0	0	0	0	0	0	0	0	0	0	0	0	0
7 北見	0	0	0	0	0	0	0	0	0	0	0	0	0	0
8 北海道	0	0	787	30,099	6,338	0	0	37,224	215	6,614	61,348	39,674	228	0
9 青森	0	0	0	92,029	0	0	0	92,029	1,500	0	0	0	0	0
10 岩手	0	0	0	43,455	0	0	0	43,455	0	0	200	0	0	0
11 宮城	0	0	0	132,689	0	0	0	132,689	0	800	349	0	0	0
12 福島	0	0	0	0	0	0	0	0	0	0	0	0	0	0
13 秋田	0	0	0	1,000	0	0	0	1,000	2,817	0	0	0	0	0
14 山形	0	0	0	86	0	0	0	86	0	0	0	0	0	2
15 茨城	3,168	0	6,909	107,202	0	0	0	117,279	32,264	50,761	188,624	0	0	0
16 栃木	0	0	0	0	0	0	0	0	0	0	0	0	0	0
17 群馬	0	0	0	0	0	0	0	0	0	0	0	0	0	0
18 埼玉	0	0	0	0	0	0	0	0	0	0	0	0	0	0
19 千葉	0	0	40,796	196,747	3,707	0	0	241,250	28,318	426,731	198,616	0	0	197
20 東京	0	0	0	31,774	0	0	0	31,774	1,810	24	2,195	0	21	0
21 神奈川	0	0	3,568	46,405	1,114	0	0	51,087	14,297	59	60,555	0	0	0
22 新潟	0	0	0	4,876	0	0	0	4,876	0	0	0	0	0	0
23 富山	0	0	0	0	0	0	0	0	0	0	0	0	0	0
24 石川	0	0	0	506	0	0	0	506	0	0	0	0	0	0
25 福井	0	0	0	23,035	0	0	0	23,035	0	0	0	0	0	0
26 山梨	0	0	0	0	0	0	0	0	0	0	0	0	0	0
27 長野	0	0	0	0	0	0	0	0	0	0	0	0	0	0
28 静岡	0	0	0	0	0	0	0	0	0	0	0	0	0	0
29 岐阜	0	0	0	0	0	0	0	0	0	0	0	0	0	0
30 愛知	0	0	0	57,575	0	0	0	57,575	486	39,052	53,001	0	2,400	0
31 三重	0	0	0	0	0	0	0	0	0	0	0	0	0	0
32 滋賀	0	0	0	0	0	0	0	0	0	0	0	0	0	0
33 京都	0	0	0	0	0	0	0	0	0	0	0	0	0	0
34 奈良	0	0	0	0	0	0	0	0	0	0	0	0	0	0
35 和歌山	0	0	0	4,565	0	0	0	4,565	1,293	0	1,602	0	0	0
36 大阪	0	0	0	171,446	20	0	0	171,466	19,447	3,157	104,070	3,404	0	0
37 兵庫	3,171	0	0	30,383	0	0	0	33,554	5,961	0	73,350	2,720	0	0
38 鳥取	0	0	0	0	0	0	0	0	0	0	0	0	0	0
39 島根	0	0	0	0	0	0	0	0	0	0	0	0	0	0
40 岡山	0	0	0	11,165	0	0	0	11,165	2,677	0	98,699	1,585	0	0
41 広島	0	0	0	3,464	0	0	0	3,464	51,892	177	166,418	0	0	0
42 山口	0	0	0	2,401	0	0	0	2,401	0	0	4,828	0	0	0
43 香川	0	0	0	2,443	0	0	0	2,443	0	0	830	0	0	0
44 愛媛	0	0	0	0	0	0	0	0	0	0	0	0	0	0
45 徳島	0	0	0	0	0	0	0	0	250	0	0	0	0	0
46 高知	0	0	0	0	0	0	0	0	0	0	0	0	0	0
47 福岡	6,760	0	0	7,568	1,077	0	0	15,405	0	16,188	9,092	0	264	587
48 佐賀	0	0	0	0	0	0	0	0	0	0	0	0	0	0
49 長崎	0	0	0	9,350	0	0	0	9,350	0	0	16,055	0	0	0
50 熊本	0	0	0	0	0	0	0	0	0	0	0	0	0	0
51 大分	0	0	0	0	0	0	0	0	0	0	0	0	0	0
52 宮崎	0	0	0	0	0	0	0	0	0	0	0	0	0	0
53 鹿児島	0	0	0	0	0	0	0	0	0	0	0	0	0	0
54 沖縄	0	0	0	0	0	0	0	0	0	0	0	0	0	0
55 全国	13,099	0	52,060	1,010,263	12,256	0	0	1,087,678	163,227	543,563	1,039,832	47,668	2,628	786

平成28年度　　　　　　　　　　　　　　　　　府県相互間輸送トン数表（海運）　　　　　　　　　　　　　　　（単位：トン）

品目（4-13）鉄鋼　その2

発＼着	15 茨城	16 栃木	17 群馬	18 埼玉	19 千葉	20 東京	21 神奈川	22 新潟	23 富山	24 石川	25 福井	26 山梨	27 長野	28 静岡
1 札幌	0	0	0	0	0	0	0	0	0	0	0	0	0	0
2 旭川	0	0	0	0	0	0	0	0	0	0	0	0	0	0
3 函館	0	0	0	0	0	0	0	0	0	0	0	0	0	0
4 室蘭	31,486	0	0	0	188,378	138,707	41,695	13,334	0	5,773	60,780	0	0	0
5 釧路	10	0	0	0	0	0	0	1,500	0	0	0	0	0	0
6 帯広	0	0	0	0	0	0	0	0	0	0	0	0	0	0
7 北見	0	0	0	0	0	0	0	0	0	0	0	0	0	0
8 北海道	31,496	0	0	0	188,378	138,707	41,695	14,834	0	5,773	60,780	0	0	0
9 青森	0	0	0	0	6,661	0	0	994	0	0	0	0	0	0
10 岩手	0	0	0	0	0	0	0	0	0	0	0	0	0	0
11 宮城	682	0	0	0	0	100	6,582	0	0	0	0	0	0	0
12 福島	0	0	0	0	0	0	0	0	0	0	0	0	0	0
13 秋田	0	0	0	0	0	0	0	0	0	0	0	0	0	0
14 山形	0	0	0	0	0	0	0	0	0	0	0	0	0	0
15 茨城	0	0	0	0	256,897	69,018	36,277	0	0	0	0	0	0	18,970
16 栃木	0	0	0	0	0	0	0	0	0	0	0	0	0	0
17 群馬	0	0	0	0	0	0	0	0	0	0	0	0	0	0
18 埼玉	0	0	0	0	0	0	0	0	0	0	0	0	0	0
19 千葉	8,282	0	0	0	594,549	50,615	480,069	0	0	1,972	0	0	0	84,147
20 東京	1,555	0	0	0	120	5,854	2,213	0	0	0	0	0	0	0
21 神奈川	750	0	0	0	225,455	350	156,682	0	0	0	0	0	0	0
22 新潟	0	0	0	0	0	0	0	4,816	2,239	0	0	0	0	0
23 富山	0	0	0	0	0	0	0	16,450	0	0	0	0	0	0
24 石川	0	0	0	0	0	0	0	0	0	0	0	0	0	0
25 福井	0	0	0	0	0	0	0	2,483	160	0	0	0	0	0
26 山梨	0	0	0	0	0	0	0	0	0	0	0	0	0	0
27 長野	0	0	0	0	0	0	0	0	0	0	0	0	0	0
28 静岡	0	0	0	0	0	0	0	2,652	0	0	0	0	0	0
29 岐阜	0	0	0	0	0	0	0	0	0	0	0	0	0	0
30 愛知	1,012	0	0	0	570,087	70,946	252,282	0	0	0	0	0	0	40,775
31 三重	0	0	0	0	0	0	634	0	0	0	0	0	0	0
32 滋賀	0	0	0	0	0	0	0	0	0	0	0	0	0	0
33 京都	0	0	0	0	0	0	0	0	0	0	0	0	0	0
34 奈良	0	0	0	0	0	0	0	0	0	0	0	0	0	0
35 和歌山	24,986	0	0	0	184,562	98,493	1,548	0	0	0	0	0	0	0
36 大阪	0	0	0	0	623,435	127,726	135,050	0	0	0	0	0	0	94,257
37 兵庫	7,052	0	0	0	1,529,316	83,350	137,741	0	0	1,991	33,138	0	0	105,621
38 鳥取	0	0	0	0	0	0	0	0	0	0	0	0	0	0
39 島根	0	0	0	0	0	0	0	0	0	0	0	0	0	0
40 岡山	12,301	0	0	0	420,392	46,597	54,150	4,592	62,003	0	7,217	0	0	46,555
41 広島	0	0	0	0	505,733	160,996	7,191	21,801	0	10	1,134	0	0	50,110
42 山口	25,449	0	0	0	398,187	700	2,544	27,205	0	0	0	0	0	2,832
43 香川	0	0	0	0	85,327	0	0	0	0	0	0	0	0	0
44 愛媛	13,659	0	0	0	400,841	36,808	10,563	709	0	0	0	0	0	0
45 徳島	0	0	0	0	32,480	0	0	0	0	0	0	0	0	0
46 高知	0	0	0	0	1,500	392	0	0	0	0	0	0	0	0
47 福岡	244,909	0	0	0	225,482	201,803	28,136	10,894	0	2,791	0	0	0	91,819
48 佐賀	0	0	0	0	0	0	0	0	0	0	0	0	0	0
49 長崎	2,975	0	0	0	0	0	0	0	0	0	0	0	0	0
50 熊本	0	0	0	0	0	0	0	0	0	0	0	0	0	0
51 大分	8,518	0	0	0	318,863	117,190	62,153	3,783	0	304	0	0	0	26,383
52 宮崎	0	0	0	0	0	0	394	0	0	0	0	0	0	0
53 鹿児島	0	0	0	0	0	0	0	0	0	0	0	0	0	0
54 沖縄	0	0	0	0	0	0	0	0	0	0	0	0	0	0
55 全国	383,626	0	0	0	6,568,265	1,048,649	1,575,291	92,957	88,194	43,988	69,131	0	0	563,944

平成28年度　　　　　　　　　　　　府県相互間輸送トン数表（海運）　　　　　　　　品目（4-13）鉄鋼　　　　　　　（単位：トン）その3

着／発	29 岐阜	30 愛知	31 三重	32 滋賀	33 京都	34 奈良	35 和歌山	36 大阪	37 兵庫	38 鳥取	39 島根	40 岡山	41 広島	42 山口
1 札幌	0	0	0	0	0	0	0	0	0	0	0	0	0	0
2 旭川	0	0	0	0	0	0	0	0	0	0	0	0	0	0
3 函館	0	1,600	0	0	0	0	0	0	0	0	0	0	0	0
4 室蘭	0	361,590	0	0	0	0	1,531	219,748	73,447	0	0	0	19,433	1,991
5 釧路	0	0	0	0	0	0	0	0	0	0	0	0	0	0
6 帯広	0	0	0	0	0	0	0	0	0	0	0	0	0	0
7 北見	0	0	0	0	0	0	0	0	0	0	0	0	0	0
8 北海道	0	363,190	0	0	0	0	1,531	219,748	73,447	0	0	0	19,433	1,991
9 青森	0	12,518	0	0	0	0	0	525	0	0	0	0	0	61,148
10 岩手	0	60,385	0	0	0	0	0	0	35,145	0	0	0	1,377	19,404
11 宮城	0	61,887	0	0	0	0	0	1,235	8,104	0	0	0	0	0
12 福島	0	0	0	0	0	0	0	0	0	0	0	0	0	0
13 秋田	0	0	0	0	0	0	0	0	0	0	0	0	0	0
14 山形	0	0	0	0	0	0	0	0	0	0	0	0	0	1,204
15 茨城	0	497,023	993	0	0	0	155,419	95,080	173,550	0	0	28,940	111,741	50,536
16 栃木	0	0	0	0	0	0	0	0	0	0	0	0	0	0
17 群馬	0	0	0	0	0	0	0	0	0	0	0	0	0	0
18 埼玉	0	0	0	0	0	0	0	0	0	0	0	0	0	0
19 千葉	0	336,905	31,287	638	0	0	7,852	450,301	63,226	0	0	105,043	22,776	20,817
20 東京	0	1,299	0	0	0	0	2,365	3,568	1	0	0	101	0	0
21 神奈川	0	773,316	100,958	0	0	0	3,624	120,245	1,371	0	0	2,111	7,438	14,151
22 新潟	0	0	0	0	0	0	0	0	0	0	0	0	0	0
23 富山	0	0	0	0	0	0	0	0	0	0	0	0	0	0
24 石川	0	0	0	0	0	0	0	0	0	0	0	0	0	0
25 福井	0	7,115	0	0	0	0	0	0	0	0	0	0	0	0
26 山梨	0	0	0	0	0	0	0	0	0	0	0	0	0	0
27 長野	0	0	0	0	0	0	0	0	0	0	0	0	0	0
28 静岡	0	27,436	0	0	0	0	1,192	2,967	0	0	0	0	0	0
29 岐阜	0	0	0	0	0	0	0	0	0	0	0	0	0	0
30 愛知	0	216,616	220	0	0	0	5,439	307,761	1,014,265	0	0	132,207	20,054	51,505
31 三重	0	0	150	0	0	0	0	1,146	0	0	0	0	0	0
32 滋賀	0	0	0	0	0	0	0	0	0	0	0	0	0	0
33 京都	0	0	0	0	0	0	0	0	0	0	0	0	0	0
34 奈良	0	0	0	0	0	0	0	0	0	0	0	0	0	0
35 和歌山	0	64,701	0	0	0	0	285	978,838	535,955	0	0	0	81,064	1,033
36 大阪	0	303,152	40	0	0	0	12,786	141,490	119,186	0	0	16,472	102,428	36,896
37 兵庫	0	1,179,415	1,597	0	0	0	45,408	801,438	1,083,387	0	0	86,172	265,700	204,398
38 鳥取	0	0	0	0	0	0	0	0	0	0	0	0	0	0
39 島根	0	0	0	0	0	0	0	0	0	0	520	0	0	0
40 岡山	0	699,583	8,652	0	0	0	2,106	463,015	307,005	0	21,554	4,974	120,598	9,917
41 広島	0	1,181,304	0	0	0	0	0	2,247,703	57,199	0	0	77,985	355,105	495,037
42 山口	0	306,510	0	0	0	0	2,780	281,914	129,545	0	0	1,999	439,865	3,855
43 香川	0	76,343	1,583	0	52,088	0	2,547	63,922	4,224	0	0	0	74,803	140
44 愛媛	0	119,639	0	0	0	0	1,993	496,938	999	95	0	0	25,430	383
45 徳島	0	5,675	0	0	0	0	1,380	5,517	0	0	0	1,007	9,265	1,808
46 高知	0	0	0	0	0	0	8,453	1,520	0	0	0	0	0	0
47 福岡	0	363,083	0	0	11	0	49,316	371,825	107,960	0	0	21,089	41,154	254,147
48 佐賀	0	0	0	0	0	0	0	1,627	80	0	0	0	0	0
49 長崎	0	26,827	0	0	0	0	50	2,076	0	0	0	6	100	1,360
50 熊本	0	0	0	0	0	0	0	22,307	0	0	0	33	0	0
51 大分	0	132,352	0	0	0	0	2,601	330,187	888,324	0	0	48,598	161,960	406,677
52 宮崎	0	3,642	0	0	0	0	0	494	0	0	0	0	0	8,888
53 鹿児島	0	13,884	0	0	0	0	0	142	0	0	0	0	0	183,045
54 沖縄	0	0	0	0	0	0	0	0	1	0	0	19	0	0
55 全国	0	6,833,800	145,480	638	52,099	0	307,127	7,445,078	4,571,425	95	22,074	526,756	1,860,291	1,828,340

平成28年度　　　　　　　　　　　　府県相互間輸送トン数表（海運）　　　　　　　　品目（4-13）鉄鋼　　　　　　　（単位：トン）その4

着／発	43 香川	44 愛媛	45 徳島	46 高知	47 福岡	48 佐賀	49 長崎	50 熊本	51 大分	52 宮崎	53 鹿児島	54 沖縄	55 全国
1 札幌	0	0	0	0	3,286	0	0	0	0	0	0	0	7,822
2 旭川	0	0	0	0	0	0	0	0	0	0	0	0	0
3 函館	0	0	0	0	0	0	0	0	0	0	0	0	32,542
4 室蘭	0	5,615	7,570	210	79,385	0	0	0	106,894	0	0	0	1,462,395
5 釧路	0	0	0	0	0	0	0	0	0	0	0	0	6,507
6 帯広	0	0	0	0	0	0	0	0	0	0	0	0	0
7 北見	0	0	0	0	0	0	0	0	0	0	0	0	0
8 北海道	0	5,615	7,570	210	82,671	0	0	0	106,894	0	0	0	1,509,266
9 青森	0	0	0	0	1,350	0	0	0	0	0	0	0	171,006
10 岩手	0	0	0	0	6,268	0	0	0	0	0	0	0	173,889
11 宮城	0	0	2,719	0	8,058	0	0	0	0	0	0	0	223,205
12 福島	0	0	0	0	0	0	0	0	0	0	0	0	0
13 秋田	0	0	0	0	215	0	0	0	0	0	0	0	5,236
14 山形	0	0	0	0	683	0	0	0	0	0	0	0	771
15 茨城	5,551	5,918	2,285	5,714	325,731	0	589	305	6,583	0	939	0	2,236,987
16 栃木	0	0	0	0	0	0	0	0	0	0	0	0	0
17 群馬	0	0	0	0	0	0	0	0	0	0	0	0	0
18 埼玉	0	0	0	0	0	0	0	0	0	0	0	0	0
19 千葉	5,279	11,889	7,606	537	252,828	14,371	16,850	11,668	0	182	1,450	1,709	3,477,960
20 東京	400	0	0	0	81,586	0	0	0	0	19,184	80	9,296	163,446
21 神奈川	1,498	10,290	0	0	25,174	285	0	0	0	0	0	0	1,569,696
22 新潟	0	0	0	0	8,921	0	0	0	0	0	0	0	20,852
23 富山	0	0	0	0	0	0	0	0	0	0	0	0	16,450
24 石川	0	0	0	0	3,878	0	0	0	0	0	0	0	4,384
25 福井	607	0	0	0	3,251	0	0	0	0	0	0	0	36,651
26 山梨	0	0	0	0	0	0	0	0	0	0	0	0	0
27 長野	0	0	0	0	0	0	0	0	0	0	0	0	0
28 静岡	0	0	0	0	35,828	0	0	0	0	0	0	0	70,075
29 岐阜	0	0	0	0	0	0	0	0	0	0	0	0	0
30 愛知	34,459	38,576	5,971	693	345,452	15,779	15,534	1,539	17,983	0	0	2,626	3,314,295
31 三重	458	0	0	0	0	0	0	0	0	0	0	0	2,388
32 滋賀	0	0	0	0	0	0	0	0	0	0	0	0	0
33 京都	1,436	0	0	0	48	0	0	0	0	0	0	0	1,484
34 奈良	0	0	0	0	0	0	0	0	0	0	0	0	0
35 和歌山	851	10,299	0	335	67,961	0	6,201	0	0	0	0	0	2,064,572
36 大阪	93,678	47,566	20,207	894	385,977	19,522	25,282	41,613	3,226	41,780	1,372	83,900	2,778,585
37 兵庫	55,028	175,421	23,927	399	581,626	22,267	28,920	13,249	9,305	0	3,055	2,295	6,596,801
38 鳥取	0	0	0	0	14,500	0	0	0	0	0	0	0	15,020
39 島根	0	0	0	0	2,200	0	0	0	0	0	0	0	23,754
40 岡山	247,700	42,865	5,022	2,894	233,684	13,389	29,490	187,664	31,306	4,752	13,262	15,155	3,210,966
41 広島	85,090	1,106,591	0	1,058	309,429	48	18,867	32,778	9,462	0	1,720	1,549	6,949,851
42 山口	26,692	26,368	0	0	639,722	0	5,828	109	1,659	0	3,786	5,706	2,340,484
43 香川	60,267	15,645	0	0	7,387	0	0	21,337	0	0	0	0	468,056
44 愛媛	61,829	89,651	0	13,640	54,991	0	100	0	0	0	0	42	1,329,140
45 徳島	560	0	7,935	0	4,126	0	0	0	0	0	0	0	113,558
46 高知	7,119	0	0	0	2,623	0	0	0	0	0	0	0	24,082
47 福岡	14,498	24,142	5,383	9,959	5,763	0	7,730	3,157	77,705	0	5,475	29,332	2,239,099
48 佐賀	0	0	0	0	1,890	0	0	0	0	0	0	0	3,597
49 長崎	100	6,825	0	0	363	15,502	384,026	5,897	0	0	0	5,101	476,613
50 熊本	0	0	0	0	650	0	0	3,321	0	0	486	12,300	39,097
51 大分	323,900	443,465	0	0	565,164	77,485	348,074	36,194	9,729	0	0	0	4,311,900
52 宮崎	0	114	0	0	0	0	0	0	0	12	0	0	13,544
53 鹿児島	0	0	3,767	0	0	0	0	0	0	0	8,552	13,212	222,602
54 沖縄	0	0	0	0	600	0	0	3,030	0	0	9,425	50,418	63,493
55 全国	1,027,000	2,061,240	92,392	35,439	4,058,058	178,648	890,031	361,861	317,407	65,910	49,602	232,641	46,282,859

平成28年度 　　　　　　　　　府県相互間輸送トン数表（海運）　　　　　　　　　　　　　　　　　　　（単位：トン）
品目　（4-14）　非鉄金属　　　その　1

着 発	1 札幌	2 旭川	3 函館	4 室蘭	5 釧路	6 帯広	7 北見	8 北海道	9 青森	10 岩手	11 宮城	12 福島	13 秋田	14 山形
1 札幌	0	0	0	0	0	0	0	0	0	0	0	0	0	0
2 旭川	0	0	0	0	0	0	0	0	0	0	0	0	0	0
3 函館	0	0	0	0	0	0	0	0	0	0	0	0	0	0
4 室蘭	0	0	0	0	1,690	0	0	1,690	0	0	4,002	0	0	0
5 釧路	0	0	0	0	0	0	0	0	0	0	0	0	0	0
6 帯広	0	0	0	0	0	0	0	0	0	0	0	0	0	0
7 北見	0	0	0	0	0	0	0	0	0	0	0	0	0	0
8 北海道	0	0	0	0	1,690	0	0	1,690	0	0	4,002	0	0	0
9 青森	0	0	0	1,500	0	0	0	1,500	0	0	0	0	0	0
10 岩手	0	0	0	0	0	0	0	0	0	0	0	0	0	0
11 宮城	0	0	0	825	0	0	0	825	0	0	0	0	0	0
12 福島	0	0	0	0	0	0	0	0	0	0	0	0	0	0
13 秋田	0	0	0	0	0	0	0	0	0	0	1,300	0	0	0
14 山形	0	0	0	0	0	0	0	0	0	0	0	0	0	2
15 茨城	0	0	0	1,005	0	0	0	1,005	0	0	0	0	0	0
16 栃木	0	0	0	0	0	0	0	0	0	0	0	0	0	0
17 群馬	0	0	0	0	0	0	0	0	0	0	0	0	0	0
18 埼玉	0	0	0	0	0	0	0	0	0	0	0	0	0	0
19 千葉	0	0	0	0	0	0	0	0	0	0	0	0	0	0
20 東京	0	0	0	8,046	0	0	0	8,046	0	0	136	0	0	0
21 神奈川	0	0	0	177	0	0	0	177	1,667	0	8,890	0	0	0
22 新潟	0	0	0	0	0	0	0	0	0	0	0	0	0	0
23 富山	0	0	0	0	0	0	0	0	0	0	0	0	0	0
24 石川	0	0	0	0	0	0	0	0	0	0	0	0	0	0
25 福井	0	0	0	0	0	0	0	0	0	0	0	0	0	0
26 山梨	0	0	0	0	0	0	0	0	0	0	0	0	0	0
27 長野	0	0	0	0	0	0	0	0	0	0	0	0	0	0
28 静岡	0	0	0	0	0	0	0	0	0	1,151	3,900	0	0	0
29 岐阜	0	0	0	0	0	0	0	0	0	0	0	0	0	0
30 愛知	0	0	0	80	0	0	0	80	0	0	0	0	0	0
31 三重	0	0	0	0	0	0	0	0	0	0	0	0	0	0
32 滋賀	0	0	0	0	0	0	0	0	0	0	0	0	0	0
33 京都	0	0	0	0	0	0	0	0	0	0	0	0	0	0
34 奈良	0	0	0	0	0	0	0	0	0	0	0	0	0	0
35 和歌山	0	0	0	0	0	0	0	0	0	0	0	0	0	0
36 大阪	0	0	0	600	0	0	0	600	6,643	0	0	0	0	0
37 兵庫	0	0	0	0	0	0	0	0	842	0	0	0	0	0
38 鳥取	0	0	0	0	0	0	0	0	0	0	0	0	0	0
39 島根	0	0	0	0	0	0	0	0	0	0	0	0	0	0
40 岡山	0	0	0	2,015	0	0	0	2,015	417	0	0	0	0	0
41 広島	0	0	0	0	0	0	0	0	0	0	0	0	0	0
42 山口	0	0	0	0	0	0	0	0	0	0	0	0	0	0
43 香川	0	0	0	0	0	0	0	0	0	0	0	0	9,130	0
44 愛媛	0	0	0	0	0	0	0	0	2,904	0	0	0	0	0
45 徳島	0	0	0	12,565	0	0	0	12,565	0	0	0	0	0	0
46 高知	0	0	0	0	0	0	0	0	0	0	0	0	0	0
47 福岡	0	0	0	0	0	0	0	0	94	0	0	0	0	0
48 佐賀	0	0	0	0	0	0	0	0	0	0	0	0	0	0
49 長崎	0	0	0	0	0	0	0	0	0	0	0	0	0	0
50 熊本	0	0	0	0	0	0	0	0	0	0	0	0	0	0
51 大分	0	0	0	0	0	0	0	0	0	0	0	0	0	0
52 宮崎	0	0	0	0	0	0	0	0	0	0	0	0	0	0
53 鹿児島	0	0	0	0	0	0	0	0	0	0	0	0	0	0
54 沖縄	0	0	0	0	0	0	0	0	0	0	0	0	0	0
55 全国	0	0	0	26,813	1,690	0	0	28,503	12,567	1,151	18,228	9,130	0	2

平成28年度 　　　　　　　　　府県相互間輸送トン数表（海運）　　　　　　　　　　　　　　　　　　　（単位：トン）
品目　（4-14）　非鉄金属　　　その　2

着 発	15 茨城	16 栃木	17 群馬	18 埼玉	19 千葉	20 東京	21 神奈川	22 新潟	23 富山	24 石川	25 福井	26 山梨	27 長野	28 静岡
1 札幌	0	0	0	0	0	0	0	0	0	0	0	0	0	0
2 旭川	0	0	0	0	0	0	0	0	0	0	0	0	0	0
3 函館	0	0	0	0	0	0	0	0	0	0	0	0	0	0
4 室蘭	1,680	0	0	0	0	545	0	0	0	0	0	0	0	0
5 釧路	0	0	0	0	0	0	0	0	0	0	0	0	0	0
6 帯広	0	0	0	0	0	0	0	0	0	0	0	0	0	0
7 北見	0	0	0	0	0	0	0	0	0	0	0	0	0	0
8 北海道	1,680	0	0	0	0	545	0	0	0	0	0	0	0	0
9 青森	0	0	0	0	0	1,200	38,881	0	0	0	0	0	0	0
10 岩手	0	0	0	0	0	0	0	0	0	0	0	0	0	0
11 宮城	0	0	0	0	0	0	5,045	0	0	0	0	0	0	0
12 福島	0	0	0	0	0	0	0	0	0	0	0	0	0	0
13 秋田	0	0	0	0	0	0	0	0	0	0	0	0	0	0
14 山形	0	0	0	0	0	0	0	0	0	0	0	0	0	0
15 茨城	0	0	0	0	1,743	0	0	2,000	0	0	0	0	0	4,502
16 栃木	0	0	0	0	0	0	0	0	0	0	0	0	0	0
17 群馬	0	0	0	0	0	0	0	0	0	0	0	0	0	0
18 埼玉	0	0	0	0	0	0	0	0	0	0	0	0	0	0
19 千葉	4,848	0	0	0	0	0	0	0	0	0	0	0	0	0
20 東京	0	0	0	0	0	0	25	6	0	0	0	0	0	1,359
21 神奈川	0	0	0	0	0	0	0	0	0	0	0	0	0	350
22 新潟	0	0	0	0	0	0	0	0	0	0	0	0	0	0
23 富山	0	0	0	0	0	0	0	0	0	0	0	0	0	0
24 石川	0	0	0	0	0	0	0	0	0	0	0	0	0	0
25 福井	0	0	0	0	0	0	0	0	0	0	0	0	0	0
26 山梨	0	0	0	0	0	0	0	0	0	0	0	0	0	0
27 長野	0	0	0	0	0	0	0	0	0	0	0	0	0	0
28 静岡	0	0	0	0	0	0	0	0	0	0	0	0	0	0
29 岐阜	0	0	0	0	0	0	0	0	0	0	0	0	0	0
30 愛知	0	0	0	0	0	0	0	0	0	0	0	0	0	0
31 三重	0	0	0	0	0	0	0	0	0	0	0	0	0	0
32 滋賀	0	0	0	0	0	0	0	0	0	0	0	0	0	0
33 京都	0	0	0	0	0	0	0	0	0	0	0	0	0	0
34 奈良	0	0	0	0	0	0	0	0	0	0	0	0	0	0
35 和歌山	0	0	0	0	0	0	0	0	0	0	0	0	0	0
36 大阪	713	0	0	0	0	0	2,637	0	0	0	0	0	0	0
37 兵庫	264	0	0	0	0	4,115	0	0	0	0	0	0	0	0
38 鳥取	0	0	0	0	0	0	0	0	0	0	0	0	0	0
39 島根	0	0	0	0	0	0	0	0	0	0	0	0	0	0
40 岡山	1,531	0	0	0	0	320	0	0	0	0	0	0	0	31,370
41 広島	4,531	0	0	0	0	22,203	0	0	0	0	0	0	0	0
42 山口	1,075	0	0	0	6,912	0	0	505	0	0	0	0	0	0
43 香川	0	0	0	0	0	0	0	0	0	0	0	0	0	2,499
44 愛媛	37,235	0	0	0	0	8,050	0	740	0	0	0	0	0	3,433
45 徳島	0	0	0	0	2,040	0	0	0	0	0	0	0	0	0
46 高知	0	0	0	0	0	0	0	0	0	0	0	0	0	0
47 福岡	2,200	0	0	0	0	1,310	0	12,348	0	0	0	0	0	13,530
48 佐賀	0	0	0	0	0	0	0	0	0	0	0	0	0	0
49 長崎	0	0	0	0	0	0	0	0	0	0	0	0	0	0
50 熊本	0	0	0	0	0	0	0	0	0	0	0	0	0	0
51 大分	178,348	0	0	0	0	0	25,812	0	0	0	0	0	0	6,996
52 宮崎	0	0	0	0	0	0	0	0	0	0	0	0	0	0
53 鹿児島	0	0	0	0	0	0	0	0	0	0	0	0	0	0
54 沖縄	0	0	0	0	0	0	0	0	0	0	0	0	0	0
55 全国	232,425	0	0	0	10,695	37,768	72,381	15,593	0	0	0	0	0	64,039

平成28年度　　府県相互間輸送トン数表（海運）　　品目（4-14）非鉄金属　　その3　　（単位：トン）

発＼着	29 岐阜	30 愛知	31 三重	32 滋賀	33 京都	34 奈良	35 和歌山	36 大阪	37 兵庫	38 鳥取	39 島根	40 岡山	41 広島	42 山口
1 札幌	0	0	0	0	0	0	0	0	0	0	0	0	0	0
2 旭川	0	0	0	0	0	0	0	0	0	0	0	0	0	0
3 函館	0	0	0	0	0	0	0	0	0	0	0	0	0	0
4 室蘭	0	631	0	0	0	0	0	0	0	0	0	0	0	0
5 釧路	0	0	0	0	0	0	0	96	0	0	0	0	0	0
6 帯広	0	0	0	0	0	0	0	0	0	0	0	0	0	0
7 北見	0	0	0	0	0	0	0	0	0	0	0	0	0	0
8 北海道	0	631	0	0	0	0	0	96	0	0	0	0	0	0
9 青森	0	1,000	0	0	0	0	0	41,419	0	0	0	0	44,658	301
10 岩手	0	3,815	0	0	0	0	0	0	0	0	0	0	0	0
11 宮城	0	0	0	0	0	0	0	0	0	0	0	0	0	0
12 福島	0	0	0	0	0	0	0	0	453	0	0	0	1,100	0
13 秋田	0	0	0	0	0	0	0	7,895	0	0	0	0	0	5,151
14 山形	0	0	0	0	0	0	0	0	0	0	0	0	0	0
15 茨城	0	0	0	0	0	0	0	0	195	0	0	0	0	0
16 栃木	0	0	0	0	0	0	0	0	0	0	0	0	0	0
17 群馬	0	0	0	0	0	0	0	0	0	0	0	0	0	0
18 埼玉	0	0	0	0	0	0	0	0	0	0	0	0	0	0
19 千葉	0	9,654	0	0	0	0	0	2,850	136,911	0	0	4,080	0	0
20 東京	0	1,652	0	0	0	0	0	1,383	496	0	0	0	0	0
21 神奈川	0	0	0	0	0	0	0	8	37	0	0	0	0	0
22 新潟	0	0	0	0	0	0	0	0	0	0	0	0	0	0
23 富山	0	0	0	0	0	0	0	0	0	0	0	0	0	0
24 石川	0	0	0	0	0	0	0	0	0	0	0	0	0	0
25 福井	0	0	0	0	0	0	0	0	0	0	0	0	0	0
26 山梨	0	0	0	0	0	0	0	0	0	0	0	0	0	0
27 長野	0	0	0	0	0	0	0	0	0	0	0	0	0	0
28 静岡	0	0	0	0	0	0	0	0	0	0	0	0	0	0
29 岐阜	0	0	0	0	0	0	0	0	0	0	0	0	0	0
30 愛知	0	0	0	0	0	0	0	0	0	0	0	0	0	0
31 三重	0	0	0	0	0	0	0	0	0	0	0	0	0	0
32 滋賀	0	0	0	0	0	0	0	0	0	0	0	0	0	0
33 京都	0	0	0	0	0	0	0	0	0	0	0	0	0	0
34 奈良	0	0	0	0	0	0	0	0	0	0	0	0	0	0
35 和歌山	0	0	0	0	0	0	0	0	0	0	0	0	0	0
36 大阪	0	2,413	0	0	0	0	0	0	0	0	0	0	400	3,807
37 兵庫	0	0	0	0	0	0	0	0	122	0	0	863	0	2,967
38 鳥取	0	0	0	0	0	0	0	0	0	0	0	0	0	0
39 島根	0	0	0	0	0	0	0	0	0	0	9	0	0	0
40 岡山	0	1,209	0	0	0	0	0	1,399	224,934	0	0	0	0	8,320
41 広島	0	9,475	0	0	0	0	0	47,005	0	0	0	0	0	0
42 山口	0	2,288	0	0	0	0	0	0	0	0	0	0	0	0
43 香川	0	0	0	0	0	0	0	194,345	0	0	0	0	0	3,652
44 愛媛	0	14,205	63,270	0	0	0	0	120,277	0	0	0	0	0	14,224
45 徳島	0	18,663	0	0	0	0	0	0	0	0	0	0	0	0
46 高知	0	0	0	0	0	0	0	0	0	0	0	0	0	0
47 福岡	0	0	0	0	0	0	0	0	4,035	0	0	40	0	0
48 佐賀	0	0	0	0	0	0	0	0	0	0	0	0	0	0
49 長崎	0	0	0	0	0	0	0	0	0	0	0	0	0	0
50 熊本	0	0	0	0	0	0	0	0	0	0	0	0	0	0
51 大分	0	0	0	0	0	0	0	12,975	0	0	0	40,235	0	0
52 宮崎	0	0	0	0	0	0	0	0	0	0	0	0	0	0
53 鹿児島	0	0	0	0	0	0	0	0	0	0	0	0	0	0
54 沖縄	0	0	0	0	0	0	0	0	0	0	0	19	0	0
55 全国	0	65,005	63,270	0	0	0	0	429,652	367,183	0	9	45,237	46,158	38,422

平成28年度　　府県相互間輸送トン数表（海運）　　品目（4-14）非鉄金属　　その4　　（単位：トン）

発＼着	43 香川	44 愛媛	45 徳島	46 高知	47 福岡	48 佐賀	49 長崎	50 熊本	51 大分	52 宮崎	53 鹿児島	54 沖縄	55 全国
1 札幌	0	0	0	0	0	0	0	0	0	0	0	0	0
2 旭川	0	0	0	0	0	0	0	0	0	0	0	0	0
3 函館	0	0	0	0	0	0	0	0	0	0	0	0	0
4 室蘭	0	0	0	0	0	0	0	0	0	0	0	0	8,548
5 釧路	0	0	0	0	0	0	0	0	0	0	0	0	96
6 帯広	0	0	0	0	0	0	0	0	0	0	0	0	0
7 北見	0	0	0	0	0	0	0	0	0	0	0	0	0
8 北海道	0	0	0	0	0	0	0	0	0	0	0	0	8,644
9 青森	0	1,401	0	0	19,034	0	0	0	0	0	0	0	149,394
10 岩手	0	0	0	0	0	0	0	0	0	0	0	0	3,815
11 宮城	0	0	0	0	0	0	0	0	0	0	0	0	5,870
12 福島	0	0	0	0	0	0	0	0	0	0	0	0	1,553
13 秋田	0	0	0	0	8,808	0	0	0	0	0	0	0	23,154
14 山形	0	0	0	0	0	0	0	0	0	0	0	0	2
15 茨城	0	0	0	0	965	0	0	0	78,088	0	0	0	88,498
16 栃木	0	0	0	0	0	0	0	0	0	0	0	0	0
17 群馬	0	0	0	0	0	0	0	0	0	0	0	0	0
18 埼玉	0	0	0	0	0	0	0	0	0	0	0	0	0
19 千葉	0	0	0	0	173	0	0	0	0	0	0	721	159,237
20 東京	0	0	0	0	0	0	0	0	0	0	0	1,764	14,867
21 神奈川	0	0	0	0	0	0	0	0	0	0	0	0	11,129
22 新潟	0	0	0	0	0	0	0	0	0	0	0	0	0
23 富山	0	0	0	0	0	0	0	0	0	0	0	0	0
24 石川	0	0	0	0	0	0	0	0	0	0	0	0	0
25 福井	0	0	0	0	2,360	0	0	0	0	0	0	0	2,360
26 山梨	0	0	0	0	0	0	0	0	0	0	0	0	0
27 長野	0	0	0	0	0	0	0	0	0	0	0	0	0
28 静岡	0	0	0	0	650	0	0	0	0	0	0	0	5,701
29 岐阜	0	0	0	0	0	0	0	0	0	0	0	0	0
30 愛知	0	0	0	0	0	0	0	0	0	0	0	0	80
31 三重	0	0	0	0	0	0	0	0	0	0	0	0	0
32 滋賀	0	0	0	0	0	0	0	0	0	0	0	0	0
33 京都	0	0	0	0	0	0	0	0	0	0	0	0	0
34 奈良	0	0	0	0	0	0	0	0	0	0	0	0	0
35 和歌山	0	0	0	0	0	0	0	0	0	0	0	0	0
36 大阪	14,858	10,410	0	0	8,157	0	0	0	12,090	360	2	1,283	64,373
37 兵庫	0	6,760	0	0	6,769	0	0	4,325	0	0	13	427	27,467
38 鳥取	0	0	0	0	0	0	0	0	0	0	0	0	0
39 島根	0	0	0	0	0	0	0	0	0	0	0	0	9
40 岡山	0	39	0	0	5,265	0	0	0	0	0	0	27	276,846
41 広島	0	0	0	0	300	0	0	0	0	0	0	0	83,514
42 山口	0	527	0	0	0	0	0	0	0	0	0	0	11,307
43 香川	1	0	0	0	0	0	0	0	0	0	0	0	209,627
44 愛媛	0	0	0	0	0	0	1,340	0	0	0	0	0	265,678
45 徳島	0	0	0	0	0	0	0	0	0	0	0	0	33,268
46 高知	0	0	0	0	0	0	0	0	0	0	0	0	0
47 福岡	0	0	0	0	18	0	3,692	0	0	0	0	827	38,094
48 佐賀	0	0	0	0	0	0	0	0	0	0	0	0	0
49 長崎	0	0	0	0	0	0	1,344	0	0	0	0	0	1,344
50 熊本	0	0	0	0	0	0	0	1,300	0	0	0	0	1,300
51 大分	0	0	0	0	0	0	0	0	0	0	0	0	264,366
52 宮崎	0	0	0	0	0	0	0	0	0	0	0	0	0
53 鹿児島	0	0	0	0	0	0	0	0	0	0	1,650	1,023	2,673
54 沖縄	0	0	0	0	0	0	0	0	0	0	2	76	97
55 全国	14,859	19,137	0	0	52,499	0	6,376	5,625	90,178	360	1,667	6,148	1,754,267

- 261 -

平成28年度　　　　　　　　　　　　　　　　　　　　府県相互間輸送トン数表（海運）

品目 （4－15） 金属製品　　　　　　（単位：トン）　その 1

発＼着	1 札幌	2 旭川	3 函館	4 室蘭	5 釧路	6 帯広	7 北見	8 北海道	9 青森	10 岩手	11 宮城	12 福島	13 秋田	14 山形
1 札幌	0	0	0	0	0	0	0	0	0	0	0	0	0	0
2 旭川	0	10	0	0	0	0	0	10	0	0	0	0	0	0
3 函館	0	0	0	0	0	0	0	0	0	0	0	0	0	0
4 室蘭	0	0	0	0	3,380	0	0	3,380	0	0	5,217	0	0	0
5 釧路	0	0	0	0	0	0	0	0	0	0	0	0	0	0
6 帯広	0	0	0	0	0	0	0	0	0	0	0	0	0	0
7 北見	0	0	0	0	0	0	0	0	0	0	0	0	0	0
8 北海道	0	10	0	0	3,380	0	0	3,390	0	0	5,217	0	0	0
9 青森	0	0	0	0	14	0	0	14	0	0	0	0	0	0
10 岩手	0	0	0	0	0	0	0	0	0	0	0	0	0	0
11 宮城	0	0	0	23,781	0	0	0	23,781	0	22	0	0	0	0
12 福島	0	0	0	0	0	0	0	0	0	0	0	0	0	0
13 秋田	0	0	0	0	0	0	0	0	0	0	0	0	0	0
14 山形	0	0	0	0	0	0	0	0	0	0	0	0	0	141
15 茨城	0	0	0	120	0	0	0	120	0	0	1,065	0	0	0
16 栃木	0	0	0	0	0	0	0	0	0	0	0	0	0	0
17 群馬	0	0	0	0	0	0	0	0	0	0	0	0	0	0
18 埼玉	0	0	0	0	0	0	0	0	0	0	0	0	0	0
19 千葉	0	0	0	4,253	0	0	0	4,253	0	0	2,598	0	0	0
20 東京	0	0	0	56,485	20	0	0	56,505	965	112	5,281	0	0	0
21 神奈川	0	0	0	52	0	0	0	52	16,451	0	2,718	0	0	0
22 新潟	0	0	0	0	0	0	0	0	0	0	0	0	0	0
23 富山	0	0	0	0	0	0	0	0	0	0	0	0	0	0
24 石川	0	0	0	0	0	0	0	0	0	0	0	0	0	0
25 福井	0	0	0	15,570	0	0	0	15,570	0	0	0	0	0	0
26 山梨	0	0	0	0	0	0	0	0	0	0	0	0	0	0
27 長野	0	0	0	0	0	0	0	0	0	0	0	0	0	0
28 静岡	0	0	0	0	0	0	0	0	0	0	0	0	0	0
29 岐阜	0	0	0	0	0	0	0	0	0	0	0	0	0	0
30 愛知	0	0	0	1,520	0	0	0	1,520	748	0	590	0	0	0
31 三重	0	0	0	0	0	0	0	0	0	0	120	0	0	0
32 滋賀	0	0	0	0	0	0	0	0	0	0	0	0	0	0
33 京都	0	0	0	0	0	0	0	0	0	0	0	0	0	0
34 奈良	0	0	0	0	0	0	0	0	0	0	0	0	0	0
35 和歌山	0	0	0	0	0	0	0	0	0	0	2,363	0	0	0
36 大阪	0	0	0	11,260	125	0	0	11,385	0	0	24	28,564	0	0
37 兵庫	1,277	0	0	0	0	0	0	1,277	0	0	193	173	0	0
38 鳥取	0	0	0	0	0	0	0	0	0	0	0	0	0	0
39 島根	0	0	0	0	0	0	0	0	0	0	0	0	0	0
40 岡山	0	0	0	3,254	0	0	0	3,254	0	0	0	0	0	0
41 広島	0	0	0	177	0	0	0	177	0	354	520	0	2,411	0
42 山口	0	0	0	0	0	0	0	0	0	0	0	0	0	0
43 香川	0	0	0	136	0	0	0	136	0	350	0	0	577	0
44 愛媛	0	0	0	0	0	0	0	0	0	0	6,042	0	0	0
45 徳島	0	0	0	0	0	0	0	0	0	0	0	0	0	0
46 高知	0	0	0	0	0	0	0	0	0	0	0	0	0	0
47 福岡	0	0	0	0	0	0	0	0	0	140	4,887	0	0	0
48 佐賀	0	0	0	0	0	0	0	0	0	0	0	0	454	0
49 長崎	0	0	0	0	0	0	0	0	0	0	0	429	0	0
50 熊本	0	0	0	0	0	0	0	0	0	0	0	0	0	0
51 大分	0	0	0	0	0	0	0	0	0	0	0	0	0	0
52 宮崎	0	0	0	0	0	0	0	0	0	0	0	0	0	0
53 鹿児島	0	0	0	0	0	0	0	0	0	0	0	0	0	0
54 沖縄	0	0	0	0	0	0	0	0	0	0	0	0	0	0
55 全国	1,277	10	0	116,608	3,539	0	0	121,434	18,304	838	31,618	31,577	1,031	141

平成28年度　　　　　　　　　　　　　　　　　　　　府県相互間輸送トン数表（海運）

品目 （4－15） 金属製品　　　　　　（単位：トン）　その 2

発＼着	15 茨城	16 栃木	17 群馬	18 埼玉	19 千葉	20 東京	21 神奈川	22 新潟	23 富山	24 石川	25 福井	26 山梨	27 長野	28 静岡
1 札幌	0	0	0	0	0	0	0	0	0	0	0	0	0	0
2 旭川	0	0	0	0	0	0	0	0	0	0	0	0	0	0
3 函館	0	0	0	0	0	0	0	0	0	0	0	0	0	0
4 室蘭	102,532	0	0	0	0	2,450	593	0	0	0	7,360	0	0	0
5 釧路	30	0	0	0	0	0	0	0	0	0	0	0	0	0
6 帯広	0	0	0	0	0	0	0	0	0	0	0	0	0	0
7 北見	0	0	0	0	0	0	0	0	0	0	0	0	0	0
8 北海道	102,562	0	0	0	0	2,450	593	0	0	0	7,360	0	0	0
9 青森	0	0	0	0	0	0	0	0	0	0	0	0	0	0
10 岩手	0	0	0	0	0	0	0	0	0	0	0	0	0	0
11 宮城	0	0	0	0	0	0	0	0	0	0	0	0	0	0
12 福島	0	0	0	0	0	0	0	0	0	0	0	0	0	0
13 秋田	0	0	0	0	0	0	0	0	0	0	0	0	0	0
14 山形	0	0	0	0	0	0	0	0	0	0	0	0	0	0
15 茨城	0	0	0	0	384	0	0	303	0	0	0	0	0	0
16 栃木	0	0	0	0	0	0	0	0	0	0	0	0	0	0
17 群馬	0	0	0	0	0	0	0	0	0	0	0	0	0	0
18 埼玉	0	0	0	0	0	0	0	0	0	0	0	0	0	0
19 千葉	0	0	0	0	453	887	0	0	0	0	0	0	0	0
20 東京	15	0	0	0	947	35,108	824	0	0	0	0	0	0	0
21 神奈川	0	0	0	0	593	4,749	13	0	0	2	0	0	0	0
22 新潟	0	0	0	0	0	330	0	0	0	0	0	0	0	0
23 富山	0	0	0	0	0	0	0	0	0	0	0	0	0	0
24 石川	0	0	0	0	0	0	0	0	0	0	0	0	0	0
25 福井	0	0	0	0	0	0	0	0	0	0	0	0	0	0
26 山梨	0	0	0	0	0	0	0	0	0	0	0	0	0	0
27 長野	0	0	0	0	0	0	0	0	0	0	0	0	0	0
28 静岡	0	0	0	0	0	1	0	270	0	0	0	0	0	8
29 岐阜	0	0	0	0	0	0	0	0	0	0	0	0	0	0
30 愛知	0	0	0	0	20	0	0	0	0	0	0	0	0	0
31 三重	0	0	0	0	0	0	0	0	0	0	0	0	0	0
32 滋賀	0	0	0	0	0	0	0	0	0	0	0	0	0	0
33 京都	0	0	0	0	0	0	0	0	0	0	0	0	0	0
34 奈良	0	0	0	0	0	0	0	0	0	0	0	0	0	0
35 和歌山	0	0	0	0	0	0	0	0	0	0	0	0	0	0
36 大阪	9,117	0	0	0	0	972	1,071	361	0	0	0	0	0	460
37 兵庫	548	0	0	0	0	60	0	0	40	1,538	0	0	0	4,910
38 鳥取	0	0	0	0	0	0	0	0	0	0	0	0	0	0
39 島根	0	0	0	0	0	0	0	0	0	0	0	0	0	0
40 岡山	0	0	0	0	0	4,215	0	0	0	0	0	0	0	0
41 広島	0	0	0	0	0	0	0	369	0	0	0	0	0	0
42 山口	0	0	0	0	1,004	220	0	0	0	0	0	0	0	0
43 香川	0	0	0	0	1,035	850	0	0	0	0	0	0	0	0
44 愛媛	0	0	0	0	78	30	0	0	0	0	0	0	0	0
45 徳島	0	0	0	0	0	0	0	0	0	0	0	0	0	0
46 高知	0	0	0	0	0	0	0	0	0	0	0	0	0	0
47 福岡	2,260	0	0	0	230	4,180	0	0	0	0	0	0	0	31,570
48 佐賀	0	0	0	0	0	0	0	0	0	0	0	0	0	0
49 長崎	0	0	0	0	363	300	0	515	0	0	0	0	0	0
50 熊本	0	0	0	0	100	0	0	0	0	0	0	0	0	0
51 大分	0	0	0	0	0	0	0	0	0	259	0	0	0	120
52 宮崎	0	0	0	0	0	0	0	0	0	0	0	0	0	0
53 鹿児島	0	0	0	0	0	0	0	0	0	0	0	0	0	0
54 沖縄	0	0	0	0	0	0	22	0	0	0	0	0	0	0
55 全国	114,502	0	0	0	6,119	54,491	2,083	1,189	40	1,797	7,360	0	0	37,068

平成28年度　　　　　　　　　府県相互間輸送トン数表（海運）　　　品目（4-15）金属製品　（単位：トン）その3

着＼発	29 岐阜	30 愛知	31 三重	32 滋賀	33 京都	34 奈良	35 和歌山	36 大阪	37 兵庫	38 鳥取	39 島根	40 岡山	41 広島	42 山口
1 札幌	0	0	0	0	0	0	0	0	0	0	0	0	0	0
2 旭川	0	0	0	0	0	0	0	0	0	0	0	0	0	0
3 函館	0	0	0	0	0	0	0	0	0	0	0	0	0	0
4 室蘭	0	30,217	0	0	0	0	0	132	10,311	0	0	0	0	0
5 釧路	0	140	0	0	0	0	0	0	0	0	0	0	0	0
6 帯広	0	0	0	0	0	0	0	0	0	0	0	0	0	0
7 北見	0	0	0	0	0	0	0	0	0	0	0	0	0	0
8 北海道	0	30,357	0	0	0	0	0	132	10,311	0	0	0	0	0
9 青森	0	116	0	0	0	0	0	0	0	0	0	0	0	0
10 岩手	0	0	0	0	0	0	0	0	14,124	0	0	0	0	0
11 宮城	0	7,862	0	0	0	0	0	0	0	0	0	0	0	0
12 福島	0	0	0	0	0	0	0	0	0	0	0	0	0	0
13 秋田	0	0	0	0	0	0	0	0	0	0	0	0	0	0
14 山形	0	0	0	0	0	0	0	0	0	0	0	0	0	0
15 茨城	0	0	0	0	0	0	0	326	3,426	0	0	0	478	3,289
16 栃木	0	0	0	0	0	0	0	0	0	0	0	0	0	0
17 群馬	0	0	0	0	0	0	0	0	0	0	0	0	0	0
18 埼玉	0	0	0	0	0	0	0	0	0	0	0	0	0	0
19 千葉	0	37	0	0	0	0	0	593	1,235	0	0	480	432	0
20 東京	0	381	0	0	0	0	0	110	58	0	0	0	0	40
21 神奈川	0	0	0	0	0	0	0	150	74	0	0	0	0	0
22 新潟	0	0	0	0	0	0	0	0	0	0	0	0	0	0
23 富山	0	0	0	0	0	0	0	0	0	0	0	0	0	0
24 石川	0	0	0	0	0	0	0	552	0	0	0	0	0	0
25 福井	0	0	0	0	66	0	0	0	625	0	0	0	0	0
26 山梨	0	0	0	0	0	0	0	0	0	0	0	0	0	0
27 長野	0	0	0	0	0	0	0	0	0	0	0	0	0	0
28 静岡	0	0	0	22	0	0	0	0	0	0	0	0	0	0
29 岐阜	0	0	0	0	0	0	0	0	0	0	0	0	0	0
30 愛知	0	0	0	0	0	0	0	213	0	0	0	0	221	186
31 三重	0	421	0	0	0	0	0	0	0	0	0	0	0	0
32 滋賀	0	0	0	0	0	0	0	0	0	0	0	0	0	0
33 京都	0	0	0	0	0	0	0	0	0	0	0	0	0	0
34 奈良	0	0	0	0	0	0	0	0	0	0	0	0	0	0
35 和歌山	0	0	0	0	0	0	0	0	0	0	0	0	0	0
36 大阪	0	0	62	0	0	0	0	1,090	11,559	0	0	0	84	0
37 兵庫	0	1,074	0	0	0	0	0	849	5,056	0	0	1,489	13,931	0
38 鳥取	0	0	0	0	0	0	0	0	0	0	40	0	0	0
39 島根	0	0	0	0	0	0	0	0	0	0	1,554	0	0	0
40 岡山	0	0	0	0	0	0	0	400	0	0	0	0	37,247	0
41 広島	0	0	0	0	0	0	0	0	922	0	7	444	14,538	0
42 山口	0	0	0	0	0	0	0	179	2,209	0	0	0	60	0
43 香川	0	0	0	0	0	0	0	360	165	0	0	0	447	91
44 愛媛	0	3,241	0	0	0	0	0	340	420	0	0	0	71,891	0
45 徳島	0	0	0	0	0	0	0	372	0	0	0	0	0	0
46 高知	0	0	0	0	0	0	0	0	0	0	0	0	0	0
47 福岡	0	7,865	0	0	0	0	0	42	1	0	0	20	1,970	0
48 佐賀	0	0	0	0	0	0	0	0	0	0	0	0	0	0
49 長崎	0	0	0	0	0	0	0	67	0	0	0	0	0	0
50 熊本	0	0	0	0	0	0	0	590	0	0	0	0	0	0
51 大分	0	0	0	0	0	0	0	0	0	0	0	0	0	0
52 宮崎	0	0	0	0	0	0	0	0	0	0	0	0	0	0
53 鹿児島	0	0	0	0	0	0	0	0	119	0	0	0	0	0
54 沖縄	0	25	0	0	0	0	0	9,890	57	0	0	0	57	0
55 全国	0	51,379	84	0	66	0	0	16,255	50,361	0	1,601	2,490	141,299	3,606

平成28年度　　　　　　　　　府県相互間輸送トン数表（海運）　　　品目（4-15）金属製品　（単位：トン）その4

着＼発	43 香川	44 愛媛	45 徳島	46 高知	47 福岡	48 佐賀	49 長崎	50 熊本	51 大分	52 宮崎	53 鹿児島	54 沖縄	55 全国
1 札幌	0	0	0	0	0	0	0	0	0	0	0	0	10
2 旭川	0	0	0	0	0	0	0	0	0	0	0	0	0
3 函館	0	0	0	0	0	0	0	0	0	0	0	0	0
4 室蘭	0	0	0	0	0	0	0	0	0	0	0	0	162,192
5 釧路	0	0	0	0	0	0	0	0	0	0	0	0	170
6 帯広	0	0	0	0	0	0	0	0	0	0	0	0	0
7 北見	0	0	0	0	0	0	0	0	0	0	0	0	0
8 北海道	0	0	0	0	0	0	0	0	0	0	0	0	162,372
9 青森	0	0	0	0	0	0	0	0	0	0	0	0	130
10 岩手	0	0	0	0	0	0	0	0	0	0	0	0	14,124
11 宮城	0	0	0	0	0	0	0	0	0	0	0	0	31,665
12 福島	0	0	0	0	0	0	0	0	0	0	0	0	0
13 秋田	0	0	0	0	0	0	0	0	0	0	0	0	0
14 山形	0	0	0	0	0	0	0	0	0	0	0	0	141
15 茨城	0	1,202	0	0	53,310	0	0	0	0	0	0	0	63,903
16 栃木	0	0	0	0	0	0	0	0	0	0	0	0	0
17 群馬	0	0	0	0	0	0	0	0	0	0	0	0	0
18 埼玉	0	0	0	0	0	0	0	0	0	0	0	0	0
19 千葉	0	0	0	0	600	0	0	0	0	0	0	0	11,568
20 東京	0	0	0	0	21,525	0	0	0	0	72	0	11,856	133,799
21 神奈川	0	900	0	0	600	0	0	0	0	0	0	0	26,300
22 新潟	0	0	0	0	0	0	0	0	0	0	0	0	2
23 富山	0	0	0	0	0	0	0	0	0	0	0	0	330
24 石川	0	0	0	0	0	0	0	0	0	0	0	0	552
25 福井	4,714	0	0	0	0	0	0	0	0	0	0	0	20,975
26 山梨	0	0	0	0	0	0	0	0	0	0	0	0	0
27 長野	0	0	0	0	0	0	0	0	0	0	0	0	0
28 静岡	0	0	0	0	0	0	0	0	0	0	0	0	301
29 岐阜	0	0	0	0	0	0	0	0	0	0	0	0	0
30 愛知	0	429	0	0	1,560	0	0	0	0	0	0	0	5,467
31 三重	0	0	0	0	0	0	0	0	0	0	0	0	541
32 滋賀	0	0	0	0	0	0	0	0	0	0	0	0	0
33 京都	0	0	0	0	0	0	0	0	0	0	0	0	0
34 奈良	0	0	0	0	0	0	0	0	0	0	0	0	0
35 和歌山	0	0	0	0	0	0	1,935	0	0	0	0	0	4,298
36 大阪	590	1,226	130	0	11,315	0	0	167	139	0	312	10,614	89,242
37 兵庫	55	11,118	0	0	3,918	0	6,997	0	67	127	0	1,151	54,571
38 鳥取	0	0	0	0	0	0	0	0	0	0	0	0	40
39 島根	0	0	0	0	0	0	0	0	0	0	0	0	1,554
40 岡山	57,113	2,357	0	7,200	10,590	0	0	0	0	0	0	71	122,447
41 広島	570	21,509	0	0	10,588	25	0	0	14	0	0	139	52,587
42 山口	30	20,323	0	0	2,262	0	0	0	0	0	0	129	26,416
43 香川	16,082	41,105	0	0	0	0	0	0	0	0	0	270	61,468
44 愛媛	8,892	301,041	0	0	43	0	0	0	0	0	0	646	392,664
45 徳島	0	0	0	0	0	0	0	0	0	0	0	0	372
46 高知	486	0	0	0	0	0	0	0	0	10	0	0	496
47 福岡	0	1,405	0	0	144	0	6,768	121	97	0	43,055	0	104,755
48 佐賀	0	0	0	0	0	0	0	121	0	0	0	0	575
49 長崎	0	2,387	0	0	80	27	1,577	0	0	0	0	0	5,745
50 熊本	0	0	0	0	760	0	0	0	0	0	0	0	1,450
51 大分	0	0	0	0	13,092	0	0	0	0	0	0	0	13,471
52 宮崎	0	0	0	0	0	0	0	0	0	0	0	0	0
53 鹿児島	0	0	0	0	0	0	0	0	0	0	28,701	10,917	39,737
54 沖縄	0	0	0	0	4,072	0	0	0	0	0	1,393	25,720	41,236
55 全国	88,532	405,002	130	7,200	134,459	52	17,277	409	317	82	30,533	104,568	1,485,294

平成28年度　府県相互間輸送トン数表（海運）　品目（4-16）機械　（単位：トン）　その 1

発＼着	1 札幌	2 旭川	3 函館	4 室蘭	5 釧路	6 帯広	7 北見	8 北海道	9 青森	10 岩手	11 宮城	12 福島	13 秋田	14 山形
1 札幌	0	0	0	0	0	0	0	0	0	0	0	0	0	0
2 旭川	0	57	0	0	0	0	0	57	0	0	0	0	0	0
3 函館	0	0	0	140	0	0	0	140	0	0	0	0	0	0
4 室蘭	0	0	0	497	413,950	0	0	414,447	0	0	518,722	0	2,510	0
5 釧路	0	0	0	3,154	0	0	0	3,154	0	0	4,870	0	0	0
6 帯広	0	0	0	0	0	0	0	0	0	0	0	0	0	0
7 北見	0	0	0	0	0	0	0	0	0	0	0	0	0	0
8 北海道	0	57	0	3,791	413,950	0	0	417,798	0	0	523,592	0	2,510	0
9 青森	0	0	0	7	28	0	0	35	0	0	0	0	0	0
10 岩手	0	0	0	0	0	0	0	0	0	0	0	0	0	0
11 宮城	0	0	0	439,595	0	0	0	439,595	0	6	10,430	0	0	0
12 福島	0	0	0	0	0	0	0	0	0	0	0	412	0	0
13 秋田	0	0	0	0	0	0	0	0	0	0	0	0	0	0
14 山形	0	0	0	0	0	0	0	0	0	0	0	0	0	386
15 茨城	0	0	360	534,881	1,274,600	0	0	1,809,841	0	231	82	133	199	0
16 栃木	0	0	0	0	0	0	0	0	0	0	0	0	0	0
17 群馬	0	0	0	0	0	0	0	0	0	0	0	0	0	0
18 埼玉	0	0	0	0	0	0	0	0	0	0	0	0	0	0
19 千葉	0	0	0	2,710	0	0	0	2,710	331	0	43,220	0	999	0
20 東京	0	0	0	459,434	326,455	0	0	785,889	175	52	131,122	0	0	0
21 神奈川	0	0	0	350,254	0	0	0	350,254	115,035	34	321,072	0	113	0
22 新潟	0	0	0	0	0	0	0	0	0	0	272	0	725	0
23 富山	0	0	60	0	0	0	0	60	0	0	0	0	0	0
24 石川	0	0	0	0	0	0	0	0	0	0	0	0	0	0
25 福井	0	0	0	534,109	0	0	0	534,109	0	0	0	0	3,140	0
26 山梨	0	0	0	0	0	0	0	0	0	0	0	0	0	0
27 長野	0	0	0	0	0	0	0	0	0	0	0	0	0	0
28 静岡	0	0	224	0	0	0	0	224	0	0	0	0	0	0
29 岐阜	0	0	0	0	0	0	0	0	0	0	0	0	0	0
30 愛知	0	0	0	1,857,393	0	0	0	1,857,393	369,886	0	3,353,690	0	0	0
31 三重	0	0	0	42	0	0	0	42	0	0	32,823	0	0	0
32 滋賀	0	0	0	0	0	0	0	0	0	0	0	0	0	0
33 京都	0	0	0	0	0	0	0	0	0	0	0	0	0	0
34 奈良	0	0	0	0	0	0	0	0	0	0	0	0	0	0
35 和歌山	40	0	0	0	0	0	0	40	0	0	0	0	0	0
36 大阪	0	0	0	178,533	15	0	0	178,548	0	0	0	0	0	0
37 兵庫	0	0	672	207	0	0	0	879	0	0	3,122	0	23	0
38 鳥取	0	0	0	56	0	0	0	56	0	0	0	0	0	0
39 島根	0	0	0	0	56	0	0	56	0	0	0	0	0	0
40 岡山	0	0	55	0	0	0	0	55	0	0	0	0	0	0
41 広島	0	0	604	330	0	0	0	934	0	58	35	0	100	0
42 山口	0	0	906	659	0	0	0	1,565	0	25	0	0	0	0
43 香川	0	0	603	0	0	0	0	603	0	0	1	0	200	0
44 愛媛	0	0	0	0	0	0	0	0	0	0	0	0	0	0
45 徳島	0	0	0	0	0	0	0	0	0	0	0	0	0	0
46 高知	0	0	0	0	0	0	0	0	0	0	0	0	0	0
47 福岡	0	0	0	0	0	0	0	0	0	0	20	0	0	0
48 佐賀	0	0	0	0	0	0	0	0	0	0	0	0	0	0
49 長崎	0	0	0	0	0	0	0	0	0	0	143	2,673	198	0
50 熊本	0	0	0	0	0	0	0	0	0	0	0	0	0	0
51 大分	0	0	0	4,340	0	0	0	4,340	0	0	0	0	0	0
52 宮崎	0	0	0	0	0	0	0	0	0	0	0	0	0	0
53 鹿児島	0	0	0	0	0	0	0	0	0	0	0	0	0	0
54 沖縄	0	0	0	0	0	0	0	0	0	0	660	0	0	0
55 全国	40	57	3,484	4,366,341	2,015,048	0	0	6,384,970	485,427	406	4,420,284	4,540	6,885	386

平成28年度　府県相互間輸送トン数表（海運）　品目（4-16）機械　（単位：トン）　その 2

発＼着	15 茨城	16 栃木	17 群馬	18 埼玉	19 千葉	20 東京	21 神奈川	22 新潟	23 富山	24 石川	25 福井	26 山梨	27 長野	28 静岡
1 札幌	0	0	0	0	0	0	0	1,940	0	0	0	0	0	0
2 旭川	0	0	0	0	0	0	0	0	0	0	0	0	0	0
3 函館	210	0	0	0	0	0	0	0	0	0	0	0	0	0
4 室蘭	1,198,603	0	0	0	663	170,583	279,867	6,444	0	0	518,385	0	0	564
5 釧路	178,910	0	0	0	0	380	0	0	0	0	0	0	0	0
6 帯広	0	0	0	0	0	0	0	0	0	0	0	0	0	0
7 北見	0	0	0	0	0	0	0	0	0	0	0	0	0	0
8 北海道	1,377,723	0	0	0	663	170,963	279,867	8,384	0	0	518,385	0	0	564
9 青森	0	0	0	0	0	0	0	25,076	0	0	0	0	0	0
10 岩手	0	0	0	0	0	0	0	0	0	0	0	0	0	0
11 宮城	95	0	0	0	180	67,842	872,653	0	0	0	0	0	0	0
12 福島	66	0	0	0	1,007	0	0	0	0	0	0	0	0	0
13 秋田	0	0	0	0	0	0	161	0	0	0	0	0	0	0
14 山形	270	0	0	0	0	0	0	0	0	0	0	0	0	0
15 茨城	0	0	0	0	0	4,658	12,619	0	26	0	404	0	0	492
16 栃木	0	0	0	0	0	0	0	0	0	0	0	0	0	0
17 群馬	0	0	0	0	0	0	0	0	0	0	0	0	0	0
18 埼玉	0	0	0	0	0	0	0	0	0	0	0	0	0	0
19 千葉	143	0	0	0	1,415,640	5,751	1,034	0	0	242	0	0	0	0
20 東京	18,851	0	0	0	1,710	66,724	1,869	0	0	0	0	0	0	10,170
21 神奈川	2,274	0	0	0	882,857	16,123	3,751	187	0	0	0	0	0	6,085
22 新潟	0	0	0	0	0	0	334	34,560	927	0	0	0	0	0
23 富山	0	0	0	0	0	0	104	0	0	0	0	0	0	0
24 石川	0	0	0	0	0	0	1,214	0	0	0	0	0	0	73
25 福井	0	0	0	0	0	0	0	470	0	0	0	0	0	0
26 山梨	0	0	0	0	0	0	0	0	0	0	0	0	0	0
27 長野	0	0	0	0	0	0	0	0	0	0	0	0	0	0
28 静岡	0	0	0	0	0	12,052	6,284	0	0	0	0	0	0	16,690
29 岐阜	0	0	0	0	0	0	0	0	0	0	0	0	0	0
30 愛知	1,769	0	0	0	1,778,813	7,699	2,648,048	0	0	0	0	0	0	0
31 三重	0	0	0	0	957,080	1,618	0	0	0	0	0	0	0	405
32 滋賀	0	0	0	0	0	0	0	0	0	0	0	0	0	0
33 京都	0	0	0	0	0	0	0	0	0	0	0	0	0	0
34 奈良	0	0	0	0	0	0	0	0	0	0	0	0	0	0
35 和歌山	0	0	0	0	2,486	0	0	0	0	0	0	0	0	0
36 大阪	0	0	0	0	259,215	172,212	2,524	0	0	0	0	0	0	0
37 兵庫	1,184	0	0	0	5,943	31,514	80,020	0	52	123	254	0	0	96
38 鳥取	0	0	0	0	0	0	0	0	0	0	0	0	0	0
39 島根	0	0	0	0	0	0	0	0	0	0	0	0	0	0
40 岡山	987	0	0	0	15,811	49,847	405,217	60	0	0	0	0	0	48
41 広島	144	0	0	0	819,121	1,043	30,304	158	129	0	0	0	0	62
42 山口	733	0	0	0	661	730	3,021	0	0	19	0	0	0	0
43 香川	0	0	0	0	0	0	0	0	0	0	0	0	0	0
44 愛媛	1,520	0	0	0	21,763	155	169	0	0	880	0	0	0	0
45 徳島	0	0	0	0	0	0	0	0	0	0	0	0	0	0
46 高知	0	0	0	0	0	0	0	0	0	0	0	0	0	0
47 福岡	311,402	0	0	0	0	458,483	3,061,771	322	0	0	0	0	0	288,520
48 佐賀	0	0	0	0	0	0	0	0	0	0	0	0	0	0
49 長崎	405	0	0	0	3,996	0	95	160	0	0	0	0	0	0
50 熊本	0	0	0	0	0	57	42	0	0	0	0	0	0	0
51 大分	43	0	0	0	2,090	0	0	0	0	0	0	0	0	106,490
52 宮崎	192	0	0	0	18,000	0	0	0	0	0	0	0	0	0
53 鹿児島	93	0	0	0	1,120	0	0	0	0	0	0	0	0	0
54 沖縄	0	0	0	0	104,979	0	543	0	0	0	0	0	0	0
55 全国	1,717,894	0	0	0	6,167,003	1,193,603	7,436,720	44,301	1,134	1,264	519,043	0	0	429,695

平成28年度　　府県相互間輸送トン数表（海運）　　品目（4-16）機械　　（単位：トン）その 3

着／発	29 岐阜	30 愛知	31 三重	32 滋賀	33 京都	34 奈良	35 和歌山	36 大阪	37 兵庫	38 鳥取	39 島根	40 岡山	41 広島	42 山口
1 札幌	0	0	0	0	0	0	0	0	0	0	0	80	0	0
2 旭川	0	0	0	0	0	0	0	0	0	0	0	0	0	0
3 函館	0	0	0	0	0	0	0	0	0	0	0	0	0	0
4 室蘭	0	719,828	59	0	0	0	0	14,522	0	0	0	0	0	0
5 釧路	0	1,220	0	0	0	0	0	2,204	0	0	0	0	0	0
6 帯広	0	0	0	0	0	0	0	0	0	0	0	0	3,486	0
7 北見	0	0	0	0	0	0	0	0	0	0	0	0	0	0
8 北海道	0	721,048	59	0	0	0	0	16,726	0	0	0	80	3,486	0
9 青森	0	18,669	0	0	0	0	0	0	0	0	0	0	0	0
10 岩手	0	0	0	0	0	0	0	0	0	0	0	0	0	0
11 宮城	0	3,098,938	0	0	0	0	0	19,900	0	0	0	0	0	0
12 福島	0	0	0	0	0	0	0	0	300	0	0	0	0	0
13 秋田	0	0	0	0	0	0	35	0	0	0	0	0	0	0
14 山形	0	0	0	0	0	0	0	0	0	0	0	0	0	0
15 茨城	0	968	1,131	0	0	0	0	0	805	0	1,103	211	126	179
16 栃木	0	0	0	0	0	0	0	0	0	0	0	0	0	0
17 群馬	0	0	0	0	0	0	0	0	0	0	0	0	0	0
18 埼玉	0	0	0	0	0	0	0	0	0	0	0	0	0	0
19 千葉	0	38,346	889,095	0	0	0	0	659,840	195	0	0	69,880	3,275	192
20 東京	0	100,767	73,902	0	0	0	0	100,560	19,669	0	0	0	85,180	12
21 神奈川	0	2,239,390	228	0	50	0	0	0	483,992	0	0	24,919	155,449	0
22 新潟	0	0	0	0	0	0	0	0	103	0	0	0	0	0
23 富山	0	0	0	0	0	0	0	0	0	0	0	0	0	0
24 石川	0	58	100	0	0	0	0	0	391	123	0	0	0	19
25 福井	0	0	0	0	0	0	0	0	139	0	0	0	0	0
26 山梨	0	0	0	0	0	0	0	0	0	0	0	0	0	0
27 長野	0	0	0	0	0	0	0	0	0	0	0	0	0	0
28 静岡	0	1,074	77,654	0	0	0	0	0	717	0	0	0	0	0
29 岐阜	0	0	0	0	0	0	0	0	0	0	0	0	0	0
30 愛知	0	295,621	5,385	0	0	0	0	90	60,761	0	0	848,440	409,980	149
31 三重	0	272	1,101	0	0	0	0	400	13	0	0	78,447	140,080	0
32 滋賀	0	0	0	0	0	0	0	0	0	0	0	0	0	0
33 京都	0	0	0	0	0	0	0	0	0	0	0	0	50	0
34 奈良	0	0	0	0	0	0	0	0	0	0	0	0	0	0
35 和歌山	0	0	0	0	0	0	33	0	20,587	0	0	0	0	0
36 大阪	0	11,457	1,222	0	0	0	63	591	22,632	0	0	27,842	4,536	1,799
37 兵庫	0	55,003	1,440	0	2,615	0	1,178	1,020	169,793	40	170	22,722	452,059	42,470
38 鳥取	0	0	0	0	0	0	0	0	0	0	1	0	0	0
39 島根	0	0	0	0	0	0	0	0	0	0	3,951	20	0	0
40 岡山	0	1,497,683	1,305	0	1,950	0	0	0	155,830	0	240	1,287	3,706	96
41 広島	0	494,697	0	0	499	0	0	281,516	953,296	50	0	17,900	56,683	169,058
42 山口	0	17,490	0	0	0	0	0	16,592	334,271	0	185	1,497	6,897	0
43 香川	0	11,964	0	0	0	0	0	425	11,980	0	0	25,154	407	442
44 愛媛	0	5,457	329	0	0	0	0	148,660	226,093	0	0	593	8,161	822
45 徳島	0	0	0	0	0	0	0	0	936	0	0	0	234	0
46 高知	0	0	0	0	0	0	0	0	326	0	0	0	250	0
47 福岡	0	2,776,297	0	0	0	0	0	718	658,198	0	54	92,780	2,605	955
48 佐賀	0	64	0	0	0	0	0	0	25,833	0	0	0	41	0
49 長崎	0	414	315	0	2,641	0	0	200	2,678	0	0	1,280	103	50
50 熊本	0	0	0	0	0	0	0	0	5,604	0	0	174	126	0
51 大分	0	3,544,920	0	0	0	0	0	19,272	452,866	0	0	40	330	580
52 宮崎	0	0	0	0	0	0	0	77,095	29,013	0	0	0	0	0
53 鹿児島	0	23,315	0	0	0	0	0	1,947	22,887	0	0	0	0	0
54 沖縄	0	132,586	0	0	0	0	0	216,465	25,538	0	0	19	0	0
55 全国	0	15,086,498	1,053,266	0	7,755	0	1,309	1,562,408	3,685,178	90	5,519	1,211,973	1,328,364	223,720

平成28年度　　府県相互間輸送トン数表（海運）　　品目（4-16）機械　　（単位：トン）その 4

着／発	43 香川	44 愛媛	45 徳島	46 高知	47 福岡	48 佐賀	49 長崎	50 熊本	51 大分	52 宮崎	53 鹿児島	54 沖縄	55 全国
1 札幌	0	0	0	0	0	0	0	0	0	0	0	0	2,020
2 旭川	0	0	0	0	0	0	0	0	0	0	0	0	57
3 函館	0	0	0	0	0	0	0	0	0	0	0	0	350
4 室蘭	0	0	0	0	62	0	0	0	0	0	0	0	3,845,259
5 釧路	0	0	0	0	0	0	0	0	0	0	0	0	190,738
6 帯広	0	0	0	0	0	0	0	0	0	0	0	0	3,486
7 北見	0	0	0	0	0	0	0	0	0	0	0	0	0
8 北海道	0	0	0	0	62	0	0	0	0	0	0	0	4,041,910
9 青森	0	367	0	0	92	0	0	0	0	0	0	0	44,239
10 岩手	0	0	0	0	0	0	0	0	0	0	0	0	0
11 宮城	0	0	0	0	13,720	0	0	0	0	0	0	0	4,523,359
12 福島	0	0	0	0	0	0	0	0	0	0	0	0	1,785
13 秋田	0	0	0	0	0	0	0	0	0	0	0	0	196
14 山形	0	0	0	0	0	0	0	0	0	0	0	0	656
15 茨城	0	4,485	0	1	97,644	0	0	0	0	753	31	40	1,936,162
16 栃木	0	0	0	0	0	0	0	0	0	0	0	0	0
17 群馬	0	0	0	0	0	0	0	0	0	0	0	0	0
18 埼玉	0	0	0	0	0	0	0	0	0	0	0	0	0
19 千葉	103,070	731,142	0	0	113	0	0	0	0	0	0	0	3,965,218
20 東京	0	0	0	0	3,829,624	0	0	0	0	295,153	8,326	312,407	5,842,162
21 神奈川	48,255	0	0	0	1,437,078	0	70	0	0	0	2	232	6,087,450
22 新潟	0	0	0	0	0	0	0	0	0	0	0	0	36,921
23 富山	0	0	0	0	0	0	0	0	0	0	0	0	164
24 石川	0	0	0	0	15	0	0	0	0	212	0	0	2,205
25 福井	0	0	0	0	0	0	0	0	0	0	0	0	537,858
26 山梨	0	0	0	0	0	0	0	0	0	0	0	0	0
27 長野	0	0	0	0	0	0	0	0	0	0	0	0	0
28 静岡	0	0	204	0	0	0	0	0	0	0	0	0	114,899
29 岐阜	0	0	0	0	0	0	0	0	0	0	0	0	0
30 愛知	292,620	129,885	0	0	1,951,649	0	0	0	141,985	0	549,393	339,129	15,042,385
31 三重	93,815	0	0	0	276,605	0	0	0	0	0	0	0	1,582,701
32 滋賀	0	0	0	0	0	0	0	0	0	0	0	0	0
33 京都	0	0	0	0	0	0	0	0	0	0	0	0	50
34 奈良	0	0	0	0	0	0	0	0	0	0	0	0	0
35 和歌山	0	0	0	0	42	0	0	0	0	0	0	0	23,188
36 大阪	0	17	0	0	13,448	0	0	860	0	84,265	6,292	255,333	1,042,856
37 兵庫	1,642,330	50,015	80	62	1,523,679	1,587	6,899	4,273	118,274	74,270	3,434	26,633	4,323,256
38 鳥取	0	0	0	0	0	0	0	0	0	0	0	0	1
39 島根	0	0	0	0	0	0	0	0	0	20	0	0	4,047
40 岡山	0	5,507	0	0	28,104	3,515	3,735	891	1,834	0	0	296	2,178,004
41 広島	40	1,428	0	0	244,200	1,049	0	0	0	0	70	164	3,072,583
42 山口	410	1,069	0	0	1,126	0	0	0	2,793	0	0	70	389,154
43 香川	1,305,391	114	0	0	0	0	570	0	57,185	0	0	391	1,414,822
44 愛媛	0	144,989	45	0	87	304	248	0	285	0	0	524	561,084
45 徳島	0	0	0	0	0	0	0	0	0	0	0	0	1,170
46 高知	0	1,813	0	0	0	0	0	0	0	0	0	0	2,389
47 福岡	0	56	0	0	5,320	513	56,049	19	0	0	2,015	182,160	7,898,257
48 佐賀	0	43	0	0	2,456	12,845	426	294	0	0	0	0	42,002
49 長崎	0	234	0	0	1,378	1,726	377,369	232	0	36	0	0	396,326
50 熊本	0	0	0	0	2,083	3,474	0	823	0	0	0	0	12,383
51 大分	605	0	0	0	860	0	0	0	1,059	0	0	0	4,133,495
52 宮崎	0	0	0	0	0	0	0	0	0	115,280	0	0	239,580
53 鹿児島	0	540	0	0	802	0	0	0	0	0	755,567	96,562	902,833
54 沖縄	0	0	0	0	159,135	0	13	0	0	7,219	435,167	0	1,082,324
55 全国	3,486,536	1,071,704	329	63	9,589,322	25,583	444,809	7,392	323,627	569,777	1,332,349	1,649,108	71,480,234

平成28年度　　　　　　　　　　　　　　　府県相互間輸送トン数表（海運）　　　品目（5-17）セメント　　　（単位：トン）その1

着＼発	1 札幌	2 旭川	3 函館	4 室蘭	5 釧路	6 帯広	7 北見	8 北海道	9 青森	10 岩手	11 宮城	12 福島	13 秋田	14 山形
1 札幌	0	0	0	0	0	0	0	0	0	0	0	0	0	0
2 旭川	0	0	0	0	0	0	0	0	0	0	0	0	0	0
3 函館	318,819	0	0	206,491	0	36,869	0	562,179	497	0	5,000	0	4,996	0
4 室蘭	0	47,631	1,600	86,902	51,741	16,313	10,202	214,389	40,441	1,419	386,993	17,193	0	0
5 釧路	0	0	0	0	0	0	0	0	7,393	0	0	0	0	0
6 帯広	0	0	2,002	0	4,226	0	0	6,228	0	0	0	0	0	0
7 北見	0	0	0	0	0	0	0	0	0	0	0	0	0	0
8 北海道	318,819	47,631	3,602	293,393	55,967	53,182	10,202	782,796	48,331	1,419	391,993	17,193	4,996	0
9 青森	0	26,332	24,739	283,283	40,769	28,333	18,411	421,867	3,027	0	347,467	164,194	137,886	34,692
10 岩手	0	0	0	0	0	0	0	0	12,250	1,396	136,323	106,560	0	0
11 宮城	0	0	0	3,015	0	0	0	3,015	0	8,228	544	1,306	800	0
12 福島	0	0	0	4,399	0	0	0	4,399	81,864	7,505	30,687	1,600	4,200	0
13 秋田	0	0	0	0	0	0	0	0	25,702	0	0	0	0	0
14 山形	0	0	0	0	0	0	0	0	0	0	0	0	0	3
15 茨城	0	0	0	4,140	0	0	0	4,140	0	0	0	0	0	0
16 栃木	0	0	0	0	0	0	0	0	0	0	0	0	0	0
17 群馬	0	0	0	0	0	0	0	0	0	0	0	0	0	0
18 埼玉	0	0	0	0	0	0	0	0	0	0	0	0	0	0
19 千葉	0	0	0	0	0	0	0	0	0	0	58,915	28,214	0	0
20 東京	0	0	0	1,840	10	0	0	1,850	59	0	23,040	0	0	0
21 神奈川	0	0	0	10	0	0	0	10	795	136	10,711	0	0	0
22 新潟	0	0	11,227	24,654	0	0	0	35,881	21,743	0	7,500	0	144,512	90,747
23 富山	0	0	0	0	0	0	0	0	0	0	0	0	0	0
24 石川	0	0	0	0	0	0	0	0	0	0	0	0	0	0
25 福井	0	0	0	0	0	0	0	0	0	0	0	0	0	0
26 山梨	0	0	0	0	0	0	0	0	0	0	0	0	0	0
27 長野	0	0	0	0	0	0	0	0	0	0	0	0	0	0
28 静岡	0	0	0	0	0	0	0	0	0	0	7,931	0	0	0
29 岐阜	0	0	0	0	0	0	0	0	0	0	0	0	0	0
30 愛知	0	0	0	520	0	0	0	520	0	0	34,956	0	0	0
31 三重	0	0	0	0	0	0	0	0	0	0	5,112	0	0	0
32 滋賀	0	0	0	0	0	0	0	0	0	0	0	0	0	0
33 京都	0	0	0	0	0	0	0	0	10,024	0	0	0	0	0
34 奈良	0	0	0	0	0	0	0	0	0	0	0	0	0	0
35 和歌山	0	0	0	0	0	0	0	0	0	0	32,179	21,549	0	0
36 大阪	0	0	0	25	0	0	0	25	0	0	0	0	0	0
37 兵庫	0	0	0	0	0	0	0	0	0	0	10,000	9,968	0	0
38 鳥取	0	0	0	0	0	0	0	0	0	0	0	0	0	0
39 島根	0	0	0	0	0	0	0	0	0	0	0	0	0	0
40 岡山	0	0	0	0	0	0	0	0	0	0	0	0	0	0
41 広島	0	0	0	0	0	0	0	0	0	0	0	0	0	0
42 山口	0	0	0	0	0	0	0	0	6,608	0	147,418	110,584	3,204	0
43 香川	0	0	0	0	0	0	0	0	0	0	0	0	0	0
44 愛媛	0	0	0	0	0	0	0	0	0	0	0	0	0	0
45 徳島	0	0	0	0	0	0	0	0	0	0	0	0	0	0
46 高知	0	0	0	0	0	0	0	0	0	0	3,000	17,036	0	0
47 福岡	0	0	0	0	17,109	0	0	17,109	0	0	187,372	150,971	64,568	0
48 佐賀	0	0	0	0	0	0	0	0	0	0	0	0	0	0
49 長崎	0	0	0	0	0	0	0	0	0	0	0	0	0	0
50 熊本	0	0	0	0	0	0	0	0	0	0	0	0	0	0
51 大分	0	0	0	0	0	0	0	0	0	0	0	0	0	4,853
52 宮崎	0	0	0	0	0	0	0	0	0	0	0	0	0	0
53 鹿児島	0	0	0	0	0	0	0	0	0	0	0	0	0	0
54 沖縄	0	0	0	0	0	0	0	0	0	0	0	0	0	0
55 全国	318,819	73,963	39,568	615,279	113,855	81,515	28,613	1,271,612	210,403	77,599	1,404,447	600,961	360,166	130,295

平成28年度　　　　　　　　　　　　　　　府県相互間輸送トン数表（海運）　　　品目（5-17）セメント　　　（単位：トン）その2

着＼発	15 茨城	16 栃木	17 群馬	18 埼玉	19 千葉	20 東京	21 神奈川	22 新潟	23 富山	24 石川	25 福井	26 山梨	27 長野	28 静岡
1 札幌	0	0	0	0	0	0	0	0	0	0	0	0	0	0
2 旭川	0	0	0	0	0	0	0	0	0	0	0	0	0	0
3 函館	6,836	0	0	0	131,316	232,082	144,811	1,522	0	0	0	0	0	5,625
4 室蘭	4,080	0	0	0	0	20	98,710	2,405	0	0	40	0	0	0
5 釧路	0	0	0	0	0	0	0	0	0	0	0	0	0	0
6 帯広	0	0	0	0	0	0	0	0	0	0	0	0	0	0
7 北見	0	0	0	0	0	0	0	0	0	0	0	0	0	0
8 北海道	10,916	0	0	0	131,316	232,102	243,521	3,927	0	0	40	0	0	5,625
9 青森	0	0	0	0	37,569	79,751	112,704	23,359	0	51,511	0	0	0	0
10 岩手	39,856	0	0	0	88,992	546,522	176,547	0	0	0	0	0	0	0
11 宮城	0	0	0	0	0	0	0	0	0	0	0	0	0	0
12 福島	0	0	0	0	0	0	2,080	0	0	0	0	0	0	0
13 秋田	0	0	0	0	0	0	0	34,961	0	0	0	0	0	0
14 山形	0	0	0	0	0	0	0	6,263	0	0	0	0	0	0
15 茨城	0	0	0	0	0	0	0	0	0	0	0	0	0	1,710
16 栃木	0	0	0	0	0	0	0	0	0	0	0	0	0	0
17 群馬	0	0	0	0	0	0	0	0	0	0	0	0	0	0
18 埼玉	0	0	0	0	0	0	0	0	0	0	0	0	0	0
19 千葉	0	0	0	0	75,800	198,279	268,573	0	0	0	0	0	0	10,100
20 東京	0	0	0	0	993	39,246	47,702	0	0	0	0	0	0	5,000
21 神奈川	0	0	0	0	3,700	0	0	0	0	0	0	0	0	3,200
22 新潟	0	0	0	0	0	0	0	353,078	7,044	249,296	3,084	0	0	0
23 富山	0	0	0	0	0	0	0	20,640	0	0	0	0	0	0
24 石川	0	0	0	0	0	0	0	17,956	0	0	0	0	0	0
25 福井	0	0	0	0	0	0	0	20,970	1,505	3,625	34,618	0	0	0
26 山梨	0	0	0	0	0	0	0	0	0	0	0	0	0	0
27 長野	0	0	0	0	0	0	0	0	0	0	0	0	0	0
28 静岡	0	0	0	0	0	2,256	5,208	0	0	0	0	0	0	14,519
29 岐阜	0	0	0	0	0	0	0	0	0	0	0	0	0	0
30 愛知	0	0	0	0	3,390	0	22,375	0	0	0	0	0	0	33,916
31 三重	0	0	0	0	11,758	0	0	0	0	0	0	0	0	432,628
32 滋賀	0	0	0	0	0	0	0	0	0	0	0	0	0	0
33 京都	0	0	0	0	0	0	0	7,813	0	0	3,023	0	0	0
34 奈良	0	0	0	0	0	0	0	0	0	0	0	0	0	0
35 和歌山	0	0	0	0	206,949	0	52,028	0	0	0	0	0	0	118,600
36 大阪	0	0	0	0	0	0	4,000	0	0	0	0	0	0	0
37 兵庫	0	0	0	0	341,550	459,208	298,229	0	0	0	0	0	0	97,400
38 鳥取	0	0	0	0	0	0	0	5,757	0	0	20,164	0	0	0
39 島根	0	0	0	0	0	0	0	0	0	0	0	0	0	0
40 岡山	0	0	0	0	0	1,050	0	0	0	0	0	0	0	0
41 広島	0	0	0	0	10,112	0	0	0	0	0	0	0	0	0
42 山口	0	0	0	0	477,678	569,640	767,178	33,121	74,161	0	6,815	0	0	299,462
43 香川	0	0	0	0	0	0	0	0	0	0	0	0	0	0
44 愛媛	0	0	0	0	0	0	0	0	0	0	0	0	0	0
45 徳島	0	0	0	0	0	0	0	0	0	0	0	0	0	0
46 高知	0	0	0	0	105,315	202,407	412,922	0	0	0	0	0	0	85,811
47 福岡	1,380	0	0	0	906,476	194,973	505,080	113,628	56,710	136,885	209,949	0	0	68,504
48 佐賀	0	0	0	0	0	0	0	0	0	0	0	0	0	0
49 長崎	0	0	0	0	0	0	0	0	0	0	0	0	0	0
50 熊本	0	0	0	0	0	0	0	0	0	0	0	0	0	0
51 大分	0	0	0	0	6,990	36,957	15,524	0	0	0	0	0	0	15,638
52 宮崎	0	0	0	0	0	0	0	0	0	0	0	0	0	0
53 鹿児島	0	0	0	0	0	0	0	0	0	0	0	0	0	0
54 沖縄	0	0	0	0	0	0	0	0	0	0	0	0	0	0
55 全国	52,152	0	0	0	2,408,588	2,562,391	2,933,671	641,473	139,420	441,317	277,693	0	0	1,192,113

平成28年度　　　　　　　　　　　府県相互間輸送トン数表（海運）　　　　　　　　　　　　（単位：トン）
品目（5-17）セメント　　その3

発／着	29 岐阜	30 愛知	31 三重	32 滋賀	33 京都	34 奈良	35 和歌山	36 大阪	37 兵庫	38 鳥取	39 島根	40 岡山	41 広島	42 山口
1 札幌	0	0	0	0	0	0	0	0	0	0	0	0	0	0
2 旭川	0	0	0	0	0	0	0	0	0	0	0	0	0	0
3 函館	0	58,763	0	0	0	0	0	1,495	0	0	0	0	0	0
4 室蘭	0	0	0	0	0	0	0	0	0	0	0	0	0	0
5 釧路	0	0	0	0	0	0	0	0	0	0	0	0	0	0
6 帯広	0	0	0	0	0	0	0	0	0	0	0	0	0	0
7 北見	0	0	0	0	0	0	0	0	0	0	0	0	0	0
8 北海道	0	58,763	0	0	0	0	0	1,495	0	0	0	0	0	0
9 青森	0	0	0	0	0	0	0	0	0	0	0	0	0	0
10 岩手	0	7,274	0	0	0	0	0	0	8,865	0	0	0	0	0
11 宮城	0	0	0	0	0	0	0	0	0	0	0	0	0	0
12 福島	0	0	0	0	0	0	0	2,007	0	0	0	0	0	0
13 秋田	0	0	0	0	0	0	0	0	0	0	0	0	0	0
14 山形	0	0	0	0	0	0	0	0	0	0	0	0	0	0
15 茨城	0	0	0	0	0	0	0	5,059	0	0	0	0	0	0
16 栃木	0	0	0	0	0	0	0	0	0	0	0	0	0	0
17 群馬	0	0	0	0	0	0	0	0	0	0	0	0	0	0
18 埼玉	0	0	0	0	0	0	0	0	0	0	0	0	0	0
19 千葉	0	0	0	0	0	0	0	8,739	4,000	0	0	0	0	196
20 東京	0	0	0	0	0	0	0	0	1,400	0	0	0	0	0
21 神奈川	0	0	0	0	0	0	0	4,567	1,000	18	0	0	0	0
22 新潟	0	0	0	0	75,139	0	0	0	0	10,997	0	0	0	0
23 富山	0	0	0	0	0	0	0	0	0	1,001	0	0	0	0
24 石川	0	0	0	0	1,700	0	0	0	0	0	0	0	0	0
25 福井	0	0	0	0	0	0	0	0	0	204,692	0	0	0	0
26 山梨	0	0	0	0	0	0	0	0	0	0	0	0	0	0
27 長野	0	0	0	0	0	0	0	0	0	0	0	0	0	0
28 静岡	0	5,000	0	0	0	0	0	19,087	2,708	0	0	0	0	0
29 岐阜	0	0	0	0	0	0	0	0	0	0	0	0	0	0
30 愛知	0	1,000	0	0	0	0	0	6,424	20,156	0	0	0	0	0
31 三重	0	132,119	0	0	0	0	0	3,472	209,305	0	0	1,402	703	0
32 滋賀	0	0	0	0	0	0	0	0	0	0	0	0	0	0
33 京都	0	0	0	0	0	0	0	0	0	6,801	0	0	0	0
34 奈良	0	0	0	0	0	0	0	0	0	0	0	0	0	0
35 和歌山	0	20,222	68,600	0	0	0	38,841	174,768	9,956	0	0	0	0	0
36 大阪	0	8,218	0	0	0	0	22,592	19,301	68,039	0	0	3,188	6,623	0
37 兵庫	0	134,926	0	0	0	0	681,432	1,377,079	131,782	0	0	19,800	79,319	6,025
38 鳥取	0	0	0	0	0	0	0	0	0	0	5	0	0	0
39 島根	0	0	0	0	0	0	0	0	0	0	22,792	0	0	0
40 岡山	0	0	0	0	0	0	20,622	118,112	102,432	0	0	0	5,145	0
41 広島	0	533	9,065	0	0	0	0	21,833	1,475	0	0	0	37,089	0
42 山口	0	694,598	127,264	0	4,950	0	17,670	894,438	232,004	106,102	31,831	536,229	473,540	52
43 香川	0	0	0	0	0	0	0	0	0	3,984	0	0	800	0
44 愛媛	0	0	0	0	0	0	0	0	0	3,451	0	0	4,750	0
45 徳島	0	0	0	0	0	0	603	1,513	9,011	0	0	0	0	0
46 高知	0	519,444	99,167	0	0	0	208,700	181,376	6,284	0	0	0	14,909	0
47 福岡	0	495,807	73,086	0	57,393	0	20,141	1,010,943	865,491	83,544	99,426	126,451	139,844	0
48 佐賀	0	0	0	0	0	0	8,009	0	0	0	0	0	0	0
49 長崎	0	0	0	0	0	0	0	0	0	0	0	0	0	0
50 熊本	0	0	0	0	0	0	0	0	0	0	0	0	0	0
51 大分	0	13,170	0	306	0	0	50,399	296,762	86,587	45,368	0	54,990	107,698	2,810
52 宮崎	0	0	0	0	0	0	0	0	0	0	0	0	0	0
53 鹿児島	0	0	0	0	0	0	0	0	0	0	0	0	0	0
54 沖縄	0	0	0	0	0	0	0	0	0	0	0	0	0	0
55 全国	0	2,082,856	385,400	306	139,182	0	1,118,364	4,345,054	1,520,514	458,505	154,054	742,060	870,420	9,083

平成28年度　　　　　　　　　　　府県相互間輸送トン数表（海運）　　　　　　　　　　　　（単位：トン）
品目（5-17）セメント　　その4

発／着	43 香川	44 愛媛	45 徳島	46 高知	47 福岡	48 佐賀	49 長崎	50 熊本	51 大分	52 宮崎	53 鹿児島	54 沖縄	55 全国
1 札幌	0	0	0	0	0	0	0	0	0	0	0	0	0
2 旭川	0	0	0	0	0	0	0	0	0	0	0	0	0
3 函館	0	0	0	0	0	0	0	0	0	0	0	0	1,155,122
4 室蘭	0	0	0	0	0	0	0	609	0	0	0	0	766,299
5 釧路	0	0	0	0	0	0	0	0	0	0	0	0	7,393
6 帯広	0	0	0	0	0	0	0	0	0	0	0	0	6,228
7 北見	0	0	0	0	0	0	0	0	0	0	0	0	0
8 北海道	0	0	0	0	0	0	0	609	0	0	0	0	1,935,042
9 青森	0	0	0	0	0	0	0	0	0	0	0	0	1,414,027
10 岩手	0	0	0	0	0	0	0	0	0	0	0	0	1,124,585
11 宮城	0	0	0	0	0	0	0	0	0	0	0	0	13,893
12 福島	0	0	0	0	0	0	0	0	0	0	0	0	134,342
13 秋田	0	0	0	0	0	0	0	0	0	0	0	0	60,663
14 山形	0	0	0	0	0	0	0	0	0	0	0	0	6,266
15 茨城	0	0	0	0	2,905	0	0	0	0	0	0	0	13,814
16 栃木	0	0	0	0	0	0	0	0	0	0	0	0	0
17 群馬	0	0	0	0	0	0	0	0	0	0	0	0	0
18 埼玉	0	0	0	0	0	0	0	0	0	0	0	0	0
19 千葉	0	0	0	0	0	0	0	0	0	0	0	0	652,816
20 東京	0	0	0	0	0	0	0	0	0	0	0	127	119,417
21 神奈川	0	0	0	0	0	0	0	0	0	0	0	0	24,137
22 新潟	0	0	0	0	58,057	0	0	0	0	0	0	0	1,057,078
23 富山	0	0	0	0	0	0	0	0	0	0	0	0	21,641
24 石川	0	0	0	0	0	0	0	0	0	0	0	0	19,656
25 福井	0	0	0	0	0	0	0	0	0	0	0	0	265,410
26 山梨	0	0	0	0	0	0	0	0	0	0	0	0	0
27 長野	0	0	0	0	0	0	0	0	0	0	0	0	0
28 静岡	0	0	0	0	0	0	0	0	0	0	0	0	56,709
29 岐阜	0	0	0	0	0	0	0	0	0	0	0	0	0
30 愛知	0	0	0	0	7,171	0	0	0	0	0	0	0	129,908
31 三重	0	0	9,630	0	0	0	0	0	0	0	0	0	806,129
32 滋賀	0	0	0	0	0	0	0	0	0	0	0	0	0
33 京都	0	0	0	0	0	0	0	0	0	0	0	0	27,661
34 奈良	0	0	0	0	0	0	0	0	0	0	0	0	0
35 和歌山	5,719	0	40,577	0	0	35,272	0	0	0	0	0	0	825,260
36 大阪	0	0	0	0	0	0	0	0	0	0	0	0	132,416
37 兵庫	4,716	0	150,586	0	19,828	83,599	0	0	1,506	0	0	430	3,906,953
38 鳥取	0	0	0	0	0	0	0	0	0	0	0	0	25,926
39 島根	0	0	0	0	0	0	0	0	0	0	0	0	22,792
40 岡山	3,859	3,359	2,945	0	0	0	0	0	0	0	0	0	257,524
41 広島	2,649	1,329	0	0	0	0	0	0	0	0	0	0	84,085
42 山口	70,711	107,073	50,700	136,055	418,957	174,955	10,899	161,778	80,735	64,783	102,114	140,668	7,133,975
43 香川	7,064	0	2,800	0	0	0	0	0	0	0	0	0	14,648
44 愛媛	0	845	0	0	0	0	0	0	0	0	0	36	9,082
45 徳島	0	0	73,322	0	0	0	0	0	0	0	0	0	84,449
46 高知	0	0	603	0	48,905	15,451	0	0	25,635	0	0	0	1,946,965
47 福岡	17,515	106,797	24,445	49,701	423,589	108,425	260,881	496,711	104,550	96,632	370,179	181,189	7,826,345
48 佐賀	0	0	0	0	0	0	0	0	0	0	0	0	8,009
49 長崎	0	0	0	0	53,443	0	295	0	0	0	0	0	53,738
50 熊本	0	0	0	0	13,476	22,073	0	2,170	0	1,210	0	0	38,929
51 大分	170,171	142,692	0	94,000	210,007	129,307	36,644	83,145	0	125,060	295,963	0	2,025,041
52 宮崎	0	0	0	0	0	0	0	0	0	0	801	0	801
53 鹿児島	0	0	0	0	0	461	0	8,201	0	0	21,696	3,046	33,434
54 沖縄	0	0	0	0	0	0	0	0	0	0	776	289,756	290,532
55 全国	282,404	362,095	355,608	279,756	1,256,338	569,543	308,719	752,614	212,426	287,685	791,529	615,252	32,604,068

平成28年度　　　　　　　　　　　　　　　府県相互間輸送トン数表（海運）　　　　　　　　　　　　　　　　　　　　　　（単位：トン）
品目　(5-18) その他の窯業品　その1

発＼着	1 札幌	2 旭川	3 函館	4 室蘭	5 釧路	6 帯広	7 北見	8 北海道	9 青森	10 岩手	11 宮城	12 福島	13 秋田	14 山形
1 札幌	2,189	0	0	0	0	0	0	2,189	0	0	0	0	0	0
2 旭川	0	164	0	0	0	0	0	164	0	0	0	0	0	0
3 函館	0	0	760	3,057	0	0	0	3,817	0	0	0	0	0	0
4 室蘭	0	0	117,577	0	265	0	0	117,842	0	0	5,919	5,834	0	0
5 釧路	0	0	20,534	1,462	0	0	0	21,996	0	0	2,913	0	0	0
6 帯広	0	0	16,484	0	0	0	0	16,484	0	0	0	0	0	0
7 北見	0	0	0	0	0	0	0	0	0	0	0	0	0	0
8 北海道	2,189	164	155,355	4,519	265	0	0	162,492	0	0	8,832	5,834	0	0
9 青森	0	0	9,049	0	0	0	0	9,049	0	0	0	0	0	0
10 岩手	0	0	0	0	0	0	0	0	0	114,733	0	0	0	0
11 宮城	0	0	2,200	10,240	0	0	0	12,440	0	6,915	23,871	0	0	0
12 福島	0	0	147,175	0	3,336	0	0	150,511	0	1,502	0	0	0	0
13 秋田	0	0	85,904	0	0	0	0	85,904	0	0	0	0	0	0
14 山形	0	0	39,578	0	0	0	0	39,578	1,705	0	0	1,293	0	17
15 茨城	0	0	20,266	54,732	12,506	0	0	87,504	0	820	3,000	0	0	0
16 栃木	0	0	0	0	0	0	0	0	0	0	0	0	0	0
17 群馬	0	0	0	0	0	0	0	0	0	0	0	0	0	0
18 埼玉	0	0	0	0	0	0	0	0	0	0	0	0	0	0
19 千葉	0	0	45,967	5,132	0	0	0	51,099	0	1,803	0	0	0	0
20 東京	0	0	22,818	61,881	590	0	0	85,289	0	0	1,966	0	0	0
21 神奈川	0	0	73,121	2,153	0	0	0	75,274	177	0	6,146	0	0	0
22 新潟	0	0	0	0	0	0	0	0	2,500	0	0	0	0	0
23 富山	0	0	0	0	0	0	0	0	0	0	0	0	0	0
24 石川	0	0	0	0	0	0	0	0	0	0	0	0	0	0
25 福井	0	0	0	8,560	0	0	0	8,560	0	0	0	0	0	0
26 山梨	0	0	0	0	0	0	0	0	0	0	0	0	0	0
27 長野	0	0	0	0	0	0	0	0	0	0	0	0	0	0
28 静岡	0	0	0	0	0	0	0	0	0	0	0	0	0	0
29 岐阜	0	0	0	0	0	0	0	0	0	0	0	0	0	0
30 愛知	0	0	4,046	3,500	0	0	0	7,546	576	0	0	0	0	0
31 三重	0	0	0	0	0	0	0	0	0	0	0	0	0	0
32 滋賀	0	0	0	0	0	0	0	0	0	0	0	0	0	0
33 京都	0	0	4,020	0	0	0	0	4,020	0	0	0	0	0	0
34 奈良	0	0	0	0	0	0	0	0	0	0	0	0	0	0
35 和歌山	0	0	0	0	0	0	0	0	0	0	0	900	0	0
36 大阪	0	0	0	13,428	0	0	0	13,428	0	0	0	0	0	0
37 兵庫	0	0	7,500	0	0	0	0	7,500	0	0	0	0	0	0
38 鳥取	0	0	0	0	0	0	0	0	0	0	0	0	0	0
39 島根	0	0	0	0	0	0	0	0	0	0	0	0	0	0
40 岡山	0	0	0	0	0	0	0	0	0	0	1,000	0	0	0
41 広島	0	0	1,511	0	0	0	0	1,511	0	0	0	0	0	0
42 山口	0	0	0	0	0	0	0	0	1,500	0	8,700	0	0	0
43 香川	0	0	0	0	0	0	0	0	0	0	0	0	0	0
44 愛媛	0	0	0	0	0	0	0	0	0	0	0	0	0	0
45 徳島	0	0	0	0	0	0	0	0	0	310	0	0	0	0
46 高知	0	0	0	0	0	0	0	0	1,600	0	0	0	0	0
47 福岡	0	0	0	0	0	0	0	0	0	0	0	0	0	0
48 佐賀	0	0	0	0	0	0	0	0	0	0	0	0	0	0
49 長崎	0	0	0	0	0	0	0	0	0	0	0	0	0	0
50 熊本	0	0	0	0	0	0	0	0	0	0	0	0	0	0
51 大分	0	0	0	8,935	0	0	0	8,935	0	0	0	0	0	0
52 宮崎	0	0	0	0	0	0	0	0	0	0	0	0	0	0
53 鹿児島	0	0	0	0	0	0	0	0	0	0	0	0	0	0
54 沖縄	0	0	0	0	0	0	0	0	0	0	0	0	0	0
55 全国	2,189	164	618,510	173,080	16,697	0	0	810,640	8,058	126,083	55,708	5,834	0	17

平成28年度　　　　　　　　　　　　　　　府県相互間輸送トン数表（海運）　　　　　　　　　　　　　　　　　　　　　　（単位：トン）
品目　(5-18) その他の窯業品　その2

発＼着	15 茨城	16 栃木	17 群馬	18 埼玉	19 千葉	20 東京	21 神奈川	22 新潟	23 富山	24 石川	25 福井	26 山梨	27 長野	28 静岡
1 札幌	1,319	0	0	0	0	0	0	0	0	0	0	0	0	0
2 旭川	0	0	0	0	0	0	0	0	0	0	0	0	0	0
3 函館	0	0	0	0	0	0	0	0	0	0	0	0	0	0
4 室蘭	11,344	0	0	0	0	160	3,512	15,425	0	0	1,140	0	0	0
5 釧路	300	0	0	0	0	0	0	0	0	0	0	0	0	0
6 帯広	0	0	0	0	0	0	0	0	0	0	0	0	0	0
7 北見	0	0	0	0	0	0	0	0	0	0	0	0	0	0
8 北海道	12,963	0	0	0	0	160	3,512	15,425	0	0	1,140	0	0	0
9 青森	8,400	0	0	0	0	0	0	0	0	0	0	0	0	0
10 岩手	0	0	0	0	0	0	0	0	0	0	0	0	0	0
11 宮城	0	0	0	0	0	0	1,900	2,200	0	0	0	0	0	0
12 福島	0	0	0	0	0	0	0	4,052	0	0	0	0	0	0
13 秋田	0	0	0	0	0	0	0	49,577	0	0	0	0	0	0
14 山形	0	0	0	0	0	0	0	66,151	0	0	0	0	0	0
15 茨城	0	0	0	0	0	0	0	0	0	0	0	0	0	651
16 栃木	0	0	0	0	0	0	0	0	0	0	0	0	0	0
17 群馬	0	0	0	0	0	0	0	0	0	0	0	0	0	0
18 埼玉	0	0	0	0	0	0	0	0	0	0	0	0	0	0
19 千葉	0	0	0	0	0	219	4,500	0	0	0	0	0	0	0
20 東京	0	0	0	0	0	42,175	488	0	0	0	0	0	0	6,000
21 神奈川	10	0	0	0	8,089	0	44	0	0	0	0	0	0	2,172
22 新潟	0	0	0	0	0	0	0	4,155	0	0	0	0	0	0
23 富山	0	0	0	0	0	0	0	0	0	0	0	0	0	0
24 石川	0	0	0	0	0	0	0	35,615	0	0	0	0	0	0
25 福井	0	0	0	0	0	0	0	1,548	0	0	0	0	0	0
26 山梨	0	0	0	0	0	0	0	0	0	0	0	0	0	0
27 長野	0	0	0	0	0	0	0	0	0	0	0	0	0	0
28 静岡	0	0	0	0	0	0	262	0	0	0	0	0	0	0
29 岐阜	0	0	0	0	0	0	0	0	0	0	0	0	0	0
30 愛知	13,000	0	0	0	0	0	0	0	0	0	0	0	0	0
31 三重	0	0	0	0	0	0	0	2,951	0	0	0	0	0	0
32 滋賀	0	0	0	0	0	0	0	0	0	0	0	0	0	0
33 京都	4,545	0	0	0	0	0	0	3,024	0	0	0	0	0	0
34 奈良	0	0	0	0	0	0	0	0	0	0	0	0	0	0
35 和歌山	0	0	0	0	0	0	0	0	0	0	0	0	0	0
36 大阪	0	0	0	0	0	0	0	0	0	0	0	0	0	0
37 兵庫	11,800	0	0	0	0	660	1,152	0	0	0	0	0	0	0
38 鳥取	0	0	0	0	0	0	0	0	0	0	0	0	0	0
39 島根	0	0	0	0	0	0	0	0	4,591	0	0	0	0	0
40 岡山	2,098	0	0	0	0	6,020	0	4,765	0	0	0	0	0	0
41 広島	0	0	0	0	0	4,950	0	0	0	0	0	0	0	0
42 山口	1,400	0	0	0	8,492	710	2,500	28,677	0	0	0	0	0	0
43 香川	0	0	0	0	0	0	0	0	0	0	0	0	0	0
44 愛媛	0	0	0	0	0	1,200	0	0	0	0	0	0	0	0
45 徳島	0	0	0	0	0	0	0	0	0	0	0	0	0	0
46 高知	0	0	0	0	0	0	0	0	0	0	0	0	0	0
47 福岡	6,250	0	0	0	0	10,480	0	0	0	0	0	0	0	0
48 佐賀	0	0	0	0	0	0	0	0	0	0	0	0	0	0
49 長崎	0	0	0	0	0	7,578	0	0	0	0	0	0	0	0
50 熊本	0	0	0	0	0	0	0	0	0	0	0	0	0	0
51 大分	0	0	0	0	0	0	0	0	0	0	0	0	0	20
52 宮崎	0	0	0	0	0	0	0	0	0	0	0	0	0	0
53 鹿児島	0	0	0	0	0	0	0	0	0	0	0	0	0	0
54 沖縄	0	0	0	0	0	0	0	0	0	0	0	0	0	0
55 全国	60,466	0	0	0	16,581	74,152	14,358	218,140	4,591	0	1,140	0	0	8,843

平成28年度　　　　　　　　　　　　　　　府県相互間輸送トン数表（海運）
品目　（5-18）その他の窯業品　　（単位：トン）その　3

着＼発	29 岐阜	30 愛知	31 三重	32 滋賀	33 京都	34 奈良	35 和歌山	36 大阪	37 兵庫	38 鳥取	39 島根	40 岡山	41 広島	42 山口
1 札幌	0	0	0	0	0	0	0	0	0	0	0	0	0	0
2 旭川	0	0	0	0	0	0	0	0	0	0	0	0	0	0
3 函館	0	0	0	0	0	0	0	0	0	0	0	0	0	0
4 室蘭	0	0	0	0	0	0	0	0	8,663	0	0	0	0	0
5 釧路	0	0	0	0	0	0	0	0	0	0	0	0	0	0
6 帯広	0	0	0	0	0	0	0	0	0	0	0	0	0	0
7 北見	0	0	0	0	0	0	0	0	0	0	0	0	0	0
8 北海道	0	0	0	0	0	0	0	0	8,663	0	0	0	0	0
9 青森	0	0	0	0	0	0	0	0	0	0	0	0	0	0
10 岩手	0	0	0	0	0	0	0	0	0	0	0	0	0	0
11 宮城	0	1,500	0	0	0	0	0	0	0	0	0	0	0	0
12 福島	0	0	0	0	0	0	0	0	0	0	0	0	0	0
13 秋田	0	0	0	0	0	0	0	0	0	0	0	0	0	0
14 山形	0	0	0	0	0	0	0	0	0	0	0	0	0	0
15 茨城	0	8,469	0	0	0	0	0	0	0	0	0	0	0	0
16 栃木	0	0	0	0	0	0	0	0	0	0	0	0	0	0
17 群馬	0	0	0	0	0	0	0	0	0	0	0	0	0	0
18 埼玉	0	0	0	0	0	0	0	0	0	0	0	0	0	0
19 千葉	0	0	0	0	0	0	0	2,445	0	0	0	2,960	575	0
20 東京	0	1,844	0	0	0	0	0	0	916	0	0	0	0	0
21 神奈川	0	35,192	0	0	0	0	510	0	649	0	0	0	0	0
22 新潟	0	0	0	0	0	0	0	0	0	0	0	0	0	0
23 富山	0	0	0	0	0	0	0	0	0	0	0	0	0	0
24 石川	0	0	0	0	0	0	0	0	1,210	0	0	0	0	0
25 福井	0	0	0	0	0	0	0	0	1,250	0	0	0	0	0
26 山梨	0	0	0	0	0	0	0	0	0	0	0	0	0	0
27 長野	0	0	0	0	0	0	0	0	0	0	0	0	0	0
28 静岡	0	0	96	0	0	0	0	0	0	0	0	0	0	0
29 岐阜	0	0	0	0	0	0	0	0	0	0	0	0	0	0
30 愛知	0	10,400	0	0	0	0	0	0	35	0	0	0	0	0
31 三重	0	1,800	0	0	0	0	0	0	0	0	0	0	0	0
32 滋賀	0	0	0	0	0	0	0	0	0	0	0	0	0	0
33 京都	0	0	0	0	0	0	0	36,000	0	0	0	0	0	0
34 奈良	0	0	0	0	0	0	0	0	0	0	0	0	0	0
35 和歌山	0	0	0	0	0	0	0	0	0	0	0	0	0	0
36 大阪	0	0	0	0	0	0	0	0	3,035	0	0	0	0	0
37 兵庫	0	56	0	0	0	0	0	4,130	10,150	0	0	0	47	144
38 鳥取	0	0	0	0	0	0	0	0	0	0	545	0	0	0
39 島根	0	0	0	0	0	0	0	0	0	0	4,336	0	0	0
40 岡山	0	0	0	0	0	0	0	0	21	0	0	0	0	0
41 広島	0	0	0	0	0	0	0	0	0	0	0	0	10,985	0
42 山口	0	22,622	14,259	0	0	0	0	550	4,722	0	0	0	16,252	21,958
43 香川	0	0	0	0	0	0	0	0	0	0	0	0	0	0
44 愛媛	0	0	0	0	0	0	0	0	585	0	0	1,999	0	0
45 徳島	0	0	0	0	0	0	0	0	3,840	0	0	0	0	3,758
46 高知	0	0	0	0	0	0	0	0	0	0	0	0	0	0
47 福岡	0	0	0	0	0	0	450	704	1,300	0	0	593	0	3,546
48 佐賀	0	0	0	0	0	0	0	0	0	0	0	0	0	0
49 長崎	0	0	0	0	0	0	0	0	448	0	0	0	0	0
50 熊本	0	0	0	0	0	0	0	0	8,256	0	0	0	0	0
51 大分	0	0	1,008	0	0	0	0	8,000	6,727	0	0	0	15,300	4,721
52 宮崎	0	0	0	0	0	0	0	0	4,760	0	0	0	0	0
53 鹿児島	0	0	0	0	0	0	0	0	603	0	0	0	0	0
54 沖縄	0	0	0	0	0	0	0	0	3,016	0	0	0	0	0
55 全国	0	81,883	15,363	0	0	0	960	54,324	57,691	0	4,881	5,552	43,159	34,127

平成28年度　　　　　　　　　　　　　　　府県相互間輸送トン数表（海運）
品目　（5-18）その他の窯業品　　（単位：トン）その　4

着＼発	43 香川	44 愛媛	45 徳島	46 高知	47 福岡	48 佐賀	49 長崎	50 熊本	51 大分	52 宮崎	53 鹿児島	54 沖縄	55 全国
1 札幌	0	0	0	0	0	0	0	0	0	0	0	0	3,508
2 旭川	0	0	0	0	0	0	0	0	0	0	0	0	164
3 函館	0	0	0	0	0	0	0	0	0	0	0	0	3,817
4 室蘭	0	0	0	0	0	0	0	0	0	0	0	0	169,839
5 釧路	0	0	0	0	0	0	0	0	0	0	0	0	25,209
6 帯広	0	0	0	0	0	0	0	0	0	0	0	0	16,484
7 北見	0	0	0	0	0	0	0	0	0	0	0	0	0
8 北海道	0	0	0	0	0	0	0	0	0	0	0	0	219,021
9 青森	0	0	0	0	0	0	0	0	0	0	0	0	17,449
10 岩手	0	0	0	0	0	0	0	0	0	0	0	0	114,733
11 宮城	0	0	0	0	0	0	0	0	0	0	0	0	48,826
12 福島	0	0	0	0	0	0	0	0	0	0	0	0	156,065
13 秋田	0	0	0	0	1,502	0	0	0	0	0	0	0	136,983
14 山形	0	0	0	0	0	0	0	0	0	0	0	0	108,744
15 茨城	0	0	0	0	28,721	0	0	0	1,033	0	0	0	130,198
16 栃木	0	0	0	0	0	0	0	0	0	0	0	0	0
17 群馬	0	0	0	0	0	0	0	0	0	0	0	0	0
18 埼玉	0	0	0	0	0	0	0	0	0	0	0	0	0
19 千葉	0	0	0	0	0	0	0	0	0	0	0	0	63,601
20 東京	0	0	0	0	0	0	0	0	0	0	0	5,021	143,699
21 神奈川	0	0	0	0	0	0	0	0	0	0	0	0	128,263
22 新潟	0	0	0	0	0	0	0	0	0	0	0	0	6,655
23 富山	0	0	0	0	0	0	0	0	0	0	0	0	0
24 石川	0	0	0	0	0	0	0	0	0	0	0	0	36,825
25 福井	0	0	0	0	0	0	0	0	0	0	0	0	11,358
26 山梨	0	0	0	0	0	0	0	0	0	0	0	0	0
27 長野	0	0	0	0	0	0	0	0	0	0	0	0	0
28 静岡	0	0	0	0	0	0	0	0	0	0	0	0	358
29 岐阜	0	0	0	0	0	0	0	0	0	0	0	0	0
30 愛知	0	0	0	0	2,380	0	0	0	0	0	0	0	33,937
31 三重	0	0	0	0	0	0	0	0	0	0	0	0	4,751
32 滋賀	0	0	0	0	0	0	0	0	0	0	0	0	0
33 京都	0	0	0	0	0	0	0	0	0	0	0	0	47,589
34 奈良	0	0	0	0	0	0	0	0	0	0	0	0	0
35 和歌山	0	0	0	0	0	0	0	0	0	0	0	0	900
36 大阪	0	0	0	0	220	0	0	0	0	6,800	30	4,060	27,573
37 兵庫	0	1,014	0	0	39,432	0	470	0	79	2,089	18	1,195	79,936
38 鳥取	0	0	0	0	0	0	0	0	0	0	0	0	545
39 島根	0	0	0	0	0	0	0	0	0	0	0	0	8,927
40 岡山	0	0	0	0	3,500	0	0	0	0	0	0	1,306	18,710
41 広島	0	350	0	0	652	0	0	0	0	0	0	149	18,597
42 山口	24,686	12,088	0	1,500	8,750	0	0	9,975	0	0	307	0	189,648
43 香川	0	0	0	0	0	0	0	0	0	0	999	71	1,070
44 愛媛	3,024	0	0	0	700	0	0	0	0	0	2,009	410	8,727
45 徳島	3,016	6,028	0	0	2,410	0	0	0	0	0	0	0	20,562
46 高知	0	0	0	0	0	0	0	0	0	0	0	0	1,600
47 福岡	0	0	0	0	681	0	1,094	0	0	0	2,002	24,077	51,177
48 佐賀	0	0	0	0	0	0	0	0	0	0	0	0	0
49 長崎	0	0	0	0	7,551	177	341	0	0	0	2,026	0	18,121
50 熊本	0	0	0	0	0	0	0	0	0	0	2,007	0	10,263
51 大分	0	0	0	0	1,006	0	0	0	0	0	4,500	0	50,217
52 宮崎	0	0	0	0	0	0	0	0	0	0	0	0	4,760
53 鹿児島	0	0	0	0	0	0	0	0	0	0	23,478	21,239	45,320
54 沖縄	0	0	0	0	31	0	0	0	0	0	1,671	23,612	28,330
55 全国	30,726	19,480	0	1,500	97,536	177	1,905	9,975	1,112	8,889	37,021	83,166	1,994,038

平成28年度　　府県相互間輸送トン数表（海運）　　品目（5-19）石油製品　その1　（単位：トン）

発＼着	1 札幌	2 旭川	3 函館	4 室蘭	5 釧路	6 帯広	7 北見	8 北海道	9 青森	10 岩手	11 宮城	12 福島	13 秋田	14 山形
1 札幌	0	39,110	85,648	52,960	0			177,718	0	0	0	0	0	0
2 旭川	5,790	11,531	2,500	2,990	0		5,010	27,821	0	0	4,600	0	0	0
3 函館	3,140	0	400	17,786	7,500		0	28,826	23,450	0	0	0	16,290	0
4 室蘭	308,757	744,545	400,233	212,481	1,306,460		0	2,972,476	654,302	0	141,775	37,150	488,925	281,874
5 釧路	0	0	0	11,361	0		0	11,361	0	0	0	0	0	0
6 帯広	0	0	0	0	0		0	0	0	0	0	0	0	0
7 北見	0	0	0	0	0		0	0	0	0	0	0	0	0
8 北海道	317,687	795,186	488,781	297,578	1,313,960		5,010	3,218,202	677,752	0	146,375	37,150	505,215	281,874
9 青森	428,219	1,482	30,892	68,235	74,657		0	603,485	20,537	550	4,100	0	47,570	0
10 岩手	0	0	0	0	0		0	0	0	698	0	0	0	0
11 宮城	165,590	18,240	45,702	773,372	70,987		0	1,073,891	178,112	4,162	26,910	139,829	144,300	19,266
12 福島	0	0	0	6,200	0		0	6,200	0	0	1,100	78,645	20,000	0
13 秋田	0	0	0	15,040	0		0	15,040	0	0	0	0	1,010	0
14 山形	0	0	550	6,670	0		0	7,220	0	0	0	0	0	162
15 茨城	186,298	37,142	27,205	1,077,734	143,225		0	1,471,604	378,084	155,700	319,429	359,299	178,513	40,793
16 栃木	0	0	0	0	0		0	0	0	0	0	0	0	0
17 群馬	0	0	0	0	0		0	0	0	0	0	0	0	0
18 埼玉	0	0	0	0	0		0	0	0	0	0	0	0	0
19 千葉	314,928	3,830	341,535	1,194,485	346,908		0	2,201,686	1,099,742	116,750	771,426	564,076	300,020	17,250
20 東京	0	0	0	36,652	0		0	36,652	5,150	0	18	0	0	0
21 神奈川	387,746	6,207	54,401	896,096	84,352		0	1,428,802	476,345	16,870	667,389	392,514	245,620	10,416
22 新潟	0	0	0	11,038	1,277		0	12,315	3,000	0	1,980	0	52,990	0
23 富山	0	0	0	12,652	0		0	12,652	0	0	0	1,500	0	0
24 石川	0	0	0	1,665	0		0	1,665	0	0	0	0	0	0
25 福井	0	0	0	6,315	0		0	6,315	0	0	0	0	0	0
26 山梨	0	0	0	0	0		0	0	0	0	0	0	0	0
27 長野	0	0	0	0	0		0	0	0	0	0	0	0	0
28 静岡	0	0	0	0	0		0	0	0	0	0	0	0	0
29 岐阜	0	0	0	0	0		0	0	0	0	0	0	0	0
30 愛知	5,020	1,262	0	625,387	9,300		0	640,969	19,993	700	75,071	0	610	0
31 三重	31,349	457	47,508	112,030	51,633		0	242,977	119,938	17,820	177,510	23,177	45,720	0
32 滋賀	0	0	0	0	0		0	0	0	0	0	0	0	0
33 京都	0	0	0	0	0		0	0	0	0	0	0	0	0
34 奈良	0	0	0	0	0		0	0	0	0	0	0	0	0
35 和歌山	5,800	0	2,900	12,980	6,900		0	28,580	966	0	32,152	8,090	0	0
36 大阪	25,381	0	500	21,308	0		0	47,189	13,740	2,530	14,665	0	3,500	2,325
37 兵庫	0	0	0	1,535	0		0	1,535	0	0	0	0	5,800	0
38 鳥取	0	0	0	0	0		0	0	0	0	0	0	0	1,002
39 島根	0	0	0	0	0		0	0	0	0	0	0	0	0
40 岡山	1,300	3,750	0	50,722	2,993		0	58,765	5,451	0	0	6,950	60,650	2,509
41 広島	2,500	0	0	4,400	0		0	6,900	5,400	0	0	0	14,400	0
42 山口	27,608	0	0	91,614	5,493		0	124,715	5,400	0	1,600	0	58,490	2,108
43 香川	0	0	0	1,600	0		0	1,600	0	0	0	0	0	0
44 愛媛	23,330	0	0	70,270	0		0	93,600	16,695	0	3,848	0	10,340	1,501
45 徳島	0	0	0	0	0		0	0	0	0	0	0	0	0
46 高知	0	0	0	0	0		0	0	0	0	0	0	0	0
47 福岡	0	0	0	4,682	0		0	4,682	0	0	1,200	0	0	0
48 佐賀	0	0	0	0	0		0	0	0	0	0	0	0	0
49 長崎	0	0	0	0	0		0	0	0	0	0	0	0	0
50 熊本	0	0	0	0	0		0	0	0	0	0	0	0	0
51 大分	4,030	0	619	72,734	0		0	77,383	0	0	3,830	0	60,450	540
52 宮崎	0	0	0	0	0		0	0	0	0	0	0	0	0
53 鹿児島	0	0	0	0	0		0	0	0	0	0	0	0	0
54 沖縄	0	0	0	4,850	0		0	4,850	0	0	0	0	0	0
55 全国	1,926,786	867,556	1,040,593	5,477,844	2,111,685	0	5,010	11,429,474	3,026,305	315,780	2,248,603	1,611,230	1,755,198	379,746

平成28年度　　府県相互間輸送トン数表（海運）　　品目（5-19）石油製品　その2　（単位：トン）

発＼着	15 茨城	16 栃木	17 群馬	18 埼玉	19 千葉	20 東京	21 神奈川	22 新潟	23 富山	24 石川	25 福井	26 山梨	27 長野	28 静岡
1 札幌	0	0	0	0	0	0	0	0	0	0	0	0	0	0
2 旭川	0	0	0	0	361	0	0	0	0	0	0	0	0	0
3 函館	0	0	0	0	0	0	2,399	6,580	0	0	0	0	0	0
4 室蘭	25,274	0	0	0	543,262	240	273,543	815,583	176,363	96,042	33,957	0	0	14,986
5 釧路	0	0	0	0	0	0	0	0	0	0	0	0	0	0
6 帯広	0	0	0	0	0	0	0	0	0	934	0	0	0	0
7 北見	0	0	0	0	0	0	0	0	0	0	0	0	0	0
8 北海道	25,274	0	0	0	543,623	240	275,942	822,163	176,363	96,976	33,957	0	0	14,986
9 青森	0	0	0	0	0	0	0	21,204	0	0	0	0	0	0
10 岩手	0	0	0	0	0	0	0	0	0	3,200	0	0	0	0
11 宮城	126,714	0	0	0	66,130	0	486,915	90,831	132,636	4,912	72,184	0	0	10,180
12 福島	38,842	0	0	0	7,014	0	0	3,220	0	0	0	0	0	0
13 秋田	0	0	0	0	0	0	0	84,460	0	0	0	0	0	0
14 山形	0	0	0	0	0	0	0	20,500	0	800	0	0	0	0
15 茨城	101,621	0	0	0	745,013	395,423	494,257	52,890	32,002	6,840	500	0	0	263,109
16 栃木	0	0	0	0	0	0	0	0	0	0	0	0	0	0
17 群馬	0	0	0	0	0	0	0	0	0	0	0	0	0	0
18 埼玉	0	0	0	0	0	0	0	0	0	0	0	0	0	0
19 千葉	475,416	0	0	0	35,741	2,893,914	1,853,248	238,081	26,157	58,684	13,514	0	0	1,594,198
20 東京	0	0	0	0	0	19,404	3,140	5,800	0	0	0	0	0	0
21 神奈川	522,454	0	0	0	2,545,935	758,997	1,053,871	187,077	13,771	28,645	1,700	0	0	1,259,693
22 新潟	0	0	0	0	0	0	4,950	40,491	0	40,512	0	0	0	0
23 富山	0	0	0	0	0	0	1,180	13,600	0	0	0	0	0	0
24 石川	0	0	0	0	0	0	0	53,681	0	84,304	0	0	0	0
25 福井	0	0	0	0	0	0	0	7,330	0	520	0	0	0	0
26 山梨	0	0	0	0	0	0	0	0	0	0	0	0	0	0
27 長野	0	0	0	0	0	0	0	0	0	0	0	0	0	0
28 静岡	563	0	0	0	1,191	0	3,034	0	0	0	0	0	0	91,607
29 岐阜	0	0	0	0	0	0	0	0	0	0	0	0	0	0
30 愛知	74,853	0	0	0	431,906	23,073	309,856	3,010	7,482	5,000	0	0	0	182,392
31 三重	38,586	0	0	0	1,234,998	251,431	1,470,657	98,980	6,344	65,746	32,003	0	0	517,500
32 滋賀	0	0	0	0	0	0	0	0	0	0	0	0	0	0
33 京都	0	0	0	0	0	0	0	0	0	0	0	0	0	0
34 奈良	0	0	0	0	0	0	0	0	0	0	0	0	0	0
35 和歌山	4,992	0	0	0	136,366	0	281,159	8,010	143,351	16,203	5,700	0	0	163,398
36 大阪	18,950	0	0	0	572,444	25,831	342,821	75,510	20,673	277,948	11,111	0	0	15,455
37 兵庫	5,000	0	0	0	0	0	89	9,119	0	6,406	0	0	0	0
38 鳥取	0	0	0	0	0	0	1,850	5,510	0	0	0	0	0	0
39 島根	0	0	0	0	0	0	0	2,941	0	0	0	0	0	0
40 岡山	26,250	0	0	0	231,851	119,010	240,023	436,748	395,153	427,881	263,382	0	0	21,310
41 広島	0	0	0	0	0	0	0	0	1,200	8,700	5,512	0	0	0
42 山口	9,353	0	0	0	232,614	0	498,257	544,169	144,921	464,912	286,842	0	0	0
43 香川	0	0	0	0	0	0	630	0	0	1,519	2,600	0	0	0
44 愛媛	0	0	0	0	84,115	0	41,769	126,300	14,665	130,452	18,860	0	0	3,582
45 徳島	0	0	0	0	0	0	0	0	0	0	0	0	0	0
46 高知	0	0	0	0	0	27,436	0	0	0	0	0	0	0	0
47 福岡	0	0	0	0	4,050	580	1,217	2,143	0	1,000	12,700	0	0	0
48 佐賀	0	0	0	0	0	0	0	0	0	0	0	0	0	601
49 長崎	0	0	0	0	0	0	0	0	0	0	0	0	0	0
50 熊本	0	0	0	0	0	0	0	0	0	0	0	0	0	0
51 大分	0	0	0	0	51,853	9,736	39,959	207,092	189,118	87,623	116,445	0	0	3,553
52 宮崎	0	0	0	0	0	0	0	0	0	0	1,685	0	0	0
53 鹿児島	35,500	0	0	0	0	0	0	0	0	0	0	0	0	1,373
54 沖縄	0	0	0	0	5,155	0	0	0	0	0	0	0	0	0
55 全国	1,504,368	0	0	0	6,929,999	4,525,164	7,416,795	3,148,800	1,303,836	1,820,468	877,010	0	0	4,142,937

平成28年度　　府県相互間輸送トン数表（海運）　　品目（5-19）石油製品　　（単位：トン）その3

発＼着	29 岐阜	30 愛知	31 三重	32 滋賀	33 京都	34 奈良	35 和歌山	36 大阪	37 兵庫	38 鳥取	39 島根	40 岡山	41 広島	42 山口
1 札幌	0	0	0	0	0	0	0	0	0	0	0	0	0	0
2 旭川	0	0	0	0	0	0	0	0	0	0	0	0	0	0
3 函館	0	1,165	0	0	0	0	0	0	0	0	0	0	0	0
4 室蘭	0	56,418	10,000	0	500	0	0	2,073	16,576	0	0	17,589	19,471	155,962
5 釧路	0	0	0	0	0	0	0	0	0	0	0	0	500	0
6 帯広	0	0	0	0	0	0	0	0	0	0	0	0	0	0
7 北見	0	0	0	0	0	0	0	0	0	0	0	0	0	0
8 北海道	0	57,583	10,000	0	500	0	0	2,073	16,576	0	0	17,589	19,971	155,962
9 青森	0	0	0	0	0	0	0	79	0	0	0	0	0	0
10 岩手	0	0	0	0	0	0	0	0	0	0	0	0	0	0
11 宮城	0	10,385	5,900	0	1,250	0	0	8,770	0	0	0	93,574	0	63,750
12 福島	0	0	0	0	0	0	0	0	0	0	0	0	5,825	0
13 秋田	0	0	0	0	0	0	0	0	0	0	0	0	0	0
14 山形	0	0	0	0	0	0	0	0	0	0	0	0	0	0
15 茨城	0	82,563	31,829	0	0	0	30,079	22,043	27,642	0	0	149,191	0	23,070
16 栃木	0	0	0	0	0	0	0	0	0	0	0	0	0	0
17 群馬	0	0	0	0	0	0	0	0	0	0	0	0	0	0
18 埼玉	0	0	0	0	0	0	0	0	0	0	0	0	0	0
19 千葉	0	597,959	719,806	0	0	0	158,896	866,097	325,718	4,780	1,000	127,178	106,116	419,334
20 東京	0	215	0	0	0	0	0	0	0	0	0	0	0	0
21 神奈川	0	545,415	108,322	0	0	0	119,157	129,100	148,993	0	0	113,397	34,940	107,250
22 新潟	0	0	0	0	0	0	0	0	0	0	0	0	0	2,355
23 富山	0	0	0	0	0	0	0	0	3,000	2,150	0	0	0	0
24 石川	0	0	0	0	0	0	0	0	0	0	0	0	0	0
25 福井	0	0	0	0	0	0	0	0	0	0	0	0	0	0
26 山梨	0	0	0	0	0	0	0	0	0	0	0	0	0	0
27 長野	0	0	0	0	0	0	0	0	0	0	0	0	0	0
28 静岡	0	711	18	0	0	0	0	1,227	0	0	0	0	0	0
29 岐阜	0	0	0	0	0	0	0	0	0	0	0	0	0	0
30 愛知	0	145,720	204,316	0	0	0	9,312	64,590	101,061	0	0	15,251	197,459	588,655
31 三重	0	2,863,326	59,281	0	500	0	20,536	822,070	518,748	60,579	0	166,652	43,092	279,156
32 滋賀	0	0	0	0	0	0	0	0	0	0	0	0	0	0
33 京都	0	0	0	0	0	0	0	0	0	0	0	0	0	0
34 奈良	0	0	0	0	0	0	0	0	0	0	0	0	0	0
35 和歌山	0	435,009	119,901	0	0	0	4,140	70,515	225,357	22,219	0	466,307	19,239	48,486
36 大阪	0	115,520	920,971	0	8,500	0	194,976	832,127	972,132	89,020	6,081	516,090	149,291	76,938
37 兵庫	0	27,961	0	0	0	0	2,607	9,393	40,994	0	0	34,062	0	642
38 鳥取	0	0	0	0	3,000	0	0	0	6,550	6,243	9,189	0	0	0
39 島根	0	0	0	0	0	0	0	0	0	0	51,455	0	0	0
40 岡山	0	418,138	39,549	0	1,700	0	1,109,149	1,170,273	1,314,813	365,476	37,055	354,932	214,941	295,073
41 広島	0	25,002	5,000	0	0	0	33,369	4,636	487,625	6,000	0	151,932	56,756	34,371
42 山口	0	55,956	265,364	0	36,290	0	17,203	49,472	422,758	372,706	38,630	506,195	194,779	232,067
43 香川	0	10,227	1,000	0	2,804	0	1,104	9,705	12,710	0	0	76,219	25,827	12,516
44 愛媛	0	95,658	81,087	0	43,000	0	501	188,243	213,489	38,280	1,048	229,105	97,874	112,753
45 徳島	0	0	0	0	0	0	0	0	0	0	0	0	0	0
46 高知	0	83	0	0	0	0	0	1,913	0	0	0	0	0	0
47 福岡	0	56,673	0	0	4,540	0	3,030	6,037	4,760	0	0	44,260	10,755	78,922
48 佐賀	0	0	0	0	0	0	0	0	0	0	0	8,009	2,200	7,853
49 長崎	0	0	0	0	0	0	0	0	0	0	0	1,000	300	8,074
50 熊本	0	0	0	0	0	0	0	0	0	0	0	0	0	0
51 大分	0	3,932	54,635	0	17,832	0	1,503	18,312	76,866	60,506	19,891	286,929	67,880	294,323
52 宮崎	0	0	0	0	0	0	0	0	0	0	0	0	0	0
53 鹿児島	0	59	0	0	0	0	201	800	0	0	0	0	0	0
54 沖縄	0	10,072	0	0	0	0	0	3,000	0	0	0	0	19	13,539
55 全国	0	5,558,167	2,626,979	0	119,916	0	1,708,903	4,277,335	4,919,792	1,027,959	164,349	3,357,891	1,260,784	2,841,550

平成28年度　　府県相互間輸送トン数表（海運）　　品目（5-19）石油製品　　（単位：トン）その4

発＼着	43 香川	44 愛媛	45 徳島	46 高知	47 福岡	48 佐賀	49 長崎	50 熊本	51 大分	52 宮崎	53 鹿児島	54 沖縄	55 全国
1 札幌	0	0	0	0	0	0	0	0	0	0	0	0	177,718
2 旭川	0	0	0	0	0	0	0	0	0	0	0	0	32,782
3 函館	0	0	0	0	0	0	0	0	0	0	0	0	78,710
4 室蘭	0	0	0	0	4,700	0	0	0	3,752	0	0	0	6,842,793
5 釧路	0	0	0	0	0	0	0	0	0	0	0	0	11,861
6 帯広	0	0	0	0	0	0	0	0	0	0	0	0	934
7 北見	0	0	0	0	0	0	0	0	0	0	0	0	0
8 北海道	0	0	0	0	4,700	0	0	0	3,752	0	0	0	7,144,798
9 青森	0	0	0	0	0	0	0	0	0	0	0	0	697,525
10 岩手	0	0	0	0	0	0	0	0	0	0	0	0	3,898
11 宮城	0	0	0	0	0	0	0	0	9,170	0	0	0	2,769,771
12 福島	0	0	0	0	4,000	0	0	0	0	0	0	0	164,846
13 秋田	0	0	0	0	0	0	0	0	0	0	0	0	100,510
14 山形	0	0	0	0	0	0	0	0	0	0	0	0	28,682
15 茨城	811	8,350	0	0	950	0	0	0	18,738	0	0	0	5,390,343
16 栃木	0	0	0	0	0	0	0	0	0	0	0	0	0
17 群馬	0	0	0	0	0	0	0	0	0	0	0	0	0
18 埼玉	0	0	0	0	0	0	0	0	0	0	0	0	0
19 千葉	339,600	108,448	7,000	8,740	266,529	0	2,000	0	0	9,517	241,848	215,884	16,786,353
20 東京	0	0	0	0	0	0	0	0	0	0	0	5,071	75,450
21 神奈川	31,083	2,958	0	0	59,985	0	1,050	4,662	24,889	0	25,062	52,838	11,119,200
22 新潟	0	0	0	0	300	200	370	0	0	0	0	0	159,463
23 富山	0	0	0	0	0	0	0	0	0	0	12,062	0	46,144
24 石川	0	0	0	0	0	0	0	0	0	0	0	0	139,650
25 福井	0	0	0	0	7,000	0	0	0	0	0	0	0	21,165
26 山梨	0	0	0	0	0	0	0	0	0	0	0	0	0
27 長野	0	0	0	0	0	0	0	0	0	0	0	0	0
28 静岡	0	0	0	0	0	0	0	0	0	0	0	0	98,351
29 岐阜	0	0	0	0	0	0	0	0	0	0	0	0	0
30 愛知	146,036	33,629	4,002	73,950	205,393	2,129	10,094	1,027	9,875	6,129	111,935	220,778	3,926,256
31 三重	344,588	277,457	151,643	0	188,687	94,380	44,984	3,134	3,601	998	24,042	20,285	10,331,126
32 滋賀	0	0	0	0	0	0	0	0	0	0	0	0	0
33 京都	0	0	0	0	0	0	0	0	0	0	0	0	0
34 奈良	0	0	0	0	0	0	0	0	0	0	0	0	0
35 和歌山	147,062	45,317	146,597	218,040	337,614	0	0	8,824	20,927	14,093	85,110	345,350	3,609,074
36 大阪	849,459	233,234	241,247	108,338	425,756	0	237,340	117,799	210,526	65,800	52,323	59,608	7,927,776
37 兵庫	54,541	33,856	0	0	27,294	0	21,540	0	0	0	0	2	284,899
38 鳥取	0	0	0	0	0	0	0	0	0	0	0	0	33,344
39 島根	0	0	0	0	0	0	0	0	0	0	0	0	54,396
40 岡山	152,184	236,974	88,448	126,651	1,930,770	43,086	313,951	195,575	397,839	188,354	695,829	193,533	12,180,226
41 広島	37,840	79,305	22,977	0	87,389	1,800	14,487	9,528	7,602	11,037	1,980	0	1,120,748
42 山口	40,391	98,661	64,881	46,499	1,660,285	148,137	314,960	432,587	277,977	91,316	204,926	221,249	8,166,670
43 香川	29,164	14,273	10,000	0	33,341	1,200	3,800	4,450	44,106	2,000	1,095	0	301,890
44 愛媛	151,128	100,957	17,853	36,160	916,791	7,872	126,099	73,834	217,836	142,595	284,326	11,457	3,733,673
45 徳島	4,960	0	0	0	0	0	0	0	0	0	0	0	4,960
46 高知	0	0	0	0	0	0	0	0	0	0	0	0	29,432
47 福岡	39,289	44,254	28,800	0	68,649	0	13,632	10,522	4,266	8,818	700	2,041	457,520
48 佐賀	0	1,422	0	0	81,012	1,796	30,661	6,050	500	0	38,764	52,985	231,853
49 長崎	0	0	0	100	43,943	12,450	76,020	2,509	4,153	0	55,905	3,655	208,109
50 熊本	0	0	0	0	2,000	0	0	0	0	0	0	0	2,000
51 大分	33,061	30,793	210,167	19,620	1,057,187	47,955	390,115	101,733	41,020	135,220	356,987	136,657	4,310,706
52 宮崎	1,290	0	0	0	0	0	0	0	0	0	179,125	0	183,510
53 鹿児島	0	4,500	0	0	1,400	0	669	0	0	0	37,481	26	82,009
54 沖縄	0	0	0	0	0	0	0	266	0	0	12,768	688,466	738,135
55 全国	2,402,487	1,354,388	993,615	642,156	7,410,975	361,005	1,601,410	972,604	1,292,890	859,155	2,244,553	2,229,885	102,664,461

平成28年度　　府県相互間輸送トン数表（海運）

品目 （5-20） 石炭製品　　（単位：トン）　その 1

発＼着	1 札幌	2 旭川	3 函館	4 室蘭	5 釧路	6 帯広	7 北見	8 北海道	9 青森	10 岩手	11 宮城	12 福島	13 秋田	14 山形
1 札幌	0	0	0	0	0	0	0	0	0	0	0	0	0	0
2 旭川	0	0	0	0	0	0	0	0	0	0	0	0	0	0
3 函館	0	0	0	0	0	0	0	0	0	0	0	0	0	0
4 室蘭	0	0	0	0	0	0	0	0	1,301	0	0	0	0	0
5 釧路	0	0	0	0	0	0	0	0	0	0	0	0	0	0
6 帯広	0	0	0	0	0	0	0	0	0	0	0	0	0	0
7 北見	0	0	0	0	0	0	0	0	0	0	0	0	0	0
8 北海道	0	0	0	0	0	0	0	0	1,301	0	0	0	0	0
9 青森	0	0	0	0	0	0	0	0	0	0	0	0	0	0
10 岩手	0	0	0	2,021	0	0	0	2,021	0	0	0	0	0	0
11 宮城	0	0	0	40	0	0	0	40	0	2	0	0	0	0
12 福島	0	0	0	0	0	0	0	0	0	0	0	0	0	0
13 秋田	0	0	0	0	0	0	0	0	1,304	0	0	0	0	0
14 山形	0	0	0	0	0	0	0	0	0	0	0	0	0	0
15 茨城	0	0	0	0	0	0	0	0	0	0	0	0	0	0
16 栃木	0	0	0	0	0	0	0	0	0	0	0	0	0	0
17 群馬	0	0	0	0	0	0	0	0	0	0	0	0	0	0
18 埼玉	0	0	0	0	0	0	0	0	0	0	0	0	0	0
19 千葉	0	0	0	4,131	0	0	3,480	7,611	0	600	0	0	0	0
20 東京	0	0	0	0	0	0	0	0	0	0	1,428	0	0	0
21 神奈川	0	0	0	40	0	0	0	40	0	1,200	2,131	1,380	1,412	0
22 新潟	0	0	0	0	0	0	0	0	506	0	0	0	0	0
23 富山	0	0	0	421	0	0	0	421	0	0	0	0	0	0
24 石川	0	0	0	0	0	0	0	0	0	0	0	0	0	0
25 福井	0	0	0	0	0	0	0	0	0	0	0	0	0	0
26 山梨	0	0	0	0	0	0	0	0	0	0	0	0	0	0
27 長野	0	0	0	0	0	0	0	0	0	0	0	0	0	0
28 静岡	0	0	0	0	0	0	0	0	0	0	0	0	0	0
29 岐阜	0	0	0	0	0	0	0	0	0	0	0	0	0	0
30 愛知	0	0	0	19,692	0	0	0	19,692	0	0	0	0	0	0
31 三重	0	0	0	0	0	0	0	0	0	0	0	0	0	0
32 滋賀	0	0	0	0	0	0	0	0	0	0	0	0	0	0
33 京都	0	0	0	0	0	0	0	0	0	0	0	0	0	0
34 奈良	0	0	0	0	0	0	0	0	0	0	0	0	0	0
35 和歌山	0	0	0	1,560	0	0	0	1,560	0	0	0	0	0	0
36 大阪	0	0	0	0	0	0	0	0	5,000	3,700	0	0	0	0
37 兵庫	0	0	0	6,736	0	0	0	6,736	0	0	3,590	0	0	0
38 鳥取	0	0	0	0	0	0	0	0	0	0	0	0	0	0
39 島根	0	0	0	0	0	0	0	0	0	0	0	0	0	0
40 岡山	0	0	0	0	0	0	0	0	15,711	1,501	0	15,176	0	0
41 広島	0	0	0	0	0	0	0	0	0	0	0	0	0	0
42 山口	0	0	0	0	0	0	0	0	300	0	0	0	0	0
43 香川	0	0	0	0	0	0	0	0	18,732	0	0	0	1,500	0
44 愛媛	0	0	0	0	0	0	0	0	0	0	0	0	0	0
45 徳島	0	0	0	0	0	0	0	0	0	0	0	0	0	0
46 高知	0	0	0	0	0	0	0	0	0	0	0	0	0	0
47 福岡	0	0	0	5,249	0	0	0	5,249	3,438	8,454	33,804	8,121	1,106	0
48 佐賀	0	0	0	0	0	0	0	0	0	0	0	0	0	0
49 長崎	0	0	0	0	0	0	0	0	55,097	0	0	0	0	0
50 熊本	0	0	0	0	0	0	0	0	0	0	0	0	0	0
51 大分	0	0	0	0	0	0	0	0	0	0	0	0	0	0
52 宮崎	0	0	0	0	0	0	0	0	0	0	0	0	0	0
53 鹿児島	0	0	0	0	0	0	0	0	0	0	0	0	0	0
54 沖縄	0	0	0	0	0	0	0	0	0	0	0	0	0	0
55 全国	0	0	0	39,890	0	0	3,480	43,370	101,389	15,457	40,953	24,677	4,018	0

平成28年度　　府県相互間輸送トン数表（海運）

品目 （5-20） 石炭製品　　（単位：トン）　その 2

発＼着	15 茨城	16 栃木	17 群馬	18 埼玉	19 千葉	20 東京	21 神奈川	22 新潟	23 富山	24 石川	25 福井	26 山梨	27 長野	28 静岡
1 札幌	0	0	0	0	0	0	0	0	0	0	0	0	0	0
2 旭川	0	0	0	0	0	0	0	0	0	0	0	0	0	0
3 函館	0	0	0	0	0	0	0	0	0	0	0	0	0	0
4 室蘭	62,191	0	0	0	110,068	0	0	0	0	0	0	0	0	0
5 釧路	0	0	0	0	0	0	0	0	0	0	0	0	0	0
6 帯広	0	0	0	0	0	0	0	0	0	0	0	0	0	0
7 北見	0	0	0	0	1,059	0	0	0	0	0	0	0	0	0
8 北海道	62,191	0	0	0	111,127	0	0	0	0	0	0	0	0	0
9 青森	0	0	0	0	3,006	0	0	0	0	0	0	0	0	0
10 岩手	0	0	0	0	3,633	0	0	0	0	0	0	0	0	0
11 宮城	0	0	0	0	0	0	0	0	0	0	0	0	0	0
12 福島	0	0	0	0	0	0	0	0	0	0	0	0	0	0
13 秋田	0	0	0	0	0	0	0	0	0	0	0	0	0	0
14 山形	0	0	0	0	0	0	0	0	0	0	0	0	0	0
15 茨城	0	0	0	0	0	0	0	0	0	0	0	0	0	0
16 栃木	0	0	0	0	0	0	0	0	0	0	0	0	0	0
17 群馬	0	0	0	0	0	0	0	0	0	0	0	0	0	0
18 埼玉	0	0	0	0	0	0	0	0	0	0	0	0	0	0
19 千葉	634,231	0	0	0	63,645	0	22,420	2,600	0	0	0	0	0	0
20 東京	0	0	0	0	1,632	0	0	0	0	0	0	0	0	0
21 神奈川	0	0	0	0	420,571	0	0	0	0	0	0	0	0	0
22 新潟	0	0	0	0	0	0	0	0	0	0	0	0	0	0
23 富山	0	0	0	0	0	0	1,500	1,300	0	0	0	0	0	0
24 石川	0	0	0	0	0	0	0	12,200	0	0	0	0	0	0
25 福井	0	0	0	0	0	0	0	0	0	0	0	0	0	0
26 山梨	0	0	0	0	0	0	0	0	0	0	0	0	0	0
27 長野	0	0	0	0	0	0	0	0	0	0	0	0	0	0
28 静岡	0	0	0	0	0	0	0	0	0	0	0	0	0	0
29 岐阜	0	0	0	0	0	0	0	0	0	0	0	0	0	0
30 愛知	4,694	0	0	0	1,530	0	0	0	0	0	0	0	0	0
31 三重	0	0	0	0	0	0	0	0	0	0	0	0	0	0
32 滋賀	0	0	0	0	0	0	0	0	0	0	0	0	0	0
33 京都	0	0	0	0	0	0	0	0	0	0	0	0	0	0
34 奈良	0	0	0	0	0	0	0	0	0	0	0	0	0	0
35 和歌山	100,162	0	0	0	8,072	0	0	0	0	0	0	0	0	0
36 大阪	0	0	0	0	0	0	28,590	1,500	0	0	0	0	0	0
37 兵庫	0	0	0	0	8,186	0	0	0	0	0	0	0	0	0
38 鳥取	0	0	0	0	0	0	0	0	0	0	0	0	0	0
39 島根	0	0	0	0	0	0	0	0	0	0	0	0	0	0
40 岡山	0	0	0	0	2,540	1,501	18,178	23,465	9,197	0	0	0	0	0
41 広島	0	0	0	0	0	0	0	0	0	0	0	0	0	0
42 山口	0	0	0	0	0	0	0	10,654	0	0	0	0	0	0
43 香川	4,922	0	0	0	373,366	651	0	22,935	5,317	0	0	0	0	1,703
44 愛媛	0	0	0	0	1,724	0	0	0	0	0	0	0	0	0
45 徳島	0	0	0	0	0	0	0	0	0	0	0	0	0	0
46 高知	0	0	0	0	8,708	0	3,044	0	0	0	0	0	0	0
47 福岡	146,713	0	0	0	499,025	0	0	50,315	11,370	0	0	0	0	6,032
48 佐賀	0	0	0	0	0	0	0	0	0	0	0	0	0	0
49 長崎	8,502	0	0	0	1,302	0	0	1,400	0	0	0	0	0	0
50 熊本	0	0	0	0	0	0	0	0	0	0	0	0	0	0
51 大分	24,884	0	0	0	1,350	0	0	0	0	0	0	0	0	0
52 宮崎	0	0	0	0	1,750	0	0	0	0	0	0	0	0	0
53 鹿児島	0	0	0	0	0	0	0	0	0	0	0	0	0	0
54 沖縄	0	0	0	0	0	0	0	0	0	0	0	0	0	0
55 全国	986,299	0	0	0	1,511,167	2,152	73,732	126,369	25,884	0	0	0	0	7,735

平成28年度　　　　　　　　　　　　　府県相互間輸送トン数表（海運）　　　　　　品目（5-20）石炭製品　　（単位：トン）　その 3

着\発	29 岐阜	30 愛知	31 三重	32 滋賀	33 京都	34 奈良	35 和歌山	36 大阪	37 兵庫	38 鳥取	39 島根	40 岡山	41 広島	42 山口
1 札幌	0	0	0	0	0	0	0	0	0	0	0	0	0	0
2 旭川	0	0	0	0	0	0	0	0	0	0	0	0	0	0
3 函館	0	0	0	0	0	0	0	0	0	0	0	0	0	0
4 室蘭	0	37,274	0	0	0	0	4,600	0	0	0	0	0	0	0
5 釧路	0	0	0	0	0	0	0	0	0	0	0	0	0	0
6 帯広	0	0	0	0	0	0	0	0	0	0	0	0	0	0
7 北見	0	0	0	0	0	0	0	0	0	0	0	0	0	0
8 北海道	0	37,274	0	0	0	0	4,600	0	0	0	0	0	0	0
9 青森	0	0	0	0	0	0	0	0	0	0	0	0	0	0
10 岩手	0	0	0	0	0	0	0	0	0	0	0	0	0	0
11 宮城	0	0	0	0	0	0	0	0	0	0	0	0	0	0
12 福島	0	0	0	0	0	0	0	0	0	0	0	1,300	0	0
13 秋田	0	0	0	0	0	0	0	1,500	0	0	0	0	0	0
14 山形	0	0	0	0	0	0	0	0	0	0	0	0	0	0
15 茨城	0	0	0	0	0	0	331	0	0	0	0	0	0	0
16 栃木	0	0	0	0	0	0	0	0	0	0	0	0	0	0
17 群馬	0	0	0	0	0	0	0	0	0	0	0	0	0	0
18 埼玉	0	0	0	0	0	0	0	0	0	0	0	0	0	0
19 千葉	0	25,642	0	0	0	0	56,722	0	86,706	0	0	71,377	2,026	0
20 東京	0	0	0	0	0	0	0	0	0	0	0	0	0	0
21 神奈川	0	10,195	0	0	0	0	0	632	0	0	0	128,371	7,720	0
22 新潟	0	0	0	0	0	0	0	0	0	0	0	0	0	0
23 富山	0	0	0	0	0	0	0	0	0	0	0	0	0	0
24 石川	0	0	0	0	0	0	0	0	0	0	0	0	0	0
25 福井	0	0	0	0	0	0	0	0	0	0	0	0	0	0
26 山梨	0	0	0	0	0	0	0	0	0	0	0	0	0	0
27 長野	0	0	0	0	0	0	0	0	0	0	0	0	0	0
28 静岡	0	0	0	0	0	0	0	0	0	0	0	0	0	0
29 岐阜	0	0	0	0	0	0	0	0	0	0	0	0	0	0
30 愛知	0	0	0	0	0	0	0	0	1,290	0	0	0	0	0
31 三重	0	0	0	0	0	0	1,000	0	0	0	0	0	0	0
32 滋賀	0	0	0	0	0	0	0	0	0	0	0	0	0	0
33 京都	0	0	0	0	0	0	0	0	0	0	0	0	0	0
34 奈良	0	0	0	0	0	0	0	0	0	0	0	0	0	0
35 和歌山	0	87,786	0	0	0	0	0	0	0	0	0	0	0	0
36 大阪	0	0	0	0	0	0	1,000	0	32,201	0	0	0	0	0
37 兵庫	0	906	0	0	0	0	0	5,506	125,768	0	0	6,438	1,283	1,102
38 鳥取	0	0	0	0	0	0	0	0	0	0	0	0	0	0
39 島根	0	0	0	0	0	0	0	0	0	0	0	0	0	0
40 岡山	0	3,155	0	0	0	0	0	0	30,439	0	550	0	0	18,536
41 広島	0	0	0	0	0	0	0	9,550	0	0	0	0	5,830	23,200
42 山口	0	0	0	0	0	0	0	0	22,740	0	0	650	46,174	720
43 香川	0	44,914	4,550	0	0	0	3,085	7,700	847,279	0	0	134,078	1,538,711	12,794
44 愛媛	0	0	0	0	0	0	0	0	0	0	0	0	0	0
45 徳島	0	0	0	0	0	0	0	0	0	0	0	0	0	0
46 高知	0	0	0	0	0	0	14,731	4,132	0	0	0	0	0	0
47 福岡	0	36,849	2,200	0	1,477	0	4,007	16,424	79,888	0	0	31,655	47,617	29,360
48 佐賀	0	0	0	0	0	0	0	0	0	0	0	0	0	0
49 長崎	0	1,450	0	0	0	0	1,052	3,594	0	0	0	0	0	0
50 熊本	0	0	0	0	0	0	0	0	0	0	0	0	0	0
51 大分	0	40,878	0	0	0	0	0	0	5,436	0	0	0	0	523
52 宮崎	0	0	0	0	0	0	0	0	0	0	0	0	0	0
53 鹿児島	0	0	0	0	0	0	0	0	2,106	0	0	0	0	0
54 沖縄	0	0	0	0	0	0	0	0	0	0	0	0	0	0
55 全国	0	289,049	6,750	0	1,477	0	86,528	49,038	1,233,853	0	550	373,869	1,649,361	86,235

平成28年度　　　　　　　　　　　　　府県相互間輸送トン数表（海運）　　　　　　品目（5-20）石炭製品　　（単位：トン）　その 4

着\発	43 香川	44 愛媛	45 徳島	46 高知	47 福岡	48 佐賀	49 長崎	50 熊本	51 大分	52 宮崎	53 鹿児島	54 沖縄	55 全国
1 札幌	0	0	0	0	0	0	0	0	0	0	0	0	0
2 旭川	0	0	0	0	0	0	0	0	0	0	0	0	0
3 函館	0	0	0	0	0	0	0	0	0	0	0	0	0
4 室蘭	0	0	0	0	1,506	0	0	0	0	0	0	0	216,940
5 釧路	0	0	0	0	0	0	0	0	0	0	0	0	0
6 帯広	0	0	0	0	0	0	0	0	0	0	0	0	0
7 北見	0	0	0	0	0	0	0	0	0	0	0	0	1,059
8 北海道	0	0	0	0	1,506	0	0	0	0	0	0	0	217,999
9 青森	0	0	0	0	0	0	1,007	0	0	0	0	0	4,013
10 岩手	0	0	0	0	0	0	0	0	0	0	0	0	5,654
11 宮城	0	0	0	0	0	0	0	0	0	0	0	0	42
12 福島	0	0	0	0	0	0	0	0	0	0	0	0	1,300
13 秋田	0	0	0	0	0	0	0	0	0	0	0	0	2,804
14 山形	0	0	0	0	0	0	0	0	0	0	0	0	0
15 茨城	0	0	0	0	74,403	0	0	0	0	0	0	0	74,734
16 栃木	0	0	0	0	0	0	0	0	0	0	0	0	0
17 群馬	0	0	0	0	0	0	0	0	0	0	0	0	0
18 埼玉	0	0	0	0	0	0	0	0	0	0	0	0	0
19 千葉	30,864	0	0	0	14,363	0	0	0	0	0	0	0	1,018,807
20 東京	1,600	0	0	0	0	0	0	0	0	0	0	0	4,660
21 神奈川	0	0	0	0	15,052	0	0	0	0	0	0	0	588,704
22 新潟	0	0	0	0	0	0	0	0	0	0	0	0	506
23 富山	0	0	0	0	15,805	0	0	0	0	0	0	0	19,026
24 石川	0	0	0	0	0	0	0	0	0	0	0	0	12,200
25 福井	0	0	0	0	0	0	0	0	0	0	0	0	0
26 山梨	0	0	0	0	0	0	0	0	0	0	0	0	0
27 長野	0	0	0	0	0	0	0	0	0	0	0	0	0
28 静岡	0	0	0	0	0	0	0	0	0	0	0	0	0
29 岐阜	0	0	0	0	0	0	0	0	0	0	0	0	0
30 愛知	1,300	1,890	0	0	64,790	0	0	0	2,916	0	0	0	98,102
31 三重	0	0	0	0	0	0	0	0	0	0	0	0	1,000
32 滋賀	0	0	0	0	0	0	0	0	0	0	0	0	0
33 京都	0	0	0	0	975	0	0	0	0	0	0	0	975
34 奈良	0	0	0	0	0	0	0	0	0	0	0	0	0
35 和歌山	0	0	0	620	55,218	0	0	1,300	9,154	0	0	0	263,872
36 大阪	0	23,300	201	0	184,373	0	0	0	0	0	0	0	279,865
37 兵庫	500	0	0	0	41,966	0	0	0	0	0	320	0	202,301
38 鳥取	0	0	0	0	0	0	0	0	0	0	0	0	0
39 島根	0	0	0	0	0	0	0	0	0	0	0	0	0
40 岡山	0	30,000	1,200	3,480	68,126	0	8,084	0	0	0	0	0	250,839
41 広島	0	441	0	0	8,600	0	0	0	0	0	0	0	47,621
42 山口	0	4,375	0	0	40,591	0	0	0	0	0	0	0	126,204
43 香川	0	8,932	15,784	0	169,214	0	1,600	0	0	0	650	0	3,218,417
44 愛媛	0	0	0	0	220	0	0	0	0	0	0	0	870
45 徳島	0	0	0	650	2,700	0	0	0	0	0	0	0	4,424
46 高知	0	0	0	0	0	0	0	0	0	0	0	0	30,615
47 福岡	18,384	10,145	81,626	7,473	2,746	0	0	0	22,252	0	1,200	608	1,167,538
48 佐賀	0	0	0	0	0	0	0	0	0	0	0	0	0
49 長崎	0	0	37,282	0	0	0	0	0	0	0	0	0	109,679
50 熊本	0	0	0	0	0	0	0	0	0	0	0	0	0
51 大分	0	0	0	0	37,905	0	0	0	1,400	0	0	0	112,376
52 宮崎	0	0	0	0	0	0	0	0	0	0	0	0	1,750
53 鹿児島	0	0	0	1,100	1,300	0	0	0	0	0	30	0	4,537
54 沖縄	0	0	0	0	1,005	0	0	0	0	0	0	3	1,008
55 全国	52,648	79,083	136,093	13,323	800,858	0	9,091	2,900	35,722	0	1,550	1,262	7,872,442

平成28年度　府県相互間輸送トン数表（海運）

品目（5-21）化学薬品　（単位：トン）その 1

発＼着	1 札幌	2 旭川	3 函館	4 室蘭	5 釧路	6 帯広	7 北見	8 北海道	9 青森	10 岩手	11 宮城	12 福島	13 秋田	14 山形
1 札幌	0	0	0	0	0	0	0	0	0	0	0	0	0	0
2 旭川	0	4	0	0	0	0	0	4	0	0	0	0	0	0
3 函館	0	0	0	0	0	0	0	0	0	0	0	0	0	0
4 室蘭	0	0	0	0	19,580	0	0	19,580	780	0	3,987	0	0	0
5 釧路	0	0	0	2,600	0	0	0	2,600	0	0	0	0	0	0
6 帯広	0	0	0	0	0	0	0	0	0	0	0	0	0	0
7 北見	0	0	0	0	0	0	0	0	0	0	0	0	0	0
8 北海道	0	4	0	2,600	19,580	0	0	22,184	780	0	3,987	0	0	0
9 青森	0	0	0	28,634	5	0	0	28,639	0	6,000	0	0	0	0
10 岩手	0	0	0	850	0	0	0	850	0	0	0	0	0	0
11 宮城	0	0	0	33,618	2,600	0	0	36,218	1,180	0	0	1,231	0	0
12 福島	0	0	0	1,200	1,186	0	0	2,386	0	7,420	25,520	0	1,000	0
13 秋田	0	0	0	35,900	20,957	0	0	56,857	0	0	0	0	0	0
14 山形	0	0	0	0	0	0	0	0	3,000	0	0	0	4,550	5
15 茨城	0	0	0	46,225	9,688	0	0	55,913	59,788	0	51,306	8,566	3,180	0
16 栃木	0	0	0	0	0	0	0	0	0	0	0	0	0	0
17 群馬	0	0	0	0	0	0	0	0	0	0	0	0	0	0
18 埼玉	0	0	0	0	0	0	0	0	0	0	0	0	0	0
19 千葉	0	0	0	10,411	910	0	0	11,321	2,580	2,027	41,655	52,127	8,000	0
20 東京	0	0	0	28,360	530	0	0	28,890	298	0	12,006	20	0	0
21 神奈川	0	0	0	3,913	0	0	0	3,913	7,670	0	5,019	6,011	0	0
22 新潟	0	0	0	7,310	0	0	0	7,310	0	0	0	0	0	0
23 富山	0	0	0	0	0	0	0	0	0	0	0	0	0	0
24 石川	0	0	0	0	0	0	0	0	0	0	0	0	0	0
25 福井	0	0	0	4,945	0	0	0	4,945	0	0	0	0	0	0
26 山梨	0	0	0	0	0	0	0	0	0	0	0	0	0	0
27 長野	0	0	0	0	0	0	0	0	0	0	0	0	0	0
28 静岡	0	0	0	7,772	3,100	0	0	10,872	0	0	2,101	450	2,783	2,600
29 岐阜	0	0	0	0	0	0	0	0	0	0	0	0	0	0
30 愛知	0	0	0	0	0	0	0	0	944	0	0	1,652	0	0
31 三重	0	0	0	0	0	0	0	0	0	0	1,398	0	0	0
32 滋賀	0	0	0	0	0	0	0	0	0	0	0	0	0	0
33 京都	0	0	0	0	0	0	0	0	0	0	0	0	0	0
34 奈良	0	0	0	0	0	0	0	0	0	0	0	0	0	0
35 和歌山	0	0	0	0	0	0	0	0	0	0	341	0	0	0
36 大阪	0	0	0	12,280	165	0	0	12,445	0	0	0	4,600	3,000	0
37 兵庫	0	0	0	1,040	0	0	0	1,040	0	0	0	0	0	0
38 鳥取	0	0	0	0	0	0	0	0	0	0	0	0	0	0
39 島根	0	0	0	0	0	0	0	0	0	0	0	0	0	0
40 岡山	0	0	0	0	0	0	0	0	0	0	4,080	15,503	0	0
41 広島	0	0	0	0	0	0	0	0	360	0	16,500	0	0	0
42 山口	0	0	0	1,100	1,800	0	0	2,900	2,359	0	12,562	2,600	0	0
43 香川	0	0	0	0	0	0	0	0	0	0	5,000	0	1,000	0
44 愛媛	0	0	0	1,010	0	0	0	1,010	0	0	3,735	1,351	0	0
45 徳島	0	0	0	0	0	0	0	0	0	0	0	1,840	0	0
46 高知	0	0	0	0	0	0	0	0	0	0	0	0	0	0
47 福岡	0	0	0	0	0	0	0	0	0	0	0	7,420	0	0
48 佐賀	0	0	0	0	0	0	0	0	0	0	0	0	0	0
49 長崎	0	0	0	0	0	0	0	0	0	0	0	0	0	0
50 熊本	0	0	0	0	0	0	0	0	0	0	0	0	0	0
51 大分	0	0	0	0	0	0	0	0	0	0	0	0	0	0
52 宮崎	0	0	0	0	0	0	0	0	0	0	0	0	0	0
53 鹿児島	0	0	0	0	0	0	0	0	525	0	0	0	0	0
54 沖縄	0	0	0	0	0	0	0	0	0	0	0	0	0	0
55 全国	0	4	0	227,168	60,521	0	0	287,693	79,484	15,447	185,210	103,371	23,513	2,605

平成28年度　府県相互間輸送トン数表（海運）

品目（5-21）化学薬品　（単位：トン）その 2

発＼着	15 茨城	16 栃木	17 群馬	18 埼玉	19 千葉	20 東京	21 神奈川	22 新潟	23 富山	24 石川	25 福井	26 山梨	27 長野	28 静岡
1 札幌	0	0	0	0	1,500	0	0	0	0	0	0	0	0	0
2 旭川	0	0	0	0	0	0	0	0	0	0	0	0	0	0
3 函館	0	0	0	0	0	0	0	0	0	0	0	0	0	0
4 室蘭	17,745	0	0	0	3,471	6,782	1,824	670	1,256	0	2,700	0	0	38,315
5 釧路	3,331	0	0	0	0	0	0	450	0	0	0	0	0	0
6 帯広	0	0	0	0	0	0	0	0	0	0	0	0	0	0
7 北見	0	0	0	0	0	0	0	0	0	0	0	0	0	0
8 北海道	21,076	0	0	0	4,971	6,782	1,824	1,120	1,256	0	2,700	0	0	38,315
9 青森	0	0	0	0	0	0	0	25,800	0	0	0	0	0	0
10 岩手	0	0	0	0	0	0	0	0	0	0	0	0	0	0
11 宮城	39,425	0	0	0	1,600	0	98,085	0	0	0	0	0	0	0
12 福島	1,020	0	0	0	45,318	0	56,767	1,300	0	0	0	0	0	49,223
13 秋田	0	0	0	0	0	0	0	97,650	0	9,554	7,750	0	0	0
14 山形	0	0	0	0	0	0	430	0	0	0	9,373	0	0	0
15 茨城	0	0	0	0	178,667	0	9,496	21,890	0	0	12,412	0	0	12,605
16 栃木	0	0	0	0	0	0	0	0	0	0	0	0	0	0
17 群馬	0	0	0	0	0	0	0	0	0	0	0	0	0	0
18 埼玉	0	0	0	0	0	0	0	0	0	0	0	0	0	0
19 千葉	589,306	0	0	0	54,765	0	318,037	47,410	0	0	1,000	0	0	52,435
20 東京	232	0	0	0	487	189	635	0	0	0	0	0	0	3,319
21 神奈川	85,382	0	0	0	293,768	0	280,690	0	0	0	22,050	0	0	16,121
22 新潟	2,700	0	0	0	1,597	0	0	7,386	0	0	6,464	0	0	0
23 富山	0	0	0	0	0	0	0	1,000	0	0	0	0	0	0
24 石川	0	0	0	0	0	0	0	600	0	0	0	0	0	0
25 福井	0	0	0	0	0	0	0	821	0	0	0	0	0	0
26 山梨	0	0	0	0	0	0	0	0	0	0	0	0	0	0
27 長野	0	0	0	0	0	0	0	0	0	0	0	0	0	0
28 静岡	0	0	0	0	8,500	0	3,017	0	0	0	0	0	0	514
29 岐阜	0	0	0	0	0	0	0	0	0	0	0	0	0	0
30 愛知	11,339	0	0	0	24,236	0	20,006	0	0	0	0	0	0	13,858
31 三重	68,099	0	0	0	88,891	928	68,884	0	0	0	0	0	0	15,123
32 滋賀	0	0	0	0	0	0	0	0	0	0	0	0	0	0
33 京都	0	0	0	0	0	0	0	0	0	0	0	0	0	0
34 奈良	0	0	0	0	0	0	0	0	0	0	0	0	0	0
35 和歌山	28,524	0	0	0	17,675	0	22,274	0	0	0	0	0	0	0
36 大阪	9,491	0	0	0	81,501	106	61,601	32,300	0	0	0	0	0	13,858
37 兵庫	14,624	0	0	0	127,034	915	132,541	1,800	0	0	3,003	0	0	2,410
38 鳥取	0	0	0	0	0	0	0	0	0	0	0	0	0	0
39 島根	0	0	0	0	12,275	0	430	0	0	0	0	0	0	0
40 岡山	38,593	0	0	0	223,960	3,449	246,450	39,680	0	0	1,000	0	0	6,202
41 広島	0	0	0	0	81,079	0	3,498	0	0	0	99,232	0	0	13,234
42 山口	16,328	0	0	0	209,920	43,975	57,639	47,200	2,006	0	52,698	0	0	29,476
43 香川	4,022	0	0	0	26,193	0	2,503	4,650	0	0	0	0	0	6,902
44 愛媛	6,470	0	0	0	24,385	1,675	44,026	9,800	0	0	600	0	0	15,973
45 徳島	0	0	0	0	0	0	0	0	0	0	0	0	0	0
46 高知	0	0	0	0	0	0	0	0	0	0	0	0	0	0
47 福岡	12,880	0	0	0	9,218	5,185	3,850	19,630	0	0	0	0	0	220
48 佐賀	0	0	0	0	0	0	0	0	0	0	0	0	0	0
49 長崎	0	0	0	0	0	0	0	0	0	0	0	0	0	0
50 熊本	0	0	0	0	0	0	24,138	0	0	0	0	0	0	0
51 大分	7,649	0	0	0	160,191	0	12,778	71,601	0	0	2,300	0	0	12,902
52 宮崎	0	0	0	0	8,700	0	0	0	0	0	0	0	0	0
53 鹿児島	0	0	0	0	0	0	0	0	0	0	0	0	0	0
54 沖縄	0	0	0	0	0	0	0	0	0	0	0	0	0	0
55 全国	957,160	0	0	0	1,684,931	63,204	1,469,599	431,638	3,262	9,554	220,582	0	0	302,747

平成28年度　府県相互間輸送トン数表（海運）　品目（5-21）化学薬品　（単位：トン）その3

着\発	29 岐阜	30 愛知	31 三重	32 滋賀	33 京都	34 奈良	35 和歌山	36 大阪	37 兵庫	38 鳥取	39 島根	40 岡山	41 広島	42 山口
1 札幌	0	0	0	0	0	0	0	0	0	0	0	0	0	0
2 旭川	0	0	0	0	0	0	0	0	0	0	0	0	0	0
3 函館	0	0	0	0	0	0	0	0	0	0	0	0	0	0
4 室蘭	0	900	11,801	0	0	0	0	1,281	7,424	0	0	0	0	22,143
5 釧路	0	0	0	0	0	0	0	324	0	0	0	0	0	0
6 帯広	0	0	0	0	0	0	0	0	0	0	0	0	0	0
7 北見	0	0	0	0	0	0	0	0	0	0	0	0	0	0
8 北海道	0	900	11,801	0	0	0	0	6,069	7,424	0	0	0	0	22,143
9 青森	0	0	116	0	0	0	0	0	0	0	0	0	0	0
10 岩手	0	0	0	0	0	0	0	0	0	0	0	0	300	0
11 宮城	0	20,516	0	0	0	0	377	0	0	0	0	196,855	0	0
12 福島	0	4,950	0	0	0	0	757	4,451	0	0	0	0	0	600
13 秋田	0	0	0	0	0	0	0	0	0	0	0	0	0	0
14 山形	0	0	0	0	0	0	0	0	0	0	0	0	0	0
15 茨城	0	162,000	94,381	0	0	0	2,058	40,891	26,734	0	0	43,500	6,000	36,115
16 栃木	0	0	0	0	0	0	0	0	0	0	0	0	0	0
17 群馬	0	0	0	0	0	0	0	0	0	0	0	0	0	0
18 埼玉	0	0	0	0	0	0	0	0	0	0	0	0	0	0
19 千葉	0	480,419	365,818	0	0	0	695	240,867	78,830	0	0	134,177	103,151	379,916
20 東京	0	591	0	0	0	0	0	0	22	0	0	0	0	909
21 神奈川	0	207,447	70,250	0	0	0	144,323	149,865	74,344	0	0	89,998	14,620	36,784
22 新潟	0	0	0	0	0	0	0	2,404	1,444	0	0	1,401	0	300
23 富山	0	0	0	0	0	0	0	0	0	0	0	0	0	0
24 石川	0	0	0	0	0	0	0	0	0	0	0	0	0	0
25 福井	0	0	0	0	0	0	0	0	0	0	0	0	0	0
26 山梨	0	0	0	0	0	0	0	0	0	0	0	0	0	0
27 長野	0	0	0	0	0	0	0	0	0	0	0	0	0	0
28 静岡	0	7,506	8,690	0	0	0	0	10,809	5,322	0	0	0	0	0
29 岐阜	0	0	0	0	0	0	0	0	0	0	0	0	0	0
30 愛知	0	480	12,406	0	0	0	0	7,493	20,858	0	0	9,632	0	63,798
31 三重	0	182,350	21,059	0	0	0	0	88,441	52,443	0	0	84,731	42,681	87,009
32 滋賀	0	0	0	0	0	0	0	0	0	0	0	0	0	0
33 京都	0	0	0	0	0	0	0	0	0	0	0	0	0	0
34 奈良	0	0	0	0	0	0	0	0	0	0	0	0	0	0
35 和歌山	0	23,048	27,719	0	0	0	0	21,991	48,488	0	0	41,382	3,618	55,436
36 大阪	0	56,809	25,430	0	0	0	10,940	15,081	33,395	0	0	144,610	12,755	319,357
37 兵庫	0	115,845	91,737	0	15,600	0	6,580	212,274	266,048	0	0	250,859	106,351	95,196
38 鳥取	0	0	0	0	0	0	0	0	0	0	0	0	0	0
39 島根	0	5,503	0	0	0	0	0	0	0	0	18,457	1	0	13,400
40 岡山	0	164,753	236,394	0	0	0	11,714	201,645	222,900	0	254	127,159	108,441	386,710
41 広島	0	18,209	4,663	0	0	0	550	43,869	57,839	0	0	63,098	58,143	89,161
42 山口	0	299,128	291,646	0	12,979	0	21,267	472,836	240,762	39,973	32,883	340,749	704,520	319,356
43 香川	0	8,383	68,087	0	0	0	1,804	6,170	10,420	0	0	87,534	15,507	93,210
44 愛媛	0	70,152	33,974	0	0	0	2,708	119,835	85,813	0	0	233,609	27,956	279,652
45 徳島	0	15,090	0	0	0	0	0	8,590	1,377	0	0	0	0	2,697
46 高知	0	0	0	0	0	0	0	0	0	0	0	0	0	0
47 福岡	0	9,840	904	0	45,350	0	3,842	17,724	4,682	0	0	6,451	14,049	24,794
48 佐賀	0	0	0	0	0	0	0	0	199	0	0	0	0	0
49 長崎	0	0	0	0	0	0	0	0	26,093	0	0	0	0	0
50 熊本	0	0	0	0	0	0	0	0	6,840	0	0	10,036	100	0
51 大分	0	92,132	104,472	0	1,019	0	0	119,486	168,995	0	2,009	15,784	54,839	337,726
52 宮崎	0	0	0	0	0	0	0	0	861	0	0	0	0	1,602
53 鹿児島	0	0	0	0	0	0	0	0	0	0	0	28,474	0	0
54 沖縄	0	0	0	0	0	0	0	0	0	0	0	32	0	0
55 全国	0	1,946,051	1,469,547	0	74,948	0	207,615	1,790,813	1,443,020	39,973	53,604	1,910,071	1,273,031	2,644,982

平成28年度　府県相互間輸送トン数表（海運）　品目（5-21）化学薬品　（単位：トン）その4

着\発	43 香川	44 愛媛	45 徳島	46 高知	47 福岡	48 佐賀	49 長崎	50 熊本	51 大分	52 宮崎	53 鹿児島	54 沖縄	55 全国
1 札幌	0	0	0	0	0	0	0	0	0	0	0	0	1,500
2 旭川	0	0	0	0	0	0	0	0	0	0	0	0	4
3 函館	0	0	0	0	0	0	0	0	0	0	0	0	4,464
4 室蘭	1,300	5,070	0	0	0	0	0	0	0	0	0	0	147,029
5 釧路	0	0	0	0	0	0	0	0	0	0	0	0	6,705
6 帯広	0	0	0	0	0	0	0	0	0	0	0	0	0
7 北見	0	0	0	0	0	0	0	0	0	0	0	0	0
8 北海道	1,300	5,070	0	0	0	0	0	0	0	0	0	0	159,702
9 青森	0	0	0	0	0	0	0	0	0	0	0	0	60,555
10 岩手	0	0	0	0	0	0	0	0	0	0	0	0	1,150
11 宮城	0	0	0	0	0	0	0	0	0	0	0	0	395,487
12 福島	250	0	0	0	2,078	0	0	0	0	0	0	0	203,040
13 秋田	0	0	0	0	0	0	0	0	0	0	0	0	171,811
14 山形	0	0	0	0	0	0	0	0	0	0	0	0	17,358
15 茨城	2,100	72,780	0	0	107,310	0	0	0	0	0	0	0	1,007,692
16 栃木	0	0	0	0	0	0	0	0	0	0	0	0	0
17 群馬	0	0	0	0	0	0	0	0	0	0	0	0	0
18 埼玉	0	0	0	0	0	0	0	0	0	0	0	0	0
19 千葉	0	128,426	0	0	48,306	0	0	0	23,751	0	0	0	3,165,019
20 東京	0	0	0	0	387	0	0	0	0	3,528	0	411	51,924
21 神奈川	0	22,201	199	0	3,333	0	327	352	15,001	1,241	0	0	1,550,909
22 新潟	0	0	0	0	0	0	0	0	1,000	0	0	0	32,006
23 富山	0	0	0	0	0	0	0	0	0	0	0	0	1,000
24 石川	0	0	0	0	0	0	0	0	0	0	0	0	600
25 福井	0	0	0	0	0	0	0	0	0	0	0	0	5,766
26 山梨	0	0	0	0	0	0	0	0	0	0	0	0	0
27 長野	0	0	0	0	0	0	0	0	0	0	0	0	0
28 静岡	600	27,470	0	0	13,650	0	0	1,850	0	0	0	0	106,734
29 岐阜	0	0	0	0	0	0	0	0	0	0	0	0	0
30 愛知	6,100	53,991	22,926	0	1,490	0	0	0	17,161	0	0	0	288,427
31 三重	0	31,827	0	0	665	2,551	0	0	11,332	0	0	0	848,412
32 滋賀	0	0	0	0	0	0	0	0	0	0	0	0	0
33 京都	0	0	0	0	0	0	0	0	0	0	0	0	0
34 奈良	0	0	0	0	0	0	0	0	0	0	0	0	0
35 和歌山	5,448	6,900	0	6,150	2,002	0	0	753	14,124	0	0	0	325,873
36 大阪	1,600	58,645	3,536	0	74,081	600	0	1,310	18,363	25,440	2	927	1,021,783
37 兵庫	77,332	29,054	9,839	0	55,998	0	0	6,029	31,307	41,357	3,460	18	1,698,251
38 鳥取	0	0	0	0	0	0	0	0	0	0	0	0	1
39 島根	0	0	0	0	0	0	0	0	0	0	0	0	50,065
40 岡山	57,244	200,840	0	0	111,122	900	0	12,411	89,884	88,336	3,858	152	2,603,634
41 広島	12,137	53,367	0	0	49,914	0	0	0	22,105	500	0	0	687,458
42 山口	52,819	383,364	3,439	0	123,133	30,101	39,056	12,845	70,076	16,683	28,132	4,042	4,019,472
43 香川	550	3,121	1,283	0	5,870	0	0	0	4,669	0	0	0	356,878
44 愛媛	35,795	71,893	11,081	0	76,216	2,273	2,353	2,200	48,308	13,703	3,596	0	1,230,142
45 徳島	1,524	0	0	0	0	0	0	0	0	0	0	0	31,116
46 高知	0	0	0	0	605	0	0	0	0	0	0	0	605
47 福岡	300	400	6,833	0	791	0	9,842	16,285	55,837	100	2,109	15,034	293,570
48 佐賀	0	0	0	0	350	0	0	0	1,003	0	0	0	1,552
49 長崎	0	0	0	0	1,710	0	120	0	0	0	0	0	27,923
50 熊本	0	0	0	0	405	0	0	657	0	0	0	0	42,176
51 大分	2,008	22,141	22,631	400	105,364	6,906	38,407	9,100	32,967	38,751	3,405	1,170	1,447,133
52 宮崎	0	0	0	0	6,452	0	0	1,304	0	0	0	0	93,156
53 鹿児島	0	0	776	0	0	0	0	0	0	0	2,760	2,244	34,779
54 沖縄	0	890	0	0	0	0	0	0	0	0	36	3,044	4,002
55 全国	257,107	1,172,380	82,543	6,550	790,827	43,331	90,510	65,096	456,888	302,436	48,798	27,042	22,037,163

平成28年度　　府県相互間輸送トン数表（海運）　　品目（5-22）化学肥料　　（単位：トン）その1

発＼着	1 札幌	2 旭川	3 函館	4 室蘭	5 釧路	6 帯広	7 北見	8 北海道	9 青森	10 岩手	11 宮城	12 福島	13 秋田	14 山形
1 札幌	0	0	0	0	0	0	0	0	0	0	0	0	0	0
2 旭川	0	0	0	0	0	0	0	0	0	0	0	0	0	0
3 函館	0	0	0	0	0	0	0	0	0	0	0	0	0	0
4 室蘭	0	0	0	0	26,516	0	0	26,516	0	0	0	2,764	0	0
5 釧路	0	0	0	2,656	0	1,500	0	4,156	693	0	0	3,450	0	0
6 帯広	0	0	0	1,276	1,255	0	0	2,531	0	0	1,154	976	0	0
7 北見	0	0	0	0	0	0	0	0	0	0	0	0	0	0
8 北海道	0	0	0	3,932	27,771	1,500	0	33,203	693	0	1,520	7,190	0	0
9 青森	0	0	0	974	5	0	0	979	0	0	0	0	0	0
10 岩手	0	0	0	2,188	5,643	0	0	7,831	0	0	0	0	0	0
11 宮城	0	0	0	3,796	0	0	0	3,796	0	1,221	0	0	0	0
12 福島	0	0	0	1,200	609	0	0	1,809	0	6,022	0	0	0	0
13 秋田	0	0	0	10,439	0	0	0	10,439	0	0	0	0	0	0
14 山形	0	0	0	0	0	0	0	0	0	0	0	0	0	7
15 茨城	0	0	0	4,379	15,302	0	0	19,681	405	0	5,182	7,331	0	0
16 栃木	0	0	0	0	0	0	0	0	0	0	0	0	0	0
17 群馬	0	0	0	0	0	0	0	0	0	0	0	0	0	0
18 埼玉	0	0	0	0	0	0	0	0	0	0	0	0	0	0
19 千葉	0	0	0	0	5,603	2,400	0	8,003	30	5,987	0	0	0	0
20 東京	0	0	0	2,416	1,105	0	0	3,521	0	0	149	0	0	0
21 神奈川	0	0	0	1,325	0	0	0	1,325	1,721	0	280	0	0	0
22 新潟	0	0	0	6,609	1,923	0	0	8,532	1,444	0	2,032	11,762	0	0
23 富山	0	0	0	6,000	0	0	0	6,000	0	0	0	0	0	0
24 石川	0	0	0	0	1,203	0	0	1,203	0	0	0	0	0	0
25 福井	0	0	0	0	0	0	0	0	0	0	0	0	0	0
26 山梨	0	0	0	0	0	0	0	0	0	0	0	0	0	0
27 長野	0	0	0	0	0	0	0	0	0	0	0	0	0	0
28 静岡	0	0	0	1,541	0	3,868	2,038	7,447	992	0	0	0	0	0
29 岐阜	0	0	0	0	0	0	0	0	0	0	0	0	0	0
30 愛知	8,098	0	0	0	19,558	5,677	0	33,333	146	0	0	2,907	0	0
31 三重	0	0	0	0	0	0	0	0	0	0	0	0	0	0
32 滋賀	0	0	0	0	0	0	0	0	0	0	0	0	0	0
33 京都	0	0	0	3,762	2,053	0	0	5,815	0	0	0	0	0	0
34 奈良	0	0	0	0	0	0	0	0	0	0	0	0	0	0
35 和歌山	0	0	0	0	0	0	0	0	0	0	0	0	0	0
36 大阪	0	0	1,700	6,808	0	0	0	8,508	0	0	0	0	0	0
37 兵庫	0	0	855	0	1,823	0	0	2,678	0	0	1,469	0	0	0
38 鳥取	0	0	0	0	0	0	0	0	0	0	0	0	0	0
39 島根	0	0	0	1,089	0	0	0	1,089	0	0	0	0	0	0
40 岡山	0	0	0	421	7,079	6,188	0	13,688	0	0	2,300	6,589	0	0
41 広島	0	0	0	1,215	0	0	0	1,215	0	0	3,416	2,198	0	0
42 山口	1,350	0	0	34,121	22,427	22,159	0	80,057	13,377	0	8,052	1,722	4,216	6,323
43 香川	0	0	0	0	0	0	0	0	0	0	0	0	0	0
44 愛媛	2,000	0	0	1,414	1,103	0	0	4,517	0	0	1,605	0	0	0
45 徳島	0	0	0	0	0	0	0	0	0	0	0	0	0	0
46 高知	0	0	0	0	0	0	0	0	0	0	0	0	0	0
47 福岡	0	0	0	5,065	0	0	0	5,065	0	0	0	0	0	0
48 佐賀	0	0	0	0	0	0	0	0	0	0	0	0	0	0
49 長崎	0	0	0	0	0	0	0	0	0	0	0	0	0	0
50 熊本	0	0	0	0	0	0	0	0	1,846	0	0	0	1,274	0
51 大分	600	0	0	1,054	23,986	0	0	25,640	344	0	787	0	0	0
52 宮崎	0	0	0	0	0	0	0	0	0	0	0	1,200	0	0
53 鹿児島	0	0	0	0	0	0	0	0	0	0	0	0	0	0
54 沖縄	0	0	0	0	0	0	0	0	0	0	0	0	0	0
55 全国	12,048	0	2,555	119,306	123,312	36,115	2,038	295,374	20,998	13,230	26,792	40,899	5,490	6,330

平成28年度　　府県相互間輸送トン数表（海運）　　品目（5-22）化学肥料　　（単位：トン）その2

発＼着	15 茨城	16 栃木	17 群馬	18 埼玉	19 千葉	20 東京	21 神奈川	22 新潟	23 富山	24 石川	25 福井	26 山梨	27 長野	28 静岡
1 札幌	0	0	0	0	0	0	0	0	0	0	0	0	0	0
2 旭川	0	0	0	0	0	0	0	0	0	0	0	0	0	0
3 函館	0	0	0	0	0	0	0	0	0	0	0	0	0	0
4 室蘭	3,004	0	0	0	0	1,595	144	2,200	0	0	0	0	0	0
5 釧路	380	0	0	0	0	0	0	0	0	0	0	0	0	807
6 帯広	0	0	0	0	0	0	0	1,500	0	0	0	0	0	0
7 北見	0	0	0	0	0	0	0	0	0	0	0	0	0	0
8 北海道	3,384	0	0	0	0	1,595	144	3,700	0	0	0	0	0	807
9 青森	663	0	0	0	0	0	0	0	0	0	0	0	0	0
10 岩手	0	0	0	0	0	0	0	0	0	0	0	0	0	0
11 宮城	1,920	0	0	0	0	0	18	0	0	0	0	0	0	0
12 福島	3,324	0	0	0	30,021	0	0	2,355	0	0	0	0	0	0
13 秋田	0	0	0	0	0	0	0	0	0	0	0	0	0	0
14 山形	0	0	0	0	0	0	0	0	0	0	0	0	0	0
15 茨城	0	0	0	0	1,518	0	0	1,500	0	0	0	0	0	4,697
16 栃木	0	0	0	0	0	0	0	0	0	0	0	0	0	0
17 群馬	0	0	0	0	0	0	0	0	0	0	0	0	0	0
18 埼玉	0	0	0	0	0	0	0	0	0	0	0	0	0	0
19 千葉	0	0	0	0	0	246	0	0	0	0	0	0	0	0
20 東京	1,900	0	0	0	0	0	0	0	0	0	0	0	0	0
21 神奈川	13,587	0	0	0	4,110	0	0	7,886	0	0	0	0	0	0
22 新潟	1,465	0	0	0	0	0	0	0	0	0	0	0	0	0
23 富山	0	0	0	0	0	0	0	0	0	0	0	0	0	0
24 石川	0	0	0	0	0	0	0	0	0	0	0	0	0	0
25 福井	0	0	0	0	0	0	0	0	0	0	0	0	0	0
26 山梨	0	0	0	0	0	0	0	0	0	0	0	0	0	0
27 長野	0	0	0	0	0	0	0	0	0	0	0	0	0	0
28 静岡	0	0	0	0	0	0	0	0	0	0	0	0	0	0
29 岐阜	0	0	0	0	0	0	0	0	0	0	0	0	0	0
30 愛知	4,279	0	0	0	0	0	0	0	4,570	0	0	0	0	7,225
31 三重	1,016	0	0	0	0	0	0	0	0	0	0	0	0	0
32 滋賀	0	0	0	0	0	0	0	0	0	0	0	0	0	0
33 京都	0	0	0	0	0	0	0	0	0	0	0	0	0	0
34 奈良	0	0	0	0	0	0	0	0	0	0	0	0	0	0
35 和歌山	0	0	0	0	0	0	0	0	0	0	0	0	0	0
36 大阪	1,516	0	0	0	0	0	0	0	0	0	0	0	0	0
37 兵庫	3,167	0	0	0	0	0	0	0	0	0	0	0	0	928
38 鳥取	0	0	0	0	0	0	0	0	0	0	0	0	0	0
39 島根	0	0	0	0	0	0	0	0	0	0	0	0	0	0
40 岡山	0	0	0	0	0	85	0	0	0	0	0	0	0	0
41 広島	5,286	0	0	0	0	0	0	0	0	0	0	0	0	0
42 山口	18,357	0	0	0	36,712	5,230	0	5,282	300	370	0	0	0	1,137
43 香川	0	0	0	0	0	0	0	0	0	0	0	0	0	0
44 愛媛	1,381	0	0	0	0	40	0	0	0	0	0	0	0	0
45 徳島	0	0	0	0	0	0	0	0	0	0	0	0	0	0
46 高知	0	0	0	0	0	0	0	0	0	0	0	0	0	0
47 福岡	16,546	0	0	0	0	1,840	0	0	0	0	0	0	0	650
48 佐賀	0	0	0	0	0	0	0	0	0	0	0	0	0	0
49 長崎	0	0	0	0	0	0	0	0	0	0	0	0	0	0
50 熊本	0	0	0	0	0	0	0	0	0	0	0	0	0	0
51 大分	668	0	0	0	0	0	0	0	0	0	0	0	0	240
52 宮崎	0	0	0	0	1,007	0	0	0	0	0	0	0	0	0
53 鹿児島	0	0	0	0	0	0	0	0	0	0	0	0	0	0
54 沖縄	0	0	0	0	0	0	0	0	0	0	0	0	0	0
55 全国	79,959	0	0	0	73,368	9,036	162	20,723	4,870	370	0	0	0	15,684

平成28年度　　府県相互間輸送トン数表（海運）　　品目（5-22）化学肥料　　（単位：トン）　その3

着／発	29 岐阜	30 愛知	31 三重	32 滋賀	33 京都	34 奈良	35 和歌山	36 大阪	37 兵庫	38 鳥取	39 島根	40 岡山	41 広島	42 山口
1 札幌	0	0	0	0	0	0	0	0	0	0	0	0	0	0
2 旭川	0	0	0	0	0	0	0	0	0	0	0	0	0	0
3 函館	0	0	0	0	0	0	0	0	0	0	0	0	0	0
4 室蘭	0	1,455	0	0	0	0	0	24	0	0	0	0	0	1,187
5 釧路	0	0	0	0	0	0	0	0	0	0	0	0	0	0
6 帯広	0	0	0	0	0	0	0	0	0	0	0	0	0	0
7 北見	0	0	0	0	0	0	0	0	0	0	0	0	0	0
8 北海道	0	1,455	0	0	0	0	0	24	0	0	0	0	0	1,187
9 青森	0	479	0	0	0	0	0	0	0	0	0	0	0	0
10 岩手	0	0	0	0	0	0	0	0	0	0	0	0	0	0
11 宮城	0	622	0	0	0	0	0	0	5,759	0	0	0	0	0
12 福島	0	0	0	0	0	0	0	956	0	0	0	1,878	0	0
13 秋田	0	0	0	0	0	0	0	0	0	0	0	0	0	0
14 山形	0	0	0	0	0	0	0	0	0	0	0	0	0	0
15 茨城	0	2,000	700	0	0	0	0	0	1,739	0	0	2,234	0	0
16 栃木	0	0	0	0	0	0	0	0	0	0	0	0	0	0
17 群馬	0	0	0	0	0	0	0	0	0	0	0	0	0	0
18 埼玉	0	0	0	0	0	0	0	0	0	0	0	0	0	0
19 千葉	0	2,531	1,662	0	0	0	0	600	321	0	0	440	0	0
20 東京	0	0	0	0	0	0	0	0	0	0	0	0	0	0
21 神奈川	0	1,196	0	0	0	0	0	0	0	0	0	0	0	0
22 新潟	0	511	2,500	0	0	0	0	0	550	0	0	0	0	0
23 富山	0	0	0	0	0	0	0	0	0	0	0	0	0	0
24 石川	0	0	0	0	0	0	0	0	0	0	0	0	0	0
25 福井	0	0	0	0	0	0	0	0	0	0	0	0	0	0
26 山梨	0	0	0	0	0	0	0	0	0	0	0	0	0	0
27 長野	0	0	0	0	0	0	0	0	0	0	0	0	0	0
28 静岡	0	850	0	0	0	0	0	0	3,311	0	0	0	0	0
29 岐阜	0	0	0	0	0	0	0	0	0	0	0	0	0	0
30 愛知	0	0	0	0	0	0	0	600	1,275	0	0	0	0	0
31 三重	0	873	0	0	0	0	0	600	2,502	0	0	0	0	0
32 滋賀	0	0	0	0	0	0	0	0	0	0	0	0	0	0
33 京都	0	0	0	0	0	0	0	0	0	0	0	0	0	0
34 奈良	0	0	0	0	0	0	0	0	0	0	0	0	0	0
35 和歌山	0	0	0	0	0	0	0	0	0	0	0	0	0	0
36 大阪	0	1,432	0	0	0	0	0	0	3,516	0	0	0	0	0
37 兵庫	0	1,203	0	0	0	0	0	0	20,285	0	0	12,544	1,496	1,480
38 鳥取	0	0	0	0	0	0	0	0	0	0	0	0	0	0
39 島根	0	0	0	0	0	0	0	0	0	0	0	0	0	0
40 岡山	0	0	0	0	0	0	0	0	848	0	0	0	0	2,100
41 広島	0	0	0	0	0	0	0	3,700	14,943	0	0	1,011	74	0
42 山口	0	16,337	4,210	0	0	0	1,100	1,480	23,946	0	14,654	7,057	0	22
43 香川	0	0	0	0	0	0	0	0	0	0	0	0	0	0
44 愛媛	0	0	0	0	0	0	1,200	0	750	0	0	0	0	1,529
45 徳島	0	0	0	0	0	0	2,080	0	0	0	0	0	0	0
46 高知	0	0	0	0	0	0	0	0	0	0	0	0	0	0
47 福岡	0	2,700	1,624	0	0	0	0	0	6,998	0	0	2,242	804	0
48 佐賀	0	0	0	0	0	0	0	0	1,200	0	0	0	0	382
49 長崎	0	0	0	0	0	0	0	0	0	0	0	0	0	0
50 熊本	0	1,340	0	0	0	0	0	0	0	0	0	0	0	0
51 大分	0	0	650	0	0	0	0	0	4,834	0	0	1,711	2,812	370
52 宮崎	0	0	0	0	0	0	0	0	739	0	0	0	0	0
53 鹿児島	0	0	0	0	0	0	0	0	3,058	0	0	0	0	0
54 沖縄	0	0	0	0	0	0	0	0	0	0	0	0	0	0
55 全国	0	33,529	11,346	0	0	0	4,380	7,960	96,574	0	14,654	29,117	5,186	7,070

平成28年度　　府県相互間輸送トン数表（海運）　　品目（5-22）化学肥料　　（単位：トン）　その4

着／発	43 香川	44 愛媛	45 徳島	46 高知	47 福岡	48 佐賀	49 長崎	50 熊本	51 大分	52 宮崎	53 鹿児島	54 沖縄	55 全国
1 札幌	0	0	0	0	0	0	0	0	0	0	0	0	0
2 旭川	0	0	0	0	0	0	0	0	0	0	0	0	0
3 函館	0	0	0	0	0	0	0	0	0	0	0	0	0
4 室蘭	0	0	0	0	0	0	0	0	0	0	730	0	39,619
5 釧路	0	0	0	0	0	0	0	0	0	0	0	0	9,852
6 帯広	0	0	0	0	0	0	0	0	0	0	0	0	6,161
7 北見	0	0	0	0	0	0	0	0	0	0	0	0	0
8 北海道	0	0	0	0	0	0	0	0	0	0	730	0	55,632
9 青森	0	0	0	1,600	1,350	0	0	0	0	0	0	0	5,071
10 岩手	0	0	0	0	0	0	0	0	0	0	0	0	7,831
11 宮城	0	0	0	0	0	0	0	0	0	0	0	0	13,336
12 福島	0	0	500	0	0	0	0	0	0	0	0	0	44,510
13 秋田	0	0	0	0	0	0	0	0	0	0	0	0	12,794
14 山形	0	0	0	0	0	0	0	0	0	0	0	0	7
15 茨城	0	800	0	0	32,493	0	0	0	0	0	0	0	80,280
16 栃木	0	0	0	0	0	0	0	0	0	0	0	0	0
17 群馬	0	0	0	0	0	0	0	0	0	0	0	0	0
18 埼玉	0	0	0	0	0	0	0	0	0	0	0	0	0
19 千葉	0	0	0	0	0	0	0	0	0	0	1,000	0	22,290
20 東京	0	0	0	0	0	0	0	0	0	834	7,418	74	13,926
21 神奈川	0	1,000	0	0	0	0	0	0	160	0	0	0	19,269
22 新潟	0	0	0	0	1,794	0	0	0	0	0	0	0	42,586
23 富山	0	0	0	0	0	0	0	0	0	0	0	0	6,000
24 石川	0	0	0	0	0	0	0	0	0	0	0	0	1,203
25 福井	0	0	0	0	0	0	0	0	0	0	0	0	0
26 山梨	0	0	0	0	0	0	0	0	0	0	0	0	0
27 長野	0	0	0	0	0	0	0	0	0	0	0	0	0
28 静岡	0	0	0	0	0	0	0	2,987	0	0	718	0	16,305
29 岐阜	0	0	0	0	0	0	0	0	0	0	0	0	0
30 愛知	0	700	0	0	0	0	0	0	0	1,250	0	0	56,285
31 三重	0	400	0	0	0	0	0	0	0	0	0	0	5,391
32 滋賀	0	0	0	0	0	0	0	0	0	0	0	0	5,815
33 京都	0	0	0	0	0	0	0	0	0	0	0	0	0
34 奈良	0	0	0	0	0	0	0	0	0	0	0	0	0
35 和歌山	0	300	0	0	0	0	0	0	0	0	0	0	300
36 大阪	0	19,548	0	0	3,455	0	0	0	0	60	1,750	87	39,872
37 兵庫	920	14,405	0	40	4,348	800	1,151	2,800	2,259	767	795	0	73,535
38 鳥取	0	0	0	0	0	0	0	0	0	0	0	0	0
39 島根	0	0	0	0	350	0	0	0	0	0	0	0	1,439
40 岡山	0	3,230	0	0	8,566	0	0	0	0	0	10,917	118	48,441
41 広島	200	0	0	0	1,189	2,510	0	0	1,016	5,550	600	0	42,908
42 山口	0	24,850	0	7,150	17,487	3,003	0	0	8,396	2,710	14,314	0	327,851
43 香川	39	0	0	0	0	0	0	0	0	0	0	0	39
44 愛媛	0	0	0	0	1,606	0	0	210	0	0	0	420	13,258
45 徳島	0	0	0	0	0	0	0	0	0	0	0	0	2,080
46 高知	0	0	0	0	0	0	0	0	0	0	0	0	0
47 福岡	1,400	6,353	0	531	1,459	2,010	749	390	698	807	0	8,894	61,760
48 佐賀	0	0	0	0	0	0	0	0	0	0	0	0	1,582
49 長崎	0	0	0	0	0	0	123	0	0	0	0	0	123
50 熊本	0	0	0	0	0	0	0	0	0	0	0	0	4,460
51 大分	0	0	0	0	2,650	0	0	13,726	0	0	8,116	0	62,560
52 宮崎	0	0	0	0	329	0	0	0	0	0	350	0	3,296
53 鹿児島	0	0	0	0	0	0	0	1,800	0	0	33,268	3,084	41,539
54 沖縄	0	0	0	0	0	0	0	0	0	0	264	10,600	10,864
55 全国	2,559	71,586	500	9,321	77,076	8,323	2,023	21,913	12,529	11,978	80,240	23,277	1,144,426

平成28年度　　　　　　　　　　　　　　　　　　府県相互間輸送トン数表（海運）
　　　　　　　　　　　　　　　　　　　　　　　　　　　　　　　　　　　　品目　（5-23）その他の化学工業品　（単位：トン）　その　1

着＼発	1 札幌	2 旭川	3 函館	4 室蘭	5 釧路	6 帯広	7 北見	8 北海道	9 青森	10 岩手	11 宮城	12 福島	13 秋田	14 山形
1 札幌	0	0	0	0	0	0	0	0	0	0	460	0	0	0
2 旭川	0	9	0	0	0	0	0	9	0	0	0	0	0	0
3 函館	0	0	0	0	1,634	0	0	1,634	0	0	0	0	0	0
4 室蘭	0	0	0	0	10,140	0	0	10,140	0	0	301	0	64	0
5 釧路	0	0	5,982	0	0	0	0	5,982	0	0	0	0	0	0
6 帯広	0	0	1,555	0	0	0	0	1,555	0	0	0	0	0	0
7 北見	0	0	0	0	0	0	0	0	0	0	0	0	0	0
8 北海道	0	9	7,537	0	11,774	0	0	19,320	0	0	761	0	64	0
9 青森	0	0	3,045	0	52	0	0	3,097	0	42	0	0	0	0
10 岩手	0	0	0	0	0	0	0	0	0	0	0	0	0	0
11 宮城	0	0	0	24,986	0	0	0	24,986	0	95	0	0	0	0
12 福島	0	0	0	0	0	0	0	0	0	0	0	0	0	0
13 秋田	0	0	0	0	0	0	0	0	0	0	0	0	0	0
14 山形	0	0	0	0	0	0	0	0	0	0	0	0	0	12
15 茨城	0	0	986	80,096	0	0	0	81,082	0	0	0	0	0	0
16 栃木	0	0	0	0	0	0	0	0	0	0	0	0	0	0
17 群馬	0	0	0	0	0	0	0	0	0	0	0	0	0	0
18 埼玉	0	0	0	0	0	0	0	0	0	0	0	0	0	0
19 千葉	0	0	0	0	0	0	0	0	0	10,150	0	0	0	0
20 東京	0	0	0	40,676	325	0	0	41,001	0	20	22,002	0	0	0
21 神奈川	5,080	0	2,065	3,988	0	0	0	11,133	7,347	294	32,748	0	0	0
22 新潟	0	0	0	0	0	0	0	0	0	0	0	0	0	0
23 富山	0	0	0	0	0	0	0	0	0	0	0	0	0	0
24 石川	0	0	0	0	0	0	0	0	0	0	0	0	0	0
25 福井	0	0	0	4,625	0	0	0	4,625	0	0	0	0	0	0
26 山梨	0	0	0	0	0	0	0	0	0	0	0	0	0	0
27 長野	0	0	0	0	0	0	0	0	0	0	0	0	0	0
28 静岡	0	0	1,739	12,041	0	0	0	13,780	0	0	0	0	0	0
29 岐阜	0	0	0	0	0	0	0	0	0	0	0	0	0	0
30 愛知	0	0	0	34,160	0	0	0	34,160	0	0	0	0	0	0
31 三重	0	0	0	0	0	0	0	0	0	850	0	0	0	0
32 滋賀	0	0	0	0	0	0	0	0	0	0	0	0	0	0
33 京都	0	0	0	0	0	0	0	0	0	0	0	0	0	0
34 奈良	0	0	0	0	0	0	0	0	0	0	0	0	0	0
35 和歌山	0	0	0	0	0	0	0	0	0	0	0	0	0	0
36 大阪	0	0	0	12,811	65	0	0	12,876	0	0	0	0	0	0
37 兵庫	0	0	239	0	0	0	0	239	0	0	0	0	0	0
38 鳥取	0	0	0	0	0	0	0	0	0	0	0	0	0	0
39 島根	0	0	0	0	0	0	0	0	0	0	0	0	0	0
40 岡山	0	0	0	0	0	0	0	0	0	0	0	0	0	0
41 広島	0	0	0	416	0	0	0	416	0	0	0	0	0	0
42 山口	0	0	0	1,500	0	0	0	1,500	0	0	0	0	0	0
43 香川	0	0	0	0	0	0	0	0	0	0	0	0	0	0
44 愛媛	0	0	0	0	0	0	0	0	0	0	0	0	0	0
45 徳島	0	0	0	0	0	0	0	0	0	0	0	0	0	0
46 高知	0	0	0	0	0	0	0	0	0	0	0	0	0	0
47 福岡	0	0	0	664	0	0	0	664	0	0	0	0	0	0
48 佐賀	0	0	0	0	0	0	0	0	0	0	0	0	0	0
49 長崎	0	0	0	0	0	0	0	0	0	0	0	0	0	0
50 熊本	0	0	0	0	0	0	0	0	0	0	0	0	0	0
51 大分	0	0	0	0	0	0	0	0	0	0	0	0	0	0
52 宮崎	0	0	0	0	0	0	0	0	0	0	0	0	0	0
53 鹿児島	0	0	1,923	0	0	0	0	1,923	0	0	0	0	0	0
54 沖縄	0	0	0	5	0	0	0	5	0	0	0	0	0	0
55 全国	5,080	9	18,198	215,304	12,216	0	0	250,807	18,347	451	55,511	64	0	12

平成28年度　　　　　　　　　　　　　　　　　　府県相互間輸送トン数表（海運）
　　　　　　　　　　　　　　　　　　　　　　　　　　　　　　　　　　　　品目　（5-23）その他の化学工業品　（単位：トン）　その　2

着＼発	15 茨城	16 栃木	17 群馬	18 埼玉	19 千葉	20 東京	21 神奈川	22 新潟	23 富山	24 石川	25 福井	26 山梨	27 長野	28 静岡
1 札幌	0	0	0	0	0	0	0	0	0	0	0	0	0	0
2 旭川	0	0	0	0	0	0	0	0	0	0	0	0	0	0
3 函館	1,802	0	0	0	0	0	0	0	0	0	0	0	0	200
4 室蘭	10,260	0	0	0	0	407	774	0	0	0	160	0	0	0
5 釧路	1,141	0	0	0	0	0	0	0	0	0	0	0	0	0
6 帯広	0	0	0	0	0	0	0	0	0	0	0	0	0	0
7 北見	0	0	0	0	0	0	0	0	0	0	0	0	0	0
8 北海道	13,203	0	0	0	0	407	774	0	0	0	160	0	0	200
9 青森	512	0	0	0	0	0	0	0	0	0	0	0	0	0
10 岩手	0	0	0	0	0	0	0	0	0	0	0	0	0	0
11 宮城	0	0	0	0	0	583	90	0	0	0	0	0	0	0
12 福島	0	0	0	0	0	0	0	0	0	0	0	0	0	0
13 秋田	0	0	0	0	0	0	0	0	0	0	0	0	0	0
14 山形	0	0	0	0	0	0	0	0	0	0	0	0	0	0
15 茨城	0	0	0	0	360	249	0	0	0	0	0	0	0	40,492
16 栃木	0	0	0	0	0	0	0	0	0	0	0	0	0	0
17 群馬	0	0	0	0	0	0	0	0	0	0	0	0	0	0
18 埼玉	0	0	0	0	5,334	1,391	115,963	0	0	0	0	0	0	15,350
19 千葉	34,336	0	0	0	0	0	0	0	0	0	0	0	0	0
20 東京	1,615	0	0	0	2,453	1,121	2,373	0	0	0	0	0	0	820
21 神奈川	3,227	0	0	0	29,002	4,740	0	0	0	0	0	0	0	4,772
22 新潟	0	0	0	0	0	0	0	306	26,705	0	0	0	0	0
23 富山	0	0	0	0	0	0	0	0	0	0	0	0	0	0
24 石川	0	0	0	0	0	0	0	0	0	0	0	0	0	0
25 福井	0	0	0	0	0	0	0	0	0	0	0	0	0	0
26 山梨	0	0	0	0	0	0	0	0	0	0	0	0	0	0
27 長野	0	0	0	0	0	0	0	0	0	0	0	0	0	0
28 静岡	0	0	0	0	230	685	2,975	0	0	0	0	0	0	155
29 岐阜	0	0	0	0	0	0	0	0	0	0	0	0	0	0
30 愛知	300	0	0	0	0	68	0	0	0	0	0	0	0	0
31 三重	3,581	0	0	0	4,059	4,377	1,479	0	0	0	0	0	0	10,070
32 滋賀	0	0	0	0	0	0	0	0	0	0	0	0	0	0
33 京都	0	0	0	0	0	0	0	0	0	0	0	0	0	0
34 奈良	0	0	0	0	0	0	0	0	0	0	0	0	0	0
35 和歌山	0	0	0	0	1,800	0	0	0	0	0	0	0	0	0
36 大阪	899	0	0	0	53,037	148	0	0	0	0	0	0	0	700
37 兵庫	42,170	0	0	0	1,410	816	1,345	0	0	0	0	0	0	8,945
38 鳥取	0	0	0	0	0	0	0	0	0	0	0	0	0	0
39 島根	1,000	0	0	0	0	0	0	0	0	0	0	0	0	0
40 岡山	0	0	0	0	29,369	9,390	3,017	0	0	0	0	0	0	0
41 広島	58	0	0	0	2,160	0	0	0	0	15,000	0	0	0	0
42 山口	1,500	0	0	0	97,493	3,585	40	0	0	0	0	0	0	0
43 香川	0	0	0	0	160	0	0	0	0	0	0	0	0	0
44 愛媛	0	0	0	0	56,327	6,165	0	0	0	0	0	0	0	15,926
45 徳島	0	0	0	0	0	0	0	0	0	0	0	0	0	0
46 高知	0	0	0	0	0	0	0	0	0	0	0	0	0	0
47 福岡	7,342	0	0	0	0	23,990	0	0	0	0	0	0	0	68,640
48 佐賀	0	0	0	0	0	0	0	0	0	0	0	0	0	0
49 長崎	0	0	0	0	0	0	0	0	0	0	0	0	0	0
50 熊本	0	0	0	0	0	0	0	0	0	0	0	0	0	0
51 大分	3,302	0	0	0	17,715	0	93,353	0	0	0	0	0	0	11,703
52 宮崎	0	0	0	0	0	0	0	0	0	0	0	0	0	0
53 鹿児島	0	0	0	0	6,146	0	0	0	0	0	0	0	0	0
54 沖縄	0	0	0	0	0	0	0	0	0	0	0	0	0	0
55 全国	113,045	0	0	0	307,055	57,715	221,409	306	41,705	0	160	0	0	177,773

- 278 -

平成28年度　　府県相互間輸送トン数表（海運）
品目　（5-23）その他の化学工業品
（単位：トン）　その 3

着／発	29 岐阜	30 愛知	31 三重	32 滋賀	33 京都	34 奈良	35 和歌山	36 大阪	37 兵庫	38 鳥取	39 島根	40 岡山	41 広島	42 山口
1 札幌	0	0	0	0	0	0	0	0	0	0	0	0	0	0
2 旭川	0	0	0	0	0	0	0	0	0	0	0	0	0	0
3 函館	0	0	0	0	0	0	0	0	520	0	0	0	0	0
4 室蘭	0	877	0	0	0	0	0	0	0	0	0	0	0	0
5 釧路	0	20	200	0	0	0	0	0	601	0	0	0	0	0
6 帯広	0	0	0	0	0	0	0	0	629	0	0	0	0	0
7 北見	0	0	0	0	0	0	0	0	0	0	0	0	0	0
8 北海道	0	897	200	0	0	0	0	0	1,750	0	0	0	0	0
9 青森	0	8	0	0	0	0	0	0	100	0	0	0	0	0
10 岩手	0	0	0	0	0	0	0	0	0	0	0	0	0	0
11 宮城	0	3,050	0	0	0	0	0	0	380	0	0	0	0	0
12 福島	0	1,200	0	0	0	0	0	0	0	0	0	0	0	0
13 秋田	0	0	0	0	0	0	0	0	0	0	0	0	0	0
14 山形	0	0	0	0	0	0	0	0	0	0	0	0	0	0
15 茨城	0	650	18,866	0	0	0	0	0	0	0	0	6,379	0	0
16 栃木	0	0	0	0	0	0	0	0	0	0	0	0	0	0
17 群馬	0	0	0	0	0	0	0	0	0	0	0	0	0	0
18 埼玉	0	0	0	0	0	0	0	0	0	0	0	0	0	0
19 千葉	0	16,917	22,521	0	0	0	500	0	71,542	293	0	47,367	30,000	22,589
20 東京	0	1,745	0	0	0	0	0	0	145	8,732	0	0	0	1,970
21 神奈川	0	4,359	14,642	0	0	0	861	0	12,618	30,716	0	0	0	146
22 新潟	0	0	0	0	0	0	0	0	0	0	0	0	0	0
23 富山	0	0	0	0	0	0	0	0	0	0	0	0	0	0
24 石川	0	0	0	0	0	0	0	0	0	0	0	0	0	0
25 福井	0	0	0	0	0	0	0	0	0	0	0	0	0	0
26 山梨	0	0	0	0	0	0	0	0	0	0	0	0	0	0
27 長野	0	0	0	0	0	0	0	0	0	0	0	0	0	0
28 静岡	0	0	4,986	0	0	0	0	0	1,100	145	0	0	0	0
29 岐阜	0	0	0	0	0	0	0	0	0	0	0	0	0	0
30 愛知	0	0	408	0	0	0	0	0	90,846	436	0	1,008	0	0
31 三重	0	0	0	0	0	0	0	0	21,304	1,073	0	0	0	796
32 滋賀	0	0	0	0	0	0	0	0	0	0	0	0	0	0
33 京都	0	0	0	0	0	0	0	0	0	0	0	0	0	0
34 奈良	0	0	0	0	0	0	0	0	0	0	0	0	0	0
35 和歌山	0	0	0	0	0	0	0	0	3,878	0	0	0	0	0
36 大阪	0	8,100	323	0	0	0	0	0	25,862	0	0	0	0	0
37 兵庫	0	0	28,490	0	0	0	0	22,008	159,161	0	0	11,676	1,345	12,595
38 鳥取	0	0	0	0	0	0	0	0	0	0	0	0	0	0
39 島根	0	0	0	0	0	0	0	0	0	0	137	0	0	0
40 岡山	0	0	12,608	0	0	0	658	19,443	88,499	0	0	0	0	0
41 広島	0	0	10,731	0	0	0	0	1,360	11,296	0	0	0	0	0
42 山口	0	1,939	29,461	0	0	0	7,732	18,859	53,060	0	0	0	0	1
43 香川	0	0	8,400	0	0	0	0	3,026	0	0	0	0	0	0
44 愛媛	400	0	0	0	0	0	0	6,349	39,259	0	0	0	0	0
45 徳島	0	0	0	0	0	0	0	0	256	0	0	0	0	0
46 高知	0	0	0	0	0	0	0	0	0	0	0	0	0	0
47 福岡	0	108,212	0	0	0	0	0	1,310	54,249	0	0	155	0	0
48 佐賀	0	0	0	0	0	0	0	0	1,260	0	0	0	0	0
49 長崎	0	0	0	0	0	0	0	0	0	0	0	0	0	0
50 熊本	0	0	0	0	0	0	0	0	828	0	0	0	0	0
51 大分	0	35,008	2,244	0	0	0	0	25,220	10,295	0	0	9,305	1,940	0
52 宮崎	0	0	0	0	0	0	0	27,600	6,554	0	0	0	0	0
53 鹿児島	0	0	0	0	0	0	0	0	11,980	0	0	0	0	0
54 沖縄	0	104	0	0	0	0	0	0	10	0	0	0	0	0
55 全国	0	182,589	153,880	0	0	0	9,751	319,704	513,098	0	137	75,890	33,285	38,097

平成28年度　　府県相互間輸送トン数表（海運）
品目　（5-23）その他の化学工業品
（単位：トン）　その 4

着／発	43 香川	44 愛媛	45 徳島	46 高知	47 福岡	48 佐賀	49 長崎	50 熊本	51 大分	52 宮崎	53 鹿児島	54 沖縄	55 全国
1 札幌	0	0	0	0	0	0	0	0	0	0	0	0	460
2 旭川	0	0	0	0	0	0	0	0	0	0	0	0	9
3 函館	0	0	0	0	0	0	0	0	0	0	1,483	0	5,639
4 室蘭	0	0	0	0	0	0	0	0	0	0	0	0	22,983
5 釧路	0	0	0	0	0	0	0	0	0	0	0	0	7,944
6 帯広	0	0	0	0	0	0	0	0	0	0	0	0	2,184
7 北見	0	0	0	0	0	0	0	0	0	0	0	0	0
8 北海道	0	0	0	0	0	0	0	0	0	0	1,483	0	39,219
9 青森	0	0	0	0	0	0	0	0	0	0	0	0	3,759
10 岩手	0	0	0	0	0	0	0	0	0	0	0	0	0
11 宮城	0	0	0	0	0	0	0	0	0	0	0	0	29,184
12 福島	0	0	0	0	0	0	0	0	0	0	0	0	1,200
13 秋田	0	0	0	0	0	0	0	0	0	0	0	0	0
14 山形	0	0	0	0	0	0	0	0	0	0	0	0	12
15 茨城	9,730	0	0	0	25,055	0	0	0	2,118	0	0	0	184,981
16 栃木	0	0	0	0	0	0	0	0	0	0	0	0	0
17 群馬	0	0	0	0	0	0	0	0	0	0	0	0	0
18 埼玉	0	0	0	0	0	0	0	0	0	0	0	0	0
19 千葉	34,505	560	0	0	10,252	0	0	0	6,549	0	550	0	446,669
20 東京	0	0	0	0	132,386	0	0	0	0	15,184	120	21,471	253,158
21 神奈川	1,500	0	0	0	100	0	0	0	11,990	0	815	88	171,098
22 新潟	0	0	0	0	0	0	0	0	6,002	0	0	0	33,013
23 富山	0	0	0	0	0	0	0	0	0	0	0	0	0
24 石川	0	0	0	0	0	0	0	0	0	0	0	0	0
25 福井	0	0	0	0	0	0	0	0	0	0	0	0	4,625
26 山梨	0	0	0	0	0	0	0	0	0	0	0	0	0
27 長野	0	0	0	0	0	0	0	0	0	0	0	0	0
28 静岡	0	0	0	0	501	0	0	0	0	0	0	326	24,883
29 岐阜	0	0	0	0	0	0	0	0	0	0	0	0	0
30 愛知	0	0	0	0	0	0	0	0	133	0	0	0	127,359
31 三重	0	0	0	0	2,467	0	0	0	0	0	0	0	50,056
32 滋賀	0	0	0	0	0	0	0	0	0	0	0	0	0
33 京都	0	0	0	0	0	0	0	0	0	0	0	0	0
34 奈良	0	0	0	0	0	0	0	0	0	0	0	0	0
35 和歌山	0	0	0	0	0	0	0	0	0	0	0	0	5,678
36 大阪	0	0	0	0	11,321	0	0	0	6,582	3,860	1,475	5,848	131,031
37 兵庫	1,500	26,600	0	0	41,176	0	0	0	64,944	371	34,536	155	459,482
38 鳥取	0	0	0	0	0	0	0	0	0	0	0	0	0
39 島根	0	0	0	0	40,758	0	0	0	0	0	0	0	40,895
40 岡山	0	0	0	0	12,002	0	0	0	12,551	0	0	3,952	192,489
41 広島	0	0	0	0	40	0	0	0	611	0	1,618	0	43,290
42 山口	0	4,018	0	0	0	0	0	0	3,583	0	0	0	222,771
43 香川	3	0	0	0	0	0	0	0	3,531	0	663	0	15,783
44 愛媛	0	1,176	0	0	270	0	0	120	4,604	0	0	203	130,799
45 徳島	0	0	0	0	0	0	0	0	0	0	0	0	256
46 高知	0	0	0	0	0	0	0	0	0	0	0	0	0
47 福岡	0	0	0	0	5	0	3,189	0	0	0	130	17,931	285,817
48 佐賀	0	0	0	0	0	0	0	0	0	0	950	0	2,210
49 長崎	0	0	0	0	121	0	421	0	602	0	0	0	1,144
50 熊本	0	440	0	0	0	0	0	0	0	0	0	0	1,268
51 大分	0	508	0	0	0	0	0	0	6,004	578	900	0	218,075
52 宮崎	0	0	0	0	0	0	0	0	0	0	0	0	34,154
53 鹿児島	0	0	0	0	0	0	0	0	0	0	15,776	5,109	40,934
54 沖縄	0	0	0	0	1,790	0	0	0	66	0	91	3,334	5,400
55 全国	47,238	33,302	0	0	278,244	0	3,610	120	129,870	19,993	56,826	60,698	3,200,692

平成28年度　　府県相互間輸送トン数表（海運）　　品目（6-24）紙・パルプ　その1　（単位：トン）

発＼着	1 札幌	2 旭川	3 函館	4 室蘭	5 釧路	6 帯広	7 北見	8 北海道	9 青森	10 岩手	11 宮城	12 福島	13 秋田	14 山形
1 札幌	0	0	0	0	0	0	0	0	0	0	0	0	0	0
2 旭川	0	0	0	0	0	0	0	0	0	0	0	0	0	0
3 函館	0	0	0	0	0	0	0	0	0	0	0	0	0	0
4 室蘭	0	0	0	0	23,075	0	0	23,075	0	0	17,220	0	0	0
5 釧路	0	0	0	235	0	0	0	235	0	0	323,330	0	0	0
6 帯広	0	0	0	0	0	0	0	0	0	0	0	0	0	0
7 北見	0	0	0	0	0	0	0	0	0	0	0	0	0	0
8 北海道	0	0	0	235	23,075	0	0	23,310	0	0	340,550	0	0	0
9 青森	0	0	0	0	12	0	0	12	0	0	0	0	0	0
10 岩手	0	0	0	0	0	0	0	0	0	0	0	0	0	0
11 宮城	0	0	0	28,260	0	0	0	28,260	0	55	0	0	0	0
12 福島	0	0	0	0	0	0	0	0	0	0	0	0	0	0
13 秋田	0	0	0	0	0	0	0	0	0	0	0	0	0	0
14 山形	0	0	0	0	0	0	0	0	0	0	0	0	0	0
15 茨城	0	0	0	78,460	0	0	0	78,460	0	0	0	0	0	0
16 栃木	0	0	0	0	0	0	0	0	0	0	0	0	0	0
17 群馬	0	0	0	0	0	0	0	0	0	0	0	0	0	0
18 埼玉	0	0	0	0	0	0	0	0	0	0	0	0	0	0
19 千葉	0	0	0	0	0	0	0	0	0	0	0	0	0	0
20 東京	0	0	0	59,870	0	0	0	59,870	0	11	320,645	0	0	0
21 神奈川	0	0	0	18,563	0	0	0	18,563	190	0	30,495	0	0	0
22 新潟	0	0	0	0	0	0	0	0	0	0	0	0	0	0
23 富山	0	0	0	0	0	0	0	0	0	0	0	0	0	0
24 石川	0	0	0	0	0	0	0	0	0	0	0	0	0	0
25 福井	0	0	0	30,800	0	0	0	30,800	0	0	0	0	0	0
26 山梨	0	0	0	0	0	0	0	0	0	0	0	0	0	0
27 長野	0	0	0	0	0	0	0	0	0	0	0	0	0	0
28 静岡	0	0	0	0	0	0	0	0	0	0	0	0	0	0
29 岐阜	0	0	0	0	0	0	0	0	0	0	0	0	0	0
30 愛知	0	0	0	25,820	0	0	0	25,820	546	0	74,550	0	0	0
31 三重	0	0	0	0	0	0	0	0	0	0	0	0	0	0
32 滋賀	0	0	0	0	0	0	0	0	0	0	0	0	0	0
33 京都	0	0	0	0	0	0	0	0	0	0	0	0	0	0
34 奈良	0	0	0	0	0	0	0	0	0	0	0	0	0	0
35 和歌山	0	0	0	0	0	0	0	0	0	0	0	0	0	0
36 大阪	0	0	0	7,800	0	0	0	7,800	0	0	0	0	0	0
37 兵庫	0	0	0	0	0	0	0	0	0	0	0	0	0	0
38 鳥取	0	0	0	0	0	0	0	0	0	0	0	0	0	0
39 島根	0	0	0	0	0	0	0	0	0	0	0	0	0	0
40 岡山	0	0	0	0	0	0	0	0	0	0	0	0	0	0
41 広島	0	0	0	0	2,550	0	0	2,550	0	0	2,102	0	0	0
42 山口	0	0	0	0	0	0	0	0	0	0	0	0	0	0
43 香川	0	0	0	0	0	0	0	0	0	668	0	0	0	0
44 愛媛	0	0	0	0	0	0	0	0	0	0	0	0	0	0
45 徳島	0	0	0	0	0	0	0	0	0	0	0	0	0	0
46 高知	0	0	0	0	0	0	0	0	0	0	0	0	0	0
47 福岡	0	0	0	0	0	0	0	0	0	0	0	0	0	0
48 佐賀	0	0	0	0	0	0	0	0	0	0	0	0	0	0
49 長崎	0	0	0	0	0	0	0	0	0	0	0	0	0	0
50 熊本	0	0	0	0	0	0	0	0	0	0	0	0	0	0
51 大分	0	0	0	0	0	0	0	0	0	0	0	0	0	0
52 宮崎	0	0	0	0	0	0	0	0	0	0	0	0	0	0
53 鹿児島	0	0	0	0	0	0	0	0	0	0	0	0	0	0
54 沖縄	0	0	0	0	0	0	0	0	0	0	0	0	0	0
55 全国	0	0	0	249,808	25,637	0	0	275,445	1,404	66	768,342	0	0	0

平成28年度　　府県相互間輸送トン数表（海運）　　品目（6-24）紙・パルプ　その2　（単位：トン）

発＼着	15 茨城	16 栃木	17 群馬	18 埼玉	19 千葉	20 東京	21 神奈川	22 新潟	23 富山	24 石川	25 福井	26 山梨	27 長野	28 静岡
1 札幌	0	0	0	0	0	0	0	0	0	0	0	0	0	0
2 旭川	0	0	0	0	0	0	0	0	0	0	0	0	0	0
3 函館	0	0	0	0	0	0	0	0	0	0	0	0	0	0
4 室蘭	205,728	0	0	0	0	842,849	2,233	0	0	0	101,100	0	0	5,226
5 釧路	59,920	0	0	0	0	160,737	0	0	0	0	0	0	0	0
6 帯広	0	0	0	0	0	0	0	0	0	0	0	0	0	0
7 北見	0	0	0	0	0	0	0	0	0	0	0	0	0	0
8 北海道	265,648	0	0	0	0	1,003,586	2,233	0	0	0	101,100	0	0	5,226
9 青森	0	0	0	0	0	10,269	17,700	0	0	0	0	0	0	0
10 岩手	0	0	0	0	0	0	0	0	0	0	0	0	0	0
11 宮城	0	0	0	0	0	74	180	0	0	0	0	0	0	0
12 福島	0	0	0	0	0	0	0	0	0	0	0	0	0	0
13 秋田	0	0	0	0	0	0	0	0	0	0	0	0	0	60,243
14 山形	0	0	0	0	0	0	0	0	0	0	0	0	0	0
15 茨城	0	0	0	0	0	340	0	0	0	0	0	0	0	0
16 栃木	0	0	0	0	0	0	0	0	0	0	0	0	0	0
17 群馬	0	0	0	0	0	0	0	0	0	0	0	0	0	0
18 埼玉	0	0	0	0	0	0	0	0	0	0	0	0	0	0
19 千葉	0	0	0	0	0	0	0	0	0	0	0	0	0	0
20 東京	351	0	0	0	0	2	183	0	0	0	0	0	0	27,521
21 神奈川	0	0	0	0	0	38	0	0	0	0	0	0	0	37,640
22 新潟	0	0	0	0	0	0	0	0	0	0	0	0	0	0
23 富山	0	0	0	0	0	8,430	0	0	0	0	0	0	0	0
24 石川	0	0	0	0	0	0	0	0	0	0	0	0	0	0
25 福井	0	0	0	0	0	0	0	0	0	0	0	0	0	0
26 山梨	0	0	0	0	0	0	0	0	0	0	0	0	0	0
27 長野	0	0	0	0	0	0	0	0	0	0	0	0	0	0
28 静岡	0	0	0	0	0	124	37,276	0	0	0	0	0	0	40,042
29 岐阜	0	0	0	0	0	0	0	0	0	0	0	0	0	0
30 愛知	0	0	0	0	0	0	0	0	0	0	0	0	0	1,814
31 三重	0	0	0	0	0	32,901	0	0	0	0	0	0	0	0
32 滋賀	0	0	0	0	0	0	0	0	0	0	0	0	0	0
33 京都	0	0	0	0	0	0	0	0	0	0	0	0	0	0
34 奈良	0	0	0	0	0	0	0	0	0	0	0	0	0	0
35 和歌山	0	0	0	0	0	0	0	0	0	0	0	0	0	0
36 大阪	0	0	0	0	0	1,160	210	2,926	0	0	0	0	0	0
37 兵庫	0	0	0	0	0	0	148	0	0	0	0	0	0	0
38 鳥取	0	0	0	0	0	0	0	6,340	0	0	0	0	0	4,349
39 島根	0	0	0	0	0	0	0	0	0	0	0	0	0	0
40 岡山	0	0	0	0	260	9,205	0	0	0	0	0	0	0	0
41 広島	0	0	0	0	0	88,380	0	0	0	0	0	0	0	37,657
42 山口	0	0	0	0	0	64,495	0	0	0	0	0	0	0	1,248
43 香川	0	0	0	0	0	0	0	0	0	0	0	0	0	0
44 愛媛	0	0	0	0	0	349,655	248,551	187,418	0	0	0	0	0	22,675
45 徳島	0	0	0	0	0	0	0	0	0	0	0	0	0	0
46 高知	0	0	0	0	0	0	0	0	0	0	0	0	0	0
47 福岡	13,620	0	0	0	0	52,990	0	0	0	0	0	0	0	61,930
48 佐賀	0	0	0	0	0	0	0	0	0	0	0	0	0	0
49 長崎	0	0	0	0	0	0	0	0	0	0	0	0	0	0
50 熊本	0	0	0	0	0	0	0	0	0	0	0	0	0	0
51 大分	0	0	0	0	0	0	0	0	0	0	0	0	0	120
52 宮崎	0	0	0	0	0	112,032	0	0	0	0	0	0	0	0
53 鹿児島	0	0	0	0	0	52,134	0	0	0	0	0	0	0	0
54 沖縄	0	0	0	0	0	4,280	0	0	0	0	0	0	0	0
55 全国	279,619	0	0	0	439,455	1,599,809	254,256	0	0	0	101,100	0	0	300,465

平成28年度　　　　府県相互間輸送トン数表（海運）　　　　（単位：トン）

品目　（6－24）紙・パルプ　　その 3

発	29 岐阜	30 愛知	31 三重	32 滋賀	33 京都	34 奈良	35 和歌山	36 大阪	37 兵庫	38 鳥取	39 島根	40 岡山	41 広島	42 山口
1 札幌	0	0	0	0	0	0	0	0	0	0	0	0	0	0
2 旭川	0	0	0	0	0	0	0	0	0	0	0	0	0	0
3 函館	0	0	0	0	0	0	0	0	0	0	0	0	0	0
4 室蘭	0	107,343	0	0	0	0	0	53,689	0	1,295	0	0	0	0
5 釧路	0	66,993	0	0	0	0	0	45,814	0	0	0	0	0	0
6 帯広	0	0	0	0	0	0	0	0	0	0	0	0	0	0
7 北見	0	0	0	0	0	0	0	0	0	0	0	0	0	0
8 北海道	0	174,336	0	0	0	0	0	99,503	0	1,295	0	0	0	0
9 青森	0	11,580	0	0	0	0	0	87,200	24,049	0	0	0	0	0
10 岩手	0	0	0	0	0	0	0	0	0	0	0	0	0	0
11 宮城	0	12,648	0	0	0	0	0	0	0	0	0	0	0	0
12 福島	0	0	0	0	0	0	0	0	0	0	0	0	0	0
13 秋田	0	0	0	0	7,000	0	0	0	0	0	0	0	0	0
14 山形	0	0	0	0	0	0	0	0	0	0	0	0	0	0
15 茨城	0	0	0	0	0	0	0	0	0	0	0	0	0	0
16 栃木	0	0	0	0	0	0	0	0	0	0	0	0	0	0
17 群馬	0	0	0	0	0	0	0	0	0	0	0	0	0	0
18 埼玉	0	0	0	0	0	0	0	0	0	0	0	0	0	0
19 千葉	0	0	0	0	0	0	0	765	0	0	0	60	940	0
20 東京	0	132	0	0	0	0	0	338	362	0	0	0	0	245
21 神奈川	0	2,040	0	0	0	0	0	0	1,476	0	404	0	0	0
22 新潟	0	0	0	0	0	0	0	0	0	0	0	0	0	0
23 富山	0	0	0	0	0	0	0	0	0	0	0	0	0	0
24 石川	0	0	0	0	0	0	0	0	0	0	0	0	0	0
25 福井	0	0	0	0	0	0	0	0	0	0	0	0	0	0
26 山梨	0	0	0	0	0	0	0	0	0	0	0	0	0	0
27 長野	0	0	0	0	0	0	0	0	0	0	0	0	0	0
28 静岡	0	628	2,035	0	0	0	0	12,838	0	0	0	0	0	621
29 岐阜	0	0	0	0	0	0	10,259	60	59	0	0	0	0	0
30 愛知	0	0	0	0	0	0	0	0	0	0	0	0	0	0
31 三重	0	0	0	0	0	0	0	0	0	0	0	0	0	0
32 滋賀	0	0	0	0	0	0	0	0	0	0	0	0	0	0
33 京都	0	0	0	0	0	0	0	0	0	0	0	0	0	0
34 奈良	0	0	0	0	0	0	0	0	0	0	0	0	0	0
35 和歌山	0	0	0	0	0	0	0	0	0	0	0	0	0	0
36 大阪	0	0	0	0	0	0	0	0	2,710	0	0	0	0	3,350
37 兵庫	0	0	0	0	0	0	0	0	27,260	0	500	276	484	81
38 鳥取	0	0	0	0	0	0	0	0	0	0	0	0	0	0
39 島根	0	0	0	0	0	0	0	0	17,500	0	4,359	0	0	0
40 岡山	0	0	0	0	0	0	0	500	0	0	0	0	0	0
41 広島	0	0	0	0	0	0	0	0	680	0	0	0	0	0
42 山口	0	0	0	0	0	0	0	0	0	0	0	0	0	1
43 香川	0	0	0	0	0	0	0	0	0	0	0	0	1,352	0
44 愛媛	0	0	0	0	0	0	0	201,416	19,477	0	0	0	21,518	1,200
45 徳島	0	0	0	0	0	0	0	77,101	0	0	0	0	0	0
46 高知	0	0	0	0	0	0	0	0	0	0	0	0	0	0
47 福岡	0	1,598	0	0	0	0	0	0	0	0	0	575	0	60
48 佐賀	0	0	0	0	0	0	0	0	0	0	0	0	0	0
49 長崎	0	0	0	0	0	0	0	0	0	0	0	0	0	0
50 熊本	0	0	0	0	0	0	0	0	0	0	0	0	0	0
51 大分	0	0	0	0	0	0	0	0	0	0	0	0	0	0
52 宮崎	0	0	0	0	0	0	0	450	0	0	0	0	0	0
53 鹿児島	0	0	0	0	0	0	0	6,100	0	0	0	0	1,354	0
54 沖縄	0	0	0	0	0	0	0	0	0	0	0	0	0	0
55 全国	0	202,962	2,035	0	7,000	0	23,097	473,433	93,573	1,295	5,263	911	25,648	5,558

平成28年度　　　　府県相互間輸送トン数表（海運）　　　　（単位：トン）

品目　（6－24）紙・パルプ　　その 4

発	43 香川	44 愛媛	45 徳島	46 高知	47 福岡	48 佐賀	49 長崎	50 熊本	51 大分	52 宮崎	53 鹿児島	54 沖縄	55 全国
1 札幌	0	0	0	0	0	0	0	0	0	0	0	0	0
2 旭川	0	0	0	0	0	0	0	0	0	0	0	0	0
3 函館	0	0	0	0	0	0	0	0	0	0	0	0	0
4 室蘭	0	0	606	1,202	0	0	0	0	0	0	0	0	1,361,566
5 釧路	0	0	0	0	0	0	0	0	0	0	0	0	657,029
6 帯広	0	0	0	0	0	0	0	0	0	0	0	0	0
7 北見	0	0	0	0	0	0	0	0	0	0	0	0	0
8 北海道	0	0	606	1,202	0	0	0	0	0	0	0	0	2,018,595
9 青森	0	0	0	0	0	0	0	0	0	0	0	0	150,810
10 岩手	0	0	0	0	0	0	0	0	0	0	0	0	0
11 宮城	0	0	0	0	0	0	0	0	0	0	0	0	41,217
12 福島	0	0	0	0	0	0	0	0	0	0	0	0	0
13 秋田	0	0	0	0	0	0	0	0	0	0	0	0	67,243
14 山形	0	0	0	0	0	0	0	0	0	0	0	0	0
15 茨城	0	0	0	0	29,735	0	0	0	0	0	0	0	108,535
16 栃木	0	0	0	0	0	0	0	0	0	0	0	0	0
17 群馬	0	0	0	0	0	0	0	0	0	0	0	0	0
18 埼玉	0	0	0	0	0	0	0	0	0	0	0	0	0
19 千葉	0	0	0	0	0	0	0	0	0	0	0	0	1,765
20 東京	0	1,000	0	0	10,184	0	0	0	0	3,510	700	23,466	448,520
21 神奈川	0	7,586	0	0	0	0	0	0	0	0	0	0	98,432
22 新潟	0	0	0	0	0	0	0	0	0	0	0	0	0
23 富山	0	0	0	0	0	0	0	1,000	0	0	0	0	9,430
24 石川	0	0	0	0	0	0	0	0	0	0	0	0	0
25 福井	0	0	0	0	0	0	0	0	0	0	0	0	30,800
26 山梨	0	0	0	0	0	0	0	0	0	0	0	0	0
27 長野	0	0	0	0	0	0	0	0	0	0	0	0	0
28 静岡	0	14,397	0	0	0	0	0	0	0	0	0	0	107,961
29 岐阜	0	0	0	0	0	0	0	0	0	0	0	0	0
30 愛知	0	0	0	0	0	0	0	0	0	0	0	0	113,108
31 三重	0	0	0	0	0	0	0	0	0	0	0	0	32,901
32 滋賀	0	0	0	0	0	0	0	0	0	0	0	0	0
33 京都	0	0	0	0	0	0	0	0	0	0	0	0	0
34 奈良	0	0	0	0	0	0	0	0	0	0	0	0	0
35 和歌山	0	0	0	0	0	0	0	0	0	0	0	0	0
36 大阪	0	11,474	0	0	1,359	0	0	0	0	7,660	0	22,981	61,630
37 兵庫	0	7,129	0	0	11,311	0	0	0	0	0	656	12	47,857
38 鳥取	0	0	0	0	0	0	0	0	0	0	0	0	4,349
39 島根	0	0	0	480	0	0	0	0	0	0	0	0	28,679
40 岡山	0	0	0	0	0	0	0	0	0	0	0	0	9,965
41 広島	0	0	0	0	0	0	0	0	4,393	0	0	511	136,273
42 山口	0	8,385	0	0	0	0	0	2,060	0	0	0	0	76,189
43 香川	1,381	0	0	0	0	0	0	0	0	0	0	0	3,401
44 愛媛	0	0	0	0	134,067	0	341	22,676	3,497	0	3,941	10,531	1,226,963
45 徳島	0	0	93,159	0	0	0	0	0	0	0	0	0	170,260
46 高知	0	0	0	0	0	0	0	0	0	0	0	0	0
47 福岡	0	0	0	0	20	0	438	0	0	0	0	26,474	157,705
48 佐賀	0	0	0	0	0	0	0	0	0	0	0	7,740	7,740
49 長崎	0	966	0	0	0	0	583	0	0	0	0	0	1,549
50 熊本	0	0	0	0	0	0	0	0	0	0	0	0	0
51 大分	9,974	0	0	0	0	0	0	0	0	0	0	6,217	16,311
52 宮崎	0	0	0	0	0	0	1,146	0	0	0	0	0	113,628
53 鹿児島	0	0	0	0	0	0	0	0	0	0	8,466	19,412	87,466
54 沖縄	0	436	0	0	0	0	0	0	0	0	213	4,636	9,565
55 全国	11,355	51,373	93,765	1,682	186,676	0	2,508	25,736	7,890	11,170	13,976	121,980	5,388,847

平成28年度　　　　　　　　　　府県相互間輸送トン数表（海運）　　　　　　品目　（6-25）繊維工業品　　（単位：トン）その1

発\着	1 札幌	2 旭川	3 函館	4 室蘭	5 釧路	6 帯広	7 北見	8 北海道	9 青森	10 岩手	11 宮城	12 福島	13 秋田	14 山形
1 札幌	0	0	0	0	0	0	0	0	0	0	0	0	0	0
2 旭川	0	0	0	0	0	0	0	0	0	0	0	0	0	0
3 函館	0	0	0	0	0	0	0	0	0	0	0	0	0	0
4 室蘭	0	0	0	0	0	0	0	0	0	0	0	0	0	0
5 釧路	0	0	0	0	0	0	0	0	0	0	0	0	0	0
6 帯広	0	0	0	0	0	0	0	0	0	0	0	0	0	0
7 北見	0	0	0	0	0	0	0	0	0	0	0	0	0	0
8 北海道	0	0	0	0	0	0	0	0	0	0	0	0	0	0
9 青森	0	0	0	0	0	0	0	0	0	0	0	0	0	0
10 岩手	0	0	0	0	0	0	0	0	0	0	0	0	0	0
11 宮城	0	0	0	30,991	0	0	0	30,991	0	0	0	0	0	0
12 福島	0	0	0	0	0	0	0	0	0	0	0	0	0	0
13 秋田	0	0	0	0	0	0	0	0	0	0	0	0	0	0
14 山形	0	0	0	0	0	0	0	0	0	0	0	0	0	1
15 茨城	0	0	0	0	0	0	0	0	0	0	0	0	0	0
16 栃木	0	0	0	0	0	0	0	0	0	0	0	0	0	0
17 群馬	0	0	0	0	0	0	0	0	0	0	0	0	0	0
18 埼玉	0	0	0	0	0	0	0	0	0	0	0	0	0	0
19 千葉	0	0	0	0	0	0	0	0	0	0	0	0	0	0
20 東京	0	0	0	40	0	0	0	40	0	0	9,901	0	0	0
21 神奈川	0	0	0	491	0	0	0	491	0	0	524	0	0	0
22 新潟	0	0	0	0	0	0	0	0	0	0	0	0	0	0
23 富山	0	0	0	0	0	0	0	0	0	0	0	0	0	0
24 石川	0	0	0	0	0	0	0	0	0	0	0	0	0	0
25 福井	0	0	0	0	0	0	0	0	0	0	0	0	0	0
26 山梨	0	0	0	0	0	0	0	0	0	0	0	0	0	0
27 長野	0	0	0	0	0	0	0	0	0	0	0	0	0	0
28 静岡	0	0	0	0	0	0	0	0	0	0	0	0	0	0
29 岐阜	0	0	0	0	0	0	0	0	0	0	0	0	0	0
30 愛知	0	0	0	60	0	0	0	60	0	0	0	0	0	0
31 三重	0	0	0	0	0	0	0	0	0	0	0	0	0	0
32 滋賀	0	0	0	0	0	0	0	0	0	0	0	0	0	0
33 京都	0	0	0	0	0	0	0	0	0	0	0	0	0	0
34 奈良	0	0	0	0	0	0	0	0	0	0	0	0	0	0
35 和歌山	0	0	0	0	0	0	0	0	0	0	0	0	0	0
36 大阪	0	0	0	0	0	0	0	0	0	0	0	0	0	0
37 兵庫	0	0	0	0	0	0	0	0	0	0	0	0	0	0
38 鳥取	0	0	0	0	0	0	0	0	0	0	0	0	0	0
39 島根	0	0	0	0	0	0	0	0	0	0	0	0	0	0
40 岡山	0	0	0	0	0	0	0	0	0	0	0	0	0	0
41 広島	0	0	0	0	0	0	0	0	0	0	0	0	0	0
42 山口	0	0	0	0	0	0	0	0	0	0	0	0	0	0
43 香川	0	0	0	0	0	0	0	0	0	0	0	0	0	0
44 愛媛	0	0	0	0	0	0	0	0	0	0	0	0	0	0
45 徳島	0	0	0	0	0	0	0	0	0	0	0	0	0	0
46 高知	0	0	0	0	0	0	0	0	0	0	0	0	0	0
47 福岡	0	0	0	0	0	0	0	0	0	0	0	0	0	0
48 佐賀	0	0	0	0	0	0	0	0	0	0	0	0	0	0
49 長崎	0	0	0	0	0	0	0	0	0	0	0	0	0	0
50 熊本	0	0	0	0	0	0	0	0	0	0	0	0	0	0
51 大分	0	0	0	0	0	0	0	0	0	0	0	0	0	0
52 宮崎	0	0	0	0	0	0	0	0	0	0	0	0	0	0
53 鹿児島	0	0	0	0	0	0	0	0	0	0	0	0	0	0
54 沖縄	0	0	0	0	0	0	0	0	0	0	0	0	0	0
55 全国	0	0	0	31,582	0	0	0	31,582	0	0	10,425	0	0	1

平成28年度　　　　　　　　　　府県相互間輸送トン数表（海運）　　　　　　品目　（6-25）繊維工業品　　（単位：トン）その2

発\着	15 茨城	16 栃木	17 群馬	18 埼玉	19 千葉	20 東京	21 神奈川	22 新潟	23 富山	24 石川	25 福井	26 山梨	27 長野	28 静岡
1 札幌	0	0	0	0	0	0	0	0	0	0	0	0	0	0
2 旭川	0	0	0	0	0	0	0	0	0	0	0	0	0	0
3 函館	0	0	0	0	0	0	0	0	0	0	0	0	0	0
4 室蘭	16	0	0	0	0	45	0	0	0	0	0	0	0	0
5 釧路	20	0	0	0	0	0	0	0	0	0	0	0	0	0
6 帯広	0	0	0	0	0	0	0	0	0	0	0	0	0	0
7 北見	0	0	0	0	0	0	0	0	0	0	0	0	0	0
8 北海道	36	0	0	0	0	45	0	0	0	0	0	0	0	0
9 青森	0	0	0	0	0	0	0	0	0	0	0	0	0	0
10 岩手	0	0	0	0	0	0	0	0	0	0	0	0	0	0
11 宮城	0	0	0	0	0	0	0	0	0	0	0	0	0	0
12 福島	0	0	0	0	0	0	0	0	0	0	0	0	0	0
13 秋田	0	0	0	0	0	0	0	0	0	0	0	0	0	0
14 山形	0	0	0	0	0	0	0	0	0	0	0	0	0	0
15 茨城	0	0	0	0	0	0	0	0	0	0	0	0	0	0
16 栃木	0	0	0	0	0	0	0	0	0	0	0	0	0	0
17 群馬	0	0	0	0	0	0	0	0	0	0	0	0	0	0
18 埼玉	0	0	0	0	0	0	0	0	0	0	0	0	0	0
19 千葉	0	0	0	0	0	0	0	0	0	0	0	0	0	0
20 東京	292	0	0	0	0	0	30	21	0	0	0	0	0	432
21 神奈川	0	0	0	0	247	0	0	0	0	0	0	0	0	105
22 新潟	0	0	0	0	0	0	0	6,120	0	0	0	0	0	0
23 富山	0	0	0	0	0	0	0	0	0	0	0	0	0	0
24 石川	0	0	0	0	0	0	0	0	0	0	0	0	0	0
25 福井	0	0	0	0	0	0	0	0	0	0	0	0	0	0
26 山梨	0	0	0	0	0	0	0	0	0	0	0	0	0	0
27 長野	0	0	0	0	0	0	0	0	0	0	0	0	0	0
28 静岡	0	0	0	0	0	0	108	0	0	0	0	0	0	0
29 岐阜	0	0	0	0	0	0	0	0	0	0	0	0	0	0
30 愛知	0	0	0	0	0	0	0	0	0	0	0	0	0	0
31 三重	0	0	0	0	0	0	0	0	0	0	0	0	0	0
32 滋賀	0	0	0	0	0	0	0	0	0	0	0	0	0	0
33 京都	0	0	0	0	0	0	0	0	0	0	0	0	0	0
34 奈良	0	0	0	0	0	0	0	0	0	0	0	0	0	0
35 和歌山	0	0	0	0	0	0	0	0	0	0	0	0	0	0
36 大阪	0	0	0	0	0	0	0	0	0	0	0	0	0	0
37 兵庫	0	0	0	0	0	5,043	0	0	0	0	0	0	0	0
38 鳥取	0	0	0	0	0	0	0	0	0	0	0	0	0	0
39 島根	0	0	0	0	0	0	0	0	0	0	0	0	0	0
40 岡山	0	0	0	0	0	0	0	0	0	0	0	0	0	0
41 広島	0	0	0	0	0	0	0	0	0	0	0	0	0	0
42 山口	0	0	0	0	0	0	0	0	0	0	0	0	0	0
43 香川	0	0	0	0	0	0	0	0	0	0	0	0	0	0
44 愛媛	0	0	0	0	0	0	0	0	0	0	0	0	0	0
45 徳島	0	0	0	0	0	0	0	0	0	0	0	0	0	0
46 高知	0	0	0	0	0	0	0	0	0	0	0	0	0	0
47 福岡	0	0	0	0	0	0	0	0	0	0	0	0	0	0
48 佐賀	0	0	0	0	0	0	0	0	0	0	0	0	0	0
49 長崎	0	0	0	0	0	0	0	0	0	0	0	0	0	0
50 熊本	0	0	0	0	0	0	0	0	0	0	0	0	0	0
51 大分	0	0	0	0	0	0	0	0	0	0	0	0	0	0
52 宮崎	0	0	0	0	0	0	0	0	0	0	0	0	0	0
53 鹿児島	0	0	0	0	0	0	0	0	0	0	0	0	0	0
54 沖縄	0	0	0	0	0	0	0	0	0	0	0	0	0	0
55 全国	328	0	0	0	247	5,118	129	6,120	0	0	0	0	0	537

平成28年度　　　　　　　　　府県相互間輸送トン数表（海運）　　　品目（6-25）繊維工業品　（単位：トン）その3

着／発	29 岐阜	30 愛知	31 三重	32 滋賀	33 京都	34 奈良	35 和歌山	36 大阪	37 兵庫	38 鳥取	39 島根	40 岡山	41 広島	42 山口
1 札幌	0	0	0	0	0	0	0	0	0	0	0	0	0	0
2 旭川	0	0	0	0	0	0	0	0	0	0	0	0	0	0
3 函館	0	0	0	0	0	0	0	0	0	0	0	0	0	0
4 室蘭	0	0	0	0	0	0	0	0	0	0	0	0	0	0
5 釧路	0	0	0	0	0	0	0	0	0	0	0	0	0	0
6 帯広	0	0	0	0	0	0	0	0	0	0	0	0	0	0
7 北見	0	0	0	0	0	0	0	0	0	0	0	0	0	0
8 北海道	0	0	0	0	0	0	0	0	0	0	0	0	0	0
9 青森	0	0	0	0	0	0	0	0	0	0	0	0	0	0
10 岩手	0	0	0	0	0	0	0	0	0	0	0	0	0	0
11 宮城	0	0	0	0	0	0	0	0	0	0	0	0	0	0
12 福島	0	0	0	0	0	0	0	0	0	0	0	0	0	0
13 秋田	0	0	0	0	0	0	0	0	0	0	0	0	0	0
14 山形	0	0	0	0	0	0	0	0	0	0	0	0	0	0
15 茨城	0	0	0	0	0	0	0	0	0	0	0	0	0	0
16 栃木	0	0	0	0	0	0	0	0	0	0	0	0	0	0
17 群馬	0	0	0	0	0	0	0	0	0	0	0	0	0	0
18 埼玉	0	0	0	0	0	0	0	0	0	0	0	0	0	0
19 千葉	0	0	0	0	0	0	0	0	0	0	0	0	0	0
20 東京	0	333	0	0	0	0	0	0	341	0	0	0	0	0
21 神奈川	0	0	0	0	0	0	0	0	183	0	0	0	0	0
22 新潟	0	0	0	0	0	0	0	0	0	0	0	0	0	0
23 富山	0	0	0	0	0	0	0	0	0	0	0	0	0	0
24 石川	0	0	0	0	0	0	0	0	0	0	0	0	0	0
25 福井	0	0	0	0	0	0	0	0	0	0	0	0	0	0
26 山梨	0	0	0	0	0	0	0	0	0	0	0	0	0	0
27 長野	0	0	0	0	0	0	0	0	0	0	0	0	0	0
28 静岡	0	0	42	0	0	0	0	0	0	0	0	0	0	0
29 岐阜	0	0	0	0	0	0	0	0	0	0	0	0	0	0
30 愛知	0	0	729	0	0	0	0	0	62	0	0	0	0	0
31 三重	0	0	0	0	0	0	0	0	0	0	0	0	0	0
32 滋賀	0	0	0	0	0	0	0	0	0	0	0	0	0	0
33 京都	0	0	0	0	0	0	0	0	0	0	0	0	0	0
34 奈良	0	0	0	0	0	0	0	0	0	0	0	0	0	0
35 和歌山	0	0	0	0	0	0	0	0	0	0	0	0	0	0
36 大阪	0	0	0	0	0	0	0	0	101	0	0	0	0	0
37 兵庫	0	0	0	0	0	0	0	0	0	0	0	204	89	0
38 鳥取	0	0	0	0	0	0	0	0	0	0	0	0	0	0
39 島根	0	0	0	0	0	0	0	0	0	0	0	0	0	0
40 岡山	0	0	0	0	0	0	0	0	555	0	0	0	0	0
41 広島	0	0	0	0	0	0	0	0	400	0	0	0	0	0
42 山口	0	0	0	0	0	0	0	0	525	0	0	0	0	0
43 香川	0	0	0	0	0	0	0	0	0	0	0	0	0	0
44 愛媛	0	0	0	0	0	0	0	0	1,124	0	0	0	0	0
45 徳島	0	0	0	0	0	0	0	0	0	0	0	0	0	0
46 高知	0	0	0	0	0	0	0	0	0	0	0	0	0	0
47 福岡	0	0	0	0	0	0	0	0	0	0	0	0	0	0
48 佐賀	0	0	0	0	0	0	0	0	0	0	0	0	0	0
49 長崎	0	0	0	0	0	0	0	0	0	0	0	0	0	0
50 熊本	0	0	0	0	0	0	0	0	0	0	0	0	0	0
51 大分	0	0	0	0	0	0	0	0	0	0	0	0	0	0
52 宮崎	0	0	0	0	0	0	0	0	570	0	0	0	0	0
53 鹿児島	0	0	0	0	0	0	0	0	0	0	0	0	0	0
54 沖縄	0	0	0	0	0	0	0	0	0	0	0	0	0	0
55 全国	0	333	771	0	0	0	0	632	3,229	0	0	204	89	2

平成28年度　　　　　　　　　府県相互間輸送トン数表（海運）　　　品目（6-25）繊維工業品　（単位：トン）その4

着／発	43 香川	44 愛媛	45 徳島	46 高知	47 福岡	48 佐賀	49 長崎	50 熊本	51 大分	52 宮崎	53 鹿児島	54 沖縄	55 全国
1 札幌	0	0	0	0	0	0	0	0	0	0	0	0	0
2 旭川	0	0	0	0	0	0	0	0	0	0	0	0	0
3 函館	0	0	0	0	0	0	0	0	0	0	0	0	0
4 室蘭	0	0	0	0	0	0	0	0	0	0	0	0	61
5 釧路	0	0	0	0	0	0	0	0	0	0	0	0	20
6 帯広	0	0	0	0	0	0	0	0	0	0	0	0	0
7 北見	0	0	0	0	0	0	0	0	0	0	0	0	0
8 北海道	0	0	0	0	0	0	0	0	0	0	0	0	81
9 青森	0	0	0	0	0	0	0	0	0	0	0	0	0
10 岩手	0	0	0	0	0	0	0	0	0	0	0	0	0
11 宮城	0	0	0	0	0	0	0	0	0	0	0	0	30,991
12 福島	0	0	0	0	0	0	0	0	0	0	0	0	0
13 秋田	0	0	0	0	0	0	0	0	0	0	0	0	0
14 山形	0	0	0	0	0	0	0	0	0	0	0	0	1
15 茨城	0	0	0	0	0	0	0	0	0	0	0	0	0
16 栃木	0	0	0	0	0	0	0	0	0	0	0	0	0
17 群馬	0	0	0	0	0	0	0	0	0	0	0	0	0
18 埼玉	0	0	0	0	0	0	0	0	0	0	0	0	0
19 千葉	0	0	0	0	0	0	0	0	0	0	0	0	0
20 東京	0	0	0	0	0	0	0	0	0	0	36	590	12,016
21 神奈川	0	0	0	0	0	0	0	0	0	0	0	0	1,550
22 新潟	0	0	0	0	0	0	0	0	0	0	0	0	6,120
23 富山	0	0	0	0	0	0	0	0	0	0	0	0	0
24 石川	0	0	0	0	0	0	0	0	0	0	0	0	0
25 福井	0	0	0	0	0	0	0	0	0	0	0	0	0
26 山梨	0	0	0	0	0	0	0	0	0	0	0	0	0
27 長野	0	0	0	0	0	0	0	0	0	0	0	0	0
28 静岡	0	0	0	0	0	0	0	0	0	0	0	0	150
29 岐阜	0	0	0	0	0	0	0	0	0	0	0	0	0
30 愛知	0	0	0	0	0	0	0	0	0	0	0	0	851
31 三重	0	0	0	0	0	0	0	0	0	0	0	0	0
32 滋賀	0	0	0	0	0	0	0	0	0	0	0	0	0
33 京都	0	0	0	0	0	0	0	0	0	0	0	0	0
34 奈良	0	0	0	0	0	0	0	0	0	0	0	0	0
35 和歌山	0	0	0	0	0	0	0	0	0	0	0	0	0
36 大阪	0	0	0	0	21	0	0	0	0	0	125	0	247
37 兵庫	0	1,734	0	0	557	0	0	0	0	0	4	0	7,631
38 鳥取	0	0	0	0	0	0	0	0	0	0	0	0	0
39 島根	0	0	0	0	0	0	0	0	0	0	0	0	0
40 岡山	0	0	0	0	0	0	0	0	0	0	0	47	602
41 広島	0	0	0	0	0	0	0	643	0	0	0	0	1,043
42 山口	0	0	0	0	0	0	0	0	0	0	0	0	527
43 香川	0	0	0	0	0	0	0	0	0	0	0	4	4
44 愛媛	0	0	0	0	0	0	0	0	0	0	0	0	1,124
45 徳島	0	0	0	0	0	0	0	0	0	0	0	0	0
46 高知	0	0	0	0	0	0	0	0	0	0	0	0	0
47 福岡	0	0	0	0	0	0	1,354	0	0	0	0	2,280	3,634
48 佐賀	0	0	0	0	0	57	0	0	0	0	0	0	57
49 長崎	0	0	0	0	0	0	104	0	0	0	0	0	104
50 熊本	0	0	0	0	0	0	0	0	0	0	0	0	0
51 大分	0	0	0	0	0	0	0	0	0	0	0	0	0
52 宮崎	0	0	0	0	0	0	0	0	0	0	0	0	570
53 鹿児島	0	0	0	0	0	0	0	0	0	0	212	56	268
54 沖縄	0	0	0	0	0	0	0	0	0	0	22	0	22
55 全国	0	1,734	0	0	578	57	1,458	643	0	0	248	3,128	67,593

平成28年度　　　　　　　　　　　　　　府県相互間輸送トン数表（海運）　　　　　　　　　　　品目（6-26）食料工業品　　（単位：トン）その1

着＼発	1 札幌	2 旭川	3 函館	4 室蘭	5 釧路	6 帯広	7 北見	8 北海道	9 青森	10 岩手	11 宮城	12 福島	13 秋田	14 山形
1 札幌	0	0	0	0	0	0	0	0	0	0	0	0	0	0
2 旭川	0	0	0	0	0	0	0	0	0	0	0	0	0	0
3 函館	0	0	0	10	0	0	0	10	0	0	0	0	0	0
4 室蘭	0	0	0	0	6,975	0	0	6,975	0	0	0	0	0	0
5 釧路	0	0	0	341	0	0	0	341	0	0	0	0	0	0
6 帯広	0	0	0	0	0	0	0	0	0	0	0	0	0	0
7 北見	0	0	0	0	0	0	0	0	0	0	0	0	0	0
8 北海道	0	0	0	351	6,975	0	0	7,326	0	0	0	0	0	0
9 青森	0	0	0	41	38	0	0	79	0	0	0	0	0	0
10 岩手	0	0	0	0	0	0	0	0	0	0	4,439	0	0	0
11 宮城	0	0	0	34,423	0	0	0	34,423	0	0	398	0	0	0
12 福島	0	0	0	0	0	0	0	0	0	1,400	0	0	0	0
13 秋田	0	0	0	0	0	0	0	0	0	0	0	0	0	0
14 山形	0	0	0	0	0	0	0	0	0	0	0	0	0	371
15 茨城	0	0	0	354,385	0	0	0	354,385	0	16	0	0	0	0
16 栃木	0	0	0	0	0	0	0	0	0	0	0	0	0	0
17 群馬	0	0	0	0	0	0	0	0	0	0	0	0	0	0
18 埼玉	0	0	0	0	0	0	0	0	0	0	0	0	0	0
19 千葉	0	0	0	0	0	0	0	0	0	109	0	0	0	0
20 東京	0	0	0	279,102	715	0	0	279,817	355	0	9,991	22	0	0
21 神奈川	0	0	0	2,625	0	0	0	2,625	7,488	0	12,301	836	0	0
22 新潟	0	0	0	0	0	0	0	0	0	0	0	0	410	0
23 富山	0	0	0	0	0	0	0	0	0	0	0	0	0	0
24 石川	0	0	0	0	0	0	0	0	0	0	0	0	0	0
25 福井	0	0	0	45,524	0	0	0	45,524	0	0	0	0	0	0
26 山梨	0	0	0	0	0	0	0	0	0	0	0	0	0	0
27 長野	0	0	0	0	0	0	0	0	0	0	0	0	0	0
28 静岡	0	0	0	12,921	0	0	0	12,921	0	0	0	0	0	0
29 岐阜	0	0	0	0	0	0	0	0	0	0	0	0	0	0
30 愛知	0	0	0	6,040	0	0	0	6,040	60	0	15,242	5,073	0	0
31 三重	0	0	0	0	0	0	0	0	0	0	0	0	0	0
32 滋賀	0	0	0	0	0	0	0	0	0	0	0	0	0	0
33 京都	0	0	0	0	0	0	0	0	0	0	0	0	0	0
34 奈良	0	0	0	0	0	0	0	0	0	0	0	0	0	0
35 和歌山	0	0	0	0	0	0	0	0	0	0	0	0	0	0
36 大阪	0	0	0	23,328	55	0	0	23,383	0	15	0	0	0	0
37 兵庫	3,716	2,871	1,732	0	0	0	0	8,319	995	0	7,024	0	0	0
38 鳥取	0	0	0	0	0	0	0	0	0	0	0	0	0	0
39 島根	0	0	0	0	0	0	0	0	0	0	0	0	0	0
40 岡山	0	1,473	0	6,484	0	0	0	7,957	1,244	0	1,234	0	2,037	0
41 広島	0	0	0	0	0	0	0	0	0	0	0	0	0	0
42 山口	0	0	0	0	0	0	0	0	0	0	0	0	0	0
43 香川	63	2,371	0	640	0	0	0	3,074	3,364	0	8,887	0	0	0
44 愛媛	0	0	0	0	0	0	0	0	0	0	0	0	0	0
45 徳島	0	0	1,726	4,079	0	0	0	5,805	0	0	2,487	0	0	0
46 高知	0	0	0	0	0	0	0	0	0	0	0	0	0	0
47 福岡	0	0	0	0	0	0	0	0	0	0	0	0	0	0
48 佐賀	0	0	0	0	0	0	0	0	0	0	0	0	0	0
49 長崎	7,138	6,170	1,104	0	0	0	0	14,412	5,935	0	6,732	0	2,384	0
50 熊本	0	0	0	0	0	0	0	0	0	0	0	0	0	0
51 大分	0	0	0	540	0	0	0	540	0	0	0	0	0	0
52 宮崎	0	0	0	0	0	0	0	0	0	0	0	0	0	0
53 鹿児島	0	0	0	0	0	0	0	0	0	0	0	0	0	0
54 沖縄	0	0	0	0	0	0	0	0	0	0	0	0	0	0
55 全国	10,917	12,885	4,562	770,483	7,783	0	0	806,630	19,441	1,540	68,735	5,931	4,831	371

平成28年度　　　　　　　　　　　　　　府県相互間輸送トン数表（海運）　　　　　　　　　　　品目（6-26）食料工業品　　（単位：トン）その2

着＼発	15 茨城	16 栃木	17 群馬	18 埼玉	19 千葉	20 東京	21 神奈川	22 新潟	23 富山	24 石川	25 福井	26 山梨	27 長野	28 静岡
1 札幌	0	0	0	0	0	300	0	0	0	0	0	0	0	0
2 旭川	0	0	0	0	0	0	0	0	0	0	0	0	0	0
3 函館	0	0	0	0	0	0	0	0	0	0	0	0	0	0
4 室蘭	279,738	0	0	0	0	81,232	2,520	0	0	0	182,300	0	0	0
5 釧路	156,834	0	0	0	0	1,400	0	0	0	0	0	0	0	0
6 帯広	0	0	0	0	0	0	0	0	0	0	0	0	0	0
7 北見	0	0	0	0	0	0	0	0	0	0	0	0	0	0
8 北海道	436,572	0	0	0	0	82,932	2,520	0	0	0	182,300	0	0	0
9 青森	0	0	0	0	0	500	162	0	0	0	0	0	0	0
10 岩手	0	0	0	0	0	0	0	0	0	0	0	0	0	0
11 宮城	351	0	0	0	0	298	0	0	0	0	0	0	0	138
12 福島	0	0	0	0	0	400	0	0	0	0	0	0	0	0
13 秋田	0	0	0	0	0	0	0	0	0	0	0	0	0	0
14 山形	0	0	0	0	0	0	0	0	0	0	0	0	0	0
15 茨城	0	0	0	0	0	715	0	0	0	0	0	0	0	0
16 栃木	0	0	0	0	0	0	0	0	0	0	0	0	0	0
17 群馬	0	0	0	0	0	0	0	0	0	0	0	0	0	0
18 埼玉	0	0	0	0	0	0	0	0	0	0	0	0	0	0
19 千葉	0	0	0	0	0	2,529	0	0	0	0	0	0	0	0
20 東京	3,616	0	0	0	637	15,379	5,300	0	0	0	0	0	0	3,059
21 神奈川	0	0	0	0	676	7,861	28	0	0	0	0	0	0	9,610
22 新潟	0	0	0	0	0	0	0	7,812	0	0	0	0	0	0
23 富山	0	0	0	0	0	0	0	0	0	0	0	0	0	0
24 石川	0	0	0	0	0	0	0	0	0	5	0	0	0	0
25 福井	0	0	0	0	0	0	0	0	0	0	0	0	0	0
26 山梨	0	0	0	0	0	0	0	0	0	0	0	0	0	0
27 長野	0	0	0	0	0	0	0	0	0	0	0	0	0	0
28 静岡	0	0	0	0	0	144	3,585	0	0	0	0	0	0	10
29 岐阜	0	0	0	0	0	0	0	0	0	0	0	0	0	0
30 愛知	0	0	0	0	0	0	20	0	0	0	0	0	0	17
31 三重	0	0	0	0	0	0	0	0	0	0	0	0	0	0
32 滋賀	0	0	0	0	0	0	0	0	0	0	0	0	0	0
33 京都	0	0	0	0	0	0	0	0	0	0	0	0	0	0
34 奈良	0	0	0	0	0	0	0	0	0	0	0	0	0	0
35 和歌山	0	0	0	0	0	0	600	0	0	0	0	0	0	0
36 大阪	0	0	0	0	0	29	0	0	0	433	0	0	0	0
37 兵庫	0	0	0	0	0	3,326	0	0	0	0	0	0	0	4,398
38 鳥取	0	0	0	0	0	0	0	0	0	0	0	0	0	0
39 島根	0	0	0	0	0	0	0	0	0	0	0	0	0	0
40 岡山	0	0	0	0	0	52,412	0	0	0	0	0	0	0	0
41 広島	0	0	0	0	0	0	0	0	0	0	0	0	0	0
42 山口	0	0	0	0	0	220	0	0	0	0	0	0	0	0
43 香川	0	0	0	0	0	51,802	500	0	0	0	0	0	0	0
44 愛媛	0	0	0	0	0	410	0	0	0	0	0	0	0	0
45 徳島	5,289	0	0	0	1,060	29,894	0	0	0	0	0	0	0	6,178
46 高知	0	0	0	0	0	0	0	0	0	0	0	0	0	0
47 福岡	11,520	0	0	0	1,510	186,360	0	0	0	0	0	0	0	8,910
48 佐賀	0	0	0	0	0	0	0	0	0	0	0	0	0	0
49 長崎	3,415	0	0	0	0	32,370	0	0	0	1,568	0	0	0	0
50 熊本	0	0	0	0	0	0	0	0	0	0	0	0	0	0
51 大分	0	0	0	0	0	0	0	0	0	0	0	0	0	1,900
52 宮崎	0	0	0	0	0	0	0	0	0	0	0	0	0	0
53 鹿児島	0	0	0	0	9,848	0	5,688	0	0	0	0	0	0	0
54 沖縄	0	0	0	0	29,525	32,707	13,976	0	0	0	0	0	0	0
55 全国	460,763	0	0	0	43,256	500,288	32,379	7,812	0	2,006	182,300	0	0	34,220

- 284 -

平成28年度　　　　　　　　　　　　　　　　　　府県相互間輸送トン数表（海運）　　　　　　　　　　　　　　　　　（単位：トン）
　　　　　　　　　　　　　　　　　　　　　　　　　　　　　　　　　　　　　品目　（6−26）食料工業品　　　　　その　3

発＼着	29 岐阜	30 愛知	31 三重	32 滋賀	33 京都	34 奈良	35 和歌山	36 大阪	37 兵庫	38 鳥取	39 島根	40 岡山	41 広島	42 山口
1 札幌	0	0	0	0	0	0	0	0	0	0	0	0	0	0
2 旭川	0	0	0	0	0	0	0	0	0	0	0	0	0	0
3 函館	0	0	0	0	0	0	0	0	0	0	0	0	0	0
4 室蘭	0	80,912	0	0	0	0	0	9,708	0	0	0	0	0	0
5 釧路	0	8,080	0	0	0	0	0	31,296	0	0	0	0	0	0
6 帯広	0	0	0	0	0	0	0	0	0	0	0	0	0	0
7 北見	0	0	0	0	0	0	0	0	0	0	0	0	0	0
8 北海道	0	88,992	0	0	0	0	0	41,004	0	0	0	0	0	0
9 青森	0	0	0	0	0	0	0	0	0	0	0	0	0	0
10 岩手	0	0	0	0	0	0	0	0	0	0	0	0	0	0
11 宮城	0	385	0	0	0	0	0	0	0	0	0	0	0	0
12 福島	0	0	0	0	0	0	0	0	0	0	0	0	0	0
13 秋田	0	0	0	0	0	0	0	0	0	0	0	0	0	0
14 山形	0	0	0	0	0	0	0	0	0	0	0	0	0	0
15 茨城	0	0	0	0	0	0	0	0	0	0	0	0	0	2,631
16 栃木	0	0	0	0	0	0	0	0	0	0	0	0	0	0
17 群馬	0	0	0	0	0	0	0	0	0	0	0	0	0	0
18 埼玉	0	0	0	0	0	0	0	0	0	0	0	0	0	0
19 千葉	0	0	0	0	0	0	0	1,215	0	0	0	9,140	2,500	0
20 東京	0	10,595	0	0	0	0	0	4,180	28,464	0	0	0	0	15
21 神奈川	0	2,974	0	0	0	0	0	0	6,175	0	0	0	0	0
22 新潟	0	0	0	0	0	0	0	0	0	0	0	0	0	0
23 富山	0	0	0	0	0	0	0	0	0	0	0	0	0	0
24 石川	0	0	0	0	0	0	0	0	0	0	0	0	0	0
25 福井	0	0	0	0	0	0	0	0	0	0	0	0	0	0
26 山梨	0	0	0	0	0	0	0	0	0	0	0	0	0	0
27 長野	0	0	0	0	0	0	0	0	0	0	0	0	0	0
28 静岡	0	1,277	0	0	0	0	0	0	371	0	0	0	0	0
29 岐阜	0	0	0	0	0	0	0	0	0	0	0	0	0	0
30 愛知	0	0	0	0	0	0	0	731	18,266	0	0	0	0	17,623
31 三重	0	0	0	0	0	0	0	0	0	0	0	0	0	0
32 滋賀	0	0	0	0	0	0	0	0	0	0	0	0	0	0
33 京都	0	0	0	0	0	0	0	0	0	0	0	0	0	0
34 奈良	0	0	0	0	0	0	0	0	0	0	0	0	0	0
35 和歌山	0	0	0	0	0	0	0	0	0	0	0	0	0	0
36 大阪	0	0	0	0	0	0	0	0	1,443	0	0	0	0	0
37 兵庫	0	340	0	0	0	0	0	0	4,972	0	0	3,006	646	0
38 鳥取	0	0	0	0	0	0	0	0	0	0	0	0	0	0
39 島根	0	0	0	0	0	0	0	0	0	0	29,901	0	0	0
40 岡山	0	0	800	0	0	0	0	0	0	0	0	0	0	0
41 広島	0	0	0	0	0	0	0	0	0	0	0	0	14,788	0
42 山口	0	754	0	0	0	0	0	0	0	0	0	0	0	4
43 香川	0	0	5,339	0	0	0	0	0	24,517	0	0	0	0	0
44 愛媛	0	0	0	0	0	0	0	1,000	0	0	0	0	0	0
45 徳島	0	25,516	0	0	0	0	0	0	0	0	0	0	0	0
46 高知	0	0	0	0	0	0	0	0	0	0	0	0	0	0
47 福岡	0	312	0	0	0	0	0	0	1,805	0	0	4,685	0	0
48 佐賀	0	0	0	0	0	0	0	0	0	0	0	0	0	0
49 長崎	0	10,598	0	0	0	0	0	0	8,550	0	0	0	0	0
50 熊本	0	0	0	0	0	0	0	0	0	0	0	0	0	0
51 大分	0	0	0	0	0	0	0	0	301	0	0	0	0	0
52 宮崎	0	0	0	0	0	0	0	13,470	0	0	0	0	0	0
53 鹿児島	0	4,032	0	0	0	0	0	9,639	3,736	0	0	5,240	0	4,409
54 沖縄	0	12,005	0	0	0	0	0	2,938	64	0	0	172	0	275
55 全国	0	157,780	6,139	0	0	0	0	74,177	98,664	0	29,901	22,243	17,934	24,957

平成28年度　　　　　　　　　　　　　　　　　　府県相互間輸送トン数表（海運）　　　　　　　　　　　　　　　　　（単位：トン）
　　　　　　　　　　　　　　　　　　　　　　　　　　　　　　　　　　　　　品目　（6−26）食料工業品　　　　　その　4

発＼着	43 香川	44 愛媛	45 徳島	46 高知	47 福岡	48 佐賀	49 長崎	50 熊本	51 大分	52 宮崎	53 鹿児島	54 沖縄	55 全国
1 札幌	0	0	0	0	0	0	0	0	0	0	0	0	0
2 旭川	0	0	0	0	0	0	0	0	0	0	0	0	300
3 函館	0	0	1,007	0	0	0	0	0	0	0	0	0	1,017
4 室蘭	0	0	2,558	0	0	0	0	0	0	0	0	0	645,943
5 釧路	0	0	0	0	0	0	0	0	0	0	0	0	197,951
6 帯広	0	0	0	0	0	0	0	0	0	0	0	0	0
7 北見	0	0	0	0	0	0	0	0	0	0	0	0	0
8 北海道	0	0	3,565	0	0	0	0	0	0	0	0	0	845,211
9 青森	0	0	0	0	0	0	0	0	0	0	0	0	241
10 岩手	0	0	0	0	0	0	0	0	0	0	0	0	4,939
11 宮城	0	0	0	0	0	0	0	0	0	0	0	0	35,993
12 福島	0	0	0	0	0	0	0	0	0	0	0	0	1,400
13 秋田	0	0	0	0	0	0	0	0	0	0	0	0	400
14 山形	0	0	0	0	0	0	0	0	0	0	0	0	371
15 茨城	0	0	0	0	51,338	0	0	0	0	0	0	0	409,085
16 栃木	0	0	0	0	0	0	0	0	0	0	0	0	0
17 群馬	0	0	0	0	0	0	0	0	0	0	0	0	0
18 埼玉	0	0	0	0	0	0	0	0	0	0	0	0	0
19 千葉	0	0	0	0	0	0	0	0	0	0	128	0	15,621
20 東京	0	0	0	0	62,959	0	0	0	0	18,570	620	204,069	647,648
21 神奈川	1,270	0	0	0	6,489	0	0	0	0	0	0	72	58,405
22 新潟	0	0	0	0	0	0	0	0	0	0	0	0	8,222
23 富山	0	0	0	0	0	0	0	0	0	0	0	0	0
24 石川	0	0	0	0	0	0	0	0	0	0	0	0	5
25 福井	0	0	0	0	0	0	0	0	0	0	0	0	45,524
26 山梨	0	0	0	0	0	0	0	0	0	0	0	0	0
27 長野	0	0	0	0	0	0	0	0	0	0	0	0	0
28 静岡	0	5,600	0	0	0	0	0	4,050	0	0	0	0	27,958
29 岐阜	0	0	0	0	0	0	0	0	0	0	0	0	0
30 愛知	0	6,056	0	0	1,450	0	0	2,945	0	4,412	630	0	78,565
31 三重	0	0	0	0	2,235	0	0	0	0	0	0	0	2,235
32 滋賀	0	0	0	0	0	0	0	0	0	0	0	0	0
33 京都	0	0	0	0	0	0	0	0	0	0	0	0	0
34 奈良	0	0	0	0	0	0	0	0	0	0	0	0	0
35 和歌山	0	0	0	0	0	0	0	0	0	0	0	0	600
36 大阪	0	0	0	0	4,208	0	0	0	0	1,920	52	228,143	259,626
37 兵庫	0	471	1,991	400	30,992	0	0	0	104	101	2,453	10,272	79,810
38 鳥取	0	0	0	0	0	0	0	0	0	0	0	0	0
39 島根	0	0	0	0	0	0	0	0	0	0	0	0	29,901
40 岡山	0	0	0	0	0	0	0	0	0	0	0	1,647	67,331
41 広島	0	0	0	0	0	0	0	0	0	0	0	0	14,796
42 山口	0	0	0	0	1,050	0	0	0	0	0	0	8	2,028
43 香川	6,943	0	0	0	0	0	0	0	0	0	0	52	104,478
44 愛媛	0	310,456	0	0	0	0	0	0	0	0	0	108	311,974
45 徳島	0	0	0	0	4,500	0	0	0	0	0	1,950	0	82,679
46 高知	0	0	0	0	0	0	0	0	0	0	0	0	0
47 福岡	0	0	0	0	872	0	16,941	0	0	0	0	552,941	785,856
48 佐賀	0	0	0	0	0	2,304	568	0	0	0	0	0	2,872
49 長崎	0	0	0	0	3,731	0	59,116	0	0	704	14,323	0	155,288
50 熊本	0	0	0	0	1,913	0	0	1	0	0	2,402	3,450	16,316
51 大分	0	0	0	0	0	0	0	0	6,612	0	650	0	10,003
52 宮崎	0	0	0	0	0	0	0	0	0	0	0	0	13,470
53 鹿児島	0	0	0	0	9,535	0	0	2,577	0	5,299	158,465	91,906	310,374
54 沖縄	0	0	0	0	29,698	0	0	6,649	0	3,000	10,516	107,903	249,428
55 全国	8,213	322,583	5,556	400	210,970	2,304	76,625	16,222	6,716	34,006	192,189	1,200,571	4,678,653

平成28年度　　　　　　　　　　　　府県相互間輸送トン数表（海運）

品目　（7-27）日用品　その 1　　（単位：トン）

着＼発	1 札幌	2 旭川	3 函館	4 室蘭	5 釧路	6 帯広	7 北見	8 北海道	9 青森	10 岩手	11 宮城	12 福島	13 秋田	14 山形
1 札幌	0	0	0	0	0	0	0	0	0	0	0	0	0	0
2 旭川	0	903	0	0	0	0	0	903	0	0	0	0	0	0
3 函館	0	0	0	20	0	0	0	20	0	0	0	0	0	0
4 室蘭	0	0	0	0	36,920	0	0	36,920	0	0	0	0	0	0
5 釧路	0	0	0	174	0	0	0	174	0	0	0	0	0	0
6 帯広	0	0	0	0	0	0	0	0	0	0	0	0	0	0
7 北見	0	0	0	0	0	0	0	0	0	0	0	0	0	0
8 北海道	0	903	0	194	36,920	0	0	38,017	0	0	0	0	0	0
9 青森	0	0	0	450	79	0	0	529	0	0	0	0	0	0
10 岩手	0	0	0	0	0	0	0	0	0	0	0	0	0	0
11 宮城	0	0	0	31,782	0	0	0	31,782	0	1,431	88	0	0	0
12 福島	0	0	0	0	0	0	0	0	0	0	0	0	0	0
13 秋田	0	0	0	0	0	0	0	0	0	0	0	0	0	0
14 山形	0	0	0	0	0	0	0	0	0	0	0	0	0	50
15 茨城	0	0	0	108,150	0	0	0	108,150	0	0	0	0	0	0
16 栃木	0	0	0	0	0	0	0	0	0	0	0	0	0	0
17 群馬	0	0	0	0	0	0	0	0	0	0	0	0	0	0
18 埼玉	0	0	0	0	0	0	0	0	0	0	0	0	0	0
19 千葉	0	0	0	0	0	0	0	0	0	0	0	0	0	0
20 東京	0	0	0	130,264	420	0	0	130,684	0	2,631	14,506	0	0	0
21 神奈川	0	0	0	7,199	0	0	0	7,199	7,159	556	35,800	0	0	0
22 新潟	0	0	0	0	0	0	0	0	0	0	0	0	0	0
23 富山	0	0	0	0	0	0	0	0	0	0	0	0	0	0
24 石川	0	0	0	0	0	0	0	0	0	0	0	0	0	0
25 福井	0	0	0	121,963	0	0	0	121,963	0	0	0	0	0	0
26 山梨	0	0	0	0	0	0	0	0	0	0	0	0	0	0
27 長野	0	0	0	0	0	0	0	0	0	0	0	0	0	0
28 静岡	0	0	0	0	0	0	0	0	0	0	0	0	0	0
29 岐阜	0	0	0	0	0	0	0	0	0	0	0	0	0	0
30 愛知	0	0	0	5,200	0	0	0	5,200	496	0	0	0	0	0
31 三重	0	0	0	0	0	0	0	0	0	0	0	0	0	0
32 滋賀	0	0	0	0	0	0	0	0	0	0	0	0	0	0
33 京都	0	0	0	0	0	0	0	0	0	0	0	0	0	0
34 奈良	0	0	0	0	0	0	0	0	0	0	0	0	0	0
35 和歌山	0	0	0	0	0	0	0	0	0	0	0	0	0	0
36 大阪	0	0	0	33,689	30	0	0	33,719	0	0	0	0	0	0
37 兵庫	0	0	0	0	0	0	0	0	0	0	0	0	0	0
38 鳥取	0	0	0	0	0	0	0	0	0	0	0	0	0	0
39 島根	0	0	0	0	0	0	0	0	0	0	0	0	0	0
40 岡山	0	0	0	0	0	0	0	0	0	0	0	0	0	0
41 広島	0	0	0	0	0	0	0	0	0	0	0	0	0	0
42 山口	0	0	0	0	0	0	0	0	0	0	0	0	0	0
43 香川	0	0	0	0	0	0	0	0	0	0	0	0	0	0
44 愛媛	0	0	0	0	0	0	0	0	0	0	0	0	0	0
45 徳島	0	0	0	0	0	0	0	0	0	0	0	0	0	0
46 高知	0	0	0	0	0	0	0	0	0	0	0	0	0	0
47 福岡	0	0	0	0	0	0	0	0	0	0	0	0	0	0
48 佐賀	0	0	0	0	0	0	0	0	0	0	0	0	0	0
49 長崎	0	0	0	0	0	0	0	0	0	0	0	0	0	0
50 熊本	0	0	0	0	0	0	0	0	0	0	0	0	0	0
51 大分	0	0	0	1,485	0	0	0	1,485	0	0	0	0	0	0
52 宮崎	0	0	0	0	0	0	0	0	0	0	0	0	0	0
53 鹿児島	0	0	0	0	0	0	0	0	0	0	0	0	0	0
54 沖縄	0	0	0	0	0	0	0	0	0	0	0	0	0	0
55 全国	0	903	0	440,376	37,449	0	0	478,728	7,655	4,618	50,394	0	0	50

平成28年度　　　　　　　　　　　　府県相互間輸送トン数表（海運）

品目　（7-27）日用品　その 2　　（単位：トン）

着＼発	15 茨城	16 栃木	17 群馬	18 埼玉	19 千葉	20 東京	21 神奈川	22 新潟	23 富山	24 石川	25 福井	26 山梨	27 長野	28 静岡
1 札幌	0	0	0	0	0	0	0	0	0	0	0	0	0	0
2 旭川	0	0	0	0	0	0	0	0	0	0	0	0	0	0
3 函館	0	0	0	0	0	0	0	0	0	0	0	0	0	0
4 室蘭	39,008	0	0	0	0	4,463	886	0	0	0	1,780	0	0	0
5 釧路	1,042	0	0	0	0	0	0	0	0	0	0	0	0	0
6 帯広	0	0	0	0	0	0	0	0	0	0	0	0	0	0
7 北見	0	0	0	0	0	0	0	0	0	0	0	0	0	0
8 北海道	40,050	0	0	0	0	4,463	886	18	0	0	1,780	0	0	0
9 青森	0	0	0	0	0	0	0	0	0	0	0	0	0	0
10 岩手	0	0	0	0	0	0	0	0	0	0	0	0	0	0
11 宮城	0	0	0	0	0	0	0	0	0	0	0	0	0	0
12 福島	0	0	0	0	0	0	0	0	0	0	0	0	0	0
13 秋田	0	0	0	0	0	0	0	0	0	0	0	0	0	0
14 山形	0	0	0	0	0	0	0	0	0	0	0	0	0	0
15 茨城	0	0	0	0	0	0	41	0	0	0	0	0	0	0
16 栃木	0	0	0	0	0	0	0	0	0	0	0	0	0	0
17 群馬	0	0	0	0	0	0	0	0	0	0	0	0	0	0
18 埼玉	0	0	0	0	0	0	0	0	0	0	0	0	0	0
19 千葉	0	0	0	0	0	182	0	0	0	0	0	0	0	0
20 東京	1,113	0	0	0	877	13,873	824	0	0	0	0	0	0	5,316
21 神奈川	14	0	0	0	669	767	45,250	0	0	0	0	0	0	2,558
22 新潟	0	0	0	0	0	0	0	14,672	0	0	0	0	0	0
23 富山	0	0	0	0	0	0	0	0	0	0	0	0	0	0
24 石川	0	0	0	0	0	0	0	0	0	340	0	0	0	0
25 福井	0	0	0	0	0	0	0	0	0	0	0	0	0	0
26 山梨	0	0	0	0	0	0	0	0	0	0	0	0	0	0
27 長野	0	0	0	0	0	0	0	0	0	0	0	0	0	0
28 静岡	0	0	0	0	0	6,987	2,312	0	0	0	0	0	0	694
29 岐阜	0	0	0	0	0	0	0	0	0	0	0	0	0	0
30 愛知	0	0	0	0	0	0	38,506	0	0	0	0	0	0	0
31 三重	0	0	0	0	0	2,695	0	0	0	0	0	0	0	23
32 滋賀	0	0	0	0	0	0	0	0	0	0	0	0	0	0
33 京都	0	0	0	0	0	0	0	0	0	0	0	0	0	0
34 奈良	0	0	0	0	0	0	0	0	0	0	0	0	0	0
35 和歌山	0	0	0	0	0	0	0	0	0	0	0	0	0	0
36 大阪	0	0	0	0	0	3,585	0	0	0	0	0	0	0	0
37 兵庫	0	0	0	0	0	735	0	0	0	0	0	0	0	0
38 鳥取	0	0	0	0	0	0	0	0	0	0	0	0	0	0
39 島根	0	0	0	0	0	0	0	0	0	0	0	0	0	0
40 岡山	0	0	0	0	0	90	0	0	0	0	0	0	0	0
41 広島	0	0	0	0	0	0	0	0	0	0	0	0	0	0
42 山口	0	0	0	0	0	75	0	0	0	0	0	0	0	0
43 香川	0	0	0	0	0	0	0	0	0	0	0	0	0	0
44 愛媛	0	0	0	0	0	840	0	0	0	0	0	0	0	0
45 徳島	0	0	0	0	0	0	0	0	0	0	0	0	0	0
46 高知	0	0	0	0	0	0	0	0	0	0	0	0	0	0
47 福岡	7,560	0	0	0	0	10,295	0	0	0	0	0	0	0	0
48 佐賀	0	0	0	0	0	0	0	0	0	0	0	0	0	0
49 長崎	0	0	0	0	0	0	0	0	0	0	0	0	0	0
50 熊本	0	0	0	0	0	0	0	0	0	0	0	0	0	0
51 大分	0	0	0	0	0	0	0	0	0	0	0	0	0	20
52 宮崎	0	0	0	0	0	0	0	0	0	0	0	0	0	0
53 鹿児島	0	0	0	0	0	0	0	0	0	0	0	0	0	0
54 沖縄	0	0	0	0	0	32,640	50	0	0	0	0	0	0	0
55 全国	48,737	0	0	0	1,546	77,268	87,846	14,672	0	340	1,780	0	0	8,611

平成28年度　　　　　　　　　府県相互間輸送トン数表（海運）

品目　(7-27) 日用品　　　（単位：トン）その 3

着／発	29 岐阜	30 愛知	31 三重	32 滋賀	33 京都	34 奈良	35 和歌山	36 大阪	37 兵庫	38 鳥取	39 島根	40 岡山	41 広島	42 山口
1 札幌	0	0	0	0	0	0	0	0	0	0	0	0	0	0
2 旭川	0	0	0	0	0	0	0	0	0	0	0	0	0	0
3 函館	0	0	0	0	0	0	0	0	0	0	0	0	0	0
4 室蘭	0	16,427	0	0	0	0	0	0	0	0	0	0	0	0
5 釧路	0	0	0	0	0	0	0	0	0	0	0	0	0	0
6 帯広	0	0	0	0	0	0	0	0	0	0	0	0	0	0
7 北見	0	0	0	0	0	0	0	0	0	0	0	0	0	0
8 北海道	0	16,427	0	0	0	0	0	0	0	0	0	0	0	0
9 青森	0	0	0	0	0	0	0	0	0	0	0	0	0	0
10 岩手	0	0	0	0	0	0	0	0	0	0	0	0	0	0
11 宮城	0	2,826	0	0	0	0	0	0	0	0	0	0	0	0
12 福島	0	0	0	0	0	0	0	0	0	0	0	0	0	0
13 秋田	0	0	0	0	0	0	0	0	0	0	0	0	0	0
14 山形	0	0	0	0	0	0	0	0	0	0	0	0	0	0
15 茨城	0	0	0	0	0	0	0	0	0	0	0	0	0	0
16 栃木	0	0	0	0	0	0	0	0	0	0	0	0	0	0
17 群馬	0	0	0	0	0	0	0	0	0	0	0	0	0	0
18 埼玉	0	0	0	0	0	0	0	0	0	0	0	0	0	0
19 千葉	0	0	0	0	0	0	0	570	0	0	0	0	1,020	0
20 東京	0	5,552	0	0	0	0	0	20	486	0	0	0	0	0
21 神奈川	0	4	0	0	0	0	0	0	339	0	0	0	0	0
22 新潟	0	0	0	0	0	0	0	0	0	0	0	0	0	0
23 富山	0	0	0	0	0	0	0	0	0	0	0	0	0	0
24 石川	0	0	0	0	0	0	0	0	0	0	0	0	0	0
25 福井	0	0	0	0	0	0	0	0	0	0	0	0	0	0
26 山梨	0	0	0	0	0	0	0	0	0	0	0	0	0	0
27 長野	0	0	0	0	0	0	0	0	0	0	0	0	0	0
28 静岡	0	0	1,132	0	0	0	0	0	0	0	0	0	0	0
29 岐阜	0	0	0	0	0	0	0	0	0	0	0	0	0	0
30 愛知	0	0	0	0	0	0	0	31	59	0	0	0	0	0
31 三重	0	0	768	0	0	0	0	0	0	0	0	0	0	0
32 滋賀	0	0	0	0	0	0	0	0	0	0	0	0	0	0
33 京都	0	0	0	0	0	0	0	0	0	0	0	0	0	0
34 奈良	0	0	0	0	0	0	0	0	0	0	0	0	0	0
35 和歌山	0	0	0	0	0	0	0	0	0	0	0	0	0	0
36 大阪	0	0	0	0	0	0	0	0	0	0	1,062	0	0	0
37 兵庫	0	156	0	0	0	0	0	0	0	0	0	15,082	13,439	4
38 鳥取	0	0	0	0	0	0	0	0	0	0	279	0	0	0
39 島根	0	0	0	0	0	0	0	0	0	0	728	0	0	0
40 岡山	0	0	0	0	0	0	0	0	673	0	0	0	0	0
41 広島	0	0	0	0	0	0	0	0	301	0	0	0	164	0
42 山口	0	0	0	0	0	0	0	0	0	0	0	0	0	928
43 香川	0	0	0	0	0	0	0	0	0	0	0	0	0	0
44 愛媛	0	0	0	0	0	0	0	0	2,815	0	0	0	0	0
45 徳島	0	0	0	0	0	0	0	0	0	0	0	0	0	0
46 高知	0	0	0	0	0	0	0	0	0	0	0	0	0	0
47 福岡	0	4,982	0	0	0	0	0	0	916	0	0	0	20	0
48 佐賀	0	0	0	0	0	0	0	0	0	0	0	0	0	0
49 長崎	0	0	0	0	0	0	0	0	0	0	0	0	0	0
50 熊本	0	0	0	0	0	0	0	0	0	0	0	0	0	0
51 大分	0	0	0	0	0	0	0	0	469	0	0	0	0	0
52 宮崎	0	0	0	0	0	0	0	0	0	0	0	0	0	0
53 鹿児島	0	0	0	0	0	0	0	0	4	0	0	0	0	0
54 沖縄	0	386	0	0	0	0	0	1,192	49	0	0	0	553	0
55 全国	0	30,333	1,900	0	0	0	0	1,813	7,173	0	1,007	16,675	13,603	932

平成28年度　　　　　　　　　府県相互間輸送トン数表（海運）

品目　(7-27) 日用品　　　（単位：トン）その 4

着／発	43 香川	44 愛媛	45 徳島	46 高知	47 福岡	48 佐賀	49 長崎	50 熊本	51 大分	52 宮崎	53 鹿児島	54 沖縄	55 全国
1 札幌	0	0	0	0	0	0	0	0	0	0	0	0	0
2 旭川	0	0	0	0	0	0	0	0	0	0	0	0	903
3 函館	0	0	0	0	0	0	0	0	0	0	0	0	20
4 室蘭	0	0	0	0	0	0	0	0	0	0	0	0	99,484
5 釧路	0	0	0	0	0	0	0	0	0	0	0	0	1,216
6 帯広	0	0	0	0	0	0	0	0	0	0	0	0	0
7 北見	0	0	0	0	0	0	0	0	0	0	0	0	0
8 北海道	0	0	0	0	0	0	0	0	0	0	0	0	101,623
9 青森	0	0	0	0	0	0	0	0	0	0	0	0	547
10 岩手	0	0	0	0	0	0	0	0	0	0	0	0	0
11 宮城	0	0	0	0	0	0	0	0	0	0	0	0	36,127
12 福島	0	0	0	0	0	0	0	0	0	0	0	0	0
13 秋田	0	0	0	0	0	0	0	0	0	0	0	0	0
14 山形	0	0	0	0	0	0	0	0	0	0	0	0	50
15 茨城	0	0	0	0	6,765	0	0	0	0	0	0	0	114,956
16 栃木	0	0	0	0	0	0	0	0	0	0	0	0	0
17 群馬	0	0	0	0	0	0	0	0	0	0	0	0	0
18 埼玉	0	0	0	0	0	0	0	0	0	0	0	0	0
19 千葉	0	0	0	0	0	0	0	0	0	0	0	0	1,772
20 東京	0	0	0	0	0	0	0	0	0	0	0	37,783	213,665
21 神奈川	0	0	0	0	0	0	0	0	0	0	0	0	100,315
22 新潟	0	0	0	0	0	0	0	0	0	0	0	0	14,672
23 富山	0	0	0	0	0	0	0	0	0	0	0	0	0
24 石川	0	0	0	0	0	0	0	0	0	0	0	0	340
25 福井	0	0	0	0	0	0	0	0	0	0	0	0	121,963
26 山梨	0	0	0	0	0	0	0	0	0	0	0	0	0
27 長野	0	0	0	0	0	0	0	0	0	0	0	0	0
28 静岡	0	0	0	0	0	0	0	0	0	0	0	0	11,125
29 岐阜	0	0	0	0	0	0	0	0	0	0	0	0	0
30 愛知	0	0	0	0	0	0	0	0	0	0	0	0	44,292
31 三重	0	0	0	0	0	0	0	0	0	0	0	0	3,486
32 滋賀	0	0	0	0	0	0	0	0	0	0	0	0	0
33 京都	0	0	0	0	0	0	0	0	0	0	0	0	0
34 奈良	0	0	0	0	0	0	0	0	0	0	0	0	0
35 和歌山	0	0	0	0	0	0	0	0	0	0	0	0	0
36 大阪	0	0	108	0	9,485	0	0	0	0	0	13	9,325	57,297
37 兵庫	0	4,338	0	4	28,746	92	0	0	3,615	0	1,486	114	67,811
38 鳥取	0	0	0	0	0	0	0	0	0	0	0	0	279
39 島根	0	0	0	0	0	0	0	0	0	0	0	0	728
40 岡山	0	0	0	0	0	0	0	0	0	0	621	0	1,384
41 広島	0	0	0	0	0	0	0	0	0	0	564	0	1,029
42 山口	0	0	0	0	0	0	0	0	0	0	0	0	1,003
43 香川	889	0	0	0	0	0	0	0	0	0	0	0	9,814
44 愛媛	0	1,234	0	0	0	0	0	0	0	0	0	8,925	34,065
45 徳島	0	0	0	0	0	0	0	0	0	0	0	0	0
46 高知	0	0	0	1,362	0	0	0	0	0	0	0	0	1,362
47 福岡	0	0	0	0	296	0	23,508	0	0	0	0	29,690	77,267
48 佐賀	0	0	0	0	0	0	120	0	0	0	0	0	120
49 長崎	0	0	0	0	20	9	44,904	0	0	0	0	0	44,933
50 熊本	0	0	0	0	0	0	0	4	0	0	0	0	4
51 大分	0	0	0	0	0	0	0	0	0	0	0	0	1,974
52 宮崎	0	0	0	0	0	0	0	0	0	0	0	0	0
53 鹿児島	0	0	0	0	0	0	0	0	0	0	47,031	17,912	64,947
54 沖縄	0	0	0	0	18,767	0	0	0	0	0	2,052	100,318	156,007
55 全国	889	5,572	108	1,366	64,079	101	68,532	4	3,615	0	50,582	234,428	1,284,957

- 287 -

平成28年度　　　　　　　　　　　　　　　　　　　府県相互間輸送トン数表（海運）

品目　（7−28）その他の製造工業品　　　（単位：トン）その1

発\着	1 札幌	2 旭川	3 函館	4 室蘭	5 釧路	6 帯広	7 北見	8 北海道	9 青森	10 岩手	11 宮城	12 福島	13 秋田	14 山形
1 札幌	0	0	0	0	0	0	0	0	0	0	0	0	0	0
2 旭川	0	763	0	0	0	0	0	763	0	0	0	0	0	0
3 函館	0	0	0	0	1,366	0	0	1,366	0	0	0	0	0	0
4 室蘭	0	0	0	517	2,535	0	0	3,052	0	0	0	0	0	0
5 釧路	0	0	0	0	5,280	0	0	5,280	0	0	0	0	0	0
6 帯広	0	0	0	0	0	0	0	0	0	0	0	0	0	0
7 北見	0	0	0	0	0	0	0	0	0	0	0	0	0	0
8 北海道	0	763	0	517	9,181	0	0	10,461	0	0	0	0	0	0
9 青森	0	0	0	15	0	0	0	15	0	0	0	0	0	0
10 岩手	0	0	0	0	0	0	0	0	0	0	0	0	0	0
11 宮城	0	0	0	43,719	0	0	0	43,719	0	0	0	0	0	0
12 福島	0	0	0	0	0	0	0	0	0	0	0	0	0	0
13 秋田	0	0	0	0	0	0	0	0	0	0	0	0	0	0
14 山形	0	0	0	0	0	0	0	0	0	0	0	0	0	0
15 茨城	0	0	0	72,295	0	0	0	72,295	0	0	0	0	0	0
16 栃木	0	0	0	0	0	0	0	0	0	0	0	0	0	0
17 群馬	0	0	0	0	0	0	0	0	0	0	0	0	0	0
18 埼玉	0	0	0	0	0	0	0	0	0	0	0	0	0	0
19 千葉	0	0	0	0	0	0	0	0	0	0	0	0	0	0
20 東京	0	0	0	178,659	105	0	0	178,764	0	0	56,704	870	0	0
21 神奈川	0	0	0	13,436	0	0	0	13,436	38,726	0	107,212	0	0	0
22 新潟	0	0	0	0	0	0	0	0	0	0	0	0	0	0
23 富山	0	0	0	0	0	0	0	0	0	0	0	0	0	0
24 石川	0	0	0	0	0	0	0	0	0	0	0	0	0	0
25 福井	0	0	0	34,385	0	0	0	34,385	0	0	0	0	0	0
26 山梨	0	0	0	0	0	0	0	0	0	0	0	0	0	0
27 長野	0	0	0	0	0	0	0	0	0	0	0	0	0	0
28 静岡	0	0	0	0	0	0	0	0	0	0	0	0	0	0
29 岐阜	0	0	0	0	0	0	0	0	0	0	0	0	0	0
30 愛知	0	0	0	27,410	0	0	0	27,410	1,786	0	0	0	0	0
31 三重	0	0	0	0	0	0	0	0	0	0	0	0	0	0
32 滋賀	0	0	0	0	0	0	0	0	0	0	0	0	0	0
33 京都	0	0	0	0	0	0	0	0	0	0	0	0	0	0
34 奈良	0	0	0	0	0	0	0	0	0	0	0	0	0	0
35 和歌山	0	0	0	0	0	0	0	0	0	0	0	0	0	0
36 大阪	0	0	0	37,472	305	0	0	37,777	0	0	0	0	0	0
37 兵庫	0	0	0	0	0	0	0	0	0	0	1	0	0	0
38 鳥取	0	0	0	0	0	0	0	0	0	0	0	0	0	0
39 島根	0	0	0	0	0	0	0	0	0	0	0	0	0	0
40 岡山	0	0	0	0	0	0	0	0	0	0	0	0	0	0
41 広島	0	0	0	0	0	0	0	0	0	0	0	0	0	0
42 山口	0	0	0	0	0	0	0	0	88	0	0	0	0	0
43 香川	0	0	0	0	0	0	0	0	0	9	0	0	0	0
44 愛媛	0	0	0	0	0	0	0	0	0	0	0	0	0	0
45 徳島	0	0	0	0	0	0	0	0	0	0	0	0	0	0
46 高知	0	0	0	0	0	0	0	0	0	0	0	0	0	0
47 福岡	0	0	0	0	0	0	0	0	0	0	0	0	0	0
48 佐賀	0	0	0	0	0	0	0	0	0	0	5	0	0	0
49 長崎	0	0	0	0	0	0	0	0	0	0	311	0	0	0
50 熊本	0	0	0	0	0	0	0	0	0	0	0	0	0	0
51 大分	0	0	0	918	0	0	0	918	0	0	0	0	0	0
52 宮崎	0	0	0	0	0	0	0	0	0	0	0	0	0	0
53 鹿児島	0	0	0	0	0	0	0	0	0	0	0	0	0	0
54 沖縄	0	0	0	0	0	0	0	0	0	0	0	0	0	0
55 全国	0	763	0	408,826	9,591	0	0	419,180	40,600	9	164,233	870	0	0

平成28年度　　　　　　　　　　　　　　　　　　　府県相互間輸送トン数表（海運）

品目　（7−28）その他の製造工業品　　　（単位：トン）その2

発\着	15 茨城	16 栃木	17 群馬	18 埼玉	19 千葉	20 東京	21 神奈川	22 新潟	23 富山	24 石川	25 福井	26 山梨	27 長野	28 静岡
1 札幌	0	0	0	0	0	0	0	0	0	0	0	0	0	0
2 旭川	0	0	0	0	0	0	0	0	0	0	0	0	0	0
3 函館	0	0	0	0	0	0	0	0	0	0	0	0	0	0
4 室蘭	14,160	0	0	0	0	6,495	727	0	0	0	21,920	0	0	0
5 釧路	8,570	0	0	0	0	0	0	0	0	0	0	0	0	0
6 帯広	0	0	0	0	0	0	0	0	0	0	0	0	0	0
7 北見	0	0	0	0	0	0	0	0	0	0	0	0	0	0
8 北海道	22,730	0	0	0	0	6,495	727	0	0	0	21,920	0	0	0
9 青森	0	0	0	0	0	0	180	0	0	0	0	0	0	0
10 岩手	0	0	0	0	0	0	0	0	0	0	0	0	0	0
11 宮城	0	0	0	0	0	147	3,336	0	0	0	0	0	0	0
12 福島	0	0	0	0	0	0	0	0	0	0	0	0	0	0
13 秋田	0	0	0	0	0	0	0	0	0	0	0	0	0	0
14 山形	0	0	0	0	0	0	0	0	0	0	0	0	0	0
15 茨城	0	0	0	0	0	0	0	0	0	0	0	0	0	0
16 栃木	0	0	0	0	0	0	0	0	0	0	0	0	0	0
17 群馬	0	0	0	0	0	0	0	0	0	0	0	0	0	0
18 埼玉	0	0	0	0	0	0	0	0	0	0	0	0	0	0
19 千葉	0	0	0	0	108	0	0	0	0	0	0	0	0	0
20 東京	11,340	0	0	0	522	16,298	67	0	0	0	0	0	0	10,592
21 神奈川	940	0	0	0	8,575	0	79	2,428	0	0	0	0	0	9,841
22 新潟	0	0	0	0	0	0	0	0	0	0	0	0	0	0
23 富山	0	0	0	0	0	0	0	0	0	0	0	0	0	0
24 石川	0	0	0	0	0	0	0	0	0	0	0	0	0	0
25 福井	0	0	0	0	0	0	0	0	0	0	0	0	0	0
26 山梨	0	0	0	0	0	0	0	0	0	0	0	0	0	0
27 長野	0	0	0	0	0	0	0	0	0	0	0	0	0	0
28 静岡	0	0	0	0	2,870	0	62	0	0	0	0	0	0	155
29 岐阜	0	0	0	0	0	0	0	0	0	0	0	0	0	0
30 愛知	0	0	0	0	0	0	679	0	0	0	0	0	0	241
31 三重	0	0	0	0	0	8,130	0	0	0	0	0	0	0	0
32 滋賀	0	0	0	0	0	0	0	0	0	0	0	0	0	0
33 京都	0	0	0	0	0	0	0	0	0	0	0	0	0	0
34 奈良	0	0	0	0	0	0	0	0	0	0	0	0	0	0
35 和歌山	0	0	0	0	0	0	0	0	0	0	0	0	0	0
36 大阪	0	0	0	0	0	0	0	0	0	0	0	0	0	0
37 兵庫	0	0	0	0	0	779	348	0	0	0	0	0	0	0
38 鳥取	0	0	0	0	0	0	0	0	0	0	0	0	0	0
39 島根	0	0	0	0	0	0	0	0	0	0	0	0	0	0
40 岡山	0	0	0	0	0	1,495	0	0	0	0	0	0	0	0
41 広島	0	0	0	0	0	0	0	0	0	0	0	0	0	0
42 山口	0	0	0	0	0	2,615	0	0	0	0	0	0	0	0
43 香川	0	0	0	0	0	0	0	0	0	0	0	0	0	0
44 愛媛	0	0	0	0	0	590	0	0	0	0	0	0	0	0
45 徳島	0	0	0	0	0	0	0	0	0	0	0	0	0	0
46 高知	0	0	0	0	0	0	0	0	0	0	0	0	0	0
47 福岡	16,360	0	0	0	0	18,720	0	0	0	0	0	0	0	8,140
48 佐賀	0	0	0	0	0	0	0	0	0	0	0	0	0	0
49 長崎	0	0	0	0	0	0	0	0	0	0	0	0	0	0
50 熊本	0	0	0	0	0	0	0	0	0	0	0	0	0	0
51 大分	0	0	0	0	0	0	0	0	0	0	0	0	0	0
52 宮崎	0	0	0	0	0	0	0	0	0	0	0	0	0	0
53 鹿児島	0	0	0	0	0	0	0	0	0	0	0	0	0	0
54 沖縄	0	0	0	0	0	0	0	0	0	0	0	0	0	0
55 全国	51,370	0	0	0	12,075	55,269	5,478	2,428	0	0	21,920	0	0	28,969

- 288 -

平成28年度　　　　　　　　　　　　　　　　　　　府県相互間輸送トン数表（海運）

品目　（7-28）その他の製造工業品　　（単位：トン）　その3

着／発	29 岐阜	30 愛知	31 三重	32 滋賀	33 京都	34 奈良	35 和歌山	36 大阪	37 兵庫	38 鳥取	39 島根	40 岡山	41 広島	42 山口
1 札幌	0	0	0	0	0	0	0	0	0	0	0	0	0	0
2 旭川	0	0	0	0	0	0	0	0	0	0	0	0	0	0
3 函館	0	0	0	0	0	0	0	0	0	0	0	0	0	0
4 室蘭	0	1,383	0	0	0	0	0	1,140	0	0	0	0	0	0
5 釧路	0	3,740	0	0	0	0	0	12	0	0	0	0	0	0
6 帯広	0	0	0	0	0	0	0	0	0	0	0	0	0	0
7 北見	0	0	0	0	0	0	0	0	0	0	0	0	0	0
8 北海道	0	5,123	0	0	0	0	0	1,152	0	0	0	0	0	0
9 青森	0	0	0	0	0	0	0	0	0	0	0	0	0	0
10 岩手	0	0	0	0	0	0	0	0	0	0	0	0	0	0
11 宮城	0	1,887	0	0	0	0	0	0	0	0	0	0	0	0
12 福島	0	0	0	0	0	0	0	0	0	0	0	0	0	0
13 秋田	0	0	0	0	0	0	0	0	0	0	0	0	0	0
14 山形	0	0	0	0	0	0	0	0	0	0	0	0	0	0
15 茨城	0	0	0	0	0	0	0	0	0	0	0	0	0	0
16 栃木	0	0	0	0	0	0	0	0	0	0	0	0	0	0
17 群馬	0	0	0	0	0	0	0	0	0	0	0	0	0	0
18 埼玉	0	0	0	0	0	0	0	0	0	0	0	0	0	0
19 千葉	0	0	0	0	0	0	0	0	0	0	0	0	0	0
20 東京	0	3,340	0	0	0	0	0	182	852	0	0	3,780	597	0
21 神奈川	0	194	0	0	0	0	0	0	14,136	0	0	0	0	0
22 新潟	0	0	0	0	0	0	0	0	2,956	0	0	0	0	0
23 富山	0	0	0	0	0	0	0	0	0	0	0	0	0	0
24 石川	0	0	0	0	0	0	0	0	0	0	0	0	0	0
25 福井	0	0	0	0	0	0	0	0	0	0	0	0	0	0
26 山梨	0	0	0	0	0	0	0	0	0	0	0	0	0	0
27 長野	0	0	0	0	0	0	0	0	0	0	0	0	0	0
28 静岡	0	0	1,192	0	0	0	0	0	0	0	0	0	0	0
29 岐阜	0	0	0	0	0	0	0	0	0	0	0	0	0	0
30 愛知	0	0	0	0	0	0	0	2,380	5,264	0	0	0	0	0
31 三重	0	0	0	0	0	0	0	0	0	0	0	0	0	0
32 滋賀	0	0	0	0	0	0	0	0	0	0	0	0	0	0
33 京都	0	0	0	0	0	0	0	0	0	0	0	0	0	0
34 奈良	0	0	0	0	0	0	0	0	0	0	0	0	0	0
35 和歌山	0	0	0	0	0	0	0	0	0	0	0	0	0	0
36 大阪	0	0	0	0	0	0	0	0	0	0	0	0	1,677	0
37 兵庫	0	0	0	0	0	0	0	0	56	0	0	20,853	954	149
38 鳥取	0	0	0	0	0	0	0	0	0	0	2,316	0	0	0
39 島根	0	0	0	0	0	0	0	0	0	0	137	0	0	0
40 岡山	0	0	0	0	0	0	0	0	8,259	0	0	0	0	0
41 広島	0	0	0	0	0	0	0	0	1,295	0	0	0	0	0
42 山口	0	0	0	0	0	0	0	0	1,450	0	0	0	0	4
43 香川	0	0	0	0	0	0	0	0	0	0	0	0	0	0
44 愛媛	0	0	0	0	0	0	0	0	8,265	0	0	0	0	0
45 徳島	0	0	0	0	0	0	0	0	0	0	0	0	0	0
46 高知	0	0	0	0	0	0	0	0	0	0	0	0	0	0
47 福岡	0	5,886	0	0	0	0	0	0	20,203	0	0	2,080	0	3,268
48 佐賀	0	0	0	0	0	0	0	0	0	0	0	0	0	0
49 長崎	0	0	0	0	0	0	0	0	0	0	0	0	0	0
50 熊本	0	0	0	0	0	0	0	0	0	0	0	0	0	0
51 大分	0	0	0	0	0	0	0	0	1,186	0	0	0	0	0
52 宮崎	0	0	0	0	0	0	0	0	105	0	0	0	0	0
53 鹿児島	0	0	0	0	0	0	0	0	8,728	0	0	0	0	0
54 沖縄	0	0	0	0	0	0	0	0	3	0	0	133	0	0
55 全国	0	16,430	1,192	0	0	0	0	3,819	72,653	0	2,453	26,846	3,228	3,421

平成28年度　　　　　　　　　　　　　　　　　　　府県相互間輸送トン数表（海運）

品目　（7-28）その他の製造工業品　　（単位：トン）　その4

着／発	43 香川	44 愛媛	45 徳島	46 高知	47 福岡	48 佐賀	49 長崎	50 熊本	51 大分	52 宮崎	53 鹿児島	54 沖縄	55 全国
1 札幌	0	0	0	0	0	0	0	0	0	0	0	0	0
2 旭川	0	0	0	0	0	0	0	0	0	0	0	0	763
3 函館	0	0	0	0	0	0	0	0	0	0	0	0	1,366
4 室蘭	0	0	0	0	0	0	0	0	0	0	0	0	48,877
5 釧路	0	0	0	0	0	0	0	0	0	0	0	0	17,602
6 帯広	0	0	0	0	0	0	0	0	0	0	0	0	0
7 北見	0	0	0	0	0	0	0	0	0	0	0	0	0
8 北海道	0	0	0	0	0	0	0	0	0	0	0	0	68,608
9 青森	0	0	0	0	0	0	0	0	0	0	0	0	195
10 岩手	0	0	0	0	0	0	0	0	0	0	0	0	0
11 宮城	0	0	0	0	0	0	0	0	0	0	0	0	49,089
12 福島	0	0	0	0	0	0	0	0	0	0	0	0	0
13 秋田	0	0	0	0	0	0	0	0	0	0	0	0	0
14 山形	0	0	0	0	0	0	0	0	0	0	0	0	0
15 茨城	0	0	0	0	33,020	0	0	0	0	0	0	0	105,315
16 栃木	0	0	0	0	0	0	0	0	0	0	0	0	0
17 群馬	0	0	0	0	0	0	0	0	0	0	0	0	0
18 埼玉	0	0	0	0	0	0	0	0	0	0	0	0	0
19 千葉	0	0	0	0	0	0	0	0	0	0	0	0	4,485
20 東京	0	0	0	0	10,192	0	0	0	0	1,908	0	12,999	304,630
21 神奈川	0	0	0	0	0	0	0	0	0	0	0	0	193,139
22 新潟	0	0	0	0	0	0	0	0	0	0	0	0	5,384
23 富山	0	0	0	0	0	0	0	0	0	0	0	0	0
24 石川	0	0	0	0	0	0	0	0	0	0	0	0	0
25 福井	0	0	0	0	0	0	0	0	0	0	0	0	34,385
26 山梨	0	0	0	0	0	0	0	0	0	0	0	0	0
27 長野	0	0	0	0	0	0	0	0	0	0	0	0	0
28 静岡	0	0	0	0	0	0	0	0	0	0	0	0	4,279
29 岐阜	0	0	0	0	0	0	0	0	0	0	0	0	0
30 愛知	0	0	0	0	0	0	0	0	0	0	0	0	37,760
31 三重	0	0	0	0	0	0	0	0	0	0	0	0	8,130
32 滋賀	0	0	0	0	0	0	0	0	0	0	0	0	0
33 京都	0	0	0	0	0	0	0	0	0	0	0	0	0
34 奈良	0	0	0	0	0	0	0	0	0	0	0	0	0
35 和歌山	0	0	0	0	0	0	0	0	0	0	0	0	0
36 大阪	0	0	0	0	1,214	0	0	360	0	400	0	11,453	52,881
37 兵庫	0	686	0	0	6,893	0	0	0	0	124	163	193	31,199
38 鳥取	0	0	0	0	0	0	0	0	0	0	0	0	2,316
39 島根	0	0	0	0	0	0	0	0	0	0	0	0	137
40 岡山	0	0	0	0	0	0	0	0	0	0	0	1	9,755
41 広島	0	0	0	0	0	0	0	0	0	0	84	23	1,402
42 山口	0	0	0	0	27,794	0	0	0	0	0	0	0	31,960
43 香川	34	0	0	0	0	0	0	0	0	0	0	1,319	1,353
44 愛媛	0	0	0	0	0	0	0	0	0	0	0	9	8,864
45 徳島	0	0	0	0	0	0	0	0	0	0	0	0	0
46 高知	0	0	0	0	0	0	0	0	0	0	0	0	0
47 福岡	0	0	0	0	1	0	2,035	0	0	0	0	11,728	88,421
48 佐賀	0	0	0	0	0	0	0	0	0	0	0	0	5
49 長崎	0	0	0	0	78	0	977	0	0	0	0	0	1,366
50 熊本	0	0	0	0	0	0	0	15	0	0	0	0	15
51 大分	0	0	0	0	0	0	0	0	0	0	0	0	2,104
52 宮崎	0	0	0	0	0	0	0	0	0	0	0	0	105
53 鹿児島	0	0	0	0	0	0	0	0	0	0	21,035	26,366	56,129
54 沖縄	0	0	0	0	0	0	0	0	0	0	368	13,365	13,869
55 全国	34	686	0	0	79,192	0	3,012	375	0	2,432	21,650	77,456	1,117,280

平成28年度　府県相互間輸送トン数表（海運）　品目（8-29）金属くず　（単位：トン）　その1

発＼着	1 札幌	2 旭川	3 函館	4 室蘭	5 釧路	6 帯広	7 北見	8 北海道	9 青森	10 岩手	11 宮城	12 福島	13 秋田	14 山形
1 札幌	0	0	0	0	0	0	0	0	0	0	0	0	0	0
2 旭川	496	0	0	0	0	0	0	496	0	0	0	0	0	0
3 函館	0	0	0	0	0	0	0	0	0	0	0	0	0	0
4 室蘭	0	0	0	0	845	0	0	845	8,163	0	0	0	0	0
5 釧路	0	0	0	1,000	0	0	0	1,000	0	0	0	0	0	0
6 帯広	0	0	0	0	0	0	0	0	0	0	0	0	0	0
7 北見	0	0	0	0	0	0	0	0	0	0	0	0	0	0
8 北海道	496	0	0	1,000	845	0	0	2,341	8,163	0	0	0	0	0
9 青森	0	0	0	1,500	0	0	0	1,500	0	0	0	0	0	0
10 岩手	0	0	0	800	0	0	0	800	0	0	0	0	0	0
11 宮城	2,501	0	0	419	0	0	0	2,920	0	0	0	0	0	0
12 福島	0	0	0	0	0	0	0	0	7,540	0	0	0	0	0
13 秋田	0	0	0	0	0	0	0	0	0	0	0	0	0	0
14 山形	0	0	0	0	0	0	0	0	0	0	0	0	0	0
15 茨城	0	0	0	0	0	0	0	0	0	0	7,128	0	0	0
16 栃木	0	0	0	0	0	0	0	0	0	0	0	0	0	0
17 群馬	0	0	0	0	0	0	0	0	0	0	0	0	0	0
18 埼玉	0	0	0	0	0	0	0	0	0	0	0	0	0	0
19 千葉	0	0	0	0	0	0	0	0	0	0	50,243	0	0	0
20 東京	0	0	0	832	20	0	0	852	558	0	0	16	0	0
21 神奈川	0	0	0	811	0	0	0	811	789	0	40,704	13	0	0
22 新潟	0	0	0	0	0	0	0	0	0	0	0	0	0	0
23 富山	0	0	0	0	0	0	0	0	0	0	0	0	0	0
24 石川	0	0	0	0	0	0	0	0	0	0	0	0	0	0
25 福井	0	0	0	0	0	0	0	0	0	0	0	0	0	0
26 山梨	0	0	0	0	0	0	0	0	0	0	0	0	0	0
27 長野	0	0	0	0	0	0	0	0	0	0	0	0	0	0
28 静岡	0	0	0	0	0	0	0	0	0	0	1,530	0	0	0
29 岐阜	0	0	0	0	0	0	0	0	0	0	0	0	0	0
30 愛知	0	0	0	0	0	0	0	0	0	0	6,632	0	0	0
31 三重	0	0	0	0	0	0	0	0	0	0	0	0	0	0
32 滋賀	0	0	0	0	0	0	0	0	0	0	0	0	0	0
33 京都	0	0	0	1,500	0	0	0	1,500	0	0	0	0	0	0
34 奈良	0	0	0	0	0	0	0	0	0	0	0	0	0	0
35 和歌山	0	0	0	0	0	0	0	0	0	0	0	0	0	0
36 大阪	0	0	0	266	0	0	0	266	10,128	0	0	0	0	0
37 兵庫	0	0	0	880	0	0	0	880	0	0	1,017	0	0	0
38 鳥取	0	0	0	0	0	0	0	0	0	0	0	0	0	0
39 島根	0	0	0	0	0	0	0	0	0	0	0	0	0	0
40 岡山	0	0	0	0	0	0	0	0	0	0	0	0	0	0
41 広島	0	0	0	0	0	0	0	0	0	0	0	0	0	0
42 山口	0	0	0	0	0	0	0	0	46,899	0	0	0	0	0
43 香川	0	0	0	0	0	0	0	0	0	0	0	0	0	0
44 愛媛	0	0	0	0	0	0	0	0	0	0	0	0	0	0
45 徳島	0	0	0	0	0	0	0	0	0	0	0	0	0	0
46 高知	0	0	0	0	0	0	0	0	0	0	0	0	0	0
47 福岡	0	0	0	0	0	0	0	0	2,222	0	0	0	0	0
48 佐賀	0	0	0	0	0	0	0	0	0	0	0	0	0	0
49 長崎	0	0	0	0	0	0	0	0	0	0	0	0	0	0
50 熊本	0	0	0	0	0	0	0	0	0	0	0	0	0	0
51 大分	0	0	0	0	0	0	0	0	0	0	0	0	0	0
52 宮崎	0	0	0	0	0	0	0	0	0	0	0	0	0	0
53 鹿児島	0	0	0	0	0	0	0	0	0	0	0	0	0	0
54 沖縄	0	0	0	0	0	0	0	0	0	0	0	0	0	0
55 全国	2,997	0	0	8,008	865	0	0	11,870	76,299	0	107,254	29	0	0

平成28年度　府県相互間輸送トン数表（海運）　品目（8-29）金属くず　（単位：トン）　その2

発＼着	15 茨城	16 栃木	17 群馬	18 埼玉	19 千葉	20 東京	21 神奈川	22 新潟	23 富山	24 石川	25 福井	26 山梨	27 長野	28 静岡
1 札幌	0	0	0	0	0	0	0	0	1,227	0	0	0	0	0
2 旭川	0	0	0	0	0	0	0	0	0	0	0	0	0	0
3 函館	0	0	0	0	0	0	0	0	0	0	0	0	0	0
4 室蘭	6,928	0	0	0	10,102	2,625	36	0	0	0	960	0	0	0
5 釧路	400	0	0	0	0	0	0	0	0	0	0	0	0	0
6 帯広	0	0	0	0	0	0	0	0	0	0	0	0	0	0
7 北見	0	0	0	0	0	0	0	0	0	0	0	0	0	0
8 北海道	7,328	0	0	0	10,102	2,625	36	0	1,227	0	960	0	0	0
9 青森	0	0	0	0	2,835	0	0	0	0	0	0	0	0	0
10 岩手	0	0	0	0	4,045	0	0	0	0	0	0	0	0	0
11 宮城	0	0	0	0	7,012	54	144	0	0	0	0	0	0	0
12 福島	0	0	0	0	0	0	0	0	0	0	0	0	0	0
13 秋田	0	0	0	0	0	0	0	0	0	0	0	0	0	0
14 山形	0	0	0	0	0	0	0	0	0	0	0	0	0	0
15 茨城	0	0	0	0	0	0	0	0	0	434	0	0	0	0
16 栃木	0	0	0	0	0	0	0	0	0	0	0	0	0	0
17 群馬	0	0	0	0	0	0	0	0	0	0	0	0	0	0
18 埼玉	0	0	0	0	0	0	0	0	0	0	0	0	0	0
19 千葉	0	0	0	0	15,057	0	0	0	0	0	0	0	0	3,400
20 東京	0	0	0	0	1,284	13,278	316	0	0	0	0	0	0	0
21 神奈川	0	0	0	0	8,379	0	0	0	0	0	0	0	0	0
22 新潟	0	0	0	0	0	0	0	1,368	0	0	0	0	0	0
23 富山	0	0	0	0	0	0	0	0	0	0	0	0	0	0
24 石川	0	0	0	0	0	0	0	0	0	0	0	0	0	0
25 福井	0	0	0	0	0	0	0	0	0	0	0	0	0	0
26 山梨	0	0	0	0	0	0	0	0	0	0	0	0	0	0
27 長野	0	0	0	0	0	0	0	0	0	0	0	0	0	0
28 静岡	0	0	0	0	0	0	0	0	0	0	0	0	0	0
29 岐阜	0	0	0	0	0	0	0	0	0	0	0	0	0	0
30 愛知	1,493	0	0	0	37,219	0	29,106	0	0	0	0	0	0	0
31 三重	0	0	0	0	0	0	0	0	0	0	0	0	0	0
32 滋賀	0	0	0	0	0	0	0	0	0	0	0	0	0	0
33 京都	0	0	0	0	0	0	0	0	0	0	0	0	0	0
34 奈良	0	0	0	0	0	0	0	0	0	0	0	0	0	0
35 和歌山	0	0	0	0	0	1,296	0	0	0	0	0	0	0	0
36 大阪	0	0	0	0	0	15	0	0	0	0	0	0	0	1,030
37 兵庫	0	0	0	0	2,349	66	0	0	0	0	0	0	0	0
38 鳥取	0	0	0	0	0	0	0	0	0	0	0	0	0	0
39 島根	0	0	0	0	0	0	0	0	0	0	0	0	0	0
40 岡山	0	0	0	0	0	20	0	0	0	0	0	0	0	0
41 広島	0	0	0	0	0	0	7,880	0	0	0	0	0	0	0
42 山口	0	0	0	0	0	0	0	0	0	0	0	0	0	0
43 香川	1,350	0	0	0	0	0	0	0	0	0	0	0	0	0
44 愛媛	0	0	0	0	0	10	0	0	0	0	0	0	0	0
45 徳島	0	0	0	0	0	0	0	0	0	0	0	0	0	0
46 高知	0	0	0	0	0	0	0	0	0	0	0	0	0	0
47 福岡	1,460	0	0	0	36,811	1,240	0	1,502	0	0	1,560	0	0	3,410
48 佐賀	0	0	0	0	0	0	0	0	0	0	0	0	0	0
49 長崎	0	0	0	0	0	0	0	0	0	0	0	0	0	0
50 熊本	0	0	0	0	0	0	0	0	0	0	0	0	0	0
51 大分	1,035	0	0	0	1,161	0	0	0	0	0	0	0	0	1,390
52 宮崎	0	0	0	0	0	0	0	0	0	0	0	0	0	0
53 鹿児島	0	0	0	0	0	654	0	0	0	0	0	0	0	0
54 沖縄	0	0	0	0	0	0	0	0	0	0	0	0	0	0
55 全国	12,666	0	0	0	126,254	19,258	37,482	2,870	1,227	434	2,520	0	0	9,230

平成28年度　　　　　　　　　　　　　　　　府県相互間輸送トン数表（海運）　　　　　　　　　　　　　　　　　　　　（単位：トン）
品目　（8-29）金属くず　　その　3

着\発	29 岐阜	30 愛知	31 三重	32 滋賀	33 京都	34 奈良	35 和歌山	36 大阪	37 兵庫	38 鳥取	39 島根	40 岡山	41 広島	42 山口
1 札幌	0	0	0	0	0	0	0	0	0	0	0	0	0	0
2 旭川	0	0	0	0	0	0	0	0	0	0	0	0	0	0
3 函館	0	0	0	0	0	0	0	0	0	0	0	0	0	0
4 室蘭	0	8,100	0	0	0	0	0	192	22,460	0	0	0	0	803
5 釧路	0	0	0	0	0	0	0	0	0	0	0	0	0	0
6 帯広	0	0	0	0	0	0	0	0	0	0	0	0	0	0
7 北見	0	0	0	0	0	0	0	0	0	0	0	0	0	0
8 北海道	0	8,100	0	0	0	0	0	192	22,460	0	0	0	0	803
9 青森	0	0	0	0	0	0	0	0	0	0	0	0	0	0
10 岩手	0	3,170	0	0	0	0	0	0	0	0	0	0	0	0
11 宮城	0	810	0	0	0	0	0	0	3,243	0	0	0	0	651
12 福島	0	0	0	0	0	0	0	0	828	0	0	0	0	0
13 秋田	0	0	0	0	0	0	0	0	0	0	0	0	0	0
14 山形	0	0	0	0	0	0	0	0	0	0	0	0	0	1,161
15 茨城	0	1,500	0	0	0	0	0	0	0	0	0	0	0	0
16 栃木	0	0	0	0	0	0	0	0	0	0	0	0	0	0
17 群馬	0	0	0	0	0	0	0	0	0	0	0	0	0	0
18 埼玉	0	0	0	0	0	0	0	0	0	0	0	0	0	0
19 千葉	0	4,950	1,560	0	0	0	14,827	0	98,606	0	0	1,067	11,932	44,955
20 東京	0	19	0	0	0	0	0	1,092	3,054	0	0	0	15,481	0
21 神奈川	0	6,435	310	0	0	0	5,701	0	57,355	0	0	1,747	0	8,241
22 新潟	0	0	0	0	0	0	0	0	0	0	0	1,585	0	1,176
23 富山	0	1,550	0	0	0	0	0	0	0	0	0	0	0	1,123
24 石川	0	0	0	0	0	0	0	0	0	0	0	0	0	0
25 福井	0	0	0	0	0	0	0	0	0	0	0	0	0	1,845
26 山梨	0	0	0	0	0	0	0	0	0	0	0	0	0	0
27 長野	0	0	0	0	0	0	0	0	0	0	0	0	0	0
28 静岡	0	0	0	0	0	0	0	0	47,373	0	0	1,001	0	33,906
29 岐阜	0	0	0	0	0	0	0	0	0	0	0	0	0	0
30 愛知	0	1,920	28,600	0	0	0	0	2,480	81,669	0	0	1,500	9,556	92,265
31 三重	0	0	0	0	0	0	0	0	0	0	0	0	0	0
32 滋賀	0	0	0	0	0	0	0	0	0	0	0	0	0	0
33 京都	0	0	0	0	0	0	0	0	0	0	0	0	0	0
34 奈良	0	0	0	0	0	0	0	0	0	0	0	0	0	0
35 和歌山	0	0	0	0	0	0	0	0	9,418	0	0	0	0	0
36 大阪	0	0	0	0	0	0	1,740	0	28,340	0	0	5,502	101,453	142,533
37 兵庫	0	1,198	6,819	0	0	0	1,246	0	21,298	0	0	27,631	3,072	63,249
38 鳥取	0	0	0	0	0	0	0	0	0	0	0	1,501	0	0
39 島根	0	0	0	0	0	0	0	0	0	0	2,142	0	0	0
40 岡山	0	0	0	0	0	0	0	0	834	0	0	0	0	0
41 広島	0	695	0	0	0	0	0	0	222,842	0	0	3,799	495	152,092
42 山口	0	0	0	0	0	0	0	0	17,659	0	0	2,805	3,900	24,888
43 香川	0	0	0	0	0	0	0	0	92,078	0	0	9,024	1,105	4,173
44 愛媛	0	0	0	0	0	0	650	500	41,266	0	0	9,130	0	100,719
45 徳島	0	0	0	0	0	0	0	0	47,323	0	0	0	0	0
46 高知	0	0	0	0	0	0	1,475	0	3,185	0	0	595	0	10,486
47 福岡	0	1,993	0	0	0	0	12,187	0	40,080	0	0	18,896	10,019	91,780
48 佐賀	0	0	0	0	0	0	0	0	0	0	0	0	0	0
49 長崎	0	0	0	0	0	0	0	0	1,050	0	0	0	6,081	0
50 熊本	0	0	0	0	0	0	0	0	686	0	0	0	0	0
51 大分	0	0	0	0	0	0	0	0	1,718	0	0	700	0	12,595
52 宮崎	0	833	0	0	0	0	0	705	2,500	0	0	21,050	0	37,644
53 鹿児島	0	0	0	0	0	0	0	0	16,101	0	0	1,548	0	23,830
54 沖縄	0	0	0	0	0	0	0	0	958	0	0	0	0	1,094
55 全国	0	33,173	37,289	0	0	0	40,306	2,489	861,924	0	2,142	109,081	163,094	851,209

平成28年度　　　　　　　　　　　　　　　　府県相互間輸送トン数表（海運）　　　　　　　　　　　　　　　　　　　　（単位：トン）
品目　（8-29）金属くず　　その　4

着\発	43 香川	44 愛媛	45 徳島	46 高知	47 福岡	48 佐賀	49 長崎	50 熊本	51 大分	52 宮崎	53 鹿児島	54 沖縄	55 全国
1 札幌	0	0	0	0	0	0	0	0	1,395	0	0	0	2,622
2 旭川	0	0	0	0	0	0	0	0	0	0	0	0	496
3 函館	0	0	0	0	0	0	0	0	0	0	0	0	0
4 室蘭	0	0	0	0	1,088	0	0	0	2,807	0	0	0	65,109
5 釧路	0	0	0	0	0	0	0	0	0	0	0	0	1,400
6 帯広	0	0	0	0	0	0	0	0	0	0	0	0	0
7 北見	0	0	0	0	0	0	0	0	0	0	0	0	0
8 北海道	0	0	0	0	1,088	0	0	0	4,202	0	0	0	69,627
9 青森	0	0	0	0	0	0	0	0	0	0	0	0	4,335
10 岩手	0	0	0	0	0	0	0	0	0	0	0	0	8,015
11 宮城	0	0	0	0	878	0	0	0	0	0	0	0	15,712
12 福島	0	1,600	0	0	842	0	816	0	4,344	0	0	0	15,970
13 秋田	0	0	0	0	1,275	0	1,300	0	0	0	0	0	2,575
14 山形	0	0	0	0	2,341	0	0	0	0	0	0	0	3,502
15 茨城	0	0	0	0	7,215	0	0	0	1,484	0	0	0	17,761
16 栃木	0	0	0	0	0	0	0	0	0	0	0	0	0
17 群馬	0	0	0	0	0	0	0	0	0	0	0	0	0
18 埼玉	0	0	0	0	0	0	0	0	0	0	0	0	0
19 千葉	0	400	0	0	500	0	0	0	45,248	0	0	0	292,745
20 東京	3,085	0	0	0	2,172	0	0	0	1,314	0	0	42	42,563
21 神奈川	0	0	0	0	4,495	0	2,384	0	23,343	0	0	0	160,707
22 新潟	0	0	0	0	0	0	0	0	1,235	0	0	0	4,129
23 富山	0	0	0	0	0	0	0	0	0	0	0	0	3,908
24 石川	0	0	0	0	0	0	0	0	0	0	0	0	0
25 福井	0	0	0	0	0	0	0	0	1,002	0	0	0	2,847
26 山梨	0	0	0	0	0	0	0	0	0	0	0	0	0
27 長野	0	0	0	0	0	0	0	0	0	0	0	0	0
28 静岡	0	0	0	0	0	0	0	0	16,288	0	0	0	100,098
29 岐阜	0	0	0	0	0	0	0	0	0	0	0	0	0
30 愛知	0	0	0	0	6,997	0	800	0	18,881	0	0	0	319,118
31 三重	0	0	0	0	0	0	0	0	1,585	0	0	0	1,585
32 滋賀	0	0	0	0	0	0	0	0	0	0	0	0	0
33 京都	0	0	0	0	0	0	0	0	0	0	0	0	1,500
34 奈良	0	0	0	0	0	0	0	0	0	0	0	0	0
35 和歌山	0	0	0	0	827	0	0	0	0	0	0	0	11,541
36 大阪	1,688	2,514	0	0	2,014	0	0	0	6,860	1,390	0	127	305,600
37 兵庫	2,320	14,796	136,262	0	7,146	0	0	0	37,352	0	0	41	326,742
38 鳥取	0	0	0	0	1,506	0	1,500	0	0	0	0	0	4,507
39 島根	0	0	0	0	0	0	0	0	0	0	0	0	2,142
40 岡山	0	807	0	0	2,122	0	0	0	0	522	0	0	4,305
41 広島	0	0	0	0	10,243	0	0	0	39,896	0	0	0	437,942
42 山口	0	1,230	0	0	9,079	0	0	0	34,184	2,000	0	0	142,644
43 香川	0	0	0	0	10,976	0	0	0	11,800	0	0	0	130,506
44 愛媛	0	0	0	0	9,969	0	5,996	0	16,720	0	0	0	184,960
45 徳島	0	0	0	0	0	0	0	0	0	0	0	0	47,323
46 高知	0	0	0	0	8,800	0	0	0	9,647	0	0	0	34,188
47 福岡	0	0	0	0	50	0	0	0	97,195	0	0	0	320,405
48 佐賀	0	0	0	0	617	0	0	0	0	0	0	0	617
49 長崎	0	0	0	0	3,417	0	0	0	17,493	0	0	0	28,041
50 熊本	0	0	0	0	1,190	0	0	0	0	0	0	0	1,876
51 大分	0	0	0	0	7,087	0	0	0	15,402	0	0	0	41,088
52 宮崎	0	0	0	0	4,020	0	0	0	27,186	0	0	0	93,938
53 鹿児島	0	0	0	0	10,716	0	0	0	29,074	1,400	32,482	34,987	150,792
54 沖縄	0	0	0	0	0	0	0	0	0	0	314	14,361	16,727
55 全国	7,093	21,347	136,262	0	117,582	0	12,796	0	461,735	5,312	32,796	49,558	3,352,581

平成28年度　　府県相互間輸送トン数表（海運）　　品目 （8-30） 動植物性飼肥料　　（単位：トン）　その 1

発＼着	1 札幌	2 旭川	3 函館	4 室蘭	5 釧路	6 帯広	7 北見	8 北海道	9 青森	10 岩手	11 宮城	12 福島	13 秋田	14 山形
1 札幌	0	0	0	0	0	0	0	0	0	0	0	0	0	0
2 旭川	0	38	0	0	0	0	0	38	0	0	0	0	0	0
3 函館	0	0	0	0	0	0	0	0	0	0	0	0	0	0
4 室蘭	750	0	0	3,850	89,901	2,639	0	97,140	7,063	0	5,358	0	0	0
5 釧路	0	0	0	25,141	0	0	0	25,141	0	0	0	0	0	0
6 帯広	0	0	0	1,250	8,004	0	0	9,254	0	0	0	0	0	0
7 北見	0	0	0	0	0	0	0	0	0	0	0	0	0	0
8 北海道	750	38	0	30,241	97,905	2,639	0	131,573	7,063	0	5,358	0	0	0
9 青森	0	0	0	58,454	2,811	0	0	61,265	0	0	0	0	0	0
10 岩手	0	0	0	0	0	0	0	0	797	0	0	0	0	0
11 宮城	0	0	0	10,850	2,583	0	0	13,433	905	0	0	0	0	0
12 福島	0	0	0	0	0	0	0	0	0	0	0	0	0	0
13 秋田	0	0	0	0	0	0	0	0	0	0	0	0	0	0
14 山形	0	0	0	0	0	0	0	0	0	0	0	0	0	0
15 茨城	1,200	0	2,000	74,627	18,553	15,269	0	111,649	38,412	599	46,009	0	0	0
16 栃木	0	0	0	0	0	0	0	0	0	0	0	0	0	0
17 群馬	0	0	0	0	0	0	0	0	0	0	0	0	0	0
18 埼玉	0	0	0	0	0	0	0	0	0	0	0	0	0	0
19 千葉	1,200	0	0	13,350	16,102	6,164	0	36,816	45,742	1,795	21,881	0	0	0
20 東京	0	0	0	12,319	4,770	0	0	17,089	88	0	33,475	0	0	0
21 神奈川	7,200	0	0	73,693	231,868	39,206	0	351,967	91,118	25,204	89,244	0	0	0
22 新潟	0	0	0	0	0	0	0	0	0	0	0	0	0	0
23 富山	0	0	0	0	0	0	0	0	0	0	0	0	0	0
24 石川	0	0	0	0	0	0	0	0	0	0	0	0	0	0
25 福井	0	0	0	3,330	0	0	0	3,330	0	0	0	0	0	0
26 山梨	0	0	0	0	0	0	0	0	0	0	0	0	0	0
27 長野	0	0	0	0	0	0	0	0	0	0	0	0	0	0
28 静岡	800	0	0	25,572	51,935	3,806	0	82,113	39,856	4,074	62,675	0	0	0
29 岐阜	0	0	0	0	0	0	0	0	0	0	0	0	0	0
30 愛知	3,600	0	0	34,317	92,084	24,772	0	154,773	14,036	0	68,073	0	0	0
31 三重	0	0	0	3,600	0	853	0	4,453	0	0	7,204	0	0	0
32 滋賀	0	0	0	0	0	0	0	0	0	0	0	0	0	0
33 京都	0	0	0	0	0	0	0	0	0	0	0	0	0	0
34 奈良	0	0	0	0	0	0	0	0	0	0	0	0	0	0
35 和歌山	0	0	0	0	0	0	0	0	0	0	0	0	0	0
36 大阪	0	0	0	6,357	695	0	0	7,052	0	0	0	0	0	0
37 兵庫	0	0	0	11,100	7,548	2,117	0	20,765	9,145	2,898	3,583	0	0	0
38 鳥取	0	0	0	0	0	0	0	0	0	0	0	0	0	0
39 島根	0	0	0	0	0	0	0	0	0	0	799	0	0	0
40 岡山	0	0	0	0	0	0	0	0	0	0	6,049	0	0	0
41 広島	0	0	0	0	0	0	0	0	0	0	0	0	0	0
42 山口	0	0	0	0	1,969	0	0	1,969	0	0	3,414	0	0	0
43 香川	0	0	0	0	0	0	0	0	0	0	0	0	0	0
44 愛媛	0	0	0	0	0	0	0	0	0	0	0	0	0	0
45 徳島	0	0	0	0	0	0	0	0	0	0	0	0	0	0
46 高知	0	0	0	0	0	0	0	0	0	0	0	0	0	0
47 福岡	0	0	0	0	0	0	0	0	0	0	0	0	0	0
48 佐賀	0	0	0	1,500	0	0	0	1,500	0	0	0	0	0	0
49 長崎	0	0	0	0	0	0	0	0	0	0	0	0	0	0
50 熊本	0	0	0	0	0	0	0	0	0	0	0	0	0	0
51 大分	0	0	0	0	0	0	0	0	0	0	696	0	0	0
52 宮崎	0	0	0	0	0	0	0	0	1,002	0	0	0	0	0
53 鹿児島	0	0	0	0	2,869	0	0	2,869	1,129	0	200	0	0	0
54 沖縄	0	0	0	0	0	0	0	0	0	0	0	0	0	0
55 全国	14,750	38	2,000	359,310	531,692	94,826	0	1,002,616	249,293	34,570	348,660	0	0	0

平成28年度　　府県相互間輸送トン数表（海運）　　品目 （8-30） 動植物性飼肥料　　（単位：トン）　その 2

発＼着	15 茨城	16 栃木	17 群馬	18 埼玉	19 千葉	20 東京	21 神奈川	22 新潟	23 富山	24 石川	25 福井	26 山梨	27 長野	28 静岡
1 札幌	0	0	0	0	0	0	0	0	0	0	0	0	0	0
2 旭川	0	0	0	0	0	0	0	0	0	0	0	0	0	0
3 函館	0	0	0	0	0	0	0	0	0	0	0	0	0	0
4 室蘭	2,604	0	0	0	0	851	238	0	0	0	7,700	0	0	0
5 釧路	2,388	0	0	0	0	0	0	0	0	0	0	0	0	0
6 帯広	0	0	0	0	0	0	753	0	0	0	0	0	0	0
7 北見	0	0	0	0	0	0	0	0	0	0	0	0	0	0
8 北海道	4,992	0	0	0	0	851	991	0	0	0	7,700	0	0	0
9 青森	0	0	0	0	0	0	200	0	0	0	0	0	0	0
10 岩手	0	0	0	0	0	0	0	0	0	0	0	0	0	0
11 宮城	0	0	0	0	0	0	0	0	0	0	0	0	0	0
12 福島	0	0	0	0	0	0	0	0	0	0	0	0	0	0
13 秋田	0	0	0	0	0	0	0	0	0	0	0	0	0	0
14 山形	0	0	0	0	0	0	0	0	0	0	0	0	0	0
15 茨城	0	0	0	0	0	0	0	0	0	0	0	0	0	2,200
16 栃木	0	0	0	0	0	0	0	0	0	0	0	0	0	0
17 群馬	0	0	0	0	0	0	0	0	0	0	0	0	0	0
18 埼玉	0	0	0	0	0	0	0	0	0	0	0	0	0	0
19 千葉	599	0	0	0	0	0	585	0	0	0	0	0	0	0
20 東京	36	0	0	0	0	2,539	8,767	0	0	0	0	0	0	351
21 神奈川	748	0	0	0	0	0	0	1,200	0	0	0	0	0	1,285
22 新潟	0	0	0	0	0	0	0	1,551	0	0	0	0	0	0
23 富山	0	0	0	0	0	0	0	0	0	0	0	0	0	0
24 石川	0	0	0	0	0	0	0	0	0	0	0	0	0	0
25 福井	0	0	0	0	0	0	0	0	0	0	0	0	0	0
26 山梨	0	0	0	0	0	0	0	0	0	0	0	0	0	0
27 長野	0	0	0	0	0	0	0	0	0	0	0	0	0	0
28 静岡	3,337	0	0	0	0	0	210	0	0	0	0	0	0	0
29 岐阜	0	0	0	0	0	0	0	0	0	0	0	0	0	0
30 愛知	3,000	0	0	0	0	150	1,532	0	0	0	0	0	0	3,101
31 三重	0	0	0	0	0	0	0	0	0	0	0	0	0	0
32 滋賀	0	0	0	0	0	0	0	0	0	0	0	0	0	0
33 京都	0	0	0	0	0	0	0	0	0	0	0	0	0	0
34 奈良	0	0	0	0	0	0	0	0	0	0	0	0	0	0
35 和歌山	0	0	0	0	0	0	0	0	0	0	0	0	0	0
36 大阪	0	0	0	0	0	0	7,147	0	0	0	0	0	0	0
37 兵庫	3,495	0	0	0	0	150	0	0	0	0	0	0	0	1,796
38 鳥取	0	0	0	0	0	0	0	0	0	0	0	0	0	0
39 島根	0	0	0	0	0	0	0	0	0	0	0	0	0	0
40 岡山	0	0	0	0	0	50	0	0	0	0	0	0	0	1,100
41 広島	0	0	0	0	0	0	0	0	0	0	0	0	0	0
42 山口	7,571	0	0	0	0	0	0	0	0	0	0	0	0	2,292
43 香川	0	0	0	0	0	0	0	0	0	0	0	0	0	0
44 愛媛	0	0	0	0	0	10	0	0	0	0	0	0	0	0
45 徳島	0	0	0	0	0	0	0	0	0	0	0	0	0	0
46 高知	0	0	0	0	0	0	0	0	0	0	0	0	0	0
47 福岡	1,940	0	0	0	0	1,515	0	0	0	0	0	0	0	330
48 佐賀	0	0	0	0	0	0	0	0	0	0	0	0	0	0
49 長崎	0	0	0	0	0	0	0	0	0	0	0	0	0	0
50 熊本	0	0	0	0	0	0	0	0	0	0	0	0	0	0
51 大分	0	0	0	0	0	0	0	0	0	0	0	0	0	0
52 宮崎	0	0	0	0	0	0	0	0	0	0	0	0	0	0
53 鹿児島	1,987	0	0	0	153	0	753	0	0	0	0	0	0	0
54 沖縄	0	0	0	0	0	0	0	0	0	0	0	0	0	0
55 全国	27,705	0	0	0	153	5,265	20,185	2,751	0	0	7,700	0	0	12,455

平成28年度　　　　　　　　　　　　　　　府県相互間輸送トン数表（海運）　　　　　　　　　　　　　　　　　　　　　　（単位：トン）その 3
品目（8-30）動植物性飼肥料

発＼着	29 岐阜	30 愛知	31 三重	32 滋賀	33 京都	34 奈良	35 和歌山	36 大阪	37 兵庫	38 鳥取	39 島根	40 岡山	41 広島	42 山口
1 札幌	0	0	0	0	0	0	0	0	0	0	0	0	0	0
2 旭川	0	0	0	0	0	0	0	0	0	0	0	0	0	0
3 函館	0	0	0	0	0	0	0	0	0	0	0	0	0	0
4 室蘭	0	1,780	0	0	0	0	0	120	0	0	0	0	0	0
5 釧路	0	3,100	0	0	0	0	0	192	0	0	0	0	0	0
6 帯広	0	0	0	0	0	0	0	0	812	0	0	0	0	0
7 北見	0	0	0	0	0	0	0	0	0	0	0	0	0	0
8 北海道	0	4,880	0	0	0	0	0	312	812	0	0	0	0	0
9 青森	0	0	0	0	0	0	0	0	0	0	0	0	0	0
10 岩手	0	0	0	0	0	0	0	0	0	0	0	0	0	0
11 宮城	0	760	1,200	0	0	0	0	0	0	0	0	0	1,094	0
12 福島	0	0	0	0	0	0	0	0	0	0	0	0	0	0
13 秋田	0	0	0	0	0	0	0	0	0	0	0	0	0	0
14 山形	0	0	0	0	0	0	0	0	0	0	0	0	0	0
15 茨城	0	13,929	0	0	0	0	0	0	0	0	0	0	4,321	0
16 栃木	0	0	0	0	0	0	0	0	0	0	0	0	0	0
17 群馬	0	0	0	0	0	0	0	0	0	0	0	0	0	0
18 埼玉	0	0	0	0	0	0	0	0	0	0	0	0	0	0
19 千葉	0	0	0	0	0	0	0	90	0	0	0	0	1,540	0
20 東京	0	21,042	0	0	0	0	0	176	1,261	0	0	0	0	5
21 神奈川	0	3,250	0	0	0	0	0	0	288	0	0	0	3,604	0
22 新潟	0	0	0	0	0	0	0	0	0	0	0	0	0	0
23 富山	0	0	0	0	0	0	0	0	0	0	0	0	0	0
24 石川	0	0	0	0	0	0	0	0	0	0	0	0	0	0
25 福井	0	0	0	0	0	0	0	0	0	0	0	0	0	0
26 山梨	0	0	0	0	0	0	0	0	0	0	0	0	0	0
27 長野	0	0	0	0	0	0	0	0	0	0	0	0	0	0
28 静岡	0	0	1,500	0	0	0	0	0	0	0	0	0	0	0
29 岐阜	0	0	0	0	0	0	0	0	0	0	0	0	0	0
30 愛知	0	3,279	0	0	0	0	0	0	0	0	0	28,718	0	0
31 三重	0	0	0	0	0	0	0	0	0	0	0	0	0	0
32 滋賀	0	0	0	0	0	0	0	0	0	0	0	0	0	0
33 京都	0	0	0	0	0	0	0	0	0	0	0	0	0	0
34 奈良	0	0	0	0	0	0	0	0	0	0	0	0	0	0
35 和歌山	0	0	0	0	0	0	0	0	0	0	0	0	0	0
36 大阪	0	0	0	0	0	0	0	0	0	0	0	0	0	0
37 兵庫	0	0	4,400	0	0	0	0	0	0	0	0	0	18,363	0
38 鳥取	0	0	0	0	0	0	0	0	0	0	644	0	0	0
39 島根	0	0	0	0	0	0	0	0	0	0	75	0	0	0
40 岡山	0	3,182	0	0	0	0	0	0	850	0	0	0	3,421	0
41 広島	0	0	0	0	0	0	0	0	0	0	0	0	526	0
42 山口	0	1,400	0	0	0	0	0	0	1,860	0	110	0	17,519	0
43 香川	0	0	0	0	0	0	0	0	0	0	0	0	0	0
44 愛媛	0	0	0	0	0	0	0	0	3,625	0	0	0	0	0
45 徳島	0	0	0	0	0	0	0	0	0	0	0	0	0	0
46 高知	0	0	0	0	0	0	0	0	0	0	0	0	0	0
47 福岡	0	4,810	1,500	0	0	0	0	0	0	0	0	0	1,643	0
48 佐賀	0	0	0	0	0	0	0	0	0	0	0	0	0	0
49 長崎	0	0	0	0	0	0	0	0	0	0	0	0	0	0
50 熊本	0	0	0	0	0	0	0	0	0	0	0	0	0	0
51 大分	0	0	0	0	0	0	0	0	0	0	0	0	0	0
52 宮崎	0	0	0	0	0	0	0	1,920	0	0	0	0	0	0
53 鹿児島	0	4,279	0	0	0	0	0	0	0	28,350	0	0	27,876	0
54 沖縄	0	0	0	0	0	0	0	0	0	10	0	0	0	0
55 全国	0	60,811	8,600	0	0	0	0	2,498	37,056	0	829	108,625	0	5

平成28年度　　　　　　　　　　　　　　　府県相互間輸送トン数表（海運）　　　　　　　　　　　　　　　　　　　　　　（単位：トン）その 4
品目（8-30）動植物性飼肥料

発＼着	43 香川	44 愛媛	45 徳島	46 高知	47 福岡	48 佐賀	49 長崎	50 熊本	51 大分	52 宮崎	53 鹿児島	54 沖縄	55 全国
1 札幌	0	0	0	0	0	0	0	0	0	0	2,200	0	2,200
2 旭川	0	0	0	0	0	0	0	0	0	0	0	0	38
3 函館	0	0	0	0	0	0	0	0	0	0	0	0	0
4 室蘭	0	0	0	0	533	1,100	0	0	0	0	0	0	124,487
5 釧路	0	0	0	0	334	0	1,002	0	0	0	0	0	32,157
6 帯広	0	0	0	0	0	0	0	0	0	0	0	0	10,819
7 北見	0	0	0	0	0	0	0	0	0	0	0	0	0
8 北海道	0	0	0	0	867	1,100	1,002	0	0	0	2,200	0	169,701
9 青森	0	0	0	0	0	0	0	0	0	0	0	0	61,465
10 岩手	0	0	0	0	0	0	0	0	0	0	0	0	797
11 宮城	0	0	0	0	0	0	0	0	0	0	3,140	0	20,532
12 福島	0	0	0	0	0	0	0	0	0	0	0	0	0
13 秋田	0	0	0	0	0	0	0	0	0	0	0	0	0
14 山形	0	0	0	0	0	0	0	0	0	0	0	0	0
15 茨城	0	0	0	0	5,300	0	1,200	0	0	0	25,750	0	249,369
16 栃木	0	0	0	0	0	0	0	0	0	0	0	0	0
17 群馬	0	0	0	0	0	0	0	0	0	0	0	0	0
18 埼玉	0	0	0	0	0	0	0	0	0	0	0	0	0
19 千葉	2,039	0	0	0	600	0	8,983	0	0	8,392	15,970	0	145,032
20 東京	0	0	0	0	0	0	0	0	0	43,902	4,200	1,197	134,128
21 神奈川	0	0	0	0	0	0	0	0	0	0	23,087	0	590,995
22 新潟	0	0	0	0	0	0	0	0	0	0	0	0	1,551
23 富山	0	0	0	0	0	0	0	0	0	0	0	0	0
24 石川	0	0	0	0	0	0	0	0	0	0	0	0	0
25 福井	0	0	0	0	0	0	0	0	0	0	0	0	3,330
26 山梨	0	0	0	0	0	0	0	0	0	0	0	0	0
27 長野	0	0	0	0	0	0	0	0	0	0	0	0	0
28 静岡	6,592	0	0	0	0	0	9,856	500	0	3,448	19,747	5,900	239,808
29 岐阜	0	0	0	0	0	0	0	0	0	0	0	0	0
30 愛知	499	0	0	0	20,892	1,000	3,250	12,166	0	0	38,656	0	353,125
31 三重	0	0	1,200	0	0	0	313	0	0	0	5,050	0	18,220
32 滋賀	0	0	0	0	0	0	0	0	0	0	0	0	0
33 京都	0	0	0	0	0	0	0	0	0	0	0	0	0
34 奈良	0	0	0	0	0	0	0	0	0	0	0	0	0
35 和歌山	0	0	0	0	0	0	0	0	0	0	3,588	0	3,588
36 大阪	0	0	0	0	2,602	0	0	1,720	0	2,680	6,383	402	27,986
37 兵庫	53,976	1,204	349	1,140	89,571	7,054	35,919	7,080	778	28,197	116,375	28,479	434,717
38 鳥取	0	0	0	0	0	0	0	0	0	0	0	0	644
39 島根	0	0	0	0	0	0	0	0	0	0	0	0	874
40 岡山	2,416	2,450	0	0	3,080	0	0	3,402	0	0	6,873	2,329	35,202
41 広島	946	0	0	0	0	0	0	0	0	0	6,000	1,539	9,011
42 山口	0	0	0	0	0	0	0	0	0	0	3,626	0	22,242
43 香川	3,400	0	0	0	0	0	0	0	0	0	3,014	9	23,942
44 愛媛	0	15,677	0	0	0	0	0	0	0	0	1,489	285	23,943
45 徳島	499	0	0	0	0	0	0	0	0	0	603	0	1,102
46 高知	0	0	0	0	0	0	0	0	0	0	1,984	0	1,984
47 福岡	0	0	0	0	4,829	0	10,801	1,200	0	0	11,451	5,778	45,797
48 佐賀	0	0	0	0	0	0	0	0	0	0	604	0	2,104
49 長崎	0	0	0	0	226	0	21,917	1,500	0	0	0	0	23,643
50 熊本	0	0	0	0	0	0	0	630	0	0	18,271	0	18,901
51 大分	0	0	0	0	0	0	0	0	12,778	0	10,850	4,932	29,256
52 宮崎	0	0	0	0	0	0	0	0	0	0	3,650	0	6,572
53 鹿児島	1,400	0	1,100	0	6,108	0	4,450	0	0	3,593	129,450	159,274	372,937
54 沖縄	0	0	0	0	137	0	0	0	0	0	38	37,095	37,280
55 全国	71,767	19,331	2,649	1,140	134,212	9,154	93,241	32,648	13,556	90,212	462,015	247,219	3,106,921

平成28年度　　　　　　　　　　府県相互間輸送トン数表（海運）　　　　　　　　　　　　　　（単位：トン）

品目　（8-31）その他の特種品　　その　1

発＼着	1 札幌	2 旭川	3 函館	4 室蘭	5 釧路	6 帯広	7 北見	8 北海道	9 青森	10 岩手	11 宮城	12 福島	13 秋田	14 山形
1 札幌	0	0	0	0	0	0	0	0	0	0	0	0	0	0
2 旭川	0	3,244	0	0	0	0	0	3,244	0	0	0	0	0	0
3 函館	0	0	870	0	0	0	0	870	0	0	0	0	0	0
4 室蘭	0	0	0	382	567,720	0	0	568,102	4,610	3,020	900	0	727	0
5 釧路	0	0	0	750	27	0	0	777	98,123	0	0	0	0	0
6 帯広	0	0	0	1,500	0	0	0	1,500	0	0	0	0	0	0
7 北見	0	0	0	0	0	0	0	0	0	1,447	0	0	2,798	0
8 北海道	0	3,244	870	2,632	567,747	0	0	574,493	102,733	4,467	900	0	3,525	0
9 青森	0	0	0	1,600	13,591	0	0	15,191	0	1,520	0	0	0	0
10 岩手	0	0	0	0	0	0	0	0	10,550	0	0	0	0	0
11 宮城	0	0	0	134,544	0	0	0	134,544	4,704	5	0	0	14,529	0
12 福島	0	0	0	0	15,086	0	0	15,086	0	73,585	0	0	1,131	0
13 秋田	0	0	0	0	0	0	0	0	0	5,966	1,109	0	0	0
14 山形	0	0	0	0	0	0	0	0	15,524	9,292	0	0	0	384
15 茨城	7,947	0	0	401,255	732,450	0	0	1,141,652	3,263	13,548	0	0	1,383	0
16 栃木	0	0	0	0	0	0	0	0	0	0	0	0	0	0
17 群馬	0	0	0	0	0	0	0	0	0	0	0	0	0	0
18 埼玉	0	0	0	0	0	0	0	0	0	0	0	0	0	0
19 千葉	0	0	0	54,429	192,278	0	0	246,707	68,258	34,960	0	0	0	0
20 東京	0	0	0	1,135,662	16,979	0	0	1,152,641	3,000	2	2,290	0	0	0
21 神奈川	0	0	0	97,096	4,928	0	0	102,024	5,125	6,340	15,104	0	6,541	0
22 新潟	0	0	0	16,251	0	0	0	16,251	4,597	1,948	0	0	0	0
23 富山	0	0	0	0	0	0	0	0	0	60	0	0	0	0
24 石川	0	0	0	0	0	0	0	0	0	0	0	0	0	0
25 福井	0	0	0	41,093	0	0	0	41,093	1,428	0	0	0	0	0
26 山梨	0	0	0	0	0	0	0	0	0	0	0	0	0	0
27 長野	0	0	0	0	0	0	0	0	0	0	0	0	0	0
28 静岡	0	0	0	23,687	8,002	0	0	31,689	97	1,525	3,997	0	3,004	0
29 岐阜	0	0	0	0	0	0	0	0	0	0	0	0	0	0
30 愛知	0	0	0	67,327	1,754	0	0	69,081	2	25,384	2,174	0	0	0
31 三重	0	0	0	0	0	0	0	0	0	0	0	0	0	0
32 滋賀	0	0	0	0	0	0	0	0	0	0	0	0	0	0
33 京都	0	0	0	0	0	0	0	0	0	0	0	0	0	0
34 奈良	0	0	0	0	0	0	0	0	0	0	0	0	0	0
35 和歌山	0	0	0	0	0	0	0	0	0	18,870	0	0	0	0
36 大阪	0	0	0	150,258	270	0	0	150,528	316	0	0	0	0	0
37 兵庫	0	0	0	0	866	0	0	866	0	10,760	4,682	0	0	0
38 鳥取	0	0	0	0	0	0	0	0	0	0	0	0	0	0
39 島根	0	0	0	0	0	0	0	0	0	0	0	0	0	0
40 岡山	0	0	0	0	0	0	0	0	0	0	0	0	0	0
41 広島	0	0	0	0	0	0	0	0	0	0	0	0	0	0
42 山口	0	0	0	1,400	0	0	0	1,400	0	0	0	2,003	0	0
43 香川	0	0	0	0	0	0	0	0	0	0	0	27,571	0	0
44 愛媛	0	0	0	0	0	0	0	0	560	0	0	0	0	0
45 徳島	0	0	0	0	0	0	0	0	0	0	0	0	0	0
46 高知	0	0	0	0	0	0	0	0	0	0	0	0	0	0
47 福岡	0	0	0	0	0	0	0	0	60	0	499	0	0	0
48 佐賀	0	0	0	0	0	0	0	0	0	0	0	0	0	0
49 長崎	0	0	0	0	0	0	0	0	0	0	0	0	0	0
50 熊本	0	0	0	0	0	0	0	0	0	1,386	0	0	0	0
51 大分	0	0	0	4,006	0	0	0	4,006	3,739	0	0	0	0	0
52 宮崎	0	0	0	0	0	0	0	0	0	0	0	0	0	0
53 鹿児島	0	0	0	0	0	0	0	0	0	0	0	0	0	0
54 沖縄	0	0	0	0	0	0	0	0	0	4,515	0	0	0	0
55 全国	7,947	3,244	870	2,131,240	1,553,951	0	0	3,697,252	225,964	212,125	30,755	29,574	30,113	384

平成28年度　　　　　　　　　　府県相互間輸送トン数表（海運）　　　　　　　　　　　　　　（単位：トン）

品目　（8-31）その他の特種品　　その　2

発＼着	15 茨城	16 栃木	17 群馬	18 埼玉	19 千葉	20 東京	21 神奈川	22 新潟	23 富山	24 石川	25 福井	26 山梨	27 長野	28 静岡
1 札幌	0	0	0	0	0	0	0	0	0	0	0	0	0	0
2 旭川	0	0	0	0	0	0	0	0	0	0	0	0	0	0
3 函館	0	0	0	0	0	2,350	1,592	0	0	0	0	0	0	0
4 室蘭	52,656	0	0	0	0	327,647	146,368	0	0	0	9,380	0	0	0
5 釧路	1,535	0	0	0	0	118,100	0	0	0	0	0	0	0	0
6 帯広	0	0	0	0	0	0	0	0	0	0	0	0	0	0
7 北見	0	0	0	0	0	0	0	0	0	0	0	0	0	0
8 北海道	54,191	0	0	0	0	448,097	147,960	0	0	0	9,380	0	0	0
9 青森	0	0	0	0	0	2,182	139,168	0	0	0	648	0	0	0
10 岩手	0	0	0	0	1,520	18,591	10,156	0	0	0	0	0	0	0
11 宮城	0	0	0	0	0	199,166	219,564	0	0	0	0	0	0	0
12 福島	0	0	0	0	0	23,640	12,591	0	0	0	0	0	0	7,700
13 秋田	0	0	0	0	0	0	0	551	0	0	0	0	0	0
14 山形	0	0	0	0	0	0	0	2,000	0	0	0	0	0	0
15 茨城	0	0	0	0	0	5,547	24,660	0	0	0	0	0	0	0
16 栃木	0	0	0	0	0	0	0	0	0	0	0	0	0	0
17 群馬	0	0	0	0	0	0	0	0	0	0	0	0	0	0
18 埼玉	0	0	0	0	0	0	0	0	0	0	0	0	0	0
19 千葉	0	0	0	0	534,240	0	157,978	1,115	0	0	0	0	0	46,470
20 東京	32	0	0	0	348,470	151,137	34,483	53,729	0	0	0	0	0	17,005
21 神奈川	0	0	0	0	689,290	36,030	62,208	2,100	0	0	0	0	0	5,419
22 新潟	0	0	0	0	0	2,350	0	80,341	7,200	0	0	0	0	0
23 富山	0	0	0	0	0	0	0	0	0	0	0	0	0	0
24 石川	0	0	0	0	0	0	0	0	0	50	0	0	0	0
25 福井	0	0	0	0	0	0	0	0	0	0	0	0	0	0
26 山梨	0	0	0	0	0	0	0	0	0	0	0	0	0	0
27 長野	0	0	0	0	0	0	0	0	0	0	0	0	0	0
28 静岡	0	0	0	0	0	73,748	121,617	0	0	0	0	0	0	2,371
29 岐阜	0	0	0	0	0	0	0	0	0	0	0	0	0	0
30 愛知	0	0	0	0	0	58,003	102,120	9,165	0	0	0	0	0	48,295
31 三重	0	0	0	0	1,500	5,958	0	0	0	0	0	0	0	38
32 滋賀	0	0	0	0	0	0	0	0	0	0	0	0	0	0
33 京都	0	0	0	0	0	0	0	0	0	0	0	0	0	0
34 奈良	0	0	0	0	0	0	0	0	0	0	0	0	0	0
35 和歌山	0	0	0	0	0	0	0	0	0	0	0	0	0	0
36 大阪	0	0	0	0	0	66,354	8,372	9,709	0	0	0	0	0	390
37 兵庫	0	0	0	0	0	18,362	21,540	0	0	0	1,540	0	0	2,428
38 鳥取	0	0	0	0	0	0	0	0	0	0	0	0	0	0
39 島根	0	0	0	0	0	0	0	0	0	0	0	0	0	0
40 岡山	0	0	0	0	0	34,560	0	0	0	0	0	0	0	0
41 広島	24	0	0	0	0	68	0	126	0	0	0	0	0	0
42 山口	0	0	0	0	38	29,099	66	0	0	0	0	0	0	0
43 香川	0	0	0	0	0	0	0	0	0	0	0	0	0	0
44 愛媛	0	0	0	0	0	1,315	28,000	0	0	0	0	0	0	0
45 徳島	0	0	0	0	0	0	0	0	0	0	0	0	0	0
46 高知	0	0	0	0	1,500	0	0	0	0	0	0	0	0	0
47 福岡	9,480	0	0	0	0	1,349,324	338	2,849	0	0	7,990	0	0	85,146
48 佐賀	0	0	0	0	0	0	0	0	0	0	0	0	0	0
49 長崎	0	0	0	0	0	0	0	0	0	0	0	0	0	0
50 熊本	0	0	0	0	0	0	0	0	0	0	0	0	0	0
51 大分	0	0	0	0	0	0	0	0	0	0	9,270	0	0	380
52 宮崎	0	0	0	0	0	61,938	0	0	0	0	0	0	0	0
53 鹿児島	0	0	0	0	0	67,893	0	0	0	0	100	0	0	0
54 沖縄	0	0	0	0	0	136,684	233	0	0	0	0	0	0	0
55 全国	63,727	0	0	0	1,576,558	2,790,046	1,091,054	161,685	7,200	50	28,928	0	0	215,642

平成28年度　　　　　府県相互間輸送トン数表（海運）　　　品目（8-31）その他の特殊品　　（単位：トン）その3

着／発	29 岐阜	30 愛知	31 三重	32 滋賀	33 京都	34 奈良	35 和歌山	36 大阪	37 兵庫	38 鳥取	39 島根	40 岡山	41 広島	42 山口
1 札幌	0	0	0	0	0	0	0	0	0	0	0	0	0	0
2 旭川	0	0	0	0	0	0	0	0	0	0	0	0	0	0
3 函館	0	0	0	0	0	0	0	0	0	0	0	0	0	0
4 室蘭	0	4,531	350	0	0	0	0	42,000	0	0	0	0	0	0
5 釧路	0	1,160	0	0	0	0	0	70,956	0	0	0	0	0	0
6 帯広	0	0	0	0	0	0	0	0	0	0	0	0	0	0
7 北見	0	0	0	0	0	0	0	0	0	0	0	0	0	0
8 北海道	0	5,691	350	0	0	0	0	112,956	0	0	0	0	0	0
9 青森	0	755	0	0	0	0	0	0	0	0	0	0	0	0
10 岩手	0	0	0	0	0	0	0	0	0	0	0	0	0	0
11 宮城	0	27,423	0	0	0	0	0	30,020	0	0	0	0	0	0
12 福島	0	0	0	0	0	0	0	0	0	0	0	0	0	34,118
13 秋田	0	0	0	0	0	0	0	0	0	0	0	0	0	4,705
14 山形	0	0	0	0	0	0	0	0	0	0	0	0	0	0
15 茨城	0	100	1,598	0	0	0	0	0	0	0	0	0	0	73,580
16 栃木	0	0	0	0	0	0	0	0	0	0	0	0	0	0
17 群馬	0	0	0	0	0	0	0	0	0	0	0	0	0	0
18 埼玉	0	0	0	0	0	0	0	0	0	0	0	0	0	0
19 千葉	0	2,855	200,809	0	0	0	0	240	0	0	0	6,480	1,290	13,479
20 東京	0	24,842	42,917	0	0	0	0	5,913	25,411	0	0	0	0	8,392
21 神奈川	0	343,041	110,672	0	0	0	4,505	347,883	104,060	0	0	0	0	243,135
22 新潟	0	0	0	0	0	0	0	0	0	0	0	0	0	2,439
23 富山	0	0	0	0	0	0	0	0	0	0	0	0	0	320
24 石川	0	0	0	0	0	0	0	0	4,871	0	0	0	0	7,492
25 福井	0	0	0	0	0	0	0	0	0	0	0	0	0	0
26 山梨	0	0	0	0	0	0	0	0	0	0	0	0	0	0
27 長野	0	0	0	0	0	0	0	0	0	0	0	0	0	0
28 静岡	0	4,522	395	0	0	0	0	23,288	19,698	0	0	0	0	18,835
29 岐阜	0	0	0	0	0	0	0	6,348	3,042	0	0	0	0	103,058
30 愛知	0	0	0	0	0	0	0	0	0	0	0	0	0	0
31 三重	0	0	0	0	0	0	0	126	0	0	0	0	0	0
32 滋賀	0	0	0	0	0	0	0	0	0	0	0	0	0	0
33 京都	0	0	0	0	0	0	0	0	0	0	0	0	0	28,166
34 奈良	0	0	0	0	0	0	0	0	0	0	0	0	0	0
35 和歌山	0	0	0	0	0	0	504,455	0	6,136	0	0	0	0	0
36 大阪	0	160	5,816	0	0	0	11,844	20	24,349	0	0	1,300	788,176	21,480
37 兵庫	0	44	1,750	0	0	0	3,088	17,120	143,426	0	0	12,505	80,796	232,032
38 鳥取	0	0	0	0	0	0	0	0	0	0	4,750	0	0	0
39 島根	0	0	0	0	0	0	0	0	29,996	0	24,058	0	0	51,211
40 岡山	0	0	581	0	0	0	0	0	0	0	0	282,752	0	141,893
41 広島	0	0	0	0	0	0	23,545	0	28,713	0	1,360	14,023	50,789	352,417
42 山口	0	0	3,812	0	0	0	2,800	0	140,026	0	0	5,201	3,970	123,613
43 香川	0	0	0	0	0	0	20,258	0	2,706	0	0	0	0	42,348
44 愛媛	0	1,154	0	0	0	0	230,387	0	71,716	0	0	0	0	101,328
45 徳島	0	0	1,500	0	0	0	0	0	475	0	0	0	0	106,060
46 高知	0	1,200	0	0	0	0	0	0	0	0	0	0	0	0
47 福岡	0	8,355	0	0	0	0	0	2,845	126,452	0	0	74,445	1,106	7,641
48 佐賀	0	0	0	0	0	0	0	0	5,496	0	0	0	0	0
49 長崎	0	3,850	0	0	0	0	0	0	200	0	0	0	0	89,235
50 熊本	0	0	0	0	0	0	0	79,440	1,002	0	0	0	0	36,974
51 大分	0	100	408	0	0	0	0	53,433	16,498	0	0	0	0	72,765
52 宮崎	0	0	0	0	0	0	0	0	7,452	0	0	0	0	0
53 鹿児島	0	0	0	0	0	0	0	360	10,633	0	0	0	0	750
54 沖縄	0	0	0	0	0	0	0	38,165	1,465	0	0	1,437	0	0
55 全国	0	424,092	370,608	0	0	0	523,892	995,147	773,823	0	30,168	398,143	926,127	1,917,466

平成28年度　　　　　府県相互間輸送トン数表（海運）　　　品目（8-31）その他の特殊品　　（単位：トン）その4

着／発	43 香川	44 愛媛	45 徳島	46 高知	47 福岡	48 佐賀	49 長崎	50 熊本	51 大分	52 宮崎	53 鹿児島	54 沖縄	55 全国
1 札幌	0	0	0	0	3,271	0	0	0	0	0	0	0	3,271
2 旭川	0	0	0	0	0	0	0	0	0	0	0	0	3,244
3 函館	0	0	0	0	0	0	0	0	0	0	0	0	4,812
4 室蘭	0	0	0	0	3,086	0	1,145	0	0	0	0	0	1,164,522
5 釧路	0	0	0	0	0	0	0	0	0	0	0	0	290,651
6 帯広	0	0	0	0	0	0	0	0	0	0	0	0	1,500
7 北見	0	0	0	0	0	0	0	0	0	0	0	0	4,245
8 北海道	0	0	0	0	6,357	0	1,145	0	0	0	0	0	1,472,245
9 青森	0	245	0	0	0	0	0	0	0	0	0	0	159,709
10 岩手	0	0	0	0	0	0	0	0	0	0	0	0	40,817
11 宮城	0	0	0	0	0	0	0	0	0	0	0	0	629,955
12 福島	0	0	0	64,882	70,970	0	0	0	0	0	0	0	303,703
13 秋田	0	0	0	0	1,504	0	0	0	0	0	0	0	13,835
14 山形	0	0	0	0	33,312	0	0	0	0	0	0	0	60,512
15 茨城	0	0	0	13,995	69,241	0	0	0	0	0	0	0	1,348,567
16 栃木	0	0	0	0	0	0	0	0	0	0	0	0	0
17 群馬	0	0	0	0	0	0	0	0	0	0	0	0	0
18 埼玉	0	0	0	0	0	0	0	0	0	0	0	0	0
19 千葉	0	274,540	0	114,373	39,902	0	0	650	0	0	0	0	1,744,346
20 東京	0	2,035	0	0	240,098	0	700	0	613,800	23,521	0	243,945	2,994,363
21 神奈川	0	175,803	0	98,439	204,860	0	0	0	0	12,339	0	3,426	2,578,344
22 新潟	0	0	0	0	6,157	0	0	0	0	0	0	0	119,335
23 富山	0	0	0	0	0	0	0	0	0	0	0	0	2,268
24 石川	0	0	0	20,204	30,499	0	0	0	0	0	0	0	63,176
25 福井	0	1,300	0	3,504	4,006	0	0	0	0	0	180	0	51,511
26 山梨	0	0	0	0	0	0	0	0	0	0	0	0	0
27 長野	0	0	0	0	0	0	0	0	0	0	0	0	0
28 静岡	0	0	0	0	607	0	1,989	2,500	119,020	0	0	0	428,902
29 岐阜	0	0	0	0	0	0	0	0	0	0	0	0	0
30 愛知	0	6,704	0	252,130	341,779	0	310,750	1,800	0	0	0	16,447	1,356,282
31 三重	0	0	0	0	0	0	0	0	0	0	0	0	7,622
32 滋賀	0	0	0	0	0	0	0	0	0	0	0	0	0
33 京都	0	0	0	36,031	106,246	0	0	0	0	0	0	0	170,443
34 奈良	0	0	0	0	0	0	0	0	0	0	0	0	0
35 和歌山	0	0	0	1,000	0	0	0	0	0	0	0	0	530,461
36 大阪	6,006	128,975	0	19,153	25,216	0	0	1,000	986,610	13,580	2,162	962,631	3,234,147
37 兵庫	663,372	46,716	29,999	56,464	251,253	0	3	10,114	1,916,530	28	443	18,428	3,544,289
38 鳥取	0	0	0	0	0	0	0	0	0	0	0	0	4,750
39 島根	0	0	0	7,568	12,062	0	0	0	0	0	0	0	94,899
40 岡山	0	3,848	0	15,009	37,127	0	0	500	0	0	3,603	0	549,869
41 広島	0	93	0	13,005	170,751	0	0	0	0	0	0	117	654,905
42 山口	0	0	19,433	14,349	31,164	0	32,870	3,210	0	0	0	0	413,180
43 香川	85,394	0	0	5,400	0	0	0	0	0	0	0	186	183,863
44 愛媛	2,000	5,261	0	3,670	86,371	0	0	1,390	0	0	0	27,322	560,474
45 徳島	0	0	0	82,587	180,552	0	0	0	0	0	0	0	371,174
46 高知	0	0	0	0	0	0	0	0	0	0	0	0	2,700
47 福岡	0	22,093	0	9,282	16,354	0	31,568	2,660	0	0	0	534,506	2,292,993
48 佐賀	0	0	0	0	0	5	297	0	0	0	0	0	5,798
49 長崎	0	9,631	0	172,901	0	397	116,890	1,130	0	0	0	0	394,234
50 熊本	0	0	0	447	77,416	0	0	1,566	0	0	0	0	198,231
51 大分	0	0	0	9,805	1,000	0	0	0	10,700	0	0	0	182,104
52 宮崎	0	0	0	0	0	0	0	0	0	0	0	0	69,390
53 鹿児島	0	24,416	0	0	0	0	0	0	0	0	186,573	155,712	446,437
54 沖縄	254	6,975	0	0	50,174	0	0	0	4,403	0	16,315	427,181	687,801
55 全国	757,026	708,635	49,432	841,297	2,267,879	402	496,212	26,520	3,646,660	53,871	205,673	2,393,504	27,967,634

平成28年度　　府県相互間輸送トン数表（海運）　　品目（9-32）その他　その1　（単位：トン）

着＼発	1 札幌	2 旭川	3 函館	4 室蘭	5 釧路	6 帯広	7 北見	8 北海道	9 青森	10 岩手	11 宮城	12 福島	13 秋田	14 山形
1 札幌	0	0	0	0	0	0	0	0	0	0	0	0	0	0
2 旭川	0	186	0	0	0	0	0	186	0	0	0	0	0	0
3 函館	0	0	0	0	0	0	0	0	0	0	0	0	0	0
4 室蘭	0	0	0	0	0	0	0	0	0	30	0	0	0	0
5 釧路	0	0	0	0	0	0	0	0	0	0	0	0	0	0
6 帯広	0	0	0	0	0	0	0	0	0	10	0	0	0	0
7 北見	0	0	0	0	0	0	0	0	0	0	0	0	0	0
8 北海道	0	186	0	0	0	0	0	186	0	40	0	0	0	0
9 青森	0	0	0	0	0	0	0	0	0	10	0	0	0	0
10 岩手	0	0	0	0	0	0	0	0	0	20	0	0	0	0
11 宮城	0	0	0	0	0	0	0	0	0	0	16	0	0	0
12 福島	0	0	0	0	0	0	0	0	0	20	0	0	0	0
13 秋田	0	0	0	0	0	0	0	0	4,510	10	0	0	0	0
14 山形	0	0	0	0	0	0	0	0	0	0	0	0	0	135
15 茨城	0	0	0	0	0	0	0	0	0	10	0	0	0	0
16 栃木	0	0	0	0	0	0	0	0	0	0	0	0	0	0
17 群馬	0	0	0	0	0	0	0	0	0	0	0	0	0	0
18 埼玉	0	0	0	0	0	0	0	0	0	0	0	0	0	0
19 千葉	0	0	0	0	0	0	0	0	1,702	0	0	0	0	0
20 東京	0	0	0	0	0	0	0	0	0	0	0	0	0	0
21 神奈川	0	0	0	191	0	0	0	191	12,602	1,126	0	0	0	0
22 新潟	0	0	0	0	0	0	0	0	0	0	0	0	0	0
23 富山	0	0	0	0	0	0	0	0	0	0	0	0	0	0
24 石川	0	0	0	0	0	0	0	0	0	0	0	0	0	0
25 福井	0	0	0	0	0	0	0	0	0	0	0	0	0	0
26 山梨	0	0	0	0	0	0	0	0	0	0	0	0	0	0
27 長野	0	0	0	0	0	0	0	0	0	0	0	0	0	0
28 静岡	0	0	0	0	0	0	0	0	0	4,599	0	0	0	0
29 岐阜	0	0	0	0	0	0	0	0	0	0	0	0	0	0
30 愛知	0	0	0	0	0	0	0	0	54	176	0	0	0	0
31 三重	0	0	0	0	0	0	0	0	0	0	0	0	0	0
32 滋賀	0	0	0	0	0	0	0	0	0	0	0	0	0	0
33 京都	0	0	0	0	0	0	0	0	0	0	0	0	0	0
34 奈良	0	0	0	0	0	0	0	0	0	0	0	0	0	0
35 和歌山	0	0	0	0	0	0	0	0	0	0	0	0	0	0
36 大阪	0	0	0	0	0	0	0	0	0	0	0	0	0	0
37 兵庫	0	0	0	0	0	0	0	0	0	0	0	0	0	0
38 鳥取	0	0	0	0	0	0	0	0	0	0	0	0	0	0
39 島根	0	0	0	0	0	0	0	0	0	0	0	0	0	0
40 岡山	0	0	0	0	0	0	0	0	0	0	0	0	0	0
41 広島	0	0	0	0	0	0	0	0	0	0	0	0	0	0
42 山口	0	0	0	0	0	0	0	0	0	0	0	0	0	0
43 香川	0	0	0	0	0	0	0	0	0	0	0	0	0	0
44 愛媛	0	0	0	0	0	0	0	0	0	0	0	0	0	0
45 徳島	0	0	0	0	0	0	0	0	0	0	0	0	0	0
46 高知	0	0	0	0	0	0	0	0	0	0	0	0	0	0
47 福岡	0	0	0	0	0	0	0	0	0	0	0	0	0	0
48 佐賀	0	0	0	0	0	0	0	0	0	0	0	0	0	0
49 長崎	0	0	0	0	0	0	0	0	0	0	0	0	0	0
50 熊本	0	0	0	0	0	0	0	0	0	0	0	0	0	0
51 大分	0	0	0	0	0	0	0	0	0	0	0	0	0	0
52 宮崎	0	0	0	0	0	0	0	0	0	0	0	0	0	0
53 鹿児島	0	0	0	0	0	0	0	0	0	0	0	0	0	0
54 沖縄	0	0	0	0	0	0	0	0	0	0	0	0	0	0
55 全国	0	186	0	191	0	0	0	377	18,868	6,011	16	0	0	135

平成28年度　　府県相互間輸送トン数表（海運）　　品目（9-32）その他　その2　（単位：トン）

着＼発	15 茨城	16 栃木	17 群馬	18 埼玉	19 千葉	20 東京	21 神奈川	22 新潟	23 富山	24 石川	25 福井	26 山梨	27 長野	28 静岡
1 札幌	0	0	0	0	0	0	0	0	0	0	0	0	0	0
2 旭川	0	0	0	0	0	0	0	0	0	0	0	0	0	0
3 函館	0	0	0	0	0	0	0	0	0	0	0	0	0	0
4 室蘭	0	0	0	0	0	0	0	0	0	0	916	0	0	0
5 釧路	0	0	0	0	0	0	0	0	0	0	0	0	0	0
6 帯広	0	0	0	0	0	0	0	0	0	0	0	0	0	0
7 北見	0	0	0	0	0	0	0	0	0	0	0	0	0	0
8 北海道	0	0	0	0	0	0	0	0	0	0	916	0	0	0
9 青森	0	0	0	0	0	0	0	0	0	0	0	0	0	0
10 岩手	0	0	0	0	0	0	0	0	0	0	0	0	0	0
11 宮城	0	0	0	0	0	0	0	0	0	0	0	0	0	0
12 福島	0	0	0	0	0	0	0	0	0	0	0	0	0	80
13 秋田	0	0	0	0	0	0	0	0	0	0	0	0	0	0
14 山形	0	0	0	0	0	0	0	0	0	0	0	0	0	0
15 茨城	0	0	0	0	0	0	0	0	0	0	0	0	0	0
16 栃木	0	0	0	0	0	0	0	0	0	0	0	0	0	0
17 群馬	0	0	0	0	0	0	0	0	0	0	0	0	0	0
18 埼玉	0	0	0	0	0	0	0	0	0	0	0	0	0	0
19 千葉	0	0	0	0	0	0	0	0	0	0	0	0	0	0
20 東京	0	0	0	0	0	9,975	0	0	0	0	0	0	0	0
21 神奈川	0	0	0	0	0	0	0	6	0	0	0	0	0	80
22 新潟	0	0	0	0	0	0	0	0	0	0	0	0	0	0
23 富山	0	0	0	0	0	0	0	0	0	0	0	0	0	0
24 石川	0	0	0	0	0	0	0	0	0	0	0	0	0	0
25 福井	0	0	0	0	0	0	0	0	0	0	0	0	0	0
26 山梨	0	0	0	0	0	0	0	0	0	0	0	0	0	0
27 長野	0	0	0	0	0	0	0	0	0	0	0	0	0	0
28 静岡	0	0	0	0	0	0	0	0	0	0	0	0	0	94,395
29 岐阜	0	0	0	0	0	0	0	0	0	0	0	0	0	0
30 愛知	0	0	0	0	0	0	0	0	0	0	0	0	0	0
31 三重	0	0	0	0	0	0	0	0	0	0	0	0	0	250
32 滋賀	0	0	0	0	0	0	0	0	0	0	0	0	0	0
33 京都	0	0	0	0	0	0	0	0	0	0	0	0	0	0
34 奈良	0	0	0	0	0	0	0	0	0	0	0	0	0	0
35 和歌山	0	0	0	0	0	0	0	0	0	0	0	0	0	0
36 大阪	0	0	0	0	0	0	0	0	0	0	0	0	0	0
37 兵庫	0	0	0	0	0	0	0	0	0	0	51	0	0	0
38 鳥取	0	0	0	0	0	0	0	0	0	0	0	0	0	0
39 島根	0	0	0	0	0	0	0	0	0	0	0	0	0	0
40 岡山	0	0	0	0	0	0	0	0	0	0	0	0	0	0
41 広島	0	0	0	0	0	0	0	0	0	0	0	0	0	0
42 山口	0	0	0	0	0	0	0	0	0	0	0	0	0	0
43 香川	0	0	0	0	0	0	0	0	0	0	0	0	0	0
44 愛媛	0	0	0	0	0	0	0	0	0	0	0	0	0	0
45 徳島	0	0	0	0	0	0	0	0	0	0	0	0	0	0
46 高知	0	0	0	0	0	0	0	0	0	0	0	0	0	0
47 福岡	0	0	0	0	0	0	0	0	0	0	0	0	0	0
48 佐賀	0	0	0	0	0	0	0	0	0	0	0	0	0	0
49 長崎	0	0	0	0	0	0	0	0	0	0	0	0	0	0
50 熊本	0	0	0	0	0	0	0	0	0	0	0	0	0	0
51 大分	0	0	0	0	0	0	0	0	0	0	0	0	0	0
52 宮崎	0	0	0	0	0	0	0	0	0	0	0	0	0	0
53 鹿児島	0	0	0	0	0	0	0	0	0	0	0	0	0	0
54 沖縄	0	0	0	0	0	0	0	0	0	0	0	0	0	0
55 全国	0	0	0	0	0	9,975	0	6	0	0	967	0	0	94,805

平成28年度　　　　　　　府県相互間輸送トン数表（海運）　　　　　　　　（単位：トン）
品目（9-32）その他　　その3

発＼着	29 岐阜	30 愛知	31 三重	32 滋賀	33 京都	34 奈良	35 和歌山	36 大阪	37 兵庫	38 鳥取	39 島根	40 岡山	41 広島	42 山口
1 札幌	0	0	0	0	0	0	0	0	0	0	0	0	0	0
2 旭川	0	0	0	0	0	0	0	0	0	0	0	0	0	0
3 函館	0	0	0	0	0	0	0	0	0	0	0	0	0	0
4 室蘭	0	0	0	0	0	0	0	0	0	0	0	0	0	0
5 釧路	0	0	0	0	0	0	0	0	0	0	0	0	0	0
6 帯広	0	0	0	0	0	0	0	0	0	0	0	0	0	0
7 北見	0	0	0	0	0	0	0	0	0	0	0	0	0	0
8 北海道	0	0	0	0	0	0	0	0	0	0	0	0	0	0
9 青森	0	0	0	0	0	0	0	0	0	0	0	0	0	0
10 岩手	0	0	0	0	0	0	0	0	0	0	0	0	0	0
11 宮城	0	0	0	0	0	0	0	0	0	0	0	0	0	0
12 福島	0	0	0	0	0	0	0	0	0	0	0	0	0	0
13 秋田	0	0	0	0	0	0	0	0	0	0	0	0	0	0
14 山形	0	0	0	0	0	0	0	0	0	0	0	0	0	0
15 茨城	0	0	0	0	0	0	0	0	0	0	0	0	0	0
16 栃木	0	0	0	0	0	0	0	0	0	0	0	0	0	0
17 群馬	0	0	0	0	0	0	0	0	0	0	0	0	0	0
18 埼玉	0	0	0	0	0	0	0	0	0	0	0	0	0	0
19 千葉	0	0	0	0	0	0	0	0	0	0	0	860	0	0
20 東京	0	0	0	0	0	0	0	0	0	0	0	0	0	0
21 神奈川	0	0	0	0	0	0	0	0	0	0	0	0	0	0
22 新潟	0	0	0	0	0	0	0	0	0	0	0	0	0	0
23 富山	0	0	0	0	0	0	0	0	0	0	0	0	0	0
24 石川	0	0	0	0	0	0	0	0	0	0	0	0	0	0
25 福井	0	0	0	0	0	0	0	0	0	0	0	0	0	0
26 山梨	0	0	0	0	0	0	0	0	0	0	0	0	0	0
27 長野	0	0	0	0	0	0	0	0	0	0	0	0	0	0
28 静岡	0	0	0	0	0	0	0	0	0	0	0	0	0	0
29 岐阜	0	0	0	0	0	0	0	0	0	0	0	0	0	0
30 愛知	0	0	0	0	0	0	0	0	0	0	0	0	0	0
31 三重	0	0	1,065	0	0	0	0	0	0	0	0	0	0	0
32 滋賀	0	0	0	0	0	0	0	0	0	0	0	0	0	0
33 京都	0	0	0	0	0	0	0	0	0	0	0	0	0	0
34 奈良	0	0	0	0	0	0	0	0	0	0	0	0	0	0
35 和歌山	0	0	0	0	0	0	0	0	0	0	0	0	0	0
36 大阪	0	0	0	0	0	0	0	0	0	0	0	0	0	0
37 兵庫	0	0	0	0	0	0	0	0	230	0	0	12	0	0
38 鳥取	0	0	0	0	0	0	0	0	0	0	0	0	0	0
39 島根	0	0	0	0	0	0	0	0	0	0	1,867	0	0	0
40 岡山	0	0	0	0	0	0	0	0	0	0	0	0	0	0
41 広島	0	0	0	0	0	0	0	0	0	0	0	0	29,415	0
42 山口	0	0	0	0	0	0	0	0	0	0	0	0	0	0
43 香川	0	0	0	0	0	0	0	0	0	0	0	0	0	0
44 愛媛	0	0	0	0	0	0	650	0	0	0	0	0	0	0
45 徳島	0	0	0	0	0	0	650	0	0	0	0	0	0	0
46 高知	0	0	0	0	0	0	0	0	0	0	0	0	0	0
47 福岡	0	0	0	0	0	0	0	0	0	0	0	455	0	0
48 佐賀	0	0	0	0	0	0	0	0	0	0	0	0	0	0
49 長崎	0	0	0	0	0	0	0	0	0	0	0	0	0	0
50 熊本	0	0	0	0	0	0	0	0	0	0	0	0	0	0
51 大分	0	0	0	0	0	0	0	0	0	0	0	0	0	0
52 宮崎	0	0	0	0	0	0	0	5,625	0	0	0	0	0	0
53 鹿児島	0	0	0	0	0	0	0	0	0	0	0	0	0	0
54 沖縄	0	0	0	0	0	0	0	0	0	0	0	0	0	0
55 全国	0	0	1,065	0	0	0	1,300	5,625	230	0	1,867	1,327	29,415	0

平成28年度　　　　　　　府県相互間輸送トン数表（海運）　　　　　　　　（単位：トン）
品目（9-32）その他　　その4

発＼着	43 香川	44 愛媛	45 徳島	46 高知	47 福岡	48 佐賀	49 長崎	50 熊本	51 大分	52 宮崎	53 鹿児島	54 沖縄	55 全国
1 札幌	0	0	0	0	0	0	0	0	0	0	0	0	0
2 旭川	0	0	0	0	0	0	0	0	0	0	0	0	186
3 函館	0	0	0	0	0	0	0	0	0	0	0	0	0
4 室蘭	0	0	0	0	0	0	0	0	0	0	0	0	946
5 釧路	0	0	0	0	0	0	0	0	0	0	0	0	0
6 帯広	0	0	0	0	0	0	0	0	0	0	0	0	10
7 北見	0	0	0	0	0	0	0	0	0	0	0	0	0
8 北海道	0	0	0	0	0	0	0	0	0	0	0	0	1,142
9 青森	0	0	0	0	0	0	0	0	0	0	0	0	10
10 岩手	0	0	0	0	0	0	0	0	0	0	0	0	20
11 宮城	0	0	0	0	0	0	0	0	0	0	0	0	16
12 福島	0	0	0	0	0	0	0	0	0	0	0	0	100
13 秋田	0	0	0	0	0	0	0	0	0	0	0	0	4,520
14 山形	0	0	0	0	0	0	0	0	0	0	0	0	135
15 茨城	0	0	0	0	0	0	0	0	0	0	0	0	10
16 栃木	0	0	0	0	0	0	0	0	0	0	0	0	0
17 群馬	0	0	0	0	0	0	0	0	0	0	0	0	0
18 埼玉	0	0	0	0	0	0	0	0	0	0	0	0	0
19 千葉	0	0	0	0	0	0	0	0	0	0	0	0	2,562
20 東京	0	0	0	0	0	0	0	0	0	0	0	0	9,975
21 神奈川	0	0	0	0	210	0	0	0	0	0	0	0	14,209
22 新潟	0	0	0	0	0	0	0	0	0	0	0	0	6
23 富山	0	0	0	0	0	0	0	0	0	0	0	0	0
24 石川	0	0	0	0	0	0	0	0	0	0	0	0	0
25 福井	0	0	0	0	0	0	0	0	0	0	0	0	0
26 山梨	0	0	0	0	0	0	0	0	0	0	0	0	0
27 長野	0	0	0	0	0	0	0	0	0	0	0	0	0
28 静岡	0	0	0	0	0	0	0	0	0	0	0	0	98,994
29 岐阜	0	0	0	0	0	0	0	0	0	0	0	0	0
30 愛知	0	550	0	0	0	0	0	0	0	0	0	0	780
31 三重	0	0	0	0	0	0	0	0	0	0	0	0	1,315
32 滋賀	0	0	0	0	0	0	0	0	0	0	0	0	0
33 京都	0	0	0	0	0	0	0	0	0	0	0	0	0
34 奈良	0	0	0	0	0	0	0	0	0	0	0	0	0
35 和歌山	0	0	0	0	0	0	0	0	0	0	0	0	0
36 大阪	0	0	0	0	7,282	0	0	0	0	0	0	0	7,282
37 兵庫	0	0	0	0	38,936	209	0	0	0	0	0	0	39,438
38 鳥取	0	0	0	0	0	0	0	0	0	0	0	0	0
39 島根	0	0	0	0	0	0	0	0	0	0	0	0	1,867
40 岡山	0	0	0	0	0	0	0	0	0	0	0	0	0
41 広島	0	0	0	0	0	0	0	0	0	0	0	0	29,415
42 山口	0	0	0	0	0	0	0	0	0	0	0	0	0
43 香川	465	0	0	0	0	0	0	0	0	0	0	0	465
44 愛媛	0	0	0	0	0	0	0	0	0	0	0	0	650
45 徳島	0	0	0	0	0	0	0	0	0	0	0	0	650
46 高知	0	0	0	8,832	0	0	0	0	0	0	0	0	8,832
47 福岡	0	0	0	0	0	0	822	46	0	0	0	0	1,323
48 佐賀	0	0	0	0	0	0	0	0	0	0	0	0	0
49 長崎	0	0	0	0	0	0	7,291	0	0	0	0	0	7,291
50 熊本	0	0	0	0	59	0	0	0	0	0	0	0	59
51 大分	0	0	0	1,416	0	0	0	0	0	0	0	0	1,416
52 宮崎	0	0	0	0	0	0	0	0	0	0	0	0	5,625
53 鹿児島	0	0	0	0	0	0	0	0	0	0	76,908	776	77,684
54 沖縄	0	0	0	0	0	0	0	0	0	0	291	2,410	2,701
55 全国	465	550	0	10,248	46,487	209	8,113	46	0	0	77,199	3,186	318,492

平成28年度 — 府県相互間輸送トン数表（海運）

品目（10-31）廃棄物（特掲）　その1　（単位：トン）

発＼着	1 札幌	2 旭川	3 函館	4 室蘭	5 釧路	6 帯広	7 北見	8 北海道	9 青森	10 岩手	11 宮城	12 福島	13 秋田	14 山形
1 札幌	0	0	0	0	0	0	0	0	0	0	0	0	0	0
2 旭川	0	2,682	0	0	0	0	0	2,682	0	0	0	0	0	0
3 函館	0	0	870	0	0	0	0	870	0	0	0	0	0	0
4 室蘭	0	0	0	0	2,330	0	0	2,330	4,610	3,020	0	0	0	0
5 釧路	0	0	0	0	0	0	0	0	0	0	0	0	0	0
6 帯広	0	0	0	0	0	0	0	0	0	0	0	0	0	0
7 北見	0	0	0	0	0	0	0	0	0	1,447	0	0	2,798	0
8 北海道	0	2,682	870	0	2,330	0	0	5,882	4,610	4,467	0	0	2,798	0
9 青森	0	0	0	0	0	0	0	0	0	1,514	0	0	0	0
10 岩手	0	0	0	0	0	0	0	0	10,550	0	0	0	0	0
11 宮城	0	0	0	100	0	0	0	100	4,704	0	0	0	14,529	0
12 福島	0	0	0	0	15,086	0	0	15,086	0	73,585	0	0	1,131	0
13 秋田	0	0	0	0	0	0	0	0	0	5,966	1,109	0	0	0
14 山形	0	0	0	0	0	0	0	0	15,524	9,292	0	0	0	15
15 茨城	7,947	0	0	0	0	0	0	7,947	3,263	13,548	0	0	0	0
16 栃木	0	0	0	0	0	0	0	0	0	0	0	0	0	0
17 群馬	0	0	0	0	0	0	0	0	0	0	0	0	0	0
18 埼玉	0	0	0	0	0	0	0	0	0	0	0	0	0	0
19 千葉	0	0	0	14,003	0	0	0	14,003	26,308	34,960	0	0	0	0
20 東京	0	0	0	0	4,595	0	0	4,595	3,000	0	0	0	0	0
21 神奈川	0	0	0	81,465	0	0	0	81,465	1,850	4,820	2,729	0	6,541	0
22 新潟	0	0	0	1,199	0	0	0	1,199	3,447	0	0	0	0	0
23 富山	0	0	0	0	0	0	0	0	1,948	0	0	0	0	0
24 石川	0	0	0	0	0	0	0	0	60	0	0	0	0	0
25 福井	0	0	0	0	0	0	0	0	1,428	0	0	0	0	0
26 山梨	0	0	0	0	0	0	0	0	0	0	0	0	0	0
27 長野	0	0	0	0	0	0	0	0	0	0	0	0	0	0
28 静岡	0	0	0	0	0	0	0	0	97	1,525	0	0	3,004	0
29 岐阜	0	0	0	0	0	0	0	0	0	0	0	0	0	0
30 愛知	0	0	0	0	0	0	0	0	0	25,384	1,259	0	0	0
31 三重	0	0	0	0	0	0	0	0	0	0	0	0	0	0
32 滋賀	0	0	0	0	0	0	0	0	0	0	0	0	0	0
33 京都	0	0	0	0	0	0	0	0	0	0	0	0	0	0
34 奈良	0	0	0	0	0	0	0	0	0	0	0	0	0	0
35 和歌山	0	0	0	0	0	0	0	0	0	18,870	0	0	0	0
36 大阪	0	0	0	0	220	0	0	220	316	0	0	0	0	0
37 兵庫	0	0	0	0	0	0	0	0	0	10,760	0	0	0	0
38 鳥取	0	0	0	0	0	0	0	0	0	0	0	0	0	0
39 島根	0	0	0	0	0	0	0	0	0	0	0	0	0	0
40 岡山	0	0	0	0	0	0	0	0	0	0	0	0	0	0
41 広島	0	0	0	0	0	0	0	0	0	0	0	0	0	0
42 山口	0	0	0	0	0	0	0	0	0	0	0	0	0	0
43 香川	0	0	0	0	0	0	0	0	0	0	0	0	0	0
44 愛媛	0	0	0	0	0	0	0	0	560	0	0	0	0	0
45 徳島	0	0	0	0	0	0	0	0	0	0	0	0	0	0
46 高知	0	0	0	0	0	0	0	0	0	0	0	0	0	0
47 福岡	0	0	0	0	0	0	0	0	60	0	0	0	0	0
48 佐賀	0	0	0	0	0	0	0	0	0	0	0	0	0	0
49 長崎	0	0	0	0	0	0	0	0	0	0	0	0	0	0
50 熊本	0	0	0	0	0	0	0	0	0	1,386	0	0	0	0
51 大分	0	0	0	0	0	0	0	0	0	0	0	0	0	0
52 宮崎	0	0	0	0	0	0	0	0	0	0	0	0	0	0
53 鹿児島	0	0	0	0	0	0	0	0	0	0	0	0	0	0
54 沖縄	0	0	0	0	0	0	0	0	0	4,515	0	0	0	0
55 全国	7,947	2,682	870	96,767	22,231	0	0	130,497	77,725	210,592	5,097	0	28,003	15

平成28年度 — 府県相互間輸送トン数表（海運）

品目（10-31）廃棄物（特掲）　その2　（単位：トン）

発＼着	15 茨城	16 栃木	17 群馬	18 埼玉	19 千葉	20 東京	21 神奈川	22 新潟	23 富山	24 石川	25 福井	26 山梨	27 長野	28 静岡
1 札幌	0	0	0	0	0	0	0	0	0	0	0	0	0	0
2 旭川	0	0	0	0	0	0	0	0	0	0	0	0	0	0
3 函館	0	0	0	0	0	2,350	1,592	0	0	0	0	0	0	0
4 室蘭	0	0	0	0	0	0	0	0	0	0	0	0	0	0
5 釧路	20	0	0	0	0	0	0	0	0	0	0	0	0	0
6 帯広	0	0	0	0	0	0	0	0	0	0	0	0	0	0
7 北見	0	0	0	0	0	0	0	0	0	0	0	0	0	0
8 北海道	20	0	0	0	0	2,350	1,592	0	0	0	0	0	0	0
9 青森	0	0	0	0	0	1,500	0	0	0	0	0	0	0	0
10 岩手	0	0	0	0	1,520	0	0	0	0	0	0	0	0	0
11 宮城	0	0	0	0	0	0	0	0	0	0	0	0	0	0
12 福島	0	0	0	0	0	0	0	0	0	0	0	0	0	0
13 秋田	0	0	0	0	0	0	0	551	0	0	0	0	0	0
14 山形	0	0	0	0	0	0	0	0	0	0	0	0	0	0
15 茨城	0	0	0	0	0	0	0	0	0	0	0	0	0	0
16 栃木	0	0	0	0	0	0	0	0	0	0	0	0	0	0
17 群馬	0	0	0	0	0	0	0	0	0	0	0	0	0	0
18 埼玉	0	0	0	0	0	0	0	0	0	0	0	0	0	0
19 千葉	0	0	0	0	534,240	0	9,172	0	0	0	0	0	0	46,470
20 東京	0	0	0	0	348,100	15,372	0	0	0	0	0	0	0	0
21 神奈川	0	0	0	0	685,950	0	4,026	0	0	0	0	0	0	0
22 新潟	0	0	0	0	0	2,350	0	6,341	0	0	0	0	0	0
23 富山	0	0	0	0	0	0	0	0	0	0	0	0	0	0
24 石川	0	0	0	0	0	0	0	0	0	50	0	0	0	0
25 福井	0	0	0	0	0	0	0	0	0	0	0	0	0	0
26 山梨	0	0	0	0	0	0	0	0	0	0	0	0	0	0
27 長野	0	0	0	0	0	0	0	0	0	0	0	0	0	0
28 静岡	0	0	0	0	0	0	0	0	0	0	0	0	0	0
29 岐阜	0	0	0	0	0	0	0	0	0	0	0	0	0	0
30 愛知	0	0	0	0	0	0	450	0	0	0	0	0	0	5,600
31 三重	0	0	0	0	1,500	0	0	0	0	0	0	0	0	0
32 滋賀	0	0	0	0	0	0	0	0	0	0	0	0	0	0
33 京都	0	0	0	0	0	0	0	0	0	0	0	0	0	0
34 奈良	0	0	0	0	0	0	0	0	0	0	0	0	0	0
35 和歌山	0	0	0	0	0	0	0	0	0	0	0	0	0	0
36 大阪	0	0	0	0	0	0	1,792	0	0	0	0	0	0	0
37 兵庫	0	0	0	0	0	1,720	963	0	0	0	0	0	0	0
38 鳥取	0	0	0	0	0	0	0	0	0	0	0	0	0	0
39 島根	0	0	0	0	0	0	0	0	0	0	0	0	0	0
40 岡山	0	0	0	0	0	0	0	0	0	0	0	0	0	0
41 広島	0	0	0	0	0	0	0	0	0	0	0	0	0	0
42 山口	0	0	0	0	0	0	0	0	0	0	0	0	0	0
43 香川	0	0	0	0	0	0	0	0	0	0	0	0	0	0
44 愛媛	0	0	0	0	0	375	0	0	0	0	0	0	0	0
45 徳島	0	0	0	0	0	0	0	0	0	0	0	0	0	0
46 高知	0	0	0	0	1,500	0	0	0	0	0	0	0	0	0
47 福岡	220	0	0	0	0	2,099	0	0	0	0	0	0	0	0
48 佐賀	0	0	0	0	0	0	0	0	0	0	0	0	0	0
49 長崎	0	0	0	0	0	0	0	0	0	0	0	0	0	0
50 熊本	0	0	0	0	0	0	0	0	0	0	0	0	0	0
51 大分	0	0	0	0	0	0	0	0	0	0	0	0	0	0
52 宮崎	0	0	0	0	0	0	0	0	0	0	0	0	0	0
53 鹿児島	0	0	0	0	0	0	0	0	0	0	0	0	0	0
54 沖縄	0	0	0	0	0	0	0	0	0	0	0	0	0	0
55 全国	240	0	0	0	1,572,810	25,766	17,995	6,892	0	50	0	0	0	52,070

平成28年度　　府県相互間輸送トン数表（海運）　　品目（10-31）廃棄物（特掲）　（単位：トン）その 3

着／発	29 岐阜	30 愛知	31 三重	32 滋賀	33 京都	34 奈良	35 和歌山	36 大阪	37 兵庫	38 鳥取	39 島根	40 岡山	41 広島	42 山口
1 札幌	0	0	0	0	0	0	0	0	0	0	0	0	0	0
2 旭川	0	0	0	0	0	0	0	0	0	0	0	0	0	0
3 函館	0	0	0	0	0	0	0	0	0	0	0	0	0	0
4 室蘭	0	20	0	0	0	0	0	0	0	0	0	0	0	0
5 釧路	0	0	0	0	0	0	0	0	0	0	0	0	0	0
6 帯広	0	0	0	0	0	0	0	0	0	0	0	0	0	0
7 北見	0	0	0	0	0	0	0	0	0	0	0	0	0	0
8 北海道	0	20	0	0	0	0	0	0	0	0	0	0	0	0
9 青森	0	0	0	0	0	0	0	0	0	0	0	0	0	0
10 岩手	0	0	0	0	0	0	0	0	0	0	0	0	0	0
11 宮城	0	2,953	0	0	0	0	0	0	0	0	0	0	0	0
12 福島	0	0	0	0	0	0	0	0	0	0	0	0	0	0
13 秋田	0	0	0	0	0	0	0	0	0	0	0	0	0	0
14 山形	0	0	0	0	0	0	0	0	0	0	0	0	0	0
15 茨城	0	0	0	0	0	0	0	0	0	0	0	0	0	0
16 栃木	0	0	0	0	0	0	0	0	0	0	0	0	0	0
17 群馬	0	0	0	0	0	0	0	0	0	0	0	0	0	0
18 埼玉	0	0	0	0	0	0	0	0	0	0	0	0	0	0
19 千葉	0	1,555	91,690	0	0	0	0	0	60	0	0	0	0	0
20 東京	0	9,200	15,220	0	0	0	0	0	0	0	5,440	0	0	0
21 神奈川	0	333,034	7,630	0	0	0	4,505	347,696	58,421	0	0	0	0	0
22 新潟	0	0	0	0	0	0	0	0	0	0	0	0	0	0
23 富山	0	0	0	0	0	0	0	0	0	0	0	0	0	0
24 石川	0	0	0	0	0	0	0	0	4,871	0	0	0	0	0
25 福井	0	0	0	0	0	0	0	0	0	0	0	0	0	0
26 山梨	0	0	0	0	0	0	0	0	0	0	0	0	0	0
27 長野	0	0	0	0	0	0	0	0	0	0	0	0	0	0
28 静岡	0	1,938	0	0	0	0	0	23,288	19,218	0	0	0	0	0
29 岐阜	0	0	0	0	0	0	0	6,331	2,310	0	0	0	0	0
30 愛知	0	0	0	0	0	0	0	0	0	0	0	0	0	6,500
31 三重	0	0	0	0	0	0	0	0	0	0	0	0	0	0
32 滋賀	0	0	0	0	0	0	0	0	0	0	0	0	0	0
33 京都	0	0	0	0	0	0	0	0	0	0	0	0	0	0
34 奈良	0	0	0	0	0	0	0	0	0	0	0	0	0	0
35 和歌山	0	0	0	0	0	0	504,455	0	0	0	0	0	0	0
36 大阪	0	0	0	0	0	0	11,844	0	0	0	0	0	788,176	0
37 兵庫	0	0	1,750	0	0	0	0	1,500	103,406	0	0	8,590	7,566	0
38 鳥取	0	0	0	0	0	0	0	0	0	0	0	0	0	0
39 島根	0	0	0	0	0	0	0	0	0	0	15,949	0	0	0
40 岡山	0	0	0	0	0	0	0	0	0	0	0	282,752	0	0
41 広島	0	0	0	0	0	0	0	2,000	851	0	1,360	14,023	44,559	3,903
42 山口	0	0	0	0	0	0	0	0	0	0	0	1,402	905	1,890
43 香川	0	0	0	0	0	0	0	20,258	0	0	0	0	0	0
44 愛媛	0	1,154	0	0	0	0	0	0	0	0	0	0	0	530
45 徳島	0	0	1,500	0	0	0	0	0	149	0	0	0	0	0
46 高知	0	1,200	0	0	0	0	0	0	0	0	0	0	0	0
47 福岡	0	0	0	0	0	0	0	0	916	0	0	0	1,106	0
48 佐賀	0	0	0	0	0	0	0	0	0	0	0	0	0	0
49 長崎	0	3,850	0	0	0	0	0	0	0	0	0	0	0	0
50 熊本	0	0	0	0	0	0	0	0	0	0	0	0	0	0
51 大分	0	0	0	0	0	0	0	0	810	0	0	0	0	0
52 宮崎	0	0	0	0	0	0	0	0	0	0	0	0	0	0
53 鹿児島	0	0	0	0	0	0	0	0	0	0	0	0	0	0
54 沖縄	0	0	0	0	0	0	0	0	0	0	0	76	0	0
55 全国	0	354,904	117,790	0	0	0	520,804	402,049	195,476	0	17,309	306,843	842,312	12,823

平成28年度　　府県相互間輸送トン数表（海運）　　品目（10-31）廃棄物（特掲）　（単位：トン）その 4

着／発	43 香川	44 愛媛	45 徳島	46 高知	47 福岡	48 佐賀	49 長崎	50 熊本	51 大分	52 宮崎	53 鹿児島	54 沖縄	55 全国
1 札幌	0	0	0	0	0	0	0	0	0	0	0	0	0
2 旭川	0	0	0	0	0	0	0	0	0	0	0	0	2,682
3 函館	0	0	0	0	0	0	0	0	0	0	0	0	4,812
4 室蘭	0	0	0	0	0	0	0	0	0	0	0	0	9,980
5 釧路	0	0	0	0	0	0	0	0	0	0	0	0	20
6 帯広	0	0	0	0	0	0	0	0	0	0	0	0	0
7 北見	0	0	0	0	0	0	0	0	0	0	0	0	4,245
8 北海道	0	0	0	0	0	0	0	0	0	0	0	0	21,739
9 青森	0	0	0	0	0	0	0	0	0	0	0	0	3,014
10 岩手	0	0	0	0	0	0	0	0	0	0	0	0	12,070
11 宮城	0	0	0	0	0	0	0	0	0	0	0	0	22,286
12 福島	0	0	0	64,882	70,778	0	0	0	0	0	0	0	225,462
13 秋田	0	0	0	0	1,504	0	0	0	0	0	0	0	9,130
14 山形	0	0	0	0	33,312	0	0	0	0	0	0	0	58,143
15 茨城	0	0	0	13,995	14,626	0	0	0	0	0	0	0	53,379
16 栃木	0	0	0	0	0	0	0	0	0	0	0	0	0
17 群馬	0	0	0	0	0	0	0	0	0	0	0	0	0
18 埼玉	0	0	0	0	0	0	0	0	0	0	0	0	0
19 千葉	0	0	0	114,373	30,902	0	0	0	0	0	0	0	903,733
20 東京	0	0	0	0	21,603	0	0	0	0	0	0	84	422,614
21 神奈川	0	41,024	0	98,439	196,197	0	0	0	0	0	0	0	1,874,327
22 新潟	0	0	0	0	3,974	0	0	0	0	0	0	0	17,311
23 富山	0	0	0	0	0	0	0	0	0	0	0	0	1,948
24 石川	0	0	0	20,204	30,499	0	0	0	0	0	0	0	55,684
25 福井	0	0	0	3,504	4,006	0	0	0	0	0	0	0	8,938
26 山梨	0	0	0	0	0	0	0	0	0	0	0	0	0
27 長野	0	0	0	0	0	0	0	0	0	0	0	0	0
28 静岡	0	0	0	0	0	0	0	0	0	0	0	0	49,070
29 岐阜	0	0	0	0	0	0	0	0	0	0	0	0	0
30 愛知	0	6,704	0	252,130	111,875	0	310,750	0	0	0	0	0	729,293
31 三重	0	0	0	0	0	0	0	0	0	0	0	0	1,500
32 滋賀	0	0	0	0	0	0	0	0	0	0	0	0	0
33 京都	0	0	0	36,031	106,246	0	0	0	0	0	0	0	142,277
34 奈良	0	0	0	0	0	0	0	0	0	0	0	0	0
35 和歌山	0	0	0	1,000	0	0	0	0	0	0	0	0	524,325
36 大阪	1,256	0	0	19,153	11,517	0	0	0	0	800	0	0	835,074
37 兵庫	0	7,300	199	56,464	174,859	0	0	0	0	0	20	0	375,097
38 鳥取	0	0	0	0	0	0	0	0	0	0	0	0	0
39 島根	0	0	0	7,568	12,062	0	0	0	0	0	0	0	35,579
40 岡山	0	3,848	0	15,009	335,150	0	0	0	0	0	0	0	335,759
41 広島	0	0	0	13,005	162,271	0	0	0	0	0	0	0	241,972
42 山口	0	0	0	14,349	25,242	0	1,050	0	0	0	0	0	44,838
43 香川	84,625	0	0	5,400	0	0	0	0	0	0	0	0	110,283
44 愛媛	2,000	0	0	3,670	86,371	0	0	500	0	0	0	0	95,160
45 徳島	0	0	0	82,587	180,552	0	0	0	0	0	0	0	264,788
46 高知	0	0	0	0	0	0	0	0	0	0	0	0	2,700
47 福岡	0	0	0	9,282	16,354	0	0	0	0	0	0	34	30,071
48 佐賀	0	0	0	0	0	2	0	0	0	0	0	0	2
49 長崎	0	0	0	0	157,003	0	1,130	0	0	0	0	0	161,983
50 熊本	0	0	0	447	77,416	0	0	456	0	0	0	0	79,705
51 大分	0	0	0	9,805	1,000	0	0	0	10,700	0	0	0	22,315
52 宮崎	0	0	0	0	0	0	0	0	0	0	0	0	0
53 鹿児島	0	0	0	0	0	0	0	0	0	0	1,337	38	1,375
54 沖縄	0	0	0	0	0	0	0	0	0	0	6,578	7,543	18,712
55 全国	87,881	58,876	199	841,297	1,564,319	2	311,800	2,086	10,700	800	7,935	7,699	7,791,656

（4）　自　　動　　車

調査対象貨物の範囲

　営業用及び自家用貨物自動車（霊きゅう車及び軽自動車を除く。）で輸送された全貨物（フェリー（自動車航送船）で輸送された自動車の積荷を含む。）を対象とした。

調査の方法

　平成28年度数値については「自動車輸送統計月報」（国土交通省総合政策局）（平成28年4月〜平成29年3月）の品目別輸送トン数を、各月の品目別府県相互間輸送トン数の流動パターンで配分した。

自動車

平成28年度　　　　　　　　　　　　　　　　　府県相互間輸送トン数表（自動車）　　　　　　　　　品目　（1−1）　穀物　　　　　　（単位：トン）　その　1

着＼発	1 札幌	2 旭川	3 函館	4 室蘭	5 釧路	6 帯広	7 北見	8 北海道	9 青森	10 岩手	11 宮城	12 福島	13 秋田	14 山形
1 札幌	2,378,437	215,471	4,634	173,763	0	0	0	2,772,305	0	0	0	0	0	0
2 旭川	181,560	598,556	0	46,337	23,168	13,901	0	863,522	0	0	0	0	0	0
3 函館	4,634	0	71,095	0	0	0	0	75,729	0	0	0	0	0	0
4 室蘭	0	0	0	1,876,530	0	0	0	1,876,530	0	0	0	0	0	0
5 釧路	0	0	0	0	3,499,159	0	0	3,499,159	0	0	0	0	0	0
6 帯広	0	72,054	0	25,485	0	2,461,340	0	2,558,879	0	0	0	0	0	0
7 北見	0	0	0	0	0	46,337	77,275	123,612	0	0	0	0	0	0
8 北海道	2,564,631	886,080	75,729	2,122,116	3,568,664	2,475,241	77,275	11,769,735	0	0	0	0	0	0
9 青森	0	0	0	0	0	0	0	0	547,601	0	0	0	9,267	0
10 岩手	0	0	0	0	0	0	0	0	0	330,652	28,324	0	10,973	0
11 宮城	0	0	0	0	0	0	0	0	12,934	83,071	1,233,692	0	0	23,632
12 福島	0	0	0	0	0	0	0	0	0	23,168	30,119	1,314,476	0	49,566
13 秋田	0	0	0	0	0	0	0	0	0	0	4,634	0	1,202,479	0
14 山形	0	0	0	0	0	0	0	0	0	0	0	0	0	1,489,211
15 茨城	0	0	0	0	0	0	0	0	0	0	0	0	0	0
16 栃木	0	0	0	0	0	0	0	0	0	0	0	0	0	0
17 群馬	0	0	0	0	0	0	0	0	0	0	0	0	0	0
18 埼玉	0	0	0	0	0	0	0	0	0	0	0	0	0	0
19 千葉	0	0	0	0	0	0	0	0	0	30,119	0	28,729	0	0
20 東京	0	0	0	0	0	0	0	0	0	0	0	0	0	23,367
21 神奈川	0	0	0	0	0	0	0	0	0	0	0	0	0	23,367
22 新潟	0	0	0	0	0	0	0	0	0	0	0	0	0	0
23 富山	0	0	0	0	0	0	0	0	0	0	0	0	0	0
24 石川	0	0	0	0	0	0	0	0	0	0	0	0	0	0
25 福井	0	0	0	0	0	0	0	0	0	0	0	0	0	0
26 山梨	0	0	0	0	0	0	0	0	0	0	0	0	0	0
27 長野	0	0	0	0	0	0	0	0	0	0	0	0	0	0
28 静岡	0	0	0	0	0	0	0	0	0	0	0	0	0	0
29 岐阜	0	0	0	0	0	0	0	0	0	0	0	0	0	0
30 愛知	0	0	0	0	0	0	0	0	0	0	0	0	0	27,802
31 三重	0	0	0	0	0	0	0	0	0	0	0	0	0	0
32 滋賀	0	0	0	0	0	0	0	0	0	0	0	0	0	0
33 京都	0	0	0	0	0	0	0	0	0	0	0	0	0	0
34 奈良	0	0	0	0	0	0	0	0	0	0	0	0	0	0
35 和歌山	0	0	0	0	0	0	0	0	0	0	0	0	0	0
36 大阪	0	0	0	0	0	0	0	0	0	0	0	0	0	0
37 兵庫	0	0	0	0	0	0	0	0	0	0	0	0	0	0
38 鳥取	0	0	0	0	0	0	0	0	0	0	0	0	0	0
39 島根	0	0	0	0	0	0	0	0	0	0	0	0	0	0
40 岡山	0	0	0	0	0	0	0	0	0	0	0	0	0	0
41 広島	0	0	0	0	0	0	0	0	0	0	0	0	0	0
42 山口	0	0	0	0	0	0	0	0	0	0	0	0	0	0
43 香川	0	0	0	0	0	0	0	0	0	0	0	0	0	0
44 愛媛	0	0	0	0	0	0	0	0	0	0	0	0	0	0
45 徳島	0	0	0	0	0	0	0	0	0	0	0	0	0	0
46 高知	0	0	0	0	0	0	0	0	0	0	0	0	0	0
47 福岡	0	0	0	0	0	0	0	0	0	0	0	0	0	0
48 佐賀	0	0	0	0	0	0	0	0	0	0	0	0	0	0
49 長崎	0	0	0	0	0	0	0	0	0	0	0	0	0	0
50 熊本	0	0	0	0	0	0	0	0	0	0	0	0	0	0
51 大分	0	0	0	0	0	0	0	0	0	0	0	0	0	0
52 宮崎	0	0	0	0	0	0	0	0	0	0	0	0	0	0
53 鹿児島	0	0	0	0	0	0	0	0	0	0	0	0	0	0
54 沖縄	0	0	0	0	0	0	0	0	0	0	0	0	0	0
55 全国	2,564,631	886,080	75,729	2,122,116	3,568,664	2,475,241	77,275	11,769,735	560,535	467,011	1,296,769	1,343,205	1,222,720	1,636,945

平成28年度　　　　　　　　　　　　　　　　　府県相互間輸送トン数表（自動車）　　　　　　　　　品目　（1−1）　穀物　　　　　　（単位：トン）　その　2

着＼発	15 茨城	16 栃木	17 群馬	18 埼玉	19 千葉	20 東京	21 神奈川	22 新潟	23 富山	24 石川	25 福井	26 山梨	27 長野	28 静岡
1 札幌	0	0	0	0	0	0	0	0	0	0	0	0	0	0
2 旭川	0	0	0	0	0	0	0	0	0	0	0	0	0	0
3 函館	0	0	0	0	0	0	0	0	0	0	0	0	0	0
4 室蘭	0	0	0	0	0	0	0	0	0	0	0	0	0	0
5 釧路	0	0	0	0	0	0	0	0	0	0	0	0	0	0
6 帯広	0	0	0	0	0	0	0	0	0	0	0	0	0	0
7 北見	0	0	0	0	0	0	0	0	0	0	0	0	0	0
8 北海道	0	0	0	0	0	0	0	0	0	0	0	0	0	0
9 青森	0	0	0	27,802	0	0	0	0	0	0	0	0	0	0
10 岩手	0	0	0	0	57,828	23,168	0	0	0	0	0	0	0	0
11 宮城	0	0	0	57,921	23,168	0	41,838	23,168	0	0	0	0	0	24,160
12 福島	47,264	25,485	28,324	76,919	19,879	28,324	23,603	25,949	0	0	0	0	0	0
13 秋田	29,887	0	0	30,721	0	14,162	50,982	14,162	0	0	0	0	0	0
14 山形	0	0	0	4,139	44,020	12,433	28,493	0	0	0	0	0	0	0
15 茨城	546,688	0	0	0	0	0	0	0	27,802	0	0	0	0	0
16 栃木	0	367,295	2,793	47,972	0	0	0	0	0	0	0	0	0	0
17 群馬	1,770	32,261	393,210	0	1,605	4,233	941	0	0	0	0	0	0	0
18 埼玉	1,369	2,586	0	856,307	201,839	491,639	0	3,475	0	0	0	0	28,324	0
19 千葉	0	0	0	49,226	1,450,880	4,726	51,295	0	0	0	0	0	27,153	0
20 東京	9,925	0	0	75,922	53,324	318,171	85,113	0	0	0	0	0	30,119	0
21 神奈川	82,559	0	27,802	152,425	3,939	112,621	1,415,255	0	0	0	0	37,070	92,674	5,792
22 新潟	6,487	0	0	0	0	0	2,163	1,176,824	0	0	0	0	37,000	0
23 富山	0	0	0	0	0	0	0	0	811,269	0	0	0	0	0
24 石川	0	0	0	0	0	0	0	0	1,717	206,637	0	0	0	0
25 福井	0	0	0	0	0	0	0	0	0	0	178,235	0	0	0
26 山梨	0	0	0	0	0	0	0	0	0	0	0	25,178	23,952	2,069
27 長野	0	0	3,204	28,890	0	28,358	0	24,790	0	0	0	1,293	761,159	27,631
28 静岡	0	0	0	0	0	0	0	0	0	0	0	6,176	0	4,187
29 岐阜	0	0	0	0	0	0	0	0	0	0	0	0	0	0
30 愛知	0	0	23,168	28,890	97,308	0	0	0	0	0	0	0	13,090	0
31 三重	0	0	0	0	0	0	0	0	0	0	0	0	0	0
32 滋賀	0	0	0	0	0	0	0	0	0	0	0	0	30,091	0
33 京都	0	0	0	0	0	0	0	0	0	0	0	0	0	0
34 奈良	0	0	0	0	0	0	0	0	0	0	0	0	0	0
35 和歌山	0	0	0	0	0	0	0	0	0	0	0	0	0	0
36 大阪	0	0	0	0	0	0	0	0	0	0	0	0	0	0
37 兵庫	0	0	0	0	0	0	0	0	0	0	0	0	0	0
38 鳥取	0	0	0	0	0	0	0	0	0	0	0	0	0	0
39 島根	0	0	0	0	0	0	0	0	0	0	0	0	0	0
40 岡山	0	0	0	0	0	0	0	0	0	0	0	0	0	0
41 広島	0	0	0	0	0	0	0	0	0	0	0	0	0	0
42 山口	0	0	0	0	0	0	0	0	0	0	0	0	0	0
43 香川	0	0	0	0	0	0	0	0	0	0	0	0	0	0
44 愛媛	0	0	0	0	0	0	0	0	0	0	0	0	0	0
45 徳島	0	0	0	0	0	0	0	0	0	0	0	0	0	0
46 高知	0	0	0	0	0	0	0	0	0	0	0	0	0	0
47 福岡	0	0	0	0	0	0	0	0	0	0	0	0	0	0
48 佐賀	0	0	0	0	0	0	0	0	0	0	0	0	0	0
49 長崎	0	0	0	0	0	0	0	0	0	0	0	0	0	0
50 熊本	0	0	0	0	0	0	0	0	0	0	0	0	0	0
51 大分	0	0	0	0	0	0	0	0	0	0	0	0	0	0
52 宮崎	0	0	0	0	0	0	0	0	0	0	0	0	0	0
53 鹿児島	0	0	0	0	0	0	0	0	0	0	0	0	0	0
54 沖縄	0	0	0	0	0	0	0	0	0	0	0	0	0	0
55 全国	725,950	427,627	478,501	1,437,135	1,953,789	1,037,834	1,699,683	1,268,368	840,788	206,637	178,235	69,717	1,043,562	63,839

平成28年度　　　　　　　　　　　　　　　　府県相互間輸送トン数表（自動車）　　　　　　　　　　　品目（1-1）穀物　　　　　　（単位：トン）その 3

着＼発	29 岐阜	30 愛知	31 三重	32 滋賀	33 京都	34 奈良	35 和歌山	36 大阪	37 兵庫	38 鳥取	39 島根	40 岡山	41 広島	42 山口
1 札幌	0	0	0	0	0	0	0	0	0	0	0	0	0	0
2 旭川	0	0	0	0	0	0	0	0	0	0	0	0	0	0
3 函館	0	0	0	0	0	0	0	0	0	0	0	0	0	0
4 室蘭	0	0	0	0	0	0	0	0	0	0	0	0	0	0
5 釧路	0	0	0	0	0	0	0	0	0	0	0	0	0	0
6 帯広	0	0	0	0	0	0	0	0	0	0	0	0	0	0
7 北見	0	0	0	0	0	0	0	0	0	0	0	0	0	0
8 北海道	0	0	0	0	0	0	0	0	0	0	0	0	0	0
9 青森	0	0	0	0	0	0	0	0	30,119	0	0	0	0	0
10 岩手	0	0	0	0	0	0	0	0	0	0	0	0	0	0
11 宮城	0	0	0	0	0	0	0	0	0	0	0	0	0	0
12 福島	0	27,802	0	0	0	27,802	0	0	0	0	0	0	0	0
13 秋田	0	2,780	0	0	0	0	0	0	0	0	0	0	0	0
14 山形	0	0	0	0	0	0	0	0	0	0	0	0	0	0
15 茨城	55,604	27,802	0	0	0	0	0	0	27,802	0	0	0	0	0
16 栃木	0	85,723	0	0	0	0	0	0	0	0	0	0	0	0
17 群馬	0	0	0	0	0	0	0	0	0	0	0	0	0	0
18 埼玉	0	0	0	0	0	0	0	0	0	0	0	0	0	0
19 千葉	0	0	0	0	0	0	0	0	0	0	0	0	0	0
20 東京	0	0	0	0	0	0	0	0	0	0	0	0	0	0
21 神奈川	0	0	0	0	0	0	0	0	0	0	0	0	0	0
22 新潟	0	0	0	0	0	0	0	0	0	0	0	0	0	0
23 富山	18,843	55,048	0	0	22,937	0	31	28,324	32,436	0	0	0	0	0
24 石川	0	92,674	0	0	0	0	0	0	0	0	0	0	0	0
25 福井	0	58,385	0	0	29,192	0	0	0	25,485	0	0	0	0	0
26 山梨	0	0	0	0	0	0	0	0	0	0	0	0	0	0
27 長野	0	21,547	0	24,781	0	0	0	0	0	0	0	0	0	0
28 静岡	0	0	0	30,119	0	0	0	0	0	0	0	0	0	0
29 岐阜	312,087	72,742	0	0	0	0	0	0	0	0	0	50,971	0	0
30 愛知	490,099	718,923	100,088	56,763	0	0	0	12,511	28,196	0	0	0	0	0
31 三重	0	41,703	48,434	21,454	0	0	0	0	0	0	0	0	0	0
32 滋賀	0	30,213	24,781	573,454	72,848	0	0	0	4,634	0	0	0	0	0
33 京都	0	0	0	52,309	41,419	9,030	0	5,611	14,693	0	0	0	0	0
34 奈良	15,049	0	0	0	0	156,229	64,542	210,249	0	0	0	0	0	0
35 和歌山	0	0	16,633	0	0	0	60,694	78,834	0	0	0	0	0	0
36 大阪	0	0	0	0	0	0	113,704	278,369	37,526	0	0	0	0	0
37 兵庫	0	27,802	0	0	0	0	0	326,806	486,321	28,984	0	50,299	0	0
38 鳥取	0	0	0	0	3,135	0	0	0	0	70,423	0	0	0	0
39 島根	0	0	0	0	0	0	0	0	9,397	0	165,594	0	4,634	0
40 岡山	0	58,616	0	0	0	0	0	30,213	47,773	0	0	707,924	157	0
41 広島	0	0	0	0	0	0	0	0	0	0	0	26,180	684,965	0
42 山口	0	0	0	30,119	0	0	0	0	0	0	17,608	0	0	52,699
43 香川	0	0	0	0	0	0	0	0	109,587	0	0	23,516	0	0
44 愛媛	0	0	0	0	0	0	0	0	0	0	0	0	0	0
45 徳島	0	0	0	0	0	0	0	0	0	0	0	0	0	0
46 高知	0	0	0	0	0	0	0	0	0	0	0	0	0	0
47 福岡	0	0	0	0	0	0	0	0	0	0	0	0	0	0
48 佐賀	0	0	0	0	0	0	0	0	0	0	0	0	0	0
49 長崎	0	0	0	0	0	0	0	0	0	0	0	0	0	0
50 熊本	0	0	0	0	0	0	0	0	0	0	0	0	0	0
51 大分	0	0	0	0	0	0	0	0	0	0	0	0	0	0
52 宮崎	0	0	0	0	0	0	0	0	0	0	0	0	0	0
53 鹿児島	0	0	0	0	0	0	0	0	0	0	0	0	0	0
54 沖縄	0	0	0	0	0	0	0	0	0	0	0	0	0	0
55 全国	891,682	1,321,761	189,935	788,999	169,531	193,061	238,971	970,918	853,969	99,407	183,202	858,889	689,755	52,699

平成28年度　　　　　　　　　　　　　　　　府県相互間輸送トン数表（自動車）　　　　　　　　　　　品目（1-1）穀物　　　　　　（単位：トン）その 4

着＼発	43 香川	44 愛媛	45 徳島	46 高知	47 福岡	48 佐賀	49 長崎	50 熊本	51 大分	52 宮崎	53 鹿児島	54 沖縄	55 全国
1 札幌	0	0	0	0	0	0	0	0	0	0	0	0	2,772,305
2 旭川	0	0	0	0	0	0	0	0	0	0	0	0	863,522
3 函館	0	0	0	0	0	0	0	0	0	0	0	0	75,729
4 室蘭	0	0	0	0	0	0	0	0	0	0	0	0	1,876,530
5 釧路	0	0	0	0	0	0	0	0	0	0	0	0	3,499,159
6 帯広	0	0	0	0	0	0	0	0	0	0	0	0	2,558,879
7 北見	0	0	0	0	0	0	0	0	0	0	0	0	123,612
8 北海道	0	0	0	0	0	0	0	0	0	0	0	0	11,769,735
9 青森	0	0	0	0	0	0	0	0	0	0	0	0	614,790
10 岩手	0	0	0	0	0	0	0	0	0	0	0	0	450,946
11 宮城	0	0	0	0	0	0	0	0	0	0	0	0	1,523,585
12 福島	0	0	0	0	0	0	0	0	0	0	0	0	1,748,679
13 秋田	0	0	0	0	0	0	0	0	0	0	0	0	1,270,502
14 山形	0	0	0	0	0	0	0	0	0	0	0	0	1,568,517
15 茨城	0	0	0	0	0	0	0	0	0	0	0	0	774,784
16 栃木	0	0	0	0	0	0	0	0	0	0	0	0	503,783
17 群馬	0	0	0	0	0	0	0	0	0	0	0	0	434,019
18 埼玉	0	0	0	0	0	463	0	0	0	0	0	0	1,586,002
19 千葉	0	0	0	0	0	0	0	0	0	0	0	0	1,642,129
20 東京	0	0	0	0	0	0	0	0	0	0	0	0	595,940
21 神奈川	0	0	0	0	0	0	0	0	0	0	0	0	1,953,504
22 新潟	0	0	0	0	0	0	0	0	0	0	0	0	1,220,311
23 富山	0	0	0	0	0	0	0	0	0	0	0	0	971,051
24 石川	0	0	0	0	0	0	0	0	0	0	0	0	301,028
25 福井	0	0	0	0	0	0	0	0	0	0	0	0	291,297
26 山梨	0	0	0	0	0	0	0	0	0	0	0	0	51,198
27 長野	0	0	0	0	0	0	0	0	0	0	0	0	894,022
28 静岡	0	0	0	0	0	0	0	0	0	0	0	0	63,926
29 岐阜	0	0	0	0	0	0	0	0	0	0	0	0	435,800
30 愛知	0	0	0	0	78,071	0	0	0	0	0	0	0	1,679,095
31 三重	0	0	0	0	0	0	0	0	0	0	0	0	111,592
32 滋賀	0	0	0	0	0	0	0	0	0	0	0	0	736,021
33 京都	0	0	0	0	0	0	0	0	0	0	0	0	123,061
34 奈良	0	0	0	0	0	0	0	0	0	0	0	0	446,070
35 和歌山	0	0	0	0	0	0	0	0	0	0	0	0	156,161
36 大阪	0	0	0	0	30,119	0	0	0	0	0	0	0	459,718
37 兵庫	28,347	0	0	0	0	0	0	0	0	0	0	0	948,558
38 鳥取	0	0	0	0	0	0	0	0	0	0	0	0	73,559
39 島根	0	0	0	0	0	27,802	0	0	0	0	0	0	207,427
40 岡山	12,279	37,533	0	0	0	0	0	0	0	0	0	0	894,496
41 広島	0	0	0	0	0	0	30,721	0	0	0	0	0	741,866
42 山口	0	0	0	0	0	0	0	0	0	0	0	0	100,426
43 香川	1,434,239	0	0	0	0	0	0	0	0	0	27,802	0	1,595,144
44 愛媛	18,071	477,995	0	0	0	0	0	0	0	0	0	0	496,066
45 徳島	0	0	98,626	0	0	0	0	0	0	0	0	0	98,626
46 高知	0	0	0	60,344	0	0	0	0	0	0	0	0	60,344
47 福岡	0	0	0	0	741,325	11,550	30,518	8,423	0	0	0	0	791,816
48 佐賀	0	0	0	0	126,514	111,783	0	0	0	0	0	0	238,297
49 長崎	0	0	0	0	0	0	240,968	10,987	0	0	0	0	251,955
50 熊本	0	0	0	0	0	6,775	0	291,364	0	0	9,156	0	307,294
51 大分	0	0	0	0	12,746	0	0	107	7,995	0	0	0	20,847
52 宮崎	0	0	0	0	0	0	0	0	0	86,248	1,505	0	87,753
53 鹿児島	0	0	0	0	0	0	0	10,163	0	206,520	2,332,918	0	2,549,606
54 沖縄	0	0	0	0	0	0	0	0	0	0	0	9,164	9,164
55 全国	1,492,937	515,528	98,626	60,344	988,774	158,373	302,208	321,043	7,995	292,774	2,371,380	9,164	43,851,000

平成28年度　　　　　　　　　　　　　　　　　　　府県相互間輸送トン数表（自動車）

品目　（1-2）野菜・果物　　その1　　（単位：トン）

着／発	1 札幌	2 旭川	3 函館	4 室蘭	5 釧路	6 帯広	7 北見	8 北海道	9 青森	10 岩手	11 宮城	12 福島	13 秋田	14 山形
1 札幌	2,132,775	9,805	22,346	80,148	0	0	22,802	2,267,874	0	0	0	0	0	0
2 旭川	160,281	957,302	0	223,455	0	0	101,659	1,442,698	0	0	0	0	0	0
3 函館	0	0	890,491	0	0	0	0	890,491	0	0	0	0	0	0
4 室蘭	352,298	0	9,323	220,002	0	0	0	581,623	0	0	0	0	0	0
5 釧路	0	0	0	68,992	448,265	0	0	517,257	0	0	0	0	0	0
6 帯広	275,968	0	0	0	0	911,855	0	1,187,823	0	0	0	0	0	0
7 北見	150,663	69,907	0	74,586	186,465	29,088	1,800,902	2,311,612	0	0	0	0	0	0
8 北海道	3,071,985	1,037,014	922,160	667,183	634,730	940,943	1,925,363	9,199,378	0	0	0	0	0	0
9 青森	0	0	0	0	0	0	0	0	2,969,227	0	97,819	0	59,134	0
10 岩手	0	0	0	0	0	0	0	0	0	210,976	0	0	12,620	0
11 宮城	0	0	0	0	0	0	0	0	87,330	0	74,886	9,121	59,284	0
12 福島	0	0	0	0	0	0	0	0	0	0	13,542	447,044	0	0
13 秋田	0	0	0	0	0	0	0	0	0	0	4,957	0	284,499	0
14 山形	0	0	0	0	0	0	0	0	0	0	19,632	0	2,517	452,797
15 茨城	0	0	0	0	0	0	0	0	0	0	0	0	52,117	0
16 栃木	0	0	0	0	0	0	0	0	0	0	0	0	0	0
17 群馬	0	0	0	0	0	0	0	0	0	0	0	0	0	0
18 埼玉	0	0	0	0	0	0	0	0	0	0	0	4,560	0	0
19 千葉	0	0	0	0	0	0	0	0	0	18,241	0	0	0	0
20 東京	946	17,101	0	0	0	0	0	18,047	58,144	0	60,180	0	0	0
21 神奈川	0	0	0	0	0	0	0	0	0	0	98,047	0	0	3,418
22 新潟	0	0	0	0	0	0	0	0	0	0	0	0	0	0
23 富山	0	0	0	0	0	0	0	0	0	0	0	0	0	0
24 石川	0	0	0	0	0	0	0	0	0	0	0	0	0	0
25 福井	0	0	0	0	0	0	0	0	0	0	0	0	0	0
26 山梨	0	0	0	0	0	0	0	0	0	0	0	0	0	0
27 長野	0	0	0	0	0	0	0	0	0	0	65,897	0	0	0
28 静岡	0	0	0	0	0	0	0	0	0	0	0	0	0	0
29 岐阜	0	0	0	0	0	0	0	0	0	0	0	0	0	0
30 愛知	0	0	0	0	0	0	0	0	0	0	0	0	0	0
31 三重	0	0	0	0	0	0	0	0	0	0	0	0	0	0
32 滋賀	0	0	0	0	0	0	0	0	0	0	0	0	0	0
33 京都	0	0	0	0	0	0	0	0	0	0	0	0	0	0
34 奈良	0	0	0	0	0	0	0	0	0	0	0	0	0	0
35 和歌山	0	0	0	0	0	0	0	0	0	0	0	0	0	0
36 大阪	0	0	0	0	0	0	0	0	0	0	0	0	0	0
37 兵庫	0	0	0	0	0	0	0	0	0	0	0	0	0	0
38 鳥取	0	0	0	0	0	0	0	0	0	0	0	0	0	0
39 島根	0	0	0	0	0	0	0	0	0	0	0	0	0	0
40 岡山	0	0	0	0	0	0	0	0	0	0	0	0	0	0
41 広島	0	0	0	0	0	0	0	0	0	0	0	0	0	0
42 山口	0	0	0	0	0	0	0	0	0	0	0	0	0	0
43 香川	0	0	0	0	0	0	0	0	0	0	0	0	0	0
44 愛媛	0	0	0	0	0	0	0	0	0	0	0	0	0	0
45 徳島	0	0	0	0	0	0	0	0	0	0	0	0	0	1,368
46 高知	0	0	0	0	0	0	0	0	0	0	0	0	0	0
47 福岡	0	0	0	0	0	0	0	0	0	0	0	0	0	27,362
48 佐賀	0	0	0	0	0	0	0	0	0	0	0	0	0	0
49 長崎	0	0	0	0	0	0	0	0	0	0	0	0	0	0
50 熊本	0	0	0	0	0	0	0	0	0	0	0	0	0	0
51 大分	0	0	0	0	0	0	0	0	0	0	0	0	0	0
52 宮崎	0	0	0	0	0	0	0	0	0	0	0	0	0	0
53 鹿児島	0	0	0	0	0	0	0	0	0	0	0	0	0	0
54 沖縄	0	0	0	0	0	0	0	0	0	0	0	0	0	0
55 全国	3,072,932	1,054,115	922,160	667,183	634,730	940,943	1,925,363	9,217,426	3,114,702	253,807	414,930	510,799	415,537	484,945

平成28年度　　　　　　　　　　　　　　　　　　　府県相互間輸送トン数表（自動車）

品目　（1-2）野菜・果物　　その2　　（単位：トン）

着／発	15 茨城	16 栃木	17 群馬	18 埼玉	19 千葉	20 東京	21 神奈川	22 新潟	23 富山	24 石川	25 福井	26 山梨	27 長野	28 静岡
1 札幌	0	0	0	0	0	0	0	0	0	0	0	0	0	0
2 旭川	0	0	0	25,082	0	18,241	0	0	0	0	0	0	0	0
3 函館	0	0	0	0	0	0	0	0	0	0	0	0	0	0
4 室蘭	0	0	0	0	0	0	0	0	0	0	0	0	0	0
5 釧路	0	0	0	0	0	0	0	0	0	0	0	0	0	0
6 帯広	0	0	0	0	0	0	0	0	0	0	0	0	0	0
7 北見	0	0	0	0	0	0	0	0	0	0	0	0	0	0
8 北海道	0	0	0	25,082	0	18,241	0	0	0	0	0	0	0	0
9 青森	19,381	0	0	0	0	32,606	0	0	0	0	0	0	0	0
10 岩手	991	0	0	0	0	0	0	0	0	0	0	0	0	0
11 宮城	4,560	0	0	0	0	111,879	0	0	0	0	0	0	0	0
12 福島	0	1,117	0	50	0	37,554	18,697	0	0	0	0	0	0	0
13 秋田	0	0	0	0	0	22,802	27,590	0	0	0	0	0	0	0
14 山形	0	0	0	0	0	0	0	45,603	84,282	0	0	0	0	0
15 茨城	714,012	32,814	13,681	346,472	116,516	443,767	23,942	0	0	0	0	15,961	47,769	60,407
16 栃木	85,860	645,597	70,831	27,693	0	35,792	0	0	0	0	0	0	0	0
17 群馬	45,261	0	492,870	405,959	0	291,072	65,435	0	0	0	0	0	0	0
18 埼玉	174,340	16,784	77,547	1,395,799	244,995	516,171	254,597	53,926	0	0	0	161,643	46,083	9,875
19 千葉	40,578	38,863	30,167	331,283	1,431,887	325,189	75,155	0	0	0	0	0	0	10,047
20 東京	6,620	0	1,341	721,995	131,361	1,269,116	132,872	45,603	0	0	0	185,515	0	0
21 神奈川	1,425	912	6,111	59,421	194,077	390,410	1,182,745	0	0	0	0	8,469	0	6,519
22 新潟	0	0	11,813	19,313	2,700	5,700	228,016	489,207	0	0	0	0	0	0
23 富山	0	0	0	0	0	0	0	0	183,045	0	0	0	0	0
24 石川	0	0	0	0	0	0	0	18,241	55,074	717,965	0	0	0	0
25 福井	0	0	0	0	0	0	0	0	7,887	7,887	205,801	0	0	0
26 山梨	0	0	0	0	0	3,095	0	0	0	0	0	315,411	11,401	0
27 長野	0	22,327	0	82,411	157,810	336,431	61,596	3,306	24,170	4,560	0	7,981	1,344,026	41,043
28 静岡	22,802	0	0	17,667	0	152,543	30,910	0	61,533	0	0	68,633	0	601,531
29 岐阜	0	0	0	0	0	0	0	0	0	74,586	115,049	0	27,773	0
30 愛知	0	19,154	0	36,134	0	22,802	22,802	0	20,511	13,681	13,567	0	0	26,702
31 三重	0	0	0	0	0	0	0	0	0	0	0	0	0	0
32 滋賀	0	0	0	0	0	0	0	0	0	0	0	0	0	0
33 京都	0	0	0	0	0	0	0	0	0	0	7,459	0	0	0
34 奈良	0	0	0	0	0	0	0	0	0	0	0	0	0	0
35 和歌山	0	0	0	0	0	0	0	0	0	0	0	0	0	0
36 大阪	0	0	0	26,661	0	0	0	0	0	159,964	34,395	0	0	19,837
37 兵庫	0	0	0	0	0	44,752	0	0	23,942	11,188	0	0	0	0
38 鳥取	0	0	0	0	0	0	0	0	0	0	0	0	18,241	0
39 島根	0	0	0	0	0	0	0	0	0	0	0	0	0	0
40 岡山	0	0	0	0	0	0	0	0	0	0	0	0	0	0
41 広島	0	0	0	0	0	0	0	0	0	0	0	0	0	0
42 山口	0	0	0	0	0	0	20,214	0	0	0	0	0	0	0
43 香川	0	0	0	0	0	0	0	0	0	0	0	0	0	0
44 愛媛	0	25,082	0	0	0	0	0	0	0	0	0	0	0	0
45 徳島	0	0	0	0	0	26,906	28,274	0	0	0	0	0	0	0
46 高知	0	0	0	0	0	22,802	0	0	0	0	0	0	37,851	0
47 福岡	0	0	0	0	0	0	0	0	0	0	0	0	0	22,802
48 佐賀	0	0	0	21,390	0	13,681	0	0	0	0	0	0	0	0
49 長崎	0	0	0	0	0	12,769	0	0	0	0	0	0	0	0
50 熊本	0	0	0	26,222	0	0	0	0	0	0	0	0	0	0
51 大分	0	0	0	0	0	0	0	0	0	0	0	0	0	0
52 宮崎	0	0	0	0	0	57,814	0	0	0	0	0	0	0	0
53 鹿児島	0	0	0	0	0	0	0	0	0	0	0	0	0	0
54 沖縄	0	0	0	0	0	0	0	0	0	0	0	0	0	0
55 全国	1,115,832	802,650	704,362	3,543,551	2,279,346	4,193,892	2,218,446	694,566	376,162	989,832	376,270	763,613	1,533,143	798,762

平成28年度　府県相互間輸送トン数表（自動車）　　品目（1-2）野菜・果物　（単位：トン）その 3

着＼発	29 岐阜	30 愛知	31 三重	32 滋賀	33 京都	34 奈良	35 和歌山	36 大阪	37 兵庫	38 鳥取	39 島根	40 岡山	41 広島	42 山口
1 札幌	0	0	0	0	0	0	0	0	0	0	0	0	0	0
2 旭川	0	0	0	0	0	0	0	0	0	0	0	0	0	0
3 函館	0	0	0	0	0	0	0	0	0	0	0	0	0	0
4 室蘭	0	0	0	0	0	0	0	0	0	0	0	0	0	0
5 釧路	0	0	0	0	0	0	0	0	0	0	0	0	0	0
6 帯広	0	0	0	0	0	0	0	0	0	0	0	0	22,802	0
7 北見	0	0	0	0	0	0	0	0	0	0	0	0	0	0
8 北海道	0	0	0	0	0	0	0	0	0	0	0	0	22,802	0
9 青森	0	0	0	0	0	0	0	0	0	0	0	0	0	0
10 岩手	0	0	0	0	0	0	0	0	0	0	0	0	0	0
11 宮城	0	0	0	0	0	0	0	0	0	0	0	0	0	0
12 福島	0	0	0	0	0	0	0	0	0	0	0	0	0	0
13 秋田	0	0	0	0	0	0	0	0	0	0	0	0	0	0
14 山形	0	0	0	0	0	0	0	0	0	0	0	0	0	0
15 茨城	0	0	0	0	0	0	0	0	0	0	0	0	0	0
16 栃木	0	0	0	0	0	0	0	0	0	0	0	0	0	0
17 群馬	0	0	0	0	0	0	0	0	0	0	0	0	22,916	0
18 埼玉	0	0	0	0	0	1,796	0	0	0	0	0	0	0	0
19 千葉	0	0	0	0	0	0	0	0	0	0	0	0	0	0
20 東京	4,560	0	0	0	0	0	0	73,798	0	0	0	0	0	0
21 神奈川	0	268,509	0	0	0	0	0	0	0	0	0	0	21,661	0
22 新潟	0	0	0	0	0	0	0	0	0	0	0	0	0	0
23 富山	0	0	0	0	0	34	0	0	0	0	0	0	0	0
24 石川	0	11,629	0	0	0	0	0	48,385	136,581	0	0	0	0	0
25 福井	0	0	0	0	0	0	0	0	11,561	0	0	0	0	0
26 山梨	0	0	0	0	0	0	0	0	0	0	0	0	0	0
27 長野	104,887	67,677	19,427	0	0	9,121	25,766	187,224	26,336	0	0	0	21,890	0
28 静岡	0	0	0	0	0	0	0	0	0	0	0	0	0	0
29 岐阜	457,881	36,539	11,515	202,579	12,495	0	0	20,884	0	0	0	0	0	0
30 愛知	184,772	1,694,321	62,617	136,809	0	0	0	46,994	0	0	0	0	0	0
31 三重	0	0	86,188	3,733	0	0	0	46,994	0	0	0	0	0	0
32 滋賀	0	0	5,549	81,832	0	0	0	0	0	0	0	0	0	0
33 京都	0	0	0	8,289	439,943	0	0	39,091	11,401	0	0	0	0	0
34 奈良	0	0	220	0	19,154	165,260	19,207	86,191	0	0	0	6,384	0	0
35 和歌山	0	0	3,802	0	0	0	731,703	39,190	0	0	0	9,554	0	0
36 大阪	0	15,562	13,681	8,290	98,240	125,557	482,767	1,259,012	101,621	0	0	6,384	8,209	0
37 兵庫	0	0	0	0	109,232	65,648	36,734	503,691	778,235	0	0	0	84,366	0
38 鳥取	0	0	0	0	0	0	0	0	0	211,806	71,618	0	0	0
39 島根	0	0	0	0	0	0	0	37,293	0	11,971	36,669	0	31,694	0
40 岡山	0	0	0	0	0	0	0	18,949	62,279	0	0	776,554	53,144	0
41 広島	0	0	0	0	0	0	0	155,051	0	0	0	45,603	458,736	0
42 山口	0	0	0	0	0	0	0	0	0	0	0	0	15,663	658,931
43 香川	0	0	0	0	0	18,857	0	341,340	26,498	22,802	0	249,677	53,680	0
44 愛媛	0	0	0	0	0	0	0	0	74,586	0	0	43,095	293,456	0
45 徳島	0	63,515	0	2,750	133,230	0	4,110	346,608	67,357	0	0	39,926	37,293	0
46 高知	0	0	0	0	0	0	0	0	0	0	0	0	0	0
47 福岡	0	0	0	13,681	45,603	0	0	230,196	91,206	0	0	9,121	25,900	29,927
48 佐賀	0	0	0	0	0	0	0	70,685	0	0	0	0	37,293	0
49 長崎	0	22,802	0	0	0	0	0	91,206	0	0	0	0	0	0
50 熊本	39,903	50,163	0	23,942	0	0	0	0	2,280	0	0	0	0	0
51 大分	0	0	0	0	0	0	0	0	0	0	0	0	0	0
52 宮崎	27,362	0	0	0	27,134	0	0	27,020	0	0	0	0	0	0
53 鹿児島	0	0	0	0	0	0	0	0	0	0	0	0	0	0
54 沖縄	0	0	0	0	0	0	0	0	0	0	0	0	0	0
55 全国	819,365	2,230,717	202,999	457,963	919,918	386,238	1,300,321	3,634,367	1,378,380	246,579	108,287	1,186,298	1,188,702	688,858

平成28年度　府県相互間輸送トン数表（自動車）　　品目（1-2）野菜・果物　（単位：トン）その 4

着＼発	43 香川	44 愛媛	45 徳島	46 高知	47 福岡	48 佐賀	49 長崎	50 熊本	51 大分	52 宮崎	53 鹿児島	54 沖縄	55 全国
1 札幌	0	0	0	0	0	0	0	0	0	0	0	0	2,267,874
2 旭川	0	0	0	0	0	0	0	25,082	0	0	0	0	1,511,103
3 函館	0	0	0	0	0	0	0	0	0	0	0	0	890,491
4 室蘭	0	0	0	0	0	0	0	0	0	0	0	0	581,623
5 釧路	0	0	0	0	0	0	0	0	0	0	0	0	517,257
6 帯広	0	0	0	0	0	0	0	0	0	0	0	0	1,210,624
7 北見	0	0	0	0	0	0	0	0	0	0	0	0	2,311,612
8 北海道	0	0	0	0	0	0	0	25,082	0	0	0	0	9,290,585
9 青森	0	0	0	0	0	0	0	0	25,082	0	0	0	3,203,250
10 岩手	0	0	0	0	0	0	0	0	0	0	0	0	224,588
11 宮城	0	0	0	0	0	0	0	0	0	0	0	0	347,060
12 福島	0	0	0	0	0	0	0	0	0	0	0	0	518,004
13 秋田	0	0	0	0	0	0	0	0	0	0	0	0	339,847
14 山形	0	0	0	0	0	0	0	0	0	0	0	0	604,832
15 茨城	0	0	0	0	0	0	0	0	0	0	0	0	1,867,459
16 栃木	0	0	0	0	0	0	0	0	0	0	0	0	865,773
17 群馬	0	0	0	0	0	0	0	0	0	0	0	0	1,323,513
18 埼玉	0	0	0	0	0	0	0	0	0	0	0	0	2,958,116
19 千葉	0	0	0	0	0	0	0	0	0	0	0	0	2,301,409
20 東京	0	0	0	0	0	0	0	0	0	18,241	0	0	2,727,395
21 神奈川	0	0	0	0	0	0	0	0	0	0	0	0	2,231,788
22 新潟	0	0	0	0	0	0	0	0	0	0	0	0	766,686
23 富山	0	0	0	0	0	0	0	0	0	0	0	0	183,080
24 石川	0	0	0	0	0	0	0	0	0	0	0	0	987,875
25 福井	0	0	0	0	0	0	0	0	0	0	0	0	233,137
26 山梨	0	0	0	0	0	0	0	0	0	0	0	0	329,907
27 長野	0	22,802	0	0	18,241	25,629	22,802	0	22,802	0	0	0	2,726,158
28 静岡	0	0	0	0	0	0	0	0	0	0	0	0	955,617
29 岐阜	0	0	0	0	0	0	0	0	0	0	0	0	959,300
30 愛知	0	0	0	0	0	0	0	0	0	0	0	0	2,253,871
31 三重	0	0	0	0	0	0	0	0	0	0	0	0	136,915
32 滋賀	0	0	0	0	0	0	0	0	0	0	0	0	87,380
33 京都	0	0	0	0	22,802	22,802	0	0	0	0	0	0	551,785
34 奈良	0	0	0	0	0	0	0	0	0	0	0	0	296,418
35 和歌山	0	0	0	0	0	0	0	0	0	0	0	0	784,249
36 大阪	45,603	17,730	91,206	11,401	0	0	0	0	0	0	0	0	2,526,120
37 兵庫	0	0	84,822	0	22,802	0	0	0	0	0	0	0	1,765,410
38 鳥取	0	0	0	0	0	0	0	0	0	0	0	0	301,665
39 島根	0	0	0	0	0	0	0	0	0	0	0	0	117,628
40 岡山	0	42,411	0	0	0	0	0	0	0	0	0	0	953,336
41 広島	22,802	300,981	0	0	10,261	0	0	0	0	0	0	0	1,004,378
42 山口	0	0	0	0	33,970	0	0	9,121	0	0	0	0	737,898
43 香川	948,714	185,574	55,939	0	0	0	0	0	0	0	0	0	1,903,080
44 愛媛	23,942	717,895	0	42,866	0	0	0	0	0	6,658	0	0	1,227,580
45 徳島	19,393	0	462,746	0	0	0	0	0	0	0	0	0	1,233,475
46 高知	11,066	108,743	0	758,086	0	0	0	0	0	0	0	0	938,547
47 福岡	0	16,873	0	0	1,914,713	15,578	137	12,769	13,155	0	0	0	2,469,022
48 佐賀	0	0	0	0	142,437	258,865	0	51,532	0	0	0	0	595,882
49 長崎	0	0	0	0	104,207	2,736	761,870	0	0	0	0	0	995,590
50 熊本	0	0	22,802	22,802	87,883	0	10,261	1,337,871	0	48,126	33,197	0	1,705,450
51 大分	0	0	0	0	0	0	0	0	173,333	0	0	0	173,333
52 宮崎	0	20,989	0	0	0	0	11,401	0	46,595	825,131	64,112	0	1,107,557
53 鹿児島	0	0	0	0	7,753	0	9,121	2,969	0	0	771,107	0	790,949
54 沖縄	0	0	0	0	0	0	0	0	0	0	0	301,616	301,616
55 全国	1,071,519	1,433,997	717,516	835,154	2,365,067	334,730	806,470	1,439,342	280,966	898,156	868,416	301,616	60,905,000

平成28年度　　　　府県相互間輸送トン数表（自動車）　　　品目（1-3）その他の農産品　　（単位：トン）その1

発＼着	1 札幌	2 旭川	3 函館	4 室蘭	5 釧路	6 帯広	7 北見	8 北海道	9 青森	10 岩手	11 宮城	12 福島	13 秋田	14 山形
1 札幌	443,868	0	7,082	16,124	2,763	7,158	12,259	489,254	0	0	0	0	0	0
2 旭川	4,743	408,146	0	42,684	0	0	0	455,572	0	0	0	0	0	0
3 函館	1,432	0	173,177	0	0	0	0	174,609	0	0	0	0	0	0
4 室蘭	94,098	0	0	171,096	0	94,853	0	360,046	0	0	0	0	0	0
5 釧路	0	0	0	0	166,015	0	47,426	213,441	0	0	0	0	0	0
6 帯広	18,971	0	0	0	43,676	409,605	0	472,252	0	0	0	0	0	0
7 北見	0	0	0	0	134,217	55,489	1,649,523	1,839,228	0	0	0	0	0	0
8 北海道	563,111	408,146	180,259	229,903	346,670	567,105	1,709,208	4,004,403	0	0	0	0	0	0
9 青森	0	0	0	0	0	0	0	0	5,597	0	0	0	0	0
10 岩手	0	0	0	0	0	0	0	0	179,857	558,071	294,769	0	161,782	3,579
11 宮城	0	0	0	0	0	0	0	0	0	37,941	144,315	16,330	5,335	0
12 福島	0	0	0	0	0	0	0	0	0	0	29,887	105,172	0	0
13 秋田	0	0	0	0	0	0	0	0	0	31,005	0	0	164,070	0
14 山形	0	0	0	0	0	0	0	0	0	0	0	0	0	299,216
15 茨城	0	0	0	0	0	0	0	0	0	0	0	3,971	0	0
16 栃木	0	0	0	0	0	0	0	0	0	0	2,148	0	0	0
17 群馬	0	0	0	0	0	0	0	0	0	0	0	0	0	0
18 埼玉	0	0	0	0	0	0	0	0	0	0	0	0	0	0
19 千葉	0	0	0	0	0	0	0	0	0	0	0	0	0	0
20 東京	0	0	0	0	0	0	0	0	0	4,474	2,148	31,685	3,579	2,684
21 神奈川	0	0	0	0	0	0	0	0	0	0	0	0	0	21,261
22 新潟	0	0	0	0	0	0	0	0	0	0	0	0	0	23,713
23 富山	0	0	0	0	0	0	0	0	0	0	0	0	0	0
24 石川	0	0	0	0	0	0	0	0	0	0	0	0	0	0
25 福井	0	0	0	0	0	0	0	0	0	0	0	0	0	0
26 山梨	0	0	0	0	0	0	0	0	0	0	1,969	1,790	0	0
27 長野	0	0	0	0	0	0	0	0	5,928	0	0	30,353	0	0
28 静岡	0	0	0	0	0	0	0	0	0	0	0	0	0	0
29 岐阜	0	0	0	0	0	0	0	0	0	0	0	0	0	0
30 愛知	0	0	0	0	0	0	0	0	0	0	0	0	0	0
31 三重	0	0	0	0	0	0	0	0	0	0	0	0	0	0
32 滋賀	0	0	0	0	0	0	0	0	0	0	0	0	0	0
33 京都	0	0	0	0	0	0	0	0	0	0	0	0	0	0
34 奈良	0	0	0	0	0	0	0	0	0	0	0	0	0	0
35 和歌山	0	0	0	0	0	0	0	0	0	0	0	0	0	0
36 大阪	0	0	0	0	0	0	0	0	0	0	0	0	0	0
37 兵庫	0	0	0	0	0	0	0	0	0	0	0	0	0	0
38 鳥取	0	0	0	0	0	0	0	0	0	0	0	0	0	0
39 島根	0	0	0	0	0	0	0	0	0	0	0	0	0	0
40 岡山	0	0	0	0	0	0	0	0	0	0	0	0	0	0
41 広島	0	0	0	0	0	0	0	0	0	0	0	0	0	0
42 山口	0	0	0	0	0	0	0	0	0	0	0	0	0	0
43 香川	0	0	0	0	0	0	0	0	0	0	0	0	0	0
44 愛媛	0	0	0	0	0	0	0	0	0	0	0	0	0	0
45 徳島	0	0	0	0	0	0	0	0	0	0	0	0	0	0
46 高知	0	0	0	0	0	0	0	0	0	0	0	0	0	0
47 福岡	0	0	0	0	0	0	0	0	0	0	0	0	0	0
48 佐賀	0	0	0	0	0	0	0	0	0	0	0	0	0	0
49 長崎	0	0	0	0	0	0	0	0	0	0	0	0	0	0
50 熊本	0	0	0	0	0	0	0	0	0	0	0	0	0	0
51 大分	0	0	0	0	0	0	0	0	0	0	0	0	0	0
52 宮崎	0	0	0	0	0	0	0	0	0	0	0	0	0	0
53 鹿児島	0	0	0	0	0	0	0	0	0	10,380	0	0	0	0
54 沖縄	0	0	0	0	0	0	0	0	0	0	0	0	0	0
55 全国	563,111	408,146	180,259	229,903	346,670	567,105	1,709,208	4,004,403	191,382	641,872	475,234	189,301	334,767	350,454

平成28年度　　　　府県相互間輸送トン数表（自動車）　　　品目（1-3）その他の農産品　　（単位：トン）その2

発＼着	15 茨城	16 栃木	17 群馬	18 埼玉	19 千葉	20 東京	21 神奈川	22 新潟	23 富山	24 石川	25 福井	26 山梨	27 長野	28 静岡
1 札幌	0	0	0	0	10,559	0	0	0	0	0	0	0	0	21,475
2 旭川	0	0	0	0	0	0	0	0	0	0	0	0	0	0
3 函館	0	0	0	0	0	0	0	0	0	0	0	0	0	0
4 室蘭	0	0	0	0	0	0	0	0	0	0	0	0	0	0
5 釧路	0	0	0	0	0	0	0	0	0	0	0	0	0	0
6 帯広	0	0	0	0	0	0	0	0	0	0	0	0	0	0
7 北見	0	0	0	0	0	0	0	0	0	0	0	0	0	0
8 北海道	0	0	0	0	10,559	0	0	0	0	0	0	0	0	21,475
9 青森	0	0	0	0	0	0	0	0	0	0	0	0	0	0
10 岩手	0	0	0	0	0	0	0	0	0	0	0	0	0	0
11 宮城	0	0	0	0	0	0	0	0	0	0	0	0	0	0
12 福島	0	0	0	0	0	3,937	0	0	0	0	0	0	0	0
13 秋田	0	0	0	0	0	0	0	0	0	0	0	0	0	0
14 山形	0	0	0	0	0	0	0	0	0	0	0	0	4,743	0
15 茨城	1,876,160	43,679	0	0	2,462	91,102	10,813	0	0	0	0	0	0	32,013
16 栃木	13,302	65,722	0	31,767	0	3,741	0	0	0	0	0	0	0	0
17 群馬	5,881	0	414,446	10,339	21,840	14,330	14,939	0	0	0	0	0	0	0
18 埼玉	8,339	0	17,574	311,812	4,454	121,007	31,392	0	0	0	0	0	0	0
19 千葉	232,885	99	232,065	80,038	721,636	44,264	196,982	16,214	0	0	0	23,713	86,618	0
20 東京	92,836	49,086	20,393	38,830	58,124	286,663	71,965	10,380	0	0	0	0	30,353	0
21 神奈川	75,136	19,205	0	60,458	282,077	24,173	576,095	0	0	0	0	23,713	0	1,985
22 新潟	0	0	0	0	0	16,339	0	235,831	18,496	7,327	0	0	15,089	0
23 富山	0	0	0	0	0	0	0	0	49,916	24,938	0	0	0	0
24 石川	0	0	0	0	0	0	0	3,400	0	0	0	0	0	0
25 福井	0	0	0	0	0	0	0	0	0	0	29,623	0	0	0
26 山梨	0	0	0	0	1,985	10,721	0	0	0	0	0	47,978	2,371	5,222
27 長野	0	0	0	58,809	0	3,579	0	10,738	0	0	0	0	522,068	66,832
28 静岡	0	0	0	0	5,956	11,454	6,403	30,827	0	0	0	682	0	0
29 岐阜	0	0	0	0	511	0	0	0	9,664	0	0	0	0	0
30 愛知	12,348	0	0	0	94,924	0	77,115	341	0	1,611	0	0	0	6,874
31 三重	0	0	0	21,342	0	0	0	0	0	0	0	0	0	0
32 滋賀	0	0	0	0	0	0	0	0	0	0	5,986	0	0	0
33 京都	0	0	0	0	0	0	0	0	0	0	0	0	0	0
34 奈良	0	0	0	0	0	0	0	0	0	0	0	0	0	0
35 和歌山	0	0	0	0	0	0	0	0	0	0	0	0	0	0
36 大阪	0	0	0	0	0	0	0	0	0	0	0	0	28,930	0
37 兵庫	0	0	0	0	0	0	0	0	0	0	0	0	0	0
38 鳥取	0	0	0	0	0	0	0	0	0	0	0	0	0	0
39 島根	0	0	0	0	0	0	0	0	0	0	0	0	0	0
40 岡山	0	0	0	0	0	0	0	0	0	0	0	0	0	0
41 広島	0	0	0	0	0	0	0	0	0	0	0	0	0	0
42 山口	0	0	0	0	0	0	0	0	0	0	0	0	0	0
43 香川	0	0	0	0	0	0	0	0	0	0	0	0	0	0
44 愛媛	0	0	0	0	0	0	0	0	0	0	0	0	0	0
45 徳島	0	0	0	11,912	0	0	0	0	0	0	0	0	0	0
46 高知	0	0	0	0	0	0	0	0	0	0	0	0	0	0
47 福岡	0	0	0	0	0	3,579	0	0	0	0	0	0	0	0
48 佐賀	0	0	0	0	0	0	0	0	0	0	0	0	0	0
49 長崎	0	0	0	0	0	0	0	0	0	0	0	0	0	0
50 熊本	0	0	0	0	0	0	0	0	0	0	0	0	0	0
51 大分	0	0	0	0	0	0	0	0	0	0	0	0	0	0
52 宮崎	0	0	0	0	0	0	0	0	0	0	0	0	0	0
53 鹿児島	0	0	0	0	0	12,527	0	0	0	0	0	0	0	0
54 沖縄	0	0	0	0	0	0	0	0	0	0	0	0	0	0
55 全国	2,316,887	177,792	684,479	625,307	1,204,528	647,417	985,704	307,730	78,076	33,876	35,609	96,086	690,172	134,402

平成28年度　　　　　　　　　　府県相互間輸送トン数表（自動車）　　　　　　　　　（単位：トン）

品目　（1-3）その他の農産品　　その　3

着／発	29 岐阜	30 愛知	31 三重	32 滋賀	33 京都	34 奈良	35 和歌山	36 大阪	37 兵庫	38 鳥取	39 島根	40 岡山	41 広島	42 山口
1 札幌	0	0	0	0	0	0	0	16,643	0	0	0	0	0	0
2 旭川	0	0	0	0	0	0	0	0	0	0	0	0	0	0
3 函館	0	0	0	0	0	0	0	0	0	0	0	0	0	0
4 室蘭	0	0	0	0	0	0	0	0	0	0	0	0	0	0
5 釧路	0	0	0	0	0	0	0	0	0	0	0	0	0	0
6 帯広	0	0	0	0	0	0	0	0	0	0	0	0	0	0
7 北見	0	0	0	0	0	0	0	0	0	0	0	0	0	0
8 北海道	0	0	0	0	0	0	0	16,643	0	0	0	0	0	0
9 青森	0	0	0	0	0	0	0	0	0	0	0	0	0	0
10 岩手	0	0	0	0	0	0	0	0	0	0	0	0	0	0
11 宮城	0	0	0	0	0	0	0	0	0	0	0	0	0	0
12 福島	0	0	0	0	0	0	0	0	0	0	0	0	0	0
13 秋田	0	0	0	0	0	0	0	0	0	0	0	0	0	0
14 山形	0	0	0	0	0	0	0	0	0	0	0	0	0	0
15 茨城	0	29,171	0	0	0	0	0	0	0	0	0	0	0	0
16 栃木	0	1,897	0	0	0	0	0	0	0	0	0	0	0	0
17 群馬	0	0	0	0	0	0	0	0	0	0	0	0	13,042	0
18 埼玉	0	0	0	0	0	0	0	0	0	0	0	0	0	0
19 千葉	511	0	0	0	0	0	0	0	0	0	0	0	0	0
20 東京	0	0	0	0	0	0	0	0	0	0	0	0	0	0
21 神奈川	0	0	0	0	0	0	0	0	0	0	0	0	9,485	0
22 新潟	0	341	0	0	0	0	0	0	0	0	0	0	0	0
23 富山	0	0	0	0	0	0	0	0	0	0	0	0	0	0
24 石川	0	0	0	0	0	0	0	0	0	0	0	0	0	0
25 福井	0	0	0	0	0	0	0	0	0	0	0	0	0	0
26 山梨	0	0	0	0	0	0	0	0	0	0	0	0	0	0
27 長野	0	0	0	0	0	0	0	0	0	0	0	0	0	0
28 静岡	0	0	0	0	0	0	0	22,370	0	0	0	0	0	0
29 岐阜	30,774	20,921	0	0	0	0	0	22,370	0	0	0	17,896	0	0
30 愛知	49,528	723,576	11,478	1,074	0	0	0	23,713	49,893	0	0	0	0	0
31 三重	8,339	0	63,201	0	0	0	0	1,985	4,015	0	0	0	0	0
32 滋賀	0	0	0	592,751	0	0	0	1,985	4,015	0	0	0	0	0
33 京都	0	0	1,052	0	269,729	874	0	9,812	1,705	0	0	0	0	0
34 奈良	0	0	0	0	1,588	89,519	0	23,991	0	0	0	0	0	0
35 和歌山	0	0	0	0	0	0	137,974	76,255	7,158	0	0	3,579	0	0
36 大阪	0	23,713	28,088	0	50,515	85,979	51,879	649,580	13,836	0	0	0	107,377	0
37 兵庫	0	0	0	0	0	199	0	17,645	121,364	12,111	0	79,853	0	0
38 鳥取	0	0	0	0	0	0	0	9,485	99,717	0	2,084	0	0	0
39 島根	0	0	0	0	0	0	0	0	0	0	80,255	67,725	40,312	0
40 岡山	0	0	0	0	0	0	0	0	0	0	901	25,644	2,932	0
41 広島	0	0	0	0	12,434	0	0	75,164	0	0	0	0	212,982	0
42 山口	0	0	0	0	0	0	0	0	0	0	30,353	0	0	100,929
43 香川	0	0	0	0	0	0	0	0	0	0	0	0	0	0
44 愛媛	0	0	0	0	0	0	0	0	0	0	0	0	0	0
45 徳島	0	0	0	0	0	0	0	0	0	0	0	0	0	0
46 高知	0	0	0	0	0	0	0	0	0	0	0	0	0	0
47 福岡	0	0	0	0	0	0	0	0	51,224	0	0	0	0	142,279
48 佐賀	0	0	0	0	0	0	0	0	0	0	0	0	0	0
49 長崎	0	0	0	0	0	0	0	0	0	0	0	0	0	0
50 熊本	0	0	0	0	0	0	0	0	0	0	0	0	0	0
51 大分	0	0	0	0	0	0	0	0	0	0	0	0	0	0
52 宮崎	0	0	0	0	0	0	0	0	0	0	0	0	0	0
53 鹿児島	0	0	0	0	0	0	0	0	0	0	0	0	0	0
54 沖縄	0	0	0	0	0	0	0	0	0	0	0	0	0	0
55 全国	89,152	799,619	102,767	594,877	334,266	176,570	189,852	917,160	258,680	111,828	113,592	194,697	386,132	243,208

平成28年度　　　　　　　　　　府県相互間輸送トン数表（自動車）　　　　　　　　　（単位：トン）

品目　（1-3）その他の農産品　　その　4

着／発	43 香川	44 愛媛	45 徳島	46 高知	47 福岡	48 佐賀	49 長崎	50 熊本	51 大分	52 宮崎	53 鹿児島	54 沖縄	55 全国
1 札幌	0	0	0	0	0	0	0	0	0	0	0	0	537,932
2 旭川	0	0	0	0	0	0	0	0	0	0	0	0	455,572
3 函館	0	0	0	0	0	0	0	0	0	0	0	0	174,609
4 室蘭	0	0	0	0	0	0	0	0	0	0	0	0	360,046
5 釧路	0	0	0	0	0	0	0	0	0	0	0	0	213,441
6 帯広	0	0	0	0	0	0	0	0	0	0	0	0	472,252
7 北見	0	0	0	0	0	0	0	0	0	0	0	0	1,839,228
8 北海道	0	0	0	0	0	0	0	0	0	0	0	0	4,053,081
9 青森	0	0	0	0	0	0	0	0	0	0	0	0	5,597
10 岩手	0	0	0	0	0	0	0	0	0	0	0	0	1,198,059
11 宮城	0	0	0	0	0	0	0	0	0	0	0	0	203,922
12 福島	0	0	0	0	0	0	0	0	0	0	0	0	138,996
13 秋田	0	0	0	0	0	0	0	0	0	0	0	0	195,075
14 山形	0	0	0	0	0	0	0	0	0	0	0	0	303,959
15 茨城	0	0	0	0	0	0	0	0	0	0	0	0	2,089,370
16 栃木	0	0	0	0	0	0	0	0	0	0	0	0	118,577
17 群馬	0	0	0	0	0	0	0	0	0	0	0	0	494,817
18 埼玉	0	0	0	0	0	0	0	0	0	0	0	0	494,578
19 千葉	0	0	0	0	3,758	0	0	0	0	0	0	0	1,638,785
20 東京	0	0	0	0	0	0	0	0	0	0	0	0	703,201
21 神奈川	0	0	0	0	0	0	0	0	0	0	0	0	1,093,588
22 新潟	0	0	0	0	0	0	0	0	0	0	0	0	309,809
23 富山	0	0	0	0	0	0	0	0	0	0	0	0	57,243
24 石川	0	0	0	0	0	0	0	0	0	0	0	0	24,938
25 福井	0	0	0	0	0	0	0	0	0	0	0	0	33,023
26 山梨	0	0	0	0	0	0	0	0	0	0	0	0	72,036
27 長野	0	0	0	0	0	0	0	0	0	0	0	0	631,475
28 静岡	0	0	0	0	0	0	0	0	0	0	0	0	144,524
29 岐阜	35,792	0	0	0	0	0	0	0	0	0	0	0	115,559
30 愛知	0	4,368	17,896	0	0	0	0	0	0	0	0	0	1,074,739
31 三重	23,713	0	0	0	0	0	0	0	0	0	0	0	116,595
32 滋賀	0	0	0	0	0	0	0	0	0	0	0	0	604,737
33 京都	0	0	0	0	0	0	0	0	0	0	0	0	283,172
34 奈良	0	0	0	0	0	0	0	0	0	0	0	0	115,098
35 和歌山	0	0	0	0	0	0	0	0	0	0	0	0	224,966
36 大阪	0	0	0	0	0	0	0	0	0	0	0	0	1,039,897
37 兵庫	0	0	0	0	0	0	0	0	0	0	0	0	231,172
38 鳥取	14,228	0	0	0	14,228	0	0	0	0	0	0	0	139,742
39 島根	0	0	0	0	0	0	0	0	0	0	0	0	188,292
40 岡山	0	0	0	0	0	0	0	0	0	0	0	0	29,477
41 広島	0	0	0	0	11,940	0	0	0	0	0	0	0	312,521
42 山口	0	0	0	0	0	0	0	0	0	0	0	0	131,282
43 香川	114,133	27,664	0	0	0	0	0	0	0	0	0	0	141,797
44 愛媛	0	41,258	9,485	0	0	0	0	0	0	0	0	0	50,743
45 徳島	23,837	0	438,782	0	0	0	0	0	0	0	0	0	474,532
46 高知	0	0	0	36,525	0	0	0	0	0	0	0	0	36,525
47 福岡	0	0	0	0	425,788	705,741	12,315	44,858	8,811	0	12,545	0	1,407,141
48 佐賀	0	0	0	0	177,495	17,351	0	0	0	0	0	0	558,844
49 長崎	0	0	0	0	4,765	25,224	23,532	0	0	0	0	0	53,522
50 熊本	0	0	0	0	6,631	0	0	329,867	0	0	0	0	346,281
51 大分	0	0	0	0	3,335	0	0	0	49,131	0	0	0	52,466
52 宮崎	0	0	0	0	7,695	0	0	3,772	1,271	125,563	3,872	0	142,173
53 鹿児島	0	0	0	0	3,579	0	0	0	0	0	204,741	0	231,228
54 沖縄	0	0	0	0	0	0	0	0	0	0	0	2,864,971	2,864,971
55 全国	211,703	73,290	466,164	36,525	659,216	748,316	45,630	742,495	59,212	125,563	221,158	2,864,971	24,972,000

平成28年度 　　　　　　　　　　　　　　　　　　府県相互間輸送トン数表（自動車）

品目 （1-4）畜産品　（単位：トン）　その 1

着／発	1 札幌	2 旭川	3 函館	4 室蘭	5 釧路	6 帯広	7 北見	8 北海道	9 青森	10 岩手	11 宮城	12 福島	13 秋田	14 山形
1 札幌	754,948	42,835	0	113,485	0	0	0	911,267	0	0	0	0	0	0
2 旭川	196,663	1,105,012	24,696	285,349	0	92,502	0	1,704,222	0	0	0	0	0	0
3 函館	74,540	2,499	705,952	3,561	0	0	0	786,553	0	0	0	0	0	0
4 室蘭	94,623	64,918	0	562,186	0	0	0	721,727	0	0	0	0	0	0
5 釧路	0	0	6,615	57,120	6,696,026	126,535	46,349	6,932,646	70,503	0	0	0	0	0
6 帯広	474,785	0	21,760	280,556	83,156	2,966,095	52,684	3,879,036	0	0	0	0	0	17,408
7 北見	0	192,142	0	75,094	0	6,194	2,484,645	2,758,075	0	0	0	0	0	17,408
8 北海道	1,595,559	1,407,405	759,024	1,377,351	6,779,183	3,191,327	2,583,677	17,693,526	70,503	0	0	0	0	17,408
9 青森	0	0	0	0	0	0	0	0	1,477,766	0	0	0	0	3,762
10 岩手	0	0	0	0	0	7,992	0	7,992	179,452	779,136	171,937	70,285	0	0
11 宮城	0	0	0	0	0	0	0	0	0	0	490,293	24,159	0	13,933
12 福島	0	0	0	0	0	0	0	0	0	29,548	0	152,974	0	6,403
13 秋田	0	0	0	0	0	0	0	0	102,633	0	0	0	131,308	0
14 山形	0	0	0	0	0	0	0	0	0	0	0	0	0	335,099
15 茨城	0	0	0	0	0	0	0	0	0	0	0	0	0	0
16 栃木	0	0	0	0	0	0	0	0	0	0	8,704	0	0	0
17 群馬	0	0	0	0	0	0	0	0	0	0	5,285	0	0	0
18 埼玉	0	0	0	0	0	0	0	0	0	0	0	0	0	0
19 千葉	0	0	0	0	0	0	0	0	0	0	45,700	0	0	0
20 東京	16,719	0	0	0	0	0	0	0	16,719	0	0	0	28,646	0
21 神奈川	0	0	0	0	0	0	0	0	0	21,039	121,349	0	0	0
22 新潟	0	0	0	0	0	0	0	0	0	0	0	0	0	0
23 富山	0	0	0	0	0	0	0	0	0	0	0	0	0	0
24 石川	0	0	0	0	0	0	0	0	0	0	0	0	0	0
25 福井	0	0	0	0	0	0	0	0	0	0	0	0	0	0
26 山梨	0	0	0	0	0	0	0	0	0	0	0	0	0	0
27 長野	0	0	0	0	0	0	0	0	0	0	0	0	0	0
28 静岡	0	0	0	0	0	0	0	0	0	0	0	0	0	0
29 岐阜	0	0	0	0	0	0	0	0	0	0	0	0	0	0
30 愛知	0	0	0	0	0	0	0	0	0	0	0	0	0	0
31 三重	0	0	0	0	0	0	0	0	0	0	0	0	0	0
32 滋賀	0	0	0	0	0	0	0	0	0	0	0	0	0	0
33 京都	0	0	0	0	0	0	0	0	0	0	0	0	0	0
34 奈良	0	0	0	0	0	0	0	0	0	0	0	0	0	0
35 和歌山	0	0	0	0	0	0	0	0	0	0	0	0	0	0
36 大阪	0	0	0	0	0	0	0	0	0	0	0	0	0	0
37 兵庫	0	0	0	0	0	0	0	0	0	0	0	0	0	0
38 鳥取	0	0	0	0	0	0	0	0	0	0	0	0	0	0
39 島根	0	0	0	0	0	0	0	0	0	0	0	0	0	0
40 岡山	0	0	0	0	0	0	0	0	0	0	0	0	0	0
41 広島	0	0	0	0	0	0	0	0	0	0	0	0	0	0
42 山口	0	0	0	0	0	0	0	0	0	0	0	0	0	0
43 香川	0	0	0	0	0	0	0	0	0	0	0	0	0	0
44 愛媛	0	0	0	0	0	0	0	0	0	0	0	0	0	0
45 徳島	0	0	0	0	0	0	0	0	0	0	0	0	0	0
46 高知	0	0	0	0	0	0	0	0	0	0	0	0	0	0
47 福岡	0	0	0	0	0	0	0	0	0	0	0	0	0	0
48 佐賀	0	0	0	0	0	0	0	0	0	0	0	0	0	0
49 長崎	0	0	0	0	0	0	0	0	0	0	0	0	0	0
50 熊本	0	0	0	0	0	0	0	0	0	0	0	0	0	0
51 大分	0	0	0	0	0	0	0	0	0	0	0	0	0	0
52 宮崎	0	0	0	0	0	0	0	0	0	0	0	0	0	0
53 鹿児島	0	0	0	0	0	0	0	0	0	0	0	0	0	0
54 沖縄	0	0	0	0	0	0	0	0	0	0	0	0	0	0
55 全国	1,612,279	1,407,405	759,024	1,377,351	6,779,183	3,199,318	2,583,677	17,718,237	1,830,354	829,723	843,268	276,064	135,002	376,604

平成28年度 　　　　　　　　　　　　　　　　　　府県相互間輸送トン数表（自動車）

品目 （1-4）畜産品　（単位：トン）　その 2

着／発	15 茨城	16 栃木	17 群馬	18 埼玉	19 千葉	20 東京	21 神奈川	22 新潟	23 富山	24 石川	25 福井	26 山梨	27 長野	28 静岡
1 札幌	0	0	0	0	0	13,056	0	0	0	0	0	0	0	0
2 旭川	0	0	0	0	0	0	0	0	0	0	0	0	0	0
3 函館	0	0	0	0	0	0	0	0	0	0	0	0	0	0
4 室蘭	0	0	0	0	0	0	0	0	0	0	0	0	0	0
5 釧路	0	0	0	0	0	0	0	0	0	0	0	0	0	0
6 帯広	0	0	15,232	0	0	0	0	0	0	0	0	0	0	0
7 北見	0	0	0	0	0	0	0	0	0	0	0	0	0	0
8 北海道	0	0	15,232	0	0	13,056	0	0	0	0	0	0	0	0
9 青森	0	0	0	0	0	58,587	272,872	16,719	0	7,663	0	0	0	0
10 岩手	18,678	0	0	0	0	18,531	80,931	0	0	0	0	0	0	0
11 宮城	0	4,180	0	0	0	4,472	14,917	0	0	0	0	0	0	0
12 福島	0	0	0	0	0	22,292	0	0	0	0	0	0	1,925	0
13 秋田	0	0	0	11,146	0	0	32,045	0	0	0	0	13,933	0	0
14 山形	0	0	0	0	0	0	0	0	0	0	0	0	0	0
15 茨城	487,182	5,310	0	15,684	15,413	57,696	0	0	0	0	0	0	0	2,938
16 栃木	0	174,214	0	91,027	0	8,996	0	16,719	0	0	0	0	0	0
17 群馬	0	0	135,529	37,900	15,780	0	4,998	0	0	0	0	0	13,743	0
18 埼玉	11,675	0	66,537	139,093	1,024	57,068	22,989	0	0	0	0	24,988	0	0
19 千葉	11,051	0	1,657	7,294	323,414	42,074	105,784	0	0	0	0	0	0	0
20 東京	38,579	0	36,992	123,592	140,482	222,259	151,896	27,952	0	0	0	0	2,938	0
21 神奈川	80,394	6,587	1,324	112,618	24,062	216,448	501,389	10,073	0	0	0	0	0	2,938
22 新潟	0	0	1,095	0	0	0	0	845,036	64,063	42,076	0	0	0	0
23 富山	0	0	0	0	0	0	0	0	224,021	7,970	6,289	0	0	0
24 石川	0	0	0	0	0	0	0	0	15,315	454,961	1,806	0	0	0
25 福井	0	0	0	0	0	0	0	0	0	10,542	29,646	0	0	0
26 山梨	0	0	0	0	0	0	0	0	0	0	0	112,855	0	0
27 長野	0	0	3,917	0	0	0	0	0	0	0	0	12,494	133,236	0
28 静岡	0	0	0	0	0	13,236	25,677	0	0	0	0	0	0	342,387
29 岐阜	0	0	0	0	0	0	0	0	37,283	0	0	0	17,408	0
30 愛知	0	0	0	0	0	0	0	5,016	0	0	0	0	0	30,350
31 三重	0	0	0	0	0	0	0	0	0	0	0	0	0	0
32 滋賀	0	0	0	0	0	0	0	0	0	0	0	0	0	0
33 京都	0	0	0	0	0	0	0	0	0	0	0	12,654	0	0
34 奈良	0	0	0	0	0	0	0	0	0	0	0	0	0	0
35 和歌山	0	0	0	0	0	0	0	0	0	0	0	0	0	0
36 大阪	0	0	0	0	0	0	0	0	0	0	0	7,025	0	0
37 兵庫	0	0	0	0	0	0	17,555	0	0	0	0	0	0	0
38 鳥取	0	0	0	0	0	0	0	0	0	0	0	0	0	0
39 島根	0	0	0	0	0	0	0	0	0	0	0	0	0	0
40 岡山	0	0	0	0	0	0	0	0	0	0	0	0	0	0
41 広島	0	0	0	0	0	0	0	0	0	0	0	0	0	0
42 山口	0	0	0	0	0	0	0	0	0	0	0	0	0	0
43 香川	0	0	0	0	0	0	0	0	0	0	0	0	0	0
44 愛媛	0	0	0	0	0	0	0	0	0	0	0	0	0	0
45 徳島	0	0	0	0	0	0	0	0	0	0	0	0	0	0
46 高知	0	0	0	0	0	0	0	0	0	0	0	0	0	0
47 福岡	0	0	0	0	0	0	0	0	0	0	0	0	0	0
48 佐賀	0	0	0	0	0	0	0	0	0	0	0	0	0	0
49 長崎	0	0	0	0	0	0	0	0	0	0	0	0	0	0
50 熊本	0	0	0	0	0	0	0	0	0	0	0	0	0	0
51 大分	0	0	0	0	0	0	0	0	0	0	0	0	0	0
52 宮崎	0	0	0	0	0	16,190	0	0	0	0	0	0	0	0
53 鹿児島	0	0	0	0	0	0	13,933	0	0	0	0	0	0	0
54 沖縄	0	0	0	0	0	0	0	0	0	0	0	0	0	0
55 全国	647,560	190,291	258,366	531,126	531,322	750,904	1,231,054	935,448	340,682	523,211	57,420	167,207	166,312	378,612

- 308 -

平成28年度　　府県相互間輸送トン数表（自動車）　　品目（1-4）畜産品　その3　（単位：トン）

着＼発	29 岐阜	30 愛知	31 三重	32 滋賀	33 京都	34 奈良	35 和歌山	36 大阪	37 兵庫	38 鳥取	39 島根	40 岡山	41 広島	42 山口
1 札幌	0	0	0	0	0	0	0	0	0	0	0	0	0	0
2 旭川	0	0	0	0	0	0	0	0	0	0	0	0	0	0
3 函館	0	0	0	0	0	0	0	0	0	0	0	0	0	0
4 室蘭	0	0	0	0	0	0	0	0	0	0	0	0	0	0
5 釧路	0	0	0	0	0	0	0	0	0	0	0	0	0	0
6 帯広	0	0	0	0	0	0	0	0	14,629	19,584	0	0	0	0
7 北見	0	0	0	0	0	0	0	0	0	0	0	0	0	0
8 北海道	0	0	0	0	0	0	0	0	14,629	19,584	0	0	0	0
9 青森	0	0	0	0	0	0	0	0	0	0	0	0	0	0
10 岩手	0	0	0	0	0	0	0	0	0	0	0	0	0	0
11 宮城	0	0	0	0	0	0	0	0	0	0	0	0	0	0
12 福島	0	0	0	0	0	0	0	0	0	0	0	0	0	0
13 秋田	0	0	0	0	0	0	0	14,362	0	0	0	0	0	0
14 山形	0	0	0	0	0	0	0	0	0	0	0	0	0	0
15 茨城	0	0	0	0	0	0	0	0	0	0	0	0	0	0
16 栃木	0	0	0	0	0	0	0	14,362	0	0	0	0	0	0
17 群馬	0	0	0	0	0	0	0	0	0	0	0	0	0	0
18 埼玉	0	11,216	0	0	0	0	0	0	0	0	0	0	0	0
19 千葉	0	0	0	0	0	0	0	0	0	0	0	0	0	0
20 東京	0	2,102	0	0	0	0	0	0	0	0	0	0	0	0
21 神奈川	0	0	0	0	0	0	0	0	0	0	0	0	0	0
22 新潟	13,375	0	0	0	0	0	0	0	0	0	0	0	0	0
23 富山	37,663	66,654	0	0	0	0	0	0	0	0	0	0	0	0
24 石川	0	0	0	0	0	0	0	0	0	0	0	0	0	0
25 福井	0	0	0	59,125	0	0	0	0	0	0	0	0	0	0
26 山梨	0	0	0	0	0	0	0	0	0	0	0	0	0	0
27 長野	987	0	0	758	0	0	0	0	0	0	0	0	0	0
28 静岡	0	14,731	0	0	0	0	27,309	0	0	0	0	0	0	0
29 岐阜	155,422	248,883	24,404	28,822	0	0	0	0	0	0	0	0	0	0
30 愛知	6,262	1,878,173	13,445	18,280	0	0	0	0	12,494	0	0	0	0	0
31 三重	0	3,351	241,145	0	2,269	7,251	7,986	0	0	0	0	0	0	0
32 滋賀	6,003	5,114	1,874	148,922	90,987	0	0	0	1,402	0	0	0	0	0
33 京都	0	0	1,402	0	386,431	2,765	0	0	18,505	4,475	0	778	0	0
34 奈良	0	0	0	0	142,114	0	0	0	44	0	0	0	0	0
35 和歌山	0	0	0	0	0	0	60,279	0	18,430	22,739	0	0	0	0
36 大阪	0	0	0	16,654	5,130	5,796	19,864	273,160	96,224	0	0	0	0	0
37 兵庫	0	0	1,193	0	0	0	0	44,620	373,463	280,846	0	91,471	22,292	0
38 鳥取	0	0	0	0	0	0	0	0	25,830	280,582	62,212	20,501	0	0
39 島根	0	0	0	0	0	0	0	15,326	0	16,658	493,188	0	2,423	0
40 岡山	0	0	0	0	0	0	0	59,075	26,112	1,989	0	86,070	112,353	0
41 広島	0	0	0	0	0	0	0	66,260	144,535	0	0	16,092	282,919	21,760
42 山口	0	0	0	0	0	0	0	0	0	0	0	0	0	18,326
43 香川	0	0	0	0	0	0	0	82,900	6,963	5,529	1,492	99	0	0
44 愛媛	0	0	0	0	0	0	0	0	0	0	0	0	0	0
45 徳島	0	0	0	0	0	0	0	0	0	0	1,492	0	0	0
46 高知	0	0	0	0	0	0	0	0	0	0	0	0	0	0
47 福岡	0	0	0	0	0	0	0	0	1,958	0	0	0	0	75,224
48 佐賀	0	0	0	0	0	0	0	0	15,559	0	0	0	0	0
49 長崎	0	0	0	0	0	0	0	0	0	0	0	0	0	0
50 熊本	0	0	0	0	0	0	0	0	0	0	0	0	0	0
51 大分	0	0	0	0	0	0	0	0	0	0	0	0	0	0
52 宮崎	0	0	0	15,276	0	0	0	19,584	17,555	0	0	0	0	0
53 鹿児島	0	0	0	0	0	0	0	15,326	0	0	0	2,082	0	9,196
54 沖縄	0	0	0	0	0	0	0	0	0	0	0	0	0	0
55 全国	219,712	2,230,225	280,869	290,433	484,817	157,926	115,439	643,357	762,538	605,188	558,384	217,095	419,987	124,506

平成28年度　　府県相互間輸送トン数表（自動車）　　品目（1-4）畜産品　その4　（単位：トン）

着＼発	43 香川	44 愛媛	45 徳島	46 高知	47 福岡	48 佐賀	49 長崎	50 熊本	51 大分	52 宮崎	53 鹿児島	54 沖縄	55 全国
1 札幌	0	0	0	0	0	0	0	0	0	0	0	0	924,323
2 旭川	0	0	0	0	0	0	0	0	0	0	0	0	1,704,222
3 函館	0	0	0	0	0	0	0	0	0	0	0	0	786,553
4 室蘭	0	0	0	0	0	0	0	0	0	0	0	0	721,727
5 釧路	0	0	0	0	0	0	0	0	0	0	0	0	7,003,149
6 帯広	0	0	0	0	0	0	0	0	0	0	0	0	3,945,890
7 北見	0	0	0	0	0	0	0	0	0	0	0	0	2,758,075
8 北海道	0	0	0	0	0	0	0	0	0	0	0	0	17,843,939
9 青森	0	0	0	0	0	0	0	0	0	0	0	0	1,837,370
10 岩手	0	0	0	0	0	0	0	0	0	0	0	0	1,326,941
11 宮城	0	0	0	0	0	0	0	0	0	0	0	0	551,955
12 福島	0	0	0	0	0	0	0	0	0	0	0	0	213,142
13 秋田	0	0	0	0	0	0	0	0	0	0	0	0	305,428
14 山形	0	0	0	0	0	0	0	0	0	0	0	0	338,792
15 茨城	0	0	0	0	0	0	0	0	0	0	0	0	584,222
16 栃木	0	0	0	0	0	0	0	0	0	0	0	0	314,021
17 群馬	0	0	0	0	0	0	0	0	0	0	0	0	213,235
18 埼玉	0	0	0	0	0	0	0	0	0	0	0	0	334,591
19 千葉	0	0	0	0	0	0	0	0	0	0	0	0	536,975
20 東京	0	0	0	0	11,146	0	0	0	0	0	0	0	803,304
21 神奈川	0	0	0	0	0	0	0	0	0	0	0	0	1,098,220
22 新潟	0	0	0	0	0	0	0	0	0	0	0	0	965,645
23 富山	0	0	0	0	0	0	0	0	0	0	0	0	342,597
24 石川	0	0	0	0	0	0	0	0	0	0	0	0	472,082
25 福井	0	0	0	0	0	0	0	0	0	0	0	0	99,313
26 山梨	0	0	0	0	0	0	0	0	0	0	0	0	112,855
27 長野	0	0	0	0	0	0	0	0	0	0	0	0	151,391
28 静岡	0	0	0	0	0	0	0	0	0	0	0	0	423,340
29 岐阜	0	0	0	0	0	0	0	0	0	0	0	0	512,223
30 愛知	0	0	0	0	0	0	0	0	0	0	0	0	1,964,020
31 三重	0	0	0	0	0	0	0	0	0	0	0	0	262,003
32 滋賀	0	0	0	0	0	0	0	0	0	0	0	0	254,302
33 京都	0	0	0	0	0	0	0	0	0	0	0	0	427,011
34 奈良	0	0	0	0	0	0	0	0	0	0	0	0	142,158
35 和歌山	0	0	0	0	0	0	0	0	0	0	0	0	101,448
36 大阪	0	21,760	0	0	0	0	0	0	0	0	0	0	445,613
37 兵庫	0	0	15,885	0	13,933	0	0	0	1,958	0	0	0	863,218
38 鳥取	0	0	0	0	0	0	0	0	0	0	0	0	389,125
39 島根	0	0	0	0	0	0	0	0	0	0	0	0	527,595
40 岡山	0	0	241,423	0	39,012	0	0	0	0	0	0	0	566,035
41 広島	0	0	0	0	0	0	0	0	5,830	0	0	0	537,397
42 山口	0	0	0	0	0	0	0	0	0	10,097	4,458	0	32,881
43 香川	405,516	62,957	34,729	1,217	0	0	0	0	0	0	0	0	601,403
44 愛媛	16,823	634,614	0	0	0	0	0	0	0	0	0	0	651,437
45 徳島	220,697	0	160,499	10,032	0	0	0	0	0	0	0	0	392,720
46 高知	0	0	0	27,413	0	0	0	0	0	0	0	0	27,413
47 福岡	0	0	0	0	1,353,200	0	11,146	72,723	0	31,335	0	0	1,545,586
48 佐賀	0	0	0	0	87,691	195,173	22,718	27,866	14,333	0	0	0	363,339
49 長崎	0	0	0	0	16,395	42,823	236,140	0	0	0	0	0	295,358
50 熊本	0	0	0	0	134,388	136,694	0	880,891	0	0	5,967	0	1,157,940
51 大分	0	0	1,758	0	9,790	0	5,567	342,909	121,256	77,296	4,165	0	562,740
52 宮崎	0	0	0	0	17,685	33,613	0	1,088	81,584	1,738,218	127,584	0	2,068,377
53 鹿児島	0	0	0	0	234,027	0	0	163,287	27,200	426,782	850,180	0	1,742,019
54 沖縄	0	0	0	0	0	0	0	0	0	0	0	119,484	119,484
55 全国	643,036	719,331	454,295	38,662	1,917,267	408,302	275,572	1,488,763	252,162	2,283,733	992,354	119,484	45,422,000

平成28年度　　　　　　　　　　　　　府県相互間輸送トン数表（自動車）

品目　（1－5）水産品　　その　1　　（単位：トン）

発＼着	1 札幌	2 旭川	3 函館	4 室蘭	5 釧路	6 帯広	7 北見	8 北海道	9 青森	10 岩手	11 宮城	12 福島	13 秋田	14 山形
1 札幌	713,483	73,285	11,591	30,277	0	0	25,575	854,210	0	0	0	0	0	0
2 旭川	0	550,177	0	0	0	0	0	550,177	0	0	39,260	0	0	0
3 函館	13,460	0	1,128,211	13,560	0	0	0	1,155,232	0	0	34,399	0	0	0
4 室蘭	8,089	0	3,066	179,030	0	0	0	190,185	0	0	0	0	0	0
5 釧路	0	0	0	0	1,659,920	0	0	1,659,920	0	0	0	0	0	0
6 帯広	0	0	0	0	0	0	19,580	19,580	0	0	0	0	0	0
7 北見	2,356	25,425	0	0	0	3,935	246,356	278,072	0	0	0	0	0	0
8 北海道	737,388	648,887	1,142,868	222,867	1,663,855	19,580	271,931	4,707,376	0	0	73,659	0	0	0
9 青森	0	0	0	0	0	0	0	0	1,049,005	0	0	0	8,679	0
10 岩手	0	0	41,877	0	0	0	0	41,877	0	150,523	0	0	820	0
11 宮城	61,694	0	0	0	0	0	0	61,694	0	80,212	680,415	57,596	124,734	147,691
12 福島	0	0	0	0	0	0	0	0	0	0	0	16,611	0	0
13 秋田	0	0	0	0	0	0	0	0	0	401,197	0	0	242,056	0
14 山形	0	0	0	0	0	0	0	0	0	0	0	0	0	108,412
15 茨城	0	0	0	0	0	0	0	0	0	0	0	0	0	0
16 栃木	0	0	0	0	0	0	0	0	0	0	0	0	0	0
17 群馬	0	0	0	0	0	0	0	0	0	0	0	0	0	0
18 埼玉	0	0	0	0	0	0	0	0	0	0	0	0	0	0
19 千葉	36,642	0	0	0	0	0	0	36,642	0	0	0	0	0	0
20 東京	0	0	0	0	0	0	0	0	37,390	0	0	0	0	0
21 神奈川	75,902	0	0	0	0	0	0	75,902	0	0	97,962	0	0	0
22 新潟	0	0	0	0	0	0	0	0	0	0	0	435	0	236
23 富山	0	0	0	0	0	0	0	0	0	0	0	0	0	0
24 石川	0	0	0	0	0	0	0	0	0	0	0	0	0	0
25 福井	0	0	0	0	0	0	0	0	0	0	0	0	0	0
26 山梨	0	0	0	0	0	0	0	0	0	0	0	0	0	0
27 長野	0	0	0	0	0	0	0	0	0	0	0	0	0	0
28 静岡	103,296	0	0	0	0	0	0	103,296	18,441	0	47,400	11,004	0	0
29 岐阜	0	0	0	0	0	0	0	0	0	0	0	0	0	0
30 愛知	0	0	0	0	0	0	0	0	0	0	0	0	0	0
31 三重	0	0	0	0	0	0	0	0	0	0	0	0	0	0
32 滋賀	0	0	0	0	0	0	0	0	0	0	0	0	0	0
33 京都	0	0	0	0	0	0	0	0	0	0	0	0	0	0
34 奈良	0	0	0	0	0	0	0	0	0	0	0	0	0	0
35 和歌山	0	0	0	0	0	0	0	0	0	0	0	0	0	0
36 大阪	0	0	0	0	0	0	0	0	26,921	0	0	0	0	0
37 兵庫	0	0	0	0	0	0	0	0	0	0	0	0	0	0
38 鳥取	0	0	0	0	0	0	0	0	0	0	0	0	0	0
39 島根	0	0	0	0	0	0	0	0	0	0	0	0	0	0
40 岡山	0	0	0	0	0	0	0	0	0	0	0	0	0	0
41 広島	0	0	0	0	0	0	0	0	0	0	0	0	0	0
42 山口	0	0	0	0	0	0	0	0	0	0	0	0	0	0
43 香川	0	0	0	0	0	0	0	0	0	0	0	0	0	0
44 愛媛	0	0	0	0	0	0	0	0	0	0	0	0	0	0
45 徳島	0	0	0	0	0	0	0	0	0	374	0	0	0	0
46 高知	0	0	0	0	0	0	0	0	0	0	0	0	0	0
47 福岡	0	0	0	0	0	0	0	0	0	0	0	0	0	0
48 佐賀	0	0	0	0	0	0	0	0	0	0	0	0	0	0
49 長崎	0	0	0	0	0	0	0	0	0	0	0	0	0	0
50 熊本	0	0	0	0	0	0	0	0	0	0	0	0	0	0
51 大分	0	0	0	0	0	0	0	0	0	0	0	0	0	0
52 宮崎	0	0	0	0	0	0	0	0	0	0	0	0	0	0
53 鹿児島	0	0	0	0	0	0	0	0	0	0	0	0	0	0
54 沖縄	0	0	0	0	0	0	0	0	0	0	0	0	0	0
55 全国	1,014,923	648,887	1,184,746	222,867	1,663,855	19,580	271,931	5,026,788	1,131,758	632,306	899,436	85,646	376,289	256,340

平成28年度　　　　　　　　　　　　　府県相互間輸送トン数表（自動車）

品目　（1－5）水産品　　その　2　　（単位：トン）

発＼着	15 茨城	16 栃木	17 群馬	18 埼玉	19 千葉	20 東京	21 神奈川	22 新潟	23 富山	24 石川	25 福井	26 山梨	27 長野	28 静岡
1 札幌	0	0	0	0	37,390	98,496	0	0	0	0	0	0	0	72,969
2 旭川	0	0	0	0	0	0	0	0	0	0	0	0	0	0
3 函館	0	0	0	0	0	68,368	37,390	32,530	0	0	0	0	0	0
4 室蘭	0	0	0	0	0	0	0	0	0	0	0	0	0	0
5 釧路	0	0	0	0	0	0	0	0	0	0	0	0	0	0
6 帯広	0	0	0	0	0	0	0	0	0	0	0	0	0	0
7 北見	0	0	0	0	0	0	0	0	0	0	0	0	0	0
8 北海道	0	0	0	0	37,390	166,864	37,390	32,530	0	0	0	0	0	72,969
9 青森	0	0	0	0	0	67,302	0	0	0	0	0	0	0	0
10 岩手	0	0	0	0	0	0	0	0	0	0	0	0	0	0
11 宮城	0	0	0	70,232	121,615	0	7,478	25,837	0	0	0	0	0	0
12 福島	0	0	0	0	0	0	0	0	0	0	0	0	0	0
13 秋田	0	0	0	0	0	0	0	0	0	0	0	0	0	0
14 山形	0	0	0	0	0	0	0	0	0	0	0	0	0	0
15 茨城	1,855,603	1,421	7,586	34,092	169,644	53,206	60,807	0	0	0	0	0	0	0
16 栃木	0	27,995	0	0	0	0	0	0	0	0	0	0	0	0
17 群馬	0	395	73,714	1,250	0	144,786	22,060	0	0	0	0	0	0	0
18 埼玉	1,808	0	52,346	238,367	0	77,081	11,400	50,477	0	0	0	0	0	0
19 千葉	68,408	0	0	0	675,258	0	0	0	0	0	0	0	0	27,971
20 東京	58,851	0	40,942	204,046	298,754	8,019,742	569,317	78,202	0	77,024	0	0	0	0
21 神奈川	2,516	2,094	0	81,064	26,952	189,554	855,859	52,159	0	0	0	0	0	40,859
22 新潟	0	0	0	0	0	0	0	363,239	33,651	0	0	0	0	37,970
23 富山	0	0	0	0	0	0	0	11,217	111,051	656	219	0	0	0
24 石川	0	0	0	0	0	145,448	0	0	7,300	1,308,841	13,325	0	0	0
25 福井	0	0	0	0	0	0	0	0	0	4,022	41,024	0	0	0
26 山梨	0	0	0	0	0	0	0	0	0	0	0	9,532	0	8,936
27 長野	0	0	0	0	0	0	0	139,260	0	0	0	0	873,116	0
28 静岡	17,861	40,348	23,208	36,108	40,202	138,329	102,048	22,397	0	24,640	0	29,846	0	1,480,125
29 岐阜	0	0	0	0	0	0	0	0	0	0	0	0	0	0
30 愛知	0	0	0	0	0	0	0	11,591	0	0	0	0	0	658
31 三重	0	0	47,070	0	0	114,788	0	0	0	6,993	0	0	0	0
32 滋賀	0	0	0	0	0	0	0	0	0	0	0	0	0	0
33 京都	0	0	0	0	0	0	0	0	0	0	437	0	0	0
34 奈良	0	0	0	0	0	0	0	0	0	0	0	0	0	0
35 和歌山	0	0	0	0	0	0	0	0	0	0	0	0	0	0
36 大阪	0	0	0	0	0	22,434	0	0	0	0	0	0	0	0
37 兵庫	0	19,817	0	0	0	118,350	0	0	31,408	0	0	0	0	0
38 鳥取	0	0	0	0	0	0	0	0	0	5,247	0	0	0	0
39 島根	0	0	0	0	0	0	0	0	0	0	0	0	0	0
40 岡山	0	0	0	0	0	0	0	0	0	0	0	0	0	0
41 広島	0	0	0	0	0	0	0	0	0	0	0	0	0	7,601
42 山口	0	0	0	27,519	33,277	5,247	0	0	0	0	0	0	0	0
43 香川	0	0	0	0	0	0	0	0	0	0	0	0	37,390	0
44 愛媛	0	0	0	0	0	4,154	0	0	2,936	0	0	0	0	0
45 徳島	0	0	0	0	0	0	0	0	0	0	0	0	0	0
46 高知	0	0	0	0	0	14,594	0	0	0	0	0	0	0	0
47 福岡	0	0	0	0	0	0	0	0	0	0	0	0	0	0
48 佐賀	0	0	0	0	0	37,390	0	0	0	0	0	0	0	0
49 長崎	0	0	0	0	0	37,390	0	0	0	0	0	0	0	0
50 熊本	0	0	0	0	0	0	0	0	0	0	0	0	0	0
51 大分	0	0	0	0	0	0	0	0	0	0	0	0	0	0
52 宮崎	0	0	0	0	0	0	0	0	0	0	0	0	0	0
53 鹿児島	0	0	0	0	0	0	0	0	0	0	0	0	0	0
54 沖縄	0	0	0	0	0	0	0	0	0	0	0	0	0	0
55 全国	2,005,047	92,069	244,868	692,677	1,403,092	9,356,659	1,666,360	786,908	186,346	1,427,422	55,005	39,378	910,506	1,676,510

平成28年度　　　　府県相互間輸送トン数表（自動車）　　品目（1-5）水産品　　その 3　　（単位：トン）

着／発	29 岐阜	30 愛知	31 三重	32 滋賀	33 京都	34 奈良	35 和歌山	36 大阪	37 兵庫	38 鳥取	39 島根	40 岡山	41 広島	42 山口
1 札幌	0	0	0	0	0	0	0	0	0	0	0	0	0	0
2 旭川	0	0	0	0	0	0	0	0	0	0	0	0	0	0
3 函館	0	0	0	0	0	0	0	0	0	0	0	0	0	0
4 室蘭	0	0	0	0	0	0	0	0	0	0	0	0	0	0
5 釧路	0	0	0	0	0	0	0	0	0	0	0	0	0	0
6 帯広	0	0	0	0	0	0	0	0	0	0	0	0	0	0
7 北見	0	0	0	0	0	0	0	0	0	0	0	0	0	0
8 北海道	0	0	0	0	0	0	0	0	0	0	0	0	0	0
9 青森	0	0	0	0	0	0	0	0	0	0	0	0	0	0
10 岩手	0	0	0	0	0	0	0	0	0	0	0	0	0	0
11 宮城	0	0	0	0	0	0	0	0	0	0	0	0	0	0
12 福島	0	0	0	0	0	0	0	0	0	0	0	0	0	0
13 秋田	0	0	0	0	0	0	0	0	0	0	0	0	0	0
14 山形	0	0	0	0	0	0	0	0	0	0	0	0	0	0
15 茨城	0	0	0	0	0	0	0	0	0	0	0	0	0	0
16 栃木	0	0	0	0	0	0	0	0	0	0	0	0	0	0
17 群馬	0	0	0	0	0	0	0	0	0	0	0	0	0	0
18 埼玉	0	0	0	0	0	0	0	0	0	0	0	0	0	0
19 千葉	0	0	0	0	0	0	0	82,632	0	0	0	0	0	0
20 東京	0	56,085	0	0	0	0	0	29,912	67,708	0	0	0	0	0
21 神奈川	0	0	0	0	0	0	0	0	0	0	0	0	36,455	0
22 新潟	0	0	0	0	0	0	0	0	0	0	0	0	0	0
23 富山	0	0	0	0	0	0	0	0	0	0	0	0	0	0
24 石川	0	0	0	0	0	0	0	0	0	0	0	0	0	0
25 福井	0	0	0	0	372	0	0	0	1,644	0	0	0	0	0
26 山梨	0	0	0	0	0	0	0	0	0	0	0	0	0	0
27 長野	0	0	0	0	0	0	0	0	0	0	0	0	0	0
28 静岡	14,964	127,104	30,712	0	0	0	0	96,041	23,593	0	0	41,241	50,944	0
29 岐阜	13,978	0	0	0	0	0	0	0	66,555	0	0	0	0	0
30 愛知	111,442	710,187	0	0	0	0	0	127,127	0	0	0	0	0	0
31 三重	0	72,537	304,200	0	0	0	39,260	57,929	0	0	0	0	5,982	0
32 滋賀	0	13,285	3,717	52,798	11,591	0	0	33,344	0	0	0	0	0	0
33 京都	0	0	0	110,908	145,793	0	0	16,836	0	0	0	0	0	0
34 奈良	0	0	271	0	0	23,363	14,956	0	0	0	0	0	0	0
35 和歌山	0	0	0	0	0	23,930	106,822	5,646	0	0	0	0	0	0
36 大阪	0	44,314	0	13,609	178,537	113,751	34,285	532,850	160,119	0	0	122,266	0	0
37 兵庫	46,364	0	0	0	12,841	0	0	48,106	320,035	83,814	0	0	9,413	0
38 鳥取	0	41,129	0	0	0	0	0	131,266	0	1,315,462	76,434	41,129	134,523	0
39 島根	0	0	0	0	0	0	0	161,750	14,956	0	513,899	8,037	0	0
40 岡山	0	74,780	0	0	0	0	0	8,226	37,390	0	0	403,454	15,628	0
41 広島	0	0	0	0	0	0	0	0	0	119,697	5,422	1,594	492,462	8,999
42 山口	0	0	0	0	0	0	0	62,771	0	0	1,202	0	3,935	173,700
43 香川	0	26,173	16,452	26,921	56,085	0	0	26,173	0	0	0	6,413	27,669	0
44 愛媛	0	26,173	0	0	115,910	0	0	120,023	0	0	0	3,498	1,334	0
45 徳島	0	0	0	0	0	0	0	0	41,367	0	0	0	0	0
46 高知	0	0	0	0	18,695	0	0	24,536	0	0	0	0	0	0
47 福岡	0	110,301	0	0	0	0	0	31,782	0	0	0	0	0	0
48 佐賀	0	0	0	0	0	0	0	0	0	0	0	0	0	304,308
49 長崎	0	0	0	0	0	0	0	0	0	0	0	0	0	0
50 熊本	0	26,235	0	0	0	0	0	24,678	0	0	0	0	0	18,583
51 大分	0	0	0	0	0	0	0	0	0	0	0	0	0	0
52 宮崎	0	0	0	0	0	0	0	0	0	0	0	0	0	0
53 鹿児島	0	0	0	0	0	0	0	10,919	3,935	0	0	0	0	0
54 沖縄	0	0	0	0	0	0	0	0	0	0	0	0	0	0
55 全国	186,747	1,328,304	355,352	204,235	539,824	161,044	195,322	1,501,280	868,568	1,518,973	596,958	665,464	740,513	505,589

平成28年度　　　　府県相互間輸送トン数表（自動車）　　品目（1-5）水産品　　その 4　　（単位：トン）

着／発	43 香川	44 愛媛	45 徳島	46 高知	47 福岡	48 佐賀	49 長崎	50 熊本	51 大分	52 宮崎	53 鹿児島	54 沖縄	55 全国
1 札幌	0	0	0	0	0	0	0	0	0	0	0	0	1,063,065
2 旭川	0	0	0	0	0	0	0	0	0	0	0	0	589,437
3 函館	0	0	0	0	0	0	0	0	0	0	0	0	1,327,919
4 室蘭	0	0	0	0	0	0	0	0	0	0	0	0	190,185
5 釧路	0	0	0	0	0	0	0	0	0	0	0	0	1,659,920
6 帯広	0	0	0	0	0	0	0	0	0	0	0	0	19,580
7 北見	0	0	0	0	0	0	0	0	0	0	0	0	278,072
8 北海道	0	0	0	0	0	0	0	0	0	0	0	0	5,128,177
9 青森	0	0	0	0	0	0	0	0	0	0	0	0	1,124,987
10 岩手	0	0	0	0	0	0	0	0	0	0	0	0	193,219
11 宮城	0	0	0	0	0	0	0	0	0	0	0	0	1,377,503
12 福島	0	0	0	0	0	0	0	0	0	0	0	0	16,611
13 秋田	0	0	0	0	0	0	0	0	0	0	0	0	643,254
14 山形	0	0	2,243	0	0	0	0	0	0	0	0	0	110,655
15 茨城	0	0	0	0	0	0	0	0	0	0	0	0	2,182,360
16 栃木	0	0	0	0	0	0	0	0	0	0	0	0	27,995
17 群馬	0	0	0	0	0	0	0	0	0	0	0	0	75,359
18 埼玉	0	0	0	0	0	0	0	0	0	0	0	0	459,367
19 千葉	0	0	0	33,444	0	0	0	0	0	0	0	0	1,063,314
20 東京	0	0	0	0	57,955	0	0	0	0	0	0	0	9,595,929
21 神奈川	0	0	0	0	0	0	0	0	0	0	0	0	1,461,377
22 新潟	0	0	0	0	0	0	0	0	0	0	0	0	434,952
23 富山	0	0	0	0	0	0	0	0	0	0	0	0	123,143
24 石川	0	0	0	0	0	0	0	0	0	0	0	0	1,474,914
25 福井	0	0	0	0	0	0	0	0	0	0	0	0	47,061
26 山梨	0	0	0	0	0	0	0	0	0	0	0	0	18,468
27 長野	0	0	0	0	0	0	0	0	0	0	0	0	1,012,376
28 静岡	0	14,414	0	0	61,197	0	18,396	0	9,329	0	21,907	0	2,645,095
29 岐阜	0	0	0	0	0	0	0	0	0	0	0	0	80,533
30 愛知	0	0	0	0	114,040	0	0	0	0	0	0	0	1,075,044
31 三重	0	0	0	0	0	0	0	74,780	0	0	0	0	723,540
32 滋賀	0	0	0	0	0	0	0	0	0	0	0	0	114,734
33 京都	97,215	145,822	0	0	37,390	0	0	0	0	0	0	0	554,401
34 奈良	0	0	0	0	0	0	0	0	0	0	0	0	38,063
35 和歌山	0	0	0	33,444	0	0	0	0	0	0	0	0	169,842
36 大阪	26,173	127,314	0	9,908	93,887	0	0	0	0	0	0	0	1,506,367
37 兵庫	0	0	44,868	0	0	0	0	0	0	0	0	0	735,017
38 鳥取	0	0	0	0	0	0	0	0	0	0	0	0	1,745,190
39 島根	0	0	0	0	0	0	0	0	0	0	0	0	698,642
40 岡山	36,788	82,090	0	0	0	0	0	0	0	0	3,148	0	661,505
41 広島	131	0	0	0	0	0	0	0	0	0	0	0	635,906
42 山口	0	0	0	0	25,506	0	0	103,837	37,390	0	0	0	474,385
43 香川	347,215	312,939	9,980	3,346	0	0	0	0	0	0	0	0	896,756
44 愛媛	52,725	2,050,802	7,478	6,356	9,348	0	0	1,843	0	0	0	0	2,402,579
45 徳島	3,279	0	118,926	0	0	0	0	0	0	0	0	0	163,947
46 高知	0	7,170	10,595	123,263	0	0	0	0	0	0	0	0	198,853
47 福岡	0	9,721	0	0	832,451	4,591	8,817	93,301	222,251	9,729	83,610	0	1,710,862
48 佐賀	0	0	0	0	19,582	58,594	0	12,096	0	43,747	0	0	171,409
49 長崎	0	0	0	0	89,128	13,610	677,886	0	0	0	54,388	0	897,080
50 熊本	0	0	0	0	38,138	0	0	441,977	80,586	0	0	0	605,518
51 大分	0	0	0	0	52,346	0	0	13,384	243,857	0	22,808	0	332,350
52 宮崎	0	0	0	0	0	4,561	0	25,399	125,729	0	726	0	156,414
53 鹿児島	0	164,180	0	0	68,619	0	0	6,260	0	0	478,230	0	732,143
54 沖縄	0	0	0	0	0	0	0	0	0	0	0	127,206	127,206
55 全国	563,526	2,914,451	194,091	209,762	1,499,588	81,356	705,099	745,635	540,069	259,790	664,817	127,206	46,825,000

平成28年度　　　　　　　　　　　府県相互間輸送トン数表（自動車）　　　　　　　品目（2－6）木材　　（単位：トン）　その1

発＼着	1 札幌	2 旭川	3 函館	4 室蘭	5 釧路	6 帯広	7 北見	8 北海道	9 青森	10 岩手	11 宮城	12 福島	13 秋田	14 山形
1 札幌	1,423,807	57,391	55,208	124,140	54,584	93,023	188,549	1,996,702	0	4,679	0	0	0	0
2 旭川	68,620	358,218	0	0	0	12,661	123,204	562,702	0	0	0	0	0	0
3 函館	0	0	471,572	26,200	0	0	0	497,772	0	0	0	0	0	0
4 室蘭	281,966	74,234	0	2,535,514	5,926	41,147	361,833	3,300,621	0	0	40,548	0	0	0
5 釧路	0	3,102	0	0	103,688	23,739	4,853	135,382	0	0	0	0	0	0
6 帯広	0	0	0	311,909	30,069	5,329,438	0	5,671,417	0	0	0	0	0	0
7 北見	143,478	162,193	0	34,310	123,642	34,606	1,041,050	1,539,278	0	0	0	0	0	0
8 北海道	1,917,871	655,138	526,780	3,032,073	317,910	5,534,615	1,719,489	13,703,876	0	4,679	40,548	0	0	0
9 青森	0	0	0	0	0	0	0	0	2,726,322	738,390	0	0	1,092	0
10 岩手	0	0	0	0	0	0	0	0	285,426	2,173,965	143,424	31,191	32,048	93,573
11 宮城	0	0	0	0	0	0	0	0	62,382	45,227	1,098,144	56,456	41,640	11,262
12 福島	0	0	0	0	0	0	0	0	0	0	87,314	1,205,187	37,429	0
13 秋田	0	0	0	0	0	0	0	0	0	14,067	65,501	0	2,524,002	73,371
14 山形	0	0	0	0	0	0	0	0	0	0	14,466	0	0	746,221
15 茨城	0	0	0	0	0	0	0	0	0	0	14,036	139,143	0	29,943
16 栃木	0	0	0	0	0	0	0	0	0	0	24,953	134,503	0	0
17 群馬	0	0	0	0	0	0	0	0	0	0	15,595	134,801	18,368	0
18 埼玉	0	0	0	0	0	0	0	0	0	1,996	31,398	0	18,368	6,238
19 千葉	40,548	0	0	0	0	0	0	40,548	0	0	38,989	39,301	0	5,260
20 東京	0	0	0	0	0	0	0	0	0	31,191	0	32,750	0	0
21 神奈川	0	0	0	0	0	0	0	0	0	0	28,384	37,833	0	0
22 新潟	0	0	0	0	0	0	0	0	0	0	9,357	3,517	0	90,142
23 富山	0	0	0	0	0	0	0	0	0	0	0	0	0	0
24 石川	0	0	0	0	0	0	0	0	0	0	0	0	0	0
25 福井	0	0	0	0	0	0	0	0	0	0	0	0	0	0
26 山梨	0	0	0	0	0	0	0	0	37,429	0	0	0	0	0
27 長野	5,770	0	0	0	0	0	0	5,770	0	0	0	9,357	0	0
28 静岡	0	0	0	0	0	0	0	0	0	0	0	0	0	0
29 岐阜	0	0	0	0	0	0	0	0	0	0	0	0	0	0
30 愛知	0	0	0	0	0	0	0	0	0	0	31,191	0	0	0
31 三重	0	0	0	0	0	0	0	0	0	0	0	0	0	31,191
32 滋賀	0	0	0	0	0	0	0	0	0	0	0	0	0	0
33 京都	0	0	0	0	0	0	0	0	0	0	0	0	0	0
34 奈良	0	0	0	0	0	0	0	0	0	0	0	0	0	0
35 和歌山	0	0	0	0	0	0	0	0	0	0	0	0	0	0
36 大阪	0	0	0	0	0	0	0	0	0	0	0	0	0	0
37 兵庫	0	0	0	0	0	0	0	0	0	0	0	0	0	0
38 鳥取	0	0	0	0	0	0	0	0	0	0	0	0	0	0
39 島根	0	0	0	0	0	0	0	0	0	0	0	0	0	0
40 岡山	0	0	0	0	0	0	0	0	0	0	0	0	0	0
41 広島	0	0	0	0	0	0	0	0	0	0	0	0	0	0
42 山口	0	0	0	0	0	0	0	0	0	0	0	0	0	0
43 香川	0	0	0	0	0	0	0	0	0	0	0	0	0	0
44 愛媛	0	0	0	0	0	0	0	0	0	0	0	0	0	0
45 徳島	0	0	0	0	0	0	0	0	0	0	0	0	0	0
46 高知	0	0	0	0	0	0	0	0	0	0	0	0	0	0
47 福岡	0	0	0	0	0	0	0	0	0	0	0	0	0	0
48 佐賀	0	0	0	0	0	0	0	0	0	0	0	0	0	0
49 長崎	0	0	0	0	0	0	0	0	0	0	0	0	0	0
50 熊本	0	0	0	0	0	0	0	0	0	0	0	0	0	0
51 大分	0	0	0	0	0	0	0	0	0	0	0	0	0	0
52 宮崎	0	0	0	0	0	0	0	0	0	0	0	0	0	0
53 鹿児島	0	0	0	0	0	0	0	0	0	0	0	0	0	0
54 沖縄	0	0	0	0	0	0	0	0	0	0	0	0	0	0
55 全国	1,964,189	655,138	526,780	3,032,073	317,910	5,534,615	1,719,489	13,750,194	3,111,559	3,009,514	1,643,300	1,824,038	2,672,947	1,087,202

平成28年度　　　　　　　　　　　府県相互間輸送トン数表（自動車）　　　　　　　品目（2－6）木材　　（単位：トン）　その2

発＼着	15 茨城	16 栃木	17 群馬	18 埼玉	19 千葉	20 東京	21 神奈川	22 新潟	23 富山	24 石川	25 福井	26 山梨	27 長野	28 静岡
1 札幌	0	0	0	0	0	0	0	0	0	0	0	0	0	0
2 旭川	0	0	0	0	0	0	0	0	0	0	0	0	0	0
3 函館	0	0	0	0	0	0	0	0	0	0	0	0	0	0
4 室蘭	0	0	0	0	40,548	0	0	0	0	0	0	0	0	0
5 釧路	0	0	0	0	0	0	0	0	0	0	0	0	0	0
6 帯広	0	0	0	0	0	0	0	0	0	0	0	0	0	0
7 北見	0	0	0	0	0	0	0	0	0	0	0	0	0	0
8 北海道	0	0	0	0	40,548	0	0	0	0	0	0	0	0	0
9 青森	0	0	0	0	0	0	0	0	0	0	0	0	0	0
10 岩手	0	0	0	0	250	624	0	0	31,191	0	0	0	0	0
11 宮城	0	0	0	0	0	0	0	34,310	31,191	0	0	0	0	0
12 福島	166,248	0	6,238	6,238	54,896	6,238	0	0	38,861	0	0	0	0	0
13 秋田	0	0	55,797	37,429	0	0	0	0	0	0	0	0	38,365	0
14 山形	0	0	0	0	0	0	0	37,429	0	0	0	0	0	0
15 茨城	2,986,945	483,873	60,947	402,728	328,842	265,621	18,279	95,132	0	0	0	11,853	20,461	62,382
16 栃木	72,741	974,172	35,169	176,502	57,703	37,426	115,406	31,191	0	0	6,238	9,357	0	37,429
17 群馬	85,850	104,194	739,716	119,199	2,121	14,985	5,490	213,970	0	0	0	0	49,160	0
18 埼玉	208,718	32,040	257,307	1,483,110	175,672	560,732	191,988	84,215	0	0	0	17,243	0	24,953
19 千葉	412,707	33,374	56,144	465,462	1,514,346	334,700	70,355	84,215	0	0	0	0	0	12,882
20 東京	57,703	187,146	455,067	547,541	240,702	935,104	288,477	75,794	0	0	0	91,192	0	0
21 神奈川	330,655	792	4,679	78,547	57,948	596,832	1,491,901	3,119	0	37,429	0	288,539	0	110,237
22 新潟	0	31,191	146,028	0	0	0	36,181	6,955,898	0	0	6,825	35,870	41,499	0
23 富山	0	0	0	0	0	0	3,119	0	1,179,406	235,098	6,825	0	0	0
24 石川	0	0	0	6,987	0	0	37,429	0	189,314	1,673,744	187,172	0	4,569	0
25 福井	0	0	0	0	0	0	0	0	0	0	1,113,656	0	0	9,847
26 山梨	0	0	0	3,743	0	41,375	0	0	0	0	0	586,983	116,057	282,932
27 長野	274,480	0	93,902	24,962	1,245,141	6,102	13,893	31,191	15,595	0	12,559	12,410	605,905	109,994
28 静岡	13,100	18,013	59,487	0	62,382	34,836	0	31,191	0	0	2,311	6,706	40,860	2,651,002
29 岐阜	0	0	0	0	0	0	0	31,191	0	0	0	0	1,168	67,060
30 愛知	187,183	41,484	0	87,335	1,752	31,191	62,694	31,191	115,444	18,715	3,431	0	197	438,117
31 三重	0	0	0	0	0	0	0	0	3,119	0	0	0	0	640,973
32 滋賀	0	8,110	0	0	0	0	0	0	0	0	27,479	0	30,770	8,733
33 京都	0	0	0	0	0	0	0	0	0	0	4,679	0	0	0
34 奈良	0	0	0	0	0	0	0	0	0	0	0	0	0	0
35 和歌山	0	0	0	0	0	0	0	0	0	26,824	0	0	0	0
36 大阪	0	0	0	0	0	789	31,191	33,530	58,327	0	0	9,357	0	7,355
37 兵庫	0	0	0	0	21,834	0	0	0	0	43,979	0	0	0	3,119
38 鳥取	0	0	0	0	0	0	0	40,548	0	0	0	0	3,119	3,119
39 島根	0	0	0	0	0	0	0	0	0	0	0	0	0	0
40 岡山	0	0	0	0	0	0	0	0	0	0	0	0	0	0
41 広島	43,355	0	40,548	38,989	0	0	0	0	0	0	0	0	31,191	40,548
42 山口	40,548	0	0	0	0	0	0	0	0	0	0	0	0	0
43 香川	0	0	0	0	0	0	0	0	0	0	0	0	0	0
44 愛媛	78	0	0	0	0	0	0	0	0	0	0	0	0	0
45 徳島	20,274	0	0	0	0	0	40,548	93,573	0	57,126	0	0	0	0
46 高知	0	0	0	0	0	0	0	0	0	0	0	0	0	0
47 福岡	0	0	0	0	0	0	0	0	0	0	0	0	0	0
48 佐賀	0	0	0	0	0	0	0	0	0	0	0	0	0	0
49 長崎	0	0	0	0	0	0	0	0	0	0	0	0	0	0
50 熊本	0	0	0	0	0	0	0	0	0	0	0	0	0	77,371
51 大分	0	0	0	0	0	0	0	0	0	0	0	0	0	0
52 宮崎	0	0	0	0	0	0	0	0	0	0	0	0	0	0
53 鹿児島	0	0	0	0	0	0	0	0	0	0	0	0	0	0
54 沖縄	0	0	0	0	0	0	0	0	0	0	0	0	0	0
55 全国	4,900,585	1,914,388	2,011,029	3,478,771	3,804,137	2,940,167	2,408,198	7,787,476	1,558,086	2,048,348	1,418,274	1,060,152	983,322	4,584,935

平成28年度　　府県相互間輸送トン数表（自動車）　　品目 （2-6）木材　　（単位：トン）その 3

着\発	29 岐阜	30 愛知	31 三重	32 滋賀	33 京都	34 奈良	35 和歌山	36 大阪	37 兵庫	38 鳥取	39 島根	40 岡山	41 広島	42 山口
1 札幌	0	0	0	0	0	0	0	0	0	0	0	0	0	0
2 旭川	0	0	0	0	0	0	0	0	0	0	0	0	0	0
3 函館	0	0	0	0	0	0	0	0	0	0	0	0	0	0
4 室蘭	0	0	0	0	0	0	0	0	0	0	0	0	0	0
5 釧路	0	0	0	0	0	0	0	0	0	0	0	0	0	0
6 帯広	0	0	0	0	0	0	0	0	0	0	0	0	0	0
7 北見	0	0	0	0	0	0	0	0	0	0	0	0	0	0
8 北海道	0	0	0	0	0	0	0	0	0	0	0	0	0	0
9 青森	0	0	0	0	0	0	0	0	0	0	0	0	0	0
10 岩手	0	0	0	0	0	0	0	0	0	0	0	0	0	0
11 宮城	0	0	0	0	0	0	0	0	0	0	0	0	0	0
12 福島	0	23,393	0	0	0	0	0	0	0	0	0	0	0	0
13 秋田	0	0	0	31,815	0	0	0	0	0	0	0	62,382	0	0
14 山形	0	0	0	0	0	0	0	0	0	0	0	0	0	0
15 茨城	0	0	0	0	0	0	0	0	0	0	0	0	0	0
16 栃木	0	0	0	0	0	0	0	38,989	0	0	0	0	0	0
17 群馬	0	0	0	0	0	0	0	0	0	0	0	0	0	0
18 埼玉	31,191	0	0	6,862	0	0	0	5,614	38,677	0	0	0	0	0
19 千葉	80,410	0	0	0	0	0	0	0	0	0	0	12,476	0	0
20 東京	0	0	0	0	0	0	0	0	0	0	0	0	0	0
21 神奈川	0	0	0	0	0	0	0	0	0	33	0	0	0	0
22 新潟	0	62,382	0	0	0	0	0	0	0	0	0	0	0	0
23 富山	34,310	126,323	31,191	0	28,696	0	0	22,769	3,119	3,119	0	0	0	0
24 石川	0	7,798	0	0	0	0	0	3,119	74,858	0	0	0	0	0
25 福井	0	0	0	0	54,424	0	0	0	3,743	0	0	0	0	0
26 山梨	0	0	0	0	0	0	0	0	0	0	0	0	0	0
27 長野	71,232	54,307	32,713	0	0	0	0	0	32,968	0	0	0	0	0
28 静岡	12,476	152,705	336,862	0	0	0	0	11,009	0	0	0	0	0	0
29 岐阜	1,556,297	275,145	0	0	0	0	0	2,324	0	0	0	0	37,429	0
30 愛知	844,269	4,726,691	278,403	25,180	0	0	0	4,367	42,357	3,119	0	0	0	0
31 三重	13,878	139,209	2,078,805	16,035	27,604	525,080	11,695	31,618	0	0	0	0	0	0
32 滋賀	14,454	76,387	6,576	437,134	40,618	117,843	0	104,228	6,862	0	0	157,872	0	0
33 京都	0	8,422	4,679	39,559	753,848	37,914	4,679	105,929	153,483	0	0	32,507	0	0
34 奈良	0	46,786	399,244	8,733	32,584	265,631	0	100,915	0	0	0	0	0	0
35 和歌山	0	1,560	4,143,709	0	0	0	49,905	947,411	252,275	0	37,273	0	33,762	0
36 大阪	46,474	42,604	6,238	62,444	59,565	95,270	126,634	1,720,249	436,806	3,119	0	43,667	235,426	0
37 兵庫	0	0	2,110	12,675	151,954	21,508	6,464	310,927	2,300,031	0	256,004	108,392	1,315	0
38 鳥取	0	0	0	0	0	0	0	0	155,955	0	1,858,380	66,571	116	3,743
39 島根	0	0	0	0	0	0	0	31,191	0	161,385	2,515,023	0	0	0
40 岡山	0	0	0	0	0	0	0	33,175	277,042	270,570	0	1,570,827	46,385	0
41 広島	0	31,191	31,191	0	0	0	0	0	213,533	0	100,964	252,915	1,258,726	4,603
42 山口	0	0	0	0	0	0	0	44,759	31,191	0	0	6,238	2,696	1,553,179
43 香川	0	0	0	80,473	0	0	0	38,989	0	0	0	43,667	34,310	0
44 愛媛	0	0	0	0	0	31,191	0	0	7,737	0	0	43,667	31,191	0
45 徳島	0	6,550	0	0	0	0	0	0	65,501	76,343	0	0	0	0
46 高知	0	0	0	0	0	0	0	0	0	0	0	0	0	0
47 福岡	0	0	0	0	0	0	0	0	0	0	0	0	0	102,619
48 佐賀	0	0	0	0	0	0	0	0	0	0	0	0	0	4,994
49 長崎	0	0	0	0	0	0	0	0	0	0	0	0	0	0
50 熊本	0	0	0	0	0	0	0	0	0	0	0	0	0	0
51 大分	0	0	0	0	0	0	0	0	0	0	0	0	0	0
52 宮崎	0	0	0	0	0	0	0	0	0	0	0	0	0	0
53 鹿児島	0	0	0	0	0	0	0	0	0	0	0	0	0	0
54 沖縄	0	0	0	0	0	0	0	0	0	0	0	0	0	0
55 全国	2,704,993	5,781,451	7,351,720	747,322	1,149,291	1,144,343	1,096,882	2,935,685	3,881,121	2,299,725	2,938,561	2,356,013	1,616,287	1,669,138

平成28年度　　府県相互間輸送トン数表（自動車）　　品目 （2-6）木材　　（単位：トン）その 4

着\発	43 香川	44 愛媛	45 徳島	46 高知	47 福岡	48 佐賀	49 長崎	50 熊本	51 大分	52 宮崎	53 鹿児島	54 沖縄	55 全国
1 札幌	0	0	0	0	0	0	0	0	0	0	0	0	2,001,381
2 旭川	0	0	0	0	0	0	0	0	0	0	0	0	562,702
3 函館	0	0	0	0	0	0	0	0	0	0	0	0	497,772
4 室蘭	0	0	0	0	0	0	0	0	0	0	0	0	3,381,717
5 釧路	0	0	0	0	0	0	0	0	0	0	0	0	135,382
6 帯広	0	0	0	0	0	0	0	0	0	0	0	0	5,671,417
7 北見	0	0	0	0	0	0	0	0	0	0	0	0	1,539,278
8 北海道	0	0	0	0	0	0	0	0	0	0	0	0	13,789,651
9 青森	38,053	0	0	0	0	0	0	0	0	0	0	0	3,503,857
10 岩手	0	0	0	0	0	0	0	0	0	0	0	0	2,791,691
11 宮城	0	0	0	0	0	0	0	0	0	0	0	0	1,380,612
12 福島	0	0	0	0	0	0	0	0	0	0	0	0	1,632,043
13 秋田	0	0	31,191	0	0	0	0	0	0	0	0	0	2,933,920
14 山形	0	0	0	0	0	0	0	0	0	0	0	0	798,117
15 茨城	0	0	0	0	0	0	0	0	0	0	0	0	4,920,184
16 栃木	0	0	0	0	0	0	0	0	0	0	0	0	1,751,778
17 群馬	0	0	0	0	0	0	0	0	0	0	0	0	1,503,450
18 埼玉	0	0	0	0	0	0	0	0	0	0	0	0	3,092,107
19 千葉	0	0	0	0	0	0	0	0	0	0	0	0	3,201,170
20 東京	0	0	0	0	0	0	0	0	0	0	0	0	2,942,667
21 神奈川	40,548	0	0	0	0	0	0	0	0	0	0	0	3,107,475
22 新潟	0	0	0	0	0	0	0	0	0	0	0	0	7,418,303
23 富山	40,548	0	0	0	0	0	0	0	0	0	0	0	1,711,404
24 石川	0	0	0	0	0	0	0	0	0	0	0	0	2,184,989
25 福井	0	0	0	0	0	0	0	0	0	0	0	0	1,181,670
26 山梨	0	0	0	0	0	0	0	0	0	0	0	0	1,068,518
27 長野	0	30,567	0	0	0	0	0	0	0	0	0	0	2,625,607
28 静岡	0	0	0	0	0	0	0	0	0	0	0	0	3,459,392
29 岐阜	0	0	0	0	0	0	0	0	0	0	0	0	1,997,027
30 愛知	0	0	0	0	0	0	0	0	0	0	0	0	6,974,311
31 三重	0	0	0	0	0	0	0	0	0	0	0	0	3,519,207
32 滋賀	0	0	0	0	0	0	0	0	0	0	0	0	1,028,957
33 京都	0	0	0	0	0	0	0	0	0	0	0	0	1,153,808
34 奈良	0	0	0	0	84,215	31,191	0	0	0	0	0	0	969,300
35 和歌山	0	0	0	0	0	0	0	0	0	0	0	0	5,492,719
36 大阪	43,667	8,680	36,108	13,151	0	0	0	0	0	0	0	0	3,120,651
37 兵庫	114,159	66,749	0	0	5,614	0	0	0	0	0	0	0	3,423,716
38 鳥取	0	0	0	0	0	0	0	0	0	0	0	0	2,091,002
39 島根	0	0	0	0	43,451	0	0	0	0	0	0	0	2,751,050
40 岡山	37,429	40,548	0	132	4,679	0	0	0	0	0	0	0	2,280,786
41 広島	4,603	0	0	0	11,853	0	0	0	0	0	0	0	2,104,209
42 山口	0	0	31,191	0	131,066	0	0	0	0	0	0	0	1,800,319
43 香川	2,456,104	167,358	281,955	105,853	124,389	0	0	0	0	0	0	0	3,329,979
44 愛媛	14,535	1,758,098	81,159	52,222	62,070	0	0	0	0	0	0	0	2,050,758
45 徳島	249,002	420,401	1,313,250	8,792	0	0	0	0	0	28,440	0	0	2,410,991
46 高知	9,847	0	0	1,555,230	0	0	0	0	0	0	0	0	1,565,077
47 福岡	0	0	0	0	2,203,615	232,419	486,025	197,860	11,501	207,023	76,966	0	3,518,030
48 佐賀	56,144	0	0	0	24,823	1,221,293	42,202	0	49,905	0	0	0	1,399,361
49 長崎	0	0	0	0	228,917	785,457	0	0	0	0	0	0	1,014,374
50 熊本	0	0	0	0	4,536	0	89,518	1,666,175	87,218	125,310	440,164	0	2,490,293
51 大分	0	0	0	0	229,565	0	0	12,924	1,451,253	0	0	0	1,693,742
52 宮崎	0	0	0	0	56,144	56,892	0	46,786	79,664	6,301,138	920,473	0	7,461,097
53 鹿児島	0	0	0	0	0	0	0	0	0	243,310	2,951,580	0	3,194,919
54 沖縄	0	0	0	0	0	0	17,584	0	0	0	0	348,446	366,031
55 全国	3,104,640	2,492,401	1,774,854	1,735,379	2,986,020	1,770,712	1,420,787	1,923,745	1,679,542	6,905,250	4,389,183	348,446	136,200,000

- 313 -

平成28年度　　　　　　　　　　　　　　　　　　　　　府県相互間輸送トン数表（自動車）

品目（2-7）薪炭　　　　　　（単位：トン）　その1

着／発	1 札幌	2 旭川	3 函館	4 室蘭	5 釧路	6 帯広	7 北見	8 北海道	9 青森	10 岩手	11 宮城	12 福島	13 秋田	14 山形
1 札幌	66,187	0	0	0	0	0	0	66,187	0	0	0	0	0	0
2 旭川	0	0	0	0	0	0	0	0	0	0	0	0	0	0
3 函館	0	0	0	0	0	0	0	0	0	0	0	0	0	0
4 室蘭	0	0	0	0	0	0	0	0	0	0	0	0	0	0
5 釧路	0	0	0	0	0	0	0	0	0	0	0	0	0	0
6 帯広	0	0	0	0	0	8,597	0	8,597	0	0	0	0	0	0
7 北見	0	0	0	0	0	0	0	0	0	0	0	0	0	0
8 北海道	66,187	0	0	0	0	8,597	0	74,784	0	0	0	0	0	0
9 青森	0	0	0	0	0	0	0	0	88,250	0	0	0	0	0
10 岩手	0	0	0	0	0	0	0	0	0	62	0	0	598	0
11 宮城	0	0	0	0	0	0	0	0	0	0	0	0	0	0
12 福島	0	0	0	0	0	0	0	0	0	0	0	0	0	0
13 秋田	0	0	0	0	0	0	0	0	0	0	0	0	0	0
14 山形	0	0	0	0	0	0	0	0	0	0	0	0	0	0
15 茨城	0	0	0	0	0	0	0	0	0	0	0	0	0	0
16 栃木	0	0	0	0	0	0	0	0	0	0	0	0	0	0
17 群馬	0	0	0	0	0	0	0	0	0	0	0	0	0	0
18 埼玉	0	0	0	0	0	0	0	0	0	0	0	0	0	0
19 千葉	0	0	0	0	0	0	0	0	0	0	0	0	0	0
20 東京	0	0	0	0	0	0	0	0	0	0	0	0	0	0
21 神奈川	0	0	0	0	0	0	0	0	0	0	0	0	0	0
22 新潟	0	0	0	0	0	0	0	0	0	0	0	0	0	0
23 富山	0	0	0	0	0	0	0	0	0	0	0	0	0	0
24 石川	0	0	0	0	0	0	0	0	0	0	0	0	0	0
25 福井	0	0	0	0	0	0	0	0	0	0	0	0	0	0
26 山梨	0	0	0	0	0	0	0	0	0	0	0	0	0	0
27 長野	0	0	0	0	0	0	0	0	0	0	0	0	0	0
28 静岡	0	0	0	0	0	0	0	0	0	0	0	0	0	0
29 岐阜	0	0	0	0	0	0	0	0	0	0	0	0	0	0
30 愛知	0	0	0	0	0	0	0	0	0	0	0	0	0	0
31 三重	0	0	0	0	0	0	0	0	0	0	0	0	0	0
32 滋賀	0	0	0	0	0	0	0	0	0	0	0	0	0	0
33 京都	0	0	0	0	0	0	0	0	0	0	0	0	0	0
34 奈良	0	0	0	0	0	0	0	0	0	0	0	0	0	0
35 和歌山	0	0	0	0	0	0	0	0	0	0	0	0	0	0
36 大阪	0	0	0	0	0	0	0	0	0	0	0	0	0	0
37 兵庫	0	0	0	0	0	0	0	0	0	0	0	0	0	0
38 鳥取	0	0	0	0	0	0	0	0	0	0	0	0	0	0
39 島根	0	0	0	0	0	0	0	0	0	0	0	0	0	0
40 岡山	0	0	0	0	0	0	0	0	0	0	0	0	0	0
41 広島	0	0	0	0	0	0	0	0	0	0	0	0	0	0
42 山口	0	0	0	0	0	0	0	0	0	0	0	0	0	0
43 香川	0	0	0	0	0	0	0	0	0	0	0	0	0	0
44 愛媛	0	0	0	0	0	0	0	0	0	0	0	0	0	0
45 徳島	0	0	0	0	0	0	0	0	0	0	0	0	0	0
46 高知	0	0	0	0	0	0	0	0	0	0	0	0	0	0
47 福岡	0	0	0	0	0	0	0	0	0	0	0	0	0	0
48 佐賀	0	0	0	0	0	0	0	0	0	0	0	0	0	0
49 長崎	0	0	0	0	0	0	0	0	0	0	0	0	0	0
50 熊本	0	0	0	0	0	0	0	0	0	0	0	0	0	0
51 大分	0	0	0	0	0	0	0	0	0	0	0	0	0	0
52 宮崎	0	0	0	0	0	0	0	0	0	0	0	0	0	0
53 鹿児島	0	0	0	0	0	0	0	0	0	0	0	0	0	0
54 沖縄	0	0	0	0	0	0	0	0	0	0	0	0	0	0
55 全国	66,187	0	0	0	0	8,597	0	74,784	88,250	62	0	0	598	0

平成28年度　　　　　　　　　　　　　　　　　　　　　府県相互間輸送トン数表（自動車）

品目（2-7）薪炭　　　　　　（単位：トン）　その2

着／発	15 茨城	16 栃木	17 群馬	18 埼玉	19 千葉	20 東京	21 神奈川	22 新潟	23 富山	24 石川	25 福井	26 山梨	27 長野	28 静岡
1 札幌	0	0	0	0	0	0	0	0	0	0	0	0	0	0
2 旭川	0	0	0	0	0	0	0	0	0	0	0	0	0	0
3 函館	0	0	0	0	0	0	0	0	0	0	0	0	0	0
4 室蘭	0	0	0	0	0	0	0	0	0	0	0	0	0	0
5 釧路	0	0	0	0	0	0	0	0	0	0	0	0	0	0
6 帯広	0	0	0	0	0	0	0	0	0	0	0	0	0	0
7 北見	0	0	0	0	0	0	0	0	0	0	0	0	0	0
8 北海道	0	0	0	0	0	0	0	0	0	0	0	0	0	0
9 青森	0	0	0	0	0	0	0	0	0	0	0	0	0	0
10 岩手	0	0	0	0	0	0	0	0	0	0	0	0	0	0
11 宮城	0	0	0	0	0	0	0	0	0	0	0	0	0	0
12 福島	0	0	0	0	0	0	0	0	0	0	0	0	0	0
13 秋田	0	0	0	0	0	0	0	0	0	0	0	0	0	0
14 山形	0	0	0	0	0	0	0	0	0	0	0	0	0	0
15 茨城	0	0	0	66,421	4,744	0	0	0	0	0	0	3,558	0	0
16 栃木	0	0	0	0	0	0	0	0	0	0	0	0	0	0
17 群馬	0	0	0	0	0	0	0	0	0	0	0	0	0	0
18 埼玉	0	0	0	0	0	0	0	0	0	0	0	0	0	0
19 千葉	0	0	0	0	0	0	0	0	0	0	0	0	0	0
20 東京	0	0	0	0	0	45,518	0	0	0	0	0	0	0	0
21 神奈川	0	0	0	0	0	0	0	0	0	0	0	0	0	0
22 新潟	0	0	0	0	0	0	0	0	0	0	0	0	0	0
23 富山	0	0	0	0	0	0	0	0	22,062	0	0	0	0	0
24 石川	0	0	0	0	0	0	0	0	0	0	0	0	0	0
25 福井	0	0	0	0	0	0	0	0	0	0	0	0	0	0
26 山梨	0	0	0	0	0	0	0	0	0	0	0	0	0	0
27 長野	0	0	0	0	0	0	0	0	0	0	0	0	0	0
28 静岡	0	0	0	0	0	0	0	0	0	0	0	0	0	0
29 岐阜	0	0	0	0	0	0	0	84,058	0	0	0	0	0	0
30 愛知	0	0	0	0	0	0	0	0	0	0	0	0	0	0
31 三重	0	0	0	0	0	0	0	0	0	0	0	0	0	0
32 滋賀	0	0	0	0	0	0	0	0	0	0	0	0	0	0
33 京都	0	0	0	0	0	0	0	0	0	0	0	0	0	0
34 奈良	0	0	0	0	0	0	0	0	0	0	0	0	0	0
35 和歌山	0	0	0	0	0	0	0	0	0	0	0	0	0	0
36 大阪	0	0	0	0	0	0	0	0	0	0	0	0	0	0
37 兵庫	0	0	0	0	0	0	0	0	0	0	0	0	0	0
38 鳥取	0	0	0	0	0	0	0	0	0	0	0	0	0	0
39 島根	0	0	0	0	0	0	0	0	0	0	0	0	0	0
40 岡山	0	0	0	0	0	0	0	0	0	0	0	0	0	0
41 広島	0	0	0	0	0	0	0	0	0	0	0	0	0	0
42 山口	0	0	0	0	0	0	0	0	0	0	0	0	0	0
43 香川	0	0	0	0	0	0	0	0	0	0	0	0	0	0
44 愛媛	0	0	0	0	0	0	0	0	0	0	0	0	0	0
45 徳島	0	0	0	0	0	0	0	0	0	0	0	0	0	0
46 高知	0	0	0	0	0	0	0	0	0	0	0	0	0	0
47 福岡	0	0	0	0	0	0	0	0	0	0	0	0	0	0
48 佐賀	0	0	0	0	0	0	0	0	0	0	0	0	0	0
49 長崎	0	0	0	0	0	0	0	0	0	0	0	0	0	0
50 熊本	0	0	0	0	0	0	0	0	0	0	0	0	0	0
51 大分	0	0	0	0	0	0	0	0	0	0	0	0	0	0
52 宮崎	0	0	0	0	0	0	0	0	0	0	0	0	0	0
53 鹿児島	0	0	0	0	0	0	0	0	0	0	0	0	0	0
54 沖縄	0	0	0	0	0	0	0	0	0	0	0	0	0	0
55 全国	0	0	0	66,421	4,744	45,518	0	84,058	22,062	0	0	3,558	0	0

平成28年度　　　　　　　　　　　　　府県相互間輸送トン数表（自動車）　　　　　　品目（2-7）薪炭　　　　　（単位：トン）　その3

着／発	29 岐阜	30 愛知	31 三重	32 滋賀	33 京都	34 奈良	35 和歌山	36 大阪	37 兵庫	38 鳥取	39 島根	40 岡山	41 広島	42 山口
1 札幌	0	0	0	0	0	0	0	0	0	0	0	0	0	0
2 旭川	0	0	0	0	0	0	0	0	0	0	0	0	0	0
3 函館	0	0	0	0	0	0	0	0	0	0	0	0	0	0
4 室蘭	0	0	0	0	0	0	0	0	0	0	0	0	0	0
5 釧路	0	0	0	0	0	0	0	0	0	0	0	0	0	0
6 帯広	0	0	0	0	0	0	0	0	0	0	0	0	0	0
7 北見	0	0	0	0	0	0	0	0	0	0	0	0	0	0
8 北海道	0	0	0	0	0	0	0	0	0	0	0	0	0	0
9 青森	0	0	0	0	0	0	0	0	0	0	0	0	0	0
10 岩手	0	0	0	0	0	0	0	0	0	0	0	0	0	0
11 宮城	0	0	0	0	0	0	0	0	0	0	0	0	0	0
12 福島	0	0	0	0	0	0	0	0	0	0	0	0	0	0
13 秋田	0	0	0	0	0	0	0	0	0	0	0	0	0	0
14 山形	0	0	0	0	0	0	0	0	0	0	0	0	0	0
15 茨城	0	0	0	0	0	0	0	0	0	0	0	0	0	0
16 栃木	0	0	0	0	0	0	0	0	0	0	0	0	0	0
17 群馬	0	0	0	0	0	0	0	0	0	0	0	0	0	0
18 埼玉	0	0	0	0	0	0	0	0	0	0	0	0	0	0
19 千葉	0	0	0	0	0	0	0	0	0	0	0	0	0	0
20 東京	0	0	0	0	0	0	0	0	0	0	0	0	0	0
21 神奈川	0	0	0	0	0	0	0	0	0	0	0	0	0	0
22 新潟	0	0	0	0	0	0	0	0	0	0	0	0	0	0
23 富山	0	0	0	0	0	0	0	0	0	0	0	0	0	0
24 石川	0	0	0	0	0	0	0	0	0	0	0	0	0	0
25 福井	0	0	0	0	0	0	0	0	0	0	0	0	0	0
26 山梨	0	0	0	0	0	0	0	0	0	0	0	0	0	0
27 長野	0	0	0	0	0	0	0	0	0	0	0	0	0	0
28 静岡	0	0	0	0	0	0	0	0	0	0	0	0	0	0
29 岐阜	238	46,331	0	0	0	0	0	0	0	0	0	0	0	0
30 愛知	0	11,320	0	0	0	0	0	0	0	0	0	0	0	0
31 三重	0	0	66,789	0	0	0	0	0	0	0	0	0	0	0
32 滋賀	0	0	0	0	0	0	0	0	0	0	0	0	0	0
33 京都	0	0	0	0	0	0	0	0	0	0	0	0	0	0
34 奈良	0	0	0	0	0	0	0	0	3,989	0	0	0	0	0
35 和歌山	0	0	0	0	0	0	0	0	0	0	0	0	0	0
36 大阪	0	0	0	0	0	0	0	0	0	0	0	0	0	0
37 兵庫	0	0	0	0	0	0	0	0	33,012	0	0	23,166	0	0
38 鳥取	0	0	0	0	0	0	0	0	0	0	0	0	0	0
39 島根	0	0	0	0	0	0	0	0	0	0	10,629	0	0	0
40 岡山	0	0	0	0	0	0	0	0	52,950	0	0	0	0	0
41 広島	0	0	0	0	0	0	0	0	0	0	0	0	0	0
42 山口	0	0	0	0	0	0	0	0	0	0	0	0	6,575	0
43 香川	0	0	0	0	0	0	0	0	0	0	0	0	0	0
44 愛媛	0	0	0	0	0	0	0	0	0	0	0	0	0	0
45 徳島	0	0	0	0	0	0	0	0	0	0	0	0	0	0
46 高知	0	0	0	0	0	0	0	0	0	0	0	0	0	0
47 福岡	0	0	0	0	0	0	0	0	0	0	0	0	0	0
48 佐賀	0	0	0	0	0	0	0	0	0	0	0	0	0	0
49 長崎	0	0	0	0	0	0	0	0	0	0	0	0	0	0
50 熊本	0	0	0	0	0	0	0	0	0	0	0	0	0	0
51 大分	0	0	0	0	0	0	0	0	0	0	0	0	0	0
52 宮崎	0	0	0	0	0	0	0	0	0	0	0	0	0	0
53 鹿児島	0	0	0	0	0	0	0	0	0	0	0	0	0	0
54 沖縄	0	0	0	0	0	0	0	0	0	0	0	0	0	0
55 全国	238	57,651	66,789	0	0	0	0	0	89,951	0	10,629	23,166	6,575	0

平成28年度　　　　　　　　　　　　　府県相互間輸送トン数表（自動車）　　　　　　品目（2-7）薪炭　　　　　（単位：トン）　その4

着／発	43 香川	44 愛媛	45 徳島	46 高知	47 福岡	48 佐賀	49 長崎	50 熊本	51 大分	52 宮崎	53 鹿児島	54 沖縄	55 全国
1 札幌	0	0	0	0	0	0	0	0	0	0	0	0	66,187
2 旭川	0	0	0	0	0	0	0	0	0	0	0	0	0
3 函館	0	0	0	0	0	0	0	0	0	0	0	0	0
4 室蘭	0	0	0	0	0	0	0	0	0	0	0	0	0
5 釧路	0	0	0	0	0	0	0	0	0	0	0	0	0
6 帯広	0	0	0	0	0	0	0	0	0	0	0	0	8,597
7 北見	0	0	0	0	0	0	0	0	0	0	0	0	0
8 北海道	0	0	0	0	0	0	0	0	0	0	0	0	74,784
9 青森	0	0	0	0	0	0	0	0	0	0	0	0	88,250
10 岩手	0	0	0	0	0	0	0	0	0	0	0	0	660
11 宮城	0	0	0	0	0	0	0	0	0	0	0	0	0
12 福島	0	0	0	0	0	0	0	0	0	0	0	0	0
13 秋田	0	0	0	0	0	0	0	0	0	0	0	0	0
14 山形	0	0	0	0	0	0	0	0	0	0	0	0	0
15 茨城	0	0	0	0	0	0	0	0	0	0	0	0	74,724
16 栃木	0	0	0	0	0	0	0	0	0	0	0	0	0
17 群馬	0	0	0	0	0	0	0	0	0	0	0	0	0
18 埼玉	0	0	0	0	0	0	0	0	0	0	0	0	0
19 千葉	0	0	0	0	0	0	0	0	0	0	0	0	0
20 東京	0	0	0	0	0	0	0	0	0	0	0	0	45,518
21 神奈川	0	0	0	0	0	0	0	0	0	0	0	0	0
22 新潟	0	0	0	0	0	0	0	0	0	0	0	0	0
23 富山	0	0	0	0	0	0	0	0	0	0	0	0	22,062
24 石川	0	0	0	0	0	0	0	0	0	0	0	0	0
25 福井	0	0	0	0	0	0	0	0	0	0	0	0	0
26 山梨	0	0	0	0	0	0	0	0	0	0	0	0	0
27 長野	0	0	0	0	0	0	0	0	0	0	0	0	0
28 静岡	0	0	0	0	0	0	0	0	0	0	0	0	0
29 岐阜	0	0	0	0	0	0	0	0	0	0	0	0	130,627
30 愛知	0	0	0	0	0	0	0	0	0	0	0	0	11,320
31 三重	0	0	0	0	0	0	0	0	0	0	0	0	66,789
32 滋賀	0	0	0	0	0	0	0	0	0	0	0	0	0
33 京都	0	0	0	0	0	0	0	0	0	0	0	0	0
34 奈良	0	0	0	0	0	0	0	0	0	0	0	0	3,989
35 和歌山	0	0	0	0	0	0	0	0	0	0	0	0	0
36 大阪	0	0	0	0	0	0	0	0	0	0	0	0	0
37 兵庫	0	0	0	0	0	0	0	0	0	0	0	0	56,178
38 鳥取	0	0	0	0	0	0	0	0	0	0	0	0	0
39 島根	0	0	0	0	0	0	0	0	0	0	0	0	10,629
40 岡山	0	0	0	0	0	0	0	0	0	0	0	0	52,950
41 広島	0	0	0	0	0	0	0	0	0	0	0	0	0
42 山口	0	0	0	0	0	0	0	0	0	0	0	0	6,575
43 香川	0	0	0	0	0	0	0	0	0	0	0	0	0
44 愛媛	0	0	0	0	0	0	0	0	0	0	0	0	0
45 徳島	0	0	0	0	0	0	0	0	0	0	0	0	0
46 高知	0	0	0	0	0	0	0	0	0	0	0	0	0
47 福岡	0	0	0	0	8,636	0	0	0	0	0	0	0	8,636
48 佐賀	0	0	0	0	0	0	5,158	0	0	0	0	0	5,158
49 長崎	0	0	0	0	0	0	0	0	0	0	0	0	0
50 熊本	0	0	0	0	0	0	0	0	0	0	0	0	0
51 大分	0	0	0	0	0	0	0	0	0	0	0	0	0
52 宮崎	0	0	0	0	0	0	0	0	0	0	0	0	0
53 鹿児島	0	0	0	0	0	0	0	0	0	0	0	0	0
54 沖縄	0	0	0	0	0	0	0	0	0	0	0	0	0
55 全国	0	0	0	0	8,636	0	5,158	0	0	0	0	0	659,000

平成28年度　　府県相互間輸送トン数表（自動車）　　品目（3-8）石炭　　その 1　　（単位：トン）

着／発	1 札幌	2 旭川	3 函館	4 室蘭	5 釧路	6 帯広	7 北見	8 北海道	9 青森	10 岩手	11 宮城	12 福島	13 秋田	14 山形
1 札幌	1,516,308	0	0	0	0	0	0	1,516,308	0	0	0	0	0	0
2 旭川	950,652	0	0	0	0	0	0	950,652	0	0	0	0	0	0
3 函館	0	0	0	0	0	0	0	0	0	0	0	0	0	0
4 室蘭	0	0	0	4,260	0	0	0	4,260	0	0	0	0	0	0
5 釧路	0	0	0	0	0	0	0	0	0	0	0	0	0	0
6 帯広	0	0	0	0	0	0	0	0	0	0	0	0	0	0
7 北見	0	0	0	0	0	0	0	0	0	0	0	0	0	0
8 北海道	2,466,959	0	0	4,260	0	0	0	2,471,220	0	0	0	0	0	0
9 青森	0	0	0	0	0	0	0	0	843,735	0	0	0	0	0
10 岩手	0	0	0	0	0	0	0	0	0	0	0	0	0	0
11 宮城	0	0	0	0	0	0	0	0	0	0	0	0	0	0
12 福島	0	0	0	0	0	0	0	0	0	0	0	5,781,820	0	0
13 秋田	0	0	0	0	0	0	0	0	0	0	0	0	0	0
14 山形	0	0	0	0	0	0	0	0	0	0	0	0	0	1,300,412
15 茨城	0	0	0	0	0	0	0	0	0	0	0	0	0	0
16 栃木	0	0	0	0	0	0	0	0	0	0	0	0	0	0
17 群馬	0	0	0	0	0	0	0	0	0	0	0	0	0	0
18 埼玉	0	0	0	0	0	0	0	0	0	0	0	0	0	0
19 千葉	0	0	0	0	0	0	0	0	0	0	0	0	0	0
20 東京	0	0	0	0	0	0	0	0	0	0	0	0	0	0
21 神奈川	0	0	0	0	0	0	0	0	0	0	0	0	0	0
22 新潟	0	0	0	0	0	0	0	0	0	0	0	0	0	0
23 富山	0	0	0	0	0	0	0	0	0	0	0	0	0	0
24 石川	0	0	0	0	0	0	0	0	0	0	0	0	0	0
25 福井	0	0	0	0	0	0	0	0	0	0	0	0	0	0
26 山梨	0	0	0	0	0	0	0	0	0	0	0	0	0	0
27 長野	0	0	0	0	0	0	0	0	0	0	0	0	0	0
28 静岡	0	0	0	0	0	0	0	0	0	0	0	0	0	0
29 岐阜	0	0	0	0	0	0	0	0	0	0	0	0	0	0
30 愛知	0	0	0	0	0	0	0	0	0	0	0	0	0	0
31 三重	0	0	0	0	0	0	0	0	0	0	0	0	0	0
32 滋賀	0	0	0	0	0	0	0	0	0	0	0	0	0	0
33 京都	0	0	0	0	0	0	0	0	0	0	0	0	0	0
34 奈良	0	0	0	0	0	0	0	0	0	0	0	0	0	0
35 和歌山	0	0	0	0	0	0	0	0	0	0	0	0	0	0
36 大阪	0	0	0	0	0	0	0	0	0	0	0	0	0	0
37 兵庫	0	0	0	0	0	0	0	0	0	0	0	0	0	0
38 鳥取	0	0	0	0	0	0	0	0	0	0	0	0	0	0
39 島根	0	0	0	0	0	0	0	0	0	0	0	0	0	0
40 岡山	0	0	0	0	0	0	0	0	0	0	0	0	0	0
41 広島	0	0	0	0	0	0	0	0	0	0	0	0	0	0
42 山口	0	0	0	0	0	0	0	0	0	0	0	0	0	0
43 香川	0	0	0	0	0	0	0	0	0	0	0	0	0	0
44 愛媛	0	0	0	0	0	0	0	0	0	0	0	0	0	0
45 徳島	0	0	0	0	0	0	0	0	0	0	0	0	0	0
46 高知	0	0	0	0	0	0	0	0	0	0	0	0	0	0
47 福岡	0	0	0	0	0	0	0	0	0	0	0	0	0	0
48 佐賀	0	0	0	0	0	0	0	0	0	0	0	0	0	0
49 長崎	0	0	0	0	0	0	0	0	0	0	0	0	0	0
50 熊本	0	0	0	0	0	0	0	0	0	0	0	0	0	0
51 大分	0	0	0	0	0	0	0	0	0	0	0	0	0	0
52 宮崎	0	0	0	0	0	0	0	0	0	0	0	0	0	0
53 鹿児島	0	0	0	0	0	0	0	0	0	0	0	0	0	0
54 沖縄	0	0	0	0	0	0	0	0	0	0	0	0	0	0
55 全国	2,466,959	0	0	4,260	0	0	0	2,471,220	843,735	0	0	5,781,820	0	1,300,412

平成28年度　　府県相互間輸送トン数表（自動車）　　品目（3-8）石炭　　その 2　　（単位：トン）

着／発	15 茨城	16 栃木	17 群馬	18 埼玉	10 千葉	20 東京	21 神奈川	22 新潟	23 富山	24 石川	25 福井	26 山梨	27 長野	28 静岡
1 札幌	0	0	0	0	0	0	0	0	0	0	0	0	0	0
2 旭川	0	0	0	0	0	0	0	0	0	0	0	0	0	0
3 函館	0	0	0	0	0	0	0	0	0	0	0	0	0	0
4 室蘭	0	0	0	0	0	0	0	0	0	0	0	0	0	0
5 釧路	0	0	0	0	0	0	0	0	0	0	0	0	0	0
6 帯広	0	0	0	0	0	0	0	0	0	0	0	0	0	0
7 北見	0	0	0	0	0	0	0	0	0	0	0	0	0	0
8 北海道	0	0	0	0	0	0	0	0	0	0	0	0	0	0
9 青森	0	0	0	0	0	0	0	0	0	0	0	0	0	0
10 岩手	0	32,379	0	0	0	0	0	67,079	0	0	0	0	0	0
11 宮城	0	0	0	0	0	0	0	0	0	0	0	0	0	0
12 福島	0	0	0	0	0	0	0	0	0	0	0	0	0	0
13 秋田	0	0	0	0	0	0	0	0	0	0	0	0	0	0
14 山形	0	0	0	0	0	0	0	0	0	0	0	0	0	0
15 茨城	0	0	0	0	0	0	0	0	0	0	0	0	0	0
16 栃木	0	0	0	0	0	0	0	0	0	0	0	0	0	0
17 群馬	0	0	0	0	0	0	0	0	0	0	0	0	0	0
18 埼玉	0	0	0	0	9,393	100,256	0	0	0	0	0	0	0	0
19 千葉	0	0	0	0	298,374	0	0	0	0	0	0	0	0	0
20 東京	0	0	0	0	0	0	0	0	0	0	0	0	0	0
21 神奈川	0	0	0	0	0	0	0	0	0	0	0	0	0	0
22 新潟	0	0	0	0	0	0	0	3,077,283	66,564	0	0	0	0	0
23 富山	0	0	0	0	0	0	0	0	0	0	0	0	0	0
24 石川	0	0	0	0	0	0	0	0	0	0	0	0	0	0
25 福井	0	0	0	0	0	0	0	0	0	0	0	0	0	0
26 山梨	0	0	0	0	0	0	0	0	0	0	0	0	0	0
27 長野	0	0	0	0	0	0	0	0	0	0	0	0	0	0
28 静岡	0	0	0	0	0	0	0	0	0	0	0	0	0	0
29 岐阜	0	0	0	0	0	0	0	0	0	0	0	0	0	0
30 愛知	0	0	0	0	0	0	0	0	0	0	0	0	0	0
31 三重	0	0	0	0	0	0	0	0	0	0	0	0	0	0
32 滋賀	0	0	0	0	0	0	0	0	0	0	0	0	0	0
33 京都	0	0	0	0	0	0	0	0	0	0	0	0	0	0
34 奈良	0	0	0	0	0	0	0	0	0	0	0	0	0	0
35 和歌山	0	0	0	0	0	0	0	0	0	0	0	0	0	0
36 大阪	0	0	0	0	0	0	0	0	0	0	0	0	0	0
37 兵庫	0	0	0	0	0	0	0	0	0	0	0	0	0	0
38 鳥取	0	0	0	0	0	0	0	0	0	0	0	0	0	0
39 島根	0	0	0	0	0	0	0	0	0	0	0	0	0	0
40 岡山	0	0	0	0	0	0	0	0	0	0	0	0	0	0
41 広島	0	0	0	0	0	0	0	0	0	0	0	0	0	0
42 山口	0	0	0	0	0	0	0	0	0	0	0	0	0	0
43 香川	0	0	0	0	0	0	0	0	0	0	0	0	0	0
44 愛媛	0	0	0	0	0	0	0	0	0	0	0	0	0	0
45 徳島	0	0	0	0	0	0	0	0	0	0	0	0	0	0
46 高知	0	0	0	0	0	0	0	0	0	0	0	0	0	0
47 福岡	0	0	0	0	0	0	0	0	0	0	0	0	0	0
48 佐賀	0	0	0	0	0	0	0	0	0	0	0	0	0	0
49 長崎	0	0	0	0	0	0	0	0	0	0	0	0	0	0
50 熊本	0	0	0	0	0	0	0	0	0	0	0	0	0	0
51 大分	0	0	0	0	0	0	0	0	0	0	0	0	0	0
52 宮崎	0	0	0	0	0	0	0	0	0	0	0	0	0	0
53 鹿児島	0	0	0	0	0	0	0	0	0	0	0	0	0	0
54 沖縄	0	0	0	0	0	0	0	0	0	0	0	0	0	0
55 全国	0	32,379	0	0	307,767	100,256	0	3,144,362	66,564	0	0	0	0	0

- 316 -

平成28年度　　　　　　　　　　　　　　　　　府県相互間輸送トン数表（自動車）　　　　　　　　　　　　　　　　　　　（単位：トン）
品目　（3－8）石炭　　　その　3

着／発	29 岐阜	30 愛知	31 三重	32 滋賀	33 京都	34 奈良	35 和歌山	36 大阪	37 兵庫	38 鳥取	39 島根	40 岡山	41 広島	42 山口
1 札幌	0	0	0	0	0	0	0	0	0	0	0	0	0	0
2 旭川	0	0	0	0	0	0	0	0	0	0	0	0	0	0
3 函館	0	0	0	0	0	0	0	0	0	0	0	0	0	0
4 室蘭	0	0	0	0	0	0	0	0	0	0	0	0	0	0
5 釧路	0	0	0	0	0	0	0	0	0	0	0	0	0	0
6 帯広	0	0	0	0	0	0	0	0	0	0	0	0	0	0
7 北見	0	0	0	0	0	0	0	0	0	0	0	0	0	0
8 北海道	0	0	0	0	0	0	0	0	0	0	0	0	0	0
9 青森	0	0	0	0	0	0	0	0	0	0	0	0	0	0
10 岩手	0	0	0	0	0	0	0	0	0	0	0	0	0	0
11 宮城	0	0	0	0	0	0	0	0	0	0	0	0	0	0
12 福島	0	0	0	0	0	0	0	0	0	0	0	0	0	0
13 秋田	0	0	0	0	0	0	0	0	0	0	0	0	0	0
14 山形	0	0	0	0	0	0	0	0	0	0	0	0	0	0
15 茨城	0	0	0	0	0	0	0	0	0	0	0	0	0	0
16 栃木	0	0	0	0	0	0	0	0	0	0	0	0	0	0
17 群馬	0	0	0	0	0	0	0	0	0	0	0	0	0	0
18 埼玉	0	0	0	0	0	0	0	0	0	0	0	0	0	0
19 千葉	0	0	0	0	0	0	0	0	0	0	0	0	0	0
20 東京	0	0	0	0	0	0	0	0	0	0	0	0	0	0
21 神奈川	0	0	0	0	0	0	0	0	0	0	0	0	0	0
22 新潟	0	0	0	0	0	0	0	0	0	0	0	0	0	0
23 富山	0	0	0	0	0	0	0	0	0	0	0	0	0	0
24 石川	0	0	0	0	0	0	0	0	0	0	0	0	0	0
25 福井	0	0	0	0	0	0	0	0	0	0	0	0	0	0
26 山梨	0	0	0	0	0	0	0	0	0	0	0	0	0	0
27 長野	0	0	0	0	0	0	0	0	0	0	0	0	0	0
28 静岡	0	0	0	0	0	0	0	0	0	0	0	0	0	0
29 岐阜	0	0	0	0	0	0	0	0	0	0	0	0	0	0
30 愛知	0	0	0	0	0	0	0	0	0	0	0	0	0	0
31 三重	0	0	0	0	0	0	0	0	0	0	0	0	0	0
32 滋賀	0	0	0	0	0	0	0	0	0	0	0	0	0	0
33 京都	0	0	0	0	0	0	0	0	0	0	0	0	0	0
34 奈良	0	0	0	0	0	0	0	0	0	0	0	0	0	0
35 和歌山	0	0	0	0	0	0	43,294	0	0	0	0	0	0	0
36 大阪	0	0	0	0	0	0	0	16,576	0	0	0	0	0	0
37 兵庫	0	0	0	0	0	0	0	0	0	0	0	0	0	0
38 鳥取	0	0	0	0	0	0	0	0	0	0	0	0	0	0
39 島根	0	0	0	0	0	0	0	0	0	0	0	0	0	0
40 岡山	0	0	0	0	0	0	0	0	0	0	0	1,150	0	0
41 広島	0	0	0	0	0	0	0	0	0	0	0	0	0	0
42 山口	0	0	0	0	0	0	0	0	0	0	0	0	2,581,651	0
43 香川	0	0	0	0	0	0	0	0	0	0	0	0	0	0
44 愛媛	0	0	0	0	0	0	0	0	0	0	0	0	0	0
45 徳島	0	0	0	0	0	0	0	0	0	0	0	0	0	0
46 高知	0	0	0	0	0	0	0	0	0	0	0	0	0	0
47 福岡	0	0	0	0	0	0	0	0	0	0	0	0	0	0
48 佐賀	0	0	0	0	0	0	0	0	0	0	0	0	0	0
49 長崎	0	0	0	0	0	0	0	0	0	0	0	0	0	0
50 熊本	0	0	0	0	0	0	0	0	0	0	0	0	0	0
51 大分	0	0	0	0	0	0	0	0	0	0	0	0	0	0
52 宮崎	0	0	0	0	0	0	0	0	0	0	0	0	0	0
53 鹿児島	0	0	0	0	0	0	0	0	0	0	0	0	0	0
54 沖縄	0	0	0	0	0	0	0	0	0	0	0	0	0	0
55 全国	0	0	0	0	0	0	43,294	16,576	0	0	0	1,150	0	2,581,651

平成28年度　　　　　　　　　　　　　　　　　府県相互間輸送トン数表（自動車）　　　　　　　　　　　　　　　　　　　（単位：トン）
品目　（3－8）石炭　　　その　4

着／発	43 香川	44 愛媛	45 徳島	46 高知	47 福岡	48 佐賀	49 長崎	50 熊本	51 大分	52 宮崎	53 鹿児島	54 沖縄	55 全国
1 札幌	0	0	0	0	0	0	0	0	0	0	0	0	1,516,308
2 旭川	0	0	0	0	0	0	0	0	0	0	0	0	950,652
3 函館	0	0	0	0	0	0	0	0	0	0	0	0	0
4 室蘭	0	0	0	0	0	0	0	0	0	0	0	0	4,260
5 釧路	0	0	0	0	0	0	0	0	0	0	0	0	0
6 帯広	0	0	0	0	0	0	0	0	0	0	0	0	0
7 北見	0	0	0	0	0	0	0	0	0	0	0	0	0
8 北海道	0	0	0	0	0	0	0	0	0	0	0	0	2,471,220
9 青森	0	0	0	0	0	0	0	0	0	0	0	0	843,735
10 岩手	0	0	0	0	0	0	0	0	0	0	0	0	99,458
11 宮城	0	0	0	0	0	0	0	0	0	0	0	0	0
12 福島	0	0	0	0	0	0	0	0	0	0	0	0	5,781,820
13 秋田	0	0	0	0	0	0	0	0	0	0	0	0	0
14 山形	0	0	0	0	0	0	0	0	0	0	0	0	1,300,412
15 茨城	0	0	0	0	0	0	0	0	0	0	0	0	0
16 栃木	0	0	0	0	0	0	0	0	0	0	0	0	0
17 群馬	0	0	0	0	0	0	0	0	0	0	0	0	0
18 埼玉	0	0	0	0	0	0	0	0	0	0	0	0	109,649
19 千葉	0	0	0	0	0	0	0	0	0	0	0	0	298,374
20 東京	0	0	0	0	0	0	0	0	0	0	0	0	0
21 神奈川	0	0	0	0	0	0	0	0	0	0	0	0	0
22 新潟	0	0	0	0	0	0	0	0	0	0	0	0	3,143,847
23 富山	0	0	0	0	0	0	0	0	0	0	0	0	0
24 石川	0	0	0	0	0	0	0	0	0	0	0	0	0
25 福井	0	0	0	0	0	0	0	0	0	0	0	0	0
26 山梨	0	0	0	0	0	0	0	0	0	0	0	0	0
27 長野	0	0	0	0	0	0	0	0	0	0	0	0	0
28 静岡	0	0	0	0	0	0	0	0	0	0	0	0	0
29 岐阜	0	0	0	0	0	0	0	0	0	0	0	0	0
30 愛知	0	0	0	0	0	0	0	0	0	0	0	0	0
31 三重	0	0	0	0	0	0	0	0	0	0	0	0	0
32 滋賀	0	0	0	0	0	0	0	0	0	0	0	0	0
33 京都	0	0	0	0	0	0	0	0	0	0	0	0	0
34 奈良	0	0	0	0	0	0	0	0	0	0	0	0	0
35 和歌山	0	0	0	0	0	0	0	0	0	0	0	0	43,294
36 大阪	0	0	0	0	0	0	0	0	0	0	0	0	16,576
37 兵庫	0	0	0	0	0	0	0	0	0	0	0	0	0
38 鳥取	0	0	0	0	0	0	0	0	0	0	0	0	0
39 島根	0	0	0	0	0	0	0	0	0	0	0	0	0
40 岡山	0	0	0	0	0	0	0	0	0	0	0	0	1,150
41 広島	0	0	0	0	0	0	0	0	0	0	0	0	0
42 山口	0	196,623	0	0	0	0	0	0	0	0	0	0	2,778,274
43 香川	6,390	0	0	0	0	0	0	0	0	0	0	0	6,390
44 愛媛	0	6,768,490	0	0	0	0	0	0	0	0	0	0	6,768,490
45 徳島	0	0	0	0	0	0	0	0	0	0	0	0	0
46 高知	0	0	0	0	0	0	0	0	0	0	0	0	0
47 福岡	0	0	0	0	63,543	0	0	0	0	0	0	0	63,543
48 佐賀	0	0	0	0	0	0	0	0	0	0	0	0	0
49 長崎	0	0	0	0	0	0	0	0	0	0	0	0	0
50 熊本	0	0	0	0	0	0	0	0	0	0	0	0	0
51 大分	0	0	0	0	0	0	0	0	0	0	0	0	0
52 宮崎	0	0	0	0	0	0	0	0	0	0	0	0	0
53 鹿児島	0	0	0	0	0	0	0	0	0	0	0	0	0
54 沖縄	0	0	0	0	0	0	0	0	0	0	0	0	0
55 全国	6,390	6,965,112	0	0	63,543	0	0	0	0	0	0	0	23,726,000

平成28年度　　府県相互間輸送トン数表（自動車）　　品目 (3-9) 金属鉱　その 1　（単位：トン）

着／発	1 札幌	2 旭川	3 函館	4 室蘭	5 釧路	6 帯広	7 北見	8 北海道	9 青森	10 岩手	11 宮城	12 福島	13 秋田	14 山形
1 札幌	0	0	0	0	0	0	0	0	0	0	0	0	0	0
2 旭川	0	0	0	0	0	0	0	0	0	0	0	0	0	0
3 函館	0	0	0	0	0	0	0	0	0	0	0	0	0	0
4 室蘭	0	0	0	0	0	0	0	0	0	0	0	0	0	0
5 釧路	0	0	0	0	2,099,119	0	0	2,099,119	0	0	0	0	0	0
6 帯広	0	0	0	0	0	0	0	0	0	0	0	0	0	0
7 北見	0	0	0	0	0	0	0	0	0	0	0	0	0	0
8 北海道	0	0	0	0	2,099,119	0	0	2,099,119	0	0	0	0	0	0
9 青森	0	0	0	0	0	0	0	0	416,045	0	0	0	0	0
10 岩手	0	0	0	0	0	0	0	0	0	0	0	0	0	0
11 宮城	0	0	0	0	0	0	0	0	0	0	0	0	0	0
12 福島	0	0	0	0	0	0	0	0	0	0	0	1,510,616	0	0
13 秋田	0	0	0	0	0	0	0	0	0	0	0	0	1,580,936	0
14 山形	0	0	0	0	0	0	0	0	0	0	0	0	0	0
15 茨城	0	0	0	0	0	0	0	0	0	0	0	0	0	0
16 栃木	0	0	0	0	0	0	0	0	0	0	0	0	0	0
17 群馬	0	0	0	0	0	0	0	0	0	0	0	0	0	0
18 埼玉	0	0	0	0	0	0	0	0	0	0	179,924	0	0	0
19 千葉	0	0	0	0	0	0	0	0	0	0	0	0	0	0
20 東京	0	0	0	0	0	0	0	0	0	0	0	0	0	0
21 神奈川	0	0	0	0	0	0	0	0	0	0	0	0	0	0
22 新潟	0	0	0	0	0	0	0	0	0	0	0	0	0	0
23 富山	0	0	0	0	0	0	0	0	0	0	0	0	0	0
24 石川	0	0	0	0	0	0	0	0	0	0	0	0	0	0
25 福井	0	0	0	0	0	0	0	0	0	0	0	0	0	0
26 山梨	0	0	0	0	0	0	0	0	0	0	0	0	0	0
27 長野	0	0	0	0	0	0	0	0	0	0	0	0	0	0
28 静岡	0	0	0	0	0	0	0	0	0	0	0	0	0	0
29 岐阜	0	0	0	0	0	0	0	0	0	0	0	0	0	0
30 愛知	0	0	0	0	0	0	0	0	0	0	0	0	0	0
31 三重	0	0	0	0	0	0	0	0	0	0	0	0	0	0
32 滋賀	0	0	0	0	0	0	0	0	0	0	0	0	0	0
33 京都	0	0	0	0	0	0	0	0	0	0	0	0	0	0
34 奈良	0	0	0	0	0	0	0	0	0	0	0	0	0	0
35 和歌山	0	0	0	0	0	0	0	0	0	0	0	0	0	0
36 大阪	0	0	0	0	0	0	0	0	0	0	0	0	0	0
37 兵庫	0	0	0	0	0	0	0	0	0	0	0	0	0	0
38 鳥取	0	0	0	0	0	0	0	0	0	0	0	0	0	0
39 島根	0	0	0	0	0	0	0	0	0	0	0	0	0	0
40 岡山	0	0	0	0	0	0	0	0	0	0	0	0	0	0
41 広島	0	0	0	0	0	0	0	0	0	0	0	0	0	0
42 山口	0	0	0	0	0	0	0	0	0	0	0	0	0	0
43 香川	0	0	0	0	0	0	0	0	0	0	0	0	0	0
44 愛媛	0	0	0	0	0	0	0	0	0	0	0	0	0	0
45 徳島	0	0	0	0	0	0	0	0	0	0	0	0	0	0
46 高知	0	0	0	0	0	0	0	0	0	0	0	0	0	0
47 福岡	0	0	0	0	0	0	0	0	0	0	0	0	0	0
48 佐賀	0	0	0	0	0	0	0	0	0	0	0	0	0	0
49 長崎	0	0	0	0	0	0	0	0	0	0	0	0	0	0
50 熊本	0	0	0	0	0	0	0	0	0	0	0	0	0	0
51 大分	0	0	0	0	0	0	0	0	0	0	0	0	0	0
52 宮崎	0	0	0	0	0	0	0	0	0	0	0	0	0	0
53 鹿児島	0	0	0	0	0	0	0	0	0	0	0	0	0	0
54 沖縄	0	0	0	0	0	0	0	0	0	0	0	0	0	0
55 全国	0	0	0	0	2,099,119	0	0	2,099,119	416,045	0	179,924	1,510,616	1,580,936	0

平成28年度　　府県相互間輸送トン数表（自動車）　　品目 (3-9) 金属鉱　その 2　（単位：トン）

着／発	15 茨城	16 栃木	17 群馬	18 埼玉	19 千葉	20 東京	21 神奈川	22 新潟	23 富山	24 石川	25 福井	26 山梨	27 長野	28 静岡
1 札幌	0	0	0	0	0	0	0	0	0	0	0	0	0	0
2 旭川	0	0	0	0	0	0	0	0	0	0	0	0	0	0
3 函館	0	0	0	0	0	0	0	0	0	0	0	0	0	0
4 室蘭	0	0	0	0	0	0	0	0	0	0	0	0	0	0
5 釧路	0	0	0	0	0	0	0	0	0	0	0	0	0	0
6 帯広	0	0	0	0	0	0	0	0	0	0	0	0	0	0
7 北見	0	0	0	0	0	0	0	0	0	0	0	0	0	0
8 北海道	0	0	0	0	0	0	0	0	0	0	0	0	0	0
9 青森	0	0	0	0	0	0	0	0	0	0	0	0	0	0
10 岩手	0	0	0	0	0	0	0	0	0	0	0	0	0	0
11 宮城	0	0	0	0	0	0	0	0	0	0	0	0	0	0
12 福島	0	0	0	0	0	0	0	0	0	0	0	0	0	0
13 秋田	0	0	0	0	0	0	0	0	0	0	0	0	0	0
14 山形	0	0	0	0	0	0	0	0	0	0	0	0	0	0
15 茨城	124,973	0	0	0	0	0	0	0	0	0	0	0	0	0
16 栃木	0	0	0	0	0	0	0	0	0	0	0	0	0	0
17 群馬	0	0	0	3,210	0	0	0	0	0	0	0	0	0	0
18 埼玉	28,188	0	0	792	0	0	0	0	0	0	0	0	0	0
19 千葉	0	0	0	0	0	0	0	0	0	0	0	0	0	0
20 東京	0	71,070	38,759	90,603	12,370	117,647	0	40,727	0	0	0	0	0	27,720
21 神奈川	31,862	0	37,484	1,539	47,230	0	90,712	27,364	0	0	0	0	0	0
22 新潟	0	0	0	0	0	7,497	0	0	0	0	0	0	0	0
23 富山	0	0	0	0	0	0	0	0	127,578	0	0	0	0	0
24 石川	0	0	0	0	0	0	0	0	0	0	0	0	0	0
25 福井	0	0	0	0	0	0	0	0	0	0	0	0	0	0
26 山梨	0	0	0	0	0	0	0	0	0	0	0	5,458	0	0
27 長野	0	0	0	1,282	0	0	0	0	0	0	0	0	0	0
28 静岡	0	0	0	0	0	0	0	0	0	0	0	0	0	0
29 岐阜	31,862	0	0	0	0	0	0	0	0	0	0	0	0	0
30 愛知	0	0	0	0	0	0	0	0	97,459	0	0	0	0	0
31 三重	0	0	0	0	0	0	0	0	0	0	0	0	0	0
32 滋賀	0	0	0	0	0	0	0	0	0	0	0	0	0	0
33 京都	0	0	0	0	0	0	87,638	0	0	0	0	0	0	0
34 奈良	0	0	0	0	0	0	0	0	0	0	0	0	0	0
35 和歌山	0	0	0	0	0	0	0	0	0	0	0	0	0	0
36 大阪	0	0	0	0	0	0	0	0	0	0	0	0	0	0
37 兵庫	0	0	0	0	0	0	0	0	0	0	0	0	0	0
38 鳥取	0	0	0	0	0	0	0	35,378	0	0	0	0	0	0
39 島根	0	0	0	0	0	0	0	0	0	0	0	0	0	0
40 岡山	0	0	0	0	0	0	0	0	0	0	30,625	0	39,733	0
41 広島	0	0	0	0	0	0	0	0	0	0	0	0	0	0
42 山口	0	0	0	0	0	0	0	0	0	0	0	0	0	0
43 香川	0	0	0	0	0	0	0	0	0	0	0	0	0	0
44 愛媛	0	0	0	0	0	0	0	0	0	0	0	0	0	0
45 徳島	0	0	0	0	0	0	0	0	0	0	0	0	0	0
46 高知	0	0	0	0	0	0	0	0	0	0	0	0	0	0
47 福岡	0	0	0	0	0	0	0	0	0	0	0	0	0	0
48 佐賀	0	0	0	0	0	0	0	0	0	0	0	0	0	0
49 長崎	0	0	0	0	0	0	0	0	0	0	0	0	0	0
50 熊本	0	0	0	0	0	0	0	0	0	0	0	0	0	0
51 大分	0	0	0	0	0	0	0	0	0	0	0	0	0	0
52 宮崎	0	0	0	0	0	0	0	0	0	0	0	0	0	0
53 鹿児島	0	0	0	0	0	0	0	0	0	0	0	0	0	0
54 沖縄	0	0	0	0	0	0	0	0	0	0	0	0	0	0
55 全国	216,884	71,070	76,243	97,426	59,600	125,144	178,350	103,468	225,037	0	30,625	5,458	39,733	27,720

平成28年度　　　　　　　　　　府県相互間輸送トン数表（自動車）　　　　　　　　　　（単位：トン）
品目（3-9）金属鉱　　その3

着＼発	29 岐阜	30 愛知	31 三重	32 滋賀	33 京都	34 奈良	35 和歌山	36 大阪	37 兵庫	38 鳥取	39 島根	40 岡山	41 広島	42 山口
1 札幌	0	0	0	0	0	0	0	0	0	0	0	0	0	0
2 旭川	0	0	0	0	0	0	0	0	0	0	0	0	0	0
3 函館	0	0	0	0	0	0	0	0	0	0	0	0	0	0
4 室蘭	0	0	0	0	0	0	0	0	0	0	0	0	0	0
5 釧路	0	0	0	0	0	0	0	0	0	0	0	0	0	0
6 帯広	0	0	0	0	0	0	0	0	0	0	0	0	0	0
7 北見	0	0	0	0	0	0	0	0	0	0	0	0	0	0
8 北海道	0	0	0	0	0	0	0	0	0	0	0	0	0	0
9 青森	0	0	0	0	0	0	0	0	0	0	0	0	0	0
10 岩手	0	0	0	0	0	0	0	0	0	0	0	0	0	0
11 宮城	0	0	0	0	0	0	0	0	0	0	0	0	0	0
12 福島	0	0	0	0	0	0	0	0	0	0	0	0	0	0
13 秋田	0	0	0	0	0	0	0	0	0	0	0	0	0	0
14 山形	0	0	0	0	0	0	0	0	0	0	0	0	0	0
15 茨城	0	0	0	0	0	0	0	0	0	0	0	0	0	0
16 栃木	0	0	0	0	0	0	0	0	0	0	0	0	0	0
17 群馬	0	0	0	0	0	0	0	0	0	0	0	0	0	0
18 埼玉	0	0	0	0	0	0	37,484	0	0	0	0	0	0	0
19 千葉	0	0	0	0	0	0	0	0	0	0	0	0	0	0
20 東京	0	43,099	0	0	0	0	0	0	0	0	0	0	0	0
21 神奈川	0	0	0	0	0	0	0	0	0	0	0	0	0	0
22 新潟	0	0	0	0	0	0	0	0	0	0	0	0	0	0
23 富山	0	0	0	0	0	0	0	0	0	0	0	0	37,008	0
24 石川	0	0	0	0	0	0	0	0	0	0	0	0	0	0
25 福井	0	0	0	0	0	0	0	0	0	0	0	0	0	0
26 山梨	0	0	0	0	0	0	0	0	0	0	0	0	0	0
27 長野	0	28,863	0	0	0	0	0	0	0	0	0	0	0	0
28 静岡	0	0	0	0	0	0	0	0	0	0	0	0	0	0
29 岐阜	0	0	0	0	0	0	0	0	0	0	0	0	0	0
30 愛知	0	78,911	0	0	0	0	0	0	0	0	0	0	13,494	0
31 三重	0	0	0	0	0	0	0	0	0	0	0	0	0	0
32 滋賀	0	0	0	30,770	0	0	0	0	0	0	0	0	0	0
33 京都	0	0	0	0	222,582	0	0	0	0	0	0	0	0	0
34 奈良	0	0	0	0	0	0	0	0	0	0	0	0	0	0
35 和歌山	0	0	0	0	0	0	0	0	0	0	0	0	0	0
36 大阪	0	0	0	0	933	13,531	0	1,375	0	0	0	37,484	0	0
37 兵庫	0	0	0	0	0	0	0	24,668	40,483	0	0	0	48,730	0
38 鳥取	0	0	0	0	0	0	0	0	0	7,979	0	0	0	0
39 島根	0	0	0	0	0	0	0	0	0	0	0	0	0	0
40 岡山	0	0	0	31,637	0	0	0	0	0	0	0	388,637	63,723	0
41 広島	0	0	0	0	0	0	0	0	0	0	0	0	0	0
42 山口	0	0	0	0	0	0	0	0	0	0	0	0	0	0
43 香川	0	0	0	0	0	0	0	0	0	0	0	0	0	0
44 愛媛	0	0	0	0	0	0	0	0	0	0	0	0	0	0
45 徳島	0	0	0	0	0	0	0	0	0	0	0	0	0	0
46 高知	0	0	0	0	0	0	0	0	0	0	0	0	0	0
47 福岡	0	0	0	0	0	0	0	0	0	0	0	0	0	0
48 佐賀	0	0	0	0	0	0	0	0	0	0	0	0	0	0
49 長崎	0	0	0	0	0	0	0	0	0	0	0	0	0	0
50 熊本	0	0	0	0	0	0	0	0	0	0	0	0	0	0
51 大分	0	0	0	0	0	0	0	0	0	0	0	0	0	0
52 宮崎	0	0	0	0	0	0	0	0	0	0	0	0	0	0
53 鹿児島	0	0	0	0	0	0	0	0	0	0	0	0	0	0
54 沖縄	0	0	0	0	0	0	0	0	0	0	0	0	0	0
55 全国	0	150,873	0	62,407	223,514	13,531	37,484	26,043	40,483	7,979	0	474,850	114,226	0

平成28年度　　　　　　　　　　府県相互間輸送トン数表（自動車）　　　　　　　　　　（単位：トン）
品目（3-9）金属鉱　　その4

着＼発	43 香川	44 愛媛	45 徳島	46 高知	47 福岡	48 佐賀	49 長崎	50 熊本	51 大分	52 宮崎	53 鹿児島	54 沖縄	55 全国
1 札幌	0	0	0	0	0	0	0	0	0	0	0	0	0
2 旭川	0	0	0	0	0	0	0	0	0	0	0	0	0
3 函館	0	0	0	0	0	0	0	0	0	0	0	0	0
4 室蘭	0	0	0	0	0	0	0	0	0	0	0	0	0
5 釧路	0	0	0	0	0	0	0	0	0	0	0	0	2,099,119
6 帯広	0	0	0	0	0	0	0	0	0	0	0	0	0
7 北見	0	0	0	0	0	0	0	0	0	0	0	0	0
8 北海道	0	0	0	0	0	0	0	0	0	0	0	0	2,099,119
9 青森	0	0	0	0	0	0	0	0	0	0	0	0	416,045
10 岩手	0	0	0	0	0	0	0	0	0	0	0	0	0
11 宮城	0	0	0	0	0	0	0	0	0	0	0	0	0
12 福島	0	0	0	0	0	0	0	0	0	0	0	0	1,510,616
13 秋田	0	0	0	0	0	0	0	0	0	0	0	0	1,580,936
14 山形	0	0	0	0	0	0	0	0	0	0	0	0	0
15 茨城	0	0	0	0	0	0	0	0	0	0	0	0	124,973
16 栃木	0	0	0	0	0	0	0	0	0	0	0	0	0
17 群馬	0	0	0	0	0	0	0	0	0	0	0	0	3,210
18 埼玉	0	0	0	0	0	0	0	0	0	0	0	0	246,389
19 千葉	0	0	0	0	0	0	0	0	0	0	0	0	0
20 東京	0	0	0	0	0	0	0	0	0	0	0	0	441,995
21 神奈川	0	0	0	0	0	0	0	0	0	0	0	0	208,827
22 新潟	0	0	0	0	0	0	0	0	0	0	0	0	34,860
23 富山	0	0	0	0	0	0	0	0	0	0	0	0	164,586
24 石川	0	0	0	0	0	0	0	0	0	0	0	0	0
25 福井	0	0	0	0	0	0	0	0	0	0	0	0	0
26 山梨	0	0	0	0	0	0	0	0	0	0	0	0	5,458
27 長野	0	0	0	0	0	0	0	0	0	0	0	0	30,145
28 静岡	0	0	0	0	0	0	0	0	0	0	0	0	0
29 岐阜	0	0	0	0	0	0	0	0	0	0	0	0	31,862
30 愛知	41,859	0	0	0	0	0	0	0	0	0	0	0	231,723
31 三重	0	0	0	0	0	0	0	0	0	0	0	0	0
32 滋賀	0	0	0	0	0	0	0	0	0	0	0	0	30,770
33 京都	0	0	0	0	0	0	0	0	0	0	0	0	310,220
34 奈良	0	0	0	0	0	0	0	0	0	0	0	0	0
35 和歌山	0	0	0	0	0	0	0	0	0	0	0	0	0
36 大阪	0	0	0	0	0	0	0	0	0	0	0	0	53,323
37 兵庫	0	0	0	0	0	0	0	0	0	0	0	0	113,880
38 鳥取	0	0	0	0	0	0	0	0	0	0	0	0	43,357
39 島根	0	0	0	0	0	0	0	0	0	0	0	0	0
40 岡山	0	0	0	0	0	0	0	0	0	0	0	0	554,354
41 広島	0	0	0	0	0	0	0	0	0	0	0	0	0
42 山口	0	0	0	0	0	0	0	0	0	0	0	0	0
43 香川	0	0	0	0	0	0	0	0	0	0	0	0	0
44 愛媛	0	0	0	0	0	0	0	0	0	0	0	0	0
45 徳島	0	0	0	0	0	0	0	0	0	0	0	0	0
46 高知	0	0	0	0	0	0	0	0	0	0	0	0	0
47 福岡	0	0	0	0	93,711	0	0	0	0	0	0	0	93,711
48 佐賀	0	0	0	0	0	485	0	0	0	0	0	0	485
49 長崎	0	0	0	0	0	0	0	0	0	0	0	0	0
50 熊本	0	0	0	0	0	0	0	0	0	0	0	0	0
51 大分	0	0	0	0	11,620	0	0	0	299,874	0	0	0	311,494
52 宮崎	0	0	0	0	0	0	0	0	0	91	0	0	91
53 鹿児島	0	0	0	0	0	0	0	0	0	0	1,642,388	0	1,642,388
54 沖縄	0	0	0	0	0	0	0	0	0	0	0	0	0
55 全国	41,859	0	0	0	105,331	485	0	0	299,874	91	1,642,388	0	10,285,000

平成28年度　　　　　　　　　　　府県相互間輸送トン数表（自動車）　　　　　　　　（単位：トン）

品目　（3-10）砂利・砂・石材　その1

発\着	1 札幌	2 旭川	3 函館	4 室蘭	5 釧路	6 帯広	7 北見	8 北海道	9 青森	10 岩手	11 宮城	12 福島	13 秋田	14 山形
1 札幌	10,455,454	0	0	0	0	0	0	10,455,454	0	0	0	0	0	0
2 旭川	47,954	4,930,687	0	0	0	0	0	4,978,642	0	0	0	0	0	0
3 函館	0	0	4,689,372	0	0	0	0	4,689,372	0	0	0	0	0	0
4 室蘭	1,248,219	0	0	4,546,207	0	0	0	5,794,426	0	0	0	0	0	0
5 釧路	0	0	0	0	2,171,025	0	0	2,171,025	0	0	0	0	0	0
6 帯広	0	0	0	0	0	3,237,468	0	3,237,468	0	0	0	0	0	0
7 北見	0	0	0	0	0	0	5,845,295	5,845,295	0	0	0	0	0	0
8 北海道	11,751,627	4,930,687	4,689,372	4,546,207	2,171,025	3,237,468	5,845,295	37,171,681	0	0	0	0	0	0
9 青森	0	0	0	0	0	0	0	0	12,288,861	0	0	0	223,095	0
10 岩手	0	0	0	0	0	0	0	0	0	21,217,185	732,370	0	0	38,392
11 宮城	0	0	0	0	0	0	0	0	0	29,305	21,255,148	2,003,786	0	0
12 福島	0	0	0	0	0	0	0	0	0	0	243,211	18,537,058	0	0
13 秋田	0	0	0	0	0	0	0	0	0	14,104	0	0	10,350,202	74,526
14 山形	0	0	0	0	0	0	0	0	0	0	0	0	120,982	14,776,542
15 茨城	0	0	0	0	0	0	0	0	0	0	0	66,141	0	0
16 栃木	0	0	0	0	0	0	0	0	0	0	0	1,866	0	0
17 群馬	0	0	0	0	0	0	0	0	0	0	0	0	0	0
18 埼玉	0	0	0	0	0	0	0	0	0	0	20,373	0	0	0
19 千葉	0	0	0	0	0	0	0	0	0	0	0	0	0	0
20 東京	0	0	0	0	0	0	0	0	0	0	0	0	0	0
21 神奈川	0	0	0	0	0	0	0	0	0	0	0	0	0	0
22 新潟	0	0	0	0	0	0	0	0	0	0	0	0	0	0
23 富山	0	0	0	0	0	0	0	0	0	0	0	0	0	0
24 石川	0	0	0	0	0	0	0	0	0	0	0	0	0	0
25 福井	0	0	0	0	0	0	0	0	0	0	0	0	0	0
26 山梨	0	0	0	0	0	0	0	0	0	0	0	0	0	0
27 長野	0	0	0	0	0	0	0	0	0	0	0	0	0	0
28 静岡	0	0	0	0	0	0	0	0	0	0	0	0	0	0
29 岐阜	0	0	0	0	0	0	0	0	0	0	0	0	0	0
30 愛知	0	0	0	0	0	0	0	0	0	0	0	0	0	0
31 三重	0	0	0	0	0	0	0	0	0	0	0	0	0	0
32 滋賀	0	0	0	0	0	0	0	0	0	0	0	0	0	0
33 京都	0	0	0	0	0	0	0	0	0	0	0	0	0	0
34 奈良	0	0	0	0	0	0	0	0	0	0	0	0	0	0
35 和歌山	0	0	0	0	0	0	0	0	0	0	0	0	0	0
36 大阪	0	0	0	0	0	0	0	0	0	0	0	0	0	0
37 兵庫	0	0	0	0	0	0	0	0	0	0	0	0	0	0
38 鳥取	0	0	0	0	0	0	0	0	0	0	0	0	0	0
39 島根	0	0	0	0	0	0	0	0	0	0	0	0	0	0
40 岡山	0	0	0	0	0	0	0	0	0	0	0	0	0	0
41 広島	0	0	0	0	0	0	0	0	0	0	0	0	0	0
42 山口	0	0	0	0	0	0	0	0	0	0	0	0	0	0
43 香川	0	0	0	0	0	0	0	0	0	0	0	0	0	0
44 愛媛	0	0	0	0	0	0	0	0	0	0	0	0	0	0
45 徳島	0	0	0	0	0	0	0	0	0	0	0	0	0	0
46 高知	0	0	0	0	0	0	0	0	0	0	0	0	0	0
47 福岡	0	0	0	0	0	0	0	0	0	0	0	0	0	0
48 佐賀	0	0	0	0	0	0	0	0	0	0	0	0	0	0
49 長崎	0	0	0	0	0	0	0	0	0	0	0	0	0	0
50 熊本	0	0	0	0	0	0	0	0	0	0	0	0	0	0
51 大分	0	0	0	0	0	0	0	0	0	0	0	0	0	0
52 宮崎	0	0	0	0	0	0	0	0	0	0	0	0	0	0
53 鹿児島	0	0	0	0	0	0	0	0	0	0	0	0	0	0
54 沖縄	0	0	0	0	0	0	0	0	0	0	0	0	0	0
55 全国	11,751,627	4,930,687	4,689,372	4,546,207	2,171,025	3,237,468	5,845,295	37,171,681	12,288,861	21,260,594	22,251,101	20,608,851	10,694,279	14,889,460

平成28年度　　　　　　　　　　　府県相互間輸送トン数表（自動車）　　　　　　　　（単位：トン）

品目　（3-10）砂利・砂・石材　その2

発\着	15 茨城	16 栃木	17 群馬	18 埼玉	19 千葉	20 東京	21 神奈川	22 新潟	23 富山	24 石川	25 福井	26 山梨	27 長野	28 静岡
1 札幌	0	0	0	0	0	0	0	0	0	0	0	0	0	0
2 旭川	0	0	0	0	0	0	0	0	0	0	0	0	0	0
3 函館	0	0	0	0	0	0	0	0	0	0	0	0	0	0
4 室蘭	0	0	0	0	0	0	0	0	0	0	0	0	0	0
5 釧路	0	0	0	0	0	0	0	0	0	0	0	0	0	0
6 帯広	0	0	0	0	0	0	0	0	0	0	0	0	0	0
7 北見	0	0	0	0	0	0	0	0	0	0	0	0	0	0
8 北海道	0	0	0	0	0	0	0	0	0	0	0	0	0	0
9 青森	0	0	0	0	0	0	0	0	0	0	0	0	0	0
10 岩手	0	0	0	0	0	64,644	0	0	0	0	0	0	0	0
11 宮城	0	0	0	0	0	0	0	0	0	0	0	0	0	0
12 福島	205,886	173,337	0	0	0	0	0	0	0	0	0	0	0	0
13 秋田	0	0	0	0	0	0	0	0	0	0	0	0	0	0
14 山形	0	0	0	0	0	0	0	0	0	0	0	0	0	0
15 茨城	12,645,952	380,715	37,611	610,095	955,916	143,127	66,603	0	0	0	0	11,283	4,388	0
16 栃木	1,888,472	15,135,563	1,891,826	3,917,492	1,461,408	1,202,077	0	0	0	0	0	0	0	0
17 群馬	0	676,658	8,538,827	67,395	16,455	0	0	0	0	0	0	0	0	0
18 埼玉	200,818	79,294	1,150,107	15,261,980	153,788	1,996,292	470,815	0	0	0	0	0	0	0
19 千葉	701,272	0	0	633,604	10,286,835	1,450,898	97,082	0	0	0	0	0	0	0
20 東京	32,007	0	32,910	2,790,224	129,988	8,915,236	2,240,840	0	0	0	0	29,775	0	0
21 神奈川	53,577	0	0	1,329	0	889,541	11,254,696	0	0	0	0	0	9,796	13,286
22 新潟	0	0	7,394	1,567	0	0	3,321	12,368,056	0	0	0	0	20,404	0
23 富山	0	0	0	2,657	0	0	0	0	15,850,161	244,869	0	0	0	0
24 石川	0	0	0	0	0	0	0	0	274,315	13,711,596	409,330	0	0	0
25 福井	0	0	0	0	0	0	0	0	18,511	48,219	13,273,635	0	0	0
26 山梨	0	0	0	0	0	126,703	95,531	0	0	0	0	13,758,492	0	116,207
27 長野	0	0	0	0	0	0	0	0	0	0	0	0	5,490,572	0
28 静岡	67,400	0	0	18,484	0	0	190,092	0	0	0	0	0	0	13,929,867
29 岐阜	0	0	0	0	0	0	0	0	0	0	0	0	0	0
30 愛知	0	0	0	0	0	0	0	0	0	0	0	20,373	0	209,647
31 三重	0	0	0	0	0	0	0	0	0	0	0	0	0	0
32 滋賀	0	0	0	0	0	0	0	0	0	0	0	0	0	0
33 京都	0	0	0	0	0	0	0	21,940	0	0	198,086	0	0	0
34 奈良	0	0	0	0	0	0	0	0	0	0	0	0	0	0
35 和歌山	0	0	0	0	0	0	0	0	0	0	0	0	0	0
36 大阪	0	0	0	0	0	0	0	0	0	0	0	0	0	0
37 兵庫	0	0	0	0	0	0	0	0	18,806	0	0	0	0	0
38 鳥取	0	0	0	0	0	0	0	0	0	0	0	0	0	0
39 島根	0	0	0	0	0	0	0	0	0	0	0	0	0	0
40 岡山	0	0	0	0	0	0	0	0	0	0	0	0	0	0
41 広島	0	0	0	0	0	0	0	0	0	0	0	0	0	0
42 山口	0	0	0	0	0	0	0	0	0	0	0	0	0	0
43 香川	0	0	0	0	0	11,280	0	0	0	0	0	0	0	0
44 愛媛	0	0	0	0	0	0	0	0	0	0	0	0	0	0
45 徳島	0	0	0	0	0	0	0	0	0	0	0	0	0	0
46 高知	0	0	0	0	0	0	0	0	0	0	0	0	0	0
47 福岡	0	0	0	0	0	0	0	0	0	0	0	0	0	0
48 佐賀	0	0	0	0	0	0	0	0	0	0	0	0	0	0
49 長崎	0	0	0	0	0	0	0	0	0	0	0	0	0	0
50 熊本	0	0	0	0	0	0	0	0	0	0	0	0	0	0
51 大分	0	0	0	0	0	0	0	0	0	0	0	0	0	0
52 宮崎	0	0	0	0	0	0	0	0	0	0	0	0	0	0
53 鹿児島	0	0	0	0	0	0	0	0	0	0	0	0	0	0
54 沖縄	0	0	0	0	0	0	0	0	0	0	0	0	0	0
55 全国	15,795,383	16,445,567	11,658,674	23,304,827	13,004,389	14,799,798	14,418,980	12,389,995	16,161,793	14,004,685	13,881,050	13,819,924	5,525,160	14,269,007

平成28年度　　　　　　　　　　　　　　　府県相互間輸送トン数表（自動車）　　　　　　　　品目（3−10）砂利・砂・石材　　（単位：トン）その3

着／発	29 岐阜	30 愛知	31 三重	32 滋賀	33 京都	34 奈良	35 和歌山	36 大阪	37 兵庫	38 鳥取	39 島根	40 岡山	41 広島	42 山口
1 札幌	0	0	0	0	0	0	0	0	0	0	0	0	0	0
2 旭川	0	0	0	0	0	0	0	0	0	0	0	0	0	0
3 函館	0	0	0	0	0	0	0	0	0	0	0	0	0	0
4 室蘭	0	0	0	0	0	0	0	0	0	0	0	0	0	0
5 釧路	0	0	0	0	0	0	0	0	0	0	0	0	0	0
6 帯広	0	0	0	0	0	0	0	0	0	0	0	0	0	0
7 北見	0	0	0	0	0	0	0	0	0	0	0	0	0	0
8 北海道	0	0	0	0	0	0	0	0	0	0	0	0	0	0
9 青森	0	0	0	0	0	0	0	0	0	0	0	0	0	0
10 岩手	0	0	0	0	0	0	0	0	0	0	0	0	0	0
11 宮城	0	0	0	0	0	0	0	0	0	0	0	0	0	0
12 福島	0	0	0	0	0	0	0	0	0	0	0	0	0	0
13 秋田	0	0	0	0	0	0	0	0	0	0	0	0	0	0
14 山形	0	0	0	0	0	0	0	0	0	0	0	0	0	0
15 茨城	0	33,223	0	0	0	0	0	0	0	0	0	0	0	0
16 栃木	0	0	0	0	0	0	0	0	0	0	0	0	0	0
17 群馬	0	0	0	0	0	0	0	0	0	0	0	0	0	0
18 埼玉	0	0	0	0	0	0	0	0	0	0	0	0	0	0
19 千葉	0	0	0	0	0	0	0	0	0	0	0	0	0	0
20 東京	0	0	0	0	0	0	0	0	0	0	0	0	0	0
21 神奈川	0	0	0	0	0	0	0	0	0	0	0	0	0	0
22 新潟	0	0	0	0	0	0	0	0	0	0	0	0	0	0
23 富山	119,820	0	0	0	0	0	0	0	0	0	0	0	0	0
24 石川	0	0	0	0	0	0	0	0	0	0	0	0	0	0
25 福井	0	0	0	0	0	13,521	0	0	0	0	0	0	0	0
26 山梨	0	0	0	0	0	0	0	0	0	0	0	0	0	0
27 長野	0	0	0	0	0	0	0	0	0	0	0	0	0	0
28 静岡	0	165,446	0	0	0	0	0	0	0	0	0	0	0	0
29 岐阜	9,404,337	1,050,724	218,445	0	0	0	0	0	0	0	0	0	0	0
30 愛知	199,328	10,838,522	382,033	510,399	0	0	0	0	59,551	0	0	0	0	0
31 三重	0	2,613,939	18,448,393	685,188	0	13,822	332,457	0	0	0	0	0	0	0
32 滋賀	4,458	3,107	51,670	5,447,417	499,421	0	0	0	3,215	0	0	0	0	0
33 京都	0	0	748,999	8,133,028	263,999	0	3,215	165,915	0	0	0	0	0	0
34 奈良	0	0	120,261	0	1,849,097	0	0	171,443	0	0	0	0	0	0
35 和歌山	0	0	0	0	0	0	3,307,507	37,925	0	0	0	0	0	0
36 大阪	0	0	0	3,215	561,594	446,040	25,701	4,146,328	151,964	0	0	0	0	0
37 兵庫	0	0	0	62,685	10,656	0	0	245,207	9,966,613	0	0	26,571	0	0
38 鳥取	0	0	0	0	0	0	0	0	0	2,398,864	0	0	0	0
39 島根	0	0	0	0	0	0	169,250	0	0	166,116	10,180,739	32,682	49,425	52,579
40 岡山	0	0	0	0	0	0	0	70,521	0	103,744	9,923,118	0	7,052	0
41 広島	0	0	0	0	0	0	0	0	0	0	47,175	500,216	7,828,653	162,355
42 山口	0	0	0	0	0	0	0	0	0	0	0	102,011	8,051,238	0
43 香川	0	0	0	0	0	0	0	0	0	0	0	0	0	0
44 愛媛	0	0	0	0	0	0	0	0	0	0	144,803	0	0	0
45 徳島	0	0	0	0	0	0	0	0	0	0	0	0	0	0
46 高知	0	0	0	0	0	0	0	0	0	0	0	0	0	0
47 福岡	0	0	0	0	0	0	0	0	0	0	0	0	0	0
48 佐賀	0	0	0	0	0	0	0	0	0	0	0	0	0	0
49 長崎	0	0	0	0	0	0	0	0	0	0	0	0	0	0
50 熊本	0	0	0	0	0	0	0	0	0	0	0	0	0	0
51 大分	0	0	0	0	0	0	0	0	0	0	0	0	0	0
52 宮崎	0	0	0	0	0	0	0	0	0	0	0	0	0	0
53 鹿児島	0	0	0	0	0	0	0	0	0	0	2,143	0	0	0
54 沖縄	0	0	0	0	0	0	0	0	0	0	0	0	0	0
55 全国	9,727,943	14,704,962	19,220,802	7,457,902	9,218,221	2,572,958	3,834,915	4,840,553	10,178,128	2,668,724	10,374,859	10,482,587	7,987,141	8,266,172

平成28年度　　　　　　　　　　　　　　　府県相互間輸送トン数表（自動車）　　　　　　　　品目（3−10）砂利・砂・石材　　（単位：トン）その4

着／発	43 香川	44 愛媛	45 徳島	46 高知	47 福岡	48 佐賀	49 長崎	50 熊本	51 大分	52 宮崎	53 鹿児島	54 沖縄	55 全国
1 札幌	0	0	0	0	0	0	0	0	0	0	0	0	10,455,454
2 旭川	0	0	0	0	0	0	0	0	0	0	0	0	4,978,642
3 函館	0	0	0	0	0	0	0	0	0	0	0	0	4,689,372
4 室蘭	0	0	0	0	0	0	0	0	0	0	0	0	5,794,426
5 釧路	0	0	0	0	0	0	0	0	0	0	0	0	2,171,025
6 帯広	0	0	0	0	0	0	0	0	0	0	0	0	3,237,468
7 北見	0	0	0	0	0	0	0	0	0	0	0	0	5,845,295
8 北海道	0	0	0	0	0	0	0	0	0	0	0	0	37,171,681
9 青森	0	0	0	0	0	0	0	0	0	0	0	0	12,511,956
10 岩手	0	0	0	0	0	0	0	0	0	0	0	0	22,052,591
11 宮城	0	0	0	0	0	0	0	0	0	0	0	0	23,288,239
12 福島	0	0	0	0	0	0	0	0	0	0	0	0	19,159,491
13 秋田	0	0	0	0	0	0	0	0	0	0	0	0	10,438,832
14 山形	0	0	0	0	0	0	0	0	0	0	0	0	14,897,525
15 茨城	0	0	0	0	0	0	0	0	0	0	0	0	14,955,055
16 栃木	0	0	0	0	0	0	0	0	0	0	0	0	25,498,703
17 群馬	0	0	0	0	0	0	0	0	0	0	0	0	9,299,335
18 埼玉	0	0	0	0	0	0	0	0	0	0	0	0	19,333,466
19 千葉	0	0	0	0	0	0	0	0	0	0	0	0	13,169,691
20 東京	0	0	0	0	0	0	0	0	0	0	0	0	14,170,980
21 神奈川	0	0	0	0	0	0	0	0	0	0	0	0	12,222,225
22 新潟	0	0	0	0	0	0	0	0	0	0	0	0	12,400,742
23 富山	0	0	0	0	0	0	0	0	0	0	0	0	16,217,507
24 石川	0	0	0	0	0	0	0	0	0	0	0	0	14,395,241
25 福井	0	0	0	0	0	0	0	0	0	0	0	0	13,353,887
26 山梨	0	0	0	0	0	0	0	0	0	0	0	0	14,096,933
27 長野	0	0	0	0	0	0	0	0	0	0	0	0	5,490,572
28 静岡	263	0	0	0	0	0	0	0	0	0	0	0	14,371,553
29 岐阜	0	0	0	0	0	0	0	0	0	0	0	0	10,673,506
30 愛知	0	0	0	0	0	0	0	0	0	0	0	0	12,219,853
31 三重	0	0	0	0	0	0	0	0	0	0	0	0	22,093,799
32 滋賀	0	0	0	0	0	0	0	0	0	0	0	0	6,009,287
33 京都	0	0	0	0	0	0	0	0	0	0	0	0	9,531,966
34 奈良	0	0	0	0	0	0	0	0	0	0	0	0	2,140,801
35 和歌山	0	0	0	0	0	0	0	0	0	0	0	0	3,345,432
36 大阪	0	0	0	0	0	0	0	0	0	0	0	0	5,334,841
37 兵庫	0	176,805	11,196	0	0	0	0	0	0	0	0	0	10,518,540
38 鳥取	0	0	0	0	0	0	0	0	0	0	0	0	2,398,864
39 島根	0	0	0	0	7,052	0	0	0	0	0	0	0	10,657,843
40 岡山	0	0	0	0	0	0	0	0	0	0	0	0	10,104,435
41 広島	0	0	0	0	0	0	0	0	0	0	0	0	8,538,398
42 山口	0	0	0	0	0	106,469	0	0	0	0	0	0	8,259,718
43 香川	7,556,565	9,953	469,507	0	0	0	0	0	0	0	0	0	8,047,305
44 愛媛	0	9,050,474	0	0	0	0	0	0	0	0	0	0	9,195,277
45 徳島	960,296	0	3,514,559	0	0	0	0	0	0	0	0	0	4,474,855
46 高知	0	39,178	0	6,157,163	0	0	0	0	0	0	0	0	6,196,341
47 福岡	0	0	0	0	5,927,514	343,756	0	73,655	0	0	0	0	6,344,925
48 佐賀	0	0	0	0	246,776	2,906,505	15,715	0	0	0	0	0	3,168,996
49 長崎	0	0	0	0	62,685	89,750	8,195,792	0	0	0	0	0	8,348,227
50 熊本	0	0	0	0	1,815,458	0	0	7,516,686	0	0	0	0	9,332,143
51 大分	0	0	0	0	16,455	0	0	90,010	10,926,892	0	1,845	0	11,035,202
52 宮崎	0	0	0	0	0	0	0	33,432	0	4,253,620	0	0	4,287,052
53 鹿児島	0	0	0	0	0	0	8,572	0	0	0	10,322,992	0	10,333,707
54 沖縄	0	0	0	0	0	0	0	0	0	0	0	8,210,864	8,210,864
55 全国	8,517,124	9,276,410	3,995,263	6,157,163	8,075,940	3,446,480	8,220,080	7,713,782	10,926,892	4,255,465	10,322,992	8,210,864	549,298,000

平成28年度　　　　　　　　　　　　　　　府県相互間輸送トン数表（自動車）　　　　　　　　　　　　　（単位：トン）
品目　（3－12）その他の非金属鉱　その1

着／発	1 札幌	2 旭川	3 函館	4 室蘭	5 釧路	6 帯広	7 北見	8 北海道	9 青森	10 岩手	11 宮城	12 福島	13 秋田	14 山形
1 札幌	813,567	0	0	8,426	0	0	0	821,992	0	0	0	0	0	0
2 旭川	23,592	1,595,177	0	0	0	16,271	166,819	1,801,859	0	0	0	0	0	0
3 函館	0	0	22,468	0	0	0	0	22,468	0	0	0	0	0	0
4 室蘭	505,541	0	0	314,313	0	0	0	819,853	0	0	0	0	0	0
5 釧路	17,045	0	0	0	612,191	17,818	0	647,053	0	0	0	0	0	0
6 帯広	0	0	0	0	0	396,090	0	396,090	0	0	0	0	0	0
7 北見	0	0	0	0	0	0	217,571	217,571	0	0	0	0	0	0
8 北海道	1,359,744	1,595,177	22,468	322,738	612,191	430,179	384,390	4,726,887	0	0	0	0	0	0
9 青森	0	0	0	0	0	0	0	0	975,184	0	101,108	57,912	0	0
10 岩手	0	0	0	0	0	0	0	0	0	1,481,934	25,556	0	0	0
11 宮城	0	0	0	0	0	0	0	0	59,176	0	484,199	0	0	33,703
12 福島	0	0	0	0	0	0	0	0	0	0	34,040	1,469,708	0	0
13 秋田	0	0	0	0	0	0	0	0	0	0	0	0	353,631	0
14 山形	0	0	0	0	0	0	0	0	0	0	28,086	73,023	0	218,359
15 茨城	0	0	0	0	0	0	0	0	0	0	39,623	0	0	0
16 栃木	0	0	0	0	0	0	0	0	0	28,086	0	56,271	0	152,561
17 群馬	0	0	0	0	0	0	0	0	0	0	0	0	0	0
18 埼玉	0	0	0	0	0	0	0	0	0	0	0	0	0	0
19 千葉	0	0	0	0	0	0	0	0	0	0	48,891	0	0	0
20 東京	0	0	0	0	0	0	0	0	0	0	0	0	0	0
21 神奈川	0	0	0	0	0	0	0	0	0	0	0	0	0	0
22 新潟	0	0	0	0	0	0	0	0	0	0	0	26,962	0	37,916
23 富山	0	0	0	0	0	0	0	0	0	0	0	0	0	0
24 石井	0	0	0	0	0	0	0	0	0	0	0	0	0	0
25 福井	0	0	0	0	0	0	0	0	0	0	0	0	0	0
26 山梨	0	0	0	0	0	0	0	0	0	0	0	0	0	0
27 長野	0	0	0	0	0	0	0	0	0	0	0	0	0	0
28 静岡	0	0	0	0	0	0	0	0	0	0	0	0	0	0
29 岐阜	0	0	0	0	0	0	0	0	0	0	0	0	0	0
30 愛知	0	0	0	0	0	0	0	0	0	0	0	0	0	0
31 三重	0	0	0	0	0	0	0	0	0	0	0	0	0	0
32 滋賀	0	0	0	0	0	0	0	0	0	0	0	0	0	0
33 京都	0	0	0	0	0	0	0	0	0	0	0	0	0	0
34 奈良	0	0	0	0	0	0	0	0	0	0	0	0	0	0
35 和歌山	0	0	0	0	0	0	0	0	0	0	0	0	0	0
36 大阪	0	0	0	0	0	0	0	0	0	0	0	0	0	0
37 兵庫	0	0	0	0	0	0	0	0	0	0	0	0	0	0
38 鳥取	0	0	0	0	0	0	0	0	0	0	0	0	0	0
39 島根	0	0	0	0	0	0	0	0	0	0	0	0	0	0
40 岡山	0	0	0	0	0	0	0	0	0	0	0	0	0	0
41 広島	0	0	0	0	0	0	0	0	0	0	0	0	0	0
42 山口	0	0	0	0	0	0	0	0	0	0	0	0	0	0
43 香川	0	0	0	0	0	0	0	0	0	0	0	0	0	0
44 愛媛	0	0	0	0	0	0	0	0	0	0	0	0	0	0
45 徳島	0	0	0	0	0	0	0	0	0	0	0	0	0	0
46 高知	0	0	0	0	0	0	0	0	0	0	0	0	0	0
47 福岡	0	0	0	0	0	0	0	0	0	0	0	0	0	0
48 佐賀	0	0	0	0	0	0	0	0	0	0	0	0	0	0
49 長崎	0	0	0	0	0	0	0	0	0	0	0	0	0	0
50 熊本	0	0	0	0	0	0	0	0	0	0	0	0	0	0
51 大分	0	0	0	0	0	0	0	0	0	0	0	0	0	0
52 宮崎	0	0	0	0	0	0	0	0	0	0	0	0	0	0
53 鹿児島	0	0	0	0	0	0	0	0	0	0	0	0	0	0
54 沖縄	0	0	0	0	0	0	0	0	0	0	0	0	0	0
55 全国	1,359,744	1,595,177	22,468	322,738	612,191	430,179	384,390	4,726,887	1,034,361	1,611,128	718,308	1,625,963	353,631	442,538

平成28年度　　　　　　　　　　　　　　　府県相互間輸送トン数表（自動車）　　　　　　　　　　　　　（単位：トン）
品目　（3－12）その他の非金属鉱　その2

着／発	15 茨城	16 栃木	17 群馬	18 埼玉	19 千葉	20 東京	21 神奈川	22 新潟	23 富山	24 石川	25 福井	26 山梨	27 長野	28 静岡
1 札幌	0	0	0	0	0	0	0	0	0	0	0	0	0	0
2 旭川	0	0	0	0	0	0	0	0	0	0	0	0	0	0
3 函館	0	0	0	0	0	0	0	0	0	0	0	0	0	0
4 室蘭	0	0	0	0	0	0	0	0	0	0	0	0	0	0
5 釧路	0	0	0	0	0	0	0	0	0	0	0	0	0	0
6 帯広	0	0	0	0	0	0	0	0	0	0	0	0	0	0
7 北見	0	0	0	0	0	0	0	0	0	0	0	0	0	0
8 北海道	0	0	0	0	0	0	0	0	0	0	0	0	0	0
9 青森	0	30,754	0	0	0	0	0	0	0	0	0	0	0	0
10 岩手	0	0	0	0	0	0	0	0	0	0	0	0	0	0
11 宮城	53,840	0	0	0	0	0	0	0	0	0	0	0	0	0
12 福島	0	70,439	0	0	0	11,913	9,161	50,049	0	0	0	0	0	0
13 秋田	0	33,703	0	0	0	0	0	0	0	0	0	0	0	33,703
14 山形	0	0	0	0	0	33,703	0	0	0	0	0	0	0	0
15 茨城	1,436,260	0	0	266,673	154,078	0	0	0	0	0	0	0	0	0
16 栃木	68,550	201,414	58,980	0	76,575	163,778	0	299,954	0	0	0	0	0	0
17 群馬	93,772	33,703	0	375,710	65,464	0	0	0	0	0	0	0	0	0
18 埼玉	221,202	84,818	26,402	322,140	51,929	111,239	1,404	0	0	0	0	0	33,815	0
19 千葉	136,972	0	3,932	507,242	478,875	0	0	0	0	0	0	0	0	24,035
20 東京	0	0	0	762,427	0	278,628	401,624	0	0	0	0	0	0	0
21 神奈川	0	0	0	0	0	375	127,101	0	0	0	0	0	0	0
22 新潟	0	0	0	0	0	0	0	2,484,356	0	114,870	0	0	0	0
23 富山	0	0	0	0	0	0	0	0	1,747,058	5,168	0	0	0	0
24 石川	0	0	0	0	0	0	0	0	0	32,596	0	0	0	0
25 福井	0	0	0	0	0	0	0	0	0	0	1,627,328	0	0	0
26 山梨	0	0	0	0	0	0	0	0	0	0	0	284,951	0	0
27 長野	0	0	0	0	0	0	0	0	0	0	0	72,827	0	0
28 静岡	0	0	0	0	0	0	0	0	0	0	0	0	0	88,097
29 岐阜	0	0	0	0	0	0	0	0	0	0	0	0	0	19,660
30 愛知	0	0	0	36,511	0	0	0	0	0	0	0	0	0	0
31 三重	0	0	0	0	0	0	0	0	0	0	0	0	0	0
32 滋賀	0	0	0	0	0	0	0	0	0	0	0	0	0	0
33 京都	0	0	0	0	0	0	0	0	0	0	0	0	0	0
34 奈良	0	0	0	0	0	0	0	0	0	0	0	0	0	0
35 和歌山	0	0	0	0	0	0	0	0	0	0	0	0	0	0
36 大阪	0	0	0	0	0	0	0	0	0	0	0	0	0	0
37 兵庫	0	0	0	0	0	0	0	0	0	0	0	0	0	0
38 鳥取	0	0	0	0	0	0	0	0	0	0	0	0	0	0
39 島根	0	0	0	0	0	0	0	0	0	0	0	0	0	0
40 岡山	0	0	0	0	0	0	0	0	0	0	0	0	0	0
41 広島	0	0	0	0	0	0	0	0	0	0	0	0	0	0
42 山口	0	0	0	0	0	0	0	0	0	0	0	0	0	0
43 香川	0	0	0	0	0	0	0	0	0	0	0	0	0	0
44 愛媛	0	0	0	0	0	0	0	0	0	0	0	0	0	0
45 徳島	0	0	0	0	0	0	0	0	0	0	0	0	0	0
46 高知	0	0	0	0	0	0	0	0	0	0	0	0	0	0
47 福岡	0	0	0	0	0	0	0	0	0	0	0	0	0	0
48 佐賀	0	0	0	0	0	0	0	0	0	0	0	0	0	0
49 長崎	0	0	0	0	0	0	0	0	0	0	0	0	0	0
50 熊本	0	0	0	0	0	0	0	0	0	0	0	0	0	0
51 大分	0	0	0	0	0	0	0	0	0	0	0	0	0	0
52 宮崎	0	0	0	0	0	0	0	0	0	0	0	0	0	0
53 鹿児島	0	0	0	0	0	0	0	0	0	0	0	0	0	0
54 沖縄	0	0	0	0	0	0	0	0	0	0	0	0	0	0
55 全国	2,010,598	421,128	465,024	1,894,993	826,921	599,635	539,290	2,834,359	1,752,225	147,466	1,627,328	284,951	106,642	165,495

平成28年度　　府県相互間輸送トン数表（自動車）　　品目（3-12）その他の非金属鉱　　（単位：トン）その3

発 ＼ 着	29 岐阜	30 愛知	31 三重	32 滋賀	33 京都	34 奈良	35 和歌山	36 大阪	37 兵庫	38 鳥取	39 島根	40 岡山	41 広島	42 山口
1 札幌	0	0	0	0	0	0	0	0	0	0	0	0	0	0
2 旭川	0	0	0	0	0	0	0	0	0	0	0	0	0	0
3 函館	0	0	0	0	0	0	0	0	0	0	0	0	0	0
4 室蘭	0	0	0	0	0	0	0	0	0	0	0	0	0	0
5 釧路	0	0	0	0	0	0	0	0	0	0	0	0	0	0
6 帯広	0	0	0	0	0	0	0	0	0	0	0	0	0	0
7 北見	0	0	0	0	0	0	0	0	0	0	0	0	0	0
8 北海道	0	0	0	0	0	0	0	0	0	0	0	0	0	0
9 青森	0	0	0	0	0	0	0	0	0	0	0	0	0	0
10 岩手	0	0	0	0	0	0	0	0	0	0	0	0	0	0
11 宮城	0	0	0	0	0	0	0	0	0	0	0	0	0	0
12 福島	0	23,592	0	0	0	0	0	0	0	0	0	0	0	0
13 秋田	0	3,932	0	0	0	0	0	0	0	0	0	0	0	0
14 山形	0	0	0	0	0	0	0	0	0	0	0	0	0	0
15 茨城	0	0	0	0	0	0	0	0	0	0	0	0	0	0
16 栃木	0	0	0	0	0	0	0	0	37,354	0	0	0	0	0
17 群馬	0	0	0	0	0	0	0	0	0	0	0	0	0	0
18 埼玉	0	0	0	0	0	0	0	0	0	0	0	0	0	0
19 千葉	11,795	0	0	0	0	0	0	0	0	0	0	0	0	0
20 東京	0	0	0	0	0	0	0	0	0	0	0	0	0	0
21 神奈川	0	0	0	0	0	0	0	0	0	0	0	0	0	0
22 新潟	0	0	0	0	0	0	0	0	0	0	0	0	0	0
23 富山	0	0	0	0	0	0	0	0	0	0	0	0	0	0
24 石川	0	0	0	0	0	0	0	0	0	0	0	0	0	0
25 福井	0	0	0	0	0	0	0	0	0	0	0	0	0	0
26 山梨	0	0	0	0	0	0	0	0	0	0	0	0	0	0
27 長野	0	0	0	0	0	0	0	0	0	0	0	0	0	0
28 静岡	0	0	0	0	0	0	0	0	0	0	0	0	0	0
29 岐阜	3,355,344	515,145	330,362	47,181	0	0	0	56,171	0	0	0	0	0	0
30 愛知	56,171	1,970,686	85,661	0	0	0	0	0	0	0	0	0	0	0
31 三重	0	210,961	2,190,950	36,426	0	0	0	0	0	0	0	0	0	0
32 滋賀	0	0	0	15,727	0	0	0	0	0	0	0	0	0	0
33 京都	0	0	0	0	15,786	0	0	49	18,958	0	0	0	0	0
34 奈良	0	0	0	0	0	7,952	0	0	0	0	0	0	0	0
35 和歌山	0	0	0	0	0	0	18,307	0	0	0	0	0	0	0
36 大阪	0	0	0	106	49	0	0	21,093	115,614	0	0	0	0	0
37 兵庫	0	25,277	0	0	0	0	0	109,084	1,154,047	0	0	0	0	0
38 鳥取	0	0	0	0	0	0	0	0	0	24,991	0	0	0	0
39 島根	0	0	0	0	0	0	0	0	0	44,422	129,504	0	0	0
40 岡山	0	0	0	0	0	0	0	66,663	202,645	0	0	325,143	2,539,770	0
41 広島	0	0	0	0	0	0	0	0	0	0	0	0	115,464	0
42 山口	0	0	0	0	0	0	0	0	0	0	0	0	0	823,245
43 香川	0	0	0	0	0	0	0	0	0	0	0	0	0	0
44 愛媛	0	0	0	0	0	0	0	0	5,617	0	0	0	0	0
45 徳島	0	0	0	0	0	0	0	0	0	0	0	0	0	0
46 高知	0	0	0	0	0	0	0	0	0	0	0	0	0	0
47 福岡	0	0	0	0	0	0	0	0	0	0	0	0	0	0
48 佐賀	0	1,121	0	0	0	0	0	0	0	0	0	0	0	0
49 長崎	0	0	0	0	0	0	0	0	0	0	0	0	0	0
50 熊本	0	0	0	0	0	0	0	0	0	0	0	0	0	0
51 大分	0	0	0	0	0	0	0	0	0	0	0	0	0	0
52 宮崎	0	0	0	0	0	0	0	36,511	0	0	0	0	0	0
53 鹿児島	0	0	0	0	0	0	0	0	0	0	0	0	0	0
54 沖縄	0	0	0	0	0	0	0	0	0	0	0	0	0	0
55 全国	3,423,310	2,750,713	2,606,974	99,440	15,835	7,952	18,307	289,678	1,534,234	69,412	129,504	325,143	2,655,234	823,245

平成28年度　　府県相互間輸送トン数表（自動車）　　品目（3-12）その他の非金属鉱　　（単位：トン）その4

発 ＼ 着	43 香川	44 愛媛	45 徳島	46 高知	47 福岡	48 佐賀	49 長崎	50 熊本	51 大分	52 宮崎	53 鹿児島	54 沖縄	55 全国
1 札幌	0	0	0	0	0	0	0	0	0	0	0	0	821,992
2 旭川	0	0	0	0	0	0	0	0	0	0	0	0	1,801,859
3 函館	0	0	0	0	0	0	0	0	0	0	0	0	22,468
4 室蘭	0	0	0	0	0	0	0	0	0	0	0	0	819,853
5 釧路	0	0	0	0	0	0	0	0	0	0	0	0	647,053
6 帯広	0	0	0	0	0	0	0	0	0	0	0	0	396,090
7 北見	0	0	0	0	0	0	0	0	0	0	0	0	217,571
8 北海道	0	0	0	0	0	0	0	0	0	0	0	0	4,726,887
9 青森	0	0	0	0	0	0	0	0	0	0	0	0	1,164,959
10 岩手	0	0	0	0	0	0	0	0	0	0	0	0	1,507,490
11 宮城	0	0	0	0	0	0	0	0	0	0	0	0	630,918
12 福島	0	0	0	0	0	0	0	0	0	0	0	0	1,668,901
13 秋田	0	0	0	0	0	0	0	0	0	0	0	0	424,968
14 山形	0	0	0	0	0	0	0	0	0	0	0	0	353,169
15 茨城	0	0	0	0	0	0	0	0	0	0	0	0	1,896,634
16 栃木	0	0	0	0	0	0	0	0	0	0	0	0	1,143,522
17 群馬	0	0	0	0	0	0	0	0	0	0	0	0	534,946
18 埼玉	0	0	0	0	0	0	0	0	0	0	0	0	852,950
19 千葉	0	0	0	0	0	0	0	0	0	0	0	0	1,211,743
20 東京	0	0	0	0	0	0	0	0	0	0	0	0	1,442,679
21 神奈川	0	0	0	0	0	0	0	0	0	0	0	0	127,476
22 新潟	0	0	0	0	0	0	0	0	0	0	0	0	2,664,104
23 富山	0	0	0	0	0	0	0	0	0	0	0	0	1,747,058
24 石川	0	0	0	0	0	0	0	0	0	0	0	0	37,764
25 福井	0	0	0	0	0	0	0	0	0	0	0	0	1,627,328
26 山梨	0	0	0	0	0	0	0	0	0	0	0	0	284,951
27 長野	0	0	0	0	0	0	0	0	0	0	0	0	72,827
28 静岡	0	0	0	0	0	0	0	0	0	0	0	0	88,097
29 岐阜	0	0	0	0	0	0	0	0	0	0	0	0	4,323,863
30 愛知	0	40,443	0	0	0	0	0	0	0	0	0	0	2,189,472
31 三重	0	0	0	0	0	0	0	0	0	0	0	0	2,438,337
32 滋賀	0	0	0	0	0	0	0	0	0	0	0	0	15,833
33 京都	0	0	0	0	0	0	0	0	0	0	0	0	34,793
34 奈良	0	0	0	0	0	0	0	0	0	0	0	0	7,952
35 和歌山	0	0	0	0	0	0	0	0	0	0	0	0	18,307
36 大阪	0	0	0	0	0	1,121	0	0	0	0	0	0	137,983
37 兵庫	0	0	0	0	0	0	0	0	0	37,354	0	0	1,325,763
38 鳥取	0	0	0	0	0	0	0	0	0	0	0	0	24,991
39 島根	0	0	0	0	0	0	0	0	0	0	0	0	173,926
40 岡山	0	0	0	0	0	0	0	0	0	0	0	0	3,134,221
41 広島	0	0	0	0	0	0	0	0	0	0	0	0	115,464
42 山口	0	0	0	0	0	0	0	0	0	0	0	0	823,245
43 香川	114,642	0	0	0	0	0	0	0	0	0	0	0	114,642
44 愛媛	0	1,670,985	0	9,830	0	0	0	0	0	0	0	0	1,686,432
45 徳島	0	0	858,825	0	0	0	0	0	0	0	0	0	858,825
46 高知	0	0	201,093	1,696,583	0	0	0	0	0	0	0	0	1,897,675
47 福岡	0	11,234	0	0	632,787	1,895	0	1,894	12,912	0	0	0	660,722
48 佐賀	0	0	0	0	15,409	115,772	8,884	0	0	0	0	0	141,186
49 長崎	0	0	0	0	0	0	253,271	0	0	0	0	0	253,271
50 熊本	0	0	0	0	35,367	0	0	788,912	0	0	28,086	0	852,364
51 大分	0	0	0	29,152	5,786	0	0	5,758	1,248,726	0	0	0	1,289,422
52 宮崎	0	0	0	0	0	0	0	0	0	2,039,228	0	0	2,075,739
53 鹿児島	0	0	0	0	0	0	0	0	0	0	741,292	0	741,292
54 沖縄	0	0	0	0	0	0	0	0	0	0	0	582,770	582,770
55 全国	114,642	1,722,662	1,059,918	1,735,564	689,348	118,788	262,156	796,564	1,261,638	2,076,581	769,378	582,770	50,128,000

平成28年度　　　　府県相互間輸送トン数表（自動車）　品目（4－13）鉄鋼　　（単位：トン）　その1

着＼発	1 札幌	2 旭川	3 函館	4 室蘭	5 釧路	6 帯広	7 北見	8 北海道	9 青森	10 岩手	11 宮城	12 福島	13 秋田	14 山形
1 札幌	1,819,891	108,899	0	6,792	64,527	0	37,358	2,037,467	0	0	0	0	0	0
2 旭川	247,185	1,122,996	0	27,169	0	0	0	1,397,351	0	0	0	0	0	0
3 函館	0	0	16,872	0	0	0	0	16,872	0	0	0	0	0	0
4 室蘭	702,375	0	16,626	2,016,648	0	16,981	0	2,752,629	0	0	0	0	0	0
5 釧路	0	0	16,981	0	11,738	0	0	28,719	0	0	0	0	0	0
6 帯広	0	0	0	0	0	183,205	0	183,205	0	0	0	0	0	0
7 北見	0	0	0	0	0	0	2,189	2,189	0	0	0	0	0	0
8 北海道	2,769,451	1,231,895	50,479	2,050,610	76,265	200,186	39,547	6,418,432	0	0	0	0	0	0
9 青森	0	0	0	0	0	0	0	0	1,311,649	13,585	0	0	27,489	0
10 岩手	0	0	0	0	0	0	0	0	0	331,975	20,408	0	34,801	0
11 宮城	0	0	0	0	0	0	0	0	0	364,441	5,178,728	497,927	73,684	377,214
12 福島	0	0	0	0	0	0	0	0	0	0	71,485	1,405,154	0	55,867
13 秋田	0	0	0	0	0	0	0	0	5,746	101,850	0	0	1,487,000	13,585
14 山形	0	0	0	0	0	0	0	0	0	0	0	1,635	0	122,772
15 茨城	0	0	0	0	0	0	0	0	0	13,585	0	33,962	0	77,545
16 栃木	0	0	0	0	0	0	0	0	0	0	0	141,307	0	0
17 群馬	0	0	0	0	0	0	0	0	0	0	0	0	0	0
18 埼玉	0	0	0	0	0	0	0	0	0	47,886	62,965	162,677	0	0
19 千葉	0	0	0	0	0	0	0	0	0	142,776	356,192	320,812	0	0
20 東京	0	0	0	0	0	0	0	0	0	0	0	0	0	0
21 神奈川	0	0	0	0	0	0	0	0	0	0	0	0	0	0
22 新潟	0	0	0	0	0	0	0	0	10,189	0	0	27,169	0	13,855
23 富山	0	0	0	0	0	0	0	0	0	0	0	0	0	42,452
24 石川	0	0	0	0	0	0	0	0	0	0	0	0	0	0
25 福井	0	0	0	0	0	0	0	0	0	0	0	0	0	0
26 山梨	0	0	0	0	0	0	0	0	0	0	0	6,113	0	0
27 長野	0	0	0	0	0	0	0	0	0	0	0	0	0	0
28 静岡	0	0	0	0	0	0	0	0	0	0	0	0	0	0
29 岐阜	0	0	0	0	0	0	0	0	0	0	0	0	0	0
30 愛知	0	0	0	0	0	0	0	0	0	0	0	0	0	0
31 三重	0	0	0	0	0	0	0	0	0	0	0	0	0	0
32 滋賀	0	0	0	0	0	0	0	0	0	0	0	0	0	0
33 京都	0	0	0	0	0	0	0	0	0	0	0	0	0	0
34 奈良	0	0	0	0	0	0	0	0	0	0	0	0	0	0
35 和歌山	0	0	0	0	0	0	0	0	0	0	0	0	0	0
36 大阪	0	0	0	0	0	0	0	0	0	0	0	0	0	0
37 兵庫	0	0	0	0	0	0	0	0	0	0	0	11,207	0	0
38 鳥取	0	0	0	0	0	0	0	0	0	0	0	0	0	0
39 島根	0	0	0	0	0	0	0	0	0	0	0	0	0	0
40 岡山	0	0	0	0	0	0	0	0	0	0	0	0	0	0
41 広島	0	0	0	0	0	0	0	0	0	0	0	0	0	0
42 山口	0	0	0	0	0	0	0	0	0	0	0	0	0	0
43 香川	0	0	0	0	0	0	0	0	0	0	0	0	0	0
44 愛媛	0	0	0	0	0	0	0	0	0	0	0	0	0	0
45 徳島	0	0	0	0	0	0	0	0	0	0	0	0	0	0
46 高知	0	0	0	0	0	0	0	0	0	0	0	0	0	0
47 福岡	0	0	0	0	0	0	0	0	0	0	0	0	0	0
48 佐賀	0	0	0	0	0	0	0	0	0	0	0	0	0	0
49 長崎	0	0	0	0	0	0	0	0	0	0	0	0	0	0
50 熊本	0	0	0	0	0	0	0	0	0	0	0	0	0	0
51 大分	0	0	0	0	0	0	0	0	0	0	0	0	0	0
52 宮崎	0	0	0	0	0	0	0	0	0	0	0	0	0	0
53 鹿児島	0	0	0	0	0	0	0	0	0	0	0	0	0	0
54 沖縄	0	0	0	0	0	0	0	0	0	0	0	0	0	0
55 全国	2,769,451	1,231,895	50,479	2,050,610	76,265	200,186	39,547	6,418,432	1,327,584	1,016,098	5,689,778	2,607,964	1,622,973	703,290

平成28年度　　　　府県相互間輸送トン数表（自動車）　品目（4－13）鉄鋼　　（単位：トン）　その2

着＼発	15 茨城	16 栃木	17 群馬	18 埼玉	19 千葉	20 東京	21 神奈川	22 新潟	23 富山	24 石川	25 福井	26 山梨	27 長野	28 静岡
1 札幌	0	0	0	0	0	0	0	0	0	0	0	0	0	0
2 旭川	0	0	0	0	0	0	0	0	0	0	0	0	0	0
3 函館	0	0	0	0	0	0	0	0	0	0	0	0	0	0
4 室蘭	0	0	0	0	0	0	0	0	0	0	0	0	0	0
5 釧路	0	0	0	0	0	0	0	0	0	0	0	0	0	0
6 帯広	0	0	0	0	0	0	0	0	0	0	0	0	0	0
7 北見	0	0	0	0	0	0	0	0	0	0	0	0	0	0
8 北海道	0	0	0	0	0	0	0	0	0	0	0	0	0	0
9 青森	0	0	0	0	0	0	0	0	9,577	0	0	0	0	0
10 岩手	0	0	0	0	0	0	0	0	0	47,547	0	0	0	0
11 宮城	46,976	0	0	95,093	95,093	0	91,697	121,923	0	0	0	0	0	0
12 福島	61,131	39,527	0	60,961	69,724	8,313	0	0	0	0	0	0	0	39,396
13 秋田	0	0	0	0	0	0	0	0	0	0	0	0	0	0
14 山形	0	0	0	0	0	0	0	0	0	0	0	0	0	0
15 茨城	978,176	113,197	38,641	159,838	867,569	345,615	46,222	0	0	10,868	0	0	0	11,207
16 栃木	251,508	2,906,885	359,493	350,469	408,330	179,760	0	140,330	33,962	0	0	0	0	42,765
17 群馬	45,180	248,123	2,809,551	301,094	159,553	50,079	161,281	92,088	6,113	0	0	111	0	0
18 埼玉	390,206	250,715	154,095	3,191,592	920,835	513,336	749,234	150,101	383	0	0	11,201	58,754	0
19 千葉	2,509,532	1,874,462	1,288,621	2,789,757	13,668,868	2,044,436	1,719,795	150,101	383	0	0	11,201	259,808	327,803
20 東京	492,980	388,326	562,408	538,821	893,987	0	1,320,297	792,322	78,112	0	0	2,088	0	0
21 神奈川	95,585	135,433	122,497	474,836	568,917	581,802	3,482,117	23,603	0	0	0	5,094	95,103	335,692
22 新潟	146,138	0	33,962	92,285	50,943	56,105	29,649	2,845,063	43,953	0	0	0	38,377	153,983
23 富山	0	0	0	0	0	0	0	0	1,290,080	166,852	38,793	277	0	0
24 石川	40,240	0	0	0	50,943	0	0	0	136,068	1,954,138	72,095	0	0	0
25 福井	0	0	0	0	0	0	0	14,943	40,415	22,101	610,758	0	0	0
26 山梨	0	0	0	310,347	0	50,943	0	0	0	0	0	284,381	100	0
27 長野	33,962	0	27,169	0	0	0	0	33,962	0	0	0	100	1,016,476	0
28 静岡	0	0	0	3,396	6,792	0	67,924	0	0	0	0	0	85,288	5,353,570
29 岐阜	0	0	0	0	0	0	0	0	0	0	0	0	37,304	81,631
30 愛知	148,471	122,769	0	90,777	190,482	41,943	42,642	78,578	0	13,109	0	0	101,644	730,971
31 三重	0	0	0	0	0	0	0	0	33,962	0	0	0	0	0
32 滋賀	40,754	30,015	0	0	0	0	0	0	0	0	0	0	0	0
33 京都	0	0	0	0	0	0	340	84,905	0	0	0	0	0	0
34 奈良	0	0	0	0	0	0	0	0	0	0	0	0	0	0
35 和歌山	0	0	0	0	0	0	0	0	0	0	0	0	0	0
36 大阪	676	0	0	0	60,676	20,357	0	0	196,646	149,106	12,226	6,538	39,267	0
37 兵庫	0	0	0	0	0	0	78,112	0	0	0	0	0	6,792	9,234
38 鳥取	0	0	0	0	0	0	0	0	0	0	0	0	0	0
39 島根	0	0	0	0	0	0	0	0	0	0	0	0	34,145	0
40 岡山	0	0	75,069	0	0	0	67,924	0	0	0	0	0	0	0
41 広島	0	3,396	94,448	81,101	0	0	0	0	0	0	0	0	0	0
42 山口	0	0	0	0	0	0	0	0	0	0	0	0	0	0
43 香川	0	0	0	0	0	0	0	0	0	0	0	0	0	0
44 愛媛	0	0	0	0	0	0	0	0	0	0	0	0	0	0
45 徳島	0	0	0	0	0	0	0	0	0	0	0	0	0	0
46 高知	0	0	0	0	0	0	0	0	0	0	0	0	0	0
47 福岡	0	0	0	0	0	0	44,116	0	0	0	0	0	0	0
48 佐賀	0	0	0	0	0	0	0	0	0	0	0	0	0	0
49 長崎	0	0	0	0	0	0	0	0	0	0	0	0	0	0
50 熊本	0	0	0	0	0	0	0	0	0	0	10,868	0	0	0
51 大分	0	0	0	0	29,547	0	38,037	0	0	0	0	0	0	0
52 宮崎	0	0	0	0	0	0	0	0	0	0	0	0	0	0
53 鹿児島	0	0	0	0	0	0	0	0	0	0	0	0	0	0
54 沖縄	0	0	0	0	0	0	0	0	0	0	0	0	0	0
55 全国	5,281,515	6,112,848	5,566,296	8,540,366	18,062,615	5,192,628	7,418,204	3,656,815	1,791,159	2,363,721	745,018	309,512	1,772,959	7,086,252

平成28年度　府県相互間輸送トン数表（自動車）

品目（4-13）鉄鋼　　その3　（単位：トン）

着\発	29 岐阜	30 愛知	31 三重	32 滋賀	33 京都	34 奈良	35 和歌山	36 大阪	37 兵庫	38 鳥取	39 島根	40 岡山	41 広島	42 山口
1 札幌	0	0	0	0	0	0	0	0	0	0	0	0	0	0
2 旭川	0	0	0	0	0	0	0	0	0	0	0	0	0	0
3 函館	0	0	0	0	0	0	0	0	0	0	0	0	0	0
4 室蘭	0	0	0	0	0	0	0	0	0	0	0	0	0	0
5 釧路	0	0	0	0	0	0	0	0	0	0	0	0	0	0
6 帯広	0	0	0	0	0	0	0	0	0	0	0	0	0	0
7 北見	0	0	0	0	0	0	0	0	0	0	0	0	0	0
8 北海道	0	0	0	0	0	0	0	0	0	0	0	0	0	0
9 青森	0	0	0	0	0	0	0	0	0	0	0	0	0	0
10 岩手	0	0	0	0	0	0	0	0	0	0	0	0	0	0
11 宮城	0	0	0	0	0	0	0	0	0	1,366	0	0	0	0
12 福島	0	0	0	0	0	0	0	0	0	0	0	0	0	0
13 秋田	0	0	0	0	0	0	0	0	0	0	0	0	0	0
14 山形	0	0	0	0	0	0	0	0	0	0	0	0	0	0
15 茨城	0	132,037	38,414	0	0	0	0	62,955	0	0	0	0	0	0
16 栃木	0	0	0	0	0	0	0	0	0	0	0	0	0	0
17 群馬	0	0	0	0	87,099	0	0	95,389	0	0	0	94,458	0	75,456
18 埼玉	0	50,943	0	100,187	13,160	0	0	0	0	0	0	0	0	0
19 千葉	0	92,515	0	0	0	0	0	89,659	23,773	0	0	0	0	1,698
20 東京	0	0	0	0	0	0	0	44,150	0	0	0	0	0	0
21 神奈川	43,936	118,483	0	0	0	0	0	40,754	0	7,472	0	0	0	0
22 新潟	0	10,189	0	0	0	0	0	0	0	0	0	0	0	0
23 富山	0	0	0	0	76,903	0	75,008	81,848	0	0	0	0	0	0
24 石川	0	0	65,309	116,285	0	0	0	6,792	0	0	0	0	0	0
25 福井	0	0	0	0	0	0	0	150,111	0	0	0	0	0	0
26 山梨	0	0	0	0	0	0	0	0	0	0	0	0	0	0
27 長野	0	8,717	0	0	0	0	0	0	0	0	56,377	0	0	0
28 静岡	0	104,602	0	61,131	0	0	0	64,527	0	0	0	0	0	0
29 岐阜	690,032	471,758	69,452	0	0	0	0	113,215	0	0	0	0	0	0
30 愛知	1,335,567	11,493,670	204,411	237,156	0	0	0	33,962	25,471	0	0	87,703	78,112	0
31 三重	29,560	270,600	846,058	0	0	83	18,033	18,414	0	0	0	102,918	67,924	0
32 滋賀	0	0	0	1,523,887	14,491	64	0	43,956	0	0	0	0	0	0
33 京都	0	0	0	96,930	669,854	958	0	8,211	2,394	0	0	0	0	0
34 奈良	0	0	6,391	33,962	17,769	209,749	27,488	60,596	8,313	0	0	0	51,758	0
35 和歌山	0	85,760	0	0	0	0	1,924,653	102,646	288,883	0	0	0	0	0
36 大阪	42,249	251,941	75,174	45,738	163,278	69,366	174,095	6,822,886	2,624,262	0	64,527	112,977	109,568	0
37 兵庫	1,246	129,201	0	179,668	120,478	51,135	37,901	2,002,970	4,614,906	0	0	23,471	170,624	6,853
38 鳥取	0	0	0	0	0	0	0	0	0	252,640	0	0	215,811	0
39 島根	0	0	0	0	0	0	0	0	0	99,447	2,619,369	0	0	0
40 岡山	0	40,279	0	0	0	638	0	74,308	213,403	85,115	0	1,814,656	211,058	82,527
41 広島	0	258,348	0	48,565	48,905	0	0	145,265	149,432	168,281	64,969	58,684	6,428,658	695,404
42 山口	0	0	0	0	0	51,758	0	103,516	0	0	90,678	13,585	306,336	701,391
43 香川	0	0	0	0	0	0	0	6,792	0	83,387	0	228,224	45,838	0
44 愛媛	0	0	0	0	0	0	0	0	61,131	0	0	44,388	10,189	6,792
45 徳島	0	0	0	0	0	0	0	0	0	0	0	0	0	0
46 高知	0	0	0	0	0	0	0	49,245	10,121	0	0	0	0	0
47 福岡	0	0	0	0	0	0	0	69,033	0	0	49,245	94,074	175,997	250,340
48 佐賀	0	0	0	0	0	0	0	0	0	0	0	0	0	0
49 長崎	0	0	0	0	0	0	0	0	0	19,698	0	0	0	0
50 熊本	0	0	0	0	0	0	0	0	0	0	0	0	0	0
51 大分	0	0	0	0	0	0	0	0	0	0	0	0	0	33,962
52 宮崎	0	0	0	0	0	0	0	0	0	0	0	0	0	0
53 鹿児島	0	0	0	0	0	0	0	0	0	0	0	0	0	0
54 沖縄	0	0	0	0	0	0	0	0	0	0	0	0	0	0
55 全国	2,142,590	13,519,043	1,305,209	2,443,510	1,211,937	383,113	2,257,818	10,291,201	8,132,645	606,849	2,945,165	2,675,138	7,871,872	1,854,423

平成28年度　府県相互間輸送トン数表（自動車）

品目（4-13）鉄鋼　　その4　（単位：トン）

着\発	43 香川	44 愛媛	45 徳島	46 高知	47 福岡	48 佐賀	49 長崎	50 熊本	51 大分	52 宮崎	53 鹿児島	54 沖縄	55 全国
1 札幌	0	0	0	0	0	0	0	0	0	0	0	0	2,037,467
2 旭川	0	0	0	0	0	0	0	0	0	0	0	0	1,397,351
3 函館	0	0	0	0	0	0	0	0	0	0	0	0	16,872
4 室蘭	0	0	0	0	0	0	0	0	0	0	0	0	2,752,629
5 釧路	0	0	0	0	0	0	0	0	0	0	0	0	28,719
6 帯広	0	0	0	0	0	0	0	0	0	0	0	0	183,205
7 北見	0	0	0	0	0	0	0	0	0	0	0	0	2,189
8 北海道	0	0	0	0	0	0	0	0	0	0	0	0	6,418,432
9 青森	0	0	0	0	0	0	0	0	0	0	0	0	1,362,300
10 岩手	0	0	0	0	0	0	0	0	0	0	0	0	434,730
11 宮城	0	0	0	0	0	0	0	0	0	0	0	0	6,944,142
12 福島	0	0	0	0	0	0	0	0	0	0	0	0	1,811,557
13 秋田	0	0	0	0	0	0	0	0	0	0	0	0	1,608,181
14 山形	0	0	0	0	0	0	0	0	0	0	0	0	124,405
15 茨城	0	0	0	0	0	0	0	0	0	0	0	0	2,929,832
16 栃木	0	0	0	0	0	0	0	0	0	0	0	0	4,814,809
17 群馬	0	0	0	0	0	0	0	0	0	0	0	0	4,225,574
18 埼玉	0	0	0	0	0	0	0	0	0	0	0	0	6,666,587
19 千葉	217	0	0	0	33,962	0	0	0	0	0	0	0	27,706,712
20 東京	0	0	0	0	0	0	0	0	0	0	0	0	5,113,491
21 神奈川	0	0	0	0	29,207	0	0	0	0	0	0	0	6,119,778
22 新潟	0	0	0	0	0	0	0	0	0	0	0	0	3,592,889
23 富山	0	0	0	0	0	0	0	0	0	0	0	0	1,771,937
24 石川	0	0	0	0	0	0	0	0	0	0	0	0	2,441,870
25 福井	0	0	0	0	0	0	0	0	0	0	0	0	838,329
26 山梨	0	0	0	0	0	0	0	0	0	0	0	0	651,784
27 長野	0	0	0	12,905	0	0	0	0	0	0	0	0	1,189,669
28 静岡	0	0	0	0	0	0	0	0	0	0	0	0	5,747,232
29 岐阜	0	0	0	0	0	0	0	0	0	0	0	0	1,463,391
30 愛知	0	33,962	33,962	0	0	0	0	0	0	0	46,867	0	15,172,229
31 三重	0	0	0	0	0	0	0	0	0	0	0	0	1,387,552
32 滋賀	0	0	0	0	0	0	0	10,868	0	0	0	0	1,664,375
33 京都	0	0	0	0	0	0	0	0	0	0	0	0	863,252
34 奈良	0	0	0	0	0	0	0	0	0	0	0	0	416,036
35 和歌山	0	0	0	0	0	0	0	0	0	0	0	0	2,401,942
36 大阪	120,565	0	44,150	6,792	0	0	0	0	0	0	0	0	11,192,701
37 兵庫	0	6,792	0	0	0	0	0	0	0	0	0	0	7,470,951
38 鳥取	0	0	0	0	0	0	0	0	0	0	0	0	468,450
39 島根	0	0	0	0	0	0	0	0	0	0	0	0	2,752,961
40 岡山	0	0	0	0	0	0	8,490	0	0	0	0	0	2,673,468
41 広島	0	0	0	0	38,377	0	0	0	11,207	0	0	0	8,295,040
42 山口	0	0	0	0	591,697	0	33,962	0	51,758	0	0	0	1,988,830
43 香川	921,017	110,451	117,695	190,227	0	0	0	0	0	0	0	0	1,703,631
44 愛媛	575	563,011	0	81,889	0	0	0	0	0	0	0	0	767,975
45 徳島	38,658	74,716	211,478	0	0	0	0	0	0	0	0	0	324,852
46 高知	32,323	221,092	0	380,133	0	0	0	0	0	0	0	0	692,912
47 福岡	6,792	0	0	0	6,634,304	264,060	99,430	214,702	131,449	36,920	187,761	0	8,258,224
48 佐賀	0	0	0	0	499,935	2,243,161	345,253	46,867	0	0	0	0	3,135,217
49 長崎	0	0	0	0	100,259	98,741	1,375,595	0	10,189	0	0	0	1,611,953
50 熊本	0	0	0	0	67,924	1,929	91,140	1,310,575	0	175,283	576,808	0	2,234,526
51 大分	0	0	0	0	57,610	0	37,358	31,799	726,755	0	3,396	0	958,461
52 宮崎	0	0	0	0	6,792	0	71,862	0	0	892,321	16,674	0	987,649
53 鹿児島	0	0	0	0	21,736	0	109,731	0	6,724	0	347,482	0	485,672
54 沖縄	0	0	0	0	0	0	0	0	0	0	0	48,083	48,083
55 全国	1,120,147	1,010,024	407,285	671,946	8,075,010	2,641,853	1,964,059	1,796,404	931,358	1,162,870	1,178,989	48,083	171,935,000

平成28年度　　府県相互間輸送トン数表（自動車）　　品目（4-14）非鉄金属　その1　（単位：トン）

着\発	1 札幌	2 旭川	3 函館	4 室蘭	5 釧路	6 帯広	7 北見	8 北海道	9 青森	10 岩手	11 宮城	12 福島	13 秋田	14 山形
1 札幌	579,368	0	0	1,069	0	0	0	580,437	0	0	0	0	0	0
2 旭川	0	0	0	0	0	0	0	0	0	0	0	0	0	0
3 函館	0	0	18,622	0	0	0	0	18,622	0	0	0	0	0	0
4 室蘭	0	0	0	1,737,686	0	0	0	1,737,686	0	0	0	0	0	0
5 釧路	0	0	0	0	72,619	0	0	72,619	0	0	0	0	0	0
6 帯広	0	0	0	0	0	0	0	0	0	0	0	0	0	0
7 北見	0	0	0	0	0	0	23,433	23,433	0	0	0	0	0	0
8 北海道	579,368	0	18,622	1,738,755	72,619	0	23,433	2,432,797	0	0	0	0	0	0
9 青森									11,213					
10 岩手										17,390	1,563			
11 宮城											320,852		117,888	750
12 福島												2,464,760		2,487
13 秋田										20,217	54,640		156,831	
14 山形											81,860			
15 茨城											46,803	128,805	40,332	
16 栃木												20,729		
17 群馬														
18 埼玉												65,753		20
19 千葉													12,434	
20 東京														
21 神奈川													122,354	
22 新潟														
23 富山														
24 石川												39,835		
25 福井														
26 山梨														
27 長野														
28 静岡														
29 岐阜														
30 愛知														
31 三重														
32 滋賀														
33 京都												42,382		
34 奈良														
35 和歌山														
36 大阪														
37 兵庫														
38 鳥取														
39 島根														
40 岡山														
41 広島														
42 山口														
43 香川														
44 愛媛														
45 徳島														
46 高知														
47 福岡														
48 佐賀														
49 長崎														
50 熊本														
51 大分														
52 宮崎														
53 鹿児島														
54 沖縄														
55 全国	579,368	0	18,622	1,738,755	72,619	0	23,433	2,432,797	31,429	200,793	599,190	2,648,176	287,152	3,257

平成28年度　　府県相互間輸送トン数表（自動車）　　品目（4-14）非鉄金属　その2　（単位：トン）

着\発	15 茨城	16 栃木	17 群馬	18 埼玉	19 千葉	20 東京	21 神奈川	22 新潟	23 富山	24 石川	25 福井	26 山梨	27 長野	28 静岡
1 札幌	0	0	0	0	0	0	0	0	0	0	0	0	0	0
2 旭川	0	0	0	0	0	0	0	0	0	0	0	0	0	0
3 函館	0	0	0	0	0	0	0	0	0	0	0	0	0	0
4 室蘭	0	0	0	0	0	0	0	0	0	0	0	0	0	0
5 釧路	0	0	0	0	0	0	0	0	0	0	0	0	0	0
6 帯広	0	0	0	0	0	0	0	0	0	0	0	0	0	0
7 北見	0	0	0	0	0	0	0	0	0	0	0	0	0	0
8 北海道	0	0	0	0	0	0	0	0	0	0	0	0	0	0
9 青森	0	0	0	0	0	0	0	0	0	0	0	0	0	0
10 岩手	0	0	0	0	0	0	0	0	0	0	0	0	0	0
11 宮城	3,124													64,659
12 福島	345,381			178,474		23,658								
13 秋田					102,728									
14 山形														
15 茨城	742,705			35,936	232,831	49,035	60,417							22,382
16 栃木	8,765	95,807	44,711			29,291	201,596						35,811	
17 群馬	2,320	4,797	122,139	15,320	3,502		238,739							
18 埼玉	8,418	4,764	376,164	322,619	14,403	48,939	41,871		14,921		24,869			125,782
19 千葉	2,989	4,919	19,298	30,722	237,810	25,706	11,942							145,782
20 東京	222,824	8,966	5,440	172,236	34,117	580,067	36,629							
21 神奈川	12,434	59,685		201,902	117,880	87,393	827,577							145,233
22 新潟				111,151				34,549	115,242					
23 富山									611,044	86,996			54,721	34,816
24 石川									331,683	38,667				
25 福井											2,866			
26 山梨												62,723		
27 長野						9,131							308,758	
28 静岡				19,895	9,947	11,036							112,307	595,887
29 岐阜													39,790	
30 愛知	55,159								11,688	20,711	64,659			375
31 三重							25,592	52,562	26,540	60,431				206,755
32 滋賀	51,767													
33 京都														
34 奈良										64,659				
35 和歌山														
36 大阪		44,764			59,685		64,659					313		
37 兵庫					24,978									
38 鳥取														
39 島根														
40 岡山														
41 広島														
42 山口														
43 香川														
44 愛媛														
45 徳島														
46 高知														
47 福岡														
48 佐賀														
49 長崎														
50 熊本														
51 大分														
52 宮崎														
53 鹿児島														
54 沖縄														
55 全国	1,465,833	223,702	567,752	1,088,256	837,881	928,916	1,490,601	203,436	1,098,585	210,962	2,866	63,036	551,387	1,195,890

平成28年度　　　　　　　　　　　　　　　府県相互間輸送トン数表（自動車）　　　　　　　　　品目　（4-14）　非鉄金属　　　（単位：トン）その3

着＼発	29 岐阜	30 愛知	31 三重	32 滋賀	33 京都	34 奈良	35 和歌山	36 大阪	37 兵庫	38 鳥取	39 島根	40 岡山	41 広島	42 山口
1 札幌	0	0	0	0	0	0	0	0	0	0	0	0	0	0
2 旭川	0	0	0	0	0	0	0	0	0	0	0	0	0	0
3 函館	0	0	0	0	0	0	0	0	0	0	0	0	0	0
4 室蘭	0	0	0	0	0	0	0	0	0	0	0	0	0	0
5 釧路	0	0	0	0	0	0	0	0	0	0	0	0	0	0
6 帯広	0	0	0	0	0	0	0	0	0	0	0	0	0	0
7 北見	0	0	0	0	0	0	0	0	0	0	0	0	0	0
8 北海道	0	0	0	0	0	0	0	0	0	0	0	0	0	0
9 青森	0	0	0	0	0	0	0	0	0	0	0	0	0	0
10 岩手	0	0	0	0	0	0	0	0	0	0	0	0	0	0
11 宮城	0	0	39,790	0	42,382	0	0	0	0	0	0	0	0	0
12 福島	0	0	0	0	0	0	0	0	0	0	0	0	0	0
13 秋田	0	0	0	0	0	0	0	0	0	0	0	0	0	0
14 山形	0	0	0	0	0	0	0	0	0	0	0	0	0	0
15 茨城	51,757	48,688	0	0	0	0	0	64,564	0	0	0	0	0	0
16 栃木	0	49,737	0	0	0	0	0	0	0	0	0	0	0	0
17 群馬	0	0	0	0	0	0	0	0	0	0	0	0	0	0
18 埼玉	0	0	0	0	0	0	0	0	0	0	0	0	0	0
19 千葉	0	2,439	7,958	0	0	0	0	57,198	0	0	0	0	0	0
20 東京	0	59,337	0	0	0	0	0	0	0	0	0	0	0	0
21 神奈川	0	0	0	0	0	0	0	51,230	0	0	0	0	0	0
22 新潟	0	15,419	0	0	0	0	0	49,737	0	0	0	0	0	0
23 富山	49,921	0	0	0	0	129,317	0	61,789	57,884	0	0	0	0	0
24 石川	0	44,764	0	0	0	0	0	0	0	0	0	0	0	0
25 福井	0	0	0	0	0	0	0	0	0	0	0	0	0	0
26 山梨	0	0	0	0	0	0	0	0	0	0	0	0	0	0
27 長野	0	49,737	0	0	0	0	0	49,737	49,737	0	0	0	0	0
28 静岡	0	10,311	57,442	0	0	0	0	0	0	0	0	0	0	0
29 岐阜	124,381	235,370	0	0	0	0	0	27,853	0	0	0	0	49,737	0
30 愛知	40,247	2,233,707	36,378	2,487	0	0	0	245,713	127,925	0	0	0	69,632	0
31 三重	0	0	760,959	0	0	0	0	0	106,314	0	0	19,895	0	0
32 滋賀	0	69,881	0	49,806	0	0	0	13,401	0	0	0	0	0	0
33 京都	0	0	79,817	0	158,175	0	0	18,900	14,921	0	0	0	0	0
34 奈良	0	0	0	0	0	106,306	0	30,837	0	0	0	0	0	0
35 和歌山	0	0	0	0	0	0	6,378	0	0	0	0	0	0	0
36 大阪	0	44,764	5,223	188	145,394	16,994	1,563	1,727,617	95,677	0	0	0	0	0
37 兵庫	0	0	119,370	0	47,890	0	0	157,938	594,898	0	0	0	99,475	0
38 鳥取	0	0	0	0	0	0	0	0	0	970	27,297	0	451	0
39 島根	0	0	0	0	0	0	0	0	0	0	1,972	0	0	0
40 岡山	0	0	0	0	0	0	0	0	0	0	0	365,387	199,137	0
41 広島	5,471	0	0	0	0	0	0	0	0	0	0	2,501	205,175	0
42 山口	0	0	0	0	0	0	0	0	0	23,138	0	0	91,591	18,166
43 香川	0	0	0	0	0	0	0	48,713	0	0	0	0	0	0
44 愛媛	0	0	0	0	0	0	0	0	60,182	0	0	0	438	49,737
45 徳島	0	89,527	0	0	0	0	0	4,974	0	0	0	0	0	0
46 高知	0	0	0	0	0	0	0	0	0	0	0	0	0	0
47 福岡	0	0	0	0	0	0	0	0	0	0	0	0	69,632	10,505
48 佐賀	0	0	0	0	0	0	0	0	0	0	0	0	0	0
49 長崎	0	0	0	0	0	0	0	0	0	0	0	0	0	0
50 熊本	0	0	0	0	0	0	0	0	0	0	0	0	0	0
51 大分	0	0	0	0	0	0	0	0	0	0	0	0	0	0
52 宮崎	0	0	0	0	0	0	0	0	0	0	0	0	0	0
53 鹿児島	0	0	0	0	0	0	0	0	0	0	0	0	0	0
54 沖縄	0	0	0	0	0	0	0	0	0	0	0	0	0	0
55 全国	271,777	2,953,681	1,027,120	132,297	393,841	252,617	7,942	2,610,201	1,107,538	24,108	29,269	387,784	785,269	78,408

平成28年度　　　　　　　　　　　　　　　府県相互間輸送トン数表（自動車）　　　　　　　　　品目　（4-14）　非鉄金属　　　（単位：トン）その4

着＼発	43 香川	44 愛媛	45 徳島	46 高知	47 福岡	48 佐賀	49 長崎	50 熊本	51 大分	52 宮崎	53 鹿児島	54 沖縄	55 全国
1 札幌	0	0	0	0	0	0	0	0	0	0	0	0	580,437
2 旭川	0	0	0	0	0	0	0	0	0	0	0	0	18,622
3 函館	0	0	0	0	0	0	0	0	0	0	0	0	0
4 室蘭	0	0	0	0	0	0	0	0	0	0	0	0	1,737,686
5 釧路	0	0	0	0	0	0	0	0	0	0	0	0	72,619
6 帯広	0	0	0	0	0	0	0	0	0	0	0	0	23,433
7 北見	0	0	0	0	0	0	0	0	0	0	0	0	0
8 北海道	0	0	0	0	0	0	0	0	0	0	0	0	2,432,797
9 青森	0	0	0	0	0	0	0	0	0	0	0	0	11,213
10 岩手	0	0	0	0	0	0	0	0	0	0	0	0	18,953
11 宮城	0	0	0	0	0	0	0	0	0	0	0	0	549,654
12 福島	0	0	0	0	0	0	0	0	0	0	0	0	3,054,551
13 秋田	0	0	0	0	0	0	0	0	0	0	0	0	334,415
14 山形	0	0	0	0	0	0	0	0	0	0	0	0	81,960
15 茨城	0	0	0	0	0	0	0	0	0	0	0	0	1,524,255
16 栃木	0	0	0	0	0	0	0	0	0	0	0	0	486,448
17 群馬	0	0	0	0	0	0	0	0	0	0	0	0	386,817
18 埼玉	0	0	0	0	0	0	0	0	0	0	0	0	922,740
19 千葉	0	0	0	0	0	0	0	0	0	0	0	0	539,198
20 東京	0	0	0	0	0	0	0	0	0	0	0	0	1,119,616
21 神奈川	0	0	0	0	0	0	0	0	0	0	0	0	1,625,690
22 新潟	0	0	0	0	0	0	0	0	0	0	0	0	326,098
23 富山	0	0	0	0	0	0	0	0	0	0	0	0	1,086,489
24 石川	0	0	0	0	0	0	0	0	0	0	0	0	454,949
25 福井	0	0	0	0	0	0	0	0	0	0	0	0	2,866
26 山梨	0	0	0	0	0	0	0	0	0	0	0	0	71,854
27 長野	0	0	0	0	59,685	0	0	0	0	0	0	0	517,655
28 静岡	0	0	0	0	0	0	0	0	0	0	0	0	876,511
29 岐阜	0	0	0	0	0	0	0	0	0	0	0	0	427,394
30 愛知	0	0	0	0	0	0	0	0	0	0	0	0	2,908,681
31 三重	0	0	0	0	0	0	0	0	0	0	0	0	1,259,048
32 滋賀	49,737	0	0	0	0	0	0	0	0	0	0	0	234,592
33 京都	0	0	0	0	0	0	0	0	0	0	0	0	314,195
34 奈良	0	0	0	0	0	0	0	0	0	0	0	0	201,801
35 和歌山	0	0	0	0	0	0	0	0	0	0	0	0	6,378
36 大阪	0	0	0	0	0	0	0	0	0	0	0	0	2,206,840
37 兵庫	0	0	0	0	0	0	0	0	0	0	0	0	1,044,549
38 鳥取	0	0	0	0	0	0	0	0	0	0	0	0	28,718
39 島根	0	0	0	0	0	0	0	0	0	0	0	0	1,972
40 岡山	0	0	0	0	0	0	0	0	0	0	0	0	564,525
41 広島	0	438	0	0	0	0	0	0	0	0	0	0	213,585
42 山口	0	49,737	0	0	130,312	35,811	0	0	47,340	0	0	0	396,095
43 香川	120,385	6	0	0	0	0	0	0	0	0	0	0	169,104
44 愛媛	0	1,251	0	0	0	0	0	0	0	0	0	0	111,608
45 徳島	0	0	80,466	0	0	0	0	0	0	0	0	0	174,967
46 高知	0	155,245	0	11,982	0	0	0	0	0	0	0	0	167,227
47 福岡	0	0	0	0	358,492	2,533	0	4,752	875	69,095	0	0	515,886
48 佐賀	0	0	0	0	0	60,745	0	31	0	0	0	0	60,777
49 長崎	0	0	0	0	0	0	14,481	0	0	0	0	0	14,481
50 熊本	0	0	0	0	67,990	0	0	22,058	0	0	0	0	90,048
51 大分	0	0	0	0	0	0	14,424	0	143,547	0	0	0	157,971
52 宮崎	0	0	0	0	0	0	0	0	0	7,140	0	0	7,140
53 鹿児島	0	0	0	0	93,805	0	0	0	0	0	94,127	0	187,932
54 沖縄	0	0	0	0	0	0	0	0	0	0	0	42,522	42,522
55 全国	170,122	206,677	80,466	11,982	710,284	99,089	28,904	26,842	191,763	76,235	94,127	42,522	27,933,000

平成28年度　　府県相互間輸送トン数表（自動車）　　品目（4－15）金属製品　　（単位：トン）その　1

着＼発	1 札幌	2 旭川	3 函館	4 室蘭	5 釧路	6 帯広	7 北見	8 北海道	9 青森	10 岩手	11 宮城	12 福島	13 秋田	14 山形
1 札幌	1,772,209	65,428	14,794	138,576	41,453	0	1,125	2,033,586	44,287	0	0	0	0	0
2 旭川	15,715	107,562	0	0	2,463	0	35,429	161,169	0	0	0	0	0	0
3 函館	0	0	162,013	0	0	0	0	162,013	0	0	0	0	0	0
4 室蘭	356,083	0	0	547,903	0	0	1,476	905,462	0	0	0	0	0	0
5 釧路	3,941	0	0	0	87,799	0	0	91,740	0	0	0	0	0	0
6 帯広	0	0	0	0	0	13,621	0	13,621	0	0	0	0	0	0
7 北見	3,521	0	0	0	0	0	30,251	33,772	0	0	0	0	0	0
8 北海道	2,151,469	172,990	176,807	686,479	131,715	13,621	68,281	3,401,362	44,287	0	0	0	0	0
9 青森	0	23,620	0	0	0	0	0	23,620	688,377	49,179	11,810	0	29,524	0
10 岩手	0	0	0	0	0	0	0	0	38,339	610,994	129,206	0	0	33,953
11 宮城	0	0	0	0	0	0	0	0	5,905	54,592	621,672	31,193	20,821	101,345
12 福島	38,382	0	0	0	0	38,382	0	76,763	0	84,440	60,279	945,838	0	483
13 秋田	0	0	0	0	0	0	0	0	0	10,334	0	21,848	797,129	9,507
14 山形	0	0	0	0	0	0	0	0	0	14,762	0	76,497	0	295,026
15 茨城	0	0	0	0	0	0	0	0	0	0	60,342	43,711	132,171	0
16 栃木	0	0	0	0	0	0	0	0	0	0	18,252	54,316	26,774	0
17 群馬	0	0	0	0	0	0	0	0	0	0	0	45,321	17,715	0
18 埼玉	0	0	0	0	0	0	0	0	0	0	0	13,581	10,829	0
19 千葉	0	0	0	0	0	0	0	0	0	0	0	140,840	102,961	0
20 東京	0	0	0	0	0	0	0	0	0	1,476	0	0	12,253	6,702
21 神奈川	0	0	0	0	0	0	0	0	0	0	0	0	25,272	0
22 新潟	0	0	0	23,620	0	0	0	23,620	0	0	0	4,434	0	2,037
23 富山	0	0	0	0	0	0	0	0	0	0	23,620	23,620	3,543	13,286
24 石川	0	0	0	0	0	0	0	0	1,067	0	0	0	0	0
25 福井	0	0	0	0	0	0	0	0	0	0	53,144	0	0	0
26 山梨	0	0	0	0	0	0	0	0	0	0	38,382	0	0	0
27 長野	0	0	0	0	0	0	0	0	0	0	0	0	0	0
28 静岡	0	0	0	0	0	0	0	0	0	0	0	7,381	0	0
29 岐阜	0	0	0	0	0	0	0	0	0	0	0	50,191	0	0
30 愛知	0	0	0	0	0	0	0	0	0	0	0	0	0	38,972
31 三重	0	0	0	0	0	0	0	0	0	0	0	9,448	0	0
32 滋賀	0	0	0	0	0	0	0	0	0	0	0	26,572	0	0
33 京都	0	0	0	0	0	0	0	0	0	0	0	0	0	0
34 奈良	0	0	0	0	0	0	0	0	0	0	0	0	0	0
35 和歌山	0	0	0	0	0	0	0	0	0	0	0	0	0	0
36 大阪	0	0	0	0	0	0	0	0	0	0	0	2,910	0	0
37 兵庫	0	0	0	0	0	0	0	0	0	0	0	0	0	0
38 鳥取	0	0	0	0	0	0	0	0	0	0	0	0	0	0
39 島根	0	0	0	0	0	0	0	0	0	0	0	0	0	0
40 岡山	0	0	0	0	0	0	0	0	0	0	0	0	0	0
41 広島	0	0	0	0	0	0	0	0	0	0	0	0	0	0
42 山口	0	0	0	0	0	0	0	0	0	0	0	0	0	0
43 香川	0	0	0	0	0	0	0	0	0	0	11,565	0	0	0
44 愛媛	0	0	0	0	0	0	0	0	0	0	0	0	0	0
45 徳島	0	0	0	0	0	0	0	0	0	0	0	26,572	0	0
46 高知	0	0	0	0	0	0	0	0	0	0	0	0	0	0
47 福岡	0	0	0	0	0	0	0	0	0	0	0	0	0	0
48 佐賀	0	0	0	0	0	0	0	0	0	0	0	0	0	0
49 長崎	17,715	0	0	0	0	0	0	17,715	0	0	0	0	0	0
50 熊本	0	0	0	0	0	0	0	0	0	0	0	0	0	0
51 大分	0	0	0	0	0	0	0	0	0	0	0	0	0	0
52 宮崎	0	0	0	0	0	0	0	0	0	0	0	0	0	0
53 鹿児島	0	0	0	0	0	0	0	0	0	0	0	0	0	0
54 沖縄	0	0	0	0	0	0	0	0	0	0	0	0	0	0
55 全国	2,207,566	196,609	176,807	710,098	131,715	52,003	68,281	3,543,079	788,308	905,602	1,334,226	1,456,133	884,970	467,359

平成28年度　　府県相互間輸送トン数表（自動車）　　品目（4－15）金属製品　　（単位：トン）その　2

着＼発	15 茨城	16 栃木	17 群馬	18 埼玉	19 千葉	20 東京	21 神奈川	22 新潟	23 富山	24 石川	25 福井	26 山梨	27 長野	28 静岡
1 札幌	0	0	0	0	0	0	0	29,524	0	0	0	0	0	0
2 旭川	0	0	0	0	0	0	0	0	0	0	0	0	0	0
3 函館	0	0	0	0	0	0	0	0	0	0	0	0	0	0
4 室蘭	0	0	0	0	0	0	0	0	0	0	0	0	0	0
5 釧路	0	0	0	0	0	0	0	0	0	0	0	0	0	0
6 帯広	0	0	0	0	0	0	0	0	0	0	0	0	0	0
7 北見	0	0	0	0	0	0	0	0	0	0	0	0	0	0
8 北海道	0	0	0	0	0	0	0	29,524	0	0	0	0	0	0
9 青森	0	0	0	0	0	0	0	0	0	0	0	0	0	0
10 岩手	7,198	0	0	88,573	6,853	0	1,476	0	0	0	0	0	0	0
11 宮城	18,600	12,961	0	93,389	62,350	22,143	0	0	46,264	0	53,144	70,859	0	0
12 福島	13,188	42,594	0	25,096	29,524	29,196	87,570	4,434	0	0	0	0	0	0
13 秋田	29,524	0	0	0	0	0	0	0	0	0	0	0	0	0
14 山形	0	9	0	0	2,952	0	0	59,049	0	0	0	0	0	0
15 茨城	1,919,587	91,734	155,003	206,541	268,456	278,256	259,287	111,425	40,744	151	0	16,327	13,738	15,353
16 栃木	175,741	1,518,972	237,428	177,183	45,763	90,100	33,228	0	5,638	0	53,144	0	18,119	11,810
17 群馬	52,650	41,671	1,366,086	195,376	77,078	65,217	10,514	0	5,905	0	0	0	18,061	525
18 埼玉	222,265	139,073	197,515	2,034,993	563,004	1,520,431	384,703	269,960	0	7,794	30,410	0	18,254	39,716
19 千葉	345,431	113,795	235,575	330,371	3,403,540	781,583	208,943	0	7,794	30,410	0	24,361	3,602	323,878
20 東京	223,186	9,448	27,195	685,109	615,813	1,720,423	494,551	14,968	23,747	0	0	24,361	3,602	8,691
21 神奈川	8,562	60,909	6,671	349,825	166,716	459,767	4,470,987	0	27,799	0	0	34,421	57,277	265,422
22 新潟	83,174	0	0	3,248	0	85,621	10,334	1,834,253	70,859	29,524	0	2,716	29,300	76,763
23 富山	0	47,239	5,905	52,729	6,200	20,667	0	70,859	4,781,327	234,085	0	0	49,702	76,763
24 石川	0	0	0	0	0	0	25,627	12,636	31,134	612,214	4,091	0	0	73,154
25 福井	38,382	0	0	129,063	53,144	0	0	0	52,636	12,277	760,200	0	0	0
26 山梨	4,926	744	0	2,952	3,838	89,571	40,143	74,106	97,709	9,852	0	383,353	21,171	62,282
27 長野	0	0	23,626	4,724	0	23,620	84,177	62,373	97,709	9,852	0	50,191	836,080	26,749
28 静岡	0	18,205	0	20,514	26,572	84,177	62,373	29,820	0	0	73,154	65,967	26,749	1,360,592
29 岐阜	0	14,172	0	0	0	42,757	8,857	0	38,398	0	52,389	0	20,475	25,370
30 愛知	0	33,008	0	30,963	59	46,649	242,575	5,462	2,628	0	5,173	0	0	127,088
31 三重	25,096	0	29,524	6,495	0	0	0	0	0	0	0	8,267	650	40,448
32 滋賀	14,762	0	0	0	0	7,086	154,413	0	0	8,234	23,970	0	17,981	0
33 京都	0	0	0	0	0	0	0	0	0	0	65	0	29,524	0
34 奈良	0	0	4,429	0	8,267	0	0	0	0	0	0	0	0	0
35 和歌山	0	0	0	0	0	0	0	0	0	0	0	0	0	0
36 大阪	10,038	0	0	0	0	295	48,715	0	59,300	69,314	19,191	841	0	51,489
37 兵庫	0	0	29,524	29,524	0	0	76,202	0	0	42,472	0	0	0	0
38 鳥取	0	0	0	0	0	0	0	0	0	0	0	0	0	0
39 島根	0	0	0	0	0	0	0	0	0	0	0	0	0	0
40 岡山	0	2,952	0	0	0	38,382	0	0	20,667	0	0	0	0	0
41 広島	0	0	0	0	0	0	0	0	0	0	0	0	0	0
42 山口	0	0	0	0	0	0	0	0	0	0	0	0	0	0
43 香川	0	0	0	0	0	5,610	8,240	0	0	0	0	5,737	0	0
44 愛媛	0	0	0	0	0	0	2,952	0	0	0	0	0	0	0
45 徳島	0	0	0	6,791	0	0	0	0	0	29,524	0	0	0	0
46 高知	0	0	0	0	0	0	0	0	0	0	0	0	0	0
47 福岡	0	0	0	9,448	0	0	0	13,876	0	0	0	0	0	0
48 佐賀	0	0	0	8,857	0	0	0	0	0	0	0	0	0	0
49 長崎	0	0	0	0	0	0	0	0	0	0	0	0	0	0
50 熊本	0	0	0	0	0	0	0	0	0	0	0	0	0	0
51 大分	0	0	0	0	0	0	0	0	0	0	0	0	0	0
52 宮崎	0	0	0	0	0	0	0	0	0	0	0	0	0	0
53 鹿児島	0	0	0	0	0	0	0	0	0	0	0	0	0	0
54 沖縄	0	0	0	0	0	0	0	0	0	0	0	0	0	0
55 全国	3,192,319	2,147,476	2,318,547	4,491,765	5,342,787	5,418,608	6,696,080	2,559,612	5,149,920	896,461	1,247,923	663,038	1,160,683	2,482,581

平成28年度　　　　　　　　　　　　　　府県相互間輸送トン数表（自動車）　　　　　　　　品目（4－15）金属製品　　　　　（単位：トン）その3

着＼発	29 岐阜	30 愛知	31 三重	32 滋賀	33 京都	34 奈良	35 和歌山	36 大阪	37 兵庫	38 鳥取	39 島根	40 岡山	41 広島	42 山口
1 札幌	0	0	0	0	0	0	0	0	0	0	0	0	0	0
2 旭川	0	0	0	0	0	0	0	0	0	0	0	0	0	0
3 函館	0	0	0	0	0	0	0	0	0	0	0	0	0	0
4 室蘭	0	0	0	0	0	0	0	0	0	0	0	0	0	0
5 釧路	0	0	0	0	0	0	0	0	0	0	0	0	0	0
6 帯広	0	0	0	0	0	0	0	0	0	0	0	0	0	0
7 北見	0	0	0	0	0	0	0	0	0	0	0	0	0	0
8 北海道	0	0	0	0	0	0	0	0	0	0	0	0	0	0
9 青森	0	0	0	0	0	0	0	0	0	0	0	0	0	0
10 岩手	0	970	0	0	0	0	0	0	0	0	0	0	0	0
11 宮城	0	0	0	0	0	0	0	0	0	0	0	0	0	0
12 福島	0	27,162	0	0	0	0	0	0	0	0	0	0	0	0
13 秋田	0	0	0	0	0	0	0	0	0	0	0	0	0	0
14 山形	0	4,429	0	0	0	0	0	0	0	0	0	0	0	0
15 茨城	0	29,524	0	44,954	0	0	0	0	0	0	0	0	0	0
16 栃木	0	60,525	0	35,429	0	0	0	27,103	0	0	0	0	0	0
17 群馬	0	0	88,573	19,781	0	0	0	0	0	0	0	0	0	0
18 埼玉	0	65,001	0	0	0	0	0	47,208	0	0	0	0	0	0
19 千葉	0	70,279	0	0	1,476	0	0	26,017	0	0	0	0	0	0
20 東京	6,938	112,193	0	0	0	0	0	0	0	0	0	0	0	0
21 神奈川	0	85	0	20,667	0	0	0	65,718	192,325	0	0	20,844	24,210	0
22 新潟	0	16,681	2,309	0	0	0	0	0	5,261	0	0	0	0	0
23 富山	155,505	31,886	8,119	16,622	64,658	76,763	0	150,870	23,620	0	0	19,191	0	0
24 石川	0	0	0	2,952	0	0	0	5,560	54,422	0	0	0	0	0
25 福井	11,823	5,173	0	20,667	65	0	162	0	0	0	0	0	647	0
26 山梨	2,780	35,429	0	49,262	0	0	0	0	0	0	0	0	0	0
27 長野	0	39,272	0	2,952	0	0	0	20,667	0	0	0	0	0	0
28 静岡	11,330	143,936	0	2,247	0	0	0	147,622	1,705	0	0	0	0	0
29 岐阜	2,064,299	465,365	189,112	18,553	28,343	0	0	80,653	0	0	0	0	0	0
30 愛知	200,431	5,719,337	133,216	364,223	0	647	0	44,003	13,286	0	0	0	32,610	0
31 三重	82,983	316,309	849,004	17,222	148,704	0	0	64,929	612	0	0	0	35,842	0
32 滋賀	15,259	52,228	19,070	739,938	79,825	0	0	261,029	11,577	0	0	0	0	0
33 京都	0	3,543	50,543	107,492	1,631,954	14,532	0	88,341	90,947	1,034	0	0	4,872	0
34 奈良	0	0	144,829	0	23,477	511,083	2,956	200,139	10,896	0	0	0	0	0
35 和歌山	0	0	4,850	5,610	5,019	13,670	574,578	220,315	5,610	0	0	0	0	0
36 大阪	0	98,344	64,641	26,242	259,053	159,749	126,798	6,141,660	1,386,991	5,216	0	37,018	69,376	8,267
37 兵庫	0	57,573	5,905	37,088	11,108	0	30,300	526,744	1,376,611	0	0	79,579	0	42,220
38 鳥取	0	0	0	0	1,034	0	0	0	6,847	339,811	31,754	194	591	4,926
39 島根	0	0	0	0	5,905	0	0	0	0	0	363,577	0	18,600	162
40 岡山	7,676	0	88,573	28,774	0	0	0	16,055	22,766	1,164	8,813	1,307,364	235,026	0
41 広島	0	7,381	79,266	0	0	0	0	1,035	99,497	0	11,724	154,070	2,719,771	76,774
42 山口	0	0	0	0	0	0	0	0	0	0	0	0	52,705	1,090,429
43 香川	0	20,667	0	103,335	0	0	5,905	100,648	86,416	0	0	177,623	29,524	0
44 愛媛	0	0	0	0	0	0	0	3,007	7,381	0	0	6,466	36,610	0
45 徳島	0	0	54,796	0	0	0	0	0	55,506	0	0	29,524	0	0
46 高知	0	0	0	0	0	0	0	24,210	0	0	0	0	0	0
47 福岡	0	0	0	0	0	0	0	0	0	0	0	1,746	229,334	1,522
48 佐賀	0	0	0	0	0	0	0	0	0	0	0	0	0	0
49 長崎	0	0	0	0	0	0	0	0	0	0	0	11,810	0	0
50 熊本	0	0	0	6,289	0	0	0	0	0	0	0	0	0	0
51 大分	0	0	0	0	0	0	0	0	0	0	0	0	0	0
52 宮崎	0	0	0	0	0	0	0	0	0	0	0	0	0	0
53 鹿児島	0	0	0	0	0	0	0	74,106	0	0	0	0	0	0
54 沖縄	0	0	0	0	0	0	0	0	0	0	0	0	0	0
55 全国	2,559,026	7,383,292	1,782,806	1,667,347	2,263,576	776,444	740,698	8,337,639	3,452,275	347,225	415,868	1,845,429	3,489,719	1,224,299

平成28年度　　　　　　　　　　　　　　府県相互間輸送トン数表（自動車）　　　　　　　　品目（4－15）金属製品　　　　　（単位：トン）その4

着＼発	43 香川	44 愛媛	45 徳島	46 高知	47 福岡	48 佐賀	49 長崎	50 熊本	51 大分	52 宮崎	53 鹿児島	54 沖縄	55 全国
1 札幌	0	0	0	0	0	0	0	0	0	0	0	0	2,107,397
2 旭川	0	0	0	0	0	0	0	0	0	0	0	0	161,169
3 函館	0	0	0	0	0	0	0	0	0	0	0	0	162,013
4 室蘭	0	0	0	0	0	0	0	0	0	0	0	0	905,462
5 釧路	0	0	0	0	0	0	0	0	0	0	0	0	91,740
6 帯広	0	0	0	0	0	0	0	0	0	0	0	0	13,621
7 北見	0	0	0	0	0	0	0	0	0	0	0	0	33,772
8 北海道	0	0	0	0	0	0	0	0	0	0	0	0	3,475,173
9 青森	0	0	0	0	0	0	0	0	0	0	0	0	802,509
10 岩手	0	0	0	0	0	0	0	0	0	0	0	0	917,563
11 宮城	0	0	0	0	0	0	0	0	0	0	0	0	1,215,237
12 福島	0	0	0	0	0	0	0	0	0	0	0	0	1,426,567
13 秋田	0	0	0	0	0	0	0	0	0	0	0	0	868,342
14 山形	0	0	0	0	0	0	0	0	0	0	0	0	452,724
15 茨城	0	0	0	0	0	0	0	0	0	0	0	0	3,687,304
16 栃木	8,267	0	0	0	0	0	0	0	0	0	0	0	2,592,154
17 群馬	0	0	0	0	0	0	0	0	0	0	0	0	2,010,111
18 埼玉	0	0	0	11,810	0	0	0	28,048	0	0	0	0	5,566,390
19 千葉	0	0	0	0	29,062	0	0	0	0	0	7,980	0	6,159,936
20 東京	0	0	0	0	0	0	0	0	0	0	0	0	3,990,657
21 神奈川	0	0	0	0	0	0	0	0	0	0	0	0	6,257,478
22 新潟	0	0	0	0	0	0	0	0	0	0	0	0	2,132,576
23 富山	0	0	29,524	0	6,200	0	0	0	0	0	0	0	6,025,887
24 石川	0	0	0	0	0	0	0	0	0	0	0	0	822,856
25 福井	0	0	0	0	0	0	0	0	0	0	0	0	1,137,381
26 山梨	0	0	0	0	0	0	0	0	0	0	0	0	734,833
27 長野	0	0	0	0	0	0	0	0	0	0	0	0	1,182,800
28 静岡	0	0	2,952	0	0	0	0	0	0	0	0	0	2,085,295
29 岐阜	0	0	0	0	0	0	0	0	0	0	0	0	3,098,934
30 愛知	0	0	4,429	0	60,701	29,524	0	0	0	0	0	0	7,134,984
31 三重	0	0	29,524	0	0	0	0	0	0	0	0	0	1,665,059
32 滋賀	29,524	0	0	0	0	0	0	0	0	0	0	0	1,443,487
33 京都	0	17,981	0	0	0	0	0	0	0	0	0	0	2,029,283
34 奈良	0	0	0	0	0	0	0	0	0	0	0	0	935,600
35 和歌山	0	5,610	0	0	0	0	0	0	0	0	0	0	835,261
36 大阪	11,810	970	85,973	0	0	0	0	0	0	0	0	0	8,744,199
37 兵庫	10,629	0	5,905	0	0	0	29,736	7,086	0	0	0	0	2,398,207
38 鳥取	0	0	0	0	0	0	0	0	0	0	0	0	385,158
39 島根	0	0	0	0	0	0	0	0	0	0	0	0	476,817
40 岡山	87,760	27,363	227,690	0	0	0	0	0	0	0	0	0	2,032,453
41 広島	8,922	15,648	0	6,466	93,002	4,429	0	0	0	7,381	0	0	3,285,367
42 山口	0	0	0	0	127,699	0	148	0	8,857	0	0	0	1,279,837
43 香川	16,982,149	135,385	153,563	33,859	0	0	0	31,739	0	0	194	0	17,892,158
44 愛媛	94,283	854,285	0	46,267	0	0	0	0	0	0	0	0	1,051,251
45 徳島	0	621	521,955	8,547	0	0	0	0	0	0	0	0	733,837
46 高知	17,715	162,384	0	176,995	0	0	0	0	0	0	0	0	381,303
47 福岡	0	0	0	0	1,819,808	171,719	49,749	46,513	21,002	35,282	152,095	0	2,552,093
48 佐賀	0	0	0	0	353,671	392,152	102,007	0	0	0	0	0	847,830
49 長崎	0	0	0	0	29,524	2,631	327,687	26,867	0	0	0	0	425,092
50 熊本	17,567	0	0	0	53,993	87,859	26,867	1,058,716	31,373	12,622	36,720	0	1,332,006
51 大分	194	0	0	0	49,181	59,049	0	14,779	440,234	0	0	0	563,436
52 宮崎	0	0	0	0	0	0	0	47,291	148	638,716	57,627	0	743,782
53 鹿児島	0	0	0	0	0	0	0	5,911	29,524	38,582	439,386	0	587,511
54 沖縄	0	0	0	0	0	0	0	0	0	0	0	700,875	700,875
55 全国	17,268,818	1,220,247	1,061,515	283,943	2,622,842	747,364	536,194	1,266,950	531,333	732,583	693,809	700,875	117,100,000

平成28年度　　府県相互間輸送トン数表（自動車）　　品目（4-16）機械　　（単位：トン）　　その1

着＼発	1 札幌	2 旭川	3 函館	4 室蘭	5 釧路	6 帯広	7 北見	8 北海道	9 青森	10 岩手	11 宮城	12 福島	13 秋田	14 山形
1 札幌	6,182,186	288,563	104,938	299,447	58,205	78,616	29,298	7,041,253	0	0	32,670	0	0	0
2 旭川	449,961	2,850,134	0	12,565	0	0	57,351	3,370,012	0	0	0	0	0	0
3 函館	37,544	2,239	469,987	0	0	0	0	509,770	13,235	61,008	0	0	0	0
4 室蘭	186,551	0	2,513	2,705,200	0	2,130	0	2,896,394	0	0	0	0	0	0
5 釧路	30,157	0	0	0	509,296	6,538	0	545,990	0	0	0	0	0	0
6 帯広	26,136	0	0	11,096	4,180	749,008	13,436	803,857	0	0	0	0	0	0
7 北見	10,182	64,331	1,189	0	22,393	34,709	641,455	774,260	0	0	0	0	0	0
8 北海道	6,922,716	3,205,268	578,628	3,028,308	594,075	871,000	741,540	15,941,535	13,235	61,008	32,670	0	0	0
9 青森	0	0	0	0	0	0	0	0	1,994,166	8,503	18,484	0	16,770	0
10 岩手	0	0	0	0	0	0	0	0	95,642	4,565,002	284,980	34,642	13,501	0
11 宮城	0	0	0	0	0	0	0	0	50,518	285,120	3,847,468	383,863	8,620	204,520
12 福島	0	0	0	0	0	0	0	0	0	243,095	338,499	4,387,630	25,131	76,681
13 秋田	0	0	0	0	0	0	0	0	14,018	0	4,479	4,479	3,550,593	15,219
14 山形	0	0	0	0	0	0	0	0	7,201	0	5,110	29,568	0	1,711,046
15 茨城	33,926	0	0	0	0	0	0	33,926	0	0	0	539,850	2,400	0
16 栃木	0	0	0	0	0	0	0	0	0	0	66,853	63,227	2,400	17,091
17 群馬	0	0	0	0	0	0	0	0	0	0	0	13,642	6,101	12,565
18 埼玉	0	0	0	0	0	0	0	0	0	0	112,646	55,051	47,188	112,869
19 千葉	19,099	0	0	0	0	0	0	19,099	0	0	14,091	72,246	0	84
20 東京	0	0	0	0	0	0	0	0	0	0	28,146	45,738	302	2,400
21 神奈川	0	0	0	0	0	0	0	0	0	127,774	12,246	64,577	391,180	0
22 新潟	0	0	0	0	0	0	0	0	0	0	28,171	15,870	15,219	27,120
23 富山	0	0	0	0	0	0	0	0	0	20,104	0	0	0	0
24 石川	0	0	0	0	0	0	0	0	0	0	0	0	0	0
25 福井	0	0	0	0	0	0	0	0	0	0	0	0	0	0
26 山梨	0	0	0	0	0	0	0	0	0	0	12,903	70,366	0	0
27 長野	0	0	0	0	0	0	0	0	0	0	21,959	31,349	0	0
28 静岡	0	0	0	0	0	0	0	0	10,555	1,070	111,281	32,921	46,929	0
29 岐阜	0	0	0	0	0	0	0	0	0	0	0	5,277	33,172	0
30 愛知	0	0	0	0	0	0	0	0	0	0	37,544	29,601	1,200	0
31 三重	0	0	0	0	0	0	0	0	0	0	0	0	0	0
32 滋賀	0	0	0	0	0	0	0	0	0	0	0	6,283	0	0
33 京都	0	0	0	0	0	0	0	0	0	0	0	50,261	0	17,359
34 奈良	0	0	0	0	0	0	0	0	0	0	0	0	0	0
35 和歌山	0	0	0	0	0	0	0	0	0	0	0	0	0	0
36 大阪	0	0	0	0	0	0	0	0	0	0	46,929	0	0	0
37 兵庫	29,111	0	0	0	0	0	0	29,111	0	0	0	0	0	0
38 鳥取	0	0	0	0	0	0	0	0	0	0	0	0	0	0
39 島根	0	0	0	0	0	0	0	0	0	0	0	0	0	0
40 岡山	0	0	0	0	0	0	0	0	0	0	0	12,565	0	0
41 広島	0	0	0	0	0	0	0	0	0	0	0	0	0	0
42 山口	0	0	0	0	0	0	0	0	0	0	0	8,401	0	0
43 香川	32,670	0	0	0	0	0	0	32,670	0	0	0	0	10,052	0
44 愛媛	0	0	0	0	0	0	0	0	0	0	0	0	0	0
45 徳島	0	0	0	0	0	0	0	0	0	0	0	0	0	0
46 高知	0	0	0	0	0	0	0	0	0	0	0	0	0	0
47 福岡	0	0	0	0	0	0	0	0	0	0	0	0	0	0
48 佐賀	0	0	0	0	0	0	0	0	0	0	0	0	0	0
49 長崎	0	0	0	0	0	0	0	0	0	0	0	0	0	0
50 熊本	0	0	0	0	0	0	0	0	0	0	0	0	0	0
51 大分	0	0	0	0	0	0	0	0	0	0	0	0	0	0
52 宮崎	0	0	0	0	0	0	0	0	0	0	0	0	0	0
53 鹿児島	0	0	0	0	0	0	0	0	0	0	0	0	0	0
54 沖縄	0	0	0	0	0	0	0	0	0	0	0	0	0	0
55 全国	7,037,522	3,205,268	578,628	3,028,308	594,075	871,000	741,540	16,056,341	2,185,335	5,480,764	5,022,012	5,849,205	4,109,918	2,196,955

平成28年度　　府県相互間輸送トン数表（自動車）　　品目（4-16）機械　　（単位：トン）　　その2

着＼発	15 茨城	16 栃木	17 群馬	18 埼玉	19 千葉	20 東京	21 神奈川	22 新潟	23 富山	24 石川	25 福井	26 山梨	27 長野	28 静岡
1 札幌	0	0	0	0	19,099	0	4,479	0	0	0	0	0	0	0
2 旭川	0	0	0	0	0	0	0	0	0	0	0	0	0	0
3 函館	0	0	0	0	0	0	7,509	0	0	0	0	0	0	0
4 室蘭	0	0	0	0	0	0	0	0	90,362	0	0	0	0	0
5 釧路	0	0	0	0	0	0	0	0	0	0	0	0	0	0
6 帯広	0	0	0	0	0	0	0	0	0	0	0	0	0	0
7 北見	0	0	0	0	0	0	0	0	0	0	0	0	0	0
8 北海道	0	0	0	0	19,099	0	11,988	0	90,362	0	0	0	0	0
9 青森	0	0	0	63,482	108,876	0	40,000	23,465	0	0	0	0	0	0
10 岩手	1,081	469	8,544	108,876	0	0	0	0	0	0	0	0	22,347	25,180
11 宮城	0	0	0	47,108	17,009	25,131	68,062	80,615	0	0	0	150,783	0	23,465
12 福島	325,140	85,120	225,234	716,561	84,863	37,168	103,503	62,826	0	0	0	25,131	27,406	58,992
13 秋田	0	0	0	0	0	135,157	0	30,967	0	0	0	0	19,099	46,929
14 山形	0	0	221,404	12,565	129,556	7,539	0	8,516	0	0	0	0	19,099	46,929
15 茨城	5,286,378	357,694	320,525	342,628	526,678	995,425	768,663	7,539	0	0	0	0	12,197	15,418
16 栃木	385,058	2,800,033	548,547	397,661	162,704	67,587	748,955	0	0	9,386	25,131	0	35,149	7,539
17 群馬	36,494	636,634	8,626,660	900,390	84,093	211,209	822,053	79,904	0	0	23,934	89,213	25,242	71,969
18 埼玉	377,092	645,796	397,667	6,647,612	983,677	1,889,028	917,234	300,111	0	16,425	0	4,046	47,845	405,749
19 千葉	638,607	207,895	74,222	676,758	6,434,109	1,166,080	857,020	19,099	176,260	15,949	0	26,349	12,488	32,916
20 東京	118,876	210,664	181,370	1,306,942	2,582,562	8,676,330	1,403,581	39,555	3,770	4,224	3,770	10,449	224,911	54,650
21 神奈川	314,658	629,799	116,636	570,322	806,404	893,307	16,981,657	96,310	37,544	628	0	74,494	63,408	308,956
22 新潟	61,079	0	40,948	262,466	73,148	2,542	171,337	5,294,215	109,806	138,567	1,397	21,487	43,241	79,359
23 富山	0	9,386	1,307	138,442	0	13,436	62,826	1,774	2,918,458	138,567	1,397	0	38,676	51,729
24 石川	0	0	0	12,063	13,436	0	37,544	7,515	49,647	2,059,435	0	20,833	38,952	0
25 福井	0	0	0	0	0	0	628	0	0	327	2,048,172	0	0	0
26 山梨	666	82,931	20,210	0	14,079	58,287	678,159	133,192	7,511	0	0	1,620,332	25,043	77,805
27 長野	110,553	94,652	6,323	51,004	41,715	97,843	42,288	92,104	8,796	191,639	0	78,251	3,369,705	7,656
28 静岡	18,094	34,321	0	376,212	126,006	524,606	535,203	9,085	49,274	0	0	8,428	10,824	14,263,099
29 岐阜	0	53,337	0	0	43,978	29,932	13,436	0	0	11,732	480	0	6,283	247,694
30 愛知	0	107,938	17,914	22,248	250,295	26,387	380,458	2,486	258,996	107,610	375,429	398,906	0	3,647,090
31 三重	0	0	112,444	0	93,859	0	3,016	0	0	4,901	25,131	0	0	422,397
32 滋賀	0	0	0	1,257	14,073	12,565	0	3,770	2,010	1,427	0	0	0	348,654
33 京都	8,361	0	0	0	1,920	92,265	0	3,770	2,010	24,487	0	0	0	0
34 奈良	0	0	0	0	1,681	0	653	0	0	0	0	0	0	0
35 和歌山	0	0	0	0	0	0	0	0	0	0	0	0	0	0
36 大阪	0	0	0	77,061	215,616	4,515	23,874	0	0	10,052	5,554	12,227	6,283	332,430
37 兵庫	0	294	0	0	52,774	2,307	2,639	25,131	131,707	10,643	13,436	226	0	0
38 鳥取	0	0	0	0	0	0	0	0	0	0	0	0	0	0
39 島根	0	0	0	0	0	0	0	0	0	0	0	0	5,040	0
40 岡山	0	17,243	0	0	0	0	32,851	0	0	0	0	0	5,026	0
41 広島	0	0	0	25,131	14,576	10,201	0	0	0	24,686	0	0	0	75,740
42 山口	0	0	0	0	0	0	0	0	0	0	0	0	0	0
43 香川	0	0	0	0	0	0	0	0	0	0	0	0	0	0
44 愛媛	62,826	0	0	0	0	0	0	0	0	0	0	0	0	0
45 徳島	0	0	0	0	27,644	0	0	0	0	0	0	0	0	0
46 高知	7,162	0	0	0	0	5,277	0	0	0	0	0	0	0	0
47 福岡	11,362	0	0	0	0	75,087	5,277	0	0	0	0	0	0	0
48 佐賀	0	0	0	0	0	0	0	0	0	0	0	0	0	0
49 長崎	0	0	0	0	0	0	0	0	0	0	0	0	0	0
50 熊本	0	0	0	0	14,161	0	0	0	0	0	0	0	0	65,701
51 大分	0	0	0	0	0	0	0	0	0	0	0	0	0	0
52 宮崎	0	0	0	0	0	0	0	0	0	0	0	0	0	0
53 鹿児島	0	0	0	0	0	0	0	0	0	0	0	0	0	0
54 沖縄	0	0	0	0	0	0	0	0	0	0	0	0	0	0
55 全国	7,763,486	6,308,053	10,599,929	12,980,456	12,612,329	14,890,513	24,848,089	6,408,541	3,742,045	2,731,660	2,544,507	2,125,061	4,438,070	20,671,120

平成28年度　　　　府県相互間輸送トン数表（自動車）　　　品目（4-16）機械　　その3　　（単位：トン）

発＼着	29 岐阜	30 愛知	31 三重	32 滋賀	33 京都	34 奈良	35 和歌山	36 大阪	37 兵庫	38 鳥取	39 島根	40 岡山	41 広島	42 山口
1 札幌	0	0	0	0	0	0	0	0	0	0	0	0	32,670	0
2 旭川	0	0	0	0	0	0	0	0	0	0	0	0	0	0
3 函館	0	0	0	0	0	0	0	0	0	0	0	0	0	0
4 室蘭	0	0	0	0	0	0	0	0	0	0	0	0	0	0
5 釧路	0	0	0	0	0	0	0	0	0	0	0	0	0	0
6 帯広	0	0	0	0	0	0	0	0	0	0	0	0	0	0
7 北見	0	0	0	0	0	0	0	0	0	0	0	0	0	0
8 北海道	0	0	0	0	0	0	0	0	0	0	0	0	32,670	0
9 青森	0	0	0	0	0	0	0	0	0	0	0	0	0	0
10 岩手	0	0	0	0	113	0	0	0	0	0	0	0	0	0
11 宮城	0	35,964	7,790	0	0	0	0	4,888	0	0	0	0	0	0
12 福島	0	252,240	0	0	0	0	0	1,200	8,796	0	0	0	0	0
13 秋田	0	0	0	0	0	0	0	0	0	0	0	0	0	0
14 山形	0	0	0	0	25,131	0	0	0	0	0	0	0	0	0
15 茨城	0	38,450	0	0	0	0	0	0	0	0	0	0	5,026	0
16 栃木	0	73,587	60,409	0	395	0	0	0	0	0	0	0	0	0
17 群馬	4,320	190,480	56,315	14,745	0	0	5,026	9,855	0	0	0	2,513	0	0
18 埼玉	0	6,283	46,929	0	5,026	3,137	0	3,770	33,926	0	0	0	8,670	5,026
19 千葉	0	159,086	333	0	1,509	2,764	0	152,570	2,307	0	0	22,110	0	0
20 東京	0	32,170	1,709	0	0	0	0	8,401	2,307	0	0	0	0	0
21 神奈川	0	130,445	880	5,626	1,421	0	0	42,076	26,387	0	0	0	1,176	14,079
22 新潟	1,960	9,527	0	0	0	0	0	22,065	2,211	0	0	7,414	0	0
23 富山	7,208	340,087	0	0	0	0	85	9,386	0	0	0	0	0	0
24 石川	13,436	158,920	0	1,427	0	0	0	90,809	157,292	0	0	0	0	23,949
25 福井	0	323,194	0	2,513	7,790	0	0	1,344	0	0	2,239	0	0	0
26 山梨	20,104	31,413	25,131	0	0	0	0	229	7,718	0	0	0	0	0
27 長野	27,644	300,810	99,433	1,879	4,645	18,848	0	32,921	14,953	0	0	0	20,705	0
28 静岡	327,380	1,728,437	128,685	207,554	0	0	0	52,774	0	0	0	45,135	75,087	0
29 岐阜	3,064,180	986,953	37,139	29,308	0	0	0	27,141	0	0	0	5,026	0	0
30 愛知	1,638,844	44,009,761	3,312,516	1,907,935	74,941	216,230	0	846,784	28,518	0	0	33,007	22,278	0
31 三重	1,427	1,719,860	6,482,309	64,346	0	0	11,612	107,912	104,980	0	5,026	104,803	48,776	0
32 滋賀	10,888	208,626	70,056	5,315,352	176,351	9,405	8,798	140,961	211,511	0	0	245,391	0	0
33 京都	3,267	71,458	841	95,740	1,759,688	81,303	0	225,802	150,830	0	0	0	18,049	2,387
34 奈良	0	52,301	79,220	7,134	62,856	1,159,729	16,890	118,517	7,134	0	0	12,565	0	0
35 和歌山	0	0	0	0	0	8,567	850,203	50,168	65	0	0	0	0	0
36 大阪	25,682	1,049,067	220,683	133,793	329,956	327,905	434,315	8,770,629	1,413,676	0	0	240,854	89,640	7,657
37 兵庫	0	53,599	23,052	51,092	78,588	26,730	16,873	864,883	9,234,528	1,555	0	231,120	82,590	10,052
38 鳥取	6	0	0	0	0	0	0	5,766	23,593	1,838,262	111,472	32,974	0	0
39 島根	0	0	10,052	30,157	0	0	0	23,465	25,131	38,877	2,547,027	0	1,613,490	254,716
40 岡山	0	65,255	213,456	71,884	3,016	1,257	0	284,045	615,840	30,438	20,104	5,410,251	426,910	65
41 広島	0	24,404	0	474	0	0	0	183,299	288,508	0	35,035	174,593	11,881,269	326,535
42 山口	0	0	32,851	0	0	0	0	65,237	10,052	0	212,736	0	119,331	9,468,409
43 香川	0	0	0	0	0	5,554	0	359	22,008	0	0	1,029	0	0
44 愛媛	0	15,890	32,670	150,783	0	0	0	113,772	189,350	0	0	91,981	58,089	0
45 徳島	0	13,194	0	0	0	253	0	85,925	77,803	0	0	2,064	48,391	0
46 高知	0	0	0	0	0	0	0	2,614	1,307	0	0	0	0	0
47 福岡	0	172,959	0	0	0	0	0	24,628	0	0	0	4,568	48,602	346,277
48 佐賀	0	0	0	0	0	0	0	0	1,106	0	0	0	0	0
49 長崎	0	0	0	0	0	0	0	0	0	0	0	0	0	0
50 熊本	0	0	0	0	0	0	0	35,829	13,317	0	0	0	34,680	0
51 大分	0	4,560	0	0	0	0	0	0	0	0	0	215,876	692	0
52 宮崎	0	0	46,179	0	0	0	0	0	0	0	0	0	0	0
53 鹿児島	0	16,425	0	0	0	849	0	0	0	0	0	0	0	0
54 沖縄	0	0	0	0	0	0	0	0	0	0	0	0	0	0
55 全国	5,146,346	52,303,560	10,955,790	8,124,593	2,531,424	1,874,014	1,332,191	12,410,022	12,672,847	1,909,132	2,955,749	6,871,012	14,669,329	10,416,098

平成28年度　　　　府県相互間輸送トン数表（自動車）　　　品目（4-16）機械　　その4　　（単位：トン）

発＼着	43 香川	44 愛媛	45 徳島	46 高知	47 福岡	48 佐賀	49 長崎	50 熊本	51 大分	52 宮崎	53 鹿児島	54 沖縄	55 全国
1 札幌	0	0	0	0	0	0	0	0	0	0	0	0	7,130,170
2 旭川	0	0	0	0	0	0	0	0	0	0	0	0	3,370,010
3 函館	0	0	0	0	0	0	0	0	0	0	0	0	591,522
4 室蘭	0	0	0	0	0	0	0	0	0	0	0	0	2,986,756
5 釧路	0	0	0	0	0	0	0	0	0	0	0	0	545,990
6 帯広	0	0	0	0	0	0	0	0	0	0	0	0	803,857
7 北見	0	0	0	0	0	0	0	0	0	0	0	0	774,260
8 北海道	0	0	0	0	0	0	0	0	0	0	0	0	16,202,567
9 青森	0	0	0	0	0	0	0	0	0	0	0	0	2,101,404
10 岩手	0	0	0	0	528	0	0	0	0	0	0	0	5,224,372
11 宮城	0	0	0	0	0	0	0	0	0	0	0	0	5,240,924
12 福島	0	0	0	0	12,001	0	0	0	0	0	0	0	7,097,215
13 秋田	0	0	0	0	0	0	0	0	0	0	0	0	3,820,939
14 山形	0	0	0	0	0	0	0	0	0	0	0	0	2,157,635
15 茨城	0	0	0	0	20,635	0	0	0	0	0	0	0	9,273,432
16 栃木	0	0	0	0	5,026	0	0	0	0	0	0	0	5,474,336
17 群馬	0	0	0	0	15,078	0	0	0	0	0	0	0	11,938,437
18 埼玉	0	12,025	0	0	0	0	0	0	0	0	0	0	13,084,827
19 千葉	0	0	2,513	0	0	0	0	0	0	0	0	0	10,779,882
20 東京	20,104	0	0	30,408	72,060	85,444	0	0	0	0	0	0	15,155,115
21 神奈川	0	0	0	0	60,576	0	0	0	0	0	0	0	21,772,564
22 新潟	0	0	32,670	0	8,042	0	0	0	0	0	0	0	6,422,593
23 富山	0	0	0	0	0	0	0	0	0	0	0	0	3,739,432
24 石川	2,239	25,131	0	0	0	0	0	0	0	0	0	0	2,712,629
25 福井	0	0	0	0	0	0	0	0	0	0	0	0	2,386,207
26 山梨	0	0	0	0	0	0	0	0	0	0	0	0	2,886,103
27 長野	0	0	0	0	0	0	0	31,916	0	0	0	0	4,799,590
28 静岡	2,935	0	0	0	0	0	0	0	0	0	0	0	18,725,898
29 岐阜	0	0	0	0	11,641	0	0	0	0	0	0	0	4,606,711
30 愛知	0	23,513	16,210	0	100,898	0	56,315	0	0	93,859	33,789	0	58,079,501
31 三重	0	0	0	0	51,622	0	192,411	0	30,786	0	0	0	9,587,616
32 滋賀	0	20,104	0	0	5,277	0	0	0	61,008	0	0	0	6,867,989
33 京都	0	0	0	0	0	0	0	8,796	0	0	3,770	0	2,622,364
34 奈良	0	25,131	0	0	0	0	0	5,026	0	0	0	0	1,548,838
35 和歌山	0	0	0	0	0	0	0	0	0	0	0	0	909,004
36 大阪	98,846	35,112	0	2,614	196,039	0	0	0	0	0	9,386	0	14,120,267
37 兵庫	76,794	21,062	74,994	3,359	23,458	0	0	0	0	0	0	0	11,142,597
38 鳥取	0	0	0	0	0	0	0	0	0	0	0	0	2,012,073
39 島根	0	0	0	0	0	0	0	0	0	0	0	0	4,547,955
40 岡山	20,850	30,422	0	8,130	47,362	0	0	0	37,445	0	0	0	7,354,414
41 広島	999	57,723	48,391	0	104,404	58,662	0	12,565	7,539	0	0	0	13,363,134
42 山口	0	0	0	0	177,006	112,631	0	0	0	0	0	0	10,198,250
43 香川	2,335,010	124,060	62,020	62,050	0	0	0	0	0	0	0	0	2,654,811
44 愛媛	196,456	1,033,639	29,111	0	0	0	35,682	9,386	0	0	0	0	2,019,633
45 徳島	666	37,179	1,067,359	113,945	0	0	0	0	0	0	0	0	1,474,424
46 高知	44,359	26,937	45,148	921,777	0	0	0	0	0	0	0	0	1,054,581
47 福岡	10,052	0	0	0	9,190,336	376,593	34,848	331,441	509,705	47,583	33,794	0	11,223,111
48 佐賀	0	0	0	0	978,580	916,990	259,211	13,390	197,345	19,772	13	0	2,386,407
49 長崎	0	8,544	0	0	67,591	12,299	1,912,159	80,840	0	0	0	0	2,109,592
50 熊本	0	15,601	0	0	145,138	1,176	197,104	2,973,429	12,195	12,484	197,278	0	3,718,094
51 大分	0	0	0	0	1,779,896	234,647	0	2,077,353	11,723	29,111	0	0	4,353,859
52 宮崎	0	0	0	0	22,831	6,711	0	11,864	5,884	3,164,513	20,798	0	3,278,160
53 鹿児島	0	0	0	0	12,472	13	0	3,305	161,907	40,681	2,294,629	0	2,530,282
54 沖縄	0	0	0	0	0	0	0	0	0	0	0	2,410,797	2,410,797
55 全国	2,809,311	1,496,183	1,378,416	1,142,282	13,108,500	1,805,166	2,652,049	3,503,227	3,077,253	3,432,712	2,618,094	2,410,797	357,171,000

平成28年度　　府県相互間輸送トン数表（自動車）

品目（5－17）セメント　その1　　（単位：トン）

発＼着	1 札幌	2 旭川	3 函館	4 室蘭	5 釧路	6 帯広	7 北見	8 北海道	9 青森	10 岩手	11 宮城	12 福島	13 秋田	14 山形
1 札幌	824,530	0	37,837	0	0	0	0	862,367	0	0	0	0	0	0
2 旭川	110,282	265,471	0	0	0	0	0	375,753	0	0	0	0	0	0
3 函館	0	0	298,606	0	0	0	0	298,606	0	0	0	0	0	0
4 室蘭	11,427	0	0	325,541	0	3,065	0	340,033	0	0	0	0	0	0
5 釧路	0	0	0	0	0	0	0	0	0	0	0	0	0	0
6 帯広	0	0	0	0	0	1,532	0	1,532	0	0	0	0	0	0
7 北見	0	0	0	0	0	0	0	0	0	0	0	0	0	0
8 北海道	946,239	265,471	336,443	325,541	0	4,597	0	1,878,291	0	0	0	0	0	0
9 青森	0	0	0	0	0	0	0	0	203,524	15,323	0	0	0	0
10 岩手	0	0	0	0	0	0	0	0	0	510,129	214,676	0	0	0
11 宮城	0	0	0	0	0	0	0	0	0	29,522	1,376,633	56,171	0	220,190
12 福島	0	0	0	0	0	0	0	0	0	0	10,726	1,055,343	0	0
13 秋田	0	0	0	0	0	0	0	0	0	14,656	0	0	50,459	0
14 山形	0	0	0	0	0	0	0	0	0	0	0	0	0	63,081
15 茨城	0	0	0	0	0	0	0	0	0	0	0	0	0	0
16 栃木	0	0	0	0	0	0	0	0	0	0	0	0	0	0
17 群馬	0	0	0	0	0	0	0	0	0	0	0	0	0	0
18 埼玉	0	0	0	0	0	0	0	0	0	0	0	3,874	0	0
19 千葉	0	0	0	0	0	0	0	0	0	0	0	0	0	0
20 東京	0	0	0	0	0	0	0	0	0	0	0	0	0	0
21 神奈川	0	0	0	0	0	0	0	0	0	0	0	0	0	0
22 新潟	0	0	0	0	0	0	0	0	0	0	12,978	0	0	0
23 富山	0	0	0	0	0	0	0	0	0	0	0	0	0	0
24 石川	0	0	0	0	0	0	0	0	0	0	0	0	0	0
25 福井	0	0	0	0	0	0	0	0	0	0	0	0	0	0
26 山梨	0	0	0	0	0	0	0	0	0	0	0	0	0	0
27 長野	0	0	0	0	0	0	0	0	0	0	0	0	0	0
28 静岡	0	0	0	0	0	0	0	0	0	0	0	0	0	0
29 岐阜	0	0	0	0	0	0	0	0	0	0	0	0	0	0
30 愛知	0	0	0	0	0	0	0	0	0	0	0	0	0	0
31 三重	0	0	0	0	0	0	0	0	0	0	0	0	0	0
32 滋賀	0	0	0	0	0	0	0	0	0	0	0	0	0	0
33 京都	0	0	0	0	0	0	0	0	0	0	0	0	0	0
34 奈良	0	0	0	0	0	0	0	0	0	0	0	0	0	0
35 和歌山	0	0	0	0	0	0	0	0	0	0	0	0	0	0
36 大阪	0	0	0	0	0	0	0	0	0	0	0	0	0	0
37 兵庫	0	0	0	0	0	0	0	0	0	0	0	0	0	0
38 鳥取	0	0	0	0	0	0	0	0	0	0	0	0	0	0
39 島根	0	0	0	0	0	0	0	0	0	0	0	0	0	0
40 岡山	0	0	0	0	0	0	0	0	0	0	0	0	0	0
41 広島	0	0	0	0	0	0	0	0	0	0	0	0	0	0
42 山口	0	0	0	0	0	0	0	0	0	0	0	0	0	0
43 香川	0	0	0	0	0	0	0	0	0	0	0	0	0	0
44 愛媛	0	0	0	0	0	0	0	0	0	0	0	0	0	0
45 徳島	0	0	0	0	0	0	0	0	0	0	0	0	0	0
46 高知	0	0	0	0	0	0	0	0	0	0	0	0	0	0
47 福岡	0	0	0	0	0	0	0	0	0	0	0	0	0	0
48 佐賀	0	0	0	0	0	0	0	0	0	0	0	0	0	0
49 長崎	0	0	0	0	0	0	0	0	0	0	0	0	0	0
50 熊本	0	0	0	0	0	0	0	0	0	0	0	0	0	0
51 大分	0	0	0	0	0	0	0	0	0	0	0	0	0	0
52 宮崎	0	0	0	0	0	0	0	0	0	0	0	0	0	0
53 鹿児島	0	0	0	0	0	0	0	0	0	0	0	0	0	0
54 沖縄	0	0	0	0	0	0	0	0	0	0	0	0	0	0
55 全国	946,239	265,471	336,443	325,541	0	4,597	0	1,878,291	203,524	569,630	1,615,014	1,115,388	50,459	283,272

平成28年度　　府県相互間輸送トン数表（自動車）

品目（5－17）セメント　その2　　（単位：トン）

発＼着	15 茨城	16 栃木	17 群馬	18 埼玉	19 千葉	20 東京	21 神奈川	22 新潟	23 富山	24 石川	25 福井	26 山梨	27 長野	28 静岡
1 札幌	0	0	0	0	0	0	0	0	0	0	0	0	0	0
2 旭川	0	0	0	0	0	0	0	0	0	0	0	0	0	0
3 函館	0	0	0	0	0	0	0	0	0	0	0	0	0	0
4 室蘭	0	0	0	0	0	0	0	0	0	0	0	0	0	0
5 釧路	0	0	0	0	0	0	0	0	0	0	0	0	0	0
6 帯広	0	0	0	0	0	0	0	0	0	0	0	0	0	0
7 北見	0	0	0	0	0	0	0	0	0	0	0	0	0	0
8 北海道	0	0	0	0	0	0	0	0	0	0	0	0	0	0
9 青森	0	0	0	0	0	0	0	0	0	0	0	0	0	0
10 岩手	0	0	0	0	0	0	0	0	0	0	0	0	0	0
11 宮城	0	0	0	0	0	0	0	0	0	0	0	0	0	0
12 福島	87,301	13,024	0	0	0	0	0	0	0	0	0	0	0	0
13 秋田	0	0	0	0	0	0	0	0	0	0	0	0	0	0
14 山形	0	0	0	0	0	0	0	0	0	0	0	0	0	0
15 茨城	1,325,153	13,698	0	0	0	0	0	0	0	0	0	0	0	0
16 栃木	207,933	260,916	472,605	37,357	0	0	0	0	0	0	0	0	0	0
17 群馬	0	0	50,874	9,194	0	0	0	0	0	0	0	0	21,452	0
18 埼玉	583,557	255,228	585,174	2,173,833	4,448	253,049	41,493	0	0	0	0	153,679	0	0
19 千葉	133,526	0	108,087	49,138	1,421,244	123,551	0	0	0	0	0	0	0	0
20 東京	73,550	0	0	92,691	197,759	2,495,085	21,464	0	0	0	0	0	0	0
21 神奈川	0	0	0	67,541	82,280	1,123,740	2,147,215	0	0	0	0	89,388	0	0
22 新潟	0	0	0	0	0	0	0	780,756	22,984	16,291	0	0	208,119	0
23 富山	0	0	0	0	0	0	0	0	337,249	641	0	0	0	0
24 石川	0	0	0	0	0	0	0	0	0	951,242	0	0	0	0
25 福井	0	0	0	0	0	0	0	0	0	0	1,151,221	0	0	0
26 山梨	0	0	0	0	0	0	0	0	0	0	0	650,663	410	0
27 長野	0	0	0	0	0	0	0	0	0	0	0	410	377,647	0
28 静岡	0	0	0	0	0	0	0	0	0	0	0	454,429	0	1,186,015
29 岐阜	0	0	0	0	0	0	0	0	0	77,383	0	0	0	0
30 愛知	0	0	0	0	0	0	0	0	0	0	0	0	0	15,323
31 三重	0	0	0	0	0	0	0	0	0	0	0	0	0	0
32 滋賀	0	0	0	0	0	0	0	0	0	63,223	0	0	0	0
33 京都	0	0	0	0	0	0	0	0	0	0	50,161	0	0	0
34 奈良	0	0	0	0	0	0	0	0	0	0	0	0	0	0
35 和歌山	0	0	0	0	0	0	0	0	0	0	0	0	0	0
36 大阪	0	0	0	0	0	0	0	0	0	0	0	0	0	0
37 兵庫	0	0	0	0	0	0	0	0	0	0	0	0	0	0
38 鳥取	0	0	0	0	0	0	0	0	0	0	0	0	0	0
39 島根	0	0	0	0	0	0	0	0	0	0	0	0	0	0
40 岡山	0	0	0	0	0	0	0	0	0	0	0	0	0	0
41 広島	0	0	0	0	0	0	0	0	0	0	0	0	0	0
42 山口	0	0	0	0	0	0	0	0	0	0	0	0	0	0
43 香川	0	0	0	0	0	0	0	0	0	0	0	0	0	0
44 愛媛	0	0	0	0	0	0	0	0	0	0	0	0	0	0
45 徳島	0	0	0	0	0	0	0	0	0	0	0	0	0	0
46 高知	0	0	0	0	0	0	0	0	0	0	0	0	0	0
47 福岡	0	0	0	0	0	0	0	0	0	0	0	0	0	0
48 佐賀	0	0	0	0	0	0	0	0	0	0	0	0	0	0
49 長崎	0	0	0	0	0	0	0	0	0	0	0	0	0	0
50 熊本	0	0	0	0	0	0	0	0	0	0	0	0	0	0
51 大分	0	0	0	0	0	0	0	0	0	0	0	0	0	0
52 宮崎	0	0	0	0	0	0	0	0	0	0	0	0	0	0
53 鹿児島	0	0	0	0	0	0	0	0	0	0	0	0	0	0
54 沖縄	0	0	0	0	0	0	0	0	0	0	0	0	0	0
55 全国	2,411,021	542,866	1,216,741	2,429,754	1,705,731	3,995,425	2,210,171	780,756	360,234	1,108,781	1,201,382	1,348,568	607,628	1,201,338

平成28年度　　　　　　　　　　　　府県相互間輸送トン数表（自動車）　　　　　　　　　　　　品目（5－17）セメント　　　　その3　　　（単位：トン）

発＼着	29 岐阜	30 愛知	31 三重	32 滋賀	33 京都	34 奈良	35 和歌山	36 大阪	37 兵庫	38 鳥取	39 島根	40 岡山	41 広島	42 山口
1 札幌	0	0	0	0	0	0	0	0	0	0	0	0	0	0
2 旭川	0	0	0	0	0	0	0	0	0	0	0	0	0	0
3 函館	0	0	0	0	0	0	0	0	0	0	0	0	0	0
4 室蘭	0	0	0	0	0	0	0	0	0	0	0	0	0	0
5 釧路	0	0	0	0	0	0	0	0	0	0	0	0	0	0
6 帯広	0	0	0	0	0	0	0	0	0	0	0	0	0	0
7 北見	0	0	0	0	0	0	0	0	0	0	0	0	0	0
8 北海道	0	0	0	0	0	0	0	0	0	0	0	0	0	0
9 青森	0	0	0	0	0	0	0	0	0	0	0	0	0	0
10 岩手	0	0	0	0	0	0	0	0	0	0	0	0	0	0
11 宮城	0	0	0	0	0	0	0	0	0	0	0	0	0	0
12 福島	0	0	0	0	0	0	0	0	0	0	0	0	0	0
13 秋田	0	0	0	0	0	0	0	0	0	0	0	0	0	0
14 山形	0	0	0	0	0	0	0	0	0	0	0	0	0	0
15 茨城	0	0	0	0	0	0	0	0	0	0	0	0	0	0
16 栃木	0	0	0	0	0	0	0	0	0	0	0	0	0	0
17 群馬	0	0	0	0	0	0	0	0	0	0	0	0	0	0
18 埼玉	0	0	0	0	0	0	0	0	0	0	0	0	0	0
19 千葉	0	0	0	0	0	0	0	0	0	0	0	0	0	0
20 東京	0	0	0	0	0	0	0	0	0	0	0	0	0	0
21 神奈川	0	0	0	0	0	0	0	0	0	0	0	0	0	0
22 新潟	0	0	0	0	0	0	0	27,106	0	0	0	0	0	0
23 富山	0	0	0	0	0	0	0	21,314	0	0	0	0	0	0
24 石川	0	0	0	0	0	0	0	0	0	0	0	0	0	0
25 福井	11,839	0	0	0	0	0	0	0	0	0	0	0	0	0
26 山梨	0	0	0	0	0	0	0	0	0	0	0	0	0	0
27 長野	0	0	0	0	0	0	0	0	0	0	0	0	0	0
28 静岡	0	0	0	0	0	0	0	0	0	0	0	0	0	0
29 岐阜	140,583	60,076	16,190	401,213	0	0	0	0	0	0	0	0	0	0
30 愛知	129,153	1,682,967	23,213	0	0	0	0	0	0	0	0	0	0	0
31 三重	45,202	100,026	811,763	176,101	0	0	0	0	0	0	0	0	0	0
32 滋賀	13,791	0	0	618,643	83,485	0	0	13,791	13,791	0	0	0	0	0
33 京都	0	0	0	1,283	381,754	2,373	0	0	0	0	0	0	0	0
34 奈良	0	0	0	0	0	304,094	0	0	0	0	0	0	0	0
35 和歌山	0	0	0	0	0	0	348,886	0	0	0	0	0	0	0
36 大阪	0	0	1,154	75,030	118,061	0	30,134	818,907	21,063	0	0	27,319	19,920	0
37 兵庫	0	0	0	8,441	0	0	12,258	48,008	791,851	19,920	0	0	0	0
38 鳥取	0	0	0	0	0	0	0	0	0	418,052	92,477	0	0	0
39 島根	0	0	0	0	0	0	0	0	0	0	381,311	0	0	0
40 岡山	0	0	0	0	0	0	0	0	0	0	1,839	823,992	29,497	0
41 広島	0	0	0	0	0	0	0	0	0	0	0	30,464	155,421	0
42 山口	0	0	0	0	0	0	0	0	0	0	0	0	0	822,150
43 香川	0	0	0	0	0	0	0	0	0	0	0	0	0	0
44 愛媛	0	0	0	0	0	0	0	0	0	0	0	0	0	0
45 徳島	0	0	0	0	0	0	0	0	0	0	0	0	0	0
46 高知	0	0	0	0	0	0	0	0	0	0	0	0	0	0
47 福岡	0	0	0	0	0	0	0	0	0	0	0	0	0	0
48 佐賀	0	0	0	0	0	0	0	0	0	0	0	0	0	0
49 長崎	0	0	0	0	0	0	0	0	0	0	0	0	0	0
50 熊本	0	0	0	0	0	0	0	0	0	0	0	0	0	0
51 大分	0	0	0	0	0	0	0	0	0	0	0	0	0	0
52 宮崎	0	0	0	0	0	0	0	0	0	0	0	0	0	0
53 鹿児島	0	0	0	0	0	0	0	0	0	0	0	0	0	0
54 沖縄	0	0	0	0	0	0	0	0	0	0	0	0	0	0
55 全国	340,567	1,843,068	852,320	1,280,710	583,299	306,467	391,278	929,126	826,704	437,972	475,626	881,775	204,838	822,150

平成28年度　　　　　　　　　　　　府県相互間輸送トン数表（自動車）　　　　　　　　　　　　品目（5－17）セメント　　　　その4　　　（単位：トン）

発＼着	43 香川	44 愛媛	45 徳島	46 高知	47 福岡	48 佐賀	49 長崎	50 熊本	51 大分	52 宮崎	53 鹿児島	54 沖縄	55 全国
1 札幌	0	0	0	0	0	0	0	0	0	0	0	0	862,367
2 旭川	0	0	0	0	0	0	0	0	0	0	0	0	375,753
3 函館	0	0	0	0	0	0	0	0	0	0	0	0	298,606
4 室蘭	0	0	0	0	0	0	0	0	0	0	0	0	340,033
5 釧路	0	0	0	0	0	0	0	0	0	0	0	0	
6 帯広	0	0	0	0	0	0	0	0	0	0	0	0	1,532
7 北見	0	0	0	0	0	0	0	0	0	0	0	0	0
8 北海道	0	0	0	0	0	0	0	0	0	0	0	0	1,878,291
9 青森	0	0	0	0	0	0	0	0	0	0	0	0	218,847
10 岩手	0	0	0	0	0	0	0	0	0	0	0	0	724,805
11 宮城	0	0	0	0	0	0	0	0	0	0	0	0	1,682,517
12 福島	0	0	0	0	0	0	0	0	0	0	0	0	1,166,395
13 秋田	0	0	0	0	0	0	0	0	0	0	0	0	65,115
14 山形	0	0	0	0	0	0	0	0	0	0	0	0	63,081
15 茨城	0	0	0	0	0	0	0	0	0	0	0	0	1,338,851
16 栃木	0	0	0	0	0	0	0	0	0	0	0	0	978,811
17 群馬	0	0	0	0	0	0	0	0	0	0	0	0	81,520
18 埼玉	0	0	0	0	0	0	0	0	0	0	0	0	4,012,842
19 千葉	0	0	0	0	0	0	0	0	0	0	0	0	1,877,040
20 東京	0	0	0	0	0	0	0	0	0	0	0	0	2,880,549
21 神奈川	0	0	0	0	0	0	0	0	0	0	0	0	3,510,164
22 新潟	0	0	0	0	0	0	0	0	0	0	0	0	1,068,236
23 富山	0	0	0	0	0	0	0	0	0	0	0	0	359,204
24 石川	0	0	0	0	0	0	0	0	0	0	0	0	951,242
25 福井	0	0	0	0	0	0	0	0	0	0	0	0	1,163,060
26 山梨	0	0	0	0	0	0	0	0	0	0	0	0	651,072
27 長野	0	0	0	0	0	0	0	0	0	0	0	0	378,057
28 静岡	0	0	0	0	0	0	0	0	0	0	0	0	1,640,444
29 岐阜	0	0	0	0	0	0	0	0	0	0	0	0	695,444
30 愛知	0	0	0	0	0	0	0	0	0	0	0	0	1,850,656
31 三重	0	0	12,662	0	0	0	0	0	0	0	0	0	1,145,753
32 滋賀	0	0	0	0	0	0	0	0	0	0	0	0	806,723
33 京都	0	0	0	0	0	0	0	0	0	0	0	0	435,570
34 奈良	0	0	0	0	0	0	0	0	0	0	0	0	304,094
35 和歌山	0	0	0	0	0	0	0	0	0	0	0	0	348,886
36 大阪	0	0	0	0	0	0	0	0	0	0	0	0	1,064,350
37 兵庫	0	0	0	0	0	0	0	0	0	0	0	0	927,717
38 鳥取	0	0	0	0	0	0	0	0	0	0	0	0	510,528
39 島根	0	0	0	0	0	0	0	0	0	0	0	0	381,311
40 岡山	0	0	0	0	0	0	0	0	0	0	0	0	855,327
41 広島	0	0	0	0	0	0	0	0	0	0	0	0	185,885
42 山口	0	0	0	0	30,646	0	0	0	0	0	0	0	852,796
43 香川	445,011	19,154	6,129	0	0	0	0	0	0	0	0	0	470,294
44 愛媛	0	1,076,568	0	0	0	0	0	0	0	0	0	0	1,076,568
45 徳島	0	0	491,782	0	0	0	0	0	0	0	0	0	491,782
46 高知	0	25,418	58,517	441,770	0	0	0	0	0	0	0	0	525,706
47 福岡	0	0	0	0	1,891,436	131,226	26,452	440,214	47,720	0	4,712	0	2,541,761
48 佐賀	0	0	0	0	0	89,744	0	0	0	0	0	0	89,744
49 長崎	0	0	0	0	0	0	718,429	0	0	0	0	0	718,429
50 熊本	0	0	0	0	11,849	0	0	1,238,878	0	0	86,978	0	1,337,705
51 大分	0	0	0	0	0	0	0	0	266,785	0	0	0	266,785
52 宮崎	0	0	0	0	0	0	0	0	0	439,872	5,287	0	445,159
53 鹿児島	0	0	0	0	0	0	0	0	0	331,458	1,548,479	0	1,879,937
54 沖縄	0	0	0	0	0	0	0	0	0	0	0	1,147,123	1,147,123
55 全国	445,011	1,121,139	569,090	441,770	1,933,931	220,971	744,882	1,679,092	314,505	771,330	1,645,456	1,147,123	48,046,000

平成28年度　　府県相互間輸送トン数表（自動車）　　品目　(5-18)　その他の窯業品　　（単位：トン）　その 1

発＼着	1 札幌	2 旭川	3 函館	4 室蘭	5 釧路	6 帯広	7 北見	8 北海道	9 青森	10 岩手	11 宮城	12 福島	13 秋田	14 山形
1 札幌	6,318,673	79,551	45,393	85,662	123,813	49,595	0	6,702,687	0	0	0	0	0	0
2 旭川	0	2,059,356	0	0	0	0	0	2,059,356	0	0	0	0	0	0
3 函館	11,803	0	1,600,809	0	0	0	0	1,612,612	0	0	0	0	0	0
4 室蘭	269,294	0	0	501,872	0	12,983	0	784,150	0	0	0	0	0	0
5 釧路	0	0	0	0	72,528	0	0	72,528	0	0	0	0	0	0
6 帯広	0	0	0	0	0	893,111	0	893,111	0	0	0	0	0	0
7 北見	0	0	0	0	0	0	1,320,908	1,320,908	0	0	0	0	0	0
8 北海道	6,599,771	2,138,906	1,646,203	587,534	196,341	955,689	1,320,908	13,445,352	0	0	0	0	0	0
9 青森	0	0	0	0	0	0	0	0	3,647,151	48,155	30,687	0	0	0
10 岩手	0	0	0	0	0	0	0	0	75,209	4,383,036	596,146	92,592	98,494	57,877
11 宮城	0	0	0	0	0	0	0	0	23,606	14,480	6,134,509	114,349	0	8,262
12 福島	0	0	0	0	0	0	0	0	0	0	42,824	4,029,755	0	0
13 秋田	0	0	0	0	0	0	0	0	0	47,211	0	0	2,857,293	28,350
14 山形	0	0	0	0	0	0	0	0	0	118,509	469,440	0	0	3,675,962
15 茨城	0	0	0	0	0	0	0	0	0	23,606	36,211	43,269	0	0
16 栃木	0	0	0	0	0	0	0	0	0	0	49,808	84,668	0	0
17 群馬	0	0	0	0	0	0	0	0	0	0	0	0	92,062	0
18 埼玉	0	0	0	0	0	0	0	0	0	0	0	0	0	30,687
19 千葉	0	0	0	0	0	0	0	0	0	0	0	2,951	0	0
20 東京	0	0	0	0	0	0	0	0	0	0	56,653	0	0	0
21 神奈川	0	0	0	0	0	0	0	0	0	0	0	5,901	0	23,606
22 新潟	0	0	0	0	0	0	0	0	0	0	55,709	0	0	30,687
23 富山	0	0	0	0	0	0	0	0	0	0	0	0	0	0
24 石川	0	0	0	0	0	0	0	0	0	0	0	0	0	0
25 福井	0	0	0	0	0	0	0	0	0	0	0	0	0	0
26 山梨	0	0	0	0	0	0	0	0	0	0	0	0	0	0
27 長野	0	0	0	0	0	0	0	0	0	0	0	0	0	0
28 静岡	0	0	0	0	0	0	0	0	0	0	0	0	0	0
29 岐阜	0	0	0	0	0	0	0	0	0	0	0	0	0	0
30 愛知	0	0	0	0	0	0	0	0	0	0	0	0	0	0
31 三重	0	0	0	0	0	0	0	0	0	0	0	0	0	0
32 滋賀	0	0	0	0	0	0	0	0	0	0	0	0	0	0
33 京都	0	0	0	0	0	0	0	0	0	0	0	0	0	0
34 奈良	0	0	0	0	0	0	0	0	0	0	0	0	0	0
35 和歌山	0	0	0	0	0	0	0	0	0	0	0	0	0	0
36 大阪	0	0	0	0	0	0	0	0	0	0	0	0	0	0
37 兵庫	0	0	0	0	0	0	0	0	0	0	0	0	0	0
38 鳥取	0	0	0	0	0	0	0	0	0	0	0	0	0	0
39 島根	0	0	0	0	0	0	0	0	0	0	0	0	0	0
40 岡山	0	0	0	0	0	0	0	0	0	0	0	0	0	0
41 広島	0	0	0	0	0	0	0	0	0	0	0	0	0	0
42 山口	0	0	0	0	0	0	0	0	0	0	0	0	0	0
43 香川	0	0	0	0	0	0	0	0	0	0	0	0	0	0
44 愛媛	0	0	0	0	0	0	0	0	0	0	0	0	0	0
45 徳島	0	0	0	0	0	0	0	0	0	0	0	0	0	0
46 高知	0	0	0	0	0	0	0	0	0	0	0	0	0	0
47 福岡	0	0	0	0	0	0	0	0	0	0	0	0	0	0
48 佐賀	0	0	0	0	0	0	0	0	0	0	0	0	0	0
49 長崎	0	0	0	0	0	0	0	0	0	0	0	0	0	0
50 熊本	0	0	0	0	0	0	0	0	0	0	0	0	0	0
51 大分	0	0	0	0	0	0	0	0	0	0	0	0	0	0
52 宮崎	0	0	0	0	0	0	0	0	0	0	0	0	0	0
53 鹿児島	0	0	0	0	0	0	0	0	0	0	0	0	0	0
54 沖縄	0	0	0	0	0	0	0	0	0	0	0	0	0	0
55 全国	6,599,771	2,138,906	1,646,203	587,534	196,341	955,689	1,320,908	13,445,352	3,745,965	4,634,997	7,471,987	4,373,484	3,047,849	3,855,430

平成28年度　　府県相互間輸送トン数表（自動車）　　品目　(5-18)　その他の窯業品　　（単位：トン）　その 2

発＼着	15 茨城	16 栃木	17 群馬	18 埼玉	19 千葉	20 東京	21 神奈川	22 新潟	23 富山	24 石川	25 福井	26 山梨	27 長野	28 静岡
1 札幌	0	0	0	0	0	0	0	0	0	0	0	0	0	0
2 旭川	0	0	0	0	0	0	0	0	0	0	0	0	0	0
3 函館	0	0	0	0	0	0	0	0	0	0	0	0	0	0
4 室蘭	0	0	0	0	0	0	0	0	0	0	0	0	0	0
5 釧路	0	0	0	0	0	0	0	0	0	0	0	0	0	0
6 帯広	0	0	0	0	0	0	0	0	0	0	0	0	0	0
7 北見	0	0	0	0	0	0	0	0	0	0	0	0	0	0
8 北海道	0	0	0	0	0	0	0	0	0	0	0	0	0	0
9 青森	0	0	0	0	0	0	0	0	0	0	0	0	0	0
10 岩手	0	0	0	0	0	0	0	0	8,355	0	0	0	0	0
11 宮城	0	0	0	0	0	0	0	5,587	0	0	0	0	0	0
12 福島	58,542	63,971	33,289	31,667	0	23,606	83,800	33,149	0	0	0	0	33,015	0
13 秋田	0	0	0	0	0	0	0	0	0	0	0	0	0	0
14 山形	0	0	0	0	0	0	0	0	0	0	0	0	0	0
15 茨城	7,142,604	98,150	138,040	320,791	445,313	122,971	145,262	21,245	3,541	0	0	28,610	64,679	19,380
16 栃木	197,995	3,472,918	32,630	109,994	157,517	18,884	77,520	86,404	1,180	0	0	0	23,606	0
17 群馬	30,215	29,103	3,002,706	70,033	86,463	0	126,781	0	0	0	0	0	73,744	0
18 埼玉	309,570	208,228	261,664	5,240,142	257,758	1,118,140	100,770	2,148	26,438	0	29,364	4,991	16,524	4,485
19 千葉	135,477	77,161	0	260,156	10,510,461	255,704	37,769	0	0	0	0	0	0	23,606
20 東京	16,997	55,101	9,442	209,078	13,391	6,351,493	263,331	24,829	0	0	0	0	0	16,834
21 神奈川	0	14,163	0	108,192	54,016	1,110,837	5,524,844	0	8,474	0	0	48,743	0	341,787
22 新潟	0	0	47,211	18,884	23,724	0	65,623	4,281,472	0	0	0	0	131,719	12,787
23 富山	0	0	0	0	0	0	63,806	77,369	3,514,753	47,801	16,052	0	48,289	0
24 石川	0	0	0	30,687	0	0	0	0	20,428	3,767,246	12,747	0	0	0
25 福井	0	0	0	0	0	0	0	0	23,079	24,498	5,390,747	0	0	0
26 山梨	0	0	0	0	0	14,206	98,141	0	0	0	0	6,318,900	43,706	0
27 長野	0	40,331	0	0	0	0	0	0	0	0	0	0	2,647,285	0
28 静岡	0	0	0	0	30,687	0	79,254	0	0	0	0	49,572	63,723	3,710,216
29 岐阜	0	0	0	0	0	0	0	0	0	18,884	0	0	0	24,351
30 愛知	0	0	0	0	0	24,786	0	59,816	47,211	8,262	0	0	0	11,814
31 三重	2,981	0	0	0	1,738	0	18,129	2,361	0	0	0	0	11,173	71,289
32 滋賀	0	27,436	63,735	0	0	0	0	0	11,803	0	68,456	0	0	0
33 京都	0	0	0	0	0	0	0	0	0	0	72,490	0	0	0
34 奈良	0	0	0	0	0	0	0	0	0	0	0	0	0	0
35 和歌山	0	0	0	0	0	0	0	0	0	0	0	0	0	0
36 大阪	0	0	0	0	0	0	4,013	0	0	21,558	2,339	0	0	45,786
37 兵庫	0	0	0	33,048	0	0	0	26,167	0	0	0	0	0	0
38 鳥取	0	0	0	0	0	0	0	0	0	0	0	0	0	0
39 島根	0	0	0	0	0	0	0	0	0	0	0	0	0	0
40 岡山	0	0	0	25,296	9,442	0	0	0	28,327	0	0	0	0	13,917
41 広島	0	0	0	0	0	0	0	0	0	0	0	0	0	0
42 山口	0	0	0	0	0	0	0	0	0	0	0	0	0	0
43 香川	0	0	0	0	0	0	0	0	0	0	0	0	0	0
44 愛媛	0	0	0	0	0	0	0	0	0	0	0	0	0	0
45 徳島	0	0	0	0	0	0	0	0	0	0	0	0	0	0
46 高知	0	0	0	0	0	0	0	0	0	0	0	0	0	0
47 福岡	0	0	0	0	0	0	0	0	0	0	0	0	0	0
48 佐賀	0	0	0	0	0	0	0	0	0	0	0	0	0	0
49 長崎	0	0	0	0	0	0	0	0	0	0	0	0	0	0
50 熊本	0	0	0	0	0	0	0	0	0	0	0	0	0	0
51 大分	0	0	0	0	0	0	0	0	0	0	0	0	0	0
52 宮崎	0	0	0	0	0	0	0	0	0	0	0	0	0	0
53 鹿児島	0	0	0	0	0	0	0	0	0	0	0	0	0	0
54 沖縄	0	0	0	0	0	0	0	0	0	0	0	0	0	0
55 全国	7,894,381	4,086,564	3,588,717	6,457,969	11,676,672	9,046,528	6,634,671	4,623,315	3,685,234	3,888,249	5,592,194	6,450,814	3,157,463	4,296,252

平成28年度　　府県相互間輸送トン数表（自動車）　　品目（5-18）その他の窯業品　（単位：トン）　その3

着／発	29 岐阜	30 愛知	31 三重	32 滋賀	33 京都	34 奈良	35 和歌山	36 大阪	37 兵庫	38 鳥取	39 島根	40 岡山	41 広島	42 山口
1 札幌	0	0	0	0	0	0	0	0	0	0	0	0	0	0
2 旭川	0	0	0	0	0	0	0	0	0	0	0	0	0	0
3 函館	0	0	0	0	0	0	0	0	0	0	0	0	0	0
4 室蘭	0	0	0	0	0	0	0	0	0	0	0	0	0	0
5 釧路	0	0	0	0	0	0	0	0	0	0	0	0	0	0
6 帯広	0	0	0	0	0	0	0	0	0	0	0	0	0	0
7 北見	0	0	0	0	0	0	0	0	0	0	0	0	0	0
8 北海道	0	0	0	0	0	0	0	0	0	0	0	0	0	0
9 青森	0	0	0	0	0	0	0	0	0	0	0	0	0	0
10 岩手	0	0	0	0	0	0	0	0	0	0	0	0	0	0
11 宮城	0	0	0	0	0	0	0	0	0	0	0	0	0	0
12 福島	0	0	0	0	0	0	0	0	0	0	0	0	0	0
13 秋田	0	0	0	0	0	0	0	0	0	0	0	0	0	0
14 山形	0	0	23,606	23,606	0	0	0	0	0	0	0	0	0	0
15 茨城	0	76,718	51,932	0	0	0	0	0	0	0	0	0	0	0
16 栃木	0	0	0	0	0	0	0	0	0	0	0	30,687	0	0
17 群馬	0	0	0	0	0	0	0	0	0	0	0	0	0	0
18 埼玉	0	7,082	0	0	0	0	0	0	0	0	0	66,095	0	0
19 千葉	0	23,606	0	0	0	0	0	0	0	0	0	0	33,520	0
20 東京	0	13,408	0	0	0	0	0	0	0	0	0	0	0	0
21 神奈川	0	0	0	0	0	0	0	0	0	0	0	0	0	0
22 新潟	0	0	0	0	0	0	0	0	0	0	0	0	0	0
23 富山	14,753	7,341	0	47,683	0	0	0	63,847	0	0	0	0	8,262	0
24 石川	0	0	0	0	0	0	0	0	0	0	0	0	0	0
25 福井	0	0	0	0	3,608	0	0	0	0	0	0	0	0	0
26 山梨	0	0	0	0	0	0	0	0	0	0	0	0	0	0
27 長野	18,884	66,206	0	0	0	0	0	0	0	0	0	0	0	0
28 静岡	735	183,528	0	0	0	0	0	0	0	0	0	0	0	0
29 岐阜	5,668,637	1,252,214	80,216	137,315	23,606	30,485	27,958	60,914	0	0	9,442	30,687	0	0
30 愛知	376,477	3,970,444	59,874	70,773	4,009	0	46,031	0	0	0	0	0	0	0
31 三重	0	132,211	3,112,038	106,933	23,731	5,906	27,146	0	0	49,099	0	27,855	0	0
32 滋賀	182,908	42,490	0	4,236,284	267	0	0	59,958	251,871	0	0	0	94,422	56,880
33 京都	0	0	12,194	270,353	1,485,132	16,816	6,754	97,844	38,926	0	0	0	0	0
34 奈良	0	0	22,559	100	49,302	1,442,788	7,075	69,079	0	0	0	23,606	0	0
35 和歌山	0	0	0	24,786	0	0	2,721,537	13,363	0	0	0	71,619	0	0
36 大阪	0	151,075	34,788	30,687	391,204	4,964	114,121	3,626,358	319,259	0	0	22,803	0	0
37 兵庫	0	21,245	0	0	322,977	9,253	18,884	497,342	3,482,181	60,430	0	53,590	0	0
38 鳥取	0	0	0	0	0	0	0	0	0	2,114,736	4,898	0	0	0
39 島根	0	0	0	0	0	0	0	0	0	21,292	6,595,411	0	23,794	30,741
40 岡山	0	58,528	0	0	0	0	196,634	135,991	394,279	30,048	0	3,743,532	60,172	98,508
41 広島	0	0	0	0	0	0	0	0	0	10,822	47,211	82,815	2,222,556	307
42 山口	0	0	0	0	0	0	76,265	0	0	0	66,095	157,032	2,332,623	0
43 香川	0	0	0	0	44,850	0	0	89,701	0	0	0	104,242	0	0
44 愛媛	0	0	0	0	0	0	0	14,475	0	0	0	0	0	0
45 徳島	0	0	0	0	0	0	0	0	0	0	0	0	0	0
46 高知	0	0	0	0	0	0	0	0	0	0	0	0	0	0
47 福岡	0	0	0	0	0	0	0	0	0	0	0	70,817	23,606	54,411
48 佐賀	0	24,097	0	0	0	0	0	0	0	0	0	0	0	0
49 長崎	0	0	0	0	0	0	0	0	0	0	0	0	0	0
50 熊本	0	0	0	0	0	0	0	0	0	0	0	0	0	2,361
51 大分	0	0	0	0	0	0	0	0	0	0	0	0	0	0
52 宮崎	0	0	0	0	0	0	0	0	0	0	0	0	0	0
53 鹿児島	0	0	0	0	0	0	0	0	0	0	0	0	0	0
54 沖縄	0	0	0	0	0	0	0	0	0	0	0	0	0	0
55 全国	6,262,395	6,030,192	3,397,307	4,948,420	2,348,686	1,517,287	3,159,066	4,805,137	4,535,615	2,237,328	6,656,962	4,394,442	2,623,365	2,575,831

平成28年度　　府県相互間輸送トン数表（自動車）　　品目（5-18）その他の窯業品　（単位：トン）　その4

着／発	43 香川	44 愛媛	45 徳島	46 高知	47 福岡	48 佐賀	49 長崎	50 熊本	51 大分	52 宮崎	53 鹿児島	54 沖縄	55 全国
1 札幌	0	0	0	0	0	0	0	0	0	0	0	0	6,702,687
2 旭川	0	0	0	0	0	0	0	0	0	0	0	0	2,059,356
3 函館	0	0	0	0	0	0	0	0	0	0	0	0	1,612,612
4 室蘭	0	0	0	0	0	0	0	0	0	0	0	0	784,150
5 釧路	0	0	0	0	0	0	0	0	0	0	0	0	72,528
6 帯広	0	0	0	0	0	0	0	0	0	0	0	0	893,111
7 北見	0	0	0	0	0	0	0	0	0	0	0	0	1,320,908
8 北海道	0	0	0	0	0	0	0	0	0	0	0	0	13,445,352
9 青森	0	0	0	0	0	0	0	0	0	0	0	0	3,725,993
10 岩手	0	0	0	0	0	0	0	0	0	0	0	0	5,311,710
11 宮城	0	0	0	0	0	0	0	0	0	0	0	0	6,300,791
12 福島	0	0	0	0	0	0	0	0	0	0	0	0	4,433,617
13 秋田	0	0	0	0	0	0	0	0	0	0	0	0	2,932,855
14 山形	0	0	0	0	0	0	0	0	0	0	0	0	4,341,809
15 茨城	14,897	0	23,606	0	0	0	0	0	0	0	0	0	8,820,824
16 栃木	0	0	0	0	0	0	0	0	0	0	0	0	4,343,812
17 群馬	0	0	0	0	0	0	0	0	0	0	0	0	3,511,107
18 埼玉	0	0	0	0	0	0	0	0	0	0	0	0	7,684,085
19 千葉	0	0	0	0	0	0	0	0	0	0	0	0	11,360,410
20 東京	0	0	0	0	0	0	0	0	0	0	0	0	7,030,558
21 神奈川	0	0	0	0	0	0	0	0	0	0	0	0	7,240,564
22 新潟	0	0	0	0	0	0	0	0	0	0	0	0	4,644,093
23 富山	0	0	0	0	0	0	0	0	0	0	0	0	3,933,619
24 石川	0	0	1,799	0	0	0	0	0	0	0	0	0	3,828,658
25 福井	0	0	0	0	0	0	0	0	0	0	0	0	5,441,932
26 山梨	0	0	0	0	0	0	0	0	0	0	0	0	6,474,953
27 長野	0	0	0	0	0	0	0	0	0	0	0	0	2,772,706
28 静岡	0	0	0	0	0	0	0	0	0	0	0	0	4,117,716
29 岐阜	0	0	0	0	0	0	0	0	0	0	0	0	7,370,375
30 愛知	0	23,606	0	0	0	0	0	60,969	0	0	0	0	4,764,072
31 三重	0	0	0	47,211	0	0	0	0	0	0	0	0	3,639,802
32 滋賀	0	0	0	0	0	0	0	0	0	0	0	0	5,096,511
33 京都	0	0	0	0	0	0	0	0	0	0	0	0	2,000,508
34 奈良	0	0	0	0	0	0	0	0	0	0	0	0	1,607,332
35 和歌山	0	0	0	0	0	0	0	0	0	0	0	0	2,838,480
36 大阪	0	0	13,656	0	0	0	0	0	0	0	0	0	4,782,612
37 兵庫	0	0	23,606	0	24,432	0	0	0	0	0	0	0	4,573,154
38 鳥取	0	0	0	0	0	0	0	0	0	0	0	0	2,119,634
39 島根	0	0	0	0	0	0	0	0	0	0	0	0	6,671,239
40 岡山	0	0	0	0	55,839	0	0	0	23,606	0	0	0	4,874,118
41 広島	0	0	0	0	0	0	0	0	0	0	0	0	2,363,712
42 山口	0	0	0	0	366,309	42,490	14,897	39,453	14,163	0	0	0	3,109,329
43 香川	3,991,880	234,652	77,898	77,898	31,395	0	0	0	0	0	0	0	4,652,517
44 愛媛	0	4,434,928	9,442	87,104	58,778	0	0	0	0	0	0	0	4,595,285
45 徳島	73,118	9,442	4,495,984	0	0	0	0	0	0	0	0	0	4,578,544
46 高知	0	0	0	1,030,135	0	0	0	0	0	0	0	0	1,030,135
47 福岡	0	70,817	0	0	7,094,889	138,268	34,849	109,566	147,782	63,654	112,241	0	7,920,899
48 佐賀	0	0	0	0	117,626	1,327,017	237,483	15,512	3,140	0	0	0	1,724,873
49 長崎	0	0	0	0	61,961	0	3,228,904	0	0	0	0	0	3,290,865
50 熊本	0	0	0	0	435,402	36,996	17,876	3,495,798	0	0	0	14,593	4,003,027
51 大分	0	0	0	0	145,295	0	0	0	5,085,057	0	12,194	12,194	5,242,546
52 宮崎	0	0	0	0	0	0	54,810	0	0	2,929,645	82,250	0	3,066,705
53 鹿児島	0	0	0	0	0	0	0	2,091	0	0	5,908,520	0	5,910,612
54 沖縄	0	0	0	0	0	0	0	0	0	0	0	5,413,110	5,413,110
55 全国	4,079,895	4,773,444	4,636,548	1,242,349	8,329,965	1,606,732	3,588,820	3,723,390	5,273,748	2,993,298	6,129,798	5,413,110	228,937,000

平成28年度　　　　　　　　　　府県相互間輸送トン数表（自動車）　　　　品目（5-19）石油製品　　　　（単位：トン）　その 1

発＼着	1 札幌	2 旭川	3 函館	4 室蘭	5 釧路	6 帯広	7 北見	8 北海道	9 青森	10 岩手	11 宮城	12 福島	13 秋田	14 山形
1 札幌	2,139,381	5,010	3,484	225,745	0	0	0	2,373,618	0	0	0	0	0	0
2 旭川	16,608	3,187,772	0	23,352	0	0	155,776	3,383,508	0	0	0	0	0	0
3 函館	0	0	1,022,100	0	0	0	0	1,022,100	0	0	0	0	0	0
4 室蘭	15,050,776	1,030,383	95,972	3,372,764	0	48,695	0	19,598,589	8,055	0	0	0	0	0
5 釧路	0	0	0	0	1,410,047	265,598	149,003	1,824,648	0	0	0	0	0	0
6 帯広	0	0	0	0	0	995,249	0	995,249	0	0	0	0	0	0
7 北見	0	0	0	0	0	0	1,385,956	1,385,956	0	0	0	0	0	0
8 北海道	17,206,764	4,223,165	1,121,557	3,621,863	1,410,047	1,309,541	1,690,737	30,583,672	8,055	0	0	0	0	0
9 青森	0	0	8,055	0	0	0	0	8,055	2,077,562	339,988	0	0	0	7,819
10 岩手	0	0	0	0	0	0	0	0	0	1,972,094	3,621	3,621	0	0
11 宮城	0	0	0	0	0	0	0	0	0	730,260	3,010,587	409,023	0	1,011,552
12 福島	0	0	0	0	0	0	0	0	0	0	3,621	4,880,275	0	0
13 秋田	0	0	0	0	0	0	0	0	0	0	80,395	0	3,744,411	159,859
14 山形	0	0	0	0	0	0	0	0	0	0	0	45,557	156,938	1,503,646
15 茨城	0	0	0	0	0	0	0	0	0	0	0	0	0	136,126
16 栃木	0	0	0	0	0	0	0	0	0	0	0	0	0	0
17 群馬	0	0	0	0	0	0	0	0	0	0	0	0	0	0
18 埼玉	0	0	0	0	0	0	0	0	0	0	0	28,095	0	0
19 千葉	0	0	0	0	0	0	0	0	0	0	0	152,404	0	0
20 東京	0	0	0	0	0	0	0	0	0	0	0	715	0	0
21 神奈川	0	0	0	0	0	0	0	0	0	0	0	65,435	0	0
22 新潟	0	0	0	0	0	0	0	0	0	0	66,773	229,570	6,846	60,610
23 富山	0	0	0	0	0	0	0	0	0	0	0	0	0	0
24 石川	0	0	0	0	0	0	0	0	0	0	0	0	0	0
25 福井	0	0	0	0	0	0	0	0	0	0	0	0	0	0
26 山梨	0	0	0	0	0	0	0	0	0	0	0	0	0	0
27 長野	0	0	0	0	0	0	0	0	0	0	0	0	0	0
28 静岡	0	0	0	0	0	0	0	0	0	0	0	0	0	0
29 岐阜	0	0	0	0	0	0	0	0	0	0	0	0	0	0
30 愛知	0	0	0	0	0	0	0	0	0	0	0	8,542	0	0
31 三重	0	0	0	0	0	0	0	0	0	0	0	0	0	0
32 滋賀	0	0	0	0	0	0	0	0	0	0	0	0	0	0
33 京都	0	0	0	0	0	0	0	0	0	0	0	0	0	0
34 奈良	0	0	0	0	0	0	0	0	0	0	0	0	0	0
35 和歌山	0	0	0	0	0	0	0	0	0	0	0	0	0	0
36 大阪	0	0	0	0	0	0	0	0	0	0	0	0	0	0
37 兵庫	0	0	0	0	0	0	0	0	0	0	0	0	0	0
38 鳥取	0	0	0	0	0	0	0	0	0	0	0	0	0	0
39 島根	0	0	0	0	0	0	0	0	0	0	0	0	0	0
40 岡山	0	0	0	0	0	0	0	0	0	0	0	0	0	0
41 広島	0	0	0	0	0	0	0	0	0	0	0	0	0	0
42 山口	0	0	0	0	0	0	0	0	0	0	0	0	0	0
43 香川	0	0	0	0	0	0	0	0	0	0	0	0	0	0
44 愛媛	0	0	0	0	0	0	0	0	0	0	0	0	0	0
45 徳島	0	0	0	0	0	0	0	0	0	0	0	0	0	0
46 高知	0	0	0	0	0	0	0	0	0	0	0	0	0	0
47 福岡	0	0	0	0	0	0	0	0	0	0	0	0	0	0
48 佐賀	0	0	0	0	0	0	0	0	0	0	0	0	0	0
49 長崎	0	0	0	0	0	0	0	0	0	0	0	0	0	0
50 熊本	0	0	0	0	0	0	0	0	0	0	0	0	0	0
51 大分	0	0	0	0	0	0	0	0	0	0	0	0	0	0
52 宮崎	0	0	0	0	0	0	0	0	0	0	0	0	0	0
53 鹿児島	0	0	0	0	0	0	0	0	0	0	0	0	0	0
54 沖縄	0	0	0	0	0	0	0	0	0	0	0	0	0	0
55 全国	17,206,764	4,223,165	1,129,611	3,621,863	1,410,047	1,309,541	1,690,737	30,591,727	2,085,617	3,126,358	3,126,539	5,913,807	3,916,015	2,735,669

平成28年度　　　　　　　　　　府県相互間輸送トン数表（自動車）　　　　品目（5-19）石油製品　　　　（単位：トン）　その 2

発＼着	15 茨城	16 栃木	17 群馬	18 埼玉	19 千葉	20 東京	21 神奈川	22 新潟	23 富山	24 石川	25 福井	26 山梨	27 長野	28 静岡
1 札幌	0	0	0	0	0	0	0	0	0	0	0	0	0	0
2 旭川	0	0	0	0	0	0	0	0	0	0	0	0	0	0
3 函館	0	0	0	0	0	0	0	0	0	0	0	0	0	0
4 室蘭	0	0	0	0	0	0	0	0	0	0	0	0	0	0
5 釧路	0	0	0	0	0	0	0	0	0	0	0	0	0	0
6 帯広	0	0	0	0	0	0	0	0	0	0	0	0	0	0
7 北見	0	0	0	0	0	0	0	0	0	0	0	0	0	0
8 北海道	0	0	0	0	0	0	0	0	0	0	0	0	0	0
9 青森	0	0	0	0	0	0	0	0	0	0	0	0	0	0
10 岩手	0	0	0	0	0	0	0	0	0	0	0	0	0	0
11 宮城	14,383	0	0	0	0	0	0	0	0	0	0	0	0	0
12 福島	139,123	134,524	0	0	0	0	0	0	0	0	0	0	0	0
13 秋田	0	0	0	0	0	0	0	0	0	0	0	0	0	0
14 山形	0	0	0	0	0	0	0	0	0	0	0	0	0	0
15 茨城	2,550,958	24,117	0	8,254	29,200	38,827	16,900	0	0	0	0	0	0	0
16 栃木	144,299	2,536,491	15,119	27,531	0	0	0	0	0	0	0	0	79,529	0
17 群馬	0	52,205	1,748,203	237,618	0	0	0	0	0	0	0	0	0	0
18 埼玉	16,014	27,642	91,815	2,440,788	72,470	0	50,476	0	0	0	0	0	0	6,756
19 千葉	484,498	56,246	33,083	1,480,560	6,027,989	2,808,960	68,894	0	0	0	16,079	0	21,256	0
20 東京	0	996	39,565	302,110	56,688	1,668,031	38,061	0	0	0	0	0	181,289	0
21 神奈川	251,815	203,602	185,752	1,154,786	194,632	1,956,965	2,527,193	0	0	0	0	80,723	29,498	256,276
22 新潟	0	0	23,845	0	0	0	0	4,527,713	2,408	18,556	0	0	2,317	0
23 富山	0	0	0	0	0	0	0	8,612	2,414,248	114,646	31,315	0	0	0
24 石川	0	0	0	0	0	0	0	0	76,605	3,184,233	48,013	0	0	0
25 福井	0	0	0	0	0	0	0	0	0	21,639	1,647,929	0	0	0
26 山梨	0	0	0	0	0	0	0	0	0	0	0	511,020	4,801	0
27 長野	0	0	0	0	0	0	0	0	0	0	0	0	2,884,860	0
28 静岡	0	0	0	0	0	0	58,403	0	0	0	0	0	0	2,109,447
29 岐阜	0	0	0	0	0	0	0	0	0	0	0	0	0	0
30 愛知	11,791	0	0	113,893	14,739	0	0	0	206,682	112,199	0	0	113,893	106,312
31 三重	0	0	14,343	99,648	84,541	0	0	0	0	0	80,822	0	0	71,095
32 滋賀	0	0	0	0	0	0	0	0	0	29,952	0	0	0	0
33 京都	0	0	0	0	0	0	0	0	0	0	0	0	0	0
34 奈良	0	0	0	0	0	0	0	0	0	0	0	0	0	0
35 和歌山	0	0	0	0	0	0	0	0	0	0	0	0	0	0
36 大阪	0	0	0	0	0	0	0	0	0	0	0	0	0	0
37 兵庫	0	0	0	0	0	0	0	0	0	17,511	0	0	0	0
38 鳥取	0	0	0	0	0	0	0	0	0	0	0	0	0	0
39 島根	0	0	0	0	0	0	0	0	0	0	0	0	0	0
40 岡山	0	0	0	0	0	0	0	0	0	0	0	8,756	51,665	25,037
41 広島	0	0	0	0	0	0	0	0	0	0	0	0	0	0
42 山口	0	0	0	0	0	0	0	0	0	0	0	0	0	0
43 香川	0	0	0	0	0	0	0	0	0	0	0	0	0	0
44 愛媛	0	0	0	0	0	0	0	0	0	0	0	0	0	0
45 徳島	0	0	0	0	0	0	0	0	0	0	0	0	0	0
46 高知	0	0	0	0	0	0	0	0	0	0	0	0	0	0
47 福岡	0	0	0	0	0	0	0	0	0	0	0	0	0	0
48 佐賀	0	0	0	0	0	0	0	0	0	0	0	0	0	0
49 長崎	0	0	0	0	0	0	0	0	0	0	0	0	0	0
50 熊本	0	0	0	0	0	0	0	0	0	0	0	0	0	0
51 大分	0	0	0	0	0	0	0	0	0	0	0	0	0	0
52 宮崎	0	0	0	0	0	0	0	0	0	0	0	0	0	0
53 鹿児島	0	0	0	0	0	0	0	0	0	0	0	0	0	0
54 沖縄	0	0	0	0	0	0	0	0	0	0	0	0	0	0
55 全国	3,612,882	3,035,823	2,151,724	5,865,188	6,480,257	7,188,158	2,759,925	4,536,325	2,739,095	3,459,587	1,832,913	643,407	3,317,442	2,574,924

平成28年度　府県相互間輸送トン数表（自動車）　品目（5－19）石油製品　（単位：トン）その3

発＼着	29 岐阜	30 愛知	31 三重	32 滋賀	33 京都	34 奈良	35 和歌山	36 大阪	37 兵庫	38 鳥取	39 島根	40 岡山	41 広島	42 山口
1 札幌	0	0	0	0	0	0	0	0	0	0	0	0	0	0
2 旭川	0	0	0	0	0	0	0	0	0	0	0	0	0	0
3 函館	0	0	0	0	0	0	0	0	0	0	0	0	0	0
4 室蘭	0	0	0	0	0	0	0	0	0	0	0	0	0	0
5 釧路	0	0	0	0	0	0	0	0	0	0	0	0	0	0
6 帯広	0	0	0	0	0	0	0	0	0	0	0	0	0	0
7 北見	0	0	0	0	0	0	0	0	0	0	0	0	0	0
8 北海道	0	0	0	0	0	0	0	0	0	0	0	0	0	0
9 青森	0	0	0	0	0	0	0	0	0	0	0	0	0	0
10 岩手	0	0	0	0	0	0	0	0	0	0	0	0	0	0
11 宮城	0	0	0	0	0	0	0	0	0	0	0	0	0	0
12 福島	0	0	0	0	0	0	0	0	0	0	0	0	0	0
13 秋田	0	0	0	0	0	0	0	0	0	0	0	0	0	0
14 山形	0	0	0	0	0	0	0	0	0	0	0	0	0	0
15 茨城	0	0	0	0	0	0	0	0	0	0	0	0	0	0
16 栃木	0	0	0	0	0	0	0	0	0	0	0	0	0	0
17 群馬	0	0	0	0	0	0	0	0	0	0	0	0	0	0
18 埼玉	0	0	0	0	0	0	0	0	0	0	0	0	0	0
19 千葉	0	14,155	0	0	0	0	0	0	0	0	0	0	0	0
20 東京	0	0	0	0	0	0	0	0	0	0	0	0	0	0
21 神奈川	0	95,977	0	0	0	0	0	30,367	0	0	0	0	0	0
22 新潟	0	0	0	0	0	0	0	0	0	0	0	0	0	0
23 富山	0	0	0	0	0	0	0	0	0	0	0	0	0	0
24 石川	9,685	0	0	0	0	0	0	0	0	0	0	0	0	0
25 福井	0	0	0	0	0	0	0	0	0	0	0	14,009	0	0
26 山梨	0	0	0	0	0	0	0	0	0	0	0	0	0	0
27 長野	0	0	0	0	0	0	0	0	0	0	0	0	0	0
28 静岡	0	7,169	22,108	0	0	0	0	0	0	0	0	19,871	0	0
29 岐阜	619,433	22,377	0	0	0	0	0	0	0	0	0	0	0	0
30 愛知	417,637	2,970,916	211,886	8,073	0	0	0	0	0	0	0	0	0	0
31 三重	79,256	307,954	2,142,347	386,185	21,955	74,516	30,716	0	0	0	0	24,453	0	0
32 滋賀	0	0	7,132	1,064,067	19,042	9,278	0	1,010	15,819	0	0	25,832	0	0
33 京都	0	0	0	52,005	868,423	22,748	0	22,140	1,065	0	0	0	0	0
34 奈良	0	0	47,054	0	11,293	252,993	0	277	0	0	0	0	0	0
35 和歌山	0	0	1,498	0	0	1,829	1,984,169	14,002	4,992	0	0	0	0	0
36 大阪	19,414	0	9,980	265,680	693,563	316,374	159,578	4,483,071	918,388	0	0	22,187	75,267	0
37 兵庫	0	13,399	0	15,819	18,220	0	50,247	79,332	1,770,935	0	0	0	0	0
38 鳥取	0	0	0	0	0	0	0	0	0	649,159	250,985	0	0	0
39 島根	0	0	0	0	0	0	0	0	0	174,967	739,220	0	0	22,608
40 岡山	0	0	23,202	25,832	0	0	0	8,974	58,247	146,246	0	2,087,895	215,697	12,633
41 広島	0	0	0	0	0	0	0	0	0	0	71,079	11,795	2,127,698	20,463
42 山口	0	0	0	0	0	0	0	0	0	0	86,481	0	51,032	2,007,588
43 香川	0	0	0	0	0	0	0	0	22,115	0	0	0	0	0
44 愛媛	0	0	0	0	0	0	0	0	0	0	0	62,989	0	0
45 徳島	0	0	0	0	0	0	0	0	0	0	0	0	0	0
46 高知	0	0	0	0	0	0	0	0	0	0	0	0	0	0
47 福岡	0	0	0	0	0	0	0	0	0	0	0	0	0	0
48 佐賀	0	0	0	0	0	0	0	0	0	0	0	0	0	0
49 長崎	0	0	0	0	0	0	0	0	0	0	0	0	0	0
50 熊本	0	0	0	0	0	0	0	0	0	0	0	0	0	0
51 大分	0	0	0	0	0	0	0	0	0	0	0	0	0	13,399
52 宮崎	0	0	0	0	0	0	0	0	0	0	0	0	0	0
53 鹿児島	0	0	0	0	0	0	0	0	0	0	0	0	0	0
54 沖縄	0	0	0	0	0	0	0	0	0	0	0	0	0	0
55 全国	1,145,425	3,431,949	2,465,205	1,817,660	1,632,494	677,736	2,224,709	4,639,173	2,791,563	970,371	1,147,765	2,269,031	2,469,693	2,076,690

平成28年度　府県相互間輸送トン数表（自動車）　品目（5－19）石油製品　（単位：トン）その4

発＼着	43 香川	44 愛媛	45 徳島	46 高知	47 福岡	48 佐賀	49 長崎	50 熊本	51 大分	52 宮崎	53 鹿児島	54 沖縄	55 全国
1 札幌	0	0	0	0	0	0	0	0	0	0	0	0	2,373,618
2 旭川	0	0	0	0	0	0	0	0	0	0	0	0	3,383,508
3 函館	0	0	0	0	0	0	0	0	0	0	0	0	1,022,100
4 室蘭	0	0	0	0	0	0	0	0	0	0	0	0	19,606,644
5 釧路	0	0	0	0	0	0	0	0	0	0	0	0	1,824,648
6 帯広	0	0	0	0	0	0	0	0	0	0	0	0	995,249
7 北見	0	0	0	0	0	0	0	0	0	0	0	0	1,385,956
8 北海道	0	0	0	0	0	0	0	0	0	0	0	0	30,591,727
9 青森	0	0	0	0	0	0	0	0	0	0	0	0	2,433,424
10 岩手	0	0	0	0	0	0	0	0	0	0	0	0	1,979,335
11 宮城	0	0	0	0	0	0	0	0	0	0	0	0	5,175,806
12 福島	0	0	0	0	0	0	0	0	0	0	0	0	5,157,543
13 秋田	0	0	0	0	0	0	0	0	0	0	0	0	3,984,665
14 山形	0	0	0	0	0	0	0	0	0	0	0	0	1,706,141
15 茨城	0	0	0	0	0	0	0	0	0	0	0	0	2,804,382
16 栃木	0	0	0	0	0	0	0	0	0	0	0	0	2,723,440
17 群馬	0	0	0	0	0	0	0	0	0	0	0	0	2,117,556
18 埼玉	0	0	0	0	0	0	0	0	0	0	0	0	3,449,431
19 千葉	0	0	0	0	0	0	0	0	0	0	0	0	11,164,123
20 東京	0	0	0	0	0	0	0	0	0	0	0	0	2,287,456
21 神奈川	0	0	0	0	0	0	0	0	0	0	0	0	7,033,016
22 新潟	0	0	0	0	0	0	0	0	0	0	0	0	4,938,638
23 富山	0	0	0	0	0	0	0	0	26,571	0	0	0	2,595,392
24 石川	0	0	0	0	0	0	0	0	0	0	0	0	3,318,536
25 福井	0	0	0	0	0	0	0	0	0	0	0	0	1,683,577
26 山梨	0	0	0	0	0	0	0	0	0	0	0	0	515,821
27 長野	0	0	0	0	0	0	0	0	0	0	0	0	2,884,860
28 静岡	0	0	0	0	0	0	0	0	0	0	0	0	2,216,998
29 岐阜	0	0	0	0	0	0	0	0	0	0	0	0	641,810
30 愛知	0	0	0	0	14,739	0	0	0	0	0	0	0	4,311,303
31 三重	22,852	0	0	0	0	0	0	0	0	0	0	0	3,440,684
32 滋賀	0	0	0	0	0	0	0	0	0	0	0	0	1,172,134
33 京都	0	0	0	0	0	0	0	0	0	0	0	0	966,381
34 奈良	0	0	0	0	0	0	0	0	0	0	0	0	311,617
35 和歌山	0	0	0	0	0	0	0	0	0	0	0	0	2,006,490
36 大阪	0	0	24,603	0	0	0	0	0	13,399	0	0	0	7,001,503
37 兵庫	5,360	0	7,740	0	0	0	0	0	0	0	0	0	1,978,563
38 鳥取	0	0	0	0	0	0	0	0	0	0	0	0	900,144
39 島根	0	0	0	0	0	0	0	0	0	0	0	0	936,795
40 岡山	89,175	0	15,897	486	0	0	0	0	0	0	0	0	2,769,741
41 広島	0	75,691	0	0	0	0	0	0	0	0	0	0	2,306,725
42 山口	0	0	0	0	41,713	0	0	0	0	0	0	0	2,186,814
43 香川	1,499,398	365,080	483,272	72,668	0	0	0	0	0	0	0	0	2,442,534
44 愛媛	17,001	3,352,857	91,869	97,940	0	0	0	0	0	0	0	0	3,622,657
45 徳島	31,533	12,673	1,603,677	0	0	0	0	0	0	0	0	0	1,647,882
46 高知	0	18,131	0	1,630,895	0	0	0	0	0	0	0	0	1,649,025
47 福岡	0	0	0	0	4,831,180	2,387,780	718,564	569,064	65,137	0	0	0	8,571,724
48 佐賀	0	0	0	0	38,551	618,786	0	18,378	0	0	0	0	675,716
49 長崎	0	0	0	0	0	15,932	1,092,548	57,551	0	0	0	0	1,166,031
50 熊本	0	0	0	0	12,679	0	6,672	3,044,888	0	51,422	96,339	0	3,212,000
51 大分	0	39,368	0	0	34,336	0	0	59,339	840,104	101,999	0	0	1,088,567
52 宮崎	0	0	0	0	0	0	0	0	181,033	1,767,214	7,800	0	1,956,048
53 鹿児島	0	0	0	0	0	0	0	0	0	15,854	1,715,030	0	1,730,884
54 沖縄	0	0	0	0	0	0	0	0	0	0	0	2,032,897	2,032,897
55 全国	1,665,319	3,863,800	2,227,058	1,801,989	4,973,199	3,022,498	1,817,784	3,749,219	1,126,245	1,936,489	1,819,169	2,032,897	161,489,000

平成28年度　　　　　　　　　　　　府県相互間輸送トン数表（自動車）　　　　　　　　　　　　　　　　（単位：トン）
品目　（5-20）　石炭製品　　　その　1

着＼発	1 札幌	2 旭川	3 函館	4 室蘭	5 釧路	6 帯広	7 北見	8 北海道	9 青森	10 岩手	11 宮城	12 福島	13 秋田	14 山形
1 札幌	3,432	0	0	0	0	0	0	3,432	0	0	0	0	0	0
2 旭川	0	840	0	0	0	0	0	840	0	0	0	0	0	0
3 函館	0	0	0	0	0	0	0	0	0	0	0	0	0	0
4 室蘭	0	0	0	0	0	0	0	0	0	0	0	0	0	0
5 釧路	0	0	0	0	0	0	0	0	0	0	0	0	0	0
6 帯広	0	0	0	0	0	0	0	0	0	0	0	0	0	0
7 北見	0	0	0	0	0	0	0	0	0	0	0	0	0	0
8 北海道	3,432	840	0	0	0	0	0	4,272	0	0	0	0	0	0
9 青森	0	0	0	0	0	0	0	0	0	0	0	0	0	0
10 岩手	0	0	0	0	0	0	0	0	0	240,456	0	0	0	0
11 宮城	0	0	0	0	0	0	0	0	0	43,719	245,834	0	0	0
12 福島	0	0	0	0	0	0	0	0	0	0	0	0	54,979	0
13 秋田	0	0	0	0	0	0	0	0	0	0	0	0	0	0
14 山形	0	0	0	0	0	0	0	0	0	0	0	0	0	9,483
15 茨城	0	0	0	0	0	0	0	0	0	0	0	0	0	0
16 栃木	0	0	0	0	0	0	0	0	0	0	0	0	0	0
17 群馬	0	0	0	0	0	0	0	0	0	0	0	0	0	0
18 埼玉	0	0	0	0	0	0	0	0	0	0	0	0	0	0
19 千葉	0	0	0	0	0	0	0	0	0	43,719	0	0	0	0
20 東京	0	0	0	0	0	0	0	0	0	0	0	0	0	0
21 神奈川	0	0	0	0	0	0	0	0	0	0	0	0	0	0
22 新潟	0	0	0	0	0	0	0	0	0	0	0	0	0	0
23 富山	0	0	0	0	0	0	0	0	0	0	0	0	0	0
24 石川	0	0	0	0	0	0	0	0	0	0	0	0	0	0
25 福井	0	0	0	0	0	0	0	0	0	0	0	0	0	0
26 山梨	0	0	0	0	0	0	0	0	0	0	0	0	0	0
27 長野	0	0	0	0	0	0	0	0	0	0	0	0	0	0
28 静岡	0	0	0	0	0	0	0	0	0	0	0	0	0	0
29 岐阜	0	0	0	0	0	0	0	0	0	0	0	0	0	0
30 愛知	0	0	0	0	0	0	0	0	0	0	0	0	0	0
31 三重	0	0	0	0	0	0	0	0	0	0	0	0	0	0
32 滋賀	0	0	0	0	0	0	0	0	0	0	0	0	0	0
33 京都	0	0	0	0	0	0	0	0	0	0	0	0	0	0
34 奈良	0	0	0	0	0	0	0	0	0	0	0	0	0	0
35 和歌山	0	0	0	0	0	0	0	0	0	0	0	0	0	0
36 大阪	0	0	0	0	0	0	0	0	0	0	0	0	0	0
37 兵庫	0	0	0	0	0	0	0	0	0	0	0	0	0	0
38 鳥取	0	0	0	0	0	0	0	0	0	0	0	0	0	0
39 島根	0	0	0	0	0	0	0	0	0	0	0	0	0	0
40 岡山	0	0	0	0	0	0	0	0	0	0	0	0	0	0
41 広島	0	0	0	0	0	0	0	0	0	0	0	0	0	0
42 山口	0	0	0	0	0	0	0	0	0	0	0	0	0	0
43 香川	0	0	0	0	0	0	0	0	0	0	0	0	0	0
44 愛媛	0	0	0	0	0	0	0	0	0	0	0	0	0	0
45 徳島	0	0	0	0	0	0	0	0	0	0	0	0	0	0
46 高知	0	0	0	0	0	0	0	0	0	0	0	0	0	0
47 福岡	0	0	0	0	0	0	0	0	0	0	0	0	0	0
48 佐賀	0	0	0	0	0	0	0	0	0	0	0	0	0	0
49 長崎	0	0	0	0	0	0	0	0	0	0	0	0	0	0
50 熊本	0	0	0	0	0	0	0	0	0	0	0	0	0	0
51 大分	0	0	0	0	0	0	0	0	0	0	0	0	0	0
52 宮崎	0	0	0	0	0	0	0	0	0	0	0	0	0	0
53 鹿児島	0	0	0	0	0	0	0	0	0	0	0	0	0	0
54 沖縄	0	0	0	0	0	0	0	0	0	0	0	0	0	0
55 全国	3,432	840	0	0	0	0	0	4,272	0	327,895	245,834	54,979	0	9,483

平成28年度　　　　　　　　　　　　府県相互間輸送トン数表（自動車）　　　　　　　　　　　　　　　　（単位：トン）
品目　（5-20）　石炭製品　　　その　2

着＼発	15 茨城	16 栃木	17 群馬	18 埼玉	19 千葉	20 東京	21 神奈川	22 新潟	23 富山	24 石川	25 福井	26 山梨	27 長野	28 静岡
1 札幌	0	0	0	0	0	0	0	0	0	0	0	0	0	0
2 旭川	0	0	0	0	0	0	0	0	0	0	0	0	0	0
3 函館	0	0	0	0	0	0	0	0	0	0	0	0	0	0
4 室蘭	0	0	0	0	0	0	0	0	0	0	0	0	0	0
5 釧路	0	0	0	0	0	0	0	0	0	0	0	0	0	0
6 帯広	0	0	0	0	0	0	0	0	0	0	0	0	0	0
7 北見	0	0	0	0	0	0	0	0	0	0	0	0	0	0
8 北海道	0	0	0	0	0	0	0	0	0	0	0	0	0	0
9 青森	0	0	0	0	0	0	0	0	0	0	0	0	0	0
10 岩手	0	0	0	0	0	0	0	0	0	0	0	0	0	0
11 宮城	0	0	0	0	0	0	0	0	0	0	0	0	0	0
12 福島	0	0	0	0	0	0	0	0	0	0	0	0	0	0
13 秋田	0	0	0	0	0	0	0	0	0	0	0	0	0	0
14 山形	0	0	0	0	0	0	0	0	0	0	0	0	0	0
15 茨城	0	42,845	0	43,282	0	0	0	0	0	0	0	0	0	0
16 栃木	41,533	0	0	0	0	0	0	0	0	0	0	0	0	0
17 群馬	0	0	0	0	0	0	0	0	0	0	0	0	0	0
18 埼玉	0	0	0	0	0	0	0	0	0	0	0	0	0	0
19 千葉	0	0	44,594	0	246,640	0	0	0	0	0	0	0	0	0
20 東京	0	0	0	0	0	0	0	0	0	0	0	0	0	0
21 神奈川	12,241	0	0	0	0	87,963	41,752	0	0	0	0	54,649	0	19,237
22 新潟	0	0	0	0	0	0	0	920,467	0	0	0	0	0	0
23 富山	0	0	0	0	0	0	0	184,058	0	0	0	0	0	0
24 石川	0	0	0	0	0	0	0	0	0	0	0	0	0	0
25 福井	0	0	0	0	0	0	0	0	0	0	0	0	0	0
26 山梨	0	0	0	0	0	0	0	0	0	0	0	0	0	0
27 長野	0	0	0	0	0	0	0	0	0	0	0	0	0	0
28 静岡	0	0	0	0	0	0	0	0	0	0	0	0	0	0
29 岐阜	0	0	0	0	0	0	0	0	0	0	0	0	0	0
30 愛知	0	0	0	0	0	0	0	0	0	0	0	0	0	0
31 三重	0	0	0	0	0	0	0	0	0	0	0	0	0	0
32 滋賀	0	0	0	0	0	0	0	0	0	0	0	0	27,208	0
33 京都	0	0	0	0	0	0	0	0	0	0	0	0	0	0
34 奈良	0	0	0	0	0	0	0	0	0	0	0	0	0	0
35 和歌山	0	0	0	0	0	0	0	0	0	0	0	0	0	0
36 大阪	0	0	0	0	0	0	0	0	0	0	0	0	0	0
37 兵庫	0	0	0	0	0	0	0	0	0	0	0	0	0	0
38 鳥取	0	0	0	0	0	0	0	0	0	0	0	0	0	0
39 島根	0	0	0	0	0	0	0	0	0	0	0	0	0	0
40 岡山	0	0	0	0	0	0	0	0	0	0	0	0	0	0
41 広島	0	0	0	0	0	0	0	0	0	0	0	0	0	0
42 山口	0	0	0	0	0	0	0	0	0	0	0	0	0	0
43 香川	0	0	0	0	0	0	17,488	0	0	0	0	0	0	0
44 愛媛	0	0	0	0	0	0	0	0	0	0	0	0	0	0
45 徳島	0	0	0	0	0	0	0	0	0	0	0	0	0	0
46 高知	0	0	0	0	0	0	0	0	0	0	0	0	0	0
47 福岡	0	0	0	0	0	0	0	0	0	0	0	0	0	0
48 佐賀	0	0	0	0	0	0	0	0	0	0	0	0	0	0
49 長崎	0	0	0	0	0	0	0	0	0	0	0	0	0	0
50 熊本	0	0	0	0	0	0	0	0	0	0	0	0	0	0
51 大分	0	0	0	0	0	0	0	0	0	0	0	0	0	0
52 宮崎	0	0	0	0	0	0	0	0	0	0	0	0	0	0
53 鹿児島	0	0	0	0	0	0	0	0	0	0	0	0	0	0
54 沖縄	0	0	0	0	0	0	0	0	0	0	0	0	0	0
55 全国	53,775	42,845	44,594	43,282	246,640	87,963	59,240	1,104,526	0	0	0	54,649	27,208	19,237

- 338 -

平成28年度　　　　　　　　　　　　　　　府県相互間輸送トン数表（自動車）　　　　　　品目　（5-20）石炭製品　　　（単位：トン）その 3

着＼発	29 岐阜	30 愛知	31 三重	32 滋賀	33 京都	34 奈良	35 和歌山	36 大阪	37 兵庫	38 鳥取	39 島根	40 岡山	41 広島	42 山口
1 札幌	0	0	0	0	0	0	0	0	0	0	0	0	0	0
2 旭川	0	0	0	0	0	0	0	0	0	0	0	0	0	0
3 函館	0	0	0	0	0	0	0	0	0	0	0	0	0	0
4 室蘭	0	0	0	0	0	0	0	0	0	0	0	0	0	0
5 釧路	0	0	0	0	0	0	0	0	0	0	0	0	0	0
6 帯広	0	0	0	0	0	0	0	0	0	0	0	0	0	0
7 北見	0	0	0	0	0	0	0	0	0	0	0	0	0	0
8 北海道	0	0	0	0	0	0	0	0	0	0	0	0	0	0
9 青森	0	0	0	0	0	0	0	0	0	0	0	0	0	0
10 岩手	0	0	0	0	0	0	0	0	0	0	0	0	0	0
11 宮城	0	0	0	0	0	0	0	0	0	0	0	0	0	0
12 福島	0	0	0	0	0	0	0	0	0	0	0	0	0	0
13 秋田	0	0	0	0	0	0	0	0	0	0	0	0	0	0
14 山形	0	0	0	0	0	0	0	0	0	0	0	0	0	0
15 茨城	0	0	0	0	0	0	0	0	0	0	0	0	0	0
16 栃木	0	0	0	0	0	0	0	0	0	0	0	0	0	0
17 群馬	0	0	0	0	0	0	0	0	0	0	0	0	0	0
18 埼玉	0	0	0	0	0	0	0	0	0	0	0	0	0	0
19 千葉	0	0	0	0	0	0	0	0	0	0	0	0	0	0
20 東京	0	0	0	0	0	0	0	0	0	0	0	0	0	0
21 神奈川	0	0	0	0	0	0	0	0	0	0	0	0	0	0
22 新潟	0	0	0	0	0	0	0	0	0	0	0	0	0	0
23 富山	0	0	0	0	0	0	0	0	0	0	0	0	0	0
24 石川	0	0	0	0	0	0	0	0	0	0	0	0	0	0
25 福井	0	0	0	0	0	0	0	0	0	0	0	0	0	0
26 山梨	0	0	0	0	0	0	0	0	0	0	0	0	0	0
27 長野	0	0	0	0	0	0	0	0	0	0	0	0	0	0
28 静岡	0	0	0	0	0	0	0	0	0	0	0	0	0	0
29 岐阜	0	0	0	0	0	0	0	0	0	0	0	0	0	0
30 愛知	0	56,743	0	0	0	0	0	0	0	0	0	0	0	0
31 三重	0	0	0	0	0	0	0	0	0	0	0	0	0	0
32 滋賀	0	0	0	0	0	0	0	0	0	0	0	0	0	0
33 京都	0	0	0	0	0	0	0	0	0	0	0	0	0	0
34 奈良	0	0	0	0	0	0	0	0	0	0	0	0	0	0
35 和歌山	0	0	0	0	0	0	0	0	0	0	0	0	0	0
36 大阪	0	0	0	7,308	47,993	0	0	486,208	45,905	0	0	0	0	17,488
37 兵庫	0	0	0	0	0	0	0	0	550,864	0	0	0	0	0
38 鳥取	0	0	0	0	0	0	0	0	0	0	0	0	0	0
39 島根	0	0	0	0	0	0	0	0	0	0	0	0	0	0
40 岡山	0	0	0	0	0	0	0	0	0	0	0	32,486	43,719	122,676
41 広島	0	0	0	0	0	0	0	0	0	0	0	638,303	390,764	58,706
42 山口	0	0	0	0	0	0	0	0	59,021	0	0	0	20,035	807,407
43 香川	0	0	0	0	0	0	0	0	0	0	0	0	0	0
44 愛媛	0	0	0	0	0	0	0	0	0	0	0	0	0	0
45 徳島	0	0	0	0	0	0	0	0	0	0	0	0	0	0
46 高知	0	0	0	0	0	0	0	0	0	0	0	0	0	0
47 福岡	0	0	0	0	0	0	0	0	0	0	0	0	0	0
48 佐賀	0	0	0	0	0	0	0	0	0	0	0	0	0	0
49 長崎	0	0	0	0	0	0	0	0	0	0	0	0	0	0
50 熊本	0	0	0	0	0	0	0	0	0	0	0	0	0	0
51 大分	0	0	0	0	0	0	0	0	0	0	0	0	0	0
52 宮崎	0	0	0	0	0	0	0	0	0	0	0	0	0	0
53 鹿児島	0	0	0	0	0	0	0	0	0	0	0	0	0	0
54 沖縄	0	0	0	0	0	0	0	0	0	0	0	0	0	0
55 全国	0	56,743	0	7,308	47,993	0	0	486,208	655,790	0	0	670,789	454,518	1,006,278

平成28年度　　　　　　　　　　　　　　　府県相互間輸送トン数表（自動車）　　　　　　品目　（5-20）石炭製品　　　（単位：トン）その 4

着＼発	43 香川	44 愛媛	45 徳島	46 高知	47 福岡	48 佐賀	49 長崎	50 熊本	51 大分	52 宮崎	53 鹿児島	54 沖縄	55 全国
1 札幌	0	0	0	0	0	0	0	0	0	0	0	0	3,432
2 旭川	0	0	0	0	0	0	0	0	0	0	0	0	840
3 函館	0	0	0	0	0	0	0	0	0	0	0	0	0
4 室蘭	0	0	0	0	0	0	0	0	0	0	0	0	0
5 釧路	0	0	0	0	0	0	0	0	0	0	0	0	0
6 帯広	0	0	0	0	0	0	0	0	0	0	0	0	0
7 北見	0	0	0	0	0	0	0	0	0	0	0	0	0
8 北海道	0	0	0	0	0	0	0	0	0	0	0	0	4,272
9 青森	0	0	0	0	0	0	0	0	0	0	0	0	0
10 岩手	0	0	0	0	0	0	0	0	0	0	0	0	240,456
11 宮城	0	0	0	0	0	0	0	0	0	0	0	0	289,553
12 福島	0	0	0	0	0	0	0	0	0	0	0	0	54,979
13 秋田	0	0	0	0	0	0	0	0	0	0	0	0	0
14 山形	0	0	0	0	0	0	0	0	0	0	0	0	9,483
15 茨城	0	0	0	0	0	0	0	0	0	0	0	0	86,127
16 栃木	0	0	0	0	0	0	0	0	0	0	0	0	41,533
17 群馬	0	0	0	0	0	0	0	0	0	0	0	0	0
18 埼玉	0	0	0	0	0	0	0	0	0	0	0	0	0
19 千葉	0	0	0	0	0	0	0	0	0	0	0	0	334,954
20 東京	0	0	0	0	0	0	0	0	0	0	0	0	0
21 神奈川	0	0	0	0	0	0	0	0	0	0	0	0	215,842
22 新潟	0	0	0	0	0	0	0	0	0	0	0	0	920,467
23 富山	0	0	0	0	0	0	0	0	0	0	0	0	184,058
24 石川	0	0	0	0	0	0	0	0	0	0	0	0	0
25 福井	0	0	0	0	0	0	0	0	0	0	0	0	0
26 山梨	0	0	0	0	0	0	0	0	0	0	0	0	0
27 長野	0	0	0	0	0	0	0	0	0	0	0	0	0
28 静岡	0	0	0	0	0	0	0	0	0	0	0	0	0
29 岐阜	0	0	0	0	0	0	0	0	0	0	0	0	0
30 愛知	0	0	0	0	0	0	0	0	0	0	0	0	56,743
31 三重	0	0	0	0	0	0	0	0	0	0	0	0	0
32 滋賀	0	0	0	0	0	0	0	0	0	0	0	0	27,208
33 京都	0	0	0	0	0	0	0	0	0	0	0	0	0
34 奈良	0	0	0	0	0	0	0	0	0	0	0	0	0
35 和歌山	0	0	0	0	0	0	0	0	0	0	0	0	0
36 大阪	0	0	0	0	0	0	0	0	0	0	0	0	587,415
37 兵庫	0	0	0	0	0	0	0	0	0	0	0	0	568,352
38 鳥取	0	0	0	0	0	0	0	0	0	0	0	0	0
39 島根	0	0	0	0	0	0	0	0	0	0	0	0	0
40 岡山	0	0	0	0	0	0	0	0	0	0	0	0	198,882
41 広島	0	0	0	0	0	0	0	0	0	0	0	0	1,087,772
42 山口	0	0	0	0	0	0	0	0	0	0	0	0	886,463
43 香川	0	0	0	0	0	0	0	0	0	0	0	0	17,488
44 愛媛	0	0	0	0	0	0	0	0	0	0	0	0	0
45 徳島	0	0	0	0	0	0	0	0	0	0	0	0	0
46 高知	0	0	0	0	0	0	0	0	0	0	0	0	0
47 福岡	0	0	0	0	262,316	0	0	0	0	0	0	0	262,316
48 佐賀	0	0	0	0	0	0	0	0	0	0	0	0	0
49 長崎	0	0	0	0	0	0	0	0	0	0	0	0	0
50 熊本	0	0	0	0	0	0	0	0	0	0	0	0	0
51 大分	0	0	0	0	0	0	0	0	0	0	0	0	0
52 宮崎	0	0	0	0	0	0	0	0	0	0	0	0	0
53 鹿児島	0	0	0	0	0	0	0	0	0	0	0	0	0
54 沖縄	0	0	0	0	0	0	0	0	0	0	0	0	0
55 全国	0	0	0	0	262,316	0	0	0	0	0	0	0	6,074,000

平成28年度　　府県相互間輸送トン数表（自動車）　　　品目（5-21）化学薬品　その1　　（単位：トン）

発＼着	1 札幌	2 旭川	3 函館	4 室蘭	5 釧路	6 帯広	7 北見	8 北海道	9 青森	10 岩手	11 宮城	12 福島	13 秋田	14 山形
1 札幌	33,452	4,915	0	0	0	0	0	38,366	0	0	0	0	0	0
2 旭川	0	110,294	0	0	0	0	0	110,294	0	0	0	0	0	0
3 函館	0	0	0	0	0	0	0	0	0	0	0	0	0	0
4 室蘭	300,808	119,086	18,020	482,934	10,867	43,548	0	975,262	0	0	0	0	0	0
5 釧路	0	0	0	0	505,600	436,036	0	941,636	0	0	0	0	0	0
6 帯広	0	0	0	0	0	2,203	0	2,203	0	0	0	0	0	0
7 北見	0	0	0	0	0	0	97,668	97,668	0	0	0	0	0	0
8 北海道	334,260	234,294	18,020	482,934	516,467	481,787	97,668	2,165,430	0	0	0	0	0	0
9 青森	0	0	0	0	0	0	0	0	84,725	0	17,260	33,979	0	0
10 岩手	0	0	0	0	0	0	0	0	4,153	94,206	91,665	0	21,803	22,357
11 宮城	0	0	0	0	0	0	0	0	0	10,921	579,981	85,772	1,317	31,671
12 福島	0	0	0	0	0	0	0	0	0	27,399	114,023	316,270	0	38,678
13 秋田	0	0	0	0	0	0	0	0	0	15,017	0	0	612,594	0
14 山形	0	0	0	0	0	0	0	0	0	0	2,236	8,943	2,236	150,761
15 茨城	0	0	0	0	0	0	0	0	0	0	90,771	0	0	26,829
16 栃木	0	0	0	0	0	0	0	0	0	0	0	38,029	0	0
17 群馬	0	0	0	0	0	0	0	0	0	0	0	0	0	0
18 埼玉	0	0	0	0	0	0	0	0	0	0	22,357	0	6,826	0
19 千葉	0	0	0	0	0	0	0	0	0	0	14,950	62,154	0	10,539
20 東京	0	0	0	0	0	0	0	0	0	0	0	0	0	0
21 神奈川	0	0	0	0	0	0	0	0	0	0	44,961	0	13,651	0
22 新潟	0	0	0	0	0	0	0	0	13,747	0	0	0	894	0
23 富山	0	0	0	0	0	0	0	0	0	0	0	0	0	0
24 石川	0	0	0	0	0	0	0	0	0	0	0	0	0	0
25 福井	0	0	0	0	0	0	0	0	0	0	0	0	0	0
26 山梨	0	0	0	0	0	0	0	0	0	0	0	0	0	0
27 長野	0	0	0	0	0	0	0	0	0	0	0	0	0	0
28 静岡	0	0	0	0	0	0	0	0	0	0	9,837	0	0	0
29 岐阜	0	0	0	0	0	0	0	0	0	0	0	0	0	0
30 愛知	0	0	0	0	0	0	0	0	0	0	0	0	0	0
31 三重	0	0	0	0	0	0	0	0	0	0	0	0	0	0
32 滋賀	0	0	0	0	0	0	0	0	0	0	0	0	0	0
33 京都	0	0	0	0	0	0	0	0	0	0	0	0	0	0
34 奈良	0	0	0	0	0	0	0	0	0	0	0	0	0	0
35 和歌山	0	0	0	0	0	0	0	0	0	0	0	0	0	0
36 大阪	0	0	0	0	0	0	0	0	0	0	0	0	0	0
37 兵庫	0	0	0	0	0	0	0	0	0	0	0	0	0	0
38 鳥取	0	0	0	0	0	0	0	0	0	0	0	0	0	0
39 島根	0	0	0	0	0	0	0	0	0	0	0	0	0	0
40 岡山	0	0	0	0	0	0	0	0	0	0	0	0	0	0
41 広島	0	0	0	0	0	0	0	0	0	0	0	0	0	0
42 山口	0	0	0	0	0	0	0	0	0	0	0	0	0	0
43 香川	0	0	0	0	0	0	0	0	0	0	0	0	0	0
44 愛媛	0	0	0	0	0	0	0	0	0	0	0	0	0	0
45 徳島	0	0	0	0	0	0	0	0	0	0	0	0	0	0
46 高知	0	0	0	0	0	0	0	0	0	0	0	0	0	0
47 福岡	0	0	0	0	0	0	0	0	0	0	0	0	0	0
48 佐賀	0	0	0	0	0	0	0	0	0	0	0	0	0	0
49 長崎	0	0	0	0	0	0	0	0	0	0	0	0	0	0
50 熊本	0	0	0	0	0	0	0	0	0	0	0	0	0	0
51 大分	0	0	0	0	0	0	0	0	0	0	0	0	0	0
52 宮崎	0	0	0	0	0	0	0	0	0	0	0	0	0	0
53 鹿児島	0	0	0	0	0	0	0	0	0	0	0	0	0	0
54 沖縄	0	0	0	0	0	0	0	0	0	0	0	0	0	0
55 全国	334,260	234,294	18,020	482,934	516,467	481,787	97,668	2,165,430	102,626	191,825	977,737	512,062	658,426	280,836

平成28年度　　府県相互間輸送トン数表（自動車）　　　品目（5-21）化学薬品　その2　　（単位：トン）

発＼着	15 茨城	16 栃木	17 群馬	18 埼玉	19 千葉	20 東京	21 神奈川	22 新潟	23 富山	24 石川	25 福井	26 山梨	27 長野	28 静岡
1 札幌	0	0	0	0	0	0	0	0	0	0	0	0	0	0
2 旭川	0	0	0	0	0	0	0	0	0	0	0	0	0	0
3 函館	0	0	0	0	0	0	0	0	0	0	0	0	0	0
4 室蘭	0	0	0	0	0	0	0	0	0	0	0	0	0	0
5 釧路	0	0	0	0	0	0	0	0	0	0	0	0	0	0
6 帯広	0	0	0	0	0	0	0	0	0	0	0	0	0	0
7 北見	0	0	0	0	0	0	0	0	0	0	0	0	0	0
8 北海道	0	0	0	0	0	0	0	0	0	0	0	0	0	0
9 青森	0	0	0	0	0	0	0	0	0	0	0	0	0	0
10 岩手	0	0	0	0	44,715	0	0	0	0	0	0	25,040	0	0
11 宮城	0	0	0	0	0	0	0	0	0	0	0	0	0	0
12 福島	201,806	0	0	59,493	33,335	0	26,829	0	0	0	0	0	0	0
13 秋田	0	0	0	13,651	0	0	0	0	0	0	0	0	0	0
14 山形	0	0	0	0	0	0	0	0	0	0	0	0	0	0
15 茨城	333,819	42,625	122,863	0	140,109	0	0	39,125	0	0	0	0	0	0
16 栃木	13,776	150,289	58,905	9,106	641	10,253	0	0	0	0	0	0	0	0
17 群馬	0	6,413	3,360	68,462	0	0	0	0	0	0	0	0	0	0
18 埼玉	3,624	10,951	19,362	141,705	20,798	828	31,891	28,277	28,122	0	0	0	1,071	37,429
19 千葉	336,929	131,628	61,651	83,246	699,440	78,840	107,895	188,263	0	0	0	243	0	80,616
20 東京	72,402	0	0	90,173	78,840	121,643	386,053	0	0	0	0	0	0	0
21 神奈川	126,028	41,811	40,086	134,101	197,267	337,751	505,038	31,426	0	13,351	0	0	15,918	55,404
22 新潟	15,959	0	0	71,544	0	0	0	627,158	35,944	0	0	0	13,747	0
23 富山	13,733	0	0	0	0	0	0	31,917	576,548	168,984	92,802	0	0	0
24 石川	0	0	0	0	0	0	0	0	7,072	30,219	0	0	0	0
25 福井	0	0	0	0	0	0	0	0	0	0	64	0	0	0
26 山梨	0	0	0	0	0	0	0	0	0	0	0	47,006	9,433	0
27 長野	0	0	0	0	0	0	13,965	0	0	0	0	0	376,033	32,026
28 静岡	0	13,706	0	57,855	13,761	0	192,254	0	0	0	0	29,598	38,471	1,036,563
29 岐阜	1,365	0	0	25,528	0	0	0	0	22,357	0	0	8,943	13,414	0
30 愛知	0	0	0	0	0	0	0	0	0	0	0	0	8,943	19,947
31 三重	0	0	0	0	0	0	0	29,065	0	0	0	0	0	0
32 滋賀	0	0	0	0	0	0	0	0	0	0	0	0	0	0
33 京都	0	0	0	8,049	0	0	0	0	0	0	0	0	22,357	0
34 奈良	0	0	0	0	0	0	0	0	0	0	0	0	0	0
35 和歌山	0	0	0	0	0	0	0	0	0	0	0	0	0	0
36 大阪	44,849	1,365	58,246	0	0	0	0	0	0	1,811	0	0	0	0
37 兵庫	0	0	0	0	0	0	0	0	15,749	9,104	0	0	0	40,243
38 鳥取	0	0	0	0	0	0	0	0	0	0	0	0	0	0
39 島根	0	0	0	0	0	0	0	0	0	0	0	0	0	0
40 岡山	0	0	0	0	0	0	0	12,955	0	0	0	0	0	0
41 広島	0	0	0	0	0	0	0	0	0	0	0	0	0	0
42 山口	0	0	0	0	0	0	0	0	0	0	0	0	0	0
43 香川	0	0	0	0	0	0	0	0	0	0	0	0	0	0
44 愛媛	0	0	0	0	0	0	0	0	0	0	0	0	0	0
45 徳島	0	0	0	0	0	0	0	20,569	0	0	0	0	0	0
46 高知	0	0	0	0	0	0	0	0	0	0	0	0	0	0
47 福岡	0	0	0	0	16,382	0	0	0	0	0	0	0	0	0
48 佐賀	0	0	0	0	0	0	0	0	0	0	0	0	0	0
49 長崎	0	0	0	0	0	0	0	0	0	0	0	0	0	0
50 熊本	0	0	0	0	0	0	0	0	0	0	0	0	0	0
51 大分	0	0	0	0	0	0	0	0	0	0	0	0	0	0
52 宮崎	0	0	0	0	0	0	0	0	0	0	0	0	0	0
53 鹿児島	0	0	0	0	0	0	0	0	0	0	0	0	0	0
54 沖縄	0	0	0	0	0	0	0	0	0	0	0	0	0	0
55 全国	1,164,291	398,788	364,474	762,913	1,245,288	578,370	1,344,293	820,492	685,793	223,469	92,866	110,830	499,389	1,302,227

平成28年度　　　　府県相互間輸送トン数表（自動車）　　　品目（5-21）化学薬品　　（単位：トン）その3

着／発	29 岐阜	30 愛知	31 三重	32 滋賀	33 京都	34 奈良	35 和歌山	36 大阪	37 兵庫	38 鳥取	39 島根	40 岡山	41 広島	42 山口
1 札幌	0	0	0	0	0	0	0	0	0	0	0	0	0	0
2 旭川	0	0	0	0	0	0	0	0	0	0	0	0	0	0
3 函館	0	0	0	0	0	0	0	0	0	0	0	0	0	0
4 室蘭	0	0	0	0	0	0	0	0	0	0	0	0	0	0
5 釧路	0	0	0	0	0	0	0	0	0	0	0	0	0	0
6 帯広	0	0	0	0	0	0	0	0	0	0	0	0	0	0
7 北見	0	0	0	0	0	0	0	0	0	0	0	0	0	0
8 北海道	0	0	0	0	0	0	0	0	0	0	0	0	0	0
9 青森	0	0	0	0	0	0	0	0	0	0	0	0	0	0
10 岩手	0	0	0	0	0	0	0	0	0	0	0	0	0	0
11 宮城	0	0	0	0	0	0	0	0	0	0	0	0	0	0
12 福島	0	28,998	0	0	0	0	0	0	0	0	0	0	0	0
13 秋田	0	0	0	0	0	0	0	0	0	0	0	0	0	0
14 山形	0	0	0	0	0	0	0	0	0	0	0	0	0	0
15 茨城	0	0	0	0	0	0	0	0	0	0	0	0	0	0
16 栃木	0	0	0	0	0	0	0	0	0	0	0	0	0	0
17 群馬	0	0	0	0	0	0	0	0	0	0	0	0	0	0
18 埼玉	0	0	0	0	0	0	0	5,914	0	0	0	0	8,943	0
19 千葉	0	0	0	0	0	0	4,471	0	0	0	0	0	0	0
20 東京	0	0	0	0	0	0	0	0	0	0	0	0	0	0
21 神奈川	0	19,218	0	0	0	0	0	64,836	0	0	0	0	0	0
22 新潟	0	0	0	26,829	0	0	0	22,357	0	8,587	0	0	0	0
23 富山	0	9,301	0	0	0	0	0	0	0	0	5,433	0	0	0
24 石川	0	0	0	0	0	0	0	0	0	0	0	0	0	0
25 福井	0	0	0	0	0	0	0	15,385	0	0	0	0	0	0
26 山梨	0	0	0	0	0	0	0	0	0	0	0	0	0	0
27 長野	0	0	0	0	0	0	0	0	0	0	0	0	0	0
28 静岡	24,140	127,785	0	0	0	0	0	17,179	0	0	0	22,357	0	22,357
29 岐阜	92,643	33,089	6,484	0	7,154	13,414	0	0	0	0	0	0	0	0
30 愛知	33,741	318,700	100,460	22,357	0	0	0	1,677	0	0	0	0	0	44,759
31 三重	0	4,729	345,205	71,557	0	0	0	0	0	0	0	0	0	0
32 滋賀	0	0	0	4,121	0	0	0	16,382	0	0	0	0	0	0
33 京都	0	6,717	3,932	68,555	0	0	0	11,727	94,348	0	0	0	4,379	0
34 奈良	0	0	0	12,634	64,679	0	0	9,684	0	0	0	0	0	0
35 和歌山	0	0	0	0	0	0	206,465	66,191	11,908	0	0	0	0	0
36 大阪	0	0	3,166	40,486	31,746	14,269	57,697	1,844,022	273,520	0	0	5,388	28,750	3,501
37 兵庫	2,236	0	30,182	0	0	0	0	114,067	473,929	0	0	19,375	45,833	15,424
38 鳥取	0	0	0	0	0	0	0	35,685	0	851,572	54,551	0	0	0
39 島根	0	0	0	0	0	0	0	0	0	12,372	16,208	0	0	0
40 岡山	0	0	0	0	0	0	0	0	60,437	22,357	0	214,598	94,917	0
41 広島	0	0	0	0	0	0	0	0	0	0	0	14,428	229,362	4,676
42 山口	0	0	0	15,650	0	0	0	13,862	0	0	0	59,442	89,115	903,153
43 香川	0	0	0	0	0	0	0	0	0	0	0	0	0	0
44 愛媛	0	0	0	43,597	0	0	0	0	0	6,707	0	7,602	0	0
45 徳島	0	0	0	0	0	0	59,780	37,120	137,715	0	0	0	0	37,872
46 高知	0	0	0	0	0	0	0	0	0	0	0	0	0	0
47 福岡	0	0	0	0	0	0	0	0	0	0	0	5,008	26,493	76,567
48 佐賀	0	0	0	0	0	0	0	0	0	0	0	0	0	0
49 長崎	0	0	0	0	0	0	0	0	0	0	0	0	0	0
50 熊本	0	0	0	0	0	0	0	0	0	0	0	0	0	0
51 大分	0	0	0	0	0	0	0	0	0	0	15,049	12,741	0	0
52 宮崎	0	0	0	0	0	0	0	0	0	0	0	0	0	0
53 鹿児島	0	0	0	0	0	0	0	0	0	0	0	0	0	0
54 沖縄	0	0	0	0	0	0	0	0	0	0	0	0	0	0
55 全国	152,760	548,536	485,497	228,529	120,090	152,143	268,634	2,276,089	1,072,583	886,302	85,808	369,882	518,850	1,108,310

平成28年度　　　　府県相互間輸送トン数表（自動車）　　　品目（5-21）化学薬品　　（単位：トン）その4

着／発	43 香川	44 愛媛	45 徳島	46 高知	47 福岡	48 佐賀	49 長崎	50 熊本	51 大分	52 宮崎	53 鹿児島	54 沖縄	55 全国
1 札幌	0	0	0	0	0	0	0	0	0	0	0	0	38,366
2 旭川	0	0	0	0	0	0	0	0	0	0	0	0	110,294
3 函館	0	0	0	0	0	0	0	0	0	0	0	0	0
4 室蘭	0	0	0	0	0	0	0	0	0	0	0	0	975,262
5 釧路	0	0	0	0	0	0	0	0	0	0	0	0	941,636
6 帯広	0	0	0	0	0	0	0	0	0	0	0	0	2,203
7 北見	0	0	0	0	0	0	0	0	0	0	0	0	97,668
8 北海道	0	0	0	0	0	0	0	0	0	0	0	0	2,165,430
9 青森	0	0	0	0	0	0	0	0	0	0	0	0	135,964
10 岩手	0	0	0	0	0	0	0	0	0	0	0	0	303,939
11 宮城	0	0	0	0	0	0	0	0	0	0	0	0	709,663
12 福島	0	0	0	0	0	0	0	0	0	0	0	0	846,829
13 秋田	0	0	0	0	0	0	0	0	0	0	0	0	641,262
14 山形	0	0	0	0	0	0	0	0	0	0	0	0	164,176
15 茨城	0	0	0	0	0	0	0	0	0	0	0	0	796,141
16 栃木	0	0	0	0	0	0	0	0	0	0	0	0	281,000
17 群馬	0	0	0	0	0	0	0	0	0	0	0	0	78,236
18 埼玉	0	0	0	0	0	0	0	0	0	0	0	0	368,096
19 千葉	26,829	0	0	0	0	0	0	0	0	0	0	0	1,808,854
20 東京	0	0	0	0	0	0	0	0	0	0	0	0	749,112
21 神奈川	0	0	0	0	0	0	0	0	0	0	0	0	1,640,849
22 新潟	0	0	0	0	0	0	0	0	0	0	0	0	836,766
23 富山	0	0	0	0	0	0	0	0	0	0	0	0	898,718
24 石川	0	0	0	0	0	0	0	0	0	0	0	0	37,291
25 福井	0	0	0	0	0	0	0	0	0	0	0	0	15,447
26 山梨	0	0	0	0	0	0	0	0	0	0	0	0	56,439
27 長野	0	0	0	0	0	0	0	0	0	0	0	0	422,025
28 静岡	0	0	0	0	0	0	0	8,191	0	0	0	0	1,614,055
29 岐阜	0	0	0	0	0	0	0	0	0	0	0	0	198,864
30 愛知	0	0	0	0	30,306	0	0	0	0	0	0	0	606,419
31 三重	0	0	0	0	0	0	0	0	0	0	0	0	450,556
32 滋賀	0	0	22,357	0	0	0	0	0	0	0	0	0	42,860
33 京都	0	4,368	0	0	22,357	0	0	0	0	0	0	0	246,790
34 奈良	0	0	0	0	0	0	0	0	0	0	0	0	86,998
35 和歌山	0	0	0	0	0	0	0	0	0	0	0	0	284,564
36 大阪	13,651	0	17,765	0	0	0	0	0	0	0	0	0	2,440,232
37 兵庫	4,860	24,782	50,304	0	0	0	0	0	0	0	0	0	836,985
38 鳥取	0	0	0	0	0	0	0	0	0	0	0	0	950,912
39 島根	0	0	0	0	0	0	0	0	0	0	0	0	28,580
40 岡山	0	12,559	169,693	0	0	0	0	0	0	0	0	0	587,517
41 広島	0	0	0	0	26,829	0	0	0	0	0	0	0	275,295
42 山口	27,166	46,906	46,503	0	127,217	17,208	1,789	0	0	0	0	0	1,348,013
43 香川	111,875	0	0	0	0	0	0	0	0	0	0	0	111,875
44 愛媛	90,659	6,673,840	548,366	22,357	0	0	0	0	0	0	0	0	7,393,129
45 徳島	8,232	1,450,415	745,794	430,402	0	0	0	0	0	0	0	0	2,927,899
46 高知	4,601	0	0	39,205	0	0	0	0	0	0	0	0	43,806
47 福岡	0	0	0	0	1,809,594	25,938	60,067	39,796	44,285	15,344	3,130	0	2,122,604
48 佐賀	0	0	0	0	0	12,485	0	0	0	0	0	0	55,858
49 長崎	0	0	0	0	0	0	32	0	0	0	0	0	32
50 熊本	0	0	0	0	13,651	0	4,414	216,236	0	0	0	0	234,302
51 大分	0	0	0	0	0	0	0	0	12,741	0	0	0	40,532
52 宮崎	0	0	0	0	0	0	0	0	11,576	0	7,602	0	19,178
53 鹿児島	0	0	0	0	0	0	0	0	0	14,334	27,303	0	41,637
54 沖縄	0	0	0	0	0	0	0	0	0	0	0	166,449	166,449
55 全国	287,873	8,212,872	1,600,783	491,964	2,029,955	55,631	66,301	307,596	68,603	29,678	38,035	166,449	36,112,000

平成28年度　　　　　府県相互間輸送トン数表（自動車）

品目　（5-22）化学肥料　　　　（単位：トン）　その 1

発 ＼ 着	1 札幌	2 旭川	3 函館	4 室蘭	5 釧路	6 帯広	7 北見	8 北海道	9 青森	10 岩手	11 宮城	12 福島	13 秋田	14 山形
1 札幌	124,101	280,722	61,027	0	0	0	0	465,850	0	0	0	0	0	0
2 旭川	18,308	653,297	40,684	0	0	0	41,701	753,991	0	0	0	0	0	0
3 函館	0	0	50,894	0	0	0	0	50,894	0	0	0	0	0	0
4 室蘭	0	158,982	0	65,084	0	0	0	224,066	0	0	0	0	0	0
5 釧路	0	20,342	0	0	8,782	0	79,335	108,458	0	0	0	0	0	0
6 帯広	0	91,540	0	0	0	1,033,240	0	1,124,780	0	0	0	0	0	0
7 北見	0	20,342	0	0	232,837	0	452,389	705,568	0	0	0	0	0	0
8 北海道	142,409	1,225,225	152,605	65,084	241,618	1,033,240	573,425	3,433,607	0	0	0	0	0	0
9 青森	0	0	0	0	0	0	0	0	87,742	40,420	26,445	0	22,157	0
10 岩手	0	0	0	0	0	0	0	0	146,464	252,567	0	0	0	0
11 宮城	0	0	0	0	0	0	0	0	0	0	715,652	42,719	24,411	0
12 福島	0	0	0	0	0	0	0	0	0	0	9,232	170,856	0	0
13 秋田	0	0	0	0	0	0	0	0	0	0	37,930	0	162,054	0
14 山形	0	0	0	0	0	0	0	0	0	0	0	0	0	55,674
15 茨城	0	0	0	0	0	0	0	0	0	0	20,342	11,079	0	0
16 栃木	0	0	0	0	0	0	0	0	0	0	11,079	116,858	0	0
17 群馬	0	0	0	0	0	0	0	0	0	0	0	11,079	0	0
18 埼玉	0	0	0	0	0	0	0	0	0	0	0	19,849	0	0
19 千葉	0	0	0	0	0	0	0	0	0	0	0	0	0	0
20 東京	0	0	0	0	0	0	0	0	0	0	0	0	0	0
21 神奈川	0	0	0	0	0	0	0	0	0	0	0	20,342	0	0
22 新潟	0	0	0	0	0	0	0	0	24,411	28,479	0	20,139	0	9,490
23 富山	0	0	0	0	0	0	0	0	0	0	0	0	0	0
24 石川	0	0	0	0	0	0	0	0	0	0	0	0	0	0
25 福井	0	0	0	0	0	0	0	0	0	0	0	0	0	0
26 山梨	0	0	0	0	0	0	0	0	0	0	0	0	0	0
27 長野	0	0	0	0	0	0	0	0	0	0	0	0	0	0
28 静岡	0	0	0	0	0	0	0	0	0	0	0	0	0	0
29 岐阜	0	0	0	0	0	0	0	0	0	0	0	0	0	0
30 愛知	0	0	0	0	0	0	0	0	0	0	0	0	0	0
31 三重	0	0	0	0	0	0	0	0	0	0	0	0	0	0
32 滋賀	0	0	0	0	0	0	0	0	0	0	0	0	0	0
33 京都	0	0	0	0	0	0	0	0	0	56,958	0	0	0	0
34 奈良	0	0	0	0	0	0	0	0	0	0	0	0	0	0
35 和歌山	0	0	0	0	0	0	0	0	0	0	0	0	0	0
36 大阪	0	0	0	0	0	0	0	0	0	0	0	0	0	0
37 兵庫	0	0	0	0	0	0	0	0	0	0	0	0	0	0
38 鳥取	0	0	0	0	0	0	0	0	0	0	0	0	0	0
39 島根	0	0	0	0	0	0	0	0	0	0	0	0	0	0
40 岡山	0	0	0	0	0	0	0	0	0	0	0	0	0	0
41 広島	0	0	0	0	0	0	0	0	0	0	0	0	0	0
42 山口	0	0	0	0	0	0	0	0	0	0	0	0	0	0
43 香川	0	0	0	0	0	0	0	0	0	0	0	0	0	0
44 愛媛	0	0	0	0	0	0	0	0	0	0	0	0	0	0
45 徳島	0	0	0	0	0	0	0	0	0	0	0	0	0	0
46 高知	0	0	0	0	0	0	0	0	0	0	0	0	0	0
47 福岡	0	0	0	0	0	0	0	0	0	0	0	0	0	0
48 佐賀	0	0	0	0	0	0	0	0	0	0	0	0	0	0
49 長崎	0	0	0	0	0	0	0	0	0	0	0	0	0	0
50 熊本	0	0	0	0	0	0	0	0	0	0	0	0	0	0
51 大分	0	0	0	0	0	0	0	0	0	0	0	0	0	0
52 宮崎	0	0	0	0	0	0	0	0	0	0	0	0	0	0
53 鹿児島	0	0	0	0	0	0	0	0	0	0	0	0	0	0
54 沖縄	0	0	0	0	0	0	0	0	0	0	0	0	0	0
55 全国	142,409	1,225,225	152,605	65,084	241,618	1,033,240	573,425	3,433,607	258,617	378,424	820,680	412,920	208,622	65,164

平成28年度　　　　　府県相互間輸送トン数表（自動車）

品目　（5-22）化学肥料　　　　（単位：トン）　その 2

発 ＼ 着	15 茨城	16 栃木	17 群馬	18 埼玉	19 千葉	20 東京	21 神奈川	22 新潟	23 富山	24 石川	25 福井	26 山梨	27 長野	28 静岡
1 札幌	0	0	0	0	0	0	0	0	0	0	0	0	0	0
2 旭川	0	0	0	0	0	0	0	0	0	0	0	0	0	0
3 函館	0	0	0	0	0	0	0	0	0	0	0	0	0	0
4 室蘭	0	0	0	0	0	0	0	0	0	0	0	0	0	0
5 釧路	0	0	0	0	0	0	0	0	0	0	0	0	0	0
6 帯広	0	0	0	0	0	0	0	0	0	0	0	0	0	0
7 北見	0	0	0	0	0	0	0	0	0	0	0	0	0	0
8 北海道	0	0	0	0	0	0	0	0	0	0	0	0	0	0
9 青森	11,079	0	0	0	0	0	0	0	0	0	0	0	0	0
10 岩手	0	0	0	0	0	0	0	26,445	0	0	0	0	0	0
11 宮城	0	0	0	0	0	0	0	0	0	0	0	0	0	0
12 福島	0	0	0	0	0	0	0	0	0	0	0	0	0	0
13 秋田	0	0	0	0	0	0	0	0	0	0	0	0	0	0
14 山形	0	0	0	0	0	0	0	0	0	0	0	0	0	0
15 茨城	103,355	19,628	26,445	6,103	34,281	0	26,445	0	0	0	0	0	0	20,342
16 栃木	4,733	85,667	0	0	2,034	0	0	0	0	0	0	0	0	0
17 群馬	0	0	119,727	0	0	0	0	0	0	0	0	0	0	0
18 埼玉	0	0	22,905	58,126	0	3,865	0	0	0	0	0	0	0	0
19 千葉	157,989	79,741	0	0	52,403	0	0	0	0	0	0	0	20,311	20,342
20 東京	0	62,122	0	0	8,168	2,723	0	0	0	0	0	0	0	1,465
21 神奈川	0	0	0	0	18,023	2,723	22,716	0	0	0	0	0	0	0
22 新潟	0	0	26,038	0	0	0	0	524,991	10,375	0	0	0	0	0
23 富山	0	0	0	0	0	0	0	0	15,074	0	0	0	0	0
24 石川	0	0	0	0	0	0	0	0	0	0	0	0	0	0
25 福井	0	0	0	0	0	0	0	0	0	0	38,143	0	0	0
26 山梨	0	0	0	0	0	0	0	0	0	0	0	4,019	0	0
27 長野	12,556	0	0	0	0	0	0	0	0	0	0	224,802	0	12,002
28 静岡	0	0	0	0	0	0	0	0	0	0	0	0	36,600	191,850
29 岐阜	0	0	0	0	0	0	0	0	0	0	20,342	0	0	0
30 愛知	0	0	0	0	0	0	0	0	0	0	0	0	33,236	2,586
31 三重	0	0	0	0	0	0	0	0	0	0	0	0	0	0
32 滋賀	0	0	0	0	0	0	0	0	0	0	0	0	0	0
33 京都	0	0	0	0	0	0	0	0	0	0	0	0	0	0
34 奈良	0	0	0	0	0	0	0	0	0	0	0	0	0	0
35 和歌山	0	0	0	0	0	0	0	0	0	0	0	0	0	0
36 大阪	0	0	0	0	0	0	0	0	0	0	0	0	0	0
37 兵庫	0	0	0	0	0	0	0	26,445	0	0	0	0	0	0
38 鳥取	0	0	0	0	0	0	0	0	0	0	0	0	0	0
39 島根	0	0	0	0	0	0	0	0	0	0	0	0	0	0
40 岡山	0	0	0	0	0	0	0	0	0	0	0	0	0	0
41 広島	0	0	0	0	0	0	0	0	0	0	0	0	0	0
42 山口	0	0	0	0	0	0	0	0	0	0	0	0	0	0
43 香川	0	0	0	0	0	0	0	0	0	0	0	0	0	0
44 愛媛	0	0	0	0	0	0	0	0	0	0	0	0	0	0
45 徳島	0	0	0	0	0	0	0	0	0	0	0	0	0	9,232
46 高知	0	0	0	0	0	0	0	0	0	0	0	0	0	0
47 福岡	0	0	0	0	0	0	0	0	0	0	0	0	0	0
48 佐賀	0	0	0	0	0	0	0	0	0	0	0	0	0	0
49 長崎	0	0	0	0	0	0	0	0	0	0	0	0	0	0
50 熊本	0	0	0	0	0	0	0	0	0	0	0	0	0	0
51 大分	0	0	0	0	0	0	0	0	0	0	0	0	0	0
52 宮崎	0	0	0	0	0	0	0	0	0	0	0	0	0	0
53 鹿児島	0	0	0	0	0	0	0	0	0	0	0	0	0	0
54 沖縄	0	0	0	0	0	0	0	0	0	0	0	0	0	0
55 全国	289,712	247,159	195,115	64,228	114,909	9,310	49,161	577,880	25,448	0	58,485	4,019	314,948	257,819

平成28年度　　　　府県相互間輸送トン数表（自動車）　　　品目 （5-22）化学肥料　　　（単位：トン）その 3

発＼着		29 岐阜	30 愛知	31 三重	32 滋賀	33 京都	34 奈良	35 和歌山	36 大阪	37 兵庫	38 鳥取	39 島根	40 岡山	41 広島	42 山口
1	札幌	0	0	0	0	0	0	0	0	0	0	0	0	0	0
2	旭川	0	0	0	0	0	0	0	0	0	0	0	0	0	0
3	函館	0	0	0	0	0	0	0	0	0	0	0	0	0	0
4	室蘭	0	0	0	0	0	0	0	0	0	0	0	0	0	0
5	釧路	0	0	0	0	0	0	0	0	0	0	0	0	0	0
6	帯広	0	0	0	0	0	0	0	0	0	0	0	0	0	0
7	北見	0	0	0	0	0	0	0	0	0	0	0	0	0	0
8	北海道	0	0	0	0	0	0	0	0	0	0	0	0	0	0
9	青森	0	0	0	0	0	0	0	0	0	0	0	0	0	0
10	岩手	0	0	0	0	0	0	0	0	0	0	0	0	0	0
11	宮城	0	0	0	0	0	0	0	0	0	0	0	0	0	0
12	福島	0	0	0	0	0	0	0	0	0	0	0	0	0	0
13	秋田	0	0	0	0	0	0	0	0	0	0	0	0	0	0
14	山形	0	0	0	0	0	0	0	0	0	0	0	0	0	0
15	茨城	0	0	0	0	0	0	0	0	0	0	0	0	0	0
16	栃木	0	0	0	0	0	0	0	0	0	0	0	0	0	0
17	群馬	0	0	0	0	0	0	0	0	0	0	0	0	0	0
18	埼玉	0	0	0	0	0	0	0	0	0	0	0	0	0	0
19	千葉	0	0	0	0	0	0	0	0	0	0	0	0	0	0
20	東京	0	0	0	0	0	0	0	0	0	0	0	0	0	0
21	神奈川	0	0	0	0	0	0	0	0	0	0	0	0	0	0
22	新潟	0	24,411	0	0	0	0	0	0	0	0	0	0	0	0
23	富山	0	0	0	0	0	0	0	0	0	0	0	0	0	0
24	石川	0	0	0	0	0	0	0	0	0	0	0	0	0	0
25	福井	0	0	0	0	0	0	0	0	0	0	0	0	0	0
26	山梨	0	0	0	0	0	0	0	0	0	0	0	0	0	0
27	長野	0	0	0	0	0	0	0	0	0	0	0	0	0	0
28	静岡	0	13,613	0	0	0	0	0	0	0	0	0	0	0	0
29	岐阜	32,693	0	0	0	0	0	0	0	0	0	0	0	0	0
30	愛知	2,450	210,342	0	0	0	0	0	0	0	0	0	26,852	0	0
31	三重	0	0	0	0	0	0	24,411	0	0	0	0	0	0	0
32	滋賀	0	0	0	96,565	0	0	0	0	0	0	0	0	0	0
33	京都	0	0	0	0	11,897	0	0	0	0	0	0	0	0	0
34	奈良	0	0	0	0	0	44,710	0	0	0	0	0	0	0	0
35	和歌山	0	0	0	0	0	57,173	7,215	0	0	0	0	0	0	0
36	大阪	0	0	0	0	20,342	10,171	0	4,216	0	9,154	0	28,156	0	0
37	兵庫	0	0	0	0	0	0	0	0	141,533	0	0	0	0	0
38	鳥取	0	0	0	0	0	0	0	0	0	29,478	0	0	0	0
39	島根	0	0	0	0	0	0	0	0	0	0	20,426	0	0	0
40	岡山	0	0	0	0	0	0	0	0	0	0	0	7,695	0	0
41	広島	0	0	0	0	0	0	0	0	0	0	25,428	0	387,166	44,753
42	山口	0	0	0	0	0	0	0	0	0	8,951	15,053	0	0	911,658
43	香川	0	0	0	0	0	0	0	0	0	0	0	0	0	0
44	愛媛	0	0	0	0	0	0	0	0	0	0	0	0	0	0
45	徳島	0	0	0	0	0	0	0	0	0	0	0	0	0	0
46	高知	0	0	0	0	0	0	0	0	0	0	0	0	0	0
47	福岡	0	0	0	0	0	0	0	0	0	0	0	0	0	0
48	佐賀	0	0	0	0	0	0	0	0	0	0	0	0	0	0
49	長崎	0	0	0	0	0	0	0	0	0	0	0	0	0	0
50	熊本	0	0	0	0	0	0	0	0	0	0	0	0	0	0
51	大分	0	0	0	0	0	0	0	0	0	0	0	0	0	25,529
52	宮崎	0	0	0	0	0	0	0	0	0	0	0	0	0	0
53	鹿児島	0	0	0	0	0	0	0	0	0	0	0	0	0	0
54	沖縄	0	0	0	0	0	0	0	0	0	0	0	0	0	0
55	全国	35,143	248,365	0	96,565	32,240	112,054	31,625	4,216	141,533	47,583	60,907	62,702	387,166	981,940

平成28年度　　　　府県相互間輸送トン数表（自動車）　　　品目 （5-22）化学肥料　　　（単位：トン）その 4

発＼着		43 香川	44 愛媛	45 徳島	46 高知	47 福岡	48 佐賀	49 長崎	50 熊本	51 大分	52 宮崎	53 鹿児島	54 沖縄	55 全国
1	札幌	0	0	0	0	0	0	0	0	0	0	0	0	465,850
2	旭川	0	0	0	0	0	0	0	0	0	0	0	0	753,991
3	函館	0	0	0	0	0	0	0	0	0	0	0	0	50,894
4	室蘭	0	0	0	0	0	0	0	0	0	0	0	0	224,066
5	釧路	0	0	0	0	0	0	0	0	0	0	0	0	108,458
6	帯広	0	0	0	0	0	0	0	0	0	0	0	0	1,124,780
7	北見	0	0	0	0	0	0	0	0	0	0	0	0	705,568
8	北海道	0	0	0	0	0	0	0	0	0	0	0	0	3,433,607
9	青森	0	0	0	0	0	0	0	0	0	0	0	0	165,686
10	岩手	0	0	0	0	0	0	0	0	0	0	0	0	447,633
11	宮城	0	0	0	0	0	0	0	0	0	0	0	0	782,781
12	福島	0	0	0	0	0	0	0	0	0	0	0	0	180,088
13	秋田	0	0	0	0	0	0	0	0	0	0	0	0	199,985
14	山形	0	0	0	0	0	0	0	0	0	0	0	0	55,674
15	茨城	0	0	0	0	0	0	0	0	0	0	0	0	268,020
16	栃木	0	0	0	0	0	0	0	0	0	0	0	0	220,371
17	群馬	0	0	0	0	0	0	0	0	0	0	0	0	130,805
18	埼玉	0	0	0	0	0	0	0	0	0	0	0	0	104,745
19	千葉	0	0	0	0	0	0	0	0	0	0	0	0	330,787
20	東京	0	0	0	0	0	0	0	0	0	0	0	0	74,477
21	神奈川	0	0	0	0	0	0	0	0	0	0	0	0	63,804
22	新潟	0	0	0	0	0	0	0	0	0	0	0	0	668,332
23	富山	0	0	0	0	0	0	0	0	0	0	0	0	15,074
24	石川	0	0	0	0	0	0	0	0	0	0	0	0	0
25	福井	0	0	0	0	0	0	0	0	0	0	0	0	38,143
26	山梨	0	0	0	0	0	0	0	0	0	0	0	0	4,019
27	長野	0	0	0	0	0	0	0	0	0	0	0	0	249,359
28	静岡	0	0	0	0	0	0	0	0	0	0	0	0	242,063
29	岐阜	0	0	0	0	0	0	0	0	0	0	0	0	53,035
30	愛知	0	0	0	0	0	0	0	0	0	0	0	0	275,466
31	三重	0	0	0	0	0	0	0	0	0	0	0	0	24,411
32	滋賀	0	0	0	0	0	0	0	0	0	0	0	0	96,565
33	京都	0	0	0	0	0	0	0	0	0	0	0	0	68,856
34	奈良	0	0	0	0	0	0	0	0	0	0	0	0	44,710
35	和歌山	0	0	0	0	0	0	0	0	0	0	0	0	64,387
36	大阪	0	25,023	63,645	0	0	0	0	0	0	0	0	0	160,707
37	兵庫	0	0	40,684	0	0	0	0	0	0	0	0	0	208,663
38	鳥取	0	0	0	0	0	0	0	0	0	0	0	0	29,478
39	島根	0	0	0	0	0	0	0	0	0	0	0	0	20,426
40	岡山	0	0	0	0	0	0	0	0	0	0	0	0	7,695
41	広島	11,171	0	0	0	20,342	0	0	0	0	0	0	0	488,860
42	山口	0	0	0	0	54,924	161,110	0	0	0	0	0	0	1,151,695
43	香川	211,147	13,613	0	0	0	0	0	0	0	0	0	0	224,760
44	愛媛	21,046	49,205	6,806	0	0	0	0	0	0	0	0	0	77,057
45	徳島	0	0	118,256	0	0	0	0	0	0	0	0	0	127,488
46	高知	0	0	0	68,212	0	0	0	0	0	0	0	0	68,212
47	福岡	0	0	0	0	765,336	0	0	54,924	20,912	0	27,462	0	868,634
48	佐賀	0	0	0	0	20,342	20,410	0	0	0	0	0	0	40,752
49	長崎	0	0	0	0	0	0	311,595	0	0	0	0	0	311,595
50	熊本	0	0	0	0	0	48,821	0	164,016	0	0	29,089	0	241,926
51	大分	0	0	0	0	10,155	0	0	20,342	112,126	0	16,274	0	184,427
52	宮崎	0	0	0	0	0	0	19,529	0	0	73,144	0	0	92,672
53	鹿児島	0	0	0	0	0	0	0	0	0	0	152,085	0	152,085
54	沖縄	0	0	0	0	0	0	0	0	0	0	0	8,525	8,525
55	全国	243,364	87,841	229,391	68,212	871,100	230,342	331,124	239,282	133,038	73,144	224,910	8,525	12,769,000

平成28年度　　　　　　　　　　　　　　　　府県相互間輸送トン数表（自動車）

品目　（5-23）その他の化学工業品　　（単位：トン）　その 1

発＼着	1 札幌	2 旭川	3 函館	4 室蘭	5 釧路	6 帯広	7 北見	8 北海道	9 青森	10 岩手	11 宮城	12 福島	13 秋田	14 山形
1 札幌	2,025,895	267,802	59,083	147,943	30,342	17,070	58,237	2,606,373	0	0	0	0	0	0
2 旭川	1,535	25,051	8,680	0	0	0	115	35,382	0	0	0	0	0	0
3 函館	1,447	0	365,316	0	0	0	0	366,763	0	0	0	0	0	0
4 室蘭	258,610	74,640	25,383	401,220	0	0	26,830	786,683	0	0	0	0	0	0
5 釧路	0	0	0	0	16,797	0	0	16,797	0	0	0	0	0	0
6 帯広	0	0	0	0	0	6,275	49,470	55,745	0	0	0	0	0	0
7 北見	18,750	0	0	0	8,462	0	64,599	91,811	0	0	0	0	0	0
8 北海道	2,306,237	367,494	458,461	549,163	61,875	66,540	149,782	3,959,553	0	0	0	0	0	0
9 青森	0	0	0	918	0	0	0	918	81,740	0	0	0	115	0
10 岩手	0	0	0	0	0	0	0	0	984	68,398	4,408	2,893	20,915	0
11 宮城	0	0	0	0	0	0	0	0	74,202	8,002	356,707	3,132	0	0
12 福島	0	0	0	0	0	0	0	0	25,848	51,696	4,774	249,128	0	9,902
13 秋田	0	0	0	0	0	0	0	0	31,826	13,072	0	0	80,324	0
14 山形	0	0	0	0	0	0	0	0	0	0	0	249	0	175,165
15 茨城	0	0	0	0	0	0	0	0	0	0	0	4,215	0	0
16 栃木	0	0	0	0	0	0	0	0	0	4,239	43,101	127,473	0	0
17 群馬	0	0	0	0	0	0	0	0	0	0	748	0	0	0
18 埼玉	82,713	0	0	0	0	0	0	82,713	0	0	0	8,680	0	0
19 千葉	0	0	0	0	0	0	0	0	0	0	4,340	33,764	0	0
20 東京	0	0	0	0	0	0	0	0	0	0	11,631	0	0	0
21 神奈川	0	0	0	0	0	0	0	0	0	34,487	0	26,973	0	0
22 新潟	0	0	0	0	0	0	0	0	0	0	1,377	0	0	0
23 富山	0	0	0	0	0	0	0	0	0	0	0	0	0	0
24 石川	0	0	0	0	0	0	0	0	0	0	0	0	0	0
25 福井	0	0	0	0	0	0	0	0	0	0	0	0	0	0
26 山梨	0	0	0	0	0	0	0	0	0	0	0	0	0	0
27 長野	0	0	0	0	0	0	0	0	0	0	0	0	0	0
28 静岡	0	0	0	0	0	0	0	0	0	0	0	0	0	0
29 岐阜	0	0	0	0	0	0	0	0	0	0	0	28,932	0	0
30 愛知	0	0	0	0	0	0	0	0	0	0	0	0	0	0
31 三重	0	0	0	0	0	0	0	0	0	0	0	0	0	0
32 滋賀	0	0	0	0	0	0	0	0	0	0	0	0	0	0
33 京都	0	0	0	0	0	0	0	0	0	0	0	0	0	0
34 奈良	0	0	0	0	0	0	0	0	0	0	0	0	0	0
35 和歌山	0	0	0	0	0	0	0	0	0	0	0	0	0	0
36 大阪	0	0	0	0	0	0	0	0	0	0	0	0	0	0
37 兵庫	0	0	0	0	0	0	0	0	0	0	0	0	0	0
38 鳥取	0	0	0	0	0	0	0	0	0	0	0	0	0	0
39 島根	0	0	0	0	0	0	0	0	0	0	0	0	0	0
40 岡山	0	0	0	0	0	0	0	0	0	0	0	0	0	0
41 広島	0	0	0	0	0	0	0	0	0	0	0	0	0	0
42 山口	0	0	0	0	0	0	0	0	0	0	0	0	0	0
43 香川	0	0	0	0	0	0	0	0	0	0	0	0	0	0
44 愛媛	0	0	0	0	0	0	0	0	0	0	0	0	0	0
45 徳島	0	0	0	0	0	0	0	0	0	0	0	0	0	0
46 高知	0	0	0	0	0	0	0	0	0	0	0	0	0	0
47 福岡	0	0	0	0	0	0	0	0	0	0	0	0	0	0
48 佐賀	0	0	0	0	0	0	0	0	0	0	0	0	0	0
49 長崎	0	0	0	0	0	0	0	0	0	0	0	0	0	0
50 熊本	0	0	0	0	0	0	0	0	0	0	0	0	0	0
51 大分	0	0	0	0	0	0	0	0	0	0	0	0	0	0
52 宮崎	0	0	0	0	0	0	0	0	0	0	0	0	0	0
53 鹿児島	0	0	0	0	0	0	0	0	0	0	0	0	0	0
54 沖縄	0	0	0	0	0	0	0	0	0	0	0	0	0	0
55 全国	2,388,950	367,494	459,380	549,163	61,875	66,540	149,782	4,043,184	214,600	179,894	427,086	485,441	101,355	185,067

平成28年度　　　　　　　　　　　　　　　　府県相互間輸送トン数表（自動車）

品目　（5-23）その他の化学工業品　　（単位：トン）　その 2

発＼着	15 茨城	16 栃木	17 群馬	18 埼玉	19 千葉	20 東京	21 神奈川	22 新潟	23 富山	24 石川	25 福井	26 山梨	27 長野	28 静岡
1 札幌	0	0	0	0	0	0	0	0	0	0	0	0	0	0
2 旭川	0	0	0	0	0	0	0	0	0	0	0	0	0	0
3 函館	0	0	0	0	0	0	0	0	0	0	0	0	0	0
4 室蘭	0	0	0	0	0	0	0	0	0	0	0	0	0	0
5 釧路	0	0	0	0	0	0	0	0	0	0	0	0	0	0
6 帯広	0	0	0	0	0	0	0	0	0	0	0	0	0	0
7 北見	0	0	0	0	0	0	0	0	0	0	0	0	0	0
8 北海道	0	0	0	0	0	0	0	0	0	0	0	0	0	0
9 青森	0	0	0	0	0	0	0	0	0	0	0	0	0	0
10 岩手	0	0	0	0	0	0	0	0	0	0	0	0	0	0
11 宮城	0	0	0	0	0	26,039	25,848	0	0	0	0	0	0	0
12 福島	32,610	41,815	51,696	140,033	9,073	30,410	57,865	0	0	0	0	0	25,848	38,191
13 秋田	0	0	0	15,121	0	0	0	0	0	0	0	0	0	0
14 山形	347	0	0	25,848	0	0	0	9,047	10,339	0	0	0	0	0
15 茨城	2,740,181	515,320	253,877	772,534	664,999	290,281	237,321	64,912	0	0	0	2,947	103,869	108,039
16 栃木	31,709	531,594	44,959	134,172	117,205	205,097	21,182	43,109	0	0	0	0	3,645	16,520
17 群馬	62,786	139,287	914,122	247,795	52,821	99,178	151,881	79,015	0	0	0	0	10,695	0
18 埼玉	205,146	176,165	342,771	1,744,602	404,286	345,644	233,167	30,856	0	0	0	10,416	95,477	154,644
19 千葉	805,693	88,646	472,648	139,336	3,189,959	696,902	305,711	0	0	15,693	0	10,068	17,359	76,874
20 東京	120,857	154,154	176,488	401,245	696,902	2,441,936	221,258	0	0	18,806	0	0	20	0
21 神奈川	347,189	4,670	269,072	351,854	291,390	221,036	2,885,942	0	2,092	0	0	2,255	25,848	374,749
22 新潟	0	10,956	41,278	14,408	0	0	575	1,358,976	38,255	0	0	0	0	0
23 富山	28,932	0	0	18,998	28,932	0	25,331	125,071	1,741,626	116,227	0	0	25,848	0
24 石川	0	0	25,848	0	0	0	0	0	30,021	85,682	39,808	0	0	0
25 福井	0	0	0	0	0	0	0	0	0	25,098	510,513	0	0	8,101
26 山梨	29,780	0	0	0	0	15,045	25,895	31,017	0	0	0	79,048	197	0
27 長野	0	0	0	20,778	0	0	0	0	0	0	0	33	304,705	0
28 静岡	7,467	0	47,739	10,126	140,079	0	86,045	18,781	0	23,146	7,233	8,680	1,569	1,917,779
29 岐阜	0	0	0	0	0	0	0	31,826	0	0	10,135	0	20,342	8,911
30 愛知	122	0	8,680	74,959	30,811	0	74,067	25,848	0	0	0	2,893	49,185	279,239
31 三重	0	0	0	37,757	0	0	69,727	0	0	0	0	0	0	90,848
32 滋賀	2,893	0	0	0	0	0	0	0	0	3,877	0	0	0	0
33 京都	0	0	0	0	0	0	0	0	0	0	0	0	0	0
34 奈良	0	2,893	0	0	0	0	0	0	0	0	0	0	0	0
35 和歌山	0	0	0	0	0	0	0	0	0	10,339	2,893	0	0	28,069
36 大阪	17,359	0	10,126	44,845	0	0	31,826	0	25,848	8,680	52,917	31,826	0	75,078
37 兵庫	26,132	0	0	0	5,786	0	113,994	10,339	0	7,754	0	0	11,573	26,184
38 鳥取	0	0	0	0	0	0	0	0	0	0	0	0	0	0
39 島根	18,227	0	0	0	38,040	0	0	0	0	0	0	0	0	0
40 岡山	0	34,719	0	66,545	41,113	0	28,932	0	0	0	112,837	0	0	0
41 広島	0	0	0	0	0	0	0	0	0	0	0	0	0	0
42 山口	0	25,848	0	36,455	18,610	0	0	0	0	0	0	0	0	0
43 香川	0	0	0	0	0	0	34,719	0	0	0	0	0	0	0
44 愛媛	0	0	28,932	98,370	0	0	0	0	0	0	28,932	0	0	0
45 徳島	51,696	0	0	0	0	0	25,848	0	0	0	0	0	0	0
46 高知	0	0	0	0	0	0	0	0	0	0	0	0	4,253	0
47 福岡	0	0	0	0	0	0	0	5,786	0	0	0	0	0	0
48 佐賀	0	0	0	0	0	0	0	0	0	0	0	0	0	0
49 長崎	0	0	0	0	0	0	0	0	0	0	0	0	0	0
50 熊本	0	0	0	0	0	0	0	0	0	0	0	0	0	0
51 大分	0	0	0	0	0	0	0	0	0	14,466	0	0	0	0
52 宮崎	0	0	0	0	0	0	0	0	0	0	0	0	0	0
53 鹿児島	0	0	0	0	0	0	0	0	0	0	0	0	0	0
54 沖縄	0	0	0	0	0	0	0	0	0	0	0	0	0	0
55 全国	4,529,128	1,726,066	2,688,236	4,395,781	5,701,075	3,903,354	4,665,605	1,825,180	1,848,180	310,963	765,269	166,971	700,433	3,203,226

平成28年度　　　　　　　　　　　　　　　　　府県相互間輸送トン数表（自動車）

品目　（5-23）　その他の化学工業品　　　　（単位：トン）　その　3

着\発	29 岐阜	30 愛知	31 三重	32 滋賀	33 京都	34 奈良	35 和歌山	36 大阪	37 兵庫	38 鳥取	39 島根	40 岡山	41 広島	42 山口
1 札幌	0	0	0	0	0	0	0	0	0	0	0	0	0	0
2 旭川	0	0	0	0	0	0	0	0	0	0	0	0	0	0
3 函館	0	0	0	0	0	0	0	0	0	0	0	0	0	0
4 室蘭	0	0	0	0	0	0	0	0	0	0	0	0	0	0
5 釧路	0	0	0	0	0	0	0	0	0	0	0	0	0	0
6 帯広	0	0	0	0	0	0	0	0	0	0	0	0	0	0
7 北見	0	0	0	0	0	0	0	0	0	0	0	0	0	0
8 北海道	0	0	0	0	0	0	0	0	0	0	0	0	0	0
9 青森	0	0	0	0	0	0	0	0	0	0	0	0	0	0
10 岩手	0	0	0	0	0	0	0	0	0	0	0	0	0	0
11 宮城	0	0	0	0	0	0	0	0	0	0	0	0	28,932	0
12 福島	0	0	0	0	0	0	0	0	0	25,848	0	2,893	0	0
13 秋田	0	0	0	0	0	0	0	0	0	0	0	0	0	0
14 山形	0	0	0	0	0	0	0	0	0	0	0	0	20,253	0
15 茨城	28,932	119,922	52,078	0	32,867	3,761	0	28,932	2,893	0	0	0	0	0
16 栃木	0	0	0	46	0	0	11,573	0	0	0	0	0	0	25,848
17 群馬	0	8,680	0	0	0	0	0	12,933	0	0	0	1,995	0	0
18 埼玉	868	44,858	0	0	0	0	0	84,280	0	0	26,039	0	0	0
19 千葉	0	0	26,039	20,600	8,217	0	0	43,072	41,084	0	0	0	0	0
20 東京	0	8,680	0	0	0	0	0	0	0	0	0	0	0	0
21 神奈川	34,719	103,839	101,842	11,573	0	0	0	69,438	37,612	0	0	0	0	0
22 新潟	0	10,705	28,932	59,950	0	0	0	0	0	0	0	0	0	0
23 富山	0	28,950	0	0	0	0	0	75,224	68,799	0	0	0	0	0
24 石川	0	0	0	0	0	0	0	0	0	0	0	0	0	0
25 福井	0	0	28,932	0	0	0	0	20,678	118,795	0	0	0	0	0
26 山梨	0	74,750	0	0	0	0	0	0	0	0	0	0	0	0
27 長野	0	0	0	0	0	0	0	14,466	0	0	0	0	0	0
28 静岡	0	73,811	60,642	0	112,258	0	0	86,797	84,049	0	2,893	0	69,438	0
29 岐阜	918,199	240,844	23,240	37,304	0	2,453	0	4,340	0	0	0	0	0	0
30 愛知	545,232	2,404,444	119,671	32,776	0	0	54,229	215,683	6,654	0	0	10,339	0	0
31 三重	0	2,564,470	3,447,800	134,409	0	5,397	31,279	382,436	101,829	0	0	0	0	0
32 滋賀	28,932	44,308	12,924	663,026	43,322	12,314	2,092	92,042	12,796	0	0	0	0	0
33 京都	0	15,767	15,509	96,031	235,188	0	2,893	40,036	82,266	0	0	2,532	0	0
34 奈良	5,063	0	12,026	12,026	9,506	140,857	0	155,941	0	0	0	1,418	0	0
35 和歌山	0	105,976	11,642	0	0	0	1,432,033	1,136,434	175,707	0	0	37,612	0	0
36 大阪	39,117	144,257	37,776	30,694	82,583	78,949	66,285	3,153,557	514,394	315	28,932	16,049	141,769	79,854
37 兵庫	14,466	181,312	33,115	99,238	185,956	1,366	0	318,837	1,432,972	1,370	61,754	0	65,933	57,865
38 鳥取	0	0	0	0	0	2,893	0	25,098	0	101,067	5,752	3,974	0	0
39 島根	0	0	0	0	17,359	0	0	0	0	39,059	294,893	2,451	0	0
40 岡山	0	11,573	26,339	16,781	0	0	0	120,374	60,756	31,606	11,745	727,467	51,473	0
41 広島	0	5,786	0	0	11,368	0	0	84,946	51,644	0	12,924	22,989	388,923	95,188
42 山口	0	34,719	0	0	0	0	0	144,662	99,817	0	0	34,372	231,505	6,146,099
43 香川	0	0	0	0	0	0	0	58,186	0	0	0	70,017	0	0
44 愛媛	86,797	124,005	0	71,174	37,612	0	34,719	189,241	28,932	0	0	43,862	402,320	0
45 徳島	0	0	0	0	0	0	0	35,394	152,151	0	0	33,417	144,662	0
46 高知	0	0	0	0	0	0	0	0	0	0	0	0	0	0
47 福岡	0	0	0	0	0	0	0	1,695	28,932	0	0	0	0	239,469
48 佐賀	0	0	14,837	57,865	0	0	0	0	20,253	0	0	0	0	11,457
49 長崎	0	0	0	0	0	0	0	0	0	0	0	0	0	0
50 熊本	0	0	0	0	0	0	0	0	0	0	2,893	0	0	0
51 大分	0	0	0	0	0	0	0	0	0	0	0	0	0	0
52 宮崎	0	0	0	0	0	0	0	0	0	0	0	0	0	0
53 鹿児島	0	0	0	0	0	0	0	0	0	0	0	0	0	0
54 沖縄	0	0	0	0	0	0	0	0	0	0	0	0	0	0
55 全国	1,702,327	6,351,654	4,053,346	1,343,493	776,236	247,991	1,635,102	6,623,657	3,249,745	139,818	357,139	1,073,140	1,545,209	6,655,780

平成28年度　　　　　　　　　　　　　　　　　府県相互間輸送トン数表（自動車）

品目　（5-23）　その他の化学工業品　　　　（単位：トン）　その　4

着\発	43 香川	44 愛媛	45 徳島	46 高知	47 福岡	48 佐賀	49 長崎	50 熊本	51 大分	52 宮崎	53 鹿児島	54 沖縄	55 全国
1 札幌	0	0	0	0	0	0	0	0	0	0	0	0	2,606,373
2 旭川	0	0	0	0	0	0	0	0	0	0	0	0	35,382
3 函館	0	0	0	0	0	0	0	0	0	0	0	0	366,763
4 室蘭	0	0	0	0	0	0	0	0	0	0	0	0	786,683
5 釧路	0	0	0	0	0	0	0	0	0	0	0	0	16,797
6 帯広	0	0	0	0	0	0	0	0	0	0	0	0	55,745
7 北見	0	0	0	0	0	0	0	0	0	0	0	0	91,811
8 北海道	0	0	0	0	0	0	0	0	0	0	0	0	3,959,553
9 青森	0	0	0	0	0	0	0	0	0	0	0	0	82,774
10 岩手	0	0	0	0	0	0	0	0	0	0	0	0	97,598
11 宮城	0	0	0	0	0	0	0	0	0	0	0	0	522,863
12 福島	0	0	0	0	0	0	0	0	0	0	0	0	797,628
13 秋田	0	0	0	0	0	0	0	0	0	0	0	0	140,343
14 山形	0	0	0	0	0	0	0	0	0	0	0	0	241,248
15 茨城	0	0	25,848	0	0	0	0	0	0	0	0	0	6,053,730
16 栃木	0	36,166	0	0	17,359	0	0	0	0	0	0	0	1,414,999
17 群馬	0	0	0	0	0	1,995	0	0	0	0	0	0	1,783,931
18 埼玉	0	31,826	0	0	0	0	0	0	0	0	0	0	4,022,438
19 千葉	0	209,280	0	0	0	0	0	0	0	0	0	0	5,707,564
20 東京	0	0	0	0	0	0	0	0	0	0	0	0	4,251,976
21 神奈川	0	34,719	25,848	0	23,146	0	0	0	0	0	0	0	5,280,292
22 新潟	0	0	0	0	5,786	0	0	0	0	0	0	0	1,571,199
23 富山	0	0	0	0	0	0	0	0	0	0	0	0	2,283,938
24 石川	0	0	0	0	0	0	0	0	0	0	0	0	181,358
25 福井	0	11,573	1,663	0	0	0	0	0	0	0	0	0	725,354
26 山梨	0	0	0	0	0	0	0	0	0	0	0	0	255,731
27 長野	0	0	0	0	0	0	0	0	0	0	0	0	339,982
28 静岡	0	0	0	0	0	0	0	0	0	0	0	0	2,758,533
29 岐阜	0	0	0	0	0	0	0	0	0	0	0	0	1,326,527
30 愛知	17,359	69,438	0	0	25,848	0	0	0	0	0	0	0	4,047,476
31 三重	0	0	0	0	0	0	0	0	0	0	0	0	6,865,952
32 滋賀	81,011	0	0	8,788	0	0	0	0	0	0	0	0	1,008,325
33 京都	0	28,932	0	0	0	0	0	0	0	0	0	0	519,154
34 奈良	0	0	0	0	0	0	0	0	0	0	0	0	339,731
35 和歌山	25,874	0	57,865	0	0	0	0	0	0	0	0	0	3,024,443
36 大阪	0	0	71,664	0	0	25,848	0	0	0	0	0	0	4,810,549
37 兵庫	28,932	107,918	43,399	7,754	31,017	20,253	0	0	18,806	0	0	0	2,914,026
38 鳥取	0	0	0	0	0	0	0	2,893	0	0	0	0	141,678
39 島根	0	0	0	0	0	0	0	0	0	0	0	0	412,596
40 岡山	42,827	170,701	60,773	0	10,300	0	0	0	0	0	0	0	1,626,862
41 広島	0	204,208	0	0	0	4,051	0	0	0	0	0	0	882,027
42 山口	0	0	54,780	0	308,220	0	0	0	0	0	7,754	0	7,142,842
43 香川	260,108	5,412	1,836	0	37,612	0	0	0	0	0	0	0	467,891
44 愛媛	259,912	3,530,054	92,005	23,533	190,954	51,696	0	0	0	0	0	0	5,242,423
45 徳島	16,638	54,927	3,352,312	4,058	51,696	25,848	0	0	0	0	0	0	3,977,578
46 高知	0	0	0	36,982	0	0	0	0	0	0	0	0	108,326
47 福岡	0	0	0	0	1,325,613	208,023	1,115	67,499	118,730	0	81,927	0	2,077,095
48 佐賀	0	0	0	0	606,072	295,202	104,157	161,887	224,164	0	0	0	1,495,894
49 長崎	0	0	0	0	0	0	53,695	262	0	0	0	0	53,957
50 熊本	0	0	0	0	37,663	28,932	0	422,461	5,882	0	38,484	0	536,316
51 大分	0	0	0	0	130,591	32,605	8,680	0	667,612	14,756	0	0	868,711
52 宮崎	0	0	0	0	0	0	0	0	238,704	222,443	0	0	461,147
53 鹿児島	0	0	0	0	0	0	0	0	0	0	359,597	0	359,597
54 沖縄	0	0	0	0	0	0	0	0	0	0	0	149,577	149,577
55 全国	732,661	4,495,154	3,787,993	81,115	2,801,878	642,757	167,646	655,003	1,035,195	253,459	710,205	149,577	93,334,000

平成28年度　　　　　　　　　　　　　　府県相互間輸送トン数表（自動車）　　　　　　　　　　　　　　（単位：トン）
品目（6-24）紙・パルプ　　その 1

発＼着	1 札幌	2 旭川	3 函館	4 室蘭	5 釧路	6 帯広	7 北見	8 北海道	9 青森	10 岩手	11 宮城	12 福島	13 秋田	14 山形
1 札幌	1,611,793	143,347	47,284	312,723	0	0	75,035	2,190,182	0	0	0	0	0	0
2 旭川	201,716	920,122	0	86,763	0	0	41,495	1,250,095	0	0	0	0	0	0
3 函館	9,411	0	412,874	0	0	0	0	422,285	0	0	0	0	0	0
4 室蘭	324,190	0	7,545	1,366,960	0	0	0	1,698,694	0	0	0	0	0	0
5 釧路	0	0	0	0	6,223,758	37,723	0	6,261,481	0	0	0	0	0	0
6 帯広	0	11,317	0	0	45,267	473,315	77,235	607,134	0	0	0	0	0	0
7 北見	0	0	0	0	0	0	44,924	44,924	0	0	0	0	0	0
8 北海道	2,147,109	1,074,786	467,703	1,766,446	6,269,026	511,037	238,689	12,474,795	0	0	0	0	0	0
9 青森									652,113	117,784	97,325			48,285
10 岩手									172,554	1,247,812	112,344		7,545	
11 宮城									10,940	135,072	448,880	36,591	63,723	254,064
12 福島									49,945		229,707	613,026		38,065
13 秋田									31,310				508,173	
14 山形									11,091	8,374			18,539	454,305
15 茨城											9,431	135,802		
16 栃木														
17 群馬												7,545	446	
18 埼玉										8,676	59,036	46,286	9,921	
19 千葉														
20 東京										75,446				
21 神奈川											9,053	224,301		
22 新潟										49,228	87,517	37,723		136,180
23 富山														97,514
24 石川														
25 福井														
26 山梨														
27 長野														
28 静岡										24,143	55,811			
29 岐阜														
30 愛知														
31 三重														
32 滋賀											15,089			
33 京都														
34 奈良														
35 和歌山														
36 大阪														
37 兵庫														
38 鳥取														
39 島根														
40 岡山														
41 広島														
42 山口														
43 香川														
44 愛媛												82,990		
45 徳島														
46 高知														
47 福岡														
48 佐賀														
49 長崎														
50 熊本														
51 大分														
52 宮崎														
53 鹿児島														
54 沖縄														
55 全国	2,147,109	1,074,786	467,703	1,766,446	6,269,026	511,037	238,689	12,474,795	927,953	1,666,534	1,124,193	1,184,264	608,346	1,028,413

平成28年度　　　　　　　　　　　　　　府県相互間輸送トン数表（自動車）　　　　　　　　　　　　　　（単位：トン）
品目（6-24）紙・パルプ　　その 2

発＼着	15 茨城	16 栃木	17 群馬	18 埼玉	19 千葉	20 東京	21 神奈川	22 新潟	23 富山	24 石川	25 福井	26 山梨	27 長野	28 静岡
1 札幌	0	0	0	0	0	0	0	0	0	0	0	0	0	0
2 旭川	0	0	0	0	0	0	0	0	0	0	0	0	0	0
3 函館	0	0	0	0	0	0	0	0	0	0	0	0	0	0
4 室蘭	0	0	0	0	0	0	0	0	0	0	0	0	0	0
5 釧路	0	0	0	0	0	0	0	0	0	0	0	0	0	0
6 帯広	0	0	0	0	0	0	0	0	0	0	0	0	0	0
7 北見	0	0	0	0	0	0	0	0	0	0	0	0	0	0
8 北海道	0	0	0	0	0	0	0	0	0	0	0	0	0	0
9 青森								49,394						
10 岩手				40,741				46,135						
11 宮城	98,080	1,509	116,383	58,206			237,654							46,060
12 福島	132,995	74,100		45,645	46,437	46,663								22,634
13 秋田										48,097	93,741			
14 山形								20,370						
15 茨城	2,079,481	250,632	392,230	501,760	389,146	392,023	271,605	30,178						
16 栃木	53,728	382,906	72,625	39,443	39,279	80,444	157,380	7,545		6,790			26,972	
17 群馬	284,717	97,862	647,248	541,163	13,580	69,399	1,814	18,861						79,595
18 埼玉	570,180	54,622	148,521	5,246,606	452,166	1,202,553	281,120	75,446		8		117,663		683,011
19 千葉	188,629	88,309	126,183	850,793	1,863,533	731,957	210,116	75,446				4,810		117,340
20 東京	104,390	139,952	167,810	3,314,909	464,671	3,436,398	975,174	37,723		33,951				100,045
21 神奈川	81,406	269,907	104,115	456,537	37,392	369,906	1,866,484	26,406				11,317	3,772	381,869
22 新潟	102,229	15,655	106,473	291,598	64,129	47,908	49,040	2,804,324						186,728
23 富山			49,040	33,951	6,790				1,337,618	88,854	7,545			197,178
24 石川									388,508	501,451	83,481			
25 福井										37,723	362,894			
26 山梨						11,712						372,521	20,974	187,142
27 長野						14,901		18,861				16,221	394,673	2,266
28 静岡	91,365	84,839	87,023	534,265	339,457	516,279	390,181	35,969	69,740	28,669		50,171	47,689	9,180,232
29 岐阜	4,150	33,951	7,243		41,872		105,737	291,332		46,625	45,267	20,370		322,153
30 愛知	45,407			139,888	22,634	158,655	13,203	123,899	100,494	47,229		96,231	90,309	299,135
31 三重			45,267		48,285			28,057					111,660	50,322
32 滋賀				4,527						45,117		23,950		7,922
33 京都										7,027				
34 奈良						42,627								
35 和歌山														
36 大阪				32,819	33,951	77,332	64,129		41,495			19,239		81,670
37 兵庫				12,826		35,082				37,723	147,723			18,861
38 鳥取														
39 島根														
40 岡山				30,178			3,772							
41 広島														
42 山口														
43 香川	51,130	39,609												
44 愛媛	103,172	50,549	52,058	741,821		109,962			103,738	22,634	48,285		49,794	196,772
45 徳島														
46 高知														
47 福岡														
48 佐賀														
49 長崎														
50 熊本														
51 大分														
52 宮崎														
53 鹿児島														
54 沖縄														
55 全国	3,991,057	1,584,402	2,122,219	12,917,676	3,863,322	7,343,801	4,627,410	3,614,501	2,172,530	1,055,399	693,920	470,601	977,335	12,081,340

平成28年度　　府県相互間輸送トン数表（自動車）　　品目（6-24）紙・パルプ　　（単位：トン）　その 3

発＼着	29 岐阜	30 愛知	31 三重	32 滋賀	33 京都	34 奈良	35 和歌山	36 大阪	37 兵庫	38 鳥取	39 島根	40 岡山	41 広島	42 山口
1 札幌	0	0	0	0	0	0	0	0	0	0	0	0	0	0
2 旭川	0	0	0	0	0	0	0	0	0	0	0	0	0	0
3 函館	0	0	0	0	0	0	0	0	0	0	0	0	0	0
4 室蘭	0	0	0	0	0	0	0	0	0	0	0	0	0	0
5 釧路	0	0	0	0	0	0	0	0	0	0	0	0	0	0
6 帯広	0	0	0	0	0	0	0	0	0	0	0	0	0	0
7 北見	0	0	0	0	0	0	0	0	0	0	0	0	0	0
8 北海道	0	0	0	0	0	0	0	0	0	0	0	0	0	0
9 青森	0	0	0	0	0	0	0	0	0	0	0	0	0	0
10 岩手	0	0	0	0	0	0	0	0	0	0	0	0	0	0
11 宮城	0	0	0	0	0	0	0	0	0	0	0	0	0	0
12 福島	38,477	0	0	0	0	0	0	0	0	0	0	0	0	0
13 秋田	0	0	0	0	0	0	0	0	0	0	0	0	0	0
14 山形	0	0	0	0	0	0	0	0	0	0	0	0	0	0
15 茨城	42,551	121,860	0	0	79,218	0	0	37,723	35,082	0	0	0	49,040	0
16 栃木	0	0	37,723	0	0	0	0	0	0	0	0	0	0	0
17 群馬	0	37,723	0	0	0	0	0	0	0	0	0	0	0	0
18 埼玉	0	224,870	0	0	0	0	0	47,224	0	0	0	0	0	0
19 千葉	30,178	0	0	0	0	0	0	79,218	8,676	0	0	0	0	0
20 東京	0	42,250	0	0	0	0	0	0	0	0	0	0	0	0
21 神奈川	0	5,658	0	0	0	0	0	73,937	0	0	0	0	0	0
22 新潟	0	251,721	0	0	0	0	0	81,104	43,381	0	0	0	0	0
23 富山	0	86,027	0	0	0	0	0	0	0	0	0	0	0	0
24 石川	0	33,668	0	0	0	0	0	0	0	0	0	0	0	0
25 福井	29,515	46,863	0	47,323	0	0	0	0	0	0	0	0	0	0
26 山梨	0	0	0	0	0	0	0	0	0	0	0	0	0	0
27 長野	52,322	46,721	0	0	0	3,054	0	0	0	0	0	0	0	0
28 静岡	20,748	601,652	0	167,293	98,660	42,250	0	147,176	0	0	43,193	0	0	0
29 岐阜	1,689,242	216,825	71,523	0	0	75,446	0	68,542	84,733	0	0	0	0	0
30 愛知	249,028	3,283,830	152,482	0	6,036	0	0	183,416	32,064	0	0	0	33,951	0
31 三重	0	109,877	311,237	48,612	38,874	0	0	49,025	172,623	0	0	0	0	45,656
32 滋賀	39,753	11,244	24,818	208,568	68,076	0	0	245,029	0	0	0	5,856	0	0
33 京都	0	37,723	8,412	27,941	1,871,785	7,262	0	211,004	68,860	2,829	0	8,417	0	0
34 奈良	0	0	1,764	30,396	40,314	31,140	0	46,280	19,805	0	0	0	30,178	0
35 和歌山	0	0	0	0	0	0	156,451	24,741	0	0	0	0	0	0
36 大阪	94,835	256,610	122,430	149,265	521,976	121,487	135,151	4,314,431	1,480,612	0	0	0	18,296	101,852
37 兵庫	0	175,020	0	0	404,808	0	0	486,007	2,774,167	0	1,320	7,545	83,292	0
38 鳥取	16,221	92,270	0	0	0	0	0	154,204	4,199	809,288	3,806	0	0	0
39 島根	0	0	0	0	0	0	0	45,267	309,328	11,694	97,963	662,448	106,051	6,615
40 岡山	0	44,951	7,545	0	0	0	0	29,801	0	562	45,267	0	496	0
41 広島	0	0	0	0	0	0	0	0	0	27,462	0	0	1,155,276	268,296
42 山口	0	0	0	49,274	0	0	0	340,015	48,576	0	0	128,552	61,417	493,396
43 香川	0	898	0	0	0	0	0	75,446	0	0	0	0	11,317	37,723
44 愛媛	53,189	685,722	0	108,265	51,303	0	0	444,707	524,836	0	0	205,676	51,680	104,492
45 徳島	0	0	0	0	0	0	0	45,267	45,267	0	0	0	45,661	0
46 高知	0	2,301	0	0	0	0	0	7,014	178,151	0	0	5,611	0	0
47 福岡	0	0	0	0	28,057	0	0	0	0	0	0	0	40,741	2,549
48 佐賀	0	0	0	90,535	0	0	0	0	0	0	0	0	0	7,545
49 長崎	0	0	0	0	0	0	0	0	0	0	0	0	0	0
50 熊本	0	0	0	0	0	0	0	47,719	0	0	0	0	0	0
51 大分	0	0	0	0	0	0	0	0	0	0	0	0	0	0
52 宮崎	0	0	0	0	0	0	0	0	0	0	0	0	0	0
53 鹿児島	0	0	0	0	0	0	0	0	0	0	0	0	0	0
54 沖縄	0	0	0	0	0	0	0	0	0	0	0	0	0	0
55 全国	2,356,061	6,416,284	737,932	927,473	3,209,107	280,638	291,602	7,284,300	5,857,837	824,374	191,549	1,107,027	1,604,475	1,068,123

平成28年度　　府県相互間輸送トン数表（自動車）　　品目（6-24）紙・パルプ　　（単位：トン）　その 4

発＼着	43 香川	44 愛媛	45 徳島	46 高知	47 福岡	48 佐賀	49 長崎	50 熊本	51 大分	52 宮崎	53 鹿児島	54 沖縄	55 全国
1 札幌	0	0	0	0	0	0	0	0	0	0	0	0	2,190,182
2 旭川	0	0	0	0	0	0	0	0	0	0	0	0	1,250,095
3 函館	0	0	0	0	0	0	0	0	0	0	0	0	422,285
4 室蘭	0	0	0	0	0	0	0	0	0	0	0	0	1,698,694
5 釧路	0	0	0	0	0	0	0	0	0	0	0	0	6,261,481
6 帯広	0	0	0	0	0	0	0	0	0	0	0	0	607,134
7 北見	0	0	0	0	0	0	0	0	0	0	0	0	44,924
8 北海道	0	0	0	0	0	0	0	0	0	0	0	0	12,474,795
9 青森	0	0	0	0	0	0	0	0	0	0	0	0	964,902
10 岩手	0	0	0	0	0	0	0	0	0	0	0	0	1,627,130
11 宮城	0	0	0	0	0	0	0	0	0	0	0	0	1,269,506
12 福島	0	45,267	0	0	0	0	0	0	0	0	0	0	1,620,615
13 秋田	0	0	0	0	0	0	0	0	0	0	0	0	681,321
14 山形	0	0	0	0	0	0	0	0	0	0	0	0	512,679
15 茨城	41,495	37,346	46,022	0	0	0	0	0	0	0	0	0	4,942,625
16 栃木	0	0	0	0	0	0	0	0	0	0	0	0	904,835
17 群馬	0	0	0	0	0	0	0	0	0	0	0	0	1,781,092
18 埼玉	0	49,794	0	0	0	0	0	0	0	0	0	0	9,221,120
19 千葉	47,531	0	47,531	0	0	0	0	0	0	0	0	0	4,470,250
20 東京	0	0	0	0	0	0	0	0	0	0	0	0	8,922,142
21 神奈川	0	94,307	0	0	0	0	0	0	0	0	0	0	4,016,369
22 新潟	94,307	46,776	45,645	0	0	0	0	0	0	0	0	0	4,541,667
23 富山	0	49,040	0	0	0	0	0	0	0	0	0	0	1,856,042
24 石川	0	0	0	0	0	0	0	0	0	0	0	0	1,104,622
25 福井	45,267	0	0	0	0	0	0	0	0	0	0	0	569,586
26 山梨	0	0	0	0	0	0	0	0	0	0	0	0	592,350
27 長野	0	50,549	0	0	0	0	0	0	0	0	0	0	599,567
28 静岡	39,156	99,588	45,267	0	0	0	0	0	0	0	0	0	12,840,819
29 岐阜	4	0	5,611	0	0	0	0	0	0	0	0	0	3,130,627
30 愛知	77,096	52,246	0	0	0	0	0	0	0	0	0	0	5,207,233
31 三重	0	193,896	0	0	0	0	0	0	0	0	0	0	1,203,069
32 滋賀	0	98,310	0	0	0	0	0	0	0	0	0	0	840,659
33 京都	0	153,532	0	0	0	0	0	0	0	0	0	0	2,412,715
34 奈良	0	0	0	0	0	0	0	0	0	0	0	0	242,504
35 和歌山	0	0	0	0	0	0	0	0	0	0	0	0	181,192
36 大阪	183,333	104,115	91,289	0	0	0	0	0	0	0	0	0	8,046,316
37 兵庫	0	23,022	71,544	0	0	0	0	0	0	0	0	0	4,278,941
38 鳥取	0	49,794	0	0	0	0	0	0	0	0	0	0	1,129,782
39 島根	0	0	0	0	0	0	0	0	0	0	0	0	470,867
40 岡山	0	0	0	0	0	0	0	0	0	0	0	0	930,576
41 広島	0	15,655	0	0	44,324	0	0	0	0	0	0	0	1,511,510
42 山口	90,535	154,664	0	0	15,844	0	0	0	33,951	0	0	0	1,416,222
43 香川	2,258,778	401,536	62,631	0	0	0	0	0	0	0	0	0	2,939,067
44 愛媛	773,379	6,683,362	380,850	562,260	593,356	52,812	0	51,303	0	0	0	0	12,888,981
45 徳島	1,740	89,933	981,508	0	0	0	0	0	0	0	0	0	1,209,317
46 高知	41,872	37,723	0	759,461	0	0	0	0	0	0	0	0	1,032,134
47 福岡	0	153,909	0	0	3,331,688	97,996	15,089	203,986	18,320	3,969	0	0	3,896,303
48 佐賀	0	46,022	0	0	71,655	333,877	28,669	54,697	49,235	0	0	0	682,233
49 長崎	0	0	0	0	121,899	0	192,264	0	0	0	0	0	314,163
50 熊本	0	0	0	0	149,183	0	8,676	838,114	8,676	0	0	0	1,052,369
51 大分	88,649	0	0	0	145,233	0	0	0	162,404	0	0	0	396,126
52 宮崎	0	0	0	0	72,715	0	0	0	0	500,267	0	0	572,982
53 鹿児島	0	0	0	0	162,257	0	0	137,658	0	0	1,422,830	0	1,722,745
54 沖縄	0	0	0	0	0	0	0	0	0	0	0	590,272	590,272
55 全国	3,783,143	8,730,387	1,777,899	1,321,720	4,441,022	751,817	244,699	1,285,758	272,585	504,236	1,422,830	590,272	133,813,000

平成28年度　　　　　府県相互間輸送トン数表（自動車）　　　　品目　（6-25）繊維工業品　　（単位：トン）　その 1

着＼発	1 札幌	2 旭川	3 函館	4 室蘭	5 釧路	6 帯広	7 北見	8 北海道	9 青森	10 岩手	11 宮城	12 福島	13 秋田	14 山形
1 札幌	214,147	14,430	0	0	0	0	0	228,577	0	0	0	0	0	0
2 旭川	0	48,658	0	0	0	0	0	48,658	0	0	0	0	0	0
3 函館	0	0	85,209	0	0	0	0	85,209	0	0	0	0	0	0
4 室蘭	400	0	0	0	0	0	0	400	0	0	0	0	0	0
5 釧路	0	0	0	0	2,716	0	0	2,716	0	0	0	0	0	0
6 帯広	0	0	0	0	0	2,188	0	2,188	0	0	0	0	0	0
7 北見	0	0	0	0	0	0	0	0	0	0	0	0	0	0
8 北海道	214,548	63,088	85,209	0	4,903	0	0	367,749	0	0	0	0	0	0
9 青森	0	0	0	0	0	0	0	0	24,012	0	0	0	8,671	0
10 岩手	0	0	0	0	0	0	0	0	0	22,411	0	0	0	0
11 宮城	0	0	0	0	0	0	0	0	0	0	150,060	0	0	0
12 福島	0	0	0	0	0	0	0	0	0	0	0	57,644	0	0
13 秋田	0	0	0	0	0	0	0	0	8,671	66,601	0	0	9,771	0
14 山形	0	0	0	0	0	0	0	0	0	0	53,500	0	0	6,308
15 茨城	0	0	0	0	0	0	0	0	0	0	0	0	0	0
16 栃木	0	0	0	0	0	0	0	0	0	0	0	0	0	0
17 群馬	0	0	0	0	0	0	0	0	0	0	0	0	0	0
18 埼玉	0	0	0	0	0	0	0	0	0	0	6,660	0	0	0
19 千葉	0	0	0	0	0	0	0	0	0	0	0	0	0	0
20 東京	0	0	0	0	0	0	0	0	0	0	0	0	0	0
21 神奈川	0	0	0	0	0	0	0	0	0	0	0	0	0	0
22 新潟	0	0	0	0	0	0	0	0	0	0	0	3,135	0	0
23 富山	0	0	0	0	0	0	0	0	0	0	0	0	0	0
24 石川	0	0	0	0	0	0	0	0	0	0	0	0	0	0
25 福井	0	0	0	0	0	0	0	0	0	0	0	0	0	35
26 山梨	0	0	0	0	0	0	0	0	0	0	0	0	0	0
27 長野	0	0	0	0	0	0	0	0	0	0	0	0	0	0
28 静岡	0	0	0	0	0	0	0	0	0	0	0	0	0	0
29 岐阜	0	0	0	0	0	0	0	0	0	0	0	0	0	0
30 愛知	0	0	0	0	0	0	0	0	0	0	0	0	0	0
31 三重	0	0	0	0	0	0	0	0	0	0	0	0	0	0
32 滋賀	0	0	0	0	0	0	0	0	0	0	0	0	0	0
33 京都	0	0	0	0	0	0	0	0	0	0	0	0	0	0
34 奈良	0	0	0	0	0	0	0	0	0	0	0	0	0	0
35 和歌山	0	0	0	0	0	0	0	0	0	0	0	0	0	0
36 大阪	0	0	0	0	0	0	0	0	0	0	0	0	0	0
37 兵庫	0	0	0	0	0	0	0	0	0	0	0	0	0	0
38 鳥取	0	0	0	0	0	0	0	0	0	0	0	0	0	0
39 島根	0	0	0	0	0	0	0	0	0	0	0	0	0	0
40 岡山	0	0	0	0	0	0	0	0	0	0	0	0	0	0
41 広島	0	0	0	0	0	0	0	0	0	0	74,001	0	0	0
42 山口	0	0	0	0	0	0	0	0	0	0	0	0	0	0
43 香川	0	0	0	0	0	0	0	0	0	0	0	0	0	0
44 愛媛	0	0	0	0	0	0	0	0	0	0	0	0	0	0
45 徳島	0	0	0	0	0	0	0	0	42,551	0	0	0	0	0
46 高知	0	0	0	0	0	0	0	0	0	0	0	0	0	0
47 福岡	0	0	0	0	0	0	0	0	0	0	0	0	0	0
48 佐賀	0	0	0	0	0	0	0	0	0	0	0	0	0	0
49 長崎	0	0	0	0	0	0	0	0	0	0	0	0	0	0
50 熊本	0	0	0	0	0	0	0	0	0	0	0	0	0	0
51 大分	0	0	0	0	0	0	0	0	0	0	0	0	0	0
52 宮崎	0	0	0	0	0	0	0	0	0	0	0	0	0	0
53 鹿児島	0	0	0	0	0	0	0	0	0	0	0	0	0	0
54 沖縄	0	0	0	0	0	0	0	0	0	0	0	0	0	0
55 全国	214,548	63,088	85,209	0	4,903	0	0	367,749	75,234	89,012	284,220	60,779	18,442	6,343

平成28年度　　　　　府県相互間輸送トン数表（自動車）　　　　品目　（6-25）繊維工業品　　（単位：トン）　その 2

着＼発	15 茨城	16 栃木	17 群馬	18 埼玉	19 千葉	20 東京	21 神奈川	22 新潟	23 富山	24 石川	25 福井	26 山梨	27 長野	28 静岡
1 札幌	0	0	0	0	0	0	0	0	0	0	0	0	0	0
2 旭川	0	0	0	0	0	0	0	0	0	0	0	0	0	0
3 函館	0	0	0	0	0	0	0	0	0	0	0	0	0	0
4 室蘭	0	0	0	0	0	0	0	0	0	0	0	0	0	0
5 釧路	0	0	0	0	0	0	0	0	0	0	0	0	0	0
6 帯広	0	0	0	0	0	0	0	0	0	0	0	0	0	0
7 北見	0	0	0	0	0	0	0	0	0	0	0	0	0	0
8 北海道	0	0	0	0	0	0	0	0	0	0	0	0	0	0
9 青森	0	0	0	0	0	0	0	0	0	0	0	0	0	0
10 岩手	0	0	0	0	0	0	0	0	0	0	0	0	0	0
11 宮城	0	0	0	0	0	0	0	0	0	0	0	0	0	0
12 福島	0	0	0	0	0	0	0	0	0	0	0	0	0	48,101
13 秋田	0	0	0	0	0	0	0	0	0	0	0	0	0	0
14 山形	0	0	0	0	0	0	0	0	0	0	0	0	0	0
15 茨城	84,320	0	0	3,700	0	0	0	0	7,326	0	0	0	0	0
16 栃木	9,820	71,608	3,335	0	0	0	0	0	0	0	0	0	0	0
17 群馬	0	11,819	3,082	785	0	925	0	0	0	0	0	0	0	0
18 埼玉	0	0	0	65,759	334	266,569	65,299	0	0	0	0	0	0	0
19 千葉	21,460	0	0	2,668	31,149	211,179	80	3,464	0	0	0	0	0	0
20 東京	0	0	0	25,737	208,994	374,127	1,027	0	0	0	0	334	0	0
21 神奈川	0	0	0	0	0	72,864	305,660	0	0	0	0	0	0	0
22 新潟	0	0	0	0	0	0	0	373,143	0	0	0	0	0	0
23 富山	0	0	0	0	0	0	0	0	57,115	0	12,341	0	0	0
24 石川	9,787	0	0	0	0	0	0	0	36,466	647,217	262,801	0	0	0
25 福井	0	0	0	0	0	0	0	0	7,733	105,349	356,995	0	0	0
26 山梨	0	0	0	0	0	0	0	543	0	0	0	12,933	0	0
27 長野	0	0	0	0	0	0	0	0	0	0	0	0	32,151	4,288
28 静岡	7,400	0	7,400	0	0	0	7,400	0	0	0	0	0	0	311,540
29 岐阜	0	0	0	0	0	0	0	0	0	0	14,060	0	2,466	12,950
30 愛知	0	0	0	0	0	0	0	0	0	0	0	0	0	0
31 三重	0	0	0	0	37,000	0	0	0	0	0	0	0	68,821	0
32 滋賀	0	0	0	11,840	0	0	0	0	0	0	11,322	0	0	0
33 京都	0	0	0	0	0	0	0	0	0	0	0	0	0	0
34 奈良	0	0	0	0	0	0	0	0	0	0	0	0	0	0
35 和歌山	0	0	0	0	0	0	0	0	0	0	15,208	0	0	0
36 大阪	0	0	0	0	0	0	0	0	0	0	0	0	0	37,000
37 兵庫	0	0	0	0	0	0	0	0	0	0	0	0	0	0
38 鳥取	0	0	0	0	0	0	0	0	0	0	0	0	0	0
39 島根	0	0	0	0	0	0	0	0	0	0	0	0	0	0
40 岡山	0	0	0	0	0	0	0	0	0	0	481	0	0	0
41 広島	0	0	0	0	0	0	38,851	0	0	0	0	0	0	0
42 山口	0	0	0	0	0	0	0	0	0	0	0	0	0	0
43 香川	0	0	0	0	0	0	0	0	0	0	0	0	0	0
44 愛媛	0	0	0	0	0	0	0	0	0	0	37,000	0	0	0
45 徳島	0	0	0	0	0	0	0	0	0	0	0	0	0	0
46 高知	0	0	0	0	0	0	0	0	0	0	0	0	0	0
47 福岡	0	0	0	9,620	0	0	0	0	0	0	0	0	0	0
48 佐賀	0	0	0	0	0	0	0	0	0	0	0	0	0	0
49 長崎	0	0	0	0	0	0	0	0	0	0	0	0	0	0
50 熊本	0	0	0	0	0	0	0	0	0	0	0	0	0	0
51 大分	0	0	0	0	0	0	0	0	0	0	0	0	0	0
52 宮崎	0	0	0	0	0	0	0	0	0	0	0	0	0	0
53 鹿児島	0	0	0	0	0	0	0	0	0	0	0	0	0	0
54 沖縄	0	0	0	0	0	0	0	0	0	0	0	0	0	0
55 全国	132,787	83,427	13,817	120,110	277,478	925,664	418,318	377,150	108,640	801,908	660,867	13,267	103,437	413,880

平成28年度 　　　　　　　　　　　　　　　府県相互間輸送トン数表（自動車）　　　　　　　品目（6-25）繊維工業品　　　（単位：トン）その 3

着／発	29 岐阜	30 愛知	31 三重	32 滋賀	33 京都	34 奈良	35 和歌山	36 大阪	37 兵庫	38 鳥取	39 島根	40 岡山	41 広島	42 山口
1 札幌	0	0	0	0	0	0	0	0	0	0	0	0	0	0
2 旭川	0	0	0	0	0	0	0	0	0	0	0	0	0	0
3 函館	0	0	0	0	0	0	0	0	0	0	0	0	0	0
4 室蘭	0	0	0	0	0	0	0	0	0	0	0	0	0	0
5 釧路	0	0	0	0	0	0	0	0	0	0	0	0	0	0
6 帯広	0	0	0	0	0	0	0	0	0	0	0	0	0	0
7 北見	0	0	0	0	0	0	0	0	0	0	0	0	0	0
8 北海道	0	0	0	0	0	0	0	0	0	0	0	0	0	0
9 青森	0	0	0	0	0	0	0	0	0	0	0	0	0	0
10 岩手	0	0	0	0	0	0	0	0	0	0	0	0	0	0
11 宮城	0	0	0	0	0	0	0	0	0	0	0	0	0	0
12 福島	0	0	0	48,101	0	0	0	0	48,101	0	0	0	0	0
13 秋田	0	0	0	0	0	0	0	0	0	0	0	0	0	0
14 山形	0	0	0	0	0	0	0	0	0	0	0	0	0	0
15 茨城	0	0	0	0	0	0	0	0	0	0	0	0	44,401	0
16 栃木	0	0	0	0	0	0	0	0	0	0	0	0	0	0
17 群馬	0	0	0	0	0	0	0	0	0	0	0	0	0	0
18 埼玉	0	0	0	0	0	0	0	0	0	0	0	0	0	0
19 千葉	0	0	0	0	0	0	0	0	0	0	0	0	0	0
20 東京	0	0	0	5,550	0	0	0	0	0	0	0	0	0	0
21 神奈川	0	0	0	0	0	0	0	0	0	0	0	0	0	0
22 新潟	0	0	0	0	0	0	0	0	0	0	0	0	2,683	0
23 富山	0	0	0	0	0	0	0	0	0	0	0	0	0	0
24 石川	0	59,201	0	22,182	0	20,742	0	0	122,570	0	0	0	0	0
25 福井	0	107,538	0	0	0	0	0	7,400	0	0	0	0	0	0
26 山梨	0	0	0	0	0	0	0	0	0	0	0	0	0	0
27 長野	4,014	0	0	0	0	0	0	0	0	0	0	0	0	0
28 静岡	0	22,274	11,470	0	0	0	0	0	0	0	0	0	0	0
29 岐阜	37,655	35,553	0	90,836	41,626	0	0	29,600	37,000	0	0	0	59,201	0
30 愛知	53,548	640,047	0	0	0	0	0	0	0	0	0	0	0	0
31 三重	0	0	68,445	108,411	0	0	0	0	0	0	0	0	0	0
32 滋賀	1,086	54,314	13,579	469,415	21,338	0	5,013	48,704	717,532	0	0	0	0	0
33 京都	0	0	0	153,540	0	600	0	48,808	0	0	0	0	0	0
34 奈良	0	706	0	4,536	46,308	0	0	13,362	494	0	0	0	0	0
35 和歌山	0	3,700	0	0	0	0	306,430	13,173	0	0	0	0	0	0
36 大阪	0	0	0	34,752	20,006	12,235	21,460	590,036	0	0	0	0	10,730	0
37 兵庫	0	34,225	0	0	9,398	0	0	7,400	486,943	0	37,000	0	0	0
38 鳥取	0	0	0	0	0	0	0	0	0	0	747	0	0	0
39 島根	0	0	0	0	0	0	0	0	0	0	0	70,301	0	0
40 岡山	0	0	0	0	55,501	0	0	37,000	0	45,407	111,535	198,456	0	0
41 広島	0	0	0	0	0	0	0	0	0	0	0	0	1,365,454	808,683
42 山口	0	0	0	0	0	0	0	0	0	0	0	0	296,892	958,949
43 香川	0	0	0	0	0	0	0	0	0	0	0	0	0	0
44 愛媛	0	0	0	0	0	0	111,001	0	0	0	0	0	0	0
45 徳島	0	0	0	0	0	0	0	0	0	0	0	0	0	0
46 高知	0	0	0	0	0	0	0	0	0	0	0	0	0	0
47 福岡	0	0	0	0	0	0	0	0	0	0	0	0	0	74,001
48 佐賀	0	0	0	0	0	0	0	0	0	0	0	0	0	0
49 長崎	0	0	0	0	0	0	0	0	0	0	0	0	0	0
50 熊本	0	0	0	0	0	0	0	0	0	0	0	0	0	0
51 大分	0	0	0	0	0	0	0	0	0	0	0	0	0	0
52 宮崎	0	0	0	0	0	0	0	0	0	0	0	0	24,790	0
53 鹿児島	0	0	0	0	0	0	0	0	0	0	0	0	0	0
54 沖縄	0	0	0	0	0	0	0	0	0	0	0	0	0	0
55 全国	96,303	957,558	93,494	779,247	305,944	79,886	332,903	906,486	1,412,640	45,407	149,283	385,771	1,773,790	1,841,633

平成28年度 　　　　　　　　　　　　　　　府県相互間輸送トン数表（自動車）　　　　　　　品目（6-25）繊維工業品　　　（単位：トン）その 4

着／発	43 香川	44 愛媛	45 徳島	46 高知	47 福岡	48 佐賀	49 長崎	50 熊本	51 大分	52 宮崎	53 鹿児島	54 沖縄	55 全国
1 札幌	0	0	0	0	0	0	0	0	0	0	0	0	228,577
2 旭川	0	0	0	0	0	0	0	0	0	0	0	0	48,658
3 函館	0	0	0	0	0	0	0	0	0	0	0	0	85,209
4 室蘭	0	0	0	0	0	0	0	0	0	0	0	0	400
5 釧路	0	0	0	0	0	0	0	0	0	0	0	0	2,716
6 帯広	0	0	0	0	0	0	0	0	0	0	0	0	2,188
7 北見	0	0	0	0	0	0	0	0	0	0	0	0	0
8 北海道	0	0	0	0	0	0	0	0	0	0	0	0	367,749
9 青森	0	0	0	0	0	0	0	0	0	0	0	0	32,683
10 岩手	0	0	0	0	0	0	0	0	0	0	0	0	22,411
11 宮城	0	0	0	0	0	0	0	0	0	0	0	0	150,060
12 福島	0	0	0	0	0	0	0	0	0	0	0	0	201,946
13 秋田	0	0	0	0	0	0	0	0	0	0	0	0	85,042
14 山形	0	0	0	0	0	0	0	0	0	0	0	0	59,808
15 茨城	19,610	0	0	0	0	0	0	0	0	0	0	0	159,357
16 栃木	0	0	0	0	0	0	0	0	0	0	0	0	84,763
17 群馬	0	0	0	0	0	0	0	0	0	0	0	0	16,611
18 埼玉	0	0	0	0	0	0	0	0	0	0	0	0	404,621
19 千葉	0	0	0	0	0	0	0	0	0	0	0	0	270,000
20 東京	0	0	0	0	0	0	0	0	0	0	0	0	615,770
21 神奈川	0	0	0	0	0	0	0	0	0	0	0	0	378,525
22 新潟	0	0	0	0	0	0	0	0	0	0	0	0	378,961
23 富山	0	0	0	0	0	0	0	0	0	0	0	0	69,457
24 石川	0	0	0	0	0	0	0	0	0	0	0	0	1,180,965
25 福井	0	0	0	0	0	0	0	0	0	0	0	0	585,050
26 山梨	0	0	0	0	0	0	0	0	0	0	0	0	12,933
27 長野	0	0	0	0	0	0	0	0	0	0	0	0	40,996
28 静岡	0	0	0	0	0	0	0	0	0	0	0	0	367,484
29 岐阜	0	0	0	0	0	0	0	0	0	0	0	0	360,947
30 愛知	0	0	0	0	0	0	0	0	0	0	0	0	693,595
31 三重	0	0	0	0	0	0	0	0	0	0	0	0	282,678
32 滋賀	0	0	0	0	0	0	0	0	0	0	0	0	1,354,144
33 京都	0	0	0	0	0	0	0	0	0	0	0	0	202,948
34 奈良	0	0	0	0	0	0	0	0	0	0	0	0	65,407
35 和歌山	0	0	0	0	0	0	0	0	0	0	0	0	338,510
36 大阪	0	0	0	0	0	0	0	0	0	0	0	0	726,220
37 兵庫	334	0	0	0	0	0	0	0	0	0	0	0	575,300
38 鳥取	0	0	0	0	0	0	0	0	0	0	0	0	
39 島根	0	37,000	0	0	0	0	0	0	0	0	0	0	108,048
40 岡山	0	0	0	0	0	0	0	0	0	0	0	0	535,034
41 広島	0	0	0	0	0	0	0	0	0	0	0	0	2,286,988
42 山口	0	13,690	0	0	0	0	0	0	0	0	0	0	1,269,531
43 香川	1,989	75,660	64,077	0	0	0	0	0	0	0	0	0	141,726
44 愛媛	223,662	653,665	0	0	0	0	0	0	0	0	0	0	1,025,329
45 徳島	64,064	0	29,550	0	0	0	0	0	0	0	0	0	136,165
46 高知	0	0	0	8,271	0	0	0	0	0	0	0	0	8,271
47 福岡	0	0	0	0	69,112	0	2,820	0	3,515	0	0	0	159,069
48 佐賀	0	0	0	0	12,950	28,426	0	76,706	0	0	0	0	118,083
49 長崎	0	0	0	0	0	0	667	0	0	0	0	0	667
50 熊本	0	0	0	0	4,669	0	0	68,148	66,025	354	0	0	139,195
51 大分	0	0	0	0	0	0	0	66,025	98,763	0	0	0	164,788
52 宮崎	0	0	0	0	2,001	0	0	0	0	100,445	0	0	127,236
53 鹿児島	0	0	0	0	0	0	0	0	0	0	26,701	0	26,701
54 沖縄	0	0	0	0	0	0	0	0	0	0	0	164,854	164,854
55 全国	309,658	780,016	93,628	8,271	88,732	31,247	77,373	134,173	168,303	100,799	26,701	164,854	16,497,000

平成28年度　　府県相互間輸送トン数表（自動車）　　品目（6-26）食料工業品　（単位：トン）　その1

着／発	1 札幌	2 旭川	3 函館	4 室蘭	5 釧路	6 帯広	7 北見	8 北海道	9 青森	10 岩手	11 宮城	12 福島	13 秋田	14 山形
1 札幌	23,781,940	2,031,198	1,158,343	1,724,992	1,690,523	929,680	1,647,713	32,964,388	0	0	0	0	0	0
2 旭川	696,827	1,869,339	0	301,289	0	0	610,236	3,477,691	0	0	0	0	0	0
3 函館	127,839	0	3,684,815	0	0	0	0	3,812,654	0	0	0	0	0	0
4 室蘭	2,391,912	0	0	755,179	0	0	0	3,147,092	0	0	0	0	0	0
5 釧路	131,686	0	0	113,130	1,954,095	0	267	2,199,178	0	0	0	0	0	0
6 帯広	124,926	0	0	1,180,067	0	2,969,856	0	4,274,848	0	0	0	0	0	0
7 北見	180,952	641,572	0	116,666	707,506	0	1,099,463	2,746,159	0	0	0	0	0	0
8 北海道	27,436,082	4,542,110	4,843,158	4,191,324	4,352,124	3,899,535	3,357,678	52,622,011	0	0	0	0	0	0
9 青森	0	0	0	0	0	0	0	0	12,915,097	458,321	197,978	0	472,304	0
10 岩手	120,201	0	0	32,364	0	0	0	152,565	1,279,305	2,433,937	312,811	346	144,915	11,005
11 宮城	0	0	0	0	0	0	0	0	1,662,159	346,674	7,233,948	3,324,365	755,053	1,067,874
12 福島	0	0	0	0	0	0	0	0	0	44,452	151,703	2,784,461	0	42,052
13 秋田	0	0	0	0	0	0	0	0	46,756	404,788	0	0	1,689,391	45,246
14 山形	0	0	0	0	0	0	0	0	0	0	93,696	68,967	125,858	3,060,005
15 茨城	77,674	0	0	0	0	0	0	77,674	0	0	78,257	365,547	0	0
16 栃木	125,858	0	0	0	0	0	0	125,858	0	21,212	9,545	553,076	0	20,788
17 群馬	31,717	0	0	0	0	0	0	31,717	21,386	0	129,345	24,456	0	0
18 埼玉	101,300	0	0	0	0	0	0	101,300	0	24,456	226,744	104,514	0	0
19 千葉	108,096	0	0	0	0	0	0	108,096	0	227,731	250,080	0	0	0
20 東京	0	0	0	0	0	0	0	0	24,705	0	290,498	38,837	0	0
21 神奈川	101,300	0	0	0	0	0	0	101,300	141,413	0	705,218	39,128	0	0
22 新潟	0	0	0	0	0	0	0	0	35,924	19,419	83,715	30,866	8,091	80,331
23 富山	0	0	0	0	0	0	0	0	0	0	0	0	0	0
24 石川	0	0	0	0	0	0	0	0	0	0	0	0	0	0
25 福井	0	0	0	0	0	0	0	0	0	0	0	0	0	0
26 山梨	0	0	0	0	0	0	0	0	0	0	0	0	0	0
27 長野	0	0	0	0	0	0	0	0	0	0	0	0	0	0
28 静岡	70,707	0	0	0	0	0	0	70,707	0	58,697	94,691	137,810	0	0
29 岐阜	0	0	0	0	0	0	0	0	0	0	0	0	0	0
30 愛知	35,601	0	0	0	0	0	0	35,601	0	0	39,128	36,934	0	0
31 三重	0	0	0	0	0	0	0	0	0	0	0	0	0	0
32 滋賀	0	0	0	0	0	0	0	0	0	0	0	0	0	0
33 京都	0	0	0	0	0	0	0	0	0	0	0	0	0	0
34 奈良	0	0	0	0	0	0	0	0	0	0	0	0	0	0
35 和歌山	0	0	0	0	0	0	0	0	0	0	0	0	0	0
36 大阪	0	0	0	0	0	0	0	0	0	0	19,564	31,851	0	0
37 兵庫	56,565	0	0	0	0	0	0	56,565	0	0	71,201	50,867	0	31,303
38 鳥取	0	0	0	0	0	0	0	0	0	0	0	0	0	0
39 島根	0	0	0	0	0	0	0	0	0	0	0	0	0	0
40 岡山	0	0	0	0	0	0	0	0	0	0	0	0	0	0
41 広島	0	0	0	0	0	0	0	0	0	0	0	0	0	0
42 山口	0	0	0	0	0	0	0	0	0	0	0	0	0	0
43 香川	0	0	0	0	0	0	0	0	0	0	0	0	0	0
44 愛媛	0	0	0	0	0	0	0	0	0	0	0	0	0	0
45 徳島	0	0	0	0	0	0	0	0	0	0	0	0	0	0
46 高知	0	0	0	0	0	0	0	0	0	0	0	0	0	0
47 福岡	0	0	0	0	0	0	0	0	0	0	0	0	0	0
48 佐賀	0	0	0	0	0	0	0	0	0	0	0	0	0	0
49 長崎	0	0	0	0	0	0	0	0	0	0	0	0	0	0
50 熊本	0	0	0	0	0	0	0	0	0	0	0	0	0	0
51 大分	0	0	0	0	0	0	0	0	0	0	0	0	0	0
52 宮崎	0	0	0	0	0	0	0	0	0	0	0	0	0	0
53 鹿児島	0	0	0	0	0	0	0	0	0	0	0	0	0	0
54 沖縄	0	0	0	0	0	0	0	0	0	0	0	0	0	0
55 全国	28,265,100	4,542,110	4,843,158	4,223,688	4,352,124	3,899,535	3,357,678	53,483,393	16,126,746	4,039,687	9,988,122	7,592,027	3,195,612	4,358,604

平成28年度　　府県相互間輸送トン数表（自動車）　　品目（6-26）食料工業品　（単位：トン）　その2

着／発	15 茨城	16 栃木	17 群馬	18 埼玉	19 千葉	20 東京	21 神奈川	22 新潟	23 富山	24 石川	25 福井	26 山梨	27 長野	28 静岡
1 札幌	0	77,674	0	405,117	35,601	68,936	33,982	0	0	0	0	0	0	35,601
2 旭川	0	0	0	0	0	0	0	0	0	0	0	0	0	0
3 函館	0	0	0	0	0	22,979	26,901	0	19,564	0	0	0	0	0
4 室蘭	0	0	91,918	0	0	0	0	0	0	0	0	0	0	42,073
5 釧路	0	0	0	0	0	0	0	0	0	0	0	0	0	0
6 帯広	0	0	0	0	0	35,601	0	0	0	0	0	0	0	0
7 北見	0	0	0	0	0	0	30,099	0	0	0	0	0	0	0
8 北海道	0	77,674	91,918	405,117	35,601	127,515	90,982	0	19,564	0	0	0	0	77,674
9 青森	0	0	0	80,118	0	46,979	35,601	0	0	0	0	0	0	0
10 岩手	0	0	0	48,911	152,384	0	0	0	0	0	0	0	0	0
11 宮城	0	24,273	57,471	126,511	64,432	0	39,128	89,034	32,008	0	0	0	0	0
12 福島	80,315	0	91,289	233,639	62,686	39,128	19,807	37,398	0	0	0	0	0	0
13 秋田	0	0	0	0	0	0	0	32,526	0	0	0	0	0	0
14 山形	0	0	0	64,728	0	0	0	38,837	496,370	0	0	0	0	0
15 茨城	5,253,968	582,254	640,004	2,174,719	3,170,235	1,094,525	308,169	0	0	0	0	42,712	39,128	92,688
16 栃木	244,906	1,684,514	453,918	764,868	436,142	54,519	5,759	250,303	0	0	0	0	0	26,021
17 群馬	891,962	1,422,564	10,011,919	1,622,617	728,864	897,752	1,158,568	495,183	0	0	0	1,956	179,573	165,867
18 埼玉	525,135	672,583	1,328,460	12,679,232	2,359,259	3,553,090	2,005,732	698,810	0	0	0	123,632	524,752	776,203
19 千葉	1,198,070	240,369	370,596	1,794,632	7,612,531	2,652,640	1,114,228	106,206	0	0	0	0	61,878	400,463
20 東京	432,884	119,818	60,610	1,744,597	373,014	11,971,480	1,608,343	71,201	0	0	0	83,434	31,650	82,829
21 神奈川	537,423	49,400	228,119	2,711,865	1,011,001	2,678,532	14,128,288	196,532	0	0	0	0	330,932	1,034,867
22 新潟	14,502	197,260	0	254,095	110,787	140,537	263,973	9,068,764	0	0	0	0	26,215	45,292
23 富山	0	0	0	220,933	0	0	31,303	0	4,948,824	473,667	148,981	0	0	0
24 石川	0	0	0	0	0	0	0	0	519,638	2,426,528	658,259	0	0	0
25 福井	0	0	0	0	0	0	0	0	72,144	340,803	482,346	0	0	0
26 山梨	108,288	9,782	48,911	167,420	378,712	1,125,016	690,756	0	399,110	0	0	6,095,015	501,549	308,167
27 長野	251,944	94,483	197,627	1,129,859	265,969	6,311	223,318	23,477	0	0	0	146,486	7,936,816	39,128
28 静岡	43,041	0	117,777	537,203	82,952	219,119	139,153	857,688	39,128	50,867	0	0	39,128	12,556,949
29 岐阜	0	24,456	0	56,565	0	219,119	50,867	0	192,955	46,954	81,563	40,261	342,378	19,564
30 愛知	85,270	0	0	695,688	423,944	198,099	44,384	0	75,201	1,549,317	107,727	0	221,639	640,400
31 三重	0	0	46,954	87,256	130,756	46,954	100,482	0	0	508,701	0	0	0	48,128
32 滋賀	33,939	0	0	0	0	10,606	27,833	0	0	1,674	0	0	0	0
33 京都	50,867	0	0	0	0	25,891	32,364	0	0	89,996	102,967	0	0	0
34 奈良	0	39,128	0	0	0	0	0	0	0	0	0	0	0	0
35 和歌山	0	0	0	184,295	29,128	0	0	0	0	0	0	0	0	94,888
36 大阪	62,845	0	32,364	373,212	228,549	115,540	0	25,433	0	632,788	0	0	0	155,892
37 兵庫	115,886	39,128	0	148,261	127,506	31,792	131,370	0	0	166,687	26,412	0	91,760	33,982
38 鳥取	0	0	0	0	0	0	35,601	0	0	0	0	0	0	0
39 島根	0	0	0	0	0	0	11,651	0	0	0	0	0	0	0
40 岡山	0	0	0	156,514	0	0	0	0	0	0	0	0	52,823	181,949
41 広島	0	0	0	53,030	0	0	21,037	0	0	0	0	7,784	0	0
42 山口	0	0	0	0	0	0	0	0	0	0	0	0	0	0
43 香川	0	0	50,867	68,366	311	42,507	138,671	0	0	0	0	0	0	0
44 愛媛	0	0	0	0	0	0	0	0	0	0	0	0	80,910	0
45 徳島	0	0	0	0	0	0	0	0	0	0	0	0	0	0
46 高知	0	0	0	0	0	0	0	0	0	0	0	0	0	0
47 福岡	0	0	0	38,837	0	0	0	0	0	0	0	0	0	0
48 佐賀	57,979	0	0	64,728	0	0	0	0	0	0	0	0	0	0
49 長崎	0	0	0	0	0	0	0	0	0	0	0	0	0	0
50 熊本	0	0	0	0	0	0	0	0	0	0	0	0	0	0
51 大分	0	0	0	0	0	0	0	0	0	0	0	0	0	0
52 宮崎	0	0	0	32,364	0	0	0	0	0	70,707	0	0	0	0
53 鹿児島	0	0	0	0	0	25,891	0	0	0	0	0	0	0	0
54 沖縄	0	0	0	0	0	0	0	0	0	0	0	0	0	0
55 全国	9,989,226	5,277,688	13,867,933	28,720,184	17,784,759	25,274,881	23,165,095	11,597,839	6,310,311	6,604,140	1,609,929	6,541,281	10,461,131	16,741,753

平成28年度　　　　　　　　　　　　　　府県相互間輸送トン数表（自動車）　　　　　　　　　　　　（単位：トン）
品目（6-26）食料工業品　その3

発＼着	29 岐阜	30 愛知	31 三重	32 滋賀	33 京都	34 奈良	35 和歌山	36 大阪	37 兵庫	38 鳥取	39 島根	40 岡山	41 広島	42 山口
1 札幌	0	0	0	0	0	0	0	35,601	0	0	0	0	0	0
2 旭川	0	0	0	0	0	0	0	0	0	0	0	0	0	0
3 函館	0	0	0	0	0	0	0	0	0	0	0	0	0	0
4 室蘭	0	0	0	0	0	0	0	35,601	0	0	0	0	0	0
5 釧路	0	0	0	0	0	0	0	0	0	0	0	0	0	0
6 帯広	0	0	0	0	0	0	0	0	0	0	0	0	0	0
7 北見	0	0	0	0	0	0	0	0	0	0	0	0	0	0
8 北海道	0	0	0	0	0	0	0	71,201	0	0	0	0	0	0
9 青森	0	0	0	0	0	0	0	0	0	0	0	0	0	0
10 岩手	0	0	0	0	0	0	0	0	0	0	0	0	0	0
11 宮城	0	0	0	0	0	0	0	0	38,837	0	0	0	0	0
12 福島	0	0	0	0	0	0	0	0	424	0	0	0	0	0
13 秋田	0	0	0	0	0	0	0	0	0	0	0	0	0	0
14 山形	0	1,096	0	0	0	0	0	0	0	0	0	0	0	0
15 茨城	0	312,303	0	0	0	0	0	152,151	74,833	0	15,651	0	0	0
16 栃木	0	0	0	0	0	0	0	129,124	0	0	0	0	0	0
17 群馬	0	273,918	46,954	0	0	0	0	128,644	95,544	0	0	56,345	0	0
18 埼玉	0	373,281	0	0	25,891	0	0	385,011	188,781	0	0	0	39,128	0
19 千葉	0	362,989	24,741	39,128	41,269	0	0	340,081	77,554	38,837	0	45,310	0	0
20 東京	0	370,914	39,128	0	0	0	0	151,869	82,982	0	0	0	0	0
21 神奈川	0	334,256	120,686	32,364	31,303	0	174,122	240,610	221,749	0	0	0	0	0
22 新潟	129,457	647,015	120,201	0	183,713	0	0	365,159	0	0	0	0	0	0
23 富山	0	46,954	0	0	0	0	0	0	0	0	0	0	0	0
24 石川	13	589,352	0	0	70,707	0	0	16,182	0	0	0	0	0	0
25 福井	0	0	0	531	0	0	0	0	0	26,412	26,412	0	0	0
26 山梨	0	165,392	0	0	23,844	0	0	36,683	0	0	0	54,780	18,056	0
27 長野	13,042	115,857	0	0	0	0	0	227	15,964	0	0	0	0	0
28 静岡	51,376	687,619	83,735	0	37,219	0	88,774	204,692	70,707	0	0	74,814	94,887	0
29 岐阜	1,011,149	1,470,348	399,786	386	90,485	0	0	72,819	0	0	0	7,826	0	0
30 愛知	2,131,830	11,092,034	1,072,569	37,989	79,260	0	3,013	623,743	192,550	0	0	58,962	47,899	0
31 三重	3,715	774,764	1,866,459	0	50,867	113,474	20,642	283,111	0	0	0	97,821	46,954	0
32 滋賀	13,695	60,649	3,373	1,098,168	281,441	0	15,511	181,444	87,550	0	0	0	32,999	53,215
33 京都	0	117,079	17,119	241,806	3,493,827	93,537	114,572	1,700,474	1,335,098	0	0	143,795	80,418	0
34 奈良	0	0	0	9,172	0	403,039	435	15,878	60,579	0	0	61,784	13,451	0
35 和歌山	0	0	0	0	0	8,283	883,046	47,821	0	0	0	0	0	0
36 大阪	33,982	1,348,192	49,145	310,159	1,288,267	425,824	645,714	12,499,443	2,594,098	0	39,128	1,144,912	158,560	129,464
37 兵庫	70,431	82,902	27,898	60,523	471,192	169,309	26,989	3,514,558	12,564,436	156,514	0	1,368,210	838,419	53,184
38 鳥取	0	0	0	0	0	0	0	0	346,071	750,316	75,914	61,492	8,415	0
39 島根	0	0	0	0	0	0	0	0	9,826	8,077	688,066	19,137	0	0
40 岡山	0	246,346	31,393	0	52,823	0	79,318	326,997	875,202	262,821	169,296	8,830,533	1,057,032	289,588
41 広島	0	0	0	55,019	0	0	0	52,605	46,465	0	850,925	618,023	10,145,831	2,132,177
42 山口	0	0	0	0	0	0	0	33,259	46,954	0	79,940	0	191,786	1,938,818
43 香川	0	229,397	0	0	113,275	0	0	501,244	700,959	0	0	6,114	0	0
44 愛媛	0	167,431	0	41,093	90,620	0	0	63,666	128,391	0	0	37,853	64,728	0
45 徳島	0	0	0	0	0	46,954	0	338,963	0	0	0	101,968	70,554	0
46 高知	0	0	0	0	0	0	0	35,216	268	0	0	73,611	73,953	0
47 福岡	0	660,521	0	0	0	0	0	230,064	40,996	0	115,038	75,518	125,662	7,316
48 佐賀	0	70,707	0	0	0	0	0	273,501	0	0	0	55,054	63,806	0
49 長崎	0	0	0	0	0	0	0	0	0	0	0	0	0	0
50 熊本	0	0	0	0	0	0	0	0	0	0	0	32,364	0	32,364
51 大分	0	0	0	0	0	0	0	0	0	0	78,257	0	0	0
52 宮崎	0	38,837	0	0	0	0	0	39,128	0	0	0	70,707	0	0
53 鹿児島	0	0	0	0	0	0	0	0	0	0	0	0	50,867	24,700
54 沖縄	0	0	0	0	0	0	0	0	0	0	0	0	0	0
55 全国	3,458,691	20,640,151	3,903,187	1,887,210	6,426,004	1,260,421	2,052,137	23,055,570	19,923,233	1,216,566	2,138,627	13,096,933	13,223,344	4,660,827

平成28年度　　　　　　　　　　　　　　府県相互間輸送トン数表（自動車）　　　　　　　　　　　　（単位：トン）
品目（6-26）食料工業品　その4

発＼着	43 香川	44 愛媛	45 徳島	46 高知	47 福岡	48 佐賀	49 長崎	50 熊本	51 大分	52 宮崎	53 鹿児島	54 沖縄	55 全国
1 札幌	0	0	0	0	0	0	0	0	0	0	0	0	33,656,900
2 旭川	0	0	0	0	0	0	0	0	0	0	0	0	3,477,691
3 函館	0	0	0	0	0	0	0	0	0	0	0	0	3,882,098
4 室蘭	0	0	0	0	0	0	0	0	0	0	0	0	3,316,684
5 釧路	0	0	0	0	0	0	0	0	0	0	0	0	2,199,178
6 帯広	0	0	0	0	0	0	0	0	0	0	0	0	4,310,448
7 北見	0	0	0	0	0	0	0	0	0	0	0	0	2,776,258
8 北海道	0	0	0	0	0	0	0	0	0	0	0	0	53,619,258
9 青森	0	0	0	0	0	0	0	0	0	0	0	0	14,206,399
10 岩手	0	0	0	0	0	0	0	0	0	0	0	0	4,536,179
11 宮城	0	0	0	0	0	0	0	0	0	0	0	0	14,861,769
12 福島	0	0	0	0	0	0	0	0	0	0	0	0	3,587,355
13 秋田	0	0	0	0	0	0	0	0	0	0	0	0	2,218,708
14 山形	0	0	0	0	0	0	0	0	0	0	0	0	3,949,561
15 茨城	32,364	0	0	0	0	70,707	0	0	0	0	0	0	14,577,890
16 栃木	0	0	0	0	0	0	0	0	0	0	0	0	4,780,551
17 群馬	0	0	0	0	0	0	0	0	0	0	0	0	18,385,135
18 埼玉	0	0	0	0	109,078	0	0	0	0	32,364	0	0	26,857,438
19 千葉	0	0	0	0	0	0	0	0	0	0	0	0	16,981,723
20 東京	0	0	0	0	0	0	0	0	0	0	0	0	17,665,370
21 神奈川	0	81,558	0	0	0	0	0	0	0	0	0	0	25,130,665
22 新潟	0	0	0	0	35,353	0	0	0	0	0	0	0	12,158,589
23 富山	0	0	0	0	0	0	0	0	0	0	0	0	5,870,662
24 石川	0	0	0	0	0	0	0	0	0	0	0	0	4,280,679
25 福井	0	0	0	0	0	0	0	0	0	0	0	0	948,181
26 山梨	0	0	0	0	0	0	0	0	0	0	0	0	10,076,703
27 長野	0	0	0	0	31,303	0	0	0	0	0	0	0	10,507,461
28 静岡	0	0	0	0	0	0	0	0	0	0	0	0	16,259,874
29 岐阜	0	0	0	0	0	0	0	0	0	0	0	0	4,036,353
30 愛知	194,185	22,655	0	0	642,429	0	26,901	0	0	0	0	0	20,379,351
31 三重	0	46,954	0	0	51,892	0	0	0	0	0	0	0	4,325,883
32 滋賀	46,954	28,932	4,891	0	46,954	0	0	0	0	0	0	0	2,029,829
33 京都	279,498	122,412	0	0	0	0	0	0	0	0	0	0	8,041,723
34 奈良	22,331	46,954	0	0	0	0	0	0	0	0	0	0	597,517
35 和歌山	46,954	0	0	0	0	0	0	0	0	0	0	0	1,369,648
36 大阪	804,312	199,068	35,216	0	173,169	26,901	0	0	0	70,707	0	0	23,654,827
37 兵庫	488,262	41,085	87,251	0	228,922	118,447	0	35,601	0	0	0	0	21,565,981
38 鳥取	0	0	0	0	0	0	0	0	0	0	0	0	1,277,808
39 島根	0	0	0	0	0	0	0	0	0	0	0	0	736,758
40 岡山	427,754	396,775	125,728	115,430	214,878	0	0	32,364	0	0	0	0	13,925,570
41 広島	151,452	10,680	32,364	62,997	169,298	0	0	0	0	32,364	0	0	14,442,052
42 山口	0	0	0	0	239,001	0	34,097	0	0	0	0	0	2,563,855
43 香川	3,512,383	2,244,419	2,166,554	1,200,847	0	0	0	0	0	0	0	0	10,975,915
44 愛媛	2,001,249	8,258,597	181,517	3,313,641	58,256	0	0	0	0	0	0	0	14,278,650
45 徳島	680,487	188,208	1,306,699	0	274,005	0	0	0	0	0	50,867	0	3,268,006
46 高知	102,486	168,827	15,776	1,592,328	0	0	0	0	0	0	0	0	2,062,465
47 福岡	47,725	0	155,348	105,569	13,112,928	3,950,203	1,212,374	997,502	493,899	1,709,495	315,095	0	23,394,030
48 佐賀	0	0	0	0	2,700,472	2,791,039	822,711	334,232	17,106	197,613	16,218	0	7,465,166
49 長崎	0	0	0	0	120,985	342,741	848,934	26,901	0	0	0	0	1,339,562
50 熊本	0	31,792	0	0	441,142	134,482	2,105,483	199,238	0	665,415	366,936	0	4,009,216
51 大分	0	0	0	0	807,295	129,156	0	79,016	133,599	2,033,404	253,546	44,998	3,559,269
52 宮崎	0	0	0	0	279,037	184,623	0	167,799	512,349	6,282,837	110,029	0	7,788,417
53 鹿児島	0	0	0	0	236,683	136,023	114,280	71,093	0	104,102	2,840,929	0	3,605,399
54 沖縄	0	0	0	0	0	0	0	0	0	0	0	3,268,928	3,268,928
55 全国	8,838,396	11,888,916	4,111,343	6,390,812	19,973,607	7,884,321	3,173,914	3,868,974	3,255,995	9,349,273	3,745,071	3,268,928	485,423,000

平成28年度　　府県相互間輸送トン数表（自動車）　　品目（7-27）日用品　その1　（単位：トン）

発＼着	1 札幌	2 旭川	3 函館	4 室蘭	5 釧路	6 帯広	7 北見	8 北海道	9 青森	10 岩手	11 宮城	12 福島	13 秋田	14 山形
1 札幌	9,334,018	472,147	90,270	392,406	39,088	70,497	10,263	10,408,688	0	0	5,423	0	0	0
2 旭川	211,608	3,253,903	0	35,878	94,900	0	48,256	3,644,545	0	0	10,846	0	0	0
3 函館	15,916	0	2,100,132	14,099	0	0	0	2,130,148	0	0	0	0	0	0
4 室蘭	2,317,041	0	36,035	1,266,352	0	0	0	3,619,429	0	0	0	0	0	0
5 釧路	0	0	0	0	161,856	0	0	161,856	0	0	0	0	0	0
6 帯広	103,451	0	0	0	0	344,995	0	448,446	0	0	0	0	0	0
7 北見	596	0	0	0	0	0	514,632	515,228	0	0	0	0	0	0
8 北海道	11,982,631	3,726,050	2,226,437	1,708,735	295,844	415,493	573,151	20,928,340	0	0	16,269	0	0	0
9 青森	0	0	0	0	0	0	0	0	2,343,663	1,423,629	816,462	360,922	184,378	147,502
10 岩手	0	0	0	0	0	0	0	0	1,771,941	1,954,299	849,659	49,890	82,078	5,542
11 宮城	0	10,846	0	0	0	0	0	10,846	553,303	364,320	3,621,490	390,762	50,709	214,063
12 福島	65,074	0	0	0	0	0	0	65,074	408,944	285,628	182,071	2,978,985	0	113,179
13 秋田	0	0	0	0	0	0	0	0	29,766	808	0	0	444,706	51,902
14 山形	103,035	0	0	0	0	0	0	103,035	980,455	120,502	128,340	155,149	37,960	352,197
15 茨城	0	0	0	0	0	0	0	0	0	0	56,071	13,557	0	0
16 栃木	0	0	0	0	0	0	0	0	117,167	0	196,502	673,641	0	0
17 群馬	108,457	0	0	0	0	0	0	108,457	0	0	29,452	147,502	0	0
18 埼玉	65,074	0	0	0	0	0	0	65,074	0	13,479	409,432	343,556	0	0
19 千葉	0	0	0	0	0	0	0	0	0	140,995	82,211	10,846	0	21,691
20 東京	86,990	0	0	0	18,870	51,407	0	157,268	472,540	0	116,825	157,882	73,437	0
21 神奈川	0	65,074	0	0	0	0	0	65,074	37,740	0	53,914	32,537	0	373,636
22 新潟	0	0	0	0	0	0	0	0	0	0	173,846	94,774	6,739	0
23 富山	0	0	0	0	0	0	0	0	0	0	0	13,015	0	0
24 石川	0	0	0	0	0	0	0	0	0	0	0	0	0	0
25 福井	0	0	0	0	0	0	0	0	0	0	0	0	0	0
26 山梨	0	0	0	0	0	0	0	0	0	0	0	0	0	0
27 長野	0	0	0	0	0	0	0	0	0	0	0	0	0	0
28 静岡	0	0	0	0	0	0	0	0	0	0	23,224	11,388	0	0
29 岐阜	0	0	0	0	0	0	0	0	0	0	0	0	0	0
30 愛知	0	0	0	0	0	0	0	0	0	105,746	25,609	0	0	0
31 三重	0	0	0	0	0	0	0	0	0	0	88,827	0	0	0
32 滋賀	0	0	0	0	0	0	0	0	0	0	0	0	0	0
33 京都	18,870	0	0	0	0	0	0	18,870	0	0	43,383	0	0	0
34 奈良	0	0	0	0	0	0	0	0	0	0	0	0	0	0
35 和歌山	0	0	0	0	0	0	0	0	0	0	0	0	0	0
36 大阪	26,553	0	0	0	0	0	0	26,553	0	0	0	43,383	0	0
37 兵庫	0	0	0	0	0	0	0	0	0	0	7,050	0	0	71,853
38 鳥取	0	0	0	0	0	0	0	0	0	0	0	0	0	0
39 島根	0	0	0	0	0	0	0	0	0	0	0	0	0	0
40 岡山	0	0	0	0	0	0	0	0	0	0	0	0	0	0
41 広島	0	0	0	0	0	0	0	0	0	108,457	0	0	0	0
42 山口	0	0	0	0	0	0	0	0	0	0	0	0	0	0
43 香川	0	0	0	0	0	0	0	0	0	0	0	0	0	0
44 愛媛	0	0	0	0	0	0	0	0	0	0	0	59,652	0	0
45 徳島	0	0	0	0	0	0	0	0	0	0	0	0	0	0
46 高知	0	0	0	0	0	0	0	0	0	0	0	0	0	0
47 福岡	0	0	0	0	0	0	0	0	0	0	0	0	0	0
48 佐賀	0	0	0	0	0	0	0	0	0	0	0	0	0	0
49 長崎	0	0	0	0	0	0	0	0	0	0	0	0	0	0
50 熊本	0	0	0	0	0	0	0	0	0	0	0	0	0	0
51 大分	0	0	0	0	0	0	0	0	0	0	0	0	0	0
52 宮崎	0	0	0	0	0	0	0	0	0	0	0	0	0	0
53 鹿児島	0	0	0	0	0	0	0	0	0	0	0	0	0	0
54 沖縄	0	0	0	0	0	0	0	0	0	0	0	0	0	0
55 全国	12,456,685	3,801,970	2,226,437	1,708,735	314,714	466,900	573,151	21,548,591	6,821,265	4,585,962	6,746,789	5,537,441	880,006	1,351,566

平成28年度　　府県相互間輸送トン数表（自動車）　　品目（7-27）日用品　その2　（単位：トン）

発＼着	15 茨城	16 栃木	17 群馬	18 埼玉	19 千葉	20 東京	21 神奈川	22 新潟	23 富山	24 石川	25 福井	26 山梨	27 長野	28 静岡
1 札幌	0	0	0	65,074	0	0	2,440	16,174	0	0	0	0	0	0
2 旭川	0	0	0	0	0	0	65,074	0	0	0	0	0	0	0
3 函館	0	0	0	0	0	0	0	0	0	0	0	0	0	0
4 室蘭	0	0	0	0	0	0	0	0	0	0	0	0	0	0
5 釧路	0	0	0	0	0	37,740	0	0	0	0	0	0	0	0
6 帯広	0	0	0	0	0	0	0	0	0	0	0	0	0	0
7 北見	0	0	0	0	0	0	0	0	0	0	0	0	0	0
8 北海道	0	0	0	65,074	0	37,740	67,515	16,174	0	0	0	0	0	0
9 青森	0	260,303	0	0	2,115	10,656	18,870	0	0	0	0	0	0	0
10 岩手	0	0	8,134	52,287	97,612	3,389	0	0	0	0	0	0	0	0
11 宮城	98,984	55,368	0	54,142	0	57,285	1,617	53,902	0	0	0	0	0	16,269
12 福島	10,846	55,429	14,969	27,327	10,846	93,805	55,856	37,960	0	16,269	0	0	0	0
13 秋田	0	0	0	182,208	8,205	7,375	0	0	0	0	0	0	0	0
14 山形	0	0	0	0	0	21,480	11,117	0	0	0	0	0	0	0
15 茨城	1,020,706	107,291	52,784	804,645	514,043	515,101	347,877	17,895	0	0	0	0	0	66,159
16 栃木	132,601	1,292,522	128,533	420,447	409,174	267,382	90,562	0	0	17,353	0	54,229	0	53,952
17 群馬	16,042	728,100	4,503,305	1,848,294	96,546	211,492	572,422	0	0	12,093	0	0	152,925	0
18 埼玉	248,380	927,900	515,417	13,407,133	1,076,560	4,092,624	875,693	332,205	0	0	0	154,552	455,163	573,220
19 千葉	245,922	78,632	96,610	254,637	7,278,649	977,767	697,144	50,433	0	2,711	0	0	25,515	86,675
20 東京	1,139,848	409,630	312,043	3,657,282	1,422,718	13,957,714	1,584,686	164,324	2,711	0	53,914	75,745	114,151	256,610
21 神奈川	238,064	136,966	29,114	701,503	785,544	1,938,906	13,835,417	51,517	0	70,497	0	175,159	77,526	132,987
22 新潟	32,537	0	367,969	228,299	12,744	103,523	220,830	5,544,364	7,050	0	8,087	54,229	196,675	45,552
23 富山	0	54,229	59,652	0	1,033	37,418	0	0	1,375,801	91,897	94,683	0	16,269	43,383
24 石川	0	21,691	0	0	6,236	0	0	45,905	0	5,492,650	570,006	0	0	16,269
25 福井	0	0	0	0	0	0	0	0	5,903	19,884	489,197	0	0	0
26 山梨	0	0	9,761	0	0	17,953	31,182	1,061	0	0	0	1,578,624	75,844	0
27 長野	0	0	139	313,496	43,643	3,444	5,770	0	65,617	43,383	36,333	6,507	1,677,767	0
28 静岡	0	0	331	790,476	272,168	60,531	584,242	0	0	0	0	166,859	0	2,616,768
29 岐阜	0	0	0	0	0	0	253,790	13,557	245,114	0	0	0	50,015	336,923
30 愛知	0	0	216,264	879,459	361,215	397,643	193,596	226,405	115,507	680,087	0	16,269	119,899	528,752
31 三重	0	0	0	37,960	59,652	841	117,134	0	0	0	1,815	0	0	16,290
32 滋賀	0	0	0	0	0	96,527	10,846	0	0	0	3,729	0	54,229	0
33 京都	27,114	0	0	0	0	59,147	140,115	0	0	0	0	0	21,566	0
34 奈良	0	0	0	65,074	0	0	0	0	0	0	0	0	0	0
35 和歌山	24,261	0	23,048	88,107	0	239,691	0	0	0	0	43,383	0	0	0
36 大阪	53,144	73,751	0	378,945	86,766	229,387	104,661	0	216,915	104,318	98,696	0	91,283	253,690
37 兵庫	0	23,861	54,229	37,960	54,229	149,736	203,877	0	0	0	0	0	0	82,970
38 鳥取	0	0	0	0	0	0	0	0	0	0	0	0	0	0
39 島根	0	0	0	0	0	0	0	0	0	0	1,392	0	0	0
40 岡山	0	0	0	0	0	0	0	0	0	0	0	0	0	0
41 広島	0	0	0	45,021	4,664	29,283	214,203	0	0	0	0	37,038	0	0
42 山口	0	0	0	0	0	0	0	0	0	0	0	0	0	0
43 香川	0	0	11,930	0	0	178,955	0	0	0	0	37,960	0	0	54,229
44 愛媛	0	0	0	0	0	471,790	70,497	0	0	0	0	0	0	0
45 徳島	0	0	0	0	0	0	0	0	0	0	0	0	0	0
46 高知	0	0	0	0	0	0	0	0	0	0	0	0	0	0
47 福岡	0	0	0	35,791	0	0	124,726	32,537	0	32,537	0	0	32,537	0
48 佐賀	0	0	0	0	0	0	0	0	0	0	0	0	0	0
49 長崎	0	0	0	0	0	0	0	0	0	0	0	0	0	0
50 熊本	0	0	0	0	0	0	0	0	0	0	0	0	0	0
51 大分	0	0	0	0	119,303	0	0	0	0	0	0	0	0	0
52 宮崎	0	0	0	0	0	0	0	0	0	0	0	0	0	0
53 鹿児島	0	0	0	0	0	0	0	0	0	0	0	0	0	0
54 沖縄	0	0	0	0	0	0	0	0	0	0	0	0	0	0
55 全国	3,466,525	4,225,672	6,404,232	24,375,569	12,660,202	24,278,365	19,831,457	7,343,412	2,105,188	6,603,771	1,364,902	2,319,209	3,161,364	5,164,429

平成28年度　　　　　　　　　　府県相互間輸送トン数表（自動車）

品目 （7-27）日用品　その 3　　　　　　　　　　（単位：トン）

着／発	29 岐阜	30 愛知	31 三重	32 滋賀	33 京都	34 奈良	35 和歌山	36 大阪	37 兵庫	38 鳥取	39 島根	40 岡山	41 広島	42 山口
1 札幌	0	0	0	0	0	0	0	0	0	0	0	0	0	0
2 旭川	0	0	0	0	0	0	0	0	0	0	0	0	0	0
3 函館	0	0	0	0	0	0	0	0	0	0	0	0	0	0
4 室蘭	0	0	0	0	0	0	0	0	0	0	0	0	0	0
5 釧路	0	0	0	0	0	0	0	0	0	0	0	0	0	0
6 帯広	0	0	0	0	0	0	0	0	0	0	0	0	0	0
7 北見	0	0	0	0	0	0	0	0	0	0	0	0	0	0
8 北海道	0	0	0	0	0	0	0	0	0	0	0	0	0	0
9 青森	65,074	0	0	0	0	0	0	0	0	0	0	0	0	0
10 岩手	0	0	0	0	0	0	0	0	0	0	0	0	0	0
11 宮城	0	0	0	0	0	0	0	0	0	0	0	0	64,619	0
12 福島	0	0	0	0	0	0	0	51,517	0	0	0	0	0	0
13 秋田	0	0	0	0	0	0	0	0	0	0	0	0	0	0
14 山形	0	0	0	0	0	0	0	0	0	0	0	0	0	0
15 茨城	0	0	130,149	53,201	59,652	0	0	0	0	0	0	0	0	0
16 栃木	0	187,734	0	0	0	0	0	29,283	27,114	0	14,642	0	0	0
17 群馬	0	73,876	0	0	0	0	0	10,846	242,402	0	0	0	0	0
18 埼玉	10,846	511,377	0	0	63,881	0	0	337,194	242,402	0	0	0	0	0
19 千葉	8,134	388,278	0	0	0	0	56,940	84,518	9,761	0	0	0	0	0
20 東京	58,025	394,623	122,015	52,873	5,770	0	178,955	178,955	145,875	0	0	0	24,403	0
21 神奈川	86,766	638,641	0	0	139,368	29,653	0	212,034	59,526	0	0	0	36,333	0
22 新潟	13,557	38,231	117,134	0	0	0	0	0	0	0	0	0	0	0
23 富山	7,121	23,703	0	8,297	0	0	0	86,766	0	5,423	0	0	0	0
24 石川	0	59,652	0	0	0	0	0	0	37,960	0	0	0	0	0
25 福井	0	0	596	0	0	0	0	0	144,248	0	0	0	0	0
26 山梨	420,272	0	0	0	0	0	0	0	13,557	0	0	0	0	0
27 長野	50,731	86,027	0	0	56,940	0	0	8,134	0	0	0	0	0	0
28 静岡	10,846	264,673	3,254	0	54,229	0	0	266,018	27,114	0	0	0	0	0
29 岐阜	1,472,020	543,266	35,965	5,822	0	0	0	530,899	89,477	0	0	0	0	153,684
30 愛知	614,311	8,009,342	83,611	3,937	184,079	111,711	0	771,078	261,319	0	0	0	203,358	89,749
31 三重	73,637	441,075	2,493,254	39,045	37,563	93	0	83,133	151,840	0	0	0	0	0
32 滋賀	265	222,880	10,846	993,217	168,640	0	0	52,815	258,671	2,500	0	0	0	0
33 京都	0	111,169	4,967	85,022	1,474,888	136,295	2,722	686,213	71,770	0	0	0	26,957	0
34 奈良	0	0	4,471	4,173	2,949	1,685,723	1,564	89,029	164,628	0	0	0	0	0
35 和歌山	54,229	54,229	0	0	0	0	1,154	384,154	246,039	0	0	0	0	0
36 大阪	317,656	434,182	43,139	502,064	278,463	227,345	1,459,401	10,883,948	1,562,664	0	0	66,962	136,847	41,859
37 兵庫	0	394,563	39,609	84,058	297,365	3,925	0	2,661,912	5,229,950	0	271,144	265,439	12,473	75,920
38 鳥取	0	0	0	0	0	0	0	0	0	218,323	3,693	0	0	0
39 島根	0	0	0	0	13,557	0	0	120,062	7,592	20,243	979,309	997	19,452	0
40 岡山	0	162,957	0	0	0	0	0	66	136,643	0	0	2,565,402	296,312	0
41 広島	0	147,502	37,374	0	47,390	0	0	11,486	10,846	861	116,008	400,819	12,722,317	107,315
42 山口	49,113	0	0	0	0	0	0	0	0	0	0	0	5,861	1,767,814
43 香川	0	151,840	0	0	162,686	0	0	228,883	248,923	0	0	188,635	108,457	54,229
44 愛媛	0	151,840	0	0	0	0	116,049	215,288	130,149	0	0	0	33,200	0
45 徳島	0	0	0	0	0	0	0	0	0	0	0	0	0	216,915
46 高知	0	0	0	0	0	0	0	0	0	0	0	0	0	662
47 福岡	0	75,920	0	0	26,957	0	0	151,840	187,631	46,094	0	46,094	187,089	506,990
48 佐賀	0	10,846	0	109,602	0	0	0	0	54,229	0	0	0	0	0
49 長崎	0	0	0	0	0	0	0	0	0	0	0	0	0	0
50 熊本	0	0	0	0	0	0	0	0	0	0	0	0	0	0
51 大分	0	0	0	0	0	0	0	0	0	0	0	0	0	0
52 宮崎	0	0	0	0	0	0	0	54,229	0	0	0	0	0	0
53 鹿児島	0	0	0	0	0	0	0	0	0	0	0	0	0	0
54 沖縄	0	0	0	0	0	0	0	0	0	0	0	0	0	0
55 全国	3,312,603	13,578,425	3,126,382	2,140,540	3,026,987	2,311,949	2,083,736	18,052,185	9,273,890	293,445	1,384,795	3,762,109	13,739,665	2,925,388

平成28年度　　　　　　　　　　府県相互間輸送トン数表（自動車）

品目 （7-27）日用品　その 4　　　　　　　　　　（単位：トン）

着／発	43 香川	44 愛媛	45 徳島	46 高知	47 福岡	48 佐賀	49 長崎	50 熊本	51 大分	52 宮崎	53 鹿児島	54 沖縄	55 全国
1 札幌													10,497,800
2 旭川													3,720,465
3 函館													2,130,148
4 室蘭													3,619,429
5 釧路													199,596
6 帯広													448,446
7 北見													515,228
8 北海道													21,131,112
9 青森													5,633,575
10 岩手													4,874,832
11 宮城													5,607,678
12 福島		59,652											4,468,356
13 秋田													724,971
14 山形													1,910,234
15 茨城													3,759,130
16 栃木			54,229		2,440								4,115,556
17 群馬					76,462								8,598,390
18 埼玉													24,732,551
19 千葉						16,269							10,615,245
20 東京	211,492	70,497			119,303		4,328					2,169	25,698,611
21 神奈川					141,320								19,706,105
22 新潟													7,639,775
23 富山		11,457											1,903,060
24 石川					32,537								6,374,802
25 福井													659,828
26 山梨					91,533								2,238,726
27 長野													2,253,659
28 静岡													5,297,453
29 岐阜					32,411								3,762,944
30 愛知	75,920				75,920					31,809	21,566		14,453,172
31 三重					488								3,720,193
32 滋賀	75,920				43,383	98,685							2,144,670
33 京都									28,305				2,938,503
34 奈良		99,781	9,233										2,126,623
35 和歌山					8,087								1,166,382
36 大阪	833,333	495,108	246,198	29,779	467,357						27,631		19,815,428
37 兵庫	184,494	488,058	44,426		306,126	108,457							11,153,681
38 鳥取					14,642								236,658
39 島根					173,532								1,162,605
40 岡山	385,750	284,158	242,614		173,532								4,247,434
41 広島		15,900		54,229	748								14,064,071
42 山口		662			13,888								1,884,729
43 香川	4,814,167	3,633,449	663,821	411,781			16,269						11,118,054
44 愛媛	616,158	3,918,277	92,833	107,644	37,960								6,021,337
45 徳島	16,666		37,960	1,396,664									1,668,204
46 高知		623	120,388	239,013									360,686
47 福岡					9,648,671	1,096,390	137,695	813,031	1,635,976	106,847	140,875		15,033,692
48 佐賀					580,718	270,600	168,801	2,696	113,880				1,343,908
49 長崎					7,600	14,441	516,492	8,944					547,412
50 熊本					73,240	331	6,924	1,018,544	4,338	26	120,059		1,223,437
51 大分					192,297			32,537	410,522				754,687
52 宮崎									852,369	63,358			969,955
53 鹿児島								971,564	179,075	2,037,262			3,187,901
54 沖縄												2,887,173	2,887,173
55 全国	7,213,899	9,115,583	2,870,404	842,445	12,140,665	1,605,174	834,174	2,891,889	2,164,717	1,170,126	2,412,921	2,887,173	295,937,000

平成28年度　　　　府県相互間輸送トン数表（自動車）　　　品目（7-28）その他の製造工業品　　その1　　（単位：トン）

発＼着	1 札幌	2 旭川	3 函館	4 室蘭	5 釧路	6 帯広	7 北見	8 北海道	9 青森	10 岩手	11 宮城	12 福島	13 秋田	14 山形
1 札幌	572,459	0	43,803	24,627	377	1,949	0	643,216	0	0	0	0	0	0
2 旭川	0	200	0	0	0	0	0	200	0	0	0	0	0	0
3 函館	0	0	0	0	0	0	0	0	0	0	0	0	0	0
4 室蘭	175,605	0	0	400,270	0	0	0	575,874	0	0	0	0	0	0
5 釧路	0	0	0	0	3,581	0	0	3,581	0	0	0	0	0	0
6 帯広	0	0	0	0	0	63,521	0	63,521	0	0	0	0	0	0
7 北見	0	0	0	0	0	0	28,938	28,938	0	0	0	0	0	0
8 北海道	748,064	200	43,803	424,897	3,958	65,470	28,938	1,315,330	0	0	0	0	0	0
9 青森	0	0	0	0	0	0	0	0	392,496	3,508	0	0	0	0
10 岩手	0	0	0	0	0	0	0	0	56,210	1,296,519	84,766	0	26,234	0
11 宮城	0	0	0	0	0	0	0	0	0	24,261	1,306,181	127,259	6,425	16,597
12 福島	0	0	0	0	0	0	0	0	0	61,569	0	1,303,348	0	48,184
13 秋田	0	0	0	0	0	0	0	0	0	0	67,795	0	328,859	48,184
14 山形	0	0	0	0	0	0	0	0	0	0	14,156	54,489	5,300	1,421,727
15 茨城	2	0	0	0	0	0	0	0	0	0	0	0	0	42,830
16 栃木	0	0	0	0	0	0	0	0	0	0	0	396,535	0	0
17 群馬	0	0	0	0	0	0	0	0	0	0	0	0	0	0
18 埼玉	0	0	0	0	0	0	0	0	0	0	0	0	0	21,415
19 千葉	0	0	0	0	0	0	0	0	0	0	0	0	0	0
20 東京	0	0	0	0	0	0	0	0	0	0	3,534	0	0	0
21 神奈川	0	0	0	0	0	0	0	0	0	0	12,883	53,538	0	0
22 新潟	0	0	0	0	0	0	0	0	0	0	26,769	53,538	3,567	0
23 富山	0	0	0	0	0	0	0	0	0	0	0	0	0	0
24 石川	0	0	0	0	0	0	0	0	0	0	0	0	0	0
25 福井	0	0	0	0	0	0	0	0	0	0	0	0	0	0
26 山梨	0	0	0	0	0	0	0	0	0	0	0	0	0	0
27 長野	0	0	0	0	0	0	0	0	0	0	0	0	0	0
28 静岡	0	0	0	0	0	0	0	0	0	0	0	16,061	0	0
29 岐阜	0	0	0	0	0	0	0	0	0	0	0	0	0	0
30 愛知	0	0	0	0	0	0	0	0	0	0	0	0	0	0
31 三重	0	0	0	0	0	0	0	0	0	0	0	0	0	0
32 滋賀	0	0	0	0	0	0	0	0	0	0	0	0	0	0
33 京都	0	0	0	0	0	0	0	0	0	0	0	0	0	0
34 奈良	0	0	0	0	0	0	0	0	0	0	0	0	0	0
35 和歌山	0	0	0	0	0	0	0	0	0	0	0	0	0	0
36 大阪	0	0	0	0	0	0	0	0	0	0	0	498	0	0
37 兵庫	0	0	0	0	0	0	0	0	0	0	0	0	0	0
38 鳥取	0	0	0	0	0	0	0	0	0	0	0	0	0	0
39 島根	0	0	0	0	0	0	0	0	0	0	0	0	0	0
40 岡山	0	0	0	0	0	0	0	0	0	0	0	0	0	0
41 広島	0	0	0	0	0	0	0	0	0	0	0	0	0	0
42 山口	0	0	0	0	0	0	0	0	0	0	0	0	0	0
43 香川	0	0	0	0	0	0	0	0	0	0	0	0	0	0
44 愛媛	0	0	0	0	0	0	0	0	0	0	0	0	0	0
45 徳島	0	0	0	0	0	0	0	0	0	0	0	0	0	0
46 高知	0	0	0	0	0	0	0	0	0	0	0	0	0	0
47 福岡	0	0	0	0	0	0	0	0	0	0	0	0	0	0
48 佐賀	0	0	0	0	0	0	0	0	0	0	0	0	0	0
49 長崎	0	0	0	0	0	0	0	0	0	0	0	0	0	0
50 熊本	0	0	0	0	0	0	0	0	0	0	0	0	0	0
51 大分	0	0	0	0	0	0	0	0	0	0	0	0	0	0
52 宮崎	0	0	0	0	0	0	0	0	0	0	0	0	0	0
53 鹿児島	0	0	0	0	0	0	0	0	0	0	0	0	0	0
54 沖縄	0	0	0	0	0	0	0	0	0	0	0	0	0	0
55 全国	748,064	200	43,803	424,897	3,958	65,470	28,938	1,315,330	510,274	1,431,735	1,532,273	1,885,197	366,818	1,550,753

平成28年度　　　　府県相互間輸送トン数表（自動車）　　　品目（7-28）その他の製造工業品　　その2　　（単位：トン）

発＼着	15 茨城	16 栃木	17 群馬	18 埼玉	19 千葉	20 東京	21 神奈川	22 新潟	23 富山	24 石川	25 福井	26 山梨	27 長野	28 静岡
1 札幌	0	0	0	0	0	0	0	0	0	0	0	0	0	0
2 旭川	0	0	0	0	0	0	0	0	0	0	0	0	0	0
3 函館	0	0	0	0	0	0	0	0	0	0	0	0	0	0
4 室蘭	0	0	0	0	0	0	0	0	0	0	0	0	0	0
5 釧路	0	0	0	0	0	0	0	0	0	0	0	0	0	0
6 帯広	0	0	0	0	0	0	0	0	0	0	0	0	0	0
7 北見	0	0	0	0	0	0	0	0	0	0	0	0	0	0
8 北海道	0	0	0	0	0	0	0	0	0	0	0	0	0	0
9 青森	0	0	0	0	0	0	0	0	0	0	0	0	0	0
10 岩手	0	0	0	0	0	0	0	0	0	0	0	0	0	0
11 宮城	7,134	0	0	0	0	4,390	0	31,909	0	0	0	0	0	10,708
12 福島	53,003	360,311	0	37,477	128,491	0	330,934	50,145	0	0	0	0	0	108,701
13 秋田	0	0	0	0	0	0	0	0	0	0	0	0	0	0
14 山形	0	0	0	0	0	0	12,883	0	0	0	0	0	0	0
15 茨城	185,076	786	786	13,065	7,428	16,337	29,027	26,569	5,153	0	0	0	0	8,432
16 栃木	192,737	506,801	0	46,445	5,354	37,747	32,123	18,538	42,830	0	0	0	10,708	0
17 群馬	0	31	0	448,327	9,782	268	18,202	10,739	4,756	0	0	0	1,697	0
18 埼玉	46,953	35,335	16,951	243,672	351,048	241,986	111,385	69,399	6,425	0	0	0	16,061	0
19 千葉	3,225	0	0	2,822	741,377	335,133	289	5,153	0	0	0	0	7,730	0
20 東京	4,771	117,784	0	216,185	56,304	811,911	146,917	0	0	0	0	503	0	5,463
21 神奈川	13,359	0	8,031	6,960	83,230	126,888	850,330	0	21,415	0	0	0	0	45,507
22 新潟	0	0	0	4,996	36,875	13,184	0	236,865	0	0	0	0	0	0
23 富山	0	0	13,385	0	33,194	0	0	54,108	247,735	0	0	0	0	0
24 石川	0	0	0	0	0	0	0	0	42,717	392,891	3,131	0	0	0
25 福井	0	0	0	0	0	0	0	0	8,989	126	52,033	0	0	0
26 山梨	0	0	0	149,906	0	0	135,410	0	0	0	0	160,119	0	0
27 長野	2,577	0	0	0	0	0	0	0	0	0	0	189	969,988	5,354
28 静岡	0	0	0	0	0	6,025	567	0	0	0	0	0	0	1,220,214
29 岐阜	0	0	0	0	0	0	0	0	0	0	0	0	0	0
30 愛知	26,662	0	187,383	59,179	7,858	18,216	0	0	53,551	60,220	0	13,385	0	530,678
31 三重	0	0	0	0	0	0	0	0	0	0	0	0	0	0
32 滋賀	0	0	0	0	0	0	0	0	0	0	26,769	0	0	0
33 京都	0	0	0	0	0	0	0	0	0	0	0	0	0	0
34 奈良	0	0	0	0	0	0	0	0	0	0	0	0	0	0
35 和歌山	0	0	0	0	0	0	0	0	0	0	0	0	0	0
36 大阪	0	0	53,538	61,569	0	0	0	0	0	0	314	0	0	35,624
37 兵庫	0	0	0	0	0	0	5,354	0	26,769	0	14,991	0	25,698	0
38 鳥取	0	0	0	0	0	0	0	0	0	0	0	0	0	0
39 島根	0	0	0	0	0	0	0	53,538	0	0	0	0	0	0
40 岡山	0	0	0	0	0	0	0	0	0	0	0	0	0	0
41 広島	0	0	0	0	0	0	21,415	53,538	0	0	0	0	0	0
42 山口	0	0	0	42,830	0	0	0	0	0	0	0	0	0	0
43 香川	0	0	214,688	725,976	0	278,398	0	0	0	228,072	0	0	0	78,701
44 愛媛	0	0	0	0	0	0	0	0	0	0	0	0	0	0
45 徳島	0	0	0	0	12,464	0	0	0	0	0	0	0	0	0
46 高知	0	0	0	0	0	0	0	0	0	0	0	0	0	0
47 福岡	0	0	0	63,175	0	0	0	0	0	0	0	0	0	0
48 佐賀	0	0	0	0	0	0	0	0	0	0	0	0	0	0
49 長崎	0	0	0	0	0	0	0	0	0	0	0	0	0	0
50 熊本	0	0	0	0	0	0	0	0	0	0	0	0	0	0
51 大分	0	0	0	0	0	0	0	0	0	0	0	0	0	0
52 宮崎	0	0	0	0	0	10,951	0	0	0	0	0	0	0	0
53 鹿児島	0	0	0	0	0	0	0	0	0	0	0	0	0	0
54 沖縄	0	0	0	0	0	0	0	0	0	0	0	0	0	0
55 全国	535,496	1,021,048	992,878	1,634,248	1,430,697	1,941,610	1,698,324	604,517	455,584	681,308	97,238	174,195	1,031,882	2,049,382

平成28年度　　　府県相互間輸送トン数表（自動車）　　　品目 （7-28） その他の製造工業品　　（単位：トン）　その 3

着／発	29 岐阜	30 愛知	31 三重	32 滋賀	33 京都	34 奈良	35 和歌山	36 大阪	37 兵庫	38 鳥取	39 島根	40 岡山	41 広島	42 山口
1 札幌	0	0	0	0	0	0	0	0	0	0	0	0	0	0
2 旭川	0	0	0	0	0	0	0	0	0	0	0	0	0	0
3 函館	0	0	0	0	0	0	0	0	0	0	0	0	0	0
4 室蘭	0	0	0	0	0	0	0	0	0	0	0	0	0	0
5 釧路	0	0	0	0	0	0	0	0	0	0	0	0	0	0
6 帯広	0	0	0	0	0	0	0	0	0	0	0	0	0	0
7 北見	0	0	0	0	0	0	0	0	0	0	0	0	0	0
8 北海道	0	0	0	0	0	0	0	0	0	0	0	0	0	0
9 青森	0	0	0	0	0	0	0	0	0	0	0	0	0	0
10 岩手	0	0	0	0	0	0	0	0	0	0	0	0	0	0
11 宮城	0	0	0	0	0	0	0	0	0	0	0	0	0	0
12 福島	0	160,614	0	0	0	0	0	107,076	0	0	0	0	0	0
13 秋田	0	0	0	0	0	0	0	0	0	0	0	0	0	0
14 山形	0	0	0	0	0	0	0	0	0	0	0	0	0	0
15 茨城	0	0	0	0	0	0	0	0	0	0	0	0	0	0
16 栃木	0	0	0	0	0	0	0	0	0	0	0	0	0	0
17 群馬	0	0	0	2,378	0	0	0	0	0	0	0	0	0	0
18 埼玉	0	53,538	0	13,385	0	0	0	0	9,101	0	0	0	0	0
19 千葉	0	0	14,188	0	0	0	0	0	0	32,123	0	0	0	0
20 東京	0	0	0	0	0	0	0	0	0	0	0	0	0	0
21 神奈川	0	64,246	0	0	0	0	0	64,513	41,566	0	0	0	0	0
22 新潟	0	0	0	0	0	0	0	0	0	0	0	0	0	0
23 富山	0	0	0	0	0	0	0	53,538	0	0	0	0	10,708	0
24 石川	0	0	0	0	0	0	0	0	0	0	0	0	0	0
25 福井	0	0	0	3,748	0	0	0	0	11,778	0	0	0	0	0
26 山梨	0	56,215	0	0	0	0	0	0	0	0	0	0	0	0
27 長野	571	7,730	0	0	0	0	0	0	38,547	0	0	0	0	0
28 静岡	0	194,231	0	0	0	0	0	0	0	0	0	0	0	0
29 岐阜	269,463	4,423	0	0	4,756	0	0	0	0	0	0	0	0	0
30 愛知	30,655	2,443,324	23,194	39,294	0	0	0	6	0	0	0	0	0	0
31 三重	0	754	820,168	0	238	880	0	0	0	0	0	0	0	0
32 滋賀	0	148,996	0	231,914	4,275	0	0	153,498	0	0	0	0	0	0
33 京都	0	0	476	35,019	94,475	997	4,518	8,994	503	0	0	0	471	0
34 奈良	0	1,265	126	0	94	151,242	9,512	84,186	9,512	0	0	0	0	0
35 和歌山	0	0	476	0	804	0	45,922	0	0	0	0	0	0	0
36 大阪	1,257	0	5,354	115,447	69,784	132,866	38,675	864,943	98,817	0	0	0	0	0
37 兵庫	0	22,218	0	0	4,756	20,971	0	87,239	1,452,277	48,652	64,246	120,219	0	0
38 鳥取	0	0	0	0	0	0	0	0	11,890	326,825	0	0	0	0
39 島根	0	0	0	0	0	0	0	0	0	0	67,150	0	0	2,200
40 岡山	0	0	0	0	0	0	0	0	0	750	72,574	414,772	81,378	0
41 広島	0	0	53,538	0	0	0	0	0	0	0	0	503	626,604	19,256
42 山口	0	0	0	0	0	0	0	0	0	0	21,415	109,057	25,659	727,072
43 香川	0	0	0	0	0	0	0	13,385	0	0	0	0	0	10,708
44 愛媛	0	0	0	0	0	0	0	0	3,143	0	0	0	0	0
45 徳島	0	16,061	0	0	0	0	0	0	0	0	0	0	0	0
46 高知	0	0	0	0	0	0	0	0	5,658	0	0	0	0	0
47 福岡	0	0	0	0	0	0	0	0	0	0	0	0	666	409
48 佐賀	0	0	0	0	0	0	0	0	0	0	0	0	589	0
49 長崎	0	0	0	0	0	0	0	0	0	0	0	0	0	0
50 熊本	0	0	0	0	0	7,629	0	0	0	0	0	0	0	0
51 大分	0	0	0	0	0	0	0	0	0	0	0	0	0	0
52 宮崎	0	0	0	0	0	0	0	0	0	0	0	0	0	12,883
53 鹿児島	0	0	0	0	0	0	0	0	0	0	0	0	0	0
54 沖縄	0	0	0	0	0	0	0	0	0	0	0	0	0	0
55 全国	301,946	3,173,616	917,518	441,184	179,181	314,585	98,627	1,458,259	1,694,785	448,051	152,811	644,551	746,075	772,527

平成28年度　　　府県相互間輸送トン数表（自動車）　　　品目 （7-28） その他の製造工業品　　（単位：トン）　その 4

着／発	43 香川	44 愛媛	45 徳島	46 高知	47 福岡	48 佐賀	49 長崎	50 熊本	51 大分	52 宮崎	53 鹿児島	54 沖縄	55 全国
1 札幌	0	0	0	0	0	0	0	0	0	0	0	0	643,216
2 旭川	0	0	0	0	0	0	0	0	0	0	0	0	200
3 函館	0	0	0	0	0	0	0	0	0	0	0	0	0
4 室蘭	0	0	0	0	0	0	0	0	0	0	0	0	575,874
5 釧路	0	0	0	0	0	0	0	0	0	0	0	0	3,581
6 帯広	0	0	0	0	0	0	0	0	0	0	0	0	63,521
7 北見	0	0	0	0	0	0	0	0	0	0	0	0	28,938
8 北海道	0	0	0	0	0	0	0	0	0	0	0	0	1,315,330
9 青森	0	0	0	0	0	0	0	0	0	0	0	0	396,003
10 岩手	0	0	0	0	0	0	0	0	0	0	0	0	1,463,729
11 宮城	0	0	0	0	0	0	0	0	0	0	0	0	1,534,862
12 福島	0	0	0	0	0	0	0	0	0	0	0	0	2,701,668
13 秋田	0	0	0	0	0	0	0	0	0	0	0	0	444,839
14 山形	0	0	0	0	0	0	0	0	0	0	0	0	1,508,556
15 茨城	0	0	0	0	0	0	0	0	0	0	0	0	335,490
16 栃木	0	0	0	0	0	0	0	0	0	0	0	0	1,289,818
17 群馬	208,798	0	0	0	0	0	0	0	0	0	0	0	704,978
18 埼玉	403,677	0	0	0	0	0	0	0	0	0	0	0	1,640,332
19 千葉	0	0	0	0	0	0	0	0	0	0	0	0	1,142,039
20 東京	400,197	0	0	0	0	0	0	0	0	0	0	0	1,763,567
21 神奈川	52,467	0	0	0	0	0	0	0	0	0	0	0	1,444,934
22 新潟	0	0	0	0	0	0	0	0	0	0	0	0	375,794
23 富山	0	0	0	0	0	0	0	0	0	0	0	0	412,666
24 石川	107,076	0	0	0	0	0	0	0	0	0	0	0	545,815
25 福井	0	0	0	0	0	0	0	0	0	0	0	0	76,673
26 山梨	0	0	0	0	0	0	0	0	0	0	0	0	501,650
27 長野	0	0	0	0	0	0	0	0	0	0	0	0	1,024,955
28 静岡	42,295	0	0	0	0	0	0	0	26,769	0	0	0	1,506,163
29 岐阜	0	0	0	0	0	0	0	0	0	0	0	0	278,641
30 愛知	0	0	0	0	13,920	0	0	0	0	0	0	0	3,507,523
31 三重	0	0	0	0	0	0	0	0	0	0	0	0	822,040
32 滋賀	109,753	0	0	0	0	0	0	0	0	0	0	0	675,206
33 京都	0	6,286	0	0	0	0	0	0	0	0	0	0	151,739
34 奈良	0	0	0	0	0	0	0	0	0	0	0	0	255,937
35 和歌山	0	0	0	0	0	0	0	0	0	0	0	0	47,202
36 大阪	0	0	66,923	377	0	0	0	0	0	0	0	0	1,545,986
37 兵庫	0	21,683	0	0	0	0	0	0	0	0	0	0	1,915,072
38 鳥取	0	0	0	0	0	0	0	0	0	0	0	0	338,715
39 島根	26,769	0	0	0	0	0	0	0	0	0	0	0	96,119
40 岡山	645,826	12,883	53,538	0	0	0	0	0	0	0	0	0	1,335,258
41 広島	0	0	0	0	0	0	0	0	0	0	0	0	774,854
42 山口	11,243	0	0	0	0	0	0	101,722	0	0	0	0	1,038,998
43 香川	2,108,042	246,887	0	122,067	0	0	0	0	0	0	0	0	4,026,921
44 愛媛	681,379	267,110	1,446	11,702	0	0	0	0	0	0	0	0	964,779
45 徳島	427,699	0	38,065	0	0	0	0	0	0	0	0	0	494,290
46 高知	0	0	0	119,487	0	0	0	0	0	0	0	0	125,145
47 福岡	0	0	0	0	1,214,336	1,812,166	314	10,596	0	152,225	5,354	0	3,259,240
48 佐賀	0	0	0	0	122,865	30,487	3,319	20,242	9,890	0	0	0	187,393
49 長崎	0	0	0	0	0	0	11,439	0	0	0	0	0	11,439
50 熊本	0	0	0	0	28,394	2,378	0	215,321	0	0	2,458	0	256,179
51 大分	0	0	0	0	17,841	0	0	189	469,386	0	0	0	487,416
52 宮崎	0	0	0	0	3,329	163,291	0	0	42,830	2,289,103	1,489	0	2,523,876
53 鹿児島	0	0	0	0	0	0	0	189	0	76,069	416,835	26,769	519,862
54 沖縄	0	0	0	0	0	0	0	0	0	0	0	477,279	477,279
55 全国	5,225,220	554,850	159,972	253,632	1,400,686	2,008,322	15,072	348,258	548,876	2,517,396	426,136	504,048	48,247,000

平成28年度　　　　府県相互間輸送トン数表（自動車）　　　品目（8-29）金属くず　　（単位：トン）その1

発＼着	1 札幌	2 旭川	3 函館	4 室蘭	5 釧路	6 帯広	7 北見	8 北海道	9 青森	10 岩手	11 宮城	12 福島	13 秋田	14 山形
1 札幌	250,263	17,794	0	28,966	0	0	0	297,023	0	0	0	0	0	0
2 旭川	0	93,987	0	133,956	0	0	0	227,943	0	0	37,291	0	0	0
3 函館	0	0	24,236	3,203	0	0	0	27,439	0	0	0	0	0	0
4 室蘭	111,873	0	0	201,431	0	0	0	313,304	0	0	0	0	0	0
5 釧路	0	0	0	0	0	1,779	0	1,779	0	0	0	0	0	0
6 帯広	0	0	0	0	0	29,076	0	29,076	0	0	0	0	0	0
7 北見	0	0	0	0	0	0	26,229	26,229	0	0	0	0	0	0
8 北海道	362,136	111,781	24,236	367,556	0	30,855	26,229	922,793	0	0	37,291	0	0	0
9 青森	0	0	0	0	0	0	0	0	336,966	0	0	0	0	0
10 岩手	0	0	0	0	0	0	0	0	30,499	93,363	15,345	0	17,794	0
11 宮城	0	0	0	0	0	0	0	0	0	31,076	738,924	18,646	0	0
12 福島	0	0	0	0	0	0	0	0	0	26,414	319,197	227,012	0	5,979
13 秋田	0	0	0	0	0	0	0	0	144,250	28,471	0	37,688	597,700	0
14 山形	0	0	0	0	0	0	0	0	0	0	0	0	0	236,376
15 茨城	0	0	0	0	0	0	0	0	0	0	0	0	0	0
16 栃木	0	0	0	0	0	0	0	0	0	0	0	36,158	0	32,630
17 群馬	0	0	0	0	0	0	0	0	0	0	0	67,155	0	0
18 埼玉	0	0	0	0	0	0	0	0	0	0	0	27,968	0	0
19 千葉	0	0	0	0	0	0	0	0	0	0	0	0	0	0
20 東京	0	0	0	0	0	0	0	0	0	0	0	0	0	0
21 神奈川	0	0	0	0	0	0	0	0	0	0	0	24,861	63,115	0
22 新潟	0	0	0	0	0	0	0	0	0	0	0	0	0	0
23 富山	0	0	0	0	0	0	0	0	0	0	0	0	0	0
24 石川	0	0	0	0	0	0	0	0	0	0	0	0	0	0
25 福井	0	0	0	0	0	0	0	0	0	0	0	0	0	0
26 山梨	0	0	0	0	0	0	0	0	0	0	0	0	0	0
27 長野	0	0	0	0	0	0	0	0	0	0	0	0	0	0
28 静岡	0	0	0	0	0	0	0	0	0	0	0	0	0	0
29 岐阜	0	0	0	0	0	0	0	0	0	0	0	0	0	0
30 愛知	0	0	0	0	0	0	0	0	0	0	0	0	0	0
31 三重	0	0	0	0	0	0	0	0	0	0	0	0	0	0
32 滋賀	0	0	0	0	0	0	0	0	0	0	0	0	0	0
33 京都	0	0	0	0	0	0	0	0	0	0	0	0	0	0
34 奈良	0	0	0	0	0	0	0	0	0	0	0	0	0	0
35 和歌山	0	0	0	0	0	0	0	0	0	0	0	0	0	0
36 大阪	0	0	0	0	0	0	0	0	0	0	0	0	0	0
37 兵庫	0	0	0	0	0	0	0	0	0	0	0	0	0	0
38 鳥取	0	0	0	0	0	0	0	0	0	0	0	0	0	0
39 島根	0	0	0	0	0	0	0	0	0	0	0	0	0	0
40 岡山	0	0	0	0	0	0	0	0	0	0	0	0	0	0
41 広島	0	0	0	0	0	0	0	0	0	0	0	0	0	0
42 山口	0	0	0	0	0	0	0	0	0	0	0	0	0	0
43 香川	0	0	0	0	0	0	0	0	0	0	0	0	0	0
44 愛媛	0	0	0	0	0	0	0	0	0	0	0	0	0	0
45 徳島	0	0	0	0	0	0	0	0	0	0	0	0	0	0
46 高知	0	0	0	0	0	0	0	0	0	0	0	0	0	0
47 福岡	0	0	0	0	0	0	0	0	0	0	0	0	0	0
48 佐賀	0	0	0	0	0	0	0	0	0	0	0	0	0	0
49 長崎	0	0	0	0	0	0	0	0	0	0	0	0	0	0
50 熊本	0	0	0	0	0	0	0	0	0	0	0	0	0	0
51 大分	0	0	0	0	0	0	0	0	0	0	0	0	0	0
52 宮崎	0	0	0	0	0	0	0	0	0	0	0	0	0	0
53 鹿児島	0	0	0	0	0	0	0	0	0	0	0	0	0	0
54 沖縄	0	0	0	0	0	0	0	0	0	0	0	0	0	0
55 全国	362,136	111,781	24,236	367,556	0	30,855	26,229	922,793	511,715	179,324	1,110,757	439,488	678,610	274,985

平成28年度　　　　府県相互間輸送トン数表（自動車）　　　品目（8-29）金属くず　　（単位：トン）その2

発＼着	15 茨城	16 栃木	17 群馬	18 埼玉	19 千葉	20 東京	21 神奈川	22 新潟	23 富山	24 石川	25 福井	26 山梨	27 長野	28 静岡
1 札幌	0	0	0	0	0	0	0	0	0	0	0	0	0	0
2 旭川	0	0	0	0	0	0	0	0	0	0	0	0	0	0
3 函館	0	0	0	0	0	0	0	0	0	0	0	0	0	0
4 室蘭	0	0	0	0	0	0	0	0	0	0	0	0	0	0
5 釧路	0	0	0	0	0	0	0	0	0	0	0	0	0	0
6 帯広	0	0	0	0	0	0	0	0	0	0	0	0	0	0
7 北見	0	0	0	0	0	0	0	0	0	0	0	0	0	0
8 北海道	0	0	0	0	0	0	0	0	0	0	0	0	0	0
9 青森	0	0	0	0	0	0	0	0	0	0	0	0	0	0
10 岩手	0	0	0	0	0	0	0	0	0	0	0	0	0	0
11 宮城	31,076	0	0	0	0	0	0	0	0	0	0	0	0	0
12 福島	1,068	271,067	0	0	0	0	0	0	0	0	0	0	0	0
13 秋田	0	0	0	0	0	0	0	221,574	0	0	0	0	0	0
14 山形	0	0	0	0	0	0	0	0	60,101	0	0	0	0	0
15 茨城	1,564,500	434,590	0	56,478	337,390	0	142,949	0	0	0	0	0	37,902	0
16 栃木	66,550	723,037	247,610	0	159,589	0	26,228	0	0	0	0	0	0	0
17 群馬	131,568	87,431	814,811	166,760	0	0	71,506	135,584	0	0	0	0	0	0
18 埼玉	156,240	36,372	36,561	755,628	209,093	317,058	64,547	58,640	0	0	0	0	0	0
19 千葉	432,304	49,007	6,215	94,318	1,632,831	501,809	583,294	0	0	0	0	0	0	0
20 東京	68,491	0	1,424	156,861	371,961	1,067,993	33,567	0	0	0	0	43,062	0	0
21 神奈川	0	26,414	0	0	116,566	240,465	3,696,002	0	0	0	0	0	0	32,030
22 新潟	0	143,167	0	0	0	31,076	0	672,757	92,199	854	0	0	0	0
23 富山	64,047	0	0	0	0	0	0	170,312	903,122	0	0	0	0	0
24 石川	0	0	0	0	0	0	0	0	120,529	245,545	0	0	0	0
25 福井	0	0	0	0	0	0	0	0	0	0	534,241	0	0	0
26 山梨	0	0	0	0	0	0	0	0	0	0	0	141,274	0	40,190
27 長野	0	32,955	65,981	0	0	0	0	522,230	12,200	0	0	44,557	544,459	0
28 静岡	0	0	0	0	24,876	0	12,524	73,681	0	0	0	255,206	0	1,639,035
29 岐阜	0	0	0	0	0	0	0	0	0	0	0	0	0	0
30 愛知	0	0	0	0	10,321	0	29,645	0	36,175	0	0	0	0	1,099
31 三重	0	0	0	0	0	0	39,148	0	0	0	0	0	0	0
32 滋賀	0	0	0	0	0	0	0	0	0	0	0	0	0	0
33 京都	0	0	0	0	0	0	0	0	0	0	0	0	0	0
34 奈良	0	0	0	0	0	0	0	0	0	0	0	0	0	0
35 和歌山	0	0	0	0	0	0	0	0	0	0	0	0	0	0
36 大阪	0	0	0	0	0	0	0	0	36,909	0	0	0	0	0
37 兵庫	0	0	0	0	0	0	0	0	0	0	0	0	0	0
38 鳥取	0	0	0	0	0	0	0	0	0	0	0	0	0	0
39 島根	0	0	0	0	0	0	0	0	0	0	0	0	0	0
40 岡山	0	0	0	0	0	0	0	0	0	0	0	0	0	0
41 広島	0	0	0	0	0	0	0	0	0	0	0	0	0	0
42 山口	0	0	0	0	0	0	0	0	0	0	0	0	0	0
43 香川	0	0	0	0	0	0	0	0	0	0	0	0	0	0
44 愛媛	0	0	0	0	0	0	0	0	0	0	0	0	0	0
45 徳島	0	0	0	0	0	0	0	0	0	0	0	0	0	0
46 高知	0	0	0	0	0	0	0	0	0	0	0	0	0	0
47 福岡	0	0	0	0	0	0	0	0	0	0	0	0	0	0
48 佐賀	0	0	0	0	0	0	0	0	0	0	0	0	0	0
49 長崎	0	0	0	0	0	0	0	0	0	0	0	0	0	0
50 熊本	0	0	0	0	0	0	0	0	0	0	0	0	0	0
51 大分	0	0	0	0	0	0	0	0	0	0	0	0	0	0
52 宮崎	0	0	0	0	0	0	0	0	0	0	0	0	0	0
53 鹿児島	0	0	0	0	0	0	0	0	0	0	0	0	0	0
54 沖縄	0	0	0	0	0	0	0	0	0	0	0	0	0	0
55 全国	2,515,845	1,804,039	1,172,602	1,230,046	2,862,626	2,158,400	4,699,409	1,841,199	1,274,815	246,399	534,241	484,099	582,361	1,712,354

平成28年度　　府県相互間輸送トン数表（自動車）　　品目（8-29）金属くず　　（単位：トン）　その 3

着\発	29 岐阜	30 愛知	31 三重	32 滋賀	33 京都	34 奈良	35 和歌山	36 大阪	37 兵庫	38 鳥取	39 島根	40 岡山	41 広島	42 山口
1 札幌	0	0	0	0	0	0	0	0	0	0	0	0	0	0
2 旭川	0	0	0	0	0	0	0	0	0	0	0	0	0	0
3 函館	0	0	0	0	0	0	0	0	0	0	0	0	0	0
4 室蘭	0	0	0	0	0	0	0	0	0	0	0	0	0	0
5 釧路	0	0	0	0	0	0	0	0	0	0	0	0	0	0
6 帯広	0	0	0	0	0	0	0	0	0	0	0	0	0	0
7 北見	0	0	0	0	0	0	0	0	0	0	0	0	0	0
8 北海道	0	0	0	0	0	0	0	0	0	0	0	0	0	0
9 青森	0	0	0	0	0	0	0	0	0	0	0	0	0	0
10 岩手	0	0	0	0	0	0	0	0	0	0	0	0	0	0
11 宮城	0	0	0	0	0	0	0	0	0	0	0	0	0	0
12 福島	0	0	0	0	0	0	0	0	0	0	0	0	0	0
13 秋田	0	0	0	0	0	0	0	0	0	0	0	0	0	0
14 山形	0	0	0	0	0	0	0	0	0	0	0	0	0	0
15 茨城	0	0	0	0	0	0	0	0	0	0	0	0	0	0
16 栃木	21,753	69,765	0	0	0	0	0	0	0	0	0	0	0	0
17 群馬	0	0	0	0	0	0	0	0	0	0	0	0	34,183	0
18 埼玉	0	0	0	0	0	0	0	0	0	0	0	0	37,291	0
19 千葉	0	0	0	0	0	0	0	0	0	0	0	0	0	0
20 東京	0	0	0	0	0	0	0	0	0	0	0	0	0	0
21 神奈川	0	111,926	0	0	0	0	0	0	34,183	0	0	0	0	0
22 新潟	0	0	0	0	0	0	0	0	34,277	0	0	0	0	0
23 富山	0	0	0	0	0	0	0	0	31,959	0	0	0	0	0
24 石川	0	0	0	0	0	0	0	13,524	0	0	0	0	0	0
25 福井	0	0	0	0	0	0	0	0	0	0	0	0	0	0
26 山梨	0	0	0	0	0	0	0	0	0	0	0	0	0	0
27 長野	0	0	0	0	0	0	0	0	0	0	0	0	0	0
28 静岡	0	231,702	0	0	0	0	0	0	0	0	0	0	0	0
29 岐阜	208,250	37,724	0	0	0	0	0	0	0	0	0	0	0	0
30 愛知	183,168	3,338,117	0	31,760	0	0	0	3,108	145,124	0	0	40,834	0	0
31 三重	758	32,920	126,554	0	0	0	0	7,769	0	0	0	0	0	0
32 滋賀	60,501	69,672	2,486	188,046	9,182	0	0	3,132	0	0	0	0	0	0
33 京都	0	0	0	9,289	356,591	5,694	0	475,571	18,186	0	0	0	0	0
34 奈良	0	0	0	0	0	11,597	10,677	99,399	630	0	0	0	0	0
35 和歌山	0	0	0	0	0	0	124,164	104,666	0	0	0	0	0	0
36 大阪	0	174,641	24,047	41,918	183,985	36,980	41,781	1,331,923	205,812	0	0	0	0	0
37 兵庫	0	77,068	0	7,769	0	0	0	326,540	1,234,265	0	37,155	0	0	0
38 鳥取	0	0	0	0	0	0	0	0	0	165,278	453,316	0	36	0
39 島根	0	0	0	0	62,307	0	0	0	0	0	64,391	0	0	0
40 岡山	0	35,116	0	0	0	0	0	0	901,200	0	0	912,985	42,706	0
41 広島	0	0	0	0	0	0	0	24,612	0	0	107,022	265,325	1,362,968	64,131
42 山口	0	0	0	0	0	0	0	0	0	0	0	0	47,974	1,322,749
43 香川	0	0	0	0	0	0	0	0	0	0	0	0	0	0
44 愛媛	0	0	0	0	0	0	34,735	0	0	0	0	0	178,121	0
45 徳島	0	0	0	0	0	0	0	0	34,183	0	0	0	0	0
46 高知	0	0	0	0	0	0	0	0	0	0	0	0	0	0
47 福岡	0	0	0	0	0	0	0	0	0	0	0	0	0	196,710
48 佐賀	0	0	0	0	0	0	0	0	0	0	0	0	0	0
49 長崎	0	0	0	0	0	0	0	0	0	0	0	0	0	0
50 熊本	0	0	0	0	0	0	0	0	0	0	0	0	0	0
51 大分	0	0	0	0	0	0	0	0	0	0	0	0	0	153,102
52 宮崎	0	0	0	0	0	0	0	0	0	0	0	0	0	0
53 鹿児島	0	0	0	0	0	0	0	0	0	0	0	0	0	0
54 沖縄	0	0	0	0	0	0	0	0	0	0	0	0	0	0
55 全国	474,429	4,178,652	153,086	278,781	612,065	54,271	211,356	2,390,244	2,639,820	165,278	661,883	1,219,143	1,703,279	1,736,693

平成28年度　　府県相互間輸送トン数表（自動車）　　品目（8-29）金属くず　　（単位：トン）　その 4

着\発	43 香川	44 愛媛	45 徳島	46 高知	47 福岡	48 佐賀	49 長崎	50 熊本	51 大分	52 宮崎	53 鹿児島	54 沖縄	55 全国
1 札幌	0	0	0	0	0	0	0	0	0	0	0	0	297,023
2 旭川	0	0	0	0	0	0	0	0	0	0	0	0	265,234
3 函館	0	0	0	0	0	0	0	0	0	0	0	0	27,439
4 室蘭	0	0	0	0	0	0	0	0	0	0	0	0	313,304
5 釧路	0	0	0	0	0	0	0	0	0	0	0	0	1,779
6 帯広	0	0	0	0	0	0	0	0	0	0	0	0	29,076
7 北見	0	0	0	0	0	0	0	0	0	0	0	0	26,229
8 北海道	0	0	0	0	0	0	0	0	0	0	0	0	960,084
9 青森	0	0	0	0	0	0	0	0	0	0	0	0	336,966
10 岩手	0	0	0	0	0	0	0	0	0	0	0	0	157,002
11 宮城	0	0	0	0	0	0	0	0	0	0	0	0	819,721
12 福島	0	0	0	0	0	0	0	0	0	0	0	0	850,737
13 秋田	0	0	0	0	0	0	0	0	0	0	0	0	1,029,683
14 山形	0	0	0	0	0	0	0	0	0	0	0	0	296,477
15 茨城	0	0	0	0	0	0	0	0	0	0	0	0	2,573,809
16 栃木	0	0	0	0	0	0	0	0	0	0	0	0	1,383,319
17 群馬	0	0	0	0	0	0	0	0	0	0	0	0	1,508,999
18 埼玉	0	0	0	0	0	0	0	0	0	0	0	0	1,699,399
19 千葉	0	0	0	0	0	0	0	0	0	0	0	0	3,299,778
20 東京	0	0	0	0	0	0	0	0	0	0	0	0	1,743,358
21 神奈川	0	0	0	0	0	0	0	0	0	0	0	0	4,345,562
22 新潟	0	0	0	0	0	0	0	0	0	0	0	0	973,475
23 富山	0	0	0	0	0	0	0	0	0	0	0	0	1,170,294
24 石川	0	0	0	0	0	0	0	0	0	0	0	0	379,598
25 福井	0	0	0	0	0	0	0	0	0	0	0	0	534,241
26 山梨	0	0	0	0	0	0	0	0	0	0	0	0	181,463
27 長野	0	0	0	0	0	0	0	0	0	0	0	0	1,222,383
28 静岡	0	0	0	0	0	0	0	0	0	0	0	0	2,237,024
29 岐阜	0	0	0	0	0	0	0	0	0	0	0	0	245,973
30 愛知	38,845	0	0	0	0	0	0	0	0	0	0	0	3,858,196
31 三重	0	0	0	0	0	0	0	0	0	0	0	0	207,148
32 滋賀	0	0	0	0	0	0	0	0	0	0	0	0	333,019
33 京都	0	0	0	0	0	0	0	0	0	0	0	0	865,331
34 奈良	0	0	0	0	0	0	0	0	0	0	0	0	122,303
35 和歌山	0	0	0	0	0	0	0	0	0	0	0	0	228,830
36 大阪	0	0	0	0	0	0	0	0	0	0	0	0	2,077,996
37 兵庫	0	0	0	0	0	0	0	0	0	0	0	0	1,682,797
38 鳥取	0	0	0	0	0	0	0	0	0	0	0	0	618,629
39 島根	0	0	0	0	0	0	0	0	0	0	0	0	126,698
40 岡山	0	0	0	0	0	0	0	0	0	0	0	0	1,892,007
41 広島	0	0	0	0	71,092	0	0	0	0	0	0	0	1,895,150
42 山口	0	0	0	0	0	0	0	0	0	0	0	0	1,370,723
43 香川	1,973,703	126,197	61,711	0	0	0	0	0	0	0	0	0	2,161,611
44 愛媛	0	148,730	0	0	0	0	0	0	0	0	0	0	361,586
45 徳島	71,003	0	456,689	0	0	0	0	0	0	0	0	0	561,875
46 高知	12,430	0	0	224,573	0	0	0	0	0	0	0	0	237,003
47 福岡	0	0	0	0	1,081,273	160,063	79,585	35,197	304,354	0	0	0	1,857,182
48 佐賀	0	0	0	0	155,828	734,649	27,471	0	0	0	0	0	917,949
49 長崎	0	0	0	0	56,942	322,226	204,135	0	0	0	0	0	583,302
50 熊本	0	3,108	0	0	26,726	0	0	333,047	0	0	0	0	362,881
51 大分	0	0	0	0	149,223	0	0	0	830,149	0	0	0	1,132,475
52 宮崎	0	0	0	0	28,471	0	0	28,471	0	166,884	0	0	263,634
53 鹿児島	0	0	0	0	0	39,808	0	0	0	8,541	17,263	0	25,804
54 沖縄	0	0	0	0	0	0	0	0	0	0	0	430,761	430,761
55 全国	2,095,981	278,035	518,400	224,573	1,569,556	1,256,746	311,191	368,244	1,162,974	175,425	17,263	430,761	52,124,000

平成28年度 　　　　　　　　　　　　府県相互間輸送トン数表（自動車）　　　　　　　　　　　　　　　　　　（単位：トン）

品目（8-30）動植物性飼肥料　　その1

発＼着	1 札幌	2 旭川	3 函館	4 室蘭	5 釧路	6 帯広	7 北見	8 北海道	9 青森	10 岩手	11 宮城	12 福島	13 秋田	14 山形
1 札幌	126,800	55,615	0	188,854	28,363	46,994	0	446,626	0	0	0	0	0	0
2 旭川	0	1,534,714	0	0	0	0	0	1,534,714	0	0	0	0	0	0
3 函館	0	0	217,525	0	0	0	0	217,525	0	0	0	0	0	0
4 室蘭	290,057	49,572	104,227	3,899,027	0	358,492	116,791	4,818,166	0	0	0	0	0	0
5 釧路	28,363	0	0	0	2,550,274	175,264	156,354	2,910,256	0	0	0	0	0	0
6 帯広	0	0	0	0	0	5,088,217	0	5,088,217	0	0	0	0	0	0
7 北見	0	0	0	0	114,566	0	4,120,460	4,235,026	0	0	0	0	0	0
8 北海道	445,220	1,639,901	321,753	4,202,447	2,578,638	5,668,968	4,393,605	19,250,531	0	0	0	0	0	0
9 青森	0	0	0	0	0	0	0	0	1,252,894	425,893	50,053	0	22,246	0
10 岩手	0	0	0	0	0	0	0	0	118,401	1,077,718	0	0	0	0
11 宮城	0	0	0	0	0	0	0	0	0	376,699	637,408	544,897	230,072	201,627
12 福島	0	0	0	0	0	0	0	0	0	0	39,208	433,537	0	97,604
13 秋田	0	0	0	0	0	0	0	0	18,712	0	15,253	0	123,707	0
14 山形	0	0	0	0	0	0	0	0	0	0	0	0	33,369	466,111
15 茨城	0	0	0	0	0	0	0	0	0	0	13,982	92,120	38,096	0
16 栃木	0	0	0	0	0	0	0	0	0	7,017	0	0	0	0
17 群馬	0	0	0	0	0	0	0	0	0	0	0	0	0	0
18 埼玉	0	0	0	0	0	0	0	0	0	0	0	102,971	0	0
19 千葉	0	0	0	0	0	0	0	0	0	0	35,816	0	0	0
20 東京	0	0	0	0	0	0	0	0	0	0	0	0	0	0
21 神奈川	0	0	0	0	0	0	0	0	0	0	0	0	0	0
22 新潟	0	0	0	0	0	0	0	0	0	0	0	34,547	0	0
23 富山	0	0	0	0	0	0	0	0	0	0	0	0	0	0
24 石川	0	0	0	0	0	0	0	0	0	0	0	0	0	0
25 福井	0	0	0	0	0	0	0	0	0	0	0	0	0	0
26 山梨	0	0	0	0	0	0	0	0	0	0	0	15,203	0	0
27 長野	0	0	0	0	0	0	0	0	0	0	0	0	0	0
28 静岡	0	0	0	0	0	0	0	0	0	0	0	0	0	0
29 岐阜	0	0	0	0	0	0	0	0	0	0	0	0	0	0
30 愛知	0	0	0	0	0	0	0	0	0	0	0	0	0	0
31 三重	0	0	0	0	0	0	0	0	0	0	0	0	0	0
32 滋賀	0	0	0	0	0	0	0	0	0	0	0	0	0	0
33 京都	0	0	0	0	0	0	0	0	0	0	0	0	0	0
34 奈良	0	0	0	0	0	0	0	0	0	0	0	0	0	0
35 和歌山	0	0	0	0	0	0	0	0	0	0	0	0	0	0
36 大阪	0	0	0	0	0	0	0	0	0	0	0	0	0	0
37 兵庫	0	0	0	0	0	0	0	0	0	0	0	0	0	0
38 鳥取	0	0	0	0	0	0	0	0	0	0	0	0	0	0
39 島根	0	0	0	0	0	0	0	0	0	0	0	0	0	0
40 岡山	0	0	0	0	0	0	0	0	0	0	0	0	0	0
41 広島	0	0	0	0	0	0	0	0	0	0	0	0	0	0
42 山口	0	0	0	0	0	0	0	0	0	0	0	0	0	0
43 香川	0	0	0	0	0	0	0	0	0	0	0	0	0	0
44 愛媛	0	0	0	0	0	0	0	0	0	0	0	0	0	0
45 徳島	0	0	0	0	0	0	0	0	0	0	0	0	0	0
46 高知	0	0	0	0	0	0	0	0	0	0	0	0	0	0
47 福岡	0	0	0	0	0	0	0	0	0	0	0	0	0	0
48 佐賀	0	0	0	0	0	0	0	0	0	0	0	0	0	0
49 長崎	0	0	0	0	0	0	0	0	0	0	0	0	0	0
50 熊本	0	0	0	0	0	0	0	0	0	0	0	0	0	0
51 大分	0	0	0	0	0	0	0	0	0	0	0	0	0	0
52 宮崎	0	0	0	0	0	0	0	0	0	0	0	0	0	0
53 鹿児島	0	0	0	0	0	0	0	0	0	0	0	0	0	0
54 沖縄	0	0	0	0	0	0	0	0	0	0	0	0	0	0
55 全国	445,220	1,639,901	321,753	4,202,447	2,578,638	5,668,968	4,393,605	19,250,531	1,390,007	1,887,326	791,720	1,223,275	447,489	765,342

平成28年度 　　　　　　　　　　　　府県相互間輸送トン数表（自動車）　　　　　　　　　　　　　　　　　　（単位：トン）

品目（8-30）動植物性飼肥料　　その2

発＼着	15 茨城	16 栃木	17 群馬	18 埼玉	19 千葉	20 東京	21 神奈川	22 新潟	23 富山	24 石川	25 福井	26 山梨	27 長野	28 静岡
1 札幌	0	0	0	0	0	0	0	0	0	0	0	0	0	0
2 旭川	0	0	0	0	0	0	0	0	0	0	0	0	0	0
3 函館	0	0	0	0	0	0	0	0	0	0	0	0	0	0
4 室蘭	0	0	0	0	0	0	0	0	0	0	0	0	0	0
5 釧路	0	0	0	0	0	0	0	0	0	0	0	0	0	0
6 帯広	0	0	0	0	0	0	0	0	0	0	0	0	0	0
7 北見	0	0	0	0	0	0	0	0	0	0	0	0	0	0
8 北海道	0	0	0	0	0	0	0	0	0	0	0	0	0	0
9 青森	0	0	0	0	0	0	0	0	0	0	0	0	0	0
10 岩手	0	0	0	0	0	0	0	0	0	0	0	0	0	0
11 宮城	0	0	0	0	33,369	0	0	0	0	0	0	0	0	0
12 福島	0	0	0	6,996	0	0	0	0	0	0	0	0	0	0
13 秋田	0	0	0	0	0	0	0	0	0	0	0	0	0	0
14 山形	0	0	0	0	0	0	0	0	0	0	0	0	0	0
15 茨城	2,503,281	487,750	123,063	374,584	328,281	0	15,253	72,299	0	0	0	0	0	0
16 栃木	0	586,239	30,588	21,191	33,369	159,892	0	0	33,369	0	0	0	0	0
17 群馬	0	61,176	1,199,964	60,377	27,807	0	0	27,807	0	0	0	0	333,688	12,711
18 埼玉	74,739	0	136,898	348,895	35,380	16,289	20,855	0	0	0	0	0	8,643	0
19 千葉	339,795	0	0	113,795	948,875	6,118	0	0	0	0	0	0	0	0
20 東京	168,079	0	43,354	150,675	514,436	666,793	0	0	0	0	0	0	0	0
21 神奈川	59,731	0	36,706	0	203,958	24,023	650,208	0	0	0	0	0	42,545	0
22 新潟	16,630	0	0	0	0	0	0	1,012,971	0	0	0	0	0	0
23 富山	0	0	0	0	0	0	0	0	79,784	116,786	0	0	0	0
24 石川	0	0	0	0	0	0	0	0	7,017	91,382	0	0	0	0
25 福井	0	0	0	0	0	0	0	0	0	0	378,597	0	0	0
26 山梨	0	0	0	0	0	0	0	0	0	0	0	171,345	36,150	0
27 長野	0	0	166	0	0	0	0	0	19,465	0	0	0	431,119	0
28 静岡	0	0	25,421	0	0	0	0	0	0	0	0	189,383	7,626	731,148
29 岐阜	0	0	40,518	0	0	0	0	0	0	0	0	0	0	0
30 愛知	112,008	0	5,084	0	0	0	0	0	40,043	0	0	0	134,902	0
31 三重	56,226	27,807	0	0	0	0	0	0	12,711	0	0	0	0	0
32 滋賀	0	0	0	0	0	0	0	0	0	0	0	0	0	0
33 京都	0	0	0	0	0	0	0	0	0	0	0	0	0	0
34 奈良	0	0	0	0	0	0	0	0	0	0	0	0	0	0
35 和歌山	0	0	0	0	0	0	0	0	0	0	0	0	0	0
36 大阪	0	0	0	0	0	0	0	0	0	0	0	0	0	0
37 兵庫	27,807	0	0	0	0	0	0	0	0	0	0	0	0	0
38 鳥取	0	0	0	0	0	0	0	0	0	0	0	0	0	0
39 島根	0	0	0	0	0	0	0	0	0	0	0	0	0	0
40 岡山	0	0	0	0	0	0	0	0	0	0	0	0	0	0
41 広島	0	0	0	0	0	0	0	0	0	0	0	0	0	0
42 山口	0	0	0	0	0	0	0	0	0	0	0	0	0	0
43 香川	0	0	0	0	0	0	0	0	0	0	0	0	0	0
44 愛媛	0	0	0	0	0	0	0	0	0	0	0	0	0	0
45 徳島	0	0	0	0	0	0	0	0	0	0	0	0	0	0
46 高知	0	0	0	0	0	0	0	0	0	0	0	0	0	0
47 福岡	0	0	0	0	0	0	0	0	0	0	0	0	0	0
48 佐賀	0	0	0	0	0	0	0	0	0	0	0	0	0	0
49 長崎	0	0	0	0	0	0	0	0	0	0	0	0	0	0
50 熊本	0	0	0	0	0	0	0	0	0	0	0	0	0	0
51 大分	0	0	0	0	0	0	0	0	0	0	0	0	0	0
52 宮崎	0	0	0	0	0	0	0	0	0	0	0	0	0	0
53 鹿児島	0	0	0	0	0	0	0	0	0	0	0	0	0	0
54 沖縄	0	0	0	0	0	0	0	0	0	0	0	0	0	0
55 全国	3,358,298	1,162,973	1,641,763	1,076,514	2,125,475	873,116	686,316	1,113,077	192,388	208,168	378,597	360,728	994,673	743,859

- 358 -

平成28年度　　　府県相互間輸送トン数表（自動車）　　　品目（8-30）動植物性飼肥料　　　（単位：トン）　その3

着＼発	29 岐阜	30 愛知	31 三重	32 滋賀	33 京都	34 奈良	35 和歌山	36 大阪	37 兵庫	38 鳥取	39 島根	40 岡山	41 広島	42 山口
1 札幌	0	0	0	0	0	0	0	0	0	0	0	0	0	0
2 旭川	0	0	0	0	0	0	0	0	0	0	0	0	0	0
3 函館	0	0	0	0	0	0	0	0	0	0	0	0	0	0
4 室蘭	0	0	0	0	0	0	0	0	0	0	0	0	0	0
5 釧路	0	0	0	0	0	0	0	0	0	0	0	0	0	0
6 帯広	0	0	0	0	0	0	0	0	0	0	0	0	0	0
7 北見	0	0	0	0	0	0	0	0	0	0	0	0	0	0
8 北海道	0	0	0	0	0	0	0	0	0	0	0	0	0	0
9 青森	0	0	0	0	0	0	0	0	0	0	0	0	0	0
10 岩手	0	0	0	0	0	0	0	0	0	0	0	0	0	0
11 宮城	0	0	0	0	0	0	0	0	0	0	0	0	0	0
12 福島	0	0	0	0	0	0	0	0	0	0	0	0	0	0
13 秋田	0	0	0	0	0	0	0	0	0	0	0	0	0	0
14 山形	0	0	0	0	0	0	0	0	0	0	0	0	0	0
15 茨城	0	63,679	0	0	0	0	0	0	0	0	0	0	0	0
16 栃木	31,978	28,308	0	0	0	0	0	0	0	0	0	0	0	0
17 群馬	0	36,069	0	0	0	0	0	0	0	0	0	0	0	0
18 埼玉	0	0	0	0	0	0	0	0	0	0	0	0	0	0
19 千葉	0	36,150	0	0	0	0	0	0	0	0	0	0	0	0
20 東京	0	22,945	0	0	0	0	0	0	0	0	0	0	0	0
21 神奈川	0	0	0	0	0	0	0	0	0	0	0	0	0	0
22 新潟	0	0	0	0	0	0	0	0	0	0	0	0	0	0
23 富山	0	33,369	0	0	0	0	0	0	0	0	0	0	0	0
24 石川	0	0	0	0	0	0	0	0	0	0	0	0	0	0
25 福井	0	0	0	0	0	0	0	0	0	0	0	0	0	0
26 山梨	0	0	0	0	0	0	0	0	0	0	0	0	0	0
27 長野	0	0	0	0	0	0	0	0	0	0	0	0	0	0
28 静岡	0	0	79,759	35,037	0	0	0	0	0	0	0	0	0	0
29 岐阜	201,355	80,641	0	0	0	0	0	0	0	0	0	0	0	0
30 愛知	203,706	282,612	187,732	27,807	0	0	0	0	0	16,524	0	0	0	0
31 三重	67,850	111,925	1,743,987	55,615	0	13,258	0	8,186	0	19,109	0	0	0	0
32 滋賀	0	0	0	273,920	0	5,380	0	0	0	0	0	0	0	0
33 京都	0	0	0	36,150	406,394	0	0	71,976	86,755	93,559	0	0	0	0
34 奈良	0	0	0	0	0	137,357	0	0	0	0	0	0	0	0
35 和歌山	0	0	0	0	0	0	234,101	0	0	0	0	0	0	0
36 大阪	0	0	105,722	0	0	23,390	0	139,252	7,027	0	0	36,667	25,261	0
37 兵庫	0	5,005	0	204,794	288	0	0	104,943	2,558,496	183,033	61,176	80,481	5,561	0
38 鳥取	0	0	23,039	0	0	0	0	46,780	958,541	0	0	7,017	25,261	0
39 島根	0	0	0	0	0	0	0	0	0	0	445,185	44	103	0
40 岡山	0	36,150	0	0	0	0	0	0	107,207	0	138,510	331,694	57,656	94,059
41 広島	0	0	0	0	0	0	0	0	0	144,081	0	9,356	714,038	84,556
42 山口	0	0	0	0	0	0	0	0	0	0	0	0	25,472	0
43 香川	0	0	0	0	0	0	0	0	31,581	0	37,540	0	0	0
44 愛媛	0	0	0	0	0	0	0	0	0	0	0	36,150	0	0
45 徳島	0	0	0	0	0	0	0	0	0	0	0	0	0	0
46 高知	0	0	0	0	0	0	0	0	0	0	0	0	0	0
47 福岡	0	0	0	0	0	0	0	0	0	0	0	0	33,369	58,469
48 佐賀	0	0	0	0	0	0	0	0	0	0	0	0	0	614
49 長崎	0	0	0	0	0	0	0	0	0	0	0	0	0	0
50 熊本	0	0	0	0	0	0	0	0	0	0	0	0	0	0
51 大分	0	0	0	0	0	0	0	0	0	0	0	0	0	0
52 宮崎	0	0	0	0	0	0	0	0	0	0	0	0	0	0
53 鹿児島	0	0	0	0	0	0	0	0	0	0	0	0	0	0
54 沖縄	0	0	0	0	0	0	0	0	0	0	0	0	0	0
55 全国	504,889	736,852	2,140,239	633,323	406,683	179,385	234,101	371,138	2,791,066	1,414,848	682,411	501,408	886,721	237,698

平成28年度　　　府県相互間輸送トン数表（自動車）　　　品目（8-30）動植物性飼肥料　　　（単位：トン）　その4

着＼発	43 香川	44 愛媛	45 徳島	46 高知	47 福岡	48 佐賀	49 長崎	50 熊本	51 大分	52 宮崎	53 鹿児島	54 沖縄	55 全国
1 札幌	0	0	0	0	0	0	0	0	0	0	0	0	446,626
2 旭川	0	0	0	0	0	0	0	0	0	0	0	0	1,534,714
3 函館	0	0	0	0	0	0	0	0	0	0	0	0	217,525
4 室蘭	0	0	0	0	0	0	0	0	0	0	0	0	4,818,166
5 釧路	0	0	0	0	0	0	0	0	0	0	0	0	2,910,256
6 帯広	0	0	0	0	0	0	0	0	0	0	0	0	5,088,217
7 北見	0	0	0	0	0	0	0	0	0	0	0	0	4,235,026
8 北海道	0	0	0	0	0	0	0	0	0	0	0	0	19,250,531
9 青森	0	0	0	0	0	0	0	0	0	0	0	0	1,751,086
10 岩手	0	0	0	0	0	0	0	0	0	0	0	0	1,196,119
11 宮城	0	0	0	0	0	0	0	0	0	0	0	0	2,024,071
12 福島	0	0	0	0	0	0	0	0	0	0	0	0	577,346
13 秋田	0	0	0	0	0	0	0	0	0	0	0	0	157,671
14 山形	0	0	0	0	0	0	0	0	0	0	0	0	499,480
15 茨城	33,925	0	0	0	0	0	0	0	0	0	0	0	4,146,314
16 栃木	0	0	0	0	0	0	0	0	0	0	0	0	931,951
17 群馬	0	0	0	0	0	0	0	0	0	0	0	0	1,759,600
18 埼玉	0	0	0	0	0	0	0	0	0	0	0	0	744,672
19 千葉	0	0	0	0	0	0	0	0	0	0	0	0	1,480,548
20 東京	0	0	0	0	0	0	0	0	0	0	0	0	1,566,283
21 神奈川	0	0	0	0	0	0	0	0	0	0	0	0	1,017,171
22 新潟	0	0	0	0	0	0	0	0	0	0	0	0	1,064,148
23 富山	0	0	0	0	0	0	0	0	0	0	0	0	229,939
24 石川	0	0	0	0	0	0	0	0	0	0	0	0	98,399
25 福井	0	0	0	0	0	0	0	0	0	0	0	0	378,597
26 山梨	0	0	0	0	0	0	0	0	0	0	0	0	222,698
27 長野	0	0	0	0	0	0	0	0	0	0	0	0	450,750
28 静岡	0	0	0	0	0	0	0	0	0	0	0	0	1,068,375
29 岐阜	0	0	0	0	0	0	0	0	0	0	0	0	322,514
30 愛知	0	36,150	0	0	0	0	0	0	0	0	0	0	1,046,567
31 三重	0	0	0	0	0	0	0	0	0	0	0	0	2,116,675
32 滋賀	0	0	0	0	0	0	0	0	0	0	0	0	279,300
33 京都	0	0	0	0	0	0	0	0	0	0	0	0	694,834
34 奈良	0	0	0	0	0	0	0	0	0	0	0	0	137,357
35 和歌山	0	0	0	0	0	0	0	0	0	0	0	0	234,101
36 大阪	0	0	44,650	0	0	0	0	0	0	0	30,588	0	412,556
37 兵庫	0	6,355	0	0	0	0	0	0	0	0	0	0	3,237,941
38 鳥取	0	0	0	0	0	0	0	0	0	0	0	0	1,060,637
39 島根	0	0	0	0	0	0	0	0	0	0	0	0	445,333
40 岡山	1,014,910	0	88,823	20,633	0	0	0	0	0	0	0	0	1,889,642
41 広島	0	0	0	0	0	0	0	0	0	0	0	0	867,475
42 山口	0	0	0	0	24,255	0	0	0	0	0	0	0	134,283
43 香川	329,968	61,598	40,268	0	0	0	0	0	0	0	0	0	500,955
44 愛媛	0	412,872	0	43,935	0	0	0	0	0	0	0	0	492,956
45 徳島	0	0	211,154	0	0	0	0	0	0	0	0	0	211,154
46 高知	0	0	0	259,520	0	0	0	0	0	0	0	0	259,520
47 福岡	0	0	0	0	1,075,875	143,209	50,131	178,752	161,171	38,930	127,672	0	1,887,579
48 佐賀	0	33,048	0	33,048	153	314,628	87,542	45,116	0	36,150	0	0	550,298
49 長崎	0	0	0	0	115,511	45,123	623,103	0	0	0	0	0	783,737
50 熊本	0	0	0	0	51,478	54,352	72,099	1,266,416	66,738	66,738	0	0	1,577,820
51 大分	0	0	0	0	92,095	48,286	0	0	488,218	9,356	9,356	0	647,312
52 宮崎	0	0	0	0	0	0	0	16,684	54,422	2,017,075	143,048	0	2,231,229
53 鹿児島	0	16,524	0	0	0	0	40,321	66,738	0	868,321	2,929,733	0	3,921,635
54 沖縄	0	0	0	0	0	0	0	0	0	0	0	381,174	381,174
55 全国	1,378,803	566,546	384,894	357,135	1,359,368	605,597	873,196	1,573,706	770,549	3,036,569	3,240,397	381,174	66,920,000

平成28年度　　府県相互間輸送トン数表（自動車）

品目（8-31）その他の特種品　　　　（単位：トン）その1

着＼発	1 札幌	2 旭川	3 函館	4 室蘭	5 釧路	6 帯広	7 北見	8 北海道	9 青森	10 岩手	11 宮城	12 福島	13 秋田	14 山形
1 札幌	27,964,941	99,718		772,650	125,814	432,327	13,232	29,408,681			409,493			
2 旭川	287,203	5,576,269		148,266			39,522	6,051,259						
3 函館			4,663,388	52,856		137,476		4,853,720						
4 室蘭	319,281		27,361	4,764,921				5,111,561						
5 釧路	105,752				3,457,047	1,090,942		4,653,740						
6 帯広	580,682		137,476				4,824,160	5,542,318						
7 北見	133,955			6,820			4,444,739	4,585,516						
8 北海道	29,391,813	5,675,987	4,828,225	5,745,513	3,582,860	6,484,906	4,497,493	60,206,798			409,493			
9 青森	63,850							63,850	11,578,816	40,168		53,783	13,680	644
10 岩手									180,890	17,703,947		8,333	370,507	
11 宮城	96,475							96,475	260,682	318,679	10,234,255	897,650	65,882	2,507,402
12 福島	60,297							60,297	23,137	142,123	377,200	12,890,798	11,029	61,545
13 秋田									133,391			6,247	9,555,796	231,539
14 山形										99,763	927,011	74,388	312,264	14,181,296
15 茨城											12,059	395,551		78,989
16 栃木	120,593					39,906		160,500	45,177	21,147	54,730	124,258		124,495
17 群馬										60,297	55,569			499,250
18 埼玉										78,211	856,824	189,914	52,126	785,665
19 千葉										1,716	165,320	37,711	43,099	172,358
20 東京	121,417					43,897		165,314	333,408		275,603	401,075	60,146	1,475,163
21 神奈川											217,616	204,153	239,608	168,831
22 新潟	39,906							39,906			11,793	67,115	20,602	7,895
23 富山												43,033		
24 石川											31,925			
25 福井											31,925			
26 山梨										71,962			54,934	
27 長野											154,510	6,127	71,239	
28 静岡	96,962							96,962			36,178			379,869
29 岐阜										32,723				
30 愛知											771,522	222,440	2,451	118,954
31 三重												108,534		49,017
32 滋賀													60	
33 京都			31,925					31,925						
34 奈良														
35 和歌山														
36 大阪										12,059	1,639,109	27,934		66,417
37 兵庫											235,157			
38 鳥取														
39 島根														
40 岡山														
41 広島												19,700		
42 山口														
43 香川														
44 愛媛														
45 徳島														
46 高知														
47 福岡														
48 佐賀														
49 長崎														
50 熊本														
51 大分														
52 宮崎														
53 鹿児島														
54 沖縄														
55 全国	29,991,313	5,675,987	4,860,150	5,745,513	3,582,860	6,568,710	4,497,493	60,922,025	12,422,111	18,655,887	16,556,308	15,794,597	10,860,387	20,908,683

平成28年度　　府県相互間輸送トン数表（自動車）

品目（8-31）その他の特種品　　　　（単位：トン）その2

着＼発	15 茨城	16 栃木	17 群馬	18 埼玉	19 千葉	20 東京	21 神奈川	22 新潟	23 富山	24 石川	25 福井	26 山梨	27 長野	28 静岡
1 札幌				96,475		104,281				63,722				
2 旭川		66,326				108,534								
3 函館														
4 室蘭														
5 釧路														
6 帯広														
7 北見														
8 北海道		66,326		96,475		212,815				63,722				
9 青森					31,925	241,187		23,744						
10 岩手	9,044		7,981	70,395	1,716	5,986	126,318						7,723	980
11 宮城	35,396	26,371	13,680	898,599	171,141	200,993	53,629	21,446					82,353	
12 福島	129,703	223,217	38,794	400,508		58,398	74,873	17,039						
13 秋田		103,226						132,653						
14 山形	9,803	114,533	370,740	717,831	83,149	1,579,437	806,898	26,590					96,475	482,373
15 茨城	19,696,680	279,356	64,835	356,587	657,679	655,653	122,277	50,722					4,902	
16 栃木	644,619	12,559,900	203,471	292,210	101,388	190,052	34,480		8,473			16,566	2,984	118
17 群馬	76,961	1,025,791	9,102,502	275,792	48,225	277,247	202,032	35,096					2,984	6,030
18 埼玉	1,493,572	853,223	920,666	30,244,243	2,103,209	5,005,364	1,405,969	145,224	13,970			34,624	271,335	95,988
19 千葉	948,994	64,561	48,800	1,228,093	19,209,640	2,908,636	485,651	10,048						86,480
20 東京	2,068,060	639,743	406,980	14,759,468	5,814,040	74,293,061	9,305,597	25,027	48,237			343,609	44,564	1,633,574
21 神奈川	1,005,021	103,826	172,990	1,139,978	850,055	3,255,658	45,895,779	201,858	2,451	88,503		345,275	27,934	472,647
22 新潟	18,129	139,862	85,657	185,416	3,389	48,237	49	21,161,209	100,306	17,217		50,462	217,124	12,254
23 富山	28,038				48,237	49		474,033	12,478,552	120,524		62,023	18,681	12,254
24 石川								79,106	143,048	21,753,386	126,527		35,145	
25 福井		14,705					114,871		105,629	157,067	16,232,178		9,411	
26 山梨		53,260	7,982	33,071		370,337	104,719					11,298,756	140,205	144,477
27 長野		4,367	91,069	60,086	5,525	486,966	26,737	114,180	1,225		41,174	1,637	10,476,425	29,436
28 静岡	75,481			449,112	84,907	26,850	582,270		61,917		23,727	428,312	29,410	14,919,602
29 岐阜				170,246	26,446	180,255		4,237	42,595			7,661		205,612
30 愛知	142,156	58,645		566,549	361,516	697,873	153,495	125,252	212,552	110,014	234,540	102,504	415,876	1,108,545
31 三重	35,802			130,396	26,741	330,774		248,811	33,595		87			26,073
32 滋賀	22,160	11,396		48,237	48,237		28,104	11,184	12,279		24,698		33,086	131,365
33 京都	460,336	138,682		7,236		308,116	49,443	325,248	10,944				48,237	48,237
34 奈良	235,157	48,237		54,267						63,914				42,208
35 和歌山		9,803		48,237		334,757								
36 大阪	24,756		18,089	83,053	402,781	599,844	596,197	135,532	40,733	61,142			74,663	521,054
37 兵庫			51,077			338,881	130,384	172,731		109,450				132,653
38 鳥取														
39 島根														
40 岡山						48,237			31,861					4,902
41 広島		28,675	24,508	44,169		123,487	199,306						31,252	25,994
42 山口						53,090								
43 香川														
44 愛媛				161,619			1,266			241,187			76,854	
45 徳島						43,258								
46 高知														
47 福岡	39,906				2,451	19,953						120,593		48,237
48 佐賀					39,906									
49 長崎														
50 熊本					31,925							67,532	2,451	
51 大分					54,267									
52 宮崎					51,855									
53 鹿児島														
54 沖縄														
55 全国	27,199,777	16,567,707	11,603,256	52,443,258	30,228,426	92,964,216	60,686,039	23,398,270	13,358,417	22,680,406	16,850,672	12,814,774	12,154,752	20,178,838

- 360 -

平成28年度　　　　　　　　　　　　府県相互間輸送トン数表（自動車）
品目　（8-31）その他の特種品　　（単位：トン）　その3

着\発	29 岐阜	30 愛知	31 三重	32 滋賀	33 京都	34 奈良	35 和歌山	36 大阪	37 兵庫	38 鳥取	39 島根	40 岡山	41 広島	42 山口
1 札幌	0	0	60,297	0	0	0	0	72,356	0	0	0	0	0	0
2 旭川	0	0	0	0	0	0	0	0	0	0	0	0	0	0
3 函館	0	0	0	0	0	0	0	0	0	0	0	0	0	0
4 室蘭	0	0	0	0	0	0	0	0	0	0	0	0	0	0
5 釧路	0	0	0	0	0	0	0	0	0	0	0	0	0	0
6 帯広	0	0	0	0	0	0	0	0	0	0	0	0	0	0
7 北見	0	0	0	0	0	0	0	0	0	0	0	0	0	0
8 北海道	0	0	60,297	0	0	0	0	72,356	0	0	0	0	0	0
9 青森	0	0	0	0	0	0	0	0	0	0	0	0	0	0
10 岩手	0	0	0	0	0	0	0	0	0	0	0	0	0	0
11 宮城	0	770,376	0	0	0	0	0	1,242,188	109,804	0	0	0	0	0
12 福島	0	324,227	0	0	0	0	0	0	2,451	0	0	0	0	0
13 秋田	0	0	0	0	0	0	0	0	0	0	0	0	0	0
14 山形	0	24,535	0	0	0	0	0	123,510	0	0	0	0	0	0
15 茨城	0	155,292	0	48,237	51,252	289,424	0	60,942	0	0	0	0	0	0
16 栃木	0	61,099	17,156	0	0	54,267	0	48,237	0	0	0	0	0	0
17 群馬	0	22,596	9,803	0	0	0	0	24,508	0	0	0	0	0	0
18 埼玉	132,520	327,181	240,579	51,252	0	48,237	80,496	60,297	171,375	0	0	0	0	31,354
19 千葉	0	366,893	112,245	0	0	2,911	0	311,734	41,439	0	0	0	42,208	0
20 東京	0	500,269	253,246	0	365,437	48,237	273,445	336,342	178,028	0	0	48,237	172,265	0
21 神奈川	100,695	35,376	18,188	6,617	63,850	0	0	351,078	312,660	0	0	14,705	197,119	0
22 新潟	0	12,312	224,303	0	159,183	0	0	209,531	57,885	0	0	0	0	0
23 富山	5,882	67,790	0	2,451	0	0	0	93,165	0	0	0	0	0	0
24 石川	60,847	19,342	0	0	0	30,438	0	57,885	125,598	0	0	0	0	0
25 福井	141,697	150,323	2,586	8,578	0	0	0	74,464	0	0	0	0	0	0
26 山梨	0	0	156,771	0	0	0	0	80,195	0	0	0	0	0	0
27 長野	3,186	476,389	60,732	17,559	48,237	0	0	0	0	0	0	19,325	90,041	0
28 静岡	0	950,684	0	0	0	60,297	0	273,130	49,485	0	0	1,778	209,067	0
29 岐阜	11,371,031	614,271	107,119	49,443	0	0	0	23,695	12,059	0	0	67,746	36,178	0
30 愛知	741,888	35,485,957	1,084,175	1,334,032	126,623	42,257	0	466,771	170,103	0	0	297,314	198,721	16,615
31 三重	0	1,553,558	14,378,250	55,331	969	73,822	5,557	133,073	437,925	35,816	0	30,145	0	0
32 滋賀	13,007	537,064	420,529	8,429,691	470,639	60,801	0	71,988	28,246	17,237	0	107,834	65,688	0
33 京都	9,160	236,966	33,490	356,078	8,995,102	94,783	22,746	1,291,321	204,802	227,185	399	0	2,203	0
34 奈良	0	27,934	184,223	4,888	0	61,850	8,033,768	44,659	1,156,765	235,069	0	0	0	0
35 和歌山	0	0	4,888	0	0	44,840	11,033,626	105,648	0	0	0	0	0	0
36 大阪	4,166	298,037	837,252	500,564	2,620,178	1,647,204	360,303	40,724,556	3,820,494	142,437	112,725	230,805	307,206	122,704
37 兵庫	90,032	140,969	69,293	0	763,809	55,662	31,888	3,989,229	22,376,349	172,858	3,167	257,074	99,199	0
38 鳥取	0	0	21,972	0	180,890	0	0	7,843	74,768	5,227,754	1,158,178	546,152	18,294	0
39 島根	0	0	0	0	399	399	0	56,295	0	1,022,184	12,087,893	113	62,657	0
40 岡山	42,365	316,910	0	55,874	25,244	69,599	122,926	188,782	241,285	42,208	0	8,709,719	951,183	167,469
41 広島	24,119	289,918	0	68,599	50,456	28,315	0	336,901	43,025	8,117	84,428	1,184,090	22,322,957	953,776
42 山口	0	0	0	0	0	0	0	212,546	3,970	0	19,516	335,826	1,515,435	13,355,089
43 香川	0	19,355	0	0	0	0	0	12,705	36,830	0	0	88,319	2,440	0
44 愛媛	332,855	326,890	450,368	220,451	223,164	0	0	372,277	654,647	14,964	0	154,347	236,561	0
45 徳島	0	101,298	0	0	0	0	0	410,259	31,153	0	3,564	0	0	18,609
46 高知	0	0	0	0	0	0	0	0	0	0	0	0	250,442	18,089
47 福岡	16,946	205,009	66,326	0	197,773	35,916	0	819,025	612,343	118,881	60,297	211,681	302,439	313,515
48 佐賀	36,178	515,536	54,267	0	0	0	0	14,616	0	0	0	45,222	47,368	548,015
49 長崎	0	39,906	331,631	0	0	0	0	0	0	0	0	0	0	0
50 熊本	0	0	0	0	0	0	0	5,535	30	0	0	106,436	129,704	22,968
51 大分	0	0	0	0	0	0	0	0	0	0	0	0	0	2,451
52 宮崎	65,047	99,766	0	0	0	0	0	64,517	33,521	0	0	0	52,458	0
53 鹿児島	102,504	0	0	0	0	0	0	51,855	0	0	0	0	0	0
54 沖縄	0	0	0	0	0	0	0	0	0	0	0	0	0	0
55 全国	13,294,128	45,074,026	19,199,695	11,204,758	14,465,352	10,660,882	11,975,646	53,935,766	30,065,347	7,029,639	13,530,165	12,456,869	27,311,831	15,570,652

平成28年度　　　　　　　　　　　　府県相互間輸送トン数表（自動車）
品目　（8-31）その他の特種品　　（単位：トン）　その4

着\発	43 香川	44 愛媛	45 徳島	46 高知	47 福岡	48 佐賀	49 長崎	50 熊本	51 大分	52 宮崎	53 鹿児島	54 沖縄	55 全国
1 札幌	0	0	0	0	0	0	0	0	0	0	0	0	30,215,304
2 旭川	0	0	0	0	0	0	0	0	0	0	0	0	6,226,119
3 函館	0	0	0	0	0	0	0	0	0	0	0	0	4,853,720
4 室蘭	0	0	0	0	0	0	0	0	0	0	0	0	5,111,561
5 釧路	0	0	0	0	0	0	0	0	0	0	0	0	4,653,740
6 帯広	0	0	0	0	0	0	0	0	0	0	0	0	5,542,318
7 北見	0	0	0	0	0	0	0	0	0	0	0	0	4,585,516
8 北海道	0	0	0	0	0	0	0	0	0	0	0	0	61,188,280
9 青森	0	0	0	0	0	0	0	0	0	0	0	0	11,994,013
10 岩手	0	0	0	0	0	0	0	0	0	0	0	0	18,547,605
11 宮城	0	0	0	0	0	0	0	0	0	0	0	0	18,007,002
12 福島	0	0	0	0	0	0	0	0	0	0	0	0	14,835,340
13 秋田	0	0	0	0	0	0	0	0	0	0	0	0	10,162,853
14 山形	0	0	0	0	0	0	0	0	0	0	0	0	20,030,597
15 茨城	0	0	0	0	168,338	0	0	0	0	0	0	0	23,148,774
16 栃木	0	0	0	0	0	0	0	0	0	0	0	0	14,745,739
17 群馬	0	0	0	0	0	0	0	0	0	0	0	0	11,741,248
18 埼玉	0	2,557	19,064	0	31,925	0	0	53,061	0	54,267	0	0	45,854,293
19 千葉	0	0	0	0	0	0	0	0	0	0	0	0	26,288,537
20 東京	0	195,735	0	0	19,953	0	0	0	0	33,521	0	0	114,517,387
21 神奈川	0	9,044	0	0	110,579	0	0	0	0	151,222	0	0	55,763,704
22 新潟	0	0	0	0	0	0	0	0	0	0	0	0	22,797,768
23 富山	0	0	0	0	0	0	0	0	0	0	0	0	13,459,610
24 石川	0	60,297	0	0	0	0	0	0	0	0	0	0	22,523,544
25 福井	0	0	0	0	0	0	0	0	0	0	0	0	17,043,432
26 山梨	0	0	0	0	48,237	0	0	0	0	0	48,237	0	12,613,145
27 長野	0	0	0	0	84,240	0	0	0	0	0	0	0	12,370,414
28 静岡	0	0	0	0	367,488	0	0	0	0	0	0	0	19,131,035
29 岐阜	0	0	78,796	24,508	210,877	171,845	0	0	0	51,252	0	0	13,488,595
30 愛知	194,398	672,978	502,419	0	90,445	167,139	106,233	48,237	0	0	0	0	47,151,188
31 三重	0	60,297	0	0	78,386	42,208	66,326	0	0	0	0	0	17,941,493
32 滋賀	0	0	62,311	0	14,828	147,727	0	0	0	0	0	0	10,818,400
33 京都	0	0	25,419	0	319,427	0	0	0	0	0	0	0	13,247,487
34 奈良	0	0	0	0	48,237	54,267	0	0	0	0	0	0	10,290,557
35 和歌山	0	4,104	0	0	0	0	0	0	0	0	0	0	11,585,903
36 大阪	94,871	411,678	271,011	66,326	909,111	0	60,297	593,529	0	52,458	0	0	58,491,280
37 兵庫	64,891	141,641	165,638	0	305,759	117,060	0	19,953	0	0	33,521	0	30,068,324
38 鳥取	0	0	0	0	0	0	0	0	0	0	0	0	7,235,848
39 島根	0	0	0	0	0	0	0	399	3,100	0	0	0	13,233,439
40 岡山	604,692	262,738	0	0	144,712	0	0	0	83,329	0	0	0	12,114,032
41 広島	4,067	546,636	31,281	160,721	282,246	0	0	88,739	0	52,458	0	0	26,969,203
42 山口	0	92,066	18,089	0	374,767	0	0	0	25,856	0	0	0	16,094,989
43 香川	16,838,624	946,502	282,469	332,854	47,725	0	0	78,386	0	0	0	0	18,686,210
44 愛媛	983,373	18,658,103	84,560	301,178	149,916	63,548	0	0	61,962	24,508	0	0	23,785,494
45 徳島	815,606	581,460	7,505,169	0	0	0	0	24,508	0	0	33,521	0	9,568,406
46 高知	486,736	196,113	12,059	8,566,144	0	0	0	0	0	0	0	3,991	9,533,575
47 福岡	24,987	351,264	22,030	0	23,202,706	1,697,882	1,041,375	667,408	178,023	608,973	784,343	0	31,770,232
48 佐賀	0	0	0	0	1,582,767	6,676,040	150,641	1,248,798	173,383	58,431	128,487	0	11,319,656
49 長崎	0	0	0	0	311,986	4,982	15,217,016	0	0	0	0	0	15,905,522
50 熊本	403,987	44,336	0	0	331,079	24,666	2,451	8,955,778	0	26,680	70,681	0	10,226,240
51 大分	0	0	0	0	143,731	199,073	2,024	191,107	8,063,637	0	0	0	8,883,000
52 宮崎	0	0	33,521	0	379,879	9,508	7,531	50,839	61,087	9,075,713	352,565	0	10,337,811
53 鹿児島	0	16,553	0	0	398,604	0	0	41,902	312,755	10,472,547	0	0	11,396,719
54 沖縄	0	0	0	0	0	0	0	0	0	0	0	9,429,296	9,429,296
55 全国	20,516,231	23,254,101	9,095,749	9,469,821	30,157,947	9,375,948	16,653,893	12,053,540	8,649,032	10,512,569	11,945,624	9,429,296	1,026,137,000

平成28年度 　　　　　　　　　　　　　　　　　　　府県相互間輸送トン数表（自動車）

品目　（9-32）その他　その1　　　　　（単位：トン）

着／発	1 札幌	2 旭川	3 函館	4 室蘭	5 釧路	6 帯広	7 北見	8 北海道	9 青森	10 岩手	11 宮城	12 福島	13 秋田	14 山形
1 札幌	0	0	0	0	0	0	0	0	0	0	0	0	0	0
2 旭川	0	0	0	0	0	0	0	0	0	0	0	0	0	0
3 函館	0	0	0	0	0	0	0	0	0	0	0	0	0	0
4 室蘭	0	0	0	0	0	0	0	0	0	0	0	0	0	0
5 釧路	0	0	0	0	0	0	0	0	0	0	0	0	0	0
6 帯広	0	0	0	0	0	0	0	0	0	0	0	0	0	0
7 北見	0	0	0	0	0	0	0	0	0	0	0	0	0	0
8 北海道	0	0	0	0	0	0	0	0	0	0	0	0	0	0
9 青森	0	0	0	0	0	0	0	0	0	0	0	0	0	0
10 岩手	0	0	0	0	0	0	0	0	0	0	0	0	0	0
11 宮城	0	0	0	0	0	0	0	0	0	0	0	0	0	0
12 福島	0	0	0	0	0	0	0	0	0	0	0	0	0	0
13 秋田	0	0	0	0	0	0	0	0	0	0	0	0	0	0
14 山形	0	0	0	0	0	0	0	0	0	0	0	0	0	0
15 茨城	0	0	0	0	0	0	0	0	0	0	0	0	0	0
16 栃木	0	0	0	0	0	0	0	0	0	0	0	0	0	0
17 群馬	0	0	0	0	0	0	0	0	0	0	0	0	0	0
18 埼玉	0	0	0	0	0	0	0	0	0	0	0	0	0	0
19 千葉	0	0	0	0	0	0	0	0	0	0	0	0	0	0
20 東京	0	0	0	0	0	0	0	0	0	0	0	0	0	0
21 神奈川	0	0	0	0	0	0	0	0	0	0	0	0	0	0
22 新潟	0	0	0	0	0	0	0	0	0	0	0	0	0	0
23 富山	0	0	0	0	0	0	0	0	0	0	0	0	0	0
24 石川	0	0	0	0	0	0	0	0	0	0	0	0	0	0
25 福井	0	0	0	0	0	0	0	0	0	0	0	0	0	0
26 山梨	0	0	0	0	0	0	0	0	0	0	0	0	0	0
27 長野	0	0	0	0	0	0	0	0	0	0	0	0	0	0
28 静岡	0	0	0	0	0	0	0	0	0	0	0	0	0	0
29 岐阜	0	0	0	0	0	0	0	0	0	0	0	0	0	0
30 愛知	0	0	0	0	0	0	0	0	0	0	0	0	0	0
31 三重	0	0	0	0	0	0	0	0	0	0	0	0	0	0
32 滋賀	0	0	0	0	0	0	0	0	0	0	0	0	0	0
33 京都	0	0	0	0	0	0	0	0	0	0	0	0	0	0
34 奈良	0	0	0	0	0	0	0	0	0	0	0	0	0	0
35 和歌山	0	0	0	0	0	0	0	0	0	0	0	0	0	0
36 大阪	0	0	0	0	0	0	0	0	0	0	0	0	0	0
37 兵庫	0	0	0	0	0	0	0	0	0	0	0	0	0	0
38 鳥取	0	0	0	0	0	0	0	0	0	0	0	0	0	0
39 島根	0	0	0	0	0	0	0	0	0	0	0	0	0	0
40 岡山	0	0	0	0	0	0	0	0	0	0	0	0	0	0
41 広島	0	0	0	0	0	0	0	0	0	0	0	0	0	0
42 山口	0	0	0	0	0	0	0	0	0	0	0	0	0	0
43 香川	0	0	0	0	0	0	0	0	0	0	0	0	0	0
44 愛媛	0	0	0	0	0	0	0	0	0	0	0	0	0	0
45 徳島	0	0	0	0	0	0	0	0	0	0	0	0	0	0
46 高知	0	0	0	0	0	0	0	0	0	0	0	0	0	0
47 福岡	0	0	0	0	0	0	0	0	0	0	0	0	0	0
48 佐賀	0	0	0	0	0	0	0	0	0	0	0	0	0	0
49 長崎	0	0	0	0	0	0	0	0	0	0	0	0	0	0
50 熊本	0	0	0	0	0	0	0	0	0	0	0	0	0	0
51 大分	0	0	0	0	0	0	0	0	0	0	0	0	0	0
52 宮崎	0	0	0	0	0	0	0	0	0	0	0	0	0	0
53 鹿児島	0	0	0	0	0	0	0	0	0	0	0	0	0	0
54 沖縄	0	0	0	0	0	0	0	0	0	0	0	0	0	0
55 全国	0	0	0	0	0	0	0	0	0	0	0	0	0	0

平成28年度 　　　　　　　　　　　　　　　　　　　府県相互間輸送トン数表（自動車）

品目　（9-32）その他　その2　　　　　（単位：トン）

着／発	15 茨城	16 栃木	17 群馬	18 埼玉	19 千葉	20 東京	21 神奈川	22 新潟	23 富山	24 石川	25 福井	26 山梨	27 長野	28 静岡
1 札幌	0	0	0	0	0	0	0	0	0	0	0	0	0	0
2 旭川	0	0	0	0	0	0	0	0	0	0	0	0	0	0
3 函館	0	0	0	0	0	0	0	0	0	0	0	0	0	0
4 室蘭	0	0	0	0	0	0	0	0	0	0	0	0	0	0
5 釧路	0	0	0	0	0	0	0	0	0	0	0	0	0	0
6 帯広	0	0	0	0	0	0	0	0	0	0	0	0	0	0
7 北見	0	0	0	0	0	0	0	0	0	0	0	0	0	0
8 北海道	0	0	0	0	0	0	0	0	0	0	0	0	0	0
9 青森	0	0	0	0	0	0	0	0	0	0	0	0	0	0
10 岩手	0	0	0	0	0	0	0	0	0	0	0	0	0	0
11 宮城	0	0	0	0	0	0	0	0	0	0	0	0	0	0
12 福島	0	0	0	0	0	0	0	0	0	0	0	0	0	0
13 秋田	0	0	0	0	0	0	0	0	0	0	0	0	0	0
14 山形	0	0	0	0	0	0	0	0	0	0	0	0	0	0
15 茨城	0	0	0	0	0	0	0	0	0	0	0	0	0	0
16 栃木	0	0	0	0	0	0	0	0	0	0	0	0	0	0
17 群馬	0	0	0	0	0	0	0	0	0	0	0	0	0	0
18 埼玉	0	0	0	0	0	0	0	0	0	0	0	0	0	0
19 千葉	0	0	0	0	0	0	0	0	0	0	0	0	0	0
20 東京	0	0	0	0	0	0	0	0	0	0	0	0	0	0
21 神奈川	0	0	0	0	0	0	0	0	0	0	0	0	0	0
22 新潟	0	0	0	0	0	0	0	0	0	0	0	0	0	0
23 富山	0	0	0	0	0	0	0	0	0	0	0	0	0	0
24 石川	0	0	0	0	0	0	0	0	0	0	0	0	0	0
25 福井	0	0	0	0	0	0	0	0	0	0	0	0	0	0
26 山梨	0	0	0	0	0	0	0	0	0	0	0	0	0	0
27 長野	0	0	0	0	0	0	0	0	0	0	0	0	0	0
28 静岡	0	0	0	0	0	0	0	0	0	0	0	0	0	0
29 岐阜	0	0	0	0	0	0	0	0	0	0	0	0	0	0
30 愛知	0	0	0	0	0	0	0	0	0	0	0	0	0	0
31 三重	0	0	0	0	0	0	0	0	0	0	0	0	0	0
32 滋賀	0	0	0	0	0	0	0	0	0	0	0	0	0	0
33 京都	0	0	0	0	0	0	0	0	0	0	0	0	0	0
34 奈良	0	0	0	0	0	0	0	0	0	0	0	0	0	0
35 和歌山	0	0	0	0	0	0	0	0	0	0	0	0	0	0
36 大阪	0	0	0	0	0	0	0	0	0	0	0	0	0	0
37 兵庫	0	0	0	0	0	0	0	0	0	0	0	0	0	0
38 鳥取	0	0	0	0	0	0	0	0	0	0	0	0	0	0
39 島根	0	0	0	0	0	0	0	0	0	0	0	0	0	0
40 岡山	0	0	0	0	0	0	0	0	0	0	0	0	0	0
41 広島	0	0	0	0	0	0	0	0	0	0	0	0	0	0
42 山口	0	0	0	0	0	0	0	0	0	0	0	0	0	0
43 香川	0	0	0	0	0	0	0	0	0	0	0	0	0	0
44 愛媛	0	0	0	0	0	0	0	0	0	0	0	0	0	0
45 徳島	0	0	0	0	0	0	0	0	0	0	0	0	0	0
46 高知	0	0	0	0	0	0	0	0	0	0	0	0	0	0
47 福岡	0	0	0	0	0	0	0	0	0	0	0	0	0	0
48 佐賀	0	0	0	0	0	0	0	0	0	0	0	0	0	0
49 長崎	0	0	0	0	0	0	0	0	0	0	0	0	0	0
50 熊本	0	0	0	0	0	0	0	0	0	0	0	0	0	0
51 大分	0	0	0	0	0	0	0	0	0	0	0	0	0	0
52 宮崎	0	0	0	0	0	0	0	0	0	0	0	0	0	0
53 鹿児島	0	0	0	0	0	0	0	0	0	0	0	0	0	0
54 沖縄	0	0	0	0	0	0	0	0	0	0	0	0	0	0
55 全国	0	0	0	0	0	0	0	0	0	0	0	0	0	0

平成28年度　　　　　　　　　　　府県相互間輸送トン数表（自動車）　　　　　品目（9-32）その他　（単位：トン）その 3

着\発	29 岐阜	30 愛知	31 三重	32 滋賀	33 京都	34 奈良	35 和歌山	36 大阪	37 兵庫	38 鳥取	39 島根	40 岡山	41 広島	42 山口
1 札幌	0	0	0	0	0	0	0	0	0	0	0	0	0	0
2 旭川	0	0	0	0	0	0	0	0	0	0	0	0	0	0
3 函館	0	0	0	0	0	0	0	0	0	0	0	0	0	0
4 室蘭	0	0	0	0	0	0	0	0	0	0	0	0	0	0
5 釧路	0	0	0	0	0	0	0	0	0	0	0	0	0	0
6 帯広	0	0	0	0	0	0	0	0	0	0	0	0	0	0
7 北見	0	0	0	0	0	0	0	0	0	0	0	0	0	0
8 北海道	0	0	0	0	0	0	0	0	0	0	0	0	0	0
9 青森	0	0	0	0	0	0	0	0	0	0	0	0	0	0
10 岩手	0	0	0	0	0	0	0	0	0	0	0	0	0	0
11 宮城	0	0	0	0	0	0	0	0	0	0	0	0	0	0
12 福島	0	0	0	0	0	0	0	0	0	0	0	0	0	0
13 秋田	0	0	0	0	0	0	0	0	0	0	0	0	0	0
14 山形	0	0	0	0	0	0	0	0	0	0	0	0	0	0
15 茨城	0	0	0	0	0	0	0	0	0	0	0	0	0	0
16 栃木	0	0	0	0	0	0	0	0	0	0	0	0	0	0
17 群馬	0	0	0	0	0	0	0	0	0	0	0	0	0	0
18 埼玉	0	0	0	0	0	0	0	0	0	0	0	0	0	0
19 千葉	0	0	0	0	0	0	0	0	0	0	0	0	0	0
20 東京	0	0	0	0	0	0	0	0	0	0	0	0	0	0
21 神奈川	0	0	0	0	0	0	0	0	0	0	0	0	0	0
22 新潟	0	0	0	0	0	0	0	0	0	0	0	0	0	0
23 富山	0	0	0	0	0	0	0	0	0	0	0	0	0	0
24 石川	0	0	0	0	0	0	0	0	0	0	0	0	0	0
25 福井	0	0	0	0	0	0	0	0	0	0	0	0	0	0
26 山梨	0	0	0	0	0	0	0	0	0	0	0	0	0	0
27 長野	0	0	0	0	0	0	0	0	0	0	0	0	0	0
28 静岡	0	0	0	0	0	0	0	0	0	0	0	0	0	0
29 岐阜	0	0	0	0	0	0	0	0	0	0	0	0	0	0
30 愛知	0	0	0	0	0	0	0	0	0	0	0	0	0	0
31 三重	0	0	0	0	0	0	0	0	0	0	0	0	0	0
32 滋賀	0	0	0	0	0	0	0	0	0	0	0	0	0	0
33 京都	0	0	0	0	0	0	0	0	0	0	0	0	0	0
34 奈良	0	0	0	0	0	0	0	0	0	0	0	0	0	0
35 和歌山	0	0	0	0	0	0	0	0	0	0	0	0	0	0
36 大阪	0	0	0	0	0	0	0	0	0	0	0	0	0	0
37 兵庫	0	0	0	0	0	0	0	0	0	0	0	0	0	0
38 鳥取	0	0	0	0	0	0	0	0	0	0	0	0	0	0
39 島根	0	0	0	0	0	0	0	0	0	0	0	0	0	0
40 岡山	0	0	0	0	0	0	0	0	0	0	0	0	0	0
41 広島	0	0	0	0	0	0	0	0	0	0	0	0	0	0
42 山口	0	0	0	0	0	0	0	0	0	0	0	0	0	0
43 香川	0	0	0	0	0	0	0	0	0	0	0	0	0	0
44 愛媛	0	0	0	0	0	0	0	0	0	0	0	0	0	0
45 徳島	0	0	0	0	0	0	0	0	0	0	0	0	0	0
46 高知	0	0	0	0	0	0	0	0	0	0	0	0	0	0
47 福岡	0	0	0	0	0	0	0	0	0	0	0	0	0	0
48 佐賀	0	0	0	0	0	0	0	0	0	0	0	0	0	0
49 長崎	0	0	0	0	0	0	0	0	0	0	0	0	0	0
50 熊本	0	0	0	0	0	0	0	0	0	0	0	0	0	0
51 大分	0	0	0	0	0	0	0	0	0	0	0	0	0	0
52 宮崎	0	0	0	0	0	0	0	0	0	0	0	0	0	0
53 鹿児島	0	0	0	0	0	0	0	0	0	0	0	0	0	0
54 沖縄	0	0	0	0	0	0	0	0	0	0	0	0	0	0
55 全国	0	0	0	0	0	0	0	0	0	0	0	0	0	0

平成28年度　　　　　　　　　　　府県相互間輸送トン数表（自動車）　　　　　品目（9-32）その他　（単位：トン）その 4

着\発	43 香川	44 愛媛	45 徳島	46 高知	47 福岡	48 佐賀	49 長崎	50 熊本	51 大分	52 宮崎	53 鹿児島	54 沖縄	55 全国
1 札幌	0	0	0	0	0	0	0	0	0	0	0	0	0
2 旭川	0	0	0	0	0	0	0	0	0	0	0	0	0
3 函館	0	0	0	0	0	0	0	0	0	0	0	0	0
4 室蘭	0	0	0	0	0	0	0	0	0	0	0	0	0
5 釧路	0	0	0	0	0	0	0	0	0	0	0	0	0
6 帯広	0	0	0	0	0	0	0	0	0	0	0	0	0
7 北見	0	0	0	0	0	0	0	0	0	0	0	0	0
8 北海道	0	0	0	0	0	0	0	0	0	0	0	0	0
9 青森	0	0	0	0	0	0	0	0	0	0	0	0	0
10 岩手	0	0	0	0	0	0	0	0	0	0	0	0	0
11 宮城	0	0	0	0	0	0	0	0	0	0	0	0	0
12 福島	0	0	0	0	0	0	0	0	0	0	0	0	0
13 秋田	0	0	0	0	0	0	0	0	0	0	0	0	0
14 山形	0	0	0	0	0	0	0	0	0	0	0	0	0
15 茨城	0	0	0	0	0	0	0	0	0	0	0	0	0
16 栃木	0	0	0	0	0	0	0	0	0	0	0	0	0
17 群馬	0	0	0	0	0	0	0	0	0	0	0	0	0
18 埼玉	0	0	0	0	0	0	0	0	0	0	0	0	0
19 千葉	0	0	0	0	0	0	0	0	0	0	0	0	0
20 東京	0	0	0	0	0	0	0	0	0	0	0	0	0
21 神奈川	0	0	0	0	0	0	0	0	0	0	0	0	0
22 新潟	0	0	0	0	0	0	0	0	0	0	0	0	0
23 富山	0	0	0	0	0	0	0	0	0	0	0	0	0
24 石川	0	0	0	0	0	0	0	0	0	0	0	0	0
25 福井	0	0	0	0	0	0	0	0	0	0	0	0	0
26 山梨	0	0	0	0	0	0	0	0	0	0	0	0	0
27 長野	0	0	0	0	0	0	0	0	0	0	0	0	0
28 静岡	0	0	0	0	0	0	0	0	0	0	0	0	0
29 岐阜	0	0	0	0	0	0	0	0	0	0	0	0	0
30 愛知	0	0	0	0	0	0	0	0	0	0	0	0	0
31 三重	0	0	0	0	0	0	0	0	0	0	0	0	0
32 滋賀	0	0	0	0	0	0	0	0	0	0	0	0	0
33 京都	0	0	0	0	0	0	0	0	0	0	0	0	0
34 奈良	0	0	0	0	0	0	0	0	0	0	0	0	0
35 和歌山	0	0	0	0	0	0	0	0	0	0	0	0	0
36 大阪	0	0	0	0	0	0	0	0	0	0	0	0	0
37 兵庫	0	0	0	0	0	0	0	0	0	0	0	0	0
38 鳥取	0	0	0	0	0	0	0	0	0	0	0	0	0
39 島根	0	0	0	0	0	0	0	0	0	0	0	0	0
40 岡山	0	0	0	0	0	0	0	0	0	0	0	0	0
41 広島	0	0	0	0	0	0	0	0	0	0	0	0	0
42 山口	0	0	0	0	0	0	0	0	0	0	0	0	0
43 香川	0	0	0	0	0	0	0	0	0	0	0	0	0
44 愛媛	0	0	0	0	0	0	0	0	0	0	0	0	0
45 徳島	0	0	0	0	0	0	0	0	0	0	0	0	0
46 高知	0	0	0	0	0	0	0	0	0	0	0	0	0
47 福岡	0	0	0	0	0	0	0	0	0	0	0	0	0
48 佐賀	0	0	0	0	0	0	0	0	0	0	0	0	0
49 長崎	0	0	0	0	0	0	0	0	0	0	0	0	0
50 熊本	0	0	0	0	0	0	0	0	0	0	0	0	0
51 大分	0	0	0	0	0	0	0	0	0	0	0	0	0
52 宮崎	0	0	0	0	0	0	0	0	0	0	0	0	0
53 鹿児島	0	0	0	0	0	0	0	0	0	0	0	0	0
54 沖縄	0	0	0	0	0	0	0	0	0	0	0	0	0
55 全国	0	0	0	0	0	0	0	0	0	0	0	0	0

平成28年度　府県相互間輸送トン数表（自動車）
品目（10−31）廃棄物（特掲）
（単位：トン）その1

発＼着	1 札幌	2 旭川	3 函館	4 室蘭	5 釧路	6 帯広	7 北見	8 北海道	9 青森	10 岩手	11 宮城	12 福島	13 秋田	14 山形
1 札幌	8,847,763	0	0	51,522	0	0	0	8,899,285	0	0	0	0	0	0
2 旭川	20,577	4,026,953	0	312	0	0	1,209	4,049,050	0	0	0	0	0	0
3 函館	0	0	3,453,715	49,823	0	0	0	3,503,538	0	0	0	0	0	0
4 室蘭	70,137	0	0	1,524,067	0	0	0	1,594,203	0	0	0	0	0	0
5 釧路	0	0	0	0	2,641,786	63,251	0	2,705,037	0	0	0	0	0	0
6 帯広	0	0	0	0	0	2,644,761	0	2,644,761	0	0	0	0	0	0
7 北見	0	0	0	0	0	0	2,488,395	2,488,395	0	0	0	0	0	0
8 北海道	8,938,476	4,026,953	3,453,715	1,625,723	2,641,786	2,708,013	2,489,604	25,884,269	0	0	0	0	0	0
9 青森	0	0	0	0	0	0	0	0	5,846,426	40,168	0	0	0	0
10 岩手	0	0	0	0	0	0	0	0	84,615	15,448,341	0	0	0	0
11 宮城	0	0	0	0	0	0	0	0	5,032	64,022	5,455,721	0	52,091	0
12 福島	0	0	0	0	0	0	0	0	23,137	0	25,544	9,779,001	0	0
13 秋田	0	0	0	0	0	0	0	0	0	0	0	0	6,404,646	0
14 山形	0	0	0	0	0	0	0	0	0	0	0	0	22,840	11,125,120
15 茨城	0	0	0	0	0	0	0	0	0	0	0	29,239	0	0
16 栃木	0	0	0	0	0	0	0	0	21,433	21,147	54,730	0	0	0
17 群馬	0	0	0	0	0	0	0	0	0	0	0	26,207	0	0
18 埼玉	0	0	0	0	0	0	0	0	0	0	0	3,114	0	0
19 千葉	0	0	0	0	0	0	0	0	0	0	0	0	0	0
20 東京	0	0	0	0	0	0	0	0	0	0	0	0	0	0
21 神奈川	0	0	0	0	0	0	0	0	0	0	0	33,230	0	0
22 新潟	0	0	0	0	0	0	0	0	0	0	11,793	49,026	20,602	0
23 富山	0	0	0	0	0	0	0	0	0	0	0	43,033	0	0
24 石川	0	0	0	0	0	0	0	0	0	0	0	0	0	0
25 福井	0	0	0	0	0	0	0	0	0	0	0	0	0	0
26 山梨	0	0	0	0	0	0	0	0	0	0	0	0	54,934	0
27 長野	0	0	0	0	0	0	0	0	0	0	0	0	0	0
28 静岡	0	0	0	0	0	0	0	0	0	0	0	0	0	0
29 岐阜	0	0	0	0	0	0	0	0	0	0	0	0	0	0
30 愛知	0	0	0	0	0	0	0	0	0	0	0	0	0	0
31 三重	0	0	0	0	0	0	0	0	0	0	0	0	0	0
32 滋賀	0	0	0	0	0	0	0	0	0	0	0	0	0	0
33 京都	0	0	0	0	0	0	0	0	0	0	0	0	0	0
34 奈良	0	0	0	0	0	0	0	0	0	0	0	0	0	0
35 和歌山	0	0	0	0	0	0	0	0	0	0	0	0	0	0
36 大阪	0	0	0	0	0	0	0	0	0	0	0	0	0	0
37 兵庫	0	0	0	0	0	0	0	0	0	0	0	0	0	0
38 鳥取	0	0	0	0	0	0	0	0	0	0	0	0	0	0
39 島根	0	0	0	0	0	0	0	0	0	0	0	0	0	0
40 岡山	0	0	0	0	0	0	0	0	0	0	0	0	0	0
41 広島	0	0	0	0	0	0	0	0	0	0	0	0	0	0
42 山口	0	0	0	0	0	0	0	0	0	0	0	0	0	0
43 香川	0	0	0	0	0	0	0	0	0	0	0	0	0	0
44 愛媛	0	0	0	0	0	0	0	0	0	0	0	0	0	0
45 徳島	0	0	0	0	0	0	0	0	0	0	0	0	0	0
46 高知	0	0	0	0	0	0	0	0	0	0	0	0	0	0
47 福岡	0	0	0	0	0	0	0	0	0	0	0	0	0	0
48 佐賀	0	0	0	0	0	0	0	0	0	0	0	0	0	0
49 長崎	0	0	0	0	0	0	0	0	0	0	0	0	0	0
50 熊本	0	0	0	0	0	0	0	0	0	0	0	0	0	0
51 大分	0	0	0	0	0	0	0	0	0	0	0	0	0	0
52 宮崎	0	0	0	0	0	0	0	0	0	0	0	0	0	0
53 鹿児島	0	0	0	0	0	0	0	0	0	0	0	0	0	0
54 沖縄	0	0	0	0	0	0	0	0	0	0	0	0	0	0
55 全国	8,938,476	4,026,953	3,453,715	1,625,723	2,641,786	2,708,013	2,489,604	25,884,269	5,980,643	15,573,677	5,547,788	9,962,849	6,555,113	11,125,120

平成28年度　府県相互間輸送トン数表（自動車）
品目（10−31）廃棄物（特掲）
（単位：トン）その2

発＼着	15 茨城	16 栃木	17 群馬	18 埼玉	19 千葉	20 東京	21 神奈川	22 新潟	23 富山	24 石川	25 福井	26 山梨	27 長野	28 静岡
1 札幌	0	0	0	0	0	0	0	0	0	0	0	0	0	0
2 旭川	0	0	0	0	0	0	0	0	0	0	0	0	0	0
3 函館	0	0	0	0	0	0	0	0	0	0	0	0	0	0
4 室蘭	0	0	0	0	0	0	0	0	0	0	0	0	0	0
5 釧路	0	0	0	0	0	0	0	0	0	0	0	0	0	0
6 帯広	0	0	0	0	0	0	0	0	0	0	0	0	0	0
7 北見	0	0	0	0	0	0	0	0	0	0	0	0	0	0
8 北海道	0	0	0	0	0	0	0	0	0	0	0	0	0	0
9 青森	0	0	0	0	0	0	0	0	0	0	0	0	0	0
10 岩手	0	0	0	22,158	0	0	0	0	0	0	0	0	7,723	0
11 宮城	0	23,479	0	16,731	38,488	0	0	0	0	0	0	0	0	0
12 福島	65,536	108,797	23,043	188,800	0	0	0	17,039	0	0	0	0	0	0
13 秋田	0	0	0	0	0	0	0	0	0	0	0	0	0	0
14 山形	0	67,996	0	0	0	0	1,335	26,590	0	0	0	0	0	0
15 茨城	11,963,072	69,653	0	236,777	42,151	28,460	12,456	0	0	0	0	0	0	0
16 栃木	11,285	9,338,463	190,844	152,825	75,257	0	0	0	0	0	0	16,566	0	0
17 群馬	0	858,101	5,757,852	215,739	12,182	0	76,248	29,196	0	0	0	0	0	0
18 埼玉	1,190,419	323,360	581,946	17,066,271	755,475	1,004,133	261,404	102,535	0	0	0	20,153	0	0
19 千葉	329,107	20,350	0	760,653	12,179,898	647,948	351,584	0	0	0	0	0	0	0
20 東京	1,983	282,159	146,621	9,880,936	3,494,681	21,922,435	3,882,823	23,915	0	0	0	95,737	0	0
21 神奈川	80,028	54,378	0	539,209	248,844	1,322,648	26,007,226	0	0	0	0	135,678	0	282,200
22 新潟	18,129	84,076	0	55,328	0	0	0	12,640,799	30,821	0	17,217	0	18,681	0
23 富山	28,038	0	0	0	0	0	0	440,954	5,678,185	116,287	0	0	0	0
24 石川	0	0	0	0	0	0	0	30,358	0	7,345,472	84,319	0	0	0
25 福井	0	0	0	0	0	0	0	0	63,748	88,950	13,160,699	0	0	0
26 山梨	0	53,260	7,982	13,776	0	0	63,717	82,796	0	0	0	9,493,994	20,452	7,125
27 長野	0	0	21,857	7,972	0	0	0	0	0	0	0	0	4,870,646	0
28 静岡	0	0	0	148,729	84,860	0	159,901	0	0	0	0	0	0	8,564,006
29 岐阜	0	0	0	20,769	26,446	0	0	0	0	0	0	0	0	0
30 愛知	0	0	0	9,466	0	0	0	24,671	0	52,129	0	0	0	22,918
31 三重	22,077	0	0	0	0	0	0	0	0	0	0	0	0	0
32 滋賀	22,160	0	0	0	0	0	0	0	0	0	0	0	0	0
33 京都	0	0	0	0	0	0	0	0	0	0	0	0	0	0
34 奈良	0	0	0	0	0	0	0	0	0	0	0	0	0	0
35 和歌山	0	0	0	0	0	0	0	0	0	0	0	0	0	0
36 大阪	0	0	0	0	0	0	0	0	0	0	0	0	0	0
37 兵庫	0	0	0	0	0	0	0	0	0	0	0	0	0	0
38 鳥取	0	0	0	0	0	0	0	0	0	0	0	0	0	0
39 島根	0	0	0	0	0	0	0	0	0	0	0	0	0	0
40 岡山	0	0	0	0	0	0	0	0	0	0	0	0	0	0
41 広島	0	0	0	0	0	0	0	0	0	0	0	0	0	0
42 山口	0	0	0	0	0	0	0	0	0	0	0	0	0	0
43 香川	0	0	0	0	0	0	0	0	0	0	0	0	0	0
44 愛媛	0	0	0	0	0	0	0	0	0	0	0	0	0	0
45 徳島	0	0	0	0	0	0	0	0	0	0	0	0	0	0
46 高知	0	0	0	0	0	0	0	0	0	0	0	0	0	0
47 福岡	0	0	0	0	0	0	0	0	0	0	0	0	0	0
48 佐賀	0	0	0	0	0	0	0	0	0	0	0	0	0	0
49 長崎	0	0	0	0	0	0	0	0	0	0	0	0	0	0
50 熊本	0	0	0	0	0	0	0	0	0	0	0	0	0	0
51 大分	0	0	0	0	0	0	0	0	0	0	0	0	0	0
52 宮崎	0	0	0	0	0	0	0	0	0	0	0	0	0	0
53 鹿児島	0	0	0	0	0	0	0	0	0	0	0	0	0	0
54 沖縄	0	0	0	0	0	0	0	0	0	0	0	0	0	0
55 全国	13,731,836	11,284,073	6,730,146	29,336,140	16,958,283	24,925,623	30,816,693	13,418,852	5,772,754	7,602,838	13,262,235	9,762,128	4,917,502	8,876,249

平成28年度　　　　　　　　　　　　府県相互間輸送トン数表（自動車）　　　　　　　　　　　　　　　　（単位：トン）
品目（10−31）廃棄物（特掲）　その 3

発＼着	29 岐阜	30 愛知	31 三重	32 滋賀	33 京都	34 奈良	35 和歌山	36 大阪	37 兵庫	38 鳥取	39 島根	40 岡山	41 広島	42 山口
1 札幌	0	0	0	0	0	0	0	0	0	0	0	0	0	0
2 旭川	0	0	0	0	0	0	0	0	0	0	0	0	0	0
3 函館	0	0	0	0	0	0	0	0	0	0	0	0	0	0
4 室蘭	0	0	0	0	0	0	0	0	0	0	0	0	0	0
5 釧路	0	0	0	0	0	0	0	0	0	0	0	0	0	0
6 帯広	0	0	0	0	0	0	0	0	0	0	0	0	0	0
7 北見	0	0	0	0	0	0	0	0	0	0	0	0	0	0
8 北海道	0	0	0	0	0	0	0	0	0	0	0	0	0	0
9 青森	0	0	0	0	0	0	0	0	0	0	0	0	0	0
10 岩手	0	0	0	0	0	0	0	0	0	0	0	0	0	0
11 宮城	0	0	0	0	0	0	0	0	0	0	0	0	0	0
12 福島	0	0	0	0	0	0	0	0	0	0	0	0	0	0
13 秋田	0	0	0	0	0	0	0	0	0	0	0	0	0	0
14 山形	0	0	0	0	0	0	0	0	0	0	0	0	0	0
15 茨城	0	11,200	0	0	0	0	0	0	0	0	0	0	0	0
16 栃木	0	0	0	0	0	0	0	0	0	0	0	0	0	0
17 群馬	0	22,596	0	0	0	0	0	0	0	0	0	0	0	0
18 埼玉	0	0	49,886	0	0	0	0	0	0	0	0	0	0	0
19 千葉	0	0	0	0	0	0	0	0	0	0	0	0	0	0
20 東京	0	0	0	0	0	0	0	0	0	0	0	0	51,672	0
21 神奈川	0	0	0	0	0	0	0	0	0	0	0	0	83,074	0
22 新潟	0	0	0	0	0	0	0	0	0	0	0	0	0	0
23 富山	0	60,437	0	0	0	0	0	20,950	0	0	0	0	0	0
24 石川	0	10,883	0	0	0	0	0	0	0	0	0	0	0	0
25 福井	0	81,891	2,586	0	0	0	0	0	0	0	0	0	0	0
26 山梨	0	0	0	0	0	0	0	0	0	0	0	0	0	0
27 長野	0	0	53,230	0	0	0	0	0	0	0	0	0	0	0
28 静岡	0	234,164	0	0	0	0	0	0	0	0	0	0	0	0
29 岐阜	6,590,191	96,820	96,955	0	0	0	0	19,796	0	0	0	46,563	0	0
30 愛知	128,940	12,608,975	383,938	0	0	0	0	89,181	22,420	0	0	123,909	23,915	16,615
31 三重	0	623,492	11,141,684	0	0	4,982	0	34,734	27,477	0	0	0	0	0
32 滋賀	7,125	9,865	267,471	5,885,252	379,823	4,932	0	25,753	0	0	0	0	37,367	0
33 京都	1,499	0	5,556	251,204	6,052,090	45,601	0	661,888	27,402	0	0	0	0	0
34 奈良	0	0	26,218	0	12,456	5,204,161	44,659	190,030	9,715	0	0	0	0	0
35 和歌山	0	0	0	0	0	44,840	10,117,374	65,843	0	0	0	0	0	0
36 大阪	0	86,252	603,032	251,852	1,885,028	1,302,882	93,319	14,925,713	619,639	21,399	0	87,015	51,816	0
37 兵庫	27,402	0	17,438	0	509,850	55,662	31,888	699,988	9,595,566	0	2,554	48,116	0	0
38 鳥取	0	0	21,972	0	0	0	0	0	0	3,617,118	0	0	0	0
39 島根	0	0	0	0	0	0	0	0	2,842	236,833	8,978,134	0	0	0
40 岡山	0	0	0	0	0	6,228	0	7,497	152,304	0	0	4,961,807	81,669	0
41 広島	0	0	0	0	0	0	0	0	0	0	0	23,790	8,219,410	312,086
42 山口	0	0	0	0	0	0	0	0	0	0	0	172,362	347,011	9,532,696
43 香川	0	0	0	0	0	0	0	0	0	0	0	20,903	0	0
44 愛媛	0	0	0	0	0	0	0	0	0	14,964	0	0	19,481	0
45 徳島	0	0	0	0	0	0	0	20,427	13,751	0	0	0	0	18,609
46 高知	0	0	0	0	0	0	0	0	0	0	0	0	0	0
47 福岡	0	0	0	0	0	0	0	0	0	0	0	0	0	0
48 佐賀	0	0	0	0	0	0	0	0	0	0	0	0	0	29,201
49 長崎	0	0	0	0	0	0	0	0	0	0	0	0	0	0
50 熊本	0	0	0	0	0	0	0	0	0	0	0	0	0	0
51 大分	0	0	0	0	0	0	0	0	0	0	0	0	0	0
52 宮崎	0	0	0	0	0	0	0	0	0	0	0	0	0	0
53 鹿児島	0	0	0	0	0	0	0	0	0	0	0	0	0	0
54 沖縄	0	0	0	0	0	0	0	0	0	0	0	0	0	0
55 全国	6,755,157	13,846,574	12,669,968	6,399,070	8,839,247	6,669,289	10,287,240	16,764,641	10,468,274	3,890,314	9,022,824	5,484,466	8,915,414	9,909,206

平成28年度　　　　　　　　　　　　府県相互間輸送トン数表（自動車）　　　　　　　　　　　　　　　　（単位：トン）
品目（10−31）廃棄物（特掲）　その 4

発＼着	43 香川	44 愛媛	45 徳島	46 高知	47 福岡	48 佐賀	49 長崎	50 熊本	51 大分	52 宮崎	53 鹿児島	54 沖縄	55 全国
1 札幌	0	0	0	0	0	0	0	0	0	0	0	0	8,899,285
2 旭川	0	0	0	0	0	0	0	0	0	0	0	0	4,049,050
3 函館	0	0	0	0	0	0	0	0	0	0	0	0	3,503,538
4 室蘭	0	0	0	0	0	0	0	0	0	0	0	0	1,594,203
5 釧路	0	0	0	0	0	0	0	0	0	0	0	0	2,705,037
6 帯広	0	0	0	0	0	0	0	0	0	0	0	0	2,644,761
7 北見	0	0	0	0	0	0	0	0	0	0	0	0	2,488,395
8 北海道	0	0	0	0	0	0	0	0	0	0	0	0	25,884,269
9 青森	0	0	0	0	0	0	0	0	0	0	0	0	5,886,593
10 岩手	0	0	0	0	0	0	0	0	0	0	0	0	15,562,837
11 宮城	0	0	0	0	0	0	0	0	0	0	0	0	5,655,564
12 福島	0	0	0	0	0	0	0	0	0	0	0	0	10,230,898
13 秋田	0	0	0	0	0	0	0	0	0	0	0	0	6,404,646
14 山形	0	0	0	0	0	0	0	0	0	0	0	0	11,243,882
15 茨城	0	0	0	0	0	0	0	0	0	0	0	0	12,393,008
16 栃木	0	0	0	0	0	0	0	0	0	0	0	0	9,865,985
17 群馬	0	0	0	0	0	0	0	0	0	0	0	0	7,014,686
18 埼玉	0	0	0	0	0	0	0	0	0	0	0	0	21,358,696
19 千葉	0	0	0	0	0	0	0	0	0	0	0	0	14,289,540
20 東京	0	0	0	0	0	0	0	0	0	0	0	0	39,782,963
21 神奈川	0	0	0	0	0	0	0	0	0	0	0	0	28,786,516
22 新潟	0	0	0	0	0	0	0	0	0	0	0	0	12,927,789
23 富山	0	0	0	0	0	0	0	0	0	0	0	0	6,406,563
24 石川	0	0	0	0	0	0	0	0	0	0	0	0	7,471,032
25 福井	0	0	0	0	0	0	0	0	0	0	0	0	13,397,873
26 山梨	0	0	0	0	0	0	0	0	0	0	0	0	9,715,241
27 長野	0	0	0	0	0	0	0	0	0	0	0	0	5,036,501
28 静岡	0	0	0	0	0	0	0	0	0	0	0	0	9,191,661
29 岐阜	0	0	0	0	0	0	0	0	0	0	0	0	6,897,540
30 愛知	0	0	0	0	0	0	0	0	0	0	0	0	13,507,078
31 三重	0	0	0	0	0	0	0	0	0	0	0	0	11,865,207
32 滋賀	0	0	0	0	0	0	0	0	0	0	0	0	6,639,748
33 京都	0	0	0	0	0	0	0	0	0	0	0	0	7,045,239
34 奈良	0	0	0	0	0	0	0	0	0	0	0	0	5,487,239
35 和歌山	0	0	0	0	0	0	0	0	0	0	0	0	10,228,057
36 大阪	0	0	31,184	0	0	0	0	0	0	0	0	0	19,927,948
37 兵庫	0	0	0	0	0	0	0	0	0	0	0	0	11,019,648
38 鳥取	0	0	0	0	0	0	0	0	0	0	0	0	3,681,225
39 島根	0	0	0	0	0	0	0	0	0	0	0	0	9,217,809
40 岡山	0	0	0	0	0	0	0	0	0	0	0	0	5,209,504
41 広島	0	20,818	0	0	44,991	0	0	0	0	0	0	0	8,621,096
42 山口	0	0	0	0	189,458	0	0	0	0	0	0	0	10,241,526
43 香川	8,006,296	43,869	90,664	0	0	0	0	0	0	0	0	0	8,161,732
44 愛媛	88,236	9,368,182	1,495	100,719	0	0	0	0	40,912	0	0	0	9,633,989
45 徳島	68,966	1,370	4,309,570	0	0	0	0	0	0	0	0	0	4,432,694
46 高知	0	0	0	4,821,297	0	0	0	0	0	0	0	0	4,821,297
47 福岡	0	0	0	0	10,222,765	37,000	18,285	59,377	31,599	0	0	0	10,398,227
48 佐賀	0	0	0	0	74,063	5,181,314	36,196	22,246	0	0	0	0	5,313,819
49 長崎	0	0	0	0	116,091	4,982	11,815,614	0	0	0	0	0	11,936,687
50 熊本	0	0	0	0	192,143	0	0	6,577,731	0	26,680	0	0	6,796,554
51 大分	0	0	0	0	139,714	0	0	20,416	5,800,889	6,210	0	0	5,967,228
52 宮崎	0	0	0	0	20,446	0	0	0	0	5,746,248	44,316	0	5,811,011
53 鹿児島	0	0	0	0	0	0	0	0	0	50,967	8,713,797	0	8,764,764
54 沖縄	0	0	0	0	0	0	0	0	0	0	0	6,876,334	6,876,334
55 全国	8,163,498	9,434,239	4,432,913	4,922,016	10,999,669	5,223,297	11,870,095	6,679,770	5,873,401	5,830,106	8,758,114	6,876,334	497,010,000

＜　付　録　＞

航空貨物府県相互間輸送量表（別掲）

利用上の注意点

郵便物、超過手荷物は含まれてない。

平成28年度　　　　　　　　　　　　　　　　府県相互間輸送トン数表（航空）　　　　　　　　　　　　　　　　（単位：キログラム）その1

発\着	1 札幌	2 旭川	3 函館	4 室蘭	5 釧路	6 帯広	7 北見	8 北海道	9 青森	10 岩手	11 宮城	12 福島	13 秋田	14 山形
1 札幌	0	3,451	17,730	0	16,126		6,820	44,127	2,932	1,813	304,689	13,324	1,336	
2 旭川	3,705	0	0	0	0		0	3,705	0	0	0	0	0	0
3 函館	2,419	0	5,265	0	0		0	7,684	0	0	0	0	0	0
4 室蘭	0	0	0	0	0		0	0	0	0	0	0	0	0
5 釧路	48,002	0	0	0	0		0	48,002	0	0	0	0	0	0
6 帯広	0	0	0	0	0		0	0	0	0	0	0	0	0
7 北見	9,076	0	0	0	0		0	9,076	0	0	0	0	0	0
8 北海道	63,202	3,451	22,995	0	16,126		6,820	112,594	2,932	1,813	304,689	13,324	1,336	0
9 青森	20,302	0	0	0	0		0	20,302	0	0	0	0	0	0
10 岩手	14,817	0	0	0	0		0	14,817	0	0	0	0	0	0
11 宮城	586,368	0	0	0	0		0	586,368	0	0	0	0	0	0
12 福島	7,299	0	0	0	0		0	7,299	0	0	0	0	0	0
13 秋田	5,876	0	0	0	0		0	5,876	0	0	0	0	0	0
14 山形	0	0	0	0	0		0	0	0	0	0	0	0	0
15 茨城	0	0	0	0	0		0	0	0	0	0	0	0	0
16 栃木	0	0	0	0	0		0	0	0	0	0	0	0	0
17 群馬	0	0	0	0	0		0	0	0	0	0	0	0	0
18 埼玉	0	0	0	0	0		0	0	0	0	0	0	0	0
19 千葉	387,653	0	0	0	0		0	387,653	0	0	2,098	0	0	0
20 東京	85,928,430	1,971,058	2,443,823	0	463,204	1,022,821	589,684	92,419,020	1,210,883	0	0	0	814,326	229,478
21 神奈川	0	0	0	0	0		0	0	0	0	0	0	0	0
22 新潟	10,423	0	0	0	0		0	10,423	0	0	0	0	0	0
23 富山	50,844	0	0	0	0		0	50,844	0	0	0	0	0	0
24 石川	40,139	0	0	0	0		0	40,139	0	0	0	0	0	0
25 福井	0	0	0	0	0		0	0	0	0	0	0	0	0
26 山梨	0	0	0	0	0		0	0	0	0	0	0	0	0
27 長野	0	0	0	0	0		0	0	0	0	0	0	0	0
28 静岡	253,729	0	0	0	0		0	253,729	0	0	0	0	0	0
29 岐阜	0	0	0	0	0		0	0	0	0	0	0	0	0
30 愛知	3,397,698	2,511	2,018	0	9	0	179	3,402,415	0	0	327,099	0	6,421	0
31 三重	0	0	0	0	0		0	0	0	0	0	0	0	0
32 滋賀	0	0	0	0	0		0	0	0	0	0	0	0	0
33 京都	0	0	0	0	0		0	0	0	0	0	0	0	0
34 奈良	0	0	0	0	0		0	0	0	0	0	0	0	0
35 和歌山	0	0	0	0	0		0	0	0	0	0	0	0	0
36 大阪	5,358,938	1,885	32,515	0	191	0	211	5,393,740	23,718	34,949	1,247,031	17,404	30,352	148
37 兵庫	0	0	0	0	0		0	0	0	0	0	0	0	0
38 鳥取	0	0	0	0	0		0	0	0	0	0	0	0	0
39 島根	2	0	0	0	0		0	2	0	0	0	0	0	0
40 岡山	54,880	0	0	0	0		0	54,880	0	0	0	0	0	0
41 広島	531,486	0	0	0	0		0	531,486	0	0	0	0	0	0
42 山口	0	0	0	0	0		0	0	0	0	0	0	0	0
43 香川	0	0	0	0	0		0	0	0	0	0	0	0	0
44 愛媛	0	0	0	0	0		0	0	0	0	0	0	0	0
45 徳島	5	0	0	0	0		0	5	0	0	0	0	0	0
46 高知	0	0	0	0	0		0	0	0	0	0	0	0	0
47 福岡	2,630,851	0	0	0	0	0	0	2,630,851	0	721	21,467	0	0	0
48 佐賀	0	0	0	0	0		0	0	0	0	0	0	0	0
49 長崎	0	0	0	0	0		0	0	0	0	0	0	0	0
50 熊本	0	0	0	0	0		0	0	0	0	0	0	0	0
51 大分	0	0	0	0	0		0	0	0	0	0	0	0	0
52 宮崎	0	0	0	0	0		0	0	0	0	0	0	0	0
53 鹿児島	0	0	0	0	0		0	0	0	0	0	0	0	0
54 沖縄	243,941	0	0	0	0	0	0	243,941	0	0	246,742	0	0	0
55 全国	99,586,883	1,978,905	2,501,351	0	479,530	1,022,821	596,894	106,166,384	1,237,533	37,483	2,149,126	30,728	852,435	229,626

平成28年度　　　　　　　　　　　　　　　　府県相互間輸送トン数表（航空）　　　　　　　　　　　　　　　　（単位：キログラム）その2

発\着	15 茨城	16 栃木	17 群馬	18 埼玉	19 千葉	20 東京	21 神奈川	22 新潟	23 富山	24 石川	25 福井	26 山梨	27 長野	28 静岡
1 札幌	0	0	0	0	1,059,682	86,974,288	0	3,711	71,647	119,619	0	0	0	6,013
2 旭川	0	0	0	0	0	3,663,542	0	0	0	0	0	0	0	0
3 函館	0	0	0	0	0	4,972,196	0	0	0	0	0	0	0	0
4 室蘭	0	0	0	0	0	0	0	0	0	0	0	0	0	0
5 釧路	0	0	0	0	0	2,483,468	0	0	0	0	0	0	0	0
6 帯広	0	0	0	0	0	1,303,369	0	0	0	0	0	0	0	0
7 北見	0	0	0	0	0	1,213,885	0	0	0	0	0	0	0	0
8 北海道	0	0	0	0	1,059,682	100,610,748	0	3,711	71,647	119,619	0	0	0	6,013
9 青森	0	0	0	0	0	775,844	0	0	0	0	0	0	0	0
10 岩手	0	0	0	0	0	0	0	0	0	0	0	0	0	0
11 宮城	0	0	0	0	44,862	0	0	0	0	0	0	0	0	0
12 福島	0	0	0	0	0	0	0	0	0	0	0	0	0	0
13 秋田	0	0	0	0	0	580,748	0	0	0	0	0	0	0	0
14 山形	0	0	0	0	0	276,355	0	0	0	0	0	0	0	0
15 茨城	0	0	0	0	0	0	0	0	0	0	0	0	0	0
16 栃木	0	0	0	0	0	0	0	0	0	0	0	0	0	0
17 群馬	0	0	0	0	0	0	0	0	0	0	0	0	0	0
18 埼玉	0	0	0	0	0	0	0	0	0	0	0	0	0	0
19 千葉	0	0	0	0	0	0	0	0	0	56	0	0	0	0
20 東京	0	0	0	0	0	1,056,860	0	0	334,339	949,871	0	0	0	0
21 神奈川	0	0	0	0	0	0	0	0	0	0	0	0	0	0
22 新潟	0	0	0	0	374	0	0	0	0	0	0	0	0	0
23 富山	0	0	0	0	0	546,337	0	0	0	0	0	0	0	0
24 石川	0	0	0	0	0	898,490	0	0	0	0	0	0	0	0
25 福井	0	0	0	0	0	0	0	0	0	0	0	0	0	0
26 山梨	0	0	0	0	0	0	0	0	0	0	0	0	0	0
27 長野	0	0	0	0	0	0	0	0	0	0	0	0	0	0
28 静岡	0	0	0	0	0	0	0	0	0	0	0	0	0	0
29 岐阜	0	0	0	0	0	0	0	0	0	0	0	0	0	0
30 愛知	0	0	0	0	190,645	491,467	0	2,926	0	0	0	0	0	0
31 三重	0	0	0	0	0	0	0	0	0	0	0	0	0	0
32 滋賀	0	0	0	0	0	0	0	0	0	0	0	0	0	0
33 京都	0	0	0	0	0	0	0	0	0	0	0	0	0	0
34 奈良	0	0	0	0	0	0	0	0	0	0	0	0	0	0
35 和歌山	0	0	0	0	0	4,802	0	0	0	0	0	0	0	0
36 大阪	0	0	0	0	1,175,725	36,578,139	0	55,921	0	0	0	0	0	0
37 兵庫	0	0	0	0	0	1,456,241	0	0	0	0	0	0	0	0
38 鳥取	0	0	0	0	0	691,499	0	0	0	0	0	0	0	0
39 島根	0	0	0	0	0	1,792,604	0	0	0	0	0	0	0	0
40 岡山	0	0	0	0	0	0	0	0	0	0	0	0	0	0
41 広島	0	0	0	0	0	9,660,854	0	0	0	0	0	0	0	0
42 山口	0	0	0	0	0	1,775,548	0	0	0	0	0	0	0	0
43 香川	0	0	0	0	0	2,414,740	0	0	0	0	0	0	0	0
44 愛媛	0	0	0	0	0	5,632,706	0	0	0	0	0	0	0	0
45 徳島	0	0	0	0	0	1,237,261	0	0	0	0	0	0	0	0
46 高知	0	0	0	0	0	2,664,964	0	0	0	0	0	0	0	0
47 福岡	0	0	0	0	517,231	89,768,711	0	21,433	0	3,875	0	0	0	0
48 佐賀	0	0	0	0	0	2,247,266	0	0	0	0	0	0	0	0
49 長崎	0	0	0	0	0	8,555,930	0	0	0	0	0	0	0	0
50 熊本	0	0	0	0	0	9,660,922	0	0	0	0	0	0	0	0
51 大分	0	0	0	0	0	1,465,295	0	0	0	0	0	0	0	0
52 宮崎	0	0	0	0	0	4,685,385	0	0	0	0	0	0	0	0
53 鹿児島	0	0	0	0	0	19,284,646	0	0	0	0	0	0	0	0
54 沖縄	0	0	0	0	6,811,824	59,035,181	0	14,521	0	1,651	0	0	0	6,104
55 全国	0	0	0	0	9,800,343	367,839,543	0	98,568	405,986	1,075,016	0	0	0	12,117

平成28年度 　　　　　　　　　　　　府県相互間輸送トン数表（航空）　　　　　　　　　　（単位：キログラム）その 3

着／発	29 岐阜	30 愛知	31 三重	32 滋賀	33 京都	34 奈良	35 和歌山	36 大阪	37 兵庫	38 鳥取	39 島根	40 岡山	41 広島	42 山口
1 札幌	0	2,045,480	0	0	0	0	0	5,833,725	0	0	0	357	275,398	0
2 旭川	0	29,090	0	0	0	0	0	3,556	0	0	0	0	0	0
3 函館	0	53,378	0	0	0	0	0	182,254	0	0	0	0	0	0
4 室蘭	0	0	0	0	0	0	0	0	0	0	0	0	0	0
5 釧路	0	0	0	0	0	0	0	11,948	0	0	0	0	0	0
6 帯広	0	0	0	0	0	0	0	0	0	0	0	0	0	0
7 北見	0	6,329	0	0	0	0	0	9,455	0	0	0	0	0	0
8 北海道	0	2,134,277	0	0	0	0	0	6,040,938	0	0	0	357	275,398	0
9 青森	0	0	0	0	0	0	0	39,403	0	0	0	0	0	0
10 岩手	0	0	0	0	0	0	0	119,324	0	0	0	0	0	0
11 宮城	0	46,043	0	0	0	0	0	2,472,036	0	0	0	0	0	0
12 福島	0	0	0	0	0	0	0	24,681	0	0	0	0	0	0
13 秋田	0	2,137	0	0	0	0	0	9,126	0	0	0	0	0	0
14 山形	0	0	0	0	0	0	0	13,596	0	0	0	0	0	0
15 茨城	0	0	0	0	0	0	0	0	0	0	0	0	0	0
16 栃木	0	0	0	0	0	0	0	0	0	0	0	0	0	0
17 群馬	0	0	0	0	0	0	0	0	0	0	0	0	0	0
18 埼玉	0	0	0	0	0	0	0	0	0	0	0	0	0	0
19 千葉	0	3,925,202	0	0	0	0	0	6,659,324	0	0	0	0	0	0
20 東京	0	532,393	0	0	0	0	3,852	48,234,411	0	510,432	280,343	1,908,488	5,659,008	1,079,941
21 神奈川	0	0	0	0	0	0	0	0	0	0	0	0	0	0
22 新潟	0	1,978	0	0	0	0	0	97,484	0	0	0	0	0	0
23 富山	0	0	0	0	0	0	0	0	0	0	0	0	0	0
24 石川	0	0	0	0	0	0	0	0	0	0	0	0	0	0
25 福井	0	0	0	0	0	0	0	0	0	0	0	0	0	0
26 山梨	0	0	0	0	0	0	0	0	0	0	0	0	0	0
27 長野	0	0	0	0	0	0	0	0	0	0	0	0	0	0
28 静岡	0	0	0	0	0	0	0	0	0	0	0	0	0	0
29 岐阜	0	0	0	0	0	0	0	0	0	0	0	0	0	0
30 愛知	0	0	0	0	0	0	0	1,292,605	0	0	0	0	0	0
31 三重	0	0	0	0	0	0	0	0	0	0	0	0	0	0
32 滋賀	0	0	0	0	0	0	0	0	0	0	0	0	0	0
33 京都	0	0	0	0	0	0	0	0	0	0	0	0	0	0
34 奈良	0	0	0	0	0	0	0	0	0	0	0	0	0	0
35 和歌山	0	0	0	0	0	0	0	0	0	0	0	0	0	0
36 大阪	0	0	0	0	0	0	0	0	83	0	2,613	0	0	0
37 兵庫	0	0	0	0	0	0	0	354	0	0	0	0	0	0
38 鳥取	0	0	0	0	0	0	0	0	0	0	0	0	0	0
39 島根	0	0	0	0	0	0	0	16,423	0	0	1,373	0	0	0
40 岡山	0	0	0	0	0	0	0	0	0	0	0	0	0	0
41 広島	0	0	0	0	0	0	0	0	0	0	0	0	0	0
42 山口	0	0	0	0	0	0	0	0	0	0	0	0	0	0
43 香川	0	0	0	0	0	0	0	0	0	0	0	0	0	0
44 愛媛	0	1,608	0	0	0	0	0	200,675	0	0	0	0	0	0
45 徳島	0	0	0	0	0	0	0	0	0	0	0	0	0	0
46 高知	0	0	0	0	0	0	0	107,414	0	0	0	0	0	0
47 福岡	0	1,443,559	0	0	0	0	0	1,871,277	0	0	500	0	0	0
48 佐賀	0	0	0	0	0	0	0	0	0	0	0	0	0	0
49 長崎	0	61,425	0	0	0	0	0	408,938	0	0	0	0	0	0
50 熊本	0	127,677	0	0	0	0	0	511,317	0	0	0	0	0	0
51 大分	0	0	0	0	0	0	0	224,534	0	0	0	0	0	0
52 宮崎	0	38,500	0	0	0	0	0	717,783	0	0	0	0	0	0
53 鹿児島	0	271,777	0	0	0	0	0	1,709,684	0	0	0	0	0	0
54 沖縄	0	3,700,484	0	0	0	0	0	25,112,249	0	0	0	5,995	491,274	65
55 全国	0	12,287,060	0	0	0	0	3,852	95,883,576	83	510,432	284,829	1,914,840	6,425,680	1,080,006

平成28年度 　　　　　　　　　　　　府県相互間輸送トン数表（航空）　　　　　　　　　　（単位：キログラム）その 4

着／発	43 香川	44 愛媛	45 徳島	46 高知	47 福岡	48 佐賀	49 長崎	50 熊本	51 大分	52 宮崎	53 鹿児島	54 沖縄	55 全国
1 札幌	0	0	0	0	2,169,402	0	0	0	0	0	0	278,387	99,205,930
2 旭川	0	0	0	0	0	0	0	0	0	0	0	0	3,699,893
3 函館	0	0	0	0	0	0	0	0	0	0	0	0	5,215,512
4 室蘭	0	0	0	0	0	0	0	0	0	0	0	0	0
5 釧路	0	0	0	0	0	0	0	0	0	0	0	0	2,543,418
6 帯広	0	0	0	0	0	0	0	0	0	0	0	0	1,303,369
7 北見	0	0	0	0	0	0	0	0	0	0	0	0	1,238,745
8 北海道	0	0	0	0	2,169,402	0	0	0	0	0	0	278,387	113,206,867
9 青森	0	0	0	0	0	0	0	0	0	0	0	0	835,549
10 岩手	0	0	0	0	2,175	0	0	0	0	0	0	0	136,316
11 宮城	0	0	0	0	192,217	0	0	0	0	0	0	741,411	4,082,937
12 福島	0	0	0	0	0	0	0	0	0	0	0	0	31,980
13 秋田	0	0	0	0	0	0	0	0	0	0	0	0	597,887
14 山形	0	0	0	0	0	0	0	0	0	0	0	0	289,951
15 茨城	0	0	0	0	0	0	0	0	0	0	0	0	0
16 栃木	0	0	0	0	0	0	0	0	0	0	0	0	0
17 群馬	0	0	0	0	0	0	0	0	0	0	0	0	0
18 埼玉	0	0	0	0	0	0	0	0	0	0	0	0	0
19 千葉	0	0	0	0	683,058	0	0	0	0	0	0	6,054,414	17,711,805
20 東京	2,299,420	1,581,821	857,829	621,989	78,567,827	2,057,840	2,991,113	5,220,723	1,746,357	1,839,853	4,063,570	77,786,681	334,858,668
21 神奈川	0	0	0	0	0	0	0	0	0	0	0	0	0
22 新潟	0	0	0	0	13,840	0	0	0	0	0	0	12,776	136,875
23 富山	0	0	0	0	0	0	0	0	0	0	0	0	597,181
24 石川	0	0	0	0	29,890	0	0	0	0	0	0	537,899	1,506,418
25 福井	0	0	0	0	0	0	0	0	0	0	0	0	0
26 山梨	0	0	0	0	0	0	0	0	0	0	0	0	0
27 長野	0	0	0	0	0	0	0	0	0	0	0	0	0
28 静岡	0	0	0	0	0	0	0	0	0	0	0	199,485	453,214
29 岐阜	0	0	0	0	0	0	0	0	0	0	0	0	0
30 愛知	0	866	0	0	1,251,415	0	157,116	47,616	0	20,544	336,922	14,064,227	21,592,284
31 三重	0	0	0	0	0	0	0	0	0	0	0	0	0
32 滋賀	0	0	0	0	0	0	0	0	0	0	0	0	0
33 京都	0	0	0	0	0	0	0	0	0	0	0	0	0
34 奈良	0	0	0	0	0	0	0	0	0	0	0	0	0
35 和歌山	0	0	0	0	0	0	0	0	0	0	0	0	4,802
36 大阪	0	62,343	0	11,591	2,290,001	0	181,326	413,814	54,939	345,370	587,995	34,123,879	82,631,081
37 兵庫	0	0	0	0	0	0	0	0	0	0	0	0	354
38 鳥取	0	0	0	0	0	0	0	0	0	0	0	0	1,456,241
39 島根	0	0	0	0	1,448	0	0	0	0	0	0	0	710,745
40 岡山	0	0	0	0	0	0	0	0	0	0	0	0	2,006,597
41 広島	0	0	0	0	0	0	0	0	0	0	0	1,446,391	11,638,731
42 山口	0	0	0	0	0	0	0	0	0	0	0	1,157	1,776,705
43 香川	0	0	0	0	0	0	0	0	0	0	0	816,702	3,231,442
44 愛媛	0	0	0	0	39,418	0	0	0	0	0	237	40,948	5,915,592
45 徳島	0	0	0	0	372	0	0	0	0	0	0	0	1,237,638
46 高知	0	0	0	0	861	0	0	0	0	0	0	0	2,773,239
47 福岡	0	2,836	461	545	0	0	193,080	151	0	55,466	31,857	11,768,983	108,333,004
48 佐賀	0	0	0	0	0	0	0	0	0	0	0	0	2,247,266
49 長崎	0	0	0	0	278,778	0	37,641	0	0	0	0	239,695	9,582,407
50 熊本	0	0	0	0	62	0	0	0	0	0	0	176,873	10,476,851
51 大分	0	0	0	0	0	0	0	0	0	0	0	0	5,679,829
52 宮崎	0	0	0	0	41,615	0	0	0	0	0	0	275,266	5,758,549
53 鹿児島	0	579	0	0	12,285	0	0	0	0	0	0	594,412	23,192,554
54 沖縄	234,379	662	0	0	7,772,922	0	723	5,933	0	6,419	0	112,434	134,734,828
55 全国	2,533,799	1,649,107	858,290	634,125	93,347,586	2,057,840	3,560,999	5,688,237	1,801,296	2,267,652	6,452,186	180,250,024	909,426,387

平成 28 年度

旅 客 地 域 流 動 調 査

　この旅客地域流動調査は、鉄道・自動車・旅客船・定期航空の各輸送機関別に、平成28年度における国内地域相互間の旅客流動状況を明らかにし、将来の輸送需要予測及び今後の輸送施設整備計画立案等の基礎資料とすることを目的として作成したものです。

　本表には、基礎資料に関しサンプル数や調査期間の制約があること等の理由により、概略の推計値となっているものが含まれているので、後記「調査の概要」を参照の上ご利用願えれば幸いです。

　本調査についての問い合わせは、国土交通省総合政策局情報政策課（電話：03-5253-8340）へお願いします。

目　　　次

I　調査の概要 ……………………………………………………………………… 1

II　総括表
　　輸送機関別旅客輸送量(全国輸送量) ………………………………………… 5

III　輸送人員表
　　府県相互間旅客輸送人員表
　（1）全機関 ……………………………………………………………………… 7
　（2）Ｊ　Ｒ ……………………………………………………………………… 11
　（3）民　鉄 ……………………………………………………………………… 19
　（4）自動車 ……………………………………………………………………… 27
　（5）旅客船 ……………………………………………………………………… 37
　（6）航　空 ……………………………………………………………………… 41

　＜付録＞自動車航送旅客府県相互間輸送人員表 ……………………………… 45

III　輸送人員表の細目次一覧

輸　送　機　関		府県間表　掲載ページ
全　　機　　関		8
Ｊ　Ｒ	合　　　計	12
	定　　　期	14
	定　期　外	16
民　鉄	合　　　計	20
	定　　　期	22
	定　期　外	24
自　動　車	合　　　計	28
	乗　合　バ　ス	30
	貸　切　バ　ス	32
	自　家　用　バ　ス	—
	営業用乗用車	34
	自家用乗用車	—
旅　　客　　船		38
航　　　　　空		42

Ⅰ 調 査 の 概 要

1. 調 査 の 概 要

1 調査対象旅客の種別及び範囲

調査対象旅客の種別及び範囲は表1のとおりである。

表1 調査対象旅客の種別及び範囲

輸送機関	種　別	範　　　　囲
Ｊ　Ｒ	定　期 定期外	鉄道線の全旅客を対象とした。
民　鉄	定　期 定期外	鉄道及び軌道の全旅客(索道(ロープウェイ及びリフト)を除く。)を対象とした。
旅客船		定期航路及び不定期航路の国内一般旅客を対象とした。なお、フェリー(自動車航送船)で輸送された自動車の乗車人員は含まないが、これについては別途付録(自動車航送)で参考までに掲載した。
航　空		定期の国内旅客を対象とした。
自動車	営業用バス(乗合) 営業用バス(貸切) 営業用乗用車	二輪車を除く。 車両の区分については、定員11人以上はバス、定員10人以下は乗用車となっている。 フェリー(自動車航送船)で輸送された自動車の旅客を含む。

2 地域の区分

都道府県(北海道については4地域に細分した。この調査においては「府県」と呼ぶ。)を基準として推計した。

表2 地 域 の 区 分

北 海 道 の 4 地 域 区 分	
名　称	範囲(総合振興局等)
道　北	上川、留萌、宗谷、オホーツク
道　東	十勝、釧路、根室
道　央	空知、石狩、後志、胆振、日高
道　南	渡島、檜山

3 調査の方法

この調査に使用した原資料及び調査要領は次のとおりである。

なお、この調査に使用したデータには、2地点相互間の輸送量が方向別に区分されずに合算されているものがあるが、この場合、2地点間の往・復数量は等しいものとみなして折半処理した。

(1) JR

① 定　　期

旅客鉄道株式会社6社の平成28年度地域流動データにより集計した。

② 定 期 外

定期の場合と同様の方法により集計した。

(2) 民鉄

① 定　期

次のa及びb により作成した表を集計した。

a　2府県以上にまたがる路線を有する事業者分

各社報告の「定期旅客都道府県別相互発着人員表」により府県相互間輸送人員表を作成した。

b　その他の事業者分

平成28年度数値については「鉄道輸送統計月報（国土交通省総合政策局）」（平成28年4月～平成29年3月）の定期旅客輸送人員を「鉄道輸送統計調査」の調査票情報を利用し、府県別地域内輸送人員表を作成した。

② 定　期　外

定期の場合と同様の方法により集計した。

(3) 旅客船

① 旅客船

次のa、b、cにより作成した表を集計した。

a　　2府県にまたがる航路（途中寄港地なし）分

平成28年度分の「内航旅客航路事業運航実績報告書」（国土交通省海事局資料）の航路別輸送人員により府県相互間輸送人員表を作成した。

b　　2府県以上にまたがる航路（途中寄港地あり）分

平成28年度分の「旅客船旅客県間流動調査」により府県相互間輸送人員表を作成した。

c　　その他の航路分

平成28年度分の「内航旅客航路事業運航実績報告書」の航路別輸送人員により府県別域内輸送人員表を作成した。

② 自動車航送

旅客船と同じ方法で集計した。

(4) 定期航空

「平成28年度航空輸送統計年報」（国土交通省総合政策局）の「国内定期航空空港間旅客流動表（年度）」を、「航空輸送統計調査」の調査票情報を利用し、府県別に集約した。

なお、大阪国際空港は大阪府所在とみなして処理した。

(5) 自動車

① 乗合バス

次のa及びb により作成した表を集計した。

a　　2府県以上にまたがる運行系統分

平成28年度分の「乗合バス旅客県間流動調査」により府県相互間輸送人員表を作成した。実績調査が困難な運行系統の報告は、推定による。

b　その他の運行系統分

「平成 28 年度自動車輸送統計年報」(国土交通省総合政策局)の府県別輸送人員を当該府県発
人員とみなして、これから前記aの2府県以上にまたがる旅客輸送人員を差引いて府県別域内輸送
人員表を作成した。

② その他(営業用バス(貸切)、営業用乗用車)

平成 28 年度数値については「自動車輸送統計月報(国土交通省総合政策局)」(平成 28 年 4 月
〜平成 29 年 3 月)の旅客輸送人員を「自動車輸送統計調査」の調査票情報を利用し、各月の府
県間輸送人員の流動パターンで配分した。

4　利用上の注意点

本調査で用いている自動車輸送統計調査は、標本調査であり、全国における総輸送量の精度を
確保する設計となっている(以下の表を参照)。

自動車輸送統計調査の対象、調査期間、調査対象数

	貨物営業用	貨物自家用	旅客営業用		
			バス		乗用
			自動車(事業所)	自動車	自動車
調査対象	自動車(事業所)	自動車	全数調査	約250	約550
調査期間	1ヶ月(7日間)	7日間	1ヶ月	3日間	3日間
調査対象数	約2,000	約9,700	全数調査	約250	約550

※平成22年9月分調査以前は、4ヶ月ごとの詳細調査と、詳細調査月の3ヶ月以内に再度実施される簡略調査で
実施されていたが、平成22年10月分調査以降は標本数の見直しが行われ、詳細調査で毎月実施されている。
※貨物営業用の調査期間は、事業所で使用する全ての自動車の1ヶ月間及び一部の自動車の7日間である。

調査の対象となる自動車数	約700万両(平成28年3月末時点)

そのため、自動車輸送統計調査を用いて地域又は車種を細分化して求めた本調査の各発着輸
送量の精度は、自動車輸送統計の標本設計よりも低い精度となると思われるが、輸送機関別比較等
の利用者ニーズに対応するため作成している。本調査結果の利用にあたっては、可能な限り地域及
び車種を統合したものを利用する等の取り扱いを行って頂きたい。また、本調査結果と平成 22 年度
の数値を比較される場合は、平成 23 年度の自動車輸送統計(年報)の「(参考)新旧統計数値の比
較について」を参照のうえ、ご利用頂きたい。

また、自動車輸送統計調査においては、東日本大震災の影響により、北海道運輸局、東北運輸
局及び茨城県の調査が一部不能となったため、平成 23 年度との比較において、以下の点にご注意
頂きたい。

・平成 23 年 3 月及び 4 月の北海道運輸局及び東北運輸局の数値を含んでいない。また、茨城県
の数値については、関東運輸局内の他県の調査結果により補填している。

・平成 23 年 5 月及び 6 月の数値は、青森県、岩手県、宮城県、福島県及び茨城県の調査が一部
不能となったため、青森県、岩手県、宮城県及び福島県の数値については、東北運輸局内、茨
城県の数値については、関東運輸局内の他県の調査結果により補填している。

以上から、本調査結果を利用した分析結果の公表などを行う際には、上記の趣旨に沿った注釈を
付けるなど、ご配慮願いたい。

II　　総　　括　　表

輸送機関別旅客輸送量（全国輸送量）

2．総括表

輸送機関別旅客輸送量（全国輸送量）　　　平成28年度

輸　　送　　機　　関		輸送人員（千人）	対前年度比伸び率（%）
全　　　　機　　　　関		30,609,069	1.0
J　　R	合　　　　計	9,198,336	0.7
	定　　　　期	5,674,809	0.7
	定　　期　　外	3,523,527	0.8
民　　鉄	合　　　　計	15,206,188	1.5
	定　　　　期	8,461,622	1.8
	定　　期　　外	6,744,566	1.1
自　動　車	合　　　　計	6,034,900	0.1
	乗　合　バ　ス	4,288,516	0.4
	貸　切　バ　ス	294,437	−0.3
	営　業　用　乗　用　車	1,451,947	−1.0
旅　　　客　　　船		71,522	−8.5
航　　　　　　　空		98,124	2.1

Ⅲ　輸　送　人　員　表

府　県　相　互　間　旅　客　輸　送　人　員　表

全機関

（1） 全　　機　　関

利用上の注意点

　　全機関は、JR、民鉄、旅客船、航空、自動車の府県相互間輸送人員表を合計したものであるが、自動車の精度が非常に低くなっているため、全機関の精度も低くなっているものと思われる。よって、利用者におかれては、本調査結果の利用にあたり、可能な限り地域を統合したものを利用頂く等の十分な注意が必要である。

　　本調査結果を使用した分析の公表などを行われる際は、上記の趣旨に沿った注釈を付けるなどの御配慮を頂きたい。

平成28年度　　　　　　　　　　　　　　府県相互間旅客輸送人員表　　（全機関　，　その　１）

（単位　：　１０００人）

発＼着	1 道北	2 道東	3 道央	4 道南	5 北海道	6 青森	7 岩手	8 宮城	9 秋田	10 山形	11 福島	12 茨城	13 栃木
1 道北	77,188.1	126.5	3,222.2	5.2	80,542.1	2.3	1.1	0.5	0.0	0.0	0.0	0.0	0.0
2 道東	423.5	62,108.0	1,065.3	5.5	63,602.3	1.6	1.0	0.0	0.0	0.0	0.0	0.0	0.0
3 道央	3,057.3	1,109.2	577,268.5	1,040.6	582,475.6	170.8	68.1	427.1	61.1	1.4	36.5	52.1	3.9
4 道南	5.0	4.8	800.3	44,175.3	44,985.4	461.4	69.6	120.7	18.3	4.8	20.5	1.9	15.6
5 北海道	80,673.9	63,348.6	582,356.3	45,226.6	771,605.3	636.1	139.8	548.7	79.4	6.2	57.0	54.0	19.5
6 青森	2.3	1.7	173.8	452.4	630.2	61,107.6	1,097.8	601.3	190.7	13.0	49.6	14.5	31.1
7 岩手	1.2	0.8	63.0	71.1	136.1	695.7	62,036.4	1,827.7	271.1	12.3	90.1	150.2	51.4
8 宮城	0.4	0.2	429.6	121.6	551.8	706.0	1,763.6	269,944.0	358.1	1,827.4	3,254.8	143.6	272.5
9 秋田	0.1	0.0	57.0	18.1	75.2	209.0	311.4	40,759.8	371.8	59.0	20.8	6.4	14.6
10 山形	0.0	0.0	1.7	5.1	6.8	12.9	12.1	1,779.4	60.9	43,002.7	184.8	10.6	43.9
11 福島	0.0	0.0	36.0	22.1	58.1	49.2	82.6	2,876.8	21.0	185.2	68,544.6	755.8	511.0
12 茨城	0.0	0.0	51.8	2.0	53.8	14.7	14.8	44.6	6.4	10.8	618.0	146,555.7	1,973.9
13 栃木	0.0	0.0	1.9	15.2	17.1	31.2	51.7	204.1	14.8	43.4	536.9	1,802.1	78,707.5
14 群馬	0.0	0.0	0.6	2.8	3.4	9.0	12.0	40.6	7.0	11.6	20.6	110.2	1,733.1
15 埼玉	0.2	0.0	6.6	74.8	81.6	180.3	262.1	691.5	106.6	267.0	747.8	3,934.4	7,478.5
16 千葉	0.0	0.0	874.3	11.5	885.8	85.5	106.2	314.0	37.6	82.3	186.1	15,202.7	498.9
17 東京	785.4	575.2	4,493.1	733.2	6,586.9	1,430.2	1,539.4	4,053.3	1,031.6	1,353.3	3,049.3	32,886.4	11,588.3
18 神奈川	0.0	0.0	2.3	7.5	9.8	88.0	116.8	294.1	54.9	91.0	234.3	770.6	824.9
19 新潟	0.0	0.0	84.5	4.0	88.5	17.9	11.1	83.1	34.7	84.1	74.1	30.8	41.6
20 富山	0.0	0.0	29.3	1.8	31.1	4.3	7.2	22.0	2.5	4.6	6.9	11.1	14.2
21 石川	0.0	0.0	36.6	1.8	38.4	7.2	10.6	46.8	3.4	6.3	13.7	13.9	23.0
22 福井	0.0	0.0	6.1	0.3	6.4	1.9	3.4	4.7	1.8	1.4	4.4	8.2	5.7
23 山梨	0.0	0.0	0.0	0.3	0.3	2.7	5.1	11.2	1.4	2.9	94.7	13.7	43.4
24 長野	0.0	0.0	21.5	4.7	26.2	12.1	16.6	52.2	6.5	13.4	22.7	186.4	31.9
25 岐阜	0.0	0.0	0.0	0.7	0.7	2.3	4.1	11.8	1.3	2.6	9.0	9.1	98.6
26 静岡	0.0	0.0	40.7	5.8	46.5	20.4	34.3	75.0	10.8	21.8	46.4	60.0	79.8
27 愛知	48.3	3.7	680.8	52.5	785.3	77.1	109.2	244.3	40.4	60.6	76.7	78.4	105.1
28 三重	0.0	0.0	0.0	0.0	0.0	0.8	1.4	2.3	0.0	1.0	3.5	3.2	3.5
29 滋賀	0.0	0.0	0.3	0.3	0.3	1.5	2.4	5.7	0.3	1.6	4.2	5.6	7.1
30 京都	0.0	0.0	11.9	2.4	14.3	12.2	22.3	58.1	4.2	17.9	54.2	49.7	65.3
31 大阪	16.4	5.6	1,092.9	75.6	1,190.6	130.3	96.3	667.8	94.5	61.6	140.2	75.4	94.5
32 兵庫	0.0	0.0	240.5	1.0	241.5	6.5	9.2	18.4	1.6	5.1	21.1	137.5	35.4
33 奈良	0.0	0.0	0.0	0.0	0.0	1.2	1.5	1.7	0.0	0.7	1.8	2.4	3.0
34 和歌山	0.0	0.0	0.0	0.0	0.0	0.1	0.5	1.2	0.0	0.1	1.6	2.5	2.9
35 鳥取	0.0	0.0	0.0	0.0	0.0	0.2	0.2	0.7	0.0	0.0	0.4	0.8	0.6
36 島根	0.0	0.0	2.4	0.0	2.4	0.0	0.0	0.5	0.0	0.0	0.8	1.2	0.7
37 岡山	0.0	0.0	33.3	0.4	33.7	2.2	5.6	10.5	1.0	2.8	8.8	10.5	10.6
38 広島	0.0	0.0	68.3	0.7	69.0	6.0	8.6	48.1	1.2	4.6	16.3	17.1	21.0
39 山口	0.0	0.0	0.0	0.0	0.0	1.3	1.8	3.0	0.0	1.2	2.7	5.8	3.6
40 徳島	0.0	0.0	1.5	0.0	1.5	0.0	0.0	0.0	0.0	0.0	0.0	0.0	0.0
41 香川	0.0	0.0	0.0	0.0	0.0	0.4	1.7	3.3	0.0	0.6	3.1	2.8	2.7
42 愛媛	0.0	0.0	0.0	0.0	0.0	0.1	0.6	1.2	0.0	0.1	1.9	1.5	1.9
43 高知	0.0	0.0	0.0	0.0	0.0	0.1	0.0	0.1	0.0	0.0	0.1	0.1	0.0
44 福岡	0.0	0.0	244.6	0.1	244.7	1.7	13.7	152.2	0.1	1.1	3.7	52.2	5.8
45 佐賀	0.0	0.0	0.0	0.0	0.0	0.0	0.0	0.0	0.0	0.0	0.1	0.1	0.2
46 長崎	0.0	0.0	0.0	0.0	0.0	0.0	0.0	0.0	0.0	0.0	0.1	0.1	0.1
47 熊本	0.0	0.0	0.0	0.0	0.0	0.0	0.0	0.1	0.0	0.0	0.5	0.2	0.3
48 大分	0.0	0.0	0.0	0.0	0.0	0.0	0.0	0.1	0.0	0.0	0.3	0.2	0.3
49 宮崎	0.0	0.0	0.0	0.0	0.0	0.0	0.0	0.0	0.0	0.0	0.0	0.0	0.0
50 鹿児島	0.4	0.0	0.0	0.3	0.7	0.2	0.0	0.1	0.0	0.0	0.0	0.0	0.0
51 沖縄	0.0	0.0	44.6	0.0	44.6	0.0	0.0	70.9	0.0	0.0	0.0	21.5	0.0
52 全国	81,528.7	63,935.8	591,187.3	46,916.7	783,568.4	65,565.8	67,914.2	285,189.3	43,205.5	47,261.3	78,208.6	203,199.2	104,451.9

平成28年度　　　　　　　　　　　　　　府県相互間旅客輸送人員表　　（全機関　，　その　２）

（単位　：　１０００人）

発＼着	14 群馬	15 埼玉	16 千葉	17 東京	18 神奈川	19 新潟	20 富山	21 石川	22 福井	23 山梨	24 長野	25 岐阜	26 静岡
1 道北	0.0	0.2	0.0	729.7	0.0	0.0	0.0	0.0	0.0	0.0	0.0	0.0	0.0
2 道東	0.0	0.0	0.0	566.7	0.0	0.0	0.0	0.0	0.0	0.0	0.0	0.0	0.0
3 道央	0.7	8.6	874.9	4,585.4	2.0	89.2	30.5	38.7	5.9	0.0	22.0	0.0	41.6
4 道南	2.7	72.6	10.5	685.5	6.5	3.3	1.4	0.3	0.3	0.3	3.6	0.7	5.0
5 北海道	3.4	81.4	885.5	6,567.3	8.5	92.5	31.9	40.6	6.2	0.3	25.6	0.7	46.6
6 青森	8.9	184.5	84.3	1,405.4	87.5	17.9	4.6	6.8	2.0	2.7	18.1	2.3	20.5
7 岩手	12.2	276.7	102.3	1,542.1	113.1	11.3	7.2	10.3	3.4	5.0	16.2	4.2	33.7
8 宮城	40.7	720.1	306.3	4,077.2	281.8	83.0	22.2	47.2	4.5	10.9	51.8	11.0	75.2
9 秋田	6.7	109.9	36.7	1,015.1	54.3	31.2	2.7	3.8	1.3	1.4	7.0	1.2	10.8
10 山形	11.5	278.9	77.2	1,346.0	86.8	73.3	4.1	6.5	1.4	3.2	13.4	2.6	21.6
11 福島	20.6	799.4	259.1	3,065.8	216.6	70.8	7.1	14.0	4.1	94.8	22.2	8.8	46.6
12 茨城	111.3	3,915.5	15,079.5	34,447.4	990.2	32.0	11.2	13.8	8.3	14.4	187.4	9.4	63.7
13 栃木	1,713.7	7,724.2	768.6	11,509.7	828.5	42.3	14.1	22.2	5.4	43.5	32.6	98.6	81.2
14 群馬	64,684.8	7,890.0	380.5	7,277.4	372.3	270.4	28.4	55.9	7.6	85.5	505.3	177.8	147.8
15 埼玉	7,689.9	984,263.0	30,692.7	509,146.2	9,059.3	767.4	310.5	279.8	27.1	354.9	1,251.5	25.4	272.8
16 千葉	572.7	30,505.1	1,142,420.9	417,941.9	13,148.4	312.5	57.7	110.4	20.8	370.4	301.0	58.7	717.3
17 東京	7,091.1	511,694.6	421,860.3	9,480,879.8	762,456.7	4,552.0	1,319.9	1,977.0	334.7	7,925.4	5,701.7	668.0	11,224.1
18 神奈川	369.8	9,042.1	13,324.3	759,032.4	2,827,067.3	241.9	64.6	79.6	71.9	971.9	317.7	148.0	7,939.7
19 新潟	232.1	1,056.3	298.2	4,534.9	241.9	124,794.8	163.6	122.5	16.3	7.6	270.2	8.0	210.1
20 富山	28.9	181.1	57.1	1,347.8	63.0	160.5	62,665.4	1,992.6	37.9	3.9	1,251.8	66.7	21.7
21 石川	56.2	293.7	111.2	1,950.1	76.6	123.1	1,944.2	81,305.5	757.1	5.6	267.8	148.6	54.2
22 福井	7.3	28.0	20.0	331.5	75.8	14.0	45.2	762.3	38,824.4	1.6	19.5	31.4	30.2
23 山梨	90.7	189.4	186.6	7,525.7	918.2	7.6	3.7	5.6	1.6	42,401.8	724.3	223.3	352.1
24 長野	586.4	978.7	369.5	5,864.2	306.5	428.8	1,192.3	138.9	19.5	738.5	123,114.7	251.2	286.0
25 岐阜	245.9	24.8	56.4	668.1	151.2	7.9	244.9	381.3	31.2	72.1	338.9	77,284.8	1,519.5
26 静岡	147.7	256.2	687.3	10,860.1	8,306.1	48.7	21.8	53.4	30.1	323.4	275.5	279.8	235,329.7
27 愛知	61.6	226.6	825.7	10,375.6	2,617.3	127.7	283.6	487.0	248.0	311.1	1,105.0	36,331.6	6,641.2
28 三重	1.5	8.8	11.5	131.7	42.3	2.4	1.2	3.3	2.1	1.0	5.4	318.0	18.6
29 滋賀	3.6	14.9	30.3	426.7	132.3	6.3	17.6	68.9	234.9	2.1	11.8	502.9	64.8
30 京都	55.4	119.1	251.0	5,466.5	1,456.7	63.1	139.7	378.6	480.4	29.1	385.6	471.0	579.2
31 大阪	60.4	270.4	1,100.2	13,261.2	2,282.4	343.4	606.1	1,275.8	635.6	43.5	254.2	998.5	1,000.8
32 兵庫	21.3	114.6	192.9	2,702.6	580.4	23.4	35.3	131.5	58.6	11.8	58.3	87.7	228.4
33 奈良	2.9	5.1	9.1	132.3	32.0	1.9	2.5	5.6	3.7	1.0	2.4	3.5	231.9
34 和歌山	2.1	10.4	13.0	197.7	40.9	0.7	2.5	7.0	4.4	1.0	4.0	6.3	14.5
35 鳥取	0.2	1.9	2.1	520.8	11.5	0.7	1.3	3.2	1.6	0.1	2.3	3.3	9.6
36 島根	0.2	1.8	2.4	394.1	12.0	0.8	19.9	2.4	2.0	0.0	1.5	2.5	11.1
37 岡山	6.8	26.1	59.5	1,392.3	217.3	9.1	13.2	28.9	14.8	4.0	16.7	26.2	86.0
38 広島	11.0	41.8	216.2	2,318.9	394.1	16.2	21.7	47.3	21.9	5.7	26.9	42.4	133.2
39 山口	2.1	9.9	20.4	865.1	75.1	3.3	5.6	12.2	6.1	1.3	7.7	12.5	242.0
40 徳島	0.0	0.3	0.7	527.2	2.6	0.0	0.0	0.0	0.0	0.0	0.1	0.0	1.6
41 香川	1.4	7.8	104.5	787.3	45.4	2.8	4.9	9.2	4.2	1.1	5.7	8.5	23.9
42 愛媛	0.9	4.2	134.5	841.2	22.9	1.2	1.7	3.9	2.6	0.6	2.5	4.4	16.4
43 高知	0.0	0.9	1.4	504.0	5.3	0.1	1.1	1.6	1.2	0.0	1.6	6.3	6.3
44 福岡	3.7	14.7	597.6	5,110.3	125.0	65.7	13.6	114.8	27.3	3.5	50.1	35.3	173.5
45 佐賀	0.0	1.2	66.4	210.3	5.1	0.1	0.5	1.5	1.5	0.0	1.0	2.5	6.4
46 長崎	0.0	1.1	1.2	883.6	7.7	0.1	1.3	2.4	2.5	0.0	1.1	3.3	9.4
47 熊本	0.0	1.3	91.6	940.2	10.0	0.4	2.1	3.5	3.2	0.1	1.7	5.1	15.1
48 大分	0.6	1.7	88.6	617.1	9.7	0.1	1.5	3.8	2.3	0.0	1.4	3.8	12.7
49 宮崎	0.0	0.0	0.0	713.3	0.5	0.0	0.0	0.1	0.0	0.0	0.0	0.1	1.3
50 鹿児島	0.1	0.8	151.5	1,198.0	5.1	0.0	1.1	2.1	2.0	0.0	0.0	2.3	24.3
51 沖縄	0.0	0.0	432.8	3,102.8	0.0	0.0	17.9	0.0	35.6	0.0	0.0	0.0	34.1
52 全国	83,968.4	1,561,378.8	1,632,469.7	11,325,982.4	3,633,043.7	132,892.2	69,344.5	90,060.4	41,977.7	53,855.7	136,661.7	118,383.7	266,693.5

平成28年度　　　　　　　　　　　府県相互間旅客輸送人員表　　（全機関 ，　その　3）

（単位 ： 1000人）

着／発	27 愛知	28 三重	29 滋賀	30 京都	31 大阪	32 兵庫	33 奈良	34 和歌山	35 鳥取	36 島根	37 岡山	38 広島	39 山口
1 道北	48.2	0.0	0.0	0.0	16.0	0.0	0.0	0.0	0.0	0.0	0.0	0.0	0.0
2 道東	3.2	0.0	0.0	0.0	3.9	0.0	0.0	0.0	0.0	0.0	0.0	0.0	0.0
3 道央	691.3	0.0	0.0	8.3	1,102.0	253.8	0.0	0.0	0.0	2.3	34.2	69.9	0.0
4 道南	45.2	0.0	0.2	2.2	64.8	0.8	0.0	0.0	0.0	0.0	0.0	0.6	0.0
5 北海道	787.9	0.0	0.2	10.5	1,186.8	254.6	0.0	0.0	0.0	2.3	34.2	70.5	0.0
6 青森	74.6	0.8	1.5	15.6	123.7	4.8	0.0	0.0	0.0	0.0	2.1	6.6	1.3
7 岩手	111.7	1.4	2.3	28.9	92.3	9.1	0.3	0.7	0.0	0.1	5.2	9.3	1.7
8 宮城	249.2	2.6	5.8	57.4	664.0	19.5	1.0	1.3	0.7	0.5	11.0	48.5	3.0
9 秋田	41.8	0.0	0.3	4.7	93.3	1.3	0.0	0.0	0.0	0.0	1.0	1.3	0.0
10 山形	60.6	1.2	1.4	18.3	64.7	4.9	0.0	0.1	0.0	0.0	2.8	4.7	1.0
11 福島	78.0	3.5	4.6	52.9	141.6	21.3	1.3	1.7	0.3	0.9	8.6	16.8	2.6
12 茨城	83.1	3.5	6.1	60.8	80.5	138.6	1.5	2.7	0.6	1.1	10.5	17.4	5.5
13 栃木	106.9	3.8	7.3	74.4	99.2	35.6	1.8	3.1	0.5	0.8	10.6	22.3	3.8
14 群馬	62.0	1.7	3.6	61.4	63.0	22.2	2.5	1.9	0.1	0.1	7.2	12.8	2.1
15 埼玉	257.5	9.9	16.5	130.4	301.4	118.0	4.4	10.5	1.8	2.2	27.6	44.3	10.2
16 千葉	835.7	11.6	31.5	267.6	1,359.6	190.4	8.9	11.0	2.2	2.6	60.1	209.6	20.3
17 東京	10,447.8	137.1	434.9	5,367.2	13,358.0	2,688.4	84.9	197.1	521.9	406.8	1,411.3	2,348.4	865.6
18 神奈川	2,525.6	46.4	139.1	1,388.7	2,217.0	552.5	20.5	38.2	9.8	13.6	206.5	378.9	70.0
19 新潟	128.1	2.6	6.1	60.9	326.0	22.7	1.2	1.8	0.6	1.0	9.0	16.8	3.1
20 富山	382.8	1.2	17.4	137.4	572.5	35.7	1.9	2.7	1.3	1.2	12.6	21.2	6.1
21 石川	491.3	3.7	66.6	389.8	1,156.7	81.5	4.1	7.0	3.1	2.5	29.3	55.8	11.8
22 福井	248.2	2.4	337.0	533.8	633.7	59.8	2.9	230.8	1.5	2.0	14.1	21.9	5.7
23 山梨	309.6	1.1	2.0	28.5	252.7	11.8	0.1	1.1	0.2	0.1	3.7	5.5	1.3
24 長野	903.8	5.3	14.6	389.4	453.4	59.4	2.4	4.0	2.2	1.5	17.0	29.0	7.2
25 岐阜	36,072.8	482.0	483.6	475.2	684.2	88.1	3.2	3.3	2.5	2.5	26.5	46.6	12.6
26 静岡	6,168.3	18.9	65.3	566.4	898.7	224.4	227.7	14.6	9.0	12.0	83.3	137.9	242.0
27 愛知	1,324,701.5	19,934.3	669.2	2,046.6	4,973.8	806.4	222.5	59.1	28.0	64.2	425.7	521.8	117.9
28 三重	19,899.3	127,769.7	111.6	564.1	3,855.7	10.0	1,237.0	100.3	0.1	0.3	3.7	7.8	2.7
29 滋賀	669.4	119.2	120,115.2	42,151.5	8,611.3	1,052.3	51.5	177.9	108.2	3.6	36.3	57.8	16.3
30 京都	2,021.4	980.6	42,052.9	629,457.5	97,348.6	9,146.4	15,208.0	184.4	177.6	37.2	352.8	461.2	117.0
31 大阪	4,727.5	3,952.8	8,438.3	98,059.9	2,899,100.6	209,404.1	71,140.6	12,837.2	635.6	294.0	2,560.1	2,195.9	456.9
32 兵庫	799.3	9.9	1,051.8	9,027.4	208,794.2	1,134,534.5	353.4	101.6	739.0	58.0	1,992.0	767.5	178.5
33 奈良	198.0	1,217.0	49.0	15,360.4	70,263.8	355.8	152,598.6	333.5	1.2	0.4	8.5	16.2	9.4
34 和歌山	258.4	142.8	17.0	187.2	12,994.8	105.1	449.3	49,628.5	1.4	1.4	13.8	19.2	6.4
35 鳥取	29.0	0.3	108.1	78.8	375.7	722.9	1.2	1.3	26,150.3	686.6	625.1	103.3	214.7
36 島根	63.8	0.3	3.6	35.8	291.6	58.8	0.2	1.2	734.2	29,883.2	113.7	321.4	102.2
37 岡山	582.3	3.8	36.0	364.7	3,251.3	2,269.4	6.7	13.5	591.5	130.0	105,352.8	4,517.8	169.8
38 広島	500.8	7.8	55.7	488.9	2,111.8	901.5	11.2	19.7	101.0	244.9	4,468.3	323,686.4	3,736.1
39 山口	121.6	2.7	16.2	117.9	461.3	176.3	6.7	5.7	214.7	106.9	171.1	3,781.7	70,707.8
40 徳島	16.4	0.1	0.0	78.5	757.8	1,102.9	0.0	115.2	1.6	95.8	125.3	40.3	6.6
41 香川	88.9	1.2	9.5	103.8	662.5	381.7	1.7	221.4	6.9	5.7	2,766.5	155.4	255.9
42 愛媛	101.9	1.2	6.2	57.5	650.1	119.9	1.1	1.2	2.8	2.2	174.5	1,057.9	33.5
43 高知	55.9	0.0	2.0	28.9	324.4	54.1	0.0	0.6	1.3	1.2	109.8	29.3	4.3
44 福岡	1,050.0	6.8	52.3	539.0	2,934.8	646.6	7.2	15.2	30.8	55.8	392.1	1,311.1	4,677.9
45 佐賀	20.7	0.9	4.4	25.8	73.9	27.8	0.7	1.2	1.6	1.7	14.9	40.3	19.5
46 長崎	117.4	0.5	3.4	34.9	328.3	145.9	0.1	1.4	2.5	2.5	20.9	63.2	21.7
47 熊本	161.3	1.2	8.6	55.8	435.9	76.8	1.2	2.3	3.5	3.3	44.8	100.7	34.5
48 大分	78.0	1.2	5.1	52.1	306.0	94.2	0.8	2.2	2.6	3.3	24.0	105.1	197.0
49 宮崎	80.3	0.0	0.2	4.6	316.7	35.4	0.0	0.0	0.0	0.3	4.2	7.0	4.0
50 鹿児島	216.9	0.0	4.4	18.1	763.8	139.8	0.3	1.4	2.0	2.1	37.0	77.5	27.6
51 沖縄	607.3	0.0	0.0	0.0	1,300.4	221.4	0.0	0.0	0.0	0.0	42.1	66.2	17.4
52 全国	1,417,594.6	154,895.1	174,468.4	809,059.8	3,346,021.9	1,367,234.7	241,670.6	64,362.5	30,098.1	32,138.1	121,874.2	343,038.1	82,412.5

平成28年度　　　　　　　　　　　府県相互間旅客輸送人員表　　（全機関 ，　その　4）

（単位 ： 1000人）

着／発	40 徳島	41 香川	42 愛媛	43 高知	44 福岡	45 佐賀	46 長崎	47 熊本	48 大分	49 宮崎	50 鹿児島	51 沖縄	52 全国
1 道北	0.0	0.0	0.0	0.0	0.0	0.0	0.0	0.0	0.0	0.0	0.1	0.0	81,340.2
2 道東	0.0	0.0	0.0	0.0	0.0	0.0	0.0	0.0	0.0	0.0	0.0	0.0	64,179.1
3 道央	1.4	0.0	0.0	0.0	252.5	0.0	0.0	0.0	0.0	0.0	0.1	44.8	591,456.7
4 道南	0.0	0.0	0.0	0.0	0.0	0.0	0.0	0.0	0.0	0.0	0.4	0.0	46,606.8
5 北海道	1.4	0.0	0.0	0.0	252.5	0.0	0.0	0.0	0.0	0.0	0.6	44.8	783,582.8
6 青森	0.0	0.4	0.1	0.0	1.6	0.0	0.0	0.0	0.0	0.0	0.2	0.0	65,814.7
7 岩手	0.0	1.9	0.8	0.1	12.9	0.0	0.0	0.0	0.0	0.0	0.0	0.0	67,687.7
8 宮城	0.0	3.3	1.2	0.2	150.9	0.0	0.0	0.1	0.0	0.1	0.1	69.1	285,843.0
9 秋田	0.0	0.0	0.0	0.0	0.0	0.0	0.0	0.0	0.0	0.0	0.0	0.0	43,253.6
10 山形	0.0	0.7	0.1	0.0	1.1	0.0	0.0	0.0	0.0	0.0	0.0	0.0	47,202.1
11 福島	0.0	2.9	2.0	0.1	4.0	0.1	0.1	0.6	0.3	0.0	0.0	0.0	78,058.4
12 茨城	0.0	2.9	1.6	0.1	52.8	0.2	0.1	0.1	0.3	0.3	0.0	21.8	204,669.2
13 栃木	0.0	2.9	1.8	0.0	6.0	0.2	0.1	0.4	0.3	0.0	0.0	0.0	104,675.0
14 群馬	0.0	1.6	0.9	0.0	3.7	0.0	0.0	0.0	0.7	0.0	0.1	0.0	84,078.8
15 埼玉		8.1	4.4		15.9	1.3	0.9	1.4	1.8		0.7	0.7	1,558,860.8
16 千葉	0.8	101.4	130.9	1.5	598.2	64.7	1.4	89.0	84.9	0.0	148.6	428.5	1,628,597.7
17 東京	531.6	804.1	827.8	507.6	5,065.1	216.9	903.3	945.4	622.7	710.2	1,204.3	3,116.8	11,334,929.2
18 神奈川	2.4	44.0	21.5	4.9	119.6	4.5	7.3	9.4	9.2	0.5	4.8	0.0	3,629,009.8
19 新潟	0.0	2.9	1.3	0.2	63.9	0.1	0.1	0.2	0.2	0.0	0.0	17.3	133,088.7
20 富山	0.0	3.9	1.6	0.0	13.8	0.5	1.4	2.0	1.4	0.0	1.2	0.0	69,203.0
21 石川	0.0	9.4	3.8	1.7	118.8	1.5	2.3	3.7	4.0	0.1	2.0	34.5	89,742.2
22 福井	0.1	4.1	2.8	1.2	24.5	1.4	2.8	3.6	2.2	0.0	1.7	0.0	42,367.5
23 山梨	0.0	1.0	0.5	0.0	3.7	0.0	0.0	0.2	0.0	0.0	0.0	0.0	53,429.2
24 長野	78.1	5.7	2.4	1.2	49.9	0.9	1.1	1.7	1.6	0.0	0.8	0.0	136,675.9
25 岐阜	0.1	8.4	4.5	1.5	35.9	3.2	3.2	5.2	3.7	0.0	2.2	0.0	118,222.5
26 静岡	1.8	24.7	16.3	6.3	174.7	6.4	9.4	15.3	12.3	1.3	24.7	32.6	266,009.1
27 愛知	16.2	84.3	107.7	54.8	1,044.6	20.1	119.5	161.2	77.4	80.0	216.5	610.9	1,418,383.5
28 三重	0.1	1.2	1.2	0.0	6.8	0.1	0.5	1.2	1.1	0.0	0.2	0.0	154,138.9
29 滋賀	0.1	7.7	6.6	2.3	53.0	4.4	3.6	8.8	5.3	0.2	4.6	0.0	174,814.9
30 京都	79.2	101.0	73.9	28.5	520.3	25.6	34.4	53.8	51.7	3.9	18.5	0.0	808,710.3
31 大阪	1,070.0	654.1	651.3	332.7	2,964.7	73.2	328.6	437.4	303.5	316.6	673.4	1,310.1	3,347,602.7
32 兵庫	352.7	606.8	116.8	54.2	639.9	28.1	147.2	76.4	89.6	41.3	138.2	211.2	1,365,632.7
33 奈良	0.0	1.6	1.2	0.1	15.8	1.2	1.1	1.8	1.2	0.0	0.7	0.0	240,882.6
34 和歌山	109.1	221.4	1.2	0.5	15.5	1.2	1.4	2.4	2.1	0.0	1.2	0.0	64,495.4
35 鳥取	1.6	6.9	2.5	1.2	31.4	1.6	2.9	3.4	2.5	0.3	2.1	0.0	29,715.1
36 島根	95.7	3.5	2.1	1.2	56.6	1.7	2.5	3.1	3.1	0.1	2.0	0.0	32,240.8
37 岡山	154.3	2,964.5	282.4	115.0	386.6	15.3	21.1	44.3	24.5	4.5	36.8	41.4	123,366.9
38 広島	40.3	153.6	1,215.6	29.5	1,334.8	40.9	63.7	247.6	105.7	6.7	80.1	65.6	343,207.4
39 山口	6.7	255.6	310.0	4.5	4,805.0	19.7	21.8	34.8	198.7	3.9	26.9	16.9	70,877.9
40 徳島	27,517.3	797.8	62.5	148.7	32.8	1.4	2.0	3.2	1.7	0.0	1.6	0.0	31,443.5
41 香川	1,377.8	49,912.6	652.1	605.9	132.6	4.7	8.7	11.5	6.2	1.1	7.5	58.6	58,460.9
42 愛媛	458.3	402.2	59,660.2	275.8	87.7	1.2	2.3	2.4	151.8	0.0	8.5	37.1	64,341.9
43 高知	267.1	606.6	60.7	30,414.1	47.1	0.3	1.0	1.4	0.0	0.0	1.4	0.0	32,543.5
44 福岡	34.8	96.1	114.4	47.0	803,463.2	8,799.9	2,623.3	4,243.3	3,080.8	719.7	1,280.4	914.5	843,947.3
45 佐賀	1.6	4.8	1.2	0.6	8,860.2	33,155.6	719.9	146.9	21.7	1.0	41.9	0.0	43,485.6
46 長崎	1.9	4.8	5.7	1.2	2,060.3	490.6	144,684.3	501.6	43.8	11.1	47.9	28.5	149,541.9
47 熊本	3.2	11.1	2.4	1.8	3,690.7	149.6	294.4	74,609.8	106.1	178.4	589.2	33.1	81,675.1
48 大分	1.7	6.2	155.7	6.4	3,282.2	22.3	147.7	112.4	49,399.0	296.9	27.6	0.0	55,073.9
49 宮崎	0.0	1.1	0.0	0.0	714.7	1.2	11.1	321.4	97.4	35,503.1	690.1	49.5	38,558.0
50 鹿児島	1.6	7.2	8.6	1.4	1,199.9	272.6	48.8	538.2	225.7	330.4	91,693.2	145.9	97,063.5
51 沖縄	0.0	58.9	37.3	0.0	912.6	0.0	28.7	0.0	0.0	0.0	40.8	94,558.4	101,864.4
52 全国	32,208.1	58,013.6	64,559.4	32,655.8	843,128.7	43,434.4	150,254.2	82,680.8	54,752.7	38,252.2	97,136.8	101,847.0	30,609,069.3

J
R

（2） J　　　　　　R

調査対象旅客の種別及び範囲

輸送機関	種　　別	範　　　　　　囲
J　　R	定　期 定期外	鉄道線の全旅客を対象とした。

調　査　の　方　法

①定期

　旅客鉄道株式会社6社の平成28年度地域流動データにより集計した。

②定期外

　定期の場合と同様の方法により集計した。

平成28年度　　府県相互間旅客輸送人員表　（ＪＲ計，　その　1）

（単位：1000人）

着／発	1 道北	2 道東	3 道央	4 道南	5 北海道	6 青森	7 岩手	8 宮城	9 秋田	10 山形	11 福島	12 茨城	13 栃木
1 道北	3,801.1	14.4	1,415.0	5.2	5,235.7	2.3	1.1	0.5	0.0	0.0	0.0	0.0	0.0
2 道東	16.9	1,765.8	464.4	5.5	2,252.6	1.6	1.0	0.4	0.0	0.0	0.0	0.0	0.0
3 道央	1,419.3	464.2	120,537.3	611.4	123,032.2	59.4	25.8	15.1	4.3	1.0	2.9	0.3	3.9
4 道南	5.0	4.8	629.7	2,205.0	2,844.5	350.2	69.6	120.7	18.3	4.8	20.5	1.9	15.6
5 北海道	5,242.3	2,249.2	123,046.4	2,827.1	133,365.0	413.5	97.5	136.7	22.6	5.8	23.4	2.2	19.5
6 青森	2.3	1.7	61.5	345.3	410.8	7,743.8	368.5	539.5	184.1	13.0	49.6	14.5	31.1
7 岩手	1.2	0.8	19.6	71.1	92.7	363.2	16,315.9	1,265.0	185.7	12.3	83.9	14.7	51.4
8 宮城	0.4	0.2	13.7	121.6	135.9	542.4	1,267.8	96,525.6	247.9	639.9	2,175.5	34.0	204.5
9 秋田	0.1	0.0	4.9	18.1	23.1	183.9	175.7	245.9	11,697.2	59.0	20.8	6.4	14.6
10 山形	0.0	0.0	1.2	5.1	6.3	12.9	12.1	659.4	60.9	11,756.9	175.8	10.6	43.9
11 福島	0.0	0.0	3.0	22.1	25.1	49.2	82.6	2,169.7	21.0	175.7	26,394.7	622.7	362.7
12 茨城	0.0	0.0	0.2	2.0	2.2	14.7	14.8	33.9	6.4	10.8	617.7	53,489.8	1,558.9
13 栃木	0.0	0.0	1.9	15.2	17.1	31.2	51.7	203.8	14.8	43.4	366.6	1,540.9	29,588.7
14 群馬	0.0	0.0	0.6	2.8	3.4	9.0	12.0	36.8	7.0	11.6	20.6	37.3	756.6
15 埼玉	0.2	0.0	6.6	74.8	81.6	179.8	260.4	677.4	105.1	191.7	532.8	2,894.3	5,357.5
16 千葉	0.0	0.0	1.9	5.9	7.8	85.5	103.9	252.3	37.6	77.4	166.1	9,607.3	373.9
17 東京	1.5	0.5	67.2	208.7	277.9	967.9	1,444.1	3,900.5	512.1	1,074.6	2,754.2	20,181.6	8,918.7
18 神奈川	0.0	0.0	2.3	7.5	9.8	81.8	116.8	286.5	44.7	91.0	220.9	770.6	824.9
19 新潟	0.0	0.0	0.5	4.0	4.5	17.9	11.1	32.0	31.1	71.0	42.0	30.8	41.6
20 富山	0.0	0.0	0.0	1.8	1.8	4.3	7.2	17.1	2.5	4.2	6.9	11.1	14.2
21 石川	0.0	0.0	0.0	1.8	1.8	7.2	10.6	23.3	3.4	6.3	13.7	13.9	23.0
22 福井	0.0	0.0	0.0	0.3	0.3	1.9	3.4	4.7	1.0	1.4	4.4	8.2	5.7
23 山梨	0.0	0.0	0.0	0.3	0.3	2.7	5.1	11.2	1.4	2.9	6.1	13.7	43.4
24 長野	0.0	0.0	0.7	4.7	5.4	12.1	16.6	52.2	6.5	13.4	22.7	24.9	31.9
25 岐阜	0.0	0.0	0.0	0.7	0.7	2.3	4.1	11.8	1.3	2.6	9.0	9.1	10.0
26 静岡	0.0	0.0	1.1	5.8	6.9	20.4	34.3	75.0	10.8	21.8	46.4	60.0	79.8
27 愛知	0.0	0.0	1.5	7.1	8.6	21.0	41.5	113.0	8.7	26.4	73.0	74.0	101.6
28 三重	0.0	0.0	0.0	0.0	0.0	0.8	1.4	2.3	0.0	1.0	3.5	3.2	3.5
29 滋賀	0.0	0.0	0.0	0.3	0.3	1.5	2.4	5.7	0.3	1.6	4.2	5.6	7.1
30 京都	0.0	0.0	0.6	2.4	3.0	12.2	22.3	50.2	4.2	15.1	47.8	47.3	61.5
31 大阪	0.0	0.0	0.9	3.6	4.5	13.3	27.2	41.8	4.6	12.4	52.5	72.5	89.7
32 兵庫	0.0	0.0	0.3	1.0	1.3	6.5	9.2	17.3	1.6	5.1	21.1	34.3	35.4
33 奈良	0.0	0.0	0.0	0.0	0.0	1.2	1.5	1.7	0.0	0.7	1.8	2.4	3.0
34 和歌山	0.0	0.0	0.0	0.0	0.0	0.1	0.5	1.2	0.0	0.1	1.6	2.5	2.9
35 鳥取	0.0	0.0	0.0	0.0	0.0	0.0	0.2	0.7	0.0	0.0	0.4	0.8	0.6
36 島根	0.0	0.0	0.0	0.0	0.0	0.0	0.0	0.5	0.0	0.0	0.8	1.2	0.7
37 岡山	0.0	0.0	0.0	0.4	0.4	2.2	5.6	10.5	1.0	2.8	8.8	10.5	10.6
38 広島	0.0	0.0	0.0	0.7	0.7	6.0	8.6	13.4	1.2	4.6	16.3	17.1	21.0
39 山口	0.0	0.0	0.0	0.0	0.0	1.3	1.8	3.0	0.1	1.2	2.7	5.8	3.6
40 徳島	0.0	0.0	0.0	0.0	0.0	0.0	0.0	0.0	0.0	0.0	0.0	0.0	0.0
41 香川	0.0	0.0	0.0	0.0	0.0	0.4	1.7	3.3	0.0	0.6	3.1	2.8	2.7
42 愛媛	0.0	0.0	0.0	0.0	0.0	0.1	0.6	1.2	0.0	0.0	1.9	1.5	1.9
43 高知	0.0	0.0	0.0	0.0	0.0	0.0	0.1	0.2	0.0	0.0	0.1	0.1	0.0
44 福岡	0.0	0.0	0.0	0.1	0.1	1.7	1.6	3.8	0.1	1.1	3.7	4.5	5.8
45 佐賀	0.0	0.0	0.0	0.0	0.0	0.0	0.0	0.0	0.0	0.0	0.1	0.1	0.2
46 長崎	0.0	0.0	0.0	0.0	0.0	0.0	0.0	0.0	0.0	0.0	0.1	0.1	0.1
47 熊本	0.0	0.0	0.0	0.0	0.0	0.0	0.0	0.1	0.0	0.0	0.5	0.2	0.3
48 大分	0.0	0.0	0.0	0.0	0.0	0.0	0.0	0.1	0.0	0.0	0.3	0.2	0.3
49 宮崎	0.0	0.0	0.0	0.0	0.0	0.0	0.0	0.0	0.0	0.0	0.0	0.0	0.0
50 鹿児島	0.4	0.0	0.0	0.3	0.7	0.2	0.0	0.0	0.0	0.1	0.0	0.0	0.0
51 沖縄	0.0	0.0	0.0	0.0	0.0	0.0	0.0	0.0	0.0	0.0	0.0	0.0	0.0
52 全国	5,248.4	2,252.4	123,236.6	3,762.6	134,500.0	10,816.1	20,542.8	107,430.4	13,226.8	14,359.5	33,998.1	89,685.3	48,709.0

平成28年度　　府県相互間旅客輸送人員表　（ＪＲ計，　その　2）

（単位：1000人）

着／発	14 群馬	15 埼玉	16 千葉	17 東京	18 神奈川	19 新潟	20 富山	21 石川	22 福井	23 山梨	24 長野	25 岐阜	26 静岡
1 道北	0.0	0.2	0.0	1.4	0.0	0.0	0.0	0.0	0.0	0.0	0.0	0.0	0.0
2 道東	0.0	0.0	0.0	0.9	0.0	0.0	0.0	0.0	0.0	0.0	0.0	0.0	0.0
3 道央	0.7	8.6	1.6	73.4	2.0	0.2	0.0	0.1	0.0	0.0	0.8	0.0	1.2
4 道南	2.7	72.6	4.9	165.8	6.5	3.3	1.4	1.9	0.3	0.3	3.6	0.7	5.0
5 北海道	3.4	81.4	6.5	241.5	8.5	3.5	1.4	2.0	0.3	0.3	4.4	0.7	6.2
6 青森	8.9	183.9	84.3	949.5	81.2	17.9	4.6	6.8	2.0	2.7	11.9	2.3	20.5
7 岩手	12.2	275.1	100.0	1,450.5	113.1	11.3	7.2	10.3	3.4	5.0	16.2	4.2	33.7
8 宮城	36.9	715.8	238.4	3,925.8	273.8	31.2	17.7	22.9	4.5	10.9	51.8	11.0	75.2
9 秋田	6.7	108.2	36.7	505.4	44.1	30.5	2.3	3.8	1.0	1.4	7.0	1.2	10.8
10 山形	11.5	203.6	72.3	1,071.1	86.8	69.2	4.1	6.5	1.4	3.2	13.4	2.6	21.6
11 福島	20.6	581.0	150.2	2,763.4	205.8	37.7	7.1	14.0	4.1	6.2	22.2	8.8	46.6
12 茨城	38.4	2,916.0	9,633.8	20,389.2	781.8	32.0	11.2	13.8	8.3	14.4	25.9	9.4	63.7
13 栃木	762.9	5,405.5	372.2	8,957.8	828.5	42.3	14.1	22.2	5.4	43.5	32.6	10.0	81.2
14 群馬	23,698.2	4,285.2	221.8	5,028.7	372.3	232.3	27.5	54.0	7.6	62.0	270.5	5.9	38.4
15 埼玉	4,222.2	333,136.7	22,679.5	253,344.2	9,059.1	758.8	168.4	267.7	27.1	181.4	787.8	25.4	272.8
16 千葉	221.4	22,597.1	412,983.9	265,344.1	11,530.1	242.6	54.8	55.6	19.4	164.3	280.0	56.2	495.4
17 東京	5,028.5	253,524.5	265,525.8	2,505,672.4	306,200.0	3,755.5	1,094.0	1,333.1	314.5	6,439.1	4,345.7	600.9	9,635.8
18 神奈川	369.8	9,029.7	11,667.0	305,770.9	756,002.1	261.6	64.6	75.0	64.7	731.0	303.9	148.0	7,473.9
19 新潟	224.9	798.9	226.3	3,733.5	241.9	51,342.1	89.1	105.2	14.3	7.6	138.7	8.3	48.6
20 富山	28.1	179.8	54.2	1,080.4	63.0	89.2	5,958.2	572.2	37.9	3.9	98.6	35.5	21.7
21 石川	54.5	281.7	56.2	1,313.8	72.1	106.1	572.8	15,384.1	713.7	5.6	137.6	40.1	54.2
22 福井	7.3	28.0	18.6	312.2	68.6	14.0	45.2	725.0	7,763.1	1.6	19.5	31.4	30.2
23 山梨	6.2	183.4	162.1	6,043.9	754.9	7.6	3.7	5.6	1.6	12,591.6	381.9	4.3	125.7
24 長野	274.7	843.5	260.3	4,360.1	294.9	142.0	99.2	138.9	19.5	380.0	38,455.4	100.8	70.5
25 岐阜	6.2	24.8	53.9	605.1	151.2	7.9	38.9	40.1	31.2	4.2	104.1	18,643.0	121.6
26 静岡	38.3	256.2	450.8	9,578.0	7,880.3	48.7	21.8	53.4	30.1	131.8	72.3	118.3	97,773.0
27 愛知	54.7	209.5	601.8	9,654.5	2,569.1	66.2	161.7	328.9	189.5	37.1	513.7	23,031.1	5,790.0
28 三重	1.5	7.0	11.5	114.0	36.9	2.4	1.2	3.3	2.1	1.0	5.4	32.5	18.6
29 滋賀	3.6	13.8	30.1	419.3	129.7	6.3	17.6	68.9	186.6	2.1	11.8	502.9	64.8
30 京都	48.9	108.4	229.0	5,367.8	1,439.3	56.1	132.6	377.6	423.8	20.8	107.8	464.9	571.4
31 大阪	52.9	179.0	326.3	9,491.2	2,208.5	121.8	391.6	840.2	606.0	33.1	181.4	492.8	876.1
32 兵庫	21.3	87.6	170.9	2,115.2	573.4	23.4	35.3	79.4	58.6	11.8	54.8	87.7	222.9
33 奈良	1.9	4.9	6.1	103.8	29.2	1.9	2.5	5.6	3.7	1.0	2.4	3.5	13.1
34 和歌山	2.1	6.7	11.6	137.4	37.6	1.8	2.5	7.0	4.4	1.0	4.0	6.3	14.5
35 鳥取	0.2	1.9	2.1	41.3	11.5	0.7	1.3	3.2	1.6	0.1	2.3	3.3	9.6
36 島根	0.2	1.8	2.4	40.2	12.0	0.8	1.4	2.4	2.0	0.0	1.5	2.5	11.1
37 岡山	6.8	26.1	59.5	841.7	214.2	9.1	13.2	28.9	14.8	4.0	16.7	26.2	86.0
38 広島	11.0	41.8	91.6	1,390.4	391.5	16.2	21.7	47.3	21.9	5.7	26.9	42.4	133.2
39 山口	2.1	9.9	20.4	224.1	75.1	3.3	5.6	12.2	6.1	1.3	7.7	12.5	33.6
40 徳島	0.0	0.3	0.0	7.7	2.6	0.0	0.0	0.0	0.0	0.0	0.1	0.0	1.6
41 香川	1.4	7.8	10.6	159.1	44.3	2.8	4.0	9.2	4.2	1.1	5.7	8.5	23.9
42 愛媛	0.9	4.2	6.8	69.5	22.9	1.2	1.7	3.9	2.6	0.6	2.5	4.6	16.4
43 高知	0.0	0.9	1.4	15.5	5.3	0.1	1.1	1.6	1.2	0.0	1.2	1.6	6.3
44 福岡	3.7	14.7	18.5	368.7	125.0	4.3	13.6	36.0	27.3	2.5	14.0	35.3	103.2
45 佐賀	0.0	1.2	1.3	12.3	5.1	0.1	0.5	1.5	1.5	0.0	1.0	2.5	6.4
46 長崎	0.0	1.1	1.2	15.8	7.7	0.1	1.3	2.4	2.5	0.0	1.1	3.3	9.4
47 熊本	0.0	1.3	1.8	24.4	10.0	0.4	2.1	3.5	3.2	0.0	1.1	5.1	15.1
48 大分	0.6	1.7	2.2	23.7	9.7	0.1	1.5	3.8	2.3	0.0	1.4	3.8	12.7
49 宮崎	0.0	0.0	0.0	1.6	0.5	0.0	0.0	0.0	0.0	0.0	0.0	0.0	1.3
50 鹿児島	0.1	0.8	1.0	13.8	5.1	0.0	1.1	2.1	2.0	0.0	0.8	2.3	5.2
51 沖縄	0.0	0.0	0.0	0.0	0.0	0.0	0.0	0.0	0.0	0.0	0.0	0.0	0.0
52 全国	35,295.7	636,372.4	726,663.6	3,433,294.5	1,103,080.2	57,603.1	9,123.0	20,781.2	10,643.0	20,438.5	46,547.3	44,649.5	124,567.7

平成28年度　　　　　　　　　　　　　　　　府県相互間旅客輸送人員表　（ＪＲ計 ， その 3）

（単位 ： 1000人）

発＼着	27 愛知	28 三重	29 滋賀	30 京都	31 大阪	32 兵庫	33 奈良	34 和歌山	35 鳥取	36 島根	37 岡山	38 広島	39 山口
1 道北	0.0	0.0	0.0	0.0	0.0	0.0	0.0	0.0	0.0	0.0	0.0	0.0	0.0
2 道東	0.0	0.0	0.0	0.0	0.0	0.0	0.0	0.0	0.0	0.0	0.0	0.0	0.0
3 道央	1.4	0.0	0.0	0.7	1.4	0.1	0.0	0.0	0.0	0.0	0.0	0.0	0.0
4 道南	5.3	0.0	0.2	2.2	1.9	0.8	0.0	0.0	0.0	0.0	0.0	0.6	0.0
5 北海道	6.7	0.0	0.2	2.9	3.3	0.9	0.0	0.0	0.0	0.0	0.0	0.6	0.0
6 青森	21.4	0.8	1.5	15.6	11.4	4.8	0.0	0.1	0.0	0.0	2.1	6.6	1.3
7 岩手	41.4	1.4	2.3	28.9	20.7	9.1	0.3	0.7	0.2	0.1	5.2	9.3	1.7
8 宮城	117.7	2.6	5.8	49.8	43.8	18.1	1.0	1.3	0.7	0.5	11.0	14.5	3.0
9 秋田	8.4	0.0	0.3	4.7	3.3	1.3	0.0	0.0	0.0	0.0	1.0	1.3	0.0
10 山形	27.1	1.2	1.4	15.5	13.1	4.9	0.0	0.1	0.0	0.0	2.8	4.7	1.0
11 福島	74.3	3.5	4.6	46.4	54.3	21.3	1.3	1.7	0.3	0.9	8.6	16.8	2.6
12 茨城	78.3	3.5	6.1	57.6	77.2	34.9	1.5	2.7	0.6	1.1	10.5	17.4	6.0
13 栃木	103.4	3.8	7.3	70.4	93.6	35.6	1.8	3.1	0.5	0.8	10.6	22.3	3.8
14 群馬	55.3	1.7	3.6	53.6	53.3	21.5	1.2	1.9	0.1	0.1	7.2	12.8	2.1
15 埼玉	234.1	7.9	14.8	119.0	206.6	89.9	4.1	6.6	1.8	2.2	27.6	44.3	10.2
16 千葉	628.7	11.6	31.5	246.6	372.5	168.8	5.7	9.6	2.2	2.6	60.1	90.9	20.3
17 東京	9,713.4	117.6	425.8	5,255.8	9,594.8	2,093.4	55.6	133.3	41.8	55.3	836.6	1,400.1	225.6
18 神奈川	2,511.0	39.9	129.7	1,373.0	2,142.6	545.4	17.7	34.5	9.8	13.6	201.3	376.4	70.0
19 新潟	67.3	2.6	6.1	53.7	104.9	22.7	1.2	1.8	0.6	1.0	9.0	16.8	3.1
20 富山	85.8	1.2	17.4	130.9	360.8	35.7	1.9	2.7	1.3	1.2	12.6	21.2	6.1
21 石川	330.5	3.7	66.6	388.6	839.9	81.5	4.1	7.0	3.1	2.5	29.3	55.8	11.8
22 福井	188.2	2.4	179.3	440.2	603.0	59.8	2.9	230.8	1.5	2.0	14.1	21.9	5.7
23 山梨	35.9	1.1	2.0	20.3	33.6	11.8	0.1	1.1	0.2	0.0	3.7	5.5	1.3
24 長野	519.4	5.3	14.6	111.7	187.9	56.0	2.4	4.0	2.2	1.5	17.0	29.0	7.2
25 岐阜	23,165.9	33.7	483.5	469.0	498.9	88.1	3.2	6.2	3.3	2.5	26.5	46.6	12.6
26 静岡	5,785.6	18.9	65.3	558.3	866.2	218.6	8.9	14.6	9.0	12.0	83.3	137.9	33.6
27 愛知	193,597.2	2,911.2	666.8	1,898.8	3,662.6	752.8	14.0	55.8	26.0	24.8	311.0	510.6	117.9
28 三重	2,905.8	7,518.7	111.6	128.5	70.1	10.0	63.8	77.2	0.1	0.3	3.7	7.8	2.7
29 滋賀	668.0	119.2	62,829.0	39,390.1	7,961.0	831.6	51.5	16.4	4.3	3.6	36.3	57.8	16.3
30 京都	1,878.4	116.0	39,863.4	86,508.6	40,241.6	4,464.6	1,706.6	107.6	41.4	15.4	290.3	448.4	115.9
31 大阪	3,694.6	66.7	8,097.6	40,871.2	598,453.9	90,745.9	15,370.8	5,473.4	168.2	119.2	2,030.0	2,132.0	452.5
32 兵庫	755.6	9.9	843.4	4,473.0	89,744.5	313,785.8	347.2	101.6	136.9	32.8	1,706.2	734.5	176.7
33 奈良	14.4	63.5	49.0	1,708.4	15,287.9	349.6	14,536.5	309.6	1.2	0.4	8.5	16.2	9.4
34 和歌山	52.1	85.6	17.0	110.1	5,497.9	105.1	287.8	18,036.4	1.4	1.4	13.8	19.2	6.0
35 鳥取	27.1	0.3	3.9	41.5	161.6	139.7	1.2	1.3	8,109.2	561.9	134.7	59.5	11.5
36 島根	23.7	0.3	3.6	15.5	119.9	33.8	0.2	1.2	561.6	5,132.0	85.1	27.0	88.9
37 岡山	324.6	3.8	36.0	298.9	1,754.6	1,639.2	6.7	13.5	137.0	101.5	58,640.4	4,345.6	169.8
38 広島	490.2	7.8	55.7	454.6	2,050.7	742.8	11.2	19.7	59.2	31.1	4,278.9	116,229.1	3,496.7
39 山口	121.6	2.7	16.2	116.8	456.6	174.6	6.7	5.7	11.5	92.5	171.1	3,507.4	24,198.7
40 徳島	3.9	0.0	0.0	2.2	7.0	2.0	0.0	0.0	0.0	1.6	2.0	43.2	22.4
41 香川	79.6	1.2	9.5	60.1	320.2	91.9	1.7	1.2	6.9	5.7	1,856.1	120.0	21.5
42 愛媛	36.5	1.2	6.2	33.1	153.3	46.7	1.1	1.2	2.8	2.2	142.3	14.6	3.9
43 高知	14.4	0.0	2.0	11.5	60.9	13.9	0.0	1.3	1.2	1.2	62.1	17.9	4.3
44 福岡	503.6	6.8	52.3	494.1	2,178.0	597.0	7.2	15.2	23.7	31.7	383.8	1,258.0	4,187.1
45 佐賀	20.7	0.9	4.4	25.7	73.1	27.6	0.7	1.2	1.6	1.7	14.9	40.3	19.5
46 長崎	40.3	0.5	3.4	32.5	85.3	44.9	0.1	1.4	2.5	2.5	20.9	63.2	21.7
47 熊本	40.3	1.2	8.6	44.1	224.2	74.9	1.2	2.3	3.5	3.3	44.8	100.7	34.5
48 大分	46.2	1.2	5.1	49.1	143.0	48.8	0.8	2.2	2.6	3.3	24.0	64.8	33.1
49 宮崎	2.8	0.0	0.2	3.8	8.6	4.6	0.0	0.0	0.3	0.2	4.2	7.0	4.0
50 鹿児島	21.4	0.0	4.4	18.1	129.9	41.2	0.3	1.2	2.0	2.1	37.0	75.6	27.6
51 沖縄	0.0	0.0	0.0	0.0	0.0	0.0	0.0	0.0	0.0	0.0	0.0	0.0	0.0
52 全国	249,162.8	11,183.1	114,159.0	186,302.8	785,032.3	418,393.1	32,532.2	24,711.1	9,385.7	6,272.7	71,723.4	132,232.3	33,655.8

平成28年度　　　　　　　　　　　　　　　　府県相互間旅客輸送人員表　（ＪＲ計 ， その 4）

（単位 ： 1000人）

発＼着	40 徳島	41 香川	42 愛媛	43 高知	44 福岡	45 佐賀	46 長崎	47 熊本	48 大分	49 宮崎	50 鹿児島	51 沖縄	52 全国
1 道北	0.0	0.0	0.0	0.0	0.0	0.0	0.0	0.0	0.0	0.0	0.1	0.0	5,241.3
2 道東	0.0	0.0	0.0	0.0	0.0	0.0	0.0	0.0	0.0	0.0	0.0	0.0	2,256.5
3 道央	0.0	0.0	0.0	0.0	0.0	0.0	0.0	0.0	0.0	0.0	0.1	0.0	123,237.2
4 道南	0.0	0.0	0.0	0.0	0.0	0.0	0.0	0.0	0.0	0.0	0.0	0.0	3,726.5
5 北海道	0.0	0.0	0.0	0.0	0.0	0.0	0.0	0.0	0.0	0.0	0.6	0.0	134,461.5
6 青森	0.0	0.4	0.1	0.0	1.6	0.0	0.0	0.0	0.0	0.0	0.2	0.0	10,799.3
7 岩手	0.0	1.9	0.0	0.1	1.7	0.0	0.0	0.0	0.0	0.0	0.1	0.0	20,552.8
8 宮城	0.0	3.3	1.2	0.2	3.9	0.0	0.1	0.0	0.1	0.0	0.1	0.0	107,468.4
9 秋田	0.0	0.0	0.0	0.0	0.0	0.0	0.0	0.0	0.0	0.0	0.0	0.0	13,206.1
10 山形	0.0	0.7	0.1	0.0	1.1	0.0	0.0	0.0	0.0	0.0	0.0	0.0	14,379.8
11 福島	0.0	2.9	2.0	0.1	4.0	0.1	0.1	0.6	0.3	0.0	0.0	0.0	34,017.8
12 茨城	0.0	2.9	2.0	0.1	4.8	0.2	0.1	0.3	0.3	0.0	0.0	0.0	89,994.8
13 栃木	0.0	2.9	1.8	0.0	6.0	0.2	0.2	0.4	0.3	0.0	0.0	0.0	48,805.1
14 群馬	0.0	1.6	0.9	0.0	3.7	0.0	0.0	0.7	0.0	0.0	0.1	0.0	35,364.3
15 埼玉	0.5	8.1	4.4	0.8	15.9	1.3	0.9	1.4	1.8	0.0	0.7	0.0	636,016.6
16 千葉	0.8	11.2	7.1	1.5	19.7	1.3	1.4	1.9	2.2	0.0	1.1	0.0	726,656.0
17 東京	7.8	164.1	69.2	15.1	370.5	11.8	15.4	23.8	23.7	1.5	13.3	0.0	3,433,746.5
18 神奈川	2.4	42.9	21.5	4.9	119.0	4.5	7.3	9.1	9.2	0.5	4.8	0.0	1,102,100.2
19 新潟	0.0	2.9	1.3	0.2	4.1	0.1	0.1	0.2	0.2	0.0	0.0	0.0	57,561.0
20 富山	0.0	3.9	1.6	0.9	13.8	0.5	1.4	2.0	1.4	0.0	1.2	0.0	8,997.5
21 石川	0.0	9.4	3.8	1.7	39.6	1.5	2.3	3.7	4.0	0.1	2.0	0.0	20,788.2
22 福井	0.1	4.1	2.8	1.2	24.5	1.4	2.8	3.6	2.2	0.0	1.7	0.0	10,891.9
23 山梨	0.0	1.0	0.5	0.0	2.7	0.0	0.0	0.2	0.0	0.0	0.0	0.0	20,480.3
24 長野	0.0	5.7	2.4	1.2	14.5	0.9	1.1	1.4	0.8	0.0	0.8	0.0	46,613.5
25 岐阜	0.1	8.3	4.5	1.5	35.9	2.6	3.2	5.2	3.7	0.0	2.2	0.0	44,790.3
26 静岡	1.8	24.7	16.3	6.3	105.3	6.4	9.4	15.3	12.3	1.3	5.3	0.0	124,825.0
27 愛知	4.1	74.9	40.3	13.8	502.8	20.1	39.9	38.7	45.5	2.5	20.9	0.0	249,034.8
28 三重	0.0	1.2	1.2	0.0	6.8	0.8	0.5	1.2	1.1	0.0	0.2	0.0	11,166.4
29 滋賀	0.1	9.7	6.6	2.2	53.0	4.4	3.6	8.8	5.3	0.2	4.6	0.0	113,569.6
30 京都	2.2	57.1	33.2	11.0	483.4	25.5	32.1	42.4	48.5	3.1	18.5	0.0	186,167.2
31 大阪	6.4	312.1	156.0	59.1	2,234.1	72.6	84.5	220.0	142.3	8.5	130.7	0.0	787,221.7
32 兵庫	2.3	89.9	47.2	13.8	592.7	28.0	43.9	74.0	48.3	4.5	40.5	0.0	417,507.3
33 奈良	0.0	1.6	1.2	0.1	15.8	1.2	1.1	1.8	1.2	0.0	1.2	0.0	32,571.2
34 和歌山	0.0	2.6	1.2	0.5	15.5	1.2	1.4	2.4	2.1	0.0	1.2	0.0	24,507.7
35 鳥取	1.6	6.9	2.5	1.2	24.4	1.6	2.9	3.4	2.5	0.3	2.1	0.0	9,384.6
36 島根	1.9	5.8	2.1	1.2	33.2	1.7	2.3	3.1	3.1	0.1	2.0	0.0	6,231.0
37 岡山	44.8	2,245.3	155.1	65.0	378.1	15.3	21.1	44.3	24.5	4.5	36.8	0.0	71,906.0
38 広島	22.4	118.3	14.5	18.0	1,280.5	40.9	63.7	101.7	65.4	6.7	76.2	0.0	132,066.5
39 山口	6.7	21.2	3.8	4.5	4,306.4	19.7	21.8	34.8	35.2	3.9	26.9	0.0	33,800.3
40 徳島	9,113.5	295.3	7.6	23.4	19.8	1.4	2.0	3.2	1.7	0.0	1.6	0.0	9,573.4
41 香川	295.9	12,700.0	328.4	58.6	90.9	1.4	8.7	11.5	6.2	1.1	7.5	0.0	16,395.8
42 愛媛	7.5	328.4	9,030.3	17.9	17.3	1.2	2.3	2.4	1.2	0.0	1.2	0.0	9,999.7
43 高知	24.4	63.2	17.9	5,296.9	11.9	0.3	1.1	1.8	1.1	0.0	1.4	0.0	5,646.8
44 福岡	20.0	88.9	17.5	11.9	204,199.9	7,294.1	1,387.7	2,868.5	2,412.3	65.9	1,049.6	0.0	229,944.0
45 佐賀	1.6	4.8	1.2	0.6	7,279.9	10,649.1	314.2	145.6	20.9	1.0	41.9	0.0	18,726.9
46 長崎	1.9	8.4	2.4	1.2	1,379.8	320.3	12,895.1	42.3	18.4	1.1	39.7	0.0	15,075.9
47 熊本	3.2	11.1	2.4	1.8	2,842.7	148.3	43.0	18,599.1	27.4	4.5	384.2	0.0	22,721.1
48 大分	1.7	6.2	1.2	1.1	2,375.3	21.5	17.4	30.0	19,354.9	70.5	23.0	0.0	22,391.5
49 宮崎	0.0	1.1	0.0	0.0	75.3	1.2	1.1	2.6	70.4	8,073.1	210.4	0.0	8,474.5
50 鹿児島	1.6	7.2	1.2	1.4	1,026.5	43.4	40.6	386.2	23.3	212.1	19,595.2	0.0	21,734.8
51 沖縄	0.0	0.0	0.0	0.0	0.0	0.0	0.0	0.0	0.0	0.0	0.0	0.0	0.0
52 全国	9,577.3	16,764.3	10,027.0	5,641.1	230,038.5	18,751.3	15,077.8	22,739.5	22,426.8	8,466.9	21,751.1	0.0	9,198,335.6

平成28年度　　　　　　　　　　　　府県相互間旅客輸送人員表　（ＪＲ定期 ， その 1）

（単位 ： 1000人）

発 \ 着		1 道北	2 道東	3 道央	4 道南	5 北海道	6 青森	7 岩手	8 宮城	9 秋田	10 山形	11 福島	12 茨城	13 栃木
1	道北	2,477.4	0.0	193.5	0.0	2,670.9	0.0	0.0	0.0	0.0	0.0	0.0	0.0	0.0
2	道東	0.0	1,147.7	0.0	0.0	1,147.7	0.0	0.0	0.0	0.0	0.0	0.0	0.0	0.0
3	道央	193.5	0.0	72,473.6	12.4	72,679.5	0.0	0.0	0.0	0.0	0.0	0.0	0.0	0.0
4	道南	0.0	0.0	12.4	1,034.2	1,046.6	0.0	0.0	0.0	0.0	0.0	0.0	0.0	0.0
5	北海道	2,670.9	1,147.7	72,679.5	1,046.6	77,544.7	0.0	0.0	0.0	0.0	0.0	0.0	0.0	0.0
6	青森	0.0	0.0	0.0	0.0	0.0	4,970.0	100.1	1.8	36.5	0.0	0.0	0.0	0.0
7	岩手	0.0	0.0	0.0	0.0	0.0	100.1	12,350.4	368.7	38.0	0.0	3.6	0.0	0.0
8	宮城	0.0	0.0	0.0	0.0	0.0	1.8	368.7	65,298.9	0.0	340.7	1,098.8	0.0	8.2
9	秋田	0.0	0.0	0.0	0.0	0.0	36.5	38.0	0.0	8,874.9	14.5	0.0	0.0	0.0
10	山形	0.0	0.0	0.0	0.0	0.0	0.0	0.0	340.7	14.5	9,159.9	47.1	0.0	0.0
11	福島	0.0	0.0	0.0	0.0	0.0	0.0	3.6	1,098.8	0.0	47.1	19,119.9	399.1	163.1
12	茨城	0.0	0.0	0.0	0.0	0.0	0.0	0.0	0.0	0.0	0.0	399.1	41,510.1	1,021.3
13	栃木	0.0	0.0	0.0	0.0	0.0	0.0	0.0	8.2	0.0	0.0	163.1	1,021.3	22,028.8
14	群馬	0.0	0.0	0.0	0.0	0.0	0.0	0.0	0.0	0.0	0.0	0.0	6.4	521.8
15	埼玉	0.0	0.0	0.0	0.0	0.0	0.0	0.0	1.2	0.0	0.0	46.5	1,934.2	3,557.4
16	千葉	0.0	0.0	0.0	0.0	0.0	0.0	0.0	0.0	0.0	0.0	1.3	6,707.6	59.4
17	東京	0.0	0.0	0.0	0.0	0.0	0.0	0.0	0.0	0.0	0.0	50.5	13,264.4	3,975.6
18	神奈川	0.0	0.0	0.0	0.0	0.0	0.0	0.0	0.0	0.0	0.0	2.3	279.5	181.0
19	新潟	0.0	0.0	0.0	0.0	0.0	0.0	0.0	0.0	0.0	2.4	3.4	0.0	0.0
20	富山	0.0	0.0	0.0	0.0	0.0	0.0	0.0	0.0	0.0	0.0	0.0	0.0	0.0
21	石川	0.0	0.0	0.0	0.0	0.0	0.0	0.0	0.0	0.0	0.0	0.0	0.0	0.0
22	福井	0.0	0.0	0.0	0.0	0.0	0.0	0.0	0.0	0.0	0.0	0.0	0.0	0.0
23	山梨	0.0	0.0	0.0	0.0	0.0	0.0	0.0	0.0	0.0	0.0	0.1	0.5	0.0
24	長野	0.0	0.0	0.0	0.0	0.0	0.0	0.0	0.0	0.0	0.0	0.0	0.0	0.0
25	岐阜	0.0	0.0	0.0	0.0	0.0	0.0	0.0	0.0	0.0	0.0	0.0	0.0	0.0
26	静岡	0.0	0.0	0.0	0.0	0.0	0.0	0.0	0.0	0.0	0.0	0.0	1.9	10.6
27	愛知	0.0	0.0	0.0	0.0	0.0	0.0	0.0	0.0	0.0	0.0	0.0	0.0	0.0
28	三重	0.0	0.0	0.0	0.0	0.0	0.0	0.0	0.0	0.0	0.0	0.0	0.0	0.0
29	滋賀	0.0	0.0	0.0	0.0	0.0	0.0	0.0	0.0	0.0	0.0	0.0	0.0	0.0
30	京都	0.0	0.0	0.0	0.0	0.0	0.0	0.0	0.0	0.0	0.0	0.0	0.0	0.0
31	大阪	0.0	0.0	0.0	0.0	0.0	0.0	0.0	0.0	0.0	0.0	0.0	0.0	0.0
32	兵庫	0.0	0.0	0.0	0.0	0.0	0.0	0.0	0.0	0.0	0.0	0.0	0.0	0.0
33	奈良	0.0	0.0	0.0	0.0	0.0	0.0	0.0	0.0	0.0	0.0	0.0	0.0	0.0
34	和歌山	0.0	0.0	0.0	0.0	0.0	0.0	0.0	0.0	0.0	0.0	0.0	0.0	0.0
35	鳥取	0.0	0.0	0.0	0.0	0.0	0.0	0.0	0.0	0.0	0.0	0.0	0.0	0.0
36	島根	0.0	0.0	0.0	0.0	0.0	0.0	0.0	0.0	0.0	0.0	0.0	0.0	0.0
37	岡山	0.0	0.0	0.0	0.0	0.0	0.0	0.0	0.0	0.0	0.0	0.0	0.0	0.0
38	広島	0.0	0.0	0.0	0.0	0.0	0.0	0.0	0.0	0.0	0.0	0.0	0.0	0.0
39	山口	0.0	0.0	0.0	0.0	0.0	0.0	0.0	0.0	0.0	0.0	0.0	0.0	0.0
40	徳島	0.0	0.0	0.0	0.0	0.0	0.0	0.0	0.0	0.0	0.0	0.0	0.0	0.0
41	香川	0.0	0.0	0.0	0.0	0.0	0.0	0.0	0.0	0.0	0.0	0.0	0.0	0.0
42	愛媛	0.0	0.0	0.0	0.0	0.0	0.0	0.0	0.0	0.0	0.0	0.0	0.0	0.0
43	高知	0.0	0.0	0.0	0.0	0.0	0.0	0.0	0.0	0.0	0.0	0.0	0.0	0.0
44	福岡	0.0	0.0	0.0	0.0	0.0	0.0	0.0	0.0	0.0	0.0	0.0	0.0	0.0
45	佐賀	0.0	0.0	0.0	0.0	0.0	0.0	0.0	0.0	0.0	0.0	0.0	0.0	0.0
46	長崎	0.0	0.0	0.0	0.0	0.0	0.0	0.0	0.0	0.0	0.0	0.0	0.0	0.0
47	熊本	0.0	0.0	0.0	0.0	0.0	0.0	0.0	0.0	0.0	0.0	0.0	0.0	0.0
48	大分	0.0	0.0	0.0	0.0	0.0	0.0	0.0	0.0	0.0	0.0	0.0	0.0	0.0
49	宮崎	0.0	0.0	0.0	0.0	0.0	0.0	0.0	0.0	0.0	0.0	0.0	0.0	0.0
50	鹿児島	0.0	0.0	0.0	0.0	0.0	0.0	0.0	0.0	0.0	0.0	0.0	0.0	0.0
51	沖縄	0.0	0.0	0.0	0.0	0.0	0.0	0.0	0.0	0.0	0.0	0.0	0.0	0.0
52	全国	2,670.9	1,147.7	72,679.5	1,046.6	77,544.7	5,108.4	12,860.8	67,118.3	8,963.9	9,564.6	20,935.7	65,125.0	31,527.2

平成28年度　　　　　　　　　　　　府県相互間旅客輸送人員表　（ＪＲ定期 ， その 2）

（単位 ： 1000人）

発 \ 着		14 群馬	15 埼玉	16 千葉	17 東京	18 神奈川	19 新潟	20 富山	21 石川	22 福井	23 山梨	24 長野	25 岐阜	26 静岡
1	道北	0.0	0.0	0.0	0.0	0.0	0.0	0.0	0.0	0.0	0.0	0.0	0.0	0.0
2	道東	0.0	0.0	0.0	0.0	0.0	0.0	0.0	0.0	0.0	0.0	0.0	0.0	0.0
3	道央	0.0	0.0	0.0	0.0	0.0	0.0	0.0	0.0	0.0	0.0	0.0	0.0	0.0
4	道南	0.0	0.0	0.0	0.0	0.0	0.0	0.0	0.0	0.0	0.0	0.0	0.0	0.0
5	北海道	0.0	0.0	0.0	0.0	0.0	0.0	0.0	0.0	0.0	0.0	0.0	0.0	0.0
6	青森	0.0	0.0	0.0	0.0	0.0	0.0	0.0	0.0	0.0	0.0	0.0	0.0	0.0
7	岩手	0.0	0.0	0.0	0.0	0.0	0.0	0.0	0.0	0.0	0.0	0.0	0.0	0.0
8	宮城	0.0	1.2	0.0	0.0	0.0	0.0	0.0	0.0	0.0	0.0	0.0	0.0	0.0
9	秋田	0.0	0.0	0.0	0.0	0.0	0.0	0.0	0.0	0.0	0.0	0.0	0.0	0.0
10	山形	0.0	0.0	0.0	0.0	0.0	2.4	0.0	0.0	0.0	0.0	0.0	0.0	0.0
11	福島	0.0	46.5	1.3	50.5	2.3	3.4	0.0	0.0	0.0	0.1	0.0	0.0	0.0
12	茨城	6.4	1,934.2	6,707.6	13,264.4	279.5	0.0	0.0	0.0	0.0	0.5	0.0	0.0	0.0
13	栃木	521.8	3,557.4	59.4	3,975.6	181.0	0.0	0.0	0.0	0.0	0.0	0.0	0.0	10.6
14	群馬	17,376.6	2,751.9	22.9	1,764.9	56.5	21.8	0.0	0.0	0.0	0.0	122.3	0.0	0.0
15	埼玉	2,751.9	212,041.3	14,630.1	188,098.6	5,649.0	9.8	0.0	0.0	0.0	41.8	98.8	0.0	17.7
16	千葉	22.9	14,630.1	257,810.5	192,093.6	6,739.8	0.0	0.0	0.0	0.0	11.0	1.2	0.0	22.3
17	東京	1,764.9	188,098.6	192,093.6	1,383,523.2	213,617.5	9.8	0.0	0.0	0.0	2,611.4	165.0	0.0	2,182.0
18	神奈川	56.5	5,649.0	6,739.8	213,617.5	474,412.5	1.0	0.0	0.0	0.0	326.6	6.4	0.0	3,054.0
19	新潟	21.8	9.8	0.0	9.8	1.0	37,422.8	21.6	7.5	0.0	0.0	28.2	0.0	0.0
20	富山	0.0	0.0	0.0	0.0	0.0	21.6	4,652.3	319.4	0.3	0.0	0.0	0.8	0.0
21	石川	0.0	0.0	0.0	0.0	0.0	7.5	319.4	11,181.1	321.1	0.0	0.0	0.6	0.0
22	福井	0.0	0.0	0.0	0.0	0.0	0.0	0.3	321.1	6,064.0	0.0	0.0	0.0	0.0
23	山梨	0.0	41.8	11.0	2,611.4	326.6	0.0	0.0	0.0	0.0	9,197.4	182.9	0.0	44.6
24	長野	122.3	98.8	1.2	165.0	6.4	28.2	0.0	0.0	0.0	182.9	28,332.1	35.1	2.0
25	岐阜	0.0	0.0	0.0	0.0	0.0	0.0	0.8	0.6	0.0	0.0	35.1	13,344.4	7.5
26	静岡	0.0	17.7	22.3	2,182.0	3,054.0	0.0	0.0	0.0	0.0	44.6	2.0	7.5	64,320.1
27	愛知	0.0	0.0	0.0	0.0	0.0	0.0	0.0	0.6	0.0	0.0	6.6	16,301.9	2,281.5
28	三重	0.0	0.0	0.0	0.0	0.0	0.0	0.0	0.0	0.0	0.0	0.0	15.9	0.0
29	滋賀	0.0	0.0	0.0	0.0	0.0	0.0	0.0	0.0	41.0	0.0	0.0	290.5	1.0
30	京都	0.0	0.0	0.0	0.0	0.0	0.0	0.0	0.0	45.3	0.0	0.0	35.2	0.0
31	大阪	0.0	0.0	0.0	0.0	0.0	0.0	0.0	0.0	3.0	0.0	0.0	22.1	0.0
32	兵庫	0.0	0.0	0.0	0.0	0.0	0.0	0.0	0.0	0.0	0.0	0.0	1.0	0.0
33	奈良	0.0	0.0	0.0	0.0	0.0	0.0	0.0	0.0	0.0	0.0	0.0	0.0	0.0
34	和歌山	0.0	0.0	0.0	0.0	0.0	0.0	0.0	0.0	0.0	0.0	0.0	0.0	0.0
35	鳥取	0.0	0.0	0.0	0.0	0.0	0.0	0.0	0.0	0.0	0.0	0.0	0.0	0.0
36	島根	0.0	0.0	0.0	0.0	0.0	0.0	0.0	0.0	0.0	0.0	0.0	0.0	0.0
37	岡山	0.0	0.0	0.0	0.0	0.0	0.0	0.0	0.0	0.0	0.0	0.0	0.0	0.0
38	広島	0.0	0.0	0.0	0.0	0.0	0.0	0.0	0.0	0.0	0.0	0.0	0.0	0.0
39	山口	0.0	0.0	0.0	0.0	0.0	0.0	0.0	0.0	0.0	0.0	0.0	0.0	0.0
40	徳島	0.0	0.0	0.0	0.0	0.0	0.0	0.0	0.0	0.0	0.0	0.0	0.0	0.0
41	香川	0.0	0.0	0.0	0.0	0.0	0.0	0.0	0.0	0.0	0.0	0.0	0.0	0.0
42	愛媛	0.0	0.0	0.0	0.0	0.0	0.0	0.0	0.0	0.0	0.0	0.0	0.0	0.0
43	高知	0.0	0.0	0.0	0.0	0.0	0.0	0.0	0.0	0.0	0.0	0.0	0.0	0.0
44	福岡	0.0	0.0	0.0	0.0	0.0	0.0	0.0	0.0	0.0	0.0	0.0	0.0	0.0
45	佐賀	0.0	0.0	0.0	0.0	0.0	0.0	0.0	0.0	0.0	0.0	0.0	0.0	0.0
46	長崎	0.0	0.0	0.0	0.0	0.0	0.0	0.0	0.0	0.0	0.0	0.0	0.0	0.0
47	熊本	0.0	0.0	0.0	0.0	0.0	0.0	0.0	0.0	0.0	0.0	0.0	0.0	0.0
48	大分	0.0	0.0	0.0	0.0	0.0	0.0	0.0	0.0	0.0	0.0	0.0	0.0	0.0
49	宮崎	0.0	0.0	0.0	0.0	0.0	0.0	0.0	0.0	0.0	0.0	0.0	0.0	0.0
50	鹿児島	0.0	0.0	0.0	0.0	0.0	0.0	0.0	0.0	0.0	0.0	0.0	0.0	0.0
51	沖縄	0.0	0.0	0.0	0.0	0.0	0.0	0.0	0.0	0.0	0.0	0.0	0.0	0.0
52	全国	22,645.1	428,878.3	478,099.7	2,001,356.5	704,326.1	37,528.3	4,994.4	11,829.1	6,475.9	12,416.3	28,980.6	30,055.0	71,945.2

- 14 -

平成28年度　　　　　　　　　　　　　府県相互間旅客輸送人員表　（ＪＲ定期，　その　３）

（単位：1000人）

発＼着	27 愛知	28 三重	29 滋賀	30 京都	31 大阪	32 兵庫	33 奈良	34 和歌山	35 鳥取	36 島根	37 岡山	38 広島	39 山口
1 道北	0.0	0.0	0.0	0.0	0.0	0.0	0.0	0.0	0.0	0.0	0.0	0.0	0.0
2 道東	0.0	0.0	0.0	0.0	0.0	0.0	0.0	0.0	0.0	0.0	0.0	0.0	0.0
3 道央	0.0	0.0	0.0	0.0	0.0	0.0	0.0	0.0	0.0	0.0	0.0	0.0	0.0
4 道南	0.0	0.0	0.0	0.0	0.0	0.0	0.0	0.0	0.0	0.0	0.0	0.0	0.0
5 北海道	0.0	0.0	0.0	0.0	0.0	0.0	0.0	0.0	0.0	0.0	0.0	0.0	0.0
6 青森	0.0	0.0	0.0	0.0	0.0	0.0	0.0	0.0	0.0	0.0	0.0	0.0	0.0
7 岩手	0.0	0.0	0.0	0.0	0.0	0.0	0.0	0.0	0.0	0.0	0.0	0.0	0.0
8 宮城	0.0	0.0	0.0	0.0	0.0	0.0	0.0	0.0	0.0	0.0	0.0	0.0	0.0
9 秋田	0.0	0.0	0.0	0.0	0.0	0.0	0.0	0.0	0.0	0.0	0.0	0.0	0.0
10 山形	0.0	0.0	0.0	0.0	0.0	0.0	0.0	0.0	0.0	0.0	0.0	0.0	0.0
11 福島	0.0	0.0	0.0	0.0	0.0	0.0	0.0	0.0	0.0	0.0	0.0	0.0	0.0
12 茨城	0.0	0.0	0.0	0.0	0.0	0.0	0.0	0.0	0.0	0.0	0.0	0.0	0.0
13 栃木	0.0	0.0	0.0	0.0	0.0	0.0	0.0	0.0	0.0	0.0	0.0	0.0	0.0
14 群馬	0.0	0.0	0.0	0.0	0.0	0.0	0.0	0.0	0.0	0.0	0.0	0.0	0.0
15 埼玉	0.0	0.0	0.0	0.0	0.0	0.0	0.0	0.0	0.0	0.0	0.0	0.0	0.0
16 千葉	0.0	0.0	0.0	0.0	0.0	0.0	0.0	0.0	0.0	0.0	0.0	0.0	0.0
17 東京	0.0	0.0	0.0	0.0	0.0	0.0	0.0	0.0	0.0	0.0	0.0	0.0	0.0
18 神奈川	0.0	0.0	0.0	0.0	0.0	0.0	0.0	0.0	0.0	0.0	0.0	0.0	0.0
19 新潟	0.0	0.0	0.0	0.0	0.0	0.0	0.0	0.0	0.0	0.0	0.0	0.0	0.0
20 富山	0.0	0.0	0.0	0.0	0.0	0.0	0.0	0.0	0.0	0.0	0.0	0.0	0.0
21 石川	0.0	0.0	0.0	0.0	0.0	0.0	0.0	0.0	0.0	0.0	0.0	0.0	0.0
22 福井	0.6	0.0	41.0	45.3	3.0	0.0	0.0	0.0	0.0	0.0	0.0	0.0	0.0
23 山梨	0.0	0.0	0.0	0.0	0.0	0.0	0.0	0.0	0.0	0.0	0.0	0.0	0.0
24 長野	6.6	0.0	0.0	0.0	0.0	0.0	0.0	0.0	0.0	0.0	0.0	0.0	0.0
25 岐阜	16,301.9	15.9	290.5	35.2	22.1	1.0	0.0	0.0	0.0	0.0	0.0	0.0	0.0
26 静岡	2,281.5	0.0	1.0	0.0	0.0	0.0	0.0	0.0	0.0	0.0	0.0	0.0	0.0
27 愛知	130,031.1	1,741.9	202.4	200.5	151.1	12.2	1.1	0.0	0.0	0.0	0.0	0.0	0.0
28 三重	1,741.9	5,811.2	60.4	67.8	24.6	1.3	45.8	37.7	0.0	0.0	0.0	0.0	0.0
29 滋賀	202.4	60.4	45,245.6	26,904.9	5,745.6	547.1	22.1	1.3	0.0	0.0	0.0	0.0	0.0
30 京都	200.5	67.8	26,904.9	49,856.7	23,886.3	2,771.5	935.1	7.4	0.0	0.0	1.2	0.0	0.0
31 大阪	151.1	24.6	5,745.6	23,886.3	369,575.1	61,427.4	11,274.3	3,460.7	0.0	0.0	139.6	8.1	0.0
32 兵庫	12.2	1.3	547.1	2,771.5	61,427.4	210,029.1	235.3	17.9	26.3	0.0	770.7	23.3	0.0
33 奈良	1.1	45.8	22.1	935.1	11,274.3	235.3	9,345.6	193.8	0.0	0.0	0.0	0.0	0.0
34 和歌山	0.0	37.7	1.3	7.4	3,460.7	17.9	193.8	13,800.3	0.0	0.0	0.0	0.0	0.0
35 鳥取	0.0	0.0	0.0	0.0	0.0	26.3	0.0	0.0	6,075.5	301.2	2.7	0.0	0.0
36 島根	0.0	0.0	0.0	0.0	0.0	0.0	0.0	0.0	301.2	3,527.9	0.0	3.6	29.6
37 岡山	0.0	0.0	0.0	1.2	139.6	770.7	0.0	0.0	2.7	0.0	40,726.1	2,504.6	4.8
38 広島	0.0	0.0	0.0	0.0	8.1	23.3	0.0	0.0	0.0	3.6	2,504.6	78,721.4	1,846.1
39 山口	0.0	0.0	0.0	0.0	0.0	0.0	0.0	0.0	0.0	29.6	4.8	1,846.1	17,108.9
40 徳島	0.0	0.0	0.0	0.0	0.0	0.0	0.0	0.0	0.0	0.0	0.0	0.0	0.0
41 香川	0.0	0.0	0.0	0.0	0.0	0.9	0.0	0.0	0.0	0.0	894.6	2.1	0.0
42 愛媛	0.0	0.0	0.0	0.0	0.0	0.0	0.0	0.0	0.0	0.0	1.6	0.0	0.0
43 高知	0.0	0.0	0.0	0.0	0.0	0.0	0.0	0.0	0.0	0.0	0.0	0.0	0.0
44 福岡	0.0	0.0	0.0	0.0	0.0	0.0	0.0	0.0	0.0	0.0	0.0	23.2	2,108.8
45 佐賀	0.0	0.0	0.0	0.0	0.0	0.0	0.0	0.0	0.0	0.0	0.0	0.0	1.2
46 長崎	0.0	0.0	0.0	0.0	0.0	0.0	0.0	0.0	0.0	0.0	0.0	0.0	0.0
47 熊本	0.0	0.0	0.0	0.0	0.0	0.0	0.0	0.0	0.0	0.0	0.0	0.0	0.0
48 大分	0.0	0.0	0.0	0.0	0.0	0.0	0.0	0.0	0.0	0.0	0.0	0.0	2.9
49 宮崎	0.0	0.0	0.0	0.0	0.0	0.0	0.0	0.0	0.0	0.0	0.0	0.0	0.0
50 鹿児島	0.0	0.0	0.0	0.0	0.0	0.0	0.0	0.0	0.0	0.0	0.0	0.0	0.0
51 沖縄	0.0	0.0	0.0	0.0	0.0	0.0	0.0	0.0	0.0	0.0	0.0	0.0	0.0
52 全国	150,930.9	7,806.6	79,061.9	104,711.9	475,717.9	275,864.0	22,053.1	17,519.1	6,405.7	3,862.3	45,045.9	83,132.4	21,102.3

平成28年度　　　　　　　　　　　　　府県相互間旅客輸送人員表　（ＪＲ定期，　その　４）

（単位：1000人）

発＼着	40 徳島	41 香川	42 愛媛	43 高知	44 福岡	45 佐賀	46 長崎	47 熊本	48 大分	49 宮崎	50 鹿児島	51 沖縄	52 全国
1 道北	0.0	0.0	0.0	0.0	0.0	0.0	0.0	0.0	0.0	0.0	0.0	0.0	2,670.9
2 道東	0.0	0.0	0.0	0.0	0.0	0.0	0.0	0.0	0.0	0.0	0.0	0.0	1,147.7
3 道央	0.0	0.0	0.0	0.0	0.0	0.0	0.0	0.0	0.0	0.0	0.0	0.0	72,679.5
4 道南	0.0	0.0	0.0	0.0	0.0	0.0	0.0	0.0	0.0	0.0	0.0	0.0	1,046.6
5 北海道	0.0	0.0	0.0	0.0	0.0	0.0	0.0	0.0	0.0	0.0	0.0	0.0	77,544.7
6 青森	0.0	0.0	0.0	0.0	0.0	0.0	0.0	0.0	0.0	0.0	0.0	0.0	5,108.4
7 岩手	0.0	0.0	0.0	0.0	0.0	0.0	0.0	0.0	0.0	0.0	0.0	0.0	12,860.8
8 宮城	0.0	0.0	0.0	0.0	0.0	0.0	0.0	0.0	0.0	0.0	0.0	0.0	67,118.3
9 秋田	0.0	0.0	0.0	0.0	0.0	0.0	0.0	0.0	0.0	0.0	0.0	0.0	8,963.9
10 山形	0.0	0.0	0.0	0.0	0.0	0.0	0.0	0.0	0.0	0.0	0.0	0.0	9,564.6
11 福島	0.0	0.0	0.0	0.0	0.0	0.0	0.0	0.0	0.0	0.0	0.0	0.0	20,935.7
12 茨城	0.0	0.0	0.0	0.0	0.0	0.0	0.0	0.0	0.0	0.0	0.0	0.0	65,125.0
13 栃木	0.0	0.0	0.0	0.0	0.0	0.0	0.0	0.0	0.0	0.0	0.0	0.0	31,527.2
14 群馬	0.0	0.0	0.0	0.0	0.0	0.0	0.0	0.0	0.0	0.0	0.0	0.0	22,645.1
15 埼玉	0.0	0.0	0.0	0.0	0.0	0.0	0.0	0.0	0.0	0.0	0.0	0.0	428,878.3
16 千葉	0.0	0.0	0.0	0.0	0.0	0.0	0.0	0.0	0.0	0.0	0.0	0.0	478,099.7
17 東京	0.0	0.0	0.0	0.0	0.0	0.0	0.0	0.0	0.0	0.0	0.0	0.0	2,001,356.5
18 神奈川	0.0	0.0	0.0	0.0	0.0	0.0	0.0	0.0	0.0	0.0	0.0	0.0	704,326.1
19 新潟	0.0	0.0	0.0	0.0	0.0	0.0	0.0	0.0	0.0	0.0	0.0	0.0	37,528.3
20 富山	0.0	0.0	0.0	0.0	0.0	0.0	0.0	0.0	0.0	0.0	0.0	0.0	4,994.4
21 石川	0.0	0.0	0.0	0.0	0.0	0.0	0.0	0.0	0.0	0.0	0.0	0.0	11,829.1
22 福井	0.0	0.0	0.0	0.0	0.0	0.0	0.0	0.0	0.0	0.0	0.0	0.0	6,475.9
23 山梨	0.0	0.0	0.0	0.0	0.0	0.0	0.0	0.0	0.0	0.0	0.0	0.0	12,416.3
24 長野	0.0	0.0	0.0	0.0	0.0	0.0	0.0	0.0	0.0	0.0	0.0	0.0	28,980.6
25 岐阜	0.0	0.0	0.0	0.0	0.0	0.0	0.0	0.0	0.0	0.0	0.0	0.0	30,055.0
26 静岡	0.0	0.0	0.0	0.0	0.0	0.0	0.0	0.0	0.0	0.0	0.0	0.0	71,945.2
27 愛知	0.0	0.0	0.0	0.0	0.0	0.0	0.0	0.0	0.0	0.0	0.0	0.0	150,930.9
28 三重	0.0	0.0	0.0	0.0	0.0	0.0	0.0	0.0	0.0	0.0	0.0	0.0	7,806.6
29 滋賀	0.0	0.0	0.0	0.0	0.0	0.0	0.0	0.0	0.0	0.0	0.0	0.0	79,061.9
30 京都	0.0	0.0	0.0	0.0	0.0	0.0	0.0	0.0	0.0	0.0	0.0	0.0	104,711.9
31 大阪	0.0	0.0	0.0	0.0	0.0	0.0	0.0	0.0	0.0	0.0	0.0	0.0	475,717.9
32 兵庫	0.0	0.9	0.0	0.0	0.0	0.0	0.0	0.0	0.0	0.0	0.0	0.0	275,864.0
33 奈良	0.0	0.0	0.0	0.0	0.0	0.0	0.0	0.0	0.0	0.0	0.0	0.0	22,053.1
34 和歌山	0.0	0.0	0.0	0.0	0.0	0.0	0.0	0.0	0.0	0.0	0.0	0.0	17,519.1
35 鳥取	0.0	0.0	0.0	0.0	0.0	0.0	0.0	0.0	0.0	0.0	0.0	0.0	6,405.7
36 島根	0.0	0.0	0.0	0.0	0.0	0.0	0.0	0.0	0.0	0.0	0.0	0.0	3,862.3
37 岡山	0.0	894.6	1.6	0.0	0.0	0.0	0.0	0.0	0.0	0.0	0.0	0.0	45,045.9
38 広島	0.0	2.1	0.0	0.0	23.2	0.0	0.0	0.0	0.0	0.0	0.0	0.0	83,132.4
39 山口	0.0	0.0	0.0	0.0	2,108.8	1.2	0.0	0.0	2.9	0.0	0.0	0.0	21,102.3
40 徳島	6,878.4	136.4	0.3	1.2	0.0	0.0	0.0	0.0	0.0	0.0	0.0	0.0	7,016.3
41 香川	136.4	9,494.0	117.1	2.4	0.0	0.0	0.0	0.0	0.0	0.0	0.0	0.0	10,647.5
42 愛媛	0.3	117.1	6,387.9	7.6	0.0	0.0	0.0	0.0	0.0	0.0	0.0	0.0	6,514.5
43 高知	1.2	2.4	7.6	3,654.9	0.0	0.0	0.0	0.0	0.0	0.0	0.0	0.0	3,666.1
44 福岡	0.0	0.0	0.0	0.0	138,212.4	4,435.6	8.5	875.9	608.1	0.0	7.0	0.0	146,279.5
45 佐賀	0.0	0.0	0.0	0.0	4,435.6	7,978.4	114.9	67.8	2.0	0.0	1.0	0.0	12,600.9
46 長崎	0.0	0.0	0.0	0.0	8.5	114.9	8,631.8	0.0	0.0	0.0	0.0	0.0	8,755.2
47 熊本	0.0	0.0	0.0	0.0	875.9	67.8	0.0	13,157.7	4.2	0.0	91.0	0.0	14,196.6
48 大分	0.0	0.0	0.0	0.0	608.1	2.0	0.0	4.2	12,841.7	2.2	0.0	0.0	13,461.1
49 宮崎	0.0	0.0	0.0	0.0	0.0	0.0	0.0	0.0	2.2	5,609.3	38.3	0.0	5,649.8
50 鹿児島	0.0	0.0	0.0	0.0	7.0	1.0	0.0	91.0	0.0	38.3	14,390.6	0.0	14,527.9
51 沖縄	0.0	0.0	0.0	0.0	0.0	0.0	0.0	0.0	0.0	0.0	0.0	0.0	0.0
52 全国	7,016.3	10,647.5	6,514.5	3,666.1	146,279.5	12,600.9	8,755.2	14,196.6	13,461.1	5,649.8	14,527.9	0.0	5,674,808.5

- 15 -

平成28年度　　　　　　　　　　　　　府県相互間旅客輸送人員表　（ＪＲ定期外 , その 1）

（単位 ： 1000人）

発 ＼ 着	1 道北	2 道東	3 道央	4 道南	5 北海道	6 青森	7 岩手	8 宮城	9 秋田	10 山形	11 福島	12 茨城	13 栃木
1 道北	1,323.7	14.4	1,221.5	5.2	2,564.8	2.3	1.1	0.5	0.0	0.0	0.0	0.0	0.0
2 道東	16.9	618.1	464.4	5.5	1,104.9	1.6	1.0	0.4	0.0	0.0	0.0	0.0	0.0
3 道央	1,225.8	464.2	48,063.7	599.0	50,352.7	59.4	25.8	15.1	4.3	1.0	2.9	0.3	3.9
4 道南	5.0	4.8	617.3	1,170.8	1,797.9	350.2	69.6	120.7	18.3	4.8	20.5	1.9	15.6
5 北海道	2,571.4	1,101.5	50,366.9	1,780.5	55,820.3	413.5	97.5	136.7	22.6	5.8	23.4	2.2	19.5
6 青森	2.3	1.7	61.5	345.3	410.8	2,773.8	268.4	537.7	147.6	13.0	49.6	14.5	31.1
7 岩手	1.2	0.8	19.6	71.1	92.7	263.1	3,965.5	896.3	147.7	12.3	80.3	14.7	51.4
8 宮城	0.4	0.2	13.7	121.6	135.9	540.6	899.1	31,226.7	247.9	299.2	1,076.7	34.0	196.3
9 秋田	0.1	0.0	4.9	18.1	23.1	147.4	137.7	245.9	2,822.3	44.5	20.8	6.4	14.6
10 山形	0.0	0.0	1.2	5.1	6.3	12.9	12.1	318.7	46.4	2,597.0	128.7	10.6	43.9
11 福島	0.0	0.0	3.0	22.1	25.1	49.2	79.0	1,070.9	21.0	128.6	7,274.8	223.6	199.6
12 茨城	0.0	0.0	0.2	2.0	2.2	14.7	14.8	33.9	6.4	10.8	218.6	11,979.7	537.6
13 栃木	0.0	0.0	1.9	15.2	17.1	31.2	51.7	195.6	14.8	43.4	203.5	519.6	7,559.9
14 群馬	0.0	0.0	0.0	0.6	2.8	3.4	9.0	12.0	36.8	7.0	11.6	20.6	234.8
15 埼玉	0.2	0.0	6.6	74.8	81.6	179.8	260.4	676.2	105.1	191.7	486.3	960.1	1,800.1
16 千葉	0.0	0.0	1.9	5.9	7.8	85.5	103.9	252.3	37.6	77.4	164.8	2,899.7	314.5
17 東京	1.5	0.5	67.2	208.7	277.9	967.9	1,444.4	3,900.5	512.1	1,074.6	2,703.7	6,917.2	4,943.1
18 神奈川	0.0	0.0	2.3	7.5	9.8	81.8	116.8	286.5	44.7	91.0	218.6	491.1	643.9
19 新潟	0.0	0.0	0.5	4.0	4.5	17.9	11.1	32.0	31.1	68.6	38.6	30.8	41.6
20 富山	0.0	0.0	0.0	1.8	1.8	4.3	7.2	17.1	2.5	4.2	6.9	11.1	14.2
21 石川	0.0	0.0	0.0	1.8	1.8	7.2	10.6	23.3	3.4	6.3	13.7	13.9	23.0
22 福井	0.0	0.0	0.0	0.3	0.3	1.9	3.4	4.7	1.0	1.4	4.4	8.2	5.7
23 山梨	0.0	0.0	0.0	0.3	0.3	2.7	5.1	11.2	1.4	2.9	6.0	13.2	43.4
24 長野	0.0	0.0	0.7	4.7	5.4	12.1	16.6	52.2	6.5	13.4	22.7	24.9	31.9
25 岐阜	0.0	0.0	0.0	0.7	0.7	2.3	4.1	11.8	1.3	2.6	9.0	9.1	10.0
26 静岡	0.0	0.0	1.1	5.8	6.9	20.4	34.3	75.0	10.8	21.8	46.4	58.1	69.2
27 愛知	0.0	0.0	1.5	7.1	8.6	21.0	41.5	113.0	8.7	26.4	73.0	74.0	101.6
28 三重	0.0	0.0	0.0	0.0	0.0	0.8	1.4	2.3	0.0	1.0	3.5	3.2	3.5
29 滋賀	0.0	0.0	0.0	0.3	0.3	1.5	2.4	5.7	0.3	1.6	4.2	5.6	7.1
30 京都	0.0	0.0	0.6	2.4	3.0	12.2	22.3	50.2	4.2	15.1	47.8	47.3	61.5
31 大阪	0.0	0.0	0.9	3.6	4.5	13.3	27.2	41.8	4.6	12.4	52.5	72.5	89.7
32 兵庫	0.0	0.0	0.3	1.0	1.3	6.5	9.2	17.3	1.6	5.1	21.1	34.3	35.4
33 奈良	0.0	0.0	0.0	0.0	0.0	1.2	1.5	1.7	0.0	0.7	1.8	2.4	3.0
34 和歌山	0.0	0.0	0.0	0.0	0.0	0.1	0.5	1.2	0.0	0.1	1.6	2.5	2.9
35 鳥取	0.0	0.0	0.0	0.0	0.0	0.0	0.2	0.7	0.0	0.0	0.4	0.8	0.6
36 島根	0.0	0.0	0.0	0.0	0.0	0.0	0.0	0.5	0.0	0.0	0.8	1.2	0.7
37 岡山	0.0	0.0	0.0	0.4	0.4	2.2	5.6	10.5	1.0	2.8	8.8	10.5	10.6
38 広島	0.0	0.0	0.0	0.7	0.7	6.0	8.6	13.4	1.2	4.6	16.3	17.1	21.0
39 山口	0.0	0.0	0.0	0.0	0.0	1.3	1.8	3.0	0.0	1.2	2.7	5.8	3.6
40 徳島	0.0	0.0	0.0	0.0	0.0	0.0	0.0	0.0	0.0	0.0	0.0	0.0	0.0
41 香川	0.0	0.0	0.0	0.0	0.0	0.4	1.7	3.3	0.0	0.6	3.1	2.8	2.7
42 愛媛	0.0	0.0	0.0	0.0	0.0	0.6	1.2	0.0	0.0	0.0	1.9	1.5	1.9
43 高知	0.0	0.0	0.0	0.0	0.0	0.0	0.0	0.1	0.2	0.0	0.0	0.1	0.1
44 福岡	0.0	0.0	0.0	0.1	0.1	1.7	1.6	3.8	0.1	1.1	3.7	4.5	5.8
45 佐賀	0.0	0.0	0.0	0.0	0.0	0.0	0.0	0.0	0.0	0.0	0.1	0.1	0.2
46 長崎	0.0	0.0	0.0	0.0	0.0	0.0	0.0	0.0	0.0	0.0	0.1	0.1	0.1
47 熊本	0.0	0.0	0.0	0.0	0.0	0.0	0.0	0.0	0.0	0.0	0.0	0.2	0.3
48 大分	0.0	0.0	0.0	0.0	0.0	0.0	0.0	0.1	0.1	0.0	0.0	0.3	0.3
49 宮崎	0.0	0.0	0.0	0.0	0.0	0.0	0.0	0.0	0.0	0.0	0.0	0.0	0.0
50 鹿児島	0.4	0.0	0.0	0.3	0.7	0.2	0.0	0.0	0.1	0.0	0.0	0.0	0.0
51 沖縄	0.0	0.0	0.0	0.0	0.0	0.0	0.0	0.0	0.0	0.0	0.0	0.0	0.0
52 全国	2,577.5	1,104.7	50,557.1	2,716.0	56,955.3	5,707.7	7,682.0	40,312.1	4,262.9	4,794.9	13,062.4	24,560.3	17,181.8

平成28年度　　　　　　　　　　　　　府県相互間旅客輸送人員表　（ＪＲ定期外 , その 2）

（単位 ： 1000人）

発 ＼ 着	14 群馬	15 埼玉	16 千葉	17 東京	18 神奈川	19 新潟	20 富山	21 石川	22 福井	23 山梨	24 長野	25 岐阜	26 静岡
1 道北	0.0	0.2	0.0	1.4	0.0	0.0	0.0	0.0	0.0	0.0	0.0	0.0	0.0
2 道東	0.0	0.0	0.0	0.9	0.0	0.0	0.0	0.1	0.0	0.0	0.0	0.0	0.0
3 道央	0.7	8.6	1.6	73.4	2.0	0.2	0.0	0.1	0.0	0.0	0.8	0.0	1.2
4 道南	2.7	72.6	4.9	165.8	6.5	3.3	1.4	1.9	0.3	0.3	3.6	0.7	5.0
5 北海道	3.4	81.4	6.5	241.5	8.5	3.5	1.4	2.0	0.3	0.3	4.4	0.7	6.2
6 青森	8.9	183.9	84.3	949.5	81.2	17.9	4.6	6.8	2.0	2.7	11.9	2.3	20.5
7 岩手	12.2	275.1	100.0	1,450.5	113.1	11.3	7.2	10.3	3.4	5.0	16.2	3.4	33.7
8 宮城	36.9	714.6	238.4	3,925.8	273.8	31.2	17.7	22.9	4.5	10.9	51.8	11.0	75.2
9 秋田	6.7	108.2	36.7	505.4	44.1	30.5	2.3	3.8	1.0	1.4	7.0	1.2	10.8
10 山形	11.5	203.6	72.3	1,071.1	86.8	66.8	4.1	6.5	1.4	3.2	13.4	2.6	21.6
11 福島	20.6	534.5	148.9	2,712.9	203.5	34.3	7.1	14.0	4.1	6.1	22.2	8.8	46.6
12 茨城	32.0	981.8	2,926.2	7,124.8	502.3	32.0	11.2	13.8	8.3	13.9	25.9	9.4	61.8
13 栃木	241.1	1,848.1	312.8	4,982.2	647.5	42.3	14.1	22.2	5.4	43.5	32.6	10.0	70.6
14 群馬	6,321.6	1,533.3	198.9	3,263.8	315.8	210.5	27.5	54.0	7.6	24.2	148.2	5.9	38.4
15 埼玉	1,470.3	121,095.4	8,049.4	65,245.6	3,410.1	749.0	168.4	267.7	27.1	139.6	689.0	25.4	255.1
16 千葉	198.5	7,967.0	155,173.4	73,450.5	4,790.3	242.6	54.8	55.6	19.4	153.3	278.8	56.2	473.1
17 東京	3,263.6	65,425.9	73,432.2	1,122,149.2	92,582.5	3,745.7	1,094.0	533.1	314.5	3,407.0	4,180.7	600.9	7,453.8
18 神奈川	313.3	3,380.7	4,927.2	92,153.4	281,589.6	260.6	64.6	75.0	64.7	404.4	297.5	148.0	4,419.9
19 新潟	203.1	789.1	226.3	3,723.7	260.6	13,919.3	67.5	97.7	14.3	7.6	110.5	8.0	48.6
20 富山	28.1	179.8	54.2	1,080.4	63.0	67.6	1,305.9	252.8	37.6	3.9	98.6	34.7	21.7
21 石川	54.5	281.7	56.2	1,313.8	72.1	98.6	253.4	4,203.0	392.6	5.6	137.6	40.1	54.2
22 福井	7.3	28.0	18.6	312.2	68.6	14.0	44.9	403.9	1,699.1	1.6	19.5	30.8	30.2
23 山梨	6.2	141.6	151.1	3,432.5	428.3	7.6	3.7	5.6	1.6	3,394.2	197.1	4.3	81.1
24 長野	152.4	744.7	259.1	4,195.1	288.4	113.8	99.2	138.9	19.5	197.1	10,123.3	65.7	68.5
25 岐阜	6.2	24.8	53.9	605.1	151.2	7.9	38.1	40.1	30.6	4.2	69.0	5,298.6	114.1
26 静岡	38.3	238.5	428.5	7,396.0	4,826.3	48.7	21.8	53.4	30.1	87.2	70.3	110.8	33,452.9
27 愛知	54.7	209.5	601.8	9,654.5	2,569.1	66.2	161.7	328.9	188.9	37.1	507.1	6,735.2	3,508.5
28 三重	1.5	7.0	11.5	114.0	36.9	2.4	1.2	3.3	2.1	1.0	5.4	16.6	18.6
29 滋賀	3.6	13.8	30.1	419.3	129.7	6.3	17.6	68.9	145.6	2.1	11.8	212.4	63.8
30 京都	48.9	108.4	229.0	5,367.8	1,439.3	56.1	132.6	377.6	378.5	20.8	107.8	429.7	571.4
31 大阪	52.9	179.0	326.3	9,491.2	2,208.5	121.8	391.6	840.2	603.0	33.1	181.4	470.7	876.1
32 兵庫	21.3	87.6	170.9	2,115.2	573.4	23.4	35.3	79.4	58.6	11.8	54.8	86.7	222.9
33 奈良	1.9	4.9	6.1	103.8	29.2	1.9	2.5	5.6	3.7	1.0	2.4	3.5	13.1
34 和歌山	2.1	6.7	11.6	137.4	37.6	1.8	2.5	7.0	4.4	1.0	4.0	6.3	14.5
35 鳥取	0.2	1.9	2.1	41.3	11.5	0.7	1.3	3.2	1.6	0.1	2.3	3.3	9.6
36 島根	0.2	1.8	2.4	40.2	12.0	0.8	1.4	2.4	2.0	0.0	1.5	2.5	11.1
37 岡山	6.8	26.1	59.5	841.7	214.2	9.1	13.2	28.9	14.8	4.0	16.7	26.2	86.0
38 広島	11.0	41.8	91.6	1,390.4	391.5	16.2	21.7	47.3	21.9	5.7	26.9	42.4	133.2
39 山口	2.1	9.9	20.4	224.1	75.1	3.3	5.6	12.2	6.1	1.3	7.7	12.5	33.6
40 徳島	0.0	0.3	0.0	7.7	2.6	0.0	0.0	0.0	0.0	0.0	0.1	0.0	1.6
41 香川	1.4	7.8	10.6	159.1	44.3	2.8	4.0	9.2	4.2	1.1	5.7	8.5	23.9
42 愛媛	0.9	4.2	6.8	69.5	22.9	1.2	1.7	3.9	2.6	0.6	1.5	4.4	16.4
43 高知	0.1	0.9	1.4	15.5	5.3	0.1	1.1	1.6	1.2	0.0	1.2	1.6	6.3
44 福岡	3.7	14.7	18.5	368.7	125.0	4.3	13.6	36.0	27.3	2.5	14.0	35.3	103.2
45 佐賀	0.0	1.2	1.2	12.3	5.1	0.1	0.5	1.5	1.5	0.0	1.0	2.5	6.4
46 長崎	0.0	1.1	1.2	15.8	7.7	0.1	1.1	2.4	2.5	0.0	1.1	3.3	9.4
47 熊本	0.0	1.3	1.8	24.4	10.0	0.4	2.1	3.5	3.2	0.0	1.1	5.1	15.1
48 大分	0.6	1.7	2.2	23.7	9.7	0.1	1.5	3.8	2.3	0.0	1.4	3.8	12.7
49 宮崎	0.0	0.0	0.0	1.6	0.5	0.0	0.0	0.0	0.0	0.0	0.0	0.1	1.3
50 鹿児島	0.1	0.8	1.0	13.8	5.1	0.0	1.1	2.1	2.0	0.0	0.8	2.3	5.2
51 沖縄	0.0	0.0	0.0	0.0	0.0	0.0	0.0	0.0	0.0	0.0	0.0	0.0	0.0
52 全国	12,650.6	207,494.1	248,563.9	1,431,938.0	398,754.1	20,074.8	4,128.6	8,952.1	4,167.1	8,022.2	17,566.7	14,594.5	52,622.5

平成28年度　　　　　　　　　　　　　　　　　　府県相互間旅客輸送人員表　（JR定期外 , その 3）

（単位 ： 1000人）

発＼着	27 愛知	28 三重	29 滋賀	30 京都	31 大阪	32 兵庫	33 奈良	34 和歌山	35 鳥取	36 島根	37 岡山	38 広島	39 山口
1 道北	0.0	0.0	0.0	0.0	0.0	0.0	0.0	0.0	0.0	0.0	0.0	0.0	0.0
2 道東	0.0	0.0	0.0	0.0	0.0	0.0	0.0	0.0	0.0	0.0	0.0	0.0	0.0
3 道央	1.4	0.0	0.0	0.7	1.4	0.1	0.0	0.0	0.0	0.0	0.0	0.0	0.0
4 道南	5.3	0.0	0.2	2.2	1.9	0.8	0.0	0.0	0.0	0.0	0.0	0.6	0.0
5 北海道	6.7	0.0	0.2	2.9	3.3	0.9	0.0	0.0	0.0	0.0	0.0	0.6	0.0
6 青森	21.4	0.8	1.5	15.6	11.4	4.8	0.0	0.0	0.0	0.0	2.1	6.6	1.3
7 岩手	41.4	1.4	2.3	28.9	20.7	9.1	0.3	0.7	0.2	0.1	5.2	9.3	1.7
8 宮城	117.7	2.6	5.8	49.8	43.8	18.1	1.0	1.3	0.7	0.5	11.0	14.5	3.0
9 秋田	8.4	0.0	0.3	4.7	3.3	1.3	0.0	0.0	0.0	0.0	1.0	1.3	0.0
10 山形	27.1	1.2	1.4	15.5	13.1	4.9	0.0	0.1	0.0	0.0	2.8	4.7	1.0
11 福島	74.3	3.5	4.6	46.4	54.3	21.3	1.3	1.7	0.3	0.9	8.6	16.8	2.6
12 茨城	78.3	3.5	6.1	57.6	77.2	34.9	1.5	2.7	0.6	1.1	10.5	17.4	6.0
13 栃木	103.4	3.8	7.3	70.4	93.6	35.6	1.8	3.1	0.5	0.8	10.6	22.3	3.8
14 群馬	55.3	1.7	3.6	53.6	53.3	21.5	1.2	1.9	0.1	0.1	7.2	12.8	2.1
15 埼玉	234.1	7.9	14.8	119.0	206.6	89.9	4.1	6.6	1.8	2.2	27.6	44.3	10.2
16 千葉	628.7	11.6	31.5	246.6	372.5	168.8	5.7	9.6	2.2	2.6	60.1	90.9	20.3
17 東京	9,713.4	117.6	425.8	5,255.8	9,594.8	2,093.4	55.6	133.3	41.8	55.3	836.6	1,400.1	225.6
18 神奈川	2,511.0	39.9	129.7	1,373.0	2,142.6	545.4	17.7	34.5	9.8	13.6	201.3	376.4	70.0
19 新潟	67.3	2.6	6.1	53.7	104.9	22.7	1.2	1.8	0.6	1.0	9.0	16.8	3.1
20 富山	85.8	1.2	17.4	130.9	360.8	35.7	1.9	2.7	1.3	1.2	12.6	21.2	6.1
21 石川	330.5	3.7	66.6	388.6	839.9	81.5	4.1	7.0	3.1	2.5	29.3	55.8	11.8
22 福井	187.6	2.4	138.3	394.9	600.0	59.8	2.9	230.8	1.5	2.0	14.1	21.9	5.7
23 山梨	35.9	1.1	2.0	20.3	33.6	11.8	0.1	1.1	0.2	0.0	3.7	5.5	1.3
24 長野	512.8	5.3	14.6	111.7	187.9	56.0	2.4	4.0	2.2	1.5	17.0	29.0	7.2
25 岐阜	6,864.0	17.8	193.0	433.8	476.8	87.1	3.2	6.2	3.3	2.5	26.5	46.6	12.6
26 静岡	3,504.1	18.9	64.3	558.3	866.2	218.6	8.9	14.6	9.0	12.0	83.3	137.9	33.6
27 愛知	63,566.1	1,169.3	464.4	1,698.3	3,511.7	740.6	12.9	55.8	26.0	24.8	311.0	510.6	117.9
28 三重	1,163.9	1,707.5	51.2	60.7	45.5	8.7	18.0	39.5	0.1	0.3	3.7	7.8	2.7
29 滋賀	465.6	58.8	17,583.4	12,485.2	2,215.4	284.5	29.4	15.1	4.0	3.6	36.3	57.8	16.3
30 京都	1,677.9	48.2	12,958.5	36,651.9	16,355.3	1,693.1	771.5	100.2	41.4	15.4	289.1	448.4	115.9
31 大阪	3,543.5	42.1	2,352.0	16,984.9	228,878.8	29,318.5	4,096.5	2,012.7	168.2	119.2	1,890.4	2,123.9	452.5
32 兵庫	743.4	8.6	296.3	1,701.5	28,317.1	103,756.7	111.9	83.7	110.6	32.8	935.5	711.2	176.7
33 奈良	13.3	17.7	26.9	773.3	4,013.6	114.3	5,190.9	115.8	1.2	0.4	8.5	16.2	9.4
34 和歌山	52.1	47.9	15.7	102.7	2,037.2	87.2	94.0	4,236.1	1.4	1.4	13.8	19.2	6.1
35 鳥取	27.1	0.3	3.9	41.5	161.6	113.4	1.2	1.3	2,033.7	260.7	132.0	59.5	11.5
36 島根	23.7	0.3	3.6	15.5	119.9	33.8	0.2	1.2	260.4	1,604.1	85.1	23.4	59.3
37 岡山	324.6	3.8	36.0	297.7	1,615.0	868.5	6.7	13.5	134.3	101.5	17,914.3	1,841.0	165.0
38 広島	490.2	7.8	55.7	454.6	2,042.6	719.5	11.2	19.7	59.2	27.5	1,774.3	37,507.7	1,650.6
39 山口	121.6	2.7	16.2	116.8	456.6	174.6	6.7	5.7	11.5	62.9	166.3	1,661.3	7,089.8
40 徳島	3.9	0.0	0.0	2.2	7.0	2.0	0.0	0.0	1.6	2.0	43.2	22.4	6.6
41 香川	79.6	1.2	9.5	60.1	320.2	91.0	1.7	2.6	6.9	5.7	961.5	117.9	21.5
42 愛媛	36.5	1.2	6.2	33.1	153.3	46.7	1.1	1.2	2.8	2.2	140.7	14.6	3.9
43 高知	14.4	0.0	2.0	11.5	60.9	13.9	0.0	0.6	1.3	1.2	62.1	17.9	4.3
44 福岡	503.6	6.8	52.3	494.1	2,178.0	597.0	7.2	15.2	23.7	31.7	383.8	1,234.6	2,078.3
45 佐賀	20.7	0.9	4.4	25.7	73.1	27.6	0.1	1.2	1.6	1.7	14.9	40.3	18.3
46 長崎	40.3	0.5	3.4	32.5	85.3	44.9	0.1	1.4	2.5	2.5	20.9	63.2	21.7
47 熊本	40.3	1.2	8.6	44.1	224.2	74.9	1.2	2.3	3.5	3.3	44.8	100.7	34.5
48 大分	46.2	1.2	5.1	49.1	143.0	48.8	0.8	2.2	2.6	3.3	24.0	64.8	30.2
49 宮崎	2.8	0.0	0.2	3.8	8.6	4.6	0.0	0.0	0.0	0.3	4.2	7.0	4.0
50 鹿児島	21.4	0.0	4.4	18.1	129.9	41.2	0.3	1.2	2.0	2.1	37.0	75.6	27.6
51 沖縄	0.0	0.0	0.0	0.0	0.0	0.0	0.0	0.0	0.0	0.0	0.0	0.0	0.0
52 全国	98,231.9	3,376.5	35,097.1	81,590.9	309,314.4	142,529.1	10,479.1	7,192.0	2,980.0	2,410.4	26,677.5	49,099.9	12,553.5

平成28年度　　　　　　　　　　　　　　　　　　府県相互間旅客輸送人員表　（JR定期外 , その 4）

（単位 ： 1000人）

発＼着	40 徳島	41 香川	42 愛媛	43 高知	44 福岡	45 佐賀	46 長崎	47 熊本	48 大分	49 宮崎	50 鹿児島	51 沖縄	52 全国
1 道北	0.0	0.0	0.0	0.0	0.0	0.0	0.0	0.0	0.0	0.0	0.1	0.0	2,570.4
2 道東	0.0	0.0	0.0	0.0	0.0	0.0	0.0	0.0	0.0	0.0	0.0	0.0	1,108.8
3 道央	0.0	0.0	0.0	0.0	0.0	0.0	0.0	0.0	0.0	0.0	0.1	0.0	50,557.7
4 道南	0.0	0.0	0.0	0.0	0.0	0.0	0.0	0.0	0.0	0.0	0.4	0.0	2,679.9
5 北海道	0.0	0.0	0.0	0.0	0.0	0.0	0.0	0.0	0.0	0.0	0.6	0.0	56,916.8
6 青森	0.0	0.4	0.1	0.0	1.6	0.0	0.0	0.0	0.0	0.0	0.2	0.0	5,690.9
7 岩手	0.0	1.9	0.8	0.1	1.7	0.0	0.0	0.0	0.0	0.0	0.0	0.0	7,692.0
8 宮城	0.0	3.3	1.2	0.2	3.9	0.0	0.0	0.4	0.1	0.0	0.1	0.0	40,350.1
9 秋田	0.0	0.0	0.0	0.0	1.1	0.0	0.0	0.0	0.0	0.0	0.0	0.0	4,242.2
10 山形	0.0	0.7	0.1	0.0	1.1	0.0	0.0	0.0	0.0	0.0	0.0	0.0	4,815.2
11 福島	0.0	2.9	2.0	0.1	4.0	0.1	0.1	0.6	0.3	0.0	0.0	0.0	13,082.1
12 茨城	0.0	2.9	1.6	0.1	4.8	0.2	0.1	0.3	0.3	0.0	0.0	0.0	24,869.8
13 栃木	0.0	2.9	1.8	0.0	6.0	0.2	0.1	0.4	0.3	0.0	0.0	0.0	17,277.9
14 群馬	0.0	1.6	0.9	0.0	3.7	0.0	0.0	0.7	0.0	0.0	0.1	0.0	12,719.2
15 埼玉	0.5	8.1	4.4	0.8	15.9	1.3	0.9	1.4	1.8	0.0	0.7	0.0	207,138.3
16 千葉	0.8	11.2	7.1	1.5	19.7	1.3	1.4	1.9	2.2	0.0	1.1	0.0	248,556.3
17 東京	7.8	164.3	69.2	15.1	370.5	11.8	15.4	23.8	23.7	1.5	13.3	0.0	1,432,390.0
18 神奈川	2.4	42.9	21.5	4.9	119.0	4.5	7.3	9.1	9.2	0.5	4.8	0.0	397,774.1
19 新潟	0.0	2.9	1.3	0.2	4.1	0.1	0.1	0.2	0.2	0.0	0.0	0.0	20,032.7
20 富山	0.0	3.9	1.6	0.9	13.8	0.5	1.4	2.0	1.4	0.0	1.2	0.0	4,003.1
21 石川	0.0	9.4	3.8	1.7	39.6	1.5	2.3	3.4	4.0	0.1	2.0	0.0	8,959.1
22 福井	0.1	4.1	2.8	1.2	24.5	1.4	1.4	2.8	3.6	2.2	1.7	0.0	4,416.0
23 山梨	0.0	1.0	0.6	0.0	2.7	0.0	0.0	0.0	0.0	0.0	0.0	0.0	8,064.0
24 長野	0.0	5.7	2.4	1.2	14.5	0.9	1.1	1.7	1.6	0.0	0.8	0.0	17,632.9
25 岐阜	0.1	8.3	4.5	1.5	35.9	2.6	3.2	5.2	3.7	0.0	2.2	0.0	14,735.3
26 静岡	1.8	24.7	16.3	6.3	105.3	6.4	9.4	15.3	12.3	1.3	5.3	0.0	52,879.8
27 愛知	4.1	74.9	40.3	13.8	502.8	20.1	39.9	38.7	45.5	2.5	20.9	0.0	98,103.9
28 三重	0.0	1.2	1.2	0.0	6.8	0.8	0.5	1.1	1.1	0.0	0.2	0.0	3,359.8
29 滋賀	0.1	9.7	6.6	2.3	53.0	4.4	3.6	8.8	5.3	0.2	4.6	0.0	34,507.7
30 京都	2.2	57.1	33.2	11.0	483.4	25.5	32.1	42.4	48.5	3.1	18.5	0.0	81,455.3
31 大阪	6.4	312.1	156.0	59.1	2,234.1	72.6	84.5	220.0	142.3	8.5	130.7	0.0	311,503.8
32 兵庫	2.3	89.0	47.2	13.8	592.7	28.0	43.9	74.0	48.3	4.5	40.5	0.0	141,643.3
33 奈良	0.0	1.6	1.2	0.1	15.8	1.2	1.1	1.1	1.2	0.0	0.7	0.0	10,518.1
34 和歌山	0.0	2.6	1.2	0.5	15.5	1.2	1.2	1.4	2.4	2.1	1.2	0.0	6,988.6
35 鳥取	1.6	6.9	2.5	1.2	24.4	1.6	2.9	3.4	2.5	0.3	2.1	0.0	2,978.9
36 島根	1.9	5.8	2.1	1.2	33.2	1.7	2.5	3.1	3.1	0.1	2.0	0.0	2,368.7
37 岡山	44.8	1,350.7	153.5	65.0	378.1	15.3	21.1	44.3	24.5	4.5	36.8	0.0	26,860.1
38 広島	22.4	116.2	14.5	18.0	1,257.3	40.9	63.7	101.7	65.4	6.7	76.2	0.0	48,934.1
39 山口	6.7	21.2	3.8	4.5	2,197.6	18.5	21.8	34.8	32.3	3.9	26.9	0.0	12,698.0
40 徳島	2,235.1	158.9	7.3	22.2	19.8	1.4	2.0	3.2	1.7	0.0	1.6	0.0	2,557.1
41 香川	159.5	3,206.0	219.4	56.2	90.9	4.7	8.7	11.5	6.2	1.1	7.5	0.0	5,748.3
42 愛媛	7.2	211.3	2,642.4	10.3	17.3	1.2	2.3	2.4	2.4	1.0	1.2	0.0	3,485.2
43 高知	23.2	60.8	10.3	1,642.0	12.0	0.3	1.2	2.3	1.2	0.0	1.2	0.0	1,980.7
44 福岡	20.0	88.9	17.5	11.9	65,987.5	2,858.5	1,379.2	1,992.6	1,804.2	65.9	1,042.6	0.0	83,664.5
45 佐賀	1.6	4.8	1.2	0.6	2,844.3	2,670.7	199.3	77.8	18.9	1.0	40.9	0.0	6,126.0
46 長崎	1.9	8.4	2.4	1.2	1,371.3	205.4	4,263.3	42.3	18.4	1.0	39.7	0.0	6,320.7
47 熊本	3.2	11.1	2.4	1.8	1,966.8	80.5	43.0	5,441.4	23.2	4.5	293.0	0.0	8,524.5
48 大分	1.7	6.2	1.2	1.1	1,767.2	19.5	18.4	25.8	6,513.2	2.6	23.0	0.0	8,930.4
49 宮崎	0.0	1.1	0.0	0.0	75.3	1.2	1.1	2.6	68.2	2,463.8	172.1	0.0	2,824.7
50 鹿児島	1.6	7.2	1.2	1.1	1,019.5	42.4	40.6	295.2	23.3	173.8	5,204.6	0.0	7,206.9
51 沖縄	0.0	0.0	0.0	0.0	0.0	0.0	0.0	0.0	0.0	0.0	0.0	0.0	0.0
52 全国	2,561.0	6,116.8	3,512.5	1,975.0	83,759.0	6,150.4	6,322.6	8,542.9	8,965.7	2,817.1	7,223.2	0.0	3,523,527.1

（3）　民　　　　　　　鉄

民
鉄

調査対象旅客の種別及び範囲

輸送機関	種　別	範　　　　　囲
民鉄	定　期 定期外	鉄道及び軌道の全旅客(索道(ロープウェイ及びリフト)を除く。)を対象とした。

調　査　の　方　法

①定期

次のa及び b により作成した表を集計した。

　　a　2府県以上にまたがる路線を有する事業者分

　　　　各社報告の都道府県別相互発着旅客人員により府県相互間輸送人員表を作成した。

　　b　その他の事業者分

　　　　「平成 28 年度鉄道輸送統計調査－事業者別年度集計分」(国土交通省総合政策局)の定期旅客輸送人員により府県別地域内輸送人員表を作成した。

②定期外

　定期の場合と同様の方法により推計した。

- 19 -

平成28年度　　　　　　　　　　　　　　　府県相互間旅客輸送人員表　（民鉄計，　その　１）

（単位　：　1000人）

着\発	1 道北	2 道東	3 道央	4 道南	5 北海道	6 青森	7 岩手	8 宮城	9 秋田	10 山形	11 福島	12 茨城	13 栃木
1 道北	0.0	0.0	0.0	0.0	0.0	0.0	0.0	0.0	0.0	0.0	0.0	0.0	0.0
2 道東	0.0	0.0	0.0	0.0	0.0	0.0	0.0	0.0	0.0	0.0	0.0	0.0	0.0
3 道央	0.0	0.0	232,714.0	0.0	232,714.0	0.0	0.0	0.0	0.0	0.0	0.0	0.0	0.0
4 道南	0.0	0.0	0.0	6,532.0	6,532.0	0.0	0.0	0.0	0.0	0.0	0.0	0.0	0.0
5 北海道	0.0	0.0	232,714.0	6,532.0	239,246.0	0.0	0.0	0.0	0.0	0.0	0.0	0.0	0.0
6 青森	0.0	0.0	0.0	0.0	0.0	6,471.0	82.1	0.0	0.0	0.0	0.0	0.0	0.0
7 岩手	0.0	0.0	0.0	0.0	0.0	84.0	5,519.0	0.0	0.0	0.0	0.0	0.0	0.0
8 宮城	0.0	0.0	0.0	0.0	0.0	0.0	0.0	88,262.3	0.0	0.0	94.8	0.0	0.0
9 秋田	0.0	0.0	0.0	0.0	0.0	0.0	0.0	0.0	506.0	0.0	0.0	0.0	0.0
10 山形	0.0	0.0	0.0	0.0	0.0	0.0	0.0	0.0	0.0	586.0	0.0	0.0	0.0
11 福島	0.0	0.0	0.0	0.0	0.0	0.0	0.0	97.0	0.0	0.0	4,568.9	0.0	85.8
12 茨城	0.0	0.0	0.0	0.0	0.0	0.0	0.0	0.0	0.0	0.0	0.0	18,762.2	120.5
13 栃木	0.0	0.0	0.0	0.0	0.0	0.0	0.0	0.0	0.0	0.0	89.3	119.9	10,173.7
14 群馬	0.0	0.0	0.0	0.0	0.0	0.0	0.0	0.0	0.0	0.0	0.0	0.0	880.6
15 埼玉	0.0	0.0	0.0	0.0	0.0	0.0	0.0	0.0	0.0	0.0	0.0	410.8	2,121.0
16 千葉	0.0	0.0	0.0	0.0	0.0	0.0	0.0	0.0	0.0	0.0	0.0	5,054.5	53.5
17 東京	0.0	0.0	0.0	0.0	0.0	0.0	0.0	0.0	0.0	0.0	0.0	11,700.5	2,202.8
18 神奈川	0.0	0.0	0.0	0.0	0.0	0.0	0.0	0.0	0.0	0.0	0.0	0.0	0.0
19 新潟	0.0	0.0	0.0	0.0	0.0	0.0	0.0	0.0	0.0	0.0	0.0	0.0	0.0
20 富山	0.0	0.0	0.0	0.0	0.0	0.0	0.0	0.0	0.0	0.0	0.0	0.0	0.0
21 石川	0.0	0.0	0.0	0.0	0.0	0.0	0.0	0.0	0.0	0.0	0.0	0.0	0.0
22 福井	0.0	0.0	0.0	0.0	0.0	0.0	0.0	0.0	0.0	0.0	0.0	0.0	0.0
23 山梨	0.0	0.0	0.0	0.0	0.0	0.0	0.0	0.0	0.0	0.0	0.0	0.0	0.0
24 長野	0.0	0.0	0.0	0.0	0.0	0.0	0.0	0.0	0.0	0.0	0.0	0.0	0.0
25 岐阜	0.0	0.0	0.0	0.0	0.0	0.0	0.0	0.0	0.0	0.0	0.0	0.0	0.0
26 静岡	0.0	0.0	0.0	0.0	0.0	0.0	0.0	0.0	0.0	0.0	0.0	0.0	0.0
27 愛知	0.0	0.0	0.0	0.0	0.0	0.0	0.0	0.0	0.0	0.0	0.0	0.0	0.0
28 三重	0.0	0.0	0.0	0.0	0.0	0.0	0.0	0.0	0.0	0.0	0.0	0.0	0.0
29 滋賀	0.0	0.0	0.0	0.0	0.0	0.0	0.0	0.0	0.0	0.0	0.0	0.0	0.0
30 京都	0.0	0.0	0.0	0.0	0.0	0.0	0.0	0.0	0.0	0.0	0.0	0.0	0.0
31 大阪	0.0	0.0	0.0	0.0	0.0	0.0	0.0	0.0	0.0	0.0	0.0	0.0	0.0
32 兵庫	0.0	0.0	0.0	0.0	0.0	0.0	0.0	0.0	0.0	0.0	0.0	0.0	0.0
33 奈良	0.0	0.0	0.0	0.0	0.0	0.0	0.0	0.0	0.0	0.0	0.0	0.0	0.0
34 和歌山	0.0	0.0	0.0	0.0	0.0	0.0	0.0	0.0	0.0	0.0	0.0	0.0	0.0
35 鳥取	0.0	0.0	0.0	0.0	0.0	0.0	0.0	0.0	0.0	0.0	0.0	0.0	0.0
36 島根	0.0	0.0	0.0	0.0	0.0	0.0	0.0	0.0	0.0	0.0	0.0	0.0	0.0
37 岡山	0.0	0.0	0.0	0.0	0.0	0.0	0.0	0.0	0.0	0.0	0.0	0.0	0.0
38 広島	0.0	0.0	0.0	0.0	0.0	0.0	0.0	0.0	0.0	0.0	0.0	0.0	0.0
39 山口	0.0	0.0	0.0	0.0	0.0	0.0	0.0	0.0	0.0	0.0	0.0	0.0	0.0
40 徳島	0.0	0.0	0.0	0.0	0.0	0.0	0.0	0.0	0.0	0.0	0.0	0.0	0.0
41 香川	0.0	0.0	0.0	0.0	0.0	0.0	0.0	0.0	0.0	0.0	0.0	0.0	0.0
42 愛媛	0.0	0.0	0.0	0.0	0.0	0.0	0.0	0.0	0.0	0.0	0.0	0.0	0.0
43 高知	0.0	0.0	0.0	0.0	0.0	0.0	0.0	0.0	0.0	0.0	0.0	0.0	0.0
44 福岡	0.0	0.0	0.0	0.0	0.0	0.0	0.0	0.0	0.0	0.0	0.0	0.0	0.0
45 佐賀	0.0	0.0	0.0	0.0	0.0	0.0	0.0	0.0	0.0	0.0	0.0	0.0	0.0
46 長崎	0.0	0.0	0.0	0.0	0.0	0.0	0.0	0.0	0.0	0.0	0.0	0.0	0.0
47 熊本	0.0	0.0	0.0	0.0	0.0	0.0	0.0	0.0	0.0	0.0	0.0	0.0	0.0
48 大分	0.0	0.0	0.0	0.0	0.0	0.0	0.0	0.0	0.0	0.0	0.0	0.0	0.0
49 宮崎	0.0	0.0	0.0	0.0	0.0	0.0	0.0	0.0	0.0	0.0	0.0	0.0	0.0
50 鹿児島	0.0	0.0	0.0	0.0	0.0	0.0	0.0	0.0	0.0	0.0	0.0	0.0	0.0
51 沖縄	0.0	0.0	0.0	0.0	0.0	0.0	0.0	0.0	0.0	0.0	0.0	0.0	0.0
52 全国	0.0	0.0	232,714.0	6,532.0	239,246.0	6,555.0	5,601.0	88,359.3	506.0	586.0	4,753.0	36,047.9	15,638.0

平成28年度　　　　　　　　　　　　　　　府県相互間旅客輸送人員表　（民鉄計，　その　２）

（単位　：　1000人）

着\発	14 群馬	15 埼玉	16 千葉	17 東京	18 神奈川	19 新潟	20 富山	21 石川	22 福井	23 山梨	24 長野	25 岐阜	26 静岡
1 道北	0.0	0.0	0.0	0.0	0.0	0.0	0.0	0.0	0.0	0.0	0.0	0.0	0.0
2 道東	0.0	0.0	0.0	0.0	0.0	0.0	0.0	0.0	0.0	0.0	0.0	0.0	0.0
3 道央	0.0	0.0	0.0	0.0	0.0	0.0	0.0	0.0	0.0	0.0	0.0	0.0	0.0
4 道南	0.0	0.0	0.0	0.0	0.0	0.0	0.0	0.0	0.0	0.0	0.0	0.0	0.0
5 北海道	0.0	0.0	0.0	0.0	0.0	0.0	0.0	0.0	0.0	0.0	0.0	0.0	0.0
6 青森	0.0	0.0	0.0	0.0	0.0	0.0	0.0	0.0	0.0	0.0	0.0	0.0	0.0
7 岩手	0.0	0.0	0.0	0.0	0.0	0.0	0.0	0.0	0.0	0.0	0.0	0.0	0.0
8 宮城	0.0	0.0	0.0	0.0	0.0	0.0	0.0	0.0	0.0	0.0	0.0	0.0	0.0
9 秋田	0.0	0.0	0.0	0.0	0.0	0.0	0.0	0.0	0.0	0.0	0.0	0.0	0.0
10 山形	0.0	0.0	0.0	0.0	0.0	0.0	0.0	0.0	0.0	0.0	0.0	0.0	0.0
11 福島	0.0	0.0	0.0	0.0	0.0	0.0	0.0	0.0	0.0	0.0	0.0	0.0	0.0
12 茨城	0.0	468.3	5,157.0	12,774.5	0.0	0.0	0.0	0.0	0.0	0.0	0.0	0.0	0.0
13 栃木	866.2	2,318.7	64.2	2,308.4	0.0	0.0	0.0	0.0	0.0	0.0	0.0	0.0	0.0
14 群馬	10,569.2	2,598.2	51.3	1,782.6	0.0	0.0	0.0	0.0	0.0	0.0	0.0	0.0	0.0
15 埼玉	2,461.0	376,150.9	7,547.1	249,432.4	0.0	0.0	0.0	0.0	0.0	0.0	0.0	0.0	0.0
16 千葉	48.9	7,440.2	479,958.8	143,462.7	0.0	0.0	0.0	0.0	0.0	0.0	0.0	0.0	0.0
17 東京	1,736.5	247,959.5	144,528.3	5,851,645.4	444,010.2	0.0	0.0	0.0	0.0	0.0	0.0	0.0	0.0
18 神奈川	0.0	0.0	0.0	444,095.7	1,341,862.7	0.0	0.0	0.0	0.0	0.0	0.0	0.0	0.0
19 新潟	0.0	0.0	0.0	0.0	0.0	5,316.0	58.3	0.3	0.0	0.0	104.1	0.0	0.0
20 富山	0.0	0.0	0.0	0.0	0.0	57.7	29,468.1	1,212.0	0.0	0.0	484.5	0.0	0.0
21 石川	0.0	0.0	0.0	0.0	0.0	0.3	1,154.2	12,931.0	0.0	0.0	0.0	0.0	0.0
22 福井	0.0	0.0	0.0	0.0	0.0	0.0	0.0	0.0	5,583.0	0.0	0.0	0.0	0.0
23 山梨	0.0	0.0	0.0	0.0	0.0	0.0	0.0	0.0	0.0	3,566.0	0.0	0.0	0.0
24 長野	0.0	0.0	0.0	0.0	0.0	98.3	445.5	0.0	0.0	0.0	25,307.6	0.0	0.0
25 岐阜	0.0	0.0	0.0	0.0	0.0	0.0	0.0	0.0	0.0	0.0	0.0	15,945.1	0.0
26 静岡	0.0	0.0	0.0	0.0	0.0	0.0	0.0	0.0	0.0	0.0	0.0	0.0	39,617.0
27 愛知	0.0	0.0	0.0	0.0	0.0	0.0	0.0	0.0	0.0	0.0	0.0	12,333.3	0.0
28 三重	0.0	0.0	0.0	0.0	0.0	0.0	0.0	0.0	0.0	0.0	0.0	284.8	0.0
29 滋賀	0.0	0.0	0.0	0.0	0.0	0.0	0.0	0.0	0.0	0.0	0.0	0.0	0.0
30 京都	0.0	0.0	0.0	0.0	0.0	0.0	0.0	0.0	0.0	0.0	0.0	0.0	0.0
31 大阪	0.0	0.0	0.0	0.0	0.0	0.0	0.0	0.0	0.0	0.0	0.0	0.0	0.0
32 兵庫	0.0	0.0	0.0	0.0	0.0	0.0	0.0	0.0	0.0	0.0	0.0	0.0	0.0
33 奈良	0.0	0.0	0.0	0.0	0.0	0.0	0.0	0.0	0.0	0.0	0.0	0.0	0.0
34 和歌山	0.0	0.0	0.0	0.0	0.0	0.0	0.0	0.0	0.0	0.0	0.0	0.0	0.0
35 鳥取	0.0	0.0	0.0	0.0	0.0	0.0	0.0	0.0	0.0	0.0	0.0	0.0	0.0
36 島根	0.0	0.0	0.0	0.0	0.0	0.0	0.0	0.0	0.0	0.0	0.0	0.0	0.0
37 岡山	0.0	0.0	0.0	0.0	0.0	0.0	0.0	0.0	0.0	0.0	0.0	0.0	0.0
38 広島	0.0	0.0	0.0	0.0	0.0	0.0	0.0	0.0	0.0	0.0	0.0	0.0	0.0
39 山口	0.0	0.0	0.0	0.0	0.0	0.0	0.0	0.0	0.0	0.0	0.0	0.0	0.0
40 徳島	0.0	0.0	0.0	0.0	0.0	0.0	0.0	0.0	0.0	0.0	0.0	0.0	0.0
41 香川	0.0	0.0	0.0	0.0	0.0	0.0	0.0	0.0	0.0	0.0	0.0	0.0	0.0
42 愛媛	0.0	0.0	0.0	0.0	0.0	0.0	0.0	0.0	0.0	0.0	0.0	0.0	0.0
43 高知	0.0	0.0	0.0	0.0	0.0	0.0	0.0	0.0	0.0	0.0	0.0	0.0	0.0
44 福岡	0.0	0.0	0.0	0.0	0.0	0.0	0.0	0.0	0.0	0.0	0.0	0.0	0.0
45 佐賀	0.0	0.0	0.0	0.0	0.0	0.0	0.0	0.0	0.0	0.0	0.0	0.0	0.0
46 長崎	0.0	0.0	0.0	0.0	0.0	0.0	0.0	0.0	0.0	0.0	0.0	0.0	0.0
47 熊本	0.0	0.0	0.0	0.0	0.0	0.0	0.0	0.0	0.0	0.0	0.0	0.0	0.0
48 大分	0.0	0.0	0.0	0.0	0.0	0.0	0.0	0.0	0.0	0.0	0.0	0.0	0.0
49 宮崎	0.0	0.0	0.0	0.0	0.0	0.0	0.0	0.0	0.0	0.0	0.0	0.0	0.0
50 鹿児島	0.0	0.0	0.0	0.0	0.0	0.0	0.0	0.0	0.0	0.0	0.0	0.0	0.0
51 沖縄	0.0	0.0	0.0	0.0	0.0	0.0	0.0	0.0	0.0	0.0	0.0	0.0	0.0
52 全国	15,681.8	636,935.7	637,306.7	6,705,501.7	1,785,872.9	5,472.3	31,126.2	14,143.4	5,583.0	3,566.0	25,896.2	28,563.2	39,617.0

平成28年度　　　　　　府県相互間旅客輸送人員表　（民鉄計 ， その 3）

（単位 ： １０００人）

発＼着	27 愛知	28 三重	29 滋賀	30 京都	31 大阪	32 兵庫	33 奈良	34 和歌山	35 鳥取	36 島根	37 岡山	38 広島	39 山口
1 道北	0.0	0.0	0.0	0.0	0.0	0.0	0.0	0.0	0.0	0.0	0.0	0.0	0.0
2 道東	0.0	0.0	0.0	0.0	0.0	0.0	0.0	0.0	0.0	0.0	0.0	0.0	0.0
3 道央	0.0	0.0	0.0	0.0	0.0	0.0	0.0	0.0	0.0	0.0	0.0	0.0	0.0
4 道南	0.0	0.0	0.0	0.0	0.0	0.0	0.0	0.0	0.0	0.0	0.0	0.0	0.0
5 北海道	0.0	0.0	0.0	0.0	0.0	0.0	0.0	0.0	0.0	0.0	0.0	0.0	0.0
6 青森	0.0	0.0	0.0	0.0	0.0	0.0	0.0	0.0	0.0	0.0	0.0	0.0	0.0
7 岩手	0.0	0.0	0.0	0.0	0.0	0.0	0.0	0.0	0.0	0.0	0.0	0.0	0.0
8 宮城	0.0	0.0	0.0	0.0	0.0	0.0	0.0	0.0	0.0	0.0	0.0	0.0	0.0
9 秋田	0.0	0.0	0.0	0.0	0.0	0.0	0.0	0.0	0.0	0.0	0.0	0.0	0.0
10 山形	0.0	0.0	0.0	0.0	0.0	0.0	0.0	0.0	0.0	0.0	0.0	0.0	0.0
11 福島	0.0	0.0	0.0	0.0	0.0	0.0	0.0	0.0	0.0	0.0	0.0	0.0	0.0
12 茨城	0.0	0.0	0.0	0.0	0.0	0.0	0.0	0.0	0.0	0.0	0.0	0.0	0.0
13 栃木	0.0	0.0	0.0	0.0	0.0	0.0	0.0	0.0	0.0	0.0	0.0	0.0	0.0
14 群馬	0.0	0.0	0.0	0.0	0.0	0.0	0.0	0.0	0.0	0.0	0.0	0.0	0.0
15 埼玉	0.0	0.0	0.0	0.0	0.0	0.0	0.0	0.0	0.0	0.0	0.0	0.0	0.0
16 千葉	0.0	0.0	0.0	0.0	0.0	0.0	0.0	0.0	0.0	0.0	0.0	0.0	0.0
17 東京	0.0	0.0	0.0	0.0	0.0	0.0	0.0	0.0	0.0	0.0	0.0	0.0	0.0
18 神奈川	0.0	0.0	0.0	0.0	0.0	0.0	0.0	0.0	0.0	0.0	0.0	0.0	0.0
19 新潟	0.0	0.0	0.0	0.0	0.0	0.0	0.0	0.0	0.0	0.0	0.0	0.0	0.0
20 富山	0.0	0.0	0.0	0.0	0.0	0.0	0.0	0.0	0.0	0.0	0.0	0.0	0.0
21 石川	0.0	0.0	0.0	0.0	0.0	0.0	0.0	0.0	0.0	0.0	0.0	0.0	0.0
22 福井	0.0	0.0	0.0	0.0	0.0	0.0	0.0	0.0	0.0	0.0	0.0	0.0	0.0
23 山梨	0.0	0.0	0.0	0.0	0.0	0.0	0.0	0.0	0.0	0.0	0.0	0.0	0.0
24 長野	0.0	0.0	0.0	0.0	0.0	0.0	0.0	0.0	0.0	0.0	0.0	0.0	0.0
25 岐阜	12,299.8	286.1	0.0	0.0	0.0	0.0	0.0	0.0	0.0	0.0	0.0	0.0	0.0
26 静岡	0.0	0.0	0.0	0.0	0.0	0.0	0.0	0.0	0.0	0.0	0.0	0.0	0.0
27 愛知	887,547.2	15,467.1	0.0	13.8	896.2	0.0	180.5	0.0	0.0	0.0	0.0	0.0	0.0
28 三重	15,448.8	61,102.3	0.0	376.5	3,385.5	0.0	1,075.9	0.0	0.0	0.0	0.0	0.0	0.0
29 滋賀	0.0	0.0	19,008.0	1,556.4	81.8	0.0	0.0	0.0	0.0	0.0	0.0	0.0	0.0
30 京都	10.4	357.7	1,602.6	321,044.6	53,507.3	4,422.5	12,340.3	0.0	0.0	0.0	0.0	0.0	0.0
31 大阪	877.4	3,396.3	79.7	53,422.0	1,932,336.3	115,456.1	54,435.4	7,116.3	0.0	0.0	0.0	0.0	0.0
32 兵庫	0.0	0.0	0.0	4,453.4	115,636.3	553,699.4	0.0	0.0	480.1	0.0	14.7	0.0	0.0
33 奈良	156.9	1,048.1	0.0	12,256.3	53,887.3	0.0	70,926.7	0.0	0.0	0.0	0.0	0.0	0.0
34 和歌山	0.0	0.0	0.0	0.0	7,101.8	0.0	0.0	4,598.9	0.0	0.0	0.0	0.0	0.0
35 鳥取	0.0	0.0	0.0	0.0	0.0	464.0	0.0	0.0	305.6	0.0	1.3	0.0	0.0
36 島根	0.0	0.0	0.0	0.0	0.0	0.0	0.0	0.0	0.0	1,388.0	0.0	0.0	0.0
37 岡山	0.0	0.0	0.0	0.0	0.0	13.4	0.0	0.0	0.7	0.0	6,412.3	106.0	0.0
38 広島	0.0	0.0	0.0	0.0	0.0	0.0	0.0	0.0	0.0	0.0	121.0	73,233.3	0.0
39 山口	0.0	0.0	0.0	0.0	0.0	0.0	0.0	0.0	0.0	0.0	0.0	0.0	174.0
40 徳島	0.0	0.0	0.0	0.0	0.0	0.0	0.0	0.0	0.0	0.0	0.0	0.0	0.0
41 香川	0.0	0.0	0.0	0.0	0.0	0.0	0.0	0.0	0.0	0.0	0.0	0.0	0.0
42 愛媛	0.0	0.0	0.0	0.0	0.0	0.0	0.0	0.0	0.0	0.0	0.0	0.0	0.0
43 高知	0.0	0.0	0.0	0.0	0.0	0.0	0.0	0.0	0.0	0.0	0.0	0.0	0.0
44 福岡	0.0	0.0	0.0	0.0	0.0	0.0	0.0	0.0	0.0	0.0	0.0	0.0	0.0
45 佐賀	0.0	0.0	0.0	0.0	0.0	0.0	0.0	0.0	0.0	0.0	0.0	0.0	0.0
46 長崎	0.0	0.0	0.0	0.0	0.0	0.0	0.0	0.0	0.0	0.0	0.0	0.0	0.0
47 熊本	0.0	0.0	0.0	0.0	0.0	0.0	0.0	0.0	0.0	0.0	0.0	0.0	0.0
48 大分	0.0	0.0	0.0	0.0	0.0	0.0	0.0	0.0	0.0	0.0	0.0	0.0	0.0
49 宮崎	0.0	0.0	0.0	0.0	0.0	0.0	0.0	0.0	0.0	0.0	0.0	0.0	0.0
50 鹿児島	0.0	0.0	0.0	0.0	0.0	0.0	0.0	0.0	0.0	0.0	0.0	0.0	0.0
51 沖縄	0.0	0.0	0.0	0.0	0.0	0.0	0.0	0.0	0.0	0.0	0.0	0.0	0.0
52 全国	916,340.6	81,657.6	20,690.4	393,123.0	2,166,832.7	674,055.4	138,958.8	11,715.2	786.4	1,388.0	6,549.3	73,339.3	174.0

平成28年度　　　　　　府県相互間旅客輸送人員表　（民鉄計 ， その 4）

（単位 ： １０００人）

発＼着	40 徳島	41 香川	42 愛媛	43 高知	44 福岡	45 佐賀	46 長崎	47 熊本	48 大分	49 宮崎	50 鹿児島	51 沖縄	52 全国
1 道北	0.0	0.0	0.0	0.0	0.0	0.0	0.0	0.0	0.0	0.0	0.0	0.0	0.0
2 道東	0.0	0.0	0.0	0.0	0.0	0.0	0.0	0.0	0.0	0.0	0.0	0.0	0.0
3 道央	0.0	0.0	0.0	0.0	0.0	0.0	0.0	0.0	0.0	0.0	0.0	0.0	232,714.0
4 道南	0.0	0.0	0.0	0.0	0.0	0.0	0.0	0.0	0.0	0.0	0.0	0.0	6,532.0
5 北海道	0.0	0.0	0.0	0.0	0.0	0.0	0.0	0.0	0.0	0.0	0.0	0.0	239,246.0
6 青森	0.0	0.0	0.0	0.0	0.0	0.0	0.0	0.0	0.0	0.0	0.0	0.0	6,553.1
7 岩手	0.0	0.0	0.0	0.0	0.0	0.0	0.0	0.0	0.0	0.0	0.0	0.0	5,602.9
8 宮城	0.0	0.0	0.0	0.0	0.0	0.0	0.0	0.0	0.0	0.0	0.0	0.0	88,357.1
9 秋田	0.0	0.0	0.0	0.0	0.0	0.0	0.0	0.0	0.0	0.0	0.0	0.0	506.0
10 山形	0.0	0.0	0.0	0.0	0.0	0.0	0.0	0.0	0.0	0.0	0.0	0.0	586.0
11 福島	0.0	0.0	0.0	0.0	0.0	0.0	0.0	0.0	0.0	0.0	0.0	0.0	4,751.7
12 茨城	0.0	0.0	0.0	0.0	0.0	0.0	0.0	0.0	0.0	0.0	0.0	0.0	37,282.5
13 栃木	0.0	0.0	0.0	0.0	0.0	0.0	0.0	0.0	0.0	0.0	0.0	0.0	15,940.4
14 群馬	0.0	0.0	0.0	0.0	0.0	0.0	0.0	0.0	0.0	0.0	0.0	0.0	15,881.9
15 埼玉	0.0	0.0	0.0	0.0	0.0	0.0	0.0	0.0	0.0	0.0	0.0	0.0	638,123.1
16 千葉	0.0	0.0	0.0	0.0	0.0	0.0	0.0	0.0	0.0	0.0	0.0	0.0	636,018.5
17 東京	0.0	0.0	0.0	0.0	0.0	0.0	0.0	0.0	0.0	0.0	0.0	0.0	6,703,783.3
18 神奈川	0.0	0.0	0.0	0.0	0.0	0.0	0.0	0.0	0.0	0.0	0.0	0.0	1,785,958.4
19 新潟	0.0	0.0	0.0	0.0	0.0	0.0	0.0	0.0	0.0	0.0	0.0	0.0	5,478.8
20 富山	0.0	0.0	0.0	0.0	0.0	0.0	0.0	0.0	0.0	0.0	0.0	0.0	31,222.3
21 石川	0.0	0.0	0.0	0.0	0.0	0.0	0.0	0.0	0.0	0.0	0.0	0.0	14,085.5
22 福井	0.0	0.0	0.0	0.0	0.0	0.0	0.0	0.0	0.0	0.0	0.0	0.0	5,583.0
23 山梨	0.0	0.0	0.0	0.0	0.0	0.0	0.0	0.0	0.0	0.0	0.0	0.0	3,566.0
24 長野	0.0	0.0	0.0	0.0	0.0	0.0	0.0	0.0	0.0	0.0	0.0	0.0	25,851.4
25 岐阜	0.0	0.0	0.0	0.0	0.0	0.0	0.0	0.0	0.0	0.0	0.0	0.0	28,531.1
26 静岡	0.0	0.0	0.0	0.0	0.0	0.0	0.0	0.0	0.0	0.0	0.0	0.0	39,617.0
27 愛知	0.0	0.0	0.0	0.0	0.0	0.0	0.0	0.0	0.0	0.0	0.0	0.0	916,438.0
28 三重	0.0	0.0	0.0	0.0	0.0	0.0	0.0	0.0	0.0	0.0	0.0	0.0	81,674.0
29 滋賀	0.0	0.0	0.0	0.0	0.0	0.0	0.0	0.0	0.0	0.0	0.0	0.0	20,646.2
30 京都	0.0	0.0	0.0	0.0	0.0	0.0	0.0	0.0	0.0	0.0	0.0	0.0	393,285.5
31 大阪	0.0	0.0	0.0	0.0	0.0	0.0	0.0	0.0	0.0	0.0	0.0	0.0	2,167,119.5
32 兵庫	0.0	0.0	0.0	0.0	0.0	0.0	0.0	0.0	0.0	0.0	0.0	0.0	674,283.9
33 奈良	0.0	0.0	0.0	0.0	0.0	0.0	0.0	0.0	0.0	0.0	0.0	0.0	138,275.3
34 和歌山	0.0	0.0	0.0	0.0	0.0	0.0	0.0	0.0	0.0	0.0	0.0	0.0	11,700.8
35 鳥取	0.0	0.0	0.0	0.0	0.0	0.0	0.0	0.0	0.0	0.0	0.0	0.0	771.0
36 島根	0.0	0.0	0.0	0.0	0.0	0.0	0.0	0.0	0.0	0.0	0.0	0.0	1,388.0
37 岡山	0.0	0.0	0.0	0.0	0.0	0.0	0.0	0.0	0.0	0.0	0.0	0.0	6,532.5
38 広島	0.0	0.0	0.0	0.0	0.0	0.0	0.0	0.0	0.0	0.0	0.0	0.0	73,354.4
39 山口	0.0	0.0	0.0	0.0	0.0	0.0	0.0	0.0	0.0	0.0	0.0	0.0	174.0
40 徳島	8.3	0.0	0.0	20.4	0.0	0.0	0.0	0.0	0.0	0.0	0.0	0.0	28.7
41 香川	0.0	14,390.0	0.0	0.0	0.0	0.0	0.0	0.0	0.0	0.0	0.0	0.0	14,390.0
42 愛媛	0.0	0.0	19,005.0	0.0	0.0	0.0	0.0	0.0	0.0	0.0	0.0	0.0	19,005.0
43 高知	18.3	0.0	0.0	7,957.0	0.0	0.0	0.0	0.0	0.0	0.0	0.0	0.0	7,975.3
44 福岡	0.0	0.0	0.0	0.0	281,711.8	304.9	0.0	0.0	0.0	0.0	0.0	0.0	282,016.7
45 佐賀	0.0	0.0	0.0	0.0	292.2	522.9	38.0	0.0	0.0	0.0	0.0	0.0	853.1
46 長崎	0.0	0.0	0.0	0.0	0.0	38.7	20,318.5	0.0	0.0	0.0	0.0	0.0	20,357.3
47 熊本	0.0	0.0	0.0	0.0	0.0	0.0	0.0	14,252.5	0.0	0.0	87.9	0.0	14,340.3
48 大分	0.0	0.0	0.0	0.0	0.0	0.0	0.0	0.0	179.0	0.0	0.0	0.0	179.0
49 宮崎	0.0	0.0	0.0	0.0	0.0	0.0	0.0	0.0	0.0	0.0	0.0	0.0	0.0
50 鹿児島	0.0	0.0	0.0	0.0	0.0	0.0	0.0	51.8	0.0	0.0	11,500.8	0.0	11,552.7
51 沖縄	0.0	0.0	0.0	0.0	0.0	0.0	0.0	0.0	0.0	0.0	0.0	17,321.0	17,321.0
52 全国	26.6	14,390.0	19,005.0	7,977.4	282,004.0	866.4	20,356.5	14,304.3	179.0	0.0	11,588.7	17,321.0	15,206,188.0

平成28年度　　府県相互間旅客輸送人員表　（民鉄定期 ,　その　1）

(単位 ： 1000人)

発＼着	1 道北	2 道東	3 道央	4 道南	5 北海道	6 青森	7 岩手	8 宮城	9 秋田	10 山形	11 福島	12 茨城	13 栃木
1 道北	0.0	0.0	0.0	0.0	0.0	0.0	0.0	0.0	0.0	0.0	0.0	0.0	0.0
2 道東	0.0	0.0	0.0	0.0	0.0	0.0	0.0	0.0	0.0	0.0	0.0	0.0	0.0
3 道央	0.0	0.0	74,559.0	0.0	74,559.0	0.0	0.0	0.0	0.0	0.0	0.0	0.0	0.0
4 道南	0.0	0.0	0.0	908.0	908.0	0.0	0.0	0.0	0.0	0.0	0.0	0.0	0.0
5 北海道	0.0	0.0	74,559.0	908.0	75,467.0	0.0	0.0	0.0	0.0	0.0	0.0	0.0	0.0
6 青森	0.0	0.0	0.0	0.0	0.0	4,062.0	42.2	0.0	0.0	0.0	0.0	0.0	0.0
7 岩手	0.0	0.0	0.0	0.0	0.0	42.2	3,972.6	0.0	0.0	0.0	0.0	0.0	0.0
8 宮城	0.0	0.0	0.0	0.0	0.0	0.0	0.0	42,656.6	0.0	0.0	18.4	0.0	0.0
9 秋田	0.0	0.0	0.0	0.0	0.0	0.0	0.0	0.0	305.0	0.0	0.0	0.0	0.0
10 山形	0.0	0.0	0.0	0.0	0.0	0.0	0.0	0.0	0.0	450.0	0.0	0.0	0.0
11 福島	0.0	0.0	0.0	0.0	0.0	0.0	0.0	18.4	0.0	0.0	2,213.6	0.0	0.4
12 茨城	0.0	0.0	0.0	0.0	0.0	0.0	0.0	0.0	0.0	0.0	0.0	11,413.4	50.9
13 栃木	0.0	0.0	0.0	0.0	0.0	0.0	0.0	0.0	0.0	0.0	0.4	50.9	7,025.9
14 群馬	0.0	0.0	0.0	0.0	0.0	0.0	0.0	0.0	0.0	0.0	0.0	0.0	627.6
15 埼玉	0.0	0.0	0.0	0.0	0.0	0.0	0.0	0.0	0.0	0.0	0.0	319.5	1,205.7
16 千葉	0.0	0.0	0.0	0.0	0.0	0.0	0.0	0.0	0.0	0.0	0.0	3,440.4	15.3
17 東京	0.0	0.0	0.0	0.0	0.0	0.0	0.0	0.0	0.0	0.0	0.0	7,442.8	484.5
18 神奈川	0.0	0.0	0.0	0.0	0.0	0.0	0.0	0.0	0.0	0.0	0.0	0.0	0.0
19 新潟	0.0	0.0	0.0	0.0	0.0	0.0	0.0	0.0	0.0	0.0	0.0	0.0	0.0
20 富山	0.0	0.0	0.0	0.0	0.0	0.0	0.0	0.0	0.0	0.0	0.0	0.0	0.0
21 石川	0.0	0.0	0.0	0.0	0.0	0.0	0.0	0.0	0.0	0.0	0.0	0.0	0.0
22 福井	0.0	0.0	0.0	0.0	0.0	0.0	0.0	0.0	0.0	0.0	0.0	0.0	0.0
23 山梨	0.0	0.0	0.0	0.0	0.0	0.0	0.0	0.0	0.0	0.0	0.0	0.0	0.0
24 長野	0.0	0.0	0.0	0.0	0.0	0.0	0.0	0.0	0.0	0.0	0.0	0.0	0.0
25 岐阜	0.0	0.0	0.0	0.0	0.0	0.0	0.0	0.0	0.0	0.0	0.0	0.0	0.0
26 静岡	0.0	0.0	0.0	0.0	0.0	0.0	0.0	0.0	0.0	0.0	0.0	0.0	0.0
27 愛知	0.0	0.0	0.0	0.0	0.0	0.0	0.0	0.0	0.0	0.0	0.0	0.0	0.0
28 三重	0.0	0.0	0.0	0.0	0.0	0.0	0.0	0.0	0.0	0.0	0.0	0.0	0.0
29 滋賀	0.0	0.0	0.0	0.0	0.0	0.0	0.0	0.0	0.0	0.0	0.0	0.0	0.0
30 京都	0.0	0.0	0.0	0.0	0.0	0.0	0.0	0.0	0.0	0.0	0.0	0.0	0.0
31 大阪	0.0	0.0	0.0	0.0	0.0	0.0	0.0	0.0	0.0	0.0	0.0	0.0	0.0
32 兵庫	0.0	0.0	0.0	0.0	0.0	0.0	0.0	0.0	0.0	0.0	0.0	0.0	0.0
33 奈良	0.0	0.0	0.0	0.0	0.0	0.0	0.0	0.0	0.0	0.0	0.0	0.0	0.0
34 和歌山	0.0	0.0	0.0	0.0	0.0	0.0	0.0	0.0	0.0	0.0	0.0	0.0	0.0
35 鳥取	0.0	0.0	0.0	0.0	0.0	0.0	0.0	0.0	0.0	0.0	0.0	0.0	0.0
36 島根	0.0	0.0	0.0	0.0	0.0	0.0	0.0	0.0	0.0	0.0	0.0	0.0	0.0
37 岡山	0.0	0.0	0.0	0.0	0.0	0.0	0.0	0.0	0.0	0.0	0.0	0.0	0.0
38 広島	0.0	0.0	0.0	0.0	0.0	0.0	0.0	0.0	0.0	0.0	0.0	0.0	0.0
39 山口	0.0	0.0	0.0	0.0	0.0	0.0	0.0	0.0	0.0	0.0	0.0	0.0	0.0
40 徳島	0.0	0.0	0.0	0.0	0.0	0.0	0.0	0.0	0.0	0.0	0.0	0.0	0.0
41 香川	0.0	0.0	0.0	0.0	0.0	0.0	0.0	0.0	0.0	0.0	0.0	0.0	0.0
42 愛媛	0.0	0.0	0.0	0.0	0.0	0.0	0.0	0.0	0.0	0.0	0.0	0.0	0.0
43 高知	0.0	0.0	0.0	0.0	0.0	0.0	0.0	0.0	0.0	0.0	0.0	0.0	0.0
44 福岡	0.0	0.0	0.0	0.0	0.0	0.0	0.0	0.0	0.0	0.0	0.0	0.0	0.0
45 佐賀	0.0	0.0	0.0	0.0	0.0	0.0	0.0	0.0	0.0	0.0	0.0	0.0	0.0
46 長崎	0.0	0.0	0.0	0.0	0.0	0.0	0.0	0.0	0.0	0.0	0.0	0.0	0.0
47 熊本	0.0	0.0	0.0	0.0	0.0	0.0	0.0	0.0	0.0	0.0	0.0	0.0	0.0
48 大分	0.0	0.0	0.0	0.0	0.0	0.0	0.0	0.0	0.0	0.0	0.0	0.0	0.0
49 宮崎	0.0	0.0	0.0	0.0	0.0	0.0	0.0	0.0	0.0	0.0	0.0	0.0	0.0
50 鹿児島	0.0	0.0	0.0	0.0	0.0	0.0	0.0	0.0	0.0	0.0	0.0	0.0	0.0
51 沖縄	0.0	0.0	0.0	0.0	0.0	0.0	0.0	0.0	0.0	0.0	0.0	0.0	0.0
52 全国	0.0	0.0	74,559.0	908.0	75,467.0	4,104.2	4,014.8	42,675.0	305.0	450.0	2,232.4	22,667.1	9,410.2

平成28年度　　府県相互間旅客輸送人員表　（民鉄定期 ,　その　2）

(単位 ： 1000人)

発＼着	14 群馬	15 埼玉	16 千葉	17 東京	18 神奈川	19 新潟	20 富山	21 石川	22 福井	23 山梨	24 長野	25 岐阜	26 静岡
1 道北	0.0	0.0	0.0	0.0	0.0	0.0	0.0	0.0	0.0	0.0	0.0	0.0	0.0
2 道東	0.0	0.0	0.0	0.0	0.0	0.0	0.0	0.0	0.0	0.0	0.0	0.0	0.0
3 道央	0.0	0.0	0.0	0.0	0.0	0.0	0.0	0.0	0.0	0.0	0.0	0.0	0.0
4 道南	0.0	0.0	0.0	0.0	0.0	0.0	0.0	0.0	0.0	0.0	0.0	0.0	0.0
5 北海道	0.0	0.0	0.0	0.0	0.0	0.0	0.0	0.0	0.0	0.0	0.0	0.0	0.0
6 青森	0.0	0.0	0.0	0.0	0.0	0.0	0.0	0.0	0.0	0.0	0.0	0.0	0.0
7 岩手	0.0	0.0	0.0	0.0	0.0	0.0	0.0	0.0	0.0	0.0	0.0	0.0	0.0
8 宮城	0.0	0.0	0.0	0.0	0.0	0.0	0.0	0.0	0.0	0.0	0.0	0.0	0.0
9 秋田	0.0	0.0	0.0	0.0	0.0	0.0	0.0	0.0	0.0	0.0	0.0	0.0	0.0
10 山形	0.0	0.0	0.0	0.0	0.0	0.0	0.0	0.0	0.0	0.0	0.0	0.0	0.0
11 福島	0.0	0.0	0.0	0.0	0.0	0.0	0.0	0.0	0.0	0.0	0.0	0.0	0.0
12 茨城	0.0	319.5	3,440.4	7,442.8	0.0	0.0	0.0	0.0	0.0	0.0	0.0	0.0	0.0
13 栃木	627.6	1,205.7	15.3	484.5	0.0	0.0	0.0	0.0	0.0	0.0	0.0	0.0	0.0
14 群馬	7,926.3	1,573.6	30.5	589.2	0.0	0.0	0.0	0.0	0.0	0.0	0.0	0.0	0.0
15 埼玉	1,573.6	236,300.7	4,736.7	172,220.7	0.0	0.0	0.0	0.0	0.0	0.0	0.0	0.0	0.0
16 千葉	30.5	4,736.7	282,860.3	97,681.4	0.0	0.0	0.0	0.0	0.0	0.0	0.0	0.0	0.0
17 東京	589.2	172,220.7	97,681.4	3,347,014.0	284,883.4	0.0	0.0	0.0	0.0	0.0	0.0	0.0	0.0
18 神奈川	0.0	0.0	0.0	284,883.4	795,162.4	0.0	0.0	0.0	0.0	0.0	0.0	0.0	0.0
19 新潟	0.0	0.0	0.0	0.0	0.0	3,179.0	19.1	0.0	0.0	0.0	23.1	0.0	0.0
20 富山	0.0	0.0	0.0	0.0	0.0	19.1	17,224.6	751.6	0.0	0.0	0.0	0.0	0.0
21 石川	0.0	0.0	0.0	0.0	0.0	0.0	751.6	8,558.0	0.0	0.0	0.0	0.0	0.0
22 福井	0.0	0.0	0.0	0.0	0.0	0.0	0.0	0.0	2,889.0	0.0	0.0	0.0	0.0
23 山梨	0.0	0.0	0.0	0.0	0.0	0.0	0.0	0.0	0.0	1,363.0	0.0	0.0	0.0
24 長野	0.0	0.0	0.0	0.0	0.0	23.1	0.0	0.0	0.0	0.0	16,890.9	0.0	0.0
25 岐阜	0.0	0.0	0.0	0.0	0.0	0.0	0.0	0.0	0.0	0.0	0.0	11,374.6	0.0
26 静岡	0.0	0.0	0.0	0.0	0.0	0.0	0.0	0.0	0.0	0.0	0.0	0.0	17,780.0
27 愛知	0.0	0.0	0.0	0.0	0.0	0.0	0.0	0.0	0.0	0.0	0.0	8,814.8	0.0
28 三重	0.0	0.0	0.0	0.0	0.0	0.0	0.0	0.0	0.0	0.0	0.0	199.0	15.3
29 滋賀	0.0	0.0	0.0	0.0	0.0	0.0	0.0	0.0	0.0	0.0	0.0	0.0	0.0
30 京都	0.0	0.0	0.0	0.0	0.0	0.0	0.0	0.0	0.0	0.0	0.0	0.0	0.0
31 大阪	0.0	0.0	0.0	0.0	0.0	0.0	0.0	0.0	0.0	0.0	0.0	0.0	0.0
32 兵庫	0.0	0.0	0.0	0.0	0.0	0.0	0.0	0.0	0.0	0.0	0.0	0.0	0.0
33 奈良	0.0	0.0	0.0	0.0	0.0	0.0	0.0	0.0	0.0	0.0	0.0	0.0	0.0
34 和歌山	0.0	0.0	0.0	0.0	0.0	0.0	0.0	0.0	0.0	0.0	0.0	0.0	0.0
35 鳥取	0.0	0.0	0.0	0.0	0.0	0.0	0.0	0.0	0.0	0.0	0.0	0.0	0.0
36 島根	0.0	0.0	0.0	0.0	0.0	0.0	0.0	0.0	0.0	0.0	0.0	0.0	0.0
37 岡山	0.0	0.0	0.0	0.0	0.0	0.0	0.0	0.0	0.0	0.0	0.0	0.0	0.0
38 広島	0.0	0.0	0.0	0.0	0.0	0.0	0.0	0.0	0.0	0.0	0.0	0.0	0.0
39 山口	0.0	0.0	0.0	0.0	0.0	0.0	0.0	0.0	0.0	0.0	0.0	0.0	0.0
40 徳島	0.0	0.0	0.0	0.0	0.0	0.0	0.0	0.0	0.0	0.0	0.0	0.0	0.0
41 香川	0.0	0.0	0.0	0.0	0.0	0.0	0.0	0.0	0.0	0.0	0.0	0.0	0.0
42 愛媛	0.0	0.0	0.0	0.0	0.0	0.0	0.0	0.0	0.0	0.0	0.0	0.0	0.0
43 高知	0.0	0.0	0.0	0.0	0.0	0.0	0.0	0.0	0.0	0.0	0.0	0.0	0.0
44 福岡	0.0	0.0	0.0	0.0	0.0	0.0	0.0	0.0	0.0	0.0	0.0	0.0	0.0
45 佐賀	0.0	0.0	0.0	0.0	0.0	0.0	0.0	0.0	0.0	0.0	0.0	0.0	0.0
46 長崎	0.0	0.0	0.0	0.0	0.0	0.0	0.0	0.0	0.0	0.0	0.0	0.0	0.0
47 熊本	0.0	0.0	0.0	0.0	0.0	0.0	0.0	0.0	0.0	0.0	0.0	0.0	0.0
48 大分	0.0	0.0	0.0	0.0	0.0	0.0	0.0	0.0	0.0	0.0	0.0	0.0	0.0
49 宮崎	0.0	0.0	0.0	0.0	0.0	0.0	0.0	0.0	0.0	0.0	0.0	0.0	0.0
50 鹿児島	0.0	0.0	0.0	0.0	0.0	0.0	0.0	0.0	0.0	0.0	0.0	0.0	0.0
51 沖縄	0.0	0.0	0.0	0.0	0.0	0.0	0.0	0.0	0.0	0.0	0.0	0.0	0.0
52 全国	10,747.2	416,356.9	388,764.5	3,910,316.0	1,080,045.7	3,221.2	17,995.3	9,309.6	2,889.0	1,363.0	16,913.9	20,388.4	17,780.0

平成28年度　　　　　　　　　　　　　　　　府県相互間旅客輸送人員表　（民鉄定期 , その 3）

（単位 : 1000人）

発 ＼ 着	27 愛知	28 三重	29 滋賀	30 京都	31 大阪	32 兵庫	33 奈良	34 和歌山	35 鳥取	36 島根	37 岡山	38 広島	39 山口
1 道北	0.0	0.0	0.0	0.0	0.0	0.0	0.0	0.0	0.0	0.0	0.0	0.0	0.0
2 道東	0.0	0.0	0.0	0.0	0.0	0.0	0.0	0.0	0.0	0.0	0.0	0.0	0.0
3 道央	0.0	0.0	0.0	0.0	0.0	0.0	0.0	0.0	0.0	0.0	0.0	0.0	0.0
4 道南	0.0	0.0	0.0	0.0	0.0	0.0	0.0	0.0	0.0	0.0	0.0	0.0	0.0
5 北海道	0.0	0.0	0.0	0.0	0.0	0.0	0.0	0.0	0.0	0.0	0.0	0.0	0.0
6 青森	0.0	0.0	0.0	0.0	0.0	0.0	0.0	0.0	0.0	0.0	0.0	0.0	0.0
7 岩手	0.0	0.0	0.0	0.0	0.0	0.0	0.0	0.0	0.0	0.0	0.0	0.0	0.0
8 宮城	0.0	0.0	0.0	0.0	0.0	0.0	0.0	0.0	0.0	0.0	0.0	0.0	0.0
9 秋田	0.0	0.0	0.0	0.0	0.0	0.0	0.0	0.0	0.0	0.0	0.0	0.0	0.0
10 山形	0.0	0.0	0.0	0.0	0.0	0.0	0.0	0.0	0.0	0.0	0.0	0.0	0.0
11 福島	0.0	0.0	0.0	0.0	0.0	0.0	0.0	0.0	0.0	0.0	0.0	0.0	0.0
12 茨城	0.0	0.0	0.0	0.0	0.0	0.0	0.0	0.0	0.0	0.0	0.0	0.0	0.0
13 栃木	0.0	0.0	0.0	0.0	0.0	0.0	0.0	0.0	0.0	0.0	0.0	0.0	0.0
14 群馬	0.0	0.0	0.0	0.0	0.0	0.0	0.0	0.0	0.0	0.0	0.0	0.0	0.0
15 埼玉	0.0	0.0	0.0	0.0	0.0	0.0	0.0	0.0	0.0	0.0	0.0	0.0	0.0
16 千葉	0.0	0.0	0.0	0.0	0.0	0.0	0.0	0.0	0.0	0.0	0.0	0.0	0.0
17 東京	0.0	0.0	0.0	0.0	0.0	0.0	0.0	0.0	0.0	0.0	0.0	0.0	0.0
18 神奈川	0.0	0.0	0.0	0.0	0.0	0.0	0.0	0.0	0.0	0.0	0.0	0.0	0.0
19 新潟	0.0	0.0	0.0	0.0	0.0	0.0	0.0	0.0	0.0	0.0	0.0	0.0	0.0
20 富山	0.0	0.0	0.0	0.0	0.0	0.0	0.0	0.0	0.0	0.0	0.0	0.0	0.0
21 石川	0.0	0.0	0.0	0.0	0.0	0.0	0.0	0.0	0.0	0.0	0.0	0.0	0.0
22 福井	0.0	0.0	0.0	0.0	0.0	0.0	0.0	0.0	0.0	0.0	0.0	0.0	0.0
23 山梨	0.0	0.0	0.0	0.0	0.0	0.0	0.0	0.0	0.0	0.0	0.0	0.0	0.0
24 長野	0.0	0.0	0.0	0.0	0.0	0.0	0.0	0.0	0.0	0.0	0.0	0.0	0.0
25 岐阜	8,814.8	199.0	0.0	0.0	0.0	0.0	0.0	0.0	0.0	0.0	0.0	0.0	0.0
26 静岡	0.0	0.0	0.0	0.0	0.0	0.0	0.0	0.0	0.0	0.0	0.0	0.0	0.0
27 愛知	517,922.6	9,095.8	0.0	0.1	3.7	0.0	2.1	0.0	0.0	0.0	0.0	0.0	0.0
28 三重	9,095.8	42,055.5	0.0	80.5	1,432.5	0.0	599.7	0.0	0.0	0.0	0.0	0.0	0.0
29 滋賀	0.0	0.0	11,066.0	695.8	36.8	0.0	0.0	0.0	0.0	0.0	0.0	0.0	0.0
30 京都	0.1	80.5	695.8	147,056.2	26,575.9	1,957.8	7,123.3	0.0	0.0	0.0	0.0	0.0	0.0
31 大阪	3.7	1,432.5	36.8	26,575.9	831,205.9	60,739.5	33,926.9	4,298.7	0.0	0.0	0.0	0.0	0.0
32 兵庫	0.0	0.0	0.0	1,957.8	61,034.9	302,873.9	0.0	0.0	0.5	0.0	1.0	0.0	0.0
33 奈良	2.1	599.7	0.0	7,123.3	33,926.9	0.0	41,086.2	0.0	0.0	0.0	0.0	0.0	0.0
34 和歌山	0.0	0.0	0.0	0.0	4,298.7	0.0	0.0	2,913.5	0.0	0.0	0.0	0.0	0.0
35 鳥取	0.0	0.0	0.0	0.0	0.0	0.5	0.0	0.0	212.8	0.0	0.4	0.0	0.0
36 島根	0.0	0.0	0.0	0.0	0.0	0.0	0.0	0.0	0.0	779.0	0.0	0.0	0.0
37 岡山	0.0	0.0	0.0	0.0	0.0	1.0	0.0	0.0	0.4	0.0	2,786.7	53.9	0.0
38 広島	0.0	0.0	0.0	0.0	0.0	0.0	0.0	0.0	0.0	0.0	67.2	24,090.2	0.0
39 山口	0.0	0.0	0.0	0.0	0.0	0.0	0.0	0.0	0.0	0.0	0.0	0.0	106.0
40 徳島	0.0	0.0	0.0	0.0	0.0	0.0	0.0	0.0	0.0	0.0	0.0	0.0	0.0
41 香川	0.0	0.0	0.0	0.0	0.0	0.0	0.0	0.0	0.0	0.0	0.0	0.0	0.0
42 愛媛	0.0	0.0	0.0	0.0	0.0	0.0	0.0	0.0	0.0	0.0	0.0	0.0	0.0
43 高知	0.0	0.0	0.0	0.0	0.0	0.0	0.0	0.0	0.0	0.0	0.0	0.0	0.0
44 福岡	0.0	0.0	0.0	0.0	0.0	0.0	0.0	0.0	0.0	0.0	0.0	0.0	0.0
45 佐賀	0.0	0.0	0.0	0.0	0.0	0.0	0.0	0.0	0.0	0.0	0.0	0.0	0.0
46 長崎	0.0	0.0	0.0	0.0	0.0	0.0	0.0	0.0	0.0	0.0	0.0	0.0	0.0
47 熊本	0.0	0.0	0.0	0.0	0.0	0.0	0.0	0.0	0.0	0.0	0.0	0.0	0.0
48 大分	0.0	0.0	0.0	0.0	0.0	0.0	0.0	0.0	0.0	0.0	0.0	0.0	0.0
49 宮崎	0.0	0.0	0.0	0.0	0.0	0.0	0.0	0.0	0.0	0.0	0.0	0.0	0.0
50 鹿児島	0.0	0.0	0.0	0.0	0.0	0.0	0.0	0.0	0.0	0.0	0.0	0.0	0.0
51 沖縄	0.0	0.0	0.0	0.0	0.0	0.0	0.0	0.0	0.0	0.0	0.0	0.0	0.0
52 全国	535,839.0	53,463.0	11,798.7	183,489.5	958,515.4	365,572.4	82,738.2	7,212.2	213.8	779.0	2,855.4	24,144.1	106.0

平成28年度　　　　　　　　　　　　　　　　府県相互間旅客輸送人員表　（民鉄定期 , その 4）

（単位 : 1000人）

発 ＼ 着	40 徳島	41 香川	42 愛媛	43 高知	44 福岡	45 佐賀	46 長崎	47 熊本	48 大分	49 宮崎	50 鹿児島	51 沖縄	52 全国
1 道北	0.0	0.0	0.0	0.0	0.0	0.0	0.0	0.0	0.0	0.0	0.0	0.0	0.0
2 道東	0.0	0.0	0.0	0.0	0.0	0.0	0.0	0.0	0.0	0.0	0.0	0.0	0.0
3 道央	0.0	0.0	0.0	0.0	0.0	0.0	0.0	0.0	0.0	0.0	0.0	0.0	74,559.0
4 道南	0.0	0.0	0.0	0.0	0.0	0.0	0.0	0.0	0.0	0.0	0.0	0.0	908.0
5 北海道	0.0	0.0	0.0	0.0	0.0	0.0	0.0	0.0	0.0	0.0	0.0	0.0	75,467.0
6 青森	0.0	0.0	0.0	0.0	0.0	0.0	0.0	0.0	0.0	0.0	0.0	0.0	4,104.2
7 岩手	0.0	0.0	0.0	0.0	0.0	0.0	0.0	0.0	0.0	0.0	0.0	0.0	4,014.8
8 宮城	0.0	0.0	0.0	0.0	0.0	0.0	0.0	0.0	0.0	0.0	0.0	0.0	42,675.0
9 秋田	0.0	0.0	0.0	0.0	0.0	0.0	0.0	0.0	0.0	0.0	0.0	0.0	305.0
10 山形	0.0	0.0	0.0	0.0	0.0	0.0	0.0	0.0	0.0	0.0	0.0	0.0	450.0
11 福島	0.0	0.0	0.0	0.0	0.0	0.0	0.0	0.0	0.0	0.0	0.0	0.0	2,232.4
12 茨城	0.0	0.0	0.0	0.0	0.0	0.0	0.0	0.0	0.0	0.0	0.0	0.0	22,667.1
13 栃木	0.0	0.0	0.0	0.0	0.0	0.0	0.0	0.0	0.0	0.0	0.0	0.0	9,410.2
14 群馬	0.0	0.0	0.0	0.0	0.0	0.0	0.0	0.0	0.0	0.0	0.0	0.0	10,747.2
15 埼玉	0.0	0.0	0.0	0.0	0.0	0.0	0.0	0.0	0.0	0.0	0.0	0.0	416,356.9
16 千葉	0.0	0.0	0.0	0.0	0.0	0.0	0.0	0.0	0.0	0.0	0.0	0.0	388,764.5
17 東京	0.0	0.0	0.0	0.0	0.0	0.0	0.0	0.0	0.0	0.0	0.0	0.0	3,910,316.0
18 神奈川	0.0	0.0	0.0	0.0	0.0	0.0	0.0	0.0	0.0	0.0	0.0	0.0	1,080,045.7
19 新潟	0.0	0.0	0.0	0.0	0.0	0.0	0.0	0.0	0.0	0.0	0.0	0.0	3,221.2
20 富山	0.0	0.0	0.0	0.0	0.0	0.0	0.0	0.0	0.0	0.0	0.0	0.0	17,995.3
21 石川	0.0	0.0	0.0	0.0	0.0	0.0	0.0	0.0	0.0	0.0	0.0	0.0	9,309.6
22 福井	0.0	0.0	0.0	0.0	0.0	0.0	0.0	0.0	0.0	0.0	0.0	0.0	2,889.0
23 山梨	0.0	0.0	0.0	0.0	0.0	0.0	0.0	0.0	0.0	0.0	0.0	0.0	1,363.0
24 長野	0.0	0.0	0.0	0.0	0.0	0.0	0.0	0.0	0.0	0.0	0.0	0.0	16,913.9
25 岐阜	0.0	0.0	0.0	0.0	0.0	0.0	0.0	0.0	0.0	0.0	0.0	0.0	20,388.4
26 静岡	0.0	0.0	0.0	0.0	0.0	0.0	0.0	0.0	0.0	0.0	0.0	0.0	17,780.0
27 愛知	0.0	0.0	0.0	0.0	0.0	0.0	0.0	0.0	0.0	0.0	0.0	0.0	535,839.0
28 三重	0.0	0.0	0.0	0.0	0.0	0.0	0.0	0.0	0.0	0.0	0.0	0.0	53,463.0
29 滋賀	0.0	0.0	0.0	0.0	0.0	0.0	0.0	0.0	0.0	0.0	0.0	0.0	11,798.7
30 京都	0.0	0.0	0.0	0.0	0.0	0.0	0.0	0.0	0.0	0.0	0.0	0.0	183,489.5
31 大阪	0.0	0.0	0.0	0.0	0.0	0.0	0.0	0.0	0.0	0.0	0.0	0.0	958,220.0
32 兵庫	0.0	0.0	0.0	0.0	0.0	0.0	0.0	0.0	0.0	0.0	0.0	0.0	365,867.7
33 奈良	0.0	0.0	0.0	0.0	0.0	0.0	0.0	0.0	0.0	0.0	0.0	0.0	82,738.2
34 和歌山	0.0	0.0	0.0	0.0	0.0	0.0	0.0	0.0	0.0	0.0	0.0	0.0	7,212.2
35 鳥取	0.0	0.0	0.0	0.0	0.0	0.0	0.0	0.0	0.0	0.0	0.0	0.0	213.8
36 島根	0.0	0.0	0.0	0.0	0.0	0.0	0.0	0.0	0.0	0.0	0.0	0.0	779.0
37 岡山	0.0	0.0	0.0	0.0	0.0	0.0	0.0	0.0	0.0	0.0	0.0	0.0	2,842.0
38 広島	0.0	0.0	0.0	0.0	0.0	0.0	0.0	0.0	0.0	0.0	0.0	0.0	24,157.4
39 山口	0.0	0.0	0.0	0.0	0.0	0.0	0.0	0.0	0.0	0.0	0.0	0.0	106.0
40 徳島	0.0	0.0	0.0	0.0	0.0	0.0	0.0	0.0	0.0	0.0	0.0	0.0	0.0
41 香川	0.0	8,403.0	0.0	0.0	0.0	0.0	0.0	0.0	0.0	0.0	0.0	0.0	8,403.0
42 愛媛	0.0	0.0	8,311.0	0.0	0.0	0.0	0.0	0.0	0.0	0.0	0.0	0.0	8,311.0
43 高知	0.0	0.0	0.0	3,232.0	0.0	0.0	0.0	0.0	0.0	0.0	0.0	0.0	3,232.0
44 福岡	0.0	0.0	0.0	0.0	142,451.8	188.0	0.0	0.0	0.0	0.0	0.0	0.0	142,639.8
45 佐賀	0.0	0.0	0.0	0.0	174.0	295.7	15.0	0.0	0.0	0.0	0.0	0.0	484.7
46 長崎	0.0	0.0	0.0	0.0	0.0	13.2	4,198.4	0.0	0.0	0.0	0.0	0.0	4,211.5
47 熊本	0.0	0.0	0.0	0.0	0.0	0.0	0.0	4,149.9	0.0	0.0	25.6	0.0	4,175.5
48 大分	0.0	0.0	0.0	0.0	0.0	0.0	0.0	0.0	0.0	0.0	0.0	0.0	0.0
49 宮崎	0.0	0.0	0.0	0.0	0.0	0.0	0.0	0.0	0.0	0.0	0.0	0.0	0.0
50 鹿児島	0.0	0.0	0.0	0.0	0.0	0.0	0.0	25.6	0.0	0.0	2,947.9	0.0	2,973.5
51 沖縄	0.0	0.0	0.0	0.0	0.0	0.0	0.0	0.0	0.0	0.0	0.0	3,048.0	3,048.0
52 全国	0.0	8,403.0	8,311.0	3,232.0	142,625.8	496.8	4,213.3	4,175.5	0.0	0.0	2,973.5	3,048.0	8,461,622.0

平成28年度　　　　　　　　　　　　　　　府県相互間旅客輸送人員表　（民鉄定期外 , その 1）

(単位 : 1000人)

着／発	1 道北	2 道東	3 道央	4 道南	5 北海道	6 青森	7 岩手	8 宮城	9 秋田	10 山形	11 福島	12 茨城	13 栃木
1 道北	0.0	0.0	0.0	0.0	0.0	0.0	0.0	0.0	0.0	0.0	0.0	0.0	0.0
2 道東	0.0	0.0	0.0	0.0	0.0	0.0	0.0	0.0	0.0	0.0	0.0	0.0	0.0
3 道央	0.0	0.0	158,155.0	0.0	158,155.0	0.0	0.0	0.0	0.0	0.0	0.0	0.0	0.0
4 道南	0.0	0.0	0.0	5,624.0	5,624.0	0.0	0.0	0.0	0.0	0.0	0.0	0.0	0.0
5 北海道	0.0	0.0	158,155.0	5,624.0	163,779.0	0.0	0.0	0.0	0.0	0.0	0.0	0.0	0.0
6 青森	0.0	0.0	0.0	0.0	0.0	2,409.0	39.9	0.0	0.0	0.0	0.0	0.0	0.0
7 岩手	0.0	0.0	0.0	0.0	0.0	41.8	1,546.4	0.0	0.0	0.0	0.0	0.0	0.0
8 宮城	0.0	0.0	0.0	0.0	0.0	0.0	0.0	45,605.7	0.0	0.0	76.4	0.0	0.0
9 秋田	0.0	0.0	0.0	0.0	0.0	0.0	0.0	0.0	201.0	0.0	0.0	0.0	0.0
10 山形	0.0	0.0	0.0	0.0	0.0	0.0	0.0	0.0	0.0	136.0	0.0	0.0	0.0
11 福島	0.0	0.0	0.0	0.0	0.0	0.0	0.0	78.6	0.0	0.0	2,355.4	0.0	85.4
12 茨城	0.0	0.0	0.0	0.0	0.0	0.0	0.0	0.0	0.0	0.0	0.0	7,348.8	69.6
13 栃木	0.0	0.0	0.0	0.0	0.0	0.0	0.0	0.0	0.0	0.0	88.9	69.0	3,147.9
14 群馬	0.0	0.0	0.0	0.0	0.0	0.0	0.0	0.0	0.0	0.0	0.0	0.0	253.1
15 埼玉	0.0	0.0	0.0	0.0	0.0	0.0	0.0	0.0	0.0	0.0	0.0	91.3	915.3
16 千葉	0.0	0.0	0.0	0.0	0.0	0.0	0.0	0.0	0.0	0.0	0.0	1,614.1	38.1
17 東京	0.0	0.0	0.0	0.0	0.0	0.0	0.0	0.0	0.0	0.0	0.0	4,257.7	1,718.3
18 神奈川	0.0	0.0	0.0	0.0	0.0	0.0	0.0	0.0	0.0	0.0	0.0	0.0	0.0
19 新潟	0.0	0.0	0.0	0.0	0.0	0.0	0.0	0.0	0.0	0.0	0.0	0.0	0.0
20 富山	0.0	0.0	0.0	0.0	0.0	0.0	0.0	0.0	0.0	0.0	0.0	0.0	0.0
21 石川	0.0	0.0	0.0	0.0	0.0	0.0	0.0	0.0	0.0	0.0	0.0	0.0	0.0
22 福井	0.0	0.0	0.0	0.0	0.0	0.0	0.0	0.0	0.0	0.0	0.0	0.0	0.0
23 山梨	0.0	0.0	0.0	0.0	0.0	0.0	0.0	0.0	0.0	0.0	0.0	0.0	0.0
24 長野	0.0	0.0	0.0	0.0	0.0	0.0	0.0	0.0	0.0	0.0	0.0	0.0	0.0
25 岐阜	0.0	0.0	0.0	0.0	0.0	0.0	0.0	0.0	0.0	0.0	0.0	0.0	0.0
26 静岡	0.0	0.0	0.0	0.0	0.0	0.0	0.0	0.0	0.0	0.0	0.0	0.0	0.0
27 愛知	0.0	0.0	0.0	0.0	0.0	0.0	0.0	0.0	0.0	0.0	0.0	0.0	0.0
28 三重	0.0	0.0	0.0	0.0	0.0	0.0	0.0	0.0	0.0	0.0	0.0	0.0	0.0
29 滋賀	0.0	0.0	0.0	0.0	0.0	0.0	0.0	0.0	0.0	0.0	0.0	0.0	0.0
30 京都	0.0	0.0	0.0	0.0	0.0	0.0	0.0	0.0	0.0	0.0	0.0	0.0	0.0
31 大阪	0.0	0.0	0.0	0.0	0.0	0.0	0.0	0.0	0.0	0.0	0.0	0.0	0.0
32 兵庫	0.0	0.0	0.0	0.0	0.0	0.0	0.0	0.0	0.0	0.0	0.0	0.0	0.0
33 奈良	0.0	0.0	0.0	0.0	0.0	0.0	0.0	0.0	0.0	0.0	0.0	0.0	0.0
34 和歌山	0.0	0.0	0.0	0.0	0.0	0.0	0.0	0.0	0.0	0.0	0.0	0.0	0.0
35 鳥取	0.0	0.0	0.0	0.0	0.0	0.0	0.0	0.0	0.0	0.0	0.0	0.0	0.0
36 島根	0.0	0.0	0.0	0.0	0.0	0.0	0.0	0.0	0.0	0.0	0.0	0.0	0.0
37 岡山	0.0	0.0	0.0	0.0	0.0	0.0	0.0	0.0	0.0	0.0	0.0	0.0	0.0
38 広島	0.0	0.0	0.0	0.0	0.0	0.0	0.0	0.0	0.0	0.0	0.0	0.0	0.0
39 山口	0.0	0.0	0.0	0.0	0.0	0.0	0.0	0.0	0.0	0.0	0.0	0.0	0.0
40 徳島	0.0	0.0	0.0	0.0	0.0	0.0	0.0	0.0	0.0	0.0	0.0	0.0	0.0
41 香川	0.0	0.0	0.0	0.0	0.0	0.0	0.0	0.0	0.0	0.0	0.0	0.0	0.0
42 愛媛	0.0	0.0	0.0	0.0	0.0	0.0	0.0	0.0	0.0	0.0	0.0	0.0	0.0
43 高知	0.0	0.0	0.0	0.0	0.0	0.0	0.0	0.0	0.0	0.0	0.0	0.0	0.0
44 福岡	0.0	0.0	0.0	0.0	0.0	0.0	0.0	0.0	0.0	0.0	0.0	0.0	0.0
45 佐賀	0.0	0.0	0.0	0.0	0.0	0.0	0.0	0.0	0.0	0.0	0.0	0.0	0.0
46 長崎	0.0	0.0	0.0	0.0	0.0	0.0	0.0	0.0	0.0	0.0	0.0	0.0	0.0
47 熊本	0.0	0.0	0.0	0.0	0.0	0.0	0.0	0.0	0.0	0.0	0.0	0.0	0.0
48 大分	0.0	0.0	0.0	0.0	0.0	0.0	0.0	0.0	0.0	0.0	0.0	0.0	0.0
49 宮崎	0.0	0.0	0.0	0.0	0.0	0.0	0.0	0.0	0.0	0.0	0.0	0.0	0.0
50 鹿児島	0.0	0.0	0.0	0.0	0.0	0.0	0.0	0.0	0.0	0.0	0.0	0.0	0.0
51 沖縄	0.0	0.0	0.0	0.0	0.0	0.0	0.0	0.0	0.0	0.0	0.0	0.0	0.0
52 全国	0.0	0.0	158,155.0	5,624.0	163,779.0	2,450.8	1,586.2	45,684.3	201.0	136.0	2,520.6	13,380.8	6,227.8

平成28年度　　　　　　　　　　　　　　　府県相互間旅客輸送人員表　（民鉄定期外 , その 2）

(単位 : 1000人)

着／発	14 群馬	15 埼玉	16 千葉	17 東京	18 神奈川	19 新潟	20 富山	21 石川	22 福井	23 山梨	24 長野	25 岐阜	26 静岡
1 道北	0.0	0.0	0.0	0.0	0.0	0.0	0.0	0.0	0.0	0.0	0.0	0.0	0.0
2 道東	0.0	0.0	0.0	0.0	0.0	0.0	0.0	0.0	0.0	0.0	0.0	0.0	0.0
3 道央	0.0	0.0	0.0	0.0	0.0	0.0	0.0	0.0	0.0	0.0	0.0	0.0	0.0
4 道南	0.0	0.0	0.0	0.0	0.0	0.0	0.0	0.0	0.0	0.0	0.0	0.0	0.0
5 北海道	0.0	0.0	0.0	0.0	0.0	0.0	0.0	0.0	0.0	0.0	0.0	0.0	0.0
6 青森	0.0	0.0	0.0	0.0	0.0	0.0	0.0	0.0	0.0	0.0	0.0	0.0	0.0
7 岩手	0.0	0.0	0.0	0.0	0.0	0.0	0.0	0.0	0.0	0.0	0.0	0.0	0.0
8 宮城	0.0	0.0	0.0	0.0	0.0	0.0	0.0	0.0	0.0	0.0	0.0	0.0	0.0
9 秋田	0.0	0.0	0.0	0.0	0.0	0.0	0.0	0.0	0.0	0.0	0.0	0.0	0.0
10 山形	0.0	0.0	0.0	0.0	0.0	0.0	0.0	0.0	0.0	0.0	0.0	0.0	0.0
11 福島	0.0	0.0	0.0	0.0	0.0	0.0	0.0	0.0	0.0	0.0	0.0	0.0	0.0
12 茨城	0.0	148.7	1,716.6	5,331.7	0.0	0.0	0.0	0.0	0.0	0.0	0.0	0.0	0.0
13 栃木	238.7	1,113.0	48.9	1,823.9	0.0	0.0	0.0	0.0	0.0	0.0	0.0	0.0	0.0
14 群馬	2,642.8	1,024.6	20.8	1,193.4	0.0	0.0	0.0	0.0	0.0	0.0	0.0	0.0	0.0
15 埼玉	887.4	139,850.2	2,810.4	77,211.7	0.0	0.0	0.0	0.0	0.0	0.0	0.0	0.0	0.0
16 千葉	18.4	2,703.5	197,098.5	45,781.3	0.0	0.0	0.0	0.0	0.0	0.0	0.0	0.0	0.0
17 東京	1,147.3	75,738.8	46,847.0	2,504,631.4	159,126.8	0.0	0.0	0.0	0.0	0.0	0.0	0.0	0.0
18 神奈川	0.0	0.0	0.0	159,212.3	546,700.4	0.0	0.0	0.0	0.0	0.0	0.0	0.0	0.0
19 新潟	0.0	0.0	0.0	0.0	0.0	2,137.0	39.2	0.3	0.0	0.0	81.0	0.0	0.0
20 富山	0.0	0.0	0.0	0.0	0.0	38.6	12,243.4	460.5	0.0	0.0	484.5	0.0	0.0
21 石川	0.0	0.0	0.0	0.0	0.0	0.3	402.7	4,373.0	0.0	0.0	0.0	0.0	0.0
22 福井	0.0	0.0	0.0	0.0	0.0	0.0	0.0	0.0	2,694.0	0.0	0.0	0.0	0.0
23 山梨	0.0	0.0	0.0	0.0	0.0	0.0	0.0	0.0	0.0	2,203.0	0.0	0.0	0.0
24 長野	0.0	0.0	0.0	0.0	0.0	75.2	445.5	0.0	0.0	0.0	8,416.7	0.0	0.0
25 岐阜	0.0	0.0	0.0	0.0	0.0	0.0	0.0	0.0	0.0	0.0	0.0	4,570.5	0.0
26 静岡	0.0	0.0	0.0	0.0	0.0	0.0	0.0	0.0	0.0	0.0	0.0	0.0	21,837.0
27 愛知	0.0	0.0	0.0	0.0	0.0	0.0	0.0	0.0	0.0	0.0	0.0	3,518.5	0.0
28 三重	0.0	0.0	0.0	0.0	0.0	0.0	0.0	0.0	0.0	0.0	0.0	85.8	38.1
29 滋賀	0.0	0.0	0.0	0.0	0.0	0.0	0.0	0.0	0.0	0.0	0.0	0.0	0.0
30 京都	0.0	0.0	0.0	0.0	0.0	0.0	0.0	0.0	0.0	0.0	0.0	0.0	0.0
31 大阪	0.0	0.0	0.0	0.0	0.0	0.0	0.0	0.0	0.0	0.0	0.0	0.0	0.0
32 兵庫	0.0	0.0	0.0	0.0	0.0	0.0	0.0	0.0	0.0	0.0	0.0	0.0	0.0
33 奈良	0.0	0.0	0.0	0.0	0.0	0.0	0.0	0.0	0.0	0.0	0.0	0.0	0.0
34 和歌山	0.0	0.0	0.0	0.0	0.0	0.0	0.0	0.0	0.0	0.0	0.0	0.0	0.0
35 鳥取	0.0	0.0	0.0	0.0	0.0	0.0	0.0	0.0	0.0	0.0	0.0	0.0	0.0
36 島根	0.0	0.0	0.0	0.0	0.0	0.0	0.0	0.0	0.0	0.0	0.0	0.0	0.0
37 岡山	0.0	0.0	0.0	0.0	0.0	0.0	0.0	0.0	0.0	0.0	0.0	0.0	0.0
38 広島	0.0	0.0	0.0	0.0	0.0	0.0	0.0	0.0	0.0	0.0	0.0	0.0	0.0
39 山口	0.0	0.0	0.0	0.0	0.0	0.0	0.0	0.0	0.0	0.0	0.0	0.0	0.0
40 徳島	0.0	0.0	0.0	0.0	0.0	0.0	0.0	0.0	0.0	0.0	0.0	0.0	0.0
41 香川	0.0	0.0	0.0	0.0	0.0	0.0	0.0	0.0	0.0	0.0	0.0	0.0	0.0
42 愛媛	0.0	0.0	0.0	0.0	0.0	0.0	0.0	0.0	0.0	0.0	0.0	0.0	0.0
43 高知	0.0	0.0	0.0	0.0	0.0	0.0	0.0	0.0	0.0	0.0	0.0	0.0	0.0
44 福岡	0.0	0.0	0.0	0.0	0.0	0.0	0.0	0.0	0.0	0.0	0.0	0.0	0.0
45 佐賀	0.0	0.0	0.0	0.0	0.0	0.0	0.0	0.0	0.0	0.0	0.0	0.0	0.0
46 長崎	0.0	0.0	0.0	0.0	0.0	0.0	0.0	0.0	0.0	0.0	0.0	0.0	0.0
47 熊本	0.0	0.0	0.0	0.0	0.0	0.0	0.0	0.0	0.0	0.0	0.0	0.0	0.0
48 大分	0.0	0.0	0.0	0.0	0.0	0.0	0.0	0.0	0.0	0.0	0.0	0.0	0.0
49 宮崎	0.0	0.0	0.0	0.0	0.0	0.0	0.0	0.0	0.0	0.0	0.0	0.0	0.0
50 鹿児島	0.0	0.0	0.0	0.0	0.0	0.0	0.0	0.0	0.0	0.0	0.0	0.0	0.0
51 沖縄	0.0	0.0	0.0	0.0	0.0	0.0	0.0	0.0	0.0	0.0	0.0	0.0	0.0
52 全国	4,934.6	220,578.9	248,542.1	2,795,185.7	705,827.2	2,251.1	13,130.8	4,833.8	2,694.0	2,203.0	8,982.3	8,174.8	21,837.0

平成28年度　　　　　　　　　　府県相互間旅客輸送人員表　（民鉄定期外 ,　その 3）

(単位 : 1000人)

着＼発	27 愛知	28 三重	29 滋賀	30 京都	31 大阪	32 兵庫	33 奈良	34 和歌山	35 鳥取	36 島根	37 岡山	38 広島	39 山口
1 道北	0.0	0.0	0.0	0.0	0.0	0.0	0.0	0.0	0.0	0.0	0.0	0.0	0.0
2 道東	0.0	0.0	0.0	0.0	0.0	0.0	0.0	0.0	0.0	0.0	0.0	0.0	0.0
3 道央	0.0	0.0	0.0	0.0	0.0	0.0	0.0	0.0	0.0	0.0	0.0	0.0	0.0
4 道南	0.0	0.0	0.0	0.0	0.0	0.0	0.0	0.0	0.0	0.0	0.0	0.0	0.0
5 北海道	0.0	0.0	0.0	0.0	0.0	0.0	0.0	0.0	0.0	0.0	0.0	0.0	0.0
6 青森	0.0	0.0	0.0	0.0	0.0	0.0	0.0	0.0	0.0	0.0	0.0	0.0	0.0
7 岩手	0.0	0.0	0.0	0.0	0.0	0.0	0.0	0.0	0.0	0.0	0.0	0.0	0.0
8 宮城	0.0	0.0	0.0	0.0	0.0	0.0	0.0	0.0	0.0	0.0	0.0	0.0	0.0
9 秋田	0.0	0.0	0.0	0.0	0.0	0.0	0.0	0.0	0.0	0.0	0.0	0.0	0.0
10 山形	0.0	0.0	0.0	0.0	0.0	0.0	0.0	0.0	0.0	0.0	0.0	0.0	0.0
11 福島	0.0	0.0	0.0	0.0	0.0	0.0	0.0	0.0	0.0	0.0	0.0	0.0	0.0
12 茨城	0.0	0.0	0.0	0.0	0.0	0.0	0.0	0.0	0.0	0.0	0.0	0.0	0.0
13 栃木	0.0	0.0	0.0	0.0	0.0	0.0	0.0	0.0	0.0	0.0	0.0	0.0	0.0
14 群馬	0.0	0.0	0.0	0.0	0.0	0.0	0.0	0.0	0.0	0.0	0.0	0.0	0.0
15 埼玉	0.0	0.0	0.0	0.0	0.0	0.0	0.0	0.0	0.0	0.0	0.0	0.0	0.0
16 千葉	0.0	0.0	0.0	0.0	0.0	0.0	0.0	0.0	0.0	0.0	0.0	0.0	0.0
17 東京	0.0	0.0	0.0	0.0	0.0	0.0	0.0	0.0	0.0	0.0	0.0	0.0	0.0
18 神奈川	0.0	0.0	0.0	0.0	0.0	0.0	0.0	0.0	0.0	0.0	0.0	0.0	0.0
19 新潟	0.0	0.0	0.0	0.0	0.0	0.0	0.0	0.0	0.0	0.0	0.0	0.0	0.0
20 富山	0.0	0.0	0.0	0.0	0.0	0.0	0.0	0.0	0.0	0.0	0.0	0.0	0.0
21 石川	0.0	0.0	0.0	0.0	0.0	0.0	0.0	0.0	0.0	0.0	0.0	0.0	0.0
22 福井	0.0	0.0	0.0	0.0	0.0	0.0	0.0	0.0	0.0	0.0	0.0	0.0	0.0
23 山梨	0.0	0.0	0.0	0.0	0.0	0.0	0.0	0.0	0.0	0.0	0.0	0.0	0.0
24 長野	0.0	0.0	0.0	0.0	0.0	0.0	0.0	0.0	0.0	0.0	0.0	0.0	0.0
25 岐阜	3,485.1	87.1	0.0	0.0	0.0	0.0	0.0	0.0	0.0	0.0	0.0	0.0	0.0
26 静岡	0.0	0.0	0.0	0.0	0.0	0.0	0.0	0.0	0.0	0.0	0.0	0.0	0.0
27 愛知	369,624.6	6,371.3	0.0	13.8	892.6	0.0	178.4	0.0	0.0	0.0	0.0	0.0	0.0
28 三重	6,353.0	19,046.9	9.0	296.0	1,953.0	0.0	476.2	0.0	0.0	0.0	0.0	0.0	0.0
29 滋賀	0.0	0.0	7,942.0	860.6	45.0	0.0	0.0	0.0	0.0	0.0	0.0	0.0	0.0
30 京都	10.4	277.2	906.8	173,988.4	26,931.4	2,464.7	5,217.0	0.0	0.0	0.0	0.0	0.0	0.0
31 大阪	873.8	1,963.8	42.8	26,846.1	1,101,130.4	54,716.5	20,508.5	2,817.5	0.0	0.0	0.0	0.0	0.0
32 兵庫	0.0	0.0	0.0	2,495.6	54,601.4	250,825.9	0.0	0.0	479.6	0.0	13.7	0.0	0.0
33 奈良	154.8	448.4	0.0	5,133.0	19,960.4	0.0	29,840.5	0.0	0.0	0.0	0.0	0.0	0.0
34 和歌山	0.0	0.0	0.0	0.0	2,803.1	0.0	0.0	1,685.5	0.0	0.0	0.0	0.0	0.0
35 鳥取	0.0	0.0	0.0	0.0	0.0	463.5	0.0	0.0	92.8	0.0	0.9	0.0	0.0
36 島根	0.0	0.0	0.0	0.0	0.0	0.0	0.0	0.0	0.0	609.0	0.0	0.0	0.0
37 岡山	0.0	0.0	0.0	0.0	0.0	12.4	0.0	0.0	0.3	0.0	3,625.6	52.1	0.0
38 広島	0.0	0.0	0.0	0.0	0.0	0.0	0.0	0.0	0.0	0.0	53.8	49,143.1	0.0
39 山口	0.0	0.0	0.0	0.0	0.0	0.0	0.0	0.0	0.0	0.0	0.0	0.0	68.0
40 徳島	0.0	0.0	0.0	0.0	0.0	0.0	0.0	0.0	0.0	0.0	0.0	0.0	0.0
41 香川	0.0	0.0	0.0	0.0	0.0	0.0	0.0	0.0	0.0	0.0	0.0	0.0	0.0
42 愛媛	0.0	0.0	0.0	0.0	0.0	0.0	0.0	0.0	0.0	0.0	0.0	0.0	0.0
43 高知	0.0	0.0	0.0	0.0	0.0	0.0	0.0	0.0	0.0	0.0	0.0	0.0	0.0
44 福岡	0.0	0.0	0.0	0.0	0.0	0.0	0.0	0.0	0.0	0.0	0.0	0.0	0.0
45 佐賀	0.0	0.0	0.0	0.0	0.0	0.0	0.0	0.0	0.0	0.0	0.0	0.0	0.0
46 長崎	0.0	0.0	0.0	0.0	0.0	0.0	0.0	0.0	0.0	0.0	0.0	0.0	0.0
47 熊本	0.0	0.0	0.0	0.0	0.0	0.0	0.0	0.0	0.0	0.0	0.0	0.0	0.0
48 大分	0.0	0.0	0.0	0.0	0.0	0.0	0.0	0.0	0.0	0.0	0.0	0.0	0.0
49 宮崎	0.0	0.0	0.0	0.0	0.0	0.0	0.0	0.0	0.0	0.0	0.0	0.0	0.0
50 鹿児島	0.0	0.0	0.0	0.0	0.0	0.0	0.0	0.0	0.0	0.0	0.0	0.0	0.0
51 沖縄	0.0	0.0	0.0	0.0	0.0	0.0	0.0	0.0	0.0	0.0	0.0	0.0	0.0
52 全国	380,501.6	28,194.6	8,891.7	209,633.5	1,208,317.3	308,483.1	56,220.6	4,503.0	572.7	609.0	3,694.0	49,195.2	68.0

平成28年度　　　　　　　　　　府県相互間旅客輸送人員表　（民鉄定期外 ,　その 4）

(単位 : 1000人)

着＼発	40 徳島	41 香川	42 愛媛	43 高知	44 福岡	45 佐賀	46 長崎	47 熊本	48 大分	49 宮崎	50 鹿児島	51 沖縄	52 全国
1 道北	0.0	0.0	0.0	0.0	0.0	0.0	0.0	0.0	0.0	0.0	0.0	0.0	0.0
2 道東	0.0	0.0	0.0	0.0	0.0	0.0	0.0	0.0	0.0	0.0	0.0	0.0	0.0
3 道央	0.0	0.0	0.0	0.0	0.0	0.0	0.0	0.0	0.0	0.0	0.0	0.0	158,155.0
4 道南	0.0	0.0	0.0	0.0	0.0	0.0	0.0	0.0	0.0	0.0	0.0	0.0	5,624.0
5 北海道	0.0	0.0	0.0	0.0	0.0	0.0	0.0	0.0	0.0	0.0	0.0	0.0	163,779.0
6 青森	0.0	0.0	0.0	0.0	0.0	0.0	0.0	0.0	0.0	0.0	0.0	0.0	2,448.9
7 岩手	0.0	0.0	0.0	0.0	0.0	0.0	0.0	0.0	0.0	0.0	0.0	0.0	1,588.1
8 宮城	0.0	0.0	0.0	0.0	0.0	0.0	0.0	0.0	0.0	0.0	0.0	0.0	45,682.1
9 秋田	0.0	0.0	0.0	0.0	0.0	0.0	0.0	0.0	0.0	0.0	0.0	0.0	201.0
10 山形	0.0	0.0	0.0	0.0	0.0	0.0	0.0	0.0	0.0	0.0	0.0	0.0	136.0
11 福島	0.0	0.0	0.0	0.0	0.0	0.0	0.0	0.0	0.0	0.0	0.0	0.0	2,519.4
12 茨城	0.0	0.0	0.0	0.0	0.0	0.0	0.0	0.0	0.0	0.0	0.0	0.0	14,615.4
13 栃木	0.0	0.0	0.0	0.0	0.0	0.0	0.0	0.0	0.0	0.0	0.0	0.0	6,530.2
14 群馬	0.0	0.0	0.0	0.0	0.0	0.0	0.0	0.0	0.0	0.0	0.0	0.0	5,134.7
15 埼玉	0.0	0.0	0.0	0.0	0.0	0.0	0.0	0.0	0.0	0.0	0.0	0.0	221,766.3
16 千葉	0.0	0.0	0.0	0.0	0.0	0.0	0.0	0.0	0.0	0.0	0.0	0.0	247,254.0
17 東京	0.0	0.0	0.0	0.0	0.0	0.0	0.0	0.0	0.0	0.0	0.0	0.0	2,793,467.3
18 神奈川	0.0	0.0	0.0	0.0	0.0	0.0	0.0	0.0	0.0	0.0	0.0	0.0	705,912.7
19 新潟	0.0	0.0	0.0	0.0	0.0	0.0	0.0	0.0	0.0	0.0	0.0	0.0	2,257.6
20 富山	0.0	0.0	0.0	0.0	0.0	0.0	0.0	0.0	0.0	0.0	0.0	0.0	13,227.0
21 石川	0.0	0.0	0.0	0.0	0.0	0.0	0.0	0.0	0.0	0.0	0.0	0.0	4,776.0
22 福井	0.0	0.0	0.0	0.0	0.0	0.0	0.0	0.0	0.0	0.0	0.0	0.0	2,694.0
23 山梨	0.0	0.0	0.0	0.0	0.0	0.0	0.0	0.0	0.0	0.0	0.0	0.0	2,203.0
24 長野	0.0	0.0	0.0	0.0	0.0	0.0	0.0	0.0	0.0	0.0	0.0	0.0	8,937.5
25 岐阜	0.0	0.0	0.0	0.0	0.0	0.0	0.0	0.0	0.0	0.0	0.0	0.0	8,142.6
26 静岡	0.0	0.0	0.0	0.0	0.0	0.0	0.0	0.0	0.0	0.0	0.0	0.0	21,837.0
27 愛知	0.0	0.0	0.0	0.0	0.0	0.0	0.0	0.0	0.0	0.0	0.0	0.0	380,599.0
28 三重	0.0	0.0	0.0	0.0	0.0	0.0	0.0	0.0	0.0	0.0	0.0	0.0	28,210.9
29 滋賀	0.0	0.0	0.0	0.0	0.0	0.0	0.0	0.0	0.0	0.0	0.0	0.0	8,847.6
30 京都	0.0	0.0	0.0	0.0	0.0	0.0	0.0	0.0	0.0	0.0	0.0	0.0	209,795.9
31 大阪	0.0	0.0	0.0	0.0	0.0	0.0	0.0	0.0	0.0	0.0	0.0	0.0	1,208,899.5
32 兵庫	0.0	0.0	0.0	0.0	0.0	0.0	0.0	0.0	0.0	0.0	0.0	0.0	308,416.2
33 奈良	0.0	0.0	0.0	0.0	0.0	0.0	0.0	0.0	0.0	0.0	0.0	0.0	55,537.1
34 和歌山	0.0	0.0	0.0	0.0	0.0	0.0	0.0	0.0	0.0	0.0	0.0	0.0	4,488.6
35 鳥取	0.0	0.0	0.0	0.0	0.0	0.0	0.0	0.0	0.0	0.0	0.0	0.0	557.2
36 島根	0.0	0.0	0.0	0.0	0.0	0.0	0.0	0.0	0.0	0.0	0.0	0.0	609.0
37 岡山	0.0	0.0	0.0	0.0	0.0	0.0	0.0	0.0	0.0	0.0	0.0	0.0	3,690.4
38 広島	0.0	0.0	0.0	0.0	0.0	0.0	0.0	0.0	0.0	0.0	0.0	0.0	49,196.9
39 山口	0.0	0.0	0.0	0.0	0.0	0.0	0.0	0.0	0.0	0.0	0.0	0.0	68.0
40 徳島	8.3	0.0	0.0	20.4	0.0	0.0	0.0	0.0	0.0	0.0	0.0	0.0	28.7
41 香川	0.0	5,987.0	0.0	0.0	0.0	0.0	0.0	0.0	0.0	0.0	0.0	0.0	5,987.0
42 愛媛	0.0	0.0	10,694.0	0.0	0.0	0.0	0.0	0.0	0.0	0.0	0.0	0.0	10,694.0
43 高知	18.3	0.0	0.0	4,725.0	0.0	0.0	0.0	0.0	0.0	0.0	0.0	0.0	4,743.3
44 福岡	0.0	0.0	0.0	0.0	139,260.0	116.8	0.0	0.0	0.0	0.0	0.0	0.0	139,376.0
45 佐賀	0.0	0.0	0.0	0.0	118.2	227.2	23.0	0.0	0.0	0.0	0.0	0.0	368.4
46 長崎	0.0	0.0	0.0	0.0	0.0	25.6	16,120.2	0.0	0.0	0.0	0.0	0.0	16,145.7
47 熊本	0.0	0.0	0.0	0.0	0.0	0.0	0.0	10,102.6	0.0	0.0	62.2	0.0	10,164.8
48 大分	0.0	0.0	0.0	0.0	0.0	0.0	0.0	0.0	179.0	0.0	0.0	0.0	179.0
49 宮崎	0.0	0.0	0.0	0.0	0.0	0.0	0.0	0.0	0.0	0.0	0.0	0.0	0.0
50 鹿児島	0.0	0.0	0.0	0.0	0.0	0.0	0.0	26.2	0.0	0.0	8,553.0	0.0	8,579.2
51 沖縄	0.0	0.0	0.0	0.0	0.0	0.0	0.0	0.0	0.0	0.0	0.0	14,273.0	14,273.0
52 全国	26.6	5,987.0	10,694.0	4,745.4	139,378.2	369.6	16,143.2	10,128.8	179.0	0.0	8,615.2	14,273.0	6,744,566.0

（4） 自 動 車

調査対象旅客の種別及び範囲

輸送機関	種別	範　　　　　囲
自動車	営業用バス(乗合) 営業用バス(貸切) 営 業 用 乗 用 車	二輪車を除く。 車両の区分については、定員11人以上はバス、定員10人以下は乗用車となっている。 フェリー(自動車航送船)で輸送された自動車の旅客を含む。 ※自家用旅客自動車(登録自動車・軽自動車)を除く。

調 査 の 方 法

①営業用バス(乗合)

　次のa及び b により作成した表を集計した。

　　a　2府県以上にまたがる運行系統分

　　　平成28年度分の「乗合バス旅客県間流動調査」により府県相互間輸送人員表を作成した。

　　　実績調査が困難な運行系統の報告は推定による。

　　b　その他の運行系統分

　　　「平成28年度自動車輸送統計年報」(国土交通省総合政策局)の府県別輸送人員を

　　　当該府県発人員とみなして、これから前記aの2府県以上にまたがる旅客輸送人員を差引い

　　　て府県別域内輸送人員表を作成した。

②その他(営業用バス(貸切)及び営業用乗用車)

　平成28年度数値については「自動車輸送統計月報 (国土交通省総合政策局)」(平成28年4月~平成29年3月)の旅客輸送人員を、各月の府県間輸送人員の流動パターンで配分した。

自動車

平成28年度　　　　　　　　　　　　　　府県相互間旅客輸送人員表　（自動車計　，　その　1）

（単位　：　1000人）

発＼着	1 道北	2 道東	3 道央	4 道南	5 北海道	6 青森	7 岩手	8 宮城	9 秋田	10 山形	11 福島	12 茨城	13 栃木
1 道北	72,844.9	112.1	1,668.3	0.0	74,625.3	0.0	0.0	0.0	0.0	0.0	0.0	0.0	0.0
2 道東	406.6	60,324.3	462.4	0.0	61,193.3	0.0	0.0	0.0	0.0	0.0	0.0	0.0	0.0
3 道央	1,496.1	509.1	223,516.3	348.2	225,869.8	0.0	0.0	0.0	0.0	0.0	0.0	0.0	0.0
4 道南	0.0	0.0	89.3	35,264.2	35,353.5	0.0	0.0	0.0	0.0	0.0	0.0	0.0	0.0
5 北海道	74,747.6	60,945.5	225,736.3	35,612.5	397,041.9	0.0	0.0	0.0	0.0	0.0	0.0	0.0	0.0
6 青森	0.0	0.0	0.0	0.0	0.0	46,697.6	647.2	61.8	6.6	0.0	0.0	0.0	0.0
7 岩手	0.0	0.0	0.0	0.0	0.0	248.6	40,139.3	562.7	85.4	0.0	6.2	135.5	0.0
8 宮城	0.0	0.0	0.0	0.0	0.0	163.6	495.8	83,878.8	110.2	1,187.5	984.5	109.6	68.0
9 秋田	0.0	0.0	0.0	0.0	0.0	25.1	135.7	125.9	28,531.6	0.0	0.0	0.0	0.0
10 山形	0.0	0.0	0.0	0.0	0.0	0.0	0.0	1,120.0	0.0	30,531.6	9.0	0.0	0.0
11 福島	0.0	0.0	0.0	0.0	0.0	0.0	0.0	610.1	0.0	9.5	37,490.9	133.1	62.5
12 茨城	0.0	0.0	0.0	0.0	0.0	0.0	0.0	10.7	0.0	0.0	0.3	74,290.5	294.5
13 栃木	0.0	0.0	0.0	0.0	0.0	0.0	0.0	0.3	0.0	0.0	81.0	141.3	38,828.1
14 群馬	0.0	0.0	0.0	0.0	0.0	0.0	0.0	3.8	0.0	0.0	0.0	72.9	95.9
15 埼玉	0.0	0.0	0.0	0.0	0.0	0.5	1.7	14.1	1.5	75.3	215.0	629.3	0.0
16 千葉	0.0	0.0	0.0	0.0	0.0	0.0	2.3	12.9	0.0	4.9	20.0	541.0	71.5
17 東京	0.0	0.0	0.0	0.0	0.0	102.1	95.0	152.8	59.9	54.4	295.1	1,004.3	466.8
18 神奈川	0.0	0.0	0.0	0.0	0.0	6.2	0.0	7.6	10.2	0.0	13.4	13.4	0.0
19 新潟	0.0	0.0	0.0	0.0	0.0	0.0	0.0	51.1	0.0	13.1	32.1	0.0	0.0
20 富山	0.0	0.0	0.0	0.0	0.0	0.0	0.0	4.9	0.0	0.4	0.0	0.0	0.0
21 石川	0.0	0.0	0.0	0.0	0.0	0.0	0.0	3.1	0.0	0.0	0.0	0.0	0.0
22 福井	0.0	0.0	0.0	0.0	0.0	0.0	0.0	0.0	0.0	0.0	0.0	0.0	0.0
23 山梨	0.0	0.0	0.0	0.0	0.0	0.0	0.0	0.0	0.0	0.0	88.6	0.0	0.0
24 長野	0.0	0.0	0.0	0.0	0.0	0.0	0.0	0.0	0.0	0.0	0.0	161.5	0.0
25 岐阜	0.0	0.0	0.0	0.0	0.0	0.0	0.0	0.0	0.0	0.0	0.0	0.0	88.6
26 静岡	0.0	0.0	0.0	0.0	0.0	0.0	0.0	0.0	0.0	0.0	0.0	0.0	0.0
27 愛知	0.0	0.0	0.0	0.0	0.0	0.0	0.0	12.7	0.0	0.0	3.7	4.4	3.5
28 三重	0.0	0.0	0.0	0.0	0.0	0.0	0.0	0.0	0.0	0.0	0.0	0.0	0.0
29 滋賀	0.0	0.0	0.0	0.0	0.0	0.0	0.0	0.0	0.0	0.0	0.0	0.0	0.0
30 京都	0.0	0.0	0.0	0.0	0.0	0.0	0.0	7.9	0.0	2.8	6.4	2.4	3.8
31 大阪	0.0	0.0	0.0	0.0	0.0	0.0	0.0	9.8	0.0	3.8	7.0	2.9	4.8
32 兵庫	0.0	0.0	0.0	0.0	0.0	0.0	0.0	1.1	0.0	0.0	0.0	0.0	0.0
33 奈良	0.0	0.0	0.0	0.0	0.0	0.0	0.0	0.0	0.0	0.0	0.0	0.0	0.0
34 和歌山	0.0	0.0	0.0	0.0	0.0	0.0	0.0	0.0	0.0	0.0	0.0	0.0	0.0
35 鳥取	0.0	0.0	0.0	0.0	0.0	0.0	0.0	0.0	0.0	0.0	0.0	0.0	0.0
36 島根	0.0	0.0	0.0	0.0	0.0	0.0	0.0	0.0	0.0	0.0	0.0	0.0	0.0
37 岡山	0.0	0.0	0.0	0.0	0.0	0.0	0.0	0.0	0.0	0.0	0.0	0.0	0.0
38 広島	0.0	0.0	0.0	0.0	0.0	0.0	0.0	0.0	0.0	0.0	0.0	0.0	0.0
39 山口	0.0	0.0	0.0	0.0	0.0	0.0	0.0	0.0	0.0	0.0	0.0	0.0	0.0
40 徳島	0.0	0.0	0.0	0.0	0.0	0.0	0.0	0.0	0.0	0.0	0.0	0.0	0.0
41 香川	0.0	0.0	0.0	0.0	0.0	0.0	0.0	0.0	0.0	0.0	0.0	0.0	0.0
42 愛媛	0.0	0.0	0.0	0.0	0.0	0.0	0.0	0.0	0.0	0.0	0.0	0.0	0.0
43 高知	0.0	0.0	0.0	0.0	0.0	0.0	0.0	0.0	0.0	0.0	0.0	0.0	0.0
44 福岡	0.0	0.0	0.0	0.0	0.0	0.0	0.0	0.0	0.0	0.0	0.0	0.0	0.0
45 佐賀	0.0	0.0	0.0	0.0	0.0	0.0	0.0	0.0	0.0	0.0	0.0	0.0	0.0
46 長崎	0.0	0.0	0.0	0.0	0.0	0.0	0.0	0.0	0.0	0.0	0.0	0.0	0.0
47 熊本	0.0	0.0	0.0	0.0	0.0	0.0	0.0	0.0	0.0	0.0	0.0	0.0	0.0
48 大分	0.0	0.0	0.0	0.0	0.0	0.0	0.0	0.0	0.0	0.0	0.0	0.0	0.0
49 宮崎	0.0	0.0	0.0	0.0	0.0	0.0	0.0	0.0	0.0	0.0	0.0	0.0	0.0
50 鹿児島	0.0	0.0	0.0	0.0	0.0	0.0	0.0	0.0	0.0	0.0	0.0	0.0	0.0
51 沖縄	0.0	0.0	0.0	0.0	0.0	0.0	0.0	0.0	0.0	0.0	0.0	0.0	0.0
52 全国	74,747.6	60,945.5	225,736.3	35,612.5	397,041.9	47,243.6	41,517.0	86,652.2	28,805.4	31,883.3	39,253.2	77,228.5	39,988.0

平成28年度　　　　　　　　　　　　　　府県相互間旅客輸送人員表　（自動車計　，　その　2）

（単位　：　1000人）

発＼着	14 群馬	15 埼玉	16 千葉	17 東京	18 神奈川	19 新潟	20 富山	21 石川	22 福井	23 山梨	24 長野	25 岐阜	26 静岡
1 道北	0.0	0.0	0.0	0.0	0.0	0.0	0.0	0.0	0.0	0.0	0.0	0.0	0.0
2 道東	0.0	0.0	0.0	0.0	0.0	0.0	0.0	0.0	0.0	0.0	0.0	0.0	0.0
3 道央	0.0	0.0	0.0	0.0	0.0	0.0	0.0	0.0	0.0	0.0	0.0	0.0	0.0
4 道南	0.0	0.0	0.0	0.0	0.0	0.0	0.0	0.0	0.0	0.0	0.0	0.0	0.0
5 北海道	0.0	0.0	0.0	0.0	0.0	0.0	0.0	0.0	0.0	0.0	0.0	0.0	0.0
6 青森	0.0	0.6	0.0	103.4	6.3	0.0	0.0	0.0	0.0	0.0	0.0	6.2	0.0
7 岩手	0.0	1.6	2.3	91.6	0.0	0.0	0.0	0.0	0.0	0.0	0.0	0.0	0.0
8 宮城	3.8	4.3	15.8	151.4	7.5	51.8	4.5	3.2	0.0	0.0	0.0	0.0	0.0
9 秋田	0.0	1.7	0.0	59.0	10.2	0.0	0.4	0.0	0.0	0.0	0.0	0.0	0.0
10 山形	0.0	75.3	4.9	53.5	0.0	4.1	0.0	0.0	0.0	0.0	0.0	0.0	0.0
11 福島	0.0	218.4	108.9	302.4	10.8	33.1	0.0	0.0	0.0	88.6	0.0	0.0	0.0
12 茨城	72.9	531.2	288.7	1,283.7	208.4	0.0	0.0	0.0	0.0	0.0	161.5	0.0	0.0
13 栃木	84.5	0.0	332.2	243.5	0.0	0.0	0.0	0.0	0.0	0.0	0.0	88.6	0.0
14 群馬	30,406.0	996.6	107.4	466.1	0.0	38.1	0.0	1.9	0.0	79.3	234.8	171.9	109.4
15 埼玉	996.9	274,975.4	466.1	6,369.6	0.2	8.6	142.1	12.1	0.0	173.5	463.7	0.0	0.0
16 千葉	302.4	467.8	249,354.1	8,929.1	1,521.7	55.3	2.9	40.1	1.4	206.1	21.0	2.5	221.9
17 東京	326.1	10,210.6	11,801.9	1,120,082.2	12,234.2	796.5	47.2	65.1	20.2	1,907.0	1,356.0	67.1	1,530.0
18 神奈川	0.0	12.4	1,576.0	9,148.6	725,370.4	0.0	0.0	4.6	7.2	240.9	13.8	0.0	465.8
19 新潟	7.2	257.4	58.1	801.4	0.0	66,828.5	16.2	17.0	0.0	0.0	27.4	0.0	161.5
20 富山	0.8	1.3	2.9	89.7	0.0	13.6	26,999.8	208.4	0.0	0.0	668.7	31.2	0.0
21 石川	1.7	12.0	40.5	64.1	4.5	16.7	217.1	52,931.7	43.4	0.0	130.2	108.5	0.0
22 福井	0.0	0.0	1.4	19.3	7.2	0.0	0.0	37.3	25,205.8	0.0	0.0	0.0	0.0
23 山梨	84.5	6.0	24.5	1,481.8	163.3	0.0	0.0	0.0	0.0	25,852.5	342.4	219.0	226.4
24 長野	311.7	135.2	109.2	1,504.1	11.7	188.6	647.6	0.0	0.0	358.5	59,224.5	150.4	215.5
25 岐阜	239.7	0.0	2.5	63.0	0.0	0.0	206.0	341.2	0.0	67.9	234.8	42,481.5	0.0
26 静岡	109.4	0.0	236.5	1,240.5	425.8	0.0	0.0	0.0	0.0	191.6	203.2	161.5	96,144.4
27 愛知	6.9	17.1	37.7	615.8	48.2	16.6	121.9	158.1	58.5	274.0	591.3	961.2	851.2
28 三重	0.0	1.8	0.0	17.7	5.4	0.0	0.0	0.0	0.0	0.0	0.0	0.7	0.0
29 滋賀	0.0	1.1	0.2	7.4	2.6	0.0	0.0	0.0	48.3	0.0	0.0	0.0	0.0
30 京都	6.5	10.7	22.0	98.7	17.4	7.0	7.1	1.0	56.6	8.3	277.8	6.1	7.8
31 大阪	7.5	91.4	77.2	480.6	73.9	14.2	214.5	435.6	29.6	10.4	71.1	505.7	124.7
32 兵庫	0.0	27.0	22.0	95.0	7.0	0.0	52.1	0.0	0.0	3.5	0.0	0.0	5.5
33 奈良	1.0	0.2	3.0	28.5	2.8	0.0	0.0	0.0	0.0	0.0	0.0	0.0	218.8
34 和歌山	0.0	3.7	1.4	7.5	3.3	0.0	0.0	0.0	0.0	0.0	0.0	0.0	0.0
35 鳥取	0.0	0.0	0.0	33.8	0.0	0.0	0.0	18.5	0.0	0.0	0.0	0.0	0.0
36 島根	0.0	0.0	0.0	9.3	0.0	0.0	0.0	0.0	0.0	0.0	0.0	0.0	0.0
37 岡山	0.0	0.0	0.0	66.8	3.1	0.0	0.0	0.0	0.0	0.0	0.0	0.0	0.0
38 広島	0.0	0.0	0.0	37.5	0.0	0.0	0.0	0.0	0.0	0.0	0.0	0.0	0.0
39 山口	0.0	0.0	0.0	9.0	0.0	0.0	0.0	0.0	0.0	0.0	0.0	0.0	208.8
40 徳島	0.0	0.0	0.0	38.9	0.0	0.0	0.0	0.0	0.0	0.0	0.0	0.0	0.0
41 香川	0.0	0.0	0.0	18.9	1.1	0.0	0.0	0.0	0.0	0.0	0.0	0.0	0.0
42 愛媛	0.0	0.0	0.3	25.8	0.0	0.0	0.0	0.0	0.0	0.0	0.0	0.0	0.0
43 高知	0.0	0.0	0.0	20.8	0.0	0.0	0.0	0.0	0.0	0.0	0.0	0.0	0.0
44 福岡	0.0	0.0	0.0	19.8	0.0	0.0	0.0	0.0	0.0	1.0	0.0	0.0	1.1
45 佐賀	0.0	0.0	0.0	0.0	0.0	0.0	0.0	0.0	0.0	0.0	0.0	0.0	0.0
46 長崎	0.0	0.0	0.0	0.0	0.0	0.0	0.0	0.0	0.0	0.0	0.0	0.0	0.0
47 熊本	0.0	0.0	0.0	0.0	0.0	0.0	0.0	0.0	0.0	0.0	0.0	0.0	0.0
48 大分	0.0	0.0	0.0	0.0	0.0	0.0	0.0	0.0	0.0	0.0	0.0	0.0	0.0
49 宮崎	0.0	0.0	0.0	0.0	0.0	0.0	0.0	0.0	0.0	0.0	0.0	0.0	0.0
50 鹿児島	0.0	0.0	0.0	0.0	0.0	0.0	0.0	0.0	0.0	0.0	0.0	0.0	0.0
51 沖縄	0.0	0.0	0.0	0.0	0.0	0.0	0.0	0.0	0.0	0.0	0.0	0.0	0.0
52 全国	32,969.7	288,060.7	264,697.7	1,154,179.9	740,149.6	68,072.7	28,646.9	54,309.4	25,471.0	29,459.5	64,032.1	44,955.8	100,492.4

平成28年度　　府県相互間旅客輸送人員表　（自動車計　，　その　3）

(単位：1000人)

発＼着	27 愛知	28 三重	29 滋賀	30 京都	31 大阪	32 兵庫	33 奈良	34 和歌山	35 鳥取	36 島根	37 岡山	38 広島	39 山口
1 道北	0.0	0.0	0.0	0.0	0.0	0.0	0.0	0.0	0.0	0.0	0.0	0.0	0.0
2 道東	0.0	0.0	0.0	0.0	0.0	0.0	0.0	0.0	0.0	0.0	0.0	0.0	0.0
3 道央	0.0	0.0	0.0	0.0	0.0	0.0	0.0	0.0	0.0	0.0	0.0	0.0	0.0
4 道南	0.0	0.0	0.0	0.0	0.0	0.0	0.0	0.0	0.0	0.0	0.0	0.0	0.0
5 北海道	0.0	0.0	0.0	0.0	0.0	0.0	0.0	0.0	0.0	0.0	0.0	0.0	0.0
6 青森	0.0	0.0	0.0	0.0	0.0	0.0	0.0	0.0	0.0	0.0	0.0	0.0	0.0
7 岩手	0.0	0.0	0.0	0.0	0.0	0.0	0.0	0.0	0.0	0.0	0.0	0.0	0.0
8 宮城	12.0	0.0	0.0	7.6	9.8	1.4	0.0	0.0	0.0	0.0	0.0	0.0	0.0
9 秋田	0.0	0.0	0.0	0.0	0.0	0.0	0.0	0.0	0.0	0.0	0.0	0.0	0.0
10 山形	0.0	0.0	0.0	2.8	3.2	0.0	0.0	0.0	0.0	0.0	0.0	0.0	0.0
11 福島	3.7	0.0	0.0	6.5	8.6	0.0	0.0	0.0	0.0	0.0	0.0	0.0	0.0
12 茨城	4.8	0.0	0.0	3.2	3.3	0.0	0.0	0.0	0.0	0.0	0.0	0.0	0.0
13 栃木	3.5	0.0	0.0	4.0	5.6	0.0	0.0	0.0	0.0	0.0	0.0	0.0	0.0
14 群馬	6.7	0.0	0.0	7.8	9.7	0.7	1.3	0.0	0.0	0.0	0.0	0.0	0.0
15 埼玉	23.4	2.0	1.7	11.4	94.8	28.1	0.3	3.9	0.0	0.0	0.0	0.0	0.0
16 千葉	30.3	0.0	0.0	21.0	313.8	21.6	3.2	1.4	0.0	0.0	0.0	0.0	0.0
17 東京	609.4	19.5	9.1	111.4	535.6	112.7	29.3	8.3	33.9	9.4	65.8	36.8	9.1
18 神奈川	14.6	6.5	9.4	15.7	74.4	7.1	2.8	3.7	0.0	0.0	5.2	2.5	0.0
19 新潟	13.6	0.0	0.0	7.2	14.3	0.0	0.0	0.0	0.0	0.0	0.0	0.0	0.0
20 富山	297.0	0.0	0.0	6.5	211.7	0.0	0.0	0.0	0.0	0.0	0.0	0.0	0.0
21 石川	160.8	0.0	0.0	1.2	316.8	0.0	0.0	0.0	0.0	0.0	0.0	0.0	0.0
22 福井	60.0	0.0	157.7	93.6	30.7	0.0	0.0	0.0	0.0	0.0	0.0	0.0	0.0
23 山梨	273.7	0.0	0.0	8.2	219.1	0.0	0.0	0.0	0.0	0.0	0.0	0.0	0.0
24 長野	384.4	0.0	0.0	277.7	264.2	3.4	0.0	0.0	0.0	0.0	0.0	0.0	0.0
25 岐阜	607.1	162.2	0.1	6.2	185.3	0.0	0.0	0.0	0.0	0.0	0.0	0.0	0.0
26 静岡	382.7	0.0	0.0	8.1	32.5	5.8	218.8	0.0	0.0	0.0	0.0	0.0	208.4
27 愛知	242,312.8	1,512.2	2.4	134.0	414.8	53.6	28.0	3.3	2.0	0.0	5.5	114.7	11.2
28 三重	1,212.7	57,889.9	0.0	59.0	400.0	0.0	97.3	23.1	0.0	0.0	0.0	0.0	0.0
29 滋賀	1.4	0.0	37,684.6	1,205.0	568.5	220.7	0.0	161.5	104.2	0.0	0.0	0.0	0.0
30 京都	132.6	506.9	586.9	221,528.4	3,599.7	259.3	1,161.1	76.8	136.2	21.8	62.5	12.8	1.1
31 大阪	155.4	489.8	261.0	3,766.8	365,139.8	3,018.6	1,334.4	247.5	467.4	84.6	530.1	63.9	4.4
32 兵庫	43.7	0.0	208.4	101.0	3,231.7	264,780.6	6.2	0.0	122.1	25.2	271.2	17.2	1.8
33 奈良	26.7	105.4	0.0	1,395.7	1,088.6	6.2	67,134.9	23.9	0.0	0.0	0.0	0.0	0.0
34 和歌山	206.3	57.2	0.0	77.1	395.0	0.0	161.5	25,889.0	0.0	0.0	0.0	0.0	0.0
35 鳥取	1.9	0.0	104.2	37.3	214.1	119.2	0.0	0.0	17,671.1	124.7	489.0	43.8	203.2
36 島根	5.0	0.0	0.0	20.3	83.9	25.0	0.0	0.0	172.6	22,739.8	28.6	294.4	13.3
37 岡山	257.7	0.0	0.0	65.8	1,496.7	616.7	0.0	0.0	453.8	28.5	39,980.7	64.4	0.0
38 広島	10.6	0.0	0.0	34.3	61.1	141.4	0.0	0.0	41.8	213.8	66.5	121,167.7	239.4
39 山口	0.0	0.0	0.0	1.1	4.7	1.7	0.0	0.0	203.2	14.4	0.0	274.3	45,792.4
40 徳島	12.5	0.1	0.0	76.3	750.8	1,100.9	0.0	46.9	0.0	0.0	93.8	82.1	17.9
41 香川	9.3	0.0	0.0	43.7	342.3	172.6	0.0	0.0	218.8	0.0	184.5	35.4	234.4
42 愛媛	7.9	0.0	0.0	24.4	139.3	71.2	0.0	0.0	0.0	0.0	32.2	98.9	0.0
43 高知	5.9	0.0	0.0	17.4	136.4	40.2	0.0	0.0	0.0	0.0	47.7	11.4	0.0
44 福岡	12.4	0.0	0.0	44.9	46.5	11.3	0.0	0.0	7.1	6.6	8.3	53.1	179.7
45 佐賀	0.0	0.0	0.0	0.1	0.8	0.2	0.0	0.0	0.0	0.0	0.0	0.0	0.0
46 長崎	6.1	0.0	0.0	2.4	6.6	0.5	0.0	0.0	0.0	0.0	0.0	0.0	0.0
47 熊本	6.8	0.0	0.0	11.7	5.1	1.9	0.0	0.0	0.0	0.0	0.0	0.0	0.0
48 大分	0.0	0.0	0.0	3.0	2.5	0.6	0.0	0.0	0.0	0.0	0.0	40.3	157.0
49 宮崎	0.0	0.0	0.0	0.8	1.3	0.5	0.0	0.0	0.0	0.0	0.0	0.0	0.0
50 鹿児島	0.0	0.0	0.0	0.0	1.8	0.3	0.0	0.0	0.0	0.0	0.0	1.9	0.0
51 沖縄	0.0	0.0	0.0	0.0	0.0	0.0	0.0	0.0	0.0	0.0	0.0	0.0	0.0
52 全国	247,315.5	60,751.7	39,025.5	229,250.5	380,465.4	270,824.2	70,179.1	26,708.2	19,415.5	23,368.2	41,969.0	122,247.8	47,044.0

平成28年度　　府県相互間旅客輸送人員表　（自動車計　，　その　4）

(単位：1000人)

発＼着	40 徳島	41 香川	42 愛媛	43 高知	44 福岡	45 佐賀	46 長崎	47 熊本	48 大分	49 宮崎	50 鹿児島	51 沖縄	52 全国
1 道北	0.0	0.0	0.0	0.0	0.0	0.0	0.0	0.0	0.0	0.0	0.0	0.0	74,625.3
2 道東	0.0	0.0	0.0	0.0	0.0	0.0	0.0	0.0	0.0	0.0	0.0	0.0	61,193.3
3 道央	0.0	0.0	0.0	0.0	0.0	0.0	0.0	0.0	0.0	0.0	0.0	0.0	225,869.8
4 道南	0.0	0.0	0.0	0.0	0.0	0.0	0.0	0.0	0.0	0.0	0.0	0.0	35,353.5
5 北海道	0.0	0.0	0.0	0.0	0.0	0.0	0.0	0.0	0.0	0.0	0.0	0.0	397,041.9
6 青森	0.0	0.0	0.0	0.0	0.0	0.0	0.0	0.0	0.0	0.0	0.0	0.0	47,529.7
7 岩手	0.0	0.0	0.0	0.0	0.0	0.0	0.0	0.0	0.0	0.0	0.0	0.0	41,273.2
8 宮城	0.0	0.0	0.0	0.0	0.0	0.0	0.0	0.0	0.0	0.0	0.0	0.0	87,270.9
9 秋田	0.0	0.0	0.0	0.0	0.0	0.0	0.0	0.0	0.0	0.0	0.0	0.0	28,889.4
10 山形	0.0	0.0	0.0	0.0	0.0	0.0	0.0	0.0	0.0	0.0	0.0	0.0	31,804.3
11 福島	0.0	0.0	0.0	0.0	0.0	0.0	0.0	0.0	0.0	0.0	0.0	0.0	39,087.1
12 茨城	0.0	0.0	0.0	0.0	0.0	0.0	0.0	0.0	0.0	0.0	0.0	0.0	77,153.6
13 栃木	0.0	0.0	0.0	0.0	0.0	0.0	0.0	0.0	0.0	0.0	0.0	0.0	39,812.5
14 群馬	0.0	0.0	0.0	0.0	0.0	0.0	0.0	0.0	0.0	0.0	0.0	0.0	32,811.2
15 埼玉	0.0	0.0	0.0	0.0	0.0	0.0	0.0	0.0	0.0	0.0	0.0	0.0	284,711.2
16 千葉	0.0	0.0	0.4	0.0	0.0	0.0	0.0	0.0	0.0	0.0	0.0	0.0	262,170.5
17 東京	38.8	18.5	25.0	21.2	20.1	0.0	0.0	0.0	0.0	0.0	0.0	0.0	1,164,388.3
18 神奈川	0.0	1.1	0.0	0.0	0.6	0.0	0.0	0.0	0.0	0.0	0.0	0.0	737,020.6
19 新潟	0.0	0.0	0.0	0.0	0.0	0.0	0.0	0.0	0.0	0.0	0.0	0.0	68,306.1
20 富山	0.0	0.0	0.0	0.0	0.0	0.0	0.0	0.0	0.0	0.0	0.0	0.0	28,536.9
21 石川	0.0	0.0	0.0	0.0	0.0	0.0	0.0	0.0	0.0	0.0	0.0	0.0	54,052.3
22 福井	0.0	0.0	0.0	0.0	0.0	0.0	0.0	0.0	0.0	0.0	0.0	0.0	25,613.2
23 山梨	0.0	0.0	0.0	0.0	0.0	0.0	0.0	0.0	0.0	0.0	0.0	0.0	28,991.2
24 長野	78.1	0.0	0.0	0.0	0.0	0.0	0.0	0.0	0.0	0.0	0.0	0.0	64,026.4
25 岐阜	0.0	0.0	0.0	0.0	0.0	0.0	0.0	0.0	0.0	0.0	0.0	0.0	44,686.0
26 静岡	0.0	0.0	0.0	0.0	1.1	0.0	0.0	0.0	0.0	0.0	0.0	0.0	99,570.3
27 愛知	12.1	9.4	8.5	5.7	14.4	0.0	6.4	7.3	0.0	0.0	0.0	0.0	248,441.3
28 三重	0.1	0.0	0.0	0.0	0.0	0.0	0.0	0.0	0.0	0.0	0.0	0.0	59,707.7
29 滋賀	0.0	0.0	0.0	0.0	0.0	0.0	0.0	0.0	0.0	0.0	0.0	0.0	40,005.5
30 京都	77.0	43.9	40.7	17.5	36.9	0.1	2.3	11.4	3.2	0.8	0.0	0.0	228,870.4
31 大阪	1,063.6	342.0	142.2	140.6	43.7	0.6	7.1	5.6	2.9	1.1	1.9	0.0	379,479.6
32 兵庫	350.4	405.6	69.1	40.4	8.5	0.1	0.6	2.4	0.8	0.8	0.4	0.0	269,901.3
33 奈良	0.0	0.0	0.0	0.0	0.0	0.0	0.0	0.0	0.0	0.0	0.0	0.0	70,035.5
34 和歌山	46.9	218.8	0.0	0.0	0.0	0.0	0.0	0.0	0.0	0.0	0.0	0.0	27,067.8
35 鳥取	0.0	0.0	0.0	0.0	7.0	0.0	0.0	0.0	0.0	0.0	0.0	0.0	19,049.4
36 島根	93.8	0.0	0.0	0.0	6.1	0.0	0.0	0.0	0.0	0.0	0.0	0.0	23,510.6
37 岡山	109.5	0.3	127.3	50.0	8.5	0.0	0.0	0.0	0.0	0.0	0.0	0.0	43,329.8
38 広島	17.9	35.3	255.8	11.5	54.3	0.0	0.0	145.9	40.3	0.0	3.9	0.0	122,581.6
39 山口	0.0	234.4	276.1	0.0	173.1	0.0	0.0	0.0	157.0	0.0	0.0	0.0	47,349.7
40 徳島	17,630.6	502.5	54.9	104.9	0.0	0.0	0.0	0.0	0.0	0.0	0.0	0.0	20,513.1
41 香川	1,081.9	20,147.3	315.5	547.3	7.4	0.0	0.0	0.0	0.0	0.0	0.0	0.0	23,360.5
42 愛媛	450.8	73.7	30,214.7	257.9	6.4	0.0	0.0	0.0	0.0	0.0	0.0	0.0	31,403.5
43 高知	224.4	543.4	42.8	17,058.4	4.7	0.0	0.0	0.0	0.0	0.0	0.0	0.0	18,153.3
44 福岡	0.0	7.2	3.2	4.7	315,404.0	1,200.9	713.4	1,350.1	668.5	385.3	187.0	0.0	320,316.1
45 佐賀	0.0	0.0	0.0	0.0	1,288.1	21,500.2	301.8	1.3	0.0	0.0	0.0	0.0	23,093.3
46 長崎	0.0	0.0	3.3	0.0	177.1	65.1	105,830.6	263.3	25.4	10.1	8.2	0.0	106,398.8
47 熊本	0.0	0.0	0.0	0.0	822.3	1.3	38.5	41,512.2	78.7	173.9	83.8	0.0	42,736.0
48 大分	0.0	0.0	0.0	0.0	906.9	0.0	82.4	130.3	29,420.0	226.4	4.6	0.0	30,974.7
49 宮崎	0.0	0.0	0.0	0.0	371.0	0.0	10.0	318.8	27.0	27,317.5	479.7	0.0	28,526.8
50 鹿児島	0.0	0.0	0.0	0.0	130.7	229.2	8.2	68.4	202.4	118.3	55,106.6	0.0	55,867.9
51 沖縄	0.0	0.0	0.0	0.0	0.0	0.0	0.0	0.0	0.0	0.0	0.0	69,478.8	69,478.8
52 全国	21,276.0	22,583.4	31,579.3	18,260.1	319,493.8	22,998.3	107,049.3	43,769.1	30,627.0	28,234.2	55,875.9	69,478.8	6,034,900.0

平成28年度　　　　　　　　　　　　　　　　府県相互間旅客輸送人員表　（乗合バス，その１）

（単位：1000人）

着\発	1 道北	2 道東	3 道央	4 道南	5 北海道	6 青森	7 岩手	8 宮城	9 秋田	10 山形	11 福島	12 茨城	13 栃木
1 道北	19,109.8	47.7	694.9	0.0	19,852.4	0.0	0.0	0.0	0.0	0.0	0.0	0.0	0.0
2 道東	29.6	9,829.9	175.9	0.0	10,035.4	0.0	0.0	0.0	0.0	0.0	0.0	0.0	0.0
3 道央	735.5	175.7	141,861.9	87.7	142,860.9	0.0	0.0	0.0	0.0	0.0	0.0	0.0	0.0
4 道南	0.0	0.0	89.3	9,014.9	9,104.2	0.0	0.0	0.0	0.0	0.0	0.0	0.0	0.0
5 北海道	19,874.9	10,053.3	142,822.0	9,102.7	181,852.9	0.0	0.0	0.0	0.0	0.0	0.0	0.0	0.0
6 青森	0.0	0.0	0.0	0.0	0.0	24,158.1	40.5	61.8	0.4	0.0	0.0	0.0	0.0
7 岩手	0.0	0.0	0.0	0.0	0.0	40.2	22,128.5	349.1	85.4	0.0	0.0	0.0	0.0
8 宮城	0.0	0.0	0.0	0.0	0.0	59.4	344.7	59,648.5	110.2	1,061.3	484.4	10.6	0.3
9 秋田	0.0	0.0	0.0	0.0	0.0	0.4	86.3	113.6	11,279.6	0.0	0.0	0.0	0.0
10 山形	0.0	0.0	0.0	0.0	0.0	0.0	0.0	1,058.3	0.0	7,917.9	9.0	0.0	0.0
11 福島	0.0	0.0	0.0	0.0	0.0	0.0	0.0	485.1	0.0	9.5	17,909.8	0.3	0.0
12 茨城	0.0	0.0	0.0	0.0	0.0	0.0	0.0	10.7	0.0	0.0	0.3	42,111.3	17.5
13 栃木	0.0	0.0	0.0	0.0	0.0	0.0	0.0	0.3	0.0	0.0	0.0	17.9	18,979.6
14 群馬	0.0	0.0	0.0	0.0	0.0	0.0	0.0	3.8	0.0	0.0	0.0	0.0	0.2
15 埼玉	0.0	0.0	0.0	0.0	0.0	0.5	1.7	14.1	1.5	2.4	17.0	68.0	0.0
16 千葉	0.0	0.0	0.0	0.0	0.0	0.0	2.3	12.9	0.0	4.9	20.0	254.3	71.5
17 東京	0.0	0.0	0.0	0.0	0.0	102.1	95.0	152.8	59.9	54.4	295.1	623.4	96.9
18 神奈川	0.0	0.0	0.0	0.0	0.0	6.2	0.0	7.6	10.2	0.0	13.4	0.0	0.0
19 新潟	0.0	0.0	0.0	0.0	0.0	0.0	0.0	51.1	0.0	13.1	32.1	0.0	0.0
20 富山	0.0	0.0	0.0	0.0	0.0	0.0	0.0	4.9	0.0	0.4	0.0	0.0	0.0
21 石川	0.0	0.0	0.0	0.0	0.0	0.0	0.0	3.1	0.0	0.0	0.0	0.0	0.0
22 福井	0.0	0.0	0.0	0.0	0.0	0.0	0.0	0.0	0.0	0.0	0.0	0.0	0.0
23 山梨	0.0	0.0	0.0	0.0	0.0	0.0	0.0	0.0	0.0	0.0	0.0	0.0	0.0
24 長野	0.0	0.0	0.0	0.0	0.0	0.0	0.0	0.0	0.0	0.0	0.0	0.0	0.0
25 岐阜	0.0	0.0	0.0	0.0	0.0	0.0	0.0	0.0	0.0	0.0	0.0	0.0	0.0
26 静岡	0.0	0.0	0.0	0.0	0.0	0.0	0.0	0.0	0.0	0.0	0.0	0.0	0.0
27 愛知	0.0	0.0	0.0	0.0	0.0	0.0	0.0	12.7	0.0	0.0	3.7	4.4	3.5
28 三重	0.0	0.0	0.0	0.0	0.0	0.0	0.0	0.0	0.0	0.0	0.0	0.0	0.0
29 滋賀	0.0	0.0	0.0	0.0	0.0	0.0	0.0	0.0	0.0	0.0	0.0	0.0	0.0
30 京都	0.0	0.0	0.0	0.0	0.0	0.0	0.0	7.9	0.0	2.8	6.4	2.4	3.8
31 大阪	0.0	0.0	0.0	0.0	0.0	0.0	0.0	9.8	0.0	3.8	7.0	2.9	4.8
32 兵庫	0.0	0.0	0.0	0.0	0.0	0.0	0.0	1.1	0.0	0.0	0.0	0.0	0.0
33 奈良	0.0	0.0	0.0	0.0	0.0	0.0	0.0	0.0	0.0	0.0	0.0	0.0	0.0
34 和歌山	0.0	0.0	0.0	0.0	0.0	0.0	0.0	0.0	0.0	0.0	0.0	0.0	0.0
35 鳥取	0.0	0.0	0.0	0.0	0.0	0.0	0.0	0.0	0.0	0.0	0.0	0.0	0.0
36 島根	0.0	0.0	0.0	0.0	0.0	0.0	0.0	0.0	0.0	0.0	0.0	0.0	0.0
37 岡山	0.0	0.0	0.0	0.0	0.0	0.0	0.0	0.0	0.0	0.0	0.0	0.0	0.0
38 広島	0.0	0.0	0.0	0.0	0.0	0.0	0.0	0.0	0.0	0.0	0.0	0.0	0.0
39 山口	0.0	0.0	0.0	0.0	0.0	0.0	0.0	0.0	0.0	0.0	0.0	0.0	0.0
40 徳島	0.0	0.0	0.0	0.0	0.0	0.0	0.0	0.0	0.0	0.0	0.0	0.0	0.0
41 香川	0.0	0.0	0.0	0.0	0.0	0.0	0.0	0.0	0.0	0.0	0.0	0.0	0.0
42 愛媛	0.0	0.0	0.0	0.0	0.0	0.0	0.0	0.0	0.0	0.0	0.0	0.0	0.0
43 高知	0.0	0.0	0.0	0.0	0.0	0.0	0.0	0.0	0.0	0.0	0.0	0.0	0.0
44 福岡	0.0	0.0	0.0	0.0	0.0	0.0	0.0	0.0	0.0	0.0	0.0	0.0	0.0
45 佐賀	0.0	0.0	0.0	0.0	0.0	0.0	0.0	0.0	0.0	0.0	0.0	0.0	0.0
46 長崎	0.0	0.0	0.0	0.0	0.0	0.0	0.0	0.0	0.0	0.0	0.0	0.0	0.0
47 熊本	0.0	0.0	0.0	0.0	0.0	0.0	0.0	0.0	0.0	0.0	0.0	0.0	0.0
48 大分	0.0	0.0	0.0	0.0	0.0	0.0	0.0	0.0	0.0	0.0	0.0	0.0	0.0
49 宮崎	0.0	0.0	0.0	0.0	0.0	0.0	0.0	0.0	0.0	0.0	0.0	0.0	0.0
50 鹿児島	0.0	0.0	0.0	0.0	0.0	0.0	0.0	0.0	0.0	0.0	0.0	0.0	0.0
51 沖縄	0.0	0.0	0.0	0.0	0.0	0.0	0.0	0.0	0.0	0.0	0.0	0.0	0.0
52 全国	19,874.9	10,053.3	142,822.0	9,102.7	181,852.9	24,366.8	22,699.0	62,009.3	11,547.2	9,070.5	18,798.2	43,095.3	19,178.1

平成28年度　　　　　　　　　　　　　　　　府県相互間旅客輸送人員表　（乗合バス，その２）

（単位：1000人）

着\発	14 群馬	15 埼玉	16 千葉	17 東京	18 神奈川	19 新潟	20 富山	21 石川	22 福井	23 山梨	24 長野	25 岐阜	26 静岡
1 道北	0.0	0.0	0.0	0.0	0.0	0.0	0.0	0.0	0.0	0.0	0.0	0.0	0.0
2 道東	0.0	0.0	0.0	0.0	0.0	0.0	0.0	0.0	0.0	0.0	0.0	0.0	0.0
3 道央	0.0	0.0	0.0	0.0	0.0	0.0	0.0	0.0	0.0	0.0	0.0	0.0	0.0
4 道南	0.0	0.0	0.0	0.0	0.0	0.0	0.0	0.0	0.0	0.0	0.0	0.0	0.0
5 北海道	0.0	0.0	0.0	0.0	0.0	0.0	0.0	0.0	0.0	0.0	0.0	0.0	0.0
6 青森	0.0	0.6	0.0	103.4	6.3	0.0	0.0	0.0	0.0	0.0	0.0	0.0	0.0
7 岩手	0.0	1.6	2.3	91.6	0.0	0.0	0.0	0.0	0.0	0.0	0.0	0.0	0.0
8 宮城	3.8	4.3	15.8	151.4	7.5	51.8	4.5	3.2	0.0	0.0	0.0	0.0	0.0
9 秋田	0.0	1.7	0.0	59.0	10.2	0.0	0.4	0.0	0.0	0.0	0.0	0.0	0.0
10 山形	0.0	2.4	4.9	53.5	0.0	4.1	0.0	0.0	0.0	0.0	0.0	0.0	0.0
11 福島	0.0	20.4	20.3	246.9	10.8	33.1	0.0	0.0	0.0	0.0	0.0	0.0	0.0
12 茨城	0.0	64.6	251.7	615.0	0.0	0.0	0.0	0.0	0.0	0.0	0.0	0.0	0.0
13 栃木	0.2	0.0	71.7	82.0	0.0	0.0	0.0	0.0	0.0	0.0	0.0	0.0	0.0
14 群馬	9,347.7	251.7	107.4	148.3	0.0	0.9	1.9	0.0	0.0	0.0	1.2	35.8	0.0
15 埼玉	249.2	228,544.4	324.2	5,830.4	0.2	8.6	1.4	12.1	0.0	6.8	5.2	0.0	0.0
16 千葉	73.2	338.2	209,882.9	7,674.5	1,509.4	55.3	2.9	40.1	1.4	23.8	21.0	2.5	3.1
17 東京	143.8	7,659.6	9,465.5	844,248.7	8,521.2	280.7	47.2	65.1	20.2	750.4	1,158.0	67.1	873.6
18 神奈川	0.0	0.1	1,363.7	7,650.7	660,629.3	0.0	0.0	4.6	7.2	32.5	13.8	0.0	171.0
19 新潟	7.2	7.3	58.1	285.6	0.0	40,949.4	16.2	17.0	0.0	0.0	27.4	0.0	0.0
20 富山	0.8	1.3	2.9	48.0	0.0	13.6	9,165.9	208.4	0.0	0.0	1.8	31.2	0.0
21 石川	1.7	12.0	40.5	64.1	4.5	16.7	210.9	32,407.2	43.4	0.0	0.0	108.5	0.0
22 福井	0.0	0.0	1.4	19.3	7.2	0.0	0.0	37.3	4,709.6	0.0	0.0	0.0	0.0
23 山梨	1.1	6.0	24.5	731.6	33.1	0.0	0.0	0.0	0.0	8,541.3	4.0	0.2	49.3
24 長野	35.6	5.0	20.6	1,108.1	11.7	28.4	1.6	0.0	0.0	4.6	15,846.4	58.0	0.0
25 岐阜	0.0	0.0	2.5	63.0	0.0	0.0	23.7	103.9	0.0	0.2	61.4	26,185.3	0.0
26 静岡	0.0	0.0	7.3	839.3	157.1	0.0	0.0	0.0	0.0	45.7	0.0	0.0	71,171.6
27 愛知	6.9	17.1	37.7	402.2	48.2	16.6	121.9	85.2	58.5	23.9	231.8	435.8	120.8
28 三重	0.0	1.8	0.0	17.7	5.4	0.0	0.0	0.0	0.0	0.0	0.0	0.7	0.0
29 滋賀	0.0	1.1	1.1	0.2	7.4	2.6	0.0	0.0	48.3	0.0	0.0	0.0	0.0
30 京都	6.5	10.7	22.0	98.7	17.4	7.0	7.1	1.0	56.6	8.3	27.7	6.1	7.8
31 大阪	7.5	91.4	77.2	480.6	73.9	14.2	21.7	76.1	29.6	10.4	71.1	21.2	30.9
32 兵庫	0.0	27.0	22.0	95.0	7.0	0.0	0.0	0.0	0.0	3.5	0.0	0.0	5.5
33 奈良	1.0	0.2	3.0	28.5	2.8	0.0	0.0	0.0	0.0	0.0	0.0	0.0	0.0
34 和歌山	0.0	3.7	1.4	7.5	3.3	0.0	0.0	0.0	0.0	0.0	0.0	0.0	0.0
35 鳥取	0.0	0.0	0.0	33.8	0.0	0.0	0.0	0.0	0.0	0.0	0.0	0.0	0.0
36 島根	0.0	0.0	0.0	9.3	0.0	0.0	0.0	0.0	0.0	0.0	0.0	0.0	0.0
37 岡山	0.0	0.0	0.0	66.8	3.1	0.0	0.0	0.0	0.0	0.0	0.0	0.0	0.0
38 広島	0.0	0.0	0.0	37.5	2.6	0.0	0.0	0.0	0.0	0.0	0.0	0.0	0.0
39 山口	0.0	0.0	0.0	9.0	0.0	0.0	0.0	0.0	0.0	0.0	0.0	0.0	0.0
40 徳島	0.0	0.0	0.0	38.9	0.0	0.0	0.0	0.0	0.0	0.0	0.0	0.0	0.0
41 香川	0.0	0.0	0.0	18.9	1.1	0.0	0.0	0.0	0.0	0.0	0.0	0.0	0.0
42 愛媛	0.0	0.0	0.3	25.8	2.1	0.0	0.0	0.0	0.0	0.0	0.0	0.0	0.0
43 高知	0.0	0.0	0.0	20.8	0.0	0.0	0.0	0.0	0.0	0.0	0.0	0.0	0.0
44 福岡	0.0	0.0	0.0	19.8	0.0	0.0	0.0	0.0	0.0	0.0	1.0	0.0	1.1
45 佐賀	0.0	0.0	0.0	0.0	0.0	0.0	0.0	0.0	0.0	0.0	0.0	0.0	0.0
46 長崎	0.0	0.0	0.0	0.0	0.0	0.0	0.0	0.0	0.0	0.0	0.0	0.0	0.0
47 熊本	0.0	0.0	0.0	0.0	0.0	0.0	0.0	0.0	0.0	0.0	0.0	0.0	0.0
48 大分	0.0	0.0	0.0	0.0	0.0	0.0	0.0	0.0	0.0	0.0	0.0	0.0	0.0
49 宮崎	0.0	0.0	0.0	0.0	0.0	0.0	0.0	0.0	0.0	0.0	0.0	0.0	0.0
50 鹿児島	0.0	0.0	0.0	0.0	0.0	0.0	0.0	0.0	0.0	0.0	0.0	0.0	0.0
51 沖縄	0.0	0.0	0.0	0.0	0.0	0.0	0.0	0.0	0.0	0.0	0.0	0.0	0.0
52 全国	9,886.4	237,074.1	221,832.0	871,532.7	671,075.9	41,486.7	9,626.5	33,063.1	4,974.8	9,450.0	17,509.1	26,916.5	72,434.7

平成28年度　　　　　　　　　　　　　　府県相互間旅客輸送人員表　（乗合バス , その 3）

（単位 : 1000人）

着／発	27 愛知	28 三重	29 滋賀	30 京都	31 大阪	32 兵庫	33 奈良	34 和歌山	35 鳥取	36 島根	37 岡山	38 広島	39 山口
1 道北	0.0	0.0	0.0	0.0	0.0	0.0	0.0	0.0	0.0	0.0	0.0	0.0	0.0
2 道東	0.0	0.0	0.0	0.0	0.0	0.0	0.0	0.0	0.0	0.0	0.0	0.0	0.0
3 道央	0.0	0.0	0.0	0.0	0.0	0.0	0.0	0.0	0.0	0.0	0.0	0.0	0.0
4 道南	0.0	0.0	0.0	0.0	0.0	0.0	0.0	0.0	0.0	0.0	0.0	0.0	0.0
5 北海道	0.0	0.0	0.0	0.0	0.0	0.0	0.0	0.0	0.0	0.0	0.0	0.0	0.0
6 青森	0.0	0.0	0.0	0.0	0.0	0.0	0.0	0.0	0.0	0.0	0.0	0.0	0.0
7 岩手	0.0	0.0	0.0	0.0	0.0	0.0	0.0	0.0	0.0	0.0	0.0	0.0	0.0
8 宮城	12.0	0.0	0.0	7.6	9.8	1.4	0.0	0.0	0.0	0.0	0.0	0.0	0.0
9 秋田	0.0	0.0	0.0	0.0	0.0	0.0	0.0	0.0	0.0	0.0	0.0	0.0	0.0
10 山形	0.0	0.0	0.0	2.8	3.2	0.0	0.0	0.0	0.0	0.0	0.0	0.0	0.0
11 福島	3.7	0.0	0.0	6.5	8.6	0.0	0.0	0.0	0.0	0.0	0.0	0.0	0.0
12 茨城	4.8	0.0	0.0	3.2	3.3	0.0	0.0	0.0	0.0	0.0	0.0	0.0	0.0
13 栃木	3.5	0.0	0.0	4.0	5.6	0.0	0.0	0.0	0.0	0.0	0.0	0.0	0.0
14 群馬	6.7	0.0	0.0	7.8	9.7	0.7	1.3	0.0	0.0	0.0	0.0	0.0	0.0
15 埼玉	23.4	2.0	1.7	11.4	94.8	28.1	0.3	3.9	0.0	0.0	0.0	0.0	0.0
16 千葉	30.3	0.0	0.0	21.0	74.1	21.6	3.2	1.4	0.0	0.0	0.0	0.0	0.0
17 東京	395.8	19.5	9.1	111.4	535.6	112.7	29.3	8.3	33.9	9.4	65.8	36.8	9.1
18 神奈川	14.6	6.5	3.2	15.7	74.4	7.1	2.8	3.7	0.0	0.0	5.2	2.5	0.0
19 新潟	13.6	0.0	0.0	7.2	14.3	0.0	0.0	0.0	0.0	0.0	0.0	0.0	0.0
20 富山	114.7	0.0	0.0	6.5	18.9	0.0	0.0	0.0	0.0	0.0	0.0	0.0	0.0
21 石川	87.9	0.0	0.0	1.2	77.1	0.0	0.0	0.0	0.0	0.0	0.0	0.0	0.0
22 福井	60.0	0.0	48.3	56.6	30.7	0.0	0.0	0.0	0.0	0.0	0.0	0.0	0.0
23 山梨	23.6	0.0	0.0	8.2	10.7	0.0	0.0	0.0	0.0	0.0	0.0	0.0	0.0
24 長野	228.1	0.0	0.0	27.6	71.4	3.4	0.0	0.0	0.0	0.0	0.0	0.0	0.0
25 岐阜	445.1	0.7	0.1	6.2	23.8	0.0	0.0	0.0	0.0	0.0	0.0	0.0	0.0
26 静岡	116.8	0.0	0.0	8.1	32.5	5.8	0.0	0.0	0.0	0.0	0.0	0.0	0.0
27 愛知	177,444.6	1,220.4	2.4	134.0	180.4	53.6	28.0	3.3	2.0	5.5	10.5	11.2	0.0
28 三重	1,206.5	38,018.3	0.0	52.8	35.3	0.0	97.3	23.1	0.0	0.0	0.0	0.0	0.0
29 滋賀	1.4	0.0	20,641.3	372.6	11.0	0.0	0.0	0.0	0.0	0.0	0.0	0.0	0.0
30 京都	132.6	48.4	407.3	188,281.3	2,723.9	93.9	1,062.4	9.1	37.2	21.8	62.5	12.8	1.1
31 大阪	155.4	31.3	6.1	2,792.2	260,690.6	1,539.0	625.5	184.0	217.3	84.6	530.1	63.9	4.4
32 兵庫	43.7	0.0	0.0	101.0	1,365.2	229,228.4	0.0	0.0	122.1	25.2	47.2	17.2	1.8
33 奈良	26.7	105.4	0.0	1,062.4	620.4	0.0	51,579.9	0.0	0.0	0.0	0.0	0.0	0.0
34 和歌山	3.1	20.2	0.0	9.4	183.7	0.0	0.0	12,873.7	0.0	0.0	0.0	0.0	0.0
35 鳥取	1.9	0.0	0.0	37.3	214.1	119.2	0.0	0.0	3,976.9	69.2	20.1	43.8	0.0
36 島根	5.0	0.0	0.0	20.3	83.9	25.0	0.0	0.0	48.9	6,334.1	28.6	211.0	13.3
37 岡山	12.8	0.0	0.0	65.8	548.5	59.2	0.0	0.0	21.4	28.5	26,422.9	58.2	0.0
38 広島	10.6	0.0	0.0	34.3	61.1	16.4	0.0	0.0	41.8	213.8	54.2	98,274.0	227.1
39 山口	0.0	0.0	0.0	1.1	4.7	1.7	0.0	0.0	0.0	14.4	0.0	231.1	24,552.6
40 徳島	12.5	0.1	0.0	76.3	750.8	361.1	0.0	0.0	0.0	0.0	30.0	17.9	0.0
41 香川	9.3	0.0	0.0	43.7	342.3	172.6	0.0	0.0	0.0	0.0	0.3	35.4	0.0
42 愛媛	7.9	0.0	0.0	24.4	139.3	71.2	0.0	0.0	0.0	0.0	32.2	98.9	0.0
43 高知	5.9	0.0	0.0	17.4	136.4	40.2	0.0	0.0	0.0	0.0	47.7	11.4	0.0
44 福岡	12.4	0.0	0.0	44.9	46.5	11.3	0.0	0.0	7.1	6.6	8.3	53.1	179.7
45 佐賀	0.0	0.0	0.0	0.1	0.8	0.2	0.0	0.0	0.0	0.0	0.0	0.0	0.0
46 長崎	6.1	0.0	0.0	2.4	6.6	0.5	0.0	0.0	0.0	0.0	0.0	0.0	0.0
47 熊本	6.8	0.0	0.0	11.7	5.1	1.9	0.0	0.0	0.0	0.0	0.0	0.0	0.0
48 大分	0.0	0.0	0.0	3.0	2.5	0.6	0.0	0.0	0.0	0.0	0.0	3.3	0.7
49 宮崎	0.0	0.0	0.0	0.8	1.3	0.5	0.0	0.0	0.0	0.0	0.0	0.0	0.0
50 鹿児島	0.0	0.0	0.0	0.0	1.8	0.3	0.0	0.0	0.0	0.0	0.0	1.9	0.0
51 沖縄	0.0	0.0	0.0	0.0	0.0	0.0	0.0	0.0	0.0	0.0	0.0	0.0	0.0
52 全国	180,689.9	39,472.8	21,119.5	193,502.1	269,254.7	231,977.8	53,430.0	13,128.3	4,508.7	6,813.2	27,365.5	99,184.3	24,989.6

平成28年度　　　　　　　　　　　　　　府県相互間旅客輸送人員表　（乗合バス , その 4）

（単位 : 1000人）

着／発	40 徳島	41 香川	42 愛媛	43 高知	44 福岡	45 佐賀	46 長崎	47 熊本	48 大分	49 宮崎	50 鹿児島	51 沖縄	52 全国
1 道北	0.0	0.0	0.0	0.0	0.0	0.0	0.0	0.0	0.0	0.0	0.0	0.0	19,852.4
2 道東	0.0	0.0	0.0	0.0	0.0	0.0	0.0	0.0	0.0	0.0	0.0	0.0	10,035.4
3 道央	0.0	0.0	0.0	0.0	0.0	0.0	0.0	0.0	0.0	0.0	0.0	0.0	142,860.9
4 道南	0.0	0.0	0.0	0.0	0.0	0.0	0.0	0.0	0.0	0.0	0.0	0.0	9,104.2
5 北海道	0.0	0.0	0.0	0.0	0.0	0.0	0.0	0.0	0.0	0.0	0.0	0.0	181,852.9
6 青森	0.0	0.0	0.0	0.0	0.0	0.0	0.0	0.0	0.0	0.0	0.0	0.0	24,371.1
7 岩手	0.0	0.0	0.0	0.0	0.0	0.0	0.0	0.0	0.0	0.0	0.0	0.0	22,698.7
8 宮城	0.0	0.0	0.0	0.0	0.0	0.0	0.0	0.0	0.0	0.0	0.0	0.0	61,992.3
9 秋田	0.0	0.0	0.0	0.0	0.0	0.0	0.0	0.0	0.0	0.0	0.0	0.0	11,551.0
10 山形	0.0	0.0	0.0	0.0	0.0	0.0	0.0	0.0	0.0	0.0	0.0	0.0	9,056.0
11 福島	0.0	0.0	0.0	0.0	0.0	0.0	0.0	0.0	0.0	0.0	0.0	0.0	18,755.0
12 茨城	0.0	0.0	0.0	0.0	0.0	0.0	0.0	0.0	0.0	0.0	0.0	0.0	43,082.3
13 栃木	0.0	0.0	0.0	0.0	0.0	0.0	0.0	0.0	0.0	0.0	0.0	0.0	19,164.7
14 群馬	0.0	0.0	0.0	0.0	0.0	0.0	0.0	0.0	0.0	0.0	0.0	0.0	9,932.3
15 埼玉	0.0	0.0	0.0	0.0	0.0	0.0	0.0	0.0	0.0	0.0	0.0	0.0	235,253.3
16 千葉	0.0	0.0	0.4	0.0	0.0	0.0	0.0	0.0	0.0	0.0	0.0	0.0	220,146.1
17 東京	38.8	18.5	25.0	21.2	20.1	0.0	0.0	0.0	0.0	0.0	0.0	0.0	876,280.9
18 神奈川	0.0	1.1	0.0	0.0	0.6	0.0	0.0	0.0	0.0	0.0	0.0	0.0	670,047.6
19 新潟	0.0	0.0	0.0	0.0	0.0	0.0	0.0	0.0	0.0	0.0	0.0	0.0	41,499.6
20 富山	0.0	0.0	0.0	0.0	0.0	0.0	0.0	0.0	0.0	0.0	0.0	0.0	9,619.3
21 石川	0.0	0.0	0.0	0.0	0.0	0.0	0.0	0.0	0.0	0.0	0.0	0.0	33,078.8
22 福井	0.0	0.0	0.0	0.0	0.0	0.0	0.0	0.0	0.0	0.0	0.0	0.0	4,970.6
23 山梨	0.0	0.0	0.0	0.0	1.0	0.0	0.0	0.0	0.0	0.0	0.0	0.0	9,434.8
24 長野	0.0	0.0	0.0	0.0	0.0	0.0	0.0	0.0	0.0	0.0	0.0	0.0	17,450.6
25 岐阜	0.0	0.0	0.0	0.0	0.0	0.0	0.0	0.0	0.0	0.0	0.0	0.0	26,915.8
26 静岡	0.0	0.0	0.0	0.0	1.1	0.0	0.0	0.0	0.0	0.0	0.0	0.0	72,385.3
27 愛知	12.1	9.4	8.5	5.7	14.4	0.0	6.4	7.3	0.0	0.0	0.0	0.0	180,790.8
28 三重	0.1	0.0	0.0	0.0	0.0	0.0	0.0	0.0	0.0	0.0	0.0	0.0	39,459.0
29 滋賀	0.0	0.0	0.0	0.0	0.0	0.0	0.0	0.0	0.0	0.0	0.0	0.0	21,085.9
30 京都	77.0	43.9	40.7	17.5	36.9	0.1	2.3	11.4	3.2	0.8	0.0	0.0	193,428.5
31 大阪	751.0	342.0	142.2	140.6	43.7	0.6	7.1	5.6	2.9	1.1	1.9	0.0	269,397.1
32 兵庫	350.4	165.9	69.1	40.4	8.5	0.1	0.6	2.4	0.8	0.8	0.4	0.0	231,752.0
33 奈良	0.0	0.0	0.0	0.0	0.0	0.0	0.0	0.0	0.0	0.0	0.0	0.0	53,447.8
34 和歌山	0.0	0.0	0.0	0.0	0.0	0.0	0.0	0.0	0.0	0.0	0.0	0.0	13,106.1
35 鳥取	0.0	0.0	0.0	0.0	7.0	0.0	0.0	0.0	0.0	0.0	0.0	0.0	4,523.4
36 島根	0.0	0.0	0.0	0.0	6.1	0.0	0.0	0.0	0.0	0.0	0.0	0.0	6,785.5
37 岡山	31.4	0.3	33.5	50.0	8.5	0.0	0.0	0.0	0.0	0.0	0.0	0.0	27,410.9
38 広島	17.9	35.3	99.5	11.5	54.3	0.0	0.0	0.0	3.3	0.0	3.9	0.0	99,199.1
39 山口	0.0	0.0	0.0	0.0	173.1	0.0	0.0	0.0	0.7	0.0	0.0	0.0	24,988.3
40 徳島	2,863.0	84.7	54.9	26.8	0.0	0.0	0.0	0.0	0.0	0.0	0.0	0.0	4,317.0
41 香川	86.8	4,315.0	75.8	78.4	7.4	0.0	0.0	0.0	0.0	0.0	0.0	0.0	5,187.1
42 愛媛	54.8	73.7	11,172.4	59.9	6.4	0.0	0.0	0.0	0.0	0.0	0.0	0.0	11,767.2
43 高知	26.4	74.5	42.8	4,020.1	4.7	0.0	0.0	0.0	0.0	0.0	0.0	0.0	4,448.1
44 福岡	0.0	7.2	3.2	4.7	270,215.2	1,077.5	296.6	809.4	668.5	218.6	129.7	0.0	273,822.4
45 佐賀	0.0	0.0	0.0	0.0	1,103.0	7,558.9	35.6	1.3	0.0	0.0	0.0	0.0	8,700.7
46 長崎	0.0	0.0	3.3	0.0	177.1	34.2	79,338.6	39.3	25.4	10.1	8.2	0.0	79,651.9
47 熊本	0.0	0.0	0.0	0.0	816.1	1.3	38.5	26,570.1	78.7	106.2	65.3	0.0	27,701.5
48 大分	0.0	0.0	0.0	0.0	644.5	0.8	26.1	82.4	16,673.8	27.0	4.6	0.0	17,470.6
49 宮崎	0.0	0.0	0.0	0.0	225.1	0.0	10.0	251.1	27.0	8,465.1	119.2	0.0	9,100.3
50 鹿児島	0.0	0.0	0.0	0.0	130.7	0.0	8.2	68.4	4.4	118.3	34,698.3	0.0	35,032.4
51 沖縄	0.0	0.0	0.0	0.0	0.0	0.0	0.0	0.0	0.0	0.0	0.0	26,403.0	26,403.0
52 全国	4,309.8	5,171.5	11,771.1	4,476.8	273,705.4	8,673.5	79,770.1	27,848.7	17,489.5	8,949.4	35,031.3	26,403.0	4,288,516.0

平成28年度　　　　　　　　　　　　　　府県相互間旅客輸送人員表　（貸切バス　，　その　1）

(単位 ： 1000人)

発＼着	1 道北	2 道東	3 道央	4 道南	5 北海道	6 青森	7 岩手	8 宮城	9 秋田	10 山形	11 福島	12 茨城	13 栃木
1 道北	2,099.6	52.1	911.7	0.0	3,063.4	0.0	0.0	0.0	0.0	0.0	0.0	0.0	0.0
2 道東	364.7	3,876.2	286.5	0.0	4,527.4	0.0	0.0	0.0	0.0	0.0	0.0	0.0	0.0
3 道央	760.6	333.4	5,944.5	260.5	7,299.0	0.0	0.0	0.0	0.0	0.0	0.0	0.0	0.0
4 道南	0.0	0.0	0.0	286.5	286.5	0.0	0.0	0.0	0.0	0.0	0.0	0.0	0.0
5 北海道	3,224.9	4,261.7	7,142.7	547.0	15,176.3	0.0	0.0	0.0	0.0	0.0	0.0	0.0	0.0
6 青森	0.0	0.0	0.0	0.0	0.0	2,933.2	390.7	0.0	0.0	0.0	0.0	0.0	0.0
7 岩手	0.0	0.0	0.0	0.0	0.0	208.4	2,860.2	213.6	0.0	0.0	0.0	135.5	0.0
8 宮城	0.0	0.0	0.0	0.0	0.0	104.2	151.1	8,351.5	0.0	52.1	500.1	99.0	67.7
9 秋田	0.0	0.0	0.0	0.0	0.0	0.0	0.0	0.0	1,286.8	0.0	0.0	0.0	0.0
10 山形	0.0	0.0	0.0	0.0	0.0	0.0	0.0	0.0	0.0	4,136.7	0.0	0.0	0.0
11 福島	0.0	0.0	0.0	0.0	0.0	0.0	0.0	125.0	0.0	0.0	4,350.3	83.4	62.5
12 茨城	0.0	0.0	0.0	0.0	0.0	0.0	0.0	0.0	0.0	0.0	0.0	15,874.5	104.2
13 栃木	0.0	0.0	0.0	0.0	0.0	0.0	0.0	0.0	0.0	0.0	0.0	62.5	6,345.6
14 群馬	0.0	0.0	0.0	0.0	0.0	0.0	0.0	0.0	0.0	0.0	0.0	72.9	83.4
15 埼玉	0.0	0.0	0.0	0.0	0.0	0.0	0.0	0.0	0.0	72.9	198.0	536.6	0.0
16 千葉	0.0	0.0	0.0	0.0	0.0	0.0	0.0	0.0	0.0	0.0	0.0	218.8	0.0
17 東京	0.0	0.0	0.0	0.0	0.0	0.0	0.0	0.0	0.0	0.0	0.0	343.9	369.9
18 神奈川	0.0	0.0	0.0	0.0	0.0	0.0	0.0	0.0	0.0	0.0	0.0	0.0	0.0
19 新潟	0.0	0.0	0.0	0.0	0.0	0.0	0.0	0.0	0.0	0.0	0.0	0.0	0.0
20 富山	0.0	0.0	0.0	0.0	0.0	0.0	0.0	0.0	0.0	0.0	0.0	0.0	0.0
21 石川	0.0	0.0	0.0	0.0	0.0	0.0	0.0	0.0	0.0	0.0	0.0	0.0	0.0
22 福井	0.0	0.0	0.0	0.0	0.0	0.0	0.0	0.0	0.0	0.0	0.0	0.0	0.0
23 山梨	0.0	0.0	0.0	0.0	0.0	0.0	0.0	0.0	0.0	0.0	88.6	0.0	0.0
24 長野	0.0	0.0	0.0	0.0	0.0	0.0	0.0	0.0	0.0	0.0	0.0	161.5	0.0
25 岐阜	0.0	0.0	0.0	0.0	0.0	0.0	0.0	0.0	0.0	0.0	0.0	0.0	88.6
26 静岡	0.0	0.0	0.0	0.0	0.0	0.0	0.0	0.0	0.0	0.0	0.0	0.0	0.0
27 愛知	0.0	0.0	0.0	0.0	0.0	0.0	0.0	0.0	0.0	0.0	0.0	0.0	0.0
28 三重	0.0	0.0	0.0	0.0	0.0	0.0	0.0	0.0	0.0	0.0	0.0	0.0	0.0
29 滋賀	0.0	0.0	0.0	0.0	0.0	0.0	0.0	0.0	0.0	0.0	0.0	0.0	0.0
30 京都	0.0	0.0	0.0	0.0	0.0	0.0	0.0	0.0	0.0	0.0	0.0	0.0	0.0
31 大阪	0.0	0.0	0.0	0.0	0.0	0.0	0.0	0.0	0.0	0.0	0.0	0.0	0.0
32 兵庫	0.0	0.0	0.0	0.0	0.0	0.0	0.0	0.0	0.0	0.0	0.0	0.0	0.0
33 奈良	0.0	0.0	0.0	0.0	0.0	0.0	0.0	0.0	0.0	0.0	0.0	0.0	0.0
34 和歌山	0.0	0.0	0.0	0.0	0.0	0.0	0.0	0.0	0.0	0.0	0.0	0.0	0.0
35 鳥取	0.0	0.0	0.0	0.0	0.0	0.0	0.0	0.0	0.0	0.0	0.0	0.0	0.0
36 島根	0.0	0.0	0.0	0.0	0.0	0.0	0.0	0.0	0.0	0.0	0.0	0.0	0.0
37 岡山	0.0	0.0	0.0	0.0	0.0	0.0	0.0	0.0	0.0	0.0	0.0	0.0	0.0
38 広島	0.0	0.0	0.0	0.0	0.0	0.0	0.0	0.0	0.0	0.0	0.0	0.0	0.0
39 山口	0.0	0.0	0.0	0.0	0.0	0.0	0.0	0.0	0.0	0.0	0.0	0.0	0.0
40 徳島	0.0	0.0	0.0	0.0	0.0	0.0	0.0	0.0	0.0	0.0	0.0	0.0	0.0
41 香川	0.0	0.0	0.0	0.0	0.0	0.0	0.0	0.0	0.0	0.0	0.0	0.0	0.0
42 愛媛	0.0	0.0	0.0	0.0	0.0	0.0	0.0	0.0	0.0	0.0	0.0	0.0	0.0
43 高知	0.0	0.0	0.0	0.0	0.0	0.0	0.0	0.0	0.0	0.0	0.0	0.0	0.0
44 福岡	0.0	0.0	0.0	0.0	0.0	0.0	0.0	0.0	0.0	0.0	0.0	0.0	0.0
45 佐賀	0.0	0.0	0.0	0.0	0.0	0.0	0.0	0.0	0.0	0.0	0.0	0.0	0.0
46 長崎	0.0	0.0	0.0	0.0	0.0	0.0	0.0	0.0	0.0	0.0	0.0	0.0	0.0
47 熊本	0.0	0.0	0.0	0.0	0.0	0.0	0.0	0.0	0.0	0.0	0.0	0.0	0.0
48 大分	0.0	0.0	0.0	0.0	0.0	0.0	0.0	0.0	0.0	0.0	0.0	0.0	0.0
49 宮崎	0.0	0.0	0.0	0.0	0.0	0.0	0.0	0.0	0.0	0.0	0.0	0.0	0.0
50 鹿児島	0.0	0.0	0.0	0.0	0.0	0.0	0.0	0.0	0.0	0.0	0.0	0.0	0.0
51 沖縄	0.0	0.0	0.0	0.0	0.0	0.0	0.0	0.0	0.0	0.0	0.0	0.0	0.0
52 全国	3,224.9	4,261.7	7,142.7	547.0	15,176.3	3,245.8	3,402.0	8,690.1	1,286.8	4,261.7	5,199.5	17,526.1	7,121.9

平成28年度　　　　　　　　　　　　　　府県相互間旅客輸送人員表　（貸切バス　，　その　2）

(単位 ： 1000人)

発＼着	14 群馬	15 埼玉	16 千葉	17 東京	18 神奈川	19 新潟	20 富山	21 石川	22 福井	23 山梨	24 長野	25 岐阜	26 静岡
1 道北	0.0	0.0	0.0	0.0	0.0	0.0	0.0	0.0	0.0	0.0	0.0	0.0	0.0
2 道東	0.0	0.0	0.0	0.0	0.0	0.0	0.0	0.0	0.0	0.0	0.0	0.0	0.0
3 道央	0.0	0.0	0.0	0.0	0.0	0.0	0.0	0.0	0.0	0.0	0.0	0.0	0.0
4 道南	0.0	0.0	0.0	0.0	0.0	0.0	0.0	0.0	0.0	0.0	0.0	0.0	0.0
5 北海道	0.0	0.0	0.0	0.0	0.0	0.0	0.0	0.0	0.0	0.0	0.0	0.0	0.0
6 青森	0.0	0.0	0.0	0.0	0.0	0.0	0.0	0.0	0.0	0.0	0.0	0.0	0.0
7 岩手	0.0	0.0	0.0	0.0	0.0	0.0	0.0	0.0	0.0	0.0	0.0	0.0	0.0
8 宮城	0.0	0.0	0.0	0.0	0.0	0.0	0.0	0.0	0.0	0.0	0.0	0.0	0.0
9 秋田	0.0	0.0	0.0	0.0	0.0	0.0	0.0	0.0	0.0	0.0	0.0	0.0	0.0
10 山形	0.0	72.9	0.0	0.0	0.0	0.0	0.0	0.0	0.0	0.0	0.0	0.0	0.0
11 福島	0.0	198.0	88.6	0.0	0.0	0.0	0.0	0.0	0.0	88.6	0.0	0.0	0.0
12 茨城	72.9	448.1	0.0	656.4	208.4	0.0	0.0	0.0	0.0	0.0	161.5	0.0	0.0
13 栃木	78.1	0.0	260.5	161.5	0.0	0.0	0.0	0.0	0.0	0.0	0.0	88.6	0.0
14 群馬	5,642.3	578.3	0.0	317.8	286.5	0.0	0.0	0.0	0.0	78.1	192.8	171.9	109.4
15 埼玉	630.4	16,765.4	0.0	20.8	0.0	0.0	140.7	0.0	0.0	166.7	458.5	0.0	0.0
16 千葉	229.2	0.0	6,022.6	224.0	0.0	0.0	0.0	0.0	0.0	182.3	0.0	0.0	218.8
17 東京	182.3	20.8	281.3	17,791.8	78.1	515.8	0.0	0.0	0.0	1,156.6	198.0	0.0	656.4
18 神奈川	0.0	0.0	187.6	109.4	380.3	0.0	0.0	0.0	0.0	208.4	0.0	0.0	208.4
19 新潟	0.0	250.1	0.0	515.8	0.0	6,439.4	0.0	0.0	0.0	0.0	0.0	0.0	161.5
20 富山	0.0	0.0	0.0	41.7	0.0	0.0	1,979.8	0.0	0.0	0.0	666.9	0.0	0.0
21 石川	0.0	0.0	0.0	0.0	0.0	0.0	0.0	2,849.8	0.0	0.0	130.2	0.0	0.0
22 福井	0.0	0.0	0.0	0.0	0.0	0.0	0.0	0.0	1,766.2	0.0	0.0	0.0	0.0
23 山梨	83.4	0.0	0.0	750.2	130.2	0.0	0.0	0.0	0.0	531.4	239.7	218.8	177.1
24 長野	276.1	130.2	88.6	396.0	0.0	135.5	646.0	0.0	0.0	323.0	8,528.6	67.7	203.2
25 岐阜	239.7	0.0	0.0	0.0	0.0	0.0	182.3	218.8	0.0	67.7	130.2	2,855.0	0.0
26 静岡	109.4	0.0	229.2	401.2	182.3	0.0	0.0	0.0	0.0	145.9	203.2	161.5	4,595.1
27 愛知	0.0	0.0	0.0	213.6	0.0	0.0	0.0	72.9	0.0	250.1	359.5	463.7	724.2
28 三重	0.0	0.0	0.0	0.0	0.0	0.0	0.0	0.0	0.0	0.0	0.0	0.0	0.0
29 滋賀	0.0	0.0	0.0	0.0	0.0	0.0	0.0	0.0	0.0	0.0	0.0	0.0	0.0
30 京都	0.0	0.0	0.0	0.0	0.0	0.0	0.0	0.0	0.0	0.0	250.1	0.0	0.0
31 大阪	0.0	0.0	0.0	0.0	0.0	0.0	192.8	359.5	0.0	0.0	0.0	484.5	93.8
32 兵庫	0.0	0.0	0.0	0.0	0.0	0.0	0.0	52.1	0.0	0.0	0.0	0.0	0.0
33 奈良	0.0	0.0	0.0	0.0	0.0	0.0	0.0	0.0	0.0	0.0	0.0	0.0	218.8
34 和歌山	0.0	0.0	0.0	0.0	0.0	0.0	0.0	0.0	0.0	0.0	0.0	0.0	0.0
35 鳥取	0.0	0.0	0.0	0.0	0.0	0.0	0.0	0.0	0.0	0.0	0.0	0.0	0.0
36 島根	0.0	0.0	0.0	0.0	0.0	0.0	0.0	0.0	0.0	0.0	0.0	0.0	0.0
37 岡山	0.0	0.0	0.0	0.0	0.0	0.0	0.0	0.0	0.0	0.0	0.0	0.0	0.0
38 広島	0.0	0.0	0.0	0.0	0.0	0.0	0.0	0.0	0.0	0.0	0.0	0.0	0.0
39 山口	0.0	0.0	0.0	0.0	0.0	0.0	0.0	0.0	0.0	0.0	0.0	0.0	208.4
40 徳島	0.0	0.0	0.0	0.0	0.0	0.0	0.0	0.0	0.0	0.0	0.0	0.0	0.0
41 香川	0.0	0.0	0.0	0.0	0.0	0.0	0.0	0.0	0.0	0.0	0.0	0.0	0.0
42 愛媛	0.0	0.0	0.0	0.0	0.0	0.0	0.0	0.0	0.0	0.0	0.0	0.0	0.0
43 高知	0.0	0.0	0.0	0.0	0.0	0.0	0.0	0.0	0.0	0.0	0.0	0.0	0.0
44 福岡	0.0	0.0	0.0	0.0	0.0	0.0	0.0	0.0	0.0	0.0	0.0	0.0	0.0
45 佐賀	0.0	0.0	0.0	0.0	0.0	0.0	0.0	0.0	0.0	0.0	0.0	0.0	0.0
46 長崎	0.0	0.0	0.0	0.0	0.0	0.0	0.0	0.0	0.0	0.0	0.0	0.0	0.0
47 熊本	0.0	0.0	0.0	0.0	0.0	0.0	0.0	0.0	0.0	0.0	0.0	0.0	0.0
48 大分	0.0	0.0	0.0	0.0	0.0	0.0	0.0	0.0	0.0	0.0	0.0	0.0	0.0
49 宮崎	0.0	0.0	0.0	0.0	0.0	0.0	0.0	0.0	0.0	0.0	0.0	0.0	0.0
50 鹿児島	0.0	0.0	0.0	0.0	0.0	0.0	0.0	0.0	0.0	0.0	0.0	0.0	0.0
51 沖縄	0.0	0.0	0.0	0.0	0.0	0.0	0.0	0.0	0.0	0.0	0.0	0.0	0.0
52 全国	7,543.8	18,463.8	7,158.4	21,600.2	979.3	7,090.7	3,141.6	3,553.1	1,766.2	3,198.8	11,519.2	4,511.7	7,575.1

平成28年度　　　　　　　　　　　　府県相互間旅客輸送人員表　（貸切バス，　その　3）

（単位 ： 1000人）

発＼着	27 愛知	28 三重	29 滋賀	30 京都	31 大阪	32 兵庫	33 奈良	34 和歌山	35 鳥取	36 島根	37 岡山	38 広島	39 山口
1 道北	0.0	0.0	0.0	0.0	0.0	0.0	0.0	0.0	0.0	0.0	0.0	0.0	0.0
2 道東	0.0	0.0	0.0	0.0	0.0	0.0	0.0	0.0	0.0	0.0	0.0	0.0	0.0
3 道央	0.0	0.0	0.0	0.0	0.0	0.0	0.0	0.0	0.0	0.0	0.0	0.0	0.0
4 道南	0.0	0.0	0.0	0.0	0.0	0.0	0.0	0.0	0.0	0.0	0.0	0.0	0.0
5 北海道	0.0	0.0	0.0	0.0	0.0	0.0	0.0	0.0	0.0	0.0	0.0	0.0	0.0
6 青森	0.0	0.0	0.0	0.0	0.0	0.0	0.0	0.0	0.0	0.0	0.0	0.0	0.0
7 岩手	0.0	0.0	0.0	0.0	0.0	0.0	0.0	0.0	0.0	0.0	0.0	0.0	0.0
8 宮城	0.0	0.0	0.0	0.0	0.0	0.0	0.0	0.0	0.0	0.0	0.0	0.0	0.0
9 秋田	0.0	0.0	0.0	0.0	0.0	0.0	0.0	0.0	0.0	0.0	0.0	0.0	0.0
10 山形	0.0	0.0	0.0	0.0	0.0	0.0	0.0	0.0	0.0	0.0	0.0	0.0	0.0
11 福島	0.0	0.0	0.0	0.0	0.0	0.0	0.0	0.0	0.0	0.0	0.0	0.0	0.0
12 茨城	0.0	0.0	0.0	0.0	0.0	0.0	0.0	0.0	0.0	0.0	0.0	0.0	0.0
13 栃木	0.0	0.0	0.0	0.0	0.0	0.0	0.0	0.0	0.0	0.0	0.0	0.0	0.0
14 群馬	0.0	0.0	0.0	0.0	0.0	0.0	0.0	0.0	0.0	0.0	0.0	0.0	0.0
15 埼玉	0.0	0.0	0.0	0.0	0.0	0.0	0.0	0.0	0.0	0.0	0.0	0.0	0.0
16 千葉	0.0	0.0	0.0	0.0	239.7	0.0	0.0	0.0	0.0	0.0	0.0	0.0	0.0
17 東京	213.6	0.0	0.0	0.0	0.0	0.0	0.0	0.0	0.0	0.0	0.0	0.0	0.0
18 神奈川	0.0	0.0	0.0	0.0	0.0	0.0	0.0	0.0	0.0	0.0	0.0	0.0	0.0
19 新潟	0.0	0.0	0.0	0.0	0.0	0.0	0.0	0.0	0.0	0.0	0.0	0.0	0.0
20 富山	182.3	0.0	0.0	0.0	192.8	0.0	0.0	0.0	0.0	0.0	0.0	0.0	0.0
21 石川	72.9	0.0	0.0	0.0	239.7	0.0	0.0	0.0	0.0	0.0	0.0	0.0	0.0
22 福井	0.0	0.0	109.4	0.0	0.0	0.0	0.0	0.0	0.0	0.0	0.0	0.0	0.0
23 山梨	250.1	0.0	0.0	0.0	208.4	0.0	0.0	0.0	0.0	0.0	0.0	0.0	0.0
24 長野	156.3	0.0	0.0	250.1	192.8	0.0	0.0	0.0	0.0	0.0	0.0	0.0	0.0
25 岐阜	125.0	161.5	0.0	0.0	161.5	0.0	0.0	0.0	0.0	0.0	0.0	0.0	0.0
26 静岡	198.0	0.0	0.0	0.0	0.0	0.0	218.8	0.0	0.0	0.0	0.0	0.0	208.4
27 愛知	22,063.9	291.8	0.0	0.0	234.4	0.0	0.0	0.0	0.0	0.0	104.2	0.0	0.0
28 三重	0.0	2,308.0	0.0	0.0	364.7	0.0	0.0	0.0	0.0	0.0	0.0	0.0	0.0
29 滋賀	0.0	0.0	6,798.9	739.8	557.5	208.4	0.0	161.5	104.2	0.0	0.0	0.0	0.0
30 京都	0.0	458.5	130.2	1,359.8	838.8	140.7	0.0	0.0	67.7	99.0	0.0	0.0	0.0
31 大阪	0.0	458.5	224.0	838.8	19,402.1	442.8	338.6	57.3	250.1	0.0	0.0	0.0	0.0
32 兵庫	0.0	0.0	208.4	0.0	1,490.0	2,177.7	0.0	0.0	0.0	0.0	224.0	0.0	0.0
33 奈良	0.0	0.0	0.0	0.0	338.6	0.0	2,490.3	0.0	0.0	0.0	0.0	0.0	0.0
34 和歌山	203.2	0.0	0.0	67.7	192.8	0.0	161.5	635.6	0.0	0.0	0.0	0.0	0.0
35 鳥取	0.0	0.0	104.2	0.0	0.0	0.0	0.0	0.0	0.0	0.0	468.9	0.0	203.2
36 島根	0.0	0.0	0.0	0.0	0.0	0.0	0.0	0.0	99.0	1,859.9	0.0	83.4	0.0
37 岡山	244.9	0.0	0.0	0.0	948.2	557.5	0.0	0.0	432.4	0.0	2,912.3	0.0	0.0
38 広島	0.0	0.0	0.0	0.0	0.0	125.0	0.0	0.0	0.0	0.0	0.0	4,324.2	0.0
39 山口	0.0	0.0	0.0	0.0	0.0	0.0	0.0	0.0	203.2	0.0	0.0	0.0	5,361.0
40 徳島	0.0	0.0	0.0	0.0	0.0	739.8	0.0	46.9	0.0	93.8	52.1	0.0	0.0
41 香川	0.0	0.0	0.0	0.0	0.0	0.0	0.0	218.8	0.0	0.0	171.9	0.0	234.4
42 愛媛	0.0	0.0	0.0	0.0	0.0	0.0	0.0	0.0	0.0	0.0	0.0	0.0	0.0
43 高知	0.0	0.0	0.0	0.0	0.0	0.0	0.0	0.0	0.0	0.0	0.0	0.0	0.0
44 福岡	0.0	0.0	0.0	0.0	0.0	0.0	0.0	0.0	0.0	0.0	0.0	0.0	0.0
45 佐賀	0.0	0.0	0.0	0.0	0.0	0.0	0.0	0.0	0.0	0.0	0.0	0.0	0.0
46 長崎	0.0	0.0	0.0	0.0	0.0	0.0	0.0	0.0	0.0	0.0	0.0	0.0	0.0
47 熊本	0.0	0.0	0.0	0.0	0.0	0.0	0.0	0.0	0.0	0.0	0.0	0.0	0.0
48 大分	0.0	0.0	0.0	0.0	0.0	0.0	0.0	0.0	0.0	0.0	0.0	0.0	0.0
49 宮崎	0.0	0.0	0.0	0.0	0.0	0.0	0.0	0.0	0.0	0.0	0.0	0.0	156.3
50 鹿児島	0.0	0.0	0.0	0.0	0.0	0.0	0.0	0.0	0.0	0.0	0.0	0.0	0.0
51 沖縄	0.0	0.0	0.0	0.0	0.0	0.0	0.0	0.0	0.0	0.0	0.0	0.0	0.0
52 全国	23,710.2	3,678.3	7,575.1	3,256.2	25,602.0	4,391.9	3,209.2	1,187.8	1,187.9	1,953.7	3,933.4	4,407.6	6,163.3

平成28年度　　　　　　　　　　　　府県相互間旅客輸送人員表　（貸切バス，　その　4）

（単位 ： 1000人）

発＼着	40 徳島	41 香川	42 愛媛	43 高知	44 福岡	45 佐賀	46 長崎	47 熊本	48 大分	49 宮崎	50 鹿児島	51 沖縄	52 全国
1 道北	0.0	0.0	0.0	0.0	0.0	0.0	0.0	0.0	0.0	0.0	0.0	0.0	3,063.4
2 道東	0.0	0.0	0.0	0.0	0.0	0.0	0.0	0.0	0.0	0.0	0.0	0.0	4,527.4
3 道央	0.0	0.0	0.0	0.0	0.0	0.0	0.0	0.0	0.0	0.0	0.0	0.0	7,299.0
4 道南	0.0	0.0	0.0	0.0	0.0	0.0	0.0	0.0	0.0	0.0	0.0	0.0	286.5
5 北海道	0.0	0.0	0.0	0.0	0.0	0.0	0.0	0.0	0.0	0.0	0.0	0.0	15,176.3
6 青森	0.0	0.0	0.0	0.0	0.0	0.0	0.0	0.0	0.0	0.0	0.0	0.0	3,323.9
7 岩手	0.0	0.0	0.0	0.0	0.0	0.0	0.0	0.0	0.0	0.0	0.0	0.0	3,417.7
8 宮城	0.0	0.0	0.0	0.0	0.0	0.0	0.0	0.0	0.0	0.0	0.0	0.0	9,325.7
9 秋田	0.0	0.0	0.0	0.0	0.0	0.0	0.0	0.0	0.0	0.0	0.0	0.0	1,286.8
10 山形	0.0	0.0	0.0	0.0	0.0	0.0	0.0	0.0	0.0	0.0	0.0	0.0	4,209.6
11 福島	0.0	0.0	0.0	0.0	0.0	0.0	0.0	0.0	0.0	0.0	0.0	0.0	4,996.4
12 茨城	0.0	0.0	0.0	0.0	0.0	0.0	0.0	0.0	0.0	0.0	0.0	0.0	17,526.0
13 栃木	0.0	0.0	0.0	0.0	0.0	0.0	0.0	0.0	0.0	0.0	0.0	0.0	6,996.8
14 群馬	0.0	0.0	0.0	0.0	0.0	0.0	0.0	0.0	0.0	0.0	0.0	0.0	7,246.9
15 埼玉	0.0	0.0	0.0	0.0	0.0	0.0	0.0	0.0	0.0	0.0	0.0	0.0	18,990.0
16 千葉	0.0	0.0	0.0	0.0	0.0	0.0	0.0	0.0	0.0	0.0	0.0	0.0	7,335.4
17 東京	0.0	0.0	0.0	0.0	0.0	0.0	0.0	0.0	0.0	0.0	0.0	0.0	21,808.5
18 神奈川	0.0	0.0	0.0	0.0	0.0	0.0	0.0	0.0	0.0	0.0	0.0	0.0	1,094.1
19 新潟	0.0	0.0	0.0	0.0	0.0	0.0	0.0	0.0	0.0	0.0	0.0	0.0	7,366.8
20 富山	0.0	0.0	0.0	0.0	0.0	0.0	0.0	0.0	0.0	0.0	0.0	0.0	3,063.5
21 石川	0.0	0.0	0.0	0.0	0.0	0.0	0.0	0.0	0.0	0.0	0.0	0.0	3,292.6
22 福井	0.0	0.0	0.0	0.0	0.0	0.0	0.0	0.0	0.0	0.0	0.0	0.0	1,875.9
23 山梨	0.0	0.0	0.0	0.0	0.0	0.0	0.0	0.0	0.0	0.0	0.0	0.0	2,677.9
24 長野	78.1	0.0	0.0	0.0	0.0	0.0	0.0	0.0	0.0	0.0	0.0	0.0	11,633.7
25 岐阜	0.0	0.0	0.0	0.0	0.0	0.0	0.0	0.0	0.0	0.0	0.0	0.0	4,230.3
26 静岡	0.0	0.0	0.0	0.0	0.0	0.0	0.0	0.0	0.0	0.0	0.0	0.0	6,653.0
27 愛知	0.0	0.0	0.0	0.0	0.0	0.0	0.0	0.0	0.0	0.0	0.0	0.0	24,778.3
28 三重	0.0	0.0	0.0	0.0	0.0	0.0	0.0	0.0	0.0	0.0	0.0	0.0	2,672.7
29 滋賀	0.0	0.0	0.0	0.0	0.0	0.0	0.0	0.0	0.0	0.0	0.0	0.0	8,570.2
30 京都	0.0	0.0	0.0	0.0	0.0	0.0	0.0	0.0	0.0	0.0	0.0	0.0	3,344.8
31 大阪	312.6	0.0	0.0	0.0	0.0	0.0	0.0	0.0	0.0	0.0	0.0	0.0	23,455.4
32 兵庫	0.0	239.7	0.0	0.0	0.0	0.0	0.0	0.0	0.0	0.0	0.0	0.0	4,391.9
33 奈良	0.0	0.0	0.0	0.0	0.0	0.0	0.0	0.0	0.0	0.0	0.0	0.0	3,047.7
34 和歌山	46.9	218.8	0.0	0.0	0.0	0.0	0.0	0.0	0.0	0.0	0.0	0.0	1,526.5
35 鳥取	0.0	0.0	0.0	0.0	0.0	0.0	0.0	0.0	0.0	0.0	0.0	0.0	776.3
36 島根	93.8	0.0	0.0	0.0	0.0	0.0	0.0	0.0	0.0	0.0	0.0	0.0	2,136.1
37 岡山	78.1	0.0	93.8	0.0	0.0	0.0	0.0	0.0	0.0	0.0	0.0	0.0	5,267.2
38 広島	0.0	0.0	156.3	0.0	0.0	0.0	145.9	0.0	0.0	0.0	0.0	0.0	4,751.4
39 山口	0.0	234.4	276.1	0.0	0.0	0.0	0.0	0.0	156.3	0.0	0.0	0.0	6,439.4
40 徳島	1,172.2	411.6	0.0	78.1	0.0	0.0	0.0	0.0	0.0	0.0	0.0	0.0	2,594.5
41 香川	995.1	3,495.8	239.7	468.9	0.0	0.0	0.0	0.0	0.0	0.0	0.0	0.0	5,824.0
42 愛媛	396.0	0.0	448.1	198.0	0.0	0.0	0.0	0.0	0.0	0.0	0.0	0.0	1,042.1
43 高知	198.0	468.9	0.0	1,781.8	0.0	0.0	0.0	0.0	0.0	0.0	0.0	0.0	2,448.7
44 福岡	0.0	0.0	0.0	0.0	4,334.6	0.0	416.8	448.1	0.0	166.7	57.3	0.0	5,423.5
45 佐賀	0.0	0.0	0.0	0.0	500.1	229.2	0.0	0.0	0.0	0.0	0.0	0.0	729.3
46 長崎	0.0	0.0	0.0	0.0	3,152.0	0.0	0.0	224.0	0.0	0.0	0.0	0.0	3,376.0
47 熊本	0.0	0.0	0.0	0.0	0.0	0.0	0.0	260.5	0.0	0.0	67.7	0.0	328.2
48 大分	0.0	0.0	0.0	0.0	250.1	0.0	104.2	0.0	1,458.8	198.0	0.0	0.0	2,167.4
49 宮崎	0.0	0.0	0.0	0.0	145.9	0.0	0.0	67.7	0.0	2,078.7	354.3	0.0	2,646.6
50 鹿児島	0.0	0.0	0.0	0.0	0.0	229.2	0.0	0.0	198.0	0.0	5,720.5	0.0	6,147.1
51 沖縄	0.0	0.0	0.0	0.0	0.0	0.0	0.0	0.0	0.0	0.0	0.0	7,022.9	7,022.9
52 全国	3,370.8	5,069.2	1,214.0	2,526.8	4,730.6	729.3	3,902.2	1,146.2	1,813.1	2,511.1	6,132.1	7,022.9	294,437.0

平成28年度 　　　　　　　　　　　府県相互間旅客輸送人員表　（営業用乗用車 , その 1）

（単位 ： 1000人）

発＼着	1 道北	2 道東	3 道央	4 道南	5 北海道	6 青森	7 岩手	8 宮城	9 秋田	10 山形	11 福島	12 茨城	13 栃木
1 道北	51,635.5	12.3	61.7	0.0	51,709.5	0.0	0.0	0.0	0.0	0.0	0.0	0.0	0.0
2 道東	12.3	46,618.2	0.0	0.0	46,630.5	0.0	0.0	0.0	0.0	0.0	0.0	0.0	0.0
3 道央	0.0	0.0	75,709.9	0.0	75,709.9	0.0	0.0	0.0	0.0	0.0	0.0	0.0	0.0
4 道南	0.0	0.0	0.0	25,962.8	25,962.8	0.0	0.0	0.0	0.0	0.0	0.0	0.0	0.0
5 北海道	51,647.8	46,630.5	75,771.6	25,962.8	200,012.7	0.0	0.0	0.0	0.0	0.0	0.0	0.0	0.0
6 青森	0.0	0.0	0.0	0.0	0.0	19,606.3	216.0	0.0	6.2	0.0	0.0	0.0	0.0
7 岩手	0.0	0.0	0.0	0.0	0.0	0.0	15,150.6	0.0	6.2	0.0	0.0	0.0	0.0
8 宮城	0.0	0.0	0.0	0.0	0.0	0.0	0.0	15,878.8	0.0	74.1	0.0	0.0	0.0
9 秋田	0.0	0.0	0.0	0.0	0.0	24.7	49.4	12.3	15,965.2	0.0	0.0	0.0	0.0
10 山形	0.0	0.0	0.0	0.0	0.0	0.0	0.0	61.7	0.0	18,477.0	0.0	0.0	0.0
11 福島	0.0	0.0	0.0	0.0	0.0	0.0	0.0	0.0	0.0	0.0	15,230.8	49.4	0.0
12 茨城	0.0	0.0	0.0	0.0	0.0	0.0	0.0	0.0	0.0	0.0	0.0	16,304.7	172.8
13 栃木	0.0	0.0	0.0	0.0	0.0	0.0	0.0	0.0	0.0	0.0	18.5	123.4	13,502.9
14 群馬	0.0	0.0	0.0	0.0	0.0	0.0	0.0	0.0	0.0	0.0	0.0	0.0	12.3
15 埼玉	0.0	0.0	0.0	0.0	0.0	0.0	0.0	0.0	0.0	0.0	0.0	24.7	0.0
16 千葉	0.0	0.0	0.0	0.0	0.0	0.0	0.0	0.0	0.0	0.0	0.0	67.9	0.0
17 東京	0.0	0.0	0.0	0.0	0.0	0.0	0.0	0.0	0.0	0.0	0.0	37.0	0.0
18 神奈川	0.0	0.0	0.0	0.0	0.0	0.0	0.0	0.0	0.0	0.0	0.0	0.0	0.0
19 新潟	0.0	0.0	0.0	0.0	0.0	0.0	0.0	0.0	0.0	0.0	0.0	0.0	0.0
20 富山	0.0	0.0	0.0	0.0	0.0	0.0	0.0	0.0	0.0	0.0	0.0	0.0	0.0
21 石川	0.0	0.0	0.0	0.0	0.0	0.0	0.0	0.0	0.0	0.0	0.0	0.0	0.0
22 福井	0.0	0.0	0.0	0.0	0.0	0.0	0.0	0.0	0.0	0.0	0.0	0.0	0.0
23 山梨	0.0	0.0	0.0	0.0	0.0	0.0	0.0	0.0	0.0	0.0	0.0	0.0	0.0
24 長野	0.0	0.0	0.0	0.0	0.0	0.0	0.0	0.0	0.0	0.0	0.0	0.0	0.0
25 岐阜	0.0	0.0	0.0	0.0	0.0	0.0	0.0	0.0	0.0	0.0	0.0	0.0	0.0
26 静岡	0.0	0.0	0.0	0.0	0.0	0.0	0.0	0.0	0.0	0.0	0.0	0.0	0.0
27 愛知	0.0	0.0	0.0	0.0	0.0	0.0	0.0	0.0	0.0	0.0	0.0	0.0	0.0
28 三重	0.0	0.0	0.0	0.0	0.0	0.0	0.0	0.0	0.0	0.0	0.0	0.0	0.0
29 滋賀	0.0	0.0	0.0	0.0	0.0	0.0	0.0	0.0	0.0	0.0	0.0	0.0	0.0
30 京都	0.0	0.0	0.0	0.0	0.0	0.0	0.0	0.0	0.0	0.0	0.0	0.0	0.0
31 大阪	0.0	0.0	0.0	0.0	0.0	0.0	0.0	0.0	0.0	0.0	0.0	0.0	0.0
32 兵庫	0.0	0.0	0.0	0.0	0.0	0.0	0.0	0.0	0.0	0.0	0.0	0.0	0.0
33 奈良	0.0	0.0	0.0	0.0	0.0	0.0	0.0	0.0	0.0	0.0	0.0	0.0	0.0
34 和歌山	0.0	0.0	0.0	0.0	0.0	0.0	0.0	0.0	0.0	0.0	0.0	0.0	0.0
35 鳥取	0.0	0.0	0.0	0.0	0.0	0.0	0.0	0.0	0.0	0.0	0.0	0.0	0.0
36 島根	0.0	0.0	0.0	0.0	0.0	0.0	0.0	0.0	0.0	0.0	0.0	0.0	0.0
37 岡山	0.0	0.0	0.0	0.0	0.0	0.0	0.0	0.0	0.0	0.0	0.0	0.0	0.0
38 広島	0.0	0.0	0.0	0.0	0.0	0.0	0.0	0.0	0.0	0.0	0.0	0.0	0.0
39 山口	0.0	0.0	0.0	0.0	0.0	0.0	0.0	0.0	0.0	0.0	0.0	0.0	0.0
40 徳島	0.0	0.0	0.0	0.0	0.0	0.0	0.0	0.0	0.0	0.0	0.0	0.0	0.0
41 香川	0.0	0.0	0.0	0.0	0.0	0.0	0.0	0.0	0.0	0.0	0.0	0.0	0.0
42 愛媛	0.0	0.0	0.0	0.0	0.0	0.0	0.0	0.0	0.0	0.0	0.0	0.0	0.0
43 高知	0.0	0.0	0.0	0.0	0.0	0.0	0.0	0.0	0.0	0.0	0.0	0.0	0.0
44 福岡	0.0	0.0	0.0	0.0	0.0	0.0	0.0	0.0	0.0	0.0	0.0	0.0	0.0
45 佐賀	0.0	0.0	0.0	0.0	0.0	0.0	0.0	0.0	0.0	0.0	0.0	0.0	0.0
46 長崎	0.0	0.0	0.0	0.0	0.0	0.0	0.0	0.0	0.0	0.0	0.0	0.0	0.0
47 熊本	0.0	0.0	0.0	0.0	0.0	0.0	0.0	0.0	0.0	0.0	0.0	0.0	0.0
48 大分	0.0	0.0	0.0	0.0	0.0	0.0	0.0	0.0	0.0	0.0	0.0	0.0	0.0
49 宮崎	0.0	0.0	0.0	0.0	0.0	0.0	0.0	0.0	0.0	0.0	0.0	0.0	0.0
50 鹿児島	0.0	0.0	0.0	0.0	0.0	0.0	0.0	0.0	0.0	0.0	0.0	0.0	0.0
51 沖縄	0.0	0.0	0.0	0.0	0.0	0.0	0.0	0.0	0.0	0.0	0.0	0.0	0.0
52 全国	51,647.8	46,630.5	75,771.6	25,962.8	200,012.7	19,631.0	15,416.0	15,952.8	15,971.4	18,551.1	15,255.5	16,607.1	13,688.0

平成28年度 　　　　　　　　　　　府県相互間旅客輸送人員表　（営業用乗用車 , その 2）

（単位 ： 1000人）

発＼着	14 群馬	15 埼玉	16 千葉	17 東京	18 神奈川	19 新潟	20 富山	21 石川	22 福井	23 山梨	24 長野	25 岐阜	26 静岡
1 道北	0.0	0.0	0.0	0.0	0.0	0.0	0.0	0.0	0.0	0.0	0.0	0.0	0.0
2 道東	0.0	0.0	0.0	0.0	0.0	0.0	0.0	0.0	0.0	0.0	0.0	0.0	0.0
3 道央	0.0	0.0	0.0	0.0	0.0	0.0	0.0	0.0	0.0	0.0	0.0	0.0	0.0
4 道南	0.0	0.0	0.0	0.0	0.0	0.0	0.0	0.0	0.0	0.0	0.0	0.0	0.0
5 北海道	0.0	0.0	0.0	0.0	0.0	0.0	0.0	0.0	0.0	0.0	0.0	0.0	0.0
6 青森	0.0	0.0	0.0	0.0	0.0	0.0	0.0	0.0	0.0	0.0	6.2	0.0	0.0
7 岩手	0.0	0.0	0.0	0.0	0.0	0.0	0.0	0.0	0.0	0.0	0.0	0.0	0.0
8 宮城	0.0	0.0	0.0	0.0	0.0	0.0	0.0	0.0	0.0	0.0	0.0	0.0	0.0
9 秋田	0.0	0.0	0.0	0.0	0.0	0.0	0.0	0.0	0.0	0.0	0.0	0.0	0.0
10 山形	0.0	0.0	0.0	0.0	0.0	0.0	0.0	0.0	0.0	0.0	0.0	0.0	0.0
11 福島	0.0	0.0	0.0	55.5	0.0	0.0	0.0	0.0	0.0	0.0	0.0	0.0	0.0
12 茨城	0.0	18.5	37.0	12.3	0.0	0.0	0.0	0.0	0.0	0.0	0.0	0.0	0.0
13 栃木	6.2	0.0	0.0	0.0	0.0	0.0	0.0	0.0	0.0	0.0	0.0	0.0	0.0
14 群馬	15,416.0	166.6	0.0	0.0	0.0	30.9	0.0	0.0	0.0	0.0	6.2	0.0	0.0
15 埼玉	117.3	29,665.6	141.9	518.4	0.0	0.0	0.0	0.0	0.0	0.0	0.0	0.0	0.0
16 千葉	0.0	129.6	33,448.6	1,030.6	12.3	0.0	0.0	0.0	0.0	0.0	0.0	0.0	0.0
17 東京	0.0	2,530.2	2,055.1	258,041.7	3,634.9	0.0	0.0	0.0	0.0	0.0	0.0	0.0	0.0
18 神奈川	0.0	12.3	24.7	1,388.5	64,360.8	0.0	0.0	0.0	0.0	0.0	0.0	0.0	86.4
19 新潟	0.0	0.0	0.0	0.0	0.0	19,439.7	0.0	0.0	0.0	0.0	0.0	0.0	0.0
20 富山	0.0	0.0	0.0	0.0	0.0	0.0	15,854.1	0.0	0.0	0.0	0.0	0.0	0.0
21 石川	0.0	0.0	0.0	0.0	0.0	0.0	6.2	17,674.7	0.0	0.0	0.0	0.0	0.0
22 福井	0.0	0.0	0.0	0.0	0.0	0.0	0.0	0.0	18,730.0	0.0	0.0	0.0	0.0
23 山梨	0.0	0.0	0.0	0.0	0.0	0.0	0.0	0.0	0.0	16,779.8	98.7	24.7	0.0
24 長野	0.0	0.0	0.0	0.0	0.0	24.7	0.0	18.5	0.0	30.9	34,849.5	0.0	12.3
25 岐阜	0.0	0.0	0.0	0.0	0.0	0.0	0.0	0.0	0.0	0.0	43.2	13,441.2	0.0
26 静岡	0.0	0.0	0.0	0.0	86.4	0.0	0.0	0.0	0.0	0.0	0.0	0.0	20,377.7
27 愛知	0.0	0.0	0.0	0.0	0.0	0.0	0.0	0.0	0.0	0.0	0.0	61.7	6.2
28 三重	0.0	0.0	0.0	0.0	0.0	0.0	0.0	0.0	0.0	0.0	0.0	0.0	0.0
29 滋賀	0.0	0.0	0.0	0.0	0.0	0.0	0.0	0.0	0.0	0.0	0.0	0.0	0.0
30 京都	0.0	0.0	0.0	0.0	0.0	0.0	0.0	0.0	0.0	0.0	0.0	0.0	0.0
31 大阪	0.0	0.0	0.0	0.0	0.0	0.0	0.0	0.0	0.0	0.0	0.0	0.0	0.0
32 兵庫	0.0	0.0	0.0	0.0	0.0	0.0	0.0	0.0	0.0	0.0	0.0	0.0	0.0
33 奈良	0.0	0.0	0.0	0.0	0.0	0.0	0.0	0.0	0.0	0.0	0.0	0.0	0.0
34 和歌山	0.0	0.0	0.0	0.0	0.0	0.0	0.0	0.0	0.0	0.0	0.0	0.0	0.0
35 鳥取	0.0	0.0	0.0	0.0	0.0	0.0	0.0	0.0	0.0	0.0	0.0	0.0	0.0
36 島根	0.0	0.0	0.0	0.0	0.0	0.0	18.5	0.0	0.0	0.0	0.0	0.0	0.0
37 岡山	0.0	0.0	0.0	0.0	0.0	0.0	0.0	0.0	0.0	0.0	0.0	0.0	0.0
38 広島	0.0	0.0	0.0	0.0	0.0	0.0	0.0	0.0	0.0	0.0	0.0	0.0	0.0
39 山口	0.0	0.0	0.0	0.0	0.0	0.0	0.0	0.0	0.0	0.0	0.0	0.0	0.0
40 徳島	0.0	0.0	0.0	0.0	0.0	0.0	0.0	0.0	0.0	0.0	0.0	0.0	0.0
41 香川	0.0	0.0	0.0	0.0	0.0	0.0	0.0	0.0	0.0	0.0	0.0	0.0	0.0
42 愛媛	0.0	0.0	0.0	0.0	0.0	0.0	0.0	0.0	0.0	0.0	0.0	0.0	0.0
43 高知	0.0	0.0	0.0	0.0	0.0	0.0	0.0	0.0	0.0	0.0	0.0	0.0	0.0
44 福岡	0.0	0.0	0.0	0.0	0.0	0.0	0.0	0.0	0.0	0.0	0.0	0.0	0.0
45 佐賀	0.0	0.0	0.0	0.0	0.0	0.0	0.0	0.0	0.0	0.0	0.0	0.0	0.0
46 長崎	0.0	0.0	0.0	0.0	0.0	0.0	0.0	0.0	0.0	0.0	0.0	0.0	0.0
47 熊本	0.0	0.0	0.0	0.0	0.0	0.0	0.0	0.0	0.0	0.0	0.0	0.0	0.0
48 大分	0.0	0.0	0.0	0.0	0.0	0.0	0.0	0.0	0.0	0.0	0.0	0.0	0.0
49 宮崎	0.0	0.0	0.0	0.0	0.0	0.0	0.0	0.0	0.0	0.0	0.0	0.0	0.0
50 鹿児島	0.0	0.0	0.0	0.0	0.0	0.0	0.0	0.0	0.0	0.0	0.0	0.0	0.0
51 沖縄	0.0	0.0	0.0	0.0	0.0	0.0	0.0	0.0	0.0	0.0	0.0	0.0	0.0
52 全国	15,539.5	32,522.8	35,707.3	261,047.0	68,094.4	19,495.3	15,878.8	17,693.2	18,730.0	16,810.7	35,003.8	13,527.6	20,482.6

平成28年度　　　　　　　　　　　府県相互間旅客輸送人員表　（営業用乗用車 ，　その 3）

（単位 ： 1000人）

着／発	27 愛知	28 三重	29 滋賀	30 京都	31 大阪	32 兵庫	33 奈良	34 和歌山	35 鳥取	36 島根	37 岡山	38 広島	39 山口
1 道北	0.0	0.0	0.0	0.0	0.0	0.0	0.0	0.0	0.0	0.0	0.0	0.0	0.0
2 道東	0.0	0.0	0.0	0.0	0.0	0.0	0.0	0.0	0.0	0.0	0.0	0.0	0.0
3 道央	0.0	0.0	0.0	0.0	0.0	0.0	0.0	0.0	0.0	0.0	0.0	0.0	0.0
4 道南	0.0	0.0	0.0	0.0	0.0	0.0	0.0	0.0	0.0	0.0	0.0	0.0	0.0
5 北海道	0.0	0.0	0.0	0.0	0.0	0.0	0.0	0.0	0.0	0.0	0.0	0.0	0.0
6 青森	0.0	0.0	0.0	0.0	0.0	0.0	0.0	0.0	0.0	0.0	0.0	0.0	0.0
7 岩手	0.0	0.0	0.0	0.0	0.0	0.0	0.0	0.0	0.0	0.0	0.0	0.0	0.0
8 宮城	0.0	0.0	0.0	0.0	0.0	0.0	0.0	0.0	0.0	0.0	0.0	0.0	0.0
9 秋田	0.0	0.0	0.0	0.0	0.0	0.0	0.0	0.0	0.0	0.0	0.0	0.0	0.0
10 山形	0.0	0.0	0.0	0.0	0.0	0.0	0.0	0.0	0.0	0.0	0.0	0.0	0.0
11 福島	0.0	0.0	0.0	0.0	0.0	0.0	0.0	0.0	0.0	0.0	0.0	0.0	0.0
12 茨城	0.0	0.0	0.0	0.0	0.0	0.0	0.0	0.0	0.0	0.0	0.0	0.0	0.0
13 栃木	0.0	0.0	0.0	0.0	0.0	0.0	0.0	0.0	0.0	0.0	0.0	0.0	0.0
14 群馬	0.0	0.0	0.0	0.0	0.0	0.0	0.0	0.0	0.0	0.0	0.0	0.0	0.0
15 埼玉	0.0	0.0	0.0	0.0	0.0	0.0	0.0	0.0	0.0	0.0	0.0	0.0	0.0
16 千葉	0.0	0.0	0.0	0.0	0.0	0.0	0.0	0.0	0.0	0.0	0.0	0.0	0.0
17 東京	0.0	0.0	0.0	0.0	0.0	0.0	0.0	0.0	0.0	0.0	0.0	0.0	0.0
18 神奈川	0.0	0.0	6.2	0.0	0.0	0.0	0.0	0.0	0.0	0.0	0.0	0.0	0.0
19 新潟	0.0	0.0	0.0	0.0	0.0	0.0	0.0	0.0	0.0	0.0	0.0	0.0	0.0
20 富山	0.0	0.0	0.0	0.0	0.0	0.0	0.0	0.0	0.0	0.0	0.0	0.0	0.0
21 石川	0.0	0.0	0.0	0.0	0.0	0.0	0.0	0.0	0.0	0.0	0.0	0.0	0.0
22 福井	0.0	0.0	0.0	37.0	0.0	0.0	0.0	0.0	0.0	0.0	0.0	0.0	0.0
23 山梨	0.0	0.0	0.0	0.0	0.0	0.0	0.0	0.0	0.0	0.0	0.0	0.0	0.0
24 長野	0.0	0.0	0.0	0.0	0.0	0.0	0.0	0.0	0.0	0.0	0.0	0.0	0.0
25 岐阜	37.0	0.0	0.0	0.0	0.0	0.0	0.0	0.0	0.0	0.0	0.0	0.0	0.0
26 静岡	67.9	0.0	0.0	0.0	0.0	0.0	0.0	0.0	0.0	0.0	0.0	0.0	0.0
27 愛知	42,804.3	0.0	0.0	0.0	0.0	0.0	0.0	0.0	0.0	0.0	0.0	0.0	0.0
28 三重	6.2	17,563.6	0.0	0.0	0.0	0.0	0.0	0.0	0.0	0.0	0.0	0.0	0.0
29 滋賀	0.0	0.0	10,244.4	92.6	0.0	12.3	0.0	0.0	0.0	0.0	0.0	0.0	0.0
30 京都	0.0	0.0	49.4	31,887.3	37.0	24.7	98.7	0.0	0.0	0.0	0.0	0.0	0.0
31 大阪	0.0	0.0	30.9	135.8	85,047.1	1,036.8	370.3	6.2	0.0	0.0	0.0	0.0	0.0
32 兵庫	0.0	0.0	0.0	0.0	376.5	33,374.5	6.2	0.0	0.0	0.0	0.0	0.0	0.0
33 奈良	0.0	0.0	0.0	333.3	129.6	6.2	13,064.7	0.0	0.0	0.0	0.0	0.0	0.0
34 和歌山	0.0	37.0	0.0	0.0	18.5	0.0	0.0	12,379.7	0.0	0.0	0.0	0.0	0.0
35 鳥取	0.0	0.0	0.0	0.0	0.0	0.0	0.0	0.0	13,694.2	55.5	0.0	0.0	0.0
36 島根	0.0	0.0	0.0	0.0	0.0	0.0	0.0	24.7	14,545.8	0.0	0.0	0.0	0.0
37 岡山	0.0	0.0	0.0	0.0	0.0	0.0	0.0	0.0	0.0	0.0	10,645.5	6.2	0.0
38 広島	0.0	0.0	0.0	0.0	0.0	0.0	0.0	0.0	0.0	0.0	12.3	18,569.5	12.3
39 山口	0.0	0.0	0.0	0.0	0.0	0.0	0.0	0.0	0.0	0.0	0.0	43.2	15,878.8
40 徳島	0.0	0.0	0.0	0.0	0.0	0.0	0.0	0.0	0.0	0.0	0.0	0.0	0.0
41 香川	0.0	0.0	0.0	0.0	0.0	0.0	0.0	0.0	0.0	0.0	12.3	0.0	0.0
42 愛媛	0.0	0.0	0.0	0.0	0.0	0.0	0.0	0.0	0.0	0.0	0.0	0.0	0.0
43 高知	0.0	0.0	0.0	0.0	0.0	0.0	0.0	0.0	0.0	0.0	0.0	0.0	0.0
44 福岡	0.0	0.0	0.0	0.0	0.0	0.0	0.0	0.0	0.0	0.0	0.0	0.0	0.0
45 佐賀	0.0	0.0	0.0	0.0	0.0	0.0	0.0	0.0	0.0	0.0	0.0	0.0	0.0
46 長崎	0.0	0.0	0.0	0.0	0.0	0.0	0.0	0.0	0.0	0.0	0.0	0.0	0.0
47 熊本	0.0	0.0	0.0	0.0	0.0	0.0	0.0	0.0	0.0	0.0	0.0	0.0	0.0
48 大分	0.0	0.0	0.0	0.0	0.0	0.0	0.0	0.0	0.0	0.0	0.0	0.0	0.0
49 宮崎	0.0	0.0	0.0	0.0	0.0	0.0	0.0	0.0	0.0	0.0	0.0	37.0	0.0
50 鹿児島	0.0	0.0	0.0	0.0	0.0	0.0	0.0	0.0	0.0	0.0	0.0	0.0	0.0
51 沖縄	0.0	0.0	0.0	0.0	0.0	0.0	0.0	0.0	0.0	0.0	0.0	0.0	0.0
52 全国	42,915.4	17,600.6	10,330.9	32,492.2	85,608.7	34,454.5	13,539.9	12,392.1	13,718.9	14,601.3	10,670.1	18,655.9	15,891.1

平成28年度　　　　　　　　　　　府県相互間旅客輸送人員表　（営業用乗用車 ，　その 4）

（単位 ： 1000人）

着／発	40 徳島	41 香川	42 愛媛	43 高知	44 福岡	45 佐賀	46 長崎	47 熊本	48 大分	49 宮崎	50 鹿児島	51 沖縄	52 全国
1 道北	0.0	0.0	0.0	0.0	0.0	0.0	0.0	0.0	0.0	0.0	0.0	0.0	51,709.5
2 道東	0.0	0.0	0.0	0.0	0.0	0.0	0.0	0.0	0.0	0.0	0.0	0.0	46,630.5
3 道央	0.0	0.0	0.0	0.0	0.0	0.0	0.0	0.0	0.0	0.0	0.0	0.0	75,709.9
4 道南	0.0	0.0	0.0	0.0	0.0	0.0	0.0	0.0	0.0	0.0	0.0	0.0	25,962.8
5 北海道	0.0	0.0	0.0	0.0	0.0	0.0	0.0	0.0	0.0	0.0	0.0	0.0	200,012.7
6 青森	0.0	0.0	0.0	0.0	0.0	0.0	0.0	0.0	0.0	0.0	0.0	0.0	19,834.7
7 岩手	0.0	0.0	0.0	0.0	0.0	0.0	0.0	0.0	0.0	0.0	0.0	0.0	15,156.8
8 宮城	0.0	0.0	0.0	0.0	0.0	0.0	0.0	0.0	0.0	0.0	0.0	0.0	15,952.9
9 秋田	0.0	0.0	0.0	0.0	0.0	0.0	0.0	0.0	0.0	0.0	0.0	0.0	16,051.6
10 山形	0.0	0.0	0.0	0.0	0.0	0.0	0.0	0.0	0.0	0.0	0.0	0.0	18,538.7
11 福島	0.0	0.0	0.0	0.0	0.0	0.0	0.0	0.0	0.0	0.0	0.0	0.0	15,335.7
12 茨城	0.0	0.0	0.0	0.0	0.0	0.0	0.0	0.0	0.0	0.0	0.0	0.0	16,545.3
13 栃木	0.0	0.0	0.0	0.0	0.0	0.0	0.0	0.0	0.0	0.0	0.0	0.0	13,651.0
14 群馬	0.0	0.0	0.0	0.0	0.0	0.0	0.0	0.0	0.0	0.0	0.0	0.0	15,632.0
15 埼玉	0.0	0.0	0.0	0.0	0.0	0.0	0.0	0.0	0.0	0.0	0.0	0.0	30,467.9
16 千葉	0.0	0.0	0.0	0.0	0.0	0.0	0.0	0.0	0.0	0.0	0.0	0.0	34,689.0
17 東京	0.0	0.0	0.0	0.0	0.0	0.0	0.0	0.0	0.0	0.0	0.0	0.0	266,298.9
18 神奈川	0.0	0.0	0.0	0.0	0.0	0.0	0.0	0.0	0.0	0.0	0.0	0.0	65,878.9
19 新潟	0.0	0.0	0.0	0.0	0.0	0.0	0.0	0.0	0.0	0.0	0.0	0.0	19,439.7
20 富山	0.0	0.0	0.0	0.0	0.0	0.0	0.0	0.0	0.0	0.0	0.0	0.0	15,854.1
21 石川	0.0	0.0	0.0	0.0	0.0	0.0	0.0	0.0	0.0	0.0	0.0	0.0	17,680.9
22 福井	0.0	0.0	0.0	0.0	0.0	0.0	0.0	0.0	0.0	0.0	0.0	0.0	18,767.0
23 山梨	0.0	0.0	0.0	0.0	0.0	0.0	0.0	0.0	0.0	0.0	0.0	0.0	16,878.5
24 長野	0.0	0.0	0.0	0.0	0.0	0.0	0.0	0.0	0.0	0.0	0.0	0.0	34,942.1
25 岐阜	0.0	0.0	0.0	0.0	0.0	0.0	0.0	0.0	0.0	0.0	0.0	0.0	13,539.9
26 静岡	0.0	0.0	0.0	0.0	0.0	0.0	0.0	0.0	0.0	0.0	0.0	0.0	20,532.0
27 愛知	0.0	0.0	0.0	0.0	0.0	0.0	0.0	0.0	0.0	0.0	0.0	0.0	42,872.2
28 三重	0.0	0.0	0.0	0.0	0.0	0.0	0.0	0.0	0.0	0.0	0.0	0.0	17,576.0
29 滋賀	0.0	0.0	0.0	0.0	0.0	0.0	0.0	0.0	0.0	0.0	0.0	0.0	10,349.3
30 京都	0.0	0.0	0.0	0.0	0.0	0.0	0.0	0.0	0.0	0.0	0.0	0.0	32,097.1
31 大阪	0.0	0.0	0.0	0.0	0.0	0.0	0.0	0.0	0.0	0.0	0.0	0.0	86,627.1
32 兵庫	0.0	0.0	0.0	0.0	0.0	0.0	0.0	0.0	0.0	0.0	0.0	0.0	33,757.2
33 奈良	0.0	0.0	0.0	0.0	0.0	0.0	0.0	0.0	0.0	0.0	0.0	0.0	13,540.0
34 和歌山	0.0	0.0	0.0	0.0	0.0	0.0	0.0	0.0	0.0	0.0	0.0	0.0	12,435.2
35 鳥取	0.0	0.0	0.0	0.0	0.0	0.0	0.0	0.0	0.0	0.0	0.0	0.0	13,749.7
36 島根	67.0	0.0	0.0	0.0	0.0	0.0	0.0	0.0	0.0	0.0	0.0	0.0	14,589.0
37 岡山	0.0	0.0	0.0	0.0	0.0	0.0	0.0	0.0	0.0	0.0	0.0	0.0	10,651.7
38 広島	0.0	0.0	0.0	0.0	0.0	0.0	0.0	0.0	37.0	0.0	0.0	0.0	18,631.1
39 山口	0.0	0.0	0.0	0.0	0.0	0.0	0.0	0.0	0.0	0.0	0.0	0.0	15,922.0
40 徳島	13,595.4	6.2	0.0	0.0	0.0	0.0	0.0	0.0	0.0	0.0	0.0	0.0	13,601.6
41 香川	0.0	12,336.5	0.0	0.0	0.0	0.0	0.0	0.0	0.0	0.0	0.0	0.0	12,348.8
42 愛媛	0.0	0.0	18,594.2	0.0	0.0	0.0	0.0	0.0	0.0	0.0	0.0	0.0	18,594.2
43 高知	0.0	0.0	0.0	11,256.5	0.0	0.0	0.0	0.0	0.0	0.0	0.0	0.0	11,256.5
44 福岡	0.0	0.0	0.0	0.0	40,854.2	123.4	0.0	92.6	0.0	0.0	0.0	0.0	41,070.2
45 佐賀	0.0	0.0	0.0	0.0	185.1	13,441.2	0.0	0.0	0.0	0.0	0.0	0.0	13,663.3
46 長崎	0.0	0.0	0.0	0.0	0.0	30.9	23,340.0	0.0	0.0	0.0	0.0	0.0	23,370.9
47 熊本	0.0	0.0	0.0	0.0	6.2	0.0	0.0	14,681.6	0.0	0.0	18.5	0.0	14,706.3
48 大分	0.0	0.0	0.0	0.0	12.3	0.0	0.0	0.0	11,287.0	0.0	0.0	0.0	11,336.7
49 宮崎	0.0	0.0	0.0	0.0	0.0	0.0	0.0	0.0	0.0	16,773.7	6.2	0.0	16,779.9
50 鹿児島	0.0	0.0	0.0	0.0	0.0	0.0	0.0	0.0	0.0	0.0	14,687.8	0.0	14,687.8
51 沖縄	0.0	0.0	0.0	0.0	0.0	0.0	0.0	0.0	0.0	0.0	0.0	36,052.9	36,052.9
52 全国	13,595.4	12,342.7	18,594.2	11,256.5	41,057.8	13,595.5	23,377.0	14,774.2	11,324.4	16,773.7	14,712.5	36,052.9	1,451,947.0

（5）　旅　　客　　船

調査対象旅客の種別及び範囲

輸送機関	範　　　　　囲
旅　客　船	定期航路及び不定期航路の国内一般旅客を対象とした。 なお、フェリー（自動車航送船）で輸送された自動車の乗車人員は含まないが、これについては別途付録（自動車航送）で参考までに掲載した。

調　査　の　方　法

①旅客船

　次のa、b、cにより作成した表を集計した。

　　a　2府県にまたがる航路（途中寄港地なし）分

　　　平成28年度分の「内航旅客航路事業運航実績報告書」（国土交通省海事局資料）の航路別輸送人員により府県相互間輸送人員表を作成した。

　　b　2府県以上にまたがる航路（途中寄港地あり）分

　　　平成28年度分の「旅客船旅客県間流動調査」により府県相互間輸送人員表を作成した。

　　c　その他の航路分

　　　平成28年度分の「内航旅客航路事業運航実績報告書」の航路別輸送人員により府県別域内輸送人員表を作成した。

②自動車航送

　旅客船と同じ方法で算出した。

旅客船

平成28年度　　府県相互間旅客輸送人員表　（旅客船 ， その 1）

（単位 ： 1000人）

発＼着	1 道北	2 道東	3 道央	4 道南	5 北海道	6 青森	7 岩手	8 宮城	9 秋田	10 山形	11 福島	12 茨城	13 栃木
1 道北	542.1	0.0	0.0	0.0	542.1	0.0	0.0	0.0	0.0	0.0	0.0	0.0	0.0
2 道東	0.0	17.9	0.0	0.0	17.9	0.0	0.0	0.0	0.0	0.0	0.0	0.0	0.0
3 道央	0.0	0.0	500.8	0.0	500.8	44.9	0.0	49.5	7.5	0.0	0.0	0.0	0.0
4 道南	0.0	0.0	0.0	164.0	164.0	111.2	0.0	0.0	0.0	0.0	0.0	0.0	0.0
5 北海道	542.1	17.9	500.8	164.0	1,224.8	156.1	0.0	49.5	7.5	0.0	0.0	0.0	0.0
6 青森	0.0	0.0	47.2	107.1	154.3	195.2	0.0	0.0	0.0	0.0	0.0	0.0	0.0
7 岩手	0.0	0.0	0.0	0.0	0.0	0.0	62.2	0.0	0.0	0.0	0.0	0.0	0.0
8 宮城	0.0	0.0	52.6	0.0	52.6	0.0	0.0	1,277.3	0.0	0.0	0.0	0.0	0.0
9 秋田	0.0	0.0	3.2	0.0	3.2	0.0	0.0	0.0	25.0	0.0	0.0	0.0	0.0
10 山形	0.0	0.0	0.0	0.0	0.0	0.0	0.0	0.0	0.0	128.3	0.0	0.0	0.0
11 福島	0.0	0.0	0.0	0.0	0.0	0.0	0.0	0.0	0.0	0.0	90.0	0.0	0.0
12 茨城	0.0	0.0	0.0	0.0	0.0	0.0	0.0	0.0	0.0	0.0	0.0	13.2	0.0
13 栃木	0.0	0.0	0.0	0.0	0.0	0.0	0.0	0.0	0.0	0.0	0.0	0.0	116.9
14 群馬	0.0	0.0	0.0	0.0	0.0	0.0	0.0	0.0	0.0	0.0	0.0	0.0	0.0
15 埼玉	0.0	0.0	0.0	0.0	0.0	0.0	0.0	0.0	0.0	0.0	0.0	0.0	0.0
16 千葉	0.0	0.0	0.0	0.0	0.0	0.0	0.0	0.0	0.0	0.0	0.0	0.0	0.0
17 東京	0.0	0.0	0.0	0.0	0.0	0.0	0.0	0.0	0.0	0.0	0.0	0.0	0.0
18 神奈川	0.0	0.0	0.0	0.0	0.0	0.0	0.0	0.0	0.0	0.0	0.0	0.0	0.0
19 新潟	0.0	0.0	13.2	0.0	13.2	0.0	0.0	0.0	3.6	0.0	0.0	0.0	0.0
20 富山	0.0	0.0	0.0	0.0	0.0	0.0	0.0	0.0	0.0	0.0	0.0	0.0	0.0
21 石川	0.0	0.0	0.0	0.0	0.0	0.0	0.0	0.0	0.0	0.0	0.0	0.0	0.0
22 福井	0.0	0.0	6.1	0.0	6.1	0.0	0.0	0.0	0.8	0.0	0.0	0.0	0.0
23 山梨	0.0	0.0	0.0	0.0	0.0	0.0	0.0	0.0	0.0	0.0	0.0	0.0	0.0
24 長野	0.0	0.0	0.0	0.0	0.0	0.0	0.0	0.0	0.0	0.0	0.0	0.0	0.0
25 岐阜	0.0	0.0	0.0	0.0	0.0	0.0	0.0	0.0	0.0	0.0	0.0	0.0	0.0
26 静岡	0.0	0.0	0.0	0.0	0.0	0.0	0.0	0.0	0.0	0.0	0.0	0.0	0.0
27 愛知	0.0	0.0	8.8	0.0	8.8	0.0	0.0	17.3	0.0	0.0	0.0	0.0	0.0
28 三重	0.0	0.0	0.0	0.0	0.0	0.0	0.0	0.0	0.0	0.0	0.0	0.0	0.0
29 滋賀	0.0	0.0	0.0	0.0	0.0	0.0	0.0	0.0	0.0	0.0	0.0	0.0	0.0
30 京都	0.0	0.0	11.3	0.0	11.3	0.0	0.0	0.0	0.0	0.0	0.0	0.0	0.0
31 大阪	0.0	0.0	0.0	0.0	0.0	0.0	0.0	0.0	0.0	0.0	0.0	0.0	0.0
32 兵庫	0.0	0.0	0.0	0.0	0.0	0.0	0.0	0.0	0.0	0.0	0.0	0.0	0.0
33 奈良	0.0	0.0	0.0	0.0	0.0	0.0	0.0	0.0	0.0	0.0	0.0	0.0	0.0
34 和歌山	0.0	0.0	0.0	0.0	0.0	0.0	0.0	0.0	0.0	0.0	0.0	0.0	0.0
35 鳥取	0.0	0.0	0.0	0.0	0.0	0.0	0.0	0.0	0.0	0.0	0.0	0.0	0.0
36 島根	0.0	0.0	0.0	0.0	0.0	0.0	0.0	0.0	0.0	0.0	0.0	0.0	0.0
37 岡山	0.0	0.0	0.0	0.0	0.0	0.0	0.0	0.0	0.0	0.0	0.0	0.0	0.0
38 広島	0.0	0.0	0.0	0.0	0.0	0.0	0.0	0.0	0.0	0.0	0.0	0.0	0.0
39 山口	0.0	0.0	0.0	0.0	0.0	0.0	0.0	0.0	0.0	0.0	0.0	0.0	0.0
40 徳島	0.0	0.0	0.0	0.0	0.0	0.0	0.0	0.0	0.0	0.0	0.0	0.0	0.0
41 香川	0.0	0.0	0.0	0.0	0.0	0.0	0.0	0.0	0.0	0.0	0.0	0.0	0.0
42 愛媛	0.0	0.0	0.0	0.0	0.0	0.0	0.0	0.0	0.0	0.0	0.0	0.0	0.0
43 高知	0.0	0.0	0.0	0.0	0.0	0.0	0.0	0.0	0.0	0.0	0.0	0.0	0.0
44 福岡	0.0	0.0	0.0	0.0	0.0	0.0	0.0	0.0	0.0	0.0	0.0	0.0	0.0
45 佐賀	0.0	0.0	0.0	0.0	0.0	0.0	0.0	0.0	0.0	0.0	0.0	0.0	0.0
46 長崎	0.0	0.0	0.0	0.0	0.0	0.0	0.0	0.0	0.0	0.0	0.0	0.0	0.0
47 熊本	0.0	0.0	0.0	0.0	0.0	0.0	0.0	0.0	0.0	0.0	0.0	0.0	0.0
48 大分	0.0	0.0	0.0	0.0	0.0	0.0	0.0	0.0	0.0	0.0	0.0	0.0	0.0
49 宮崎	0.0	0.0	0.0	0.0	0.0	0.0	0.0	0.0	0.0	0.0	0.0	0.0	0.0
50 鹿児島	0.0	0.0	0.0	0.0	0.0	0.0	0.0	0.0	0.0	0.0	0.0	0.0	0.0
51 沖縄	0.0	0.0	0.0	0.0	0.0	0.0	0.0	0.0	0.0	0.0	0.0	0.0	0.0
52 全国	542.1	17.9	643.2	271.1	1,474.2	351.3	62.2	1,344.2	37.0	128.3	90.0	13.2	116.9

平成28年度　　府県相互間旅客輸送人員表　（旅客船 ， その 2）

（単位 ： 1000人）

発＼着	14 群馬	15 埼玉	16 千葉	17 東京	18 神奈川	19 新潟	20 富山	21 石川	22 福井	23 山梨	24 長野	25 岐阜	26 静岡
1 道北	0.0	0.0	0.0	0.0	0.0	0.0	0.0	0.0	0.0	0.0	0.0	0.0	0.0
2 道東	0.0	0.0	0.0	0.0	0.0	0.0	0.0	0.0	0.0	0.0	0.0	0.0	0.0
3 道央	0.0	0.0	0.0	0.0	0.0	15.9	0.0	0.0	5.9	0.0	0.0	0.0	0.0
4 道南	0.0	0.0	0.0	0.0	0.0	0.0	0.0	0.0	0.0	0.0	0.0	0.0	0.0
5 北海道	0.0	0.0	0.0	0.0	0.0	15.9	0.0	0.0	5.9	0.0	0.0	0.0	0.0
6 青森	0.0	0.0	0.0	0.0	0.0	0.0	0.0	0.0	0.0	0.0	0.0	0.0	0.0
7 岩手	0.0	0.0	0.0	0.0	0.0	0.0	0.0	0.0	0.0	0.0	0.0	0.0	0.0
8 宮城	0.0	0.0	0.0	0.0	0.0	0.0	0.0	0.0	0.0	0.0	0.0	0.0	0.0
9 秋田	0.0	0.0	0.0	0.0	0.0	0.7	0.0	0.0	0.3	0.0	0.0	0.0	0.0
10 山形	0.0	0.0	0.0	0.0	0.0	0.0	0.0	0.0	0.0	0.0	0.0	0.0	0.0
11 福島	0.0	0.0	0.0	0.0	0.0	0.0	0.0	0.0	0.0	0.0	0.0	0.0	0.0
12 茨城	0.0	0.0	0.0	0.0	0.0	0.0	0.0	0.0	0.0	0.0	0.0	0.0	0.0
13 栃木	0.0	0.0	0.0	0.0	0.0	0.0	0.0	0.0	0.0	0.0	0.0	0.0	0.0
14 群馬	11.4	10.0	0.0	0.0	0.0	0.0	0.0	0.0	0.0	0.0	0.0	0.0	0.0
15 埼玉	9.8	0.0	0.0	0.0	0.0	0.0	0.0	0.0	0.0	0.0	0.0	0.0	0.0
16 千葉	0.0	0.0	124.1	6.0	96.6	0.0	0.0	0.0	0.0	0.0	0.0	0.0	0.0
17 東京	0.0	0.0	4.2	3,194.9	12.3	0.0	0.0	0.0	0.0	0.0	0.0	0.0	58.3
18 神奈川	0.0	0.0	81.3	17.2	3,832.1	0.0	0.0	0.0	2.0	0.0	0.0	0.0	0.0
19 新潟	0.0	0.0	0.0	0.0	0.0	1,308.3	0.0	0.0	0.0	0.0	0.0	0.0	0.0
20 富山	0.0	0.0	0.0	0.0	0.0	0.0	239.3	0.0	0.0	0.0	0.0	0.0	0.0
21 石川	0.0	0.0	0.0	0.0	0.0	0.0	0.0	58.8	0.0	0.0	0.0	0.0	0.0
22 福井	0.0	0.0	0.0	0.0	0.0	0.0	0.0	0.0	272.5	0.0	0.0	0.0	0.0
23 山梨	0.0	0.0	0.0	0.0	0.0	0.0	0.0	0.0	0.0	391.7	0.0	0.0	0.0
24 長野	0.0	0.0	0.0	0.0	0.0	0.0	0.0	0.0	0.0	0.0	127.1	0.0	0.0
25 岐阜	0.0	0.0	0.0	0.0	0.0	0.0	0.0	0.0	0.0	0.0	0.0	215.2	0.0
26 静岡	0.0	0.0	0.0	41.6	0.0	0.0	0.0	0.0	0.0	0.0	0.0	0.0	1,795.3
27 愛知	0.0	0.0	0.0	0.0	0.0	0.0	0.0	0.0	0.0	0.0	0.0	0.0	0.0
28 三重	0.0	0.0	0.0	0.0	0.0	0.0	0.0	0.0	0.0	0.0	0.0	0.0	0.0
29 滋賀	0.0	0.0	0.0	0.0	0.0	0.0	0.0	0.0	0.0	0.0	0.0	0.0	0.0
30 京都	0.0	0.0	0.0	0.0	0.0	0.0	0.0	0.0	0.0	0.0	0.0	0.0	0.0
31 大阪	0.0	0.0	0.0	0.0	0.0	0.0	0.0	0.0	0.0	0.0	0.0	0.0	0.0
32 兵庫	0.0	0.0	0.0	0.0	0.0	0.0	0.0	0.0	0.0	0.0	0.0	0.0	0.0
33 奈良	0.0	0.0	0.0	0.0	0.0	0.0	0.0	0.0	0.0	0.0	0.0	0.0	0.0
34 和歌山	0.0	0.0	0.0	0.0	0.0	0.0	0.0	0.0	0.0	0.0	0.0	0.0	0.0
35 鳥取	0.0	0.0	0.0	0.0	0.0	0.0	0.0	0.0	0.0	0.0	0.0	0.0	0.0
36 島根	0.0	0.0	0.0	0.0	0.0	0.0	0.0	0.0	0.0	0.0	0.0	0.0	0.0
37 岡山	0.0	0.0	0.0	0.0	0.0	0.0	0.0	0.0	0.0	0.0	0.0	0.0	0.0
38 広島	0.0	0.0	0.0	0.0	0.0	0.0	0.0	0.0	0.0	0.0	0.0	0.0	0.0
39 山口	0.0	0.0	0.0	0.0	0.0	0.0	0.0	0.0	0.0	0.0	0.0	0.0	0.0
40 徳島	0.0	0.0	0.0	2.5	0.0	0.0	0.0	0.0	0.0	0.0	0.0	0.0	0.0
41 香川	0.0	0.0	0.0	0.0	0.0	0.0	0.0	0.0	0.0	0.0	0.0	0.0	0.0
42 愛媛	0.0	0.0	0.0	0.0	0.0	0.0	0.0	0.0	0.0	0.0	0.0	0.0	0.0
43 高知	0.0	0.0	0.0	0.0	0.0	0.0	0.0	0.0	0.0	0.0	0.0	0.0	0.0
44 福岡	0.0	0.0	0.0	1.2	0.0	0.0	0.0	0.0	0.0	0.0	0.0	0.0	0.0
45 佐賀	0.0	0.0	0.0	0.0	0.0	0.0	0.0	0.0	0.0	0.0	0.0	0.0	0.0
46 長崎	0.0	0.0	0.0	0.0	0.0	0.0	0.0	0.0	0.0	0.0	0.0	0.0	0.0
47 熊本	0.0	0.0	0.0	0.0	0.0	0.0	0.0	0.0	0.0	0.0	0.0	0.0	0.0
48 大分	0.0	0.0	0.0	0.0	0.0	0.0	0.0	0.0	0.0	0.0	0.0	0.0	0.0
49 宮崎	0.0	0.0	0.0	0.0	0.0	0.0	0.0	0.0	0.0	0.0	0.0	0.0	0.0
50 鹿児島	0.0	0.0	0.0	0.0	0.0	0.0	0.0	0.0	0.0	0.0	0.0	0.0	0.0
51 沖縄	0.0	0.0	0.0	0.0	0.0	0.0	0.0	0.0	0.0	0.0	0.0	0.0	0.0
52 全国	21.3	10.0	209.7	3,263.4	3,941.0	1,325.0	239.3	58.8	280.7	391.7	127.1	215.2	1,853.6

平成28年度　　　　　　　　　　　　　　　府県相互間旅客輸送人員表　（旅客船　,　その　3）

(単位 ： 1000人)

発＼着		27 愛知	28 三重	29 滋賀	30 京都	31 大阪	32 兵庫	33 奈良	34 和歌山	35 鳥取	36 島根	37 岡山	38 広島	39 山口
1	道北	0.0	0.0	0.0	0.0	0.0	0.0	0.0	0.0	0.0	0.0	0.0	0.0	0.0
2	道東	0.0	0.0	0.0	0.0	0.0	0.0	0.0	0.0	0.0	0.0	0.0	0.0	0.0
3	道央	7.0	0.0	0.0	7.6	0.0	0.0	0.0	0.0	0.0	0.0	0.0	0.0	0.0
4	道南	0.0	0.0	0.0	0.0	0.0	0.0	0.0	0.0	0.0	0.0	0.0	0.0	0.0
5	北海道	7.0	0.0	0.0	7.6	0.0	0.0	0.0	0.0	0.0	0.0	0.0	0.0	0.0
6	青森	0.0	0.0	0.0	0.0	0.0	0.0	0.0	0.0	0.0	0.0	0.0	0.0	0.0
7	岩手	0.0	0.0	0.0	0.0	0.0	0.0	0.0	0.0	0.0	0.0	0.0	0.0	0.0
8	宮城	18.8	0.0	0.0	0.0	0.0	0.0	0.0	0.0	0.0	0.0	0.0	0.0	0.0
9	秋田	0.0	0.0	0.0	0.0	0.0	0.0	0.0	0.0	0.0	0.0	0.0	0.0	0.0
10	山形	0.0	0.0	0.0	0.0	0.0	0.0	0.0	0.0	0.0	0.0	0.0	0.0	0.0
11	福島	0.0	0.0	0.0	0.0	0.0	0.0	0.0	0.0	0.0	0.0	0.0	0.0	0.0
12	茨城	0.0	0.0	0.0	0.0	0.0	0.0	0.0	0.0	0.0	0.0	0.0	0.0	0.0
13	栃木	0.0	0.0	0.0	0.0	0.0	0.0	0.0	0.0	0.0	0.0	0.0	0.0	0.0
14	群馬	0.0	0.0	0.0	0.0	0.0	0.0	0.0	0.0	0.0	0.0	0.0	0.0	0.0
15	埼玉	0.0	0.0	0.0	0.0	0.0	0.0	0.0	0.0	0.0	0.0	0.0	0.0	0.0
16	千葉	0.0	0.0	0.0	0.0	0.0	0.0	0.0	0.0	0.0	0.0	0.0	0.0	0.0
17	東京	0.0	0.0	0.0	0.0	0.0	0.0	0.0	0.0	0.0	0.0	0.0	0.0	0.0
18	神奈川	0.0	0.0	0.0	0.0	0.0	0.0	0.0	0.0	0.0	0.0	0.0	0.0	0.0
19	新潟	0.0	0.0	0.0	0.0	0.0	0.0	0.0	0.0	0.0	0.0	0.0	0.0	0.0
20	富山	0.0	0.0	0.0	0.0	0.0	0.0	0.0	0.0	0.0	0.0	0.0	0.0	0.0
21	石川	0.0	0.0	0.0	0.0	0.0	0.0	0.0	0.0	0.0	0.0	0.0	0.0	0.0
22	福井	0.0	0.0	0.0	0.0	0.0	0.0	0.0	0.0	0.0	0.0	0.0	0.0	0.0
23	山梨	0.0	0.0	0.0	0.0	0.0	0.0	0.0	0.0	0.0	0.0	0.0	0.0	0.0
24	長野	0.0	0.0	0.0	0.0	0.0	0.0	0.0	0.0	0.0	0.0	0.0	0.0	0.0
25	岐阜	0.0	0.0	0.0	0.0	0.0	0.0	0.0	0.0	0.0	0.0	0.0		0.0
26	静岡	0.0	0.0	0.0	0.0	0.0	0.0	0.0	0.0	0.0	0.0	0.0	0.0	0.0
27	愛知	1,244.3	43.9	0.0	0.0	0.0	0.0	0.0	0.0	0.0	0.0	0.0	0.0	0.0
28	三重	332.0	1,258.8	0.0	0.0	0.0	0.0	0.0	0.0	0.0	0.0	0.0	0.0	0.0
29	滋賀	0.0	0.0	593.6	0.0	0.0	0.0	0.0	0.0	0.0	0.0	0.0	0.0	0.0
30	京都	0.0	0.0	0.0	375.9	0.0	0.0	0.0	0.0	0.0	0.0	0.0	0.0	0.0
31	大阪	0.0	0.0	0.0	0.0	3,170.6	168.6	0.0	0.0	0.0	0.0	0.0	0.0	0.0
32	兵庫	0.0	0.0	0.0	0.0	166.5	2,268.6	0.0	0.0	0.0	0.0	0.0	15.8	0.0
33	奈良	0.0	0.0	0.0	0.0	0.0	0.0	0.5	0.0	0.0	0.0	0.0	0.0	0.0
34	和歌山	0.0	0.0	0.0	0.0	0.0	0.0	0.0	1,104.2	0.0	0.0	0.0	0.0	0.0
35	鳥取	0.0	0.0	0.0	0.0	0.0	0.0	0.0	0.0	64.3	0.0	0.0	0.0	0.0
36	島根	0.0	0.0	0.0	0.0	0.0	0.0	0.0	0.0	0.0	607.4	0.0	0.0	0.0
37	岡山	0.0	0.0	0.0	0.0	0.0	0.0	0.0	0.0	0.0	0.0	319.4	1.8	0.0
38	広島	0.0	0.0	0.0	0.0	0.0	17.3	0.0	0.0	0.0	0.0	1.8	13,056.3	0.0
39	山口	0.0	0.0	0.0	0.0	0.0	0.0	0.0	0.0	0.0	0.0	0.0	0.0	542.7
40	徳島	0.0	0.0	0.0	0.0	0.0	0.0	0.0	68.3	0.0	0.0	0.0	0.0	0.0
41	香川	0.0	0.0	0.0	0.0	0.0	117.3	0.0	0.0	0.0	0.0	725.9	0.0	0.0
42	愛媛	0.0	0.0	0.0	0.0	43.1	2.0	0.0	0.0	0.0	0.0	0.0	944.4	29.6
43	高知	0.0	0.0	0.0	0.0	0.0	0.0	0.0	0.0	0.0	0.0	0.0	0.0	0.0
44	福岡	0.0	0.0	0.0	0.0	155.0	38.3	0.0	0.0	0.0	0.0	0.0	0.0	311.1
45	佐賀	0.0	0.0	0.0	0.0	0.0	0.0	0.0	0.0	0.0	0.0	0.0	0.0	0.0
46	長崎	0.0	0.0	0.0	0.0	0.0	0.0	0.0	0.0	0.0	0.0	0.0	0.0	0.0
47	熊本	0.0	0.0	0.0	0.0	0.0	0.0	0.0	0.0	0.0	0.0	0.0	0.0	0.0
48	大分	0.0	0.0	0.0	0.0	54.2	44.8	0.0	0.0	0.0	0.0	0.0	0.0	6.9
49	宮崎	0.0	0.0	0.0	0.0	0.0	30.3	0.0	0.0	0.0	0.0	0.0	0.0	0.0
50	鹿児島	0.0	0.0	0.0	0.0	24.6	0.1	0.0	0.0	0.0	0.0	0.0	0.0	0.0
51	沖縄	0.0	0.0	0.0	0.0	0.5	0.1	0.0	0.0	0.0	0.0	0.0	0.0	0.0
52	全国	1,602.2	1,302.7	593.6	383.5	3,614.4	2,687.4	0.5	1,172.5	64.3	607.4	1,047.2	14,018.3	890.4

平成28年度　　　　　　　　　　　　　　　府県相互間旅客輸送人員表　（旅客船　,　その　4）

(単位 ： 1000人)

発＼着		40 徳島	41 香川	42 愛媛	43 高知	44 福岡	45 佐賀	46 長崎	47 熊本	48 大分	49 宮崎	50 鹿児島	51 沖縄	52 全国
1	道北	0.0	0.0	0.0	0.0	0.0	0.0	0.0	0.0	0.0	0.0	0.0	0.0	542.1
2	道東	0.0	0.0	0.0	0.0	0.0	0.0	0.0	0.0	0.0	0.0	0.0	0.0	17.9
3	道央	0.0	0.0	0.0	0.0	0.0	0.0	0.0	0.0	0.0	0.0	0.0	0.0	639.2
4	道南	0.0	0.0	0.0	0.0	0.0	0.0	0.0	0.0	0.0	0.0	0.0	0.0	275.2
5	北海道	0.0	0.0	0.0	0.0	0.0	0.0	0.0	0.0	0.0	0.0	0.0	0.0	1,474.4
6	青森	0.0	0.0	0.0	0.0	0.0	0.0	0.0	0.0	0.0	0.0	0.0	0.0	349.5
7	岩手	0.0	0.0	0.0	0.0	0.0	0.0	0.0	0.0	0.0	0.0	0.0	0.0	62.2
8	宮城	0.0	0.0	0.0	0.0	0.0	0.0	0.0	0.0	0.0	0.0	0.0	0.0	1,348.7
9	秋田	0.0	0.0	0.0	0.0	0.0	0.0	0.0	0.0	0.0	0.0	0.0	0.0	29.3
10	山形	0.0	0.0	0.0	0.0	0.0	0.0	0.0	0.0	0.0	0.0	0.0	0.0	128.3
11	福島	0.0	0.0	0.0	0.0	0.0	0.0	0.0	0.0	0.0	0.0	0.0	0.0	90.0
12	茨城	0.0	0.0	0.0	0.0	0.0	0.0	0.0	0.0	0.0	0.0	0.0	0.0	13.2
13	栃木	0.0	0.0	0.0	0.0	0.0	0.0	0.0	0.0	0.0	0.0	0.0	0.0	116.9
14	群馬	0.0	0.0	0.0	0.0	0.0	0.0	0.0	0.0	0.0	0.0	0.0	0.0	21.4
15	埼玉	0.0	0.0	0.0	0.0	0.0	0.0	0.0	0.0	0.0	0.0	0.0	0.0	9.8
16	千葉	0.0	0.0	0.0	0.0	0.0	0.0	0.0	0.0	0.0	0.0	0.0	0.0	226.7
17	東京	3.1	0.0	0.0	0.0	1.0	0.0	0.0	0.0	0.0	0.0	0.0	0.0	3,273.9
18	神奈川	0.0	0.0	0.0	0.0	0.0	0.0	0.0	0.0	0.0	0.0	0.0	0.0	3,930.6
19	新潟	0.0	0.0	0.0	0.0	0.0	0.0	0.0	0.0	0.0	0.0	0.0	0.0	1,327.1
20	富山	0.0	0.0	0.0	0.0	0.0	0.0	0.0	0.0	0.0	0.0	0.0	0.0	239.3
21	石川	0.0	0.0	0.0	0.0	0.0	0.0	0.0	0.0	0.0	0.0	0.0	0.0	58.8
22	福井	0.0	0.0	0.0	0.0	0.0	0.0	0.0	0.0	0.0	0.0	0.0	0.0	279.4
23	山梨	0.0	0.0	0.0	0.0	0.0	0.0	0.0	0.0	0.0	0.0	0.0	0.0	391.7
24	長野	0.0	0.0	0.0	0.0	0.0	0.0	0.0	0.0	0.0	0.0	0.0	0.0	127.1
25	岐阜	0.0	0.0	0.0	0.0	0.0	0.0	0.0	0.0	0.0	0.0	0.0	0.0	215.2
26	静岡	0.0	0.0	0.0	0.0	0.0	0.0	0.0	0.0	0.0	0.0	0.0	0.0	1,836.9
27	愛知	0.0	0.0	0.0	0.0	0.0	0.0	0.0	0.0	0.0	0.0	0.0	0.0	1,314.2
28	三重	0.0	0.0	0.0	0.0	0.0	0.0	0.0	0.0	0.0	0.0	0.0	0.0	1,590.8
29	滋賀	0.0	0.0	0.0	0.0	0.0	0.0	0.0	0.0	0.0	0.0	0.0	0.0	593.6
30	京都	0.0	0.0	0.0	0.0	0.0	0.0	0.0	0.0	0.0	0.0	0.0	0.0	387.2
31	大阪	0.0	0.0	39.0	0.0	131.0	0.0	0.0	0.0	51.6	0.0	21.9	0.5	3,583.1
32	兵庫	0.0	111.4	0.5	0.0	38.7	0.0	0.0	0.0	40.5	36.1	0.1	0.1	2,678.3
33	奈良	0.0	0.0	0.0	0.0	0.0	0.0	0.0	0.0	0.0	0.0	0.0	0.0	0.5
34	和歌山	62.2	0.0	0.0	0.0	0.0	0.0	0.0	0.0	0.0	0.0	0.0	0.0	1,166.4
35	鳥取	0.0	0.0	0.0	0.0	0.0	0.0	0.0	0.0	0.0	0.0	0.0	0.0	64.3
36	島根	0.0	0.0	0.0	0.0	0.0	0.0	0.0	0.0	0.0	0.0	0.0	0.0	607.4
37	岡山	0.0	718.9	0.0	0.0	0.0	0.0	0.0	0.0	0.0	0.0	0.0	0.0	1,040.1
38	広島	0.0	0.0	945.3	0.0	0.0	0.0	0.0	0.0	0.0	0.0	0.0	0.0	14,020.7
39	山口	0.0	0.0	30.1	0.0	325.6	0.0	0.0	0.0	6.5	0.0	0.0	0.0	905.0
40	徳島	764.9	0.0	0.0	0.0	0.5	0.0	0.0	0.0	0.0	0.0	0.0	0.0	836.3
41	香川	0.0	2,675.4	0.0	0.0	34.2	0.0	0.0	0.0	0.0	0.0	0.0	0.0	3,552.8
42	愛媛	0.0	0.0	1,410.2	0.0	0.0	0.0	0.0	0.0	150.6	0.0	0.0	0.0	2,580.0
43	高知	0.0	0.0	0.0	101.8	0.0	0.0	0.0	0.0	5.3	0.0	0.0	0.0	107.1
44	福岡	0.9	0.0	30.5	0.0	2,147.5	0.0	398.2	0.0	0.0	0.0	0.0	0.0	3,082.7
45	佐賀	0.0	0.0	0.0	0.0	0.0	483.4	65.8	0.0	0.0	0.0	0.0	0.0	549.2
46	長崎	0.0	0.0	0.0	0.0	373.4	66.5	5,511.7	196.0	0.0	0.0	0.0	0.0	6,147.6
47	熊本	0.0	0.0	0.0	0.0	0.0	0.0	0.0	213.0	233.6	0.0	33.4	0.0	480.0
48	大分	0.0	0.0	154.5	5.3	0.0	0.0	0.0	0.0	445.1	0.0	0.0	0.0	710.8
49	宮崎	0.0	0.0	0.0	0.0	0.0	0.0	0.0	0.0	0.0	112.6	10.3	0.0	153.1
50	鹿児島	0.0	0.0	0.0	0.0	0.0	0.0	0.0	31.7	0.0	0.0	4,733.8	32.6	4,822.9
51	沖縄	0.0	0.0	0.0	0.0	0.0	0.0	0.0	0.0	0.0	0.0	43.2	4,953.3	4,997.1
52	全国	831.2	3,505.6	2,610.1	107.1	3,052.0	549.9	6,188.7	461.3	699.7	148.6	4,832.5	4,996.8	71,522.0

- 39 -

（6）　航　　　　　空

調査対象旅客の種別及び範囲

輸送機関	範　　　囲
航　　空	定期の国内旅客を対象とした。

調　査　の　方　法

　「平成28年度航空輸送統計年報」(国土交通省総合政策局)の「国内定期航空空港間旅客流動表(年度)」を府県別に集約した。

　なお、大阪国際空港は、大阪府所在とみなして処理した。

航
空

平成28年度　　　　　　　　　　　　　　　　府県相互間旅客輸送人員表　（航空，　その　1）

（単位　：　1000人）

着／発	1 道北	2 道東	3 道央	4 道南	5 北海道	6 青森	7 岩手	8 宮城	9 秋田	10 山形	11 福島	12 茨城	13 栃木
1 道北	0.0	0.0	139.0	0.0	139.0	0.0	0.0	0.0	0.0	0.0	0.0	0.0	0.0
2 道東	0.0	0.0	138.5	0.0	138.5	0.0	0.0	0.0	0.0	0.0	0.0	0.0	0.0
3 道央	141.9	135.9	0.0	80.9	358.8	66.5	42.3	362.5	49.2	0.4	33.6	51.8	0.0
4 道南	0.0	0.0	81.3	10.1	91.4	0.0	0.0	0.0	0.0	0.0	0.0	0.0	0.0
5 北海道	141.9	135.9	358.8	91.0	727.6	66.5	42.3	362.5	49.2	0.4	33.6	51.8	0.0
6 青森	0.0	0.0	65.1	0.0	65.2	0.0	0.0	0.0	0.0	0.0	0.0	0.0	0.0
7 岩手	0.0	0.0	43.4	0.0	43.4	0.0	0.0	0.0	0.0	0.0	0.0	0.0	0.0
8 宮城	0.0	0.0	363.3	0.0	363.3	0.0	0.0	0.0	0.0	0.0	0.0	0.0	0.0
9 秋田	0.0	0.0	48.8	0.0	48.8	0.0	0.0	0.0	0.0	0.0	0.0	0.0	0.0
10 山形	0.0	0.0	0.5	0.0	0.5	0.0	0.0	0.0	0.0	0.0	0.0	0.0	0.0
11 福島	0.0	0.0	33.0	0.0	33.0	0.0	0.0	0.0	0.0	0.0	0.0	0.0	0.0
12 茨城	0.0	0.0	51.6	0.0	51.6	0.0	0.0	0.0	0.0	0.0	0.0	0.0	0.0
13 栃木	0.0	0.0	0.0	0.0	0.0	0.0	0.0	0.0	0.0	0.0	0.0	0.0	0.0
14 群馬	0.0	0.0	0.0	0.0	0.0	0.0	0.0	0.0	0.0	0.0	0.0	0.0	0.0
15 埼玉	0.0	0.0	0.0	0.0	0.0	0.0	0.0	0.0	0.0	0.0	0.0	0.0	0.0
16 千葉	0.0	0.0	872.4	5.6	878.0	0.0	0.0	48.8	0.0	0.0	0.0	0.0	0.0
17 東京	783.9	574.7	4,425.9	524.5	6,309.0	360.2	0.0	0.0	459.6	224.3	0.0	0.0	0.0
18 神奈川	0.0	0.0	0.0	0.0	0.0	0.0	0.0	0.0	0.0	0.0	0.0	0.0	0.0
19 新潟	0.0	0.0	70.8	0.0	70.8	0.0	0.0	0.0	0.0	0.0	0.0	0.0	0.0
20 富山	0.0	0.0	29.3	0.0	29.3	0.0	0.0	0.0	0.0	0.0	0.0	0.0	0.0
21 石川	0.0	0.0	36.6	0.0	36.6	0.0	0.0	20.5	0.0	0.0	0.0	0.0	0.0
22 福井	0.0	0.0	0.0	0.0	0.0	0.0	0.0	0.0	0.0	0.0	0.0	0.0	0.0
23 山梨	0.0	0.0	0.0	0.0	0.0	0.0	0.0	0.0	0.0	0.0	0.0	0.0	0.0
24 長野	0.0	0.0	20.8	0.0	20.8	0.0	0.0	0.0	0.0	0.0	0.0	0.0	0.0
25 岐阜	0.0	0.0	0.0	0.0	0.0	0.0	0.0	0.0	0.0	0.0	0.0	0.0	0.0
26 静岡	0.0	0.0	39.6	0.0	39.6	0.0	0.0	0.0	0.0	0.0	0.0	0.0	0.0
27 愛知	48.3	3.7	670.5	45.4	767.9	56.1	67.7	101.3	31.7	34.2	0.0	0.0	0.0
28 三重	0.0	0.0	0.0	0.0	0.0	0.0	0.0	0.0	0.0	0.0	0.0	0.0	0.0
29 滋賀	0.0	0.0	0.0	0.0	0.0	0.0	0.0	0.0	0.0	0.0	0.0	0.0	0.0
30 京都	0.0	0.0	0.0	0.0	0.0	0.0	0.0	0.0	0.0	0.0	0.0	0.0	0.0
31 大阪	16.4	5.6	1,092.0	72.0	1,186.1	117.0	69.1	616.2	89.9	45.4	80.7	0.0	0.0
32 兵庫	0.0	0.0	240.2	0.0	240.2	0.0	0.0	0.0	0.0	0.0	0.0	103.2	0.0
33 奈良	0.0	0.0	0.0	0.0	0.0	0.0	0.0	0.0	0.0	0.0	0.0	0.0	0.0
34 和歌山	0.0	0.0	0.0	0.0	0.0	0.0	0.0	0.0	0.0	0.0	0.0	0.0	0.0
35 鳥取	0.0	0.0	0.0	0.0	0.0	0.0	0.0	0.0	0.0	0.0	0.0	0.0	0.0
36 島根	0.0	0.0	2.4	0.0	2.4	0.0	0.0	0.0	0.0	0.0	0.0	0.0	0.0
37 岡山	0.0	0.0	33.3	0.0	33.3	0.0	0.0	0.0	0.0	0.0	0.0	0.0	0.0
38 広島	0.0	0.0	68.3	0.0	68.3	0.0	0.0	34.7	0.0	0.0	0.0	0.0	0.0
39 山口	0.0	0.0	0.0	0.0	0.0	0.0	0.0	0.0	0.0	0.0	0.0	0.0	0.0
40 徳島	0.0	0.0	1.5	0.0	1.5	0.0	0.0	0.0	0.0	0.0	0.0	0.0	0.0
41 香川	0.0	0.0	0.0	0.0	0.0	0.0	0.0	0.0	0.0	0.0	0.0	0.0	0.0
42 愛媛	0.0	0.0	0.0	0.0	0.0	0.0	0.0	0.0	0.0	0.0	0.0	0.0	0.0
43 高知	0.0	0.0	0.0	0.0	0.0	0.0	0.0	0.0	0.0	0.0	0.0	0.0	0.0
44 福岡	0.0	0.0	244.6	0.0	244.6	0.0	12.1	148.4	0.0	0.0	0.0	47.7	0.0
45 佐賀	0.0	0.0	0.0	0.0	0.0	0.0	0.0	0.0	0.0	0.0	0.0	0.0	0.0
46 長崎	0.0	0.0	0.0	0.0	0.0	0.0	0.0	0.0	0.0	0.0	0.0	0.0	0.0
47 熊本	0.0	0.0	0.0	0.0	0.0	0.0	0.0	0.0	0.0	0.0	0.0	0.0	0.0
48 大分	0.0	0.0	0.0	0.0	0.0	0.0	0.0	0.0	0.0	0.0	0.0	0.0	0.0
49 宮崎	0.0	0.0	0.0	0.0	0.0	0.0	0.0	0.0	0.0	0.0	0.0	0.0	0.0
50 鹿児島	0.0	0.0	0.0	0.0	0.0	0.0	0.0	0.0	0.0	0.0	0.0	0.0	0.0
51 沖縄	0.0	0.0	44.6	0.0	44.6	0.0	0.0	70.9	0.0	0.0	0.0	21.5	0.0
52 全国	990.6	720.0	8,857.2	738.5	11,306.3	599.9	191.1	1,403.2	630.4	304.2	114.3	224.3	0.0

平成28年度　　　　　　　　　　　　　　　　府県相互間旅客輸送人員表　（航空，　その　2）

（単位　：　1000人）

着／発	14 群馬	15 埼玉	16 千葉	17 東京	18 神奈川	19 新潟	20 富山	21 石川	22 福井	23 山梨	24 長野	25 岐阜	26 静岡
1 道北	0.0	0.0	0.0	728.3	0.0	0.0	0.0	0.0	0.0	0.0	0.0	0.0	0.0
2 道東	0.0	0.0	0.0	565.8	0.0	0.0	0.0	0.0	0.0	0.0	0.0	0.0	0.0
3 道央	0.0	0.0	873.3	4,512.0	0.0	73.1	30.5	38.6	0.0	0.0	21.2	0.0	40.4
4 道南	0.0	0.0	5.6	519.7	0.0	0.0	0.0	0.0	0.0	0.0	0.0	0.0	0.0
5 北海道	0.0	0.0	879.0	6,325.8	0.0	73.1	30.5	38.6	0.0	0.0	21.2	0.0	40.4
6 青森	0.0	0.0	0.0	352.5	0.0	0.0	0.0	0.0	0.0	0.0	0.0	0.0	0.0
7 岩手	0.0	0.0	0.0	0.0	0.0	0.0	0.0	0.0	0.0	0.0	0.0	0.0	0.0
8 宮城	0.0	0.0	52.1	0.0	0.0	0.0	0.0	21.1	0.0	0.0	0.0	0.0	0.0
9 秋田	0.0	0.0	0.0	450.6	0.0	0.0	0.0	0.0	0.0	0.0	0.0	0.0	0.0
10 山形	0.0	0.0	0.0	221.4	0.0	0.0	0.0	0.0	0.0	0.0	0.0	0.0	0.0
11 福島	0.0	0.0	0.0	0.0	0.0	0.0	0.0	0.0	0.0	0.0	0.0	0.0	0.0
12 茨城	0.0	0.0	0.0	0.0	0.0	0.0	0.0	0.0	0.0	0.0	0.0	0.0	0.0
13 栃木	0.0	0.0	0.0	0.0	0.0	0.0	0.0	0.0	0.0	0.0	0.0	0.0	0.0
14 群馬	0.0	0.0	0.0	0.0	0.0	0.0	0.0	0.0	0.0	0.0	0.0	0.0	0.0
15 埼玉	0.0	0.0	0.0	0.0	0.0	0.0	0.0	0.0	0.0	0.0	0.0	0.0	0.0
16 千葉	0.0	0.0	0.0	0.0	0.0	14.6	0.0	14.7	0.0	0.0	0.0	0.0	0.0
17 東京	0.0	0.0	0.0	284.9	0.0	0.0	178.7	578.8	0.0	0.0	0.0	0.0	0.0
18 神奈川	0.0	0.0	0.0	0.0	0.0	0.0	0.0	0.0	0.0	0.0	0.0	0.0	0.0
19 新潟	0.0	0.0	13.8	0.0	0.0	0.0	0.0	0.0	0.0	0.0	0.0	0.0	0.0
20 富山	0.0	0.0	0.0	177.7	0.0	0.0	0.0	0.0	0.0	0.0	0.0	0.0	0.0
21 石川	0.0	0.0	14.5	572.2	0.0	0.0	0.0	0.0	0.0	0.0	0.0	0.0	0.0
22 福井	0.0	0.0	0.0	0.0	0.0	0.0	0.0	0.0	0.0	0.0	0.0	0.0	0.0
23 山梨	0.0	0.0	0.0	0.0	0.0	0.0	0.0	0.0	0.0	0.0	0.0	0.0	0.0
24 長野	0.0	0.0	0.0	0.0	0.0	0.0	0.0	0.0	0.0	0.0	0.0	0.0	0.0
25 岐阜	0.0	0.0	0.0	0.0	0.0	0.0	0.0	0.0	0.0	0.0	0.0	0.0	0.0
26 静岡	0.0	0.0	0.0	0.0	0.0	0.0	0.0	0.0	0.0	0.0	0.0	0.0	0.0
27 愛知	0.0	0.0	186.2	105.3	0.0	45.0	0.0	0.0	0.0	0.0	0.0	0.0	0.0
28 三重	0.0	0.0	0.0	0.0	0.0	0.0	0.0	0.0	0.0	0.0	0.0	0.0	0.0
29 滋賀	0.0	0.0	0.0	0.0	0.0	0.0	0.0	0.0	0.0	0.0	0.0	0.0	0.0
30 京都	0.0	0.0	0.0	0.0	0.0	0.0	0.0	0.0	0.0	0.0	0.0	0.0	0.0
31 大阪	0.0	0.0	696.8	3,289.5	0.0	207.4	0.0	0.0	0.0	0.0	1.7	0.0	0.0
32 兵庫	0.0	0.0	0.0	492.4	0.0	0.0	0.0	0.0	0.0	0.0	0.0	0.0	0.0
33 奈良	0.0	0.0	0.0	0.0	0.0	0.0	0.0	0.0	0.0	0.0	0.0	0.0	0.0
34 和歌山	0.0	0.0	0.0	52.8	0.0	0.0	0.0	0.0	0.0	0.0	0.0	0.0	0.0
35 鳥取	0.0	0.0	0.0	445.8	0.0	0.0	0.0	0.0	0.0	0.0	0.0	0.0	0.0
36 島根	0.0	0.0	0.0	345.2	0.0	0.0	0.0	0.0	0.0	0.0	0.0	0.0	0.0
37 岡山	0.0	0.0	0.0	483.8	0.0	0.0	0.0	0.0	0.0	0.0	0.0	0.0	0.0
38 広島	0.0	0.0	124.6	891.1	0.0	0.0	0.0	0.0	0.0	0.0	0.0	0.0	0.0
39 山口	0.0	0.0	0.0	632.0	0.0	0.0	0.0	0.0	0.0	0.0	0.0	0.0	0.0
40 徳島	0.0	0.0	0.0	478.1	0.0	0.0	0.0	0.0	0.0	0.0	0.0	0.0	0.0
41 香川	0.0	0.0	93.9	609.2	0.0	0.0	0.0	0.0	0.0	0.0	0.0	0.0	0.0
42 愛媛	0.0	0.0	127.4	745.9	0.0	0.0	0.0	0.0	0.0	0.0	0.0	0.0	0.0
43 高知	0.0	0.0	0.0	467.8	0.0	0.0	0.0	0.0	0.0	0.0	0.0	0.0	0.0
44 福岡	0.0	0.0	579.1	4,720.0	0.0	61.4	0.0	78.8	0.0	0.0	36.1	0.0	69.2
45 佐賀	0.0	0.0	65.1	198.0	0.0	0.0	0.0	0.0	0.0	0.0	0.0	0.0	0.0
46 長崎	0.0	0.0	0.0	867.8	0.0	0.0	0.0	0.0	0.0	0.0	0.0	0.0	0.0
47 熊本	0.0	0.0	89.8	915.8	0.0	0.0	0.0	0.0	0.0	0.0	0.0	0.0	0.0
48 大分	0.0	0.0	86.4	593.4	0.0	0.0	0.0	0.0	0.0	0.0	0.0	0.0	0.0
49 宮崎	0.0	0.0	0.0	711.7	0.0	0.0	0.0	0.0	0.0	0.0	0.0	0.0	0.0
50 鹿児島	0.0	0.0	150.5	1,184.2	0.0	0.0	0.0	0.0	0.0	0.0	0.0	0.0	19.1
51 沖縄	0.0	0.0	432.8	3,127.5	0.0	17.9	0.0	35.6	0.0	0.0	0.0	0.0	34.1
52 全国	0.0	0.0	3,592.0	29,742.9	0.0	419.2	209.2	767.7	0.0	0.0	59.0	0.0	162.7

平成28年度　　　　　　　　　　　　　　府県相互間旅客輸送人員表　（航空 ， その 3）

（単位 ： １０００人）

着／発	27 愛知	28 三重	29 滋賀	30 京都	31 大阪	32 兵庫	33 奈良	34 和歌山	35 鳥取	36 島根	37 岡山	38 広島	39 山口
1 道北	48.2	0.0	0.0	0.0	16.0	0.0	0.0	0.0	0.0	0.0	0.0	0.0	0.0
2 道東	3.2	0.0	0.0	0.0	3.9	0.0	0.0	0.0	0.0	0.0	0.0	0.0	0.0
3 道央	682.8	0.0	0.0	0.0	1,100.6	253.7	0.0	0.0	0.0	2.3	34.2	69.9	0.0
4 道南	39.9	0.0	0.0	0.0	62.9	0.0	0.0	0.0	0.0	0.0	0.0	0.0	0.0
5 北海道	774.2	0.0	0.0	0.0	1,183.5	253.7	0.0	0.0	0.0	2.3	34.2	69.9	0.0
6 青森	53.2	0.0	0.0	0.0	112.3	0.0	0.0	0.0	0.0	0.0	0.0	0.0	0.0
7 岩手	70.3	0.0	0.0	0.0	71.6	0.0	0.0	0.0	0.0	0.0	0.0	0.0	0.0
8 宮城	100.7	0.0	0.0	0.0	610.5	0.0	0.0	0.0	0.0	0.0	0.0	34.0	0.0
9 秋田	33.4	0.0	0.0	0.0	90.0	0.0	0.0	0.0	0.0	0.0	0.0	0.0	0.0
10 山形	33.5	0.0	0.0	0.0	48.4	0.0	0.0	0.0	0.0	0.0	0.0	0.0	0.0
11 福島	0.0	0.0	0.0	0.0	78.7	0.0	0.0	0.0	0.0	0.0	0.0	0.0	0.0
12 茨城	0.0	0.0	0.0	0.0	0.0	103.7	0.0	0.0	0.0	0.0	0.0	0.0	0.0
13 栃木	0.0	0.0	0.0	0.0	0.0	0.0	0.0	0.0	0.0	0.0	0.0	0.0	0.0
14 群馬	0.0	0.0	0.0	0.0	0.0	0.0	0.0	0.0	0.0	0.0	0.0	0.0	0.0
15 埼玉	0.0	0.0	0.0	0.0	0.0	0.0	0.0	0.0	0.0	0.0	0.0	0.0	0.0
16 千葉	176.6	0.0	0.0	0.0	673.3	0.0	0.0	0.0	0.0	0.0	0.0	118.7	0.0
17 東京	125.0	0.0	0.0	0.0	3,227.7	482.3	0.0	55.5	446.2	342.0	508.9	911.5	630.9
18 神奈川	0.0	0.0	0.0	0.0	0.0	0.0	0.0	0.0	0.0	0.0	0.0	0.0	0.0
19 新潟	47.2	0.0	0.0	0.0	206.8	0.0	0.0	0.0	0.0	0.0	0.0	0.0	0.0
20 富山	0.0	0.0	0.0	0.0	0.0	0.0	0.0	0.0	0.0	0.0	0.0	0.0	0.0
21 石川	0.0	0.0	0.0	0.0	0.0	0.0	0.0	0.0	0.0	0.0	0.0	0.0	0.0
22 福井	0.0	0.0	0.0	0.0	0.0	0.0	0.0	0.0	0.0	0.0	0.0	0.0	0.0
23 山梨	0.0	0.0	0.0	0.0	0.0	0.0	0.0	0.0	0.0	0.0	0.0	0.0	0.0
24 長野	0.0	0.0	0.0	0.0	1.2	0.0	0.0	0.0	0.0	0.0	0.0	0.0	0.0
25 岐阜	0.0	0.0	0.0	0.0	0.0	0.0	0.0	0.0	0.0	0.0	0.0	0.0	0.0
26 静岡	0.0	0.0	0.0	0.0	0.0	0.0	0.0	0.0	0.0	0.0	0.0	0.0	0.0
27 愛知	0.0	0.0	0.0	0.0	0.0	0.0	0.0	0.0	0.0	33.8	0.0	0.0	0.0
28 三重	0.0	0.0	0.0	0.0	0.0	0.0	0.0	0.0	0.0	0.0	0.0	0.0	0.0
29 滋賀	0.0	0.0	0.0	0.0	0.0	0.0	0.0	0.0	0.0	0.0	0.0	0.0	0.0
30 京都	0.0	0.0	0.0	0.0	0.0	0.0	0.0	0.0	0.0	0.0	0.0	0.0	0.0
31 大阪	0.0	0.0	0.0	0.0	0.0	15.0	0.0	0.0	0.0	90.2	0.0	0.0	0.0
32 兵庫	0.0	0.0	0.0	0.0	15.2	0.0	0.0	0.0	0.0	0.0	0.0	0.0	0.0
33 奈良	0.0	0.0	0.0	0.0	0.0	0.0	0.0	0.0	0.0	0.0	0.0	0.0	0.0
34 和歌山	0.0	0.0	0.0	0.0	0.0	0.0	0.0	0.0	0.0	0.0	0.0	0.0	0.0
35 鳥取	0.0	0.0	0.0	0.0	0.0	0.0	0.0	0.0	0.0	0.0	0.0	0.0	0.0
36 島根	35.1	0.0	0.0	0.0	87.8	0.0	0.0	0.0	0.0	16.0	0.0	0.0	0.0
37 岡山	0.0	0.0	0.0	0.0	0.0	0.0	0.0	0.0	0.0	0.0	0.0	0.0	0.0
38 広島	0.0	0.0	0.0	0.0	0.0	0.0	0.0	0.0	0.0	0.0	0.0	0.0	0.0
39 山口	0.0	0.0	0.0	0.0	0.0	0.0	0.0	0.0	0.0	0.0	0.0	0.0	0.0
40 徳島	0.0	0.0	0.0	0.0	0.0	0.0	0.0	0.0	0.0	0.0	0.0	0.0	0.0
41 香川	0.0	0.0	0.0	0.0	0.0	0.0	0.0	0.0	0.0	0.0	0.0	0.0	0.0
42 愛媛	57.5	0.0	0.0	0.0	314.4	0.0	0.0	0.0	0.0	0.0	0.0	0.0	0.0
43 高知	35.6	0.0	0.0	0.0	127.2	0.0	0.0	0.0	0.0	0.0	0.0	0.0	0.0
44 福岡	533.9	0.0	0.0	0.0	555.3	0.0	0.0	0.0	0.0	17.5	0.0	0.0	0.0
45 佐賀	0.0	0.0	0.0	0.0	0.0	0.0	0.0	0.0	0.0	0.0	0.0	0.0	0.0
46 長崎	71.0	0.0	0.0	0.0	236.4	100.5	0.0	0.0	0.0	0.0	0.0	0.0	0.0
47 熊本	114.3	0.0	0.0	0.0	206.6	0.0	0.0	0.0	0.0	0.0	0.0	0.0	0.0
48 大分	31.8	0.0	0.0	0.0	106.3	0.0	0.0	0.0	0.0	0.0	0.0	0.0	0.0
49 宮崎	77.5	0.0	0.0	0.0	306.8	0.0	0.0	0.0	0.0	0.0	0.0	0.0	0.0
50 鹿児島	195.5	0.0	0.0	0.0	517.5	98.2	0.0	0.0	0.0	0.0	0.0	0.0	0.0
51 沖縄	607.3	0.0	0.0	0.0	1,299.9	221.3	0.0	0.0	0.0	0.0	42.1	66.2	17.4
52 全国	3,173.6	0.0	0.0	0.0	10,077.2	1,274.6	0.0	55.5	446.2	501.9	585.2	1,200.4	648.3

平成28年度　　　　　　　　　　　　　　府県相互間旅客輸送人員表　（航空 ， その 4）

（単位 ： １０００人）

着／発	40 徳島	41 香川	42 愛媛	43 高知	44 福岡	45 佐賀	46 長崎	47 熊本	48 大分	49 宮崎	50 鹿児島	51 沖縄	52 全国
1 道北	0.0	0.0	0.0	0.0	0.0	0.0	0.0	0.0	0.0	0.0	0.0	0.0	931.5
2 道東	0.0	0.0	0.0	0.0	0.0	0.0	0.0	0.0	0.0	0.0	0.0	0.0	711.4
3 道央	1.4	0.0	0.0	0.0	252.5	0.0	0.0	0.0	0.0	0.0	0.0	44.8	8,996.5
4 道南	0.0	0.0	0.0	0.0	0.0	0.0	0.0	0.0	0.0	0.0	0.0	0.0	719.6
5 北海道	1.4	0.0	0.0	0.0	252.5	0.0	0.0	0.0	0.0	0.0	0.0	44.8	11,359.0
6 青森	0.0	0.0	0.0	0.0	0.0	0.0	0.0	0.0	0.0	0.0	0.0	0.0	583.2
7 岩手	0.0	0.0	0.0	0.0	11.2	0.0	0.0	0.0	0.0	0.0	0.0	0.0	196.5
8 宮城	0.0	0.0	0.0	0.0	147.0	0.0	0.0	0.0	0.0	0.0	0.0	69.1	1,397.8
9 秋田	0.0	0.0	0.0	0.0	0.0	0.0	0.0	0.0	0.0	0.0	0.0	0.0	622.8
10 山形	0.0	0.0	0.0	0.0	0.0	0.0	0.0	0.0	0.0	0.0	0.0	0.0	303.8
11 福島	0.0	0.0	0.0	0.0	0.0	0.0	0.0	0.0	0.0	0.0	0.0	0.0	111.7
12 茨城	0.0	0.0	0.0	0.0	48.0	0.0	0.0	0.0	0.0	0.0	0.0	21.8	225.1
13 栃木	0.0	0.0	0.0	0.0	0.0	0.0	0.0	0.0	0.0	0.0	0.0	0.0	0.0
14 群馬	0.0	0.0	0.0	0.0	0.0	0.0	0.0	0.0	0.0	0.0	0.0	0.0	0.0
15 埼玉	0.0	0.0	0.0	0.0	0.0	0.0	0.0	0.0	0.0	0.0	0.0	0.0	0.0
16 千葉	0.0	90.2	123.5	0.0	578.5	63.4	87.1	0.0	82.7	0.0	147.5	428.5	3,526.0
17 東京	481.8	621.3	733.6	471.4	4,673.5	205.1	887.9	921.6	599.0	708.7	1,191.0	3,116.8	29,737.1
18 神奈川	0.0	0.0	0.0	0.0	0.0	0.0	0.0	0.0	0.0	0.0	0.0	0.0	0.0
19 新潟	0.0	0.0	0.0	0.0	59.8	0.0	0.0	0.0	0.0	0.0	0.0	17.3	415.7
20 富山	0.0	0.0	0.0	0.0	0.0	0.0	0.0	0.0	0.0	0.0	0.0	0.0	207.0
21 石川	0.0	0.0	0.0	0.0	79.2	0.0	0.0	0.0	0.0	0.0	0.0	34.5	757.4
22 福井	0.0	0.0	0.0	0.0	0.0	0.0	0.0	0.0	0.0	0.0	0.0	0.0	0.0
23 山梨	0.0	0.0	0.0	0.0	0.0	0.0	0.0	0.0	0.0	0.0	0.0	0.0	0.0
24 長野	0.0	0.0	0.0	0.0	35.4	0.0	0.0	0.0	0.0	0.0	0.0	0.0	57.4
25 岐阜	0.0	0.0	0.0	0.0	0.0	0.0	0.0	0.0	0.0	0.0	0.0	0.0	0.0
26 静岡	0.0	0.0	0.0	0.0	68.3	0.0	0.0	0.0	0.0	0.0	19.4	32.6	159.8
27 愛知	0.0	0.0	58.9	35.3	527.3	0.0	73.3	115.2	31.9	77.5	195.6	610.9	3,155.1
28 三重	0.0	0.0	0.0	0.0	0.0	0.0	0.0	0.0	0.0	0.0	0.0	0.0	0.0
29 滋賀	0.0	0.0	0.0	0.0	0.0	0.0	0.0	0.0	0.0	0.0	0.0	0.0	0.0
30 京都	0.0	0.0	0.0	0.0	0.0	0.0	0.0	0.0	0.0	0.0	0.0	0.0	0.0
31 大阪	0.0	0.0	314.2	132.9	555.9	0.0	237.0	211.9	106.7	307.0	518.9	1,309.6	10,198.8
32 兵庫	0.0	0.0	0.0	0.0	0.0	0.0	0.0	102.7	0.0	0.0	97.3	211.1	1,261.9
33 奈良	0.0	0.0	0.0	0.0	0.0	0.0	0.0	0.0	0.0	0.0	0.0	0.0	0.0
34 和歌山	0.0	0.0	0.0	0.0	0.0	0.0	0.0	0.0	0.0	0.0	0.0	0.0	52.8
35 鳥取	0.0	0.0	0.0	0.0	0.0	0.0	0.0	0.0	0.0	0.0	0.0	0.0	445.8
36 島根	0.0	0.0	0.0	0.0	17.3	0.0	0.0	0.0	0.0	0.0	0.0	0.0	503.8
37 岡山	0.0	0.0	0.0	0.0	0.0	0.0	0.0	0.0	0.0	0.0	0.0	41.4	558.5
38 広島	0.0	0.0	0.0	0.0	0.0	0.0	0.0	0.0	0.0	0.0	0.0	65.6	1,184.2
39 山口	0.0	0.0	0.0	0.0	0.0	0.0	0.0	0.0	0.0	0.0	0.0	16.9	648.9
40 徳島	0.0	0.0	0.0	0.0	12.5	0.0	0.0	0.0	0.0	0.0	0.0	0.0	492.0
41 香川	0.0	0.0	0.0	0.0	0.0	0.0	0.0	0.0	0.0	0.0	0.0	58.6	761.7
42 愛媛	0.0	0.0	0.0	0.0	64.1	0.0	0.0	0.0	0.0	0.0	0.0	37.1	1,353.7
43 高知	0.0	0.0	0.0	0.0	30.5	0.0	0.0	0.0	0.0	0.0	0.0	0.0	661.0
44 福岡	13.9	0.0	63.1	30.5	0.0	0.0	124.0	24.7	0.0	268.5	43.8	914.5	8,587.8
45 佐賀	0.0	0.0	0.0	0.0	0.0	0.0	0.0	0.0	0.0	0.0	0.0	0.0	263.1
46 長崎	0.0	0.0	0.0	0.0	130.0	0.0	0.0	128.4	0.0	0.0	0.0	28.5	1,562.4
47 熊本	0.0	0.0	0.0	0.0	25.8	0.0	0.0	0.0	12.4	0.0	0.0	33.1	1,397.7
48 大分	0.0	0.0	0.0	0.0	0.0	0.0	0.0	0.0	0.0	0.0	0.0	0.0	817.9
49 宮崎	0.0	0.0	0.0	0.0	268.4	0.0	0.0	0.0	0.0	0.0	7.4	39.2	1,403.6
50 鹿児島	0.0	0.0	0.0	0.0	0.0	0.0	0.0	0.0	0.0	756.7	0.0	113.3	3,085.2
51 沖縄	0.0	58.9	37.3	0.0	912.6	0.0	28.7	33.7	0.0	40.8	111.2	2,805.3	10,067.6
52 全国	497.1	770.4	1,338.0	670.1	8,540.4	268.5	1,581.9	1,406.6	820.2	1,402.4	3,088.6	10,050.4	98,123.7

＜　付　録　＞

自動車航送旅客府県相互間輸送人員表

平成28年度　　　　府県相互間旅客輸送人員表　（航送 ,　その　1）

(単位 ： 1000人)

発＼着	1 道北	2 道東	3 道央	4 道南	5 北海道	6 青森	7 岩手	8 宮城	9 秋田	10 山形	11 福島	12 茨城	13 栃木
1 道北	7.3	0.0	0.0	0.0	7.3	0.0	0.0	0.0	0.0	0.0	0.0	0.0	0.0
2 道東	0.0	0.0	0.0	0.0	0.0	0.0	0.0	0.0	0.0	0.0	0.0	0.0	0.0
3 道央	0.0	0.0	0.0	0.0	0.0	124.4	0.0	33.8	21.2	0.0	0.0	66.4	0.0
4 道南	0.0	0.0	0.0	18.1	18.1	235.4	0.0	0.0	0.0	0.0	0.0	0.0	0.0
5 北海道	7.3	0.0	0.0	18.1	25.3	359.8	0.0	33.8	21.2	0.0	0.0	66.4	0.0
6 青森	0.0	0.0	124.4	235.4	359.8	31.4	0.0	0.0	0.0	0.0	0.0	0.0	0.0
7 岩手	0.0	0.0	0.0	0.0	0.0	0.0	0.0	0.0	0.0	0.0	0.0	0.0	0.0
8 宮城	0.0	0.0	33.8	0.0	33.8	0.0	0.0	321.1	0.0	0.0	0.0	0.0	0.0
9 秋田	0.0	0.0	21.2	0.0	21.2	0.0	0.0	0.0	0.0	0.0	0.0	0.0	0.0
10 山形	0.0	0.0	0.0	0.0	0.0	0.0	0.0	0.0	0.0	0.0	0.0	0.0	0.0
11 福島	0.0	0.0	0.0	0.0	0.0	0.0	0.0	0.0	0.0	0.0	0.0	0.0	0.0
12 茨城	0.0	0.0	66.4	0.0	66.4	0.0	0.0	0.0	0.0	0.0	0.0	0.0	0.0
13 栃木	0.0	0.0	0.0	0.0	0.0	0.0	0.0	0.0	0.0	0.0	0.0	0.0	0.0
14 群馬	0.0	0.0	0.0	0.0	0.0	0.0	0.0	0.0	0.0	0.0	0.0	0.0	0.0
15 埼玉	0.0	0.0	0.0	0.0	0.0	0.0	0.0	0.0	0.0	0.0	0.0	0.0	0.0
16 千葉	0.0	0.0	0.0	0.0	0.0	0.0	0.0	0.0	0.0	0.0	0.0	0.0	0.0
17 東京	0.0	0.0	0.0	0.0	0.0	0.0	0.0	0.0	0.0	0.0	0.0	0.0	0.0
18 神奈川	0.0	0.0	0.0	0.0	0.0	0.0	0.0	0.0	0.0	0.0	0.0	0.0	0.0
19 新潟	0.0	0.0	59.6	0.0	59.6	0.0	0.0	0.0	2.6	0.0	0.0	0.0	0.0
20 富山	0.0	0.0	0.0	0.0	0.0	0.0	0.0	0.0	0.0	0.0	0.0	0.0	0.0
21 石川	0.0	0.0	0.0	0.0	0.0	0.0	0.0	0.0	0.0	0.0	0.0	0.0	0.0
22 福井	0.0	0.0	27.1	0.0	27.1	0.0	0.0	0.0	1.4	0.0	0.0	0.0	0.0
23 山梨	0.0	0.0	0.0	0.0	0.0	0.0	0.0	0.0	0.0	0.0	0.0	0.0	0.0
24 長野	0.0	0.0	0.0	0.0	0.0	0.0	0.0	0.0	0.0	0.0	0.0	0.0	0.0
25 岐阜	0.0	0.0	0.0	0.0	0.0	0.0	0.0	0.0	0.0	0.0	0.0	0.0	0.0
26 静岡	0.0	0.0	0.0	0.0	0.0	0.0	0.0	0.0	0.0	0.0	0.0	0.0	0.0
27 愛知	0.0	0.0	3.8	0.0	3.8	0.0	0.0	5.8	0.0	0.0	0.0	0.0	0.0
28 三重	0.0	0.0	0.0	0.0	0.0	0.0	0.0	0.0	0.0	0.0	0.0	0.0	0.0
29 滋賀	0.0	0.0	0.0	0.0	0.0	0.0	0.0	0.0	0.0	0.0	0.0	0.0	0.0
30 京都	0.0	0.0	27.1	0.0	27.1	0.0	0.0	0.0	0.0	0.0	0.0	0.0	0.0
31 大阪	0.0	0.0	0.0	0.0	0.0	0.0	0.0	0.0	0.0	0.0	0.0	0.0	0.0
32 兵庫	0.0	0.0	0.0	0.0	0.0	0.0	0.0	0.0	0.0	0.0	0.0	0.0	0.0
33 奈良	0.0	0.0	0.0	0.0	0.0	0.0	0.0	0.0	0.0	0.0	0.0	0.0	0.0
34 和歌山	0.0	0.0	0.0	0.0	0.0	0.0	0.0	0.0	0.0	0.0	0.0	0.0	0.0
35 鳥取	0.0	0.0	0.0	0.0	0.0	0.0	0.0	0.0	0.0	0.0	0.0	0.0	0.0
36 島根	0.0	0.0	0.0	0.0	0.0	0.0	0.0	0.0	0.0	0.0	0.0	0.0	0.0
37 岡山	0.0	0.0	0.0	0.0	0.0	0.0	0.0	0.0	0.0	0.0	0.0	0.0	0.0
38 広島	0.0	0.0	0.0	0.0	0.0	0.0	0.0	0.0	0.0	0.0	0.0	0.0	0.0
39 山口	0.0	0.0	0.0	0.0	0.0	0.0	0.0	0.0	0.0	0.0	0.0	0.0	0.0
40 徳島	0.0	0.0	0.0	0.0	0.0	0.0	0.0	0.0	0.0	0.0	0.0	0.0	0.0
41 香川	0.0	0.0	0.0	0.0	0.0	0.0	0.0	0.0	0.0	0.0	0.0	0.0	0.0
42 愛媛	0.0	0.0	0.0	0.0	0.0	0.0	0.0	0.0	0.0	0.0	0.0	0.0	0.0
43 高知	0.0	0.0	0.0	0.0	0.0	0.0	0.0	0.0	0.0	0.0	0.0	0.0	0.0
44 福岡	0.0	0.0	0.0	0.0	0.0	0.0	0.0	0.0	0.0	0.0	0.0	0.0	0.0
45 佐賀	0.0	0.0	0.0	0.0	0.0	0.0	0.0	0.0	0.0	0.0	0.0	0.0	0.0
46 長崎	0.0	0.0	0.0	0.0	0.0	0.0	0.0	0.0	0.0	0.0	0.0	0.0	0.0
47 熊本	0.0	0.0	0.0	0.0	0.0	0.0	0.0	0.0	0.0	0.0	0.0	0.0	0.0
48 大分	0.0	0.0	0.0	0.0	0.0	0.0	0.0	0.0	0.0	0.0	0.0	0.0	0.0
49 宮崎	0.0	0.0	0.0	0.0	0.0	0.0	0.0	0.0	0.0	0.0	0.0	0.0	0.0
50 鹿児島	0.0	0.0	0.0	0.0	0.0	0.0	0.0	0.0	0.0	0.0	0.0	0.0	0.0
51 沖縄	0.0	0.0	0.0	0.0	0.0	0.0	0.0	0.0	0.0	0.0	0.0	0.0	0.0
52 全国	7.3	0.0	363.4	253.4	624.1	391.2	0.0	360.7	25.2	0.0	0.0	66.4	0.0

平成28年度　　　　府県相互間旅客輸送人員表　（航送 ,　その　2）

(単位 ： 1000人)

発＼着	14 群馬	15 埼玉	16 千葉	17 東京	18 神奈川	19 新潟	20 富山	21 石川	22 福井	23 山梨	24 長野	25 岐阜	26 静岡
1 道北	0.0	0.0	0.0	0.0	0.0	0.0	0.0	0.0	0.0	0.0	0.0	0.0	0.0
2 道東	0.0	0.0	0.0	0.0	0.0	0.0	0.0	0.0	0.0	0.0	0.0	0.0	0.0
3 道央	0.0	0.0	0.0	0.0	0.0	59.6	0.0	0.0	27.1	0.0	0.0	0.0	0.0
4 道南	0.0	0.0	0.0	0.0	0.0	0.0	0.0	0.0	0.0	0.0	0.0	0.0	0.0
5 北海道	0.0	0.0	0.0	0.0	0.0	59.6	0.0	0.0	27.1	0.0	0.0	0.0	0.0
6 青森	0.0	0.0	0.0	0.0	0.0	0.0	0.0	0.0	0.0	0.0	0.0	0.0	0.0
7 岩手	0.0	0.0	0.0	0.0	0.0	0.0	0.0	0.0	0.0	0.0	0.0	0.0	0.0
8 宮城	0.0	0.0	0.0	0.0	0.0	0.0	0.0	0.0	0.0	0.0	0.0	0.0	0.0
9 秋田	0.0	0.0	0.0	0.0	0.0	2.6	0.0	0.0	1.4	0.0	0.0	0.0	0.0
10 山形	0.0	0.0	0.0	0.0	0.0	0.0	0.0	0.0	0.0	0.0	0.0	0.0	0.0
11 福島	0.0	0.0	0.0	0.0	0.0	0.0	0.0	0.0	0.0	0.0	0.0	0.0	0.0
12 茨城	0.0	0.0	0.0	0.0	0.0	0.0	0.0	0.0	0.0	0.0	0.0	0.0	0.0
13 栃木	0.0	0.0	0.0	0.0	0.0	0.0	0.0	0.0	0.0	0.0	0.0	0.0	0.0
14 群馬	0.0	0.0	0.0	0.0	0.0	0.0	0.0	0.0	0.0	0.0	0.0	0.0	0.0
15 埼玉	0.0	0.0	0.0	0.0	0.0	0.0	0.0	0.0	0.0	0.0	0.0	0.0	0.0
16 千葉	0.0	0.0	0.0	0.0	312.9	0.0	0.0	0.0	0.0	0.0	0.0	0.0	0.0
17 東京	0.0	0.0	0.0	0.0	0.0	0.0	0.0	0.0	0.0	0.0	0.0	0.0	0.0
18 神奈川	0.0	0.0	312.9	0.0	0.0	0.0	0.0	0.0	0.0	0.0	0.0	0.0	0.0
19 新潟	0.0	0.0	0.0	0.0	0.0	321.6	0.0	0.0	0.9	0.0	0.0	0.0	0.0
20 富山	0.0	0.0	0.0	0.0	0.0	0.0	0.0	0.0	0.0	0.0	0.0	0.0	0.0
21 石川	0.0	0.0	0.0	0.0	0.0	0.0	0.0	0.0	0.0	0.0	0.0	0.0	0.0
22 福井	0.0	0.0	0.0	0.0	0.0	0.9	0.0	0.0	0.0	0.0	0.0	0.0	0.0
23 山梨	0.0	0.0	0.0	0.0	0.0	0.0	0.0	0.0	0.0	0.0	0.0	0.0	0.0
24 長野	0.0	0.0	0.0	0.0	0.0	0.0	0.0	0.0	0.0	0.0	0.0	0.0	0.0
25 岐阜	0.0	0.0	0.0	0.0	0.0	0.0	0.0	0.0	0.0	0.0	0.0	0.0	0.0
26 静岡	0.0	0.0	0.0	0.0	0.0	0.0	0.0	0.0	0.0	0.0	0.0	0.0	142.4
27 愛知	0.0	0.0	0.0	0.0	0.0	0.0	0.0	0.0	0.0	0.0	0.0	0.0	0.0
28 三重	0.0	0.0	0.0	0.0	0.0	0.0	0.0	0.0	0.0	0.0	0.0	0.0	0.0
29 滋賀	0.0	0.0	0.0	0.0	0.0	0.0	0.0	0.0	0.0	0.0	0.0	0.0	0.0
30 京都	0.0	0.0	0.0	0.0	0.0	0.0	0.0	0.0	0.0	0.0	0.0	0.0	0.0
31 大阪	0.0	0.0	0.0	0.0	0.0	0.0	0.0	0.0	0.0	0.0	0.0	0.0	0.0
32 兵庫	0.0	0.0	0.0	0.0	0.0	0.0	0.0	0.0	0.0	0.0	0.0	0.0	0.0
33 奈良	0.0	0.0	0.0	0.0	0.0	0.0	0.0	0.0	0.0	0.0	0.0	0.0	0.0
34 和歌山	0.0	0.0	0.0	0.0	0.0	0.0	0.0	0.0	0.0	0.0	0.0	0.0	0.0
35 鳥取	0.0	0.0	0.0	0.0	0.0	0.0	0.0	0.0	0.0	0.0	0.0	0.0	0.0
36 島根	0.0	0.0	0.0	0.0	0.0	0.0	0.0	0.0	0.0	0.0	0.0	0.0	0.0
37 岡山	0.0	0.0	0.0	0.0	0.0	0.0	0.0	0.0	0.0	0.0	0.0	0.0	0.0
38 広島	0.0	0.0	0.0	0.0	0.0	0.0	0.0	0.0	0.0	0.0	0.0	0.0	0.0
39 山口	0.0	0.0	0.0	0.0	0.0	0.0	0.0	0.0	0.0	0.0	0.0	0.0	0.0
40 徳島	0.0	0.0	0.0	6.0	0.0	0.0	0.0	0.0	0.0	0.0	0.0	0.0	0.0
41 香川	0.0	0.0	0.0	0.0	0.0	0.0	0.0	0.0	0.0	0.0	0.0	0.0	0.0
42 愛媛	0.0	0.0	0.0	0.0	0.0	0.0	0.0	0.0	0.0	0.0	0.0	0.0	0.0
43 高知	0.0	0.0	0.0	0.0	0.0	0.0	0.0	0.0	0.0	0.0	0.0	0.0	0.0
44 福岡	0.0	0.0	0.0	5.5	0.0	0.0	0.0	0.0	0.0	0.0	0.0	0.0	0.0
45 佐賀	0.0	0.0	0.0	0.0	0.0	0.0	0.0	0.0	0.0	0.0	0.0	0.0	0.0
46 長崎	0.0	0.0	0.0	0.0	0.0	0.0	0.0	0.0	0.0	0.0	0.0	0.0	0.0
47 熊本	0.0	0.0	0.0	0.0	0.0	0.0	0.0	0.0	0.0	0.0	0.0	0.0	0.0
48 大分	0.0	0.0	0.0	0.0	0.0	0.0	0.0	0.0	0.0	0.0	0.0	0.0	0.0
49 宮崎	0.0	0.0	0.0	0.0	0.0	0.0	0.0	0.0	0.0	0.0	0.0	0.0	0.0
50 鹿児島	0.0	0.0	0.0	0.0	0.0	0.0	0.0	0.0	0.0	0.0	0.0	0.0	0.0
51 沖縄	0.0	0.0	0.0	0.0	0.0	0.0	0.0	0.0	0.0	0.0	0.0	0.0	0.0
52 全国	0.0	0.0	312.9	11.5	312.9	384.7	0.0	0.0	29.5	0.0	0.0	0.0	142.4

平成28年度　　　　　　　　　　　府県相互間旅客輸送人員表　（航送 ，　その 3）

（単位 ： 1000人）

発＼着	27 愛知	28 三重	29 滋賀	30 京都	31 大阪	32 兵庫	33 奈良	34 和歌山	35 鳥取	36 島根	37 岡山	38 広島	39 山口
1 道北	0.0	0.0	0.0	0.0	0.0	0.0	0.0	0.0	0.0	0.0	0.0	0.0	0.0
2 道東	0.0	0.0	0.0	0.0	0.0	0.0	0.0	0.0	0.0	0.0	0.0	0.0	0.0
3 道央	3.8	0.0	0.0	27.1	0.0	0.0	0.0	0.0	0.0	0.0	0.0	0.0	0.0
4 道南	0.0	0.0	0.0	0.0	0.0	0.0	0.0	0.0	0.0	0.0	0.0	0.0	0.0
5 北海道	3.8	0.0	0.0	27.1	0.0	0.0	0.0	0.0	0.0	0.0	0.0	0.0	0.0
6 青森	0.0	0.0	0.0	0.0	0.0	0.0	0.0	0.0	0.0	0.0	0.0	0.0	0.0
7 岩手	0.0	0.0	0.0	0.0	0.0	0.0	0.0	0.0	0.0	0.0	0.0	0.0	0.0
8 宮城	5.8	0.0	0.0	0.0	0.0	0.0	0.0	0.0	0.0	0.0	0.0	0.0	0.0
9 秋田	0.0	0.0	0.0	0.0	0.0	0.0	0.0	0.0	0.0	0.0	0.0	0.0	0.0
10 山形	0.0	0.0	0.0	0.0	0.0	0.0	0.0	0.0	0.0	0.0	0.0	0.0	0.0
11 福島	0.0	0.0	0.0	0.0	0.0	0.0	0.0	0.0	0.0	0.0	0.0	0.0	0.0
12 茨城	0.0	0.0	0.0	0.0	0.0	0.0	0.0	0.0	0.0	0.0	0.0	0.0	0.0
13 栃木	0.0	0.0	0.0	0.0	0.0	0.0	0.0	0.0	0.0	0.0	0.0	0.0	0.0
14 群馬	0.0	0.0	0.0	0.0	0.0	0.0	0.0	0.0	0.0	0.0	0.0	0.0	0.0
15 埼玉	0.0	0.0	0.0	0.0	0.0	0.0	0.0	0.0	0.0	0.0	0.0	0.0	0.0
16 千葉	0.0	0.0	0.0	0.0	0.0	0.0	0.0	0.0	0.0	0.0	0.0	0.0	0.0
17 東京	0.0	0.0	0.0	0.0	0.0	0.0	0.0	0.0	0.0	0.0	0.0	0.0	0.0
18 神奈川	0.0	0.0	0.0	0.0	0.0	0.0	0.0	0.0	0.0	0.0	0.0	0.0	0.0
19 新潟	0.0	0.0	0.0	0.0	0.0	0.0	0.0	0.0	0.0	0.0	0.0	0.0	0.0
20 富山	0.0	0.0	0.0	0.0	0.0	0.0	0.0	0.0	0.0	0.0	0.0	0.0	0.0
21 石川	0.0	0.0	0.0	0.0	0.0	0.0	0.0	0.0	0.0	0.0	0.0	0.0	0.0
22 福井	0.0	0.0	0.0	0.0	0.0	0.0	0.0	0.0	0.0	0.0	0.0	0.0	0.0
23 山梨	0.0	0.0	0.0	0.0	0.0	0.0	0.0	0.0	0.0	0.0	0.0	0.0	0.0
24 長野	0.0	0.0	0.0	0.0	0.0	0.0	0.0	0.0	0.0	0.0	0.0	0.0	0.0
25 岐阜	0.0	0.0	0.0	0.0	0.0	0.0	0.0	0.0	0.0	0.0	0.0	0.0	0.0
26 静岡	0.0	0.0	0.0	0.0	0.0	0.0	0.0	0.0	0.0	0.0	0.0	0.0	0.0
27 愛知	22.5	133.0	0.0	0.0	0.0	0.0	0.0	0.0	0.0	0.0	0.0	0.0	0.0
28 三重	133.0	0.0	0.0	0.0	0.0	0.0	0.0	0.0	0.0	0.0	0.0	0.0	0.0
29 滋賀	0.0	0.0	0.0	0.0	0.0	0.0	0.0	0.0	0.0	0.0	0.0	0.0	0.0
30 京都	0.0	0.0	0.0	0.0	0.0	0.0	0.0	0.0	0.0	0.0	0.0	0.0	0.0
31 大阪	0.0	0.0	0.0	0.0	0.0	0.0	0.0	0.0	0.0	0.0	0.0	0.0	0.0
32 兵庫	0.0	0.0	0.0	0.0	0.0	0.0	0.0	0.0	0.0	0.0	0.0	11.6	0.0
33 奈良	0.0	0.0	0.0	0.0	0.0	0.0	0.0	0.0	0.0	0.0	0.0	0.0	0.0
34 和歌山	0.0	0.0	0.0	0.0	0.0	0.0	0.0	0.0	0.0	0.0	0.0	0.0	0.0
35 鳥取	0.0	0.0	0.0	0.0	0.0	0.0	0.0	0.0	0.0	0.0	0.0	0.0	0.0
36 島根	0.0	0.0	0.0	0.0	0.0	0.0	0.0	0.0	0.0	34.1	0.0	0.0	0.0
37 岡山	0.0	0.0	0.0	0.0	0.0	0.0	0.0	0.0	0.0	0.0	59.0	0.0	0.0
38 広島	0.0	0.0	0.0	0.0	0.0	11.6	0.0	0.0	0.0	0.0	0.0	1,591.3	0.0
39 山口	0.0	0.0	0.0	0.0	0.0	0.0	0.0	0.0	0.0	0.0	0.0	0.0	12.1
40 徳島	0.0	0.0	0.0	0.0	0.0	0.0	0.0	140.4	0.0	0.0	0.0	0.0	0.0
41 香川	0.0	0.0	0.0	0.0	0.0	168.0	0.0	0.0	0.0	0.0	169.2	0.0	0.0
42 愛媛	0.0	0.0	0.0	0.0	27.8	1.4	0.0	0.0	0.0	0.0	0.0	486.5	71.7
43 高知	0.0	0.0	0.0	0.0	0.0	0.0	0.0	0.0	0.0	0.0	0.0	0.0	0.0
44 福岡	0.0	0.0	0.0	0.0	191.5	47.3	0.0	0.0	0.0	0.0	0.0	0.0	0.0
45 佐賀	0.0	0.0	0.0	0.0	0.0	0.0	0.0	0.0	0.0	0.0	0.0	0.0	0.0
46 長崎	0.0	0.0	0.0	0.0	0.0	0.0	0.0	0.0	0.0	0.0	0.0	0.0	0.0
47 熊本	0.0	0.0	0.0	0.0	0.0	0.0	0.0	0.0	0.0	0.0	0.0	0.0	0.0
48 大分	0.0	0.0	0.0	0.0	45.7	51.8	0.0	0.0	0.0	0.0	0.0	0.0	25.7
49 宮崎	0.0	0.0	0.0	0.0	0.0	52.4	0.0	0.0	0.0	0.0	0.0	0.0	0.0
50 鹿児島	0.0	0.0	0.0	0.0	50.1	0.0	0.0	0.0	0.0	0.0	0.0	0.0	0.0
51 沖縄	0.0	0.0	0.0	0.0	0.4	0.1	0.0	0.0	0.0	0.0	0.0	0.0	0.0
52 全国	165.0	133.0	0.0	27.1	315.5	332.5	0.0	140.4	0.0	34.1	228.2	2,089.3	109.5

平成28年度　　　　　　　　　　　府県相互間旅客輸送人員表　（航送 ，　その 4）

（単位 ： 1000人）

発＼着	40 徳島	41 香川	42 愛媛	43 高知	44 福岡	45 佐賀	46 長崎	47 熊本	48 大分	49 宮崎	50 鹿児島	51 沖縄	52 全国
1 道北	0.0	0.0	0.0	0.0	0.0	0.0	0.0	0.0	0.0	0.0	0.0	0.0	7.3
2 道東	0.0	0.0	0.0	0.0	0.0	0.0	0.0	0.0	0.0	0.0	0.0	0.0	0.0
3 道央	0.0	0.0	0.0	0.0	0.0	0.0	0.0	0.0	0.0	0.0	0.0	0.0	363.4
4 道南	0.0	0.0	0.0	0.0	0.0	0.0	0.0	0.0	0.0	0.0	0.0	0.0	253.4
5 北海道	0.0	0.0	0.0	0.0	0.0	0.0	0.0	0.0	0.0	0.0	0.0	0.0	624.1
6 青森	0.0	0.0	0.0	0.0	0.0	0.0	0.0	0.0	0.0	0.0	0.0	0.0	391.2
7 岩手	0.0	0.0	0.0	0.0	0.0	0.0	0.0	0.0	0.0	0.0	0.0	0.0	0.0
8 宮城	0.0	0.0	0.0	0.0	0.0	0.0	0.0	0.0	0.0	0.0	0.0	0.0	360.7
9 秋田	0.0	0.0	0.0	0.0	0.0	0.0	0.0	0.0	0.0	0.0	0.0	0.0	25.2
10 山形	0.0	0.0	0.0	0.0	0.0	0.0	0.0	0.0	0.0	0.0	0.0	0.0	0.0
11 福島	0.0	0.0	0.0	0.0	0.0	0.0	0.0	0.0	0.0	0.0	0.0	0.0	0.0
12 茨城	0.0	0.0	0.0	0.0	0.0	0.0	0.0	0.0	0.0	0.0	0.0	0.0	66.4
13 栃木	0.0	0.0	0.0	0.0	0.0	0.0	0.0	0.0	0.0	0.0	0.0	0.0	0.0
14 群馬	0.0	0.0	0.0	0.0	0.0	0.0	0.0	0.0	0.0	0.0	0.0	0.0	0.0
15 埼玉	0.0	0.0	0.0	0.0	0.0	0.0	0.0	0.0	0.0	0.0	0.0	0.0	0.0
16 千葉	0.0	0.0	0.0	0.0	0.0	0.0	0.0	0.0	0.0	0.0	0.0	0.0	312.9
17 東京	6.0	0.0	0.0	0.0	5.5	0.0	0.0	0.0	0.0	0.0	0.0	0.0	11.5
18 神奈川	0.0	0.0	0.0	0.0	0.0	0.0	0.0	0.0	0.0	0.0	0.0	0.0	312.9
19 新潟	0.0	0.0	0.0	0.0	0.0	0.0	0.0	0.0	0.0	0.0	0.0	0.0	384.7
20 富山	0.0	0.0	0.0	0.0	0.0	0.0	0.0	0.0	0.0	0.0	0.0	0.0	0.0
21 石川	0.0	0.0	0.0	0.0	0.0	0.0	0.0	0.0	0.0	0.0	0.0	0.0	0.0
22 福井	0.0	0.0	0.0	0.0	0.0	0.0	0.0	0.0	0.0	0.0	0.0	0.0	29.5
23 山梨	0.0	0.0	0.0	0.0	0.0	0.0	0.0	0.0	0.0	0.0	0.0	0.0	0.0
24 長野	0.0	0.0	0.0	0.0	0.0	0.0	0.0	0.0	0.0	0.0	0.0	0.0	0.0
25 岐阜	0.0	0.0	0.0	0.0	0.0	0.0	0.0	0.0	0.0	0.0	0.0	0.0	0.0
26 静岡	0.0	0.0	0.0	0.0	0.0	0.0	0.0	0.0	0.0	0.0	0.0	0.0	142.4
27 愛知	0.0	0.0	0.0	0.0	0.0	0.0	0.0	0.0	0.0	0.0	0.0	0.0	165.0
28 三重	0.0	0.0	0.0	0.0	0.0	0.0	0.0	0.0	0.0	0.0	0.0	0.0	133.0
29 滋賀	0.0	0.0	0.0	0.0	0.0	0.0	0.0	0.0	0.0	0.0	0.0	0.0	0.0
30 京都	0.0	0.0	0.0	0.0	0.0	0.0	0.0	0.0	0.0	0.0	0.0	0.0	27.1
31 大阪	0.0	0.0	27.8	0.0	191.5	0.0	0.0	0.0	45.7	0.0	50.1	0.4	315.5
32 兵庫	0.0	168.0	1.4	0.0	47.3	0.0	0.0	0.0	51.8	52.4	0.0	0.1	332.5
33 奈良	0.0	0.0	0.0	0.0	0.0	0.0	0.0	0.0	0.0	0.0	0.0	0.0	0.0
34 和歌山	140.4	0.0	0.0	0.0	0.0	0.0	0.0	0.0	0.0	0.0	0.0	0.0	140.4
35 鳥取	0.0	0.0	0.0	0.0	0.0	0.0	0.0	0.0	0.0	0.0	0.0	0.0	0.0
36 島根	0.0	0.0	0.0	0.0	0.0	0.0	0.0	0.0	0.0	0.0	0.0	0.0	34.1
37 岡山	0.0	169.2	0.0	0.0	0.0	0.0	0.0	0.0	0.0	0.0	0.0	0.0	228.2
38 広島	0.0	0.0	486.5	0.0	0.0	0.0	0.0	0.0	0.0	0.0	0.0	0.0	2,089.3
39 山口	0.0	0.0	71.7	0.0	0.0	0.0	0.0	0.0	25.7	0.0	0.0	0.0	109.5
40 徳島	24.2	0.0	0.0	0.0	1.4	0.0	0.0	0.0	0.0	0.0	0.0	0.0	172.0
41 香川	0.0	611.9	0.0	0.0	12.9	0.0	0.0	0.0	0.0	0.0	0.0	0.0	962.0
42 愛媛	0.0	0.0	171.6	0.0	11.5	0.0	0.0	0.0	388.3	0.0	0.0	0.0	1,159.0
43 高知	0.0	0.0	0.0	0.0	0.0	0.0	0.0	0.0	16.8	0.0	0.0	0.0	16.8
44 福岡	1.4	12.9	11.5	0.0	35.5	0.0	22.2	0.0	0.0	0.0	0.0	0.0	327.7
45 佐賀	0.0	0.0	0.0	0.0	0.0	0.0	15.9	0.0	0.0	0.0	0.0	0.0	15.9
46 長崎	0.0	0.0	0.0	0.0	22.2	15.9	169.3	648.8	0.0	0.0	0.0	0.0	856.1
47 熊本	0.0	0.0	0.0	0.0	0.0	0.0	648.8	185.7	0.0	0.0	0.0	0.0	834.5
48 大分	0.0	0.0	388.3	16.8	0.0	0.0	0.0	0.0	78.7	0.0	0.0	0.0	607.1
49 宮崎	0.0	0.0	0.0	0.0	0.0	0.0	0.0	0.0	0.0	0.0	7.3	0.5	60.3
50 鹿児島	0.0	0.0	0.0	0.0	0.0	0.0	0.0	0.0	0.0	0.0	2,964.4	4.1	3,018.6
51 沖縄	0.0	0.0	0.0	0.0	0.0	0.0	0.0	0.0	0.0	0.5	4.1	140.6	145.7
52 全国	172.0	962.0	1,159.0	16.8	327.7	15.9	856.1	834.5	607.1	60.3	3,018.6	145.7	14,411.7

平成２８年度
貨物地域流動調査
旅客地域流動調査

平成 30 年 5 月	定価　本体 8,600 円+税

編　修　国土交通省総合政策局情報政策本部

発行人　黒　野　匡　彦

発行所　一般財団法人　運輸総合研究所

〒105-0001　東京都港区虎ノ門三丁目 18 番 19 号（虎ノ門マリンビル）

電　話　(03)5470-8410

ＦＡＸ　(03)5470-8411

ホームページアドレス　http://www.jterc.or.jp/

印刷　株式会社ワコープラネット

ISBN　978-4-903876-82-5 C0065　￥8600E